开启水电资源之门

中共中央总书记、国家主席胡锦涛在南京视察国家电网公司继电保护科研开发和产业化基地，并就电力行业科技发展作出重要指示。

2003年10月24日，温家宝总理视察三峡工地。

温家宝总理在三峡大坝左岸坝顶俯视三峡三期工地全貌。

国家电力监管委员会主席　柴松岳

国家电力监管委员会新闻记者座谈会

水利部部长汪恕诚视察水利工程。

水利部部长汪恕诚出席水电国际会议。

南水北调办公室主任张基尧在“南水北调”河北段工地慰问建设者。

张基尧在水电工地视察。

两院院士、水电专家潘家铮在汇报会上讲话。

水电专家何璟（左）在乐滩水电站工地考察。

# 全国2003年装机容量

万kW

| 项目<br>地域 | 总电力 | 水电 | 火电 | 核电 | 风电 |
|---|---|---|---|---|---|
| 中国大陆 | 39142 | 9490 | 28977 | 619 | 56 |
| 中国台湾 | 3338 | 451 | 2399 | 488 | |
| 合计 | 42480 | 9941 | 31376 | 1107 | 56 |

## 全国2003年装机容量结构图

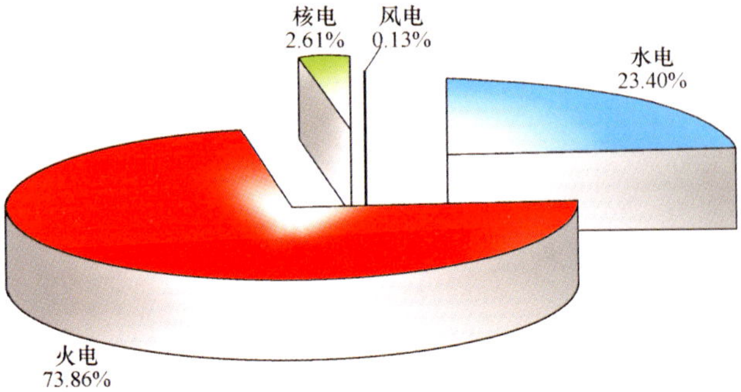


# 全国2003年年发电量

亿kW·h

| 项目<br>地域 | 总发电量 | 水电 | 火电 | 核电 |
|---|---|---|---|---|
| 中国大陆 | 19052 | 2813 | 15790 | 439 |
| 中国台湾 | 1457 | 89 | 999 | 369 |
| 合计 | 20509 | 2902 | 16789 | 808 |

注：总发电量包括风电数据。

## 全国2003年年发电量结构图

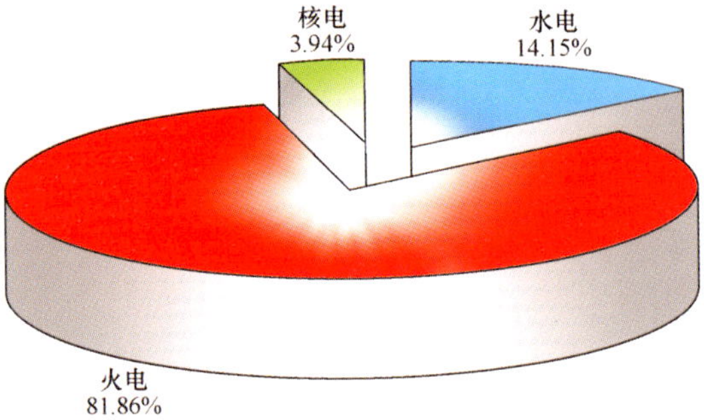


注：中国大陆资料来源于中国电力企业联合会。中国台湾资料，未收录到当年的，仍沿用上年的数据。

# 全国水电装机容量发展示意图

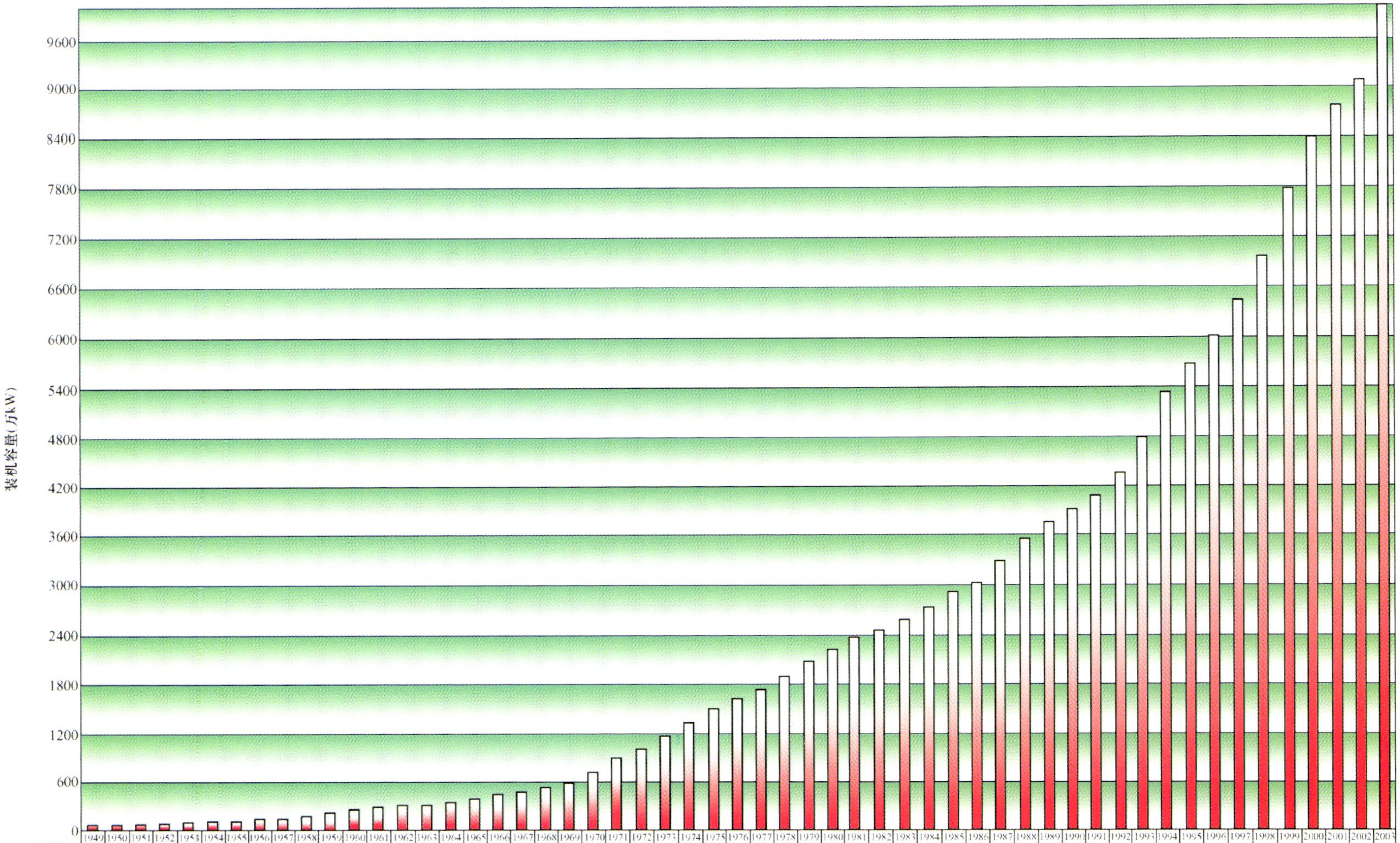


| | 1949 | 1950 | 1951 | 1952 | 1953 | 1954 | 1955 | 1956 | 1957 | 1958 | 1959 | 1960 | 1961 | 1962 |
|---|---|---|---|---|---|---|---|---|---|---|---|---|---|---|
| 全国合计 | 54 | 58 | 62 | 66 | 83 | 94 | 104 | 127 | 140 | 162 | 204 | 239 | 280 | 292 |

| | 1963 | 1964 | 1965 | 1966 | 1967 | 1968 | 1969 | 1970 | 1971 | 1972 | 1973 | 1974 | 1975 | 1976 |
|---|---|---|---|---|---|---|---|---|---|---|---|---|---|---|
| 全国合计 | 299 | 327 | 365 | 429 | 451 | 509 | 578 | 714 | 876 | 983 | 1143 | 1318 | 1479 | 1602 |

| | 1977 | 1978 | 1979 | 1980 | 1981 | 1982 | 1983 | 1984 | 1985 | 1986 | 1987 | 1988 | 1989 | 1990 |
|---|---|---|---|---|---|---|---|---|---|---|---|---|---|---|
| 全国合计 | 1713 | 1867 | 2050 | 2170 | 2332 | 2435 | 2560 | 2708 | 2890 | 3011 | 3275 | 3526 | 3715 | 3861 |

| | 1991 | 1992 | 1993 | 1994 | 1995 | 1996 | 1997 | 1998 | 1999 | 2000 | 2001 | 2002 | 2003 |
|---|---|---|---|---|---|---|---|---|---|---|---|---|---|
| 全国合计 | 4045 | 4326 | 4747 | 5271 | 5637 | 5987 | 6401 | 6949 | 7739 | 8377 | 8743 | 9059 | 9941 |

年份

# 全国历年水电装机容量增长情况表

万 kW

| 年 份 | 中国大陆 | 台湾省 | 全国合计 | 新增装机容 量 | 年 份 | 中国大陆 | 台湾省 | 全国合计 | 新增装机容 量 |
|---|---|---|---|---|---|---|---|---|---|
| 1949 | 36.0 | 18.0 | 54 | | 1977 | 1576.5 | 136.5 | 1713 | 111.0 |
| 1950 | 36.2 | 22.1 | 58 | 4.3 | 1978 | 1727.7 | 139.2 | 1867 | 153.9 |
| 1951 | 37.8 | (24.0) | (62) | (3.5) | 1979 | 1911.0 | 139.2 | 2050 | 183.3 |
| 1952 | 38.5 | (27.0) | (66) | (3.7) | 1980 | 2031.8 | 138.6 | 2170 | 120.2 |
| 1953 | 53.0 | (30.0) | (83) | (17.5) | 1981 | 2193.3 | 138.7 | 2332 | 161.6 |
| 1954 | 60.6 | 33.0 | 94 | 10.60 | 1982 | 2295.9 | 138.7 | 2435 | 102.6 |
| 1955 | 69.5 | (34.0) | (104) | (9.9) | 1983 | 2416.5 | 143.1 | 2560 | 125.0 |
| 1956 | 91.4 | (36.0) | (127) | (23.9) | 1984 | 2560.0 | 148.0 | 2708 | 148.4 |
| 1957 | 101.9 | (38.0) | (140) | (12.5) | 1985 | 2641.5 | 248.9 | 2890 | 182.4 |
| 1958 | 121.6 | (40.0) | (162) | (21.7) | 1986 | 2754.2 | 256.4 | 3011 | 120.2 |
| 1959 | 162.0 | (42.0) | (204) | (42.4) | 1987 | 3019.3 | 255.8 | 3275 | 264.5 |
| 1960 | 194.1 | 44.8 | 239 | 34.9 | 1988 | 3269.8 | 255.8 | 3526 | 250.5 |
| 1961 | 233.3 | (47.0) | (280) | (41.4) | 1989 | 3458.3 | 256.2 | 3715 | 188.9 |
| 1962 | 237.9 | 53.8 | 292 | 11.4 | 1990 | 3604.6 | 256.2 | 3861 | 146.3 |
| 1963 | 243.0 | (56.0) | (299) | (7.3) | 1991 | 3788.3 | 256.2 | 4045 | 183.7 |
| 1964 | 268.3 | (59.0) | (327) | (28.3) | 1992 | 4068.1 | 257.7 | 4326 | 281.3 |
| 1965 | 302.0 | 62.8 | 365 | 37.5 | 1993 | 4489.3 | 257.7 | 4747 | 421.2 |
| 1966 | 363.8 | (65.0) | (429) | (64.0) | 1994 | 4906.1 | 364.8 | 5271 | 523.9 |
| 1967 | 383.9 | (67.0) | (451) | (22.1) | 1995 | 5218.4 | 418.3 | 5637 | 365.8 |
| 1968 | 438.8 | (70.0) | (509) | (57.9) | 1996 | 5557.8 | 428.8 | 5987 | 349.9 |
| 1969 | 505.3 | 72.2 | 578 | 68.7 | 1997 | 5972.6 | 428.8 | 6401 | 414.8 |
| 1970 | 623.5 | 90.1 | 714 | 136.1 | 1998 | 6506.5 | 442.2 | 6949 | 547.3 |
| 1971 | 780.4 | (96.0) | (876) | (162.8) | 1999 | 7297.1 | 442.2 | 7739 | 790.6 |
| 1972 | 870.0 | 113.1 | 983 | 106.7 | 2000 | 7935.2 | 442.2 | 8377 | 638.1 |
| 1973 | 1029.9 | 113.1 | 1143 | 159.9 | 2001 | 8300.6 | (442.2) | (8743) | (365.4) |
| 1974 | 1181.7 | 136.5 | 1318 | 175.2 | 2002 | 8607.4 | 451.3 | 9059 | 315.9 |
| 1975 | 1342.8 | 136.5 | 1479 | 161.1 | 2003 | 9489.6 | 451.3 | 9941 | 882.2 |
| 1976 | 1465.5 | 136.5 | 1602 | 122.7 | | | | | |

资料来源：《中国水力发电年鉴》第一卷、第二卷、第三卷；
《联合国能源统计》1963 年；
《电力工业统计资料提要》1995～2003 年；
日刊《海外电力》1995 年；
台湾省《能源统计手册》，1992～2000 年（台湾省编印，1993～2001 年），2002～2003 年（台湾省电力公司）。

注：（）内数据表示缺当年资料，用上、下年数据插补得出或沿用上年数据。

# 全国水电年发电量发展示意图

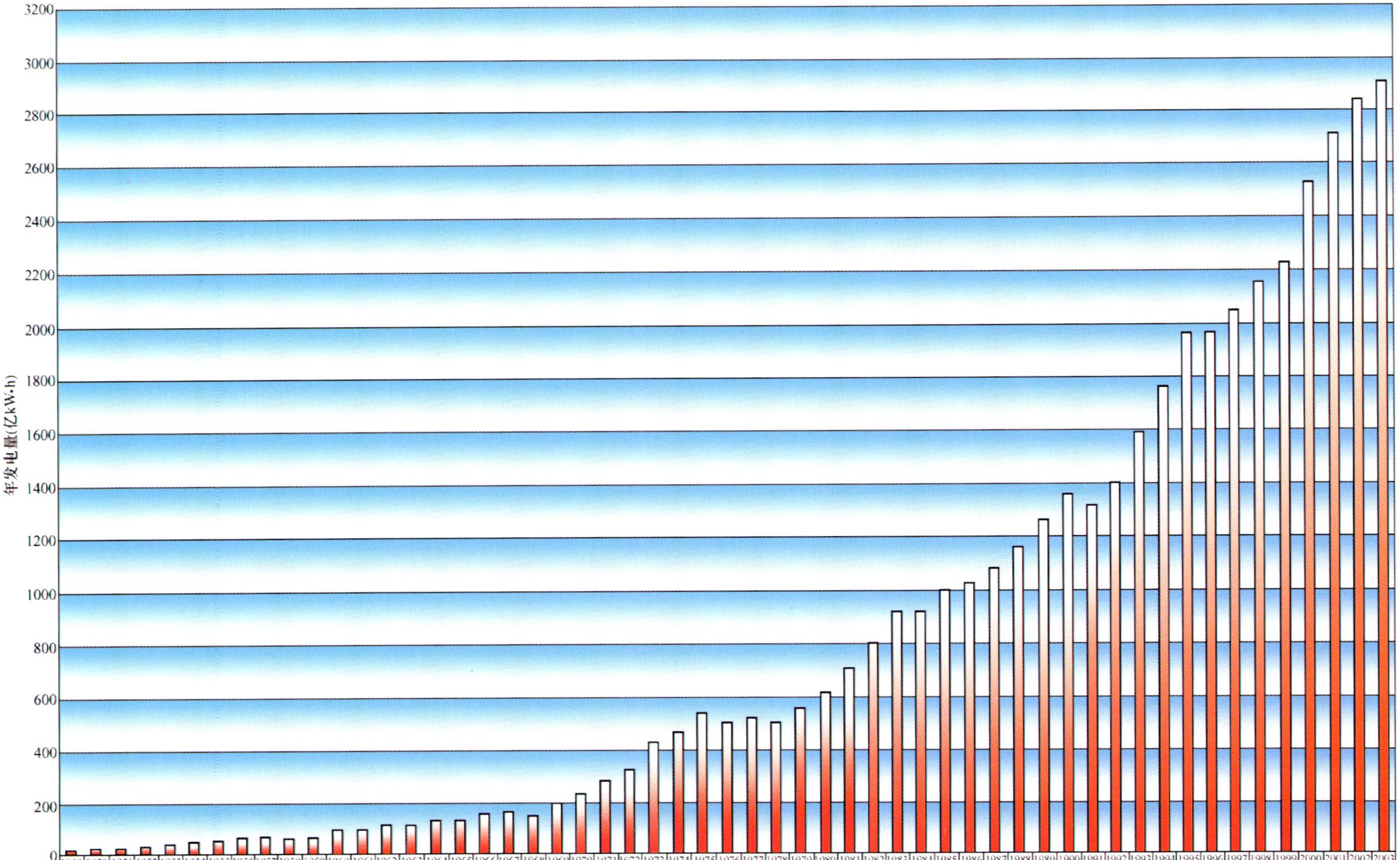


| 年份 | 1949 | 1950 | 1951 | 1952 | 1953 | 1954 | 1955 | 1956 | 1957 | 1958 | 1959 | 1960 | 1961 | 1962 | 1963 | 1964 | 1965 | 1966 | 1967 | 1968 |
|---|---|---|---|---|---|---|---|---|---|---|---|---|---|---|---|---|---|---|---|---|
| **全国合计** | 18 | 23 | 25 | 30 | 40 | 48 | 51 | 64 | 66 | 60 | 64 | 95 | 95 | 112 | 110 | 130 | 129 | 151 | 158 | 143 |

| 年份 | 1969 | 1970 | 1971 | 1972 | 1973 | 1974 | 1975 | 1976 | 1977 | 1978 | 1979 | 1980 | 1981 | 1982 | 1983 | 1984 | 1985 | 1986 |
|---|---|---|---|---|---|---|---|---|---|---|---|---|---|---|---|---|---|---|
| **全国合计** | 191 | 231 | 281 | 322 | 423 | 461 | 529 | 499 | 517 | 496 | 547 | 611 | 703 | 792 | 913 | 912 | 993 | 1019 |

| 年份 | 1987 | 1988 | 1989 | 1990 | 1991 | 1992 | 1993 | 1994 | 1995 | 1996 | 1997 | 1998 | 1999 | 2000 | 2001 | 2002 | 2003 |
|---|---|---|---|---|---|---|---|---|---|---|---|---|---|---|---|---|---|
| **全国合计** | 1073 | 1153 | 1251 | 1345 | 1303 | 1398 | 1583 | 1757 | 1956 | 1960 | 2041 | 2149 | 2219 | 2520 | 2700 | 2834 | 2902 |

年份

# 全国历年水电年发电量增长情况表

亿kW·h

| 年 份 | 中国大陆 | 台湾省 | 全国合计 | 年增率(%) |
|---|---|---|---|---|
| 1949 | 12.0 | 6.0 | 18 | |
| 1950 | 13.2 | 9.7 | 23 | 27.2 |
| 1951 | 14.9 | (10.0) | 25 | (8.7) |
| 1952 | 18.3 | (12.0) | 30 | (21.7) |
| 1953 | 25.5 | (14.0) | 40 | (30.4) |
| 1954 | 32.0 | 15.6 | 48 | 20.5 |
| 1955 | 34.0 | (16.6) | 51 | (6.3) |
| 1956 | 47.1 | (17.0) | 64 | (26.7) |
| 1957 | 48.2 | (18.0) | 66 | (3.3) |
| 1958 | 41.1 | (19.0) | 60 | (−9.2) |
| 1959 | 43.6 | (20.0) | 64 | (5.8) |
| 1960 | 74.1 | 20.6 | 95 | 48.9 |
| 1961 | 74.1 | (21.1) | 95 | (0.5) |
| 1962 | 90.4 | 21.6 | 112 | 17.6 |
| 1963 | 86.9 | (23.0) | 110 | (−1.9) |
| 1964 | 106.0 | (24.0) | 130 | (18.3) |
| 1965 | 104.1 | 24.4 | 129 | −1.2 |
| 1966 | 126.2 | (25.0) | 151 | (17.7) |
| 1967 | 131.4 | (27.0) | 158 | ( 4.8) |
| 1968 | 115.0 | (28.0) | 143 | (−9.7) |
| 1969 | 160.1 | 30.5 | 191 | 33.3 |
| 1970 | 204.6 | 26.4 | 231 | 21.2 |
| 1971 | 250.6 | (30.0) | 281 | (21.5) |
| 1972 | 288.2 | 34.2 | 322 | 14.9 |
| 1973 | 389.0 | 34.0 | 423 | 31.2 |
| 1974 | 414.4 | 47.1 | 461 | 9.1 |
| 1975 | 476.3 | 52.6 | 529 | 14.6 |
| 1976 | 456.4 | 42.8 | 499 | −5.6 |
| 1977 | 476.5 | 40.2 | 517 | 3.5 |
| 1978 | 446.3 | 49.7 | 496 | −4.0 |
| 1979 | 501.2 | 45.7 | 547 | 10.3 |
| 1980 | 582.1 | 29.3 | 611 | 11.8 |
| 1981 | 655.5 | 47.9 | 703 | 15.1 |
| 1982 | 744.0 | 47.8 | 792 | 12.6 |
| 1983 | 863.6 | 49.9 | 913 | 15.4 |
| 1984 | 867.8 | 44.3 | 912 | −0.2 |
| 1985 | 923.7 | 69.3 | 993 | 8.9 |
| 1986 | 944.8 | 74.2 | 1019 | 2.6 |
| 1987 | 1002.3 | 71.2 | 1073 | 5.3 |
| 1988 | 1091.8 | 61.5 | 1153 | 7.4 |
| 1989 | 1184.5 | 66.8 | 1251 | 8.5 |
| 1990 | 1263.5 | 81.9 | 1345 | 7.5 |
| 1991 | 1248.4 | 55.1 | 1303 | −3.1 |
| 1992 | 1314.7 | 83.5 | 1398 | 7.3 |
| 1993 | 1516.0 | 67.2 | 1583 | 13.2 |
| 1994 | 1667.9 | 88.9 | 1757 | 11.0 |
| 1995 | 1867.7 | 88.8 | 1956 | 11.4 |
| 1996 | 1869.2 | 90.4 | 1960 | 0.2 |
| 1997 | 1945.6 | 95.7 | 2041 | 4.2 |
| 1998 | 2043.0 | 106.1 | 2149 | 5.3 |
| 1999 | 2129.3 | 89.4 | 2219 | 3.2 |
| 2000 | 2431.3 | 88.7 | 2520 | 13.6 |
| 2001 | 2611.1 | (88.7) | (2700) | (7.1) |
| 2002 | 2745.7 | (88.7) | (2834) | (5.0) |
| 2003 | 2813.3 | (88.7) | (2902) | (3.0) |

资料来源：《中国水力发电年鉴》第一卷、第二卷、第三卷；
《联合国能源统计》1963年；
《电力工业统计资料提要》1995～2003年；
日刊《海外电力》1995年；
台湾省《能源统计手册》，1992～2000年（台湾省编印，1993～2001年）。

注：( )内数据表示缺当年资料，用上、下年数插补得出或沿用上年数据。

# 2003

# 中国水力发电年鉴

李锐

## 第八卷

中国水力发电工程学会 主办
中国水力发电年鉴编辑部 编纂

中国电力出版社

二〇〇四年·北京

**图书在版编目（CIP）数据**

中国水力发电年鉴．第八卷，2003年/《中国水力发电年鉴》编辑部编．—北京：中国电力出版社，2004
ISBN 7-5083-2620-2

Ⅰ．中…　Ⅱ．中…　Ⅲ．水利电力工业-中国-2003-年鉴　Ⅳ．F426.61-54

中国版本图书馆CIP数据核字（2004）第105729号

中国电力出版社出版、发行
（北京三里河路6号　100044　http://www.cepp.com.cn）
北京市铁成印刷厂印刷
各地新华书店经售
*
2004年11月第一版　2004年11月北京第一次印刷
787毫米×1092毫米　16开本　62印张　2097千字　28插页
印数0001—4000册　定价**188.00**元

# 《中国水力发电年鉴》第八卷

## 编纂委员会

（以下按姓氏笔划为序）

| | | | | |
|---|---|---|---|---|
| 王　斌 | 王守德 | 王锐林 | 王德宽 | 尤建中 |
| 艾玉兰 | 边建利 | 冯国斌 | 冯春平 | 田又涵 |
| 叶　青 | 叶增国 | 池胡庆 | 刘永娟 | 刘志义 |
| 刘吉祥 | 刘忠长 | 刘德有 | 吕明治 | 吕祖珩 |
| 曲志德 | 孙金库 | 许传经 | 许传桂 | 许松林 |
| 朱耀泉 | 陈为明 | 陈好军 | 陈品祥 | 杜崇玲 |
| 何开明 | 何琴雯 | 李　云 | 李　冰 | 李小湄 |
| 李水贵 | 李世东 | 李东晖 | 李定中 | 李昌华 |
| 李艳阳 | 李雪华 | 李超毅 | 李燕辉 | 苏加林 |
| 吴　兰 | 吴　杰 | 吴道胜 | 杨世平 | 杨进川 |
| 杨诗经 | 张玉生 | 张玉惠 | 张光敏 | 张庆棠 |
| 张志良 | 张明燕 | 张俊才 | 张重汶 | 张晋秋 |
| 张淑珍 | 张喜英 | 郑旭东 | 费京伟 | 郝丽雅 |
| 胡耀云 | 胡耀斌 | 姜　斌 | 赵　虹 | 祝中尧 |
| 高　翔 | 顾洪斌 | 郭际康 | 贾恩红 | 索华炜 |
| 徐家鑫 | 袁建新 | 常晓林 | 常焕生 | 崔　燕 |
| 黄　鑑 | 黄正道 | 黄宏勇 | 梁武军 | 程　平 |
| 程树荣 | 董福平 | 葛永明 | 葛浩然 | 韩　立 |
| 蒋德军 | 彭景铮 | 谢力明 | 樊天龙 | 戴　昆 |
| 戴会超 | 戴庆忠 | | | |

# 《中国水力发电年鉴》第八卷
# 编辑出版工作人员

| | |
|---|---|
| **主　　编** | 郦凤山 |
| **副 主 编** | 毛亚杰　黄景湖　王东棣　戴会超 |
| **技术编辑** | 李　新　蔡明昌　常兆堂　王幼春<br>陆　健　杨瑞兰 |
| **终　　审** | 刘广峰　丁　雁 |
| **复　　审** | 杨伟国　姜　萍 |
| **责任编辑** | 杨伟国　韩世韬　姜　萍　张　敏　李　嫚 |
| **美术设计** | 杨晓东 |
| **版式设计** | 王　群 |
| **责任校对** | 刘振英　罗凤贤 |
| **出版印刷** | 蔺义舟 |
| **编　　务** | 王　玉　胡丹蓉　张树青 |

# 编 辑 说 明

（一）本年鉴的时段为2003年全年，少量未及登录的2002年重要内容亦予以补入，按序排列为第八卷。框架结构由篇目、栏目、条目三个层次组成。经多方征求意见，编委会审定，本卷年鉴共列22个篇目、91个栏目、600余个条目。每个篇目以隔页列出，栏目、条目分别用通栏、双栏并铺以不同的网底以示醒目。

（二）本年鉴属专业性行业年鉴，主要面向全国水电行业从事勘测、规划、设计、科研、建设管理、施工、咨询、设备制造、生产运行、院校教学的工程技术人员、师生和各级领导与有关专家。

（三）本卷年鉴的编辑是以党的十六大精神和“三个代表”重要思想为指导，贯彻国家积极发展水电的战略方针，以与时俱进精神，力求全面真实反映2003年时段内我国水电行业各个方面所取得的成就和技术进步，做到“大事不漏、小事不上”，更好地服务于水电行业。

（四）本卷年鉴保持了框架结构的相对稳定。为真实反映我国水电建设事业的面貌与发展，单列了“三峡工程”篇目，用以重点反映我国水电建设事业取得的伟大成就；编列了“科学研究与技术创新”篇目，用以汇集我国水电建设的顶级技术和先进经验；编列了“电力体制改革”篇目，用以反映电力体制深化改革后的新格局和新进展。除原设的各专业篇目外，还调整、增设了“抽水蓄能电站”、“水力资源复查及流域开发”、“南水北调工程规划与进展”篇目，反映了近期水电建设事业的新发展。为查阅方便，本卷年鉴仍然单列了“统计资料”篇目。

（五）本卷年鉴所列“农村水电及电气化”篇目，除选登2003年的有关文稿外，还同时汇集、选编了水利部农村水电及电气化发展局提供的建国前后的有关资料，以反映我国农村水电的发展历程。

（六）年鉴文稿实行文责自负，条目的内容、数据、资料、插图等均由撰稿人及有关单位审定。

（七）本卷年鉴的编辑工作实行主编负责制。主编负责总体框架结构的设计、征询意见、组稿与初审等，各篇目的编辑负责稿件的征集、加工与整理。本卷年鉴主编为邴凤山，副主编为毛亚杰、黄景湖、王东棣、戴会超。“三峡工程”、“西电东送”、“水工设计、“生产运行及大坝安全”（大坝安全部分）等篇目的编辑为黄景湖；“工程勘测”、“土建施工”、“环境保护与水库移民”、“水电建设管理”、“水电工程效益”等篇目的编辑为王东棣；“特载”、“电力体制改革”、“农村水电及电气化”、“水力资源复查及流域开发”等篇目的编辑为蔡明昌；“机电及金属结构”、“生产运行及大坝安全”（生产运行部分）、“南水北调工程规划与进展”、“技术标准与科技图书出版”等篇目的编辑为常兆堂；“科学研究与技术创新”、“国际合作与技术交流”、“人物、机构和学术团体”、“统计资料”等篇目的编辑为陆健；“抽水蓄能电站”、“大事记”两篇目由郦凤山供稿并编辑。目录的英文翻译为陈秉良、李建国。

（八）本卷年鉴坚持政治的严肃性，历史的准确性，内容的全面性、科学性、实用性和连续性，对历史负责，对后人负责。编辑过程中力求资料翔实、语言规范、文字精炼，但由于水平有限，不妥、疏漏甚至错误之处在所难免，敬请广大读者批评指正。

联系地址：北京市宣武区白广路二条1号　中国水力发电工程学会《中国水力发电年鉴》编辑部，邮编：100761。

《中国水力发电年鉴》主编

郦凤山

2004年5月

# 我国水电进入新阶段

2003年我国水电建设取得骄人业绩：水电工程在建规模空前，全年大中型水电机组投产创世界纪录，举世瞩目的三峡工程实现了蓄水、通航、发电三大目标，西电东送工程进展顺利，抽水蓄能电站发展迈开大步，农村水电建设成绩非凡；全国的水电总装机容量已达9941万kW，总量世界第一，即将跨亿万大关。我国水电上了大台阶，达到高水平，充分展示了中华民族的伟大复兴！

**一、我国水电建设掀起新高潮**

2003年是电力体制改革后的第一年。经各方努力，一个政府宏观管理、监督机构依法监管、企业自主经营、行业协会自律服务的新的电力工业体制已经初步形成，为电力行业注入了新的活力，也促进了水电的发展。

在国家西部大开发、西电东送、农村水电电气化、小水电代燃料生态保护工程等政策的鼓励和支持下，各方面开发水电的积极性空前高涨，我国水电建设掀起了新高潮。新组建的电源公司积极做出相应的规划，三峡总公司加快了金沙江开发步伐，各地方也在选站点、上项目。目前，仅由中国水电工程顾问集团公司为首的设计集团支撑的在建工程项目就有6700万kW，前期工程项目9300万kW，已审的储备项目3000万kW，正审的储备项目1800万kW；加上水利系统和各省的设计单位所做的项目，水电建设规模空前。

2003年，我国扭转了近年来水电机组投产连年减少的局面，大中型水电机组安装投产了36台套667.6万kW，创造了新的世界纪录；加上农村水电，全年新增装机882.2万kW，全国水电装机容量达9941万kW。在电力出现供不应求时，这些水电机组的投产，为我国国民经济的快速稳定持续发展做出了重大贡献。

2003年，我国完成了水力资源复查。结果表明：理论蕴藏量的年发电量60829亿kW·h，平均功率6.94亿kW；技术可开发装机容量5.42亿kW，年发电量24740亿kW·h；与1980年第三次普查成果比，分别增加了6.7%、46.4%。这次复查，评定了经济可开发量：装机容量为4.02亿kW、年发电量17534亿kW·h；还查出了小于复查统计标准但可开发利用的小水电资源6279kW；并查清了未计入上述总资源量的台湾省水力资源，理论蕴藏年电量为1020.7亿kW·h、平均功率1165.2万kW，技术可开发装机容量504.8万kW、年发电量201.5亿kW·h，经济可开发装机容量383.5万kW、年发电量138.3亿kW·h。我国水力资源开发潜力巨大。

经过50多年的发展，特别是改革开放以来的伟大实践，我国水电技术有了巨大进步，目前有能力设计、修建任何类型的大坝，能制造、安装和运行管理世界上最大的水轮发电机组。随着国力的增强和水电投资体制的改革，我国水电发展主要受资金制约的时期已经过去；国民经济持续高速增长和人民生活水平迅速提高，电力需求大幅增加，作为清洁能源的水电，发展势头强劲。

**二、三峡工程蓄水、通航、发电进入新阶段**

举世瞩目的三峡工程建设，在党中央和国务院的正确领导下，在全国人民和各方面的大力支持下，采用与国际接轨的管理体制，紧抓科研和技术创新，运用先进的施工手段，实行严谨的作业制度，经全体三峡建设者十年的艰苦奋斗，于2003年6月1日下闸蓄水，6月16日永久船闸试通航，7月10日和16日首批机组投产发电。这是三峡工程建设史上最重要的一个里程碑，三峡工程开始发挥效益，中华民族百年梦想终于变成现实。

2003年，三峡工程创造了月浇筑47.6万$m^3$、连续上升57.5m的碾压混凝土施工世界纪录；全年高强度投产了6台70万kW机组，并采取“建管结合”的方式，实现了机组安装与运行管理的无缝交接，创造了单项水电工程机组安装年投产台数和总容量的世界新水平。

2003年，三峡三期工程全面开始，工程进入建设、运行和管理并重阶段；完成投资114.8亿元，发电86.07亿kW·h，客运量108万人次，货运量1376万t。

三峡输变电工程，至2003年7月首批机组发电时，已有3565km交流线路、775万kVA变电容量建成；第一回线路长860km、换流站2座2×300万kW的三峡至常州直流工程也投产。三峡输变电工程，运用了目前世界上的最新技术和设备，创造了单换流器容量最大、建设周期最短等多项世界纪录。

三峡移民工程，涉及湖北、重庆的21个区县113万人。2003年4月27日，三峡二期移民工程通过国务院组织的验收，二期移民工作宣告结束。10月底前，又完成了蓄水至139m水位的库区移民搬迁和清库任务。截至2003年11月，移民人数82.24万人，12个全淹和半淹城市、县城已基本完成复建，其基础设施都有较大程度的改善，城市功能已基本恢复。三峡库区面貌发生了翻天覆地的变化。

三峡工程是民族工程、科学工程、开放工程、创新工程。它的建设，得到了全民族的支持，凝聚了全民族的智慧。它的建设，经过了科学的论证和决策，运用了科学的方法和手段。它的建设，集聚了国内外众多优秀企业，采纳了当今各种水电顶级技术。它的建设，创造了几十项世界之最，取得了近百项专利。通过建设，不仅形成了大坝、厂房、船闸、机组，并发挥效益；而且焕发了民族精神，取得了丰富经验，培养了大批人才。三峡工程的建设提升了民族形象，提高了科技水平，带动了民族工业，促进了国家发展，意义重大，影响深远。

**三、西电东送工程再上新项目**

西电东送工程的实施可分为北、中、南三大通道。北路开发黄河上游水电基地，将西北的水电与火电打捆，东送至华北电网，形成西北、华北、东北和山东互联的北部电网。中路开发长江中上游以及大渡河、雅砻江、金沙江中下游水电基地，将丰富的电能东送至华中、华东地区，形成川渝、华中、华东、福建等地区相连的中部电网。南路开发南盘江红水河、澜沧江中下游和乌江水电基地，与贵州和滇东煤电基地一起，将充足的电能东送至华南，形成粤、桂、滇、黔、港、澳、海南的南部（方）电网。

西电东送对我国水力资源的开发至关重要。2003年，西电东送的水电电源建设、电网建设和市场建设三方面都有重大进展。

在北路开发黄河上游水电方面，继2001年开工的公伯峡水电站（150万kW）后，又一骨干电源工程拉西瓦水电站（420万kW）开工建设，与小峡水电站（23万kW）、苏只水电站（22.5万kW）、尼那水电站（16万kW）一起，2003年在建规模达631.5万kW，并有12万kW投产。在中路开发长江中上游以及大渡河、雅砻江、金沙江中下游水电基地方面，除三峡工程外，继水布垭水电站（160万kW）后三板溪水电站（100万kW）、瀑布沟水电站（330万kW）已开工建设；溪洛渡水电站（1260万kW）、锦屏一级水电站（330万kW）的可行性研究报告已通过审查，前期准备工程开始；向家坝水电站（600万kW）、锦屏二级水电站（330万kW）正在进行可行性研究，金沙江中游的金安桥水电站（250万kW）和观音岩水电站（300 万 kW）在做预可行性研究。在南路开发南盘江红水河、澜沧江中下游和乌江水电基地方面，前几年开工建设的大朝山（135 万 kW）、洪家渡（54 万 kW）、引子渡（36 万 kW）、乌江渡扩机（50 万 kW）、龙滩（420 万 kW）、小湾（420 万 kW）、索风营（60 万 kW）等水电站，工程进展顺利；2003 年有大朝山 2 台机组、引子渡的 3 台机组、乌江渡扩机的 2 台机组共 131 万 kW 机组投产发电，并有贵州的构皮滩（300 万 kW）、重庆的彭水（140 万 kW）和云南的龙马（28.5 万 kW）、居甫渡（28.5 万 kW）等水电站开工；澜沧江糯扎渡水电站（585 万 kW）、北盘江光照水电站（104 万 kW）完成可行性研究工作，筹建工程开始。

由于公伯峡水电站电力送出需要，西北电网 750kV 官亭至兰州东输变电示范工程于 2003 年 9 月正式开工。该工程的开工建设，将填补我国 500kV 以上电压等级的空白，标志着我国输变电电压等级跨入一个新的里程碑，对发展和加强西北的骨干输电网架、推进西电东送北通道建设具有极其重要的作用。2003 年，在中通道，于 5 月建成三峡至常州 ±500kV 直流输电线路工程，打通了三峡电力送华东的通道。在南通道，上半年又建成了贵州至广东 500kV 交流、鲁布革至天生桥 220kVⅡ回和平果可控串联补给站等三大工程。

2003 年，通过西电东送工程送电 248.9 亿kW·h，同比增加 23.07%，有效减轻了东部地区的用电紧张程度。

**四、抽水蓄能电站发展迈开新步伐**

至 2003 年底，中国已建及在建（含已立项）的抽水蓄能电站共 24 座，总装机容量已达 1595.1 万 kW；其中大陆已建成的为 13 座、572.9 万 kW，在建的有 9 座、762 万 kW，台湾已建成的为 2 座、260.2 万 kW。

抽水蓄能电站因为能够顶尖峰，填低谷，并有调频、调相、旋转备用、紧急事故备用、黑启动等方面的功能，在电力系统中有重要作用。根据国内外研究结果，抽水蓄能机组配置的比重一般以占电网容量的 8%～15%为宜，至少应为 7%～10%。据此推算，目前我国应有 3000 万 kW 左右的抽水蓄能机组，2010 年需要 4500 万 kW。而实际目前尚只有 572.9 万 kW，2010 年预计达 2238 万 kW，离 7%～10%的目标还有很大距离。

为加快我国抽水蓄能电站建设，许多专家做了不少调查研究，不断出谋划策。2003 年的实际情况和中国水力发电学会抽水蓄能专委会召开的研讨会表明，在提高需要建设的共识、采取合适的管理体制、解决机组国产化等方面都有实质性的进展。

现在，业内公认抽水蓄能机组的功能比燃气机组、常规水电机组优越，尤其是它既可以作为发电厂也可以作为用电户，以及运行灵活、对负荷的急剧变化能做出快速反应的特性，对改善电网的经济性和稳定性起很大作用，在现代电网中有不可替代的位置。因此，我国各电力系统，即使是水电比重较大的系统，都有因地制宜在靠近负荷中心的地方建设蓄能电站的必要。2003 年，东部加紧了第二批抽水蓄能电站建设，以补充常规水电不足和适应西电东送受电要求；中部启动了适合系统需要的抽水蓄能电站建设，以优化电源结构提高电网运行的稳定性和减少弃水增加效益；西部着手配置特殊抽水蓄能电站（如周以上调节性能的抽水蓄能电站）的研究，以优化西部电网结构，在实施西电东送战略中实现“双赢”。一年来，不少省区市加快了选址和前期工作，贵州乌江水电开发公司专门召开了建设抽水蓄能电站的研讨会。

这次电力体制改革，把抽水蓄能电站划归电网公司管理，对理顺管理体制和形成合理的价格及回收机制很有意义。国家电网公司成立后，立即把抽水蓄能电站的建设与管理作为公司发展的重要组成部分，在 2003 年年初的工作会议上就做了部署。一年来各电网公司努力使抽水蓄能电站的管理、运营、规划、建设、发展形成一个崭新的思路，为促进蓄能电站的建设与发展做出积极的贡献。

为解决抽水蓄能机组国产化问题，2003年3月，国家发展和改革委员会在北京召开了《宝泉和惠州抽水蓄能电站机组统一招标及组织管理协调会议》，决定以河南宝泉和广东惠州两座抽水蓄能电站（2003年6月增加湖北白莲河抽水蓄能电站）为依托工程，通过统一招标和技贸结合的方式，引进抽水蓄能电站机组设备设计和制造技术，逐步实现我国抽水蓄能电站机组设备制造的自主化。这次会议确定了设备自主化的依托工程，明确了引进关键技术，为实现抽水蓄能电站设备的国产化铺平了道路。我国在发展抽水蓄能电站的事业上又迈出了一大步。

**五、农村水电事业呈现新气象**

我国农村水电资源丰富，可开发容量1.28亿kW，居世界第一；分布面广，在山区、丘陵地区的1600多个县有小水电资源。小水电站工程相对比较简单，没有大量土地淹没和移民，建设周期短，见效快；具有分散开发、就近供电、不需要远距离高电压输电的优点，群众办得起、管得了、用得好。新中国成立以后，特别是改革开放以来，农村水电建设得到了快速发展。到2002年底，全国共兴建农村水电站4.22万座，装机容量达3115万kW，占全国水电装机容量的34.4%，年发电量1041.6亿kW·h，占全国水电年发电量的36.8%。与农村水电站配套的电网也相应得到稳步发展，全国共建成800多个以农村水电供电为主的县电网和40多个跨县的地区性农村水电电网，拥有10kV及以上高压输配电线路102万km、低压线路215.8万km、35kV及以上变电容量5077.9万kVA。全国有1/2的地域、1/3的县（市）和1/4的人口主要靠农村水电供电。

解决农业、农村发展和提高农民收入的“三农”问题是我国全面建设小康社会的关键。我国农村水电的开发率仅为21%，开发潜力很大。小水电开发技术和机电设备制造技术成熟。为充分发挥我国水能资源丰富的优势，使中小水电更好地为建设有中国特色的农村电气化服务，实行治本性扶贫，近年来国家加快了农村水电建设步伐。2003年水利系统全面启动了建设适应小康社会要求的水电农村电气化工作和小水电代燃料生态保护工程、无电乡村光明工程，并取得了非凡成绩，新增农村水电装机300万kW。

目前，农村水电投资主体中既有传统的水利企业、电力企业，又有社会法人、私人、外商、上市股份公司，各种形式并存。据不完全统计，2001、2002年私营企业投入农村水电的建设资金在60亿元以上，占这两年农村水电总投资的30%左右。在广泛吸引社会资金的同时，还积极争取国家政策性银行和世界银行的支持，开辟新的融资渠道。2003年，国家开发银行积极开展农村水电行业贷款合作；世界银行能源局负责人也表示，中国利用世行贷款实施农村水电开发，符合世行接受借款国所提项目必须具有的条件。

我国农村水电，有中央的好政策，有各级政府的支持，有行业组织的指导，有社会资本的投入，在广大农村干部群众的艰苦奋斗下，正生气勃勃地健康发展。

**六、准确树立和落实科学发展观，开创水电发展新局面**

我国的水电事业，尽管在发展过程中曾数度遭遇困难和挫折，但是仍然顽强地发展。我国水电建设，在过去曾先后受到了技术制约、投资制约、市场制约，当前又出现生态制约问题。社会各界围绕生态问题展开了如怒江该不该开发水电、都江堰的杨柳湖电站该不该建等的激烈讨论。有关三门峡大坝的争论本质也是这个问题。我们必须高度重视水电发展中的生态问题。

生态与环境是当前全社会所共同关心的问题。关注生态，是经济社会高度发展后，人们思想认识的升华所带来的必然结果。社会舆论对大坝与生态问题的关注是社会进步的表现。我们主张大力发展水电，就是由于水电是清洁能源，有利于保护环境、保护生态。因此，水电工作者应该比以往、也应该比任何人都更加重视生态和环境问题。对社会各界关于大坝和水利水电的不同看法，我们应持欢迎态度。但同时，对偏激的、全盘否定建坝的观点也不能苟同。发展是第一位的，是党执政兴国的第一要务。在发展中应牢记新的可持续发展理念，以科学发展观来统领新时期水电事业，实现可持续发展。

坚持科学发展观，就是要把水电的开发与对资源的利用、生态环境的影响、对我国经济的发展尤其是西部经济的拉动等因素综合起来考虑；就是要根据实际情况，针对具体项目进行具体分析，正确处理建坝与生态的关系；就是要在电站规划设计进行动能经济分析和综合效益评价的同时，认真做好生态环境评估，并在建设过程中充分重视每一个生态问题。

我国是发展中国家，与水电资源开发已基本完毕的发达国家有不同的国情。我国的化石能源资源中，油、气都不丰富，煤炭相对丰富些，但可能70年后就接近枯竭。而我国的水力资源居世界第一，目前的开发率不到20%。舍弃水电开发，将产生巨大的能源、交通、环境压力。据规划，我国2020年水电装机将达到2.5亿kW，发电量约8750亿kW·h。如用燃煤发电，就相当于每年要烧4.7亿t原煤，每年将产生二氧化碳6.8亿t、二氧化硫680万t、氮氧化合物250万t。按预测，2020年我国能源需求约为25亿t标准煤，如不开发这些水电，那资源和环境的压力将增加二成。我国的水电尤其是未开发的水电主要集中在西部，开发水电所产生的经济效益和社会效益对西部的贡献巨大，在某种程度上讲，支持水电开发就是支持西部大开发。此外，大中型水库的防洪减灾效益显著，目前每年在1000亿元以上；在山区开发小水电，以电代薪柴，解决农村居民生活燃料，有利于退耕还林、水土保持工程的实施。因此，在我国全面建设小康社会的征程中，水电还是要大开发的。

我们既要承担水电建设的任务，也要挑起生态保护的担子。我们关注的生态，是以人为本的生态，是大多数人赖以生存的生态，不是富人生态。在我国的水电建设可能引发的生态问题中，应特别注意做好库区移民安置工作。移民工作不是简单的一次性补偿给钱问题，而是一个解决被移人口生存和发展条件的系统工程。我们要认真总结经验教训，采用新的办法，启动新的机制，让背井离乡的百姓能分享水电建设的成果，以真正能摆脱贫困，走上共同富裕的道路。为此，政府和开发商要切实负起责任。

记载着2003年我国水电建设历程及汇集了我国水电事业成果的《中国水力发电年鉴》第八卷，编辑出版了。该卷是《中国水力发电年鉴》首次采用一年卷编辑出版的。在框架设计上，既保持了稳定性的要求，又体现了与时俱进的精神，全卷22个篇目、91个栏目中，有三分之一的篇目、栏目是新设立或调整的。在内容上，突出反映了三峡工程建设成就、电力体制改革情况和水电科技创新硕果，介绍了我国水电建设的世界之最和顶级技术，收集了水力资源复查、西电东送、南水北调、农村水电等方面的重要资料。全卷共600多个条目、210万字，其中有许多意义重大、影响深远、具有新意的大事、要事。《中国水力发电年鉴》第八卷编辑出版，很有意义。

中国水力发电工程学会秘书长

郦凤山

2004年9月1日

# 篇　　目

# 目 录

## 2 电力体制改革



## 3 三峡工程

# 4 西电东送

## 5 水力资源复查及流域开发



## 6 抽水蓄能电站



## 7 工程勘测

## 8　水　工　设　计



## 9　土　建　施　工

## 10　机电及金属结构

## 11 南水北调工程规划与进展



## 12 科学研究与技术创新

## 13 国际合作与技术交流



## 14 技术标准和技术图书出版

## 15 水电建设管理



## 16 生产运行及大坝安全

## 17 环境保护与水库移民



## 18 水电工程效益



## 19 农村水电及电气化

## 20　人物、机构与学术团体



## 21　统　计　资　料

## 22 大事记

## 内容索引

# CONTENTS

## 1. Specials

## 2. Structural reform of power industry

## 3. Three Gorges Project

## 4. West - East Power transmission

## 5. Re - exam of hydropower resources and river basins development



## 6. Pumped storage hydropower plants

## 7. Projects investigation



## 8. Hydraulic structures design

## 10. Electro - mechanical equipments and metal structures

## 13. International Cooperation and Exchange of Technologies



## 14. Technical norms and standards and scientific technical publications

## 15. Management of hydropower construction works

# 16. Production Operation and dam safety

## 17. Environmental protection and resettlement of reservoir area residents



## 18. Comprehensive benefits of hydropower projects

## 19. Rural hydropower projects and the rural electrification

## 20. Prominent figures, organizations and academic societies

## 21. Statistics Information



—*Translated by Chen Bingliang and Li Jianguo*

# 彩色插页目录

水闸泄洪

三峡夜景

运用单侧滑框倒模施工工艺施工的闸室薄壁衬砌墙

应用滑框倒模技术施工

高边坡预应力锚索施工

龙滩水电工程胜利截流，曹伯纯书记、翟若愚总经理、陆兵代主席在主席台上。

龙口合龙瞬间

龙滩水电工程胜利截流

乌江干流思林水电站进场公路开工仪式

2003年8月2日，乌江渡发电厂扩建工程首台机组并网发电。

2003年11月8日，乌江构皮滩水电站开工典礼仪式在构皮滩水电站坝址下游左岸砂石料拌和系统旁举行。

2003年11月，中国长江三峡工程总公司与中国水电西北勘测设计研究院签订乌东德水电站预可行性研究勘察设计合同。

2003年11月，湖北白莲河抽水蓄能有限责任公司与中国水电西北勘测设计研究院签订监理合同。

山西西龙池抽水蓄能电站开工

乐滩水电站施工现场

2003年11月，召开黄河拉西瓦水电站700MW水轮发电机组研究成果汇报及专家咨询会。

水布垭水电站

水布垭工程坝址下游，高边坡及滑坡体和变形体整治。

拉萨河直孔水电站开工奠基

昌都金河水电站施工现场

中国华电集团公司云南公司组织怒江水电考察

广东乳源瑶族自治县泉水水电厂拥有我国最薄的双曲拱坝。

湖南满天星电站大坝

水利部农村水电及电气化发展局领导到山西考察农网改造工作。

水利部农村水电及电气化发展局局长程回洲检查农网改造工作。

2003年9月18日～23日，川、滇、黔、桂四省（区）水电学会期刊工作研讨会暨秘书长工作会在蓉召开

2003年12月4日～5日，四川省水力发电工程学会秘书工作会议在都江堰召开

# 水 电 单 位 简 介

中国水利水电基础工程局

贵阳勘测设计研究院

中国长江三峡工程开发总公司

黄河上游水电开发有限责任公司

成都安特力边坡防护有限公司

北京奥技异电气技术研究所

1

# 特　　载

# 政 策 法 规

## 国务院办公厅关于深化安全生产专项整治工作的通知

（国办发［2003］60号）

各省、自治区、直辖市人民政府，国务院各部委、各直属机构：

安全生产专项整治是全国整顿和规范市场经济秩序工作的重要内容。自2001年4月国务院部署开展以煤矿、危险化学品、民用爆破器材和烟花爆竹、道路和水上交通运输、公共聚集场所消防安全等为主要内容的安全生产专项整治以来，各地区、各部门和各单位认真贯彻落实专项整治工作要求，采取有效措施，严厉打击无证非法开采和违法生产经营活动，取缔、关闭了一大批非法或不具备基本安全生产条件的小矿、小厂和生产经营网点，查处纠正了大量违规违章行为，排查和治理了大量事故隐患，安全生产条件有所改善，生产经营秩序明显好转，安全生产法制建设得到加强，全国安全生产状况总体稳定，趋向好转。但安全生产形势依然严峻，煤矿和非煤矿山、道路交通等领域事故多发的状况尚未从根本上扭转，重、特大事故仍然时有发生；一些证照不全、不具备安全生产条件的矿、厂、生产经营网点、个体运输户等仍在违法生产经营；一些整顿验收后恢复生产经营的单位安全管理出现滑坡；一些重大事故隐患仍未得到整改。为此，我们一定要把安全生产专项整治作为贯穿于整顿和规范社会主义市场经济秩序全过程的一项长期而艰巨的重要任务来抓。为巩固和扩大安全生产专项整治成果，把专项整治工作不断推向深入，促进全国安全生产状况的进一步改善，经国务院同意，现就有关事项通知如下：

### 一、深化安全生产专项整治工作的指导思想、原则和目标

深化安全生产专项整治要认真贯彻“安全第一，预防为主”的方针，全面实施《中华人民共和国安全生产法》，以煤矿和非煤矿山、道路和水上交通运输、危险化学品、民用爆破器材和烟花爆竹、人员密集场所消防安全等为重点，依法整治，强化执法；标本兼治，重在治本；常抓不懈，防止反弹；突出重点，全面推进。

把开展专项整治与学习宣传和贯彻《中华人民共和国安全生产法》结合起来，把深化整治的过程变成依法规范安全生产行为、建立安全生产法制秩序的过程；把专项整治与加强日常性监督管理结合起来，健全完善安全生产监管体系和监管工作机制；把专项整治与加强企业基础工作结合起来，建立预防为主、持续改进的企业安全生产自我约束机制；把专项整治与全面做好安全生产工作结合起来，持续不懈地抓好体制、法制和队伍建设，构建安全生产法律、信息、技术装备、宣传教育、培训和应急救援等支撑体系，建立安全生产的长效机制。

通过深化安全生产专项整治，坚决淘汰、关停不具备安全生产条件的生产经营单位，整顿和规范安全生产秩序；进一步健全和落实安全生产责任制，加大安全生产投入，提高各类企业安全生产水平；督促地方各级人民政府及有关部门切实履行安全生产监督管理职责，有效遏制重点行业和重点领域重、特大事故多发势头，推动全国安全生产状况的稳定好转。

### 二、深化安全生产专项整治工作的内容和要求

（一）以煤矿为重点的矿山安全整治

继续依法关闭非法和不具备安全生产条件的小煤矿和各类非煤小矿山，严厉查处已关闭取缔小煤矿和各类非煤小矿山擅自恢复生产的违法行为，严防死灰复燃。对通过停产整顿后已经省级政府验收并重新核发“四证”（即采矿许可证、煤炭生产许可证、营业执照和矿长资格证书）的小煤矿和整顿验收合格的非煤小矿山，要完善安全生产设施，改善安全生产条件，提高安全技术装备水平，落实隐患整改和灾害防治措施，增强防灾抗灾能力。没有经过验收的要继续整顿，验收之后安全管理不到位或严重滑坡的，要限期停产整顿；经整顿仍然达不到安全标准的，要依法关闭。加强对瓦斯灾害严重煤矿的监控，凡矿井通风系统不合理，瓦斯防治措施不到位，超通风能力生产的矿井，必须停产整顿，限期达标。要加强改制矿山企业安全生产工作的管理，对依法以租赁、承包、拍卖、股份合作、

破产重组等形式进行改制的矿山企业，必须督促落实关于安全生产保障的各项规定，建立健全安全生产责任制，依法加强安全生产工作。

（二）道路和水上交通运输安全整治

对安全生产责任制不健全、安全防范措施不落实、事故多发的交通运输企业，要坚决停运整顿。对不符合安全要求、隐患较大的交通运输企业、个体运输户，要立即停业停运；经整改仍然不合格的，要依法吊销其营业执照和运输工具牌照。加大道路交通违章查纠力度，严肃查纠带病车辆上路、无证经营、农用车非法载客、客货混装以及超载、超速、疲劳驾驶、无证驾驶、酒后驾车、逆向行驶等违规违章行为。依法取缔生产或改装不符合国家要求的汽车生产单位。加大事故多发路段重大隐患的治理整顿力度。坚决取缔不符合资质规定的客运和危险品船舶运输经营者，整顿违规经营客（渡）船、客滚船、高速客船、旅游船、危险品等“四客一危”船舶的企业，严肃查处农用船舶、渔业船舶和其他未经交通部门许可的船舶载客营运，取缔无证无照和达到报废年限仍在运营的船舶。

（三）危险化学品安全整治

严格危险化学品管理，加强监督执法，凡未经批准，非法从事危险化学品生产、储存、运输、销售和使用的企业，一律取缔并予以处罚。对采用国家明令淘汰的落后工艺装备、不符合安全生产条件、存在重大隐患的从业单位，要坚决关闭。督促有关企业和业主依法做好对危险化学品生产、储存装置的安全评价工作，查找事故隐患，落实安全措施，对隐患和问题严重的单位要立即停产整顿。加强危险化学品运输企业、运输工具和从业人员资质管理，严格危险化学品运输监管、严厉打击非法从事危险化学品运输的行为；经营单位必须具备法律规定的安全生产条件，取得危险化学品经营许可证，做到持证经营，严禁无证销售。加强对危险化学品使用单位的安全整治，对使用氰化物的小金矿、小电镀厂、小电子器件厂等，要依法予以关闭。

（四）民用爆破器材和烟花爆竹安全整治

督促民用爆破器材和烟花爆竹从业单位完善安全生产责任制，加强对从业人员的安全培训。继续取缔、关闭非法和不具备安全生产条件的生产经营厂点。对生产车间、仓库等达不到国家有关安全技术标准的企业，要限期整改、限量储存；整改不合格的，吊销许可证并予以关闭。严格原材料和产品出入库登记制度，加强守卫看护，建立健全民用爆破器材流向登记制度和监控网络，严格雷管编号登记管理，防止丢失被盗。继续抓好民用爆破器材和烟花爆竹销售领域的清理整顿，对非法经营销售和使用者要依法查处。

（五）人员密集场所消防安全整治

要认真贯彻执行《中华人民共和国消防法》等法律法规，落实消防安全责任制，加强公共消防设施的建设，提高防御火灾能力。当前，要把人员密集场所消防安全疏散通道、安全出口作为深入整治的重点。凡疏散通道、疏散楼梯和安全出口被封堵、占用或在营业、生产、有人住宿期间被锁闭的，必须当场改正。应急照明设置的场所、位置、数量不符合消防技术规范要求的，常闭式防火门闭门装置损坏不能保持常闭状态的，疏散门开启方向错误的，以及商住楼经营部分与住宅部分的安全出口未分开设置的，要限期整改。在人员密集场所的疏散通道、疏散楼梯、安全出口处设置铁栅栏的和在公共区域的外窗（包括学生、幼儿、老人、病员的集体宿舍和员工休息的房间外窗）安装金属护栏影响消防安全疏散和应急救援的，要立即拆除。对拒不按上述要求整改或逾期不整改的，要依法强制实施并予以处罚。

（六）其他相关领域的整治

加强对建筑施工企业的安全监管，对不具备安全生产条件、不执行国家强制性标准、存在重大隐患、不认真进行整改以致发生重大事故的建筑施工企业，要限期整改并降低资质，情节严重的，要依法吊销资质证书和营业执照。要按照国家法律法规和强制性标准确定，对城市轨道交通的车辆、供电系统、信号系统、防灾报警系统、通风排烟系统以及救援防护用品等设施设备存在的事故隐患进行全面排查和整治，建立重、特大事故、突发事件应急预案和处罚机制；要认真做好对城市燃气企业、供气管道的安全检查，防止民用燃气泄漏、爆炸事故发生。加强特种设备生产、使用、检验检测监督管理工作，坚决查处非法制造、非法安装、非法使用、无证操作等违法行为；进一步开展特种设备安全的普查整治工作，凡隐患严重、不及时整改的，必须停止运行。

民航、铁路、旅游、电力、冶金、机械、轻工、军工、林业、纺织、教育等行业和领域，也要在前一阶段工作的基础上，深化安全整治工作，落实整治措施，消除事故隐患。

## 三、进一步加强对深化安全生产专项整治工作的领导

（一）加强领导，落实责任

深化安全生产专项整治工作要坚持全国统一领导，地方人民政府负责具体实施，国务院主管部门负责指导，国家安全生产监督管理局（国家煤矿安全监察局，下同）负责监督协调，各方面联合行动，全社会齐抓共管。

地方各级人民政府要充分认识安全生产专项整治工作的长期性、艰巨性和复杂性，进一步加强对整治工作的领导，建立健全安全生产责任制，并认真抓好落实，把安全生产的责任和措施落实到乡镇、企业。各有关部门要切实抓好安全生产督促指导工作。在深化专项整治工作中，国家安全生产监督管理局牵头负责指导煤矿及非煤矿山安全整治、烟花爆竹安全整治和危险化学品安全整治（其中危险化学品运输的安全整治，分别由公安部和交通部根据职责分工负责指导），公安部牵头负责指导道路交通安全和人员密集场所消防安全整治，交通部牵头负责指导水上交通安全整治，国防科工委牵头负责指导民用爆破器材安全整治，建设部牵头负责指导建筑施工、城市轨道交通和城市燃气安全整治，农业部牵头负责指导农机和渔船安全整治，质检总局牵头负责指导特种设备的安全整治，其他各方面的安全整治，由各相关部门负责指导。各项整治工作所涉及的部门要积极配合，大力协调，并建立安全生产专项整治通气汇报制度，及时沟通情况，协调行动，提高整治工作的效率。

（二）加强监督检查，严格责任追究

国家安全生产监督管理局和监察部要会同有关部门组织重点检查和专项督抽，监督检查各地区、各部门的落实情况。对监督检查中发现的问题，以及重大危险源和重大隐患的监控、整改情况，要及时通知当地政府部门。对不认真履行职责、监管不力、失职渎职的领导干部和国家工作人员，以及造成事故的直接责任人员和有关责任人员，都要依法追究责任，构成犯罪的要依法追究其刑事责任。对发生的重、特大事故，要严格按照有关法规要求，一查到底，查明事故原因和责任，按时完成事故调查并批复结案。要把安全生产的责任追究与“打黑除恶”、惩治腐败、社会治安综合治理结合起来，坚决打掉保护伞，有效防范重、特大事故的发生。

（三）加强制度建设，标本兼治

完善《中华人民共和国安全生产法》配套法规和规章，加快安全生产标准的制定和修订工作，建立健全地方性安全生产法规规章，使深化整治和安全生产各方面工作都有法可依，有章可循。建立健全重大危险源监控制度，所有重大危险源都要落实监控责任并向主管部门报告和向安全生产监察机构备案。建立重大隐患整改制度，所有重大事故隐患的整改都要做到责任、人员、资金、时间“四落实”。对有关建设项目要严格实行“三同时”（即安全设施与主体工程同时设计、同时施工、同时投产使用）制度，并相应组织设计审查和竣工验收，从源头上把住安全生产关。

（四）开展企业安全评估，实施分类指导

通过评估，将企业的安全状况划分出不同等级。对安全状况差的企业要加强监督，进行重点整治，淘汰不具备安全生产条件的企业和严重危及安全生产的工艺、设备。要抓紧对煤矿、非煤矿山和危险化学品等重点领域的企业，以及发生过重大事故的其他非公有制企业进行安全评估，并确保质量和进度。其他领域企业的安全评估工作也要尽快启动。

（五）搞好宣传教育，加强舆论监督

各级地方人民政府及其安全生产监管监察机构，要加强《中华人民共和国安全生产法》等有关法律法规的宣传教育，普及安全生产法律知识，强化从业人员的安全生产意识，提高从业人员的安全技能，使生产经营企业牢固树立“安全第一，预防为主”的思想和守法生产经营的观念，为安全生产专项整治工作创造良好的环境。要强化社会监督，继续利用公开举报电话、政府网站、信箱等途径，鼓励群众举报。对整治工作严重滞后，整治期间发生重、特大生产安全事故的，要在新闻媒体上曝光。

二〇〇三年六月二十二日

## 工程建设项目勘察设计招标投标办法

中华人民共和国国家发展和改革委员会
中华人民共和国建设部
中华人民共和国铁道部
中华人民共和国交通部
中华人民共和国信息产业部
中华人民共和国水利部
中国民用航空总局
国家广播电影电视总局

### 第2号令

为规范工程建设项目勘察设计招标投标活动，提高经济效益，保证工程质量，依据《中华人民共和国招标投标法》，特制定《工程建设项目勘察设计招标投标办法》，现予以发布，自2003年8月1日起施行。

国家发展和改革委员会主任：马　凯
建设部部长：汪光焘
铁道部部长：刘志军
交通部部长：张春贤
信息产业部部长：王旭东
水利部部长：汪恕诚
中国民用航空总局局长：杨元元
国家广播电影电视总局局长：徐光春

二〇〇三年六月十二日

# 工程建设项目勘察设计招标投标办法

## 第一章　总　　则

**第一条**　为规范工程建设项目勘察设计招标投标活动，提高投资效益，保证工程质量，根据《中华人民共和国招标投标法》制定本办法。

**第二条**　在中华人民共和国境内进行工程建设项目勘察设计招标投标活动，适用本办法。

**第三条**　工程建设项目符合《工程建设项目招标范围和规模标准规定》（国家计委令第3号）规定的范围和标准的，必须依据本办法进行招标。任何单位和个人不得将依法必须进行招标的项目化整为零或者以其他任何方式规避招标。

**第四条**　按照国家规定需要政府审批的项目，有下列情形之一的，经批准，项目的勘察设计可以不进行招标：

（一）涉及国家安全、国家秘密的；

（二）抢险救灾的；

（三）主要工艺、技术采用特定专利或者专有技术的；

（四）技术复杂或专业性强，能够满足条件的勘察设计单位少于三家，不能形成有效竞争的；

（五）已建成项目需要改、扩建或者技术改造，由其他单位进行设计影响项目功能配套性的。

**第五条**　勘察设计招标工作由招标人负责。任何单位和个人不得以任何方式非法干涉招标投标活动。

**第六条**　各级发展计划、经贸、建设、铁道、交通、信息产业（通信、电子）、水利、民航、广电等部门依照《国务院办公厅印发国务院有关部门实施招标投标活动行政监督的职责分工意见的通知》（国办发［2000］34号）和各地规定的职责分工，对工程建设项目勘察设计招标投标活动实施监督，依法查处招标投标活动中的违法行为。

## 第二章　招　　标

**第七条**　招标人可以依据工程建设项目的不同特点，实行勘察设计一次性总体招标；也可以在保证项目完整性、连续性的前提下，按照技术要求实行分段或分项招标。

招标人不得利用前款规定将依法必须进行招标的项目化整为零，或者以其他任何方式规避招标。

**第八条**　依法必须招标的工程建设项目，招标人可以对项目的勘察、设计、施工以及与工程建设有关的重要设备、材料的采购，实行总承包招标。

**第九条**　依法必须进行勘察设计招标的工程建设项目，在招标时应当具备下列条件：

（一）按照国家有关规定需要履行项目审批手续的，已履行审批手续，取得批准；

（二）勘察设计所需资金已经落实；

（三）所必需的勘察设计基础资料已经收集完成；

（四）法律法规规定的其他条件。

**第十条**　工程建设项目勘察设计招标分为公开招标和邀请招标。

全部使用国有资金投资或者国有资金投资占控股或者主导地位的工程建设项目，以及国务院发展和改革部门确定的国家重点项目和省、自治区、直辖市人民政府确定的地方重点项目，除符合本办法第十一条规定条件并依法获得批准外，应当公开招标。

**第十一条**　依法必须进行勘察设计招标的工程建设项目，在下列情况下可以进行邀请招标：

（一）项目的技术性、专业性较强，或者环境资源条件特殊，符合条件的潜在投标人数量有限的；

（二）如采用公开招标，所需费用占工程建设项目总投资的比例过大的；

（三）建设条件受自然因素限制，如采用公开招标，将影响项目实施时机的。

招标人采用邀请招标方式的，应保证有三个以上具备承担招标项目勘察设计的能力，并具有相应资质的特定法人或者其他组织参加投标。

**第十二条**　招标人应当按招标公告或者投标邀请书规定的时间、地点出售招标文件或者资格预审文件。自招标文件或者资格预审文件出售之日起至停止出售之日止，最短不得少于五个工作日。

**第十三条**　进行资格预审的，招标人只向资格预审合格的潜在投标人发售招标文件，并同时向资格预审不合格的潜在投标人告知资格预审结果。

**第十四条**　凡是资格预审合格的潜在投标人都应被允许参加投标。

招标人不得以抽签、摇号等不合理条件限制或者排斥资格预审合格的潜在投标人参加投标。

**第十五条**　招标人应当根据招标项目的特点和需要编制招标文件。

勘察设计招标文件应当包括下列内容：

（一）投标须知；

（二）投标文件格式及主要合同条款；

（三）项目说明书，包括资金来源情况；

（四）勘察设计范围，对勘察设计进度、阶段和深度要求；

（五）勘察设计基础资料；

（六）勘察设计费用支付方式，对未中标人是否给予补偿及补偿标准；

（七）投标报价要求；

（八）对投标人资格审查的标准；

（九）评标标准和方法；

（十）投标有效期。

投标有效期，是招标文件中规定的投标文件有效期，从提交投标文件截止日起计算。

对招标文件的收费应仅限于补偿编制及印刷方面的成本支出，招标人不得通过出售招标文件谋取利益。

**第十六条** 招标人负责提供与招标项目有关的基础资料，并保证所提供资料的真实性、完整性。涉及国家秘密的除外。

**第十七条** 对于潜在投标人在阅读招标文件和现场踏勘中提出的疑问，招标人可以书面形式或召开投标预备会的方式解答，但需同时将解答以书面方式通知所有招标文件收受人。该解答的内容为招标文件的组成部分。

**第十八条** 招标人可以要求投标人在提交符合招标文件规定要求的投标文件外，提交备选投标文件，但应当在招标文件中做出说明，并提出相应的评审和比较办法。

**第十九条** 招标人应当确定潜在投标人编制投标文件所需要的合理时间。

依法必须进行勘察设计招标的项目，自招标文件开始发出之日起至投标人提交投标文件截止之日止，最短不得少于二十日。

**第二十条** 除不可抗力原因外，招标人在发布招标公告或者发出投标邀请书后不得终止招标，也不得在出售招标文件后终止招标。

## 第三章 投 标

**第二十一条** 投标人是响应招标、参加投标竞争的法人或者其他组织。

在其本国注册登记，从事建筑、工程服务的国外设计企业参加投标的，必须符合中华人民共和国缔结或者参加的国际条约、协定中所作的市场准入承诺以及有关勘察设计市场准入的管理规定。

投标人应当符合国家规定的资质条件。

**第二十二条** 投标人应当按照招标文件的要求编制投标文件。投标文件中的勘察设计收费报价，应当符合国务院价格主管部门制定的工程勘察设计收费标准。

**第二十三条** 投标人在投标文件有关技术方案和要求中不得指定与工程建设项目有关的重要设备、材料的生产供应者，或者含有倾向或者排斥特定生产供应者的内容。

**第二十四条** 招标文件要求投标人提交投标保证金的，保证金数额一般不超过勘察设计费投标报价的百分之二，最多不超过十万元人民币。

**第二十五条** 在提交投标文件截止时间后到招标文件规定的投标有效期终止之前，投标人不得补充、修改或者撤回其投标文件，否则其投标保证金将被没收。评标委员会要求对投标文件作必要澄清或者说明的除外。

**第二十六条** 投标人在投标截止时间前提交的投标文件，补充、修改或撤回投标文件的通知，备选投标文件等，都必须加盖所在单位公章，并且由其法定代表人或授权代表签字。

招标人在接收上述材料时，应检查其密封或签章是否完好，并向投标人出具标明签收人和签收时间的回执。

**第二十七条** 以联合体形式投标的，联合体各方应签订共同投标协议，连同投标文件一并提交招标人。

联合体各方不得再单独以自己名义，或者参加另外的联合体投同一个标。

**第二十八条** 联合体中标的，应指定牵头人或代表，授权其代表所有联合体成员与招标人签订合同，负责整个合同实施阶段的协调工作。但是，需要向招标人提交由所有联合体成员法定代表人签署的授权委托书。

**第二十九条** 投标人不得以他人名义投标，也不得利用伪造、转让、无效或者租借的资质证书参加投标，或者以任何方式请其他单位在自己编制的投标文件代为签字盖章，损害国家利益、社会公共利益和招标人的合法权益。

**第三十条** 投标人不得通过故意压低投资额、降低施工技术要求、减少占地面积，或者缩短工期等手段弄虚作假，骗取中标。

## 第四章 开标、评标和中标

**第三十一条** 开标应当在招标文件确定的提交投标文件截止时间的同一时间公开进行；除不可抗力原因外，招标人不得以任何理由拖延开标，或者拒绝开标。

**第三十二条** 评标工作由评标委员会负责。评标委员会的组成方式及要求，按《中华人民共和国招标投标法》及《评标委员会和评标方法暂行规定》（国家计委等七部委联合令第 12 号）的有关规定执行。

**第三十三条** 勘察设计评标一般采取综合评估法进行。评标委员会应当按照招标文件确定的评标标准和方法，结合经批准的项目建议书、可行性研究报告或者上阶段设计批复文件，对投标人的业绩、信誉和勘察设计人员的能力以及勘察设计方案的优劣进行综合评定。

招标文件中没有规定的标准和方法，不得作为评标的依据。

**第三十四条** 评标委员会可以要求投标人对其技术文件进行必要的说明或介绍，但不得提出带有暗示性或诱导性的问题，也不得明确指出其投标文件中的遗漏和错误。

**第三十五条** 根据招标文件的规定，允许投标人投备选标的，评标委员会可以对中标人所提交的备选标进行评审，以决定是否采纳备选标。不符合中标条件的投标人的备选标不予考虑。

**第三十六条** 投标文件有下列情况之一的，应作废标处理或被否决：

（一）未按要求密封；

（二）未加盖投标人公章，也未经法定代表人或者其授权代表签字；

（三）投标报价不符合国家颁布的勘察设计收费标准，或者低于成本恶性竞争的；

（四）未响应招标文件的实质性要求和条件的；

（五）以联合体形式投标，未向招标人提交共同投标协议的。

**第三十七条** 投标人有下列情况之一的，其投标应作废标处理或被否决：

（一）未按招标文件要求提供投标保证金；

（二）与其他投标人相互串通报价，或者与招标人串通投标的；

（三）以他人名义投标，或者以其他方式弄虚作假；

（四）以向招标人或者评标委员会成员行贿的手段谋取中标的；

（五）联合体通过资格预审后在组成上发生变化，含有未经过资格预审或者资格预审不合格的法人或者其他组织；

（六）投标文件中标明的投标人与资格预审的申请人在名称和组织结构上存在实质性差别的。

**第三十八条** 评标委员会完成评标后，应当向招标人提出书面评标报告，推荐合格的中标候选人。

评标报告的内容应当符合《评标委员会和评标方法暂行规定》第四十二条的规定。但是，评标委员会决定否决所有投标的，应在评标报告中详细说明理由。

**第三十九条** 评标委员会推荐的中标候选人应当限定在一至三人，并标明排列顺序。

能够最大限度地满足招标文件中规定的各项综合评价标准的投标人，应当推荐为中标候选人。

**第四十条** 使用国有资金投资或国家融资的工程建设项目，招标人一般应当确定排名第一的中标候选人为中标人。

排名第一的中标候选人放弃中标、因不可抗力提出不能履行合同，或者招标文件规定应当提交履约保证金而在规定的期限内未能提交的，招标人可以确定排名第二的中标候选人为中标人。

排名第二的中标候选人因前款规定的同样原因不能签订合同的，招标人可以确定排名第三的中标候选人为中标人。

**第四十一条** 招标人应在接到评标委员会的书面评标报告后十五日内，根据评标委员会的推荐结果确定中标人，或者授权评标委员会直接确定中标人。

**第四十二条** 招标人和中标人应当自中标通知书发出之日起三十日内，按照招标文件和中标人的投标文件订立书面合同。

中标人履行合同应当遵守《合同法》以及《建设工程勘察设计管理条例》中勘察设计文件编制实施的有关规定。

**第四十三条** 招标人不得以压低勘察设计费、增加工作量、缩短勘察设计周期等作为发出中标通知书的条件，也不得与中标人再行订立背离合同实质性内容的其他协议。

**第四十四条** 招标人与中标人签订合同后五个工作日内，应当向中标人和未中标人一次性退还投标保证金。招标文件中规定给予未中标人经济补偿的，也应在此期限内一并给付。

招标文件要求中标人提交履约保证金的，中标人应当提交；经中标人同意，可将其投标保证金抵作履约保证金。

**第四十五条** 招标人应当在将中标结果通知所有未中标人后七个工作日内，逐一返还未中标人的投标文件。

招标人或者中标人采用其他未中标人投标文件中技术方案的，应当征得未中标人的书面同意，并支付合理的使用费。

**第四十六条** 评标定标工作应当在投标有效期结束日三十个工作日前完成，不能如期完成的，招标人应当通知所有投标人延长投标有效期。

同意延长投标有效期的投标人应当相应延长其投标担保的有效期，但不得修改投标文件的实质性内容。

拒绝延长投标有效期的投标人有权收回投标保证金。招标文件中规定给予未中标人补偿的，拒绝延长的投标人有权获得补偿。

**第四十七条** 依法必须进行勘察设计招标的项目，招标人应当在确定中标人之日起十五日内，向有关行政监督部门提交招标投标情况的书面报告。

书面报告一般应包括以下内容：

（一）招标项目基本情况；

（二）投标人情况；

（三）评标委员会成员名单；

（四）开标情况；

（五）评标标准和方法；

（六）废标情况；

（七）评标委员会推荐的经排序的中标候选人名单；

（八）中标结果；

（九）未确定排名第一的中标候选人为中标人的原因；

（十）其他需说明的问题。

**第四十八条**　在下列情况下，招标人应当依照本办法重新招标：

（一）资格预审合格的潜在投标人不足三个的；

（二）在投标截止时间前提交投标文件的投标人少于三个的；

（三）所有投标均被作废标处理或被否决的；

（四）评标委员会否决不合格投标或者界定为废标后，因有效投标不足三个使得投标明显缺乏竞争，评标委员会决定否决全部投标的；

（五）根据第四十六条规定，同意延长投标有效期的投标人少于三个的。

**第四十九条**　招标人重新招标后，发生本办法第四十八条情形之一的，属于按照国家规定需要政府审批的项目，报经原项目审批部门批准后可以不再进行招标；其他工程建设项目，招标人可自行决定不再进行招标。

## 第五章　罚　　则

**第五十条**　依法必须进行勘察设计招标的项目，招标人有下列情况之一的，责令改正，可以并处一万元以上三万元以下罚款；情节严重的，招标无效：

（一）不具备招标条件而进行招标的；

（二）应当公开招标而不公开招标的；

（三）应当发布招标公告而不发布的；

（四）不在指定媒介发布依法必须招标项目的招标公告的；

（五）未经批准采用邀请招标方式的；

（六）自招标文件或者资格预审文件出售之日起至停止出售之日止，时间少于五个工作日的；

（七）自招标文件开始发出之日起至提交投标文件截止之日止，时间少于二十日的；

（八）非因不可抗力原因，在发布招标公告、发出投标邀请书或者发售资格预审文件或招标文件后终止招标的。

**第五十一条**　以联合体形式投标的，联合体成员又以自己名义单独投标，或者参加其他联合体投同一个标的，责令改正，可以并处一万元以上三万元以下罚款。

**第五十二条**　依法必须进行招标的项目的投标人以他人名义投标，利用伪造、转让、租借、无效的资质证书参加投标，或者请其他单位在自己编制的投标文件上代为签字盖章，弄虚作假，骗取中标的，中标无效。尚未构成犯罪的，处中标项目金额千分之五以上千分之十以下的罚款，对单位直接负责的主管人员和其他直接责任人员处单位罚款数额百分之五以上百分之十以下的罚款；有违法所得的，并处没收违法所得；情节严重的，取消其一年至三年内参加依法必须进行招标的项目的投标资格并予以公告，直至由工商行政管理机关吊销营业执照。

**第五十三条**　招标人以抽签、摇号等不合理的条件限制或者排斥资格预审合格的潜在投标人参加投标，对潜在投标人实行歧视待遇的，强制要求投标人组成联合体共同投标的，或者限制投标人之间竞争的，责令改正，可以处一万元以上五万元以下的罚款。

**第五十四条**　评标过程有下列情况之一的，评标无效，应当依法重新进行评标或者重新进行招标，可以并处三万元以下的罚款：

（一）使用招标文件没有确定的评标标准和方法的；

（二）评标标准和方法含有倾向或者排斥投标人的内容，妨碍或者限制投标人之间竞争，且影响评标结果的；

（三）应当回避担任评标委员会成员的人参与评标的；

（四）评标委员会的组建及人员组成不符合法定要求的；

（五）评标委员会及其成员在评标过程中有违法行为，且影响评标结果的。

**第五十五条**　下列情况属于招标人与中标人不按照招标文件和中标人的投标文件订立合同，责令改正，可以处中标项目金额千分之五以上千分之十以下的罚款；

（一）招标人以压低勘察设计费、增加工作量、缩短勘察设计周期等作为发出中标通知书的条件；

（二）招标人无正当理由不与中标人订立合同的；

（三）招标人向中标人提出超出招标文件中主要合同条款的附加条件，以此作为签订合同的前提条件；

（四）中标人无正当理由不与招标人签订合同的；

（五）中标人向招标人提出超出其投标文件中主要条款的附加条件，以此作为签订合同的前提条件；

（六）中标人拒不按照要求提交履约保证金的。

因不可抗力造成上述情况的，不适用前款规定。

**第五十六条**　本办法对违法行为及其处罚措施未做规定的，依据《中华人民共和国招标投标法》和有关法律、行政法规的规定执行。

## 第六章　附　　则

**第五十七条**　使用国际组织或者外国政府贷款、援助资金的项目进行招标，贷款方、资金提供方对工程勘察设计招标投标的条件和程序另有规定的，可以适用其规定，但违背中华人民共和国社会公共利益的除外。

**第五十八条**　本办法发布之前有关勘察设计招标投标的规定与本办法不一致的，以本办法为准。法律或者行政法规另有规定的，从其规定。

**第五十九条**　本办法由国家发展和改革委员会会同有关部门负责解释。

**第六十条**　本办法自2003年8月1日起施行。

# 电力市场监管办法（试行）

（国家电力监管委员会）

## 目　　录



## 第一章　总　　则

**第一条**　为规范电力市场，保证电力市场的统一、开放、竞争、有序，根据有关法律法规和国务院的规定，制定本办法。

**第二条**　本办法适用于中华人民共和国境内的电力市场监管。

**第三条**　电力监管机构遵循依法、公正、透明的原则，依法独立行使电力市场监管职责，不受其他组织和个人的非法干涉。

## 第二章　监管对象及内容

**第四条**　电力市场中被监管的对象包括电力市场主体和市场运营机构，电力市场主体包括按规定获得电力业务许可证的发电企业、电网经营企业、供电企业（含独立配售电企业）和经核准的用户；市场运营机构是指电力调度交易中心

**第五条**　电力监管机构对所有市场主体和市场运营机构实施下列监管：

（一）履行系统安全义务的情况；

（二）进入和退出电力市场的情况；

（三）参与电力市场的资质情况；

（四）披露电力市场信息的情况；

（五）执行各类技术标准、安全标准、定额标准、质量标准的情况。

**第六条**　电力监管机构对发电企业同时实施下列监管：

（一）在各区域电力市场中的份额不得超过规定比例；

（二）企业由于新增装机、租赁经营或兼并、重组、股权变动而超出市场规则允许范围，形成市场操纵力的行为；

（三）不正当竞争、串通报价和违规交易行为；

（四）执行市场运营机构调度指令的情况。

**第七条**　电力监管机构对电网经营企业同时实施下列监管：

（一）无歧视、公平开放电网，提供输电服务的情况；

（二）资产收益的情况；

（三）所属发电企业发电情况；

（四）执行输电价格的情况。

对从事供电业务的电网经营企业，电力监管机构同时按本办法第八条的规定实施监管。

**第八条**　电力监管机构对供电企业同时实施下列监管：

（一）作为购电方时的市场交易行为；

（二）执行配、售电价格的情况；

（三）供电服务质量及电能质量。

**第九条**　电力监管机构对市场运营机构同时实施下列监管：

（一）按规定实施电力调度的情况；

（二）按电力市场运营规则组织电力市场交易的情况；

（三）获取辅助服务的方式和费用管理情况；

（四）电力市场结算的执行情况；

（五）对电力市场的干预行为；

（六）对电力市场技术支持系统的建设、维护、运营和管理的情况。

**第十条**　电力监管机构监管用户在电力市场中的交易行为。

## 第三章 电力市场运营规则的管理

**第十一条** 电力监管机构负责电力市场运营规则的制定和管理。电力市场运营规则包括：电力市场运营基本规则、区域电力市场运营规则、与区域电力市场运营规则配套的有关细则。

**第十二条** 国家电力监管委员会制定电力市场运营基本规则；区域电力监管机构拟定电力市场运营规则，报国家电力监管委员会批准后执行；区域电力监管机构制定与区域电力市场运营规则配套的有关细则，报国家电力监管委员会备案。

**第十三条** 遇下列情形之一时，电力监管机构应当修改电力市场运营规则：

（一）国家法律或政策发生重大调整时；

（二）市场运行环境发生重大变化时；

（三）市场主体或市场运营机构提议修改、电力监管机构认为确有必要时；

（四）电力监管机构认为必要的其他情形。

**第十四条** 电力市场运营规则修改的权限应当按照与规则制定的权限一致的原则进行。

**第十五条** 电力监管机构制定、修改电力市场运营规则，应当充分听取市场主体、市场运营机构及相关利益主体和社会有关方面的意见，重大修改应当依法组织听证会。

## 第四章 电力市场准入与退出

**第十六条** 电力市场实行准入注册制度。经准入注册的电力市场主体方可以参与市场交易。

**第十七条** 市场准入应当符合以下条件：

（一）持有电力业务许可证并在工商行政管理部门登记、注册；

（二）承诺遵守电力市场运营的法律法规；

（三）自动化系统、数据通信系统等技术条件满足电力市场的要求；

（四）电力监管机构规定的其他条件。

**第十八条** 市场准入的程序是：

（一）市场主体向电力监管机构提出申请并提供相应资料。

（二）电力监管机构对申请材料进行审查。符合条件的，应于30日内批准，并书面通知市场运营机构注册。不符合条件的，应在30日内书面通知申请人并说明理由。

（三）电力监管机构应当及时将申请及其处理情况公告其他市场主体。

**第十九条** 市场主体可以申请退出电力市场。市场主体申请退出市场的程序是：

（一）市场主体应当至少提前30日向电力监管机构提出申请；

（二）电力监管机构应在接到申请材料之日起30日内做出决定并书面通知申请人；

（三）同意其退出的，电力监管机构应当明确其退出的时间，并及时将决定通知市场运营机构注销其注册；不同意其退出的，电力监管机构应当书面说明理由；

（四）电力监管机构应当及时将申请及其处理情况公告其他市场主体；

（五）电力市场主体在退出之前，应当保持生产经营的连续性，完成有关资料、信息、合同的转移工作。

**第二十条** 市场主体违反市场规则情节严重的，电力监管机构有权责令其停止市场竞价。电力监管机构责令市场主体停止市场竞价的程序是：

（一）电力监管机构根据处罚决定，提前30日书面通知市场主体停止市场竞价的时间及原因；

（二）电力监管机构应当及时将决定通知市场运营机构；

（三）电力监管机构根据市场主体的整改情况决定其何时恢复市场竞价，恢复市场竞价的决定应当提前30日书面通知市场主体；

（四）电力监管机构应当及时将恢复市场竞价的决定通知市场运营机构；

（五）电力监管机构应当及时将停止及恢复市场竞价的决定公告其他市场主体；

（六）电力市场主体在停止市场竞价的过程中，应当保持生产经营的连续性，完成有关资料、信息、合同的转移工作。

## 第五章 电力市场干预与市场中止

**第二十一条** 出现下列情形之一时，市场运营机构可以进行市场干预：

（一）系统出力不足以致无法按市场规则正常运行时；

（二）系统内发生重大事故危及电网安全时；

（三）自动化系统、数据通信系统等发生故障导致交易无法正常进行；

（四）电力监管机构做出市场中止决定时；

（五）其他必要的情形。

**第二十二条** 当系统出现下列情形之一时，电力监管机构可以做出市场中止的决定：

（一）电力市场没有按照规则的规定运行和管理；

（二）市场运营规则不能适应市场交易的需要，必须进行重大修改；

（三）自动化系统、数据通信系统等发生重大故障，长时间导致交易无法进行；

（四）发生不可抗力导致不能竞价交易或没有必要进行电力交易；

（五）其他必须中止市场交易的情形。

**第二十三条** 电力市场干预、中止时，电力交易价格、交易方式由电力监管机构决定。

**第二十四条** 电力市场干预、中止期间，市场运营机构应当采取措施保证系统安全，并记录干预、中止的过程。

## 第六章 市场争议与违规处理

**第二十五条** 市场主体之间、市场主体和市场运营机构之间因市场交易发生争议时，由电力监管机构依法进行协调和处理。

**第二十六条** 电力监管机构按照下列程序处理市场争议：

（一）争议方应向电力监管机构提出争议处理申请，说明事实、理由及依据。

（二）属于市场监管范围的争议，电力监管机构应当受理。不属于市场监管范围的争议，不予受理并说明理由。

（三）电力监管机构受理后，可以进行调查取证。必要时，可聘请与争议各方无利害关系的专家和组织参加调查取证。

（四）电力监管机构应于受理争议申请30日内，召集争议双方进行调解，积极促使双方当事人互相谅解，达成调解协议。

（五）调解成立的，双方当事人应当签署调解协议。调解不成立或者当事人不履行调解协议的，电力监管机构应当告知当事人根据仲裁协议向仲裁机构申请仲裁，或者向人民法院起诉。

**第二十七条** 电力监管机构调处市场争议，应当自受理之日起两个月内调解终结。遇有特殊情况确需延长的，可以适当延长，但延长期不得超过一个月。调解终结后，应当制作调解终结书。

**第二十八条** 有下列违规行为之一的，由电力监管机构查处：

（一）提供虚假材料或以其他欺骗手段取得市场准入资格的；

（二）串通、操纵电力市场价格的；

（三）市场运营机构违反市场规则，对市场主体有歧视行为的；

（四）提供虚假信息或不按市场规则提供监管信息的；

（五）不能及时参与结算，侵害其他市场主体利益的；

（六）其他严重违反市场规则的。

**第二十九条** 电力监管机构按照《行政处罚法》的相关规定处理市场违规行为。

**第三十条** 当事人如对电力监管机构处理决定不服，可以依法申请行政复议或者提起行政诉讼。

## 第七章 监管信息与披露

**第三十一条** 市场主体、市场运营机构应当按电力市场运营规则披露有关信息，并确保信息的及时、真实、准确和完整。电力监管机构负责制定电力市场信息的收集、管理、使用办法。

**第三十二条** 电力监管机构、市场主体、市场运营机构不得泄露影响公平竞争的交易秘密信息。

**第三十三条** 电力监管机构应当及时向市场主体、市场运营机构和社会公布下列信息：

（一）国家关于电力工业的政策法规；

（二）电源与电网规划的基本情况；

（三）有关电力技术、安全、定额、质量、服务标准；

（四）电力监管机构发布的有关电力市场的规章、制度、文件；

（五）市场主体的准入、退出情况；

（六）市场争议及违规查处情况；

（七）其他必要的信息。

**第三十四条** 电力监管机构应按季度、年度发布市场监管报告，并向社会公布。报告包括下列主要内容：

（一）电力供需状况、电价情况、发电设备利用小时等；

（二）市场交易与市场干预、中止情况；

（三）输电阻塞管理及辅助服务获取情况等；

（四）市场运营情况评估及市场运行预测等。

## 第八章 法 律 责 任

**第三十五条** 市场主体和市场运营机构应当自觉遵守电力市场的有关法规，并有权向电力监管机构举报市场违规行为。电力监管机构应当为举报者保密。

**第三十六条** 电力监管机构对市场主体和市场运营机构违反市场运营规则和监管法规的行为，按照有关法律、法规的规定，给予行政处罚。

**第三十七条** 电力监管人员必须遵纪守法，廉洁奉公，依法监管。监管人员违法违规的，由电力监管机构给予行政处分，构成犯罪的，移交司法部门处理。

## 第九章 附 则

**第三十八条** 各区域市场电力监管机构应根据本办法制定实施办法，报国家电力监管委员会批准后执行。

**第三十九条** 本办法自二〇〇三年八月一日起试

行。

# 关于区域电力市场建设的指导意见

（国家电力监管委员会）

根据《国务院关于印发电力体制改革方案的通知》（国发［2002］5号）精神，为推进区域电力市场建设，提出以下指导意见。

## 一、电力市场建设的指导思想、原则和任务

（一）电力市场建设的指导思想是：从我国的国情出发，借鉴国外电力市场建设的经验，遵循社会主义市场经济规律和电力工业发展规律，以厂网分开、竞价上网为基础，以区域电力市场建设为重点，打破市场壁垒，充分发挥市场配置资源的基础性作用，优化电力资源配置，促进电力工业持续健康发展，满足国民经济发展和人民生活水平提高对电力的需要。

（二）电力市场建设的基本原则是：统筹规划，合理布局，总体设计，分步实施，因地因网制宜。电力市场建设要有利于电力系统安全稳定运行；有利于促进电力工业持续健康发展；有利于消除市场壁垒，实现电力资源的优化配置；有利于促进电力企业公平竞争，降低成本，提高效率。

（三）电力市场建设的任务是：到十五末期，初步形成华北、东北、华东、华中、西北、南方六大区域电力市场，基本建立电力市场运营的法规体系和电力监管组织体系，全国大部分地区大部分发电企业实行竞价上网，符合条件的大用户（含独立配售电企业，下同）直接向发电企业购电。

## 二、区域电力市场建设的基本目标和模式

（四）区域电力市场建设的目标是：构筑政府监管下的统一、开放、竞争、有序的电力市场体系。区域电力市场包括统一市场和共同市场两种基本模式。统一市场是指在一个区域内设置一个电力市场运营机构，电能交易（包括合约交易和现货交易）和交易价格均在一个市场运营机构内形成。区域电力市场内实行统一规划，统一规则，统一管理，统一运作。共同市场是指在一个区域内设置一个区域市场运营机构和若干个市场运营分支机构，电能交易（包括合约交易和现货交易）和交易价格在市场运营机构内分层形成。区域电力市场内实行统一规划，统一规则，统一管理，协调运作。

（五）在区域电力市场建设初期，区域电力市场运营机构暂时不能覆盖或电网联系比较薄弱的地区，可设立相对独立的市场运营机构，实行与区域电力市场统一规划，统一规则，统一管理，在区域市场运营机构的指导下相对独立运作，条件成熟时，逐步向统一市场或共同市场过渡。

（六）选择区域电力市场模式，应根据区域内电力资源与用电负荷特点、电网技术条件、电力体制状况，结合当地社会经济的客观情况综合考虑确定。

（七）无论选择何种市场模式，在同一区域内均应统一制定电力市场建设方案，统一考虑市场布局，统一市场运营规则和竞争模式，统一市场技术标准，统筹规划，配套建设，协调推进。

## 三、区域电力市场的主要交易方式

（八）区域电力市场的电能交易按照“合约交易为主，现货交易为辅”的原则组织。合约交易是指市场主体通过签订电能买卖合同进行的电能交易，现货交易是由发电企业竞价形成的次日（或未来24小时）电能交易以及为保证电力供需的即时平衡而组织的实时电能交易。

（九）合约交易可以按周、月、季、年或一年以上时段组织，合约交易原则上通过竞争的方式形成，竞争电量的比例由电力监管机构确定。随着电力市场的发育和改革的深化，应逐步扩大参加竞争的电量比例。

（十）现货交易可以采用全电量竞价和部分电量竞价的方式。全电量竞价指参与竞价上网机组的全部电量均在现货市场中竞价，其中大部分电量由购售电双方签订差价合同；部分电量竞价指参与竞价上网的发电机组按规定安排一定比例的电量参加现货市场竞价，大部分电量由购售电双方签订物理合同。

（十一）各区域电力市场应合理确定电费结算方式，按规定报批后执行。在国家电价制度改革之前，竞争电量部分按市场竞争形成的价格结算，其余电量按国家批准的价格结算，或按购售电企业签订的差价合约结算。具备条件的可实行容量电价和电量电价两部制模式。在电力市场运行初期，为维护市场稳定，电力监管机构可以会同有关部门对竞争形成的电价实行最高和最低限价。

（十二）建立有利于促进电网健康发展的输配电价格机制。经核准的大用户向发电企业直接购电，其购售电价格由双方协商确定，输配电价格按国家规定执行。

（十三）辅助服务分为基本辅助服务和有偿辅助服务，辅助服务的具体分类由区域电力监管机构根据区域电网的实际情况研究确定。电力市场主体应按规

定向系统提供基本辅助服务。有偿辅助服务原则上通过市场有偿获得。在电力市场建设初期有偿辅助服务可暂不纳入交易范围，随着市场发育，辅助服务逐步实行市场竞争。

### 四、加快区域电力市场建设的主要措施

（十四）深化厂网分开改革，培育和规范市场竞争主体。对集资建设或合作建设的发电企业，要抓紧明晰产权，完善法人治理结构，落实出资人权利，按现代企业制度组建独立发电公司；对跨省跨区经营的发电企业，要理顺发电企业参与电力市场的组织关系；在政府依法监管下，按照市场引导、企业自愿、优势互补、规模经营的原则，推动发电企业的联合、重组，并创造条件，逐步优化发电企业的产权结构。

（十五）按照国务院文件精神和电力改革的总体要求，重组电网经营企业。区域电网公司应按照区域电力市场建设的需要，理顺组织关系，完善功能，加强区域电网规划，加快电网建设，加强对区域电力市场运营机构的管理，保证电网安全稳定运行。

（十六）加快电力市场运营机构建设。在现有电力调度通信体系的基础上，建立和健全电力交易、计量、结算等功能，合理确定电力调度交易机构的功能分工，逐步建成与市场运作相适应、综合配套的电力市场运营机构。

（十七）健全电力市场法规体系。加强电力市场法规建设，制定电力市场运营的基本规则、区域电力市场运营规则和有关细则，加强市场准入和退出管理，保证电力市场运营规范、有序。

（十八）加快建立电力市场监管体系，加强电力市场培育和市场运营监管。电力监管机构要与电力市场整体设计、同步建设，具备条件的，可根据需要先行建立电力监管机构，以加快电力市场的培育。

（十九）加强电力市场技术支持系统建设。区域电力市场技术支持系统应按照统一规划、统一标准、统一管理的原则，由区域电网公司按规定商发电企业统一开发，各市场主体按规定配套建设。

### 五、推进电力市场建设的步骤及组织实施

（二十）电力市场建设要积极稳妥、因地制宜、试点先行、梯次推进。2003年先选择部分地区进行区域电力市场建设的试点，加强对其他区域电力市场研究的组织协调，2004、2005年再按条件依次启动其他区域电力市场，用三年的时间初步形成六大区域电力市场。在此基础上，结合电力体制改革的总体进程，进一步推进电力市场的建设。

（二十一）国家电力监管委员会根据电力体制改革的总体部署和各区域电网实际，确定电力市场建设的任务、目标和实施步骤；电力监管分支机构会同有关电网经营企业和发电企业研究区域电力市场建设方案，经国家电力监管委员会批准后实施。未经批准，任何单位不得擅自出台电力市场建设方案。

（二十二）电力市场建设问题复杂、涉及面广，需要统筹规划、统一领导、分工负责、协调推进。开展电力市场建设的区域，要成立由电力监管机构牵头，电网经营企业、发电企业和有关方面参加的工作领导机构，明确分工，密切配合，系统推进电力市场建设，保证电力市场的健康发展。

## 跨区跨省电力优化调度暂行规则

（电监输电［2003］20号）

### 第一章 总 则

**第一条** 为适应电力改革与发展的新形势，发挥市场机制作用，促进跨区跨省电能交易，优化资源配置，保证电力安全、稳定和充足的供应，根据国家有关法律法规，制定本规则。

**第二条** 跨区跨省电力优化调度（以下简称优化调度）是指以市场需求为导向，以电力系统安全稳定运行和电网公平开放为基础，充分利用跨区跨省输电线和现有发电资源，实现电网间余缺调剂和水火互补，发挥错峰效益，最大限度地满足用电需求。

**第三条** 优化调度应当遵循下列原则：

（一）打破市场壁垒，充分发挥市场调节作用，促进电力资源优化配置；

（二）公平开放电网，在电网输电能力、运行方式和安全约束允许的情况下，电网经营企业应当对通过跨区跨省输电线进行的电能交易提供输电服务；

（三）规范跨区跨省电能交易调度行为，及时披露优化调度信息，切实保障有关各方的合法权益；

（四）坚持电力调度“公开、公平、公正”原则，实行“统一调度、分级管理”；

（五）维护电力调度秩序，保证调度的权威性和严肃性，有关各方要服从电力统一调度，共同保障电网安全、稳定、优质、经济运行。

**第四条** 中华人民共和国境内从事跨区跨省电能交易的电力生产和电网经营企业应当遵守本规则。

**第五条** 国家电力监管委员会负责监管优化调度工作。

## 第二章 优化调度的主体及内容

**第六条** 电网经营企业及所属调度机构根据本规则开展优化调度工作。

**第七条** 国家电网公司负责所辖各区域电网之间的电能交易和调度。国家调度机构负责所辖各区域电网之间优化调度的具体实施。

国家电网公司所属各区域电网公司负责本区域内跨区跨省电能交易和调度。国家电网公司所辖区域内跨省、自治区、直辖市调度机构（以下简称区域调度机构）负责本区域内跨省优化调度的具体实施，并参与区域间的电能交易。

中国南方电网有限责任公司（以下简称南方电网公司）负责所辖各省电网之间电能交易和调度。南方电网区域调度机构负责本区域内跨省优化调度的具体实施。

**第八条** 电网经营企业可作为交易方，直接参与跨区跨省电能交易。

**第九条** 符合国家产业政策和环保标准的发电企业，可由电网经营企业组织参与跨区跨省电能交易，或作为交易方直接参与跨区跨省电能交易。

**第十条** 南方电网和国家电网公司所辖区域电网应当按照有关规定保留系统备用，保证电网安全稳定运行。

**第十一条** 电网经营企业及所属调度机构应当加强负荷预测，做好长期、中期、短期和超短期负荷预测工作，提高负荷预测准确率。

**第十二条** 调度机构在保证电网安全的前提下，应当合理安排运行方式，根据并网调度协议及有关合同，商有关电力企业后，统筹安排并网运行的发输电设备检修计划，加强设备运行维护和安全稳定控制，采取技术和管理措施，提高输电线路稳定限额，最大限度地发挥输电线路的输电能力。

继电保护、自动化、通信等二次设备检修应配合发输电设备检修计划安排，原则上不得影响发输电设备的正常运行。

**第十三条** 参与跨区跨省电能交易的发电企业应当根据有关规定和并网调度协议，落实有关技术要求和安全责任，严格执行设备检修计划，加强设备运行维护，降低非计划停运率和事故率。

**第十四条** 优化调度包括年度交易的优化调度和短期交易的优化调度。

本规则所称“年度交易”是指纳入年度跨区跨省输电计划管理的交易；“短期交易”是指未纳入年度计划管理、由交易双方协商确定的跨区跨省月交易、日交易和实时交易。

**第十五条** 年度交易和短期交易采取合同形式。年度跨区跨省输电计划下达后，交易各方应当及时签订年度交易合同。短期交易的合同，按照交易各方的共同约定实施。

**第十六条** 年度交易的送电价格（含上网电价，下同）和受电价格，按国家规定的价格执行；国家没有规定的，由送、受双方根据市场供求情况，按照有利于电能交易和资源充分利用的原则协商确定。

短期交易的送、受电价格，由交易双方根据上述原则协商确定。

**第十七条** 年度交易和短期交易的输电价格按国家有关规定执行。

**第十八条** 国家、区域调度机构根据交易合同，编制下达月、日调度计划，并具体组织实施。

**第十九条** 电网经营企业应当建立健全电能交易调度管理系统，保证优化调度的实施。

## 第三章 年度交易的优化调度

**第二十条** 电网经营企业商有关发电企业制定跨区跨省年度交易计划，并组织签订交易合同。

年度交易计划的编制下达及相关交易合同的签订工作应于上一年度终了前完成。

年度交易计划及合同应当报电力监管机构备案。

**第二十一条** 跨区跨省年度交易合同一经签订，原则上不作调整；确需进行更改的，交易各方必须协商一致方可更改，并报电力监管机构备案。

**第二十二条** 调度机构应当严格执行根据年度交易合同编制下达的月、日调度计划。因电网安全原因造成输送能力减少或者因送、受方电网特殊情况导致无法实施的，调度机构可根据电网情况协调有关各方调整调度计划。

**第二十三条** 调度计划调整应当遵循下列原则：

（一）调整后潮流分布合理，确保电网安全；

（二）原则上先调整短期交易的调度计划，再调整年度交易的调度计划；

（三）按照公平的原则调整年度交易的调度计划。

**第二十四条** 年度执行结果与年度交易合同发生偏离，根据原因和责任，按合同约定进行补偿处理。

## 第四章 短期交易的优化调度

**第二十五条** 国家调度机构负责国家电网公司所辖各区域电网之间短期交易的具体组织实施。南方电网区域调度机构和国家电网公司所辖各区域调度机构负责区域跨省短期交易的具体组织实施。

**第二十六条** 跨区跨省的短期交易原则上由送、受双方商定，并提交调度机构进行安全校核。调度机构将送、受双方和调度机构共同确认的短期交易结果分解，按照先保证年度交易、后保证短期交易的原则纳入月、日调度计划。

**第二十七条** 短期交易调度计划的调整，原则上按实时交易、日交易、月交易的顺序进行。

**第二十八条** 因电网或电厂事故影响地区电能平衡时，调度机构可在区域、省间直接进行电力调剂。调剂电量按事故电量处理，并由事故方承担经济责任。

**第二十九条** 在一方电网电力出现短缺而相关电网电力有富余时，调度机构可根据电网实际情况及有关协议调整输电线送、受电调度计划。

调整电量的结算和价格可由交易双方事先确定，并在相关合同或协议中明确。合同或协议没有明确或者双方协商未果的，由上一级电网经营企业协商确定。

**第三十条** 遇有电网出现事故、水电厂来水与预计偏差较大或其他特殊情况发生时，交易一方可申请调整或撤销短期交易。调度机构可根据电网实际情况决定是否调整或撤销短期交易调度计划。确需调整或撤销的，由提出申请的一方对另一方进行补偿。

补偿价格由交易双方协商，并在相关合同或协议中明确。合同或协议没有明确或者双方协商未果的，由上一级电网经营企业协商确定。

**第三十一条** 短期交易调度计划的执行和结算顺序，以交易达成的时间顺序确定。如果同时有其他方参与竞争，在满足安全校核的前提下，按照价格优先、时间优先的原则进行调度。

**第三十二条** 短期交易的电量结算由调度机构负责，调度机构应当及时公布最终交易结果。交易电费结算按交易双方约定的方式和期限进行。

**第三十三条** 短期交易电量的计量点及网损，由交易双方在相关合同中确定。

**第三十四条** 发生下列情形之一的，国家、区域调度机构可以中止短期交易调度计划：

（一）某时段电网的调频、调峰容量及无功支持不足危及电网安全运行；

（二）系统发生重大事故危及电网安全运行；

（三）跨区跨省输电传输功率引发输电阻塞、破坏输电线稳定限额危及电网安全运行；

（四）其他必须中止短期交易调度计划的情形。

**第三十五条** 短期交易调度计划中止期间，调度机构应采取措施保证系统安全，并记录中止过程，及时汇总并报电力监管机构备案。

## 第五章 水电优化调度

**第三十六条** 调度机构可根据电网间峰谷、丰枯负荷特性，在互联电网之间进行错峰，充分发挥水电跨流域调节和水火电补偿错峰效益。

**第三十七条** 为合理利用水能资源，水电厂调度计划应按照“以水定电”的原则编制。调度机构可根据流域实际来水情况和水库综合利用的要求，商水电厂对发电调度计划进行调整，优化水库调度，以保证水能资源的合理应用。

**第三十八条** 汛期应充分利用水库弃水发电。在不影响电网安全运行的前提下，已经发生弃水的水电厂日发电负荷率应不低于网内尚未发生弃水的水电厂日发电负荷率。

## 第六章 优化调度的信息披露

**第三十九条** 国家、区域调度机构应当按月真实、准确地披露优化调度信息，及时披露优化调度中出现的交易变更和其他重大事件。

**第四十条** 按月披露的优化调度信息应当包括下列内容：

上月跨区、跨省电能交易完成情况，跨区、跨省输电线送受电情况，交易电量的结算价格及输电价格情况。上月交易完成情况和输电线实际运行情况与计划偏差较大的，应当说明原因。

下月各区域、区域内各省负荷预测和平衡情况，跨区、跨省电能交易调度计划安排，跨区、跨省输电线路送受电计划及可用容量（输电线限额—送电计划）。

**第四十一条** 国家、区域调度机构在按月披露信息基础上，应视跨区、跨省电网运行实际情况，缩短信息披露周期，增加信息披露内容，扩大信息披露对象和范围。

## 第七章 附 则

**第四十二条** 优化调度有关各方发生重大争议且无法协商一致的，可报请电力监管机构协调处理。

**第四十三条** 国家调度机构、南方电网区域调度机构可根据本规则商有关电力企业制定实施细则，并报国家电力监管委员会核备。

国家调度机构、区域调度机构应当就优化调度的组织实施工作情况及时报告电力监管机构。

**第四十四条** 在区域电力市场建立并投入运行后，该区域内跨省优化调度按照批准的区域电力市场规则执行。

**第四十五条** 本规则由国家电力监管委员会负责解释。

**第四十六条** 本规则自颁布之日起施行。

二〇〇三年七月十一日

# 重 要 文 件

## 中共中央国务院关于进一步加强人才工作的决定

为实现党的十六大提出的全面建设小康社会宏伟目标，大力实施人才强国战略，建设宏大的高素质人才队伍，现就进一步加强人才工作作出如下决定。

### 一、实施人才强国战略是党和国家一项重大而紧迫的任务

1. 人才问题是关系党和国家事业发展的关键问题。当今世界，多极化趋势曲折发展，经济全球化不断深入，科技进步日新月异，人才资源已成为最重要的战略资源，人才在综合国力竞争中越来越具有决定性意义。本世纪头20年是我国全面建设小康社会、开创中国特色社会主义事业新局面的重要战略机遇期。小康大业，人才为本。适应国内外形势的发展变化，完善社会主义市场经济体制，提高党的领导水平和执政水平，牢牢掌握加快发展的主动权，关键在人才。必须把人才工作纳入国家经济和社会发展的总体规划，大力开发人才资源，走人才强国之路。

党和国家历来十分重视人才工作，特别是改革开放以来，培养造就了各个领域的大批优秀人才，为推动社会主义现代化建设事业发挥了重要作用。进入新世纪新阶段，党中央、国务院认真分析国际国内形势，全面贯彻“三个代表”重要思想，提出了人才强国战略，确立了新的历史条件下人才工作的基本思路和宏观布局，人才工作取得了显著成绩。但是，人才的总量、结构和素质还不能适应经济社会发展的需要，特别是现代化建设急需的高层次、高技能和复合型人才短缺；市场配置人才资源的基础性作用发挥不够，人才流动的体制性障碍尚未消除，人尽其才的用人机制有待完善。我国人才工作正处于需要进一步整合力量、全面推进的重要阶段。必须深刻认识人才工作的极端重要性和紧迫性，切实加强和改进党对人才工作的领导，紧紧抓住机遇，积极应对挑战，努力使人才工作迈上新的台阶。

2. 新世纪新阶段人才工作的根本任务是实施人才强国战略。在建设中国特色社会主义伟大事业中，要把人才作为推进事业发展的关键因素，努力造就数以亿计的高素质劳动者、数以千万计的专门人才和一大批拔尖创新人才，建设规模宏大、结构合理、素质较高的人才队伍，开创人才辈出、人尽其才的新局面，把我国由人口大国转化为人才资源强国，大力提升国家核心竞争力和综合国力，完成全面建设小康社会的历史任务，实现中华民族的伟大复兴。

实施人才强国战略，必须以邓小平理论和“三个代表”重要思想为指导，贯彻落实十六大精神，根据人才资源是第一资源的科学判断，坚持党管人才原则，坚持以人为本，充分开发国内国际两种人才资源，紧紧抓住培养、吸引、用好人才三个环节，大力加强以党政人才、企业经营管理人才和专业技术人才为主体的人才队伍建设，努力把各类优秀人才集聚到党和国家各项事业中来，为全面建设小康社会提供坚强的人才保证和广泛的智力支持。实施人才强国战略的基本要求是：

——用“三个代表”重要思想统领人才工作。“三个代表”重要思想是推进新世纪新阶段人才工作的根本指针。按照发展先进生产力、先进文化和实现最广大人民群众根本利益的要求，坚决贯彻尊重劳动、尊重知识、尊重人才、尊重创造的方针，把“三个代表”重要思想贯穿于人才工作的全过程，努力开创人才工作新局面。

——把促进发展作为人才工作的根本出发点。发展是我们党执政兴国的第一要务。树立全面、协调、可持续的发展观，促进经济社会和人的全面发展。人才工作的目标任务要围绕发展来确立，人才工作的政策措施要根据发展来制定，人才工作的成效要用发展来检验。

——树立科学的人才观。人才存在于人民群众之中。只要具有一定的知识或技能，能够进行创造性劳动，为推进社会主义物质文明、政治文明、精神文明建设，在建设中国特色社会主义伟大事业中作出积极贡献，都是党和国家需要的人才。要坚持德才兼备原则，把品德、知识、能力和业绩作为衡量人才的主要标准、不唯学历、不唯职称、不唯资历、不唯身份，不拘一格选人才。鼓励人人都作贡献，人人都能成才。

——加强人才资源能力建设。坚持把能力建设作为人才资源开发的主题。加大对人才工作的投入，优先发展科学教育事业，努力把人口压力转变为人力资

源优势，为各类人才不断涌现和充分发挥作用奠定坚实基础。

——坚持三支人才队伍建设一起抓。党政人才、企业经营管理人才和专业技术人才是我国人才队伍的主体，必须坚持分类指导，整体推进。着重培养造就大批适应改革开放和社会主义现代化建设的高层次和高技能人才，带动整个人才队伍建设。

——推进人才结构调整。按照统筹城乡发展、统筹区域发展、统筹经济社会发展、统筹人与自然和谐发展、统筹国内发展和对外开放的要求，加快人才结构调整，优化人才资源配置，促进人才合理分布，发挥人才队伍的整体功能。

——创新人才工作机制和优化环境。人才的活力取决于机制和环境。遵循人才资源开发规律，坚持市场配置人才资源的改革取向，加强和改善宏观调控，建立充满生机与活力的人才工作机制。着力营造有利于优秀人才大量涌现、健康成长的良好氛围，形成鼓励人才干事业、支持人才干成事业、帮助人才干好事业的社会环境。

## 二、以能力建设为核心，大力加强人才培养工作

3. 人才资源能力建设是人才培养的核心。树立大教育、大培训观念，在提高全民思想道德素质、科学文化素质和健康素质的基础上，重点培养人的学习能力、实践能力、着力提高人的创新能力。围绕创新能力建设，根据各类人才的特点，研究制定人才资源能力建设标准。改革教育培训的机制、内容和方法，加大教育培训力度。坚持学习与实践相结合、培养与使用相结合，促进人才在实践中不断增长知识，提升能力。加强爱国主义、集体主义、社会主义教育，树立正确的世界观、人生观、价值观，发扬拼搏奉献精神、艰苦创业精神、团结协作精神和诚实守信精神，促进各类人才的全面发展。

4. 加快构建现代国民教育体系，更好地为经济社会全面发展培养人才。教育是培养人才的基础。按照面向现代化、面向世界、面向未来的要求，坚持教育为社会主义现代化建设服务，为人民服务，以社会需求为导向，大力推进教育创新，提高教育质量和管理水平。统筹城乡教育，进一步加强农村教育。全面普及九年义务教育，积极发展高中阶段教育，全面推进素质教育。着眼国家发展和战略需要，深化高等教育体制改革，加强高等教育与经济社会的紧密结合，调整学科和专业结构，创新人才培养模式，建立教育培养与人才需求结构相适应的有效机制。加快建设若干所世界一流大学、一批高水平大学与重点学科。加强高校领导班子和师资队伍建设，充分发挥高校的人才培养重要基地作用。适应走新型工业化道路和优化产业结构的要求，大力推进职业教育的改革和发展。

5. 加快构建终身教育体系，促进学习型社会的形成。在全社会进一步树立全民学习、终身学习理论，鼓励人们通过多种形式和渠道参与终身学习，积极推动学习型组织和学习型社区建设。加强终身教育的规划和协调，优化整合各种教育培训资源，综合运用社会的学习资源 、文化资源和教育资源，完善广覆盖、多层次的教育培训网络，构建中国特色的终身教育体系。进一步改革和发展成人教育。加强各类人才的培训和继续教育工作。继续做好选派各类人才出国（境）培训工作。强化用人单位在人才培训中的主体地位，鼓励在职自学，完善带薪学习制度。制定科学规范的质量评估和监督办法，提高教育培训成效。

## 三、坚持改革创新，努力形成科学的人才评价和使用机制

6. 建立以能力和业绩为导向、科学的社会化的人才评价机制。坚持走群众路线，注重通过实践检验人才。完善人才评价标准，克服人才评价中重学历、资历，轻能力、业绩的倾向。根据德才兼备的要求，从规范职位分类与职业标准入手，建立以业绩为依据，由品德、知识、能力等要素构成的各类人才评价指标体系。改革各类人才评价方式，积极探索主体明确、各具特色的评价方法。完善人才评价手段，大力开发应用现代人才测评技术，努力提高人才评价的科学水平。

党政人才的评价重在群众认可。树立科学的发展观和正确的政绩观，坚持群众公认、注重实绩的原则。进一步完善民主推荐、民主测评、民主评议制度，把群众的意见作为考核评价党政人才的重要尺度。制定不同层次、不同类型党政人才的岗位职责规范，建立符合科学发展观要求的干部政绩考核体系和考核评价标准。完善定期考核和日常考核制度，改进考核方法。建立健全考核工作责任制。

企业经营管理人才的评价重在市场和出资人认可。发展企业经营管理人才评价机构，探索社会化的职业经理人资质评价制度。完善反映经营业绩的财务指标和反映综合管理能力等非财务指标相结合的企业经营管理人才评价体系，积极开发适应不同类型企业经营管理人才的考核测评技术。改进国有资产出资人对国有企业经营管理者考核评价工作，围绕任期制和任期目标责任制，突出对经营业绩和综合素质的考核。

专业技术人才的评价重在社会和业内认可。以打破专业技术职务终身制为重点，研究制定深化职称制度改革的指导意见。全面推行专业技术职业资格制

度，加快执业资格制度建设。积极探索资格考试、考核和同行评议相结合的专业技术人才评价方法。发展和规范人才评价中介组织，在政府宏观指导下，开展以岗位要求为基础、社会化的专业技术人才评价工作。积极推进专业技术人才执业资格国际互认。

7. 建立以公开、平等、竞争、择优为导向，有利于优秀人才脱颖而出、充分施展才能的选人用人机制。

以扩大民主、加强监督为重点，进一步深化党政干部选拔任用制度改革，不断提高科学化、民主化、制度化水平。完善选任制，改进委任制，规范考任制，推行聘任制。改进公开选拔、竞争上岗的办法。加大选拔任用优秀年轻干部的力度，为他们的成长提供“快车道”。逐步推行党政领导干部职务任期制，建立和完善干部正常退出机制，实行优胜劣汰，增强干部队伍活力。

以推进企业经营管理者市场化、职业化为重点，坚持市场配置、组织选拔和依法管理相结合，改革和完善国有企业经营管理人才选拔任用方式。对国有资产出资人代表依法实行派出制或选举制。对经理人推行聘任制，实行契约化管理。按照企业发展战略和市场取向，拓宽选人视野，吸引国际国内一流人才到企业任职。大力扶持能够整合生产要素、利用社会资源和聚集各类人才积极创业的经营管理人才。

以推行聘用制和岗位管理制度为重点，深化事业单位人事制度改革。按照政事职责分开、单位自主用人、个人自主择业、政府依法监管的要求，建立符合各类事业单位特点的用人制度。推行聘用制和岗位管理制度，促进由固定用人向合同用人、由身份管理向岗位管理的转变。研究制定事业单位人事管理条例，规范按需设岗、竞聘上岗、以岗定酬、合同管理等管理环节，逐步做到人员能进能出，职务能上能下，待遇能高能低。

## 四、建立和完善人才市场体系，促进人才合理流动

8. 建立和完善人才市场体系。根据完善社会主义市场经济体制的要求，全面推进机制健全、运行规范、服务周到、指导监督有力的人才市场体系建设，进一步发挥市场在人才资源配置中的基础性作用。建立和完善人才市场机制。遵循市场规律，进一步发挥用人单位和人才的市场主体作用，促进企事业单位通过市场自主择人和人才进入市场自主择业。针对人才资源的特殊性，按照人才的市场供求关系，通过实现人才自身价值与满足社会需求相结合，有效解决人才供求矛盾。推进政府部门所属人才服务机构的体制改革，实现管办分离、政事分开。引导国有企事业单位转换用人机制，积极参与市场竞争。努力形成政府部门宏观调控、市场主体公平竞争、行业协会严格自律、中介组织提供服务的运行格局。消除人才市场发展的体制性障碍，使现有各类人才和劳动力市场实现联网贯通，加快建设统一的人才市场。健全专业化、信息化、产业化、国际化的人才市场服务体系。

9. 促进人才合理流动。进一步消除人才流动中的城乡、区域、部门、行业、身份、所有制等限制，疏通三支队伍之间、公有制与非公有制组织之间、不同地区之间的人才流动渠道。发展人事代理业务，改革户籍、人事档案管理制度，放宽户籍准入政策，推广以引进人才为主导的工作居住证制度，探索建立社会化的人才档案公共管理服务系统。鼓励专业技术人才通过兼职、定期服务、技术开发、项目引进、科技咨询等方式进行流动。加强对人才流动的宏观调控，采取有效措施，引导人才向西部地区、基层和艰苦地区等社会最需要的地方流动，鼓励人才安心基层工作。制定人才流动和人才市场管理的法律法规，完善人事争议仲裁制度。加强人才流动中国家秘密和商业秘密的保护，依法维护用人单位和各类人才的合法权益，保证人才流动的开放性和有序性。

## 五、以鼓励劳动和创造为根本目的，加大对人才的有效激励和保障

10. 完善分配激励机制。完善按劳分配为主体、多种分配方式并存的分配制度，坚持效率优先、兼顾公平，各种生产要素按贡献参与分配。针对各类人才的特点，建立健全与社会主义市场经济体制相适应、与工作业绩紧密联系、鼓励人才创新创造的分配制度和激励机制。加强对收入分配的宏观管理，整顿和规范分配秩序。

结合完善国家公务员制度，逐步建立综合体现工作职责、能力、业绩、年功等因素，职务与职级相结合的公务员工资制度。适当拉开不同职务和职级之间的收入差距，增强职级的激励功能。建立公务员工资与国民经济发展相协调、与社会进步相适应、与企业相当人员平均工资大体持平的工资水平决定机制。完善艰苦边远地区津贴制度，实施中央政府统一调控下分级管理的地区附加津贴制度。对国家机关特殊专门人才，实行特殊的工资、津贴政策。

结合事业单位体制改革和人事制度改革，逐步建立符合各种类型事业单位特点、体现岗位绩效和分级分类管理的事业单位薪酬制度。收入分配政策向关键岗位和优秀人才倾斜。指导事业单位积极探索生产要素按贡献参与分配的实现形式和办法。加大对基础教育、基础研究、战略高技术研究、重要公益研究等事业单位的分配政策扶持力度。制定完善专业技术人员

兼职兼薪的管理办法。

结合深化国有资产管理体制改革和建立现代企业制度，逐步建立市场机制调节、企业自主分配、职工民主参与、政府监控指导的企业薪酬制度。坚持按劳分配与按生产要素分配相结合、短期激励与中长期激励相结合、激励和约束相结合的原则，将经营者薪酬与其责任、风险和经营业绩直接挂钩。不断改善收入结构，逐步建立与市场价格接轨、合理有效的激励机制。在分类指导、分步实施的基础上，进一步完善国有企业经营者年薪制。

建立健全现代产权制度，探索产权激励机制。鼓励有条件的企业对作出突出贡献的经营管理人才、专业技术人才实行期权、股权激励。依法保护知识产权。探索建立人才资本及科研成果有偿转移制度。

11. 建立规范有效的人才奖励制度。坚持精神奖励和物质奖励相结合的原则，建立以政府奖励为导向、用人单位和社会力量奖励为主体的人才奖励体系，充分发挥经济利益和社会荣誉双重激励作用。建立国家功勋奖励制度，对为国家和社会发展作出杰出贡献的各类人才给予崇高荣誉并实行重奖。进一步规范各类人才奖项。坚持奖励与惩戒相结合，做到奖惩分明，实现有效激励。

12. 建立健全人才保障制度。积极探索机关和事业单位社会保障制度改革，进一步完善企业社会保障制度，为推进人才工作深入发展提供保障。根据各类人才的特点和需要，采用多种形式，逐步建立重要人才国家投保制度。完善机关、企业、事业单位人才流动中的社会保险衔接办法。加快福利制度改革，逐步实现福利货币化，不断改善各类人才的生活待遇。

## 六、突出重点，切实加强高层次人才队伍建设

13. 把高层次人才队伍建设摆上重要位置。中高级领导干部、优秀企业家和各领域高级专家等高层次人才，是人才队伍建设的重点。实施国家高层次人才培养工程，制定符合我国国情和国际化要求的培养规划，针对不同特点，实行分类培养。不断推进制度创新，形成有利于高层次人才成长的机制和环境。

以加强思想政治建设和执政能力建设为核心，培养造就一批忠诚实践“三个代表”重要思想、善于治党治国治军的政治家。强化理论武装和实践锻炼，坚持立党为公、执政为民，着力解决领导干部理想信念、政治方向、政治纪律、宗旨观念等根本问题。大力提高中高级领导干部科学判断形势的能力、驾驭市场经济的能力、应对复杂局面的能力、依法执政的能力和总揽全局的能力。

以提高战略开拓能力和现代化经营管理水平为核心，加快培养造就一批熟悉国际国内市场、具有国际先进水平的优秀企业家。遵循企业家成长规律，培养企业家职业精神，提高企业家职业化水平。建立完善企业家激励约束机制，调动和保护企业家勇于竞争和持续创业的热情。实施“走出去”战略，发展具有国际竞争力的大公司、大企业集团，鼓励企业家在更大范围、更广领域和更高层次上参与国际经济技术合作和竞争。加快建立健全现代企业制度，完善公司法人治理结构，为企业家的成长和创业提供广阔的空间和舞台。

以提高创新能力和弘扬科学精神为核心，加快培养造就一批具有世界前沿水平的高级专家。坚持自然科学和社会科学并重，基础研究与应用研究并重，依托新世纪百千万人才工程等国家重大人才培养计划、重大科研和建设项目、重点学科和科研基地以及国际学术交流与合作项目，积极推进创新团队建设，加大学科带头人的培养力度。建立开放、流动、竞争、协作的科学研究机制，进一步破除科学研究中的论资排辈和急功近利现象，抓紧培养造就一批中青年高级专家。坚持“双百”方针，形成鼓励创新、鼓励探索的良好氛围。努力改善工作条件，大力营造激发创新活力的工作环境。弘扬爱国主义精神，提高科学道德水平，激励各领域专家奋力攻关，勇攀事业高峰。重视加强国防科技高层次人才队伍建设。注意发挥老专家、老教授的作用。改进和完善院士制度、政府特殊津贴制度、博士后制度以及其他高层次人才培养制度，进一步形成培养选拔高级专家和制度体系。

中央和省部两级要着眼于党和国家各项事业长远发展的需要，建设一支数量充足、素质优良、门类齐全、结构合理的省部级和地厅级后备干部队伍。同时，建立高层次人才库，直接联系一批优秀企业家和各类高级专家。设立和调整高层次人才专项资金，鼓励用人单位和社会各界在工作上、生活上为高层次人才提供保障，激发他们的贡献热情和创造潜能，充分发挥他们在人才队伍建设中的示范带动作用。

14. 加大吸引留学和海外高层次人才工作力度。继续贯彻支持留学、鼓励回国、来去自由的方针，鼓励留学人员以不同方式为祖国服务。按照拓宽留学渠道、吸引人才回国、支持创新创业、鼓励为国服务的要求，制定和实施留学人才回归计划，重点吸引高层次人才和紧缺人才。采取团队引进、核心人才带动引进、高新技术项目开发引进等方式，建立符合留学人员特点的引才机制。建立全国统一的留学人才信息系统和留学人才库，完善留学人才的评价认定制度，提高吸引高层次留学人才工作的针对性和实效性。加大对高层次留学人才的回国资助力度，切实解决留学回国人员的实际困难和问题。制定鼓励和支持留学人员

回国创业政策，大力加强留学人员创业基地建设。健全留学人才为国服务的政策措施，鼓励他们以多种形式为国家建设作贡献。

坚持以我为主、按需引进、突出重点、讲求实效的方针，积极引进海外人才和智力。制定和实施国家引进海外人才规划，建立海外人才评价和准入制度。重点引进高新技术、金融、法律、贸易、管理等方面的高级人才以及基础研究方面的紧缺人才。按照国际惯例和市场规则，抓紧制定投资移民法、技术移民法和海外高级人才聘用管理办法。研究制定聘用海外高级人才从事公务工作的办法。对引进的海外高级人才实行在华长期居留或永久居留制度。鼓励和吸引海外华人华侨专家为我国现代化建设服务。建立和完善国际人才市场，发展和规范引进海外人才中介组织，保护应聘海外人才和聘用单位的合法权益。

15. 加强和改进国家重要人才安全工作。高度重视和充分信任国家重要人才。通过立法维护国家重要人才安全，有效防止重要人才流失。制定政策法规，提高重要人才待遇，保障重要人才权益，规范重要人才流动。建立国家重要人才的信息档案，实施动态管理。

## 七、推进人才资源整体开发，实现人才工作协调发展

16. 坚持人才资源开发与经济社会发展相协调。把人才工作作为制定国民经济和社会发展规划的重要内容，建立健全人才资源开发宏观调控体系。适应经济社会发展对人才总量、结构和素质的需求，有效盘活人才存量，大幅度提高人才增量，不断提升人才素质，调整和优化人才结构。紧密配合国家重大发展战略的实施，开发和配置人才资源。采取有力措施，促进人才在城乡、区域、产业、行业和不同所有制之间的合理分布。推进人才资源整体开发，抓紧培养各类紧缺人才。重视培养妇女人才、少数民族人才和党外人才。注意发挥离退休人才的作用。积极做好为振兴东北地区等老工业基地中的人才工作。不断扩大人才工作覆盖面，实现各类人才队伍建设的协调发展。

17. 进一步做好西部和民族地区人才工作。西部大开发和民族地区建设，人才是关键。要树立正确的用人观念，制定灵活的用人政策，创造良好的用人机制和环境，稳定和用好现有人才，重视开发少数民族人才，积极引进急需人才。大力发展西部教育事业，强化职业教育，加大培养和培训工作力度，壮大人才队伍。逐步提高西部地区各类人才的收入水平，制定鼓励人才到西部地区工作特别是长期工作的优惠政策。坚持产业聚才，项目引才，积极构建吸引各类人才到西部建功立业的事业平台。采取灵活多样的人才柔性流动政策，支持大中城市专业技术人员到西部地区基层提供服务，把引进人才与引进智力结合起来。进一步加强对西部和民族地区人才工作的支持，完善中央国家机关、东中部地区与西部和民族地区干部交流机制，加大县处级以上党政主要领导干部的交流力度。继续做好对口支援西藏、新疆以及其他地区的工作。加强贫困地区人才队伍建设。

18. 重视非公有制经济组织和社会组织人才工作。非公有制经济组织和社会组织中汇集着越来越多的人才，是我国人才队伍的重要组成部分。要把新的社会阶层中的各类人才纳入党和政府的工作范围，努力形成与社会主义初级阶段基本经济制度相适应的人才思想观念和人才创业机制。要消除体制和政策障碍，在政治上对非公有制经济组织和社会组织人才一视同仁，在政府奖励、职称评定等人才政策上统一安排，在面向社会的资助、基金、培训项目、人才信息库等公共资源运用上平等开放，在改善创业环境和工作生活条件上积极提供服务。

19. 加强高技能人才和农村实用人才队伍建设。工人队伍中的高技能人才，是推动技术创新和实现科技成果转化不可缺少的重要力量。实施国家高技能人才培训工程和技能振兴行动，通过学校教育培养、企业岗位培训、个人自学提高等方式，加快高技能人才的培养。充分发挥高等职业院校和高级技工学校、技师学院的培训基地作用，扩大培训规模，提高培训质量。充分发挥企业的主体作用，强化岗位培训，组织技术革新和攻关，改进技能传授方式，促进岗位成才。完善技能人才的职业资格证书制度，推进技师考评制度改革，实行培训、考核、使用和待遇相结合，逐步建立统一标准、自主申报、社会考核、企业聘用的高技能人才成长机制。进一步提高高技能人才的社会地位，优化高技能人才成长的社会环境。

根据推动农村经济社会发展和城乡协调发展的需要，大力加强农村科技、教育、文化、卫生和经营管理等实用人才队伍建设。继续实施县乡村实用人才工程和农民教育培训工程。充分发挥农村职业学校、成人文化技术学校、农村现代远程教育网络和各种农业技术推广培训机构的作用，加快农业科技示范园区和先进适用技术推广相关基础设施建设，实行农科教相结合，努力提高广大农村劳动者的素质，激励农村实用人才快速成长。高度重视农村富余劳动力资源的开发，加强农村劳动力转移就业培训工作。加强人才和智力扶贫。建立健全农村人才服务体系。

20. 大力抓好青年人才队伍建设。培养造就一大批素质优良、勇于创新的青年人才，是实现人才工作可持续发展的迫切需要。建立和完善各类青年人才工作制度，支持优秀青年人才脱颖而出。加强以爱国主

义为核心的民族精神教育，引导青年人才把个人成长与全面建设小康社会的伟大事业紧密结合起来，鼓励他们在艰苦复杂的环境和丰富的社会实践中锻炼成长。在重大科研和工程项目实施中要把培养青年人才作为一项重要任务。高校毕业生是国家十分宝贵的人才资源，是青年人才的重要来源。各级党委和政府要高度重视，坚持以社会需求为导向，建立和完善高校毕业生就业工作机制，切实使用好这一宝贵资源。

### 八、坚持党管人才原则，努力开创人才工作新局面

21. 大力实施人才强国战略，必须坚持党管人才原则。坚持党管人才原则，是我们党适应全面建设小康社会的新任务，按照完善社会主义市场经济体制的新要求，根据党所处历史方位的新变化，着眼于改革和完善党的领导方式和执政方式、提高党的执政能力作出的重大决策，是人才工作沿着正确方向前进的根本保证。各级党委和政府要把人才工作作为一项重大而紧迫的战略任务，切实抓紧抓好。坚持党总揽全局、协调各方的原则，充分发挥党的思想政治优势、组织优势和密切联系群众的优势，发挥党委领导核心作用，形成党委统一领导，组织部门牵头抓总，有关部门各司其职、密切配合，社会力量广泛参与的人才工作新格局。要把人才工作纳入各级党政领导班子工作目标责任制，定期进行考核。各级党政主要负责同志对于做好人才工作负有重要责任，要树立强烈的人才意识，善于发现人才、培养人才、集聚人才、服务人才，做到知人善任、唯才是举、广纳群贤。

做好人才工作是加强和改进党的建设的重要内容。各级党组织要加强对党员的教育培养，努力使广大党员成为学习的模范、劳动的模范、创新的模范、贡献的模范，在成才的道路上发挥带头作用。要注重从各类优秀人才中发展党员和培养党的各级干部，把更多的优秀人才集聚到党的各级组织中来。

22. 党管人才主要是管宏观，管政策，管协调，管服务。各级党委要按照管好用活的要求，搞好统筹规划，制定人才工作重大方针政策，明确发展目标，推进各类人才队伍建设协调发展；坚持分类指导，针对各类人才的不同特点和成长规律，创新人才工作理论、体制和方法，使人才各得其所、各尽其能；注重整合力量，建立统分结合、协调高效的工作机制，充分调动一切积极因素，形成人才工作合力；积极提供服务，通过政策支持、精神激励和环境保障，不断改善各类人才的工作与生活条件，以感情和人格的力量，提高对人才的吸引力和感召力；实行依法管理，加快推进人才工作法制化建设，增强工作的规范性和有效性。要用事业造就人才，用环境凝聚人才，用机制激励人才，用法制保障人才，把全社会人才的积极性和创造性引导好、保护好、发挥好。努力把人才优势转化为知识优势、科技优势和产业优势，使一切劳动、知识、技术、管理和资本的活力竞相迸发，一切创造社会财富的源泉充分涌流。

23. 全面贯彻党管人才原则，必须动员和组织全社会力量，加大投入，完善法制，优化环境。牢固树立人才投入是效益最大的投入的观念，不断加大对人才工作的投入力度。健全政府、社会、用人单位和个人多元人才投入机制。中央及地方各级政府要根据人才工作实际需要，在财政预算中安排必要的资金，用于高层次人才培养，紧缺人才引进、西部人才开发、公派留学生等工作。在重大建设和科研项目经费中，要划出一定份额用于人才开发。加强对人才投入资金使用的监督管理，切实提高人才投入效益。加大人才工作立法力度，围绕人才培养、吸引、使用等基本环节，建立健全中国特色人才工作法律法规体系。积极运用现代科技手段，加强人才信息网络建设。充分发挥工会、共青团、妇联等人民团体在人才工作中的重要作用。大力加强舆论宣传，为人人竞相成才和充分施展才能创造良好的社会环境。

时代呼唤人才，人才推进事业。全党和全国各族人民紧密团结在以胡锦涛同志为总书记的党中央周围，在马克思列宁主义、毛泽东思想、邓小平理论和“三个代表”重要思想指引下，全面贯彻十六大精神，大力实施人才强国战略，关心人才工作，研究人才工作，宣传人才工作，做好人才工作，为全面建设小康社会、实现中华民族的伟大复兴而努力奋斗！

二〇〇三年十二月二十六日

## 国务院批准国家电力监管委员会正式成立

经国务院批准，国家电力监管委员会（简称电监会）近日在京挂牌成立，开始根据国务院授权行使行政执法职能，依照法律、法规统一履行全国电力监管职责。

2003年3月，中央决定设立国家电力监管委员会。2003年2月下旬，国务院正式批准《国家电力监管委员会职能配置内设机构和人员编制规定》（简称“三定”方案），明确国家电力监管委员会为国务院直属事业单位，其主要职责是：负责全国电力监管工作，建立统一的电力监管体系；研究提出电力监管法律法规的制定或修改建议，制定电力监管规章和电力市场运行规则；拟定国家电力市场发展规划和区域电力市场设置方案，审定电力市场运营模式和电力交

易机构设立方案；监管电力市场运行，监管输电、供电和非竞争性发电业务；参与电力技术、安全、定额和质量标准的制度并监督检查，颁发和管理电力业务许可证；向政府价格主管部门提出调整电价建议，监督检查有关电价，监管各项辅助服务收费标准；依法对电力市场、电力企业违法违规行为进行调查，处理电力市场纠纷；负责监督电力社会普遍服务政策的实施；按照国务院的部署，组织实施电力体制改革方案，提出深化改革的建议。

“三定”方案还明确了国家电力监管委员会内设职能部门和编制。同时还强调，根据政府职能转变和电力监管工作的发展，国家电力监管委员会的职能和机构编制逐步调整。

电监会是我国基础产业领域的首家政府监管机构。它的设立，将改变以政府行政审批为主要方式、多头分散管理的体制，逐步改变政府电力管理职能缺位、越位和错位现象并存的状况；将适应电力工业市场化改革引起的市场结构和市场主体多元化的变化，防止电力体制转换时期可能出现的市场失序现象，使投资者建立合理、稳定的预期；有利于平衡和调整各方利益，及时化解改革和市场运行中的矛盾和问题；有利于打破部门分割、地区分割和省间壁垒，为电力资源和优化配置奠定体制基础。

## 国务院关于组建国家电网公司有关问题的批复

国务院正式批准国家经贸委报送的国家电网公司组建方案和章程并就组建国家电网公司有关问题批复如下：

一、原则同意《国家电网公司组建方案》和《国家电网公司章程》。

二、国家电网公司是在原国家电力公司部分企事业单位基础上组建的国有企业。主要成员单位包括36个全资企业、1个控股企业、1个事业单位，以及38个发电企业（暂由国家电网公司代管，下一步根据实际需要逐步调整和转让）。国家电网公司组建后，要依照《中华人民共和国公司法》（以下简称《公司法》）等有关规定进行改组和规范，加快建立现代企业制度。

三、国家电网公司主要从事电力购销业务，负责所辖各区域电网之间的电力交易和调度。公司注册资本暂定为人民币2000亿元，不进行资产评估和审计验资；实有国有资本数额，待公司成立后由财政部会同你委及有关部门另行核定。

四、国家电网公司由中央管理。按照《中共中央关于成立中共中央企业工作委员会及有关问题的通知》（中发［1999］18号）和《国务院关于印发电力体制改革方案的通知》（国发［2002］5号）精神，公司领导班子和领导人员由中央管理；资产管理及有关的财务关系由财政部负责；其他关系依照《中共中央办公厅、国务院办公厅关于印发中央党政机关与所办经济实体和管理的直属企业脱钩的有关配套文件的通知》（中办发［1999］8号）精神办理。公司实行总经理负责制。按照《国有企业监事会暂行条例》的有关规定，国务院向公司派出国有重点大型企业监事会，对其国有资产保值增值状况实施监督。

五、同意国家电网公司进行国家授权投资的机构和国家控投公司的试点。公司对其全资企业、控股企业、参股企业（以下简称有关企业）的有关国有资产和国有股权行使出资人权利，对有关企业中国家投资形成并由国家电网公司拥有的国有资产和国有股权依法进行经营、管理和监督，并相应承担保值增值责任。在国家宏观调控和监督管理下，公司依法自主进行各项经营活动。

六、国家电网公司在保证有关企业合法权益和自身发展需要的前提下，可依照《公司法》等有关规定，集中部分国有资产收益，用于国有资本的再投入和结构调整。国家电网公司要规范与有关企业的关系，充分调动其积极性，提高经济效益。

七、国家电网公司的资产与财务关系在财政部单列；公司为完成国家任务所需的资源和生产经营条件，凡属国家统一配置范围内的，均在国家相应计划中单列，并由公司统一组织实施。公司组建后，国务院及有关部门对有关企业实行的原有优惠政策保持不变。

八、国家电网公司要根据国家产业政策和行业规划，制定发展战略，在国家宏观调控下，深化企业改革，转变经营机制和经济增长方式，优化组织结构，强化内部管理，加快结构调整，推进技术创新，加快电网发展，增强企业实力，安全、优质、高效地为国民经济发展服务。同时，按照精简、统一、效能的原则，建立精干高效、职责明确的内部管理机构。

九、国家电网公司要继续做好农村电力体制改革工作，坚持政企分开，减少中间环节，实现城乡用电同价。西藏电力企业由国家电网公司代管。

十、为确保电网安全稳定运行，确保安全供电，电力体制改革过渡期内，全国电网调度工作暂由国家电网公司负责，统一协调和调度。具体过渡期限，待南方电网公司组建完毕并正常运营后另行明确。

组建国家电网公司是深化电力工业体制改革的重要内容之一，各有关地区和部门要给予积极支持。你委和国家计委要会同有关部门，加强指导和协调，确保国家电网公司组建工作和电力体制改革顺利进行。

## 国务院批准中国华能集团公司改组方案和章程

国家经贸委印发了经国务院批准的中国华能集团公司改组方案和章程。

中国华能集团公司是在原中国华能集团公司及原国家电力公司部分企事业单位基础上改组的国有企业，主要成员单位包括华能国际电力开发公司、华能国际电力股份有限公司等7个全资企业、3个内部核算单位、26个控股企业和4个参股企业。

改组后华能集团公司主要从事的业务：电源的开发、投资、建设、经营和管理，组织电力（热力）生产和销售，以及信息、交通运输、新能源、环保、贸易等相关产业、产品的投资、建设和生产经营。集团公司暂按人民币200亿元作为注册资本，不进行资产评估和审计验资。

改组后的中国华能集团公司由中央管理。集团公司领导班子和领导人员由中央管理；资产管理及有关的财务关系由财政部负责。集团公司实行总经理负责制。国务院向集团公司派出国有重点大型企业监事会，对其国有资产保值增值状况实施监督。

国务院批准同意中国华能集团公司进行国家授权投资的机构和国家控股公司的试点。华能集团公司的资产与财务关系在财政部单列。集团公司为完成国家任务所需的资源和生产经营条件，凡属国家统一配置范围内的，均在国家相应计划中单列。集团公司改组后，国务院及有关部门对有关企业实行的原有优惠政策继续保持不变。

国务院批复要求，中国华能集团公司要根据国家产业政策和行业规划，制定发展战略，深化改革，强化管理，加快调整，推动技术创新，增强市场竞争能力，最大限度地提高投资收益和经济效益，逐步发展成为实力雄厚、管理一流、服务国家、走向世界，具有国际竞争力的大型企业集团。同时要求各有关地区和部门要给予积极支持，确保集团公司改组工作和电力体制改革顺利进行。

据了解，根据国民经济发展和电力体制改革的新形势，中国华能集团公司提出了在新世纪前20年发展奋斗目标：到2010年发电装机容量达到6000万kW，争取进入世界企业500强；到2020年争取发电装机达到1亿～1.2亿kW。

## 国务院批准中国大唐集团公司组建方案和章程

国务院正式批准了中国大唐集团公司组建方案和章程。

中国大唐集团公司是在原国家电力公司部分企事业单位基础上组建的国有企业，主要成员单位包括2个全资企业、33个内部核算单位、48个控股企业和11个参股企业。

中国大唐集团公司主要从事电源的开发、投资、建设、经营和管理，组织电力（热力）生产和销售等方面的业务。集团公司暂按人民币120亿元作为注册资本，不进行资产评估和审计验资。

中国大唐集团公司由中央管理。集团公司领导班子和领导人员由中央管理，资产管理及有关的财务关系由财政部负责。集团公司实行总经理负责制。国务院向集团公司派出国有重点大型企业监事会，对其国有资产保值增值状况实施监督。

国务院批准同意中国大唐集团公司进行国家授权投资的机构和国家控股公司的试点。集团公司对所属全资企业、控股企业、参股企业的有关国有资产和国有股权行使出资权利，对这些企业中国家投资形成并由集团公司拥有的国有资产和国有股权进行经营、管理和监督，并相应承担保值增值责任。在国家宏观调控和监督管理下，集团公司依法自主进行各项经营活动。

中国大唐集团公司的资产与财务关系在财政部单列。集团公司为完成国家任务所需的资源和生产经营条件，凡属国家统一配置范围内的，均在国家相应计划中单列。集团公司组建后，国务院及有关部门对有关企业实行的原有优惠政策继续保持不变。

## 国务院批准中国华电集团公司组建方案和章程

国务院正式批准了中国华电集团公司组建方案和章程。

中国华电集团公司是在原国家电力公司部分企事业单位基础上组建的国有企业，由中央直接管理，是经国务院同意进行国家授权投资的机构和国家控股公司的试点。公司暂按资本金120亿元注册，可控资产760亿元。中国华电按集团模式进行经营管理，实行总经理负责制，总经理是公司的法定代表人。中国华电在国家计划中单列，财务计划在国家财政中单列。

国务院向集团公司派出国有重点大型企业监事会，对其国有资产保值增值状况实施监督。

中国华电包括48个全资企业、47个控股企业、22个参股企业。集团公司对有关国有资产和国有股权行使出资权，对这些企业中国家投资形成并由集团公司拥有的国有资产和国有股权进行经营、管理和监督，并相应承担保值增值责任。在国家宏观调控和监督管理下，集团公司依法自主进行各项经营活动。

中国华电依法经营集团公司及有关企业中由国家投资形成并由集团公司拥有的国有资产，主要从事电源及与电力相关产业的开发、投资、建设、经营和管理，组织电力（热力）生产和销售；从事新能源、科技开发，国内外工程建设、承包与监理，设备制造；从事国内外投融资业务，自主开展外贸流通经营、国际合作等业务以及国家批准或允许的其他业务。

## 国务院批准中国国电集团公司组建方案和章程

国务院正式批准了《中国国电集团公司组建方案》和《中国国电集团公司章程》。

中国国电集团公司是在原国家电力公司部分企事业单位基础上组建的国有企业，主要成员单位包括6个全资企业、41个内部核算单位、53个控股企业和19个参股企业。中国国电集团公司主要从事电源的开发、投资、建设、经营和管理，组织电力（热力）生产和销售等方面的业务。集团公司暂按人民币120亿元注册资本，不进行资产评估和审计验资。

中国国电集团公司由中央管理。集团公司领导班子和领导人员由中央管理，资产管理及有关的财务关系由财政部负责。集团公司实行总经理负责制。按照《国有企业监事会暂行条例》的有关规定，国务院向集团公司派出国有重点大型企业监事会，对其国有资产保值增值状况实施监督。国务院批准同意中国国电集团公司进行国家授权投资的机构和国家控股公司的试点。集团公司对所属全资企业、控股企业、参股企业的有关国有资产和国有股权行使出资人权利，对有关企业中国家投资形成并由集团公司拥有的国有资产和国有股权依法进行经营、管理和监督，并相应承担保值增值责任。

中国国电集团公司的资产与财务关系在财政部单列。集团公司为完成国家任务所需的资源和生产经营条件、凡属国家统一配置范围内的，均在国家相应计划中单列，并由集团公司统一组织实施。集团公司组建后，国务院及有关部门对有关企业实行的原有优惠政策继续保持不变。

## 国务院批准中国电力投资集团公司组建方案和章程

国务院正式批准了中国电力投资集团公司组建方案和章程。

中国电力投资集团公司是在原国家电力公司部分企事业单位基础上组建的国有企业。主要成员单位包括5个全资企业、31个内部核算单位、46个控股企业和15个参股企业。集团公司主要从事电源开发、投资、建设、经营和管理，组织电力（热力）生产和销售等方面的业务。集团公司暂按120亿元注册资本，不进行资产评估和审计验资。

中国电力投资集团公司由中央管理。公司领导班子和领导人员由中央管理；资产管理及有关的财务关系由财政部负责。集团公司实行总经理负责制。国务院向集团公司派出国有重点大型企业监事会，对其国有资产保值增值状况实施监督。

国务院批准同意中国电力投资集团公司进行国家授权投资的机构和国家控股公司的试点。集团公司对所属全资企业、控股企业、参股企业的有关国有资产和国有股权行使出资人权利，对有关企业中国家投资形成并由集团公司拥有的国有资产和国有股权依法进行经营、管理和监督，并相应承担保值增值责任。在国家宏观调控和监督管理下，集团公司依法自主进行各项经营活动。

中国电力投资集团公司的资产与财务关系在财政部单列。集团公司为完成国家任务所需的资源和生产经营条件，凡属国家统一配置范围内的，均在国家相应计划中单列，并由集团公司统一组织实施。集团公司组建后，国务院及有关部门对有关企业实行的原有优惠政策继续保持不变。

## 国务院批准中国电力工程顾问集团公司组建方案和章程

国务院正式批准了中国电力工程顾问集团公司组建方案和章程。

中国电力工程顾问集团公司是在原国家电力公司所属中国电力工程顾问（集团）有限公司及有关企事业单位基础上组建的国有企业。主要成员单位包括8个全资企业和1个事业单位。

中国电力工程顾问集团公司主要从事电力工程的

勘测、规划、设计、咨询、监理、总承包以及电力工程技术中介咨询等业务。集团公司注册资本暂定为人民币 4.1 亿元，不进行资产评估和审计验资。

中国电力工程顾问集团公司由中央管理。集团公司领导班子和领导人员由中央管理。资产管理及相关的财务关系由财政部负责。集团公司实行总经理负责制。国务院向集团公司派出国有重点大型企业监事会，对其国有资产保值增值状况实施监督。

国务院批准同意中国电力工程顾问集团公司作为国务院确定的国有大中型重点企业，享受国家对国有大中型重点企业的有关政策。集团公司对有关企业中国家投资形成并由集团公司拥有的国有资产和国有股权行使出资人权利，依法经营、管理和监督，并相应承担保值增值责任。在国家宏观调控和监督管理下，集团公司依法自主进行各项经营活动。

中国电力工程顾问集团公司的资产与财务关系在财政部单列。集团公司为完成国家任务所需的资源和生产经营条件，凡属国家统一配置范围内的，均在国家相应计划中单列，并由集团公司统一组织实施。集团公司组建后，国务院及有关部门对有关企业实行的原有优惠政策继续保持不变。

## 国务院批准中国水电工程顾问集团公司组建方案和章程

国务院批准中国水电工程顾问集团公司组建方案和章程。

中国水电工程顾问集团公司是在原国家电力公司所属中国水电顾问有限公司及有关企事业单位基础上组建的国有企业，主要成员单位包括 9 个全资企业和 1 个事业单位。主要从事水电和新能源等发电项目的勘测设计、咨询、监理、施工、项目管理、总承包及相关技术和中介业务等，以及河流（河段）水电规划；从事水电站、新能源及相关产业的开发、投资、经营和管理等业务。集团公司注册资本暂定为人民币 5.1 亿元，不进行资产评估和审计验资。

中国水电工程顾问集团公司由中央管理。集团公司实行总经理负责制，领导班子和领导人员由中央管理，资产管理和有关的财务关系在财政部单列。按照《国有企业监事会暂行条例》的有关规定，国务院向集团公司派出国有重点大型企业监事会，对其国有资产保值增值状况实施监督。

国务院批准同意：中国水电工程顾问集团公司对有关企业中国家投资形成并由集团公司拥有的国有资产和国有股权行使出资人权利，依法进行经营、管理和监督，并相应承担保值增值责任。在国家宏观调控和监督管理下，集团公司依法自主进行各项经营活动。中国水电工程顾问集团公司在保证有关企业合法权益和自身发展需要的前提下，可依照《公司法》等有关规定，集中部分国有资产收益，用于国有资本的再投入和结构调整。集团公司为完成国家任务所需的资源和生产经营条件，凡属国家统一配置范围内的，均在国家相应计划中单列，并由集团公司统一组织实施。

## 国务院批准中国水利水电建设集团公司改组方案和章程

国务院批准了中国水利水电建设集团公司改组方案和章程。

中国水利水电建设集团公司是在原国家电力公司所属中国水利水电工程总公司及有关企业基础上组建的国有企业，主要成员单位包括 23 个全资企业和 2 个控股企业。

中国水利水电建设集团公司主要从事水利水电建设工程的总承包及勘测设计、施工、咨询和监理等业务。集团公司注册资本暂定为人民币 20 亿元，不进行资产评估和审计验资。

中国水利水电建设集团公司由中央管理。集团公司领导班子和领导人员由中央管理；资产管理及有关的财务关系由财政部负责。集团公司实行总经理负责制。按照《国有企业监事会暂行条例》的有关规定，国务院向集团公司派出国有重点大型企业监事会，对其国有资产保值增值状况实施监督。

国务院批准同意：中国水利水电建设集团公司对有关企业中国家投资形成并由集团公司拥有的国有资产和国有股权行使出资人权利，依法进行经营、管理和监督，并相应承担保值增值责任。在国家宏观调控和监督管理下，集团公司依法自主进行各项经营活动。

中国水利水电建设集团公司在保证有关企业合法权益和自身发展需要的前提下，可依照《公司法》等有关规定，集中部分国有资产收益，用于国有资本的再投入和结构调整。集团公司要规范与有关企业的关系，充分调动有关企业的积极性，提高经济效益。

中国水利水电建设集团公司的资产与财务关系在财政部单列；集团公司为完成国家任务所需的资源和生产经营条件，凡属国家统一配置范围内的，均在国家相应计划中单列，并由集团公司统一组织实施。

# 国家计委办公厅关于印发电力体制改革工作小组第五次会议纪要的通知

电力体制改革工作小组成员单位：

12月20日，中央政治局委员、国家计委主任曾培炎在京主持召开了电力体制改革工作小组第五次工作会议。现将会议纪要印发你们，请按照执行。

附：电力体制改革工作小组第五次工作会议纪要

国家发展计划委员会办公厅

二〇〇二年十二月二十八日

附：

## 电力体制改革工作小组第五次工作会议纪要

（2002年12月28日）

12月20日，中央政治局委员、国家计委主任曾培炎在京主持召开了电力体制改革工作小组第五次会议。中组部、中央企业工委、中编办、国家计委、国家经贸委、财政部、法制办、体改办、国家电力监管委员会、广东省人民政府、国家电力公司等电力体制改革工作小组成员出席了会议，国家环保总局、国家工商总局、国家审计署、中国电力企业联合会的有关负责同志以及国家电网公司、南方电网公司、5个发电集团公司筹备组组长列席了会议。

中编办汇报了制定电监会“三定”规定的工作进展情况；国家计委价格司汇报了“电价改革方案”的有关研究情况；国家电力公司汇报了关于召开“中国电力新组建（改组）公司成立大会”的筹备情况及有关事项。会议主要就电监会“三定”规定和“电价改革方案”进行了讨论。会议决定2002年12月29日上午在人民大会堂召开“中国电力新组建（改组）公司成立大会”，具体会务由国家电力公司负责。国家计委主任曾培炎同志作重要讲话。

自10月15日电力体制改革工作小组第四次会议以来，国家电力监管委员会（以下简称电监会），根据国务院国发［2002］5号文件（以下简称5号文件），在借鉴国外电力监管机构设置的经验和广泛征求有关部门和各方面专家的意见的基础上，组织力量拟定了《国家电力监管委员会职能配置内设机构和人员编制规定（代拟稿）》（以下简称《代拟稿》）。经与中编办多次协商，电监会于12月4日向中编办正式上报了《代拟稿》。目前，中编办已向有关部门和单位书面征求了对《代拟稿》的意见，并准备近期就有关分歧意见组织召开一次工作协调会。会后，拟将《国家电力监管委员会职能配置内设机构和人员编制规定》上报中央编制委员会批复。

自5月中旬开始，国家计委价格司会同国家电力公司组织地方物价、电力部门、独立发电企业、中电联和有关专家成立了电价改革研究小组，起草了《厂网价格分离实施办法》《发电上网电价管理暂行办法》《输配电价管理暂行办法》和《销售电价管理暂行办法》等4个办法初稿；多次召开会议，分别征求了国内有关经济、技术专家、部分地方物价、电力部门和有关独立发电企业的意见；并对英国、北欧的电力市场和电价以及国内实行“竞价上网”试点的6个省市进行了考察和调研。在以上工作的基础上，形成了《电价改革方案》初稿。《电价改革方案》包括深化电价改革的必要性、电价改革的指导思想、目标和原则、关于厂网价格分开、关于上网价格改革、关于输配电价改革、关于销售电价改革、关于电价管理6个部分，计32条。

会议充分肯定了中编办、电监会和国家计委价格司所做的工作和努力，认为《代拟稿》和《电价改革方案》都较好地贯彻了5号文件精神，为电监会的组建和理顺电价机制打下了较好的基础。

会议认为，电监会的职能定位要结合明年政府换届进一步协调。有关部门设置和人员编制可根据需要从小到大，逐步调整到位。电价改革是电力体制改革的核心内容，直接关系到发电、电网企业和用户利益的调整，关系到电力市场的有效运行和电力体制改革的成效，因此，电价改革一定要充分考虑国情特点，因地制宜，尤其是要注意发挥价格信号对长期投资的引导作用，有利于促进电力工业的发展。为保证电价改革方案尤其是过渡期厂网价格分离办法的可操作性，会议建议新组建的各电网公司、发电集团公司，可对电价改革方案进一步研究、提出意见，最后上报国务院批准执行。

曾培炎同志在总结讲话中回顾了2002年的电力体制改革工作，明确了2003年电力体制改革的主要任务，并对下一阶段的电力体制改革实施的组织工作进行了总体部署。

2家电网公司、5家发电集团公司和4家辅业集团公司的挂牌成立和电监会的组建，标志着电力体制改革工作取得了阶段性的成果。回顾一年来的电力体制改革工作，他对国家电力公司、中组部、企工委、广东省政府、经贸委、中编办、电监会、环保总局、中电联等工作小组成员和有关单位的工作给予了充分肯定和高度评价，并对第四次工作会议以来，各新组建或改组公司筹备组或领导班子所做的各项工作和努力表示满意和感谢。他认为，2002年电力体制改革工作的顺利推进，是在党中央、国务院正确领导下，在电力体制改革工作小组各成员单位的通力协作和国家电力公司系统广大干部职工的共同努力下完成的。同时电力体制改革工作小组办公室也完成了大量的具体工作。

根据5号文件对“十五”电力体制改革任务的安排，2003年的主要任务有四个方面：

一是继续完成电力企业资产重组工作，按现代企业制度推进新公司建设。各新组建公司要尽快到位、进入角色，保证各项工作的正常运行和安全供电。国家电网公司要按照5号文件要求，负责组建5个区域电网有限责任公司。各企业都要按照建立现代企业制度的要求，抓紧公司化改制工作，建立科学的企业法人治理结构，健全各项管理制度。做到产权明晰、权责明确、政企分开、管理科学。

二是逐步开展各电力企业资产、财务的审计工作，清产核资，防止国有资产流失。由财政部和审计署牵头提出工作安排意见，各电力企业予以配合，进一步明晰产权，清理债权债务，处理好资产重组中的各种遗留问题。

三是按照5号文件提出的“十五”期间电力体制改革的任务和要求，积极稳妥地推进各项改革。实施厂网分开，重组发电和电网企业后，还要进一步研究落实明年需要完成的阶段性目标，包括制定电力市场运行规则和建立政府监管体系；建立竞争、开放的区域电力市场，逐步实行竞价上网和新的电价机制；制定发电排放的环保折价标准，形成激励清洁电源发展的新机制；在有条件的地区开展发电企业向大用户直接供电的试点工作；继续推进农村电力管理体制的改革等。对于网省公司的主辅分离和重组，要求各电力公司和地方政府都要高度重视，积极稳妥地做好工作。在实施厂网分开，到实现竞价上网的过渡时期，要保证电价的平稳过渡，避免各新组建公司在财务、价格、收入方面出现大的波动。国家计委负责的《电力项目行政审批制度改革方案》要抓紧征求有关方面意见，进一步研究落实。

四是正确处理好改革、发展、稳定的关系，确保电力生产和建设正常进行，确保电力供应满足国民经济发展和人民生活的需要。根据今年电力工业需求快速增长情况和未来国民经济发展趋势，国家计委要对电力工业“十五”计划相应做出调整，各电力公司要高度重视，在做好改革工作的同时，紧紧抓住发展这根主线，协调安排好规划项目的前期准备、勘测设计、施工建设和投产进度等各项工作，以改革促进发展，也要通过发展来解决改革中遇到的问题，使我国的电力工业更加健康发展、更好地为国民经济服务。

关于下一阶段实施电力体制改革的组织工作，电力体制改革工作小组仍将继续存在，不定期地召开全体会议，讨论研究改革中的重大问题，统一部署改革工作，实施改革方案的组织协调工作。原来设在国家计委的工作小组办公室的工作，将从国家计委转到电监会。今后电力体制改革的日常工作，包括工作小组各成员单位之间的联系、沟通，由电监会负责。重大问题由电监会提出意见，报电力体制改革工作小组决定。

在新公司挂牌后，国家电力公司名义上还要暂时保留一段时间，需要处理和完善一些后续工作，时间长短可视工作进展来确定。在此期间，由国家电网公司实际负责这方面的善后工作，相应地保留或相对固定必要的机构和一定数量的干部，抓紧提出将原国家电力公司中职能分解的方案，按程序审批，负责处理好国家电力公司系统重组以后留下的各类问题。

其他各成员单位，仍要根据工作分工，按照计基础1013号、1171号和1685号等文件的规定以及2003年工作要求，继续加强协调、相互配合、主动联系、扎扎实实地做好各自工作，逐年完成国务院5号文件所规定的各项任务。

出席：中组部王东明、姜志刚，中央企业工委赵杰兵、殷晓静，中编办王澜明、王明珠，国家计委曾培炎、张国宝、李彦梦、张东生、李朴民、王晓涛、韩慧芳、李增祺、帅士东、王骏，国家经贸委谢旭人、吴贵辉，财政部李春满，法制办李适时、胡可明，体改办董宏，广东省政府张思平，国家电力监管委员会柴松岳、邵秉仁、宋密，国家电力公司赵希正、陈飞虎、马治中、王广辉、张国厚，环保总局王耀先，审计署项俊波、刘国权，国家工商总局陈良，中电联刘宏、王永干，南方电网公司筹备组袁懋振，华能集团公司李小鹏，大唐集团公司筹备组翟若愚，华电集团公司筹备组贺恭，国电集团公司筹备组周大兵，中电投集团公司筹备组王炳华。

## 国务院办公厅关于印发电价改革方案的通知

国办法〔2003〕62号

发展改革委会同有关单位提出的《电价改革方案》已经国务院同意，现印发给你们，请认真贯彻执行。

电价改革是电力体制改革的重要组成部分，对建立和培育电力市场、优化电力资源配置具有重要意义。发展改革委要根据《电价改革方案》的总体要求，会同有关部门进一步制定实施办法。电价改革要结合各地电力供求情况，因地制宜，因时制宜，稳步推进，既要有利于引导电力投资和建设，促进电力工业改革和正常生产，保证企业生产和居民生活用电需要，又要重视电价改革对宏观经济和人民生活的影响，改革初期要保持电价水平总体稳定，确保新旧电价体制平稳过渡。

二〇〇三年七月三日

# 电价改革方案

## 一、深化电价改革的必要性

（一）改革开放以来，我国电价形成机制经历了一系列变革。从1985年以来，先后实行了“还本付息电价”、“燃运加价”、“经营期电价”等多项电价政策，对扭转我国长期存在的缺电局面，支持国民经济持续快速增长，促进电力企业加强管理、提高效率，起到了积极作用。但是，随着电力供求关系、市场结构的变化，上述定价方法及高度集中的电价管理体制已难以适应电力工业健康发展的要求。

（二）为了促进电力工业发展，提高国民经济整体竞争能力，国务院决定进行电力体制改革。作为电力体制改革的核心内容，电价改革势在必行。

## 二、电价改革的指导思想、目标和原则

（三）电价改革的指导思想是：按照《国务院关于印发电力体制改革方案的通知》（国发［2002］5号）精神，在总结和借鉴国内外改革经验教训的基础上，从国情出发，立足长远、兼顾当前，逐步建立与社会主义市场经济体制相适应的电价形成机制，以优化资源配置，促进电力工业健康发展，满足全社会不断增长的电力需求。

（四）电价改革的长期目标：在进一步改革电力体制的基础上，将电价划分为上网电价、输电价格、配电价格和终端销售电价；发电、售电价格由市场竞争形成；输电、配电价格由政府制定。同时，建立规范、透明的电价管理制度。

改革的近期目标：在厂网分开的基础上，建立与发电环节适度竞争相适应的上网电价机制；初步建立有利于促进电网健康发展的输配电价格机制；实现销售电价与上网电价联动；优化销售电价结构；具备条件的地区，在合理制定输配电价的基础上，试行较高电压等级或较大用电量的用户直接向发电企业购电。

（五）电价改革应注重价格信号对电力投资的引导作用，并把提高效率，促进增长和保护环境有机结合起来。

（六）电价改革应与整个电力体制改革协调推进，与电力市场模式、企业重组等改革互相衔接。

（七）电价改革应总体设计、循序渐进、搞好试点、分步实施。应根据电力行业的技术、经济特性分轻重缓急，制定阶段性改革目标和措施，通过试点取得经验后逐步推广。竞价上网应在电力供大于求的情况下实施，竞价初期应保持电价水平总体稳定，确保平稳过渡。

（八）电价改革应坚持统一领导与分级负责相结合。按照改革的整体部署和原则，各地可根据本地区具体情况，因地制宜地制定电价改革实施办法，报国务院价格主管部门批准后实施。

## 三、关于厂网价格分开

（九）厂网分开时，为使原国家电力公司系统没有上网电价的电厂分离出来后能够正常运营，应对其核定临时上网电价。临时上网电价原则上以实施厂网资产分离前一年电厂发电成本、财务费用、税金和上网电量为基础确定，当年的成本、费用和上网电量情况不正常的，可进行适当调整。

## 四、关于上网电价改革

（十）上网电价改革的方向是全面引入竞争机制，价格由供需各方竞争形成。过渡时期，上网电价主要实行两部制电价，其中，容量电价由政府制定，电量电价由市场竞争形成。各地也可以根据实际采取部分电量竞价等其他过渡方式。

（十一）容量电价应为投资者提供部分收入保障，并能够引导电力长期投资。容量电价水平可按电力调度交易中心经营范围内发电企业平均投资成本的一定比例制定，原则上实行同网同价，并保持相对稳定。

（十二）电量电价的形成机制，既要促进有效竞争，也要避免价格的非正常涨落。各区域电力市场应选择符合本区域实际的竞价模式。同一区域电力市场不同调度交易中心的竞价模式应保持一致。

（十三）发电企业全部电量实行集中竞价上网的地区，在建立现货市场的基础上，应允许市场参与者采取签订差价合同等措施规避交易风险。在现货市场价格出现非正常涨落时，有关部门可规定最高或最低限价。

（十四）具备条件的地区，实行集中竞价的同时，在合理制定输配电价的基础上，应允许较高电压等级或较大用电量用户、独立核算的配电公司与发电公司进行双边交易，双边交易的电量和价格由买卖双方协商确定，交易办法另行规定。集中竞价的交易价格为供需双方的市场均衡价格。竞价初期，可制定相应的

规则，对成交价格进行适当调控，确保市场交易平稳有序。

（十五）新建和现已具备条件的核电企业应参与市场竞争；风电、地热等新能源和可再生能源企业暂不参与市场竞争，电量由电网企业按政府定价或招标价格优先购买，电力市场成熟时由政府规定供电企业售电量中新能源和可再生能源电量的比例，建立专门的竞争性新能源和可再生能源市场。

（十六）符合国家审批程序的外商直接投资企业，1994年以前建设并已签订购电合同的、1994年及以后经国务院批准承诺过电价或投资回报率的，在保障投资者合理收益的基础上，可重新协商，尽可能使其按新体制运行。

（十七）改革中的“搁浅成本”问题，原则上通过企业重组或国有资产变现等办法解决。具体办法另行制定。

（十八）电力市场竞价前，各发电企业上网电价应严格按政府价格主管部门制定的标准执行。

## 五、关于输配电价改革

（十九）输配电价由政府价格主管部门按“合理成本、合理赢利、依法计税、公平负担”原则制定，并逐步实现政府定价的规范化、科学化。

（二十）政府对输配电价格的管理，作为方向性目标，可选择激励作用较强的定价方式。厂网分开时按电网平均销售电价扣除平均购电价格确定，竞价实施后，逐步向成本加收益管理方式过渡。要制定与价格管理相适应的成本规则，按社会平均水平确定电网运营成本，以电网企业有效资产和市场筹资成本为基础确定投资收益。

（二十一）输配电价格分为共用网络服务价格、专项服务价格和辅助服务价格。这些价格的制定，均与电网企业总收入水平统筹考虑。

（二十二）共用网络服务价格按电压等级制定，各电压等级价格应反映其对系统造成的成本耗费。竞价初期，同一电压等级的用户输配电价执行同一价格水平，原则上实行单一电量电价。条件成熟后，逐步引入更加科学的计价方法。

（二十三）专项服务价格分为电厂接入价、专用输电工程服务价和联网价三类。价格水平以成本为基础确定。

（二十四）辅助服务实行有偿提供，具体办法另行制定。

## 六、关于销售电价改革

（二十五）销售电价改革的方向，是在允许全部用户自由选择供电商的基础上，由市场定价。竞价初期仍由政府制定的销售电价，应逐步实现定价的规范化、科学化，并有利于同市场接轨。

（二十六）政府制定销售电价的原则是坚持公平负担，有效调节电力需求，兼顾公共政策目标，并建立与上网电价联动的机制。

（二十七）竞价初期销售电价由购电成本、输配电损耗、输配电价和政府性基金构成，输配电价中包含电力销售费用。

（二十八）根据用户用电负荷特性及便于与上网电价联动的原则对销售电价的分类进行调整，目标是将用户分为居民生活用电、农业生产用电、工商业及其他用电三类，每类用户按电压等级和用电负荷特性定价。竞价初期，销售电价分类应根据用户承受能力逐步调整，工业用电、趸售用电价格可单独分类。

（二十九）对具备条件的用户普遍推行两部制电价，并合理调整基本电价在销售电价中的比重，使基本电价能准确反映用户对系统固定费用的实际耗费。

（三十）全面实行峰谷电价。具备条件的地区，也可同时实行季节电价、高可靠性电价、可中断电价等有利于系统平衡、降低系统成本的电价形式。

（三十一）销售电价的调整，采取定期调价和联动调价两种形式。定期调价是指政府每年对销售电价进行校核，如果年度间电价水平变化不大，应尽量保持稳定。联动调价指上网电价同方向变化超过一定幅度时对销售电价作相应调整，适用范围仅限于工商业及其他用户。

（三十二）电力市场开始竞价的第一年内，居民生活用电及农业生产用电价格水平原则上保持稳定。调整用户分类、扩大两部制电价范围等改革措施，在电力市场竞价开始半年后逐步实施。上述期间内如果上网电价变化幅度较大，电网企业增支或减支部分在以后调整销售电价时解决。

## 七、关于电价管理

（三十三）需由政府管理的电价，由政府价格主管部门按照统一领导、分级负责的原则进行管理。重大价格决策，应充分听取政府电力监管部门、电力行业协会及有关市场主体的意见。电力监管部门根据市场情况向政府价格主管部门提出调整电价的建议。

（三十四）电价管理原则和各电力市场的容量电价、输电价格由国务院价格主管部门负责制定。配电价格和对终端用户的销售电价，在输、配分开前，由国务院价格主管部门负责制定；输、配分开后，由省级人民政府价格主管部门负责制定（跨省的报国务院价格主管部门审批）。

（三十五）政府价格主管部门和电力监管部门按各自职责对电力市场参与者的价格行为进行监督和检查。

## 国家发展改革委关于请地方政府综合经济管理部门做好电力体制改革工作中有关工作的通知

各省、自治区、直辖市计委、经贸委、物价局：

根据党中央关于建立和完善社会主义市场经济体制的要求，结合我国电力工业发展的具体情况，经过充分研究论证和广泛征求意见，国务院于2002年3月下发了《国务院关于印发电力体制改革方案的通知》（国发［2002］5号文件，以下简称5号文件）。5号文件明确了电力体制改革的指导思想、电力企业重组方案和实施的总体部署及进度要求，是指导电力体制改革的纲领性文件。2002年以来，在国务院直接领导下，电力体制改革方案实施进展顺利，现新组建、改组的5大发电公司、4个辅业集团公司、国家电网公司和中国南方电网有限责任公司已经实现正常运转。通过“厂网分开”的改革重组，电力企业普遍增强了市场竞争意识和加强管理、降低成本的主动性，各企业锐意进取，积极谋求发展，投资热情空前高涨。从当前的各项工作来看，电力体制改革成果已经初步显现。

电力体制改革是一项十分复杂的系统工程。要完成这项艰巨的任务，要加强领导，加强各方面的协调与合作。在我国电力工业发展的各个历史阶段中，地方政府都发挥了重要的作用。当前，地方政府和其他经济成分拥有的发电容量已经超过总量的40%。地方电网资产在全国县级供电企业中超过60%。内蒙古、广东和海南电网的全部资产均为地方所有。因此，在电力体制改革过程中，地方政府、地方电力企业和广大电力用户的参与、配合，是电力体制改革取得成功的重要保证。

为了贯彻落实5号文件各项规定，加强中央和地方政府综合经济管理部门之间的沟通、协调和配合是十分必要的。经研究，电力体制改革实施中与地方政府有关的工作主要有如下几个方面：

一、为在发电环节引入公平竞争的机制，按照5号文件规定，除原国家电力公司进行厂网分开的改革外，属地方政府管理的电力企业也要实行厂网分开。以小水电自发自供为主的供电区，要加强电网建设，适时实行厂网分开。

二、在实现厂网分开后，电网企业仍处于垄断经营状态。为了顺利开展电价改革，明晰电网企业的成本和利润，国家已经明确，除国家特殊批准以外，电网企业原则上不再经营主业以外的经营活动。因此，各级电网企业即将开始进行剥离辅业、“三产”和多种经营企业资产的改革，其中有些原中央国有资产将转为地方国有资产。这项工作需由地方政府与当地的中央电网企业一起研究提出方案，加强沟通与协调，相互理解，密切配合，共同完成这项工作。

三、在输配电环节和深化农村电力管理体制改革各项工作中，地方政府需抓紧开展地方配电企业和县级农村电网企业的现代企业制度改造，尽快按照《公司法》的规定，组建配、售电有限责任公司或股份有限公司。

为了推行科学的电价机制，划小电网企业核算单位，并在配、售电环节逐步引入竞争机制，5号文件已经明确，在条件成熟时将对电网企业实行输、配分开的改革。考虑到各地的具体情况和分步推进改革的要求，现在输配业务一体化经营的电网企业，可暂不进行输配分开的重组。但要从今年开始，研究制定对配电业务实行内部财务独立核算的方案。鉴于配、售电企业改革及其经营活动涉及广大电力用户，直接影响当地的经济发展，因此，这项工作需要地方政府的直接参与和支持配合。

四、在贯彻落实国务院批准的《电价改革方案》（国办发［2003］62号）过程中，请地方政府做好有关改革协调工作。

五、区域电力市场改革和电价改革试点问题，涉及各方面的利益关系调整，请东北、华东地区有关省市提出意见和建议。

六、在国家统一部署的发电企业与大用户直接交易试点工作中，配合国家落实好有关政策，在保证电网企业安全、执行产业政策、维护国家整体利益的前提下，积极、稳妥地推进试点工作。直接交易的试点需经中央政府有关部门批准，地方不能自行调配国家统一配置的电力资源，不得自行确定电价。

请各省、自治区、直辖市计委牵头，会同当地经贸委、物价局、电力企业，根据上述原则，尽快研究提出本省（自治区、直辖市）与电力体制改革相关的工作计划和方案，包括改革组织领导、有关改革工作内容，对当地配、售电企业的管理办法，时间进度安排及意见和建议。在报请地方政府批准后，于10月底之前以书面形式报送我委。

二〇〇三年八月二十五日

## 国家发展改革委办公厅关于印发电力体制改革工作小组第六次会议纪要的通知

电力体制改革工作小组成员单位：

7月18日，国家发展改革委主任马凯主持召开了电力体制改革工作小组第六次工作会议，现将该会议纪要印发你们，请按照执行。

附件：电力体制改革工作小组第六次工作会议纪要

国家发展和改革委员会办公厅

二〇〇三年十月八日

# 电力体制改革工作小组第六次工作会议纪要

7月18日，国家发改委主任，电力体制改革工作小组组长马凯同志主持召开了电力体制改革工作小组第六次会议。

会议由电监会主席，工作小组副组长柴松岳通报了工作小组成员调整情况及新的组成名单；听取了电监会副主席兼工作小组办公室主任邵秉仁就当前电力体制改革进展情况和需要解决的几个问题的工作建议；听取了发改委副主任张国宝关于中国南方电网有限公司组建和中电联深化改革情况的说明。

会议就有关问题进行了讨论，并对需要专题研究解决的问题明确了任务分工和工作程序。马凯同志做了讲话。现纪要如下：

## 一、关于调整后的电力体制改革工作小组

按照《国务院办公厅关于调整电力电信民航体制改革领导小组和工作小组组成人员和单位的通知》（国办函［2003］46号），调整后的电力体制改革工作小组组长由发改委主任马凯接任，电监会主席柴松岳、国资委主任李荣融任副组长，中编办王澜明、发改委张国宝、财政部朱志刚、劳动保障部刘永富、国资委邵宁、法制办李适时、电监会邵秉仁，国家电网公司李彦梦、中国南方电网有限公司袁懋振、中国华能集团公司李小鹏、中国大唐集团公司翟若愚、中国华电集团公司贺恭、中国国电集团公司周大兵、中国电力投资集团公司王炳华为小组成员。电监会副主席邵秉仁兼工作小组办公室主任。国家环保总局和中电联继续作为工作小组会议的列席单位。国务院其他有关部门和单位根据工作需要可列席有关会议。

电力体制改革工作小组继续在国务院电力、电信、民航改革领导小组的领导下开展工作，统一部署和指导电力体制改革实施工作，研究、审议和决定电力体制改革中的重大问题。电力体制改革工作小组办公室主要负责各成员单位之间的联系、沟通与协调，组织专题调研，检查工作小组决定事项的落实情况，处理日常具体工作，重大问题报工作小组审议。

## 二、关于2003年电力体制改革的主要任务及工作分工

按照国务院国发［2002］5号文件的总体要求和曾培炎副总理的指示，2003年电力体制改革的主要任务及分工如下：

（一）积极推进电网企业重组，稳步实施电网主辅分离

国家电网公司负责组建5个区域电网公司，随后要抓紧进行现省级电力公司的改组工作。要及时与发改委和电监会沟通进展情况，与区域电力市场建设相衔接，尽快将各区域电网公司组建方案报工作小组审议批准后实施。其中，对于华北和东北区域电网公司，要按照5号文件规定，会同内蒙古自治区研究组建区域电网有限责任公司。各区域电网公司组建后，抓紧将现省级电力公司改组为分公司或子公司。对省级电力公司的改组，要打破“省为实体”，不能搞简单的“翻牌”。改组方案也需要报批，成熟一个，组建一个。

国家电网公司和南方电网公司负责制订各级电网企业所属的辅业、“三产”和多种经营企业剥离工作的整体方案。国资委要给予支持和指导，年底前，将整体方案报工作小组审议。

（二）抓紧做好电力企业的清产核资工作

国资委会同财政部和审计署，在对原国家电力公司进行财务审计工作的基础上，共同安排新组建电力企业的清产核资工作，包括核实资产、界定产权和清理债权债务等。这项工作力争明年一季度末完成。

国资委会同发改委和财政部，根据国务院领导指示，进一步核实一些电力企业向其有关联的“三产”、多经企业、职工持股会及职工个人转让、出售国有电力资产的情况，首先联合发文予以制止，并在年内提出管理办法，报国务院审批后实施。

财政部协助电网公司做好第二阶段发电资产移交工作。对2002年年末以前有关利润分配、在建项目资本金、内部核算电厂流动资金、工资余额分配等问题，进行专题调研，提出指导意见。

（三）积极推进各项配套改革工作

电监会会同国家电网公司继续做好区域电力市场试点工作，抓紧组建区域电力调度交易中心，制定市场运行规则和监管体系；要在保证电网安全，符合国家产业政策，维护国家整体利益的前提下，积极稳妥地开展发电企业与大用户直接交易的试点工作。会议明确由发改委和电监会联合下发《关于开展发电企业与大用户直接交易试点办法》，由电监会组织制定有关实施细则和相关合同范本，广泛征求意见，确定试点范围。由发改委负责制定直接交易过网费标准。

要积极推进输配电价改革，在输配电业务仍为一

体化经营的电网企业中逐步实行输配业务财务分开核算。条件成熟时，实行“输配分开”改革。发改委会同电监会、财政部研究制订输配电价管理办法。财政部会同发改委和电监会负责制订输配业务财务分开核算办法。

发改委要结合投融资体制改革，抓紧制定电力项目行政审批办法的改革方案，征求意见后报国务院审批。

根据国务院2003年立法工作安排意见，由发改委和电监会负责《电力法》修订工作。这项工作要广泛征求各界意见，抓紧开展工作，力争年底上报国务院。

发改委负责会同国家电网公司、南方电网公司，在认真总结近几年“两改一同价”改革成果的基础上，继续深化和完善农村电力管理体制改革。

## 三、关于需要专题研究解决的几个具体问题

（一）中央与地方电力资产产权界定问题。由国资委牵头，会同财政部、发改委、电监会、国家电网公司、有关地方政府、电力投资企业等单位，结合清产核资工作，本着尊重历史，依法行事，公平合理，协商解决的原则，进行调查核实和政策研究。对有争议的问题进行协调和落实。

（二）中外合资（合作）电厂问题。电监会和发改委会同商务部、国家电网公司、有关电力集团公司和地方政府相关单位，根据国务院5号文件、《电价改革方案》的有关规定，进行专题研究。对符合国家审批程序的电厂的购电合同，由所在地电网公司与外商采取重新协商的办法调整修改。经协商后，对于中方要继续执行的承诺，电网企业有责任在生产调度和财务结算上保证外商的合法权益。此外，可以考虑再融资、延长电厂经营年限等方式，妥善处理好原有购电合同，争取使电厂转为国民待遇，参与市场竞争。对于个别问题较大的项目，要视情况专门研究处理。如对山东中华发电有限公司，应将保留在电网公司的发电资产置换出来。具体由发改委商电监会落实。

（三）发电企业“一厂多制”问题。国资委会同电监会，根据发电企业提出的意见和要求，进行调查核实。根据不同情况，可分别采取股权置换、有偿转让、规范改制、委托经营等多种方式妥善解决。

（四）920万千瓦权益发电资产划分问题。由电监会牵头，会同国家电网公司，在进一步摸清“家底”的基础上，研究并选择适当的运作方式，规范资金使用方向和用途。方案征求有关方面意见后，报工作小组审定。

（五）中国南方电网有限公司组建问题。根据国务院5号文件、国务院对南方电网公司领导班子的批复（国人字［2002］107号）的规定，暂不设立股东会，维持现有7名董事会成员不变，由发改委负责尽快将南方电网公司组建方案和公司章程报国务院审批。

（六）中电联深化改革问题。中电联深化改革方案，在前一段发改委协调意见的基础上，由发改委报国务院审批。

（七）黄河上游水电公司问题。由工作小组办公室负责听取中电投集团公司专题汇报，协调有关部门研究，提出解决办法。

马凯同志在讲话中强调指出，电力体制改革是一项十分复杂的系统工程，是我国经济体制改革中的重要内容，意义十分重大。总体上看，今年是实施电力体制改革方案关键的一年，与去年相比，各项工作任务依然相当繁重，改革的内容更广泛，工作难度也更大。因此，特别需要各单位加强协调，密切配合，各成员单位要按照任务分工，积极稳妥地做好各项工作。在改革实施过程中，要坚持方向，稳步推进。既要按照5号文件的总体要求，逐步打破“省为实体”的格局，也要从实际出发，根据各地电网结构的强弱和区域电力市场的发育水平，循序渐进地开展工作。条件好的地区，步子可以快一点。但无论如何，改革的方向不能走偏，各项改革工作要有利于确立区域电网公司的主体地位。

在积极推进各项改革工作的过程中，要正确处理好改革、发展和稳定的关系，妥善安排好电力发展规划、建设项目的前期准备、工程勘测设计和施工建设等各个环节的工作。要高度重视、认真贯彻国务院办公厅［2003］21号文件的要求，切实抓好电力生产和建设方面的日常工作。各级电力企业要认真落实安全生产责任制度，干部和职工要明确责任，坚守岗位，服从调度，确保电力系统安全生产，确保全社会电力供应，为改革、发展和稳定作出新的贡献。

出席：发改委马凯、张国宝、李铁军、王骏、吴贵辉、赵小平、韩慧芳、王晓涛，财政部朱志刚，劳动保障部刘永富、陈良，中编办王明珠，国资委白英姿，法制办李适时、胡可明，电监会柴松岳、邵秉仁、谭荣尧，环保总局刘启风，国家电网公司陆启洲，南方电网公司袁懋振，中国华能集团公司李小鹏，中国大唐集团公司翟若愚，中国华电集团公司贺恭，中国国电集团公司刘彭龄，中国电力投资集团公司丁中智，中电联刘宏。

# 领 导 专 论

## 曾培炎同志在电力体制改革工作小组第五次会议上的讲话

（2002 年 12 月 20 日）

当前，全国上下都在学习贯彻党的十六大和中央经济工作会议精神；各行各业都在召开工作会议，部署明年的工作。各个电力集团公司必须尽快组建起来，抓紧时间认真学习贯彻十六大精神，做好明年的工作部署。今天召开的电力体制改革工作小组第五次会议，就是要推动这一进程，是一次十分重要的会议。

今年以来，各方面形势都比较好，国民经济持续快速健康发展，电力工业也度过了不平凡的一年。在党中央、国务院的直接领导下，按照国务院的总体部署，经过电力体制改革工作小组各成员单位共同努力，基本上完成了今年电力体制改革的各项任务。过几天将要召开新组建（改组）电力企业成立大会，新的电力企业即将实现正常运转。电监会目前正在抓紧组建，不久也要正式成立。关于电监会的职能，中编办已经有了一个初步意见。这些都标志着电力体制改革工作取得了阶段性的成果。在推进改革的同时，电力生产安全稳定运行，电力工业持续发展。今年以来，全国主要电网运行基本正常，预计全年电力消费增长率可达到 12%左右。今年是电力工业发展较快的一年，国家计划内新增投产电站规模大约为 1100 万 kW，新开工电站规模有望达到 2200 万 kW，是除三峡电站开工年以外电站项目开工规模最大的一年。可以说，今年我国的电力工业在安全生产、体制改革和建设发展等方面，都取得了较大的成绩，这些成绩和大家的共同努力是分不开的。下面我讲三点意见。

### 一、2002 年电力体制改革工作的回顾

今年 1 月份，党中央、国务院批准了电力体制改革方案，并要求抓紧实施，目标是在年内基本完成“厂网分开”的重组工作。3 月 18 日，电力体制改革工作小组召开第一次会议，贯彻落实国发［2002］5 号文件和国阅［2002］18 号会议纪要精神。各成员单位按照电力体制改革工作小组确定的各自分工和进度要求，认真负责地开展了各项工作。

国家电力公司系统发电资产的重组，是今年电力体制改革工作的中心任务，时间紧，任务重，情况复杂，政策性强。国家电力公司精心测算、统筹安排，多次召开全系统干部工作会议和各种座谈会，广泛征求意见，完成了大量的基础性工作，于 6 月初向电力体制改革工作小组提交了《重组划分电网、发电和辅业、三产（多经）企业的初步方案框架》。8 月下旬，向电力体制改革工作小组正式上报了《发电资产重组划分方案》。通过工作小组会议讨论和书面征求意见，最终形成了发电资产重组划分的方案，及时完成了这项关键性工作，为今年电力体制改革任务的完成和实现总体进度要求，打下了比较好的基础。

中组部、企工委、广东省人民政府分别为确定电监会、两家电网公司、五家发电集团公司和四个辅业集团公司的领导班子和筹备组人选，做了大量深入细致的工作。经贸委、中编办、电监会等单位围绕 11 家公司的组建方案、章程报批和制定电监会“三定”规定等工作，主动与有关部门沟通协调，保证了工作进度和质量要求。此外，国家计委、环保总局、中电联等单位，分别就电价改革方案、电力项目行政审批办法、发电排放环保折价标准和对中电联职责的要求等工作，进行了大量的调查研究工作，取得了积极进展。

自 10 月 15 日第四次工作小组会议以来，国家电网公司和五家发电集团公司及四家辅业集团公司基本上按照规定的时间向经贸委提交了公司组建方案和章程。新组建的大唐、华电、国电和中电投集团公司，大部分筹备组成员都两头兼职，又不全在北京工作，尤其是大唐集团公司的主要领导同志，在十六大期间还肩负着责任重大的安全供电工作，但都比较圆满地完成了前一阶段的各项任务。目前，各新组建公司都已构建了组织机构，初步确定了人员编制，设立了办公场所，建章立制，已经具备了开始工作的条件。华能集团公司在改组过程中，对公司进行了机构重组和业务重组，为进一步提高企业的竞争力奠定基础。国家电网公司筹备组在抓自身改革重组和人员分流工作的同时，还为电监会、各发电集团公司的组建做了大量协调服务工作。

一年来电力体制改革工作的成果，是在党中央、

国务院的关心和领导下取得的。电力体制改革工作小组各成员单位通力协作，认真负责地完成了各项任务。电力系统广大干部职工认真贯彻落实国务院文件精神，积极拥护改革、支持改革，抓安全、保稳定、保证了电力改革工作的顺利进行。电力体制改革工作小组办公室完成了大量的具体工作，为电力体制改革工作付出了辛勤的劳动。借此机会，我代表电力体制改革工作小组向大家表示衷心的感谢！

## 二、关于2003年电力体制改革的主要工作

2003年是我们贯彻党的十六大精神，全面建设小康社会的第一年，也将是我国国民经济继续健康快速发展的一年。电力工业应当和其他行业一样，在新的一年里，做到发展有新思路，改革有新突破，开放有新局面，各项工作都有新举措。各企业的新班子要实实在在地确定好长远发展战略目标和明年的工作任务。根据5号文件对“十五”电力体制改革任务的总体安排，明年有如下4个方面的工作重点：

### （一）继续完成电力企业资产重组工作，按照现代企业制度推进新公司建设

明年是11家组建、改组的电力企业开始正常运转的第一年。各企业首先要抓紧组建、改组后的各项工作的正常运行和安全供电。国家电网公司要负责组建5个区域电网有限责任公司。

各企业都要按照建立现代企业制度的要求，抓紧公司化改制工作，建立科学的企业法人治理结构，健全各项管理制度。对于新组建公司，做好这些基础性工作非常重要。

从前一阶段的发电资产重组工作看，国家电力公司系统不少发电企业，至今尚未完成公司化改制。在许多电厂中，对地方和其他投资方的发电资产实行代管，各投资方的责、权、利关系不清楚，有的企业产权关系还没有理顺，有的甚至在投资比例上还存在异议。厂网分开后要抓紧解决这些问题。新组建的企业要尽快实现按《公司法》的有关规定运行，做到产权明晰、权责明确、政企分开、管理科学。

### （二）逐步开展各电力企业资产、财务的审计工作，清产核资，防止国有资产流失

根据电力体制改革总体设计、分步实施、积极稳妥、配套推进的要求，继今年电力主业、辅业新组建、改组的公司成立后，明年还要成立华北、东北、华东、华中和西北5个区域电网公司。随后要逐步开展原网、省电力公司辅业单位和“三产”、多种经营企业的重组及电网企业的剥离工作。

《公司法》中对国有企业改建为公司后的工作有明确规定：“有步骤地清产核资，界定产权，清理债权债务，评估资产，建立规范的内部管理机构。”参照上述规定，为了加强国有资产管理，防止国有资产流失，明年开始要对新成立的公司逐步开展企业资产、财务的审计工作，进行清产核资。请财政部和审计署牵头提出工作安排意见，各电力企业予以配合，争取随着各企业重组工作的进展，及时完成这项工作。对于发电资产划分时的一些主要数据与实际情况有出入，资产、人员数额与批复方案不完全一致等问题都需要在清产核资中整理清楚。

### （三）按照“十五”期间电力体制改革的任务和要求，积极稳妥地推进各项改革

5号文件规定“十五”期间改革任务是：实施厂网分开，重组发电和电网企业；实行竞价上网，建立电力市场运行规则和政府监管体系，初步建立竞争、开放的区域电力市场，实行新的电价机制；制定发电排放的环保折价标准，形成激励清洁电源发展的新机制；开展发电企业向大用户直接供电的试点工作，改变电网企业独家购买电力的格局；继续推进农村电力管理体制的改革等。对上述“十五”改革任务，尚需进一步研究明年要完成的阶段性目标。

在努力完成5号文件规定的任务的过程中，也需要根据实际情况，积极探索更好地完成任务的具体方式。例如，现在已经有不少地方提出了开展发电厂向大用户以合同方式直接供电的要求。国外经验也证明，增加发电企业与用户之间双边合同电量的比重，可以有效地降低竞价难度。在电价方面，合同市场的电价水平，也可以有效地抑制竞价电价水平的波动。所以，在条件具备的地区，加快开展直接供电试点工作，将会有利于促进竞价上网的实施。再如，明年电价改革工作的重点，应当是保证从实施厂网分开，到实现竞价上网之间的过渡时期内电价的平稳过渡。在过渡时期，原则上要保证销售电价不涨也不降，使发电企业、电网企业的收入基本稳定，避免各环节在财务、价格、收入方面出现大的波动。电价要考虑发展的需要，也要有市场调节机制。今天讨论的电价改革方案，大家提了一些意见，可以再留一个月左右的时间，请新组建的发电公司、电网公司进一步研究提出意见，电价改革方案最后要报国务院批准。

关于电力项目行政审批办法的改革，国家计委正在研究，已经有了一个初步方案，各新企业成立后即可开始征求意见。总体上说，电力项目行政审批办法应当与改革后的新环境和新机制相适应，将来主要是审批规划，不论是电网公司还是发电公司，要对规划进行认真的审核，根据市场发展需要进行项目审批。审批和程序要进一步简化，使行政审批既能体现政府宏观调控的意图，又能发挥市场配置资源的基础性作用，促进发电市场开放，建立业主责任制和投资自担

风险机制，在电力项目开发过程中，科学、合理地界定政府行为和企业行为。具体内容还需要各方面进一步讨论研究。

今后电力体制改革的任务依然相当繁重，新公司又刚刚组建，因此电力体制改革一定要贯彻积极稳妥、循序渐进的原则，看不准时宁可慢一些。试点工作要积极，全面推进要稳妥。首先要保证供电安全和队伍稳定，确保不出大的问题。在建立区域电力交易调度中心、实行竞价上网、引进环保激励和约束机制、推进农村电力管理体制改革等各方面工作中，都应当贯彻这些原则，做到平稳过渡。对各区域电网和省电力公司主业与辅业、三产、多种经营企业的重组与剥离工作，各级电力企业和地方政府都要高度重视，积极稳妥地做好工作。尤其是辅业人员安置、分流问题，需要地方政府的支持和配合。

（四）正确处理好改革、发展、稳定的关系，确保电力生产和建设正常运行，确保电力供应满足国民经济发展和人民生活的需要

电力工业是国民经济中重要的基础行业之一。电力的生产、供应和消费又有着与其他行业不同的特点。确保安全供电是大家共同的责任。随着经济发展和人民生活水平的提高，全社会对供电保证率的要求越来越高，满足市场需求的压力越来越大。这就要求我国电力体制改革必须要在保持正常电力生产和建设的前提下进行。在改革过程中，电力系统各企业干部、职工，要发扬遵守纪律、令行禁止的优良传统，明确责任，坚守岗位，服从调度。人员工作变动时一定要做好相关工作的移交、衔接，不能出现“真空地带”。保证电力生产、供应和电网安全稳定运行是我们工作的重中之重，不能有丝毫懈怠。这里再一次强调，如果出现麻痹大意，管理松懈，甚至擅离职守、不负责任，酿成事故的，一定要严肃追究各级领导责任。

当前，正值年终岁尾，各公司要做好元旦、春节期间的供电工作。各相关电力企业都要负起责任，认真细致地做好干部职工的思想工作，妥善安排好困难企业职工的生活，抓好扶持政策的具体落实。遇事要有人管，要主动去解决问题，保证职工队伍的稳定，努力为改革创造一个稳定的环境。

近年来我国经济健康发展，电力需求也持续增长。在2001年电力消费增长9%的高水平下，今年预计可达到12%。与这样大的需求量相对应，今年水电却因来水少而减少发电量，一些地区电网主干输电网络和配电系统仍存在结构薄弱等情况。这些都导致不少地区不同程度地出现了电力供应紧张的趋势。明年上半年经济增长可能不会低于今年，电力供应紧张趋势可能进一步加剧。各电力公司要高度重视，在做好改革的同时，一定要抓紧电网和电源建设。

总结1998年我国出现电力供大于求情况以后几年来的经验，可以看出，电力工业从生产与消费的特点到本身的工程建设周期较长的规律，都要求电力建设平稳发展。在长时期内，项目的前期工作、施工建设、投产运行都应当保持一个比较稳定的规模，避免大起大落、忽冷忽热。“十五”前两年，我们保持了每年2000万kW以上的电站开工规模。现在看，后三年中，每年的开工规模仍不能低于这个数字。最近我们已对电力工业“十五”计划做了相应调整。各个电力企业，要紧紧抓住发展的主线，协调安排好规划内项目的前期工作、勘测设计、施工建设和投产进度等各环节工作，以改革促进发展，通过发展来解决改革中遇到的问题，使我国的电力工业健康发展，更好地为国民经济服务。

## 曾培炎副总理在电力建设与改革工作座谈会上的讲话

（2003年3月24日）

当前，我国电力工业进入了一个新的发展阶段。按照改革、发展和稳定的要求，电力行业的有关企业、有关部门肩负了新的历史任务。从改革方面讲，去年3月，国务院批准了电力体制改革方案，各有关方面按照分工，开展了大量卓有成效的工作，电力企业的重组工作基本完成，初步实现了厂网分开，成立了国家电力监管委员会，电力体制改革迈出了非常重要的一步，取得了阶段性成果。这是在党中央、国务院的正确领导下，通过电力系统广大干部职工的共同努力所取得的，来之不易。但是，电力体制改革刚开始不久，一些深层次的体制性问题还有待解决，深化改革的任务仍很重。从发展方面讲，随着经济的不断发展，各方面对电力的需求也有较大幅度的增长。今年一季度，全国发电量增长了17.6%。根据目前的电力需求情况，电力供需矛盾逐步显现，部分地区出现了电力供应紧张的趋势，这是我们面临的一个新情况、新问题，我们要认真分析各方面的原因。适应新的体制模式、新技术的发展要求，在稳步推进改革、搞好电力建设的同时，特别是要适应实现全面建设小康社会目标的要求，保证电力供应。从稳定方面讲，我们正处在电力体制改革过程中，各项管理工作都不能有任何松懈，更不能出现任何空档，只有做好稳定工作，才能保证改革发展顺利进行。因此，电力行业改革、发展、稳定的任务都非常艰巨，各有关部门要更加重视、关心和了解电力企业的情况。电力体制改

革工作小组的工作要继续下去，并根据新一届政府机构改革和人员变动情况，作出相应的调整。

对下一步的工作，我谈三点意见：

## 一、继续推进电力体制改革

电力体制改革是垄断行业管理体制改革的重要内容，对于完善社会主义市场经济体制，克服垄断经营的体制性缺陷，优化电力资源配置，加快电力产业结构调整，促进电力工业发展，保障国民经济持续快速增长具有十分重要的意义。电力体制改革是一项复杂的系统工程，涉及方方面面，政策性很强。党中央、国务院十分重视和关心这项工作。各有关部门和单位要进一步认识电力体制改革的重要性和复杂性，统一思想，提高认识，加强领导，把电力体制改革不断引向深入。

### （一）继续完善新组建和改组电力企业的重组工作

重组后的电力企业要尽快依照《公司法》等有关规定进行规范，加快建立现代企业制度。同时，要根据国家电力发展规划，制定各自的发展战略，在国家宏观调控下，深化企业改革，转变经营机制，优化组织结构，强化内部管理，加快结构调整，推动技术创新，增强市场竞争能力，提高投资收益和经济效益。今年要对新的电力企业抓紧开展清产核资和财务审计工作。这两项工作分别由财政部和审计署负责。需要强调的是，在电力体制改革过程中，要注意防止国有资产流失问题。现在发现有些企业把国家的电力资产未经国家批准出售给私人或者改由职工持股，这是不允许的。要进一步加强国有电力资产管理方面的规章制度建设，在这方面要有明确的规定。在新规定出台之前不宜推行电力职工持股这种做法，各发电公司要注意这个问题。国资委要制定有关规定，进一步加强国有资产管理。

### （二）继续组建区域电网公司

今年内，国家电网公司要负责组建华北、东北、华东、华中和西北5个区域电网公司，促进在更大范围内实现电力资源的优化配置。各区域电网公司要负责将原省级电力公司改组为区域电网公司的分公司或子公司。对原省级电力公司的改组，要打破省际界限，不能搞简单的“翻牌”；对确需在过渡时期按子公司形式设立省级电网企业的，省际之间要相互开放电力市场，实施区域优化调度，不能再搞市场分割和地方保护。

### （三）逐步实施主辅分离工作

这项工作要随着电力体制改革的深化逐步推进。今年内，要制定出各级电网企业所属的辅业、“三产”和多种经营企业剥离工作的整体方案，按照“从上到下、先主后辅、先易后难”的原则，先把电网公司组建起来，再开始主辅分离工作，做到有计划、有步骤地实施。国家电网公司、南方电网公司和将要组建的区域电网公司都要抓好落实工作。

### （四）在具备条件的地区，适度开展发电企业向大用户直接供电的试点工作

当前，由于煤价等因素，不少企业要求对直接供电给予电价优惠。直接供电的试点范围，要进一步研究，把握好尺度。同时，为理顺电网定价机制，要本着积极稳妥的原则，进一步加大对输配分开核算方案的研究力度。这两项工作由发展和改革委牵头布置，会同有关部门组织落实。

### （五）继续推进农村电力管理体制改革

改革农村电力管理体制的目的之一，就是实现“两改一同价”目标，切实减轻农民负担，保证农村生产、生活电力供应。这项工作的重点是以县供电范围为单位，实施公司化改制，明晰产权，明确责权利，建立现代企业制度，实现科学管理。电网公司要负责落实这项工作，电监会负责协调。

### （六）抓紧制订和实施电力体制改革的各项配套措施

一是抓紧完善电价改革方案，由国务院审批后下发执行。在竞价上网以前，要制订过渡期内新投产机组上网电价以及容量电价、输配电价定价原则和具体办法。二是结合投融资体制改革，抓紧制订电力项目行政审批办法改革方案，简化行政审批程序。特别是今年电力建设任务比较重，要加快审批进度，使符合条件的项目尽快开工，保证“十五”后期以及“十一五”初期能投产发电。三是修订电力调度和电价方面的相关法律法规，完善电力市场运行的法律环境。

## 二、加快电力建设进度

电力是我国国民经济的重要基础产业。随着我国国民经济持续快速增长，对电力的需求不断增加。党的十六大提出了全面建设小康社会的奋斗目标，到2020年国内生产总值要力争比2000年翻两番，基本实现工业化，这对电力建设提出了更高的要求。

### （一）抓紧制定和落实电力发展规划

电力建设项目的特点是建设周期长，技术、资金密集，而且电力建设发展规划要与国民经济和社会发展各方面互相衔接，才能符合经济发展的需要。因此，科学制定电力发展规划显得十分重要。对“十五”电力发展规划，根据当前国民经济运行情况进行了初步调整，已经国务院批准。现在又要制定“十一五”规划。规划要保持电力项目在前期

工作、开工、在建和投产等各个环节上有一个合理的比例，既能满足保证供电的需要，又能提高装机建设的效率与效益。规划是我们今后审批电力发展项目的重要依据。温家宝同志多次强调，今后审批项目，首先看项目是否在规划之内。所以，大家要高度重视做好这项工作。在制定规划时，要广泛征求各方面意见，包括听取各发电公司的意见，做到科学民主决策。

（二）继续加快电力建设

为缓解电力供应紧张局面，保持电量适度增长是十分必要的。按照调整后的“十五”电力发展规划，今年要开工建设 2500 万 kW 装机规模。一方面要加快在建电力项目的建设进度，另一方面要加快待建项目的前期工作，符合条件的抓紧按程序审批，尽快开工。要有针对性地安排一批电网建设项目，加强联网，提高网间交换能力，优化调度，解决部分地区电源装机不足的问题。同时，要保持清醒的头脑，不能一哄而上，防止投资过热。在电站项目的选择上，要结合各地电力供需情况，尽可能选择技术先进、高效、环保、节水型发电机组，并加快大型坑口电站建设，继续实施“西电东送”。

（三）加快技术进步

电力作为我国的基础产业，它的发展会带动其他产业（如制造业）的发展，要采用高新技术和先进适用技术，加快对老机组的技术改造和产业升级。例如，一些输电线路如果能够增强保护措施，进一步提高输电的能力是大有可为的。对现有机组的改造，要在提高效率，改善环境，节约用水上加大投入。产业升级的重点是要开发和引进燃煤电站洁净煤发电技术，超临界、超超临界发电技术，燃气发电技术，以及超高压交直流输电技术。对引进的先进技术，要组织科技人员认真加以消化吸收，逐步实现国产化。

## 三、努力保证今年的电力供应

今年一季度，电力需求继续保持快速增长，许多地区出现不同程度的缺电，预计今年夏天，电力供需矛盾将更加突出。今年，国民经济增长率预计保持在 7%左右，保证电力供应将是一项十分紧迫的任务。

（一）采取多种措施确保电力生产

一是加快在建项目建设，争取尽快投产。二是充分发挥现有机组的发电能力，鼓励电厂多发电，包括要加强对机组的日常维护，合理安排检修，保证电力设备良好运行。三是电力企业、煤炭生产企业和铁道、交通运输部门要通力合作，保证火电机组的燃煤供应。水电方面还要优化水库的调度和运行管理，努力保证水电机组的一定出力。四是加大工业用电的结构调整力度。国家宏观部门要加强对小钢厂、电解铝厂和硅铁厂等高能耗的中小企业发展的调控和引导。以上这些都是缓解当前电力供需矛盾的重要措施，各有关部门和单位要认真研究落实。

（二）加强电网跨区调度

目前，全国存在供电状况不平衡问题，一些地方还有很大的潜力，要尽可能地采取一些措施，包括加快区域电网之间联网工程的建设进度，改进电网调度运行方式，加强区域电力资源优化调度，大区域平衡余缺，大范围配置电力资源，提高资源利用率。同时，要抓紧改造现有落后的输变电线路，尽可能增加输电容量。对符合条件的新建电网项目要抓紧按程序报批，加快建设进度。区域之间的联网是电力体制改革一项非常重要的内容，要积极推进，把这项工作做好。

（三）认真研究落实有关政策

为充分调动各发电企业、电网企业和用户的积极性，提高电力资源的综合利用效率，充分发挥现有电力设施的能力，有关部门要制定相关的经济调控政策，鼓励大型、高效、环保电站多发电，合理引导用电，尽早出台综合治理高峰负荷的措施，通过价格调控，包括煤价、峰谷电价等，引导企业参与错峰平谷。

（四）确保电站和电网安全稳定运行

抓好电力安全生产工作，不仅关系千家万户用电安全可靠，关系人民群众切身利益，关系改革开放、经济发展和社会稳定大局，还将为电力体制改革和电力事业发展创造良好的环境。在电力体制改革过程中，要加倍重视电力的供应和安全生产。各电力企业要加强制度建设，建立和完善安全生产责任制，进一步明确责任，坚守岗位，服从调度，避免出现安全“空档”或者安全责任不到位的情况。同时，要继续妥善安排好困难职工的生活，加强思想政治工作，保持职工队伍的稳定。

加快电力建设，深化电力体制改革，保证电力供应与安全运行，是完成今年国民经济和社会发展计划以及今后实现全面建设小康社会宏伟目标的重要保证。我们要认真贯彻党的十六大、中央经济工作会议和“两会”精神，坚持把发展作为执政兴国的第一要务，高度重视电力工业的发展与改革，正确处理改革发展稳定的关系，按照已经确定的指导思想和目标，把电力体制改革不断引向深入，努力满足经济和社会发展对电力的需求。

（出席座谈会的有关方面负责人有马凯、李荣融、汪洋、柴松岳、赵希正等。）

# 抓住机遇 深化改革 扎实工作 开创农村水电及电气化工作新局面

## ——在农村水电暨“十五”水电农村电气化县建设工作会议上的讲话

水利部部长 汪恕诚

最近，国务院批准“十五”全国建设400个水电农村电气化县的规划目标，这是水利工作的一件大事。党中央、国务院历来十分关心和重视水利工作，温家宝副总理非常关心这次会议，还在百忙之中专门给会议致信，强调了农村水电及电气化工作的重要意义，站在全局的高度指明了新时期农村水电及电气化工作的方向，阐述了做好农村水电及电气化工作的重要意义，明确了农村水电及电气化工作的指导思想和主要任务，对我们的工作提出了具体要求，我们要认真学习贯彻，切实抓好落实。召开这次会议，对于我们深入领会邓小平同志亲自倡导的电气化建设构想，按照江泽民总书记“三个代表”的要求，进一步认识农村水电及电气化的历史作用和地位，做好水电及农村电气化工作，加快贫困地区、少数民族地区和革命老区的经济发展和社会进步，具有十分重要的意义。下面，我讲三个问题。

### 一、农村水电及电气化的历史作用和地位

目前，全国有1500个县开发了小水电，近800个县主要依靠小水电供电，建设了653个农村水电初级电气化县。50年来，累计解决了近3亿无电人口的用电问题。实践证明，农村水电是水利工作的重要组成部分，也是电力工业的重要组成部分。农村水电及电气化建设既是农村能源工程，又是农村、农业基础设施工程和开发性扶贫工程，也是生态建设工程。通过农村水电及电气化建设，极大地促进了中西部贫困地区、少数民族地区和革命老区的经济发展和社会进步。

1. 加快了边远贫困山区、少数民族地区和革命老区的经济发展，增加了农民收入，加快了农民脱贫致富步伐

过去15年连续三批建设的653个农村水电初级电气化县，基本上都实现了国内生产总值、财政收入、农民人均纯收入、人均用电量5年翻一番、10年翻两番的目标，发展速度明显高于全国水平。2000年，全国电气化县农村水电企业实现税利约50亿元，占县财政收入的8.8%。广东省33个电气化县农村水电企业1999年上缴税利6.6亿元，占县财政收入的22%，最高的乳源县达到68%；“九五”期间建成的335个电气化县，从1995年到2000年，农民人均纯收入由1082元增加到1914元，同比年均增长速度8.1%，是全国平均增速4.7%的1.7倍，与全国平均水平的差距从500元缩小到296元。农村水电及电气化建设，已成为贫困山区、少数民族地区和革命老区经济发展的重要支柱，地方财政收入的重要来源，农民增收的有效手段，农民脱贫致富的重要途径。

2. 以电气化带动工业化和城镇化，促进了经济结构调整

15年电气化建设，600多个初级电气化县工业产值占工农业总产值的比重，基本上是5年提高10个百分点，而全国是14年提高了10.9个百分点。湖北省兴山县通过电气化建设，形成了以中小水电为龙头的产业链，工业产值的比重由30%提高到80%。电气化县建设带动了关联产业的发展，全国累计有2000多万农业剩余劳动力转移到二、三产业，加快了城镇化进程。电气化县建设带动工业化、城镇化，促进经济结构的升级转换，有利于从根本上解决制约边远贫困山区、少数民族地区和革命老区发展的深层次问题。

3. 加快了中小河流的综合治理和开发，促进了水资源的合理利用，改善了农业生产条件和农民生活条件，促进了农村经济的发展

农村水电促进了江河治理开发。农村水电及电气化建设坚持治水办电相结合，建设了一批综合利用水利枢纽工程，累计增加库容约500亿$m^3$，数千条中小河流得到治理开发，提高了防洪能力。重庆市22个电气化县，10年新增水电装机70.4万kW，新增水库库容27.3亿$m^3$，拦蓄了当地径流和泥沙，减少了下游河段的泥沙淤积，减轻了下游的防洪压力，促进了江河治理开发。云南省通过电气化县建设，有40条河流实现了梯级开发，有12条河流正在进行梯级开发，走出了一条“上游建库，中游发电，下游灌溉”的流域综合治理开发之路。

农村水电是山区水利的龙头。15年电气化县建设，在解决1.2亿无电人口用电的同时，净增灌溉面积168.67万$hm^2$，增加粮食300亿kg，解决了6425万人和4742万头牲畜的饮水困难。内蒙古自治区乌审旗在电气化县建设中，电站、机井统筹考虑，配套建设，以水发电，以电抽水灌溉，人均水浇地达到0.31$hm^2$，增长了2.8倍。四川省都江堰在电气化县建设中，利用渠道落差大办小水电，装机30多万kW，其中水管单位拥有装机近5万kW，年电力销

售净收入近4000万元，不仅改善了职工生活条件，稳定了队伍，还解决了部分渠系的维护费用，基本上实现了水利工程的良性运行。农村水电及电气化建设形成了“以水发电、以电养水”的水利发展格局，发展了以农村水电为龙头的山区水利，提高了防洪抗旱、旱涝保收能力，促进了农业增产、农民增收和农村经济的发展。

4. 促进了退耕还林、生态建设、环境保护和可持续发展

2000年，全国小水电发电量达800亿kW·h，相当于3000万t标准煤，减少排放7200万t二氧化碳和其他大量有害气体，减少了大气污染。小水电供电区约有2000万户居民使用电炊，每年减少森林砍伐13.33万$hm^2$，节约木材约900万$m^3$，保护了森林，防止了水土流失，改善了生态环境。初级电气化县的森林覆盖率15年平均增长了9.88个百分点，比全国高5.4个百分点。四川省阿坝藏族羌族自治州在电气化县建设中，以小水电替代林业成为支柱产业，减少了森林砍伐，促进和巩固了退耕还林和天然林保护。全国许多中小水电站及库区都成为当地的生态旅游景点，保护了生态，美化了环境。

5. 扩大了小水电的对外交流，开辟了国际合作的新途径

我国开发小水电这种清洁可再生绿色能源，建设有中国特色的农村电气化，消除贫困，保护环境，实现可持续发展，得到了国际社会的高度评价和广泛赞扬。现在世界都在发展小水电，中国的小水电世界第一。很多发达国家都来考察我们的小水电，美国也在向我们学习，订我们的设备。一些与我国无邦交的国家也通过民间途径学习我国建设管理小水电的经验。我最近访问了古巴，他们对小水电及农村电气化很感兴趣，中古双方签署的合作项目几乎都是小水电及电气化建设方面的。由于中国小水电在国际上的广泛影响，由60多个国家和地区、150多个政府和国际组织组成的国际小水电组织的总部设在中国杭州，2000年12月联合国工发组织在中国杭州设立了联合国工发组织国际小水电中心，这是在我国境内设立的第一个联合国法律框架下的组织。这是我国改革开放的一项重要成果，也是实施“走出去”战略的具体体现。

## 二、农村水电及电气化面临的形势和任务

1. 水利工作面临着极好的发展机遇

（1）水利发展进入新的历史时期，为农村水电及电气化工作奠定了良好的基础和条件。党中央、国务院对水利工作高度重视、水利地位空前提高、中央水利投入大幅度增加、水利基础设施建设加快，水利事业迎来难得的发展机遇，进入了新的历史时期，为农村水电及电气化发展奠定了良好的基础和条件。随着水利地位的提高和投入的增加，农村水电及电气化建设的重要性日益提高，投入将相应增加。

（2）国家实施可持续发展战略，为农村水电发展提供了新的动力。江泽民总书记“七一”讲话中指出，要促进人与自然的协调与和谐，正确处理经济发展同人口、资源、环境的关系。党的十五届五中全会提出，加强人口和资源管理，实现可持续发展。小水电作为清洁可再生绿色能源，越来越广泛地得到全世界的肯定。发展小水电既可以减少有限的矿物燃料消耗，减少二氧化碳的排放，减少环境污染，还可以解决农民的烧柴和农村能源问题，有利于促进农村能源结构的调整，有利于促进退耕还林、封山绿化、植树造林和改善生态环境，有利于人口、资源、环境的协调发展，有利于水资源和水能资源的可持续利用。

2001年，朱镕基总理在湖南、四川、贵州考察时多次指示，要大力发展小水电，解决农民燃料和农村能源问题，促进退耕还林和天然林保护，保证退耕还林能够退得下、稳得住、能致富、不反弹，在这方面要给予扶持。朱总理站在全局的高度，指明了新时期农村水电的发展方向，我们一定要认真领会贯彻。

（3）国家实施西部大开发战略，为农村水电发展开辟了广阔的前景。党的十五届五中全会提出，力争用五到十年时间，使西部地区基础设施和生态环境建设有突破性进展。我国西部的小水电资源占67%，现在开发程度不足20%，农民人均用电量不足全国的30%。小水电在西部大开发中具有明显的资源优势和市场潜力。西部大开发战略，为小水电发展开辟了广阔前景。

（4）国家新时期扶贫开发计划，为农村水电发展提出了新的目标任务。新时期《中国农村扶贫开发纲要》指出，要尽快解决极少数贫困人口温饱问题，进一步改善贫困地区的基本生产生活条件，巩固温饱成果，提高贫困人口的生活质量和综合素质，加强贫困乡村的基础设施建设，改善生态环境，逐步改善贫困地区社会、经济、文化的落后状态，为达到小康水平创造条件。农村水电及电气化作为农民增收的有效手段，脱贫致富的重要途径，新时期的扶贫开发计划，为其发展提出了新的目标任务。

2. 水电及农村电气化建设的主要任务

（1）满足农民燃料和农村能源需要，促进退耕还林，改善生态环境。我国退耕还林区、天然林保护区、自然保护区和重点水土流失治理区内主要靠烧柴（草）做饭、取暖的居民约1.12亿人。一年要烧掉560万$hm^2$森林。农村能源消耗占全国森林资源消耗的40%，山区占50%～70%。西部山区居民砍树烧

柴，破坏林草植被，不仅造成西部地区长期贫困落后，生态恶化，增加了水患和荒漠化，而且对中东部地区的生态安全和社会经济发展构成了很大威胁。解决农民燃料和农村能源问题直接关系到退耕还林工程能否顺利进行，关系到退耕还林、天然林保护工程成果能否巩固，关系到生态环境能否改善。我国小水电资源主要集中在长江中上游和黄河中上游地区，与以小水电代柴重点地区的区位分布基本一致。小水电具有分散开发、就地供电、发供电成本低的特点，而且技术成熟，性能稳定可靠，可实现“以林保水、以水发电、以电护林”的良性循环。要认真贯彻落实朱镕基总理关于大力发展小水电，解决农民燃料和农村能源问题的重要指示，实施小水电代柴生态工程，满足农民燃料和农村能源需要，促进退耕还林，保护和改善生态环境。小水电要切实肩负起这一新的历史使命，为实施可持续发展战略服务。

（2）满足中西部贫困地区、少数民族地区和革命老区经济社会发展需要。实施西部大开发战略，加快中西部地区发展，关系到经济发展、民族团结、社会稳定，关系到地区协调发展和最终实现共同富裕。朱镕基总理在四川考察时指出，小水电是贫困地区、民族地区发展的希望，是地方财政的重要来源。要充分利用中西部地区小水电的资源优势、区位优势和比较优势，带动工业化和城镇化，扩大内需，促进经济结构调整，发展地方经济，改善农村生产、生活和用电条件，从根本上解决中西部边远贫困山区、少数民族地区和革命老区的落后面貌，逐步缩小与东部地区的差距。

（3）满足贫困山区人民的脱贫致富需要。由于自然条件和经济社会发展水平等多方面因素，目前全国还有3000万没有解决温饱的贫困人口，另外还有一些初步解决温饱但还不巩固、在温饱线上徘徊的贫困人口。这些贫困人口主要分布在中西部的少数民族地区、革命老区、边疆地区和特困地区。现在我国已进入全面建设小康社会的新的发展阶段。贫困地区的脱贫致富是贯彻邓小平同志共同富裕伟大构想的一项战略决策，直接关系到社会稳定和社会主义现代化建设进程。实践证明，农村水电是西部地区的一大资源优势，在西部贫困山区、少数民族地区的脱贫致富、经济发展和社会进步中发挥了巨大的作用。农村水电是农民脱贫致富的重要途径。农村水电应顺应时代的发展要求，加快发展，满足贫困地区人民的脱贫致富需要。

## 三、按照电力体制改革方向，加快农村水电和电气化事业的改革与发展

电力体制改革的总体目标是：打破垄断，引进竞争，提高效率，降低成本，理顺电价形成机制，优化资源配置，推进全国联网，构建政府监管下的政企分开、公平竞争、开放有序、健康发展的电力市场体系。

当前电力体制改革的主要内容是：实行厂网分开，重组发电和电网企业；实施竞价上网，初步建立竞争、开放的区域电力市场；推进全国联网，政府实行监管，激励清洁电源生产，满足经济社会发展的电能需要。

目前，对电力体制改革的认识是非常不一致的，其中有一种意见认为：对“厂网分开，竞价上网”的改革取向要重新认识，其重要的一条理由是中国属于发展中国家，发展中国家的电力改革主要应解决“发展”问题，而发达国家主要才是解决“降低电价”问题。中国改革开放以来所进行的电力体制改革有效地解决了缺电问题，现在的电力管理体制大格局不宜动，等等。这种观点似乎有一定道理，但我们应该看到，在独立电厂已占全国装机一半的今天，电力体制改革不仅要考虑国家电力公司系统发展的积极性，还要有利于调动其他电力企业发展的积极性；不仅要考虑占80%装机容量的燃煤发电企业的发展积极性，更要有利于调动水电等清洁能源发展的积极性。中国的经济发展已经进入了一个新的阶段，从追求量的增长转为在注重量的同时更加注重质的增长。对电力工业而言，质的增长应主要表现为清洁能源和联网效益，具体讲就是发展水电，西电东送。目前，“省为实体”“厂网不分”的管理体制造成行业垄断和地区封锁，既不利于调动全社会投资发展电力的积极性，又不利于水电、风电等清洁能源的发展。我认为，电力体制改革势在必行。

下面谈谈农村水电在电力体制改革中的位置问题。为稳妥起见，电力体制改革将分步进行，先进行发电端改革，条件成熟时再进行配电端改革。目前，我国有一部分小水电发电后直接上国家电网，在下一步工作中，这些小水电厂需要通过加强管理、降低成本来为今后的竞价上网改革做好准备，争取在市场竞争中得到发展。另外，有相当一部分小水电有自己的小电网和供电区，我们这次会议确定发展400个水电农村电气化县，就是通过发展小水电来实现县域的电气化。小水电主要解决县域电能需求，我们提倡有条件的县域小电网与大电网相联网，互补余缺，资源优化，但从性质来讲，县域小电网属于配售电范围，在电力体制改革中属于配电端改革研究的范畴。配供电与电网分离是电力体制改革下一步的内容，但当前的改革不能影响和制约下一步需要改革的内容。现在一些地方以农村电网改造为名，无偿平调和上收小电网的做法是错误的，这种做法既不利于调动大家发展小

水电的积极性，又不符合电力体制改革的方向。

最后我想强调一点，在市场经济条件下，任何企业只有加强管理，降低成本，搞好服务，才能在竞争中发展壮大，否则必然被市场所淘汰。希望大家认真负责，扎实工作，在管理上狠下功夫，把水电农村电气化县建设好。

同志们，回顾过去，展望未来，任重道远。新时期水电及农村电气化工作迎来了难得的发展机遇，也面临着严峻的挑战。让我们以邓小平理论为指导，紧密团结在以江泽民同志为核心的党中央周围，努力实践“三个代表”的要求，按照中央的水利工作方针和水利部党组新的治水思路，抓住机遇，深化改革，不断开拓，扎实工作，完成好水电农村电气化县建设任务，开创水电及农村电气化工作的新局面。

## 李鹏同志在国家电网公司座谈会上的讲话

（2003年9月17日）

今天，我以一个老电力工作者的身份，来看望国家电网公司“美加大停电事故分析座谈会”的代表，借此机会，我也谈几点意见，供大家参考。

美加大停电给我们什么启发和教训呢？

第一，要正确处理安全和效益的关系。

电力工业的方针应该是“安全第一，兼顾效益”。如果发生大面积停电事故，其本身所受的损失为小，给用户带来的损失为大。停电意味着工厂停电，灯火不明，家电不灵，交通瘫痪，信息不通，社会一片混乱。所以，电力生产必须贯彻“安全第一”的方针。

第二，电力管理体制要改革，基本思路应该是“厂网适当分开，有条件时竞价上网”。

去年浙江电网进行了“竞价上网”的试验，比例是电量的13%。今年浙江严重缺电，拉闸限电非常普遍，只好停止了试验。改革的目的是为了促进发展，而不是为改革而改革。追求效益是市场经济的普遍原则，对电力工业也适用，但是电力有其自身的规律，产供销必须同时完成，保持平衡，否则将出现电网频率或电压的波动。“星星之火，可以燎原”，一个小事故，处理不当可以引发大事故。因此电力改革必须在保证安全的前提下进行。

中国是一个人口众多的发展中国家，与外国相比，不能只看电力总量，而要看人均电量。美国人均3kW以上，中等国家人均也有1kW，而中国人均只有0.3kW。从电网结构看，中国也比较薄弱。所以进行电力改革要适合中国的国情，要尊重电力的客观规律，不能照搬发达国家的经验。何况，外国电力改革也处在探索之中。

第三，中国再度出现电力紧张的原因是什么？

一是对用电增长估计不足，二是没有贯彻好“电力适度超前”的方针。这几年，电力增长超过GDP的增长，有其客观因素：投资拉动需求，带来工业耗电增加；生活用电增长之快超出想像；今年又遇到长期干旱酷暑，致使用电大幅度增长。经济发展过程异常复杂，对有些结果预料不到，情有可原。但是，要避免决策失误。毛主席说“电力是先行官”，小平同志说“电力搞上去了，翻三番都有可能”。这些真知灼见都被忘记了。如果只看个别地区、个别时段电力有富裕，就放松电力建设，到头来只会带来严重后果。

第四，发生美加大停电后，中国是否还要建大电网？“西电东送，南北互供，全国联网”是正确的，不能因为发生了美加大停电，就因噎废食，谈虎色变。首先，这是中国国情所决定的。能源资源，包括煤和水电，主要分布在西部，而用电中心却在东南经济发达地区，客观上决定了要“西电东送”。这也是资源优化的配置。北方水电少，“南北互供”可以利用南方水电调峰。至于大电网，它本身有许多优越性，如电源互补，备用共享，东西错峰等等，因此“全国联网”的方针不可动摇。

第五，从美加大停电中应该汲取的主要教训是什么？

首先，既要重视电源建设，又要重视电网建设。

美国近十多年来，电力增长30%，电网建设增长15%，二者不同步。中国电网结构比美国还薄弱“重发、轻供、不管用”的毛病由来已久。要想加强电网包括输电网、供电网和城乡用电网建设，关键是要多花钱。因此，国家要制定合理电价政策，使电网有建设资金。这还不够，还要从电费加价中提取电网建设基金。做不到这一点，加强电网建设，只是一句空话。

其次，电网必须统一规划，统一调度。

在一个地区和省级电网里，水电比重不可过大。丰水多发，枯水少发，自然规律，不可抗拒。一般水电不超过1/3为宜。在一个供电中心，外部送电和地区电源也应有适当比例，以便在外部电源发生问题时，地区电源能保住主要用户。特别重要的用户，应有自备电源。

电网应有备用容量。事故总是难免的，电网负荷瞬息万变，水电应担负第一调频的任务，随频率自动增减出力。大区联网，以直流输电为好，发生事故时能起到屏蔽作用。电磁环联网影响稳定极限，应逐步改造。在大城市应形成500kV和220kV环网供电。

220kV供电线直达用电中心，能够减少电压等级，减少线损，增加供电安全可靠性。

统一调度的思想应该深入人心，做到自觉遵守。无统一调度观念者，不适宜在电力系统工作。调度命令如军令，一级服从一级，局部服从整体，切不能阳奉阴违。统一调度，一靠法律和制度，二靠自觉遵守。种种违背调度命令的事例，在厂网分开后，可能有所增加。如一些发电厂在低谷时，拖延减负荷时间，拒绝停机，一些供电部门擅自退出低频率或低电压切负荷装置，拒绝或拖延执行手动拉闸命令等等。

各种自动保护装置的整定值要由电网统一整定。保护正确动作至关重要，不但可以保护电力设备，更重要的是把事故消除在萌芽状态，使事故控制在尽可能小的范围内。

再次，电网应有自己的调峰容量。

这次电力改革中，给地区电网和省级电网留了一些发电厂，实属明智之举。但数量留得还不够，还应增加一些。今后，电网要多建设蓄能机组和燃机，以增加调峰和备用容量。“喂鸡还得有一把米”。电网本身没有一点实力是调度不动的。

电网除直接调度所属电厂外，还要确定一批关系电网安全大局的大电厂、大机组，称之为直调电厂或直调机组。在事故状态下，通过自动装置，电网调度可以直接操作开停机组和增减出力。

第六，电力体制改革实施已有一段时间，应通过这次美加大停电，来审视一下原改革方案是否合适。

正确的要坚持，不完善的要调整，不切合实际、超前的要取消。既然美、加两国付了学费，我们何不好好学学，真正能汲取教训呢？否则，类似的大停电事故在中国发生，岂不悔之晚矣！

现在，电力行业已得到普遍重视，电力事业方兴未艾。既遇到了缺电的困难，也带来了发展的大好机遇。希望国家电网公司把这次会议开成一个总结教训的会议，鼓舞人心的会议，尊重科学的会议，把电力事业发展得更好。

## 水电与电网的关系

——李鹏同志考察三峡工程时的讲话

（2003年10月1日）

三峡二期工程顺利结束，三期工程现在也开始了，首先我向大家表示热烈的祝贺和衷心的感谢！三期任务已很明确，温家宝同志主持三峡建委第十三次全体会议决定了几个重大问题：今年汛后水库要达到139m水位，以增加调峰的库容和防洪的库容；要求提前一年将水库水位提高到156m；还做出一些其他的决定。我总的希望，在三期工程建设中，仍然要发扬“一流的工程、一流的质量、一流的管理”的精神，把三峡工程自始至终地建设好。

下面，我着重谈谈发展水电和电网建设方面的关系。

因为美加大停电、英国大停电，最近又发生意大利大停电，因此有人认为，电网越大危险越大。对这个问题怎么看待，还要不要建大电网？我认为在中国是需要建大电网的。这是由中国的能源分布情况决定的。中国用电的增长主要在东南部，而能源无论是煤炭，还是水电资源都集中在西部。所以，从能源结构来讲，决定了“西电东送”或“西煤东运”。

水电有四大作用：第一，就发电而言，它是清洁能源。过去有句口头禅，“滚滚长江向东流，流的都是煤和油”，就是要加快开发水电的意思。第二，它在大电网中可以起到事故备用的作用。三峡的机组从新启动，直到满负荷，还不到一分钟。这次美加大停电，从最先发生事故开始，到全电网大崩溃经过一个多小时。大事故原因很多，其中一条原因就是电网没有备用容量或明显不足。第三，可以起到调峰的作用，这也是很重要的。第四，在洪水季节弃水时可以大发，最大限度地节约煤炭。大发时电价还要降低，可以竞价上网。

水电有很多优越性，但也有不足的地方。几乎很难找到年调节的大水库，大部分电站都是季调节。三峡、二滩，将来的向家坝、溪洛渡电站也是季调节。所以水电站都面临枯水和丰水期。枯水季少发电，丰水季多发电。自然规律不能抗拒，只能因势利导。当年二滩因为投产提前，用电又比较少，所以出现弃水情况。到了近两年，用电增长快，四川电网就缺电。为什么？其中一个原因就是二滩冬季发不出电来了。凡是过去省电网水电比重过大的，常常吃这个亏。夏天电用不完，冬天没电用。四川如此，湖南、福建也如此。之后大家接受了教训，明白了水电的季节性特点，懂得要保持均衡发电，必须水火并举。根据我多年的经验，在一个省级电网或在一个地区电网里，水电大体上不要超过1/3。从全国范围讲，水电还达不到1/3。再就是远距离送电，存在一些制约因素。溪洛渡电站将来送电到上海有1900km，当然可以用高电压、直流技术提高输电能力，但毕竟是长距离送电。天有不测风云，就是刮风、下雨、打雷、泥石流等等，都可能造成输电线路发生事故。长距离送电，从资源优化配置来讲是正确的，但在送电安全上确有不足之处。所以，每一个大的城市、每一个大的供电区应该有自己的支撑电源，这就要依靠火电了。火电有多种形式，有煤电，有燃机，核电也算一种。在一个大城市，自己的发电能力应该在2/3或者说至少在1/2以上。另外，一些重要的用户，如重要机关、医院、水源地、电视台等，应该有备用电源。这些就不能靠水电来解决。

说到“西电东送”，大家都很理解。“南北互供”还没有引起足够注意，实际上它可以提高供电的效率和安全性。北方以火电为主，水电很少。主要的水电在西南方。“南北互供”可以起到事故备用的作用。即使三峡冬季缺水，机组仍然可以做电网的热备用。

要实现全国联网，首先要形成大区电网。大区电网之间的连接，最好用直流。直流有比较好的稳定度，因为它背靠背，不会因为一个电网内部事故波及到其他的电网，是比较好的选择方式。

全国联网安全怎么保证？首先，不要缺电，不要把电网绷得满满的。电力建设应适当超前，这是电网安全的重要保证。其次，电网运行中要有备用容量。水电可以起到备用作用，在负荷地区要建立支撑的电厂，还要搞些蓄能电站等。再其次，电网要统一规划，统一调度。如果没有统一调度，电网肯定起不了它应有的作用。几个国家大停电事故，都有起始原因，或是人为的，或是自然灾害的，但最后导致大面积停电，一定是电网结构有毛病，或是各种安全保护装置没有起到作用。如果采取多项保护措施后，电网仍然不能保持供需平衡，频率、电压面临崩溃的危险，各级调度有权及时手动拉闸，这是保证电网安全的最后一道防线。

水电厂不能孤立存在，它与电网有密切的关系，是电网重要组成部分。三峡电厂是全国联网的中心。有了三峡电厂，并处于这样一个优越的地理位置，才能把全国电网联起来。电网和三峡电厂密切配合，服从统一调度，才能充分发挥水电的重大作用。搞水电建设的同志，可能对此认识还不够深刻、不够全面，所以我今天借此机会着重讲一讲水电与电网的关系问题。

## 电力体制改革工作小组组长、国家发展改革委主任马凯同志在电力体制改革工作小组第六次工作会议上的讲话

今天的会议是电力体制改革工作小组第六次会议，也是新一届政府成立以后，工作小组成员单位调整后的第一次会议。刚才，几位领导同志讲了话，我都同意。大家对今年电力体制改革任务和有关政策问题发表了许多很好的意见。下面我再讲几点：

### 一、关于电力体制改革工作小组的职责和任务

最近，国务院已经明确，继续保留国务院电力、电信、民航改革领导小组，组长是黄菊同志。领导小组下设三个专项改革工作小组，电力体制改革工作小组是其中之一。

电力体制改革工作小组的主要职责是：在国务院电力、电信、民航体制改革领导小组的领导下，认真落实中央关于电力体制改革的各项决策和政策措施，部署和组织改革的实施工作，研究、协调和解决改革过程中的一些重大问题，特别重大的问题报请领导小组和国务院决定。

工作小组的工作方式：主要是围绕改革中的一些重大政策问题和出现的新情况、新问题，组织专题调研；不定期地召开组长会议、组长扩大会议和全体会议，研究、审议改革中遇到的一些重大问题。工作小组的办公室原来设在国家计委，现在已经转到电监会，由邵秉仁同志任办公室主任。办公室在工作小组的领导下，负责一些日常工作，安排工作小组的会议，编写简报，检查工作小组决定事项的落实情况。

在改革过程出现的各类问题中，有一些是带有共性的问题。对于这些问题，有一些是个性问题，明确有主管部门负责的，可以找主管部门去研究，协调解决问题。比如说，属于劳动和社会保障部，或财政部负责的事，职责分工明确的，就可以直接找这些部门去反映解决。有些带有综合性的问题，可以向工作小组办公室直接反映，由办公室按照部门职能和分工，提请有关部门研究解决，必要时，可以由办公室出面协调处理。重大问题报请工作小组的组长会议或全体会议研究决定。有些有条件处理的事情，可商有关部门及时处理。比较重大的、带有共性的复杂问题，可以召开工作小组会议研究解决。

电力体制改革是一项十分复杂的系统工程。要完成这项艰巨的任务，最重要的是要加强领导，加强协调。工作小组各成员肩负着重要的责任，大家都要以事业为重，以大局为重，各司其职，各尽其责，加强沟通，团结协作，共同完成好国务院赋予我们的任务。

### 二、关于今年电力体制改革的主要任务

自党中央、国务院2002年1月批准电力体制改革方案，国务院以国发［2002］5号文件下发实施，到现在已经一年半了。刚才，邵秉仁同志对一年多来改革情况做了简要回顾。可以说，电力体制改革已经有了一个良好的开端。

关于今年电力体制改革的主要工作和任务，曾培炎同志在去年工作小组第五次会议和今年3月24日

视察国家电网公司的讲话中，已经做了具体部署。发展改革委和电监会研究提出了2003年电力体制改革的主要任务、目标和工作分工的建议。这个文件比较全面，经过讨论，大家原则上都赞同，同时又提出了一些修改意见。会后请办公室根据大家讨论意见，修改以后正式下发。

今年的改革任务内容较多，有几项工作需要特别注意抓紧。

（一）关于电网企业的重组工作

第一，按照国发［2002］5号文件的要求，由国家电网公司组建5个区域电网有限责任公司。要尽快将组建方案完成并报工作小组审议批准。其中，华北和东北两区域电网公司的组建，应执行5号文件的规定，由国家电网公司和内蒙古自治区研究组建区域电网有限责任公司，而不能在内蒙古境内单独组建电网有限公司，形成“省为实体”，不利于“西电东送”。

第二，各区域电网有限公司要抓紧将省级电力公司改组为分公司或子公司。省级公司改组要按照曾培炎副总理提出的原则，即：要打破省际界限，不能再搞市场分割和地方保护，也不能搞简单的“翻牌”。各区域公司形成省级电力公司改组方案后，也需要尽快报批。

第三，加快推进电网“主辅分离”的工作步伐。根据曾培炎副总理3月24日讲话要求，今年内要制定出各级电网企业所属的辅业、“三产”和多种经营企业剥离工作的整体方案。请国家电网公司和南方电网公司分别落实这项工作，力争早日将各自的方案报工作小组审议。

（二）关于新公司的清产核资工作

国务院国阅［2002］18号会议纪要中明确，在“厂网分开”重组时，实行无偿划转，不进行清产核资。现在新的发电和电网企业已经成立，因此要按照《公司法》中对新建国有公司的有关规定：“有步骤地清产核资，界定产权，清理债权债务，建立规范的内部管理机构。”这件事情我赞成刚才几位发电公司领导提出的意见，先进行审计。实际上审计也是为清产核资奠定前期工作的基础，这两件事情是互相联系的。在审计的基础上，再进行清产核资。培炎同志要求在年底前结束清产核资工作，向国务院报告。因为受到“非典”等其他方面影响，这项工作有些滞后。但无论怎样，还是要抓紧进行清产核资工作，力争到明年一季度末能够完成。请国资委牵头，会同财政部和审计署，共同安排好这项工作。

关于一些电力企业向行业内有关联的“三产”、多经企业、职工持股会及职工个人转让、出售国有电力资产的问题，国务院领导同志两次做出批示。目前，国资委、发改委和财政部已经草拟了《关于继续贯彻落实国务院有关规定，暂停电力系统职工投资电力企业的紧急通知》，准备下发。关于规范实施的具体办法，请国资委按照国务院领导批示，会同有关部门抓紧工作，力争在年内制定出管理办法报国务院审批。

在上述清产核资和清理整顿国有电力资产出售的两项工作中需要重申：要严明纪律，严格执行国务院国阅［2002］18号会议纪要的规定，电力企业重组时有关资产、负债、权益等按2000年度财务决算数确定。也就是说，在国务院下达了国办发［2000］69号文，明确规定停止任何形式国有电力资产的流动以后，凡违反69号文件规定的投资和交易活动一律无效，已经发生的要严肃纠正；造成损失的，或引发重大不安定因素的，要追究相关责任人的责任。同时，对于在69号文发布以前发生的国有电力资产的买卖活动，凡违反国家有关规定的，也要进行纠正。今后这项工作要按新的管理规定进一步规范。请国资委会同有关部门，在工作中按照以上要求严格把关。

（三）为逐步实现竞价上网，积极、稳妥地推进各项配套改革和准备工作

国发［2002］5号文件要求，到“十五”末，在全国大部分地区实施竞价上网，运行新的电价机制。根据国务院总体部署，在抓紧企业重组的同时，重点是围绕“竞价上网”所需各项条件，积极进行准备工作。一是抓紧区域电力调度交易中心的建设，建立市场运行规则和监管体系。二是积极开展发电企业与大用户直接交易的试点工作，取得经验，逐步推行。这项工作总的要求是要“积极试点、稳步推进”。要在保证电网安全运行，符合国家产业政策，维护国家整体利益的前提下，选择试点单位、试点地区。三是随着电网企业改组整合，实行新的电网定价办法，包括近期要在输、配电业务仍为一体化经营的电网企业中，逐步实行输、配业务财务分开核算。条件成熟时，实行“输配分开”的改革。以上三项准备工作，都是实行竞价上网的必要条件。前两项工作由电监会负责，第三项工作由国家发展改革委和财政部负责。此外，为了实行竞价上网，还需要创造技术方面的支持条件，这项工作由国家电网公司和南方电网公司分别负责。

除了上述三个方面的重点工作外，今年还将结合投资体制改革，改革电力项目行政审批办法。这项工作由发展改革委负责。根据国务院2003年立法工作安排意见，要开始修订《电力法》的准备工作。这项工作由国家发展改革委、电监会共同承担，会同国务院法制办，广泛征求意见，力争尽快上报国务院。

总体上看，2003年电力体制改革各项工作任务相当繁重，涉及面广，工作内容相对分散，因此，特

别需要各单位加强协调，密切配合。

在此我想强调一点，就是在电力体制改革过程中，一定要本着“坚持方向，稳步推进”的原则开展改革的各项工作。“坚持方向”，就是要按照国发［2002］5号文件提出的总体目标，特别是要逐步打破“省为实体”的格局。希望大家能够把思想统一到5号文件的要求上来。同时，还需要从实际出发。当前各地区的电网结构强弱程度不同，区域电力市场的发育水平不同，遵循“渐进”的原则，逐步发展。条件好的地区，步子可以快一点。但无论如何，改革的方向不能走偏，各项改革工作要有利于确立区域电网公司的主体地位。

## 三、关于在电力体制改革进展中需要研究解决的几个问题

办公室向工作小组提交了关于当前电力体制改革中需要研究解决的几个重要问题，大家都展开了热烈的讨论。我把主要原则和分工再明确一下。

（一）关于界定中央与地方电力资产产权的问题

对于发电资产重组中的产权纠纷和争议，要本着尊重历史，依法行事，公平合理，协商解决的原则处理。

建议对过去“投贷不分”的项目，在明晰产权时，首先以当时国家对项目的审批文件中确定的各方投资比例为基础，确定产权比例，进行公司化改制。对于以后在项目进展过程中投资比例发生的变化，主要应考察后续合同的有效性，以及合同实际执行情况，实际投入资金数量等因素，协商解决。必要时可由国资委牵头，组织财政部、电监会、国家电网公司等有关方面协调、裁决。

（二）中外合资、合作的发电企业在资产重组中的问题

总的原则是，要过细工作，把这件事做好。首先，要向外商说明，这次中方股东变化是依据国家改革方案进行的。因此，合资企业应按政府规定，办理好相关股东变更手续。第二，关于外商投资电厂权益问题，要严格执行国发［2002］5号文件和《电价改革方案》的有关规定，对符合国家审批程序电厂的购电合同，由所在地电网公司与外商采取重新协商的办法调整修改。经协商后，对于中方要继续执行的承诺，电网公司有责任在生产调度和财务结算上保证外商的合法权益。第三，在处理外商购电合同时，可能会有很多的复杂情况，建议可以考虑采用多种方式，妥善处理利益关系。比如说，通过“再融资”，用人民币贷款替换国外贷款，降低融资成本，减轻来自国外银行和外商的压力。比如以延长电厂经营年限作为条件，或把BOT改为BOO，解除原有购电合同，使电厂转为国民待遇，参与市场竞争。可能还有其他办法，请大家研究。总之，要用多种方式来化解这些矛盾。

对个别问题较大的项目，要视情况专门研究处理。例如，山东中华发电公司的问题，现在有了初步方案，初步想法是采取产权置换来解决这个问题，将来由发展改革委和办公室协调解决。

（三）关于发电企业“一厂多制”问题

“一厂多制”问题比较复杂，可以采取多种形式解决。比如说，有的可以采取置换的办法，通过公司之间协商，置换或者有偿转让产权；有的可以采取重组的办法，各投资方按现代企业制度，把资产合起来组建新的有限公司，共同经营，按产权比例分享收益；有的也可以考虑采取委托的办法，产权与经营权分离，各方共同委托另外一家企业来运营电厂，以利于充分利用厂址资源。在解决“一厂多制”的具体问题过程中，建议请国资委和电监会牵头，根据发电企业提出的意见和要求，组织实施这项工作。

（四）关于920万kW权益发电资产划分问题

在讨论过程中，大家的意见比较一致。这项工作可以明确几个要点。第一，由电监会来牵头解决。第二，进一步摸清家底，这920万kW的实际权益有多大，分布在何处。第三，选择适当的运作方式。究竟是交给一个中立单位来管理资产，按各方比例分配收益；还是将这部分资产出售变现，一次性分配完毕。出售变现究竟是招标竞争，还是举手拍卖，具体方式由电监会牵头，商有关方面，比较利弊后确定。第四，明确使用方向，规范使用用途，要制定具体的管理办法和使用办法。

（五）关于中国南方电网有限公司组建问题

刚才张国宝同志介绍了南方电网组建中的一些情况。南方电网公司的组建工作滞后了一段时间，目前不能再拖了。按照国务院、中组部已经确定的原则，先按照不设立股东会的方式报国务院审批。先运行一段时间后再看。

刚才电监会提出需要解决的问题还很多，可由办公室对这些问题进一步梳理，属于哪个部门主管的，由该部门研究解决，包括中国电力投资公司提出的黄河上游水电开发的政策支持问题等。

## 四、一手抓电力体制改革，一手抓电力生产建设，全面推进电力工业健康发展

改革是一种手段，是为了促进发展，是为了给电力工业的健康发展提供体制和机制上的保障。在积极推进改革各项工作的同时，要正确处理好改革、发展和稳定的关系，妥善安排好电力发展规划、建设项目的前期工作、工程勘测设计和施工建设等各环节的工作。

今年上半年，电力行业跟全国一样，总体发展形势良好，初步统计，发电量达到了8466亿kW·h，同比增长了15.4%。全社会用电量8541亿kW·h，同比增长了15.6%。但是部分地区供需形势还是紧张。当前抓好安全度夏和下半年度过冬季用电高峰仍然是我们电力行业的一项重要工作。希望大家按照国务院统一部署，做好各项保证电力供应的工作。特别是当前在各地区夏季用电高峰到来的前夕，要合理安排运行方式，有计划地安排电力设备的检修、消缺工作，提高迎峰度夏时期设备的可靠性。同时，还要进一步加强区域间电力、电量的交换，优化电力调度，在更大范围内优化电力资源的配置。

另外，还要督促华东、广东等地区，制定实施用电错峰、避峰的措施，并对原有的应急预案按照实际情况进行必要的调整修改，力争做到有序限电。同时，要进一步推行峰谷电价，运用价格杠杆促进合理用电，移峰填谷，节约用电。

上次全国保证电力供应电视电话会议已经提出，各地要取消自行制定的用于鼓励高耗能产业的相关电价政策。下一步要进行一次检查。对于不合时宜的政策，该纠正的一定要予以坚决纠正。对于有关地区不执行价格政策，擅自降低上网电价的情况，在调查研究的基础上，也要采取措施予以制止。

总之，今年无论是改革任务，还是发展任务，都非常重要。希望电力体制改革工作小组的成员要同心同德，加强协作，共同完成好国务院交给我们的任务。

# 正视问题 加快建设 协调发展

——在“2003中国电力论坛”上的讲话(摘要)

国家发展和改革委员会副主任 张国宝

## 一、如何看待今年出现的缺电局面

今年的较大范围电力短缺现象是自1996年以来首次出现的，当然有很多客观原因。比如，今年的来水偏少，南方一些地区持续高温，有人说是六十年以来首次出现的持续高温。今年前8个月电力增长15.8%，但8月上旬，水电与去年同期相比减少了5个百分点，就是因为来水少。水电减少的5个百分点，只能靠火电补，所以火电的增长速度比发电平均增长速度要快。上海、浙江今年出现了电力紧张，给人民生活生产带来了一些不便，一个重要原因就是没有实现我们年初对福建电力的预期。当时认为福建的电力是供大于求的，所以国家电网公司去年和今年两年建了两回500kV输电线路，从福建通到浙江的金华，就是要通过华东电网向上海送120万kW的电。结果由于福建旱情和高温，不仅没有向上海和浙江送电，而且多多少少还给了福建一点电，帮助福建度过难关。这一点是人算不如天算，如果有这120万kW，情况至少比现在要好一些。另外，设备的完好率也是年初一再强调的，但是由于负荷比较高，备用容量比较少，难免在关键的时刻出现一些设备的问题。比如，最近上海曾经有过几小时的停电，据说市民反应很强烈，当然总的原因还是电力供应紧张，但是直接原因就是望亭机组误操作，吴泾60万kW机组也出现故障，几乎同时，宝钢的35万kW自备电厂又出现问题。还有，高温天气和人民生活的改善对供电也提出了新要求，上海地区空调容量是600万kW，几乎占了上海用电负荷的一半，所以有雨和没有雨、天热和天凉的差距非常之大。过去很少有人家里装空调，现在空调在供电负荷中占的比重相当大。

当然，今年的电力到底缺到什么程度，目前的报道和统计也还是有差异。有一种说法，全国19个省出现了拉闸限电；但是我们摸的情况，说真正拉闸限电的可能只有10个省，这又是一个数字。19个也好，10个也好，都不一定非常准确，但是在经济比较发达的地区，出现了缺电问题是确确实实存在的。缺电现象引起了很多议论，特别是这几年投产机组是不是偏少，电力建设是不是慢了，出现了什么问题？这是需要认真分析的。

## 二、关于电力建设速度的问题

1949年以前，我国的发电装机只有185万kW，发电量是43亿kW·h，当时的装机容量和发电量分别占世界的第21位和第25位。1949年以后，经过大规模的经济建设，到1978年，全国发电装机容量达到了5712万kW，发电量是2566亿kW·h，分别上升到世界的第8位和第7位。1978年以后，是我国经济发展比较快的时期，到1987年，我国装机容量突破了1亿kW。7年以后，到1995年3月，我国装机容量达到了2亿kW，每年新增装机大体上超过1000万kW。又经过5年，到2000年4月19日，以苏州二号机30万kW投产为标志，全国装机容量达到了3亿kW，平均每年装机容量是2000万kW。这个速度和美国历史上最快的电力发展时期相似，美国1975年装机容量是3.5亿kW，相当于我们目前的水平，其电力建设史上最高的速度就是5年装机1亿kW。

到2002年，我国装机容量达到了3.56亿kW，发电量是16543亿kW·h。其中，2001年到2002年发电装机容量增长速度年均是5.6%，发电量增长速度是9.9%，也就是说，装机容量的增长速度比发电量增长速度要低，这是因为1998年、1999年曾经出现过短暂的电力供大于求的状况，电力工业内部也进行了一些调整。这意味着现有机组的发电小时数在提高，是通过挖掘现有机组的可运行时间增加发电能力，而不是再用大量装机来实现。2001年，新开工发电项目是2140万kW；2002年，新开工了2350万kW；这两年新开工的电站数字仍然是历史最高水平，所以这个建设速度应该说是不低的。但是，2001年新投产的机组是1144.5万kW，2002年新投产的机组是1273万kW，新投产的机组比新开工的机组要少，这是1998年、1999年电力供大于求，减少了新开工机组的滞后影响，现在看，这个投产数量偏少。

2002年到2003年，在建的大型发电机组有7402.3万kW，其中水电是3882.3万kW，结转的在建项目应该说规模不小，问题出在哪里？这里包括了三峡的1280万kW，在建项目中，水电的比重是历史上最高的，占了一半还要多，过去水电就是30%左右，但是这段时间加快了水电的建设，所以水电的在建规模几乎占了在建规模的一半，水电的比例明显提高。但是，水电建设的周期比较长，尽管账目上结转这么多，但是建成拖的时间很长。就拿三峡来讲，1820万kW，一直要到2009年才能陆续建完，不是马上就能够变成投产机组。

我们对今年的开工和投产项目做了逐台清理，2003年预计投产2000万kW，新开工2500万kW；为了保证2500万kW，能源局是按照今年新开工3300万kW安排的，这都是一个萝卜一个坑，都有名字的，到7月份已经有800多万kW开工了。从以上数字可以看出，建国以来电力一直保持着比较高的增长速度，从1949年到2003年画一条曲线，建国初期比较平缓，但1978年以后斜率越来越高，增长速度是逐步加快的。

今年四月份，我向国务院汇报，有这么一组数据：2002年，全国火电厂平均利用小时数是5200h，比2001年增加了约300h，但比电力短缺的“七五”时期还低600h，比电力供大于求的1999年高480h，所以，应该说基本还在一个合理的范围内。但是，由于这两年装机速度低于发电量增长速度，过去的富裕容量逐渐被吃尽，发电小时数也在逐步提高，有的甚至提高到6000h甚至7000h。这就向我们敲起警钟，要加快电源建设。

对今年这样的电力增长速度，我们确实没有预料到。我们当时做的预测，认为今年的发电量增长最多是10%，没有预料到15.6%，甚至15.8%，没有想到电力会增长这么快。而且这种快，在很多地区完全是超出了我们的想象，比如说八月上旬，与上年同期相比，华东是24.16%，华中是30.77%，广东是51.1%，重庆是64.68%，这样的速度，我们确实没有预料到。

另外，今年的电力紧张，在某种程度上也是我们自己给自己造成的压力。1998年以来，加大固定资产投资，用于城乡电网改造的投资是4000亿，全国的基本建设搞了3万亿，相当于七分之一的钱投到了城乡电网的改造，其中包括275个城市和2000个县。通过改造，又实现了城乡同网同价，总体电价水平是往下调了。所以说，城乡对电力的需求释放出来，这可能也是一个很大的原因。

## 三、当前电力发展中存在的问题

第一是电源建设确实赶不上用电需求的增长。第二，电网建设仍然存在缺陷，比如说，二滩电站的送电能力仍然不足，不能把330万kW全部送出来；广东供电紧张，但是广州到东莞、到深圳的输电通道仍然不通畅，东莞内部的网架结构仍然不合理。另外，虽然经过了大规模的城市配电网改造，但是多数城市的配电网容载比仍然过低。要求容载比达到2：1比较安全，但是，目前可以说容载比达到2：1的城市寥寥无几，多数都没有达到这个水平。

第三，宏观上没有形成合力。有些东西是逆向调节，比如说电价就是逆向调节，价格是经济的一个信号，物以稀为贵，东西缺了就涨价，东西多了就要降价，但是电恰恰相反，电那么紧张，电价还在往下降，广东就每度电降了一毛五分钱，当然它原来电价比较高；而全国的其他地方，城乡同网同价后，特别是农村地区，电价也正在往下降。

还有，制造能力不足应该引起重视。去年，上海电气的生产能力大概是500万kW，哈尔滨和东方各350万kW，也就是全国的发电设备制造能力大约是1200万～1300万kW。现在我们要求每年新装机2500万kW，差了一半。上海电气提出今年争取达到700万kW，哈尔滨和东方大概是各500万kW，加起来是1700万kW，还是满足不了需求。所以，大规模的建设，也要求其他的相关产业配合，包括制造能力、钢材价格，还有煤炭供应。

## 四、关于电力发展规划

在电力发展规划上，可以有两种思路。一种思路是电力建设的规模要服从于需求的增长，就是你增长多少，我就要想办法满足你多少。比如说今年增长是15.8%，就要想办法使电力增长也要超过15.8%。另外一种思路是反过来，就是经济发展速度也要量力而行，要根据能源和电力增长的可能来安排经济增长速度，比如电力增长只能做到10%，那么对不起，经济速度可能就要适当下调，过去叫以电定产，就是以能源供应的能力来定增长速度。不管是根据需要定能源的规格，还是根据能源供应的可能确定经济发展的速度，不管是哪一种方法，都说明国民经济要协调发展。过快的速度，会引起过热；当然，我们也不希望速度过低，一定要做到和国民经济能力相适应。

对能源的供应，也不能敞开口去用电。要节电，要调整产业结构，控制高耗能产业，中国绝不是一个可以敞开供应高耗能产业的能源结构。所以能源供应不上，也不能全怪电力建设太慢，结构不合理，8.2%的增长速度，要15.8%的电力增长去满足，这里面肯定有某种问题存在。我国现在的国民经济每万元产值耗能是日本的10倍，大约是美国的3～4倍，美国也是耗能多的国家，但是我们比他们还厉害。所以，今后经济增长的方式，绝不能敞开口用电，有多少用多少，你要多少我就想办法满足你多少，我国的能源资源也不能完全做到这一点。

明后年的用电形势不容乐观，希望大家早做准备。我们一个萝卜一个坑统计，明年投产机组是1800万kW，即使加上一些没有统计进去的小机组，也不会比今年多，甚至于比今年还要略少。后年，从目前在建机组统计，投产机组只有1600万kW，按照今年的增长速度显然偏少。当然，我们也在采取一些措施，比如今年下半年短平快的开工一些30万kW机组，争取18个月到20多个月就是两年能够建成。今年下半年就建，到后年下半年可能建成，增加一些投产机组，所以下半年的新开工仍然要抓紧，否则，如果经济还是这个增长速度的话，显然还会有问题。

另外，煤炭的供应也应该引起高度重视。发电利用小时数的增加，加上今年要新增装机2000万kW，多数是煤电，算一下明年光是电煤就要增加6000万t，很可能造成煤炭运力紧张和煤价上涨。山西最近连续出了3起煤矿事故，引起了高度重视，山西省把5家国有煤矿以外的其他矿井全部停下来进行安全整顿。整顿是应该的，但是马上引起了价格的反映。吕梁地区煤价立即从140块钱一吨涨到170块钱，而且是产地价，所以，今年的煤炭供需也比较紧。如果明年增加6000万t电煤，运力的安排也会存在问题。今年的电力紧张，大家觉得是十来年都没有碰到过的，煤炭也有很多年没有碰到过紧张状况。所以，如果不加以注意的话，未雨绸缪，煤炭供应紧张绝不是危言耸听。

当然，电力需求的旺盛增长，给电力工业的发展带来了难得的发展机遇，电力工业的发展水平又跃上了一个新的台阶。“十一五”和2020年的规划，已经搞了一个初稿，在广泛征求电力部门、专家和各个省市的意见，正在修改。按照初步设想，未来将近二十年当中，我国装机容量的平均增长还是6.2%，有些人按照现在的速度嫌少，即使按6.2%的增长，到2020年，全国装机容量已达到9亿kW，美国现在是8亿kW。达到9亿kW，要比现在新增5.4亿kW，这个量相当大。

另外，电力本身也要进行结构调整，要加快发展水电和核电。如果按照现在火电、水电、核电、可再生能源的比重来推算，按照这个速度，到2020年，煤炭至少需要20亿t，有没有这么多资源可供开采，运力能不能保证，环境能不能承受都是问题。所以，从现在起，应当积极考虑发展核电，这是我国能源结构决定的，如果单靠煤电有很大的难度。

## 五、关于电力安全问题

美加的大停电，给我们敲响了警钟，我们要未雨绸缪，审视我国的电力安全问题。这里有一个新的课题，要不要一个统一的电力安全监管机构？有人提出来，美国过分强调电力的市场化，电力还是要统一调度、统一规划；有人认为，中国不至于出现美国那样的问题，因为我们有统一的调度，是我们的优势所在。但是，有的人也不一定同意这些看法。

很关键的一点，还是要加快电力建设，包括电源建设、电网建设。这几年电网建设得很快，但是怎样发展大容量输电通道，进一步实现全国联网，对于解决电力安全问题很重要。今年，电力采取了很多措施，其中一个就是大区域调电。上半年，华中净送华东12.6亿kW·h电量，比去年同期增长了80%；东北净送华北19.3亿kW·h电量，比去年同期净增了63.6%。如果没有大区域之间余缺的调节，一个是经济效益要差，富余的电力出不去；一个是用电紧张的地区可能更紧张。所以，我觉得西电东送、南北互供、全国联网没有错。现在，也有人说要以区域为中心，解决电力平衡，我不同意这种看法。注意发展受电端的电源建设和西电东送并不矛盾，两者都应该考虑。因为，我国的能源分布，无论是水电还是煤炭资源，都是在西北部、西南部，资源分布不均衡，决定了我国的能源流向是从北往南、从西往东，所以，在本地区建设电源的一些支撑点和从远距离输电应该是不矛盾的，应该是有机的结合。

电力体制改革要摸着石头过河，不能照搬别国的经验，中国有自己的国情。总之，一切要从实际出发，来安排电力改革的方案和步骤。电力行业也要进一步提高服务意识，为国民经济的发展，为人民生活的提高，为生产的发展服好务。

# 国家发展改革委副主任李盛霖在全国电价工作会议上的讲话

（2003年9月5日）

这次会议的主要任务是贯彻国务院办公厅印发的《电价改革方案》，部署今后一段时期的电价改革和电价管理工作。下面，我讲几点意见，供大家讨论。

## 一、改革开放以来的各项电价改革措施，促进了电力工业发展，缓解了电力工业对国民经济发展的“瓶颈”制约

改革开放以来，国家在电力工业发展的不同阶段实行了不同的电价政策，促进了电力工业的快速发展，缓解了电力工业对国民经济发展的“瓶颈”制约，为保持国民经济持续、快速、健康发展创造了条件。总体上看，电价改革可以分为三个阶段：

“七五”“八五”期间，电价改革的主要目标是吸引社会投资，加快电力工业发展。改革开放以前，我国电力项目由国家统一建设，电价由国家统一管理。由于建设资金不足，电力工业发展缓慢，电力供应不足的矛盾十分突出，许多地区经常被迫拉闸限电，严重影响了企业生产和群众生活的正常秩序。改革开放初期，随着国民经济的快速发展，电力短缺情况更加严重，电力成为制约国民经济发展的瓶颈。为了调动社会各方面投资办电的积极性，解决国民经济高速发展与电力严重短缺的矛盾，1985年国务院实行了多家办电和多渠道集资办电的政策，与此相适应，实行了多种电价制度：一是对集资兴建的电厂实行还本付息电价，允许新建成的电力项目按照还本付息需要核定电价；二是实行“燃运加价”政策，允许电价随着燃料、运输价格的调整而相应调整；三是出台“两分钱”电力建设基金政策，作为地方电力建设的资金来源。实践证明，集资办电政策和多种电价制度的实施，打破了中央政府独家办电和单一计划电价的局面，调动了社会各方面投资办电的积极性，有力地促进了我国电力事业的发展。据统计，1985年至1995年间，地方自筹和利用外资筹集的电力建设资金达1900亿～2000亿元，占我国电力总投资的50%左右。“七五”“八五”期间，我国发电装机容量年均增长9.5%。同时，大量集资机组和利用外资机组的建设，还提高了我国电力企业的经营管理水平，促进了发电环节电力市场的发育。

“九五”以来，电价改革的重点是规范管理，提高电价管理的科学性和透明度。在多渠道办电政策和多种电价制度的激励下，电力工业经过10年左右的高速发展，到90年代中后期，我国电力供需矛盾得到了有效缓解，部分地区出现了装机富余现象。在这种情况下，以个别成本为基础定价的还本付息电价政策固有的弊端日益显现，制约了电力工业的持续、快速、健康发展。当时在国家计委主管价格工作的马凯同志曾形象地将还本付息电价政策的弊端概括为：回报先保，拍着胸脯签约；成本全包，敞着口子花钱；价格找齐，逼着政府定价。其结果，导致电力项目造价越来越高，发电机组平均造价“八五”比“七五”提高了一倍左右；小火电盲目发展，劣化了资源配置；电价节节攀升，到90年代中后期新投产机组的平均上网电价超过了每千瓦时0.4元。为了改变这种成本缺乏约束、价格缺乏控制的状况，鼓励电力企业降低成本、提高效率，90年代末，经国务院批准，国家计委对还本付息电价政策进行了修订，出台了经营期电价政策。主要是将按电力项目还贷期还本付息需要定价改为按项目经济寿命周期定价，将按项目个别成本定价改为按社会平均先进成本定价，同时明确了投资收益率水平。实行经营期电价政策后，新建项目的上网电价平均每千瓦时降低了5分钱左右，使我国在电力项目还贷高峰时期保持了电价水平的基本稳定，为保持我国经济的竞争力创造了条件。此外，在此期间，大力治理整顿电价秩序，坚决取缔了各地在电价外加收的各种不合理费用，使得电价管理更加规范、透明，并结合农村电网改造和农村电力体制改革，实行城乡用电同价，大幅度减轻了农民负担，促进了农村经济发展和农民生活水平提高。

这次为适应电力体制改革需要而实施的电价改革，是电价改革的第三阶段。改革总体目标是在总结和借鉴国内外改革经验教训的基础上，从国情出发，立足长远，兼顾当前，逐步建立与社会主义市场经济体制相适应的电价形成机制，以优化资源配置，促进电力工业健康发展，满足全社会不断增长的电力需求。

回顾电价改革的历程，对我们做好电价工作有以下启示：一是电价改革应充分考虑改革对国民经济和人民生活的影响，按照总体设计、循序渐进、搞好试点、分步实施的原则推进；二是电价改革应与经济发展阶段和时代特点相适应，与行业管理体制、投融资体制改革以及产业结构调整、资产重组等政策相衔接，协调推进，稳步实施；三是电价工作应注重价格信号对电力投资和消费的引导作用，将提高效率、促进增长和保护环境有机结合；四是电价工作必须始终坚持为电力发展服务，妥善处理好促进公平与提高效率的关系。既要加强对企业的成本约束，促使企业提

高效率，又要保证企业获取正常合理的收益水平，促进电力供求平衡，满足经济发展需要；五是要充分利用价格杠杆的调节作用，促进用户合理用电，提高电能利用效率，保证用电安全。

## 二、电价改革是电力体制改革的重要组成部分，对建立和培育电力市场、优化电力资源配置具有重要意义

### （一）电价改革是电力体制改革的要求

上个世纪90年代以来，西方国家开始对电力行业结构进行改革，将传统的垂直一体化电力企业拆分为发电、输电、配电、售电4个独立的环节，建立竞争性电力市场，放松价格管制。通过改革，电力企业效率大大提高，用户对电力供应的选择权增加，用电价格有所降低。为了促进电力工业持续、快速、健康发展，党中央、国务院决定对我国的电力体制进行改革，通过厂网分开、建立电力市场，实现打破垄断、引入竞争、提高效率、降低成本，健全电价机制，优化资源配置，促进电力发展，构建政府监督下的政企分开、公平竞争、开放有序、健康发展的电力市场体系。目前，电厂与电网分离工作已基本完成，电力市场和区域电网公司正在组建。电价改革是电力体制改革的核心内容，为了适应电力体制改革的要求，必须配套进行电价改革，以保障电力体制改革顺利进行。

### （二）电价改革是促进电力发展的要求

党的十六大提出了全面建设小康社会的宏伟目标，勾画了到2020年争取国民生产总值比2000年再翻两番的宏伟蓝图。电力是国民经济的重要基础行业，是国民经济发展和人民生活水平提高的重要支撑。据测算，为了满足国民经济发展对电力的需求，到2020年，我国需要发电量约4.2万亿kW·h；需要电力装机容量8亿kW左右，平均每年需要新增装机容量3000万kW左右。对电力发展问题，我们要保持高度重视，不能掉以轻心，在这个问题上，发达资本主义国家是有教训的。8月14日，美国、加拿大发生了大面积停电事故，经济损失巨大。8月28日，英国伦敦也发生了停电事故。对此，党中央、国务院领导均十分关注，要求我们加快电力建设，确保供电安全。

改革是发展的动力。为了促进电力持续、健康发展，必须深化电价改革，建立合理的电价机制，为电力市场提供清晰、明确的价格信号，以吸引电力长期投资。

### （三）电价改革是深化价格改革的要求

价格改革是经济体制改革的重要组成部分。改革开放以来，我国价格改革取得了重大进展，表现在：一是市场宏观调控下主要由市场形成价格的机制初步确立，市场配置资源的基础性作用明显增强；二是以《价格法》为核心的价格法制建设取得突破性进展，依法治价水平逐步提高；三是重要商品和服务价格比价关系趋于合理，价格结构性矛盾大为缓解，价格杠杆促进经济发展和结构调整的作用明显增强。但与完善社会主义市场经济体制的要求相比，价格形成机制和管理体制仍有一些不相适应的地方，突出表现为对垄断行业尚未建立规范的价格形成机制、价格管理办法和成本约束机制。电力是重要的垄断行业，按照深化价格改革的要求，必须改革和完善电价形成机制，强化成本约束，促进公平竞争。目前实行的经营期电价政策虽然在规范管理方面迈出了重要步伐，对促进电力企业加强管理、提高效率起到了积极作用，但仍是成本补偿型的定价机制。这种定价机制，较少考虑市场供求因素，不能充分发挥市场机制作用。同时，目前还没有建立合理的输配电价格机制，不利于吸引对电网的投资，导致电网建设相对滞后。此外，销售电价结构也不尽合理，交叉补贴普遍存在，不能充分体现公平负担的原则。因此，深化电价改革是十分必要的。

## 三、充分认识、深刻理解电价改革的目标、基本原则和主要内容

按照电力体制改革工作小组的要求，电价改革任务由原国家计委承担。为了完成这项改革任务，2002年5月，根据培炎同志指示，在汪洋同志领导下，我委组织成立了电价改革研究小组，在对国内进行竞价上网试点地区调研，对英国、北欧电力市场进行考察的基础上，提出了电价改革的思路和意见。改革方案初稿形成后，多次征求了国内外专家意见，以及国务院有关部门、有关地方价格管理部门及电力企业的意见（在座的许多同志都参与了讨论），2002年9月份，培炎同志主持国家计委主任办公会讨论通过，12月份电力体制改革工作小组讨论通过。我委正式行文上报国务院后，今年4月份国务院第6次常务会议进行了讨论并原则同意。7月份，国务院办公厅以国办发［2003］62号文件进行了发布。

### （一）电价改革目标

根据电力体制改革进程，电价改革将分步进行。近期，在厂网分开的基础上，发电环节适度引入竞争；初步建立有利于促进电网健康发展的输配电价格机制；实现销售电价与上网电价联动；优化销售电价结构；在具备条件的地区，进行大用户向发电企业直接购电试点，购电价格由双方协商确定。远期，在进一步改革电力体制的基础上，将电价划分为上网电价、输电价格、配电价格和终端销售电价；发电、售电价格由市场竞争形成；输电、配电价格由政府制定。

（二）电价改革遵循的基本原则

一是注意发挥价格信号对长期投资的引导作用。国外电力体制改革多数是在电力供大于求条件下进行的，迄今没有很好地解决发展问题。我国是发展中国家，电力需求潜力很大。因此，我国的电价改革，既要以促进竞争和提高资源配置效率为目标，又要高度重视对长期投资的引导，以满足经济增长对电力的需求。二是充分考虑国情特点，因地制宜。我国电力改革面临的环境与国外比有很多特殊之处。经过近二十年的集资办电，我国独立发电企业产权结构复杂；不同时期建设的电厂发电成本和上网电价相差悬殊；并且各地区经济社会发展水平存在很大的差距，电力供求状况不一。因此，电价改革要在基本原则统一的前提下，因地制宜，分散决策，使改革措施适应各地的不同情况。三是总体设计、分步实施。电价改革必须正确处理改革、发展、稳定三者之间的关系，既要有符合市场经济方向的改革路径，又要有符合中国国情的改革步骤，稳步推进。改革的起步应尽可能设计周详，便于操作；而对中长期目标及措施安排则相对简略，为今后制度调整留有余地，以降低改革成本。同时，在改革初期要对电价水平适当调控，以实现向新体制的平稳过渡。

（三）电价改革的主要内容

这次出台的《电价改革方案》，共计 7 章 35 条，主要涉及厂网价格分离、上网电价、输配电价、销售电价和电价管理体制五个方面。

厂网价格分离，主要解决从电网分离出来的直属电厂在竞价上网前这段时间的正常运行问题。为了维持厂网之间利益格局的基本平衡，实现平稳过渡，对从电网分离出来的直属电厂按照保本原则核定临时上网结算电价。

上网电价改革后，将实行两部制电价，其中，容量电价由政府按照发电机组平均投资成本的一定比例制定，具体比例根据各地电力市场供需情况安排；电量电价由市场竞争形成，可以采取全部电量集中竞价上网的模式，也可以采取双边交易与集中竞价结合的模式。考虑到各地经济发展不平衡，也没有完全排斥其他竞争方式，如目前浙江电力市场实行的部分电量执行政府定价、部分电量竞价上网的方式等。

实行竞价上网后，常规水、火电企业均应参与市场竞争；今后新建和现有具备条件的核电企业也应参与市场竞争；风电、地热等新能源和可再生能源企业目前可暂不参与竞争，其电量由电网企业按政府定价或招标价格优先购买；今后条件成熟时再建立竞争性的新能源和再生能源市场。

为实现平稳过渡，需妥善处理原来与外商投资企业签订的购电合同和电价承诺。尽量争取使外商直接投资企业能够按新的电价机制运行，经过协商不能废止的合同或协议，应作为改革搁浅成本处理。解决搁浅成本的资金来源，通过企业重组或将部分国有发电资产变现筹集。输配电价目前没有单独制定。为了适应厂网分开的需要，为实现大用户直接购电创造条件，同时为形成科学合理的销售电价奠定基础，改革后将单独制定输配电价。输配电价格机制分步到位：厂网分开时输配电价按平均售电价格扣减平均购电价格确定。逐步过渡到按“成本加收益”方式核定输配电价格。其中，对电网成本需严加审核，为此，我们将组织制定《输配电价格成本审核暂行办法》；投资收益以电网企业有效资产和市场筹资成本为基础确定。

最后，待电网发展比较成熟后，实行激励作用较强的管制方式。

销售价格改革方向是价格由市场决定。竞价初期，销售电价暂由政府管理。对于销售电价的分类，国外在放开售电价格前是按用户的负荷特性和电压等级进行分类的。根据我国国情，销售电价在按负荷特性和电压等级进行分类的同时，单列了农业和居民用电价格两类，这两类价格实行定期校核和调整，原则上每年一次，期间尽量保持稳定。其他用电价格与上网电价实行联动，以使发电市场的价格变化情况能够及时传递给消费者。同时，还要通过优化销售电价结构、推行峰谷电价等措施，促进用户合理用电。

电价由政府价格主管部门按照统一领导、分级管理的原则进行管理。为了提高政府决策的科学性，重大价格决策，应充分听取电力监管部门、电力行业协会及有关市场主体的意见。电力监管部门可根据市场情况向政府价格主管部门提出调整电价的建议。对市场参与者价格行为的监督、检查，由政府价格主管部门和电力监管部门按国务院规定的职责分别承担。

## 四、按照国务院要求，坚持统一领导与分级负责相结合，积极稳妥地推进电价改革

（一）要加快制定与电价改革方案配套的办法

《电价改革方案》只对电价改革作出了一些原则规定，根据国务院办公厅 62 号文件精神，还需要进一步制定实施办法。前段时间，我们已制定、颁发了《厂网价格分离实施办法》，各地正在据此制定厂网价格分离实施方案。目前正在组织拟定的还有《上网电价管理暂行办法》《输配电价管理暂行办法》《销售电价管理暂行办法》《输配电价格成本审核暂行办法》及《大用户用电直供价格管理暂行办法》等 5 个具体办法。前 4 个办法初稿会上已印发，请大家结合本地情况，认真研究提出意见。经进一步修改和征求意见后，争取年底前出台。《大用户用电直供价格暂行办

法》待进一步研究后再征求大家意见。

（二）要积极稳妥地实施电价改革方案

国务院办公厅62号文件要求电价改革结合各地电力供求情况，因地制宜，因时制宜，稳步推进。根据上述精神，我的意见：第一，上网电价改革的起步要选择适当时机。实行上网电价改革的基本条件是电力供大于求或供求基本平衡。电力供不应求的地区，暂时不要出台上网电价改革，实际上，也无法进行上网电价改革。浙江省是国家批准进行竞价上网试点的地区，前段时间也因电力供应紧张，电厂都报最高限价，电力市场无法维持而暂时停止了竞价。第二，电价改革要先试点、后推行。这也是保障新旧电价机制平稳过渡的要求。上网电价改革可结合建立区域电力市场进行试点；输配电价和销售电价改革，因涉及销售电价调整和用户之间的利益分配，可选择市场较发达、用户承受能力较强的地区进行试点。根据试点情况对实施办法进行完善后，再择机在全国推行。

（三）要因地制宜研究提出电价改革具体实施办法

国务院办公厅62号文件规定，各地要按照改革的总体部署和原则，根据本地区具体情况，因地制宜地制定电价改革实施办法，报国务院价格主管部门批准后实施。据此，各省（自治区、直辖市）价格管理部门要会同有关部门，在深入调查研究的基础上，提出符合本地区实际情况的电价改革具体实施办法，报我委审批。为了使各地有所遵循，在此明确几项原则：第一，各地提出的实施办法，应符合《电价改革方案》和几个配套规章规定的原则。第二，各地实施电价改革要按程序报批，不得自行其是，擅自施行。第三，各区域电力市场内的省（自治区、直辖市）拟订实施办法时，相互之间要进行衔接，尤其是发电环节的竞价模式要一致。

（四）要做好电价改革前的有关准备工作

各省（自治区、直辖市）价格主管部门要组织专门力量，对本地区经济社会发展情况、电力供求情况、电力建设规划、电力投资情况和电力企业的生产经营情况等进行调查、分析，按照电价改革的原则、思路和方法，对本地区的上网电价、输配电价、销售电价进行系统地研究和测算，分析影响电价的因素、电价水平变化趋势和对各类用户的影响，对可能出现的情况早做预案，防患于未然。请各地将形成的研究报告送我委。

## 五、在认真做好电价改革工作的同时，要采取得力措施，切实解决当前电力供求中的突出矛盾和问题

今年以来，虽然外有伊拉克战争的冲击，内有“非典”肆虐，部分地区还遭受了洪涝、旱灾和地震的影响，但在党中央和国务院的坚强领导下，全国人民万众一心，众志成城，我们不但取得了防治“非典”工作阶段性重大胜利，而且保持了经济较快增长的良好势头。上半年国内生产总值增长8.2%，预计全年增长8%以上。与去年同期相比，1～7月，规模以上工业增加值增长16.4%，进出口总值增长37.99%，实际利用外资增长34.3%，财政收入增长25.3%，居民消费价格总水平和生产资料价格总水平分别上升0.6%和6.7%。城乡居民生活进一步改善，消费结构加快升级；经济与社会发展更加协调。

但是，当前经济运行中也出现一些不容忽视的问题，特别是在经济快速增长的同时，资源约束的矛盾明显加剧。其中尤为突出的是电力供应出现了较大缺口，在一定程度上制约了国民经济健康发展和人民生活的改善。因此，各级价格和电力部门在认真做好有关电价改革工作的同时，还要采取得力措施，切实解决当前电力供求中出现的一些突出矛盾和问题。

一是推行峰谷、丰枯电价，缓解电力供应紧张局面。为了缓解当前电力供应紧张局面，近期我们已调整了电力规划，扩大电力建设规模；加强优化电力调度，调剂地区间电力余缺。在电价方面，出台了峰谷电价和丰枯电价政策，鼓励用户合理用电、移峰填谷，为缓解电力供应紧张局面起到了积极作用。鉴于当前电力供应紧张主要体现在用电高峰季节和高峰时段，各地要按照国家确定的峰谷、丰枯电价原则，尽快研究、提出改进和完善本地区峰谷、丰枯电价办法的意见。此外，各地还应积极疏导突出的电价矛盾，提高电力企业生产经营积极性。

二是完善电价政策，遏制部分高耗电行业低水平重复建设。我国近几年电力需求弹性系数持续出现大于1的状况，这既是投资拉动型经济增长的必然结果，也是受部分高耗电行业盲目投资、重复建设、生产规模迅速膨胀等非正常因素影响的结果。今年上半年，钢铁行业投资增幅达134%，铝矿开采及冶炼业投资增长达120%。这些行业的低水平重复建设虽然只是局部性的问题，但任其发展下去，必然会进一步加剧一般加工工业生产能力的过剩，资源消耗大、技术水平低、安全条件差、污染严重的问题将更加突出，经济结构调整和产业升级的步伐将被延缓，资金和资源配置上的浪费将加剧，并且一旦市场需求发生变化，将形成新的不稳定因素。要解决这些问题的措施，除了加强行业发展规划和政策引导、严格市场准入制度、加强土地和信贷管理之外，发挥电价的调节作用也十分重要。这些产品的生产成本中电费所占比重较大，适当确定电价水平，可以起到合理调控和引导的作用。为此，要对现行高耗能行业的电价政策进

行重新研究和评估，提出切实可行的调控措施；同时，要下决心坚决清理在电力供应富余时期各地自行出台的对高耗电企业的优惠电价政策。

三是加快城乡用电同价步伐，进一步减轻农民负担。近年来，农民收入增长速度大幅度低于城镇居民。1997～2002 年，城镇居民人均可支配收入年均增长 8.3%，而农村居民人均纯收入年均仅增长 3.4%。今年农民增收又遇到了新的困难，农民收入增速比去年同期回落 3.4 个百分点。如何发展农村经济，增加农民收入，是党中央和国务院十分关心的问题，直接关系到我国能否全面实现小康社会的宏伟目标。在当前农民增收困难的情况下，减负就是增收。为了减轻农民负担，近年来各地积极推进城乡用电同价工作，取得了很大成绩。目前全国绝大部分地区已经实现了城乡居民用电同价，每年可减轻农民负担 420 亿元。下一步，我们要继续推进城乡用电同价工作。

同志们，电价改革工作才刚刚开始，今后还任重道远。我们要按照党的十六大精神和“三个代表”重要思想的要求，坚持立党为公、执政为民，按照国务院的要求，以高度的历史责任感和时代紧迫感，积极、稳妥地做好电价改革和电力管理工作，不负重托，为促进电力工业持续、健康发展做出贡献。

# 以实际行动贯彻三中全会精神 积极稳妥推进区域电力市场建设

——在华东电力市场试点工作领导小组第一次会议上的讲话

国家电力监管委员会主席 柴松岳

（2003 年 11 月 13 日）

这次会议是在全党和全国人民认真学习贯彻党的十六届三中全会精神的新形势下召开的，是华东电力市场试点工作开展以来召开的第一次领导小组会议。

自国家电监会决定在华东开展区域电力市场试点工作以来，在各方面的共同努力下，各项工作都在有计划、按步骤地向前推进。大家齐心协力、克服困难、扎扎实实、创造性地开展工作，取得了重要的阶段性成果。在这里我向大家表示诚挚的慰问和感谢。下面，我讲三点意见。

## 一、提高认识，坚定不移地推进电力市场化改革

党的十六届三中全会通过的《中共中央关于完善社会主义市场经济体制若干问题的决定》（以下简称《决定》），以邓小平理论、“三个代表”重要思想和十六大精神为指导，明确了完善社会主义市场经济体制的目标、任务、指导思想和原则，对深化经济体制改革进行了全面部署。这是一个进一步深化经济体制改革、促进经济和社会全面发展的纲领性文件。

在党中央、国务院的正确领导下，电力改革已经取得了阶段性的重要成果：厂网分开基本完成，电网和发电企业的内部关系正在理顺；电价改革方案已经国务院批准发布；电力监管工作已经起步，电力市场试点总体上按计划推进；重要电力法规的修改制定已经列入国务院立法计划，有关方面正在积极工作。总体上，电力市场化改革正在不断向前积极推进。

电力市场化改革是世界电力改革的共同趋势，也是我国电力改革与发展的必然选择。党的十六届三中全会通过的《决定》指出：“加快推进和完善垄断行业改革。对垄断行业要放宽市场准入，引入竞争机制。”“继续推进和完善电信、电力、民航等行业的改革重组。”“对自然垄断业务要进行有效监管。”这些要求为我们推进电力市场化改革指明了方向。目前，电力体制改革已经迈出了重要的一步，但对照《决定》提出的要求，电力企业的产权结构、运行机制、政府调控方式以及有效监管等方面，还存在着明显的差距，电力改革与发展的任务相当艰巨。电力行业全体同志特别是领导干部都要认真学习和深刻领会《决定》精神，统一思想认识，增强改革的使命感、紧迫感和责任感，坚持以改革为动力，通过改革进一步促进电力工业持续快速发展。中国改革开放二十五年来的经验和电力发展的经验已经证明，不改革就没有动力，不改革就没有活力。我们一定要按照《决定》精神和国务院 5 号文件的要求，不失时机地推进改革，进一步克服束缚电力工业发展的体制性障碍，促进电力工业持续、健康、协调发展。

## 二、坚定信心，积极稳妥地推进电力市场建设

建立电力市场是电力体制改革的重要组成部分，培育和建设区域电力市场又是当前改革工作的重点，我们必须坚持电力改革的方向不动摇，集中精力抓好区域电力市场的建设。同时我们也必须清醒地认识到，建设区域电力市场是一项复杂的系统工程，面临的问题又比较多。我们必须坚持理论联系实际、一切从实际出发，特别要处理好以下几个关系。

一是建立电力市场与促进电力发展的关系。深化电力体制改革、建立电力市场的目的，就是要改变传统体制下由政府直接配置资源的方式，发挥市场在资源配置中的基础性作用，实现发展方式的根本性转变。

通过市场机制促进电力企业降低成本、提高效率、改善服务，促进电力工业健康发展。建立电力市场的关键，是要建立资源配置的新机制，通过市场去引导电力投资，调节电力供需。真正的电力市场机制，不仅适用于供大于求的供需环境，也应适用于供不应求的供需环境。通过市场调节、宏观调控和有效监管这三种手段的协调运用，使电力供需由旧的平衡达到新的平衡，由低水平的平衡达到较高水平的平衡。

缺电情况下能不能搞电力市场？这个问题在前不久召开的中国电力监管国际研讨会上，国内外专家已经进行了深入的探讨，他们认为，并不是只有电力供过于求时才能搞市场。电力市场适用于何种环境，实际上是一个模式设计问题。不少发展中国家是在缺电情况下推进电力市场化改革的，而且有的已经取得了成功的经验。从我国经济发展的过程来看，过去商品短缺，生产力水平低，党中央决定改革开放，走市场经济的路子，发挥市场配置资源中的基础性作用，我们国家经济面貌发生了翻天覆地的变化。同样，电力工业之所以有今天的规模和局面，归根到底也是坚持不断改革、逐步打破垄断、实现投资主体多元化的结果，可以说，是改革为电力发展不断注入了活力。我们现在面临的问题，不是改不改、试不试的问题，而是如何改、如何试的问题。我们选择东北和华东两个地区开展区域电力市场试点，目的之一就是要探索不同供需环境下电力市场的实现方式。目前，华东地区经济持续高速发展，社会用电需求高速增长，而发电容量又不够充裕，电网也还需进一步加强。因此，建立华东电力市场，要坚持从华东电网的实际出发，把促进发展作为重要目标。在研究具体的市场方案时，特别是设计价格模式时，要充分考虑有利于吸引投资，有利于促进电力工业持续健康发展。

二是建立电力市场与保障电力安全的关系。保障电力系统的安全可靠运行是电力改革和发展的基础，要始终坚持“安全第一”的原则。今年以来，国外发生了一些电网安全事故，这既有电网结构问题、运行机制问题，也有管理、监管方面的问题。但是到目前为止，还没有哪个国家把这些电网事故发生的原因简单归咎于电力改革，归咎于电力市场的建设。电力系统是一个复杂的系统，电网的安全运行与很多因素有关，但市场化和事故之间并没有直接的必然联系，相反，积极稳妥的改革方案应该能够促进电网安全。美加大停电提醒我们，无论在改革方案的设计上还是在改革方案的操作中，都必须把电力安全问题放在第一位。我们既要坚定不移地推进电力市场建设，又要扎扎实实、认真细致地做好各项工作，准备工作一定要充分，考虑问题一定要周全。中国的电力改革，需要认真总结和汲取国外的经验教训，设计电力市场模式要充分尊重电力工业的客观规律，充分考虑电力系统的安全措施，提高电力生产的可靠性。电网企业和发电企业都应尽快适应新体制下的新角色，明确安全义务，承担起各自的安全责任，厂网协调，未雨绸缪，确保电力系统安全、稳定运行。

三是建立电力市场与调动各方面积极性的关系。改革是一场革命，必然涉及到利益格局和利益关系的调整。在方案设计中，要充分考虑和维护各有关方面的合法权益，保障各市场主体的基本利益，以充分调动各方面的积极性。调动各方面的积极性、主动性和创造性，就是要争取最广泛的支持，通过调动各方面积极性促进改革，通过改革调动大家积极性。但是，在处理具体问题的过程中，必然会涉及方方面面的既得利益，希望大家从大局出发，正确对待改革中的利益变化。对于一些历史遗留问题的处理，要本着尊重历史、面向未来的原则，循序渐进，在发展中逐步解决。

四是建立电力市场总体目标与分步实施的关系。区域电力市场建设，涉及到电价、投资、企业组织结构、财税体制、环境保护等诸多方面，需要配套跟进，不可能一步到位。因此，改革必须坚持从实际出发，既要目标明确、统筹兼顾，又要分步实施、重点突破，有步骤、分阶段地向前推进。要把改革的总体目标和阶段性目标有机地结合起来，逐步实现改革的总体目标。对于那些符合改革方向、条件基本具备的改革措施，要在深入研究和周密部署的基础上不失时机地推进；对于那些暂时不具备条件、需要进一步研究的改革措施，要积极探索和创造条件，待时机基本成熟时及时推进。

## 三、齐心协力，共同做好华东电力市场试点工作

在华东开展区域电力市场试点，有很多有利条件，也面临一些具体问题，最突出的就是电力供需环境偏紧，增加了改革方案设计和操作的难度。因此，建立华东电力市场要遵循“积极稳妥、平稳起步、逐步深化”的原则。希望各有关方面积极配合，共同推进华东电力市场建设。今后一个时期，要重点做好以下五项工作：

一是要抓紧组建电力调度交易机构。请国家电网公司加强对这项工作的组织和协调，由华东电网有限公司统筹考虑，提出区域、省（市）层面的电力调度交易机构设置方案，报电监会审定后正式组建。

二是要抓紧制定有关配套文件。现在的试点方案只是一个原则性、框架性的文件，要实际运作华东电力市场，还需要制定一系列的配套文件。试点工作领导小组办公室已经作出了具体安排，希望国家电网公

司、华东电网有限公司及有关单位继续努力，按照计划和要求完成配套文件的制定。

三是要加快技术支持系统的设计建设。技术支持系统建设要坚持“统一开发、配套建设、统一管理、分别维护”的原则，下一步要出台具体的建设方案。希望华东电网有限公司按照要求尽快拿出技术支持系统建设大纲，经批准后各单位配套建设，通过努力把华东电力市场技术支持系统建设成“功能合理、安全可靠、管理一流”的系统。

四是要进行人员培训工作。人员培训工作是试点工作不可缺少的重要环节。这项工作电监会要会同国家电网公司、华东电网有限公司共同完成。在模拟运行之前，要对电力企业的有关领导和技术人员进行培训，主要是培训电力市场业务知识，了解市场的运作方式，熟悉市场的运作规则，有关技术人员上岗前要达到能熟练操作的程度。

五是要做好华东电力监管机构的组建准备工作。及时有效的监管是电力市场运营的重要条件。市场并不是万能的，因此在建设电力市场的同时，一定要深入研究市场监管问题。电监会成立之初就着手研究分支机构的设置问题，目前具体方案正在报批，待国务院明确电监会分支机构设置问题后，我们将尽快组建华东电力监管机构。

区域电力市场建设是一项开创性的工作。希望大家齐心协力、扎实工作，努力把华东电力市场建设成机制合理、运营安全，与华东地区经济发展需要相适应的区域电力市场。通过试点，探索规律、积累经验，为促进全国电力工业的改革和发展作出贡献！

## 把握客观规律<br>推进电力改革与发展

国家电网公司总经理　赵希正

马克思指出：“历史进程是受内在的一般规律支配的。”尊重客观规律，按照客观规律办事，是马克思主义的世界观和方法论，是我们做好各项工作应该坚持的基本原则。在推进我国电力工业的改革与发展中，也必须坚持这一原则，从实际出发，努力使各项工作实践符合客观规律的内在要求，使我们的主观能动性在尊重客观规律的前提下充分发挥，才能避免走弯路，较好地实现预期目标，保证电力工业的持续快速健康发展。

### 一、充分认识和把握电力发展的客观规律

尊重客观规律，按照客观规律办事，首先要对客观规律有充分的认识和把握。电力工业是国民经济的重要组成部分，有其特殊的行业属性。电力工业的改革与发展，既要遵循社会发展和市场经济的基本规律，又必须遵循电力工业自身特有的规律，并将两者有机结合起来。重点要把握好以下四条基本规律：

第一，电力发展必须与国民经济发展相适应的规律。电力是现代文明的标志。电力工业关系千家万户，关系国计民生，是国家重要的基础产业和公用事业；是涉及国家能源安全的重要经济命脉。电力发展的根本目标是不断满足国民经济和社会发展的用电需求。要实现党的十六大提出的全面建设小康社会的奋斗目标，确保电力工业与整个国民经济协调发展至关重要。电力建设需要一定的周期，电网安全运行要有一定的备用，这就决定了电力发展必须适度超前于经济发展。如果发展滞后，就会制约国民经济发展和人民生活水平的提高，成为经济社会发展的“瓶颈”。如果过于超前，则会造成生产能力闲置，生产要素使用效率降低，成本增加，导致资源浪费。

第二，生产关系适应生产力发展的规律。生产力和生产关系的矛盾运动，是社会发展的基本规律。生产力决定生产关系，生产关系又反作用于生产力。生产关系应该适应生产力的发展，否则就会成为生产力发展的羁绊。电力工作的本质，是在电力及相关领域解放和促进生产力的发展。电力体制改革的目的，就是适时调整电力领域不适应电力工业持续快速健康发展的生产关系，为电力工业发展和生产力水平的提高创造良好的体制和运营机制环境。

第三，电力发、供、用瞬间完成和依赖电网传输的物理规律。这是电的物理特性所决定的，是电力工业特有的规律。这决定了电力不能储存、必须即时平衡和系统性、网络性的特征，是电力商品区别于其他商品的最显著标志，要求我们在充分考虑电力商品与一般商品、电力行业和其他行业共性的同时，要注意从电力实际出发，高度重视电力商品和电业行业自身的特殊性。否则，很可能造成所制定的政策措施脱离实际，缺乏针对性和可操作性，使事业受损。

第四，市场经济普遍遵循的基本规律，即价值规律、供求规律和竞争规律。市场经济是通过市场调节经济活动、配置社会资源的经济组织形式，有其自身的运行机制和规律，其中最基本的就是价值规律、供求规律和竞争规律。市场主体的行为都要受到这些基本规律的调节和制约。健全的法律体系，是确保这种机制有效运作的前提和基础。我国电力体制改革的方向，就是打破垂直一体化的垄断经营模式，引入市场机制，发挥市场在电力资源配置中的基础作用。这也是世界电力工业改革和发展的潮流和方向。在这一过程中，电力改革方案的设计和实施，包括电力市场的

建设、市场规则的制定、市场主体的培育等等，都必须遵循和体现市场经济基本规律的要求，有利于促进各市场主体开展公平有序的竞争，使电力商品的价格较好地反映其价值和市场供求关系，真正发挥市场配置资源的基础作用。

规律具有不以人的意志为转移的客观必然性。国内外电力工业改革发展的实践表明，坚持从实际出发，遵循电力发展的客观规律，电力工业就能健康持续地发展；相反，忽视和违背了客观规律，最终将使事业遭受损失，付出沉重代价。从我国的实践来看，建国以后，特别是十一届三中全会以来，我国电力工业快速发展，取得了世界电力工业史上罕见的成就，就是由于坚持按客观规律办事，出台了一系列鼓励多家办电、集资办电、利用外资办电的措施，解除了限制电力发展的政策束缚，有效调整了生产关系，使其与电力发展要求相适应的结果。而前不久发生的美加“8·14”停电事故，则证明了违背电力发展客观规律造成的严重后果，值得我们认真总结和借鉴。

当前我们正在实施的电力体制改革，是对电力生产关系的重大调整，是我国电力工业发展史上迄今为止最为深刻的一次体制变革，因而是一项难度很大、非常复杂的系统工程，也是一次具有挑战性的实践。不一样的国情和不同的社会文化背景、不同的经济社会发展水平、不同的资源分布格局，决定了我们不可能生搬硬套国外的改革模式。从中国实际出发，借鉴国外经验，充分尊重社会和经济发展以及市场经济的基本规律，充分尊重电力工业发展的特殊规律，自觉按照客观规律办事，是确保中国电力改革与发展取得预期目标的最科学、最根本的方法，也是最为理性和现实的选择。

## 二、按客观规律办事，把握好电力改革与发展的基本原则

21世纪是我国社会经济发展的重要战略机遇期，党的十六大提出了全面建设小康社会的宏伟目标，各行各业都在为实现这一目标而努力。当前，我国经济发展呈现良好态势，电力供应趋紧。电力作为国民经济的基础行业，要满足经济发展和人民生活的需要，面临繁重的发展任务。在初步实现厂网分开、电力体制改革取得阶段性成果之后，进一步深化改革，以改革促进电力工业持续健康发展的任务还十分艰巨，也是今后一个时期的主要任务。在深化改革、加快发展的过程中，按经济发展的客观规律办事，按电力发展的客观规律办事，按市场经济的客观规律办事，坚持电力发展规律与市场经济规律的有机结合，处理好改革、发展和稳定的关系，实现国民经济与电力的协调发展，是坚持马克思主义世界观和方法论的重要体现，也是实践“三个代表”重要思想的根本要求。

### （一）电力发展必须与国民经济发展相适应的规律，客观上要求电力要适度超前发展

电力行业的基础性地位和公用性质，决定了电力发展的最终目的是满足经济发展和人民生活的需要。经济发展和电力发展都具有周期性，电力从规划设计到投产运行需要一个较长的过程。因此，电力必须超前发展，使电力系统具有必要的备用容量和足够的输配电能力，才能满足电力增长的需要，保证安全可靠供电。

电力要适度超前发展，已为国内外电力工业发展的实践所证实。我国早在1953年《中华人民共和国电力工业远景发展轮廓文案（1953～1967）》中，就提出要“保证电力的先行发展”。以后又陆续提出“电力工业需要先行一步”、“电力是先行官”、“电力工业必须变落后为先行”等。1995年，随着《中华人民共和国电力法》的颁布，“电力事业应当适应国民经济和社会发展的需要，适当超前发展。”被国家以立法的形式予以明确。现阶段，我国处于社会主义的初级阶段，保持电力适度超前发展十分必要。1997年，在全国出现电力相对富余状况后，电力建设规模相对减小，在近年来经济快速增长的情况下，又出现今年夏季电力供应紧张的状况，明后年电力供需形势依然严峻。实践证明，保持电力适度超前发展的决心不能动摇。

电力适度超前发展包括三个方面的内容：一是电源超前发展，并要保证电力系统有必要的备用容量；二是电网超前发展，建设坚强的输电网架，要保证电网有足够的输电和配电能力；三是电源和电网协调发展，包括水火电比例的协调、负荷中心电源容量与外受电力比例的协调等，保证整个系统供电的可靠性。

在现阶段要实现电力超前发展，首先要加快电力项目的前期研究，加强电源与电网的协调和统一规划，用科学的规划指导电力发展；其次要加强国家宏观调控，充分发挥市场配置资源的基础性作用，改进电力投融资机制和电力项目行政审批制度，使之与电力发展相适应；第三要加快电价改革，加快建立适应厂网分开新形势的电价形成机制，优化电价结构和水平，使电网企业和发电企业具有自我发展能力和吸引社会投资的能力，同时，也为竞价上网创造基础条件；第四要加快电力立法，加快修订以《电力法》为核心的电力工业法律法规体系，为加快电力发展和保证电网安全提供法律保障。

### （二）生产关系适应生产力发展的规律，客观上要求电力管理体制和运营机制改革要与电力生产力发展状况相适应，既要积极又要稳妥

建国以来，随着我国电力生产力水平的不断提

高，电力生产关系在不断调整，电力体制改革也在不断进行。1979年2月，撤销水利电力部，成立电力部和水利部。1982年3月，水利部与电力部合并为水利电力部。1988年4月，能源部成立。1993年3月，撤销能源部，组建电力工业部。1997年1月，国家电力公司成立。1998年3月，撤销电力工业部。2002年12月，国家电网公司、南方电网公司、五家发电公司和四家辅业集团公司成立。这一系列的改革，都是根据我国电力工业发展的实际，根据电力装备水平、科技水平、管理水平的不断提高，对电力生产关系不断调整的过程，也是我国坚持生产关系必须适应生产力发展需要规律的实践过程。这次以厂网分开、竞价上网为主要内容的电力体制改革同样如此。与以往历次改革相比，此次改革对电力行业生产关系的调整力度是最大的。因为在以前的改革中，都没有根本涉及电源、电网管理关系的划分调整，也没有涉及和电力相关的辅助性业务的调整。因此，这次改革涉及的问题最多，难度最大，潜在的改革风险也相当大。风险主要来自五个方面：

一是发展的风险。改革的目的是为了促进发展，但如果改革后发展的机制不能迅速建立，不能对全国电力工业发展进行统一科学的规划，就会影响电力工业的持续健康发展。

二是安全的风险。电力行业的基础性地位和电力生产的特殊性，决定了必须确保电网的安全稳定运行，任何不安全的隐患会给国民经济带来灾难。电力系统是一个有机的整体，必须时时刻刻保持协调运转。电网安全涉及的环节比较多，包括电源和电网设备、运行、管理等多个方面，加上我国目前电力供应总量不足，电网结构比较薄弱，任何一个环节出问题，都极有可能引起连锁反应，导致大面积停电事故，造成重大的经济损失和社会损失。

三是稳定的风险。稳定压倒一切，维护社会稳定和正常的经济秩序，是一项重要的政治任务。电力行业职工人数比较多，长期以来实行计划管理，客观上形成了主业与辅业关联密切的局面，也较普遍地存在企业办社会的情况。要将辅业从主业分离出来并走向市场，涉及职工观念转变、与地方政府协调、合理补偿等难点问题，容易引发不稳定因素。特别是在近期，全国不少地方都发生了集体上访事件，保持电力行业稳定的压力更大。

四是电网企业的财务风险。由于历史原因，我国科学合理的电价形成机制一直没有健全。厂网分开以后，电网企业专营电网业务，没有独立的输配电价，而现有的电价中没有充分考虑电网发展所需的投入，电网企业面临较大的亏损压力。如果电网企业不能很好地经营和发展，将难以很好地担负加快电网发展、维护电网安全、维护职工队伍稳定的重要职责，也就难以有效地控制发展、安全和稳定方面的风险。

五是信用的风险。对外开放是我国的基本方针，电力工业必须对外开放，吸纳国内、国外资本进行电力建设。过去缺电时签订的合同，大多是经过国家和地方政府有关部门批准的。讲究信用、遵守合同，是市场规则的基本要求，否则将会影响我们的信誉。因此，在实施分开、竞价上网过程中，妥善处理好已签订的合同，维护信誉，对于吸引国内外投资者继续在中国投资办电十分重要。

基于这些风险，改革必须按照客观规律的要求，遵循总体设计、分步实施的原则，在积极稳妥推进的过程中，妥善处理各种矛盾和问题，以有效地防范风险，避免给社会经济发展造成不良的影响。特别要坚持与时俱进，根据实际情况，实事求是地调整改革的进程和步骤。对于有利于发展、有利保证电力安全和稳定的关键环节，要加快推进。对于条件不成熟、难度较大或长远才需要涉及的问题，要进一步深入研究，先试点，取得经验后再推广。

*（三）电力发、供、用瞬间同时完成的规律，客观上要求电网必须实行统一规划、统一调度*

电力不能存储，生产和消费必须瞬时平衡，否则电力系统难以维持正常的运行，难以保证安全可靠的电力供应。为此，既要保证电网有足够的发电备用和输配电能力，又要保证电网的结构和布局合理，满足电源点送出和用户使用的需要。只有实现电网与电源点和用电设备的有机联系，构成一个协调运行的整体，才符合电力的基本物理规律，使整个电力系统实现安全可靠运行。因此，必须对电力系统进行统一规划，包括统一规划电源和电网，统一规划全国电网、区域电网、省级电网和城乡配电网，统一规划一次系统和二次系统，统一规划送端电网和受端电网，统一规划有功和无功配置等。也必须对电网实行统一调度。统一调度包括三个方面的基本内涵：一是在编制年度、季度、月度和日运行方式时，由电网调度部门按照统一的调度规程，统一安排运行方式，统一安排设备检修，统一配置继电保护和安全自动装置，以及统一制定黑启动方案等。二是在电网正常运行方式下，按照电力市场的竞价规则和合同进行调度，按照公开、公平、公正的原则进行调度。三是在电网出现事故情况下，按照事先制定的事故处理预案，严格按照电网调度部门的统一指挥，进行事故应急处理。

*（四）电力商品的特殊性与市场经济基本规律相结合，客观上要求应加快建立电力市场规则和建设电力市场技术支持系统*

电力市场是按照公平竞争、自愿互利的原则，通过法律、经济等手段，实现电力商品交换的场所。电力市场与普通的商品市场不同，必须随时保持供需平衡，时刻保证供电安全，这是电力市场维持正常运转的基本条件。在厂网分开、竞价上网的情况下，市场规则是电力市场的基本要素，是实现供需平衡、保证电网安全的根本。在电力市场化条件下，追求经济利益是各电力市场主体的主要目标之一。电力市场在运行过程中，往往出现电网安全目标和经济利益目标相冲突、局部利益和全局利益相矛盾的情况。这时，必须用有效的规则约束来维护电网安全，保护全局利益，保护国家和广大人民群众的根本利益，这也是在电力市场建设过程中实践“三个代表”重要思想的具体体现。

建立市场规则也是保证公平竞争的需要。市场机制的本质是竞争，竞争的前提是公平，电力市场有多个市场主体，要实现公平竞争，首先要建立促进公平竞争的规则，创造公平竞争、公开透明的市场环境，规范各市场主体的行为。没有规则或规则不健全、不透明，就无法实现公平竞争。

因此，电力市场建设之初，必须尽快建立电力市场规则，这既是在当前电力供应紧张情况下，确保我国电网安全稳定运行的需要，也是国际电力体制改革和电力市场建设实践的共同经验。我国部分地区在总结电力市场试点经验的基础上，制定了一些规则，但这些规则主要基于省级电力市场。为适应区域电力市场建设与运行的需要，应充分考虑区域电力市场与省级电力市场的衔接，加快建立区域电力市场规则。

电力系统一般规模较大，运行复杂，电力市场中的电力交易必须建立在完善的技术支持系统基础之上。技术支持系统是电力市场的另一基本要素。没有技术支持系统的电力市场，无法实现竞价上网，也就算不上真正意义的电力市场。我国电力市场技术支持系统的建立工作尚处于起步阶段，缺乏统一规划，也面临许多难点问题。为适应我国竞价上网的要求，应借鉴其他国家的经验和技术，加大工作力度，加快工作进程，尽快建立起较完善的电力市场技术支持系统体系。

## 三、坚持市场经济的普遍规律与电力工业的特殊规律相结合，积极推进国家电网公司的改革和发展

国家电网公司是在国民经济中具有一定控制力、发挥重要作用的国有企业，是受国资委监管的重点企业之一，承担着实现国有资产保值增值的重要责任。公司的改革和发展，必须坚持以“三个代表”重要思想为指导，与时俱进，深刻认识电力改革与发展的客观规律，尊重客观规律，按客观规律办事，才能不断开拓各项工作的新局面。

### （一）进一步强化电网安全

电网既是市场载体，又是国民经济的命脉，电网企业在保证电网安全方面负有重要的责任。长期以来，我们始终把确保电网安全放在一切工作的首位。在电网安全管理上，坚持一系列行之有效的管理模式，坚持团结治网，坚持安全责任一把手负责，有效地避免了电网稳定事故和电网瓦解事故的发生。

网厂分开后，保证电网安全的压力进一步增大。首先是电网缺乏有效的保证电网安全的调控手段，安全立法和网厂协调的新机制亟待健全。其次，我国电网网架还比较薄弱，电网由弱到强需要一个逐步的过程。第三，当前电网运行外部环境欠佳，外力破坏给电网安全带来较大威胁。美、加“8·14”停电事故发生后，提醒我们要更加高度重视电网安全问题，坚持统一规划、统一调度和事故情况下的统一指挥，进一步消除电网安全隐患，确保电网安全。

### （二）加快电网发展，适度超前建设电网

加快电力发展，保证电力充足供应，是确保电网安全和深化电力体制改革的基础。今年全国电力供需形势总体偏紧，部分地区由于电力供应不足，导致电网安全出现险情，电力发展的风险凸显。现阶段当务之急是集中精力谋发展，为电力改革、安全生产和队伍稳定创造有利的条件。

为尽快缓解当前的缺电局面，要加快推动一批短、平、快的电力项目上马，加快跨省、跨区输电线路和城乡配网建设。同时，进一步深化全国联网研究，加快大区间互联，扩大电力资源优化配置的规模。西北750kV输电线路示范工程要加快建设，保证高质量完成。三峡电力外送输变电工程要加紧建设，保证三峡电力送得出、落得下、用得上。东北与华北联网加强工程、三峡至京津唐电网的直流工程以及山东与华北联网工程等都要加快进度。

### （三）积极稳妥地推进电力改革

目前，国家电网公司正按照党中央、国务院电力体制改革的整体部署，积极稳妥地推进电力体制改革的各项工作。

我们要严格认真地按照国务院国发［2002］5号文件确定的改革方向、近期改革任务和远期改革目标，坚持“总体设计、分步实施、积极稳妥、配套推进”的原则，分阶段、有步骤地实施。电力改革是一项复杂的系统工程，要保持工作的连续性和协调统一。要根据目前我国严重缺电等实际情况，密切跟踪和关注国际电力体制改革动态，不断调整改革的进程和步调。

今年，要抓好区域电网公司组建这项关键工作。目前，东北和华东区域电网公司已经挂牌成立。其余区域电网公司的组建工作要加紧进行，在年底前完成

所有区域电网公司组建的目标，为今后进一步深化改革奠定基础。

由于稳定压力大，主辅分离改革成为下一步深化改革的难点。我们要充分估计所面临的困难，积极争取各级地方政府的大力支持，深入调查研究，总结经验，在完成区域电网公司组建的基础上，积极稳妥地推进。

大用户直购电试点工作应遵循先立法、后试点、再推广的原则，要兼顾保证电网安全和维护广大电力用户的利益，并考虑与电价改革相协调。

目前我国输配电网还比较薄弱，发电市场建设刚刚起步，市场机制还有待进一步完善，特别是在当前和今后一个时期，电力供应不足且没有足够的备用，不具备实施输配分开改革的生产力条件。应根据国务院国发［2002］5号文件的总体要求，加强对输配分开重点问题的研究，积极为今后输配分开改革创造条件。

（四）做好电力市场建设的基础性工作

按照国家电力体制改革的整体部署，我国电力市场化改革的目标是建立政企分开、公平竞争、开放有序、健康发展的电力市场体系。一个成熟的电力市场应具备四个条件：一是电网结构合理，特别要能满足电力市场条件下保证电网安全的需要；二是电力市场的监管职能到位；三是具有较完备的市场规则和技术支持系统；四是电力供应要有一定的富余。在当前电力供需形势发生明显变化、部分地区缺电局面日益严重的情况下，我们应适当调整工作的步调，结合区域电网公司组建和公司信息化建设等工作，深入研究电力市场建设的有关重点问题，强化电力市场建设的基础工作，尤其是要加快制定电力市场竞价规则和建立电力市场技术支持系统，为电力市场的正常运营创造基本条件。

（五）强化电力优质服务

国家电网公司是提供公共产品和普遍服务的公用性企业。优质服务是电网企业的核心竞争力所在，也是国家电网公司实现“两型、两化”战略目标的基本要求。

厂网分开后，国家电网公司要转变观念，拓展服务领域，不仅要为广大电力用户服务，也要为发电企业服务。要拓展优质服务工作的内涵，将服务与效益紧密结合起来，以更高水平的服务满足社会和人民群众的用电需求。要完善优质服务常态机制，将优质服务工作纳入制度化的轨道，以优质服务促进公司经济效益的提高。要主动为发电企业服务，在市场机制尚不健全的情况下，积极探索用经济手段解决发电企业调峰调频“辅助服务”的问题。

毛泽东同志说过，人的正确思想是从哪里来的？不是天上掉下来的，也不是人头脑中固有的，只有从社会实践中来。实践是检验真理的惟一标准，任何事物的发展变化都有其规律性。我们对客观规律的把握，有一个认识、实践、再认识、再实践的过程。掌握客观规律，按客观规律办事，与时俱进，是我们做好工作的前提，也是对党、国家和对人民负责的根本体现。我们一定要加强学习，努力实践，认识规律，把握规律，尊重规律，扎扎实实做好各项工作，为全面建设小康社会做出新的、更大的贡献。

## 确保电力安全 促进经济健康发展

——在“2003中国电力论坛”上的开幕辞（摘要）

中国电力企业联合会理事长
国家电网公司总经理 赵希正

第一，我国电力工业取得了巨大成绩

我国电力工业在改革开放以来得到了迅速的发展。从1996年开始，持续多年的电力紧缺局面得到了有效缓解；到2002年底，我国装机总容量达到3.56亿kW，发电总量为16542亿kW·h，均稳居世界第二位，成为世界电力生产与消费大国，我国电力工业取得的成绩举世瞩目。应当说，这个发展基本上满足了国民经济发展和人民生活水平提高的需要。但是，党的十六大确定，到2020年全面建设小康社会，而且要求全党全国人民抓住今后20年可以大有作为的战略机遇期，2020年国内生产总值要翻两番。这个要求对于电力工业更为重要，经济要发展，电力必须先行。电力工业要适应小康社会的发展和要求，必须在确保安全的前提下，更好更快地发展。按照今后20年翻两番的要求，我们预测2020年电力装机容量要达到9亿kW。所以，我国电力工业的发展任务非常繁重，能否满足国民经济持续健康发展对电力的需求，是我们面临的一个严峻课题。

另外，当前正在进行的以“厂网分开、竞价上网”为中心的电力体制改革，资产已经分开，五大发电公司也已经组建，开始正常运转；应该说，总的生产秩序还是正常的。但是，竞价上网的新规则尚未出台，原来一整套的安全生产制度面临新的课题。因此，面对实现小康社会的要求，面对当前供电紧张的形势，面对电力体制改革的新形势，我们这次论坛的主题是“可持续发展的中国经济与电力安全”，这个主题非常重要。

第二，这次论坛主题确定的缘由

这次会议主题是我们已酝酿很长时间，但切中当前要害的。这次会议应当说还是在国务院领导同志提议下，经过大家共同努力召开的。为什么这样讲？在2002年第五次电力体制改革工作小组会议上，我向曾培炎主任、张国宝副主任汇报资产划分方案之前讲了电力体制改革要注意防范和化解五个风险：一个是发展风险，一个是安全生产风险，一个是财务风险，一个是信用风险，一个是职工队伍稳定的风险。经过讨论，曾培炎同志决定，为了化解安全风险，电网企业要保留必要的调峰调频的水电厂和火电厂，作为电网企业的一种手段来保证安全生产；同时也决定保持一定容量的电厂变现，作为资本金解决电网发展的问题；因此，电网企业保留了1996万kW容量作为调峰，保留了640万kW变现作为电网资本金，也保留了940万kW的控股容量用于稳定职工队伍。这是当时的议题，那时候就已经开始着重提出安全问题了。今年2月份，在中电联常务理事会会议上，研究今年电力论坛怎么开，大家一致认为，今年面临电力体制改革，而且预测到今年夏季用电高峰形势不容乐观，电力安全会是重大问题。所以，当时确定电力论坛的题目就叫“可持续发展的中国经济与电力安全”。这次论坛会之前，美国、加拿大发生了电网事故，紧接着伦敦又发生了电网事故，悉尼也发生了事故，说明我们这次论坛非常有针对性，我们酝酿的这件事情很有超前性。

第三，电力安全，包括生产安全、市场安全和资源安全都至关重要

在电力体制改革和电力发展中，一定要把市场经济的普遍规律和电力生产的特殊规律紧密结合，才能保证电力体制改革和发展更加安全。我这里想引用我接待外宾时，他们讲过的三段话。第一段话是澳大利亚太平洋电力公司的罗宾逊先生讲的，他说任何改革都是有风险的，没有风险的改革就不能称其为改革，所以你们对改革要周密地筹划，改革一旦启动，就不可逆转。第二段话是德国德林斯顿银行行长讲的，他说没有秩序的竞争比没有竞争的秩序还可怕。第三段话是高盛公司总裁讲的，他听我介绍了中国电力体制改革的情况，给我的忠告是，作为电网公司的一把手，一定要头脑非常清醒，哪些事情是能干的，哪些事情是可以试的，哪些事情是绝对不能干的。我体会他的意思是，凡是危及安全生产的事情是绝对不能干的。

最近，我和国家电网公司的同志到国务院国有资产监督管理委员会汇报工作，李毅中书记等领导和十几个司局听了我们的汇报，李毅中同志听了汇报，特别是着重听了美加事故的情况之后，指出电力是很特殊的，必须统一规划、统一调度，统一指挥。现在我们有一种倾向，一说统一调度，就引起各方的一个问号，就是电网公司又拿安全生产压改革，拿统一调度压竞价上网，这个议论可以理解，但是不全面；责任在电网公司，没有把统一调度讲清楚。统一规划的问题，就是电源和电网要统一规划，要优化，要做到电源和电网协调发展，电网适度超前建设，电力适度超前国民经济发展，这是一个总体的结论。那么，统一调度是不是和按市场规则调度相矛盾呢？我认为，统一调度应包括三方面的内涵。第一，就是在做运行方式方案的时候，在制定调度规程的时候，要全网统一，负荷平衡，统一安排，根据电厂的要求统一安排检修计划，根据电网的情况和调度稳定导则，统一制定继电保护、安全自动装置的整定值，它的配合以及调度规程、运行规程、继电保护规程，都要由区域电网公司统一来做，这是统一调度的一个最根本的内涵。第二，在正常的运行方式下，应当按照合同和协议调度，按照市场规则调度，遵循竞价上网规则，这和第一个方案并不相悖。第三是在电网的事故情况下，要服从电网的事故处理统一指挥。我认为，这三方面内容是当前理解统一调度的最基本内涵，也是维护电网安全稳定和维护电力市场公平竞争的最有效办法。我们现在的电网确确实实没有美国电网安全，并急需电力立法来适应新的改革形势。但在新的安全立法没有出来之前，从大局出发，从维护电力市场的安全出发，从维护国民经济命脉的安全出发，我们还是要遵循已经批准的调度条例和电力设施条例，执行稳定导则，实行统一调度和三公调度，信息披露，接受监管，来维护好电力的安全。

在电网安全方面，要借鉴美加停电事故的经验教训。应该说，美国的电网还是坚强的，尽管美国总统说是第一世界的国家，第三世界的电网，但我认为他这个电网还是比我们国家的坚强，设备也比我们先进，备用容量也比我们多。我们国家的电网应该说有很大的发展，特别这几年国务院决定发行国债，加强基础设施建设，实行西电东送，大规模进行了城网、农网的改造，应该说电网的可靠性有了很大的提高。但是电网发展还很薄弱，设备缺欠过多，用电紧张，没有备用，而且运行环境比较恶劣。所以，我的基本体会可以概括为三点：第一，美加这次事故放在中国电网这么薄弱的情况下，能不能拍胸脯说不可能发生？我说不能。弄得不好，这种大面积的事故完全可能发生。第二，所有的电力企业，包括电网和发电企业，都必须有高度的责任感和最高的职业道德来保证电网安全。第三，我们要共同吸取美国人花钱买的教训，利用好这个成果。现在有关各方正在加紧立法，但是我觉得，有了法以后，法律并不是万能的，还是

要靠一种团结治网的精神和电力系统长期形成的优良传统，团结协作，共同维护好电网的安全。

电力市场安全在我国还是一个新问题。所谓市场安全就是通过市场交易，充分满足用户的需求，做到供需基本平衡，价格没有大的波动，不因供求关系的变化而引发价格的大幅波动；不因价格波动而影响电力的充足可靠供应。我国长期实行计划经济体制，用电按计划分配，价格由政府制定，不存在市场，也就无需考虑市场安全问题。目前我国正在积极推进以市场化为取向的电力改革，厂网已经分开，竞价上网是大势所趋。在市场决定电价的情况下，市场风险是一种客观存在，无法回避。如何确保价格的基本稳定和供求的基本平衡，是摆在我们面前的一个极其重要的新课题。这方面我们没有任何经验，但已有前车之鉴，我们必须认真研究和吸取已有的国际经验和教训，在积极推进改革的同时，把确保市场安全提上重要日程。在市场模式选择、相关法律规则制定、价格调节机制和配套政策方面充分考虑市场安全问题。

资源安全实际上是一个可持续发展的问题。电力作为二次能源，其发展需要充足的一次能源作为支撑，在环境上也要付出代价。我国虽然幅员辽阔，自然资源总量上较为丰富，但人均资源严重匮乏，且分布极不均衡，资源开发强度大，后备资源普遍不足，加上长期以来在资源开发利用方面存在的浪费大、破坏严重等问题，使国民经济的高速发展付出了沉重的资源和环境代价。自然资源的相对匮乏和工业化带来的环境污染，将严重制约着我国经济发展目标的实现和子孙后代的长远利益。以往那种粗放式的增长方式已经难以为继，必须按照十六大的要求，坚定不移地贯彻可持续发展战略，毫不动摇地走新兴工业化道路。

## 中国电力发展与监管

国家电力监管委员会副主席 邵秉仁

电力工业作为能源工业的重要组成部分，在现代经济中具有不可替代的作用。

中国电力工业已有100多年的历史，近20年得到飞速发展。到2002年年底，全国装机容量达到了3.56亿kW，当年发电量1.7万亿kW·h，总规模居世界第二位。持续困扰中国经济发展几十年的缺电状况得到明显改善。目前，中国大部分地区电力供应充足，有力地支持了中国经济的快速发展。

未来10年，中国电力工业仍将以较快的速度发展，预计每年新增发电装机容量将超过2000万kW。在新的历史条件下，我们不仅要解决电力工业的发展规模和速度问题，还要加快解决火电发电单机容量过小、电网建设滞后、可再生能源发电比例过低等结构失调问题，以及环境保护、降低成本、提高服务质量等许多深层次的问题。其中一个重要的战略举措，就是坚持市场化改革方向，对不适应电力工业发展的生产关系和上层建筑进行体制性变革，增进电力工业在更高水平上持续发展的能力。为此，我们提出：

第一，要更加注重协调发展。做到电源与电网发展相协调，电力发展与能源开发和环境保护相协调。调整电力投资结构，加大电网投资力度，改变输、配电网相对薄弱的状况。尤其要加快跨省、跨区输电线路和城乡配电网的建设，推进“西电东送，南北互供，全国联网”工作。电源建设应综合考虑能源与环境的可承受能力，优化火电结构，积极发展水电，适度发展核电，鼓励发展风能、太阳能等新能源，形成合理的电源结构。要根据能源资源分布状况、电网安全和经济性的要求，统筹电源与电网建设规划。

第二，要切实转变电力发展方式，改革电力投资管理体制。属于垄断环节的电网建设，要纳入政府监管，对电网投资行为和投资成本实行严格的政府监控。而对竞争性的电源建设项目，政府主要从规划、环保评价和资质审查等方面进行管制；项目投资的可行性和经济性评价，由企业根据市场情况自主判断，自己承担投资后果。进一步调整和完善电力投融资政策，适当加大对电网投资的政策支持力度。电源建设，则要着眼于提高发电侧竞争的有效性，在更大范围内和更深层次上开放市场，促进投资结构和投资主体多元化。要实行更为开放的市场准入制度，鼓励非国有企业投资电源建设，通过大量引入非国有资本，从根本上改变国有资本包办投资存在的竞争低效和无序局面。同时，大力推进国有电力企业的股份制改革，吸引和筹集更多的社会资金投资发电领域。

第三，要适应转变发展方式的要求，加快上网电价改革步伐，强化电源建设投资成本约束机制。在价格约束机制不能完全到位的情况下，借鉴国际和我国部分地区电力市场化改革的经验，要考虑在电力建设的投资环节引入竞争，探索“竞价建厂”。结合推进电力项目投资审批制度和上网电价改革，根据国家和区域电力发展规划，有选择地将规划建设的电源项目面向国内外投资者进行公开招标。通过招标竞争，不仅能够大大降低电厂投资成本，降低电价，还可以从制度上减少电力项目行政审批带来的弊端，也有利于新的电价机制的形成。

第四，加快区域电力市场建设，通过市场进一步推动跨省、跨区电能交易，更大程度地发挥市场配置资源的基础性作用。在重点搞好东北和华东等区域电力市场试点的基础上，全面推进区域电力市场建设工作。要以培育和发展区域电力市场为中心，不断强化区域电网公司通过市场调配资源的能力。改变上网电价定价方式，按照区域市场运行需要和不同区域市场的建设进度，分区域、有步骤地加快试行竞价上网，及时出台输配电价定价办法。有条件地选择少数地区和企业，积极稳妥地开展发电企业与大用户直供的试点。

第五，针对用电负荷的变化特点，在电力发展中还要注意从增加供给和调节需求两方面着手解决供求紧张矛盾。加强电力需求侧管理，充分运用价格杠杆等经济手段，引导和鼓励科学用电、节约用电，有效调节高峰电力需求，提高电力使用效率。

国际经验表明，没有秩序的竞争比没有竞争的秩序危害更大。市场不是万能的，对于电力这种带有自然垄断性质的基础产业，在开放市场的同时，必须建立有效的监管制度，强化电力监管。这是保证市场的公平竞争，保证在价格、投资等方面使国家监控和市场原则相适应，保障电力持续健康发展的重要条件和制度保障。

与其他国家相比，中国的电力监管面临着许多特殊的挑战。首先，中国是一个发展中国家，人均发电装机容量和人均用电量还处在一个较低的水平，保证电力的有效供应将始终是中国电力工业最主要的任务，这一点决定了我们监管的环境根本有别于发达国家的成熟市场。其次，中国是一个转轨经济国家，市场发育尚不成熟，与社会主义市场经济相适应的法律制度尚不健全，有些还是空白，增加了电力监管的难度。第三，电力工业长期在政府的计划和行政管理体制下运行，我们缺乏市场条件下如何有效监管的经验和手段。

作为监管者，国家电监会将按照国务院的要求，在学习和借鉴各国有益经验的基础上，不断完善电力监管的法律法规体系，加快《电力法》的修订，尽快制定《电力监管条例》，为新体制的运行提供法律保障。我们将努力消除各种企图阻止市场力量充分发挥作用的障碍，消除各种企图压制竞争的障碍，矫正市场失灵和竞争失调。我们将按照依法、独立、公正、透明的原则，履行电力监管职责，维护市场的公平竞争。我们将积极推动以行政审批为主的监管方式向依法、依规则为主的监管方式转变，加快建立统一高效的电力监管组织体系，建立在全国统一规则下的中央垂直监管与地方分级监管相结合的监管体系，维护投资者、经营者、消费者的合法权益，为各类市场主体创造良好的环境。我们将加快培育竞争性的区域电力市场，通过市场进一步推动跨省、跨区电能交易，更大程度地发挥市场配置资源的基础性作用，以优化资源配置，降低成本，提高效率，促进电力工业的持续健康发展。

# 加强市场监管保障电力安全

——在“2003中国电力论坛”上的讲话（摘要）

国家电力监管委员会副主席 宋 密

## 一、确保电力市场安全是电力监管的重要内容

电力工业是国民经济的基础产业和公用事业。随着国民经济的快速发展和人民生活水平的不断改善，对电力供应的要求将越来越高。适应我国加入世界贸易组织的形势，改善投资环境，提高国际竞争力，也都要求电力工业为社会提供安全可靠的电力供应。

打破垄断，引入竞争，降低成本，实现资源优化配置，是电力体制改革的重要目标，但这一目标必须以电力市场安全为前提。电力事故是社会的灾难，电力安全是最大的效益，离开了安全，一切都无从谈起。作为电力市场的监管机构，国家电监会要把保障电力市场安全作为一切工作的前提和基础。在市场设计、法规制定、执法监督、培育市场信用、倡导行业自律等各个环节、各个方面都要充分考虑电力市场的安全，把防范市场风险作为重要的工作内容和目标。当前，电力供需形势趋紧，区域市场建设试点刚刚启动，相应的法规不健全，关系未理顺，相关经验不足，更要特别注意市场安全问题。既要坚定不移地推进改革，又要谨慎防范市场风险。

## 二、新形势下电力安全面临新的挑战

经过一年多的努力，电力体制改革已经取得了阶段性成果。厂网分开工作已经基本完成，主辅分离在中央层面已经实现。传统的集发、输、配、售于一体的垂直管理体制已被打破，市场主体多元化的新格局已初步形成。改革使我国电力工业发生了多方面的变化：一是市场主体由原来的一家变成了多个主体；二是资源配置由原来的以计划为主逐步走向以市场配置资源为基础；三是政府管理由原来主要依靠行政手段正在转向依法监管。这些变化为电力工业的快速发展无疑带来了新的机遇，但同时也向电力安全提出了新的挑战。

第一，厂网关系的变化为电力安全提出新课题。

电力生产供应的网络性和发输配售瞬时完成的特点，决定了其各个环节必须密切协调配合，任何一个环节出现问题都可能酿成重大事故。在传统体制下，

发输配售集于一体，多数电厂与电网属于利益共同体。在这种体制下，电力系统安全主要靠行政命令。厂网分开后，需要我们去探索一种适应市场经济规律的新理念、新思路、新办法、新机制；需要更多的理解、更多的协调；需要妥善处理和平衡各种利益关系；需要各方树立大局意识，共创多赢的新格局。当前，旧的体制已被打破，新的体制尚在探索完善之中，更需要各市场主体之间加强协调，互相配合，确保安全。

第二，不同市场主体之间在利益上的矛盾会直接影响电力安全。

垂直一体化的电力管理体制被打破后，虽然厂网在物理上仍然保持紧密联系，但在资产隶属和组织体系上则呈现出条块化的状态，原来的经济核算体制以及行政隶属关系不复存在。市场主体分属不同的企业集团，一些原来比较容易协调解决的问题，现在通过协调来解决的难度加大；一些原来使用行政手段可以化解消除的内部矛盾，特别是电力系统生产运营环节的和谐配合，在当前电力法律、法规建设不完善的情况下，在一定程度上可能会影响正常的电力生产，进而影响到电力安全。

第三，电力调度要尽快适应新形势。

电力设备对于电力系统安全至关重要。厂网分开后，资产关系的变化使得发电企业和电网企业分属于不同的利益主体，电网调度机构过去采用的行政管理方式已经不能完全适应改革后的新形势和利益格局。一是过去调度的行为是以安全法规为准则，主要强调安全性，现在则要在保障电网安全的前提下，兼顾调度的经济合理性，平衡各方面的经济利益；二是过去电网运行的管理主要依靠行政命令，现在则要依靠法律法规和经济等综合手段，强调合同的履行；三是过去调度管理体系的建设主要以安全为主，现在则要求安全体系与市场体系同步建设，相互协调；四是过去的调度信息不公开，现在则需要公开、透明。这一形势必然要求电力调度必须兼顾安全性、公平性和经济性，要求电力调度机构和调度人员必须更新观念，转变作风，改进方式，尽快适应新形势的需要。

第四，电力供需形势趋紧，电力安全运行将经受新的考验。

近几年国民经济持续高速发展带动用电负荷大幅增加，同时经济结构调整引起了用电结构变化，电力供应紧张的局面在一些地区开始出现，今年夏季尤为突出。由于经济发展和用电量的增长，尤其是一些经济发达地区用电负荷的强劲增长，对电网的安全供电能力提出了越来越高的要求。而目前我国电网网架还不强，网络结构也相对薄弱，特别是长距离输电和负荷中心的电源支撑问题还没有完全解决，电力系统存在许多安全隐患。此外，为了尽量保障电力供应，系统备用减少，设备检修推迟，这些都是对电网安全运行的潜在威胁，电力公司要通力合作，共渡难关，确保安全。

## 三、继续推进电力体制改革，切实加强电力安全监管工作

改革是动力，改革的目的是促进发展，而发展必须以确保电力安全为前提和基础。在新的历史条件下，搞好电力监管，推进电力改革，很重要的一条就是要着力处理好改革、发展和电力安全的关系，做到以电力系统安全运行来保障改革的顺利推进，以深化改革为电力系统安全运行创造良好的机制和环境。改革中出现的问题只能通过深化改革来解决，我们要在积极推进电力改革的过程中建立起一套确保电力系统安全的新机制。为此要抓好以下工作：

### 1. 坚持以电力安全为出发点和落脚点，在市场设计和规则制定中充分考虑系统安全

在推进市场化改革的过程中，要充分考虑其对电力安全产生的影响。前几年美国加州发生的电力危机，虽然有很多诱因，但归根结底是其市场运行规则存在纰漏。“前事不忘，后事之师”在我国的电力市场化改革中，一定要把确保电力安全作为各项工作的出发点和落脚点。

### 2. 认真落实责任制，切实保障电力安全

电力安全包括发电安全、调度安全、输配电安全、消费安全，哪一个环节出现了问题都会危及整个系统的安全稳定。因此，电监会在今后的安全监管工作中，将毫不动摇地坚持“安全第一、预防为主”的方针，督促各市场主体肩负起各自的职责，将安全生产的防范工作落到实处，逐步建立起一套在新形势下切实保障电力安全的新体制、新机制和新办法。

### 3. 积极参与电网和电源发展规划的制定，提高系统的安全稳定性

电力工业的健康发展需要与国民经济发展相协调，需要电源建设与电网建设相协调。而预测科学、编制合理的电网和电源发展规划是电力工业健康发展的基础，也是电力系统安全的基础。国家电监会将积极配合国家发展和改革委员会参与电网和电源的规划工作，认真评估新的电源项目对各发电主体所占市场份额的影响，审慎判断市场操纵力的大小。同时，依据电力供需形势的变化趋势，及时提出关于电网和电源建设发展的重点、轻重缓急程度及其他影响市场安全稳定运行的意见和建议。

### 4. 加大宣传力度，引导消费者安全用电

供应和需求是构成市场的两大要素，电力生产和消费更是一个不可分割的整体。因此，确保电力安全

不仅要抓好安全生产，还应倡导安全消费。历史上，因为消费者的原因而引发的电力系统重大事故不胜枚举。教育消费者安全用电，是保障电力安全的另一项重要内容。要在全社会大力普及电力安全知识，树立全民电力安全意识，打好确保电力安全的社会基础。电监会将利用多种媒介，加大对安全用电的宣传力度，积极引导消费者安全用电。提高全民防范电力风险的能力，在全社会建立起电力突发事故的应对机制。

# 团结创新 加快发展 携手共创中国华电美好的明天（摘要）

中国华电集团公司总经理 贺恭

在全国人民认真学习贯彻十六大和“两会”精神，努力实践“三个代表”重要思想，满怀豪情地全面建设小康社会之际，我们要抓住机遇加快发展，为促进电力工业健康发展做出新的更大的贡献。

## 一、中国华电面临的形势

中国华电肩负着发展中国电源产业的重要历史使命，客观分析公司的内部环境，正确判断公司面临的外部形势，科学制定公司的发展战略，是中国华电在激烈的市场竞争中赢得合作、谋求发展、不断壮大的首要问题。

### （一）客观分析公司内部环境，一分为二地看待公司的优势和劣势

知己知彼，百战不殆。对公司情况的客观分析是参与竞争、实现突破的前提和基础。经过调查研究，我们认为公司的人员和资产有着多方面比较优势。例如，公司全资和控股百万千瓦及以上电厂9座，可控容量为1241万kW，拥有30万kW及以上机组32台，有国家电力公司命名的中国一流电厂18家，具有很好的管理基础，拥有一大批优秀的工程技术人才、管理人才和领导人才，拥有一支热爱企业、积极向上的职工队伍，他们是华电可持续发展的宝贵财富。

同时，我们也清醒地认识到公司现有资产存在一定的劣势。比如老机组、小机组比较多，资产结构不尽合理，市场分布不够合理，在经济发达地区、负荷增长快的地区可控装机容量较低，资产没有存量优势，资产赢利能力不够强，可控机组的发电成本高于原国电公司系统的平均水平，人员多、劳动生产率较低，人均权益容量和人均权益资产相对较少。公司在今后的经营和发展中还面临着不少困难，甚至还有不少难点有待突破。

中国华电集团公司全面、准确分析内部环境，居安思危、强化忧患意识，从危机中汲取动力，是创业之初各单位负责人的重要任务，是确立公司发展战略的前提。

### （二）准确分析公司的外部环境，科学把握公司面临的形势和机遇

在政治多极化、经济全球化、信息网络化成为当今世界主导潮流的背景下，党的十六大提出了在本世纪头20年全面建设小康社会，国内生产总值2020年比2000年翻两番的宏伟目标，要求国民经济每年平均增长率相应要达到7%以上。与此相适应，电力工业的增长速度应达到6%以上，即每年需新增装机容量3000万kW以上。国家有关部门已对电力供需失衡的趋势高度重视，并着手研究今后几年加快电力发展速度的问题，扩大“十五”后三年开工规模已成必然。

电力体制改革对电力生产力的进一步解放，为电力工业保持较快的发展速度创造了体制条件；同时为中国华电的发展带来了历史性机遇。国家为中国华电划转了相应的资产、权益和人员，赋予了公司发展电源和其他业务的职责和权限，使公司获得了较高的竞争起点。

## 二、中国华电的发展战略

客观分析内外部环境、准确把握形势和机遇，中国华电有实力追求卓越的目标，有信心创造美好的未来。公司党组提出中国华电集团公司的发展战略是：以市场为导向，以发展为主题，以效益为中心，坚持生产经营和资本经营并重，坚持企业发展与员工发展协调，坚持走集团化、多元化、国际化、现代化的路子，把公司建设成为以电为主，综合发展，实力雄厚，管理一流，具有可持续发展能力和国际竞争力的现代企业集团。

### （一）以市场为导向，以发展为主题，以效益为中心

公司要不断提高市场主体地位，必须以市场为导向，必须充分发挥公司的比较优势，不断提高在全国电力及相关市场的份额，并积极拓展多种产业、拓展国际市场。在发展上，公司将努力把存量做精做活，把增量做大做强。既要高度重视加快老厂和小机组的改建、扩建步伐，实现老厂的“二次创业”，不断提高职工的生活水平；又要以安全可靠、经济适用为原则，加快高参数、大机组的发展速度，大力建设一批一流电厂。继续加快和加强新建项目前期工作，千方百计争取在经济发达地区和能源基地，特别是“西电

东送”电源基地的电源项目，为国家西部大开发战略的实施作出应有的贡献。根据对前一阶段调研情况的分析和公司发展战略的需要，公司明确提出，中国华电力求到2010年包括在建工程控股装机容量在2002年的基础上翻一番，达到6000万kW以上。这个目标，是具有先进性和挑战性的。公司坚信，通过我们的科学决策、努力拼搏，是能够实现的。扩大市场、加快发展，最终目标是追求经济效益和社会效益最大化。要提高知识创新和科技进步对劳动生产率和经济效益的贡献率。各项工作的好坏都要以是否有利于提高效益为标准。

（二）坚持生产经营和资本经营并重

我们要坚持生产经营和资本经营并重的原则，以存量带增量、以增量促发展，实现速度与效益的统一。当前尤其要做好公司系统现有存量资产的生产经营工作。作为资产经营主体，公司要不断强化对资本、资金、产权、股权统筹运营的能力，通过增量对存量资产进行结构性调整，以形成新的利润增长点；要在国内、国际两个资本市场上拓展筹措资本和资金的渠道。当公司发展进入较为成熟的阶段时，不断开辟融资渠道，提高融资能力，积极谋求产业资本与金融资本的融合；不断提高资本运营能力。

（三）坚持企业发展与员工发展协调

人力资源是公司的第一资源。让员工在推动公司的发展中实现个人的价值，在提升自我价值的创造中推动公司的发展，做到人适其所、事得其人、人尽其才、事竟其功，形成员工能进能出、干部能上能下、适合公司发展需要的人事相宜的管理机制。构建一支高素质、富有战斗力的华电团队。

各单位一定要贯彻“坚持企业发展与员工发展协调”这一战略取向，不断为员工创造更好的教育与培训条件，努力提高员工的综合素质和业务技能，以适应市场竞争和走新型工业化道路对人力资源所提出的更高要求。

（四）坚持走集团化、多元化、国际化、现代化的路子

集团公司作为母公司，处于集团的战略规划中心、投融资中心、生产指挥中心、资本运营中心、利润中心的地位，以产权关系为纽带，准确划分各个管理层面的职责和权限，提高公司整体效益。

多元化是在重点发展核心业务、提高企业核心竞争力的同时，结合行业特点，在具有相对优势的领域延伸产业链，不失时机地推进多种经营，拓展企业发展空间。

国际化是适应经济全球化和我国产业结构战略性调整，坚持“引进来”与“走出去”相结合，不断扩大开放水平，更好地适应国际合作和竞争的需要。

现代化重点在于建立现代企业制度，积极推进管理理念、管理机制、管理手段的现代化。要加快信息化建设，以信息化带动现代化。“四化”之间是相辅相成、多元辩证的关系，统一于加快公司发展的主题之下。

（五）把公司建设成为以电为主、综合发展、实力雄厚、管理一流，具有可持续发展能力和国际竞争力的现代企业集团

“以电为主、综合发展”是指突出电力核心产业的地位，同时积极稳妥地发展非电产业。“实力雄厚”是指公司在装机容量、资产质量、现金流量、赢利能力等方面取得优势地位；“管理一流”是指管理理念一流、管理制度完善、管理运作有效、管理手段现代化，企业内在素质不断提高；“具有可持续发展能力”是要大力推动科技创新，特别要重视环境保护，尽力为社会提供清洁能源；“国际竞争力”是指不但要适应国内同行的竞争，还要具备和国际同行竞争的实力和能力。

## 三、中国华电2003年工作的基本思路

今年是全国贯彻落实十六大与“两会”精神、全面建设小康社会迈出新步伐的第一年，是中国华电集团公司成立后谋求发展的第一年。胡锦涛同志在中央经济工作会议强调“做好2003年经济工作，保持经济发展的良好势头，对于鼓舞斗志，增强信心，实现十六大确定的奋斗目标和各项任务，具有十分重要的意义”。

为贯彻落实中央的精神，公司提出今年工作总的要求是：以“三个代表”重要思想和十六大精神为指导，认真贯彻中央经济工作会议精神，继续贯彻落实党中央、国务院关于深化电力体制改革的部署，把稳定巩固、发展提高、突破创新三个重要环节紧密结合起来，实现资产平稳移交，确保安全和稳定；基本建立起现代企业制度和健全的生产经营指挥体系；全面落实电源建设项目，实现公司实力和市场竞争力明显提升；确立公司的发展战略和发展规划；加强领导班子、干部队伍和员工队伍建设；加强企业文化建设，树立中国华电良好形象。力求在公司成立的第一年，开好局、铺好路、迈好步，为公司的长远发展奠定坚实基础。

今年重点要做好以下几项工作：

（一）认真细致地做好企业平稳移交工作，确保安全生产和队伍稳定

公司2003年的首要任务，是实现117家企业的平稳移交。截止到2月24日，随着贵州电力公司资产移交的完成，第一阶段的安全生产管理和干部人事移交工作全部圆满完成，为第二阶段的资产移交奠定

了良好的基础。各单位务必要高度重视安全工作，要坚持“安全第一，预防为主”的方针不间断、不动摇，要按照国家颁布的《安全生产法》和国务院颁布的《关于特大安全事故的行政责任追究的规定》，认真贯彻落实中国华电生［2003］5号文件，全面落实安全生产责任制。

要清醒地认识到，公司系统还存在着一些不稳定的因素，对此要引起高度重视。公司资产中属于国家关停范围的小机组136台，共计336万kW，其中已关停容量39万kW，人员安置问题突出。公司系统内11个空壳电厂也是亟待解决的问题。各单位领导班子和领导干部要进一步增强政治敏感性，积极稳妥地解决矛盾与问题，把不稳定因素消灭在萌芽状态。

（二）抓紧新建电源项目前期工作，积极推进老厂技改和扩建项目的建设，加快电源发展

前一阶段我们重点抓了电源建设和老厂技改项目的前期工作，落实2003年备选开工项目共1007万kW，其中争取开工617万kW。公司将进一步加强同各地政府的沟通，建立电源建设战略合作关系，共同促进电力发展。要认真研究公司电源建设整体结构和布局，确定2003年要重点抓好的开工项目，加快在建项目的建设速度。老厂技改和扩建项目易融资、见效快，既能解决老厂的发展问题，又能切实提高职工的生活水平，公司要在计划安排上给予充分重视。对电源建设项目的股权结构、投资规模、资金来源、风险及收益等要认真分析，努力做到规模、结构、速度和效益的有机统一。

（三）切实加强企业内部管理，增收节支，提高劳动生产率和经济效益

公司2003年生产经营计划正在抓紧编制，将尽快下达电力生产计划、基本建设投资和财务预算计划。公司将完善法人治理结构，确保出资人权责到位。公司已经设立黑龙江、福建、贵州、新疆、内蒙古、四川、湖北等分公司，其他分支机构正在抓紧筹备中。各单位在开局之年在管理上要有新机制，在技术上要有新水平，在效益上要有新增长，实现管理不放松、效益不滑坡，不断增强集团公司的综合实力和赢利能力。要加强电价、电费的管理，狠抓成本控制，尽最大可能降低成本。加强资金管理，做好电价的申报和审批等工作。要建立健全投资管理、工程建设管理、生产管理、经营管理、财务管理、人力资源管理等方面的规章制度，以制度创新带动管理创新，以管理创新和技术进步促进挖潜增效。要加强内部控制和约束机制，加强审计和效能监察，防范经营和投资风险。

（四）加强领导班子和干部队伍建设，加强党的建设和精神文明建设

在新的管理体制下，各基层单位要切实加强领导班子建设。领导干部要严守思想道德和党纪国法两道防线，认真落实党中央、国务院《关于加强党风廉政建设责任制的规定》和中央企业工委、中央组织部《关于中央企业领导人员廉洁自律的若干规定（试行）》，发扬艰苦奋斗的优良作风，坚持勤俭办企业，坚决反对奢侈享乐、铺张浪费。

要进一步强化国有企业党建意识，按照“三个代表”的要求，加强基层组织建设，加强党员队伍建设，发挥党组织的政治核心作用和党员的先锋模范作用。切实加强思想政治工作，确保职工队伍稳定，引导好、保护好、发挥好员工的积极性、创造性。

## 四、对中国华电人的希望和要求

新生的中国华电，洋溢着无限生机和活力，肩负着促进中国电力工业发展的光荣历史使命。在此，我对大家提出几点希望。

（一）加强学习，转变观念

身处新经济时代，身处学习型社会，必须坚持学习、加强学习、善于学习，树立终身学习观念，建设学习型企业。

学习要有针对性，要学以致用。当前尤其要学习新知识，树立新观念。要适应从垄断型电力企业向竞争型发电企业的转变，适应从行政化管理到市场化管理的转变，尽快适应新角色，学习和借鉴国内外成功发电企业的经验，发挥后发优势，加快自身发展。

（二）增强团结，注重合作

在改革的时代，我们从中国电力工业的大家庭中重组了中国华电这个新家庭。我们要尽快熟悉这个新家庭，热爱这个新家庭。要牢固树立“中国华电人”意识——我们要以华电为家，说华电的话、办华电的事，时时处处树立华电的形象，时时处处维护华电的利益，时时处处促进华电的发展。共同为打造“中国华电”形象品牌而努力。

（三）发扬传统，紧跟时代

在当前形势下，我们要把电力工业几十年来形成的优良传统和现代化的经营管理理念结合起来，坚持人民电业为人民的宗旨。真正做到与时俱进、开拓创新，紧跟时代潮流，形成朝气蓬勃、健康向上的企业风气，不断开创各项工作的新局面。

（四）与时俱进，开拓创新

创新是一个民族进步的灵魂，是企业发展的不竭动力。大力推动体制创新、管理创新和科技创新，切实做到发展要有新思路，改革要有新突破，开放要有新局面，各项工作要有新举措。

我们要开拓创新、锐意进取，描绘中国华电宏伟蓝图。

让我们为把公司建设成为以电为主、综合发展、实力雄厚、管理一流，具有可持续发展能力和国际竞争力的现代企业集团而努力奋斗。

## 统一思想　与时俱进<br>深化改革　加快发展<br>把中国国电集团公司<br>做实做新做大做强

——在集团公司2003年工作会议上的讲话（摘要）

中国国电集团公司总经理　周大兵

### 一、中国国电集团公司成立前后工作回顾

1. 电力体制改革进程和集团公司基本情况

从去年3月份开始，电力体制改革工作小组各成员单位以高度负责的精神，按照各自的分工和进度要求开展工作。10月15日，国家计委主任曾培炎同志主持召开了电力体制改革工作小组第四次会议，对电力体制改革做了进一步安排。中组部确定了2个电网公司、5个发电公司的筹备班子。中国国电集团公司由我、朱永芃、李庆奎、刘彭龄、陈峰同志一起筹备。10月25日，国家电力公司召开党组会议，研究发电资产重组划分的微调意见和直属辅业单位的移交意见。11月15日，国家计委对新组建电力企业挂牌工作提出具体意见。

2002年12月29日，两大电网公司、五大发电集团公司和四家辅业集团公司在人民大会堂正式挂牌成立。党中央、国务院决定，成立中国国电集团公司党组，任命我为党组书记，党组成员由我、朱永芃、李庆奎、刘彭龄四人组成。任命我为中国国电集团公司总经理，朱永芃、李庆奎、刘彭龄为副总经理。

中国国电集团公司是按照国务院国发［2002］5号文件精神，在原国家电力公司部分企事业单位基础上组建的国有独资企业；是经国务院同意、国家授权的投资主体和国家控股公司的试点。集团公司的注册资本金为人民币120亿元。成员单位包括6个全资企业、41个内部核算单位、53个控股企业、19个参股企业。

集团公司的组建原则，一是政企分开。二是合理配置资源。三是建立现代企业制度。

集团公司的经营宗旨是：遵守法律、法规，执行国家政策，依法自主从事生产经营活动，利用国内外资本，加快结构调整和资源优化配置，发挥集团整体优势，增强市场竞争力，促进我国电力工业发展，保证国有资产保值增值。

集团公司的经营范围，一是依法经营集团公司及其全资、控股、参股企业中由国家投资形成并由集团公司拥有的全部国有资产。二是从事电源的开发、投资、建设、经营和管理，组织电力（热力）生产和销售。三是从事煤炭、发电设施、新能源、高新技术、环保产业、信息咨询等电力相关产业的投资、建设、经营和管理。四是根据国家有关规定，从事国内外投融资业务。五是经国家批准，自主开展外贸流通经营、国际合作、对外工程承包和对外劳务合作等业务。六是经营国家允许或委托的其他业务。

根据《国家计委关于国家电力公司发电资产重组划分方案的批复》，中国国电集团公司拥有可控发电容量3043万kW，权益容量2035万kW。其中，水电463万kW，占15.22%；火电2567万kW，占84.36%；公司拥有全国大部分风电，共12.64万kW，占集团公司总装机容量的0.42%。集团公司的可控资产共733亿元，权益资产472亿元。目前，中国国电集团在全国6大区域电网内19个省（自治区、直辖市）中拥有电源点，职工人数76441人，人均可控装机容量为398kW。

2. 公司成立后资产和管理接收情况

集团公司成立后，按照“先交管理，后交资产”的统一部署，根据国家计委计基础［2002］2704号文件和国家电力公司国电总［2003］1号文件精神，划转移交工作分两个阶段进行。第一阶段进行企业安全和生产经营管理以及干部和组织关系的移交；第二阶段进行发电企业劳动工资保险、资产和财务等工作的移交。

现在第一阶段移交接收工作已经结束，希望大家顾全大局，团结一致，讲政治，守纪律，继续为确保安全生产，确保职工队伍稳定，确保国有资产保值增值而尽职尽责。

3. 近期安全生产、队伍稳定情况

公司成立后下发的第一个文件就是《关于确保安全生产队伍稳定的通知》。决定所属各单位原则上一年之内，现领导班子不变，现规章制度不变，现考核办法不变，现合法待遇不变。

### 二、当前集团公司面临的形势和任务

党的十六大提出了全面建设小康社会的奋斗目标和我国稳定的政治环境以及持续的经济增长，为电力工业的发展提供了重要历史机遇，也为刚刚成立的集团公司提供了广阔的市场空间。

1. 集团公司的发展目标和战略思考

中国国电集团公司的近期目标是：在确保安全和

稳定的前提下，完成资产、机构和人员的接收与重组；制定集团公司发展战略和规划，处置不良资产；以市场为导向，以资本为纽带，深化企业改革，转换经营机制，加快结构调整，建立现代企业制度，实现“三个确保”，即确保安全生产，确保职工队伍稳定，确保国有资产保值增值。

集团公司的发展战略构想和远期目标是：以改革和创新为动力，以市场需求为导向，以安全生产为基础，以经济效益为中心，不断提高劳动生产率和资产收益率，坚持以电源建设和运营为核心竞争力，重视发展电力关联产业，适度开展多元化经营，积极开拓电力市场，大力开展资本运作，充分发挥核心企业的竞争优势和上市公司的融资功能，多方筹集发展资金，充分利用各种资源，积极走向国际，把集团公司建成要素组合合理、资源配置优化、经营状况良好、综合实力较强、管理机制先进，具有规范的法人治理结构的复合控股型、规模效益型、集团化、市场化、国际领先的现代企业集团。

当前集团公司开展各项工作的方针是：统一思想、与时俱进、深化改革、加快发展，努力把中国国电集团公司做实、做新、做大、做强。

做实，就是以扎实的工作作风，实事求是，实实在在，把制定的各项工作目标和任务落到实处。

做新，要通过制度创新、管理创新、科技创新，使集团公司逐步发展成为具有先进管理水平和较强市场竞争力的大型企业集团公司。

做大，就是坚持“发展是硬道理”。当前一方面要发挥集团公司的整体优势，多上项目；另一方面，要发挥上市公司的融资功能，多方筹集建设资金，为发展壮大提供有力保证。

做强，就是要提高集团公司的整体实力和竞争能力，走在国内大型企业前列，直至成为国际知名企业。

2. 集团公司2003年工作的指导思想

集团公司2003年工作的指导思想是：认真学习贯彻党的十六大和中央经济工作会议精神，按照“三个代表”的要求，贯彻国务院国发［2002］5号文件精神和电力体制改革部署，深化电力体制改革，加快公司发展，为国民经济发展和人民生活水平提高提供优质的电能。

3. 集团公司2003年工作目标

2003年集团公司全资、内部核算和控股电厂主要计划指标如下：

（1）生产计划

发电量：全年计划完成1290亿kW·h，比2002年增加70.7亿kW·h，增长5.7%。其中，集团公司全资、内部核算和直接控股电厂发电量1095亿kW·h。

供电煤耗：集团公司全资、内部核算和控股电厂供电标准煤耗计划370g/（kW·h），比2002年下降2g。

（2）资金需求计划

资金计划：全年集团公司投资计划122.4亿元。根据股权比例，集团公司负责的投资资金需求为73.7亿元，其中公司本部需要39.2亿元。在公司本部所需要的资金中，在建项目、前期施工准备、前期费用和小型基建分别为26.6亿元、4.8亿元、1.3亿元和6.6亿元。

资本金计划：全年需要资本金18.3亿元，其中公司本部10.4亿元。

融资计划：全年需要融资55.4亿元，其中国内融资51亿元、国外融资4.4亿元。

（3）建设指标

全年计划开工容量634万kW，投产容量133万kW。

（4）安全管理指标

不发生人身死亡事故，杜绝人为责任的重大设备事故、重大火灾事故、重大交通事故和溃坝事故。

（5）党风廉政和精神文明建设

不发生影响公司形象和稳定的重大治安事件和重大经济案件。

## 三、2003年的重点工作

为全面完成以上目标，今年要重点做好以下几项工作：

1. 做好发电企业划转移交的接收工作

资产财务交接要遵循兼顾历史，面向未来；顾全大局、平稳过渡；有理有节、公平合理的工作原则。

2. 高度重视并确保安全生产

当前，我们面临着全新的安全生产形势。一是网厂分开后，各方面的安全责任更加明确，我们不仅要承担安全责任，还可能承担经济责任。二是随着《安全生产法》正式实施，安全管理走上了法制化轨道。三是发电公司之间激烈的市场竞争对安全生产提出了新的挑战。四是电力体制改革过程中职工思想波动可能较大，为安全生产工作带来了新的压力。因此，我们的安全责任更加重大。

为确保实现安全生产，各单位要提高认识，落实责任，认真遵循“安全第一、预防为主”的方针。

3. 加快电源建设和技术改造，调整产业结构，推动集团公司可持续发展

根据集团公司发展目标和战略构想，“十五”后三年及“十一五”期间内，集团公司要力争实现平均

每年在建400万kW、开工400万kW，拟建400万kW的目标，争取到2005年集团公司发电机组可控容量超过4000万kW，到2010年超过6000万kW，使集团公司的发电规模不断扩张，资产质量得到较大改善。

电源建设和技术改造工作实行远近结合的原则。在电源结构上，初期以发展火电为主，积极开发大渡河流域水电，加大开发风电力度，适度参股核电，在技术可靠、经济可行的前提下，发展燃气电厂和采用清洁燃烧技术的燃煤电厂。在股权结构上，要尽可能争取对项目控股。

4. 加强市场营销，增强市场竞争力

当前，要在集团公司统一领导下，抓紧建立健全适应电力市场要求的电价、电量和煤炭供应机制，努力降低成本，提高效益。今年集团公司要组织打好两个战役，一是治亏，认真分析亏损企业在管理、队伍、资产、设备等方面存在的问题，提出解决办法并抓紧实施；二是改造，对老厂、小厂、旧厂，本着立足稳定、着眼发展的原则进行技术改造。

5. 积极稳妥地推进改革，努力实现机制创新和管理创新

今年集团公司深化改革的重点，是建立科学规范的法人治理结构。要根据集团公司的战略构想，认真分析集团公司电源分布的特点，充分考虑所属企业的法人治理结构、资产结构和生产经营现状，构建复合控股型企业的组织管理结构。

6. 加强党的建设、精神文明建设和干部队伍建设

集团公司党的建设和精神文明建设要紧紧围绕企业改革、发展和稳定大局，准确把握社会主义市场经济脉搏，完善党的领导方式、领导体制和工作制度，使党的工作充满活力。要坚持把思想建设、组织建设和作风建设有机地结合起来，强化制度建设，逐步实现党建工作和精神文明建设民主化、科学化、制度化。

政治路线确定后，干部是决定因素。能否带领广大职工做好工作，主要靠各级领导班子，关键是一把手。各级领导干部，要统一思想，共谋发展，加强团结，同舟共济，把思想统一到十六大精神上来，统一到集团公司的工作方针上来；要求真务实，真抓实干，讲实际、重实干、办实事、求实效；要严肃纪律，维护大局，在重大决策和原则问题上保持高度一致，以严格的政治纪律、组织纪律确保政令畅通；要加强学习，与时俱进，带头学习和实践“三个代表”重要思想，成为勤奋学习、善于思考的模范。

# 理清新思想 明确新任务 开创新局面 全面建设具有国际竞争力的大型企业集团

——在中国水利水电建设集团公司2003年工作会议上的报告（摘要）

中国水利水电建设集团
公司总经理 郭建堂

（2003年1月23日）

今天，我们召开集团公司成立后的第一次工作会议。

这次会议的主要任务是：深入贯彻落实党的十六大、中央经济工作会议和中央企业工委工作会议精神；总结2002年的工作，明确集团化建设的主要任务；研究部署2003年各项工作。坚持与时俱进，开拓创新，加快建设具有国际竞争力的大型企业集团。

## 一、2002年工作简要回顾和企业持续发展的主要经验

一年来，公司各级领导带领广大员工，坚持改革，促进发展，保持稳定，全面完成了年初确定的各项任务和目标，为公司今后的发展创造了有利条件。

（一）主要经济技术指标全面完成

全年完成企业总产值153.8亿元，同比增长25.8%；新签工程合同额同比增长29.3%；全员劳动生产率12.7万元/（人·年），同比增长27.8%，均创历史最好水平；全年实现利润总额4842万元，超额年计划61%；资本收益率1.62%；资产保值增值率101.13%；固定资产折旧率8.18%，均超额完成年计划。职工人均收入比上年有所提高。

（二）开拓国内市场成绩显著

国内市场开发取得新突破，呈现新特点。

一是点面同步增长整体推进，新签国内工程合同额再创历史新高。全年新签国内工程合同额同比增长28%。各工程局（厂）新签工程合同额均创历史最好水平，一些困难企业任务不足的局面有所改善。

二是外延扩张与内涵提高结合，项目结构有所调整。大项目比例增加，国内平均单项工程合同额达1819万元，同比增长7.6%，个别企业平均单项工程合同额近8000万元。在巩固水利水电建设市场的同时，非水电工程签约额达30亿元，同比增长20%，占国内签约总额的比例达16.5%，有的企业非水电工程签约额所占比例接近50%。

三是加大开发力度和创新竞争手段相结合，投标水平进一步提高。一方面，各工程局（厂）始终把市场开发作为企业工作的重中之重。另一方面，通过增强核心技术，树立专业品牌，将专业优势有效地转化为竞争优势，实现优势互补，大大提高了竞争能力。

（三）国际化经营取得重大突破

经营规模大幅增长，国际业务的支柱作用初步显现。全年完成国际工程营业额2.2亿美元，同比增长46%，占集团营业总额的12.3%，比上年提高两个百分点。新签工程合同额4.3亿美元，同比增长30%，占集团签约总额的16%，所占比例较上年有所提高。

运作大型项目的能力大大提高，经营层次迈上新台阶。进一步落实“大中小并举，以抓大中型项目为主”的市场经营策略，大型项目的中标，进一步提高了国际业务的经营层次和我们在国内外经营领域、国际市场上的影响力。

发挥核心竞争优势，品牌形象进一步树立。在国际市场开发中，着力拓展水利水电工程、河湖治理等主导市场，承揽在建多座多种类型的百米级高坝，我们在国际水利水电建设领域的地位进一步提高。

（四）集团化战略迈入新阶段

集团公司的挂牌成立，标志着我们不断推进的集团化战略迈入新阶段。

一是进一步加强资产管理，确立公司的产权主体地位。以资产经营责任制为龙头，层层落实各级经营责任制，加强对各工程局（厂）的资产管理。确保了国有资产保值增值，实现了经营规模与质量的同步增长，而且加快了行政管理向资产管理的转化，强化了母子公司的资产纽带关系。

二是不断加强领导班子建设，选择好经营者。坚持“四化”方针和党管干部原则，不断加强领导班子建设。

三是行使重大决策权，公司的核心地位进一步确立。研究修订集团发展战略，强化了总部的战略中心功能。与此同时，加大了对工程局（厂）重大经营决策事项的管理，出台了《投资管理办法》，加强了对“三重一大”（重大决策、重要干部任免、重要项目安排、大额度资金使用）的规范和监督。

（五）管理创新成效明显

三级管理模式有所调整，管理体制不断创新。各工程局（厂）围绕项目法施工，不断改进管理模式，逐步实现从“放权分散”到“集中集约”的转变。

内部市场进一步规范，管理机制不断创新。通过不断完善，内部市场已经成为企业资源管理的有效平台。一方面有力推动了资源配置由行政手段向经济手段转化，提高了资源利用效率；另一方面增强了法人层次对经济活动的控制力。

粗放模式进一步转变，基础管理不断加强。一是财务管理的现代化、规范化水平进一步提高；二是围绕创精品、增效益，项目管理不断加强。

围绕管理创新，各工程局（厂）进行了不同形式的探索，如费用收支的“五线管理”，项目的“四个统一管理”，“联合经营、风险共担、收益共享”的联营体运作模式等，取得了较好的效果，积累了宝贵经验。

（六）技术创新步伐加快

始终坚持科学技术是第一生产力的指导思想，围绕企业中心工作，立足市场开发和工程建设主战场，不断实施科技创新。一是重视程度进一步提高；二是科技与生产经营结合的新机制正在形成；三是科技队伍不断壮大，素质不断提高；四是紧密结合工程建设实践，取得了一批高水平的科技成果，在生产经营中发挥了重要作用；五是机制创新取得新成果。

（七）党的建设和精神文明建设成果丰硕

坚持以“三个代表”重要思想为指导，紧紧围绕中心工作，按照“结合实际、突出重点、努力创新”的工作思路，全面加强党的建设、精神文明建设和思想政治工作。党风廉政建设取得新的进展，防腐反腐工作不断深入。

（八）公司总部机关建设有所加强

按照集团化建设的要求，公司总部母体功能不断增强。

实体化进程加快，经营能力进一步提高。据统计，总部全年完成企业总产值16.9亿元，同比增长138%，占集团总产值的11%，同比提高5.2个百分点。新签工程合同额34.3亿元，占集团新签合同总额的15.7%，同比提高两个百分点。2002年，总部取得水利水电工程施工总承包一级资质，贯标工作进展顺利。

大力发挥管理和协调作用，凝聚力进一步增强。在市场开发中，总部发挥自身的影响力，做好与业主的沟通和内部的协调工作，发挥母公司的控制协调作用，努力避免内部的无序竞争。特别是在外经工作中，有效地实施“四个统一”，开展对内对外联合，有力推动了国际业务的发展。

不断加强自身建设，管理水平进一步提高。加强思想建设和作风建设，总部员工的危机意识、市场意识和服务意识进一步增强。加强制度建设、加强队伍建设，提高了协调服务水平。

数十年来特别是近几年，我们积极探索实践适应社会主义市场经济需要和水电建设事业特点的企业自身持续发展规律，积累了宝贵经验。

（1）坚持正确的战略引路，不断理清和创新思路，谋求企业持续健康发展；

（2）坚持正确的思想路线，始终保持奋发有为的精神状态；

（3）坚持以生产经营为中心，把开拓两个市场作为企业经济工作的重中之重；

（4）坚持和深化企业改革，不断解放和发展生产力；

（5）坚持以经济效益为中心，不断推进经济增长方式转变；

（6）坚持抓好领导班子建设，发挥在企业发展中的关键作用；

（7）坚持“两手抓”，为企业发展提供精神动力和智力支持。

二、搞好集团化建设推动企业发展

（一）集团组建为深化改革持续发展提供了新的机遇

（二）加快建立规范的母子公司体制

要强化集团公司的功能建设。从市场需求出发，努力把集团公司建成一个有效运转的战略中心、投资中心、研发中心、营销中心，使之成为整个集团的核心。根据集团的发展战略，子公司要逐步改组为产权多元化的有限责任公司或股份有限公司。集团公司要按照《公司法》要求，尽快完善法人治理结构的建设，使权力机构、决策机构、经营机构、监督机构既相互独立，又相互制衡。

（三）建设具有国际竞争力的企业集团

（1）加强和完善战略管理，推进战略实施；

（2）增强投融资功能，积极培育新的经济增长点；

（3）加快结构调整，实现制度创新；

（4）发挥整体优势，提高竞争能力；

（5）加强科技工作，提高科技创新能力；

（6）加强企业管理，推动管理创新；

（7）开发人力资源，实施人才强企战略。

三、以十六大精神统揽全局，确保全年工作目标实现

（一）认真学习贯彻十六大精神，为集团企业改革发展提供思想保证

（二）切实落实“三项责任制”，努力完成2003年主要经济技术指标，为集团企业改革发展提供物质保证

2003年是集团化建设的第一年，争取一个良好开局，具有特别重要的意义。

2003年主要指标：

（1）经济指标：

——企业总产值150亿元以上；

——新签工程合同额160亿元以上；

——利润总额5000万元以上；

——全员劳动生产率12万元/人年；

——资产保值增值率101%。

——职工年人均收入比上年有所提高。

（2）质量安全指标：

——工程质量优良品率比上年有所提高；

——安全生产指标控制在集团公司考核指标以内。

（3）党风廉政建设：

——年终总体考核为优秀。

（三）以提高素质、优化结构、改进作风和增强团结为重点，切实加强领导班子建设，为集团企业改革发展提供组织保证

（四）进一步加强党的建设和精神文明建设，为集团企业改革发展提供精神动力和智力支持

同志们，十六大为我们绘就了宏伟蓝图，指明了前进方向。我们集团公司的航船已经启航，生机蓬勃，任重道远。让我们在以胡锦涛同志为总书记的党中央领导下，高举邓小平理论伟大旗帜，全面贯彻“三个代表”重要思想，团结一心，奋发图强，努力开创集团公司各项工作新局面！

# 专 家 论 坛

## 三峡工程问题专论

中国科学院院士、中国工程院院士 潘家铮

记者：三峡库区已蓄水到135m，三峡工程质量究竟如何，大坝能否经受住江水的考验，是否存在着安全隐患，引起了社会各界的广泛关心。您怎么看？

潘家铮：把全世界的水利水电工程排个队，按照质量排个队，三峡工程质量也是排在前面。在国内也好国外也好，质量比三峡差得很多的有的是。为什么大家对三峡工程质量谈的特别多呢？我认为叫“人怕出名猪怕壮”。这个猪太壮了，大家都注意它。因为大家都盯着它看。你只要出点小小的问题，它可以给你吹得很大很大。

三峡工程质量是好的，我在说总体上是好的。在

施工中，在建设的过程中，出过一些这样那样的质量事故或者质量缺陷。这种病，是常见病、多发病，比如像感冒啊，这些病。但是，它没有得过癌症或者什么“非典”。

记者：1992年4月3日，七届全国人大第五次会议审议通过了《关于兴建长江三峡工程的决议》。还有三分之一的票是流失的，有177票反对，还有600多票弃权？

潘家铮：对，但是从法律上讲，只要超过一票就应该通过。至于弃权有什么可奇怪的呢？大家对这个三峡工程不够了解，我也不能够投赞成票，也不能投反对票，我投弃权票，这正是人大代表负责的一种表现。

记者：我记得您说过一句话，贡献最大的就是反对者，现在这个观念有改变吗？

潘家铮：没有改变，原来我们的论证工作，设计工作，有些地方就是做得不够深，不够细，他提出这个问题，这个要你答复，这个要你解释，这个他有不同意见，你不能不解释，不能不答复。比方说地震，他说那个地方三峡的坝址有条很大的断层，而且他有根据，他拿了张航空的照片上，那个上方有这么一条线形的影像，说这是条大断层，将来这个地方有错动，整个都完蛋了。原来我们没有注意到这个地方有这样一条线形的断层，那么后来又去加强做工作。后来发现根本没有这条断层，那个航空照片上出现的这个影像，是地形，因为一些其他的原因，影子弄成那个影像，看上去好像一条线的样子，那这些问题经过深入的工作就全部解决了，实际上心里更落实了。

记者：泥沙的问题现在已经真正得到解决了吗？

潘家铮：应该讲，通过这么长时间的论证研究，它的回答是正面的，三峡的水库不可能会淤死，不会淤成一库泥。

长江每年的泥沙，平均为5.3亿t，绝大多数是悬移质，推移质（砾卵石）仅数百万吨。这是经过几十年的实测资料得到的结论，由此通过大量的分析、试验、验证，得出“三峡水库采取蓄清排浑的调度方式，绝大部分有效库容可以长期保存”的结论，这都是建立在科学基础上的，是泥沙专家组一致同意的结论。

我不知道关于“三峡淤积的危害不是泥沙而是砾卵石”、“10年就堵塞重庆港”、“汛期淹没江津、合川一带”这些结论有什么观测资料、计算或试验成果为依据，在哪一篇负责的论文中发表过？如果有，希望能拿出来共同研讨。如果没有，只是个别的猜想、顾虑、见解……我们就很难进行有意义的对话。

黄万里先生早年反对三门峡建坝方案，他的正确意见未得到重视，后来还在政治上受到迫害，值得人们尊敬。但这并不意味着他说的就必然是真理。三门峡和三峡的情况不同，而且在三门峡工程以后，时间已过去近40年，泥沙科学和工程技术有了巨大的进展。黄先生是位水文专家，并不是河流动力学和泥沙运动规律研究方面的专家。在泥沙问题上，我认为我们应尊重真正的泥沙科学的权威和专家的意见。他们正是在总结了三门峡的教训后，辛勤工作，不断开拓创新，使我们的泥沙科学取得了巨大发展，处于国际领先位置，而且成功地解决了一系列实际工程问题，包括三峡工程建设。对此仍有疑虑的同志最好到有关部门查阅一下“汗牛充栋”的计算、试验、研究成果，再提出问题为好。

至于说三峡水库蓄水以后，要影响到重庆港，多数的研究计算认为，这个时间都是几十年以后，不是几年或者十年以后，我只能相信绝大多数专家跟这个研究院校的结论。实际情况是，长江上中游在大力推进水土保持工作，在金沙江，我们马上要修建更多的坝，因此，三峡水库里的泥沙影响到重庆，它的时间恐怕比我们当初预计的要远远推迟，不但在这一辈看不到，下一辈都不一定看得到。

记者：你那么自信？

潘家铮：这是我的看法。

记者：环境污染的因素呢，是不是现在都解决了泥？

潘家铮：环境的问题呢，一直是在论证中很多同志担心的事。水库蓄水以后，形成一个水库，水的流速大大减缓了，在这个情况之下，如果有重大的污染源不断地排到水库里面来，这个后果是很严重的。应该讲三峡水库修建以后，采取了源头治污的办法，水库是不会变成一塘污水，何况这个水库不是死水，它是流动的，到洪水期把水库水位都放得很低的，大部分的水全部排出去，到枯水期，重新再给它蓄起来。这个三峡的水库和其他水库有很大的区别，它每一年的水位的涨落有三四十米之多，所以从各方面的情况来看，我认为不会发生像某些同志担心的将来三峡水库变成一个污水塘，不可能出现这样的情况。

记者：还有对于诱发地震的担忧，这种担忧有必要吗？

潘家铮：现在这个地震不叫诱发地震，叫触发地震。正式的名称叫水库触发地震。什么意思呢？就是这个地方，有地震的内因存在，有大断层，地应力很集中，如果没有这个内因，再蓄多大的水，它也触发不了地震。那么它有这个内因，有发生地震的内因，水库一蓄水对它施加了一些压力，或者影响了它一些材料的特性，比如说把基岩的强度给降低了，使它这个地震提早发作了，触发。如果要触发地震，地震有多大，可以进行估计。反正我判断那个地方不可能触发什么大的地震，它没有大的断层。就好像一只鸡，养出来鸡蛋总是有大有小，但是你无论如何养不出一个蛋比鸡还大。

记者：蓄水可能影响到下游，比方说上海的用水会不会盐化，会不会导致海岸线后退？

潘家铮：作为个人的估计，三峡水库的调度对长江口是没有影响的。你想三峡离开长江口一千几百公里，三峡的水下来的时候是清水，要把泥沙冲蚀一千几百公里，即使三峡出来的水清一点，经过这一千几百公里的路，它又变到原来浑水了，怎么会对上海市有什么影响呢？

记者：那这个三峡工程总的投资，从最初动议的三百多亿，一直到今天的二千亿，怎么会有那么大的变化呢？

潘家铮：我一再跟你讲，这个数据完全不是同一个概念，三百多亿叫做静态投资。我们做工作的时候是上个世纪80年代。80年代，小黄鱼多少钱一斤？现在你到超市里买黄鱼多少钱一斤？你能说为什么这条黄鱼当初我只有一毛钱两毛钱买的，现在是几十块钱买的，你能这么去问吗？所谓投资是个很复杂的概念，不要老是问，你修建三峡工程到底要花多少钱，这个问法是不可取的。因为修三峡工程要花的钱是在十多年之内，一年一年投入的，每一年物价都在变动，每一年你都付利息，那你这个所谓你要花多少钱，是什么意思？假定说我问你，你养那个孩子，你把这个孩子养大到大学毕业、他能够赚钱为止，你打算花多少钱，你能够回答出这个问题吗？

记者：可能跟养孩子还有不一样的地方，孩子长成什么样，能挣多少钱我们可能不管，但作为一个工程来说有一个投入跟产出的问题。

潘家铮：这比养孩子要保险得多了，你养的孩子可能他不赚钱，或者花天酒地就麻烦了，我这个工程肯定它给你赚钱，而且每年赚多少都清清楚楚的。

记者：但如果把所有的成本都算进去的话，三峡工程所产生的电的价钱是多少，它具有竞争力吗？

潘家铮：我讲个非常简单的例子，三峡工程是一个综合利用的工程，比如说它有防洪的效益，而且这个防洪的效益是很大的，但这个效益是国家拿的，人民得到的，作为电厂它拿不到这个防洪效益，它有发电的效益，发电效益比较容易算，就是全部投产以后，每年是847亿kW·h的电。那么如果说我每度电它能够卖到三毛钱，或者是三毛五吧，差不多九百亿度电，三毛钱一度电，就是每年它会收回270亿元的资金，如果我这个电价再高一些，收回来300亿元，400亿元的资金，我整个投资从头到尾是两千亿元，你说它有没有竞争力？

记者：这次蓄水之后，对航运会产生什么样的影响？

潘家铮：水库水位蓄到135m，船闸试通航了以后，长江的航运重新恢复。通航的能力大大增加。蓄水后，通航条件大大改善，船舶行驶的时间也会缩短。

记者：但是我看船闸的设计通过时间是2个小时40分，这个时间不短。

潘家铮：但你要考虑到它通过这个船闸以后，上游这个深水航道600km直达重庆，这方面省下来的时间就是6小时甚至于8小时，那么你是不是愿意拿这个2小时去换那个6小时？好像说你排队上电梯，排个队可能要等上一分钟，但你进了电梯之后你就方便了。你如果讨厌这个排队，那你去爬楼梯吧，但爬楼梯你要爬20分钟。这笔账我想应该算得过来的。

记者：三峡工程的防洪作用要等到2009年水库蓄水到175m以后，才能得到充分发挥。这个作用到底有多大呢？

潘家铮：这个三峡水库有393亿库容，其中有220亿可以调洪，220亿的库容对洪水来讲，是个小数，它不能全部给它吃下来，但是，它能把洪水最尖的那个峰削掉。

记者：那到底220亿的库容能起多大作用呢？1998年洪峰的时候，七天的流量就有500亿$m^3$。500亿其中绝大部分都是通过这个堤下泄了，真正造成灾害的是500亿里面的100亿这个尖峰造成的灾害。假使说我有400亿的洪水下泄，400亿的洪水刚巧跟这个堤顶平了，然后再来个100亿就破了，如果你能利用三峡水库，或者用其他的水库把这点尖峰给拉掉了，它也救活了。好像给人这个印象，三峡工程建成以后，可能下游就没有洪灾了？

潘家铮：我绝对反对这种讲法。并不能说三峡的水库修成后把长江流域洪水都一笔勾销了，绝对没有这样的事，绝对不能做这样不合实际的宣传。它的主要作用就是我方才再三讲的，防治长江中游遭遇千年一遇特大洪水的时候造成一个毁灭性的灾害。总的讲防洪是三条措施，我说它是三驾马车，缺一不可，就是说堤防、水库跟这个分蓄洪区都是需要的。你要解决长江这么一个大的洪水问题，一定要采取综合措施。我们应该承认，这三条措施里面，有主有次。但是你不能讲，三峡的库容有限，解决不了大问题就应该不考虑。你不能说这个鼎有三只脚，一只脚细一点，你就说，这没有用，拿掉，但没有它站不稳。

记者：那能不能再具体地设想一下，如果说三峡工程在1998年就已经完工，正常运行的话，它能对那样的洪水起到多大的作用？

潘家铮：如果是1998年这个类型的洪水，如果说三峡水库已经全部修好，那可以说是小菜一碟。但是三峡水库的目的并不是对付这些“小家伙”，1998年洪水是个小家伙。我要对付的是像清朝年间，民国年间来的那种大洪水，10万流量，11万流量，那是绝对顶不住的，堤是要垮的。我要解决的是那样的问题。

## 电力体制改革和抽水蓄能电站的发展机遇

原国家电力公司顾问
中国水力发电工程学会副理事长 何璟

抽水蓄能专委会和蓄能年会对中国抽水蓄能事业的发展起到了重要的推动作用，而电力体制改革给抽水蓄能的发展提出更高需求。

（一）国民经济的快速发展、“西电东送”加快步伐和电力体制改革给我国抽水蓄能建设带来一个很好的发展机遇

今年前三个季度全国GDP和去年同期比增加8.5%，社会用电量的增长是15.6%。华东、华南主要受电区内的浙江、江苏、广西、广东的增长率都在20%左右。就这么高的增长量还大面积缺电，去年2/3的省市区拉闸限电，浙江现在已入秋了还在拉闸限电。今年全年的GDP的增长，国家统计局预测为8.5%，和前三季度持平。如果用电量的增长也与前三季度持平，即15%左右，东部用电量的高速增长，推动“西电东送”加快步伐，西部有的电源省已经要求“跑马圈地”的公司加快开发进度。云南最近曾提出来，金沙江除了要上溪洛渡、向家坝以外，中游6个电站分两批到2008年全部开工。听说澜沧江除了小湾和近期要开的景洪、糯扎渡外，还要求增加开发上游苗尾等三个百万千瓦的电站。

东部接受大量的西电，无论从保证供电安全和提高供电质量看，在负荷中心都需要增加抽水蓄能机组。

厂网分开后电网公司除了电网建设以外，别的电源不让建，就可以集中力量发展抽水蓄能电站。这对蓄能电站的发展是非常有利的。过去我们为了在有水电但调蓄性能不好的地区上蓄能，做了很多论证，只上了一个白莲河一期60万kW，最近听说要一步到位加大到120万kW。现在看，这一年以来，过去前期工作到位的10座大型抽水蓄能电站不但都已开工、筹建，而且都能在2010年前建成，到时候（不算密云、岗南），全国至少有20座以上抽水蓄能电站，装机容量将在1700万kW左右，比现在的581万kW要翻两番。经过这一轮电源建设高潮，2010年总装机容量不是4.5亿kW，可能5亿kW也打不住，蓄能的比例也只达到3%～4%，还需要加快建设。

过去我认为，中国的水电大概要到2050年左右才能基本开发完毕。电力体制改革以后，投资主体增加了，各电源公司建设水电的积极性空前高涨。现在大江大河和资源条件好一些的中小河流都被大大小小的业主“跑马圈地”圈定了。如果建设的积极性也能相应跟上，如果政府组织、调配得当，估计2030年左右中国水电开发的高潮就会过去。因此有的电源公司已经开始重视和研究新能源的开发，包括风电、核电等等。

中国风电资源比水电多，可开发的一半以上集中在内蒙、新疆。大量的、集中的风电开发，需要配置相应的抽水蓄能电站。1999年我去新疆调研时，乌鲁木齐电网只有4%～5%左右的风电，他们就感到对供电的质量有影响。所以核电和风电的大量开发也会促进抽水蓄能电站的发展。

（二）要加快蓄能电站的发展，尽快改善电源结构，就需要增加投资主体，还是“众人拾柴火焰高”

除了电网公司建设抽水蓄能电站以外，各大电源公司也可建，但在电价改革没有完全到位（即除了上网有合理的峰谷电价外，还要解决动态效益—调频、调相、紧急事故备用的有偿服务）之前，电源公司要发展蓄能电站，需要电网的支持。最简便、最现实的方案是采用广蓄模式，即电源公司建了蓄能电站后租赁给电网。这样电网公司不花资本金可以增加一些调频、调相和紧急事故备用的手段，电源公司则获得一些合理利润，应该说是互利的。当然如有合理的容量电价、上网峰谷电价和相应的调峰电量的保证也是可行的。

促使我国抽水蓄能电站的建设能跟上电力快速发展的需求，使电源结构更趋合理，需要我们共同想办法、共同努力。

## 21世纪头20年中国水电需要大发展

中国电力信息中心 陆钦侃

（一）水能资源

中国国土面积辽阔，降水径流丰沛，诸大江河发源于世界屋脊喜马拉雅山麓青藏高原，由西向东流入海洋，落差巨大，中国水力甲天下。1980年普查全国水力理论蕴藏量5.9万亿kW·h/年。其中，长江流域干支流占39.6%，雅鲁藏布江和西南国际诸河占37.9%，黄河流域占6%，珠江流域占5%，其他

地区占 11.3%。同时，统计全国可开发水电装机容量 3.78 亿 kW，年发电量 1.9 万亿kW·h。其中：西南地区川云贵藏占 67.8%，中南地区豫鄂湘粤桂占 15.5%，西北地区陕甘青宁新占 9.9%，华东地区浙皖闽赣鲁占 3.6%，东北地区辽吉黑占 2.0%，华北地区京冀晋蒙占 1.2%。

诸大江河梯级规划大水电站指标见表 1～表 12：表 1 为金沙江中下游 12 级，共 5858 万～5998 万 kW，2612 亿～2679 亿kW·h；表 2 为雅砻江中下游 11 级，共 2264 万 kW，1200 亿kW·h；表 3 为长江上游干流 5 级，共 2594 万 kW，1282 亿kW·h；表 4 为长江上游支流 42 级，共 4009 万 kW，1759 亿 kW·h；表 5 为长江中游支流 24 级，共 1547 万 kW，443 亿kW·h；表 6 为澜沧江中下游 13 级，共 2281 万 kW，1093 亿kW·h；表 7 为怒江中下游 8 级，共 1880 万 kW，947 亿kW·h；表 8 为珠江流域诸河 18 级，共 1757 万 kW，754 亿kW·h；表 9 为黄河干流 20 级，共 2385 万 kW，756 亿kW·h；表 10 为新疆诸河 10 级，共 413 万 kW，150 亿kW·h；表 11 为东北诸河 17 级，共 953 万 kW，235 亿 kW·h；表 12 为华东诸河 15 级，共 765 万 kW，175 亿kW·h。合计常规和抽水蓄能大水电站 195 座，共计 26706 万～26846 万 kW，11406 亿～11473 亿kW·h。还有位于青藏地区的雅鲁藏布江和怒江、澜沧江、金沙江、雅砻江、黄河等上游查勘规划的大水电站尚未计及。

表 1 金沙江中下游梯级规划大水电站指标表

| 水电站 | 省区 | 年径流量（亿 m³） | 正常蓄水位（m） | 总库容（亿 m³） | 调节库容（亿 m³） | 调节性能 | 装机容量（万 kW） | 年发电量（亿kW·h） | 备注 |
|---|---|---|---|---|---|---|---|---|---|
| 虎跳峡高坝 | 云 | (444.7) | (2010) | (371.5) | (215.3) | 多年 | (420) | (168.8) | 比较方案 |
| 虎跳峡低坝 | 云 | 444.7 | 1950 | 183.4 | 138.6 | 多年 | 280 | 105.3 | |
| 两家人 | 云 | 444.7 | 1810 | 0.04 | 0.0 | 无 | 400 | 163.1 | |
| 梨园 | 云 | 451.0 | 1620 | 8.9 | 1.7 | 月 | 228 | 102.8 | |
| 阿海 | 云 | 517.9 | 1544 | 8.4 | 2.2 | 月 | 210 | 93.8 | |
| 金安桥 | 云 | 526.6 | 1410 | 6.6 | 1.6 | 月 | 250 | 114.2 | 在建 |
| 龙开口 | 云 | 539.3 | 1297 | 6.6 | 1.3 | 月 | 180 | 73.9 | |
| 鲁地拉 | 云 | 551.9 | 1221 | 21.0 | 5.7 | 季 | 210 | 93.6 | |
| 观音岩 | 云、川 | 557.1 | 1132 | 19.7 | 5.4 | 季 | 300 | 131.5 | |
| 乌东德 | 云、川 | 1160.0 | 950 | 40.0 | 16.0 | 季 | 740 | 339.0 | |
| 白鹤滩 | 云、川 | 1290.0 | 820 | 188.0 | 100.0 | 季 | 1200 | 515.0 | |
| 溪洛渡 | 云、川 | 1440.0 | 600 | 122.3 | 64.6 | 季 | 1260 | 573.5 | 在建 |
| 向家坝 | 云、川 | 1440.0 | 380 | 51.8 | 9.1 | 月 | 600 | 307.0 | 在建 |
| 虎跳峡低坝方案 12 级共计 | | | | 656.7 | 346.2 | | 5858 | 2612.7 | |
| 虎跳峡高坝方案 12 级共计 | | | | 852.1 | 451.3 | | 5998 | 2679.2 | |

表 2 金沙江支流雅砻江中下游梯级规划大水电站指标表

| 水电站 | 省区 | 年径流量（亿 m³） | 正常蓄水位（m） | 总库容（亿 m³） | 调节库容（亿 m³） | 调节性能 | 装机容量（万 kW） | 年发电量（亿kW·h） | 备注 |
|---|---|---|---|---|---|---|---|---|---|
| 两河口 | 川 | 211 | 2850 | 81.0 | 74.9 | 多年 | 300 | 117.0 | |
| 牙根 | 川 | 241 | 2673 | 7.3 | 5.0 | 季 | 90 | 54.0 | |
| 蒙古山 | 川 | 270 | 2538 | 8.5 | 6.0 | 季 | 160 | 94.0 | |
| 太空 | 川 | 276 | 2345 | — | 0 | 无 | 100 | 64.0 | |
| 杨房沟 | 川 | 288 | 2218 | 20.0 | 13.5 | 季 | 200 | 113.0 | |
| 卡拉乡 | 川 | 293 | 2013 | — | 0 | 无 | 80 | 54.0 | |
| 锦屏一级 | 川 | 375 | 1900 | 100.0 | 49.1 | 年 | 360 | 168.0 | 在建 |
| 锦屏二级 | 川 | 375 | 1644 | 0.1 | 0.05 | 无 | 440 | 239.0 | |
| 官地 | 川 | 429 | 1326 | 0.3 | 1.7 | 月 | 160 | 95.0 | |
| 二滩 | 川 | 521 | 1200 | 57.9 | 33.7 | 季 | 330 | 175.0 | 已建 |
| 桐子林 | 川 | 596 | 1015 | 0.7 | 0.2 | 无 | 44 | 26.6 | |
| 11 级共计 | | | | | 184.15 | | 2264 | 1199.6 | |

表 3　　长江上游干流梯级规划大水电站指标表

| 水电站 | 省区 | 年径流量（亿 $m^3$） | 正常蓄水位（m） | 总库容（亿 $m^3$） | 调节库容（亿 $m^3$） | 调节性能 | 装机容量（万 kW） | 年发电量（亿kW·h） | 备　注 |
|---|---|---|---|---|---|---|---|---|---|
| 石　硼 | 川 | 2556 | 265 | 30.8 | | 日 | 213 | 126 | 可分为二级 |
| 朱杨溪 | 川、渝 | 2727 | 230 | 28.0 | | 日 | 190 | 112 | 可分为二级 |
| 小南海 | 渝 | 2746 | 195 | 22.2 | | 日 | 100 | 40 | |
| 三峡（初） | 渝、鄂 | (4513) | (156) | (234.8) | (89) | (季) | (1820) | (700) | 在建 |
| 三峡（终） | 渝、鄂 | 4513 | 175 | 393.0 | 165 | 季 | 1820 | 847 | |
| 葛洲坝 | 鄂 | 4513 | 66 | 15.8 | 0.8 | 日 | 271.5 | 157 | 已建 |
| 5 级共计 | | | | | 165.8 | | 2594.5 | 1282 | |

表 4　　长江上游支流梯级规划大水电站指标表

| 河　流 | 水电站 | 省区 | 年径流量（亿 $m^3$） | 正常蓄水位（m） | 总库容（亿 $m^3$） | 调节库容（亿 $m^3$） | 调节性能 | 装机容量（万 kW） | 年发电量（亿kW·h） | 备　注 |
|---|---|---|---|---|---|---|---|---|---|---|
| 岷　江 | 沙　坝 | 川 | 113.0 | 1300 | 8.82 | 5.02 | 季 | 40.0 | 20.0 | |
| | 福堂坝 | 川 | 113.0 | 1268 | 0.03 | 0.02 | 日 | 36.0 | 22.7 | 在建 |
| | 太平驿 | 川 | 115.0 | 1080 | 0.01 | 0.00 | 无 | 26.0 | 15.7 | 已建 |
| | 紫坪铺 | 川 | 150.0 | 877 | 11.12 | 7.74 | 季 | 76.0 | 34.2 | 在建 |
| 大渡河 | 下尔呷 | 川 | 58.7 | 3120 | 27.97 | 19.35 | 多年 | 54.0 | 22.2 | |
| | 巴　拉 | 川 | 60.0 | 2920 | — | — | — | 56.0 | 24.3 | |
| | 达　继 | 川 | 62.8 | 2730 | — | — | — | 36.0 | 16.2 | |
| | 卜寺沟 | 川 | 65.6 | 2606 | — | — | — | 32.0 | 14.3 | |
| | 双江口 | 川 | 161.6 | 2500 | 27.14 | 19.07 | 年 | 200.0 | 74.0 | |
| | 金　川 | 川 | 164.4 | 2260 | 6.09 | 0.58 | 周 | 88.0 | 38.0 | |
| | 巴　底 | 川 | 178.0 | 2135 | 11.66 | 6.92 | 季 | 110.0 | 48.2 | |
| | 丹　巴 | 川 | 196.6 | 1995 | 6.84 | 0.69 | 周 | 130.0 | 59.9 | |
| | 猴子岩 | 川 | 248.7 | 1852 | 10.64 | 5.52 | 季 | 160.0 | 79.6 | |
| | 长河坝 | 川 | 259.1 | 1690 | 9.85 | 4.05 | 季 | 220.0 | 111.8 | |
| | 黄金坪 | 川 | 261.0 | 1475 | 1.54 | 0.28 | 日 | 60.0 | 31.6 | |
| | 泸　定 | 川 | 278.0 | 1374 | 3.30 | 0.42 | 日 | 80.0 | 41.8 | |
| | 硬梁包 | 川 | 280.0 | 1250 | — | — | — | 140.0 | 69.9 | |
| | 大岗山 | 川 | 318.7 | 1130 | 7.75 | 0.63 | 周 | 230.0 | 119.8 | |
| | 龙头石 | 川 | 321.9 | 955 | 1.15 | 0.24 | 日 | 64.0 | 32.8 | |
| | 老鹰岩 | 川 | 340.8 | 905 | 1.43 | 0.43 | 日 | 64.0 | 33.0 | |
| | 瀑布沟 | 川 | 390.1 | 850 | 50.63 | 38.80 | 年 | 330.0 | 146.4 | 在建 |
| | 深溪沟 | 川 | 422.9 | 655 | — | — | — | 64.0 | 28.9 | |
| | 枕头坝 | 川 | 426.1 | 618 | — | — | — | 46.0 | 20.4 | |
| | 沙　坪 | 川 | 451.3 | 575 | — | — | — | 86.0 | 39.0 | |
| | 龚　嘴 | 川 | 463.9 | 528 | 3.10 | 0.96 | 周 | 70.0 | 45.2 | 已建 |
| | 铜街子 | 川 | 463.9 | 474 | 2.02 | 0.55 | 日 | 60.0 | 32.7 | 已建 |

续表

| 河　流 | 水电站 | 省区 | 年径流量（亿 $m^3$） | 正常蓄水位（m） | 总库容（亿 $m^3$） | 调节库容（亿 $m^3$） | 调节性能 | 装机容量（万 kW） | 年发电量（亿kW·h） | 备　注 |
|---|---|---|---|---|---|---|---|---|---|---|
| 白龙江 | 沙川坝 | 甘 | 28.0 | 1548 | 17.87 | 8.79 | 多年 | 28.5 | 10.3 | |
| | 苗家坝 | 甘 | 46.7 | 950 | 42.98 | 30.00 | 多年 | 104.0 | 25.0 | |
| | 碧　口 | 甘 | 86.8 | 704 | 5.21 | 2.20 | 周 | 30.0 | 14.6 | 已建 |
| | 宝珠寺 | 川 | 106.0 | 588 | 25.50 | 13.40 | 年 | 70.0 | 23.0 | 已建 |
| 嘉陵江 | 亭子口 | 川 | 208.0 | 458 | 40.00 | 17.50 | 季 | 80.0 | 31.4 | 在建 |
| | 草　街 | 渝 | 694.0 | 203 | 8.50 | — | 周 | 50.0 | 18.4 | |
| 六冲河 | 洪家渡 | 贵 | 48.9 | 1140 | 49.25 | 33.60 | 多年 | 60.0 | 15.6 | 在建 |
| 三岔河 | 引子渡 | 贵 | 48.0 | 1088 | 5.27 | 4.00 | 季 | 36.0 | 9.8 | 在建 |
| 鸭池河 | 东　风 | 贵 | 108.0 | 970 | 8.63 | 4.90 | 季 | 51.0 | 24.2 | 已建 |
| | 索风营 | 贵 | 135.0 | 837 | 1.57 | 0.85 | 日 | 60.0 | 20.1 | 在建 |
| 乌　江 | 乌江渡 | 贵 | 158.0 | 760 | 21.40 | 13.50 | 季 | 63+59 | 44.2 | 已建 |
| | 构皮滩 | 贵 | 228.0 | 630 | 55.64 | 31.54 | 年 | 300.0 | 96.7 | 在建 |
| | 思　林 | 贵 | 271.0 | 440 | 12.05 | 3.17 | 季 | 100.0 | 39.3 | |
| | 沙　沱 | 贵 | 301.0 | 360 | 5.24 | 3.80 | 季 | 100.0 | 41.7 | |
| | 彭　水 | 渝 | 417.0 | 293 | 13.25 | 5.07 | 季 | 140.0 | 60.0 | 在建 |
| | 大溪口 | 渝 | 518.0 | 210 | 8.64 | 1.61 | 日 | 120.0 | 62.5 | |
| | 42 级共计 | | | | | 285.20 | | 4009.5 | 1759.4 | |

表 5　　长江中游支流梯级规划大水电站指标表

| 河　流 | 水电站 | 省区 | 年径流量（亿 $m^3$） | 正常蓄水位（m） | 总库容（亿 $m^3$） | 调节库容（亿 $m^3$） | 调节性能 | 装机容量（万 kW） | 年发电量（亿kW·h） | 备　注 |
|---|---|---|---|---|---|---|---|---|---|---|
| 清　江 | 水布垭 | 鄂 | 94.7 | 400.0 | 45.8 | 23.8 | 多年 | 186.0 | 39.2 | 在建 |
| | 隔河岩 | 鄂 | 129.0 | 200.0 | 34.0 | 21.8 | 年 | 120.0 | 30.4 | 已建 |
| | 高坝洲 | 鄂 | 140.0 | 80.0 | 5.2 | 1.4 | 日 | 25.2 | 10.4 | 已建 |
| 娄　水 | 江坪河 | 鄂 | 26.5 | 480.0 | 15.8 | 10.0 | 多年 | 50.4 | 10.7 | |
| | 江　垭 | 湘 | 41.6 | 236.0 | 17.4 | 11.6 | 年 | 30.0 | 7.6 | 已建 |
| 清水江 | 三板溪 | 贵 | 76.4 | 475.0 | 37.5 | 26.2 | 多年 | 100.0 | 24.5 | 在建 |
| | 白　市 | 贵 | 113.0 | 298.0 | 5.6 | 3.7 | 季 | 40.0 | 12.1 | |
| 沅　水 | 托　口 | 湘 | 168.0 | 247.0 | 11.0 | 6.9 | 季 | 66.0 | 20.0 | |
| | 清水塘 | 湘 | 276.0 | 140.0 | | | 日 | 54.0 | 15.8 | |
| | 五强溪 | 湘 | 647.0 | 108.0 | 42.0 | 20.2 | 季 | 120.0 | 53.7 | 已建 |
| | 凌津滩 | 湘 | 660.0 | 51.0 | 6.3 | 0.6 | 日 | 27.0 | 12.5 | 已建 |
| 酉　水 | 凤　滩 | 湘 | 159.0 | 205.0 | 17.3 | 10.6 | 季 | 40+32 | 24.3 | 已建 |
| 资　水 | 柘　溪 | 湘 | 185.0 | 168.0 | 35.6 | 22.6 | 年 | 44.8+30 | 21.7 | 已建 |
| | 敷溪口 | 湘 | 213.0 | 93.0 | 6.0 | 2.2 | 日 | 27.0 | 13.2 | |
| 耒　水 | 东　江 | 湘 | 45.4 | 285.0 | 91.5 | 52.5 | 多年 | 50+42 | 13.2 | 已建 |
| 汉　江 | 安　康 | 陕 | 192.0 | 330.0 | 25.8 | 16.7 | 季 | 85.2 | 28.0 | 已建 |
| | 旬　阳 | 陕 | 221.0 | 240.0 | 3.9 | 0.5 | 日 | 32.0 | 8.0 | |
| | 蜀　河 | 陕 | 239.0 | 218.0 | 1.9 | 0.4 | 日 | 27.0 | 9.7 | |
| | 夹　河 | 陕、鄂 | 247.0 | 196.0 | 1.4 | 0.3 | 日 | 27.0 | 7.8 | |
| | 丹江口 | 鄂 | 379.0 | 157.0 | 208.9 | 102.2 | 年 | 100.0 | 38.3 | 已建 |
| 堵　河 | 潘　口 | 鄂 | 53.0 | 355.0 | 25.2 | 14.5 | 年 | 51.0 | 9.8 | |
| | 黄龙滩 | 鄂 | 60.0 | 247.0 | 11.6 | 6.9 | 季 | 15+34 | 7.6+3.1 | |

续表

| 河 流 | 水电站 | 省区 | 年径流量（亿 $m^3$） | 正常蓄水位（m） | 总库容（亿 $m^3$） | 调节库容（亿 $m^3$） | 调节性能 | 装机容量（万 kW） | 年发电量（亿kW·h） | 备 注 |
|---|---|---|---|---|---|---|---|---|---|---|
| 修 水 | 柘 林 | 赣 | 81.0 | 71.3 | 79.2 | 34.4 | 多年 | 18+24 | 6.3 | 已建 |
| 赣 江 | 万 安 | 赣 | 299.0 | 100.0 | 16.2 | 10.2 | 季 | 50.0 | 15.2 | 已建 |
| 24 级共计 | | | | | | 439.11 | | 1547 | 443 | |

表 6 澜沧江中下游梯级规划大水电站指标表

| 水电站 | 省区 | 年径流量（亿 $m^3$） | 正常蓄水位（m） | 总库容（亿 $m^3$） | 调节库容（亿 $m^3$） | 调节性能 | 装机容量（万 kW） | 年发电量（亿kW·h） | 备 注 |
|---|---|---|---|---|---|---|---|---|---|
| 功果桥 | 滇 | 311 | 1319 | 5.1 | 1.2 | 日 | 75 | 40.6 | |
| 小 湾 | 滇 | 385 | 1240 | 151.3 | 99.0 | 多年 | 420 | 189.9 | 在建 |
| 漫 湾 | 滇 | 388 | 994 | 10.6 | 2.6 | 日 | 150 | 78.8 | 已建 |
| 大朝山 | 滇 | 423 | 899 | 8.8 | 3.7 | 日 | 135 | 67.0 | 已建 |
| 糯扎渡 | 滇 | 552 | 807 | 223.7 | 122.0 | 多年 | 585 | 237.8 | |
| 景 洪 | 滇 | 581 | 602 | 13.3 | 2.5 | 日 | 150 | 80.6 | |
| 勐 洪 | 滇 | 638 | 510 | — | — | 日 | 60 | 33.8 | |
| 溜筒江 | 滇 | 220 | 2174 | 5.0 | 1.7 | 日 | 55 | 33.6 | |
| 佳 碧 | 滇 | 227 | 2054 | 3.2 | 0.9 | 日 | 43 | 26.5 | |
| 乌弄龙 | 滇 | 238 | 1964 | 9.8 | 3.4 | 日 | 80 | 48.8 | |
| 托 巴 | 滇 | 255 | 1820 | 51.5 | 34.0 | 季 | 164 | 80.8 | |
| 黄 登 | 滇 | 283 | 1640 | 22.9 | 11.1 | 季 | 186 | 89.2 | |
| 铁门坎 | 滇 | 293 | 1472 | 21.5 | 9.6 | 季 | 178 | 85.9 | |
| 13 级共计 | | | | | 291.7 | | 2281 | 1093.3 | |

表 7 怒江中下游梯级查勘大水电站指标表

| 水电站 | 省区 | 年径流量（亿 $m^3$） | 正常蓄水位（m） | 总库容（亿 $m^3$） | 调节库容（亿 $m^3$） | 调节性能 | 装机容量（万 kW） | 年发电量（亿kW·h） | 备 注 |
|---|---|---|---|---|---|---|---|---|---|
| 马斯当 | 滇 | 485 | 1700 | 49.1 | 30.0 | 年 | 560 | 256 | |
| 布 西 | 滇 | 492 | 1420 | 5.2 | 2.0 | 年 | 220 | 113 | |
| 鹿马登 | 滇 | 495 | 1299 | 7.5 | 2.8 | 日 | 240 | 120 | |
| 亚碧罗 | 滇 | 505 | 1147 | 19.7 | 9.7 | 季 | 420 | 215 | |
| 跃进桥 | 滇 | 511 | 929 | 10.0 | 3.2 | 日 | 250 | 128 | |
| 大 山 | 滇 | 526 | 720 | — | — | | 50 | 30 | |
| 苏帕河口 | 滇 | 539 | 660 | — | — | | 70 | 43 | |
| 光 坡 | 滇 | 574 | 605 | — | — | | 70 | 42 | |
| 8 级共计 | | | | | 47.7 | | 1880 | 947 | |

表 8 珠江流域诸河梯级规划大水电站指标表

| 河 流 | 水电站 | 省区 | 年径流量（亿 $m^3$） | 正常蓄水位（m） | 总库容（亿 $m^3$） | 调节库容（亿 $m^3$） | 调节性能 | 装机容量（万 kW） | 年发电量（亿kW·h） | 备 注 |
|---|---|---|---|---|---|---|---|---|---|---|
| 黄泥河 | 鲁布革 | 云、贵 | 52 | 1130.0 | 1.2 | 0.7 | 日 | 60.0 | 28.7 | 已建 |
| 南盘江 | 天生桥一级 | 贵、桂 | 193 | 780.0 | 102.6 | 58.0 | 多年 | 120.0 | 52.3 | 已建 |
| | 天生桥二级 | 贵、桂 | 194 | 645.0 | 0.9 | 0.2 | 日 | 132.0 | 82.0 | 已建 |
| | 平 班 | 贵、桂 | 209 | 440.0 | 2.5 | | 日 | 40.5 | 18.6 | 在建 |

续表

| 河流 | 水电站 | 省区 | 年径流量（亿 $m^3$） | 正常蓄水位（m） | 总库容（亿 $m^3$） | 调节库容（亿 $m^3$） | 调节性能 | 装机容量（万 kW） | 年发电量（亿kW·h） | 备注 |
|---|---|---|---|---|---|---|---|---|---|---|
| 北盘江 | 光照 | 贵 | 82 | 745.0 | 34.7 | 21.8 | 多年 | 104.0 | 22.5 | 待建 |
| | 马马崖 | 贵 | 95 | 580.0 | 2.6 | 0.4 | 日 | 40.0 | 18.7 | |
| | 董箐 | 贵 | 107 | 490.0 | 9.8 | 4.8 | 月 | 48.0 | 20.8 | |
| 红水河 | 龙滩 | 桂 | 518 | 400.0 | 273.0 | 206.0 | 多年 | 540.0 | 187.0 | 在建 |
| | 岩滩 | 桂 | 549 | 223.0 | 33.8 | 15.7 | 季 | 121+59 | 80.0 | 已建 |
| | 大化 | 桂 | 600 | 155.0 | 9.6 | 0.4 | 日 | 40+20 | 36.0 | 已建 |
| | 乐滩 | 桂 | 647 | 112.0 | 9.5 | 0.5 | 日 | 60.0 | 35.1 | 在建 |
| | 桥巩 | 桂 | 682 | 83.0 | | | 日 | 50.0 | 30.5 | |
| 黔江 | 大藤峡 | 桂 | 1354 | 57.6 | 17.5 | 4.7 | 日 | 120.0 | 64.3 | |
| 浔江 | 长洲 | 桂 | 1925 | 20.6 | 50.9 | 3.0 | 日 | 63.0 | 30.9 | |
| 右江 | 瓦村 | 桂 | 42 | 350.0 | 23.3 | | 多年 | 26.0 | 10.2 | |
| | 百色 | 桂 | 83 | 228.0 | 48.0 | 26.2 | 多年 | 54.0 | 17.6 | 在建 |
| 新丰江 | 新丰江 | 粤 | 61 | 116.0 | 139.0 | 64.9 | 多年 | 30.2 | 9.9 | 已建 |
| 韩江 | 京山 | 粤 | 229 | 40.0 | 13.2 | 2.2 | 日 | 30.0 | 9.0 | |
| 18级共计 | | | | | | 409.5 | | 1757.7 | 754.1 | |

表9　黄河干流梯级规划大水电站指标表

| 水电站 | 省区 | 年径流量（亿 $m^3$） | 正常蓄水位（m） | 总库容（亿 $m^3$） | 调节库容（亿 $m^3$） | 调节性能 | 装机容量（万 kW） | 年发电量（亿kW·h） | 备注 |
|---|---|---|---|---|---|---|---|---|---|
| 龙羊峡 | 青 | 208 | 2600 | 247.0 | 193.50 | 多年 | 128.0 | 59.2 | 已建 |
| 拉西瓦 | 青 | 208 | 2452 | 10.1 | 1.50 | 日 | 420.0 | 102.2 | 在建 |
| 李家峡 | 青 | 212 | 2180 | 16.5 | 0.58 | 日 | 200.0 | 58.9 | 已建 |
| 康扬 | 青 | 212 | 2033 | 0.3 | 0.05 | 日 | 28.4 | 9.6 | 待建 |
| 公伯峡 | 青 | 222 | 2005 | 5.5 | 0.75 | 日 | 150.0 | 50.5 | 在建 |
| 积石峡 | 青 | 222 | 1856 | 2.4 | 0.45 | 日 | 100.0 | 33.1 | |
| 寺沟峡 | 青、甘 | 222 | 1748 | 0.5 | 0.10 | 日 | 25.0 | 9.7 | |
| 刘家峡 | 甘 | 279 | 1735 | 57.0 | 41.50 | 年 | 169.0 | 60.5 | 已建 |
| 盐锅峡 | 甘 | 279 | 1619 | 0.1 | 0.07 | 日 | 44.6 | 20.7 | 已建 |
| 大峡 | 甘 | 328 | 1479 | 0.9 | 0.55 | 日 | 32.4 | 15.2 | 已建 |
| 小观音 | 甘 | 331 | 1379 | 70.2 | 56.50 | 年 | 140.0 | 55.5 | 两级开发 |
| 大柳树低坝 | 宁 | 331 | 1275 | 1.5 | 0.42 | 日 | 60.0 | 22.6 | |
| （大柳树高坝） | 宁 | （331） | （1380） | （110） | （82.0） | （年） | （200） | （78.0） | 一级开发 |
| 青铜峡 | 宁 | 336 | 1155 | 0.3 | 0.10 | 日 | 30.2 | 11.6 | 已建 |
| 万家寨 | 晋、蒙 | 196 | 977 | 9.0 | 4.45 | 季 | 108.0 | 27.5 | 已建 |
| 龙口 | 晋、陕 | 196 | 888 | 1.8 | 0.60 | 日 | 50.0 | 12.7 | 在建 |
| 碛口 | 晋、陕 | 202 | 785 | 124.8 | 27.00 | 年 | 180.0 | 51.5 | |
| 古贤 | 晋、陕 | 229 | 640 | 160.0 | 46.50 | 年 | 256.0 | 82.3 | |
| 甘泽坡 | 晋、陕 | 203 | 423 | 4.4 | 2.80 | 季 | 44.0 | 16.6 | |
| 三门峡 | 豫、晋 | 413 | 325 | 162.0 | 20.00 | 季 | 40.0 | 20.0 | 已建 |
| 小浪底 | 豫 | 277 | 275 | 126.5 | 51.00 | 季 | 180.0 | 36.2 | 已建 |
| 20级共计 | | | | | 448.42 | | 2385.6 | 756.1 | |

表 10　　新疆诸河梯级规划大水电站指标表

| 河　流 | 水电站 | 省区 | 年径流量（亿 $m^3$） | 正常蓄水位（m） | 总库容（亿 $m^3$） | 调节库容（亿 $m^3$） | 调节性能 | 装机容量（万 kW） | 年发电量（亿kW·h） | 备　注 |
|---|---|---|---|---|---|---|---|---|---|---|
| 布尔津河 | 乔巴特 | 新 | | | 10.8 | | | 50 | 20.7 | |
| 特克斯河 | 卡甫其海 | 新 | | | 17.7 | | | 28 | 8.1 | |
| 伊犁哈什河 | 吉林台一级 | 新 | 35.3 | 1420 | 25.3 | 17.0 | 多年 | 46 | 9.4 | |
| 开都河 | 阿仁萨痕托 | 新 | 27.4 | 2389 | 10.3 | 8.7 | 多年 | 40 | 13.0 | |
| | 霍尔古吐 | 新 | 31.6 | 2086 | 0.9 | | | 33 | 16.5 | |
| | 察汗乌苏 | 新 | 30.1 | 1645 | 1.0 | 0.6 | 季 | 40 | 12.9 | |
| 库玛拉克河 | 大石峡 | 新 | | | 11.6 | | | 36 | 16.6 | |
| 叶尔羌河 | 康克将干尔 | 新 | | | 40.0 | | | 40 | 14.3 | |
| | 皮　勒 | 新 | | | | | | 40 | 19.5 | |
| | 阿尔塔什 | 新 | | | 17.4 | | | 60 | 19.3 | |
| 10 级共计 | | | | | | 26.3 | | 413 | 150.3 | |

表 11　　东北诸河梯级规划大水电站指标表

| 河　流 | 水电站 | 省区 | 年径流量（亿 $m^3$） | 正常蓄水位（m） | 总库容（亿 $m^3$） | 调节库容（亿 $m^3$） | 调节性能 | 装机容量（万 kW） | 年发电量（亿kW·h） | 备　注 |
|---|---|---|---|---|---|---|---|---|---|---|
| 松花江 | 白　山 | 吉 | 75.4 | 413 | 64.3 | 48.6 | 年 | 150.0 | 17.0 | 已建 |
| | 红　石 | 吉 | 81.4 | 290 | 1.5 | 0.1 | 日 | 20+11.5 | 4.4 | 已建 |
| | 丰　满 | 吉 | 138 | 261 | 108 | 53.5 | 多年 | 100.4 | 20.3 | 已建 |
| 松江河 | 双　沟 | 吉 | 8.8 | 585 | 3.9 | 1.5 | | 50.0 | 3.9 | 在建 |
| 牡丹江 | 莲　花 | 黑 | 72 | 218 | 41.8 | 15.9 | 年 | 55.0 | 8.0 | 已建 |
| 嫩　江 | 尼尔基 | 黑、蒙 | 104.8 | 216 | 82.2 | 58.6 | 多年 | 25.0 | 6.3 | 在建 |
| 鸭绿江 | 临　江 | 中朝边界 | 51.4 | 425 | 18.4 | 10.4 | 年 | 30.0/2 | 8.8/2 | |
| | 云　峰 | 中朝边界 | 87.8 | 319 | 37.2 | 26.9 | 多年 | 40.0/2 | 17.5/2 | 已建 |
| | 渭　源 | 中朝边界 | 128 | 164 | 6.3 | — | | 39.0/2 | 12.0/2 | 已建 |
| | 水　丰 | 中朝边界 | 239 | 123 | 146 | 79.3 | 多年 | 63.0/2+13.5 | 41.3/2 | 已建 |
| 浑　江 | 桓　仁 | 辽 | 44.8 | 300 | 34.6 | 8.2 | 年 | 22+15 | 4.8 | 已建 |
| 黑龙江 | 漠　河 | 中俄边界 | 278 | 400 | 312 | 187.0 | | 200.0/2 | 58.0/2 | |
| | 连　崟 | 中俄边界 | 340 | 298 | 57 | 16.2 | 季 | 100.0/2 | 31.0/2 | |
| | 鸥　浦 | 中俄边界 | 410 | 253 | 292 | 156.0 | 多年 | 160.0/2 | 51.0/2 | |
| | 呼　玛 | 中俄边界 | 416 | 191 | 3.3 | 0.3 | 日 | 30.0/2 | 10.0/2 | |
| | 黑　河 | 中俄边界 | 504 | 165 | 145 | 35.9 | 年 | 140.0/2 | 41.0/2 | |
| | 太平沟 | 中俄边界 | 1522 | 83 | 17.4 | 4.9 | 日 | 180.0/2 | 71.0/2 | |
| 17 级共计 | | | | | | 703.3 | | 953.4 | 235.5 | |

表 12　　华东诸河梯级规划大水电站指标表

| 河　流 | 水电站 | 省区 | 年径流量（亿 $m^3$） | 正常蓄水位（m） | 总库容（亿 $m^3$） | 调节库容（亿 $m^3$） | 调节性能 | 装机容量（万 kW） | 年发电量（亿kW·h） | 备　注 |
|---|---|---|---|---|---|---|---|---|---|---|
| 新安江 | 新安江 | 浙 | 112.7 | 108 | 216 | 102.7 | 多年 | 66+80 | 18.6 | 已建 |
| 富春江 | 富春江 | 浙 | 315.6 | 23 | 9.2 | 0.7 | 日 | 29.7 | 9.2 | 已建 |

续表

| 河 流 | 水电站 | 省区 | 年径流量（亿 $m^3$） | 正常蓄水位（m） | 总库容（亿 $m^3$） | 调节库容（亿 $m^3$） | 调节性能 | 装机容量（万 kW） | 年发电量（亿kW·h） | 备 注 |
|---|---|---|---|---|---|---|---|---|---|---|
| 乌溪江 | 湖南镇 | 浙 | 24.9 | 230 | 20.6 | 11.3 | 多年 | 27.0 | 5.6 | 已建 |
| 瓯 江 | 紧水滩 | 浙 | 31.6 | 184 | 13.9 | 5.5 | 年 | 30.0 | 5.3 | 已建 |
| | 滩 坑 | 浙 | 38.2 | 160 | 41.5 | 21.2 | 多年 | 60.0 | 10.4 | |
| | 黄 埔 | 浙 | 144.5 | 38 | 6.6 | — | 日 | 25.0 | 9.4 | |
| 小 溪 | 大 均 | 浙 | 21.8 | 300 | 13.2 | 7.4 | 年 | 46.0 | 5.9 | |
| 闽 江 | 沙溪口 | 闽 | 253.1 | 88 | 1.5 | 0.6 | 日 | 30.0 | 9.6 | 已建 |
| | 水 口 | 闽 | 542.8 | 65 | 23.4 | 7.0 | 日 | 140.0 | 49.5 | 已建 |
| 尤 溪 | 街 面 | 闽 | 14.2 | 290 | 17.1 | 11.0 | 年 | 30.0 | 3.6 | 在建 |
| 汀 江 | 棉花滩 | 闽 | 73.2 | 173 | 20.4 | 11.2 | 年 | 60.0 | 15.2 | 已建 |
| 穆阳溪 | 周 宁 | 闽 | 6.3 | 633 | 0.5 | 0.3 | 年 | 25.0 | 6.6 | 在建 |
| 霍童溪 | 洪 口 | 闽 | 20.8 | 130 | 6.1 | — | 日 | 25.0 | 4.9 | |
| 赣 江 | 万 安 | 赣 | 298.9 | 100 | 16.2 | 10.2 | 年 | 50.0 | 15.2 | 已建 |
| 修 水 | 柘 林 | 赣 | 80.8 | 71 | 79.2 | 34.4 | 多年 | 18+24 | 6.3 | 已建 |
| 15 级共计 | | | | | | 223.5 | | 765.7 | 175.3 | |

2000年已建水电装机容量共7935万kW，年发电量2431.3亿kW·h，分别占可开发量的17.4%和11.4%。其中大水电站常规48项，共3767万kW，1532亿kW·h；抽水蓄能电站4座共528万kW，85亿kW·h；合计52项，4295万kW，1617亿kW·h（见表13）。中小水电站共计3640万kW，814亿kW·h。

表13 2000年前已建大水电站统计表

| 河流 | 省区 | 水电站 | 装机容量（万 kW） | 年发电量（亿kW·h） |
|---|---|---|---|---|
| 长 江 | 鄂 | 葛洲坝 | 271.5 | 147.0 |
| 雅砻江 | 川 | 二 滩 | 330.0 | 175.0 |
| 大渡河 | 川 | 龚 嘴 | 70.0 | 34.2 |
| | | 铜街子 | 60.0 | 32.1 |
| 岷 江 | | 太平驿 | 26.0 | 15.7 |
| 白龙江 | 甘 | 碧 口 | 30.0 | 14.6 |
| | 川 | 宝珠寺 | 70.0 | 23.0 |
| 乌 江 | 贵 | 乌江渡 | 63.0 | 33.4 |
| | | 东 风 | 51.0 | 24.2 |
| 清 江 | 鄂 | 隔河岩 | 120.0 | 30.4 |
| | | 高坝洲 | 25.2 | 10.4 |
| 娄 水 | 湘 | 江 垭 | 30.0 | 7.6 |
| 沅 水 | | 五强溪 | 120.0 | 53.7 |
| | | 凌津滩 | 27.0 | 12.5 |
| 酉 水 | | 凤 滩 | 40.0 | 20.4 |
| 资 水 | | 柘 溪 | 44.8 | 21.7 |
| 耒 水 | | 东 江 | 50.0 | 13.2 |
| 汉 江 | 鄂 | 丹江口 | 100.0 | 38.3 |
| | 陕 | 安 康 | 85.2 | 28.0 |

续表

| 河流 | 省区 | 水电站 | 装机容量（万 kW） | 年发电量（亿kW·h） |
|---|---|---|---|---|
| 赣 江 | 赣 | 万 安 | 40.0 | 15.0 |
| 澜沧江 | 云 | 漫 湾 | 125.0 | 62.0 |
| 黄泥河 | | 鲁布革 | 60.0 | 28.7 |
| 南盘江 | 贵、桂 | 天生桥一级 | 120.0 | 52.3 |
| | 黔、桂 | 天生桥二级 | 132.0 | 82.0 |
| 红水河 | 桂 | 大 化 | 40.0 | 21.0 |
| | | 岩 滩 | 121.0 | 56.6 |
| 新丰江 | 粤 | 新丰江 | 30.2 | 9.9 |
| 黄 河 | 青 | 龙羊峡 | 128.0 | 59.2 |
| | | 李家峡 | 160.0 | 50.0 |
| | 甘 | 刘家峡 | 139.0 | 58.5 |
| | | 盐锅峡 | 44.6 | 20.7 |
| | | 大 峡 | 32.4 | 15.2 |
| | 宁 | 青铜峡 | 30.2 | 11.5 |
| | 晋、蒙 | 万家寨 | 108.0 | 27.5 |
| | 豫 | 三门峡 | 40.0 | 20.0 |
| | | 小浪底3台 | 90.0 | 28.0 |
| 松花江 | 吉 | 丰 满 | 100.4 | 20.3 |
| | | 白 水 | 150.0 | 17.0 |

续表

| 河流 | 省区 | 水电站 | 装机容量（万 kW） | 年发电量（亿kW·h） |
| --- | --- | --- | --- | --- |
| 鸭绿江 | 中朝边界 | 水　丰 | 63/2+13.5 | 41.3/2 |
| | | 云　峰 | 40/2 | 17.5/2 |
| | | 渭　源 | 39/2 | 12.0/2 |
| 牡丹江 | 黑 | 莲　花 | 55.0 | 8.0 |
| 新安江 | 浙 | 新安江 | 66.2 | 18.6 |
| 富春江 | | 富春江 | 29.7 | 9.2 |
| 乌溪江 | | 湖南镇 | 27.0 | 5.6 |
| 瓯　江 | | 紧水滩 | 30.0 | 5.3 |
| 闽　江 | 闽 | 水　口 | 140.0 | 49.5 |
| | | 沙溪口 | 30.0 | 9.6 |
| 常规大型电站 48 项共计 | | | 3767.0 | 1532.2 |
| 抽水蓄能电站 | 北　京 | 十三陵 | 80.0 | 12.0 |
| | 河　北 | 潘家口 | 28.0 | 2.3 |
| | 浙　江 | 天荒坪 | 180.0 | 31.6 |
| | 广　东 | 广州一、二期 | 240.0 | 39.3 |
| 抽水蓄能大型电站 4 座共计 | | | 528.0 | 85.2 |
| 大型水电站 52 座共计 | | | 4295.0 | 1617.4 |
| 中小水电站共计 | | | 3640.0 | 813.9 |
| 合　计 | | | 7935.0 | 2431.3 |

（二）水电开发的优缺点及水库蓄洪补枯

水电建设利用天然的水能发电，不用每年购运煤、油、气等燃料，所以发电成本较低。而且水电不排烟尘、$SO_2$、$CO_2$ 和温室气体等污染环境。水电是比较成熟的、清洁的、可再生能源，早开发、早利用，免得天然的水能资源白白浪费。

水电靠天然水流发电，而天然流量洪枯不均，存在枯水期发电不足问题，需结合综合利用建水库调节。建水库后还可利用水电机组启闭灵便的优点进行调峰，也是其一大优点。

西部地区河流上游人烟稀少的峡谷山区建高坝大水库，淹没损失较少。如黄河上游已建龙羊峡龙头水库，总库容 247 亿 $m^3$，有效库容 193.5 亿 $m^3$，为年径流量 205 亿 $m^3$ 的 94.4%，迁移人口不足 3 万人。可进行多年调节，为黄河上游梯级 25 座大中型水电站蓄洪补枯，取得调蓄电能 765 亿kW·h，效益巨大。

再如金沙江虎跳峡低坝方案龙头水库，正常蓄水位 1950m，总库容 183.4 亿 $m^3$，调节库容 138.6 亿 $m^3$，为年径流量 444 亿 $m^3$ 的 31%，对金沙江 12 级和长江 5 级总平均水头 1666m 的调蓄电能达 459 亿 kW·h，对蓄洪补枯作用相当大。而水库淹没水旱地仅 15.6 万亩，移民仅 6.58 万人。虎跳峡高坝方案正常蓄水位 2012m，总库容 378 亿 $m^3$，调节库容 243.7 亿 $m^3$，调蓄电能可进一步增至 932 亿kW·h，效益增加一倍多，而淹没水旱地仅增 4.02 万亩，移民仅增 1.14 万人，效益更为显著，建议考虑高方案（见表 1），并希望尽早开发。

金沙江中下游 12 级共有调节库容 346 亿～451 亿 $m^3$（见表 1），雅砻江 11 级共有调节库容 184 亿 $m^3$（见表 2），长江上游支流共有调节库容 285 亿 $m^3$（见表 4），三江合计 815 亿～920 亿 $m^3$。加上三峡初、后期调节库容 89 亿～165 亿 $m^3$，合计 904 亿～1085 亿 $m^3$，考虑联合调度，对长江上游干支流水电站可进行很好的调节。三峡和葛洲坝水电站的保证出力将大增，汛期季节性电能将减少，发电性能将大为改善。长江上游干流原规划的石硼和朱杨溪水电站，各利用水头 35m，装机容量 213 万 kW 和 190 万 kW，年发电量 126 亿kW·h和 112 亿kW·h（见表 3）。淹没耕地 9.64 万亩和 4.97 万亩，迁移人口 20.1 万人和 13.5 万人，相对很大。可以重新规划水头十余米的低水头航电结合梯级 4～5 级，仅在枯水期发电，由于在上游干支流大水库调节后将增加枯水期流量；汛期水头较小可不发电，因其他梯级汛期电量很多。

大渡河经重新调整梯级规划 22 级，共计装机容量 2360 万 kW，年发电量 1130 亿kW·h（见表 4），安排上游下尔岬、双江口，中游瀑布沟较大水库，全河调节库容 98.5 亿 $m^3$，为全河年径流量的 20.7%，调节较好。中国国电集团公司力争 2020 年开发 1500 万 kW。

岷江上游已建映秀湾、太平驿和在建福堂坝，都是引水式径流电站，建议加建福堂坝上游的沙坝或其他较大水库，改善调节性能。

嘉陵江上游，甘肃已建碧口和四川已建宝珠寺大水电站和嘉陵江诸低水头梯级，建议甘肃、四川以已建水电站为母体组成联合开发公司，兴建白龙江上游的沙川坝和苗家坝大水库电站，改善调节性能，及嘉陵江续建中型梯级航电结合工程。

乌江已建、在建洪家渡、乌江渡、构皮滩等大水库，全河共有调节库容 102 亿 $m^3$，为乌江年径流量 518 亿 $m^3$ 的 19.7%，调节性能也较好（见表 4）。

长江中游支流清江有水布垭和隔河岩两大水库，娄水有江坪河和江垭两大水库，沅水有三板溪和五强溪两大水库，资水有柘溪，耒水有东江，汉江有安康和丹江口，修水有柘林等大水库（见表 5），均能较好调节。

澜沧江有托巴、小湾、糯扎渡等大水库，全江 13 级共有调节库容 291.7 亿 $m^3$，为其年径流量 638 亿 $m^3$ 的 46%（见表 6），调节性能良好。

红水河及其上游南北盘江有龙滩、岩滩和天生桥一级、光照等大水库，全河共有调节库容308亿$m^3$，为红水河年径流量682亿$m^3$的45%（见表8），调节性能也属良好。

黄河上游除有龙头水库龙羊峡外，还有刘家峡、小观音（或大柳树）、碛口、古贤、小浪底等大水库，全河共有调节库容448亿$m^3$（见表9），调节性能也很好。

新疆可开发大水电站10座共413万kW（见表10），仅在建一座吉林台一级46万kW，建议加快开发，替代油电供应比较短缺的石油能源。

东北中俄界河黑龙江可开发大水电站6座共810万kW，有大水库调节（见表11），俄罗斯最近建成其支流布列亚水电站200万kW。现中央提出要加强东北经济建设，建议与俄罗斯联合开发黑龙江大水电站。

华东新安江、水口等大水电站扩建可增加调峰能力。

（三）20世纪后20年未完成预期目标

1984年国务院发展研究中心组织各部门研究《2000年的中国》时，对电力发展目标拟与工农业总产值翻两番同步，由1980年的6587万kW增至2000年达2.5亿～2.7亿kW。水电也拟相应由1980年的2032万kW增至2000年达8000万～9000万kW。水电比重维持在30%左右。

而2000年实践结果，工农业总产值基本实现了翻两番的目标。电力总装机容量2000年达到3.19亿kW，超过原规划翻两番的要求，充分保证了工农业的发展。水电2000年达到7935万kW，未完成原规划任务。水电比重由1980年的30.5%降至2000年的24.8%。

1984年4月29日，中共中央办公厅、国务院办公厅以厅发（1984）43号文转发《关于开展三峡工程筹备工作的报告的通知》，批复按正常蓄水位150m，坝顶高程175m做初步设计的施工安排。如果当时按此兴建，则三峡工程20世纪末可为实现工农业总产值和水电开发翻两番作出贡献，对1998年大洪水也可及时发挥拦洪作用。

还有红水河龙滩水电站，经过多年酝酿，曾于1990年8月审查通过初步设计，并经国务院批准。如能及时开工，按照设计安排进度至2000年可投入300万kW。三峡和龙滩两座大水电站共可投入1600万kW，则我国水电装机容量可达9500余万kW，居世界首位。同时少建些小火电，水电比重即可由24.8%增大至30%左右。

（四）21世纪头20年国内生产总值翻两番，水电需大量发展

党的十六大提出，21世纪头10年国内生产总值翻一番，第二个10年再翻一番的奋斗目标。2000～2010年可能投入的大水电站47项，共6032万kW，2233亿kW·h；抽水蓄能电站16项共1440万kW，193亿kW·h；合计63项共7472万kW，2426亿kW·h（见表14）。另统计，在建中型水电站86座，共1003万kW，350亿kW·h，以及水利部门计划每年投产农村小水电200万kW，10年共2000万kW，600亿kW·h。大中小水电合计10年投入10475万kW，3376亿kW·h；再加上2000年已有7935万kW，2431亿千瓦时；2010年总计达1.8亿kW，5820亿kW·h。

表14 2001～2010年已建、在建、拟建大水电站统计表

| 河流 | 省区 | 水电站 | 装机容量（万kW） | 年发电量（亿kW·h） |
|---|---|---|---|---|
| 长 江 | 鄂 | 三峡初 | 1820.0 | 700.0 |
| 金沙江 | 云 | 金安桥初 | 160.0 | 89.4 |
| 雅砻江 | 川 | 锦屏一级 | 360.0 | 167.6 |
| | | 桐子林 | 44.0 | 26.6 |
| 大渡河 | | 瀑布沟 | 330.0 | 145.8 |
| | | 深溪沟 | 64.0 | 28.9 |
| | | 枕头坝 | 46.0 | 20.4 |
| | | 沙 坪 | 86.0 | 39.0 |
| 岷 江 | | 福堂坝 | 36.0 | 22.7 |
| | | 紫坪铺 | 76.0 | 34.2 |
| 嘉陵江 | | 亭子口 | 80.0 | 31.4 |
| | 渝 | 草 街 | 50.0 | 18.4 |
| 乌 江 | 贵 | 乌江渡扩 | 59.0 | 10.8 |
| | | 洪家渡 | 54.0 | 15.7 |
| | | 引水渡 | 36.0 | 9.8 |
| | | 索风营 | 54.0 | 20.1 |
| | 渝 | 彭 水 | 140.0 | 60.0 |
| 芙蓉江 | 渝 | 江 口 | 30.0 | 10.5 |
| 清 江 | 鄂 | 水布垭 | 186.0 | 39.2 |
| 清水江 | 贵 | 三板溪 | 100.0 | 24.5 |
| 酉 水 | 湘 | 风滩扩 | 32.0 | 4.2 |
| 堵 河 | 鄂 | 黄龙滩扩 | 34.0 | 3.1 |
| | | 潘 口 | 51.0 | 9.8 |
| 汉 江 | | 蜀 河 | 27.0 | 9.7 |
| 澜沧江 | 云 | 大朝山 | 135.0 | 67.0 |
| | | 小湾2台 | 140.0 | 62.0 |

续表

| 河流 | 省区 | 水电站 | 装机容量（万 kW） | 年发电量（亿kW·h） |
|---|---|---|---|---|
| 右　江 | 桂 | 百　色 | 54.0 | 17.6 |
| 北盘江 | | 光　照 | 104.0 | 22.5 |
| 南盘江 | | 平　班 | 40.5 | 18.6 |
| 红水河 | | 龙　滩 | 420.0 | 156.7 |
| | | 乐　滩 | 60.0 | 35.1 |
| | | 长　洲 | 63.0 | 30.9 |
| 黄　河 | 青 | 拉西瓦 6 台 | 280.0 | 68.0 |
| | | 李家峡扩 | 40.0 | 8.9 |
| | | 康　扬 | 28.4 | 9.6 |
| | | 公伯峡 | 150.0 | 50.5 |
| | 甘 | 刘家峡扩 | 30.0 | 4.7 |
| | 陕、晋 | 龙　口 | 50.0 | 12.7 |
| | | 碛　口 | 180.0 | 51.5 |
| | 豫 | 小浪底 3 台 | 90.0 | 28.0 |
| 洮　河 | 甘 | 九甸峡 | 26.4 | 9.8 |
| 哈什河 | 新 | 吉林台一级 | 46.0 | 9.4 |
| 嫩　江 | 黑 | 尼尔基 | 25.0 | 6.3 |
| 小　溪 | 浙 | 滩　坑 | 60.0 | 10.4 |
| 尤　溪 | 闽 | 街　口 | 30.0 | 4.8 |
| 穆阳溪 | | 周　宁 | 25.0 | 6.6 |
| 常规大型电站 47 项共计 | | | 6032.3 | 2233.4 |
| 抽水蓄能电站 | 河　北 | 张河湾 | 100 | 16.80 |
| | 河　北 | 板桥峪 | 100 | 14.60 |
| | 天　津 | 桃花寺 | 50 | 6.00 |
| | 山　西 | 西龙池 | 120 | 16.70 |
| | 山　东 | 泰　安 | 100 | 10.00 |
| | 吉　林 | 白　山 | 30 | 5.00 |
| | 吉　林 | 双　沟 | 60 | 10.00 |
| | 河　南 | 宝　泉 | 120 | 17.50 |
| | 湖　北 | 白莲河一 | 60 | 7.00 |
| | 湖　南 | 黑麋峰一 | 60 | 7.00 |
| | 浙　江 | 桐　柏 | 120 | 20.10 |
| | 江　苏 | 宜　兴 | 100 | 10.00 |
| | 安　徽 | 琅琊山 | 60 | 7.00 |
| | 福　建 | 仙　游 | 120 | 15.00 |
| | 广　东 | 惠州一 | 120 | 15.00 |
| | 重　庆 | 盘　龙 | 120 | 15.00 |
| 抽水蓄能大型电站 16 座共计 | | | 1440 | 192.7 |
| 大型水电站 63 项合计 | | | 7472.3 | 2426.1 |

按国电动力经济研究中心胡兆光《我国电力供需形势分析》预测，2010 年全社会用电将达到 2.7 万亿kW·h左右，全国需要装机容量为 6 亿 kW 左右。如水电达 1.8 亿 kW，5820 亿kW·h，水电装机比重将占 30%，水电电量比重将占 21.5%。

再据各设计院规划情况统计，2010～2020 年可能建设的大水电站 57 项，共 8710 万 kW，3770 亿kW·h；抽水蓄能电站 15 项，共 1730 万 kW，252 亿kW·h；合计大水电站 72 项，共 10440 万 kW，4020 亿kW·h（见表 15）。中小水电考虑与前 10 年相同，投入 3000 万 kW、900 亿kW·h。大中小水电合计后十年投入 13400 万 kW，4900 亿kW·h；再加上 2010 年已有 1.8 亿 kW，5820 亿kW·h；2020 年共达 3.1 亿 kW，1.07 万亿kW·h。

按周小谦《中国电力工业可持续发展展望》预测，2020 年全国需要发电量 4.3 万亿kW·h左右，相应的装机容量为 9.5 亿 kW 左右。如水电 2020 年达 3.1 亿 kW，1.07 万亿kW·h，则水电装机比重可达 32.6%，水电电量比重可达 24.4%。

2020 年水电按经济可开发水能资源计算的开发率，装机容量达 57%，发电量达 46%（见表 15）。

表 15　2011～2020 年可能建设大水电站预计表

| 河流 | 省区 | 水电站 | 装机容量（万 kW） | 年发电量（亿kW·h） |
|---|---|---|---|---|
| 金沙江 | 川、云 | 溪洛渡 | 1260.0 | 573.5 |
| | | 向家坝 | 600.0 | 307.0 |
| | | 白鹤滩 2 台 | 150.0 | 69.0 |
| | | 乌东德 2 台 | 74.0 | 34.0 |
| | 云 | 虎跳峡低坝 | 280.0 | 105.3 |
| | | 金安桥续 | 90.0 | 24.2 |
| | 川、云 | 观音岩 | 300.0 | 131.5 |
| 长　江 | 川 | 石　硼 | 213.0 | 126.0 |
| | 川、渝 | 朱杨溪 | 190.0 | 112.0 |
| | 渝 | 小南海 | 100.0 | 40.0 |
| 雅砻江 | 川 | 锦屏一级 | 360.0 | 167.6 |
| | | 锦屏二级 | 320.0 | 193.5 |
| | | 官　地 | 160.0 | 95.2 |
| 大渡河 | 川 | 双江口 | 200.0 | 74.0 |
| | | 金　川 | 88.0 | 38.0 |
| | | 巴　底 | 110.0 | 48.2 |
| | | 丹　巴 | 130.0 | 59.9 |
| | | 大岗山 | 230.0 | 119.8 |
| | | 龙头石 | 64.0 | 32.8 |
| | | 老鹰岩 | 64.0 | 33.0 |

续表

| 河流 | 省区 | 水电站 | 装机容量（万 kW） | 年发电量（亿kW·h） |
|---|---|---|---|---|
| 岷　江 | 川 | 沙　坝 | 40.0 | 20.0 |
| 白龙江 | 甘 | 苗家坝 | 104.0 | 25.0 |
| 乌　江 | 黔 | 构皮滩 | 300.0 | 91.9 |
| | | 思　林 | 100.0 | 41.1 |
| | | 沙　沱 | 80.0 | 41.7 |
| | 渝 | 大溪口 | 120.0 | 62.5 |
| 娄　水 | 鄂 | 江坪河 | 50.0 | 10.6 |
| 清水江 | 贵 | 白　市 | 40.0 | 12.1 |
| 沅　水 | 湘 | 托　口 | 66.0 | 20.0 |
| | | 清水塘 | 54.0 | 15.8 |
| 资　水 | | 柘溪扩 | 30.0 | 5.0 |
| 耒　水 | | 东江扩 | 42.0 | 5.0 |
| 汉　江 | 陕、鄂 | 旬　阳 | 32.0 | 8.0 |
| | | 爽　河 | 27.0 | 7.8 |
| 澜沧江 | 云 | 漫湾扩 | 25.0 | 8.0 |
| | | 小湾续 | 280.0 | 128.0 |
| | | 糯扎渡 | 585.0 | 238.0 |
| | | 景　洪 | 150.0 | 80.6 |
| 怒　江 | | 亚碧罗 | 240.0 | 120.0 |
| 北盘江 | 贵 | 马马崖 | 40.0 | 18.7 |
| | | 董　箐 | 48.0 | 20.8 |
| 红水河 | 桂 | 龙滩扩 | 120.0 | 31.3 |
| | | 大藤峡 | 120.0 | 64.3 |
| | | 桥　巩 | 50.0 | 30.9 |
| 右　江 | | 瓦　村 | 26.0 | 10.2 |
| 黄　河 | 青 | 龙羊峡扩 | 72.0 | 10.0 |
| | | 拉西瓦续 | 140.0 | 34.2 |
| | 甘 | 小观音 | 140.0 | 55.5 |
| | 宁 | 大柳树 | 60.0 | 22.6 |
| | 青、甘 | 寺沟峡 | 25.0 | 9.7 |
| | 陕、晋 | 古　贤 | 256.0 | 82.3 |
| | | 甘泽坡 | 44.0 | 16.6 |
| 开都河 | 新 | 阿仁萨痕托海 | 40.0 | 13.0 |
| | | 察汗乌苏 | 40.0 | 12.9 |
| 鸭绿江 | 中朝 | 临　江 | 30.0/2 | 8.8/2 |
| 新安江 | 浙 | 新安江扩 | 80.0 | |
| 小　溪 | | 大　均 | 46.0 | 6.7 |
| 常规大型电站 57 项共计 | | | 8710 | 3769 |

续表

| 河流 | 省区 | 水电站 | 装机容量（万 kW） | 年发电量（亿kW·h） |
|---|---|---|---|---|
| 抽水蓄能电站 | 河　北 | 丰　宁 | 360.0 | 40.0 |
| | 山　西 | 左　权 | 100.0 | 16.1 |
| | 内蒙古 | 呼尔浩特 | 120.0 | 20.0 |
| | 辽　宁 | 蒲石河 | 120.0 | 18.8 |
| | 黑龙江 | 荒　沟 | 120.0 | 14.1 |
| | 江　苏 | 黄泥坎 | 60.0 | 10.0 |
| | 浙　江 | 乌龙山 | 40.0 | 6.7 |
| | 江　西 | 洪　屏 | 240.0 | 41.6 |
| | 安　徽 | 响水涧 | 100.0 | 16.7 |
| | 福　建 | 鼓　岭 | 70.0 | 10.0 |
| | 湖　北 | 白莲河二 | 60.0 | 7.00 |
| | 湖　南 | 黑麋峰二 | 60.0 | 7.00 |
| | 广　东 | 惠州二 | 120.0 | 15.00 |
| | 广　东 | 深　圳 | 100.0 | 19.9 |
| | 新　疆 | 天　池 | 60.0 | 9.0 |
| 抽水蓄能大型电站 15 项共计 | | | 1730.0 | 251.9 |
| 大型水电站 72 项合计 | | | 10440.0 | 4020.9 |

（五）需要国家对水电大开发的支持

大量发展水电建设是否可能？我国水电勘测、规划、设计、科研、施工、管理各方面的技术力量，经过 50 余年来实践和不断发展，相信有能力完成上述巨大任务。主要在经济方面，需要国家在政策上给予大力支持。

1994 年开始实行的增值税，对水电建设负担很重。现在三峡、二滩、葛洲坝等特大型水电站已将增值税从 17%降至 8%，小水电按 6%征收，风电也减半执行。希望推广至全部水电站，以利大力发展。

水电站大都兼有防洪、灌溉、航运、供水、水产、旅游等经济和社会效益，理应进行投资分摊，由国家补助，免去水电额外的负担。

有些大水电站厂房与大坝水库分别位于两省区，现在所有税收都划归厂房所在地不合理，应予合理分配。

西电东送的安排，建议送电方与受电方签订协议，对开发规模、时序安排和融资建设进行合作。以免不能按时送电或发生二滩水电站建成后出现的销售问题。

为水电大发展，勘测规划等前期工作需大量增加，希望国家发改委已批准的水电前期费用由每年 3000 万元相应增拨。勘测设计进行公开招投标，充分发挥全国各设计院的力量，加快前期工作，争取早日立项，开工建设可开发大中型水电站，达到预期发展目标。

为鼓励建设调节性能较好的水电站，建议按国外通例区分保证电能与季节性电能的不同电价（美国为4∶1）；应拉大峰谷电价的差距，才能符合客观情况而利于水电的大发展。

## 21世纪初我国水电设备发展探析

中国科学院院士　饶芳权

（一）市场前景

近年来，为了适应电力建设的需要，我国水力发电设备制造业从无到有，获得了飞速发展，形成了以上海、哈尔滨、四川东方三大发电设备制造集团为骨干的制造企业群。

由于我国人口众多，人均收入处于较低水平，因此21世纪我国的电力工业将会有一个很大的发展。2010年装机容量将达5.49亿kW，尤其是水力发电将会有一个更合适的发展。1980年水电在全国总装机容量中占30.8%，1994年占24.4%，2000年约为24%。由于环境保护的要求，作为洁净及可再生能源的水电将会更加受到重视。

中国是水能资源丰富的国家，但可开发资源的开发率不高，2000年水电总装机容量为7000万kW，约占全国总装机容量的24%，开发率达18.5%。三峡工程完工后，国家将会筹出较多资金投入到水电建设中。

我国水电资源70%以上都集中在西部地区，所以水电站的建设将会对开发西部地区带来巨大的推动效应。

根据国家跨世纪水电开发规划，2000～2020年期间，主要是加快大型水电基地的建设，尽早开发西部水电富矿，实现“西电东送”，使东西部优势互补，带动经济共同发展。

（二）水电设备现状

今后20年将是我国水电设备业发展的黄金时代。2000～2010年间水电装机容量将成倍增长，不但数量多，而且规格高，新品种多，性能要求也高，尤其是三峡机组表现更为突出。

按1993年统计，哈尔滨电机厂和东方电机厂共生产水电机组226台，共1116万kW，占当年全国水电总装机容量的51.8%，加上其他中小厂家的产品，可满足全国水电装机容量需要的80%。但产品的水平与国外厂家相比，存在一些差距。

世界上发达国家的水电资源开发已很充分，所以国外几家大厂就千方百计打入我国水电设备市场，他们将目光瞄准我国水电市场中难度高或国内缺口的产品，将其作为突破口，逐渐挤占国内市场。而国内厂家和外商合作生产或合资还存在不少问题。

随着经济全球化趋势的发展，世界上几家大企业正在开始跨国性的兼并，我国制造厂如不迅速改变被动局面，恐怕难于立足。没有自己强有力的制造业的支持，电力工业是不可能得到持续发展的。

（三）技术难题

我们的有些产品不如国外，除了是一些体制上、管理上的问题外，主要是一些和大型机组有关的技术难题，我们还做得很不够，主要表现在以下几方面：

大型水轮机的水力设计、计算及试验研究；大型水轮机的运行稳定性研究；大型抽水蓄能机组的启动、控制与运行研究；大型发电机组运行工况的监测与保护；大型发电机的冷却技术研究；大型发电机的结构稳定性问题研究；大负荷推力轴承的设计与运行；大型贯流式机组的特殊问题研究；大型输水泵站的机电设备研制；大型发电机的励磁系统及自动化系统研究；大部件的强度、刚度问题研究；大型水电机组大部件的加工工艺研究等。

这些问题是不可能靠引进来解决的，水电设备事业要发展，只能是加强自己的技术开发能力，依靠国内“产学研”相结合，自力更生，实现国内企业之间的协作。

因此，我们应坚定信心，坚持走自主技术发展的道路，加强国内企业承包合作，团结对外，尽快解决人才短缺的燃眉之急，努力搞好“产学研”三结合。

## 论大江大河水电规划中的战略思维和超前思维

昆明勘测设计研究院
黄海涛　洪祖兰　冯峻林

在河流水电规划中常常遇到一些带有普遍性的问题：一类属于有关全局的战略性问题，诸如龙头水库和调节水库的布局，如何正确处理水电开发与自然保护区和旅游景点关系；另一类属于前瞻性问题，诸如远景开发梯级如何预先考虑技术进步问题，修建超高坝，采用超大容量水轮发电机组，从社会经济发展的观点解决水库移民安置，研究国际河流法律文件和国际惯例等问题。拓展战略思维，适度发挥超前思维，对解决上述问题、做好规划，具有重要意义。

河流水电规划特别是大江大河规划，费时数年，耗费大量人力、物力，目的在于为国民经济发展提供优质电源。从这一点出发也需要战略思维和超前思维。

## 一、选好龙头水库是大江大河水电规划中一项战略性任务

龙头水库是位于规划河段上游，具有一定调节性能（年调节以上）的水库。它对改善梯级能量指标具有重要意义，例如澜沧江中游河段的小湾水库、金沙江中游的虎跳峡水库、以礼河的毛家村水库、硕多岗河的小中甸水库、漾弓江的枫木河水库、洒渔河的渔洞水库、槟榔江的三岔河水库等，都是本河流（或河段）的龙头水库。

龙头水库的作用可用水库蓄能量大小来说明。水库蓄能量计算公式如下：

$$E_{蓄} = 0.00272V\sum_{i=1}^{n}h_i \times \eta$$

式中 $E_{蓄}$——水库蓄能量，亿kW·h；

$V$——有效库容，亿 $m^3$；

$\sum_{i=1}^{n}h_i$——本级及以下的梯级可利用落差水头之和，m；

$\eta$——效率，为水轮机效率与发电机效率之乘积；

0.00272——单位换算系数。

金沙江中游河段龙头水库——虎跳峡水库利用落差、蓄能量及补偿效益见表1。

表1 虎跳峡水库利用落差、蓄能量及补偿效益

| 项目 | | 正确蓄水位 2012m | 正确蓄水位 1950m |
|---|---|---|---|
| 调节库容（亿 $m^3$） | | 292.27 | 138.62 |
| 利用落差（m） | 中游河段 | 826.2 | |
| | 下游河段 | 719.3 | |
| | 宜宾至葛洲坝 | 218.5 | |
| | 全梯级落差 | 1764 | |
| 每立方米有效库容蓄能量（kW·h） | 至雅龙江口 | 1.91 | |
| | 至宜宾 | 3.56 | |
| | 至葛洲坝 | 4.07 | |
| 水库蓄能量（亿kW·h） | 至雅龙江口 | 556.73 | 275.05 |
| | 至宜宾 | 1041.43 | 493.94 |
| | 至葛洲坝 | 1188.66 | 563.77 |
| 提高下游保证出力（亿 kW） | 中游河段 | 569.81 | 432.7 |
| | 下游河段 | 558.28 | 290.56 |
| | 宜宾至葛洲坝 | 273.06 | 159.28 |
| | 全梯级 | 1401.15 | 882.54 |

由表1可知：同样的库容，由于设置地点的不同，利用落差的不同，因而水库蓄能量也是不同的。例如龙头水库设置于金沙江中游河段，利用落差最大，为1764m，蓄能量563.77亿kW·h（1950m）；如设置于金沙江下游河段，则利用落差为937.8m，蓄能量299.72亿kW·h。

蓄能量同时与库容大小有关，例如虎跳峡水库正常蓄水位2012m方案比1950m方案调节库容增加153.65亿 $m^3$，梯级蓄能量增加624.89亿kW·h。因此通过增加电站大坝壅水高度或加大消落深度，使龙头水库有较大库容和较好的调节性能，常常是可取的。

蓄能量可以表示为对下游梯级的补偿效益，也就是提高它们的枯期电量和保证出力的大小，从而进一步影响梯级开发总规模。以虎跳峡水库（1950m方案）为例，有无龙头水库，梯级总装机规模相差618.5万kW，保证出力相差882.54万kW。

在有龙头水库的情况下，改善了下游梯级的调节性能。以金沙江鲁地拉梯级为例：梯级坝址年水量552亿 $m^3$，调节库容5.74亿 $m^3$，库容系数 $\beta=0.01$，调节性能仅达到日、周调节；如果在调节库容中加上龙头虎跳峡水库调节库容计算，则库容系数 $\beta=0.262$，调节性能显然已进入较好的年调节。

综上所述，龙头水库对梯级开发的全局确实具有重大的影响，因此选好龙头水库，是河流水电规划的一项战略任务。

## 二、提出战略性工程设想是大江大河规划的重要指导思想

充分利用可建高坝或超高坝地形、地质条件，增加大坝拥水高度，合并梯级形成梯级开发方案中的战略性工程，是大江大河水电站规划运用战略思维和超前思维的重要体现。

所谓战略性工程是指库容大、调节性能好，可作为电网供电或"西电东送"骨干的规模巨大的电源。金沙江虎跳峡电站、澜沧江的中下游的糯扎渡电站、澜沧江上游的黄登电站均可列入这一范畴。小湾水电站则既是龙头水库又是战略性工程。要形成战略性工程，地形、地质条件是基础，因此必须有相应的地勘工作作为支撑，其次必须证明经济上是合理的，再次淹没损失大小也是重要因素。水电规划的目的是提供优质、价廉的电源，无论战略性工程或一般性工程都不能脱离这一根本目标。

云南省处于中低纬度地区，受季风影响，降雨年内不均导致河流流量丰枯差别很大。通常，汛期6～10月水量约占年水量的75%～80%，枯期11月至次年5月水量约占年水量的20%～25%。其次径流年际也有较大变化，丰水年与枯水年相比，年水量可能相差几倍。天然径流年内和年际的不均匀性，相对于

用电需求而言实在很不相称的，这也是水电最主要的缺点。为了弥补这一不足，需修建调节性能较好的水库，蓄丰补枯，使径流在时间上重新分配，使水电出力满足系统用电需求，是目前行之有效的措施。

云南省大江大河多数处于高山峡谷中，要获得较大的库容必要修建高坝和超高坝（大于 300m）。只要地质条件允许就不要轻易放弃修建高坝大库的设想，除非有不可克服的困难。随着建坝技术的发展，在云南省大江大河上修建 300m 以上大坝的前景看好，我们的使命是发掘资源和抓住机遇。

在 20 世纪 80 年代进行澜沧江中、下游河段规划时，大朝山—糯扎渡段的开发，研究过糯扎渡高、中、低坝三种方案。当时果断决定采用糯扎渡一级高坝方案。糯扎渡最大坝高约 280m，库容约 200 亿 $m^3$，可进行多年调节，装机容量 420 万 kW（现为 550 万 kW）。现在糯扎渡成为继小湾电站以后，国家“西电东送”的战略性项目。如果当时采用较低坝方案，它的容量和调节性能都不能与高坝方案相比，它在“西电东送”中的地位也将大大降低。

## 三、用创新思维认识和处理水库移民问题

水库移民是水电站规划应考虑的重要问题之一。在水电规划中应尽量避免淹没大片耕地，但是多数情况修水库淹没还是很难避免。

据有关资料，未来 30 年内云南省水库安置水库移民可能达到 25 万～30 万人，加上缺乏生存条件的异地安置人口 40 万人，则总移民安置人数将达 65 万～70 万人，平均每年移民 2 万～2.5 万人。按目前可能安置容量是很难解决的，必须另辟蹊径，用创新思维方能解决。

### （一）修建水库为库区移民脱贫致富走上小康之路创造条件

云南省尚有贫困人口 500 万～600 万人，约占全国贫困人口的 10%。近年来扶贫取得一些成绩，但缺乏足够资金仍是制约脱贫工作一个重要原因。拟建的水库移民中有相当一部分属于贫困人口。通过修建水库，用移民安置资金，使这部分人口能够脱贫。其次水库移民中的已脱贫人口也应当通过水库移民安置，实现小康。由此，修建水库也是当地人民脱贫致富、发展经济，提高生活水平的积极因素。

### （二）移民安置以大农业安置为主，是移民走上小康的必由之路

云南省耕地 642.2 万 $hm^2$，其中水田 182.6 万 $hm^2$、旱地 483.5 万 $hm^2$，人均耕地 0.16$hm^2$，其中水田 0.04$hm^2$、旱地 0.12$hm^2$。据云南省农业后备资源调查，全省现有宜农耕地 33.6 万 $hm^2$，坡度大于 25°的应退陡坡耕地有 85.4$hm^2$，“垦”与“退”相抵，耕地减少 51.8 万 $hm^2$，占总耕地的 8.06%，人均减少 0.013$hm^2$。尽管人均耕地指标较高，但耕地质量较差，据云南地理研究所耕地分类评价资料，土地利用高度适宜的一等和中等适宜的二等耕地合计 207.2 万 $hm^2$，人均 0.05$hm^2$；受中等限制的三等耕地 301.4 万 $hm^2$ 和不适宜耕地 133.1 万 $hm^2$；合计 435 万 $hm^2$，人均 0.107$hm^2$。因此水库移民安置方向主要是三等耕地的改造，但需较大的投入，安置费用较高，脱贫致富较困难。

鉴于云南省未利用土地中有草地 453.4 万 $hm^2$，居南方各省之首，为发展林业和草食性畜牧业提供了有利条件。在林业中重点发展园地和经济林产品及其加工工业，利用未利用牧草地发展草食性畜牧业及其产品深加工，可以作为水库移民的安置方向。

### （三）随着城市化的发展，城市“三产”也是移民的重要出路

目前世界城市化水平（城市人口占总人口的比例）已达到 44.5%，其中发达国家为 71.7%，我国只为 34.7%，云南省仅为 19.3%，远低于全国和世界平均水平。云南省城市化进程十分落后，应采取有力措施推进城市化进程，按第一步达到我国平均水平计，则将有 600 万农业人口转化为城市人口，因此从事城市“三产”应作为未来水库移民安置的方向。

### （四）研究移民分享工程收益机制，使移民成为修建水库的积极因素

要使移民成为水库建设的积极因素，首先要承认移民是河流主人的地位。建设水电站不仅是企业的事、国家的事，也是水库移民自己的事。因此必须使水库移民从建水电站中得到利益和实惠，不能再继续实行以支援国家经济建设为理由，低标准安置水库移民的做法，否则做好移民工作将成为一句空话。特别是在市场经济的条件下，更是如此。要研究和建立移民分享水电站效益的合理机制，如目前实行水库建成后 10 年内移民每年得到一定数量补助的做法是正确的。

（1）把这笔补助像分红一样直接分发到每一个移民，让移民得到实惠。

（2）延长补助时间至 30 年（与电站经营期相同）。

（3）根据具体情况调整补助额度。

（4）研究制定移民分享水电站效益的法律。

## 四、正确处理水电开发与旅游和环境保护之间的关系

改革开放以来，云南省旅游业和以水电为主的电力工业都成为了云南省的支柱产业；由于云南省特殊的地理条件，自然保护区的面积和数量都在不断扩大。处理好水电开发与旅游景点、文物保护、自然资

源保护的关系，对水电规划有重要意义。

云南省目前共有国家重点风景名胜区 10 个、自然保护区 10 个、历史文化名城 5 个、重点文物保护单位 32 个；省级风景名胜区 51 个、自然保护区 45 个、历史文化名城 6 个、历史文化名村（镇）9 个、重点文物保护单位 201 个；此外还有 25 种丰富多彩的少数民族文化。随着时间的推移，将会有更多地区列入自然保护区。

修建电站后高峡出平湖，数百米高的大坝是人类创造的最壮观、最宏伟的建筑物，本身就是很好的旅游景点；修建水库后增加了库区周围环保、水保的投资，有利于资源的保护；建库后局部气候的改善，更有利于生物的生长。这些都是水电开发与旅游和自然资源保护相一致的地方，但也有矛盾的地方，例如修建水库可能淹没旅游景点、文物和自然保护区资源。要正确处理这个矛盾，建议做好以下几点：

(1) 水电规划人员要提高环保意识。旅游景点、文物、历史古迹、自然资源，和水力资源一样都是国家的宝贵财富，保护这些财富是水电规划人员义不容辞的责任。

(2) 水电开发应尽量通过移动坝址、另选替代方案等手段，以避免对重要旅游景点和自然景观、自然资源的淹没；同时也要避免水电站工程施工对它们的破坏。

例如金沙江虎跳峡水库的坝址位于闻名于世的虎跳峡入口，电站施工不可避免地将对景点造成一定程度的破坏，且一旦造成破坏就很难恢复原貌，会带来不可挽回的损失。为此建议用上游的其宗水库作为替代方案，以保护不可替代的、也不能搬迁的虎跳峡自然景观。

(3) 对库区淹没的庙宇、石碑、遗址，可迁移重建。

(4) 对库区内有较高观赏和研究价值的植物可考虑移植，尽量保留原有景观。

(5) 对库区内的珍稀动物要另择栖息地，以保护它们的生存繁衍。

只要从保护国家资源财富出发，水电与旅游两大产业必将出现共同繁荣，为云南省经济发展及社会文明进步做出贡献。

## 五、国际河流的水电规划要研究有关的国际河流法律文件

云南省六大水系中，怒江（国境外称萨尔温江）、澜沧江（湄公河）、独龙江（伊洛瓦底江）和元江（红河）都属于国际河流。改革开放以来，云南省与国际河流下游各国之间的联合开发也逐步提到议程上来：1998 年 11 月中、泰两国政府正式签署了《关于泰王国从中华人民共和国购电的备忘录》；2000 年 4 月中、泰、老、缅四国政府正式签署了《澜沧江—湄公河商船通航协定》（思茅港—老挝朗勃拉邦）；2000 年印、中、缅、孟区域合作研讨会在印度德里召开；2001 年中国和东盟达成在 10 年内建成中国—东盟自由贸易区的协议。因此，在进行国际河流水电规划时，研究国际河流法律和国际惯例十分必要。

近代的国际河流制度源于欧洲。1921 年国际联盟在巴塞罗那通过了《国际性可航水道制度公约及规约》（简称“巴塞罗那公约”），这是国际河流制度中影响最大的国际文件。二次大战以后废止了许多带有殖民色彩的条约，并逐步建立了一些新的法律，例如 1966 年国际法协会的《赫尔辛基规则》和 1997 年国际法律委员会的《国际河流非航运使用条款》，就是这方面研究的里程碑。它们拟定了一些基本权利和义务，除航运自由原则外，还增加了公平合理利用原则、无害使用原则、互通信息原则、合作开发原则以及补偿原则。国际河流开发利用也出现了一些新的变化。

这些公约、规则和条款，为国际河流制订具体的法律文件提供依据，是我们重点研究的对象。为了做好国际河流水电规划，使国际河流水电工程建设顺利进行，需要重点弄清以下几个问题。

### （一）国际河流的定义

国际河流目前尚无公认的统一的定义。国际河流包含两个不同的含义：一种是指流经或分隔 2 个及 2 个以上国家的河流，即地理意义上的国际河流；另一种是指流经 2 个或分隔 2 个及 2 个以上国家，并可通航至海洋的河流沿岸国家之间，或包括非沿岸国家在内的国家之间缔结条约，不仅承认有该河流一部分的国家的船舶航行自由，而且承认其他国家的船舶的航行自由的河流，称为国际法上的国际河流。

根据上述含义，云南省境内的国际河流只属于地理上的国际河流。

1954 年越南、老挝、柬埔寨三国在巴黎签订了关于湄公河航行制度的公约，公约规定：凡同缔约有外交关系的国家均可在湄公河上自由航行；国家承担义务维护水道、不得修建妨碍通航的任何工程；设立湄公河委员会。因此可以理解为湄公河下游已经国际化，而湄公河上游的澜沧江仍是地理意义上的国际河流。但随着时间的推移，地理意义上的国际河流有可能逐渐转化成法律意义上的国际河流。

### （二）沿岸国对国际河流在本国边界内的部分行使专属管辖权

沿岸国对专属管辖权历来是很关心的，有不同主张：一种是“绝对领土主权论”，是上游国赞同的观点；另一种是“绝对领土完整论”，是下游国所赞同

的观点；第三种是“有限领土主权论”，主张流域内任一国家在不侵害流域内其他国家的权利和利益的前提下，可以自由使用流经本国领土的共享河流的水源，也就是说，所有流域国家在共享河流水利用方面都具有相应的权利和义务，每一个流域国对于水的主权权利都是相对的和有保留的。目前“有限领土主权论”有逐步代替前两种主张的趋向。

（三）国际河流概念和开发利用目标

目前国际河流的概念，已从传统概念中所指的干流或可航河段，扩大到整个流域、水系乃至整个地区；从单一的自然资源——水资源向社会、人文及生物要素拓展。国际河流的开发利用目标，已由单一的航运逐渐向非航运使用领域拓展，由经济目标向社会的、生态的非经济目标拓展。

## 全面小康社会电力需求将达到什么水平

企划动机：关注社会进步，关注社会发展是新闻工作者义不容辞的责任。党的十六大规划了全面建设小康社会的宏伟蓝图，提出了新世纪前20年我国经济建设的主要任务，指明了未来社会经济发展的方向。电力需求增长与经济发展关系密切，经济增长的速度和模式决定了电力需求增长的速度和结构。未来20年，我国经济实现翻两番，全面建设小康社会，电力需求将达到什么水平，是需要认真研究并予以回答的重要问题。这对于搞好未来20年的电力发展规划，保证电力发展，满足我国经济发展和人民生活水平提高的需要，具有重大而深远的意义。

要点提示：

（1）2020年人均国民生产总值3000美元以上。

（2）全面实现小康社会的人均用电水平在3000 kW·h左右，人均生活用电量在600 kW·h左右。

（3）未来20年我国电力需求增长预计为5.5%～6%左右。

（4）2020年全社会用电将达到39400亿～43200亿kW·h左右，需要装机8.2亿～9.0亿kW。

（5）2020年第一、第二、第三产业和居民生活用电结构将为2.0∶58.5∶18.5∶21.0。

（一）我国现阶段的经济发展和用电水平

经过二十多年的改革开放和经济建设，我国已经实现了现代化建设的第一步和第二步战略目标，人民生活总体达到小康水平，进入了全面建设小康社会和加快推进社会主义现代化建设的新阶段。1981～2000年我国GDP年均增长9.7%。2001年GDP总量达到94346亿元，人均GDP达到7081元，折合美元约856元（均为当年价）；产业结构为15.2∶51.2∶33.6；人民生活水平明显提高，城乡居民家庭恩格尔系数分别为37.9%和47.7%；城市化水平显著提高，城市化率达到37.7%；第三产业劳动人口占社会总劳动力人口的比重达到27.7%。

我国从20世纪80年代末开始进入工业化中期，现正处于以原材料工业为主向以高加工业为主的过渡时期。经济增长速度快、经济结构调整幅度大、技术进步明显是这一时期经济发展的主要特点。

经济的发展带动了用电的较快增长。1981～2000年，我国全社会用电量年均增长7.99，电力消费弹性系数为0.81。2001年装机总量达到3.39亿kW，全社会用电量达到14683亿kW·h，人均装机容量达到0.265kW，人均用电量达到1150 kW·h，人均生活用电量达到144.1kW·h。第一、第二、第三产业及居民生活用电比重为3.9∶72.4∶11.2∶12.5。2001年我国发电能源占一次能源消费的比重达到42.9%，电能在终端能源消费中的比重达到11.4%。

（二）全面建设小康社会的经济发展目标

根据党的十六大确定的全面小康社会的经济发展目标，到2020年实现GDP比2000年翻两番，即2001～2020年GDP年均增长速度达到7.2%左右。同时要推进产业结构优化升级，形成以高新技术产业为先导、基础产业和制造业为支撑、服务业全面发展的格局；要基本实现工业化、大力推进信息化。走出一条科技含量高、经济效益好、资源消耗低、环境污染少、人力资源优势得到充分发挥的新型工业化路子，为本世纪中叶基本实现现代化打好基础；要提高城镇化水平，从事农业的劳动力比重大大降低，服务业比重大幅度提高。到2020年，城镇化率超过50%，农业从业人员的比重从2000年的50%下降到30%左右。

到2020年我国将全面实现小康社会。对于如何衡量全面小康社会，目前还没有公认的标准。美国社会学家英克尔斯教授调查了各种不同类型国家发展的历史后，提出了实现现代化的10项指标，可以作为我国全面小康社会的参考标准。这10项指标是：①人均国民生产总值3000美元以上；②农业产值占国民生产总值的比重为12%～15%；③第三产业产值占国民生产总值的比重达到45%以上；④非农业劳动人口比重超过70%；⑤识字人口比重超过80%；⑥受高等教育占适龄青年的10%～15%；⑦城市人口比重在50%以上；⑧每个医生服务人口在1000人以下；⑨平均预期寿命在70岁以上；⑩人口自然增长率在1%以下。按照以2000年的基数翻两番发展，到2020年我国人均GDP将达到3200美元左右，达到英克尔斯教授所提出的实现现代化的第一项指标，其余指标也将有明显的提高。

（三）我国电力需求增长的历史回顾

改革开放以来，我国电力工业快速发展，严重缺电的局面得到有效改善，较好地满足了经济增长和人民生活水平提高对电力的需求。电力需求呈现以下特点：

一是电力供需规模迅速扩大。全国发电量由1980年的3006.2亿kW·h增长到2001年的14838.6亿kW·h，增长了4.9倍，年均增长7.9%。发电装机容量由1980年的6587万kW增长到2001年的33861万kW，增长了5.1倍，年均增长8.1%。全社会用电量由1980年的2954亿kW·h增长到2001年的14683亿kW·h，增长了5.0倍，年均增长8.0%。

表1 历年全国发电量 亿kW·h

| 年份 | 总计 | 水电 | 火电 | 核电 |
|---|---|---|---|---|
| 1980 | 3006.20 | 582.11 | 2424.16 | |
| 1981 | 3092.69 | 655.46 | 2437.23 | |
| 1982 | 3276.78 | 743.99 | 2532.79 | |
| 1983 | 3514.39 | 863.57 | 2650.82 | |
| 1984 | 3769.91 | 867.84 | 2902.07 | |
| 1985 | 4106.90 | 923.74 | 3183.15 | |
| 1986 | 4495.71 | 944.80 | 3550.00 | |
| 1987 | 4973.21 | 1000.07 | 3927.60 | |
| 1988 | 5450.65 | 1091.50 | 4360.60 | |
| 1989 | 5846.80 | 1184.54 | 4662.21 | |
| 1990 | 6213.18 | 1263.50 | 4949.68 | |
| 1991 | 6774.94 | 1248.45 | 5526.49 | |
| 1992 | 7541.89 | 1314.66 | 6227.23 | |
| 1993 | 8364.29 | 1507.43 | 6831.96 | 24.90 |
| 1994 | 9278.78 | 1667.86 | 7470.49 | 140.43 |
| 1995 | 10069.48 | 1867.72 | 8073.43 | 128.33 |
| 1996 | 10793.58 | 1869.18 | 8781.01 | 143.39 |
| 1997 | 11342.04 | 1945.71 | 9249.45 | 144.18 |
| 1998 | 11576.97 | 2042.95 | 9388.12 | 141.01 |
| 1999 | 12331.41 | 2129.27 | 10047.37 | 148.33 |
| 2000 | 13684.82 | 2431.34 | 11079.36 | 167.37 |
| 2001 | 14838.56 | 2611.08 | 12044.78 | 174.72 |

二是人均水平迅速提高。1980年我国人均装机容量为0.067kW，人均发电量304.5kW·h，人均生活用电量10.6kW·h。2001年我国人均装机容量为0.265kW，人均发电量1162.7kW·h，人均生活用电量144.1kW·h，分别比1980年增长了4.0倍、3.8倍和13.6倍。

三是用电结构明显变化。第一产业用电比重由1980年的9.0%下降到2001年的3.9%，第二产业用电比重由1980年的83.8%下降到2001年的72.4%，第三产业和居民生活用电比重分别由1980年的3.7%和3.5%上升到2001年的11.2%和12.5%。

四是供需状况总体改善。改革开放以来我国的电力供需形势经历了由严重缺电—缺电趋于缓解—低用电水平下电力相对过剩—供需基本平衡、局部地区紧张的四个阶段。1980～1987年，改革开放推动我国经济快速发展，发电装机增长不能满足国民经济和社会发展的需要，全国电力供需矛盾突出；1988～1996年，集资办电和多家办电政策的实施，使严重缺电的局面日趋缓解；1997～1999年，我国电力供需形势发生了转折，在经济结构调整、买方市场出现以及亚洲金融危机等因素共同作用下，出现了低用电水平下的电力过剩状况；2000年，在国际经济形势好转、国内宏观经济趋好的影响下，电力需求实现高速增长，增速达到11.4%；2001年电力需求继续保持较高增长速度，增速达到8.7%；2002年受国际国内形势进一步趋好、我国加入WTO后国外制造业向国内转移以及党的十六大召开等因素的影响，电力需求再次出现高速增长，1～11月全社会用电量同比增长11.4%。由于用电量连续三年的快速增长以及增长的不均衡性，近期全国电力供需在总量基本平衡的情况下，部分经济发展快和水电比重大且调节性能较差的地区，电力供需形势趋于紧张。

（四）电力需求与经济增长的关系

电力与经济紧密相关，电力是保障经济发展的重要物质基础，经济发展是电力发展的内在动力。电力消费弹性系数是体现经济发展与电力需求增长速度关联性的宏观指标，综合反映了经济增长对电力需求的拉动作用。经济发展所处阶段、经济结构变化趋势及生活用电比重等因素对电力弹性系数水平有较大的影响。

从一个较长时期来看，我国电力弹性系数的变化有一定的规律性。建国以来至1980年，我国电力弹性系数大于1；1980～2000年，电力弹性系数小于1，基本在0.8左右。

一个时期的弹性系数是大于1或小于1，主要与GDP单耗上升或下降有关。某一时期单位GDP电耗上升，则弹性系数大于1；单位GDP电耗下降，则弹性系数小于1。单位GDP电耗等于行业电耗与单位GDP生活用电之和。行业单位电耗增大，则电力弹性系数趋于增大；生活用电增长速度超过GDP增长速度，生活用电比重上升，则电力弹性系数趋于增大。1990～2000 年我国电力弹性系数为 0.81 左右，反映了我国进入工业化中期之初电力弹性系数的水平。这一时期我国电力弹性系数小于发达国家同期水平，表明现阶段我国工业化发展道路与发达工业国家走过的以消耗大量资源为代价的传统工业化道路有明显不同。

根据我国的工业化进程及产业结构变化趋势分析，预计未来 20 年行业单耗水平总体将呈下降趋势，且前 10 年下降的幅度将小于后 10 年，使得前 10 年电力弹性系数将大于后 10 年。同时我国城镇化水平的提高将推动居民生活用电保持较高增长速度，其在用电结构中的比重不断上升，将弱化 GDP 电耗下降对弹性系数的影响。综合分析，预计未来 20 年我国电力弹性系数仍将小于 1，在 0.75～0.85 左右，前 10 年略高于后 10 年。

（五）全面建设小康社会用电水平分析

由于各国经济社会发展水平、经济结构、能源资源及能源消费结构不尽相同，达到小康社会和基本实现现代化时的用电水平也有差异。一个国家的电气化程度和用电水平是与其经济发展水平相适应的。我国实现全面小康社会的用电水平分析可以参照国外发达国家达到小康社会或基本实现现代化时的用电水平。

从国外不同发达国家的用电水平来看，美国、加拿大等国人均用电量及人均生活用电量很高，如美国，1960 年人均 GDP 为 2787 美元，人均用电量达到 4291 kW·h，人均生活用电量达到 1085 kW·h。这些国家经济实力强，工业化程度高，由于经济发展水平、生活方式以及资源和价格等方面的原因，使得其人均用电水平远高于其他发达国家。日本、法国及原联邦德国等第二次世界大战后发展起来的国家，由于受 20 世纪 70 年代石油危机的影响，加上调整经济结构，推行节能政策以及本国发电资源限制等原因，人均用电水平仅为美国等国的 60%～80%。如原联邦德国，1970 年人均 GDP 为 3040 美元，人均用电量为 3600 kW·h，人均生活用电量只有 709 kW·h。总体来看，发达国家人均 GDP 达到 3000 美元左右时的人均用电量为 2800～4000kW·h，人均生活用电量为 560～1400 kW·h。从用电结构看，发达国家人均 GDP 达到 3000 美元左右时的工业用电比重在 45%～60%，生活用电比重在 20%～30%。

参考国外发达国家的发展历程，根据我国的具体情况，预计我国全面实现小康社会的人均用电水平在 3000 kW·h左右，人均生活用电量在 600 kW·h左右，用电结构中工业用电比重在 60%左右，居民生活用电比重在 20%左右。以上判断主要是考虑了以下因素：一是我国人口众多，尤其是农村人口及农村劳动人口众多，地域分布辽阔，使得我国人均用电水平、人均生活用电水平及生活用电的比重都将相对较低。二是在我国经济结构及用电结构中，工业的比重高于发达国家相同发展阶段的水平，未来 20 年基本实现工业化，工业在经济结构及用电结构中的比重仍将高于发达国家相同发展阶段的水平。三是受我国发电能源资源及其开发条件限制，加上我国工业化将是在科学技术更加先进的基础上实现，因此人均用电水平将低于发达国家在类似发展时期的水平。

表 2　历年人均电力指标

| 年份 | 人均国民生产总值（元/人） | 人均装机容量（kW/人） |
|---|---|---|
| 1980 | 452.9 | 0.0667 |
| 1981 | 476.9 | 0.0691 |
| 1982 | 510.9 | 0.0712 |
| 1983 | 563.9 | 0.0742 |
| 1984 | 667.1 | 0.0768 |
| 1985 | 808.5 | 0.0822 |
| 1986 | 901.9 | 0.0873 |
| 1987 | 1033.9 | 0.0941 |
| 1988 | 1267.1 | 0.1040 |
| 1989 | 1419.1 | 0.1124 |
| 1990 | 1547.7 | 0.1206 |
| 1991 | 1747.2 | 0.1308 |
| 1992 | 2051.3 | 0.1421 |
| 1993 | 2647.7 | 0.1543 |
| 1994 | 3654.6 | 0.1668 |
| 1995 | 4767.0 | 0.1793 |
| 1996 | 5539.3 | 0.1933 |
| 1997 | 6048.2 | 0.2057 |
| 1998 | 6373.9 | 0.2222 |
| 1999 | 6516.9 | 0.2373 |
| 2000 | 7062.9 | 0.2523 |
| 2001 | 7516.7 | 0.2653 |

（六）未来电力需求水平预测

根据我国经济发展与电力需求增长的关系和全面建设小康社会的用电水平分析，未来 20 年我国电力需求增长需要持续保持较快的发展速度，预计为 5.5%～6% 左右。其中前 10 年增长速度预计为 6.5%～7%，后 10 年预计为 4.5%～5%。到 2010 年，全社会用电将达到 25400 亿～26600 亿kW·h左右，需要装机 5.5 亿～5.8 亿 kW；2020 年全社会用电将达到 39400 亿～43200 亿 kW·h 左右，需要装机

8.2亿～9.0亿kW。这样2001～2010年年均净增电量1190亿～1310亿kW·h，年均需净增装机容量2300万～2600万kW，2011～2020年年均净增电量1400亿～1660亿kW·h，年均需净增装机容量2600万～3200万kW。

相应的，2010年第一、二、三产业和居民生活用电结构为2.8∶66.5∶14.5∶16.2，人均用电量将达到1854～1942 kW·h，人均生活用电量为300～315 kW·h。到2020年用电结构将为2.0∶58.5∶18.5∶21.0，人均用电量达到2660～2920 kW·h，人均生活用电量达到560～610 kW·h。

20世纪80年代以来，我国电力需求连续20年实现快速增长，年均增长速度接近8%。为满足全面建设小康社会的需要，在未来的20年，电力需求仍然需要保持5.5%～6%左右的快速增长，电力发展的任务艰巨，责任重大。坚持市场化改革取向，加快电力发展，是未来20年我国电力工业发展的主旋律。为保证电力工业的健康、持续发展，满足全面建设小康社会的需要，要建立和健全电力工业发展的保障体系，重点研究并解决好以下问题：

一是如何继续完善我国电力工业体制。为了满足未来20年电力需求保持较快增长的需要，需要借鉴国际电力工业市场化改革经验，结合我国电力工业发展的实际，研究建立有利于促进电力生产力发展的新体制，保证电力工业的持续发展。

二是如何建立一套促进电力工业持续健康发展的良好机制，系统地解决好电力规划、投资、建设、运行、管理等各个环节的问题。

三是如何全方位搞好能源综合开发和充分利用，全面推进资源优化配置，开源节流，保证电力供应。

四是在我国能源发展的总体战略中如何解决好发电能源及其他能源的综合平衡和国家能源安全问题。

五是如何依靠科技进步和信息化，全面提升电力工业的管理水平，以适应未来电力发展的需要。

（国家电力公司动力经济研究中心）

2

# 电力体制改革

# 电力体制改革新格局

## 国家电力监管委员会“三定”方案、内设机构及近期重点工作

### 一、国家电力监管委员会正式成立

国务院于2003年2月下旬正式批准《国家电力监管委员会职能配置内设机构和人员编制规定》，明确国家电力监管委员会为国务院直属事业单位，根据国务院授权行使行政执法职能，履行全国电力监管职责。

### 二、国家电力监管委员会主要职责及内设机构

国家电力监管委员会根据国务院授权，行使行政执法职能，依照法律、法规统一履行全国电力监管职责。

（一）主要职责

（1）负责全国电力监管工作，建立统一的电力监管体系，对国家电力监管委员会的派出机构实行垂直领导。

（2）研究提出电力监管法律法规的制定或修改建议，制定电力监管规章，制定电力市场运行规则。

（3）参与国家电力发展规划的制定，拟定电力市场发展规划和区域电力市场设置方案，审定电力市场运营模式和电力调度交易机构设立方案。

（4）监管电力市场运行，规范电力市场秩序，维护公平竞争；监管输电、供电和非竞争性发电业务。

（5）参与电力技术、安全、定额和质量标准的制定并监督检查，颁发和管理电力业务许可证，协同环保部门对电力行业执行环保政策、法规和标准进行监督检查。

（6）根据市场情况，向政府价格主管部门提出调整电价建议；监督检查有关电价；监管各项辅助服务收费标准。

（7）依法对电力市场、电力企业违法违规行为进行调查，处理电力市场纠纷。

（8）负责监督电力社会普遍服务政策的实施，研究提出调整电力社会普遍服务政策的建议；负责电力市场统计和信息发布。

（9）按照国务院的部署，组织实施电力体制改革方案，提出深化改革的建议。

（10）承办国务院交办的其他事项。

（二）内设机构

国家电力监管委员会内设7个职能部门：

1. 办公厅（国际合作部） 组织机关日常工作；负责公文处理和新闻宣传工作，承办重要会议；管理机关财务、档案、资产、保密、安全保卫、后勤服务和其他行政事务；负责电力市场统计，统一对外发布信息，负责组织建立电力监管信息系统；负责电力监管机构的内部审计工作；负责电力监管国际比较研究；管理电力监管派出机构的涉外事务和有关国际合作项目；负责组织国际交流合作活动、安排人员出访和接待国（境）外人员来访。

2. 政策法规部（电力体制改革办公室） 草拟电力监管法律法规，提出制定或修改建议；负责授权范围内的电力法律法规的解释和宣传工作；统一审核会内各类规章、规则和管理办法；按照国家对电力体制改革的决定和部署，组织实施电力体制改革方案，提出深化改革的建议；组织办理涉及电力监管机构的行政复议案件、行政诉讼案件和国家赔偿案件的应诉工作。

政策法规部内设专家委员会办公室，承担专家委员会的组织协调工作。

3. 市场监管部 制定发电业务许可证管理办法，颁发和管理发电业务许可证；拟定电力市场运行规则；审定电力市场运营模式和电力调度交易机构设立方案；监督检查容量电价的执行情况；监管电力调度交易机构的调度、信息披露、结算等行为；查处操纵市场价格的行为；参与制定电源发展规划；参与制定发电企业技术、安全、定额和质量标准并监督检查；监管非竞争性发电业务。

4. 输电监管部 制定输电业务许可证管理法、颁发和管理输电业务许可证；参与制定输电企业技术、安全、定额、质量标准并监督检查；监督输电企业无歧视和公平开放电网；监督检查输电企业成本规则和输电电价执行情况；参与制定并监督实施电网发展规划，监督电网企业的投资行为。

5. 供电监管部 制定供电业务许可证管理办法，负责指导供电营业区的划分，颁发和管理供电业务及其相关业务许可证；参与制定供电企业技术、安全、

定额、质量标准并监督检查，制定供电服务投诉及处理程序，监管电能及供电服务质量；监督检查供电企业成本规则和销售电价的执行情况；监管供电企业信息披露；根据国家有关政策制定电力普遍服务计划并监督实施。

6. 价格与财务监管部（稽查局） 研究提出容量电价、输电配电电价和销售电价的定价建议；监管各项辅助服务收费标准；按照国家规定，拟定输电和供电企业成本规则；协同环保部门对电力行业执行环保政策、法规和标准进行监督检查；按照公平竞争原则，对电力企业兼并重组提出建议；负责电力行政执法；拟定电力争议纠纷解决程序，处理投诉、申诉和电力争议纠纷；组织调查电力市场违法违规案件并提出处理意见，执行国家电力监管委员会对违法违规案件的处理决定。

7. 人事培训部 拟定机关及派出机构的人事管理制定；承办干部调配、任免、考核、培训、奖惩、交流、出国政审以及机关工作人员的工资福利、社会保险、离退休干部管理等工作；管理人事档案；负责机关、派出机构专业技术职务评聘工作。负责机关及在京直属单位和代管单位的党群工作。

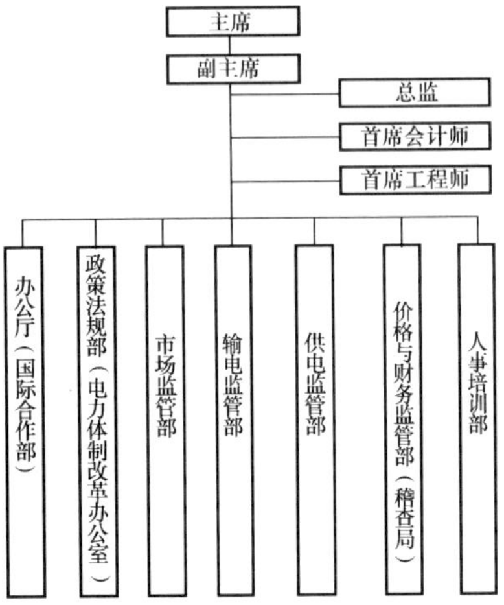


电监会机构设置图

（三）人员编制

国家电力监管委员会机关事业编制98名。其中：主席1名，副主席4名；局级领导职数28名（含总监、首席会计师、首席工程师和机关党委专职副书记各1名）。

（四）其他事项

(1) 根据政府职能转变和电力监管工作的发展，逐步调整国家电力监管委员会的职能、内设机构和人员编制。

(2) 国家电力监管委员会派出机构及其人员编制另行核定。

(3) 国家电力监管委员会直属事业单位的设置及其人员编制和国家电力公司划转的事业单位及其人员编制，按有关规定另行核定。

(4) 中国电力企业联合会由国家电力监管委员会主管，受其委托承担相关工作。

## 三、国家电力监管委员会近期重点工作

3月25日国家电力监管委员会举行新闻记者座谈会，国家电力监管委员会主席柴松岳向记者介绍了近期电力监管的四项重点工作。

（一）推进电力体制改革

从一定意义上讲，电监会职能的到位和完善，有赖于电力体制改革的不断深化，特别是与区域市场的建立、电力投融资管理体制和电价管理体制的改革等密切相关。国务院领导已明确由电监会负责电力体制改革的组织实施工作，国务院电力体制改革工作小组办公室也已移交电监会。电监会将在去年完成国电公司拆分、实现“厂网分开”的基础上，按照国发5号文件的要求和电力体制改革工作小组第五次会议确定的任务，继续推进电力体制改革。今年改革的重点是：①继续做好11家新公司组建的后续工作，按照现代企业制度要求，健全公司组织管理体制和治理结构。②组织电力企业清产核资和财务审计工作，核实资产，界定产权。③指导区域电网公司组建和网省公司改组，督促落实网省公司主辅分离与重组工作。④落实新的电价改革方案，提出过渡期的实施办法。⑤选择有条件的地区，适时开展大用户直购电试点工作，为试行竞价上网积累经验。⑥稳步推进其他改革，主要是探索实施简单的发电排放环保折价办法，继续推进农村电力管理体制改革，抓紧制定和完善实施电力体制改革的各项配套措施。

（二）推进法规规则建设

要立、改、废并行，加快健全电力监管的主体法规和规则，构建电力监管的法规、规则体系。电力监管的法规、规则体系将由三个层面构成：一是基本法律，以修改完善后的《电力法》为基础；二是主体法规，以拟制定的《电力监管条例》为主；三是专业性的规章、规则，如《电力市场运营规则》、《电力市场监管办法》、《电力业务许可证管理办法》等。电监会在抓紧制定实施监管所需要的法规、规则的同时，将对已有的法律、法规进行系统梳理，对有悖于电力市场和监管制度建设的种种规定，提出修改或废止建议，以进一步完善法律法规。

（三）推进电力市场建设

2002年的国发5号文件，确定了我国电力市场的基本定位。电监会要按照国务院的部署，会同各有关方面积极稳妥地推进这项改革。一是指导国有电力

企业深化改革，培育和规范市场主体。在去年“厂网分开”的基础上，加快区域电网公司组建和网省公司改组，指导各类电力企业按照现代企业制度的要求对自身产权结构、治理结构和组织管理加以规范，使各发电企业成为独立的法人实体和真正的竞争主体。二是要确定合理的市场结构和市场模式，积极稳妥地推进电力市场建设。国发5号文件明确：“十五”期间要初步建立竞争开放的区域电力市场，实现竞价上网。这对优化电力资源配置、促进各地经济的协调发展具有十分重要的现实意义。电监会应努力创造条件，促进区域电力市场的健康发育。要本着实事求是、因地制宜的原则，以最大限度地实现资源优化配置为目标，在深入调查研究、科学论证的基础上，积极稳妥地推进区域电力市场建设。

（四）推进监管组织体系建设

目前电监会除抓紧国家电力监管委员会机关的组建外，还将抓好两项工作。一是研究提出适合我国特点的电力监管组织体系模式，确定监管机构的组织管理体制；二是要抓紧组建电监会的分支机构，逐步健全电力监管组织体系。建立电力监管组织体系，要体现责任和义务相统一的原则，机构设置要有利于完成所承担的监管任务，力求精简和高效；监管机构建设要与市场建设相一致，与市场同步或适当提前；要遵循我国区域经济布局战略和电力工业发展的合理布局，充分发挥地方政府的积极性。

（编辑部摘编）

## 国家电网公司章程、职能部门机构及成员单位

一、国家电网公司章程

### 第一章　总　　则

**第一条**　为确立国家电网公司（以下简称公司）的法律地位和行为准则，保障公司的合法权益，规范公司的管理和运作，根据国家有关法律、法规，制定本章程。

**第二条**　公司的中文全称：国家电网公司；英文全称：State Grid Corporation Of China；英文简称：State Grid，英文缩写：SG。

**第三条**　公司的法定住所：北京市西城区西长安街86号。

**第四条**　公司是在原国家电力公司部分企事业单位基础上组建的国有企业，经国务院批准并在国家工商行政管理部门登记注册，具有独立的企业法人资格，其合法权益和经营活动受国家法律保护。

公司根据业务发展需要，可依法设立子公司、分公司、代表处等分支机构。公司以其出资额为限，对其全资企业、控股企业、参股企业（以下简称有关企业）承担有限责任。

**第五条**　经国务院批准，公司进行国家授权投资的机构和国家控股公司的试点。

**第六条**　根据《国有企业监事会暂行条例》的有关规定，接受国务院派出的国有企业监事会的监督，支持和配合监事会依法开展监督检查工作。

**第七条**　公司在国家宏观调控和行业监管下，依法经营，照章纳税，维护国家利益，自主进行各项经营活动。

### 第二章　注册资本和经营范围

**第八条**　公司注册资本为人民币2000亿元。

**第九条**　公司的经营宗旨是：遵守国家法律、法规，执行国家政策，根据国民经济中长期发展规划、国家产业政策、电力工业发展规划和市场需求，依法自主从事生产经营活动；自觉接受有关部门业务指导、行业监管和公众监督，公平调度交易，坚持“人民电业为人民”，提供优质服务；支持改革、改组、改造，加强管理，加快结构调整和优化资源配置，发挥公司整体优势；继续搞好农村电力体制改革，加强农村电力管理；推进全国联网，增强企业竞争力，促进我国电力工业发展，保证国有资产保值增值。

**第十条**　公司主要经营以下业务：

（一）依法经营国家电网公司及有关企业中由国家投资形成并由国家电网公司拥有的全部国有资产。

（二）从事电力购销业务，负责所辖各区域电网之间的电力交易和调度。

（三）参与投资、建设和经营相关的跨区域输变电和联网工程。

（四）根据国家有关规定，经有关部门批准，从事国内外投融资业务。

（五）经国家批准，自主开展外贸流通经营、国际合作、对外工程承包和对外劳务合作等业务。

（六）从事与电力供应有关的科学研究、技术开发、电力生产调度信息通信、咨询服务等业务。

（七）经营国家批准或允许的其他业务。

### 第三章　组织机构

**第十一条**　公司实行总经理负责制。总经理为公司的法定代表人。公司设副总经理若干名，总会计师1名，根据经营管理需要，可设总工程师、总经济师各1名。副总经理根据本章程的规定和经理的授权，履行相应的职责，协助总经理工作，并对总经理负

责。公司领导人员职务管理按有关规定执行。

**第十二条** 总经理负责公司全面工作，主要行使下列职权：

（一）贯彻执行党的方针、政策，向国务院及有关部门请示、报告工作。

（二）组织制定和实施公司发展战略、发展规划、重大固定资产投资项目和重大资本运营项目。

（三）组织制定和实施公司年度经营计划和投融资计划。

（四）组织制定和实施公司年度财务预、决算方案。

（五）组织审定公司内部利润分配方案和弥补亏损方案。

（六）召集并主持总经理办公会议。

（七）行使国务院及有关部门授予的其他职权。

**第十三条** 总经理办公会议研究决定以下重要事项：

（一）公司发展战略、发展规划和年度经营计划。

（二）有关企业资源配置、投融资计划、资本运营、利润分配和公司内部管理体制、组织结构调整和内部机构设置等重大决策。

（三）聘任或解聘公司所属全资企业和事业单位领导成员及公司总部各部门负责人。按法定程序和出资比例向控股、参股企业委派或更换股东代表，推荐董事会、监事会成员。

（四）拟订公司章程修改方案，制定公司重要管理制度。

（五）审批子公司章程和重大决策方案。

（六）审批子公司限额（具体限额由公司确定）以上投资、借贷、对外担保事项。对控股或参股企业通过董事会实施。

（七）审定子公司注册资本的增减和股票、债券的发行方案。

（八）拟定公司增加或减少注册资本的方案；拟定公司合并、分立、变更公司形式、解散的方案；拟定公司发行股票、债券的方案。

（九）公司其他重大事项。

总经理办公会议由总经理主持，副总经理和有关负责人参加。总经理、副总经理对职权范围内决定的重大问题，承担相应的责任。

为保证决策的科学民主，避免或减少决策失误，总经理办公会议要按有关规定建立严格的、可追溯的决策追究制度。

**第十四条** 公司根据管理和发展的需要，按照精简、统一、效能和权责一致的原则，设置总部管理机构，并在总经理领导下开展工作。

**第十五条** 公司党的组织及纪检、监察机构的设置，按照《中国共产党章程》和有关规定办理。

## 第四章 职责与权限

**第十六条** 公司的主要职责：

（一）执行国家法律、法规和产业政策，在国家宏观调控和行业监管下，以市场需求为导向，依法自主经营。

（二）对有关企业的有关国有资产行使出资人权利，依法经营、管理和监督，并相应承担保值增值责任。

（三）根据国民经济中长期发展规划、国家产业政策、电力工业发展规划和市场需求，制定并组织实施公司的发展战略、中长期发展规划、年度计划和重大生产经营决策。受国家有关部门委托，协助制定全国电网发展规划，提出全国电力工业发展规划的建议。

（四）参与投资、建设和经营相关的跨区域输变电和联网工程。

（五）负责各区域电网之间的电力交易和调度，处理区域电网公司日常生产中的网间协调问题，实现电网安全、优质、高效运行。

（六）根据国家法律、法规和有关政策，优化配置生产要素，组织实施重大投资活动，对投入产出效果负责。加快技术创新和科技进步，增强企业竞争力，促进我国电力工业持续、快速、健康发展。

（七）深化企业改革，加快结构调整，转换企业经营机制，强化内部管理，妥善做好企业重组、精简机构和富余人员分流与再就业工作，维护企业和社会稳定。

（八）指导和加强公司有关企业思想政治工作和精神文明建设，统一管理公司的名称、商标、商誉等无形资产，搞好公司企业文化建设。

（九）承担国务院及有关部门委托的其他工作。

**第十七条** 公司的主要权限：

（一）公司在保护有关企业合法权益和自身发展需要的前提下，可依照《公司法》等有关规定，集中部分国有资产收益，用于国有资本的再投入和结构调整。

（二）按照国家有关法律法规的规定，自主决定全资子公司的国有资产的重组、转让、租赁外部资产的收购、兼并等事宜。对控股或参股企业的上述相同事宜，通过法定程序决策或参与决定。

（三）享有投资决策权。按照国家有关规定，管理公司及有关企业的投资项目，并负责组织实施。

（四）根据国家有关规定，经国务院主管部门批准，公司享有一定的外事审批权、外贸流通经营权、对外投融资权、对外担保权、对外工程承包权和对外

国家电网公司总经理　赵希正

国家电网公司领导为750kV官亭至兰州东输变电示范工程开工奠基培土。

惠州换流站

荆州换流站

劳务合作权。

（五）根据国家有关规定，自主决定公司内部管理体制和机构设置。依法决定有关企业的经营方式、分配方式和重大生产经营决策，以及合并、分立、解散等事项。

（六）按照干部管理权限和程序，任免和管理公司所属全资企业的领导成员以及公司总部各部门负责人；按法定程序和出资比例，向控股企业和参股企业委派或更换股东代表，推荐董事会、监事会成员。

（七）统一管理公司及有关企业的涉外工作。公司领导人员出国审批权限按国家有关规定执行。

（八）国务院及有关部门授予的其他权限。

## 第五章　公司与成员单位的关系

**第十八条**　公司与有关企业之间是以资本为纽带的母子公司关系，按照《中华人民共和国公司法》和国有大型企业集团试点的有关规定，逐步建立规范的母子公司体制，充分调动有关企业的积极性。

**第十九条**　按照国家有关规定，公司审批和监督子公司的重点投资项目，审核全资子公司的财务预、决算，审批子公司对外的重大投资、举债、抵押和担保事项。

**第二十条**　公司对国家投资形成并由公司拥有的全部国有资产承担保值增值责任；有关企业对公司投资形成的全部资产向公司承担保值增值责任。公司依照法定程序检查、考核有关企业业务经营和国有资产保值增值状况。

**第二十一条**　公司在制订发展战略、调整结构、协调利益等方面发挥主导作用，是重大投资、经营活动的决策与管理中心。

**第二十二条**　公司有关企业依法享有生产经营自主权。公司有关企业应加强管理和协作配合，共同提高经济效益和社会效益。

## 第六章　财务会计和审计

**第二十三条**　依照国家法律、法规和财政部的有关规定，建立健全公司及有关企业的财务、会计制度。

**第二十四条**　公司会计年度自公历1月1日起至12月31日止，在每一会计年度终了时编制财务报告，并依法经有资格的会计（审计）机构审查验证。

**第二十五条**　公司按国家规定，对全资企业、控股企业实行合并财务报表制度。

**第二十六条**　公司的资产与财务关系在财政部单列。

**第二十七条**　公司以人民币为记账本位币，根据经营需要，经批准可分别开设人民币账户和外汇账户。

**第二十八条**　公司按照国家有关规定，建立内部审计机构，实行内部审计制度。在总经理的领导下，内部审计机构对公司及全资企业、控股企业以及分公司、代表处等分支机构的经营管理活动进行审计监督，并定期提交内部审计报告。

## 第七章　劳动人事制度

**第二十九条**　公司遵照国家有关劳动人事的法律、法规和政策，根据建立现代企业制度的要求和生产经营需要，制定劳动、人事和工资制度。

**第三十条**　公司依据国家政策和公司长远发展的要求，逐步建立和完善适应社会主义市场经济体制、竞争有序的激励和约束机制。

**第三十一条**　公司遵守国家有关劳动保护的法律、法规，执行国家有关政策，保障劳动者的合法权益。有关企业职工参加地方社会保险事宜按国家有关规定办理。

## 第八章　附　　则

**第三十二条**　本章程经国务院原则同意，由国家经济贸易委员会印发后生效。

**第三十三条**　公司根据需要可修改章程。章程的修改经国家经济贸易委员会核报国务院批准，由国家经济贸易委员会印发后生效。

**第三十四条**　本章程未尽事宜，按照国家有关法律、法规和政策执行。

**第三十五条**　本章程由国家电网公司负责解释。

### 二、国家电网公司职能部门机构

根据国家经贸委《关于印发〈国家电网公司组建方案〉和〈国家电网公司章程〉的通知》（国经贸电力［2003］268号）精神，为加快国家电网公司（以下简称公司）组织管理体系的建设，尽快形成职责明确、管理科学、运转协调的工作机制，根据公司的性质和功能定位以及下步公司改革发展的目标，提出以下职能部门机构编制方案。

（一）指导思想和原则

1. 指导思想　以党的“十六大”精神为指导，遵循现代企业的运作规律，突出社会主义市场经济和电网经营企业的特点，按照电力体制改革任务和总体目标的要求，在积极稳妥，平稳过渡，持续改革，不断完善的基础上，逐步向符合现代企业制度的要求，适应国家国有资产管理体制改革的需要，以强化国有资产出资人代表地位为主要特征的目标模式过渡。

2. 原则

（1）政企分开、转变职能、管理科学；

（2）分工明确、责权对应、精干高效；

（3）积极稳妥、平稳过渡、逐步完善。

（二）各职能部门的机构编制及主要职能

根据上述指导思想和原则、公司本部暂按职能制设14部1办1局1中心，共17个部门。各部门及其主要职能、内设处室和编制如下：

1. 总经理工作部（对外可使用办公厅名称） 协助公司领导协调和推进公司本部日常工作，制定重要规章，并督促落实；负责起草公司重要文件和组织重要会议；负责公司党组、总经理会议决定事项的督查督办；负责公司公文、机要、档案、新闻宣传、信访、保卫、值班等工作；负责公司本部财务、房产等行政后勤服务工作。

内设综合处、秘书处、文档处、公关处、保卫处、信访处、调研处、总务处、财务处，正副主任4人，正副处长17人，人员编制50人。

体制改革办公室挂靠总经理工作部，负责公司体制改革工作。设处长1人，人员编制5人。

2. 战略规划部 负责研究拟订公司经营战略、发展战略和改革战略；拟订公司五年计划和中、长期发展规划、专题规划和全国联网规划；负责公司系统投资项目规划及初可研工作；负责公司电网规划的报批工作；负责电力行业规划、电力需求预测及国内外电力市场的研究工作；归口管理公司软课题研究工作，受国家有关部门委托，制定全国电网发展规划。

内设综合与市场处、战略处、规划处，正副主任3人，正副处长6人，人员编制15人。

3. 人事董事部 负责公司系统全资公司、直属单位和控股公司领导班子的建设、管理与考核工作；负责公司外派董事、监事的管理与工作协调；负责公司本部员工的管理、考核与培训工作；负责公司后备干部的队伍建设与管理工作。

内设综合处、机关人事处、干部管理一处、干部管理二处、董事监事管理处，正副主任3人，正副处长10人，人员编制22人。

4. 人力资源部 负责制定公司系统人力资源开发战略并组织实施；负责公司系统机构、人员编制管理；拟订公司系统基本工资制度并负责工资管理工作；负责公司责任制考核及奖惩工作；负责公司的培训、职业教育和各类人才队伍建设工作；负责大学校董会的日常工作；指导公司系统企业改制、人员分流、再就业和社会保险工作。

内设综合处、劳动组织处、工资保险处、人力资源开发处、职业教育处，正副主任3人，正副处长9人，人员编制20人。

5. 财务部 负责制定公司系统财务、资产经营目标并组织实施；制定公司系统财务、会计和资产经营管理制度和办法；制定公司系统财务预决算、利润分配和弥补亏损方案；负责公司系统产权、资产重组和资本运营的管理；负责公司系统资金统一管理及银行信贷业务；负责公司系统价格和收费调整方案的申报及方案的落实；负责公司系统电费结算和投资项目的财务管理；负责公司系统税费、保险、担保、抵押和资信等业务的管理。

内设综合处、预算管理处、会计处、资产管理处、价格处、财务管理处、财务评价与稽核处，正副主任4人，正副处长13人，人员编制32人。

6. 计划投融资部 负责编制公司系统年度生产经营和投资计划；负责公司系统年度跨区输电计划；负责公司本部年度资金计划的编制与季度计划安排；负责公司系统投资项目的可研工作与设计任务的安排；负责电网相关产业的研发和投资；负责统一管理公司国内外的融资业务，负责组织公司直接投资项目的融资和合同的签订；负责公司系统的综合统计与分析。

内设综合处、计划处、项目一处、项目二处、融资处、统计处，正副主任3人，正副处长10人，人员编制23人。

7. 工程建设部 负责公司系统工程项目的建设与管理；负责三峡送出和跨区域输变电工程的建设；负责公司系统重点工程的质量、安全监督和技术及概算管理，参与重大工程质量和安全事故调查；组织制定公司系统工程建设管理相关规定和技术标准；协调解决公司系统工程建设方面的有关问题；参与制定全国电网发展规划；受国家有关部门委托，负责电力项目的质量监督工作。

内设综合处、电网处、电源处、质量安全处，正副主任3人，正副处长7人，人员编制18人。

8. 生产运营部 负责公司系统的安全生产监督管理工作；负责跨区域电网和三峡工程送出电网的生产管理工作；协助制定跨区域年度送电计划；负责公司系统电力生产业务的协调工作，指导技术管理、技术改造、技术监督、企业管理和节能降耗工作；负责公司系统电力营销、计量管理、市场开拓和优质服务工作；指导区域电力市场和省级电力市场建设；协调处理公司系统电力营销中的有关问题；协调处理与发电公司有关的安全及生产业务。

内设综合处、安全处、电网运营处、输变电处、市场营销处，正副主任3人，正副处长10人，人员编制25人。

9. 农电工作部 负责拟订公司系统农电发展规划；组织实施公司系统农电体制改革；指导和协调公司系统农村电网安全、生产、技术和建设工作，组织制定相关规范和标准；组织和指导公司系统县供电企业管理、农村用电和优质服务工作；组织实施公司系统的农村电气化工作及电力扶贫等工作。

内设综合处、农电发展处、农村电力处，正副主任3人，正副处长5人，人员编制14人。

10. 科技信息部　负责拟订公司系统科技发展规划、年度计划和重大项目开发计划；负责公司系统信息化管理工作，拟订信息化建设规划及计划；组织协调公司重大科技项目的开发和技术攻关及成果产业化；组织对进入公司系统新技术的技术认定和新技术、新材料、新工艺的推广应用，组织实施科技、信息示范工程；负责电网建设与运行的环境保护工作；负责公司技术标准工作。

内设综合与计划处、技术处、信息处，正副主任2人，正副处长4人，人员编制12人。

11. 审计部　负责公司系统审计工作，制定公司系统审计制度；负责对公司及全资企业、控股企业以及分公司、代表处、分支机构的经营管理活动进行审计监督；对公司内部控制情况进行检查、评价；指导公司系统审计工作；负责公司外派监事业务的联系与指导。

内设审计一处、审处二处、审计三处，正副主任3人，正副处长5人，人员编制13人。

12. 法律事务部　负责公司对外合同与协议的审查和管理；负责公司规章制度的审查与编纂；为公司重大经营决策提供法律咨询；为有关单位提供法律咨询和服务；负责公司商标、商誉和专利技术等知识产权的保护工作；负责处理协调与指导公司的法律诉讼案件及公司系统内重大法律诉讼案件。

内设合同与商务处、管理与政务处，正副主任2人，正副处长4人，人员编制10人。

13. 国际合作部　负责制定公司系统对外经济技术合作和外事管理等规章制度；负责利用外资项目和进出口设备的国际招投标工作；归口管理国际赠款项目和进出口业务；实施“走出去”战略；归口管理日常外事活动。

内设综合处、国际交流处、经济贸易处、出国管理处，正副主任3人，正副处长8人，人员编制15人。

14. 离退休干部工作部　负责制定公司系统离退休干部工作规划，指导检查公司系统离退休干部工作；负责组织落实离退休干部政治待遇和生活待遇；负责公司本部离退休干部管理与服务工作。

内设综合处、机关工作处、直属工作处、保健处、行政处，正副主任3人，正副处长10人，人员编制36人。

15. 思想政治工作办公室（与机关党委合署办公）　负责公司本部及在京直属单位党的建设、思想政治工作、精神文明建设及工会、统战工作；指导公司系统党的建设、思想政治工作，推动公司系统精神文明建设；负责公司系统团的工作和企业文化建设。

内设综合处（党委办公室）、党建工作处（组织部）、宣传处（宣传部）、精神文明建设处（企业文化处），正副主任3人，正副处长7人，人员编制12人。

16. 监察局（与中纪委派驻纪检组合署办公）　监督公司本部各部门和公司系统各单位及其领导班子成员执行党和国家有关路线、方针、政策、法律、法规的情况；协助公司党组组织、指导、监督、检查公司系统党风廉政建设和反腐败工作，并负责考核公司管理干部的廉政情况；制定公司系统纪检、监察有关制度和办法，并组织实施；指导公司系统纪检监察工作；负责受理举报、控告及重大案件的查处；会同有关部门开展纠风和行风建设工作；参与重大事故的调查处理工作；负责中纪委交办的其他事项。

编制按中纪委和监察部的有关规定另行核定。

17. 国家电力调度通信中心　负责国家电网调度运行，直接调度跨区电网及有关电厂；负责公司所属及直调大型水电厂的水库调度；负责各区域间电力电量交易；编制国家电网运行方式；依法对全国电网实施调度管理，协调各局部电网的调度关系；负责全国电网调度、运行方式、水库调度、电力市场、继电保护、自动化和电力通信等专业管理；参与制定电网二次系统规划。

内设综合处、调度处、水库调度处、系统运行处、继电保护处、市场运筹处、自动化处、技术管理处、通信管理处，正副主任4人，正副处长21人，人员编制62人。

根据《工会法》及国家有关规定，设置公司的工会组织。工会组织的筹备工作暂由思想政治工作部负责，人员编制另行核定。

（三）人员编制及公司领导职数

公司本部定员为396人，公司设总经理1名，副总经理6名，纪检组长1名，总工程师、总经济师、总会计师、总审计师各1名。公司本部各部、办、局、中心领导称谓为主任、副主任或局长、副局长。

（四）国家电网公司（本部）职能部门组织机构图

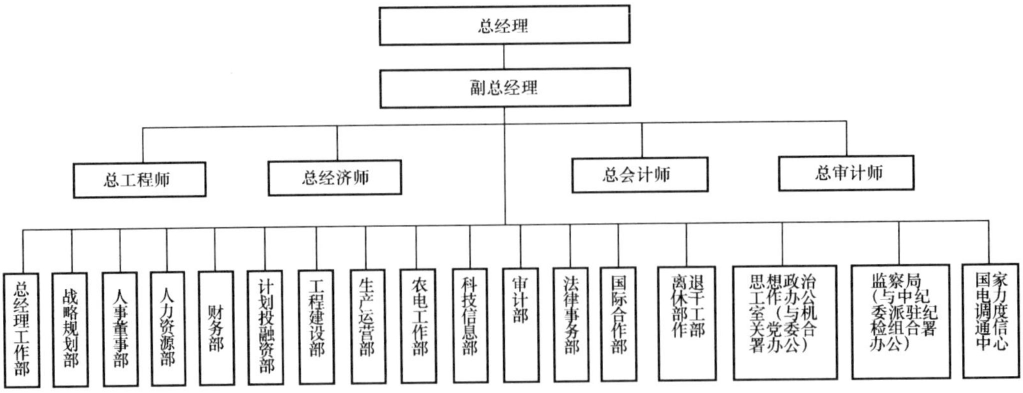


## 三、国家电网公司主要成员单位

（一）全资企业（36个）

(1) 国家电力公司东北公司
(2) 国家电力公司华东公司
(3) 国家电力公司华中公司
(4) 国家电力公司西北公司
(5) 国家电力公司电网建设分公司
(6) 中国华北电力集团公司
(7) 辽宁省电力有限公司
(8) 吉林省电力有限公司
(9) 黑龙江省电力有限公司
(10) 上海市电力公司
(11) 浙江省电力公司
(12) 江苏省电力公司
(13) 安徽省电力公司
(14) 湖北省电力公司
(15) 湖南省电力公司
(16) 河南省电力公司
(17) 江西省电力公司
(18) 陕西省电力公司
(19) 甘肃省电力公司
(20) 宁夏回族自治区电力公司
(21) 青海省电力公司
(22) 新疆电力公司
(23) 四川省电力公司
(24) 重庆市电力公司
(25) 福建省电力有限公司
(26) 山东电力集团公司
(27) 中国安能建设总公司
(28) 中国超高压输变电建设公司
(29) 国电通信中心
(30) 中国电力科学研究院
(31) 中国电力信息中心
(32) 国电武汉高压研究所
(33) 国电电力建设研究所
(34) 国电动力经济研究中心
(35) 国电电力自动化研究院
(36) 国家电力公司高级培训中心

（二）控股企业（1个）

深圳国电科技发展有限公司（持股比例40.4%）

（三）事业单位（1个）

中国电力出版社

（四）暂保留和待转让的发电企业（38个）

1. 暂保留的发电企业

(1) 辽宁中朝界河发电厂
(2) 吉林丰满发电厂
(3) 吉林松江河发电厂
(4) 吉林白山发电厂
(5) 黑龙江莲花水电有限责任公司
(6) 北京十三陵蓄能电厂
(7) 天津大港发电厂
(8) 河北潘家口蓄能电厂
(9) 秦皇岛发电有限责任公司
(10) 山西省电力公司神头第二发电厂
(11) 山东中华发电有限公司
(12) 上海闸电燃气轮机发电有限公司
(13) 浙江紧水滩水力发电厂
(14) 浙江新安江水电厂
(15) 华东天荒坪抽水蓄能有限责任公司
(16) 浙江富春江水电厂
(17) 福建水口发电有限公司
(18) 江西柘林水电开发有限公司
(19) 河南焦作电厂
(20) 湖北黄龙滩水力发电厂
(21) 湖南省柘溪水电站
(22) 湖南省凤滩水力发电厂
(23) 湖南省东江水力发电厂

（24）重庆发电厂
（25）四川映秀湾水力发电总厂
（26）陕西安康水力发电厂
（27）甘肃刘家峡水电厂
（28）新疆玛纳斯发电有限责任公司
2. 暂保留并待转让的发电企业
（1）天津市电力公司军粮城发电厂
（2）河北马头发电总厂
（3）内蒙古元宝山发电有限责任公司
（4）内蒙古元宝山发电厂
（5）江苏徐州发电厂
（6）湖北襄樊发电有限责任公司
（7）湖南益阳发电有限责任公司
（8）陕西宝鸡第二发电有限责任公司
（9）宁夏大坝发电有限责任公司
（10）宁夏电力工业局大坝发电厂

（编辑部摘编）

# 中国南方电网公司章程、内设机构及成员单位

## 一、中国南方电网有限责任公司章程

### 第一章 总 则

**第一条** 为确立中国南方电网有限责任公司（以下简称公司）的法律地位和行为准则，保障公司的合法权益，规范公司的管理和运作，根据国家有关法律、法规，制定本章程。

**第二条** 公司的中文全称：中国南方电网有限责任公司，中文简称：南方电网公司。英文全称：China Southern Power Grid Co.，Ltd；英文简称：CS Power Grid；英文缩写：CSG。

公司法定住所：广东省广州市天河体育东路160号。

**第三条** 公司是由广东省、海南省和国家电网公司在广西、贵州、云南所属电网资产为基础组建的国有企业，经国务院批准并在国家工商行政管理部门登记注册，具有独立的企业法人资格，其合法权益和经营活动受国家法律保护。

公司根据业务发展需要，可依法设立子公司、分公司和代表处等分支机构。公司以其出资额为限，对其全资企业、控股企业、参股企业（以下简称有关企业）承担有限责任。

**第四条** 根据《国有企业监事会暂行条例》的有关规定，接受国务院派出的国有企业监事会的监督，支持和配合监事会依法开展监督检查工作。

**第五条** 公司在国家宏观调控和行业监管下，依法经营，照章纳税，维护国家利益，自主进行各项经营活动。

### 第二章 注册资本和经营范围

**第六条** 公司注册资本暂定为人民币600亿元。各方比例暂定为：广东省70.4%；国家电网公司26.4%；海南省3.2%。

**第七条** 公司的经营宗旨是：遵守国家法律、法规，执行国家政策，根据国民经济中长期发展规划、国家产业政策、电力工业发展规划和市场需求，依法自主从事生产经营活动；自觉接受有关部门业务指导、行业监管和公众监督，公平调度交易，优化电力调度，坚持“人民电业为人民”，提供优质服务；坚持改革、改组、改造，加强管理，加快结构调整和优化资源配置，发挥公司整体优势；继续搞好农村电力体制改革，加强农村电力管理；推进“西电东送”和全国联网，增强企业竞争力，促进我国电力工业发展，保证国有资产保值增值。

**第八条** 公司主要经营以下业务：

（一）依法经营公司及有关企业中由公司投资形成并拥有的全部资产。

（二）投资、建设和经营管理南方区域电网，参与投资、建设和经营相关的跨区域输变电和联网工程。

（三）从事电力购销业务，负责电力交易和调度，管理南方区域电网电力调度交易中心。

（四）根据国家有关规定，经有关部门批准，从事国内外投融资业务。

（五）经国家批准，自主开展外贸流通经营、国际合作、对外工程承包和对外劳务合作等业务。

（六）从事与电网经营和电力供应有关的科学研究、技术开发、电力生产调度信息通信、咨询服务和培训等业务。

（七）经营国家批准或允许的其他业务。

### 第三章 组 织 机 构

**第九条** 公司董事为自然人。董事会由全体董事组成，成员为7人，其中，广东省2名，海南省1名。人事管理按国家有关规定进行。

**第十条** 董事会行使下列职权：

（一）贯彻执行党的方针、政策，向国务院及有关部门请示、报告工作。

（二）组织制定和实施公司发展战略、发展规划、重大固定资产投资项目和重大资本运营项目。

（三）组织制定和实施公司的年度经营计划和投

融资计划。

（四）组织制定和实施公司的年度财务预算方案、决算方案。

（五）组织制定和实施公司的利润分配方案和弥补亏损方案。

（六）拟定公司合并、分立、变更公司形式、解散、清算的方案。

（七）决定公司内部管理机构的设置，制订公司的基本管理制度。

（八）提出修改公司章程的建议。

（九）审批子公司章程和重大决策方案。

（十）行使国务院及有关部门授予的其他职权。

**第十一条** 董事长是公司的法定代表人，行使下列职权：

（一）主持董事会会议。

（二）督促、检查董事会决议的执行。

（三）签署公司股票、公司债券及其他有价证券。

（四）签署董事会重要文件和其他应由公司法定代表人签署的其他文件。

（五）行使法定代表人的其他职权。

**第十二条** 公司根据管理和发展的需要，按照精简、统一、效能和权责一致的原则，设置管理机构和配置管理人员，并在董事会领导下开展工作。

**第十三条** 公司根据需要，设总经理1名，副总经理若干名，总会计师、总工程师和总经济师各1名。以上管理人员的职务管理按有关规定执行。

**第十四条** 总经理对董事会负责，行使下列职权：

（一）主持公司的生产经营管理工作，并向董事会报告工作。

（二）组织实施董事会决议、公司年度计划、资产处置方案和投资方案。

（三）拟订公司的年度财务预算方案、决算方案。

（四）拟订公司的利润分配方案和弥补亏损方案。

（五）拟订公司增加或者减少注册资本、发行债券或其他证券及上市方案。

（六）拟订公司内部管理机构设置方案及基本管理制度。

（七）制订公司的具体规章。

（八）董事会授予的其他职权。

**第十五条** 副总经理协助总经理工作，总会计师、总工程师和总经济师按公司有关规定履行职责。

**第十六条** 公司党的组织及纪检、监察机构的设置，按照《中国共产党章程》和有关规定办理。

## 第四章 职责与权限

**第十七条** 公司的主要职责：

（一）执行国家法律、法规和产业政策，在国家宏观调控和行业监管下，以市场需求为导向，依法自主经营。

（二）对有关企业的有关国有资产依法行使出资人权利，依法经营、管理和监督，并相应承担保值增值责任。

（三）根据国民经济中长期发展规划、国家产业政策、电力工业发展规划和市场需求，制定并组织实施公司的发展战略、中长期发展规划、年度计划和重大生产经营决策。受国家有关部门委托，协助制定全国电网发展规划，提出全国电力工业发展规划的建议。

（四）参与投资、建设和经营相关的跨区域输变电和联网工程。

（五）负责南方区域电网电力交易和调度，处理日常生产中的问题，实现电网安全、优质、高效运行。

（六）根据国家法律、法规和有关政策，优化配置生产要素，组织实施重大投资活动，对投入产出效果负责。加快技术创新和科技进步，增强企业竞争力，促进我国电力工业持续、快速、健康发展。

（七）深化企业改革，加快结构调整，转换企业经营机制，强化内部管理，妥善做好企业重组、精简机构和富余人员分流与再就业工作，维护企业和社会稳定。

（八）指导和加强公司有关企业思想政治工作和精神文明建设，统一管理公司的名称、商标、商誉等无形资产，搞好公司文化建设。

（九）承担国务院及有关部门委托的其他工作。

**第十八条** 公司的主要权限：

（一）公司在保证有关企业合法权益和自身发展需要的前提下，可依照《公司法》等有关规定，集中部分国有资产收益，用于国有资本的再投入和结构调整。

（二）按照国家有关法律法规的规定，自主决定全资子公司国有资产的重组、转让、租赁及外部资产的收购、兼并等事宜。对控股或参股企业的上述相同事宜，通过法定程序决定或参与决定。

（三）按照国家有关规定，管理公司及有关企业的投资项目，并负责组织实施。

（四）根据国家有关规定，经国务院主管部门批准，公司享有一定的外事审批权、外贸流通经营权、对外投融资权、对外担保权、对外工程承包权和对外劳务合作权。

（五）根据国家有关规定，自主决定公司内部管理体制和机构设置。依法决定有关企业的经营方式、分配方式和重大生产经营决策，以及合并、分立、解散等事项。

（六）按照干部管理权限和程序，任免和管理公司所属全资企业的领导成员以及公司总部各部门负责人；按法定程序和出资比例，向控股企业和参股企业委派或更换股东代表，推荐董事会、监事会成员。

（七）统一管理公司及有关企业的涉外工作。公司领导人员出国审批权限按国家有关规定执行。

（八）国务院及有关部门授予的其他权限。

## 第五章　公司与成员单位的关系

**第十九条**　公司与有关企业之间是以资本为纽带的母子公司关系，按照《公司法》和国有大型企业集团试点的有关规定，逐步建立规范的母子公司体制，充分调动有关企业的积极性。

**第二十条**　按照国家有关规定，公司审批和监督子公司的重点投资项目，审核全资子公司的财务预、决算，审批子公司对外的重大投资、举债、抵押和担保事项。

**第二十一条**　公司对所属资产承担保值增值责任，有关企业对公司投资形成的全部资产向公司承担保值增值责任。公司依照法定程序检查、考核有关企业业务经营和资产保值增值状况。

**第二十二条**　公司在制订发展战略、调整结构、协调利益等方面发挥主导作用，是重大投资、经营活动的决策与管理中心。

**第二十三条**　公司有关企业依法享有生产经营自主权。公司有关企业应加强管理和协作配合，共同提高经济效益和社会效益。

## 第六章　财务会计和审计

**第二十四条**　依照国家法律、法规和财政部的有关规定，建立健全公司及有关企业的财务、会计制度。

**第二十五条**　公司的会计年度自公历1月1日起至12月31日止。在每一会计年度终了时编制财务报告，并依法经有资格的会计（审计）机构审查验证。

**第二十六条**　公司以人民币为记账本位币，根据经营需要，经批准可分别开设人民币账户和外汇账户。

**第二十七条**　公司按照国家有关规定，对全资、控股企业实行合并报表制度。

各子公司作为一级企业法人，实行独立核算，自负盈亏。

**第二十八条**　公司年度财务报告包括但不限于以下内容：

（一）资产负债表。

（二）利润表。

（三）利润分配表。

（四）财务状况变动表或现金流量表。

（五）会计报表附注。

**第二十九条**　董事长、总经理换届时，离任审计按有关规定办理。

**第三十条**　公司按照国家有关规定，实行内部审计制度，建立内部审计机构，配备内部审计人员。在董事长领导下，内部审计机构对公司及全资企业、控股企业以及分公司、代表处等分支机构的经营管理活动进行审计监督，并定期提交内部审计报告。

## 第七章　劳动人事制度

**第三十一条**　公司遵守国家有关劳动人事的法律、法规和政策，根据建立现代企业制度的要求和生产经营需要，制定劳动、人事和工资制度。

**第三十二条**　公司依据国家政策和公司长远发展的要求，逐步建立和完善适应社会主义市场经济体制、竞争有序的激励和约束机制。

**第三十三条**　公司遵守国家有关劳动保护的法律、法规，执行国家有关政策，保障劳动者的合法权益。有关企业职工参加地方社会保险事宜按国家有关规定办理。

## 第八章　附　　则

**第三十四条**　本章程经国务院原则同意，由电力体制改革工作小组印发后生效。

**第三十五条**　公司根据需要可修改章程。章程的修改经国务院国有资产监督管理委员会商股东单位核报国务院批准，由国务院国有资产监督管理委员会印发后生效。

**第三十六条**　本章程未尽事宜，按照国家有关法律、法规和政策执行。

**第三十七条**　本章程由公司董事会负责解释。

二、内设机构

南方电网公司设11个职能部门分别是：

（1）行政部（办公厅）

（2）计划发展部

（3）市场交易部

（4）人事部

（5）财务部

（6）生产技术部

（7）安全监察部

（8）国际合作部

（9）审计部

（10）监察局

（11）党群部

三、中国南方电网有限责任公司主要成员单位

(1) 广东电网公司
(2) 广西电网公司
(3) 海南电网公司
(4) 贵州电网公司
(5) 云南电网公司
(6) 南方电网公司超高压输变电公司
(7) 鲁布革电厂
(8) 天生桥二级电站
(9) 广州抽水蓄能电厂

(编辑部摘编)

## 中国华能集团公司发展综述、业务部门设置及成员单位

一、公司简介

中国华能集团公司是经国务院批准，在原中国华能集团公司基础上改组的国有重要骨干企业，由中央管理，经国务院批准同意进行国家授权投资的机构和国家控股公司的试点。

按照国务院关于国家电力体制改革的要求，中国华能集团公司是自主经营、自负盈亏，以经营电力产业为主，综合发展的企业法人实体。

中国华能集团公司依照国家有关法律法规，对其全资、控股、参股企业进行改建和规范，建立资本纽带关系，实行母子公司体制，逐步建立符合社会主义市场经济要求的管理体制和运行机制。

中国华能集团公司根据业务需要，可以按照国家规定在境内外投资设立全资或控股的子公司以及分公司、办事处等分支机构。

中国华能集团公司的经营宗旨是：遵守国家法律、法规，执行国家政策，根据国民经济发展规划、国家产业政策以及市场需求，依法自主从事生产经营活动，坚持改革、改组、改造和加强管理，改善产业结构，发挥集团整体优势，提高经济效益，增强市场竞争力，确保国有资产保值增值；以电为主，综合发展，逐步成为实力雄厚、管理一流、服务国家、走向世界，具有国际竞争力的大型企业集团。

中国华能集团公司主要经营以下业务：

(1) 依法经营集团公司及其企业中由国家投资形成并由集团公司拥有的全部国有资产（含国有股权）。

(2) 从事电源的投资、建设、经营和管理，组织电力（热力）的生产和销售。

(3) 从事信息、交通运输、新能源、环保、贸易、燃料等相关产业、产品的投资、建设和生产经营。

(4) 经国家批准，自主开展外贸流通经营、国际合作等业务。

(5) 根据国家有关规定，经国家批准，从事国内外投资、融资业务。

中国华能集团公司实行总经理负责制，总经理为法定代表人。

中国华能集团公司的中文全称：中国华能集团公司，中文简称：华能集团公司；英文全称：China Huaneng Group，英文简称：CHINA HUANENG，英文缩写：CHNG。

中国华能集团公司法定住所：北京市海淀区学院南路40号。

二、发展综述

华能集团公司（以下简称华能）是改革开放中诞生的产物，改革开放赋予了华能巨大的生命力。市场的需求，国家政策的扶持，使华能得以快速、健康地发展，为促进我国国民经济建设和电力工业的改革与发展做出了积极贡献，取得了突出的成绩，成为“以电为主，综合发展”的国有独资的发电集团。它控股的中外合资华能国际电力开发公司，并通过开发公司与其他发起人及境内外股东共同拥有中外三地上市的华能国际电力股份有限公司。除电力产业外，还拥有信息、交通运输、新能源环保、金融、国际贸易、资产管理等产业公司，以及在香港设立的对外窗口公司。按2001年年底统计数字，华能拥有可控装机容量2576万kW，当年发电量1133亿kW·h，实现销售收入340亿元，利润43.5亿元，资产总额1456亿元。按中国企业协会排名，华能按收入列36位，按资产列21位，按利润列14位。国家电力体制改革之后，华能的电力装机可控容量达到3797万kW，并成为中央直接管理的国有重要骨干企业，是国务院批准进行国家授权投资的机构和国家控股公司的试点。

(一) 华能发展主要经历了三个阶段

1985～1993年是华能发展的第一个阶段。党中央、国务院为了缓解电力供求紧张的局面，加快电力工业的发展，做出了利用外资和集资办电的重要决策，1985年先后决定成立华能国际电力开发公司、原华能发电公司和若干个非电产业公司，并在此基础上，于1988年批准成立中国华能集团公司。在国家以煤代油专项资金及有关优惠政策的支持下，华能电力产业业务得到了迅速发展。在此期间，共新增装机容量1124万kW，约占全国同期新增发电装机容量

的11%。

1994～1999年是华能发展的第二个阶段。为适应国家经济体制改革的需要，加大国有企业体制创新的力度和加快建立现代企业制度，改变国有企业以往单一间接融资的渠道，经国家有关部门批准，华能集团公司和华能国际电力开发公司分别选择一部分所属优质电力资产，联合国内其他投资者，共同发起设立了华能控股的原山东华能发电股份有限公司、华能国际电力股份有限公司，并成功地实现了境外上市，从国际资本市场上直接筹集资金，先后共吸引境外资金约13.3亿美元，为华能电力产业的快速发展提供了有力的资金保证。同时陆续对部分电力项目进行公司化改造。期间，新建、扩建发电机组容量1273万kW，约占同期全国新增发电装机容量的11%。

从2000年开始，以华能集团公司贯彻国务院关于华能系统实施内部重组的决定为标志，华能的发展进入了第三个阶段。经过努力，华能集团公司按期完成了重组的阶段性任务，进一步明确了华能“以电为主，综合发展”的战略方针，初步实现了电力企业强强联合，非电产业重新组合，优化了资源配置，扩大了电力核心产业的经营规模，增强了华能的整体实力和竞争力。

（二）华能的发展成就

通过18年的发展，目前华能在全国21个省、市拥有52座电站，装机容量占全国装机容量的7.57%，发电量占全国发电量的7.67%，同时在发展中取得了以下成就：

（1）在经营机制上，本着“平等协商、利益兼顾、理顺关系、相互支持、共同发展”的原则，充分调动各方面的积极性，与地方和电网建立了新型的合作办电关系。

（2）在进口电力设备谈判中，采取了技术、商务、信贷、对销贸易相结合的做法，使每一批进口项目合同的谈判工作都取得了显著的综合效益。

（3）在电力项目建设过程中，采取招标、议标，引进竞争机制，严格实施投资包干办法，为工程项目确保质量、缩短工期、控制造价奠定了基础。

（4）在电厂经营管理中，学习并推行国际先进电厂的现代化管理经验，结合开展双达标和创一流电厂活动，减人增效，使华能所属电厂的综合管理和各项技术经济指标都有较大水平的提高。华能大连电厂是原电力工业部1994年命名的全国第一个“国家一流火力发电厂”。到2001年底，华能已有14个电厂被国家电力公司授予“中国一流火力发电厂”称号，华能国际电力股份有限公司2000年被国家电力公司命名为“中国一流电力公司”。

（5）在进口设备的同时，带进了先进的制造技术，为提高我国电力工业的技术水平，做出一定的贡献。

（6）在筹集资金工作中，成功地利用了包括出口信贷、商业贷款、政府贷款，并在此基础上，抓住机遇进行股份制改造，创造条件，到境外上市发行股票，拓宽了筹资渠道。

（三）充分发挥上市公司的作用

华能国际电力股份有限公司创立以来，在筹集资金、资产运作、管理上，有较大的发展：

（1）1994年10月，在美国纽约证券交易所挂牌。筹集资金6.25亿美元；1997年5月，在全球发行可转换债券，筹集资金2.3亿美元；1998年初，在香港交易所挂牌，筹集资金1.39亿美元；2001年12月6日，在上海证券交易所挂牌，筹集资金27.8亿元人民币。

（2）华能国际电力股份有限公司成立以来，共进行了五次较大规模的资产运作，涉及容量690万千瓦，金额172亿元，涉及资产277亿元人民币。具体是：

1994年12月31日，1.2亿元收购华能国际电力开发公司所属的汕头、丹东电厂（在建项目）；1997年7月1日，65.46亿元收购华能国际电力开发公司所属的上海石洞口二厂；1999年1月1日，27.05亿元收购华能国际电力开发公司所属的南京电厂；2001年1月1日，57.68亿元收购原山东华能发电股份有限公司（纽约上市公司）；2002年7月1日，20.5亿元收购华能集团公司所属的上海石洞口电厂、太仓电厂、淮阴电厂、长兴电厂。此外，2002年还投资2.5357亿元，入股长江电力股份有限公司，参与三峡的建设与发展。

（3）火电厂委托管理。针对华能内部发电资产管理的需要，以优化资源配置，增强市场竞争力，华能集团公司、华能国际电力开发公司所属的火力发电厂（包括在建工程）全部委托华能国际电力股份有限公司管理。

（4）拓宽了资金渠道；健全了公司的治理结构；加大了资本运作力度；提升了管理理念；加强管理、保证安全、控制成本、提高效率；最终保证了公司的发展和股东回报。

（四）华能发展18年的经验

（1）必须坚决贯彻党和国家的方针、政策。华能是党中央、国务院明确的以电力开发经营为主的国有大型企业，肩负着为人民生活和国民经济建设提供电力保证的重要使命，是社会主义事业的经济基础，因此必须坚决贯彻党和国家的方针政策，从思想上、政治上同党中央保持高度一致。

（2）必须坚持“以电为主，综合发展”的指导方针。以电为主，综合发展，是党中央、国务院给华能明确的发展方针，必须在发展过程中以实际行动毫不动摇地贯彻执行。

（3）必须坚持市场和竞争的观念。在发展中，必须牢固树立市场意识，坚持从市场需求出发，以安全文明生产为基础，以提高经济效益为中心，不断增强竞争能力。

二、中国华能集团公司（本部）业务部门设置

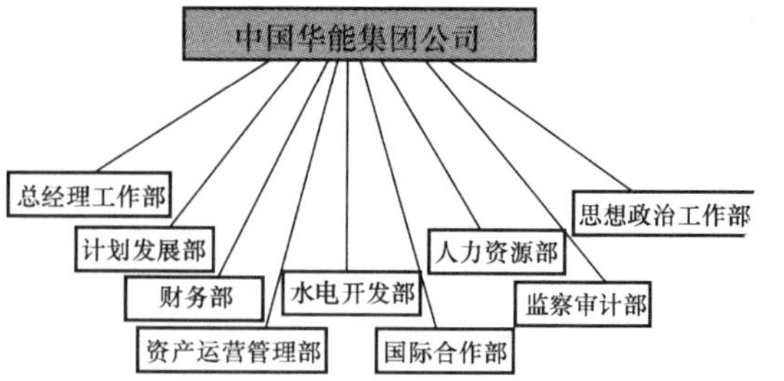


三、中国华能集团公司全资控股公司及成员单位

（一）中国华能集团公司全资控股公司

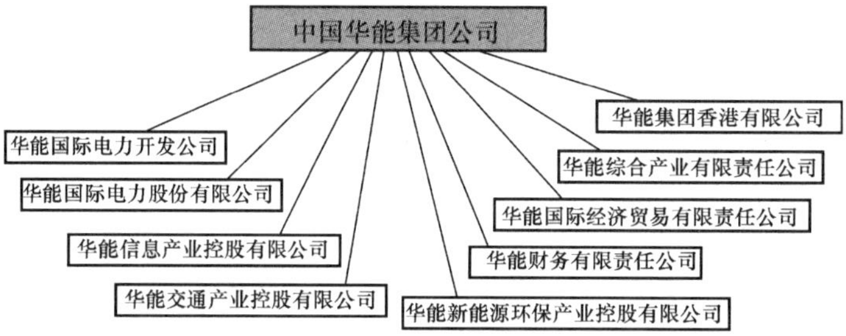


（二）中国华能集团公司主要成员单位

| | |
|---|---|
| （1）华能伊敏电厂 | 100万kW/（2×50）（内蒙古自治区鄂温克族自治旗） |
| （2）鹤岗电厂 | 60万kW/（2×30）（黑龙江省鹤岗市） |
| （3）华能新华电厂 | 50万kW/（1×20）（2×10）（2×5）（黑龙江省大庆市） |
| （4）华能长山热电厂 | 20万kW/（2×10）（吉林省前郭尔罗斯蒙古族自治县） |
| （5）华能营口电厂 | 60万kW/（2×30）（辽宁省营口市） |
| （6）华能丹东电厂 | 70万kW/（2×35）（辽宁省丹东市） |
| （7）华能大连电厂 | 140万kW/（4×35）（辽宁省大连市） |
| （8）华能北京热电厂 | 77万kW/（2×22）（2×16.5）（北京市） |
| （9）华能杨柳青电厂 | 92.5万kW/（2×10）（1×12.5）（2×30）（天津市） |
| （10）华能上安电厂 | 130万kW/（2×35）（2×30）（河北省石家庄市） |
| （11）河北邯峰电厂 | 132万kW/（2×66）（河北省邯郸市） |
| （12）华能沁北电厂 | 120万kW/（2×60在建）（河南省济源市） |
| （13）甘肃平凉电厂 | 120万kW/（2×30）（2×30在建）（甘肃省平凉县） |
| （14）华能榆社电厂 | 80万kW/（2×10）（2×30在建）（山西省榆社县） |
| （15）华能德州电厂 | 252万kW/（4×30）（2×66）（山东省德州市） |
| （16）华能白杨河电厂 | 15万kW/（3×5）（山东省淄博市） |

(17) 华能辛店电厂 60万kW/(2×20)(2×10)(山东省淄博市)

(18) 华能济宁电厂 30万kW/(2×10)(2×5)(山东省济宁市)

(19) 华能威海电厂 85万kW/(2×30)(2×12.5)(山东省威海市)

(20) 日照电厂 70万kW/(2×35)(山东省日照市)

(21) 华能南京电厂 60万kW/(2×30)(江苏省南京市)

(22) 华能太仓电厂 60万kW/(2×30)(江苏省太仓市)

(23) 华能苏州热电厂 0.9万kW/(1×0.6)(1×0.3)(江苏省苏州市)

(24) 华能南通电厂 140万kW/(4×35)(江苏省南通市)

(25) 华能淮阴电厂 40万kW/(2×20)(江苏省淮阴市)

(26) 华能上海石洞口第二电厂 120万kW/(2×60)(上海市)

(27) 华能石洞口电厂 120万kW/(4×30)(上海市)

(28) 华能长兴电厂 25万kW/(2×12.5)(浙江县长兴县)

(29) 华能石塘水电厂 7.8万kW/(3×2.6)(浙江省云和县)

(30) 华能阳逻电厂 120万kW/(4×30)(湖北省武汉市)

(31) 华能苏家湾电厂 30万kW/(3×10)(湖北省武汉市)

(32) 华能岳阳电厂 72.5万kW/(2×36.25)(湖南省岳阳市)

(33) 华能井冈山电厂 60万kW/(2×30)(江西省安吉市)

(34) 华能成都电厂 20万kW/(1×20)(四川省成都市)

(35) 华能太平驿水电厂 26万kW/(4×6.5)(四川省汶川县)

(36) 华能东西关水电厂 18万kW/(4×4.5)(四川省武胜县)

(37) 华能铜头水电厂 8万kW/(2×4)(四川省芦山县)

(38) 华能雨城水电厂 6万kW/(2×3)(四川省雅安市)

(39) 华能小关子水电厂 16万kW/(4×4)(四川省雅安市)

(40) 华能青居水电厂 13.6万kW/(4×3.4在建)(四川省南充市)

(41) 华能冷竹关水电厂 18万kW/(3×6)(四川省康定县)

(42) 华能明台水电厂 0.9万kW/(1×0.6)(1×0.3)(四川省三台县)

(43) 华能自一里水电厂 13万kW/(2×6.5在建)(四川省平武县)

(44) 华能硗碛水电厂 24万kW/(3×8在建)(四川省雅安市)

(45) 华能珞璜电厂 144万kW/(4×36)(重庆市)

(46) 华能重庆燃机电厂 10.86万kW/(3×3.62)(重庆市)

(47) 云南漫湾水电厂 125万kW/(5×25)(云南省)

(48) 云南小湾水电厂 420万kW/(6×70在建)(云南省)

(49) 华能汕头电厂 60万kW/(2×30)(广东省汕头市)

(50) 华能汕头燃机电厂 10.41万kW/(2×3.455)(1×3.495)(广东省汕头市)

(51) 华能福州电厂 140万kW/(4×35)(福建省福州市)

(52) 华能大理徐村水电厂 7.8万kW/(3×2.6)(云南省大理市)

(53) 华能南澳风电厂 1.35万kW/(18×0.0750)(广东省南澳县)

(编辑部摘编)

# 中国大唐集团公司章程综述、内设机构及成员单位

## 一、中国大唐集团公司章程综述

集团公司的中文全称：中国大唐集团公司，简称：中国大唐集团。英文全称：China Datang (Group) Corporation，简称：China Datang，缩写：CDT。集团公司的法定住所：北京市西城区金融街乙16号华实大厦。

集团公司是经国务院批准，在原国家电力公司部分企事业单位基础上组建的国有企业。集团公司具有独立的企业法人资格，其合法权益和经营活动受国家法律保护。

集团公司根据业务发展需要，可以按国家规定设立子公司、分公司、代表处等分支机构。集团公司以其出资额为限，对有关企业承担有限责任。

集团公司由中央管理。经国务院同意，集团公司进行国家授权投资的机构和国家控股公司的试点。集团公司在国家宏观调控和行业监管下，依法经营，照章纳税，维护国家利益，自主进行各项经营活动。

根据《中华人民共和国公司法》和《国有企业监事会暂行条例》的有关规定，国务院向集团公司派出国有重点大型企业监事会，对其国有资产保值增值实施监督。集团公司支持和配合监事会依法开展监督检查工作。

### （一）注册资本和经营范围

集团公司注册资本为人民币120亿元（具体由财政部核定）。

集团公司的经营宗旨是：遵守国家法律、法规，执行国家政策，根据国民经济中长期发展规划、产业政策和电力工业发展规划，以及市场需求，依法自主从事生产经营活动，坚持改革、改组、改造和加强管理，积极利用国内外资本，加快结构调整和资源优化配置，发挥集团整体优势，增强在国内国际市场的竞争力，促进我国电力工业发展，保证国有资产保值增值。

集团公司主要经营以下业务：

（1）依法经营集团公司及其全资、控股、参股企业（以下简称有关企业）中由国家投资形成的全部国有资产（含国有股权，下同）。

（2）从事电源的开发、投资、建设、经营和管理，组织电力（热力）生产和销售。

（3）从事电力设备制造、检修与调试；电力技术开发、咨询与服务；电力工程承包与咨询；新能源开发；电力物资、煤炭、环保等电力相关产业的投资、建设、经营和管理。

（4）根据国家有关规定，从事国内外投融资业务。

（5）经国家批准，自主开展外贸流通经营、国际合作、对外工程承包和对外劳务合作等业务。

经营国家允许或委托的其他业务。

### （二）组织机构

集团公司接受国务院有关部门的业务指导和行业管理。

集团公司实行总经理负责制。总经理为集团公司法定代表人。集团公司设副总经理若干名，总会计师1名。可根据经营管理需要，设总工程师、总经济师各1名。副总经理根据集团公司章程的规定和总经理的委托履行相应的职责，协助总经理工作，并对总经理负责。集团公司领导人员职务管理按有关规定办理。

总经理负责集团公司全面工作，主要行使下列职权：

（1）贯彻执行国家的法律、法规和方针、政策，执行国务院的决议，向国务院及有关部门和单位请示、报告工作。

（2）组织制定和实施集团公司发展战略、中长期发展规划、重大资本运营项目方案。

（3）组织制定和实施集团公司年度经营计划和投融资计划。

（4）组织制定和实施集团公司年度财务预、决算方案。

（5）组织审定集团公司内部的利润分配方案和弥补亏损方案。

（6）召集并主持总经理办公会议。

（7）行使国务院及有关部门授予的其他职权。

集团公司总经理办公会议研究决定以下重要事项：

（1）集团公司的发展战略、中长期规划、年度经营计划。

（2）集团公司的发展规划和资本运营项目方案。

（3）有关资源配置、投融资、资本运营、利润分配和集团公司内部管理体制和机制、组织结构调整和内部机构设置等重大决策。

（4）聘任或解聘集团公司全资企业的领导成员及集团公司总部各部门负责人。

（5）按照法定程序和出资比例向控股、参股企业委派或更换股东代表，推荐董事会成员，派出监事会成员。

（6）拟定集团公司章程修改方案，制定集团公司重要管理制度。

中国大唐集团公司总经理　翟若愚

2003年9月28日，中国大唐集团公司临时党委、纪委宣告成立。

龙滩水电站施工现场基坑开挖面貌

2003年11月6日，龙滩水电工程成功实现大江截流，该工程是我国在建的第二大水电站和“西电东送”标志性工程。

（7）集团公司其他重大事项。

总经理办公会议由总经理主持，副总经理和有关负责人参加。总经理、副总经理对职权范围内决定的重大问题，承担相应的责任。

为保证决策的科学民主，避免或减少决策失误，总经理办公会议要按有关规定建立严格的、可追溯的决策责任追究制度。

集团公司根据管理和发展的需要，按照精简、统一、效能的原则，设置总部管理机构，并在总经理领导下开展工作。

集团公司党的组织及纪检、监察机构的设置，按照《中国共产党章程》和有关规定办理。

（三）职责与权限

1. 集团公司的主要职责

（1）执行国家法律、法规和产业政策，在国家宏观调控和行业监管下，以市场需求为导向，依法自主经营。

（2）对有关企业的有关国有资产行使出资人权利，依法进行经营、管理和监督，并相应承担保值增值责任。

（3）根据市场需求和国民经济中长期发展规划、产业政策，以及电力工业发展规划，制定集团公司的发展战略、中长期发展规划和年度计划。

（4）根据国家法律、法规和有关政策，优化配置生产要素，组织实施重大投资活动，对投入产出效果负责。加快技术创新和科技进步，增强市场竞争力，促进我国电力工业发展。

（5）深化企业改革，加快结构调整，转换企业经营机制，建立现代企业制度，强化内部管理，妥善做好减员增效和富余人员分流与再就业工作，维护企业和社会稳定。

（6）指导和加强企业思想政治工作和精神文明建设，统一管理集团公司的名称、商标、商誉等无形资产，搞好集团公司内部企业文化建设。

（7）承担国务院及有关部门委托的其他工作。

2. 集团公司的主要权限

（1）在保证有关企业合法权益和自身发展需要的前提下，可依照《中华人民共和国公司法》等有关规定，集中有关企业的部分国有资产收益，用于国有资本的再投入和进行结构调整。

（2）按照国家有关法律法规规定，对有关企业的国有资产，在集团公司职权范围内可自主决定（对公司制企业需通过股东会、董事会决定或参与决定，下同）重组、转让、租赁与购并，并依法决定有关企业的存续、合并、分立或解散。

（3）集团公司按国家项目审批权限，管理集团公司及有关企业的投资项目，并负责组织实施；依法决定有关企业的经营方式、分配方式和重大生产经营决策。

（4）根据国家有关政策，经有关部门批准，集团公司享有一定的外事审批权、外贸流通经营权、对外投融资权、对外担保权、对外工程承包权和劳务合作权。

（5）自主决定集团公司总部内部管理体制和机构设置。按照干部管理权限和程序，任免和管理全资企业的领导成员以及集团公司总部各部门负责人；按法定程序和出资比例，向控股企业和参股企业委派或更换股东代表，推荐董事会成员，派出监事会成员。

（6）统筹管理集团公司及有关企业的涉外工作。集团公司领导人员出国审批权限按国家有关规定执行。

（7）国务院及有关部门授予的其他权限。

（四）集团公司与有关企业的关系

集团公司与有关企业组成中国大唐集团。集团公司是中国大唐集团的母公司，与有关企业之间是以资本为纽带的母子关系。并逐步按照社会主义市场经济发展要求对管理体制进行调整。

集团公司按照《中华人民共和国公司法》和中国大唐集团章程，逐步规范母子公司体制。

集团公司对国家投资形成的全部国有资产承担保值增值责任；有关企业对集团公司投资形成的全部资产向集团公司承担保值增值责任。集团公司依照法定程序检查、考核有关企业业务经营和国有资产保值增值状况。

（五）财务会计和审计

依照国家法律、法规和财政部的有关规定，建立健全集团公司统一的财务、会计制度。

集团公司以自然年度为会计年度，以每年12月31日为会计年度截止日，在每一会计年度终了时编制财务报告，并依法经有资格的会计（审计）机构审查验证。

集团公司按国家规定，对全资企业、控股企业实行合并财务报表制度。

集团公司的财务关系在财政部单列。

集团公司采用人民币为记账本位币。根据经营需要，经批准可分别开立人民币账户和外汇账户。

集团公司按照国家有关规定，建立内部审计机构，实行内部审计制度。在总经理的领导下，内部审计机构对集团公司及全资企业、控股企业以及分公司、代表处等分支机构的经营管理活动进行审计监督，并定期提交内部审计报告。

（六）劳动人事制度

集团公司遵守国家有关劳动人事的法律、法规和政策，根据建立现代企业制度的要求和生产经营需要，制定劳动、人事和工资制度。

集团公司可依据国家政策和集团公司长远发展的要求，充分调动有关企业的积极性，逐步建立和完善适应社会主义市场经济体制、竞争有序的激励和约束机制。

集团公司遵守国家有关劳动保护法、法律、法规执行国家有关政策，保障劳动者的合法权益。有关企业职工参加地方社会保险工作按国家有关规定办理。

## 二、集团公司内设机构

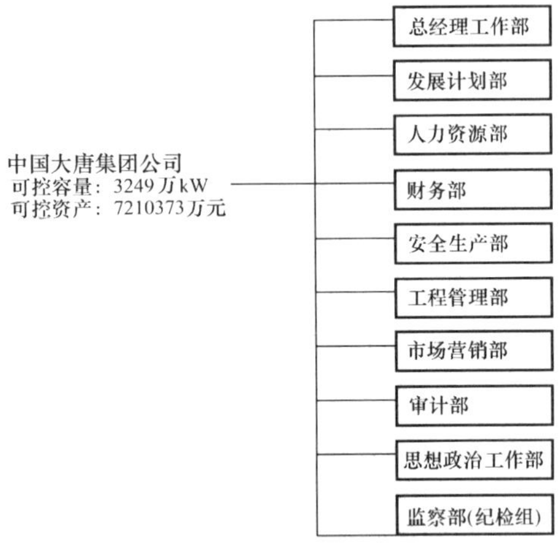


## 三、集团公司成员单位

（一）集团公司全资公司（35户）

（1）南京下关发电厂

（2）延安发电厂

（3）下花园发电厂（非经营）

（4）唐山发电总厂

（5）王快水电厂

（6）保定热电厂

（7）微水发电厂

（8）峰峰电厂（含岳城电站）

（9）山西省电力公司恒山发电厂

（10）山西省电力公司太原第二热电厂

（11）长山热电厂

（12）辽源发电厂

（13）四平热电有限责任公司（发电运营中心）

（14）鸡西发电厂

（15）佳木斯第二发电厂

（16）马鞍山发电厂

（17）陈村水电站

（18）铜陵发电厂

（19）合肥发电厂

（20）淮南洛河发电厂

（21）淮北发电厂

（22）洛阳首阳山电厂

（23）洛阳热电厂

（24）安阳电厂

（25）湖南省株洲电厂

（26）湖南省耒阳电厂

（27）湖南省金竹山电厂（非经营）

（28）甘谷电厂

（29）碧口水电厂

（30）八〇三电厂

（31）永昌电厂（老厂）

（32）连城电厂

（33）广西岩滩水力发电厂

（34）大化水力发电厂（非经营）

（35）登封电厂（未建立资产纽带关系）

（二）集团公司控股子公司（48户）

（1）陕西电力发电有限公司 （97.17%）

（2）石泉水力发电厂（97.17%）

（3）渭河发电厂（97.17%）

（4）灞桥热电厂（97.17%）

（5）略阳发电厂（97.17%）

（6）韩城发电厂（97.17%）

（7）户县热电厂（97.17%）

（8）安阳华祥电力有限责任公司（85%）

（9）河北马头电力股份有限公司（80%）

（10）西安灞桥热电有限责任公司（在建）（77.74%）

（11）甘肃兰西热电有限责任公司（75%）

（12）中国水利电力物资有限公司（70.72%）

（13）辽源热电有限责任公司（69%）

（14）衡阳电力发展股份有限公司（66.23%）

（15）龙滩水电开发有限责任公司（65%）

（16）长春第二热电有限责任公司（62.7%）

（17）安徽电力股份有限公司（62%）

（18）安徽电力股份有限公司淮南田家庵发电厂（62%）

（19）湖南省石门电厂（61.50%）

（20）保定华源热电有限责任公司（61%）

（21）七台河第一发电有限责任公司（60%）

（22）洛阳双源热电有限责任公司（60%）

（23）许昌龙岗发电有限责任公司（60%）

（24）湖南湘潭发电有限责任公司（60%）

（25）三门峡华阳发电有限责任公司（55%）

（26）广西桂冠电力股份有限公司（54.54%）

（27）广西桂冠电力股份有限公司大化水力发电总厂（54.54%）

（28）广西桂冠电力股份有限公司百龙滩电厂

(54.54%)

(29) 安徽淮南洛能发电有限公司(洛河二期)(52.8%)

(30) 信阳华豫发电有限公司(51%)

(31) 鸡西热电有限责任公司(在建)(50%)

(32) 江苏徐塘发电有限责任公司(50%)

(33) 陕西石泉发电有限责任公司(48.59%)

(34) 湖南华银电力股份有限公司(48.03%)

(35) 湖南华银株洲火力发电公司(48.03%)

(36) 湖南华银株洲火力发电公司(在建)(48.03%)

(37) 湖南华银电力股份有限公司金竹山火力发电分公司(48.03%)

(38) 兰州西固热电有限责任公司(46.88%)

(39) 北京大唐发电股份有限公司(35.42%)

(40) 北京大唐发电股份有限公司下花园发电厂(35.42%)

(41) 北京大唐发电股份有限公司张家口发电厂(35.42%)

(42) 北京大唐发电股份有限公司张家口发电厂(沙岭子电厂二期)(35.42%)

(43) 北京大唐发电股份有限公司高井发电厂(35.42%)

(44) 北京大唐发电股份有限公司陡河发电厂(35.42%)

(45) 河北华泽水电开发有限公司(在建)(32.03%)

(46) 天津大唐盘山发电有限责任公司(在建)(26.57%)

(47) 湖南张家界水电开发有限责任公司(24.5%)

(48) 内蒙古大唐托克托发电有限责任公司(在建)(21.25%)

(三) 集团公司参股公司(11户)

(1) 珲春发电有限责任公司(48.6%)

(2) 安徽马安山万能达发电有限责任公司(40%)

(3) 陕西秦华发电有限责任公司(40%)

(4) 保定余热电厂(7号机)(33.33%)

(5) 河北国华定州发电有限责任公司(在建)(30%)

(6) 安徽省合肥联合发电有限责任公司(27.5%)

(7) 阳城国际发电有限责任公司(在建)(25%)

(8) 长春第一热电有限责任公司(25%)

(9) 永昌发电厂(25%)

(10) 天生桥一级水电开发有限责任公司(20%)

(11) 新力发电有限责任公司(14.58%)

(编辑部摘编)

# 中国华电集团公司章程、内设机构及成员单位

## 一、中国华电集团公司章程

### 第一章 总 则

**第一条** 为确立中国华电集团公司(以下简称集团公司)的法律地位和行为准则,保障集团公司的合法权益,规范集团公司的管理和运作。根据国家有关法律、法规,制定本章程。

**第二条** 集团公司的中文全称:中国华电集团公司,简称:中国华电。英文全称:China Huadian Corporation,简称:China Huadian,缩写:CHD。

**第三条** 集团公司法定住所:北京市西城区西直门内大街273号。

**第四条** 集团公司是在原国家电力公司部分企事业单位基础上组建的国有企业,经国务院批准并在国家工商行政管理部门登记注册,具有独立的企业法人资格,其合法权益和经营活动受国家法律保护。

集团公司根据业务发展需要,可依法设立子公司、分公司、代表处等分支机构。集团公司以其出资额为限,对其全资企业、控股企业、参股企业(以下简称有关企业)承担有限责任。

**第五条** 经国务院批准,集团公司进行国家授权投资的机构和国家控股公司的试点。

**第六条** 根据《国有企业监事会暂行条例》的有关规定,接受国务院派出的国有企业监事会的监督,支持和配合监事会依法开展监督检查工作。

**第七条** 集团公司在国家宏观调控和行业监管下,依法经营、照章纳税,维护国家利益,自主进行各项经营活动。

### 第二章 注册资本和经营范围

**第八条** 集团公司注册资本为人民币120亿元。

**第九条** 集团公司的经营宗旨是:遵守国家法律、法规,执行国家政策,根据国民经济中长期发展规划、国家产业政策、电力工业发展规划和市场需求,依法自主从事生产经营活动。坚持改革、改组、改造,加强管理。积极利用国内外资本加快结构调整和资源优化配置,发挥集团整体优势,增强在国内国际市场的竞争能力。促进我国电力工业发展,保证国有资产保值增值。

**第十条** 集团公司主要经营下列业务：

（一）依法经营集团公司及有关企业中由国家投资形成并由集团公司拥有的国有资产（含国有股权，下同）。

（二）从事电源的开发、投资、建设、经营和管理，组织电力（热力）生产和销售。

（三）从事与电力能源开发有关的物资经销，环保、科技开发，信息咨询，工程建设与监理，设备制造与检修，以及交通运输、房地产开发、物业管理等电力相关业务的投资、建设、经营和管理。

（四）根据国家有关规定，经有关部门批准从事国内外投融资业务。

（五）经国家批准，自主开展外贸流通经营、国际合作，对外工程承包和对外劳务合作等业务。

（六）经营国家批准或允许的其他业务。

## 第三章 组织机构

**第十一条** 集团公司实行总经理负责制，总经理为集团公司的法定代表人。集团公司设副总经理若干名，总会计师1名。可根据经营管理需要，设总工程师、总经济师各1名。副总经理根据集团公司章程的规定和总经理的委托履行相应的职责，协助总经理工作，并对总经理负责。集团公司领导人员职务管理按有关规定执行。

**第十二条** 总经理负责集团公司的全面工作，主要行使下列职权：

（一）贯彻执行党的方针、政策，向国务院及有关部门和单位请示、报告工作。

（二）组织制定和实施集团公司发展战略、发展规划、重大固定资产投资项目和重大资本运营项目。

（三）组织制定和实施集团公司年度经营计划和投融资计划。

（四）组织制定和实施集团公司年度财务预、决算方案。

（五）组织审定集团公司内部的利润分配方案和弥补亏损方案。

（六）召集并主持总经理办公会议。

（七）行使国务院及有关部门授予的其他职权。

**第十三条** 总经理办公会议研究决定下列重要事项：

（一）集团公司的发展战略、发展规划、年度经营计划。

（二）有关资源配置、投融资计划、资本运营、利润分配和集团公司内部管理体制、组织结构调整和机构设置等重大决策。

（三）聘任或解聘集团公司全资企业的领导成员及集团公司总部各部门负责人。按法定程序和出资比例向控股、参股企业委派或更换股东代表；推荐董事会、监事会成员。

（四）拟定集团公司章程修改方案，制定集团公司重要管理制度。

（五）审批子公司章程和重大决策方案。

（六）审批子公司限额（具体限额由集团公司确定）以上投资、借贷、对外担保。对控股或参股企业通过董事会实施。

（七）审定子公司注册资本的增减和股票、债券的发行方案。

（八）拟定集团公司增加或减少注册资本的方案；拟定集团公司合并、分立、变更公司形式、解散的方案；拟定集团公司发行股票、债券的方案。

（九）集团公司其他重大事项。

总经理办公会议由总经理主持，副总经理和有关负责人参加。总经理、副总经理对职权范围内决定的重大问题，承担相应的责任。

为保证决策的科学民主，避免或减少决策失误，总经理办公会议要按有关规定建立严格的、可追溯的决策责任追究制度。

**第十四条** 集团公司根据经营管理和发展的需要，按照精简、统一、效能和权责一致的原则，设置总部管理机构，并在总经理领导下开展工作。

**第十五条** 集团公司党的组织及纪检、监察机构的设置，按照《中国共产党章程》和有关规定办理。

## 第四章 职责与权限

**第十六条** 集团公司的主要职责：

（一）执行国家法律、法规和产业政策，在国家宏观调控下和行业监管下，以市场需求为导向，依法自主经营。集团公司接受国务院有关部门的业务指导和行业管理。

（二）对有关企业的有关国有资产行使出资人权利，依法经营、管理和监督，并相应承担保值增值责任。

（三）根据国民经济中长期发展规划、国家产业政策、电力工业发展规划和市场需求，制定并组织实施集团公司的发展战略、中长期发展规划及年度计划及重大生产经营决策。

（四）依据国家法律、法规和有关政策，优化配置生产要素，组织实施重大投资活动，对投入产出效果负责。加快技术创新和科技进步，增强市场竞争力，促进我国电力工业持续、快速、健康发展。

（五）深化企业改革，加快结构调整，转换企业经营机制，建立现代企业制度，强化内部管理，妥善做好企业重组、精简机构和富余人员分流与再就业工作，维护企业和社会稳定。

谨贺春节特告华电集团
全体职员，希望你们加快电力建设、
保证安全生产，为2010年新一
轮奋斗作出努力。
李鹏
一月廿三日

中国华电集团公司党组书记、总经理　贺恭

中国华电集团公司党组书记、总经理贺恭（中），党组成员、副总经理曹培玺（左二）、陈飞虎（右二）、程念高（右一）、任书辉（左一）在接受中共中央和国务院任命后，在人民大会堂合影留念。

2003年11月8日，“西电东送”重点项目工程——构皮滩水电站工程正式开工。

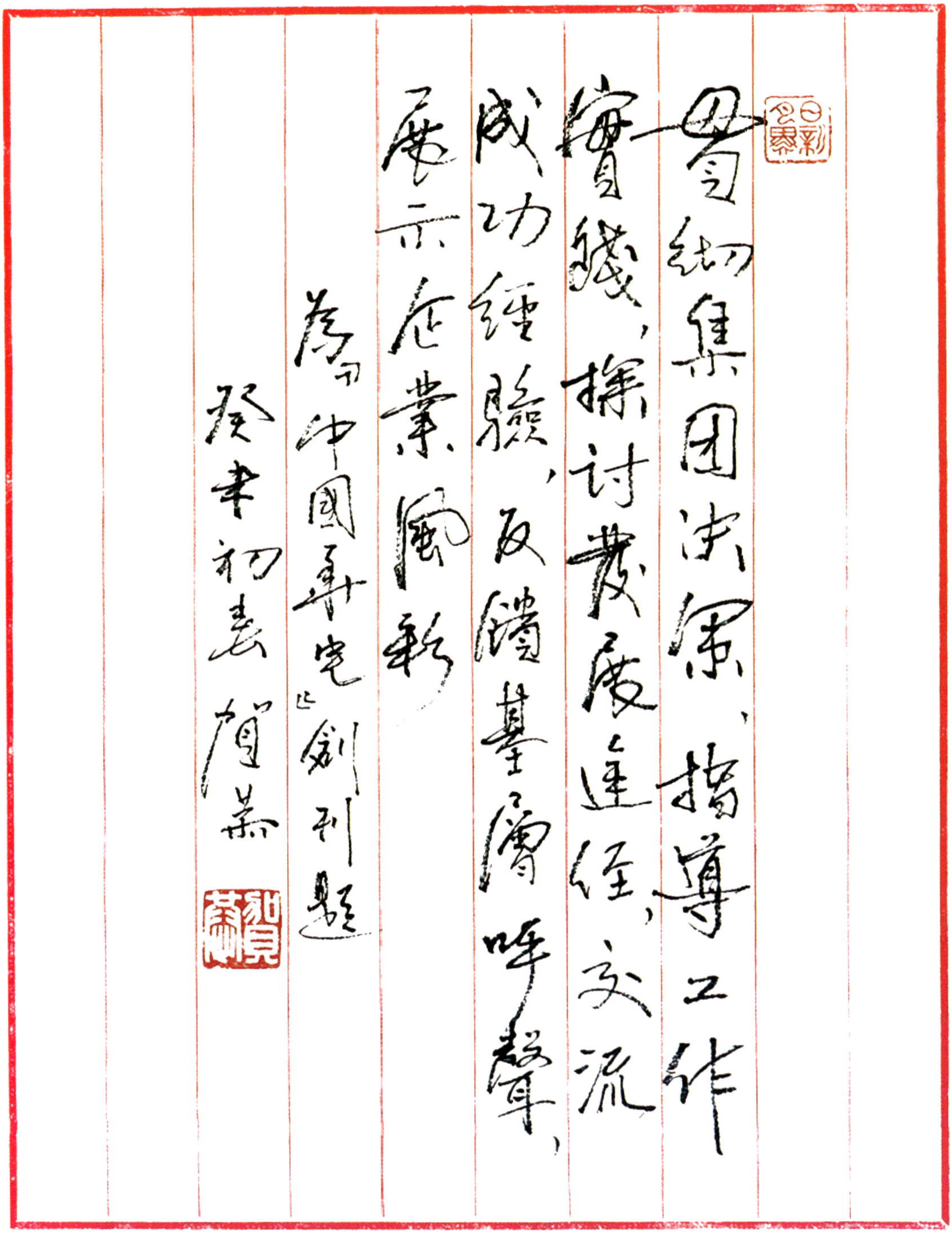


中国华电集团公司总经理贺恭为《中国华电》创刊题词。

（六）指导和加强集团公司有关企业思想政治工作和精神文明建设，统一管理集团公司的名称、商标、商誉等无形资产，搞好集团公司企业文化建设。

（七）承担国务院及有关部门委托的其他工作。

**第十七条** 集团公司的主要权限：

（一）集团公司在保证有关企业合法权益和自身发展需要的前提下，可依照《中华人民共和国公司法》等有关规定，集中部分国有资产收益，用于国有资本的再投入和进行结构调整。

（二）按照国家有关法律法规的规定，自主决定全资子公司国有资产重组、转让、租赁及外部资产的收购、兼并等事宜。对控股或参股企业的上述相同事宜，通过法定程序决定或参与决定。

（三）享有投资决策权。按照国家有关规定，管理集团公司及有关企业的投资项目，并负责组织实施。

（四）根据国家有关规定，经国务院主管部门批准，集团公司享有外事审批权、外贸流通经营权、对外投融资权、对外担保权、对外工程承包权和对外劳务合作权。

（五）根据国家有关规定，自主决定集团公司本部内部管理体制和机构设置。依法决定有关企业的经营方式、分配方式和重大生产经营决策，以及合并、分立、解散等事项。

（六）按照干部管理权限和程序，任免和管理全资企业的领导成员以及集团公司总部各部门负责人；按法定程序和出资比例，向控股企业和参股企业委派或更换股东代表，推荐董事会、监事会成员。

（七）统一管理集团公司及有关企业的涉外工作。集团公司领导人员出国审批权限按国家有关规定执行。

（八）国务院及有关部门授予的其他权限。

## 第五章 集团公司与有关企业的关系

**第十八条** 集团公司与有关企业组成企业集团，名称为中国华电集团。集团公司是中国华电集团的母公司，与有关企业之间是以资本为纽带的母子公司关系，集团公司按照《中华人民共和国公司法》和国有大型企业集团试点的有关规定，逐步建立规范的母子公司体制，充分调动有关企业的积极性。

**第十九条** 按照国家有关规定，集团公司审批和监督子公司的重点投资项目，审核全资子公司的财务预、决算，审批子公司对外的重大投资、举债、抵押和担保。

**第二十条** 集团公司对国家投资形成并由集团公司拥有有关企业对集团公司投资形成的全部资产向集团公司承担保值增值责任。集团公司依照法定程序检查、考核有关企业业务经营和国有资产保值增值状况。

**第二十一条** 集团公司在制定集团发展战略、调整结构、协调利益等方面发挥主导作用，是重大投资、经营活动的决策与管理中心。

**第二十二条** 集团公司有关企业依法享有生产经营自主权。集团公司有关企业应加强管理和协作配合，共同提高经济效益和社会效益。

## 第六章 财务会计和审计

**第二十三条** 依照国家法律、法规和财政部的有关规定，建立健全集团公司及有关企业的财务、会计制度。

**第二十四条** 集团公司的会计年度自公历 1 月 1 日起至 12 月 31 日止。在每一会计年度终了时编制财务报告，并依法经有资格的会计（审计）机构审查验证。

**第二十五条** 集团公司按国家规定，对全资企业、控股企业实行合并财务报表制度。

**第二十六条** 集团公司的财务关系在财政部单列。

**第二十七条** 集团公司以人民币为记账本位币。根据经营需要，经批准可分别开设人民币账户和外汇账户。

**第二十八条** 集团公司按照国家有关规定，建立内部审计机构，实行内部审计制度。在总经理领导下，内部审计机构对集团公司及全资企业、控股企业以及分公司、代表处等分支机构的经营管理活动进行审计监督，并定期提交内部审计报告。

## 第七章 劳动人事制度

**第二十九条** 集团公司遵照国家有关劳动人事的法律、法规和政策，根据建立现代企业制度的要求和生产经营需要，制定劳动、人事和工资制度。

**第三十条** 集团公司可依据国家政策和集团公司长远发展要求，逐步建立和完善适应社会主义市场经济体制、竞争有序的激励和约束机制。

**第三十一条** 集团公司遵守国家有关劳动保护法律、法规，执行国家有关政策，保障劳动者的合法权益。有关企业职工参加地方社会保险事宜按国家有关规定办理。

## 第八章 附 则

**第三十二条** 本章程经国务院原则同意由国家经济贸易委员会印发后生效。

**第三十三条** 集团公司根据需要可修改章程。章程的修改经国家经济贸易委员会核报国务院批准，由国家经济贸易委员会印发后生效。

**第三十四条** 本章程未尽事宜，按照国家有关法律、法规和政策执行。

**第三十五条** 本章程由集团公司负责解释。

二、中国华电集团公司（本部）组织结构图

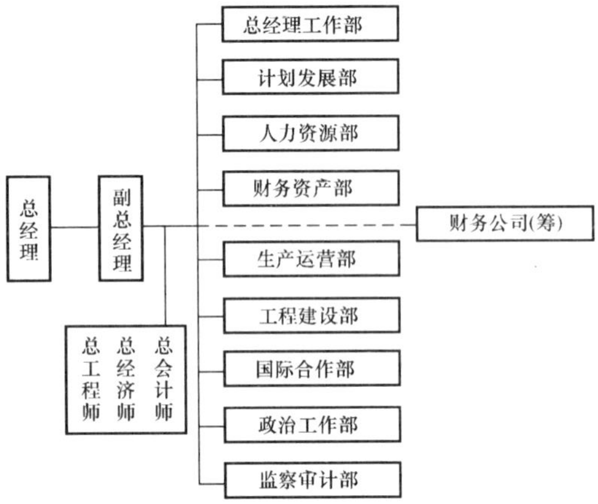


三、中国华电集团公司成员单位

（一）全资企业（5个）

（1）中国华电工程（集团）公司

（2）山东黄岛发电厂（1号、2号机）

（3）密云水电厂

（4）苏州国家高新技术产业开发区望亭发电有限公司

（5）大龙发电厂

（二）内部核算企业（43个）

（1）北京第二热电厂

（2）北京第三热电厂

（3）石家庄水力发电总厂

（4）石家庄热电厂

（5）哈尔滨热电厂

（6）牡丹江发电厂

（7）牡丹江第二发电厂（非经营）

（8）佳木斯发电厂

（9）富拉尔基发电总厂

（10）望亭发电厂

（11）乌溪江水力发电厂

（12）艮山门发电厂

（13）杭州闸口发电厂

（14）福建永安火电厂

（15）福建漳平电厂

（16）福建省厦门电厂

（17）福建省古田溪水力发电厂

（18）福建省邵武电厂

（19）福建省南靖船场溪水力发电厂

（20）福建省龙岩电厂

（21）福建省华安水力发电厂

（22）福建省安砂水力发电厂

（23）福建省池潭水力发电厂

（24）福建省福州电厂

（25）湄州湾电厂运行分公司

（26）富水水力发电厂

（27）黄石电厂

（28）湖北省武昌热电厂

（29）湖北省青山热电厂

（30）宝珠寺水力发电厂

（31）宜宾发电总厂

（32）攀枝花发电公司

（33）内江发电总厂

（34）五通桥发电厂

（35）磨房沟发电厂

（36）苇湖梁发电厂

（37）清镇发电厂

（38）遵义发电总厂

（39）云南省以礼河发电厂

（40）云南省昆明发电厂

（41）云南省巡检司发电厂

（42）云南省绿水河发电厂

（43）云南省石龙坝发电厂

（三）控股企业（47个）

（1）新疆喀什发电有限责任公司（在建）（90.00%）

（2）哈密天光发电有限责任公司（在建）（85.00%）

（3）新疆苇湖梁发电有限责任公司（82.00%）

（4）四川广安发电有限责任公司（80.00%）

（5）四川宜宾发电有限责任公司（在建）（80.00%）

（6）福建漳平发电有限公司（75.00%）

（7）陕西蒲城发电有限责任公司（70.00%）

（8）河北热电有限责任公司（在建）（68.48%）

（9）四川黄桷庄发电有限责任公司（67.25%）

（10）福建闽能水电开发有限公司（67.00%）

（11）杭州半山发电有限公司（64.00%）

（12）成都三源热力有限责任公司（60.80%）

（13）福建棉花滩水电开发有限公司（60.00%）

（14）福建闽能邵武发电有限公司（60.00%）

（15）陕西蒲城发电有限责任公司二期（在建）（60.00%）

（16）新疆红雁池第二发电有限责任公司（在建）（60.00%）

（17）毕节头步发电厂（60.00%）

（18）铁岭发电厂（57.00%）

（19）哈尔滨发电有限责任公司（56.95%）

（20）扬州发电有限公司（55.29%）

（21）山东国际电源开发股份有限公司（53.56%）

（22）山东国际电源开发股份有限公司邹县发电厂（53.56%）

（23）山东国际电源开发股份有限公司莱城发电厂（53.56%）

（24）山东国际电源开发股份有限公司莱城发电厂（在建）（53.56%）

（25）山东国际电源开发股份有限公司十里泉发电厂（53.56%）

（26）湖北黄石发电股份有限公司（52.41%）

（27）闽东水电开发有限公司（51.00%）

（28）闽东水电开发有限公司（在建）（51.00%）

（29）新疆昌吉热电有限责任公司（51.00%）

（30）贵州乌江水电开发有限责任公司（51.00%）

（31）贵州乌江水电开发有限责任公司洪家渡电站建设公司（在建）（51.00%）

（32）乌江渡发电厂（51.00%）

（33）乌江渡发电厂扩机工程项目建设管理部（在建）（51.00%）

（34）贵州乌江水电开发有限责任公司东风发电厂（51.00%）

（35）哈尔滨第三发电有限责任公司（50.00%）

（36）四川杂谷脑水电开发有限责任公司（在建）（49.00%）

（37）淄博山国电热电有限公司（在建）（48.20%）

（38）戚墅堰发电有限公司（41.5%）

（39）黑龙江电力股份有限公司（40.19%）

（40）山东章丘发电有限责任公司（在建）（37.49%）

（41）牡丹江第二发电厂（34.24%）

（42）贵州黔源股份有限公司引子渡水电站（在建）（31.05%）

（43）青岛发电厂（29.64%）

（44）山东滕州新源热电有限责任公司（在建）（29.18%）

（45）贵州黔源股份有限公司（27.42%）

（46）贵州黔源股份有限公司水城发电厂（27.42%）

（47）贵州黔源股份有限公司普定发电公司（27.42%）

（四）参股企业（22个）

（1）北京京西发电有限责任公司（48%）

（2）石家庄华电供热集团有限公司（45%）

（3）湖北华能苏家湾发电有限责任公司（44.49%）

（4）哈尔滨热电厂（5号、6号机）（37%）

（5）扬州苏源发电有限责任公司（34%）

（6）山东菏泽发电厂（集资电厂）（30%）

（7）湖北金源水电发展有限公司（28.36%）

（8）江苏电力发展股份有限公司（25.52%）

（9）贵州安顺电厂（18%）

（10）山东潍坊发电厂（16.07%）

（11）四川省乐山市金粟发电厂（12.05%）

（12）苏州工业园区发电有限责任公司（10%）

（13）浙江钱清发电有限责任公司（10%）

（14）浙江钱清发电有限责任公司（二期）（在建）（10%）

（15）杭州望江门热电有限公司（10%）

（16）福州市榕昌柴油机发电有限公司（10%）

（17）四川福堂水电有限公司（在建）（10%）

（18）拿口发电有限公司（6.3%）

（19）湖北黄石发电股份有限公司（5.35%）

（20）晋江晋源柴油机发电有限公司（5%）

（21）二滩水电开发有限责任公司（4%）

（22）四川马回电力股份有限公司（1.35%）

（编辑部摘编）

# 中国国电集团公司章程综述、内设机构及成员单位

## 一、中国国电集团公司章程综述

### （一）集团公司的名称、性质

1. 名称　集团公司的中文全称：中国国电集团公司，简称：国电集团公司；英文全称：China Guodian Corporation，简称：China Guodian，缩写：GD。

以中国国电集团公司（以下简称集团公司）为母公司组成企业集团，名称为中国国电集团。依照中国国电集团公司章程，经母公司批准，集团成员单位的名称可冠以“中国国电集团”字样。

2. 性质　集团公司是在原国家电力公司部分企事业单位基础上组建的国有企业，经国务院同意进行国家授权投资的机构和国家控股公司的试点。集团公司组建后，对其全资企业、控股企业、参股企业（以

下简称有关企业），依照《中华人民共和国公司法》（以下简称《公司法》）逐步进行改组和规范。

（二）集团公司的组建原则、方式和成员单位

1. 组建原则

（1）政企分开。集团公司是自主经营、自负盈亏、自我发展、自我约束的企业法人实体和市场主体，不承担政府职能。

（2）优化资源配置。根据国家产业政策，以市场为导向，以经济效益为中心，按照专业化生产和规模经济的要求，调整结构，增强市场竞争能力，提高资源利用效率。

（3）建立现代企业制度。集团公司依照《公司法》对有关企业逐步进行改组和规范，建立以资本为纽带的母子公司体制，逐步建立起符合社会主义市场经济要求的管理体制和运行机制。

（4）提高竞争能力。在国家宏观调控和行业监管下，集团公司以资本运营为主要经营手段，精干主业，分离辅业，提高综合实力。

（5）稳步实施。集团公司的组建和结构调整，要统筹规划、精心组织、逐步推进、稳步实施，保证安全生产、企业稳定和正常经营。

2. 组建方式　集团公司在原国家电力公司部分企事业单位基础上组建。组建集团公司所涉及成员单位的有关国有资产（含国有股权，下同）均实行无偿划转，不进行资产评估和审计验资。遗留问题逐步清理，妥善处理。有关财务关系的划转，由财政部商有关部门研究办理。

3. 成员单位　集团公司主要成员单位包括6个全资企业、41个内部核算单位、53个控股企业和19个参股企业。

（三）集团公司的注册资本、经营范围和法定场所

1. 注册资本　集团公司注册资本暂定为人民币120亿元，具体由财政部另行核定。

2. 经营范围

（1）经营集团公司及有关企业中由国家投资形成并由集团公司拥有的全部国有资产。

（2）从事电源的开发、投资、建设、经营和管理，组织电力（热力）生产和销售。

（3）从事煤炭、发电设施、新能源、交通、高新技术、环保产业、技术服务、信息咨询等电力业务相关的投资、建设、经营和管理。

（4）根据国家有关规定，经有关部门批准，从事国内外投融资业务。

（5）经国家批准，自主开展外贸流通经营、国际合作、对外工程承包和对外劳务合作等业务。

（6）经营国家批准或允许的其他业务。

3. 法定场所　集团公司法定住所：北京市西城区三里河东路5号中商大厦。

（四）集团公司的目标、主要职责和权限

1. 目标

（1）近期目标：在确保安全和稳定的前提下，完成集团公司业务、债务、资产、机构和人员重组；妥善处理不良资产；以市场为导向，转换经营机制，加快结构调整，建立现代企业制度，确保安全生产、职工队伍稳定和国有资产保值增值。

（2）远期目标：通过制度创新、管理创新、科技创新，不断提高劳动生产率和资产收益率。以发电为主导产业，兼顾相关产业，充分发挥核心企业的竞争优势，加大资本运营力度，充分利用各种资源，逐步发展成为具有先进管理水平和较强市场竞争力的大型企业集团。

2. 主要职责

（1）执行国家法律、法规和产业政策，在国家宏观调控和行业监管下，以市场需求为导向，依法自主经营。

（2）对有关企业的有关国有资产行使出资人权利，对有关企业中由国家投资形成并由集团公司拥有的国有资产依法经营、管理和监督，并相应承担保值增值责任。

（3）根据国民经济中长期发展规划、国家产业政策、电力工业发展规划，制定、实施集团公司的发展战略、中长期发展规划、年度计划和重大生产经营决策。

（4）根据国家法律、法规和有关政策，优化配置生产要素，组织实施重大投资活动，对投入产出效果负责。加快技术创新和科技进步，增强市场竞争力，促进我国电力工业持续、快速、健康发展。

（5）深化企业改革，加快结构调整，转换企业经营机制，建立现代企业制度，强化内部管理，妥善做好企业重组、精简机构和富余人员分流与再就业工作，维护企业和社会稳定。

（6）指导和加强集团公司有关企业思想政治工作和精神文明建设，统一管理集团公司的名称、商标、商誉等无形资产，搞好集团公司企业文化建设。

（7）承担国务院及有关部门委托的其他工作。

3. 主要权限

（1）集团公司在保证有关企业合法权益和自身发展需要的前提下，可依照《公司法》等有关规定，集中部分国有资产收益，用于国有资本的再投入和结构调整。

（2）按照国家有关法律法规的规定，自主决定全资子公司国有资产的重组、转让、租赁及外部资产的收购、兼并等事宜。对控股或参股企业的上述相同事

中国国电集团公司党组书记、总经理　周大兵

# 做实 做新 做大 做强

中国国电集团公司求真务实加快发展座谈会暨总经理工作会议

远景中的瀑布沟水电站，设计容量3300MW。

瀑布沟水电站左岸施工现场

宜，通过法定程序决策或参与决定。

（3）享有投资决策权。按照国家有关规定，管理集团公司及有关企业的投资项目，并组织实施。

（4）根据国家有关政策规定，经国务院主管部门批准，集团公司享有外事审批权、外贸流通经营权、对外投融资权、对外担保权、对外工程承包权和对外劳务合作权。

（5）根据国家有关规定，自主决定集团公司内部管理体制和机构设置。依法决定有关企业的经营方式、分配方式和重大生产经营决策，以及合并、分立、解散等事项。

（6）按照干部管理权限和程序，任免和管理全资企业的领导成员以及集团公司总部各部门负责人；按法定程序和出资比例，向控股企业和参股企业委派或更换股东代表，推荐董事会、监事会成员。

（7）统一管理集团公司及有关企业的涉外工作。集团公司领导人员出国审批权限按国家有关规定执行。

（8）国务院及有关部门授予的其他权限。

（五）集团公司的管理体制、机构设置及党的组织

（1）集团公司由中央管理。按照《中共中央关于成立中共中央企业工作委员会及有关问题的通知》（中发［1999］18号）和《国务院关于印发电力体制改革方案的通知》（国办发［2002］5号）精神，集团公司领导班子和领导人员由中央管理；资产管理及有关的财务关系由财政部负责；其他关系依照《中共中央办公厅、国务院办公厅关于印发中央党政机关与所办经济实体和管理的直属企业脱钩的有关配套文件的通知》（中办发［1999］8号）精神办理。

（2）按照《国有企业监事会暂行条例》的有关规定，国务院向集团公司派出国有重点大型企业监事会，对其国有资产保值增值状况实施监督。

（3）集团公司实行总经理负责制，总经理是集团公司的法定代表人。

（4）集团公司按照精简、统一、效能和权责一致的原则，设置内部管理机构。

（5）集团公司党的组织及纪检、监察机构的设置，按照《中国共产党章程》和有关规定办理。

（六）集团公司的内部关系

（1）集团公司与有关企业是以资本为纽带的母子公司关系，按照《公司法》和国家大型企业集团试点的有关规定，建立母子公司体制。集团公司应进一步规范与有关企业的关系，充分调动有关企业的积极性。

（2）集团公司在制定集团发展战略、调整结构、协调利益等方面发挥主导作用，是投融资、资本运营、科技开发、市场开拓、对外贸易和经济技术合作与交流等重大投资、经营活动的决策和管理中心。

（3）集团公司有关企业是自主经营、独立核算、自负盈亏的法人实体，对集团公司承担国有资产保值增值责任；遵守集团公司章程，执行集团公司有关发展战略、结构调整、专业化分工等重大决策。集团公司依照法定程序检查、考核有关企业业务经营和国有资产保值增值状况。

（4）集团公司建立健全内部财务及审计监督制度，加强资金和成本管理，实行合并财务报表制度，统筹管理核心业务，发挥集团整体优势，提高在国内外市场的竞争力。

（七）集团公司与外部的关系

（1）集团公司接受国务院有关部门的业务指导和行业管理。

（2）中国国电集团公司作为一个整体列入国务院确定的试点企业集团名单，享受《国务院批转国家计委、国家经贸委、国家体改委关于深化大型企业集团试点工作意见的通知》（国发［1997］15号）规定的各项政策。集团公司列入国有大中型重点企业名单，享受国家对国有大中型重点企业的有关政策。

（3）集团公司的资产与财务关系由财政部负责，在财政部单列。

（4）集团公司为完成国家任务所需资源和生产经营条件，凡属国家统一配置范围内的，均在国家相应计划中单列，并由集团公司统一组织实施。

（5）集团公司组建过程中，涉及上市公司股权重组时，有关各方根据国家法律、法规和有关规定办理。集团公司在决策和管理过程中，要依法保证有关上市公司自主经营、自负盈亏，防止控股股东损害小股东合法权益。

（6）集团公司组建后，国务院及有关部门对有关企业实行的原有优惠政策继续保持不变。

（7）集团公司及所属企业涉及有关社会、城市行政管理等方面事宜，以及与地方有关的经济联系，继续接受当地政府的指导和协调。企业职工参加社会保险事宜按国家有关规定办理。

（8）集团公司及所属企业与国内同行业的其他发电公司是平等、竞争、协作、互利的市场主体。集团公司与电网公司及其他电力企事业单位要加强协作，促进我国电力工业健康发展。

## 二、中国国电集团公司本部各部门主要职责

（一）总经理工作部（国际合作部）

协助公司领导协调公司本部的日常工作；负责处理公司的日常事务；负责制订公司对外经济技术合

作、技术引进等有关事务及对外交流、外事管理和涉及港澳台工作；负责公司本部政策、规章性文件的审核，负责公司的法律事务及合同管理；归口负责公司系统体制改革工作；负责公司公共关系、形象战略、新闻宣传和办公自动化工作以及公司本部机关财务、后勤等有关具体事务的管理。

（二）计划发展部

研究拟定公司的经营战略、发展战略；拟定公司的中、长期发展规划；负责电源项目开发的前期管理和后评价工作；组织制定公司的年度生产经营、固定资产投资等综合计划；负责公司的直接融资业务；负责公司技术改造项目的立项审批工作；负责组织公司控股公司董事会有关议题的审定工作；负责公司经济活动分析和综合统计分析工作。

（三）人力资源部

制定公司人力资源开发战略并组织实施；负责公司系统有关单位领导班子建设和后备干部队伍建设管理工作；负责公司系统董事、监事的选派、管理与工作协调：负责公司系统劳动、工资、社会保险、企业年金（企业补充养老保险）、企业补充医疗保险和技能鉴定管理工作；负责公司内部工效挂钩清算工作；归口公司责任制考核和奖惩工作；归口负责公司系统的职业培训和各类专业人才队伍建设工作；负责公司本部员工的管理与考核工作。

（四）财务产权部

负责编制公司的财务预、决算；负责公司的资产管理和产权管理；制订公司的财务管理制度和会计核算办法；负责公司间接融资工作；负责公司的担保、还贷及保险业务的管理；负责公司税、费等政策的制定和协调工作；管理指导资金结算中心工作；负责公司本部各项代管经费的使用管理；负责“工效挂钩”中利税、电量基数的核定以及对财政部的清算工作；参与电、热价的预算、报批工作。

资金结算中心：负责办理集团公司直属单位电热费结算和存款业务；实施内部资金收、支调度，组织内部信贷；解决短期资金缺口；负责集团公司现金流量计划，并对集团公司所属单位现金流量执行情况进行监督和考核。

（五）安全生产部

负责公司的安全管理及监督检查工作；负责公司电力生产业务的管理与协调工作；负责公司所属发电企业大小修计划、费用的安排和实施工作；负责公司在建项目的生产准备工作；负责公司技术改造和节能降耗工作；负责公司发电设备可靠性管理和技术监督工作。

（六）市场营销部

负责电力市场开发与电力营销工作；组织对电力市场的研究、分析和预测；组织制定和实施年度电力营销计划；负责公司管理的有关发电企业电量、电价、电费结算以及有关协议的管理工作。

（七）工程建设部

负责公司投资的新、扩建及技术改造项目的建设管理；组织项目初步设计与审查及竣工验收工作；负责项目开工的组织工作，负责项目的综合进度计划、年度施工计划和年度资金需求计划、概预算、合同的管理及投资控制；负责项目的管理、安全监督与质量管理；协调解决公司系统工程建设中的重大问题；负责新能源的研究、建设与开发；负责公司招投标委员会的日常工作。

（八）科技环保部

制定公司的科技、环保发展规划、重大项目开发计划和年度计划；组织协调公司重大科技项目的开发和技术攻关；组织对进入公司系统新技术的技术认定和新技术、新材料、新工艺的推广应用；负责公司系统产业信息化；负责公司系统的环境保护及环保技术改造工作。

（九）综合开发部

负责研究制定公司多种产业发展战略和规划，并组织实施；组织多种经营重点项目的开发与经营；负责公司系统的燃料、物资管理与经营工作；指导协调公司系统的多种经营工作。

（十）监察审计部

协助党组指导公司系统党风廉政建设和反腐败工作；制定纪检、监察、审计等有关制度和办法，并组织实施；负责公司系统有关举报、控告及重大案件的查处；指导公司系统的内部审计工作；负责审计公司系统各单位的财务收支及有关经营活动，对公司管理单位的主要负责人进行任期经济责任审计。

（十一）政治工作部

负责公司本部及在京单位党的建设、工会和共青团工作；指导公司系统党的建设和思想政治工作；组织开展双文明单位创建工作，推动公司系统精神文明建设；负责公司系统的企业文化建设。

## 三、中国国电集团公司成员单位

（一）内部核算企业和全资企业（46个）

（1）龙源电力集团公司

（2）国电环境保护研究所

（3）滦河发电厂

（4）天津第一热电厂

（5）天津北塘

（6）天津桃花寺

（7）一五〇发电厂

（8）邯郸热电厂

(9) 山西霍州发电厂
(10) 山西太原第一热电厂
(11) 锦州发电厂
(12) 吉林热电厂
(13) 镇江谏壁发电厂
(14) 温州梅屿发电厂
(15) 温州百丈际水力发电厂
(16) 温州东屿发电厂
(17) 江厦潮汐试验电站
(18) 江西万安水电厂
(19) 江西九江发电厂
(20) 松木坪电厂
(21) 湖北省沙市热电厂
(22) 湖北省荆门热电厂
(23) 岷江发电厂
(24) 龚嘴水力发电总厂(非经营)
(25) 万源发电厂
(26) 成都热电厂
(27) 江油发电厂
(28) 华蓥山发电厂
(29) 宁夏大武口发电厂
(30) 宁夏石嘴山发电厂
(31) 新疆红雁池发电厂
(32) 凯里发电厂
(33) 贵州红枫发电总厂
(34) 都匀发电厂
(35) 贵阳发电厂
(36) 云南大寨发电厂
(37) 云南六郎河发电厂
(38) 云南宣威发电厂
(39) 云南小龙潭发电厂
(40) 广西合山电厂
(41) 南宁电厂管理处(退役)
(42) 桂林电厂管理处(退役)
(43) 北安发电厂
(44) 浙江风力发电发展有限责任公司
(45) 浙北发电工程公司留守管理处
(46) 新疆风力发电厂

(二) 控股企业(54个)

(1) 国电电力发展股份有限公司
(2) 大同二电厂
(3) 太平哨发电厂
(4) 桓仁发电厂
(5) 朝阳发电厂
(6) 大连开发区热电厂
(7) 国电大渡河流域水电开发有限公司
(8) 天津滨海电力有限公司
(9) 河北衡丰发电有限责任公司
(10) 河北邯郸热电股份有限公司
(11) 山西太一发电有限责任公司
(12) 辽宁国电节能环保开发有限公司
(13) 沈阳热电厂
(14) 丹东海洋红风力发电有限责任公司
(15) 双辽发电有限责任公司
(16) 双鸭山第一发电有限责任公司
(17) 北安热电有限责任公司
(18) 上海外高桥第二发电有限责任公司
(19) 浙江北仑发电有限责任公司
(20) 浙江北仑第一发电有限责任公司
(21) 浙江苍南风力发电有限公司
(22) 福建省平潭长江澳风电开发有限公司
(23) 福建省东山澳仔山风电开发有限公司
(24) 江西丰城发电有限责任公司
(25) 江西九江三期发电有限责任公司(在建)
(26) 湖北华能江山发电有限责任公司
(27) 湖北长源电力发展股份有限公司
(28) 湖北长源富水水力发电厂
(29) 湖北长源电力发展股份有限公司江津热电厂
(30) 湖北长源第一发电有限责任公司
(31) 十堰陡岭子水电有限责任公司(在建)
(32) 湖北松源发电有限责任公司
(33) 四川电力股份有限公司
(34) 四川蜀润电力开发公司(含蜀润磨房沟)
(35) 四川紫马电力有限责任公司
(36) 四川南桠河流域水电开发公司
(37) 甘肃洁源风电有限责任公司
(38) 甘肃洁源风电有限责任公司(在建)
(39) 甘肃靖远第一发电有限责任公司
(40) 宁夏石嘴山发电有限责任公司(在建)
(41) 新疆红雁池四期发电有限责任公司
(42) 新疆吉林台水电梯级开发有限责任公司
(43) 新疆精河发电有限责任公司
(44) 新疆塔城铁厂沟发电有限责任公司
(45) 新疆天风发电股份有限公司(在建)
(46) 新疆天石燃气发电有限责任公司
(47) 桂林虹源发电有限责任公司
(48) 贵阳发电厂技改(在建)
(49) 贵州安顺发电有限责任公司
(50) 云南阳宗海发电有限责任公司
(51) 云南宣威发电有限责任公司
(52) 云南硕多岗河发电有限责任公司
(53) 兰州第二热电厂
(54) 双辽发电厂

（三）参股企业（19个）

（1）张家口北方电力开发股份有限公司

（2）天津市津安热电有限公司

（3）天津陈塘热电有限公司

（4）桓仁明昊水力发电有限责任公司

（5）丰满国电水力发电有限责任公司

（6）吉林市松白增容发电有限责任公司

（7）吉林风力发电股份有限责任公司

（8）湖北清江水电开发有限责任公司

（9）湖北宜昌东山电力股份有限公司

（10）湖北汉新发电有限公司

（11）武汉高新热电股份有限公司

（12）湖北锁金山电力发展有限公司

（13）国电大渡河流域水电开发有限公司

（14）成都南新热电股份有限公司

（15）四川嘉陵电力有限公司

（16）靖远第二发电有限公司

（17）新疆达坂城风力发电有限责任公司

（18）曲靖发电有限责任公司二期（在建）

（19）南河水力发电厂

（编辑部摘编）

## 中国电力投资集团公司章程综述、内设机构及成员单位

### 一、中国电力投资集团公司章程综述

（一）集团公司的名称、性质

1. 名称　集团公司的中文全称：中国电力投资集团公司，简称：中电投集团公司；英文全称：China Power Investment Corporation，缩写：CPI。

以中国电力投资集团公司（以下简称集团公司）为母公司组成中国电力投资集团，简称中电投集团。依照中国电力投资集团章程，经母公司批准，集团成员企业的名称可冠以“中国电力投资集团”字样。

2. 性质　集团公司是经国务院批准，在原国家电力公司部分事业单位基础上组建的国有企业，经国务院同意进行国家授权投资的机构和国家控股公司的试点。集团公司组建后，对其全资企业、控股企业、参股企业（以下简称有关企业），依照《中华人民共和国公司法》（以下简称《公司法》）逐步进行规范。

（二）集团公司的组建原则、方式和成员单位

1. 组建原则

（1）政企分开。集团公司不承担政府职能，是自主经营、自负盈亏、自我发展、自我约束的企业法人实体。

（2）合理配置资源。根据国家产业政策，以市场为导向，以经济效益为中心，按照专业化生产和规模经济的要求，调整结构，增强市场竞争能力，提高资源利用效率。

（3）建立现代企业制度。集团公司依照《公司法》对有关企业逐步进行改建和规范，建立资本纽带关系，实行母子公司体制，逐步建立起符合社会主义市场经济要求的管理体制和运行机制。

（4）稳步实施。集团公司的组建和结构调整，要统筹规划，精心组织，逐步推进，稳步实施，保证安全生产、队伍稳定和正常经营。

2. 组建方式　集团公司按照《国务院关于印发电力体制改革方案的通知》（国发［2002］5号）精神，在原国家电力公司部分企事业单位基础上组建。组建集团公司所涉及的成员单位，其有关国有资产（含国有股权，下同）实行无偿划转，不再进行资产评估和审计验资。集团公司组建后，遗留问题逐步清理，妥善处理。有关财务关系的划转，由财政部商有关部门按规定办理。

3. 成员单位　集团公司成员单位包括全资企业2个，内部核算单位31个，控股企业49个，参股企业20个。

（三）集团公司的注册资本、经营范围和法定住所

1. 注册资本　集团公司注册资本为人民币120亿元（具体由财政部核定）。

2. 经营范围

（1）依法经营集团公司及其有关企业中由国家投资形成并由集团公司拥有的全部资产（含国有股权，下同）。

（2）从事电源的开发、投资、建设、经营和管理，组织电力（热力）生产和销售。

（3）从事电能设备的成套、配套、监造及进出口，工程建设、监理、物资经销、设备检修、科研和技术开发、房地产开发、物业管理、中介服务等电力相关业务的投资、建设、经营和管理。

（4）根据国家有关规定，经有关部门批准，从事国内外投融资业务。

（5）经国家批准，自主开展外贸流通经营、国际合作、对外工程承包和对外劳务合作等业务。

（6）经营国家允许或委托的其他业务。

3. 法定住所　集团公司法定住所：北京市宣武区广安门内大街338号。

（四）集团公司的目标、主要职责和权限

1. 目标

（1）近期目标：深化企业改革，通过改革、改组、改造和加强管理，建立并完善现代企业制度；转

中国电力投资集团公司党组书记、总经理　王炳华

李家峡水电站（4×400MW）

公伯峡水电站（5 × 300MW）

公伯峡水电站

换经营机制，加快结构调整，优化资源配置；精干主业，减员增效，主辅分离，辅业改制，稳定职工队伍，提高电力生产的安全可靠性；增强企业市场竞争力，加快发展，满足社会不断增长的电力需求，提高企业经济效益，实现国有资产的保值增值。

(2) 远期目标：坚持制度创新、科技创新、管理创新，走出一条科技含量高、经济效益好、资源消耗低、环境污染少、人力资源优势得到充分发挥的电源经营与开发建设的新路子；面向国际、国内两个市场，优化资源配置，以开放促改革、促发展，实施多元化战略，把集团公司建设成具有先进管理水平和较强市场竞争实力的大型企业集团。

2. 主要职责

(1) 执行国家法律、法规和产业政策，在国家宏观调控和行业监管下，以市场需求为导向，依法自主经营。

(2) 对有关企业的有关国有资产行使出资人权利，对有关企业中由国家投资形成的国有资产依法进行经营、管理和监督，并相应承担保值增值责任。

(3) 根据市场需求、国民经济中长期发展规划、国家产业政策，以及电力工业发展规划，制定集团公司发展战略，中长期发展规划和年度计划，经国家批准后组织实施。

(4) 根据国家法律、法规和有关政策、优化配置生产要素，组织实施重大投资活动，对投入产出效果负责，加快技术创新和科技进步，增强市场竞争力，促进我国电力工业发展。

(5) 深化企业改革，加快结构调整，转换企业经营机制，建立现代企业制度，强化内部管理妥善做好减员增效和富余人员分流与再就业工作，维护社会稳定。

(6) 指导和加强所属企业思想政治工作和精神文明建设，统一管理集团公司的名称、商标、商誉等无形资产，搞好集团公司内部企业文化建设。

(7) 承担国务院及有关部门委托的其他工作。

3. 主要权限

(1) 在保证有关企业合法权益和自身发展需要的前提下，可依照《公司法》等有关规定，集中部分国有资产收益，用于国有资本的再投入和结构调整。

(2) 按照国家有关法规，对有关企业的国有资产，属集团公司职权范围内的，可自主决定（对公司制企业需通过股东会、董事会决定或参与决定，下同）重组、转让、租赁与购并，并依法决定有关企业的存续、合并、分立或解散。

(3) 按照国家项目审批权限，管理集团公司及有关企业的投资项目；依法决定有关企业的经营方式、分配方式和重大生产经营决策。

(4) 根据国家有关政策，经国务院主管部门批准，集团公司享有一定的外事审批权、外贸流通经营权、对外投融资权、对外工程承包和对外劳务合作权。

(5) 自主决定集团公司总部内部管理体制和机构设置。按照干部管理权限和程序，任免和管理全资企业的领导成员以及集团公司总部各部门负责人；按法定程序和出资比例，向控股企业和参股企业委派或更换股东代表，推荐董事会、监事会成员。

(6) 统筹管理集团公司及有关企业的涉外工作。集团公司领导人员出国审批权限按国家有关规定执行。

(7) 国务院及有关部门授予的其他权限。

（五）集团公司的内外部关系

1. 公司内部关系

(1) 集团公司与有关企业是以资本为纽带的母子公司关系，按照《公司法》、国家大型企业集团试点有关规定、集团公司章程，以及集团章程规范相互之间的权利义务关系。

(2) 集团公司在制订集团发展战略、调整结构、协调利益等方面发挥主导作用，是集团投融资、资本运营、科技开发、市场开拓、对外贸易和经济技术合作与交流等重大经营活动的决策和管理中心。

(3) 集团公司有关企业是自主经营、独立核算、自负盈亏的法人实体，对集团公司承担国有资产保值增值的责任；遵守集团公司章程，执行集团公司有关发展战略、结构调整、专业分工等重大决策。集团公司依照法定程序检查、考核有关企业业务和国有资产保值增值状况。

(4) 集团公司要建立内部财务及审计监督制度，加强资金和成本管理，实行合并财务报表制度，统筹管理核心业务，发挥集团整体优势，提高在国内外市场的竞争力。

2. 集团公司与外部的关系

(1) 集团公司接受国务院有关部门的业务指导和行业管理，接受行业监管，可向有关部门直接联系相关业务。

(2) 集团公司作为一个整体列入国务院确定的试点企业集团名单和国务院的国有大中型重点联系企业（以下简称重点企业）名单，享受《国务院批转国家计委、国家经贸委、国家体改委关于深化大型企业集团试点工作意见的通知》（国发［1997］15号）规定的各项政策；同时，享受国务院确定的重点企业有关政策。

(3) 集团公司的资产与财务关系在财政部单列。

(4) 集团公司为完成国家任务所需资源和生产经营条件，凡属国家配置范围内的，均在国家相应计划中单列，并由集团公司统一组织实施。

（5）集团公司组建过程中，涉及上市公司股权重组时，有关各方应根据国家法律、法规和国务院证券管理机构的有关规定办理。集团公司在决策和管理过程中，要依法保证有关上市公司自主经营、自负盈亏，防止控股股东损害小股东的合法权益。

（6）集团公司组建后，国务院及有关部门对有关企业实行的原有优惠政策继续保持不变。

（7）集团公司及所属企业涉及有关社会、城市行政管理事宜，以及与地方有关的经济联系，继续接受当地政府的指导和协调。企业职工参加社会保险按国家有关规定办理。

（8）集团公司及所属企业与国内同行业的其他发电公司是平等、竞争、协作、互利的市场主体。集团公司与电网公司及其他电力企事业单位要加强协作，促进我国电力工业发展。

（六）集团公司的管理体制、机构设置及党的组织

（1）集团公司由中央管理。按照《中共中央关于成立中共中央企业工作委员会及有关问题的通知》（中发［1999］18号）和《国务院关于印发电力体制改革方案的通知》（国发［2002］5号）精神，集团公司领导班子列入中央管理干部的范围；资产管理及有关的财务关系由财政部负责；其他关系按有关规定办理。

（2）按照《国有企业监事会暂行条例》的有关规定，国务院向集团公司派出国有重点大型企业监事会，对其国有资产保值增值状况实施监督。

（3）集团公司实行总经理负责制，总经理是集团公司的法定代表人。

（4）集团公司按照精简、统一、效能的原则，设置内部管理机构。

（5）集团公司中国共产党的组织及纪检、监察机构的设置，按照《中国共产党章程》和有关规定办理。

## 二、中国电力投资集团公司（本部）组织结构图

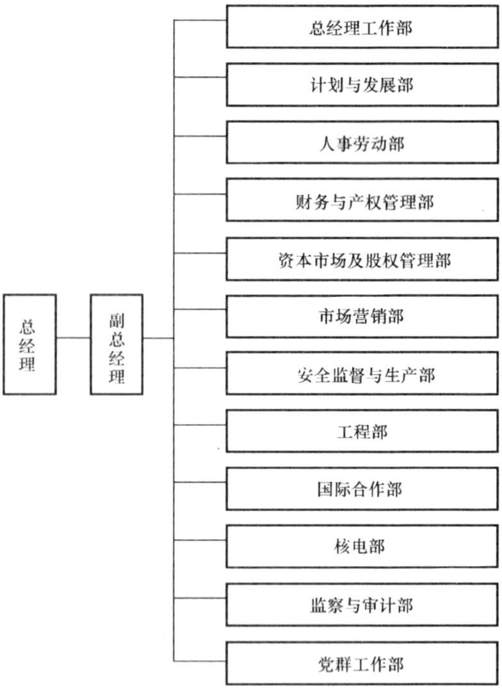


## 三、中国电力投资集团公司成员单位

（一）全资企业（2个）

（1）中国电力国际有限公司

（2）上海长兴岛第二发电厂

（二）内部核算单位（31个）

（1）福建沙溪口水力发电厂

（2）江西省贵溪火力发电厂

（3）山西省电力公司神头第一发电厂

（4）山西省电力公司永济热电厂

（5）山西省娘子关发电厂

（6）山西省电力公司侯马发电厂

（7）山西省电力公司巴公发电厂

（8）辽宁发电厂

（9）北票发电厂

（10）大连发电总厂

（11）阜新发电厂

（12）抚顺发电厂

（13）芜湖发电厂

（14）江西南昌发电厂

（15）江西分宜发电厂

（16）江西南昌下正街发电厂

（17）江西乐平发电厂

（18）江西罗湾水力发电厂

（19）江西江口水力发电厂

（20）郑州热电厂

（21）蒲山发电运营中心

（22）南阳市电业局南阳电厂

（23）新乡火电厂

（24）开封火电厂

（25）湖南省马迹塘水力发电厂

（26）湖南省鲤鱼江电厂

（27）白鹤发电厂

（28）狮子滩水力发电总厂

（29）甘肃省电力工业局八盘峡水电厂
（30）甘肃省电力工业局盐锅峡水电厂
（31）青铜峡水电厂
（三）控股企业（49个）
（1）抚顺发电有限责任公司95.00%（指持股比例，下同）
（2）抚顺发电有限责任公司（在建）95.00%
（3）阜新发电有限责任公司89.00%
（4）阜新发电有限责任公司（二期）89.00%
（5）元通发电有限责任公司89.00%
（6）辽通发电总厂87.80%
（7）赤峰热电厂87.80%
（8）黄河上游水电开发有限责任公司87.10%
（9）黄河上游水电开发有限责任公司公伯峡发电分公司87.10%
（10）黄河上游水电开发有限责任公司李家峡发电分公司87.10%
（11）黄河上游水电开发有限责任公司龙羊峡发电分公司87.10%
（12）江西三和电力股份有限公司80.50%
（13）江西三和电力股份有限公司洪门水力发电厂80.50%
（14）江西三和电力股份有限公司上犹江水力发电80.50%
（15）大连第一热电有限责任公司76.50%
（16）上海电力股份有限公司76.27%
（17）上海电力股份有限公司南市发电厂76.27%
（18）上海电力股份有限公司闵行发电厂76.27%
（19）上海电力股份有限公司杨树浦发电厂76.27%
（20）上海电力股份有限公司吴泾热电厂76.27%
（21）中国电能成套设备有限公司75.50%
（22）青铜峡唐渠水电有限责任公司70.00%
（23）山西省稷山热电有限责任公司67.50%
（24）辽宁清河发电有限责任公司60.00%
（25）平顶山姚孟发电有限责任公司60.00%
（26）安徽淮南平圩发电有限责任公司60.00%
（27）中电洪泽热电有限公司60.00%
（28）湖南五凌水电开发有限责任公司56.25%
（29）湖南五凌水电开发有限责任公司洪江水电站（在建）56.25%
（30）湖南五凌水电开发有限责任公司碗米坡水电站（在建）56.25%
（31）近尾洲水电站（在建）56.25%
（32）湖南五凌水电开发有限责任公司凌津滩水电厂56.25%
（33）湖南省五强溪水力发电厂56.25%
（34）南阳新光热电有限公司55.00%
（35）江西分宜凯迪发电有限公司（在建）54.00%
（36）平顶山鸿翔热电有限责任公司（含平顶山电厂）52.96%
（37）上海外高桥发电有限责任公司50.00%
（38）上海吴泾第二发电有限责任公司50.00%
（39）上海吴泾第二发电有限责任公司（2号机）50.00%
（40）上海吴泾热电厂六期（委托管理）50.00%
（41）芜湖兆达电力开发有限责任公司45.00%
（42）江西景德镇发电有限责任公司44.65%
（43）山西漳泽电力股份有限公司41.27%
（44）山西漳泽电力股份有限公司河津发电厂41.27%
（45）山西漳泽电力股份有限公司漳泽发电厂41.27%
（46）新乡豫新发电有限责任公司（在建）35.00%
（47）江苏常熟发电有限公司30.00%
（48）重庆九龙电力股份有限公司26.48%
（49）重庆渝永电力股份有限公司5.53%
（四）参股企业（20个）
（1）辽宁清河发电有限责任公司40.00%
（2）安徽淮南平圩发电有限责任公司40.00%
（3）平顶山姚孟发电有限责任公司40.00%
（4）湖南省鲤鱼江电厂（在建）40.00%
（5）江苏核电有限公司（在建）30.00%
（6）江西东津发电有限责任公司29.84%
（7）山西大同热电有限责任公司21.66%
（8）瓦房店热电厂20.00%
（9）上海外高桥第二发电有限责任公司（在建）20.00%
（10）江苏常熟发电有限公司20.00%
（11）秦山第三核电有限公司（在建）20.00%
（12）开封光明发电有限责任公司（在建）15.43%
（13）南阳普光电力有限公司15.00%
（14）焦作丹河发电有限公司（含焦作丹河电厂）10.00%
（15）中国广东核电集团有限公司10.00%
（16）青海省三江水电开发股份有限公司（在建）8.00%
（17）核电秦山联营有限公司（在建）6.00%

（18）开封新力发电有限公司5.00%

（19）阳城国际发电有限责任公司（在建）4.00%

（20）重庆渝永电力股份有限公司0.02%

（编辑部摘编）

# 中国电力工程顾问集团公司章程及成员单位

## 一、中国电力工程顾问集团公司章程

### 第一章 总 则

**第一条** 为确立中国电力工程顾问集团公司（以下简称集团公司）的法律地位和行为准则，保障集团公司的合法权益，规范集团公司的管理和运作，根据国家有关法律、法规，制定本章程。

**第二条** 集团公司的中文全称：中国电力工程顾问集团公司，简称：中国电力顾问集团公司；英文全称：China Power Engineering Consulting Group Co.，缩写：CPECC。

**第三条** 集团公司的法定住所：北京市西城区安德路65号。

**第四条** 集团公司是在原国家电力公司所属中国电力工程顾问（集团）有限公司及有关企事业单位的基础上组建的国有企业，经国务院批准并在国家工商行政管理部门登记注册，具有独立的企业法人资格，其合法权益和经营活动受国家法律保护。

集团公司根据业务发展需要，可依法设立子公司、分公司、代表处等分支机构。集团公司以其出资额为限，对其全资、控股、参股企业（以下简称有关企业）承担有限责任。

**第五条** 集团公司在国家宏观调控和行业监管下，依法经营，照章纳税，维护国家利益，自主进行各项经营活动。

**第六条** 根据《国有企业监事会暂行条例》的有关规定，接受国务院派出的国有企业监事会的监督，支持和配合监事会依法开展监督检查工作。

### 第二章 注册资本和经营范围

**第七条** 集团公司注册资本为人民币4.1亿元。

**第八条** 集团公司的经营宗旨是：遵守国家法律、法规，执行国家政策，根据国民经济中长期发展规划、国家产业政策、电力工业发展规划和市场需求，依法自主从事生产经营活动，坚持改革、改组、改造，加强管理，积极利用国内外资本，加快结构调整和资源优化配置，发挥集团整体优势，增强在国内国际市场的竞争力，促进我国电力工业发展，保证国有资产保值增值。

**第九条** 集团公司主要经营以下业务：

（一）从事电力工程的勘测、规划设计、咨询、监理、总承包，以及电力工程技术中介咨询等业务。

（二）从事工业与民用建筑、信息、环保、交通、市政等方面工程勘测、设计、咨询、监理、总承包，岩土工程等业务。

（三）从事电力及相关产业的投资、开发、经营和管理。

（四）经国家主管部门批准，自主开展外贸流通经营、国际合作、对外工程承包和对外劳务合作等业务。

（五）根据国家有关规定，经有关部门批准，从事国内外投融资业务。

（六）经营国家批准或允许的其他业务。

### 第三章 组织机构

**第十条** 集团公司实行总经理负责制，总经理是集团公司的法定代表人。集团公司设副总经理若干名、总会计师1名；根据经营管理需要，可设总工程师、总经济师各1名。副总经理根据集团公司章程的规定和总经理的授权履行相应的职责，协助总经理工作，并对总经理负责。集团公司领导人员职务管理按有关规定执行。

**第十一条** 总经理负责集团公司全面工作，主要行使下列职权：

（一）贯彻执行党的各项方针、政策，向国务院及有关部门请示、报告工作。

（二）组织制定和实施集团公司发展战略、中长期发展规划、重大固定资产投资项目和重大资本运营项目。

（三）组织制定和实施集团公司年度经营计划和投融资计划。

（四）组织制定和实施集团公司年度财务预、决算方案。

（五）组织审定集团公司内部的利润分配方案和弥补亏损方案。

（六）召集并主持总经理办公会议。

（七）国务院及有关部门授予的其他职权。

**第十二条** 集团公司总经理办公会议研究决定以下重要事项：

（一）集团公司发展战略、中长期发展规划和年度经营计划。

（二）有关资源配置、投融资计划、资本运营、利润分配和集团公司内部管理体制、组织结构调整和内部机构设置等重大决策。

（三）聘任或解聘集团公司全资企业的领导成员及集团公司总部各部门负责人。按法定程序和出资比例向控股、参股企业委派或更换股东代表，推荐董事会、监事会成员。

（四）拟定集团公司章程修改方案，制定集团公司重要管理制度。

（五）审批子公司章程和重大决策方案。

（六）审批子公司限额（具体限额由集团公司确定）以上投资、借贷、对外担保事项。对控股或参股企业通过董事会实施。

（七）审定子公司注册资本的增减和股票、债券的发行方案。

（八）拟定集团公司增加或减少注册资本的方案。拟定集团公司合并、分立、变更公司形式、解散的方案。拟定集团公司发行股票、债券的方案。

（九）集团公司其他重大事项。

总经理办公会议由总经理主持，副总经理和有关负责人参加。总经理、副总经理对职权范围内决定的重大问题，承担相应责任。

为保证决策的科学民主，避免或减少决策失误，总经理办公会议要按有关规定建立严格的、可追溯的决策责任追究制度。

**第十三条** 集团公司根据管理和发展的需要，按照精简、统一、效能的原则，设置总部管理机构，并在总经理领导下开展工作。

**第十四条** 集团公司党的组织及纪检、监察机构的设置，按照《中国共产党章程》和有关规定办理。

## 第四章 职责与权限

**第十五条** 集团公司的主要职责：

（一）执行国家法律、法规和产业政策，在国家宏观调控和行业监管下，以市场需求为导向，依法自主经营。

（二）对有关企业的有关国有资产和国有股权行使出资人权利，依法经营、管理和监督，并相应承担保值增值责任。

（三）根据国民经济中长期发展规划、国家产业政策、电力工业发展规划和市场需求，制定并组织实施集团公司发展战略、中长期发展规划、年度计划和重大生产经营决策。

（四）根据国家法律、法规和有关政策，优化配置生产要素，组织实施重大投资活动，对投入产出效果负责。加快技术创新和科技进步，增强市场竞争力，促进我国电力工业持续、快速、健康发展。

（五）深化企业改革，加快结构调整，转换企业经营机制，建立现代企业制度，强化内部管理，妥善做好企业重组、精简机构和富余人员分流与再就业工作，维护企业和社会稳定。

（六）指导和加强有关企业思想政治工作和精神文明建设，统一管理集团公司的名称、商标、商誉等无形资产，搞好集团公司企业文化建设。

（七）承担国务院及有关部门委托的其他工作。

**第十六条** 集团公司的主要权限：

（一）在保证有关企业合法权益和自身发展需要的前提下，可依照《公司法》等有关规定，集中部分国有资产收益，用于国有资本的再投入和结构调整。

（二）按照国家有关法律法规的规定，自主决定全资子公司国有资产的重组、转让、租赁及外部资产的收购、兼并等事宜。对控股或参股企业的上述相同事宜，通过法定程序决定或参与决定。

（三）按照国家有关规定，管理集团公司及有关企业的投资项目，并组织实施。

（四）根据国家有关规定，经国务院主管部门批准，集团公司享有一定的外事审批权、外贸流通经营权、对外投融资权、对外担保权、对外工程承包权和对外劳务合作权。

（五）根据国家有关规定，自主决定集团公司内部管理体制和机构设置。依法决定有关企业的经营方式、分配方式和重大生产经营决策，以及合并、分立、解散等事项。

（六）按照干部管理权限和程序，任免和管理全资企业的领导成员以及集团公司总部各部门负责人；按法定程序和出资比例，向控股企业和参股企业委派或更换股东代表，推荐董事会、监事会成员。

（七）统一管理集团公司及有关企业的涉外工作。集团公司领导人员出国审批权限按国家有关规定执行。

（八）国务院及有关部门授予的其他权限。

## 第五章 集团公司与有关企业的关系

**第十七条** 集团公司与有关企事业单位组成中国电力工程顾问集团。集团公司是中国电力工程顾问集团的母公司，与有关企业之间是以资本为纽带的母子公司关系，并按照《中华人民共和国公司法》的有关规定，逐步建立规范的母子公司体制，充分调动有关企业的积极性。

**第十八条** 按照国家有关规定，集团公司审批和监督子公司的重点投资项目，审核全资子公司的财务预、决算，审批子公司对外的重大投资、举债、抵押和担保。

**第十九条** 集团公司对国家投资形成并由集团公司拥有的全部国有资产承担保值增值责任；有关企业对集团公司投资形成的全部资产，向集团公司承担保值增值责任。集团公司依照法定程序检查、考核有关企业业务经营和国有资产保值增值状况。

**第二十条** 集团公司在制订发展战略、调整结构、协调利益等方面发挥主导作用，是重大投资、经营活动的决策与管理中心。

**第二十一条** 集团公司有关企业依法享有生产经营自主权。集团公司有关企业应加强管理和协作配合，共同提高经济效益和社会效益。

## 第六章 财务会计和审计

**第二十二条** 依照国家法律、法规和财政部的有关规定，建立健全集团公司及有关企业的财务、会计制度。

**第二十三条** 集团公司的会计年度自公历1月1日起至12月31日止，在每一会计年度终了时编制财务报告，并依法经有资格的会计（审计）机构审查验证。

**第二十四条** 集团公司按国家规定，对全资企业、控股企业实行合并财务报表制度。

**第二十五条** 集团公司的资产与财务关系在财政部单列。

**第二十六条** 集团公司以人民币为记账本位币，根据经营需要，经批准可分别开立人民币账户和外汇账户。

**第二十七条** 集团公司按照国家有关规定，建立内部审计机构，实行内部审计制度。在总经理的领导下，内部审计机构对集团公司及全资企业、控股企业，以及分公司、代表处等分支机构的经营管理活动进行审计监督，并定期提交内部审计报告。

## 第七章 劳动人事制度

**第二十八条** 集团公司遵照国家有关劳动人事的法律、法规和政策，根据建立现代企业制度的要求和生产经营需要，制定劳动、人事和工资制度。

**第二十九条** 集团公司依据国家政策和集团公司长远发展的要求，逐步建立和完善适应社会主义市场经济体制、竞争有序的激励和约束机制。

**第三十条** 集团公司遵守国家有关劳动保护的法律、法规，执行国家有关政策，保障劳动者的合法权益。有关企业职工参加地方社会保险事宜按国家有关规定办理。

## 第八章 附 则

**第三十一条** 本章程经国务院原则同意，由国家经济贸易委员会印发后生效。

**第三十二条** 集团公司根据需要可修改本章程。章程的修改经国家经济贸易委员会核报国务院批准，由国家经济贸易委员会印发后生效。

**第三十三条** 本章程未尽事宜，按照国家有关法律、法规和政策执行。

**第三十四条** 本章程由中国电力工程顾问集团公司负责解释。

### 二、中国电力工程顾问集团公司主要成员单位名单

（一）全资企业（8个）

（1）国家电力公司东北电力设计院

（2）国家电力公司华东电力设计院

（3）国家电力公司中南电力设计院

（4）国家电力公司西北电力设计院

（5）国家电力公司西南电力设计院

（6）国电华北电力设计院工程有限公司

（7）中国电力建设工程咨询公司

（8）中国电力工程顾问（集团）有限公司

（二）事业单位（1个）

国家电力公司电力规划设计总院

（编辑部摘编）

# 中国水电工程顾问集团公司章程及成员单位

### 一、中国水电工程顾问集团公司章程

## 第一章 总 则

**第一条** 为确立中国水电工程顾问集团公司（以下简称集团公司）的法律地位和行为准则，保障集团公司的合法权益，规范集团公司的管理和运作，根据国家有关法律、法规，制定本章程。

**第二条** 集团公司的中文全称：中国水电工程顾问集团公司，简称：中国水电顾问集团公司。英文全称：China Hydropower Engineering Consulting Group Co.，缩写：CHECC。

**第三条** 集团公司的法定住所：北京市西城区六铺炕一区北小街2号。

**第四条** 集团公司是在原国家电力公司所属中国水电顾问有限公司及有关企事业单位基础上组建的国有企业，经国务院批准并在国家工商行政管理部门登记注册，具有独立的企业法人资格，其合法权益和经营活动受国家法律保护。

集团公司根据业务发展需要，可依法设立子公司、分公司、代表处等分支机构。集团公司以其出资额为限，对其全资、控股、参股企业（以下简称有关企业）承担有限责任。

中国水电工程顾问集团公司总经理 李菊根

中国水电工程顾问集团公司领导：总经理李菊根，副总经理晏志勇、董成银、王明浩、王斌；总会计师王首丽；总工程师彭程、周建平。

天荒坪抽水蓄能电站上池

西藏羊卓雍湖水电站是世界上海拔高程最高的水电站，电站装机容量 112.5MW。

**第五条** 集团公司在国家宏观调控和行业监管下，依法经营，照章纳税，维护国家利益，自主进行各项经营活动。

**第六条** 根据《国有企业监事会暂行条例》的有关规定，接受国务院派出的国有企业监事会的监督，支持和配合监事会依法开展监督检查工作。

## 第二章 注册资本和经营范围

**第七条** 集团公司注册资本为人民币5.1亿元。

**第八条** 集团公司的经营宗旨是：遵守国家法律、法规，执行国家政策，根据国民经济中长期发展规划、国家产业政策、电力工业发展规划和市场需求，依法自主从事生产经营活动，坚持改革、改组、改造，加强管理，积极利用国内外资本，加快结构调整和优化资源配置，发挥集团整体优势，增强在国内国际市场的竞争力，促进我国水电事业的发展，保证国有资产保值增值。

**第九条** 集团公司主要经营以下业务：

（一）从事水电和新能源等方面工程的勘测设计、咨询、监理、施工、项目管理、总承包及相关技术和中介服务，以及河流（河段）水电规划等业务。

（二）从事与水电站、新能源相关的信息、软件等新技术开发利用、服务和转让，材料与设备销售，中小电力项目投资。

（三）从事工业与民用建筑、水利、电力、环保、交通、桥梁、市政等工程的勘测设计、咨询、监理、施工、项目管理、总承包及相关中介业务，以及岩土工程。

（四）从事水电站、新能源及相关产业的开发、投资、经营和管理。

（五）经国家主管部门批准，自主开展外贸流通经营、国际合作、对外工程承包和对外劳务合作等业务。

（六）根据国家有关规定，经有关部门批准，从事国内外投融资业务。

（七）经营国家批准或允许的其他业务。

## 第三章 组织机构

**第十条** 集团公司实行总经理负责制，总经理是集团公司的法定代表人。集团公司设副总经理若干名、总会计师1名；根据经营管理需要，可设总工程师、总经济师各1名。副总经理根据集团公司章程的规定和总经理的授权，履行相应职责，协助总经理工作，并对总经理负责。集团公司领导人员职务管理按有关规定执行。

**第十一条** 总经理负责集团公司全面工作，主要行使下列职权：

（一）贯彻执行党的各项方针、政策，向国务院及有关部门请示、报告工作。

（二）组织制定和实施集团公司发展战略、中长期发展规划、重大固定资产投资项目和重大资本运营项目。

（三）组织制定和实施集团公司年度经营计划和投融资计划。

（四）组织制定和实施集团公司年度财务预、决算方案。

（五）组织审定集团公司内部利润分配方案和弥补亏损方案。

（六）召集并主持总经理办公会议。

（七）国务院及有关部门授予的其他职权。

**第十二条** 集团公司总经理办公会议研究决定以下重要事项：

（一）集团公司发展战略、中长期发展规划和年度经营计划。

（二）有关资源配置、投融资计划、资本运营、利润分配和集团公司内部管理体制、组织结构调整和机构设置等重大决策。

（三）聘任或解聘集团公司全资企业的领导成员及集团公司总部各部门负责人。按法定程序和出资比例向控股、参股企业委派或更换股东代表，推荐董事会、监事会成员。

（四）拟定集团公司章程修改方案，制订集团公司重要管理制度。

（五）审批子公司章程和重大决策方案。

（六）审批子公司限额（具体限额由集团公司确定）以上投资、借贷、对外担保事项。对控股或参股企业通过董事会实施。

（七）审定子公司注册资本的增减和股票、债券的发行方案。

（八）拟定集团公司增加或减少注册资本的方案。拟定集团公司合并、分立、变更公司形式、解散的方案。拟定集团公司发行股票、债券的方案。

（九）集团公司其他重大事项。

总经理办公会议由总经理主持，副总经理和有关负责人参加。总经理、副总经理对职权范围内决定的重大问题，承担相应责任。

为保证决策的科学民主，避免或减少决策失误，总经理办公会议要按有关规定建立严格的、可追溯的决策责任追究制度。

**第十三条** 集团公司根据管理和发展的需要，按照精简、统一、效能的原则，设置总部管理机构，并在总经理领导下开展工作。

**第十四条** 集团公司党的组织及纪检、监察机构的设置，按照《中国共产党章程》和有关规定办理。

## 第四章 职责与权限

**第十五条** 集团公司的主要职责：

（一）执行国家法律、法规和产业政策，在国家宏观调控和行业监管下，以市场需求为导向，依法自主经营。

（二）对有关企业中由国家投资形成并由集团公司拥有的国有资产和国有股权行使出资人权利，依法经营、管理和监督，并相应承担保值增值责任。

（三）根据国民经济中长期发展规划、国家产业政策、电力工业发展规划和市场需求，制定并组织实施集团公司的发展战略、中长期发展规划、年度计划和重大生产经营决策。

（四）根据国家法律、法规和有关政策，优化配置生产要素，组织实施重大投资活动，对投入产出效果负责。加快技术创新和科技进步，增强市场竞争力，促进我国水电和新能源事业的发展。

（五）深化企业改革，加快结构调整，转换企业经营机制，建立现代企业制度，强化内部管理，妥善做好企业重组、精简机构和富余人员分流与再就业工作，维护企业和社会稳定。

（六）指导和加强有关企业思想政治工作和精神文明建设，统一管理集团公司的名称、商标、商誉等无形资产，搞好集团公司企业文化建设。

（七）承担国务院及有关部门委托的其他工作。

**第十六条** 集团公司的主要权限：

（一）在保证有关企业合法权益和自身发展需要的前提下，可依照《公司法》等有关规定，集中部分国有资产收益，用于国有资本的再投入和结构调整。

（二）按照国家有关法律法规的规定，自主决定全资子公司国有资产的重组、转让、租赁及外部资产的收购、兼并等事宜。对控股或参股企业的上述相同事宜，通过法定程序决定或参与决定。

（三）按照国家有关规定，管理集团公司及有关企业的投资项目，并组织实施。

（四）根据国家有关规定，经国务院主管部门批准，集团公司享有一定的外事审批权、外贸流通经营权、对外投融资权、对外担保权、对外工程承包权和对外劳务合作权。

（五）根据国家有关规定，自主决定集团公司内部管理体制和机构设置。依法决定有关企业的经营方式、分配方式和重大生产经营决策，以及合并、分立、解散等事项。

（六）按照干部管理权限和程序，任免和管理全资企业的领导成员以及集团公司总部各部门负责人；按法定程序和出资比例，向控股企业和参股企业委派或更换股东代表，推荐董事会、监事会成员。

（七）统一管理集团公司及有关企业的涉外工作。集团公司领导人员出国审批权限按国家有关规定执行。

（八）国务院及有关部门授予的其他权限。

## 第五章 集团公司与有关企业的关系

**第十七条** 集团公司与有关企事业单位组成中国水电工程顾问集团，简称中国水电顾问集团。集团公司是中国水电工程顾问集团的母公司，与有关企业之间是以资本为纽带的母子公司关系，并按照《中华人民共和国公司法》等有关规定，逐步建立规范的母子公司体制，充分调动有关企业的积极性。

**第十八条** 按照国家有关规定，集团公司审批和监督子公司的重点投资项目，审核全资子公司的财务预、决算，审批子公司对外的重大投资、举债、抵押和担保。

**第十九条** 集团公司对国家投资形成并由集团公司拥有的全部国有资产承担保值增值责任；有关企业对集团公司投资形成的全部资产，向集团公司承担保值增值责任。集团公司依照法定程序检查、考核有关企业业务经营和国有资产保值增值状况。

**第二十条** 集团公司在制订发展战略、调整结构、协调利益等方面发挥主导作用，是重大投资、经营活动的决策与管理中心。

**第二十一条** 集团公司有关企业依法享有生产经营自主权。集团公司有关企业应加强管理和协作配合，共同提高经济效益和社会效益。

## 第六章 财务会计与审计

**第二十二条** 依照国家法律、法规和财政部的有关规定，建立健全集团公司及有关企业的财务、会计制度。

**第二十三条** 集团公司的会计年度自公历1月1日起至12月31日止。在每一会计年度终了时编制财务报告，并依法经有资格的会计（审计）机构审查验证。

**第二十四条** 集团公司按照国家规定，对全资企业、控股企业实行合并财务报表制度。

**第二十五条** 集团公司的资产与财务关系在财政部单列。

**第二十六条** 集团公司以人民币为记账本位币。根据经营需要，经批准可分别开立人民币账户和外汇账户。

**第二十七条** 集团公司按照国家有关规定，建立内部审计机构，实行内部审计制度。在总经理领导下，内部审计机构对集团公司及全资企业、控股企业以及分公司、代表处等分支机构的经营管理活动进行审计监督，并定期提交内部审计报告。

## 第七章 劳动人事制度

**第二十八条** 集团公司遵照国家有关劳动人事的法律、法规和政策，根据建立现代企业制度的要求和生产经营需要，制定劳动、人事和工资制度。

**第二十九条** 集团公司依据国家政策和集团公司

长远发展的要求，逐步建立和完善适应社会主义市场经济体制、竞争有序的激励和约束机制。

**第三十条** 集团公司遵守国家有关劳动保护的法律、法规，执行国家有关政策，保障劳动者的合法权益。企业职工参加地方社会保险事宜按国家有关规定办理。

### 第八章 附 则

**第三十一条** 本章程经国务院原则同意，由国家经济贸易委员会印发后生效。

**第三十二条** 集团公司根据需要可修改本章程。章程的修改经国家经济贸易委员会核报国务院批准，由国家经济贸易委员会印发后生效。

**第三十三条** 本章程未尽事宜，按照国家有关法律、法规和政策执行。

**第三十四条** 本章程由中国水电工程顾问集团公司负责解释。

二、中国水电工程顾问集团公司主要成员单位

（一）全资企业（9个）

（1）国家电力公司北京勘测设计研究院

（2）国家电力公司西北勘测设计研究院

（3）国家电力公司华东勘测设计研究院

（4）国家电力公司中南勘测设计研究院

（5）国家电力公司昆明勘测设计研究院

（6）国家电力公司贵阳勘测设计研究院

（7）国家电力公司成都勘测设计研究院

（8）中国水利水电建设工程咨询公司

（9）中国水电顾问有限公司

（二）事业单位（1个）

国家电力公司水电水利规划设计总院

（编辑部摘编）

## 中国水利水电建设集团公司章程及成员单位

一、中国水利水电建设集团公司章程

### 第一章 总 则

**第一条** 为确立中国水利水电建设集团公司（以下简称集团公司）的法律地位和行为准则，保障集团公司的合法权益，规范集团公司的管理和运作，根据国家有关法律、法规，制定本章程。

**第二条** 集团公司的中文全称：中国水利水电建设集团公司，简称：中国水电建设集团公司。英文全称 Sinohydro Corporation，简称：Sinohydro，缩写：SHC。

集团公司的法定住所：北京市宣武区白广路二条1号。

**第三条** 集团公司是经国务院批准，在原中国水利水电工程总公司基础上组建的国有企业。集团公司具有独立的企业法人资格，其合法权益和经营活动受国家法律保护。

集团公司根据业务发展需要，可以按国家规定设立子公司、分公司、代表处等分支机构。集团公司以其出资额为限，对其全资企业、控股企业、参股企业（以下简称有关企业）承担有限责任。

**第四条** 集团公司由中央管理。集团公司在国家宏观调控和行业监管下，依法经营，照章纳税，维护国家利益，自主进行各项经营活动。

**第五条** 根据《中华人民共和国公司法》（以下简称《公司法》）和《国有企业监事会暂行条例》的有关规定，国务院向集团公司派出重点大型企业监事会，对其国有资产保值增值状况实施监督。集团公司支持和配合监事会依法开展监督检查工作。

### 第二章 注册资本和经营范围

**第六条** 集团公司注册资本为人民币20亿元（具体由财政部核定）。

**第七条** 集团公司的经营宗旨是：遵守国家法律、法规，执行国家政策，根据市场需求、国民经济中长期发展规划、国家产业政策，以及电力工业发展规划、水利发展规划，依法自主从事生产经营活动，坚持改革、改组、改造和加强管理，积极利用国内外资本，加快结构调整和资源优化配置，发挥集团整体优势，增强在国内国际市场的竞争力，促进我国水利水电建设事业的发展，保证国有资产保值增值。

**第八条** 集团公司主要经营以下业务：

（一）依法经营集团公司及有关企业中由国家投资形成并由集团公司拥有的全部国有资产（含国有股权，下同）。

（二）从事水利水电建设工程的总承包及施工、勘测设计、咨询、监理等业务；相关的新技术开发、服务和转让，以及中介业务。

（三）从事电力、公路、铁路、港口与航道、机场、房屋建筑、市政公用、城市轨道等工程的施工、设计、咨询和监理业务。

（四）从事机电设备和工程机械的制造、安装、贸易、租赁，以及建筑材料的开发、生产和经营业务。

（五）从事房地产开发物业管理、旅游、酒店，以及汽车电子、化工产品销售等业务。

（六）经国家主管部门批准，自主开展外贸流通

经营、国际合作、对外工程承包和对外劳务合作业务。

（七）根据国家有关规定，经有关部门批准，从事国内外投融资业务。

（八）经营国家允许或委托的其他业务。

## 第三章 组织机构

**第九条** 集团公司接受国务院有关部门的业务指导和行业管理。

集团公司实行总经理负责制，总经理是集团公司的法定代表人。集团公司设副总经理若干名、总会计师1名；可根据经营管理需要，设总工程师、总经济师、总法律顾问各1名。副总经理根据集团公司章程的规定和总经理的委托履行相应的职责，协助总经理工作，并对总经理负责。集团公司领导人员职务管理按有关规定执行。

**第十条** 总经理负责集团公司全面工作，主要行使下列职权：

（一）贯彻执行国家的法律、法规和方针、政策，执行国务院的决议，向国务院及有关部门和单位请示，报告工作。

（二）组织制定和实施集团公司发展战略、中长期发规划、重大资本运营项目方案。

（三）组织制定和实施集团公司年度经营计划和投融资计划。

（四）组织制定和实施集团公司的年度财务预、决算方案。

（五）组织审定集团公司内部的利润分配方案和弥补亏损方案。

（六）召集并主持总经理办公会议。

（七）行使国务院及有关部门授予的其他职权。

**第十一条** 集团公司总经理办公会议研究决定以下重要事项：

（一）集团公司的发展战略、中长期规划和年度经营计划。

（二）集团公司的发展规划和资本运营项目方案。

（三）有关资源配置、投融资、资本运营、利润分配和集团公司内部管理体制和组织结构调整和内部机构设置等重大决策。

（四）聘任或解聘集团公司全资企业的领导成员及集团公司总部各部门负责人。

（五）按法定程序和出资比例向控股、参股企业委派或更换股东代表，推荐董事会、监事会成员。

（六）拟定集团公司章程修改方案，制定集团公司重要管理制度。

（七）集团公司其他重大事项。

总经理办公会议由总经理主持，副总经理和有关负责人参加。总经理、副总经理对职权范围内决定的重大问题，承担相应的责任。

为保证决策的科学民主，避免或减少决策失误，总经理办公会议要按有关规定建立严格的、可追溯的决策责任追究制度。

**第十二条** 集团公司根据管理和发展的需要，按照精简、统一、效能的原则设置总部管理机构，并在总经理领导下开展工作。

**第十三条** 集团公司中国共产党的组织及纪检、监察机构的设置，按照《中国共产党章程》和有关规定办理。

## 第四章 职责与权限

**第十四条** 集团公司的主要职责：

（一）执行国家法律、法规和产业政策，在国家宏观调控和行业监管下，以市场需求为导向，依法自主经营。

（二）对有关企业的有关国有资产行使出资人权利，对有关企业中由国家投资形成的国有资产依法进行经营、管理和监督，并相应承担保值增值责任。

（三）根据市场需求、国民经济中长期发展规划和国家产业政策，以及电力工业发展规划、水利发展规划，制定集团公司的发展战略、中长期发展规划和年度计划，并组织实施。

（四）根据国家法律、法规和有关政策，优化配置生产要素，组织实施重大投资活动，对投入产出效果负责。加快技术创新和科技进步，增强市场竞争力，促进我国水利水电建设事业的发展。

（五）深化企业改革，加快结构调整，转换企业经营机制，建立现代企业制度，强化内部管理，妥善做好减员增效和富余人员分流与再就业工作，维护社会稳定。

（六）指导和加强所属企业思想政治工作和精神文明建设，统一管理集团公司的名称、商标、商誉等无形资产，搞好集团公司内部企业文化建设。

（七）承担国务院及有关部门委托的其他工作。

**第十五条** 集团公司的主要权限：

（一）在保证有关企业合法权益和自身发展需要的前提下，可依照《公司法》等有关规定，集中部分国有资产收益，用于国有资本的再投入和结构调理。

（二）按照国家有关法规，对有关企业的国有资产，属集团公司职权范围内的，可自主决定（对公司制企业需通过股东会、董事会决定或参与决定，下同）重组、转让、租赁与购并，并依法决定有关企业的存续、合并、分立或解散。

（三）按照国家项目审批权限，管理集团公司及有关企业的投资项目；依法决定有关企业的经营方式、分配方式和重大生产经营决策。

中国水利水电工程建设集团公司总经理、高级经济师郭建堂，多年从事水利水电工程建设管理，参加过刘家峡、龙羊峡、李家峡、东风等国家重点工程建设。

甘肃华亭发电有限责任公司发起人协议签字仪式

三峡水利枢纽

伊朗塔里甘水电坝区施工

（四）根据国家有关政策，经国务院主管部门批准，集团公司有一定的外事审批权、外贸流通经营权、对外投融资权、对外担保权、对外工程承包权和劳务合作权。

（五）自主决定集团公司总部内部管理体制和机构设置。按照干部管理权限和程序，任免和管理全资企业的领导成员以及集团公司总部各部门负责人；按法定程序和出资比例，向控股企业和参股企业委派或更换股东代表，推荐董事会、监事会成员。

（六）统筹管理集团公司及有关企业的涉外工作。集团公司领导人员出国审批权限按国家有关规定执行。

（七）国务院及有关部门授予的其他权限。

## 第五章　集团公司与有关企业的关系

**第十六条**　集团公司与有关企业组成中国水利水电建设集团，简称：中国水电建设集团。集团公司是中国水利水电建设集团的母公司，与有关企业之间是以资本为纽带的母子公司关系，并按照社会主义市场经济发展要求逐步对管理体制进行调整。

**第十七条**　集团公司按照《公司法》和中国水利水电建设集团公司章程，逐步规范母子公司体制。

**第十八条**　集团对国家投资形成的全部国有资产承担保值增值责任；有关企业对集团公司投资形成的全部资产，向集团公司承担保值增值责任。集团公司依照法定程序检查、考核有关企业业务经营和国有资产保值增值状况。

## 第六章　财务会计和审计

**第十九条**　依照国家法律、法规和财政部和有关规定，建立健全集团公司统一的会计制度。

**第二十条**　集团以自然年度为会计年度，以每年12月31日为会计年度截止日，在每一会计年度终了时编制财务报告，并依法经有资格的会计（审计）机构审查验证。

**第二十一条**　集团公司按照国家规定，对全资企业、控股企业实行合并财务报表制度。

**第二十二条**　集团公司的资产与财务关系在财政部单列。

**第二十三条**　集团公司采用人民币为记账本位币，根据经营需要，经批准可分别开立人民币账户和外汇账户。

**第二十四条**　集团公司按照国家有关规定，建立内部审计机构，实行内部审计制度。在总经理的领导下，内部审计机构对集团公司及全资企业、控股企业，以及分公司、代表处等分支机构的经营管理活动进行审计监督，并定期提交内部审计报告。

## 第七章　劳动人事制度

**第二十五条**　集团公司遵照国家有关劳动人事的法律、法规和政策，根据建立现代企业制度的要求和生产经营需要，制定劳动、人事和工资制度。

**第二十六条**　集团公司依据国家政策和集团公司长远发展的要求，充分调动有关企业的积极性，逐步建立和完善适应社会主义市场经济体制、竞争有序的激励和约束机制。

**第二十七条**　集团公司遵守国家有关劳动保护的法律、法规，执行国家有关政策，保障劳动者的合法权益。有关企业职工参加地方社会保险工作按国家有关规定办理。

## 第八章　附　　则

**第二十八条**　本章程经国务院原则同意，由国家经济贸易委员会印发后生效。集团公司根据需要可修改本章程。章程的修改经国家经济贸易委员会核报国务院批准，由国家经济贸易委员会印发后生效。

**第二十九条**　本章程未尽事宜，按照国家有关法律、法规和政策执行。

**第三十条**　本章程由集团公司负责解释。

### 二、中国水利水电建设集团发展战略目标和方针

#### （一）总体发展目标

集团公司的总体发展目标是：成为具有较强投融资、设计、施工、物资设备采购总承包能力，组织集团化、管理现代化、经营国际化的大型建设企业。

（1）近期目标：在确保企业发展和社会稳定的前提下，完成业务、资产、机构和人员的重组；以市场为导向，以资本为纽带，深化企业改革，转换经营机制，加快结构调整，优化资源配置，建立现代企业制度；尽快适应我国加入世界贸易组织后环境变化对企业提出的新要求，增强企业核心竞争力；提高经济效益，实现资产保值增值。

（2）远期目标：以水利水电建设为核心业务，积极拓展新的业务领域，通过资本运营以及和其他企业的联合、合作，成为具有较强投融资、设计、施工、物资设备采购总承包能力，技术密集型、管理现代化的具有国际竞争力的大型企业集团。

#### （二）战略方针

坚持以发展为主题，以改革和科技进步为动力，以市场为导向，以内外部环境的变化为依据，以保证资产保值增值和提高职工物质文化生活水平为出发点，以建立国际一流的水电建设集团为目标，解放思想，实事求是，与时俱进，开拓创新，确保各项战略目标的实现。

三、中国水利水电建设集团公司（总部）组织机构图

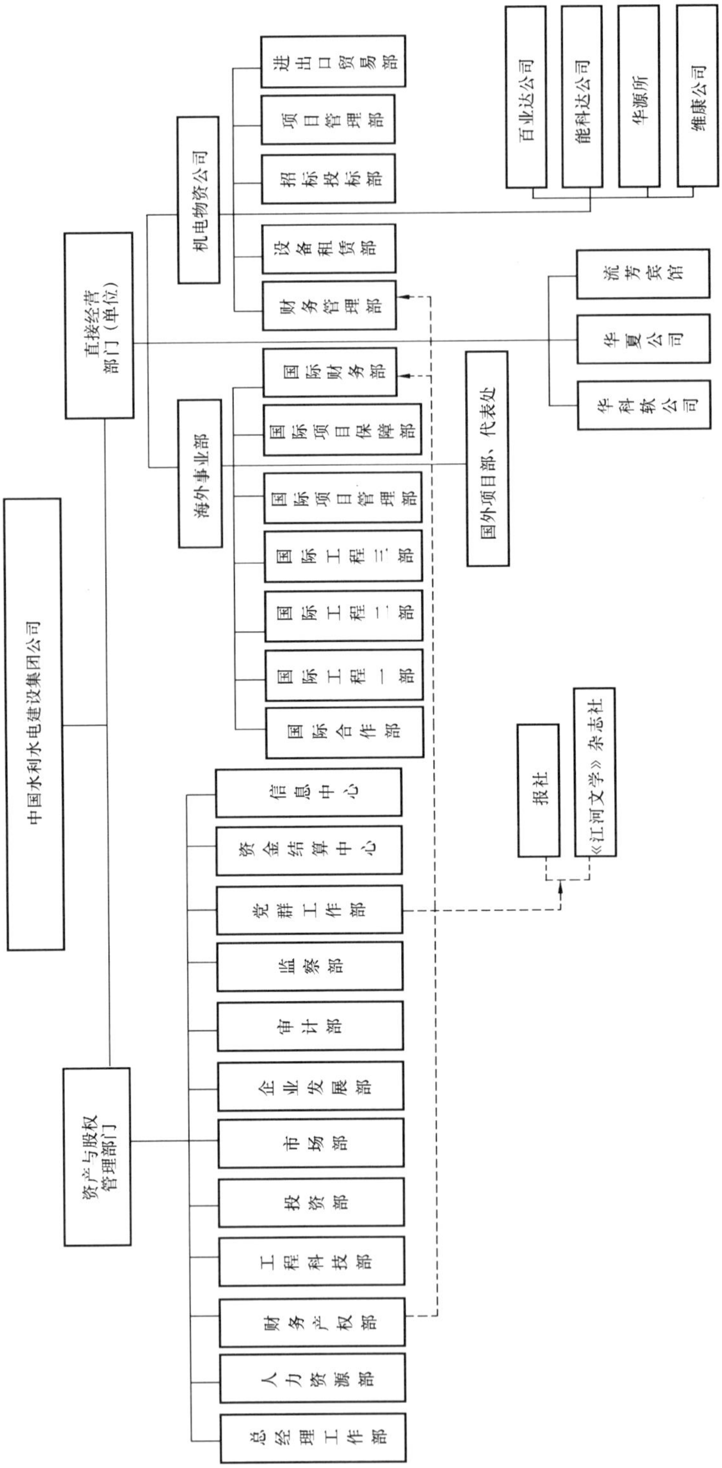


四、集团公司成员单位

（一）全资企业（23个）

（1）中国水利水电第一工程局

（2）中国水利水电第二工程局

（3）中国水利水电第三工程局

（4）中国水利水电第四工程局
（5）中国水利水电第五工程局
（6）中国水利水电第六工程局
（7）中国水利水电第七工程局
（8）中国水利水电第八工程局
（9）中国水利水电第九工程局
（10）中国水利水电第十工程局
（11）中国水利水电第十一工程局
（12）中国水利水电第十二工程局
（13）中国水利水电第十三工程局
（14）中国水利水电第十四工程局
（15）中国水利水电闽江工程局
（16）中国水利水电基础工程局
（17）富春江水电设备总厂
（18）夹江水工机械厂
（19）北京流芳宾馆
（20）北京维康机电设备公司
（21）北京华夏水电新技术开发公司
（22）浙江华源水利电力装备设计研究所
（23）深圳市百业达投资发展有限公司
（二）控股企业（2个）
（1）深圳能科达机械工程有限公司
（2）北京华科软水电信息技术开发有限责任公司

（编辑部摘编）

# 我国五大发电集团公司发电资产概览（2003年3月统计）

| 发电集团 | 华能集团 | 大唐集团 | 华电集团 | 国电集团 | 中电投集团 |
|---|---|---|---|---|---|
| 可控容量(万kW) | 3797 | 3225 | 3109 | 3043 | 2989 |
| 权益容量(万kW) | 1938 | 2097 | 2092 | 2035 | 2196 |
| 可控资产(万元) | 12646265 | 7148335 | 7122438 | 7334046 | 7686788 |
| 权益资产(万元) | 5726863 | 4414643 | 4495260 | 4717185 | 5562283 |
| 职工人数(人) | 37712 | 73368 | 79313 | 76441 | 73847 |
| 进入的独立发电公司 | 华能国际电力开发公司（51.98%）（华能国际电力开发公司持有华能国际电力股份有限公司42.85%的股权），H、A股 | 北京大唐发电股份有限公司（34.42%），H股 | 山东国际电源开发股份有限公司（53.56%），H股 | 国电电力发展股份有限公司（国家电力公司划转股份34%，龙源电力集团公司持有9.9%），A股 | 中国电力国际有限公司（100%），所属电厂：清河、姚孟、常熟（50%）、平圩、神头、贵溪沙溪口、芜湖（45%）、上海电力股份（60%） |
| 进入的水电开发公司 | 澜沧江水电开发公司（56%） | 龙滩水电开发公司（65%） | 乌江水电开发公司（51%） | 清江水电开发公司（34.2%）；国电大渡河水电开发公司（国电电力发展股份公司持股51%，四川省电力公司划转39%） | 黄河上游水电开发公司（87.1%）；五凌水电开发公司（56.25%） |
| 进入的上市公司 | 浙江东南发电股份有限公司（25.57%），B股 | 广西桂冠电力股份有限公司（54.54%），A股；湖南华银电力股份有限公司（48.03%），A股 | 黑龙江电力股份有限公司（40.19%），A、B股 | 湖北长源电力发展股份公司（37.64%），A股 | 山西漳泽电力股份有限公司（41.27%），A股；重庆九龙电力股份有限公司（26.48%），A股 |
| 进入的辅业集团 | 国电热工院改组为发电集团共同持股的有限责任公司，由华能集团控股 | 中国水利水电物资有限公司 | 中国华电工程集团公司 | 龙源电力集团公司；国电电力环境保护研究所 | 中国电能成套设备有限公司（75.5%） |

（编辑部摘编）

# 电力体制改革新进展

## 国家电网五大区域公司全部组建完毕

——我国深化电力体制改革取得阶段性成果

11月8日，随着华北电网有限公司的挂牌成立，国家电网公司所属的5家区域电网公司重组改制的第一步工作全面完成，标志着我国深化电力体制改革取得阶段性成果。

区域电网公司重组改制是我国电力体制改革的一项重要内容，对进一步健全和完善电网企业的现代企业制度，推进区域电力市场的建设，实现更大范围的电力资源优化配置都具有重要意义。此前，东北、华东、华中和西北等4家区域电网公司已挂牌成立。

## 全国第一家区域电网公司正式成立

——东北电力工业发展的重要里程碑

9月25日，国家电网公司在其所辖电网范围内组建的第一家区域电网公司——东北电网有限公司在沈阳宣告成立。该公司的成立在电力体制改革进程中具有重要意义，标志着我国电力体制改革又迈出了新步伐，也将成为东北电力工业发展的重要里程碑。

辽宁省委副书记、沈阳市委书记张行湘，辽宁省常务副省长许卫国、沈阳市市长陈政高，国家电力监管委员会副主席邵秉仁，国家电网公司总经理赵希正出席成立大会，并与东北电网有限公司董事长刘忱共同为公司揭牌。

作为国家电网公司出资设立的国有独资有限责任公司，东北电网有限公司是由国家电网公司在东北电网（包括辽宁、吉林、黑龙江省及内蒙古自治区的赤峰、通辽地区电网）内所属有关单位的基础上组建的，公司注册资本金为人民币272亿元。

公司组建后，将按照《公司法》对其全资企业、控股企业进行改组和规范，按照“总体设计、分步实施、积极稳妥、配套推进”的原则，有步骤、分层次、分阶段地完成深化改革的各项任务，同时将积极推进投资主体多元化的改造，使其成为国家电网公司控股的有限责任公司或股份有限公司。

东北电网有限公司的主要职责包括电网经营管理、保证供电安全、规划区域电网发展、培育区域电力市场，管理电力调度交易中心、按市场规则进行电力调度等。

赵希正在讲话中指出，我国电力体制改革应当做到“六个加快”：加快厂网分开后的财务资产和劳动工资保险的划转移交工作；加快区域电网公司组建工作；加快创造建立电力市场的基础条件，包括抓紧竞价规则和技术支持系统规范的研究等；加快电价改革；加快安全立法；加快电力项目行政审批制度改革。同时，他认为必须稳妥处理主辅分离、输配分开、大用户直供电等方面的改革。

赵希正要求东北电网有限公司，抓住振兴东北老工业基地的历史机遇，加快东北电网改革与发展的进程；认真吸取美加大停电等事故的教训，采取有力举措，确保安全生产和电力供应；自觉接受监管和监督，在优质服务上赢得更广泛的信誉；从为公司改革发展提供坚强保证的高度，加强领导班子和干部队伍建设。

邵秉仁在讲话中指出，区域电网公司在深化电力改革和促进电力发展方面肩负重任。要按照国家电网公司的统一规划和职责要求，依法对区域电网实施调度管理，保证供电安全。经营管理好区域电网资产，依法经营、自我约束，享有独立的法人财产权并承担相应的资产保值增值责任。同时，区域电网公司还负有培育和不断完善区域电网电力市场的重要职责，负责建立和管理电力调度交易中心，促进省间市场开放，在更大范围内推动电力的优化配置。他强调，东北电网有限公司要把自身发展和支持地方经济建设更加紧密地结合起来，为东北老工业基地的振兴做出不懈的努力。

刘忱表示，东北电网有限公司将按照国家电网公司改革的总体部署，坚持市场化改革方向，积极探索投资主体多元化改造途径，使东北电网有限公司成为国家电网公司控股的有限责任公司或股份有限公司；尽快改组省级电网有限公司，完成业务、资产、机构和人员的重组；稳步推进主辅分离和“三产”、多经的重组以及与电网的剥离工作；抓紧建设东北电力调度交易中心，尽快建立并逐步完善竞价上网技术支持系统；搞好农电体制改革，探索农电资产管理的新模式。把东北电网建设成为安全可靠、结构合理、技术先进、管理科学的开发型、现代型大电网。

国务院有关部门，辽宁、吉林、黑龙江三省政府和五大发电集团公司的代表参加了揭牌仪式。

## 华东电网有限公司在上海挂牌

——国家电网公司目前组建的最大区域电网公司

9月28日，国家电网公司所属华东电网有限公司在上海成立。该公司的成立标志着我国电力体制改革又迈出了新的步伐，是华东电力工业发展的重要里程碑。

上海市副市长周禹鹏、江苏省副省长何权、浙江省副省长陈加元、安徽省副省长田维谦、福建省副省长李川、国家电力监管委员会副主席邵秉仁、国家电网公司总经理赵希正出席成立大会，并与新任华东电网有限公司董事长邵世伟一起为公司揭牌。

华东电网有限公司是国家电网公司投资设立的独资有限责任公司，由上海市电力公司、江苏省电力公司、浙江省电力公司、安徽省电力公司、福建省电力有限公司等全资企业和内部核算单位、保留的发电企业及待转让的发电企业组成。公司注册资本金为人民币800亿元，是国家电网公司在其所辖电网范围内组建的最大的区域电网公司。

华东电网有限公司成立后，将继续推进投资主体多元化改造，成为国家电网公司控股的有限责任公司。公司经营所拥有的全部资产，并负责管理、规划、建设华东电网这一全国最大的区域电网。公司将在制定发展战略、调整结构、电力市场与交易、电网调度、协调内部利益等方面发挥主导作用，成为区域电网调度交易中心和战略规划、资本运营、科技开发等重大经营活动的决策与管理中心。

赵希正在讲话中说，长期以来，华东电网为华东地区经济发展和人民生活水平的改善做出了重要贡献。华东电网已初步形成了以超高压、自动化、信息化、大机组、高参数为主要特征的现代化大电网，管理水平、技术水平、经济效益等指标在全国名列前茅，在国家电网占有极为重要的地位。他希望华东电网有限公司在以前成绩的基础上再接再厉，做好四个方面的工作：认真吸取美加大停电等事故的教训，采取有效措施，确保电网安全生产和电力供应；抓住机遇，积极推进华东电网的改革与发展；坚持以人为本，建设一支高素质的职工队伍；继续深入学习和实践“三个代表”重要思想，加强领导班子和干部队伍建设。

邵秉仁在讲话中指出，区域电网公司在深化电力改革和促进电力发展方面肩负重任。区域电网公司作为国家电网的子公司，与原来国家电力公司的分公司有本质的区别。不仅要按照国家电网公司的统一规划和职责要求，依法对区域电网实施调度管理，保证供电安全，还要求经营管理好区域电网资产，依法自主经营、自我约束，享有独立的法人财产权，并承担相应的资产保值增值责任。同时，作为区域电力市场主体，区域电网公司还负有培育和不断完善区域电力市场的重要职责，负责建立和管理电力调度交易中心，促进省间市场开放，在更大范围内推动电力资源的优化配置。他希望华东电网有限公司成立后，继续按照国务院5号文件的要求和电监会的部署，更加主动地做好华东区域电力市场试点工作，尽快建立华东电力交易中心，协调处理好区域市场和省内交易的关系，为华东地区经济发展做出更大的努力。

邵世伟代表华东电网有限公司新领导班子表示，华东电网有限公司成立后，要以深化改革和科技进步为动力，确保电网安全，加快公司发展。要按照组建方案的要求，近期完成公司业务、资产、机构和人员的重组，初步建立现代企业制度，培育华东区域电力市场，建设华东电力调度中心等目标。远期要实现完善现代企业制度，以电网业务为主要发展方向，以生产经营、资本运营等多种手段，充分利用各种资源，把公司建设成为“国内最佳、国际先进”的大型电网公司。

国务院有关部门，上海、江苏、浙江、安徽、福建五省（市）政府和各大发电集团公司以及有关方面的代表参加了揭牌仪式。

## 华中电网有限公司成立

——四川、重庆电网加盟

11月5日，湖北省省长罗清泉和国家电网公司总经理赵希正等领导与新任华中电网有限公司董事长张学知共同为华中电网有限公司揭牌——国家电网公司所属华中电网有限公司在武汉成立。

中共中央政治局委员、湖北省委书记俞正声对华中电网有限公司成立表示祝贺。河南省副省长史济春、湖南省副省长郑茂清、江西省副省长凌成兴、四川省副省长杨志文、重庆市副市长吴家农出席成立大会并参加揭牌仪式。国家电力监管委员会政策法规部副主任杨昆代表邵秉仁副主席出席成立大会。

华中电网有限公司是国家电网公司投资设立的国有独资有限责任公司。公司由湖北省电力公司、河南省电力公司、湖南省电力公司、江西省电力公司、四川省电力公司、重庆市电力公司等全资企业和内部核算单位、保留的发电企业、暂保留并待转让的发电企业、控股企业、其他企业和委托代管单位组成。四川、重庆电网的加盟，使华中电网覆盖面几乎扩大一倍。公司的主要职责是：经营管理电网和本区域内保留给电网的调峰、调频和事故备用电源，保证电力安全、规划区域电网发展，培育区域电力市场，统一优化配置区域电力资源，管理电力调度交易中心，统一调度区域电网。

华中电网有限公司组建后，将继续推进投资主体多元化改革，使其成为国家电网公司控股的有限责任公司或股份有限公司。华中电网有限公司将以发展为主题，加快建设华中电网和华中区域电力市场，以市场为导向，按照专业化生产和规模经济的要求，优化结构、降低成本，促进科技进步，提高资源利用效率，以经济效益为中心，全面提升华中电网的竞争力、控制力、影响力、带动力和凝聚力，实现华中电网的可持续发展。

赵希正在讲话中说，华中电网地处我国腹地，境内水电资源丰富，拥有三峡、二滩、黄河小浪底以及清江、沅江流域等大电站，华中电网在大容量的电力调配、远距离的电力输送方面担负着越来越重要的责任，一个以华中电网为重要枢纽的全国互联电网正在形成，这是全面加速华中电网建设的一个历史性的机遇。希望华中电网公司强化改革意识，实现机制与体制的创新。强化发展意识，聚精会神搞建设，把华中电网建设成一个现代化的电网，同时将公司建设成拥有强大电网的现代化电网公司。

湖北省副省长任世茂对华中电网有限公司成立表示热烈祝贺，并希望该公司进一步发扬“团结治网”的优良传统，进行观念创新、经济结构创新、所有制结构创新和城乡发展模式创新，建成现代化一流企业。

电监会政策法规部副主任杨昆代表邵秉仁副主席讲话指出，华中电网有限公司作为区域电力市场的主力军，肩负着培育和不断完善区域电力市场的重要责任，要促进省间市场的开放，在更大范围内实现电力资源的优化配置。希望华中电网有限公司进一步加强电网建设，促进公司的全面发展，为区域经济和电力工业的发展作出不懈的努力。

张学知代表华中电网有限公司新领导班子表示，华中电网有限公司成立后，要开好局、起好步，使各项工作迈上新的台阶。

## 西北电网有限公司举行揭牌仪式

——西北电网管理体制的重大变革

11月6日，西北电网有限公司在西安挂牌成立。这是国家电网公司体制改革的又一成果，也是西北电网管理体制的重大变革，标志着西北电网进入新的发展阶段。

新组建的西北电网有限公司是国家电网公司在西北地区投资设立的国有独资有限责任公司，主要成员单位有：陕西电力公司、甘肃电力公司、青海电力公司、宁夏电力公司、新疆电力公司5个全资企业以及3家保留的发电企业和3家暂保留并待转让的发电企业。公司注册资本220亿元人民币。

国家电网公司总经理赵希正、陕西省副省长洪峰、甘肃省副省长杨志明、青海省副省长徐福顺、宁夏自治区副主席项宗西、新疆自治区副主席库热西•买合苏提等出席成立大会，并与西北电网有限公司董事长刘肇绍一起为公司揭牌。国家电力监管委员会市场监管部主任谢振华代表邵秉仁副主席出席成立大会。

西北电网有限公司成立后，将按照现代企业制度，在市场经济体制下，依法自主地从事生产经营活动，对国家电网公司承担国有资产保值增值责任。公司近期的目标是：确保电网安全稳定运行和职工队伍稳定，完成公司及有关企业业务、资产、机构和人员的重组；大力实施“西部大开发”战略，加大西北电网建设力度，努力打通“西电东送”北部通道，实现西北水火电外送，促进西北区域经济发展。

赵希正在讲话中希望西北电网有限公司强化改革意识，实现体制和机制创新；强化机遇意识，一心一意谋发展；强化安全意识，确保电网安全稳定运行；强化经营意识，努力提高企业效益；强化服务意识，不断提高服务水平。

洪峰指出，西北电网有限公司的成立，将对促进陕西经济社会发展发挥重要作用，省委、省政府将积极支持西北电网的改革和发展，努力为其发展创造良好的外部环境。同时也希望西北电网有限公司继续关心、支持陕西电力事业，促进地方经济发展。

电监会市场监管部主任谢振华代表邵秉仁副主席讲话指出，西北电网有限公司成立后，要按照《公司法》等法律法规的规定，抓紧完善公司组织形式，尽快开展清产核资和产权界定工作，建立规范的法人治理结构，尽快形成适应市场要求的管理体制和经营机制。要把自身和支持地方经济发展紧密结合起来，安全生产，优质服务，加快发展，多做贡献。

西北电网有限公司董事长刘肇绍表示，要按照公司组建方案的要求，逐步建立起符合社会主义市场经济要求的管理体制和运行机制。要坚持以“三个代表”重要思想为指导，认真学习贯彻党的十六届三中全会精神，以发展为第一要务，实现电网与电源的协调发展；要加大电网技术改造力度，提高电网的安全稳定性；要坚持电网统一调度、统一规划、统一技术标准、统一市场规则，确保电网安全和队伍稳定。国家有关部门、西北五省（区）政府和各大发电集团公司的代表等参加了成立大会和揭牌仪式。

## 华北电网有限公司挂牌成立

### ——山东电网划入华北电网

华北电网有限公司是国家电网公司依照《公司法》投资设立的国有独资有限责任公司，现主要成员单位包括北京供电公司、天津市电力公司、河北省电力公司、山西省电力公司、山东省电力集团公司等全资企业和内部核算单位、保留及待转让的发电企业。公司在北京市工商局登记注册，注册资本金为人民币600亿元。公司组建后，将认真研究与内蒙古自治区地方电网资产的重组方案。

按照组建方案和公司章程，华北电网有限公司依法经营所拥有的全部法人资产，并负责管理、规划、建设包括首都北京在内的华北区域电网。山东电网划入华北电网，将大大提高华北电网的发供电能力，为保证华北电网、尤其是首都电网的安全稳定运行奠定了更加可靠的基础，对推进“西电东送、南北互供、全国联网”将发挥更加积极的作用。

国家电网公司总经理赵希正出席成立大会，副总经理刘振亚作了讲话，副总经理李彦梦主持成立大会，中纪委驻国家电网公司纪检组组长祝新民宣读了国家电网公司关于成立华北电网有限公司的通知和有关任免文件。

国家电力监管委员会副主席邵秉仁、国务院派驻国家电网公司监事会主席路耀华、北京市副市长陆昊、天津市副市长崔津渡、河北省副省长付双建、山西省副省长宋北杉、山东省副省长孙守璞等出席成立大会。

邵秉仁在讲话中指出，区域电网公司在深化电力改革和促进电力发展方面肩负重任，不仅要按照国家电网公司的统一规划和职责要求，依法对区域电网实施调度管理，保证区域供电安全，还要经营管理好区域电网资产，依法自主经营、自我约束，享有独立的法人财产权，并承担相应的资产保值增值责任。同时，作为区域电力市场主体，区域电网公司还负有培育和不断完善区域电力市场的重要职责，负责建立和管理电力调度交易中心，促进省间市场开放，在更大范围内推动电力资源的优化配置。他希望华北电网有限公司成立后，尽快形成适应市场经济要求的管理体制和经营机制，加快电网建设和发展，努力提高电网运行的可靠性、安全性，更好地为华北地区经济发展和社会进步服务。要着眼于在更大范围内实现电力资源的优化配置，积极推动华北区域电力市场的建设，不断完善公司的主体功能，抓紧研究实施省级电力公司的改组工作，稳步推进主辅分离改革。

刘振亚在讲话中说，长期以来，华北电网广大职工以强烈的政治意识、大局意识和责任意识，兢兢业业，勤奋工作，恪尽职守，为华北地区经济、社会发展和人民生活水平的改善作出了重要贡献。他希望华北电网有限公司再接再厉，以崭新的姿态，开始新的创业征程，努力做好各方面工作。强化改革意识，实现体制和机制创新，努力把公司建设成为适应市场机制的现代化区域电网公司：强化发展意识，聚精会神搞建设，努力把公司建设成为拥有强大电网的现代化区域电网公司；强化安全意识，确保电网安全稳定运行，努力把公司建设成为具有一流安全管理水平的现代化区域电网公司；强化经济效益意识，提高经营管理水平，努力把公司建设成为具备较强经济实力的现代化区域电网公司；强化服务意识，不断提高服务水平，努力把公司建设成为秉承服务至上理念的现代化区域电网公司。

陆昊对华北电网有限公司的成立表示热烈祝贺，对电网多年来为华北地区，特别是北京市经济发展和社会进步所作出的贡献给予高度评价。他希望华北电网有限公司和北京供电公司在电网规划方面，更加超前考虑城市发展的新格局；在电网建设方面，与地方政府一起共同探讨协调市场经济情况下办电主体和社会组织之间的利益的新机制；在电网运行方面，更加关注、更加强调安全可靠。他表示，北京市委、市政府将一如既往地全力支持电力事业的发展。

华北电网有限公司董事长朱国桢代表公司新领导班子表示，要进一步强化安全意识，不断提高电网的安全管理水平；积极稳妥地推进公司改组、改制，建立规范的现代企业制度和区域电力市场；坚持适度超前建设电网，积极推进西电东送；依法治企、依法经营，确保国有资产保值增值；强化服务意识，让广大客户和发电企业满意，让政府放心。

国务院有关部门，北京、天津、河北、山西、山东、内蒙古等六省（自治区、直辖市）政府和国家电网公司、中电联、各大发电集团公司以及从事华北电力事业的老领导、基层单位的有关代表参加了公司成立大会。

中国水力发电年鉴（2003）

3

# 三 峡 工 程

温家宝总理在三峡现场听取三峡总公司总经理陆佑楣及长江水利委员会总工程师郑守仁介绍有关工程情况。

三峡总公司新任总经理李永安陪同专家组组长潘家铮深入工地调研。

三峡总公司副总经理曹广晶向专家组组长潘家铮介绍工程最新进展。

专家组成员深入现场检查指导工作。

专家组成员在工地。

大坝施工

输电

龙泉换流站

水闸泄洪

三峡夜景

# 综 述

## 三峡工程概况

三峡工程是开发和治理长江的骨干工程，具有巨大的防洪、发电、航运等综合效益。

三峡工程坝址位于湖北省宜昌市三斗坪镇。坝址控制流域面积100万$km^2$，多年平均径流量4510亿$m^3$。枢纽工程为一等工程，由拦河大坝、水电站厂房、通航建筑物、茅坪溪防护工程等组成。坝址建基岩体主要为闪云斜长花岗岩，地震基本烈度Ⅵ度。

拦河大坝为混凝土重力坝，坝轴线全长2309.47m，坝顶高程185.00m，最大坝高181.00m。水库正常蓄水位175.00m，总库容393.0亿$m^3$，防洪库容221.5亿$m^3$。

水电站厂房为坝后式，布置在河床泄洪坝段两侧，共安装26台700MW水轮发电机组，总装机容量18200MW，保证出力4990MW，多年平均发电量846.8亿kW·h。右岸预留有装机容量为6×700MW的地下电站。

永久通航建筑物由双线五级船闸和垂直升船机组成。船闸主体结构段总长1621.00m，每个闸室有效尺寸为长280.00m、宽34.00m，可通过万吨级船队，年单向通过能力为5000万t。升船机最大过船（客轮）吨位为3000t，年单向通过能力为350万t。

茅坪溪防护工程为沥青混凝土心墙土石坝，坝顶长1840.00m，坝顶高程185.00m，最大坝高104.00m。

三峡工程采用“一级开发、一次建成、分期蓄水、连续移民”的建设方案。工程分三期施工，总工期为17年，其中施工准备和一期工程5年，二期工程6年，三期工程6年。二期工程的主要任务，是完成双线五级船闸、左岸非溢流坝段、左岸电站厂房坝段、河床泄洪坝段、左岸电站、茅坪溪防护工程和右岸地下电站进水口的建设。2003年6月，已建大坝和三期碾压混凝土围堰开始挡水，水库蓄水至135m水位，双线五级船闸同时开始通航，7月首批机组发电。整个工程将于2009年竣工。

经国家正式批准的三峡工程初步静态总投资（按1993年5月末的物价水平测算）为900.9亿元，其中枢纽工程投资500.9亿元，水库淹没处理及移民安置费用400.0亿元。

兴建三峡工程，是中华民族的百年梦想，我国几代人近一个世纪为此做了艰辛探索和艰苦实践。孙中山先生在1918年制定的《建国方略》中就提出了建设长江水力发电工程的设想。毛泽东在1953年乘“长江舰”亲临三峡视察，并在随后不到5年的时间里，先后6次与有关部门研究三峡工程和长江水力资源开发问题；1958年，在听取有关三峡工程的建议意见后，他提出了“积极准备，充分可靠”的八字方针，并委托周恩来亲自负责长江流域规划和三峡工程前期论证工作。邓小平复出后不久，在1980年视察了三斗坪坝址、葛洲坝工地和荆江大堤，听取了关于三峡工程的汇报，并在1982年对是否兴建三峡工程果断表态：“看准了就下决心，不要动摇！”江泽民同志在1989年担任总书记不久，就到湖北宜昌视察，用4天时间进行实地考察和听取各方面的汇报，将兴建三峡工程这一关乎国家经济建设大局的工作提上了议事日程。从20世纪50年代开始，国家就组织对三峡工程进行大量的勘测、规划、设计、科研工作。1986年国务院又在全国范围内组织400多位专家学者分14个专题对三峡工程进行进一步论证，历时数年。1992年4月3日，七届人大五次会议通过了关于兴建三峡工程的决议。三峡工程由此从筹划转入正式实施，经准备工作，于1994年12月正式开工。

（本年鉴编辑部摘编）

## 国务院三峡工程建设委员会组成人员调整

根据《国务院关于议事协调机构和临时机构设置的通知》（国发〔2003〕10号）以及人员变动情况和工作需要，国务院决定对国务院三峡工程建设委员会的组成人员进行相应调整。现将调整后的名单通知如下：

主　任：温家宝　国务院总理

副主任：曾培炎　国务院副总理

　　　　郭树言　国务院三峡工程建设委员会办公室主任

　　　　马　凯　国家发展和改革委员会主任

　　　　罗清泉　湖北省省长

王鸿举　重庆市市长
陆佑楣　中国长江三峡工程开发总公司总经理
委　员：汪　洋　国务院副秘书长
蒲海清　国务院三峡工程建设委员会办公室副主任
邓　楠　科技部副部长
朱志刚　财政部副部长
田凤山　国土资源部部长
翁孟勇　交通部副部长
张基尧　水利部副部长
杜青林　农业部部长
吴晓灵　中国人民银行副行长
李荣融　国有资产监督管理委员会主任
王心芳　国家环保总局副局长
周生贤　国家林业局局长
陈宜瑜　中国科学院副院长
单霁翔　国家文物局局长
漆　林　国务院三峡工程建设委员会办公室副主任
何文彬　国务院三峡工程建设委员会办公室副主任
陈　元　国家开发银行行长
韩忠学　湖北省副省长
余远牧　重庆市副市长
甘宇平　重庆市原副市长
赵希正　国家电网公司总经理
李永安　中国长江三峡工程开发总公司副总经理
蔡其华　水利部长江水利委员会主任

## 中国长江三峡工程开发总公司简介

为开发长江，兴建三峡工程，经国务院批准，中国长江三峡工程开发总公司（简称中国三峡总公司，英文名称China Three Gorges Project Corporation，英文缩写CTGPC）于1993年9月27日正式成立。

中国三峡总公司是直属中央的特大型国有企业，独立核算，计划单列，自主经营，自负盈亏。中国三峡总公司作为三峡工程项目的业主，全面负责工程建设的组织实施和所需资金的筹集、使用、偿还以及工程建成后的经营管理。三峡工程建成后，中国三峡总公司将拥有2091.5万kW发电能力，年发电量约1000亿kW·h。中国三峡总公司还将利用其经济实力和技术能力继续开发长江上游干支流的水力资源，并开展水电科学研究、技术咨询及其他多种经营活动。

中国三峡总公司总经理、副总经理由国务院任命，首任总经理为水电专家陆佑楣。公司实行总经理负责制，副总经理、总经理助理及总工程师、总经济师、总会计师协助总经理工作；公司设立技术委员会，由国内著名工程专家组成，中国科学院、中国工程院两院院士潘家铮任主任，负责重大工程技术问题的研究和审查。公司的管理机构设置以三峡工程建设为重点，职能部门归口管理同工程建设项目管理有机结合，除在本部设立职能机构和工程项目管理机构外，在大坝施工区设立工程建设部，对工程施工进行总体协调。

中国三峡总公司按照社会主义市场经济原则管理三峡工程建设，实行项目法人负责制、招标投标制、建设监理制、合同管理制。在工程施工及项目所需物资、设备采购中，充分引入竞争机制，尽量采用公开招标方式；在建设过程中严格合同管理，实行工程建设监理制，严格控制工程质量、建设进度和成本，同参与工程建设的设计、施工、监理单位一道，确保三峡工程“一流的工程质量，一流的现代化管理，一流的文明施工”。

中国三峡总公司在北京设有代表处，在上海、武汉、重庆设有办事处。公司还全资拥有或控股、参股长江电力股份有限公司、三峡实业总公司、三峡财务有限责任公司、三峡国际招标有限责任公司、三峡实业投资有限公司、三峡高科信息技术有限责任公司、北京峡光经济技术咨询有限责任公司、长江三峡技术经济发展有限责任公司等经营性单位。为宣传三峡工程，公司创办了全国统一发行的《中国三峡工程报》，定期出版《中国三峡建设》杂志和《中国三峡建设年鉴》。

为适应我国社会主义市场经济建立和完善的需要，中国三峡总公司对公司的改制重组进行了多年的研究。在国家经贸委直接指导下，中国三峡总公司精心制定了改制重组方案。经国务院领导审核同意，2002年8月21日国家经贸委下文，原则同意中国三峡总公司的改制重组方案，批准中国三峡总公司为国家授权投资的机构。中国三峡总公司将在国家宏观计划指导下，坚持以长江水力资源开发和经营为主导，形成工程建设、电力生产、多产业经营和金融服务四大产业，实现“建设三峡，开发长江”的宏伟战略目标，逐步发展成以产权为纽带实行母子公司体制的集团公司。目前，改制重组工作正在顺利进行。

2003年12月，李永安接替陆佑楣任总经理。

（中国长江三峡工程开发总公司　刘　宁）

# 三峡工程设计过程概述

中华人民共和国建立后，为解除荆江地区毁灭性洪灾的威胁，解决长江中下游平原区防洪问题，党中央在20世纪50年代初即考虑尽早修建三峡工程。考虑到工程规模巨大、技术复杂，中央采取了积极而慎重的方针。1958年初，在党中央南宁会议上，毛泽东主席提出对三峡工程建设应采取“积极准备，充分可靠”的方针。1958年3月党中央成都会议通过了《中共中央关于三峡水利枢纽和长江流域规划的意见》并指出：“从国家长远的经济发展和技术条件两方面考虑，三峡水利枢纽是需要修建，而且可能修建的，……，现在应当采取积极准备和充分可靠的方针，进行各项有关工作。”成都会议结束后，周恩来总理指示有关部门立即组织全国的科研大协作，以解决建设三峡工程中的重大科技问题。当时，中央曾考虑在20世纪60年代初开始建设三峡工程。后因国内外形势变化，中央决定调整三峡工程建设部署。周恩来总理在传达这一决定时指示：“雄心不变，加强科研，加强人防。”1970年，中央决定先修葛洲坝工程，目的之一是为三峡工程做“实战准备”。20世纪80年代初，中央制定我国远景发展规划时又准备修建三峡工程。1984年国务院原则批准了三峡工程150m方案的可行性研究报告，并决定立即开始进行施工前期准备工作。此后，由于部分社会人士和专家对兴建三峡工程提出了不同意见和建议，党中央、国务院于1986年决定组织重新论证，“以求更加细致、精确和稳妥”。经过近三年的补充论证工作，先后完成并经论证领导小组审议通过了14个专题论证报告，长江水利委员会（以下简称长江委）据此重新编制了《长江三峡水利枢纽可行性研究报告》。1990年，国务院成立三峡工程审查委员会，组织专家预审。1991年8月审查委员会审查通过了《长江三峡水利枢纽可行性研究报告》，并向国务院汇报了审查经过和结论。据此，国务院决定提请全国人民代表大会审议。1992年4月3日，全国人大七届五次会议通过了关于兴建三峡工程的决议案。经过一段时间的积极准备，1993年国务院决定开始进行三峡工程的施工准备，这标志着三峡工程经过40多年的设计、研究和反复论证，开始进入实施阶段。

经国务院审查并报全国人大审议通过的三峡工程方案是：水库正常蓄水位175m，初期蓄水位156m，大坝坝顶高程185m，按“一级开发，一次建成，分期蓄水，连续移民”的部署实施。“一级开发”指从三峡坝址到重庆之间的长江干流上只修建三峡工程一级枢纽；“一次建成”指三峡工程按合理工期一次连续建成，不采用有些大型工程初期先按小规划建设以后再扩建的方式；“分期蓄水”指枢纽建成后水库运行水位分期抬高，以缓和水库移民的难度，并可通过初期蓄水运用，验证泥沙试验研究的成果；“连续移民”则指移民分批不分期（即一次搬迁到位），连续搬迁。

由于三峡工程规模巨大，国务院决定把初步设计分成枢纽工程、水库移民安置规划、输变电工程三大部分，单独编制，分别审查。三峡工程初步设计编制工作，是在1990年7月国务院召开三峡工程论证汇报会后，按照会议的决定开始进行的。长江委于1992年编制完成《长江三峡水利枢纽初步设计报告（枢纽工程）》（以下简称《初步设计报告》），上报国务院三峡工程建设委员会（以下简称三峡建委）。《初步设计报告》分为综合、水文、地质、综合利用规划、枢纽建筑物、泥沙、机电、环境保护、施工、概算、经济评价等11篇，共300多万字。长江委在三峡坝址共完成地质测绘497km$^2$，地质钻探进尺17.374万m，大口径（直径1m）竖井17个、670m，平洞12条、2559m，岩石物理力学试验室内10662组、现场229组。

1993年4月初，三峡建委第一次会议决定，初步设计审查工作由三峡建委办公室先组织专家进行初审，再由三峡建委审查，三峡建委只审查有争议的重大问题和结论。据此，三峡建委办公室聘请了19位专家组成核心专家组，负责初审工作，中科院院士张光斗任组长，严恺院士、潘家铮院士任副组长。按照初步设计的专题，核心专家组下设10个专家组，分别负责相关篇章的审查，提出书面初审意见。1993年5月13～25日，三峡建委办公室召开了“长江三峡水利枢纽工程初步设计专家审查会议”，核心专家组初审意见指出：“三峡工程规模特大，某些单项工程规模即相当于一个大型工程，技术也比较复杂。虽然初步设计已达到一定的深度，但仍有进一步研究和优化的必要，有些技术方案和措施也需进一步研究落实。为了节省工程量、节省投资和加快进度，有必要在初步设计完成后，立即开展主要建筑物的单项技术设计，再进行招标设计和施工详图设计。其他施工准备工程、导流、施工通航等临时和次要建筑物，在初步设计批准后，即可进行招标设计和施工详图设计。”核心专家组关于枢纽布置和水工建筑物的初审意见：“同意《初步设计报告》采用的设计标准、选定的三斗坪坝址上坝线、推荐的混凝土重力坝坝型；同意推荐的枢纽建筑物总体布置方案、泄洪布置方案、两岸坝后电站的布置；基本同意设计推荐的电厂排沙与排漂布置方案，建议进一步研究优化，提高排沙和排漂效果。”同年7月26日，三峡建委召开第二次会议，听取了核心专家组初审意见的汇报。会议经过讨论，做出如下决定：“委员会同意核心专家组的初审意见。初步设计是以批准的可行性研究报告为基础，遵照国务院三峡工程审查委员会的审查意见和七届全国人大五次会议的决议精神，又做了大量分析研究，按照国务院有关规范编制的。初步设计内容完整，资料可靠，规划设计合理可行，满足初步设计要求。委员会批准初步设计，作为下阶段设计和施工的依据。”

批准的长江三峡水利枢纽的枢纽工程初步设计与可行性研究报告相比，在工程项目、枢纽布置、建筑物型式等方面均基本相同，仅有以下4项变化：

(1) 关于施工通航与施工导流方案，可行性研究报告推荐“明渠通航、三期导流”和“明渠不通航、两期导流”两个方案，认为技术上都是可行的，各有利弊，各有得失。初步设计采用了“明渠通航、三期导流”方案，垂直升船机要在第11年投入运行，应尽可能保证长江航运不断航。

(2) 关于水轮发电机单机容量与装机总规模，为了便于国际合作和最终立足国内制造，初步设计中将水轮发电机组单机容量由680MW调整为700MW，装机仍为26台，装机总规模则由17680MW增加到18200MW，净增520MW。

(3) 关于总工期和第一批机组发电工期，可行性研究报告中总工期为18年，准备工程3年，一期工程3年，二、三期工程各6年，即所谓“3、3、6、6”方案，第一批机组在二期工程末即第12年发电。初步设计中总工期为17年，准备和一期工程5年，二、三期工程各6年，即所谓“5、6、6”方案，第一批机组仍在二期工程末（即第11年）发电。初步设计总工期和发电工期均比可行性报告提前1年。

(4) 关于枢纽工程总概算（静态总投资），按照1993年5月末价格水平核算的枢纽工程总概算为500.9亿元（包括茅坪溪防护工程5.9亿元）。比可行性报告中枢纽工程概算298亿元增加了197亿元（未计茅坪溪防护工程），这主要是由于物价上涨因素而引起的，各项工程量总体来说基本上没有变化。

1993年7月，国务院三峡工程建设委员会“关于批准《长江三峡水利枢纽初步设计报告（枢纽工程）》的通知”中明确：“同意核心专家组的审查意见，决定批准《长江三峡水利枢纽初步设计报告（枢纽工程）》，作为下阶段设计和施工的依据。”通知还要求：“水利部长江水利委员会要继续努力，在下阶段设计中尽可能地便利施工，降低施工难度和风险度，降低工程造价，缩短工期；抓紧编制重要工程的单项技术设计和其他工程的招标设计；保证图纸的按期供应。”三峡建委在批准三峡工程《初步设计报告》的同时，责成长江委编制大坝、电站建筑物、永久船闸、垂直升船机、机电（含首端换流站）、二期上游横向围堰、建筑物安全监测、变动回水区航道及港口整治（含坝下游河道下切影响对策研究）等8个单项技术设计，并授权中国长江三峡工程开发总公司（以下简称三峡总公司）负责审查单项技术设计。三峡总公司成立技术委员会并聘请157位专家组成8个专家组负责审查工作。1994～1998年，在三峡总公司的大力协助下，长江委根据单项技术工作的需要，对主体建筑物基础进行了补充勘探钻孔500个，进尺31627.4m，勘探平洞220.5m，还采取特殊勘探手段查明地质问题，提出地质报告68份；配合单项技术设计进行了泥沙、水工、土工、岩石力学、材料等科学试验研究工作，提出科研报告391份；并认真收集学习借鉴国内外大型水利水电工程设计施工运行经验，以提高三峡工程设计水平。在技术设计过程中，长江委和三峡总公司技术委员会及专家组密切配合，采取多种方式把设计、科研和审查工作有机地结合起来。长江委虚心听取专家组的审查意见，认真研究采纳，使单项技术设计不断完善、优化。为保证单项技术设计成果质量，长江委组织该委技术委员会专家负责校审把关。在三峡总公司和全国有关高等院校及科研单位的大力支持协作下，长江委按期完成了7个单项技术设计（第8项变动回水区航道及港口整治技术设计分两阶段进行，第1阶段工作已于2001年完成，目前进行第2阶段工作），提供技术设计报告10册、290万字、附图600张，各项专题研究报告160份、计1980万字、附图5600张。三峡总公司技术委员会组织专家组分专题进行审查，重大方案及技术问题已经审定。单项技术设计满足了三峡工程招标设计及招标文件编制和施工详图阶段设计的需要，保证了三峡工程建设的顺利进行。

（长江水利委员会　郑守仁）

## 三峡工程科学研究概述

三峡工程是治理和开发长江的关键工程，规模宏大、举世瞩目。它具有防洪、发电、航运等多种综合效益。三峡工程是一项涉及科学技术、经济、社会发展等多门类的复杂的系统工程。在其论证、决策、实施过程中所面临的技术、经济以及环境等诸多重大问题，都必须通过科学研究的途径才能解决。尤其是在三峡枢纽工程的勘测、规划、设计、施工及管理等方面，科学研究更是贯穿了不同实施阶段的全过程，科学技术在三峡工程建设中发挥了基础和先导作用。

早在20世纪50年代，党中央、国务院就责成有关部门组织开展对三峡工程的勘测、规划的科学研究工作。国家发展各个“五年计划”对应的五年科技攻关计划中，都开展了有关三峡工程的科技攻关研究。同时，国家有关部门也相继组织进行了大量的科学研究。这些科学研究所取得的成就，回答了三峡工程论证中所提出的重大问题，也为三峡工程可行性报告编制和初步设计提供了科学依据，为三峡工程的正式开工奠定了基础。

“八五”期间，国家科委安排了国家“八五”科技攻关“三峡工程枢纽建设关键技术研究”课题，开展了6个专题研究：①枢纽布置及建筑物优化；②高水头多级船闸水力学及结构；③三峡工程施工期导流与通航问题；④深水土石围堰关键技术；⑤三峡船闸陡高边坡关键技术；⑥三峡工程施工管理科学化规划。此外，由国务院重大项目办公室组织、水利部重大项目办公室主持了“三峡工程重大技术装备的研究”；由水利部和交通部共同组织了“三峡工程泥沙与航运关键技术研究”课题。为促进基础研究与工程应用相结合，国家自然科学基金委员会与中国三峡总公司共同组织了“三峡水利枢纽工程几个关键问题的应用基础研究”。该项目分为5个课题：①三峡工程泥沙问题研究；②通航建筑物的应用基础研究；③岩石高边坡问题的若干基础理论研究；④三峡工程混凝土原材料的研究；⑤三峡水工建筑物安全监测及反馈分析研究。

“九五”期间，国家经贸委和国务院三峡工程建设委员会办公室共同组织了“九五”国家重大技术装备研制和国产化项目“三峡水利枢纽工程成套设备研制”。研究内容包括：①三峡水轮发电机组及辅机设备研制；②三峡工程输变电成套设备研制；③三峡双线五级船闸设备研制和升船机及其中间试验机关键技术研究及设备研制；④三峡工程水工机械及大型金属结构关键技术研究及设备研制；⑤三峡工程大型专用混凝土施工机械关键设备研制；⑥三峡枢纽综合自动化系统调度、通信及继电保护关键技术研究。上述6个课题共分56个专题，其中23个专题由中国三峡总公司负责主持。

1993年7月国务院三峡工程建设委员会审查批准了《长江三峡水利枢纽工程初步设计报告》，同时决定编制挡水泄洪大坝、水电站厂房、永久船闸、垂直升船机、二期围堰、机电、金属结构、坝区泥沙和建筑物安全监测8个重要单项工程的技术设计，并明确中国三峡总公司负责组织审查单项技术设计。为配合8个单项技术设计审查工作，中国三峡总公司先后安排了大量的科研与试验工作，并开展专题研究。与此同时，中国三峡总公司围绕工程建设还开展了一期土石围堰基础处理、碾压混凝土、永久船闸高边坡开挖与锚固、导流明渠通航、二期混凝土配合比设计、大江截流关键技术、二期深水高土石围堰等研究。

三峡工程泥沙专家组在以往研究的基础上，“九五”期间继续开展了三峡工程泥沙问题研究课题，着重进行了8个方面的研究：①葛洲坝枢纽下游水位变化对船闸与航道影响及对策；②江口镇上下浅滩演变与整治；③三峡水库运用不同时段拦沙泄水对下游河道冲淤与河势影响及对策；④三峡水库运用不同时段拦沙泄水对荆江三口分水分沙及荆江与洞庭湖防洪影响；⑤三峡水库运用不同时段拦沙泄水对鄱阳湖口分流分沙及鄱阳湖防洪影响；⑥长江上游建库与水土保持对三峡水库泥沙淤积和运行的影响；⑦水库变动回水区泥沙淤积及治理研究；⑧三峡工程坝区泥沙问题的研究。与此同时，中国三峡总公司配合三峡工程第二阶段建设的需求，主持安排了混凝土防渗墙施工、大坝基础处理、二期大坝混凝土快速施工、船闸高边坡及闸体混凝土和金属结构施工、电站大型钢衬钢筋混凝土压力管道和蜗壳外围保温保压混凝土浇筑、巨型水轮发电机组、茅坪溪防护坝沥青混凝土心墙施工等主要关键技术的科学研究，为三峡工程第二阶段建设目标的顺利实现提供了有力的技术支持。

三峡工程的科学研究与实践，涉及泥沙与航运、水文、地质、水工、施工、建材、金属结构、机电设备、生态环境等多学科、多专业，是一项跨行业、跨领域的科技大协作。三峡工程开工10年来，长江水利委员会、中国水利水电科学研究院、长江科学院、南京水利科学研究院、清华大学、武汉大学、河海大学、葛洲坝集团公司等数十家设计、科研、施工单位的数千名科技人员为三峡工程的建设贡献了智慧和力量，有数十项科技成果达到国际或国内领先水平，有一大批科技成果获得了国家及相应省部级科技奖励。据不完全统计，仅三峡工程开工建设以来获得国家和省部级科技进步二等奖以上的项目就有33项。其中获国家科技进步一等奖1项，为“长江三峡工程大江截流设计及施工技术研究与工程实践”（1999年）；获国家科技进步二等奖5项，分别为“长江三峡工程防护问题研究”（1995年）、“长江防洪系统研究”（1997年）、“三峡工程多级船闸水力学关键技术”（1998年）、“三峡船闸输水阀门水力学大比尺模型试验研究”（1999年）、“三峡工程散装水泥、粉煤灰实时调运指挥系统”（2000年）。此外，还有一些项目是紧密结合三峡工程的需求开展的基础或通用科研项目，如“中国数字地震观测系统的设计、研制、生产、集成和推广应用”，该项目由中国地震局分析预报中心等单位完成，获2002年度国家科技进步一等奖，其成果在三峡工程得到有效应用；“预应力岩土锚固综合技术及其应用”，该项目由冶金工业部建筑研究总院等单位完成，获2002年度国家科技进步二等奖，其成果为三峡船闸高边坡岩石锚固工程提供了技术支持，并得到全面应用。

三峡工程开工10年来，国家有关部门及中国三峡总公司十分重视科学技术在工程建设中的作用，围绕工程的各建设阶段开展了大量的科学研究与科学试验工作，为三峡工程建设的顺利进展提供了有力的保障。伴随工程进展，三峡工程建设在科学技术上也取得了一系列科技创新和重大技术突破，主要包括：①大江截流和混凝土防渗墙、施工技术；②大坝混凝土快速施工新技术；③永久通航建筑物施工技术；④电站大型钢衬钢筋混凝土压力管道和蜗壳外围保温保压混凝土浇筑技术；⑤沥青混凝土心墙施工技术；⑥船闸金属结构；⑦水轮发电机组等。例如，对三峡大坝混凝土施工关键技术的系统研究，尤其在混凝土浇筑手段方面进行了多方案比较研究，为最终采用“以塔带机为主、辅以高架门机和缆机相结合”的混凝土浇筑施工方案提供了科学依据；同时为混凝土施工技术的突破与创新创造了条件。“三峡工程大坝混凝土快速施工新技术的研究及实践”创造了水电施工混凝土浇筑强度的世界纪录，创立了一整套混凝土快速施工工艺和质量保证体系。采用了二次风冷骨料新技术，混凝土原材料及配合比优化达到一流水平，全过程综合温控技术的全面实施，这些方面的科技创新，使该项目获得了湖北省2002年度科技进步一等奖，是科技成果集成的一个成果。

三峡左岸大坝已于2002年10月全线达到185m高程，并于2003年6月10日水库蓄水至135m高程。根据埋设在大坝的6252支各类监测仪器观测成果表明：大坝基础变形小于1mm，基础渗流量为0.6L/（min·m），仅为设计量的1/10，大坝水平位移和应力均在设计允许范围之内，完全满足设计要求，大坝质量优良。

在三峡永久通航建筑物确定选用双线五级连续船闸和垂直升船机后，各有关单位围绕双线五级连续船闸和垂直升船机的设计和施工等方面问题进行了大量广泛深入的科学研究，解决了船闸总体布置方案、船闸运行水力学条件、船闸水工建筑物结构和船闸高边坡处理等技术问题。

三峡船闸已于2003年6月16日开始通航。通过对埋设在船闸的3271支各类监测仪器原型监测成果表明：船闸高边坡自1999年4月开挖基本结束后，岩体变形开始趋于稳定，截至2003年8月累计变形为：南北坡岩体向闸室中心线方向的最大位移分别为66.28mm和49.43mm；南北坡直立墙最大位移分别为40.86mm和32.25mm；中隔墩南、北侧最大位移分别为20.08mm和32.37mm，均在前期科研的预测范围之内，边坡变形已趋收敛。船闸投入135m四级工况运行后，闸室充泄水引起墙顶最大位移变幅在0.5mm以内，闸墙变形工作性态正常。

三峡工程10年来所取得的每一项建设成就，都是在全体三峡建设者的共同努力下，以科学技术为先导，依靠科技创新和科技进步，艰苦奋斗、顽强拼搏、无私奉献、不断进取而取得的。随着三峡工程的顺利进展，三峡工程必将创造出更新的科技成就，推动我国水利水电建设及相关行业的科技进步，为我国社会主义现代化建设事业做出应有的贡献。

（中国长江三峡工程开发总公司　张超然　尹庭伟）

## 三峡工程十年建设回眸

长江三峡工程是中华民族的千秋伟业，经过十年奋斗，胜利实现蓄水至135m水位、双线五级船闸试通航、首批机组并网发电的二期工程目标，这是三峡工程建设的一个重要里程碑。三峡工程建设取得的伟大成就，是党中央、国务院英明决策、坚强领导的结果，是全国人民热忱关心、积极支持的结果，是全体三峡工程建设者、三峡库区广大干部和移民群众艰苦奋斗、努力拼搏的结果。

### （一）充分发挥社会主义制度集中力量办大事的优越性，大力弘扬中华民族爱国奉献、团结互助的民族精神，为三峡工程建设提供物质支持和精神动力

十年来，三峡工程建设得到了全国人民的积极参与和大力支持。三峡工程静态投资900亿元，加上输变电工程，静态投资近1200亿元，而且建设工期长达17年。建立可靠的筹资渠道，保证建设资金及时到位，是工程建设顺利进行的前提。国务院在深入研究的基础上，批准了以开征三峡建设基金作为资本金，利用银行贷款、出口信贷和发行企业债券等渠道融资的三峡工程筹资方案。从1992年开始，除国家贫困地区的农业排灌以外的各类用电量征收三峡建设基金（西藏自治区不征收）。到2002年年底，三峡建设基金到位386亿元，占三峡工程累计到位资金的42%。全国电力用户交纳三峡建设基金，形成工程建设稳定的资金来源，为三峡工程建设做出了贡献。

三峡工程淹没涉及湖北省、重庆市的21个区、县，移民总数113万，安置工作成为三峡工程建设

成败的关键。库区各级党委、政府从维护三峡工程建设的大局出发，勇挑重担。广大移民群众舍小家，顾大家，主动移民，艰苦奋斗，建设新家园，展示了中华民族的爱国主义的优秀传统。到2003年6月，已累计搬迁安置75.7万人，占规划移民总数的67%；搬迁、破产、关闭工矿企业1101户，占总数的67.6%；建设各类房屋3309.38万$m^3$，并完成了大量的公路、码头、输变电、通信等专项设施的复建工作。12个全淹和半淹城市、县城已基本完成复建，其基础设施都有较大程度的改善，城市功能已基本恢复。库区人民的奉献精神得到了全国人民的支持。从1992年国务院发出对口支援三峡工程移民的号召以来，全国21个省市、10个大城市按照“优势互补、互惠互利、长期合作、共同发展”的原则，对口支援三峡库区。国务院各部委以及中央大型企业也在项目、资金、人才等各方面向三峡库区倾斜。至2002年底，对口支援共为库区引入资金127.5亿元，有力地促进了库区经济发展和社会进步。1999年，国务院做出移民外迁安置的决策。沿海、沿江有关省市主动为国分忧，克服自身各种困难，认真落实三峡移民外迁安置任务；仅用了三年时间，共安置外迁移民14万人。2003年，国务院又决定新增外迁移民任务2.53万人，将全部安置到沿长江和沿海地区。

（二）与时俱进，开拓创新，建立指挥有力、权责明确、政企分开的工程建设管理体制和符合市场经济规律的资金筹措、管理、监督机制，按照社会主义市场经济原则组织三峡工程建设

三峡工程建设的十年，正是我国社会主义市场经济体制逐步建立和不断完善的十年。早在1993年初，国务院就做出决策，三峡工程建设不能沿袭计划经济体制下的“工程建设指挥部”模式，要按照社会主义市场经济的办法组织工程建设。国务院首先按照政企分开的原则确立了三峡工程建设管理体制的框架。成立国务院三峡工程建设委员会，由国务院总理担任主任，国务院副总理和有关方面的负责同志担任副主任、委员，这是三峡工程的高层次决策机构。成立中国长江三峡工程开发总公司，作为三峡工程项目的业主，这是一个独立核算、自负盈亏、自主经营、具有法人地位的经济实体，全面负责三峡枢纽工程的建设和经营。随后，又明确国家电力公司（现为国家电网公司）为三峡输变电工程的项目业主。库区移民工作，实行中央“统一领导、分省负责、县为基础”的管理体制。1993年，国务院颁发了《长江三峡工程建设移民条例》，2001年，对《移民条例》又进行了修订。库区地方政府负责编制移民安置规划并依法具体组织实施。管理体制的创新，既确保了党中央、国务院对三峡工程建设强有力的指挥，又清晰地明确了各方的职责和权限，充分调动了各方积极性，为三峡工程建设的顺利进行提供了制度保障。

三峡工程开工之初就明确了实行以项目法人负责制、招标承包制、工程监理制和合同管理制为主要内容的现代工程管理制度。针对三峡工程建设周期长、投资大的特殊性，国务院三峡建委和有关方面在资金筹措、投资控制和监督管理等方面，进行了大胆创新，为我国大型工程建设提供了借鉴。

在资金筹措方面，按照市场经济原则，利用资本市场开展多元化融资，降低工程建设融资成本。从1997年到2002年底，三峡工程累计发行企业债券五期，共计160亿元，已偿还到期债券20亿元，债券余额140亿元。据测算，发行企业债券直接融资，与银行长期贷款利率相比，降低工程投资约3亿多元。2002年9月，国务院批准中国长江三峡工程开发总公司改制重组方案，成立长江电力股份有限公司，在适当时机上市。

在投资管理方面，三峡工程首创“静态控制、动态管理”的新模式，对因价格波动影响导致的工程投资变化进行有效管理。在实践中，积极借用市场经济条件下宏观调控的分析工具，组织编制了枢纽、移民工程价格指数指标体系，并委托社会中介机构逐年测算价格指数，作为投资动态管理和风险控制的主要手段，较好地解决了大型工程因工期长概算控制难的老问题，三峡工程建设各方面的投资迄今为止仍控制在概算范围之内。在移民资金管理方面，除了实行“静态控制、动态管理”外，还与中央“统一领导、分省负责、县为基础”的管理体制相适应，实行“移民任务与资金双包干”。这样既发挥了地方政府的主动性和积极性，又有力地遏制了盲目扩大规模、提高标准的现象。

在资金监管方面，三峡工程建立了政府、业主、银行各负其责的多层次监管体系。政府主要通过监察、审计和稽察来监管资金，及时发现问题并督促整改。纪检、监察机关配合财务部门，将关口前移，主动防范、减少和避免违法违纪问题的发生。国家审计部门将三峡工程作为重点，多次组织审计。三峡建委对枢纽工程、输变电工程和移民工程进行稽察，对业主规范内部关联交易和加强资金监管发挥了极为重要的作用。针对移民资金使用环节和管理层次多的特殊性，充分发挥三峡建委监察局的组织协调职能，不断加大监督检查力度，在三峡库区层层建立以各级党政主要领导为第一责任人的移民资金管理责任制；逐级建立以纪检监察部门牵头，移民、审计、检察、银行等部门参与的移民资金监督网络，齐抓共管，跟踪监

督，定期检查，限期整改；大力推行“村账乡管”和乡镇会计委派制度；制发移民“明白卡”，实行资金补偿“五公开”等措施，有效地维护了移民资金的安全和使用效益。

（三）依靠科技进步，严格质量标准和保障体系，强化监管，认真处理隐患，不断提高三峡工程建设质量

三峡工程是当今世界最宏伟的水利水电工程之一，多项技术指标居世界第一。国务院领导多次强调：三峡工程是千年大计、国运所系，要把三峡工程建成世界一流工程。质量是三峡工程的生命，质量责任重于泰山。

设计是工程质量的基础，一流的工程质量需要一流的设计。从20世纪50年代开始，新中国成千上万的科技工作者参与了三峡工程的科研、论证、设计工作。承担三峡工程设计总成任务的长江水利委员会，更是有一代又一代科技人员投身三峡工程，呕心沥血，贡献了自己的才华。1993年，共11篇300多万字的《长江三峡水利枢纽初步设计报告》通过专家评审，为三峡工程建设奠定了坚实的基础。在建设过程中，国家有关部门以及三峡总公司组织全国科技力量开展关键技术的攻关研究，在一系列重大技术问题上取得了突破，例如：永久船闸高边坡开挖和稳定技术、大江截流技术、快速混凝土施工技术、大坝安全监测及泥沙观测研究等。科学技术是第一生产力的道理，在三峡工程建设的实践中得到了充分体现。

管理是工程质量的保障。十年来，国家有关部门以及三峡工程参建各方围绕提高工程质量建立了完善的质量保障体系。三峡总公司成立了质量管理委员会，制定了一整套三峡工程质量控制标准以及相应的质量保证体系。通过公开招投标选择资质高、信誉好的监理单位，高薪聘请质量总监，向制造单位派出监理，监督三峡重大装备的制造。施工、制造单位按照国际标准建立和完善了各自的质量保证体系。三峡建委还成立了以钱正英院士为组长、张光斗院士为副组长的三峡枢纽工程质量检查专家组，深入工地检查工程质量。自1993年以来，三峡枢纽工程完成13.6万多个单元工程，经评定全部合格，优良率为81.1%。针对枢纽工程建设过程中出现的质量上的缺陷和问题，三峡总公司和各参建单位都进行了认真整改。经质量检查专家组检查评定，措施到位，处理认真，能够满足设计要求。

（四）创新重大装备招标机制，依托三峡工程引进消化关键技术，大力促进国内机电装备工业发展

三峡工程建设初期，由于国内企业不具备设计、制造70万kW大型水轮发电机组和直流输电工程关键设备的能力和资质，三峡建委办公室和项目法人按照国务院的部署，创新重大装备招标机制，在引进具有国际领先水平的设备的同时，利用贸易手段和三峡工程的知名度引进设计、制造的关键技术，国内企业接受技术转让并分包制造，并在实践中进行了积极探索。一是不仅引进图纸，而且引进设计、制造的计算分析软件；二是将培训我方技术人员作为技术引进合同的主要内容之一，达到国内企业真正掌握关键技术的目的；三是通过国内企业分包制造、外方负总责的机制，引进了国际著名企业的管理经验和质量保证体系，达到了国内企业按照国际一流工艺、技术标准和管理水平制造先进装备的目的。现在，国内企业和科研单位经过消化吸收和技术改造，在技术开发创新、生产能力和质量管理方面，都上了一个大台阶，已基本具备制造70万kW水轮发电机组和500kV直流输电装备的能力，进入世界先进行列。

（五）实行开发性移民方针，妥善安置好移民，努力促进库区经济发展，确保移民搬得出、稳得住、逐步能致富

开发性移民方针，是在吸取国内水库移民教训的基础上，于20世纪80年代中期提出的。三峡工程移民坚持贯彻发展是执政兴国的第一要务，丰富了在社会主义市场经济条件下移民开发的具体内涵。所谓开发性移民，是指统筹使用移民补偿资金和其他发展经济的投入，依靠科学技术合理开发资源，保护生态环境，变生活救济为扶持生产，逐步增强移民自我积累和自我发展能力，使移民的生活水平达到或超过原有生活水平。农村移民安置以大农业为基础，以土为本，采取多种渠道、多种方式安置，鼓励移民外迁安置，积极为移民创造良好的生产条件。城镇迁建坚持科学规划，合理布局，量力而行，与推进库区城镇化进程相结合，加大基础设施投入，提高和完善城市功能水平，改善人居环境和投资环境。工矿企业搬迁与结构调整相结合，对污染重、能耗高、效益差的企业，实行关闭破产，对基础较好的企业，则结合对口支援优化企业组织结构、产品结构和所有制结构，培育新的经济增长点。库区经济发展坚持与移民安置相结合，开发库区优势资源，发展特色产业，扶持与移民稳定、致富的关联度较大的产业，培育有利于移民稳定致富的经济增长点。开发性移民为三峡库区经济社会发展和移民生活水平的提高带来了机遇。统计表明，三峡工程开工以来的10年，是三峡库区历史上经济发展最快的时期。2002年，三峡库区21个区县国内生产总值达到786.8亿元，比1993年增加了2.85倍，财政收入增加了2.36倍，农民纯收入增加了2倍。

（六）兴利除弊，加强生态环境保护，努力促进

库区以及长江流域经济社会和资源环境的协调发展

三峡工程对环境的影响利大于弊，其巨大的防洪效益和年均847亿kW·h的清洁再生能源，都有利于保护环境。针对三峡工程可能对生态环境产生的不利影响，国家有关部门以及工程业主和库区各级政府采取了大量卓有成效的措施。一是鼓励库区农村移民外迁安置，减轻库区环境压力。二是加强长江上游防护林建设和水土保持工作，结合库区实际发展柑橘种植和草食畜牧业。三是编制地质灾害防治总体规划，对库区地质滑坡、库岸及高边坡采取工程治理、搬迁避让、监测预警等多项措施，确保人民群众生命财产的安全。四是批准实施《三峡库区及其上游水污染防治规划》，加大水污染防治工作力度。目前，三峡库区的所有县城和主要集镇都建设了污水处理厂和垃圾处理场。三峡库区的环保设施建设走在了我国中西部地区乃至全国中小城市的前列。国家还建立了跨地区、跨部门的三峡工程生态与环境监测系统，对三峡工程涉及的生态和环境问题进行跟踪监测，并每年向社会发布公报。五是建立自然保护区，保护受工程影响的生物多样性。目前已建河口中华鲟、白鲟幼鱼保护区，葛洲坝下游中华鲟保护区以及宜昌大老岭植物多样性保护工程和兴山龙门河常绿阔叶林保护工程等。六是积极开展三峡库区文物保护工作。经过全国文物专家的普查，规划文物保护项目共计1087项，一一明确了保护方案。目前，已实施地面文物保护项目302项，实施地下发掘项目531个，出土各类文物标本数万件，取得了一批重要成果。涪陵白鹤梁、忠县石宝寨、云阳张桓侯庙等重点文物保护项目工作进展顺利。

（国务院三峡工程建设委员会办公室）

## 三峡工程建设十年成就

举世瞩目的三峡工程建设，在党中央和国务院的正确领导下，在全国人民和各方面的大力支持下，采用与国际接轨的管理体制，紧抓科研和技术创新，运用先进的施工手段，实行严谨的作业制度，经全体三峡建设者的艰苦奋斗，取得了辉煌成就。

十年来，三峡建设者攻克了道道难关，克服了重重困难，取得了一个又一个阶段性胜利。1994年12月枢纽工程正式开工，1997年11月完成以大江截流为标志的一期工程，2002年11月6日导流明渠截流成功，2003年6月1日下闸蓄水，6月16日永久船闸试通航，7月10日首台机组投产发电。这些都是三峡工程建设史上的一个个里程碑。

十年来，三峡工程积极筹资，到2003年底，累计到位资金1165.7亿元，其中作为国家资本金注入的三峡基金和葛洲坝电厂发电收益456.9亿元，占到位资金的39.2%；债务融资合计521.9亿元，占到位资金的44.8%。

十年来，累计完成固定资产投资1005亿元（截至2003年底），其中枢纽工程静态投资完成363亿元，占工程概算（静态）的73%；水库移民静态投资完成304亿元，占移民概算（静态）的76%。截至2003年底，三峡主体工程累计完成工程量为：土石方开挖13906.27万$m^3$，土石方填筑5267.53万$m^3$，混凝土浇筑2285.18万$m^3$，固结灌浆44.39万m，帷幕灌浆24.92万m，接缝灌浆40.07万$m^2$，钢筋制作安装45.41万t，锚杆制作安装52.69万根，锚索制作安装5617束，主体防渗工程施工27.74万$m^2$，机电安装6.03万t，金属结构安装15.86万t。工程质量好，至2002年6月底，共评定140612个单元工程，全部合格，其中优良工程114550个，优良率81.47%。

三峡输变电工程，1997年3月开始建设。到2003年6月，共开工建设交流线路35条总长4374km，变电项目16个容量1075万kV·A，直流线路2条共1835km，换流站4座容量4×300kW。至2003年7月首批机组发电时，已有3565km交流线路、775万kV·A变电容量建成，第一回线路长860km、换流站2座容量2×300kW的三峡至常州直流工程也已投产。三峡输变电工程，运用了目前世界上的最新技术和设备，创造了单换流器容量最大、建设周期最短等多项世界纪录。

三峡移民工程，涉及湖北、重庆的21个区县113万人。到2003年6月，已累计搬迁安置75.7万人，占规划移民总数的67%；搬迁、破产、关闭工矿企业1101户，占总数的67.6%；建设各类房屋3309.38万$m^2$，并完成了大量的公路、码头、输变电、通信等专项设施的复建工作。12个全淹和半淹城市、县城已基本完成复建，其基础设施都有较大程度的改善，城市功能已基本恢复。三峡库区面貌发生了翻天覆地的变化。

三峡工程是一项复杂的系统工程，科研项目涉及泥沙、航运、水文、地质、水工、施工、建材、金属结构、机电设备、生态环境等多学科、多专业。除直接参与三峡工程建设的设计、施工、监理单位的科技人员外，全国还有数十家科研和高校单位的数千名科技人员投入三峡工程的科研工作，提交了近2000份科技成果报告。据不完全统计，三峡工程建设十年来，共有10余项科研项目取得国家级科技成果奖励，200余项科研项目取得省部级科技成果奖励；使用各种专利技术700余项，其中有96项是工程建设中进行的技术革新或发明的专利。这些科技成果对三峡工程建设重大问题的决策起了奠定科学基础的作用，也对优化设计、改进施工工艺、保证工程质量、节约工程投资、促进现代化管理起了重要作用。

三峡工程是创新工程，十年来创造了世界水电工程建设的多项新纪录，取得了技术上的一系列重大突破，拥有几十个“世界之最”。

三峡工程两次成功截断长江，标志我国河道截流技术已跻身世界领先地位。大江截流和导流明渠截流的综合难度在世界截流史上是罕见的。大江截流设计及施工技术荣获1999年国家级科技进步一等奖，导流明渠截流名列2002年度国家十大科技进展新闻第四名。

混凝土快速筑坝施工技术取得了新的突破。采用了以塔带机为主，以高架门机、塔机和缆机为辅的综合施工方案，实现了混凝土的高强度连续施工，保证了混凝土浇筑质量。1999年至2001年连续3年创造了混凝土浇筑世界纪录。三期碾压混凝土围堰创造了碾压混凝土施工的多项世界纪录。

三峡工程建设中成功解决了双线五级船闸的高边坡开挖及稳定性处理问题，并攻克了大型金属结构设计、制造、安装等一系列技术难题，高质量地建成了船闸，目前运行情况良好。

在左岸水轮发电机组国际招标采购中，引进了世界上最先进的大型水轮发电机组的设计与制造技术。国内机电设备制造企业通过参与三峡工程，吸收引进国外先进技术并开展自主创新，技术水平和制造能力实现了跨越式提高，基本具备了成套设计、制造70万kW水轮发电机组的能力。

创造了大型水电工程机组安装年投产台数和总容量的世界新水平，2003年连续高强度投产了6台70万kW机组，并采取“建管结合”的方式，实现了机组安装与运行管理的无缝交接。

广大三峡建设者高扬“为我中华，志在三峡”的三峡精神，在三峡工程这个大熔炉中经受锻炼，展现才华，大显身手，贡献了他们的青春和热血。伴随着三峡工程的建设，一批高素质的人才和领导骨干已经成长和成熟起来。

上述这些成就，无不充分展示着中华民族的伟大复兴！

（本年鉴编辑部）

## 三峡左岸电站机组从选型到投产十年回顾

三峡左岸电站装设14台700MW水轮发电机组。从水轮机选型设计到2003年7月10日1时31分2号机组并网发电进入30d连续运行考核期，已有10年，历经初步设计、单项工程技术设计、招标文件编制、评标、合同谈判、施工图设计、水轮机模型两次见证试验和五次设计联络会。现将各阶段重大事件作一回顾。

### 一、初步设计阶段

1992年12月长江水利委员会（以下简称长江委）提出《长江三峡水利枢纽初步设计报告（枢纽工程） 第六篇 机电设计》。鉴于国内厂家制造能力，确定机组单机容量680MW，装机26台，总装机容量17680MW。

1993年3月原机械工业部系统召开的三峡机组专题讨论会认为，鉴于680MW与700MW机组制造难度相仿，改用700MW机组，左、右岸电站装机容量可增加520MW，总装机容量可增至18200MW，经济效益可观。为此，建议机组单机容量增至700MW。

1993年4月，长江委提出《长江三峡水电站水轮发电机组容量研究补充报告》，在三峡工程初步设计审查会上通过了审查，确定单机容量为700MW。

### 二、单项技术设计阶段

1994年2月，长江委提交《700MW水轮发电机组第一批主要参数预审汇报提纲》报告，3月技术设计第一次审查，确定机组主要参数。

1995年3月，长江委提交《长江三峡水利枢纽单项工程技术设计报告 第五册 机电（含首端换流站）设计》，6月通过了审查。

1996年12月完成了技术设计修改补充报告和13个专题报告，均通过了审查。

### 三、招标、评标、签订合同和进入施工图设计阶段

1996年6月完成《长江三峡工程左岸电站水轮发电机组招标文件》（中英文，国际招标）。标书出售后，世界上著名的机组制造厂商踊跃前来投标。

经中国长江三峡工程开发总公司（以下简称三峡总公司）组织专家评标、决策、合同谈判，在1997年9月2日分别与ALSTOM/KEN、ABB集团和VGS（VOITH/GEC/SIEMENS三家公司）集团签订了三峡左岸电站水轮发电机组合同文件，并进入施工图设计阶段。

### 四、三峡水轮机模型见证试验

（一）第一次见证试验

1998年7月23日～8月18日在挪威图鲁汉姆市

克瓦纳能源公司水力机械试验室，由该公司承担ALSTOM/KEN水轮机模型试验，三峡总公司组团进行见证试验。1998年8月16日～9月10日在德国海登海姆伏依特水力试验室进行VGS水轮机模型见证试验。

在完成ALSTOM/KEN和VGS两个供货商见证试验后，三峡总公司分别于1998年9月18～20日和9月21～23日，邀请全国有关水轮机专家，在北京召开了三峡水轮机模型试验成果评审会，认为两个供货商水轮机模型的效率和空化等试验成果达到了世界先进水平，但压力脉动幅值没有全面达到合同保证值。会后，三峡总公司要求两个供货商继续改进其模型，在不影响效率和空化性能的基础上，较大幅度改善水轮机压力脉动状况，保证机组安全稳定运行。

（二）第二次补充见证试验

ALSTOM/KEN和VGS两个供货商积极响应三峡总公司严格要求，ALSTOM/KEN开发了型号为6B的泄水锥，VGS在原F-584转轮基础上进行改型设计，开发了F-599转轮，均取得了较好效果。为此，三峡总公司又组团分别于1999年1月6～19日对ALSTOM/KEN和1999年4月5～23日对VGS的F-599模型转轮进行了补充见证试验。

通过补充见证试验，在保持原有效率、空化基础上，压力脉动均有明显或较明显改善，但仍未能全面达到合同保证值。鉴于其压力脉动幅值与类似水轮机相比是略好的，结合三峡特殊运行条件，全面达到合同中压力脉动保证值极其困难。为此，有条件地接受了上述两个模型，要求供货商在结构、设计、计算和运行中采取相应措施，保证机组安全稳定运行。

## 五、机组的五次设计联络会

在五次设计联络会前，于1997年11月18日～12月3日在法国召开三峡机组设备协调会，讨论联合设计的原则、工作计划和供图计划，决定卖方之间的协调方。

（一）第一次设计联络会

1998年3月2～22日对ALSTOM/ABB机组于瑞士召开，1998年3月9～30日对VGS机组于德国召开。主要议题：①讨论水轮机总体设计方案；②与土建协调；③审查水轮机模型试验程序等。

（二）第二次设计联络会

1998年11月18日～12月14日对VGS机组、1998年11月17日～12月15日对ALSTOM/ABB机组于巴西圣保罗两供货商分厂所在地召开。主要议题：①确定水轮机及其附属设备详细布置及管路、电缆走向；②审查水轮机结构、设计和质保体系等问题。

（三）第三次设计联络会

1999年8月18日～9月10日对ALSTOM/ABB机组，1999年8月19日～9月11日对VGS机组于加拿大蒙特利尔市GEC公司所在地召开。主要议题：①确认水轮机主要部件结构和材料采购，以便制造；②提交与设计有关图纸，提供安装文件以供编制机组安装标书用；③质保体系、吊具和培训计划等。此次会议机组监造单位法国BV/EDF参加。

（四）第四次设计联络会

2000年9月24日～10月20日对ALSTOU/ABB机组，2000年9月25日～10月21日对VGS机组于西班牙毕尔巴鄂ALSTOM西班牙分厂召开。主要议题：①讨论机组与调速器、励磁系统和计算机监控系统接口、协调；②审查设备结构图纸、计算书；③解决与设计有关问题。

（五）第五次设计联络会（于2001年10月在上海举行）

主要议题：①两个供货商介绍机组设备最终设计成果；②讨论设备交货、运输、安装、试运行和验收试验等问题。

## 六、三峡左岸电站机组安全稳定运行预案措施

2001年5月，提交《三峡左岸电站水轮发电机组参数选择及招投标初步总结报告》。

2002年2月长江委勘测规划设计研究院派调查组赴电站及厂家调查大型机组运行中出现的问题、原因和对策。2002年4～7月长江委勘测规划设计研究院派专家参加由三峡总公司组织的调查组，对国内已投产的10个大型水电站机组进行调查。2002年10月提交《长江三峡水利枢纽左岸电站700MW水轮发电机组运行安全稳定性预测和右岸电站水轮发电机组主要参数选择》。

## 七、左岸电站首批2号和5号机组并网发电

由水电八局安装的2号（VGS）机组经72h试运行，停机消缺处理，于2003年7月10日1时31分并网发电，进入30d连续运行考核期。

由葛洲坝集团公司安装的5号机组（ALSTOM/ABB）于7月13日16时32分，72h试运行一次成功，停机消缺，于7月16日并网发电，进入30d连续运行考核期。

（长江委勘测规划设计研究院　黄孟星）

# 三峡工程的综合效益

三峡工程自20世纪90年代初开工建设以来，随着我国经济社会发展和三峡工程建设实施中的探索，对三峡工程综合效益有以下认识和评价。

（一）防洪是三峡工程的首要任务

20世纪90年代，三峡工程开工建设以来的进一步研究表明：三峡工程规划设计中将防洪作为建设三峡工程的首要任务是完全正确的。

（1）长江中下游平原区是长江流域乃至全国的精华地区，在仅占全流域7.0%、占全国1.3%的面积上，居住着占全流域23.1%、占全国7.8%的人口；生产占全流域44.6%、占全国15.9%的国内生产总值；聚集占全流域55.3%、占全国18.9%的财政收入；在我国经济社会发展中占有极其重要的战略地位。但该地区洪水威胁和洪水灾害严重，提高其防洪安全是保障和促进经济发展的根本（战略）措施。因此，搞好该地区的防洪建设不仅是十分必要和迫切的，而且可以获得巨大的经济、社会和环境效益。

（2）荆江河段是长江防洪形势最严重的地区，俗称“万里长江，险在荆江”。由于多年河床演变，荆北平原地面高程低于洪水位10～14m，全赖荆江大堤保护，但荆江大堤堤高已达12～16m，万一失事，将造成数十万人民的伤亡，并威胁武汉市的安全。而现状堤防防洪标准仅约10年一遇，考虑分洪区的充分运用，也只能达到约40年一遇；遇特大洪水（如历史上曾发生过的1860、1870年洪水），尚无切实可靠的措施防止毁灭性灾害。由于三峡工程能有效控制长江上游来的洪水，又紧靠荆江河段，对提高荆江河段防洪标准的作用十分显著，是其他措施不能替代的。据初步分析计算，现状情况下若遭遇1870年洪水，荆南、荆北可能造成120万$hm^2$农田淹没，受灾人口约1100万人，还将有大量人口死亡；有三峡工程情况下，遭遇目标洪水（1870年洪水），淹没农田约7万$hm^2$，受灾人口约50万～60万人，并可避免人口的大量死亡和洪水对武汉市的威胁。

（3）三峡工程不仅本身对解决长江中下游尤其是荆江河段的防洪问题有巨大的作用和效益，而且对全江一切较大的水库特别是长江上游干支流水库，可以发挥有效的调节和补偿作用，从而大大提高这些水库的防洪效果。如长江上游水库防洪库容，在没有三峡水库的情况下，由于分散及距长江中下游地区远，其调节效果只能替代中下游约1/3的蓄洪容积；有了三峡水库作为防洪总控制，在三峡工程需要拦洪期间适时蓄水，减少三峡水库的入库流量和蓄洪量，即可腾出更大库容量用于更大洪水的调蓄，上游水库防洪库容基本可起到与三峡水库防洪库容相同的防洪作用。

（二）发电效益是三峡工程的基本效益

从可持续发展的观点来看，加快水能开发是改善能源结构、实施可持续发展能源道路的重要途径。三峡工程发电规模巨大，地理位置适中，在我国能源建设和三峡工程综合利用中占有十分重要的战略地位。发电效益是三峡工程的基本效益。

（1）三峡电站发电效益大，且稳定性和持续性能好。由于坝址控制面积大，地域之间互相补偿的结果，使得来水量变化不大，因此，年发电量的波动也不大，丰水年的发电量约比平水年多10%，枯水年约比平水年少10%，比一般水电站好。三峡电站的发电效益不会随着时间推移而减少，相反随着长江上游梯级开发，其发电效益还将不断增加。据测算，综合考虑有利和不利因素后，远景三峡电站装机容量可增至22400MW，保证出力可增至5830MW，年发电量可增至900亿kW·h以上，分别比现状设计指标增加约23%、17%和6%以上。

（2）三峡电站地理位置优越，在促进全国联合电力系统形成和长江上游水能开发中作用显著。三峡电站建成后可促使华东、华中、西南地区连接成跨地区的大电力系统。在此基础上，再与西北、华北、华南联网，即形成全国联合电力系统，取得巨大的联网效益，这是其他电站难以达到的。长江流域丰富的水能资源主要集中在上游地区，距经济发达的华东、华中地区太远，送电时除功率、电能损失大外，电压损耗也很大，远端电压与受端电压差别大，解决这些问题在技术上较困难。而三峡电站正处于“西电东送”的中间地带，可以起到电压的支撑作用，从而为大规模“西电东送”创造有利条件，对电网稳定运行也将起到很大的作用。

（3）发电效益在三峡工程经济效益中占的比重大。按现行的水利工程经济效益计算的理论方法进行定量计算的结果表明：三峡工程的国民经济效益中，发电效益约占72%；财务效益中发电效益占100%。发电的财务收入，不仅是发电运行管理费的经费来源，也是防洪、航运等综合利用部门运行管理费的经费来源，是保证三峡工程的正常运行和综合效益发挥的财政支柱。

（三）航运效益在三峡工程综合效益中占重要地位

长江历来是沟通我国东南沿海和西南腹地的交通大动脉，自古以来对长江流域经济和文化发展起了重要作用。但自20世纪90年代以来，随着铁路、公路、航空、管道等交通运输的快速发展，长江航运有萎缩之势。在这种情况下，究竟如何认识和评价三峡工程的航运效益呢？进一步研究表明：长江水运作为综合运输系统的组成部分，与其他运输方式相比，具有运能大、能耗小、成本低、占地少、对环境污染轻等特点；水运、铁路、公路、航空、管道5种运输形式各有其独自的优势和劣势，互补性很强，从全国或某一个地区来说，只有综合运输才是最经济的，特别是长距离货运。与发达国家水运比较，长江水运的发展潜力应该还很大，如与美国密西西比河比较，长江水运条件优于密西西比河，但1980年货运量仅为密西西比河的46%，货运周转量仅为密西西比河的15%。长江水运目前存在的主要问题之一是上游的航道条件、运力、运量和运输成本与中下游相差甚远，在很大程度上制约了长江航运的发展。要根本改善长江航运现状，大幅度提高航道通航能力，形成上中下游比较相适应的航运条件，实现长江航运目标，关键是要改变川江航道的天然状况，同时增加中游航道的枯季流量以增加航深，并辅以整治措施避免浅滩碍航。

重庆是西南地区的一个主要物资集散点。重庆至宜昌660km的川江河段，流经丘陵和峡谷区，落差约120m，水流湍急，滩礁接踵，沿程有主要碍航滩139处，单行控制段46处，航道条件差，每千瓦拖带能力仅约为下游的1/10，运输成本高于下游3倍。通过整治虽然也可提高川江航道通过能力，但要想大幅度扩大川江航道的通过能力，单纯依靠整治措施难度很大，况且扩大能力有限，运输成本仍不能降低。根据国内外改善山区航道的共同经验，只有采取筑坝壅水，渠化河道，结合港口改造和船舶大型化、现代化，才能大幅度提高运力。

三峡工程与已建成的葛洲坝工程，可渠化重庆以下的川江航道，淹没滩险，改善水流条件，使航道通过能力大大提高，运输成本大幅度降低，航运条件得到根本改善，万吨级船队可直达重庆九龙坡港。经过三峡水库调节，可增加宜昌以下的枯水流量，结合河势控制，可改善中游浅滩河段航道条件。位于库区的万县、涪陵等港口将成为深水港，重庆港在三峡水库蓄水期水域条件将大为改善。因此，三峡工程是实现长江航运目标的战略措施，它的兴建将使长江变为真正的“黄金水道”，将促进西南地区的经济发展，促进西南腹地与沿海地区的经济交流。从宏观、长远的角度来看，三峡工程的航运效益是巨大的，航运效益在三峡工程综合效益中仍占有重要的地位。

（四）三峡工程对“南水北调”有重要作用

我国北方水少，南方水多，实施“南水北调”是合理配置我国水资源、支撑可持续发展的战略措施。规划有东、中、西三条引水线路。中线工程初期从汉江丹江口水库调水，调水量受汉江中下游补偿工程条件的限制；东线工程在枯水期受海水倒灌的影响，抽水时间受到限制。三峡工程建成后，枯水期流量比天然情况下增加约2000～3000$m^3/s$，可以较好地解决中线初期从丹江口水库调水和东线枯水期调水受限的问题，从而增加和改善可调水量。如东线工程根据环保要求，当长江枯水期流量在9000$m^3/s$及以下时不能从长江抽水，这样1年就有4个月的部分时间要停止抽江水，要用适当增加抽、输、蓄水规模的措施解决。三峡工程建成后，经三峡水库调节后，长江大通站枯水期月平均流量均可达到10000$m^3/s$以上，东线工程可根据北调水量要求，全年适时抽提长江水。根据中线工程规划，在丹江口大坝加高增加水库调蓄能力后，近期调水量95亿$m^3$，以后再扩大调水规模，需要在汉江中下游采取补偿性的工程措施，包括引水闸站改扩建、部分航道整治、渠化汉江及兴建“引江济汉”工程等。其中“引江济汉”工程是从长江荆江河段沙市附近引水到汉江沙洋附近的兴隆河段，主要任务是补给汉江下游的水量，规划引水流量约500$m^3/s$。在三峡工程建成前，荆江河段枯水期流量只有3000～4000$m^3/s$，引水对枯水期流量有一定影响。三峡工程建成后，枯水期流量增加到5860$m^3/s$，“引江济汉”工程的引水条件大为改善。此外从长远看，如远景华北地区经济、社会、环境发展还需要从长江中游进一步扩大调水量时，还可从三峡库区或坝下引水。因此，三峡工程对增加“南水北调”中线工程北调水量的作用是十分显著的，也是不可替代的。

（五）三峡工程旅游效益发展潜力巨大

长江三峡是中国和世界闻名的风景区和旅游胜地之一。三峡周围地区，是中华民族的发祥地之一，是中国巴楚文化之乡，历代都留下了众多各具特色的文化遗迹，构成了从新石器时代至近代绵亘5000余年的历史文化宝库。因此，三峡地区具有极大的旅游价值。三峡建库后，虽对三峡的自然景观和文物古迹产生一定的影响，但著名的三峡景观不会消失，文物古迹亦已采取不同措施予以保留或保存，还会出现一些新的景观，特别是三峡工程本身就是世界一大奇观。随着我国对外开放和我国人民生活水平的不断提高，三峡工程的旅游效益已经显现，必将会愈来愈大地得到发挥。

（六）三峡工程对促进中西地区经济发展的作用显著

长江流域与全国一样，地区发展不平衡。目前长江流域经济中心在长江中下游地区尤其是下游地区，而各种资源主要分布在中上游地区，并主要集中在上游地区，呈现出两个反向梯度。中上游地区 2000 年人均 GDP 仅为下游地区的 46.6%和 34.5%。三峡工程位于长江上游与中下游的交界处，建设规模大，防洪、发电、航运等综合效益巨大，三峡工程建设将对有效扩大内需，拉动经济增长，改善投资环境，促进长江流域特别是长江重庆至九江地区经济发展，加快经济布局由东部地区向中西部地区的战略转移，缩小长江中上游地区与下游地区发展差距具有重大作用和影响。例如湖北省 1990～1992 年 GDP 增长率等于或低于全国平均增长率，1993 年三峡工程开工后，1994～2000 年 GDP 增长率高于全国平均增长率 3%～6%；重庆、湖南、江西也有不同程度的增长。随着三峡工程建成后防洪、发电、航运等综合效益的发挥，三峡工程对该地区经济社会发展的促进作用将更加显著。三峡工程这种在促进中西部地区经济发展，合理调整经济布局方面的巨大作用，亦是三峡工程的一项重大社会经济效益。

（长江水利委员会　邱忠恩等）

## 中国长江电力股份有限公司简介

中国长江电力股份有限公司（中文简称：长江电力），英文名称为 China Yangtze Power Co. ltd（英文缩写：CYPC），是以中国长江三峡工程开发总公司为主要发起人，由原葛洲坝水力发电厂改制重组，依照公司法和其他法律规定成立、永久存续的股份有限公司；由中国长江三峡工程开发总公司、华能国际电力股份有限公司、中国核工业集团公司、中国石油天然气集团公司、中国葛洲坝水利水电工程集团有限公司、长江水利委员会长江勘测规划设计研究院等六大股东共同发起设立。长江电力公司注册总资本金为人民币 55.3 亿元。中国三峡总公司股份数额为 494935 万股，持股比例为 89.5%；华能国际、核工业集团、石油天燃气集团分别为 16590 万股，持股比例分别占 3%；葛洲坝集团股份数额为 5530 万股，持股比例为 1%；长江勘测设计院股份数额为 2765 万股，持股比例为 0.5%。

长江电力公司 2002 年成立后直接承接原葛洲坝电厂的发电业务和发电资产，并计划在 2003 年根据资本市场的情况择机在 A 股市场上市。

公司的经营范围：电力生产、经营和投资；电力生产技术咨询、水电工程检修维护。

公司的经营宗旨：在保障相关社会公共利益的同时，高质量、高效率地从事电力生产经营，为社会提供清洁能源，为股东创造合理投资回报。

公司的发展目标：通过收购三峡工程陆续投产的发电机组和其他发电资产，逐步形成以电力生产经营为主业的现代化大型企业。

2002 年 9 月 29 日，中国长江电力股份有限公司在北京人民大会堂举行成立大会；11 月 4 日经中华人民共和国国家工商行政管理总局核准正式成立，领取“企业法人营业执照”，注册号为 1000001003730，法定代表人为陆佑楣。

新设立的中国长江电力股份公司，其本部设总经理工作部、资产财务部、人力资源部、资本运营部、生产计划部、市场营销部、稽核部等 7 个职能部门。下设三峡水力发电厂、葛洲坝水力发电厂、检修厂、三峡水利枢纽梯级调度中心等生产单位。总人数控制在 1700 人以内，所有单位实行全员竞聘上岗。股份公司本部定编 80 人；三峡电厂定员不超过 370 人；葛洲坝电厂现有 435 人，最终定员不超过 350 人；检修厂为三峡、葛洲坝两个电厂提供设备检修和其他辅助生产服务，人员控制在 800 人以内；三峡梯级调度中心实施三峡—葛洲坝两个枢纽的联合调度，人员控制在 65 人以内。

长江电力公司所属的葛洲坝电厂装机 21 台，单机容量 17 万 kW2 台、12.5 万 kW19 台，总装机容量 271.5 万 kW，年发电量 157 亿 kW·h 左右；三峡电厂设计装机 26 台，单机容量均为 70 万 kW，总装机容量 1820 万 kW，设计年发电量 847 亿 kW·h，2003 年将有 4 台机组投产，当年发电 55 亿 kW·h，2009 年全部机组投产。届时，长江电力公司装机达到 47 台，装机容量超过 2000 万 kW，年发电量超过 1000 亿 kW·h，加上对中小电厂的收购，成为国内乃至世界上最大的独立发电企业。

长江电力公司将致力于以水电为主的清洁电力生产经营，努力提高公司的发电能力，发展前景是力争早日成为国际一流的电力公司。

第一阶段（2002～2012 年），于 2003 年实现首次公开发行 A 股并上市，加大资本运作力度，持续收购三峡工程投产机组及其他合适的水电、火电项目，到 2012 年公司实现总装机容量超过 2000 万 kW，树立国内一流的独立发电企业地位。

第二阶段（2012～2022 年），继续积极收购扩张，提高电力市场占有率，改善电源结构，进一步提高技术水平和管理水平，不断巩固股份公司在发电行业的地位，到 2022 年总装机容量超过 4000 万 kW，确立世界一流的清洁电力公司地位。

2003 年 2 月，中国长江电力股份有限公司本部及下属生产单位已经按新机构开始运转。

2003 年 11 月 18 日，“长江电力”股票上市。

（中国长江三峡工程开发总公司　谢兴发）

# 三峡工程进展情况

## 2002年三峡工程建设完成情况

### 一、主要项目实物工程量完成情况

2002年三峡工程主要项目工程量完成情况：混凝土浇筑158.62万$m^3$，金属结构及机电埋件安装54132t，机组埋件5440t，机组安装15350t，固结灌浆51703m，帷幕灌浆52653m，接缝灌浆76871$m^2$，土石方开挖1174.05万$m^3$，土石方填筑609.37万$m^3$，沥青混凝土心墙14117$m^3$，混凝土防渗墙2600$m^2$。以上各项完成工程量占实施计划的比例分别为：110.78%、121.17%、106.85%、98.78%、125.36%、149.25%、112.88%、124.72%、137.63%、201.10%、179.49%。

### 二、主要项目工程形象完成情况

（一）左岸大坝工程

左岸厂房坝段、泄洪坝段2002年10月底全部到达高程185m；泄洪坝段深孔闸门门体7月完成安装，12月启闭机安装并联门调试完成；1～10号机组压力钢管全部吊装就位，11～14号机组压力钢管安装到18号管节；拦污栅混凝土大部分达到高程185m，最低达到高程163.5m；坝顶门机安装调试完成3台；帷幕灌浆左非16号坝段以左全部完成，厂前区至安Ⅲ段封闭帷幕灌浆及排水孔分项工程施工完成；上、下游基坑分别于5月1日和7月1日实现破堰进水；高程79m、90m拌和系统相继按期拆除；尾水护坦及Ⅳ区混凝土浇筑提前2个月，于6月全部完成。

（二）左岸电站厂房

安Ⅱ至9号机组上游副厂房10月完成混凝土浇筑，12月GIS室交面，1～6号机组段三期混凝土浇筑完成，7～13号机组上下游墙全部浇至设计高程，12号机组开浇二期混凝土；安Ⅰ至7号机组屋面防水施工完成，7、10号机组网架安装完成；Ⅰ、Ⅱ型尾水门机安装完成，7～14号机组伸缩节安装完成。

（三）机电设备安装

2、5号机组安装总装完成；1、4号机组定子机座调整安装完成，定子开始叠片；3号机组水轮机转轮吊入基坑，顶盖开始安装；6号机组定子叠片及磁化试验完成，年底完成下层线棒安装；压缩空气系统按计划完成空压机安装调试，设备间管路安装完成；安Ⅰ至6号机组厂内透平油系统完成安装；GIS系统2台10t桥机安装完成并投入使用；500kV主变压器年底到达工地，开始安装，安Ⅰ至5号机组段主要轨道安装完成；UPS电源安装完成并移交中国三峡总公司梯调中心使用。

（四）航建工程

双线五级船闸地下工程及地面工程主体混凝土浇筑分别于2002年5月和6月完成，较计划提前1个月；混凝土缺陷处理按期全部完成；接缝灌浆于2002年4月完成，防渗墙10月完成，挡水前缘帷幕灌浆大部分完成；下航道箱涵2002年8月完成全部封堵；KL围堰提前完成破堰进水目标，除KL围堰及上航道清理外，开挖全部完成；双线五级船闸人字门安装按计划5月底完成，反弧门安装6月完成；集中监控系统于6月底安装完毕，并完成自身单机调试；金属结构及液压启闭机、现地电控设备单闸联动调试工作，按期于6月末完成；2002年8月中旬完成双线五级船闸无水联合调试，9月1日开始进入有水（抽水）联合调试阶段。临时船闸及升船机工程帷幕灌浆全部完成，下游隔流堤外侧防护工程完成。上游隔流堤深槽段直立墙混凝土浇筑展开，深槽段填筑备料工作进展顺利。

（五）右岸工程

右岸地下电站进水口进水塔浇筑至高程138～155m，拦污栅混凝土浇筑至高程130.5～142.5m，坝顶防渗帷幕灌浆完成90%，略滞后于计划；茅坪溪防护大坝沥青混凝土心墙摊铺至高程175.4m；右岸场平工程及道路工程于8月底达到设计形象要求；三期土石围堰年底前完成填筑并闭气抽水；三期碾压混凝土浇筑开始；高程150m和84m拌和系统安装调试完成，具备生产常态混凝土条件。

（六）砂石骨料项目

全年供应砂石料531万t，经检测所供砂石料的质量满足规范要求，其主要技术指标年平均值为：含水率5.18%，保证率94.85%；平均石粉含量13.81%，合格率98.41%；平均细度2.68，合格率99.4%。

（中国长江三峡工程开发总公司　袁廷敏　唐劲松）

# 2003年三峡工程建设情况

2003年是三峡工程建设具有里程碑意义的一年。在这一年里，三峡工程实现了初期蓄水、通航、发电三大目标，二期工程顺利完成，三期工程全面展开。三峡工程在建设的同时，开始发挥效益，进入建设与运行管理并重阶段。

（一）固定资产投资完成情况

2003年三峡工程投资计划123.26亿元，实际完成投资114.8亿元，完成年度计划的93.13%。其中：建安工程计划投资16.71亿元，实际完成投资16.56亿元，完成年度计划的99.07%；机电设备计划投资12.93亿元，实际完成投资15.37亿元，完成年度计划的118.92%；金属结构设备计划投资1.74亿元，实际完成投资1.76亿元，完成年度计划的101%；其他费用计划投资3.21亿元，实际完成投资2.22亿元，占年度计划的69.16%；基本预备费计划投资5亿元，实际完成投资3.32亿元，完成年度计划的66.31%；枢纽工程价差预备费计划投资14.4亿元，实际完成投资16.47亿元，完成年度计划的114.38%；库区移民计划投资（包括静态投资、价差以及包干外，不包括贷款利息分摊）36.55亿元，实际完成36.59亿元，完成年度计划的100.11%；贷款利息计划完成32.72亿元，实际完成22.51亿元，完成年度计划的68.80%。

截至2003年底，三峡工程累计完成固定资产投资1005亿元，其中枢纽工程静态投资完成363亿元，占工程概算（静态）的73%；水库移民静态投资完成304亿元，占移民概算（静态）的76%；价差预备费192亿元，利息135亿元，库区移民包干外投资11亿元。与1994年投资测算方案相比，总投资减少64亿元，静态投资因移民投资列报提前增加89亿元，价差和利息分别减少130亿元和34亿元。从完成的枢纽工程量和列报投资匹配情况看，枢纽工程投资列报规范，控制情况较好。

截至2003年年底，三峡工程累计到位资金1165.7亿元，其中作为国家资本金注入的三峡基金和葛洲坝电厂发电收益456.9亿元，占到位资金的39.2%；债务融资合计521.9亿元，占到位资金的44.8%；向长江电力出售2号、3号、5号、6号机组获得现金187亿元。资金运作良好，及时足额到位，保障了工程建设和移民资金拨付的需要。

（二）主体工程工程量完成情况

2003年三峡主体工程工程量完成情况为：土石方开挖444.64万$m^3$，土石方填筑760.44万$m^3$，混凝土浇筑230.19万$m^3$，固结灌浆11.72万m，帷幕灌浆1.57万m，接缝灌浆2.89万$m^2$，钢筋制作安装3.28万t，锚杆制作安装1.76万根，锚索制作安装564束，主体防渗工程施工0.23万$m^2$，机电安装2.35万t，金属结构安装2.18万t。

截至2003年底，三峡主体工程累计完成工程量为：土石方开挖13906.27万$m^3$，占执行概算的103%；土石方填筑5267.53万$m^3$，占执行概算的97%；混凝土浇筑2285.18万$m^3$，占执行概算的78%；固结灌浆44.39万m，占执行概算的104%；帷幕灌浆24.92万m，占执行概算的74%；接缝灌浆40.07万$m^2$，占执行概算的55%；钢筋制作安装45.41万t，占执行概算的86%；锚杆制作安装52.69万根，占执行概算的260%；锚索制作安装5617束，占执行概算的169%；主体防渗工程施工27.74万$m^2$，占执行概算的88%；机电安装6.03万t，占执行概算的36%；金属结构安装15.86万t，占执行概算的56%。

（三）主要项目工程形象完成情况

1. 左岸厂坝工程　左厂坝段、左非坝段除占压或预留部位外，已全部完成土建工程；金属结构除表孔闸门拼装、门槽金属结构安装和上坝电梯正在安装外，其余全部完成；泄洪坝段除导流底孔回填、高程120m栈桥占压坝体墩墙部位、缆机占压的右纵2号坝段外，坝体混凝土浇筑已全部浇至坝顶高程185m；大坝止、排水系统检查与处理，泄洪深孔和表孔、排漂孔等的过流面修补工作，于4月份全部完成；6月10日水库蓄水至高程135m，11月5日蓄水至高程139m水位运行；左岸坝顶结构基本完成，11～14号机背管混凝土到达高程118m，20、14、1、17、2号导流底孔检查工作年底全部完成。

2. 左岸电站厂房　7～12号机三期混凝土全部完成，14号机浇至发电机层高程75.3m，除少量蜗壳凑合节三期混凝土外，土建工程基本完成，屋面网架已全部吊装就位，金属结构埋件安装全部完成。

3. 机组机电设备安装与调试　7月中旬2、5号机组提前投产发电，1～6号机组全部完成安装和调试工作并投入运行；7、8、10、11、12号水轮发电机组部分部件、机械、电气辅助设备的组装和安装完成；10、11号机定子下线完成，7、10号机转子叠片完成；左岸10号机以左电站油、水、气、消防、暖通空调、厂用电、计算机监控等辅助系统设备安装、调试与试运行全部完成；GIS左二段一次设备安装基本完成。

4. 航建工程　双线五级船闸有水调试和缺陷处理等工作于试通航前全部完成，船闸于6月18日投入试运行，已委托三峡通航管理局管理；尾工项目基本完成，修复了南线四闸室19块冲淤钢盖板和北线二、三闸室冲淤预留口盖板，南线船闸排干检查工作完成并投入运行。临时船闸改建工程，按照蓄水至高程135m要求，全包隔流堤于3月底完成直立墙混凝土施工，6月5日完成上游航道隔流堤跨临时船闸深槽段填筑，及时将甲块混凝土浇筑至高程91m；按照蓄水至高程139m要求，及时将甲块混凝土浇筑至高程100m，年底甲块到达高程110m，乙块到达高程102m。

5. *右岸厂坝工程* 完成右厂排～23号坝段土石方开挖及清基交面施工；大坝深槽部位甲块混凝土达到高程50～60.5m，岸坡部位达到最大高程105m，右厂最高坝段25号-2到达高程105.5m，右非1号甲块到达116m高程；完成右厂26～24号坝段（除24号-1甲外）、右安Ⅲ～右厂23号坝段甲块、右厂排～20号坝段固结灌浆，7、8号排沙钢管安装完成，栈桥钢结构前两跨安装完成，完成4台塔（顶）带机及上游高程58m平台大型门机安装。

6. *右岸电站厂房* 厂房及排水洞等开挖全部完成，混凝土浇筑全面展开；安Ⅰ、安Ⅱ分别达到高程82.30m和高程59.70m，具备排沙钢管安装条件；混凝土浇筑全部达到尾水底板高程以上，24～26号机组段到达高程42m并完成封闭块回填；23～19号机组段排水管、排水盒、鼻端里衬安装完成；15～18号机组段到达高程30.8～34.8m；完成厂房下游侧上海港机和高架门机安装；完成15～18号机组段固结灌浆（剩余部分引入廊道内施工）；安Ⅰ透平油罐安装完成；26～24号机组段机组埋件安装至高程42m；完成15～18号机组段尾水扩散段中墩里衬与排水盒、平压管水平段及测压头安装；完成现场各项施工辅助设施布置。

7. *地下电站和电源电站* 右岸地下电站引水隧洞工程全部完成；发电塔达到高程180～185m，连接塔达到高程183.6～185m，排沙塔达到高程181.6～185m，安装平台达到高程175.4m，拦污栅塔达到高程176.5～183.5m，水位计井达到高程171m，电源电站进水口混凝土达到高程180m以上。

8. *茅坪溪防护大坝二期工程和三期碾压混凝土围堰* 茅坪溪防护大坝填筑工程8月份完成，防浪墙施工10月份完成；三期碾压混凝土围堰工程于4月16日浇至堰顶高程140m，提前55天完成任务，并创造了日浇筑2.1万$m^3$和连续上升57.5m高的碾压混凝土施工世界纪录，防浪墙5月份浇筑至高程141.5m。

9. *砂石骨料项目* 全年供应砂石料498万t，经检测所供砂石料的质量满足规范要求，其主要技术指标年平均值如下：含水率5.63%，保证率94%；平均石粉含量13.45%，合格率97%；平均细度模数2.65，合格率99%。

（四）施工质量与安全情况

中国三峡总公司组织参建各方认真学习贯彻国务院三峡建委第十三次全体会议精神和国务院三峡枢纽工程质量检查专家组讲话及指示，牢固树立质量第一的思想，坚持“零质量事故，零安全事故”的“双零”目标管理不动摇。2003年5月，二期工程顺利通过国务院三峡工程验收委员会验收，质量满足设计要求。对于三期工程，在全面总结和吸取二期工程建设经验和教训的基础上，改进了混凝土施工质量措施，完善和强化专业质量总监职能；以二期工程已建的体系为基础，除坚持行之有效的制度和规范外，结合三期工程特点，制定三期工程金属结构启闭机质量标准、金属结构设备质量标准等8个新标准和《塔（顶）带机浇筑混凝土的有关技术规定（试行）》等多个技术文件，改进原材料和混凝土配合比及现场浇筑工艺，建立仓面间歇期预警制度。通过科学管理和狠抓各项措施的落实，三期工程施工质量得到显著提高，2003年三峡工程共评定5277个单元工程，质量全部合格，其中主体工程混凝土单元工程质量评定3937个，优良工程3595个，优良率91.31%。

坚持“以人为本”的安全生产管理制度，加强对民工及协作队伍的管理，对民工实行统一用工、统一食宿、统一劳保、统一培训上岗的“四统一”管理，制定《三峡坝区民工队伍准入管理办法》，进一步规范了民工用工制度和方式。同时，根据三期工程建设进展和各参建单位的人员变化，及时调整完善安全生产委员会成员，建立三期工程现场安全文明施工管理体系，落实安全生产责任。通过周、月安全例会和大检查等形式对工地安全工作进行布置并督促施工单位整改现场安全隐患和问题，参建各方安全生产意识不断提高。2003年死亡、重伤事故得到有效遏制，全年发生施工死亡事故3起，死亡3人；施工重伤事故3起，重伤3人；坝区道路交通事故4起，死亡4人；道路交通群伤事故4起，受伤31人。

（五）设备物资供应情况

2003年进一步加强了主要原材料质量控制，建立并完善物资采购及供应流程，制定材料到货随检制度，适应了2003年三峡工程物资供应周期短、质量要求高、品种规格复杂的特点和要求；继续加强质量及交货进度监控管理力度，狠抓标准、程序和制度的贯彻落实，认真组织设备制造厂做好安装调试全过程现场技术服务，对工地出现的质量缺陷认真检查、分析，及时处理。全年物资调度工作误调率为零，六大材料质量合格率、供应及时率均达到100%。

成套设备供货及采购：主机设备到货36006t，开箱验收 507 批次；配套设备到货 3749t，开箱验收 98 批次。全年共采购 45 个项目设备，合同金额 3189 万元人民币。金属结构设备到货及验收：全年共到货 12 批次，总计 4600t；合同支付总计 25 次，支付总金额 4184.5 元；签订配套件采购、现场技术服务等各类合同 49 份，合同金额 1533.62 万元。

六大物资供应：全年供应水泥 29.6 万 t；供应一级粉煤灰 15.9 万 t，钢材合计采购总量 4.2 万 t，供应总量 4.2 万 t；木材采购验收 $639m^3$，批料供应 $621m^3$；油料采购验收 13890t，批料供应 12700t；特种油采购 204t，供应 368t；炸药供应总量 2290.4t。

（六）工程招投标情况

2003 年，中国三峡总公司就建筑安装工程、机电设备采购、勘察设计、科研、征地移民、其他设备等项目共签订合同（不含物资采购）588 项，合同金额 16.21 亿元。其中，通过公开招标、邀请招标、询价签约的合同（含物资采购）为 81 项，合同金额 8.81 亿元。招标签约项目主要是建筑安装工程、机电设备采购、物资采购等项目。

（七）生产运行情况

三峡水库于 2003 年 6 月 1 日正式开始蓄水，6 月 10 日 22 时蓄水至 135m，共蓄水 121.8 亿 $m^3$；11 月 5 日，又蓄水至 139m 水位。7 月 10 日及 16 日，首批 2 号、5 号机组正式投产；8 月 18 日及 29 日，3 号、6 号机组并网发电；10 月 28 日和 11 月 22 日又有 4 号、1 号机组投产发电。2003 年三峡—葛洲坝梯级枢纽共发电 235.47 亿 kW·h，其中：三峡水力发电厂发电 86.07 亿 kW·h，葛洲坝水力发电厂发电 149.40 亿 kW·h。全年实现销售收入 29.88 亿元，利润总额 21.57 亿元，净利润 14.33 亿元。

三峡双线五级船闸于 2003 年 6 月 16 日试通航成功后，6 月 18 日正式向社会船舶开放；截至 2003 年年底，有载过闸 4386 闸次，通过船舶 34880 艘次，完成客运量 108 万人次，货运量 1376 万 t。

（八）移民工作情况

2003 年 4 月 27 日，三峡二期移民工程通过国务院组织的验收，二期移民工作宣告结束。10 月底前，又完成了蓄水至 139m 水位线下的库区移民搬迁和清库任务。截至 2003 年 11 月，移民人数 82.24 万人。

（九）其他

（1）2003 年 5 月 29 日，国务院三峡工程建设委员会第十二次全体会议在北京召开。会议批准国务院长江三峡二期工程验收委员会的验收意见，同意枢纽工程于 6 月 1 日下闸蓄水，6 月 16 日双线五级船闸试通航，8 月首批机组并网发电。会议还研究了三峡工程建设中的若干重要问题。中共中央政治局常委、国务院总理、国务院三峡工程建设委员会主任温家宝，国务院副总理曾培炎，国务委员兼国务院秘书长华建敏等出席会议。

（2）2003 年 9 月 5 日，国务院三峡工程建设委员会第十三次全体会议在北京召开。中共中央政治局常委、国务院总理、国务院三峡工程建设委员会主任温家宝主持会议并作重要讲话。中共中央政治局委员、国务院副总理、国务院三峡工程建设委员会副主任曾培炎，国务委员、国务院秘书长华建敏出席会议。会议总结了十年来三峡工程建设工作，审议批准了国务院长江三峡二期工程验收委员会关于首批机组启动和二期输变电工程的验收报告，部署三峡三期工程建设任务和重点工作。

（3）2003 年 5 月 29 日，国务院领导批示同意长江电力上市和三峡发电资产出让总体方案。7 月 18 日，长江电力全票通过证监会发审会的审核，10 月 28 日，获准首次公开发行 A 股。此次发行 23.26 亿股，发行价格 4.3 元/股，募集资金 100.018 亿元，是 2003 年国内资本市场筹资规模最大的项目。

（4）中国三峡总公司总经理陆佑楣、总工程师张超然当选为中国工程院院士。

（中国长江三峡工程开发总公司 张明燕）

## 三峡工程建设进入第三期

随着三峡水库初期蓄水、永久船闸试通航和首批机组发电，三峡工程进入第三期建设。三峡三期工程的主要任务是在三期围堰保护下，进行右岸厂房坝段及电站厂房等施工和金属结构及机组等安装，使枢纽工程整体竣工。

2003 年初，三期上下游围堰完成，在碾压混凝土围堰施工的同时，右岸大坝和厂房的基础开始开挖。2003 年 7 月 1 日“三七八”联营公司浇筑 19 号厂房机组段第一仓混凝土，7 月 18 日葛洲坝集团三峡指挥部同时开浇三期大坝、厂房深槽坝段首仓混凝土。至此，三期工程基础开挖进入尾声，混凝土浇筑开始全面启动。

2003 年 9 月 5 日在京召开了国务院长江三峡工程建设委员会第十三次全体会议，中共中央政治局常委、国务院总理、国务院三峡工程建设委员会主任温家宝主持会议并作重要讲话。中共中央政治局委员、国务院副总理、国务院三峡工程建设委员会副主任曾培炎，国务委员兼国务院秘书长华建敏出席会议。

会议总结了十年来三峡工程建设工作，审议批准了国务院长江三峡二期工程验收委员会关于首批机组启动和二期输变电工程的验收报告，部署了三峡三期工程建设任务和重点工作。

温家宝指出，经过十年的艰苦努力，举世瞩目的三峡工程建设取得了阶段性重大成就，枢纽工程建设进展顺利，输变电工程按计划进行，二期移民安置任务全面完成，地质、环保和文物保护等工作积极推进。在工程建设中，创造了许多行之有效的做法，积累了很多宝贵的经验，要全面系统地认真总结，在三期工程建设中继续坚持并不断加以完善。温家宝对做好三峡三期工程建设各项工作提出了明确要求：第一，始终保持积极进取和极端负责的精神。要继续发扬艰苦奋斗、连续作战的作风，克服松懈自满情绪，坚持高标准、严要求，慎终如始，兢兢业业地做好各项工作。第二，始终把质量放在工程建设的首位。要依靠科技进步，全面落实质量保证措施，加强对工程质量的监督检查，确保三期工程质量达到一流水平。第三，继续做好库区移民和经济发展工作。要采取有效的移民后期扶持政策和措施，大力发展库区经济，千方百计提高移民生产、生活水平。中央有关部门要继续在项目、资金上对库区给予必要的政策倾斜，各有关省市要继续做好对口支援三峡库区移民工作。第四，进一步加强库区地质灾害治理和生态环境保护。要加强库区生态环境的监测和地质灾害的预警、预报，加快长江上游水污染治理和库区地质灾害治理，加大库区小流域治理和天然林保护的力度，进一步改善库区生态环境。第五，切实加强水库管理工作。要妥善处理三峡工程防洪、发电、航运等各个方面的关系，搞好水库的综合调度。加强对三峡水库河道、水产资源、水库消落区土地使用及旅游开发的管理，维护水库库岸稳定，保障水库水质和水库安全。第六，高度重视安全生产。要进一步落实安全生产管理制度，加强安全措施和安全教育，实行严格的责任制，堵塞漏洞，消除隐患，减少各种安全事故的发生。温家宝最后说，三峡工程是中华民族的千秋伟业。全体三峡工程建设者要紧密团结在以胡锦涛同志为总书记的党中央周围，在邓小平理论和“三个代表”重要思想指引下，深入贯彻党的十六大精神，同心协力，顽强拼搏，全面完成三峡工程建设的伟大历史任务。

三峡三期工程的总目标是：2006年底三峡大坝全线到坝顶高程185m，汛后水位抬高至156m高程，2007年右岸首批机组投产发电，按2007年和2008年各安装投产6台机组的目标组织土建、金属结构工程施工和机组安装工作，2009年全面竣工。

（摘自《中国三峡工程报》及新华网）

# 三峡二期工程验收

## 三峡二期工程验收的特点和安排

（一）三峡二期工程的验收特点

1. 阶段性验收与竣工性验收兼而有之　三峡二期工程验收既是初期投产前的验收，又是工程进行中的一个阶段性验收，因此二期工程验收既带有阶段性验收特点，又有竣工性验收特点。也就是说，本次验收难以套用现有的验收规程。以枢纽工程为例，在构成整个挡水前沿的建筑物中，既有永久建筑物（如大坝、双线五级船闸一闸首等），又有临时建筑物（如碾压混凝土围堰）；永久建筑物中既有全部完成的项目（如双线五级船闸、左岸非溢流坝），也有部分完成的项目（如大坝、厂房以及茅坪溪防护大坝等）。在验收过程中，需要特殊处理。如大坝是随着工程进展逐步完成的，导流明渠截流前验收阶段，大坝尚未竣工，验收只能进行到大坝的一定高程，即不能按照一个完整的单元进行验收，而一旦上下游基坑进水后，又是不可逆转的。这样，验收时尽管确定的原则只是135m水位下的验收，但是从结构上，必须进行最终蓄水位条件下的验收，也就是说，尽管工程形象尚未完成，但是必须确保结构满足最终蓄水位条件下的安全要求。

2. 验收范围广　既然是投产前的验收，因此，所有应该验收的项目如枢纽工程、移民工程和输变电工程都应该进行验收。同时由于是阶段性验收，又有很多项目尚未完工，只能作为检查项目。其中枢纽工程验收又包括导流明渠截流前验收、三峡水库初期蓄水前验收、双线五级船闸试通航前验收和首批机组发电前验收，同时对于泥沙观测、电站运行准备等各方面都要进行验收或检查。另外，三峡工程规模巨大，分为多个标段，由多个承包商进行施工，相应的监理单位也有多个，更增加了验收的复杂性。

3. 验收要求高　三峡工程的重要性，决定了三峡工程的验收必然是十分严格的。移民工程验收涉及湖北省和重庆市的十几个区县、70多万移民，从移民搬迁、安置到清库、卫生防疫、地质灾害处理等各个方面，内容十分浩繁。而枢纽工程则分为4个大阶段和3个小阶段，每次都有安全鉴定专家组先进行鉴定，然后由验收委员会的专家组进行技术预验收，最后才是枢纽验收组验收。每一个重大的技术问题和施工过程中的质量缺陷和事故处理都要进行严格审查，确保工程不留下任何隐患。另外验收中还增加了一些新的检查内容，如水土保持等。

4. 验收时间紧　二期工程是三峡工程中工期最紧的一个施工阶段，按期完成已很困难，而且还出现了一些质量缺陷，如泄洪坝段上游面出现的几十条裂缝、船闸地下工程及闸室结构缝的缺陷处理等，都必须在进水之前处理得不留任何隐患，而且要经过各方认可，难度极大。

（二）验收的组织工作

三峡二期工程验收虽然只是一次阶段性验收，但也十分重要。它是对三峡二期工程十年建设成果的全面检查、系统总结和权威鉴定，直接关系到2003年能否顺利实现蓄水、通航、发电三大目标，同时本次验收也是整个三峡工程竣工验收的基础。

国家对此十分重视，2002年2月国务院成立了由分管副总理负责的长江三峡二期工程验收委员会。国务院长江三峡二期工程验收委员会下设枢纽工程验收组、移民工程验收组和输变电工程验收组，分别代表国务院验收委员会对枢纽工程、移民工程和输变电工程进行全面检查和验收。

为了做好验收工作，中国三峡总公司也成立了验收办公室，并要求各个参建单位设立专人、专班做好验收工作。

根据国家有关规定，在工程验收前必须委托有资质的单位进行安全鉴定，这是对工程设计以及施工情况进行全面安全性评价。为此中国三峡总公司委托原国家电力公司水电水利规划设计总院根据工程验收的阶段划分，对枢纽工程进行安全鉴定工作。

验收组根据验收需要和工程的特点，报经国务院验收委员会同意，设立专家组。验收工作首先由权威专家组成的专家组进行技术验收，提出技术预验收意见，然后由验收组进行正式验收。这就确保了验收工作的顺利进行，同时也确保了验收工作的可靠性。

（三）三峡二期枢纽工程的验收安排

中国三峡总公司根据本次验收的特点和要求，编制了《长江三峡二期工程枢纽工程验收工作大纲》，划分验收阶段，对每个阶段的验收范围、内容，应达到的形象面貌和质量要求等做出明确规定，经国务院三峡工程建设委员会批准后，作为二期枢纽工程验收的指导性文件。

三峡二期枢纽工程分4个阶段进行验收：明渠截流验收、蓄水（135m水位）验收、船闸通航验收、左岸电站机组启动验收。其中，明渠截流验收中的上、下游基坑进水前验收，船闸通航验收中的船闸下游引航道破堰进水验收和首批机组以外的机组启动验收，由国务院验收委员会授权中国长江三峡工程开发总公司负责，会同有关单位成立验收机构组织验收。根据具体情况，此次蓄水（135m水位）验收与船闸试通航前验收放在一起进行。

（中国长江三峡工程开发总公司　曹广晶）

## 国务院长江三峡二期工程验收委员会

根据国务院三峡工程建设委员会2002年2月27日国三峡委发办字［2002］05号通知，经国务院批准，国务院长江三峡二期工程验收委员会组成人员如下：

主 任 委 员：吴邦国（国务院副总理）

副主任委员：郭树言（国务院三峡建委副主任，国务院三峡建委办公室主任）

曾培炎（国家计委主任，输变电工程验收组组长）

汪恕诚（水利部部长，枢纽工程验收组组长）

蒲海清（国务院三峡建委办公室副主任，移民工程验收组组长）

张国光（湖北省人民政府省长）

包叙定（重庆市人民政府市长）

陆佑楣（中国长江三峡工程开发总公司总经理）

顾问：钱正英　张光斗

委员：谢旭人（国家经贸委副主任）

朱志刚（财政部副部长）

寿嘉华（国土资源部副部长）

翁孟勇（交通部副部长）

马晓伟（卫生部副部长）

翟熙贵（国家审计署副审计长）

王心芳（国家环保总局副局长）

冯鹤旺（国家档案局副局长）

高金榜（国务院三峡建委办公室副主任，验收委员会办公室主任）

周大兵（国家电力公司副总经理）

蔡其华（水利部长江水利委员会主任）

陈宜瑜（环保专家，中国科学院副院长，中国科学院院士）

潘家铮（枢纽专家，中国工程院副院长，

中国科学院、中国工程院院士）
谭靖夷（施工专家，中国工程院院士）
梁应辰（通航建筑物专家，中国工程院院士）
梁维燕（机组专家，中国工程院院士）
朱伯芳（水工结构和混凝土专家，中国工程院院士）
沈德民（金属结构专家）
朱英浩（变压器专家，中国工程院院士）
吴敬儒（输变电专家）
周孝信（电网专家，中国工程院院士）
邹德慈（城市规划专家）
高守一（流行病、霍乱病专家，中国工程院院士）
刘济舟（港口与航道专家，中国工程院院士）
张忠培（文物专家）
刘广润（工程地质和环境地质专家，中国工程院院士）

2002 年 12 月 30 日，同意交通部提出的人员变更：交通部总工程师曹右安为委员，刘济舟不再担任。2003 年 3 月十届人大组成新一届国务院机构后，曾培炎副总理为主任委员。

（本年鉴编辑部）

## 国务院验收委员会枢纽工程验收组

根据国务院长江三峡二期工程验收委员会 2002 年 8 月 12 日国三峡验发办字［2002］02 号通知，国务院长江三峡二期工程验收委员会枢纽工程验收组人员名单如下：

组　长：汪恕诚（水利部部长）
副组长：张基尧（水利部副部长）
翁孟勇（交通部副部长）
潘家铮（中国科学院、中国工程院院士）
石启荣（国务院三峡建委三峡枢纽工程稽察组组长）
蔡其华（女）（水利部长江水利委员会主任）
曹广晶（中国长江三峡工程开发总公司副总经理）
成　员：高俊才（国家计委农村经济发展司副司长）
贾　谌（财政部企业司司长）
俞衍升（水利部建设与管理司司长）
史玉波（国家经贸委电力司司长）
柳　源（国土资源部地质环境管理司副司长）
李淑惠（女）（公安部消防局副司级干部）
席　晟（国家审计署固定资产投资审计司司长）
于献忠（国家质量监督检验检疫总局质量管理司司长）
薛祥忠（国家环境保护总局监督管理司副司长）
李和平（国家档案局经济科技档案业务指导司司长）
朱　华（女）（国务院三峡建委办公室资金计划司司长）
黄　凌（女）（国务院三峡建委办公室技术与装备司副司长）
孙家康（国家开发银行高级客户经理）
陈东平（国家电力公司电源建设部副主任）
宁　远（水利部水利水电规划设计总院院长）
高季章（中国水利水电科学研究院院长）
郑守仁（水利部长江水利委员会总工程师，中国工程院院士）
张超然（中国长江三峡工程开发总公司总工程师）
王柏乐（国家电力公司水电水利规划设计总院总工程师）
谭靖夷（施工专家，中国工程院院士）
梁应辰（通航建筑物专家，中国工程院院士）
梁维燕（机组专家，中国工程院院士）
朱伯芳（水工结构和混凝土专家，中国工程院院士）
沈德民（金属结构专家，教授级高工）
刘济舟（港口与航道专家，中国工程院院士）
刘广润（工程地质和环境地质专家，中国工程院院士）
高安泽（水工结构专家，水利部总工程师，教授级高工）
曹右安（航运专家，交通部总工程师，教授级高工）
曹征齐（施工专家，水利部小浪底建管

局总工程师，教授级高工）
林　昭（水工结构专家，水利部天津勘测设计研究院副总工程师，设计大师）
田泳源（通航建筑物专家，国务院三峡建委办公室技术与装备司副司级专员，教授级高工）
朱国纲（金属结构专家，水利部水工金属结构质检中心原主任，教授级高工）
杨定原（机电专家，水利部原外事司司长，教授级高工）
马毓淦（施工专家，水利部水利水电规划设计总院副总工程师，教授级高工）

2003年4月30日国三峡验发枢字［2003］02号文，对验收组人员做了调整：王武龙为副组长，石启荣不再担任副组长；史玉波、陈东平也不再担任成员，调补下列人员为成员：

杨又明（国家安全生产监督管理局监管二司巡视员）
谢振华（国家电力监管委员会市场监督部主任）
刘　震（水土保持专家，水利部水土保持司司长，教授级高工）

（本年鉴编辑部）

## 国务院验收委员会<br>移民工程验收组

根据国务院三峡二期工程验收委员会2002年8月12日国三峡验发办字［2002］02号通知，国务院长江三峡二期工程验收委员会移民工程验收组人员名单如下：

组　长：蒲海清（国务院三峡建委办公室副主任）
副组长：甘宇平（重庆市人民政府副市长）
漆　林（国务院三峡建委办公室副主任）
贾天增（湖北省人民政府副省长）
成　员：谢旭人（国家经贸委副主任）
寿嘉华（国土资源部副部长）
马晓伟（卫生部副部长）
何文彬（国务院三峡建委办公室副主任、监察局局长）
王心芳（国家环境保护总局副局长）
李育才（国家林业局副局长）
陈宜瑜（环保专家，中国科学院副院长，中国科学院院士）
冯鹤旺（国家档案局副局长）
唐传利（水利部水库移民开发局局长）
杨志军（国家文物局文物保护司司长）
仉伯强（交通部三峡办副主任）
傅秀堂（水库移民规划专家，水利部长江水利委员会副主任，教授级高工）
曹广晶（中国长江三峡工程开发总公司副总经理）
王国耀（湖北省人民政府副秘书长）
王耘农（重庆市人民政府副秘书长）
迟文江（国务院三峡建委办公室党组成员）
卢　纯（国务院三峡建委办公室党组成员）
杨绍宗（国务院三峡建委办公室稽察司司长）
高守一（流行病、霍乱病专家，中国工程院院士）
刘济舟（港口与航道专家，中国工程院院士）
黄熙龄（地基岩土工程专家，中国工程院院士）
刘广润（工程地质和环境地质专家，中国工程院院士）
刘鸿亮（环境工程专家，中国工程院院士）
张忠培（文物专家，教授级高工）
邹德慈（城市规划专家，中国国际工程咨询公司专家委员会委员，教授级高工）
高承增（综合建设专家，建设部科技委员会委员，教授级高工）
陶景良（水库移民专家，国务院三峡建委办公室司级专员，教授级高工）
唐登清（水库移民专家，水利部长江水利委员会设计院原总设计师，教授级高工）
王俊起（环境卫生专家，研究员）
黄德林（水库移民专家，水利部长江水利委员会长江移民工程监理有限公司董事长，教授级高工）

（本年鉴编辑部）

## 国务院验收委员会<br>输变电工程验收组

根据国务院三峡二期工程验收委员会2002年8

月12日国三峡验发办字［2002］02号通知，国务院长江三峡二期工程验收委员会输变电工程验收组人员名单如下：

组　长：曾培炎（国家计委主任）
副组长：张国宝（国家计委副主任）
张德楠（国务院三峡建委办公室副主任）
赵希正（国家电力公司副总经理）
成　员：王　骏（国家计委基础产业发展司助理巡视员）
许可达（国务院三峡建委办公室技术与装备司司长）
雷鸣山（国务院三峡建委办公室稽察司副司长）
史玉波（国家经贸委电力司司长）
周建平（国家经贸委技术进步与装备司司长）
刘天增（国土资源部耕地保护司副司长）
席　晟（国家审计署固定资产投资审计司司长）
袁达夫（水利部长江水利委员会设计院原院长）
郭翔鹏（中国长江三峡工程开发总公司咨询委员）
孙家骏（国家电力公司电网建设部副主任）
周小谦（输变电工程专家，国家电力公司顾问，教授级高工）
朱英浩（变压器专家，沈阳变压器研究所总工程师，中国工程院院士）
周孝信（电力系统专家，中国电力科学研究院总工程师，中国工程院院士）
吴敬儒（计划资金专家，国家开发银行顾问，教授级高工）
潘天达（设计专家，水利部长江水利委员会技术委员会副主任，教授级高工）
姜万宁（二次系统专家，水利部长江水利委员会设计院设计总工程师，教授级高工）
李立浧（直流工程专家，国家电力公司南方公司专家组组长，教授级高工）
丁功杨（规划专家，国家电力公司咨询，教授级高工）
卢元荣（基建专家，国家电力公司咨询，教授级高工）
胡静英（女）（概算专家，国家开发银行咨询，教授级高工）
曾德文（系统专家，国家电力公司电力规划设计总院咨询，教授级高工）
徐晓东（规划设计专家，国家电力公司电力规划设计总院副总工程师，教授级高工）

（本年鉴编辑部）

## 三峡二期枢纽工程验收组专家组

枢纽工程验收组是国务院验收委员会下设的3个验收组之一，由水利部牵头，代表国务院验收委员会开展二期枢纽工程的验收工作。根据长江三峡二期枢纽工程验收工作的需要，水利部以办综［2002］96号文，成立国务院长江三峡二期工程验收委员会枢纽工程验收组专家组。专家组组长由中国科学院、中国工程院两院院士潘家铮担任，副组长为高安泽、曹右安、曹征齐，下设坝工厂房组、航运组、金属结构组、机电组、施工与监测组，共57位专家。

该专家组是国务院验收委员会枢纽工程验收组的专职咨询机构，负责对三峡二期工程枢纽工程各阶段验收中的主要工程技术和质量问题进行分析、研究、认证，提出关于验收的意见和建议，作为枢纽工程验收组的决策依据。

专家组的一般工作方式是在每项验收之前5～7天，召开技术预验收会议。枢纽工程验收组组织相关专业小组的专家先期到达现场，进行现场考察，听取中国三峡总公司及设计、施工、监理、安全鉴定单位各方的汇报，查阅安全鉴定报告和各方验收汇报材料，必要时，针对关键问题、质量缺陷或者事故及其处理结果等，由中国三峡总公司组织有关单位的负责人员作出详细说明，在此基础上，进行论证讨论、分析研究，提出技术预验收书面意见书。

（中国长江三峡工程开发总公司
刘玉山　王忠诚　薛砺生）

## 三峡导流明渠截流前验收

（一）导流明渠截流前枢纽工程安全鉴定

根据《长江三峡二期工程枢纽工程验收工作大

纲》和审批的《长江三峡二期工程枢纽工程蓄水安全鉴定工作大纲》规定，水电水利规划设计总院安全鉴定专家组47位专家于2002年8月20日第四次到三峡工地调研、查勘现场，开展安全鉴定工作，9月10日结束，提交《明渠截流前枢纽工程验收安全鉴定报告》。

安全鉴定报告结论为：三峡工程大坝左非1号坝段至纵向围堰范围的二期大坝、厂房主体工程（含升船机及临时船闸工程）及涉及截流后上游最高水位以下的有关项目，建设形象面貌满足设计要求，相应部位的基础、水工结构、金属结构（未含表孔）及安全监测工程的设计、施工和制作、安装质量符合国家和行业有关技术标准的规定。三期碾压混凝土围堰设计满足规范规定，导流明渠截流后度汛措施可行，因此，三峡工程具备2002年汛后导流明渠截流并安全运行的条件。鉴于截流后2003年汛期水库蓄水进程不可逆转，建议抓紧完成高程140m以下剩余工程量及有关工作，以满足蓄水前验收的需要，同时提出16条主要建议。

（二）导流明渠截流前验收范围

在安全鉴定获得通过后，中国三峡总公司于2002年9月11日以三峡建字（2002）24号文《长江三峡二期工程明渠截流前验收申请报告》，向国务院验收委员会提出验收申请。

报告根据《长江三峡二期工程枢纽工程验收工作大纲》的规定，导流明渠截流前验收项目为：二期上、下游围堰拆除工程；上、下游基坑进水前验收的尾工项目和遗留问题。

根据三峡二期工程情况增加的验收项目为：左非1～7号坝段、升船机坝段（上闸首）、左非8号坝段、临时船闸（其中2号坝段除外）坝段、左非9～18号坝段自基础至坝顶高程185m所有土建及机电安装工程；左厂1～6号坝段、左安Ⅲ坝段、左厂7～14号坝段、左导墙坝段、泄1～23号坝段、右纵坝段自高程90～140m的混凝土工程；1～6号压力管道工程（含外包钢筋混凝土结构和钢管制造与安装）。

2002年9月27日，国务院验收委员会以国三峡验发办字［2002］4号文《关于对“长江三峡二期工程明渠截流前验收申请报告”的批复》，同意中国三峡总公司上报的明渠截流验收申请及增加的验收项目。

（三）导流明渠截流前验收

导流明渠截流前验收由国务院长江三峡二期工程验收委员会枢纽工程验收组负责。

按照验收工作程序，枢纽工程验收组组织专家组下设的坝工厂房、施工与监测、金属结构和航建等4个专业组，共计47人，进行截流前验收专家组技术预验收。技术预验收会议于2002年10月8～13日在三峡坝区召开。经过现场查勘、查阅资料、与建设单位座谈，形成了“技术预验收意见”。

2002年10月15～18日，枢纽工程验收组在三峡坝区召开导流明渠截流前正式验收会议。枢纽工程验收组委员41人和参建各方代表109人参加会议，经过4天工作，会议通过了“长江三峡二期工程明渠截流前验收鉴定书”。

验收鉴定书提出18条建议，验收结论为：“国务院长江三峡二期工程验收委员会枢纽工程验收组认为，明渠截流的条件已经具备，同意在2002年11月实施明渠截流。”

2002年11月6日，导流明渠截流成功，为实现2003年蓄水、通航、发电三大目标创造了条件。

（中国长江三峡工程开发总公司
刘玉山　王忠诚　薛砺生）

## 三峡二期工程蓄水与船闸试通航前验收

### 一、验收准备

2003年3月12日～4月15日和3月16日～4月15日，水电水利规划设计总院分别对蓄水（135m水位）验收和船闸试通航前验收范围内的工程项目进行了安全鉴定，提出了《长江三峡水利枢纽二期工程枢纽工程蓄水（135m水位）安全鉴定报告》和《长江三峡水利枢纽二期工程双线五级船闸试通航前安全鉴定报告》。前一报告的结论为：“长江三峡二期工程左岸非溢流坝段至纵向围堰坝段工程形象面貌已经达到蓄水（135m水位）的要求，工程设计、施工（制作、安装）质量符合国家和行业有关技术标准的规定，施工期监测成果表明建筑物和金属结构工作性态正常；茅坪溪防护工程和右岸地下电站预建进水口建设面貌已超过135m水位挡水的要求，工程设计和施工质量符合现行技术标准的规定；三期碾压混凝土围堰可在5月具备正常挡水条件；枢纽工程蓄水后度汛措施已落实。鉴于此，长江三峡二期枢纽工程在2003年6月蓄水（135m水位）后各有关建筑物将是安全的，并且不会影响三期工程的继续正常施工。”后一报告的结论为：“长江三峡双线五级船闸工程建设形象进度面貌在下闸蓄水前可以满足船闸试通航的设计要求，剩余零星工程施工不会影响试通航；各项水工结构工程、边坡及基础工程、金属结构工程、安全监测工程的设计、施工和制作安装质量符合国家、行业和三峡工程的有关技术标准的规定；施工期安全监测成果和无水、有水联合调试表明，双线五级船闸各建筑物和金属结构工程工作性态正常。鉴于此，三峡工程双线五级船闸具备 2003 年 6 月份试通航条件。”

在安全鉴定获得通过后，中国三峡总公司于 2003 年 4 月 18 日以三峡建字［2003］129 号文《长江三峡二期工程枢纽工程蓄水（135m 水位）及双线五级船闸试通航前验收的申请报告》，向国务院验收委员会提出验收申请。2003 年 4 月 23 日国务院验收委员会以国三峡验发办字（2003）5 号文《关于对“长江三峡二期工程枢纽工程蓄水（135m 水位）及双线五级船闸试通航前验收的申请报告”的批复》，同意中国三峡总公司的申请。

## 二、验收范围

### （一）蓄水（135m 水位）的验收范围

1. 验收项目

（1）大坝工程：左岸非溢流坝段自基础至坝顶高程 185.00m、升船机坝段自基础至坝顶高程 185.00m（航槽段至高程 141.00m）、临时船闸 1 号和 3 号坝段自基础至高程 143.00m、临时船闸 2 号坝段自基础至高程 85.00～90.00m、左岸厂房坝段自基础至坝顶高程 185.00m、左导墙坝段自基础至坝顶高程 185.00m、左导墙自基础至墙顶高程、泄洪坝段自基础至坝顶高程 185.00m、右岸纵向围堰 1 号坝段自基础至坝顶高程 185.00m、2 号坝段自基础至高程 160.00m 范围内的土建及相应的金属结构（泄洪坝段表孔的金属结构除外）和机电设备。

（2）左岸电站进水口（含拦污栅）、引水系统（1～10 号机压力管道工程）、厂房（Ⅰ号安装间～10 号机主厂房、Ⅱ号安装间～9 号机上、下游副厂房）及尾水工程的土建及相应的金属结构和机电设备（机组埋件列入机组启动验收范围）。

（3）右岸地下电站进水口预建工程：自基础至高程 140.00m 范围内的土建及相应的金属结构和机电设备。

（4）茅坪溪防护工程：茅坪溪沥青混凝土心墙土石坝自基础至高程 185.00m 及其防渗工程；泄水建筑物。

（5）三期碾压混凝土围堰工程（含纵向围堰堰内段）。

（6）电源电站进水口：自基础至高程 140.00m 的土建及临时封堵工程。

（7）二期上、下游土石围堰拆除工程。

（8）明渠截流前验收及船闸下游引航道破堰进水验收遗留问题。

2. 检查项目

（1）蓄水实施方案和库区城镇码头安全措施及葛洲坝下游供水措施落实情况。

（2）水库蓄水期断航客货转运措施落实情况。

（3）各建筑物挡水及泄水孔（洞）金属结构和机电设备运行准备工作情况。

（4）三期围堰度汛措施落实情况。

（5）水库调度自动化系统投入运用情况。

（6）近坝区地震台网设置及运行情况。

（7）水库及下游泥沙淤积及冲刷观测计划及其情况。

（8）三期下游土石围堰工程。

（9）消防工程，环境保护，水土保持与档案管理。

### （二）船闸试通航前验收范围

1. 验收项目

（1）闸上、下游引航道，闸首、闸室及相应部位的输水系统，包括全部土建及相应的金属结构、机电设备。

（2）船闸下游 KL 围堰拆除工程。

（3）船闸下游引航道破堰进水验收及明渠截流前验收遗留问题。

2. 检查项目

（1）船闸无水及有水调试成果及遗留问题处理。

（2）船闸试通航各项准备工作。

（3）消防工程。

## 三、验收过程

本次验收将蓄水（135m 水位）验收与船闸试通航前验收合并进行，由国务院验收委员会枢纽工程验收组负责。

2003 年 5 月 13～18 日，枢纽工程验收组专家组在三峡坝区进行了二期工程蓄水（135m 水位）及双线五级船闸试通航技术预验收。专家们认真查看工程现场、仔细查阅验收文件，经过反复分析研究，实事求是地提出了技术预验收意见。

2003 年 5 月 19～21 日，枢纽工程验收组在三峡坝区召开了蓄水（135m 水位）及船闸试通航前验收会议。验收组听取了建设单位、安全鉴定单位和技术预验收专家组的汇报，考察了现场，从高层次、宏观角度审视了三峡二期工程的形象面貌和质量，形成了《蓄水（135m 水位）验收鉴定书》和《双线五级船闸试通航前验收鉴定书》。

这次验收正值我国遭受非典肆虐时期。参加验收工作的所有人员，恪尽职守，认真工作，以对人民、对国家、对历史高度负责的精神，明确“不留隐患”的指导思想，突出重点，讲究科学，圆满完成了验收任务。

四、验收结论

（1）蓄水（135m水位）验收在提出了12条建议后作出如下结论：

1）本次验收范围内工程项目的形象面貌，满足枢纽工程验收工作大纲规定的要求。

2）本次验收项目的基础工程、水工建筑物、金属结构、机电设备及安全监测工程的设计、施工和制造、安装质量，符合国家和行业有关技术标准的规定。施工和安装过程中出现过的质量缺陷和事故，经处理后工程质量可满足设计要求。

3）明渠截流前验收的尾工项目和遗留问题已处理完成，其鉴定书提及的18项建议已逐项落实，2003年6月1日开始蓄水（135m水位）前应完成的剩余项目可以按时完成。

4）各项检查项目及运行的各项准备工作已满足蓄水（135m水位）要求，三期工程施工期度汛方案落实，整个工程处于受控状态。

5）三峡库区135m水位线下的移民工程，已通过国务院验收委员会移民工程验收组验收。

国务院验收委员会枢纽工程验收组认为，三峡二期工程蓄水（135m水位）的条件已经具备，可于2003年6月1日开始蓄水。

（2）双线五级船闸试通航前验收在提出了9条建议后作出如下结论：

1）本次验收范围内的工程项目的形象面貌满足枢纽工程验收工作大纲规定的要求。

2）本次验收项目的地面工程、地下输水系统、高边坡工程、上游隔流堤、金属结构、机电设备及集中监控系统设备、安全监测工程的设计、施工和制作、安装质量，符合国家和行业有关技术标准的规定。施工和安装过程中出现的质量缺陷，经处理后工程质量可满足设计要求。

3）船闸试通航的各项准备工作已经就绪。

国务院长江三峡二期工程验收委员会枢纽工程验收组认为：船闸试通航的条件已经具备，可在2003年6月蓄水后实施船闸试通航。

2003年5月27日，国务院副总理、国务院验收委员会主任曾培炎主持召开了国务院长江三峡二期工程验收委员会第二次全体会议。国务院验收委员会经过认真讨论，一致同意上述验收结论及按期蓄水、试通航的建议。

2003年5月29日，国务院总理、国务院三峡工程建设委员会主任温家宝主持召开了国务院三峡工程建设委员会第十二次全体会议，批准了国务院长江三峡二期工程验收委员会的验收意见，同意枢纽工程2003年6月1日下闸蓄水，并在蓄水到135m水位后实施五级船闸试通航。

（本年鉴编辑部摘编）

## 三峡左岸电厂首批机组启动验收

三峡左岸电站首批水轮发电机组（2号、5号机组）启动验收工作由国务院长江三峡二期工程验收委员会枢纽工程验收组组织进行。

根据验收工作的需要，相应枢纽工程验收组成立专家组（以下简称枢纽工程验收专家组）。该专家组是枢纽工程验收组的专职咨询机构，负责对三峡二期工程枢纽工程各阶段验收中的主要工程技术和质量问题进行分析、研究、认证，提出关于验收的意见和建议，作为枢纽工程验收组验收的依据。专家组下设5个专业组，其中机电专业组有专家10名，负责左岸电站首批机组启动验收的技术预验收，编写首批机组（2号、5号机组）启动验收技术预验收意见，专业组负责人也同时参加枢纽工程验收组对首批机组的正式验收。

首批机组启动验收的技术依据是：经批准的三峡工程可行性研究报告、设计文件，有关水轮发电机组启动验收的国家标准、电力行业标准和有关于水利水电工程验收的规程、规范，以及机组设备制造厂商的质量标准和技术文件等。

经国务院长江三峡二期工程验收委员会批准，首批机组（2号、5号机）的验收范围和项目为：

（1）水轮发电机组：水轮机、发电机、调速系统、励磁系统及其辅助设备。

（2）电站水力机械辅助设备：首批机组投产相应的油、气、水系统和水力机械量测设备，1200/125t主厂房桥式起重机。

（3）发电机相关的输变电设备：首批机组投产相应的封闭母线，主变压器及辅助设备，左一母线GIS全部设备（含分段断路器），布置在上游副厂房顶与500kV左一母线相连的4回出线侧设备，左一母线至万县一回线路的并联电抗器及辅助设备。

（4）供电、照明、防雷及接地：坝区、厂区（1G、3G供电点）及梯调的供电系统（35kV、20kV、10kV、0.4kV系统），照明电源及事故照明系统，电站及梯调的防雷、接地系统。

（5）自动化及继电保护：发电机—变压器的继电保护和故障录波系统，500kV左一母线配电装置及电站侧的线路继电保护、故障录波与自动装置，首批发电机组、安Ⅲ段公用、GIS及梯调直流系统，左岸电站和梯调的计算机监控系统。

（6）厂用通信和对外通信系统：梯调中心—三峡左岸电站段的光纤通信设备及光缆，三峡 SDH 微波通信全电路微波设备，生产调度交换机。

（7）消防和报警系统：与首批发电机组相关的左岸电站及梯调消防与报警系统。

（8）给排水系统：与首批发电机组相关的给排水系统，左岸永久建筑物水源工程，241m 高程与 215m 高程水池及其供水管网。

（9）机组埋件工程。

2003 年 6 月 13 日，由枢纽工程验收组办公室组织，在三峡坝区召开了三峡二期工程左岸电站首批机组启动验收工作协调会，验收专家组机电专业组负责人杨定原和付元初参加了会议。会议进一步界定了首批机组启动验收的范围，验收工作程序，需提供的报告、文件和资料以及专家组的技术工作活动安排。

6 月 10 日 2 号、5 号机组开始执行尾水管充水程序，7 月 7 日和 7 月 13 日 2 号机组和 5 号机组分别完成 72 小时带负荷连续试运行，并于 7 月 10 日和 7 月 16 日分别移交电厂开始为期 30 天的考核试运行。

为全面了解首批两台机组的启动试运行试验情况，认真分析、研究在机组试运行期间可能暴露的问题和缺陷，并为编写“首批机组启动验收技术预验收意见”做准备，机电验收专业组专家宋宏启、陈福山、王冠群、胡敦渝、唐澍、王维俭于 6 月 25 日集中到达三峡工地，开展机组启动试运行的检查和调研工作。此前，机电专家组负责人杨定原、付元初（还有王冰同志）应三峡总公司的邀请先于 6 月 12 日到达三峡工地直接参与首批机组的启动试运行试验，并同时进行咨询和调研。经过了近一个月的调研、考察现场、查阅资料、分析讨论，全过程跟踪检查了两台机组的启动试运行工作，并参与了所有重要试验项目和有关问题的研究、处理，掌握了大量的第一手资料。

7 月 11～15 日，由验收专家组组长潘家铮院士牵头，在三峡坝区召开了首批机组启动技术预验收会议，机电专业组 8 位专家（有 2 位专家因故请假）和验收专家组各位副组长，验收办公室成员，专家组的坝工厂房组、航建组、金属结构组、施工与监测组的召集人参加了会议。会议讨论通过了机电专业组提出的《长江三峡二期工程左岸电站首批机组（2 号、5 号机）启动验收技术预验收意见》，并在预验收意见的基础上，编写出《首批机组启动验收鉴定书（讨论稿）》，作为向枢纽工程验收组汇报和请验收组审议批准的文件。由于机组启动验收前没有通常工程的“安全鉴定”的程序，加之本次验收专业性很强，机电专业组的专家们付出了更多辛勤的劳动，最后形成了内容翔实、分析客观的预验收意见和供审议的《启动验收鉴定书（讨论稿）》。预验收意见认为：2 号机和 5 号机启动试运行有关的主要设备安装质量总体符合合同规定及设计要求，启动试运行过程中在处理设备本身缺陷后完成了规定的试验项目，达到了国家行业标准《水轮发电机组启动试验规程》的要求。机组成功通过 72 小时试运行，停机后排空检查和进行消缺处理，未见明显异常。据此，专家组认为 2 号机和 5 号机及相关的公用设备可以投入运行。在进行合同规定的 30 天考核试运行中仍需注意机组运行状况，及时消除可能出现的缺陷。

2003 年 7 月 16～18 日，枢纽工程验收组在三峡工地进行了首批机组（2 号、5 号机）的启动验收，验收组成员听取了三峡总公司及有关设计、施工、监理单位的汇报和机电专业组的技术预验收意见，审查了首批机组启动试运行工作报告及有关文件资料，形成了《长江三峡二期工程左岸电站首批机组（2 号、5 号机）启动验收鉴定书》，验收结论为：

（1）《长江三峡二期工程枢纽工程验收工作大纲》规定的本次验收范围内各项目的设备设计、制造、安装质量，符合国家和行业有关技术标准及合同的规定。安装和调试过程中出现过的质量缺陷和问题，经处理后可满足设计与合同要求。

（2）首批机组（2 号、5 号机）及相关的公用系统在启动试运行中已完成有关规程规定的试验项目和 72 小时带负荷连续试运行。停机后将蜗壳及水工建筑物流道排空检查，机组过流部分未见明显异常。

（3）生产运行单位的准备工作已具备全面接收首批投运机组及相关设备的条件。

国务院验收委员会枢纽工程验收组认为，三峡二期工程左岸电站首批机组（2 号、5 号机）及相关的公用设备已具备正式投运条件，同意投入运行。

至此，我国首次投运的 70 万 kW 级水力发电设备的启动验收工作顺利完成。

（中国水利水电建设集团公司　付元初）

# 三峡工程初期蓄水

## 三峡明渠截流及三期土石围堰工程施工

### 一、工程概况

三峡明渠截流与三期土石围堰工程是三峡二、三期工程衔接的关键控制性工程。上、下游土石围堰分别为4、3级临时建筑物，围堰顶高程分别为83.0m、81.5m，围堰轴线全长分别为441.28m、447.45m，顶宽15m。围堰主要由风化砂、反滤料、石渣、石渣混合料和块石填筑而成，上、下游围堰填筑工程量分别为154.59万$m^3$、169.94万$m^3$。导流明渠截流采用上游双戗双向、下流双戗单向立堵截流方式。上戗堤以右岸为主双向进占，下戗堤由右岸向左进占。围堰防渗用高压旋喷灌浆上接土石合成材料心墙型式，上、下游分别形成单排、双排高压旋喷墙，墙厚分别为0.8m、1.0m。导流明渠截流与三期土石围堰工程主要施工项目包括：龙口垫底加糙、截流戗堤及围堰堰体填筑、围堰防渗、围堰料源复核及开采、安全监测、基坑排水及临时工程。导流明渠截流与三期土石围堰工程由葛洲坝集团公司总承包，武警水电部队三峡指挥部分包下游土石围堰填筑施工。

### 二、导流明渠截流施工特点和难点

#### （一）截流水力学指标高

导流明渠截流设计流量10300$m^3/s$，相应截流总落差为4.11m，其中上游承担2/3，下游承担1/3，龙口平均流速上戗堤为4.7m/s，下戗堤为3.9m/s，平均单宽能量上戗堤为83.6t·m/（s·m），下戗堤为42.6t·m/（s·m）。

实际截流流量为8300～10300$m^3/s$，截流进占至龙口段后，由于上游降水量少，长江来水流量基本稳定在8600$m^3/s$左右，因此实际截流总落差只有2.5m。

下游承担最大落差为1.12m，相应最大流速为5.13m/s。上游承担最大落差为1.73m，相应最大流速为6m/s。

#### （二）工期紧、单戗堤抛投强度大

导流明渠截流施工工期28天，施工组织设计要求合龙时段最大日抛投强度11.46万$m^3$（上游戗堤5.44万$m^3$，下游戗堤6.02万$m^3$，含流失量）。

截流期间共投入施工设备424台，设备管理与安全管理难度大。

#### （三）分流条件较差、流失量大、塌滑频繁

导流明渠截流主要依靠导流底孔分流，随戗堤龙口段缩窄，分流比例渐渐增大，导致截流总落差大。加之明渠河床为人工开挖成型，呈右高左低的复式结构断面，底板平整光滑，摩擦阻力小，不利于抛投材料稳定，导致龙口段流失量增大，堤头塌滑频繁、规模大、随机性大，但河床底板抗冲刷能力强。

#### （四）截流戗堤进占要与通航协调

由于明渠截流提前至11月6日龙口段合龙，而导流明渠通航截止日期为10月31日，在此之前以通航为主，不能影响通航，更不能断航，要确保通航水面有效宽度不得小于100m，因此前期截流戗堤进占速度受限，加大了后期抛投强度。

#### （五）双戗堤进占要协调配合

上下游双戗堤同时进占，上游为左右两岸双向进占，下游为右岸单向进占，下游戗堤承担1/2～2/3总截流落差，以减小上游戗堤截流难度，因此要求下游戗堤超前上游戗堤进占，龙口宽度相应较窄。

### 三、合同计划进度与实际施工进度比较

导流明渠截流及三期土石围堰工程施工，计划进度与实际进度见表1。

表1 明渠截流及三期土石围堰工程施工进度情况

| 项目 | 合同计划工期 | 实际施工工期 |
|---|---|---|
| 截流戗堤开始进占日期 | 2002年11月1日 | 2002年10月8日 |
| 形成截流龙口日期 | 2002年11月12日 | 2002年10月29日 |
| 截流龙口合龙日期 | 2002年11月16～25日 | 2002年11月6日 |
| 上下游土石围堰闭气日期 | 2002年12月20日 | 2002年12月1日 |
| 基坑水抽干日期 | 2003年1月15日 | 2002年12月20日 |
| 三期土石围堰完工日期 | 2003年1月31日 | 2003年3月15日 |

由于截流戗堤进占日期提前到10月8日，10月10日形成防渗墙设备安装平台，提前移交工作面，为基坑排水和碾压混凝土围堰施工创造有利条件。11月6日，葛洲坝集团公司与武警水电部队密切配合，导流明渠双戗堤截流圆满成功，比原计划提前20天。

## 四、工程实施

### （一）加糙拦石坎及平抛垫底施工

上游钢架石笼拦石坎采用吊抛施工方案。2002年10月6日开始布设定位船并正式抛投，10月16日完成346个石笼抛投任务。

下游合金钢网石兜拦石坎采用无定位船平抛施工方案。9月15日进行网石兜底开驳实船抛投试验，9月20日正式抛投，9月29日完成沿设计轴线长度范围内的抛投37船次，约4000$m^3$，10月6～14日补抛至设计高程。

10月17～22日，用二期下游围堰拆除料对上游左侧非龙口段进行平抛垫底，实际平抛量3万$m^3$。

10月26～29日，用合金钢网石兜在下游进行平抛垫底施工，累计完成网石兜子抛2630个、0.8万$m^3$。平抛后下游龙口段全线底高从高程45m垫高至高程50m。

### （二）导流明渠截流进占与堰体跟进填筑

上游截流大道形成后，开始非龙口段进占。10月22日，上游围堰组织高强度进占演习。实测右侧单堤头抛投强度为2400$m^3/h$，左侧单堤头抛投强度为900$m^3/h$，满足龙口段施工要求。10月28日形成144m龙口（设计龙口宽度150m），非龙口段进占过程中，未出现堤头塌滑现象。

根据长江上游来水预测及导流明渠截流施工实际，明渠截流时间定于11月6日，在长江上游来水流量小于12000$m^3/s$情况下，相机确定截流龙口合龙。

10月31日8时，上、下游戗堤分别从144m、100m口门同时开始高强度、不间断进占施工，上下戗堤统一协调进占，至11月5日形成上游20m、下游18m小龙口。采用特大块石、混凝土四面体等进行堤头防护。

11月6日9时10分，上下游戗堤3个堤头及跟进堰体同时启动，上游戗堤在38min内安全合龙，下游戗堤在随后7min内合龙，导流明渠截流成功。

截流戗堤开始进占填筑后，堰体水下部分尾随截流戗堤进行抛填，并滞后于截流戗堤30～40m。导流明渠截流后，为加快堰体填筑进度，尽早提供左岸防渗墙施工平台，上下游围堰堰体从左右岸双向进占抛填。11月11日，上游围堰水下填筑全部完成。

### （三）提高抛投强度措施

配置大吨位自卸车，尽量配置45～77t的自卸车，提高单车运输量。

合理布置行车路线，将重车道与空车道分开，施工现场划分为回车区、编队区、抛投区，并随着戗堤进占不断推进，重车进入回车区，将车头车尾调整，以倒车方式进入编队区，分布在戗堤上下两侧等待，抛投区自卸车卸料离开后及时指挥编队区车辆补进。

尽量扩宽截流戗堤顶面宽度，降低顶面高程以增加其宽度，适当增加下游面宽度，保证可同时容纳3～4个车位卸料，工程量相应增加8%～10%，由于工作面增加，抛投效率可增加40%。

加强现场指挥，合理安排各区人员，缩短回车、倒车、卸车时间，在确保安全前提下，尽量直接抛投，冲砸边坡，减少推土机工作量，提高抛投强度。

合理配置挖装机械，缩短装车时间，取料场就近布置，缩短运输距离，提高小时运输强度。

### （四）防止堤头塌滑的主要措施

水下平抛垫底，设置拦石坎增加河床粗糙度，减少流失量。

尽量采取全断面整体推进措施，提高抛投石料整体抗冲能力。如采取上挑角法进占，尽量减少挑角长度，中下游侧及时跟进，上游侧边坡补抛。

不同区段选择块度粒径不同的石料和特殊材料。龙口段尽量采用石渣料和大中块石料，当流速大时采用合金钢网石兜等特殊材料。

抛投时可采用三种方法交替进行，即：自卸车直接抛投；堤头集料，推土机推运填筑；大吨位自卸车装块石或合金钢网石兜冲砸。

适当降低进占面高程，加宽进占面宽度，增加行车、卸车安全裕度。

### （五）水下围堰填筑施工

水下围堰填筑相对截流戗堤滞后，非龙口段石渣混合堤围堰相对滞后25～30m，风化砂围堰相对滞后40m；龙口段相对滞后80m，以减少流失量。其施工程序为石渣混合填筑，反滤料铺设，风化砂填筑。风化砂围堰以20t自卸车运输，轴线10m范围超前两侧填筑原状风化砂，同时在料场与填筑区安排施工人员和设备清除块石料，有效防止块石进入防渗墙施工区。11月6日导流明渠成功截流后，水下围堰填筑于11月13日全部完工，提前20天向防渗施工移交工作面。

### （六）防渗工程施工

三期上游土石围堰高喷墙采用“自凝灰浆＋常规高喷（二管法）＋钻喷一体化（二管法）”的施工方法，由葛洲坝集团基础公司和中国水利水电基础工程局承担施工。下游围堰防渗为双排高喷墙，采用“振孔高喷＋常规高喷”的施工方法，由中国水利水电基础工程局和山东泰安公司承担施工。

上游围堰防渗墙10月28日开始施工，12月2日完成；下游防渗墙11月1日开始施工，12月12日完成。上下游围堰防渗墙下帷幕施工分别于12月21日、12月31日完成。

（七）水上围堰填筑施工

水上围堰填筑在防渗工程施工结束后进行，采取分区分层填筑，土工合成材料与盖帽混凝土分段施工。为加快施工进度，提出将左右岸两侧混凝土埂连接土工合成材料改为扁钢、橡皮、沥青压接土工合成材料的施工方案，根据碾压试验确定碾压设备型号、铺层厚度、碾压遍数和行驶速度及土工合成材料（PVC膜）黏结工艺，并组织实施。按设计要求和监理工程师指示分层取样试验，以控制填筑层干容重和压实度指标满足要求。

（摘自《中国三峡建设年鉴》
李友华　邵玲珑　郭冬生）

## 三峡三期碾压混凝土围堰的快速施工

（一）工程概况

三峡三期碾压混凝土围堰是三峡三期工程上游挡水围堰。按照三峡工程的总体布置，碾压混凝土围堰需在导流明渠截流完成及三期上下游土石围堰挡水后快速建成，以同三期下游土石围堰一起保护右岸大坝和右岸电站厂房的施工，并承担三峡工程初期蓄水、通航、发电期间的挡水任务。三期碾压混凝土围堰属1级临时建筑物，平行于大坝布置。堰轴线位于大坝轴线上游114m，堰顶高程140.0m，顶宽8m，最大底宽107m，最大堰高115m。堰体迎水面高程70m以上部分为垂直坡，高程70m以下为1∶0.3的斜坡；背水面高程130m以上为垂直坡，高程130m以下为1∶0.75的台阶状边坡。

围堰混凝土施工按两个阶段实施，第一阶段为三峡一期工程施工项目，其部位为河床高程50m（58m）以下基础部分、右岸纵向围堰堰内段及右岸岸坡2～5号堰块，混凝土方量51.46万$m^3$，分别于1996年11月和1999年3月完工。第二阶段工程修建河床部位6～15号堰块，全长380m，最大堰高90m，最大底宽74m，混凝土方量110.52万$m^3$，堰体除与基岩相接处等特殊部位采用常态混凝土外，其余部分均为碾压混凝土，混凝土标号为$R_{90}$150D50S8三级配。合同控制工期为2003年6月10日完成。

（二）施工特点

（1）施工工期短，浇筑强度高。合同工期153天，混凝土总方量110.52万$m^3$，计划最大月浇筑强度为35万$m^3$，浇筑强度与施工速度均无先例。

（2）施工场地狭窄，施工干扰大。三期碾压混凝土围堰距下游大坝边线40.6m，施工布置难度大，并且在碾压混凝土施工过程中三期厂坝、厂房的基坑开挖同时进行，相互干扰大。

（3）浇筑仓面大，施工条件复杂。围堰单层最大浇筑面积1.8万$m^2$，由于施工工期紧，仓内安排有大量机械设备，且各工序间交叉作业频繁，施工组织难度大。

（4）堰体结构复杂，施工难度大。堰体内布置有廊道、爆破药室、横缝及诱导缝等结构，这对组织仓内大规模施工影响较大。

（三）主要施工方法

三期碾压混凝土围堰采用自卸汽车入仓为主、塔（顶）带机布料为辅，分断面通仓薄层平铺连续上升的施工方案。每层层厚30cm，采用德国产BW-202AD型振动碾碾压，碾压遍数按“无振2遍＋有振8遍”控制。压实度为：上游4m防渗层大于98%，其余部位大于97%。混凝土VC值按机口1～8s、仓面小于10s控制。永久横缝采用由夯机改成的切缝机切缝。

（四）混凝土浇筑施工进度

三期碾压混凝土围堰纵向基底高程相差8m，施工时在高程69.8m以下按两部分先后施工，在高程69.8m以上进行通仓浇筑。

围堰于2002年12月16日开仓浇筑6～8号堰块（堰底高程为58m），至2002年12月27日达到高程69.8m，停仓间歇后在其上进行基础固结灌浆施工；2002年12月28日开仓浇筑9～15号堰块（堰底高程为50m），2003年1月19日达到高程69.8m后与6～8号堰块并仓连续上升，2003年3月6日达到高程107.6m后停仓间歇，安装高程107.5m爆破拆除廊道。

2003年3月12日围堰继续上升，至2003年4月16日达到堰顶高程140m。

三期碾压混凝土围堰主要施工特征数据见表1。

表1　三期碾压混凝土围堰主要施工特征数据表

| 序号 | 统计内容 | 实际 | 计划 |
|---|---|---|---|
| 1 | 混凝土总量（万$m^3$） | 110.52 | 110.52 |
| 2 | 碾压混凝土施工开始时间 | 2002年12月16日 | 2003年1月8日 |
| 3 | 碾压混凝土施工结束时间 | 2003年4月16日 | 2003年6月10日 |
| 4 | 施工总工期（d） | 122 | 153 |
| 5 | 最大仓面面积（$m^2$） | 18000 | 18550 |
| 6 | 最高小时强度（$m^3$/h） | 1278 | 900 |

续表

| 序号 | 统 计 内 容 | 实 际 | 计 划 |
|---|---|---|---|
| 7 | 最高班产（$m^3$/班） | 7250 | 4450 |
| 8 | 最高日强度（$m^3$/d） | 21066 | 13500 |
| 9 | 最高月强度（万 $m^3$/月） | 47.5 | 35 |
| 10 | 最大日上升高度(m) | 1.2 | 1.2 |
| 11 | 最大月上升高度（m） | 27.8 | 20.1 |
| 12 | 最大连续上升高度（m） | 57.6 | 40 |

三期碾压混凝土围堰第二阶段工程最大堰高90m，整个施工过程除在高程107.5m爆破拆除廊道施工时间歇一次外，其余全部做到了连续不间歇上升，实际施工工期比合同工期提前55天完工，其最高小时强度、最高班产、最高日强度、最高月强度、最大连续上升高度和最大仓面面积均创最高记录。

（五）工程施工评价

三期碾压混凝土围堰仅用4个月时间完成了全部施工工作，共完成689个单元工程，单元工程合格率100%，优良率91.1%，工程施工质量达到优良等级。经检测，仓面压实度合格率100%，*VC*值合格率99.5%，其他各项检测指标均满足或超过设计要求，部分指标在同类工程中处于领先水平，工程施工强度及施工速度前所未有，得到了三峡工程质量专家组的高度赞扬。

（中国葛洲坝集团公司　朱忠华　戴志清　韩炳兰）

## 茅坪溪防护土石坝工程

### 一、工程简介

茅坪溪防护土石坝是三峡工程的重要组成部分，与三峡大坝同属一等1级永久建筑物。茅坪溪防护土石坝工程坝址位于长江南岸、邻近三峡大坝上游茅坪溪小支流上，距茅坪溪出口3.2km。茅坪溪土石坝与三峡大坝共同拦蓄三峡库水，正常蓄水位175.0m，校核洪水位180.4m，主坝坝顶长1062m，坝顶高程为185m，设计最大坝高104m，坝顶宽度20m。在三峡大坝正常蓄水位时，拦水水头80m。茅坪溪土石坝设计开挖总量242.2万$m^3$，填筑总量1213.4万$m^3$。

茅坪溪土石坝为两面挡水坝，迎水侧与三峡大坝共同挡蓄长江之水，按Ⅶ度地震烈度设防。大坝背水侧拦茅坪溪河水，按20年一遇洪水标准设计（水位为106.4m）。

整个茅坪溪土石坝由不同区域填筑料、防渗系统、交通洞及其他临时建筑物组成。

大坝防渗系统由位于河床部位的沥青混凝土心墙、位于两岸的混凝土防渗墙、混凝土基座（包括混凝土垫座、混凝土底梁）、固结灌浆和帷幕灌浆系统组成。大坝防渗轴线总长1840m；设计总防渗面积约8.28万$m^2$，其中沥青混凝土防渗墙面积为4.63万$m^2$，混凝土防渗墙面积为3.65万$m^2$；设计固结灌浆总进尺3300m，帷幕灌浆总进尺3.19万m。茅坪溪土石坝采用碾压式沥青混凝土心墙防渗，沥青混凝土心墙高92.5m，在世界同类工程中，其坝高及填筑量均居前列。茅坪溪土石坝沥青混凝土心墙厚50～120cm，随高程渐变，心墙与混凝土基座、垫座（梁）结合部有3m高的渐变扩大段，最大宽度3m，心墙上下游分别设2m和3m宽的砂砾石毛料过渡带。

### 二、施工进度

（一）合同控制性工期

茅坪溪防护土石坝工程分两期施工，其中一期工程实施的工程项目主要为：高程140m以下坝体填筑、高程142m以下沥青混凝土心墙工程；高程185m以下混凝土防渗墙、基础帷幕灌浆及固结灌浆工程；基础廊道交通洞工程等。二期工程主要施工项目为：高程140m以上坝体填筑、高程142m以上沥青混凝土心墙工程；坝后公路；坝顶公路及大坝附属工程。

茅坪溪防护大坝第一标段土建工程于1996年1月开工，合同完工工期为2000年9月28日。第二标段工程于2001年5月8日开工，A标段坝体填筑合同完工工期为2004年12月31日，B标段沥青混凝土心墙合同完工工期为2004年6月30日。

（二）工程实际施工进度

茅坪溪防护坝的施工，在1995年12月31日前属右岸一期工程施工时段，施工结束的工程项目有：背水侧围堰、部分清基及坝体填筑、基座基础开挖和混凝土浇筑、交通洞明挖。茅坪溪防护坝第一标段工程，施工时段为1996年1月1日起，完工时间为2001年8月3日，2001年10月18日进行合同项目验收。

第二标段工程于2001年5月8日开工，到2001年底，坝体填筑迎水侧已达高程149m，背水侧达高程151.6m，沥青心墙已达高程149m，左侧库岸Ⅱ、Ⅲ区开挖基本完成；坝后公路开始施工。至2002年底，库岸干砌石施工全线达到设计高程，沥青心墙及坝壳料填筑均达到高程175.4m，坝后公路施工结束。至2003年3月25日，沥青混凝土心墙及坝体填筑达到高程180.2m。第二标段工程主要项目施工工期较之合同工期有较大的提前。

茅坪溪防护土石坝的施工进度完全可以满足三峡

工程初期蓄水的要求。

（摘自《长江三峡工程阶段验收文件汇编》）

# 三峡工程左非8号坝段上游面裂缝处理

## 一、裂缝情况概述

三峡工程左非8号坝段位于三峡两通航建筑物即升船机坝段和临时船闸坝段之间，坝基高程79.5m，坝顶高程185.0m。该坝段于1996年12月24日开始浇筑，于1998年8月15日收仓达到184.5m高程。其间，施工单位按设计要求进行了冷却、通水、养护、保温等混凝土养护措施，但在2001年冬季三峡主体工程混凝土裂缝普查中，发现该坝段上游面发生6条裂缝，其中，最长一条裂缝为5号缝，长度12.9m。发现裂缝后，施工单位首先对混凝土表面进行了全面清理，然后由测量大队沿着裂缝轨迹，每隔1m（特殊位置要加密）布一测点，最后在坐标纸上描绘出裂缝分布、走向图，并对裂缝的宽度和深度进行检查。裂缝宽度是用读数显微镜在裂缝每个测点上进行测量得到的，大多为0.1mm左右，最大为0.35mm，发生在5号缝。裂缝深度的检查，采用钻孔吹气方法，沿裂缝两侧各1m处钻倾角为45°的斜孔，然后往斜孔通压缩空气，若裂缝漏风，则沿裂缝两侧各2m处再钻倾角为45°的斜孔，再进行压气检查……依次类推，直到斜孔给气裂缝不漏风为止，从而推断出裂缝的深度范围。5号裂缝压风检查孔布置见图1，图中④孔缝深2m时仍漏风，但与其相邻的⑦孔不漏风，说明④孔测的2m缝深是局部小范围，经研究决定不再进行钻孔。

## 二、裂缝处理措施

### （一）打封闭孔

为防止裂缝进一步扩展，在裂缝两端50cm处钻取孔径为$\phi$80mm的封闭孔，孔深与裂缝深度相同，若裂缝发展到该孔时应力将会扩散，从而阻止裂缝发展。

### （二）裂缝灌浆

（1）裂缝清理。利用测深斜孔向裂缝进行压水清洗，水压为0.2～0.4MPa，压力由小到大，反复试压，直至裂缝内无混浊液流出为止。然后对裂缝进行压风，风压1.0～1.5MPa，压力由小到大，将缝内积水吹干。

（2）封闭孔回填。灌浆前，先把封闭孔清理干净，然后用预缩砂浆对封闭孔进行回填，回填时采用

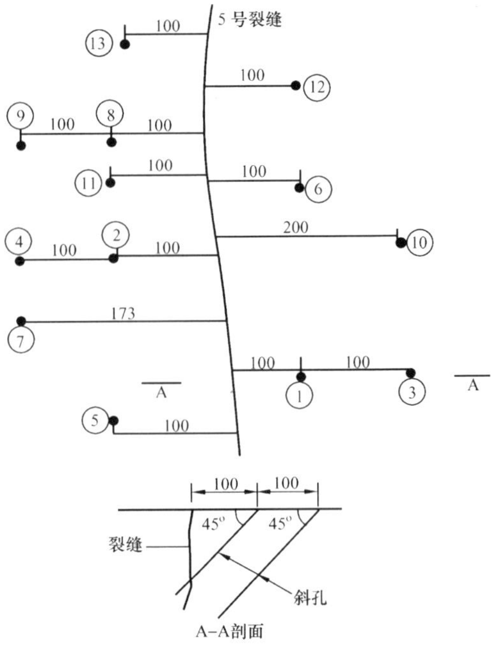


图1　5号裂缝压风检查孔布置图（单位：cm）

分层回填，每层厚2～3cm，用木柁捣实。

（3）贴嘴。用环氧胶泥骑缝粘贴裂缝口，对裂缝进行封闭，在裂缝口处每隔30cm埋设一个灌浆嘴。测深斜孔处也用环氧胶泥粘贴灌浆嘴。

（4）试气。贴嘴完成24h后进行试气，试气压力应先小后大，最后控制在0.2～0.3MPa，试气时吹尽裂缝内的尘土后，堵塞除进浆嘴以外的所有嘴子，用肥皂水或洗涤剂水冲刷封闭裂缝表面；如有漏气，需对漏气部分重新进行封闭。

（5）灌浆。因左非8号坝段裂缝最宽为0.35mm小于0.5mm，所以灌浆材料选用LPL，其性能见表1。施灌时灌浆压力控制在0.2～0.4MPa，采用自下而上依次灌浆，从下端第1个灌浆管进浆，当第2个管口出浆时，改由第1、2管口同时进浆，当第3管口出浆时，封闭第1个灌浆管，由第2、3个管口进浆，依次类推至最后的灌浆管。到最后一个灌浆管灌浆时，当吸浆量小于0.02L/min、压力为0.4MPa时，再持续灌注20min，然后扎管结束灌浆。

表1　LPL裂缝处理材料性能

| 材料 | 试验项目 | 试验方法 | 性能指标 |
|---|---|---|---|
| SR塑料止水材料 | 断裂伸长率（%） | Q/HK01-2001 | ≥850 |
| | (25±1)℃黏结延伸率（%） | | ≥800 |
| | 抗渗性（MPa） | Q/HK01-2001 | ≥800 |

续表

| 材料 | 试验项目 | 试验方法 | 性能指标 |
|---|---|---|---|
| 注射树脂 | 25℃黏度 LPS(MPa) | | ≥1.5 |
| LPL | 抗压强度（MPa） | ASTMD695-1995 | 350 |
| | 抗压弹模（GPa） | ASTMD695-1995 | ≤2.5 |
| | 抗拉弹模（GPa） | ASTMD695-1995 | ≤2.5 |

**注** 底胶、HK961腻子均为SR配套系列产品。

（三）裂缝充填粘贴

（1）凿槽。裂缝化学灌浆7d后，骑缝钻孔抽样取心，检查化学灌浆的密实性。检验合格后，则用人工将裂缝凿成宽8cm、深5cm的U形浅槽，凿槽沿裂缝两端各顺延0.5m。

（2）填贴止水材料。用高压水将U形槽冲洗干净并晾干，然后在槽内均匀涂刷两道塑料止水材料底胶，第一道底胶在常温下自然干燥1h后，再涂刷第二道底胶。第二道底胶在常温下自然干燥0.5h，或用碘钨灯烘烤至表面干燥，用手触摸不粘手时，将SR止水材料搓成细条（SR性能见表1），分层沿槽嵌填，用木榔头锤击密实，外表面与混凝土面齐平，一次嵌填高度不大于3m，填完后再在表面涂上一层底胶，并贴上隔离膜片。

在左非8号坝段上游面，沿裂缝方向上下顺延1m，将其左右各除去1m，冲洗干净、晒干，用棕毛刷均匀涂刷两道SR配套底胶，时间间隔1h，然后烘热SR材料至80～100℃，在基面上用SR局部找平，再将SR摊铺成7mm厚的SR盖片，用光滑的木棍由一端向另一端赶尽空气、粘贴密实，盖片间预留1cm宽接缝，周边用30×5角钢封闭，盖片贴完后用SR止水材料封闭接缝，并用HK961腻子涂刷整个盖片表面。

（四）浇筑混凝土保护板

在整个左非8号坝段上游坝面浇筑一层混凝土保护板，厚度25cm，左右两侧呈圆弧状，中间按8.0m左右宽度设置分缝，混凝土标号为R250，二级配。混凝土板内设锚筋及钢筋网。SR盖片范围内利用定位锥引出$\phi$25mm钢筋作为锚筋，盖片以外两侧各1.0m范围按水平50cm、上下100cm间距梅花形布置钻孔，埋设锚筋。钻孔直径42mm，孔深60cm，锚筋外露20cm，锚筋施工要按行业标准执行，并且专门进行抗拔试验验收。

## 三、结语

三峡工程左非8号坝段裂缝处理主要采取了四种措施，即打封闭孔、灌浆、填贴止水材料、浇混凝土保护板。经过施工、监理、设计、业主四方共同努力，通过专家鉴定，认为处理措施安全可行，效果良好，适用于各类水工建筑物迎水面混凝土裂缝的处理。

（中国葛洲坝集团公司　华保国）

# 三峡大坝左坝段渗流监测

## 一、概况

三峡大坝为混凝土重力坝，坝顶高程185m，最大坝高181m，大坝轴线长2335m。大坝分为三段，其中泄洪坝段居河床中部（长483m），两侧为左、右厂房坝段和非溢流坝段。坝基为震旦系闪云斜长花岗岩，区域地质构造相对稳定。为确保大坝安全，设计布置了较为完整的安全监测系统。大坝混凝土浇筑于1997年12月开始，坝基（体）的渗压计于2001年7月完成埋设，坝基排水洞和基础廊道测压管于2002年年底完成钻孔和安装，坝基排水洞和基础廊道内的排水孔在2002年4月完成，这些监测仪器及设施在完成埋设和安装后就随即开始进行观测。

左坝段即左非12号～左厂14号坝段，其渗流监测项目，包括坝基（体）渗压、坝基扬压力、坝基渗流量和水质分析等内容。

## 二、监测仪器布置及埋设

1. 渗压计　渗压计监测主要布置4个监测断面，即左非18号坝段和左厂3、9、14号坝段。60支渗压计分别布设于坝基、坝体混凝土浇筑缝和混凝土浇筑块体内，以了解坝基的扬压力、混凝土浇筑缝间及混凝土浇筑块内的渗透水压力。

2. 测压管　测压管布设于左非12号～左厂14号坝段基础廊道以及坝基1、2号排水洞，总计92个，其中基础廊道62个，坝基1号排水洞上游段8个，坝基2号排水洞22个，以了解坝基扬压力及其变化。帷幕前测压管钻孔顶角倾向上游15°，帷幕后测压管钻孔顶角倾向下游15°，其他测压管钻孔均为垂直孔。孔深多为5～10m，最深12.4m。

3. 排水孔　为降低坝基扬压力，增强坝基的稳定性，设计采用了封闭式抽排水方案，利用布置在基础廊道内防渗帷幕灌浆（上游）和封闭帷幕灌浆（下游）形成封闭幕体，在其内布设排水孔。另外还在大坝基础1、2号排水洞也相应布设排水孔，以削减坝基底部所受的扬压力，达到坝基安全稳定运行的目的。排水孔分布于左非12号～左厂14号坝段基础廊道、排水廊道和坝基1、2号排水洞，总计1000余个。排水孔孔斜多为15°顶角，孔深一般为数十米，最深达80余米。

## 三、监测成果及分析

（一）三峡坝区水位

三峡坝区2002年4月至2003年9月的上下游水位见图1。由图1可见，自2002年5月上游围堰破堰进水，到2003年6月10日大坝蓄水至135m高程，上下游水位差超过60m。由于坝前水位的变化，致使大坝坝体和基础的渗流工况发生了较大的变化。

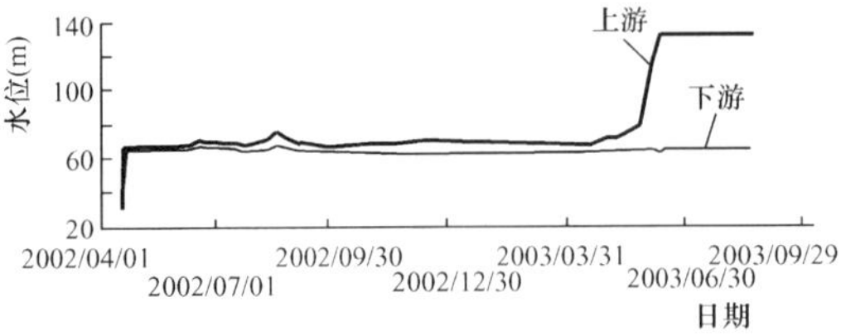


图1　坝区上下游水位—时间过程曲线

（二）坝基（体）渗透水压力

1. 坝基渗透水压力　为了解坝基渗透水压力，在左厂3号和左厂9号两个坝段的坝基各布置了4支渗压计。监测结果表明，大坝蓄水后坝基渗压最大值位于坝基上游测点（左厂9号坝段上游帷幕前距坝体上游面0.3m处的P01CF09），为－0.8447MPa；其次处于下游坝基测点（左厂9号坝段下游帷幕前的P04CF09），为－0.2543MPa。这两点换算成水头均接近于坝前、后水位。而处于上、下游帷幕后的测点渗压则相对较小，为－0.0451～－0.0849MPa。帷幕后测点渗压远小于幕前，说明防渗帷幕效果良好。图2为左厂9号坝段上下游帷幕前后测点渗压时间过程曲线。由图2可见，由于围堰破堰进水，上游帷幕前P01CF09测点渗压增幅（－0.2317MPa）为帷幕后P02CF09测点增幅（－0.0419MPa）的5倍之多；大坝蓄水至高程135m以后，帷幕前后测点渗压相差达10倍左右。下游侧由于围堰破堰进水，帷幕前P04CF09测点渗压增幅（－0.2694MPa）为帷幕后P03CF09测点（－0.0397MPa）增幅的6倍之多。

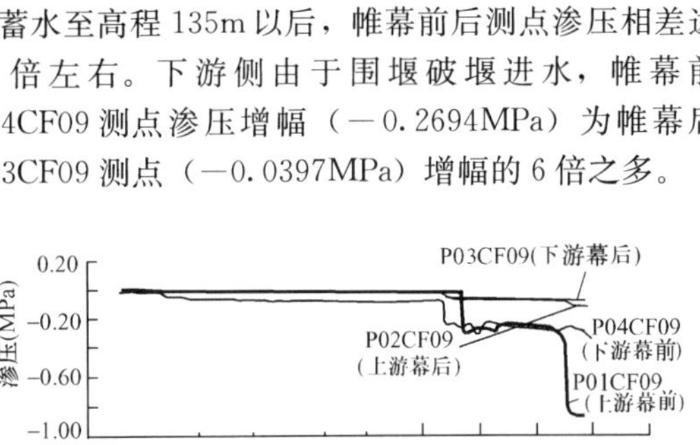


图2　左厂9号坝段上下游帷幕前后测点渗压时间过程曲线

2. 坝体混凝土水平浇筑施工缝间渗透水压力　大坝施工中，由于混凝土分层浇筑，其水平施工缝在大坝建成运行后有可能会形成渗流通道，对大坝安全造成威胁。为了解混凝土水平浇筑缝间的渗透水压力，在左非18号、左厂3号、左厂9号、左厂14号坝段总计埋设了8层（组）47支渗压计。各层渗压计均自紧靠上游面向下游由密逐渐变疏布置，其中紧靠上游面的一支渗压计距坝面仅有20cm。监测结果表明，大坝蓄水后，混凝土水平浇筑缝间渗压除个别点偏大外，一般不大，大多在0.07MPa以下。另外，缝间渗压自上游至下游方向分布有些差异，但规律不明显，其原因可能与上覆混凝土厚度和浇筑质量的不均一性有关。

3. 坝体混凝土块体内渗透水压力　为了解浇筑块混凝土抗渗性能及其渗透坡降，在左非18号坝段甲块107.5m高程混凝土浇筑块内，埋设了一层P07ZF18～P11ZF18共5支渗压计。观测结果表明，混凝土浇筑块内渗透水压力较小，均在0.0183MPa以下，且各测点之间相差不大，大坝蓄水至135m高程时，其渗透水压力变化也无明显影响。

（三）坝基扬压力

坝基1号排水洞测压管均位于上游段，测压管水位基本均在管口以下，为65.22～75.21m，总体变化不大，升、降幅一般为1m以下。

坝基2号排水洞测压管水位为26.02～54.23m，总体呈上升趋势，其中下游段的H27CF和H30CF两测压管水位升幅为7～10m左右，其他测压管升幅较小。1号和2号排水洞底板高程与多数测压管水位高程相差不大，说明洞内排水效果比较明显。

基础廊道测压管水位在上下游围堰破堰进水后，上游坝基扬压力有50%升幅在2.0m以下，最高为9.64m（H01CF09）；下游则有50%在4m以上，最高为18.71m（H01CF12）。大坝蓄水至高程135m水位后，基础廊道测压管水位普遍上升，管口涌水增多，扬压力增大。其中上游廊道帷幕前H01ZF18、H01CF02、H01CF03、H01CF04、H01CF05和H01CP06测压管水位均超过120m高程。这些测压管距坝面距离为10m左右，说明测压管附近岩体与上游基础岩体裂隙连通性较好，上游库区蓄水对测压管水位影响比较敏感。下游帷幕前测压管水位也出现涌水压力，但测压管水位不超过46m，低于下游水位20m左右。上游廊道帷幕后测压管水位分布略有差异，但大多在管口以下，测压管涌水压力一般不超过0.092MPa，排水幕上扬压力折减系数均在0.21以下，小于设计允许值0.25。下游幕后测压管水位与管口高程相当，其排水幕上扬压力折减系数均在0.16以下，小于设计允许值0.50。图3为左厂9号坝段测压管水位分布曲线，由图3可以看出，上下游灌浆帷幕防渗效果明显。

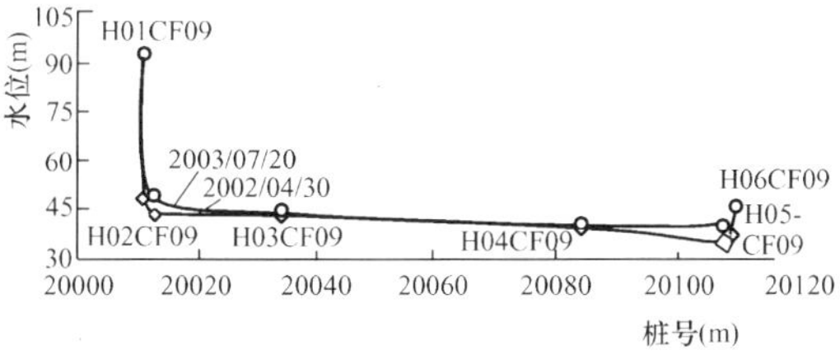


图3　左厂9号坝段测压管水位分布曲线

（四）坝基渗流量

上下游围堰破堰进水后，随着库水位的不断升高，其出水排水孔数量和排水孔总渗流量均明显增加，出水排水孔数量的增加速率与渗流总量的增加速率大体相当。尤其是在2003年6月11日库水位蓄至135m高程后，出水排水孔数量和排水孔总渗流量较蓄水前增加了近一倍左右，为661个，占排水孔总数的66%，最大渗流总量为403.74L/min，最大单孔渗流量为12.0L/min（左厂13号和左厂14号坝段上游主排水孔）。图4为排水孔总渗流量（出水排水孔总数）时间过程曲线。

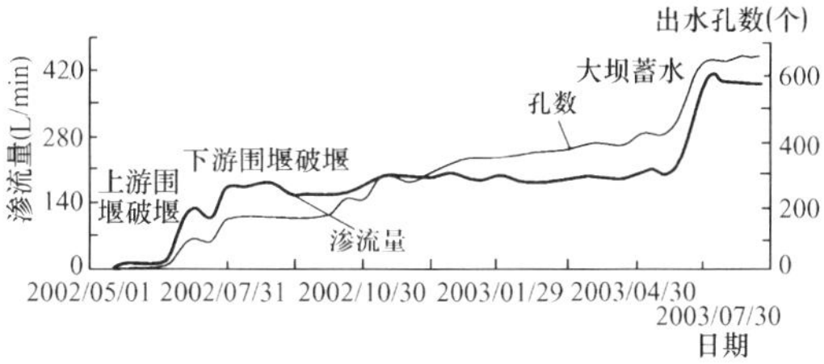


图4　排水孔总渗流量（排水孔总数）时间过程曲线

## 四、结语

（1）上、下游帷幕前测点反映坝基水位和扬压力大多接近坝前、坝后水位，这是正常的。

（2）上、下游基础廊道帷幕后，排水幕处扬压力折减系数分别为0.21和0.16以下，均小于设计值（上游设计值为0.25，下游设计值为0.50），说明坝基扬压力不大，满足设计要求。

（3）坝体混凝土水平浇筑缝间渗压除个别测点外大多不大，而混凝土块体内渗压较小，说明缝间结合及混凝土密实度较好。

（4）坝基渗流量随着围堰破堰进水和大坝蓄水、库水位陆续抬高而明显增加，最大渗流总量为418.79L/min（2003年6月19日测值），单孔最大渗流量为12L/min。

综上所述，三峡大坝左厂（非）坝段坝基坝体渗流工况正常，有利于大坝抗滑稳定。

（中国水利水电科学研究院
袁培进　吴铭江　姜云辉　陈　卓　李作成）

## 三峡围堰发电期的运行调度技术

按照三峡工程施工进度安排，2003年6月中旬至2007年9月为围堰发电期。三峡围堰发电期是三峡工程建设进程中承上启下的重要过渡期，其运行实践对工程达到最终规模并获得预期效益具有重要的意义。

围堰发电期主要利用围堰挡水。三期碾压混凝土围堰堰顶高程为140m，设计洪水标准为20年一遇，保堰洪水标准为100年一遇；汛期泄洪主要靠22个导流底孔、23个泄洪深孔和3个排沙孔宣泄。三峡围堰发电期，水库无调节库容，电站为径流式发电；葛洲坝水利枢纽作为反调节梯级，和三峡水利枢纽联合运用。为确保三峡和葛洲坝工程在围堰发电期安全运行并发挥最大的综合效益，对有关泄洪设施运用调度方式、三期围堰安全度汛方案、梯级发电调度方式、航运调度及船闸运行方式等四个方面的问题进行了较全面的分析研究，提出了如下方案和措施。

（一）三峡围堰发电期泄洪设施运用调度方式

（1）各种泄洪设施均采用逐个启闭方式调节下泄流量，一般不宜也不需采用局部开启闸门的方式调节下泄流量，只能根据防洪调度所要求的下泄流量确定泄洪设施开启运用相应的孔数。

（2）水库蓄水期间，关闭全部深孔，由导流底孔控制下泄平均流量4000$m^3/s$。随水库水位上升，可根据上升的库水位按表1确定导流底孔的运用孔数，逐个关闭导流底孔直至库水位上升至135m。

表1　三峡蓄水期导流底孔调度运用推荐方案

| 库水位（m） | 底孔开启孔数 | 下泄流量（$m^3/s$） | 相应葛洲坝库水位（m） |
|---|---|---|---|
| 68.5～68.9～69.5 | 12 | 3560～4000～4560 | 66.50～66.46～66.50 |
| 69.5～69.7～70.0 | 10 | 3820～4000～4190 | 66.50～66.48～66.50 |
| 70.0～70.4～71.0 | 9 | 3770～4000～4340 | 66.50～66.48～66.50 |
| 71.0～71.3～72.0 | 8 | 3860～4000～4270 | 66.50～66.48～66.50 |

续表

| 库水位（m） | 底孔开启孔数 | 下泄流量（$m^3/s$） | 相应葛洲坝库水位（m） |
|---|---|---|---|
| 72.0～72.8～74.0 | 7 | 3730～4000～4290 | 66.50～66.47～66.50 |
| 74.0～75.6～78.0 | 6 | 3670～4000～4390 | 66.50～66.42～66.50 |
| 78.0～80.9～84.0 | 5 | 3650～4000～4360 | 66.50～66.26～66.50 |
| 84.0～90.5～105.0 | 4 | 3480～4000～4980 | 66.50～66.50～66.50 |
| 105.0～111.3～135.0 | 3 | 3270～4000～4910 | 66.50～66.50～66.50 |

（3）围堰挡水发电期间，各种泄洪设施开启运用的次序是：首先由电站投产机组过流；投产机组满发泄量不足时，开启深孔泄洪；深孔全部开启泄量仍不足时，方开启导流底孔泄洪。排沙孔根据厂前排沙或尾水渠改善流态等需要，必要时开启参与泄洪。

深孔原则上由中间向两侧均匀间隔对称开启运用。左、右两侧对称孔开启运用的次序可以互换，如有一孔发生事故受阻，其余孔次序不变，修复后尽快恢复原次序，关闭次序与开启次序相反。导流底孔原则上由两侧向中间均匀间隔对称开启运用，并尽早开启两侧各 3 个边孔，关闭次序与开启次序相反。

（二）三峡围堰发电期三期围堰安全度汛方案

（1）2003 年汛期是枢纽泄流能力最小的汛期，水库静库容调洪结果表明，遇 1981 年最恶劣典型 1%频率洪水，需采取措施防止洪水漫堰。由于 1981 年型洪水为上游地区性暴雨形成，洪峰形状尖瘦，涨势陡急，洪峰前段来水较小，依据上游入库站做出 4～5 天准确预报的可能性较大。因此，在 2003 年汛期如遇此洪水，有条件提前将库区水位预泄至 133m，在洪水来临时按枢纽泄洪建筑物泄流能力敞泄，水库蓄洪最高水位为 139.5m，可满足洪水低于堰顶高程 140m。

（2）经过多方面的论证后，2003 年 11 月 5 日 13 时三峡水库水位升至 139m。2004～2006 年汛期，随着左岸电站投产机组的逐年增加，枢纽总泄流能力逐年有所提高，即使在 135m 水位以上进行适量的防洪超蓄后再敞泄洪水仍可保证库水位低于保堰水位 139.8m，遭遇各种典型保堰标准洪水，水库蓄洪最高水位均低于堰顶高程。

（三）三峡—葛洲坝梯级在围堰发电期的发电调度方式

（1）经分析，围堰发电期天然来水量大于电站过机能力的时间约占 2/3。这种状态下，航运的水流条件主要受天然状态控制，三峡电站若参加调峰运行亦为弃水调峰，一般不影响航运条件。在三峡日平均流量 6000、8000、10000$m^3/s$ 条件下，三峡电站日调峰幅度在 360 万、480 万、600 万 kW 时，通过葛洲坝电站反调节，可以控制两坝间水位日变幅及水位小时变幅均小于规定允许值，最大流速和对应水面比降组合关系满足现行船队通航水流标准，同时葛洲坝下游宜昌河段水流条件亦满足航运要求。

（2）在水库的实时调度运用中，考虑泄洪设施启闭时效、水情预报误差及电站日调节需要等因素，允许水库水位在 134.9～135.4m 范围内变动。当实施防洪调度应急预案时，根据需要库水位可短时适当超过这个范围。

（3）按装机进程，2003～2006 年三峡电站年末装机容量为 280 万～980 万 kW，相应的机组总过流能力为 3500～12300$m^3/s$。按表 2 的建议调峰幅度方案，所需日调节库容不超过 1.1 亿 $m^3$，相应库水位变动在允许范围内。

表 2 建议调峰幅度 万 kW

| 装机台数 | 预想出力 | 日平均流量（$m^3/s$） | | | | | | | | | | |
|---|---|---|---|---|---|---|---|---|---|---|---|---|
| | | 4000 | 5000 | 6000 | 7000 | 8000 | 9000 | 10000 | 11000 | 12000 | 13000 | 14000 |
| 5 | 268 | 60 | | | | | | | | | | |
| 6 | 322 | 160 | 50 | | | | | | | | | |
| 7 | 375 | 180 | 160 | 40 | | | | | | | | |
| 8 | 429 | 210 | 210 | 150 | 30 | | | | | | | |
| 9 | 483 | 240 | 240 | 240 | 140 | 20 | | | | | | |
| 10 | 536 | 240 | 260 | 260 | 250 | 130 | 10 | | | | | |
| 11 | 590 | 240 | 290 | 290 | 290 | 240 | 120 | | | | | |
| 12 | 643 | 240 | 300 | 320 | 320 | 320 | 220 | 100 | | | | |
| 13 | 697 | 240 | 300 | 340 | 340 | 340 | 340 | 210 | 90 | | | |
| 14 | 751 | 240 | 300 | 360 | 370 | 370 | 370 | 320 | 200 | 80 | | |
| 15 | 804 | 240 | 300 | 360 | 400 | 400 | 400 | 400 | 310 | 190 | 70 | |
| 16 | 858 | 240 | 300 | 360 | 420 | 420 | 420 | 420 | 420 | 300 | 180 | 60 |

（4）围堰发电期三峡电站有条件承担一定的调峰任务，但其调峰幅度随装机进度逐步增加。电站调峰对下游产生的非恒定流波动，主要发生在枯水期天然来水量小于电站过机流量的时段。此时，葛洲坝水库应按反调节方式进行调度，以保证航运安全。通过日调节非恒定流计算，推荐的三峡电站调峰运行方案，经葛洲坝水库反调节，两坝间及葛洲坝下游的水流条件可满足航运方面提出的基本要求。

（四）三峡—葛洲坝在围堰发电期的航运调度和船闸运行方式

（1）围堰发电期过坝最大船队暂按现行最大通航3000t级船队运行，取得经验后船队吨级可适当加大，但船队需适应航槽有效宽度和枯水期吃水深度的要求。

（2）围堰发电期，为适应上、下游水位变动形成不同水位组合，使船闸充泄水水头差和闸室最高水位不超过设计值，并使操作程序基本固定和有利于满足其他运行条件，船闸采用4级运行，即第1闸室为航槽，不能停留或停靠船舶（队），以保正常运行和安全。当采用主辅水廊道联合泄水时，停泊在第5闸室内的小船应避免靠近辅助泄水廊道取水口停泊。为进一步改善下游引航道的通航水流条件和第5闸室船舶（队）停泊条件，简化输水廊道阀门操作程序，第5闸室泄水采用全部外泄为主、联合泄水为辅的泄水方式。

（3）因双线船闸并列布置，同时充泄水时流量大，应错开充泄水避免双线同时进行，以减小引航道内的流速、系缆力和水位波动值等。一线船闸充泄水时，船舶（队）可正常进出另一线不充泄水船闸，但驾驶要充分注意充泄水造成的斜流、回流的不利影响。对正在上游取水的船闸，需待该线船闸充水结束和人字门开启后船舶（队）才能进入第1闸首和第1闸室，以免船舶发生擦底现象。

（4）若葛洲坝枯季下游水位下切，宜昌站最小通航流量3200m³/s，实测枯水位低于38.0m，船闸优化调度是首先应采取的措施。通过水库调度补偿航运流量是增加葛洲坝枢纽下游枯期水深的有效措施。围堰发电的前两年，以实施船闸优化调度为主；后期为满足下游通航补偿的要求，依据围堰实际运行观测与论证情况，在保证围堰安全运行的前提下，确保枯水期蓄水位抬高至135.4m以上调度。

（5）葛洲坝航道采用静水通航、动水冲沙，辅以机械清淤的防淤措施是十分成功的，围堰发电期应继续实施。

（中国长江三峡工程开发总公司　戴会超　何文社）

## 三峡工程135m水位下闸蓄水

经国务院三峡工程建设委员会第十二次全体会议审议批准，三峡枢纽工程于2003年6月1日正式下闸蓄水。6月1日上午8时40分，三峡总公司领导陆佑楣、李永安等进入梯调中心调度室，陆佑楣总经理向现场的工作人员和记者宣布了国务院三峡工程建设委员会关于批准三峡工程6月1日正式下闸蓄水的决定，听取了有关方面负责人关于下闸蓄水各项准备工作完成情况的报告。在确定都已准备就绪后，9时许，陆佑楣宣布了三峡135m水位下闸蓄水的命令。根据此命令，值班人员按下剩余需关闭的导流底孔闸门控制键，闸门缓缓下降，世界瞩目的三峡工程正式下闸蓄水。此时水库坝前水位由106.15m高程开始上升，10时54分水位达106.40m。

按蓄水计划，6月15日前水库水位要蓄至135m高程。为了保证下游航运、发电、生产生活用水，蓄水期间还须保持至少3410m³/s的下泄流量。鉴于2003年长江上游水量偏枯，为争取提前蓄至目标水位，必须控制好下泄流量；同时遇上游下雨、洪水来时，又要控制水库水位上涨速度不超过每天5m，以保证库区航运设施和护坡安全。经精心调度控制，三峡水库于6月10日22时蓄水至135m。以下是各日水库坝前水位、出入库流量及回水情况。

6月1日9时，三峡水库起蓄水位106.15m，入库流量为12000m³/s，出库流量为5040m³/s。水库回水末端位置在万州上游约30km，距大坝约310km。20时，三峡水库水位108.16m，达到左岸机组进水口高程108.0m。

6月2日8时，三峡水库水位109.97m，入库流量为12000m³/s，出库流量为3580m³/s。水库回水末端位置在著名风景区石宝寨附近，距大坝约340km。

6月3日8时，三峡水库水位113.16m，入库流量为11700m³/s，出库流量为3630m³/s。水库回水末端位置在忠县附近，距大坝约365km。

6月4日8时，三峡水库水位115.72m，入库流量为11500m³/s，出库流量为3680m³/s。水库回水末端位置在忠县上游约20km，距大坝约385km。

6月5日8时，三峡水库水位117.81m，入库流量为11500m³/s，出库流量为3600m³/s。水库回水末端位置在忠县附近，距大坝约400km。位于奉节的每个字宽4.5m、高4.35m的夔门石刻“夔门天下雄，舰机轻轻过”被淹没了一大半。

6月6日8时，三峡水库水位120.48m，入库流量为 12300$m^3$/s，出库流量为 3530$m^3$/s。水库回水末端位置在著名的风景区丰都鬼城附近，距大坝约 425km。位于奉节的夔门石刻“夔门天下雄，舰机轻轻过”被全部淹没。

6月7日8时，三峡水库水位 123.81m，入库流量为 13000$m^3$/s，出库流量为 3550$m^3$/s。水库回水末端位置在丰都上游，距大坝约 450km。

6月8日8时，三峡水库水位 127.08m，入库流量为 13500$m^3$/s，出库流量为 3560$m^3$/s。水库回水末端位置在清溪场附近，距大坝约 470km。

6月9日8时，三峡水库水位 130.71m，入库流量为 17000$m^3$/s，出库流量为 3560$m^3$/s。水库回水末端位置在涪陵附近，距大坝约 485km。9时，三峡水库水位 131m，三峡双线五级船闸第1级闸室（底坎高程为 131m）开始进水。

6月10日8时，三峡水库水位 133.74m，入库流量为 16500$m^3$/s，出库流量为 3550$m^3$/s。22时，三峡水库水位达到蓄水的目标水位 135m，入库流量为 16500$m^3$/s，出库流量为 8510$m^3$/s。水库水位 135m 回水末端位置在涪陵上游，距大坝约 500km。

（本年鉴编辑部摘自《中国三峡建设》）

## 三峡水库非汛期蓄水至 139m 水位

经国务院批准，三峡水库 2003 年 6 月成功实现 135m 初期蓄水目标，三峡工程开始发挥防洪、发电、航运三大效益。11月5日，又开始了第二次蓄水，水库水位达到 139m，更有利于三大效益的发挥，其中航运效益尤为突出。

### 一、139m 水位的由来

三峡水库 2003 年 6 月开始围堰发电期蓄水运用，由于水库下泄水流含沙量减少，会引起葛洲坝枢纽下游河床一定程度的冲刷下切。在国务院三峡工程建设委员会批准的《三峡（围堰发电期）—葛洲坝水利枢纽梯级调度规程》（以下简称《梯级调度规程》）第 6.4.3 条中明确规定：“若出现整个葛洲坝枢纽不能满足船舶航行水深要求时，可由航运调度管理单位提出，经调度协调小组决定，在保证三峡围堰安全的前提下，中国三峡总公司梯调中心实施水库补偿航运流量调度预案，以增加葛洲坝枢纽下游枯水期航道水深。”

为此，2003 年年初，中国三峡总公司、长江委设计院开始对 139m 蓄水位所涉及的枢纽建筑物、库区移民及基础设施等开展全面的调查和可行性研究分析。三峡总公司于 8 月向国务院三峡建委正式提出“关于三峡水库枯水期提高蓄水位至 139m 运行的请示”。9月5日，国务院三峡工程建设委员会第十三次全体会议原则同意三峡工程围堰挡水期汛后将水位提高到 139m 运行。10月28日，在枢纽建筑物及库区相关项目准备就绪，经有关部门验收合格后，由国务院正式批准实施 139m 蓄水方案。

### 二、围堰发电期葛洲坝坝下游航运问题

#### （一）三峡水库蓄水前葛洲坝坝下枯水期水位

葛洲坝枢纽有大江、三江两条航线，大江引航道底板高程 33.5m，三江引航道底板高程 34.5m。在原设计条件下，流量 3200$m^3$/s 时水位为 39.0m，与此相应的枯季引航道水深大江为 5.5m，三江为 4.5m，比坝上川江航道和坝下中游航道的枯期水深 2.9m 和 3.2m 都要大得多，有利于船舶过坝通航。

1981 年葛洲坝枢纽蓄水运用以来，由于清水下泄和坝下游采砂等多方面的原因，坝下河道受到冲刷；20 世纪 90 年代以来，近坝的宜昌河段河床现已基本冲淤平衡，河道冲刷带来河床下切，枯水期同流量的水位有所降低。

根据葛洲坝枢纽运行单位近年来的观测结果，枯水期水位较设计值有所下降。以 1993 年为典型代表年，即宜昌站流量 3200$m^3$/s 时相应水位为 38.04m，比 1973 年设计线同流量水位下降约 1m。从近几年特枯水期观测的情况来看，水位存在下降的趋势，如宜昌站 1998 年年初枯水期出现特枯流量 2900$m^3$/s 时，相应水位为 37.94m；2003 年 2 月 9 日出现特枯流量 2960$m^3$/s 时，相应水位为 37.71m，均较设计值降低 1m 左右。

#### （二）围堰发电期葛洲坝坝下水位下降预测

三峡工程运用初期葛洲坝下游河道冲淤变化的研究结果表明，三峡水库运用后，下游河道将经历“冲刷—平衡—回淤”的发展过程。在初期因河床冲刷，葛洲坝近坝段沿程枯水位受影响较大。随着时间的推移，冲刷继续向其下游发展，当下游发生大量冲刷，河床下切，下游水位相应降低，造成宜昌站中低水时的水位继续下降。根据泥沙方面的有关研究，初步估计下切值为 0.1～0.4m。三峡水库围堰发电期，对应流量为 3200$m^3$/s 时，按可能的最大水位值计，宜昌站水位为 37.64m，比 1993 年低约 0.4m。

#### （三）水位下降对枢纽通航影响

葛洲坝下游河道冲刷引起宜昌枯水位下降对航道水深和船舶过坝的影响，主要是大江、三江下引航道与船闸的槛上水深的减少将降低各船闸允许通过的船舶吃水深度。三峡水库蓄水前，葛洲坝坝下通航的水深条件已较设计值下降了 1m，虽至今尚未出现过闸

船舶受阻现象，但特枯期的运行条件已趋临界状态。三江航道枯水期已限制吃水深度在2.6m以上的大型船舶的正常运行。

葛洲坝至荆江河段，在2003年2月局部河段已发生碍航的事件。三峡水库蓄水后，葛洲坝坝下将会发生新一轮的冲刷，水位下降将给枯水期通航带来困难，如果遭遇与以往同样的特枯流量，碍航情况将进一步恶化。

三峡工程到初期运行期，水库正常蓄水位156m，由于有87.8亿$m^3$调节库容，枯水期日平均下泄流量可达5130$m^3/s$，可较好解决葛洲坝下游枯水期航深不足的问题。而围堰期三峡水库若维持在135m水位运行，水库无调节能力，枯水期不能增加下泄流量，如遇特枯水量则势必影响葛洲坝下游的航运。若要保证航运畅通，必须在汛后适度蓄水以增加枯水期下泄流量。

三、三峡139m水位蓄水及调度原则

当葛洲坝下游河床下切水位下降，在宜昌站实测枯水位低于38.0m时，航运调度管理单位应实施葛洲坝船闸优化调度预案，加强引航道的清淤工作和船舶过闸管理，尽可能保证船舶的过坝。同时，三峡总公司梯调中心实施枯水期航运补偿航运流量调度，其原则和方式为：

（1）水库汛后开始蓄水时间为10月上旬，10月10日不超过137.0m，10月中旬允许蓄至139.0m。蓄水期间应保证葛洲坝最小下泄流量不低于7000$m^3/s$（2003年由于情况特殊，汛后蓄水难以保证葛洲坝最小下泄流量不低于7000$m^3/s$）。次年5月10日开始降低库水位，并应均匀下泄，避免对下游防洪和航运造成压力，5月底以前需降至135.0m。

（2）枯水期当宜昌站水位低于38.0m时，动用水库库容进行补偿调度，使宜昌站在不低于38.0m水位下运行。

（中国长江三峡工程开发总公司　冯正鹏）

# 三峡永久船闸通航

## 三峡永久船闸工程概况

三峡工程是开发和治理长江的骨干工程，具有巨大的防洪、发电、航运等综合效益。

三峡工程船闸是主要通航建筑物，布置在枢纽左岸坛子岭左侧，其线路地质条件好，距枢纽泄水建筑物较远，泄洪水流、发电尾水和水雾对通航影响较小，有利于布置引航道和口门区，能满足过坝船队安全通过的要求。船闸采用双线连续五级，设计单向（下水）年通过能力为5000万t。

船闸闸室有效尺寸为280m×34m×5m（长×宽×槛上最小水深），可通过万吨级船队。

船闸工程包括上游引航道工程、船闸主体段工程、下游引航道工程、输水系统工程、山体排水系统工程及金属结构、机械设备、电气设备、集控系统和消防设备等，沿航线方向从上游引航道口门至下游引航道口门总长6442m。

三峡工程为一等工程，船闸级别为1级。其中，闸首、闸室、输水廊道等主要建筑物为1级建筑物；进水和泄水箱涵、导航墙、靠船墩等为2级建筑物；引航道隔流堤及其他附属建筑物为3级建筑物。

船闸主体段闸首和闸室分南、北两线，均在山体岩石中深切开挖修建，中心线相距94m，中间为57m的岩体隔墩（衬砌后为60m）。每线船闸主体段由6个闸首和5个闸室组成，总长1621m。每个闸室平面有效尺寸280m×34m（长×宽）。

输水系统由上游进水箱涵、主输水廊道、分流口及闸室输水廊道、辅助泄水廊道、下游泄水箱涵等组成。主输水廊道分别在闸室两侧岩体中开挖衬砌形成，共计3线4条主洞，主体段单线廊道总长1733m。

每线船闸自上游至下游依次布置有第1闸首事故检修闸门、叠梁门及设在横向高架轨道梁上的桥式启闭机，第1至第6闸首人字门及液压启闭机，第6闸首浮式检修闸门。输水廊道依次布置有进水口拦污栅、各级闸室输水廊道工作阀门及液压启闭机、阀门上下游检修闸门、第6闸首辅助泄水廊道工作阀门及液压启闭机和上游检修闸门，以及操作控制各闸、阀门液压启闭机的电气设备、监控系统等。船闸设有消防设备和消防报警系统。

船闸上、下游引航道与升船机共用。上游引航道全长2113m，底部高程130m，底宽180m，上口门底宽220m。上游引航道设有辅导墙、浮式导航堤、靠船墩、进水箱涵和隔流堤等水工建筑物。上游全包隔流堤堤顶高程150m，堤身结构分为土石堤身段和坝前混凝土直立墙连接段两部分，堤顶轴线总长2680m。

下游引航道全长2708m，底部高程56.5m，底宽180～220m。下游引航道设有辅导墙、墩板式导航墙、靠船墩、泄水箱涵和隔流堤等水工建筑物。

山体排水系统由船闸南、北边坡山体内顺船闸轴线方向自下而上各7层排水洞及排水孔幕组成，排水主洞总长10917m。

（本年鉴编辑部摘自《长江三峡二期工程船闸试通航验收报告》）

## 三峡永久船闸人字门安装

三峡永久船闸人字门是世界上最大的人字门，单扇门高38.5m、宽20.2m、高3.04m，门重838.1t；最大运输单元尺寸为20.2m×3.0m×5.1m（长×宽×高），重93t，其现场安装的难度史无前例。人字门安装的大致程序为：安装前测量放点→埋件安装→门体运输吊装→拼焊→顶枢安装→背拉杆安装→其他附件安装等。下面以北线一闸首人字门安装为例，对安装中的重点、难点作简要介绍。

（一）人字门安装的测量控制

1. 测量基准的选择　测量基准的选择要考虑施工的实际情况。北线一闸首人字门，由于顶枢拉架的预应力锚杆在一期混凝土施工中预先埋设，顶枢旋转中心已确定，安装用控制网点要以此为基准。

2. 建立施工控制网　平面网的布设采用了同时顾及精度和可靠性标准的机助模拟化设计方法，经过多种方案的比较选取了控制范围恰当、结构简化、工作量小的优化方案。高程网的布设是根据船闸的结构特点及业主所提供高程点的实际情况，分别在闸顶（高程185m）和门龛底板（高程138m）布设二等水准路线。

3. 设置安装基准点　人字门安装的基准点主要有人字门底枢旋转中心和埋件枕座上的支承中心。由于受现场地形条件的限制，不能直接从控制网点测放，采取了垂准测量方法进行设置。为了控制底枢座板的安装方位及门轴线的方位，还需在闸首底板上左右合力线与门轴线的交点位置增设两个基准点。

（二）人字门安装位置优化

一闸首底板在高程131m，门龛底板在高程138m，人字门底枢蘑菇头安装在高程139.172m；人字门安装位置原定为与水流方向成12°夹角，上游侧有340mm伸出安装支承板外。由于初期运行水位较低，中部30m的底槛暂时不浇，安装时需在高程131～138m间搭设一7m高的承重钢支墩。其设计、制作、安装、加固，需要费用和工期，并直接关系到人员及设备的安全。此外，安装位置夹角大，门体与闸墙间距就大，安装时加固难度也大。为解决这些问题，经现场勘测比较，把安装位置的角度改为9.8°。这样，人字门上游侧安装劲板中心离高程138m门龛底板边缘有688mm，既可省去搭设钢支墩，又能缩短加固长度，增加直立拼装可靠性。采用9.8°的安装位置，只有一节门叶吊装要采取适当措施，没有其他不利的影响。人字门安装位置从12°改为9.8°，优化了安装条件。

（三）人字门运输与吊装

一闸首人字门每扇分为12节，最重为底节93t，加上吊具重量达到98t；最大运输尺寸为门叶的第10、11节，尺寸为20.2m×3.0m×5.1m。而一闸首闸室从门顶到闸室底板高差46.5m，要保证吊装安全及可靠性，必须充分考虑吊装方案及起重机工况。

一闸首人字门门叶在堆场用150t履带吊装车，用100t平板挂车运输。运至高程131.0m闸室底板上后，由272t履带吊卸车。卸车后由272t履带吊配150t履带吊在空中将门叶翻身90°呈直立状态，而后由272t履带吊吊装就位。门叶在翻转90°后落地换钩前，应用道木垫平，使其不会倾倒。底节翻转90°后，因一端有底枢顶盖达4.445t，使门体重心偏移，需用2组32t滑轮组配10t倒链调平。

（四）人字门拼焊变形控制

每扇门体由12节组成，有11条工地安装焊缝，每条焊缝总长约78m。由于门叶在厚度方向的不对称，焊接接头型式多，极容易引起门叶焊接收缩的不均匀，产生门体的焊接变形。而这样大的门叶，不可能也不允许用外力来约束其焊接变形，必须采取变形控制措施。

控制措施如下：

1. 在门段拼装中预留反变形　对于门体焊后向上游倾倒及沿厚度方向的角变形，可通过在门段拼装中预留反变形来加以解决或减小变形值。如在门叶拼装时，使门叶向下游（背面）方向略作倾斜，即留一定数值的反变形，以期能抵消面板焊接时的焊缝横向收缩。在点固焊和正式焊接时，先将下游面隔板后翼与主梁后翼缘的对接缝焊好，以期面板焊接之前能尽可能增大门叶刚度。根据以往经验，反变形数值一般为拼装门段高度的0.8‰～1.0‰，即3m高的门段反变形数值在2～3mm之间。

2. 采用正确的焊接顺序及合理的焊接工艺　人字门焊接顺序如图1所示，即：端板内缝①→端板外侧②→受力劲板③→端隔板④→端柱上下游翼板⑤→隔板后翼缘⑥→中间隔板下游半宽⑦→中间隔板上游半宽⑧→面板外侧⑨→面板内侧与主梁翼板贴角焊⑩。

在施焊过程中，根据焊接工艺评定结果及工艺要求，对焊前需预热的焊缝应按评定的加热温度和加热方法进行加热，预热温度由专人测控。焊接开始后要连续焊接至完成。焊接时采用多层、多道、对称、分段、退步的方法进行。对接缝一面焊接封底后，另一面清根封底，而后再双面焊满。每层缝厚度要求小于6mm，层间接头错开300mm以上（端板除外）。各对称焊的焊接线能量以及焊工在焊接速度和电源大小上应尽可能一致，且必须控制焊接层间温度，以提高焊缝内在质量。如因各种原因停止焊接，则需对要求预热的焊缝进行保温，由专人负责测控保温温度。

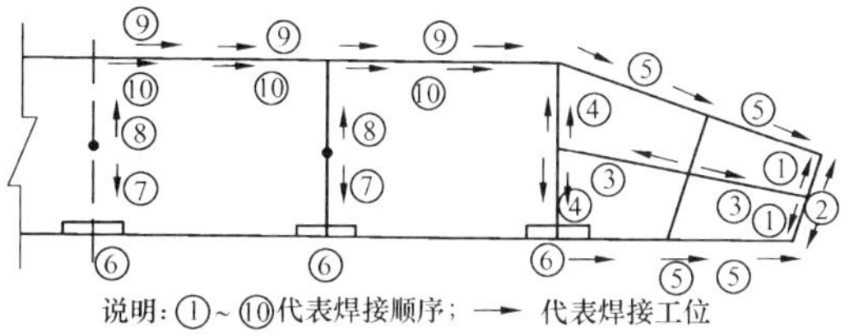


图1 人字门焊接顺序示意图

3. 锤击与监视 对焊缝（尤其是面板侧）进行锤击，可以有效消除焊接应力，减小焊接变形。焊接过程中，由专人监视检测门体变形倾向，一旦发现焊接变形较大，应停止施焊，采取改变焊接顺序或焊接方向、调整线能量分配方向等措施来纠正或减小变形。

（五）人字门背拉杆安装

1. 背拉杆的作用 由于门叶上、下游面结构不对称，下游面刚度小于上游面，在闸门悬挂于顶底枢之间又受巨大水压力情况下，闸门会产生扭曲和下垂变形，这不利于闸门受力和止水。设计在下游面设交叉形双层背拉杆，且事先给背拉杆施加一定的预应力，以此提高下游面刚度并改善门体的下垂变形。

每扇门分为主、副背拉杆，主拉杆4根一组，副拉杆3根一组。上层背拉杆长为20.91m，下层背拉杆长为20.753m。

2. 背拉杆安装 背拉杆现场拼装应保证其直线度。其对接缝为I类焊缝，焊接过程中应注意控制变形，焊后进行100%的磁粉超声波探伤。吊装时利用平衡梁将背拉杆吊起，此时背拉杆与地面大致成52°～53°夹角，先将螺纹端插入挡板孔中，然后利用倒链调整背拉杆的角度，使背拉杆的另一端对准节点板垫板上的定位孔，并初步拧紧螺母。最后在门体调试时对背拉杆进行预应力施加。

（六）人字门顶枢安装及锚杆预应力施工

1. 安装程序和要求 安装主要程序为：门体检测→锚杆预应力施工工装→A、B拉架就位、调整、加固→锚杆预应力施工→A、B拉杆安装→拉架和垫板二期混凝土→二期混凝土养护。质量检测标准见表1。

表1 顶枢安装质量检测标准

| 序号 | 检测项目 | 质量标准 | |
|---|---|---|---|
| | | 合格 | 优良 |
| 1 | A、B拉杆两端高差（mm） | ≤1.0 | ≤0.5 |
| 2 | A、B拉架中心交点与顶枢中心偏差（mm） | ≤2.0 | ≤1.5 |
| 3 | A拉杆的顶枢轴孔倾斜度 | 1/2000 | 1/2000 |
| 4 | 顶底枢旋转中心同轴度（mm） | ≤2.0 | ≤2.0 |
| 5 | 拉架耳板中心高程差（mm） | ±3.0 | ±3.0 |
| 6 | 顶枢拉架工作面水平度 | 1/2000 | 1/2000 |
| 7 | A、B拉杆水平中心与门叶顶枢耳板中心面的高程偏差（mm） | ±5.0 | ±5.0 |
| 8 | 调整楔块与A、B拉杆、拉架接触面积 | >70% | >70% |

2. 顶枢拉架就位、调整、加固 先将A、B拉架吊装入槽，与锚杆组装。就位后进行调整，使A、B拉架的中心线交点与门体上旋转中心点吻合，并使A、B拉架侧面水平中心和门体上顶枢耳板中心共面。调好之后，将底部楔子板拧紧，顶部螺母拧紧，并与左右墙体可靠加固。

3. 顶枢拉架锚杆预应力施工

（1）人字门顶枢预应力锚杆左、右共24根，锚杆直径85mm，单根长6.9m，锚杆最小直径为76.505mm。按最小直径和预应力220N/mm$^2$计，每只锚杆约需拉力100t。在锚杆加力后，锚杆要伸长约5.25mm。

（2）顶枢拉架安装合格后，锚杆即进行预应力施工。按图2所示装好平衡梁、千斤顶、千分表，贴好应变片。应变片贴处的螺纹应磨平。

每个拉架槽的6根锚杆分为两次张拉。用4只千斤顶同时均匀加力，读取应力数值和千分表数值，当应力达到220N/mm$^2$时即可停止张拉。伸长值以5.25mm为参考，因为有可能有的锚杆处于弯曲原始状态，那么在加力后锚杆会拉直而伸长，这部分伸长值不代表应力伸长。

（3）应力施加完成之后，要拧紧拉架顶部螺母，检查底板楔子板垫实情况，而后松掉千斤顶。

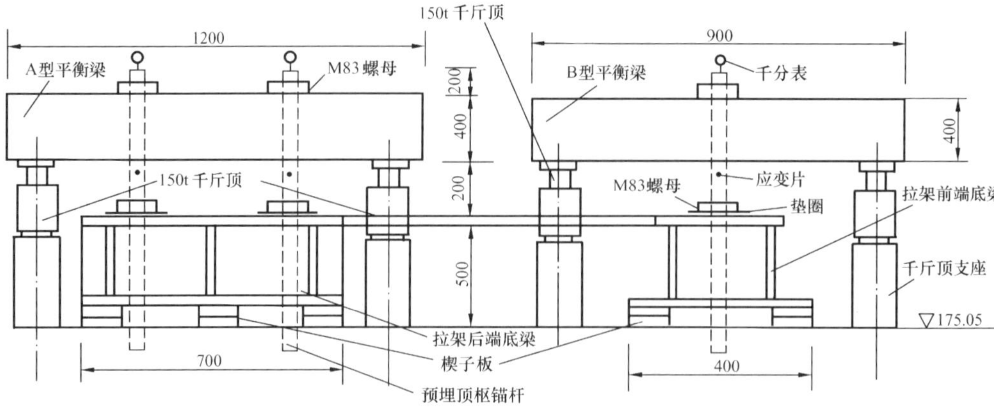


图2　预应力施工布置图（单位：mm）

（4）再次对拉架交点、中心水平、工作面的平面度及垂直度进行复测，确保锚杆应力施工未导致已调好的拉架有所变动。

（武警水电第十支队　欧阳运华　王定苍　卢　萍）

## 三峡永久船闸液压启闭机安装

（一）液压启闭机简介

三峡工程永久船闸是三峡工程三大主体工程之一，为双线平行布置的五级连续船闸，是世界上级数最多、技术最为复杂的船闸。各闸首分别布置有人字门、输水廊道反弧门。人字门采用卧缸液压直推式启闭机开启、关闭；反弧门采用立缸液压直推式启闭机开启、关闭。人字门液压启闭机由油缸总成、液压泵站、电力拖动及电控设备、液压管路系统、启闭机集中润滑系统及其埋件组成；输水阀门液压启闭机由油缸总成、吊杆系统、导轨装置、液压管路系统、开度仪及行程限位装置组成。输水阀门液压启闭机与人字门液压启闭机共用液压泵站和电气现地控制系统。

第一、二闸首液压启闭机为QWRY-2001/2700-7.276型双摆动卧缸液压直推式。人字门运行最大淹没水深36m，液压启闭机额定启门力为2100kN，额定闭门力2700kN，工作行程7276mm。液压启闭机液压系统可分为泵源控制系统、人字门控制系统、输水阀门控制系统、锁锭装置控制系统。液压系统部件由油箱总成、泵—电机组总成、阀台总成、油缸总成及管路系统组成。泵—电机组总成布置有2台A4VSO250FE1D内控式比例泵—电机组、1台A4VSO250DR型恒变量泵—电机组及PQT传感器，为人字门、人字门锁锭装置、输水阀门运行提供液压驱动动力。阀台总成布置有人字门控制阀组、输水阀门控制阀组、泵源控制阀组及压力表、压力传感器、压力继电器，执行现地电控系统及集控系统的指令，操作相关机构完成运行流程。人字门液压控制系统是为大惯量负载（约800t）而设置的。人字门运行过程中要求动作平稳、冲击小，两侧人字门的运行要求协调同步。因此，在人字门控制系统中采用比例泵控制技术，即通过比例容积无级调速，达到系统动作的各项要求，提高系统效率及控制的灵活性。同时采用二通插装阀控制和双平衡阀相结合的方式，提高系统运行的安全性、稳定性及控制的灵活性，以适应永久船闸复杂的运行工况。通过缸旁直动式溢流阀、二通插装阀及平衡阀组合成的三级平衡阀组，对人字门进行安全保护和锁锭，以适应动水暗流、超灌、超泄和泄水过程中人字门的弹性形变等所造成的负载变化，保护相应设备。

输水阀门为典型的单吊点反弧门，通过对1台A4VSO250DR恒压变量泵和2台比例泵的控制，实现开阀过程中的局部无级调速，调速范围大于270L/min,可根据现场的实际要求进行调整。关阀过程中采用恒压变量泵提供可调的恒流量，实现加压下降过程的速度调整。自重下降过程中，利用弧门本身的重力，实现输水阀门的下滑到位。下滑过程的补油采用主动补油和被动补油两种方式。

（二）液压启闭机油缸吊装

人字门液压启闭机油缸吊装，在液压启闭机机架及油缸支托装置埋件安装后进行。机架轴承座的中心高程，应保证油缸安装后中心线在高程上与人字门拉门耳板中心的安装高程偏差不大于5mm；在安装平面位置，油缸总成纵横中心线偏差不大于3mm。油缸出厂时已安装于U形架上，吊装时应将活塞杆与缸体加以固定，防止活塞杆外伸，并加护垫层，以防损伤油缸外表。找准油缸重心，将油缸吊入，接近安装位置时，将WDR密封圈、球面滚子轴承安装在U形架轴承轴上，并在轴承座、密封圈安装孔内均匀涂锂基润滑脂。在吊装中反复检测轴承孔与球面滚子轴承的轴向间隙，使之左右大致均等。检测WDR密封圈是否可靠地安装在密封沟槽内，油缸调整起落过程中防止密封圈剪切损伤。油缸吊装过程中检查支托装置的压紧情况，再次调整调节螺母。为了防止支托装置弹簧受压变形，在支托装置底板与油缸间加千斤顶支撑油缸，并调整油缸中心线水平度。油缸吊装后，检查安装部件及配合面清洁度，测量轴承孔与球面滚子轴承的轴向间隙，根据实测数据加工相应厚度的调整垫片，调整垫片从中剪开后安装在间隙槽中。用专用吊环螺钉吊装上半轴承座，并安装轴承盖。

输水阀门油缸吊装前先安装导轨装置和吊杆系统。吊杆逐级吊装，按部位安装自润滑轴瓦、自润滑球面滑动轴承或青铜轴瓦十字铰接。油缸吊装前在水平放置时注满工作油，工作油清洁度符合NAS16387级标准。吊装时相对固定活塞轴，锁紧缸旁管路球阀。油缸是单吊点油缸，在吊装到位后应用钢丝绳以油缸垂直线为基准相对固定，使油缸处于垂直状态。

（三）液压系统管路安装

管路配制前对液压站设备进行全面检查，符合设备出厂清洁度要求后方可进行油管系统配制。管路安装按初次配管、耐压试验、管道酸洗、二次回装的顺序进行。液压系统管路由不锈钢管、高压软管、三通、法兰及管路附件组成。油管内壁应光洁无砂，无锈蚀、无氧化皮，外壁不得有影响强度的缺陷。管端切口平面与管子轴线垂直度误差不大于管子外径的0.1%。弯管的椭圆度小于8%（现场用液压冷弯）。对接焊的管口，成对开V形30°的坡口。将初次配管成形的油管装入管夹，安装法兰、三通并检查初次配管后油管的水平、高程及竖管垂直度，用不锈钢焊条点焊牢固，然后拆装进行管道焊接。合格焊工在施焊前对坡口及内外管壁进行处理，清除毛刺、油渍、水分等。所有对接及法兰焊缝均为Ⅰ类焊缝，温度过低时对焊件预热后采用氩弧焊焊接。焊接完成后进行焊渣清除处理及探伤检查。管路耐压试验目的是检查管件焊接质量、管件强度及其密封性，试验压力为工作压力的1.5倍，用高压柱塞泵进行耐压试验。管路酸洗采用10%浓度的酸溶液，用专用酸洗泵进行酸洗，然后用10%的苏打溶液充分中和，按酸洗、碱中和、清洗晾干的顺序进行。将碱中和后的油管用清水冲洗并晾干，以铁丝捆绑干净的白绸布拖拉，直至水迹干净，绸布上无污物，再用高压气吹干，严格封堵。管路系统的二次回装，应注意防止管路二次污染。管路连接时不得用强力对正或加热，管子与管接头、法兰之间对接焊缝接点处的同心度应符合要求。

（四）液压系统的循环冲洗及油液清洁度检查

液压系统的安装重点为管路系统循环冲洗及液压系统的油液清洁度检查。管路系统的循环冲洗设备采用温州黎明液压机电厂生产的SX-1300型油路清洗过滤装置，装置设有全封闭式二级过滤装置。吸油过滤和回油过滤采用1300R050W/HC50$\mu$m金属网过滤芯，精过滤采用1300R010BN/HC10$\mu$m玻璃纤维滤芯、1300R005BN/HC5$\mu$m玻璃纤维滤芯。装置设有两台流量为650L/min的循环泵，设备液压系统的最高压力为3.5MPa，实际压降约3MPa。循环冲洗液为MOBILEXCELDTE46，油液清洁度经现地检测为NAS16387级标准，循环冲洗液密度$\rho$为0.85g/mL、运动黏度$\nu$为40mm$^2$/s。冲洗液在管路系统内的流态，可用液体的惯性力与黏性力之比即雷诺数$Re$衡量。雷诺数$Re$小于临界雷诺数$Rer$时，液体处在层流状态；雷诺数$Re$大于临界雷诺数$Rer$时，液体处在紊流状态。紊流状态的冲洗效果好。在光滑金属圆管内，临界雷诺数$Rer$约为2000～2300。根据管路情况，经计算，选用上述设备。在管路循环冲洗中，选择双泵运行，流量为1300L/min，回油过滤采用50$\mu$m金属网过滤芯，精过滤采用10$\mu$m玻璃纤维滤芯。循环冲洗24h后，再带压力脉冲冲洗8h，并换向冲洗4h，在循环冲洗结束前2h时，精过滤滤芯由10$\mu$m玻璃纤维滤芯更换成5$\mu$m玻璃纤维滤芯，增强过滤效果。在各个循环冲洗阶段，在线检测油液清洁度。

液压油中的颗粒污染会产生灾难性后果。这些颗粒能堵塞狭小通道，而引发暂时性或永久性系统故障，加深机器的磨损。对液压油和润滑油中颗粒的尺寸和数量进行监控，可以预知潜在的故障，还可使过滤器的更换计划更精确，或者使其他维护方法更及时。液压系统颗粒检查采用PFC200颗粒计数器。该设备是专为测量液压油或润滑油中的颗粒尺寸和数量而设计的。液压系统油液清洁度标准采用美国污染度等级标准NAS1638（以颗粒浓度为基础，按100mL工作液体中在给定的5个颗粒尺寸区间内的最大允许颗粒，划分为14个等级），要求所有采样检测符合NAS16397级。

（五）液压系统耐压试验与调试

金属结构及机电设备安装完成后，首先对人字门液压系统、输水阀门液压系统、锁锭回路液压系统进行耐压试验。在耐压试验完成后，液压系统进行压力调整，按高压至低压，先压力继电器、压力传感器后节流阀、调速阀的顺序进行。初步调试各压力阀，按照设计值进行整定，在各调试阶段观察压力设定值是否满足使用工况，不符合使用工况时进行二次调整，并记录备查。同时对液压系统的故障保护功能进行试验，验证故障显示及故障报警系统的可靠性。人字门、输水阀门油缸与门体连接后，验证人字门控制系统、输水阀门控制系统、锁锭装置控制系统的动作流程，对各节流阀、调速阀再次调整。压力以联门动作时再次调整值为准，在永久船闸系统无水调试、有水调试后再次修正。

（武警水电第八支队　曾祥辉　张瑞金）

## 三峡永久船闸试通航前的调试

三峡双线五级船闸设计总水头113m，每线船闸设有6个闸首、5个闸室。每线船闸的主要金属结构和机械设备有6套12扇人字闸门、12个输水阀门，以及相应的闸、阀门液压启闭机，1套设有集中控制和现地操作2个系统的监控设备。为保证船闸的土建工程、主要金属结构和监控设备在各种运行工况下能正常、可靠地运行，设计规定在船闸的土建工程和设备安装工作完成以后，必须对船闸进行为时约一年的调试。

2002年1月，长江委设计院受三峡总公司的委托，正式提出了《长江三峡水利枢纽永久船闸金属结构及机电设备联合调试大纲》（以下简称《调试大纲》），对调试工作的目的、工作阶段的划分、调试的主要项目、控制性工期、组织原则等做出安排，分别对单个闸首机电液联合调试、无水联合调试和有水联合调试的目的、内容、工况、程序、注意事项、主要成果等做出了规定。

根据《调试大纲》的规定，成立了由业主、安装承包者、安装监理、制造监理、工程设计单位、设备制造厂家和运行管理单位等代表参加的联合调试指挥组。调试过程中业主和监理单位的代表主要按照《调试大纲》的安排负责现场指挥，长江委设计代表主要负责对调试中出现的各种问题进行分析和提出处理意见。监测工作由三峡总公司安全监测中心负责，其中，南北两线船闸的水力学监测工作分别由南京水利科学研究院和中国水利水电科学研究院承担。

各有关单位按照《调试大纲》的要求，认真做好所承担的调试工作。2002年2月，提出了单机及单闸首机电液联合调试大纲；2002年4月，提出了《三峡船闸金属结构和机电设备系统联合调试阶段及围堰发电期水力学监测技术要求》；2002年8月，提出了《长江三峡水利枢纽永久船闸集中监控系统有水联合调试实施细则》和《三峡永久船闸金属结构及机电设备系统联合调试期水力学和动力学监测实施计划》。

单机调试、单闸首机电液联合调试，随各部分土建施工和设备安装工作的完成陆续进行。至2002年6月底，完成了运行、控制、供电等与联合调试有关的机电设备安装调试工作，满足了进行无水调试的条件。2002年7～8月，进行了船闸无水联合调试。通过调试，对各种设备在集中控制条件下联合工作的协调能力、动作的灵敏度、正确性、可靠性、实时性进行了检测和调整，使设备基本具备了进行有水调试的条件。

2002年9月1日，船闸开始进行抽水方式有水联合调试。按照大纲安排，南北两线船闸各进行了10种工况的联合调试。这些工况包括廊道进水检查阀门止水、分3次逐步增加阀门工作水头至最大设计水头、阀门单边输水、上游135m水位船闸按设计水头运行等。主要工作有：分别对船闸的设备和船闸的充泄水程序进行调试，对水力学和闸、阀门等的运行参数进行监测、分析和调整，并在调试过程中进行了2次抽干检查。抽水方式有水联合调试工作总体上比较顺利，基本上按照原计划在2003年5月底完成。

2003年6月10日，水库蓄水至135m水位后，又抓紧时间安排蓄水后有水联合调试。6月13日进行单船通航测试，14日和15日连续两天进行了船队通航测试和试通航预演。

2003年16日，三峡永久船闸试通航成功并投入试运行。运行的情况表明，各种指标已接近或达到设计要求，船闸输水系统的各项指标比预期的要好。

（长江勘测规划设计研究院　宋维邦）

## 三峡永久船闸金属结构及机电设备联合调试

三峡永久船闸系统联合调试，总体上分为无水系统联合调试和有水系统联合调试两个阶段进行。其中有水系统联合调试又分为水库蓄水前的抽水供水方式联合调试和水库蓄水后的有水系统联合调试。

### 一、无水系统联合调试

#### （一）目的

检验各种设备在集中控制条件下和在不同运行方式、不同运行工况下联合运行的协调性、正确性、灵活性和实时性，并对设备进一步调试、整定，为有水系统联合调试做好技术准备。

无水系统联合调试的重点是设备系统和控制程序自身的检验与调整，并以调试五级船闸集控系统为主。

#### （二）调试过程、项目及主要工作内容

（1）2002年6月30日前，陆续完成以下工作：①各闸首人字工作闸门、充泄水工作阀门及其启闭机械和现地控制子站设备的安装、单机调试以及单闸首

设备联动调试（即每个闸首单、双侧的工作闸门、阀门、启闭机、电控设备的联合动作调试）；②集中监控系统的计算机监控系统设备及网络系统设备的安装与调试；③供电系统等直接与联合调试相关的机电设备安装调试。

（2）2002 年 7 月 1 日～8 月 9 日完成下述各项无水系统联合调试：

1）对各现地子站设备及集控系统设备、网络设备的再检测。主要是对集控与现地的网络通信再检测、电光缆连接再检测、集控与现地站数据点对点的再检测、集控设备及现地电控设备自身的再检查与检测、各类行程开关和开度仪的检查与检测等。

2）现地手动控制、集控监视调试；集控手动（集控单元发令及操作员站发令分别进行）、集控监视调试；集控逐级上下行过闸和补水及不补水运行（集控单元发令及操作员站发令分别进行）、集控监视调试；集控分组同步上下行过闸和补水及不补水运行（集控单元发令及操作员站发令分别进行）、集控监视调试；集控系统综合调试（运行级数自动判断与转换、不同级数、单双边、补水或不补水运行等）；集控系统专项功能调试。主要工作内容是：通过调试检验和完善集控系统及现地子站在各种运行方式下过闸工艺设计和主控程序设计的正确性、实时性。这些主控程序主要是不同级数运行、单双边输水运行、补水或不补水等不同运行方式的控制程序。

3）检验网络通信系统及其对各种信息传输的正确性、可靠性和实时性，并通过进一步调整使之完善。

4）检验不同运行程序下，各种闭锁关系的正确性、可靠性。

5）检验与调整各种故障和事故应急操作及处理的各项保护功能，以及各种信息检测与判断处理等专项功能和综合功能的正确性、可靠性、实时性。

6）检验与调整数据记录与处理、信息显示的正确性。

（3）2002 年 9 月 16～30 日，根据无水系统联合调试阶段验收意见，又补充进行集控与现地故障信号验证、过闸工艺综合试验、防撞警戒装置调试、现地站双电源互投试验，以及所有闸首的专项功能再验证等项目的调试。

### （三）调试成果与结论

通过无水系统联合调试，使过闸工艺设计及其运行控制程序得到验证与完善，对各类设备自身及网络通信系统进行了检验和再调整，对各种设备在集控系统和现地子站控制下动作的协调性进行了验证与调整。在调试过程中出现各种故障和异常 61 项。对这些问题，除个别项目待研究和需在有水系统联合调试中进一步验证外，其余在调试过程中或在有水系统联合调试前已查明原因并得到相应的解决。

无水系统联合调试于 2002 年 8 月 16 日通过阶段验收，其质量符合设计和合同文件要求，为下阶段有水系统联合调试奠定了可靠的技术基础。

## 二、有水系统联合调试

### （一）目的

在有水带荷载的情况下，对船闸各种金属结构设备及其启闭机械和电控设备、集中控制系统和其他相关机电设备的技术性能、受力状况、联合运行的协调性进行再检验，对有关的技术参数进行再调整和设定，对水工建筑物的受力状态和运行情况以及船闸水力学特性等进行综合监测和检验，并通过调试基本确定不同运行方式和不同工况下的主要运行参数，为通航运行做好准备。

### （二）调试项目、过程及主要工作内容

1. 调试项目　有水系统联合调试，在水库蓄水前采用抽水供水方式进行，南北线各 10 次。具体项目为：输水廊道充泄水工作阀门止水效果检查；中间级工作阀门 30m 水头（六闸首 18m）、40m 水头（六闸首 20m）、45.2m 水头（六闸首 22.6m）现地控制双边输水调试；中间级工作阀门 45.2m 水头（六闸首 22.6m）集中控制双边输水调试；中间级工作阀门 45.2m 水头（六闸首 22.6m）现地控制左侧阀门开启单边输水调试；中间级工作阀门 45.2m 水头（六闸首 22.6m）集中控制左侧阀门开启单边输水调试；高程 135～66m 水位组合中间级工作阀门 46m 水头（六闸首 23m）现地控制双边输水调试；高程 135～66m 水位组合中间级工作阀门 46m 水头（六闸首 23m）集中控制双边输水调试；中间级工作阀门 45.2m 水头（六闸首 23m）集中控制双边输水运行工况调试。

2. 主要过程　2002 年 9 月 1～14 日进行第一次调试，在工作阀门上游侧阀门井充水至一定水头后（第 2 至第 6 闸 10m，六闸首 7m），对各工作阀门止水状况进行检查。检查结果表明，除北 5、中南 5 因顶止水局部撕裂漏水量较大外，其余 18 个工作阀门止水效果良好，符合规范要求。根据检查结果对北 5、中南 5 顶止水予以更换，对其他虽检查合格但有个别渗漏点的工作阀门止水，仍本着严格要求的原则予以处理。2002 年 10 月 7 日～11 月 10 日首先进行北线第 2 至第 5 次有水系统联合调试，其后安排进行北线第 1 次排干检查及处理。2003 年 2 月 7 日～3 月 11 日恢复进行第 6 至第 10 次，以及补充进行的第 11 次有水系统联合调试。南线自 2002 年 11 月 6 日～12 月 26 日完成第 2 至第 10 次调试。

3. 主要工作内容

（1）检测和验证人字门、充泄水工作阀门及启闭机械和电控设备的运行状况、受力状态、有关技术参数，检查人字门、一闸首检修叠梁门和事故检修门的止水效果。

（2）对水位计进行率定，对启闭机传感器、行程开关、开度指示器动作精度以及信号传输和控制的正确性进行再检查、校验和调整。

（3）对启闭机液压系统各级压力再整定，检测和调整人字门运行速度曲线、开关门时间、同步性，检测和调整充泄水工作阀门启闭时间、同步性。

（4）对集控和现地控制子站逐级过闸联动、输水联动等控制程序进行实际的而不是模拟的检验、验证。

（5）实际验证各种闭锁关系，以及人字门合龙保护、超灌超泄保护、水位条件检测与保护、运行级数判断与保护、液压系统超失压报警与保护等专项保护功能和其他综合功能。

（6）对网络设备和信息传输与显示、数据记录与处理系统进行再验证和调整。

（7）安装、调试通航指挥信号及广播系统、工业电视系统。

（8）监测分析、验证船闸水力学特性及水动力学特性。

（9）对船闸建筑物、高边坡的运行状况和受力状态、位移以及渗流渗压等进行监测、分析与验证。

（10）对船闸在不同运行方式和工况下能满足运行和设计要求的运行参数进行试验与调整。

（三）调试成果及存在的问题与结论

1. 有水系统联合调试取得的主要成果

（1）经过不同水位、不同运行方式和工况的带负荷调试，再次调整并基本确定液压、电控等设备的有关技术参数，如液压系统的各级压力、电流、电压，有关的保护动作时间、人字门运行速度曲线及同步性、工作阀门启闭时间及同步性等。

（2）取得人字工作门、充泄水阀门及其启闭机械的受力状态测试成果，使设计成果得以验证，并使人字门止水效果达到要求。

（3）对水位计进行率定和整定，使之满足水位检测精度要求和控制要求；对人字门各行程开关进行更换和安装位置调整，以及对人字门开度仪进行更换处理，使信号检测系统满足控制要求。

（4）取得水工建筑物、船闸高边坡在承受荷载后的受力状态、位移及变形、渗流渗压等项监测成果。

（5）取得不同水头、不同工作状态下船闸水力学和动力学监测成果，使船闸水力学模型试验成果和设计成果得以验证。

（6）取得工作水头下单双边运行、集控或现地操作能满足运行和设计要求的运行参数。同时，还对在高程 135～66m 水位组合下，船闸采用三级运行方式进行试验、验证，证明该运行方式是可行的。

（7）人字门合龙保护、水位条件保护、超灌超泄保护、启闭机超压报警与保护等各项保护功能、各种闭锁关系等得到实际检验。

2. 有水系统联合调试中发现和解决的主要问题

（1）监控方面的问题有：液压系统超、失压报警及保护性停机，合龙信号延迟导致紧急关阀，水位计数值波动较大和读数突变，人字门开关及限位行程开关故障，防撞警戒装置故障等。此类问题随调试工作的完成而基本解决。

（2）控制程序的故障有：不同操作程序转换时油泵电机要停机，因集控下发的不停机标志不稳定而导致现地子站未执行集控的开阀令，因集控与现地接口不当致使现地子站未执行集控动水关阀指令。此类问题已在调试中解决，并对某些在调试中发现的控制程序问题进行完善、优化。

（3）技术接口问题有：集控系统与现地电控系统时钟不同步，故障分类不一致等。

（4）设备缺陷主要有：原选用的机械式行程开关不能适应门体受力和温度变化引起的变形，重复精度差，导致调试中的故障，以及个别电气元器件损坏等设备自身的问题和缺陷。经更换损坏元件，将机械式更换为感应式行程开关后，此类问题基本解决。

（5）设备安装问题主要是：个别元器件接线错误、比例泵的比例放大板接线松动等问题引起的故障。经修改接线后此类问题已解决。此外，还发现个别闸首、人字门底枢及底止水部位漏水、人字门支枕垫块节间漏水等现象，此类问题在闸室排干检查时已处理。

（6）船闸水力学问题主要是：在调试中北 3、南 3 等闸首阀门开启到位时出现“闷响”声，产生原因尚待进一步研究。监测资料还表明输水联动过程中有水流空化噪声，但水流空化产生部位及程度仍待进一步观察。

（7）水工建筑的问题是：中隔墩两条输水洞衬砌混凝土的顶拱及洞边墙的根部附近有顺水流向的裂缝，裂缝数量多、规律性较明显，其产生原因及发展趋势有待进一步分析研究和观察。其他问题还有个别衬砌混凝土层间缝漏水，混凝土缺陷处理的修补材料被冲掉，个别经处理过的裂缝又有所扩展等，上述问题均在闸室排干检查期间已采取灌浆等方法进行处理。

综上所述，经无水、有水系统联合调试，设备系统的各项技术参数已基本确定，所发现的问题已经处理，各闸、阀门及其启闭机械和控制系统的安装调试质量符合设计及规范要求，能满足安全运行需要。监测成果表明，充泄水过程中闸室流态平稳，输水效率高，所采取的门楣通气、门井段底扩和顶扩等体形措施对减弱、避免水流空化有效，船闸各项水力学特性指标满足设计要求。经调试逐步优化确定的运行参数，可以满足设计要求的输水时间、超灌超泄等要求。在已确定的运行参数下，闸室单边输水时间可控制在17min左右，双边输水控制在10min左右，超灌超泄水头控制在0.1m以内。

（中国长江三峡工程开发总公司　赵锡锦）

## 三峡永久船闸监控系统的安全保障措施

三峡双线五级船闸是三峡水利枢纽的重要通航设施之一，是枢纽发挥航运效益的关键项目，也是长江黄金水道的控制性工程，对长江航运的发展起着举足轻重的作用。由于水头高（113m）、级数多（5级6个闸首）、线路长（主体结构长1621m）、设备分散，致使运行环节多，操作控制复杂，存在诸多特殊问题。上游水位变幅大，下游水位变率高，需依水位变化情况随时改变运行级数和过闸程序。在某些水位状况下需要对某些闸室进行补水控制。闸室充泄水后期会出现反向水头，需采取适当措施抑制。船舶（队）过闸时间长，一批船舶（队）一次过闸全过程需要连续进行40多步控制动作，约历时2h45min。在此期间，任何一个环节或一个步骤失灵、出错，都将使一线船闸停航，甚至酿成重大事故，严重影响其通过能力，对国家财产和人身安全亦将带来危害。

为适应上述复杂情况，确保三峡五级船闸安全运行，工程设计总承单位——长江水利委员会长江勘测规划设计研究院吸取以往成功的工程经验，通过“八五”、“九五”科研攻关和中间工程试验，设计拟定了一个高可靠度的分布式集散型五级船闸监控系统方案。经中国长江三峡工程开发总公司组织专家组评审、确认，并据此招标实施。

遵循“安全可靠、工作稳定、操作简捷、维护方便”的设计指导思想，系统设计方案采取了一系列的安全保障措施，设置了多项操作控制保护功能，最主要的有：

（1）监控系统的设备配置原则是“硬件冗余、软件容错”，其核心控制器由可编程序控制器PLC和工业控制机IPC组成，并采用双机热备配置使平均无故障时间的分析计算值达到2万h以上。

（2）系统的通信网络为开放式冗余结构。

（3）同一闸首的两侧现地控制站，互为热备工作，重要输入输出I/O模块亦采用冗余配置。

（4）设置了下列多种特殊的控制功能：

1）可根据上、下游和闸室实时水位状况，自动判断、设置运行级数（三、四、五级）和补水控制提示。

2）可分别运行预先编制、随时选用的多个过闸程序，如三级或四、五级运行，补水或不补水运行，单或双边输水，上、下行单向连续和自动换向过闸等。

3）主要在集控室进行集中操作控制运行，亦能在各闸首现地操作运行，并设置符合安全等级要求的提示确认操作。

4）集中控制可实现“集中手动”、“集中半自动”运行，条件成熟时亦可实现“集中控制全自动”运行。

5）可采集全部设备的运行数据信息并进行适当的处理，如：人字工作门、输水阀门的开度数值、位置状态，各类启闭机的电气、油路、负荷等运行参数，上下游及闸室的水位、水位差、水深等。

6）可在集控单元、操作员站的显示器和投影屏幕上显示五级船闸各种运行工况和参数，在现地站的操作面板的屏幕上也可以显示本闸首和相邻闸首的设备运行状况、相关参数和水位信息等。

7）可以实时生成和打印各种运行数据报表和历史事件、实时故障报表等。

8）可以方便地预设运行参数，并做实时的操作、确认提示。

9）可进行两侧人字门的同步运行控制和抑制超灌、超泄，减少反向水头的动水关阀控制。

10）可跟踪过闸程序，自动（或随机）广播过闸安全注意事项，自动摄录和显示船舶过闸全过程的实景图像。

11）可跟踪过闸程序，自动调整防撞警戒装置的工作位置。

12）设有火灾自动报警系统，可以实现消防自动指示和控制。

（5）具有多项保护功能：

1）相邻闸首人字门、输水阀门开启的互锁保护（与补水工况有关的除外）。

2）输水初期的人字门合龙失败和闸室水位预测保护。

3）输水后期的超灌超泄开门运行保护和水位计不正常时的开门保护。

4）人字门、输水阀门运行过载保护、机械过载保护。

5）船舶停靠越位、预防人字门夹船保护。

6）误操作闭锁保护及报警。

7）多项应急关阀保护等。

上述系统安全措施和保护功能，在安装调试阶段和无水、有水系统联合调试中，绝大部分已得到验证，个别的保护功能亦发挥过重要作用，证明该系统采取和设置的安全保障措施是十分必要和适宜的，但仍有待试运行期间进行全面的严格考核和修正完善。

（长江勘测规划设计研究院　董博文）

## 三峡双线五级船闸试通航成功

2003年6月16日，三峡双线五级船闸试通航成功。

试通航仪式在被喻为长江第四峡的三峡永久船闸的中隔墩上隆重举行。8时30分，仪式正式开始。仪式由国务院三峡工程建设委员会副主任郭树言主持。国务院三峡工程建设委员会副主任、中国长江三峡工程开发总公司总经理陆佑楣在报告三峡船闸的建设情况时说："长江三峡双线五级船闸是长江三峡水利枢纽的重要组成部分，经过近10年的建设，今天我们迎来了开闸通航的这一天。这是在党中央、国务院的正确领导下，在全国人民的支持下取得的一个重要胜利，也是整个三峡工程的一个重要胜利。"交通部部长张春贤在讲话中要求最大限度地发挥船闸的航运效益，并预祝三峡船闸试通航取得圆满成功。

国务院副秘书长汪洋宣读了国务院总理温家宝6月11日关于三峡双线五级船闸试通航的重要批示："三峡水库正式蓄水，永久船闸试通航标志着三峡工程建设取得重大阶段性成果，这是广大三峡建设者艰苦奋斗、库区移民群众甘于奉献的结果，也是全国人民和社会各方面大力支持的结果。希望广大三峡建设者继续努力，再接再厉，以对人民负责、对历史负责、对子孙后代负责的精神，高标准、高质量地完成三峡建设任务。"

中共中央政治局委员、国务院副总理、三峡工程建设委员会副主任曾培炎在会上发表了重要讲话。他说，三峡工程建设取得了举世瞩目的成就，凝聚了中央几代领导人的心血和关怀，是党中央、国务院正确领导的结果，是广大建设者艰苦奋斗、无私奉献的结果，是库区人民舍己为公、甘于奉献的结果。三峡工程如期蓄水通航也是全国人民和社会各方面关注和大力支持的结果。他代表党中央、国务院向三峡工程的广大建设者、科技工作者、库区的广大干部群众以及远迁外地的移民群众表示亲切的慰问，向支援三峡工程建设的全国人民、向关心三峡工程的海内外人士表示衷心的感谢。曾培炎说："经过10年的建设，三峡工程迎来了发挥效益的收获期，进入了建设与管理并重的新阶段。我们要加倍努力，再接再厉，精心组织工程施工和设备安装，抓紧做好首批发电机组及相关的输变电设备的调试和启动试运行工作，确保三峡工程的万无一失，确保二期工程建设任务的全面、按期完成。"

上午9时许，曾培炎宣布：长江三峡工程双线五级船闸试通航开始。在如潮的欢呼和威风锣鼓的伴奏下，2艘客轮从平静的坝前平湖入闸下行，5艘货轮从坝下逆流而上。经过2个多小时的航行，客轮和货船平稳、逐级走完闸室，穿过雄伟的三峡大坝，经过宽阔的引船道进入长江航道。

11时58分，随着最后一艘船平稳驶出三峡双线五级船闸南线五闸室，三峡船闸试通航圆满成功。长江结束了67天的断航期，万吨级船队从此可从宜昌直达重庆，长江航运翻开崭新的一页。

三峡双线五级船闸在6月10日水库蓄水至135m后进行了实船通航试验，13日进行单船通航测试，14日、15日连续两天进行了船队通航测试和试通航预演，两次测试都很顺利。据长江三峡通航管理局介绍，试通航结束后，三峡船闸在目前水情状况下的运行观测还将继续，到7月长江流量达到40000$m^3/s$时，将进入汛期大流量试航。

双线五级船闸是三峡水利枢纽的重要组成部分，也是世界上规模最大、水头最高、双线梯级数最多和技术难度很大的内河梯级船闸。在船闸的建设过程中，三峡建设者攻克了一系列世界级难题。建设中完成了4100万$m^3$岩石开挖及两侧高边坡岩体锚固工程、21km长的地下输水及排水系统隧洞工程、400余万$m^3$钢筋混凝土工程、3.85万t闸门及钢结构的制造和安装，完成了各类启闭及控制、机电设备共134台套，以及监控、消防、通信系统的安装和调试。

五级船闸由长江水利委员会设计院设计。在地下和地面多年的艰苦施工中，武警水电部队、葛洲坝集团、"三七八"联营体、三联总公司等施工单位付出了大量艰辛的劳动。船闸的金属结构及其设备制造厂家遍布大江南北。

三峡工程水库蓄水至135m，双线五级船闸通航，对改善长江的航运条件具有重大的意义。水库蓄水和船闸通航之后，重庆至武汉航运年单向下水通过能力显著提高，可从1000万t增加到5000万t。

（本年鉴编辑部）

# 三峡首批机组发电

## 三峡左岸电厂机组安装投产创纪录

2003年，三峡机电安装工程全面超额完成了全年计划。左岸电厂计划安排4台机组投产发电，即在8月首批投产2台，10月至年底再投产2台；实际首批2号机和5号机在7月上半月就完成了启动试运行工作提前投产，3号机和6号机也提前在8月并网发电，并额外有4号机在10月、1号机在11月分别发电投产。安装施工与运行管理紧密配合，做到了“无缝交接”，6台机组都顺利移交三峡电厂运行管理。其他8台机组的安装工作全面展开，进度提前，为2004年再投产6台机组打下基础。三峡工程一年安装投产6台700MW水轮发电机组，创造了一个电站一年发电投产总台数和总容量的国内外历史新纪录。

（一）左岸电厂机电工程简介

三峡左岸电厂共安装14台700MW混流式水轮发电机组。主机有8台套由Alstom供货，有6台套由VGS供货。14台机的调速器均为Alstom的Niyrpic1500，励磁调节器均由Voith Siemens Hydro供货。VGS机组安装在1、2、3、7、8、9号机坑，由中国水电第八工程局安装分局负责安装；Alstom机组安装在其余8个机坑，4、5、6、10号机由葛洲坝机电建设公司安装，11、12、13、14号机由中国水电第四工程局安装分局安装。

三峡水轮机最大水头113m，最小水头71m（初期最小水头61m），额定水头80.6m，单机额定出力710MW，额定转速75r/min。转轮采用不锈钢铸焊结构，整体到货；蜗壳尺寸大、钢板厚，要保压浇混凝土；座环埋设后要现场加工法兰面（VGS的为整个，Alstom的为加垫处平面及配垫）和连接螺栓孔。

三峡发电机为半伞式，额定容量777.8MV·A，最大容量840MV·A，飞轮转矩450000t·m$^2$。发电机定子线棒采用水内冷；推力瓦为乌金瓦，托瓦支承方式：Alstom的为分布式弹性销，VGS的为弹簧束。为适应热胀冷缩，Alstom的定子机座、上下机架和转子圆盘支架均采用斜支撑方式；VGS的定子采用浮动式机座，转子采用具有整体中心体的圆盘式支架和径向弹性键。

左岸电厂装有国产的2台1200/125t单小车桥机和2台125/125t桥机，分两层布置，小桥机在上层；设置了10MPa高压气系统和0.7MPa低压气系统。

左岸电厂共设550kV/20kV840MV·A三相升压主变压器（水冷）15台，550kV50Mvar单相并联电抗器12台，550kVGIS共39个断路器间隔、8组$SF_6$避雷器、4500m（单相）$SF_6$母线，26000A/20kV自冷式离相封闭母线（IPB）14台套。

三峡左岸电站计算机监控系统由Alstom供货，三峡总公司技术人员直接参与了应用软件的开发工作。

（二）三峡机电设备安装施工情况

三峡机组是目前世界上最大的水轮发电机组，不仅尺寸大，有许多常规在制造厂进行的项目要在现场实施，而且采用了许多新技术、新工艺，在现场安装时需克服困难，认真对待。左岸电厂的机电设备，大多是国外厂商供货，要按国外的技术标准和工艺安装，其要求严格，程序规范，不轻易改变。在三峡左岸电厂首次安装如此大型、复杂、高要求的机电设备，难度可想而知。经施工、制造、设计、监理和业主单位的共同努力，机电安装工程进展顺利，2003年投产机组的主要设备施工节点日期见表1。

表1　三峡主要机电设备施工节点日期表

| 序号 | 施工项目 | 2号机 | 5号机 | 3号机 | 6号机 | 4号机 | 1号机 |
|---|---|---|---|---|---|---|---|
| 一 | 定子机座分瓣进场 | 2001.11.17 | 2001.12.7 | 2002.4.26 | 2002.4.27 | 2002.10.31 | 2002.10.27 |
| | 定子机座组装完成 | 2001.11.30 | 2002.1.22 | 2002.4.28 | 2002.5.31 | 2002.10.28 | 2002.11.4 |
| | 定子铁芯叠片组装完成 | 2002.4.20 | 2002.4.15 | 2002.9.24 | 2002.9.11 | 2003.2.25 | 2003.2.27 |
| | 定子线棒及附件安装完成 | 2003.1.15 | 2002.11.26 | 2003.6.9 | 2003.5.6 | 2003.8.13 | 2003.11.1 |

续表

| 序号 | 施 工 项 目 | 2号机 | 5号机 | 3号机 | 6号机 | 4号机 | 1号机 |
|---|---|---|---|---|---|---|---|
| 二 | 转子中心体进场 | 2002.3.18 | 2002.4.4 | 2002.11.12 | 2003.11.17 | 2003.2.15 | 2003.2.16 |
| | 转子支架焊接完成 | 2002.7.18 | 2002.6.23 | 2003.1.13 | 2003.2.8 | 2003.5.20 | 2003.4.23 |
| | 转子磁轭叠片组装完成 | 2002.9.30 | 2002.9.6 | 2003.3.12 | 2003.3.17 | 2003.7.5 | 2003.7.13 |
| | 转子磁极安装完成 | 2002.10.19 | 2002.12.19 | 2003.4.8 | 2003.5.9 | 2003.8.29 | 2003.8.13 |
| | 转子耐压 | 2002.10.30 | 2002.12.24 | 2003.5.4 | 2003.5.13 | 2003.9.2 | 2003.8.23 |
| | 转子吊装 | 2002.11.7 | 2002.12.26 | 2003.5.8 | 2003.5.18 | 2003.9.6 | 2003.9.5 |
| 三 | 下机架中心体进场 | 2002.4.19 | 2002.6.26 | 2002.12.3 | 2003.1.28 | 2003.5.21 | 2003.5.28 |
| | 下机架及推力油槽组装 | 2002.9.5 | 2002.7.6 | 2003.1.20 | 2003.2.14 | 2003.8.27 | 2003.7.23 |
| | 下机架推力轴承安装完成 | 2002.11.3 | 2002.12.20 | 2003.5.18 | 2003.4.19 | 2003.9.3 | 2003.9.3 |
| 四 | 上机架中心体就位 | 2002.7.22 | 2002.12.10 | 2003.5.9 | 2003.5.28 | 2003.9.2 | 2003.8.10 |
| | 上机架组装完成 | 2002.8.17 | 2002.12.16 | 2003.5.22 | 2003.6.18 | 2003.9.13 | 2003.8.28 |
| 五 | 水轮机座环加工进场 | 2002.1.19 | 2002.3.4 | 2002.5.14 | 2002.7.2 | 2003.3.12 | 2002.10.16 |
| | 水轮机座环加工完成 | 2002.5.7 | 2002.7.23 | 2002.9.27 | 2003.1.28 | 2003.6.29 | 2003.3.1 |
| 六 | 导水机构预装开工 | 2002.5.8 | 2002.4.9 | 2002.10.1 | 2002.9.17 | 2003.5.21 | 2003.3.4 |
| | 导水机构预装完工 | 2002.7.10 | 2002.6.14 | 2003.2.15 | 2002.12.1 | 2003.8.17 | 2003.6.9 |
| 七 | 水轮机转轮吊装 | 2002.7.11 | 2002.6.18 | 2002.12.25 | 2003.1.14 | 2003.8.16 | 2003.4.21 |
| 八 | 调速系统进场 | 2002.8.25 | 2002.10.8 | 2003.4.25 | 2003.3.15 | 2003.7.15 | 2003.7.11 |
| | 调速系统安装调试完工 | 2003.5.25 | 2003.6.5 | 2003.7.28 | 2003.7.20 | 2003.9.26 | 2003.11.8 |
| 九 | 机组轴线调整开始 | 2002.12.2 | 2002.12.26 | 2003.5.20 | 2003.5.28 | 2003.9.7 | 2003.9.17 |
| | 机组轴线调整完工 | 2003.4.5 | 2003.3.20 | 2003.7.13 | 2003.6.29 | 2003.9.28 | 2003.10.30 |
| 十 | 主变压器进场 | 2003.1.22 | 2003.1.17 | 2003.4.9 | 2003.4.7 | 2003.4.9 | 2003.7.11 |
| | 主变压器安装试验完工 | 2003.5.24 | 2003.5.28 | 2003.7.7 | 2003.7.6 | 2003.10.6 | 2003.11.4 |
| 十一 | 离相母线进场 | 2003.2.21 | 2003.3.8 | 2003.5.25 | 2003.6.17 | 2003.8.27 | 2003.9.5 |
| | 离相母线安装试验完工 | 2003.5.4 | 2003.5.18 | 2003.7.28 | 2003.7.23 | 2003.10.7 | 2003.10.14 |
| 十二 | 机组联合调试开始 | 2003.4.15 | 2003.4.18 | 2003.7.6 | 2003.7.20 | 2003.10.3 | 2003.11.1 |
| | 机组联合调试完工 | 2003.6.8 | 2003.6.8 | 2003.8.1 | 2003.8.5 | 2003.10.13 | 2003.11.11 |
| 十三 | 机组充水启动 | 2003.6.10 | 2003.6.10 | 2003.8.2 | 2003.8.6 | 2003.10.14 | 2003.11.12 |
| | 机组72h连续试运行结束 | 2003.7.7 | 2003.7.13 | 2003.8.17 | 2003.8.29 | 2003.10.28 | 2003.11.22 |

（三）三峡首批机组启动试运行

2号机组于2003年6月10日开始充水，随后进行机组空载试运行、并列及负荷试验。2003年7月1日机组开始72h带负荷连续试运行，7月4日5时52分，纯水系统导电率传感器误动报警，监控系统跳闸停机，导致72h试运行被迫中断。在纯水系统导电率传感器更换和监控系统控制回路调整后，7月4日11时12分开机，11时40分带负荷520MW重新进入72h连续试运行，7月7日11时40分顺利完成。停机后，排空检查并检修。7月10日移交电厂运行管理，并投产发电。

5号机也于2003年6月10日充水，并随后进行机组空载试运行。在过速试验时，发生导叶的拉断销被拉断问题。几经周折，在重新计算设计并更换全部拉断销，又对右接力器的未钻通油孔和阻尼环卡止问题先后进行两次处理后，才基本可以满足运行要求。空载试运行在2003年7月7日完成。在机组并列及负荷试验通过后，2003年7月10日16时32分，机组带负荷525MW进入72h连续试运行，于7月13日16时32分顺利完成。停机后排空检查，并做检修。7月16日移交电厂运行管理，并投产发电。

（四）制造、安装及试运行中出现的主要问题

（1）1号、4号机导叶端部间隙及下止漏环间隙偏小。

（2）4号、5号机导叶长度超出加工公差。

（3）2号、3号机组推力瓦温偏高，VGS经过校核计算，推导油槽外循环水冷却器容量偏小，全部进行更换。

（4）5号机组在进行过速试验时出现拉断销断裂，Alstom进行了重新计算设计，更换了全部拉断销，并对接力器进行了处理。

（5）6号机组在进行过速试验时出现较大振动和噪音，采取延长导叶第三段关闭时间措施，暂时满足了目前水头下机组安全稳定运行的要求。

（6）调速器油压装置有半数以上油泵出现裂纹和渗油，Alstom已重新选型，并已逐步对所有油泵进行更换。但调速器隔离阀漏油，问题至今还未解决。

（7）PSS参数选择正在进行研究并逐步优化，基

本满足电网安全稳定运行的要求。

(8) VGS机组接力器渗油，经研究决定提高密封圈硬度，并严格控制加工面精度。

（中国长江三峡工程开发总公司　黄宏勇）

## 三峡左岸电厂机组制造情况

按照三峡机组招标要求，外企要中标必须把技术转让给中方并有合作单位。在1996年6月三峡总公司公开发售左岸14台机组招标文件后，哈尔滨电机厂有限责任公司（以下简称哈电）和东方电机股份有限公司（以下简称东电）就分别与投标的外国企业商讨技术转让内容和中方分包项目并签订协议，作为外企投标文件的必要内容。评标确定：VGS（Voith—GE—Siemens）中标6台，东电为技术受让方和主分包方，供货设备安装在左岸1、2、3、7、8、9号机坑（由水电八局安装）；Alstom（ABB发电设备部门其后并入）中标8台，哈电为技术受让方和主分包方，供货设备安装在左岸4、5、6、10号机坑（由葛洲坝集团安装）和11、12、13、14号机坑（由水电四局安装）。1997年9月2日三峡总公司分别与两家中标公司签订合同，技术转让协议和分包合同相继生效。

三峡左岸电站机组为推力轴承置于下机架的三导轴承半伞式竖轴混流式水轮发电机组，额定出力700MW，转速75r/min。Alstom的水轮机，转轮名义直径10.427m（VGS的为9.709m），15个叶片（VGS的为13个），重445t（VGS的为407t），是当今世界最大的混流式水轮机转轮。推力轴承负荷5500t（VGS的为5050t），也是当今世界之最。发电机额定容量778MV·A，功率因数0.9，为提高在高水头下水轮机运行的稳定性，发电机设最大容量840MV·A，可连续运行。发电机额定电压20kV，采用定子绕组水冷、转子空冷的冷却方式。VGS的发电机定子机座外径21.42m（Alstom的为20.9m），定子铁芯内径18.5m（Alstom的为18.8m），铁芯高度3.13m（Alstom的为2.95m），重约3350t。整台机组约重6600t，是目前世界上最大的水电机组。

为掌握所转让的技术，哈电、东电派人到中标外企接受培训；回来后在中方计算机上安装软件，达到国外相同计算结果并顺利使用一年后验收。技术转让的深度到外企自己开发的软件和执行软件的源程序。哈电和东电在开展三峡机组科技攻关的基础上，较好地消化吸收了引进的技术，并培养了一批年轻的科技人才，已经掌握水轮机水力设计与模型试验、发电机电磁设计、大部件强度刚度计算、推力轴承计算与试验、轴承稳定性计算、发电机通风冷却计算、专项关键工艺等技术，可以自己开发设计大型水电机组。

与此同时，哈电和东电为提高国内水电设备制造能力，满足三峡机组的加工需要，利用银行贷款进行改造，增加科研手段和大型部件焊接加工的先进机床设备，使装备条件优于国外同行业水平。

在承担三峡左岸机组分包任务中，哈电、东电动员全体干部职工，贯彻中央领导的重要指示，认清三峡工程的重要性，树立责任感，加强组织领导，全面安排，健全质量保证体系，在三峡总公司聘请的监造和主承包国外制造企业的技术指导监督下，按期保质完成分包项目。水轮机转轮，东电制造2台；上海希科制造2台；哈电在葫芦岛大件厂与克瓦纳合作制造3台，自己负责制造2台；又有Alstom承制的1台转轮转到哈电制造，左岸14台水轮机转轮中有10台是在中国制造的。VGS的6根水轮机和发电机轴都是在东电加工；水轮机导水机构在哈电制造；Alstom的8台发电机机座、转子支架、上机架和下机架都在哈电焊接加工；发电机定子线棒，哈电和东电已经各制造完成1台份。

总体来说，三峡机组设计代表了国际先进水平，其加工制造情况良好。但由于国外大型水电设备制造企业在兼并改组，很多富有经验的原产地不再继续生产，三峡左岸机组的许多重要零部件转移到其子公司或其他企业生产，出现一些制造质量问题。例如Siemens定子线棒在巴西生产，2号机上下层线棒水接头中心间距超差，1941个水接头返厂重焊；ABB磁极装配在西班牙生产，5号机返修后转子才通过耐压试验；ABB推力头和镜板在意大利生产，5号机推力头止口与轴领偏心0.3mm，需修磨放大止口间隙才能装上。

中国三峡总公司在机组招标和合同执行中做了大量的细致的工作。他们精心组织、严格管理，充分吸收国内外已建和在建工程的经验，充分吸取专家的意见，特别是胸襟开阔地将设计、设备制造、安装、运行、科研等单位和行业内的专家组织起来，密切合作进行研讨，领导审慎决策，设备质量得到了控制，满足现场安装和运行要求，使机组比较顺利地通过调试投产发电。

（中国机械工业联合会　梁维燕）

## 三峡输变电工程概况

三峡输变电工程是三峡工程的重要组成部分。建设的静态总投资为322.7亿元，动态总投资为426

亿～453亿元。主要工程如下：

交流线路55个单项工程，线路总长度6519km；交流变电33个单项工程，变电总容量2275万kV·A。其中，华中地区（含川渝地区）47个线路单项工程，线路长度5663km，22个变电单项工程，容量1425万kV·A；华东地区8个线路单项工程，线路长度856km，11个变电单项工程，容量850万kV·A。

直流工程总计3个单项工程，直流输电线路3条，总长度2965km，换流站6座总容量1800万kW。其中，三常直流工程线路长度890km，换流站2座容量2×300万kW；三广直流工程线路长度975km，换流站2座容量2×300万kW；三峡右岸至上海直流工程线路长度1100km，换流站2座容量2×300万kW。

三峡输变电第一项工程于1997年3月26日开工建设。该项目是长寿至万县500kV输变电工程，输电线路长176km，先建万县变电站的220kV部分，暂降压220kV运行，临时接入重庆长寿220kV系统。这项工程于1998年6月建成投产。

1998年开工建设湖北双河至南阳500kV输电线路321km，湖北凤凰山至下陆500kV输电线路63km，江西南昌500kV变电站(容量75万kV·A)。

1999年开工建设湖南岗市至长沙500kV输电线路187km，南阳至小刘500kV输电线路206km。新建长沙、孝感、新乡500kV变电站，以及新建双河、凤凰山、小刘3个原有变电站的扩线出线间隔，对三峡至常州直流输电工程的2个换流站进行“四通一平”工作。

2000年开工建设汉阳至孝感500kV输电线路66km，郑州西至新乡双回500kV输电线路2×55km，三峡左岸电厂至左岸换流站（宜昌龙泉）三回500kV输电线路78km，武南至繁昌500kV输电线路268km，武南至瓶窑500kV输电线路147km，左岸电厂至万县500kV输电线路311km，长沙至云田500kV输电线路46km。新建湖南益阳500kV变电站（75万kV·A），三峡至常州直流输电工程龙泉、政平2个换流站土建工程开工，直流线路的芜湖长江大跨越开工。

2001年开工建设左换至荆门双回输电线路2×55km，小刘至开封输电线路85km，洛河至阜阳输电线路128km，左岸电厂至宜昌龙泉三回输电线路3×60km，新建开封500kV变电站（75万kV·A），杭东变电站扩容100万kV·A，万县变电站500kV部分（75万kV·A）。

2002年开工建设陈架桥至长寿输电线路91km，荆州至益阳输电线路220km，南昌至乐万输电线路120km，政平至宜兴双回输电线路2×50km，荆门至荆州双回输电线路78km，三万Ⅱ回输电线路320km，长万Ⅱ回输电线路180km，新建昌西开关站和新余变电站（75万kV·A）。

到2003年6月为止，共开工建设交流线路35条，线路长度为4649km，其中建成投产线路20条，线路长度2562.5km；开工建设变电项目16个，变电容量1075万kV·A，其中投产变电项目11个，变电容量700万kV·A。2003年6月27日，三峡二期500kV交流输变电工程顺利通过验收。与此同时，三峡至常州±500kV直流输电工程，在完成了176个试验项目后，于2003年5月5日投入试运行，7月12日通过验收。至此，三峡电站电力外送通道已经打通。

三峡输变电工程的业主，原为国家电力公司，现为国家电网公司。其建设采用了国内外最新技术和设备，达到了世界先进水平，创造了多项输变电工程的世界纪录。

（摘自《中国电力报》）

## 三峡—葛洲坝梯级调度系统和三峡水电站计算机监控系统

（一）三峡—葛洲坝梯级调度系统

1. 调度系统的功能　三峡和葛洲坝两水利枢纽设有一梯级调度中心，梯级调度中心负责协调三峡、葛洲坝水利枢纽的防洪，保证两水利枢纽和上、下游的防汛安全；按防汛和发电的要求，做好水电厂的自动发电控制，以便取得最好的经济效益：在满足防汛前提下做好汛期和枯水期三峡、葛洲坝通航建筑物的管理。调度中心设于离三峡左岸电站约7km的调度管理中心大楼内。系统设备由ABB公司集成。

2. 计算机系统结构及配置　该系统是高速以太网支持的计算机局域网，通过交换式以太网将各调度点连接起来，网络为光纤网，采用冗余结构，传输速率不低于100Mbps，局域网与1000Mbps的通信专用网的2个交换机连接。系统采用分布式数据库，其历史和实时数据库及功能分布在不同的计算机中，各节点通过网络进行通信，网络的重要节点均采用冗余结构。

（1）实时数据服务器（冗余配置），负责梯调数据采集、数据处理、实时数据库刷新及管理、系统时钟管理。

（2）历史数据服务器（冗余配置），负责关系数据库及管理、历史数据库及管理、各种记录数据和报表数据的计算及处理、历史数据运行管理文档的保存、查询和与实时数据库接口。

(3) 应用程序工作站（冗余配置），负责高级应用软件（梯级自动发电软件、专家系统和人工智能软件等）及其他应用软件的运行。

(4) 水库及航运调度操作员站（2台），负责监视水库及泄水设施的运行、流域水情、气象，三峡和葛洲坝通航设施的运用情况，监视火灾及通信状态。

(5) 发电调度操作员站（3台），负责梯级内所有机组、主要机电设备、公用设备及泄水闸的监视和控制。

(6) 总调操作员台，可对梯调进行全面监视，可调出（4）及（5）的所有画面。

(7) 网关通信机（冗余配置），负责与国家电网调度及其他电网调度通信。

(8) 系统软件开发、维护和管理的工程师工作站。

此外，还设有通信处理机、浏览器、防火墙机、网络管理机、语音报警机、报表管理机、外设服务器和监视终端等。

（二）三峡左岸电站计算机监控系统

三峡电站分左岸电站和右岸电站，左岸电站计算机监控系统采用按功能分层分布式结构，该系统受梯级调度控制，分为监控层及现地层。监控层设备和中央控制室设在左岸电站上游副厂房安Ⅱ段82m高程。左岸电站设备由Alstom公司集成。

1. 三峡左岸监控系统的功能

(1) 接收电力系统调度中心对电站发电的设定，对发电进行控制，包括确定最优开机组合、运行机组间经济负荷分配，执行开、停机，并对机组有功功率进行闭环控制。

(2) 接收电力系统调度给定的电站高压母线电压，对机组无功功率进行控制。

(3) 接收电力系统调度对电站出线断路器的控制，接收梯调对进线断路器和对机组的远方控制。

(4) 按电网调度要求参加系统调频，并在电站内实行经济运行，包括最优开机组合及在运行机组间进行经济负荷分配。

(5) 对电站设备进行监控，包括数据采集、操作及调节。

(6) 向电力系统调度、梯级调度中心和相关部门传递电站运行信息。

2. 三峡左岸电站计算机系统结构及配置

(1) 三峡左岸电站采用全计算机控制，不另设常规自动控制系统。各现地控制单元与主站计算机失去联系时，可以由现地控制单元独立完成对所属设备的自动监控，并允许操作人员对所控制设备进行操作、运行监视及事故处理。

(2) 设置了控制总线和信息总线，主站与各现地单元间、主站各工作站之间（如工程师站、培训站、操作员站等）的信息，通过控制总线交换。其他信号如电度累计、与控制无关的报警、状态切换通告和运行方式等通过信息总线交换。

(3) 采用全分布处理的系统结构，主站层采用按功能分布结构，设操作员图形工作站、数据服务器、应用程序工作站、工程师站及培训站、外设服务器和厂内通信工作站等。现地控制单元采用按对象分散设置，每个发—变组为1个现地控制单元，500kV开关站1个现地控制单元，10kV、0.4kV、泄水闸控制和公共设备等4个现地控制单元，全厂共19个现地控制单元。

(4) 每个现地控制单元（如调速器、励磁设备、保护设备等）设置有冗余的控制设备和接口，并以主、备或双口（如保护）方式运行，其接口与冗余的现地总线连接。

(5) 在现地控制单元柜上，装设现地操作键盘、屏幕显示器及打印机接口等。当现地控制单元脱离主站控制时，操作员可视情况对设备运行进行自动监视和操作，例如机组的开、停，断路器的跳、合等，并设置独立于现地控制单元的紧急控制，如紧急停机、关进水口闸门、发—变组高压断路器合、跳闸操作等。

（长江勘测规划设计研究院　江万宁）

## 三峡左岸3号水轮机埋设部件安装

（一）工程概况

三峡机组是目前世界上最大的水轮发电机组。其水轮机埋件主要包括尾水肘管里衬、尾水锥管里衬、基础环、座环、蜗壳、机坑里衬等。由于埋件尺寸大、重量大、要求高，初期施工条件又较差，初次安装难度很大。左岸3号机，由VGS提供设备，水电八局三峡机电制造安装项目部安装。根据VGS提供的安装程序，结合现场实际，施工单位编写了详细的3号水轮机埋件安装组织设计。1999年1月埋件安装正式开始，在VGS现场代表的技术指导下，在西北院监理工程师的监理和协调下，经过两年多的努力，到2001年3月完成了安装工作，质量达到厂家提出的技术要求和有关国家标准、合同标准，且一次验收合格。

（二）尾水肘管里衬安装

1. 结构　尾水肘管里衬由厚25mm的16Mn钢板卷板焊接而成，重量约为110t。其进口端为直径

12740mm的圆，出口端为跑道形，左右宽19645mm，上下游宽11693mm，与水平夹角为38°，上下游中心线与机组中心线夹角为4.791°。

2. 安装 利用尾水平台30m高程的2000型门机将尾水肘管第一大节分2瓣吊装就位，在机坑拼装成整体，调整里程、中心、高程，并进行加固；然后吊装上面两大节，焊接后，再整体调整。检查上管口中心及圆度、高程、方位（与机组中心夹角），偏差应分别控制在±9.5mm（半径）、±5mm、±0.5°。合格后，焊接已加固的花篮螺栓，交付土建单位浇筑二期混凝土。

3. 焊接与无损探伤 尾水肘管共有6条纵缝和2条环缝，焊缝总长度约100m，均属于Ⅲ级焊缝。焊缝坡口为V形坡口。焊接时先焊接纵缝，后焊接环缝。每条焊缝先焊接正面的75%，然后在背面清根，做PT检查，焊接完背面，最后焊接正面。用磨光机打磨平尾水肘管内表面，对尾水肘管焊缝内外表面分别做PT探伤检查。

（三）尾水锥管里衬安装

1. 结构 尾水锥管里衬由厚25mm的16Mn钢板焊接而成，重量约为91t，分3节、每节4块瓦块到货。其进口端直径为9825mm，不锈钢段长920mm（其中20mm作为与基础环配割余量）。

2. 安装 将尾水锥管分次吊入机坑就位，调整，焊接，加固。检查尾水锥管上管口中心及圆度、周长、高程，偏差应分别控制在±10mm（半径）、±12mm、±5mm，符合要求后，交付土建单位浇筑二期混凝土。

3. 焊接与无损探伤 尾水锥管共有4条纵缝和2条环缝，焊缝长度约80m，均属于Ⅲ级焊缝。焊接与无损探伤和尾水肘管完全相同。

根据设计通知，在尾水锥管外壁每平方米焊接8个$\phi$25mm的圆钢制成的U形锚钩。在焊接锚钩的过程中，损伤了尾水锥管内壁的油漆。为保证尾水锥管内壁的防腐质量，按业主的要求，将尾水锥管内壁重新喷砂、防腐。

（四）基础环安装

1. 结构 基础环由厚25mm的不锈钢板、厚60mm和厚100mm的16Mn钢板焊接而成，重量约为34t，分4瓣到货。基础环底环板的内、外直径分别为10230mm和13880mm，基础环高2625mm。

2. 安装 将基础环分2瓣吊装就位，用连接螺栓连接成整体，调整基础环中心、水平，将基础环焊接成整体。根据基础环的实际高程配割尾水锥管上管口，使基础环与尾水锥管对接后，基础环处于设计高程，并调整基础环的水平和圆度。基础环与锥管之间的环缝在蜗壳二期混凝土浇筑之后焊接。

3. 焊接与无损探伤 基础环焊缝坡口型式分三种：①环板和法兰为100mm厚的钢板，坡口为对称3型，中间20mm不焊透；②裙板为60mm厚的钢板，坡口为不对称3型；③锥管段25mm厚的钢板为不锈钢，坡口为V形坡口。环板上的焊缝要求做100%的双面双侧UT探伤检测，其余焊缝只做PT检查。基础环的UT探伤一次合格率为100%。

（五）座环安装

1. 结构 座环重量为402t，分为6瓣，外加大舌板。座环上下环板板厚为220mm。座环有23个固定导叶，固定导叶高度为2838mm，4个空心导叶用于排水。座环上下环板焊接有与蜗壳连接的过渡板。座环下环板下面焊接有18个刚性支墩，用于承受座环重量。

2. 安装 吊装带舌板的座环瓣，调整其中心和半径，并加固牢靠，然后按顺时针方向吊装其余5瓣，各瓣之间用螺栓连接。检查、调整座环圆度（半径±6mm）、固定导叶中心高程（±2mm）、上下环同心度（上环2mm、下环3mm）及座环方位（标记偏差±0.5°），合格后，将座环焊接成整体。复查固定导叶中心高程、上下环板半径和座环中心，将座环与基础环焊接成整体。在座环焊接的过程中，时刻监测座环的变形。

3. 焊接与无损探伤

（1）由12名焊工对称焊接座环的上下环板，每条焊缝每班由一名焊工轮流焊接焊缝的平焊、仰焊和立焊，直到该焊缝焊完为止。

（2）座环围板与基础环的环缝由12名焊工同时对称焊接。

（3）座环围板纵缝、过渡板对接缝由6名焊工同时对称焊接。

（4）座环所有焊缝焊接温度为110℃，层间温度为150℃，后热温度为150℃，后热时间为2h，座环加温和降温每小时不超过20℃。座环焊接过程中，保持预热温度110℃。

（5）座环环板的UT、MT探伤一次合格率为100%，座环与基础环连接的环缝UT、MT探伤一次合格率为98.5%，无二次返修。

（六）蜗壳安装

1. 结构 蜗壳共有33个管节，包括直管段5个管节。3个凑合节沿机组中心线分布。蜗壳材料为610U2，钢板厚度从25～65mm不等。蜗壳重量为885.6t，所占机坑平面面积为34.3m×30.1m，基本上决定了厂房单台机的平面尺寸。

2. 安装 分别以凑合节的前一个管节即1号、14号、28号作为定位节，先行挂装，调整其角度、远点高程、远点至中心距离、管节垂直等偏差都不大于5mm后，用槽钢加固，然后反水流方向对称挂装各管节。蜗壳焊接时，各环缝必须在前一条环缝焊完75%且后一管节吊装就位、调整完毕后才能进行。

3. 蜗壳焊接

(1) 蜗壳材质为610U2，填充材料为$\phi$4.0mm和$\phi$3.2mm的J607焊条，$\phi$3.2mm的焊条用于打底、盖面和仰焊部位。

(2) 每条环缝由8～14名焊工同时对称焊接，先焊接正面（平焊）50%～75%，后焊接背面（仰焊）75%，再正面盖面、背面盖面。背面焊接前要清根、做MT（PT）检测。

(3) 上下过渡板焊接时，先焊接正面至剩余5～7mm，背面清根、做MT（PT）检测后焊接完成，再正面盖面。

4. 蜗壳无损探伤情况

(1) 蜗壳焊缝无损探伤要求：所有焊缝做100%的UT检测，所有纵缝和过渡板焊缝做100%的RT检测和100%的MT检测，所有丁字接头做100%的RT检测，环缝做20%的RT检测。

(2) 蜗壳焊缝无损探伤情况：

1) 环缝UT探伤一次合格率：焊缝长700417mm，返修长2495mm，合格率99.64%。

2) 纵缝UT探伤一次合格率：焊缝长41880mm，返修长1530mm，合格率96.35%。

3) 过渡板UT探伤一次合格率：焊缝长108298mm，返修长1793mm，合格率98.34%。

4) 蜗壳焊缝RT探伤一次合格率：合计拍片1345张，返修19张，合格率98.58%。

(七) 埋件安装工期

1. 埋件安装工期　3号水轮机埋件安装工期见表1。

表1　3号水轮机埋件安装工期表

| 埋件类型 | 计划工期(d) | 实际工期(d) | 超出工期(d) |
|---|---|---|---|
| 尾水肘管 | 45 | 75 | 30 |
| 尾水锥管 | 30 | 68 | 38 |
| 基础环 | 30 | 30 | 0 |
| 座环 | 60 | 106 | 46 |
| 蜗壳 | 180 | 187 | 7 |
| 机坑里衬 | 15 | 30 | 15 |

**注**　表中各项工期没有包括土建二期混凝土施工，蜗壳安装工期包括保温保压设备安装工期。

2. 影响施工进度的原因

(1) 为提高蜗壳二期混凝土浇筑质量，施工过程中改变了蜗壳施工方案，增加了蜗壳保温保压工作。

(2) 为保证主厂房发电机层混凝土的浇筑工期，更改了凑合节的安装方案。凑合节吊装就位后，待主厂房发电机层混凝土浇筑完毕，再进行凑合节的安装与焊接。

(3) 尾水锥管二期混凝土及座环、蜗壳支墩混凝土浇筑占用工期4个月，以致座环运抵工地后，由于座环支墩混凝土保养期未到而无法安装，影响了部分工期。

(4) 安装放置测点工序不合理，占用时间太多，一台机占时超过一个月。

(5) 在基础环、座环、蜗壳安装中，未充分利用后方场地，现场组拼量太大。

(6) 厂房机组埋件安装是在厂房封顶前进行，而且安装时间长，安装工作经常受雨天和土建清渣的影响。

（中国水利水电第八工程局三峡机电制造安装项目部）

## 三峡左岸电厂2号机水轮机安装

(一) 概况

三峡左岸电厂2号机组，主设备为VGS制造，其水轮机额定出力710MW，转轮名义直径9.709m。VGS生产的水轮机，座环在浇筑混凝土后需进行现场加工；转轮与主轴采用剪切套筒定位和螺栓连接；活动导叶端部采用金属密封装置，立面密封的闭合线渐变；水导轴承设有独立的外循环冷却系统，油槽侧壁与顶盖焊在一起到货。由于有上述独特结构，且制造商提出的安装工艺和要求也与国内通常采用的有较大差别，致使安装难度大、工期长。2号机组是三峡首批安装的机组，经努力，于2003年7月10日率先投产发电。

(二) 座环现场加工

预埋的座环和基础环是未经机加工的，按设计需对座环上下环板安装顶盖、底环的法兰面（含上平面、内环面）和基础环下环板进行现场加工，并分别与底环、顶盖配钻螺孔及定位销孔。加工部位如图1所示。

座环现场加工要求：下法兰平面高程55.080m±0.7mm，上法兰平面与下法兰面高差（3525±0.15）mm；法兰平面的水平度允许偏差，周向为0.25mm，径向为0.13mm；法兰内环面的半径偏差应在±2mm内。

现场加工的铣床，铣臂长达6.55m，中心柱高10.228m；其安装调整要求中心偏差不超过0.20mm，中心柱垂直度在0.005mm/m之内。严格按照工艺要求进行安装，并采用框式精密水平仪径向放置于铣臂

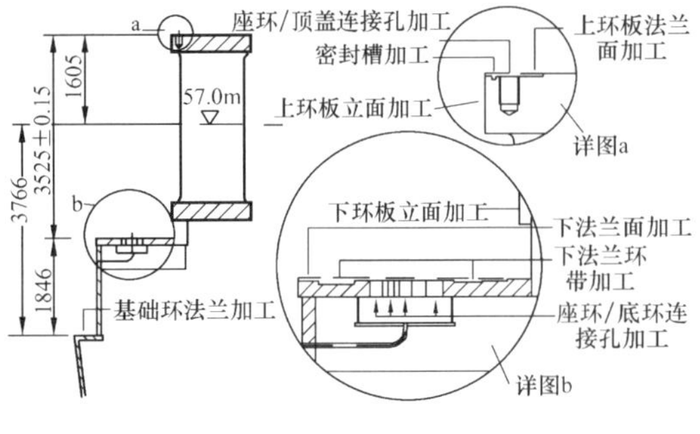


图1 基础环/座环现场加工部位示意图（单位：mm）

上测量铣臂旋转四个方向的水平的办法，解决了中心柱高垂直度要求的测量问题，使安装精度达到要求。针对加工跳动量大（可产生1.2mm波浪度）的问题，采取了对铣臂进行上下斜拉圆钢加固的措施，减少了跳动量，满足了加工要求。

座环现场加工，因已埋设固定，其加工面的高程、中心控制，就成为关键。按规定，水轮机57.00m中心高程位置以24个固定导叶的中心高程的平均值确定；中心基准以基础环内圆平台止口确定，偏差不大于0.20mm；方位以座环＋$y$标记定$y$轴。用精密仪器分别进行测定，并在合适地方放置相应样点。确定法兰平面的加工余量时，测量并记录待加工表面的高程，座环上法兰测2圈各32点，座环下法兰测4圈各32点，基础环法兰测1圈32点。挂机组中心钢琴线，确定座环上、下环板内环面加工余量，并用钢制画笔在上、下环板表面做出终加工尺寸标记。考虑座环下法兰要加工的面宽、难度大，在加工顺序上把下法兰面及环带放在最先。

座环下法兰面外径12300mm，加工宽度1.1m，整个圆环的水平度不能超过0.25mm，是加工的又一难点。加工时，先粗加工，预留2mm左右的精加工余量；再更换精加工刀片，进行精加工；最后1mm的进刀量为0.30mm、0.20mm、0.15mm、0.10mm、0.05mm；留0.20mm在用电子水准仪测量检查后进行高点处理，以最终达到高程、水平及平面度要求。下法兰要加工5圈，先把最内一圈加工好，作为基准再加工整个平面。

为达到所要的加工精度，加工之前必须调整刀盘的水平；在加工过程中，根据不同情况选择合适的进刀量、刀盘转速与行走速度，保持铣床处于一个最佳状态。在检验时，采用电子水准仪、千分尺、框式水平仪等精密测量工具和多测点、多次数、相互校核的测量方法，保证测量数据的准确。

座环法兰的销钉孔、螺栓孔加工，采用导向套由底环、顶盖相应孔定位配钻方法，并与导水机构预装交叉进行。

2号机座环现场加工，切屑重量达5.2t，最大切削厚度达17.4mm，最大加工直径达12768mm，共用了154天。如此大尺寸座环现场加工，在世界上尚属首次。

（三）导水机构安装

底环外径为12295mm，通过72颗销钉和64颗M64螺栓与座环下法兰连接。安装后的底环止漏环是转轮安装乃至机组往后安装的中心基准，因此，对其预装定位要特别仔细。利用其与座环间的径向间隙，用楔子板调整其圆度及与机组的同心度，合格后，进行底环销孔、螺孔加工。正式安装时，先对称打紧16个定位销钉，然后依次打紧其余定位销钉，接着按照打紧定位销钉的方位和程序，拧紧连接螺栓，检查底环圆度及与机组同心度应符合要求。

顶盖外径为12700mm，重达320t，为箱形结构，通过24颗销钉和168颗M80螺栓与座环上法兰连接。顶盖吊入预装时，先调整其与底环的同心度及上下轴套同轴度，再调整顶盖止漏环圆度（如需要）。合格后，配钻销钉孔和螺孔，其中24个销钉孔只预铰均布的6个，留30～40mm深不铰到位，以便于正式安装时进行微调。正式安装时，转轮已吊入调整合格，通过测量上止漏环间隙，计算同心度，来确定是否符合要求。调整合格后铰配定位销钉。

由于在确定上法兰面加工高程时，VGS代表、现场监理和安装技术人员对有些问题没有充分认识，造成安装后导叶端面总间隙偏小。经研究，决定导叶底部间隙按照（0.5±0.05）mm进行调整。2号机组试运行期间，导叶提升螺栓的锁定螺母发生松动，致使9、21、22号活动导叶落在底环上，造成了底环和导叶的部分接触面划伤，其主要原因是设计忽略了对锁定螺母自身的锁定。重新安装时，在连接螺栓上部3～4扣涂抹L277胶，连接扭力达700N·m，并在锁定螺母上加一背母。

VGS机组的导叶立面间隙检查，不用钢丝绳捆绑导叶，要求在无任何外力的情况下，各导叶间底部无间隙，顶部允许有1mm间隙，但中间部分需均匀过渡。由于在制造厂内无法进行导水机构预装，需在现场修磨处理，占用不少工期。

活动导叶操作，采用摩擦装置保护，不设剪断销，控制环与拐臂间的双连板采用偏心销调距（5mm）安装。装配摩擦装置时，所有部件不能沾到油脂和脏物。紧固螺栓，用VGS提供的液压拉伸器施加预应力，必要时做摩擦试验，最后将伸长值记录下来。

按照VGS安装程序，取接力器行走压力升至4.25MPa时，用百分表测量撤除油压后接力器返回的距离，即为导叶的压紧行程。如需调整，松开接力器与推拉杆的连接头，旋转接力器的连接头，并用液压千斤顶调整其与推拉杆距离，重新连接好。调整合格后，按照图纸要求，穿过连接头钻铰 $\phi$30mm 定位销孔进入活塞杆，插入销钉。

（四）转动部分安装

水轮机轴与转轮连接时，用楔子板调整转轮上法兰水平至 0.20mm 内，将剪切套筒小心地插入转轮的连接销孔内。使用起吊装置，将直径为 3800mm、长 6250mm、重量为 112t 的水轮机轴翻身竖起，调整上端法兰水平至 0.04mm/m 以内。用专用工具，将连轴螺栓逐个拧入轴下法兰的螺孔内，深度应符合要求。吊到转轮法兰的上方垂直位置约 300mm 时，对准两法兰的“H”标记，缓慢降落，使连轴螺栓正好插进对应的剪切套筒，再落到转轮上，用液压拉伸器对称给连轴螺栓施加预应力，调整油压，直到伸长值符合要求。

转轮吊装到位后，测量水轮机轴法兰水平度。调整时，让桥机承受约 70%的转轮重量，用大锤打底下垫的楔子板，重复调整直到符合要求为止；同时调整转轮中心位置，使其下止漏环与底环止漏环的同心度在 0.15mm 以内。穿过水轮机轴中心孔挂钢琴线，用内径千分尺测量水轮机轴上下法兰精加工内环面至钢琴线距离，以检查轴垂直度，如超差，再次整体调整直到符合要求。

（五）水导轴承及主轴密封安装

三峡 VGS 机组水轮机导轴承结构如图 2 所示。其中挡油圈分为 2 瓣运抵工地，需在现场进行拼焊组圆；轴瓦支承环、油槽底环和油槽盖板分为 4 瓣到货，各组合缝通过螺栓连接，锥形销定位组圆；水导轴瓦共有 24 块，瓦面为巴氏合金结构，无需现场进行研刮；油槽底部的密封型式为立面 O 形圈密封；外循环油冷却系统主要由 3 台油冷器、2 台螺杆泵、2 台油过滤器、自动化控制元件及油循环管路和冷却水管路组成。

轴瓦间隙调整在机组最佳中心已确定的情况下进行。选择在圆周上均布的 4 块轴瓦，在 4 块百分表监视轴颈位移的情况下，用小铜棒轻轻敲击可调楔块顶部，使这 4 块轴瓦与轴颈贴合，轴颈应无位移。按照相同的程序预装所有轴瓦；测量支承块顶部到连接板底部（衬套的安装位置）的高度并做标记；根据所测高度、图纸要求轴瓦间隙、水导轴颈处摆度和需要预先增大的间隙，确定每个衬套的实际安装高度；衬套经加工调整高度后，按所做标记对号装回。

水轮机主轴密封主要由检修密封、工作密封及附件三部分组成。其中工作密封包括旋转滑环、固定环、密封环、密封室、挡水环、弹簧、集水环、盖板。旋转滑环是分块安装的，接缝间隙小于 0.03mm 满足要求；间隙在 0.03～0.2mm，用密封胶处理；间隙大于 0.2mm 的需重新加工。旋转滑环的轴向跳动，不应大于 0.04mm。

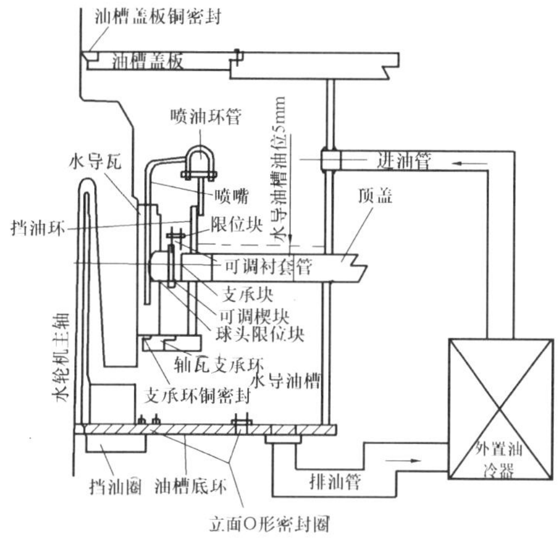


图 2　VGS 机组水导轴承结构示意图

（本年鉴编辑部　中国水利水电第八工程局
三峡机电制造安装项目部）

## 三峡左岸电厂 2 号水轮发电机安装

三峡左岸电厂 2 号机组由 VGS 设计制造，其发电机为半伞式结构，额定容量 778MV·A，最大容量 840MV·A。VGS 的发电机，定子绕组采用水内冷方式，设纯水装置；转子采用无轴圆盘式结构支架，与发电机轴、推力头、上端轴连接处无止口，均需现场钻铰销钉孔配销钉定位。这么大而复杂的水轮发电机在我国首次安装成功，标志着我国水电建设的安装调试水平进入世界先进行列。

（一）发电机转子安装

三峡 VGS 机组的转子主要由圆盘支架、磁轭和磁极组成，最大外径为 18430.8mm，高 3435mm，整体起吊重量 1694.56t。

圆盘支架由精加工的中心体和 10 瓣扇形块在现场组焊而成。组焊时应控制中心体水平，闸板座水平及其至中心体下法兰面高差，立筋的半径、圆度、同心度；而对立筋的垂直度、挂钩高差、立筋弦距等不做具体要求。

磁轭外径为 17810.8mm，高度为 3282.4mm，分上、下两段，段间用隔板隔开。磁轭冲片厚 4.78mm，单张重 68.89kg，人工抬片堆积非常困难，因而采用电磁吸盘悬臂吊进行叠片。在叠至300mm高时，穿入所有的压紧螺杆，调整磁轭的圆度、同心度和垂直度，再松开磁轭底部外圈的临时支撑，使后续叠片工作在自由状态下进行。这样可以保证磁轭测量数据的可靠和真实，消除转子挠度对磁轭外形尺寸的影响。磁轭无专用通风槽片，采用“二步法”而非螺旋型的叠装方式，利用磁轭片本身形成通风槽道。叠片径向水平采用补偿片调整。根据设计，每个磁极区域安装9根M39×4压紧螺杆，压紧力矩为1355 N·m,伸长值为1.4mm，折算到磁轭单位面积上的压力为2.835MPa。该压紧力远远小于三峡左岸电厂Alstom机型的压紧力14.4MPa（压紧螺杆的伸长值为6mm），此种现象值得专家研究。

磁轭与支架采用多种键组合连接，以承受径向力和传递扭矩，并可调整磁轭的圆度、同心度和垂直度。其中磁轭键具有弹性，键组合后，最大弹性调整量为1.34mm。热打键时，利用磁轭上160个$\phi$19.0mm的加热孔，插入加热棒（单根6.5kW，总容量1040kW）加热，在膨胀量达到要求后，各磁轭键槽处都插入相同厚度的垫片，使每个磁轭键位置具有同样的预紧量。冷却后，磁轭的圆度、同心度、垂直度和绝对半径应符合要求。

磁极挂装，先根据其“T”尾长度，考虑磁极挂装后对支架产生的挠度（0.6mm），计算出磁极的底部挡块安装高程。在安装好底部挡块后，再对称对号挂装磁极。

（二）发电机定子安装

三峡VGS机组的定子外径21450mm，高3306.5mm，总重699.1t，在现场进行机座组圆、合缝焊接、铁芯堆积和下线。

定子机座采用浮动式结构，与基础板通过径向键连接，其热胀冷缩不受基础板的阻碍。分瓣机座在临时支墩上组合，以下环板上拉紧螺杆的螺孔布置圆半径为基准，调整机座圆度；以下齿压条上平面为基准，调整机座水平；考虑合缝焊接时的收缩量，在组合缝处加入垫片使机座组圆半径比设计值大3.0mm。按工艺要求进行焊接后，将临时支墩拆除，并将机座吊放至预定高程。

定子铁芯内径18500mm，高度3130mm，总重469.8t。硅钢冲片厚0.5mm，通风槽片厚6.5mm，通过170根双鸽尾形定位筋与定子机座连接。除黏胶段外，其余冲片均采用螺旋堆积，每层为56张长片。

定子测圆架和中心柱由VGS供货，安装在下机架基础面的高程上。在测圆架支撑架上层再布置一层平台，与中心柱支撑架完全脱开，供工作人员行走和放置部分铁芯硅钢片等。

定子铁芯叠装时，内圆侧设置一圈环形工作平台，放在12个可升降的支架上，最大升降高度1500mm。

VGS定子的定位筋与托板连接为双鸽尾结构，安装时将套在定位筋鸽尾上的固定板焊于机座上，定位筋与托板之间留有约1.5mm的径向间隙，用薄楔板临时楔紧。先以下齿压条和短定位筋互相配合，叠装铁芯起始段（约50mm）；在铁芯半径、圆度、周向位置调整合格后，拆除短定位筋，插入定位筋；调整定位筋使直径、圆度、周向与径向垂直、筋面扭斜等符合要求后，焊接下环托板。其余铁芯以槽样棒和定位筋作为定位基准来叠片；每当冲片叠到分段压紧高度时，检查及调整铁芯圆度、半径及定位筋圆度、半径、垂直度、筋面扭曲等，合格后压紧铁芯；复测上述技术参数满足要求后，将该层环板上的定位筋托板与底座焊接固定，再以此方法继续上叠。铁芯共分8段压紧，采用VGS供货的专用压紧工具压紧，预紧使用可调力矩式风动扳手，检查采用液压扳手。压紧时先压内圈，再压外圈，分25%、50%、75%、100%力矩四次压紧。

定子安装调整时，其中心、圆度用求心器挂垂线测量。先调整定子高程，然后通过平移调整中心。调整时用的高程、中心基准与水轮机的相同，但在轴线检查合格后，要以主轴法兰为准再进行一次校验。

基础混凝土分两次浇筑：在机坑调整好并验收后，浇筑螺杆孔的二期混凝土；待盘车结束后确认空气间隙均匀，再浇基础板下面的三期混凝土。

（三）推力轴承及下导轴承安装

VGS机组推导组合轴承的结构如图1所示。推力轴承的推力瓦为传统的巴氏合金瓦，采用弹簧束支撑，每块瓦下按偏心布置摆放94颗小弹簧，每个小弹簧的长度及预应力在厂家出厂时已按设计严格整定好，设有高压油减载系统。下导轴承布置在油槽上腔，有42块巴氏合金导轴瓦，采用抗重螺栓支撑结构，但不上锁定片。

推力轴承瓦架与下机架需在现场配钻销钉孔及组合螺孔。在下机架组焊完成后，将瓦架吊入油槽，放置在承重环上，调整瓦架与抗重环同心度在设计要求的0.25mm范围内，固定后配钻销钉孔与组合螺孔。推力头下部设计有一个挡油裙环，需现场与推力头热套。

VGS机组推导组合轴承结构尺寸大，技术含量高，加工精度高，对安装设备、工器具、方法和环境要求高，因此预装工作在一专用的防尘罩内完成。

在调试运行过程中，发现该推导组合轴承运行温度偏高，经分析，存在如下问题：

（1）油槽空间偏小，导油槽泵出的油有部分直接落入油槽，很快便与进油混合，冷热油区分不是很明显，油槽内油的流向不合理。

(2) 外置式油冷却器供排油管相隔太近，冷却后送入的油有部分未做润滑又被抽出，油冷却器效率发挥不充分。

(3) 外置油冷却器容量偏小，单个油冷却器内热交换毛细管数量仅为200根，与最初设计的400根相差一半。1号机将冷却器更换为大容量的后，只投两台冷却，效果依然很好。

(4) 下导瓦间隙设计过小，最初为0.5mm（单边），瓦温高。将间隙增大至0.9mm（单边），才基本满足机组安全稳定运行的要求。

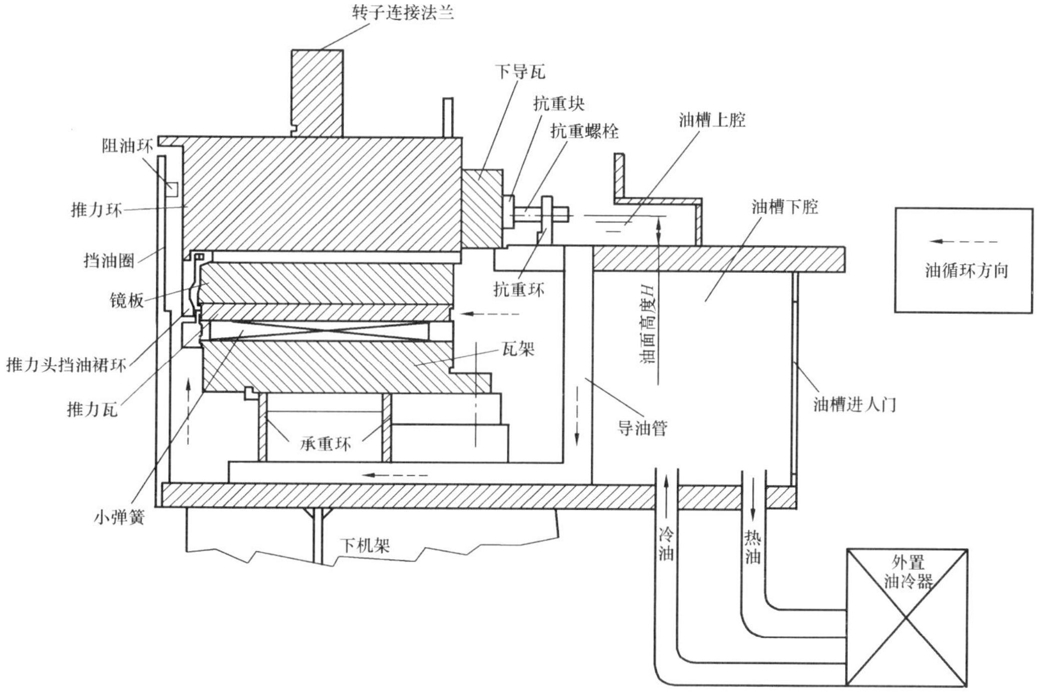


图1 VGS机组推导组合轴承结构示意图

(5) 下导油槽油位设计偏低。最初设计油位在下导轴瓦一半的高度，由于瓦块之间有径向环氧阻油板通过弹簧片压靠在轴领上，机组运行时与推力头产生高速摩擦，被磨掉的细小微粒进入下导瓦与轴领之间，下导瓦在有一半高度处于非油直接润滑状态下很容易被刮伤。针对这一问题，经多方协商决定下导油槽在原油位基础上加高80mm，问题得到基本解决。

（四）上、下机架安装

三峡VGS机组下机架由1个整体中心体和6个径向箱形梁支臂组成，整个下机架外径为16090mm，高4047mm，总重约296.16t，支臂与中心体采用现场焊接成整体。在焊接过程中需随时监测下机架支臂相互高差、支臂与中心体高差、支臂分布弦长等，并根据检查结果改变焊接顺序以达到焊接质量要求。2号机下机架因外方技术指导对焊接收缩控制处理不是很好，导致各支臂焊缝收缩量超过设计值。在随后的3号、1号机组焊接中采用焊缝插入钢板及在焊缝处焊接加强板的方法，使各支臂的收缩及其他控制参数均在设计范围内。

为保证下机架每个支臂承受基本相等的力，VGS工艺要求对下机架进行载荷分配试验。调整受力时，在每个支臂处轴向架一块百分表，用液压千斤顶将支臂逐个抬起同样的高度，记录每个支臂被抬起同样高度时的压力值，计算压力值的平均值，当测量值超出平均值的±15%时，需调整支臂下的楔子板，使得各支臂受力均匀。但因在载荷分配前下机架水平调整已经完成，所以当其中一个或多个支臂需进行调整时，势必影响下机架水平，水平调整和载荷分配很难达到统一。

VGS机组上机架由中心体、16条支臂、16条支臂间连接横梁和8组水平支撑及其基础板组成。支臂最大外径21350mm，最大高度约792.5mm，至径向支撑梁最外缘，则最大外径22898mm，重约121.5t。上机架支臂与中心体在现场组装焊接，也要控制好焊接变形，确保支臂弦长、半径和高差符合要求。上机架通过16个安装在定子顶环板上的垂直支撑与定子相连，其水平及高程调整通过调整螺栓来实现。在水平、高程及其与机组转动部分同心度调整符合要求后装入定位套及固定座，并分别焊接固定。

（五）机组轴线检查调整与发电机总装

VGS机组总装与轴线调整，工艺复杂，步骤多。镜板水平采用挂中心垂线测量主轴垂直度的方法检查。如果垂直度超标，可通过调整下机架基础斜键实现，但调整时会影响转轮中心，应注意在水导处装表监视水轮机轴位移，必要时重新调整转轮中心以保证转轮自由。

如水导摆度超标，可通过以下三种方法进行校正：①改变主轴与水轮机轴连轴螺栓的力矩，这种方法也可用来校正直线度。②松开推力头与转子连接螺栓，移动推力头，直到水导摆度、下导摆度合格后重新拧紧螺栓。③通过改变主轴与转子连轴螺栓的力矩来实现。

如果转轮与转子同心度超标，重新调整8块下导瓦确定转子和转轮的中心，同时检查推力头与挡油圈的同心度。如果转轮在中心，而转子不在定子的中心，则可通过移动定子来满足同心度。

转子摆度通过测量空气间隙计算，如果转子偏心超标，可通过改变推力头与转子的相对位置来实现。

VGS工艺要求机组盘车检查分为几个部分：转子与推力头连接前检查转子与推力头同心度；转子与主轴连接前检查转子与主轴同心度；转子与主轴连接后进行水导摆度检查；测量定子转子空气间隙并计算转子摆度与定子圆度；水导与转子联合盘车及机组轴线检查与调整。当所有这些结果符合要求后，再进行推力头与转子间径向销钉钻铰和转子与主轴间径向销钉钻铰，然后盘车检查上导摆度、集电环摆度等。

经2号机组证明，这些轴线盘车工艺占用直线工期长，有部分盘车过程完全可以省掉，如转子与推力头的同心度盘车检查。按VGS工艺，转子与推力头同心度要求0.05mm，可是转子吊装后落在风闸上，当推力头与转子同心度满足要求后用10颗M24的螺栓将推力头提起与转子把合，然后将转子落下。在这一过程中，推力头与转子很容易产生错牙而达不到工艺要求。且在以后的盘车中，转子与主轴连接前的盘车检查及转子与水导摆度检查时，有可能重新调整推力头，而这一调整显然将导致推力头相对转子的同心摆度不再符合0.05mm这一要求。2号机组安装，仅在这一过程即花费了近一周时间反复调整推力头。在3号及1号机组安装时，经VGS厂家同意并与业主协商，将整个机组盘车过程做出相应修改：推力头与转子连接前不再进行盘车检查，直接测量四个对称点调整推力头与转子基本同心后，连接转子与推力头，接着进行转子与主轴的盘车检查，然后安装上端轴与上机架，进行整个机组联合盘车检查。通过改进，在3号及1号机组的安装中所有轴线盘车检查仅花费近两周时间，大大节省了机组安装直线工期。

（本年鉴编辑部　中国水利水电第八工程局三峡机电制造安装项目部）

## 三峡左岸电厂VGS机组定子下线

### 一、概况

三峡左岸电厂VGS机组的定子，共有510槽1020根线棒。线棒由24股实心铜导线及6股空心股线组成，罗贝尔线棒槽内360°全换位。线棒绝缘为环氧粉云母带主绝缘，加半导体复合物防晕层的F级绝缘。定子绕组及汇流铜环采用水内冷的冷却方式，绕组水、电接头分开引出。

槽内填充的槽底、层间及楔下垫片采用绝缘垫片。线棒嵌入前在两侧及底面包绕一层涂KIT884.43导电胶的半导体衬垫。槽楔采用成对斜槽楔，楔下为波纹弹簧垫条。绕组端部支撑环上、下端部各布置一圈，材质为环氧板。绕组斜边间隔垫块及支撑环衬垫采用适形材料工艺。

绕组电接头为指状结构，采用炭阻加热银铜焊连接。绕组之间水接头在工地调整尺寸后，采用铜管硬钎焊（氧焊）工艺焊接。线棒与供、排水环管之间的水接头，采用软管和螺纹连接方式。绕组端部绝缘采用绝缘盒但不填充环氧的新工艺，极间连线、引出线及汇流铜环绝缘采用“Micalastic”绝缘结构。

### 二、下线工艺特点

（1）对施工环境要求苛刻，下线施工区域封闭，环境温度控制在15～25℃，环境湿度不超过70%。

（2）在定子机座上布置整圈的环形轨道，进行线棒嵌装中的起吊、就位及铜焊机焊把的起吊、定位，并利用环形轨道的支架封闭定子下线区域。不采用可移式旋臂吊。

（3）由于定子绕组为水冷却结构，增加了纯水冷却回路的安装及试验工序。在定子绕组指状电接头焊接及绕组端部固定完成后，开始用专用测量工具测量每个水接头的尺寸，再配制水接头。

（4）支持环一般采用非磁性不锈钢材料加工制作，并且在开始嵌线前安装完成，在嵌线过程中同时进行线棒的绑扎。但VGS机组线棒支持环采用绝缘的环氧材料加工制作，层间支持环采用玻璃丝布包环氧腻子现场卷制。线棒端部固定及支撑在线棒指状电接头焊接完成后才进行安装，先绑扎线棒斜边垫块，再开始组装、绑扎下层线棒端部绝缘支持环，最后现场制作组装层间支持环。

(5) 由于定子绕组指状结构的特殊性，在上层线棒嵌完后分相进行上、下层线棒的交流耐压试验将非常困难、危险。因此，取消上层线棒嵌完并打完永久槽楔后上、下层线棒的43kV、1min交流耐压试验，以75kV的整体直流耐压试验替代。

(6) 汇流铜环采用空心铜管加工而成，其安装需要现场配管、切割、加工，因此增加了配管、切割、加工、酸洗、气密性检查试验等工序，同时也包括绝缘包扎、焊接、绑扎固定等常规工序。另外，汇流铜环的安装要以引出线棒、主引出线、中性点引出线、各部位连接水管等的位置为基准进行，因此在汇流铜环安装前必须先安装好主引出线。

(7) 绕组纯水回路要由纯水处理装置供水配合试验。绕组整体交流耐压试验时，要在绕组中通流动的纯水，这样，必须在试验前完成纯水处理装置及连接管路的安装、调试。

## 三、主要工艺介绍

### (一) 线棒U形包绕涂KIT884.43导电胶的槽衬纸新工艺

线棒采用了一种新的槽内防晕结构，线棒U形包绕涂KIT884.43导电胶的槽衬纸后再适形挤嵌入线槽，挤入时在线棒两宽面表面的导电胶会在铁芯通风沟处自动形成一个凸坎，导电胶固化后，可以防止线棒的上、下窜动。并且这种结构使线棒侧面与铁芯槽接触良好，不必检查线棒侧面与铁芯线槽间隙及测量槽电阻或槽电位。

施工时，将导电胶刮涂在槽衬纸上，不同机组单根线棒导电胶的用量现场确定，再将槽衬纸U形包绕在线棒两侧及面向线槽底侧的表面。线棒吊起进入线槽后，不得轴向移动，用铲刀和干净白布清理干净线槽中挤出的多余导电胶，再撕去线棒整个长度上外包槽衬纸长出部分。另外，在线棒下端部电接头处，要将线棒临时支撑，以防导电胶固化前线棒因自重轴向滑移。

### (二) 楔下波纹弹簧垫条结构的槽楔打紧

槽楔采用楔下带波纹弹簧垫条的双层楔形结构，这种槽内固定结构使用的材料从外往内依次有：绝缘槽楔、反向内楔、波纹弹簧垫条、保护垫条、调整垫条。槽楔打紧时，波纹弹簧的压缩量要求为70%～100%。厂家提供中间钻有检查孔以检查压缩量的专用槽楔，打槽楔前，先试打专用槽楔以检查波纹弹簧压缩量，从而确定楔下调整垫条的厚度，然后按此标准加垫打入正式槽楔。

### (三) 线棒指状结构电接头的焊接工艺

线棒电接头连接片中间开槽分开成5根，因此称为指状结构。每根“指”长宽尺寸为43mm×13.6mm，“指”缝宽度3mm，整个指状接头高度80mm（5×13.6mm+4×3.0mm），接头铜板厚度9mm。线棒之间的连接电接头、线棒与汇流铜环连接的电接头、连接跨桥与线棒之间连接的电接头均属于指状搭接硬钎焊结构的电接头。这种结构具有以下优点：焊接时添加焊料渗透效果好，使接触面的熔合更好；焊接时加热时间短，不会引起热量集中而烧伤接头附近绝缘，施工中经测量加热接头附近绝缘温度一般不超过100℃；能在更小尺寸范围内对焊缝熔合质量进行外观检查，可提高焊接质量。不足是每个接头至少要往返焊接5次，加热次数多，总的焊接工期较长，为了缩短工期需要多台焊机，而且焊接过程中会引起水接头距离的收缩。因此，为了保证水接头的安装尺寸，在指状电接头焊接前要测量全部水接头尺寸并对尺寸偏大或偏小的接头进行调整，焊后还要重测。

施焊前，需要进行焊接型式试验及焊接工艺评定，试验项目包括焊接试件的拉伸试验、脱开试验。焊接时，将每个电接头分5次加热焊接，来回焊接相邻的15～30个接头，每次焊完这15～30个接头后，再焊下一根“手指”，直到这些接头全部焊完。焊接过程中从指缝处不断用焊丝向“手指”焊缝填补焊料，直至焊缝处填满无气隙时停止通电焊接。焊接质量检查用5～10倍放大镜肉眼目视。

在以往空冷结构的定子绕组安装中，对电接头焊接收缩问题是不考虑的。但VGS机组这种结构的水内冷绕组指状电接头焊后，上端部线棒水接头焊前和焊后距离相比收缩1～3mm，绝大部分收缩在1.5～2.5mm之内，下端部线棒水接头焊前和焊后距离相比变化不大。原因是：上端部先焊最下一根，依次往上焊接，每焊完1根“手指”冷却后的收缩量一般在0.5mm以内，呈逐渐缩小趋势，因此导致水接头距离的总收缩达到1～3mm；而下端电接头最先焊下面1根“手指”，其他4根“手指”焊接收缩对端部水接头距离的影响已不大，仅仅1根“手指”的焊接收缩量一般在0.5mm以内。由于线棒端部电接头焊接时引起水接头距离收缩，考虑到水接头配制时尺寸配合的要求，因此要调整线棒端部水接头焊接前的距离不小于108mm。

### (四) 水接头的连接

水接头和线棒上水腔接头均为不锈钢材质，安装前必须将接头清扫干净，以防再次拆除时“咬丝”。安装时要按照配制记录，将一一对应的水接头螺帽拧入线棒水腔接头，并用100N·m力矩拧紧。安装中应注意：连接水接头的密封面止口应完全套进线棒水腔接头，否则要对止口进行处理；水接头正式安装前要检查线棒水腔接头法兰面，应平整、高度适当，否则要处理线棒水腔接头法兰面；拧紧密封螺帽时，应两人配合，一人拧紧密封螺帽，另一人用专用扳手卡住线棒上的水腔接头防止其扭曲。

（五）绝缘处理

机组绝缘采用湿的“Micalastic”绝缘，是一种由混合树脂（ISL898.1）、薄云母带（Gli：RoGs289.1）、聚脂薄膜（H：Hf376）和玻璃纤维带（Gs：GsBd550）组成的绝缘结构。“Micalastic”绝缘的耐压等级为20kV，包扎10层，夹紧前厚度5.0mm，夹紧后厚度4.1mm。

绝缘包扎要在隔离的封闭区域内进行，并控制室内温度为15～25℃、相对湿度不超过70%。最后一层玻璃纤维带表面涂ISL805绝缘漆，其作用是进一步减少固化过程中环境湿度对绝缘的不利影响。

（六）现场试验

由于定子绕组为水内冷结构，其现场试验与空冷机组定子绕组有显著的区别，除空冷机组定子绕组需要进行的绝缘电阻测量及绝缘判断、直流电阻测量、耐压试验外，还需要进行纯水回路的试验及定子绕组带水整体交流耐压试验。

1. 定子绕组纯水冷却回路的试验

（1）气密性试验：介质为纯氮气，试验压力0.5MPa，持续时间24h，试验最大允许泄漏量6.9L/d，相当于校正环境温度影响后的允许压降1kPa/12h。

（2）水压试验：用定子绕组纯水装置对绕组纯水回路充水后，用氮气升压对绕组和环管进行1.5MPa、30min的水压试验。

流量试验在水压试验合格后进行，测量绕组各纯水支路及汇流铜环水支路的流量。测量方法是用时差式超声波流量计测量，试验时纯水装置水泵循环运行，在绕组支路中产生较稳定压力的水流，进、出水环管压差约为0.62MPa。

2. 定子绕组整体试验　定子绕组整体试验主要包括：分支路直流电阻测量，绝缘电阻测量及判断，不带水交、直流耐压试验及线棒带水交流耐压试验。绕组绝缘电阻测量及绝缘判断，制造厂提供的判断标准（见表1）比国标GB8564《水轮发电机组安装技术规范》的有关规定更准确。国标规定，绕组耐压试验前绝缘电阻要满足$R_{40℃} \geqslant 2U_{N+1}$（MΩ）；而制造厂的判断标准中，判断能否进行耐压试验时不仅绝缘电阻要满足要求，更重要的是吸收比和极化指数要满足要求。

表1　绕组干燥的判断标准

| | 吸收比 ($R_{60S}/R_{30S}$) | 极化指数 ($R_{10min}/R_{1min}$) | 是否需要干燥 |
|---|---|---|---|
| 危险 | — | <1 | 需要 |
| 微弱 | <1.1 | 1～1.5 | 需要 |
| 可疑 | 1.1～1.25 | 1.5～2 | 建议 |
| 满意 | 1.25～1.4 | 2～3 | 不要 |
| 良好 | 1.4～1.6 | 3～4 | 不要 |
| 优秀 | >1.6 | >4 | 不要 |

在绕组整体交、直流耐压试验通过后，对于水内冷定子绕组还要进行带水41kV、1min的交流耐压试验，试验时利用纯水处理装置给绕组纯水回路内通入流动的纯水。

（中国水利水电第八工程局三峡机电制造安装项目部）

## 三峡左岸电厂5号水轮发电机安装

三峡左岸电厂共14台700MW水轮发电机组，其中8台由法国Alstom供货，安装在4～6号和10～14号机坑。三峡Alstom发电机结构为半伞式，额定容量778MV·A，最大容量840MV·A，总重量3333.5t；冷却方式为混合式，定子绕组直接水冷，其他为风冷；转子绕组励磁方式为静止自并励。发电机部分结构件的显著特点是其专利技术的斜支臂结构，即径向承力构件不通过部件中心，而是偏离一定角度，优点在于可解决热膨胀引起的变形问题，保持部件的中心、圆度和同心度，减少基础受力。

5号机于2001年12月10日开始定子机座组装，2003年7月16日完成全部试验运行后移交三峡电厂，共历时583天，比合同工期提前91天。

（一）定子安装

定子机座分5瓣到货，在现场组焊成整圆；铁芯由32万张0.5mm厚的硅钢片在现场叠成，用螺栓液压拉伸器压紧；绕组为双层波绕组，线棒主绝缘采用Micadur系统、F级绝缘；线棒中的水内冷空心导线材料为不锈钢，耐腐蚀，对水质要求较低。

5号机定子在4号机坑进行机座组装和叠片工作，然后吊到5号机坑下线和进行最终的安装调整。

机座焊接采用MAG气体保护焊，其定位筋的结构设计允许机座焊接收缩量最大为10mm（半径方向），实际收缩3mm。由于下环板组合缝间隙有的过小（要求3mm，实测最小为0），不利于焊嘴进入焊接底层，于是用割枪吹出一定间隙，但导致X形坡口钝边过大，不易焊透，增加了背缝清根量，影响到焊接质量，UT 检查不合格。焊缝返修时对厂家的焊接程序做了修改，将打底焊改为手工电弧焊，其他各层仍采用气保焊，UT 检查终于合格。

叠片时对铁芯周向波浪度偏差和内外高差进行了补偿。铁芯分 7 段压紧，采用 8 个螺栓液压拉伸器同时交叉对称进行。5 号机定子磁化试验，采用红外热像仪测量温度，结果为：铁芯最高温升 12.8℃，小于允许的 25℃；铁芯最大温差 7.3℃，小于允许的 15℃；机座与铁芯最大温差 11.1℃，小于允许的 15℃。

线棒嵌入前需在直线段缠绕半导体聚脂绕包带(Round Packing)，带内填充有适当厚度的硅胶化合物。半导体硅胶固化后膨胀，并呈弹性，能与槽壁良好接触，有效降低槽电位。

在定子绕组、纯水环管、Teflon 软支管安装完毕后，用干燥空气进行密封试验；绕组要进行 46kV、1min 无水交流耐压试验和 60kV 直流泄漏试验。定子绕组与纯水系统连接后，要进行水压试验、流量试验和 43kV、1min 带水交流耐压试验。机组试运行开机前，做 41kV 交流耐压试验。

（二）转子安装

转子圆盘支架由中心体和 16 瓣斜支臂在现场焊接而成。转子磁轭现场叠片，与支架采用径、切向组合键连接；磁极键为链式键。

转子支架焊接采用手工电弧焊打底，MAG 气体保护焊填充盖面。先焊中心体与支臂的立缝，再按中、上、下环板顺序焊接支臂间的径向缝。设计时考虑到焊接收缩，键槽板尾板立筋预留有 15mm 的现场加工余量，但 5 号机到货时发现没留该余量，于是对立筋进行了堆焊处理。键槽板在叠片时由磁轭定位，在磁轭叠片完毕压紧后才与支架腹板焊接。

转子磁轭叠片时，对径向、周向高差进行补偿，共分 4 段压紧，前 3 段采用 8 台风扳机交叉对称压紧，最后一次采用螺栓液压拉伸器进行。磁轭热套采用 20 台热风机，总功率 780kW；套前测量主键与键板槽的间隙和磁轭圆度，计算垫片厚度，准备好垫片；加热膨胀量达到要求后加入垫片，然后冷却至室温。磁极挂装前要测量绝缘电阻，组装完成后做 5kV 整体交流耐压试验。

5 号机转子热套三次才成功，历时 37 天。原因是键槽板长达 3255mm，在磁轭叠片完毕后与支架腹板焊接时，原工艺对其变形控制不够，产生切向变形，导致热套时大键卡在键槽板中，不能随磁轭膨胀一起向外移动，从而无法在大键与键槽板间插入垫片。经各方专家研究，在键槽板两侧各刨开 8 个窗口，根据间隙情况将大键与磁轭或键槽板焊接在一起；磁轭加热时，用冰块对支架进行降温，增加支架与磁轭的温差；最后将垫片插入到大键与键槽板或磁轭之间的间隙中去。以后安装的机组，吸取教训，做了改进：在键槽板两侧开了窗口，热套前将大键与磁轭焊接起来；键槽板与支架腹板焊接时，采用临时定位板加楔子的办法，控制其切向变形。

（三）下机架及推导轴承安装

下机架由中心体和 16 条斜支臂组成，在现场用螺栓连接成整体后，吊入机坑找正。下机架与基础的固定，采用各自独立的轴向基础板和径向支撑板。

推力轴承与下导轴承共用一个油槽。油槽挡油圈表面设有铝质螺旋形密封油沟，防止甩油。推力轴承为刚性支柱式，24 块推力瓦，总承载负荷为 5520t；厚薄瓦两层结构，层间由出厂已配置好的 4 种不同直径的弹性小支撑柱传力；支柱螺栓设有推力负荷测量传感器。在将推力瓦吊装到支柱螺栓上以前，设置推力负荷传感器的零位；以后在转子吊装、转子与主轴及转轮连接后落在推力轴承时，都要检查每个传感器的读数，若读数差值超过 0.03mm，就要重新调整支柱螺栓高度，直至各瓦负荷偏差在允许范围内；在机组轴线调整完成后，还要测量再确认。

高压油顶起装置，在推力头和镜板吊入油槽之前，要启动油泵，检查每块推力瓦面的喷油高度是否一致；若不一致，则调节高压油环管至每块推力瓦的分配和节流阀，以达到流量一致。在 5 号机组试运行的过程中，机组过速后人工转动转子准备打磁极键时，发现机组转动时产生异常声响。经检查，有 4 块推力瓦的分配和节流阀的可调节孔因过速试验时的巨大振动而被固定孔的油嘴堵住，无高压油润滑瓦面，产生干摩擦而发出异响。后来厂家对该阀进行了改进，取消可调节孔并将固定孔的直径由 2mm 扩大到 3.5mm。结果表明，这种办法是可行的。

下导瓦 16 块，正式安装是在机组盘车摆度和中心检查合格后进行的，其间隙通过加工瓦背部键槽内的键来调整。这种结构的优点在于固定可靠，不会因机组的振动而松动；但下导瓦的实际间隙值受测量误差和键机加工误差的影响，满足（1.2±0.02）mm 的间隙要求有一定的难度，而且在插入键以后的下导瓦间隙很难测量。

推导轴承油冷却采用外循环方式，在油槽的外部有 8 个油冷却器，由自泵式下导瓦自动形成油冷却循环。在返回油槽的每根冷油管中设有一个临时的很细的滤网，厂家原来要求在机组试运行程序结束后才拆除该滤网。5 号机组试运行进行到 100％额定转速下的瓦温稳定试验时，推力瓦温度一直上升到跳闸温度 90℃，导致停机。拆开滤网后检查发现滤网被棉纱堵塞，由于当时冷油管中流量计出现故障，未能正确监控到冷油流量而没有报警。后拆除了该滤网，重新开机后瓦温恢复正常。

（四）上机架及上导轴承安装

上机架由中心体和20条斜支臂在现场焊接而成。上导瓦10块，其间隙调整也采用现场加工键的方式。

（五）轴系调整

三峡Alstom机组发电机的轴系包括下端轴、转子、推力头和镜板、上端轴、集电环。推力头与镜板在厂家组合后进行轴颈面的最终精加工，整体到货。部件间均设止口定位，但配合间隙较大，允许0.30mm，可做少量调整。

5号机在转子吊装并临时连轴后进行盘车检查时，发现水导与水轮机轴法兰、发电机下端轴法兰、转子的同心度很好，而与下导有0.3mm的偏心。由于实际止口间隙不能满足调整要求，于是重新吊起转子约500mm高，打磨转子与推力头的配合止口，单边打磨量0.5mm，并将这两部件间的导向销钉改为定位销钉。

盘车前对称抱紧8块下际瓦，间隙0.02mm。盘车测量断面为补气管、集电环、上端轴、转子下法兰、推力头、下端轴下法兰、水轮机轴上法兰、水导、转轮上下止漏环，止漏环处用塞尺测间隙，其余用百分表测量。盘车测量点分别为0°、90°、180°、270°、360°、450°。测得读数后按厂家规定方法计算分析。

5号机部件总装根据厂家指导，以底环中心和高程为初始安装基准，按部件安装顺序而逐次转换基准，进行下一步的安装。因此，定子、上下机架的基础混凝土要等到盘车结束才浇筑，工期长；并且基准多次转换，易产生累积误差。中方专家提出了另一种方法，即将底环中心和高程返上来，作为所有发电机部件共同的安装基准，不必等水轮机安装找正就可进行发电机部件安装、找正，浇筑固定部件基础混凝土。这种不以实物找正的方法，可缩短工期，安装精度也能得到保证。

（中国葛洲坝集团公司　禹家莲）

## 三峡左岸电厂2号机组启动试运行

### 一、机组启动试运行准备

三峡左厂2号机组启动试运行依据国家行业标准、三峡的有关规程、厂家的技术文件以及长江委设计图纸、文件等的要求，编制了启动试运行程序、技术措施、试验计划，作为具体实施的依据。

为确保机组启动试运行工作正常有序进行，建立了专门组织机构，安排了相应人员，进行了上岗培训，准备和布置了试运行仪器、仪表及物资等。

### 二、机组启动前检查

机组启动试运行前，由业主、监理、厂家及施工单位组成联合检查小组，对各分项系统的各个项目的安装完成情况进行全面检查，并对有关设施、设备是否符合规定要求加以确认。

### 三、充水试验

2003年6月10日9时08分打开尾水充水阀，开始充水，按规定检查有关部位无渗水、漏水现象，并记录水压力；13时23分平压，随后提尾水门，并关闭导叶；16时40分完成调速器在静水状态下的导叶全开、关试验。

同日18时57分，提进口门充水阀对钢管及蜗壳充水，1h53min后平压。充水过程中，检查有关部位不漏水，顶盖排水系统及水力机械测量各表计工作正常。22时许开始对技术供水系统充水，并按设计整定值调整主供水管及其分支管路的压力、流量，调校各类传感器的输出量，使各部工况符合设计要求。

6月11日9时32分，开始进水口闸门静水启闭试验，分别进行现地手、自动及远方操作（单元控制室和中控室）的进口工作闸门静水中启闭试验；调整闸门启闭时间，慢速关闭为25min，慢速开启为20min，快速关闭为3min23s。试验至16时结束。

### 四、机组空载试运行

2003年6月12日11时46分，2号机第1次现地点动开机，随即滑行停止。12时48分在机旁室第2次开机，在升至65%额定转速运行4min时，因发电机下部定、转子挡风板摩擦，停机处理。16时31分第3次开机，升至额定转速运行，因水导瓦温达73.2℃高于报警温度70℃而停机处理。6月13日11时第4次开机，13时58分由于下导瓦温过高而停机。6月15日20时处理工作完成，21时26分第5次开机，运行4h后瓦温稳定，上导轴承最高瓦温40.0℃，下导轴承最高瓦温58.2℃，推力轴承最高瓦温78.8℃，水导最高瓦温69.3℃。

2003年6月16日凌晨，机组按规定进行了过速试验；8时进行过速后的全面检查及打紧磁极键工作。过速试验各部位振动情况如下：上导0.21mm，水导0.18mm，上机架垂直0.15mm、水平0.20mm，下机架0.30mm，顶盖垂直0.20mm、水平0.20mm，定子垂直0.18mm，水平0.15mm，蜗壳0.40mm，尾水管进人门 0.52mm。

6 月 17 日上午开机不久，发生了主轴密封加压泵电机温度过高而自动停机的情况；在进行检修更换了 1 号加压泵后，下午第 7 次开机进行加励磁试验和紧急事故停机试验；晚上在空载条件下分别对 1500N 主用、1500S 备用、1000E 电手动等 3 套调节器进行了扰动试验。最终选择了调速器设置参数：比例增益 $K_p$ 为 2.1，永态转差 $b_p$ 为 5%，微分时间 $T_d$ 为 0.57s，积分时间 $T_i$ 为 7.2s。

根据试验的实际情况，自动开、停机试验和事故停机试验穿插在其他试验时进行。

## 五、机组带主变压器及高压配电装置试验

2003 年 6 月 18 日和 19 日，进行发电机升流试验和发电机升压试验，期间对水导瓦间隙进行增大调整。

空载下调速器试验和励磁试验在 6 月 20 日、21 日进行，机组运行正常。

6 月 22 日按厂家要求进行下导间隙调整和推力油槽改造等的处理工作。23 日 14 时 46 分第 14 次开机，开始进行发变组及 GIS 升压等试验，24 日 22 时 55 分机组并网成功。

## 六、机组并列及带负荷试验

6 月 25 日 8 时 48 分，2 号机第 18 次开机；16 时 13 分机组并网并带负荷，但鉴于厂家代表提出“上导、下导摆度波动太大，轴系不稳定”问题，只带至 291MW。从试验情况看，机组各部位振动、摆度、温度正常。随后进行甩负荷试验，因需网调安排，机组甩 550MW（能带的最大负荷）试验到 26 日下午才完成。数据分析表明，转速上升率、压力上升率、各部振动和摆度均在允许范围内。

机组在进行了带 550MW 负荷条件下事故低油压试验、动水快速落进口门试验、调速器带负荷下试验、机组带最大可能负荷（550MW）瓦温稳定试验等，至 28 日 18 时 20 分，72h 带负荷连续试运行前所有试验完毕。

## 七、机组 72h 带负荷连续试运行

2003 年 7 月 1 日 10 时，2 号机组开始 72h 带负荷连续试运行，在现有水头下带最大负荷 540MW。运行时负荷稳定，工况良好，机组的温度、摆度、振动、流量、压力、油位等参数显示正常。但在 7 月 4 日 5 时 52 分，纯水系统导电率传感器误动报警，监控系统跳闸停机，72h 试运行被迫中断。在纯水系统导电率传感器更换和监控系统控制回路调整后，7 月 4 日 11 时 12 分开机，11 时 40 分带上 540MW 负荷，重新进入 72h 连续试运行，7 月 7 日 11 时 40 分顺利完成。

72h 试运行完成后，机组过流部位经排空检查，未见异常现象，其他小缺陷在移交电厂管理前处理完成。

## 八、主要问题及处理

### （一）水导轴承间隙的调整

2 号机组水轮机导轴承为巴氏合金分块瓦结构，整圆周共布置 24 块导轴瓦。按厂家规定安装轴瓦，单侧间隙为 0.2mm。首次开机在额定转速下瓦温已达 73.2℃，高于报警温度 70℃。考虑到水导摆度值较小，与外方专家共同研究，决定将间隙从 0.2mm 增至 0.3mm，运行后瓦温略有改善。最后将单侧间隙进一步增大至 0.4mm，在带 550MW 负荷下的最高瓦温为 56.6℃，低于报警温度 70℃，水导瓦运行温度偏高问题得以解决。

### （二）发电机推力及下导轴承处理

发电机推力、下导轴承是整个机组运行中最薄弱的环节。推力头处的下导轴颈，直径为 5415mm，运行中热膨胀对下导瓦间隙的影响很大。安装时轴瓦单侧间隙为 0.5mm，2 号机组首次开机瓦温随运行时间的延长不断上升，超过 70℃，推力轴瓦温度也普遍在 78～79℃左右，决定停机。经各方专家多次讨论，决定把导轴瓦间隙调整至 0.8mm。抽瓦检查发现，全部 42 块下导轴瓦瓦面沿圆周方向出现密集的、深浅不一的唱片纹，最深达 0.15～0.18mm，瓦面以抗重螺栓为中心偏出油边处出现连片半干摩擦痕迹，于是又更换全部下导瓦和重新滤油。开机后导瓦的温度从调整前的 77℃下降至 66.1℃，推导油温及推力瓦温也有一定改善。但中方专家一直认为此间隙调整还没有完全到位，仍然不合理。之后打开推导油槽安装推力冷热油隔板时，再次发现下导轴瓦出现与前次相同的唱片纹磨损。决定打磨瓦面、滤油、完全开通下导瓦架的 12 个通油孔，按中方专家意见将下导瓦单侧间隙从 0.8mm 进一步增调至 1.0mm，以改善推力与下导瓦温和减轻下导瓦磨损。同时经中外双方认真研究，为保证推力轴承在带负荷及 72h 工况下的运行可靠性，权且先在推力油槽内加装三块冷热油隔离导油板，避免冷热油短路，并提高油槽油位 40mm，以改善下导瓦的润滑。此措施取得较明显效果，下导瓦温明显下降（61.9℃），推力瓦温也维持在 77℃左右，推导油槽油温降至 44℃，轴系各部摆度未见增加。

首台（2 号）发电机组启动试运行从 2003 年 6 月 10 日尾水充水试验开始，到 7 月 7 日 72h 试运行顺利完成，7 月 10 日机组移交结束，历时 30 天。机组启动试运行过程中开、停机共 33 次，机组运行共

262h，至 72h 完结为止共发电 8611.4 万kW•h。机组启动试运行期间所进行的各项试验项目及过程符合设计规定、三峡标准和行业规程，试验过程真实，监测记录准确，试验成果丰富。

（中国水利水电第八工程局 陈正新编辑时根据试运行简报作了补充）

## 三峡左岸电厂 5 号机组启动试运行

三峡左岸电厂 5 号机组，系 Alstom 供货的机组。其启动试运行程序、技术措施和试验计划，是依据国家行业标准、三峡的有关规程、厂家的技术文件以及长江委设计图纸、文件等的要求编制的。作为三峡首批机组启动试运行，参建各方十分重视，严格规范实施，慎重处理问题。从 2003 年 6 月 10 日尾水充水试验开始，到 7 月 13 日 72h 试运行顺利完成，7 月 16 日机组移交投产，历时 36d。机组启动试运行过程中开、停机共 36 次，至 72h 完结为止共发电 4944.9 万 kW•h。三峡左厂 5 号机组启动试运行成果丰富，现将主要情况分述如下。

（一）充水试验

2003 年 6 月 10 日 9 时 15 分打开尾水充水阀，开始充水，11 时尾水管压力达到正常值。在尾水充水过程中，检查发现接力器活塞杆有局部伤痕，于是中止充水工作。经拆除检查，现场讨论确定处理方案进行处理，到 12 日 11 时完成活塞杆修复（但液压锁锭装置未回装）。随后继续尾水充水工作，至 12 日 20 时，5 号机的三扇尾水门提至全开位置并锁锭，尾水管充水结束，各部位情况正常。6 月 13 日上午，修复后的接力器经油压动作试验，开关正常。是日晚重新加工接力器压紧行程调整垫片，次日凌晨 5 时 30 分回装完毕。在经 104h 接力器处理、调整及试验后，自动锁锭装置于 6 月 15 日凌晨 1 点 30 分完成回装。

15 日 4 时 57 分，开启进水口工作闸门平压阀向钢管及蜗壳充水，7 时 47 分平压，蜗壳压力 0.706MPa，有关部位不漏水，顶盖排水系统及水力机械测量各表计工作正常。10 时，开始进行进水口工作闸门启闭试验，分别在现地、单机控制室、中控室操作，动作可靠。11 时 25 分开始，利用蜗壳取水对技术供水系统进行了冲洗，并在当时水头下重新检查调整了减压阀的参数以及各部位压力、流量，使其满足设计运行的要求。

（二）机组空载试运行

2003 年 6 月 15 日 16 时 03 分，5 号机通过设置在水轮机室的临时开停机按钮，手动第 1 次点动开机，随即停机滑行。16 时 32 分在相同位置第 2 次开机，在升至 10％额定转速时，按紧急停机按钮进行停机。17 时 06 分第 3 次现地开机，升至 35％额定转速运行 10min 后，因厂家代表提出主轴密封压差存在问题而停机。6 月 16 日 15 时 44 分，5 号机第 4 次手动开机，16 时 57 分升至额定转速运行，各部摆度、振动正常；18 时 10 分，因推力油温过高而停机。18 时 59 分，再次手动开机至额定转速，运行 1h20min 后因推力瓦温过高人工停机。经分析，温度过高是外循环冷却器油管上的临时滤网堵塞造成的，于是做了拆除处理。23 时 49 分第 6 次开机，在额定转速运行，进行瓦温试验；至 17 日 3 时 40 分，各瓦温、油温稳定，上导轴承最高瓦温 43.8℃，下导轴承最高瓦温 42.4℃，推力轴承最高瓦温 75.6℃，水导最高瓦温 55.0℃。

2003 年 6 月 17 日凌晨 4 时许，5 号机组进行过速试验。在第 2 次把转速升到 136％额定转速后关小导叶，但机组转速仍上升至 146％，机械过速装置动作，紧急停机，发生强烈振动，并有 8 个导叶拉断销拉断，采取关进水口工作门才把机组停下。经更换全部拉断销、排水检修导叶、处理分段关闭阀支架后，于 21 日 0 时 07 分第 7 次开机，开始自动开停机试验。第 9 次开机为计算机分步开机，未成功。第 10 次开机运行后因快速闸门误动关机，经查系蠕动装置引起，因此对蠕动装置问题采取了相应措施。19 时第 11 次自动开机成功，进行升流检查后自动关机。

6 月 22 日上午第 12 次开机，进行升流、升压等试验，机组运行正常，各部摆度、温度分别为：上导 0.07～0.21mm、43.9℃，下导 0.12～0.19mm、46.2℃，水导 0.05～0.10mm、55.2℃，推力瓦温 73.5℃。至 22 日晚，试验顺利结束。

6 月 23 日上午开机，进行调速器扰动试验，在对 1500N 调节器进行了扰动试验成功后选择了调速器设置参数：比例增益 $K_p$ 为 2.5，微分时间 $T_d$ 为 2.00s，积分时间 $T_i$ 为 25.00s。下午，在进行转速信号故障模拟试验时，发生过速 112.7％，导叶关闭中拉断销拉断，手动紧急停机。在更换 2 个拉断销后，应外方要求，重新进行调速器的相关试验。24 日 13 时 47 分机组第 16 次开机，随后进行发电机短路试验、发电机空载试验、调速器系统故障模拟试验；18 时 50 分，应外方要求，进行过速试验，再次发生拉断销拉断。6 月 25 日对机组检修处理后，为查明拉断销拉断原因，进行了调速器静水状态下的关闭试验，发现控制环在关闭时上抬。经对接力器检查和试验分析，发现右接力器内部油孔未钻通，使两接力器行走不同步，造成上抬，对此进行了处理。

（三）机组带主变压器及高压配电装置试验

2003 年 6 月 26 日下午，5 号机第 17 次开机，进行了发电机带厂高变升流试验和带主变单相零起升流试验。27 日上午又开机进行带主变三相零起升流及短路特性试验，发电机额定电流热稳定试验，带主变、厂高变零起升压试验，各设备运行正常，18 时许试验结束。当晚，5 号机停机检修，对导叶接力器缺陷进行处理。28 日下午，5 号机第 19 次开机，进行过速试验，第 4 次发生拉断销拉断。随后更换拉断销，并对调速器控制环进行加铜垫处理；29 日又进行了水轮机排水内部检查及有关问题处理。30 日仍进行检修，17 时后尾水开始充水。7 月 1 日在进行了导叶摩擦装置拉紧螺栓拉伸和检查调速环跳动量后，提进口门，21 时第 20 次开机，并开始励磁系统等试验。2 日进行发变组及 GIS 升压、同期并网等试验，19 时 29 分机组并网成功。

（四）机组并列及带负荷试验

7 月 3 日 9 时 32 分，5 号机第 24 次开机；13 时 35 分机组并网，进行带负荷试验和电制动试验，结束后停机检修。这次检修，进水口工作门关闭，钢管排水，进行接力器处理、调速环加垫、上挡风板支撑改造、自动化元件的调整和更换、滤水器减速机连轴部位开裂检修、减压阀出口流量计更换、主变供水排水阀渗漏处理等工作。其中左接力器内阻尼环卡阻是新查出的问题，按厂家意见做了处理，7 月 5 日晚处理工作完成。6 日 17 时 17 分第 25 次开机，做紧急停机试验，结果令人满意；随后进行了 115%额定转速的过速试验，情况正常。7 日又进行了 125%、145%额定转速的过速试验和甩负荷（175MW、350MW、530MW）试验，各参数符合要求，其中甩 532MW 负荷转速最大上升到 137.21%额定转速。

5 号机组在进行了带 540MW 负荷条件下事故低油压试验、动水快速落进口门试验、调速器带负荷下试验、机组带最大可能负荷（526MW）瓦温稳定试验等，至 7 月 10 日 1 时 55 分，72h 带负荷连续试运行前所有试验完毕。

（五）机组 72h 带负荷连续试运行

2003 年 7 月 10 日 16 时 32 分，5 号机组开始 72h 带负荷连续试运行，在现有水头(66.03m)下带最大负荷 525MW。运行时负荷稳定，工况良好，机组的温度、摆度、振动、流量、压力、油位等参数显示正常。上导最高瓦温 45.6℃、摆度 0.04mm，下导最高瓦温 48.8℃、摆度 0.06～0.09mm，推力最高瓦温 76.5℃，水导最高瓦温 52.2℃、摆度 0.03mm。7 月 13 日 16 时 32 分，5 号机组 72h 带负荷连续试运行顺利完成，一次成功。根据网调要求，试运行结束后机组继续带最大负荷运行，至当日 21 时 30 分才减负荷停机。

7 月 14 日，开始机组排空检查、消缺。7 月 16 日 9 时 48 分，5 号机正式移交三峡电厂运行管理，进入 30 天考核试运行期。

（本年鉴编辑部根据试运行简报整理）

# 三 峡 工 程 关 键 技 术

## 三峡大坝及电站建筑物设计关键技术

（一）大坝泄洪及消能

大坝设计按千年一遇洪水流量 98800m³/s，相应挡水位 175m；校核按万年一遇洪水加大 10%洪水流量 124300m³/s，相应挡水位 180.4m。根据三峡水库防洪调度规划，要求枢纽在防洪限制水位 145m 具有下泄洪水流量 57600m³/s 的能力；在库水位 166.9m 时，具有下泄洪水流量 70000m³/s 的能力；遇设计洪水和校核洪水，按泄流能力敞泄，要求枢纽在校核洪水时具有 10 万 m³/s 以上的泄流能力。为此，大坝泄洪设施需布置深孔以满足低水位时的泄洪要求，并设表孔满足设计洪水和校核洪水泄洪要求。从水库排沙考虑，要求深孔进口高程低于电站进水口高程。综合分析防洪、排沙、工程防护、厂前排漂等因素，大坝泄洪设施采用深孔和表孔相间布置方案。在泄流坝段布置 23 个深孔和 22 个表孔。为三期施工导流及截流，布置 22 个导流底孔，后期回填混凝土封堵。

针对大坝水头高、泄洪量大、排沙量多、3 层泄洪孔运行条件复杂等特点，设计研究了 3 层泄洪孔口不同运行条件下的体型选择和高速水流下抗空化及防泥沙磨蚀问题；深孔与表孔联合泄洪和深孔与底孔联合泄流时，下游水力衔接及消能防冲等问题。通过方案比较，选用挑流消能型式。下游水位较深，消能效果较好，可减少下游两岸冲刷及其对下游航道口门的影响。表孔及深孔采用沿坝面设长隔墙分开，鼻坎为平滑挑坎，前后错开布置方案。导流底孔比较了有压短管和有压长管方案，综合考虑结构安全、方便施工、抗磨和水力学条件等因素，选用有压长管。长管模型试验成果表明，各孔口水流在泄槽内无扩散及收缩现象，流态较平稳。深孔出口反弧段流速 35～

40m/s，在长隔墙设通气孔掺气防止空化。由于导流底孔鼻坎高程较低，受下游水位淹没影响，水流出鼻坎后，下游水流衔接流态基本上为面流，水舌下有逆向漩滚。模型试验成果表明，库水位135m时，底孔单独运用和底孔与深孔同时运用两种工况下，水舌下逆向漩滚水流的最大底部流速分别为5.9m/s及4.8m/s，距坝址约50m，下游冲刷坑最低高程分别为29.4m及26.5m，距坝址约144m及139m。坝址下游30m范围均未受到冲刷。坝下消能区两侧设左、右导墙，以防泄洪对电站运行产生不利影响，在右导墙左侧设混凝土防冲齿墙保护，最低高程30m。坝基岩面高程30m以上部位设置50m宽的护坦以预防基岩掏刷。

泄洪深孔主要宣泄千年一遇以下洪水，在防洪限制水位145m，要求深孔泄流量为56700m$^3$/s。同时深孔与导流底孔共同担负三期施工导流及围堰发电期度汛任务，要求在135m水位时，深孔与导流底孔联合泄洪能力达7万m$^3$/s。枢纽正常运行后，深孔与表孔联合运用并考虑排漂孔、排沙孔和厂房机组泄流后具有10万m$^3$/s以上的泄洪能力。深孔设计水头85m，孔中流速达35m/s，需采用掺气减蚀措施。设计就深孔有压长管和短管方案的体型做了深入细致的试验研究论证，选用有压短管接明流泄槽跌坎掺气型式。

由于深孔具有数量多、尺寸大、过水历时长、运用操作频繁、水头高变幅大的特点，且孔口周边拉应力大，需配置的钢筋排数多、直径大、施工困难。为此，设计采取下述结构措施：①在有压段局部设置钢衬，减少空蚀，提高抗冲耐磨性能。钢衬厚度26mm。虽然仅减少孔口拉应力值约0.1～0.2MPa，效果不明显，但对减小配筋拉应力区深度有相当作用。②提高横缝灌浆高程至110m，增大孔口侧壁刚度，限制孔口内水压力产生的侧向变位。计算成果表明，灌浆对减少孔口拉应力的作用与初始横缝缝隙宽度、相邻坝段刚度、相邻孔是否充水等因素关系很大。因此，灌浆后孔口应力减少的数值难以确切估计，宜作为安全度考虑。③深孔局部止水后移至坝轴线下1～3m处，水平顶止水高程104m。因局部横缝侧水压力作用，孔门拉应力降低很多。整个有压段孔口应力改由自重工况控制。孔顶最大拉应力1.5MPa，配筋拉应力区深度1.85m，孔底最大拉应力1.2MPa，配筋拉应力区深度1.73m。

导流底孔跨缝布置，运用时间3年，承担三期工程施工导截流及围堰挡水发电期间泄流任务。运用时，水头高达80m，有压段出口平均流速达32.2m/s。底孔横缝将会使高速水流分离形成局部低压区，造成空蚀破坏。温度变化会使横缝与闸门止水连接困难，易产生高压射流破坏闸门止水和冲蚀混凝土。因此，需对导流底孔进行跨缝处理。结合二期抗冲耐磨混凝土浇筑，在6m宽的底板上预留1m厚的抗冲耐磨层，二期浇筑钢筋混凝土跨缝板。考虑到顶部跨缝板施工难度大，且泥沙磨损较底板轻，只在工作弧门5m范围和事故门前、后各3m范围内进行跨缝处理，其结构型式采用预留宽2m、深1.5m的浅槽，二期回填钢筋混凝土跨缝板。跨缝布置的导流底孔在检修工况下将产生不平衡侧向水压力，为此，要求导流底孔运用前，大坝高程80m以下进行横缝灌浆；在低温季节浇筑钢筋混凝土跨缝板，以减少表面气温变化对缝宽的影响。

（二）岸坡厂房坝段基础深层抗滑稳定

左岸厂房1～5号坝段和右岸24～26号坝段，下游布置坝后式厂房，其最低建基高程为22.2m，致使岸坡厂房坝段基岩下游面临空，形成坡度约54°、临时坡高67.8m、永久坡高39m的高陡边坡，近百米高的混凝土坝坐落在坡顶。这些缓倾角结构面构成不利的滑动面，成为坝基深层抗滑稳定的控制滑面。设计对左岸坡厂房坝段基础沿缓倾角结构面抗滑稳定问题进行了大量地质勘探、科学试验和分析计算工作。技术设计阶段补充特殊勘察，采用先进的勘探手段（包括钻孔取芯、岩心定位、钻孔彩色录像），查清张大缓倾角裂隙结构面的数量、分布位置、产状、分布范围、性状及连通率。经施工开挖揭示和实测地质资料验证，表明前期勘探成果特别是特殊勘察成果与主要结论是正确的，坝基抗滑稳定条件总体略优于前期勘察成果。通过现场原型抗剪断试验并辅以大量室内试验，确定缓倾角结构面抗剪断指标$f'=0.7$、$c'=0.2$MPa，而岩体抗剪断指标为$f'=1.7$、$c'=0.2$MPa。大坝深层抗滑稳定计算采用刚体极限平衡分析原理和方法，并用有限元分析及地质力学模型试验验证。设计拟定各种可能滑动面的概化模式进行抗滑稳定分析，并按最坏情况考虑，设想从坝踵至厂房上游侧坡脚连线为单一的滑裂面，按100%连通率考虑，复核其抗滑稳定，作为极端和极稀遇的条件进行特殊组合校核，可满足要求。设计参照丹江口电站厂房坝段处理缓倾角裂隙的经验和国内外类似工程的实践经验，采取下列综合措施以增加岸坡厂房坝段抗滑稳定：适当降低建基面高程，并在坝踵处设齿槽；加大坝体上游底宽，帷幕及排水向上游移，以充分利用坝前水重；在坝基和厂房基础设置封闭的抽排水系统以降低扬压力；在高程51m以下的厂房混凝土与岩坡之间设锚筋及接触灌浆，利用厂房与坝体边坡岩体紧密相靠增加其抗滑力；相邻坝段间横缝设键槽并接缝灌浆以提高其整体作用；对坝基岩体长大裂缝结构面增设预应力锚索加固；在左厂3号坝段坝基增设1

条顺流向排水隧洞（高程 26m）；对坝基岩面出露的长大裂隙结构面挖槽回填混凝土处理；对临空的高陡边坡进行混凝土支护，并在钢管坝段预留 93m 高程的纵横向廊道，必要时可进行预应力锚索加固处理。

（三）电站引水管进水口型式

三峡电站水轮发电机组采用单机单管引水，压力钢管直径 12.4m，设计流量 966m³/s，运用水位变幅达 45m。在距进口前 12.5m 处布置直线形平面拦污栅以减少过栅流速，并设两道栅槽，便于清污、检修置换栅片。为满足电站运行要求，进水口尺寸要大、高程要低，因此，闸门尺寸大、水头高，需用大容量启闭设备。

设计研究了单孔进水口和双孔进水口两种型式。按常规的大喇叭口体型设计单孔进水口，喇叭口面积为引水管道面积的 3.5 倍以上，则闸门尺寸和启闭机容量较大，金属结构工程量多，且制造安装难度大。针对三峡电站进水口的特点，借鉴国外大型水电站进水口设计和实践经验，采用单孔小喇叭进口体型，进口曲线为变半径双圆弧曲线，喇叭口宽 12.11m、高 17.62m，孔口高宽比为 1.47，孔口面积为钢管面积的 1.93 倍，工作闸门（宽 9.2m，高 13.24m）与钢管面积比为 1.03。该方案与双线进水口（两孔工作闸门均为宽 6.5m、高 13.0m，喇叭口宽 8.5m、高 19.96m）方案通过大比尺（1∶30）水工模型对比试验的成果表明，两方案管道的总水头损失，单孔方案小 10cm，可以认为两方案的水力特性基本相当，单孔方案稍优。设计还比较两方案对坝体削弱的影响、闸门启闭机安装维修及运行条件、金属结构工程量、施工条件等。分析资料表明，单孔进水口的孔口应力较小，对坝体结构有利，双孔将增加钢筋用量，双孔进水口的门体、门槽和启闭机数量比单孔进水口增加 1 倍，维修工作量相应增多。双孔进水口要求工作闸门同步操作，运用要求严格，事故几率比单孔方案多。双孔方案运行操作条件较差，由于金属结构增多 1 倍，增加了安装工作量及工期，孔口墩墙结构单薄，钢筋较多，增加了混凝土的施工难度。因此，从大坝施工条件和安全可靠性考虑，单孔进水口为优，推荐采用单孔进水口型式。

根据设计分析、试验研究，为确保进水口不出现立轴漩涡，减少水头损失，最终确定的进水口布置有下述调整：①电站进水口底高程由 110m 改为 108m，闸门尺寸为 9.2m×13.2m。②渐变段加长到 15m，上斜直段减少到 9.63m，与水平面夹角改为 3.5°。③工作闸门门槽宽 2m，门井沿坝轴向宽 9.2m，门井前胸墙厚度 6m。

在自重和水荷载共同作用下，孔口拉应力最大断面为渐变段末段。整个电站进水口拉应力值由设计工况和围堰挡水发电控制。为减少拉应力，设计研究了预应力、横缝灌浆、局部横缝止水后移等不同结构措施。

（四）电站引水管结构型式

鉴于电站引水压力管道条数多（26 条）、直径大、*HD* 值高（计入水机压力，$HD=1730\text{m}^2$）等特点，设计对压力管道结构型式进行了深入比较和优选。坝内管段选用钢衬钢筋混凝土联合受力结构，坝后背管段比较了钢管单独受力（即明管）方案和钢衬钢筋混凝土联合受力方案。若按明钢管设计，应选用 600N/mm² 钢材，板厚 32～54mm。为避免钢管直接日晒，在钢管外包 1 层 1m 厚混凝土。钢管与外包混凝土之间设软垫层 PV 泡沫板，厚 30mm。若按钢衬钢筋混凝土管道设计，尽可能减少外包混凝土钢筋用量，控制钢筋配置排数不少于 3 层，总安全系数取 2.0。钢衬厚度为 30～36mm，安全系数为 1.2，钢衬钢材有 16MnR 和 15MnNbR 可供选择，钢筋制作安装有圆形筋和螺旋型筋可供比较。考虑日照变化及钢筋混凝土浇筑，钢管外包混凝土厚度为 2m。此外设计还研究过预应力钢衬钢筋混凝土引水管。综合分析认为，钢衬钢筋混凝土联合受力结构钢板较薄，有利于保证钢材材质和焊接质量，钢衬可立足于国内钢材，我国建成的水电站中引水管道已采用钢衬钢筋混凝土联合受力结构，具有成功实践经验，故选用钢衬钢筋混凝土联合受力方案。

钢衬钢筋混凝土联合受力管道设计遵循以下原则：①管道环向应力主要由内水压力引起，按极限承载状态，由钢衬、钢筋联合受力计算确定钢材用量。②在设计内水压力作用下，允许外包钢筋混凝土开裂，控制外包混凝土的裂缝宽度小于 0.3mm。③钢衬应力需满足二向应力状态强度要求，管、坝共同工作对管道形成的纵向应力由钢衬钢筋混凝土共同承担。④设计时不考虑钢衬与外包混凝土之间有裂隙存在，也不进行接触灌浆。

钢衬钢筋混凝土管道断面采用下部设小贴角的城门洞形断面。管道底部与坝体刚性连接，两侧与坝体设垫层隔开，管坝接触面采用设键槽、凿毛、局部（上、下弯段）设插筋等结构措施以保证接缝面抗剪强度。

大坝与厂房之间设有永久缝，永久缝需进行结构处理。位于河床较低部位的左厂 7～14 号机组的引水管道和右厂 15～23 号机组的引水管道在厂坝之间设置伸缩节。左厂 7～14 号机组的引水管道伸缩节已安装，采用不锈钢波纹止水装置的双套筒伸缩节。位于岸坡部位的左厂 1～6 号机组的引水管道及右厂 24～26 号机组的引水管道在厂坝之间不设伸缩节，采用长 10m 的垫层管（明管壁厚 60mm），垫层厚 50mm。

（五）电站排沙及排漂

坝址多年平均含沙量 1.2kg/m³，多年平均输沙量达 5.2 亿 t。泥沙主要是悬移质，其粒径小于或等于 0.25mm 的占 97.2%。三峡水库采用“蓄清排浑”的方式运用，水库的大部分有效库容，包括防洪库容和调节库容，可以长期保留。据泥沙试验研究成果，枢纽运行 30 年及 54 年后，分别有约 30%和 60%的悬移质泥沙到达近坝区，在此期间电厂坝前淤积的沙量较少，且无粗沙过机问题，不影响电站运行。当水库淤积接近冲淤平衡后，将有 85%以上的悬移质泥沙过坝下泄。大坝泄洪深孔较两岸厂房进水口高程低 18m，进入坝区的较粗泥沙，一般沿河床深泓自深孔下泄，厂前形成漏斗，保护电站进水口，不致大量淤积。但考虑两岸电站进水前缘较长，为防止进水口淤堵和减少粗沙过机，仍设置了排沙设施。研究比较了分散排沙（每台机组设 1 个排沙孔）和集中排沙（在厂房中部及端部安装场下部设排沙孔）方案，经综合分析比较，参照葛洲坝水电站排沙孔经验，选用集中排沙方案。根据黄河三门峡枢纽电厂实测，淤沙冲刷漏斗纵坡为 1∶30、侧向坡为 1∶6.3～1∶6.7；葛洲坝枢纽大江电厂实测，淤沙冲刷漏斗纵坡为 1∶7～1∶10，侧向坡为 1∶7。葛洲坝电站与三峡电站相距 40km，水沙条件相似，因此，拟定冲刷漏斗的纵坡比为 1∶10、侧向坡比为 1∶6，据此确定各排沙孔进口高程。在两岸厂房共设置 7 个排沙孔，其断面为圆形，直径 4.5m，进口底高程分别为 75m 和 90m。排沙孔单孔流量 350～400m³/s，进口流速 4.5m/s，孔内流速控制在 20m/s 以内，采用钢板全衬砌。

坝址下游葛洲坝电站运行经验表明，汛期有大量漂浮物至坝前。漂浮物主要是树枝、玉米秆、原木、塑料制品等。三峡库区范围大，流速小，漂浮物来势有所减轻，但汛期漂浮物汇集坝前仍难避免，应采用排漂措施。曾研究先拦后清和坝前导漂方案，因过于复杂，实施较困难，选用设排漂孔方案。通过水工模型试验，根据漂浮物在坝前的运移规律，确定设置 3 个排漂孔。在泄洪坝段两侧各设 1 个排漂孔，进口底高程 133m，孔口尺寸 10m×12m；右岸厂房安Ⅱ段设 1 个排漂孔，进口底高程 130m，孔口尺寸 7m×10m。当坝前水位在防洪限制水位 135～145m、下泄流量 20000～56700m³/s 时，启用排漂孔，左厂坝前沿回流漂浮物随水流缓慢运移至坝前，通过左导墙排漂孔及纵向围堰坝段排漂孔排至下游。右厂坝前漂浮物通过纵向围堰坝段排漂孔及右安Ⅱ坝段排漂孔至下游。当坝前水位为 166.7～175m、泄流量大于 56700m³/s 时，漂浮物从泄流坝段表孔排往下游。

（长江水利委员会　郑守仁）

# 三峡双线五级船闸设计关键技术

## 一、船闸输水系统及水力学

船闸最大工作水头 113m，分为五级，单级最大工作水头达 45.2m，为目前世界上规模最大、水头最高的船闸。设计对船闸输水系统充泄水阀门型式及阀门段水力学条件、防空化措施、闸室充泄水水力指标和船只停泊条件等船闸水力学问题，在南京水利科学研究院、长江科学院、清华大学等几家单位的几个水工模型同时进行试验研究工作。

船闸输水系统采用长隧洞等惯性型式，每线船闸两侧岩体内对称布置两条输水隧洞，进水口底高程 119m，布设在首级闸首上游的引航道内，泄水经末级闸室的泄水廊道，下接箱涵横穿引航道下游隔流堤，从堤外坡脚处进入长江，泄水箱涵底高程 44.4m。每线船闸的两条输水隧洞最大输水流量 550m³/s，采用城门型断面。闸室充水采用底部纵向四区段出水支廊道顶部设盖板消能的型式。闸室充泄水量为 237 万 m³。模型试验表明，设计方案在任何通航水位条件输水时，过闸船只的纵向系缆力小于 5t，横向系缆力小于 3t，可满足安全停泊要求。为克服充泄水过程中出现超灌超泄对船闸闸门运行的不利影响，设计采用在齐平水位前动水关闭输水阀门的措施，使阀门全关时刻的闸室内外水位差小于规定值。通过模型试验，中间级闸室当级间水位差为 2.02m（阀门双边运行）和 1.17m（阀门单边运行）时，即开始以 2min 关闭阀门，其最大惯性超高值分别为 0.18m 及 0.14m，可使闸室的超灌超泄值满足小于 0.25m 的要求。末级闸室泄水，泄水隧洞阀门需在闸室与下游水位差约为 2.3m 时，即开始不小于 2min 时间内动水关闭阀门，以此控制闸室的水位超降。对充泄水阀门型式比较了正向弧门和反向弧门，两种门型在技术上都是可行的，鉴于反向弧门在国内外高水头船闸中均有成熟的经验，特别是葛洲坝工程船闸已经过长期的运行考验，设计选用反向弧门。为解决充泄水阀门及阀门段的振动和空化问题，设计采取以下措施以保证输水隧洞及充泄阀门安全运行：适当降低隧洞高程，以保证阀门有足够的淹没水深；操作时快速开启阀门（$t_1=1\sim2$min）；阀门后隧洞顶部扩大（1∶10 坡比）及底部扩大的体型；门楣设置负压板自然通气等措施，防止阀门区产生空化气蚀。

## 二、船闸引航道布置及通航水流条件

船闸引航道布置及通航水流条件与坝区泥沙淤积

关系密切。通过坝区泥沙模型和水工模型对上、下游引航道线路布置方案进行了试验，重点解决水库运行不同历时引航道内外泥沙淤积对通航水流条件的影响，以及在各种情况下为满足通航水流条件需要采取的防淤、清淤措施等问题。参照葛洲坝工程船闸引航道防淤、清淤的成功经验，三峡工程船闸引航道采用综合防淤、清淤措施，以解决引航道泥沙淤积碍航和通航水流条件问题。主要措施有：①通过大坝泄洪深孔和电站排沙孔将坝前的大部分泥沙排至大坝下游。②在上、下游引航道临江侧修建人工防淤隔流堤。③将位于升船机右侧施工通航临时船闸改建成冲沙闸，并辅以机械松动及降低下游水位进行冲沙，下阶段研究增设冲沙隧洞加大冲沙流量，以提高冲沙效果。④采用自航式高性能挖泥船挖除口门内外未冲走的泥沙。

上、下游引航道布置，按通航水流条件要求，控制口门纵向流速小于 2m/s，横向流速小于 0.3m/s，回流流速小于 0.4m/s，涌浪高度小于 0.5m。上游引航道总长 2113m，口门宽度 220m，航道底宽 180m，底高程 130m。在引航道右侧设置土石隔流堤，将航道与长江主流隔开，形成单独的人工航道。对隔流堤布置方案研究过只将双线船闸置于隔流堤内的“小包”方案和将升船机也置于隔流堤以内的“大包”方案以及将临时船闸改建的冲沙闸也包进隔流堤内的“全包”方案。根据坝区泥沙模型试验成果，水库运行（30+2）年，坝前淤积不多，上游引航道不建隔流堤，船闸和升船机引航道的水流条件均可满足通航要求。水库运行 50～70 年后，引航道泥沙逐渐淤高，水流流速增加，对船舶航行有一定的影响，需采取清淤措施。为此，初步设计采用先建短隔流堤（靠永久船闸一闸首上游，长 660m）方案，后期根据运行需要再续建“全包”方案的隔流堤。技术设计阶段，经三峡总公司组织专家审定，上游引航道隔流堤采用“全包”方案。

下游引航道中心线长 2708m，右侧为土石隔流堤，航道底宽从闸首 128m 逐渐扩宽至 180m，底高程 56.5m，出口口门宽 200m，距坝轴线 4.5km，受枢纽下泄水流和波浪影响较小。

水库运行 50～80 年，一般年份碍航淤积量上、下引航道各 100 万 $m^3$ 左右，且主要淤积在引航道口门以外，设计采取在引航道口门处设截沙槽或设水（气）帘破坏异重流进入航道以减少淤积，以及配备自航式高性能挖泥船挖除航道内的淤沙等措施，可保证引航道的通航水流条件。

## 三、船闸高边坡稳定

考虑船闸结构及运行要求，并结合坝区地形地质条件，船闸布置在左岸坛子岭左侧。船闸五级闸室主体段长 1621m，均在闪云斜长花岗岩体中深切开挖修建，形成路堑式双边坡。位于第 2、第 3 闸室两侧约 400m 长的边坡高度 120～170m，其余边坡高度 50～120m。闸室边墙部位为 45～68m 高的直立坡。两线船闸之间保留宽 46～57m、高 45～68m 的岩体作为中隔墩。闸室两侧边墙采用锚固于直立岩体上且与其共同受力的钢筋混凝土衬砌式结构。高边坡设计断面呈下陡上缓的喇叭形，闸室直立坡顶部设 15m 宽的平台，其上按岩体风化程度拟定开挖坡比为：微风化及新鲜岩石 1∶0.3，弱风化 1∶0.5，强风化 1∶1，全风化 1∶1～1∶1.5。两侧边坡每 15m 高设一级 5m 宽的马道，在弱风化顶部马道宽 10～15m。

为确保长江航运畅通，要求高边坡具有足够的安全性，不能发生任何形式的破坏；边坡形态需满足船闸结构布置要求和便于管理运行维修；边坡的长期变形不得影响船闸闸门和闸室结构安全运用。针对船闸高边坡具有线路长、高度大，岩体深切开挖，地应力释放，边坡轮廓复杂且边坡岩体作为闸室及墙体结构的组成部分，其运行工况不同于一般边坡工程等特点，设计重点研究以下问题：①高边坡轮廓布置及几何形态和整体稳定分析；②岩体渗流场及降低渗流压力的防渗排水措施；③开挖卸荷及地应力释放后的二次应力场计算和对形成的塑性区稳定分析；④高边坡岩体和结构面在长期荷载作用下，因结构面流变及渗水对裂隙的劈裂作用而产生的变形特性和控制措施；⑤边坡加固支护措施及锚固效果。设计采取下列综合措施，以确保高边坡稳定：

（1）在船闸两侧边坡岩体内布置 7 层共 14 条排水洞，各排水洞距坡面的水平距离 30～45m，位于直立坡段中部和上部对应部位的排水洞兼作预应力锚索施工洞。在排水洞内钻设 1～2 排岩体排水孔，孔距 2～2.5m，且上下层衔接，形成一道完整的排水幕，以降低边坡山体地下水位，减小渗透压力。

（2）边坡周边设截水沟及排水沟，坡面喷混凝土防止雨水入渗，并设排水孔及排水沟，形成边坡地表截防排水系统，将地表水尽快排离高边坡范围，防止入渗，并阻隔地面及地下的水力联系。边坡开挖施工过程中必须严格控制爆破，采用光面及预裂爆破技术和减震措施，尽量减小对岩石的损伤，发现不稳定块体应及时进行处理，对开挖岩面需及时支护，防止裂隙张开。

（3）加强施工过程监测分析，根据监测资料及地质测绘成果进行反馈分析并做好动态设计，使高边坡设计趋于完善优化。

（4）边坡加固支护采用系统锚杆、预应力锚索、高强锚杆及喷混凝土等措施，以提高边坡稳定性和改善边坡应力变形条件。

（5）边坡防护包括周边拦护网和坡面拦石坎，保护航运安全。

## 四、船闸金属结构设计

### （一）船闸人字门及启闭机

船闸人字门共24扇，最大门高38.5m，设计水头36.75m，总水压力12.64万kN。设计中主要研究闸门的抗扭刚度及增大抗扭刚度的措施，顶枢、底枢结构型式与受力状态，支枕垫的安全传力等问题。人字门单扇门叶宽20.2m，厚3.0m，最大门重840t。采用平板横梁式，闸门轴线与船闸横轴线的夹角22.5°。对人字门门体结构、材料等进行了深入研究，并充分考虑疲劳应力对结构的影响并采取对应措施。门体结构上采用变截面变翼缘主梁及优质合金结构钢，适当加强门体边柱，对易于引起应力集中的部位用圆弧过渡，以确保门体具有合理的强度和刚度；优化杆件连接的型式以改善局部受力条件；承压条材料选用不锈钢并增设油滑润装置，以防止支承面锈蚀和门轴柱挤卡。人字门顶枢采用楔块调整的A杆刚臂式，对顶枢拉架底部固定体施加预应力以增加其稳定性和控制其变形；底枢采用固定式，适当加大蘑菇头半径，以减小球面承压应力；顶枢及底枢采用自润滑轴承，以防止油润滑不良导致抱瓦而影响船闸正常运行；门底止水改用水平止水以防止闸门振动影响止水效果，同时可减少闸坎泥沙淤积对关闭闸门的影响。

第1闸首人字门高38.5m，最大淹没水深达36m，为目前世界上淹没水深最大的船闸人字门。研究了闸门在启闭过程中动水阻力矩的变化规律和门体所受动态水力特性等问题，对启闭机型式比较了四连杆式启闭机和液压直推式启闭机。根据20世纪90年代国内外液压技术的迅速发展和国外一些大中型船闸的成功运行经验，选用卧式摆动双作用液压启闭机，油缸安装在由滚动轴承支承的双向摆动机架上，活塞杆前端与人字门拉门点通过自润滑球面滑动轴承铰接。该启闭机采用无级变速新技术，并改善影响闸门阻力的边界条件，减少人字门启闭时两头大中间小的阻力峰值，使启、闭力分别减小到2700kN、2100kN，降低了启闭机的技术难度。启闭机按程序形成速度曲线，降低了启闭机功率。加设防反向荷载闭锁装置，并在油缸尾部加设了弹性支承，以增加闸门和油缸运行的稳定性，大大提高了人字门运行的可靠性。人字门液压启闭机采用卧缸布置，油缸长8668mm，内径580mm，活塞杆行程7276mm，启闭力2700kN，启门和闭门时间分别为3.5min和4min，启闭机工作行程7276mm。

### （二）船闸充泄水阀门

船闸第2至第4闸室充泄水阀门尺寸为4.2m×4.5m，工作水头45.2m，设计水头82.0m，总水压力达1.96万kN，为目前世界上已建船闸最大的阀门。设计采用横梁全包式反向弧形阀门，以保证门体在动水启闭和承受高水头作用的刚度和强度，门重80t。阀门下游面板为不锈钢复合板，以提高面板抗气蚀破坏的能力，延长使用寿命。在门楣和底坎设通气孔，以防止或减弱门板及底缘的空化。阀门支铰采用自润滑轴承。

阀门启闭机选用竖缸式液压启闭机，启门容量1800kN，阀门启门和闭门时间分别为2min和4min。阀门吊杆总长最长达72.86m（第3闸首），采用直径325mm无缝钢管分节制作，相邻节之间用铰连接，吊杆与油缸活塞杆和吊杆与阀门连接均采用铰接。油缸支承为滑动轴铰接，油缸活塞杆采用沿导向槽通过滚轮在启闭行程范围内垂直运行。吊杆设导向槽，以防止启闭阀门过程中吊杆摆动，保证阀门运行安全。

（长江水利委员会 郑守仁）

# 三峡工程施工关键技术

### （一）截流与围堰施工

三峡工程施工采用三期导流。第一期围河床右侧，在一期土石围堰保护下开挖导流明渠，修筑明渠左侧的混凝土纵向围堰；第二期截断主河床围左侧，在二期土石围堰和混凝土纵向围堰保护下，进行大坝泄洪坝段、左岸厂房坝段及电站厂房等的施工；第三期截断导流明渠，在三期围堰保护下，进行右岸厂房坝段及电站厂房等的施工。二、三期截流与围堰施工难度之大、强度之高，堪称世界之最。

二期大江截流设计流量14000～19400$m^3/s$，最大水深达60m，龙口最大平均流速3.33～4.16m/s，超过国内外水利工程实际最大截流流量和水深，且截流期间不允许断航。二期截流于1997年10月26日8时上游戗堤开始合龙，龙口堤头采用特大块石及中石从上游进占形成挑角，中石及石渣料尾随进占，解决了深水条件下在流水中抛填散粒料，容易发生堤头坍塌的难题。汇集大型施工设备369台套，历时22.5h将龙口由130m束窄至40m，实际截流流量为11600$m^3/s$，日抛投强度达12.1万$m^3$，其机械设备投入和施工强度为世界上大江大河截流所罕见。

三期明渠截流设计流量9010～10300$m^3/s$，截流水深 20～23m，截流落差 3.26～4.06m，龙口合龙总能量达 410.2MW，为当今世界截流工程之冠，且明渠底部岩面平整光滑，对抛投块体的稳定不利。采用上、下游戗堤龙口段同时进占，分担落差；在上游戗堤龙口设置拦石坎，抛投特大块石串和埋铁块混凝土四面体等措施，提高截流块体稳定性。2002 年 10 月 27 日上、下游戗堤开始合龙，11 月 3 日分别将龙口束窄至 20～30m，突破了口门宽 70～30m 的困难段，首次取得双戗堤立堵截流成功。

二期土石围堰最大堰高 82.5m，1060 万 $m^3$ 堰体填料中的 80%需水下施工，且最大水深达 60m，是当今世界上最大的深水围堰，防渗墙最大高度 74m，围堰基础地质条件复杂。施工时先填筑两侧的石渣堆石体，背水侧兼做截流戗堤及排水棱体，再填筑中部风化砂并施工防渗墙，水下抛填风化砂并采取振冲加密措施，减小堰体及防渗墙体变形。引进国外液压抓斗、液压铣槽机等先进设备，采用“两钻一抓（铣）”、“两钻三抓（铣）”、“铣、抓、钻、爆、砸”防渗墙成槽工艺，适应三峡围堰地层复杂和工期紧迫的特点，上游围堰最高月成墙面积达 6440$m^2$。围堰防渗墙创造性地采用风化砂、花岗岩石屑与水泥、膨润土组成的柔（塑）性墙体材料，施工及运行实践证明防渗墙结构安全可靠，防渗效果显著。

三期横向碾压混凝土围堰，最大堰高 121m，堰顶全长 580m，混凝土量 167.36 万 $m^3$，必须在 4 个月内完成。在确保围堰安全运行的前提下，如何保证围堰快速施工是关键。设计上尽量简化堰体结构，堰体背水面由 1∶0.75 斜坡改为台阶，将复杂的基础廊道尽量布置在一期建设断面内；采用全断面碾压混凝土，高程 90m 以下采用自卸汽车入仓，高程 90m 以上采用塔带机入仓，上游面用翻转模板，下游面用预制模板，以适应快速上升的要求。高峰月浇筑强度为 47.6 万 $m^3$，最大月上升高度 27.9m。

### （二）二期混凝土高强度施工与浇筑设备布置

二期工程是三峡工程施工最为紧张、困难，技术最为复杂的 6 年，其混凝土浇筑总量大、强度高，没有先例。其主要控制性计划进度为：①1999 年 1 月河床深槽部位开始浇筑混凝土；②2002 年 5 月上游基坑进水，同年 9 月下游基坑进水；③2003 年 6 月上旬水库下闸蓄水，同月船闸投入试运行；④2003 年 10 月第一批机组发电。

二期工程开始后的第 2 年即 1999 年，创造了年浇筑混凝土 458.5 万 $m^3$ 和月浇筑 55.35 万 $m^3$ 的新世界纪录。2000 年是三峡工程施工强度最大的一年，年浇筑混凝土达 542.85 万 $m^3$，金属结构及机电设备埋件安装 3.2 万 t。三峡工程混凝土浇筑强度与国内外工程混凝土高峰强度对比见表 1。

表 1　国内外工程混凝土高峰浇筑强度　万 $m^3$

| 工　程 | 国　别 | 混凝土总　量 | 高峰月强　度 | 高峰年强　度 |
|---|---|---|---|---|
| 三峡 | 中国 | 2800 | 55.35 | 542.85 |
| 古比雪夫 | 前苏联 | 734 | 38.90 | 313.40 |
| 伊泰普 | 巴西、巴拉圭 | 1228 | 33.90 | 302.80 |
| 大古里 | 美　国 | 809 | 37.80 | 270.00 |
| 德沃夏克 | 美　国 | 512.5 | 18.30 | 221.00 |
| 惠特斯 | 墨西哥 | 280 | 24.80 | 206.40 |
| 葛洲坝 | 中　国 | 1048 | 23.94 | 202.90 |
| 胡佛坝 | 美　国 | 339.0 | 15.00 | 120.00 |

大坝和厂房施工采用塔带机、缆机和门塔机组合方案。泄洪坝段布置 4 台美国洛泰克（ROTEC）公司生产的 TC2400 型固定式塔带机，分别布置在 21、14、7 号和 1 号泄洪坝段中部。5、6 号塔带机为法国波坦（POTAIN）公司生产的 MD2200 型固定式塔带机，分别布置于 12、8 号厂房坝段的非钢管实体坝段中部。2 台摆塔式缆机，两岸塔架高 125m，跨度 1416m，缆机摆幅为±20m，起重量为 20t，两台缆机可抬吊 46t。大坝下游坝坡上高程 120m 及泄洪坝段坝外下游高程 45m 分设施工栈桥，其上均布置有门机、塔机浇筑混凝土及进行金属结构安装等。电站厂房采用门塔机浇筑；大坝和电站厂房施工共有 7 台专为三峡工程研制的 MQ2000 型高架门机，最大工作幅度 71m，可吊 6$m^3$ 混凝土罐。船闸混凝土施工主要采用 1260t·m 级以下的国产门塔机施工。

### （三）船闸开挖控制爆破与二期土石围堰拆除

船闸主体建筑物段长 1607m，最大边坡高度达 170m，边坡高度连续超过 120m 的范围长达 460m。两线船闸中间留有 54～57m 的岩石中隔墩，其成形开挖和高边坡开挖控制爆破是施工难题。采用先进行中间先锋槽开挖，后进行侧向保护层开挖的程序，通过现场爆破试验，提出了适合船闸槽挖爆破的施工程序、各种不同爆破方式（槽挖深孔梯段微差爆破、侧向保护层爆破、基岩底部保护层爆破等）的爆破参数。成功地运用了光面爆破和预裂爆破技术，最大限度地减少对边坡（边墙）岩体的扰动，开挖后的建基轮廓和边坡达到设计要求。

三期截流前，要求最少拆除二期下游土石围堰 243 万 $m^3$，最迟于 2003 年 4 月完成共约 600 万 $m^3$ 的拆除量。围堰拆除工程不仅工期短，且水下开挖工程量大，二期围堰混凝土防渗墙内还埋有灌浆钢管及固定钢管的保持架，这在以往的围堰防渗墙爆破拆除工程中没有先例，必须一次将混凝土防渗墙连同钢管、保持架炸断，减小水下开挖难度，保证在规定的工期内完成拆除任务。先后开展钢管爆破试验、爆破网络试验、火工品材料性能和深水浸泡试验、防渗墙现场拆除爆破试验，获得了最佳爆破方案和参数。于2002年7月1日一次爆破成功，爆破总延时9.5s，总装药量19.24t，总段数为375段，达到预期的效果，防渗墙呈疏松渣状，铲扬开挖过程中没有因为防渗墙部位出现硬埂或因长钢管、保持架连在一起而受阻。

（四）混凝土生产与温度控制

二期工程混凝土采用人工骨料，粗骨料为船闸及二期大坝和电站开挖的微、新花岗岩，在古树岭碎石加工，用胶带机输送到各混凝土系统，月生产能力为76万t。砂料采用下岸溪料场斑状花岗岩加工制作，用汽车运至各混凝土系统，月生产能力为39.1万t。

混凝土拌和系统有5个，共配置9座拌和楼，合计可生产7℃低温混凝土能力为1720m³/h，生产常温混凝土能力为2530m³/h。

水泥采用525号中热硅酸盐水泥和425号低热矿渣硅酸盐水泥，粉煤灰为Ⅰ级。人工骨料经试验表明无活性反应。鉴于三峡大坝的重要性，混凝土设计上采用严格控制水泥含碱量、混凝土总碱量和掺入适量粉煤灰这3项措施以抑制或消除碱骨料反应。工程开工后在大量试验的基础上，优化了混凝土的设计指标和配合比。

三峡工程混凝土温度控制难度大，为加强混凝土温控防裂的协调与管理，由业主、设计、监理共同组成温控小组，定期组织例会，组织现场检查，对三峡工程混凝土浇筑温度控制进行指导和监督，修订和完善温度控制标准，对施工中迫切需要解决的有关混凝土温控和相关质量问题组织研究，这一切都是在7℃工程标准要求下进行的。

为满足混凝土温度控制及接缝灌浆要求，在大体积混凝土内部埋设冷却水管，按通水作用和冷却特性分为初期冷却、中期冷却和后期冷却。初期冷却主要是削减水泥水化热温升，控制混凝土最高温度；中期通水是为避免混凝土坝体内外温差过大；后期冷却是将坝体温度降至接缝灌浆温度（或稳定温度）。

（五）二次风冷技术及7℃工程

夏季为控制拌和楼出机口温度7℃的预冷混凝土配置的一整套预冷设施，简称7℃工程。我国20世纪80年代葛洲坝工程中曾使用过二次风冷技术，当时采用的是水冷—风冷—加冰的制冷工艺（简称“三冷法”工艺）。

“三冷法”工艺的基本流程为骨料通过皮带时喷淋2～4℃的制冷水，再经过脱水后进入拌和楼的储料仓进行风冷，在拌和混凝土时再加冰拌和。“三冷法”工艺虽在葛洲坝工程取得了成功，但存在许多难克服的问题：①水冷骨料在运行中脱水效果较差，经脱水筛分后骨料表面含水（含水率为2%～4%），进入拌和楼风冷时易冻结。风冷主要是起保冷作用，进一步深冷的能力受到限制。②水冷骨料时需修建一条200～300m长的洒水廊道，制冷设施占地面积大，系统布置困难。③水冷设备多，管理复杂，回收的制冷水含有大量泥沙，需建废水处理厂。④水冷骨料含水率大，拌和加冰量受限制。

二次风冷与“三冷法”工艺的主要区别是将骨料冷却的第一道工序由水冷骨料改为第一次风冷骨料。它是将冲洗筛分后的骨料在地面调节料仓中用0～－5℃的冷风进行初步冷却，吸热后的冷风由冷风机再冷却后对骨料循环降温。第一次风冷后，骨料表面含水率明显降低，除小石尚有较低的含水率外，其余大骨料表面含水率几乎为零，4种骨料可分别冷却到5～8℃。经过第一次风冷的骨料通过保温皮带机进入拌和楼料仓进行第二次风冷，其后的制冷工艺与“三冷法”工艺的后两道工序基本相同，差异是在第二次风冷工艺中，可大幅度降低骨料冷却终温，粗骨料在－10～－15℃的冷风中温度可冷至－2℃甚至更低（仅小石需维持正温，防止冻仓）。另外，骨料经过第二次风冷，其表面干燥无水分，为拌和时充分加冰提供了条件。

通过1999年夏季二期工程高强度预冷混凝土的生产考验，混凝土出机口温度可稳定控制在7℃以内，证明7℃工程采用二次风冷技术是成功的。二次风冷技术具有许多“三冷法”工艺所不具备的优点，其占地面积小，管理环节少，设施及运行成本低。三峡工程已大规模采用二次风冷技术生产7℃预冷混凝土。

（六）金属结构及机电设备施工

二期工程大坝和电站厂房金属结构及机电设备埋件总量为14.8万t，共有22个导流底孔、23个泄洪深孔、22个溢流表孔、2个排漂孔、2个排沙孔和14个厂房进水口。闸门运用水头高，启闭机启闭力大。在下闸蓄水前需对挡水前沿的工作门、检修门及事故门进行试槽，以保证如期蓄水。

压力钢管长122.175m，直径13.2m，板厚28～60mm，钢管总重21126t。上斜直段6节钢管按坝段埋管设计，上弯段、斜直段、下弯段等按钢衬钢筋混凝土联合受力管道设计，下水平段按明管设计。在坝区设置有压力钢管制造厂，将钢板加工成瓦片，卷、焊成型为单节钢管，分节由特制低重心台车运输，由厂坝间高程82m栈桥上布置的MQ6000型专用门机为主吊装。

机组为单机容量700MW的水轮发电机组，运行水位为高程135～175m，不仅单机容量特大，而且水头变幅范围远远超过世界类似容量的特大型机组，通过国际招标，法国Alstom和瑞士ABB将联合供应8

台（套）机组，加拿大 GE、德国 Voith、Siemens 组成的集团供应 6 台（套）机组。哈尔滨电机有限责任公司和东方电机股份公司分别为上述两大集团的分包商，分包额度为总额的 31%。

船闸金属结构安装总量为 4.32 万 t，以 24 扇人字门、24 扇反弧门和第 1 闸首桥机轨道梁安装最为困难。安装用起重机布置及安装程序需与船闸闸室双线台阶的结构相适应。

水库下闸蓄水后船闸能否按期投入运行，制约着长江航运。通航前需进行调试。调试分为无水调试和有水调试两个阶段。无水调试阶段的主要项目有各闸首人字门系统、闸阀门系统、启闭机、闸室系船柱等项目。检查各闸阀门止水、试槽、单机单门和主要机电设备控制系统的运行状况，在此基础上进行联合调试，将整体联动控制设备调整到能基本运行。有水调试是设置抽水系统人为充水进行。有水调试除继续检查、调整以上各项目以外，主要调试船闸各闸首人字门在不同设计水头下，各种不同水位组合的单动、联动运行，检查在不同运行情况下，输水阀门单边输水、双边输水的控制时间、水力条件及相应机电设备单调和联合调试，为船闸通航做实战准备。

（长江水利委员会　刘少林　周景良）

## 三峡三期碾压混凝土围堰施工关键技术

三期碾压混凝土围堰施工工期紧，强度高，为保证工程按期或提前完工，采取了许多快速施工技术和措施。这些快速施工技术和措施，一是保证了施工的连续性，减少或避免停仓间歇；二是保持了持续的高强度施工。关键技术如下：

### 一、优化结构

复杂的结构是影响连续施工的重要因素，在不影响工程功能性要求的前提下，简化工程结构对方便施工具有积极的作用。

（1）取消高程 90m 廊道。原设计为堰体排水孔和堰体爆破拆除施工的需要，在高程 90m 和高程 107.5m 布置了两条纵向廊道，但堰体在施工至高程 90m 和高程 107.5m 时安装预制廊道必须各停仓间歇一次。经分析比较，取消了高程 90m 纵向廊道，高程 90m 以下和高程 90～107.5m 之间的堰体排水孔全部在高程 107.5m 廊道内施工，从而避免了在高程 90m 处的停仓间歇。

（2）取消迎水面防水材料的喷涂。原设计堰体上游迎水面须喷涂水泥基渗透结晶型防水材料，由于该项施工对仓内混凝土施工干扰较大，同时，三期碾压混凝土围堰主要是在低温季节施工，上游面翻转模板拆转上升后必须立即挂设保温被，无充足的时间进行该项工作，决定将迎水面喷涂防水材料的工艺改为在上游 50cm 范围变态混凝土内掺加 KIM 防渗剂的方式施工。这既保证了上游面的防渗效果，同时又加快了施工进度。

### 二、连续上升模板施工技术

模板设计的优化与否是影响混凝土快速施工的主要因素之一。为保证围堰快速高强度施工，所有模板均须满足碾压混凝土连续不间歇上升的需要。根据堰体结构型式，在上游面采用了连续交替上升的翻转模板；在下游面高程 130m 以下采用了台阶交替上升模板和预制台阶模板，高程 130m 以上采用了连续上升的组合钢模板。

#### （一）上游面翻转模板

堰体上游高程 70m 以上和以下分别为垂直和 1：0.2斜坡的长直壁面，采用悬臂式模板交替上升对碾压混凝土连续上升效果最佳。利用三峡二期工程已有的多卡面板，将翻转模板设计为面板宽 3.0m、高 2.1m，背面由桁架支撑的钢结构型式。根据其高度，每块模板布置 1 排 4 根锚筋，这样，施工时垂直方向以 3 块为一组交替翻转上升。由于翻转模板在工作状况时为悬臂结构，作用在模板上的所有荷载最终转换为集中力由锚筋承担，锚筋承载能力的大小不仅影响施工质量，而且直接关系到施工的安全性，这就要求锚筋受力时其埋设层混凝土必须达到一定的龄期。根据施工进度安排，围堰上升最快的部位为高程 70m 以下，其最大日上升高度为 1.2m，混凝土每层施工用时为 6h，混凝土每上升 7 层模板需翻转提升一次。为保证锚筋受力时其周边混凝土有足够的龄期，模板设计时考虑施工荷载始终由最下层模板的锚筋承担，这样，按混凝土最快上升速度，锚筋开始受力时相应混凝土龄期为 42h，结束受力时为 78h。经理论受力计算和锚筋抗拔力试验检测，各龄期模板锚筋的试验抗拔力接近理论计算需要的拉拔力。考虑试验和实施时的气温差异，为确保万无一失，在埋设锚筋的变态混凝土浆液中掺加 122HE 早强剂（掺量为 2.0%），经试验各龄期锚筋的抗拔力均在理论计算需要的拉拔力的 1.6 倍以上，保证了模板施工的质量和安全。

翻转模板每块重约 1t，由面板、支撑桁架、调节螺杆、操作平台、锚固件等组成。锚筋布置在距模板上口 45cm 处。翻转模板提升吊装采用人工配合 8t 以上吊车进行，经测算，每块翻转模板拆装用时 5～8min。翻转模板结构型式见图 1。

翻转模板外弦杆长度根据转折角度和桁架内、

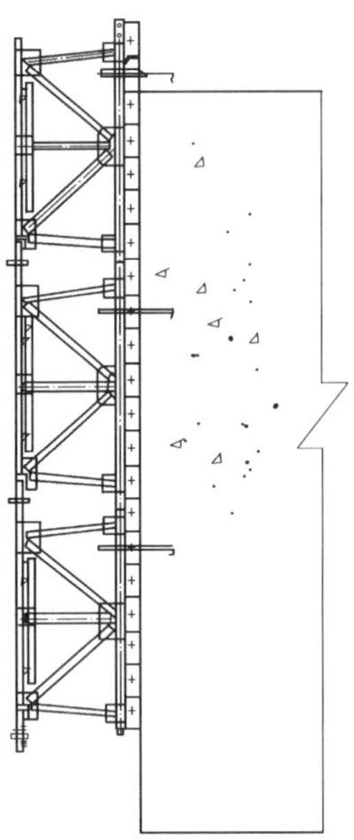

图 1 上游面翻转
模板结构型式图

外弦杆间距，通过几何计算后确定，在进行上游面高度方向上直线段施工时，上、下层模板桁架内弦杆直接用插销铰接，外弦杆则通过调节螺杆连接；在高程 70m 转折处施工时，内、外弦杆是直接用插销铰接，这样就实现了在高程 70m 转折处混凝土的连续上升。

（二）下游台阶交替上升模板

若下游面高程 130m 以下台阶全部采用预制模板，则混凝土每上升两层必须吊装一次，吊装频繁，随着浇筑上升仓面变小，在仓内布置汽车吊吊装预制模板对混凝土施工干扰增大。为加快施工进度，在高程 70m 以下采用台阶预制模板，在高程 70～130m 采用台阶交替上升钢模板。

在进行台阶交替上升钢模板设计时，如何解决台阶模板的支撑、施工荷载的传递及模板的锚固是首要考虑的问题。经分析研究，最终使用由面板、背支架和锚筋等组成台阶交替上升钢模板，其中面板采用 P3015 型散装钢模板，背支架采用型钢加工而成的小桁架，锚筋垂直面板锚入混凝土中并通过末端螺丝将模板固定。施工时桁架内、外弦杆依次相靠，逐层支撑，交替拆转上升，施工荷载由最上层模板通过各层小桁架最终传递至最下块模板的锚筋上。围堰下游台阶每级高 60cm，1 级台阶浇筑 2 层混凝土。根据相关施工进度，高程 70m 以上采用台阶交替上升时，混凝土每升层施工最快为 8h，因此以每 4 级台阶为一个模板施工单元，每层锚筋受力时其周边混凝土龄期均达到 40h 以上。在施工气温较低时，模板边 50cm 宽变态混凝土中均掺加了 122HE 早强剂。模板的安装和拆除均按人工作业设计，有效避免了机械作业时对仓面的施工干扰。交替上升模板结构型式见图 2。

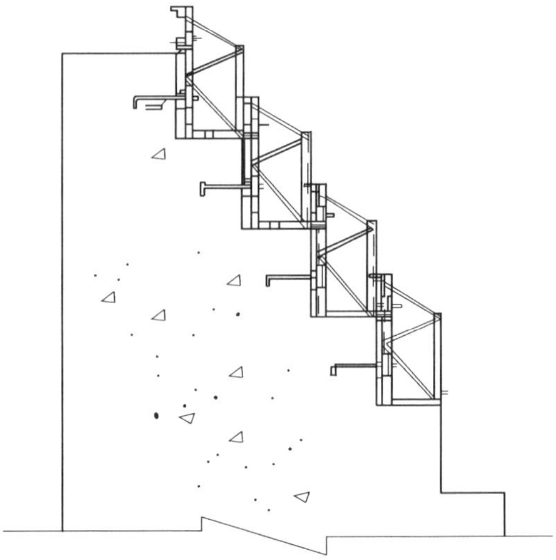

图 2 下游台阶交替
上升模板结构型式图

（三）下游垂直面连续上升模板

下游面高程 130～140m 为垂直面，高度为 10m，若采用翻转模板，不仅制作成本高，使用率

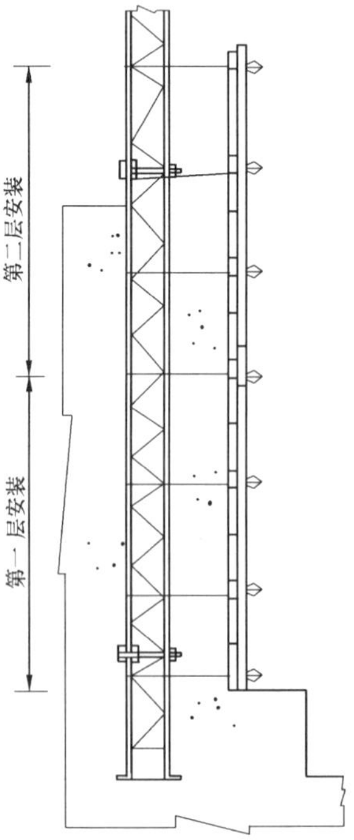


图 3 下游垂直面连续上升
模板结构型式图

低，而且起始安装时还必须停仓间歇。经过分析和设计，最终采用散装组合钢模板。该模板面板采用P3015型散装钢模板，横、竖围檩采用$\phi$48mm钢管，在施工过程中以垂直方向的7块面板（2.1m高）为1层模板高度，共设计了2层模板（4.2m高）连续交替上升。模板通过内拉拉条固定，拉条水平间距75cm，垂直间距90cm，拉条焊接固定在仓内预埋的蛇型三角钢柱上，蛇型三角钢柱竖直布置在距下游面40cm处，堰体在施工至128.5m高程时开始预埋，随堰体上升以3m为一节对接加高。该模板的使用，与上游翻转模板一起保证了堰体的连续上升，并且保证了在高程130m堰体下游面由台阶面变为垂直面时混凝土施工的不间歇连续上升。连续上升模板结构型式见图3。

## 三、科学合理的混凝土入仓方案

要实现混凝土快速高强度施工，混凝土运输入仓方式起控制性作用。运输入仓方式的选择必须以保证施工强度、减少施工干扰为原则，在采用多种入仓方式时，还必须考虑入仓手段的顺利转换问题。

三期碾压混凝土围堰下部仓面大，可布置多条入仓道路采用汽车运输入仓。而围堰上部混凝土，由于受周边地形条件的限制，并有三期大坝和厂房的开挖施工影响，其入仓手段必须采取其他方式。经综合比较，认为塔（顶）带机具有将混凝土的水平运输、垂直运输和仓位布料功能三合为一的优点，适合于三期碾压混凝土围堰混凝土高强度连续快速施工，并且已有二期工程中大规模应用塔（顶）带机的成熟经验，因此围堰上部选择采用塔带机入仓施工手段。

采用汽车运输入仓，入仓道路的布置对工程质量、施工速度等影响极大。三期碾压混凝土围堰上游防渗层施工复杂，质量要求高，还设置有沥青杉板、止水、应力释放孔等细部结构，若入仓道路布置在上游，则上游防渗层的施工质量难以保证，对入仓口处细部结构的施工干扰较大，且受场地条件和上游土石围堰设计挡水标准的限制，在遇到特殊情况时难以进行调整，只有被迫停仓。经过多方案对比分析，最终采取如下混凝土入仓方案：高程90m以下全部由汽车运输入仓，入仓道路全部布置在围堰下游；高程90～113m由汽车和塔（顶）带机联合运输入仓；高程113m以上全部由塔（顶）带机送料入仓。

由于施工方案的设计科学合理，现场组织严密，实现了各种混凝土入仓手段的顺利转换，保证了混凝土浇筑的连续进行，同时最大限度地发挥了设备的效率，创造了碾压混凝土施工的多项纪录。

## 四、塔(顶)带机浇筑碾压混凝土施工技术

塔（顶）带机大规模运用于碾压混凝土浇筑施工，在国内尚属首次。将三峡二期工程施工时摸索出的一系列成功经验运用于三期碾压混凝土围堰施工，并不断总结完善，成功解决了施工过程中骨料分离的问题，保证了工程质量和进度。所采取的主要技术措施有：

（1）对混凝土配合比进行适当调整，尽可能减少大石含量，将混凝土料中的大石减少5%，砂的细度模数严格控制在2.6±0.2以内，砂率控制在32%～34%，石粉含量控制在15%左右。为防止*VC*值变化幅度较大，砂含水率控制在6%以内，出机口混凝土*VC*值控制在1～3s。

（2）对拌和楼的拌制，卸、放料加强控制，以保证供料线上足够的料流量以及供料的连续和均衡。

（3）严格控制混凝土料下在已摊铺好但未碾压的混凝土层面上，保证混凝土料始终是“软着陆”，以减少骨料分离。

（4）控制皮筒下料口距仓面高度保持在1.5m以内，并限定下料皮筒长度6～9m，同时控制仓面一次布料长度10～15m、一次布料宽度15～20m，控制堆料厚度为0.7～1.0m。

## 五、廊道处堰体连续上升措施

堰体内在高程107.5m布置有爆破拆除廊道，在6号和7号堰块布置有63m长的高程82m灌浆廊道，在15号堰块高程90m布置有30m长的横向交通廊道。除高程107.5m廊道由于结构复杂、安装工程量大而采取仓面间歇后安装的方法外，高程82m廊道和高程90m廊道均在混凝土浇筑过程中进行现场安装，避免了廊道处仓面的停仓间歇，保证了堰体的连续上升。具体措施为：首先在廊道底板钢筋设计高程碾压好混凝土层面，在该层面直接安装廊道底板钢筋，薄层摊铺碾压混凝土至预制廊道底部高程，然后在该层面预制廊道的设计位置处安装36槽钢作为安装槽（预制廊道壁厚25cm），再在安装槽内直接安装预制廊道，两条安装槽之间浇筑变态混凝土形成廊道底板。

（中国葛洲坝集团公司　朱忠华　戴志清　韩炳兰）

# 三峡工程管理

## 三峡电厂的“建管结合，无缝交接”管理模式

三峡电厂在全国首创的“建管结合，无缝交接”大型新建电厂的管理模式，通过高强度接管三峡首批机组，被实践证明成效显著。2003 年 9 月，这项管理模式获电力企业管理创新成果一等奖。

（一）“建管结合，无缝交接”思路的确立

三峡电厂要在 2003 年至 2009 年的 7 年间，接管 26 台世界最大的发电机组，平均每年接管 4 台，相当于一个葛洲坝电站的装机容量。这对按国际一流水平定员的三峡电厂来说，是一个巨大的挑战。三峡总公司党组要求三峡电厂避免国内新建电厂以往存在的“建”“管”分离方式下带来的种种弊端，用世界一流的水平接机管理三峡电站。为此，三峡电厂管理者从 2000 年筹建期开始就确立了“建管结合，无缝交接”的管理思路。

“建管结合”就是在工程建设与电站运行并存的过程中，运行管理者与工程建设者紧密联系，运行管理人员参与设计、招标、合同执行、安装监理、现场调试、检验验收等工程建设全过程的质量控制与管理。同时，将生产准备与工程建设紧密结合，将工程完善性技术改进放在建设期间完成，使工程运行管理所需的技术转移提前进行，工程设备的移交分步连续进行，直至全部工程竣工移交投产。

“无缝交接”是针对工程建设与生产运营管理目标相分离而提出的一种崭新理念。在“建管结合”的基础上，电厂人员尽早熟悉和了解工程建设每一阶段的任务、重点，一旦分项工程完工，立即能衔接到位。另外，期望通过尽早掌握工程技术信息，在工程的设计或施工准备阶段就及时发现和纠正可能出现的问题，使工程更符合安全运行的要求，付出最低的纠正成本，避免在生产运营期的改造。同时，电厂技术人员利用“无缝交接”可以提前掌握所需的技术，制定好防范风险的预案措施，让完建项目发挥作用。

（二）“建管结合，无缝交接”模式的应用

三峡电厂自筹建起，3 年来共派出 400 余人次参加所辖设备标书文件编制等工作，提出了 100 余项设计修改意见；组织 800 余人次参加了 470 多项设备驻厂监造、出厂验收和开箱验收工作。

三峡电厂还派出工作人员参与机电安装项目管理和监理，高峰时达到 52 人，有近 70%的人参加过。机电安装监理部的公用项目组组长、电气二次部总监等均由电厂员工担任；技术含量高的机组保护、励磁、调速系统、监控系统的安装监理均以电厂人员为主。

不仅如此，在机组调试的紧张阶段，三峡电厂还安排生产技术人员与安装单位施工人员一起进行电气控制、保护设备的调试，在明确责任的前提下，既补充安装单位高技术人员的不足，又直接在设备上操作、试验，加深、加快了生产技术人员对关键设备的理解和掌握。三峡首批机组提前投产发电后，负责机组安装调试的施工单位不无感触地说，没有三峡电厂的积极参与和鼎力支持，机组调试难以这样顺利进行。

为早日掌握高技术计算机监控系统，三峡电厂技术人员牵头参加了三峡左岸电站计算机的研制开发。在国外厂家联合开发期间，国外厂商项目经理曾断言：由于项目合同生效时间太迟，计算机监控系统的软件开发要推迟完成，CSCS 更不可能如期交付投产运行。然而，自 2002 年 8 月至 2002 年 12 月，经过 5 个多月的艰苦努力，联合开发组按期完成了应用软件的开发任务，CSCS 按合同规定时间交货，为机组联合调试赢得了宝贵时间。

（三）“建管结合，无缝交接”管理的效益

“建管结合，无缝交接”管理模式，在实际应用中取得了显著的经济效益。首先，它提高了设备的安全稳定运行可靠性，减少了因熟悉磨合而带来的停机损失。三峡机组单台额定容量 70 万 kW，在初期上游水位 135m 条件下，实际出力约 55 万 kW。机组若停电一天，损失电量达 1320 万kW·h，按上网电价 0.25 元/（kW·h）计算，仅此一项，每天单台机组的直接经济损失就达 330 万元。因此，三峡机组少一次停机和提前一天投产都将产生巨大的经济效益。在“建管结合，无缝交接”管理模式下，大大减少了因设计不合理以及设备、安装的质量问题带来机电设备运行的不稳定因素，同时有力地促进了机组提前投产发电。

按照“建管结合，无缝交接”管理模式接管的三峡工程泄洪设施导流底孔、泄洪深孔实现了成功运

行。2002年5月31日，三峡电厂正式接管导流底孔。2002年9月15日，一次性完成了导流底孔全部22孔工作闸门的首次开启工作。2002年11月，在导流明渠截流期间，由于设备管理到位、人员培训到位，三峡电厂成功运行导流底孔，为导流明渠成功截流发挥了十分关键的作用。2003年5月，三峡电厂正式接管泄洪深孔；6月，成功实施三峡大坝下闸蓄水到135m，顺利实现"高峡出平湖"的世纪夙愿；到2003年9月，顺利度过三峡工程蓄水后的第一个汛期。

"建管结合，无缝交接"管理模式实施以来，三峡电厂共提出设计修改建议100余项（其中绝大部分被采纳），发现设备质量问题近100项，在安装监理、现场调试中发现质量问题400多项，并对所发现的质量问题及时提出反馈意见和建议，使问题得到妥善解决，大大减少了设备设施接管后的改造工作。

"建管结合，无缝交接"管理模式的实施，还节省了工程投资。在设计之初，三峡机组技术供水计划采用减压阀和射流泵两种供水方式，三峡电厂技术人员经过认真分析研究后发现，仅减压阀供水方式就能满足要求，不需要采用射流泵供水方式。三峡电厂及时将此意见反馈到相关部门，经专家分析论证，此合理意见被采纳，仅此一项，就节省投资1700多万元。

"建管结合，无缝交接"促进了工程施工进度。在项目管理和监理管理人力资源不足时，三峡电厂输送熟悉现场的技术力量，支持了工程管理的有效运作。在机组电气二次设备和监控系统的调试过程中，三峡电厂员工全力投入，大大缩短了调试周期，为机组提前投产赢得了宝贵时间，取得了2号机组提前20天、5号机组提前90天、3号机组提前57天、6号机组提前77天投产的优异成绩。2003年，三峡机组由于提前投产，增加发电量约32.2亿kW·h，以上网电价0.25元/（kW·h）计算，增加经济收入约8亿元，这其中有"建管结合，无缝交接"管理模式的功劳。

（摘自《中国电力报》）

## 三峡工程招标投标制

三峡工程开工10年来，遵循市场经济规律，全面推行项目招标承包制，丰富和完善了我国招投标法的具体内容，成为三峡工程最成功的经验之一。它为高质量、高速度地建设好三峡工程，打下了一个良好的基础。自1993年至2003年5月末，三峡工程主要项目招标570个，合同金额336.89亿元，占三峡工程同类合同的80.7%。所有公开招标的项目，工程质量均达到设计要求。

### （一）敢于创新，用招标这一市场经济的办法选择承包商

我国水电建设长期以来执行的是计划经济，是按照国家下达的计划行事，企业的一切都由国家包下来，不管有没有工程任务，都有大锅饭吃。后来，在水电建设战线上，虽然也进行过一些工程的招标投标，但大多数是区域性的，工程在哪个地方，哪个地方的企业中标就多。这个时候的招标投标，仍带有计划经济的色彩。

三峡工程规模巨大，几百亿元的物资、设备及其施工承包市场，吸引了中外企业和厂商的目光。面对众多的物资设备供应商、面对众多的建筑队伍，如何取舍？如何避免各种关系的干扰，择优而用？这是摆在三峡建设决策者面前的首要问题。三峡建设的决策者们，不因循守旧，敢于创新，决定运用市场经济的手段，采用招标投标，为三峡工程建设挑选优秀的施工队伍和物资设备供应厂商。他们结合三峡工程建设的实际、吸收当时世界银行贷款工程所用的FIDIC条款范本来编制招标文件。在不断总结实践经验的基础上，吸纳国家各行业的成熟做法，逐渐修订完善并最终形成了具有三峡工程特点的招标范本。

三峡工程推行的招投标是全方位的，无论是主体工程还是附属工程，无论是土建工程还是机电工程，无论是设备供应还是内部装修，无论是外商企业还是国内企业，均采用招标的办法。它打破了地域限制，无论离三峡工程所在地是近还是远，无论是在国内还是在国外，无论属于本系统还是外系统，只要是最优秀的队伍，拥有最过硬的技术和管理、最先进的设备、最佳的物资，都可能拿到三峡工程的"入场券"。

招投标制的选择，为竞标者创造了公平竞争的市场环境，吸引全国乃至全世界优秀的建筑施工企业、物资供应商和设备制造商参与竞标，从而实现了资源的优化配置，并保障了国有资金的有效使用。这种体制的选择，为确保三峡工程的质量创造了条件。同时，这些企业和厂商通过三峡工程建设的锻炼，提高了企业本身的素质，为进一步开拓市场打下了基础。

### （二）建立既符合市场机制又符合三峡工程特点的招标体系

在《招投标法》颁布实施后，三峡总公司成立了招标委员会，负责组织、领导三峡工程的招标工作，并制定了《三峡总公司招标管理办法及实施细则》。

在工程设计、招标、合同实施等工程建设管理的诸阶段中，招标工作起着承上启下的作用。管理工作的核心——"合同条款"酝酿生成于招标阶段，承包商的优劣、机电设备和物资材料质量均由该阶段决定。招标工作的重要性显而易见。三峡总公司十分重

视该阶段工作，始终把它作为建设管理工作中的重要一环来抓。

一是不断研究科学规范的评标方法，使各评分因素的权重设计更合理，评分力求科学，减少人为因素。

二是严格招标文件编制工作，将重要项目招标文件的编制工作，交由三峡总公司总工程师、总会计师、总经济师亲自主持。成文后，再提交总经理办公会审议批准。

三是建立评标专家库，科学合理地选取专家评标。鉴于一般的行业或地方政府专家库无法满足三峡工程需要这一特殊性，三峡总公司便自行建立了自己的专家库，可根据需要随机抽取专家。

四是加强标底的编制和管理，以控制项目的投资。虽说对标底的设置与否存在争议，但在三峡工程招标中标底确实发挥了重要作用。三峡总公司一般采用AB法确定评标标底，把业主标底和市场价格综合起来，以求更加公平合理地评价投标人报价水平。对货物采购不常设标底，但要事先做些市场调查，了解市场行情，做到心中有数。

五是坚持集体决标。对所有重大项目的招标，三峡总公司领导总是充分尊重专家们的意见，在专家评标组提供的评标报告的基础上，集体决标。这样确保了招标投标中的科学、公正，既避免了行政干预、暗箱操作，杜绝了条子、面子、走后门、拉关系等弊端，同时又避免了招标决标中的失误。

公正科学的招标投标制，使三峡工程能从容地挑选最优秀的施工队伍、最优秀的设备制造厂商、最好的物资供应主渠道、最先进的设备。招标投标制，使全世界最先进的技术和设备在三峡工地集中，坝区方圆15.28km$^2$汇集了国内最精锐的水电施工队伍，汇集了全世界最先进的施工设备，汇集了全世界最优秀的水电工程技术人员。

招标投标制给三峡工程建设带来了无限的生机和活力。三峡工程招标投标的成功运用，为中国的招投标立法提供了有益的借鉴。

（摘自2003年7月23日《中国三峡工程报》）

## 三峡工程质量管理制度和措施

（1）成立质量管理委员会。

由三峡总公司组织参建各方成立的“三峡工程质量管理委员会”，统一协调三峡工程质量管理工作，负责三峡工程全面质量管理，检查、监督、协调、指导参建各方开展质量管理活动。

（2）设立专业质量总监。

成立三峡工程质量总监办公室，分专业设立三峡工程质量总监，聘请国内外专家作为专业质量总监，对工程施工质量进行有权威性的监督和检查，对有关技术问题进行指导，解决施工中的一些难题，进一步完善了三峡工程建设的质量保证体系。

（3）制定三峡工程质量管理办法。

依据国家有关工程质量的法令、法规，结合三峡工程建设实际情况，制定了《三峡工程质量管理办法（试行）》，明确参建各方职责，规范三峡总公司、设计、施工、监理等参建各方的质量行为。

（4）明确“零质量事故”的管理目标。

三峡总公司提出并坚持实施“零质量事故”的管理目标，要求参建各方必须树立“零质量事故”的信心，不断充实完善各级质量保证体系，落实人员岗位责任制，对质量管理进行预控，加强现场施工质量过程控制，严格落实执行各项制度和措施，以“如临深渊、如履薄冰”的态度做好各项工作，努力实现“零质量事故”的管理目标。

（5）设立工程质量的奖罚机制。

颁布《三峡二期工程“质量特别奖”管理办法（试行）》，设立“质量特别奖”，奖励创建优质工程的一线施工人员，每季度兑现一次。对工程质量事故或缺陷，制定《三峡工程施工质量等级评定与经济责任的有关规定》，对于造成质量事故或缺陷的责任人给予严厉处罚。

（6）建立质量例会制度。

建立专业质量总监与项目总监周例会制度，充分发挥专业质量总监在各层次上的监督作用及专业优势，采取“面对面”的方式，通报施工情况，及时研究和解决现场出现的问题。并有计划地在现场与监理和施工质检人员进行交流和沟通，指导改进现场存在的工艺作风问题和施工问题，不定期地组织一线监理和施工人员进行施工工艺专业技术培训，组织各参建单位互相观摩，相互学习，加强交流，推广好的施工经验和工艺技术，提高工程整体施工水平和质量。

随着工程的进展，建立质量检查及缺陷处理工作例会制度，定期通报处理工作进展情况并研究解决存在的问题；建立缺陷处理日报和周报制度，保证缺陷处理工作的质量和顺利进行。

（7）设立工程质量检测试验中心。

组建试验中心、金结中心、测量中心、安全监测中心和水文、水情气象中心，对工程质量进行检测、监督。

（8）编制三峡工程质量检测标准。

在现有国家规范基础上，结合三峡工程的具体情况，以合同为依据，制定包括原材料检验、混凝土生产浇筑、岩石基础开挖及处理、灌浆、工程验收、金属结构和机电设备制造安装等不同专业、不同工种共10余册三峡工程质量标准。三峡工程质量标准源于国家标准，部分规定高于国家标准，是对一流工程质量目标的具体量化和重要体现，为工程质量控制提供了重要依据。

（9）加强原材料供应质量控制。

三峡工程建设所需原材料的主要技术指标，均由设计单位提出，经专家审定后确定。对于大坝混凝土耐久性要求，水泥和粉煤灰的技术指标，均严于国内外同类工程水泥控制指标，在国内外水电工程中也是首例。

原材料采购供应，利用市场竞争机制，引入公开招标方式，优选供应厂商，建立长期资源渠道，并将质量控制体系、检测体系延伸到定点供货厂商的产品生产、运输、仓储、调拨、供应的全过程。其中水泥委托国家建材中心和长江科学院驻厂检测，承包商、监理单位和总公司试验中心按批次对进入现场的原材料进行抽检，不合格的不得用于三峡工程。

（10）加强设备采购和制造质量控制。

三峡工程的金属结构和机电设备，采用国内、国际公开招标方式采购。向国内供应厂商派出了驻厂监造，授权监造进行全过程的质量监督管理与控制。机组制造聘请法国BV/EDF进行监造，对关键部件、主要工序及首批件等进行质量见证监督。设备制造还组成设计、专业质量总监和责任部门人员组成巡回督导小组参与工厂产品测试过程，同时派出自己的检测部门对产品质量进行抽检。

对金属结构、机电设备等，明确规定对于制造缺陷和有质量问题的设备或部件不得出厂，现场发现质量问题坚决退货。

（11）加强温控质量监督与管理。

组织参建各方成立了三峡工程温控小组，定期召开温控工作会议，加强温控工作的监督与管理，对施工现场温控情况进行检查，及时改进不足，并制定了混凝土保温实施细则，使保温工作统一化、规范化。

（12）加强施工设备运行的维护和管理。

多次召开研究塔带机运行管理的办公会议，制定切实可行的措施，颁发了《关于TC2400型塔带机安全操作和保养规程（试行）部分条款的修改和补充规定》的通知。与美国罗泰克公司签订了《三峡工程建筑安装工程设备运行承包合同》，并采取措施加强了其他施工机械的运行维护管理，以消除施工设备存在的安全隐患，确保其安全正常运行。

（13）实施单元工程施工工艺设计和考核制度，完善统一施工工艺要求。

在工地全面实施了单元工程施工工艺设计和考核制度，提高施工工艺水平，如混凝土浇筑仓面设计与考核制度、灌浆工艺指导书、金结安装工艺指导书等。并组织参建各方制定了一系列工艺要求，细化施工工艺细则，包括《三峡混凝土工程止水（浆）片施工技术要求（试行）》、《三峡工程建筑物过流面及永久外露面模板施工工艺技术要求（试行）》、《三峡工程一、二期工程主体建筑物混凝土表面缺陷处理技术要求（试行）》、《三峡工程混凝土保温实施细则（试行）》、《三峡一、二期主体工程混凝土密实性钻孔检查评定标准（试行）》等工艺标准，并将执行情况作为质量奖罚考评依据，进一步规范施工中的操作工艺，改进工艺作风，提高工程质量。

（14）重视缺陷处理，保证工程质量。

制定专门的缺陷处理标准，使全工地的缺陷处理和验收得到了统一，并细化工艺和操作要求，确保缺陷处理修补质量。同时，制定了《三峡二期土建与安装工程项目工程质量检查与施工质量缺陷处理费用补偿实施办法（试行）》，从经济上保障质量检查和缺陷处理工作的正常进行。各标段分部位及工作面成立了质量检查与缺陷处理四方工作小组，制定了合理的消缺计划，建立了现场日碰头会和周例会制度，研究解决存在的问题，协调工作进展，保证质量检查和缺陷处理工作按计划顺利进行，切实保证工程质量不留隐患。

（15）抓好质量验收工作。

进一步总结各阶段验收工作经验，规范验收工作程序，有序推广深入到各工序、各单元工程的验收环节中，顺利实现阶段验收直至竣工验收。

（16）积极推广有利于提高工程质量的经验和新技术、新工艺。

（17）加强质量意识教育、技术培训和交流。

及时组织参建各方贯彻落实党中央和国务院领导对三峡工程施工质量等问题做出的一系列重要指示以及三峡质检专家组意见和建议，坚持质量意识教育常抓不懈。专业质量总监有计划地在现场与监理和施工质检人员进行交流和沟通，指导改进现场存在的工艺作风问题和施工问题，不定期地组织一线监理和施工人员进行施工工艺专业技术培训，组织各参建单位互相观摩、学习和交流。提高工程整体施工水平和质量。同时，与水电建设监理协会合作，在工地举办了多次水电监理工程师培训班和总监培训班及专家讲座，提高了监理人员的素质。

（18）充分利用三峡计算机管理系统（TGPMS），严格施工及监理记录管理，及时反馈问题，迅速采取相应的处理措施。

（摘自2003年9月26日《中国三峡工程报》）

# 三峡工程的信息化管理

## 一、总公司信息化建设总体规划

### （一）总体规划报告编制

该项工作继 2002 年 11 月向总公司各部门做专题汇报后，2003 年又结合总公司新的变化和要求，广泛借鉴了一些外部同类企业信息化建设总体规划，吸纳了其中一些好的东西对规划报告进行了修改完善，使规划更全面、务实，目标和内容更加明确、清晰。目前阶段的总体规划给出了总公司信息化建设的总体框架、总体建设思路、原则和推进策略、3～5 年的分阶段工作目标、实施计划以及相应的组织体系、制度体系。结合总公司 2004 年业务管理需要，制定了 2004 年信息化工作大纲并下发征求意见。总体规划是总公司企业信息化建设的行动指南。做好总体规划编制，对总公司更好地做好三峡三期工程建设、金沙江项目滚动开发、电力生产营销及多种经营等关键业务和管理工作，形成对总公司战略管理的技术支撑，具有重要的现实意义。

### （二）企业信息化建设制度制定

围绕面向资源管理和面向项目管理两方面，通过对已发布的信息管理制度进行梳理、修订、补充等多种方式，逐步建立、完善适应集团信息管理工作需要的管理制度，以对总公司今后的信息化建设进行规范和管理。2003 年新发布“TGPMS 物资分类编码”、“Internet 域名注册及管理办法”、“内部信息门户管理及信息维护”等 3 项标准、管理制度，并将自总公司成立以来至今已颁布实施的信息管理制度共 65 篇汇编成册，为下一步制定适应新形势下集团公司企业信息化管理的制度、规范做了必要的前期准备。

### （三）信息资源基础编码标准制定

为配合正在开展的总公司财务集中核算、TGPMS 系统多项目管理的推广实施、三峡电厂 ePMS 系统在电力股份公司范围内的推广实施等工作，需尽快制定信息分类编码基础标准，以便统一信息标准，实现信息资源共享。在对现有信息分类编码进行梳理基础上，结合实际以“成熟—继承、重叠—统一、空缺—新建”多方式建立起急需的集团级信息分类编码标准。2003 年已经基本完成财务管理、项目管理类分类编码标准的起草，待结合总公司财务管理信息系统及金沙江工程建设项目管理系统实施下发执行并逐步完善。

## 二、三峡计算机管理系统（TGPMS）的应用

### （一）机组主体设备物流管理系统

2003 年 TGPMS 机电物流管理系统应用取得良好进展。制定了《机电设备物流管理 TGPMS 试运行工作流程》，组织编制了《三峡工程左岸电站 VGS 供货机组设备标准交货清单》、《三峡工程左岸电站 Alstom 供货机组设备标准交货清单》，针对应用的实际情况，实现了按箱验收、按箱存储、按箱调拨、整箱调拨的功能。协调水电八局三峡机电制造安装分局、葛洲坝集团公司机电建设有限公司、水电四局、峡润公司、总公司工程建设部机电安装项目部、设备物资部等，进行了卓有成效的沟通与合作，使 TGPMS 机组主体设备的物流管理与日常工作密不可分，推动了机电物流管理工作的规范化、程序化、协调运作，使机电管理水平得到显著提高。目前系统已经能够有效跟踪查询出机组主体设备的某些阶段的动态，如到货、验收入库、调拨等阶段信息，并通过标准清单进行物流预控工作。9 号、10 号机组缺货报表即将通过系统生成，为机电管理工作提供决策支持服务。通过 TGPMS 机组设备物流管理应用的实施，找出了管理上存在的薄弱环节，即在设计、招标阶段、供货阶段必须定义设备交货总清单，装箱单格式、图号应规范和统一等，这为后续的右岸机组设备管理工作积累了宝贵的经验和教训。

### （二）固定资产管理信息系统应用实施

协调财务部、设备物资部、办公室等部门，建立起一套规范、完整的固定资产管理流程，并落实到 TGPMS 的应用流程中，得到固化和有效使用，实现了固定资产采购申请、采购、验收、调拨、仓储、使用过程跟踪、价值核算等全过程控制。将三峡工程历年的固定资产历史数据全部导入系统中，可供总公司领导和各资产管理、使用部门分别在 Web 和应用系统中，按部门和管理者、使用者等方式进行综合查询和业务管理。

### （三）溪洛渡工程管理系统

金沙江溪洛渡工程管理系统的应用实施工作进展顺利。协调金沙江公司筹建处成立了工程管理信息系统实施领导小组，初步建立了实施推进体系；初步制定了系统实施方案，确定初期实施目标为投资、合同、财务会计子系统（不含固定资产、预算管理）投入运行，视人员到位和管理制度建立和落实情况，逐步实施物资设备采购、文档、固定资产、预算管理、进度、安全、质量等子系统和模块；根据筹建处组织机构和岗位职责划分拟订了工程管理系统（PMS）第一期投入运行相关的业务流程、功能操作规范、数据

责任体系；讨论确定了初期运行所需的基础编码标准，包括概算、合同、会计科目等；对核心用户做了初期需要投运的子系统的操作培训；对系统进行了技术配置，在三峡服务器上为金沙江建立了新数据库，第一期需投入运行的模块及整个流程（包括会计自动制证）都进行了测试；根据讨论确定的岗位数据责任体系，对筹建处各相关员工在系统中创建了用户并进行了用户授权。目前所有合同已全部补入进系统，工程款结算及其他合同类结算均已通过系统进行，财务系统已投入运行，工程物资管理系统也已正式全面启动。

（四）三峡工程金属结构安装质量管理

完成了 TGPMS 金属结构安装质量单元工程分解及工序检测代码编制工作，代码标准已于 2003 年 9 月正式出版并发布执行，经督促绝大部分历史数据已录入 TGPMS，用于跟踪金属结构安装质量状况。

（五）三峡工程机电设备安装质量管理

完成了 TGPMS 机电设备安装单元工程分解及质量检测代码（包括主机和公用部分）编制工作，最终的检测标准将正式出版并发布执行。机电安装质量管理系统在此基础上投入了试运行。

（六）奥运会游泳馆项目管理系统实施方案规划

对国家游泳中心项目的实施情况进行了调研，并走访了该项目中标的监理单位，提交了国家游泳中心 TGPMS 实施的调研报告。与国家游泳中心项目部就 TGPMS 的具体实施进行研究，共同提出了 TGPMS 项目管理系统的初步实施方案。

## 三、公司财务管理信息系统开发及实施

该项目引进用友 NC 财务管理信息系统，依托用友产品，在现有的 TGPMS、ePMS、电子服务和结算等业务系统上构建一个整合的财务信息平台；针对下属单位，推行基于网络的财务管理软件，完成核算、信息、管理的统一；实现总公司集团集中式财务管理模式，在财务数据集中的基础上实现企业财务资源和业务的集中管理和监控。该项目于 2003 年初启动，与财务部一道先后完成了与用友公司的技术交流、合同谈判、技术及实施方案的确定等。该项目分阶段、分步骤实施，2003 年 10 月正式进入实施开发，围绕第一阶段任务即在 2004 年 1 月 1 日前实现在统一的企业会计制度框架内构建用友管理软件与 TGPMS 信息数据交换平台，满足总公司财务部本部电力生产、基本建设并轨核算需求，进行了数据准备、与 TGPMS 的接口程序开发、用户培训、系统平台采购等工作，目前已满足在生产环境中正式投入运行的要求，达到了第一阶段实施目标。

## 四、三峡电厂生产管理系统(ePMS)项目实施

三峡电厂生产管理系统（ePMS）于 2002 年 4 月 15 日正式启动实施，2003 年按照合同预定计划陆续完成设备维护管理、物资管理、运行管理、安全与可靠性管理、财务管理、人力资源管理、计划合同管理、文档管理八大模块的实施、测试和投产，并于 2003 年 12 月 20 日顺利通过验收专家组和验收委员会的正式验收，该系统完成了合同规定的工作内容，其结构合理，实施方法科学，文档齐全，各主要功能模块已经过了实际使用的考验，其性能满足合同要求。

ePMS 系统的建设是总公司信息化建设的又一重要里程碑，弥补了总公司信息化建设在电力生产板块的空缺。ePMS 为三峡总公司和电力股份公司及三峡电厂的电力生产经营提供了科学、规范和统一的信息化管理平台，实现了生产管理数据标准化、业务流程规范化、信息处理和事务处理集成化、生产与经营管理科学化，并且推进了电厂组织机构的进一步优化和培养了一批既懂生产又懂管理的复合型人才，全面提升了三峡电厂的现代化管理水平和效率，为三峡电厂创建国际一流电厂打下了坚实的基础。

鉴于 ePMS 项目的成功实施和所取得的成果，按照总公司企业信息化建设的统一部署，在 2003 年 10 月启动了 ePMS 系统在电力股份公司特别是葛洲坝电厂的推广实施工作，计划用两年左右时间建立起以 ePMS 系统为基础的电力股份公司电力生产经营管理信息系统。ePMS 系统电力股份公司推广实施联合工作组经过两个多月的努力工作，于 2003 年 12 月底提交了电力股份公司企业信息化建设规划报告和葛洲坝电厂 ePMS 系统推广实施方案的初稿，为电力股份公司生产经营管理信息系统建设制定了一个框架性文件。

## 五、总公司网站维护改造

2003 年更换了网站的数据库服务器，制定了运行维护规范，使得总公司及托管的长江电力、旅游公司网站安全、可靠、稳定运行，较好地为网站提供了技术保障。针对总公司网站改版及长江电力网站设计，组织了方案征集、比选，确定了设计方案，进行了页面设计和开发的组织、协调工作。目前长江电力网站已经开通运行，总公司网站改版页面设计的技术工作也已经基本完成。

## 六、总公司信息系统硬件网络平台建设

（一）网络连接和扩充

完成了总公司网络与北京代表处网络连接方式

的变更（由 VPN 方式换成 DDN 专线方式）。根据总公司业务发展的需要，于 2003 年 8 月和 10 月先后完成了总公司网络与溪洛渡工程、北京奥运项目的广域连接；2003 年 9 月协助长江电力公司完成了总公司网络与北京富凯大厦办公地的连接；2003 年 11 月完成了总公司网络与旅游公司网络（东山开发区）的连接。这些外围地点网络的接入，扩展了总公司的信息平台，使跨地域的办公业务、管理工作成为可能，也为集团财务系统的顺利实施打下了良好的基础。2003 年除建设上述广域连接外，城域网部分也进行了较大范围的扩充，主要有坝区管理部环保公园办公地、水电四局机电安装项目部、葛洲坝机电安装项目部、总公司西坝小区、东山小区等的网络接入等。

（二）数据存储备份方案

针对总公司的数据存储及备份方式进行了大量调研，完成了数据存储及备份方案的初稿，2004 年将按照总体规划要求进行细化修改后予以实施。

（三）服务器更新

将部分使用时间较长的服务器更换成了机架式服务器，提高了系统的可靠性，也方便了管理。同时，增加了 TGPMS B/S 结构的应用服务器，保证了该系统高效、可靠运行，满足了业务工作的需要。

（四）UPS、桌面视频会议系统

新增了两套 30K 的机房专用 UPS，建立了电源的备份系统；采购实施了桌面型视频会议系统，于 2004 年 1 月中旬上线运行。

## 七、多点多项目应用方案研究

为适应 TGPMS 用于多项目工程管理需要，制定了《TGPMS 多项目运用实施方案（送审稿）》，在此框架下与加拿大工程管理公司签订了咨询合同，并开展了多项目管理技术实现方案和多项目物流管理方面的咨询和研讨活动。完成了涉外合同的签订，相关技术方案、编码体系、实施模式等方面的设计工作正抓紧进行，为下一步金沙江多项目管理系统开发打好基础。

## 八、TGPMS 及 Web 应用程序完善、升级及新增功能开发

（一）TGPMS B/S 改造

整个项目于 2003 年年初启动，经过大半年的努力，已经顺利通过验收，这是 TGPMS 发展的一个里程碑。改造后的 B/S 版系统目前已经金沙江筹建处等部门顺利上线，方便了异地使用和远程维护，降低了客户端维护人员的工作量，整个系统的界面更加友好，适应了技术发展的需要。

（二）三期工程监理日报系统

三期工程监理日报系统的重点是做好施工的过程控制，通过对施工过程中劳动力和设备的投入、工程措施的执行情况等进行检查、记录和跟踪，来促使各项目的资源投入能够得到保证，技术措施能够得到落实，计划目标能够得到实现。同时，通过对施工过程信息的反馈和分析，可以更好地预测和组织后续工作，促进三期工程的管理水平不断提高。该项工作 2003 年年初启动，共完成 17 个表单的设计与开发（修改已有表单 4 个），14 个报表的设计与开发。目前，系统已经投入初步运行，正在进行 Web 查询页面的设计与开发。

（三）岗位管理子系的 Web 查询系统的开发

在 TGPMS Web 查询系统中，缺少岗位管理子系统，为了实现对岗位的 Web 查询，使得 TGPMS Web 查询系统成为整体，组织开发了 TGPMS 岗位子系统的 Web 查询系统。

## 九、总公司计算机信息系统技术服务

完成了大量的计算机信息系统相关的日常硬件、系统软件、应用软件和数据库等方面的维护和技术支持工作，严格系统维护流程，认真执行维护清单填写制度，提高服务质量和效率，保证了总公司信息系统的正常运行。

## 十、总公司领导查询系统及 OA 系统的 B/S 结构改造

《三峡总公司办公自动化系统改造与领导查询系统开发合同》于 2003 年 7 月初开始执行，合同开发内容主要包含两部分：一部分是对原有 Notes 系统进行 B/S 改造，另一部分是领导查询。其中领导查询采用 EIP（企业信息门户）框架进行设计。2003 年 7 月召开项目启动会后各项工作正式开展，办公自动化系统经过近一个月的需求整理后进入开发阶段，领导查询的需求经多次调研于 9 月中旬初步定稿。根据领导查询需求报告，为满足 EIP 框架设计要求，要对现有资源做到数据整合、内容整合、应用整合。

数据整合：主要是整合现有葛洲坝电厂、三峡电厂、梯调中心的电力生产信息、枢纽信息、水情气象信息、船闸通航信息，TGPMS 的工程建设信息、合同信息、财务信息、设备物质信息、投资信息数据，以及财务公司的关于三峡总公司相关股票债券交易数据。

内容整合：为规范总公司以及各部门、二级单位的信息发布以及维护，实现各种内容的信息发布，规范统一信息发布，统一用户权限管理。

应用整合：全面整合总公司办公自动化系统功

能，Lotus 邮箱、待办事宜、公文查询、收文管理、发文管理、网上讨论区等应用模块的集成，实现用户统一登录入口。

三峡总公司信息门户平台的建设，为三峡总公司构建了一个集成的应用平台，为三峡总公司及下属单位的领导及员工提供了一个统一的信息及应用访问入口，并对所有的信息资源及目录实现统一的授权管理，保障信息的安全访问与应用。

## 十一、培训及交流

2003 年组织了有关信息系统建设、应用和管理等方面各种培训和交流活动，取得了良好的效果。全年组织用户培训及开展对外交流活动共 29 批 700 余人次，开展计算机专业知识培训 15 余人次。其中，TGPMS 各子系统应用培训 8 期 205 人次，有 54 人取得 TGPMS 上岗证书；新的 OA 系统用户及技术人员培训 6 期 100 人次；用友 NC 财务管理系统应用培训 2 期 70 人次；总公司职称评审计算机上机培训考试 173 人次；开展对外交流及接待高校学生实习 13 批 268 人次。

（中国长江三峡工程开发总公司　李卫兵）

中国水力发电年鉴（2003）

4

# 西 电 东 送

# 西部水电开发的战略和技术研究

## 西部水电开发的战略思考

全面规划中国水电事业的建设和发展，使“西电东送”成为“西部大开发”的重头戏，是摆在我们面前的重要任务和历史使命，也是我国全面建设小康社会的重大措施。

（一）西部水电开发的战略目标

中国能源的两大支柱——煤炭和水力资源，分别集中分布在华北西部和西部地区。尤其是水力资源，西部10省（自治区、直辖市）水力资源理论蕴藏量约5.58亿kW，占全国的84%；而从开发程度来看，西部不足10%，东部已超过50%。东部的煤炭储量只占全国的11%左右，但人口众多，工农业发达、经济发展水平也远高于西部，人均经济产值综合指数约为西部的2.70倍。

由于东、西部地区各方面的差异，东部的技术经济资源与西部的能源资源进行区位交换是优化资源配置、协调地区之间经济关系的需要。站在发展社会主义市场经济立场来研究这个问题，要改变仅仅把西部地区作为国家能源、材料基地的观念，使“西电东送”，尤其是西部水电的大发展，成为“西部大开发”中新的经济增长点。实施“西电东送”不仅可以合理利用西部地区的水力资源，发展西部地区经济，满足东部地区电力需求，而且可以促进西部地区生态环境建设，改善东部地区生态环境；同时有利于协调发展，逐步缩小地区之间的差距，促进各地区共同建设小康社会；有利于扩大国内需求，加快经济结构调整，为全国经济的持续快速发展增加新的活力和后劲；有利于增进民族团结，维护社会稳定和巩固边防。

（二）西部水电开发与全国联网

水、火电电源点的建设，尤其是水电站的建设，由于接入系统的需要，往往会促进电网电压等级的提高和发展。建国初期，除东北电网外，第一个出现110kV电压等级的是官厅水电站。20世纪60年代初，新安江、新丰江水电站以220kV接入系统，促使华东、广东出现了220kV的电网。20世纪70年代初，刘家峡水电站以330kV送电关中，西北出现了330kV的超高压电网。20世纪80年代以后，随着葛洲坝、隔河岩、天生桥二级、岩滩、天生桥一级、漫湾、二滩等水电站的建成，以500kV（包括交流和直流）接入系统，尤其是葛洲坝和天生桥一、二级，分别促进了华中、华东，以及南方粤、桂、黔、滇四省（区）之间的联网。

由于西部水电基地与东部用电区相距比较远，需要架设远距离、超（特）高压输电线路。目前，除建设500kV交、直流输变电工程外，开始在西北电网建设750kV交流输变电示范工程。因而“西电东送”将促进东、西部联网，在此基础上实现南北互联、全国联网。按照全国联网规划要求，“西电东送”的实施可分为北、中、南三大通道。北路，开发黄河上游水电基地，将西北的水电与火电打捆，东送至与东北、山东电网相联的华北电网，形成西北、华北、东北、山东互联的北部电网；中路，开发长江中上游及大渡河、雅砻江、金沙江中下游水电基地，将丰富的电能东送至华中、华东地区，华东与福建相联，形成川渝、华中、华东、福建等地区相联的中部电网；南路，开发南盘江红水河、澜沧江中下游和乌江水电基地，与贵州和滇东煤电基地一起，将充足的电能东送至华南，形成粤、桂、滇、黔四省（区）互联电网，进而与港、澳、海南联网，即正在迅速发展中的南部（方）电网。“西电东送”促进了全国联网。

（三）水电开发与防洪和水资源综合利用

我国已建成的大、中型水库，总库容相当于全国河流年均径流量的1/6，在历年的抗洪斗争中，通过水库对洪水的调节作用，发挥了巨大的防洪减灾效益。如1995年浑河上游发生特大洪水，经过大伙房水库调节，保证了下游沈阳、抚顺等城市的安全，减免洪灾经济损失约75亿元。1998年长江流域发生特大洪水，其水位和洪峰流量均与1954年接近，但洪灾损失较1954年大大减少，其中重要的原因之一就是丹江口、葛洲坝、二滩、宝珠寺、隔河岩、安康、五强溪、柘林等一大批水库调蓄洪水，削减洪峰，为减轻灾情作出了突出贡献。据有关方面统计，1998年全国1335座大、中型水库参与拦洪削峰的减灾效益达7000亿元人民币。随着长江三峡水电站的建成和西部水电的进一步开发，建造的水库，将为中、下游地区的防洪减灾发挥更大的作用。

我国相当一部分水电站的水库均兼有灌溉、航运和供水效益。如黄河上游的刘家峡水电站，除发电、防洪效益外，可改善甘肃、宁夏、内蒙古等省（区）1580万亩农田的灌溉条件，库内的航运也得到了相应的发展。丹江口水利枢纽除具有防洪、发电效益外，每年灌溉引水量约15亿$m^3$，灌溉河南、湖北两省360万亩农田，坝址上、下游有850km的航道得到改善。凤滩水电站是一座以发电为主，兼有防洪、航运、灌溉等综合效益的水电站，可改善航道150km，灌溉农田近7万亩。龙羊峡水电站水库总库容达247亿$m^3$，通过其调节，可提高下游梯级水电站的枯水期出力，新增灌溉面积1500万亩，提供工业用水每年4.6亿$m^3$。

已建水电站的水库，其宽阔的水域为水产养殖提供了发展的空间，其幽雅的环境和美丽的湖光山色，是人们理想的旅游场所。浙江的新安江水库（千岛湖）和贵州的红枫水库（湖）就是典型的例子。随着西部水电的大规模开发，所建的水库也将为西部地区水产养殖业和旅游事业的发展，提供宝贵的资源和难得的机遇。

西部地区，尤其是西北地区，由于自然和人为的因素，生态环境有所恶化，是一个生态脆弱的地区。结合西南地区澜沧江、怒江、金沙江、雅砻江、大渡河等长江上游水系水电工程的开发，建设南水北调西线工程，既开发了西部水电，又可彻底改变西北地区的水环境和自然生态环境。

（四）水电开发与经济可持续发展

可持续发展战略要求建立可持续的能源支持系统和不危害环境的能源利用方式。目前我国的能源消耗主要靠直接燃烧煤炭，一些不发达地区还使用薪柴、树叶、作物秸杆和动物粪便等。这种能源消耗方式既肮脏又浪费，对于水、大气和土地的污染，有限资源的消耗和森林植被的破坏等都有难以估量的负面效应。从水力资源蕴藏量来讲，我国是世界上第一大国，未能得到应有的开发，是我们在能源开发中的一种失策。作为发展中国家的巴西，不惜承担巨额的内外债务，大力发展水电，有效地保护了环境，这种明智的做法值得借鉴。

水电是可再生的清洁能源，从工程技术观点看，是一个完全成熟的技术领域。绝大多数水电工程都兼有防洪减灾、改善水质、提高供水量、改善运输条件、创造和改善旅游环境等效益，且运行灵活，发电成本低，是电力系统中一个重要和颇受欢迎的组成部分。因而西部水电的大规模开发，尤其是具有良好调节性能的水库水电站建设，是西部地区经济建设的重要组成部分，也是国民经济可持续发展的重要措施之一，各方面应大力支持。同时，开发水电要选择合适的坝址，认真开展环境影响评价，对移民安置、土地损失、水土流失、水质、水陆生物、人体健康、上下游水文条件、水库综合利用、文化遗产等方面的影响进行分析研究，并进行详细的环境保护设计和水土保持方案的设计。

水电的开发将极大地推动相关行业和产业的发展。巴西在20世纪50～60年代还是一个比较落后的国家，后以依靠本国的力量为主开发水电，并引进外资和技术，从水电站设计施工到设备制造和运行管理全过程，迅速形成了立足国内力量、发展民族工业的格局，从而壮大了本国的基础产业，带动了相关产业的发展。如在举世闻名的伊泰普水电站的建设中提高了本国的科技水平，也促进了机电设备和金属制造业的发展。这是一条成功之路。我国长江三峡水电站的建设基本上参照这种模式进行操作。西部水电开发也必将带动的相关产业的共同发展，为民族工业的崛起和人民生活水平的提高提供一个新的机遇。

（五）加强政策研究，促进西部水电开发

综观世界各国水电发展的成功例子，大多采取了特殊的优惠政策，鼓励了水电的发展，并使资源所在地改变了落后状态。尤其值得一提的是美国田纳西河流域和法国罗纳河流域开发的经验。在我国西部水电的开发中，由于西部地区经济发展相对滞后，要使水电建设成为西部大开发的重头戏，需要得到政策的支持，并可借鉴美、法等国成功的经验。

在社会主义市场经济条件下，发电成本和上网电价的高低将是水电发展的决定性因素。一般情况下，水力发电的成本与其他发电手段相比是比较低的，但由于水电的工期长，一次性投资大，规定的还款期短，偿还银行贷款的负债压力大，导致水电站投产发电后偿还银行贷款期间上网电价过高，影响了水电的发展。

为了促进西部水电的大发展，推动“西电东送”的实施，应加强政策研究，实行特殊的优惠政策。首先是投资政策的支持，采取贴息、发行水电建设债券和加大资本金比例等措施，并通过优惠条件吸引社会资金投向西部水电建设；还应争取水电项目还款期延长至30年，减轻还本付息压力；对于综合利用水电工程和对下游梯级具有补偿效益的龙头水库电站，应实行投资分摊。其次是税收政策的支持，增值税改革后，由于水电进项抵扣少，其结果既比火电高，且比税制改革前有所提高，故应改革税收政策，支持西部水电发展。此外，就是按“流域梯级滚动开发”的精神，组建流域水电开发公司，以老水电站为滚动开发的启动电站，筹措资本金开发建设新电站，使水电在社会主义市场经济条件下，具有较强的竞争能力。

（中国水电工程顾问集团公司　赵士和）

# 小湾水电站是西部大开发的战略性工程

小湾水电站坝址位于云南省西部南涧县与凤庆县交界的澜沧江中游河段，系澜沧江中下游河段规划8个梯级水电站中的第二级，并且是关键性的一个梯级。工程距昆明直线距离约230km，公路里程465km，至广（通）大（理）铁路祥云站144km。小湾水电站最大坝高292m，水库正常蓄水位1240m，死水位1166.0m，总库容149.14亿$m^3$，总装机容量4200MW，保证出力1778MW，多年平均年发电量189.9亿kW·h,年利用小时数4521h。

小湾水电站具有高坝大库和巨型水轮发电机组；工程开发的主要任务是发电，兼有防洪、灌溉、拦沙及航运等综合利用效益；是我国“西电东送”的主力电源之一，也是国家实施西部大开发的战略性工程。

小湾水电站的建设，将调整和优化云南的电源结构，提高能源的利用效率和效益，大大提高云南电网的外送能力，为“西电东送”、“云电外送”打下坚实的基础。同时配合水电站建设所形成强大的云南超高压电网，为“云电外送”建立起较强的首端网络，有利于促进全国大电网的建设。

小湾水电站是调整和优化云南省电源结构不可替代的工程。目前云南省电源结构中，径流式水电站比例过大，调节性能较差，导致系统汛枯矛盾十分突出。2000年底云南省水电装机容量5163.5MW，占全省装机容量的68%。省网统调水电总装机容量2744MW，但具有年及以上调节能力的容量约为720MW，仅占全省水电总装机容量的14%，其余多数只具备月或周调节能力甚至几乎没有调节能力。地方小水电装机容量2419.5 MW，大多数为径流式水电站，枯期保证出力很低。

云南省电源结构战略性调整的任务十分繁重，加快调节性能优越的大型水电站的开发是十分必要和迫切的。小湾水库具有良好的多年调节性能，除自身可为系统提供发电容量4200MW，保证出力1778MW，多年平均年发电量189.9亿kW·h外，还可为下游梯级水电站带来显著的补偿效益，并通过系统跨流域联合优化调度，大大改善云南水电站群的调节性能，改善云南省不合理的电源结构。

小湾水电站建成后，将使下游漫湾、大朝山和景洪三个梯级水电站每年的保证出力增加约1100MW，即提高了一倍还多，发电量增加约27亿kW·h（均为枯期电量）；并将约14亿kW·h的汛期电量转移为枯期电量，使三个水电站的枯期电量共增加41亿kW·h。汛期电量与枯期电量的比例由无小湾水电站时的1.67：1改善为0.93：1，保证电量占年发电量的比例由无小湾水电站时的46.6%提高到86.4%，相当于不花一分钱就新建一个百万千瓦级的调峰水电站。

利用小湾水电站的巨大调节能力，通过系统跨流域联合优化调度，可以极大地改善云南电力系统水电站群的联合调节性能，使年及年以上调节能力的水电装机容量占全省水电总装机容量的比例由小湾水电站投产前的10%左右提高到70%左右，水电站群汛、枯期发电量的比例由无小湾水电站时的1.6：1改善为0.98：1，保证电量占年发电量的比例由无小湾水电站时的51.3%提高到84.5%，彻底扭转云南电力系统长期以来存在的“丰弃、枯紧”的被动局面。

经电力系统电力电量平衡计算：有小湾水电站时，2013年系统火电的实际发电量为269.1亿kW·h;如果没有小湾水电站，2013年电力系统火电的实际发电量为521.1亿kW·h。所以小湾水电站在2013年可替代的系统电量为252亿kW·h，除去小湾水电站自身的发电量189.9亿kW·h，可使系统有效电量净增约62亿kW·h。

可见，小湾水电站优良的调节性能和显著的补偿效益，可以大大改善云南水电站群的调节性能，提高水电枯期保证出力和电量，使枯期与汛期出力和电量趋于均衡。

建设小湾水电站将对我国西部地区，特别是对经济落后的云南少数民族地区带来十分显著的社会效益，是落实和贯彻党和国家向中西部倾斜、加大对中西部地区投入国策的具体体现。

（1）可持续发展。小湾水电站是可再生的清洁能源，它的建设，既是基础设施又是资源开发，联动作用大，可带动机电制造业、建材工业、交通运输业及第三产业的发展，达到扩大内需、拉动经济增长、提供更多就业机会的目的。同时还可带动云南少数民族地区的经济发展，加速脱贫致富步伐。据估算在小湾水电站建设期间大约有30%～40%即100亿元的工程投资消耗在云南省内。小湾水电站全部建成后，每年为全社会创造的经济收益约1000亿元，是云南省实现可持续发展战略的重要举措。

（2）环境效益。小湾水电站可替代燃煤火电的电量约252亿kW·h，每年可节省标准煤约790万t，从而减少大量的二氧化硫、二氧化碳等废气、废水和废渣的排放，将极大地改善人类赖以生存的环境质量，使云南省电力工业健康发展。

（3）拦沙。小湾水库平均每年可拦蓄坝址以上悬移质泥沙4926.6万t和推移质泥沙150万t，使下游已建、在建的漫湾和大朝山水电站的泥沙问题得以解决，过机沙量大为减少，从而减少对水轮机的磨损，增加使用寿命，保持较高效率运行，同时还可延长水库使用寿命。在糯扎渡水库建成前，由于小湾水库拦蓄了景洪坝址以上近50%的泥沙，从而可减少泥沙淤积对思茅港区的影响。

（4）防洪。小湾水库可提供与兴利结合的调洪库容约11.0亿$m^3$，结合为大坝本身安全进行的调洪可削减洪峰12%，从而提高下游先建的漫湾、大朝山水电站的防洪标准，减少下游后建的糯扎渡水电站等水库的库区回水临时淹没损失和工程建设中的施工导流设施费用。

（5）航运。小湾水电站所处河段目前不通航，水库建成后可形成干流库区深水航道178km，支流黑惠江库区深水航道125km，为发展库区航运创造了条件；经小湾水库调节后使澜沧江下游河道的枯期流量增加，可改善航运条件。

（6）旅游。水库水面对局地气候可起到调节作用，年温差缩小，气候宜人，风景优美。水库地处滇西高原，介于历史名城大理与保山之间，这一高峡平湖明珠般镶嵌在古“西南丝绸之路”上，为发展当地旅游事业创造了又一景点。同时可与下游已建、在建的漫湾、大朝山梯级水库连成一条观光旅游热线。

因此，建设小湾水电站是扩大内需，加快云南地方经济发展，加速边疆少数民族地区脱贫致富的重大举措，符合党中央关于加快中西部地区发展的战略目标，也有利于全国范围内的资源优化配置。

（中国水电昆明勘测设计研究院　喻建清）

## 拉西瓦水电站的枢纽总布置

（一）概况

拉西瓦水电站在青海省境内，是黄河干流上游龙（羊峡）—青（铜峡）段紧接龙羊峡水电站的第二个梯级。枢纽位于龙羊峡谷出口上游4.5km的石门处。坝址区河谷狭窄、岸坡陡立，谷底至岸顶高差680～700m，坝顶高程2460m处谷宽365～385m，平水期水面（水位2234m）宽45～55m，河谷宽高比约1.5∶1.0；两岸岸坡基本对称，河道平直，无大的深切冲沟；河床覆盖层厚一般5～12m，最大15m。坝址以上流域面积132160$km^2$，年径流量208亿$m^3$，多年平均流量659$m^3/s$，来水水量稳定，洪水小，经上游龙羊峡多年调节水库控制，设计和校核洪峰流量均削减了43%；洪径比（洪峰流量与多年平均流量之比）在设计和校核情况下分别为6.48和9.58，比国内一般水电工程都小得多。水电站额定水头210m，保证出力990MW，多年平均年发电量102.23亿kW·h。

经过20多年的前期工作，施工准备工程于2001年四季度启动，导流洞和高边坡处理工程分别于2002年四季度和2003年一季度末开始。计划2003年底前截流，2008年第一批机组发电，2010年完建。

（二）地质条件

拉西瓦水电站的库、坝所在地区，属区域结构上大断块中的小断块，是相对较稳定的地带；地震基本烈度Ⅶ度；坝址上、下游规模较大的拉西瓦断层和伊黑龙断层自中更新世晚期以来处于稳定状态。水库工程地质的主要问题是存在9个库岸松动、滑坡或错落体，但蓄水后可能形成的一些表层不稳定体体积小，距大坝较远。峡谷内阶地不发育，大部分岸坡基岩裸露，坝址为单一、完整的印支期中、粗粒花岗岩，岩性致密、坚硬，抗风化性强。岸坡岩体风化程度相对较轻微，浅部30～50m以弱风化为主，强风化岩体分布很少。岸坡卸荷带发育普遍，深度浅于弱风化带；坝址区断层分为中、高倾和缓倾两类，顺河向断层不发育；全坝址区共发现中、高倾角断层80余条，规模都不大；发现缓倾角断层14条，走向与河流方向成20°～30°的夹角，倾向上游（SW），倾角10°～20°，破碎带宽一般小于25cm，少量夹有不连续分布的泥质；坝址区裂隙发育的规律与断层基本一致，左、右岸发育程度相近，岸坡表部属中等发育程度，深部属不发育程度；在建筑物范围内有由各类断层结构面切割成的9个结构体和表层卸荷区岩体形成的小松动体、崩塌堆积体、危石等。花岗岩体地下水类别主要为裂隙潜水；由大气降水补给，水量不丰沛；两岸埋深较大（100～180m），水力坡降平缓；弱碱性淡水，对混凝土建筑物无任何侵蚀性。坝址区为高地应力区，主应力方向近南北，基本垂直于河流，岸内深部应力平稳区$\sigma_1=20\sim22$ MPa；在河床下有应力集中椭圆区，60m深处$\sigma_{1max}$达33MPa，$\tau_{max}$达7MPa以上；两岸坡脚应力集中区$\sigma_{1max}$近30MPa。

（三）枢纽总布置

现确定的枢纽总布置方案为，混凝土双曲拱坝、坝身泄洪、右岸中部坝肩式地下厂房，坝轴线置于Ⅰ号与Ⅱ号勘探线之间。对数螺旋线型变厚双曲拱坝，坝高250m，坝顶厚10m，中心线弧长75.83m；河床建基面高程2210mm，拱冠底部最大厚度45m，厚高比0.18，拱端最大厚度50.16m；坝基开挖量180.19万$m^3$，坝身混凝土量253.9万$m^3$。坝身表、深孔泄洪，坝后消力塘集中消能；表孔为开敞式，3个，各宽13m、高12m，堰顶高程2440m，径向对称布设在坝身中部，尾部跌流式挑坎；深孔为深式进口、坝内倾斜式孔身，2个，宽、高均为4m，高程为2321.30m，径向对称布置在3个表孔之间，尾部窄缝式挑坎；导流期用的临时底孔，2个，各宽4.5m、高 6m，高程为 2276.88m，型式同深孔，布设在左、右表孔下方，尾部水流直接射入消力塘内；消力塘底宽 55～60m，长 221m，复式断面，塘底板面高程 2215m，两侧护坡顶高程 2255m；塘尾设两道坝，坝顶高程 2238.5m。电站装机 6 台，单机容量 700MW，总装机容量 4200MW；主厂房设在右坝肩下游、右岸山里 150～492m 处的花岗岩中，上覆岩层厚 230～460m；进水口为岸塔式，一字形布置在右坝肩靠上游青草沟与石门沟间的山梁上；引水钢管为坝藏式，6 条，一机一管，直径 9.5m，进口底槛高程 2380m、2360m、2340m；主厂房轴线走向 NE25°，开挖尺寸 316.75m×29m× 74.90m（长×宽×高），机组段宽 34m，机组安装高程 2222.3m，发电机层高程 2242.0m；主变压器开关室与主厂房对应一字形平行布设于主厂房下游，两者之间最小岩体净厚 45m，主变压器开关室结构轮廓最大尺寸 235m× 27.5m× 42.875m（长×宽×高）；尾水系统为二机一洞、一室布置，尾水洞直径 17.5m，尾水调压室为圆筒阻抗式，直径 28m，高 51.78m；尾水调压室前设尾水闸门室，平行于主厂房布置。

（四）确定枢纽总布置的主导思想和重要条件

确定拉西瓦工程枢纽总布置的主导思想和重要条件可归纳为以下几点：

（1）选用混凝双曲拱坝，符合坝址的地形、地质状况，可取得较好的经济指标，并在峡谷缺少施工场地条件下尽量减少工程量以利于施工。

（2）两个关键的原因确定了枢纽总布置采用了地下厂房和坝身泄洪的基本格局。一是高达 700m 的陡立岸坡和广泛分布着卸荷和各类构造组合形成的松动体、塌滑堆积体及危石等，应尽量避免在河谷中布置建筑物，以减少施工期的不安全因素和增加运行期的安全保障；二是大容量的机组和较小的泄洪流量，对坝址为窄、陡的河谷来说，河床让位给泄洪是最佳的选择。

（3）左岸Ⅱ号变形体和河床基础中横河断层 F172 的存在制约了拱坝轴线布置。Ⅱ号变形体由上游 F29、下游 L145、底面 HF4、后缘 LF1 切割形成，前缘高程 2400m，后缘高程 2650m；该变形体经蠕滑、拉裂，已有一定程度的位移和遭到了一定程度的解体，虽其程度远低于滑坡，但其岩体的完整性已遭破坏，不能作为坝后抗力体，而宜将之作为高边坡，以自身稳定为目的作工程处理；经分析计算将Ⅱ号变形体置于右坝肩下游 54（坝顶高程 2460m 上）～92m（高程 2400m 上）处。F172 为坝址区Ⅰ级结构面，横跨河床，倾角 65°～71°，倾向下游，胶结差；经分析、计算，最终将距大坝最近处拱冠上游面在基础面高程上的距离定为 5m 左右，这样 F172 与坝基防渗帷幕在建基面 50m 以下深度上相交，此部位已为压剪受力区，不会影响防渗帷幕的安全运行。同时，该坝轴线两坝肩及河床段尚有坝基岩体质量较好，两岸开挖工程量较少；有适宜布置引水发电系统的地形、地质条件；枢纽所有建筑物都能置于花岗岩体上（内）；拱坝下游有 500～550m 的平直河道，可满足泄洪消能需要。

（4）地下厂房置于右岸全坝址区最好的花岗岩层中，其位置既已脱离了右坝肩推力影响范围，又使压力引水段较短，无须设置上游调压井。

（5）泄洪流量较小，虽河谷较窄泄洪建筑物仍能较充裕的按运用要求布设在坝身，但河床基岩中的椭圆形地应力集中区使下游消力塘不宜深挖，河道又窄，因而，单位水体的消能率要比二滩工程大 1 倍多，增加了消能设计的难度。

（6）由于长期处于西北干旱地区的高陡岩坡，在泄洪水雾作用下，其稳定性会因各类结构面力学参数的急剧降低而恶化，这已为许多工程经验所证实。因此尽量减小水雾扩散范围，采用集中消能、集中防护的布置是合适的。并且，坝后消力塘布置在水电站尾水出口上游，有利于运行中消力塘的检修。

（7）在这样的峡谷区，不仅是主体永久建筑物，而且将两岸的永久和施工交通尽量设于地下是安全的，有利于施工的正常进展。因而，峡谷内场内施工道路总长约 23.4km，有近一半是在隧洞中。

（8）处于山高坡陡峡谷中的坝址区，极缺近区施工场地。采用了左岸 2.36km 长交通遂洞，充分利用龙羊峡谷出口伊黑龙沟口大片平坦的阶地，激活了施工总布置。

（中国水电西北勘测设计研究院　吴　熹）

## 糯扎渡水电站工程的关键技术

糯扎渡水电站工程规模巨大，工程地质条件复杂，有许多特殊的工程技术问题，需开展深入的设计研究工作。糯扎渡水电工程关键技术的研究情况如下：

（一）右岸软弱岩带的工程地质特性及处理措施

坝址区右岸在 F12 与 F13 断层之间。由于岩体受构造、风化、蚀变等因素的综合影响，形成了大致顺河方向延伸并包括断层在内的构造软弱岩带。其延伸长度大约 650m，在地表主要分布于 650～740m 高程。右岸构造软弱岩带是由断层破碎带、影响带及断层之间的破碎蚀变花岗岩体组成。软弱岩带内岩体破碎，风化及蚀变作用强烈，岩体均一性、完整性差；特别是其中的断层破碎带多为糜棱岩、碎裂岩、角砾岩夹断层泥，断层带一般潮湿或有渗水现象；仅局部部位风化较浅，岩体蚀变以硅化为主，岩块强度较高，并呈透镜状分布。岩带内的花岗岩体节理裂隙发育，且结构面间普遍有可塑、软塑状的高岭土或高岭土膜充填。岩体质量属V类岩体；透水性仍遵循从地表向深处由强或中等透水逐渐过渡为微透水的一般规律。岩体一般为弱风化上部的碎裂结构岩体，其纵波速度（$v_p$）一般为 1100～2500m/s，平均值 2100m/s；完整性系数一般为 0.10～0.20。构造软弱岩带岩石的干抗压强度平均值为 34.77MPa，湿抗压强度平均值为 14.02MPa；断层破碎带的变形模量较低。总体上构造软弱岩带岩体变形模量值低，抗变形性能差，对右岸坝基工程地质条件影响很大，基础易产生不均匀变形问题。

由于右岸构造软弱岩带岩体强度及变形模量低、渗透性较大，难以满足大坝对地基强度、抗变形性能及防渗方面的要求，因此对构造软弱岩带进行了岩体高压固结灌浆试验工作。固结灌浆试验的目的，一方面是研究构造软弱岩带岩体经固结灌浆处理后物理力学指标的变化情况，为研究对其进行加固处理措施提供依据；另一方面是研究渗透性的改善情况。岩体固结灌浆试验主要布置在右岸坝基部位的强风化至弱风化上部和构造软弱岩带上。试验表明，通过固结灌浆处理可满足高心墙堆石坝建基面要求。

（二）高心墙堆石坝设计

土质防渗墙的堆石坝由于造价较低、施工方便等原因，国内外建造较早，但国内已建工程中没有超过 200m 的高心墙堆石坝。糯扎渡心墙堆石坝高 261.5m，坝高列世界第四，比国内最高的堆石坝——小浪底坝高出约 100m，可供借鉴高堆石坝设计经验较少。因此，需对糯扎渡高心墙堆石坝进行专项研究。

1. 坝料特性研究　通过大量的室内击实、压缩、剪切、渗透试验及对试验成果和资料进行系统的整理分析，重点研究以下内容：①不同击实功能下砾石土料的最大干容重及最优含水量，确定砾石土料合适的压实功能及填筑标准；②砾石土料最大干容重及最优含水量与砾石含量的关系，不同砾石含量土料的渗透、压缩、应力应变特性及抗剪强度指标，确定合适的掺砾比例及掺料级配。

2. 应力应变及稳定分析　高心墙堆石坝的应力应变分析包括以下主要内容：①采用多种计算模型进行静力非线性应力应变分析，根据土石料的动力特性进行动力反应分析，非线性稳定分析，以研究坝料强度的非线性特性；②采用多种计算方法进行非线性坝坡稳定分析，提出相应的安全控制标准。

3. 坝料分区及结构优化研究　主要进行以下内容的研究：①枢纽建筑物各种开挖料的数量、特性及可用性，其开挖、堆存及上坝的施工规划；②研究不同材料组合筑坝的分区原则，包括不同材料在坝体横向、纵向及高程上的分区原则；③根据分区原则，提出各种坝体分区方案，通过对各方案进行计算分析，研究各分区方案的可行性及优缺点；④分析坝壳对心墙的拱效应作用及心墙发生水力劈裂的可能性；⑤分析不均匀基础变形对坝体变形的影响、引起心墙开裂的可能性及其对坝料分区的要求，特别要重点研究右岸风化蚀变带对坝体变形的影响。

4. 抗震研究　根据砾质土和堆石料的动力特性，通过有限元动力反应计算分析，分析坝体的动力反应特性，分析坝体振动后的永久位移，提出能有效提高坝体抗震性能的坝体设计（坝坡体型、心墙形式、坝料分区、预留超高等）及其他具体的抗震措施。

5. 渗流分析及渗控措施研究　根据坝料渗透试验成果及坝基地质情况，研究坝体及坝基岩体的渗流特性；对坝基天然渗流场进行反演分析，确定合理的地基模型边界条件和计算参数；计算分析坝体及坝基内的渗流场分布，包括渗透压力、渗流量、渗透比降、渗流速度及坝体浸润线等；研究针对保护细颗粒稳定的反滤料合理级配和结构（层数、厚度）设计；研究坝基主要断层及右岸风化蚀变软弱带坝基的渗透稳定性；研究提高坝体和坝基渗透稳定性需采取的渗控措施。

（三）泄洪消能及防冲设计研究

1. 溢洪道泄洪消能研究　糯扎渡水电站溢洪道下泄流量（可能最大洪水 PMF 时）31318$m^3/s$，仅次于巴西、巴拉圭的伊泰普（Itaipu）水电站的泄洪流量 62230$m^3/s$；最大水位差 182m；泄洪功率为 55860MW，超过伊泰普水电站 51228MW，为岸边溢洪道世界第一。其泄洪能量大、流速高（最高流速为 52m/s），还要通过宽大的 F1 断层。溢洪道的安全、可靠运行，对保证堆石坝的安全至关重要，因此，溢洪道泄流能力、超高速水流掺气减蚀、下游消能防冲等问题需进行专门研究。

2. 泄洪洞水力学专项研究　右岸泄洪洞校核洪水位时泄洪流量 3023$m^3/s$，最大工作水头 120m，超过目前的闸门操作水平，因此，需对有压流和无压流的水力过渡、闸门振动等问题进行专门研究。

3. 消力塘及泄洪水流雾化影响范围研究　研究宣泄各频率洪水时消力塘的型式和消能效果，同时研究泄洪时产生的大量水雾对建筑物边坡和环境影响，并采取相应的支护措施。

（四）地下洞室群

电站地下洞室群包括厂房、主变压器洞、尾水调压室、尾水洞、母线洞及交通洞等。主厂房、主变压器室及调压室等三大洞室最小覆盖层厚度 180m，距坝基最小距离约 150m，距坝址区规模最大的断层 F1 最小距离约 200m。拟定的三大洞室开挖尺寸：主、副厂房 418m×29m×79.6m，主变压器室（含空调机房）（长×宽×高）418m×19m×21.1m，尾水调压室（直径×高）37m×94m。

糯扎渡水电站地下洞室群不仅规模巨大，而且工程地质条件比较复杂，因此，需要在吸取其他工程经验的基础上，采用多种技术手段对地下洞室群的围岩稳定及支护设计开展针对性专项研究。

采用数值分析法，根据模型洞收敛变形反演岩体参数、地应力场、渗流场等进行施工仿真分析，为地下洞室的支护、安全性及施工方法进行了详细研究。

五、高心墙堆石坝施工系统仿真与快速施工措施

结合糯扎渡心墙堆石坝坝高 261.5m 的高心墙堆石坝施工特点，分析和模拟高心墙堆石坝施工的动态过程，运用系统递阶分解协调技术，研究高心墙堆石坝从坝基开挖、坝体填筑等各个施工环节之间的相互影响和作用机制，确定高心墙堆石坝施工模拟模型的耦合机制，为施工全过程动态仿真模型建立和方案优化奠定理论基础；根据系统递阶分解协调结构，研究高心墙堆石坝施工有关施工道路布置、料物平衡、料物流向、土石方开挖、土石方运输、施工机械合理配套、坝体填筑方案的综合优化模型，提出高心墙堆石坝快速施工的有效措施。

（中国水电昆明勘测设计研究院　张宗亮）

# 西电东送的水电建设

## 拉西瓦水电站工程

### 一、拉西瓦水电站工程简介

黄河拉西瓦水电站位于青海省贵德县与贵南县交界的黄河干流上，是黄河上游龙羊峡至青铜峡河段规划的大中型水电站中紧接龙羊峡水电站的第二个梯级。该水电站距上游龙羊峡水电站 32.8km，距下游李家峡水电站 73km（均为河道距离），距青海省省会西宁公路里程为 134km，距下游青海省贵德县城 25km，对外交通便利。

黄河拉西瓦水电站是黄河流域装机容量最大、发电量最多、单位千瓦造价最低、经济效益良好的水电站，其主要任务是发电。水电站建成后主要承担西北电网的调峰和事故备用，对即将实施的西北电网 750kV 网架起着支撑作用；是“西电东送”北通道的骨干电源点，也是实施西北水电“打捆”送往华北电网的战略性工程。

黄河拉西瓦水电站枢纽建筑物由混凝土双曲拱坝、坝身泄洪表孔和深孔、坝后消力塘、右岸岸边进水口和地下引水发电系统组成。工程为一等大（1）型工程，大坝、泄洪、引水发电建筑物和开关站为 1 级建筑物，消力塘二道坝为 3 级建筑物。

黄河拉西瓦水电站最大坝高 250m，坝顶中心线长度 475.83m。水库正常蓄水位为 2452m，总库容 10.79 亿 $m^3$，调节库容 1.5 亿 $m^3$。水电站总装机容量 4200MW（6×700MW），保证出力 990MW，额定水头 205m，多年平均年发电量 102.23 亿 kW·h。

拉西瓦水电站主体工程主要工程量有：土方明挖 578.36 万 $m^3$，石方洞挖 227.3 万 $m^3$，混凝土浇筑 373.4 万 $m^3$，金属结构安装 11584t。电站静态总投资 121 亿元，动态投资 145 亿元，单位千瓦静态投资 2881 元。

### 二、拉西瓦水电站前期工程进展情况

2001 年 8 月 14 日拉西瓦工程建设部成立之后，从立项准备、工程规划、征地工作、建设管理等方面做了大量的工作。

1. 立项准备　2001 年 9 月 1 日～9 月 5 日拉西瓦工程建设部在西安主持召开了拉西瓦水电站设计规划及施工总体布置方案讨论会，会议对设计工作进行了具体安排和布置。

拉西瓦水电站枢纽设计、机电设计、水土保持方案大纲及环境保护方案大纲等项目建议书上报时必须的关键性技术文件于 2001 年 11 月分别在北京和西宁通过咨询和审查。

拉西瓦水电站可行性研究报告（等同于原初设计报告）于 2002 年 4 月 12 日～15 日在北京通过审查。2002 年 9 月 5 日拉西瓦水电站工程项目建议书由原国家电力公司正式上报国家计委。

2003 年 3 月 18 日～26 日，拉西瓦水电站项目建议书评估会由中国国际咨询公司主持在青海省西宁市

召开。会议期间中国国际咨询公司领导及专家组成员到拉西瓦工地进行了现场踏勘。

2. 工程规划　拉西瓦水电站地处黄河上游，峡谷陡峭，施工布置困难，为了组织好前期工程，做到规划合理，拉西瓦工程建设部多次组织专家咨询，同设计院协商共同制定了合理可行性的施工规划，结合可研报告审查意见，编排了施工总网络进度计划。

施工中网络进度计划确定的总工期9年；2001年10月1日，前期工程开工建设，2002年12月导流洞工程开工，2003年12月下旬实现河床截流；2004年元月开始左右岸坝肩及坝基开挖，2005年10月开始大坝混凝土浇筑，2008年大坝浇筑到2385m高程，水库蓄水至初期发电水位2360m高程，首批机组发电；2010年6月第六台机组投产发电，2010年底竣工。

3. 目前工程建设形象　截至2003年8月底主要工程形象为：

（1）右岸低线交通公路已建成通车，左右岸高线公路计划在年底前建成通车。

（2）黄河大桥、伊黑龙大桥、牧羊沟大桥已建成通车。

（3）导流洞工程已全部贯通，2003年12月20日具备过流条件。

（4）临时砂石料生产系统已建成投产。

（5）右岸混凝土拌和系统已建成投运。

（6）生活区78000m$^2$的房建及配套工程已陆续建成并投运。

（黄河上游水电开发公司拉西瓦工程建设部　张虎成）

## 小峡水电站工程

小峡水电站位于甘肃省兰州市皋兰县境内，为黄河龙（羊峡）—青（铜峡）段规划的第20个梯级，是黄河“小三峡”（小峡、大峡、乌金峡）三个梯级电站的最上游梯级。上距兰州市35km，下距大峡水电站29km，有到兰州和皋兰的公路。坝址控制流域面积22.51万km$^2$，多年平均流量1059m$^3$/s。

工程主要任务是发电。电站供电范围为西北电网，主供兰州地区。水库正常蓄水位1499.0m，总库容4800万m$^3$，为日调节水库。电站总装机容量4×5.75万kW，保证出力9.3万kW，年发电量9.56亿kW·h。电站属三等中型工程，设计洪水标准50年一遇，相应洪水流量6310m$^3$/s，校核洪水标准500年一遇，流量7170m$^3$/s，施工导流标准为10年一遇洪水。坝址区地震烈度为Ⅶ度。

坝址位于小峡峡谷出口段，平水期水面宽约110～120m，河床覆盖层最厚15m；两岸基岩裸露，岸坡不对称，左岸为55°～65°，相对高差80～120m，右岸为Ⅲ级阶地基座，高出河水面25～30m。坝区出露的地层主要有前寒武系皋兰群结晶片岩、混合岩、加里东期花岗岩侵入体。坝区有4组断层构造，裂隙为不发育到中等发育，规模小、穿透性差。地形、地质条件较好。

枢纽布置格局为右岸阶地布置3孔泄洪闸，河床式厂房布置4台轴流式机组。主要建筑物右岸有泄洪闸、岩坎坝段、河床式厂房和排沙孔，左岸有挡水坝段及灌溉取水口、开关站等。坝顶高程1502m，坝顶总长249m，最大坝高50.7m，为低水头河床式水电站。

右岸泄洪闸兼导流、泄洪、排沙等功能，由引水渠、闸室、消力池和下游明渠等组成，全长543m。

泄洪闸引水渠呈缓弯喇叭形，长260m，宽70～51m，渠底高程1475m；闸室段长45.2m，宽51m，为平底潜孔闸，闸底板高程1475m，共3孔，每孔宽13m，高14m，上设胸墙挡水。孔口设有平板事故检修门和弧形工作门，平板门尺寸13m×16m，由坝顶2×2000kN双向门机起吊。弧形工作门孔口尺寸13m×14m，由2×3200kN液压启闭机操作。闸室结构为底板中间设施工缝的整体式，底板厚4m，中墩厚5m，边墩厚4m。由于弧门尺寸较大，单孔总推力达到54000kN，闸墩为预应力结构。

泄洪闸采取底流水跃消能，消力池长88m，池宽51m，底板高程1470m，矩形断面，池深4m。

下游护坦段长150m，底宽从51m渐扩至出口70m，梯形断面，底板高程1472.0m，护坦段末端设有防冲齿墙，深6m。

河床厂房总长120m，顺水流方向底宽69.4m，机组段长度30m，一机一缝。坝顶高程1502m，主厂房厂顶高程1519.5m，尾水平台高程1492m。主厂房左右两端分别设有安装间，右安装间长32m，左安装间长22m。左安装间下游侧设有中控楼、GIS开关站。每个机组段均设有排沙孔。

电站进水口底槛高程1466.771m，为喇叭型布置，每个机组段进口分3孔，过水净宽度为3×6.2m。沿水流方向设两道门槽：主拦污栅槽兼检修门槽、事故检修门槽兼副拦污栅槽。拦污栅单孔口尺寸6.2m×22.3m，事故检修门单孔口尺寸6.2m×16.0m。拦污栅及事故检修门由坝顶4000kN双向门机起吊。坝顶牛腿外伸3.8m，坝顶总宽17.5m。坝基设一排帷幕，后设排水孔幕。

厂内布置4台机组，水轮机型号为ZZ（K305711）-LH-830，发电机型号为SF-J57.5-88/12500。机组安装高程为1478.59m，机组段发电机层高程为 1492.00m。主厂房宽度 27m，总高度 65m。安装有型号 250/50/10t-23 的桥式起重机 2 台。主厂房上部结构为排架柱及砖混结构，屋顶采用钢网架结构和轻质彩钢板屋面结构。

尾水管段下部为尾水管，上部为 5 层尾水副厂房及尾水平台。尾水管扩散段设中墩，出口高程 1457.6m，设有尾水闸门，孔口尺寸 10.75m×9.6m。尾水门由设在尾水平台上 2×1000kN 双向尾水门机操作。4 台主变压器布置在尾水平台上。5 层尾水副厂房分别布置水轮机辅助设备及电气设备。

机组排沙孔可承担机组进水口门前清的任务，布置于机组左侧孔口下方，进口高程为 1460m，设有事故检修门，尺寸为 6.2m×3m，出口设有平面工作闸门，尺寸为 5m×3m，出口底板高程为 1471.10m。排沙孔进出口闸门分别由坝顶和尾水门机起吊。

坝址下游建有跨黄河大桥，两岸均可进厂，从右岸上坝。

小峡水电站勘测设计始于 1989 年，1990 年完成可行性研究报告，1993 年完成初步设计报告。1996 年应业主要求，对机型及总布置进行优化，改贯流式机组为轴流式机组。1999 年上报项目建议书，经国家计委委托国际咨询公司评估后，于 2001 年编制工程可行性研究报告上报国家计委。同年批准立项兴建。

工程施工分两期，一期由原河床过水，右岸干地进行泄洪闸（导流明渠）施工；二期由右岸泄洪闸导流，在河床上、下游围堰的防护下进行主体建筑物施工。工程实施划分为四个标段：CⅠ标，砂石料及混凝土加工系统；CⅡ标，导流及泄洪闸工程；CⅢ标，大坝及厂房工程；CⅣ标，机电设备安装工程。工程于 2001 年 11 月 23 日正式开工，2002 年 11 月 26 日实现主河床截流，计划于 2004 年 9 月份首台机组发电，预计 2005 年 9 月底工程完建。总工期 46 个月。

该工程业主为甘肃小三峡水电开发有限责任公司；股东为国投电力公司、甘肃电力建设投资公司、甘肃省电力公司；出资比例依次为 50%、30%、20%。按 2000 年价格水平，本工程概算静态投资为 13.583 亿元，总投资 15.1828 亿元。

（中国水电西北勘测设计研究院　刘战平）

## 苏只水电站工程

黄河苏只水电站位于青海省循化县与化隆县交界处，是黄河干流上游龙羊峡－刘家峡河段第九级梯级，电站上游距在建的公伯峡水电站 12km，下游距离黄丰水电站 9km，距青海省西宁市 150 km。

苏只水电站主要任务以发电为主，兼有灌溉、供水等综合利用要求。水库库容 0.455 亿 $m^3$，具有日调节性能；电站总装机容量 225MW，多年平均年发电量 8.79 亿 kW·h。苏只水电站为三等中型工程，主要建筑物为 3 级，相应设计洪水标准为 100 年一遇，校核洪水标准为 1000 年一遇。工程总投资 12.9 亿元，单位千瓦投资 5867 元，上网电价 0.184 元/(kW·h)，总工期 38 个月，第一台机组发电工期 29 个月。

2001 年 10 月青海省计委考虑到苏只水电站距在建的公伯峡水电站仅 12km，在建设公伯峡水电站的同时，发挥以大带小的建设优势，一并建设苏只水电站，决定由黄河上游水电开发有限责任公司负责建设苏只水电站。

2002 年 2 月开始进行预研勘测设计工作，5 月预可研报告通过中国水利水电建设工程咨询公司咨询，形成了可研阶段的设计指导性意见，勘测设计工作转入可研阶段。

2002 年 6 月业主组织召开了可研阶段第一次设计联络会，确定了可研阶段设计主要工作内容。9 月业主召开了可研阶段第二次设计联络暨建设工作会议，会议确定厂房布置在左岸、安装 3 台 75MW 的轴流式机组的布置方案；同月电站接入系统设计通过国家电力公司西北公司审查。11 月水土保持方案报告书、环境影响报告书通过水电水利规划设计总院预审，2003 年 5 月水土保持方案和环境影响报告书正式批复。2003 年元月可研报告通过水电水利规划设计总院、青海计委的审查，7 月报告正式批复。

在可研报告通过上级单位的审查后，随即开展了发包设计及施工招标工作。水轮发电机组制造招标工作于 2003 年 3 月完成；对外公路施工招标工作于 2003 年 5 月完成；砂石料及混凝土系统施工招标工作于 2003 年 6 月完成；2003 年 8 月完成了枢纽主体土建泄洪闸（含一期导流工程）和电站厂房两个标段的施工招标工作。

2003 年 9 月 10 日苏只水电站工程正式开工建设，首台机发电工期安排在 2005 年年底，2006 年年底工程完建。

苏只水电站坝址以上流域面积 144750$km^2$，坝址多年平均流量为 703$m^3/s$，平均年径流量 221.7 亿 $m^3$。100 年一遇设计洪水流量 5290$m^3/s$，1000 年一遇校核洪水流量 5870$m^3/s$。电站入库泥沙由公伯峡水电站下泄泥沙、公—苏区间泥沙两部分组成。苏只水电站运用 20 年间，平均每年入库悬移质 273 万 t；推移质来自于公—苏区间较大的水库沟、甘都沟、苏只沟，其中以坝前甘都沟规模最大，年推移质沙量 6.11 万 t。

工程区属构造基本稳定区，地震烈度为Ⅶ度。坝址河谷两岸为Ⅰ、Ⅱ级阶地，沿右岸阶地前缘建有黄丰渠，建筑物基础岩体主要为弱至微风化黏土质粉砂岩及黏土岩，天然状态下其承载及抗变形性能可满足建基要求，但基坑开挖暴露后，岩体的回弹、松弛及浸水膨胀、软化将会降低其承载及抗变形性能。

苏只水电站工程枢纽从左到右依次布置有河床式厂房、泄洪闸、均质黏土坝等建筑物，坝顶总长638m，顶高程1902m，最大坝高51.7m。

泄洪闸位于主河床中部偏左，设3孔，坝段长66m，进口底板高程1878m；每孔泄洪闸设平板检修门和弧形工作门各1道，孔口尺寸分别为14m×10m和14m×9m，分别由坝顶门机和液压启闭机启闭。泄洪闸下游采用底流消能，设综合式消力池，池长74m，其后接57.5m长尾渠段，包括50m的底板用混凝土衬护，其后40m采用钢筋笼防护并与下游河道相接。考虑到坝前左岸甘都沟泥沙对电站正常运行的影响，采取泄洪闸降低库水位排沙甚至泄空冲沙方式形成冲槽，解决坝前泥沙淤积。在进水口前缘设置拦沙导沙槛，进水口下方设置三个排沙孔，以解决进水口门前清淤问题。

厂房坝段长143.3m，厂房内安装3台轴流式水轮发电机组。副厂房布置在安装间下游，主变压器布置在尾水平台上，对外交通可通过尾水平台左侧下游进厂。进水渠通过1∶2的反坡与前缘设置的拦沙槛相连，拦沙槛顶端高程1890m。进水口为喇叭口形，底槛高程为1868.75m，进口设三道门槽：主拦污栅槽、副拦污栅与进口检修门共槽、排沙孔与进口事故门共槽。主机间跨度29m，采用一机一缝，厂内安装1台跨度为25m的电动桥式吊车，机组安装高程1875.2m，厂房屋盖采用预制雁式屋面板。机组油压装置和调速器布置在机组上游侧第一象限内。尾水出口段设尾水检修门和排沙孔工作门，尾水管扩散段上部为尾水副厂房。尾水渠通过1∶4的反坡与原河床相连。

右岸均质黏土坝长393m，坝顶宽度6m，坝体上游坡为1∶2.5，下游坡为1∶2.2，上下游坡面均采用0.5m厚的干砌块石护坡，下游设置排水棱体。坝顶高程1902m，由正常情况控制，设防浪墙高度为1.2m，坝体与泄洪闸边墙采用混凝土刺墙连接。

苏只水电站采用110kV和330kV两级电压送出；330kV出线1回，接入公伯峡水电站330kV开关站；110kV出线4回，第一回送至公伯峡水电站110kV变电站，第二回送至循化110kV变电站，预留2回出线位置。开关站就近布置在尾水渠左岸1906m平台上。

（中国水电西北勘测设计研究院 杨经会 周 恒）

# 尼那水电站工程

尼那水电站位于青海省贵德县境内的黄河干流上，距西宁市124km。上游距黄河龙羊峡水电站约41km，距拉西瓦水电站坝址8.6km。尼那水电站是黄河上游第八座建成发电的水电站，是西北地区首座灯泡贯流式水电站。

枢纽主要任务是发电，并可改善下游3.5万亩耕地的灌溉条件。水库正常蓄水位2235.5m，最大坝高43.4m，总库容2620万$m^3$，为日调节水库。电站装机容量160MW，电站保证出力74.7MW，年利用小时数4796h，年发电量7.63亿kW·h。电站以110kV一级电压出线，接入青海电网。

电站枢纽属三等工程，主要建筑物（包括泄水闸、河床式厂房、右重力坝及左岸均质土坝）为3级，次要建筑物为4级。混凝土挡水建筑物采用50年一遇洪水（$Q=4460m^3/s$）设计、500年一遇洪水（$Q=4790m^3/s$）校核；土坝采用50年一遇洪水设计、1000年一遇洪水（$Q=4890m^3/s$）校核；消能防冲建筑物按30年一遇洪水（$Q=4390m^3/s$）设计。枢纽工程区地震基本烈度为Ⅶ度，建筑物设计烈度采用Ⅶ度。

枢纽由左岸均质土坝（副坝）、泄水闸（3孔）、泄水底孔（1孔）、厂房坝段（带排沙孔）、右岸副坝、右岸开敞式110kV开关站、上坝和进厂公路等组成。

左岸副坝为均质土坝，布置于左岸阶地上，长度423.9m，与泄水闸左边墩以侧墙式连接。接头段最大坝高33.2m，接头段之外最大坝高11.2m，向左岸方向坝高渐小。3孔泄水闸结合施工导流明渠，布置在左岸岸边，进口底板高程为2215.00m，右侧与泄水底孔之间为纵向导墙，左侧经连接段与副坝（土坝）相接。泄水闸基础为黏土岩，采取了开挖保护措施。1孔泄水底孔布置在泄水闸右侧、安装间下方，进口底板高程为2212.00m，基础为变质砂板岩与黏土岩接触带。泄水闸及底孔最大泄量分别为$3180m^3/s$、$834m^3/s$，均采用底流消能。4个河床式厂房坝段布置于泄水底孔右侧，位于河槽右侧主河道中，一机一缝，装有4台40MW灯泡贯流式机组。单个机组段坝轴线方向长度为23m，顺水流方向底宽度为67m。每个厂房坝段机组进水口下方各设1孔闸墩式排沙孔，其进口高程较发电进水口低4.444m。安装间布置于主厂房左侧、泄水底孔之上，安装间与尾水平台同高。厂房坝段基础为变质砂板岩。右岸重力式挡水坝段（副坝）布置在厂房坝段右侧，共2个坝段。右岸副厂房（中控楼）布置于其后。左、右岸灌溉取水口分设在左边墩及右挡水坝段内。开关站布置在右坝肩下游侧。进厂公路、主要对外交通及电厂生活区在左岸。

尼那水电站水头变化范围为18.1～12.1m，水轮机的额定水头14m，总装机容量160MW，是4台单机容量为40MW的贯流式水轮发电机机组，水轮机型号为GZ4BN-WP-600，转轮直径6.0m。发电机型号为SFWG40-56/6650，机组采用双支点双悬臂支撑方式。发电机电压10.5kV，采用二机一变扩大单元接线，主变压器采用SFP9-90000/110型三相双绕组无载调压升压变压器，高压侧采用双母线接线，开关站出线6回，以110kV一级电压接入青海电力系统。

施工导流采用两期河床导流方案：一期采用土石围堰围护左岸基坑，进行导流明渠、泄水闸全年施工，由束窄的原河床过流；二期由上下游横向围堰挡水，进行基坑主副厂房、底孔及右副坝全年施工，水流由导流明渠、泄水闸下泄。二期末泄水闸下闸蓄水发电。

尼那水电站1998年8月一期导流明渠及泄水闸工程开始施工。2001年3月18日二期主河床截流成功。2003年3月土建工程基本完成并通过了中国水电顾问有限公司的蓄水前安全鉴定，5月27日实现首台机组并网发电，8月20日第二台机组发电。目前尚在进行剩余2台机组的安装。

（中国水电西北勘测设计研究院　吴峻峰）

## 瀑布沟水电站工程

（一）前期工作概况

1967年前后水电部成都勘测设计院曾对瀑布沟水电站上坝址进行过勘探；1980年～1982年进行规划选点；1983年10月水电部以（1983）号计字516号文《请将大渡河瀑布沟替换大岗山列为国家重点勘测设计项目的报告》报国家计委，瀑布沟水电站工程遂列为重点勘测设计项目。1988年8月成都勘测设计院完成了《瀑布沟水电站可行性研究报告》，同年11月通过水利水电规划设计管理局会同四川省计委共同主持的审查，1989年4月能源部水规（1989）314号文批复了《瀑布沟水电站可行性研究报告》的审查意见。

1993年12月成都勘测设计院完成了《瀑布沟水电站初步设计报告》，1994年6月通过水利水电规划设计总院会同四川省计委主持的审查，同年9月电力工业部以电水规（1994）575号文批复了该报告意见。2001年受业主国电大渡河流域水电开发有限公司的委托，成都勘测设计研究院开展了项目建议书和初步设计调整及优化工作，并于2001年12月完成了《大渡河瀑布沟水电站项目建议书》的评估配合工作。2003年1月国家计委批准瀑布沟水电站立项建设。

（二）工程简介

瀑布沟水电站位于大渡河中游尼日河口上游觉托附近，地跨四川省西部汉源县和甘洛县两县境内，下距乌斯河镇7km，上距汉源县城28km，控制流域面积68512km$^2$，占全流域面积88.5%。

该电站采用堤坝式开发，是一座以发电为主，兼有防洪、拦沙等综合利用效益的大型水电工程。水库正常蓄水位850.00m，汛期运行限制水位841.00m，死水位790.00m，总库容53.90亿m$^3$，其中防洪库容8.43亿m$^3$，调节库容38.82亿m$^3$，为季调节水库。电站装机6台，单机容量550MW，总装机容量3300MW，保证出力926MW，多年平均年发电量145.8亿kW·h。

枢纽布置的基本原则是充分利用坝址区的地形、地质条件。左岸为凸岸，截弯取直，布置引水、泄水线路，岩体里布置地下厂房。坝址河床覆盖层厚40～60m，主要为漂卵石层、卵砾石层，具备兴建高堆石坝的地质条件。

（1）拦河大坝为砾质土直心墙堆石坝，坝顶高程856.00m，最大坝高186m，坝顶长573m，坝顶宽度14m；上游坝坡1∶2和1∶2.5m，下游坝坡1∶2。砾质土心墙顶高程854m，顶宽6m，底宽98m，上下游坡度均为1∶0.2，底高程670.0m。

（2）泄洪建筑物由岸边溢洪道和1条深孔泄洪洞组成。溢洪道分3孔，其工作闸门尺寸为12m×17m（宽×高），校核洪水泄洪流量为6831m$^3$/s。深孔泄洪洞断面尺寸为12m×15m（宽×高），泄洪流量为3412m$^3$/s。

（3）放空洞进口为岸塔式，位于坝轴线上游350m处；内径9.0m，有压段长511.88m，洞底纵坡$i=0.00498$；工作闸门后为一陡槽无压洞，长556.39m，断面为圆拱直墙式，其尺寸为7.0m×11.0m（宽×高），底坡$i=0.09484$；出口为鼻坎挑流泮入大渡河；最大泄量1431m$^3$/s。

（4）引水发电建筑物布置在左岸（凸岸）山体雄厚的花岗岩体中。地下厂房采用首部式开发方案，进口位于左坝肩上游约270m。厂房的6台机组采用单机、单洞供水方式，压力管道内径9.5m，长度412.24～550.334m，单机最大引用流量417m$^3$/s，最大水头181.7m。地下厂房洞室主要由主副厂房、主变压器室、尾水闸门室组成。主厂房内安装6台单机容量550MW水轮发电机组，主厂房尺寸208.6m×26.8m×70.1m（长×宽×高）。主变压器室位于主厂房下游，与主厂房间的岩柱厚度为41.0m，主变压器室尺寸为250.3m×18.3m×25.56m（长×宽×高）。尾水闸门室与主变压器室间岩柱厚度为32.7m，两条无压尾水洞，断面尺寸为20.0m×24.2m（宽×高）。

（三）施工组织设计

瀑布沟水电站大坝基坑初期导流采用全年断流围堰，导流隧洞过流方式。两条导流洞均布置在河道左岸，隧洞断面尺寸13.00m×16.5m（宽×高）。初期导流标准选用30年一遇洪水7320$m^3/s$。导流洞下闸后利用水库放空洞泄洪和向下游电站供水。

瀑布沟水电站总工期103个月，其中准备工程29个月，主体工程54个月，完建工程20个月，从导流洞开工至第一台机组发电历时83个月。目前，工程已进入全面施工阶段。

（四）设计概算

根据2003年1季度价格水平，瀑布沟水电站静态总投资170.95亿元，其中枢纽建筑物投资82.46亿元，征地和移民安置费53.25亿元，独立费用投资19.87亿元，基本预备费13.75亿元。

（中国水电成都勘测设计研究院　刘吉祥　赖　寒）

## 溪洛渡水电站工程

（一）前期工作概况

溪洛渡水电站位于四川省雷波县和云南省永善县境内金沙江干流上，控制流域面积45.44万$km^2$，占金沙江流域面积的96%。该梯级上接白鹤滩水电站尾水，下与向家坝水库相连。坝址距离宜宾市河道里程184km。

溪洛渡水电站前期勘测设计工作从1985年开始的。1985年12月，水利电力部水力发电建设总局以[85]水建字第125号文下达水利电力部成都勘测设计院（以下简称成都院）开展溪洛渡水电站可行性研究阶段的勘测设计工作。

1994年4月，溪洛渡水电站坝址选择报告通过审查。在选定坝址后，按照电力部[1993]567号文调整水电站工程设计阶段的精神，开始进行溪洛渡水电站预可行性研究阶段的勘测设计科研工作。

1995年11月在国务院三峡工程建设委员会第五次会议上，李鹏总理指示："金沙江向家坝、溪洛渡水电站的前期工作要抓紧进行。在'九五'期间完成可行性研究报告，争取在'十五'期间开工建设其中一个电站。中国长江三峡工程开发总公司（以下简称三峡总公司）是建设这两个工程的业主。"

1996年5月，电力工业部会同四川、云南两省人民政府和三峡总公司在北京共同主持审查通过了《金沙江溪洛渡水电站的预可行性研究报告》。

1997年2月，根据国家计委办公厅计办交能(1997)118号文对溪洛渡和向家坝水电站进行综合比选的精神，三峡总公司调整了溪洛渡和向家坝水电站的可行性研究工作安排，首先进行两水电站的综合比选工作。

1998年11月，中国国际工程咨询公司对水电水利规划设计总院组织编制的《金沙江第一期工程向家坝和溪洛渡水电站综合比选报告》进行了评审。评审认为溪洛渡水电站具有较大库容，电力质量、防洪效益和拦沙作用也较大，可以对下游梯级发挥较大的调节作用，通过技术经济综合比较，首先开发溪洛渡水电站是合理的选择。

1999年5月，国家发展计划委员会以计办基础[1999]330号文复函三峡总公司，同意"溪洛渡在先、向家坝在后"的排序意见，要求根据这个排序，合理安排勘测设计工作进度。

1999年6月，三峡总公司与成都院正式签订勘测设计科研委托合同，要求2001年年底提交可行性研究报告。

2001年12月成都院按时完成了溪洛渡水电站可行性研究报告。

2002年10月国务院批准了溪洛渡水电站项目建议书。

2003年8月国家发展和改革委员会组织审查通过了溪洛渡水电站可行性研究报告。

2003年9月三峡总公司正式开始对溪洛渡水电站前期准备工程招标施工。

（二）工程设计简介

溪洛渡水电站是一座以发电为主，兼有拦沙、防洪和改善下游航运条件等综合利用效益的巨型水电站，工程等级为一等。

枢纽布置方案为，278m高的混凝土双曲拱坝、装机容量分别为6300MW的左右岸地下厂房、左右岸4条泄洪隧洞、1条非常泄洪隧洞。水库总库容126.7亿$m^3$，调节库容64.6亿$m^3$，防洪库容46.5亿$m^3$，总装机容量12600MW，保证出力3395（近期）～6657MW（远期），多年平均年发电量517.2（近期）～640.6亿kW·h（远期）。

1. 混凝土双曲拱坝　溪洛渡混凝土双曲拱坝建基面高程332m，坝顶高程610m，最大坝高278m，坝顶中心线弧长698.09m，拱冠顶厚14m，拱冠底厚69m，厚高比0.248，弧高比2.512。

2. 泄洪消能建筑物　挡水建筑物、泄水建筑物按1000年一遇洪水设计，10000年一遇洪水校核，泄洪流量高达50000$m^3/s$，泄洪功率近1亿kW，居世界高拱坝之冠。本着"分散泄洪、分区消能、按需防护”的设计原则，采用坝身多层孔口和两岸的泄洪隧洞共同宣泄洪水、在坝下游设水垫塘壅高水位泄洪消能的方案。

在坝身设置7个12.5m×13.5m的表孔，8个6.0m×6.7m深孔，左、右岸各设2条泄洪隧洞，进口为有压洞，工作闸门室后为无压洞，工作闸门尺寸14.0m×12.0m（宽×高）。

将左岸3号导流隧洞改建为1条非常泄洪隧洞，进口高程570m，经上平段和竖井后与导流洞相接，竖井直径15m，泄流量约2700m$^3$/s，在遭遇大洪水时开启使用。

3. 引水发电建筑物　溪洛渡水电站地下厂房主厂房位于坝线上游200m玄武岩山体内，装机容量12600MW，共装机18台，分左、右岸布置，各安装9台700MW的水轮发电机组。

机组安装高程359.0，机组间距34.0m，主机间长316.7m，主安装间长60.91m，主厂房宽度在吊车梁以上为31.9m，以下为28.4m，主厂房高度75.1m。

主厂房、主变压器室和尾水调压室三大洞室平行布置，主变压器室位于主厂房和尾水调压室之间。开关站置于地下厂房坡顶，采用户外GIS布置方案。

4. 施工组织设计

（1）对外交通运输方案。在内昆铁路普洱渡设铁路转运站，大宗物资运输专用公路于普洱渡转运进场。重大件运输在水富港设重大件码头转运，经大件运输公路，再接电站对外交通大宗物资运输专用公路进场。

（2）施工导流。初期导流标准为50年一遇，相应设计流量为32000m$^3$/s。后期导流选择第八年、第九年汛期坝体临时度汛洪水标准为100年一遇，相应设计流量为34800m$^3$/s。第十年度汛洪水标准为200年一遇，相应设计流量为37600m$^3$/s。初期导流方案采用两岸各布置三条导流洞，断面尺寸均为18.0m×20.0m（宽×高），断面型式城门洞型。为解决后期导流，下闸封堵、蓄水度汛和供水问题，分别在坝体410.0m高程布置了6孔5.0m×10.0m导流底孔，450.0m高程布置4孔4.5m×8.0m（宽×高）导流底孔。

（3）施工总进度。溪洛渡水电站总工期146月，其中准备工期44个月，主体工程工期64个月，完建工程工期38个月，从准备开工至第一批机组具备发电条件108个月。

5. 设计概算　根据2001年三季度价格水平，溪洛渡水电站工程静态总投资445.75亿元，其中枢纽工程静态投资420.15亿元，水库淹没处理补偿投资25.58亿元。

（中国水电成都勘测设计研究院　赖　寒　刘吉祥）

## 锦屏一级水电站工程

（一）前期工作概况

锦屏一级水电站位于四川省凉山彝族自治州船源县和木里县境内，是雅砻江干流下游河段的控制性水库梯级电站，其下游梯级为锦屏二级、官地、二滩和桐子林水电站。

锦屏一级水电站前期勘测设计工作于1958年开始，1965年完成《锦屏单独截弯引水开发研究报行》，1979年完成《雅砻江锦屏水电开发方案研究报告》。1988年水电规划管理局（88）水规计字第35号文要求在解放沟和普斯罗沟坝址按一级高坝进行勘测设计工作。1989年开始进行预可行性研究工作，1998年9月完成《四川省雅砻江锦屏一级水电站预可性研究报告》，1999年4月通过国家经贸委组织的审查。1999年底开始进行可行性研究阶段工作，2002年6月完成锦屏一级水电站选坝勘测设计研究报告，2003年9月完成《雅砻江锦屏一级水电站可行性研究报告》；2003年11月25日～28日国家发展和改革委员会组织审查，并获通过。

（二）工程设计简介

锦屏一级水电站的开发任务主要是发电，结合汛期蓄水兼有减轻长江下游防洪负担的作用。电站装机容量3600MW，保证出力1086MW，多年平均年发电量166.2亿kW·h，年利用小时数4616h。水库正常蓄水位1880m，死水位1800m，正常蓄水位以下库容77.6亿m$^3$，调节库容49.1亿m$^3$，属年调节水库，对下游梯级水电站的补偿效益显著。

1. 枢纽布置及建筑物　锦屏一级水电站为典型的深山峡谷区的坝式开发水电站，枢纽主要建筑物有混凝土双曲拱坝（坝身4个表孔+5个深孔）、坝后水垫塘、右岸1条有压接无压泄洪洞和右岸中部厂房。

电站安装6台600MW的水轮发电机组；坝址处河谷狭窄，两岸岸坡陡峻，采用地下式厂房的布置型式。

泄洪建筑物具有“高水头、大泄量、窄河谷”的特点，地下引水发电洞室群规模巨大，技术难度高。左岸存在不利的地质构造，引水发电系统及泄洪洞均布置在右岸。

（1）混凝土双曲拱坝。混凝土双曲拱坝最大坝高305m，坝顶厚度13.0m，坝底厚度58.0m，拱坝中心弧线是568.62m，最大中心角95.71°，厚高比0.19，弧高比1.864。拱坝坝身设置有5个深孔，其泄洪流量5465 m$^3$/s（5566m$^3$/s校核），孔口尺寸为

5.0m×6.0m（宽×高）。

（2）泄洪洞。泄洪洞进口布置在厂房进水口右侧，总长1400m；有压段断面尺寸为14.0m×12.0m（宽×高），无压段断面尺寸为14.0m×17.0m（宽×高）。

（3）引水发电建筑物。锦屏一级水电站引水发电建筑物布置在右岸，由电站进水口、压力管道、主厂房、主变压器室、尾水调压室、尾水洞和尾水出口等建筑物组成，采用单机单管供水及三机一室一洞尾水的布置格局。进水口型式采用岸塔式，进水口前缘长度170m，顺水流方向宽度29m，塔高113m。压力管道为斜井式，内径9.50m，长度543～444m。主厂房、主变压器室、尾水调压室三大洞室平行布置。厂房内安装6台水轮发电机组，单机容量600MW，机组安装高程1626.70m，厂房总长276.99m，机组间距31.70m。主厂房吊车梁以上开挖跨度为29.20m，以下为25.90m。主厂房高度为68.83m。主变压器室长197.10m，宽18.50m，高24.74m。尾水调压室采用简单圆筒式，最大直径40m，最大高度88m，两个调压室间设交通洞连通。两条尾水隧洞，断面为城门洞形，宽15.00m，高16.50m，长度分别为505m、360m。

2. 施工导流　锦屏一级水电站导流按30年一遇洪水（流量9370m³/s）标准设计。初期采用断流围堰挡水，左右岸各布置一条导流隧洞。导流洞断面尺寸为15.0m×19.0m（宽×高）。中后期导流采用坝身孔口泄洪方案，在拱坝坝身1700m高程布置6孔5.5m×6.0m（宽×高）的导流底孔，解决导流隧洞下闸封堵后向下游供水、提前发电及中后期工程施工度汛问题。

3. 对外交通　锦屏一级工程对外交通运输，利用成昆铁路在泸沽设转运站接电站专用公路方案。电站专用公路起于泸沽站，经锦屏二级水电站施工辅助洞穿越锦屏山，上行至锦屏一级水电站坝址，全长108km。

4. 工期　锦屏一级水电站主体工程工期53个月，工程完建工期20个月，总工期111个月。

5. 设计概算　根据2003年第二季度价格水平，工程静态总投资183.72亿元，其中枢纽工程投资139.03亿元，征地和移民安置44.69亿元。

（中国水电成都勘测设计研究院　刘吉祥　赖　寒）

## 锦屏二级水电站工程

锦屏二级水电站位于四川省凉山州境内雅砻江干流上，系雅砻江梯级开发的骨干水电站之一，上游7.5km处为具有年调节能力的锦屏一级水电站。电站利用锦屏150km大河湾的天然落差，截弯取直引水发电，共安装8台550 MW的水轮发电机组，总装机容量4400 MW，额定水头288m，保证出力2051MW，年利用小时数5680h，多年平均年发电量249.9亿kW·h。闸址以上流域面积10.3万km²，多年平均流量1220m³/s，水库正常蓄水位为1646m，死水位为1640m，日调节库容为502万m³。

锦屏二级水电站是雅砻江各梯级中利用水头最高、发电量最大、效益最好的水电站之一。它的开发任务是发电，其发电量除了满足川渝的电力需求外，还将源源不断地外送华东地区。锦屏二级水电站的开发是“西电东送”的重要组成部分，符合我国能源发展战略。

锦屏二级水电站的开发实施，可以使上游的锦屏一级和两河口水电站的梯级补偿效益得到充分体现，真正实现雅砻江水电基地“流域、梯级、滚动、综合”开发的目的。

锦屏二级水电站工程属大（1）型工程，工程等别为一等，永久性建筑物为1级建筑物。电站枢纽主要由首部拦河闸、引水系统、地下厂房三大部分组成，为一低闸、长隧洞、高水头、大容量引水式水电站。首部闸址位于西雅砻江的猫猫滩，最大闸高37m；地下厂房位于东雅砻江的大水沟，采用尾部开发方式；电站进水口位于景峰桥，引水隧洞洞线自景峰桥至大水沟，共4条。引水隧洞平均长16.6km，开挖洞径12m，衬后直径11.0m。隧洞沿线一般埋深1500～2000m，最大埋深达2525m，其间无合适的地方布置施工支洞，为世界上规模最大的水工隧洞。如此大规模的地下洞室群开挖施工，将会遇到各种复杂的地质条件和施工困难，尤其隧洞涌（突）水的预测预报和处理是其最关键的技术问题。

现锦屏二级水电站不再分期开发，锦屏一、二级的开发顺序调整为“一级先行、二级继上”接续开发的原则。2003年6月，华东勘测设计研究院编制完成了《锦屏二级水电站预可行性研究报告》，同年9月，通过了水电水利规划设计总院会同四川省发展计划委员会组织的审查。按与业主签订的合同要求，全面开展可研设计工作，可研研究报告将于2005年底完成。

锦屏二级水电站工程静态总投资183.77亿元，单位容量投资4177元/kW，单位电能投资为0.735元/(kW·h)。经济指标十分优越，电站投资低于相同容量的火电机组投资。

电站计划于2007年正式开工，2013年第一台机组发电，2015年竣工。

为解决锦屏一级水电站和二级水电站闸首的交通

问题，拟在引水隧洞的南侧先行修建两条辅助洞。辅助洞作为沟通锦屏一级水电站和锦屏二级水电站首部枢纽与外部联系的交通洞，同时兼作锦屏二级水电站引水隧洞的勘探、试验和施工辅助洞。华东勘测设计研究院于2001年11月编制完成了《锦屏辅助洞初步设计报告》，于2002年4月通过水电水利规划设计总院审查。现已完成土建工程的招投标设计和合同谈判工作，承包商于2003年10月进点，计划于2007年全线贯通，2008年上半年竣工投入使用。

（中国水电华东勘测设计研究院　陈祥荣）

## 金安桥水电站一期工程的可研工作

金安桥水电站位于云南省丽江地区境内，是金沙江中游河段规划的1库8级电站中的第五级，为金沙江水电富矿最先开发的水电站之一，由昆明勘测设计研究院（以下简称昆明院）担任勘测设计任务。电站地理位置适中，距昆明、攀枝花和丽江的直线距离分别为300km、130km和20km。对外交通十分便利，丽江至永胜的省级公路从坝址区附近通过，已建有跨越金沙江的公路桥（金安桥）。坝址距永胜县城公路里程49km，距丽江县城公路里程51km，距大理市公路里程231km，距昆明市公路里程580km，距攀枝花市公路里程227km。

工程的开发任务以发电为主，电站建成后兼有旅游、库内航运、水产养殖和水土保持等综合利用效益。电站的供电范围为南方电网，主要供电区为云南省和广东省，通过在云南电力系统的平衡后参与“云电送粤”。

金安桥水电站坝址处控制流域面积23.74万$km^2$，多年平均流量1670$m^3/s$，年径流量527亿$m^3$。坝址处设计洪水（500年一遇）为14600$m^3/s$，相应设计洪水位为1416.5m；校核洪水（5000年一遇）17600$m^3/s$，相应校核洪水位为1419.3m。电站正常蓄水位为1414.0m，死水位为1394.0m，相应死库容为4.29亿$m^3$，有效库容为3.13亿$m^3$，淤积后尚余有效库容约2.86亿$m^3$。正常蓄水位1414.0m以下总库容7.42亿$m^3$，具月调节性能。金安桥水电站多年平均年悬移质输沙量3919万t，多年平均年推移质沙量118万t，多年平均含沙量0.744$kg/m^3$。

预可研阶段初拟金安桥水电站一期装机容量1600MW，二期（上游虎跳峡水库投入后）拟增加装机容量900MW，使电站总装机规模达到2500MW。按初步拟定的参数对电站一期能量指标进行复核计算的结果，云南省水电站群中有小湾水电站情况下的金安桥水电站保证出力为720.3MW，多年平均年发电量87.02亿kW·h；金安桥水电站一期（上游虎跳峡水库投入前）单独运行的保证出力为448.9MW，年发电量为86.78亿kW·h；金安桥水电站二期（上游虎跳峡水库投入后）保证出力将提高到1236.5MW，年发电量115.91亿kW·h。

电站枢纽由挡水、泄洪、排沙、一期引水建筑物、一期坝后厂房、二期地下引水发电建筑物、排沙隧洞建筑物组成。坝型为碾压混凝土重力坝。坝顶长593m，最大坝高156m。

一期工程总工期81个月，其中工程准备期24个月，主体工程施工期42个月，工程完建期15个月。另外工程筹建期安排18个月，不含在总工期内，但部分时段与工程准备期搭接。

水库淹没损失较小，库区及工程施工区占用耕地2478亩，需安置人口1550人；无制约电站开发建设的环境因素。从环境保护角度分析，金安桥水电站建设是可行的。

一期工程枢纽建筑物（电站）工程静态总投资82.66亿元、动态总投资92.52亿元；整个工程静态总投资86.61亿元（其中水库淹没处理补偿费3.85亿元）、动态总投资97.02亿元（其中水库淹没处理补偿费4.34亿元）。

昆明院于1994年～2002年分三个阶段开展了金安桥水电站预可研性研究，2002年7月编制完成经补充、修编后的《云南省金沙江金安桥水电站预可行性研究报告》，并于2002年10月通过审查。审查认为该报告的深度达到了规范要求，基本同意该报告。

2003年2月，昆明院提出阶段性的可行性研究成果——《云南省金沙江金安桥水电站可行性研究阶段坝址选择报告》。2003年4月19日～20日，金安桥水电站坝址选择及可研大纲咨询会在昆明召开，咨询会议认为金安桥水电站本阶段地质勘探成果丰富，设计比较方案全面，经技术经济比较，上坝址明显优于下坝址，且坝型选择条件基本具备，可以确认碾压混凝土重力坝作为本工程的基本坝型。

根据勘测设计进度计划，2003年10月完成《坝型及枢纽布置格局选择报告》。根据项目业主安排，2003年年内开展施工道路、供水、供电及导流等施工筹建期和施工准备期的工作，力争实现2005年大江截流，2009年年底第一台机组投产发电。

（中国水电昆明勘测设计研究院　李立年）

## 糯扎渡水电站工程

（一）工程位置

糯扎渡水电站是澜沧江中下游河段梯级规划2库

8级水电站的第五级，坝址以上控制流域面积14.47万$km^2$，枢纽位于云南省思茅地区思茅市和澜沧县境内，左岸是思茅市，右岸是澜沧县，思茅至澜沧公路通过坝址区，交通十分便利。电站所处地理位置距昆明直线距离350km，距广州1500km，距泰国边境直线距离400km。

（二）工程规模

工程正常蓄水位812m，死水位765m，汛期限制水位804m；装机容量5850MW，保证出力2406MW，多年平均年发电量239.12亿kW·h。水库总库容237.03亿$m^3$，正常蓄水位以下库容217.49亿$m^3$，为不完全多年调节水库。在8座梯级水电站中，无论是装机容量、水库容积、发电量均属最大。

（三）开发任务与效益、供电范围

兴建糯扎渡水电站的主要目的是发电。水库加入联合补偿调节后，将使梯级水电站小湾、漫湾、大朝山、景洪水电站的保证出力增加，能明显改善系统的运行条件，而且具有拦沙、提高下游景洪城市防洪标准、供水和改善下游通航条件等综合效益。

从电站规模上看，该水电站是8个梯级中装机容量最大、技术指标优越的项目，也是澜沧江中下游的核心工程，是实现“西电东送”和“云电外送”的主要电源点。因此该项目在“西电东送”和“云电外送”中具有不可取代的优势，且地处云南省少数民族地区，项目的开发对地区经济发展有巨大的推动作用。

糯扎渡水电站初拟供电范围为广东省、云南省和泰国。其中，送电广东3000MW，送云南电力系统1350MW，送电泰国1500MW。

（四）工程地质条件

枢纽区地震烈度为Ⅶ度。水库库岸稳定性一般较好，不存在永久性渗漏问题，浸没、淹没损失小，水库诱发地震烈度小于工程区基本烈度，电站水库工程地质条件总体较好。

坝址区河段长度2.5km，江水流向SE35°。坝址河谷呈V形，右岸在1000m高程以下平均坡度约为40°，1000m高程以上平均坡度约为9°；左岸在850m高程以下平均坡度约45°，高程850m左右为一侵蚀平台地形。该平台在平面上呈梯形，顺河长约700m，垂直山坡方向宽约700m。平台上游为勘界河，下游为糯扎支沟。

坝址区主要出露地层有二叠纪至三叠纪花岗岩体及后期侵入的花岗斑岩、石英岩、辉绿玢岩等岩脉，三叠系中统忙怀组下段和第四系等。

（五）枢纽布置及主要建筑物

电站枢纽由心墙堆石坝、左岸开敞式溢洪道、左岸泄洪洞、右岸泄洪洞、左岸地下引水发电系统及下游护岸等建筑物组成。

糯扎渡心墙堆石坝坝顶高程为821.5m，最低建基面高程为560.0m，最大坝高为261.5m，为世界同类坝型第四位。上游坝坡坡度为1∶1.9，下游坝坡坡度均为1∶1.8。本阶段对直心墙堆石坝和斜心墙堆石坝两方案同时开展工作。直心墙堆石坝坝轴线布置于Ⅱ号勘探线，心墙上、下游坡度均为1∶0.2，坝顶长度608.16m。斜心墙堆石坝坝轴线布置于Ⅱ号勘探线下游35m处，心墙上游坡度1∶0.6，下游坡度1∶0.2，坝顶长度626.60m。

左岸开敞式溢洪道，堰顶高程792.0m，前沿宽151.5m，设8个15m×20m（宽×高）的表孔，泄槽分为左、中、右三个槽，挑流消能，末端为消力塘，最大泄流量31318$m^3/s$，最高流速52m/s，其泄洪功率为55860MW，为世界岸边溢洪道第一位。

左岸泄洪隧洞进口高程710.0m，洞径12m，长872m，最大泄量3191$m^3/s$。右岸泄洪隧洞进口高程695.0m，洞径12m，长1077.0m，最大泄量3023$m^3/s$。

左岸引水系统前沿宽225m，单机单管引水方式。引水隧洞中心距25～34m，洞径9.2m，钢管内径9.2～7m。左岸地下厂房安装9台650MW机组，洞室群包括主厂房、副厂房、主变压器开关室、尾水调压室、尾水隧洞及交通运输洞等建筑物，出线场位于溢洪道泄槽右侧。主厂房长396m，宽29m，高77.77m；副厂房长44m，宽29m，高43.1m；主变压器开关室长348m，宽19m，高21.6m。其地下洞室群规模也位于同类工程前列。

导流建筑物布置格局为左岸布置3条导流隧洞，其中2号导流隧洞与尾水隧洞结合，5号导流隧洞与左泄洪隧洞结合；右岸布置有3号、4号导流隧洞。

左岸1号、2号导流隧洞均为直径20m圆形隧洞，进口高程分别为600.00m、605.00m；右岸3号导流隧洞为直径19m圆形隧洞，进口高程为600.00m；右岸4号导流隧洞进口高程为630.00m，有压洞段断面尺寸为直径14.5m的圆形，无压洞段为直径17m的圆形；5号导流洞断面尺寸为9m×12m（宽×高），进口底板高程为660.00m。

上、下游围堰形式均为土石围堰。上游围堰及下游围堰下部采用防渗墙防渗，上游围堰上部采用黏土斜墙防渗，下游围堰上部采用黏土心墙防渗。上游围堰最大堰高74m，下游围堰最大堰高36m。

（六）工程勘测设计情况

20世纪80年代中期开始进行澜沧江中下游河段规划。对糯扎渡水电站，1990年10月完成可行性研究阶段勘测设计大纲，1993年8月完成坝址选择专题报告，1995年12月完成预可行性研究报告，1998年10月完成预可行性研究报告的修改补充。1999年10月，国家电力公司以国电水规（1999）507号文批复了预可行性研究报告。

2000年5月，昆明勘测设计研究院全面开展该电站可行性研究阶段的勘测、设计和科研工作。

2001年12月完成可行性研究阶段枢纽布置格局与坝型选择报告。2001年12月，中国水电顾问有限公司在昆明主持召开了枢纽布置格局与坝型选择审查会，同意昆明勘测设计研究院推荐的心墙堆石坝坝型及左岸布置开敞式溢洪道、地下引水发电系统、岸边布置泄洪洞与放空洞的枢纽布置格局。并以水电顾水工［2002］0001号文正式印发审查意见。昆明勘测设计研究院针对审查意见的要求全面开展了进一步的设计研究工作，针对右岸软弱岩带、高心墙堆石坝、泄洪消能、地下洞室群和快速施工等关键技术进行深入研究。2003年6月完成可行性研究报告。

（中国水电昆明勘测设计研究院　张宗亮）

## 观音岩水电站工程的前期工作

观音岩水电站位于云南省丽江地区华坪县与四川省攀枝花市交界处的塘坝河口附近，为金沙江中游河段规划8个梯级水电站的最末一个梯级，其上游与鲁地拉水电站衔接。电站坝址控制流域面积25.65万$km^2$，多年平均流量1830$m^3$/s，年径流量577.11亿$m^3$。

电站开发以发电为主要目的，同时兼顾灌溉、供水、防洪、旅游和水土保持等综合利用效益。电站调节性能较好，水库具有季调节能力，且具有一定的防洪效益，能将攀枝花市的防洪标准从10年一遇提高到50年一遇。水库规划推荐正常蓄水位为1132m，相应总库容19.73亿$m^3$，其中调节库容5.42亿$m^3$。根据规划报告，电站总装机容量3000MW，保证出力1329.5MW，年发电量131.49亿kW·h；工程静态总投资132.55亿元，单位容量静态投资为4418元/kW，技术经济指标较为优越。在8个梯级水电站中，观音岩水电站装机规模、保证出力、多年平均年发电量均位居第二，仅次于两家人水电站。

电站地处国务院确定的“攀西—六盘水资源开发区”腹地，地理位置适中，对外交通条件便利。坝址距攀枝花市直线距离约27km，距华坪县公路里程约42km，距昆明市公路里程约350km。坝址左岸有简易公路与华坪至攀枝花市的公路相接。成昆铁路支线格里坪站再延伸10余公里可至坝址，小型机动船也可从格里坪通至坝址。电站建设由于有攀枝花市和华坪县作为后勤依托，工程所需三材和其他建材均可就地解决。

电站位于杨子准地台的西缘部位，区域地质构造背景复杂。库区及坝段主要受北西向地质构造控制，地震基本烈度为Ⅶ度。水库不存在向邻谷及下游的渗漏问题且库岸总体稳定性较好。

电站坝段位于塘坝河口上游的龙井沟口到塘坝河口下游的观音岩沟口之间的金沙江河段上，坝段全长5km。坝段河谷两岸冲沟较为发育，按坝段的地形及地质条件可以分为上、中、下三个坝址。塘坝河口至上游约2km的河段为上坝址；塘坝河口至下游观音岩沟口长约1.5km的河段为中坝址；观音岩沟口下游约800m河段为下坝址。

规划阶段对观音岩水电站进行了单厂房枢纽方案和双厂房枢纽方案的设计，经技术经济比较，推荐单厂房枢纽方案为枢纽布置格局代表方案。该方案枢纽主要由拦河坝、右岸溢洪道、右岸泄洪冲沙洞、右岸放空洞、左岸排沙洞、左岸引水系统和地面厂房等建筑物组成。其中拦河坝为混凝土面板堆石坝，最大坝高148m，坝顶长960m。

昆明勘测设计研究院（以下简称昆明院）自20世纪50年代起就开始陆续进行金沙江上、中游河段的踏勘工作。1992年昆明院及国家电力公司中南勘测设计研究院开始联合进行金沙江中游河段的规划工作。经过8年的努力，于1999年12月正式提出了《金沙江中游河段水电规划报告》。

2002年4月16日～19日，国家发展计划委员会在北京主持召开审查会议，对《金沙江中游河段水电规划报告》进行审查。审查意见基本同意规划报告提出的金沙江中游河段1库8级的梯级开发方案，同时鉴于观音岩水电站开发条件较好，工程技术经济指标优越，对外交通便利，工程规模适中，同意推荐其作为金沙江中游河段近期开发工程之一。

2002年4月29日云南省计委根据北京审查会议精神，向昆明院下达了《关于开展观音岩水电站前期工作的通知》。同年10月22日，华睿投资集团有限公司同昆明院签订了《观音岩水电站预可行性及可行性研究技术开发合同书》，全面启动了电站预可行性研究的勘测设计工作。

到2003年8月，电站预可研阶段的地形测量及野外地勘工作已经完成，洪水、径流调节计算及电站特征水位论证也已基本完成，围绕上、中坝址进行的电站工程枢纽布置格局方案比选及电站装机容量论证工作正在有序地进行中。

（中国水电昆明勘测设计研究院　于　跃）

## 李仙江龙马水电站和居甫渡水电站工程

李仙江发源于云南省南涧县宝华乡石丫口山，流经景东、镇源、墨江、普洱、江城、绿春等县，在江城县曲水乡南纳河汇口以下为中越界河，与绿春县半坡乡二普村纳入小黑江以后流入越南称沱江，又称黑水江；在越南莱州附近有藤条江加入，在越池附近汇入红河。

李仙江干流在云南境内河道长473km，天然落差1790m，出国境处流域面积19309km²，多年平均流量460m³/s。其中把边江全长382km，天然落差1636m，流域面积8948km²；把边江、阿墨江两江在江城县嘉乐乡三棵庄汇合后始称李仙江。

1960年，昆明勘测设计院在进行红河流域初步规划时，对李仙江干流和阿墨江上的梯级开发方式进行了方案比选，提出七个梯级的组合方案。1998年3月，昆明勘测设计研究院开始对李仙江进行全面的查勘选点工作，于1999年11月完成《李仙江干流河段水电规划报告》，提出7级开发方案，即崖羊山、石门坎、新平寨、龙马、居甫渡、戈兰滩、土卡河。2001年8月，云南省计委审查通过了《李仙江干流河段水电规划报告》。

李仙江流域梯级水电站由云南大唐李仙江流域水电开发有限公司投资建设，目前崖羊山水电站已开工建设，龙马、居甫渡、戈兰滩、土卡河水电站已完成预可行性研究报告并通过有关部门审查，将于2003年年内开工建设。

国家西部大开发战略的实施，拉开了“西电东送”的序幕。李仙江流域梯级水电站的开发必将带动边疆民族地区的经济发展，为改变当地的贫困落后面貌、全面建设小康社会创造有利条件。

龙马水电站位于把边江右岸支流勐野江汇口下游7.5km处，居甫渡水电站位于把边江与阿墨江交汇口下游6km李仙江干流河段上，坝址距墨江县91km，距昆明360km，墨江县至江城公路从坝址左岸通过。龙马、居甫渡水电站属李仙江梯级开发的第四、第五级，两级水电站间河道长17.62km。

龙马水电站坝址以上流域面积8740km²，多年平均流量190m³/s，校核洪水流量7870m³/s。水库总库容5.986亿m³，在正常蓄水位639.0m以下水库库容5.613亿m³，调节库容3.383亿m³，具有季调节能力。枢纽工程为二等大（2）型。电站装机容量285MW，额定水头102m，额定流量317.4m³/s，保证出力60.3MW，多年平均年发电量12.85亿kW·h，年利用小时数4509h。推荐方案枢纽建筑物由混凝土面板堆石坝、溢洪道、放空隧洞、引水系统、排沙隧洞、地面厂房及开关站组成。面板堆石坝最大坝高135m。

龙马水电站坝址河谷为横向谷，枯水期河面宽26m，河床冲积层厚8～10m。坝址基岩主要为$K_{lm}{}^{1}$层砂岩夹少量泥岩，岩石较坚硬，构造简单，表现为单斜构造。枢纽建筑物布置可避开Ⅰ、Ⅱ级结构面。已揭露Ⅲ级结构面3条，其他主要为Ⅳ、Ⅴ级结构面。构造形迹主要为NW向，横河展布，其次为NE向，倾角以中陡倾角为主，缓倾角节理不发育，右岸发育有顺坡中倾角结构面。岩体风化、卸荷不强烈，强风化带下限埋深一般6～15m，弱风化底界埋深一般25～40m，岩体卸荷深度一般为15～30m，右岸相对较深。

居甫渡水电站坝址以上控制流域面积16000km²，多年平均流量371m³/s，校核洪水流量13600m³/s。水库总库容为1.855亿m³，在正常蓄水位522.0m以下水库库容1.737亿m³，调节库容0.372亿m³，具有周调节能力。枢纽工程等别为二等大（2）型。电站装机容量285MW，额定水头54m，额定流量592m³/s，保证出力66.9MW，多年平均年发电量13.14亿kW·h,年利用小时数4611h。推荐方案枢纽建筑物由混凝土重力坝、泄洪、排沙建筑物、引水发电建筑物和开关站等组成。混凝土重力坝最大坝高90m。

居甫渡水电站坝址两岸陡峻，地形较完整。出露地层主要为三叠系一碗水组中段上层（$T_{3y}^{2-2}$）及下层（$T_{3y}^{2-1}$）。坝基主要位于$T_{3y}^{2-1}$岩层上，该层岩性为紫红色砂岩、砂砾岩夹泥岩。基岩岩层呈厚层至巨厚层状，其间所夹泥岩属原生软弱夹层，部分泥岩后期有顺层挤压现象。坝址范围内分布有三个褶曲，坝址位于一复式背斜倾伏端，构造较为复杂。坝址距区域性断裂和F1较近，断层构造较为发育，顺层挤压明显，岩体较为破碎，完整性差，缓倾上游的层间错动发育。

（中国水电昆明勘测设计研究院　杨再宏）

## 戈兰滩水电站工程

戈兰滩水电站位于云南省思茅地区江城县与红河洲绿春县交界的李仙江干流河段上，距昆明市约500km，距中越国境约41km。工程主要任务是发电，初拟装机容量405MW，多年平均年发电量18.62亿kW·h。

李仙江是红河水系的一级支流，发源于云南省南涧县宝华乡石丫口山，在云南省境内干流河道全长473km，天然落差1790m，流域面积19309km²。李仙江流域地处云贵高原西南边缘，属南亚热带高原季风气候区。戈兰滩水电站为李仙江干流规划7个梯级水电站的第六级，坝址控制流域面积17170km²，多年平均流量405m³/s，多年平均年径流量127.44亿m³。戈兰滩水电站水库正常蓄水位初拟为454m，汛期排沙限制水位 452m，死水位 446m。水库总库容 3.87 亿 $m^3$，调节库容 1.01 亿 $m^3$，死库容 2.94 亿 $m^3$。

戈兰滩水电站坝址位于李仙江峡谷地带，河谷为基本对称的 V 形宽谷，河流两岸山顶高程最高达 1025m，谷岭高差最大超过 650m，河水面宽度一般 50～60m。坝址区地层主要为二叠系上统龙潭组，其间穿插华力西期喷出岩，岩性以凝灰岩、火山角砾岩、粉砂岩、凝灰质泥岩及安山岩为主，局部含辉绿岩、辉长岩岩脉；第四系地层在两岸广泛分布。主要建筑物利用岩体以坚硬岩体为主，完整性较好。坝基范围内无影响坝基稳定的较大不利构造。

戈兰滩水电站为二等工程，大（2）型工程规模，主要建筑物工程等级为 2 级，次要建筑物为 3 级，临时水工建筑物为 4 级。大坝设计洪水标准为 100 年一遇洪水，水库最高洪水位为 452.56m，最大下泄流量 9218$m^3$/s；大坝校核洪水标准为 1000 年一遇洪水，水库最高洪水位为 456.59m，最大下泄流量 12481$m^3$/s。泄水建筑物消能防冲设施按 50 年一遇洪水设计，100 年一遇洪水校核。

拦河坝初拟为碾压混凝土重力坝，由泄水坝段和左、右岸布置挡水坝段组成，坝顶长 495m，坝顶高程 458.00m，最大坝高 113m。泄水建筑物包括 5 个表孔和 4 个底孔，表、底孔重叠布置。表孔孔口尺寸 12m×18m，堰顶高程 438m，中墩厚度 9m，边墩厚度 4.5m；弧形工作闸门，液压启闭。底孔为有压泄水孔，布置于表孔中墩下部坝体，孔口尺寸 4m×6m，孔底高程 395m，出口设弧形工作闸门，液压启闭。泄水建筑物下游采用宽尾墩—消力池—底孔跌流联合消能，消力池宽 96m，长 100m。

岸边式厂房布置在拦河坝下游左岸，距坝轴线约 280m。主厂房尺寸为 106m×25.5m×66.5m（长×宽×高），机组安装高程 360.10m。厂房纵轴线基本平行于岸坡。厂内安装 3 台混流式水轮发电机组，总装机容量 405MW。引水发电系统进水口采用直立岸塔式进水口，进水口底板高程 420.00m，采用一机一洞，洞径 8m，压力钢管内径 7.5m。

戈兰滩水电站采用断流不过水围堰、隧洞导流、第一汛期全年施工导流方式。导流标准为全年 10 年一遇洪水，左右岸施工导流隧洞初拟断面 12m×14m，上游围堰高 45m，下游围堰高 23m。初拟首台机组发电工期 40 个月，施工总工期为 46 个月，其中工程准备期 12 个月，主体工程施工期 28 个月，工程完建期 6 个月。主体工程混凝土及钢筋混凝土约 144 万 $m^3$，混凝土碾压及浇筑高峰月平均强度 8.35 万 $m^3$，土石方开挖高峰月平均强度 37.72 万 $m^3$。

戈兰滩水电站项目业主为云南大唐李仙江流域水电开发有限公司，工程设计单位为中水北方勘测设计研究有限责任公司。

（中水北方勘测设计研究有限责任公司　张军劳）

## 阿鸠田水电站工程

（一）工程概况

阿鸠田水电站位于云南省保山市龙陵县的苏帕河上，是苏帕河流域规划第四级电站。电站设计装机容量 3×35MW，保证出力 44.1MW，多年平均年发电量 5.95 亿 kW·h，年利用小时数 5670h，设计概算 4.95 亿元。电站属三等工程，工程规模属中型。工程属云南省“十五”重点中型水电电源点项目，纳入云南省西电东送电源点建设，由云南省投资公司控股。

（二）自然条件

阿鸠田水电站位于怒江右岸的一级支流苏帕河下游河段，地处横断山脉滇西纵谷区的南端，立体气候极为明显，高山积雪寒冷、山腰温凉、河谷炎热。流域内气候属西南季风气候，干湿二季分明，汛期（6 月～11 月）径流量约占年径流量的 76.0%左右，枯期（12 月～次年 5 月）径流量只占年径流量的 24.0%。流域洪水主要由暴雨产生，洪水陡涨陡落，洪峰尖瘦，历时短。

枢纽区属典型的高山峡谷型地貌，两岸地形基本对称，谷坡高差 500～1000m。两岸沟谷发育，切割较深。

流域内植被覆盖一般，人口密度不大，土壤侵蚀程度一般。在茄子山水库拦沙影响后，阿鸠田水电站坝址的多年平均悬移质来沙量为 21.62 万 t/年，多年平均含沙量为 0.305kg/$m^3$；推移质沙量为 3.24 万 t/年。

枢纽区主要出露花岗岩。花岗岩广泛分布于枢纽区大部，与变质岩呈侵入接触，接触带位于厂区一带。变质砂岩主要分布于厂房枢纽区；第四系松散层广泛分布于整个枢纽区。枢纽区断裂构造发育，出露大小断层共 46 条，主要断层有 F1、F2、F3、F4、F5、F6、F7、F8、F9、F11、F13；北东走向为主，基本为陡倾角。节理裂隙较发育。工程区处于Ⅷ度高地震烈度区，区域稳定性较差。

（三）主要建筑物

1. 首部枢纽建筑物　枢纽由首部取水闸、冲沙闸、泄洪闸和引水发电系统等组成。首部坝顶高程 1319.00m，总长 89m，最大坝高 26m。正常蓄水位 1318.00m，死水位 1310.00m。取水闸设工作门、检修门各 1 扇，闸前设置粗格拦污栅 1 道，孔口尺寸

4m×3.5m。冲沙闸1孔，孔口尺寸4m×5m，设有工作门、检修门。泄洪闸采用开敞式WES溢流堰，孔宽6m，共3孔；弧形闸门，配置液压启闭设备。

2. 引水系统建筑物　引水系统由引水暗渠、沉沙池、前池、压力隧洞组成。引水暗渠长396.472m，沉沙池段长203.5m，压力隧洞长5900.173m。

暗渠为矩形断面、箱式结构，引用流量36.6$m^3$/s，设计过水断面尺寸4m×3.13m，结构断面尺寸4m×4m。

沉沙池采用钢筋混凝土分厢式布置，共分三厢，单厢宽度13m，工作段长100m，单厢设计流量16.3$m^3$/s。沉沙池由闸前渐变段、进口控制闸、池首扩散段、池厢、出口控制闸、冲沙闸及前池段组成。

压力隧洞采用圆形断面、钢筋混凝土衬砌，内径3.6m，设计流量32.6$m^3$/s，纵坡为0.004，平均粗糙系数0.014。

3. 厂区枢纽建筑物　厂区枢纽主要包括调压井、压力管道、主副厂房、GIS楼、尾水渠等。

调压井选用双室式，竖井直径8m，据计算下室可不设；上室为敞开式，容积4400$m^3$。调压井最高壅浪水位1314.081m，最低壅浪水位1286.280m，底板高程1275.467m。其下游侧设快速事故闸门（3m×3m）1道。

压力管道采取一管三机联合供水方式，沿山脊布置，管道上半段为明管，下半段为埋管。钢管采用16MnR钢板焊接管，内径3m，总长1233.410m。

主厂房长67.87m，宽27.4m，采用钢筋混凝土排架结构结构，屋顶为彩钢板轻型屋顶。主机间、安装间分三层布置。主厂房建基于完整的微、弱风化黑云母花岗岩。

副厂房位于主厂房右侧，为四层框架结构，长27.4m，宽11.50m，高20.65m。

GIS楼位于副厂房下游侧，分三层布置，平面尺寸为42m×10.9m；一层布置3台主变压器、油处理室、$SF_6$储藏室；二层为GIS厅；三层为出线层，4回110kV线。

（四）综合指标

电站工程静态总投资为46690.03万元，总投资为50188.75万元。工程施工总工期37月，其中工程准备期3个月，主体工程施工期28个月，工程完建期6个月，第一台机组发电工期为30个月。电站于2002年7月28日举行开工仪式，2002年11月1日主体工程正式开工。预计，2004年年底第一台机组发电，2005年上半年建成。

（中国水电昆明勘测设计研究院　杨国文）

## 泗南江水电站工程

（一）工程概况

泗南江水电站位于云南省思茅地区墨江哈尼族自治县内的泗南江下游河段，采用跨流域、混合式开发。电站大坝在泗南江上，经左岸傍江依山引水，穿千岗梁子分水岭至阿墨江左岸厂房。厂址距墨江县城公路里程82km，距昆明公路里程356km。

泗南江属红河水系，为阿墨江的一级支流、李仙江的二级支流；干流全长约70km，坝址控制流域面积1583$km^2$，多年平均流量43.4$m^3$/s。

经昆明勘测设计研究院对泗南江进行几十年的水电开发规划工作，最终形成了一级开发方案。2002年11月底，受项目业主云南滇能泗南江水电开发有限公司的委托，勘测设计工作正式转入“一级开发方案”可行性研究阶段。

该工程为二等大（2）型工程。电站水库总库容2.640亿$m^3$，正常蓄水位900.0m，相应库容2.468亿$m^3$，调节库容2.017亿$m^3$，为年调节水库。设计水头约329m，设计引用流量75.7$m^3$/s，装机容量201MW（3×67MW），保证出力58.1MW，多年平均年发电量9.196亿kW·h，年利用小时数4575h。

（二）工程布置及主要建筑物

首部枢纽建筑物有混凝土面板堆石坝、左岸泄洪冲沙（兼放空）洞及右岸溢洪洞等；引水系统建筑物有电站进水口、引水隧洞、调压室及压力管道等；厂区枢纽建筑物有地面式主厂房、副厂房（包括室内GIS式开关站和主变压器场）等。

混凝土面板堆石坝坝顶长度约341m，坝顶宽度10m，最大坝高115m。坝体总填筑方量约297万$m^3$。

泄洪冲沙（兼放空）洞总长约665m，最大下泄流量602$m^3$/s，采用挑流消能型式。

溢洪洞总长约594m，最大下泄流量1139$m^3$/s，采用挑流消能型式。

电站进水口采用岸塔式。进水口前沿设斜拦污栅，设有一道事故检修闸门。

引水隧洞为钢筋混凝土有压隧洞，圆形断面，底坡0.3945%，总长度约10.3km。

调压室采用型式为带阻抗孔的上室式调压室，竖井高度93m。压力钢管进口设有1扇快速事故闸门。

压力管道为埋藏式钢衬钢筋混凝土结构，圆形断面，采用三平两竖方案。供水方式采用一管三机布置型式，由主管、岔管及支管组成，主管总长度约895m；主、支岔管均初拟采用一分二的月牙岔型式；支管总长度约309m。压力钢管的设计压力4.2MPa。

主厂房为钢筋混凝土框架结构，共分五层，由上往下分别布置安装场、发电机层、中间层、水轮机层和蜗壳层等。安装场布置在主厂房下游端头。主厂房总宽度20.1m，机组间距12.0m，总长度70.6m，最大高度49.47m。

副厂房分别布置在主厂房上游端头和主厂房下游侧，均为钢筋混凝土框架结构。上游端头副厂房共分两层，由上往下分别布置送风设备和空调设备等，宽度8.5m，总长度35.6m，最大高度12.67m。下游侧副厂房共分八层，由上往下分别布置通风设备、GIS设备、通信及空调设备、中控室、配电及试验设备、电缆夹层、供气及油处理设备和供水设备等，宽度16.0m，总长度70.6m，最大高度44.02m。

尾水建筑物由尾水池及尾水渠组成。在机组尾水管出口设置3孔尾水检修闸门门槽，设1扇平面滑动闸门，孔口宽3.8m，高2.7m。

（三）经济指标

该电站静态总投资12.63亿元，单位容量投资6282元/kW；动态总投资13.96亿元，单位容量投资6958元/kW。经营期电价0.221元/（kW·h）（含增值税），贷款偿还期22.4年，项目的经济内部收益率为14.8%。

（中国水电昆明勘测设计研究院　朱杰伟）

## 威远江水电站工程前期工作

（一）工程概况

威远江水电站位于云南省思茅地区景谷县境内威远江下游河段上，是威远江干流的惟一骨干水电站。电站距景谷县县城直线距离约29km，距普洱县城约55km，距思茅市约70km；靠近思茅电网负荷中心。

威远江（又称巴景河）是澜沧江左岸的一条较大支流，自北向南流经镇沅、景谷后，转向西南方向，于光明村腊撒渡口附近注入澜沧江。至与澜沧江交汇处的流域总面积8821km$^2$，河道总长269km，多年平均流量161m$^3$/s，多年平均年径流量50.8亿m$^3$。

昆明勘测设计院于1958年即已进行威远江流域普查，提出了《巴景河水力资源普查报告》。对景谷县城钟山镇以下的威远江干流河段初步拟定为5级开发，依次是芒稳、盐房、习俄、蛮打、巴景河口。在20世纪70和80年代初又对干流河段的开发作过复勘、选点，但当时是在澜沧江干流梯级规划尚未确定的情况下进行的。此后澜沧江干流梯级规划逐级明朗，与威远江开发直接有关的糯扎渡水电站位于威远江汇口下游32km处。糯扎渡水电站具有高坝大库，是澜沧江干流的重点梯级；水库回水至威远江蛮东河口。因此原威远江规划梯级习俄、芒打、巴景河口3座水电站均位于糯扎渡水库回水范围内，仅剩芒稳、盐房2级水电站河段可开发利用。其中芒稳利用水头90m，库容7.73亿m$^3$，水库主要以景谷坝子为库区，淹没损失太大，难以开发。实际可经济开发的河段仅为钟山坝子边缘至芒东河口的约30km河段，可利用落差约80～90m。为充分利用水力资源，又避免钟山坝子的淹没，适当提高盐房这一级水电站的正常蓄水位，并改称威远江水电站。

（二）威远江水电站可行性研究简况

昆明勘测设计研究院于1998年2月开始进行威远江水电站预可行性研究，1998年12月提出了预可行性研究报告。2001年9月1日～5日，报告经云南省计委组织审查评估通过。

根据昆明勘测设计研究院与思茅地区景谷县签订的《威远江水电站可行性研究阶段勘测设计合同》，昆明勘测设计研究院于2002年4月初开始进行威远江水电站可行性研究阶段的勘测设计及有关的科研试验工作，2003年7月16日，报告经云南省计委组织审查评估通过。

（三）工程开发任务

威远江水电站紧接糯扎渡水库库尾，在糯扎渡水库建成后，下游河段即成为糯扎渡水库淹没区。因此，下游对威远江水电站无防洪、灌溉和供水要求。

威远江水电站心墙堆石坝最大坝高94m，水库总库容2.7亿m$^3$，装机容量72MW，具有不完全年调节能力。电站建成以后可向系统提供保证出力15.33MW，年发电量2.96亿kW·h。在思茅电网中，威远江水电站地理位置适中，可担任系统内的调峰、调频任务，能改善系统的运行条件，促进思茅地区的经济发展。

威远江水电站建成以后，可以为系统提供丰富的汛期电能，可为系统内电炊提供电能，以电代柴，减少对森林的砍伐，减轻对植被的破坏、减少当地的水土流失。

在景谷县益智乡境内威远江右岸，建立有威远江思茅松原始林自然保护区。保护区内以思茅松为主，有许多珍贵的植物、动物资源；这里高山峡谷，植被茂密，自然景观很美，景谷县政府规划将其开辟为旅游区。威远江水电站建成以后，将形成水面面积8.81km$^2$的人工湖泊，结合距景谷县城较近的地理优势，可促进旅游业的发展，也可开发疗养及水上运动，还可利用水库发展水产养殖。

威远江水电站以发电为主，电站建成以后兼有保护环境、发展旅游、水产养殖等综合效益。

（中国水电昆明勘测设计研究院　骆少秋）

# 马鹿塘水电站一期工程

（一）工程概况

马鹿塘水电站一期工程位于云南省文山州麻栗坡县盘龙河上，是盘龙河流域的第八个梯级。电站距文山县城公路里程116km，距麻栗坡县城公路里程36km，距昆明公路里程447km。

盘龙河系红河左岸的一条支流，在麻栗坡县船头村下游1.4km处流入越南后称泸江，并在越南境内汇入红河。盘龙河在中国境内全长235km，流域面积6141km²，多年平均流量为85.4m³/s。马鹿塘水电站一期工程位于盘龙河下游河段。该河段落差比较集中，平均坡降达38.4‰，具有建库蓄水的地形、地质条件，是文山州乃至滇南很好的电源点。

马鹿塘水电站一期工程装机容量2×50MW，保证出力39.2MW，多年平均年发电量6.97亿kW·h。工程于2002年1月开工。

（二）工程布置和主要建筑物

该工程为中型工程，工程等级为三等，主要建筑物为3级，次要建筑物为4级。

电站为引水式开发。主体建筑物由混凝土重力坝、有压引水隧洞、调压井、地下埋管和地面厂房组成。

由于马鹿塘水电站采用了分期开发的方式，一期工程的布置应考虑与二期工程的衔接，工程的布置遵循了“一期的建设不影响二期开发，二期的建设不影响一期的存在”的原则。

首部枢纽位于畴阳河与盘龙河交汇处以下约260m处，后期可作为二期工程的上游围堰。首部枢纽由混凝土重力坝、坝身表孔溢洪道、泄洪冲沙兼导流底孔和电站进水口等建筑物组成。最大坝高40m，坝顶长度139m，坝底最大宽度35m；泄洪冲沙底孔和电站进水口均布置于右岸。

引水系统的有压引水道布置在盘龙河右岸山体内，总长4110m，其中，引水隧洞长3460m，埋藏式压力钢管道长650m。调压井采用双室式，布置于厂房后侧山坡山体内，为了在二期工程建设时便于对一期调压井的改建，一期工程的调压井采用地下式调压井。调压井后接埋藏式压力钢管道，主钢管经岔管分成二岔进入厂房。钢管道按二期水头设计。

厂区枢纽包括主厂房、副厂房、GIS楼，沿盘龙河右岸。主厂房顺河布置，长51.5m，宽17.2m，高40.7m，安装间位于上游端头；副厂房位于主厂房之前临河侧，长61.2m，宽10m，高24m；GIS楼及主变压器场位于副厂房上游侧，与安装场对应，其纵轴线与主厂房纵轴线平行。

（中国水电昆明勘测设计研究院 吴贵春）

# 引子渡水电站工程

引子渡水电站位于乌江南源，在平坝县与织金县交界的三岔河上，距上游普定水电站51km，距下游东风水电站43km，距省会贵阳市97km。工程以发电为主，总库容5.31亿m³，总装机容量360MW，平均年发电量9.78亿kW·h，工程总投资15.93亿元人民币，单位容量投资4425元/kW。

受地形条件限制，坝址无天然垭口可供利用，在左岸进行大开挖形成溢洪道，解决大流量泄洪问题，开挖石渣用来筑坝，解决大坝填筑料源问题。引子渡水电站不设专用料场，只设备用料场，不仅节省了工程投资，而且大大改善了现场环境。这是引子渡水电站不同于其他工程的最大特点。

电站枢纽工程由混凝土面板堆石坝、左岸溢洪道、右岸引水系统、发电厂房和GIS开关站等水工建筑物组成。混凝土面板堆石坝按100年一遇洪水设计，5000年一遇洪水校核，对应流量分别为6390m³/s和9610m³/s，对应坝前水位分别为1086.86m和1091.09m；坝顶高程1092.50m，最大坝高129.50m，坝顶长276m，坝顶宽10.6m，上游坝坡1∶1.4，下游平均坝坡1∶1.56；坝后修有10m宽的上坝公路，修路后的局部边坡为1∶1.22。

左岸溢洪道也按100年一遇洪水设计，5000年一遇洪水校核，入库洪水经水库调节后下泄洪水分别为6390m³/s和8386m³/s。引渠底板高程1060m，闸室堰顶高程1068m，设三孔11.5m×18m（宽×高）弧形闸门进行控制，最大泄量满足8386m³/s要求。泄槽最大流速34m/s，尾部设贴角斜鼻坎挑流消能，下游冲坑深度控制在9m以内。

电站采用一洞三机的供水方式。引水系统进口底板高程1029.5m，由一扇平板检修闸门控制，闸门孔口尺寸9m×10.5m；引水隧洞长874.718m，直径10.5m，3台机同时满发时，洞内最大流速5.02m/s，洞尾接阻抗式调压井，调压井内径18.5m，阻抗孔直径6.5m，井高107.4m；压力钢管直径8.7m，支管直径4.9m，采用“卜”形连接。

发电厂房和GIS开关站建在大坝下游1200m处的胡家大地上，安装3台120MW水轮发电机组，单机引用流量147.8m³/s，机组安装高程968.2m，安装间及进厂平台高程994.2m，每台机组采用单母线分别与3台主变压器连接，升压至220kV后经GIS开关站直送安顺两所屯并网。

引子渡水电站于2000年4月国家计委正式批准立项，作为“西电东送”首批开工项目，于2000年11月8日正式宣布开工。2001年10月16日截流，2002年5月23日大坝填筑到1033m高程，形成临时度汛挡水断面（可挡50年一遇洪水）。2002年10月30日大坝全断面填到1075m高程，2002年12月6日开始浇筑一期面板混凝土，2003年2月19日一期面板（共16块）全部浇到1070m高程。溢洪道于2002年10月开挖基本结束，2002年10月16日开始浇筑第一仓混凝土，至2003年4月已具备泄洪条件，2003年6月达到宣泄200年一遇洪水要求。发电引水隧洞于2002年7月全线贯通，2003年2月洞身混凝土衬砌基本结束。调压井于2001年7月完成井筒开挖，2002年2月18日完成全部混凝土衬砌。压力钢管制作安装于2002年12月30日基本结束，2003年1月22日完成回填混凝土浇筑。发电厂房于2002年12月23日具备1号机安装条件，开始进行水轮机安装，2003年2月20日厂房全部封顶，达到电器安装和调试条件。2003年3月大坝通过下闸蓄水验收和安全检查，4月10日顺利下闸蓄水。2003年5月24日1号机72h带负荷进网运行成功，5月28日正式投入商业运行，“西电东送”首台水电机组正式投产。

目前，除了力争实现一年三投之外，正努力进行道路整治和绿化工作，不但要把引子渡水电站建成一个工期短、投资省、质量好的精品工程，还力争把电站建成一个环保工程。

（中国水电贵阳勘测设计研究院　杨志雄）

## 光照水电站工程

北盘江是贵州省内第二条大河，属珠江流域西江水系、红水河北源流，发源于云南省曲靖市马雄山西北坡，流经贵州省西南部，于贵州省望谟县蔗香与南盘江汇合，始称红水河。流域面积26557km²，干流全长441.9km，天然落差1932m，平均比降4.37‰。干流规划11个梯级，光照水电站是最大的一个梯级。光照水电站位于北盘江中游，坝址左岸是贵州省关岭县，右岸是贵州省晴隆县，地处六盘水工业区腹地，又与安顺工业区毗邻；距天生桥一、二级水电站直线距离115km，距贵阳162km。

光照水电站是以发电为主，其次航运，兼顾灌溉、供水及其他综合效益的枢纽，采用堤坝式开发。正常蓄水位745m时，相应库容31.35亿m³，调节库容20.37m³，为不完全多年调节水库。电站最大工作水头162m，最小工作水头101m，额定水头135m。电站装机4台，单机容量260MW，总装机容量1040MW，保证出力180.2MW，年发电量27.54亿kW·h。电站在电力系统中主要承担调峰、调频、事故及负荷备用。通航建筑物设计通过能力300万t/年，最大通过能力492.5万t/年。

枢纽工程主要由挡水坝、坝身泄水、右岸引水系统、地面厂房系统、预留左岸通航建筑物等组成。挡水坝为常态混凝土重力坝，坝基坐落在$T_{1yn}^{1}$灰岩和泥质灰岩地层上，坝轴线方位NW66°，坝顶高程750.5m，最大坝高195.5m，坝顶宽12m，坝底最大宽度163.3m。上游坝坡在635m高程以下为1∶0.25，下游坝坡在734.5m高程以下为1∶0.75。坝顶全长412m，共分22个坝段。左右岸非溢流坝段分别长168m和163m，溢流坝和底孔坝段长81m。坝内设有基础灌浆排水和交通观测廊道，河床坝段设有环向廊道，形成封闭的坝基防渗抽排系统。水平交通结合两岸防渗帷幕施工，设有585m、610m、660m、710m高程四层交通及观测廊道，下游坝面设有710m、660m、610m高程坝后桥。竖向交通设有电梯井1个、楼梯井3个、吊物孔3个。坝基全面进行固结灌浆。防渗帷幕，右岸从坝肩折向上游接$T_{1f}^{2-2}$泥岩地层，左岸沿坝轴线延伸接$T_{1yn}^{2}$泥岩、泥质灰岩地层。坝基抗滑稳定及坝体应力分析在各工况下均满足规范要求。在设防地震烈度Ⅶ度条件下，坝体坝型结构合理。

大坝泄水建筑物由表孔和底孔组成，表孔承担宣泄洪水，底孔承担水库放空任务。3个表孔每孔净宽16m，堰顶高程725m，设计最大泄洪流量9857m³/s。2个底孔位于溢流堰两侧各1个，孔口尺寸4m×6.5m，进口底板高程640m，最大泄流量1597m³/s。

右岸引水系统采用2洞4机分组供水方式，设计最大引水流量866m³/s，由进水口、引水隧洞、调压井、压力钢管道组成。岸塔式进水口位于右岸坝轴线上游70m，接触地层为$T_{1f}^{2-2}$、$T_{1f}^{2-3}$，进口底板高程670m，顶部高程750.5m，前沿长75m，顺水流方向长12m，2个进水孔尺寸8m×10m（宽×高）。圆形引水隧洞内径1lm，长度分别为578.17m和511.91m，穿越地层为$T_{1f}^{2-2}$～$T_{1yn}^{3}$。简单圆形阻抗式调压井位于$T_{1yn}^{3}$地层山脊南坡，内径20m，顶面高程770m，井底板顶面高程676m，阻抗孔直径5.2m。压力管道内径6.7m，穿越地层$T_{1yn}^{3}$，由上平段、斜管段和下平段组成，长分别为286.8m、281.7m、285.5m、280.5m。引水系统大部分地层为Ⅱ～Ⅲ类围岩，围岩稳定条件总体上良好。

岸边地面厂房位于坝轴线下游约600m的右岸2号冲沟口宽缓地带，厂区枢纽由厂房、500kV GIS开关室、2号冲沟治理工程组成。主机间、安装间、装卸场呈“一”字排列，主厂房全长142m，宽28.1m，高66.85m。水轮机安装高程577.00m，发电机、安装间层高程591m，装卸场高程608.25m。上游副厂房长127m、宽18m，共5层。下游副厂房长124m、宽4.85m，共6层。4台主变压器布置在厂房上游侧地面。500kV GIS开关站布置在厂房上游侧，平面尺寸116m×16m。

预留左岸绕坝三级垂直升船机通航建筑物后期建设工程，全长1621.23m，由上游引航道、一级塔楼、通航隧洞、中间通航渠道（错船渠）、二级塔楼、三级塔楼、下游引航道等组成。上游182m引航道两侧均为混凝土浮式导航堤；一级塔楼最大提升高度57.50m，二级塔楼79.40m，三级塔楼88.30m；中间448m通航隧洞城门洞型断面14m×14m，下游引航道长308.17m。各级塔楼间错船渠（中间通航渠）总长456.26m，错船渠采用明渠与渡槽相结合的形式。

施工导流采用土石过水围堰、隧洞导流方式，导流时段为11月6日～次年5月15日计6个月1旬的枯期时段，相应时段$P=10\%$的设计流量1120m³/s。右岸导流洞长935m，进口底板高程583.0m，出口底板高程581.5m，纵坡1.6960，城门洞型断面尺寸11.5m×16m。电站施工总工期7年，第一台机组发电工期为6年1个月。工程静态投资44.93亿元，总投资50.6亿元。电站满足全部投资财务内部收益率8%，测算上网电价0.277元/（kW·h）。电站由贵州黔源电力股份有限公司负责建设，由贵阳勘测设计研究院设计，已于2003年4月完成可行性研究报告的重编工作。目前项目建议书正在重新上报国家有关部门，进场公路等筹建工程正在修建。光照水电站是贵州省“西电东送”的又一大型水电工程。

（中国水电贵阳勘测设计研究院 陈能平）

## 贵州省西电东送首批项目进入投产高峰

2003年，贵州省以安顺电厂二期工程3号机组在2月3日并网发电为起点，“西电东送”首批“四水四火”项目共22台水火电机组进入投产高峰期。这标志着在国家有关部门的大力支持下，贵州举全省之力推进“西电东送”取得实质性进展。

“西电东送”工程是中国西部大开发的重点骨干项目，贵州是实施“西电东送”工程的主战场。2000年8月，贵州、广东2省签订“黔电送粤”协议，同年11月，国家计委和国家电力公司在贵阳召开华南地区“西电东送”工作会议，明确了向广东送电1000万kW的目标并确定贵州承担的任务。为此，贵州省政府提出举全省之力加快实施“西电东送”。

2000年、2001年经国务院批准，贵州省首批“四水四火”西电东送重点项目相继启动，总投资数百亿元；计划5年内全省新增电网装机容量800万kW，到2005年向广东送电400万kW。

与原计划相比，“四水四火”项目多数建设进度快于计划工期。2003年5月22日，引子渡水电站1号机组并网运行。该电站2号、3号机组正加紧基础建设和设备安装，力争实现3台机组年内全部投产，超过年初计划的双投目标。8月28日上午，乌江渡发电厂扩建工程首台机组在完成72h满负荷试运行后，顺利通过验收委员会验收，正式投入商业运营；年底第二台机组也将投产。洪家渡水电站计划首台机组2004年并网发电。索风营水电站2003年二季度进入大坝枢纽工程施工。纳雍电厂、黔北电厂1号机组均已并网发电，2、3、4号机组正抓紧安装。贵州省电力工业建设，明后2年每年仍可有200万kW左右的机组投产。

2001年和2002年，贵州省均完成了向广东送电的合同任务。“西电东送”不仅使广东受益，而且有力地带动了贵州经济发展，实现了双赢目标。2001年和2002年电力工业拉动全省经济分别增长1.5和1.6个百分点，拉动全省固定资产投资分别增长2.6和2.7个百分点；两年实现电力增值税占全省同期增值税收入的近20%。2003年“西电东送”对贵州经济发展拉动更大。

（摘自贵州水力发电工程学会简报）

## 广西电源建设调整计划和规划

（一）2002年的电源情况

至2002年底，广西境内电厂发电装机容量为751.95万kW，其中水电436.33万kW，火电315.62万kW。加上天生桥一级、天生桥二级和盘县电厂广西份额容量134.12万kW，总装机容量为886.07万kW，其中水电520.45万kW，火电365.62万kW。

（二）“十五”电源建设计划

在2001年编制的广西电力“十五”发展计划中，“十五”广西电源建设总规模约900万kW，投产容量约300万kW；2005年发电装机容量超过1100万kW；2005年起实现向广东送电100万kW季节性电能。

计划开工的大型电源项目总规模为876.5万

kW，具体项目是：龙滩水电站（7×60万kW）、百色水利枢纽（4×13.5万kW）、平班水电站（3×13.5万kW）、恶滩水电站（4×15万kW）、长洲水利枢纽（15×4.14万kW）、合山电厂改扩建工程（2×30万kW）、北海电厂一期（2×30万kW）、钦州燃煤电厂（4×30万kW）。

计划投产的大型电源项目总规模358万kW，具体项目是：平班水电站（3×13.5万kW）、恶滩水电站（4×15万kW）、长洲水利枢纽（1×4.14万kW）、百色水利枢纽（1×13.5万kW）、合山电厂改扩建工程（2×30万kW）、北海电厂一期（2×30万kW）、钦州燃煤电厂（4×30万kW）。

由于各方面原因，合山电厂改扩建工程、北海电厂一期工程、长洲水利枢纽、钦州燃煤电厂等未能按原计划开工建设。根据广西经济发展需要及项目前期工作开展的实际情况，2003年对“十五”广西电力发展计划进行了调整，新增开工“一水二火”项目，即田东电厂改扩建工程（27万kW）、桥巩水电站（40万kW）和贵港电厂一期工程（120万kW）。调整后的“十五”电力发展计划主要电源建设“六水五火”项目，开工总规模1097万kW，投产总规模320万kW，结转“十一五”767万kW。2005年广西装机容量将达1110万kW，其中水电652万kW，占58.7%；火电458万kW，占41.3%。

（三）“十一五”电源建设初步规划

为了最大限度满足“十一五”及后十年国民经济和社会发展对用电的需求，实现“西电东送”的战略目标，充分发挥广西电网对南方电网的电源补充和电网支撑作用，按高方案负荷水平研究确定“十一五”的电力建设目标。

“十一五”电源重点开工建设“二水四火”项目，总规模644万kW，具体项目是：大藤峡水利枢纽（120万kW）、瓦村水电站（44万kW）、钦州电厂二期（120万kW）、防城电厂一期（120万kW）、百色电厂一期（120万kW）和桂东电厂一期长（120万kW）。

“十一五”投产规模1038万kW，具体项目是：百色水利枢纽（3×13.5万kW）、长洲水利枢纽（15×4.14万kW）、红花电站（6×3.9万kW）、龙滩水电站（7×60万kW）、钦州电厂（240万kW）、防城电厂（1×60万kW）、百色电厂（1×60万kW）；结转“十二五”规模568万kW。至2010年广西装机容量约达2148万kW（龙滩水电站按420万kW计列），其中水电1275万kW，占59.36%，火电873万kW，占40.64%。

（广西电力有限公司计划发展部）

# 西电东送的电网建设

## 西北电网750kV输变电示范工程正式开工

2003年9月19日，西北电网750kV官亭至兰州东输变电示范工程开工典礼在青海隆重举行。该工程的开工建设，标志着我国输变电压等级跨入一个新的里程碑，对发展和加强西北的骨干输电网架，推进“西电东送”北部通道建设，促进西北地区经济发展具有极其重要的作用。

中共中央政治局委员、国务院副总理曾培炎为工程开工仪式作的批示：“西北750kV输变电工程开工，对我国电网建设具有重要意义。希望国家电网公司高质量、高标准完成建设任务，为西部大开发，促进经济社会发展做出新的贡献。”

西北电网750kV官亭至兰州东输变电示范工程包括：新建750kV官亭变电站和750kV兰州东变电站2座，新建青海官亭至甘肃兰州东750kV输电线路146km；新建330kV输电线路351km，扩建青海阿兰330kV变电站1个出线间隔。整个工程动态投资14.6亿元。

建设750kV电网既是西北电网自身发展的需要，也是实施“西电东送、南北互供、全国联网”战略的迫切要求。

国家电网公司总经理赵希正在开工典礼上的讲话指出：西北电网750kV官亭至兰州东输变电工程是国家基础设施建设的重点工程。该工程的开工建设，将填补我国500kV以上电压等级的空白，对形成和发展西北电网的骨干网架，加快黄河上游水电和宁夏、陕北火电集中外送，加快“西电东送”北通道的建设，推动我国超高压电网发展，推进全国联网，提高我国超高压设备制造水平都具有里程碑的重大意义，并将为我国今后更高电压等级的发展提供宝贵的经验。同时该工程的开工建设对贯彻党中央、国务院“西部大开发”战略，对加强西部地区基础建设，促进西部地区经济发展，具有重要意义。赵希正希望工程参建单位要建立健全科学有效的管理体系，顾全大局，团结协作，密切配合，确保工程质量，确保安全文明施工，确保环境保护，确保工程进度，确保投资有效控制。要努力实现国际一流工程的建设目标，做到一流的管理、一流的设备、一流的技术、一流的质量、一流的安全文明施工水平。

国家发展与改革委员会副秘书长曹玉书代表国家发改委，对我国第一个750kV电压等级的输变电示范工程的顺利开工表示热烈祝贺。他希望各有关方面、各有关单位务必同心同德、奋力拼搏，努力做好各项工作，尤其是在保证工程质量，降低工程造价，提高设备本地化制造水平等方面多下功夫。充分借鉴和吸取我国第一条330kV、500kV输变电工程的成功经验和教训，千方百计把我国电压等级最高、世界海拔最高的750kV输变电工程，建成为世界一流的精品示范工程。

（中国水力发电工程学会秘书处）

## 加快西北750kV电网工程建设 全面推动“西电东送”北通道进程

（一）西北具有十分丰富的能源资源，是西电东送稳定可靠的电源点

西北有着丰富的一次能源资源。在水力资源方面，可开发总容量约3340万kW，占全国可开发容量的8.8%，主要集中在黄河上游、汉江、白龙江等河流上。特别是黄河上游龙羊峡到青铜峡段可开发容量1800多万kW（目前仅开发544万kW）。在煤炭资源方面，已探明的储量约2069亿t，占全国探明总量的24%。除此之外，还有丰富的石油、天然气、风力和太阳能等洁净能源。

黄河上游是全国水电的“富矿”，具有调节性能好，开发建设工程量小、淹没损失小、移民少，工程造价低，电站竞价上网能力强，综合利用效益大等优势。

陕北、宁夏灵武地区等煤炭基地，煤的质好、价低、含硫量少，水源可靠，环保容量相对较大，都有建设千万级火电基地的潜力。由于为坑口电厂，开采及发电成本低，有着明显的价格优势。

西北外送电是水、火并举，打捆外送，调节性能好，电能质量高，数量大，规模效益好。既可以调峰，又可以带基荷，具有比较优势。国家已把加快开发黄河上游的水电和陕北、宁夏坑口煤电两个能源基地的建设和西电东送北通道的建设正式列入“十五”计划纲要。

（二）西北高一级电压采用750kV是科学合理的，加快建设十分迫切

西北电网330kV从1972年至今已有31年。随着西北电力的发展，无论是从网内水火互济、潮流交换的需要来看，还是从西电东送的要求来看，以330kV电网作为主网架已不能满足西北电网长距离、大容量电力输送和功率交换的要求。从2005年开始，西北主网的交换功率在甘—青间将达到343万kW。现有330kV电网输送容量已趋饱和，尤其是甘—青断面，330kV线路已达6回，线路走廊十分紧张，且继续增加回路数后，送电能力却不成比例增加。在建公伯峡水电站将于2004年2台机组发电，拉西瓦、积石峡两个百万千瓦级水电站也将开工建设，黄河上游水电装机容量将超过800万kW，向外送电距离长达800～1000km，远远超过了330kV线路经济输送范围。到2010年，西北330kV电网局部短路电流将接近开关遮断容量，给设备制造和电网安全运行带来困难，电网线损也将大幅度提高。2003年上半年，甘、宁、青用电量增长超过了20%，由于省际间电力电量交换容量有限，东部的火电送不到西部，三省区均不同程度地限电。因此，从远近结合、统筹安排的角度，西北电网发展高一级电压等级的电网，架设西电东送的高速通道，已是十分紧迫和必要。

西北采用750kV比采用500kV具有更好的经济性和远期适应性。西北电网能源基地至负荷中心之间距离较远，区内送电距离就达800～1000km，属于典型的长距离、大容量输电。尽管750kV输变电工程造价比500kV高约35%，但750kV输电容量是500kV输电容量的2倍多，价格容量比750kV明显优于500kV。同时，从500kV和750kV的经济送电距离看，当送电达200万kW、送电距离小于500km时，500kV较750kV投资低；但当送电距离大于500km时，750kV有明显优势。以西北电网远景规划为计算对象并按稳定导则进行校核，每回线的送电能力不超过其自然功率的80%～90%，500kV线路的送电能力约为80万～90万kW，750kV线路的约为180万～200万kW。

根据西北电网规划，2005年西北电网省际间功率交换，甘肃—青海之间达343万kW，陕西—甘肃之间达到196万kW；2010年西北电网省际间功率交换，甘肃—青海之间达584万kW，陕西—甘肃之间达到234万kW；2015年西北电网省际间功率交换，甘肃—青海之间达844万kW，陕西—甘肃之间达到346万kW。很明显，以330kV或500kV，均不能满足西北电网长距离、大容量电力输送和功率交换的要求。

采用500kV电压，2015年甘青间需要建设6～7

回线路，而黄河上游线路走廊十分紧张，并且由于线路回路多，输送能力却不能成比例增加，运行维护费用和一次性投资均比 750kV 高。

从设备技术看，西北高海拔地区 750kV 的户外绝缘配合与平原地区 800kV 及以上电压水平是相适应的，今后在全国远距离送电的应用中也会有较大的市场。综合比较结果，从西北电网长远发展和西电东送的现实需要出发，750kV 方案更具有经济性和远期适应性。

采用 750kV 电压等级是国际电工委员会《IEC 标准电压》推荐的 330kV 之上合理的配置，并于 1993 年列入我国的标准电压等级（GB156—1993）。同时，750kV 电压等级在世界上是一项成熟的技术，国际上已有 30 多年的运行实践经验和设备制造能力。国内机电制造行业对 750kV 设备已进行了大量的研制工作，目前除断路器外，其他设备完全可以依靠国内力量自行设计、制造，生产周期为 6～18 个月。750kV 设备国产化有利于使我国电工制造技术提升到国际水平。

采用 750kV 有利于简化西北的电压等级序列，减少变电重复容量投资。从电压系列角度看，目前西北网内已有 330、220、110、35（10）kV 系列，为简化电压等级，陕西、甘肃和青海早已限制 220kV 级电压的发展。如采用 500kV 电压等级，则在一个区域内将再出现复杂的、级差较小的电压等级系列，不符合电压等级简化的原则。对全国的电压等级序列，只要遵循分区简化、合理配置，不出现如巴西南部、东南部电网那样在同一地区内电压重叠、覆盖的情况就可以，而不必要求全国的电压等级都统一到 500kV；事实上，全国其他大区在西北 330kV 电压已运行十多年的情况下，从各自系统的发展需要角度选择了 500kV 而不是 330kV。从国际上看，美、俄、加等国的经验可以借鉴，美国分区配置的电压等级为 765、348、138kV 和 500、230、115kV；前苏联为 750、330、110kV 和 500、220、110kV；加拿大为 735、315、120kV 和 500、230、138kV。

采用 750kV 电网的潮流分布明显优于 500kV。经分析计算，500kV 电网与 330kV 电网环网运行时，甘陕断面、陕北与关中断面都存在 500kV 线路潮流轻载而低压 330kV 线路重载的情况。主要原因是 500kV 线路阻抗与 330kV 相比减少不多且送受端存在变压器阻抗，这也是高低电压等级级差较小的电网的共性。当然，如采用串联电容补偿措施，可以减轻该状况，但需另外增加投资。而采用 750kV，则电网的潮流分布情况明显好转。

目前经国内外专家论证，对西北发展 750kV 已达成共识。

（三）加快 750kV 输变电工程建设，打通西电东送北通道

根据《西北电力开发及西电东送规划报告》，西北电网西电东送由两个出口共同起步。一是将黄河上游水电和宁夏火电通过 750kV 网架汇集到宁夏银南，水火电捆绑，以直流 500kV 送电京津唐（霸州）及山东电网，“十一五”规模 330 万 kW，“十二五”达 600 万 kW；二是陕北火电以交流送电河北南网，以直流送电山东电网，送河北南网“十五”规模 120 万 kW，“十一五”共达 300 万 kW。

按照西北电网目标网架规划，西北电网将形成联系陕、甘、青、宁的 750kV 环网结构的骨干网架。需要建设的 750kV 输变电工程包括：北线的满坪（官亭）—兰州—银南—靖边—榆林，主要满足西北向华北和山东电网的送电需求；南线的满坪（官亭）—兰州—平凉—关中，主要满足网内电力输送和网架支撑的需要；东线的关中—榆林，以形成西北电网坚强的 750kV 线电压环网。750kV 线路总规模将达到约 3500km，变电容量达到约 1640 万 kW。

“十五”期间，首先以公伯峡水电站送出工程为依托，在 2004 年建成满坪（官亭）—兰州输变电工程，包括 750kV 满坪（官亭）、兰州变电站（容量都为 1×150 万 kVA）和满坪（官亭）—兰州 1 回 146km750kV 输电线路。

“十一五”期间，建成北线的 750kV 银南、榆林变电站、靖边开关站和兰州—银南—靖边、靖边—榆林 750kV 输电线路；南线的 750kV 关中变电站、平凉开关站和兰州—平凉、平凉—关中 750kV 输电线路；东线的关中—榆林 750kV 输电线路。并且，建成拉西瓦水电站的配套送出工程。

（国家电网公司西北公司　刘本粹　薛传殿）

## 西北电网 750kV 输变电工程关键技术研究项目

（一）立项背景

1.750kV 电压是西北电力发展和“西电东送”的迫切需要　电力发展必须满足国家西部大开发战略的总体要求，满足国民经济增长对电力的发展需求。随着电网的发展，西北现有的 330kV 电压已难以满足网内水火互济、潮流交换的需要。省区之间的输送容量已渐趋饱和，规划系统的短路电流水平接近开关遮断容量，线路走廊紧张，电力输送容量受到限制。尤其是甘肃青海断面，330kV 线路已经达到了 6 回，继续增加网路数，送电能力却不能成比例增加。并且，现有 330kV 电网不能适应国家“西电东送、全国联

网、南北互供”战略部署的要求，难以实现西北电力的外送目标。

西北电力发展和“西电东送”的迫切需要发展高一级电压的电网。经过二十多年的研究论证，大量成果表明：西北在现有 330kV 电压之上发展 750kV 电压是科学合理的，也是经济可行的。

国家各有关部门对西北发展高一电压等级电网高度重视。国家计委、国家电力公司、国家经贸委、原机械工业局、机械工业联合会、电工技术学会、中国工程院和中国科学院及其他各相关行业的领导和专家，针对西北发展高一级电压等级问题，曾组织或参加过多次的论证和研究。

2. 项目的必要性及特点　750kV 电压是国内迄今为止最高的电压等级。对这一电压等级的输变电工程，一方面国内从科研、工程设计、设备制造到施工建设，均无现成的技术和经验；同时，也缺乏可以用于指导科研、设计、制造和建设的技术规定、规范或标准。

国外自 1965 年加拿大建成投运世界上第一条 735kV 超高压输电线路以来，在这个电压等级的输变电工程上已积累有三十多年的科研、工程设计、设备制造、工程建设和生产运行的经验，这些经验对我国 750kV 输变电工程的设计和建设具有重要的借鉴和指导作用。

然而，西北特殊的工程应用环境特点，如高海拔、强紫外线、日夜温差大、风沙多、部分地区污染严重等，决定了不能也不可能完全照搬国外的经验，必须结合中国的国情，开展系列的、科学的、针对性的研究。

区别于理论较强的基础研究，750kV 输变电工程关键技术研究项目的特点是工程实用性、针对性很强。一方面，科研项目直接来自于工程需要并服务于工程，以满足工程建设的要求为目标；同时，科研项目取得的科研成果也直接应用于工程，其科学性和合理性将在实际工程受到检验。

（二）项目情况

项目名称：《西北电网 750kV 输变电工程关键技术研究》。

课题来源：2001 年 4 月 21 日，国家电力公司以国电科（2001）226 号文件下达通知，将《西北电网 750kV 输变电工程关键技术研究》列为国家电力公司重大科技项目。

项目承担单位为：国家电力公司西北公司。

项目内容：《西北电网 750kV 输变电工程关键技术研究》共包括系统过电压与绝缘配合及最高运行电压研究、高海拔设备外绝缘特性及电晕特性研究、输变电工程各种空气间隙确定、主设备规范的研究、电磁环境的研究、带电作业间隙及带电作业方式研究六大类，共 21 个子项目。

研究方式：为了保证一些与工程技术经济指标和质量密切相关的重点科研项目研究成果的科学性、合理性，项目实施过程中采用分别由不同科研单位、采用不同的研究方法，如试验研究、计算机仿真或物理仿真等，开展研究、相互印证，以确保我国第一条 750kV 超高压输变电工程的质量和技术经济指标的先进性。

（三）项目验收

2002 年 9 月 19 日～20 日，国家电力公司在北京主持召开了《西北电网 750kV 输变电工程关键技术研究》项目验收会。验收委员会认为：“该项目选题准确，目标明确，研究方法、手段科学全面，结论正确，全面完成了合同规定的内容。项目组织协调有力。项目研究取得的参数和结论，为西北 750kV 电网的发展提供了必要的技术基础，为官亭—兰州东 750kV 输变电示范工程的设计、建设和主要设备选择提供了科学依据，对我国更高一级电压等级电网技术的研究和应用具有重大意义。项目研究取得的成果填补了国内空白，达到国际先进水平。验收委员会一致同意项目通过验收”。

作为对第一批《西北电网 750kV 输变电工程关键技术研究》21 个子项目研究内容的补充，在国家电网公司的支持下，2002 年和 2003 年又分别针对变电、施工、调试、设备试验、运行等增列了第二、第三批关键技术研究项目。在对科研成果进行充分消化、推广应用的基础上，根据 750kV 示范工程设计和设备招标、研制的需要，已完成《750kV 变电所设计暂行技术规定》、《750kV 送电线路设计暂行技术规定》和 7 个 750kV 电气主设备容量系列及技术规范的编制，现已通过国家电力公司组织的审查，并批准为企业标准。同时，根据研究项目取得的科研成果，结合 750kV 工程的具体环境条件，通过专题研究又进一步确定了 750kV 输变电示范工程的技术参数，包括系统额定参数、绝缘水平、变电站电气设计参数、线路设计等；也给 750kV 变压器、电抗器、断路器、电容器、隔离开关、避雷器、电流互感器、电压互感器等主设备容量和技术参数的确定和 750kV 主设备的研制生产和招标采购提供了条件，发挥了极其重要的作用。

（国家电网公司西北公司　吕世荣）

## 750kV 电网设计的主要技术问题

西北电网要建设我国第一个超高压 750kV 输变电工程。一个新的 750kV 电压等级的电网，确实会带来巨大的经济效益，如资源配置更加合理，技术更加先进，电网运行管理更加安全可靠；但它同时将带来一些新的电网技术问题，包括过去一些不为人们重视的问题（如无功问题），也带来了潜在的威胁，使电力系统的动态行为更为复杂。750kV系统规模的扩大，使电网的过电压及稳定问题较为突出；电网新技术的引入（如快速控制等），会使系统阻尼变弱，产生持续功率振荡；750kV电网的紧密联系，可能会带来事故影响范围的扩大和恶性连锁反应引起的大面积停电等。750kV采用了更高电压更大容量的电气设备，其技术性能的好坏，将会影响电网的运行特性；设备的事故，将会给电网安全供电带来巨大的冲击。这些问题都需要我们加以研究，以保证西北750kV电网具有时代的先进性、更高的可靠性和更大的经济性。

750kV虽然在国外已运行多年，有许多的宝贵经验。但由于我国西北地域特点和西北电网结构特点与国外750kV所在地区和电网有很多不同，因此，我们不能完全照搬国外的设计，必须根据西北的环境条件和电网特点，进一步研究解决有关技术问题。

西北地区的地域特点是，海拔高，750kV变电所位于1800～2000m高海拔地区，有的还处在2400m，750kV输电线路走径可达海拔4000m。对国外来说，这是绝无仅有的。另外部分地区自然环境差，污秽等级和地震烈度较高。

西北电网结构的特点是，西部水电与东部火电交换功率大，电网东西长800～1000km，南北长600～700km，属长距离、弱联系的长链式结构电网。实施西电东送后，西北电网将向华北（包括山东）地区送电，外送距离500～1000km，其电气距离将更长。

按地域特点的要求，西北750kV电网需要研究如下主要技术问题：

（1）高海拔地区输变电外缘特性的研究。要得出不同海拔高度下的塔头及变电间隙的有关放电电压试验曲线、计算公式和间隙系数。据此确定750kV配电装置布置、最小空气间隙值和塔头各空气间隙值。

（2）高海拔地区导线电晕特性的研究。根据提高导线起晕电压，降低导线电晕损失的要求，确定750kV输电线路最小导线截面和导线分裂结构形式。

（3）750kV输变电工程的电磁环境影响的研究。在制定标准值的基础上，确定输电线路对地及交叉跨越间隙值。

（4）不同海拔不同盐密度下的750kV绝缘子选型的研究。

按电网结构特点的要求，西北750kV电网需要研究如下主要技术问题：

（1）从保证西北电网安全经济运行出发，分析计算750kV主网架，在不同水平年的潮流、稳定、短路、过电压、潜供电流和恢复电压、运行控制及电网的一些特殊问题，以确定750kV电网的合理结构和750kV电气设备的基本电气技术参数。

（2）根据西北750kV电网目标网架和各种电网运行方式，确定750kV电网最佳的最高电压值。

（3）750kV电网无功特性的研究。确定750kV高压并联电抗器最佳补偿度特性，高、低压无功补偿的合理配置和电网电压调整措施。

（4）750kV电网过电压及绝缘配合的研究。根据750kV系统过电压和工频过电压计算大气过电压幅值、避雷器保护水平、断路器并联电阻值、内过电压波形和时间、电气设备的使用环境条件和制造能力等，来确定西北750kV电网过电压水平值和750kV电气设备的雷电冲击、操作冲击和工频1min耐受电压水平。

（5）确定750kV电网主设备（主变压器、高压电抗器、断路器、低压电抗器、低压电容器避雷器、电压互感器、电流互感器、隔离开关等）的技术规范。由于750kV电气设备电压等级高，工作电流大，电晕无线电干扰水平和噪声水平都比较高，设备本身尺寸都很大，因而要制定其相关的技术条件，并依据此技术条件来确定主设备技术规范。

经各有关单位共同努力，目前已完成了上述所有课题的研究报告，为开展750kV输变电工程设计，提供了可靠的基础。

（西北电力设计院　张惠勤）

## 交流750kV输变电线路成套设备国产能力分析

我国要在西北电网建设750kV输变电线路。现对750kV输变电成套设备的国内制造能力作一分析。

（一）国内有关科研和企业的情况

我国在“七五”、“八五”国家重大技术装备攻关研制项目中，对1000kV电压输变电技术开展了大量前期预研工作，建立了1000kV电压等级的试验室。同时，国内主要输变电制造企业按能生产试验750kV电压等级的设备进行技术改造。这些企业现已有制造500kV电压等级输变电设备20余年经验。近期结合三峡、三广、贵广输变电工程的建设，引进并消化了国外公司（瑞士ABB、德国西门子）的交、直流500kV设备制造技术和设计软件，使国内输变电设备制造企业，在技术水平和管理方面上了一个很大的台阶。特别是通过三峡工程的技术引进，我国输变电设备的制造技术已经进入世界先进水平行列。

（二）主要设备的国产能力分析

1. 主变压器　国内生产500kV大型变压器的企业（不含合资企业）主要有西安变压器厂、沈阳变压器厂和保定变压器厂。这三个企业从1998年开始生产550kV大型变压器，现年产550kV大中型变压器约3000万kVA。

西安变压器厂已生产过825kV、60MVA和±500kV、280MVA换流变压器（运输重260～280t）的产品；沈阳变压器厂已生产过1000kV、150MVA，500kV、720MVA和三峡升压站840MVA大型变压器（运输重350t）的产品；保定变压器厂正制作1000kV、100MVA的产品和三峡升压站用交流500kV、840MVA大型变压器（运输重量约350t）。就电压等级及变压器容量而言，沈阳变压器厂、西安变压器厂、保定变压器厂变压器参数均超过了750kV电压等级的需要。

这3家企业已具备了国际一流的生产、测试条件，新改造的大型厂房净化度超过国际现有各公司厂房的水平，不需要进行大的技术改造，就可以满足750kV、500MVA单相自耦变压器生产条件。

保定变压器厂、西安变压器厂在公伯峡水电厂送出工程750kV、500MVA变压器的国内招标中已经中标。

2. 高压并联电抗器　并联电抗器产品，国内从技术设计、生产能力及试验条件都已形成一定规模。沈阳变压器厂、西安变压器厂分别生产过50Mvar、500kV，60Mvar、500kV的并联电抗器，属国际先进水平，总量达300台。“十五”攻关目标500kV、80Mvar并联电抗器，中期评估的专家意见为：已基本完成攻关目标。电抗器的测试条件：如伏安特性测试按1.3～1.4倍额定电压，沈阳变压器厂的试验变压器及补偿电容器已可满足试验要求，西安变压器厂还要增加少量补偿电容器容量。

湖南衡阳变压器厂采用乌克兰扎帕罗研究所技术，在公伯峡水电站的国内招标中，中了750kV电抗器的标。该厂此前生产电压等级最高的变压器是220kV，也未生产过电抗器，故在生产过程中应严加监督检查。

3. 电流、电压互感器　500kV电流互感器、电容式电压互感器，上海互感器厂、沈变互感器厂和西安电力电容器厂，已生产万余台。西安电力电容器厂于2000年开发了750kV电容式电压互感器，2001年初完成技术鉴定。

“十五”科技攻关安排了500kV、0.2级的电容式电压互感器和光学电流互感器研制。西安电力电容器厂和桂林电力电容器厂以此为基础，已开发出750kV电容式电压互感器产品，样机通过试验，只等待挂网试运行。

4. 开关设备　沈阳高压开关有限责任公司和西安高压开关厂、平顶山高压开关厂，可以借鉴成熟的550kV、63kA双断口和363kV、50kA单断口技术，通过新产品开发，生产出750kV、63kA四断口瓷柱式或罐式断路器。但四断口断路器在技术上不先进，国内尚需新开发双断口罐式断路器。

西安高压开关厂已生产GCBP、GCBT、H-GIS等型式550kV双断口断路器，分断能力63kA（实测达到67kA），其操作机构、灭弧室有45%还返销日本三菱及出口美国。西安高压开关厂已消化ABB操作机构，并做出样机，再进行必要攻关，即可生产750kV双断口断路器。

平顶山高压开关厂与东芝合作生产750kV以下断路器有20余台，运行数年。平顶山高压开关厂新开发的750kV双断口断路器是以420kV单断口断路器T-GCB为基础研制而成的（2断口串联）；新开发的GSR－800CHC双断口$SF_6$断路器，800kV、6000/8000A、63kA短路电流，2003年样机组装调试，2004年2月可按订单组织生产。

5. 隔离开关　西安高压开关厂已生产550kV高压隔离开关74组；平顶山高压开关厂已生产550kV高压隔离开关522组，其中出口36组；沈阳高压开关有限责任公司已生产550kV高压隔离开关1107组。国内在现有基础上开发750kV隔离开关是比较容易的。

6. 电容器　锦州电力电容器厂、西安电力电容厂生产的交、直流500kV电容器全部国产化。天广线、三常线、三广线、贵广线±500输电工程所用电容器，在国际招标中分别是西容、锦容、无锡电力电容器厂中标，1亿余元。国内有能力开发生产750kV电容器，满足750kV工程的技术要求。

7. 避雷器　氧化锌避雷器，抚顺电瓷厂和西安高压电瓷厂20世纪80年代引进日立技术，消化吸收后，又经过20余年实践，已全部国产化，并已开发了新产品，在国内运行业绩优于国外产品。应用550kV阀片技术，开发750kV避雷器可满足750kV工程的技术要求。

8. 绝缘产品　国内生产500kV大型瓷、玻璃、复合材料绝缘件，骨干企业有抚顺电瓷厂、西安高压电瓷厂、大连电瓷厂和南京电瓷厂（玻璃绝缘子）。主要产品有500kV大型支柱（棒型）绝缘子、悬式瓷绝缘子（含硅橡胶复合绝缘子）、大瓷套及避雷器等产品。这4家企业对生产750kV绝缘子新产品，不需要进行大的技术改造。

抚顺电瓷厂750kV棒形支柱绝缘子弯曲破坏负荷不小于8kN，爬电距离20250mm，总高6600～7200mm。西安高压电瓷厂制造的整体空心瓷套外径

500mm、600mm，高2500mm；实心棒形瓷柱外径745mm、高2500mm；已生产过330～550kV套管200根。大连电瓷厂的悬式绝缘子已有承拉力16、21、30、40t的产品，并大量出口东南亚等国。“十五”期间在国家重大技术攻关项目中，已安排了承拉力50～80t的悬式绝缘子，为满足公伯峡水电站送出工程要求，可加速研制试品。

复合悬式绝缘子已广泛用于500kV输电工程，将绝缘拉杆的长度和直径加长加大，即可适应750kV输电工程的需要。

9. 耐热扩径导线　上海电缆研究所在20世纪70年代完成了330kV扩径导线的研究；“九五”期间完成了720mm² 大截面导线的研制工作，并用于三峡—常州±500kV直流输电工程。现有的试验条件稍加完善，就完全能满足750kV线路用扩径导线和扩径耐热母线的生产要求。

10. 输电线路杆塔及金具　500kV线路各种输电线路杆塔及金具的设计、选型已全部规范化，750kV线路在此基础上进行试验和优化设计，可以满足750kV工程的示范需要。

总之，我国基本具备了750kV输变电成套设备制造能力，建设750kV输变电工程所需的设备可以依靠国内力量解决。目前，国内输变电设备制造企业尚缺乏750kV电压等级产品的生产经验，必须以科学严谨的态度开发产品，用严格的管理保证质量，持续改进，不断提高，以满足建设需要。

（中国机械工业联合会　孙如英）

## 西电东送南通道建设情况

（一）南方电网公司又建成三项西电东送工程

2003年上半年，南方电网公司为新增向广东送电1500MW的能力，建成了贵州至广东500kV交流输变电工程、鲁布革至天生桥220kV第二回输变电工程和平果可控串联补给站等三大工程。

贵州至广东500kV交流输变电工程线路全长1423km，新建河池、贺州2座变电站，扩建柳州、罗洞2座变电站。为确保工程在6月底投产，南方电网公司年初就制定计划，倒排工期，将任务层层细化分解，全面落实责任。各施工企业锁定目标，签订责任状，到期必成。到6月26日，全线路22个标段及4个变电站施工已完成，并陆续通过测试和竣工验收，具备了按计划投产的条件。

鲁布革至天生桥220kV第二回输变电工程，西起云南鲁布革，东至贵州天生桥马窝换流站，线路全长75km。该工程可增加云南电力送广东300MW。

平果可控串联补给站是增加西电东送线路送电能力、提高输电线路稳定性的重点工程。该工程的投产，可增加天生桥至广东输电通路送电能力220MW。

上述三大工程如期投产，加上广东省内12项缓解“卡脖子”工程的建设，为南方电网迎峰度夏，确保高峰供电提供了条件。

（二）云南西电东送变电站全部建成

2003年6月22日，云南省送变电工程公司负责建设的500kV曲靖变电站由近期投产的500kV曲（靖）厂（口）送电线路冲击成功，标志着云南省西电东送重点工程500kV云电送粤“三变五线”的最后一座变电站顺利并网运行。

500kV曲靖变电站位于曲靖市郊，占地118亩，变电容量（主变压器）1×750MVA，总投资2.45亿元。500kV出线包括：500kV曲靖至厂口输电线128.3km，500kV曲靖至罗平输电线80.39km，曲靖至曲靖电厂输电线37.7km。曲靖变电站的顺利投产，使云南形成了中部和滇东地区以草铺、宝峰、七甸、厂口、曲靖、罗平6个500kV变电所（站）为中心的500kV“日”字形环网的骨干网架，打通了曲靖至罗平送电高速路，云南省主干电网由220kV一跃而成为500kV，确保了电网安全稳定运行，实现了云南省西电东送大电网、超高压、高速路。

（三）贵州省西电东送的电网建设状况

2003年，贵州省已建成500kV“日”字形环网。为满足黔电送粤需要而建设的500kV“两交一直”项目，即包括安顺变电站、安顺换流站、惠水变电站、安（顺）惠（水）线、惠（水）福（泉）线在内的惠水经河池至广东佛山2回交流线路和安顺至广东1回直流线路，实施状况良好。6月26日，惠水经河池至广东佛山2回交流线路投入运行。安顺至广东1回直流线路2004年底前单极投运。

“十一五”期间，随着新电厂的投运，还将建设发耳—安顺、大方—黔西—扎佐、构皮滩—施秉、思林—玉屏、光照—安顺等500kV线路及黔电送粤的第二个输电通道，以满足“十一五”期间在2005年向广东送电4000MW的基础上再增加4000～6000MW的需要。

[（一）、（二）为本年鉴编辑部摘自《中国电力报》，（三）为贵州省电力公司计划发展部周汉成和乌江水电开发公司张琼提供]

## 广西电网建设计划和规划

（一）2002年的电网情况

2002年底，广西境内共有500kV交流线路16

条，总长度2863.5km；500kV变电站6座，降压变压器8台，变电容量525万kVA；500kV开关站1座。220kV线路83条，总长度4719.03km；220kV变电站40座，变压器62台，总容量723.6万kVA。

广西电网位于南方电网的中部，是南方电网“西电东送”通道的重要支撑。广西境内500kV系统已形成“8”字形环网；220kV系统已形成多环网络并延伸到各地市，以满足广西经济和社会发展的需要。

（二）“十五”电网建设计划

“十五”广西的电网建设，主要是配合合山电厂改扩建工程电力送出，建设溯合—来宾500kV输变电工程；配合南方电网西电东送主网架的建设，做好南宁、百色、河池等变电站的220kV配套电网工程的规划和建设；配合平班、恶滩、百色、北海等电源电力的送出，以及区内负荷发展、提高电网可靠性的需求，合理建设一批220kV输变电工程及其相应的110kV电网配套送出工程，完善220kV网架建设，彻底解决输电线路卡脖子问题。

“十五”期间广西境内将新增500kV变电容量525万kVA、线路2575km，220kV变电总容量共约620万kVA，220kV公用线路2440km。

至2005年，南方电网西电东送通道建成“五交二直”从广西境内通过，平果、来宾、梧州、百色、南宁、玉林、沙塘、河池和溯河等9座500kV变电站与广西220kV系统相连。广西境内500kV线路总长度4620km，500kV变电容量825万kVA。220kV线路长度6274km，公用变电容量988万kVA。

（三）电网建设初步计划

“十一五”广西的电网建设将继续积极配合南方电网西电东送工程网架的建设，做好相应的220kV配套电网工程的规划和建设；配合电源项目电力送出及重大用电负荷项目的发展情况合理建设相应的220kV输变电工程；逐步完善广西电网网架的建设，并逐步实现分片分区供电。

“十一五”期间，广西境内计划新建500kV桂林、柳东、平果二、南宁二、钦州等变电所，扩建河池、玉林、贺州变电所，新增变电容量共600万kVA，架设500kV线路1874km。新建、扩建220kV变电总容量627万kVA，220kV公用线路834km。

2010年，西电东送南通道共有6回500kV交流输电线路从广西境内穿过，平果、来宾、梧州、百色、南宁、玉林、沙塘、河池、南宁二、平果二、柳东、桂林和贺州等15座500kV变电站与220kV系统相连，500kV变电容量1425万kVA，500kV线路6494km；220kV公用变电容量1315万kVA，输电线路7108km。

（广西电力有限公司计划发展部）

# 西电东送的市场

## 我国2003年电力供需两旺

2003年是我国电力体制改革后的第一年，快速增长的国民经济，拉动电力工业供需两旺。据中国电力企业联合会发布的《全国电力工业统计快报》，2003年全国发电量达19080亿kW·h，同比增长15.3%；全社会用电量18910亿kW·h，同比增长15.4%。发电量、用电量增速是改革开放以来最快的一年。

2003年，全国21个省（直辖市、自治区）出现了电力供不应求的局面，电力需求旺盛是导致电力供不应求的主要因素。各行业用电量曾一度受到“非典”的影响，但很快恢复了正常。全年工业用电量合计13746亿kW·h，同比增长16.56%，对全社会用电增长的贡献率高达77.38%。重工业用电增速一改过去多年低于轻工业增速的局面，高出0.56个百分点，表明我国用电结构呈现出重工业化迹象，冶金、建材、汽车等高耗能工业快速发展是重工业用电量高速增长的主要推动力。全国城乡居民生活用电量增长13.19%，尤其是城市居民生活用电量增长15.48%，其中，华东、南方等部分地区高温干旱天气导致家庭空调使用量剧增，对城市居民生活用电增长产生很大影响。

为满足各行业及城乡居民用电量强劲增长的需要，全国各电网、发电企业充分利用现有发电设备，加快在建工程进度，优化电力资源配置，电力供应能力得到了最大限度的发挥。

到2003年年底，全国发电设备容量达到384500MW，同比增长7.8%。其中，水电92170MW，火电285640MW，核电6190MW。全年全国发电量合计19080亿kW·h，同比增长15.3%。其中，水电增长3.1%，火电增长16.8%，核电增长

64.8%。全国发电设备平均年利用小时数为5250h，同比增长390h，其中，受黄河等主要河流上半年来水偏枯的影响，水力发电设备平均年利用小时数为3210h，同比下降了79h，火力发电设备平均年利用小时数高达5760h，同比增加了488h。

2003年，全国跨区送电626.24亿kW·h，同比增加239.28亿kW·h，有效减轻了部分地区的用电紧张程度。举世瞩目的三峡工程在2003年共投产了6台机组，合计容量420万kW，共发电86.07亿kW·h，对缓解华中、华东地区的用电紧张局面起到了重要作用。

（本年鉴编辑部摘自《中国电力报》）

## 广西的电力需求

（一）“十五”期间的用电情况

实施西部大开发和“十五”计划以来，广西经济出现了加速发展的态势。2001年GDP增长8.2%，2002年增长10.3%，两年平均增长9.2%，高于全国平均水平1.6个百分点。“十五”开局以来的经济发展态势，标志着广西已经进入加快发展的重要时期，开始步入景气增长阶段。2001、2002年广西全社会用电量分别为332亿kW·h和357亿kW·h，分别比上年增长3.07%和7.54%，两年平均增长5.28%。

2003年以来，广西用电呈现快速增长态势。1～7月份全区全社会用电量233.76亿kW·h，比去年同期增长17.39%，是“九五”以来同期的最高增速。其中第二、三产业和城乡居民生活用电量分别比去年同期增长19.28%、21.93%和11.63%。预计2003年全年用电量将达400～410亿kW·h，比2002年增长12.04%～14.85%。

2004、2005年广西经济将继续保持快速增长态势，预计全社会用电量将分别达到430～438亿kW·h和460～480亿kW·h。“十五”后三年用电量平均增长8.8%～10.4%，“十五”期间年均增长7.4%～8.3%。

（二）“十一五”规划负荷水平

广西是西部大开发12个省区市之一，具有独特的沿海、沿边区位优势。党的十六大后，广西区党委、区人民政府作出了加快富民兴桂新跨越，全面建设小康社会的战略部署。

根据全面建设小康社会的目标要求，到2020年，广西国内生产总值将达13500亿元（2000年价格，下同），年均增长10%左右；其中“十五”平均增长9.5%，“十一五”平均增长10.5%。

从工业化进程来看，“十一五”时期广西将加快冶金、建材、汽车、机械、化工、蔗糖等传统产业改造提升步伐，大力发展铝、林浆纸等优势资源开发产业，积极承接东部产业转移，发展高新技术产业。“十一五”及以后一段时期广西工业化将进入一个加速发展期。从城镇化发展来看，南宁、柳州、桂林等中心城市，以及新设立的百色、河池、来宾、崇左等地级市发展加快。同时，小城镇建设也将进一步加快，城镇化水平不断提高。2010年广西城镇化水平将由2002年的28.2%提高到约40%。

根据上述经济和社会发展情况，综合经济结构调整等各方面因素，预测2010年广西需电量将达到690～790亿kW·h，“十一五”期间年均增长率为7.5%～10.5%。

（广西电力有限公司计划发展部）

## 西电东送北通道两端市场分析

（一）西北送端电力市场分析

（1）西北地区经济发展取得巨大成就，但与全国水平差距拉大，经济结构具有原材料型和高耗能型的典型特征。西北地区经济发展与全国相比呈现出先高后低的特征，2000年国内生产总值现值为3172亿元，其中陕西超过一半，为52.4%，甘肃占三成，为31%，青、宁两省区合起来占一成半多，即青海8.3%，宁夏8.4%。西北地区人均GDP为4378元/人，为全国平均水平的62%。总体上看，西北地区属于我国经济发展落后地区，且与经济发达地区的差距呈拉大趋势。西北地区三次产业结构变化总体趋势与全国一致，表现在：第一产业增长较慢，比重从1980年的26.8%下降到1999年的12.6%，与全国持平；第二产业发展较快，比重从1980年的50.7%上升到1999年的53.3%，低于全国10.1个百分点；第三产业发展相对最快，比重从1980年的22.6%上升到1999年的34.1%，高于全国10.1个百分点。西北地区经济发展趋势，充分反映了西北地区经济发展以重工业特别是低附加值重工业为主，加工业和轻工业没有得以充分发展。

（2）西北电力供需矛盾得到基本缓解，较好地满足了西北地区经济社会发展的需求。西北陕、甘、青、宁电网是一个水火互济、运行调度比较灵活的电网。从1997年底开始，西北地区从严重缺电转变成为电力供需平衡、具有较大富余的格局。初步分析表明2000年西北电网水电空闲容量约1000MW，火电富裕容量2000MW左右。西北地区用电具有“双高一低”的特征：一是单位产值用电单耗一直高于全国水平；二是人均用电水平相对较高，但从发展趋势看，西北地区人均用电增长速度低于全国平均水平，与全国人均用电水平的差值呈减小趋势；三是人均生活用电水平低。这些充分反映了西北地区经济欠发达和原材料、高耗能型经济结构的用电特征。

(3) 西北电网用电特性发生较大变化，夏季高峰越来越突出。西北电网统调的日负荷曲线形状变化不大，最大负荷出现时间有向后推移的趋势；最高负荷利用小时数变动幅度较少，维持在6450～6550h之间；年负荷曲线变化明显，夏季高峰增长较快，逐步接近冬季高峰。

(4) 西北地区现有发电能力尚未得到充分利用，水电调峰资源没有得到优化配置。表现在，一是部分水电站（如李家峡水电站）调峰能力尚未发挥，常处于基荷运行；二是龙羊峡水库长期低水位运行，过多重视眼前效益，忽视长期效益，有损整体效益，亟待解决；三是刘家峡水电站泥沙淤积，影响刘家峡水电厂的安全经济运行，还将影响甘、宁、内蒙古地区工农业用水和凌汛期水量调节。

(5) 西北电力需求增长将高于全国水平。借鉴4省区电力公司和国家电力公司西北公司市场分析预测成果，我们综合分析了西北地区经济社会发展、经济结构调整和电力发展的关系。随着西北地区结构调整加快，在基础设施、生态建设、科技教育、改革开放等方面都会有新突破。西北地区将充分发挥自身优势，发展特色工业和节水产业。在"十五"期间国内生产总值高出全国平均水平1个百分点及以上是可能的，相应的电力需求高出全国平均水平也是可能的。我们预测西北地区在"十五"期间全社会用电和统调最大负荷分别增长6.4%和6.7%，2005年达到1140亿kW·h和1524万kW；"十一五"增长6.4%和6.6%，2010年达到1550亿kW·h和2098万kW；"十二五"增长6.1%和6.5%，达到2080亿kW·h和2876万kW。

西北电网用电结构决定了在相当一段时期内年平均日负荷率、最小日负荷率在全国均将保持相对较高水平。同时，未来重工业用电负荷在西北电网的用电负荷中仍将占相当的比重，第三产业及居民生活用电比重仍将较低，日负荷曲线将不会发生大的变化。西北电网在近期最大负荷仍将继续出现在冬季，并呈现出双高峰，且夏季最高负荷将进一步增加，冬夏峰值将逐步接近。

### (二) 东部可能受端电力市场分析

1. 山东电力市场中长期存在一定市场空间　山东省是我国经济比较发达的省份之一，20世纪90年代以来，全省经济一直保持了两位数的增长速度，居全国前列。山东省政府提出"十五"期间国内生产总值年均增长9%，三次产业比例调整为13∶45∶42（绝对价）。经过综合分析，山东电网2005年需电量和电网最大负荷将达到1350亿kW·h和18000MW左右，年均增长速度为6.2%和6.7%；2010年将达到1760亿kW·h和25000MW左右，年均增长5.5%和6.5%；2015年将达到2280亿kW·h和34000MW左右，年均增长5.3%和6.3%左右。同时，最大负荷增长可能在"十一五"和"十二五"期间略低一些。

山东电网1990年～1996年电力供应紧张，1997和1998年电力供需矛盾缓和，供略大于求，目前电力仍略有富裕。按照以上电力需求，扣除"九五"结转的项目和国家已经批复可行性研究报告书的项目，2005年山东电力供需缺口为900MW，2010年电力缺口为6300MW，2015年电力缺口为13400MW。由于山东实际上开工建设了一批100MW级小火电机组，"十五"期间总体上将仍然供大于求。山东省发电能源资源不足，且水资源严重缺乏，再依靠本省地区内建设电源将难以满足区内负荷增长的需要。从"十一五"开始，西北电力在山东可能具有一定的市场空间。

2. 京、津、唐电力供应渠道多，远期具有一定市场空间　京、津、唐地区包括北京、天津及河北省北部的唐山、秦皇岛、承德、张家口、廊坊地区，属华北经济较发达地区，也是华北地区经济增长的主要带动力量。国务院明确将京、津、唐地区定位为"环渤海经济区"。根据相关省市规划，京、津、唐地区在"十五"期间GDP年均增长率有望保持在9%左右。经过综合分析，京、津、唐地区2005年净用电量和最大供电负荷可达到1033亿kW·h和19380MW，"十五"年均增长5.89%和6.6%左右；2010年达到1362亿kW·h和26050MW，"十一五"年均增长5.67%和6.1%左右；2015年达到1738亿kW·h和34050MW，"十二五"年均增长5.0%和5.5%左右。

京、津、唐电网基本也为纯火电系统，到2000年底，6000kW以上的发电装机容量为18130MW。该电网从20世纪80年代开始需从外区购电才能满足本区电力需求增长的需要。

按照以上市场需求，扣除"九五"结转的项目和国家已经批复可行性研究报告书的项目，2005年电力供需缺口在2000MW，2010年电力缺口8000MW左右，2015年电力缺口15000MW。东北从2001年开始在"十五"期间送电600～800MW。考虑到蒙西在2005年送电增加到3000MW左右，到2010年送电增加到7000～8000MW左右；山西在2005年送电增加到2800MW左右，2010年送电增加到4000MW以上，"十五"期间京、津、唐电网电力供需基本平衡，基本没有接受西北电力的市场空间；由于负荷增长的不确定性及电源建设计划的不确定性，“十一五”期间京、津、唐虽有电力不足的可能，但缺额不会太大，在1000MW以内。到“十二五”期间，在接受蒙西、山西送电的基础上，京、津、唐电网将有一定缺口，缺额为2500～6700MW，具有接受西北东送电力的可能性。

3. 河北南网电力供应短缺，具有较大的市场空间 河北南网覆盖石家庄、保定、邢台、邯郸、衡水、沧州等6个地区，电力供需一直比较紧张，拉闸限电时有发生。

河北省政府提出“十五”期间国内生产总值年均增长8%～9%，一、二、三产业的产值比重由2000年的16.2∶50.3∶33.5调整为13∶50∶37。据此预测，河北南网到2005年全社会用电量和最大负荷将达到720亿kW·h和10500MW，“十五”增长7%和7.7%；2010年达到960亿kW·h和14390MW，“十一五”增长6.0%和6.5%；2015年达到1250亿kW·h和19260MW，“十二五”增长5.5%和6.0%。

河北南网系纯火电系统，到2000年底发电装机容量达到8198MW，自身电力仍难以平衡。同时，由于电价严重偏低，有效供应不足，在农灌高峰季节和高温天气期间仍然出现了缺电局面。河北南网水资源匮乏，发电能源也相对缺乏，未来电网供电区内大规模发展火电的难度较大。从目前情况来看，河北南网缺电的局面尚未得到根本好转。按照以上市场需求，扣除“九五”结转的项目和国家已经批复可行性研究报告书的项目，2005年电力供需缺口在1850MW左右，2010年电力缺口4600～5000MW，2015年电力缺口8200～9400MW。西北地区电力东送河北南网具有较好的市场空间。

（摘自《中国电业》2002年第4期）

5

# 水力资源复查及流域开发

# 水力资源复查成果

## 中国水力资源复查取得成果

2001年～2002年，水电水利规划设计总院受国家委托，组织各省、区、市有关部门、单位对中国水力资源进行了全面复查。复查期间，水电水利规划设计总院曾组团到台湾，取得了台湾地区的水力资源普查资料；水利部又组织力量对农村水力资源进行了补充复查。

本次复查结果，大陆的水力资源，理论蕴藏量10MW以上的河流3886条，较1980年第三次普查的3019条增加867条；理论蕴藏年电量60829亿kW·h，平均功率694400MW；技术可开发装机容量541640MW，年发电量24740亿kW·h；经济可开发装机容量401800MW，年发电量17534亿kW·h；到2001年底，已开发装机容量130980MW，年发电量5259亿kW·h；与1980年第三次普查成果比较，现理论蕴藏量、技术可开发装机容量和已开发装机容量分别增加了6.7%、46.4%和368.5%。全国农村水力资源（0.1MW≤单站装机容量≤50MW）可开发装机容量为128000MW，除按复查标准（10 MW以上河流且0.5MW≤单站装机容量≤50MW）统计的小水电资源可开发装机容量65210MW外，尚有62790MW未计入上述总资源量而实际可开发利用。

台湾的水力资源，理论蕴藏平均功率11652MW，年电量为1020.7亿kW·h；技术可开发装机容量5048MW，年发电量201.5亿kW·h；经济可开发装机容量3835MW，年发电量138.3亿kW·h；到2002年底已开发装机容量为2005.0MW，年发电量为59.3亿kW·h。

本次复查成果丰硕，现将本次复查的有关情况和结果介绍如下。

### （一）复查的主要技术规定

1. 统计规模　河流指单河理论蕴藏量10MW及以上的河流。水电站指理论蕴藏量10MW及以上河流上单站装机容量0.5MW及以上的水电站。

2. 统计截止时间　资料统计截止时间为2001年12月31日。

3. 关于界河水力资源的划分　处两国界河的水力资源理论蕴藏量和可开发量，根据国际惯例，中方按二分之一计算。

两省（自治区、直辖市）界河的水力资源理论蕴藏量，各按二分之一计算；技术可开发、经济可开发和已在建工程的资源量，当坝址区位于两个省（自治区、直辖市）界河时，原则上可根据水电站坝址所在地各按二分之一计算。

4. 关于跨省河流水力资源的划分　当水电站的坝址和水库淹没区不在同一省（自治区、直辖市）时，水力资源技术可开发量和经济可开发量计入水电站坝址所在省（自治区、直辖市）。

5. 水力资源量计算

（1）理论蕴藏量。水力资源理论蕴藏量为河川或湖泊的水能能量，以年电量和平均功率表示，其量值与是否布置梯级电站无关，应分河段计算后累积。

1）年电量计算公式为：

$$E=kgWH$$

式中　$E$——水力资源理论蕴藏量年电量，kW·h；

$k$——折算系数，$k=2.778\times10^{-4}$；

$g$——重力加速度，取9.81m/s$^2$；

$H$——河段上下断面水位差，m；

$W$——河川或湖泊年水量，河段取上下断面多年平均年径流量的平均值，m$^3$。

年水量$W$可按下列两公式计算：

$$W=8.64\times10^4\sum_{t=1}^{t=365}qt$$

式中　$q$——河段上下断面日平均流量的平均值，m$^3$/s；

$t$——时间，日。

或：

$$W=2.628\times10^6\sum_{t=1}^{t=12}qt$$

式中　$q$——河段上下断面月平均流量的平均值，m$^3$/s；

$t$——时间，月。

2）平均功率计算公式为：

$$P=E/8760$$

式中　$P$——水力资源理论蕴藏量平均功率，kW；

$E$——水力资源理论蕴藏量年电量，kW·h。

（2）技术可开发量。技术可开发量是指河川或湖泊在当前技术水平条件下可开发利用的资源量（年发电量和装机容量）。

（3）经济可开发量。经济可开发量是指河川或湖泊在当前技术经济条件下，具有经济开发价值的资源量（年发电量和装机容量），即与其他能源相比具有竞争力、且没有制约性环境问题和制约性水库淹没处理问题的水电站。

（4）已开发量。已开发量包括已经建成和正在建设的水电站。

6. 统计类别划分　按技术和经济可开发水力资源建设和前期工作进展情况，分为五类进行统计。

一类：已经建成或正在建设的水电站。

二类：已经完成预可行性研究报告或可行性研究报告的水电站。

三类：已经完成河流（河段）水电开发规划的水电站。

四类：进行了现场查勘，并进行了简单的测量工作和拟定了梯级布置的水电站。

五类：未进行现场查勘，仅在室内估算过水能指标的水电站。

7. 统计规模划分

大型水电站：装机容量 300MW 及以上。

中型水电站：装机容量 50MW 及以上，但小于 300MW。

小型水电站：装机容量 0.5MW 及以上，但小于 50MW。

（二）我国水力资源复查成果

1. 水力资源总量　我国幅员辽阔，国土面积达 960 万 $km^2$，蕴藏着丰富的水力资源。本次水力资源复查结果，我国大陆水力资源理论蕴藏量在 10MW 及以上的河流共 3886 条，水力资源理论蕴藏量年电量为 60829 亿 kW·h，平均功率为 694400MW；理论蕴藏量 10MW 及以上河流上单站装机容量 0.5MW 及以上的内河水电站 13286 座、国际界河水电站 28 座，相应技术可开发装机容量 541640MW，年发电量 24740 亿 kW·h；其中经济可开发的内河电站 11653 座、国际界河电站 27 座，装机容量 401795MW，年发电量 17534 亿 kW·h，分别占技术可开发装机容量和年发电量的 74.2%和 70.9%。截至 2001 年底，已开发的内河水电站 6053 座、国际界河水电站 4 座，装机容量 130980MW，年发电量 5259 亿 kW·h。全国水力资源复查成果汇总见表 1，全国水力资源可开发量按规模统计汇总见表 2，全国水力资源可开发量按类别统计汇总见表 3。

表 1　　全国水力资源复查成果汇总表

| 序　号 | 项　　目 | | 单　位 | 数　　值 |
|---|---|---|---|---|
| 1 | 理论蕴藏量 | 年电量 | 亿 kW·h | 60829 |
| | | 平均功率 | MW | 694400 |
| 2 | 技术可开发量 | 水电站数量 | 座 | 13286+28/2 |
| | | 装机容量 | MW | 541640 |
| | | 年发电量 | 亿 kW·h | 24740 |
| 3 | 经济可开发量 | 水电站数量 | 座 | 11653+27/2 |
| | | 装机容量 | MW | 401795 |
| | | 年发电量 | 亿 kW·h | 17534 |
| 4 | 已正开发量 | 水电站数量 | 座 | 6053+4/2 |
| | | 装机容量 | MW | 130980 |
| | | 年发电量 | 亿 kW·h | 5259 |

**注**　表中数值统计范围为理论蕴藏量 10MW 及以上河流和这些河流上单站装机容量 0.5MW 及以上的水电站，不含港澳台地区。

表 2　　全国水力资源可开发量按规模统计汇总表

| 序号 | 项　　目 | | | 单　位 | 数　　值 |
|---|---|---|---|---|---|
| 1 | 大型水电站（300MW 及以上） | 技术可开发量 | 水电站数量 | 座 | 263+10/2 |
| | | | 装机容量 | MW | 388700 |
| | | | 年发电量 | 亿 kW·h | 17920 |
| | | 经济可开发量 | 水电站数量 | 座 | 175+10/2 |
| | | | 装机容量 | MW | 276082 |
| | | | 年发电量 | 亿 kW·h | 12050 |
| | | 已正开发量 | 水电站数量 | 座 | 65+3/2 |
| | | | 装机容量 | MW | 90102 |
| | | | 年发电量 | 亿 kW·h | 3571 |

续表

| 序号 | 项目 | | | 单位 | 数值 |
|---|---|---|---|---|---|
| 2 | 中型水电站（50～300MW） | 技术可开发量 | 水电站数量 | 座 | 785+10/2 |
| | | | 装机容量 | MW | 87730 |
| | | | 年发电量 | 亿kW·h | 3927 |
| | | 经济可开发量 | 水电站数量 | 座 | 631+9/2 |
| | | | 装机容量 | MW | 68252 |
| | | | 年发电量 | 亿kW·h | 2933 |
| | | 已正开发量 | 水电站数量 | 座 | 162+1/2 |
| | | | 装机容量 | MW | 17693 |
| | | | 年发电量 | 亿kW·h | 705 |
| 3 | 小型水电站（0.5～50MW） | 技术可开发量 | 水电站数量 | 座 | 12238+8/2 |
| | | | 装机容量 | MW | 65210 |
| | | | 年发电量 | 亿kW·h | 2893 |
| | | 经济可开发量 | 水电站数量 | 座 | 10847+8/2 |
| | | | 装机容量 | MW | 57461 |
| | | | 年发电量 | 亿kW·h | 2551 |
| | | 已正开发量 | 水电站数量 | 座 | 5826 |
| | | | 装机容量 | MW | 23185 |
| | | | 年发电量 | 亿kW·h | 983 |

注　1. 表中数值统计范围为理论蕴藏量10MW及以上河流和这些河流上单站装机容量0.5MW及以上的水电站，不含港澳台地区。

2. 按照水利部对农村水电资源补充调查成果，农村水电（0.1～50MW）可开发量为128000MW。

表3　全国装机容量10MW及以上水电站分类统计汇总表

| 序号 | 项目 | | | 单位 | 数值 |
|---|---|---|---|---|---|
| 1 | 一类电站 | 技术（经济）可开发量 | 水电站数量 | 座 | 827+4/2 |
| | | | 装机容量 | MW | 119975 |
| | | | 年发电量 | 亿kW·h | 4778 |
| 2 | 二类电站 | 技术可开发量 | 水电站数量 | 座 | 471+2/2 |
| | | | 装机容量 | MW | 96650 |
| | | | 年发电量 | 亿kW·h | 4179 |
| | | 经济可开发量 | 水电站数量 | 座 | 463+2/2 |
| | | | 装机容量 | MW | 96342 |
| | | | 年发电量 | 亿kW·h | 4167 |
| 3 | 三类电站 | 技术可开发量 | 水电站数量 | 座 | 1080+10/2 |
| | | | 装机容量 | MW | 144190 |
| | | | 年发电量 | 亿kW·h | 6604 |
| | | 经济可开发量 | 水电站数量 | 座 | 1000+19/2 |
| | | | 装机容量 | MW | 138087 |
| | | | 年发电量 | 亿kW·h | 6346 |
| 4 | 四类电站 | 技术可开发量 | 水电站数量 | 座 | 290 |
| | | | 装机容量 | MW | 30012 |
| | | | 年发电量 | 亿kW·h | 1518 |
| | | 经济可开发量 | 水电站数量 | 座 | 188 |
| | | | 装机容量 | MW | 21848 |
| | | | 年发电量 | 亿kW·h | 1065 |
| 5 | 五类电站 | 技术可开发量 | 水电站数量 | 座 | 334 |
| | | | 装机容量 | MW | 127052 |
| | | | 年发电量 | 亿kW·h | 6611 |

注　表中数值统计范围为理论蕴藏量10MW及以上河流和这些河流上单站装机容量0.5MW及以上的水电站，不含港澳台地区。

2. 与1980年成果对比　1977～1980年我国进行了一次大规模的全国水力资源普查工作，编制出版了《中华人民共和国水力资源普查成果》，为我国水电开发和能源建设布局起了非常重要的基础作用和指导作用。由于1980年普查成果不含港澳台地区，且未统计经济可开发量，为了统一比较基础，仅对理论蕴藏量、技术可开发量和已正开发量进行对比分析，且不计入港澳台地区资源量，见表4。

本次水力资源复查成果与1980年的普查成果对比，理论蕴藏量略有增加，技术可开发量和已、正开发量均有较大幅度的增加。以年电量计，理论蕴藏量、技术可开发量和已开发量分别增加6.7%、30.2%和340.1%；以平均功率、装机容量统计，理论蕴藏量、技术可开发量和已开发量分别增加6.7%、46.4%和368.5%。

本次复查水力资源理论蕴藏量为694400MW，比1980年普查成果增加6.7%，略有增加。资源量的增加主要是由于本次复查范围扩大，河流增加所致，本次复查入围的河流条数较1980年普查增加867条。其中长江流域、新疆诸河、黄河流域、东北诸河流域和西南国际诸河水力资源理论蕴藏量略有增加，珠江流域、海河流域和东南沿海诸河略有减少，淮河流域、雅鲁藏布江及西藏其他河流基本持平。详见表5和表6。

本次复查水电站座数为13286＋28/2座，比1980年普查增加2286＋28/2座。本次复查成果的技术可开发装机容量和年发电量比1980年普查成果分别增加171640MW和5740亿kW·h，除海河流域和淮河流域基本持平外，其他各流域都有不同程度的增加。技术可开发量增加的主要原因是，自1980年以来，对许多河流进行了大量的勘测规划设计工作，各河流的梯级开发方案均有不少调整和补充，水电站数目增加较多，相应的技术可开发量也增加。另外，有些已建水电站和规划水电站的装机容量也有较大的增加，使水力资源可开发总量有较大的增加。详见表7和表8。

1980年以来，我国水电建设取得了丰硕的成果，本次复查单站装机容量10MW及以上已开发水电站座数为内河水电站827座、国际界河水电站4座，比1980年普查分别增加613座和1座，使得水力资源已开发量较1980年普查有大幅度的增加。详见表9和表10。

表4　水力资源复查成果与1980年普查成果对比表

| 项目 | | 本次复查成果 | 1980年普查成果 | 复查比普查增加量 | 复查比普查增加百分比（%） |
|---|---|---|---|---|---|
| 理论蕴藏量 | 入围河流（条） | 3886 | 3019 | 867 | 28.7 |
| | 年电量（亿kW·h） | 60829 | 57000 | 3829 | 6.7 |
| | 平均功率（MW） | 694400 | 650000 | 44400 | 6.7 |
| 技术可开发量 | 水电站数量（座） | 13286＋28/2 | 11000 | 2286＋28/2 | 20.9 |
| | 装机容量（MW） | 541640 | 370000 | 171640 | 46.4 |
| | 年发电量（亿kW·h） | 24740 | 19000 | 5740 | 30.2 |
| 经济可开发量 | 水电站数量（座） | 11653＋27/2 | | | |
| | 装机容量（MW） | 401795 | | | |
| | 年发电量（亿kW·h） | 17534 | | | |
| 已正开发量（单站装机容量10MW及以上） | 水电站数量（座） | 827＋4/2 | 214＋3/2 | 613＋1/2 | 284.6 |
| | 装机容量（MW） | 119975 | 25610.5 | 94364.5 | 368.5 |
| | 年发电量（亿kW·h） | 4778 | 1085.75 | 3692.25 | 340.1 |

（三）分流域复查成果

1. 长江流域水力资源复查成果　全流域复查理论蕴藏量10MW及以上的河流共1697条，其理论蕴藏量、技术可开发量、经济可开发量、已正开发量、南水北调西线一期等调水后的可开发量如下：

（1）理论蕴藏量。全流域平均功率277808.0MW，年电量24335.98亿kW·h，其中干流平均功率91607.6MW，年电量8024.83亿kW·h，占全流域总量的33.0%；支流平均功率186200.3MW，年电量16311.15亿kW·h，占全流域总量的67.0%。

（2）技术可开发量。全流域共有单站装机容量0.5MW及以上的水电站5748座，装机容量256272.9MW，年发电量11878.99亿kW·h，分别为全国技术可开发量的47.3%和48.0%。其中干流34座，

表 5 **全国水力资源复查成果汇总表（分流域）**

| 序号 | 流域 | 理论蕴藏量 | | 技术可开发量 | | | 经济可开发量 | | | 已、正开发量 | | |
|---|---|---|---|---|---|---|---|---|---|---|---|---|
| | | 年电量 | 平均功率 | 电站数量 | 装机容量 | 年发电量 | 电站数量 | 装机容量 | 年发电量 | 电站数量 | 装机容量 | 年发电量 |
| | | 亿 kW·h | MW | 座 | MW | 亿 kW·h | 座 | MW | 亿 kW·h | 座 | MW | 亿 kW·h |
| 1 | 长江流域 | 24335.98 | 277808.0 | 5748 | 256272.9 | 11878.99 | 4968 | 228318.7 | 10498.34 | 2441 | 69727.1 | 2924.96 |
| 2 | 黄河流域 | 3794.13 | 43312.1 | 535 | 37342.5 | 1360.96 | 482 | 31647.8 | 1111.39 | 238 | 12030.4 | 464.79 |
| 3 | 珠江流域 | 2823.94 | 32236.7 | 1757 | 31288.0 | 1353.75 | 1538 | 30021.0 | 1297.68 | 957 | 18100.7 | 785.78 |
| 4 | 海河流域 | 247.94 | 2830.3 | 295 | 2029.5 | 47.63 | 210 | 1510.0 | 35.01 | 123 | 803.4 | 19.50 |
| 5 | 淮河流域 | 98.00 | 1118.5 | 185 | 656.0 | 18.64 | 135 | 556.5 | 15.92 | 75 | 310.3 | 9.58 |
| 6 | 东北诸河 | 1454.80 | 16607.4 | 644＋26/2 | 16820.8 | 465.23 | 510＋26/2 | 15729.1 | 433.82 | 196＋4/2 | 6396.8 | 151.74 |
| 7 | 东南沿海诸河 | 1776.11 | 20275.3 | 2558＋1/2 | 19074.9 | 593.39 | 2532＋1/2 | 18648.3 | 581.35 | 1388 | 11653.7 | 363.08 |
| 8 | 西南国际诸河 | 8630.07 | 98516.8 | 609＋1/2 | 75014.8 | 3731.82 | 532 | 55594.4 | 2684.36 | 313 | 9322.7 | 442.77 |
| 9 | 雅鲁藏布江及西藏其他河流 | 14034.82 | 160214.8 | 243 | 84663.6 | 4483.11 | 130 | 2595.5 | 119.69 | 52 | 346.6 | 11.55 |
| 10 | 北方内陆及新疆诸河 | 3633.57 | 41479.1 | 712 | 18471.6 | 805.86 | 616 | 17174.0 | 756.39 | 270 | 2290.2 | 85.10 |
| 合计 | | 60829 | 694400 | 13286＋28/2 | 541640 | 24740 | 11653＋27/2 | 401795 | 17534 | 6053＋4/2 | 130980 | 5259 |

**注** 表中数值统计范围为理论蕴藏量 10MW 及以上河流和这些河流上单站装机容量 0.5MW 及以上的水电站，不含港澳台地区。

表 6 全国水力资源复查成果汇总表（分省、自治区、直辖市）

| 序号 | 省、自治区、直辖市 | 理论蕴藏量 | | 技术可开发量 | | | 经济可开发量 | | | 已、正开发量 | | | 开发程度（按装机容量） |
|---|---|---|---|---|---|---|---|---|---|---|---|---|---|
| | | 年电量 | 平均功率 | 电站数量 | 装机容量 | 年发电量 | 电站数量 | 装机容量 | 年发电量 | 电站数量 | 装机容量 | 年发电量 | |
| | | 亿 kW·h | MW | 座 | MW | 亿 kW·h | 座 | MW | 亿 kW·h | 座 | MW | 亿 kW·h | (%) |
| 1 | 京、津、冀 | 199.26 | 2274.6 | 179+1/2 | 1751.3 | 37.12 | 104+1/2 | 1252.5 | 25.27 | 65+1/2 | 686.8 | 14.93 | 39.2 |
| 2 | 山西 | 493.61 | 5634.8 | 169+7/2 | 4020.4 | 120.55 | 149+7/2 | 3973.8 | 118.96 | 59+3/2 | 943.3 | 28.61 | 23.5 |
| 3 | 内蒙古 | 509.14 | 5812.2 | 103+10/2 | 2624.5 | 73.45 | 82+10/2 | 2567.3 | 71.91 | 24+2/2 | 736.9 | 19.01 | 28.1 |
| 4 | 辽宁 | 177.92 | 2031.0 | 200+3/2 | 1767.3 | 60.39 | 171+3/2 | 1728.9 | 59.14 | 68+2/2 | 1360.3 | 47.26 | 77 |
| 5 | 吉林 | 301.30 | 3439.6 | 188+14/2 | 5115.5 | 117.93 | 157+14/2 | 5042.3 | 115.47 | 71+2/2 | 3882.9 | 79.22 | 75.9 |
| 6 | 黑龙江 | 664.20 | 7582.2 | 166+11/2 | 8161.9 | 238.31 | 111+11/2 | 7226.9 | 211.79 | 41+1/2 | 971.8 | 20.46 | 11.9 |
| 7 | 上海江苏 | 152.20 | 1738.1 | 22 | 57.9 | 1.73 | 14 | 22.4 | 0.67 | 14 | 22.4 | 0.67 | 38.7 |
| 8 | 浙江 | 537.59 | 6136.8 | 1070+4/2 | 6643.8 | 161.46 | 1067+4/2 | 6613.2 | 160.72 | 651 | 4423.7 | 105.01 | 66.6 |
| 9 | 安徽 | 273.50 | 3122.0 | 157 | 1074.0 | 30.00 | 144 | 996.0 | 27.30 | 65 | 613.0 | 16.70 | 57.1 |
| 10 | 福建 | 941.01 | 10742.0 | 1031+4/2 | 9979.7 | 353.02 | 1027+4/2 | 9697.7 | 344.97 | 482 | 5808.1 | 213.30 | 58.2 |
| 11 | 江西 | 425.57 | 4858.1 | 533 | 5162.9 | 170.96 | 448 | 4161.9 | 137.74 | 255 | 2036.9 | 60.53 | 39.5 |
| 12 | 山东 | 102.48 | 1170.1 | 50 | 64.2 | 1.59 | 37 | 50.8 | 1.32 | 21 | 34.9 | 0.87 | 54.4 |
| 13 | 河南 | 412.32 | 4706.6 | 214+3/2 | 2880.6 | 96.95 | 137+3/2 | 2726.4 | 91.40 | 83+2/2 | 2331.1 | 76.82 | 80.9 |
| 14 | 湖北 | 1507.12 | 17204.5 | 704+2/2 | 35540.5 | 1386.31 | 649+2/2 | 35355.9 | 1380.45 | 326 | 31475.7 | 1257.20 | 88.6 |
| 15 | 湖南 | 1162.51 | 13270.4 | 967+2/2 | 12020.9 | 486.19 | 769+2/2 | 11349.8 | 457.58 | 448+1/2 | 6856.8 | 282.19 | 57 |
| 16 | 广东 | 531.60 | 6068.5 | 1051 | 5401.4 | 198.14 | 970 | 4878.8 | 177.79 | 672 | 3435.3 | 124.04 | 63.6 |
| 17 | 海南 | 73.78 | 842.2 | 85 | 760.5 | 21.03 | 82 | 710.5 | 19.94 | 54 | 452.9 | 13.15 | 59.6 |
| 18 | 广西 | 1545.37 | 17641.2 | 821+5/2 | 18913.8 | 808.84 | 759+5/2 | 18575.0 | 794.98 | 410+3/2 | 12333.7 | 525.11 | 65.2 |
| 19 | 四川 | 12571.89 | 143514.7 | 1992+27/2 | 120040.0 | 6121.59 | 1836+19/2 | 103270.7 | 5232.89 | 756+2/2 | 16301.2 | 860.83 | 13.6 |
| 20 | 重庆 | 2011.67 | 22964.3 | 421 | 9808.4 | 445.78 | 323 | 8195.9 | 378.04 | 194 | 1556.7 | 67.30 | 15.9 |
| 21 | 贵州 | 1584.37 | 18086.4 | 574+27/2 | 19487.9 | 777.99 | 448+26/2 | 18980.7 | 752.42 | 194+7/2 | 10189.8 | 370.00 | 52.3 |
| 22 | 云南 | 9144.21 | 104386.0 | 769+27/2 | 101939.1 | 4918.81 | 729+25/2 | 97950.4 | 4712.83 | 470+3/2 | 11257.6 | 539.03 | 11 |
| 23 | 西藏 | 17638.98 | 201358.2 | 333+5/2 | 110004.4 | 5759.69 | 191 | 8350.4 | 376.25 | 82 | 456.5 | 17.57 | 0.4 |
| 24 | 陕西 | 1118.56 | 12768.9 | 343+6/2 | 6623.8 | 222.16 | 312+6/2 | 6501.6 | 217.22 | 134+1/2 | 1901.1 | 68.77 | 28.7 |
| 25 | 甘肃 | 1304.16 | 14887.3 | 310+11/2 | 10625.4 | 444.34 | 195+10/2 | 9009.0 | 370.43 | 85+2/2 | 3692.4 | 164.31 | 34.8 |
| 26 | 青海 | 1916.14 | 21873.8 | 229+12/2 | 23140.4 | 913.44 | 170+8/2 | 15479.1 | 554.62 | 96+2/2 | 5082.8 | 206.40 | 22 |
| 27 | 宁夏 | 184.19 | 2102.6 | 10+1/2 | 1458.4 | 58.94 | 10+1/2 | 1458.4 | 58.94 | 5 | 428.9 | 19.52 | 29.4 |
| 28 | 新疆 | 3344.46 | 38178.7 | 518 | 16564.9 | 712.59 | 495 | 15670.5 | 682.81 | 213 | 1706.7 | 59.99 | 10.3 |
| 合计 | | 60829 | 694400 | 13286+28/2 | 541640 | 24740 | 11653+27/2 | 401795 | 17534 | 6053+4/2 | 130980 | 5259 | 24.2 |

**注** 表中数值统计范围为理论蕴藏量 10MW 及以上河流和这些河流上单站装机容量 0.5MW 及以上的水电站，不含港澳台地区。

表 7

## 全国水力资源可开发量按规模统计汇总表（分流域）

| 序号 | 流域 | 大型水电站（300MW及以上） | | | | | | | | | 中型水电站（50～300MW） | | | | | | | | | 小型水电站（0.5～50MW） | | | | | | | | |
|---|---|---|---|---|---|---|---|---|---|---|---|---|---|---|---|---|---|---|---|---|---|---|---|---|---|---|---|---|
| | | 技术可开发量 | | | 经济可开发量 | | | 已、正开发量 | | | 技术可开发量 | | | 经济可开发量 | | | 已、正开发量 | | | 技术可开发量 | | | 经济可开发量 | | | 已、正开发量 | | |
| | | 电站数量 | 装机容量 | 年发电量 | 电站数量 | 装机容量 | 年发电量 | 电站数量 | 装机容量 | 年发电量 | 电站数量 | 装机容量 | 年发电量 | 电站数量 | 装机容量 | 年发电量 | 电站数量 | 装机容量 | 年发电量 | 电站数量 | 装机容量 | 年发电量 | 电站数量 | 装机容量 | 年发电量 | 电站数量 | 装机容量 | 年发电量 |
| | | 座 | MW | 亿kW·h | 座 | MW | 亿kW·h | 座 | MW | 亿kW·h | 座 | MW | 亿kW·h | 座 | MW | 亿kW·h | 座 | MW | 亿kW·h | 座 | MW | 亿kW·h | 座 | MW | 亿kW·h | 座 | MW | 亿kW·h |
| 1 | 长江流域 | 107 | 187307.0 | 8619.72 | 87 | 168645.0 | 7698.27 | 30 | 51965.0 | 210.85 | 357 | 38807.3 | 1817.41 | 313 | 33246.9 | 1528.21 | 73 | 7878.6 | 358.19 | 5284 | 30158.9 | 1441.88 | 4568 | 26427.7 | 1271.85 | 2338 | 9883.4 | 455.95 |
| 2 | 黄河流域 | 26 | 30664.5 | 1064.72 | 20 | 25894.5 | 857.09 | 10 | 10122.5 | 377.80 | 27 | 4082.1 | 171.41 | 22 | 3439.5 | 142.64 | 7 | 1143.5 | 49.73 | 482 | 2595.9 | 124.85 | 440 | 2313.8 | 111.69 | 221 | 764.4 | 37.22 |
| 3 | 珠江流域 | 17 | 17467.5 | 739.11 | 17 | 17467.5 | 739.11 | 10 | 12033.5 | 517.57 | 59 | 6008.4 | 271.78 | 55 | 5559.4 | 252.39 | 28 | 2577.0 | 118.83 | 1681 | 17812.1 | 342.84 | 1466 | 6994.0 | 306.18 | 919 | 3490.4 | 149.38 |
| 4 | 海河流域 | | | | | | | | | | 8 | 749.0 | 11.47 | 6 | 617.0 | 10.21 | 3 | 297.0 | 5.89 | 287 | 1280.5 | 36.16 | 204 | 893.0 | 24.80 | 120 | 506.4 | 13.61 |
| 5 | 淮河流域 | | | | | | | | | | 1 | 50.0 | 1.10 | 1 | 50.0 | 1.10 | 0 | 0.0 | 0.00 | 184 | 606.0 | 17.54 | 134 | 506.5 | 14.82 | 75 | 310.3 | 9.58 |
| 6 | 东北诸河 | 4+10/2 | 8264.0 | 226.24 | 4+10/2 | 8264.0 | 226.24 | 3+3/2 | 3764.0 | 84.06 | 39+9/2 | 5117.0 | 129.93 | 33+9/2 | 4651.0 | 117.35 | 12+1/2 | 1865.5 | 43.01 | 601+7/2 | 3439.9 | 109.08 | 473+7/2 | 2814.2 | 90.24 | 181 | 767.4 | 24.67 |
| 7 | 东南沿海诸河 | 7 | 4162.5 | 111.61 | 7 | 4162.5 | 111.61 | 6 | 3862.5 | 108.01 | 48 | 4931.2 | 138.35 | 45 | 4681.2 | 131.41 | 22 | 2596.2 | 75.35 | 2503+1/2 | 9981.2 | 343.43 | 2480+1/2 | 9804.6 | 338.33 | 1360 | 5194.9 | 179.73 |
| 8 | 西南国际诸河 | 47 | 62486.0 | 3081.45 | 29 | 47346.0 | 2257.98 | 4 | 7575.0 | 356.84 | 81+1/2 | 8929.0 | 458.33 | 49 | 5368.5 | 274.18 | 9 | 626.5 | 29.18 | 481 | 3599.8 | 192.04 | 454 | 2879.9 | 152.20 | 300 | 1121.2 | 56.75 |
| 9 | 雅鲁藏布江及西藏其他河流 | 44 | 74077.0 | 3927.84 | 1 | 332.0 | 17.36 | | | | 72 | 9780.5 | 515.66 | 18 | 1736.5 | 76.81 | 2 | 212.5 | 4.99 | 127 | 806.1 | 39.62 | 111 | 527.1 | 25.52 | 50 | 134.1 | 6.56 |
| 10 | 北方内陆及新疆诸河 | 11 | 4270.0 | 149.54 | 10 | 3970.0 | 142.54 | 2 | 780.0 | 16.18 | 93 | 9271.5 | 411.12 | 89 | 8901.5 | 398.43 | 6 | 497.0 | 19.63 | 608 | 4930.1 | 245.21 | 517 | 4302.5 | 215.42 | 262 | 1013.2 | 49.30 |
| 合计 | | 263+10/2 | 388700 | 17920 | 175+10/2 | 276082 | 12050 | 65+3/2 | 90102 | 3571 | 785+10/2 | 87730 | 3927 | 631+9/2 | 68252 | 2933 | 162+1/2 | 17693 | 705 | 12238+8/2 | 65210 | 2893 | 10847+8/2 | 57461 | 2551 | 5826 | 23185 | 983 |

**注** 表中数值统计范围为理论蕴藏量10MW及以上河流和这些河流上单站装机容量0.5MW及以上的水电站，不含港澳台地区。

表 8　全国水力资源可开发量按规模统计汇总表（分省、自治区、直辖市）

| 序号 | 省、自治区、直辖市 | 大型水电站（300MW及以上） | | | | | | | | | 中型水电站（50～300MW） | | | | | | | | | 小型水电站（0.5～50MW） | | | | | | | | |
|---|---|---|---|---|---|---|---|---|---|---|---|---|---|---|---|---|---|---|---|---|---|---|---|---|---|---|---|---|
| | | 技术可开发量 | | | 经济可开发量 | | | 已、正开发量 | | | 技术可开发量 | | | 经济可开发量 | | | 已、正开发量 | | | 技术可开发量 | | | 经济可开发量 | | | 已、正开发量 | | |
| | | 电站数量 | 装机容量 | 年发电量 | 电站数量 | 装机容量 | 年发电量 | 电站数量 | 装机容量 | 年发电量 | 电站数量 | 装机容量 | 年发电量 | 电站数量 | 装机容量 | 年发电量 | 电站数量 | 装机容量 | 年发电量 | 电站数量 | 装机容量 | 年发电量 | 电站数量 | 装机容量 | 年发电量 | 电站数量 | 装机容量 | 年发电量 |
| | | 座 | MW | 亿kW·h | 座 | MW | 亿kW·h | 座 | MW | 亿kW·h | 座 | MW | 亿kW·h | 座 | MW | 亿kW·h | 座 | MW | 亿kW·h | 座 | MW | 亿kW·h | 座 | MW | 亿kW·h | 座 | MW | 亿kW·h |
| 1 | 京、津、冀 | | | | | | | | | | 8 | 749.0 | 11.47 | 6 | 617.0 | 10.21 | 3 | 297.0 | 5.89 | 171+1/2 | 1002.4 | 25.70 | 98+1/2 | 635.4 | 15.14 | 62+1/2 | 389.8 | 9.08 |
| 2 | 山西 | 6/2 | 3340.0 | 91.94 | 6/2 | 3340.0 | 91.94 | 2/2 | 740.0 | 19.75 | 1/2 | 64.0 | 3.04 | 1/2 | 64.0 | 3.04 | 1/2 | 64.0 | 3.04 | 169 | 616.4 | 25.59 | 149 | 569.8 | 23.99 | 59 | 139.3 | 5.82 |
| 3 | 内蒙古 | 2/2 | 740.0 | 20.13 | 2/2 | 740.0 | 20.13 | 1/2 | 540.0 | 13.75 | 8+6/2 | 1382.0 | 36.86 | 8+6/2 | 1382.0 | 36.86 | 1/2 | 125.0 | 3.07 | 95+2/2 | 502.5 | 16.45 | 74+2/2 | 445.3 | 14.91 | 24 | 71.9 | 2.19 |
| 4 | 辽宁 | 1/2 | 315.0 | 20.65 | 1/2 | 315.0 | 20.65 | 1/2 | 315.0 | 20.65 | 6+2/2 | 869.5 | 22.54 | 6+2/2 | 869.5 | 22.54 | 6+1/2 | 819.5 | 20.23 | 194 | 582.8 | 17.20 | 165 | 544.4 | 15.96 | 62 | 225.8 | 6.38 |
| 5 | 吉林 | 2+3/2 | 3049.0 | 59.83 | 2+3/2 | 3049.0 | 59.83 | 2+2/2 | 2899.0 | 55.44 | 7+4/2 | 1093.5 | 23.48 | 7+4/2 | 1093.5 | 23.48 | 4 | 700.0 | 13.44 | 179+7/2 | 973.0 | 34.62 | 148+8/2 | 899.8 | 32.16 | 65 | 283.9 | 10.34 |
| 6 | 黑龙江 | 2+6/2 | 4900.0 | 145.76 | 2+6/2 | 4900.0 | 145.76 | 1 | 550.0 | 7.97 | 16+3/2 | 1832.0 | 50.17 | 10+3/2 | 1366.0 | 37.59 | 1+1/2 | 221.0 | 6.27 | 148+2/2 | 1429.9 | 42.40 | 99+2/2 | 960.9 | 28.45 | 39 | 200.6 | 6.23 |
| 7 | 上海江苏 | | | | | | | | | | | | | | | | | | | 22 | 57.9 | 1.73 | 14 | 22.4 | 0.67 | 14 | 22.4 | 0.67 |
| 8 | 浙江 | 3 | 1562.5 | 33.71 | 3 | 1562.5 | 33.71 | 3 | 1562.5 | 33.71 | 10+2/2 | 1555.2 | 34.91 | 10+2/2 | 1555.2 | 34.91 | 6 | 987.2 | 22.82 | 1057+2/2 | 3526.1 | 92.85 | 1054+2/2 | 3495.5 | 92.11 | 642 | 1874.0 | 48.50 |
| 9 | 安徽 | | | | | | | | | | 3 | 290.0 | 5.68 | 3 | 290.0 | 5.68 | 2 | 240.0 | 4.58 | 154 | 783.7 | 24.29 | 141 | 705.5 | 21.62 | 63 | 373.3 | 12.09 |
| 10 | 福建 | 4 | 2600.0 | 77.90 | 4 | 2600.0 | 77.90 | 3 | 2300.0 | 74.30 | 28+2/2 | 2480.0 | 79.46 | 25+2/2 | 2230.0 | 72.52 | 12 | 1085.0 | 39.48 | 999+2/2 | 4899.7 | 195.66 | 998+2/2 | 4867.7 | 194.55 | 467 | 2423.1 | 99.52 |
| 11 | 江西 | 4 | 1580.0 | 42.06 | 4 | 1580.0 | 42.06 | 2 | 920.0 | 22.99 | 15 | 1162.0 | 42.92 | 9 | 710.0 | 29.60 | 2 | 120.0 | 4.03 | 514 | 2420.9 | 85.98 | 435 | 1871.9 | 66.07 | 251 | 996.9 | 33.51 |
| 12 | 山东 | | | | | | | | | | | | | | | | | | | | 64.2 | 1.59 | 37 | 50.8 | 1.32 | 21 | 34.9 | 0.87 |
| 13 | 河南 | 1+1/2 | 2000.0 | 64.51 | 1+1/2 | 2000.0 | 64.51 | 1+1/2 | 2000.0 | 64.51 | 2 | 200.0 | 7.67 | 2 | 200.0 | 7.67 | 1 | 60.0 | 1.76 | 211+2/2 | 680.6 | 24.77 | 134+2/2 | 526.4 | 19.22 | 81+1/2 | 271.1 | 10.55 |
| 14 | 湖北 | 8 | 30315.0 | 1193.88 | 8 | 30315.0 | 1193.88 | 6 | 29305.0 | 1173.47 | 22+2/2 | 2486.5 | 82.46 | 22+2/2 | 2486.5 | 82.46 | 8 | 756.5 | 26.17 | 674 | 2739.0 | 109.97 | 619 | 2554.4 | 104.11 | 312 | 1414.2 | 57.55 |
| 15 | 湖南 | 5 | 3247.5 | 127.43 | 5 | 3247.5 | 127.43 | 5 | 3247.5 | 127.43 | 43+1/2 | 4536.0 | 183.81 | 41+1/2 | 4385.0 | 176.18 | 19 | 1928.0 | 83.26 | 919+1/2 | 4237.4 | 174.95 | 723+1/2 | 3717.3 | 153.96 | 424+1/2 | 1681.3 | 71.50 |
| 16 | 广东 | 1 | 302.5 | 11.72 | 1 | 302.5 | 11.72 | 1 | 302.5 | 11.72 | 14 | 1442.0 | 52.02 | 12 | 1208.0 | 41.47 | 8 | 775.0 | 27.02 | 1036 | 3656.9 | 134.40 | 957 | 3368.3 | 124.60 | 663 | 2357.8 | 85.30 |
| 17 | 海南 | | | | | | | | | | 4 | 449.0 | 10.37 | 4 | 449.0 | 10.37 | 2 | 320.0 | 8.01 | 81 | 311.5 | 10.64 | 78 | 261.5 | 9.55 | 52 | 132.9 | 5.14 |
| 18 | 广西 | 9+3/2 | 13182.5 | 556.64 | 9+3/2 | 13182.5 | 556.64 | 5+3/2 | 9668.5 | 401.62 | 27 | 2567.4 | 112.35 | 26 | 2432.4 | 107.80 | 15 | 1390.0 | 66.27 | 785+2/2 | 3163.9 | 139.83 | 724+2/2 | 2960.0 | 130.51 | 390 | 1275.2 | 57.22 |
| 19 | 四川 | 48+13/2 | 85660.0 | 4296.97 | 37+6/2 | 73830.0 | 3676.13 | 7 | 9720.0 | 502.76 | 189+9/2 | 22007.0 | 1141.04 | 162+9/2 | 18141.4 | 929.69 | 28 | 3363.1 | 181.30 | 1755+5/2 | 12373.2 | 683.62 | 1637+4/2 | 11299.3 | 627.10 | 721+2/2 | 3218.1 | 176.79 |
| 20 | 重庆 | 7 | 6400.0 | 299.92 | 6 | 5400.0 | 259.92 | 1 | 300.0 | 10.88 | 11 | 934.0 | 36.59 | 10 | 884.0 | 34.53 | 4 | 307.0 | 12.54 | 403 | 2474.4 | 109.27 | 307 | 1911.8 | 83.59 | 189 | 949.7 | 43.88 |
| 21 | 贵州 | 12+4/2 | 13002.5 | 465.38 | 12+4/2 | 13002.5 | 465.38 | 7+4/2 | 9082.5 | 319.57 | 25+14/2 | 3130.0 | 145.32 | 25+13/2 | 3090.0 | 143.18 | 3+1/2 | 275.0 | 11.03 | 537+9/2 | 3355.4 | 167.26 | 411+9/2 | 2888.2 | 143.84 | 184+2/2 | 832.3 | 39.39 |
| 22 | 云南 | 37+7/2 | 86936.0 | 4161.10 | 35+7/2 | 85436.0 | 4086.53 | 4+1/2 | 7875.0 | 371.58 | 83+13/2 | 9831.4 | 487.37 | 68+11/2 | 7907.5 | 388.56 | 17+1/2 | 1522.5 | 72.55 | 649+7/2 | 5171.7 | 270.33 | 626+7/2 | 4606.9 | 237.74 | 449+1/2 | 1860.1 | 94.91 |
| 23 | 西藏 | 62+5/2 | 97107.0 | 5080.45 | 3 | 4982.0 | 216.76 | | | | 89 | 11718.5 | 620.18 | 27 | 2616.5 | 122.81 | 3 | 272.5 | 8.66 | 182 | 1178.8 | 59.06 | 161 | 751.8 | 36.69 | 79 | 184.1 | 8.90 |
| 24 | 陕西 | 2+3/2 | 3572.5 | 102.41 | 2+3/2 | 3572.5 | 102.41 | 1 | 852.5 | 28.60 | 9+2/2 | 1334.0 | 45.83 | 9+2/2 | 1334.0 | 45.83 | 3+1/2 | 541.0 | 18.24 | 332+1/2 | 1717.4 | 73.93 | 301+1/2 | 1595.1 | 68.99 | 130 | 507.6 | 21.94 |
| 25 | 甘肃 | 5+2/2 | 5350.5 | 199.48 | 5+1/2 | 4800.5 | 177.22 | 4 | 2460.5 | 109.92 | 22+3/2 | 3186.4 | 135.98 | 19+3/2 | 2777.8 | 117.24 | 6 | 861.0 | 35.14 | 283+6/2 | 2088.6 | 108.89 | 171+6/2 | 1430.8 | 75.97 | 75+2/2 | 370.9 | 19.22 |
| 26 | 青海 | 14+3/2 | 17942.0 | 666.30 | 8 | 12630.0 | 424.62 | 3 | 4380.0 | 171.18 | 30+2/2 | 3677.2 | 166.65 | 11+2/2 | 1782.8 | 72.78 | 2 | 352.0 | 15.25 | 185+7/2 | 1521.2 | 80.50 | 151+6/2 | 1066.3 | 57.21 | 91+2/2 | 350.8 | 19.97 |
| 27 | 宁夏 | 1+1/2 | 1324.0 | 52.52 | 1+1/2 | 1324.0 | 52.52 | 1 | 302.0 | 13.32 | 1 | 121.5 | 6.06 | 1 | 121.5 | 6.06 | 1 | 121.5 | 6.06 | 8 | 12.9 | 0.36 | 8 | 12.9 | 0.36 | 3 | 5.4 | 0.14 |
| 28 | 新疆 | 11 | 4270.0 | 149.54 | 10 | 3970.0 | 142.54 | 2 | 780.0 | 16.18 | 85 | 8628.0 | 382.35 | 81 | 8258.0 | 369.66 | 3 | 190.0 | 8.71 | 422 | 3666.9 | 180.71 | 404 | 3442.5 | 170.62 | 208 | 736.7 | 35.10 |
| | 合计 | 263+10/2 | 388700 | 17920 | 175+10/2 | 276082 | 12050 | 65+3/2 | 90102 | 3571 | 785+10/2 | 87730 | 3927 | 631+9/2 | 68252 | 2933 | 162+1/2 | 17693 | 705 | 12238+8/2 | 65210 | 2893 | 10847+8/2 | 57461 | 2551 | 5826 | 23185 | 983 |

**注**　表中数值统计范围为理论蕴藏量 10MW 及以上河流和这些河流上单站装机容量 0.5MW 及以上的水电站，不含港澳台地区。

表 9

## 全国装机容量 10MW 及以上水电站分类统计汇总表（分流域）

| 序号 | 流域 | 一类电站 | | | 二类电站 | | | | | | 三类电站 | | | | | | 四类电站 | | | | | | 五类电站 | | |
|---|---|---|---|---|---|---|---|---|---|---|---|---|---|---|---|---|---|---|---|---|---|---|---|---|---|
| | | 技术(经济)可开发量 | | | 技术可开发量 | | | 经济可开发量 | | | 技术可开发量 | | | 经济可开发量 | | | 技术可开发量 | | | 经济可开发量 | | | 技术可开发量 | | |
| | | 电站数量 | 装机容量 | 年发电量 | 电站数量 | 装机容量 | 年发电量 | 电站数量 | 装机容量 | 年发电量 | 电站数量 | 装机容量 | 年发电量 | 电站数量 | 装机容量 | 年发电量 | 电站数量 | 装机容量 | 年发电量 | 电站数量 | 装机容量 | 年发电量 | 电站数量 | 装机容量 | 年发电量 |
| | | 座 | MW | 亿kW·h | 座 | MW | 亿kW·h | 座 | MW | 亿kW·h | 座 | MW | 亿kW·h | 座 | MW | 亿kW·h | 座 | MW | 亿kW·h | 座 | MW | 亿kW·h | 座 | MW | 亿kW·h |
| 1 | 长江流域 | 360 | 65261.8 | 2712.94 | 240 | 62314.3 | 2983.33 | 233 | 62105.9 | 2973.53 | 508 | 73631.1 | 3427.77 | 463 | 69988.7 | 3272.54 | 138 | 23330.7 | 1209.53 | 96 | 17358.4 | 851.14 | 132 | 21303.0 | 1043.97 |
| 2 | 黄河流域 | 36 | 11572.2 | 441.46 | 32 | 12551.6 | 376.25 | 32 | 12551.6 | 376.25 | 42 | 6471.1 | 242.44 | 41 | 6460.3 | 242.13 | 24 | 486.8 | 23.45 | 10 | 150.9 | 7.11 | 10 | 5274.0 | 229.28 |
| 3 | 珠江流域 | 123 | 16238.8 | 706.70 | 52 | 5899.4 | 226.80 | 52 | 5899.4 | 226.80 | 88 | 5251.0 | 249.07 | 79 | 4778.9 | 229.27 | 10 | 182.4 | 9.06 | 7 | 146.4 | 7.30 | 11 | 302.3 | 12.74 |
| 4 | 海河流域 | 17 | 586.3 | 12.11 | 8 | 447.1 | 6.89 | 8 | 447.1 | 6.89 | 17 | 426.1 | 8.99 | 4 | 71.0 | 2.35 | 1 | 13.0 | 0.44 | | | | | | |
| 5 | 淮河流域 | 7 | 178.0 | 5.58 | 2 | 84.0 | 2.00 | 2 | 84.0 | 2.00 | 2 | 36.4 | 0.41 | 2 | 36.4 | 0.41 | 3 | 37.0 | 0.86 | 2 | 27.0 | 0.66 | 2 | 23.8 | 0.73 |
| 6 | 东北诸河 | 36+4/2 | 6045.1 | 139.24 | 25+2/2 | 1562.1 | 40.25 | 25+2/2 | 1562.1 | 40.26 | 58+19/2 | 6486.9 | 199.89 | 58+19/2 | 6486.9 | 199.89 | 25 | 1415.6 | 42.02 | 10 | 691.6 | 21.13 | 6 | 108.8 | 3.03 |
| 7 | 东南沿海诸河 | 168 | 9388.2 | 281.12 | 65 | 2831.6 | 77.97 | 64 | 2731.6 | 75.57 | 102 | 2480.0 | 76.43 | 95 | 2215.8 | 68.81 | 2 | 22.6 | 0.54 | | | | | | |
| 8 | 西南国际诸河 | 46 | 8720.2 | 413.23 | 21 | 8768.4 | 390.99 | 21 | 8768.4 | 390.99 | 80+1/2 | 37147.8 | 1824.35 | 75 | 35792.8 | 1755.93 | 52 | 2221.1 | 120.93 | 37 | 1483.2 | 82.24 | 56 | 17317.9 | 939.76 |
| 9 | 雅鲁藏布江及西藏其他河流 | 5 | 268.1 | 7.14 | 3 | 77.2 | 3.44 | 3 | 77.2 | 3.44 | 6 | 180.7 | 8.80 | 6 | 180.7 | 8.80 | 25 | 2128.0 | 103.17 | 21 | 1894.0 | 91.29 | 102 | 81807.0 | 4350.08 |
| 10 | 北方内陆及新疆诸河 | 29 | 1715.9 | 58.58 | 23 | 2114.6 | 71.16 | 23 | 2114.6 | 71.16 | 177 | 12075.6 | 565.93 | 177 | 12075.6 | 565.93 | 10 | 175.1 | 8.45 | 5 | 96.9 | 4.62 | 15 | 915.3 | 31.00 |
| 合计 | | 827+4/2 | 119975 | 4778 | 471+2/2 | 96650 | 4179 | 463+2/2 | 96342 | 4167 | 1080+20/2 | 144190 | 6604 | 1000+19/2 | 138087 | 6346 | 290 | 30012 | 1518 | 188 | 21848 | 1065 | 334 | 127052 | 6611 |

注　表中数值统计范围为理论蕴藏量 10MW 及以上河流和这些河流上单站装机容量 0.5MW 及以上的水电站，不含港澳台地区。

表 10　全国装机容量10MW及以上水电站分类统计汇总表（分省、自治区、直辖市）

| 序号 | 省、自治区、直辖市 | 一类电站 | | | 二类电站 | | | | | | 三类电站 | | | | | | 四类电站 | | | | | | 五类电站 | | |
|---|---|---|---|---|---|---|---|---|---|---|---|---|---|---|---|---|---|---|---|---|---|---|---|---|---|
| | | 技术(经济)可开发量 | | | 技术可开发量 | | | 经济可开发量 | | | 技术可开发量 | | | 经济可开发量 | | | 技术可开发量 | | | 经济可开发量 | | | 技术可开发量 | | |
| | | 电站数量 | 装机容量 | 年发电量 | 电站数量 | 装机容量 | 年发电量 | 电站数量 | 装机容量 | 年发电量 | 电站数量 | 装机容量 | 年发电量 | 电站数量 | 装机容量 | 年发电量 | 电站数量 | 装机容量 | 年发电量 | 电站数量 | 装机容量 | 年发电量 | 电站数量 | 装机容量 | 年发电量 |
| | | 座 | MW | 亿kW·h | 座 | MW | 亿kW·h | 座 | MW | 亿kW·h | 座 | MW | 亿kW·h | 座 | MW | 亿kW·h | 座 | MW | 亿kW·h | 座 | MW | 亿kW·h | 座 | MW | 亿kW·h |
| 1 | 京、津、冀 | 15 | 566.3 | 11.47 | 8 | 447.1 | 6.89 | 8 | 447.1 | 6.89 | 17 | 426.1 | 8.99 | 4 | 71.0 | 2.35 | 1 | 13.0 | 0.44 | | | | | | |
| 2 | 山西 | 3+3/2 | 847.3 | 24.64 | 2/2 | 1100.0 | 29.88 | 2/2 | 1100.0 | 29.88 | 2/2 | 1500.0 | 42.31 | 2/2 | 1500.0 | 42.31 | 10 | 150.9 | 7.11 | 10 | 150.9 | 7.11 | 1 | 10.0 | 0.32 |
| 3 | 内蒙古 | 2+2/2 | 688.3 | 17.44 | 6+1/2 | 718.1 | 19.37 | 6+1/2 | 718.1 | 19.37 | 17+7/2 | 1057.9 | 31.41 | 16+7/2 | 1047.1 | 31.10 | | | | | | | | | |
| 4 | 辽宁 | 11+2/2 | 1254.6 | 44.03 | 1+1/2 | 70.0 | 2.64 | 1+1/2 | 70.0 | 2.64 | 4 | 46.9 | 1.50 | 4 | 46.9 | 1.50 | 4 | 99.5 | 3.06 | 4 | 99.5 | 3.06 | | | |
| 5 | 吉林 | 13+2/2 | 3725.0 | 73.24 | 10+1/2 | 480.1 | 12.61 | 10+1/2 | 480.1 | 12.61 | 12+10/2 | 451.1 | 15.30 | 12+10/2 | 451.1 | 15.30 | | | | | | | 1 | 18.9 | 0.73 |
| 6 | 黑龙江 | 9+1/2 | 917.6 | 18.26 | 10 | 570.0 | 15.72 | 10 | 570.0 | 15.72 | 22+10/2 | 4941.8 | 151.98 | 22+10/2 | 4941.8 | 151.98 | 21 | 1316.1 | 38.96 | 6 | 592.1 | 18.07 | 5 | 89.9 | 2.31 |
| 7 | 上海江苏 | | | | | | | | | | | | | | | | | | | | | | 2 | 23.8 | 0.73 |
| 8 | 浙江 | 58 | 3517.1 | 79.64 | 25 | 602.2 | 15.60 | 25 | 602.2 | 15.60 | 27+4/2 | 828.0 | 19.21 | 27+4/2 | 828.0 | 19.21 | 2 | 22.6 | 0.54 | | | | | | |
| 9 | 安徽 | 13 | 528.0 | 13.70 | 4 | 130.6 | 3.20 | 4 | 130.6 | 3.20 | 2 | 60.0 | 1.20 | 2 | 60.0 | 1.20 | 4 | 60.0 | 1.70 | 3 | 40.0 | 1.00 | 3 | 32.0 | 0.90 |
| 10 | 福建 | 84 | 4860.2 | 171.99 | 35 | 1861.6 | 52.66 | 34 | 1761.6 | 50.26 | 59+4/2 | 1334.5 | 46.41 | 56+4/2 | 1149.5 | 40.76 | | | | | | | | | |
| 11 | 江西 | 31 | 1601.4 | 43.96 | 16 | 829.2 | 28.60 | 16 | 829.2 | 28.60 | 42 | 1742.6 | 59.52 | 16 | 896.5 | 32.04 | | | | | | | | | |
| 12 | 山东 | | | | | | | | | | | | | | | | | | | | | | | | |
| 13 | 河南 | 9+1/2 | 2158.2 | 69.60 | 3 | 187.0 | 7.71 | 3 | 187.0 | 7.71 | 6+1/2 | 95.5 | 3.00 | 6+1/2 | 95.5 | 3.00 | 2 | 22.0 | 0.55 | 1 | 12.0 | 0.35 | 1 | 36.0 | 1.30 |
| 14 | 湖北 | 48 | 30815.2 | 1228.11 | 23 | 2257.3 | 63.95 | 21 | 2228.5 | 63.09 | 22+2/2 | 1027.1 | 32.75 | 20+2/2 | 991.1 | 31.66 | 2 | 25.0 | 0.99 | 2 | 25.0 | 0.99 | | | |
| 15 | 湖南 | 68+1/2 | 6058.3 | 248.19 | 34 | 1172.6 | 45.26 | 31 | 1038.4 | 38.41 | 62+1/2 | 2977.6 | 117.74 | 59+1/2 | 2896.6 | 114.01 | 6 | 85.0 | 3.19 | | | | | | |
| 16 | 广东 | 61 | 2268.5 | 80.33 | 11 | 468.8 | 16.50 | 11 | 468.8 | 16.50 | 33 | 996.6 | 36.99 | 23 | 570.3 | 20.52 | | | | | | | | | |
| 17 | 海南 | 4 | 354.9 | 9.32 | 4 | 187.8 | 3.89 | 4 | 187.8 | 3.89 | 3 | 59.3 | 1.53 | 1 | 11.3 | 0.51 | | | | | | | | | |
| 18 | 广西 | 51+3/2 | 11531.1 | 489.15 | 26 | 3978.3 | 162.47 | 26 | 3978.3 | 162.47 | 26+1/2 | 1386.5 | 69.11 | 26+1/2 | 1386.5 | 69.11 | 7 | 118.4 | 5.83 | 5 | 96.4 | 4.63 | 2 | 155.0 | 5.36 |
| 19 | 四川 | 115 | 14867.5 | 782.61 | 94+5/2 | 29631.8 | 1550.07 | 93+5/2 | 29598.8 | 1549.04 | 221+11/2 | 39968.3 | 1925.19 | 211+11/2 | 38378.3 | 1846.40 | 92+1/2 | 16834.8 | 890.73 | 75+1/2 | 12505.0 | 618.26 | 95+7/2 | 15169.6 | 772.93 |
| 20 | 重庆 | 37 | 1279.3 | 54.38 | 19 | 2466.7 | 98.92 | 19 | 2466.7 | 98.92 | 31 | 4937.2 | 241.27 | 27 | 3847.2 | 197.15 | 6 | 139.6 | 5.30 | 1 | 15.0 | 0.45 | 13 | 218.0 | 10.16 |
| 21 | 贵州 | 32+6/2 | 9770.2 | 348.63 | 26+4/2 | 4429.8 | 167.36 | 26+4/2 | 4429.8 | 167.36 | 59+16/2 | 3896.3 | 190.77 | 59+15/2 | 3856.3 | 188.63 | 1 | 14.0 | 0.55 | | | | 11 | 167.5 | 8.29 |
| 22 | 云南 | 76+2/2 | 10347.6 | 493.87 | 43+5/2 | 30030.6 | 1421.30 | 42+5/2 | 30018.1 | 1420.87 | 105+18/2 | 51653.6 | 2502.73 | 100+16/2 | 50258.6 | 2432.16 | 63+1/2 | 7001.9 | 351.72 | 44+1/2 | 6163.2 | 307.14 | 14 | 1732.9 | 89.82 |
| 23 | 西藏 | 7 | 338.9 | 11.34 | 3 | 77.2 | 3.44 | 3 | 77.2 | 3.44 | 22 | 5805.7 | 258.38 | 22 | 5805.7 | 258.38 | 25 | 2128.0 | 103.17 | 21 | 1894.0 | 91.29 | 131+5/2 | 101393.0 | 5370.10 |
| 24 | 陕西 | 13+1/2 | 1580.4 | 54.00 | 11+1/2 | 1598.1 | 43.86 | 11+1/2 | 1598.1 | 43.86 | 31+4/2 | 2646.7 | 88.62 | 31+4/2 | 2646.7 | 88.62 | 1 | 48.0 | 1.44 | | | | 1 | 14.0 | 0.65 |
| 25 | 甘肃 | 18+1/2 | 3458.8 | 152.83 | 19+1/2 | 3473.3 | 116.47 | 19+1/2 | 3473.3 | 116.47 | 30+7/2 | 1521.4 | 72.31 | 30+7/2 | 1521.4 | 72.31 | 27 | 542.5 | 27.30 | 10 | 158.4 | 8.55 | 5+1/2 | 877.3 | 36.95 |
| 26 | 青海 | 15+1/2 | 4911.0 | 195.87 | 12 | 6818.5 | 184.21 | 12 | 6818.5 | 184.21 | 27+6/2 | 3441.2 | 156.23 | 27+6/2 | 3441.2 | 156.23 | 11 | 1306.1 | 71.87 | 1 | 12.0 | 0.64 | 30+3/2 | 6266.2 | 282.49 |
| 27 | 宁夏 | 2 | 423.5 | 19.38 | 1/2 | 1022.0 | 39.20 | 1/2 | 1022.0 | 39.20 | | | | | | | | | | | | | | | |
| 28 | 新疆 | 21 | 1305.6 | 42.17 | 18 | 2041.7 | 67.29 | 18 | 2041.7 | 67.29 | 158 | 11388.2 | 529.72 | 158 | 11388.2 | 529.72 | 4 | 84.9 | 3.99 | 4 | 84.9 | 3.99 | 11 | 848.0 | 27.61 |
| | 合计 | 827+4/2 | 119975 | 4778 | 471+2/2 | 96650 | 4179 | 463+2/2 | 96342 | 4167 | 1080+20/2 | 144190 | 6604 | 1000+19/2 | 138087 | 6346 | 290 | 30012 | 1518 | 188 | 21848 | 1065 | 334 | 127052 | 6611 |

**注**　表中数值统计范围为理论蕴藏量10MW及以上河流和这些河流上单站装机容量0.5MW及以上的水电站，不含港澳台地区。

装机容量106890.3MW，年发电量5005.26亿kW·h，分别占全流域技术可开发量的41.7%和42.1%；支流5714座，装机容量149382.6MW，年发电量6873.73亿kW·h，分别占全流域技术可开发量的58.3%和57.9%。技术可开发大型水电站107座，装机容量187307.0MW，年发电量8619.72亿kW·h，分别占全流域技术可开发总量的73.1%和72.6%。其中装机容量1000MW及以上的水电站52座，装机容量158295MW，年发电量7373.38亿kW·h，分别占全流域技术可开发大型水电站的84.5%和85.5%，全流域技术可开发量的61.8%和62.1%。装机容量10000MW及以上的水电站3座（白鹤滩、溪洛渡、三峡），规模最大的为三峡水电站（含地下电站，下同），装机容量22400MW，年发电量884（单独）～899亿kW·h(联合)。

(3) 经济可开发量。全流域共有单站装机容量0.5MW及以上的水电站4968座，装机容量228318.7MW，年发电量10498.34亿kW·h，分别占全流域技术可开发量的89.1%和88.4%。其中干流17座，装机容量91815.0MW，年发电量4286.50亿kW·h，分别占全流域经济可开发量的40.2%和40.8%；支流4951座，装机容量136503.7MW，年发电量6211.84亿kW·h，分别占全流域经济可开发量的59.8%和59.2%。经济可开发大型水电站87座，装机容量168645.0MW，年发电量7698.27亿kW·h，分别占全流域经济可开发总量的73.9%和73.3%。其中干流17座，装机容量91815.0MW，年发电量4286.50亿kW·h，分别占全流域经济可开发大型水电站总量的54.4%和55.7%；支流70座，装机容量76830.0MW，年发电量3411.77亿kW·h，分别占全流域经济可开发大型水电站总量的45.6%和44.3%。

(4) 已正开发量。至2001年12月，全流域已、正开发水电站2441座，装机容量69727.1MW，年发电量2924.96亿kW·h，分别占全流域技术可开发量的27.2%和24.6%，占全流域经济可开发量的30.5%和27.9%。其中干流2座，装机容量25115.0MW，年发电量1058.00亿kW·h，分别占全流域已、正开发量的36.0%和36.2%；支流2439座，装机容量44612.1MW，年发电量1866.96亿kW·h，分别占全流域已、正开发量的64.0%和63.8%。已、正开发的大型水电站30座，装机容量51965.0MW，年发电量2110.85亿kW·h，分别占全流域已、正开发总量的74.5%和72.2%，其中装机容量1000MW以上的水电站9座，最大的三峡水电站装机容量22400MW。

2. 黄河流域水力资源复查成果　本次复查的黄河流域水力资源理论蕴藏量10MW及以上的河流155条，理论蕴藏量共43312.1MW，其中干流32827.0MW，占75.8%；支流10485.1MW，占24.2%。在各省（区）的分布为：青海省13956.9MW，占32.2%；四川省421.5MW，占1.0%；甘肃省9173.9MW，占21.2%；宁夏回族自治区2102.6MW，占4.8%；内蒙古自治区2188.6MW，占5.0%；山西省5204.9MW，占12.0%；陕西省5655.6MW，占13.1%；河南省3673.6MW，占8.5%；山东省934.5MW，占2.2%。

黄河流域单站装机容量0.5MW及以上技术可开发的水电站535座，装机容量37342.5MW，年发电量1360.96亿kW·h。其中经济可开发的水电站482座，装机容量31647.8MW，年发电量1111.39亿kW·h，装机容量和年发电量分别占技术可开发量相应量的84.75%和81.66%。已、正开发水电站238座，装机容量12030.4MW，年发电量464.79亿kW·h，装机容量和年发电量分别占技术可开发量相应量的32.22%和34.15%。

3. 珠江流域水力资源复查成果　经复查，珠江流域水力资源理论蕴藏量10MW及以上的河流共397条，理论蕴藏量平均功率32236.7MW，年电量2823.94亿kW·h；单站装机容量0.5MW及以上的技术可开发水电站共1757座，总装机容量31288.0MW，年发电量1353.75亿kW·h；经济可开发水电站共1538座，总装机容量30021.0MW，年发电量1297.68亿kW·h；已、正开发水电站共957座，总装机容量18100.7MW，年发电量785.78亿kW·h。

技术可开发水电站中，大型水电站17座，装机容量17467.5MW，年发电量739.11亿kW·h；中型水电站59座，装机容量6008.4MW，年发电量271.78亿kW·h；小型水电站1681座，装机容量7812.1MW，年发电量342.84亿kW·h。

经济可开发水电站中，大型水电站17座，装机容量17467.5MW，年发电量739.11亿kW·h；中型水电站55座，装机容量5559.4MW，年发电量252.38亿kW·h；小型水电站1466座，装机容量6994.0MW，年发电量306.18亿kW·h。

已、正开发水电站中，大型水电站10座，装机容量12033.5MW，年发电量517.57亿kW·h；中型水电站28座，装机容量2577.0MW，年发电量118.83亿kW·h；小型水电站919座，装机容量3490.5MW，年发电量149.38亿kW·h。

4. 海河流域水力资源复查成果　海河流域水力资源理论蕴藏量10MW及以上河流共59条，理论蕴藏量按功率统计为 2830.3MW，按电量统计为 247.94 亿 kW·h。单站装机容量 0.5MW 及以上技术可开发水电站共 295 座，装机容量 2029.5MW，年发电量 47.63 亿 kW·h；经济可开发水电站 210 座，装机容量 1510.0 MW，年发电量 35.01 亿 kW·h；已、正开发水电站 123 座，装机容量 803.4MW，年发电量 19.50 亿 kW·h。

技术可开发水电站中，海河流域没有大型水电站，中型水电站 8 座，装机容量 749.0MW，年发电量 11.47 亿 kW·h；小型水电站 287 座，装机容量 1280.5MW，年发电量 36.16 亿 kW·h。

经济可开发水电站中，中型水电站 6 座，装机容量 617.0MW，年发电量 10.21 亿 kW·h；小型水电站 204 座，装机容量 893.0MW，年发电量 24.80 亿 kW·h。

已、正开发水电站中，中型水电站 3 座，装机容量 297.0MW，年发电量 5.89 亿 kW·h；小型水电站 120 座，装机容量 506.4MW，年发电量 13.61 亿 kW·h。

5. 淮河流域水力资源复查成果　淮河流域水力资源主要分布在上、中游山丘区。本次复查，淮河流域理论蕴藏量 10MW 及以上的河流 30 条，理论蕴藏量平均功率为 1118.5MW，年电量 98.0 亿 kW·h；技术可开发水电站 185 座，总装机容量 656MW，年发电量 18.64 亿 kW·h；经济可开发水电站 135 座，总装机容量 556.5MW，年发电量 15.92 亿 kW·h；已、正开发水电站 75 座，总装机容量 310.3MW，年发电量 9.58 亿 kW·h。已、正开发量占全流域技术可开发量的 48%，占全流域经济可开发量的 57%，淮河流域的水力资源开发程度相对较高。

淮河流域没有大型水电站。技术可开发水电站中，中型水电站 1 座，装机容量 50.0MW，年发电量 1.1 亿 kW·h；小型水电站 184 座，装机容量 606.0MW，年发电量 17.54 亿 kW·h。

经济可开发水电站中，中型水电站 1 座，装机容量 50.0MW，年发电量 1.1 亿 kW·h；小型水电站 134 座，装机容量 506.5MW，年发电量 14.82 亿 kW·h。

已、正开发水电站中，只有小型水电站，共 75 座，装机容量 310.3MW，年发电量 9.58 亿 kW·h。

6. 东北诸河水力资源复查成果　根据本次水力资源复查，东北诸河水力资源理论蕴藏量 10MW 及以上河流共计 187 条，0.5MW 及以上水电站共 644+26/2 座。

东北诸河水力资源理论蕴藏量合计为：平均功率 16607.4MW，年电量 1454.8 亿 kW·h；技术可开发水电站 644+26/2 座，总装机容量 16820.8MW，年发电量 465.23 亿 kW·h；经济可开发水电站 510+26/2 座，总装机容量 15729.2MW，年发电量 433.82 亿 kW·h；已、正开发水电站 196+4/2 座，总装机容量 6397MW，年发电量 151.74 亿 kW·h。

技术可开发水电站中，大型水电站 4+10/2 座，装机容量 8264MW，年发电量 226.24 亿 kW·h；中型电站 39+9/2 座，装机容量 5117MW，年发电量 129.85 亿 kW·h；小型水电站 601+7/2 座，装机容量 3439.9MW，年发电量 109.08 亿 kW·h 。

经济可开发水电站中，大型水电站 4+10/2 座，装机容量 8264MW，年发电量 226.24 亿 kW·h；中型水电站 33+9/2 座，装机容量 4651MW，年发电量 117.35 亿 kW·h；小型水电站 473+7/2 座，装机容量 2814MW，年发电量 90.24 亿 kW·h。

已、正开发水电站中，大型水电站 3+3/2 座，装机容量 3764MW，年发电量 84.06 亿 kW·h；中型水电站 12+1/2 座，装机容量 1865.5MW，年发电量 43.01 亿 kW·h；小型水电站 181 座，装机容量 767.4MW，年发电量 24.67 亿 kW·h。

7. 东南沿海诸河水力资源复查成果　东南沿海诸河水力资源理论蕴藏量 10MW 及以上的河流 378 条，水力资源理论蕴藏量平均功率为 20275.3MW，年电量 1776.12 亿 kW·h；技术可开发水电站 2558+1/2 座，装机容量 19074.9MW，年发电量 593.39 亿 kW·h；经济可开发水电站 2532+1/2 座，装机容量 18648.3MW，年发电量 581.35 亿 kW·h；已、正开发水电站 1388 座，装机容量 11653.8MW，分别占技术、经济可开发量的 60.5%、62.5%，已、正建水电站年发电量 363.08 亿 kW·h，分别占技术、经济可开发量的 61.2%、62.5%。

8. 西南诸河水力资源复查成果

（1）根据本次全国水力资源复查结果统计，西南国际诸河四大流域理论蕴藏量 10MW 及以上的河流有 338 条，其理论蕴藏量、技术可开发量、经济可开发量及已、正开发量如下：

1）理论蕴藏量。理论蕴藏量 10MW 及以上的河流有 338 条，理论蕴藏量平均功率 98516.8MW，年电量 8630.07 亿 kW·h。

2）技术可开发量。技术可开发水电站 609+1/2 座，装机容量 75014.8MW，年发电量 3731.82 亿 kW·h。其中大型水电站有 47 座，装机容量 62486MW，年发电量 3081.45 亿 kW·h，分别占全流域技术可开发装机容量和年发电量的 83.3% 和 82.6%。中小型水电站座数多而装机容量少，座数占全流域技术可开发水电站总数的 92.3%，装机容量仅占全流域技术可开发水电站总装机容量的 16.7%。

3）经济可开发量。经济可开发水电站 532 座，装机容量 55594.4MW，年发电量 2684.36 亿kW·h，分别占全流域技术可开发装机容量、年发电量的 74.1%和 71.9%。经济可开发大型水电站 29 座，装机容量 47346MW，年发电量 2257.98 亿 kW·h，分别占全流域经济可开发量的 85.2%和 84.1%，大型水电站座数仅占 5.5%，但装机容量和年发电量超过 84%，说明西南国际诸河经济可开发量绝大部分为大型水电站，利于集中建设大型水电能源基地。

4）已、正开发量。已、正开发水电站 313 座（包括 2002 年初开工的小湾水电站、马鹿塘水电站、高桥水电站），装机容量 9322.7MW，年发电量 442.77 亿 kW·h，分别占经济可开发量的 16.8%和 16.5%。其中澜沧江流域已、正开发 122 座，装机容量 7848.3MW，年发电量 367.92 亿 kW·h，分别占全流域已、正开发量的 84.2%和 83.1%。已、正开发量主要分布在澜沧江流域，特别是集中在澜沧江干流上。

（2）西南国际诸河四大流域技术可开发水力资源总量中，有 86.9%集中在干流上。澜沧江技术可开发水力资源 93%集中在干流上，怒江技术可开发水力资源 94.3%集中在干流上，红河和伊洛瓦底江虽然干流上的技术可开发水力资源占本流域总量的 23.1%和 39.3%，其总量占西南国际诸河的比重相对较小。西南国际诸河水力资源以大型水电站为主。大型电站有 47 座，装机容量 62486.0MW，占技术可开发量的 83.3%；年发电量 3081.45 亿 kW·h，占技术可开发量的 82.6%。其中 1000MW 以上水电站 26 座，装机容量 52015MW，年发电量 2520.22 亿 kW·h，装机容量和年发电量分别占技术可开发量的 83.4%和 81.9%。最大水电站，澜沧江上有糯扎渡水电站，装机容量 5850MW，年发电量 239.92 亿 kW·h；怒江上有马吉（布西）水电站，装机容量 4200MW，年发电量 189.66 亿 kW·h。

（3）西南诸河四大流域介绍如下。

1）澜沧江流域。澜沧江是我国较大的河流之一，河流较长，流量大，特别是落差集中，水力资源丰富。本流域理论蕴藏量 10MW 及以上的河流 157 条，理论蕴藏量平均功率 35890.9MW，年电量 3144.04 亿 kW·h；技术可开发装机容量 34840MW，年发电量 1690.33 亿 kW·h；经济可开发装机容量 26230.6MW，年发电量 1234.33 亿 kW·h；已、正开发装机容量 7848.3MW，年发电量 367.92 亿 kW·h。澜沧江可开发水力资源主要集中在干流上。干流上有水电站 35 座，装机容量 32400.4MW，年发电量 1570.17 亿 kW·h，分别占本流域技术可开发量的 93%和 92.9%；支流电站 174 座，装机容量 2439.6MW，年发电量 120.16 亿 kW·h，分别占本流域技术可开发量的 7%和 7.1%。澜沧江技术可开发电站以大型水电站为主。本流域大型水电站 18 座，装机容量 31175MW，年发电量 1504.87 亿 kW·h，分别占本流域技术可开发量的 89.5%和 89%；18 座大型水电站中，1000MW 以上的电站 14 座，装机容量 28625MW，年发电量 1368.97 亿 kW·h，分别占大型水电站的 92.1%和 91.1%；最大的水电站为糯扎渡水电站，装机容量 5850MW，年发电量 231.76（单独）～239.92 亿 kW·h（联合）。澜沧江水力资源主要集中在云南省，共有水电站 161 座，装机容量 27489.5MW，年发电量 1294.84 亿 kW·h，分别占本流域的 79%、76.6%；其次为西藏自治区，共有水电站 27 座，装机容量 6362.1MW，年发电量 346.24 亿 kW·h，分别占本流域的 18.3%、20.5%；再次为青海省，共有水电站 21 座，装机容量 988.4MW，年发电量 49.25 亿 kW·h，分别占本流域的 2.8%、2.9%。

2）怒江流域。怒江流域水力资源丰富。本流域理论蕴藏量 10MW 及以上的河流 75 条，理论蕴藏量平均功率 44741.9MW，年电量 3919.39 亿 kW·h；技术可开发水电站 151 座，装机容量 32211.3MW，年发电量 1625.77 亿 kW·h；经济可开发水电站 125 座，装机容量 23065.3MW，年发电量 1119.91 亿 kW·h；已、正建水电站 67 座，装机容量 337.4MW，年发电量 19 亿 kW·h。怒江水力资源主要集中在干流，支流较少。干流上有水电站 35 座，装机容量 30391.4MW，年发电量 1524.83 亿 kW·h，装机容量和年发电量分别占本流域技术可开发量的 94.3%和 93.8%。支流上有水电站 116 座，装机容量 1819.9 MW，年发电量 100.94 亿 kW·h，装机容量和年发电量分别占本流域技术可开发量的 5.7%和 6.2%。怒江水力资源以大型水电居多。大型水电站（全部在干流上）25 座，装机容量 29610MW，年发电量 1486.59 亿 kW·h，装机容量和年发电量分别占技术可开发量的 91.9%和 91.4%。大型水电站中，装机容量 1000MW 以上电站 12 座，总装机容量 23390MW，年发电量 1151.42 亿 kW·h，分别占大型水电站的 79%和 77.5%，占技术可开发电量的 72.6%和 70.8%。最大水电站马吉水电站和松塔水电站，装机容量 4200MW，年发电量分别为 189.66 亿 kW·h 和 178.7 亿 kW·h。中小型水电站 126 座，装机容量 2601.3MW，年发电量 139.2 亿 kW·h，装机容量和年发电量分别占技术可开发总量的 8.1%和 8.6%。怒江水力资源中，云南省境内资源多于西藏自治区境内资源。技术可开发量中，云南省境内水电站共 97 座，装机容量 17988.1MW，年发电量 900.46 亿 kW·h，分别占本流域技术可开发量的

55.8%和55.4%；西藏自治区境内水电站54座，装机容量14223.1MW，年发电量725.32亿kW·h，分别占本流域技术可开发量的44.2%和44.6%。

2）红河流域。红河流域水力资源较丰富，本流域理论蕴藏量10MW及以上的河流79条，理论蕴藏量10168.7MW，年发电量890.78亿kW·h，技术可开发水电站197+1/2座，装机容量4313.3MW，年发电量218.78亿kW·h；经济可开发水电站191座，装机容量4077.3MW，年发电量205.77亿kW·h；已、正开发水电站106座，装机容量993.0MW，年发电量48.64亿kW·h。本流域水力资源主要集中在支流，干流较少。技术可开发量中，支流上水电站装机容量3318.3MW，年发电量167.89亿kW·h，装机容量和年发电量分别占本流域技术可开发量的76.9%和76.4%。干流上水电站装机容量995.0MW，年发电量51.89亿kW·h，装机容量和年发电量分别占本流域技术可开发量的23.1%和23.6%。本流域水力资源以中型水电站为主。本流域大型水电站2座，装机容量801MW，年发电量38.52亿kW·h，大型水电站装机容量和年发电量分别占技术可开发量的18.6%和17.5%；中型水电站19+1/2座，装机容量2407.5MW，年发电量121.96亿kW·h，装机容量和年发电量分别占技术可开发总量的55.8%和55.5%；小型水电站176座，装机容量1104.8MW，年发电量59.29亿kW·h,装机容量和年发电量分别占技术可开发总量的25.6%和27.0%。本流域水力资源主要集中在云南省境内，广西很少。技术可开发量中，云南省境内水电站共174+1/2座，装机容量4258.5MW，年发电量217.07亿kW·h，分别占本流域技术可开发水能资源的98.7%和98.8%；广西境内水电站23座，装机容量54.8MW，年发电量2.71亿kW·h，仅占本流域技术可开发量的1.3%和1.2%。

4）伊洛瓦底江流域。伊洛瓦底江流域水力资源丰富，本流域理论蕴藏量10MW及以上的河流27条，理论蕴藏量平均功率7715.3MW，年电量675.86亿kW·h；技术可开发水电站52座，装机容量3650.2MW，年发电量195.94亿kW·h；经济可开发水电站45座，装机容量2221.2MW，年发电量124.35亿kW·h；已、正开发水电站18座，装机容量144.0MW，年发电量7.21亿kW·h。经济可开发量占技术可开发量的60.9%（按装机容量计算，下同），已、正开发量占技术可开发量的3.9%，占经济可开发量的6.5%。本流域水力资源以中型水电站为主，大型水电站较少。本流域大型水电站2座，装机容量900MW，年发电量51.47亿kW·h，大型水电站装机容量和年发电量分别占技术可开发量的24.7%和26.3%。最大的水电站为大盈江四级水电站，装机容量600MW，年发电量36亿kW·h；其次为干流通王洞河口水电站，装机容量300MW，年发电量15.47亿kW·h。中型水电站17座，装机容量2341MW，年发电量121.75亿kW·h，装机容量和年发电量分别占技术可开发总量的64.1%和62.1%；小型水电站33座，装机容量409.2MW，年发电量22.72亿kW·h，装机容量和年发电量分别占技术可开发总量的11.2%和11.6%。本流域水力资源主要分布在支流上。支流水电站44座，装机容量2219.8MW，年发电量124.28亿kW·h，装机容量和年发电量分别占本流域技术可开发量的60.9%和63.4%。干流水电站8座，装机容量1430.4MW，年发电量71.66亿kW·h，装机容量和年发电量分别占本流域技术可开发量的39.1%和36.6%。本流域水力资源主要集中在云南省境内，西藏自治区较少。技术可开发量中，云南省境内水电站共51座，装机容量3648.8MW，年发电量195.87亿kW·h，占本流域技术可开发水力资源的99.96%（按装机容量计算，下同）；西藏自治区境内水电站1座，装机容量1.4MW，年发电量0.07亿kW·h，仅占本流域技术可开发量的0.04%。

9. 雅鲁藏布江及西藏其他河流水力资源复查成果　根据本次水力资源复查统计，雅鲁藏布江及西藏其他河流水力资源理论蕴藏量10MW及以上河流共271条，水力资源理论蕴藏量平均功率160214.8MW（占西藏自治区的79.6%），年电量14034.82亿kW·h;技术可开发水电站243座，装机容量84663.6MW（占西藏自治区的77.0%），年发电量4483.11亿kW·h。

技术可开发水电站分规模统计，大型水电站44座，装机容量74077.0MW，年发电量3927.84亿kW·h;中型水电站72座，装机容量9780.5MW，年发电量515.66亿kW·h；小型水电站127座，装机容量806.3MW，年发电量39.62亿kW·h。

（1）雅鲁藏布江流域。根据本次水力资源复查统计，雅鲁藏布江流域理论蕴藏量10MW及以上河流共有137条，水力资源理论蕴藏量平均功率113891.9MW，年电量9976.93亿kW·h；技术可开发水电站138座，装机容量67849.6MW，年发电量3572.60亿kW·h。雅鲁藏布江流域水力资源技术可开发量按规模统计，大型水电站22座，装机容量63194.0MW，年发电量3334.62亿kW·h；中型水电站36座，装机容量4018.0MW，年发电量205.95亿kW·h；小型水电站80座，装机容量637.6MW，年发电量32.02亿kW·h。干流水力资源理论蕴藏量为79116.0MW，占全流域的69.5%；技术可开发水电站21座，装机容量56452.0MW，占全流域的83.2%，年发电量2956.49亿kW·h。支流水力资源理论蕴藏量为34775.9MW，占全流域的30.5%；技术可开发电站117座，装机容量11397.6MW，占全流域的16.8%，年发电量616.11亿kW·h。雅鲁藏布江流域面积达24.05万$km^2$，年径流量达1590亿$m^3$，相当于黄河的2.5倍。径流年际变化不大，但径流在年内分配不均，尤以雅鲁藏布江中下游地区为突出，丰水期(6～9月份）的径流量约占全年总量的2/3以上。西藏自治区内河流有如下特点：

1）河流落差大，河段落差集中，开发方式多样。多数河流的比降都比较大。例如，雅鲁藏布江干流平均比降2.64‰，其支流夏布曲12.4‰，拉萨河2.9‰，塘河13.1‰，年楚河6.1‰，沃卡河34.5‰，尼洋曲7.3‰，巴河7.6‰，八及曲64.4‰，帕隆藏布12.6‰，易贡藏布10.7‰，锡约尔河达238.4‰。西藏其他国际河流的察隅曲平均比降16.1‰，丹龙曲22.9‰，西巴霞曲12.5‰（支流坎拉河28.2‰），鲍罗里河19.0‰，朋曲8.8‰。在布置河流梯级开发方案时，考虑了充分利用天然落差，如雅鲁藏布江干流天然落差为5435m，21个梯级水电站共利用落差3864m，占河流总落差的71.1%。同时，有些河段落差特别集中，适宜于进行引水式开发，如雅鲁藏布江干流下游派乡至墨脱河段的大河湾，将纵贯南北的河湾通过长39km的隧洞裁弯取直，可利用落差2190m，水电站装机容量达38000MW；再如羊卓雍湖的羊卓雍湖水电站（已建）也是采用引水式开发。根据河流的各个河段的具体情况，可采用不同的开发方式。如雅鲁藏布江干流梯级21级，采用坝式开发的17级，混合式3级，引水式1级。其支流锡约尔河干流梯级7级，采用引水式开发的4级，混合式2级，坝式1级；其支流易贡藏布干流梯级10级，采用混合式开发的4级，引水式6级。

2）河流地形地质条件相对较优越，淹没损失小，具备修建径流调节性能好的水库。河流均位于坚硬岩层地区，河谷地形为峡谷与宽谷相间，大多数河段人烟稀少，耕地分布零星，在上中游地区可以找到布置径流调节性能好的水库，对河流中下游梯级水电站进行径流补偿调节，可以提高全梯级水电站的整体综合效益。

3）开发目标较为单一。多数河流两岸人口、耕地分散，除拉萨河中下游和拉萨市等重要城镇有防洪要求，及少数河流盆地区有灌溉要求外，河流的开发任务主要为发电，开发目标较为单一。

（2）西藏其他国际河流。根据本次水力资源复查统计，西藏其他国际河流理论蕴藏量10MW及以上的河流共有119条，理论蕴藏量46020.9MW；技术可开发水电站97座，装机容量16695.9MW，年发电量909.31亿kW·h；经济可开发水电站38座，装机容量110.8MW，年发电量5.27亿kW·h；已、正开发水电站18座，装机容量13.6MW，年发电量0.69亿kW·h。已、正开发电站装机容量仅占本流域技术可开发量的0.08%。西藏其他国际河流水力资源主要以大、中型水电站为主。在技术可开发水电站中，大型水电站22座，装机容量10883.0MW（占总装机容量的65.2%），年发电量593.22亿kW·h；中型水电站35座，装机容量5650.0MW（占总装机容量的33.8%），年发电量308.79亿kW·h；小型水电站40座，装机容量162.9MW（占总装机容量的1.0%），年发电量7.32亿kW·h。

（3）西藏内陆河流。根据本次水力资源复查统计，西藏内陆河流理论蕴藏量10MW及以上河流共10条，理论蕴藏量302.0MW；技术可开发水电站8座，装机容量118.1MW，年发电量1.20亿kW·h。以上8座水电站均为经济可开发水电站。已、正建水电站7座，装机容量117.5MW，年发电量1.17亿kW·h。

10. 台湾省水力资源复查成果　台湾省从1942年～1995年先后进行过三次水力资源普查，1995年以后，又陆续做过一些补充工作。2003年12月，水电水利规划设计总院前往台湾进行交流和复查。按全国统一技术标准，本次选定台湾本岛的76条河流，并重点对其中41条主要河流进行了复查。汇总情况如下：

（1）理论蕴藏量。为统一统计口径，按本次全国水力资源复查技术标准，理论蕴藏量10MW及以上河流才参加统计。经过对台湾地区76条河流进行分析，其中有41条河流符合标准以上，其理论蕴藏量平均功率11651.9MW，年电量1020.91亿kW·h。其中以中部的浊水溪水力资源理论蕴藏量最多，为1888.9MW，南部的高屏溪次之，为1846.56MW。台湾地区41条参加统计的复查河流理论蕴藏量按区域分布情况见表11。

（2）技术可开发量。台湾按开发方式分为径流式、引水式及水库式三种水力发电方式。台湾仅对30条河流进行了详查，技术可开发装机容量5048.3MW，年发电量201.49亿kW·h。台湾地区淡水河等30条河流技术可开发量分区域分布情况见表12。

（3）经济可开发量。经济可开发量指截止2002年底已开发水电站、施工中水电站、尚待开发水电站之和。尚待开发水电站经济可行与否，是以1995年底价位为准，采用益本比法评价。

表 11　台湾 10MW 及以上的水力资源蕴藏量统计表

| 区　域 | 河流条数（条） | 流域面积（$km^2$） | 理论蕴藏量 | |
|---|---|---|---|---|
| | | | 平均功率（MW） | 年电量（亿 kW·h） |
| 北　部 | 9 | 5634.19 | 1802.42 | 157.892 |
| 中　部 | 7 | 8802.39 | 3832.08 | 335.690 |
| 南　部 | 10 | 6500.06 | 2356.52 | 206.432 |
| 东　部 | 15 | 6958.97 | 3660.85 | 320.691 |
| 总　计 | 41 | 27895.61 | 11651.9 | 1020.71 |

表 12　台湾地区淡水河等 30 条普查河流技术可开发量统计表

| 区　域 | 河流条数（条） | 流域面积（$km^2$） | 技术可开发量 | |
|---|---|---|---|---|
| | | | 装机容量（MW） | 年发电量（亿 kW·h） |
| 北　部 | 6 | 5393.31 | 744.07 | 31.91 |
| 中　部 | 7 | 8802.39 | 2341.15 | 77.19 |
| 南　部 | 6 | 6057.57 | 614.10 | 26.93 |
| 东　部 | 11 | 6625.93 | 1348.94 | 65.47 |
| 总　计 | 30 | 26879.20 | 5048.26 | 201.49 |

台湾地区较重要的 30 条河流内，经济可开发的常规水电站装机容量共 3834.5MW，年发电量 138.32 亿 kW·h。台湾地区淡水河等 30 条普查河流经济可开发量分区域分布情况见表 13。

表 13　台湾地区淡水河等 30 条普查河流经济可开发量统计表

| 区域 | 河流条数 | 流域面积（$km^2$） | 理论蕴藏量 | | | |
|---|---|---|---|---|---|---|
| | | | 装机容量（MW） | 单位面积值（MW/$km^2$） | 年发电量（亿 kW·h） | 单位面积值（亿 kW·h/$km^2$） |
| 北部 | 6 | 5393.31 | 535.4 | 0.0993 | 19.60 | 0.0036 |
| 中部 | 7 | 8802.39 | 1910.29 | 0.2170 | 55.06 | 0.0063 |
| 南部 | 6 | 6057.57 | 421.92 | 0.0697 | 18.44 | 0.0030 |
| 东部 | 11 | 6625.93 | 966.88 | 0.1459 | 45.21 | 0.0068 |
| 总计 | 30 | 26879.20 | 3834.5 | 0.1427 | 138.32 | 0.0051 |

（4）已、正开发量。到 2002 年底，已建成常规水电 500kW 以上的水电站装机容量为 1911.0MW，在建水电站有 274MW，包括碧海水电站，装机容量为 61.2MW，2000 年 1 月开工，计划投产日期为 2006 年 1 月；谷关水电站原装机容量为 180MW，扩建后装机容量将达 212.8MW，净增容量 32.8MW，2002 年 12 月开工，计划投产日期为 2006 年 1 月。到 2002 年台湾已建正建水电站装机容量 2005.0MW，年发电量 59.33 亿 kW·h。

截至 2002 年底，台湾水电已、正开发量占技术可开发量的 39.7%，占经济可开发量的 52.3%，技术可开发装机容量和经济可开发装机容量分别尚余 3042.56MW 和 1828.79MW。

（年鉴编辑部摘自《中华人民共和国水力资源复查成果（2003 年）》）

## 贵州省水力资源复查成果及开发前景

（一）本次水力资源复查主要结论

（1）理论蕴藏量。贵州省理论蕴藏量大于 10MW 及以上的河流共 170 条，年电量 1584.37 亿 kW·h，平均功率 18086.4MW。其中，长江流域 100 条、10448.45MW、915.28 亿 kW·h；珠江流域 70 条、7637.95MW、669.08 亿 kW·h。

（2）技术可开发量。单站装机容量 0.5MW 及以上的水电站 574＋27/2 座（574 座为贵州省内水电站，27 座为两省界河水电站按一半计，下同），装机容量 19487.9MW，年发电量 777.99 亿 kW·h。其中，长江流域水电站 373＋12/2 座，装机容量 12962.08MW，年发电量 479.66 亿 kW·h；珠江流域水电站 201＋15/2 座，装机容量 6525.85MW，年发电量 298.32 亿 kW·h。

（3）经济可开发量。0.5MW 及以上电站 448＋26/2 座，装机容量 18980.65MW，年发电量 752.42 亿 kW·h，分别占贵州省技术可开发年发电量的 97.4%和 96.7%。其中，长江流域水电站 332＋12/2 座，装机容量 12862.21MW，年发电量 475.15 亿 kW·h；珠江流域水电站 116＋14/2 座，装机容量 6118.44MW，年发电量 277.26 亿 kW·h。

（4）按电站规模划分。大型水电站 12＋4/2 座，装机容量 13002.5MW，年发电量 465.37 亿 kW·h，分别占贵州省总量的 68.5%和 61.8%；中型水电站 25＋13/2 座，装机容量 3090.0MW，年发电量 143.18 亿 kW·h，分别占贵州省总量的 16.3%和 19.0%；0.5MW 以上的小型水电站 411＋9/2 座，装机容量 2888.15MW，年发电量 143.84 亿 kW·h，分别占贵州省总量的 15.2%和 19.2%。

（5）已、正开发量。截至 2002 年年底，贵州省单站装机容量 0.5MW 以上的已、正开发水电站 194＋7/2 座，总装机容量 10189.8MW，占经济可开发装机容量的 53.7%；年发电量 370.00 亿 kW·h，占经济可开发年发电量的 49.2%。其中，长江流域已、正开发水电站 130＋2/2 座，装机容量 8002.21MW，年发电量 256.49 亿 kW·h；珠江流域已、正开发水电站 64＋5/2 座，装机容量 2187.62MW，年发电量 113.51 亿 kW·h。在已、在开发水电站中，大型水电站有 11 座（4 座为界河电站），装机容量 9082.5MW，年发电量 319.57 亿 kW·h；中型水电站 4 座（1 座为界河电站），装机容量 275.0MW，年发电量 11.03 亿 kW·h。

贵州省水力资源分流域统计结果详见表 1。

表1 贵州省水力资源汇总

| 水系名称 | | 流域面积 ($km^2$) | 多年平均流量 ($m^3/s$) | 理论蕴藏量 | | 技术可开发量 | | | 经济可开发量 | | | 已建、正建电站开发量 | | |
|---|---|---|---|---|---|---|---|---|---|---|---|---|---|---|
| | | | | 年电量（亿kW·h） | 平均功率（MW） | 电站座数（座） | 装机容量（MW） | 年发电量（亿kW·h） | 电站座数（座） | 装机容量（MW） | 年发电量（亿kW·h） | 电站座数（座） | 装机容量（MW） | 年发电量（亿kW·h） |
| 全省合计 | | 176167 | | 1584.37 | 18086.40 | 574+27/2 | 19487.93 | 777.99 | 448+26/2 | 18980.65 | 752.42 | 194+7/2 | 10189.83 | 370.00 |
| 长江流域 | | 115747 | | 915.28 | 10448.45 | 373+12/2 | 12962.08 | 479.66 | 332+12/2 | 12862.21 | 475.15 | 130+2/2 | 8002.21 | 256.49 |
| 乌江水系 | 合计 | 66849 | | 635.87 | 7258.76 | 207 | 10128.16 | 364.70 | 185 | 10087.08 | 363.05 | 81 | 6836.15 | 223.61 |
| | 干流 | | 1240 | 375.61 | 4287.82 | 15 | 8022.00 | 283.08 | 15 | 8022.00 | 283.08 | 9 | 5804.50 | 193.96 |
| | 支流 | | | 260.25 | 2970.93 | 192 | 2106.16 | 81.62 | 170 | 2065.08 | 79.97 | 72 | 1031.65 | 29.65 |
| 赤水河、綦江水系 | 合计 | 13702 | | 94.37 | 1077.25 | 54+7/2 | 769.58 | 37.69 | 50+7/2 | 745.18 | 36.47 | 12+1/2 | 44.74 | 2.21 |
| | 赤水河干流 | | 260 | 35.12 | 400.88 | 4+6/2 | 516.50 | 23.83 | 4+6/2 | 516.50 | 23.83 | | | |
| | 赤水河支流 | | | 47.36 | 540.69 | 46+1/2 | 228.68 | 12.64 | 46+1/2 | 228.68 | 12.64 | 12+1/2 | 44.74 | 2.21 |
| | 綦江干流 | | 13.5 | 5.55 | 63.40 | | | | | | | | | |
| | 綦江支流 | | | 6.33 | 72.28 | 4 | 24.40 | 1.23 | | | | | | |
| 牛栏江、横江水系 | 合计 | 4927 | | 37.12 | 423.80 | 11+4/2 | 220.00 | 10.02 | 11+4/2 | 220.00 | 10.02 | | | |
| | 牛栏江干流 | | 136 | 15.95 | 182.10 | 2/2 | 157.50 | 6.98 | 2/2 | 157.50 | 6.98 | | | |
| | 牛栏江支流 | | | 3.35 | 38.20 | 6 | 26.00 | 1.37 | 6 | 26.00 | 1.37 | | | |
| | 横江干流 | | | | | | | | | | | | | |
| | 横江支流 | | | 17.83 | 203.50 | 5+2/2 | 36.50 | 1.67 | 5+2/2 | 36.50 | 1.67 | | | |
| 沅江水系 | 合计 | 30269 | | 147.93 | 1688.65 | 101+1/2 | 1844.34 | 67.26 | 86+1/2 | 1809.95 | 65.62 | 37+1/2 | 1121.32 | 30.67 |
| | 干流 | | 349.5 | 68.89 | 786.37 | 13 | 1481.05 | 48.68 | 10 | 1477.45 | 48.51 | 4 | 1002.45 | 24.43 |
| | 支流 | | | 79.04 | 902.28 | 88+1/2 | 363.29 | 18.58 | 76+1/2 | 332.50 | 17.10 | 33+1/2 | 118.87 | 6.25 |
| 珠江流域 | | 60420 | | 669.08 | 7637.95 | 201+15/2 | 6525.85 | 298.32 | 116+14/2 | 6118.44 | 277.26 | 64+5/2 | 2187.62 | 113.51 |
| 南盘江水系 | 合计 | 7651 | | 178.61 | 2038.90 | 21+6/2 | 2070.30 | 104.35 | 21+5/2 | 2030.30 | 102.21 | 10+4/2 | 1817.42 | 92.47 |
| | 干流 | | 688 | 108.18 | 1234.90 | 3/2 | 1462.50 | 74.74 | 3/2 | 1462.50 | 74.74 | 3/2 | 1462.50 | 74.74 |
| | 支流 | | | 70.43 | 804.00 | 21+3/2 | 607.80 | 29.62 | 21+2/2 | 567.80 | 27.47 | 10+1/2 | 354.92 | 17.73 |
| 北盘江水系 | 合计 | 20982 | | 273.27 | 3119.54 | 107+8/2 | 3325.65 | 137.68 | 53+8/2 | 3134.74 | 127.31 | 29+1/2 | 216.00 | 11.35 |
| | 干流 | | 475.5 | 136.60 | 1559.37 | 6+3/2 | 2555.00 | 98.09 | 6+3/2 | 2555.00 | 98.09 | 0+1/2 | 50.00 | 3.01 |
| | 支流 | | | 136.67 | 1560.17 | 101+5/2 | 770.65 | 39.59 | 47+5/2 | 579.74 | 29.22 | 29 | 166.00 | 8.34 |
| 红水河水系 | 合计 | 15978 | | 141.19 | 1611.75 | 38+1/2 | 685.00 | 35.22 | 26+1/2 | 608.80 | 31.14 | 12 | 91.80 | 6.14 |
| | 干流 | | | 31.33 | 357.65 | | | | | | | | | |
| | 支流 | | | 109.86 | 1254.10 | 38+1/2 | 685.00 | 35.22 | 26+1/2 | 608.80 | 31.14 | 12 | 91.80 | 6.14 |
| 柳江水系 | 合计 | 15809 | | 76.02 | 867.76 | 35 | 444.90 | 21.07 | 16 | 344.60 | 16.61 | 13 | 62.40 | 3.55 |
| | 干流 | | 202 | 21.11 | 241.00 | 5 | 277.65 | 13.30 | 5 | 277.65 | 13.30 | 2 | 8.25 | 0.45 |
| | 支流 | | | 54.90 | 626.76 | 30 | 167.25 | 7.77 | 11 | 66.95 | 3.31 | 11 | 54.15 | 3.11 |

（二）本次复查与全国第三次水力资源普查成果的比较

本次复查与全国第三次水力资源普查成果比较，主要的变化表现在以下几个方面：

（1）水力资源理论蕴藏量增加了 905.9MW，增加的原因主要有二：一是第三次水力资源普查时，对一些河流的干流或河源确认有误，故本次工作中根据贵州省人民政府颁布的地理信息参数作了调整，仅理论蕴藏量 10MW 以上的河流就增加了 20 条；二是第三次水力资源普查时，部分地区（安顺，铜仁）在计算理论蕴藏量时加入了功率因数（0.4～0.8），导致理论蕴藏量偏小，在本次工作中也已做纠正。从总体来说，贵州省理论蕴藏量变化不算大，增幅仅为 5.3%，与其他省的情况基本一致。

（2）技术可开发量有了明显增加，装机容量增加了 6747.4MW，年电量增加了 133.1 亿 kW·h，增幅分别为 53%和 20.6%。技术可开发量增加的主要原因是水电开发前期勘测设计工作的深入和电力市场的发展需求。水电站装机容量的确定主要是依据水电站本身的水能特性、电力系统负荷发展需求以及水电站供电范围和在系统中的工作位置等因素决定的，也就是说，装机容量是一个变量，它随电力系统的发展而变化。由于装机容量的增大，水量利用率也将进一步提高，发电量的提高也就理所当然了。

（3）水力资源的开发取得了突破性进展，已、正开发水电站由 1978 年的 11＋2/2 座增加到现在的 183＋5/2 座，装机容量由 1614.8MW 增加到 10189.8MW，净增了 5.3 倍，开发利用率已达 53.7%，位居我国西部各省区之首。

本次复查与全国第三次水力资源普查成果的比较及主要变化见表 2。

表 2 本次复查与全国第三次普查成果比较

| 项目 | | 本次复查 | 第三次普查 | 增减量 | 相差（%） |
|---|---|---|---|---|---|
| 10MW 及以上河流（条） | | 170 | 150 | 20 | |
| 理论蕴藏量 | 平均功率（MW） | 18086.4 | 17180.5 | 905.9 | 5.3 |
| | 年电量（亿 kW·h） | 1584.37 | 1505.0 | 79.37 | 5.3 |
| 技术可开发量 | 电站座数（座） | 574＋27/2 | 458＋19/2 | 116＋8/2 | |
| | 装机容量（MW） | 19487.9 | 12740.5 | 6747.4 | 53.0 |
| | 年发电量（亿 kW·h） | 777.99 | 644.89 | 133.10 | 20.6 |
| 经济可开发量 | 电站座数（座） | 448＋26/2 | | | |
| | 装机容量（MW） | 18980.65 | | | |
| | 年发电量（亿 kW·h） | 752.42 | | | |
| 技术可开发大型水电站 | 电站座数（座） | 12＋4/2 | 8＋4/2 | 4 | |
| | 装机容量（MW） | 13002.5 | 6825 | 6177.5 | 90.5 |
| | 年发电量（亿 kW·h） | 465.37 | 335.54 | 129.83 | 38.7 |
| 技术可开发中型水电站 | 电站座数（座） | 25＋14/2 | 27＋7/2 | －2＋7/2 | |
| | 装机容量（MW） | 3130.0 | 3661 | －531.0 | －14.5 |
| | 年发电量（亿 kW·h） | 145.32 | 195.37 | －50.05 | －25.6 |
| 已、正开发量 | 电站座数（座） | 194＋7/2 | 11＋2/2 | 183＋5/2 | |
| | 装机容量（MW） | 10189.8 | 1614.8 | 8575 | 531.0 |
| | 年发电量（亿 kW·h） | 370.00 | 82.71 | 287.29 | 347.3 |

（三）开发前景

本次复查工作查明，贵州省水力资源经济可开发量为18980.65MW，已、正开发量为10189.8MW，待开发的水力资源达8790.85MW。按水电站装机容量规模划分，待开发的水力资源分布情况见表3。

从上述中可以看出，虽然贵州省水力资源的开发利用率已经达到了53.7%，但不同规模水电站的开发利用情况是不同的：大型水电站为69.9%，中型水电站为8.8%，小型水电站为29.2%。值得指出的是，近年来，由于西电东送的要求，贵州省大型水电建设的速度进一步加快，5座待开发的大型水电站中，光照（1040MW）和思林（1000MW）水电站正在进行施工准备，都将在2004年和2005年正式开工；剩下的沙沱（1000MW）、马马崖（400MW）、董箐（480MW）水电站正在抓紧前期工作，估计在2006年左右也将开工建设。也就是说，到2013年左右，贵州省的大型水电电源点将全部开发完毕，前景十分喜人。

表3　贵州省待开发水力资源分布情况

| 电站分类 | 项目 | 经济可开发量 | 已、正开发量 | 待开发量 |
|---|---|---|---|---|
| 大型水电站 | 电站座数（座） | 12+4/2 | 7+4/2 | 5 |
| | 装机容量（MW） | 13002.5 | 9082.5 | 3920.0 |
| | 年发电量（亿kW·h） | 465.37 | 319.57 | 145.80 |
| 中型水电站 | 电站座数（座） | 25+14/2 | 3+1/2 | 22+13/2 |
| | 装机容量（MW） | 3130.0 | 275.0 | 2855.0 |
| | 年发电量（亿kW·h） | 145.32 | 11.03 | 134.29 |
| 小型水电站 | 电站座数（座） | 411+8/2 | 184+2/2 | 227+6/2 |
| | 装机容量（MW） | 2848.2 | 832.3 | 2015.9 |
| | 年发电量（亿kW·h） | 141.73 | 39.4 | 102.33 |
| 合计 | 电站座数（座） | 448+26/2 | 194+7/2 | 254+19/2 |
| | 装机容量（MW） | 18980.65 | 10189.8 | 8790.85 |
| | 年发电量（亿kW·h） | 752.42 | 370.00 | 382.42 |

由于种种原因，贵州省中小水电开发明显滞后，尚有4870.9MW有待开发（占贵州省经济可开发总量的25.7%）。实际上，与大型水电站一样，贵州省极大多数中型水电电源点都具有技术经济指标优越、淹没损失小、开发目标单一、建设工期短的特点，具有很高的开发价值。随着电力体制改革的深入和厂网分开市场机制的实施，可以预见，贵州省中小水电的开发高潮很快就会到来。

（中国水电贵阳勘测设计研究院　李如成、陈国柱）

## 广西水力资源复查基本情况

经过2年多的艰苦工作，目前广西水力资源复查工作已完成，广西水力资源复查成果见《中华人民共和国水力资源复查成果（2003年）（分省）第18卷广西壮族自治区》。

广西水力资源复查工作主要成果如下：

（1）理论蕴藏量。符合本次复查统计口径的全自治区理论蕴藏量为，年电量1542.47亿kW·h，平均功率17608.1MW。此外，单河理论蕴藏量小于10MW的河流理论蕴藏量为2365.4MW。

（2）技术可开发量。经复核，符合本次统计口径的广西技术可开发水电站817+5/2座，装机容量18923.0MW，年发电量808.82亿kW·h。另外，理论蕴藏量小于10MW河流上单站装机容量0.5MW及以上的技术可开发水电站376座，装机容量678.9MW，年发电量30.00亿kW·h。

（3）经济可开发量。经复核，符合本次统计口径的广西经济可开发水电站755+5/2座，装机容量18583.1MW，年发电量795.04亿kW·h。另外，理论蕴藏量小于10MW河流上、单站装机容量0.5MW及以上的经济可开发水电站322座，装机容量583.9MW，年发电量26.00亿kW·h。

（4）已、正开发量。已、正开发量统计到2001年底。经复核，符合本次统计口径的广西已、正开发水电站407+3/2座，装机容量12309.0MW，年发电量537.10亿kW·h。另外，理论蕴藏量小于10MW河流上、单站装机容量0.5MW及以上的已、正开发水电站197座，装机容量302.7MW，年发电量13.60亿kW·h。

（5）与1980年第三次普查成果对比分析。1980年第三次水力资源普查成果与本次复查的成果对比见表1。

对比分析两次成果，本次复查全区水力资源理论蕴藏量和技术可开发量均有增加，其中红水河、湘江、桂南沿海诸河比1980年的成果大了约7.26%～19.8%，相差最大的是贺江，大了116.9%。

技术可开发量增加也较多，除了30年内新增加的规划水电站外，主要原因是利用季节电能和电网调峰需要而增加的装机容量，以及考虑了梯级水电站联合运行效益。

与1980年成果相比，本次复查结果表明，近20年来随着技术的进步、经济的发展、前期工作不断完善，广西水力资源得到了不断的开发、利用。广西应紧紧抓住西部大开发和"西电东送"的机遇，加速水电自身的发展，促进广西水力资源的进一步开发利用。

（广西水利电力勘测设计研究院　农卫红）

表1　本次复查成果与1980年普查成果对比表

| 河流名称 | 流域面积（$km^2$） | | 多年平均流量（$m^3/s$） | | 理论蕴藏量（MW） | | 技术可开发量 | | | | 已、正开发量 | | | |
|---|---|---|---|---|---|---|---|---|---|---|---|---|---|---|
| | | | | | | | 1980年成果 | | 本次成果 | | 1980年成果 | | 本次成果 | |
| | 1980年成果 | 本次成果 | 1980年成果 | 本次成果 | 1980年成果 | 本次成果 | 装机容量（MW） | 年发电量（亿kW·h） | 装机容量（MW） | 年发电量（亿kW·h） | 装机容量（MW） | 年发电量（亿kW·h） | 装机容量（MW） | 年发电量（亿kW·h） |
| 全区合计 | | | | | 16465.9 | 17608.1 | 13889.6 | 627.76 | 18923.0 | 808.82 | 1828.8 | 95.04 | 12309.0 | 537.10 |
| 红水河 | 315200 | 326594 | 7040 | 6758 | 8044.4 | 8628.6 | 9548.8 | 422.39 | 12911.7 | 561.46 | 955.8 | 50.77 | 9530.6 | 416.43 |
| 柳　江 | 57173 | 58228 | 1865 | 1652 | 3167.4 | 3139.3 | 1562.0 | 74.08 | 1875.1 | 82.90 | 254.5 | 13.00 | 715.8 | 32.42 |
| 郁　江 | 86800 | 89357 | 1893 | 1610 | 2680.7 | 2781.1 | 1825.3 | 85.42 | 2726.7 | 107.43 | 350.5 | 18.04 | 1459.1 | 62.56 |
| 桂　江 | 19288 | 18729 | 560 | 632 | 1258.1 | 1326.3 | 516.6 | 24.57 | 568.9 | 24.46 | 77.0 | 3.63 | 237.0 | 10.02 |
| 贺　江 | 7030 | 6154 | 240 | 215 | 269.2 | 533.6 | 184.7 | 9.21 | 402.8 | 14.31 | 114.8 | 6.15 | 181.1 | 7.19 |
| 湘水、资水 | 8283 | 8399 | | | 687.8 | 775.48 | 140.4 | 6.79 | 281.5 | 11.65 | 41.2 | 1.91 | 153.1 | 7.16 |
| 桂南沿海诸河 | 33700 | 22642 | | | 279.0 | 334.20 | 89.9 | 4.16 | 101.6 | 3.90 | 27.6 | 1.10 | 25.0 | 0.89 |
| 百都河 | | 1758 | 30.4 | 39.8 | 79.3 | 89.5 | 21.9 | 1.14 | 54.8 | 2.71 | 7.4 | 0.44 | 7.4 | 0.44 |

## 云南省水力资源复查工作取得阶段成果

根据全国水力资源复查工作要求，云南省水力资源复查工作按照新的技术要求"充分利用已有的勘测、规划和设计成果，进行复核和补充工作；对重点复查范围的水力资源组织必要的野外查勘、测量和规划设计工作；一般复查范围进行复核统计"。工作过程中共采用137个水文站的3597站年实测水文资料，使用1∶1万地形图196张、1∶5万地形图1017张及其他测量成果，查阅规划报告24份、查勘报告8份、云南省地电局和云南省水利水电勘测设计院资料7份、各地州有关资料10份，重点查勘5条河流，对1046座水电站和442条河流进行了计算和复核。初步确定全省有373条河流，理论蕴藏量为104386MW，技术可开发水电站801座、装机容量97756MW，至2002年底已、正开发水电站476座、装机容量11046MW。

云南省水力资源复查工作已取得阶段成果，录制了云南省水力资源数据库，编写了《中华人民共和国水力资源复查成果（2003年）（分省）第22卷　云南省》，绘制了各类图纸30张，有关指标表50份，大型水电站或水库简要说明49份。2003年元月在昆明由省计委对上述成果进行了初步审查，2003年2月在成都由全国水力资源复查领导小组办公室进行了审查验收。上述成果可供下步流域汇总使用。

云南省水力资源主要特点：河流众多，天然落差大，产水量大，水力资源丰富；开发目标较简单，地形地质等开发条件有利，工程技术经济指标较优越；大型水电站集中分布在金沙江、澜沧江和怒江干流上，利于建设大型水电能源基地；中、小型水电站广布全省各地，利于地方开发和满足地方用电要求；多数河流上、中游可修建调节水库，以利提高中、下游梯级水电站电能质量和保证出力；多数水电站分布在深山峡谷中，水库淹没和不利环境影响较小，有利于促进山区贫困地区脱贫致富和全面建设小康社会。

目前，云南省水力资源开发程度较低，至2002年底，全省水电站装机容量仅6240MW，仅为全省经济可开发量的6.4%，开发潜力极大，有丰富优越的水力资源保障西电东送战略的实施。

（中国水电昆明勘测设计研究院　杨杰锋、向　军）

# 流　域　开　发

## 乌江水电滚动开发

乌江全长 1037km，集中落差 2124m，多年平均年径流量达 534 亿 $m^3$，是水能集中的水电富矿，是我国十二大水电基地之一。

从市场导向出发，首选的开发项目是洪家渡水电站（装机容量 54 万千瓦，现已优化为 60 万千瓦）。该水电站是乌江梯级开发的龙头水电站，系多年调节水库，其发电量大多是高峰电量和枯水期电量，它的兴建将大幅度提高下游水电站效益，具有良好的市场适应性。经过优化，工程投资大幅度降低，工期缩短 2 年。

乌江水电开发有限责任公司抢抓机遇，提出了在“十五”期间同时开发 3 个 500MW 级水电站的目标。启动乌江渡水电站扩建工程（2×230MW＋3×40MW）和索风营水电站（3×200MW）。这两个项目都具有投资少、见效快的特点，是确保“十五”期间“西电东送”、具有很强竞争力的不可多得的优质电源点。还及时提出了把构皮滩水电站（3000MW）作为贵州水电“西电东送”标志性工程，列入国家“十五”规划的工作部署，加快做好东部构皮滩、思林、沙沱水电站前期工作，尽早形成“大开发”的态势。

2000 年 11 月 8 日，在贵州洪家渡、引子渡、乌江渡（扩建）3 座水电站率先开工，拉开了“西电东送”工程序幕。2001 年 10 月洪家渡、引子渡工程相继大江截流成功，进入了主体工程施工。这些工程将相继于 2003 年、2004 年投产发电。2002 年索风营工程实现了当年开工、当年截流、当年坝肩开挖的目标，2005 年将投产发电。

构皮滩水电站工程已列入国家“十五”计划明确的“十五”期开工建设的大型水电站工程，2001 年完成了装机容量由 2400MW 增至 3000WM 论证、送出工程规划设计、水土保持、环境评价审查及水库移民复核等工作，进行了设计优化。年底通过了可研报告审查，开始了施工准备工作。构皮滩水电站是乌江干流水电开发的控制性工程，具有装机容量大、调节性能好、技术经济指标优越、距离广东近等优势，是“西电东送”电源点中承东启西、承南启北的骨干电源支撑点，与东部电力市场有良好的互补性，同东部思林（1000MW）、沙沱（1000MW）水电站将形成贵州省东部“西电东送”水电群，构皮滩水电站开发在整个乌江流域开发中具有重要的战略地位。该工程 2002 年导流工程和坝肩开挖工程开工建设，年底国家计委批复工程项目建议书，工程已全面启动，2003 年正式开工建设。2002 年年底思林水电站施工准备工作正式启动，为工程提前开工奠定了基础。

经过优化，乌江干流水电开发平均造价仅为 4700 元/kW，低于全国平均水电工程造价。目前公司正在按照建设一流水电工程目标，做好各方面工作。

新组建的中国华电集团公司决定依托乌江水电开发有限责任公司成立贵州分支机构，对中国华电集团公司在贵州水火并举和资源优化配置，具有重要的意义。如果说 1999 年乌江水电开发有限责任公司改制促进了乌江水电开发启动，给乌江水电开发有限责任公司发展注入了新的活力，那么电力体制改革就是乌江水电开发有限责任公司拓宽发展领域，促进公司跨跃式发展的千载难逢的机遇。

乌江流域实行滚动开发的规划是：现有装机容量 1140MW；到 2004 年，将新增 1200MW，达 2340MW 实现第一个翻番；到 2010 年，再新增 2480MW，总装机容量 4820MW，实现第二个翻番；到 2012 年，总装机容量可超过 8000MW 以上，完成贵州境内乌江干流梯级开发的任务；力争 2015 年总装机容量达 10000MW，实现第三个翻一番的目标，真正建成南方重要的水电基地和能源基地。

（乌江水电开发有限责任公司　戴绍良）

## 怒江中、下游水电规划工作进展

怒江发源于青藏高原唐古拉山南麓西藏自治区那曲地区安多县境内，是一条较大的国际河流，那曲地区索县东巴以上称“那曲”，以下始称“怒江”。在我国境内，怒江流域面积为 125500$km^2$，其中西藏自治区境内为 103600$km^2$，云南省境内为 21900$km^2$。怒江干流长 2020km，其中西藏自治区境内为 1401km，云南省境内619km；干流天然落差4848m，其中西藏自治区境内3717m，云南省境内1131m。怒江干流水力资源理论蕴藏量为36407.4MW，其中西藏自治区19307.4MW，云南省17100MW。怒江水力资源丰富，开发条件较好，是我国尚待开发的大型水电基地之一。

由于种种原因，以往怒江干流上的水电勘测规划设计工作做得较少。2000年12月，经评标委员会评审，北京勘测设计研究院和华东勘测设计研究院分别成为怒江中、下游河段水电规划项目中标单位。至此怒江中、下游河段的水电规划工作正式拉开了序幕。

怒江中、下游自滇藏省界至中缅边界河段长619km，天然落差约1131m；为寻找库容较大的龙头水库，向西藏自治区境内延伸123km至色邑达附近，即本次中、下游水电规划河段指色邑达至中缅边界处，实际规划河段长742km，天然落差约1578m，水力资源理论蕴藏量22220MW。

近3年来，北京勘测设计研究院及华东勘测设计研究院对742km长的规划河段进行了测量、勘探、物探、地质、历史洪水调查及水库淹没等方面的外业工作。在地质勘察工作的基础上，各专业进行了深入的规划设计工作。对河段开发方案和主要技术问题进行了充分研究。经分析认为，怒江中、下游河段的供电方向为南方电网，主要是云南、广东和广西电网；开发任务以发电为主，兼有旅游效益，下游兼有灌溉效益；开发方式为以堤坝式为主，部分河段为引水式开发。

考虑到怒江中、下游河段的水力资源特点，结合其开发方式和开发条件，拟定了梯级开发组合方案原则：即重视“龙头”控制水库的研究，选择具有优良地形、地质条件的坝段作为梯级组合方案的基础，妥善处理发电效益、工程技术难度、环境保护和水库淹没四者之间的关系，注重整体规划与局部规划相结合。

依据上述原则，本阶段以松塔、丙中洛、闪打、贡山、马吉、鹿马登、福贡、碧江、亚碧罗、泸水、六库、石头寨、赛格、岩桑树、蚌东、光坡16级梯级坝段为基础，以松塔、马吉、亚碧罗3级梯级为骨架，拟定了12级、13级、14级和15级四种梯级开发组合方案，从电力市场需求、地形地质条件、动能指标、水工枢纽布置、水库淹没、环境保护、施工工期、投资及经济指标等方面综合比较，并充分听取地方政府和电源开发公司的意见，本阶段推荐开发方案为松塔、丙中洛、马吉、鹿马登、福贡、碧江、亚碧罗、泸水、六库、石头寨、赛格、岩桑树、光坡13级开发方案，规划梯级总装机容量21320MW，保证出力7789MW，年发电量1029.6亿kW·h。有关规划指标见表1。

对于近期工程的推荐，主要考虑了当地与“西电东送”的用电需要、各梯级的开发条件、技术经济指标、经济效益及远近结合等因素。在规划河段各梯级中，马吉和松塔水库是怒江中、下游各梯级的龙头水库，具有年调节性能，对中下游梯级具有较大的补偿效益，这2个梯级的开发对发挥整个梯级的效益有着举足轻重的影响。考虑到这2个梯级均为特大型水电站，且坝高均为300m级的高坝，勘测设计周期较长，应尽快开展前期工作，尤其是马吉水电站，前期工作和建设条件均较优，故推荐为近期水库工程；亚碧罗、赛格水电站装机规模适中，建设条件较为优越，施工工期短，经济指标优越，为尽早形成中、下游河段外送能力，故推荐为近期水电站工程。六库水电站为一座中型水电站，为满足近期地方电力需求，该水电站正在开展可行性研究工作，近期开发条件初步具备。作为怒江中、下游河段水电开发的启动工程，可先期建设。因此，中、下游河段的近期工程除六库（180MW）水电站外，本阶段推荐近期工程为马吉（4200MW）、亚碧罗（1800MW）和赛格（1000MW）3座水电站。另外碧江（1500MW）、泸水（2400MW）和岩桑树（1000MW）3座水电站建设条件也较优，作为马吉、亚碧罗和赛格水电站的后续工程，建议同期开展前期工作并尽早开发。其他水电站则可根据用电市场的需要相继兴建。

经过近3年的勘测设计和研究工作，2003年8月12日～14日，国家发展与改革委员会会同水利部、交通部、国土资源部、国家环保总局等部门，对《怒江中下游水电规划报告》进行了审查。主要审查意见如下：

（1）基本同意怒江中、下游河段水电规划的指导思想。

（2）同意怒江中、下游河段开发与治理任务是以发电为主，兼有灌溉、供水、防洪、旅游等综合效益。

（3）基本同意怒江中、下游“2库13级”梯级开发方案，即松塔、丙中洛、马吉、鹿马登、福贡、碧江、亚碧罗、泸水、六库、石头寨、赛格、岩桑树和光坡水电站。

（4）基本同意推荐马吉、亚碧罗、赛格和六库水电站为怒江中、下游河段近期开发工程。

（5）怒江开发要高度重视环境保护工作，落实环保措施，加强水土流失治理，促进经济、社会和环境的可持续发展。

（北京国电水利电力工程公司　翟国寿）

表1 怒江中下游水电规划梯级水电站主要指标表

| 项目 | | 单位 | 松塔 | 丙中洛 | 马吉 | 鹿马登 | 福贡 | 碧江 | 亚碧罗 |
|---|---|---|---|---|---|---|---|---|---|
| 建设地点 | | | 西藏察隅 | 西藏察隅<br>云南贡山 | 云南福贡 | 云南福贡 | 云南福贡 | 云南福贡 | 云南泸水 |
| 坝址控制流域面积 | | 万 $km^2$ | 10.35 | 10.37 | 10.61 | 10.72 | 10.75 | 10.84 | 10.93 |
| 多年平均年径流量 | | 亿 $m^3$ | 378 | 378 | 401 | 419 | 423 | 438 | 451 |
| 多年平均悬移质年输沙量 | | 万 t | 2144 | 2144 | 2269 | 2376 | 2394 | 2483 | 2555 |
| 开发方式 | | | 堤坝式 | 引水式 | 堤坝式 | 堤坝式 | 堤坝式 | 堤坝式 | 堤坝式 |
| 正常蓄水位 | | m | 1950 | 1690 | 1570 | 1325 | 1200 | 1155 | 1060 |
| 死水位 | | m | 1865 | 1688 | 1490 | 1310 | 1198 | 1150 | 1045 |
| 正常蓄水位水库库容 | | 亿 $m^3$ | 63.12 | 0.137 | 46.96 | 6.636 | 0.184 | 2.8 | 3.44 |
| 死水位水库库容 | | 亿 $m^3$ | 26.5 | 0.113 | 15.19 | 4.687 | 0.16 | 2.36 | 2.359 |
| 调节库容 | | 亿 $m^3$ | 36.62 | 0.024 | 31.77 | 1.949 | 0.024 | 0.44 | 1.081 |
| 调节性能 | | | 年调节 | 日调节 | 年调节 | 日调节 | 日调节 | 日调节 | 日调节 |
| 装机容量 | | MW | 4200 | 1600 | 4200 | 2000 | 400 | 1500 | 1800 |
| 保证出力 | 联合运行 | MW | 1197.5 | 617 | 1547.5 | 800.9 | 165 | 512.1 | 679.6 |
| | 单独运行 | MW | 1110.2 | 234.2 | 980.1 | 334 | 120 | 217.4 | 274.3 |
| 年发电量 | 联合运行 | 亿 kW·h | 178.7 | 83.4 | 189.7 | 100.8 | 19.8 | 71.4 | 90.6 |
| | 单独运行 | 亿 kW·h | 179.9 | 75.21 | 184.49 | 90.11 | 18.27 | 67.1 | 84.23 |
| 年利用小时数 | 联合运行 | h | 4255 | 5213 | 4518 | 5040 | 4951 | 4762 | 5036 |
| | 单独运行 | h | 4283 | 4701 | 4393 | 4505 | 4567 | 4473 | 4680 |
| 淹没耕地 | | 亩 | 4671 | 0 | 24813 | 6620 | 887 | 4832 | 2655 |
| 需安置人口 | | 人 | 3633 | 0 | 19830 | 5092 | 682 | 5186 | 3982 |
| 坝型 | | | 混凝土<br>拱坝 | 混凝土<br>重力坝 | 混凝土<br>拱坝 | 混凝土<br>重力坝 | 混凝土<br>重力坝 | 混凝土<br>重力坝 | 碾压<br>混凝土坝 |
| 最大坝高 | | m | 307 | 55 | 300 | 165 | 60 | 118 | 133 |
| 坝基主要岩性 | | | 黑云母二<br>长花岗岩 | 照云母二<br>长花岗岩 | 片麻岩<br>混合岩 | 石英片岩<br>片麻岩 | 石英片岩 | 片岩<br>大理岩 | 片麻岩 |
| 静态总投资(2003年水平) | | 万元 | 1967650 | 523429 | 1845162 | 913009 | 229335 | 593661 | 600186 |
| 单位容量投资 | | 元(kW) | 4685 | 3271 | 4393 | 4565 | 5733 | 3958 | 3334 |
| 单位电能投资 | | 元<br>(kW·h) | 1.101 | 0.628 | 0.972 | 0.906 | 1.158 | 0.831 | 0.662 |
| 建设工期 | 第一台机组发电 | | 8年 | 5年 | 8年 | 5年9个月 | 3年9个月 | 5年 | 5年 |
| | 总工期 | | 10年 | 6年 | 10年 | 7年 | 4年6个月 | 6年6个月 | 6年6个月 |

续表

| 项目 | | 单位 | 泸水 | 六库 | 石头寨 | 赛格 | 岩桑树 | 光坡 | 合计 |
|---|---|---|---|---|---|---|---|---|---|
| 建设地点 | | | 云南泸水 | 云南泸水 | 云南保山<br>云南泸水 | 云南保山<br>市隆阳区 | 云南施甸<br>云南龙陵 | 云南镇康<br>云南龙陵 | |
| 坝址控制流域面积 | | 万 $km^2$ | 11.04 | 11.06 | 11.2 | 11.4 | 11.65 | 12.44 | |
| 多年平均年径流量 | | 亿 $m^3$ | 473 | 476 | 498 | 536 | 558 | 596 | |
| 多年平均悬移质年输沙量 | | 万 t | 2680 | 2698 | 2831 | 3037 | 3150 | 3364 | |
| 开发方式 | | | 堤坝式 | 堤坝式 | 堤坝式 | 堤坝式 | 堤坝式 | 堤坝式 | |
| 正常蓄水位 | | m | 955 | 818 | 780 | 730 | 660 | 600 | |
| 死水位 | | m | 930 | 818 | 775 | 727 | 657 | 597 | |
| 正常蓄水位水库库容 | | 亿 $m^3$ | 12.88 | 0.081 | 0.7 | 2.7 | 3.91 | 1.24 | 144.77 |
| 死水位水库库容 | | 亿 $m^3$ | 8.25 | 0.081 | 0.51 | 2.35 | 3.48 | 1.03 | 66.99 |
| 调节库容 | | 亿 $m^3$ | 4.63 | 0 | 0.19 | 0.35 | 0.43 | 0.21 | 77.78 |
| 调节性能 | | | 日调节 | 无调节 | 日调节 | 日调节 | 日调节 | 日调节 | |
| 装机容量 | | MW | 2400 | 180 | 440 | 1000 | 1000 | 600 | 21320 |
| 保证出力 | 联合运行 | MW | 953.4 | 75.7 | 178 | 410 | 409 | 243 | 7788.7 |
| | 单独运行 | MW | 398.6 | 36.5 | 73 | 166.7 | 175.6 | 109 | 4229.6 |
| 年发电量 | 联合运行 | 亿 kW·h | 127.4 | 7.6 | 22.9 | 53.6 | 52 | 31.5 | 1029.6 |
| | 单独运行 | 亿 kW·h | 110.26 | 7.04 | 20.2 | 46.6 | 46 | 27.8 | 957.2 |
| 年利用小时数 | 联合运行 | h | 5310 | 4209 | 5205 | 5360 | 5200 | 5250 | 4829 |
| | 单独运行 | h | 4594 | 3911 | 4591 | 4660 | 4600 | 4633 | 4490 |
| 淹没耕地 | | 亩 | 5920 | 162 | 985.6 | 3103.5 | 4284 | 63 | 58996 |
| 需安置人口 | | 人 | 5190 | 411 | 587 | 1882 | 2470 | 34 | 48979 |
| 坝型 | | | 混凝土面<br>板堆石坝 | 混凝土<br>重力坝 | 混凝土<br>重力坝 | 混凝土<br>重力坝 | 混凝土<br>重力坝 | 混凝土<br>重力坝 | |
| 最大坝高 | | m | 175 | 35.5 | 59 | 79 | 84 | 58 | |
| 坝基主要岩性 | | | 玄武岩 | 灰岩 | 白云岩 | 白云岩<br>玄武岩 | 灰岩 | 灰岩 | |
| 静态总投资（2003年水平） | | 万元 | 878711 | 94279.5 | 231995 | 364525 | 435373 | 287274 | 8964590 |
| 单位容量投资 | | 元(kW) | 3661 | 5238 | 5273 | 3645 | 4354 | 4788 | 4205 |
| 单位电能投资 | | 元<br>(kW·h) | 0.689 | 1.244 | 1.013 | 0.68 | 0.837 | 0.912 | 0.871 |
| 建设工期 | 第一台机组发电 | | 6年 | 2年6个月 | 4年3个月 | 4年10个月 | 5年 | 4年10个月 | |
| | 总工期 | | 7年9个月 | 3年8个月 | 5年 | 5年7个月 | 5年9个月 | 5年4个月 | |

## 大渡河流域梯级开发规划与调整

一、流域概况

大渡河是长江流域岷江水系最大支流，发源于青海省果洛山东南麓，分东、西两源，东源为足木足河，西源为绰斯甲河，以东源为主源。流经四川省阿坝、甘孜、雅安等地区，在乐山市汇入岷江。干流全长1062km，其中四川省境内长852km；天然落差4175m，其中四川省境内2788m；全河流域面积77400km²（不包括青衣江），年径流量470亿m³，干流在四川省境内水力资源理论藏蕴量为2083万kW，是国家规划的十二个水电基地之一。河段划分一般以泸定以上为上游，泸定至铜街子为中游，铜街子以下为下游。

二、流域梯级开发规划

1. 先期规划研究工作　1953年～1954年长江流域规划办公室对大渡河干流泸定以下河段和大马引水方案进行了查勘。1956年～1977年水利电力部成都勘测设计院对大渡河干支流进行大量普查、查勘，1961年基本完成了大渡河流域水力资源的普查工作。1965年完成了大渡河干流龚嘴水电站的开发报告；1977年下半年正式开展大渡河干流双江口至铜街子河段以独松、马奈、长河坝、大岗山、龙头石、瀑布沟、龚嘴等主要梯级为格局的17级开发规划工作。1983年6月完成《大渡河干流规划报告》，推荐梯级开发水电站自上而下依此为独松、马奈、丹巴、季家河坝、猴子岩、长河坝、冷竹关、泸定、硬梁包、大岗山、龙头石、老鹰岩、瀑布沟、深溪沟、枕头坝、龚嘴（高）和铜街子。在17级梯级中，独松和瀑布沟两个调节水库为大渡河干流开发的控制性工程；报告推荐瀑布沟水电站作为继铜街子水电站之后的开发建设工程。1984年6月提出了《大渡河干流规划报告近期开发工程补充论证报告》。1989年11月，水利部、能源部会同四川省人民政府在成都共同主持审查通过了《大渡河干流规划报告》，在审查意见的基础上，成都勘测设计院根据当时新公布的《水法》要求和新增勘测设计资料，对原规划报告（1983年6月版）进行了适当的补充和修编，于1990年完成了正式规划成果，提出独松水库（低坝方案）、马奈、大岗山、龙头石、瀑布沟水库（高坝方案）、龚嘴、铜街子等16级梯级组成的梯级开发方案。

2. 梯级开发方案的实施与调整　根据大渡河干流先期规划，1965年开始兴建龚嘴水电站（700MW），1971年建成发电。《大渡河干流规划报告》1983年审查后，于1984年开始兴建铜街子水电站（600MW），1992年建成发电。瀑布沟水电站可行性研究报告、初步设计报告，先后于1988年11月、1993年12月通过水利水电规划设计管理局会同四川省计委的审查，2003年1月国家计划委员会批准立项建设。

为加快大渡河流域梯级滚动开发进程，选择继瀑布沟水电站后的重点开发梯级尤为重要，受国家电力公司水电水利规划设计总院、四川省发展计划委员会、国电大渡河流域水电开发有限公司的委托，成都勘测设计研究院于2001年开展对大渡河干流进行水电规划复核、调整及优化工作。2003年7月完成《四川省大渡河干流水电规划调整报告》。提出大渡河干流规划河段开发是以发电为主，兼顾防洪、航运。22级开发方案，梯级电站自上而下依次为下尔呷、巴拉、达维、卜寺沟、双江口、金川、巴底、丹巴、猴子岩、长河坝、黄金坪、泸定、硬梁包（引水式）、大岗山、龙头石、老鹰岩、瀑布沟、深溪沟、枕头坝、沙坪、龚嘴（低）、铜街子。22个梯级，以瀑布沟为中游控制水库，以双江口为上游控制水库，以下尔呷为干流“龙头”水库，并推荐双江口、大岗山、深溪沟、长河坝、猴子岩5级梯级为继瀑布沟水电站之后的近期开发工程。《四川省大渡河干流水电规划调整报告》于2003年11月通过水电水利规划设计总院会同四川省计委的审查。

目前，受大渡河流域水电开发有限公司委托，成都勘测设计研究院已开始分别、分期进行双江口、深溪沟、长河坝、大岗山等水电站的预可行性、可行性研究工作。

（中国水电成都勘测设计研究院　赖　寒　刘吉祥）

## 雅砻江开发规划与实施

一、流域概况

雅砻江发源于青海省玉树县境内的巴颜喀拉山南麓，自西北向东南流，于呷衣寺附近流入四川省境内，在两河纳支流鲜水河后河道偏向南流，经雅江至洼里上游8km处，小金河自右岸汇入，其后自北向南绕锦屏山至巴折形成长约150km的大河湾，巴折以下继续南流，至小得石下游约3km处左岩有安宁河汇入，在攀枝花下游的倮果注入金沙江。干流全长1570km，流域面积约13.6万km²。

二、先期规划研究工作

（1）1958年～1959年，水利电力部成都勘测设计院开展了雅砻江锦屏以下中、下游河段水力资源普查和查勘，查清了该河段的水文资料，编制了《雅砻江（洼里—河口）查勘报告》。

（2）1960年～1961年水利电力部成都勘测设计院和中国科学院南水北调队开展了雅砻江金河以上的上、中游河段的水力资源普查，进一步查清了雅砻江干流的水力资源，提出了《雅砻江及其水力资源利用》（1962年）等成果。

（3）1958年～1961年，长江流域规划办公室和四川省地质局水文工程地质大队在长江上游规划期间，对下游独田村、二滩等坝段进行了勘探，取得了这些坝段建坝条件的初步资料。

（4）1965年，成都勘测设计院和中国科学院综合考察队对雅砻江金河以下河段进行查勘并提出了《锦屏单独裁弯引水开发研究报告》。

（5）1966年～1969年，水利电力部上海勘测设计院对雅砻江锦屏以下河段进行了查勘，研究了藤桥河口、茅坪、二滩、米筛沱等坝段的开发条件，并对二滩坝段进行了普查性的地质测绘，认为雅砻江下游河段开发条件好，可考虑作为供电攀枝花市（原名渡口市）—西昌地区的重点对象，编制成果有《雅砻江下游复勘选点报告》（1969年10月）等。

（6）1972年11月，成都勘测设计院根据水利电力部水电综合第243号文指示要求对攀枝花地区水电规划选点任务的安排意见，再次组织了雅砻江下游和金沙江（范围扩大为虎跳峡至宜宾河段）的查勘，全面开展了雅砻江下游河段的规划选点工作。渡口地区水电规划选点地质勘探工作于1972年12月26日第一台钻机开钻，通过对藤桥河口、二滩和米筛沱三个坝段的地质勘探、比较和论证（含梯级布置），1973年7月提出了《渡口地区水电规划选点报告》，最终推荐二滩水电站为攀枝花地区第一期开发工程。

三、梯级开发规划的完善与实施

（1）遵照上级部署，电力工业部成都勘测设计院在雅砻江先期规划成果的基础上，1988年开展卡拉至江口河段的规划，水利水电规划设计管理局水规计字［1988］第35号文要求在解放沟和普斯罗沟坝址按一级高坝进行勘测设计工作，其深度按河流规划阶段第一期工程的要求进行。1992年成都勘测设计院编制完成了《雅砻江干流（卡拉至江口河段）水电规划报告》，梯级电站规划自上而下依次为锦屏一级、二级、官地、二滩、桐子林。1996年3月对该河段规划报告进行了中间审查，并以川计（1996）能200号文下发了审查意见，同意报告推荐的锦屏一级水电站为该河段的“龙头”水库梯级。

（2）2001年12月受国家计委委托，国家电力公司水电水利规划设计总院对雅砻江两河口至卡拉河段水电规划项目进行招标，成都勘测设计研究院积极投标，一举中标，2002年8月正式开始进行雅砻江两河口至卡拉河段的水电规划工作，计划2004年12月完成该河段规划报告。梯级开发水电站自上而下为两河口、牙根、楞古、大空、杨房沟、卡拉乡。

（3）根据流域梯级滚动开发的原则，二滩水电开发公司作为雅砻江水电项目的业主，对雅砻江梯级水电站进行开发建设。受二滩水电开发公司委托，成都勘测设计研究院继二滩水电站之后，于1997年完成官地水电站可行性研究报告，1998年4月通过电力工业部会同四川省计委审查；1994年12月完成桐子林水电站可行性研究报告，1995年4月通过水利水电规划设计总院会同四川省计委的审查；2002年提出了两河口水电站开发方式研究报告；2003年9月完成锦屏一级水电站可行性研究报告，2003年11月通过国家发改委组织的审查。锦屏二级水电站可行性研究由国电公司华东勘测设计研究院正在进行编制。

2003年11月14日国家开发银行和二滩水电开发公司签订了“雅砻江流域水力资源开发性金融合作协议”。根据计划整个雅砻江水电开发总量28000MW，开发总投资预计1400～1800亿元。根据协议国家开发银行对二滩开发公司近期拟开工建设的锦屏一级、二级水电站（总装机容量8000MW），中期开发的两河口、官地、桐子林水电站（总装机容量5250MW），远期开发建设的杨房沟等梯级水电站（总装机容量8760MW）提供信用合作额度和贷款诺函。

二滩水电站5、6号机组1998年8月并网发电，1999年12月全部建成，2000年12月枢纽专项工程竣工验收。

（中国水电成都勘测设计研究院　赖　寒　刘吉祥）

## 白鹤滩水电站预可行性研究

白鹤滩水电站位于金沙江下游河段，四川省宁南县和云南省巧家县境内，距巧家县城35km，上接乌东德梯级，下邻溪洛渡梯级，控制流域面积43.03万$km^2$，占金沙江流域面积的91.0%。

初步工程设计方案，白鹤滩水库正常蓄水位为820m，相应库容179.34亿$m^3$；水库死水位为760m时死库容78.92亿$m^3$，调节库容达100.32亿$m^3$，可满足全梯级联合运行时对白鹤滩水库年调节库容的要求。为满足以发电为主，兼顾防洪等综合利用要求，经分析初步确定汛期限制水位为790m，预留防洪库容56.23亿$m^3$。

电站装机容量为12000MW，保证出力3953MW，多年平均年发电量为533.1亿kW·h，年利用小时数为4443h。枢纽由拦河坝、泄洪消能设施、引水发电系统等组成。

白鹤滩水电站于2001年纳入国家计委前期工作计划，并于2002年1月对预可行性研究勘察设计工作进行招标，通过评标，确定华东勘测设计研究院为中标单位。2002年11月30日，在湖北省宜昌市召开的金沙江溪洛渡和向家坝水电站建设第一次协调会议上，国家计委明确白鹤滩水电站项目的业主为中国长江三峡工程开发总公司。中国长江三峡工程开发总公司争取白鹤滩水电站2009年开工建设，要求在2004年6月底前完成预可行性研究工作，2008年完成可行性研究报告并上报国家审查。

白鹤滩水电站预可行性研究勘测设计科研大纲于2002年初编制完成，6月份通过中国水利水电建设工程咨询公司组织的"金沙江白鹤滩水电站预可行性研究勘测设计科研大纲"咨询。

预可行性研究分两个阶段进行，2003年上半年完成坝址、坝型初步选择，然后，在此基础上完成预可行研究工作。白鹤滩水电站坝址、坝型初步选择研究报告已于2003年4月编制完成。

根据河段地形地质条件，选择白鹤滩和羊厩两个坝段进行坝段比选，作为对原规划工作的补充、复核，通过比较选择白鹤滩坝段为选定坝段。按照坝址与坝型相结合的原则，选取白鹤滩中坝址双曲拱坝、下坝址重力拱坝、上坝址重力拱坝和上坝址堆石坝四个方案，通过技术、经济初步比较，选择中坝址混凝土双曲拱坝方案为白鹤滩水电站预可行研究初选坝址、坝型阶段的代表性设计方案，并进行初步投资估算和经济评价。

白鹤滩水电站混凝土双曲拱坝的坝顶高程827m，坝基高程550m，最大坝高270m。坝址河谷狭窄，枯水期水面仅宽60～100m，设计及校核洪水流量达39800$m^3/s$和47700$m^3/s$，泄洪消能问题比较突出，初步采用坝身与岸边泄洪设施相结合的联合泄洪方式，设置了6个坝身表孔、7个中孔和4条岸边泄洪洞三套泄洪设施。采用库内左、右两岸全地下式厂房，首部开发方式，主厂房、主变压器开关室、尾水调压室3组洞室平行布置。厂房安装16台单机750MW的水轮发电机组，左右岸厂房内各安装8台机组。

白鹤滩水电站地处高山峡谷，工程规模巨大，采用断流围堰、隧洞导流方式施工。根据工程规模、枢纽布置特点、施工条件及施工导流规划等，初拟工程筹建期为3年6个月，工程正式开工到第一批机组发电工期为8年9个月，施工总工期为11年11个月，建设总工期为15年5个月。

按2002年价格水平并按全内资分析计算，白鹤滩水电站工程静态投资为5026248.51万元，单位容量静态投资4189元/kW，工程动态总投资6393182.56万元，单位容量总投资5328元/kW。按投资收益要求测算的经营期平均出厂电价为0.226元/(kW·h)，相应的全部投资的财务内部收益率为10.01%，投资回收期为19.8年，贷款偿还期25年，还清借款后全部投资利润率为12.20%，投资利税率为12.44%，资本金利润率为65.38%。

（中国水电华东勘测设计研究院　徐建强）

## 溪洛渡、向家坝水电站开发展望

金沙江溪洛渡和向家坝水电站是金沙江下游最末两级梯级水电站，两水电站的前期工作始自1985年，至今已近20年。在国务院1990年批准的《长江流域综合利用规划简要报告》中，以上两座水电站被确定为金沙江的第一期建设工程。1995年11月，国务院三峡工程建设委员会五次会议纪要指出"金沙江向家坝、溪洛渡水电站的前期工作要抓紧进行。中国长江三峡工程开发总公司是建设这两个工程的业主，在'九五'期间要完成可行性研究报告，争取在'十五'期间开工建设其中一个水电站"。1996年5月，金沙江溪洛渡和向家坝水电站预可行性研究报告通过国家审查。1996年起，中国长江三峡工程开发总公司开始组织开发溪洛渡和向家坝水电站的前期工作，先后分别委托国家电力公司水电水利规划设计总院、国家电力公司成都与中南勘测设计研究院，开展金沙江溪洛渡、向家坝水电站综合比选及溪洛渡、向家坝水电站可行性研究勘测设计工作。

2000年11月和2002年5月，中国长江三峡工程开发总公司完成《金沙江溪洛渡水电站项目建议书》与《金沙江向家坝水电站项目建议书》的上报工作。2002年6月，国家计委召开金沙江溪洛渡和向家坝水电站立项建设论证会议，对两份项目建议书进行了论证评审。2002年10月，国家计委经上报国务院批准，以计基础［2002］2004号文同意溪洛渡和向家坝水电站两项目立项。2002年11月底，国家计委在三峡坝区主持召开的金沙江溪洛渡和向家坝水电站建设第一次协调会议指出：要"力争溪洛渡和向家坝水电站'十五'期间能开工建设"，"溪洛渡水电站项目可行性研究报告的批复和项目评估报告，要争取在2003年底以前完成”。2个月之后的2003年2月，金沙江水电开发有限公司在成都市设立了筹建处。

## 一、金沙江“十五”期间开工2座水电站的工程概况

1. 向家坝水电站工程　向家坝水电站是金沙江梯级开发中的最末一个梯级，坝址位于向家坝峡谷出口处，左岸是四川省宜宾县，右岸是云南省水富县。电站下距宜宾市区33km，离水富港2.5km，与宜昌、武汉的直线距离分别为700km、980km。向家坝水电站的开发任务以发电为主，同时可改善上、下游通航条件，兼顾灌溉，结合防洪、拦沙，并且具有为上游梯级进行反调节的作用。估算静态总投资为289.88亿元人民币，其设计委托单位为中南勘测设计研究院。

向家坝水电站正常蓄水位380m，总库容51.85亿$m^3$，调节库容9.03亿$m^3$，为不完全季调节水库。电站装机8台，单机容量750MW，总装机容量6000MW，单独运行时保证出力1762MW，多年平均年发电量301.3亿kW·h。拦河坝采用常规混凝土重力坝，坝顶高程383m，坝顶长度897m，最大坝高161m；溢流坝位于主河道；发电厂房分两岸布置，左岸为坝后式厂房，右岸为地下式厂房；通航建筑物布置在左岸，可通过1000t级船队。据2001年底调查初步估算，向家坝水电站水库淹没影响人口8.92万人，淹没耕地约3.6万亩，园地1.2万亩。

2. 溪洛渡水电站工程　溪洛渡水电站是金沙江梯级的倒数第二级，坝址被四川雷波县、云南永善县所夹持。它距下游宜宾市河道里程184km，距离三峡、武汉、上海的直线距离分别为770km、1065km和1780km，是一座以发电为主，兼有拦沙、防洪和改善下游航运等综合利用效益的巨型水电站。

溪洛渡水电站正常蓄水位600m，水库总库容125.7亿$m^3$，调节库容64.6亿$m^3$。拦河大坝采用混凝土双典拱坝，坝顶高程610m，坝顶长度700m，最大坝高278m，左右两岸布置地下式厂房，各装9台机组，单机容量700MW，总装机容量12600MW，初期保证出力3395MW，多年平均年发电量571.2亿kW·h。水库淹没损失相对较小，淹没指标与国内部分工程比较较优。水库淹没影响人口3.95万人，淹没耕地4.18万亩，园地1.62万亩。

溪洛渡水电站按2003筹建、2004年7月开工安排、静态总投资为445.73亿元人民币。设计委托单位为成都勘测设计研究院。

## 二、向家坝、溪洛渡水电站的财务评价

1. 向家坝水电站　财务评价暂按电站开始筹建年份2007年考虑，并以静态总投资（零价差）、上网电量为年发电量的95%（平衡计算的电量平均纳入率在98%以上）作为基本方案进行财务指标测算，向家坝水电站工程总投资356.5亿元，其中固定资产投资289.88亿元，建设期利息66.02亿元，流动资金6000万元。资本金按电站总投资的20%考虑，其余80%为银行贷款。固定资产投资贷款利息按2001年底5年期以上的贷款年利率6.21%计算，流动资金贷款年利率设为5.85%。

（1）按全部投资财务内部收益率8%和10%测算，向家坝水电站的出厂电价分别为0.161元/(kW·h)和0.212元/(kW·h)。相应资本金内部收益率分别为10.71%和14.34%，借款偿还期分别为29.6年和22.4年。

（2）输变电工程按全部投资内部收益率8%和10%测算，向家坝水电站送电华东的输电价（过网费）分别为0.097元/(kW·h)和0.119元/(kW·h)；送电华中的输电价分别为0.0872元/(kW·h)和0.099元/(kW·h)。

（3）全部投资财务内部收益率按8%和10%测算，向家坝水电站送达华东地区的下网电价分别为0.258元/(kW·h)和0.311元/(kW·h)。该电价是电站首批机组投产后30年内的平均电价，远低于1997年以来华东、华中投产火电厂的平均上网电价。

敏感性分析表明，向家坝水电站出厂电价介于0.161元/(kW·h)与0.343元/(kW·h)之间，资本金内部收益率在10.69%～15.84%范围内，借款偿还期在20.6～30年之间。

以上分析说明，该电站各项财务指标都比较优越，电价竞争力强，兴建该水电站财务上是可行的。

2. 溪洛渡水电站　溪洛渡水电站按全部投资的财务内部收益率10%、经营期30年的原则测算，在不考虑投资分摊（发电承担全部投资）情况下，其经营期平均出厂电价为0.204元/(kW·h)，相应的借款偿还期为23.65年，资本金财务内部收益率为13.97%，财务指标优越。

从电价承受能力看，该水电站基本方案（发电承担全部投资，零价差）的经营期平均出厂电价为0.204元/(kW·h)，送电华东和华中地区的过网费分别为0.105元/(kW·h)和0.079元/(kW·h)，送华东电网和华中电网的到网电价分别为0.322元/(kW·h)和0.291元/(kW·h)，远低于华东和华中电网的边际上网电价，具有较强的竞争力。

敏感性分析表明，不考虑投资分摊的情况下，零价差，各因素变化时经营期平均出厂电价介于0.147～0.227元/(kW·h)之间，计入过网费后，送电华东电网的到网电价介于0.261～0.346元/(kW·h)，送电华

中地区的到网电价介于 0.232～0.315 元/（kW·h），低于华东与华中电网的边际上网电价。

以上分析说明，该水电站各项财务指标优越，具有较强的贷款偿还能力和抗风险能力，送电到各电网具有较强的市场竞争力，兴建溪洛渡水电站在财务上是可行的。

## 三、溪洛渡、向家坝水电站在电力市场中的竞争优势

专家们肯定地说，与华东、华中和川渝等地区同期兴建的火电上网电价相比，金沙江畔“十五”开工的这两座水电站的电价具有很强的竞争力。

（1）据测算，溪洛渡水电站输送华东、华中、川渝电网第一落点的不含税输电电价分别为 0.105 元/（kW·h）、0.079 元/（kW·h）、0.057 元/（kW·h）。向家坝水电站送电华东、华中、川渝电网第一落点的不含税输电电价分别为 0.097 元/(kW·h)、0.082 元/(kW·h)和 0.057 元/(kW·h)。

（2）溪洛渡水电站到华东、华中、川渝电网第一落点的到网电价（不含税）分别为 0.293 元/(kW·h)、0.263 元/(kW·h)、0.234 元/(kW·h)。向家坝水电站到华东、华中、川渝电网的到网电价（不含税）分别为 0.232 元/(kW·h)、0.214 元/(kW·h)、0.184 元/(kW·h)。与之相比较，上述受电地区同期投产的新建火电厂上网电价（不含税）则要高出许多，华东、华中、川渝分别为 0.329 元/(kW·h)、0.298 元/(kW·h)、0.291 元/(kW·h)。溪洛渡、向家坝水电站到各受电网第一落点的到网电价均具有竞争力。

（3）溪洛渡水电站输电系统在考虑了配套输变电工程后到各受电网的到网电价（不含税）华东、华中、川渝分别为 0.315 元/(kW·h)、0.284 元/(kW·h)、0.289 元/(kW·h)。向家坝水电站输电系统在考虑了配套输变电工程后到各受电网的到网电价（不含税）华东、华中、川渝分别为 0.246 元/(kW·h)、0.224 元/(kW·h)、0.239 元/(kW·h)。

## 四、金沙江下游第二批将“上马”的梯级水电站的准备情况

金沙江下游河段全长 782km，落差 729m，规划分 4 级开发，从上至下依次为乌东德、白鹤滩、溪洛渡、向家坝水电站，规划总装机容量 38500MW，年发电量 1760 亿 kW·h。装机容量和年发电量均为三峡水电站的 2 倍以上。4 座电站可获得总库容 415 亿 $m^3$，调节库容 180 亿 $m^3$ 左右，均大于三峡工程。为了给第十一个五年计划的电力建设发展铺路，中国长江三峡工程开发总公司在 2003 年计划投入近亿元，以确保被称为“黑白”工程的乌东德、白鹤滩 2 座水电站的可研与预可研工作早日完成。

1. 乌东德水电站　金沙江下游河段在最上一级开发的“龙首”梯级，其坝址位于四川省会东县与云南省禄劝县境内的乌东德峡谷。电站上距攀枝花市 190km，与成都、武汉直线距离分别为 800km 和 1200km。其开发以发电为主，兼顾防洪和拦沙。乌东德水电站水库正常蓄水位初拟 950m，死水位 945m，总库容量 40 亿 $m^3$，调节库容 9.4 亿 $m^3$。电站装机容量 7400MW，保证出力 3200MW，年发电量 339 亿 kW·h，其中枯水期平均电量 174 亿 kW·h。据初步估计，水库淹没耕地 1.75 万亩，迁移人口仅约 1.42 万人。

2. 白鹤滩水电站　白鹤滩水电站位于四川省宁南县与云南省巧家县境内，下距宜宾市约 300km，上距巧家县城约 45km，距昆明约 260km，距西昌约 190km，是金沙江下游干流河段梯级开发的第二级梯级水电站，上接乌东德水电站，下邻溪洛渡水电站 195km，是一座以发电为主，兼有防洪、拦沙等综合效益的特大型水电站。根据规划报告，电站正常蓄水位 820m，水库总库容 180 亿 $m^3$，调节库容 113 亿 $m^3$，具有不完全年调节性能。电站装机容量 12000MW，保证出力 3550MW，多年平均年发电量 515 亿 kW·h。水库淹没耕地 7.39 万亩，迁移人口 6.066 万人。电站建成后将有较大的电力远送华东和华中或其他地区。由于白鹤滩水电站具有较大的调节库容，电站建成后，还可增加下游溪洛渡、向家坝、三峡、葛洲坝梯级水电站保证出力 2200MW，增加年发电量 55 亿 kW·h。按 2001 年价格水平测算，白鹤滩水电站，工程静态投资为 424.64 亿元，单位容量静态投资 3539 元/kW，工程动态总投资 567.78 亿元，单位容量动态投资 4732 元/kW。

为满足金沙江水电开发的需要，加快乌东德和白鹤滩水电站前期工作，2002 年底，国家计委以计办基础［2002］1618 号文明确：以中国长江三峡工程开发总公司为主安排资金开展白鹤滩和乌东德水电站的勘测设计工作。

目前，华东勘测设计研究院正在按合同开展白鹤滩水电站工程的勘测设计工作，计划于 2004 年 6 月完成预可行性研究工作。中国长江三峡工程开发总公司计划于 2008 年完成可行性研究报告并上报审查部委，争取 2009 年开工建设。

（中国长江三峡工程开发总公司　杨慎勤）

中国水力发电年鉴（2003）

6

# 抽水蓄能电站

# 规 划 工 作

## 我国抽水蓄能电站发展规划概要

抽水蓄能电站能够顶尖峰、填低谷，并有调频、调相、旋转备用、紧急事故备用、黑启动等方面的功能，尤其是它具有负荷跟踪速度快的特点，对改善电网的经济性和稳定性起了很大作用，在现代电网中占有不可替代的位置。

我国电网规模越来越大，伴随着大型火电站、核电站和风电场的投入，要求电网有更大的调节能力和灵活性；而随生产和生活水平的提高，系统负荷的峰谷差也日益增大，电网的安全和经济对抽水蓄能电站的需求越来越迫切。我国除现代电网和现代生活的要求外，实施西电东送也需要建设抽水蓄能电站。经20世纪90年代的大力发展，我国已建成一批大型抽水蓄能电站，装机容量占全国总发电装机容量的比例约1.6%，但比例仍然较低，我国需要加紧抽水蓄能电站建设。

（一）抽水蓄能电站发展规划要点

1. 东部要加紧建设第二批抽水蓄能电站　华东地区能源资源缺乏，必须通过“西电东送”大规模吸纳西部电力。东部电网水电比重很小（约占5.7%），系统调峰电源缺乏；此外，东部电网作为“西电东送”的受端电网，从优化系统的电源结构考虑，从电网的安全考虑，从电价改革后的经济效益考虑，都有必要建设一批抽水蓄能电站。

2. 中部要启动建设适合系统需要的抽水蓄能电站　中部电网水电比重较大（约占33%），枯水期缺电严重，汛期由于水库调节性能较差或防洪的需要及低谷出现火电抢发电量等因素的影响，造成水电经常弃水调峰，弃水电量较大。

中部电网电源布局不尽合理，电网安全稳定问题突出。其中湖北、湖南水电比重高达50%以上，且多集中在西部地区，而负荷中心却集中在鄂东和湘中地区，形成区内西电东送格局。加之电网结构薄弱和受端支撑电源少等原因，电网安全稳定问题突出。

针对中部电网存在的种种问题，需要配置适当规模的抽水蓄能电站以优化电源结构，提高电网运行的经济稳定性、减少弃水电量。

3. 西部要研究配置特殊抽水蓄能电站　西部地区水力资源丰富（约占全国的70%），且开发程度较低，不到10%，作为“西电东送”的能源基地，今后西部水电的开发速度必将大大加快。

西部电网水电比重较大，但目前水库调节性能较差，汛期调峰问题突出，需研究配置具有周调节以上调节性能的抽水蓄能电站的经济合理性，以优化西部电网结构，在实施“西电东送”战略中实现“双赢”。

（二）抽水蓄能电站发展规划目标

由于我国电力系统中主要是调峰性能较差的煤电，不像一些发达国家有调节性能较好的油电和天然气、地热发电等，故中国抽水蓄能电站的发展理应比其他工业发达国家更为迫切，在电网中所占比重应更大些。考虑需要和可能，我国抽水蓄能电站发展规划目标为：2005年全国抽水蓄能电站装机容量8000～10000MW，占全国电力装机容量的2.5%；2010年全国抽水蓄能电站装机容量15000MW，占全国电力装机容量的3%。

（三）抽水蓄能电站项目储备

中国地域辽阔，山川众多，地形起伏变化大，不仅常规水力资源异常丰富，而且抽水蓄能电站资源也相当多。据全国23个省（区、市）粗略考察，已查明抽水蓄能电站站址250余处，总计规模310000MW左右，其中大部分是技术经济指标优越、开发价值较高的优良站点。

由于我国各地自然条件差别较大，水力资源分布及经济发展也存在着较大差异。为了优化电源结构配置，适应经济发展形势，各地根据自身条件和需求，大力开展抽水蓄能电站资源的普查或规划选点工作。据初步了解，目前北京、天津、河北、内蒙、山西、辽宁、吉林、黑龙江、山东、江苏、浙江、上海、福建、安徽、江西、河南、湖南、湖北、广东、广西、海南、四川等22个省（市、区）已开展过普查，新疆、西藏也进行过个别选点；其中不少省（市、区）还完成了不同阶段的前期工作，为我国抽水蓄能电站开发提供了丰厚的前期储备。

(1)“十五”建设的重点项目如下：

泰安抽水蓄能电站（装机容量1000MW）

张河湾抽水蓄能电站（装机容量1000MW）

西龙池抽水蓄能电站（装机容量1200MW）

桐柏抽水蓄能电站（装机容量1200MW）

琅琊山抽水蓄能电站（装机容量600MW）

宜兴抽水蓄能水电站（装机容量 1000MW）
宝泉抽水蓄能电站（装机容量 1200MW）
（2）“十一五”储备的主要项目如下：
板桥峪抽水蓄能电站（装机容量 1000MW）
胶东抽水蓄能电站（装机容量 1000MW）
蒲石河抽水蓄能电站（装机容量 1200MW）
响水涧抽水蓄能电站（装机容量 1000MW）
惠州抽水蓄能电站（装机容量 1200MW）
白莲河抽水蓄能电站（装机容量 600MW）
洪屏抽水蓄能电站（装机容量 1200MW）
丰宁抽水蓄能电站（装机容量 1800MW）

（中国水力发电工程学会　郦凤山）

## 福建省抽水蓄能电站规划简介

（一）前言

目前，福建电网以水、火电源为主，水电装机容量占全省发电装机容量的 51%，但调节性能好的电站较少，大多为调节性能差的或径流式水电站。水电站的丰枯期出力相差悬殊，枯水期水电的电力和电量严重下降。随着电网峰谷差逐年增大，冬季峰谷差已达日最大负荷的 44%左右，夏季为 40%左右，因此电网的调峰能力明显不足。调峰电源的建设问题，近几年来已经受到各方面的关注。根据福建省电力发展规划，2010 年前集中力量优先建设调节性能较好的水库电站——穆阳溪、棉花滩、街面 3 座水电站，合计装机容量 1300MW，只能在一定程度上补充全省调峰容量不足。由于中长期电力负荷不断增长，峰谷差不断加大及核电的开发建设，预计到 2005 年峰谷差达 3820MW，2010 年峰谷差为 5890MW，2015 年峰谷差为 8250MW，电力系统对调峰能力的要求越来越高。

抽水蓄能电站具有双倍的调峰功能，机组启停及升降负荷灵活、方便、可靠，具有快速跟踪负荷变化的能力，运行成本低，为电网提供紧急事故备用，承担调频、调相等任务，可提高电网的供电质量和可靠性，改善系统火电机组的运行条件或与核电配合运行，使整个电网处于安全、经济、稳定运行状态，已成为国内外很多电网首选的调峰电源。

因此，福建省在充分挖掘水电调峰潜力的同时，必须兴建一定规模的抽水蓄能电站。

（二）抽水蓄能电站资源概况

福建省位于我国东南沿海，地势西北高东南低，海拔 500～800m 的中低山地约占全省总面积的 72.5%，海拔 250～500m 的丘陵约占全省总面积的 14.6%，平原仅占 13.1%。全省河流属山区性河流，主要特征为：①水量丰富，季节变化大；②水流急，多峡谷险滩；③流程短，单独入海。主要水系有闽江、九龙江、晋江、汀江、交溪、霍童溪、鳌江、木兰溪等八个流域。除汀江自北向南流入广东省外，其余河流大致由西北流向东南，在福建省境内入海。在一些河流的源头和支流上多有峡谷或高山盆地，适合于建高山水库，具有兴建水头高、输水道短、淹没损失少的抽水蓄能电站的有利地形地质条件。

自 20 世纪 80 年代以来，华东勘测设计研究院对福建省的抽水蓄能电站资源进行了大量的调查研究及普查选点工作。福建省抽水蓄能电站资源丰富，可开发站址多、水头高、装机容量大，初步统计全省具有开发价值的抽水蓄能站址共 41 处，合计可开发装机容量 57170MW。福建省抽水蓄能电站资源分类统计情况见表 1。

表 1　福建省抽水蓄能电站资源分类统计表

| 项　　目 | 站址数目 | 总装机容量（MW） | 占总装机容量比重（%） |
|---|---|---|---|
| 全省合计 | 41 | 57170 | 100 |
| 容量超过 1000MW | 27 | 48250 | 84.4 |
| 水头大于 300m | 37 | 54020 | 94.5 |
| 水头在 300～650m 之间 | 34 | 49220 | 86.1 |
| 容量超过 1000MW 且水头在 300～650m 之间 | 23 | 41900 | 73.9 |

（三）规划站址选择

根据建设抽水蓄能电站的基本条件，参照国内外抽水蓄能电站的选址经验和福建省的实际情况，抽水蓄能电站规划站址的选择原则是：

（1）装机容量。主要针对解决福建电网中远期的调峰问题，小规模的抽水蓄能电站经济指标往往不理想，而且规模过小难以满足电网的调峰需求，因此抽水蓄能电站站址的装机规模需界定在 1000MW 以上。

（2）地理位置。为减少输电线路投资和降低能耗，抽水蓄能电站选址宜尽量靠近大型火电站、核电站、调节性能差的大型水电站，以便于吸取低谷电能；又要靠近用电负荷中心，以便于输送调峰电能。

（3）地形地质。有合适的地形建造上、下水库，要尽量避开具有重大工程地质问题的地区。

（4）水头。抽水蓄能电站水头越高，单位水体所能转换的能量就越大，一般来说其经济指标就越好，因此电站平均毛水头一般应大于 300m，最好在 400～600m 之间。

（5）上、下水库水平距离。水平距离越短，引水道的投资和水头损失就越小，引水道水平长度与平均毛水头之比（即距高比）应在 10 以下。

(6) 水库淹没。尽量减少淹没损失，避免淹没军事设施、风景名胜区、自然保护区、大型工矿企业、城镇或人口密集区域。

(7) 环境影响。尽量避开环境影响敏感区域，降低电站建设对环境的影响程度。

(8) 水源条件。抽水蓄能电站本身虽不消耗水量，但作为能量转换的载体需要一定的水量，同时在运行时也需要一定的水源以补充蒸发、渗漏等损失。考虑到抽水蓄能电站的运行特点和降水、蒸发等自然条件，选址时要求各站址集水面积一般不小于10km²。

福建省闽东南地区，有福州、莆田、泉州、漳州4个地级市和厦门经济特区；土地面积4.2万km²，占全省的三分之一；人口约2000万人，为全省的三分之二；每年创造出全省四分之三的国民生产总值及财政收入；相应年用电量也占全省三分之二，电力最高负荷占全省四分之三。据省电网分区电力负荷预测：2005年～2015年闽东南地区最高负荷占全省的77%，需电量将占68%。该地区东临台湾海峡，海岸线曲折，有众多全国闻名的深水良港，不仅是港口经济的首要基地，同时也是大型火电、核电及风电的重要基地。已建、在建及待建的福州华能、厦门嵩屿、湄洲湾、漳浦古雷、惠安南浦、龙海后石等大型火电厂，规划的惠安、长乐核电站址，首期投产的平潭、东山风力发电厂，皆集中于闽东南地区诸海湾、海岛。预计2010年、2015年全网将有11000MW火电、18000MW核电源集中于该地区。

闽东南地区独特的沿海丘陵平原及中低山地形地貌和良好的火线岩地质，河网密、盆地多，已建中小型水库较多，相对内陆山区，有众多指标优、建设条件好的抽水蓄能电站站址。

首批规划站址选择范围定为闽东南地区，包括福州、莆田、泉州、厦门及漳州等5市所辖地区，自北向南优先推荐福州市郊鼓岭、福州永泰白云、莆田仙游西苑、泉州安溪龙门和漳州长泰等5站址。

(四) 结论及近期工程选择

福建省抽水蓄能电站资源丰富，建设条件优越，单位容量造价较低，静态投资在2600元/kW左右，远低于火电投资，具有极强的竞争力，是福建电网理想的调峰电源。建设一定规模的抽水蓄能电站不仅可以优化电源结构，提高电网的供电质量和可靠性，减少大气环境污染，还可以较大幅度地节省电源建设资金，经济效益和社会效益都非常显著。分析认为福建电网2010年前后应有一定容量的抽水蓄能电站参与调峰；2010年以后，对抽水蓄能电站规模的需求日益加大，到2015年水平福建电网抽水蓄能电站投产规模应达到1200MW，2020年水平福建电网抽水蓄能电站建设规模应在2500MW左右。

福州鼓岭、永泰白云、仙游西苑、安溪龙门和漳州长泰等5座抽水蓄能电站站址位置见表2；装机规模大、水头高，均具有良好的开发价值。逐步开发这些站址可以满足福建电网中远期对抽水蓄能电站的需求。这5个站址均靠近负荷中心，送受电条件均较好。从电力系统考虑，鼓岭、白云站址靠近福州负荷中心，但福州地区在2015年低谷时缺电，如加上抽水蓄能电站抽水，缺电将更多，另外福州地区电网与水口、穆阳溪梯级水电站联系紧密，可以从这两个电站取得调峰电力；长泰站址靠近后石、招银、嵩屿等电厂，抽水电力的取得非常方便，但高峰时漳州有大量的电力需要送出，若加上抽水蓄能电站发出的电力，外送电力更多，势必会增加电网投资；仙游、龙门站址靠近福建省最大的泉州、莆田负荷中心，而且该地区有360万kW核电机组接入，用电低谷时2015年有120万kW、2020年有150万kW富余，抽水电源充足，发出电力向泉州、莆田负荷中心和福州负荷中心输送，接入系统方便。

表2 福建省抽水蓄能电站规划站址位置表 km

| | | 鼓岭 | 白云 | 西苑 | 龙门 | 长泰 |
|---|---|---|---|---|---|---|
| 距用电中心直线距离 | 福州 | 4 | 37 | 95 | 175 | 210 |
| | 莆田 | 76 | 60 | 47 | 110 | 140 |
| | 泉州 | 147 | 120 | 65 | 48 | 90 |
| | 厦门 | 225 | 190 | 125 | 52 | 40 |
| 距500kV变电站距离 | | 距福州北变电站约7 | 距福州北变电站约42 | 距郊尾变电站约38 | 距泉州变电站约32 | 距漳州变电站约20 |
| 距拟建的惠安核电站的距离 | | 约130 | 约100 | 约60 | 约80 | 约110 |

通过技术经济比较，推荐仙游西苑站址为福建省抽水蓄能电站的近期开发工程。仙游西苑站址地处闽东南地区最佳地理位置，为闽东南沿海福州、莆田、泉州、漳厦四大平原的中介面，又位于福建省最大的负荷中心、火（核）电电源基地中心区域和500kV线路的必经之地，送受电条件好，接入系统方便，还可与核电配合运行，保证核电安全。西苑站址装机规模大，可分期开发，以满足2015年～2020年设计水平的调峰需要。仙游西苑站址坝址地形条件较好、水源充足、水库淹没损失较少，综合建设条件较好，经济指标较优越。

由于抽水蓄能电站建设前期工作周期长，一般从规划到投产需要10～15年时间，建议尽快开展福建省抽水蓄能电站的前期勘测设计工作，争取福建省第一座百万千瓦级抽水蓄能电站在2005年开工，2010

年第一台机组投产，2015 年达到 1200MW 的设计规模。

（中国水电华东勘测设计研究院）

# 浙江省抽水蓄能电站建设布局规划摘要

（一）布局规划任务

《浙江省抽水蓄能电站布局规划》的研究工作是由浙江省电力公司与华东勘测设计研究院在浙江省发展计划委员会的指导下，共同进行。

根据浙江电网电力发展需求及电源发展规划分析进一步建设抽水蓄能电站的必要性和建设规模，结合浙江省抽水蓄能电站资源分布及其建设条件分析浙江省抽水蓄能电站建设布局，初步提出 2004 年～2010 年抽水蓄能电站建设前期工作安排建议。

（二）抽水蓄能电站建设规模

根据《浙江省电力发展“十一五”规划及 2020 年展望》，预测浙江电网 2010 年最高负荷 39000MW，需电量 2450 亿kW·h；2015 年最高负荷 50000MW，需电量 3060 亿kW·h；2020 年最高负荷 60000MW，需电量 3600 亿kW·h。经过调峰容量平衡和抽水蓄能电站不同规模方案经济比较，浙江电网除天荒坪、桐柏、溪口等抽水蓄能分浙江容量 1290MW 外，2003～2015年需新增抽水蓄能电站 1800MW 左右，2015 年抽水蓄能电站总规模达 3090MW 左右，占电网总装机容量比重约 4.96%；2016 年～2020 年需再新增抽水蓄能 1000MW 左右，使抽水蓄能电站总规模占电网总装机容量比重约 5.45%。

根据预测，华东电网 2010 年最高负荷 123000MW，需电量 6840 亿kW·h；2015 年最高负荷 164000MW，需电量 8930 亿kW·h；2020 年最高负荷 190000MW，需电量 10650 亿kW·h。

对华东电网远景抽水蓄能电站需求初步分析，华东电网 2015 年前，除已建天荒坪、溪口、响洪甸、沙河及在建桐柏、宜兴、琅琊山和前期准备工作充分的响水涧等抽水蓄能电站（总容量 5860MW）外，2003 年～2015 年华东电网仍需新增抽水蓄能电站经济合理规模为 5000MW 左右，2015 年蓄能电站总规模 10860MW 左右，占电网总装机容量比重约为 5.5%；2016 年～2020 年需再新增抽水蓄能电站经济合理规模为 4000MW 左右，2020 年蓄能电站总规模 14860MW 左右，占电网总装机容量比重约为 6.5% 左右。

（三）布局规划结论

（1）根据浙江电网及华东电网电力发展规划，从电源结构优化、解决系统调峰、电网安全运行等方面出发，建设一定规模的抽水蓄能电站是必要的，也是经济合理的。

（2）根据浙江省电力发展规划，按各抽水蓄能电站站址在华东电网和浙江电网中的地理位置，原则上宜将位于浙北地区和距离华东主网架较近的站址供华东电网择优开发，以适应华东电网的发展需要；浙江中部站址可供浙江电网开发，以适应浙江电源和电网的总体布置，并有利于潮流的合理分布；浙江东南沿海地区和位于电网末端及远离负荷中心的地区不宜建设百万级以上大型抽水蓄能电站。

（3）本报告所列大型候选站址均开展了一定的前期工作，天荒坪二期、仙居已完成预可行性研究（待审），方溪、九龙正在进行预可行性研究，各规划站址的建设条件和技术经济指标总体较为优越。

（4）浙江电网 2015 年前除已建、在建的抽水蓄能电站外，需新增抽水蓄能电站装机容量 1800MW 左右，2016 年～2020 年需再增加 1000MW 左右。浙江电网可选站址有仙居、方溪、九龙等。

（5）华东电网 2015 年前除已建、在建及响水涧（共 5860MW）外，需新增抽水蓄能电站 5000MW 左右（含浙江，下同）；2016 年～2020 年需再增加抽水蓄能电站 4000MW 左右。可供华东电网开发的站址有天荒坪二期、常安、方溪、九龙等。

（6）除上述大型抽水蓄能站址外，浙江省还有一批中型抽水蓄能电站站址，可供地区电网开发。根据地区负荷发展和调峰需求、站址建设和电站上网条件及前期工作开展情况等，宁波溪口二期抽水蓄能电站可作为浙江省宁波电网近期开发工程。

（四）浙江省 2004 年～2010 年抽水蓄能电站前期工作安排建议

（1）抽水蓄能电站的发展应纳入电力发展总体规划，其建设规模应与电力发展需求相适应，电站的建设应有利于浙江省电源结构、电源和电网布局的优化，有利于电网安全稳定运行。

（2）抽水蓄能电站不同于常规水电站，具有一定的特殊性，在电网中主要承担调峰、填谷、调频、调相和旋转备用等任务，具有改善电网运行条件、提高电网安全、稳定、经济运行和可靠性的作用，抽水蓄能电站的运行需由抽水电源作保证，在发电装机总容量中应保持合适的比例。此外抽水蓄能电站的效益也受电价政策的影响，存在一定的不确定性，因此抽水蓄能电站的前期工作必须有序进行，防止一哄而起。在符合电力系统整体规划的前提下，应正确引导地方政府和投资者按照电力发展需要与可能开展工作。

（3）根据国内抽水蓄能电站的建设经验，大型抽水蓄能电站从选点规划到建成投产一般需要 10 年左右。为满足2015年的电力发展需要，应适时开展抽水蓄能电站前期勘测设计工作。

（4）建设适当规模的抽水蓄能电站有利于解决系统调峰问题及电源结构的优化。浙江电网2015年前除已、在建抽水蓄能电站外，需新增抽水蓄能装机容量1800MW左右，2016年～2020年需再新增抽水蓄能装机容量1000MW左右。按此要求，考虑前期工作所需时间及一定的项目储备，2004年～2010年需完成2～3座抽水蓄能电站的预可行性研究和可行性研究工作。

（5）华东电网2015年前除已在建及前期工作准备充分的响水涧抽水蓄能电站合计5860MW外，2015年前需新增其他抽水蓄能电站5000MW左右（含浙江，下同），2016年～2020年需新增抽水蓄能电站4000MW左右。考虑到浙江省抽水蓄能电站建设条件较好，与华东电网负荷中心也较近，2004年～2010年浙江宜再完成1～2座抽水蓄能电站的预可行性研究和可行性研究工作，供华东电网选择开发。

（五）浙江省抽水蓄能电站资源

1. 资源普查情况　浙江省抽水蓄能电站资源调查于1980年5月开始，当时正值华东电网开展抽水蓄能电站选点规划之际，为了扩大选点范围，华东勘测设计研究院组织力量在临近华东电网负荷中心地区的浙江北部一带进行选点查勘，完成了《浙江省北部地区抽水蓄能电站查勘报告》。天荒坪抽水蓄能电站就是这次选点查勘中选出的。

1989年根据水电水利规划设计总院的安排，华东勘测设计研究院在浙江省全境开展了抽水蓄能电站资源普查，先后三次组织专业人员进行选点查勘，于1990年3月完成了《浙江省抽水蓄能电站普查报告》。选出了桐柏、方溪、高峰、柏峰、乌龙山等一大批抽水蓄能电站站址。随后应部分县市的要求，又进行了杭州市、东阳、磐安、永嘉、泰顺等县市的抽水蓄能电站资源调查。与其同时有关市县也积极开展了抽水蓄能电站调查研究工作，并推荐一批抽水蓄能电站站址。

为了贯彻2001年3月华东电网苏州规划会议精神，并应有关市、县政府的要求，华东勘测设计研究院又自2001年4月起数次组织专业人员在浙江全省进行补充选点查勘。通过补充查勘增加了新的站址，同时对部分老站址的枢纽布置作了改进。

2. 资源普查成果　通过上述各次选址调查，在全省范围内选出了大批抽水蓄能站址，经初步筛选，仅装机容量在300MW以上的大型抽水蓄能电站站址就有36处，其中平均毛水头在250m以上的34个、450m以上的22个、500m以上的16个、700m以上的5个，单站装机容量在1000MW以上的25个、1500MW以上的17个、2400MW及以上的6个，合计装机容量达48600MW。另外还有数十座中型抽水蓄能站址，可见浙江省抽水蓄能电站资源十分丰富。

3. 资源条件综述

（1）地理分布。前述36个抽水蓄能电站站址分布在浙江省各地，其中浙北地区7个，浙西地区6个，浙东地区7个，浙中地区9个，浙南地区7个，详见表1。

表1　　浙江省抽水蓄能电站资源地理分布一览表

| 序号 | 站址名称 | 所在地市 | 所在分区 | 平均水头（m） | 装机容量（MW） |
|---|---|---|---|---|---|
| 1 | 天荒坪 | 湖州 | 浙北 | 562.8 | 1800 |
| 2 | 天荒坪二期 | | | 719.8 | 2400 |
| 3 | 三羊墩 | | | 250.0 | 550 |
| 4 | 千顷塘 | 杭州 | | 485.0 | 1500 |
| 5 | 高峰 | | | 511.5 | 1100 |
| 6 | 常安 | | | 514.0 | 1800 |
| 7 | 龙门 | | | 632.5 | 240 |
| 8 | 乌龙山 | | 浙西 | 259.3 | 400 |
| 9 | 乌龙山二期 | | | 687.0 | 2400 |
| 10 | 千岛湖 | | | 271.3 | 1200 |
| 11 | 中庄 | | | 250.0 | 400 |
| 12 | 研田岭 | | | 543.0 | 850 |
| 13 | 兰溪 | 金华 | | 290.00 | 600 |
| 14 | 象山 | 宁波 | 浙东 | 456.5 | 1000 |
| 15 | 宁海 | | | 479.0 | 1800 |
| 16 | 溪口二期 | | | 480.0 | 600 |
| 17 | 大岚 | | | 412.5 | 400 |
| 18 | 迎旗岗 | 台州 | | 500.0 | 2500 |
| 19 | 三门 | | | 415.05 | 1200 |
| 20 | 峙洋 | | | 283.5 | 1500 |
| 21 | 柏峰 | 绍兴 | 浙中 | 316.0 | 600 |
| 22 | 仙居 | | | 452.0 | 1500 |
| 23 | 九龙 | | | 736.0 | 2400 |
| 24 | 桐柏 | | | 261.45 | 1200 |
| 25 | 枫香岭 | | | 327.73 | 300 |
| 26 | 安田 | 金华 | | 429.0 | 1500 |
| 27 | 茶潭 | | | 625.0 | 1200 |
| 28 | 丽水（方溪） | 丽水 | | 647.5 | 1800 |
| 29 | 大山峰 | | | 800.0 | 1400 |
| 30 | 仰天湖 | | 浙南 | 860.0 | 2000 |
| 31 | 驮垟 | | | 760.0 | 2400 |
| 32 | 小垟 | | | 670.0 | 2000 |
| 33 | 泰顺 | 温州 | | 450.0 | 1200 |
| 34 | 大亨 | | | 590.0 | 2100 |
| 35 | 渔寮 | | | 190.0 | 300 |
| 36 | 小安 | | | 160.0 | 500 |

（2）与电网的关系。仙居、方溪、九龙等站址位于浙江省中部，分布于500kV主网架附近，距离500kV枢纽变电站30～60km。特别是浙西缺乏大型

电源支撑，上述站址处于浙东与浙西输电通道中部，与西电东送金华落点也较近，对承担浙江电网的调峰、填谷、调频、调相和旋转备用等任务，配合浙东沿海大型核电、火电和西电运行较为有利。天荒坪二期、常安、千顷塘等站址位于浙江北部，长三角范围内，距离华东电网负荷中心较近，各站址至上海的输电距离分别约为 190km、203km、245km，至常州的输电距离分别约为 157km、216km、188km，与 500kV 枢纽变电站的距离分别为 70km、21km、80km，比较适合承担华东电网的调峰、填谷、调频、调相和旋转备用等任务。宁海、三门、象山位于浙江东部，3 站址从地理位置讲，便于吸收三门核电和浙东沿海火电低谷电能，但在负荷高峰时电力送出受输电通道限制，送出较为困难。乌龙山二期站址位于浙江西部，但离华东电网和浙江电网主网架相对较远，同时离浙江大型电源点距离较远，抽水发电潮流走向不顺。千岛湖位于浙江西部，距离浙江中西部负荷中心相对较近，可承担浙中西部地区的调峰、调频、调相和旋转备用等任务。

4. 待选站址可供开发的待选站点见表 2。

表 2 可供开发的待选站点及其主要工程技术指标表

| 电站名称 | 上水库 | | | 下水库 | | | 集水面积（$km^2$） | 最大水头（m） | 最小水头（m） | 装机容量（MW） | 距高比 | 设计阶段 |
|---|---|---|---|---|---|---|---|---|---|---|---|---|
| | 最大坝高（m） | 坝轴线长（m） | 调节库容（万 $m^3$） | 最大坝高（m） | 坝轴线长（m） | 调节库容（万 $m^3$） | | | | | | |
| 天荒坪二期 | 100 | 350 | 862.8 | 88 | 280 | 862.8 | 29.7 | 775.0 | 679.5 | 2400 | 3.46 | 预可行性 |
| 仙居 | 80 | 230 | 878 | 64 | 274.4 | 878 | 257 | 487 | 413 | 1500 | 4.67 | 预可行性 |
| 方溪 | 60 | 160 | 793 | 70 | 180 | 793 | 30.00 | 676 | 619 | 1800 | 6.70 | 预可行性 |
| 常安 | 105 | 400 | 1004 | 115 | 460 | 1004 | 6.4 | 568 | 473 | 1800 | 5.97 | 选点规划 |
| 九龙 | 67 | 506 | 850 | 68 | 394 | 8850 | 8.04 | 770 | 702 | 2400 | 4.66 | 预可行性 |
| 千岛湖 | 88 | 560 | 1214 | 80 | 220 | 2428 | 57.6 | 305.5 | 234.9 | 1200 | 5.31 | 预可行性 |
| 千顷塘 | 23 | 290 | 700 | 76 | 330 | 700 | 16.6 | 520 | 450 | 1500 | 6.5 | 预可行性 |
| 宁海 | 64 | 544 | 1099 | 90 | 396 | 1099 | 7.64 | 473 | 408 | 1800 | 6.76 | 选点规划 |
| 象山 | 62 | 415 | 504 | 51 | 214 | 504 | 13.95 | 485 | 428 | 1000 | 4.71 | 选点规划 |
| 三门 | 99 | 330 | 783 | 61 | 370 | 783 | 5.84 | 453 | 367 | 1500 | 3.91 | 选点规划 |
| 乌龙山二期 | 115 | 385 | 1010 | 富春江水库 | | | 31300 | 718.5 | 657 | 2400 | 4.1 | 预可行性 |

（浙江省水力发电工程学会）

## 贵州省抽水蓄能电站规划工作简况

贵州乌江水电开发有限责任公司、贵州省水力发电工程学会、贵阳勘测设计研究院等单位，为进行贵州抽水蓄能普查规划，了解贵州抽水蓄能的蕴藏情况，于 2003 年初，在学会的推动下，签订了研究合同。研究工作由贵阳勘测设计研究院具体实施。2003 年 5 月完成第一次筛选，7 月完成第二次筛选，8 月上半月完成现场查勘及摄像，之后进行地形图处理、站址设计、近期工程比选等工作，12 月上旬完成全部研究工作。

（一）贵州省建设抽水蓄能电站的必要性

1. 抽水蓄能电站的作用　抽水蓄能电站具有调峰、填谷、调频、调相等作用，且调节灵活，跟踪负荷能力强，可承担紧急事故备用、黑启动等，有利于保证电网安全和稳定运行。抽水蓄能电站不仅具有容量、能量转换、节煤等静态效益，还有调峰、调频、负荷跟踪、旋转备用、事故备用、调相等动态效益。对发电企业来说，可将低价电量转换成高价电量，提高供电质量，促进电站建设，实现更大范围的增值、盈利。

贵州省的煤炭储量丰富，火电是贵州省的主要电力来源。由于火电的运行特点限制，虽可进行调峰，但启动及卸荷速度慢，且调峰代价高。

贵州省水电虽然多，但电网对水电的运行限制也多。一方面，要水电为电网稳定承担空转运行，光耗水，没电量；另一方面，为电网调峰需要，汛期大量弃水。同时由于河道航运需要，又常要机组带低负荷放水，对机组和电网的稳定也不利。

贵州省水电和火电两方面，均需要有抽水蓄能电站的投入。

在贵州省大型水电开发基本完成后，电网及外送负荷仍不断增大，且电网供电稳定性要求在不断提高，从负荷的峰谷差、快速调峰、调相及备用等的变化分析，电网必须投入新的快速调峰电源。

2. 广阔的市场需求

（1）有较多的水电弃水或低价电可供吸收，并转换为高价电量。据统计，乌江渡水电站，装机容量1250MW（2002年及以前为630MW），1993年～2002年乌江渡水电站累计发电量为279.5亿kW·h，弃水调峰损失电量为19.6亿kW·h，占发电量的7%；受电网调度等影响，累计弃水637亿$m^3$，而发电水量仅为972亿$m^3$，弃水比重大。东风水电站，现有装机容量510MW，1994年～2002年累计发电量为140.6亿kW·h，弃水调峰损失电量为14亿kW·h，占发电量的10%；累计弃水476$m^3$，而发电水量仅为490亿$m^3$，电站的弃水量及电量损失是巨大的。乌江下游思林、沙沱水电站装机容量均在1000MW以上，但水库较小，并承担有航运等综合利用需要，电站需在低谷时承担低负荷运行，一是不利于电网稳定，二是减少水电站的经济效益。另外，随着中小型水电站的迅速增加，由于这些电站的调节能力一般均明显较差，这也为抽水蓄能提供了很大的“加工”电量的空间。常规水电与抽水蓄能的综合开发，对两方面都是极为有利的，抽水蓄能可促进常规水电效益的充分发挥。

（2）有广阔的调峰、填谷、备用等市场。2002年全网最高负荷5732MW，最大峰谷差1902MW，水电调峰弃水比例较大，合同低价电量较多。按全面建设小康要求，2020年全国平均第三产业及居民生活用电将占总电量的40%，较2002年的23%有巨大的增加，峰谷差及快速备用要求将有更大的增加。按“贵州＋外送”的平衡分析预测，2015年贵州电网约需抽水蓄能电站电量600MW，2020年需2400MW，2025年需4200MW，2030年需5400MW。

在火电为主的电网中，抽水蓄能电站装机容量宜占电网总装机容量的10%～15%。贵州远景抽水蓄能电站比例也在10%左右，详见表1。

表1　主要水平年抽水蓄能电站规模表

| 年份 | 抽水蓄能装机容量（MW） | 水电装机容量（MW） | 火电装机容量（MW） | 系统总装机容量（MW） | 抽水蓄能比重（%） | 水电比重（%） |
|---|---|---|---|---|---|---|
| 2015 | 600 | 10795 | 14125 | 25520 | 2.35 | 42.30 |
| 2020 | 2400 | 10795 | 19545 | 32740 | 7.33 | 32.97 |
| 2025 | 4200 | 10795 | 26875 | 41870 | 10.03 | 25.78 |
| 2030 | 5400 | 10795 | 37145 | 53340 | 10.12 | 20.23 |

3. 有建设抽水蓄能的条件　贵州省降雨较为丰富，具有切割较深的地形，同时有较多的常规水电站水库可供抽水蓄能综合开发，并为减少工程投资提供了有利的条件，在本次所选的5座抽水蓄能电站中，均利用在建或规划的水电站水库作为下水库，平均容量投资均在2800元/kW以下，且距负荷中心或电源近，抽水蓄能条件较好。

（二）研究范围

按2003年贵州电力系统运行方式分区负荷预测，各地最高负荷为贵阳市北局1150MW、贵阳市南局940MW、遵义910MW、六盘水520MW、黔南（都匀）500MW、安顺460MW、黔东南（凯里）600MW、铜仁4501MW、黔西南（兴义）150MW、毕节150MW。贵州主要负荷中心在贵阳和遵义两地区。

广东从化（广蓄）、北京十三陵、浙江天荒坪等抽水蓄能电站距负荷中心均在40～60km范围。据此经验，本次普查范围以各负荷中心市、州府所在地为中心，以70km为半径画圈。贵阳市约有81%在乌江水系，19%在红水河水系。遵义地区，约76%在乌江水系，24%在赤水河水系。

这次抽水蓄能研究工作范围为：①贵州乌江流域，66849$km^2$，重点研究支流综合开发，及干流构皮滩水电站增加抽水蓄能的可能性；②贵阳和遵义两负荷中心70km范围的乌江流域外区域为6600$km^2$。合计流域面积共为7.4万$km^2$，占贵州国土面积的42%。

（三）研究内容

研究内容主要是上述范围内的抽水蓄能电站站址普查，重点研究支流混合式开发，分析干流构皮滩水电站增加抽水蓄能机组的可能性，初步选择规划及首期推荐站址。

（1）重点研究乌江宴游（特别是清水河梯级）混合开发（常规水电＋抽水蓄能）的可能性，对支流其他常规水电，收集资料。

（2）研究乌江干流构皮滩水电站增加抽水蓄能机组的可能性，对乌江干流其他8个常规水电站，主要是收集资料。

（3）各支流抽水蓄能站址普查，并初拟装机规模。

（4）结合电力市场，分析负荷峰谷变化及抽水蓄能需求，提出开发初步意见，预测抽水蓄能电站的投入时机。

（5）初步推荐规划及近期站址。

（四）抽水蓄能电站资源概况

乌江流域及距贵州负荷中心70km范围内，第一次筛选普查水头200m以上的抽水蓄能电站站址约79座，站址分布较均匀，在清水河下游、猫跳河、引子渡库周、梵净山附近等地相对集中。第一次筛选普查300m水头以上抽水蓄能站址有54座，可装机容量约

60000MW，一般分布在距主要河流较近的地方，仍然在清水河下游、猫跳河、引子渡库周、梵净山附近等地相对集中。另外，300m以下还有构皮滩、大树子2个站址，装机容量分别为1200MW、600MW。合计56个站址，总装机容量可达61800MW。第二次筛选，有抽水蓄能站址13座、装机容量约14450MW，分布在清水河下游、猫跳河下游、引子渡库区、务川至德江等地，加上构皮滩（1200MW）、大树子（600MW）后为15座，装机容量共16250MW。

（五）近期工程

近期初选距负荷中心近、工程条件相对较好、单位装机容量投资较少、规模及水头适中的格榜、甲党贡、坪上、构皮滩、大树子等5个抽水蓄能电站站址，总装机容量7200MW。

（1）格榜抽水蓄能电站，离负荷中心近，距贵阳、遵义分别为71km、80km；结合清水河格里桥水电站的开发，利用格里桥水库作为下库；抽水蓄能电站装机容量为2100MW，年发电量38.33亿kW·h，抽水电量51.1亿kW·h；工程静态总投资548778万元，单位容量投资2613元/kW，总工期约6年。

（2）甲党贡抽水蓄能电站，离负荷中心近，距贵阳、遵义分别为69km、83km；结合清水河格里桥水电站的开发，利用格里桥水库作为下库；抽水蓄能电站装机容量为1200MW，年发电量21.9亿kW·h，抽水电量29.2亿kW·h；工程静态总投资326189万元，单位容量投资2718元/kW；可根据市场需要分两期开发；总工期约5年。

（3）坪上抽水蓄能电站，离负荷中心近，距贵阳、遵义分别为68km、85km；结合清水河格里桥水电站的开发，利用格里桥水库作为下库；抽水蓄能机组装机容量为2100MW，年发电量38.33亿kW·h，抽水电量51.1亿kW·h；工程静态总投资539524万元，单位容量投资2569元；总工期约6年。

（4）构皮滩抽水蓄能电站，离负荷中心不远，距贵阳、遵义分别为126km、76km；离乌江中下游大型水电站近，可就近吸收低谷电量。该抽水蓄能电站结合构皮滩和思林水电站的开发，可利用构皮滩两条导流洞的位置建抽水蓄能电站的引水发电系统，建设条件最简单，可作为第一个抽水蓄能开发项目；装机容量为1200MW，年发电量21.9亿kW·h，抽水电量29.2亿kW·h；工程静态总投资324385万元，单位容量投资2703元/kW；总工期约4年；也可根据市场需要分两期开发。

（5）大树子抽水蓄能电站，离负荷中心近，距贵阳、遵义分别为52km、92km；位于索风营大坝右岸偏下游，可结合乌江正在建设的索风营水电站进行开发，将其调节性能适当增加成周或季调节，可吸收转换索风营水电站的一部分低谷电能。该抽水蓄能电站利用索风营或乌江渡水电站的水库作为下库，抽水蓄能机组装机容量为600MW，年发电量10.95亿kW·h，抽水电量14.6亿kW·h。

（贵州省水力发电工程学会）

## 河南省抽水蓄能电站规划选点工作概况

（一）选点工作情况

黄委会设计院与河南省电业局于1985年开始考虑在河南兴建抽水蓄能电站问题。由于没有资金，故只是少数人利用五万分之一军用地图进行研究。当时希望电站规模为1000MW左右。开始时曾研究了黄河干流附近和洛河故县水库上、下游，目的是想利用现有水库和拟建工程。1988年以后，工作重点改为豫北地区。由于经费不落实，故由河南省电机工程学会和河南省水力发电工程学会组织会员进行了查勘和内业工作，在重点查勘了石门、宝泉、云台山3个站址和进行了必要的内业工作后，推荐开发次序为石门、宝泉、云台山，并编写了《河南省豫北地区抽水蓄能规划选点初步工作报告》，于1989年元月上报。1989年4月水利水电规划设计总院在查勘石门、宝泉2个坝址后，在审查意见中明确指出，由于石门水头在1200m左右，世界上能制造这种机组的厂家很少，估计报价将较高；而宝泉上库交通方便，水头为500m左右，与国内广蓄、十三陵、天荒坪等抽水蓄能电站水头相近，到2000年有可能采用国产机组，因此建议把宝泉列为第一期工程。同时还指示，对未查勘过的站址，应做必要的查勘工作，补做必要的内业工作，经费请河南电业局承担。1990年6月，黄委会设计院提交了《河南省豫北地区抽水蓄能电站规划选点报告》。1991年6月水利水电规划总院审查了报告，并同意宝泉抽水蓄能电站为第一期工程。由于经费问题，1994年4月才开始宝泉抽水蓄能电站初步设计工作。1995年6月提交了宝泉抽水蓄能电站预可研报告。1995年12月提交了可行性研究阶段选坝报告。1996年3月编写了项目建议书。1997年12月正式提交了宝泉抽水蓄能电站可研报告（相当原初步设计）。1998年3月水利水电规划设计总院审查了可研报告，下达了审查意见。宝泉抽水蓄能电站装机容量为1200MW，项目建议书已在2002年批复，目前筹建工作已开始，预计有可能在2009年发电。

1991年11月和1992年2月，应南阳电业局的邀请，黄委会设计院会同南阳电业局曾分别查勘了南阳地区8个规模为100MW左右的抽水蓄能电站站址。在内业工作中，重点比较了回龙和北湖两个站址。在1992年3月提交的《河南省南阳地区抽水蓄能规划选点报告》中，建议回龙抽水蓄能电站为第一期工程。1992年5月河南省计委会同中国水利水电建设工程咨询公司审查了选点报告，并同意报告建议。1992年下半年正式开展初步设计工作，1993年2月提交了回龙抽水蓄能电站初步设计中间阶段报告。1994年3月正式提交了回龙抽水蓄能电站初步设计报告，明确装机容量120MW。1994年5月河南省计委审查了报告。由于各种原因，工程于2001年4月才开始施工准备工作，预计将在2004年建成。

1993年6月～10月，黄委会设计院还曾会同郑州市电业局、登封电厂及巩义市电业局先后在巩县、登封境内进行了查勘。在普查的基础上又重点进行了调查研究和内业工作，于1994年3月提交了《河南省郑州市抽水蓄能电站规划选点报告》。在查勘过的10个站点中，推荐卢岩寺抽水蓄能电站（200MW）为第一期工程，龙潭寺抽水蓄能电站为近期工程。河南省计委审查了报告。由于资金不落实等原因，未继续进行工作。

此外，在1993年，曾研究过嵩县后凹抽水蓄能电站，研究报告中建议方案装机容量为80MW，最大毛水头为163m。1993年还研究过在故县水库下游修建反调节水库，同时在右岸山上修建上水库和地下厂房，安装2台40MW可逆式机组，最大毛水头为256m的方案，并曾提出研究报告。1996年研究过利用故县水库修建混合式抽水蓄能电站的方案，最大水头为90m，装3台20MW可逆式机组。以上项目均因资金不落实或经济指标较差，未继续工作。

从目前河南省电力发展情况看，在2015年以后需要投入第二座百万千瓦级的抽水蓄能电站，因此，需要尽早开展豫西、豫南地区抽水蓄能电站规划选点工作。

（二）选点工作的任务与范围

抽水蓄能电站的规划选点工作与常规水电站的规划选点工作有很大不同。对于常规水电站，一般是要先研究各个河流的开发方案，选择该河流第一期工程，然后根据电力系统的需要，选择某一地区几条河流的第一期工程的不同的开发次序。河流不能移动，水电站位置、规模和各参数的变动范围也很小。而抽水蓄能电站则是主要根据电力系统的需要，在适当的地区选择合适的站点。修建大型抽水蓄能电站的条件是必要的上水库和下水库库容，两库间较大的高差和较小的水平距离，良好的地形地质条件，足够的水源，距电力负荷中心要近，交通方便等，不一定要修在大江大河旁边。在大多数情况下，为了减少洪水泥沙的不利影响，大型抽水蓄能电站最好修建在有一定水量的中小型河流上。在某一地区，在一条或几条小河流上，可根据地形地质条件，拟定多种不同规模、不同水头，由不同上、下水库组成的开发方案。如果都要研究，则工作量很大，需要较长时间和较多经费。因此，在规划工作开始阶段，最好能进行一些分析研究，明确要选择多大规模的抽水蓄能电站，以及主要工作范围。河南省电力局要求抽水蓄能电站规模为1000MW左右，经过研究，建议改为1200MW，主要原因如下：①1989年河南省全省用电量为328.4亿kW·h，最大负荷为3924MW；电网装机容量为4322MW，地方小火电装机容量934MW，企业自备电厂装机容量161MW，合计5417MW。当时预计2000年最大发电负荷将达11000MW，电力系统装机容量为14980MW，估计调峰容量将缺少2150MW。根据国外经验，抽水蓄能电站容量最好相当电力系统总装机容量的8%～10%，即豫北抽水蓄能电站容量最好是1200～1500MW。当时国内抽水蓄能机组大多是进口的300MW机组，考虑到采用4台机和2回500kV线路时主结线较易布置，投资较少、比较安全可靠，又可借鉴广州、天荒坪等抽水蓄能电站的经验，故在做了分析研究后，建议豫北抽水蓄能电站的规模为1200MW，安装4台300MW可逆式机组。

河南省抽水蓄能电站规划选点工作在开始阶段曾研究过黄河干流附近和故县水库上、下游。由于故县上、下游各站址水头大多为220m左右，上水库库盆有很厚的黄土覆盖层，槐坝从黄河提水，泥沙多，而且两者距负荷中心郑州市较远，故在进行初步研究后即不再进行工作。郑州市附近水资源紧缺，同时上库库容小，不能修建大型抽水蓄能电站。豫东是平原。豫西和豫南虽然有修建大型抽水蓄能电站的条件，但距郑州较远，不宜作为近期工程。从1998年开始，工作重点改在豫北地区，即黄河以北地区。这个地区大部分是海河流域，一部分是黄河流域。多数站址距郑州直线距离不超过150km；水源一般较丰富，地质地形条件较好，交通也比较方便，又是煤炭、冶金等工业基地，有修建大型抽水蓄能电站条件。经过研究，规模为1200MW，水头为500m，上、下水库均在河南境内的站点有十几处，其中条件最好的是宝泉，距郑州市直线距离为80km。

南阳地区电业局负责人在1991年10月要求黄委会设计院帮助南阳地区进行抽水蓄能电站规划选点工作。主要要求抽水蓄能电站距南阳市区近一些，规模为100～200MW，即除了满足南阳地区需要外，还要为河南省电力系统做一些贡献。

1990年南阳地区最大负荷为390MW，年用电量24.3亿kW·h，1991年最大负荷为357MW，峰谷差为130MW。南阳地区的主要电源是位于平顶山地区的姚孟电厂和位于湖北的丹江口水电站。该地电源只有1座即将退役的12MW的南阳火电厂和1座装机5台、总容量11.72MW的鸭河口水电厂。正在兴建的鸭河口火电厂装机容量为1900MW（2×350MW+2×600MW）。另外，南阳地区还要向信阳地区的泌阳县和洛阳地区的栾川县供电。预计到2000年南阳供电区最大负荷为950MW，峰谷差将为370MW，所需装机容量为1230MW。如抽水蓄能电站容量按地区所需装机容量的8%～10%计，则应为99～123MW，按峰谷差的四分之一计，应为93MW。根据经验，南阳抽水蓄能电站的规模定为100MW左右，即可满足本供电区的需要。按照当时中央规定，河南省计委有权批准100MW以下的水电站。为了加快进度和减少申报、审批程序，建议蓄能电站规模定为100MW、投资最好不超过2亿元，并取得了业主同意。

至于工作范围，则限于距南阳市较近的几个县，主要是镇平和南召；位置由距南阳市区较近改为距南阳市区和云阳220kV变电所较近（距大型鸭河口火电厂也较近）。

郑州市抽水蓄能电站的规模和工作范围，是根据业主要求，规模最好是200MW，有可能时，装机容量大一些；工作范围主要是登封县和巩义县。

（河南省水力发电工程学会）

## 湖南省抽水蓄能电站规划选点工作概况

### （一）湖南省抽水蓄能电站规划选点概况

湖南省抽水蓄能电站起步较晚，前期工作也相对较迟，1988年以前，湖南省水利水电勘测设计院曾零散地做了一些调查踏勘工作并对抽水蓄能电站的规划选点提出了一些粗略的意见。1988年以后，湖南省水利水电勘测设计院又对湖南省抽水蓄能电源点进行了初选工作，借助于全省二十万分之一的水文地质图、五万分之一和万分之一的地形图做了一些室内选点工作，初选了一些抽水蓄能电站站址，并对其进行了现场查勘。初选工作结果表明，湖南省抽水蓄能电站装机容量十分可观，站址也非常之多，开发的潜力很大，主要站址有天平山、广寒坪、福寿山等抽水蓄能电站。

1992年12月中南勘测设计院会同湖南省电力局共同组织查勘组对平江福寿山抽水蓄能电站站址及上、下水库进行查勘。1993年3月，由中南勘测设计院提出《平江抽水蓄能电站预可行性研究报告》，1993年8月由湖南省电力局上报华中电管局抄报电力工业部及有关单位。

1992年3月东江水电站提出《东江抽水蓄能规划方案》。1993年湖南汨罗市会同湖南省电力局对汨罗市玉池抽水蓄能电站站址进行查勘，并提出该电站的建设构想。

在上述前期工作的基础上，对这些站址又进行了广泛的资料收集和深入的分析研究，根据电网需求，从地理位置、水源条件、地形地质特点、水头及经济评价等方面，初步选择平江福寿山、汨罗玉池、攸县广寒坪、桑植天子山、衡阳南岳、资兴东江和小东江等抽水蓄能电站站址作为长远规划中抽水蓄能电站的站址。

1. 平江福寿山抽水蓄能电站　该电站位于湖南省平江县福寿山，利用汨罗江支流百福水于福寿山林场处修建上水库，永口处修建下水库。上、下水库坝址集水面积分别为5.05km$^2$与16.6km$^2$，上、下水库水平距离4000m，可利用水头700m。电站位置适中，距长沙83km、武汉224km、南昌257km。装机总容量为3000MW，可按装机容量1500MW分二期建设，是华中电网的一座大型抽水蓄能电站，也是全国目前规划中的最大抽水蓄能电站，对满足华中电网的调峰容量的需求有很大的作用，对解决湖南省调峰问题及配合核电站运行都有很大经济效益和社会效益。

该电站地形地质条件优越，电站所在地区区域地质构造稳定，地震烈度小于Ⅵ度，地层为中细粒花岗岩，岩性完整致密，水库无渗漏问题。上、下水库库区共迁移人口410多人，淹没耕地28万m$^2$（420亩），山林49.7万m$^2$（746亩）。上水库正常蓄水位1075m，死水位1042m，总库容1120万m$^3$，有效库容961万m$^3$，最大坝高68m，坝长328m；下水库正常蓄水位360m，死水位336m，总库容1233万m$^3$，有效库容961万m$^3$，最大坝高68m，坝长213m；引水系统隧洞总长4360m。主体工程量为，土石方明挖266万m$^3$，石方洞挖199万m$^3$，堆石填筑145万m$^3$，混凝土及钢筋混凝土49万m$^3$，工程静态总投资50.35亿元，其中一期27.84亿元（1992年价格水平），一期施工总工期7年。

2. 汨罗玉池抽水蓄能电站　该电站位于湖南汨罗市玉池山区，距长沙40多km，靠近负荷中心。上水库由毛贯冲、赛英水库和狮么塅相连而成，可蓄水620万m$^3$。下水库在高坊镇的仁家湾，可蓄水720万m$^3$。上、下水库水平距离为1350m，高差约450m，可以利用水头较大；总集雨面积达10.5km$^2$，其年平均降水量为1600mm，年径流量1160万m$^3$，水源充足，初步测算其装机容量可达到1200～1500MW。上、下水库基岩为花岗岩，电站建于仁家湾南面山下，地质结构稳定，地震裂度小于Ⅵ度，是一个比较理想的蓄能电站站址。

3. 攸县广寒坪抽水蓄能电站　该电站位于湖南攸县酒埠江水系，距离株州 90km，接近负荷中心。上水库集雨面积 $4km^2$，正常蓄水位 650m，死水位 610m，总库容 3253 万 $m^3$，有效库容 2900 万 $m^3$，坝高 60m，淹没田地 450 亩，迁移人口 400 人；下水库集雨面积 $19.6km^2$，正常蓄水位 160m，死水位 140m，总库容 2030 万 $m^3$，有效库容 1820 万 $m^3$。上、下水库地质条件较好，基岩均为变质砂岩，引水隧洞长度为 4200m，总水头 490m，装机容量为 1500MW。

4. 桑植天平山抽水蓄能电站　该电站位于湖南桑植县境内澧水支流，距长沙较远，约 300 多 km，但距葛洲坝仅约 150km。上水库集雨面积 $7.46km^2$，正常蓄水位 1385m，死水位 1333m，总库容 1426 万 $m^3$，有效库容 1399 万 $m^3$，淹没田地 200 亩，迁移人口 140 人，坝高 70m，坝址地层条件为紫砂岩。下水库集雨面积为 $22.21km^2$，正常蓄水位 480m，死水位 420m，总库容 1416 万 $m^3$，有效库容 1400 万 $m^3$，最大坝高 70m，地质条件为厚层灰岩。引水隧洞长度为 5100m，可利用总水头 905m，装机容量 2500MW。

5. 衡山南岳抽水蓄能电站　该电站位于湖南衡山县境内湘江支流，上水库正常蓄水位 500m，死水位 459m，总库容 1750 万 $m^3$，有效库容 1670 万 $m^3$，最大坝高 68m，为扩建水库工程；下库正常蓄水位 160.9m，死水位 123.7m，总库容 1282 万 $m^3$，有效库容 1280 万 $m^3$，最大坝高 45.5m，为一已建的土坝工程。上、下水库总水头 339m，隧洞长度 7500m。该电站装机容量 1000～1200MW，距离衡阳市约 45km，距株洲 180km，靠近湖南衡阳负荷中心。

6. 资兴东江、小东江抽水蓄能电站　该电站是充分利用现有小东江水库为下水库，以上梧桐或下梧桐、东江为上水库建设抽水蓄能电站。

第一方案：上水库在上梧桐，水位 670m，可调节库容 740 万 $m^3$，坝高 70m 左右，下水库水位 146.5m，调节库容 740 万 $m^3$。引水洞总长 4200m，上、下水库平均水头 523.5m，装机容量 1800MW。

第二方案：上水库在下梧桐，水位 480m，调节库容 387 万 $m^3$，坝高 50～60m，下水库水位 146.5m，调节库容 387 万 $m^3$。引水洞总长 2050m，上、下水库平均水头 333.5m，装机容量 600MW。可扩建二期，上水库水位提高为 495m，调节库容 740 万 $m^3$、平均水头 348.5m，可再装机 600MW。

第三方案：上水库为大东江，水位 265m，调节库容 360 万 $m^3$，下水库水位 140.5m，调节库容 360 万 $m^3$，上、下水库水头 118.5m，装机容量 200MW。二期可加大下水库调节库容为 740 万 $m^3$，再装机 200MW。

（二）湖南电网抽水蓄能电站规划选点筛选意见

根据湖南省电网对抽水蓄能电站的远期需求分析，以及对抽水蓄能电站规划选点的情况，湖南省 2020 年电力发展规划中建议先建成一座抽水蓄能电站，规模 3000MW，10 台 300MW 可逆式机组。规划与核电站同步建设，即 2001 年开工，2007 年～2010 年各投产 1×300MW 机组，随着核电机组的投产及三峡等外区电力的输入，视系统调峰需要，在 2013 年～2018 年，每年各投产 1×300MW。该电站经筛选比较后，初步推选以湖南平江抽水蓄能电站为宜。待该电站建成投产后，在 2020 年前再开工建设第二座抽水蓄能电站。该站规模 1200～1500MW，拟建在汨罗玉池山区，是一个距离湖南省电网负荷中心近的抽水蓄能电站的电源点，有条件可以适时开工兴建，为衔接 2020 年以后远景电网调峰负荷增长需要服务。

对于筛选推荐湖南平江福寿山抽水蓄能电站为湖南省第一个建设的抽水蓄能电站的分析意见及其评价：

（1）湖南平江抽水蓄能电站位于湖南省平江县福寿山，其地理位置距长沙约 80km、株洲 120km、湘潭 120km，靠近长潭株负荷中心；距武汉 220km、南昌 260km，位置适中。该电站的建设既能解决湖南省电网的调峰问题，又能满足华中电网调峰容量的远期需求。因此开发平江抽水蓄能电站不仅是湖南电网的需要，也是华中电网的需要，从而获得巨大的社会经济效益。

（2）平江抽水蓄能电站与长沙望城电厂、湘潭电厂较近，这 2 座火电厂远期规模很大，可以为平江抽水蓄能电站提供足够的抽水电量。特别是该电站与湖南省规划的核电站同步建设，距规划的岳阳华容核电站址或长沙霞凝核电站址较近，约为 80～140km，利用核电站的低谷电量抽水蓄能，在高峰负荷时担负电网的峰荷，可使核电站满发稳发。该电站与大型火电厂、核电厂等配合运行，可以有效地利用能源，达到全电网最佳运行状态，取得最大的经济效益。

（3）平江抽水蓄能电站，水源足、落差大、淹没损失小、地质条件好，工程建设条件十分优越。电站所在地区的多年平均年雨量为 2067mm，流经上库坝址的多年平均流量为 $0.204m^3/s$，水源充沛而有保证。电站最大水头 739m，按其在电网中担负调峰的各种运行方式可装机 3000MW，如供湖南电网调峰需要，可满足 2010 年～2020 年的调峰负荷需求；如供华中电网调峰需要，亦可解决 2010 年～2020 年调峰负荷的部分需求问题。电站地质条件很好，整个枢纽布置区的区域地质构造稳定，地震烈度小于Ⅵ度。从上池至下池的山体雄厚，库坝区及洞线处于燕山早期侵入的花岗岩岩基中部，岩性单一、岩体完整，非常有利于修建大型引水系统和地下厂房。电站距平江县城和长沙很近，有公路相通，县城至汨罗与京广铁路连接，对外交通十分方便，上、下库坝址已有10多公里公路相连，给工程施工创造了十分有利条件。

(4) 电站接入系统方式比较简单，根据湖南省2020年电力规划及该电站在电网中的作用和所处的地理位置，初步设想电站以500kV一级电压接入系统，最终出线4回，其中2回先送电至长沙与湖南省500kV主网相联，供电线路较短，送变电投资较少。

(5) 电站经济、财务指标好，根据经济评价计算结果，经济内部收益率远大于社会折现率，经济净现值大于0，国民经济效果十分显著。财务评价计算结果也表明，电站财务盈利性好，内部收益率12%，借款偿还期11年，电站经济和社会效益好，财务评价可行。

（湖南省水力发电工程学会）

# 建设及发展

## 中国抽水蓄能电站建设概况

中国抽水蓄能电站建设起步较晚，20世纪60年代后期才开始研究抽水蓄能电站的开发，1968年和1973年先后建成岗南和密云2座小型混合式抽水蓄能电站，装机容量分别为11MW和26MW。

随着改革开放，社会经济迅速发展，电网规模不断扩大。现代电网的调峰、供电安全和经济效益要求日益迫切，促使抽水蓄能电站开发得以快速发展。以火电为主的华北电网，在20世纪80年代，由于大容量火电机组的投入，缺电局面由电量缺乏转为调峰容量缺乏；但受地区水力资源的限制，修建大型抽水蓄能电站就提到电力工业发展日程上来。1984年华北电网开始建设潘家口混合式抽水蓄能电站，装机容量270MW，于1993年建成。国内研究最早、争论最多、宣传论证最充分的第一座高水头、大容量抽水蓄能电站——十三陵抽水蓄能电站，经过十多年的论证，1992年正式开工建设，终于在1997年建成，装机容量800MW。

为配合大亚湾核电站的建设，广东电网于1994年建成了广州抽水蓄能电站一期工程，装机容量1200MW；随后又开始广州抽水蓄能电站二期工程(1200MW)建设，并于2000年竣工，在短期里就建成了目前世界上最大的抽水蓄能电站。

华东电网为配合秦山核电站的建设和解决调峰问题，大力进行抽水蓄能电站建设。装机规模1800MW的天荒坪抽水蓄能电站，6台机组已于2000年底全都投入运行。此外，1998年5月建成了溪口抽水蓄能电站，装机容量为80MW；2000年建成了响洪甸抽水蓄能电站，装机容量为80MW；2003年还建成了沙河抽水蓄能电站，装机容量为100MW。

在西藏，1997年建成了羊卓雍湖抽水蓄能电站，装机容量90MW；在湖北，2001年建成了天堂抽水蓄能电站，装机容量70MW。

另外，中国台湾电力系统于20世纪70年代末至90年代中叶先后兴建了明湖和明潭2座抽水蓄能电站，总装机容量2602MW。

目前，浙江桐柏(4×300MW)、江苏宜兴(4×250MW)、山东泰安(4×250MW)、安徽琅琊山(4×150MW)、河北张河湾(4×250MW)、吉林白山(白山水电站增装2台150MW水泵水轮机组)、河南宝泉(4×300MW)和回龙(2×60MW)、山西西龙池(4×300MW)等一批抽水蓄能电站正在兴建中。

至2003年底，中国已建及在建的抽水蓄能电站共24座，总装机容量已达到15951MW。

中国抽水蓄能电站的发展势头，正由沿海向内地，东部往中、西部地区逐步扩展。湖北白莲河(4×300MW)和广东惠州(8×300MW)抽水蓄能电站的项目建议书已获批准。浙江的天荒坪二期(2100MW)、乌龙山(2400MW)和仙居(1500MW)，江苏溧阳(1500MW)和无锡马山(700MW)，山东文登(1800MW)，河北丰宁(3600MW)，辽宁蒲石河(1200MW)，湖南黑麋峰(1200MW)，重庆盘龙(1200MW)，四川木格措(210MW)，福建仙游(1200MW)和广东深圳(2400MW)等抽水蓄能电站正在开展预可行性研究或可行性研究阶段的前期工作。

在工程技术储备方面，早在1992年能源部期间，能源部科学技术司在陆佑楣副部长和潘家铮院士的指导下，编著了中国第一部乃至世界第一部综合性的《抽水蓄能电站》技术专著，系统介绍抽水蓄能电站的基本原理、工程技术成就和国内工程实践经验，对启动和促进中国抽水蓄能电站事业起了重要作用。与此同时，清华大学梅祖彦教授也编著了一部《抽水蓄能技术》，介绍了可逆式水泵水轮机组的系统知识和机组工作原理，这对抽水蓄能电站机组制造和运行有较大的指导意义。之后，中国水力发电工程学会在潘家铮院士和何璟教授的主持下，于2000年编写了《中国抽水蓄能电站建设》，系统总结了20世纪90年代中国“一步登天”的抽水蓄能电站事业，向世人展示中国的水电建设者在抽水蓄能电站建设上的开拓创新和跨越式进步，对指导21世纪中国抽水蓄能电站开发有较高的指导价值。

中国地域辽阔，山川众多，地形起伏变化大，不仅常规水电资源异常丰富，而且抽水蓄能电站资源也相当多。据23个省（区、市）粗略考察，已查明抽水蓄能电站站址250余处，总计规模310000MW左右，其中大部分是技术经济指标优越、开发价值较高的优良站点。

由于中国各地自然条件差别较大，水力资源分布及经济发展也存在着较大差异。为了优化电源结构配置，适应经济发展形势，各地根据自身条件和需求，大力开展抽水蓄能电站资源的普查或规划选点工作。据初步了解，目前北京、天津、河北、内蒙古、山西、辽宁、吉林、黑龙江、山东、江苏、浙江、上海、福建、安徽、江西、河南、湖南、湖北、广东、广西、海南、四川等22个省（市、区）已开展过普查，新疆、西藏也进行过个别选点；其中不少省（市、区）还完成了不同阶段的前期工作，为中国抽水蓄能电站开发提供了丰厚的前期储备。毫无疑问，随着经济的持续发展和电力体制改革的不断深化，中国抽水蓄能电站建设将会得到应有的发展。

（中国水力发电工程学会　邴凤山）

## 天荒坪抽水蓄能电站通过国家竣工验收

天荒坪抽水蓄能电站位于浙江省安吉县天荒坪镇内，距杭州、上海、南京距离分别为57km、175km、180km，地理位置适中，对外交通方便且接近华东电网负荷中心，距500kV瓶窑变电站34km。电站所在区域雨量充沛，地质、地形条件良好，无移民，水库淹没损失甚微。

电站安装6台300MW机组，总装机容量1800MW，年发电量31.6亿kW·h，抽水用电量42.86亿kW·h，为日调节纯抽水蓄能电站，在系统中担任调峰填谷和事故备用任务，是我国目前设计水头最高、单个厂房装机容量最大的抽水蓄能电站。

枢纽工程包括上水库、下水库、输水系统、地下厂房洞室群和地面开关站等部分。下水库位于太湖流域西苕溪支流山河港上，上水库利用天荒坪与搁天岭山峰间的天然洼地筑坝围成，输水系统和厂房均深埋于地下。筑坝形成水库后平均水头约570m上、下水库水平距离仅1000m左右，输水道平均长度1428m，输水道长度与平均发电水头之比为2.5，其地形条件极为优越。

上水库有1座主坝和2座副坝，主、副坝均为土石坝，全库盆采用沥青混凝土防渗护面，水库总库容885万$m^3$，工作深度42.2m。

下水库为钢筋混凝土面板堆石坝，左岸布置侧堰式溢洪道，右岸设有导流放空洞，水库总库容为877万$m^3$，工作深度49.5m。

输水系统深埋在山体内，由上水库进出水口、斜井式高压管道、钢筋混凝土岔管、压力支管、尾水隧洞、下水库进出口等组成。斜井式高压混凝土管道有2条，倾角58°，内径7m；支管6条，内径由3.2m变为2.2m；6条尾水隧洞内径均为4.4m。

地下厂房洞室群主要有主副厂房洞、主变压器洞、尾水闸门洞以一些交通、通风、排水洞室和竖井，主副厂房洞长200.7m，宽21m，高48m。

开关站和中控楼布置在尾水隧洞上方的地面上，场地面积220m×35m。

电站主体工程土石方明挖874.6万$m^3$，石方洞挖78万$m^3$，土石方填筑665万$m^3$，混凝土34.5万$m^3$，喷混凝土2.31万$m^3$，沥青混凝土5.66万$m^3$，锚杆10.6万根，金属结构安装8154t，井室工程总长18km。

电站主要机电设备均利用世界银行贷款，采用国际招标方式采购。

工程审批概算73.76亿元，实际投资62.7亿元，单位造价3483元/kW。

天荒坪抽水蓄能电站于1984年2月开始可行性研究设计，1987年3月开始初步设计，1990年开始技施设计。1992年3月8日国家计委正式批准天荒坪抽水蓄能电站开工，1992年6月18日施工准备工程开工，1994年3月1日主体工程开工，1998年9月1日第一台机移交试生产，2000年12日25日电站6台机组全部投产。

2001年天荒坪抽水蓄能电站通过了竣工安全鉴定和机组达标投产验收。

2001年～2003年，天荒坪抽水蓄能电站陆续通过了国家经贸委委托有关主管部门组织的防火、环境保护（含水土保持）、劳动安全及工业卫生、枢纽、档案、财务审计共6个专项竣工验收（电站无移民，免去移民专项验收）。目前正在办理国家竣工验收有关手续。

（中国水电华东勘测设计研究院　强祖德）

## 河北张河湾抽水蓄能电站工程建设和进展

（一）工程概述

张河湾抽水蓄能电站位于河北省石家庄市井陉县测鱼镇附近的甘陶河上，距石家庄市公路里程 77km，距井陉县城 45km。电站总装机容量为 1000MW，安装 4 台单机容量 250MW 的竖轴单级混流可逆式水泵水轮机组，年发电量 16.75 亿kW·h，年抽水电量 22.04 亿kW·h。电站建成后，并入河北省南部电网，在系统中承担调峰填谷、调频调相和紧急事故备用等任务，具有快速跟踪负荷、提高系统供电可靠性等多种作用和效益。

主体工程主要工程量为土石方明挖 1100 万 $m^3$，石方洞挖 49 万 $m^3$，石方填筑 460 万 $m^3$，混凝土 42 万 $m^3$，沥青混凝土 11 万 $m^3$，钢筋及钢材 15800t，金属结构 9000t。

工程筹建期 1.0 年，准备期 0.5 年，主体工程施工期 4.0 年，完建期 1 年。施工总工期 5.5 年，第一台机组发电工期为 4.5 年。

工程静态总投资为 370906 万元，工程总投资为 411992 万元。资本金占工程总投资的 25%，由河北省电力公司和河北省建设投资公司分别按 55%、45%的比例进行筹集；外资部分申请利用亚洲开发银行贷款约 1.436 亿美元；工程建设总投资的其余部分由建设单位向银行贷款解决。

电站主要建筑物由上水库、水道系统、地下厂房、下水库拦沙坝和垭口明渠及下水库拦河坝续建工程等组成。该工程为一等工程，主要建筑物按 1 级建筑物设计。

（二）主要水工建筑物

上水库位于下水库左岸的老爷庙山顶，通过开挖和填筑堆石坝围库而成。正常蓄水位 810m，死水位 779m。总库容为 789 万 $m^3$，调节库容为 718 万 $m^3$，死库容为 71 万 $m^3$。堆石坝采用库盆开挖的砂岩填筑，上游坝坡 1∶1.75，下游坝坡 1∶1.5，坝顶高程 812m，库顶轴线长 2842.9m，其中，坝轴线长 1937m。全库盆采用复式沥青混凝土面板防渗，防渗面积 34.5 万 $m^2$。

下水库为未建完的张河湾水库。拦河坝为浆砌石重力坝，于 1976 年开工兴建，1980 年停建，现坝顶高程 466.65m。续建后的下水库是蓄能发电和灌溉并重的综合利用水库，正常蓄水位 488m，保证抽水蓄能电站发电水位 471m，死水位 464m，坝项高程 490m，总库容 8330 万 $m^3$。由于甘陶河汛期来水含沙量较大，在下水库拦河坝上游布置拦沙坝，并利用拦沙坝右岸垭口扩挖成过流明渠，汛期直接将含沙水流导向拦河坝前，减轻电站进出水口淤积和过机泥沙含量。

水道系统由上、下水库进/出水口，压力管道，尾水隧洞等组成，长约 850m。上、下水库进/出水口均为岸边侧式，引水系统采用一洞两机的布置方式，2 条压力管道平行布置，垂直进厂，主管直径为 6.4～5.2m，支管直径 3.6m，全部为钢板衬砌。尾水系统采用一洞一机的布置方式，与厂方轴线夹角 83°，4 条尾水隧洞平行布置，洞径为 5m。

地下厂房采用中部开发方案。地下厂房洞室群主要包括主、副厂房和安装场洞室、主变压器和开关洞室、母线洞、出线竖井、交通洞、通风兼安全洞等组成。主、副厂房呈一字形布置，主机间布在中间，开挖尺寸为 151.55m×23.8m×50.2m（长×宽×高），机组间距 22m，吸出高度－48m，安装高程 416m。主变压器和开关洞室布置在厂房下游 43.4m 处，开挖尺寸为 117.39m×17.8m×28.8m（长×宽×高）。

（三）工程进展情况

电站的项目建议书在 1998 年 3 月国家计委以计交能［1998］304 号文批复国务院的批准意见。利用外资可研报告于 1999 年 5 月由中国国际工程咨询公司进行了评估，2002 年 3 月通过了中国水电顾问有限公司对该报告的审查，2002 年 4 月由国家电力公司报送国家计委，2002 年 7 月国家计委批复了该报告由国务院批准的意见。

2002 年 2 月亚洲开发银行完成了本项目的“技术援助”工作，5 月亚洲开发银行通过了项目的预评估报告，8 月项目公司完成了与亚洲开发银行的贷款谈判。

2002 年 8 月 8 日，河北张河湾蓄能发电有限责任公司成立，项目建设工作全面启动。

2002 年 7 月电站正式进入筹建和准备期，施工征地移民、对外交通、场内交通、施工供水、供电、污水处理等临建工程陆续完成招标并进行施工。2003 年 1 月～10 月先后完成了交通洞和通风兼安全洞土建工程（ZHW/C13A、C13B）、上水库开挖及填筑土建工程（ZHW/C11）、地下系统及拦排沙工程（ZHW/C14）、下水库拦河坝续建工程（ZHW/C15）、上水库工程和地下厂房及水道系统工程安全监测工程（ZHW/C42－01、02）的招投标工作，并确定了施工单位，上水库开挖及填筑土建工程于 7 月 1 日开工，整个工程计划年底开工。主机设备国际采购标于 2003 年 4 月～2003 年 8 月完成了招投标工作，计划于年底前签订合同。

截止到2003年10月份，电站的对外交通已经完成，场内交通计划年底前全部完成，供水、供电工程基本结束。主体工程上水库库盆植被清理及覆盖层开挖基本结束；交通洞已进洞；通风兼安全洞完成开挖及支护工作的70%。本工程施工工作进展比较顺利。

（北京国电水利电力工程有限公司　李　冰）

## 宜兴抽水蓄能电站项目建设进展

宜兴抽水蓄能电站位于江苏省宜兴市境内西南郊的铜官山区，距离上海、无锡分别为200km和75km，处于江苏省用电负荷中心附近，是一座日调节的纯抽水蓄能电站。电站装机容量1000MW、安装4台单机容量为250MW的可逆式机组，电站正常最大和最小毛水头分别为413.5m和356.1m。电站建成后以2回500kV出线接入华东电网和江苏电网，在系统中承担调峰、填谷、调频、调相及事故备用任务。电站建成后，将是江苏省的第一座大型抽水蓄能电站，并将会对缓解电网供电压力，提高供电品质，起到非常重要的作用。

电站的主要枢纽建筑物包括：

（1）上水库，由主坝、副坝、库盆和进出水口等建筑物组成。主坝为钢筋混凝土面板混合坝，坝顶长约495m，坝轴线处最大坝高75m，顶坝宽8m。副坝为碾压混凝土重力坝，坝顶长216m，最大坝高34.9m。库盆主要由开挖而成，采用钢筋混凝土护面防渗。

（2）输水系统，由上游引水系统和下游尾水系统组成。引水系统为二洞四机布置，由上水库进/出水口、上水库闸门井兼调压室、上平洞、上竖井、中平洞、下竖井、下平洞、岔管和引水支管等组成，引水系统隧洞均采用钢管衬砌，洞径为6.0～3.4m，总长约1240m。尾水系统采用二机一洞的布置形式，主要由尾水支管、尾水岔管、尾水调压室、尾水隧洞和下水库进/出水口等建筑物组成。除尾闸下游25m以内的尾水支管为钢衬外，其余均为钢筋混凝土衬砌，洞径为5.0～7.2m，总长约1900m。

（3）地下厂房系统，主要由主副厂房洞、主变压器洞、母线洞、尾水事故闸门洞、500kV电缆出线洞、进厂交通洞、排水廊道、通风兼安全洞及地面开关站等建筑物组成。主副厂房（包括安装场）的开挖尺寸为155.3m×22.0m×52.4m（长×宽×高）。厂房埋藏较深，埋置于中厚层岩屑砂岩夹泥质粉砂岩中，以Ⅳ～Ⅲ类围岩为主。

（4）下水库，利用原会坞水库所在的冲沟洼地，并对原大坝加高改建。下水库工程由黏土心墙堆石坝、坝底泄水钢管、库盆等建筑物组成。黏土心墙堆石坝坝顶长483m，最大坝高50.4m。原会坞水库大坝作为下游坝体的一部分。

（5）电站补水系统，由一级、二级泵站及输水管线和蓄水池等建筑物组成。

宜兴抽水蓄能电站主体工程已经于2003年8月19日正式开工。电站的业主单位是江苏抽水蓄能发电有限公司，股东包括原国家电力公司华东公司、原江苏省电力公司、江苏省国际信托投资公司和宜兴市人民政府。第一台机组计划于2007年底投产，其余机组计划于2008年底前陆续投产。

自2002年4月17日电站前期工程开工以来，进展顺利，并实现了“五个不发生”的安全目标。主体工程中，电站引水系统及地下厂房工程（C2标）由中国水利水电第六工程局承担，上水库工程（C1标）由葛洲坝集团公司承担，下水库及尾水系统工程（C3标）由中国水利水电第五工程局承担。电站主机设备将由GE公司负责供货。

经历了前后3年多时间的贷款银行审查和评估，2003年3月20日，电站项目1.45亿美元的贷款得到了世界银行的批准。该笔贷款主要应用于以国际招标方式采购电站主机设备、500kV设备、施工机械及高强钢板，以及对咨询单位费用的支付。经过国际招标、评标和合同谈判等程序，目前已经与法国EDF公司签定了咨询合同、与SANDVIK签定了施工机械采购合同，与GE公司签定了主机设备采购合同。高强钢板和500kV设备采购标招标文件正在审查过程中，预期将于2004年完成全部世行贷款项目的招标采购工作。

（中国水电华东勘测设计研究院　李胜兵）

## 宝泉抽水蓄能电站工程建设

河南宝泉抽水蓄能电站位于河南省辉县市薄壁镇大王庙以上2.4km的峪河上。电站安装4台单机容量为300MW的可逆式水泵水轮机组，总装机容量1200MW，年发电量20.10亿kW·h，年抽水耗电量26.42亿kW·h。电站以500kV一级电压2回出线接入新乡500kV变电站，承担河南电力系统削峰填谷、事故备用、调频等任务。

工程区位于太行山东麓的山区和平原交接部位。区内西北部山高谷深，多悬崖峭壁，相对高差达1000m。电站区出露的地层主要有太古界登封群、中元古界汝阳群、下古生界寒武系及新生界第四系。电站场地基本烈度为Ⅶ度（50年超越概率10%）。

宝泉抽水蓄能电站工程枢纽建筑物包括上水库、下水库、输水系统、地下洞群和开关站等。整个工程区的地质与水文地质特点是：①电站区山高谷深，多悬崖绝壁，具备修建大型蓄能电站的地形条件；②上水库成库的地形条件较好，但库区存在厚度不均的冲积层，库盆寒武系岩层具有一定的透水性；③引水发电系统线路短、高差大、山体厚，地形地貌条件优越。下水库由现有的宝泉水库改建而成。大坝为浆砌石重力坝，上游坝面采用厚1.0m的钢筋混凝土面板防渗。

上水库位于峪河左岸东沟内，有效库容634.8万$m^3$。主坝为沥青混凝土面板堆石坝，最大坝高92.5m，坝顶长388m。上游坝坡1∶1.7，下游局部坝坡1∶1.5。在库尾建浆砌石副坝拦截库尾固体径流。库岸坡度1∶1.7，采用沥青混凝土面板防渗，沥青混凝土面板厚度20.2cm。库底采用黏土铺盖防渗。

下水库利用已建的宝泉水库，大坝为浆砌石重力坝。改造成抽水蓄能电站的下水库后，最大坝高107m，正常蓄水位260m（相应库容6750万$m^3$），死水位为220m（相应库容1314万$m^3$）。堰顶高程257.5m，上设2.5m高的橡胶坝，汛期塌坝泄洪。

上水库进/出水口位于东沟左岸，距上水库大坝的左坝肩约200m，采用侧式布置。引水隧洞按两洞四机布置，设上平段、中平段和下平段，以斜井相连接。斜井倾角为50°。引水隧洞内径为6.5m，采用钢筋混凝土衬砌。厂房机组中心线上游127.4m的下平段布置"卜"形岔管，按钢筋混凝土岔管设计，分岔后4条高压钢支管长90m。尾水系统按两机合一洞布置，机组中心线下游126.95m处布置钢筋混凝土岔管，将4条尾水支管汇合成2条尾水隧洞，内径6.5m。下水库进/出水口位于宝泉水库左岸，距宝泉大坝直线距离约1000m。进/出水口采用侧式布置。

地下厂房选择中部开发方式，厂房轴线方向为N20°W。

主、副厂房及安装场呈"一"字形布置。主副厂房及安装场洞室总长143.5m，其中主机段长91.5m，最大高度47.30m。安装场长30m，副厂房长22.0m。

主变压器洞布置在主副厂房洞下游侧，与主厂房洞的净间距为35m。主变压器洞长134.0m，宽18m，高19.8m。

开关站布置采用地面GIS方式。开关站及GIS设备布置在下库左岸292.5m高程，尺寸65.5m×33m。高压电缆出线洞长约686.7m，其中斜段400m，坡度为16°。2回500kV出线。

2003年3月28日，在工程现场举行了宝泉抽水蓄能电站开工典礼。承担前期项目施工的单位进场。

截至2003年10月底，工程筹建期项目厂顶施工支洞、进厂交通洞、厂房自流排水洞、引水中平洞施工支洞、上下水库连接公路、下水库公路、上水库排水导流洞、施工供电系统、施工供水系统、业主及承包商营地建设均按进度要求进展顺利。

工程计划2004年6月1日主体工程开工，2008年9月31日第一台机发电，2009年底工程竣工。

（中国水电华东勘测设计研究院　姜忠见）

# 琅琊山抽水蓄能电站工程进展情况

（一）工程概述

琅琊山抽水蓄能电站位于安徽省滁州市西南郊3km处，距合肥市105km，距南京市50km。电站总装机容量为4×150MW，年发电量8.56亿kW·h，年抽水电量11.72亿kW·h，年利用发电小时数1427h。

该工程为二等工程，主要建筑物按2级建筑物设计。电站主要建筑物有上水库主坝和副坝、水道系统、地下厂房、出口明渠及已建成的下水库等组成。

（二）枢纽布置

上水库正常蓄水位171.8m，设计洪水位172.4m，校核洪水位172.6m，死水位150.0m，总库容为1804万$m^3$，其中正常蓄水位以下库容为1744万$m^3$，调节库容为1283万$m^3$，死库容为506万$m^3$。上水库在小狼洼、大狼洼和龙华寺等几道沟谷的出口汇合处和库区北岸最低分水岭垭口分别修建主、副坝各1座。主坝为钢筋混凝土面板堆石坝，坝顶高程174.0m，坝顶长度655.0m，最大坝高64.0m，上、下游坝坡均为1∶1.4；副坝采用混凝土重力坝，坝顶高程173.4m，坝顶长度320.0m，最大坝高19.4m；库区防渗采用以垂直灌浆帷幕防渗为主、水平黏土铺盖为辅、结合溶洞掏挖回填混凝土或做混凝土防渗墙的综合处理措施。

电站引水系统采用一机一洞的布置方式，系统由上水库进水明渠、上水库进/出水口和压力管道组成，4条压力管道平均长约为368m，管径6.0～4.1m；尾水系统采用两机一洞的布置方式，由尾水支管、尾水调压井、尾水隧洞、下水库进/出水口和出口明渠组成，尾水支洞洞径6.2m，平均长约为107m，尾水隧洞2条，洞径8.8m，平均长约为887m，出口明渠长1012m，底宽由70m渐变到240m。尾水调压井2座，内径18.6m，高度97.4m，阻抗孔面积约32$m^2$。

厂房系统由地下厂房、通风机室、出线系统、交通洞、通风洞、排水廊道、排烟洞、地面副厂房及开关站等组成。地下厂房开挖尺寸为156.66m×21.5（23.1）m×46.17m（长×宽×高），机组间距22.5m，吸出高度－32.0m，安装高程－10.0m，转轮直径

4.725m，水轮机工况额定水头126m，额定转速230.8r/min，采用220kV出线；出线系统由出线平洞和出线竖井组成，出线竖井高142.0m，直径7.0m，出线竖井口接平面尺寸为70.0m×29.0m（长×宽）的地面副厂房、户外GIS和出线场；交通洞断面8.0m×7.5m，长约769m，通风洞断面7.5m×5.5m，长约602m，厂房四周设置3层排水廊道。

（三）工程进展情况

电站的项目建议书在1999年4月通过了中国国际工程咨询公司的评估；1999年8月国家计委对电站项目建议书进行了批复，同意对该项目开展可行性研究工作，2000年11月通过了中国国际工程咨询公司对电站利用外资可行性研究报告的评估，2001年5月10日国务院批准了电站的可行性研究报告。

电站施工总工期5.5年，第一台机组发电工期为4.5年。计划2006年7月1日第一台机组发电，2007年7月1日4台机组全部投产运行。

主体工程主要工程量为：土石方明挖176.55万$m^3$，石方洞挖57.73万$m^3$，石方填筑134.00万$m^3$，混凝土23.66万$m^3$（不含上水库环库便道混凝土量），喷混凝土1.63万$m^3$，帷幕灌浆12.46万m，固结灌浆7.02万m。

1. 前期工程　2001年7月电站正式进入筹建和准备期，截至2003年9月份完成了施工征地移民、对外交通、施工供水、施工供电、生产废水和生活污水处理和人工砂石加工工程等前期工程。为争取工期，并进一步探明上水库工程地质条件和水文地质条件，先期进行了副坝90m和115m灌浆洞的开挖、库区植被的清理、黏土铺盖的开挖和库区部分溶洞的掏挖等工程。

2. 主体工程

（1）LYS/C11标——上水库及出口明渠土建工程标。主要工程为上水库主副坝及基础处理、上水库进/出水口、环库便道、库区溶洞处理、水平黏土铺盖、垂直防渗帷幕及下水库出口明渠开挖等工程。2002年8月1日LYS/C11标主体开工，2003年6月开始帷幕灌浆施工。截至2003年9月底的工程形象是：主坝放水底孔全部完成；主坝趾板混凝土浇筑到142.0m高程；主坝填筑到133.0m高程；环库便道开挖近半；90m、115m和140m灌浆洞开挖及90m灌浆洞的混凝土工程完成，帷幕灌浆正进行；上水库进/出水口明挖全部完成；下水库出口明渠正进行开挖。

（2）LYS/C12标——水道系统和地下厂房系统土建工程标。主要工程为地下厂房、4条压力管道、2条尾水支管、2条尾水隧洞、下水库进/出水口、尾调交通洞和尾水调压井、出线竖井和厂区排水洞等工程。2002年12月2日主体工程开工。截至2003年9月底的工程形象是：厂房完成了第二层的开挖；压力管道上下平段、尾水支管、下水库进/出水口和尾调交通洞开挖完成；除底层排水廊道外，其余厂区排水洞基本完成开挖；压力管道竖井和出线竖井开挖完成近五分之一；尾水隧洞开挖完成近五分之四；尾调启闭机室开挖完成近一半。

（3）LYS/C13标——交通洞和通风洞土建工程标。交通洞的开挖和混凝土工程全部完成，通风洞工程除路面混凝土外其余均全部完成。

（4）LYS/C14标——机电设备安装标。机组制造已完成招标，正在加工制作。机组安装招标文件已编制完成，年底前发售招标文件，计划2004年5月底前进场，7月初施工开始。

（北京国电水利电力工程有限公司　郝荣国　吴　奎）

# 建设的问题研究

## 关于抽水蓄能电站建设的几个问题

（一）抽水蓄能电站的投资效益问题

广东抽水蓄能电站联营公司（以下简称广蓄公司）是由省电网控股、核电和国家开发投资公司参股组成的股份公司，跟国内其他发电公司相比，是比较独立的一个公司。公司成立已经15年了，既有建设过程经验，又有运行管理经验。从现在情况来看，虽然抽水蓄能电站效益很难计算，但由这种独立经营、自负盈亏的企业来从事抽水蓄能电站事业，生命力还是比较强的。公司的状况很不错，主要反映在它确实能够按照公司法进行独立经营、自负盈亏。广蓄公司成立后着手建设广州抽水蓄能电站（以下简称广蓄）

一期工程时，资本金只有 3000 万元（该工程需二十几亿元投资，当时公司法还没有出台，不规范）；经过一期的经营，特别是跟香港中华电力公司的合作，经济效益比较可观，到建设广蓄二期时，已有 4 亿元的积累资金。因此二期建设所需的 8 亿元资本金，三家股东只再出 4 亿元就够了。股东们的利润按 8 亿元来分，都很高兴。各股东都想扩大股权，没有哪个想退出。从二期开始，因为股本金比较多了，就按股本金的比例来拿利润。当时定的原则是：在内资还完贷以前，按股本金的 8%来提取利润；在内资还完贷以后，按股本金的 10%以上提取利润。而现在每年的实际利润，二期为 6400 万元（税后），一期约为 2000 万元（税前），加在一起足有 8000 万元。广蓄公司还从事第三产业，也有些利润。股东一年实际上拿到的利润在 8000 万元以上（具体数每年会有些差别），利润率可以达到 10%。银行一年期存款年利率才 1.98%。所以这种投资，经济效益还是很不错的，且比较稳定可靠。在广东，因抽水蓄能电站在电网中的作用和经济效益显著，许多企业特别是几个投资方，都非常愿意投资这个项目。广蓄公司通过多年经营，现在资本实力比较雄厚。董事会已经决定，下一步开发惠州抽水蓄能电站，股本金按照总投资的 20%来算，三家股东，现金投入三分之一，公司自筹投入三分之二。广蓄公司已经做到真正意义上的滚动发展，每年既给股东分利润，又能自我积累，滚动开发广东的抽水蓄能电站。这样一个独立经营、自负盈亏的公司，不但能够存在，而且有生命力，关键是要处理好各方面的关系。要摸索好经营模式，不要追求高额利润。追求最基本的利润，而实际上的利润回报是可达到 10%以上。

（二）运行管理的问题

广州抽水蓄能电站从 2002 年 9 月份以后已经实现了电厂内部无人值班，但这是经历了一个过程才做到的。1993 年一期第一台机组投产，1998 年二期开始投产，真正做到无人值班是 2002 年。现在一期、二期的地下厂房都已经没人值班了，在厂外工地大楼建了个集控室。这个集控室可以控制 8 台机，也就是一个人值班。广州抽水蓄能电站用人少，做到了人员精练。原来要求控制在 0.06 人/MW，而现在一、二期共有 2400MW，人数在 120 人左右，可以做到 0.05 人/MW。

关于检修的问题。国内以往是一个电厂配个维修队伍，人数必然就很多，而且是检修时有事情，平时没事干。国外很多电站的做法，就是跟厂家合作，在机组大修时，请制造厂派人来，一起来进行大修；但对广州抽水蓄能电站，因是引进国外机组，这也不容易做到。广东的老水电厂搞了一个办法，联合成立了个检修中心或者叫检修公司，每个电站都去检修；但实际上也没组织好，基本还是靠本厂来搞，反而多一层机构，还要盖房子，建大楼，吃掉检修费用的一块。广州抽水蓄能电站与对机组情况比较熟悉单位（机组的安装单位）——水电十四局安装公司，联合成立广云公司，由该公司提供劳务，电站负责技术，进行检修工作。这样做既可以按期保质完成任务，又可使电站不建大修队伍，基本上不养人。广云公司是以劳务为主的，平常只有 20 个技术工人，保证 8 台机每年的小修任务就行了，大修时再增人。2002 年 1 号机在投入运行 9 年半后进行大修，广云公司为此增调 30 个人，共 50 个人左右，同电站人员一起用 104 天完成了大修工作。开始还是很担心，怕拆了以后装不回去，从发电机和水轮机制造厂，各请了一个外国专家，帮忙指导。现在看起来 10 年一大修是可以的，以后也不一定要请外国专家。大修后，运行情况非常好，说明大修是成功的。广蓄这台机组 300MW，大修费用 270 万元；而广东新丰江水电厂 75MW 机组，1 台机的大修 300 万元，不同大修做法花的代价差别不小。现在广云公司一年有 8 台机的小修和 1 台机的大修的工作量，任务饱满。组成这样一个公司，电站可以不养人，机组检修时费用又低，而且质量又能保证，这种模式是比较成功的。广州抽水蓄能电站的做法为如何进行机组检修、大修创出一个新的做法。也许这个做法未必是各个地方都适用，但这个做法很有参考价值。

（三）蓄能机组国产化的问题

实现蓄能机组的国产化，很有必要。国家为了扩大内需发行公债，发行国库券，提高大家的消费能力，如果把钱都去买外国货了，对国家来说肯定不是一个很好的事。但现在抽水蓄能机组国产化步子有点过快。我国的制造厂，机床等设备能力是一流的，没有任何问题；人也没有问题，中国人都可以上天了，关键是没有技术积累。国外主要厂家制造蓄能机组都有一个过程，都有相当的技术积累。美国 Helms 抽水蓄能电站，采用日本设备，难道美国还做不了蓄能机组？当时他们的观点是这样：300m 水头以下的机组，本国有制造经验，用国产的；300m 以上的机组，日本的技术成熟，买日本的。也许现在情况可能就不是这样了，但 1992 年那时是这样。我国要搞抽水蓄能机组国产化，应该是从小容量、低水头机组逐步往前进，而不是一开始就做个 500m 水头、500r/min 转速的单级混流泵机组。因为这样的高水头、高转速可逆式机组，在国际上都是高水平的，一般的厂家还不一定做得好。建设广蓄一期时，日本东京电源开发公司就建议采用 428.6r/min，因 500r/min 的风险大。所以说这里边总有个渐进的过程。现在我们在国产化的进程里，第一炮就抓个 500r/min 的来做典型、做试验，未免太急。将来考核你的机组行不行，还是要看几个指标的，发电启动成功率 99%以上，抽水启动成功率 97%以上，可用率 90%以上，要严格做到这几条是很不容易的。如果做不到这几条，还是稳妥一点儿为好。这次宝泉、惠州和白莲河 3 座抽水蓄能电站的机组捆绑招标，要在同一个时段做三个特性不同的转轮交货，国际上难有这种能力的厂家。不要光看技术引进标书这样有利，那样有利，把 3 座电站的机组都压宝在一个厂商身上，将来有可能技术引进了一些东西，但业主就苦了。建议不要把技术引进作为定标的第一标准，应根据实际情况选择 2～3 家厂商，在业主的利益与我们国家引进技术之间找出一个结合点，以使抽水蓄能机组国产化顺利进行。

（广东抽水蓄能电站联营公司　罗绍基）

## 开发抽水蓄能资源促进电力可持续发展

（一）水电的优越性和不足之处

中国可持续发展战略是建立在各种资源的可持续开发利用和良好的生态环境的基础上，不仅要保持经济的高速增长，而且还要谋求社会的稳定与发展。水电除了要满足自身的可持续性外，还要满足环境、经济和社会的可持续发展。

众所周知：在电网的各种能源构成中，水电具有较好的调峰填谷性能，可改善电网中火电机组的发电状况，减少有害气体（$CO_2$ 等）的排放量，既可改善电网中电的质量，又可改善地区的环境。水电是可再生能源，是可持续发展的基础。

中国水力资源分布不均，华北、东北和东南沿海地区较为贫乏，经近几十年来的建设，较好的水电电源点已开发殆尽。由于社会对电力的需要日益增长，中国各地区电网中主要能源煤电增加很快，而常规水电受水力资源的限制，往往不能成比例地增加，因此电网中水电比重日益减少，有的已低于 10%甚至更低。这样导致调峰电源缺乏，造成电网中能源比例失调，不得不利用火电机组调峰，不仅造成煤耗增加，而且影响火电机组的稳定运行和电网输电的质量。

常规水电因受水力资源的限制不能与火电等同步增长，制约了水电的可持续发展。水电虽不是一次能源，是可再生能源，已建的水电站可以年复一年，持续运行下去，但目前某些地区水力资源极其贫乏或已开发殆尽，再大量修建新的水电站就受到限制。这形成水电在可持续发展方面一个不足之处。此外，水电还存在另一个不足之处就是要修建水库，往往造成不小的淹没和移民，对生态环境也有影响。

上述两项不足之处是前进中出现的问题，应尽量设法解决或将影响减至最低。

（二）抽水蓄能电站作为水电的补充可弥补常规水电不足

水电的可持续发展，虽无可非议，但当水力资源贫乏或已开发殆尽时，水电的进一步发展将受到阻碍。抽水蓄能电站几乎在任何地方均可修建，适应性强，它的兴起，作为常规水电的补充，给水电注入了新的血液，使水电重新步入了新的境界，为水电的可持续发展增加了新的活力。近十余年来，中国已建成抽水蓄能电站 15 座（8330MW），在建 9 座（7620MW），总容量达 15950MW。

抽水蓄能电站具有两个明显的特点：一是其需要水但基本上不耗水，它的规模不像常规水电那样决定于所在站址的来水流量和落差，而主要决定于上下池容积和落差，并更主要地决定于所在电网可供低谷时抽水的电量；二是其型式多，适应性强，可视情况选定，在山区、在江河梯级、在平原均可修建。对抽水蓄能电站资源的开发，分述于下：

（1）在山区视地形往往选择高水头，一般水头为 100～600m 居多，当然水头越高越经济。枢纽常见型式有地下式、半地下式和地面式厂房。

（2）河流梯级水电站需要时可考虑抽水蓄能混合式开发，一般以中低水头（100～200m）为多，即相邻梯级电站除常规发电机组外可设置几台可逆式机组，如潘家口抽水蓄能电站。也可考虑在某一河流梯级水电站下游另建下池，如安徽响洪甸抽水蓄能电站。总之如抽水蓄能机组（即可逆机组）和常规机组的水都来自同一上水库，水量可在同一上水库中调节，2 种机组互为备用，互为补充，即丰水期可逆机组可按常规机组只作发电运行，而枯水期常规机组也可利用可逆机组所抽的水进行发电，这样可以增加工程效益。

（3）平原及沿海地区低水头水电站和潮汐电站的蓄能运行，可利用电力系统低谷电抽水而在尖峰时发电，都会给这些电站带来显著效益。法国、英国、荷兰及中国都有采用可逆贯流式机组抽水蓄能运行的经验。近年来，国外已有在平原修建地下下池（专门开凿隧洞群或利用弃置的矿井），而上池可利用地面河、湖或另行修建。上下池之间落差可视需要确定，水头往往可达 500～600m，甚至更高。

综上所述，在各种地形条件下，在山区、平原等均有条件修建抽水蓄能电站，关键在于因地制宜、择优选择。抽水蓄能电站基本上不受地形、来水流量的限制，它的适应性强，其容量规模决定于电力系统能提供的低谷电量；作为常规水电的补充，可弥补水电的不足，有利于水电的可持续发展。

（三）开发抽水蓄能电站有利于水利水电和电力工业的可持续发展

通过近年来一些大型抽水蓄能电站投入运行，它的优越性逐渐被社会所认识，主要优点如下：

（1）抽水蓄能电站本身虽不能生产电能，但可利用低谷电能（即剩余电能）抽水，在尖峰时发电，既可调峰，又可填谷，还可调频和事故备用，故实质上在电力系统中起到了一种能量储存转换和改善优化的功能。在当前中国电力工业发展中，一些电网中总容量日益增加而水电比重日益下降，低谷剩余电能将与日俱增，为抽水蓄能的发展提供了必要的动力。

（2）抽水蓄能电站与煤电、天然气电、油电比，跟踪负荷性能好、开停机灵活，并可节煤节油，调峰灵活；与常规水电比，因还具有填谷功能，它的调峰功能为常规水电的2倍。

（3）由于近30年来抽水蓄能电站在规划、土建、机电等技术方面的改进，如机组向高水头、大容量及高频变速和高效率等方面发展，坝工及地下结构等向面板堆石坝、喷锚支护、取消衬砌及简化结构等方面发展，使抽水蓄能电站特别是高水头抽水蓄能电站得到显著的发展，抽水蓄能电站的工程量日趋减少。抽水蓄能电站的各种指标较其他能源如煤电、油电和常规水电都为优越。据粗略统计，中国目前500m水头百万千瓦级抽水蓄能电站土石方填筑仅1～2$m^3$/kW左右，而一般常规水电站的工程量将较上值超出很多。这是因为百万千瓦级常规水电站一般都在大江大河上修建，有较高或巨大的大坝和泄洪泄水建筑物，有复杂和巨大的导流建筑物而且一般还有巨大的淹没损失。百万千瓦级常规水电站淹没移民数常以数十万人计，而抽水蓄能电站往往仅以千人或万人计。故一般认为抽水蓄能电站的工程量比常规水电站少得多。但可逆机组目前国内还没成熟制造经验，一般需要从国外引进，其价格较高。即便如此抽水蓄能电站单位千瓦投资一般比常规水电为低，同时施工期限亦短。

综上所述，抽水蓄能电站弥补了水力资源的不足，作为常规水电的补充，在电力系统中可起到调峰、填谷等作用，而单位千瓦的工程量和投资都比常规水电还优越。它虽不是能源，但由于它的出现，可使低谷多余的电能（即无用的或称剩余电能）转换为尖峰时有用的电能，故抽水蓄能电站变无用为有用，它的发展动力来自与时俱增的电网低谷电能，它自身的可持续发展特性是无可置疑的。同时还能使电力系统中各种机组（火电、油电、天然气、核电）平稳运行且煤耗、油耗等减少，从而减少火电的有害气体排放量，对环境有很大的好处。总之抽水蓄能电站是新兴电源，作为常规水电的补充，弥补了水电的不足。

（四）加速中国抽水蓄能电站开发

由于中国电力系统中主要是调峰性能较差的煤电，不像一些发达国家有调节性能较好的油电和天然气、地热发电等，故中国抽水蓄能电站的发展理应比其他工业发达国家更为迫切，在电网中所占比重应更大些。

目前中国水电和电力建设形势对抽水蓄能电站的发展非常有利，主要表现在以下几方面：①各地区和各流域，常规水电发展很不平衡，有的水力资源储量贫乏或已开发殆尽，不得不发展抽水蓄能电站以补水电在电网中所占比重的不足，如华北、东北及东南沿海地区。②有些地区水电比重虽不低，但由于多为径流式水电站，如四川、湖南、江西、湖北，亦需建抽水蓄能。③由于中国煤炭资源不均匀，因煤运输困难，发展坑口电站，相应带来北电南送。水电西南西北多，又带来西电东送。随着三峡工程建成，中国东西南北输电网形成。这些对平衡全国各地区电力有好处，但有时由于某地区为了接受上述几种送入的电又必须增建一些调峰能力强的抽水蓄能电站。④中国核电已在浙江、广东投入运行并在江苏、山东、浙江等地继续兴建。⑤中国当前空前繁荣的经济发展情势和电力体制改革等给抽水蓄能起到积极的推动作用。

目前中国抽水蓄能电站的建设和规划设计工作正在全国范围内蓬勃展开。从中国已建和在建的抽水蓄电站看，它们各具特色，有高、中、低水头的，有大型的也有小型的，为中国抽水蓄能电站建设走出了第一步并取得了宝贵的经验。预计抽水蓄能电站建设将在华北、东北、东南沿海地区，以及华中、中南等地迅速开展。在今后设计建设中，抽水蓄能电站的布置型式等将更趋多样更趋完善，对抽水蓄能电站的运行将逐渐从日调节趋向周、季调节。

（1）纯抽水蓄能电站。在中国已建成的几座大型高水头、大容量抽水蓄能的基础上还会有长足的进展，这是因为在山区发展纯抽水蓄能电站只要地形许可，往往选择高水头是有利的。根据国外实践，上下池的容积也十分重要，周调节的需要上下池往往比只考虑日调节的要大很多倍。如美国Racoon、Bathcounty和法国Montezic抽水蓄能电站，虽然是纯抽水蓄能电站，但具有容积较大的上、下池，一次抽满或发电的时间在20h左右，这要比一般日调节抽水蓄能电站上、下池一次抽水或发电时间只有4～6h左右要大2～3倍左右。日调节纯抽水蓄能电站，每日抽水和发电水量必须平衡，要发电必先将水从下池抽入上池，要抽水必先进行发电将水放入下池，如此周而复始，不可间断，因此抽水和发电都要受到限制。若在一个电网中全都是日调节纯抽水蓄能电站，运行就会感到十分不便，往往设计制定的发电和运行小时数就不易完成。若上、下池容积较大，抽水发电限制条件较少，就能较好地完成发电和抽水任务，运行小时数也可以相应增加。为此在今后规划选点中要注意优先选择一些地形较好和容积较大的上、下池。

（2）混合式抽水蓄能电站。中国已建的有潘家口和响洪甸抽水蓄能电站。混合式抽水蓄能电站往往具有较大的上水库和一定的来水量，可尽量利用电力系统低谷剩余电能抽水储存于上水库，以增加水电枢纽的发电和其他供水等综合效益。这种混合式抽水蓄能电站融水电与抽水蓄能于一体，使常规机组与可逆机组可互为备用，互为补充。如法国 Grand Maison、意大利 Edelo、日本新高濑川等抽水蓄能电站，调节性能好，有的还可作年调节和事故备用。混合式抽水蓄能电站调节性能好，运行灵活，对抽水发电都有利，可较好地满足电力系统的削峰填谷作用。台湾明湖、明潭 2 座抽水蓄能电站（装机容量共 2600MW）和大观（常规）水电站（装机容量 110MW）共用日月潭水库，利用此水库可起到共同调节的作用。3 座电站虽分别管理，但实质带有混合式抽水蓄能电站的作用。这 2 座抽水蓄能电站的发电效益较高，年发电小时数可达 4000～5000h，比一般抽水蓄能电站年发电小时数（1000h 或更低）多几倍。混合式抽水蓄能电站主要优点是有较大的上池（上水库）可供调蓄，缺点往往是水头较低和下池容积小。如上述潘家口、响洪甸 2 座抽水蓄能电站水头都在 100m 以下，下池库容虽留有一定余地但还是阻碍了工程效益的发挥。应该指出，上述法、意、日等国的混合式抽水蓄能电站不仅上、下水库容积大，而水头都很高，达 200～1000m。

（五）结语和建议

当前全国水电和电力建设形势对发展抽水蓄能电站极为有利，我们在过去已取得成绩的基础上，除进一步做好已建抽水蓄能电站的运行管理和在建抽水蓄能电站的建设工作外，还要认真做好抽水蓄能电站规划选点工作。为此提出建议如下：

在纯抽水蓄能电站方面除一般应注意因地制宜选择合适的电站型式和布置外，在有条件的站址还要注意选择上、下池的有利地形以取得较大的容积以改善其调节性能并增加工程效益；在混合式抽水蓄能电站方面有条件时要注意选择较高水头并适当加大下池容积以提高电站效益。中国目前有许多已建成的水电站，运行已数十年，当时定的设计水平年早已过去，电站容量显得不足，急待增容扩建，在有条件时可考虑增建抽水蓄能机组成为混合式开发，其效益当会显著增加。

开发模式和运行机制制约着抽水蓄能电站的发展。峰谷电价、两部制电价一时不易制定得很合理，但可综合考虑抽水蓄能电站与火电、电网相结合的开发模式。天津蓟县桃花寺抽水蓄能电站拟与盘山电厂（煤电）联合开发（运行），可使双方发电量增加，总效益增加，系统输电质量也提高。这种抽水蓄能电站与煤电联合开发不失为一种可行的模式。当前中国电力体制改革，成立电网公司，如直接开发管理抽水蓄能电站，使抽水蓄能与电网的联系更为紧密，亦将有利于抽水蓄能电站的发展。

中国水能蕴藏量居世界第一，可开发量很大，近 5 亿 kW。中国水电发展迅速，目前已突破 90000MW，预计到 2010 年将达到 1.25 亿 kW，2020 年达到 2.1 亿 kW。届时开发条件较好的站点可能已不多，预计到 2030～2040 年可开发水电将开发殆尽。故建议：①在目前待建、拟建的高水头梯级水电站（如金沙江、澜沧江等等）中应研究设置或预留设置可逆机组，通过发电和抽水使上、下诸梯级水库起到了联合调度，增加诸水库的调蓄作用，对水利水电都是有利的；②三峡地下电站即将兴建，建议考虑全部机组改为可逆式，这样可以大大增加尖峰电量和替代容量，否则在 30 年后要像国外一些电站（如美国大古力等）再增加抽水蓄能就很困难；③应优先发展调节性能显著的混合式或纯抽水蓄能电站，上、下水库选择有利地形使具有较大库容，能达到周或季调节；④还应积极发展中小型抽水蓄能电站。

（天津大学、天津勘测设计研究院　曹楚生）

## 加快抽水蓄能电站建设确保电网安全稳定运行

（一）加快抽水蓄能电站建设是国家电网公司确保电网安全稳定运行的必然要求

1. 国家电网公司是电网经营企业，确保电网的安全稳定运行是其责任　确保电网的安全稳定运行是国家电网公司的责任，这是国家电网公司在国民经济和电力工业发展中的定位、性质决定的。国家电网公司 2002 年 12 月 29 日挂牌以后，目前公司章程已经正式批复，公司的性质和定位都有了明确的规定。电力工业是国民经济的基础产业。作为电力工业基础设施的电网，具有基础性、网络性和安全性等基本特征，其安全稳定运行直接影响国民经济的发展和社会的安定，确保电网安全稳定运行意义重大。电网经营企业在国民经济中的作用举足轻重，对于促进电力工业发展特别是确保电网安全稳定运行担负着重要的责任，安全生产是各级电网经营企业各项工作的基础。国家电网公司在国民经济和电力工业发展中具有重要的战略地位，是关系国民经济命脉、关系国家能源安全、关系社会稳定，在国民经济发展中发挥重要作用的特大型国有企业；是电力行业中落实国家能源政策、联系发电企业和用户、发挥桥梁作用的电网经营企业；是建设和运营国家层面电力市场、实现全国范围电力资源优化配置的骨干企业；同时，还是为社会经济发展和人民生活提供普遍服务的公益性企业。鉴于这样的特点和定位，国家电网公司及各区域电网公司、省级电网公司有责任、有义务为国民经济发展提供可靠的电力保障，有责任确保电网的安全稳定运行。要保证电网的安全稳定运行，电网经营企业必须具有一定的调控手段，必须在具备必要的网络物质条件的基础上，针对电网用电负荷需求特性，应用适宜的技术，采取适当的调控措施，来满足用电需求的变化。

2. 国民经济发展和用电构成的变化，对电网安全稳定运行提出了更高要求　近年来，随着国民经济的持续发展和人民生活水平的不断提高，各电网的用电构成发生了较大变化，城乡居民生活用电和轻工业用电增速都较快，“九五”期间城乡居民生活用电平均增速10.7%，高于全社会用电平均增速4.3个百分点；轻工业用电平均增速6.22%，比重工业平均增速高约1个百分点。特别是随着城乡居民生活用电的快速增长及工业结构的调整，各电网用电负荷的峰谷差逐年加大，华北、东北、华东等电网调峰容量严重不足。例如，2002年东北电网冬季峰谷差达到8000MW以上，在水电大发期间，系统调峰容量缺额高达2000MW。另外，随着人民生活水平的提高，家用电器和高耗电产品进入城乡居民家庭，气温的变化将导致生活用电对电力系统产生较大的冲击和影响，人们对供电的可靠性和供电质量也提出了更高的要求。国民经济发展和人民生活水平的不断提高，对电网的安全稳定运行提出了更高的要求。电网的建设与发展，必须适应不断加大的用电负荷峰谷差及用户不断提高的供电质量要求。

3. 抽水蓄能电站的运行特性，为保障电网的安全稳定运行提供了有效手段　众所周知，抽水蓄能电站具有两大特性，一是抽水蓄能电站既可以作为发电厂，也可以作为用电户；二是抽水蓄能电站运行灵活，对负荷的急剧变化能作出快速反应。这两个特性决定了抽水蓄能电站在电力系统中的重要作用。主要表现在五个方面：一是调峰填谷，能够利用系统低谷时段的富裕电量抽水，在系统高峰时段发电，可以提高火电机组的负载率，有利于系统安全稳定运行；二是启动灵活迅速，从启动到满负荷只需1～2min，由抽水运行工况转换到发电工况仅需3～4min，适合作为电力系统的事故备用电源；三是能够适应负荷急剧变化，调频性能好，可以作为灵活可靠的调频电源；四是建设站址一般距负荷中心较近，控制方便，可以作为调相机使用，能够承担电力系统调相任务；五是能够替代一定容量的燃煤机组，发挥容量效益。鉴于上述特点，抽水蓄能电站在电力系统中重要的地位不可低估，在确保电网安全稳定运行方面可以发挥的重要作用不可轻视。

国家电网公司必须保证电力能够送得出、用得上，要保证供电质量，这样必须在强化网架建设的同时，增加一些调控手段。抽水蓄能电站的建设，应该作为电网建设的一个重要部分。国家电网公司成立以后，抓发展主要是两条，一是强化电网建设，使电源点建成后能够送得出、用得上，保证工业、农业、老百姓的用电；二是要保证供电质量，必须拥有一定的调控手段，抽水蓄能电站可以作为电网一个有效的调控工具。所以，国家电网公司将把抽水蓄能电站的建设，作为今后发展的一个重要部分。

（二）中国抽水蓄能电站的发展现状及存在问题

中国抽水蓄能电站建设起步较晚，1968年和1973年才分别在河北岗南和北京密云两座常规水电站上安装了11MW和26MW抽水蓄能机组。当时由于对抽水蓄能电站在电力系统中的作用和经济效益认识不够，抽水蓄能电站的发展较慢。随着社会经济的发展和电网规模的扩大，电网峰谷差不断加大，电网调峰矛盾日益突出。特别是以火电为主的华北、华东电网，随着大容量火电机组的投入，电网供需矛盾逐步由缺电量转为缺调峰容量，由于受地区资源的限制，可供开发的水电站很少，电网缺乏调峰手段，修建抽水蓄能电站解决以火电为主电网的调峰问题逐步成为共识，抽水蓄能电站的建设、发展步伐开始加快。1992年建成了河北潘家口混合式抽水蓄能电站（270MW），1994年建成了广州抽水蓄能电站一期（1200MW），1997年建成了北京十三陵（800MW）和西藏羊卓雍湖（90MW）抽水蓄能电站，1998年建成了浙江溪口（80MW）抽水蓄能电站，2000年建成了广州抽水蓄能电站二期（1200MW）、浙江天荒坪（1800MW）、安徽响洪甸（80MW）、湖北天堂（70MW）抽水蓄能电站，2002年建成了江苏溧阳（100MW）抽水蓄能电站，到2002年底，全国已建成投产的抽水蓄能电站装机容量达到5720MW。另外，当前在建的抽水蓄能电站有5座，装机容量为3420MW。

目前中国已经建成投产的抽水蓄能电站装机容量占全国总发电装机容量的比例约1.6%，比例仍然较低。根据有关研究，以纯火电为主的电网，抽水蓄能电站等调峰机组应达到的合理比例为2.5%～4%。如果按照这个比重，目前中国抽水蓄能电站装机容量应达到12000MW左右，这样才能基本满足利用调峰手段来削峰填谷、提高整个火电厂的运行效益和年运行小时数。目前全国火电平均年利用小时数大约为5200h，而经济年运行小时数为5500h。全国约3亿kW的火电机组，若每年的平均利用小时数增加100h，则相当于增加了6000MW的装机容量。由此可见，建设抽水蓄能电站的总体效益是非常好的。

虽然中国抽水蓄能电站的发展近几年有所加快，但与常规水火电机组发展的速度相比，仍不能令人满意，主要存在以下问题：

（1）对抽水蓄能电站在电力系统中的地位、作用认识不足。长期以来，我们对抽水蓄能电站存在着"四度换三度"的说法，对抽水蓄能电站的作用认识不全面。实际上，抽水蓄能电站抽水时是低谷电，而发电时是高峰电，二者的性质和产生的效益完全不同，抽水蓄能电站低谷时消耗的电量是在不增加燃煤机组运转小时、不增加煤耗（甚至减少煤耗）、不增加运行费用的条件下取得的，并提高了燃煤机组的安全可靠性。对于抽水蓄能电站的效益问题，我们通常只注重其静态效益——容量效益和调峰填谷效益，而忽略了其动态效益——调频、调相、负荷调整、负荷备用和事故备用等效益。

（2）现行的电价政策不利于抽水蓄能电站的建设与发展。目前，大部分抽水蓄能电站由独立发电公司自主建设和经营，按照国家批准的上网电价和年度计划发电量运营，电站的全部收益均需在上网电量的电费收入中体现，由于发电环节的两部制电价和分时电价没有出台，因而抽水蓄能电站的财务经济性差，基本没有还本付息能力。即使出台了发电环节的两部制电价，如何全面、合理地反映抽水蓄能电站的动态效益，也是一个需要深入研究的问题。电价机制的不尽完善，制约了抽水蓄能电站的建设和发展。

（3）抽水蓄能电站的经营模式亟需深入研究。在市场条件下，究竟采用哪种管理模式最有利于抽水蓄能电站的建设与发展，是当前急需解决的问题。根据目前国内抽水蓄能电站的运营实践，结合国外抽水蓄能电站的运营经验，初步提出抽水蓄能电站可能采取的管理模式有四种。模式一是自主经营方式，独立的抽水蓄能发电公司按国家批准的上网电价和计划发电量运营。模式二是租赁方式，抽水蓄能电站建成后租赁给电网中主要的发电公司，如核电、大型火电站等，保证抽水蓄能电站的还本付息。模式三是电网一体化经营方式，抽水蓄能电站作为整个电网的一部分进行建设和管理。模式四是收取辅助服务费用，对所有的发电厂按照其上网容量或发电量收取调频、调峰等辅助服务费用来补偿抽水蓄能电站。到底哪一种模式更适合目前的管理体制，更有利于电网的安全稳定运行，需要尽快深入研究。

（4）抽水蓄能电站设备国产化能力需要尽快提高。抽水蓄能电站机电设备投资占总投资的比例较大（60%～70%），设备投资对电站的建设成本影响巨大。目前国内利用外资的已建和在建抽水蓄能电站主要机电设备均采用国际公开竞标方式进行采购或国外厂家直接供货，国内集资兴建的几座中型抽水蓄能电站的关键技术和部件也是进口或部分进口。抽水蓄能机组设备国产化能力的不足加大了抽水蓄能电站的投资，影响了抽水蓄能电站的发展。

（三）抓住机遇，加快抽水蓄能电站的建设与发展

按照十六大明确提出的全面建设小康社会的目标，根据市场预测和有关规划，全国装机容量2005年将达到4.3亿kW左右，2010年达到6亿kW左右，2020年达到9亿kW左右。考虑到水电资源开发条件及发展火电的制约因素，适度发展核电是中国今后一个时期满足总的装机容量要求、调整电源结构及确保能源安全的必然选择。为保证电网的安全稳定运行，在发展核电、燃气电站的同时需要建设一定规模的抽水蓄能电站。另一方面，中国当前及今后一个时期将继续推进"西电东送、南北互供、全国联网"。随着电网规模的不断加大，确保电网的安全稳定运行将显得更为重要。国家电网公司成立后，将不再投资建设常规发电厂，可以集中更多的精力抓好电网的建设和运营。抽水蓄能电站作为电网运行中的有效调节手段，各网、省公司一定要抓住机遇，加快抽水蓄能电站的建设与发展，确保电网的安全稳定运行。

1. 抓紧在建抽水蓄能电站的建设　抓紧组织好浙江桐柏1200MW、山东泰安1000MW、安徽琅琊山600MW、吉林白山300MW、河南回龙120MW抽水蓄能电站的施工建设，保质保量，争取早日投产。白山抽水蓄能电站要按照2005年首台机组投产发电安排施工进度。桐柏、泰安和琅琊山抽水蓄能电站要按照2006年首台机组投产发电的目标安排工程进度。

工程建设中要认真贯彻落实项目法人责任制，严肃工程招投标管理。加强概算管理，控制好工程造价。加强文明施工管理，提高安全管理水平，要把"零"死亡作为安全管理的目标。抓好工程质量，在建工程必须实现达标投产，创精品工程，朝着鲁班奖目标努力。工程建设中要大力推广新工艺，采用新技术，在技术上向国际先进水平看齐，在国内要处于领先水平。国家电网公司目前管理的机组不多，一定要做好抽水蓄能电站的建设管理，我们管理的基础仍然是原电力部、国家电力公司的管理基础。我们近几年施工管理方面进步较快，火电厂的达标投产得到了各个方面的认可，但水电的施工管理比火电要差，抽水蓄能电站的施工管理要向火电施工管理看齐，要在全

国电力施工管理水平中占据自己应有的位置。

2. 积极创造条件，尽快开工建设一批抽水蓄能电站　积极创造条件，确保2003年山西西龙池（1200MW）、江苏宜兴（1000MW）、河北张河湾（1000MW）、河南宝泉（1200MW）和湖北白莲河（600MW）5座抽水蓄能电站项目能够开工建设。

3. 继续抓紧开展抽水蓄能电站的前期工作　各网、省公司要结合电网发展需要，认真研究电源结构的合理配置，提出抽水蓄能电站的发展规划，做好抽水蓄能电站的选点工作，抓紧开展一批抽水蓄能电站项目的前期工作。近期，重点开展河北丰宁（1800MW）、安徽响水涧（1000MW）、山东文登（1400～1800MW）、江苏伍元山（1500MW）、辽宁蒲石河（1200MW）和桓仁（800MW）、福建仙游（1200MW）和吉林双沟（500MW）、黑龙江荒沟（1200MW）等抽水蓄能电站项目的前期工作。各省也可以选择其他更合适的站点。同时，要在西北等其他地区做好抽水蓄能电站的选点工作。争取明年开工建设蒲石河、响水涧等抽水蓄能电站项目。在国家电网公司管理的水电站中，对于具备上下库条件的，可以探讨安装可逆式机组的可行性。

前期工作非常重要，目前整个电源项目的前期工作滞后，投资多元化是一个影响因素，项目公司对项目前期的投入较为谨慎。我们要研究前期工作市场化的措施和办法，国家电网公司每年也要拿出一些前期费，通过前期工作市场化来滚动使用。在国家总量控制的框架下，提前做好项目的前期储备，为项目的顺利实施奠定基础。

4. 深入研究抽水蓄能电站建设、发展中的重大问题　为了促进抽水蓄能电站的健康发展，要抓紧深入研究蓄能电站建设、发展中的一些重大问题。要研究抽水蓄能电站的经营管理模式、价格形成及回收机制、设备国产化及抽水蓄能电站在电网装机中的合理比重等问题。在充分调查论证的基础上，积极向政府主管部门提出发展抽水蓄能电站的政策措施和建议，争取抽水蓄能电站能够作为电网的一部分，其投资、运行费用及合理回报能够直接在电网销售电价中回收。今年重点开展抽水蓄能电站回收机制的调查和研究工作。

（国家电网公司　李彦梦）

## 中国抽水蓄能机组国产化进程

根据国内外研究结果，抽水蓄能机组配置的比重一般以占电网容量的8%～15%为宜，至少应为7%～10%。据此推算，目前我国应有30000MW左右的抽水蓄能机组，2010年需要45000MW。而实际目前尚只有5720MW，据了解，2010年我国抽水蓄能电站总装机容量预计达22380MW，离7%～10%的目标还有很大距离。中国电力市场对抽水蓄能机组有很大的需求。但目前中国的抽水蓄能机组基本上为外商所垄断，设备价格居高不下，严重束缚了我国抽水蓄能事业的发展。国产化是我国抽水蓄能事业发展的必由之路。

（一）目前国内抽水蓄能机组的设计制造

我国目前已投运和在建的17座抽水蓄能电站机组的制造厂家见表1。

表1　我国已建和在建抽水蓄能电站机组制造厂家

| 序号 | 电站名称 | 制造厂家 | 装机容量 MW | 最大扬程 m | 发电时间 |
|---|---|---|---|---|---|
| 1 | 岗　南 | 日本富士公司 | 1×11 | 59 | 1968年5月 |
| 2 | 密　云 | 天津发电设备厂 | 2×13 | 59 | 1973年11月 |
| 3 | 潘家口 | 意大利TIBB公司 | 3×90 | 70.11 | 1991年7月 |
| 4 | 广蓄一期 | 法国阿尔斯通公司 | 4×300 | 541.8 | 1993年6月 |
| 5 | 广蓄二期 | 德国伏依特、西门子公司 | 4×300 | 541.8 | 1998年 |
| 6 | 十三陵 | 美国伏依特、奥地利伊林公司 | 4×200 | 488.6 | 1995年12月 |
| 7 | 羊卓雍湖 | 奥地利伊林、美国伏依特公司 | 4×22.5 | 850 | 三机式1996年 |
| 8 | 溪　口 | 瑞士苏尔寿、ABB公司 | 2×40 | 271 | 1998年5月 |
| 9 | 响洪甸 | 东方电机股份有限公司 | 2×40（55） | 64 | 1999年11月 |
| 10 | 天荒坪 | 挪威克瓦纳、加拿大GE、奥地利伊林公司 | 6×300 | 614 | 1998年 |
| 11 | 天　堂 | 克瓦纳杭发 | 2×35 | 52 | 2000年 |

续表

| 序号 | 电站名称 | 制造厂家 | 装机容量 MW | 最大扬程 m | 发电时间 |
|---|---|---|---|---|---|
| 12 | 沙　河 | 法国阿尔斯通公司 | 2×50 | 125.4 | 2001年 |
| 13 | 琅琊山 | 奥地利维奥公司 | 4×150 | 153.15 | |
| 14 | 桐　柏 | 奥地利维奥公司 | 4×300 | 288.7 | |
| 15 | 回　龙 | 哈尔滨电机厂有限责任公司 | 2×60 | 424.2 | |
| 16 | 白　山 | 哈尔滨电机厂有限责任公司 | 2×150 | 130.4 | |
| 17 | 泰　安 | 日本丸红、伏依特富士、伏依特西门子公司 | 4×250 | 260 | |

在这17座抽水蓄能电站中，主机制造以外国厂商为主的有12座，国内厂商为主的有5座（密云、响洪甸、天堂、回龙、白山）抽水蓄能电站。国内参与的4个厂家是东方电机股份有限公司（响洪甸）、哈尔滨电机厂有限责任公司（回龙和白山）、天津发电设备厂（密云）和克瓦纳杭发（天堂，其机组的水力开发和结构设计均由外方完成）。

从容量上看，17座抽水蓄能电站总装机容量8947MW（其中已投产5727MW），国内厂家参与的5座抽水蓄能电站总装机容量596MW（其中已投运176MW），占国内抽水蓄能机组总容量的6.7%（其中已投运占2.0%）。

从扬程上看，17座电站最高扬程614m（未计羊卓雍湖抽水蓄能电站三机式机组）。国内厂家参与的5座抽水蓄能电站最高扬程为回龙424.2m（已投产的为响洪甸抽水蓄能电站64m）。

我国企业除了上述5座抽水蓄能电站为主设计制造机电设备外，还参与了广蓄一期、十三陵、天荒坪等抽水蓄能电站项目的分包。

在我国企业为主设计的5座抽水蓄能电站中，其转轮均为国外厂家的水力设计模型，其中一些直接从国外采购成品转轮。

（二）抽水蓄能机组国产化的必要性和可能性

抽水蓄能电站水库任务单一，一般水头较高，水工建筑物相对简单，移民很少，因此机电设备投资所占比重较大，购买机组的费用约占工程总投资的50%～60%，对电站的建设成本影响重大。目前中国的抽水蓄能机组基本上为外商所垄断，设备价格居高不下，严重束缚了我国抽水蓄能事业的发展。抽水蓄能机组国产化，可使用户降低工程造价，并得到方便廉价的备品备件供应和及时周到的售后服务，是我国水电建设的迫切需要；同时可促进国内水电制造业和相关企业的发展，推动民族工业的进步。抽水蓄能机组国产化意义重大。

中国水电设备制造企业为了抽水蓄能设备自行设计制造已经做了长期的艰苦努力。我们在大型水电设备上与世界上几乎所有著名的发电设备制造厂商进行过合作。通过合作生产和技术交流，我们的技术水平有了很大的进步，尤其是三峡水电机组的技术引进，使我们在科研、设计、制造、安装等技术方面有了一个飞跃，为抽水蓄能机组的国产化创造了更优异的条件。

例如，东方电机股份有限公司参加过3个大型电站的14套抽水蓄能机组的中外合作，自行研制了2套响洪甸抽水蓄能机组，积累了一定的经验。

20世纪80年代，东方电机股份有限公司开始进行模型水泵水轮机水力设计，共试验了4个转轮，在当时居国内领先地位。90年代初期，东方电机股份有限公司进行了新的一轮水力设计和试验，以后东方电机股份有限公司承担了“八五计划”国家重点科技攻关项目“大型混流可逆式水泵水轮机关键技术研究”和“大型抽水蓄能中间机组研制”工作。针对模型转轮和通流部件的水力设计、试验方法、结构设计和制造工艺、过渡过程和刚强度计算等，进行了大量工作。

20世纪90年代初在广州抽水蓄能电站的4台300MW水泵水轮机合作生产中，东方电机股份有限公司与法国阿尔斯通公司合作分包了座环、顶盖、底环、导水机构零件、控制环和推力轴承支架等部件。在装有4台200MW机组的十三陵抽水蓄能电站的水泵水轮机和球阀合作生产中，东方电机股份有限公司与沃依特公司合作，分包的范围进一步扩大，生产了除转轮之外的几乎所有部件，并派工程师参与设计和制造准备工作。经过全公司员工的努力，顺利完成了分包的水泵水轮机组和球形阀门的制造任务。

响洪甸水电站扩建工程安装2台单机容量为40MW的抽水蓄能机组，是东方电机股份有限公司首次自行设计、制造的抽水蓄能机组。该机组最大水头63m，最大扬程64m，最小水头27m，最小扬程32m。如果采用单转速，在扬程小于51m时，水泵效率将下降3%以上，而当扬程小于42m时，水泵效率将更低，并且吸水管内水流条件严重恶化，空蚀现象加剧，机组将产生很大的振动与噪声，不得不限制低扬程下运行时数，从而影响工程经济效益。此外，如采用单转速，水泵工况与水轮机工况转速也不好匹配。为改善水泵/水轮机运行性能，决定电动/发电机采用变极变速，使机组能在150r/min、166.7r/min两种转速下运行。对大型电动/发电机而言，变极具有相当大的技术难度，世界上也只有ABB公司和日本的日立公司具有该项技术。响洪甸水电站电动/发电机为继潘家口水电站90MW变极电动/发电机（引进意大利机组、ABB技术、双绕组变极）之后，世界上单机容量第二大的变极电动/发电机，也是世界上采用单绕组变极单机容量最大的电动/发电机。响洪甸抽水蓄能机组转轮应用户要求从国外公司采购，其余全部设计制造工作由东方电机股份有限公司独立完成。这2台机组已于2000年5月完成全部发电、抽水工况的调试，投入正式运行，情况良好。

除了上述经验外，在科研和技术储备方面也有着一定的基础和条件：

（1）建有世界级水平的水力试验台，可以进行水泵水轮机全特性的模型试验研究。而且最近进行了大规模的现代化改造，试验台已经达到了目前国际上先进试验台的同等水平。

（2）基本掌握了水泵/水轮机的水力设计方法，设计过一批性能较好的转轮，尤其是通过三峡技术引进的CFD技术的二次开发，为设计性能更好的抽水蓄能转轮创造了条件。

（3）通过合作生产14台抽水蓄能机组与响洪甸机组独立研制的实践，基本掌握了大型电动/发电机的电磁设计（包括双转速单绕组方案）、双向推力轴承设计和通风设计技术，并完成了相应的科研试验与真机试验。

（4）大型推力轴承试验台的双向推力轴承研究成果不但用于响洪甸机组的设计，而且在广蓄二期、沙河抽水蓄能机组的电站运行的故障处理中起到了一定的作用。

（5）在结构刚强度、振动、应力和疲劳分析方面已经具备设计计算和分析大型抽水蓄能机组的能力。

（6）在机组安装、调试、启动、停机过程的研究中开发了相应的程序，经验证与国外厂家提供的计算及实测结果十分吻合，说明基本上已经掌握了此项技术。

（7）通过十三陵等抽水蓄能电站机组的合作，基本掌握了高水头球阀的设计与计算技术。

在工艺装备方面，通过“八五”、“九五”和为三峡工程进行的大规模技术改造，工艺装备有了很大的进步。

（1）增添了一批重点关键设备：以五轴数控镗铣床为代表的加工设备、以光电经纬仪为代表的检测设备，以及窄间隙焊机、数控冲床、数控包带机等设备。

（2）进行了以转轮制造和线圈制造为重点的大量工艺科研攻关项目。通过二滩、三峡等项目的中外合作，转轮制造技术和线圈制造技术已经达到了世界先进水平。全部由中方焊接加工制造的直径10.4m、重416t的三峡水电站水轮机转轮在经过一系列严格的检验测试后，于2003年8月8日正式发往三峡工地，并已经投入运行。

（三）国产化是我国抽水蓄能事业发展的必由之路

1998年11月，哈电集团动力设备股份有限公司和东方电气集团公司根据我国抽水蓄能电站的发展和对主机设备的需求，联名向国务院提出了《关于建议在抽水蓄能机组的国际招标中采用技贸结合、技术转让方式的请示报告》。这份报告建议在以后抽水蓄能机组从项目开始就明确规定招标中必须以技贸结合、技术转让的方式进行，以打破外商对我国抽水蓄能市场的垄断。对这份报告，时任国务院总理的朱镕基先生批示道：“要大力支持”，表明了中国政府对抽水蓄能设备国产化的态度。由于受市场需求的影响和其他原因，这个计划没有立即得到实施，但是国家主管部门和中国制造企业的努力没有停止。

2001年4月，国家计委批复了《关于河南宝泉抽水蓄能电站项目建议书的请示》。2002年4月，宝泉抽水蓄能发电有限责任公司成立后，委托中国国际工程咨询公司对宝泉机组国内制造能力及有关采购模式进行研究。经过对国内主要生产厂家东方电机股份有限公司和哈尔滨电机厂有限责任公司的调研后，中国国际工程咨询公司于同年8月在北京召开了专题研讨会。以罗绍基院士为代表的业主专家和以梁维燕院士为代表的生产厂家专家，在会上就国内高水头（扬程）大容量抽水蓄能机组的各种问题进行了深入的讨论，一致认为应在引进技术的基础上，循序渐进搞好宝泉等抽水蓄能机组的制造，并提出了各种建议与意见。

2002年11月，中国水力发电工程学会抽水蓄能专委会和福建省水电工程学会在福州举办“抽水蓄能电站建设经验技术交流会”。这次会议的一个中心议题就是抽水蓄能电站机组国产化。在这个议题上业主代表既谈到希望又表示担心与忧虑，制造厂家在介绍自身优势的条件下，也谈到不足与欠缺，希望得到国家适当的政策支持。会上代表们对抽水蓄能事业的远景规划感到欣慰，对各设计院的前期工作感到满意，对机组国产化的问题提出了很好的建议与意见。会议肯定了东方电机股份有限公司承制的响洪甸机组从调试试运行的情况看是很好的。

2002年12月11日至13日，中国机械工业联合会受当时的国家计委委托，在四川德阳主持召开了"大型抽水蓄能机组研讨会"，参加会议的有国家电力公司电源建设部、中国水电顾问有限公司、发电设备国家工程研究中心、各水电勘测设计研究院、已建和待建抽水蓄能电站的专家，华中科技大学和中国水利水电科学研究院等大专院校和科研院所的代表，以及哈尔滨电机厂有限责任公司和东方电机股份有限公司等制造厂家的人员，一些电力和经济主管部门的代表也出席了会议。会议就抽水蓄能电站的市场需求及前期勘测设计工作、有关单位所作的科研工作等进行了讨论与研究，特别是对国内制造企业在水泵/水轮机、电动/发电机方面取得的成绩和与国际著名公司的技术差距进行了比较和交流。会议针对研制大型高水头抽水蓄能机组需要解决的主要关键技术和科研内容、科研攻关的最终目标和"十五"考核目标、研制大型抽水蓄能机组的技术路线和实施方法及如何落实依托工程等内容进行了热烈的讨论。与会领导和专家畅所欲言，对如何加快发展我国大型抽水蓄能电站建设和机组的研制提出了不少好的建议，在很多方面取得了共识。鉴于我国在燃气轮发电机组方面采用捆绑招标引进技术的模式，总结出一些有益的经验，会议建议抽水蓄能机组也采用这样的模式，选择几个电站作依托工程，采用捆绑的方式进行招标，促进外方转让技术和中外企业合作制造，加速提高国内企业的竞争力。

2003年3月，国家发展和改革委员会在北京召开了《宝泉和惠州抽水蓄能电站机组统一招标及组织管理协调会议》。这次会议以政府的名义提出为了提高我国机电装备工业的水平，促进我国抽水蓄能电站建设的健康发展，国家发改委决定以河南宝泉和广东惠州2座抽水蓄能电站为依托工程（2003年6月，在另一次会议上国家发改委通知增加湖北白莲河抽水蓄能电站为依托工程），通过统一招标和技贸结合的方式，引进抽水蓄能电站机组设备设计和制造技术，逐步实现我国抽水蓄能电站机组设备制造的自主化。这次会议对我国抽水蓄能事业是一次重要会议，它确定了设备自主化的依托工程，明确了引进关键技术，以实现此类设备的国产化，为国内制造厂尽快掌握这门新技术铺平了道路。会议决定组成招标工作协调领导小组，负责统一招标及技术引进工作的协调和领导，成立技术引进工作专家组，负责技术引进方面的具体工作和技术引进标书的编制。会议还确定设备采购和技术引进的招标方式，要本着实现技术和制造技术引进，合理的设备采购价格，大部分设备国内制造的原则进行。工作进度要求在2003年8月具备发标条件，2004年6月前完成合同谈判工作。

技术引进专家组成之后适逢非典的非常时期，专家组的工作采用电子通讯的方式进行，编制了《关于抽水蓄能机组技术引进建议》。6月30日～7月2日，非典危险期刚解除，专家组立即在北京召开了专题技术讨论会，专家们本着认真负责的态度，对统一招标方式、技术引进项目和机组关键部件制造供货的分工等进行了深入的讨论，认为打捆统一国际招标是国家支持民族工业发展，促进我国抽水蓄能机组国产化的一项重大举措。确定了我们的目标是在采购技术先进、质量一流机组的同时引进关键技术。基本同意两厂《技术引进建议》，要求两厂以"联合设计、参与开发、合作制造"的方式，参与抽水蓄能机组分包设计和制造工作，关键要通过分包引进技术，参与联合设计并制造整台机组，取得设计和制造的资质。

8月下旬，应邀参加投标的7家外商聚集北京，中外专家进行了交流，在听取完了7家有资格的外商的技术水平介绍之后，8月29日，国家发改委主持召开了河南宝泉、广东惠州、湖北白莲河机组设备统一招标工作第二次协调会议，会议正式确定把4台白莲河300MW机组纳入捆绑招标的范围，明确了此次招标采用国际邀请招标加谈判方式。

经过最后的准备，9月19日《宝泉/惠州/白莲河抽水蓄能电站建设项目设备采购暨抽水蓄能机组技术转让招标文件》正式发售，预计2004年2月截标，2004年6月前完成合同谈判工作，签订设备采购及技术引进合同。

2003年11月，中国水力发电工程学会抽水蓄能专委会和浙江省电力建设总公司在宁波召开了学术年会，会议认为抽水蓄能机组国产化将使工程投资大幅度下降，我国设备制造厂家经过多年的研究，已经取得了长足的进步，已经具备了设计和制造大型可逆机组的能力，在引进技术和关键部件加以吸收的基础上，逐步实现机组国产化是可能的。

（东方电机股份有限公司　陶喜群）

## 关于常规水电站能否替代抽水蓄能电站的问题

（一）问题的提出

我国正大力建设抽水蓄能电站。国外电力建设的经验证明，解决缺能地区电源的最好组合之一是抽水蓄能电站加核电。广州抽水蓄能电站加大亚湾核电站已证明这种组合是适合于广东的。华东系统的天荒坪抽蓄能电站加秦山核电也证明这是一条成功的路子。但在西南地区，能源资源特别是水力资源比较丰富，是否要搞抽水蓄能电站，认识并不一致。其中有争议的问题是常规水电站能否替代抽水蓄能电站，以及由此引申出来的水电比重大的电力系统是否要建设抽水蓄能电站。

笔者从分析两类水电站在电力系统中的功能入手，浅谈对上述争论的看法。

（二）抽水蓄能电站发展概况

从1879年建成世界上第一座抽水蓄能电站——瑞士莱顿抽水蓄能电站（2×0.22MW）以来，至今已有100多年历史。目前世界抽水蓄能电站总装机容量约$1.5\times10^5$MW，并正按10%左右速度递增。抽水蓄能电站最大容量为美国巴斯康蒂电站（我国广蓄建成前），总装机容量2100MW；水头最高的是意大利圣菲拉诺电站，水头1417m；可逆式机组最大单机容量为美国霍尔姻斯电站，414MW。抽水蓄能电站装机容量最大的前三个国家是美国、日本和意大利。

抽水蓄能电站目前的发展方向是：

（1）研究制造高水头（>800m）、大容量的可逆式抽水蓄能机组。

（2）为了适应抽水蓄能电站水头变幅较大工况，提高机组运行效率的需要，研究采用变速机组系统。

（3）适应海岸国家发展的需要，研究海水抽水蓄能电站的技术经济问题。

（4）研究抽水蓄能电站与太阳能、风能、潮汐能等可再生能源电站联合运行技术经济问题。

（三）两类电站功能的比较

近数十年来，为了适应电力系统运行的要求，抽水蓄能电站的功能得到不断的拓展和完善。它与常规水电站的不同，已经远不是能不能抽水、机组可逆和不可逆的差异，而是它的功能更多、更完善，即使相同的功能，其技术水平也更高。

本节是以两类电站目前实际差别为基础进行对比分析的。并不排除常规水电站采用抽水蓄能机组某些先进技术的可能性。

1. 工况转换

目前抽水蓄能机组可以实现下列23种工况的转换：

（1）静止⇌发电，2种；

（2）静止⇌抽水，2种；

（3）静止⇌抽水调相（包括进相），4种；

（4）静止⇌发电调相（包括进相），4种；

（5）抽水⇌抽水调相（包括进相），4种；

（6）发电⇌发电调相（包括进相），4种；

（7）抽水⇌发电，2种；

（8）黑启动，1种。

一般，常规水电机组在上述23种工况转换中只可实现工况（1）的2种、工况（4）的2种和工况（6）的2种，共6种。

由此可见，在满足系统运行要求方面，抽水蓄能电站具有更好的适应性。因此可以说，抽水蓄能电站是电力系统实现高质量、安全、可靠运行要求的产物。

2. 功能比较

（1）发电功能。常规水电站的最主要功能是发电，即能向电力系统提供电能，通常的年利用小时数较高，一般情况下高于4000h。抽水蓄能电站本身不能向系统提供电能，它只是将系统中其他电站的低谷电能和多余电能，通过抽水，将水流的机械能蓄存于上水库中，待到需要时放水发电，它的年利用小时数一般只几百至一千小时。抽水蓄能电站只是实现电能在时间上的转换。经过抽水和发电两种环节，它的综合效率为75%左右。因此从本身而言抽水蓄能电站不仅不能提供电能，而且要消耗电能，它只是通过电能时间上的转换获取峰谷电价差和使系统火电运行均衡而获得的节煤效益。

（2）调峰功能。调峰功能两类电站都可完成。具有日调节以上的水电站，可将夜间低谷不发电的水量储存在水库中，待尖峰负荷时集中发电，即通常所说的带尖峰。抽水蓄能电站是利用系统夜间低谷时其他电源电能（包括火电和径流式水电站的多余电能）抽水至上水库储存，待尖峰负荷时发电。因此抽水蓄能电站抽水时用电相当于一个大用电户，把日负荷曲线的低谷填平了，从而起了“填谷”的作用。由于“填谷”使火电出力平衡，降低了煤耗，从而获得节煤效益。也可能使径流式水电站晚间弃水电能得到利用。就调峰功能而言，其差别是抽水蓄能电站兼有“填谷”的效益。

（3）调频功能。调频功能也叫旋转备用或负荷自动跟踪。此功能两类电站都能完成，只是跟踪速度（或爬坡速度）和调频容量变化幅度的差别。首先，跟踪速度不同。常规水电站机组自启动至满载约需数分钟至十几分钟不等；国外抽水蓄能机组爬坡速度很快，例如狄诺维克蓄能电站从空载至满载1300MW只需11s，快速增加机组负荷对稳定系统频率保证供电质量具有十分重要的意义。其次，可提供的调频容量不同。以十三陵抽水蓄能电站200MW抽水蓄能机组为例，抽水方式满负荷运行用电负荷218MW，由抽水工况转化为满负荷发电，可提供容量200MW，由此200MW抽水蓄能机组最大可提供调频容量为418MW。常规200MW水电机组承担旋转备用时按较低负荷40%计，它可以提供调频容量仅为120MW，只占同数量抽水蓄能机组可提供调频数量的28.7%。1997年香港回归祖国庆典期间，十三陵抽水蓄能电站机组即按满负荷抽水方式运行，对保证北京市正常安全供电，起到其他电源难以完成的作用。

(4) 调相稳定电压功能。泛指调相包括发出无功的调相和吸收无功的进相。常规水电机组的发电机功率因数为0.85～0.9，可以降低功率因数运行，多发无功，实现调相运行功能。抽水蓄能机组无论发电方式，或者抽水方式均可实现调相或进相运行，对稳定系统电压的作用显然比常规水电机组要强得多。另外，抽水蓄能电站通常比常规水电站更靠近负荷中心，因此它的调相稳压的效果比常规水电更好。

(5) 事故备用功能。有较大水库的常规水电站和设有专门事故备用库容的抽水蓄能电站均可完成事故备用功能。抽水蓄能电站的水头通常比常规水电站高，相同事故备用容量所需库容较小。抽水蓄能电站的上水库多数要依靠人工开挖，获得库容的代价可能较大；抽水蓄能电站的事故备用水量在事故后可抽水恢复。

(6) 应付计划外临时任务功能。计划外临时任务是指某台机组因种种原因，要比计划推迟1～2h投入运行，临时需要其他电源供电。此种功能两种电站均可担任。

(7) 黑启动功能。黑启动是指出现系统解列性事故后要求机组的迅速启动。常规水电站一般不具备此功能。国外抽水蓄能电站已可实现黑启动，使系统解列后迅速恢复供电。

(8) 环境效益。抽水蓄能电站一般离负荷中心（城市）较近，上、下水库可调节空气、美化环境，供人游玩。抽水蓄能电站除上、下水库外多数采用地下建筑，对地面环境影响较小。抽水蓄能电站所需库容较小，通常几百万立方米即够，上池多建在高山上，淹没农田较少，移民问题较简单。若能利用已建水库或天然海子作为上水库或下水库，则对环境的影响更小。抽水蓄能电站的水量可以重复使用，不存在与其他用水部门争水问题。

(9) 与太阳能、风能及潮汐等可再生能源电站联合运行效益。太阳能、风能及潮汐能等再生能源发电站，因受自然条件的限制，一天之中或一年之中发电是不均匀的。它们在电力系统中与其他类型电站（包括常规水电站、抽水蓄能电站、火电厂）联合运行是可以使这些电站的电能得到较充分利用的。抽水蓄能电站因为具有抽水蓄能的特殊功能，可在更大程度上适应这些电站发电的不均匀性，较之常规水电站和火电厂具有明显的优越性。

此外，抽水蓄能电站工期较短。修建容量为1000MW的抽水蓄能电站国外工期约为4年，广州抽水蓄能电站自开工至第一台机组投产工期为4年3个月。与同容量的常规水电站相比，工期要缩短3～4年。

（四）结论及建议

(1) 常规水电站和抽水蓄能电站，就功能而言，各有侧重，相互之间不能也不必要完全替代；在电力系统中应当扬长避短，各自发挥自己的长处，它们的关系应当是相辅相成，而不相互排斥。

(2) 随着电力系统的不断发展，对供电质量和可靠性提出越来越高的要求，抽水蓄能电站的作用逐渐以调峰填谷节约煤耗为主转向以动态效益（调峰、调频、调相、备用以及应付计划外临时任务等）为主。因此水电比重较大的系统，因地制宜适当建设靠近负荷中心、高水头、大容量、建设条件好、功能齐全的抽水蓄能电站是必要的。这样既可满足系统运行的需要，也可促进常规水电站正常发展。水电比重较大的意大利大力发展抽水蓄能电站的经验，很值得我们学习借鉴。

(3) 云南省具有优越的地形条件，可找到水头高（600～1300m）、淹没少、建设条件好的抽水蓄能电站地址；还可利用高原天然湖泊，作为抽水蓄能电站的上、下水库。为此建议进行季节性抽水蓄能电站和日调节抽水蓄能电站的普查、规划选点和设计等前期工作，为及时进行开发创造条件。美国建设抽水蓄能电站的经验中"电力规划人员的远见卓识"这一点很值得我们学习和借鉴。

（中国水电昆明勘测设计研究院　洪祖兰）

# 站 点 简 介

## 河北丰宁抽水蓄能站点简介

丰宁抽水蓄能电站位于河北省丰宁满族自治县境内，南距北京180km，东南距承德市170km。在京津唐电网覆盖范围内抽水蓄能电站众多站址中，丰宁抽水蓄能电站是建设具有周调节性能的大型抽水蓄能电站难得的优良站址。工程对外交通较为便利，虎丰铁路（虎什哈—丰宁）天桥火车站至丰宁县城公路（三级公路）里程仅 62km。

丰宁抽水蓄能电站上水库位于水利村上游左岸灰窑子沟顶部，系一优良的天然大库盆，库内地形开阔，库周具有良好的天然封闭条件，成库条件优越。坝址区为凝灰岩，覆盖层为残破积碎石土和洪积碎石砂土。水库正常蓄水位 1505m，相应总库容为 5253 万 $m^3$，其中调节库容为 4356 万 $m^3$；死水位为 1460m，死库容为 897 万 $m^3$。主坝采用钢筋混凝土面板堆石坝，坝项高程 1509m，最大坝高 119m，坝轴线长 541m，坝顶宽度为 10m。根据地质和勘探资料分析，上水库渗漏封闭条件较好，不存在大面积渗漏问题，因此坝区不需做全面防渗处理，仅在断层及破碎带穿越分水岭而可能形成的渗漏通道处进行帷幕灌浆处理。此外，考虑上水库大坝及进出水口的安全检查和检修，在坝右岸山体内利用施工导流隧洞后期改建为放空隧洞。

电站引水系统、尾水系统均较长，经比较选择一管三机的布置方式；引水和尾水系统均设置调压室。根据引水系统沿线的地质条件，初步拟定高压管道采用钢板衬砌，其余均采用混凝土衬砌。

下水库利用滦河干流上已经建成的丰宁水电站水库为下水库，正常蓄水位 1060m（一期正常蓄水位 1050m，即已建水库水位），死水位 1040m，调节库容 6991 万 $m^3$（相应 1050m 时的调节库容为 3033 万 $m^3$）。目前大坝只能满足一期工程的要求，二期工程建设时需对大坝进行加高改建，加高改建后的大坝为混合式坝型，即左岸为钢筋混凝土面板堆石坝，右岸为混凝土重力坝，坝顶高程为 1064.8m，坝轴线长度为 379.36m。

电站采用中部开发方式，地下厂房洞室群布置在花岗岩内，地下厂房系统分两期建成，一、二期厂房端部相距 100m，主厂房洞室开挖尺寸为 177.0m×24.0m×49.26m（长×宽×高），主机间、副厂房、安装场呈一字形布置。每一厂房内安装 6 台单机容量为 300MW 的单级混流可逆式水泵/水轮机，总装机容量 3600MW。电站额定水头 420m，年发电量为 57.9 亿 kW·h，年抽水用电量为 77.2 亿kW·h。

一期工程静态总投资为 57.66 亿元，二期工程为 40.81 亿元，合计静态总投资为 98.47 亿元，静态单位容量投资为 2735 元/kW。

一期工程动态总投资为 69.1 亿元，二期工程为 50.56 亿元，合计动态总投资 119.66 亿元，动态单位容量投资为 3324 元/kW。

（水电水利规划设计总院　赵士和）

## 浙江部分抽水蓄能站点简介

（一）天荒坪二期抽水蓄能电站

天荒坪二期抽水蓄能电站位于浙江省安吉县天荒坪镇境内，紧邻已建的天荒坪抽水蓄能电站，地处华东电网负荷中心，与上海、南京、杭州三市的距离分别为 175km、180km、57km，地理位置优越，对外交通方便。青山至临安的三级公路经过下水库坝址，外来物资可由铁路运至杭州或湖州后转 104 公路再经青临线运抵工地；海运物资可通过上海港起岸后转公路运入工地。站址距瓶窑变电站 37km，距规划的浙北双林变电站和湖州变电站也相当近，接入系统较方便。

该工程由上水库、下水库、输水系统、地下厂房及开关站等建筑物组成。上水库位于大溪右岸横坑坞源头，与已建成的天荒坪抽水蓄能电站上水库隔溪相望，主坝坝址区地形对称，谷底宽仅 50m 左右；库尾有一鞍形垭口，最低点高程约 945.0m，需在此建副坝。水库正常蓄水位初定为 975.0m，死水位 937.0m，有效库容 751.0 万 $m^3$；主副坝均采用钢筋混凝土面板堆石坝，主坝最大坝高 100m，坝顶长 403m，副坝最大坝高 65m，坝顶长 306m。下水库位于已建成的天荒坪抽水蓄能电站下水库坝址下游，2 个下水库地形条件相近，坝址处河谷高程约 186.0m，两岸地形对称，部分基岩裸露。水库正常蓄水位 251.3m，死水位 217.0m，有效库容 639 万 $m^3$；大坝拟采用钢筋混凝土面板堆石坝，最大坝高 93.7m，坝顶长 303m。上、下水库区均无居民及耕地。

输水系统沿线山体雄厚，地势陡峻，采用二洞六机布置，输水隧洞总长度为 3079.4m。电站最大水头 753.4m，最小水头 682.4m，额定水头 700m；最大扬程 762.9m，最小扬程 696.1m。根据华东电网对调峰电源的需求，电站的抽水蓄能指标和建设条件，初拟装机容量为 2100MW。地下厂房采用尾部开发方式，安装 6 台单机 350MW 的单级混流可逆式水泵/水轮 发电/电动机组。500kV GIS 开关站及出线场布置在主变压器洞上部山坡上，采用竖井及平洞出线方式。

电站地形、地质条件好，水源能满足要求，下水库流域面积 297$km^2$，多年平均年径流量达 0.353 亿 $m^3$，能满足初期蓄水及正常运行对水量的需求。

工程开工至第一台机组发电工期为 5 年 6 个月，总工期 7 年。工程静态总投资为 55.955 亿元，单位容量静态投资为 2664.5 元/kW，工程总投资 62.738 亿元，单位容量投资为 2987.6 元/kW。

（二）乌龙山抽水蓄能电站

乌龙山抽水蓄能电站上水库位于建德市梅城镇境内的乌龙山上，利用富春江水库作为下水库。距新安江 49km，距杭州市 100 多 km，距上海市 260km，地处华东电网负荷中心附近，地理位置优越。

该工程由上水库、下水库、输水系统、地下厂房和开关站等建筑物组成。

上水库位于富春江上游左岸、乌龙山最高峰北坡山涧谷地，库盆由二条沟谷组成，谷底高程 610～850m。水库初拟正常蓄水位 738m，死水位 690m，有效库容 1004 万 $m^3$，主坝采用混凝土面板堆石坝，最大坝高 131.8m，坝顶长 380.3m。水库淹没主要涉及国营林场，库区无居民和农田。下水库为已建富春江水库，正常蓄水位 23m，死水位 21.5m，调节库容 0.7 亿 $m^3$，总库容 9.2 亿 $m^3$，用它作为乌龙山抽水蓄能电站下水库没有新的淹没损失。

输水系统自上库进出水口至厂房段山体雄厚，基岩露头良好。引水道采用二洞六机布置，输水系统水平总长度约 2740m，距高比约为 4.0。

乌龙山抽水蓄能电站地形条件好，落差大，根据电站的自然条件，最大装机容量可达 3200MW，初拟电站装机容量 2400MW。电站最大水头 709.6m，最小水头 649.8m，额定水头 680m；水泵最大扬程 724.6m，最小扬程 670.4m。地下厂房采用尾部开发方式，厂房安装 6 台单机 400MW 的单级混流可逆水泵/水轮 发电/电动机组。500kV GIS 开关站及出线场布置在主变压器洞上部山坡上，采用竖井及平洞出线方式。

工程的外来物资主要由公路运输承担，主要运输线路是杭州—杨村桥—梅城—姚坞—下水库区。此外，铁路运输可由浙赣铁路经金华运至更楼再转公路运至下水库区。海运物资可由宁波港起岸后转入公路运输至工地。

工程开工至第一台机组发电工期为 5 年 6 个月，总工期 7 年。工程静态总投资为 594417 万元，单位容量静态投资约为 2477 元/kW。

（三）仙居抽水蓄能电站

仙居抽水蓄能电站上水库位于仙居县湫山乡梧桐村，距杭州 175km、宁波 168km、温州 80km，下水库坝址有三级公路通达仙居县城，对外交通便利。

该工程由上水库、下水库、输水系统、地下厂房及开关站等建筑物组成。

上水库天然库盆平面形态似蝴蝶形，库区山体雄厚，两岸高程 911.0～935.5m。上水库初拟正常蓄水位 671.0m，死水位 631.0m，有效库容 878 万 $m^3$。主坝采用混凝土面板堆石坝，最大坝高 81m，坝顶长 230m；副坝为混凝土面板堆石坝，最大坝高 58.3m，坝顶长 191.4m。水库淹没主要涉及库区梧桐村居民和部分农田，无工矿企业。

下水库利用已建成的下岸水库，大坝为混凝土双曲拱坝，正常蓄水位 208.0m，死水位 181.0m，有效库容 8701 万 $m^3$，正常蓄水位以下库容 10693 万 $m^3$，用它作为仙居抽水蓄能电站下水库没有新的淹没损失。

引水道采用二洞四机布置，输水系统总长度 2253.3～2271.9m，距高比约为 4.0。主副厂房、主变压器洞、尾水闸门洞三大洞室采用平行布置方式。根据电站输水系统的布置和整个区域的地形地质条件，初步确定厂房采用尾部开发方式，安装 4 台单机容量 375MW 的单级混流可逆水泵/水轮 发电/电动机组。电站最大水头 490m，最小水头 414m，额定水头 428m；最大扬程 494m，最小扬程 425m。500kV GIS 开关站及出线场采用地面布置形式。

工程对外交通方便，外来物资可由公路运输承担，也可通过铁路运输在缙云火车站转由公路运输至下坝址。海运物资可由宁波北仑港码头、台州发电厂码头起岸后转公路运输至工地。

工程开工至第一台机组发电工期为 5 年 6 个月，总工期 6 年 6 个月。工程静态总投资为 380696 万元，单位容量静态投资为 2538 元/kW，工程动态总投资为 433061 万元，单位容量动态投资为 2887 元/kW。

（水电水利规划设计总院　赵士和）

## 山东部分抽水蓄能站点简介

（一）文登抽水蓄能电站

文登抽水蓄能电站地处山东省文登市（县级市，威海市管辖）晒宇镇境内，昆嵛山山脉东南麓，文登市区以西，直线距离约 25km，对外交通便利。

上水库为泰礴顶水库，初步拟定其正常蓄水位 630m，死水位 590m，调节库容 788 万 $m^3$，死库容 57 万 $m^3$。大坝采用钢筋混凝土面板堆石坝，坝顶高程为 632m，坝顶宽 10m，坝顶长 500m，坝轴线处最大坝高 100m。库盆不采用全面防渗，仅对局部渗漏比较严重部位进行垂直帷幕灌浆防渗。

下水库为新建的柳林庄水库，初步拟定其正常蓄水位为 133m，死水位仍为 112m，水库调节库容 788 万 $m^3$，死库容 152 万 $m^3$。大坝采用钢筋混凝土面板堆石坝，坝顶高程为 136.50m，坝顶宽 10m，坝顶长 405m，坝轴线处最大坝高 45.5m。由于坝址区裂隙较发育，且有小规模断层存在，拟在趾板下作帷幕灌浆防渗并向两岸各延伸 30m。上、下水库的水平距离约 2800m。

该工程输水系统和地下厂房布置在两库之间的山体之中。采用一管三机布置方式，主管采用钢筋混凝土衬砌，自进口至岔管处管道总长882m。岔管采用钢筋混凝土结构。高压支管为水平布置，全部采用钢板衬砌，其中靠近厂房上游侧40m长的支管按明管设计。主厂房（包括主机间、副厂房和安装场）开挖尺寸长201m、宽23.3m、高48.8m，安装6台混流可逆式水泵/水轮发电/电动机组，单机容量300MW。日发电4h，备用1h左右。电站最大水头514.5m，最小水头445m，额定水头465m，当6台机组满发时，相应额定流量为442m$^3$/s。

文登抽水蓄能电站装机容量规模较大，水头较高。站址靠近威海市和规划中的海阳核电站，地理位置较优，抽水电量有保证。上、下水库地形条件较好，通过上游的昆嵛山水库调蓄，下水库入库水量可以满足发电用水要求。电站下水库须新建，存在一定的淹没损失。工程区为昆嵛山自然保护区边缘，需注意施工期环境保护问题。

文登抽水蓄能电站静态总投资为511914万元，单位容量投资为2844元/kW。

（二）青岛抽水蓄能电站

青岛抽水蓄能电站地处山东省青岛市崂山区境内，距青岛市区的直线距离约25km。

电站下水库为泉心河水库，该水库位于崂山旅游区北部华严守附近的泉心河下游。库区内原有同名小型水库1座，水库大坝（浆砌石拱坝）距河口约500m，现拟在原坝址下游150m处重建。上水库为清水湾水库，位于泉心河源头附近的清水湾，下水库以西，水平距离为2299m；坝址位置在清水湾沟口附近。

初步拟定上水库正常蓄水位为745m，死水位710m，调节库容498万m$^3$，死库容43万m$^3$。下水库正常蓄水位为150m，死水位为110m，水库天然调节库容436万m$^3$，死库容48万m$^3$，开挖后实际调节库容为558万m$^3$。

上水库大坝采用钢筋混凝土面板堆石坝，坝顶高程为747m，坝顶宽10m，坝顶长395m，坝轴线处最大坝高65m。该阶段暂不采用全面防渗，仅对库区出露的断层及节理密集带进行局部防渗处理。

下水库新建1座钢筋混凝土面板堆石坝，坝顶高程为153.50m，坝顶宽10m，坝顶长380m$^3$。坝轴线处最大坝高95.5m。库区两岸山体雄厚，基岩裸露，地形、地质条件较好，不存在永久性渗漏问题，故库区不作全面防渗，仅对库区出露的断层及节理密集带进行防渗处理。由于坝址区裂隙较发育，且有一些小断层存在，加之两岸坝肩卸荷裂隙发育，存在坝基渗漏问题，拟在趾板下作帷幕灌浆防渗。

该工程采用一管两机布置方式，设有2条主管和4条支管。主管采用钢筋混凝土衬砌，衬砌厚度600cm。岔管采用钢筋混凝土结构。高压支管为水平布置，支管全部采用钢板衬砌。厂房内采用岩壁吊车梁，厂房洞室开挖尺寸，长156m，宽23.3m，高50.1m。厂房内布置4台单机容量350MW的单级可逆混流式水泵/水轮 发电/电动机组。日发电4h，备用3h左右。电站最大毛水头635m，最小毛水头560m，额定水头572m，当4台机组满发时，相应额定量流为280m$^3$/s，发电库容为483万m$^3$。

青岛抽水蓄能电站装机容量较大，水头较高。站址靠近青岛市和规划中的海阳核电站，地理位置优越，抽水电量有保证。上、下水库地形、地质条件较好，淹没损失较小。在特别枯水年里，站址下水库水量偏紧，采取水量保证措施后，可以满足发电用水要求。电站处在崂山旅游区内，上水库为林区，山高坡陡，交通不便。下水库周围旅游景点较多，施工环保问题比较突出，是制约电站建设的关键。

青岛抽水蓄能电站静态总投资为424820万元，单位容量投资为3034元/kW。

（水电水利规划设计总院　赵士和）

## 江苏部分抽水蓄能站点简介

（一）溧阳抽水蓄能电站

溧阳抽水蓄能电站地处江苏省西南部的溧阳市境内，地理位置优越，距江苏省工业基础好、经济发达、实力雄厚的南京、苏州、无锡、常州和镇江等城市的距离为80～120km，同时电站靠近苏南地区正在规划建设的500kV环网，接入系统方便。

溧阳抽水蓄能电站由上水库、下水库、输水系统及地下厂房系统等四部分组成。

上水库位于龙潭林场伍员山工区，与安徽省接壤；拟在伍员山上2条平缓冲沟（青山沟和芝蔴沟）的汇合处筑坝而成。水库正常蓄水位290.00m，死水位253.50m，调节库容1100万m$^3$。上水库主坝采用混凝土面板堆石坝，坝顶高程292.00m，最大坝高122m，坝顶长度850.6m。水库采用纤维混凝土全库盆防渗。

下水库位于平桥镇吴村，与沙河水库为邻。拟利用伍员山山脚下吴村一带宽缓的浅冲沟和残丘开挖而成，与沙河水库中田舍河相邻。冲沟高程19.00～25.00m，残丘高程40.00～50.00m。水库正常蓄水位19.00m，死水位0.00m。在靠近沙河水库一侧浅冲沟地带修建混凝土坝，最大坝高10.5m，坝顶长度860.0m，水库调节库容1100万m$^3$。

输水系统主要建筑物包括上水库进出水口、引水洞、尾水洞、尾水调压室和下水库进出水口。引水和尾水系统隧洞采用二洞五机的布置方式，主洞内径10.0m。

溧阳抽水蓄能电站装机容量1500MW，安装5台单机容量为300MW的单级混流可逆水泵/水轮 发电/电动机组。电站发电最大水头289m，最小水头223m，平均水头256m，额定水头253.0m，距高比7.0。发电厂房和主变开关站均采用地下型式，布置在上水库主坝左坝头下游侧山体内，主厂房开挖尺寸为182.00m×24.8m×55.46m（长×宽×高）。

溧阳抽水蓄能电站工程静态投资53.89亿元，单位容量投资3593元/kW。

（二）马山抽水蓄能电站

马山抽水蓄能电站位于无锡市马山镇境内，地处苏南腹地，居于江苏电网和华东电网用电负荷中心，上网条件好，地理位置优越。

上水库位于马积山下家楼村后山冲源头，库岸地形较完整，左右山脊高程150～197m，坡角约30°。主坝址两岸基本对称，沟底宽约60m，左右坝肩外缘有冲沟切割，山体单薄。库尾有一鞍形垭口，其底部高程约145m，需建副坝。岩性为青灰色岩屑石英细砂岩夹泥质粉砂岩及粉砂质泥岩。岩体破碎，以弱透水性为主，局部透水性强，地下水位低，存在库水外渗之虞。根据上水库的地形、地质条件，初拟水库正常蓄水位为150.5m，死水位为115m；调节库容1086万$m^3$。主坝最大坝高139m，坝轴线长686m；副坝最大坝高18.5m，坝顶长度2269.42m。下水库为浩瀚的太湖。其流域面积达36500$km^2$，水源无问题。

输水系统通过的地层较单一，为泥盆溪中下统茅山群岩屑石英细杉岩夹少量薄层泥质粉砂岩。输水道总长690.5～701.8m，直径9.6m（主管）、5.6m（支管）。厂房位子上水库右侧山后太湖边，地势平缓。厂房型式为地面明厂房，其尺寸（长×宽×高）为8.0高程以上为160m×25m×l9m，8.0高程以下为120m×25m×51m。

根据工程的地形地质条件，结合电网发展的需要，通过初步技术经济比较，确定装机容量为700MW，装机4台，单机容量为175MW。

电站距无锡市区30km，距张家港码头97km，距马山镇2km，现有四级公路通达，稍加拓宽即可满足施工需要。马山镇至无锡市有省道相连，公路里程28km，无锡市对外有铁路、沪宁高速、312国道、京杭大运河、锡澄运河等，交通十分方便。上水库主坝下游两侧山坡较平缓，厂房附近及太湖沿岸地势亦较平缓，施工道路及施工设施均较方便。工程发电总工期4年11个月，第一台机组发电工期为4年4个月。

工程总投资静态25.8亿元、动态28.55亿元；单位容量投资静态3686.4元/kW、动态4709元/kW。

（水电水利规划设计总院　赵士和）

## 辽宁蒲石河抽水蓄能站点简介

蒲石河抽水蓄能电站位于辽宁省宽甸县境内，距离丹东市40km，距离沈阳245km。电站下水库在鸭绿江支流蒲石河上，坝址控制流域面积1141$km^2$，多年平均流量为22.9$m^3/s$。站址位于区域构造相对稳定区，地震基本烈度经辽宁省地震局监定为Ⅵ度。电站建成后，并入东北电网，主要担任系统的调峰、填谷、调频和紧急事故备用等任务。

电站上水库地形较好，岩性为混合花岗岩，不存在库岸稳定问题及断层集中渗漏带，但三个单薄分水岭均有库水外渗问题，应予重视。水库正常蓄水位392m，相应库容1256万$m^3$，死水位360m，死库容227万$m^3$，有效库容1029万$m^3$。挡水建筑物为混凝土面板堆石坝，坝顶高程为395.5m，最大坝高为76.5m，坝顶宽8m，坝顶长691m。

下水库不存在库水外渗，库岸稳定问题不大，正常蓄水位66m，相应库容2905万$m^3$，死水位62m，死库容1621万$m^3$，有效库容1284万$m^3$。挡水建筑物为混凝土重力坝，坝顶高程为70.1m，最大坝高为34.1m，普通坝段顶宽9.5m，闸门坝段顶宽16.5m，坝顶长336m。

引水洞线山体雄厚，围岩为新鲜完整的混合花岗岩，主要构造断裂与洞轴线交角大、倾角陡，具备成洞条件，输水系统采用一洞四机布置，引水系统最大长度921.56m，主洞直径11.5m，尾水系统最小长度1368.4m，尾水洞主洞直径11.5m。

根据东北电网对于调峰电源的需求和蒲石河抽水蓄能电站本身的自然条件，确定装机容量1200MW。推荐厂房方案上覆岩层厚，岩体新鲜坚硬，厂房轴线与主要构造断裂交角大，与最大水平主应力方向接近一致，厂房枢纽地段围岩稳定条件较好。厂房开挖尺寸为161.8m×22.7m×54.1m（长×宽×高），厂内安装4台单机容量300MW单级单转速混流可逆式水泵/水轮 发电/电动机组。

蒲石河抽水蓄能电站工程静态投资35.087亿元，单位容量投资2924元/kW。

（水电水利规划设计总院　赵士和）

## 福建仙游抽水蓄能站点简介

仙游抽水蓄能电站是《福建省抽水蓄能电站选点规划报告》推荐的第一座规划开发的抽水蓄能电站，位于福建省仙游县西苑乡，地处福建省的负荷中心，装机容量1200MW，建成后将担负福建电力系统调峰、填谷、调频、调相及紧急事故备用等任务。

电站上水库库盆由凝灰熔岩组成，库岸整体稳定性较好；右岸虎岐隔等垭口需建副坝或作防渗处理，建库工程地质条件较好，坝址具备修建混凝土重力坝和当地材料坝的工程地质条件。在木兰溪支流大济溪上的广桥村附近，筑有1座主坝及1座副坝，主坝为黏土心墙土石坝，坝高64m，坝顶宽8m，坝长206m；副坝也为黏土心墙土石坝，坝高10m，坝长30m。上水库正常蓄水位733m，死水位715m，水库调节库容692万$m^3$。

下水库无永久渗漏问题，库岸整体稳定，固体径流物质少。坝址区基岩主要为细粒花岗岩，两岸地质条件较好，仅河床有顺河向的断层穿过，破碎带宽达20m左右，工程地质条件较差，需进行工程处理。在木兰溪支流溪口溪上的半岭村附近，筑坝形成河道型水库。大坝为碾压混凝土重力坝，分为左右挡水坝和溢流坝三个坝段，坝顶总长276m，最大坝高67.8m，坝顶宽7m。下水库正常蓄水位285m，死水位266m，水库调节库容701万$m^3$。

仙游抽水蓄能电站地理位置优越，工程地质条件较好，上、下水库相距约2km，利用落差约440m，距高比约为4.6，电站投资较少，工期较短，经济指标较优越。

输水系统大部分洞段及地下厂房埋藏较深，为坚硬凝灰熔岩，除局部断层通过的地段外，以Ⅱ类围岩为主，围岩稳定条件较好。采用两条平行隧洞的一洞两机布置方式；输水系统总长度为2142.3m，其中高压隧洞长1170.5m，内径分别为6.5m、3.8m：尾水隧洞长971.3m，内径分别为7.0m、4.4m。地下厂房深埋于山体之中，覆盖层厚度340m，岩体比较完整，厂房尺寸为151.5m×23.5m×50m（长×宽×高），厂内安装4台单机容量为300MW的可逆式水泵/水轮发电/电动机组。

仙游抽水蓄能电站工程静态投资34.2696亿元，单位容量投资2856元/kW。

（水电水利规划设计总院　赵士和）

## 重庆盘龙抽水蓄能站点简介

盘龙抽水蓄能电站位于重庆綦江县西南部中峰镇，与重庆直线距离为80km，距规划的500kV綦江变电站约36km。

上、下水库成库条件良好，可开发利用水头近500m，装机容量可达1200MW。

根据重庆市电力系统的发展需要，拟分二期开发，一期装机容量600MW，最终装机容量1200MW。电站发电最大、最小水头分别为482m和443m，初拟单机容量300MW。

上水库位于四面山区顶部沟谷中，沟谷平面展布呈“树枝”状，流域面积2.55$km^2$，年径流量为120.4万$m^3$；库区冲沟发育，植被茂密，库周山顶高程多在1000m以上，库盆地形封闭条件较好。上水库淹没区为中峰镇的盘龙水林场，淹没人口133人，共36户，耕地352亩（其中水田176亩）。

下水库库周山体雄厚，山顶高程850m以上，库岸陡峭，库盆狭长。坝址控制流域面积100.56$km^2$，年径流量5122.7万$m^3$；水库区人烟稀少，植被茂密，基本无人口迁移和耕地淹没问题。坝址河谷狭窄，成V形，两岸岸坡较陡，地表坡度40°左右，两岸多为基岩裸露，河床分布有1～2m厚的冲积层。站址所在区域的地震基本烈度小于Ⅵ度。

枢纽工程由上水库、下水库、水道系统和地下厂房等组成。一、二期厂房分开独立布置。一期水道总长1959m，距高比为4.19。

盘龙抽水蓄能电站施工需扩建简易公路约5km，新建到下水库及上、下水库连接公路16km，施工场内简易公路8km。天然建筑材料可就地解决，木材可在当地购买，堆石料可在附近开采，其他主要建筑材料如水泥、钢材等则需从外地采购。工程施工用电可从两河口架设10kV输电线路解决，线路长约6km。

根据该工程的主要工程量和施工条件，初拟一期工程施工总进度，第一台机组发电工期为4年3个月，总工期为4年6个月。按2003年初价格水平估算工程投资，盘龙抽水蓄能电站一期工程静态总投资为16.5亿元，单位容量投资为2750元/kW。

（水电水利规划设计总院　赵士和）

## 湖南黑麋峰抽水蓄能站点简介

黑麋峰抽水蓄能电站位于长沙市北郊的黑麋峰风景区，紧邻湖南电网用电负荷中心长沙、株洲、湘潭地区，南距长沙市区25km，距湘潭、株洲也不足60km，地理位置优越。电站建成后主要承担湖南电网调峰、填谷、调频、调相和紧急事故备用等任务，尤其可有效改善湖南省会长沙市目前无支撑电源和电网最大的用电负荷中心区（占全省负荷的43%左右）

无功电源的电压动态支撑能力弱、电压崩溃对电网安全稳定的威胁大的不良局面，对维持电网安全稳定和提高经济运行水平具有重要的作用。同时也将是黑麇峰森林公园区综合开发的龙头项目。

黑麇峰抽水蓄能电站工程区具备良好的筑坝成库和修建较大地下洞室群的地形条件，上、下水库淹没损失均很小，施工和对外交通条件十分便利。

电站初拟装机容量600MW，厂房内布置2台单机容量为300MW的混流可逆式水泵/水轮 发电/电动机组。电站最大毛水头334m，水道长度1630m，距高比为4.88。

上水库初拟正常蓄水位404.00m，相应库容570万$m^3$，死水位380m，死库容137万$m^3$，调节库容433万$m^3$；下水库初拟正常蓄水位94.00m，相应库容581万$m^3$，死水位70.00m，死库容150万$m^3$，调节库容431万$m^3$。

该工程计划工期4年，估算工程静态投资为16.21亿元，单位容量投资2702元/kW。

黑麇峰抽水蓄能电站具有良好的开发条件，工程造价低，电站的建设还具有带动整个黑麇峰森林公园区综合开发利用建设的作用，经济和社会效益显著。

（水电水利规划设计总院　赵士和）

## 广东部分抽水蓄能站点简介

### （一）惠州抽水蓄能电站

惠州抽水蓄能电站是广东省的第二座抽水蓄能电站，项目建议书现已经国家批准。

电站位于广东省惠州市博罗县城郊，距广州市112km，距惠州市20km，距深圳市77km。上、下水库自然高差531m，电站装机容量2400MW，建成后将担负广东电力系统调峰、填谷、调频、调相和紧急事故备用等任务。

电站位于巨大的增城凸起之东南边缘，处于北西部的罗浮山大断裂和东南部的博罗大断裂之间，基本地震裂度为Ⅵ度。

上水库已建有范家田水库和东洞水库，库岸稳定，未发现严重渗漏现象，作为抽水蓄能电站的上水库，水位分别比范家田水库和东洞水库高17m和7m；由于库区南侧单薄分水岭，需进行防渗处理。初步拟定上水库正常蓄水位为762m，死水位740m，调节库容2739.7万$m^3$，死库容431.4万$m^3$。上水库主坝采用碾压混凝土重力坝，坝顶高程为764.36m，坝顶长156m，坝轴线处最大坝高56.1m。另有4座副坝。其中1座副坝为混凝土重力挡墙堆石坝，最大坝高为14m；3座副坝均为黏土心墙堆石坝，最大坝高分别为38.3m、27.3m、28.62m。该阶段暂不采用全面防渗，仅对库区出露的断层及节理密集带进行局部防渗处理。

下水库成库条件好，岩性为非可熔岩，库盆无需作防渗处理，仅要求在主、副坝基础和两岸做好防渗处理即可。水库正常蓄水位为231m，死水位为205m，调节库容2766.6万$m^3$，死库容423.9万$m^3$。下水库主坝采用碾压混凝土重力坝，坝顶高程为234.96m，坝顶长420m，坝轴线处最大坝高61.17m。副坝为黏土心墙堆石坝，坝项高程为237.36m，坝顶长247m，坝轴线处最大坝高31.96m。

该工程一、二期工程均采用一洞四机布置方式。一期工程引水隧洞采用埋藏式压力隧洞，长1738m，内径8.5m；压力管道为埋藏式压力管道，主管长1090m，内径8.5m；支管4条，每条长206m，内径3.5m。二期工程引水隧洞也采用埋藏式压力隧洞，长1668m，内径8.5m；压力管道也为埋藏式压力管道，主管长960m，内径8.5m；支管4条，每条长163m，内径3.5m。

地下厂房系统为两期分开单独布置，一期主厂房尺寸，长152m，宽21.5m，高49.4m；二期主厂房尺寸，长154.5m，宽21.5m，高49.4m。两厂房内分别布置4台单机容量300MW的单级可逆混流式水泵/水轮 发电/电动机组。电站最大水头554.3m，最小水头50lm，额定水头501m，最大扬程556.12m，最小扬程516.19m。

一期工程（1200MW）工期6年零6个月，二期工程（1200MW）工期6年零8个月，两期工程总工期为8年零3个月。按2002年上半年价格水平，工程总投资805751万元，工程静态总投资703632万元，单位容量静态投资2932元/kW。

### （二）深圳抽水蓄能电站

深圳抽水蓄能电站处于负荷中心，毗邻香港特别行政区，站址距深圳市中心约20km。

上水库为盐田区的小三洲，库区处于王母圩岩体西部边缘，地层岩性简单。正常蓄水位为525.4m，坝顶高程529.4m；下水库为已建的龙岗区横岗镇的铜锣径水库，水库需同时满足供水调度和抽水蓄能的要求，正常蓄水位为80.0m，坝顶高程为85.4m。

引水线路通过地层岩性较为单一，除上水库进出水口和引水隧洞一小段处于燕山二期角闪石黑云母花岗岩外，其余均深埋在燕山三期中粗粒黑云母花岗岩中。引水系统采用一洞四机布置。总长度为4630m，其中引水隧洞洞径9.3m。

经预可研阶段的工作后，电站初拟装机容量1200MW（4×300MW）。主厂房断面尺寸为102m×

25m×52.5m（长×宽×高），拱顶高程 36.5m。安装间布置在主厂房东侧，与发电机层为同一高程，对外与交通洞衔接，其断面尺寸为 36m×25m×25.25m（长×宽×高）。电站最大水头为 465m，最小水头为 424m。

接入系统的送电方向为深圳市，进出线电压等级暂按 220kV 考虑，共 4 回，其中 2 回接入盐田 220kV 变电站，约 4km，2 回接入南 220kV 变电站，约 6km。

工程总工期为 6 年 6 个月。工程静态总投资 370834 万元，其中水库淹没处理补偿费 8766 万元。工程总投资 418461 万元，其中水库淹没处理补偿费 9892 万元。单位容量投资静态 3090 元/kW、动态 3487 元/kW。

（三）阳江抽水蓄能电站

阳江抽水蓄能电站位于粤西阳春市境内，在拟建的广东阳江核电站附近，电站接入系统方便；电站水头范围为 623～688m，距高比约 4.4，有效库容约 1480 万 $m^3$。电站的建设是适应广东电力需求快速增长、实现电源结构优化调整、保障西电东送环境下广东电网及南方联网安全稳定运行的需要。

阳江站址地层岩性较复杂，断裂构造较为发育。上水库位于阳春鹅凰嶂自然保护区的试验区，集雨面积 7.54$km^2$，多年平均径流量 1794 万 $m^3$，库岸由燕山期花岗岩组成，岩体风化较深；坝址左右岸地形分水岭单薄，全风化层厚度大，存在单薄分水岭的渗漏和渗透稳定问题。水库正常蓄水位 768.5m，相应库容 1806.5 万 $m^3$，死水位 745m，调节库容 1483.3 万 $m^3$，大坝为碾压混凝土重力坝，坝顶高程为 772.9m，坝顶长 254m，最大坝高 92.9m。

下水库白水河水库，位于上水库北面，集雨面积 16.5$km^2$，多年平均径流量 2892 万 $m^3$，出露基岩为寒武系混合岩，库岸整体稳定，坝址河床开阔，左岸分水岭单薄且存在低矮垭口，需建副坝，两岸岩体全风化层厚达 20～30m，存在库岸稳定及水库渗漏问题。正常蓄水位 95m，相应库容 1834.2 万 $m^3$，死水位 75m，调节库容 1479.8 万 $m^3$。主坝采用黏土心墙堆石坝，坝顶高程为 103.75m，坝顶长 733m，最大坝高 53.7m。副坝也是黏土心墙堆石坝，坝顶长 41m，最大坝高 9m。

引水系统总体上呈南北向，采用一管四机布置，分 2 座厂房，A 厂输水系统总长 3468m，主洞直径 7.7m；B 厂输水系统总长 3548m，主洞直径 7.7m。地下厂房置于新鲜完整的花岗岩体中，具备成洞条件，A、B 厂各装有 4 台单机容量 300MW 水泵/水轮发电/电动机组。

电站初拟枢纽布置方案基本可行，土建工程量相对较小；电站对外交通条件较好；工程建设征用耕地约 1200 亩，林地近 6000 亩，淹没影响报废小水电 5 座，总容量为 4510kW，移民 700 余人，建设征地和移民安置量相对较小。工程总工期为 8 年 8 个月。匡算工程静态总投资约 73.0734 亿元，单位容量静态投资 3045 元/kW。

（水电水利规划设计总院　赵士和）

中国水力发电年鉴（2003）

7

# 工　程　勘　测

# 坝 区 工 程 地 质

## 白鹤滩水电站坝基工程地质条件与评价

（一）概况

白鹤滩水电站位于云南省巧家县和四川省宁南县境内，推荐中坝址混凝土双曲拱坝为代表性坝址、坝型，初拟正常蓄水位820m，坝高为277m。相应库容179.24亿$m^3$，装机容量12000MW，保证出力3953MW，多年平均年发电量为533.1亿kW·h，是我国继三峡、溪洛渡水电站之后开展前期工作的又一座千万千瓦级的水电站。该电站的规划选点始于20世纪60年代，至2003年基本完成了预可行性研究阶段的勘测设计工作。

（二）基本地质条件

白鹤滩水电站位于青藏高原东南缘，区内的主干断裂构造，主要为近南北向的川滇南北向构造带。厂址区域隶属于地震活动强烈的川、滇地震带，历史地震在厂址的最大地震烈度为Ⅷ度。坝址区位于相对稳定的交际河——六城坝块体内的六城亚区，新构造活动微弱，具有良好的地壳稳定条件，工程厂址区的地震基本烈度为Ⅷ度。

中坝址坝基岩石为二叠系上统峨眉山玄武岩（$P_2\beta_2$～$P_2\beta_{11}$），湿抗压强度81～113MPa。其中$P_2\beta_2$以斑状玄武岩为主，岩体完整性较好，$P_2\beta_3$～$P_2\beta_{11}$层均以微晶至隐晶玄武岩为主，柱状节理发育，尤其是$P_2\beta_3$玄武岩柱状节理极发育，柱体直径仅5～10cm，其他层的柱体一般为20～30cm。各层之顶部分布较软弱玄武质凝灰岩或古风化壳夹层，$P_2\beta_9$～$P_2\beta_{11}$玄武岩的顶部分布的凝灰岩层厚度2～17m不等。

坝基构造为一单斜地层，岩层缓倾上游及右岸，产状N30°～50°E、SE∠15°～25°。坝基断裂构造较发育，NW向断层、挤压破碎带、节理等是形成NW向陡壁、张裂缝的基本因素。NE向的断层F17斜切金沙江，在两岸形成冲沟。坝基均有层间（内）错动带分布，其中层间错动带C2～C11厚度一般20～30cm，最厚达100cm，连续性较好。Sh142在右岸延伸较远，可见延伸长度约700m，其他层内错动带一般宽5～20cm，最宽达150cm，也具有一定连续性，延伸长度150～300m之间，且随机分布。节理裂隙主要为陡倾角的NW向的最发育，NE向的陡倾角节理次之，NE、SE∠15°～25°层面节理分布普遍，此外还分布近SN向、近EW向的陡倾角节理。

坝基岩体风化除左岸坡830m、750m高程两平台有少量强风化层外，裸露基岩均呈弱风化状，弱风化带水平深度40～90m，垂直深度32～100m；强卸荷带垂直深度10～50m，水平深度4～79.50m；弱卸荷带垂直深度10～90m，水平深度10～98m。右岸坡弱风化带水平深度43.5～60m，垂直深度76～100m；强卸荷带垂直深度0～40m，水平深度0～22m；弱卸荷带垂直深度4～80m，水平深度2～44m。河床弱风化带垂直深度20～35m。坝基两岸地形陡峻，节理及错动带较发育，岸坡地下水位及相对隔水层埋藏较深，地下水位随地面高程增大而埋藏愈深。

（三）主要工程地质条件评价

（1）建基岩体质量。弱风化带岩体的体积节理数为10～20条/$m^3$，弹性波纵波速4400～4900m/s，完整性系数在0.64以下，属于Ⅲ～Ⅳ类岩体，不能直接利用作为高拱坝之坝基，弱风化下部Ⅲ类岩体对错动带和部分深部构造松弛带进行处理后可以利用。下部的微风化岩体呈坚硬状，饱和抗压强度大于70MPa，体积节理数一般5～10条/$m^3$，弹性波纵波速在4900～5500m/s之间，完整性系数大于0.64，岩体较完整～完整，属Ⅱ～Ⅰ类岩体，是良好的坝基岩体。

（2）坝基及抗滑稳定。开挖至微风化岩体后，河床和两岸坝基以完整至较完整的Ⅰ～Ⅱ类岩体为主，局部有Ⅲ～Ⅳ类岩体。C2、C3层间错动带连续性好，影响较大，构成了坝基不同高程抗滑稳定和变形稳定的控制性底滑面。层内错动带连续性差，抗滑稳定有局部影响。

（3）坝肩抗力体。左坝肩岸坡呈近SN向，倾向东，陡壁段坡度约60°。岩层产状N30°～50°E、SE∠15°～25°，为顺向坡。走向与拱切向力垂直，倾向与切向力方向相反。NE向陡倾角断层破碎带与拱的径向力方向近乎平行，与自然岸坡相切，构成局部凌空块体，即NE向的断层、破碎带（节理）构成侧裂面。左坝肩抗力体主要受NE向侧裂面与岸坡组合关系的控制。右坝肩岸坡近SN向，倾向西，呈60°～70°陡壁。岩层产状N30°～50°E、SE∠15°～25°，为反向坡。层间（内）错动带的走向与拱坝的切向力平行，倾向与切向力方向相反，构成底滑面。NW向的断层、破碎带与拱坝的径向力近乎平行，该组结构面与自然岸坡相切构成凌空块体，即NW向的断层、破碎带构成侧裂面，NE向的节理构成上游切割面。右坝肩抗力体主要受NW向侧裂面与岸坡组合关系的控制，并受顺层的层间（内）错动带的制约。

（4）边坡稳定。坝址两岸的边坡均由坚硬、块状的玄武岩组成。左岸坡呈台阶状，陡壁坡度大于70°，层间（内）夹层顺坡缓倾，NW向陡倾角的断层、破碎带为坝址区优势发育的结构面，呈雁行排列，NE向的节理也较发育。经分析，顺坡缓倾的层间（内）错动带与NW向优势发育的断层、破碎带的组合，构成局部楔形体，对自然边坡稳定不利，但楔形体的交线与自然边坡的交角较小，自然边坡整体稳定。左岸两级悬崖顶部的前缘存在一定宽度的拉裂缝，局部形成不稳定体，雨季常有崩塌现象，说明自然边坡局部处于临界稳定状态。左岸拱肩槽的坝头边坡呈N42°E、SE∠73°，与缓倾角层间（内）错动带的走向近乎平行，但该组错动带倾角平缓，不至于构成单一的滑动面，且随岩体的新鲜程度、完整程度的提高，层内错动带的宽度、连续性、发育频率均有变小的趋势。NE向结构面与拱肩槽边坡近于平行，控制工程边坡的开挖坡度。右岸坡呈陡壁与陡坡地形，层间（内）错动带倾向坡内，主要结构面及其组合均不对岸坡构成威胁，自然边坡稳定，仅表层的卸荷松弛，有岩块崩落现象。右岸拱肩槽的坝头边坡为N38°W、SW∠73°，与NW向的断层、破碎带的走向近乎平行，但该组结构面大多呈高倾角，少量的倾角在70°左右，与NE向的节理近乎垂直，因此，边坡整体稳定，但需对局部出现的切脚裂隙进行处理。

（5）坝基渗漏及绕坝渗漏。坝址两岸坡地下水位及相对隔水层埋藏极深，坝基开挖后，仍存在一定深度的弱透水性岩层，岩体的透水率1～5Lu，存在坝基渗漏及绕坝渗漏问题，因此需采取防渗措施，防渗帷幕应深入到相对隔水层以下，两岸坝肩也应延长防渗帷幕，并与相对隔水层或地下水位相衔接。

（中国水电华东勘测设计研究院 单治钢）

## 引子渡水电站主要工程地质问题

（一）工程概况

引子渡水电站是乌江南源三岔河下游的最后一级梯级，位于贵州省织金县与平坝县交界处，上游距普定水电站51km，下游距东风水电站43km。电站靠近负荷中心，交通方便。

引子渡坝址控制流域面积6422km$^2$，多年平均流量140m$^3$/s，主要目的是发电，兼有其他效益。装机容量360MW（3×120MW），保证出力46.5MW，平均年发电量9.78亿kW·h，年利用小时数2710h。水库总库容5.31亿m$^3$，属不完全年调节。

电站枢纽由混凝土面板堆石坝、左岸溢洪道、右岸引水隧洞、地面厂房等组成，设计正常蓄水位1086m，最大坝高129.5m。

（二）地质背景

工程区所属大地构造单元为：扬子准地台、黔北台隆、遵义断拱之贵阳复杂构造变形区。其地貌主要有溶蚀型和侵蚀至剥蚀型两大类及其组合，从分水岭至干流河床，地貌呈梯级状，发育有多级剥夷面。第一级剥夷面高程为1400～1600m，为溶蚀侵蚀低山丘陵，主要分布于分水岭地带；第二级剥夷面高程1200～1300m，为分水岭地区的主要台面，地形起伏小。三岔河河谷狭窄、岸坡陡峭，河谷上部一般为宽谷，下部为峡谷，宽谷高程为1100～1200m，发育洼地、落水洞等；峡谷高程为970～1100m，在985m、1100m高程上分别发育Ⅰ、Ⅱ级阶地及相对应的水平溶洞和暗河。

工程区主要出露寒武系、石炭系、二叠系和三叠系地层，主要岩性为滨海至浅海相碳酸盐类岩石，以及陆相碎屑岩和少量玄武岩，坝址区主要分布三叠系下统大冶组地层，层次薄、泥盐夹层多是该套地层的主要特征，按泥岩含量和单层沉积厚度该地层分为三段：①底部，以薄层、极薄层泥岩、泥灰岩为主，夹少量薄层灰岩，厚度45.4m；②中部，主要为薄层、极薄层泥晶灰岩，层间普遍夹泥灰岩和泥岩薄片或泥膜，夹层含量由底至顶逐渐减少，厚度为213.8m；③上部，为厚层、中厚层细晶灰岩夹少量含白云质灰岩，层面主要以缝合线形式存在，厚度200.4m。根据上述地层特征，引子渡水电站将坝线置于大冶组中部地层上，底部地层作为隔水层，上部地层作为料场开采层。

坝基岩体自上而下分为弱风化、微风化两个带。其中左岸由于地形完整，岩体风化相对较弱，弱风化影响的深度一般为8～12m；右岸由于发育张裂缝，故岩体风化较左岸强烈，弱风化影响深度一般为18～34m，微风化带厚度一般为8～20m。

坝区构造较简单，断层不发育，岩体中主要存在软弱夹层、构造裂隙和张裂隙三类结构面。其中夹层是坝基岩体中最主要的软弱结构面，主要分布在大冶组地层的中下部，发育密度较大，间距为76～193cm，贯穿整个基础，按类型分为灰白色粘泥、炭质泥岩夹层和泥岩和泥灰岩薄片。构造裂隙主要发育NE、NW两组，由于受层间软弱夹层制约，连续性较差，多充填方解石，连通率30%～40%。张裂隙主要发育在右岸岸坡表层水平深30～50m的范围内，系NW向构造裂隙在重力作用下发展而成，宽度20

～40cm，延伸方向与地表陡壁大致平行，贯通性较好，长度数十米。

地下水以地表降水入渗为主，两岸地下水位均高于河水位，属于地下水补给河水类型，以裂隙水或溶隙水形式呈带状或脉状赋存于岩体中，由于可熔岩与非可熔岩相间分布，地下水含水系统由多个孤立的局部含水系统组成，故主要以顺层渗流的方式在岩体风化较强、卸荷影响的地带运移。

坝区岩溶发育明显受控于岩性。其中大冶组底部薄层泥岩、泥灰岩夹少量灰岩，可溶性较差，岩溶不发育，为坝区隔水层；大冶组中部以泥岩为主的软弱夹层分布较多，地下水的垂直渗流受到限制，岩溶发育相对较弱，且规模较小，主要表现为沿构造面的溶蚀。大冶组上部的厚层、中厚层灰岩，质纯，是该区岩溶发育的主要层位，分布于坝址左岸 1120m 高程以上的大片宽缓平台上。其补给面积较广，地下水赋存于岩溶管道和溶隙中，在河床处集中排泄，引子渡暗河等一系列岩溶均发育在该层中。

按照《水利水电工程地质勘察规范》坝基岩体工程地质分类标准，坝基岩体质量属 BⅣ1 和 CⅣ类岩体，其饱和抗压强度为 30～60MPa。变形模量为 5500～8000MPa（⊥层面）或 7000～9500MPa（//层面）。软弱夹层的 $f'=0.28$，$c'=0.036$MPa。裂隙的综合 $f'=0.55$，$c'=0.18$～0.2MPa。

（三）主要工程地质问题

（1）右岸斜顺向坡稳定性。由于坝址河谷右岸为顺向坡或斜顺向坡，根据对边坡各高程平洞岩体的风化情况及张开裂隙的分布情况，提出了蠕变岩体的概念，并通过坝址河谷右岸顺向坡上分布有塌滑体，斜顺向坡上分布有蠕变体规律的分析，提出了坝址右岸边坡稳定性的分析，即坝址右岸边坡的稳定性主要是由软弱夹层为底滑面与 NW 向张裂隙为侧裂面形成的不同规模楔形体的稳定问题，当边坡岩体被切脚且 NW 向裂隙贯穿时，岩体将顺层滑动，如右岸下游 1 号、2 号塌滑体的形成；当边坡岩体部分被切脚时，岩体将沿视倾角方向拉裂转动，以蠕滑拉裂变形为主，如右岸坝线上游蠕变岩体的形成。据此，求出了右岸边坡最大楔形体的位置及规模。鉴于原拱坝方案坝肩开挖较深，右岸边坡处理工程量较大，故将坝型调整为混凝土面板堆石坝，并初步确定了边坡的开挖及处理形式，上述分析经施工开挖揭露已得到验证。

（2）趾板建基面开挖深度。根据钻孔及平洞测试资料，对坝址地基的弱风化带进行了详细划分研究，通过简单的野外描述特征或指标及物探测试指标进行数学聚类分析，据此建立数学模型，找出岩体质量变异的分界线，通过该界线为弱风化带岩体细分提供依据，从而较准确地确定了趾板建基面的开挖深度。

（3）右岸河间地块渗漏。鉴于右岸河间地块被多条断层切割，水文地质条件较复杂，加之渗漏问题对引子渡水库的重要性，故对河间地块进行了钻孔勘探及地下水位长年观测，经对地块的地质结构和地下水渗流场分析，以及获取的钻孔地下水位的长期观测资料表明，其分水岭地下水位高于水库正常蓄水位，认为库水不存在通过右岸河间地块向下游补宜河及齐伯小河渗漏的问题。

（4）水库诱发地震。引子渡水库库盆主要由碳酸盐岩、碎屑岩和火山喷发岩三类岩性构成，其中碳酸盐岩分布最广，约占库区出露地层的 75%。二叠系下统茅口组、寒武系清虚洞组、石炭系摆佐组岩溶较发育，可见明显的岩溶管道系统；库区断裂主要有营合断裂带、齐伯断裂、下坝断裂等，由 NNE 和 NE 两个方向的多条断层组成，总体呈北东方向发育，延伸较长，因此存在水库诱发地震的条件。鉴于下游东风水库曾经发生过震级为 2.5 级的水库地震，引子渡水库与之同属一个大地构造单元，区域构造背景相同，类比分析引子渡水库诱发地震的震级应小于 2.5 级，诱发水库地震的位置应为香车河口至梭岗渡库段。引子渡水库蓄水后诱发一系列小地震，证明了上述推断。

（5）左岸防渗帷幕优化。根据可行性研究阶段补充的趾板钻孔压水试验资料，左岸岩体较为致密，透水性微弱，抗渗性能较好，地下水位较高，岸坡钻孔透水率除个别孔段为 3～5Lu 外，其余均小于 1Lu 或 1Lu 左右，且防渗线上游岸坡及钻孔平洞中均未见岩溶发育，故将左岸边帷幕端点由接上游相对隔水层改为接地下水位；在剖面上，帷幕深度控制在作用水头的 0.7 倍左右，这样既抬高部分防渗帷幕底线，又缩短了左岸防渗帷幕线路，减少帷幕灌浆工程量约 3000m。经水库蓄水初期的检查，未发现左岸的引子渡暗河及响洞暗河段出现地下水排泄量增加及增加新泉水点现象。由于水库尚未达到正常蓄水位，尚待进一步观察验证。

（6）右岸导流洞出口边坡稳定性。右岸导流洞出口为顺向坡，其上分布有 1 号、2 号塌滑体，稳定性较差，故将导流洞出口位置调整在 1 号、2 号塌滑体之间的岩体上，提高了出口边坡的稳定性，同时将原设计洞口位置为 0＋776.56 桩号调整为 0＋801.40 桩号，提早挂口进洞，降低洞口开挖边坡高度，避免由于滑坡而危及其上的坝后上坝公路路基。经上述处理后，提高了边坡的稳定性，并通过运行期的考验。

（7）溢洪道右侧岩墙边坡稳定性。溢洪道布置在大坝左坝肩，为避免溢洪道开挖与大坝填筑在时间、空间上的干扰，缩短工程施工工期，在溢洪道与大坝之间以预留岩墙分隔，由于溢洪道紧靠大坝布置，方向近于平行河流，且岩层产状与坝址相近，因此右侧边坡的稳定与大坝右岸边坡稳定模式相近，即由高倾角的裂隙为侧向切割面，低倾角的软弱夹层为底滑面，边坡面为凌空面，三者组合而成的楔形体的稳定性而确定，由于软弱夹层与NW方向裂隙的组合交线与边坡方向相同，且组合交线倾角低于边坡坡角，故构成的楔形体能够向坡外滑动，因此边坡不稳定，与右岸边坡不同的是右岸山体宽厚，滑坡体可以通过侧滑面中的岩桥提供安全裕度，而溢洪道右侧边坡与大坝之间的岩锚墙厚度仅为30～40m，趾板开挖和溢洪道开挖爆破震动对其完整性影响极大，造成岩体破碎，强度降低，施工中根据溢洪道槽挖初期岩墙上出现裂缝的情况，对岩墙及其松动变形岩体重新进行稳定复核，在采取锚索加钢筋桩的支护措施及加强了爆破预裂处理工作后，继续槽挖未发现岩墙产生新的拉裂，处理措施是成功的。

（中国水电贵阳勘测设计研究院　王世龙）

## 龙滩水电站工程地质条件

（一）坝址区地质概况

1. 基本地质情况　龙滩水电站坝址区河谷为V形谷，宽高比为3.5，岸坡坡度32°～42°，河流流向由150°转为100°。枯水期河水面高程219m，宽90～100m，河床砂、卵砾石层厚0～6m。左岸山体宽厚；右岸受8条冲沟切割，完整性较差。库坝区地震基本烈度为7度。

地层为三叠系下统罗楼组（$T_{11}$）和中统板纳组（$T_{2b}$）。$T_{11}$以薄层、中厚层硅质泥板岩、硅质泥质灰岩为主，总厚度259m；$T_{2b}$主要为薄至中厚层、厚层砂岩和泥板岩互层岩体，夹层凝灰岩，总厚度1219.07m，其中砂岩占68.2%，泥板岩占30.8%，灰岩占1%；$T_{2b}^{2-4}$、$T_{2b}^{18}$、$T_{2b}^{52}$层泥板岩占70%以上，是板纳组中强度相对较低的岩层。

砂岩强度较高，微风化至新鲜岩石单轴饱和抗压强度为100～130MPa；泥板岩平均值为60MPa，小值平均值45MPa，且物理力学性能稳定性较好，但泥板岩中劈理发育，当压应力方向与劈理面呈20°～30°夹角（与层面近于平行）时，微风化泥板岩单轴饱和抗压强度仅13.4～23.4MPa。弱风化泥板岩均一性差，且强度仅为微风化泥板岩的43%～67%。右岸船闸二级塔楼高边坡区的$T_{2b}^{49}$～$T_{2b}^{51}$砂岩、板岩中泥质胶结物或泥质岩、方解石的含量大大高于坝址区，岩石强度明显低于坝址区（仅为坝址区的0.2～0.7倍）。

岩层为单斜构造，产状为N5°～20°W、NE∠55°～63°。航道出口段岩层倾角逐步变缓至40°左右。

坝区共揭露断层500余条，依其走向可分为4组：第1组产状N5°～20°W、NE∠60°，以层间错动为主，规模较大者有F2、F5、F35，平均发育间距$T_{11}^{4-9}$为3.6m/条，$T_{2b}^{4-25}$为4.8m/条；第2组产状N30°～60°E、NW∠60°～85°，平均间距30～50m/条，发育程度仅次于第1组，代表性断层如F30、F63、F90；第3组产状N70°～90°W、NE∠70°～85°，如F1、F4。第4组产状N65°～80°E、NW或SE75°～85°，如F60、F89、F189，断层破碎带富含地下水。除以上4组断层外，还有一些N25°～45°W、SW∠30°～45°断层，如F98、F138等，多分布于左岸倾倒蠕变岩体一带。

缓倾角节理一般规模小，贯穿性差，但局部地段较密集，单条长度可达5～26m。泥板岩中劈理发育，劈理走向与岩层走向近于一致，降低了泥板岩的强度。岩体风化表现为面状风化、沿断层楔状风化和沿软弱岩层的层状风化，罗楼组风化深度大于板纳组；泥板岩为主的岩层较砂岩为主的岩层风化强烈；在二级塔楼高边坡段和右岸6号冲沟一带强风化风异常深，达30～55m。

地下存在着砂岩、泥板岩互层的裂隙含水层，断层是岩体中渗漏的主要通道。枯水期地下水位埋深，岸坡地带为20～60m，近山顶一带为80～100m，水力坡降0.5～0.6。岩体透水性随岩体埋藏深度的增加明显降低，埋深60m以上岩体透水性较强，100m以下透水性微弱，但在主要断层及其交汇带，局部可达130～180m。坝址地表和地下水对混凝土无侵蚀性。

2. 主要不良物理地质体

（1）左岸倾倒蠕变岩体。该倾倒蠕变岩体位于左岸坝址上游，顺河展布长约750m，发育高程230～650m，铅直发育深度30～76m，总体积约1288万$m^3$。依其变形程度，大致以3号冲沟和F69为界，平面上划分为A区和B区，剖面上由表及里分为Ⅰ、Ⅱ和Ⅲ带。其中A区由板纳组地层构成，体积约356万$m^3$，蠕变岩体中一般不存在连续的贯穿性弯曲折断面。$A_1$区有F98顺坡向断层切割，体积176万$m^3$，F98上盘岩体已构成稳定性差的潜在滑体（开挖时已基本清除）。B区边坡坡脚由罗楼组地层组成，体积约932万$m^3$，蠕变程度较A区严重，在F147断层南侧和F69上游侧蠕变岩体与正常岩体呈突变接触，已形成贯穿性和连续性较好，粗糙不平，锯齿状的顺坡向折断错滑面和折断面，但在自然状态下整体是稳定的（该区基本上未开挖，已采取了压脚处理）。Ⅰ带（倾倒松动带）岩层以倾倒变位为主，重力折断、张裂架空、旋转错位明显，地震波波速 $v_P$ ＝500～1500m/s，水平发育深度 23～76m；Ⅱ带（弯曲折断带）$v_P$＝1500～2500m/s，水平发育深度 6～53m；Ⅲ带为过渡带，岩体呈弱～微风化状，$v_P$ 值接近正常岩体。

(2) 右岩Ⅰ、Ⅱ号松散堆积体。Ⅰ、Ⅱ号松散堆积体位于右岸航道二级塔楼和出口下游，呈狭长扇形分别堆积在 16、18 号冲沟一带，体积分别为 15 万 $m^3$ 和 216 万 $m^3$，堆积体主要由杂乱无序、填充较密实的碎块石夹黏土组成，干容重 1.5～1.95g/$cm^3$，$v_P$＝900～1600m/s。根据航道边坡开挖揭露，Ⅰ号堆积体（已基本清除）的物质可能由沿古冲沟上游侧顺层坡中已揉皱的薄层泥板岩和砂岩岩体发生倾倒变形后沿冲沟堆积而成。

（二）主要建筑物布置区地质特点

1. 大坝坝基　坝基为微风化或少量弱风化 $T_{2b}^{6-18}$ 层砂岩、泥板岩岩体，其中 $T_{2b}^{6-17}$ 层砂岩占 80%，力学强度高，是河床和右岸各坝段的直接持力层。坝基下未发现缓倾角断层。随机分布、连续性差、少数延伸长度 10～26m 的缓倾角节理只影响个别坝段的局部坝块稳定，不会形成贯穿性缓倾角深层滑动面。大坝抗滑稳定控制面是混凝土与基岩接触面，河床溢流坝段混凝土与建基面的 $f$＝1.1，$c'$＝1.2MPa。施工阶段对坝基岩体声波值提出了要求，河床溢流坝段，微风化砂岩组 $v_P$≥5200m/s，砂岩、泥板岩互层组 $v_P$≥4800m/s，泥板岩 $v_P$≥4400m/s；两岸坝段，微风化及弱风化底部砂岩组 $v_P$≥4800m/s，砂岩、泥板岩互层组 $v_P$≥4400m/s，泥板岩 $v_P$≥4000m/s。

2. 左岸地下引水发电系统　厂房、主变压器室、调压井三大洞室平行展布在坝址区地质条件最好的左岸山体内。开挖尺寸为，主厂房（高程 206m 以上）388.5m×28.5m×76.4m（长×宽×高，下同），主变压器洞 400.0m×19.8m×20.7m，1 号尾水调压井 68.3m×20.05m×84.31m，2（3）号尾水调压井 76.7m(95.85m)×22.73m×63.35m。顶拱高程，主厂房 261.7m，主变压器洞 253.9m，调压井 272.7m。主厂房与主变压器洞间岩墙厚度 43m，主变压器洞与调压井间岩墙厚度 27.46(29.03)m。选定的厂房轴线方向为 310°，与岩层走向夹角约 35°，主洞室群已避开 F63、F69 断层，F1 断层（与厂房轴线夹角 30°～35°）从主厂房安装间通过，减轻了 F1 断层对主厂房高边墙的不利影响。主洞室区上覆岩层厚度 100～230m，围岩 $v_P$＝5000～5600m/s，实测地应力的最大主应力平均值为 8.5～12MPa，方向为 N20°～80°W，属中等量级原岩应力场；侧压力系数为 1.5～1.9，水文地质条件较简单，岩体透水性较小，为层状结构、质量中等至较好的、新鲜完整至较完整的Ⅱ、Ⅲ类围岩。

引水洞由上下平段、弯段、竖井或斜井段（1～6 号机为斜井，7～9 号机为竖井）组成，衬砌后洞径约 10m，中心间距 25m。各洞进口段岩层走向与洞轴线夹角 70°，多位于泥板岩集中分布的高陡开挖边坡坡脚，部分洞口段受断层切割，岩体完整性相对较差。

9 条尾水管及尾水洞支管直径为 12～20m，中心线间距 32.5m，支洞轴线与岩层走向近于正交，但洞室间距小，尾水管上部与母线洞和主变压器室间岩体单薄，最小厚度仅 10～12m，尾水管扩散段和尾水洞支管间岩墙稳定性较差；3 条尾水洞平行布置，方向 130°，直径 21m，中心间距 52m，围岩多为Ⅱ～Ⅲ类；出口段与岩层走向夹角较小，小断层发育，岩石强度相对较低，围岩稳定性较差。

经厂房、主变压器室、调压井 30 余 m 高的开挖揭露，洞室围岩质量相对较好，通过系统锚杆、锚索支护后，围岩稳定性好；实测最大变形约 10mm；松弛变形深度约 2m，且各类围岩平均波速在 4000m/s 以上，塑性变形深度约 4m，正常岩体内各类围岩波速均大于 5000m/s。由于厂房轴线与控制性结构面（层面和层间错动）夹角小，在下游边墙 HR0＋35～HL0＋51 泥板岩含量较多、劈理较发育的 $T_{2b}^{29-37}$ 层中出现了顺层开裂和锚杆应力异常现象，对此已经进行了针对性的加固处理。

3. 左岸进水口和右岸船闸等开挖高边坡　因三大建筑物布置需要，龙滩工程形成了多处开挖高边坡。较集中的有左岸进水口及导流洞进口段（组合坡高达 420m）、左岸导流洞出口段、尾水出口段、右岸坝基及船闸与导流洞进口段（组合坡高达 340m）、中航道与导流洞出口段、航道出口段等 6 段，除左岸进水口与岩层层面构成为较典型反倾向岩质边坡外，其余大部分为近于正交坡，部分建筑物段坡形复杂。

基本开挖坡形：当开挖边坡走向与岩层走向夹角大于 25°，或者夹角虽小于 25°但坡面倾向与岩层倾向相反时，微风化至新鲜岩体内为阶梯状垂直坡，每级坡高 20m 设一 5m 宽的平台，多级综合坡比 1∶0.25。弱风化岩体内为阶梯状陡坡每级坡高 15m，多级综合坡比 1∶0.5，若开挖边坡总坡高不超过 50m 时，可挖成阶梯状垂直坡。强风化岩体内为多级斜坡，每级坡高约 10m，多级综合坡比 1∶1，若开挖边坡总高度小于 50m 时，可采用 1∶0.75 的综合坡比。强风化以上岩（土）体多级斜坡综合开挖坡比一般不大于 1∶1.2，若强风化带以上岩（土）体厚度大于 20m 时，开挖坡角宜进一步放缓，多级综合坡比不大于 1∶1.5；顺层坡的开挖以不切脚为原则；对于不良物理地质体的开挖有具体规定。

（三）开挖高边坡揭露的工程地质条件和处理情况

1. *左岸进水口*

(1) 坝头坡和坝肩坡。坝头坡和坝肩坡的开挖已伸入倾倒蠕变岩体A、B区；高程382m以上基本仿自然坡开挖，综合开挖坡坡角约35°，已清除了由F69、F63、F98构成的潜在滑体，F69北盘显蠕变岩体B区特征；高程480～500m以上F63北盘，坡面上多为Ⅰ带的全、强风化蠕变岩体，它与正常岩体呈突变接触，已形成贯穿性和连续性好、粗糙不平、锯齿状的顺坡向折断面，折断面倾角35°～45°；高程480～500m以下开挖坡面一般不存在连续性、贯穿性的顺坡向折断面。仅在高程382～425m坡面上，受$T_{2b}^{18}$层泥板岩强度影响，蠕变岩体与正常岩体局部呈突变接触，已形成贯穿性和连续性较好、粗糙不平、锯齿状的顺坡向折断面，往下部受$T_{2b}^{14-17}$层砂岩阻挡，又渐变成过渡接触。坡面上残留的大部分为蠕变岩体弯曲折断带和过渡带，较倾倒松动带明显好转，其稳定条件大为改善；倾倒松动带分布在上游侧边坡开口线附近；正常岩体分布在主坡的下游侧和高程480m缆机平台，坡面大部分属弱风化岩体以下，完整性较好，少部分强风化岩体分布在下游侧边坡开口线附近。边坡施工开挖过程中，除高程580m以上边坡出现裂缝外，未发现其他重大的工程地质问题和危及边坡整体稳定性的地质结构面。高程382～310m边坡（也是坝基）走向74.4°，开挖成台阶状垂直坡，为正交坡，由弱至微风化的泥板岩构成，岩体完整性相对较好。

(2) 坝后坡。高程382m以上边坡，综合开挖坡坡角约40°，中部有弱风化且完整性相对较好的$T_{2b}^{23}$和$T_{2b}^{25}$层厚层砂岩，稳定性相对较好。高程382m以下，边坡走向由9～7号机处的164°转为3号机处的112°，与岩层构成反倾向高陡边坡（1∶0.25～1∶0.5）。7号机组引水洞中心线以北边坡由微风化至新鲜岩体构成，以南除高程320m以下坡脚为微风化岩体外，大部分坡体为弱风化岩体。高程345～382m为层间错动较发育的$T_{2b}^{19-22}$层砂岩、泥板岩互层岩体，高程345m以下至坡脚为相对软弱的$T_{2b}^{18}$层泥板岩，F1断层南侧边坡坡脚附近缓倾角节理发育。9条引水洞开挖进一步削弱了坡脚岩体的强度与刚度，边坡范围内有NWW(F1)和NE或NEE向陡倾角断层横切边坡，削弱了边坡岩体的连续性，且坡形及其应力、应变条件复杂，但由于采取了有效的支护处理措施，边坡开挖下卧过程中未出现大的工程地质问题，监测资料数据显示，进水口高边坡也未发生明显的应力、应变异常。1～2号机引水洞进口坝后坡有F138、F135、F56、F26、F27断层切割，它们相互组合构成规模较大、稳定性较差的楔体，最大体积约83000m³，施工过程中因及时进行了加固处理，该段边坡稳定性好。

2. *左岸导流洞进口边坡* 左岸导流洞进口上游侧坡与厂房进水口边坡衔接，最大开挖高度约97m，综合开挖坡坡角约43°，为正交坡（边坡走向约70°），坡面主要为弱风化岩体，层间错动发育，F4断层从闸室左侧墙进入边坡，与坡面走向夹角约20°，F4断层北侧NE或NEE、NW向倾向坡外的中等倾角小断层发育，在$T_{11}^{4-9}$和$T_{2b}^{2-4}$层内，风化泥化夹层发育。

洞脸坡与厂房进水口301m高程平台衔接，最大边坡开挖高度约87m，原设计坡比约1∶1，为反向坡，发育有NE或NEE、NWW向陡倾角小断层，F4断层内侧坡面多呈弱风化，外侧呈强风化，坡体内NNW或NNE顺坡向、倾向坡外的中等倾角小断层发育，NEE、NWW向断层与洞脸坡近垂直，但与导流洞洞身进口段近平行，洞口段边坡与洞室组合后岩体稳定性较差，在不利条件组合下，进口洞身段和进口边坡发生了塌方和塌陷。塌方后，调整开挖坡比为1∶0.8，洞脸高程260m以下形成了倒坡，塌方处理（系统锚索和锚杆）顺利，处理后边坡稳定。

3. *右岸通航建筑物和坝肩开挖边坡* 通航建筑物由两级垂直升船机及其引航道组成，全长约1.7km。一级升船机塔楼位于右岸5、6号坝段上，二级升船机塔楼布置区已结合下游引航道开挖将Ⅰ号松散堆积体清除，塔楼地基已置于微风化至新鲜岩体之上。通航建筑物布置区有3段开挖高边坡。

右岸坝肩及上航道边坡位于4～8号冲沟之间，为右岸坝头坝基开挖、上游航道及引航道开挖、缆机平台、导流洞进口、堰肩开挖等联合构成的开挖边坡，开挖高程555～215m，最大组合坡高340m，开挖坡形复杂，特别是高程330m以上坝肩及坝后坡段，既有正交坡，又有反向坡和顺层坡。

上游引航道开挖边坡走向101°，与岩层走向夹角约70°；高程327m以上最大开挖坡高约228m，边坡整体坡度约为37°，该段边坡坡面主要为强至弱风化$T_{1L}^{9}$层和$T_{2b}^{1-6}$层，由于该区层间错动、走向10°～40°、倾向NW的中、陡倾角和走向NEE的陡倾角断层发育，它们相互切割形成了一系列稳定性较差的（体积为1000～18000m³）块体，施工阶段对于这些块体进行了系统加固，边坡整体稳定。导流洞进口洞脸高边坡（最大坡高约155m）与岩层走向近于正交，综合开挖坡坡角约46°，坡面主要为泥化夹层较发育、相对较软弱的强至弱风化$T_{11}^{3-8}$层岩体，开挖后边坡整体稳定。

在原6号冲沟一带为$T_{2b}^{7-13}$层，其中层间错动较多（如F6）、下游又发育有F2313、F136、F90等一系列走向NE或NNE、倾向上游的中等倾角结构面，岩体风化强烈，6号冲沟上游侧（顺层边坡）岩层存在反倾变形，高程 382m 以下坝后坡开挖陡坡段稳定条件差，上述结构面组合区施工期变形过大，对此业主、设计进行了大量的分析研究，采取了综合加固处理措施。

中航道高边坡段地形坡度 33°～38°。边坡坡面主要为 $T_{2b}^{38\text{-}45}$ 层砂岩夹泥板岩或互层岩体。开挖边坡走向 N88°W，为近正交坡，坡面为弱至微风化岩体，不存在大规模不稳定楔体，边坡整体稳定性好。但由于有与边坡走向近于垂直的层间错动、近于平行的 NEE、NWW 向的陡倾角断层、斜交的 NE 向断层的切割，岩体完整性相对较差，在边坡上形成一系列中、小规模稳定性较差的楔体。对此，施工阶段增加了系统加固处理。

二级升船机塔楼及其下游引航道位于 16 号冲沟及其下游，基础开挖高程 206～218m（一期开挖高程 260m），南侧最大开挖坡高约 150m，坡面走向与岩层走向交角约 70°，高程 260m 以上岩体风化破碎，结构面强度低，尤其 N1＋225～1＋330 段受 NS、NEE 或 NWW 和层间错动等 3 组结构面的切割，岩体已成棱块状，高程 260m 以上综合坡角达 41°～45°，开挖后变形过大，航道边坡 N1＋020～1＋150 段南侧坡为斜交顺层坡，边坡地质条件差，由层间错动和 NE 向、NEE 向陡倾角断层或节理随机组合，易构成一系列的稳定性较差的楔体，特别是由 F2089、F2059、F2068 正断层组合的楔体，体积达 1.1 万 $m^3$，施工阶段对其进行了全面系统的加固处理。

（中国水电中南勘测设计研究院　夏宏良　蒋作范　李学政　陈卫红）

## 白水江汉坪咀水电站工程河床覆盖层工程特性研究

（一）河床覆盖层的工程特性

坝址区河床覆盖层厚度 28～35m，揭露最大厚度 47.46m。

河床覆盖层孔隙比 0.37～0.44，呈中密至密实状态，粗颗粒含量占 70%～80%，其骨架间充填砂粒，凝聚力平均值 0.067MPa，摩擦系数平均值 0.61。

河床覆盖层由漂（块）石、碎石、卵石、砾石、砂粒及泥质组成。主河床部位以冲积物为主夹少量块碎石，两岸水边及坡脚部位崩坡积块碎石及碎屑物质与河流冲积砂卵砾石交替分布。总之，在水平和垂直两个方向上组成物质均变化较大，粒径悬殊，不均匀系数高，孔隙比较低，未胶结，透水性较强。依据颗粒组成、结构特征等工程地质特征可分为 4 个岩组，各岩组工程地质特征如下（据 18 个坝址区河床钻孔资料）：

（1）砂卵砾石。占统计钻孔河床覆盖层厚度的 53.3%，是河床覆盖层的主体，且具有自上而下颗粒由粗变细的特征。组成物以砂卵砾石为主，偶含漂石、孤石，砂粒多充填于孔隙中，局部砂粒较为集中而呈（含砾）砂层或透镜体，厚度薄，一般 0.3～0.9m，揭露最大厚度 1.4m，连续性差，以水平或斜层状分布于砂卵砾石层中。该岩组整体结构松散，中密至密实状态。抽水试验成果表明该岩组渗透系数大，属强透水，$K>100$m/d。近岸边有崩坡积块碎石及碎屑物质与河流冲积砂卵砾石呈不规则交替堆积。

（2）含泥砂卵砾石。占统计钻孔河床覆盖层厚度的 29.4%，颗粒组成以砂卵砾石为主，含有一定量的泥质，偶夹（含砾）砂层或透镜体，但厚度较薄，层次少。该岩组渗透性相对(Ⅰ)岩组要弱，$K=5\sim25$m/d。

（3）块碎石夹（含泥）砂卵砾石。占统计钻孔河床覆盖层厚度的 11.9%，颗粒组成块石、碎石为主，次为（含泥）砂卵砾石，块石起骨架作用，分布无规律。据钻孔资料显示，该岩组岩层厚度不大，结构松散，属强透水，$K>100$m/d。

（4）含砾中粗砂。占统计钻孔河床覆盖层厚度的 5.4%，颗粒组成以中粗砂为主夹少量砾石，多分布在河床深槽底部，钻孔揭露岩层最大厚度 5.32～16.72m。据 ZK32 资料显示，该岩层中夹有两层厚约 40cm 的块石层。由于砂粒相对集中堆积，渗透性相对较小，$K=25\sim100$m/d。

为进一步研究河床覆盖层物理力学性质及渗透稳定问题，对坝址区河床冲积层进行了颗分、渗透及载荷试验。试验成果分别列于表 1、表 2，覆盖层物理力学性质试验列于表 3。

表 1　砂砾石层载荷试验成果表

| 试点编号 | 极限承载力 $p_{max}$ | | 变形模量 $E_o$ (MPa) | 屈服极限 $p_r$ | | 比例极限 $p_p$ | | 泊松比 | 备注 |
|---|---|---|---|---|---|---|---|---|---|
| | 载荷力 $p$ (MPa) | 变形 $W_o$ ($10^{-3}$cm) | | $p$ (MPa) | $W_o$ ($10^{-3}$cm) | $p$ (MPa) | $W_o$ ($10^{-3}$cm) | | |
| ZH1 | 1.591 | 628 | 93.98 | 1.149 | 380 | 0.884 | 209 | 0.25 | 承压板直径为 30cm，受压面积为 707$cm^2$ |

续表

| 试点编号 | 极限承载力 $p_{max}$ | | 变形模量 $E_o$ (MPa) | 屈服极限 $p_r$ | | 比例极限 $p_p$ | | 泊松比 | 备　注 |
|---|---|---|---|---|---|---|---|---|---|
| | 载荷力 $p$ (MPa) | 变形 $W_o$ ($10^{-3}$cm) | | $p$ (MPa) | $W_o$ ($10^{-3}$cm) | $p$ (MPa) | $W_o$ ($10^{-3}$cm) | | |
| ZH2 | 1.238 | 1158 | 66.78 | 0.972 | 649 | 0.619 | 206 | 0.25 | |
| ZH3 | 1.447 | 970 | 50.82 | 1.226 | 814 | 0.543 | 234 | 0.25 | |
| ZH4 | 1.628 | 807 | 60.72 | 1.226 | 550 | 0.723 | 263 | 0.25 | |
| ZH5 | 1.628 | 607 | 78.93 | 1.447 | 507 | 0.904 | 253 | 0.25 | |

表 2　　渗透试验成果表

| 试点编号 | 天然密度 (g/cm³) | 天然含水量 | 比　重 | 孔隙比 | 注水高度 (cm) | 渗透面积 (cm²) | 渗透系数 (m/d) | 说　明 |
|---|---|---|---|---|---|---|---|---|
| ST1 | 2.04 | 5.4 | 2.71 | 0.40 | 12 | 415 | 8.60 | 河漫滩，含沙量 38.8% |
| ST2 | 2.26 | 2.9 | 2.71 | 0.20 | 12 | 415 | 6.66 | 河漫滩，含沙量 13.2% |
| ST3 | 2.19 | 2.8 | 2.72 | 0.28 | 12 | 415 | 7.44 | 河漫滩，含沙量 21.0% |

表 3　　坝址区覆盖层物理性质试验成果表

| 试样编号 | 取样深度 (m) | 天然状态 | | | 比重 | 颗粒组成 (%) 粒径大小 (mm) | | | | | | | | | | | 不均匀系数 | 曲率系数 | 定　名 |
|---|---|---|---|---|---|---|---|---|---|---|---|---|---|---|---|---|---|---|---|
| | | 含水量 (%) | 密度 (g/cm³) | 干密度 | | >200 | 200～60 | 60～20 | 20～5 | 5～2 | 2～0.5 | 0.5～0.1 | 0.5～0.25 | 0.25～0.075 | <0.1 | <0.075 | | | |
| TK1 | 0～0.5 | 2.9 | | 2.05 | 2.70 | 11.8 | 42.9 | 4.5 | 3.6 | 4.7 | 9.8 | 18.2 | | | 4.5 | | 527.9 | 0.04 | 卵石 |
| ZK17-1 | 0～0.5 | | | | 2.74 | 0 | 46.1 | 35.0 | 8.7 | 2.2 | 1.7 | 3.0 | | | 3.3 | | 14.3 | 3.17 | 卵石 |
| ZK17-2 | 0～0.5 | | | | 2.69 | 0 | 19.9 | 46.2 | 14.7 | 4.1 | 3.2 | 3.7 | | | 8.2 | | 221.7 | 19.96 | 卵石 |
| ZK35-2 | 2.8～22.0 | | | | 2.71 | 0 | 32.4 | 26.5 | 12.2 | 6.7 | 3.2 | | 2.0 | 17.0 | | | 420.12 | 7.015 | 卵石混合土 |
| ZK35-4 | 22.0～294 | | | | 2.73 | 0 | 21.6 | 21.6 | 15.3 | 5.9 | 5.1 | | 2.9 | 17.2 | | 10.4 | 339.52 | 0.108 | 卵石混合土 |
| ZK36-1 | 4.5～11.5 | | | | 2.72 | 0 | 26.8 | 25.6 | 20.7 | 8.8 | 5.2 | | 1.7 | 11.2 | | | 193.25 | 6.307 | 卵石混合土 |
| ZK36-2 | 27.9～33.5 | | | | 2.72 | 0 | 21.4 | 30.6 | 18.0 | 5.9 | 5.1 | | 2.1 | 16.9 | | | 383.10 | 7.112 | 卵石混合土 |
| ZK36-3 | 20.7～27.9 | | | | 2.72 | 0 | 26.2 | 31.2 | 20.8 | 4.9 | 3.3 | | 1.5 | 12.1 | | | 242.35 | 15.827 | 卵石混合土 |
| ZH1 | | 1.5 | 2.04 | | | 0 | 48.3 | 23.2 | 7.5 | * <5 21.0 | | | | | | | | | 卵石 |
| ZH2 | | 2.9 | 2.24 | | | 0 | 38.1 | 28.8 | 17.3 | * <5 21.6 | | | | | | | | | 卵石 |
| ZH3 | | 3. | 2. | 2.12 | 2.74 | 1.7 | 28.3 | 33.8 | 31.8 | 1.5 | 1.6 | | 0.6 | 0.7 | | | 5.862 | 0.806 | 卵石混合土 |
| ZH4 | | 4. | 2. | 2.11 | 2.72 | 0 | 23.4 | 23.4 | 16.1 | 6.7 | 14.2 | | 9.2 | 8.0 | | | 89.543 | 0.302 | 卵石混合土 |
| ZK8-1 | | | | | 2.72 | | 34.9 | 26.4 | 15.3 | * <5 23.4 | | | | | | | | | 卵石 |
| ZK8-2 | | | | | 2.72 | | 26.1 | 29.5 | 11.6 | | | | | | | | | | 卵石 |

续表

| 试样编号 | 取样深度(m) | 天然状态 | | | | 颗粒组成(%) | | | | | | | | | | | 不均匀系数 | 曲率系数 | 定名 |
|---|---|---|---|---|---|---|---|---|---|---|---|---|---|---|---|---|---|---|---|
| | | 含水量(%) | 密度($g/cm^3$) | 干密度 | 比重 | 粒径大小(mm) | | | | | | | | | | | | | |
| | | | | | | >200 | 200～60 | 60～20 | 20～5 | 5～2 | 2～0.5 | 0.5～0.1 | 0.5～0.25 | 0.25～0.075 | <0.1 | <0.075 | | | |
| ZK8-3 | | | | | 2.69 | | | | >5* 11.9 | 5.1 | 4.8 | 37.4 | | | 40.8 | | | | 含细粒土砂 |
| ZK8-4 | | | | | 2.70 | | | 35.0 | 1.5 | 2.0 | 28.6 | | | 32.9 | | | | | 含细粒土砾 |
| 最小值 | | 1.5 | 2.04 | 2.05 | 2.69 | 0 | 19.9 | 4.5 | 3.6 | 1.5 | 1.6 | 3.0 | 0.6 | 0.7 | 3.3 | | 5.862 | 0.04 | |
| 最大值 | | 4.0 | 2.24 | 2.12 | 2.74 | 11.8 | 48.3 | 46.2 | 35.0 | 8.8 | 14.2 | 37.4 | 9.2 | 17.2 | 40.8 | 10.4 | 527.9 | 19.96 | |
| 平均值 | | 3.1 | 2.17 | 2.10 | 2.72 | 1.13 | 31.2 | 27.6 | 17.8 | 4.8 | 4.9 | 18.2 | 2.9 | 11.9 | 17.9 | | 238.365 | 6.065 | |

（二）河床覆盖层的主要工程地质问题的评价

（1）砂层振动液化及抗滑稳定问题。在坝址区完成的钻孔中有个河床钻孔揭露到砂层（或含砾砂砂层）或透镜体，共4～5层，分布在不同部位的不同高程，呈水平或斜层状夹于砂卵砾石层中，连续性差，面积小，一般厚0.30～1.20m，局部厚5.71m。砂（含砾砂）层或透镜体厚度一般较薄、周围粗颗粒物质构成骨架，排水通畅，厚度较大者埋藏深度一般大于30m，所以当地震烈度为Ⅶ度，液化的可能性不大。

（2）砂卵砾石层的沉陷问题。颗分及载荷试验表明，河床冲积层中大于5mm颗粒含量占63%～90%，平均80%，以其为主构成骨架，因此承载力较高。砂层透镜体厚度薄，分布不连续，对沉陷不起控制作用。据载荷试验，当载荷力达1.628MPa时，相应变形模量为78.93MPa。分析认为，砂卵砾石层承载力高、变形模量值高，除满足基础应力要求外，沉陷变形在大坝填筑完成后基本可完成，蓄水后的进一步沉降变形对大坝影响不大。

（3）渗透变形问题。根据钻孔抽水试验成果（见表4）$K$=8.33～159.7m/d，试坑注水试验结果$K$=6.66～8.60m/d。从试验成果分析，河漫滩相沉积物细粒含量较高，透水性相对较小，属中等透水，建议渗透系数$K$=5～25m/d；河床相沉积物则属强～极强透水层，建议渗透系数$K$=100～160m/d，允许渗透坡降为0.15。根据工程类比，卵砾石层中因缺少中间级配，对砂不起控制作用，容易产生管涌破坏，无论从渗漏或渗透稳定方面考虑，均需对其采取有效的防渗处理措施。

表4 钻孔抽水试验成果表

| 试验位置 | 试验深度(m) | 试段长度(m) | 渗透系数(m/d) | 位置 |
|---|---|---|---|---|
| ZK8 | 3.76～6.85 | 3.09 | 159.78 | 坝轴线左岸河边 |
| ZK14 | 4.00～7.08 | 3.08 | 8.39 | 上围堰右岸河漫滩 |
| ZK19 | 2.80～5.95 | 3.15 | 29.02 | 趾板线右岸河漫滩 |
| ZK27 | 4.85～7.95 | 3.10 | 158.37 | 下围堰左岸河边 |

（中国水电西北勘测设计研究院 陆栋梁）

# 地下建筑物工程地质

## 天荒坪抽水蓄能电站地下洞室群勘察与分析评价

（一）工程特性与勘察

天荒坪抽水蓄能电站位于浙江省安吉县境，是目前国内发电水头最高的纯抽水蓄能电站，在世界同类电站中也名列前茅。电站总装机容量1800MW，地下洞室群置于下水库左岸，由厂房洞、主变压器室、高压岔管等组成。厂房洞（198.7m×21.0m～22.4m×47.73m）、主变压器洞（180.9×18.0×27.73m）两者平行布置，净间距33.5m；岔管设计静水头680.2m。

前期勘察为揭示厂房洞群及岔管部位的地质条件，依据不同的勘察目的、要求，在建筑物区针对性进行钻探、平洞勘探；从预可阶段开始勘探平洞（PD15）共掘进793m，支洞300m；利用勘探平洞和钻孔进行孔内电视、弹性波速测试、岩体变形试验、三向地应力和水力劈裂法地应力测试、围岩收敛变形观测和岩石（体）物理力学试验。为揭示高压岔管区域围岩在高压水作用下的稳定性，进行了国内首次高压渗透试验。

（二）工程地质条件

（1）地质概况。地下洞室群从厂房至岔管，上覆岩体垂直厚度从270m增至520m，地形坡度较陡，主要分布有含砾流纹质熔凝灰岩类，岩石新鲜、坚硬、完整。后期有一些规模小的基性脉岩侵入，新鲜、坚硬，与围岩接触良好。无大或较大规模结构面通过，Ⅲ级结构面稍发育，规模小，Ⅳ级结构面较发育至发育，局部极发育，呈节理密集带，主要发育在钢衬段末端至地下厂房及主变压器室等部位，节理间距5～10cm，局部2～3cm，延伸不长，闭合，部分充填钙膜。结构面主要发育产状：① SN～N30°E、E～SE（少量NW）∠45°～75°；② N10°～30°W、NE和SW∠45°～85°；③ N40°～60°W、NE和SW∠65°～90°；④ N45°～70°E、SE和NW∠55°～80°。

（2）岩石（体）力学性质。洞室群围岩微风化至新鲜，岩石饱和抗压强度$R_b$=120.5MPa，抗拉强度$R_t$=2.0MPa；弹性纵波速$v_P$>5000m/s，主洞与支洞之间穿透波速资料也说明三维空间岩体完整性好；静弹性模量$E=3.0\times10^4$MPa（一般地段），节理密集带$E=1.0\times10^4$MPa；岩体内聚力$C=3.0\times10^4$MPa（一般地段），节理密集带$C=2.0\times10^4$MPa；内摩擦角$\phi=50°$（一般地段），节理密集带$\phi=40°$。

（3）地应力。深孔三向地应力测试、水压致裂地应力测试结果，最大水平主应力8.9～14.7MPa，最大水平主应力方向近S～N，最小水平主应力为6.6～11.44MPa；按岩石抗压强度与实测最大水平应力之比（$R_b/\sigma_1$），工程区地应力量级属中等，以自重应力为主。

（4）围岩收敛变形试验。在勘探平洞（PD15）内按1∶9比例开挖了厂房模型洞，两侧设观测洞，布置了5个断面，空间布置了10条收敛测线。经测试取得了位移释放的时间效应和空间效应，位移随深度变化规律及拱顶、边墙位移量。根据测试成果，预估地下厂房边墙收敛位移值一般约25mm左右，节理密集带位移可达35mm；顶拱岩体变形全呈负值，均为上抬型。

（5）岔管围岩高压压水、高压渗透试验。在PD15平洞的岔管段进行了高压压水及高压渗透试验，最大压力达10.17MPa，试验表明，1号岔管位置岩体稳定，临界压力近8.2MPa，约为岔管静水头的1.2倍，且该压力下渗水量很小；2号岔管部位岩体劈裂压力大于岔管运行静水压力，但稳定水压较低，必须采取工程措施加以改善。根据试验估算，岩体的允许水力坡降为24～32。

（三）地下洞室群工程地质条件分析与评价

1. 地下厂房方案比选及轴线选择　厂房位置的选择从地质条件主要考虑上覆岩体厚度、避开较大断层，围岩类别及水文地质条件，同时根据水工结构布置、施工条件及经济比较后，最终选择了斜井方案地下厂房；厂房区地应力量级属中等，并以自重应力为主，最大水平主应力呈S～N向，从地应力因素考虑，厂房轴线应与最大水平主应力呈小角度相交（以20°～30°为宜）；厂房地段主要节理及节理密集带走向以NNE向为主，从地质构造因素考虑，厂房轴线应与结构面呈大角度相交；结合水工各建筑物的布置要求，地质建议厂房轴线方向N30°W，即最终选择的轴线方向。

2. 地下厂房围岩稳定性分析　结构面与厂房轴线交角较大，与节理密集带中最发育的NNE向节理交角在35°左右，岩体的稳定性主要受节理控制，厂房围岩分类综合统计见表1。

表1　厂房围岩分类综合统计表

| 分类方法 | | 节理密集带 | 非节理密集带 |
|---|---|---|---|
| 巴顿Q系统法 | Q值及评价 | 22（好） | 75（很好） |
| 比尼奥斯基法（RMR） | 类别及评价 | Ⅲ（良） | Ⅱ（优） |
| 《水利水电工程地质勘察规范》法 | 类　别 | Ⅱ类（局部Ⅲ类） | Ⅰ～Ⅱ |
| | 评　价 | 基本稳定（局部稳定性差） | 稳定～基本稳定 |

根据围岩分类结果，节理密集带地段为基本稳定的Ⅱ类围岩，局部存在稳定性差的块体；非节理密集带地段为稳定至基本稳定的Ⅰ～Ⅱ类围岩。

顶拱，NNE和NNW向两组陡倾角节理，可在剖面上形成斜人字形，与其他结构面的切割组合，可组成上小下大的锥体，形成不稳定块体。

上游侧边墙，NNE和NNW向两组陡倾角节理虽与边墙有一定交角，但倾向岩体外，受开挖爆破影响，易沿结构面产生松弛张开，与其他结构面切割组合，可在局部边墙上形成稳定性差的块体，爆破震动，可能滑落。

下游侧边墙，NNE和NNW向两组陡倾角节理倾向岩体里，对围岩稳定影响小，无不利的结构面组合，边墙基本稳定。

3. 高压岔管围岩稳定性分析

（1）围岩分类。岔管置于均质坚硬的含流纹质熔凝灰岩中，断层不发育。节理较发育，局部极发育，接触紧密，岩体完整，地下水不丰富，地应力量级属中等。根据多种围岩分类法，岔管区域围岩以Ⅰ～Ⅱ类为主，少量为Ⅲ类。

（2）最小主应力准则。地应力试验及回归分析结果，最小地应力约10MPa，与内水压力之比达1.47，满足最小主应力准则。

（3）挪威准则。对拟定的岔管位置，按挪威准则要求的至地表的安全距离为335m，而实际上覆岩体厚度仅为330m，按挪威准则安全系数仅为0.985，但由于岔管位置河谷下60m，根据有限元准则，该部位尚有一定的覆盖余度，从安全和枢纽布置综合考虑，可确定这一位置。

（4）岔管围岩的渗透稳定性。在岔管位置高压压水试验及高压渗透试验表明岩体渗透性微弱，1号岔管岩体临界压力近8.2MPa，约为岔管静水头的1.2倍，且该压力下渗水量很小，岩体稳定；2号岔管部位岩体劈裂压力大于岔管运行静水压力，但稳定水压较低，必须采取工程措施加以改善。根据试验成果估算，岩体的允许水力坡降为24～32。

（四）施工开挖验证

施工开挖后，地下厂房洞室群开挖揭露地质条件与前期勘察所得出的结论基本一致，选定的地下厂房位置和轴线方向合理，围岩分类及稳定性分析结论确切；高压岔管投入运行多年，岔管工作状态正常，围岩渗透及其稳定性符合前期勘察结论。施工期间未出现新的工程地质问题，说明电站地下洞室群勘察是卓有成效的，勘察提出的参数可靠，建议合理，现已获得省优秀勘察项目一等奖。

（中国水电华东勘测设计研究院　金忠良）

## 索风营水电站地下厂房主要工程地质问题评价

索风营水电站地下厂房系统布置于右岸，包括引水隧洞、厂房、主变压器洞、尾水隧洞，为3洞3机形式，总装机容量600MW，受断层、岩溶、层间错动等影响，地质条件较复杂，加上交通洞、施工支洞的布置，地下洞室纵横交错，工程地质问题较多。其中地下厂房跨度24m，长135.5m，高60.405m，现将主要的工程地质问题评价如下。

（一）基本地质条件

1. 地形地貌　索风营坝址为峡谷地形，两岸由2层顺河陡崖组成，陡崖间为$T_{1y}^{3}$泥岩形成的缓坡台地，层面倾向上游。河谷呈基本对称的U形谷，以强烈的崩塌及溶蚀作用为主，漫滩分布零星窄小，阶地残缺不全。坝址区河流流向N7°～10°E，枯期河水位高程758～762m，河水面宽54～75m，水深5～10m。

2. 地层岩性　岩层倾向上游，从上而下，洞室围岩岩性依次为$T_{1y}^{2-3}$厚层至巨厚层块状灰岩、$T_{1y}^{2-2-2}$中厚层灰岩、$T_{1y}^{2-2-1}$薄层灰岩、$T_{1y}^{2-2-3}$极薄层及薄层灰岩。从上至下，岩层单层厚度逐渐变薄，层间炭质薄膜逐渐增多，薄、极薄层灰岩夹层及层间错动极其发育，局部兼有揉皱现象。岩层产状略有变化，近河岸为N70°～80°W、SW∠20°～35°，靠山内为N65°～80°E、SE∠20°～25°。

3. 构造　右岸地下洞室涉及的主要断层有f2断层，该断层及两侧与之平行的结构面主要对引水隧洞进口段有较大影响。其余地段的层间错动、夹层极其发育，如目前揭示的fj2～fj6及fpd2-4-1等。$T_{1y}^{2-3}$内仅见裂隙发育，局部层面偶有泥膜；fj2为$T_{1y}^{2-3}$与$T_{1y}^{2-2-2}$分界面，厚度变化较大，性状时好时差；$T_{1y}^{2-2-2}$内主要有fj5，及小断层fpd2-4-1，均较连续，厚度大，泥质充填，性状差并局部溶蚀；fpd2-4-1倾角陡于岩层。fj6为$T_{1y}^{2-2-2}$与$T_{1y}^{2-2-1}$分界面，性状基本同fj5；$T_{1y}^{2-2-1}$，$T_{1y}^{2-1-3}$岩层均薄，层间夹层及层间错动极其发育，厚度大于1cm的间距在0.7～1m左右，连续，多有软化现象，fj3、fj4是其中的略具代表性的2条，fj4厚度达10～30cm，一般层面则多有炭质薄膜。

厚层、中厚层灰岩中裂隙以NNE、NEE2组陡倾裂隙为主，厂房区除少数较大裂隙充填有泥质，局部有溶蚀现象外，一般以方解石充填为主，面平直粗糙，宽小于0.5cm，连通率小于30%。主变压器洞或近地表多有夹泥现象，薄、极薄层灰岩，方解石脉及隐节理发育，间距小于0.1m。

4. 岩溶水文地质　据前期钻孔资料，地下水位近岸边为761～762m，靠山内为763m左右，一般高于河水位1～3m，水力比降1%～2%，为地下水补给河水动力类型，地下水低平带的宽度大于230m。

岩溶主要沿断层、裂隙及顺层发育。最大岩溶为K11岩溶管道。经前期勘探，其在PD2-2平洞底板下分布长达70余m，最低高程762m，主要沿N70°E裂隙发育，呈一缝状岩溶管道，宽度1～2m，下部顺层发展（fj5及fpd2-4-1），形成倾向河流的带状岩溶管道，其主要出口可能有多个，如Sb4、Sb6等。

（二）主要工程地质问题分析与评价

1. 围岩分类及整体稳定性　围岩基本分类同前，为Ⅱ～Ⅳ类。顶拱以Ⅱ～Ⅲ类为主，根据开挖揭露情况展示图统计，$T_{1y}^{2-3}$（厚层灰岩）占56%，$T_{1y}^{2-2-2}$

（中厚层灰岩）占 44％。$T_{1y}^{2-3}$ 厚层灰岩层面不发育，稳定性较好，为Ⅱ类围岩；$T_{1y}^{2-2-2}$ 中厚层灰岩结构面发育一般，稳定性稍差，为$Ⅲ_1$ 类围岩。边墙以$Ⅲ_1$～Ⅳ类为主。上部为 $T_{1y}^{2-2-2}$ 中厚层灰岩，属$Ⅲ_1$ 类围岩；中部为 $T_{1y}^{2-2-1}$ 薄层灰岩，属$Ⅲ_2$ 类围岩；下部为 $T_{1y}^{2-2-3}$ 薄、极薄层灰岩，岩体较破碎，层间夹层发育，稳定性差，属Ⅳ类围岩。

综上所述，厂房区无大型断裂，且均为灰岩，岩层层厚为影响围岩分类的主要因素，虽Ⅱ～Ⅳ类围岩均有，但洞室围岩稳定的关键部位顶拱为Ⅱ、$Ⅲ_1$ 类围岩，对洞室稳定有利，厂房的围岩整体稳定。岩体物理力学参数见表 1。

表 1　　地下厂房各层岩体力学参数建议值表

| 地层 | 岩　性 | 风化 | 容　重 (kN/m³) | 变　模 (GPa) | | 湿抗压 (MPa) | 泊松比 | 抗剪 $f$ | 岩体综合抗剪断 | | 围岩分类 | 单位弹抗系数 $K_0$ (MPa/m) |
|---|---|---|---|---|---|---|---|---|---|---|---|---|
| | | | | // | ⊥ | | | | $f'$ | $C'$ (MPa) | | |
| $T_{1y}^{2-3}$ | 厚层灰岩，块状结构 | 微新 | 27.0 | 12 | 12 | 65 | 0.25 | 0.70 | 1.2 | 1.2 | Ⅱ | 6000 |
| $T_{1y}^{2-2-2}$ | 中厚夹薄层灰岩。层状结构 | 微新 | 27.0 | 8.0 | 6.5 | 45 | 0.30 | 0.65 | 1.0 | 1.0 | $Ⅲ_1$ | 4000 |
| $T_{1y}^{2-2-1}$ | 薄层灰岩，薄层状结构 | 微新 | 27.0 | 6.0 | 4.0 | 42 | 0.32 | 0.55 | 0.8 | 0.6 | $Ⅲ_2$ | 3200 |
| $T_{1y}^{2-1-3}$ | 极薄、薄层层灰岩岩，夹炭质层。极薄层状结构 | 微新 | 27.0 | 5.0 | 3.0 | 40 | 0.32 | 0.55 | 0.7 | 0.5 | Ⅳ | 2500 |

**注**　1. 以上参数未考虑溶洞影响。

2. 岩体综合抗剪强度指完整岩体强度，层面及裂隙方向强度不能用此表。

2. 局部结构岩体稳定分析

（1）顶拱。同前期分析，层间错动 fj2、fj5，与 N70°E、NW∠70°～80°及 N0°～20°E、SE∠80°2 组陡倾裂隙组合，以层间错动面为顶剥离面，裂隙为侧向切割面，形成上游薄下游厚的楔形锥体。fj5 性状差，其在顶拱形成的塌落体在顶部沿该面完全分离，稳定性较差，但影响范围小，据统计面积为 271m²，占 7.4％，锥体顶尖位于安装间 NE 下游角，最厚 6m 左右。fj2 影响范围较大，面积为 1627m，占厂房顶拱面积的 44％，锥体顶尖亦位于安装间 NE 下游角，最厚为 13m 左右，其面性状比预测稍好，局部尚有 $C$ 值维系，稳定性相对较好。由于上述结构岩体的形成，并受裂隙的发育程度影响，而目前揭露的情况，大裂隙发育较少，一般裂隙连通率小于 30％，岩体完整性较好，因此结构岩体尚能自稳。从目前开挖的情况，厂房顶拱 $T_{1y}^{2-3}$ 厚层灰岩基本无掉块现象，开挖面较完整；而 $T_{1y}^{2-2-2}$ 中厚层灰岩地段则主要在 fj2、fj5 及层面夹泥多的地段沿层间错动或层面剥离有小掉块，开挖面相对破碎，表现出叠板状；在下游拱座部位，由于 fj5、fpd2-4-1 岩溶的发育及平行洞轴线方向的反倾裂隙较多，稳定性较差。

（2）边墙。下游边墙属顺向边墙，对于中厚层及薄层灰岩，夹层与层间错动发育，受裂隙切割后易产生顺层滑移块体，稳定性较差。$T_{1y}^{2-2-2}$ 中厚层灰岩中构成不利底滑面的结构面有 fj5、fpd2-4-1、fj6。其中 fpd2-4-1 切倾角陡于层面，倾角 40°，两侧受裂隙切割，顶部以 fj5 为界，形成楔形体，稳定性较差。$T_{1y}^{2-2-1}$ 薄层灰岩及 $T_{1y}^{2-1-3}$ 薄、极薄层灰岩中夹层极发育，不利底滑面密集，以 fj3、fj4 为代表，间距 1～5m 不等。就现岩壁吊车部位上段开挖揭露的情况来看，此类岩体破坏形式普遍存在，由于应力调整，岩壁产生卸荷松动，岩体后缘产生多处以平行洞轴线的陡倾裂隙为切割面，底面顺夹层、层间错动向外滑移，最大位移量达到 7～8cm。上游边墙属逆向边墙，整体稳定，局部将因 N70°E 反倾陡倾裂隙切割，产生小规模不稳定块体。就目前上段开挖揭露的情况来看，此类岩体破坏形式不多，仅局部存在。NE、SW 边墙均为横向坡，整体稳定，局部因裂隙切割有不稳定块体。根据上述，各结构面抗剪强度建议值见表 2。

表 2　　厂房结构面抗剪强度建议值表

| 结构面名称 | 结构面倾角 (°) | 抗剪强度 | | 备　　注 |
|---|---|---|---|---|
| | | $f$ ($f'$) | $c$ ($c'$) (MPa) | |
| NNE、NEE、NNW 裂隙综合抗剪断（含岩桥） | 70～90 | 0.65 | 0.5 | $T_{1y}^{2-3}$、$T_{1y}^{2-2-2}$ 中连通率＜30％ |
| | | 0.60 | 0.45 | $T_{1y}^{2-2-1}$ 中连通率 30％～40％ |
| | | 0.55 | 0.15 | $T_{1y}^{2-1-3}$中隐节理发育 |

续表

| 结构面名称 | 结构面倾角(°) | 抗剪强度 | | 备注 |
|---|---|---|---|---|
| | | $f$ ($f'$) | $c$ ($c'$) (MPa) | |
| fj2 | | 0.40 | 0.01 | 综合 |
| fj3～fj6 等层间错动及 $f_{PD2-4-1}$ | | 0.25 | 0 | 不含溶洞段 |
| $T_{1y}^{2-2-2}$一般层面 | | 0.55 | 0.1 | 不含泥质，间距 40～50cm |
| $T_{1y}^{2-2-2}$有泥膜层面 | | 0.45 | 0.02 | 集中于 fj2～fj5 之间，间距 20～30cm |
| $T_{1y}^{2-2-1}$中炭质及黄色泥质夹层 | | 0.28 | 0.002 | 间距 5～6m |
| $T_{1y}^{2-2-1}$中一般层面 | | 0.45 | 0.02 | 间距 10～20cm |
| $T_{1y}^{2-1}$中炭质夹层 | | 0.30 | 0.005 | 间距 0.7～1m |
| $T_{1y}^{2-1}$中一般层面（含炭质薄膜） | | 0.35 | 0.01 | 间距<0.1m |

3. 厂房涌水、涌泥预测

（1）K11 岩溶管道的涌水，因其地表积水、汇水面积有限，估计一般流量小于 20L/s，汛期最大涌水 200L/s。

（2）河水位以下开挖时，厂房基坑涌水除受 K11 岩溶管道的岩溶水补给外，尚接受河水倒灌，其进口主要是沿岸坡顺层小溶洞、溶蚀裂隙及零星的小管道等。河水倒灌是地下厂房基坑涌水的主要形式及来源。

（3）沿 fj5、fpd2-4-1 发育的溶洞中有黄色黏土及块石等充填物，下游侧揭露其出口倾向厂房内汛期地下水活动加强，充填物将向厂房滑落，形成涌泥、涌水等不利地质现象，影响施工安全。

4. 处理建议

（1）$T_{1y}^{2-3}$厚层灰岩，为Ⅱ类围岩，围岩基本稳定，支护措施需考虑局部因裂隙切割而可能产生的掉块、风化及施工爆破影响，其主要分布于顶拱，建议喷锚支护；$T_{1y}^{2-2-2}$中厚层灰岩，为Ⅲ$_1$类围岩，围岩稳定性稍差，顶拱建议喷锚加钢筋网，边墙喷锚支护；$T_{1y}^{2-2-1}$及 $T_{1y}^{2-1-3}$薄、极薄层灰岩，为Ⅲ$_2$～Ⅳ类围岩，围岩稳定性差，其分布在边墙部位，建议喷锚加钢筋网。目前开挖揭露的顶拱，设计方面主要进行喷锚支护，锚杆长度有 9m、6m 两种，间距 2.4m，喷钢纤维混凝土或聚丙烯混凝土（C25）15cm。

（2）对局部结构块体加强支护，宜采用长预应力锚杆为永久性加固措施，顶部锚固深度最深应切穿 fj2，到达厚层灰岩一定深度，顶拱下游侧及下游边墙锚杆方向应尽量切穿并垂直 fj5、fpd2-4-1、fj6 等结构面，并采用快速监测方法对块体稳定进行监测。对 $T_{1y}^{2-2-1}$及 $T_{1y}^{2-1-3}$层位建议加系统长锚杆。目前设计方面对岩壁吊车梁位置布置了预应力锚索，但对顶拱的围岩未作加强处理，安全度可能不够，应密切关注变形监测情况，同时需对下游边墙已出现的变形破坏采用物探手段了解变形松动圈厚度，尽快加强监测，清除已严重变形破坏的岩体，采取预应力锚杆、锚索等加强支护措施。

（3）对岩溶管道水宜采取抽排、对河水倒灌以堵为主的处理措施。岩溶管道水处理重点在 K11 岩溶系统；河水倒灌处理则主要是对靠河侧岩溶管道进行封堵，同时对周边一定范围内进行帷幕灌浆，对尾水洞未能作帷幕灌浆的地段应在岩体表层作混凝土喷护。

（4）对开挖揭露的岩溶管道、溶蚀带、断层等需局部深挖回填或灌浆处理。安装间上游边墙的 K11 溶洞为处理的重点，宜在开挖之前，在厂房区外对岩溶管道水进行引排后，对其进行灌浆充填，并用长锚杆加固。目前厂房内揭露的溶洞主要是沿 fj5、fpd2-4-1 发育，厂房顶拱下游侧的溶洞在作好引、排水管后已进行了混凝土回填与封堵，安装间 778～772m 高程开挖时上游边墙揭露的 K11 溶洞在清挖后用混凝土回填与封堵。因该溶洞在上游侧沿平行厂房轴线方向的直立裂隙发育，长达 70 余 m，与边墙距离仅 3～5m，还应加强支护。

（5）上游应针对绕坝与库首渗漏设置防渗帷幕，防止运行期因绕坝渗漏产生的涌水及水压力对厂房的不利影响。

（中国水电贵阳勘测设计研究院　吴述彧）

# 重大地质问题的影响及处理措施

## 小湾水电站高边坡的处理措施

（一）概况

小湾水电站位于高地震烈度区，地形狭窄，岸坡陡峻，建筑密集。主体工程明挖工程量达 2000 万 $m^3$ 以上；开挖将形成高约 700m 的工程边坡，成为工程建设的关键技术问题之一。

主体边坡集中在约 $3km^2$ 的范围内，地貌沟梁相间，水文、地质条件复杂，建筑物与交通布置错落多样，边坡衔接变异大，支护处理的技术、施工难度与工程量极为突出。

除拱坝和大型双层平移式缆机外，坝前左岸有泄洪洞进口、混凝土拌和供料系统，右岸有水电站进水口等重要建筑物布置，安装、运行、出渣等交通公路多次穿越与切割开挖边坡。

坝前饮水沟和大椿树沟堆积体边坡覆盖深厚、组成复杂，对工程影响大，反复研究了处理措施。岩质边坡失稳模式多样，以定性分析为基础、定量分析为辅助拟定处理措施，进行针对性的动态设计优化与调整，为方便施工和加快进度创造条件，取得初步的技术经济效益。

（二）左岸坝前边坡动态设计

1. 饮水沟堆积体设计　项目可研阶段，缆机双弧布置，以少挖为原则，合理排水，坡表网格梁植草保护，依靠大规模的地下洞桩锚固维持整体稳定（混凝土约 18 万 $m^3$、钢材约 3.5 万 t）；招标阶段，缆机双层平移布置，坚持少挖多锚（开挖量约 160 万 $m^3$），采用 3000kN 级网板锚索进行加固（边坡开口线内约 600 根、外围约 1200 根）；施工详图阶段，经各种程度的减载与锚固方案比较论证，确定按“强开挖、弱支护”的方案实施（明挖增至约 320 万 $m^3$），锚固工程量得以大量削减（仅 54 根 1000kN 级锚索）。根据位置重要程度和相互挟持的作用，慎重采取先不加固处理，依靠加强监测进行预案处理。

2. 边坡开挖与支护的动态优化调整　2 号山梁堆积体边坡，1600m 高程以上靠近龙潭干沟的缓坡地段，雨季产生牵引式局部失稳塌滑，以钢筋石笼和堆石压脚护坡，未能完全有效阻止塌滑趋势，又增设混凝土挡墙阻滑，目前监测资料显示已未见异常；在 1380m 高程以上部位，根据揭示的堆积体分布范围缩小趋势，及时调缓开挖坡比，并设置约 60m 高差一道的宽马道以利材料运送及施工交通，减少开挖量约 15 万 $m^3$，赢得施工进度；1500m 高程附近因表层支护滞后，出现小范围浅表塌滑，及时进行清除和坡比调缓处理，并局部加强邻近部位表层支护措施。

4 号山梁岩质边坡，开口线外围乱石成堆、危石林立，给安全带来隐患，采取清除变形倒伏和松动危石及倒悬陡坎措施，对乱石、散乱浮石进行清运或每隔一定高差设置一道被动的柔性防护网，对影响后部坡体的倒悬危岩进行下部空腔的回填与支顶。

（三）右岸坝前边坡动态设计

1. 中部堆积体边坡　项目可研阶段，缆机双弧布置，稳定条件靠 786 根 3000kN 级锚索加固；招标阶段，缆机双层平移布置，借助高低缆 20 根 5m×8m 桩基参与边坡阻滑，其余由 497 根 3000kN 级锚索提供；施工详图阶段，新的复核条件下，借助高低缆 14 根 4m×7m 桩基阻滑，尽管左岸堆积体锚索试验不理想，但鉴于右岸堆积体的物质结构相对紧密，仍确定不足部分由 310 根 3000kN 级、152 根 1800kN 级预应力锚索提供。

堆积体锚索施工遭遇成孔、注浆等困难，在 1417m 高程设置了 8 根 4m×7m 抗滑桩，以简化锚索布置，同时改进锚索施工工艺。为降低难度，抗滑桩调整为减小断面的洞桩联合结构；又根据现场实际，对上部边坡作出护挖、减压调整（增加开挖约 11 万 $m^3$），同时将 1417m 高程阻滑结构调整为 3m×5m 的抗滑锚索桩结构。随着堆积体锚索试验与施工逐步熟练，地质条件好转，最后将 1417m 高程 8 根抗滑桩改为 85 根 1800kN 级预应力锚索。为降低施工难度、加快进度，将右岸高低缆桩基结构调整为底拱型式跨越 F7 断层，不再承担边坡阻滑作用，根据新的条件进行了核算与支护优化调整。最终经过动态设计调整后的右岸中部堆积体边坡不再借助缆机桩基阻滑，共布置 1800kN 级预应力锚索约 388 根。

2. 上下游岩质边坡　缆机下游边坡，开口初期在开口线附近发生小型塌滑，及时调缓 1465m 高程以上开挖坡比和支护布置；随施工开挖进程不断跟踪编录地质资料，及时进行 1365m 高程以上边坡的局部与整体稳定核算和支护调整；紧接着，1365m 高程以下部位继续下挖，针对实际调查统计结果，一方面降低节理连通率复核稳定条件，另一方面探索阶梯滑面的合理分析方法，作出判断评价与优化调整；继续往下，电站进口正面后边坡控制性 f3 断层产状明朗，结合平面和楔体分析成果将大吨位预应力锚固等级降低并合理调整有效位置。

缆机上游边坡，应施工要求将原凤小公路段作为惟一的施工通道予以保留，边坡开口线下调，开挖坡比作了放陡处理。根据开挖体形变更与现场条件变化，在凤小公路边坡局部地段开口线以外增布了锁口锚固措施；高缆公路上下范围边坡锚索支护范围与布设也进行了相应的设计优化与调整；尽管开口线上游顺坡中缓倾角结构面连通率较高，但考虑该部位安全程度要求不高，仅针对性布置小范围锁口锚固处理。

整个 1245m 高程以上右岸坝前岩质边坡，以双层平移缆机布置同等条件比较，招标、施工详图阶段和最终实施的预应力锚固吨位分别为 50、37 和 33 万 t。经动态设计优化调整后最终实施的锚索根数与招标阶段持平、比施工详图阶段增加约 22%，但边坡的主力加固锚索由 3000kN 级优化调整为 1000kN 级与 1800kN 级平分秋色的局面，支护的位置、范围与工程量更加具备针对性、合理性和有效性。

（中国水电昆明勘测设计研究院　王国进）

## 洪家渡水电站厂房基坑岩溶涌水与治理

洪家渡水电站为坝后左岸边地面式厂房（112m×58.9m）。坝址处地形为贵州高原岩溶地区深切不对称 V 形河谷，地质结构属横向谷、单斜层、岩层面倾向上游偏左岸、倾角 35°。岩性分布，自坡顶至河床依次为三叠系下统永宁镇组（$T_{1yn}^{1}$）灰岩、九级滩（$T_{1y}^{3}$）泥岩与泥灰岩、玉龙山（$T_{1y}^{2}$）灰岩，按岩石可溶性确定该九级滩（$T_{1y}^{3}$）泥岩属非可溶性隔水层，但被断层破坏，使上、下岩溶含水层发生水力联系。厂房基坑全部位于玉龙山（$T_{1y}^{2}$）灰岩中，开挖前曾对厂房基坑岩溶涌水作过有效的分析预测。

厂房基坑汛期涌水量达 3～5m³/s，虽尽力抽排（最大抽排力度 4m³/s 左右），但积水最高仍达 984.7m 高程，积水深约 17m，超过了厂坝间挡墙墙顶，进入填筑坝体，致使厂房基坑及附近工作面多次停工，在洪水退去、基坑积水抽干后，施工转入正常。经分析，基坑涌水主要来源于右岸 K40 暗河，左岸 W120、W494 岩溶管道水。W120 涌水点位于九级滩（$T_{1y}^{3}$）泥岩与玉龙山（$T_{1y}^{2}$）灰炭分界附近，W494 为 3 号引水发电洞下平段 0＋494 桩号集中涌水，两者同属左岸 $K_{80-1}$～$W_{12}$ 现代岩溶管道系统，补给主要受降雨控制。K40 岩溶管道系统是坝区最大暗河，均位于玉龙山（$T_{1y}^{2}$）灰岩中，常年有水，流量 0.5～2.4m³/s，在基坑右侧壁有多处涌水点。

对基坑涌水，除临时采取引排与集中抽排处理外，为保证厂房边坡稳定又作了帷幕灌浆及排水洞处理。帷幕分为左岸 13 号支洞帷幕及右岸的 K40 帷幕，长度分别为 350m 和 500m，其上游与 $T_{1y}^{3}$ 隔水层相接、下游与围堰灌浆轴线相接，帷幕下限通过钻孔压水试验及物探（CT）透视等方法确定，悬帷幕底限高程 908～970m。右岸设置 5 号排水洞将帷幕堵截逼高的地下水排向下游，左岸利用已有的 1、2 号导流洞与岩溶管道的下游出口排出被堵截的地下水。措施实施后，基本成功，已经受了 2003 年汛期的考验。

（中国水电贵阳勘测设计研究院　杨益才　罗海涛）

## 洪家渡水电站坝址区 2 号塌滑堆积体治理

洪家渡水电站坝址区 2 号塌滑堆积体位于大坝下游右岸河床以上，距大坝不到 1km，处于厂房尾水冲刷和泄洪雾化影响区。其上、下部分别有进厂公路、对外公路通过，稳定与否直接关系到电站施工及运行安全，必须进行工程治理处理措施。

2 号塌滑体地表面积 4.3 万 m²，堆积体长轴方向与河流流向正交，分布高程为 967～1290m，长约 330m；顺河向宽约 170m，上部稍变窄，约 120～150m；勘探揭示铅直深 3～38m，总方量约 60 万 m³。塌滑体自然坡角 30°～40°，上、下游侧 1065m 高程以上均发育 $T_{1y}^{2}$ 灰岩、泥灰岩陡壁。塌滑体主要由灰岩碎石、块石、黏土、崩塌岩体组成，所占比例分别为 50%、35%、10%、5%，透水性较强，渗透系数约为 150m/d，局部见灰华胶结体，底部附有碎石、黏土层（滑动带）。下伏基岩主要为三叠系下统玉龙山第一段（$T_{1y}^{1}$）泥灰岩夹泥岩与玉龙山第二段（$T_{1y}^{2-1}$）薄层、中厚层灰岩夹泥岩，基岩顶板平均坡角 25°～44°，上陡下缓。塌滑体总体上与基岩切层展布，接触面起伏不平，擦痕明显（方向 N27°E）。处理前处于极限平衡状态。

处理措施如下：

（1）设 3 层排水洞，并对已开挖出露的较大裂隙作喷混凝土或喷钢纤维混凝土封闭处理。

（2）减载，1065m 高程以上部位塌滑体全部清除，体积近 40 万 m³，以下部位分全挖区与半挖区分步处理。

（3）建挡墙及其他，997m 高程以下至河床部位全部挖除后，浇筑消能防冲混凝土挡墙，997～

1065m高程坡面间半挖区从下至上分别用贴坡钢筋混凝土挡墙及喷钢纤维混凝土保护，1030～1045m高程的半挖区设抗滑桩、锚固洞与1000m高程附近平台钢管桩相结合。

（4）监测，997m高程以上埋设多点位移计、测斜仪、渗压计等观测仪器。

综合治理后，边坡整体稳定，已顺利通过竣工验收。

（中国水电贵阳勘测设计研究院 杨益才 罗海涛）

## 琅琊山抽水蓄能电站上水库土建工程及处理

（一）工程简介

琅琊山抽水蓄能电站位于安徽省滁州市西南约3km。电站装机4台，总装机容量600MW。以已建的滁州城西水库为下库，新建上库、输水系统、地下厂房系统及地面开关站。工程等级为二等。上库主坝为钢筋混凝土面板堆石坝，坝顶高程174.0m，坝顶长度655.0m，最大坝高64.0m，上、下游坝坡均为1∶1.4，在趾板线上布置灌浆兼检查廊道。副坝为混凝土重力坝，坝顶高程173.4m，坝顶长度320.0m，最大坝高19.4m，坝基为垂直防渗帷幕；库区防渗以垂直帷幕灌浆为主、水平黏土铺盖为辅，结合溶洞掏挖回填混凝土或做混凝土防渗墙的综合处理措施。上库正常蓄水位为171.8m，死水位为150.0m，调节库容1238万$m^3$。

（二）地质情况

上库由龙华寺、大狼洼、小狼洼三条冲沟交汇处筑坝形成。③号向斜，②号、④号背斜从库区穿过。地层主要为上寒武系石灰岩组成，部分发育岩溶，可致水库渗漏。岩石中等坚硬。库区断层较发育。岩层产状基本为NE45°～50°、NW∠80°～85°及NE45°～50°、SE∠80°～85°，主坝坝基需对NW向断层和裂隙作深挖回填处理：副坝需要对坝轴线上、下游区域内所有岩溶孔洞进行封堵处理，并做地面黏土铺盖防渗；主坝两坝肩、副坝、小狼洼地段沿库边采用垂直防渗帷幕。主坝坝基处断层较多，为防影响坝基稳定和库水外渗，需对局部断层及全风化岩脉作深挖回填处理。所以本工程的重点难点在于防渗工程。

（三）上库库区防渗工程

水平防渗主要是副坝区溶洞处理和表层黏土铺盖，黏土铺盖面积600$m^2$，溶洞、落水洞109个，最深的溶洞36m。副坝黏土铺盖区开挖剥离，平均深度为1m，开挖后坡面不陡于1∶2.5。溶洞和落水洞要清理后用混凝土回填，回填混凝土为C15泵送高流态混凝土，浇筑前预埋灌浆管和通气管，在混凝土强度达到设计强度的80%以后，进行回填灌浆，灌浆压力控制在1MPa。之后，进行表层黏土铺盖施工，黏土厚度2m，表面50cm石渣保护，黏土压实干密度不小于1.55g/$cm^3$，渗透系数不大于$1\times10^5$cm/s。

防渗帷幕工程包括：

（1）主坝左坝头至F9断层、主坝坝基、主坝右坝头经钻孔及灌浆。

（2）90m、115m和140m高程灌浆洞的回填灌浆、固结灌浆及帷幕防渗线上的溶洞处理等，帷幕灌浆共119390.5延米，固结灌浆28022延米。

质量检查合格标准为透水率$q\leqslant1$Lu。

灌浆过程中出现了几种情况：

（1）充填型溶洞灌浆，对于充填干硬或硬塑充填物的溶洞，虽能起到一定的隔水效果，但强度较低，需要一定的压力才能将水泥浆灌入。因充填物有塑性，流量的大小与压力变化有系，因此采用压力与灌浆量综合控制的原则进行处理，首罐以10～20t为限，根据灌浆压力与流量变化情况，再选择处理方法。施工过程中，以压力控制较易操作，较有效，即使存在少量孔段需多次复灌，但压力能得到提升。每次复灌若达到分级压力或灌注10t之后即停罐待凝，（分级压力，一般按每0.5～1MPa为一个压力段，对极个别孔段按每0.2～0.3MPa为一个压力段缓慢升压）。

（2）地表漏浆的处理。副坝右坝头至小狼洼沟首段存在着较多的黄泥夹层，且夹泥层在地表为一个面，难于封堵。对于这种地段我们采用低压、浓浆、限流或间歇进行，在灌浆孔内下塞、自上而下分段灌浆的方法，同时对多次处理无效的地段，灌注水泥水玻璃浆。

（3）涌水较大的孔采用水气轮换冲洗将泥砂充填物排除，灌注水泥砂浆。在灌浆孔附近钻排水孔，孔口安装带有阀门的钢管，采用“排水灌浆、闭水升压”的灌浆方式，需要时掺加速凝剂。对于吸浆量大或涌水的孔采用“浓浆慢灌，间歇待凝，限流限量，逐步升压”的灌浆方法。待凝时间不少于24h，耗灰量大时待凝72h。

（中国水利水电第五工程局 潘福营）

## 棉花滩水电站工程地质问题及处理措施

棉花滩水电站位于福建省永定县汀江干流棉花滩峡谷中段，以发电为主，并有防洪、航运、养殖等综合功能。正常蓄水位173.0m，总库容20.35亿$m^3$，电站总装机容量600MW。枢纽工程由碾压混凝土重力坝、左岸输水建筑物及地下厂房系统、右岸过坝设施等组成，最大坝高113.0m。坝址区地层为燕山早期第三次侵入的黑云母花岗岩，地质构造以北东向和北北西向断层、节理、节理密集带为主，并有顺坡向卸荷结构面。

（一）坝基抗滑稳定问题及处理措施

1. 深层抗滑稳定复核　5号坝段有F18-1和226号风化夹层组合，F18-1产状N10°W、NE∠70°～85°，宽1.0～1.8m，由碎屑岩、碎块岩、断层泥组成。226号风化夹层产状N75°～85°W、SW∠40°，宽0.05～0.4m，为碎屑、碎块夹泥。

在库水推力（N43°E）作用下，有可能沿226号风化夹层发生深层滑动，因此以226号风化夹层为主滑面进行深层滑动稳定计算。计算面抗剪断强度：坝基面$f'=1.1$，$c'=1.1$MPa，226号风化夹层$f'=0.4$，$c'=0.04$MPa，新鲜岩体$f'=1.4$，$c'=2.5$MPa计算结果：基本组合$K=5.11$，特殊组合$K=4.71$，满足规范要求。

2. 基础面抗滑稳定及处理措施　施工阶段按建基面断层、新鲜、微风化、弱风化、强风化带岩石在各坝段所占面积比例，用加权平均值法计算各坝段坝基混凝土/岩石综合抗剪断强度值，见表1。

表1　各坝段坝基混凝土/岩石综合抗剪断强度

| 坝段 | 占坝基面积比例（%） | | | | | 混凝土 | 抗剪断强度 | |
|---|---|---|---|---|---|---|---|---|
| | 断层 | 新鲜 | 微风化 | 弱风化 | 强风化 | | $f'$ | $c'$ (MPa) |
| 1号 | 2.7 | 0 | 80 | 17.3 | 0 | 200号 | 1.12 | 1.15 |
| 2号 | 0.3 | 30 | 60 | 9.7 | 0 | 200号 | 1.16 | 1.22 |
| 3号 | 0.6 | 20 | 60 | 19.4 | 0 | 200号 | 1.15 | 1.19 |
| 4号 | 0 | 10 | 60 | 30 | 0 | 200号 | 1.14 | 1.18 |
| 5号 | 2.5 | 70 | 25 | 2.5 | 0 | 200号 | 1.11 | 1.14 |
| 6号 | 6.5 | 10 | 80 | 3.5 | 0 | 200号 | 1.05 | 1.02 |
| 7号 | 14.5 | 0 | 0 | 35.5 | 50 | 200号 | 0.85 | 0.70 |

根据各坝段的混凝土/岩石综合抗剪强度值，同时按各坝段建基面的地形和应力状况修正后进行基础面抗滑稳定计算，抗滑稳定安全系数满足规范要求，见表2。

表2　抗滑稳定安全系数$K$值

| 坝段 | 1号 | 2号 | 3、4号 | 5号 | 6号 | | | 7号 |
|---|---|---|---|---|---|---|---|---|
| 基本组合 | 4.38 | 3.38 | 3.42 | 3.25 | 4.45 | 12.51 | 16.1 | 23.5 |
| 特殊组合 | 3.84 | 2.99 | 3.28 | 2.92 | 3.69 | 7.89 | 8.81 | 8.54 |

经分析，坝基抗滑稳定主要受混凝土/岩石接触面控制，因此采取如下处理措施。

（1）坝基开挖。①建基面以置于微风化、弱风化带岩石下部为原则，地震波纵波速度按$v_p \geqslant 4000$m/s为控制。建基面视不同坝高置于不同风化程度的岩石上，河床部位坝体高，置于微风化至新鲜岩石上，两岸坝高小于30m者，建基面置于弱风化岩石的中上部，其余部分坝基置于弱风化岩石下部。②根据坝体稳定及应力要求，建基面沿两岸岸坡走向开挖平台，其中1号坝段2个，2号坝段3个，5号坝段4个，6号坝段3个，平台宽度均为6m。③建基面开挖尽可能平整，起伏差控制在50cm以内。

（2）固结灌浆。建基面靠上游的1/3和靠下游的1/3范围设固结灌浆孔，孔距与排距均为3m，孔向垂直基岩面，帷幕上游侧及坝趾处孔深为5m，其余为3m。断层、裂隙发育和陡坡部位加密加深，孔距1.5m，孔深8～15m，孔向为偏向结构面的斜孔。固结灌浆后基岩透水率$q \leqslant 3$Lu。

（3）断层处理。建基面规模较大、性状差的断层。采取挖槽后回填混凝土塞，槽深一般为断层宽度的1～1.5倍，槽的两侧设置锚筋加强与基岩结合，并沿断层增设固结灌浆；宽度小于0.5m的断层、裂隙发育部位，清除上部差的岩石后，采取固结灌浆处理。

（4）坝基接触灌浆。两岸非溢流坝段坝基坡度大于45°的部位进行接触灌浆。

（5）坝基陡坡锚筋。坝基高陡边坡设置锚筋，陡坡顶部设置防裂钢筋。锚筋按$\Phi$25mm@100cm×100cm布置，防裂钢筋一般为两排$\Phi$25mm@20cm×20cm。

（二）坝基渗漏及处理措施

防渗处理前坝基与绕坝渗量估算为5633$m^3$/d，为此采取防渗帷幕措施。

防渗帷幕向两岸延伸长度按正常蓄水位与蓄水前地下水位线相交点及正常蓄水位与岩石相对隔水层相交点两个条件控制。右岸向坝外延伸55m，左岸与地下厂房的压力钢管前端的帷幕连成一体，向坝外延伸95m。

防渗帷幕在150m高程以下采用2排，150m高程以上采用1排，主、副帷幕均垂直向下。主帷幕靠上游布置，深度控制在相对隔水层以下5m，坝基范围内主帷幕深度不小于40m。副帷幕深度为主帷幕的0.6倍且不小于25m，廊道内2排帷幕排距1m，孔距2m。防渗帷幕基岩透水率标准$q \leqslant 1$Lu。为降低坝基扬压力，防渗帷幕后于廊道内设一排基础排水孔，孔距2m，孔深为帷幕的0.6倍，左岸与地下厂房上游排水孔连成一体，坝外延伸95m，右岸排水孔设至坝右0＋295.1m，并利用原勘探平洞PD7作为基础排水洞。

（三）坝肩边坡及处理措施

大坝左、右岸坝肩边坡开挖最大坡高分别达85m和65m，断层、节理比较发育，岩石风化程度不均一，高部位的边坡多为全风化夹残留孤石。采取如下处理措施：

（1）边坡开挖坡度，微风化至新鲜带岩石1∶0.3，弱风化带岩石1∶0.5，强风化带岩石1∶0.75，全风化带岩石1∶1。

（2）完整性较好的微风化、弱风化岩石，无不利边坡结构面。喷10cm厚的C20混凝土。

（3）完整性较差的微风化、弱风化岩石及强风化岩石。采用砂浆锚杆Φ20@150×150cm，$L=308$cm，入岩深度为300cm，喷10cm厚的C20混凝土。

（4）全风化岩石。采用插筋Φ16@200cm×200cm，$L=108$cm，入土100cm，并布设$\phi$4@25cm×25cm的钢丝网，喷10cm厚的C20混凝土。

（5）断层破碎带及节理密集带除锚杆外，并布设$\phi$4@25cm×25cm的钢丝网，喷10cm厚的C20混凝土。

（6）边坡上布置排水孔。间、排距为300cm，深度400cm，孔径为50mm。

（7）开挖边坡上方及两侧设置排水沟。

（四）地下洞室围岩稳定性及处理措施

输水发电系统布置在左岸，除了出线场和控制楼布置于地面外，主厂房、主变压器室、尾水调压室、开关站及其他洞室均布置于地下，形成错综复杂的地下洞室群，地下洞室围岩大多为Ⅰ～Ⅱ类，部分为Ⅲ类，局部Ⅳ类，总体工程地质条件良好。

所有洞室支护除部分交叉口处为钢筋混凝土衬砌外，均采用喷锚支护，3组洞室围岩支护参数如下：

（1）主厂房。顶拱Φ25@150cm×150cm，$L=5$m，喷混凝土厚15cm，挂网。边墙：同顶拱，局部锚杆加长至$L=7$m。

主变压器室。顶拱Φ25@150cm×150cm，$L=4$m，喷混凝土厚10cm，挂网。边墙同顶拱。

（3）尾水调压室。顶拱，Φ25@150cm×150cm，$L=4$m，喷混凝土厚15cm，挂网。边墙Φ25@150cm×150cm，$L=4$m，6m，喷混凝土厚15cm，挂网。

在施工中根据实际地质情况及详细围岩分类，对支护参数进行了局部调整，断层破碎带加强锚杆支护。

坝基抗滑稳定、坝基渗漏、高边坡岩体稳定及地下洞室围岩稳定是本工程的主要工程地质问题，经过精心施工处理后，从原型观测成果看，坝基、边坡、地下洞室围岩的变形均在规范规定的范围内，经3年多的运行验证，未出现影响工程安全运行的工程地质问题。

（中国水电华东勘测设计研究院　余朝庄）

## 滩坑水电站库区及工程区地质灾害危险性评估

水电工程建设会不同程度地改变原有地质条件，反过来又会对工程产生影响。建设用地地质灾害危险性评估就是对其现状地质灾害及潜在地质灾害隐患地段进行调查，查明工程区及附近由于工程建设可能诱发或加剧的地质灾害的类型、地点、规模、诱发因素、活动特征、发展趋势及危害程度等，对工程建设本身遭受地质灾害的危险性进行综合评估，并提出相应的防治措施和建议，为项目建设用地审批和地质灾害防治提供科学依据。

（一）工程概况

滩坑水电站位于浙江省青田县境瓯江支流的小溪中游河段，坝址位于滩坑村下游200m处。水库正常蓄水位160m时，干流回水80km，相应水库面积70.93km$^2$。水库淹没涉及青田、景宁两县的10个乡镇80个行政村。工程永久占地主要为拦河坝、发电引水建筑物、厂房、溢洪道等。

（二）评估区范围、评估级别的确定

根据工程区范围及水库区的淹没范围，结合库区的地形和环境地质条件，确定评估范围的面积约为380km$^2$。

滩坑水电站工程区地质环境条件比较复杂；工程以发电为主，兼有其他效益，校核洪水位以下水库总库容41.55亿m$^3$，总装机容量600MW，属重要建设项目，综合确定本工程建设用地地质灾害危险性评估级别为一级。

（三）地质灾害现状评估

根据野外地质灾害调查和复核；对评估区内的现状、潜在地质灾害点进行详查；又经重点补充调查和资料收集，共完成调查面积380km$^2$，调查线路230km，地质调查点85个，地质灾害点29处，节理统计点54个。

现状评估认为：评估区现状地质灾害有滑坡6处、崩塌5处。西汇村滑坡地质灾害危险性中等，其他滑坡均危险性小；崩塌主要分布于沿公路的边坡上，规模小，危险性小。

（四）地质灾害危险性预测评估

预测评估认为：坝址区开挖可能诱发小范围的岩体崩塌或塌方，危险性小；输水建筑物施工在局部断层、破碎带穿过地段可能诱发崩塌，地质灾害危险性为中等，其他地段可能诱发局部岩体塌方或小规模崩塌，危险性小；发电厂房、开关站建设中存在局部诱发小规模崩塌及滑坡的可能性，除厂房高边坡为地质灾害危险性中等外，其他部位的地质灾害危险性小；溢洪道高边坡及陡倾角的构造裂隙发育位置可能诱发崩塌、滑坡等，地质灾害危险性为中等；水库蓄水在局部地段可能诱发小规模崩塌及滑坡，危险性小，其余库岸稳定；对位于库区的北山叶蜡石矿、小粗铅锌矿、包山铁矿，水库蓄水后有可能造成局部矿洞坍塌，形成小型地面塌陷，地质灾害危险性小。

（五）综合评估与防治措施

滩坑水电站工程建设用地及库区影响范围内，总体工程地质条件良好，仅在库岸的局部地段存在小规模的潜在滑坡、崩塌，其地质灾害危险性小。拟建的厂房、溢洪道等超高边坡段及输水建筑物局部断层、破碎带穿过地段，地质灾害危险性中等，采取适当治理措施，危害可以避免或减小；其余地段均为危险性小区。因此，评估区作为水库建设用地是适宜的。

要严格按照规程规范和设计要求，在可能诱发地质灾害的局部地段采取相应防治措施，防止地质灾害的发生。并按照国土资源部发布的《地质灾害防治管理办法》执行，减少破坏地质环境的行为。有重点地开展地质环境监测工作，采取相应措施，确保工程正常施工、运营。

（中国水电华东勘测设计研究院　蒋欢明）

## 龙羊峡水电站近坝库岸边坡岸坡再造规律探讨

龙羊峡水电站坝高178m，库容为247亿$m^3$。北岸为缓坡，阶地发育。南岸为湖相的中更新统半成岩高陡岸坡，坡高达400～500m，岩层厚500～600m。龙羊峡水电站库区南岸从坝前至上游15km范围内为半成岩的砂土、亚砂土、黏性砂土互层的高边坡，边坡高度在400～500m之间，由于岸坡高陡，曾发生多次滑坡。方量大、滑速高、危害较大。库岸边形成大量古滑坡堆积体。为此，特设了多种观测项目对几个重点高边坡进行监测。

（一）库岸边坡形态

南岸近坝段库岸形态在蓄水初期主要有以下两种。第一种是由半成岩的黏土、砂性黏土层组成的岸坡，近直立，分布在峡口边坡前沿和龙西边坡前沿。第二种是由古滑坡面和下部滑面上的老滑坡堆积体组成的堆积岸坡，较缓。岸坡上冲沟、落水洞发育，稳定性较差。

（二）高边坡岩体的岩性组成及物理特性

龙羊峡库区高边坡岩体由半成岩的砂土和黏性砂土层互层组成，对库岸边坡的变化有较大的影响，主要特性介绍如下。

（1）边坡地层组成及岩性。该地段地层自下而上大致分为7层。Ⅰ～Ⅱ层以红色黏土为主，仅出露峡口区斜坡下部；Ⅲ层、Ⅳ层下部为黏土、亚黏土、亚砂土及砂土互层；Ⅳ层上部为具有交错层的砂土；Ⅴ层下部为巨厚层状红色黏土；Ⅴ层上部及Ⅵ层为亚砂土；Ⅶ层为砂土主要分布于山顶。

（2）边坡岩体的物理、水理性质。在对近坝库区的Ⅰ～Ⅶ层土样进行过简易崩解试验的结果表明，库区湖相地层耐水性极差。除Ⅳ层上部薄层红色黏土夹层，需18h全部崩解外，黏土一般在1～2h内，砂土砂壤土均在10min内，即全部崩解。1981年汛期观测到的崩解速度也是比较快的，在陡峭近直立的岸坡，最高水位保持3天的情况下，洪痕线向图体内深切0.7～1.3m，一般岸坡被剥蚀0.5m左右。库区湖相地层原状土的物理性质和力学特征主要依赖于固体颗粒间非水稳性可溶盐类胶结物的相互黏结，其强度在水的作用下会丧失很快。但在自然或干燥状态下，岩体的强度较高，其最大抗压强度达6.52MPa，但脆性增大。

（三）库岸边坡再造规律

（1）库岸边坡再造的主要形式。由基岩组成的高陡边坡，其破坏形式主要是因为底部岩土受库水浸泡、软化、掏蚀使陡坡底部形成掏蚀凹槽，顶部岩体凌空，坡体岩土在自重作用下产生下错，最终破坏。错落后的堆积体经库水浸泡、软化、崩解后被库水冲刷搬运至湖底。这种地段的岸坡始终以一种较直立的形式按上述破坏方式经反复破坏向岸坡深处扩展。这种边坡的破坏同时还伴有小方量的崩塌和坍塌，如龙西边坡和峡口边坡。而由古滑坡堆积体组成的岸坡，在低水位时，以冲刷、掏蚀、坍塌为主。此外还在地下水或冻融作用下产生小方量二次滑塌。在高水位时，大部分古滑坡堆积体被淹没。由于岩土裂隙发育，结构松散，遇水软化、崩解速度快，经过一个历时（周期）的高水位作用，大部分塌滑水底，如龙羊边坡前沿和磨坊滑坡堆积体、查西滑坡前沿。经1993年和1999年两次高水位作用后，蓄水初期的4号沟和5号沟已不复存在，整个库岸向后退移约30m，多者可达50m。目前该地段多已形成10～20m的高陡坡。随着古滑坡堆积体底部的冲刷破坏，使这些部位岸坡变陡，因而形成新的凌空面而产生二次塌滑。查西56号监测点和汪什科古滑坡残留堆积体就先后在2000年3月14日和2002年6月18日产生塌滑，最大方量达14万$m^3$。龙羊边坡堆积体在19号监测点后缘约 2648m 高程处产生错落缝，在高水位下多次发生蠕滑、坍塌。

(2) 地貌对库岸边坡再造的影响

库岸边坡破坏与地貌形态密切相关，地形单薄的山梁和孤立山包的破坏速度快。如峡口边坡 1 号沟、2 号沟之间和龙羊边坡 4 号沟、5 号沟两侧的山梁，龙西边坡和磨坊边坡交接部的山梁，经 10 年的库岸再造已基本消失。峡口边坡前沿近 50m 的山梁被破坏，是自然应力集中作用的结果。

(3) 库水位对库岸边坡再造的影响。水位对库岸边坡再造影响很大，除软化、冲刷、搬运作用外，在一定高程持续时间的影响也较大。持续的时间越长，对该岸坡岩体的破坏作用越明显。

（黄河上游水电开发公司 王新寿）

# 勘测新技术、新设备的研究与应用

## 跨江地震波 CT 在白鹤滩水电站获成效

白鹤滩水电站位于金沙江下游攀枝花至宜宾河段，为金沙江下游水电站的第二级。坝址区江水湍急，流速达 6m/s；两岸山体陡峭，河床形态呈 U 形或 V 形，覆盖数米至数十米的砂卵砾石、漂石层，基岩为玄武岩。由于工作环境恶劣，地形、地质条件复杂，水上钻探或水上物探工作风险极大，费用昂贵，故决定采用跨江地震波 CT 方法探测河床部位工程地质情况。

华东勘测设计研究院分别于 2003 年 1 月和 4 月两次进点，利用位于江两岸的中坝址 ZK33B～ZK34B 和勘Ⅷ线 ZK67～ZK68 两组钻孔进行跨江地震波 CT 探测，两组钻孔孔距分别为 75m 和 102m，孔深均大于 100m。对于此类孔距和孔深均较大的情况，在以往的 CT 探测中曾遇到过不少难题，如深孔中炸药不起爆、能量不足、炸塌孔壁、卡孔等，影响了探测效果。因此，欲获得良好的 CT 探测成果，则必须解决现场激发能量及卡孔问题，以取得优良的记录。华东勘测设计研究院总结了以往的经验和教训，在此次 CT 探测前做了充分的准备工作，添置了必要的仪器设备和 CT 处理软件，尤其是在现场探测时采取了一系列有效措施，如架设跨江索道进行水下爆破、接收孔用 UPVC 管护壁、激发孔用岩芯管护壁并结合跟管爆破和减压爆破等方法，收效显著，较好地解决了上述难题，现场探测时较为顺利，所获 2 组 CT 探测原始记录大多优良。

通过用 CT 软件反复细致地对原始数据进行处理，得到 2 组钻孔 CT 剖面的水平透射波波速分布图、透射波射线交会图、波速等值线图、成果色谱图和波速—地质解释成果剖面图等一系列成果图。波速等值线图中清晰地显示出微风化基岩顶板界线，并得到各层的波速，与钻孔资料基本一致；根据对各成果图的波速分析，下伏基岩中未见明显危害的地质问题。

本次横跨金沙江地震波 CT 探测成果表明，在河床较宽的工程测区，利用两岸钻孔进行跨江地震波 CT 探测，可获得一些有价值的资料，解决一些工程地质问题，值得在类似工程中推广应用。

（中国水电华东勘测设计研究院 黄衍农）

## 用于溪洛渡水电站地层条件的金刚石钻头的研制

（一）问题的提出

溪洛渡水电站基础勘察是高坝设计施工的基础。电站的工期紧，需要加快进程。成都勘测设计研究院近 3 年内先后使用了国内较知名的几个厂家的孕镶和电镀金刚石钻头，粗略统计共 109 个，口径 36～130mm，平均进尺 40m 左右，时效约 1m/h。存在的问题是钻头寿命较短，时效偏低，直接影响钻进的成本效益和工期。

溪洛渡水电站正处于可行性研究阶段，针对溪洛渡水电站所在地区，坚硬、性脆、伴有裂隙发育和层间层内错动的玄武岩地层，在适应现有设备和钻进工艺要求的基础上，迫切需要研究开发具有寿命长、钻进快、单米进尺成本低的金刚石钻头用于勘测，并努力实现如下指标：①钻头寿命平均提高 30%；②钻进单米成本平均下降 30%。

（二）研究的主要内容

1. 岩性特点　溪洛渡水电站地层产状平缓，无大规模断层。岩体结构主要受发育的缓倾角层间层内错动带及节理裂隙的影响和控制，呈似层状结构特征。工程区岩体主要由坚硬的玄武岩、玄武质角砾（集块）熔岩和部分灰岩组成。其中粗玄岩、斜斑粗玄岩完整；角砾熔岩、斑状玄武岩存在层间层内错动；致密玄武岩、含斑微晶玄武岩、斑状玄武岩层内有裂隙发育。总体来看工程区主要是由硬脆玄武岩组成，并伴有层状破碎带，岩石研磨性较强。

2. 胎体性能要求及配方组元确定　胎体作为金刚石的载体，需要满足适合钻头正常工作并磨损的一系列要求，才能为金刚石破碎岩石提供保证。首先，胎体要有效地与金刚石结合在一起，以传递动力，这就要求胎体成分具有良好的导热性用以散热并有与金刚石相近的线胀系数以减少热应力，且胎体成分在液态时与金刚石有良好的浸润性；其次，胎体和金刚石在与地层相互作用时要求协调的耐磨性，即胎体适当地超前于金刚石被磨损，以利于金刚石出刃和钻头实现自锐。

基于溪洛渡水电站地区岩层特点和碎岩过程对钻头胎体的要求，并考虑到胎体各组分在配方中的作用，选择铜基胎体并有 WC 做骨架材料，同时添加 Co、Ni、Ti、Mn 作性能调整剂的方案，并依据各组分对性能影响的程度在基础理论和实践经验的基础上各组分设定相应范围进行正交试验。

3. 配方及烧结工艺优化　就所选定的配方组元设定五因素四水平正交试验，确定胎体硬度和冲击韧性作为评价指标，进行综合评分。分析各组分对胎体性能的影响作用和趋势。选出基于该评价指标的最优配方，作为现场试验的推荐配方。

依据已有的烧结理论和经验并综合金刚石热敏特征，对烧结工艺（温度、压力、保温时间）再次设定五因素四水平正交试验；考虑到烧结体断口特征对烧结充分程度的直观评价非常有益，拟用胎体硬度和断口特征描述并辅以等级评定作为评价指标。仍然采用综合评分法，分析各工艺因素对烧结程度的作用和趋势，选出基于相应评价指标的推荐烧结工艺。

4. 钻头结构设计

（1）针对溪洛渡水电站站址地层的岩性特点，选择方便热压烧结工艺和增加保径材料又适合破碎地层和完整地层钻进需要的钻头类型。

（2）确定保径材料的类型、数量和排布方式。

（3）分析并计算既适合 SM 植物胶又满足清水钻进需要的水口数量和参数。

5. 钻头整体设计

（1）据地层情况确定钻头胎体硬度指标。

（2）据碎岩要求选择金刚石品级和密度。

（3）分析并计算满足长寿命和高时效的金刚石粒度级配。

6. 现场试验及改进　以配方优化的推荐方案，在既定烧结工艺下制作现场试验钻头；在总结现场使用情况和分析现场记录的基础上，针对工作中出现的问题，对配方进行改进。以期达成预定目标。

（三）主要成果

通过科技攻关，取得如下成果：

（1）适合溪洛渡水电站站址地层条件的金刚石钻头配方。

（2）可靠的钻头加工工艺流程技术及工艺参数优化软件资料。

（3）配方优化软件资料。

（四）结论

根据对溪洛渡水电站站址地层硬、脆、较强研磨性玄武岩的岩石物理力学性质和岩石可破碎特点的分析，对相应金刚石钻头设计有如下结论：

（1）针对既有完整粗玄岩、斜斑粗玄岩，又有裂隙发育坚硬的致密玄武岩、含斑微晶玄武岩、斑状玄武岩，还有层间层内错动角砾熔岩，斑状玄武岩的特点，选择金刚石孕镶平底钻头。

（2）考虑到上述地层具有较强研磨性，选择以 663-Cu 为基础，引入骨架材料，并加入适当性能调整元素的胎体配方设计，其组元分别为：663-Cu（青铜）、WC（碳化钨）、Co、Ni、Mn、Ti。Ti 元素可改善胎体和金刚石的结合方式，提高胎体的包镶能力。

（3）在正交设计试验胎体结合剂配方时发现，WC/YG6（硬质合金）为 1∶1，663-Cu 含量为 32.5%，Mn 含量为 6%，Ni 含量为 7%，Ti 含量为 2%，Co 含量为 4%，烧结温度为 960℃，保温时间为 3+5（min）时，胎体综合性能最佳。此时，胎体晶粒细小，分布均匀，无偏析现象。

（4）40/45、230/270，两次级配的金刚石粒度设计，提高了钻头的寿命，又保证较快的钻进速度。

（5）烧结工艺在采用 800℃（3min）、960℃［（3+5）min）二次保温和 150℃/min 快速升温措施下，保证了钻头的制造质量。

（6）试验钻头比历史记录寿命提高 30%，达 55m，时效达 1.4m/h。

通过对溪洛渡水电站站址地层可破碎特点的认识和对钻头碎岩及磨损过程的分析，设计并优化了既能提高寿命，又能高时效钻进的金刚石钻头配方和烧结工艺，对实现溪洛渡水电站钻探工作快速优质、低成本的目标提供了条件；同时也为超大型水电站前期勘探引入钻头适应性研究作了开拓性的工作，因而具有重要的现实意义。

（成都理工大学　楼日新　袁学武）

# 小浪底工程出口高边坡稳定性分析和加固措施研究

小浪底工程所有泄水洞群全部集中布置在左岸，出口高边坡的稳定成为工程顺利进展和今后水库正常运行至关重要的问题。1997 年截流以后，泄水洞群成为黄河的惟一通道，出口边坡一旦失稳，将对整个工程的建设和运用带来难以设想的后果。

（一）工程地质

该地段地表一般都有 20～40m 厚的第四系覆盖层，其中除西沟沟底有近期的坡、洪积土夹块石，消力塘东南角在黄土类土以下（分界高程约 136m）有冲积砂卵石分布外，其他地段大面积分布的均为黄土类土。受 F236（F238）断层切割影响，消力塘开挖区在 F236（F238）以南自上而下揭露的地层有 $T_1^{6-1}$、$T_1^{5-3}$ 岩组，以北揭露地层有 $T_1^{6-1}$、$T_1^{5-3}$、$T_1^{5-2}$ 岩组地层。

消力塘地段主要断层有 F236（F238）、F244、F245 及其分支断层和一些小断层，发育 3 组节理分别为：①走向 270°左右，倾向 N，平均倾角 85°，平均间距 0.3m；②走向 335°左右，倾向 SW，平均倾角 79°，平均间距 2.2m；③走向 17°左右，倾向 NWW，平均倾角 71°，平均间距 4.1m。

在 F245（F238）断层以南，虽有不少泥化夹层，但就泥化程度而言，较 F245 与 F236（F238）断层之间地段的泥化夹层的泥化程度要低，多为碎屑夹泥，且连续程度差；在 F245 与 F236（F238）断层之间地段，受构造错动影响，泥化夹层相对比较发育，泥化夹层的泥化程度较高。在 F236（F238）断层以北地段，开挖揭露情况表明，泥化夹层分布较少。

（二）稳定分析

1. 边坡稳定分析方法和计算程序　采用 Sarma 法。其主要特点是：①对滑坡体进行斜分条，以模拟断层节理等不连续面；②假定沿条块侧面也达到了极限平衡。这样，通过静力平衡条件即可惟一地确定边坡的安全系数或加载系数。这个方法受到 Hoek 教授的极力推崇（Hoek，1983）。

计算程序采用陈祖煜和 Donald 教授开发的 EMU 边坡稳定极限分析能量法（Energy Method Uppen Bound Limit Analysis）。

2. 失稳模式　根据出口边坡的工程地质条件和已经发生过的几次边坡失稳情况，采用两种失稳模式：①滑体下部沿某一层泥化夹层滑动，后缘为 F236 和 F244 或某一节理面；②按照破碎岩体或土坡破坏的规律，采用近似圆弧的滑裂面。

3. 抗剪强度指标　强度指标由室内外试验确定，见表 1。方案 A 参数为主要方案，方案 B 参数作为校核和敏感性分析。方案 B 参数考虑以下两方面因素：①泥化夹层实现了充分排水，浸润线降低至该泥化夹层以下，将 $\varphi$ 值由 11.31°提高到 14°；②处于危险滑体以上的 F236 等断层带位于地下水位以上，其抗剪强度可适当提高。

表 1　　稳定计算参数

| 方案 | 抗剪强度指标 | 节理岩体 | 断层影响带 | 断层 | 软弱夹层 | 层面 | 143m 高程以上加固岩体 |
|---|---|---|---|---|---|---|---|
| A | $\varphi$(°) | 30.96 | 15.64 | 11.31 | 11.31 | 24.23 | |
| | $c$(kPa) | 50 | 0 | 0 | 0 | 0 | |
| B | $\varphi$(°) | 30.96 | 21.80 | 14.00 | 14.00 | 24.23 | 26.50 |
| | $c$(kPa) | 50 | 30 | 0 | 0 | 0 | 0 |

（三）稳定计算成果

（1）采用表 1 提供的参数，边坡加固前，两种失稳模式下的最小稳定安全系数均低于 1.0；采用锚索加固措施，143m 高程以上直立坡锚索总荷载为 133.3t/m，106m 高程至 143m 高程间，按间距 4.5m 布置 300t 级预应力锚索，布置 9～10 排，折合锚索荷载为 600t/m。根据上述条件，边坡稳定计算结果见表 2。计算结果表明，尽管施加了平均 600t/m 的锚固力，边坡稳定仍处于临界状态，特别是沿结构面的安全系数低于 1.0。考虑到一部分预应力锚索内锚头可能处于断层交汇带，其锚固效果会受到一定的影响，因此，有必要进一步优化设计和加固。

表 2　　出口边坡稳定分析成果

| 方案 | 滑动形式 | 加固前安全系数 | 设计单宽锚固力（t） | 加固后安全系数 |
|---|---|---|---|---|
| A | 圆弧滑动 | 0.889 | 133+600 | 1.387 |
| B | | | 133+600 | 1.493 |
| A | 结构面组合 | 0.370 | 133+400 | 0.628 |
| B | | | 133+400 | 0.924 |

**注**　锚固力“133+600”指 137 平台以上 133t/m，137 平台以下 600t/m。

（2）由于沿结构面滑动的最小安全系数仅为 0.628，为此在该地段布置抗滑桩，并在 144m 高程以下布置预应力锚索，其施加单宽锚固力为 100t/m，计算参数和条件同表 1。施加抗滑桩后稳定计算的基本原则是通过施加一定的抗滑桩推力，使边坡稳定安全系数增加到 1.05～1.10。从表 3 可知，在 0+070.7 断面，夹泥层控制滑面采用方案 A 的指标，当分别施加 505t/m 和 480t/m 的桩推力时，安全系数为 1.053 和 1.120。采用 B 方案的抗剪强度指标，安全系数为 1.184 和 1.410。

表 3　　稳定计算结果

| 工况 | | 外力 | 安全系数 |
|---|---|---|---|
| 夹泥控制滑面 | | 抗滑桩 505t/m 锚　索 200t/m | 1.053 |
| 坡底高程 110m | 桩底高程 100m | | 1.560 |
| | 桩底高程 96m | | 1.589 |
| 坡底高程 106m | 桩底高程 100m | | 1.435 |
| | 桩底高程 96m | | 1.470 |
| 143m 高程以上采用方案 B | | | 1.783 |

（3）消力塘底部开挖高程对边坡整体稳定的影响。由表 3 中计算结果比较可知。当消力塘底高程从 106m 提高到 110m 高程时，边坡整体稳定安全系数有较大提高。

（四）结语

（1）稳定计算结果表明，出口边坡未做任何加固措施时，其最小稳定安全系数偏低，不满足规范要求，需采取综合加固措施。

（2）尽管施加了平均 600t/m 的锚固力，边坡稳定仍处于临界状态，特别是沿结构面的安全系数低于 1.0。考虑到一部分预应力锚索内锚头可能处于断层交汇带，其锚固效果会受到一定的影响，因此有必要进一步优化设计。

（3）考虑锚索和抗滑桩综合加固措施，并对抗滑桩底部高程进行优化计算，结果表明，当分别施加 505t/m 和 480t/m 的桩推力时，安全系数为 1.053 和 1.120；当消力塘底高程从 106m 提高到 110m 高程时，边坡整体稳定安全系数有较大提高。

（4）从计算成果来看，合理确定计算参数是保证稳定安全系数可靠性的关键。因此，利用大型原位观测技术、工程建设过程中新揭示的地质情况及采用反分析的方法等来确定稳定分析的参数是必要的和可靠的。

（5）选用合理完善的稳定计算方法和程序是保证稳定分析的基础，虽然目前较成熟和完善的二维稳定分析方法基本能够解决工程当中存在的实际问题，但由于岩体中断层面、软弱夹层面及其他各种不同结构面所具有的明显的三维特性，因此开发和研制三维稳定分析程序具有非常重要的实际意义和应用价值。

（中国水利水电科学研究院
魏迎奇　蔡　红　温彦锋　边京红）

## 库岸稳定性研究

三峡工程库岸稳定性是水库区最主要的地质问题，有如下几个特点：①面大，调查研究的范围从干支流两岸第一分水岭起算，面积约 4500km²；②线长，干流回水长度约 650km，回水长度在 1km 以上的支流有 173 条，合计总长约 1840km，按两岸岸坡计，则干支流库岸岸坡合计总长约 5000km；③地质灾害多发区，不论从库岸岸坡结构类型、岩性、构造、地貌、水文气象等自然条件，还是崩塌、滑坡的类型、规模、形成条件和稳定状态，都复杂多变；④研究程度要求高，三峡工程库岸稳定性问题，涉及工程、长江航运、库区城镇和居民点的安全，以及库区移民选址的正确与否等。因此要求勘察结论有足够的可靠性，能贴切地回答工程建设所关心的问题。

库岸稳定性研究的主要内容和方法有：

（1）对干流及 173 条支流库岸岸坡的地质条件、岸坡类型、结构、稳定程度进行专门性调查。在此基础上进行库岸稳定条件的分类和分段评价，圈定出稳定条件差的库段，作为重点研究的对象。

（2）对基岩岸坡，尤其是顺层高边坡的结构类型、变形机制、破坏方式等进行了专题研究，并做出稳定性现状评价和蓄水后的变化预测。

（3）充分利用多种遥感图像资料，结合现场调查，反复核查崩塌、滑坡体的数量、位置和规模；对干流库段进行崩塌、滑坡体史实调查考证。

（4）对大型崩塌、滑坡体逐个进行专门性工程地质勘察，结合蓄水后条件的可能变化进行稳定性分析计算。

（5）与大坝安全、长江航运及主要城镇关系密切的大型崩、滑体，对其失稳后入江物质可能造成的水下堆积体的规模、引起的涌浪、沿程衰减特征和可能造成的危害进行计算和模型试验。规模大、变形正在发展、位置重要、失稳后可能影响城镇居民及航运安全的崩、滑体，建立了监测网进行变形监测和预报。

（6）结合水库移民安置和城镇新址勘察，扩大和深化了库岸稳定性的研究；对移民城镇安全可能造成危害的滑坡，在 2003 年初期蓄水前进行了必要的防治；对由松散堆积体构成的城镇岸坡进行了坍岸的勘察设计和防护处理，以保证城镇沿江库岸不因坍岸而危及居民和公用设施的安全。

（长江水利委员会　陈德基）

## 水库诱发地震问题研究

水库诱发地震问题是一个世界范围内从理论到实践都还未能得到解决的课题。三峡工程从 20 世纪 70 年代起，就将水库诱发地震问题列为专题进行研究。开始阶段以震例分析和工程类比为主；进而逐项分析水库地震地质条件，然后综合进行分析研究，在此基础上进一步作出水库诱发地震发震地段和强度预测及危害性评价。根据三峡工程水库区各地段不同的地质条件，分析其可能产生何种类型的诱发地震、可能发震的地段，并采用多种方法（条件类比、数值解析等）进行最大可能震级的分析预测及地震动参数的计算。在水库诱发地震可能最大震级的分析上，考虑到三峡工程的规模和重要性，对于构造型水库诱发地震，采取外包的方法，将相应潜在震源区天然地震的震级上限作为该地段水库诱发地震的震级上限，评价其对工程建筑物可能的危害，这无疑是一种保守的估计。由于采用了这样一种方法，国内外研究水库诱发地震的专家学者，很少有人对三峡工程水库诱发地震对工程建筑物的影响评价提出异议。

三峡工程水库诱发地震问题的研究内容和方法有：

（1）分析整理了全世界100余座水库诱发地震的震例对三峡工程的诱震条件进行分析对比。

（2）全面研究了水库区的岩性、地质构造和渗透条件，着重研究了坝址和库首区的水文地质条件和主要断裂的活动性。

（3）在坝址区和库首的茅坪镇和秭归县城附近进行了深孔（孔深分别为300m、800m和500m）地应力、孔隙水压力、渗透率、节理裂隙和地温测量，得出了近坝地段地应力状态的宝贵资料。

（4）利用小孔径台网对坝区、库首结晶岩分布区、九畹溪和仙女山断裂展布区等河段进行地震强化观测，确切掌握本区地震活动的本底情况。

（5）用数值和物理模拟方法研究在库水作用下，库盆的应力场和应变场的变化，分析其对水库诱发地震的影响。

（6）依据各库段岩性、地质构造、渗透条件、地应力状态、地震活动及各种数值解析成果等，进行水库诱发地震可能性综合评价，做出可能发震地段、发震类型及震级预测。

（7）针对水库诱发地震的特点，研究极近场地震动参数，探讨如果库首段产生诱发地震时，坝址区可能的基岩峰值加速度和影响烈度值。

为全面加强和提高工程的地震监测和水库诱发地震的预报能力，受中国长江三峡工程开发总公司的委托，在中国地震局主持下，于2001年10月建成了“长江三峡工程水库诱发地震监测系统”。该系统由数字遥测地震台网、地壳形变监测网、地下水动态监测形网和地震监测总站四大部分组成。数字遥测台网达到了当前国内领先水平。该系统的建成为三峡工程地震活动性及水库诱发地震的研究，提供了重要的条件。

（长江水利委员会 陈德基）

## 新疆下坂地水库坝基防渗墙试验研究工程

（一）工程概况

下坂地水库位于塔什库尔干河中下游，是塔什库尔干河梯级开发的龙头水库，距塔什库尔干塔吉克自治县45km。水库属二等大（2）型水利枢纽工程。大坝为沥青混凝土心墙砂砾石坝，最大坝高78m，坝顶高程2996m，正常蓄水位2960m，水库总库容8.67亿$m^3$，电站总装机容量150MW，多年平均年发电量4.735亿kW·h。工程可供水5.6亿$m^3$，灌溉面积123万亩。

（二）工程地质条件

坝址区河谷呈U形，两岸山高坡陡，基岩裸露，坝肩岩体较完整，强风化较浅，河床覆盖层主要是由哈木勒堤沟古冰川的推进和后退、“堰塞湖”的形成和溃决等因素形成的第四系冰碛、冰水堆积物。覆盖层最大厚度147.95m，自下而上可分为冰碛层、砂层、冲洪积层和坡积层三大类型。

（1）冰碛层，厚度为80～148m，岩性复杂，结构松散且极不均匀，有架空现象，主要以漂石、块石、砾石为主，块石最大直径可达3m，成分以花岗岩、片麻岩、片岩及灰黑色变质岩组成。该层饱和固结快剪$\phi=41.8°$，$c=15kPa$，天然干密度1.95t/$m^3$，压缩系数$a_{1-2}=0.01MPa^{-1}$。

（2）砂层，位于坝基左侧偏上游冰碛层中，顺河向长约460m以上，宽约170～250m，埋深18～35.4m，最大厚度为43.7m，空间展布成“杏仁状”。结构不均匀，相变大，遇水有坍塌现象。该砂层的渗透性属弱至中等透水性，天然干密度为1.5～1.6g/$cm^3$，为中密砂，其上下均为冰碛碎石、块石层。

（3）冲洪积和坡积层，分布在河床、漫滩表层，厚度3.0～29.3m。结构复杂，相变较大。颗粒由碎石、粗砾及砂组成，以粗砾为主，颗径小于0.1mm的含量小于10%，块石最大直径可达4m，弱风化，坚硬松散且无胶结。

覆盖层透水性差异较大，渗透系数为$10^{-2}$～$10^{-1}$cm/s，为强透水层。

坝区地震基本烈度为Ⅷ度。

（三）防渗墙试验的目的

该工程地处高寒、高海拔、高地震山区，工程地质条件复杂，工程难度大。针对下坂地水库坝基下147.95m厚覆盖层的防渗处理，在可研阶段推荐采用上部1m厚深85m的混凝土防渗墙下接灌浆帷幕的方案。在初步设计阶段，为验证设计方案及其合理性，提出防渗墙和灌浆帷幕的深度与经济合理结合。为此，本次防渗墙试验应达到以下目的：①研究国内现有施工机械在下坂地坝基覆盖层中可成墙的最大造孔深度，不同深度混凝土防渗墙的造墙工效及综合造价；②研究表层成墙需采用的工程处理措施及深度；③研究在漂卵石地层中成墙的施工方法、造价及工效；④通过试验确定防渗墙和墙下灌浆帷幕搭接的最优长度；⑤提出适合于该工程墙段连接的接头型式；⑥通过试验找出适用于该工程地层的施工机械最优组合形式。

（四）防渗墙试验设计指标

本次防渗试验工程的防渗墙设计指标为：①墙体深度100m，墙体厚度不小于1000mm；②墙体混凝土28天抗压强度不小于20MPa；③墙体混凝土28天抗渗标号不小于W8。

（五）防渗墙试验内容

本次防渗墙试验内容主要有：①“钻抓法”成槽工艺试验；②槽孔内预埋墙下帷幕灌浆管试验；③深槽孔泥浆下混凝土浇筑工艺试验；④接头管下设与起拔工艺试验；⑤“双反弧”槽孔接头工艺试验。

（六）防渗墙试验施工

因本次防渗墙试验内容较多，故需要两个施工试验段来实施。

1号防渗墙试验段布置在坝轴线上，桩号0＋220m～0＋226m，长度6m，设计深度100m，在其中进行“钻抓法”成槽工艺试验、槽孔内预埋墙下帷幕灌浆管试验、接头管下设与起拔工艺试验和深槽孔泥浆下混凝土浇筑工艺试验；2号防渗墙试验段布置在坝轴线上游5m处，桩号0＋206.8m～210.0m，长度3.20m，原设计深度100m，后设计变更为80m，在其中进行“双反弧”槽孔接头工艺试验、槽孔内预埋墙下帷幕灌浆管试验和深槽孔泥浆下混凝土浇筑工艺试验。

1号防渗墙试验段3个主孔采用ZCF-1500型冲击反循环钻机钻进施工，实际深度为102m，1个副孔采用冲击反循环钻机“钻劈法”施工，另1个副孔采用HS843HD型钢绳抓斗抓取施工。当抓斗抓取到39m时，由于地层中含有大量大块石、漂石，抓斗抓不动，将该副孔39m以下部分改用冲击反循环钻机“钻劈法”施工。钻进过程中使用膨润土泥浆固壁。成槽后清孔换浆，在试验段中心线下设3根外径110mm的预埋灌浆管，预埋灌浆管的长度为100m，间距为1.50m。在两端孔下设外径1000mm的接头管，其深度分别为61.4m和72.7m。其后采用泥浆下直升导管法浇筑混凝土。接头管下部的接头混凝土采用冲击反循环钻机钻凿。

2号防渗墙试验段为“双反弧”接头试验段，两端孔同时采用CZ-30型冲击钻机钻进施工，实际深度为80.10m，其后同时浇筑混凝土。当混凝土待凝24h后，采用ZCF-1500型冲击反循环钻机钻进“双反弧”接头孔的导向孔，直至深度80m，接着采用“双反弧”钻具扩孔至80m，其后采用液压扩张式“双反弧”刷子钻具刷洗两端孔混凝土壁上的泥皮。钻进过程中使用膨润土泥浆固壁。成槽后清孔换浆，在试验段中心线下设1根外径89mm的预埋灌浆管，其长度为80m。最后采用泥浆下直升导管法浇筑混凝土。

防渗墙试验段于2003年8月8日开钻，于11月30日完成。

（七）试验工程质量评价

通过质量检测，施工质量全部符合设计标准，混凝土抗压强度为22.2MPa，抗渗标号达到W8，施工质量优良。

（中国水利水电基础工程局　龚　检　刘建发）

中国水力发电年鉴（2003）

8

# 水 工 设 计

# 坝 工 设 计

## 水布垭混凝土面板堆石坝设计

水布垭面板堆石坝高度233m，比已建的墨西哥阿瓜米尔帕坝（187m）和我国天生桥一级坝（178m）分别高出46m和55m，是目前世界上最高的混凝土面板堆石坝。大坝总开挖量188.5万$m^3$，其中石方开挖量139.0万$m^3$，总填筑量1526万$m^3$，面板混凝土9.84万$m^3$，面板面积13.8万$m^2$。

坝址处河流走向为NE30°。河谷断面为不对称的V形，左、右岸坡倾角分别约为52°和35°，天然河谷宽高比为2.4。河床沙卵石层厚度一般为7～14.4m，最厚达18.2～21.7m。

趾板基础，除左岸395m高程以上为二叠系上统龙潭组（$P_{21}$）页岩外，主要为二叠系下统茅口组和栖霞组石灰岩，单轴湿饱和抗压强度分别在62.1～81.4MPa和17.6～93.5MPa之间。坝址岩层走向320°～340°，与河流流向交角50°～70°，倾向上游略偏左岸，倾角5°～14°。

大坝属一等1级建筑物，1000年一遇设计洪水位402.20m，相应下游水位229.4m；10000年一遇校核洪水位404.0m，相应下游水位232.6m；设防地震裂度Ⅶ度。

### （一）大坝剖面分区设计

大坝顶面高程409.0m，坝顶宽度12.0m，长度660.0m。上游坝坡1∶1.4，下游平均坝坡1∶1.4，局部坝坡1∶1.25。坝顶上游侧设置防浪墙，墙顶高程410.20m，墙底高程405.0m。下游坝趾设有混凝土过水围堰和量水堰。大坝剖面分区如下：

（1）ⅠA区（粉细纱铺盖区），水平宽度3.0m，顶面高程263.0m。

（2）ⅠB区（盖重区），顶宽15m，顶面高程265.0m，上游坡度1∶2.5，填料为建筑物开挖料。

（3）ⅡA区（垫层区），水平宽度4.0m，以1∶1.4的坡度等宽填筑。在距面板1/3水头范围与基岩接触部位也铺设2.0m厚的垫层料。垫层料是用料场的茅口组石灰岩砸制而成；控制$d_{max} \leqslant 80mm$，且$d<5mm$的含量为35%～50%，$d<0.1mm$的含量为4%～7%。填筑层厚度40cm，用10t振动碾，适量洒水，碾压10遍。设计干密度$\rho_d=2.25g/cm^3$，相应孔隙率$n=17\%$。设计渗透系数$K=10^{-2}\sim10^{-4}$cm/s。垫层的保护采用5mm厚的M5碾压砂浆层，上覆喷砂碾压的阳离子乳化沥青层。

（4）ⅡAA区（小区），料源同ⅡA区。控制$d_{max} \leqslant 40mm$，$d<5mm$颗粒的含量为35%～60%，$d<0.1mm$颗粒的含量为5%～10%。碾压层厚20cm。

（5）ⅢA区（过渡区），采用茅口组石灰岩爆破料和栖霞组第4、第5段石灰岩洞挖料。控制$d_{max} \leqslant 300mm$，$d<25mm$颗粒的含量不大于50%；$d<5mm$颗粒的含量为20%～30%；$d<0.1mm$颗粒的含量小于5%。填筑层的厚度40cm。用10t振动碾洒水碾压，碾压6遍，洒水量20%。设计干密度$\rho_d=2.20g/cm^3$，相应孔隙率$n=18.8\%$。设计渗透系数$K=0.1\sim1cm/s$。

（6）ⅢB区（主堆石区），采用料场茅口组石灰岩爆破料。控制$d_{max}=800mm$，$d<5mm$颗粒的含量为4%～15%；$d<0.1mm$颗粒的含量小于5%。填筑层的厚度80cm。用18t振动碾，洒水碾压6遍，撒水量为20%。设计干密度$\rho_d=2.18g/cm^3$，相应孔隙率$n=19.6\%$。

（7）ⅢC区（次堆石区），采用建筑物开挖的栖霞组灰岩料。控制$d_{max}=800mm$，$d<5mm$颗粒的含量为20%，$d<0.1mm$颗粒的含量不大于5%。填筑层的厚度80cm。用16t或18t振动碾洒水碾压6遍，洒水量为10%。设计干密度$\rho_d=2.15g/cm^3$，相应孔隙率$n=20.7\%$。

（8）ⅢD区（下游堆石区），采用较坚硬的栖霞组石灰岩开挖料。$d_{max}=1200mm$，$d<0.1mm$颗粒的含量小于5%，无级配要求。填筑层厚度120cm。采用10t振动碾碾压8遍，无洒水要求。

### （二）趾板与面板

趾板建在弱风化的岩石基础上。采用平趾板型式。趾板轴线按“y线（面板底面与趾板下游斜坡面的交线）”定线。趾板宽度按满足基础灌浆和施工要求确定为6.0～8.0m，厚度为0.60～1.20m。建基面的防渗由趾板及其下游防渗拖板共同承担，按建基面容许水力梯度不大于12的条件确定防渗板宽度为4.0～12.0m。

趾板不分缝，但每隔15m左右设一道2m宽的宽槽，回填微膨胀混凝土。采用有轨滑模施工。趾板与防渗板之间的施工缝设铜片止水。

趾板混凝土标号采用 $R_{28}$300＃。趾板和防渗板均配置单层双向钢筋，配筋率为 0.35%。趾板设置锚筋，间距 1.5m×1.5m，嵌入基岩深度 5.0m。

面板厚度按经验公式 $t=0.30+0.0035H$（$t$—板厚，m；$H$—计算截面至面板顶面的垂直距离，m）计算，顶部厚度 0.30m（405.0m 高程），底部厚度 1.10m（176.0m 高程）。面板总面积 13.84 万 $m^2$。

面板设置垂直结构缝和水平施工缝。垂直缝分张性缝和压性缝。除左岸坝肩和右岸庙包挖除区设置间距 8.0m 的张性缝外，其他部位垂直缝的间距 16.0m。面板分三期施工，故在高程 276.0m 和 342.0m 处各设置一条施工缝。

面板混凝土标号在 346.0m 高程以上采用 $R_{90}$300；高程 346.0m 以下采用 $R_{90}$350。抗渗等级均为 W12，抗冻等级均为 F250。混凝土的极限拉伸值应达到 $\varepsilon \geqslant 1\times10^{-4}$。坍落度为 4～7cm。水泥为 525 号中热硅酸盐水泥。骨料为二级配，掺合料为一级粉煤灰（掺量 20%）和高效多功能复合外加剂。

一般在靠近面板顶面布置单层双向钢筋，顺坡向含筋率为 0.4%，坝轴向含筋率为 0.35%。在靠近周边缝 20m 和施工缝上下 10m 范围内加设底层双向钢筋。面、底层钢筋均穿过施工缝。此外，在面板与周边缝、防浪墙接壤处，以及在受挤压部位设置挤压钢筋。

（三）接缝与止水

周边缝变形设计控制值为：张开 50mm，沉降 55mm，剪切 30mm，周边缝全长 1100m，缝宽 12mm。在高程 275m 以下设置三道止水，面板中部和底面为铜片止水，表面为组合式塑料止水；高程 275m 以上无中部铜片止水。底部铜片止水放置在宽 245mm、厚 6mm 的 PVC 垫板上。PVC 垫板放置在沥青砂浆垫块上。顶部止水由加筋橡胶带面模、柔性填料、波形橡胶止水带、橡胶棒和固紧构件等组成。顶部止水结构为：橡胶棒放置在周边缝缝口上；波形橡胶止水带放置在橡胶棒之上，并用固紧构件将止水带两端分别固定在趾板和面板上；止水带与橡胶棒之间的空隙用柔性填料填实；加筋橡胶面模为半圆形，半径 26cm，两端分别固定在趾板和面板上。面模与波形橡胶带之间充填柔性填料。

面板垂直缝、防浪墙与面板之间的水平缝均设两道止水，即底部设紫铜片止水，顶部设柔性填料止水。

防浪墙每 16m 设置一道沉陷缝，缝内设一道 PVC 止水带，其底端与防浪墙底缝的铜片止水相接。

（长江勘测规划设计研究院 杨启贵 杨清）

## 滩坑水电站混凝土面板坝设计

（一）工程概况

滩坑水电站位于浙江省青田县境内的瓯江支流小溪中游河段。水库总库容 41.9 亿 $m^3$，为多年调节水库。电站装机容量 600MW，年发电量 10.23 亿 kW·h。工程由钢筋混凝土面板坝、溢洪道、泄洪隧洞、引水发电隧洞、发电厂房等建筑物组成。

电站工程为一等工程，混凝土面板堆石坝为 1 级建筑物，按 1000 年一遇洪水设计，可能最大洪水校核。库坝区地震基本烈度为小于Ⅵ度区，大坝设防地震烈度为Ⅶ度。

（二）坝体分区及坝料设计

1. 坝体分区设计　滩坑混凝土面板坝最大坝高 162.0m，坝顶长 507m，为高混凝土面板坝。坝体总填筑量约 980 万 $m^3$，混凝土面板面积 9.5 万 $m^2$。坝址区分布有最大厚度 27m 的冲积层，坝体直接填筑在经局部开挖处理的河床覆盖层上。

为了充分利用砂砾石料高压缩变形模量的特点，减小坝体和面板的变形，减少坝体填筑量，降低造价，使坝体运行安全可靠，对面板坝进行分区设计。坝体断面共分成垫层区、过渡层区、上游堆石区、下游堆石区、砂砾料区、面板上游粉土铺盖、下游回填石渣区七个主要区。

2. 坝料设计

（1）垫层料。为使面板在库水压力的作用下变形均匀协调，要求垫层料具有低压缩性和高抗剪强度。面板坝在完善垫层料与过渡料间反滤设计的基础上，采用了较薄的垫层料结构，水平宽度为 3.0m。面板浇筑前坝体临时挡水断面挡水度汛时，垫层经碾压砂浆固坡后直接挡水，要求垫层料具有半透水性和渗透稳定性。坝体中部填筑了大量砂砾石，为降低临时断面挡水度汛时坝体的浸润线，要求渗透系数 $K<i\times10^{-3}$cm/s。滩坑面板坝垫层料由新鲜洞碴料和河床砂砾料筛分后的粗料加工成骨料并掺配河砂而成。最大粒径 80mm，使小于 5mm 颗粒含量达 35%～50%，小于 0.075mm 颗粒含量不大于 8%。垫层料设计孔隙率 17%，干密度 2.216g/$cm^3$。

（2）过渡料。除将面板上的水压力均匀传递到堆石体外，过渡料必须对垫层料起反滤作用，防止垫层料中细料的流失。过渡料主要由泄洪洞和引水发电洞开挖获得，不足部分在建筑物开挖过程中控制爆破参数开采。设计要求岩质为新鲜或微风化，级配连续，最大粒径 30cm，小于 5mm 含量不少于 8%，孔隙率 19%，干密度 2.163g/$cm^3$。

(3) 上游堆石区。已建工程原型观测资料和有限元分析成果均已证实，水库蓄水后水压力引起的坝体附加沉降主要产生在坝体上游 1/3～1/2 范围，坝轴线下游坝体沉降对面板几乎没有影响。为减小坝体和面板的变形，要求上游堆石区有较高的变形模量。趾板下游河床覆盖层挖除 30m 后，其余覆盖层仅清除表面松散层，碾压后直接作为坝基，为减少坝体总沉降，对上游堆石体的填筑提出了较严格的要求。堆石料铺层厚度 80cm，22t 拖式振动碾碾压 8 遍后，孔隙率不大于 20%。

(4) 砂砾石区。坝址附近砂砾石料储量丰富，多为坚硬致密的晶削熔结凝灰岩、凝灰岩。料场近坝区部分的砾石含量达 62%～75%，软弱颗粒含量不大于 5%，经多组试验分析，天然平均容重 21.0～21.7 $kN/m^3$，砂粒含量平均值为 15.2%～23%。由初期发电期垫层和面板联合挡水时的坝体浸润线位置确定砂砾石区断面尺寸和最低高程。砂砾石料设计孔隙率为 18%，干密度为 2.157$g/cm^3$。

(5) 下游堆石区。滩坑面板坝下游堆石区主要位于 54.0m 高程以上及砂砾石料区下游部位。为利用堆石料在低应力条件下的高抗剪强度，下游堆石区需有一定的厚度，以维持较陡的边坡。该区对石料要求和碾压参数要求均稍低于上游堆石区，允许部分弱风化石料分散填筑。

(三) 面板设计

滩坑面板堆石坝面板厚度按公式 $t=0.3+0.0035H$ 确定，面板顶部厚度 0.3m，底部最大厚度 0.86m。在面板中部单层双向配筋，面板纵向配筋率 0.4%，横向配筋率 0.35%。在周边缝附近及受压伸缩缝附近面板内，布置加强筋。面板垂直分缝间距一般为 12m，两岸地形突变处，垂直缝间距 6m。

一期面板最大斜坡长约 182m，垫层对面板纵横向约束差异大。工期安排一期面板浇筑完成 4 个月后，水库将下闸蓄水。若面板混凝土产生裂缝，下闸蓄水前面板裂缝发展未稳定，裂缝处理效果差。为提高面板的防裂性能，混凝土中采取防裂措施。

面板混凝土水泥采用 425 号普通硅酸盐水泥，选用二级配混凝土，中、小石比 45∶55 左右，骨料最大粒径 40mm，砂率约 38%，掺入 15%Ⅰ级粉煤灰。水灰比不大于 0.48，外加剂为防裂剂、高效减水剂和引气剂。混凝土出机口含气量为 3%～5%，入仓混凝土坍落度为 1～3cm。混凝土抗压强度 30MPa，抗拉强度 2MPa，抗渗标号 W12，抗冻标号 F150。

(四) 趾板设计

为方便趾板的施工，河床段趾板底面为水平面，岸坡段趾板横截面上其底面线为水平线。趾板宽度由基础的允许渗透比降确定，按不同作用水头，趾板宽度分别为 6.0m、8.0m、10.0m，趾板厚度分别为 0.6m、0.8m、1.0m。趾板按单层双向配筋，纵横向配筋率均为 0.35%，布置在趾板顶部，保护层厚 10cm。趾板上锚筋按方格布置，间距 1.2m。除基础岩性差异大和地形突变部位外，趾板一般不设结构缝，可由承包商根据地形地质条件、施工能力和浇筑气温适当分块，施工缝凿毛处理，并增设跨缝钢筋。

(五) 止水设计

面板分缝间距 12.0m，共设垂直缝伸缩缝 41 条，其中河床中部压性缝 16 条，岸边张性缝 25 条。周边缝设 3 道止水，底部设 1 道止水铜片，中间为橡胶棒，顶部充填 SR 塑性填料。低高程周边缝外侧，设置粉煤灰区作为辅助防渗措施。张、压性垂直伸缩缝均设 2 道止水，底部 W 形铜片止水和顶部 SR 塑性填料，只是压性缝中 SR 塑性填料较张性缝少。

面板与防浪墙间设防浪墙底缝，并在底部设铜片止水和缝顶充填 SR 塑性填料。趾板在地形、地质变化区部位设置永久伸缩缝，伸缩缝设 2 道止水，顶部充填 SR 塑性填料，中部设置 D 型止水铜片与周边缝的下部止水铜片相接，形成封闭的止水防渗系统。

(六) 基础处理

滩坑坝址河床覆盖层厚度一般为 7～24m，最厚达 27m。覆盖层上部 $Q_4$ 系干净松散的砂卵(砾)石层厚 2～16m，表层厚 1.5m 以内，结构松散，以下呈中密状。下部 $Q_3$ 系紧密的壤土卵(砾)石层，厚度 5～19m，以中密为主。从动力触探试验和竖井资料分析，河床覆盖层内没有厚度大的连续软弱夹层，河床覆盖层物理力学指标较好，均为低压缩性，$Q_3$ 变形模量 37.8～39.47MPa，$Q_4$ 变形模量 36.82～44.45MPa。$Q_4$ 层为强透水层，$Q_3$ 层为中等透水层为主。$Q_3$、$Q_4$ 层的渗透变形形式，基本上以管涌为主，其允许水力坡降，$Q_3$ 为 0.25～0.30，$Q_4$ 为 0.10～0.15。

对基础覆盖层处理方案，采用平面有限元法对坝体进行变形计算。结果表明，加大覆盖层开挖范围并不能明显改善坝体及面板的工作状态，反而增加基坑的开挖量和堆石填筑量，影响工期。但也不可使面板太靠近覆盖层，以免由于基础不均匀沉降而使面板产生较大的应力集中。结合已建工程经验及施工强度要求，在覆盖层开挖量增加不多，又能改善面板和面板下游侧填筑料的变形协调条件下，推荐挖除趾板及其下游 30m 的河床覆盖层方案。

帷幕灌浆采用现场磨细后的 425 号普通硅酸盐水泥。趾板上设一排帷幕灌浆，孔距 2.0m，孔深由基岩单位吸水率小于 3Lu 及相应坝高确定。根据不同坝高，帷幕灌浆上下游布置了 2～4 排固结灌浆，固结灌浆孔距 3m。

(中国水电华东勘测设计研究院 陈振文)

# 汉坪咀水电站深厚覆盖层面板堆石坝设计

汉坪咀水电站位于甘肃文县白龙江最大支流白水江上，装机容量3×24MW，保证出力19.1MW，平均年发电量3.64亿kW·h。由于地处白水江下游，交通困难，两岸山高坡陡，防渗土料缺乏，气候较为湿润，降雨相对较多，为节省投资，便于施工，经过比较后最终选择了混凝土面板堆石坝坝型。

汉坪咀混凝土面板堆石坝，属于中型三等工程，设计洪水标准50年一遇，校核洪水标准1000年一遇，地震设防烈度为Ⅶ度。大坝坝基为砂卵砾石覆盖层，最大深度44m，是国内已建和在建的同类工程中覆盖层较深的面板坝。该坝最大坝高57m，坝顶宽10m；上游坝坡1：1.55，下游坝坡1：1.3，设之字形马道以便于施工，综合坝坡1：1.59；混凝土面板为等厚0.4m，趾板宽2.5m，厚度为0.4～1.0m；河床趾板上游设混凝土连接板，与坝基混凝土防渗墙连接，墙厚0.8m，伸入基岩1m；沿坝轴线、趾板线和防渗墙轴线设单排灌浆帷幕，并在坝肩部位向左岸延伸。

坝体断面自上游至下游依次分为垫层料（加工的砂砾石料）区、砂砾石料区（主填筑区）、排水体料区（L形排水体）、变质凝灰岩料区（排水棱体）、反滤料区、下游次堆石料区（弱风化板岩料和强风化变质凝灰岩）和下游护坡区。

L形排水体的竖向排水设置在砂砾石填筑区内，以降低坝体浸润线；反滤料设置在水平排水体下侧，主要起保护坝基覆盖层内细料的作用。下游次堆石料区位于坝体下游干燥区，除含泥量较高的强风化板岩外，可使用其他开挖料。

为了解坝体、覆盖层基础（包括混凝土防渗墙）的应力变形情况，拟定了不同施工程序（坝体填筑与防渗墙施工的顺序）、不同连接板长度、不同防渗墙刚度等多种方案，进行了二维和三维有限元计算，对坝体、混凝土面板、趾板、连接板、混凝土防渗墙及坝基覆盖层的应力变形作了分析，同时对面板间、面板与防浪墙间、面板与趾板间、趾板与连接板间、连接板与防渗墙间、趾板间、连接板间的各种接缝的工作性状、张开程度、错动变形情况等作了详细的分析，并根据计算分析结果，采取了相应的技术措施，完成了深厚覆盖层上混凝土面板堆石坝的设计工作。

该工程混凝土面板堆石坝的计算分析结果如下：

（1）针对该工程坝址区的地形地质条件、河床砂卵砾石覆盖层和坝体各填筑料的物理力学性质等情况，修建面板堆石坝是可行的；坝体断面设计是合理的，坝体内部不存在过大的应力和变形。

（2）混凝土面板的轴向变形和挠度值不大，无异常现象，其最大压应力和拉应力均不大。

（3）河床趾板的变位（包括顺河向、垂直河向和垂直变位）数值不大，其拉应力和压应力最大值不大，均在钢筋混凝土的允许范围内；连接板的变位值和应力值与趾板接近；面板底部、趾板、连接板、防渗墙顶部之间的变形互相协调。

（4）混凝土防渗墙的应力变形特性与大坝施工工序、趾板长度、连接板长度和防渗墙的刚度有关，合理选择这些参数对提高工程的技术经济指标具有重要的意义。防渗墙的位移和应力值无异常现象，无论采用塑性混凝土防渗墙还是刚性防渗墙均能通过一定的结构措施解决相应的问题；就该工程而言，坝体填筑与防渗墙施工之间的程序，对坝体和防渗墙的应力变形特性无根本性的影响，其数值均在可接受的范围之内。

（5）防渗墙与连接板之间的接缝完全处于压紧闭合状态，两者沿坝轴向的错动很小，垂直错动（沉陷）较大（2cm），发生在河床中央部位；连接板与趾板之间的接缝处于压紧闭合状态，两者沿坝轴向有一定的错动，最大值位于河床的左岸，这与左岸地形较陡有关，垂直错动（沉陷）较小；就该工程地形地质条件来说，连接板采用1块或2块，对防渗墙的应力变形特性无明显差别。

（6）在河床部位，趾板与面板之间处于相对压紧状态，同时相对沉陷较小，虽然趾板和面板都有一定的沉降，但沉降差较小，趾板与面板之间的相对错动很小。在两岸附近，周边缝张拉向变形表现为有张有压，沉陷表现为向坝内变形，切向错动基本表现为指向河谷，但总体变形较小；两岸面板周边缝最大张开量为0.27cm，发生在右岸；最大压缩量为0.22cm，发生在左岸；最大沉陷为0.94cm，发生在左岸下部；最大剪切变形0.38cm，也发生在左岸。

（7）面板与防浪墙之间的接缝变形较小，与面板轴向位移性状类似，防浪墙轴向位移由两岸指向河床；面板与防浪墙接缝在两岸附近有些错动，方向指向河谷，但位移量较小，最大错位3.1mm，位于左岸附近。水库蓄水后，面板与防浪墙接缝大都呈张开变形，但变形量普遍不大，除河谷中央外，张开量不超过3mm；河谷中央部分张开量稍大，最大张开变位8.3mm。

（8）由三维有限元应力变形计算结果可见，坝基防渗墙、连接板、趾板和面板的应力状态较好，各条接缝两侧的相对变位也不大。但是蓄水后防渗墙墙顶、连接板、趾板的下游向有一定的不均匀，因此接缝止水结构应采用合理的型式，使其能够吸收一定的水平变形。

根据上述计算分析结果，对坝体断面和防渗系统尤其是各种接缝的处理形式进行了必要的调整，使其既能起到止水防渗作用，又能适应变形。

（中国水电西北勘测设计研究院 钱应德）

## 索风营水电站碾压混凝土坝设计

### 一、工程概况

索风营水电站位于贵州省修文县、黔西县交界的乌江中游六广河段，其上、下游分别与已建的东风水电站和乌江渡水电站衔接，是乌江梯级开发的第 5 个梯级电站，装机容量 600MW。枢纽由碾压混凝土重力坝、坝身泄洪表孔、消力池、右岸引水系统及地下厂房等组成；为二等大（2）型工程，主要建筑物大坝、泄洪及引水发电系统按 2 级建筑物设计。大坝设计洪水标准为 100 年一遇，相应入库洪峰流量 12500m³/s，校核洪水标准为 1000 年一遇，相应入库洪峰流量 16300m³/s。

坝址 U 形河谷狭窄，河面高程 760m，水面宽 50～70m；两岸 850m 高程以上分布有斜倾上游的堆积体，形成较为平缓台地；堆积体后缘均为陡崖，地形完整。坝基为三叠系下统夜郎组玉龙山灰岩，岩性坚硬较完整，岩层走向横穿河谷倾向上游，倾角约 30°。坝区构造不发育，仅有 f2 和 f3 小断层，但岩溶较发育，需进行防渗处理。坝址区地震基本烈度小于Ⅵ度。工程于 2002 年 7 月正式开工，2002 年年底截流，目前，大坝、引水系统和地下厂房正在开挖施工，工程将于 2005 年年底投产发电。

### 二、索风营碾压混凝土重力坝设计

全断面碾压混凝土重力坝由河床中部溢流坝段和左右岸挡水坝段组成，坝顶高程 843.80m，最大坝高 121.8m，最大底宽 98.76m，坝顶全长 164.58m，其中左、右岸挡水坝段分别长 47.32m 和 35.26m。挡水坝段上游面 780m 高程以下为 1∶0.25 的坝坡，下游面坝坡为 1∶0.70，坝顶宽 8m。溢流坝段基本剖面与挡水坝段相同，共设 5 个表孔，每孔净宽 13m，闸墩厚 3m，堰顶高程 818.5m，堰面采用 WES 曲线，经斜线段后与 $R=8.44$m 的反弧段相连，后接消力池。表孔设 13m×19m（宽×高）弧形工作闸门和平板检修闸门。闸墩尾部采用新型“X”形宽尾墩，与台阶溢流坝面和消力池联合消能。台阶宽 0.84m，高 1.20m。消力池长度 93m，净宽 77m，底板高程 737m，出口尾坎坎顶高程 747m。

坝体断面设计的主要依据是 DL 5108—1999《混凝土重力坝设计规范》。索风营坝基抗滑稳定以坝基滑动为主，抗滑稳定及强度承载能力极限状态主要采用刚体极限平衡和材料力学法计算。挡水坝段坝基抗剪断综合参数标准值 $f_k=0.865$、$C_k=0.653$MPa，溢流坝段 $f_k=0.753$、$C_k=0.485$MPa，碾压层面 $f_k=0.91$、$C_k=0.97$MPa。坝基抗滑稳定承载能力极限状态计算结果见表 1，从计算结果可知，坝基和碾压层面的抗滑稳定承载能力满足要求。在坝体强度极限状态计算方面，坝体在各种作用组合下坝踵垂直应力均未出现拉应力，而短期组合（施工期库空情况）下游坝面的垂直应力均为压应力，坝基垂直正应力最大值为 2.87MPa，小于基岩的允许承载力和混凝土的允许抗压强度承载力，满足规范要求。

表 1 坝基抗滑稳定承载力极限状态计算结果 t

| 作用组合 | 挡水坝段 | | 溢流坝段 | |
|---|---|---|---|---|
| | $\gamma_0\psi S(\cdot)$ | $R(\cdot)/\gamma_{d1}$ | $\gamma_0\psi S(\cdot)$ | $R(\cdot)/\gamma_{d1}$ |
| 基本组合（正常水位） | 4812 | 5420 | 7052 | 7348 |
| 偶然组合（校核水位） | 3649 | 4704 | 5088 | 7095 |

两岸坝基很陡，挡水坝段不设永久缝。坝体分 6 个坝段，长度从左至右依次为 27.32m、31m、30m、30m、27m、19.26m，通仓碾压施工，诱导缝分缝型式，切缝机形成。横缝上游面设两道铜片止水、下游面设铜片和橡胶止水各一道，止水区域采用变态混凝土，沥青木板分隔。坝体采用富胶凝二级配碾压混凝土防渗型式，上游面防渗层厚度自上而下从 2m 渐变至 6.5m，上下游坝面采用 0.5m 厚的变态混凝土。碾压层面施工缝须做冲毛处理并铺设 1.5～2cm 的水泥砂浆。

坝体共设 2 层廊道，底层为基础灌浆及排水廊道，上层 783 廊道为交通及观测廊道。竖向交通布置于右岸山体内，并采取厂坝电梯井联合布置方式。

大坝基础常态混凝土和坝体碾压混凝土均掺 10%的复合膨胀剂（替代粉煤灰），上游面二级配防渗碾压混凝土厚 2～6.5m、强度等级 C90-20、抗渗标号 W8；坝体大体积三级配碾压混凝土为 C90-15、抗渗标号 W4；坝基垫层常态混凝土为 C90-20、抗渗标号 W8；台阶溢流面采用 2m 厚的变态混凝土，强度等级 C90-20；溢流堰头采用 C28-25 常态混凝土，闸墩为 C28-30 常态混凝土。

（中国水电贵阳勘测设计研究院 龙起煌）

# 引子渡水电站混凝土面板堆石坝设计

（一）概述

引子渡水电站面板堆石坝为2级建筑物，按100年一遇洪水设计，相应洪水位1086.86m；按5000年一遇洪水校核，相应洪水位1091.09m；正常蓄水位1086.00m，死水位1052.00m。电站已于2003年4月10日正式下闸蓄水，2003年5月10日充水和运行调试，5月28日首台机正式并网发电，大坝运行状况良好。

（二）地质地形条件

大坝坐落在三叠系大治组（$T_{1d}$）和二叠系大隆组（$P_{2d}$）、长兴组（$P_{2c}$）地层上。坝址区地质为单斜构造，岩层产状NE55°～65°、NW∠25°～40°，倾向下游偏左岸。$T_{1d}^{2}$地层厚度较薄，普遍发育层间小褶曲。坝址区裂隙较发育，以NE34°～47°、SE∠59°～72°和NW29°～34°、SW∠83°～90°两组裂隙最为发育，连续性较差，张开1～3mm，主要充填方解石脉。坝基岩体主要为薄层灰岩夹泥岩，左岸风化较浅，右岸岩体风化较左岸强烈。趾板置于弱风化岩体上，左岸基础跨越$T_{1d}^{2-4}$～$T_{1d}^{1}$地层，其中$T_{1d}^{2-4}$层为中厚层灰岩夹薄层、极薄层灰岩，$T_{1d}^{2-1}$、$T_{1d}^{2-2}$、$T_{1d}^{2-3}$层主要为薄层、极薄层灰岩夹泥岩，$T_{1d}^{1}$层为薄层灰岩与泥灰岩及泥岩互层。河床部位趾板基础主要为$T_{1d}^{1}$层薄层灰岩与泥灰岩及泥岩互层。右岸趾板基础跨越$T_{1d}^{2-3}$～$T_{1d}^{1}$地层。

两岸坡堆积物分布，左岸主要在990m高程以下，为崩塌堆积物，厚度较薄，一般厚3～5m。右岸堆积物分布在980～1060m高程，厚度15～33m；在蠕变体及后缘上部的岩体中，发育张裂缝，宽度一般1～5cm，部分张裂缝由于常年流水，溶蚀加宽至20～40cm。

（三）坝体布置设计

混凝土面板堆石坝坝轴线方位NW85°，坝顶高程1092.50m，最大坝高129.50m，坝顶长约276m，坝顶宽度10.6m，坝底宽约380m，上游坝坡为1∶1.4，下游局部坝坡1∶1.222，坝体填筑总方量约310万$m^3$。左岸坝肩与溢洪道之间采用锚固技术，将坝体与溢洪之间的岩埂保留，减少坝体与溢洪道间的施工干扰。右坝肩边坡采用削坡减载、挂网喷锚等处理方式，以保证右岸顺向坡的稳定。下游围堰与坝体结合，成为大坝的一部分。

（四）坝体分区设计

坝体填筑材料从上游至下游共分垫层区（2A）、过渡区（3A）、主堆石区（3B）、次堆石区（3C）、排水堆石区（3F）、上游防渗区（混凝土面板）和防渗补强区（1A、1B）六个区。

（1）垫层区，上下等宽，均为3.0m，在坝基和岸坡部位向下游延伸20m。采用溢洪道开挖料中的新鲜灰岩料层经人工破碎及筛分，并按设计要求比例掺配而成。小区料设在周边缝下游延长渗径区段，施工铺筑层厚20cm，用平板振动夯板夯实。

（2）过渡区，位于垫层区与主堆石区之间，顶宽3.00m，顶高与垫层料齐平。下游坡按1∶1.36设计。岸坡和坝基部位，向下游延伸，将垫层料包住。直接用符合级配要求的洞渣料与垫层料同层碾压。

（3）次堆石区，靠近下游坝坡，其上游端点距坝轴线3.00m，上游坡1∶0.5，顶部高程1070.00m，底部高程1000.00m。

（4）主堆石区，是面板坝的主体，采用溢洪道开挖料，碾压层厚为80cm，最大颗粒粒径不大于800mm，小于5mm的颗粒含量不得超过20%，小于0.075mm的颗粒含量不得超过8%。

（5）堆石排水区，位于次堆石底1000.00m高程与基础之间，能自由排水。

（6）上游防渗补强区，在上游坝面1029.00m高程以下设置了黏土石渣铺盖，顶宽1.8m，上游坡1∶1.533,下游面紧贴面板和趾板，铺盖上面铺设保护石渣，保护面石渣顶宽4.00m，上游坡度1∶2.0；此外，沿两岸周边缝，黏土铺盖从1029.00m高程一直延伸到死水位1052.00m高程。要求回填黏土的渗透系数不大于$n\times10^{-5}$cm/s（$n=1\sim9$），用运输机械分层压实。回填石渣为任意料，要求用运输机械与黏土料同时分层压实。

坝体主要采用溢洪道开挖灰岩料填筑，省去了专门的料场，降低了填筑单价，节省了工程投资，减少水土流失，也能最大限度地保护环境。其填筑料主要有$T_{1d}^{1}$薄层含泥质灰岩与泥灰岩，泥岩夹层、$T_{1d}^{2}$薄层、极薄层夹中厚层灰岩，少量泥岩、$T_{1d}^{3}$薄层夹中厚层灰岩。筑坝材料分区及填筑参数控制标准见表1。

（五）防渗体系

面板厚度按$h=0.3+0.0035H$（m）确定，顶部厚0.3m，底部厚0.734m；面板总面积11961$m^2$，共分16块，宽15m。采用二级配C25，抗渗等级W12，抗冻等级F100。

趾板厚0.8～1.0m，采用其水平（宽度）方向与准线（Z点连线）方向垂直的布置形式。连续、不设永久缝的等宽窄趾板可减小两岸边坡开挖量，缩短工期，特别是减少对右岸顺向坡岩石的切脚破坏，减少边坡加固处理难度，有利于上游边坡的稳定并可化周边缝止水结构。趾板宽度在左岸 1000m 高程以上为 4.5m，左岸 1000m 高程以下和河床及右岸趾板宽 6.0m。后接水平长度 15～20m 的挂网喷混凝土区以满足防渗所需的渗径要求。

表 1 筑坝材料分区及碾压参数控制表

| 材料分区 | 填筑材料 | 最大粒径 $D_{max}$（mm） | $D$<5mm $P$（%） | $D$<0.075mm$P$（%） | 设计干密度（g/cm³） | 孔隙率 $n$（%） | 碾压层厚（cm） | 碾压遍数 |
|---|---|---|---|---|---|---|---|---|
| 垫层区（2A） | 人工破碎和筛分后的灰岩料 | <80 | 35～55 | 5～8 | 2.205 | 19.15 | 40 | 8 |
| 特殊垫层区（2B） | | <40 | | | | | | |
| 过渡区（3A） | 灰岩料和洞渣料加工而成 | <300 | 10～20 | 0～5 | 2.19 | 19.66 | 40 | 8 |
| 主堆石区（3B） | 溢洪道开挖料中的 $T_{1d}^{2}$～$T_{1d}^{2}$ 层灰岩料 | <800 | <20 | 0～5 | 2.18 | 20 | 80 | 8 |
| 主堆石特别碾压区(3B) | | <400 | | | | | | |
| 次堆石区（3C） | 溢洪道开挖料中较差的料和坝肩开挖料 | <800 | <20 | 0～5 | 2.12 | 20 | 160 | 8 |
| 主堆石排水区（3F） | 同主堆石区料 | <800 | <20 | 0～5 | 2.12 | 22 | 160 | 8 |
| 上游防渗补强区（1A、1B） | 粘土、全风化料、开挖弃渣 | | | | | | | |

接缝止水分为五种形式。周边缝采用止水与自愈相结合的结构型式，采用不锈钢止水。为便于施工，避免中部止水带影响趾板混凝土浇筑质量，结构缝按上、下 2 道止水，即底部波纹不锈钢止水片、顶部柔性嵌缝填料止水。在顶部表面加设粉煤灰条带，进一步提高周边缝破坏后的自愈能力，用带孔不锈钢罩保护，罩内铺设土工毡。压性缝用橡胶止水带把底部不锈钢止水片与顶部柔性填料连为一体，形成 1 道完整的封闭止水系统，使顶部和底部 2 道止水都能独立承担起止水作用。

帷幕灌浆的防渗标准按 2 级建筑物设计，要求 $\omega \leqslant 3Lu$。根据左右岸不同的渗漏特点，帷幕接相对可靠隔水层 $T_{1d}^{1}$。左岸帷幕长约 160m，河床趾板段帷幕长约 480m，右岸帷幕长 195m。左岸岸坡趾板段、河床趾板段及右岸岸坡帷幕灌浆为单排孔，右岸岸坡段趾板由于存在张裂隙，另增设一排总长约 830m 的加强帷幕。总体防渗面积约 11961m²，总灌浆量约 4.65 万 m。

（中国水电贵阳勘测设计研究院 姚元成）

## 洪家渡水电站混凝土面板堆石坝设计

（一）坝体布置

洪家渡水电站枢纽由混凝土面板堆石坝、洞式溢洪道、泄洪洞、引水发电系统和坝后地面厂房等建筑物组成。坝址区河段长约 1.5km，河流由 SW45°转向 SE45°形成向西凸出的直角形，其下游为坝址，河谷呈不对称 V 形。左岸两层高达 100m 以上陡壁，其间为宽约 80～120m 泥页岩缓坡；右岸为 25°～40°的中、缓坡。河床水下地形平缓，无深槽。坝段处为一单斜构造，河床有少量砂卵砾石冲积层，两岸局部有碎石、块石及黏土坡崩积层，区内无大的断层和顺河向断层。坝区地震基本烈度为Ⅵ度。

洪家渡混凝土面板堆石坝为 1 级建筑物。按 500 年一遇洪水设计，相应水位 1141.34m，按可能最大洪水校核。最大坝高 179.50m，坝顶高程 1147.50m，坝顶长 427.79m，顶宽 10.95m，上、下游坝坡 1∶1.4，趾板建基面高程 968.2m。防浪墙高 6.0m，上游设 0.65m 宽的交通观测平台。坝顶下游侧设高 4.8m 的“L”形钢筋混凝土挡土墙。坝后设 3 层宽 7m、12%纵坡“之”字形上坝公路，局部边坡 1∶1.25，平均边坡 1∶1.4。坝体填筑方量约 900 万 m³。

（二）坝体断面分区

坝体材料分垫层区（2A）、过渡区（3A）、主堆石区（3B）、次堆石区（3C）、排水堆石区（3E）及上游防渗区（混凝土面板）和防渗补强区（1A、1B）七个区域。此外，周边缝底部设特别级配区（2B），左右岸陡边坡部位设特别碾压区（3BB）。

垫层料（2A）用灰岩，经人工破碎筛分后配制，根据抗渗强度及施工的需要，取垫层料水平宽 4m，试验渗透系数为 $1.5\times10^{-3}$ cm/s，最大粒径 40～

100mm，设计干密度 2.205g/cm³，孔隙率 19.14%。过渡料（3A）由料场直接爆破开挖，顶宽 4m，底宽 11m，最大粒径 200～400mm，设计干密度 2.19g/cm³，孔隙率 19.69%。主堆石料（3B）为料场爆破开采料，最大粒径 500～800mm，设计干密度 2.181g/cm³，孔隙率 20.02%。次堆石料（3C）为料场爆破开挖料和建筑物开挖石渣，不严格要求级配，废料利用率 75%；次堆石料位于坝体受力最小部位，该区置于下游坝坡附近，最大粒径 500～1600mm；前期因碾压密实达不到要求，铺层厚度按 1.2m 控制，设计干密度 2.12g/cm³，孔隙率 22.26%；后期采用冲碾压实技术，铺层厚度 1.6m，设计干密度 2.181g/cm³，孔隙率 20.02%。为保证排水堆石区排水顺畅，堆石排水料（3E）级配要求同主堆石料，设计干密度 2.12kg/cm³，孔隙率 22.26%。上游防渗补强区铺至泄洪洞底板高程 1056m，黏土铺盖（1B）顶宽 5m，上游坡 1∶1.6；盖重石渣（1A）顶宽 8m，上游坡 1∶2；两岸沿周边缝铺至死水位 1076m 高程。本工程坝料压实干密度检测方法以挖坑灌水法为主，为加快施工进度，减少施工干扰，辅以附加质量法。

（三）坝基处理

在坝基及两岸边坡开挖中，揭露出的主要地质缺陷为溶沟溶槽及溶洞、破碎带、涌（泉）水、倒悬、陡坎（$H \leqslant 5$m）、陡坡（$H > 5$m，坡度$\leqslant 73°$）、陡壁（$H > 5$m，坡度$> 73°$）。

对开口宽度小于 5m、振动碾不能到达的溶沟溶槽用 C15 块石混凝土回填。坝基开挖揭露的溶洞，将洞口段的充填物清除后，用 C15 块石混凝土回填并进行回填灌浆处理。小涌（泉）水点清除出水点空腔及周边的松动块石淤沙，用塑料排水盲材进行反滤过渡。在坝基下游揭露的 W120 泉水点，填筑前估测流量约（15～100）L/s，采用封闭泉水条带、埋管引排处理。趾板区岸坡及坝轴线上游侧岸坡出露的倒悬和陡坎采用混凝土回填处理（C15，三级配）。倒悬和陡坎处理后坡度应不大于 1∶0.3～1∶0.5；坝轴线上游的陡坡和陡壁经混凝土回填处理后坡度仍大于 1∶0.5 的陡坡，填筑时，在距陡坡面 30m 范围内，按特别碾压区料（3BB）施工要求进行碾压，以降低堆石沿陡坡面的变形量。但对高度较大（高度 8m 以上）的陡边坡浇贴坡混凝土与填筑施工干扰大，进度很难满足要求，经试验研究，决定采用垫层料掺加水泥和少量水的碾压干贫混凝土进行处理。每方垫层料掺水泥 50kg，加水量 4%～5%，铺层厚 40cm，先静碾 1 遍，再振碾 6 遍，然后再静碾 2 遍，干贫混凝土干密度可达 2.25g/cm³，抗压强度相当于 C5～C7 的低标号混凝土，成本投入低，施工进度与堆石填筑同步。

坝基内的勘探平洞全部采用混凝土回填，并进行回填灌浆处理。地质勘探钻孔均用水泥砂浆回填处理。

对出现在右岸趾板的大溶塌堆积体和左岸趾板的溶蚀破碎带全部挖除后，用混凝土（C20，三级配）回填修补，形成混凝土趾板和坝基基础。趾板部位断层破碎带采用开挖后回填混凝土处理，开挖深为 0.5 倍破碎带宽度，开口宽度为 2 倍破碎带宽度，然后用 C20 混凝土回填，形成混凝土塞，并进行深 15m 的固结灌浆处理。

（四）趾板及面板

趾板为等宽连续窄趾板。选用水平（宽度）方向与准线（Z 点连线）方向垂直的布置形式，宽度采取“$4.5+L_1$”的布置方式。为满足多排帷幕灌浆要求，趾板开挖区宽度均为 4.5m，然后根据水头大小确定挂网喷混凝土区防渗所需渗径大小 $L_1$。这样可使趾板开挖宽度较传统布置减少约 1.5～5.5m，从而大大减少了高边坡岩石开挖量。纵向采取连续、不设永久缝的布置方式，可减少伸缩缝中的止水与周边缝止水片结构及其连接的施工难度。为避免连续趾板出现收缩裂缝，混凝土为聚丙烯纤维低热微膨胀混凝土（强度标号同面板混凝土）。在施工中趾板采取分序浇筑，Ⅰ序块长 15～20m，Ⅱ序块长 1～2m。为加强岸坡段趾板Ⅱ序块与Ⅰ序块混凝土施工缝的接缝质量，充分利用混凝土自重作用对缝面混凝土浇筑密实的有利作用，在此对趾板Ⅰ序块低端施工缝缝面结构作正坡斜面处理。趾板按单层双向配筋，每向含筋率 0.4%。趾板钢筋与深 7～9m 的锚杆相连。趾板基础上下游侧各设 2 排深 10～15m 的深孔固结灌浆。中部为 2 排帷幕灌浆。趾板后坡渗径延长区河床水平段长 30m 和两岸坡段长 20m，都挂网锚杆，喷聚丙烯混凝土，并进行固结灌浆。

钢筋混凝土面板总面积 7.51 万 m²，面板最大斜长 298.5m，厚 0.3～0.91m，最大水力梯度 161（$<200$）。面板分缝宽度均为 15m，共 28 块（左岸 11 块，右岸 17 块）。面板混凝土为二级配 C30，抗渗等级 W12，抗冻等级 F100，水灰比 0.45～0.55。混凝土按双层钢筋配筋，纵向配筋率 0.4%，横向配筋率 0.3%。按 1025m、1100m 高程分三期施工。采用“聚丙烯纤维收缩补偿混凝土＋双层配筋＋保温保湿养护”防裂抗裂措施。

（五）周边缝

面板与趾板间设周边缝，采用止水与自愈相结合的结构型式。与传统设计相比，现行接缝有如下特点：

（1）取消中部止水带，保留缝面沥青乳剂和硬木垫板（厚 12mm），从而避免了中部止水带造成的缝两侧混凝土浇筑可能出现缺陷成为止水薄弱环节的弊端。

（2）加强顶部嵌缝填料的保护，顶部的平板塑料盖片改为富有弹性并具有强度的三复合橡胶片，相当于中部桥型橡胶片移至表面，加筋橡胶片的隆起长度要能满足周边缝张开的要求，两侧用扁钢及膨胀螺栓固定在趾板和面板上。

（3）表面加设粉煤灰条带，进一步提高因周边缝破坏后的自愈能力，用带孔不锈钢片保护，在两岸黏土覆盖区，不锈钢片保护罩上设加筋环，配合设在岸边趾板上的踏步，共同起防止黏土沿周边缝滑移的作用。

（4）在缝底设置特别级配区（2B），以避免粉煤灰流失，确保自愈措施的实现。

（六）采用的新技术新材料

洪家渡面板坝长高比为2.38，属狭窄河谷面板堆石坝，三维效应显著，后期沉降变形大，面板变形梯度大。为减少后期沉降，工程中采用了多项新技术新材料，主要有：

（1）率先采用等宽连续窄趾，大大减少坝肩开挖量，简化周边缝止水结构。

（2）率先在次堆石区引入冲碾压实技术，使次堆石区填筑干密度与主堆石区一致，大坝主、次堆石实际上成为均一密实体，大坝沉降和水平位移将大为减少。

（3）首次引入附加质量法用于坝料干密度辅助检测。

（4）首次对大坝上游坡面进行削坡超高处理。

（5）大坝上游坡面垫层料采用改性阳离子乳化沥青保护。

（6）周边缝采用止水与自愈相结合的新型式，顶部设富有弹性及具有强度的三复合盖片。

（7）面板采用“聚丙烯纤维收缩补偿混凝土＋双层配筋＋保温保湿养护”防裂抗裂措施。

（8）坝内陡边坡采用垫层料掺加水泥和少量水的碾压干贫混凝土进行处理。

（9）大坝特设纵向位移观测条带，以观测狭窄河谷高面板坝拱效应。

（10）坝内设渗流截水沟，对坝体渗流进行分区观测。

（11）在两岸坝内渗流截水沟盖板上采用塑料盲沟材作反滤保护。

（12）在混凝土结构缝中采用L600低发泡聚乙烯闭孔塑料板替代原来的三油二毡填缝材料。

（13）接缝铜止水片复合GB板，止水更可靠。

（14）施工缝采用高质量GBW遇水膨胀止水条替代原来的651止水带。

（15）面板微渗水用帕斯卡防水材料封堵。

（中国水电贵阳勘测设计研究院　杨泽艳）

# 厂　房　设　计

## 三峡左岸电站厂房的几个结构设计

### 一、1～6号机组段与大坝联合受力

三峡大坝左岸电站厂房1～5号坝段位于左岸山体及临江斜坡上，建基面高程85～90m；左岸电站厂房位于坝后，主厂房建基面高程为22.2m，开挖后二者之间临时高差最大为67.8m，永久坡高最大为39m，坡度约54°。该段坝基缓倾角裂隙相对发育，深层抗滑稳定问题一直令人关注。

经多种方案计算分析，为保证坝基抗滑稳定，对左岸电站厂房1～6号机组段提出了每延米提供20000kN阻滑力的要求，为此采取了如下工程措施：

（1）主厂房高程50m以下大体积混凝土与下游岩坡紧靠，并采取接缝灌浆措施，保证结合紧密；同时对电站尾水渠一定范围内进行固结灌浆，确保厂房及下游岩体有效地对大坝提供阻滑力。

（2）在厂房尾水管底板下游侧23.6m高程处增设纵向帷幕灌浆排水廊道，并在安Ⅱ段和安Ⅲ段左侧各设置一条顺河向帷幕灌浆廊道，从而在1～6号机组段形成封闭的抽排系统，以降低大坝和厂房建基面的扬压力。

经采取以上综合工程措施后，确保厂房1～6号机组段与大坝联合受力，使厂坝整体深层抗滑稳定满足设计要求。

### 二、电站采用单进口小孔口型式

三峡左岸电站进水口有如下工作特点：

（1）规模大。单机最大引用流量966.4$m^3/s$，引

水管道内径12.4m，总长约170.0m。

(2) 运行水位变幅大、水头高。初期电站运行在低水位135.0m，后期运行最高水位175.0m，水位变幅达40m以上；正常运用时，进口底坎水深约67.0m。

(3) 进口处的大坝宽度为25.0m，相对较小；两侧墩墙厚度仅约为0.5倍管道直径。

因此在进水口设计时，要求尽量缩小孔口尺寸、闸门尺寸，以便减小对坝体的削弱，同时为尽量减少水头损失，重视流道体形优化，要求将检修闸门布置在上游坝面。基于上述考虑，研究过单进口与双进口两种布置方案。

(1) 从水力条件看。双进口方案双孔进水面积大，进口段流速较单进口方案为小，从减小流速水头的角度考虑是有利的。但由于双进口设置中墩，水流在墩尾交汇，体形不利，与沿程及局部损失有关的水力损失系数反较单进口为大。模型试验结果还表明：双进口方案不仅进口段的水头损失略大于单进口方案，而且从拦污栅至管道末端的总水头损失也略大于单进口方案。双进口方案进口流态略好于单进口方案，单进口方案在最低运行水位135m时，完全满足进水口规范对淹没深度的要求，并且留有一定的安全裕度；此外两种方案流道的流速和压力变化均匀，流态稳定。

(2) 从金属结构看。两个方案金属结构技术上均属可行的，但闸门和启闭机工程量，双进口方案较单进口方案为多。

(3) 从坝体结构应力看。单进口对坝体宽度削弱38%，双进口削弱52%，静力计算表明，双进口方案孔口边缘最大拉应力为6.75MPa，较单进口方案大2倍；在地震动力荷载作用下，双进口方案的动应力要比单进口方案平均大8%～17.8%。

综上所述，从水力条件、金属结构配置、坝体应力、运行及施工条件、工程量和投资等综合分析比较，单进口方案优于双进口方案，故采用单进口方案。

（三）水轮机蜗壳充水加压浇筑混凝土

三峡左岸电站水轮机蜗壳体型巨大，沿厂房轴线约34.3m，入口直径12.4m，为增加蜗壳刚度，提高其抗振性能，参考国外单机容量相同，且已运行多年的伊泰普电站、大古力第三电厂、古里电站等水电站的经验，采用蜗壳充水加压浇筑混凝土方案。

三峡左岸电站初期运行时，蜗壳中心水头最小为78m。后期运行时，按防洪限制水位145m计，蜗壳中心水头最小为88m；按正常蓄水位175m计，蜗壳中心水头为118m。根据外包混凝土对钢蜗壳约束有利于消除或减小机组振动的认识，要求上述工况中，钢蜗壳与其外包混凝土之间避免出现间隙。

钢蜗壳承担的水头应为两阶段分担水头之和，而外包混凝土承担的则只是联合受力阶段所分担的水头值。鉴于三峡左岸电站水轮机钢蜗壳是按承担全部水头设计制造的，在运行水头一定情况下，蜗壳浇筑混凝土时的充水加压水头（保压水头）越小，剩余水头越大，外包混凝土分担水头越多，受力越不利，反之亦然。因此，在满足钢蜗壳与外包混凝土贴合条件下，保压水头值宜尽量取大。

按蜗壳运行条件，考虑了3种保压水头（70m、78m、88m）、3类计算模型和2种钢管段进厂前约束条件，经相互组合后共得18个计算方案。计算表明，蜗壳充水压力为78m水头计算方案，可满足蜗壳与外包混凝土贴合，联合受力。

根据以上研究，再考虑温度因素和施工因素，最后确定蜗壳充水加压水头为70m，并按此配置钢筋。

（四）主厂房屋顶采用大跨度网架

1. 厂房上部结构布置　主厂房高程67～114.50m，上、下游侧为实体墙，墙高47.5m。在高程93.30m处，布置有大桥机支承牛腿，在此高程以下，上、下游墙厚分别为2.2m和2m；高程93.30～111.00m，墙厚为1.50m，其中在高程105.50m处，布置有小桥机支承牛腿；在111.00m高程处，布置有屋顶大跨度网架支座，以上至114.50m高程，墙厚为1.0m。屋盖采用钢筋混凝土面板，设有专门的保温层。

2. 上部结构的工作特点

(1) 需考虑机组安装、运行与检修等各种工况。机组安装在主厂房封顶后进行。分析表明，当2台大桥机并车吊转子，考虑刹车并计入温度作用时为最不利工况。需要将屋架与墙体按固定铰支座相连，以便传递水平力。

(2) 抗振要求严格。三峡左岸电站单机容量大，厂房规模大，上部结构应具有防止地震作用和机组诱发振动的结构特性，以保障正常运用。

(3) 墙体高度较大。主厂房上、下游墙体高度较大，为增加刚度，需考虑用屋架将上、下游墙连为整体，以便相互约束墙顶位移，实现两墙刚度互补，以满足设计要求。

2. 屋顶网架结构选择

经综合比较，鉴于三峡左岸电站主厂房上部结构需连接为整体结构，以满足结构受力、变形和抗振要求，并考虑到建筑效果，最后选定为梯形钢网架方案。

（长江勘测规划设计研究院　陈万阳
符志远　谢红兵）

# 龙滩水电站大型地下厂房洞室群设计

（一）洞室群布置

龙滩水电站装机9台，单机容量700MW。引水发电系统大型地下厂房洞室群布置在坝址下游左岸地下，有主厂房、主变压器洞、3个尾水调压井、9条引水洞、9条母线洞、3条尾水洞等主要洞室，还有交通、通风、出线、排水系统的廊道、竖井及各层施工通道。主厂房上部全断面开挖尺寸398.5m×28.9m×55.7m（长×宽×高，以下同)，下部为机坑开挖，最大开挖高度75.1m。主变压器洞全断面外挖尺寸400.0m×19.8m×20.7m。1号尾水调压井开挖尺寸68.3m×20.05m×84.31m，2号、3号尾水调压井开挖尺寸76.7m（3号95.85m）×22.73m×63.35m。引水洞、尾水洞开挖直径分别为11.2m、22.6m。主厂房洞室靠河岸最近约160m，上覆岩体厚度120～240m。主厂房、主变压器洞、尾水调压井及3条尾水洞依次平行布置，其纵轴线方位NW50°。主厂房、主变压器洞及尾水调压井之间岩墙厚度分别为43m、27.46m。1号、2号尾水调压井间岩柱厚度61m，2号、3号尾水调压井间岩柱厚度26.4m。厂房地下洞室群设计洞挖量317.3万$m^3$（不含施工支洞洞挖量)。

（二）洞室稳定分析

三大主洞室置于中陡倾角层状结构的围岩内，围岩主要岩性为砂岩、粉砂岩、泥板岩夹少量灰岩，多为中厚层互层状软硬相间的层状结构岩体，岩层为单斜构造并倾向厂房下游侧，岩层产状为345°～350°、NE55°～62°。主洞室布置区围岩强度较高，饱和抗压强度砂岩为130MPa、泥板岩为40～80MPa。围岩变形模量13～20GPa。水文地质条件较简单，多为裂隙水，表现为沿断层、层间错动或结构面交汇处渗（滴）水，岩体透水性较小。

厂区地应力场以水平应力为主，属中等量级构造应力场。最大主应力近水平分布，方位280°～330°，平均量值12MPa。垂直主厂房上下游边墙方向的侧压力系数为1.5～1.9。

洞室布置区内对围岩稳定影响较大的主要是层间错动或层间断层。层面及层间错动的发育和中陡的岩层倾角，对主厂房和调压井的上下游高边墙稳定不利，表现为层状岩体在上游边墙顺层剪切滑移，在下游边墙倾倒蠕变。

龙滩地下洞室群大部分洞段处于Ⅱ、Ⅲ类围岩内，岩体的地质条件能满足大型地下洞室群成洞后围岩稳定要求。块体稳定计算分析认为，主洞室开挖临空后围岩内形成的大部分楔形体自身是稳定的。有限元计算表明，陡倾角层状岩体中的地下洞室群围岩的变形具有明显的非对称特征，围岩在开挖过程中明显沿层面错动。主洞室上下游边墙的变形机理不同，上游侧边墙的岩体在沿层面滑动的同时，在垂直层面的方向上略有张开；下游侧边墙的岩体则在向洞内倾倒的同时顺层上移；主洞室开挖后周边围岩变形小于80mm，围岩最大主压应力34.5MPa，主厂房与主变压器洞之间的岩体没有塑性贯通区域，主变压器洞与调压井间受断层控制的区域形成局部的塑性连通区域，支护锚杆应力最大240MPa。总的来看，考虑支护后，龙滩水电站地下洞室群围岩是稳定的。

（三）洞室围岩支护设计

龙滩水电站地下洞室群支护设计以充分发挥围岩的自承作用为准则，以锚喷支护为主，采用动态化监控、信息化设计。锚喷支护参数设计以工程类比法为主，初选支护参数；按极限平衡理论计算法进行局部稳定和支护承载力验算，调整支护参数；采取有限元计算法评价支护整体加固效果，提出加强支护重点部位；坚持现场监控法，及时完善支护参数。

结合三大洞室围岩为典型中陡倾角层状岩体，上游边墙及左端墙岩体顺层剪切滑移变形，下游边墙及右端墙岩体倾倒蠕变等具体情况，根据不同部位要求，考虑关键线路工期、材料性能及经济性等采用不同类型喷射混凝土。洞室交叉部位超前锁口支护。考虑锚索施工进度及耐久性能要求，采用防腐、一次注浆的无黏结预应力锚索。主厂房、尾水调压井两高边墙、大跨度洞室，采用长、短相间锚杆支护，长锚杆为快凝、缓凝水泥药卷一次灌注的预应力锚杆，短锚杆为普通水泥砂浆锚杆。主厂房支护采用不挂网喷钢纤维混凝土加快施工进度，尾水调压井、主变压器洞采用挂网喷聚丙烯微纤维混凝土，一般洞室采用素喷混凝土。主厂房岩锚吊车梁上下部位、主厂房及尾水调压井高边墙中部变位大、塑性区深的部位乃加预应力锚索加强支护。

（四）渗流控制措施

龙滩水电站岩体透水性较小，地下水多为裂隙水。绕主厂房和主变压器洞外围20～30m位置设计4层排水廊道并在上、下层排水廊道之间设排水幕孔，形成封闭排水幕圈；同时沿厂房上游的第三层排水廊道在进厂前下平段压力钢管上部施打长排水减压孔，构成地下厂房区渗流排水及减压系统，减少渗流和外水压力，确保地下洞室群围岩稳定和厂房运行安全。

（中国水电中南勘测设计研究院 张孝松）

# 索风营水电站地下厂房设计

(一) 厂房布置概况

索风营水电站厂房布置于大坝下游右岸山体内，形成由引水洞下平段、主副厂房、安装间、主变压器及GIS开关洞、母线洞、厂坝电梯井、尾水洞、窑洞式出线平台和交通洞等30多个洞室组成的大型地下洞室群。地下厂房全长135.5m、宽24m、高58.405m，安装3台单机容量200MW的混流式水轮发电机组，单机引用流量327.6m³/s。主变压器和GIS开关站均布置于地下，采用出线窑洞以220kV电压等级出线3回。

(二) 地下厂房建筑物工程地质条件

地下厂房洞室围岩从上至下依次为$T_1y^{2-3}$厚层块状灰岩，$T_1y^{2-2}$薄、中厚层夹极薄层灰岩、泥质灰岩，$T_1y^{2-1}$极薄、薄层灰岩、泥质灰岩夹少量泥岩。岩层倾向上游，倾角20°～22°，岩层产状NE65°～80°、SE∠20°～28°。厂区无大型断裂结构面，但层间错动及夹层极其发育，主要有fj2、fj3、fj4、fj5、fj6等层间错动面和其他岩屑夹泥型软弱夹层，宽0.5～30cm，充填黏土、炭质、岩屑及方解石，面平直，连续性好。岩溶发育主要受NE70°结构面（裂隙）及层面或层间错动带控制，岩溶形态主要呈缝状或带状。

洞室开挖揭露地层主要为$T_1y^{2-3}$、$T_1y^{2-2}$地层，除局部见溶蚀现象，大部分岩体完整性较好，洞室稳定性较好。主厂房NE侧及安装间下游侧边墙揭露fj5，顺fj5层间错动带发育溶洞，下游边墙上溶洞最大宽约1.5m，充填黄泥夹岩屑。

厂区范围内地应力以自重应力和EW向挤压应力为主，最大主应力值为14MPa左右，地应力属中等量级，与厂房纵轴线交角小于30°。

(三) 地下厂房建筑物设计

1. 地下厂房

厂房由主机间、右安装间和左副厂房组成，呈"一"字形排列，位于坝轴线下游，距坝肩约50m、埋深150～300m的右岸山体内。厂房轴线方位NE68°。左副厂房长17m，宽21.6m，高21.115m；安装间长45m，宽24m，高21.115m，主机间机组中心距24m。厂房内布置1台2×350/80t双小车桥机，以岩锚吊车梁为桥机行走支承。

地下厂房采用全断面锚喷支护作为永久结构。对$T_1y^{2-3}$、$T_1y^{2-2}$ Ⅱ、Ⅲ类围岩，锚喷支护采用Φ28系统锚杆，分别长6m和9m，方形交错布置，间排距1.2m×1.2m。对$T_1y^{2-2}$中厚层、薄层灰岩的Ⅲ类围岩，且受fj2、fj3、fj5等层间错动影响，锚喷支护采用Φ32系统锚杆，其他参数相同。对顶拱、边墙及端墙则根据围岩情况分别喷0.15m厚的钢纤维或聚丙烯纤维混凝土，并设排水孔ϕ50，孔深4m，间排距4m×4m。对顶拱跨度大和边墙高度高，而且岩石属于层状围岩、节理裂隙发育部位，局部不稳定块体采用长22～25m、间排距2～4m、1200kN级的预应力锚索支护。对层间错动带、节理裂隙带等软弱岩体，采取如下处理措施：①对节理裂隙发育区域及软弱岩层进行固结灌浆加固；②对层间错动带夹泥层进行挖除和高压水冲洗，并采用混凝土置换，布设长锚杆或预应力锚索将混凝土塞与完整岩体连接起来。混凝土塞深为破碎带宽度的两倍，锚杆长度、预应力锚索级别及长度视实际情况而定；③交叉洞室开挖的松动带，采用钢筋混凝土衬砌和加长锚杆进行处理；④对局部渗漏水，用软式排水管加以集中引排，严重处加喷防渗剂。

2. 母线洞　三条母线洞中心距24m，城门洞型高度7.5m，宽7.0m，长度43m。一期锚喷支护采用Φ25系统锚杆，长4.5m，梅花型布置，间排距2m×2m。喷混凝土厚10cm，设排水孔ϕ50，孔深3m，间排距3m×3m。二期采用厚0.35m的C25钢筋混凝土衬砌。

3. 主变压器及GIS开关洞　位于主厂房下游侧，净距43m，与主厂房平行布置，城门洞型，洞室总长（含排风机室）85m，宽15.3m，高29.757m。主变压器洞分上、中、下三层，下层与发电机层同高程，布置3台型号为SSP10-240000/220kV主变压器，上层布置GIS开关站，中间为高压电缆层和主变排风道。顶层设有1台10t桥式起重机，以岩锚吊车梁为桥机行走支承。

主变压器洞所处地层为$T_1y^{2-2}$和$T_1y^{2-1}$中厚层、薄层灰岩，属Ⅲ类围岩，永久支护采用全断面锚喷支护，Φ28系统锚杆，分别长6m和4.5m、方形交错布置、间排距1.2m×1.2m，喷钢纤维混凝土厚0.15m。设排水孔ϕ50，孔深4m，间排距4m×4m。局部根据岩石开挖情况进行加强处理。

4. 窑洞式出线平台　根据地形地质条件、电气设备选型结合地下GIS开关站，出线平台设计成右岸陡壁窑洞式。该型式布置紧凑，与布置在地下洞室内的主变压器及220kVGIS开关站距离近，控制、运行、维护方便，工程总费用低。3个城门洞型窑洞23m×14.4m（长×宽），高12m，中心距36m。高压电缆平洞（高6.1m、宽6.5m）和出线竖井（长7m、宽6m、高72m）与开关站相连，以220kV电压等级出线3回。出线窑洞出口长10m范围内采用0.4m厚C25钢筋混凝土衬砌。一期锚喷采用Φ28系统锚杆，长 6m，梅花形布置，间排距 1.5m×1.5m，钢筋网 $\phi$8@20cm×20cm，喷混凝土厚 0.10m。$\phi$50 排水孔，孔深 4m，间排距 3m×4m。

5. 排水廊道　在主厂房和主变压器洞周围 755m、780m 高程布置两层环状排水廊道，连接各施工支洞，并利用施工支洞作排水。上层排水廊道开挖断面高 3m，宽 3m，长 694.34m；下层高 2.5m，宽 2.5m，长 690.27m；坡度均为 0.0%～9.25%；$\phi$110 排水孔，孔深 25m，间距 3m，连通上下层排水廊道。

6. 岩锚吊车梁设计　厂房内桥机最大起吊重达 7000kN、最大轮压 890kN，是目前国内在建项目最大吊车轮压之一。设计布置两排 HRB500 钢筋主拉锚杆，直径 40@50，与水平仰角为 $\alpha_1=25°$、$\alpha_2=20°$。上下侧主拉锚杆长度设置 10m 和 12m。结构措施：

（1）施工分缝，分缝间距一般不超过 25m，洞口梁体在其底下有交叉洞时不分缝。跳仓浇筑，留缝槽面积不小于梁体断面的 1/3，跨缝纵向钢筋布置。

（2）岩锚梁纵向刚度不宜太大，在地质条件差别较大或洞室边墙高度存在差别时，在梁体上设可以错开的接缝，以适应不同的梁段的变位。

（3）梁体端部用适量锚杆锚固。

（4）对梁体上部岩壁渗水，设排水沟，梁体上埋设 $\phi$100mmPVC 排水管。

（5）梁体范围内的系统锚杆深入梁体 100cm 以上。

（6）梁上部锚杆位于围岩表层的 2m 长度内涂抹沥青。

（7）在地质条件不理想和受力复杂的梁体内沿锚杆方向布置 $\phi$150mm 埋管，可以沿埋管钻深孔加锚杆或锚索进一步加固，作为一种补救措施。

（四）索风营地下厂房设计优化措施

为减少地下洞室规模，改善洞室群整体稳定性，设计采取以下措施：

（1）主厂房采用斜台式岩锚吊车梁，将机组机坑紧靠上游侧布置，仅留下游单侧通道，并将上下游的通风和防潮隔层压缩至 10cm，厂房跨度压缩 2m。

（2）利用后期发电机组机坑场地，定子在机坑内下线、叠片，将安装间长压缩 10m。

（3）贯彻“无人值班，少人值守”的原则，将中控室移至地面，利用施工支洞放置机电设备（如将汽轮机油库放置 2 号岔洞内等），将副厂房底高程抬至发电机层，副厂房高度减少 20m。

（4）采用先进仪器设备，母线洞由原来的 3 层 11.9m×6m 压缩至 1 层 7m×6m（高×宽），母线洞靠主变洞端排风竖井亦移至洞顶中央。

（5）由于主厂房与主变压器洞分别进风，原断面为 9.5m×8.6m 的进风竖井减至 4.5m×8.6m。

（6）附属洞室考虑永久洞室与临时施工支洞相结合，做到一洞多用，力求经济合理，运行管理方便。直接利用作为施工期交通的有进厂交通洞、主变压器交通洞、主变压器排风洞、主厂房排风洞。2 号、3 号、4 号施工支洞作为地下厂房进、排风洞和永久排水廊道。

（中国水电贵阳勘测设计研究院　宁华晚　韦晓明）

## 洪家渡水电站厂房设计

（一）厂房概况

洪家渡水电站装机 3 台，单机容量为 200MW，总装机容量 600MW，保证出力 171.5MW，年发电量 15.94 亿 kW·h。厂房于 2001 年 3 月开始浇混凝土，计划 2004 年 7 月第一台机组发电，2004 年 12 月三台机组全部发电。

洪家渡水电站厂房为岸边地面式厂房，位于坝脚下游左岸，主要由主厂房、上游副厂房、GIS 开关站、中控楼、尾水建筑物等建筑物组成，为二等 2 级建筑物。其基础为 $T1y^{2\text{-}4}$、$T1y^{2\text{-}5}$ 中厚层、厚层灰岩、白云质灰岩；洪水标准按 100 年一遇设计、500 年一遇校核；下游设计洪水位 994.72m，校核洪水位 996.02m；正常尾水位 981.80m，最低尾水位 978.22m。单机引用流量 165.5$m^3$/s。

（二）厂房布置设计

（1）主厂房，沿纵轴线从左至右分 1 号、2 号、3 号机组段及安装间段布置，长度分别为 32.78m、20m、20.22m、39m，总长 112.0m，其中主机间长 73m。机组间距 20m，跨度 22.5m。3 台水轮发电机组，水轮机型号为 HLS166-LJ-424，安装高程 974.00m，额定出力 204.1MW，由上海希科水电设备有限公司供货；半伞式结构发电机型号 SF200-30/9500，由哈尔滨电机厂供货。$\phi$5300mm 蝶阀型号 PDF168-WY-530，支墩层高程 969m，其下游侧与蜗壳间设伸缩节。蜗壳与外包混凝土间上部 180°范围设聚乙烯闭孔塑料板弹性垫层，厚度 20mm。水轮机层高程 976.95m 布置调整器和油压装置，发电机出线层高程 982.3m 布置封闭母线、励磁变压器和中性点设备，发电机层高程 988m 上方 1007.5m 高程设大小桥机各 1 台（大桥机 2×250t/50t，用于起吊发电机转子等重型设备；小桥机 32t，用于日常小型设备的运输起吊）。布置 2 层安装场，装卸平台兼副安装场布置于 997.50m 高程，与进厂公路同高，用于机组检修的上机架放置，其下部布置暖通系统设备室、机修间、压缩空气系统设备、汽轮机油系统设备；主安装场与发电机层同高，其下部布置检修和渗漏排水泵房和储气罐设备。

（2）主机间上游副厂房，沿纵轴线与主厂房对应分3段，中间设伸缩沉陷缝。在978.6m～997.5m高程内分4层，自下而上布置供水管路设备、发电机断路器设备、电缆、厂用电变压器设备。

（3）安装间上游副厂房，对应安装间布置，在976m～992.8m高程内分4层，自下而上布置水力机械设备备品备件室、蓄电池室、电缆层、公用控制屏室。

（4）GIS开关站，布置于主厂房上游副厂房上部，在997.5m～1023.4m高程内从下至上布置主变压器设备、电缆、GIS开关设备和220kV出线杆塔。开关设备层上部布置1台16t桥机，用于设备安装和检修吊装。

（5）中控楼，包括中控主楼和中控副楼，主楼布置于开关站右侧，其上游侧为副楼。楼底高程997.5m，楼顶高程1027.40m，布置7层，由下至上为暖通设备室层、自动化试验室层、第1电缆层、继电保护室层、第2电缆层、中央控制室层和电梯设备室层。主楼电梯连通主、副厂房、开关站。

（6）尾水建筑物，包括尾水管、尾水闸门操作平台、检修平台等。尾水管长18.3m，出口宽13.6m，设中墩，共6个出口。尾水闸门5.8m×4.4m，共设6扇检修钢闸门。操作平台高程997.5m，宽11.3m，其上布置闸门起吊设备。检修平台高程为989.0m，通常情况下都可检修尾水闸门。

（三）厂房设计特点

（1）设置厂坝挡墙以减少面板堆石坝与厂房施工的干扰。由于厂房局部侵占坝脚，坝体堆筑与厂房施工干扰。在厂房布置中，厂坝间设混凝土高挡墙将厂坝分离，挡墙兼作厂房右端墙，同时也作为厂坝间回填挡墙。挡墙下部设城门洞型8m×8m（宽×高）廊道，连接厂房基坑施工的10号施工支洞和压力钢管施工的11号施工支洞。以上布置兼顾了结构布置、场内交通、建筑物功能性的协调，确保了大坝、压力钢管和厂房能同期施工。

（2）厂房结构设计有利于加快施工进度。主厂房在997.50m高程以下上下游墙及GIS开关站上下游均采用墙式结构，有利于梁系布置，有利于大型模板施工及进度和质量的保证。各楼层板梁采用厚板和少梁结构方便施工。

（3）主厂房上部排架柱采用钢—混凝土结构及正放四角锥空间网架结构，屋面及外墙采用压型彩色钢板围护结构，进一步加快施工进度。

（中国水电贵阳勘测设计研究院 吴基昌 慕洪友）

## 引子渡水电站厂房、调压井设计

（一）概述

引子渡水电站地面厂房位于大坝下游约1.2km处右岸缓坡地段，按2级建筑物设计。主厂房安装3台混流式水轮发电机组。装机容量360MW（3×120MW），保证出力46.5MW，平均年发电量9.78亿kW·h，年利用小时数2717h。引水系统采用一洞三机联合供水方式，由岸塔式进水口、引水隧洞、调压井、压力主钢管、2个内加强月牙肋钢岔管和3条支管组成。单机引用流量147.8m$^3$/s，转轮直径3.95m。

（二）厂房布置

厂房呈“一”字形布置，纵轴线与河道走向基本一致，方位NE84°。主厂房由主机间、安装间组成，平面尺寸89.3m×26m（长×宽）。尾水平台尺寸55m×9.85m（长×宽）。副厂房分设在主厂房左、右侧和主机间上游侧。2条进厂区公路，一条为进厂公路，沿厂房后坡1025.00m高程公路进入厂房；另一条为进厂消防通道，由上游索桥处进入厂房。

（1）主厂房，主机间61.3m×26m×60.45m（长×宽×高），机组间距18.50m，净宽21.00m，安装一台跨度21m的2×200/10t双小车桥式起重机。机组安装高程968.20m。标准型Z6尾水管为整体式底板，板厚2m，分2孔出流，孔口尺寸12m×4.7m（宽×高）。圆形断面金属蜗壳，包角345°，上半圆与外包混凝土间设弹性垫层。圆筒式机墩结构，下部与蜗壳顶板相连，上部与发电机风罩及发电机层楼板整体浇筑。风罩壁厚0.5m，高度3.94m；机墩壁厚2.5m，高度5.26m。5层主机间从下至上为蝶阀支墩（廊道）层、蜗壳层、水轮机层、母线夹层和发电机层。屋顶层为网架结构屋顶。安装间位于主机间右侧，尺寸为28.00m×26.00m×20.50m（长×宽×高）。

（2）左副厂房，总高47.6m，从下至上为汽轮机油库层、空压机室层、蓄电池室层、中控室层、电缆夹层、开关室层、试验室层、通信机房层和风机室层，共9层。975.90m高程以下平面尺寸21.00m×15.00m（长×宽），分2层；高程975.90m至994.20m间平面尺寸27.00m×15.00m（长×宽），分4层；高程994.20m以上平面尺寸33.00m×17.00m（长×宽），分3层。其屋顶电梯机房尺寸8.5m×8.4m×3.4m（长×宽×高）。

（3）右副厂房，总高26.5m，从下至上为主变压器层、电缆夹层、GIS层，共3层，平面尺寸

53.25m×15.00m（长×宽）。屋顶层以上布置 2 回 220kV 出线构架。

（4）上游副厂房，从下至上为母线夹层、发电机层、电缆夹层、通风设备层、检修间层，共 5 层。平面尺寸 61.30m×6.00m（长×宽）。

（5）厂内交通，主机间设置 3 个楼梯，1、2 号机组段下游侧分置 2 部楼梯，由发电机层可至电缆夹层和水轮机层；3 号机组段上游侧布置 1 部，由发电机层至安装间层，可分别通往上游副厂房各层。另在主机间上游侧设置 3 个旋转楼梯，由水轮机层可至蜗壳层和蝶阀支墩层。安装间设置上桥机楼梯。左副厂房设置 2 个楼梯和 1 部电梯，下游侧楼梯和电梯与左副厂房各层互通，上游侧楼梯与上游副厂房各层互通。右副厂房在室外上游侧设置楼梯，与右副厂房各层互通；在屋顶设置爬梯到主厂房屋顶。

（6）厂内排水，主机间下部布置渗漏、检修集水井，上游侧设 1.5×2.0m（宽×高）城门洞型和长 65.6m 渗漏排水廊道。检修排水廊道在主机间下游侧，城门洞形断面尺寸 1.5×2.0m（宽×高），长 52m。

（7）分缝与止水，每台机组设置 1 条永久横缝，共 5 条。缝宽 2cm，布置 1 道 350mm×1.5mm 的铜片止水和 1 道 651 型橡胶止水带。橡胶止水带外侧 65cm 范围缝内嵌填沥青麻丝，内侧嵌填沥青衫板。

（三）尾水建筑物设计

尾水渠与厂房轴线斜交成 15°交角，长 26.8m，宽 51m，底板高程 958.34m～967.57m，1∶3 反坡连接，尾部设顶高程 972.00m 挡坎，倒梯形高挡边墙顶部与尾水平台同高。尾水平台高程 994.20m，宽 9.85m，其上布置 2×630kN 尾水闸门起吊门机。尾水检修平台高程为 986.00m，平台间设爬梯。尾水孔口宽 12m，设中墩。中墩上设有支点，3 个尾水孔口共用 2 扇检修闸门。

（四）调压井设计

阻抗式调压井位于引水隧洞末端，后接压力钢管，地处薄层夹中厚层灰岩，距下游侧山体厚度大于 3 倍的开挖洞径。调压井内径 18.5m，衬厚 0.8～1m；阻抗孔内径 6.5m，底板高程 1033.076m，顶部高程 1140.5m，井高 101.5m。调压井最高涌浪水位 1103.742m，调压井最低涌浪水位 1041.572m。

（中国水电贵阳勘测设计研究院　李　宇）

# 引水、泄水建筑物设计

## 桐柏抽水蓄能电站下水库面板堆石坝坝身溢洪道

（一）工程概况

桐柏抽水蓄能电站位于浙江省天台县栖霞乡百丈村，是一座日调节纯抽水蓄能电站，装机容量 1200MW。电站枢纽由上水库、下水库、输水系统、地下厂房及开关站等组成。下水库挡水坝为钢筋混凝土面板堆石坝，总库容为 1204 万 $m^3$。坝顶高程 148.25m，坝顶长 434m，坝顶宽 8m，最大坝高 70.6m；上游坝坡 1∶1.405，下游坝坡 1∶1.35，设有两级 3m 宽的道路。泄洪建筑物为右岸泄洪隧洞与面板堆石坝坝身溢洪道。

下水库集雨面积 21.4$km^2$。设计洪水标准为 200 年一遇，设计洪水位 145.60m，洪峰流量 361$m^3/s$，相应下游水位 86.06m。按 1000 年一遇洪水校核，校核洪水位 146.60m，洪峰流量 496$m^3/s$。

工程原设计溢洪道为右岸岸坡溢洪道，在施工期变更为坝身溢洪道。主要原因：

（1）流域面积较小，单宽流小较小，5%以内洪水由泄洪隧洞泄洪，溢洪道泄洪频率低。

（2）可避开右岸不良地质条件。

（3）下水库坝最大坝高为 70.6m，高度适中。

（4）作为抽水蓄能电站下水库，可迅速将下水库的水量抽至上水库，可规避意外风险。

（5）投资可大幅度降低，与右岸岸边溢洪道的投资相比，坝身溢洪道的投资节省约 40%。

（二）面板堆石坝坝身溢洪道结构布置

坝身溢洪道位于河床部位，由溢流堰、泄槽、挑流鼻坎、护坦、预挖冲坑、出水渠组成。溢流堰为驼峰堰，分 2 孔，每孔净宽 13m，中间设 1 个宽为 1m 的中墩。堰上不设闸门，堰顶高程 141.95m，比水库正常蓄水位高 0.78m。底板及边墩通过埋入堆石体的锚筋与坝体连成一体，锚筋Φ 28@300×300，$L$=480。

溢洪道泄槽为矩形，净宽 27m，坡比 1∶1.5，底板厚 60cm。下设碎石垫层和过渡层，水平宽分别为 2.0m 和 4.0m。泄槽混凝土底板通过钢筋混凝土锚固板和锚固钢筋网与大坝坝体连成一体，锚固板顺水流向长 10m，厚 0.4m，宽 13.5m，使得底板在自重、水流拖曳力、脉动压力等动水压力等作用下保持稳定。底板沿水流方向每隔 15m（水平投影长），设 1 道横缝和掺气槽，将底板分成 5 段。

挑流鼻坎基础置于弱风化的霏细斑岩和晶屑玻屑熔结凝灰岩上，基础高程 80.0m，反弧半径 8.0m，坎底高程 89.25m，坎顶高程 90.0m，挑射角 25°。与泄槽底板相接处分 1 条横缝，横缝内设置 1 道止水铜片。

（三）主要技术问题与处理

1. 基础变形的控制　面板堆石坝表面溢洪道的基础为堆石体，施工与运行过程中会产生沉降变形。对于建造在坝坡上的溢洪道，在尽可能减少不均匀变形的情况下，关键是控制坝体在溢洪道建成以后的绝对沉降变形值。不均匀的沉降变形会使底板结构缝错开或引起底板开裂，这在坝体填筑料设计、坝基整形、坝基处理和坝体填筑施工技术要求中进行充分考虑。

2. 结构稳定问题　坝身溢洪道以堆石坝体为基础，因此坝坡的稳定是坝身溢洪道能够安全运行的基础。根据工程经验，面板堆石坝具有良好的稳定性。本项目委托大连理工大学进行模型试验和结构动力分析，结论为安全系数能满足要求。

3. 溢洪道混凝土结构缝柔性处理　为吸收基础变形，限制底板开裂，坝身溢洪道混凝土横向结构缝采用结构叠合缝形式，并且与掺气槽相结合进行布置，掺气槽起挑流作用，可隔绝高速水流与伸缩缝的接触，此时的掺气槽兼有挑流和掺气功能。底板纵缝为施工缝，结构钢筋穿过；溢洪道泄槽边墙与底板纵缝内设置自由插筋，同时采用高质量的止水铜片，以增强结构缝的抗变形能力。

4. 溢洪道与大坝坝体的锚固连接　采用水平钢筋混凝土锚固板及锚固钢筋网加强坝身溢洪道自身稳定及与坝体的连接。除堰下第一段底板由底板锚固钢筋网将其与坝体堆石连成一体，并与堰体结构钢筋连接外，其余 4 段均采用锚固板和锚固钢筋网使其与坝体堆石连成一体。

（四）结束语

（1）在现有的面板坝设计和施工技术条件下，桐柏抽水蓄能电站下水库钢筋混凝土面板堆石坝下游坝上设置坝身溢洪道是可行的。

（2）桐柏抽水蓄能电站采用坝身溢洪道方案具有十分有利的条件。下水库 20 年一遇以下的洪水由隧洞泄洪，200 年一遇洪水由导流泄放洞与溢洪道联合泄洪，1000 年一遇的洪水才由溢洪道单独泄洪，单宽流量也只有 19.08m³/（s·m）。因此具有溢洪道单宽流量小，溢流机会比较少的特点。

（3）采用坝身溢洪道，不仅可以避免右岸岸边溢洪道由于深开挖而形成高边坡，简化溢洪道结构布置，而且可避开右岸不良地质条件，优化下水库枢纽布置。

（4）坝身溢洪道方案同右岸岸坡式溢洪道方案相比，可较大比例的节省单项工程投资。

（5）溢洪道部位坝体全部采用主堆石填筑、薄层碾压，可有效减少坝体的绝对沉降变形；采用无闸门自由溢流，保证了坝体泄流的安全性；采用锚固板与锚固钢筋网不仅保证了溢洪道结构自身的稳定性，而且可使溢洪道结构与坝体连成整体；将底板横向变形伸缩缝与掺气槽结合布置可有效地吸收基础变形，防止底板开裂；过渡层料和碎石垫层料较高的渗透系数可保证泄槽底板基础良好的排水性能；采用较高标号的混凝土和泄槽表面较好的平整度增强了溢洪道结构本身的抗冲刷能力。

（6）桐柏抽水蓄能电站下库坝坝高适中，碾压堆石沉降变形小，计算表明，从竣工到初次蓄水至正常蓄水位，其水平位移和坝体沉降的绝对值都不大，适宜在下游坝坡上设置坝身溢洪道。且该工程的实践可为类似工程进一步推广应用积累资料和工程技术经验。

（中国水电华东勘测设计研究院　姜忠见）

## 引子渡水电站引水隧洞设计

引子渡水电站引水发电系统布置在右岸，为一洞三机供水方式，由岸塔式进水口、引水隧洞、阻抗式调压井、压力钢（岔）管等组成，总长约 1100m。该引水系统为二级建筑物，相应的设计洪水标准为 100 年一遇洪水设计，500 年一遇洪水校核。

（一）引水隧洞设计布置

引水隧洞总长 874.718m，包括长 16m 由方（9m×10.5m）变圆（直径 10.5m）的渐变段和长 20m 直径由 10.5m 变为 8.7m 的渐变收缩段。隧洞轴线方位 N32°27′03″，纵坡 9.631%，洞线依次穿越 $P_{2c+d}$ 中厚层灰岩夹泥灰岩、$T_{1d}^{1}$ 泥页岩泥灰岩互层、$T_{1d}^{2-1}$ 薄层夹中厚层灰岩。引水隧洞洞径为 10.5m，采用钢筋混凝土衬砌，衬厚有 0.8m 及 1.0m 两种型式：其中位于 $T_{1d}^{1}$ 泥页岩泥灰岩互层上的洞段衬厚为 1.0m，该段长 383.065m；其余洞段衬厚 0.8m，长 491.653m。

隧洞末端设调压井。调压井位于 $T_{1d}^{2-1}$、$T_{1d}^{2-2}$、$T_{1d}^{2-3}$ 薄层夹中厚层灰岩，中心线与引水隧洞轴线交于 0＋874.718m 桩号，为圆筒阻抗式调压井，直径 18.5m。调压井用钢筋混凝土衬砌，衬厚有 0.8m 及 1.0m 两种型式，最大开挖断面直径 20.5m，顶部高程 1140.5m，底高程 1033.076m。调压井总高度为 107.42m，井底部阻抗孔直径为 6.5m，板厚 2m。

（二）水力计算

水头损失计算时选取引水隧洞糙率为 0.014，压力管道糙率为 0.012，单机引用流量为 147.8$m^3/s$，1、2、3 号机总的水头损失设计值分别为 6.305m、5.682m 和 4.807m。根据水力过渡过程计算结果：

（1）调压井数字仿真计算求得的小波动临界稳定断面面积为：1075m 高程以上为 235$m^2$（直径 17.3m），1075m 高程以下为 283.5$m^2$（直径 19.0m）。

（2）沿压力水道的最高压力线出现在水库校核洪水下，3 台机同时甩额定负荷工况。最低压力线出现在死水位“先增后甩”工况。

（3）调压井最高涌浪高程为 1107.91m；最低涌浪高程为 1041.572m，采用逐一开机带负荷方式运行。

（三）引水隧洞结构计算

引水隧洞段的结构设计根据现有规程规范结合地质条件讲行，分别对运行、检修及施工情况进行了 C20 衬砌结构的限裂计算。引水隧洞和调压井为二类环境，最大裂缝宽度允许值：短期组合为 0.3mm，长期组合为 0.25mm。作用在隧洞上的荷载有：衬砌自重、围岩压力、岩层抗力、内水压力、外水压力、灌浆压力。按各种工况分别组合如下：

（1）正常运用情况（正常蓄水位 1086m），山岩压力＋衬砌自重＋内水压力＋外水压力＋弹性抗力，主要为内水压力，外水压力折减系数取小值。

（2）施工情况，山岩压力＋衬砌自重＋外水压力（或灌浆压力），灌浆压力与外水压力不叠加，灌浆压力大于外水压力时顶部只计灌浆压力，其余为外水压力。灌浆压力小于外水压力时可不计灌浆压力。灌浆压力取 0.3MPa。由于施工情况内水压力为零，主要为外水压力，运用边值法进行计算。

（3）检修情况，山岩压力＋衬砌自重＋外水压力＋弹性抗力。同样，在检修工况下，内水压力为零，外水压力占优势，运用边值法进行结构内力计算。

根据以上荷载组合，分别选取衬砌厚度为 1.2m（进口渐变段）、1.0m 和 0.8m 几种衬厚的典型断面进行计算。结果表明，正常运行工况为控制工况，均需配置双层钢筋，衬砌厚度为 1.0m 的环向受力筋为 Φ22，每米 5 根；衬砌厚度为 0.8m 的环向受力筋为 Φ20，每米 5 根。

（四）隧洞支护及不良地质洞段处理

引水隧洞洞身段采用喷锚支护，地质状况较好洞段在顶拱 120°范围内进行，地质不良洞段在 180°内进行，喷混凝土厚 10cm，Φ25，$L=5$m 锚杆。隧洞衬砌后进行回填灌浆和固结灌浆，回填灌浆在顶拱 120°范围内进行，固结灌浆采用全断面布置，排距 2.5～3.0m，最大灌浆压力 0.5MPa，施工采用半湿式螺旋喷射法，自下而上分两层进行。视围岩状况采用超前锚杆、加密锚杆、素喷混凝土、挂网喷混凝土，钢拱架支撑和局部混凝土衬砌等措施进行临时安全支护。

引水隧洞 0＋145～0＋180 段为地质不良洞段，采用超前锚杆、加密锚杆和钢拱架支撑及局部混凝土衬砌。初期由于钢支撑拱脚失稳造成较大塌方，后在下半洞开挖前，采用长锚筋束加混凝土地脚梁方法对钢支撑拱脚进行加固，保证了下半洞开挖进度及上半洞施工安全。

（中国水电贵阳勘测设计研究院　周　威　雷　音）

## 洪家渡水电站泄洪洞设计

（一）概况

洪家渡水电站泄洪洞为 1 级建筑物，设计最大下泄流量为 1643$m^3/s$，为一条多用途隧洞，在施工阶段参与后期度汛和水库初期蓄水阶段为下游供水，工程完建后参加宣泄校核洪水，并在必要时作为水库放空之用。

（二）结构布置

为了能有效地解决大泄洪落差、高流速和消能问题，泄洪洞采用前段有压后段无压的布置形式，主要由进口段、竖井段（内设检修闸门）、有压洞身段、工作闸门室及无压洞身段、出口消能工段等组成。进口宽度 16m、长度约 36m、底板高程 1056m，其前缘斜向库内坡度 3%，进口两侧修圆且呈倾斜态。竖井段前的有压洞长约 130m，一般情况不考虑其检修，竖井总高度 89m，断面尺寸为 12m×8.1m（长×宽），通气孔断面 3.5m×2.5m（长×宽）。有压洞身段全长 419m，其中进口喇叭口段长 11.12m，圆形洞段长 321.88m，其余分别为 4 个 15m 长的渐变段、20m 长的竖井段、6m 长的出口压坡段。喇叭口上顶缘体型采用悬链线，其曲线方程为 $Y=4.5\ (e^{X/9}+e^{-X/9})$，始端断面 12m×16.789m（宽×高），末端断面为 8m×9m（宽×高）。进口渐变段从 8m×9m（宽×高）变化至直径 9.8m 的圆洞断面。竖井段的压坡段从 6.8m×9.8m（宽×高）变化至 6.8m×9m（宽×高），出口渐变段断面从直径 9.8m 变化至 6.2m×9.2m（宽×高），出口压坡段从 6.2m×9.2m（宽×高）变化至 6.2m×8m（宽×高）。工作闸门室顺水流向长度为 19.6m，另一向宽度为 9m；弧形工作门启闭机层高程为 1083.00m，闸室顶高程为 1106.60m，弧形门支铰高程为 1067.70m。对外采用 5 号支洞为交通通道，连接上坝公路，另设置一条排风洞直接连接闸室侧墙以保证通风及掺气补气的作用。无压洞身段底坡为 7.5%，起始桩号 0＋413.898m，高程为 1053.749m；末端桩号 0＋833.880m，高程为 1022.25m，实际长度为 421.162m。采用圆拱直墙式断面，直墙高 10.60m，顶拱高 1.90m，设 3 道掺气坎，其位置分别相距 120m、90m。出口消能工段采用曲面贴角鼻坎挑流消能工，该段长 21.504m，过流面使用抗冲耐磨混凝土，并在底部设 1 道掺气孔。

（三）水工模型试验

泄洪洞的水力特性及泄流能力经过整体水工模型试验验证，试验泄流能力比设计泄流能力稍大，能满足泄洪要求。在水流流态、流速分布、压强分布、掺气坎水力特性等方面满足要求。

（四）泄洪洞结构设计

在圆形有压段，针对内、外水压力较大的情况，考虑充分利用围岩的承载能力，采用高压深孔固结灌浆提高围岩的弹模，降低围岩参透系数，通过隧洞周围形成一定厚度的固结圈，使围岩、锚杆及混凝土衬砌联合作用，依靠围岩固结圈承受内、外水压力。在无压隧洞Ⅱ、Ⅲ类围岩洞段，取消顶拱衬砌，并在边墙（壁）上采用预应力锚杆加固。

（五）防空蚀设计

除了选择合理的过水边界体型、掺气减蚀和严格进行表面不平整度控制外，在流速大、水流空化系数小或初生空化系数大的特殊部位采用抗冲耐磨材料以防止空蚀破坏。在泄洪洞有压段检修闸门槽段、出口突扩段、工作闸室段采用 Q345 钢板对过水表面进行衬护，在泄洪洞无压洞段起始段底板、出口消能工表面采用抗冲耐磨混凝土，其他过水表面采用常态 C30 混凝土。

（中国水电贵阳勘测设计研究院　湛正刚）

## 洪家渡水电站溢洪道设计

（一）概况

洪家渡水电站溢洪道为 1 级建筑物，设计下泄流量为 4591m³/s，校核下泄流量为 3370m³/s。溢洪道泄槽段采用隧洞型式，该隧洞为特大型水工隧洞，是目前国内在建的最大水工隧洞之一。

（二）结构布置

洞式溢洪道进口为 2 孔开敞式溢流堰，孔口尺寸为 10×18m（宽×高），堰顶高程 1122m；设 4m 厚中墩分隔，中墩头部为 $R=17$m 的两个相交圆弧曲线；堰面采用 WES 曲线，方程为 $Y=X^{1.85}/24.126$，原点上游为“三圆弧”设计；为改善进口流态，将两边导墙和中墩向上游延长约 12m，两边墙导墙为 1/4 椭圆曲线；在 WES 曲线末端布置 $R=60$m 的反弧段，同时将槽身宽度由 24m 收缩至 14m，收缩段长 37.939m，侧收缩角为 7°30′28″。每孔各布置一道弧型工作闸门，牛腿支座高程 1134m；在反弧段（即收缩段）内中墩逐渐降低并缩窄至洞脸处结束，即低尾墩体形，以抑制折冲水流的发展；两边墙在高程 1132m 以上采用重力式直墙，顶宽 2m，底宽 5m，在高程 1132m 以下为混凝土回填至开挖边线，进口段墙顶高程 1147.50m；进口段总长 75.575m。

隧洞段水平总长为 754.543m，纵坡 $i=0.075$。洞身断面型式为城门洞型，净宽 14m，直墙高度 17.5m，并设置 120°圆弧顶拱。全洞后段部分布置 2 道掺气槽。隧洞出口布置曲面贴角鼻坎消能工，采用挑流消能，出口段轴线方位向河道偏转 1.5°，该段长为 31.592m，过流面使用抗冲耐磨混凝土，并在底部设 1 道掺气孔。

（三）水工模型试验

洞式溢洪道的水力特性及泄流能力经过整体水工模型试验验证。其进口及洞身流态均较好，在全开运行时，各种工况下进堰水流平稳，2 孔中间的低尾墩后水翅较小。边墙收缩折冲水流产生的折冲波，在隧洞内波峰的高度不超过隧洞直墙高，并很快趋于平稳。隧洞断面尺寸能满足明流洞运行的要求。掺气槽掺气效果良好，隧洞底板及出口消能工均可得到有效保护。堰面压力分布仅在校核水位和局部开启运行工况下才出现负压，负压值均在规范允许范围内；曲面贴角鼻坎消能工在各种水位工况下均为正压。溢洪道最大流速，校核水位时，流速为 35.67m/s；设计水位时，流速为 35.21m/s。隧洞出口断面受收缩影响，其流速比最大值略小。溢洪道的泄流能力试验值比设计值大 2.88%～3.79%，有一定的超泄能力。

（四）开挖与支护设计

开挖施工采用钻爆法，实行光面爆破或预裂爆破，并按下列方法进行：①Ⅱ、Ⅲ类围岩，采用先拱后墙法施工；②Ⅳ、Ⅴ类围岩，采用肋墙法、肋拱法或管棚法；③中下部岩体采用分层开挖的方法。开挖过程中，实时监测，并据监测数据及时或适时支护。对不同断层、不同岩体、不同埋深洞段的一次支护参数分别采用有限元计算分析后确定，并根据监测数据修正设计。

设计采用多种方法分析计算隧洞二次支护，针对外水压力较大的情况，考虑充分利用围岩的承载能力，采用高压深孔固结灌浆提高围岩的弹模，降低围岩渗透系数，在隧洞周围形成一定厚度的固结圈，使围岩、锚杆及混凝土衬砌联合作用，同时，在衬砌与围岩接触面上，设排水沟排水。

溢洪道隧洞一次、二次支护设计情况见表1。

表1　溢洪道隧洞一次、二次支护设计表

| 围岩类别 | 开挖尺寸（m） | 一次支护型式 | 二次支护衬厚（m） |
|---|---|---|---|
| Ⅱ | 15.6×23.142 | 锚杆喷钢纤维混凝土支护 | 0.8 |
| Ⅲ | 16×23.542 | 锚杆喷钢纤维混凝土支护 | 1.0 |
| Ⅳ | 16×23.542 | 锚杆、挂网、喷混凝土支护 | 1.2 |
| Ⅴ | 16.4×23.942 | 锚杆、钢拱架、管棚喷钢纤维混凝土支护 | 1.2 |

（五）不良地质情况的处理

对不良地质洞段开挖与支护采取以下措施：①推广应用喷钢纤维混凝土；②引进中孔自钻式锚杆施工技术；③采用柔性的钢筋格栅代替传统的刚性型钢支撑；④建立和健全监测预报和信息反馈系统。

对于巨型溶洞的结构工程处理，均进行专题研究，及时提出科学的处理措施以满足工程施工进展的需要。经开挖揭露，溢洪道隧洞发育规模较大的溶洞5处，其中巨型溶洞有2处。如溢洪道0+171桩号溶洞为巨型的半充填溶洞，在溢洪道底板以上无充填，底板以下充填黏土夹石，溶洞尺寸为50m×40m×60m（高×宽×长），采用钻孔、CT透视等手段对溶洞的底边界进行了探测，根据探测结果定了底板的基础处理措施，并按结构计算成果，初步确定了厚框架衬砌结构方案。又如溢洪道0+664桩号溶洞为巨型的充填溶洞，为保证施工期和衬砌结构的安全，在两侧边墙分别进行了固结灌浆和预应力锚杆加固处理。

（中国水电贵阳勘测设计研究院　湛正刚）

## 索风营水电站引水及尾水系统设计

（一）工程概况

索风营水电站位于贵州乌江中游六广河段，以发电为主，安装3台单机容量200MW的水轮发电机组。枢纽工程为二等大（2）型，其主要建筑物由碾压混凝土大坝、泄洪系统、右岸地下引水发电系统组成。水库正常蓄水位837m，死水位822m，水库总库容2.012亿$m^3$。引水及尾水系统布置于右岸山体内，三洞三机单元引水，单机引用流量327.6$m^3/s$。

（二）引水及尾水建筑物工程地质条件

除引水洞洞身段进水口上平段f2断层影响带宽20～35m和尾水洞出口段为Ⅴ类围岩、尾水隧洞为Ⅳ类围岩外，其余大部分为$T_1y^{2-3}$和$T_1y^{2-2}$厚、中厚层灰岩，属Ⅱ、Ⅲ类围岩，无不利的大型结构面发育，隧洞围岩整体稳定性较好，出口为天然高陡岩质边坡，仅局部须进行锚喷支护处理。

（三）引水及尾水建筑物设计

索风营水电站引水系统由进水口、引水隧洞（含上平段、竖井段和下平段）和压力钢管段组成。岸塔式进水口布置，总长30m，宽74.2m，高45.3m。设有15扇3.4m×23.5m的拦污栅，8m×9.9m工作和事故检修闸门各1道。进口喇叭口上缘曲线方程$X^2/11^2+Y^2/3.6^2=1$，两侧为半径2.5m的圆曲线。塔基础布置于弱风化下部至微风化的$T_1y^{2-3}$厚层块状灰岩上，基础承载力高、稳定性较好，距离坝轴线约50m。3条引水隧洞洞径均为9.9m，轴线平行且相距24m，分别长135.95m、158.01m、190.07m，竖井段高52.45m，隧洞钢筋混凝土衬砌厚0.6m。压力钢管处于微风化和新鲜的$T_1y^{2-2}$中厚层灰岩中，Ⅲ类围岩。钢管内径7.344m，分别长61.81m、49.15m和26.5m，管壁平均厚度为32mm，16MnR钢板，回填厚0.7m的C20混凝土。

尾水系统由圆形尾水管、窄高型尾水隧洞、出口闸门井和尾水渠等建筑物组成。3条断面尺寸9m×15m窄高圆拱直墙型尾水隧洞分别长115.23m、135.37m、155.51m（含尾水管），尾水出口位于消力池下游约30m处。尾水闸门井设3扇8m×14m平板检修门。尾水渠宽度68m，末端设拦沙坎防淤。

（四）尾水建筑物设计特点

由于大断面尾水隧洞所处岩层绝大部分属Ⅳ类围岩，稳定性较差；且洞间岩柱厚度12.6～13.4m，远小于其开挖高度17～17.4m，厚高比仅0.72～0.79；洞顶与母线洞底之间岩体厚仅10.26m，上覆岩体厚与其洞高之比仅0.6，与其洞宽之比也仅0.9；厂房洞室群所处岩层绝大部分为Ⅲ类围岩，且主厂房洞轴线与岩层走向交角小于30°等等，这些均已突破《水工隧洞设计规范》至少1倍洞径以上（当围岩条件较好时）的要求。因此，合理的开挖方式、支护处理顺序和原型监测对围岩稳定极其重要。根据地下洞室群稳定分析科研成果和国内外成功经验，设计提出以下开挖方式和支护程序：

（1）尾水隧洞开挖支护与地下主厂房第二层开挖支护同时进行，并先开挖1号、3号尾水隧洞上半洞和一次支护，待进行50m后再开挖2号尾水隧洞上半洞和一次支护，下半洞的开挖和一次支护施工同此。

(2) 每条尾水隧洞上半洞开挖行进 2～3m 就及时锚喷支护，之后施工预应力锚索，待预应力锚索施工完成后方可进行下一工序。

(3) 采用浅钻孔、弱爆破、多循环、分层开挖、边挖边护的开挖方式。

(4) 加强尾水隧洞开挖的原型观测，根据观测成果研究补强加固措施。

(5) 待尾水隧洞开挖及一期支护完成至主变压器洞下游侧 50m 以上时，主变压器洞中、下部开挖方可进行。

尾水隧洞开挖并一期支护完成后进行钢筋混凝土衬砌，衬砌厚 0.8m。

(中国水电贵阳勘测设计研究院 宁华晚 韦晓明)

## 洪家渡水电站引水系统设计

(一) 概况

洪家渡水电站装机容量调整为 3×200MW，引水隧洞为 2 级建筑物，采用三洞三机单元供水方式，单机最大引用流量为 165.5m³/s。每条隧洞的进水口相互独立，3 条引水隧洞轴线间最小间距 20m，最大间距约 50m。隧洞进口底板高程 1058.50m，由竖井式进水口、有压引水隧洞、压力钢管组成。1 号、2 号、3 号竖井式进水口段长分别为 106.02m、114.52m、106.02m，进水口段隧洞直径 7.80m，闸门孔口尺寸 6.2m×7.8m；1 号、2 号、3 号引水隧洞长分别为 292.91m、271.54m、259.75m，直径 7.8m；1 号、2 号、3 号压力钢管长分别为 257.83m、257.145m、255.32m，直径 6.0m。

(二) 结构布置

3 个独立的竖井式进水口布置型式基本一致，主要由倾斜式拦污栅、框排架、竖井、拦污栅与竖井之间的隧洞段等组成。进口底板高程 1058.50m，框排架顶平台高程 1147.50m，与竖井之间由宽 6.0m 的交通桥相连并与对外公路连接。倾斜式拦污栅倾角 70°，高 17.5m。拦污栅前缘底宽 20.6m，框排架顶宽 20.6m，竖井高 89m，竖井段顺水流向水平长 7.7m。闸门竖井段设一扇事故检修闸门，闸门孔口尺寸为 6.2×7.8m (宽×高)，底板高程 1058.50m。

引水隧洞底坡 $i=0.08$，衬砌厚度 0.6～1.0m。压力钢管由过渡段、平面转弯段、上平段、2 个竖向转弯段、斜井段、下平段及渐缩渐变段等组成。压力钢管平面转弯段半径 24.0m。上弯段中心角为 45.4261°，转弯半径均为 21m，斜井倾角和下弯段中心角均为 50°。压力钢管段采用优质高强钢与混凝土组合式衬砌，回填混凝土厚度为 0.7m，钢管厚度 22～36mm。

(三) 水力设计

主要进行了进口底板高程的水力设计、过栅流速设计、经济洞径与经济流速、调压井设置判别、水头损失、最高压力线、最低压力线和水力过渡过程的调节保证计算等。

(四) 结构设计

进水口框排架简化为平面排架进行计算，计算工况为正常运行工况、检修工况和施工工况，计算结果表明按构造配筋即可满足要求。同时，对进口底板、框排架基础及桥墩基础进行了地基承载力验算，结果表明地基承载力均满足要求。

引水隧洞分别采用“SDCAD”专用程序和“SuperSAP”程序进行分析计算，计算工况考虑正常运行、检修和施工等工况，计算结果为内外侧配筋 Φ25@20。

压力钢管分别按不同的埋深确定为埋管、半埋管和明管，采用有限元计算并结合抗外压稳定分析，选用钢管壁厚度为 22～36mm (日本钢 NK-HITEN610U2)。另在压力钢管顶部约 20m 处设平行于压力钢管的排水洞以降低外水压力，在洞壁和钢管壁分别设置排水系统。

(五) 螺旋线空间压力弯道设计

为了获得较好的水力学条件，减少水头损失以提高发电效益，并适应地形地质条件和枢纽布置需要，压力管道转弯采用了螺旋线空间压力弯道。国内工程中一般均采用空间圆曲线来设计空间压力弯道，空间压力弯道的几何参数简单，其钢板下料尺寸易于求得，但缺点是在大地水平上的投影不直观，推求桩号时较繁琐，且在立面 (剖面) 上转弯段要变坡，相当于人为地多增加了 2 处转折，恶化了水力学条件，增大了管道的局部水头损失。当采用螺旋线空间压力弯道时，虽然求解几何关系相对复杂，但是整个压力钢管为同一坡度，水流流畅，局部水头损失小。螺旋线空间压力弯道的布置型式如图 1 所示，其在大地水平面上的投影为圆曲线，在推求桩号时计算圆曲线弧长即可，沿管轴线的剖面可保持与直线段同一纵坡。在确定弯道各管节的钢板下料尺寸时，其设计原理与圆曲线一致，即采用空间数节连续相交的管节代替光滑的螺旋线管节，空间螺旋线问题就转化为空间直线问题，求出相邻管节的相贯线，找出同一管节两条相贯线沿圆周展开的相对关系，从而得出各管节钢板的下料图。

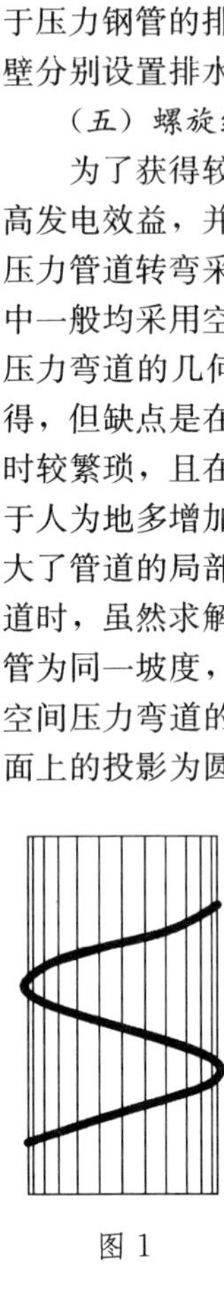

图 1

（六）压力钢管无开孔灌浆技术

按常规设计，需回填和接触灌浆的钢管总长约600m，管上最少开孔数为1200个以上。由于开孔数量巨大，将带来较多不利技术难题，为此采用回填微膨胀混凝土技术，取消接触灌浆；对混凝土与岩石之间的缝隙，采用埋设灌浆管技术进行回填灌浆，实现压力钢管无开孔。

（中国水电贵阳勘测设计研究院 湛正刚）

## 公伯峡水电站旋流消能泄洪洞设计

黄河公伯峡水电站位于青海省化隆县和循化县交界处的黄河干流上，电站距西宁市153km，距上游李家峡水电站76km，是黄河上游龙羊峡至青铜峡河段的第四座大型梯级水电站。

公伯峡水电站初设审定的泄水建筑物由左岸2孔溢洪道、左岸泄洪洞和右岸泄洪洞组成，其中右岸泄洪洞系利用导流洞按“龙抬头”型式改建而成。导流洞施工过程中揭露的地质条件表明，右岸泄洪洞“龙抬头”段地质条件复杂，洞顶上覆岩体较薄，大部分洞段为强风化花岗岩和部分片岩、片麻岩交汇的Ⅲ、Ⅳ类围岩，局部洞段为Ⅴ类围岩。由于泄洪洞“龙抬头”改建段与导流洞为空间交叉，改建段开挖洞室断面大，在这种地质条件下，施工安全条件差，施工难度大。为了完全避开“龙抬头”段的不良地质条件和采用旋流消能新技术，在充分吸收国内外已有旋流消能科研成果的基础上，通过大量的方案比较及水工模型试验研究，提出了把此导流洞改建为水平旋流泄洪洞的方案。该方案于2002年5月通过了中国水电顾问有限公司的审查，目前正在进行紧张的施工建设，预计可以在2005年竣工投入运行。

公伯峡水电站右岸水平旋流消能泄洪洞设计泄洪流量1032m$^3$/s，校核泄洪流量1060m$^3$/s。旋流泄洪洞由开敞式进水口、竖井段、水平旋流发生装置（起旋器）、水平旋流洞段、通气孔、水垫塘段、退水洞（导流洞）及其出口挑流鼻坎等部分组成。

开敞式进水口布置在导流洞上方左侧，进水口堰闸段轴线与导流洞轴线间的夹角为450°，堰面曲线采用半径17m的1/4圆弧曲线，堰顶高程1989m，堰高4m，堰顶布置12m×16m的平板事故检修闸门和平板工作闸门各1扇。进口堰闸段顺水流方向长39m，宽度从工作闸门后的12m减缩至竖井中心线处为9m，并与竖井圆形断面相切，侧墙收缩角1∶12。堰闸段基础坐落于古全风化花岗岩上，为提高基础岩石的承载能力，采取固结灌浆处理。

竖井作为旋流泄洪洞的过流通道，高程为1980～1933.39m，总高度46.61m，直径9m，圆形断面。竖井混凝土衬砌厚度1.5m，外侧岩体进行固结灌浆。从竖井1933.385m高程以下与水平洞切向进流段之间的竖直段为水平旋流发生装置。其总高度为27.75m，断面从进口1933.385m高程的直径9m圆形断面渐变为1915.385m高程的9m×4.584m的矩形收缩断面。收缩断面末端导流洞侧通过曲线方程$X^2/15.2^2+Y^2/8^2=1$的1/4椭圆曲线与水平旋流消能段断面直径10.5m的圆弧曲线相切。收缩断面后与水平旋流洞的连接段采用钢板衬砌。为减小竖井水流冲击引起的振动，竖井采用满流流态。

为保证旋流洞内水流充分掺气，达到掺气减蚀和增加消能率的目的，在水平洞的上游端设通气孔，通气孔向上伸入堰闸段顶部与大气相通。按照水工模型试验确定的通气量，选择通气孔采用直径3.3m的圆形断面。通气孔与竖井分开单独布置，开挖直径4.5m，混凝土衬砌厚度0.6m。

旋流消能段，长50m（从竖井中心线算起），断面为直径10.5m的圆形断面；由导流洞12m×15m城门洞断面套衬改建而成，并用钢板衬砌。旋流洞外侧围岩采用固结灌浆及锚杆进行加固处理。

水垫塘段，长60m，由导流洞套衬0.5m改建而成，断面尺寸为11m×14m的城门洞形断面。通过从旋流消能段至水垫塘段的突扩，进一步消减水流剩余能量，弱化水流旋转。此外，通过水垫塘段末端断面的收缩，使进入退水洞的水流均匀平顺。水垫塘出口底板设高2.4m的挑坎，断面左右侧各收缩2m。

水垫塘段后与导流洞衔接，利用导流洞作为旋流消能泄洪洞的退水洞。考虑到导流洞桩号0+361.22m（原“龙抬头”方案的结合点）以上按4级临时建筑物设计，故对该段长31.22m的导流洞全断面套衬0.5m，并加设锚杆、进行固结灌浆，以满足1级永久建筑物的结构要求。

公伯峡水电站右岸水平旋流泄洪洞水工模型试验研究表明，水流通过泄洪洞洞内旋转消能至导流洞出口处消能率可以达到85%以上，退水洞内的流速可以控制在15m/s左右，可以有效地减轻出口下游冲刷和泄洪雾化影响；泄洪洞内由于旋流离心力的作用，旋流洞内压强较高，加之下平洞内水流掺气充分，不易发生空蚀破坏。为适应公伯峡水电站恶劣的地质条件，导流洞改建采用竖井式比原设计的“龙抬头”斜井式更容易保证开挖期洞室施工安全；同时作为一种新型的内消能工，从工程投资角度与龙抬头泄洪洞相比较，亦具有明显的优势。公伯峡水电站右岸水平旋流泄洪洞的研究和应用具有广阔的推广前景。

（中国水电西北勘测设计研究院 吴曾谋 周 恒）

# 通航建筑物设计

## 三峡双线五级船闸输水系统设计

（一）概述

三峡双线五级船闸总水头113.0m，级间最大水头45.2m，闸室有效尺寸280m×34m×5m（长×宽×槛上水深）。其总水头和级间最大水头，以及船闸规模已超过了目前国内外已有水平，是当今世界上水头最高、规模最大、技术最复杂的船闸。

满足船闸充泄水时间、船舶（队）在闸室内的停泊条件和输水廊道及阀门设备运行安全要求的船闸输水系统超高水头水力学，是船闸水力设计需要解决的关键技术问题。

（二）输水系统布置

输水系统进水口，按照在各种水位条件下能正常取水、不发生严重的漩涡、不控制闸室的输水时间、能保证引航道内有较好的通航水流条件和泥沙淤积少、能防止推移质进入输水系统的要求，在上游引航道内布置4条（每线船闸各2条）沿程分散进水的进水廊道。

输水主廊道，按照满足闸室充泄水设计时间和在廊道内特别在阀门段不发生空蚀的要求，在每线船闸两侧对称布置。并在首、末级阀门段采用“顶扩”体型，中间级阀门段采用“顶扩”加“底扩”体型。上、下两级闸室间的主廊道以斜廊道相连。闸室内采用4区段8支等惯性长廊道分散出流、顶部出水、盖板消能。为了使分流口分流更均匀、稳定，第1分流口（位于闸室水体中部）、第2分流口（位于闸室长度1/4和3/4处）均采用了立体分流型式。

每线船闸的2条输水廊道在6闸首下游合并为1条断面为9.6m×9.6m的泄水箱涵，2线船闸的泄水箱涵并列布置在下游引航底部，穿过隔流堤侧向泄水入长江。另在6闸首附设了环绕闸首的输水短廊道以平人字门前水位差。

（三）解决超高水头船闸水力学问题的主要措施

1. 输水系统防空蚀措施

（1）降低阀门段廊道高程以增大淹没深度。输水系统充分利用山体内隧洞的特点，以尽可能降低阀门段廊道高程，提高阀门工作空化系数作为改善阀门水力学条件的主要措施。在考虑施工条件、闸面结构布置和工程量等综合因素后，阀门初始淹没水深采用26.0m。

（2）阀门后采用“顶扩”、“底扩”的廊道体型。三峡船闸中间级阀门段廊道体型采用“顶扩＋底扩”体型。输水廊道在阀门后采用1∶10坡比顶扩，同时在阀门段廊道底部向下突扩3.1m深，形成底扩腔体，再接5次曲线升坎，恢复至底扩前的底部高程。试验结果表明，在阀门工作水头45.2m、初始淹没水深26.0m、双边阀门2.0min开启时，阀门底缘不会发生空化，单边运行时，底缘可能有一定程度空化发生，为此留有底坎通气的措施。

（3）快速开启阀门。快速开启阀门，能抑制门后水流空化的发生与发展。阀门开启方式对防止空化亦有明显影响。经研究，2min匀速开门时门后压力满足要求，故选用一般情况时2min开门，必要时1.5min开门的方案。

（4）通气。采用通气措施，可以使低压区压力增高及减小水流紊动程度以达到防止空蚀的目的。通过采用扩散型门楣并在其上加设挑槛实现自然通气，达到了防止门楣空蚀及抑制阀门底缘空蚀的目的。门楣通气也能充分抑制各种事故工况（事故停机、动水关阀）下的阀门底缘空化，同时对阀门面板、廊道顶板和侧壁也起到了较好的保护作用。从船闸有水调试水力学原型观测成果看，门楣通气基本上达到了设计要求。

（5）廊道阀门采用反向弧形门。反向弧形阀门是高水头船闸通常采用的一种阀门型式。采用这种门型，且门面板和支臂的结构均用钢板包封，廊道和阀门门体的过流条件好；面板采用不锈钢复合钢板，对防止阀门段局部不利水流导致空蚀的效果明显。

通过采用以上多种防空蚀措施，船闸中间级阀门段在各种运行工况下已基本消除了发生空蚀的可能性。但根据船闸的重要性，考虑到模型与原型间存在的缩尺影响，对阀门段廊道还进一步采用了复合不锈钢板配合混凝土衬砌的措施。作为备用措施，还预留了跌坎强迫通气管，根据原型观测结果分析研究，再决定强迫通气时机及通气量大小。

2. 减少闸室超灌、超泄措施　经研究，采用在闸室内外水位齐平前，提前动水关闭输水阀门的措施，使阀门全关时刻的闸室内外水位差不超过允许值。

在目前船闸有水调试中，通过合理地选择关阀时机以及关阀速度，无论双边或单边阀门输水，都成功地控制了闸室超灌（超泄）值在设计要求的人字闸门允许的最大反向水头0.2m以内。

3. 闸室补水措施 三峡双线五级船闸采用了只补不溢（或称基本不溢）的水级划分方式，5级船闸在运行期间有两种情况需补水。补水直接利用已有的输水廊道通过阀门进行。补水的水源直接来自上游航道。由于闸室运行水位可以有一定变幅，原则上不能少补，但可以适当多补，不要求十分精确，因此运行控制比较简单。

三峡双线五级船闸输水系统设计，吸取了国内外高水头船闸的建设经验，特别是葛洲坝船闸的成功经验，并根据船闸的设计水位、地形、地质条件，进行了合理分级和输水系统布置，采取了有效的防空蚀措施，较好地解决了超高水头船闸水力学问题。船闸有水调试结果表明：输水系统的水力学条件较好，系统的输水效率较高，闸室充泄水时间一般为10min左右，小于设计规定的12～13min；船舶（队）在闸室内的停泊条件较好，超灌、超泄值可以控制在人字门的反向水头小于20cm的要求内，进水口流态、船闸补水控制及补水时间均能满足设计要求。

（长江勘测规划设计研究院 蒋筱民）

## 三峡船闸薄衬砌墙设计

（一）概述

三峡双线五级船闸主体段自第1闸首上游面起，至第6闸首下游面止，单线全长1621m，共10个闸室，约80%采用与岩体共同作用的薄衬砌墙。

三峡船闸采用薄衬砌墙，充分利用了三峡坝址建筑物基岩比较完整、强度高的有利自然条件，最大限度地节省了岩石开挖和混凝土浇筑工程量，降低了施工难度，加快了船闸施工总进度，显著地节约了工程总造价。

薄衬砌墙主要技术问题是在保证船闸高边坡稳定及对变形进行控制的前提下，保证结构与岩体协同工作、防止闸室内水外渗。船闸薄衬砌结构采取的技术措施主要有以下三个方面：一是合理地进行混凝土结构布置及施工工艺控制；二是设置结构锚杆；三是设置止、排水系统。

（二）混凝土结构设计

1. 结构衬砌厚度 薄衬砌墙厚度主要由受力和布置要求确定。受力要求分为强度、变形和限裂要求，结构荷载主要为内水压力、墙背地下水渗压力、温度荷载和船舶撞击力、系缆力等。

经过结构分析计算，闸室衬砌墙厚度主要由布置在墙背的高强度结构锚杆锚固要求确定，要求在锚杆受拉时，混凝土结构不发生剪切破坏，最小厚度确定为1.50m。

2. 结构分缝分块 薄衬砌墙与岩体协同工作时，在结构施工期及运用期因岩体约束而产生的温度应力，是决定结构强度和裂缝控制的主要因素，因此合理地对薄衬砌墙进行分缝分块，对减小结构温度应力十分重要。

闸室衬砌墙基本分块为顺水流向间隔12.00m分1道垂直结构缝，沿墙高分2～3道水平结构缝，全衬结构除顶部管线廊道分块高度为4.50m外，其余水平缝设在岩壁开挖小台阶高程处，分块高度为15.00m左右。

3. 结构分析 闸室衬砌墙设计工况分施工期、运行期和检修期三种。经过分析计算，在运行期闸室内水压力和检修期墙背地下水渗压力作用下，由于墙背岩体及墙背布置的结构锚杆的有利作用，衬砌墙结构应力均较小；而在施工期，由于墙背岩体对温度变形的约束，衬砌墙结构温度应力较大。

衬砌墙温度应力计算采用考虑混凝土弹性徐变，并模拟施工过程的有限元仿真计算方法。施工过程模拟包括混凝土浇筑时间、入仓温度、气温变化、混凝土水化热温升等。计算重点对结构与墙背岩体的接触性态进行了分析研究。

不同的接触性态，温度应力相差很大。接触性态为完全黏结时，拉应力达2.80MPa以上；接触性态为完全脱开时，仅有结构锚杆对温度变形产生约束，在设置锚杆自由变形段后，拉应力为0.30MPa左右。经分析，在采取混凝土施工温控措施后，选择开挖岩壁面凹凸不平接触性态的温度应力计算值，作为温度应力设计值。

经过温度荷载及其他结构荷载作用下的结构分析，闸室衬砌墙进行强度和裂缝控制计算，最大裂缝宽度允许值为0.25mm。

（三）结构锚杆设计

薄衬砌墙结构锚杆主要是保证衬砌墙与岩体协同工作，满足船闸结构的稳定及强度要求；其次是对墙后直立岩体起稳定作用，给墙后岩体稳定留有一定的安全裕度；同时也对高度超过40.00m的船闸直立开挖边坡提供施工安全保障。

船闸在运行期闸室出现低水位情况或检修情况，结构锚杆是衬砌墙稳定的根本保证。墙背地下水渗压力使锚杆产生拉力，施工期衬砌墙结构混凝土自重及温度荷载使锚杆产生拉力和剪力，而墙前内水压力使锚杆产生压力。

锚杆受力直接受衬砌墙混凝土与岩体接触性态影

响，当衬砌墙混凝土与岩体接触面完全黏结时，衬砌墙与岩体接触面远比锚杆截面大很多，衬砌墙与岩体协同工作几乎不涉及到锚杆，锚杆仅在其中受到很小的轴力，且无剪力作用；当衬砌墙与岩体接触面完全张开时，锚杆不仅承受墙后地下水渗压力产生的拉力，同时承受由于锚杆对衬砌墙混凝土自重及温度变形约束而产生剪力和拉力。考虑船闸垂直开挖边坡较高以及船闸衬砌结构安全重要性，结构锚杆受力以接触面张开情况作为设计条件。

结构锚杆按上稀下密的行列式布置，间距为2.00m×（1.35～2.00）m。结构锚杆内力较大，杆体采用直径32mm、强度标准值不小于800MPa的高强度五级钢筋。

衬砌墙与岩体接触缝面设置锚杆自由变形段。锚杆自由变形段长度一般为50cm，构造从内至外分别为喷锌层、三油两布封闭层和橡胶套管；锚杆在衬砌混凝土内的一端设置20cm×20cm（长×宽）的钢锚板。

（四）止、排水系统设计

1. 止水系统设计　薄衬砌墙结构中，考虑到承压水头高、工程安全重要性，并参考葛洲坝等大型船闸运行经验，结构分缝均设置双层止水铜片。为便于止水效果检查和修复，在双层止水铜片间设置分区止水片进行止水分区，并在双层止水铜片间设置止水检查孔，通过埋管将检查孔引入基础排水廊道内。

2. 排水系统设计　薄衬砌墙结构中，设置一套安全可靠且便于施工的墙后排水系统，直接降低墙背地下水渗压力，对减少锚杆及混凝土工程量，保证结构安全，具有十分重要的作用。

经过现场排水试验及室内性能试验，确定衬砌墙后排水系统采用平面井式排水管网。竖向排水管采用钢筋混凝土预制管，间距4.00m；横向排水沟采用广式排水管或钢筋混凝土预制件，间距7.00m左右。竖向排水管底部与基础排水廊道连通，顶部引出闸顶，作检修扫孔疏通用；横向排水管将渗水汇入竖向排水管，再由竖向排水管排入基础排水廊道内。

（长江勘测规划设计研究院　李进超）

## 三峡双线五级船闸导航浮堤设计

（一）浮堤布置及结构型式

三峡水利枢纽采用分期蓄水方案，船闸上游通航水位变幅达40m，导航段最大水深达60m，在这种条件下，导航建筑物采用浮式结构是较为经济合理的选择。

由于三峡船闸上游航道导航段紧邻岩石开挖边坡，且航道内布置有正向取水口等建筑物，导航浮堤采用锚系定位方式在布置上十分困难，同时锚系定位方案运行管理也较为麻烦，经综合比较，三峡船闸上游导航建筑物最终采用支墩式浮堤方案。根据船闸引航道布置、通航水力学试验研究及导航建筑物功能要求，浮堤布置长度确定为250m，两侧各对称布置4节浮堤和4个定位导向支墩，单节浮堤长51～55m，两端通过连接装置与支墩导槽相连。

浮堤的结构型式比较了钢筋混凝土结构和钢结构两种，钢结构浮堤的水密性和力学性能优于钢筋混凝土结构浮堤，但其造价要明显高于钢筋混凝土结构，且需定期进行维护保养，对通航影响较大。经综合论证，三峡船闸导航浮堤选用钢筋混凝土结构，根据消波、靠船、自身强度及稳定要求，堤体断面尺寸确定为堤宽10m、型高5m、吃水深度3m。

（二）浮堤消波特性

根据波浪理论和有关试验研究资料，深水中风成波的能量大部分集中在水体表层，水深3倍波高的范围内集中了全部波能的98%。矩形断面浮堤的消波效果主要与浮堤吃水深度和堤宽有关，浮堤吃水深度对长波的消波效果影响较为显著，而对短波的消波效果则主要取决于堤宽。研究表明，当浮堤吃水深度达到2倍波高且堤宽大于6倍波高或0.6倍波长时，浮堤消波效果可达80%。三峡船闸最大通航风级为6级，水库风成波为短波，采用堤宽10m、吃水深度3m的浮堤，完全能满足导航段航道水域的防浪要求。

（三）浮堤结构设计

1. 堤体构造　三峡船闸浮堤采用矩形断面钢筋混凝土板式结构，为加强堤体结构刚度，防止浮堤因事故破舱导致沉没，在浮堤中轴线设置一道通长纵舱壁，并沿堤长每3.5m设置一道横舱壁，形成若干个密封舱。浮堤底板厚度为20cm，纵向设4道50cm×30cm加强肋；航道侧舷板下部厚25cm，上部按靠船局部强度要求加厚至55cm，背航道侧舷板厚度按重心调整需要采用40cm；甲板、纵横舱壁厚均为15cm；端舱板适当加厚以满足局部强度要求。堤体构造型式采用了兼备传统的整浇板式结构和装配式板梁结构主要优势的整体装配式结构，堤身浸水面结构包括底板、两侧舷板及端舱全部整体现浇，甲板、纵横舱壁则采用预制构件通过后浇接缝拼装而成。这样既保证了浮堤外壳的水密性和主要受力部件的整体性及耐久性，又能大大简化施工、节省模板、降低施工成本。

2. 浮堤结构分析

(1) 荷载作用效应。横向荷载对浮堤的整体效应按两端支撑在支墩上的简支梁计算；垂向荷载对浮堤的整体效应按自由浮体计算，分别考虑静水、波浪、破舱三种中垂、中拱情况；浮堤各构件在荷载整体作用下的内力，按双向受弯的钢筋混凝土箱型等价梁截面模数法计算；水压力、撞击力等荷载对浮堤结构的局部作用效应，采用三维有限元方法计算。

（2）堤体总强度。堤体纵向总强度按钢筋混凝土空腹箱型梁计算，分别验算各控制断面横向和垂向整体强度。堤体横向总强度以单舱长度浮堤为计算单元，按以舷板为虚支座、横舱壁为腹板、甲底板为翼缘板的简支工型梁计算。

（3）浮堤各构件强度及裂缝限制。同时考虑荷载整体作用和局部作用的综合作用效应，按钢筋混凝土构件强度及裂缝理论复核。裂缝控制标准按有受压区的底、舷板构件容许裂缝开展宽度 0.1mm，无受压区的底、舷板构件容许裂缝开展宽度 0.08mm，甲板及纵、横舱壁等构件容许裂缝开展宽度 0.15mm 设计。

三峡船闸导航浮堤在各设计工况下，堤体结构总强度、局部强度和各构件综合强度及裂缝限制均能满足设计规定，浮堤结构配筋主要由限裂要求控制。

3. *浮堤稳定性*　浮堤的稳定性主要指横向稳定，包括堤体自身浮游稳定性、浮堤在偏心荷载作用下的横倾角，此外，还应避免浮堤在波浪作用下产生共振。三峡船闸导航浮堤定倾高度为 1.33m，破舱工况下最大横倾角约 5.7°，堤体横向摇摆周期约为 9s，稳定性较好。

（四）*浮堤护舷系统设计*

三峡船闸通航船队规模大、通航等级高，浮堤采用钢筋混凝土箱型结构，堤体结构自身抗船舶冲击能力及损坏后的修复性能较差，因此，在浮堤靠船部位设置可靠的护舷系统是保证浮堤安全运行的重要前提。根据三峡船闸的运用条件，并综合考虑过闸船型复杂、船舶撞击浮堤时主要以纵向行驶为主的使用特点，浮堤选用 H500—L2500 带防冲板超级拱型橡胶护舷系统。护舷系统布置采用纵向水平间隔排布、每组上下两道护舷共用一块防冲板的布置方式，以适应不同干舷船舶的保护要求，提高护舷的纵向抗剪切能力，防止橡胶护舷在小角度撞击下受剪切作用被撕裂，并使撞击荷载更均匀的扩散。防冲板外表面采用摩擦系数很小的超高分子 PE 板贴面，以减小船舶撞击时对护舷的摩剪作用。

（五）*浮堤连接结构设计*

三峡船闸浮堤运行水位变动快，且其承受的主要荷载为波浪作用和船舶撞击等冲击荷载，浮堤连接结构除要求适应浮堤自由升降和摇摆、主要部件安装维护方便外，还能对浮堤动荷载具有一定的缓冲、消能和削峰作用。

综合其他已建浮堤连接结构和浮码头撑杆消能系统的成功经验，三峡船闸浮堤采用了独特的轮式支承弹性铰接方案。连接结构由布置于上闸首和支墩凹槽内的导承埋件及随浮堤升降的支承导向装置两部分组成。为便于安装维护，支承导向装置均布置于浮堤两端甲板上，由主支承、连接梁、支铰座、缓冲橡胶鼓和限位保护装置组成。主支承采用轮式弧面钢支承，安装在连接梁首端，与凹槽导承埋件呈点接触支承，上下升降阻力小，且有各向摆动自由度，适应性较好；连接梁中部铰接于浮堤预埋支座上，尾端通过两侧缓冲橡胶鼓支承在带限位保护装置的固定支座上，当浮堤受到波浪等动荷载作用时，即带动连接梁绕铰支座左右摆动，使连接梁尾端两侧缓冲橡胶鼓反复压缩，从而达到消能的目的。

（长江勘测规划设计研究院　宋志忠　王　程）

## 三峡垂直升船机主体部分型式修改

三峡升船机的过船规模为 3000t 级，最大提升高度 113m，承船厢带水总重量约 13000t，上、下游通航水位最大变幅分别为 30m 和 11.8m，是目前世界上过船吨位、提升高度、上下游水位变幅和技术难度最大的升船机。

升船机是三峡工程确保客轮安全快速过坝的快速通道，并对提高三峡工程通航建筑物整体通过能力和通航质量具有重要意义。

三峡垂直升船机在初步设计阶段，通过钢丝绳卷扬全平衡垂直提升型式和带有长螺杆短螺母保安系统的齿轮齿条爬升式两种方案比较，于 1993 年 5 月，经国务院三峡工程建设委员会审查，确定采用全平衡钢丝绳卷扬提升型式。该种型式升船机的主要特点，是主提升机构属于常规机械设备，制造、安装的技术难度相对较小，国内已有多座相同类型的中型升船机建成，积累了一定的建设经验，并且有通过中间试验机进一步积累经验的有利条件。但该种型式升船机对船厢发生大量漏水事故时的荷载设计，系按实际可能的情况考虑，没有考虑在理论上船厢内水体万一完全漏空的情况；因此，与以往德国建造升船机漏水事故荷载设计考虑船厢内水体全部镂空相比，升船机运行的安全可靠性相对较弱。

为更好地吸取德国在升船机建设方面的经验，进一步最大限度地提高三峡升船机的安全可靠性，中国长江三峡工程开发总公司委托德国联邦航道工程研究院（简称 BAW），对三峡升船机采用齿轮齿条爬升式方案的可行性进行了研究。2000 年 6 月，中国长江三峡工程开发总公司对 BAW 提交的《三峡升船机主体部分可行性研究报告》进行了评审，认为“BAW的方案在原理上是可行的，所采用的设备是传统的，在技术上是成熟的。但结合三峡升船机的实际条件，BAW报告中提出的关键技术参数和主要设备及塔柱的结构形式、设备安装方式等技术问题，还需深入研究落实。”认为该种型式“在结合三峡升船机的实际情况，进行补充完善和深化后，可作为三峡升船机的比选方案。”

根据评审会议的意见，中国长江三峡工程开发总公司委托长江勘测规划设计研究院，结合三峡工程的实际条件，进一步对该方案进行了深化研究。2002年3月，中国长江三峡工程开发总公司技术委员会对长江勘测规划设计研究院提出的《三峡齿轮齿条爬升式升船机主体部分设计研究报告》进行了评议并认为：报告完善并落实了该种型式升船机的主要技术问题和解决措施，所作方案的主要部分已达到初步设计深度，该种型式的升船机用于三峡工程，在技术上是可行的。

在此基础上，长江勘测规划设计研究院于2002年11月进一步提出了《长江三峡水利枢纽垂直升船机主体部分方案比选报告》。为了能使原审定的升船机型式与该种升船机型式之间具有可比性，长江勘测规划设计研究院于2003年元月，提出了事故荷载的条件与齿轮齿条爬升式升船机完全相同的《三峡钢丝绳卷扬提升式垂直升船机安全保障体系专题研究报告》。

2003年2月，中国长江三峡工程开发总公司对《长江三峡水利枢纽垂直升船机主体部分方案比选报告》进行了审查。审查意见是：鉴于三峡工程的重要性和社会影响，会议认为确保三峡升船机的安全可靠运行是方案比选的首要因素。会议同意推荐采用齿轮齿条爬升、短螺杆长螺母柱安全保障的全平衡垂直升船机方案。同年3月，中国长江三峡工程开发总公司向国务院三峡工程建设委员会提出了请求批准改变升船机型式的报告。

2003年7月，国务院三峡工程建设委员会办公室召开了“三峡升船机主体部分设计修改专题办公会议”，同意修改三峡升船机的型式，采用齿轮齿条爬升、短螺杆长螺母柱安全保障的全平衡垂直升船机方案。

（长江勘测规划设计研究院　宋维邦）

# 围堰及导流建筑物设计

## 三峡明渠截流及三期上下游土石围堰设计

三峡导流明渠截流是三峡工程二、三期衔接的关键性项目，具有高落差、大流量、高流速、施工强度高等诸多特点，是三峡工程建设的重大技术难题之一。初步设计阶段，确定于2002年12月初实施明渠截流，截流流量标准按12月上旬5%最大日平均流量9010m³/s设计。鉴于三期碾压混凝土围堰第二阶段工程施工强度高和工期的紧迫性，为了争取工期和降低碾压混凝土施工强度，对导流明渠提前截流进行了专题研究，于2001年1月提出《三峡三期明渠提前截流专题研究报告》，基本解决了明渠截流工程的主要技术难题。经中国长江三峡工程开发总公司审查，在招标设计阶段，拟定截流设计流量为10300m³/s，相应截流最终落差4.11m，采用上、下游双戗堤立堵截流方案。截流时段由初步设计的2002年12月上旬提前到2002年11月下半月。2001年10月提出《三峡三期明渠截流及土石围堰招标设计报告》，2002年3月编制完成《三峡导流明渠截流和三期围堰工程施工招标文件》（合同编号：TGP/CI—4）。由于导流底孔提前分流，结合长江水情，在不影响11月1日前明渠正常通航的情况下，相机提前形成龙口，2002年11月6日，长江来水流量为8600m³/s，成功实现了导流明渠截流合龙目标，较初步设计提前了1个月。

三期上游土石围堰按4级临时建筑物设计，设计洪水标准为4月份实测流量最大值17600m³/s（1877年～1990年资料），相应上游水位81.05m，设计堰顶高程83.0m，最大堰高33m。经综合分析研究，确定三期上游土石围堰均采用双戗堤垂直防渗结构型式，围堰轴线呈直线布置。为方便三期碾压混凝土围堰上游的施工，较初步设计将围堰轴线上移（轴线左端上移约17m，右端上移约53m），位于坝轴线上游340～270m。围堰轴线全长441.28m，左接混凝土纵向围堰上纵段第7堰块，右接导流明渠右边坡。堰体主要由风化砂、反滤料、石渣、石渣混合料和块石填筑而成。堰体防渗采用单排旋喷防渗墙上接土工合成材料防渗心墙结构型式，对于墙底透水岩体进行帷幕灌浆处理。在围堰施工过程中，为加快防渗体施工进度，于高渠部位采用了自凝灰浆防渗结构。由于明渠提前截流，加之科学严密的施工组织，三期碾压混凝土围堰工期大大提前，只要求三期上游土石围堰挡3月份洪水。经慎重分析研究，确定取消高程72m以上围堰结构体的施工，共节省土石方填筑20万$m^3$，土工合成材料1.03万$m^2$。

三期下游土石围堰按3级临时建筑物设计，设计洪水标准为2%频率，洪水流量79000$m^3/s$，相应下游水位78.3m，设计堰顶高程81.5m，最大堰高36.5m。为便于快速施工形成防渗系统，初步设计阶段推荐黏土心墙土石围堰型式。鉴于坝区范围内防渗土料紧缺，确定下游围堰采用双排旋喷防渗墙上接土工合成材料垂直防渗心墙结构型式，对于墙底透水岩体进行帷幕灌浆处理。为使地下电站尾水渠尽可能在干地开挖，将围堰轴线下移（轴线左端下移约118m，右端下移约364m）。围堰轴线呈折线布置，位于坝轴线下游974～595m。围堰轴线全长447.45m，左接混凝土纵向围堰下纵段第20堰块，右接导流明渠右边坡。堰体主要由风化砂、反滤料、石渣、石渣混合料和块石填筑而成。在围堰施工过程中，根据现场开挖揭露的上游排高喷墙情况看，单个高喷桩径达1.0m以上，桩体搭接最小厚度达0.8m以上，墙体钻孔检查其连续性较好。考虑到高渠部位（高程58m）高喷墙承担最大水头仅为20m，在继续做好墙下帷幕的情况下，确定取消三期下游土石围堰高渠段下游排高喷墙，共节省高喷防渗墙1300$m^2$。

（长江勘测规划设计研究院　周景良　徐唐锦）

## 三峡三期碾压混凝土围堰设计

三峡三期碾压混凝土围堰，在水库蓄水后，既与下游土石围堰及混凝土纵向围堰共同形成三期基坑，为右岸厂房坝段及电站厂房干地施工创造条件，保证三期工程安全施工；又与混凝土纵向围堰及左大坝共同挡水（135m水位拦蓄库容124亿$m^3$，水位140m库容147亿$m^3$），以保障双线五级船闸通航和左岸电站发电。三期碾压混凝土围堰具有施工强度高、难度大，建成后既挡高水位运行又要考虑便于后期拆除等显著特点。最大堰高达121m，因此，三期碾压混凝土围堰实属在长江上修建的一座碾压混凝土坝。

围堰平行于大坝布置，轴线位于大坝轴线上游114m。围堰右侧与右岸白岩尖山体相接，左侧与混凝土纵向围堰相连。围堰轴线全长580m。根据1993年7月国务院三峡工程建设委员会审定的《长江三峡水利枢纽初步设计报告（枢纽工程）》，三期碾压混凝土围堰为1级临时建筑物。围堰设计洪水标准为5%频率，最大日平均流量72300$m^3/s$，相应挡水位135.4m；保堰洪水标准为1%频率，最大日平均流量83700$m^3/s$，相应水位139.8m。采用1981年洪水典型年调洪（静库容）复核，并结合工程实际建设情况，按2003年汛期不考虑2台机组泄流的条件。经分析，围堰最高挡水位达140.5m；同时，若按动库容进行调洪演算，围坝最高挡水位可达141.4m。为此，在堰顶设置高1.5m的混凝土防浪墙，确保洪水不漫顶。

三期碾压混凝土围堰为重力式堰体。堰顶高程140m，堰顶宽度8m，堰体最大高度121m，最大底宽105.5m（按建基面高程25m计）。迎水面70m高程以上部分为垂直坡，70m高程以下为1：0.3的边坡；背水面130m高程以上为垂直坡，130m～50m高程（58m）为1：0.75的边坡，其下为平台；导流明渠高渠段平台高程58m，宽30m；低渠段平台高程50m，宽24m。为便于碾压混凝土施工，堰体背水面1：0.75斜坡改为台阶，采用混凝土预制模板。围堰堰体迎水侧4m厚防渗层采用二级配碾压混凝土、$R_{90}$200、W8，其余为三级配碾压混凝土、$R_{90}$150、W4。预制模板廊道，止水片、应力释放孔、排水槽、预埋件等周边采用变态混凝土；与基岩接触部位铺设不小于1m厚的二级配常态混凝土、$R_{90}$200、W8。堰体内设置2层廊道系统，即基础灌浆廊道和高程90m排水廊道。围堰基础采用帷幕灌浆防渗，幕后钻设排水孔，并于帷幕上、下游设置固结灌浆。

为满足右岸电站水轮发电机组引水运行要求，三期碾压混凝土围堰需拆除至高程110m，水下拆除高度达25m。研究比较了深孔梯段爆破方案、滑移下落方案、倾倒下落方案。围堰拆除时必须控制爆破，并采取技术措施，以确保大坝及电站运行安全。经综合分析拟定第一阶段已施工的两岸部位采用深孔梯段爆破拆除方案。明渠内的堰体拆除在不影响围堰安全运用和碾压混凝土快速施工的前提下，经试验研究落实技术措施后再行选择拆除方案。为此，在围堰断面设计中，于107.5m高程预设置倾倒爆破廊道（宽2.5m，高3.0m），其中心线位于坝轴线上游2.25m；同时，为尽量减小廊道系统对碾压混凝土快速施工的影响，实施过程中取消了河床段部分高程90m廊道，以高程107.5m爆破廊道兼作部分排水作用。

三期碾压混凝土围堰工程量大，施工时间短，且为背水一战，其设计难点是堰体结构与碾压混凝土快速施工的矛盾。在确保围堰安全运行的前提下，设计尽量使堰体结构简化，以便于碾压混凝土高强度施工，且尽量将复杂的基础廊道布置在一期建设断面内，创造了围堰基础灌浆施工可与堰体碾压混凝土快速施工同步进行的施工条件。

（长江勘测规划设计研究院 徐唐锦）

## 索风营水电站土石过水围堰设计

（一）工程概况

索风营水电站位于贵州省中部的黔西县、修文县交界的乌江中游六广河段。枢纽由大坝、泄洪系统、引水发电系统等主要建筑物组成。碾压混凝土重力坝最大坝高121.8m，坝顶全长178m。引水发电系统布置于右岸地下，地下厂房内安装3台容量200MW的混流式水轮发电机组，总装机容量600MW。主变压器和GIS开关站均布置于地下，采用出线窑洞以220kV电压等级出线3回。导流工程布置在左岸，由一条导流洞＋明洞＋明渠组成。

（二）设计条件及标准

电站所在河段属山区性河流，洪枯季节分明。一般5月初进入汛期，11月中旬进入枯水期，多年平均流量395m$^3$/s，实测最大流量9530m$^3$/s，最小流量48.4m$^3$/s。坝趾区河床覆盖层厚10～20m，块石与砂砾石混杂，强透水性。下伏基岩$T_1y^{2-3}$厚层灰岩，弱风化厚10～15m。右岸受溶蚀裂隙影响形成溶蚀沟槽，覆盖层厚26～27m，弱风化亦较深。裂隙发育，弱风化带内透水性强。左岸为Ⅳ号堆积体，厚20～25m，崩塌块、碎石为主，强透水性。右岩为悬崖绝壁。

围堰设计洪水标准主要考虑上游东风水库的调蓄作用，争取枯期工期和安全度汛，时段为11月6日至次年5月10日，挡水标准采用枯期时段10年一遇洪水流量，实际按1190m$^3$/s设计、1350m$^3$/s校核。5月11日～11月5日基坑度汛，围堰和导流洞联合下泄，度汛标准采用10年一遇全年洪水，设计流量8260m$^3$/s。索风营水电站于2002年11月截流成功。

（三）过水围堰设计

水力学计算分析在$Q_{10\%}$（枯期）＝1350m$^3$/s时，上游围堰挡水水位为779.28m，下游围堰挡水水位为763.1m。上游围堰堰顶高程779.8m。下游围堰由于导流明渠及其纵向围堰束窄了河面宽度，加上右岸洞室开挖石渣下河，抬高了原河床，根据实测导流明渠出口水位的资料显示，下游水位已被抬高1.5m，因此下游围堰堰顶高程确定为765.0m。上下游围堰堰顶相差14.8m，围堰过水流速较大，堰面特别是上游围堰堰面保护困难。为此，上游围堰按自溃堰设计，自溃堰高6.8m。该工程围堰设计特点是采用土石过水围堰，一次建成，上游围堰设计自溃堰高6.8m较为罕见，堰体防渗选择技术较先进的控制性水泥灌浆帷幕。

1. 上游围堰结构设计　截流戗堤高程771.4m，采用控制性水泥灌浆帷幕防渗。水下抛填大块石、石串（要求块石粒径$d \geqslant 0.5$m）施工，顶厚0.5m，坡顶为两排钢筋笼护坡。护坡背面设置0.5m厚（顶厚度）的砂砾石反滤过渡料；下游坡护坡（背水坡），边坡1∶1.5。大块石排水棱体，顶宽8m，上游侧设置过渡料；堰芯填筑料采用土石渣混合料。控制块石粒径$d \leqslant 20$cm或以不影响控制性水泥灌浆帷幕造孔为原则。堰顶773.0m高程，钢筋混凝土面板厚1.0m，顶宽17.2m，板尺寸17.2m×10m；斜坡面为混凝土楔形体5m×5m，坡度1∶5，平均厚0.9m；堰后平台763.5m高程，钢筋混凝土面板厚1.5m，顶宽8.0m，板尺寸为8m×10m，堰脚为叠塔式钢筋笼护脚，坡度1∶1.5，钢筋笼间采用短钢筋焊接成整体。护面和钢筋笼与堰肩结合采用现浇压边混凝土衔接。

自溃堰分两个断面，黏土草袋填筑，两侧边坡分别为1∶1和1∶1.2，底宽分别为3.0m和17.2m。

2. 下游围堰结构设计　下游围堰轴线长度64.86m，堰顶设计有交通要求，堰顶顶宽5m。防渗墙轴线与围堰轴线重合。堆石戗堤在围堰轴线下游侧，两轴线相距45m。堆石戗堤高程760.0m，堆石戗堤以下防渗采用控制性水泥灌浆帷幕防渗，以上采用黏土心墙防渗。

上游护坡、护脚，外侧边坡1∶1.5，内侧边坡1∶1.35，护坡底厚1m，为大块石、石串（要求块石粒径$d \geqslant 0.5$m），顶厚0.5m，坡顶为2排钢筋笼护坡，护坡背面设置0.5m厚的砂砾石反滤过渡料。下游坡护坡，边坡采用钢筋笼护坡直至河床底部，边坡1∶1.5。堰芯填筑料采用土石渣混合料，控制块石粒径$d \leqslant 20$cm或以不影响控制性水泥灌浆帷幕造孔为原则。

堰面过水保护：堰顶平台高程765.0m，钢筋混凝土面板厚度1.0m，顶宽10.0m，板尺寸为5m×10m；斜坡面为混凝土楔形体，坡度1∶4.5，尺寸为5m×5m，平均厚度0.9m；堰后平台760.0m高程，平铺2排钢筋笼（有条件时应在表面浇筑0.2m厚的混凝土C15）；堰脚为叠塔钢筋笼护脚，理论坡度1∶1.5。

3. 控制性水泥灌浆帷幕设计　由于坝址区两岸坡度较陡，坝肩开挖和道路修建开挖的下河床石渣较多，块石粒径大，河床出露许多大孤石，故选择控制性水泥灌浆帷幕进行防渗，设计最大挡水水头48.12m。

上游围堰控制性水泥灌浆帷幕施工平台高程771.4m，轴线长度141m，伸入基岩3～5m，最大高度 39.7m，设计结石体强度 C8。帷幕布置一排，钻孔孔距为 1.0m，布置 141 个孔，最大孔深 39.7m，平均孔深 29.1m，钻孔延米 4100m（其中基岩灌浆 700m）。

下游围堰控制性水泥灌浆帷幕施工平台高程 762.0m，轴线长度 65.59m，灌浆伸入基岩 3～5m，最大高度 26.3m，结石体强度 C8。帷幕布置为一排，钻孔孔距为 1.0m，帷幕最大孔深 26.3m，平均孔深 20m，钻孔 85 个，钻孔延米 1700m（其中基岩灌浆 400m）。

（中国水电贵阳勘测设计研究院　吴正新　席灿勇）

9

# 土　建　施　工

运用单侧滑框倒模施工工艺施工的闸室薄壁衬砌墙

应用滑框倒模技术施工

高边坡预应力锚索施工

# 中国华电集团公司云南公司组织怒江水电考察

怒江水电开发考察组领导听取设计人员介绍现场勘测规划情况。

怒江水电开发考察组与怒江州和保山市政府领导座谈。

怒江州委书记解毅、州长欧志明、保山市计经委主任张建民参加了座谈。

# 大　坝　施　工

## 三峡工程左岸电站ⅡA标段施工技术综述

（一）新技术应用

1. 二次风冷技术　为保证混凝土的最高温度不大于设计允许温度，限制拌和楼出机口温度不大于7℃，在混凝土拌和前，采用二次风冷骨料施工工艺，为左岸大坝夏季高温季节高强度施工提供了有力保证。

2. 流态混凝土施工　在引水压力钢管底部回填施工时，由于钢筋密集、施工空间狭小，混凝土振捣困难。为防止钢管底部混凝土出现脱空现象，施工时，采用高流态混凝土进行回填。

采用高流态混凝土施工，经敲击检查，钢管底部混凝土充填密实性好，脱空面积小、部位少，比采用常规高陷度混凝土有明显的改观。

3. 钢筋机械连接的应用　三峡工程钢筋制安量大，接头多，采用传统的手工电弧焊施工速度慢，劳动强度高，且对施工人员的身体健康影响大，不符合环保要求。施工引进了钢筋冷挤压接头、滚扎真螺纹接头及热墩粗直螺纹接头等钢筋接头连接工艺，极大地提高了效率，加快了施工进度。

4. 软塑料冷却水管的应用　为方便施工，降低成本，三峡工程采用了软塑料管替代传统的黑铁管作为坝体冷却水管。

5. MY-BOX溜管的应用　对于部分高差较大且起吊设备无法施工的部位，采用MY-BOX溜管输送混凝土料，避免混凝土在运输过程中离析。

MY-BOX溜管是一种具有二次搅拌功能的垂直连续式运输设备，由MY-BOX和普通溜管组成。混凝土卸入MY-BOX溜管自上而下下落时，每通过一组MY-BOX，即可进行一次自动搅拌。

6. 纤维混凝土的应用

钢纤维混凝土是在普通混凝土拌和物中掺入适量的均匀分散的短钢纤维，配制成的一种既可浇筑又可喷射的特种混凝土。与常规混凝土相比，其抗拉、抗剪、抗弯强度及耐磨、抗冲击、抗裂性能都有很大的提高。在三峡工程高程120m栈桥桥面铺装层施工时，采用钢纤维混凝土施工，取得了较好的经济效益和施工效益。

（二）施工机械及施工栈桥布置

1. 施工机械　ⅡA标段施工时，先后投入的主要施工设备见表1。

表1　ⅡA标段主要施工设备

| 序号 | 名称 | 型号 | 设备性能参数 |
|---|---|---|---|
| 1 | 缆机 | 摆塔式 | 起重量20t，塔架摆幅±25m |
| 2 | 顶带机 | MD2400 | 顶机起重量22.8～60t，工作幅度7～80m；布料皮带工作幅度100m，360°旋转 |
| 3 | 塔带机 | CC200-24 | 工作幅度28～61m，360°旋转 |
| 4 | 门机 | MQ6000 | 起重量60～100t，工作幅度25～75m，起升高度轨上65m、轨下30m |
| 5 | 门机 | MQ2000 | 起重量20～63t，工作幅度22～71m，起升高度轨上80m、轨下40m |
| 6 | 门机 | SDMQ1260 | 起重量10～60t，工作幅度18～56m，起升高度轨上84m、轨下41m |

有关施工设备的布置情况如下。

（1）缆机布置。缆机左塔架布置在左岸8号非溢流坝段，基础高程185m，右塔架布置在纵向围堰坝身段，基础高程160m。轴线桩号分别为20＋10和20＋40m，顺水流方向可控制20－15～20＋60范围内的坝体施工。主要承担了左岸大坝混凝土浇筑和金属结构安装，辅助承担坝前拦污栅和坝后背管混凝土施工。

（2）顶带机及供料线。顶带机由顶机、布料皮带和皮带供料线三部分组成。顶机固定布置在左厂8-2号坝段，中心桩号X：20＋044.00，Y：48＋437.05，覆盖半径40m；布料皮带固定在顶机上，分2节，覆盖半径50m，且可＋30°～－30°俯仰和360°旋转；皮带供料线分两期布置，前期从左岸EL120m拌和楼穿越左非坝段至坝前，再沿坝轴线至左厂8号坝段，混凝土可直接从拌和楼出料口到达施工仓面；后期改为临时供料线，布置在左厂6～7号坝段坝后，混凝土先由自卸车从拌和楼运至左厂6号坝段坝后，再由临时供料线运至布料皮带。顶机、布料皮带和皮带供料线均可根据浇筑高度要求需要进行顶升。顶带机主要承担左厂 7～10 号坝段混凝土浇筑。

(3) 塔带机。塔带机由机身、给料输送皮带和伸缩式皮带输送机三部分组成，水平伸缩距离可达 61m，呈+30°～-15°俯仰和 360°旋转。混凝土先由自卸车卸入授料机，再通过给料输送皮带运至伸缩式皮带输送机，最后达到施工仓面。根据施工实际需要，塔带机可灵活布置在施工部位附近平台，主要承担坝体基础混凝土浇筑。

(4) MQ2000 门机。ⅡA 标段施工时，共布置了 2 台 MQ2000 门机。前期施工时，在坝前高程 90.0m 平台上布置了 1 台，在坝后高程 120m 栈桥上布置了 1 台。坝体甲块浇筑至 150m 高程以上时，将坝前 90.0m 平台的 MQ2000 门机移至坝后 120m 高程栈桥上施工。MQ2000 门机是左非坝段及左厂 1～5 号坝段的主要施工手段，同时进行坝体引水压力钢管、坝顶大型预制构件的吊装任务。

(5) MQ6000 门机。MQ6000 门机是布置在厂坝平台高程 82.0m 栈桥上的金结安装专用门机。主要进行高程 82.0m 以下压力钢管及厂房标段的金属结构的安装施工，同时辅助进行坝后副厂房及背管混凝土的施工。

2. 施工栈桥　ⅡA 标段共布置了 120m 高程栈桥和 82.0m 高程栈桥。

(1) 120m 高程栈桥。自左非 13 坝段坝后向右布置至泄洪坝段，其轴线桩号为 20+60.5。左侧起始段采用栈桥引道形式从 120.0m 高程平台过渡至主桥桥面。120m 高程栈桥为上乘式简支梁，桥面梁系为钢结构及钢筋混凝土结构，主梁采用箱形起重机钢梁，中间行车道部位为混凝土预应力预制大梁。桥面铺装层采用 10～15cm 厚的钢纤维混凝土施工。在施工期间，120.0m 高程栈桥作为高架门机和大型塔机运行轨道及混凝土、金属结构的运输通道。其上布置有 2 台 MQ2000 门机和 2 台大型塔机（泄洪坝段标段部分），同时行驶 6m³ 混凝土运输车和 200t 平板拖车。此外还作为施工期间敷设水管、电缆、通信线路的通道。

(2) 82.0m 高程栈桥。布置在厂坝平台上，起点设计桩号 48+029.80，讫点设计桩号 48+633.70，全桥总长 603.9m。其中心桩号 20+93.2，桥面高程 87.5m，为金属结构安装门机（MQ6000 门机）专用栈桥。负责压力钢管、机组埋件安装和部分混凝土的浇筑。栈桥桥面按不通车设计。

栈桥结构为连续的简支体系，上部结构采用上乘式简支钢梁桥，断面形式为全焊接钢箱梁。钢箱梁之间采用空间桁架连接，每跨梁设 3～5 榀横向连接系。下部结构立柱采用钢结构，结构形式为“型钢组合柱”，由 4 根 H 型钢柱、四周以型钢为缀条斜杆组成。

高程 82.0m 栈桥由 6 跨 28m 梁和 6 跨 10.3m 梁组成。根据施工进度要求及钢管安装、管槽混凝土浇筑及厂房大件吊装施工需要，采用移梁方案逐步向右推进。

（湖北宜昌青云水利水电联营公司　徐孜为）

## 尼尔基大坝碾压式沥青混凝土心墙施工技术

### （一）工程概况

尼尔基水利枢纽位于黑龙江省与内蒙古自治区交界的嫩江中游。主坝为沥青混凝土心墙坝，最大坝高 41.5m，心墙轴线长 1360m，碾压式沥青混凝土 2.69 万 m³。当地属寒带季风气候，多年平均气温 1.5℃，极端最低气温-40℃，风沙较大，对沥青混凝土施工不利。心墙计划施工期为 2003 年 4 月 20 日～2004 年 10 月 15 日，冬季不施工。

### （二）碾压式沥青混凝土配合比

经试验，选用盘锦产桶装 90 号交通重道路沥青，矿料采用库区新鲜石灰岩矿石破碎筛分制成，填料选用阿城产矿粉。经现场试验确定的沥青混凝土配合比见表 1。

表 1　　沥青混凝土施工配合比

| 名称 | | 粗骨料 | | | | 细骨料 | 矿粉 | 沥青 |
|---|---|---|---|---|---|---|---|---|
| 筛孔尺寸（mm） | | 20～15 | 15～10 | 10～5 | 5～2.5 | 2.5～0.074 | | |
| 按重量计（%） | 长发矿区 | 10.0 | 14.0 | 17.6 | 14.4 | 31.7 | 12.3 | 6.5 |
| | 阿荣旗矿区 | 9.2 | 13.8 | 21 | 20.1 | 24.8 | 11.1 | 6.5 |

**注**　沥青用量为沥青占矿料总量的百分数。

### （三）沥青混合料的制备

沥青混合料制备工艺流程如下：

骨料：连续初配→连续烘干→连续筛分→热料储存→按份计量→填料：储存→输送→按份计量→间隔周期拌和→沥青：熔化、脱水→加热、保温→按份计量→

冷骨料初配后进入干燥加热筒加热，温度控制为 160～190℃。沥青通过脱桶车间进行熔化、脱水、加热后，输送至 150℃恒温罐储存待用。矿粉料不需加热。拌制时，先投骨料和矿粉干拌约 25s，再喷洒沥青湿拌约 60s。出机口温度控制在 155～175℃。

### （四）碾压式沥青混凝土心墙施工

（1）施工工艺流程。心墙底部与混凝土防渗墙连接部位采用人工摊铺。心墙底部以上（厚度由0.7m变为0.5m）采用机械摊铺。

1）人工摊铺工艺流程：立模→过渡料摊铺→沥青混凝土混合料摊铺→拆模→过渡料初碾→沥青混凝土碾压→沥青混凝土与过渡料同步碾压。

2）机械摊铺工艺流程：清基→测量放线、固定金属线→摊铺机摊铺→过渡料补填→过渡料初碾→沥青混凝土碾压→过渡料终碾。

（2）铺筑。每层沥青混凝土铺筑前，须将待覆盖的心墙表面加热至70℃。摊铺厚度23cm左右（压实后厚度20±2cm）。

1）人工摊铺段。对基础防渗墙混凝土表面进行处理，喷涂冷底子油，涂刷砂质沥青玛蹄脂；支立钢模板；沥青混合料由装载机卸入模板内，人工摊平；过渡料由反铲摊铺，人工整平。

2）摊铺机摊铺段。清扫待覆盖的心墙表面；用激光经纬仪测出轴线位置，并用金属丝定位；用装载机将沥青混合料卸入摊铺机料斗内；摊铺机精确地沿定位线进行摊铺；摊铺机摊铺宽度以外的过渡料采用1.2$m^3$反铲进行补铺，用推土机摊平。

（3）碾压。

1）人工摊铺段。模板拔出后，采用2.7t振动碾先静碾1遍，再与过渡料一起动碾3遍，最后静碾2遍收光。

2）机械摊铺段。采用1.5t振动碾先动碾4遍，再静碾2遍收光。

3）最佳碾压温度控制在130～150℃。振动碾行走速度控制在25～30m/min。不适合采用振动碾的部位，采用小型振动夯或人工夯实。

（五）沥青混凝土心墙成墙质量检验

渗透系数检测采用国产ZC-97G型渗气仪；容重检测采用美国产5001C核子密度仪；心墙的孔隙率和含水率根据容重计算。心墙每升高2～4m沿心墙轴线方向布置2～4个断面，用钻机钻取芯样，进行容重、渗透系数等检测。无损检测和钻孔取芯检测结果：沥青混凝土心墙平均视密度为2.416～2.473g/$cm^3$，理论密度值为2.473～2.485g/$cm^3$，孔隙率为1.4%～2.61%，渗透系数小于$1\times10^{-9}$。检测结果表明成墙效果较好。

（六）几点体会

（1）通过钻孔取芯观察，基座混凝土表面的糙化处理采用人工凿毛会导致表层混凝土松动，影响基座混凝土与沥青混凝土的结合，应采用冲毛等不扰动内部混凝土的措施。

（2）在坝体上、下游各设置一个移动式卸料平台，可解决坝壳及心墙施工的相互干扰。

（3）过渡料与其外侧坝料接缝处采用13.5t振动碾骑缝微振碾压，经钻孔取芯检验，心墙未发生畸变或破坏，其各项指标均满足设计要求。

（4）大风扬尘天气施工时，采用高压风在摊铺机前面随时清理工作面上的沙尘，保证层面干净；并及时遮盖已摊铺的沥青混合料以减少热量损失。

（中国水利水电第一工程局 常焕生 孙国红 孟吉）

## 陕西蔺河口水电站双曲拱坝碾压混凝土施工工艺

蔺河口水电站工程的主要建筑物由碾压混凝土双曲拱坝、坝身泄洪孔、泄洪洞及引水发电建筑物等组成。最大坝高100m，正常蓄水位512m，总库容1.47亿$m^3$，调节库容0.875亿$m^3$，为不完全年调节水库。枢纽工程属二等大（2）型工程，引水系统和发电厂房属三等中型工程。碾压混凝土施工采用全断面通仓碾压平层上升施工工艺，坝体混凝土27.7万$m^3$，其中，碾压混凝土22.2万$m^3$。

（一）碾压混凝土拱坝施工工艺

1. 混凝土入仓方案　蔺河口碾压混凝土拱坝坝址两岸山坡陡峭，河谷深切，经方案比较后，采用低线由公路汽车直接入仓和高线公路负压溜槽及缆机入仓方案。

2. 碾压混凝土层厚及升层高度确定　根据大坝碾压混凝土浇筑的入仓方案，拌和运输能力及仓面面积、碾压混凝土凝结时间综合考虑碾压混凝土施工中的碾压层厚度及升层高度。当仓面面积在3000$m^2$左右时，碾压层厚度为30cm，仓面面积大于3000$m^2$时，碾压层厚度可适当降低；升层高度确定为3m。

3. 碾压混凝土施工工艺及施工技术

（1）拌制工艺。拌制碾压混凝土的设施分别为2座1×3$m^3$和1座1×1.5$m^3$强制式拌和站，拌和站所有操作系统均为电磁、气动控制，操作系统和称量控制均由微机控制。

（2）仓面作业。

1）铺浆工艺。蔺河口水电站碾压混凝土层面铺浆有两种方式：一种是新老混凝土面（间歇层）结合时，层面铺一层1～1.5cm厚水泥砂浆。在进行这道工序时，将卸在仓内的砂浆按碾压混凝土铺筑条带方向用专用铺浆耙子铺设均匀，铺浆范围与下料范围协调一致，避免砂浆长时暴露水分散失后干硬。另一种铺浆是在坝前5m范围内，碾压混凝土层与层之间（30cm层之间），为保证防渗效果，而铺设一层1～1.5mm厚水泥粉煤灰净浆，水泥粉煤灰净浆由集中制浆站制备，并用专用输浆管送至仓面。

2）铺料与平仓工艺。混凝土料在仓面上采用自卸车两点叠压式卸料串联摊铺作业法，铺料条带从上游向下游平行于坝轴线方向从左至右铺摊，每4m宽一个条带。平仓厚度按34cm控制，平仓后的整个坝面略向上游倾斜。

3）碾压工艺。采用BW201AD振动碾时，碾压遍数为：先无振2遍，再有振6～8遍，最后无振1～2遍。

碾压混凝土层间间隔时间，要求在6～8h内完成。碾压作业完成后，用核子密度仪检测其压实容重，以压实容重达到规定要求为准，检测点控制范围为100～150m²/点。

（3）变态混凝土的施工工艺。碾压混凝土铺摊平仓后，人工抽槽后再注入适量的水泥粉煤灰净浆（通过试验确定其浆液的配合比），并用插入式振捣器从变态混凝土的边缘附近向碾压混凝土方向振捣。

（4）层间结合及缝面处理。蔺河口大坝约有330层的施工碾压层面和水平施工缝面。大坝的防渗主要是以坝体自身二级配碾压混凝土防渗为主，在拱坝的上游面从坝底到坝顶有8.1～1.88m厚的二级配富胶凝材料的碾压混凝土作为大坝防渗主体。施工时，对于连续上升的层间缝，层间间隔时间不超过初凝时间的不做处理；同时对迎水面Ⅱ级配防渗区，在每一条带摊铺碾压混凝土前，先铺设1～1.5mm厚的水泥粉煤灰净浆，以增加层间结合的效果。所需的水泥灰浆严格按照设计配料单配料，洒铺的水泥浆在条带卸料之前分段进行，不得长时间暴露。在每一大升层停碾的施工缝面上，均充分打毛，并用压力水冲洗干净；在上升时，全仓面铺一层1～1.5cm厚的水泥砂浆，以增强新老碾压混凝土的结合。对于层间间隔超过初凝时间而不到终凝时间的可直接铺一层1～1.5cm厚的水泥砂浆，继续上升。

（5）诱导缝的施工。诱导缝采用重力式混凝土板结构。根据碾压层的厚度，每碾压2层埋一层诱导板，诱导板内设置重复灌浆系统的进出浆管，并将管头引至坝的下游。

（6）模板工艺。蔺河口水电站大坝设计体型复杂，要求精度高，碾压混凝土施工模板采用悬臂式可翻转组合钢模板。模板的设计原理为：底层模板靠已锚固在碾压混凝土里的锚杆保持稳定，并支撑上层模板；当上层内的碾压混凝土基本施工完毕后，拆除底层模板作为新的上层模板，固定体系和调节体系随之完成，模板架立工作结束。

（7）养护。在施工间歇期间，碾压混凝土终凝后即开始养护工作。对水平间歇层面，洒水养护并持续至上一层混凝土铺筑前为止；上、下游立面采用塑料管淋水保湿养护，时间宜在28天以上。在次高温或高温时段，因天气炎热而水分蒸发大，采取了水平层面不间断流水养护，保持湿润，效果较好。冬季采用保温材料铺挂于混凝土表面防冻。

（二）*VC*值的动态控制

*VC*值变动具体作法是：在实地各种气候条件下找到出机口*VC*值至仓面的损失与晾晒时间的关系，然后，在确定碾压混凝土配料单时，根据当时的气温、阴晴、昼夜、入仓快慢等不同环境情况，适当考虑*VC*修正值，按每立方米混凝土*VC*值每降低1s加1～1.5kg用水量计算单位用水量。单位用水量确定后，一种方法是按不改变设计水胶比的方法计算其他材料用量，还可以认为*VC*值损失主要是水分损失，可以在原设计配合比其他材料不变的条件下，单独补充适量的水，以满足入仓碾压混凝土*VC*值的需要。在高温时段或降雨时段施工，如果机口*VC*值按以上方法调整仍不能满足施工要求，可通过调整外加剂掺量来控制*VC*值，对于Ⅱ级配外加剂掺量每变化0.2%，*VC*值相应变化3s；Ⅲ级配*VC*值相应变化1s。该工程使用的碾压混凝土*VC*值控制在：晴天控制在5±1s，阴天、无风控制在8±1s，雾天、小雨天控制在10±2s。总之，施工实践证明，碾压混凝土若能控制在5～12s，其碾压密实度及强度均较高。

（三）碾压混凝土温度控制

温控的关键点是在于夏季如何控制其坝内的最高温升、冬季如何保温防止内外温差过大使大坝开裂或冻坏混凝土的表面，故针对蔺河口工程的冬夏季施工具体情况，为避免大坝产生裂缝或混凝土冻坏，采取了以下综合措施，收到了很好的效果：

（1）充分利用10月～次年3月施工黄金季节多浇筑混凝土，使其平均入仓温度降低，严格控制允许浇筑温度；在4、5、9、10月份施工，运输、转料设备应采取遮阳防晒措施，仓面采取喷雾及覆盖措施，以降低环境温度，减少*VC*值的损失，并且预埋冷却水管进行冷却，以削减混凝土温峰。

（2）从原材料及碾压混凝土配合比设计着手，通过充分的优化试验，降低水泥用量（胶材总量不超过185kg），高掺粉煤灰（最高到62%），以减少混凝土水化热温升值。

（3）大坝混凝土442m高程以下采用内掺氧化镁，利用氧化镁混凝土自身的体积变形膨胀，补偿温度应力及收缩变形。在次高温及高温时段调整减水剂缓凝成分，延缓碾压混凝土的凝结时间以保证层间结合质量。实践中初凝时间可达到12h以上，终凝时间达到16h以上（在室外现场情况下）。

（4）拌和楼的配料仓、成品骨料堆、水泥粉煤灰料罐及皮带上搭设遮阳棚及采取淋水措施，成品料仓在使用过程中堆高保持在6m以上，最大限度降低气温对骨料温度的影响，实践中可降低2～6℃。

(5)次高温季节施工碾压混凝土，仓面采用高压水喷雾及覆盖的综合措施，以降低仓面环境温度，提高保湿能力。实践中可降低仓面温度5～10℃，湿度增加最高达40%，极大地改善了碾压混凝土施工条件，保证了碾压混凝土施工质量。

(6)冬季施工碾压混凝土，仓面在日平均气温低于3℃或最低气温低于-3℃加盖高发泡聚乙烯塑料保温材料，上下游坝面拆模后，立即进行保温。

（中国水利水电第四工程局　孙庚宁）

## 蔺河口水电站碾压混凝土筑坝施工技术

（一）工程概况

蔺河口水电站位于陕西省岚皋县境内的岚河干流上。枢纽主要建筑物由碾压混凝土双曲拱坝、坝身泄洪表孔、泄洪洞及引水发电建筑物等组成，装机容量3×24MW。坝体为单圆心等厚双曲拱坝，最大坝高96.5m，坝顶宽6m，最大底宽27.2m，坝顶弧长311m。坝体防渗以上游面二级配富胶凝碾压混凝土作为防渗主体，30～50cm厚的变态混凝土加强防渗。坝体混凝土总量约29.5万$m^3$，其中碾压混凝土约22万$m^3$。坝址区多年平均气温15.0℃。

工程于2000年11月实现截流，2001年5月中旬完成基础垫层混凝土，6月～10月停工度汛。2001年12月下旬开始碾压混凝土施工。

（二）筑坝原材料及RCC配合比

1. 筑坝原材料

该工程天然骨料及人工灰岩骨料均较丰富，通过对天然骨料和人工骨料进行混凝土对比试验，选用人工灰岩骨料。大坝混凝土所用水泥为葛洲坝水泥厂生产的三峡牌525号中热水泥，粉煤灰为陕西渭河电厂生产的Ⅱ级粉煤灰，外加剂为江苏建筑科学院生产的JM-2（c）型高效缓凝减水剂。

2. 碾压混凝土配合比

在室内试验的基础上，结合现场碾压试验结果，确定最终上坝碾压混凝土配比，见表1。

表1　蔺河口碾压混凝土最终配合比

| 设计标号 | 级配 | 水胶比 | 水 (kg) | 水泥 (kg) | 粉煤灰 (kg) | 砂 (kg) | 石 (kg) |
|---|---|---|---|---|---|---|---|
| $R_{90}200$ | 二 | 0.47 | 87 | 74 | 111 | 824 | 1344 |
| $R_{90}200$ | 三 | 0.47 | 81 | 66 | 106 | 750 | 1457 |

（三）碾压混凝土施工方案

大坝混凝土运输主要分以下三种方式：①460.0m高程以下采用自卸汽车直接入仓，入仓道路由原下游出渣道路及原右岸440m地方公路逐级修建而成，在距入仓口60m处设冲洗站，冲洗站与入仓口间铺设碎石胶水路面；②460～489.0m高程采用自卸汽车—真空溜管—坝面自卸汽车的入仓方式。自卸汽车将碾压混凝土运至右岸坝顶，经2条真空溜槽转运至坝面汽车；③489.0m高程以上受坝顶表孔的影响，分为左、右两段碾压，自卸汽车左、右岸分别供料，经真空溜管转运至坝面汽车入仓，缆机辅助。

（四）碾压混凝土施工工艺

1. 筛分、拌和系统

混凝土拌和系统按满足混凝土高峰月浇筑强度4万$m^3$/月、浇筑强度满足180$m^3$/h设置，人工骨料生产能力为264t/h，砂生产能力为90t/h。用于碾压混凝土的砂采用干法生产，石粉含量控制在17%～19%；拌和系统采用2座1×3$m^3$和1座1×1.5$m^3$的强制式拌和机。碾压混凝土拌和时间：二级配70s，三级配90s，外掺氧化镁时，延长搅拌时间30s。

2. 卸料和平仓

大坝碾压混凝土采用大仓面薄层连续铺筑。自卸汽车进仓卸料时，采用退铺、多点式卸料法。平仓作业大型推土机进行，平仓厚度为33～35cm，压实厚度保持在30cm左右。平仓表面应平整，无凹坑，间歇层面向上游倾斜5%，不允许向下游倾斜。

3. 碾压

坝体最大仓面面积约3295$m^2$，碾压设备选用2台BW202-AD型振动碾及2台手扶振动碾。碾压时，先无振碾压2遍，再有振碾压8～10遍（小碾26遍），最后无振碾压2遍。碾压的同时，采用核子密度仪进行现场检测，要求碾压后的相对密实度不大于98%，容重大于2400kg/$m^3$。碾压混凝土入仓后应尽快完成平仓和碾压，从拌和到碾压完毕的最长允许历时不宜超过2h，碾压时的*VC*值控制在6～10s，出机口*VC*值根据气象条件动态控制。

4. 混凝土层间结合及施工缝处理

连续上升铺筑的碾压混凝土，层间间歇时间控制在底层混凝土初凝时间内，以不大于6～8h为宜。间隔时间超过下层混凝土初凝时间但未超过终凝时间的层面，应先在层面铺1～1.5cm厚的砂浆，再铺筑上层碾压混凝土，连续上升；层间间隔时间超过下层混凝土终凝时间的层面按冷缝处理。上游二级配防渗区的每一碾压层覆盖前，均匀喷洒2mm厚的水泥粉煤灰净浆，以增加层间结合强度及防渗能力。

施工缝及冷缝缝面处理用高压水冲毛等方法清除混凝土表面的浮浆及松动骨料，处理合格后，沿碾压方向逐条带均匀铺设1～1.5cm厚的砂浆层，在其上立即摊铺碾压混凝土，并在砂浆初凝前碾压完毕。

（五）变态混凝土施工

变态混凝土的范围一般为50cm，采用抽槽铺浆法施工。加浆量控制在3%～5%（体积比），灰浆的水胶比与同级配碾压混凝土相同。

（六）碾压混凝土温控措施

该工程碾压混凝土温控的重点是次高温及高温季节的施工。高温时段月平均气温达到23.7～26.3℃，从降低混凝土成本出发，高温时段（6月～8月）停止混凝土碾压。

主要温控措施如下：

(1) 441.0m高程以下混凝土处于基础约束区内，安排在低温季节施工，并通过外掺氧化镁，补偿温度应力。氧化镁总含量为水泥用量的5%～5.5%（重量比）。

(2) 4月、5月、9月、10月系次高温时段，浇筑温度控制在21℃以下，碾压混凝土内部埋设PE塑料冷却水管，间排距1.5m，通9～10℃冷却水，通水时间不少于15天。

(3) 当日平均气温大于22℃时，运输、转料设备采取遮阳防晒措施，仓面采取连续喷雾装置，尽量避开白天高温时段开盘浇筑混凝土；对已碾压完成的仓面及时用草袋等材料覆盖，避免气温倒灌。控制骨料堆高大于6m，对粗骨料表面冷水喷淋，以降低混凝土浇筑温度。当日平均气温大于25℃时，停止碾压混凝土施工。

(4) 次高温季节浇筑的混凝土，当年过冬时，形成较大的内外温差，因此，11月～翌年3月底，当年过冬混凝土及刚碾完的混凝土在其顶、侧面进行表面保温，保温后的混凝土表面等效放热系数不大于8.37kJ/($m^2$·h·℃)。

（西北勘测设计研究院　张锦堂）

# 地 下 工 程 施 工

## 乌江索风营水电站地下厂房顶拱开挖施工技术

（一）工程概况

1. 工程简介　索风营水电站位于贵州省中部黔西县、修文县交界的乌江中游六广河段，距贵阳市直线距离54km，交通较便利。

地下厂房由主厂房、安装间和副厂房组成，呈“一”字形排列。厂房轴线方位N68°E，总长135.5m、宽24m、高58.405m。机组安装高程751.0m，机组中心线距24m。3台机组单机容量为200MW。

2. 工程地质条件　地下厂房位于坝轴线下游约50m处的右岸两级陡壁之间山体内，地表高程890～1100m，靠河岸最浅埋深约100m，边墙距河岸最近距离约70m，岩层倾向为N80°E，倾角为SE20°～27°。

厂房顶拱自上而下由灰色厚层块状灰岩、白云质灰岩及灰色中厚层至薄层灰岩夹极薄层泥质灰岩及泥岩组成，岩体湿抗压强度40～60MPa。地应力以自重应力和EW向压应力为主，地应力为中等，基本与厂房轴线方向相同。厂房顶拱区层间错动及夹层极其发育，自上而下主要有fj2、fj5、fj6、fj3、fj4等5条层间错动带，该类结构面均有溶蚀夹泥现象，夹泥层主要以0.5～30cm厚黄泥为主及较薄的炭泥、岩屑及方解石，面平直，连续性好，对围岩稳定不利。受N70°E结构面及层面或层间错动带控制，岩溶发育主要呈缝状或带状。厂房顶拱部位岩溶发育程度较低。另外，发育有2组垂直于岩层面的不连续陡倾角节理。其中一条节理走向与厂房轴线近于平行，另一条节理走向近于垂直厂房轴线。2条节理均在安装间部位，较为发育，与层间节理组合成不稳定岩体，给厂房顶拱开挖施工带来了难度。围岩类别为Ⅱ、Ⅲ类。

（二）厂房顶拱开挖施工组织设计

通过对现场全面勘察，对前期洞室的地质条件及开挖成型情况进行了全面了解、分析与总结，制定了厂房顶拱开挖施工方案。

厂房顶拱开挖高度为9.2m（主要是考虑满足厂房顶拱锚杆施工及施工交通而定），开挖高程为787.215～778.00m，开挖长度135.5m。厂房顶拱（Ⅰ层）开挖分3块，如图1所示。

I1块为中导洞，开挖宽度10m，两侧I2块开挖宽度为7m。开挖采用中导洞领先，两侧跟进的施工顺序，中导洞领先长度不小于10m，两侧开挖错开长度亦不小于10m，如图2所示。

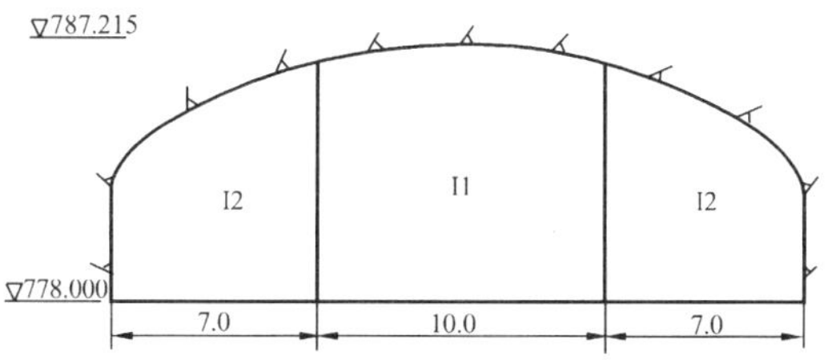


图 1　厂房顶拱开挖示意图（单位：m）

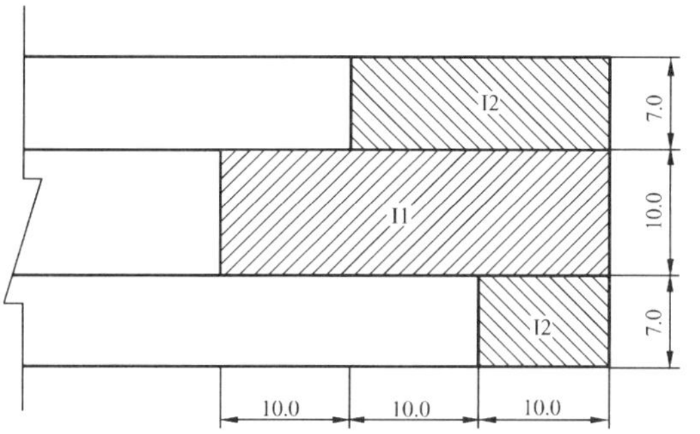


图 2　厂房顶拱开挖俯视图（单位：m）

在两侧扩挖时，不能按设计开挖尺寸一次成型，须采用渐变开挖方式，即两侧渐变开挖需延伸 20m 后达到设计边线，然后，按设计开挖尺寸向前开挖 25m 后再进行反向开挖，如图 3 所示。

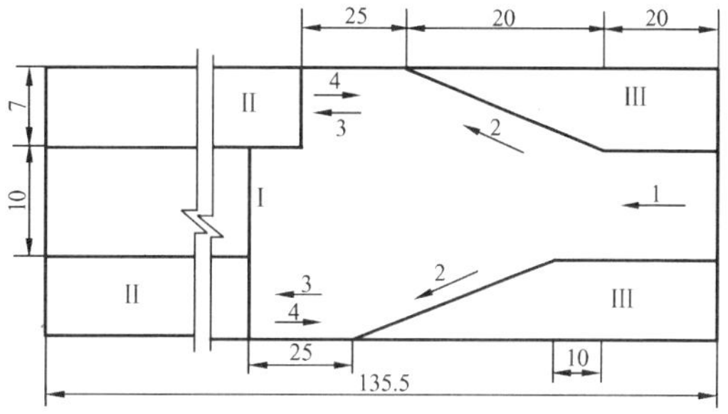


图 3　厂房顶拱设计开挖尺寸图（单位：m）

这样减少向前开挖与反向扩挖之间的干扰。开挖施工采用 H353E 液压三臂钻机钻孔，塑料导爆管毫秒微差光面爆破，如图 4 所示。

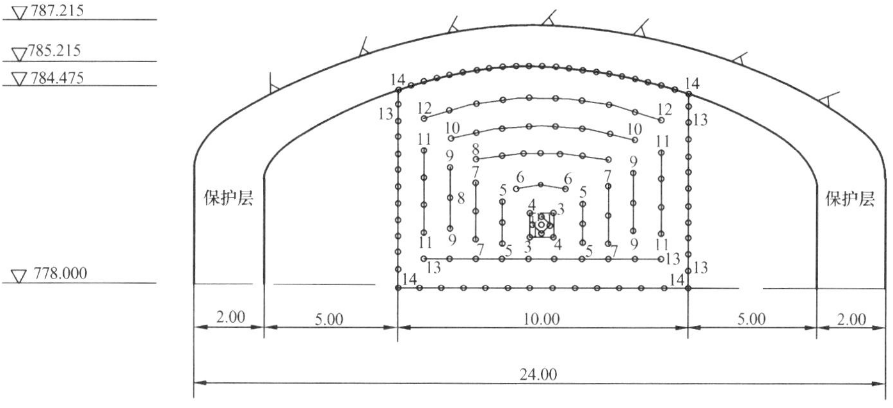


图 4　开挖爆破设计图（单位：m）

（三）施工组织设计优化与实施方案

1. 进行开挖爆破试验，确定合理的爆破参数　采用合理的爆破参数能提高开挖进度、降低开挖成本，减少对洞室围岩的扰动。通常采用工程类比法与现场爆破试验相结合的方法，指导开挖工程施工。

爆破试验采用液压多臂钻进行周边钻孔，存在孔位偏差较大、错台严重的问题。为确保开挖光面爆破质量，经分析研究，确定采用液压多臂钻与手风钻相结合的钻孔方式，充分利用设备的优势互补，确保了厂房顶拱的开挖质量（试验报告略）。

2. 改变顶拱开挖方法　根据开挖爆破试验，确定 I1、I2 开挖由一次全断面开挖成型改为预留 1.0m 保护层的方式进行，减少爆破振动对厂房顶拱围岩的损害。

为满足施工进度需要，利用多臂钻钻孔速度快的优势进行中导洞钻爆作业，采用手风钻进行顶拱保护层光面爆破作业。

施工中根据揭露的工程地质条件，有针对性地进行光面爆破参数的调整，开挖后残孔率达到 95% 以上，残孔保留完好，均未产生爆破裂隙，确保了厂房顶拱围岩的安全与稳定。

3. 提高测量放线精度　测量放线精度是控制开挖超欠挖的重要因素，确定采用轮廓线固定点的测量放线方式，基本能保证测量放线的点偏差在 2cm 以内。

4. 高钻孔精度

（1）开孔偏差控制。根据厂房顶拱开挖情况，确定开口钻孔中心沿测量放线点中心进行（在孔口5cm以内时），对孔口由于前排炮爆破形成斜面的点，采用人工用凿子凿孔窝的方法，确保开孔点孔位准确。

（2）钻孔角度偏差控制。

1）水平方向角度偏差控制。水平角度偏差是造成超欠挖易被忽视而确实又非常重要的因素。由于水平角度偏差的存在，孔底点间距发生变化，不但产生超欠挖而且影响光面爆破效果。施工中为使水平角度偏差控制在2°以内，在测量放线时，同时将方向线划出。为便于钻孔时控制方向，每1.6m放一条长3m的导向线，钻孔时先自有导向线的孔点开始沿导向线方向水平钻孔，每钻完一个孔后，马上插上导向杆进行方向检测，并将此杆作为下一个孔的导向，依此类推。对导向检查不合格的孔，重新选位钻孔。

2）垂直角度偏差控制。垂直角度偏差造成超欠挖及影响光爆效果比较直观。经分析研究，确定垂直角度偏差亦控制在2°以内，控制方法与水平方向角度偏差控制相同。

（3）钻孔深度控制。由于钻孔角度偏差控制受控制方法与操作难度的影响，难以达到预定的控制目标。钻孔深度控制相对容易一些，根据分析研究，确定每排炮钻孔深度为3m。由于每排炮的孔底难以在同一平面内，测量放线时将各钻孔点进行编号，给出各钻孔点的钻孔深度，施工人员、技术人员及质控人员按钻孔深度测量交点表进行控制。

5. 结构尺寸变化部位施工方法

厂房与2号施工支洞相交端墙段、主厂房与副厂房渐变段等部位的开挖施工采用YT-28型手风钻钻孔，钻孔直径为42mm，相交部位的端墙开挖是在厂房中导洞开挖全部完成后进行施工的。首先，由测量放出端墙开挖边线，以2号岔洞与厂房中导洞为工作面沿端墙开挖线向厂房上、下游钻水平孔。钻孔时严格控制孔深和各孔的孔轴线平行与端墙开挖线并在同一平面上。主厂房与副厂房渐变段的开挖采取短进尺、弱爆破，逐层开挖至设计边线，开挖中严格控制钻孔角度。

采用间隔不偶合光面爆破，不偶合系数为1.8；线装药密度为150～200g/m。孔底填塞20cm柔性物质，保证端墙设计轮廓线光滑。

6. 施工过程控制与管理

为了保证施工质量，必须做到措施到位、组织到位、落实到位、责任到位。在制定了厂房顶拱开挖施工技术措施后，召开了由施工队、测量队、质检部、工程部、经营部、物资部及项目部领导参加的施工技术交底大会。使所有人员清楚施工方法、重点和难点，同时对各部门提出具体要求。

在钻爆作业施工中，自测量放线到爆破前的装药施工，均由测量人员、质检人员、技术人员分别对钻孔孔位、方位、深度及爆破参数进行控制。在每循环爆破结束后，施工人员、质检人员及技术人员均到现场检查爆破效果。对存在的问题及时提出改进措施，指导下一循环的施工。

乌江索风营水电站地下厂房顶拱开挖，周边孔半孔率达95%以上，错台很小，围岩扰动轻，开挖质量符合设计要求，达到优良标准，受到乌江水电开发公司、索风营水电站建设公司及水电专家高度评价，被称为“开挖样板工程”。

（中国水利水电第六工程局　杨成文
刘化才　任建川）

## 乌江索风营水电站地下厂房岩锚梁开挖施工技术

（一）工程概况

1. 工程简介　乌江索风营工程为低水头、大引用流量水电站，厂内桥机最大起吊重量为7000kN，最大轮压890kN，设计顶高程为778.12m，总长度为118.5m。岩锚梁布置2排锚杆，锚杆均采用新三级钢筋，直径为40mm，间距为50cm，上游侧长度为10m，下游侧长度为12m。

2. 工程地质条件　地下厂房下游岩锚梁岩台坡向与岩层倾向相同，为顺向坡，处于中厚层及薄层灰岩中，夹层及层间错动带发育，受垂直裂隙切割易产生顺层滑移块体，稳定性差。中厚层灰岩中的不利结构面为fj5、fpd2-4-1、fj6。其中，fpd2-4-1倾角40°陡于层面，两侧受垂直裂隙切割，顶部以fj5为界，形成不稳定楔形体。薄层灰岩及极薄层灰岩中因夹层极其发育，不利底滑面密集，以fj3、fj4为主（间距1～5m）与垂直裂隙组成不稳定楔形体。

地下厂房上游岩锚梁岩台坡向与岩层倾向相反，整体稳定，因局部地段存在N70°E反倾陡倾裂隙切割，将产生小规模的不稳定块体。

沿fj5、fj2层间错动带均发育有大小不等的溶洞，溶洞中有黄色黏土及岩石碎块等充填物，岩锚梁岩台开挖难以成型。

（二）岩锚梁开挖施工技术

岩锚梁处于厂房第二层中，岩锚梁岩台开挖高程为776.85～774.8m。岩台斜面倾角为30°，与层间错动带及垂直裂隙组成不稳定块体，开挖成型困难。

岩锚梁岩台开挖施工技术是厂房开挖施工技术的核心。岩台成型的好坏、爆破松动范围的大小对岩锚梁安全与稳定起到至关重要的作用。为此，在勘察工程地质条件之后，经分析与研究，结合前期厂房开挖爆破施工经验，制订了厂房岩锚梁开挖施工方案，并在开挖施工中不断进行开挖爆破设计优化，取得了岩锚梁开挖质量优良的好成绩。

1. 第Ⅱ层先锋槽开挖与爆破实验　根据现场施工程序安排及工程地质条件，先锋槽开挖段选择在安装间侧距端墙 2m，沿厂房中心线布置，如图 1 所示。开挖高程为 778～772m，开挖深度为 6m。分 2 层开挖，如图 2 所示，分层高度为 3m，采用手风钻进行钻孔。在 0+92～0+99 段上游侧进行爆破实验，作为岩锚梁开挖爆破实验的一部分。

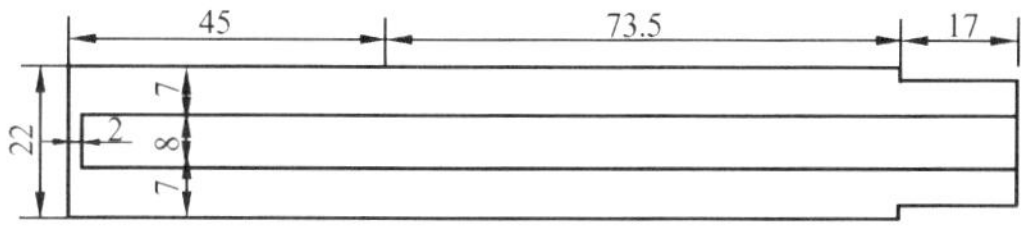


图 1　先锋槽开挖布置图

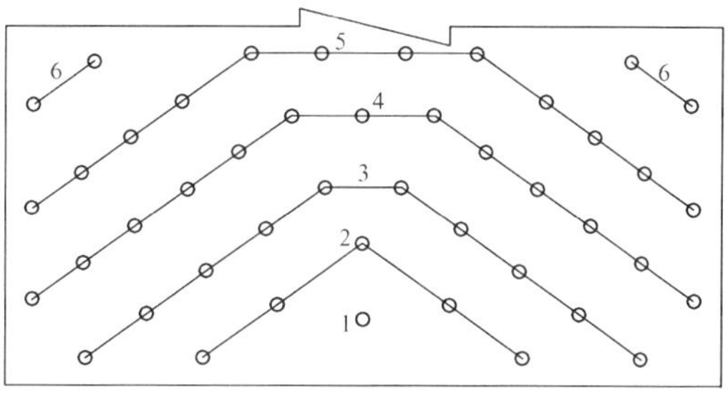


图 2　先锋槽开挖爆破图

说明：1. 孔深 3.7m，孔距 1m，排距 1.2m，孔径 $\phi42$。

2. 炸药采用 $\phi32$，2＃岩石氨锑炸药，单位耗药量 04. kg/m。

2. 第Ⅱ层开挖梯段爆破与爆破实验　第Ⅱ层开挖采用 ROC742 液压露天钻机钻孔，梯段爆破，上、下游边墙各预留 2.5m 的保护层，如图 3 所示。

地下厂房边墙保护层开挖施工爆破布孔图

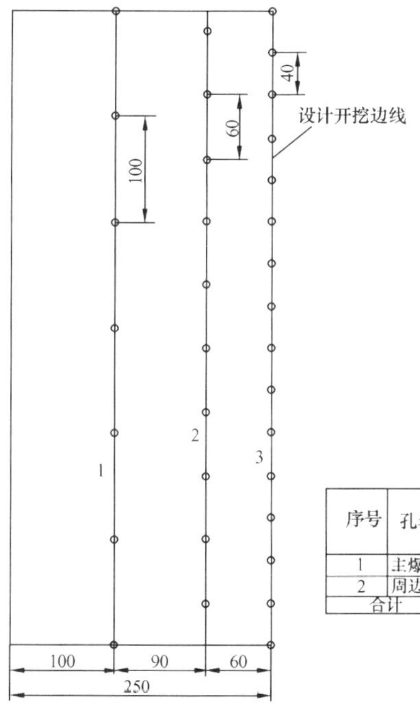


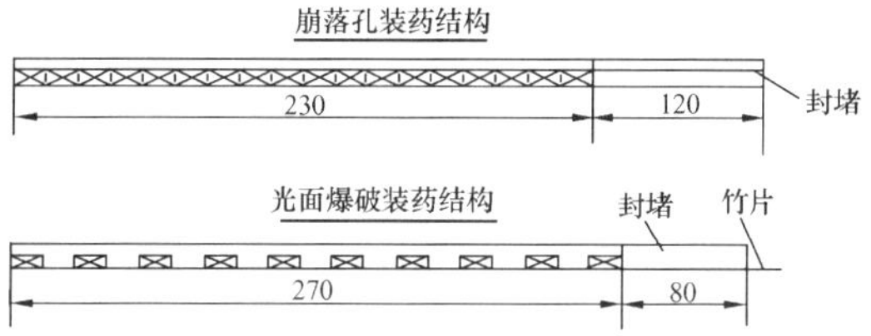


爆破技术参数表

| 爆破断面 | 钻孔总数 | 炮孔密度 | 钻孔深度 | 进尺 | 总装药量 | 炸药单耗 | 爆破效率 |
|---|---|---|---|---|---|---|---|
| ($m^2$) | (个) | (个/$m^2$) | (m) | (m) | (kg) | (kg/$m^3$) | (%) |
| 15.0 | 33 | 2.2 | 3.50 | 3.00 | 48.13 | 1.07 | 86 |

爆破参数表

| 序号 | 孔名 | 钻孔参数 | | | | 装药参数 | | | | | 起爆顺序 |
|---|---|---|---|---|---|---|---|---|---|---|---|
| | | 孔数 | 孔径 | 孔深 | 孔距 | 药径 | 线装药密度 | 封堵长度 | 单孔药量 | 总装药量 | |
| | | (个) | (mm) | (m) | (cm) | (mm) | (kg/m) | (m) | (kg/孔) | (kg) | |
| 1 | 主爆孔 | 17 | 46 | 3.50 | 60~100 | 35 | 0.96 | 1.20 | 2.21 | 37.57 | 1 |
| 2 | 周边孔 | 16 | 46 | 3.50 | 40 | 25 | 0.25 | 0.80 | 0.66 | 10.56 | 2 |
| 合计 | | 33 | | | | | | | | 48.13 | |

图 3　地下厂房开挖爆破布孔图（1、2、3 为起爆顺序）（单位：cm）

为了避免梯段爆破对岩锚梁岩台岩体造成破坏，在施工前，首先进行梯段爆破掀动实验。爆破宽度为 6m，长度为 10m。经过实验，上游爆破掀动范围为 1m，下游爆破掀动范围为 4.5m。根据实验结果，将梯段开挖改为梯段槽开挖，开挖宽度为 6m，中心线向上游平移 1m。当梯段槽开挖后，上、下游均采用手风钻进行开挖爆破，每层 3m 分 2 次爆破，上、下游距岩锚梁开挖外边线均预留 4m 的保护层且边线采用光面爆破，周边光爆孔间距采用 40cm，进一步减小爆破对岩锚梁部位岩体的扰动破坏。开挖爆破单耗均控制在 0.3kg/$m^3$ 以内。

3. 岩锚梁保护层开挖　岩锚梁保护层开挖厚度为 4m，采用手风钻钻孔，孔径为 42mm，分两层进行开挖，周边光爆孔孔距缩小为 30cm，线装药密度为 75～100g/m，以进一步减小光爆孔间的起伏差，炸药单耗控制在 0.27～0.28kg/m³，取得了较好的爆破效果。

4. 岩锚梁开挖施工技术

（1）岩锚梁开挖爆破参数的确定。为了进一步优化岩锚梁的开挖爆破参数，通过 2 次实验，确定取消减震孔，并将岩锚梁岩台外边线开挖光面爆破孔间距由 40cm 缩小为 30cm，根据工程地质条件，线装药密度控制在 75～100g/m。并确定不同工程地质条件下岩锚梁开挖的合理爆破参数。

（2）岩锚梁开挖爆破方案。岩锚梁岩台开挖采用垂直孔加斜孔的爆破方式。垂直孔加斜孔钻爆方式的优缺点如下：①垂直孔深度较小（在 1.5m 以内），钻孔角度易于控制，在爆破后易于形成平顺的垂直开挖面；②斜孔深度亦较小（2.0m 左右），采用电钻造孔角度易于控制，在爆破后易于形成平顺的岩台斜面；③开挖爆破对岩台岩体扰动小，有利于岩台岩体的稳定；④根据岩体工程地质条件，可以选择不同的爆破段长，施工进度快；⑤爆破次数少，对厂房其他工序施工影响小，其他工序基本可以正常施工；⑥测量放线及质量检查控制工作量大。垂直孔采用 YT-28 手风钻钻孔，孔径 42mm，孔深 0.9～1.0m（距折点 20cm），间距 30cm。斜孔（与水平线夹角为 60°）采用电钻钻孔，施工时采用钢管架搭设施工作业斜台（与水平线夹角为 60°），搭设斜台时，根据测量放出的斜孔钻孔点及钻孔角度，先固定标准杆，标准杆间距为 3m。根据爆破实验，采用垂直孔与斜孔同时起爆的光面爆破方式。一般岩石条件下，垂直孔线装药密度为 75～100g/m，斜孔线装药密度为 75～100g/m，采用竹条间隔装药，炸药采用直径为 25mm 的乳化炸药，孔口堵塞长度为 30～70cm。对于工程地质条件较差的部位（节理裂隙带、溶蚀带、溶洞区等），为减少爆破对岩体的破坏，斜孔线装药密度减少为 20～30g/m，装药时药卷避开裂隙，有的孔只装导爆索，这样，有效的对爆破进行控制。

（3）岩锚梁开挖施工质量控制措施。以测量仪器检查控制孔位准确；随时控制钻孔深度和倾斜角度，然后由施工队队长、质检员、技术员及爆破员组成爆破质量控制小组，根据爆破设计及每一孔所处的工程地质条件，逐孔装药，逐孔控制。爆破后，由项目经理、总工程师、施工队长、质检部长、工程部长及测量队长共同组成质量检查小组，每次爆破后进行联合检查，对存在的问题进行分析、研究，提出整改方案，指导下一爆破循环施工。

（中国水利水电第六工程局　刘化才　任建川）

## 凤滩水电站扩机工程地下厂房岩锚梁施工技术

（一）简况

岩锚梁是地下厂房桥机（吊车）轨道梁，在地下厂房中已被广泛采用。岩锚梁是把梁下部底面岩壁作成一斜面、利用一定深度的长锚杆把吊车混凝土梁锚固在岩石上。岩锚梁上的全部荷载通过锚杆和钢筋混凝土传到岩体上，是锚杆、混凝土和围岩共同受力的一种梁结构。

岩锚梁的优点是可以缩窄地下厂房的跨度，节省开挖工程量，而且由于减少了地下洞室的宽度，对围岩稳定更有利。但对岩台开挖、锚杆施工和混凝土浇筑有较高的技术要求。而岩台开挖、锚杆施工难度很大。

凤滩水电站在湖南省沅陵县境内，位于沅水支流酉水河上，原装机容量为 4×100MW，建于 20 世纪 70 年代。扩建装机容量 2×200MW，计划 2004 年 5 月发电。扩机工程采用地下厂房布置方案。地下主厂房尺寸为 88.8m×25.1m×62.65m（长×宽×高）。岩锚梁单根长 88.8m、高 3m、宽 1.8m。

（二）凤滩水电站扩机工程岩锚梁施工

1. 岩锚梁开挖　采用预留保护层、岩台一次开挖成型方案。岩锚梁位于主厂房 140m～137m 高程，在厂房进行 140m 高程以下开挖时，上下游边墙岩锚梁部位预留了 3m 保护层，向下开挖至 132m 高程后即开始岩锚梁开挖，开挖程序如图 1 所示。

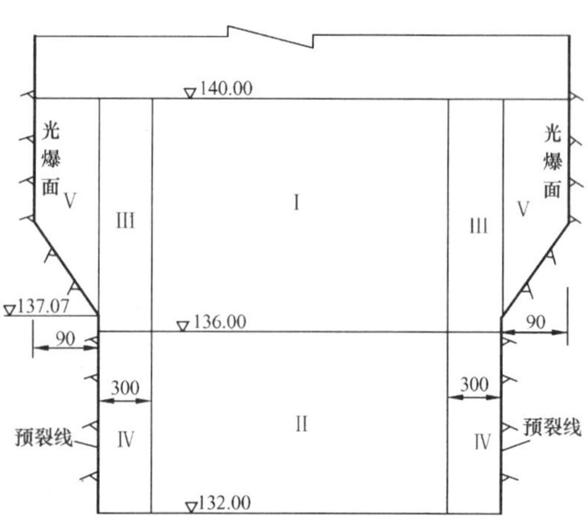


图 1　岩台开挖顺序图

（高程单位：m；其他单位：cm）

岩锚梁岩台开挖前先爆掉 3m 保护层。保护层开挖采用预裂爆破技术，预裂孔采用手风钻垂直造孔，孔深 3m，间距 30cm，线装药密度为 120～140g/m，非电管微差起爆。

岩台开挖采用小孔距、小药量岩台一次开挖成型方案。正式开挖前做了仿真模拟不同爆破参数试验，经试验效果对比，确定了实际爆破参数。

上下游岩锚梁岩台各分4段爆破，分段长度为22m。岩台边线采用垂直竖向孔和沿岩台方向由下向上斜面孔，竖向孔和斜面孔不得交汇。竖向孔间距30cm、孔深3m；斜面孔间距25cm，孔深1.57m。竖向孔隔孔装直径22mm药卷、空气间隔不偶合装药，线装药密度为90～120g/m，竹片绑扎，孔口黄泥封堵，光面爆破，非电管微差起爆，间隔孔下2根导爆索导向，端头加60g药卷。斜面孔采用导爆索起爆。造孔用气腿式手风钻。竖向孔孔深可采用2根定位锚杆，设一标准高程点，根据孔位逐孔量测标高点据岩面高度，再推算造孔深度。斜向孔造孔时用架管作一样架，手风钻钻杆沿样架角度推进。

岩台爆破光面效果良好，围岩完整，半孔率95%以上。

2. *岩锚梁结构锚杆施工*　岩锚梁结构锚杆分受拉和受压两种锚杆，受拉结构锚杆为三级$\phi$36mm精轧钢筋，单根长10m，孔口部分设2m自由段，入岩深8.2m，外露1.8m，分上下2排，第一排角度23°，@75cm，第二排角度18°，@75cm。受压结构锚杆为二级$\phi$32mm普通钢筋，单根长6m，入岩深4.5m，共1排，角度垂直岩台@100cm。

岩锚梁受拉锚杆造孔采用三臂台车，孔径64mm。造孔角度控制先做样架放点，用坡比尺（23°和18°两种型式）将钻杆就位、再用罗盘调整。受压锚杆采用手风钻造孔，吊铅球控制角度。

锚杆正式施工前做了“先注浆后插杆”和“先插杆后注浆”两种不同工艺方法试验，经注浆密实度检测对比，确定采用“先注浆后插杆”工艺。

锚杆砂浆强度等级为M25，砂子为天然中细砂、细度模数2.2～2.3，水灰比0.38～0.4。现场拌制。砂浆用注浆泵泵入，注浆管采用胶管，管径32mm。注浆前先把锚杆对准孔位，再将注浆管插入孔底，然后抽离孔底5cm开始注浆，当注浆手感到注浆管有往外推的作用时，则往外慢慢抽管，并多次回送，注到孔口满溢。砂浆注溢满后，6～8人在多臂钻的配合下把锚杆缓慢插入孔内。

锚杆注浆密实度采用物探检测法，按锚杆数量的30%抽检，合格率93.47%（达优良级，设计要求抽检合格率75%为合格级、90%以上为优良级）。

3. *岩锚梁混凝土施工*　岩锚梁混凝土强度等级C25。整根梁88.8m长，分段浇筑不设结构缝，下游分6段、上游分5段，分段处设键槽、缝面凿毛、钢筋过缝连成整体。采用搭承重架方案浇筑。

在距岩锚梁底6m高的基岩面上用$\phi$48mm钢架管搭设承重架，模板采用P3015标准新钢模，靠岩壁面用散木板补严，内拉式加固。

岩锚梁混凝土跳仓浇筑、泵送入仓。1台泵布置在上平洞主厂房施工支洞内，1台泵布置在安装间底板上。混凝土水平运输为MR45型混凝土搅拌罐车。

混凝土浇筑后及时洒水养护，拆模后，常流水养护。在混凝土浇筑28天后方可进行厂房下部开挖，凤滩扩机工程厂房下部开挖时岩锚梁混凝土爆破质点振速按不大于1.3cm/s控制。

凤滩扩机工程岩锚梁岩台开挖采用小孔距、小药量一次成型、棱角分明、壁面平整，光爆效果良好；锚杆注浆采用先注浆后插杆工艺，注浆质量达优良级；混凝土外光内实，桥机运行正常。

（中国水利水电第三工程局　高　毅）

## 瀑布沟水电站泄洪洞工程

（一）工程概况

瀑布沟水电站位于大渡河中游汉源县及甘洛县境内，装机6台，总容量为3300MW。水电站泄洪洞布置在大渡河左岸，全长2119.318m，进口段长54m，出口段长43m，洞身段长2022.318m，前期作为连接左岸上下游的交通洞使用。进出口高程分别为793.00m和679.75m，隧洞纵坡5.8%，泄洪洞最大开挖断面为16m×20.5m（宽×高）。Ⅱ、Ⅲ类围岩段，顶拱采用喷锚支护，边墙及底板采用混凝土衬砌，衬厚分别为0.5m和0.65m；Ⅳ、Ⅴ类围岩段，采用全断面衬砌，衬砌厚度为1.0m。按业主、设计要求边墙、底板混凝土留待交通期结束后浇筑。

泄洪洞主要工程量为：洞口土石方明挖624200$m^3$；泄洪洞和补气斜井石方洞挖420680$m^3$；进口及洞内混凝土浇筑106970$m^3$；进出口和洞内喷混凝土9060$m^3$；锚杆11280根；回填灌浆6370$m^2$；固结灌浆8400m；钻排水孔14920m；钢筋制作安装5220t；钢板镶护86.32t；浆砌石护坡4400$m^3$。

（二）施工方法

1. *土石方明挖*　泄洪洞进出口土石方明挖采取自上而下分层梯级开挖的施工程序，土、石方开挖同步进行。边坡锚喷支护紧跟开挖面进行。预应力锚索加固施工则在每层边坡锚喷支护验收之后及时安排。边坡开挖由KQD-80多方位钻机打预裂孔进行边坡控制爆破，PC400液压反铲修坡。进口明挖于2003年4月8日开挖完成。

2. *石方洞挖*　泄洪洞洞挖施工采用分部开挖的施工方法，先开挖上半洞，贯通后再进行下半洞扩挖。上半洞上游采用二臂钻和三臂钻联合钻孔全断面掘进，下游面由于山体较薄，存在偏压问题，前期采用左侧小半洞进洞、手风钻钻爆，周边光面爆破的方式开挖。下半洞采用液压台和钻机中槽钻爆，边墙及底板预留2m保护层，预留保护层部分采用手风钻光面爆破扩挖施工。洞挖过程中坚持新奥法施工，及时对开挖完成的洞段进行锚喷混凝土支护，在进出口锁口段、主支洞交叉段及不良地质段采用格栅钢架进行加强支护。

3. 混凝土浇筑 分层浇筑混凝土，基础约束区1.5m一层，非基础约束区3.0m一层。模板采用定型组合钢模板并加内衬。HZ90—2F1500A拌和站集中拌制混凝土，$6m^3$混凝土搅拌运输车配10t自卸汽车水平运输，C7050塔机吊卧罐入仓。混凝土振捣采取人工入仓振捣。

（中国水利水电第五工程局 张惠中）

## 锦屏水电枢纽辅助洞工程

（一）工程概况

锦屏水电枢纽辅助洞工程位于四川省凉山彝族自治州木里、盐源、冕宁三县交界处的雅砻江干流锦屏大河湾上，由2条平行的长约17.5km的单车道隧道组成，其作用是沟通东、西雅砻江的交通，解决锦屏一级水电站及二级水电站首部对外交通问题，并作为锦屏二级水电站引水隧洞的施工辅助洞，也起到超前勘探洞的作用。锦屏水电枢纽工程辅助洞是锦屏一级、二级水电站前期工程的关键项目。

辅助洞由2孔单车道隧洞组成，城门洞形断面，不专设人行道，成洞断面宽5.5～6.0m，净高4.5～5.0m。2孔隧道位于拟建的锦屏二级水电站4条引水隧洞的南侧，中心距35m。洞线平行于引水隧洞，洞轴线方向N58°W，距离引水隧洞轴线的最小距离为60m。辅助洞纵坡采用“人”字坡布置，最大纵坡为25‰，最小纵坡为2‰。

辅助洞内每隔500～800m布设一横通道，横通道内设置隔离门。横通道与辅助洞交叉口经扩挖作紧急停车带使用，紧急停车带洞段的横断面均按单心圆拱马蹄形设置。辅助洞运营期通风采用射流风机方案，为辅助洞运营期需要，洞内设有消防、供电、照明、通信及监控系统。

（二）工程地质条件

除东西雅砻江两岸及局部沟谷外，整个隧洞沿线地形起伏，高程均在3000m以上，最高山峰达4125m，由白山组大理岩组成地形主分水岭。辅助洞最大埋深约为2375m，埋深大于1500m的洞段长度约12875m，占全洞长度的73.1%。

本工程围岩均由三叠系（T）地层组成，岩性主要为碳酸盐岩及少量砂岩、板岩、绿泥石片岩。其中绿泥石片岩、细砂岩、中砂岩、板岩分布于辅助洞西段，其岩石完整性差；碳酸盐岩有大理岩、角砾状大理岩、条带状云母大理岩、结晶灰岩、泥质灰岩。除泥质灰岩外，大多为厚层状，岩石较新鲜完整。其中白山组厚层块状白色臭大理岩在洞线上分布长度约8600m，碳酸盐岩类岩石在整个洞线上约占91%。

锦屏工程区的地形地质条件复杂，辅助洞的主要工程地质问题包括岩溶水文地质、构造、高地应力与岩爆、地温和有害气体等。大水沟长探洞所见的各类地质问题，以突水、突泥现象最突出。区内地表岩溶虽不发育，但赋存有丰富的地下水，由NNE、NEE、NWW向三组结构面构成了的主要导水网络。长探洞施工过程中，在没有采取预注浆的情况下，曾发生瞬时涌水量大于等于$0.1m^3/s$的突水突泥点10处，最大突水点是PD2洞2845.5m处的集中涌水，最大瞬时涌水量达$4.91m^3/s$，造成施工设备被淹。这些涌水点除具有高压、突发性、稳定流量大的特点外，涌水初期还携带有砂黏土。

（三）施工组织安排

锦屏工程辅助洞具有埋深大、洞线长等特点，由于地形条件的限制，沿线没有条件布置平洞或斜井、竖井以增加工作面，只能从两端向中间开挖。辅助洞施工采用电瓶车牵引梭矿的有轨运输方式，可以较好地解决洞内施工运输组织及施工通风问题。结合长探洞的堵水试验研究工作，吸取国内外长隧洞施工的经验，对地下水采用“以堵为主，堵排结合”的原则，基于开挖过程中的各种超前预报措施，有针对性地对断层、破碎带、节理裂隙、岩溶裂隙等部位进行超前预注浆处理，对于突发性涌水地段，由于两洞互为导洞，采取“分流”、“关闸”等工程措施，化动为静将其封堵。

辅助洞主体工程于2003年10月开工，2007年下半年隧洞贯通，2008年上半年完工。

（华东勘测设计研究院 周垂祎）

## 泰安抽水蓄能电站地下厂房尾水调压室球冠开挖与支护

（一）工程概述

泰安抽水蓄能电站地下厂房系统，由主副厂房、主变压器洞、尾闸室、母线洞、进厂交通洞、尾水隧洞、尾水调压室及地面开关站等组成。尾水调压室阻抗式调压井的设计是为了减缓高速水流对尾水事故闸门的冲击，降低水锤的破坏。尾水调压室布置有2

个，每个尾水调压室由三部分组成，分别为上室、大井、小井。尾水调压室位于1号、2号尾水隧洞0+167.942的上部，尾水调压室通气洞和尾水调压室通气支洞的末端。上室在高程174.272m与尾水调压室通气洞相连，为城门洞型结构，全长49.8m，开挖断面尺寸为12.2m×12.7m；大井开挖直径为18.6m，高差62.45m；小井开挖直径为6.6m，高差26.4m。

（二）地质简况

根据厂房及主变压器洞实际开挖所揭示的地质状况，1号尾水调压室基本避开了大断层和节理密集带，2号尾水调压室与J2和J3节理密集带相交。另外根据已有的地勘资料，2号调压井与ZK11孔揭露的蚀变岩体（厚达21m）相距约18m，在调压井开挖过程中针对蚀变岩体出露的岩石进行挂网锚喷支护处理。

（三）施工方法

球冠的开挖是尾水调压室施工的重点，首先对开挖支护的施工方案及保护层开挖的爆破参数进行了研究和确定，施工中再据现场情况及时调整，以确保达到精品工程的要求。在球冠施工前，先进行尾水调压室上室的施工，分两层进行开挖与支护。第一层的起点高程为174.272m，以3.19%的上坡前进55.55m后到达高程176.051m（相对上室中心线多挖5.75m）。竖井球冠位于大井的顶部位置，球冠开挖半径为11.625m，起拱高程为183.500m，球顶高程为188.150m，球冠高度4.65m，跨长18.6m。冠顶部位布置有4.6m、6.1m、8.1m的环向系统锚杆326根，并采取系统挂网喷混凝土支护。

（1）针对岩石地质条件及施工环境，采用斜导井开挖，调压井的开挖，为将半球形调压井球冠脱胎出来，技术员和施工人员采取了先行爬导洞至顶部再辐射修球面的方法。为使球面成型并尽可能减少超欠挖，每一循环进尺均控制在1.5m以内。特别是在2号球冠，岩石较为破碎，爆破作业人员采取极弱爆破的施工方法，光面爆破孔最小线装药量曾一度控制到了50g/m。仅用28天就完成了球冠开挖，开挖质量达到优良。导井开挖时充分利用为导井的开挖而创造凌空面所爆破的石渣，将该部分石渣堆积起来，与掌子面保持一定的距离，以供操作人员作为施工平台进行钻孔施工，斜导井开挖如图1所示的尾水调压室开挖示意图。

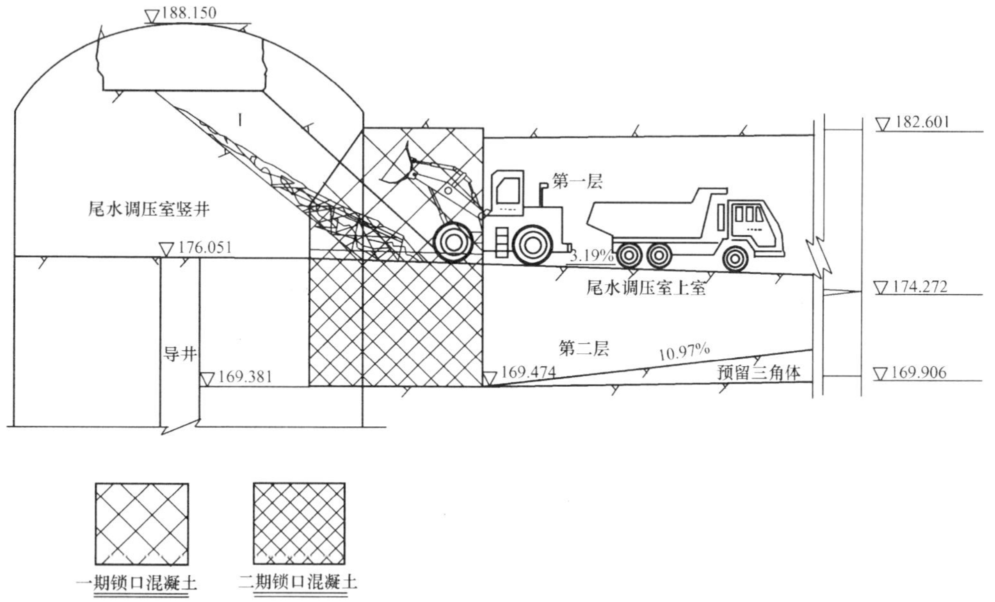


图1 尾水调压室开挖示意图（单位：m）

（2）导井形成后，采用水平钻孔逐步分次扩大导井，在距离球冠顶面部位预留1.25m保护层，采用水平和倾斜钻孔，控制钻孔深度（1～1.5m）分次爆破，球冠周边光面爆破孔采用手风钻钻孔、短进尺、小药量的爆破方法，以尽量减小不必要的超挖，保持球冠有一个光滑平整的开挖面，爆破设计如图2所示。尾水调压室自开挖施工以来，上室及球冠的开挖断面半孔率达到95%左右，超挖严格控制在15cm以内，整个断面过渡平缓、美观。竖井开挖还有待于进一步加强现场管理和技术探讨。

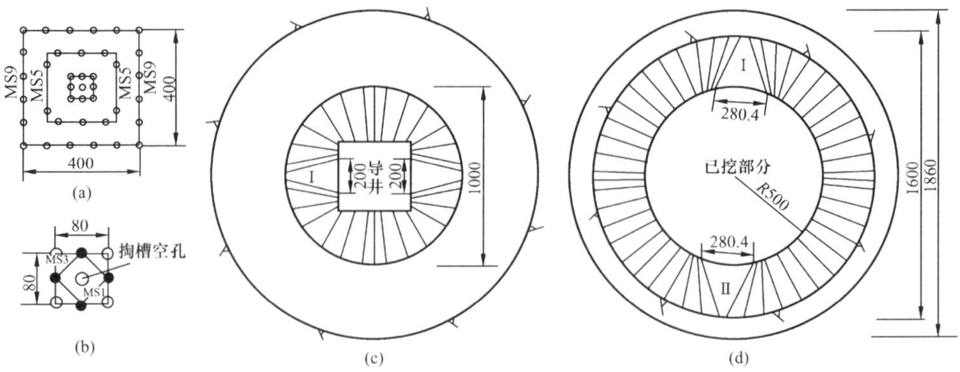


图 2　竖井球冠开挖爆破设计

(a) 球冠开挖导井爆破布孔图；(b) 导井掏槽孔布孔图；
(c) 竖井球冠掏槽爆破布孔图；(d) 竖井球冠扩挖炮孔布置图

（四）质量控制

(1) 为保证开挖岩块均匀、大块率较低，两茬炮之间错台较小，就必须严格控制爆破孔的间排距、钻孔角度及装药结构。对于关键部位，则要选择相应的爆破参数。如上室与大井、大井与小井连接处及球冠的开挖，加强钻孔角度及装药量的控制，以尽可能减轻和避免震动对边墙岩体的破坏。必要时超钻 10～20cm，孔底装少许细沙作为缓冲层，确保永久面一次成型而又不受破坏。

(2) 严格按爆破设计的参数进行光面爆破的施工。要求半孔率在开挖轮廓面上均匀分布且不低于 80%，壁面超挖控制在 10cm 以内，不允许欠挖，相邻两茬炮之间的台阶小于 15cm。

表 1　　导井开挖爆破参数表

| 孔别 | 孔径 (mm) | 孔数 (个) | 间排距 (cm) | 孔深 (m) | 单孔药量 (kg) | 单耗 (kg/m³) | 总装药量 (kg) |
|---|---|---|---|---|---|---|---|
| 掏槽孔 | 42 | 5 | 25×25 | 3.9 | 2.1 | | 8.4 |
| 辅助孔 | 42 | 4 | 40×40 | 3.9 | 1.95 | 1.53 | 7.8 |
| 爆破孔 | 42 | 29 | 80×80 | 平均 2.3 | 1.8 | | 52.2 |

（中国水利水电第四工程局　吴恒辉　秦天强　毛永生）

## 泰安抽水蓄能电站尾水岔管开挖施工

（一）工程概述

泰安抽水蓄能电站位于山东省泰安市西郊，距泰安 5km，距济南市 70km，京沪铁路和 104 国道从工程区通过。电站建成后，将作为山东省电网灵活高效的大型调峰电源，在电网中担任调峰填谷和调频、调相及事故备用等任务。

泰安抽水蓄能电站由上水库、下水库、引水系统、尾水系统及地下厂房系统等建筑物组成。尾水系统长 1453.0～1480.0m，洞径 6.0～8.5m，采用两机合一洞方式布置，由尾水支管、尾水闸门洞、尾水岔管、尾水调压室、尾水隧洞、下库进/出水口、尾水明渠组成。其中尾水岔管由 1 号、2 号两个岔管组成，桩号尾$_{1、2}$0＋106.000～尾$_{1、2}$0＋152.942，为不同的圆形结构（直径 7.2～10.1m），设计开挖断面面积为 46.415～80.12m$^2$。其中尾$_{1、2}$0＋152.942～尾$_{1、2}$0＋139.942 为尾水岔管进口段，主要为直径 10.1m 圆形断面。尾$_{1、2}$0＋139.942～尾$_{1、2}$0＋125.942 为尾水岔管分岔段，断面由直径 10.1m 的圆形分岔变为两个直径 8.6m 的相交→相切→相离的双圆形。尾$_{1、2}$0＋125.942～尾$_{1、2}$0＋106.000 为尾水岔管渐变段，断面由直径 8.6m 圆形渐变为直径 7.6m 圆形，同时还进行了 27.5°圆弧拐弯，具有双重施工难度。

尾水岔管部位的围岩为混合花岗岩及后期侵入的岩脉，岩石由弱风化至新鲜，结构面由较发育至发育；以Ⅲ类围岩为主，局部存有稳定性差的Ⅳ类围岩和蚀变岩，对洞顶及洞壁的稳定有一定的影响。

泰安抽水蓄能电站尾水岔管工程由中国水利水电第四工程局中标承建，由该局的泰安施工局负责施工。于 2002 年 11 月 9 日开始施工，2003 年 1 月 15 日结束，石方洞挖工程总量 28710m$^3$。

（二）泰安抽水蓄能电站尾水岔管开挖施工方法

按施工顺序分为进口段开挖、分岔段一次开挖、渐变段开挖、分岔段二次开挖四部分。

1. 尾水岔管进口段（尾$_{1、2}$0＋152.942～尾$_{1、2}$0＋

139.942）的开挖施工方法　为了满足施工进度要求，解决岔管开挖的施工交通道路。前期已通过尾闸运输洞布置施工了3号施工支洞，并由3号施工支洞延伸出5号施工支洞，与尾水岔管相交于尾$_{1、2}$0＋152.942。

5号施工支洞与尾水岔管底板处于同一高程，但由于5号施工支洞洞高仅为6.5m，而尾水岔管直径为10.10m，两者顶拱高程相差较大，不能一次开挖到位。由5号施工支洞内以4m×4m导洞，以10％的坡度爬坡进入岔管至尾$_{1、2}$0＋139.942，即岔管设计分岔部位。此时，导洞顶部已达设计高程，遂回头按设计断面将顶拱和侧壁分次扩挖到位。为了方便出渣，保留了约8m宽的底板作为开挖出渣道路，待支管开挖完成后一并扩挖到位。

2. 尾水岔管分岔段（尾$_{1、2}$0＋139.942～尾$_{1、2}$0＋125.942）的一次开挖施工方法　在此段尾水岔管开始由一条大洞分岔为两条支洞。根据此前施工的多处洞室交叉部位的施工，总结了尾水岔管进口段的施工经验，此段的施工分成两次进行，分为一次开挖和二次开挖。在一次开挖时，采取了预留车辆行走宽度的底板，其余部分一次开挖成型的施工方法。选择沿4号支管轴线、全断面（预留出渣底板）掘进，并在两条支洞交角部位采取了加密光面爆破孔，减小单孔药量，控制开挖进尺的弱爆破方法进行施工控制，保证了此处的围岩稳定和成型。

3. 尾水岔管渐变段尾$_{1、2}$0＋125.942～尾$_{1、2}$0＋106.000）的开挖施工方法　此段自尾$_{1、2}$0＋125.942开始洞身的断面发生渐变，并且有一段27.5°的转弯段。通过数据计算和作图分析，理论上循环进尺2m时造成的超挖仅为10cm，完全满足设计允许的20cm超挖的要求。故在岔管分岔后继续沿支管轴线全断面（预留出渣底板）掘进，并在此后的洞身开挖过程中采取了预留车辆行走宽度的底板，其余部分一次开挖成型的施工方法。实际施工中，根据计算结果随时调整钻孔角度和钻孔深度，增加测量放样次数、点数、后视点，使得断面渐变段和转弯段一次开挖通过，取得了良好的成型效果。

此处全断面开挖采用了楔型大掏槽方式，它具有两方面的优点：一方面钻孔量、火工材料用量大大减少；另一方面楔型掏槽成功率高，不会因掏槽失败而造成对开挖线外围岩的破坏，尤其是岔管一侧开挖后的“裆部”薄层岩体的保护作用也相当明显。

4. 尾水岔管分岔段（尾$_{1、2}$0＋139.942～尾$_{1、2}$0＋125.942）的二次开挖施工方法　在4号支管侧岔管开挖完成后，随即开始了3号支管侧岔管的开挖，即尾水岔管分岔段的二次开挖。由于此时“裆部”另一侧已经凌空，再采用全断面开挖已不可能保留住“裆部”薄层围岩，故选择了“先导洞、后扩挖”的开挖方法。通过岩性分析和药量比较试验，决定保护层的保留厚度为1.2m。在开挖保护层采取薄光面爆破层和小孔距控制爆破施工以保护岩体。要求光面爆破层厚度为30cm，光面爆破孔间距为30cm；减小了单孔装药量，并在距孔口50cm范围不装药，只对孔口10cm段做了常规封堵，使“裆部”尖角部位的侧向爆破能量最小。从爆破后效果来看，成形面光滑，半孔率达到98％，最薄处仅20cm，比设计要求的不超过100cm的下限减少了80cm。

在3号支管方向岔管开挖通过“裆部”（“裆部”为尾水岔管交角部位的另称）5m后，岩体已厚实，改用和4号支管相同的全断面开挖方法直至岔管结束桩号尾$_2$0＋106.0，然后返回处理预留的底板，如图1所示。

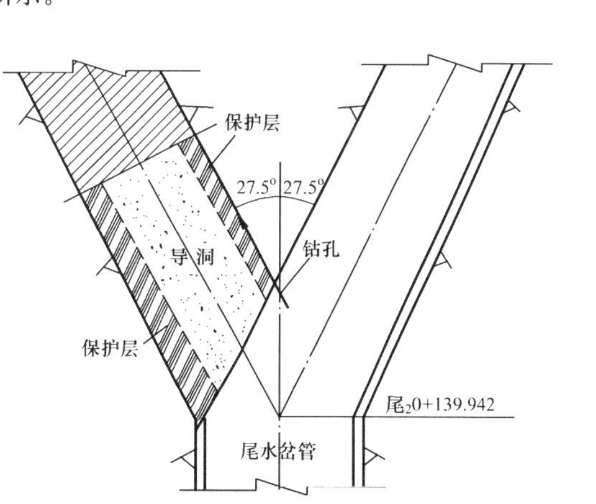


图1　“裆部”开挖程序示意图

（中国水利水电第四工程局　呼瑞强　谢延强）

# 围堰及导流建筑物施工

## 公伯峡水电站左岸泄洪洞洞衬混凝土施工

（一）工程概况

公伯峡水电站位于青海省化隆县与循化县交界处黄河干流上，装机容量1500MW。左岸泄洪洞全长567m，衬砌后直径为8.5m，洞衬混凝土共分为64段。其中第1～12段（左泄0＋35～左泄0＋142.146）、第39～64段（左泄0＋367.144～左泄0＋602)为直线段。第13～38段为曲线段（左泄0＋142.146～左泄0＋367.144），曲线段弯曲半径为150m，除个别段段长稍有变化外，直线段段长多为9.2m，曲线段段长多为9m。根据不同的围岩类别衬砌厚度分别为0.6m、0.8m、1.0m三种，局部因地质原因引起超挖，最大衬砌厚度达1.5m。

（二）模板选择

左岸泄洪洞洞内最大流速24～25m/s，为避免混凝土表面不平引起的空蚀，经认真比较各种模板方案，最终选用2台模板台车进行混凝土衬砌。其中一台为全圆针梁直线模板台车，另一台为全圆针梁曲、直两用模板台车，全圆针梁曲、直两用模板台车前期衬砌直线段，后期改装成曲线型模板台车。

1. 台车参数　台车针梁长　24m；模板直径8.5m；台车每段衬砌长　9.0～9.2m；最小脱模量度　0.15m；水平最大调整量　0.5m（单边）；侧模油缸行程　0.6m；顶模油缸行程　0.5m。

2. 模板台车工作窗口及附壁式振捣器布置　工作窗口主要为混凝土进料、混凝土振捣及观察浇筑情况而设置的，台车共布置25个0.5m×0.5m的工作窗口。其中底模布置8个，边模布置16个，顶模布置1个。

附壁式振捣器每块底模布置2台、顶模布置1台，底模振捣器功率为2.2kW，顶模功率为1.1kW，附壁式振捣器可联动，也可单独操作。

（三）施工程序

1. 钢筋安装　洞身段钢筋随不同的衬砌厚度分为单层筋及双层筋两种，钢筋内保护层10cm，外保护层为15cm，人工在自制钢筋台车上安装、钢筋安装前先由测量放线，确定架立筋位置，然后安装圆弧钢筋。圆弧钢筋安装顺序先外层，后内层，先下后上。

2. 模板台车行走、定位加固　钢筋验收合格，基础清理干净后，台车即可向该段行走，台车行走通过针梁与模板互动完成。首先针梁以模板为轨道穿过钢筋网，固定好针梁后行走模板，模板在曲线段行走时需对针梁进行平移，才能走到设计位置，模板调整到位后对整个台车进行加固、安装抗浮装置。

3. 端头封堵及其他埋件安装　考虑到衬砌厚度的变化及止水安装，端头模板采用木模板，立端头模板时同时安装灌浆预埋管及有关仪器、清理模板表面物、刷脱模剂。

4. 混凝土浇筑　混凝土强度等级C30、选用甘肃永登中热525号水泥、砂石料为当地开采。

选用3台$6m^3$混凝土搅拌车配2台HBT-60型混凝土泵入仓。

混凝土进料管分别架设在模板台车的顶部及腰部，通过软管将混凝土料卸到浇筑部位，$\phi 100$插入式振捣棒及软轴振捣棒振捣。

（1）Ⅰ区混凝土施工（底模45°范围内）。混凝土浇筑接近底模时采用单边下料人工将料拉到另一边的施工方法，另外为方便振捣及排气，在每块底模上开有一个50cm×50cm的窗口，底模还设有15cm×15cm的振捣孔及直径为8mm、间排距为20cm×20cm的排气孔，确保工区混凝土浇筑密实。工区混凝土浇筑完后，附壁式振捣器振捣5分钟。

（2）Ⅱ区混凝土施工（腰线以下）。Ⅱ区混凝土施工时要求如下：①下料时两边高差小于1m；②上升强度小于1m/h；③为确保振捣器与模板间三角区振捣密实，铺料厚度不超过30cm。

（3）Ⅲ区混凝土施工。Ⅲ区混凝土施工时要确保顶拱混凝土浇筑，减少回填灌浆工程量，封顶采用打“冲天炮”的施工方法，模板顶部设封拱器三个，浇筑完成后，附壁式振捣器振捣5min。

（四）质量控制

公伯峡施工局实行的“三检一验制”，即班组初检、工区复检、施工局终检、监理验收。原材料进厂经过检验合格后才可使用，本道工序不合格不能进入下一道工序，在泄洪洞混凝土施工中，把钢筋安装位置、焊缝质量、模板台车安装误差、台车表面清理等作为浇筑前质量控制的重点，混凝土浇筑过程中，试验室现场专人监控，发现不合格料不允许入仓。监仓人员对铺料厚度、振捣时间等认真监测，并做好记录，浇筑过程中台车有专人负责，整个施工过程处在受控状态。

（五）模板台车拆除

直线型模板台车施工完毕后在出口渐变段拆除，利用系统支护锚杆作为吊点拆除顶模及边模，剩余部分走出渐变段后由门机拆除。

曲、直两用模板台车衬砌第19段时在顶部布置2排共10个吊环，吊环按两部分制作安装，预埋部分为内丝扣埋件与系统支护锚杆焊接，吊环在混凝土衬砌拆模后拧在内丝扣埋件上即可，利用吊环拆除顶模及边模，针梁与底模向上游行走出泄洪洞。

公伯峡水电站左岸泄洪洞混凝土从2001年10月21日开始施工，到2002年11月30日结束。施工过程中台车由直线型改为曲线型并进行了加固，前期施工一个循环7天，后期熟练后5天一个循环，较普通模板浇筑节省时间一半。混凝土表面水泡、气泡基本消除，外观平整光滑，混凝土优良率达94.92%，经钻孔取芯检查满足要求。但还存在一些问题需改进：

（1）由于衬砌厚度变化、堵头模板使用木模，环向缝有变形现象。

（2）模板与已衬混凝土搭接不严密，需进行打磨处理。

（3）等强时间为48h，应根据气温情况缩短。

（4）模板台车调整时间长，台车结构需改进。

（5）混凝土入仓强度偏低，浇筑时间稍长。

（中国水利水电第三工程局　刘兴运）

## 回龙抽水蓄能电站426.1m引水竖井正井法开挖施工技术

（一）工程概况

回龙抽水蓄能电站位于河南省南召县，装机容量2×60MW。引水发电系统由中国水利水电第一工程局承建施工。引水竖井由引水上调井、上弯段和竖井直线段及改线下弯段四部分组成（总长504.302m），总垂直开挖高度为426.1m，设计开挖洞径为4.3/5.0m圆形。电站区内为中细粒花岗岩，块状结构，整体性较好。引水竖井沿途除穿过一条大的渗水夹泥大断层和一段节理密集带，其他部位岩石均为Ⅰ～Ⅱ类围岩。

引水竖井总长度500余米，若采用自下而上的反井爬罐法施工，到达工作面依次需开挖完成1号交通洞、引水钢管中部的1号施工支洞、钢管上游侧段、岔后平段及岔管段、下平段（总长897.18m），并且竖井开挖期间上述工程项目均不能进行混凝土衬砌和灌浆。将远远超出工程总工期的要求，造价也较高。若在引水竖井中部增设施工支洞，上下两段竖井分别采用自下而上的爬罐法施工，则中支洞长度将达500m，这样工程造价也很高，仍不经济。

根据工程的特点，采用自上而下的全断面正井法开挖引水竖井方案，同时改线下弯段中下部从下平段方向开挖。这样，不仅满足了电站总进度工期的要求，施工干扰较小，且增加工程造价也小，是较好的方案。

（二）施工工艺及设备布置

1. 施工工艺　首先进行引水竖井井口平台开挖，然后进行井口开挖及安全锁口。在引水上调井开挖21m后，进行正井开挖设备及设施安装施工。正井开挖设备及设施形成后，依次进行引水上调井、上弯段和竖井直线段及引水改线下弯段上部开挖。

开挖工序为施工准备、测量放样、钻孔、装药及联网、爆破、排烟、安全处理、支护、出渣、清面，并及时进行通风和排水。

2. 设备和设施系统布置　选用Ⅱ型凿井井架一座，布置在竖井井口，井架底部跨距为10m×10m，天轮平台至井口平台，井口垂直高度为16.1m。出渣提升系统是由1台抓岩机稳车和1台抓斗组成，由1台$\phi$1.6m主提升绞车和吊桶及井架上自动翻渣设施实施出渣。吊挂系统由在井口平台布置的3台稳车和井筒内的双层钢结构吊盘组成，吊盘作为临时施工机具和材料及人员操纵施工的工作平台。另外，在竖井上井口设置钢结构封口盘，用混凝土固定封口盘，另外高出井口平台20cm作挡水墙用。

井口设集中信号控制室，配备一套各自独立的声光兼备的信号系统，形成一套完整的井下吊盘—井口信号室—绞车房、稳车棚、翻渣台的信号指挥系统。同时在井下吊盘上安装防爆磁石电话机直通井口信号房，通信线路与井筒提升信号共用一趟控制电缆，悬挂于吊盘钢丝绳上。

附属系统主要包括施工用水、通风、供电、供风、爆破控制线等，所有管线/电线等设施均采用井壁固定的方式。

（三）开挖施工

竖井开挖采用自上而下的全断面开挖施工方法，采用光面控制爆破技术。采用手风钻钻孔，T330型水胶炸药人工装药，用秒延期电雷管，串并联线，用MFB-200型起爆器，交流电源地面起爆。爆破后，采用隧道轴流风机进行通风排烟，人员乘吊桶下井进行安全处理。采用1台长绳悬吊抓岩机装渣施工，井筒内提渣采用$\phi$1.6m提升机牵引1.2m$^3$的吊桶进行。出渣施工的吊桶采用稳绳作为滑道导向、移动式定位架防止吊桶运行时的摆动。吊桶提升至井口上部采用座钩式自动翻渣装置翻至溜槽内，采用自卸车运渣至弃渣场。施工测量控制采用垂线垂球控制法，采用全站仪进行定期校核，确保竖井开挖施工精度。

为确保施工安全，上井口采用系统锚杆和混凝土衬砌锁口，井身采取全井喷混凝土支护，岩石节理密集带和断层带部位采取喷混凝土和锚杆及挂钢筋网联合支护等方法。喷射混凝土时，喷射机安设于双层吊盘的下层盘上，水泥、砂、碎石经搅拌机搅拌以后经吊桶运至吊盘上层盘上，利用混凝土喷射机施喷。

竖井开挖期间渗漏水量不大于 5.0$m^3$/h 时，采用风泵泵送到吊桶内，然后由提升机将吊桶提出的方式排水。施工期间没有发生较大的渗涌水现象，因此没有采用风泵、高扬程卧泵接力的方式排水。竖井通风采用压入式通风方式，即在井口平台上布置一台隧道轴流风机，风筒送风至工作面。

（四）基本评价

426.1m 引水竖井采取正井法开挖施工满足了工程施工总工期要求，施工安全、质量要求。同时，深度达 426.1m 的高深竖井（设计上无中平段或中支洞）施工是国内水电建设上史无前例的第一次，无论是在施工技术上、还是在施工经验上，均无参考（照）经验。该工程采用自上而下的正井钻爆法开挖施工竖井，缩短了开挖时间，节省了施工支洞的施工费用，降低了工程造价。

（中国水利水电第一工程局 孙殿国 原有全）

## 龙滩水电站截流设计与施工

龙滩水电站坝址位于红水河上游的广西天峨县境内，距天峨县城 15.00km。枢纽布置主要由碾压混凝土重力坝、泄洪建筑物、通航建筑物及引水发电系统组成。工程于 2001 年 7 月 1 日开工兴建，2003 年 11 月 6 日截流。

（一）截流设计

1. 导流方式及分流建筑物 大坝施工采用围堰一次拦断河床的隧洞导流方式。导（截）流建筑物由 2 条导流洞及上、下游 RCC 围堰和土石子围堰组成。2 条导流洞分别布置于左、右岸，为 16m×21m 的城门洞型，进口底板高程均为 215.0m，底坡 0.1%，左洞长 598.631m，右洞长 849.421m。

2. 截流时段及标准 根据施工总进度安排，为保证 RCC 主围堰在 2004 年 5 月以前修建完成，截流时段选择为 2003 年 11 月上旬，截流合龙标准采用截流时段重现期为 5 年的旬平均流量 1570$m^3$/s，预进占戗堤设计标准为 10 月份 20%月平均流量 2230$m^3$/s。

3. 截流方式 左岸布置截流施工道路较难，且无合适的料场位置，而右岸上、下游均有公路直达围堰堰肩，截流备料场集中于右岸上游纳付堡及下游引航道开挖高程 260.0m 平台；从地形地质情况分析，河床覆盖层为砂卵砾石，中部较深，两岸较浅。综合考虑施工总布置条件，选定截流从右岸向左岸单向立堵进占，上游单戗合龙，龙口设在左岸。为尽早进行围堰闭气、基坑抽水，下游戗堤尾随进占，进占程度以截流抛投料无明显流失为原则，下游戗堤不考虑分担落差。考虑合龙抛投强度及预进占时抛投料的稳定等因素，经计算及试验，上游戗堤预留龙口宽度为 80m，堤头采用粒径 40～60cm 的块石裹头，龙口不进行专门的平抛护底。

截流戗堤与土石围堰填筑体相结合，堰基及堰体防渗均采用高压旋喷灌浆方式。为便于堰身防渗体施工，截流戗堤布置在围堰的背水侧，戗堤轴线与围堰轴线平行。

4. 截流水力学指标及模型试验 根据水力学计算，当发生截流设计流量时，龙口最大流速 4.2m/s，最大落差 1.25m，最大单宽流量 30$m^3$/s·m。截流水工模型试验与水力学计算成果基本一致。与计算相比，模型试验条件下龙口落差小 0.3m 左右，龙口流速小 1.0m/s 左右，主要是模型试验中考虑了戗堤渗流量，占总流量的 8%左右，但合龙过程中，试验所采用的抛投强度、抛投料分区特性与计算值基本相同。

截流模型试验合龙采用右岸单向上挑角抛投方式，平均抛投强度约为 800～1200$m^3$/h。抛投采用混合石渣料，抛投的过程中堤头未见坍塌；在进入三角形区段后，右岸下堤角开始有较明显的冲淘，因此改用粒径为 0.6～0.8m 的石渣混合料继续进占，直至龙口合龙。合龙试验表明，河床覆盖层最大冲坑深度为 4～7m，冲坑上游坡度较缓，不影响戗堤前沿及下游侧边坡稳定，不需进行专门的平抛护底。

5. 截流备料 根据水力学计算及模型试验结果，该工程截流合龙所需抛投料最大粒径为 0.8m，同时考虑少量钢筋石笼作为安全储备。抛投材料数量按非龙口段流失系数 1.1、龙口段流失系数 1.3 计算，截流分区抛投工程量见表 1、表 2。

计入抛投损失后，上、下游戗堤设计工程量分别为 10.8 万 $m^3$ 和 6.7 万 $m^3$，备料按上述总量的 1.1 倍计算，上、下游截流戗堤备料分别为 11.9 万 $m^3$ 和 7.4 万 $m^3$。

6. 设备配备 土戗堤合龙段抛投量约为 3.9 万 $m^3$，下戗堤龙口段抛投量约 3.2 万 $m^3$，上、下戗堤分别按 48h、60h 合龙计算，考虑 1.3 的不均匀系数，最大抛投强度分别为 1060$m^3$/h、690$m^3$/h。

表1　上游截流戗堤材料分区特性表

| 部位 | 龙口宽度(m) | 抛投料 | | | | |
|---|---|---|---|---|---|---|
| | | 一般石渣料(20cm以下)($m^3$) | 中石(20～40cm)($m^3$) | 大块石(60～80cm)($m^3$) | 钢筋石笼块 | 设计抛设量($m^3$) |
| 非龙口段 | 214～80 | 54384 | 13596 | | | 67980 |
| 龙口段 | 80～60 | 17760 | | | | 17760 |
| | 60～40 | 2428 | 8498 | 1214 | | 12140 |
| | 40～0 | 1900 | | 7600 | 1000 | 9500 |
| 合计 | 214 | 76472 | 22094 | 8814 | 1000 | 108380 |

表2　下游截流戗堤材料分区特性表

| 部位 | 龙口宽度(m) | 抛投料 | | |
|---|---|---|---|---|
| | | 一般石渣料(20cm以下)($m^3$) | 中石(20～40cm)($m^3$) | 设计抛投量($m^3$) |
| 非龙口段 | 138～78 | 34720 | | 34720 |
| 合龙段 | 78～0 | 15890 | 15890 | 31780 |
| 合计 | 138 | 50610 | 15890 | 66500 |

截流设备共配置挖装设备9台，推土机2～4台，32～20t自卸车约50辆。

（二）截流施工

1. 施工方法　非龙口段填筑为石渣全断面抛投施工，采用自卸汽车运输，端进法抛填，大部分抛投料直接抛入江中，部分采用堤头集料、推土机赶料。龙口段抛填以凸出上挑角抛投方式为主，尤其是进占至龙口宽50m以后，用块石从戗堤轴线上游侧进占，挑开水流，戗堤下游侧全面抛投石渣和块石。进占过程中，抛投料露出水面后，及时采用石渣加高，保证戗堤顶面高出水面1m左右。

2. 截流实施情况　上游戗堤于2003年9月下旬下河，至10月上旬预进占约130m，基本形成了预留龙口，由于左岸残留有左导流洞进口施工围堰的堆渣，同时考虑到合龙水流对左岸坡的冲刷，利用左导流洞进口施工围堰未清除干净的残渣，向河中进占了约15m，所以实际龙口宽约70m。下游龙口也于2003年10月上旬基本形成。

龙口合龙采用右岸向左岸单向进占，2003年10月20日形成最后龙口，此时龙口形成三角堰，水面宽约10m，11月6日上午10时最后合龙正式开始，历时40min，上戗合龙顺利完成，此时上游来流量为830$m^3$/s。上戗推平后即进行下戗龙口束窄及戗堤加高培厚施工。

从预进占至合龙完成期间，与设计流量相比，上游来流量均偏小，最大来流量仅为1100$m^3$/s，发生在10月1日。截流最大落差约0.7m，龙口最大流速约3.8m/s。

（中南勘测设计研究院　宋亦农　周　洁）

# 地 基 基 础 处 理

## 三峡工程左岸电站IIA标段帷幕灌浆施工技术

（一）概况

三峡大坝位于葛洲坝上游40km，大坝渗控设计采用封闭抽排方案。主帷幕灌浆原设计为单排，沿坝基基础廊道布置，自右向左呈台阶式，基础灌浆廊道尺寸3m×3.5m，帷幕线总长559m，孔间距2.0m，孔向大多为垂直孔和少部分地质缺陷加密孔顶角3°和5°，帷幕底线深入相对不透水层，入岩孔深40～105m。另外在下游基础廊道设计布有一排封闭帷幕，孔间距为2.5m，孔向为垂直孔，深入相对不透水层，入岩孔深37～75m。

帷幕灌浆共分为Ⅰ、Ⅱ、Ⅲ序，灌浆工艺除第一段采用阻塞器封闭，孔内循环的灌浆方法外，第二段及以下各段均在孔口管待凝后，采用孔口封闭、孔内循环、自上而下分段钻灌的工艺。

帷幕灌浆的质量检查，接触段及其下一段的合格率为100%，以下各段合格率应达90%以上、不合格孔段透水率应不超过2Lu且不集中，方可认为合格。

（二）施工工艺

三峡工程帷幕灌浆在采用孔口封闭、孔内循环、自上而下分段钻灌的工艺基础上，应三峡工程质量检查专家组要求，对孔口段灌浆压力和开关水灰比在试验的基础上进行调整，其他工艺仍采用以前成熟的施工工艺。

1. 帷幕灌浆压力、及水灰比等相关参数的改变

(1) 孔口段灌浆升压试验。2001年6月，根据三峡工程质量专家组提出的孔口段压力偏低、注入量较小的意见，在主帷幕线上选择两个区段（深槽坝段和基岩面相对较高左非坝段）进行孔口段灌浆升压试验，试验时边界条件：深槽泄洪坝段基岩面高程4.0m，承受最大水头171.0m，左非坝段基岩面高程100.0m，承受最大水头75.0m，坝基岩体均为闪云斜长花岗岩、岩体较完整，岩质新鲜、坚硬、裂隙不甚发育。试验时，上述部位混凝土盖重为75～90m水头。深槽泄洪坝段已完成Ⅰ、Ⅱ、Ⅲ序灌浆，左非坝段未进行帷幕灌浆，但辅助帷幕在固结灌浆时已施工。

(2) 试验结果评价。

1) 三峡工程坝基帷幕灌浆首段灌浆压力可以提高到3.5MPa，相关的工艺措施能够保证，技术措施可行，没有产生有害的抬动变形，变形值能够得到控制，这次升压试验是成功的。

2) 据3、4段升压灌浆试验成果统计，单位耗灰量与原施工中采用的1.5MPa灌浆压力相比，在未灌浆部位，升压后单位耗灰量较普通低压孔相比增大明显，说明升压后可以增加幕体厚度和提高防渗质量。但在已先期进行低压灌浆部位变化不大，说明三峡工程基岩在4.0MPa以下对改善岩石结构作用有限。

3) 为保证帷幕灌浆不产生有害抬动，灌浆过程中压力递增速度不宜过快，控制在0.5MPa/min以内较为合适，并且升压时的压力提升要与注入率相适应，特别是当注入率大于30L/min时，其灌浆压力不宜超过2.5MPa。

4) 部分试验孔压水时产生微量抬动，而灌浆时没有抬动现象来看，开灌水灰比的选择是保证注入量和不产生抬动的一个主要方面。另外，开灌水灰比的选择相对于压水透水率较大的孔段来说也有明显区别。

2. 原帷幕灌浆施工设计完善和相关参数改变

(1) 灌浆压力调整。根据试验结果，对原帷幕灌浆施工设计进行完善，在压力不足两倍水头部位，增加一排浅层帷幕补强孔，灌浆压力提高至2.5～3.5MPa，第二、三段灌浆压力3.0～4.0MPa。均满足专家组要求的两倍水头。灌浆压力调整前后各段的灌浆压力对比，详见表1、表2。表1、表2中第一、二、三段的灌浆压力为峰值，第四段及以下各段压力为平均值。

(2) 开灌水灰比及浆液变换调整。经试验比较和三峡质量专家组建议，开灌水灰比由原来3∶1改为2∶1。浆液变换标准：①注入量大于300L，且压力不变；②灌注时间大于1h，且压力不变。满足其中之一条件者应变浓一级水灰比。

表1 各段的段长与灌浆压力表（前期）

| 名称 | 第一段 | 第二段 | 第三段 | 第四段及以下段 |
|---|---|---|---|---|
| 段长（m） | 2.0 | 1.0 | 2.0 | 5.0 |
| 洗孔压力（MPa） | 1.0 | | | |
| 压水压力（MPa） | 1.0 | 1.0 | 1.0 | 1.0 |
| 灌浆压力（MPa） | 1.5 | 3.0 | 4.5 | 5.0 |

表2 加密孔各段的段长与灌浆压力表（后期）

| 名称 | 第一段 | 第二段 | 第三段 | 第四段及以下段 | 备注 |
|---|---|---|---|---|---|
| 段长（m） | 2 | 1 | 2 | 5 | |
| 洗孔压力（MPa） | 1.0 | | | | |
| 压水压力（MPa） | 1.0 | 1.0 | 1.0 | 1.0 | |
| 灌浆压力（MPa） | 2.5～3.5 | 3.5 | 4.0 | | 入岩5.0m |
| | 2.5 | 3.5 | 4.0 | 5.0 | 常规帷幕孔 |

(3) 灌浆工艺的改进。帷幕灌浆使用自动记录仪记录，存在小循环长期灌注易造成浆液升温早期固化、孔内射浆管抱死等质量事故，后期改进为灌浆孔第一、二、三段注入率小于0.4L/min，第四段及以下各段注入率小于1.0L/min时，保持回浆压力不变，小循环改为大循环的灌浆方式（自动记录接手工记录），灌浆结束前10min小循环自动记录验证。

（宜昌青云水利水电联营公司 许常玉）

## 贵州索风营水电站防渗帷幕灌浆工程

（一）工程概况

贵州索风营水电站位于贵州省修文县、黔西县交界的乌江干流六广河段，其上下游分别与已建的东风和乌江渡水电站站衔接，距贵阳直线距离54km。贵（阳）毕（节）高等级公路从坝址下游3.5km处通过，工程以发电为主，承担调峰、调频、事故备用等任务。工程枢纽由碾压混凝土重力坝、坝身泄洪表孔、右岸引水系统及地下厂房等组成。最大坝高121.8m，坝址控制流域面积21862$km^2$。电站装机为3台单机容量为200MW的混流式水轮发电机组，总库容为2亿$m^3$，为二等大（2）型工程。工程区属构造相对稳定区，地震基本烈度小于Ⅵ度。

索风营水电站帷幕灌浆主要工程量：回填灌浆9351m，固结灌浆14784m，帷幕灌浆142655m，施

工单位为中国水利水电基础工程局和中国水利水电第八工程局。

（二）工程地质条件

地址为乌江峪谷地形，深切300余米。由两层灰岩陡壁组成，中间为相对平缓的倾向上游的泥岩斜坡。两岸防渗帷幕自坝肩向两岸基本呈直线延伸，其线路较长，地质条件较为复杂。防渗帷幕主要在玉龙灰岩（$T_1y_2$）厚层至薄、极薄层灰岩中进行，$T_1y_{2-1}$、$T_1y_{2-2}$地层中夹层、泥化夹层发育，左岸端头在F13附近局部有$T_1y_1$泥岩、$P_{2c+d}$灰岩、燧石团块灰岩、硅岩等，右岸端头穿过F1断层为$P_{1m+q}$灰岩，洞口附近则多分布有第四系松散堆积体。两岸岩层基本呈单斜产出，总体走向横切河谷，倾向上游，左岸较陡，呈向斜趋势，右岸较缓，沿线方向上与岩层近于平行。断裂构造发育，左岸有F13、f3断层，右岸有F1断层，坝基有f2断层，这些断层规模较大，其中F1、F13为区域性断层，长达几公里到几十公里。区内岩溶发育受地形地貌岩性及地质构造的控制，左岸有$S_{63}$岩溶系统，右岸有$K_{11}$岩溶系统。岩石透水性受岩溶、断层、裂隙等影响，属强至中等透水岩组，并因岩溶、断层、裂隙的不均匀分布表现出透水性的不均一性。

（三）工程设计标准

大坝防渗标准按2级建筑物设防。透水率按2～5Lu标准设计，防渗帷幕总长1936m，防渗面积22万$m^2$，帷幕下限无相对隔水层利用，为悬挂帷幕。左右岸均分别在837m、783m、732m高程布置3层灌浆隧洞，灌浆隧洞断面宽3m、高3.5m。坝基透水率以2Lu为下限，两岸在837～783m高程以5Lu为下限，在783高程以下以3Lu为下限。左岸帷幕线约860m。右岸帷幕线约1008m，总的灌浆工程量约16万m。

（四）工程特性及工艺措施

索风营水电站防渗帷幕范围内地质条件复杂，岩性以可溶性灰岩为主，断层构造复杂和岩溶发育，处理范围高差大，洞子多，灌浆工程量大，工期紧的特点，施工中采用了国内较先进的施工工艺：

（1）采用"四参数"（灌浆压力、注入率、浆液密度、岩体抬动）GMS2001灌浆数据采集及监控系统，对每一段的灌浆过程均实施自动化监控。

（2）针对岩溶地区灌浆量大，浆液配比中材料成分多的特点，采用先进的电子自动计量的制浆站，制浆强度高，配比准确。

（3）孔斜测量使用先进的DUZ-D型多点照像测斜仪，精确度为：方位角≤±0.5°，顶角≤±0.2°。

（4）使用不铸孔口封闭器，排除了在深孔浓浆，高压条件下极易发生的"铸钻"事故。

（5）使用YS型系列液（气）压灌浆塞。

（6）对施工中遇到的溶洞采用粉煤灰稳定性浆液或模袋灌浆。

（7）灌浆前后除按常规方法检测外，还进行孔间CT检查，分析岩体的透水率，并进行孔壁录像。

（中国水利水电基础工程局　魏忠和　韩　伟）

## 沙坡头水利水电工程软岩基础处理措施

（一）概述

沙坡头水利水电工程位于宁夏中卫县黄河干流上，以灌溉、发电为主。建筑物基础为石炭系、第三系和第四系地层，河床电站地基由石炭系灰质泥岩、灰质贡岩和杂色泥岩等软岩和极软岩组成，经构造变动，岩体裂缝发育多呈碎片或鳞片状，岩体破碎，基岩亲水性强，具有遇水软化、膨胀和失水干裂的特点，岩体为微透水性岩体，地质条件较差。

软岩爆破效果较差，为保证建基面的完整性，在建基面以上预留1.5m、边坡预留3m作为保护层进行开挖。在保护层开挖完成后6h内对基岩面覆盖10cm混凝土保护。保护分三种形式：①对于高差大于等于3m的部位采用安装锚杆、挂网喷10cm厚混凝土进行保护；②对于高差小于3m的部位采用素喷10cm厚混凝土进行防护；③对于基坑内的水平面浇筑10cm厚混凝土垫层进行防护。

（二）基岩大面积开挖及保护层开挖

1.基岩大面积开挖　基岩大面积开挖范围为边坡预留3m宽保护层以外，建基面1.5m以上的岩石部位，采用CM351潜孔钻机进行造孔，爆破挖除，分区、分层进行开挖，多工作面同时施工，将基坑开挖区域分为左岸高边坡台阶（Ⅰ区）和河床坝基（Ⅱ区），每个区内根据左岸边坡建基面台阶高度分为5层，层厚一般为5m左右，其中Ⅱ区第一层最大厚度为8m。考虑到原位试验，在Ⅱ区开挖时以坝0+60.00为中心线从左岸向右岸方向开挖出先锋槽，创造开挖凌空面，然后以先锋槽为凌空面向上下游同时扩挖。边坡及底部均匀留保护层，保护层以上1.5m的一层，采用CM351潜孔钻机造孔，毫秒导爆管分段起爆，钻孔不能穿入保护层内，弃渣用正铲、反铲及装载机挖装，自卸车拉运至弃渣场。

2.保护层开挖　坝基预留1.5m保护层，开挖分两层进行。表层0.8m采用机械开挖与推土机犁挖相结合，推土机集渣；下层0.7m泥岩采用反铲和装载机或人工用风镐开挖和撬挖相结合的方法挖除。弃渣用正铲及装载机挖装，自卸车拉运至弃渣场。在坝基开挖的同时，边坡于预留3m厚的保护层，自上而下分层进行开挖。表层2.5m较软的岩石采用反铲直接开挖，对于采用机械无法开挖的个别岩石采取手风钻钻孔加密小药量松动爆破；下层0.5m采用人工用风镐开挖与撬挖相结合的方法挖除。

3. 建基面的覆盖　由于泥岩、泥质灰岩具有风化快，遇水膨胀失去强度的特点，因此保护层开挖后，如遇特殊原因不能及时浇筑混凝土的建基面，为保持建基面岩石的含水量不发生较大变化，采用塑料薄膜覆盖进行防护，在气温较高的情况下采用人工喷雾加湿。另外，在建基面形成以后及时进行地质编录和联合验收。

（三）建基面保护

1. 施工程序　结合工程实际，边坡支护按混凝土网喷、素喷、垫层程序进行施工。

2. 安装锚杆、挂网喷混凝土施工方法　根据施工的要求，随着开挖面的下卧，及时进行喷锚支护。在基坑保护层开挖完成后，立即清除开挖面的浮石、灰尘及松动岩块，对岩石面使用高压风进行全面清理。验收合格后，在6h内及时对建基面喷护5cm厚混凝土进行封闭防护，喷混凝土料用350L自落式搅拌机现场拌和随拌随用。喷射时分区段进行（每段长15～40m），喷射顺序自下而上。一次喷射厚度以喷层不产生大的回弹和滑移为适度。

第一层混凝土终凝后，在混凝土面上布设锚杆孔，孔深3m，采用YT-27式手风钻进行造孔，孔径42mm，所有锚杆孔位偏差不大于5cm，孔深偏差不大于5cm，孔向垂直于建基面，钻孔完成后及时用高压风进行清孔，然后进行锚杆安装，安装前先用人工将砂浆浆液注入孔内，注入浆液占孔深3/4，以保证锚杆插入密实度。

钢筋网片采用现场绑扎。钢筋在后方调直后裁成适合长度运至施工场面，利用已安装好的锚杆用绑丝将钢筋制成20cm×20cm的钢筋网片。钢筋网片与锚杆之间应连接牢固，以免弹动。

准备工作就绪后，对建基面采用高压风吹干净后进行第二层混凝土喷护，此次喷护以达到设计要求厚度为准。

喷射混凝土时喷嘴与受喷面的距离，一般控制在0.8～1.2m。喷嘴与受喷面的角度应尽量保持垂直，以减少回弹量，保证喷射质量和厚度；喷射过程中，如发现有脱落的混凝土，应及时清除并进行补喷。

3. 素喷混凝土施工方法　对于基坑内高差不大的边坡，采取喷素混凝土进行防护。施工工艺与挂网喷混凝土工艺要求相同。

4. 垫层混凝土施工方法　对于基坑内的水平面，根据工作面面积的大小决定采取现场浇筑混凝土垫层的施工方案。

在保护层开挖完成后，立即进行基岩面清理及验收工作，验收通过后，采用门机直接吊入仓，混凝土振捣采用平板振捣器进行振捣，浇筑过程中将混凝土大面收平，为后续施工创造良好的施工条件，混凝土浇筑完成并终凝2h，应立即进行洒水养护，使混凝土面在14天内始终处于湿润状态。

（四）基础加固处理（固结灌浆）

固结灌浆处理主要布置在河床电站进出口各15m范围内及隔墩坝全坝段、北干电站全坝段、主安装间全坝段。钻孔间排距为2m，为方便施工，上游齿槽部位加大排距，分别为4m、3.5m。在混凝土浇筑厚度达到3.0m后，对基岩进行固结灌浆处理。钻孔孔深除齿槽部位为7m外，其余钻孔孔深均为5m。后因1～4号河床电站坝段部分钻孔在钻进时有冒水现象，对1、2号河床电站齿槽部位两排孔及3、4号齿槽部位后两排孔进行了加深施工，对可能的渗透通道进行了扩大范围封堵。

由于基岩以泥岩为主，属软岩，亲水性强，遇水易软化，在钻孔时改变以往地质钻钻孔的方法，采用潜孔钻进行干钻法施工，避免了地质钻钻孔用水对软岩的浸泡。同时加快了施工进度。

灌浆采用了超细水泥，灌浆开灌水灰比选用了较浓的1∶1，并且灌浆时本着降低浆液水分对基岩的浸泡的原则，尽可能的采用了浓浆灌注。灌后检查表明透水率在0.8Lu以下，说明达到了预期的灌浆目的。

（中国水利水电第四工程局　张文山　周建鲁）

## 西藏拉萨河直孔水电站混凝土防渗墙工程

直孔水电站位于西藏拉萨河中、下游墨竹工卡县境内，距拉萨市区97km。大坝为碎石心墙堆石坝。总装机容量4×20MW，库容2.24亿$m^3$，设计水位3888m，坝顶高程3892.6m。

直孔水电站河段，河谷宽阔，基岩孤岛将河床分为左右两支，左支为主河床。堆石坝位于拉萨河心岛左侧河床及左岸台地上，左河床枯水期水面宽60m，河床中砂卵石覆盖层厚0～28m，左岸后地地势宽阔，达1500m左右，覆盖层深50～150m。坝基防渗采用封闭式混凝土防渗墙、悬挂式混凝土防渗墙和黏土截水槽相结合的形式。桩号0+378.76m以右部分覆盖层较浅，坝体较高，采用封闭式混凝土防渗墙，墙体嵌入基岩1m（并对0+036.5～0+130.5m墙下基岩裂隙进行墙下帷幕灌浆处理），桩号0+378.76～1+

046m之间覆盖层较深，采用悬挂式混凝土防渗墙，墙厚0.8m，最大造孔深度79m。桩号1+046m以左采用深2～8m的黏土截水槽垂直防渗。混凝土防渗墙横贯枢纽建筑物底部，轴线长度1070m，宽度0.8m，最大深度79m，面积4700m²。防渗墙穿越地层为深厚砂卵石覆盖层，漂（块）卵石含量达50%，砾石含量20%～30%，深度40～70m局部为冰积层。

砂卵石层粗粒含量高、松散架空、漏失泥浆区段较多、冰积层量大，造孔成槽主要采用两钻一抓法。反循环冲击钻进过程中，钻头也对周围地层进行夯实和加密，改善了地层的物理性能和渗透条件。主孔完成后，钢丝绳抓斗抓取副孔。一方面两边主孔对抓斗抓取起到了导向作用，利于保证孔斜率，保证槽孔贯通；另一方面，两面形成的自由临空面，大大提高了抓斗抓孔的功效，便于发挥抓斗的优势。反循环钻机工效平均达到6.5m/台班，抓斗可达30m²/台班。

在砂卵石层中，完成最大孔深达79m、平均孔深75m的防渗墙造孔，解决孔壁稳定和防止漏浆是成槽的关键。膨润土泥浆相对于黏土泥浆具有黏性强、泥皮薄韧、固壁好的特点，对地层起到固结作用，改善$C$值和$\phi$值，有利槽壁稳定。由于40m以下冰积层较为松散、破碎，漏浆、渗浆情况频繁发生，及时堵漏十分关键。堵漏材料为黏土、碎石、水泥等。

墙段连接是深覆盖层防渗墙施工的关键技术之一。该工程采用接头管墙体连接技术，创造了液压拔管深度79m的最新记录。拔管成功率达到100%。深墙拔管工艺的成功应用，是深墙施工技术关键环节的突破，而且提高了工效，降低了成本，确保了墙段连接质量。

接头管液压拔管技术采用了微拔技术，管体微动，防止了铸管；400t的拔管机使接头管顺利起拔；接头管采用销拴连接，使管体受力方式更加合理；接头管安装了底管活门装置，解决了拔管时底部形成真空的问题。

超深防渗墙4‰的孔斜率控制是施工的又一关键问题。该工程采用了冲击反循环钻机配合钢丝绳抓斗的二钻一抓法成槽工艺和接头管墙体连接技术，有效地保证了墙段可靠连接，较好地解决了这一难题。孔斜控制主要是为了保证接头管的顺利下设和抓斗对副孔的顺利施工。

该工程采用超声波无损检测法对墙体质量进行检查和评定。超声波无损检测，是利用超声波在不同介质中速度和振幅将产生变化的原理，在墙的不同部位埋设检测管，放入发射器和接收器，在同一深度进行声波的发射和接收。然后通过对声波的速度和振幅变化进行分析，对墙体的均匀性、连续性、抗压、抗渗、弹性模量等各项性能作出判断。超声波检测方法对于深槽墙体质量检测，具有检测覆盖面大（本工程检测覆盖面达50%以上）、检测深度深、检测过程中对墙体损伤小、检测速度较快等优点。

直孔水电站混凝土防渗墙工程地质条件复杂，且施工区处于海拔3800m以上，高寒缺氧，墙体深度超过70m。由于在造孔工艺、墙段连接、固壁泥浆、孔斜控制、清孔过程、墙体检测等各个环节，成功地应用了新技术和新工艺，保证了防渗墙施工的顺利进行，创造了在海拔3000m以上松散覆盖层中建造防渗墙的最深记录，并且为深覆盖层中建造防渗墙积累了经验，充实了深槽防渗墙的施工技术。

（中国水利水电基础工程局 李建军）

## 伊朗塔里干水利水电工程主坝防渗墙施工

伊朗塔里干水利水电工程位于伊朗伊斯兰共和国北部，奥尔堡兹山南麓的塔里干河谷，距首都德黑兰135km。该项目的主要任务是防洪、供水、灌溉、发电，是伊朗目前最大的水利水电项目。主坝为黏土心墙堆石坝，坝高105m，工程总投资额为1.5亿美元。中国水利水电基础工程局承建黏土心墙下混凝土防渗墙工程于2002年8月17日和9月10日分别在右岸的1、3、5、7号槽孔和左岸的40号槽孔开工，到2003年5月28日防渗墙工程全部竣工。防渗墙主要技术参数见表1。

表1 防渗墙主要技术参数

| 项 目 | 参 数 | 项 目 | 参 数 |
|---|---|---|---|
| 厚度 | 100cm | 面积 | 9128.03m² |
| 最大墙深 | 60.5m | 墙体渗透系数 | ≤$10^{-7}$cm/s |
| 嵌入基岩深度 | 50～100cm | 混凝土28天强度 | ≥30MPa |

防渗墙轴线长262.40m。漂卵石层主要分布在防渗墙的左岸，22号槽孔C0+110.20以左，全孔深均为此地层，从右，该地层的厚度逐渐变薄，约在13号槽C0+174.70消失。沿防渗墙轴线由左向右粒径逐渐变小，漂卵石层的最大直径达0.8～1.0m，且存在架空现象。粗砂、砾石层主要分布在防渗墙轴线的右岸，在5号槽孔桩号C0+226.50右面全孔均布。向左，该地层逐渐变薄，在14号槽孔桩号C0+160.10处，深度大约13～15m处消失。在漂卵石层、粗砂砾石层的下部，为黏土质层与泥沙质透镜体层。黏土层下面基岩之上，是厚度为0.8～3m的砂砾石层。基岩以灰色到紫红色的砾岩为主，中间夹透镜体分布的紫红色砂岩。砾岩的颗粒大小不一，有小的砂

砾，也有大的卵石。紫红色砂岩呈泥质胶结，属软岩。基岩局部存在强风化或软弱夹层，最大深度 2～6m，施工时已对其进行了封闭。

主要施工机械有 8 台 CZF-1500 型冲击反循环钻机，8 台 ZX200 泥浆净化装置，1 台 HS843HD 型机械式抓斗，2 台 YBJ1200 液压拔管机，直径 100mm 的接头管共 120m，1 台日本 KODEN 公司产 DM684 超声波测井仪；1 套 $60m^3/h$ 强制式自动拌和楼。

采用 CZF-1500 型钻机主孔钻进、副孔劈打或用 HS843HD 抓斗抓副孔的方法进行成槽。其顺序是先施工主孔，后施工副孔。当地层漏浆时，向槽孔投入黏土、水泥等固结材料进行了堵漏。漏浆集中在左岸，尤其是 24 号槽孔左面漏浆严重。

根据现场的实际情况，采用了膨润土泥浆作为固壁泥浆。泥浆（膨润土泥浆）的主要性能指标见表 2。

表 2　泥浆的主要性能指标

| 项目 | 比重 | 含沙量 | 漏斗黏度（马氏漏斗） | pH 值 |
|---|---|---|---|---|
| 参数 | 1.02～1.1 | ≤3% | 30～45s | 9.5～11 |

在槽孔顶部，利用了当地黏土进行回填并夯实，对导向槽进行加固。充分利用黏土对孔壁的挤压作用防止孔口塌孔、漏浆。

混凝土浇筑采用泥浆下直升导管法，浇筑导管直径 310mm。施工现场应及时绘制混凝土浇筑图，核对浇筑方量，指导拆卸导管，控制混凝土上升速度。混凝土运至孔口，做随机取样装模试件，以检验混凝土的物理力学性能指标。

防渗墙接头施工方案是，当孔深在 30～35m 左右时，采用接头管法一次成孔。当孔深较深时，上部用拔管，底部用钻凿法进行施工，（需钻凿的部位）浇筑完毕 36h 后进行。接头管的起拔时间掌握在槽孔混凝土初凝后进行，8h 后接头管进行微动，12h 以后对接头管进行起拔。施工效果良好。

施工过程中和完工后，对防渗墙进行了系统的质量检测，内容包括墙体混凝土机口取样抗压强度、抗渗、坍落度、弹性模量、初凝时间试验，以及墙体混凝土钻孔取芯抗压强度试验、防渗墙墙体内压水试验和防渗墙施工过程质量检查、验收统计结果分析。各种试验和检验证明，该项目防渗墙的各种技术指标已经达到和超过了设计和施工规范所规定的标准，防渗墙质量优良。

（中国水利水电基础工程局　宋　伟）

# 爆 破 施 工

## 岩体结构面对光面爆破影响的理论分析

结构面的产状与光面爆破面产状的不同相对关系，对光面爆破效果将产生不同程度的影响，对炮孔残留半孔率及孔间起伏差起着重要作用。进行相关的理论分析，有助于解决生产中相应的实际问题。

（一）几种破坏情况

如图 1 所示，结构面与设计光面爆破面夹角为 $\theta$，结构面法线与光面爆破面夹角为 $\alpha$，显然 $\theta+\alpha=90°$。

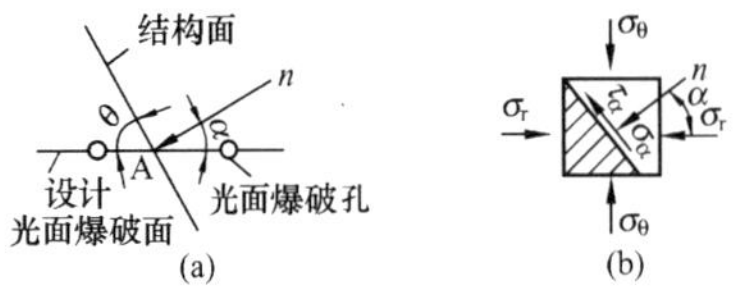


图 1　岩体结构面应力
(a)光面爆破面与结构面的相对关系；
(b)点 A 的应力状态

由于结构面与两侧岩石的力学性质不同，因此单元体的破坏可能有三种情况：

（1）沿径向 $r$ 拉伸断裂，这是光面爆破希望的断裂形式。

（2）沿结构面破坏；结构面上既有正应力又有剪应力，按莫尔—库仑理论，其破坏形式为剪切破坏，这种破坏形式对工程不利。

（3）沿径向 $r$ 拉伸断裂和结构面剪切破坏同时发生，这时，虽然按设计形成光面爆破面，但保留基岩的局部完整稳定性将受到影响。

（二）应力分析及破坏条件

根据力学分析，结构层的正应力和剪应力由下式计算，即

$$\sigma_\alpha=\frac{(\sigma_r+\sigma_\theta)}{2}+\frac{(\sigma_r-\sigma_\theta)\ \cos2\alpha}{2} \tag{1}$$

$$\tau_\alpha=\frac{(\sigma_r-\sigma_\theta)\ \sin2\alpha}{2} \tag{2}$$

式中　$\sigma_\alpha$、$\tau_\alpha$——分别为结构面上的正应力和剪应力；

$\sigma_r$、$\sigma_\theta$——分别为单元体上的径向和环向正应

力。

因此，$\sigma_r>0$（受压），$\sigma_\theta<0$（受拉）。根据爆破孔上只受有径向压力的特点，单元体上无剪应力。

如果要在岩石中得到预想的光面爆破效果，即在环向应力 $\sigma_\theta$ 的拉伸下径向 $r$ 产生断裂，而不容许产生结构面破坏，则根据岩石最大拉应力破坏准则和莫尔—库仑破坏准则，应满足下列关系，即

$$-\sigma_\theta \geqslant [\sigma_p] \tag{3}$$

$$|\tau_\alpha| \leqslant \sigma_\alpha \tan\phi + C \tag{4}$$

式中 $[\sigma_p]$——岩石（不包括结构面）动抗拉强度。根据有关文献，岩石动抗拉强度近似等于静抗拉强度；

$\phi$——结构面摩擦角；

$C$——结构面黏结强度。

将式（1）、（2）代入式（4），则有

$$|(\sigma_r-\sigma_\theta)/2\times\sin2\alpha| \leqslant [(\sigma_r+\sigma_\theta)/2+(\sigma_r-\sigma_\theta)/2\times\cos2\alpha]\tan\phi+C \tag{5}$$

爆破时，在岩体产生的应力波以炮孔为中心向四周扩散，其径向最大应力幅值为压，环向为拉。在数值上环向应力幅值近似为径向应力幅值的一半，即

$$-\sigma_\theta=\frac{\sigma_r}{2} \tag{6}$$

将此关系代入式（5），则得到不沿结构面破坏的条件表达式为

$$-\sigma_\theta[3\sin2\alpha-(1+3\cos2\alpha)\tan\phi] \leqslant 2C \tag{7}$$

令 $$f(\alpha)=3\sin2\alpha-(1+3\cos2\alpha)\tan\phi \tag{8}$$

则式（7）可写为

$$-\sigma_\theta f(\alpha) \leqslant 2C \tag{9}$$

$f(\alpha)$ 值由 $\alpha$、$\phi$ 决定，图 2 为 $\phi=30°$ $f(\alpha)$ 与 $\alpha$ 的关系曲线。当 $0\leqslant\alpha<19.8°$ 时，$f(\alpha)<0$；$19.8°<\alpha\leqslant 90°$ 时，$f(\alpha)>0$，其中当 $\alpha=60°$ 时，$f(\alpha)$ 有极大值。

由以上关系可以看出，当 $f(\alpha)\leqslant 0$ 时，式（9）所表达的结构面破坏的条件自然可以不满足，这表明结构面的存在对光面爆破并无影响。只有当 $f(\alpha)>0$，且 $-\sigma_\theta<2C/f(\alpha)$ 时，结构面对光面爆破效果才有影响。因此可得出，当岩体中结构面的层间距小于光面爆破孔的孔距时，沿设计光面爆破面断裂的条件表达式为

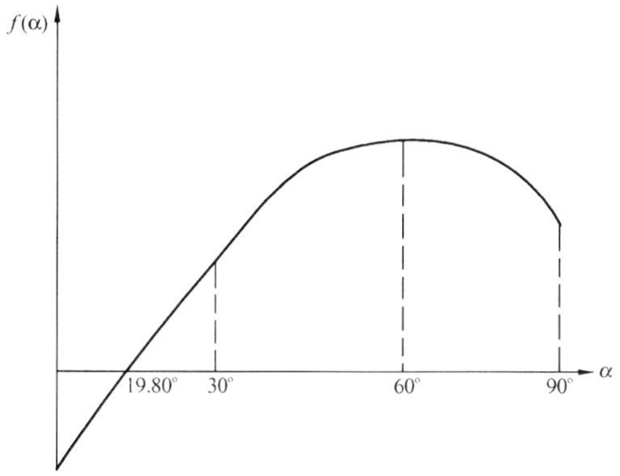


图 2 $f(\alpha)$ 与 $\alpha$ 的关系曲线（$\phi=30°$）

$$[\sigma_p] \leqslant -\sigma_\theta \leqslant 2C/[3\sin2\alpha-(1+3\cos2\alpha)\tan\phi]$$

即 $$[\sigma_p] \leqslant -\sigma_\theta \leqslant 2C/f(\alpha) \tag{10}$$

（三）分析计算

一般岩体结构面的摩擦角 $\phi$ 和黏结强度见表 1，其中大部分 $\phi$ 在 20°～40°之间。

表 1 结构面的抗剪参数

| 结构面类型 | $\phi$ | $C$（MPa） |
|---|---|---|
| 粗糙破碎面 | 40°～48° | 0.08～0.3 |
| 光滑破碎面 | 30°～40° | 0.05～0.1 |
| 一般片理面 | 20°～30° | 0.05～0.1 |
| 砂岩、石炭岩、砾岩层面 | 30°～40° | |
| 软岩、页岩、泥灰岩层面 | 20°～30° | 0.05～0.1 |
| 滑石片岩、云母片岩、片理岩 | 10°～20° | 0～0.05 |
| 泥化岩 | 10°～20° | 0～0.05 |

分别令 $\phi=20°$、30°、40°，代入式（8），对应得出 $\alpha=13.3°$、19.8°、26.2°时，$f(\alpha)<0$。表明结构面摩擦角 $\phi$ 大，无抗剪能力强时，结构面与光面爆破面的夹角对光面爆破效果影响较小。

如当 $\phi=40°$时，若 $\alpha<26°$，即结构面设计光面爆破面夹角 $\theta>54°$时，结构面不会对光面爆破效果产生影响。但这并不意味着 $\alpha>26°$（即 $\theta<54°$时，结构面必产生影响，是否产生影响，应由式（10）判定。

由图 2 可看出，$f(\alpha)$ 曲线有一极大值。由 $df(\alpha)/d\alpha=0$ 可求出，当 $\alpha=\frac{1}{2}(90°+\phi)$ 时，$f(\alpha)$ 值极大。例如当 $\phi=30°$时，$f(\alpha)$ 极大值出现在 $\alpha=60°$（即 $\theta=30°$）处，这时式（10）右端值最小，结构面对光面爆破效果影响最大。这时有下列关系式

$$2C/f(\alpha)=2C/[3\cos\phi-(1-3\sin\phi)\tan\phi] \tag{11}$$

从式（10）还可看到，如果岩石抗拉强度 $[\sigma_\theta]$ 甚大，或 $f(\alpha)$ 甚大，达到下式情况

$$[\sigma_\theta]>2C/[3\sin\alpha-(1+2\cos\alpha)\tan\phi] \tag{12}$$

那么无论采取何种措施，光面爆破都不能得到理想的效果。其实质是当岩石结构面发育，但岩石强度较大时，既要光面爆破面破岩，又不沿结构面破裂是不可能的。表 2 列出了几种岩石面抗拉强度 $[\sigma_p]$。

表 2 几种岩石抗拉强度

| 岩石名称 | 砂岩 | 石炭岩 | 片麻岩 | 大理岩 | 板岩 | 页岩 |
|---|---|---|---|---|---|---|
| $[\sigma_p]$(MPa) | 4～25 | 5～20 | 5～20 | 7～20 | 7～20 | 2～10 |

例如，结构面的黏结强度 $C=0.07$MPa，摩擦角 $\phi=30°$，则式（11）中 $2C/f$（$\alpha$）$=0.049$MPa，与表 2 中 $[\sigma_p]$ 最小值相比，均属于式（12）所表达的情况，即不能沿设计轮廓形成平整的光面爆破开挖面。

（四）工程应用

以上理论分析结果，与工程中层状岩面光面爆破及预裂爆破的规律基本是一致的，说明此理论分析方法有重要的参考价值。

在层状岩石中进行光面爆破时，应根据设计光面爆破面与结构面的关系，合理选定爆破参数。当二者产状基本一致时，即 $\theta$ 角很小时，应适当的降低光面爆破线装药量或适当加大孔距，当岩体中结构面间距小于孔距，且二者相交角为 20°～30°时，最易在光面爆破面上产生楔形槽，造成较大起伏差，得不到好的光爆效果，应引起特别注意。这时，为了减小结构面的影响，应减小炮孔间距，合理选取线装药量，必要时在相邻两个光面爆破孔之间增加导向空孔，改良光面爆破效果。

（中国水利水电第四工程局 王付文）

## 爆破控制技术在龙滩坝基开挖中的应用

（一）概述

龙滩水电站右岸岩坡开挖高程从 557～245m，开挖总方量为 263 万 $m^3$，坝基部位高程为 406.5～245m，坝基覆盖层厚度为 35～75m。

（二）地质条件

1～6 号坝段地基为板纳组 $T_{2b}^{6\sim15}$ 层，主要为薄层、中厚层硅质泥板岩、硅质泥灰岩。最大开挖边坡高约 24.5m，综合坡比 1∶0.5～1∶1，坡面总体走向 N50°～80°W，坡面主要由强风化和弱风化岩体组成，有很多层间错动和断层分布在坡面和地基岩体内，其中 F60 断层破碎带 0.6～2.0m，以断层泥为主，影响破碎带宽 2.0～6.0m，局部断层交汇处可达 20m，贯穿②～⑥坝段坝基及其边坡。

7～9 号坝段坝基及其开挖边坡布置区为 $T_{2b}^{6\sim17}$ 层，由厚层砂岩、粉砂岩、泥板岩互层夹少量层凝灰岩、硅质泥质灰岩组成，属坚硬或中硬岩石。开挖边坡最大高度 40m，坝前坡为顺向坡，坝后坡为切层反向坡，F66、F99、F53，等断层和层间错动分布，局部坡面上可能发生稳定性差的岩体。

（三）设计及规范要求

开挖起伏差控制在 200cm 以内，不允许开挖成上游高下游低的顺坡；岩体声波纵波波速，弱风化岩体内砂岩大于 4200m/s、泥板岩大于 3500m/s，微风化至新鲜岩石内砂岩大于 4800m/s、泥板岩大于 4100m/s，开挖后岩体声波波速变化率不大于 10%；坝基岩石因爆破引起的岩石松弛深度不大于 500mm。

（四）开挖方法

1～6 号坝段采用预留 5m 厚保护层开挖，外部覆盖层采用梯段松动爆破开挖，梯段高差不大于 10m，并在开挖过程中进行生产性爆破试验，从开挖出露的坡面进行半孔率分析、残孔裂纹统计和对已开挖成型的不同水平距离的坡面震动速度测试，确定下部坝基的爆破孔网参数；7～9 号坝段预留保护层为 15m，爆破控制参数参照 1～6 号坝段试验参数，进行适当调整。

1. 施工方法　以 3 号坝段为例介绍施工方法

按开挖程序和开挖方法，3 号坝段按开挖先后顺序分成工区（上层）、Ⅱ区（中层）、Ⅲ区（下层）、Ⅳ区（坝段与基岩相接处边坡）、Ⅴ区（马道预留岩体外坡）。Ⅰ、Ⅱ、Ⅲ区采用梯段爆破开挖；Ⅳ区为建基面预留岩体，Ⅴ区为马道预留岩体，施工时需严格控制爆破质量。

（1）先进行Ⅰ区、Ⅱ区、Ⅲ区梯段爆破开挖，距建基面 5m 预留保护层，此保护层面坡比与该坝基坡比一样为 1∶0.93，施工方法采用“简易施工预裂”办法，简易施工预裂与Ⅰ区梯段爆破一起构成网络孔间、孔内微差爆破，按Ⅱ区、Ⅲ区的顺序完成预留岩体外部开挖。

（2）Ⅰ区、Ⅱ区、Ⅲ区开挖完毕后，根据设计要求进行坝基爆前爆后声波对比试验，测试孔垂直建基面，并深入建基面 4m，测试方法采用双孔对穿为主，辅以单孔测试，测点每 20cm 一个，测得岩体纵波速度最小值为 4410m/s，最大值为 5500m/s。

（3）Ⅳ区开挖布置两排缓冲孔，第一排缓冲孔距建基面 120cm，第二排缓冲孔距第一排缓冲 200cm。缓冲孔与坡面预裂孔一起构成网络孔间、孔内微差爆破。

（4）Ⅴ区开挖采用水平预裂加垂直爆破的施工方法。

爆破参数详见表 1。

2. 导向孔施工　坝基与上游坝肩交接处布置导向孔，导向孔不装药，目的是使相邻孔爆破时能“拉裂”导向孔，起到缓冲效果，削弱爆轰波，避免损伤坝肩岩体。

表 1 主要爆破参数表

| 项 目 | 孔径(mm) | 间距(m) | 排距(m) | 孔深(m) | 坡度 | 装药结构 | 药卷直径(mm) | 单孔药量(kg) | 线密度(g/m) | 堵塞长度(m) |
|---|---|---|---|---|---|---|---|---|---|---|
| 梯段爆破孔 | 90 | 3.0 | 2.0 | 6～7 | | 连续装药 | 70 | 20 | | 2.0 |
| 简易施工预裂孔 | 90 | 0.8 | | 20.5 | 1∶0.93 | 不耦合间隔装药 | 35 | 6.0 | 300 | 1 |
| 预裂孔 | 90 | 0.6 | | 20.5 | 1∶0.93 | 不耦合间隔装药 | 25 | 5.1 | 250 | 1 |
| 第一排缓冲孔 | 90 | 2.0 | 1.2 | 18.7 | 1∶0.93 | 不耦合间隔装药 | 35 | 11.2 | 600 | 1.5 |
| 第二排缓冲孔 | 90 | 2.0 | 2.0 | 18.7 | 1∶0.93 | 不耦合连续装药 | 35 | 20 | | 2.0 |
| 水平预裂孔 | 90 | 0.9 | | 8 | 水平 | 不耦合连续装药 | 35 | 2.0 | 250 | 1.0 |
| 垂直爆破孔 | 45 | 1.5 | 1.5 | 2.0 | 垂直 | 不耦合连续装药 | 35 | 1.5 | | 0.8 |
| 导向孔 | 90 | 不装药 | | | | | | | | |

坝基坡面开挖出露后要及时进行爆后的岩体声波质量检测，爆后检测可利用原爆前孔（保护），若不能利用则重新开孔，但与爆前孔的偏差不能大于50cm。

通过试验，爆后相同位置岩体纵波速度最小值为4400m/s，最大值为5500m/s。

（五）坡面岩体声波质量试验结果

爆前、爆后相同孔位、相同孔深岩体纵波速度对比见表2。

表 2 爆前、爆后相同孔位、相同孔深岩体纵波速度对比表

| 孔深(m) | 孔号 | | | | | |
|---|---|---|---|---|---|---|
| | 1～2 | 2～3 | 3～1 | 1′～2′ | 2′～3′ | 3′～1′ |
| | 爆前纵波速度（m/s） | | | 爆后纵波速度（m/s） | | |
| 0.2 | 5370 | 5250 | 5140 | 4900 | 4700 | 4400 |
| 0.4 | 5210 | 5250 | 5150 | 5010 | 4900 | 4900 |
| 0.6 | 5300 | 5300 | 5210 | 5200 | 5150 | 5090 |
| 0.8 | 5310 | 5300 | 5140 | 5200 | 5200 | 5100 |
| 1.0 | 5350 | 5210 | 5350 | 5210 | 5200 | 5250 |
| 1.2 | 5350 | 5250 | 5350 | 5270 | 5220 | 5300 |
| 1.4 | 5340 | 5370 | 5320 | 5310 | 5300 | 5320 |
| 1.6 | 5340 | 5340 | 5320 | 5340 | 5340 | 5320 |
| 1.8 | 5340 | 5350 | 5420 | 5340 | 5350 | 5420 |
| 2.0 | 5350 | 5340 | 5240 | 5350 | 5340 | 5240 |
| 2.2 | 5210 | 5340 | 5240 | 5210 | 5340 | 5240 |
| 2.4 | 5350 | 5310 | 5320 | 5350 | 5310 | 5320 |
| 2.6 | 5350 | 5320 | 5340 | 5350 | 5320 | 5340 |
| 2.8 | 5210 | 5210 | 5310 | 5210 | 5210 | 5310 |
| 3.0 | 5240 | 5250 | 5240 | 5240 | 5250 | 5240 |
| 3.2 | 5100 | 5100 | 5100 | 5100 | 5100 | 5100 |
| 3.4 | 5300 | 5150 | 5200 | 5300 | 5150 | 5200 |
| 3.6 | 5340 | 5140 | 5210 | 5340 | 5140 | 5210 |
| 3.8 | 5340 | 5140 | 5230 | 5340 | 5140 | 5230 |
| 4.0 | 5500 | 5140 | 5200 | 5500 | 5140 | 5200 |

通过同一位置相同孔深处爆前、爆后的岩体纵波试验和坝基岩体超声波检测试验说明，在距建基面1.2m以内时爆破岩体纵波速度略有下降，但速度变化率仅为3.8%，小于10%（满足设计及规范要求），深入建基面1.4m以后岩体纵波速度不再发生变化，爆破影响深入建基面后迅速变小，所选用的孔网参数基本能满足开挖要求。①爆前、爆后声波质量测试孔的位置处于同一位置，满足设计要求孔位偏差小于50cm；②由爆前、爆后检测声波波速的变化来看，降低波速的测点均出现在离爆后基础面0.2～1.2m处，均为4400～5350m/s之间，离爆后基础面1.4m以下波速均未有变化，可见边坡岩体的质量主要受原有的力学性能和岩体内部结构面及发育情况控制，所设计的爆破参数及开挖方法对保留岩体的影响不大，满足设计要求的微风化指标（速度不小于4800m/s）；③对残孔进行裂隙统计，在岩层较好处无爆破裂隙，而在有小断层小节理处有裂纹，这与爆破时所产生的爆轰波沿裂隙处释放而产生的“聚能”效应是相符的。

（中国人民解放军武装警察部队水电一总队三支队
罗矣媛　申时钊）

## 高效无声爆破剂在昌马水库中的运用

甘肃省昌马水库大坝黏土心墙基础塑性混凝土C10防渗墙设计厚度为0.8m，防渗墙顶部拆除后进行常规混凝土浇筑加高4.0m。塑性混凝土防渗墙拆除采用了静态破碎法，以避免常规爆破对防渗墙造成破坏而影响其防渗效果。破碎剂采用了北京生产的SCA-Ⅱ型高效无声破碎剂。破碎剂灌注21h后开始出现裂缝，48h后裂隙完全贯通将防渗墙裂开。在破

碎过程中裂缝发展速度偏慢，经采取一定的措施后，破碎结果均达到设计要求，效果较好。

（一）防渗墙拆除施工设计

防渗墙顶部设计高程为1950.0m，实际高程为1950.5m，拆至1948.42m高程，防渗墙设计厚度为0.8m，实际厚度为0.8～1.0m。防渗墙拆除爆破孔试验设计为垂直孔和水平孔两种布孔方式。垂直孔布置在防渗墙顶，孔距×排距为30cm×30cm；水平孔布置在拆除高程以上，孔距为30cm。试验结果表明两种布孔方式在单独实施时效果均不理想。

（1）单独垂直孔。由于防渗墙纵向抵抗线较大，横向抵抗线小，形成纵向裂隙，将防渗墙分成纵向大块。而且由于孔底夹制力的作用，裂隙不能按设计高程裂开。反铲只能扒掉部分防渗墙碎块，其余大部分碎块只能靠人工用风镐凿除，出渣工程量很大。

（2）单独水平孔。因水平孔距防渗墙顶为1.9m，抵抗线很大，裂隙发展很慢，不易将防渗墙裂开。

经过试验，对防渗墙拆除布孔做了调整，将水平孔与垂直孔结合起来，水平孔孔距为30cm，垂直孔为30cm×30cm孔距×排距，垂直孔至水平孔的距离为20cm。因为破碎剂在水平孔中的反应比在垂直孔里慢得多，施工时先打水平孔并立即装好破碎剂，然后再打垂直孔，装入破碎剂。

（二）防渗墙拆除效果

调整后的布孔其破碎效果很好，形成的水平裂隙和垂直裂隙将防渗墙分割成小块，反铲很容易将其扒开，并沿水平孔形成比较光滑的面，不需要人工进行修整，可直接在上面凿键槽进行防渗墙混凝土加高浇筑。

（三）无声破碎剂反应慢的原因及改进

SCA-Ⅱ型高效无声破碎剂的使用指标为：环境温度为15～20℃，水与破碎剂的重量比为28%～35%，在5～20h内发挥作用。

甘肃昌马地区气候干燥，工地上白天最高气温为14℃。在破碎剂反应过程中，干燥的防渗墙将破碎剂中的水分吸收了一部分，导致破碎剂严重缺水，加之环境温度比要求的使用环境温度低，导致破碎剂反应缓慢。故在施工中采取了相应的措施：

（1）提高破碎剂的灌注温度，采用温水进行拌和，使破碎剂拌和物灌注温度达到15～20℃。

（2）在灌注水平孔时，减少破碎剂拌和物中水的比例，使其能搓成条，用木棍将水平孔捣满至孔口，并用黏土堵塞。要求施工中提前灌注水平孔。

（3）调节破碎剂拌和物的水分，将水与破碎剂的比值调为40%，水平孔灌注结束后，使防渗墙两侧水位上涨淹过水平孔即可。垂直裂缝一旦形成，间隔向裂隙浇水，以补充破碎剂的水分不足。

甘肃省昌马水库大坝基础塑性混凝土防渗墙静态破碎拆除的成功，证明施工措施、方法有效。可为类似严寒、干燥地区的拆除工程进行静态破碎施工提供借鉴和参考。

（中国水利水电第五工程局 周志刚）

# 施工工艺、设备及试验

## 三峡工程左岸电站模板施工工艺介绍

（一）概述

IIA标段工程使用的模板主要有多卡模板、组合钢模板、木模板等几种类型。廊道模板采用木模或混凝土预制模板。永久外露表面均采用了多卡模板，面板采用了整体大钢模，保证了永久外露面的平整度。

各部位浇筑尽量采用组合定型大钢模，辅以预制混凝土模板、木模板及散拼模板。

（二）大坝混凝土表面要求

混凝土一般结构表面要求光洁，成型偏差不应超过模板安装允许误差的50%，进水口、排沙孔高速过流面、大坝外表面等，成型后的偏差不应超过模板安装允许误差的25%，平整度应符合施工详图或技术要求规定，不允许出现错台、陡坎、蜂窝、麻面、气洞、孔洞等。

（三）大坝采用的主要模板及施工质量控制

为保证大坝混凝土表面体型满足设计要求，永久外露表面尽可能使用大模板（多卡模板），进水口、排沙孔、拦污栅、背管等特殊部位按设计要求制作模板。

（1）模板的设计。模板的设计在满足强度，刚度及耐久性要求的同时，尽量采用新工艺、新材料，在满足混凝土设计体型、外观质量要求的前提下，尽量使施工方便。

（2）模板的安装与拆除。每层混凝土施工前，施工人员根据仓位分层及配板图做好仓位上升前的准备工作，结合各类形式模板的结构特点及施工操作要点，分别制定相应的模板施工作业指导书，以规范现场施工作业程序，提高模板的安装质量。为了保证拆除模板后混凝土表面的平整度和不损坏混凝土的棱角，在模板上涂刷优质脱模剂，同时限制拆模时间，混凝土达到规范规定的强度后再拆除模板。大模板的安装严格依据测量放点立模并加固定靠，确保安装精度并进行堵缝处理，浇筑过程中派专人维护，确保混凝土浇筑体型与设计体型一致。

（3）模板的维护。选用优质脱模剂，在现场随时对模板进行维修和保养，拆模时严格按照文明施工及设计要求执行，以免损坏模板造成浇筑的混凝土不能满足要求，并提高模板周转次数。模板使用一定次数后进行修整，然后再重新使用。暂时不用的模板经修整后送至库房存放，不随便乱放；对于已不能修复的模板及时报废更换。

（4）模板施工质量控制。选用优质大模板确保上、下游面体型；排沙孔口、牛腿门槽、二期混凝土部位及各孔过流面等异形部位采用优质定型木模板，对过流面及对体型有严格要求的部位，采用安装刮轨进行收面，并辅以人工抹面确保其体型满足设计要求。

混凝土拆模后，由质量部三检会同监理单位对混凝土表面平整度、蜂窝、麻面、气泡、裂缝、漏筋、掉角等进行检查，并进行外观质量评定，外观不合格的仓号不能评为优良工程。

（四）有特殊体型控制要求部位的模板工艺控制

1. 进水口模板工程　进水口模板根据使用部位、使用条件及使用要求，分以下几种类型：坝体上游面、坝体内部横缝面及门槽部位使用多卡平面模板，左右横缝用梯形键槽模板，纵缝使用三角键槽模板，喇叭口和渐变段采用专门设计的异型模板。

（1）喇叭口模板。喇叭口模板分为底板、底部角模、侧模和顶拱胸墙模板几部分。底板采用样架、人工抹面的方法（采用刮轨收面）施工。底部角模采用钢木组合模板，设内支撑及拉杆系统加固。侧模采用木面板外钉薄铁皮，钢木横围檩，竖向支撑采用多卡支架，逐层爬升施工。顶拱胸墙模板采用钢木桁架混合结构，面板采用木面板外侧钉薄铁皮，支撑方式采用满堂红钢管脚手架，顶部设可调柱头和纵横梁，柱脚用型钢连成整体并用钢板制作水平支座支撑。

（2）渐变段模板。渐变段模板采用钢模台车方案，台车采用有轨牵引式。模板采用5mm厚钢面板与钢桁架组成。渐变段模板分底模、侧墙模板及顶拱模板三个部分。

1）底模采用样架、人工抹面的方法施工，底部角模采用钢木组合模板并用托架加固或木制模板在内部设支撑及拉杆系统加固。

2）侧墙模板采用木面板，外贴三合板或薄铁皮的结构，主围檩（竖向）采用型钢桁架，横围檩采用钢木结构。模板宽度以3m为一个单元，高度为4m，每一单元通过压梁、可调轴杆和门型架连成整体，另外在仓内施工缝面增设拉杆以消除模板分层浇筑时产生的错台。

3）顶拱模板分左右角模和中间拱架三部分，面板采用木面板外贴三合板或薄铁皮，主围檩采用型钢桁架，横围檩采用钢木结构，左右角模通过千斤顶和门型架连成整体，中间拱架的上下游方向增设角钢支撑和门型架相连。

整个渐变段模板的底模、侧模、顶拱模板通过可调轴杆、托架及千斤顶等结构和门型架连成整体，承受施工过程中的水平荷载和垂直荷载，在底部托架和门型架顶部结构均设有轨道以便模板安装、调整及拆除。

2. 背管模板　82m高程以下模板采用标准小钢模与标准大钢模结合施工；82m高程以上由于其体型特殊，曲面面积大，为保证混凝土曲面体型，外观光滑美观，减少施工准备时间，提高模板的周转次数，根据体型特点专门设计制作了定型大钢模，采用大钢模施工。

由于背管为永久外露面，且体型呈曲线，加之背管模板的体积大、重量大等特点，在施工过程中采用一些特殊的工艺手段。

（1）在加固方面。对定位锥和紧固螺栓的使用要求比较严格，紧固螺栓及丝杆的旋入深度、加固形式，拉杆的焊接方式均有具体的技术规范要求。

（2）在安装方面。一般采用门机等大型设备起吊，在门机不能到位的部位采用卷扬机起吊。模板调节时采用千斤顶等器具进行配合。

（3）在配合浇筑方面。114.0m高程以上背管顶部几乎呈水平状，浇筑难度较大，无法卸料，振捣困难，气泡不易排出，很难做到光滑。施工中采用了翻模工艺，开始浇筑时先打开两块A型模板作为卸料口，待浇筑到此位置时再将模板合上，等本层浇完后约12h拆模进行压面抹面处理，可满足技术质量要求。

（五）改进模板工艺，消除气泡等施工顽症

施工过程中出现的“顽症”有混凝土表面的麻面、挂帘、气泡等。麻面和挂帘主要产生在纵、横缝面上，产生的原因主要是立模时模板底部与混凝土面有1～2mm的间隙，浇筑时混凝土水份流失造成。对混凝土表面产生麻面和挂帘的改进措施为：加强浇筑时对模板的看护，控制混凝土的变形，在模板上画出层高线，严格控制混凝土浇筑高程和收面高程，同时在模板底部与混凝土面间粘贴橡胶条填充间隙。对于混凝土中产生气泡的改进措施：尽量采用平面大模板，及时清除模板表面的灰浆，使模板表面清洁，涂刷脱模剂，采用二次复振，及时清除混凝土表面的浮浆和泡沫；控制减水剂中的含气量，使其含量不超过0.6%。

（中国水利水电第四工程局　许常玉）

## 三峡二期工程左厂（Ⅱ）A标段施工栈桥制作工艺

（一）工程概述

施工栈桥是大坝施工期间进行坝体混凝土水平和垂直运输、金属结构安装的重要通道。

82m高程施工栈桥全桥总长603.9m，为不等跨简支梁，上部结构采用上承式全焊接钢箱梁结构，跨度分为28.0m、26.5m、19.15m、10.3m四种。钢箱梁截面（宽×高）最大为3m×4m，单件最大重量103t（长28.0m）。每跨钢箱梁之间采用空间桁架联接，下部结构为“型钢组合柱”钢桥墩。其上布置一台MQ6000型高架门机，门机自重1334t，最大轮压444kN，轨距12.0m，并在栈桥上游侧布置2条水管、1条风管，桥面全宽15.6m。

（二）82m高程施工栈桥制作

1. 组成及结构型式　栈桥的上部结构由钢盖梁、钢垫块、钢箱梁、悬臂、横联及平联组成。下部结构由钢筋混凝土承台、H型型钢组合柱钢桥墩及制动墩联接系组成。

上部结构主要构件为门机钢箱梁，箱梁顶板按正交异性板设计，板厚度28mm，采用T型肋加劲，箱梁腹板厚14～18mm，除梁长方向每隔2m设置一道水平向加劲板外，在腹板受压区距顶板800～1000mm处设置一道水平向加劲肋。此外，在箱梁上方受压区，设置竖向短肋，以协助承受门机的巨大集中力，确保腹板的局部稳定。箱梁底板厚20～24mm，设置3～5道顺桥向加劲肋，用以防止运输或吊装时的变形。

下部钢桥墩有四根“H”型钢柱，钢柱四周用缀条斜杆组成柱式组合构件，钢桥墩高度为7.85～13.85m。每一桥墩为一吊装单元，吊重小于30t。

2. 钢箱梁组装　钢箱梁是从箱梁下翼板逐件自下向上组装、焊接制作的。但该施工栈桥因箱梁上翼缘板为受压区，要承受门机的巨大集中力，这就对腹板与翼板的组合角焊缝质量提出很高要求，组装采用了倒装法。其装配顺序：①将箱梁上翼板面朝下置于平台上，画出部件装配线，并打上冲眼；②按所画装配线装配各类横隔板、纵向加劲板等；③用高架门机将腹板吊装在上翼板上，将其临时固定，并调整腹板的位置，使其紧靠筋板，其间隙小于0.5mm，然后进行定位焊；④装配竖向、短竖向加劲板紧靠腹板与上翼板，保证相应的形体尺寸，随后将画好腹板位置线的下翼板吊装在两腹板之上，装配时应注意按腹板位置线从中间向两端同时进行点焊；⑤装配其余各加劲板；⑥整体检查箱梁各装配尺寸。

3. 箱梁焊接

（1）焊缝坡口型式。一类对接焊缝均采用对称的“X”型埋弧自动焊坡口，为减少箱梁外侧焊缝清根量及焊接填充量且防止施工过程中的焊接变形，箱梁腹板与翼板的4条主要角焊缝采用不对称的“K”型坡口。

（2）钢箱梁焊接顺序。箱梁内部构件的焊接，主要包括横隔板、左右对称施焊。先焊立角焊，后焊平角焊；先焊纵向焊缝，后焊横向焊缝。焊接时先从箱梁的跨中起焊，向两端退焊。待内部角焊缝焊接完成后，采用自动埋弧焊对上翼板与腹板的2条组合角焊缝进行焊接。然后将箱梁在钢平台上利用起重设备用专用翻身架及辅助设备进行180°翻身焊接。焊接顺序同前，直至下翼板与腹板的另外2条组合焊缝采用埋弧自动焊完成。每条焊缝应连续焊成，不宜中断。

（3）焊接检验。所有焊缝应进行外观检查，内部质量采用超声波无损探伤和X射线检查。

4. 下部结构的制作　墩身H型钢组合的焊接角变形控制是一个难点。当施焊方法不一致时，容易出现扭曲变形；当腹板出现纵向收缩时，控制不好容易出现旁弯。在制作时，合理地运用了反变形和刚性固定性焊接工艺，避免了焊接变形问题。具体措施：①严格控制了组装过程中可能造成的误差；②选用经焊接工艺评定后的工艺参数；③合理安排焊接顺序，第一段采用分段退焊，第二段为盖面焊；④采取相同的工艺参数由两人同时从中间对称施焊，并在两端各留100mm不焊；⑤采用夹具、压板、锲铁控制角变形和挠曲变形；⑥针对每层焊道可能引起的变形量，预留反变形量。

（三）栈桥的荷载试验

通过荷载试验检验结构承载能力和刚度适应能力，保证结构在使用过程中的安全运行。

1. 检测项目　选用82m高程栈桥跨度最长，最具有代表性的长28.0m钢箱梁作为试验用梁，试验是在施工现场进行的。主要检测项目有：①跨中截面及四分点截面的正截面承载能力；②梁端支座处断面应力及上缘顶板局部应力分布检测；③钢箱梁的挠度检测；④梁端支座处位移。

2. 加载设备及方案　加载设备为栈桥上安装的

MQ6000门机，在空载和吊重情况下分别进行试验。

3. 试验成果　钢箱梁的挠度及梁端支座处位移，经检测符合设计要求。

经应力检测，最大压应力在顶板，拉应力在跨中中横隔板上沿及顺梁向底肋板，根据设计要求，允许应力小于190MPa。由此可见，在荷载试验所进行的各种工况下，所检验部位的栈桥钢箱梁和钢立柱应力都在允许范围之内，具有2倍以上安全系数。从试验的成果来看，在所测的各种荷载组合下，栈桥应力不大，结构合理，安全可靠，满足设计要求，在三峡工程建设中发挥了重要作用。

（中国水利水电第四工程局　霍建民　刘成斌）

## 引子渡水电站滑模混凝土的现场调整

引子渡水电站位于贵州平坝县和织金县交界的三岔河上，多年平均气温15.5℃，年最高温度为35℃，年最低温度为2℃，且多在12月底到次年1月底间发生。在C2标工程中，针对不同部位采用了滑模施工技术。

（一）调压井滑模混凝土

引子渡水电站C2标的滑模混凝土首先在调压井井筒施工中开始使用。

施工之初试验室根据批准的高流动、大坍落度的泵送混凝土配合比进行了生产配料。但因现场砂石料不能满足规范和施工技术要求，故试验室对配料进行了施工调整，现场调整后的配料表见表1、表2。

表1　现场砂石料情况表

| 人工砂检测结果 | | | | 小石检测结果 | | | 中石检测结果 | | |
|---|---|---|---|---|---|---|---|---|---|
| 含水（%） | 细度模数 | 含粉（%） | 粒径小于0.08mm的含量（%） | 超径（%） | 逊径（%） | 含粉（%） | 超径（%） | 逊径（%） | 含粉（%） |
| 5.9 | 3.1 | 19.8 | 16.2 | 0.0 | 9.2 | 0.7 | 0.0 | 9.4 | 0.6 |

表2　施工使用配合比表

| 材料 | 水泥 | 粉煤灰 | 水 | 砂 | 小石 | 中石 | JM-Ⅱ | $DH_9$ |
|---|---|---|---|---|---|---|---|---|
| 用量（$kg/m^3$） | 218 | 72 | 151 | 795 | 544 | 544 | 1.74 | 0.0145 |

调压井滑模浇筑过程中，以混凝土搅拌罐车→溜管的方式向仓号输送混凝土，生产出的混凝土完全满足输送过程，混凝土性能检测结果见表3。

表3　混凝土性能检测结果

| 混凝土和易性 | | | | | 抗压强度（MPa） | | | 含气量（%） | 凝结时间 | |
|---|---|---|---|---|---|---|---|---|---|---|
| 坍落度（cm） | 黏聚性 | 棍度 | 含砂 | 析水 | 7d | 28d | 28d（拉） | | 初凝 | 终凝 |
| 18.2 | 好 | 上 | 中 | 无 | 15.0 | 24.3 | 2.03 | 4.7 | 18h 45min | 21h 50min |

（二）调压井滑模混凝土凝结时间的调整

随着浇筑过程的进行，施工单位发现混凝土的凝结时间较长，单位时间的浇筑量难以提高，要求缩短凝结时间。

为此，试验室充分分析了高流动性、大坍落度、短时间凝结一体要求的可行性。结论为：虽然短时间凝结和高流动、大坍落度之间存在临界条件下的不可调和性，但仍然存在进行优化拟合的数据点，然而已经没有进行验证等试验时间。如果单纯将已批准的常态混凝土配比进行高流动、大坍落度的调整，将直接导致较同等要求下的泵送混凝土胶凝材料用量大，而这对筒壁较薄、钢筋混凝土结构、无冷却水管埋设却具有烟囱效应的井筒混凝土来说，发生较大的水化热总量必然是不利的。为解决胶凝材料用量较大的问题，降低水化热总量，根据现场情况和条件决定采用高流动性、大坍落度的泵送混凝土基本水灰比、用水量、砂率、石料比例，同时使用纯减水剂同掺量替代泵送配合比中的有缓凝效应的泵送剂，以解决凝结时间问题，并直接在拌和站生产、调整。调整前后的指标、性能对比见表4～表8和图1、图2。

生产过程证明这是成功的，直接进行生产一次性成型，每24h的滑升高度不小于3m。

表4　常态混凝土基准配比表

| 混凝土设计要求 | 水胶比 | 粉煤灰（%） | 砂率（%） | 外加剂（%） | | 坍落度（cm） | 用水量（$kg/m^3$） | 骨料级配小石：中石 |
|---|---|---|---|---|---|---|---|---|
| | | | | JM-A | $DH_9$ | | | |
| C20 F100 W6 | 0.52 | 25 | 37 | 0.6 | 0.008 | 5～7 | 127 | 40：60 |

表5　常态混凝土调整为高流动、大坍落度混凝土调整配比表

| 材料 | 水泥 | 粉煤灰 | 水 | 砂 | 小石 | 中石 | JM-A | $DH_9$ |
|---|---|---|---|---|---|---|---|---|
| 用量（$kg/m^3$） | 229 | 76 | 158.5 | 717 | 463 | 695 | 1.83 | 0.0244 |

表 6　　泵送混凝土基准配料表

| 材料 | 水泥 | 粉煤灰 | 水 | 砂 | 小石 | 中石 | JM-Ⅱ | $DH_9$ |
|---|---|---|---|---|---|---|---|---|
| 用量（$kg/m^3$） | 218 | 72 | 151 | 795 | 544 | 544 | 1.74 | 0.0145 |

表 7　　调整凝结时间后基准配比表

| 材料 | 水泥 | 粉煤灰 | 水 | 砂 | 小石 | 中石 | JM-A | $DH_9$ |
|---|---|---|---|---|---|---|---|---|
| 用量（$kg/m^3$） | 218 | 72 | 151 | 795 | 544 | 544 | 1.74 | 0.0145 |

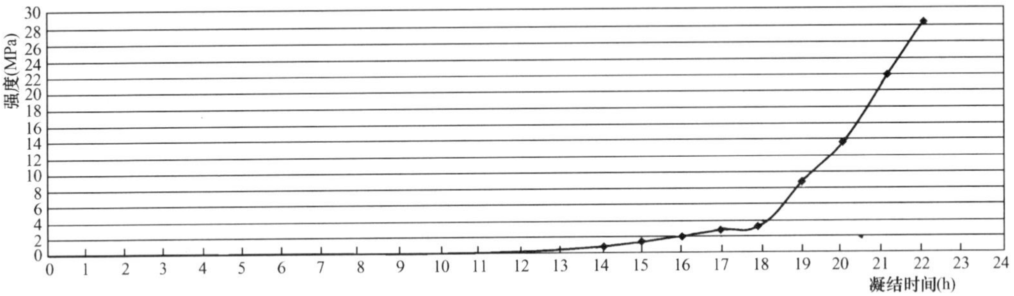


图 1　掺 JM-Ⅱ凝结时间与强度关系曲线

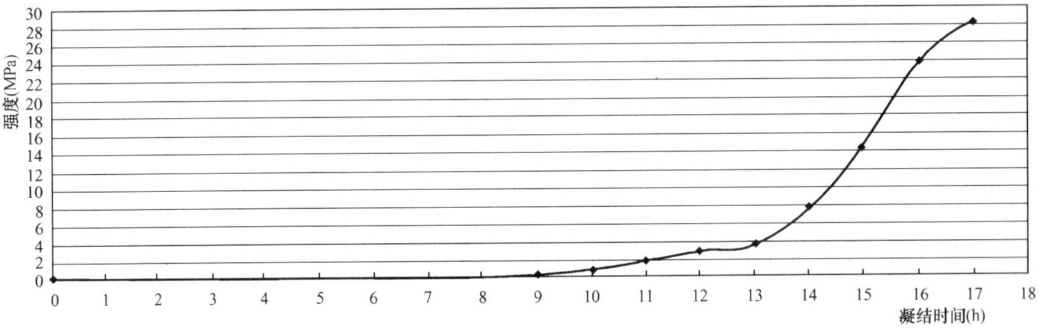


图 2　掺 JM-A 凝结时间与强度关系曲线

表 8　　调整后混凝土性能检测结果表

| 混凝土和易性 | | | | | 抗压强度（MPa） | | | 含气量（%） | 凝结时间 | |
|---|---|---|---|---|---|---|---|---|---|---|
| 坍落度（cm） | 黏聚性 | 棍度 | 含砂 | 析水 | 7d | 28d | 28d（拉） | | 初凝 | 终凝 |
| 18.0 | 好 | 上 | 中 | 无 | 15.4 | 24.0 | 2.15 | 4.7 | 13h 5min | 17h |

经过一系列调整，C2 标调压井滑模混凝土滑升顺利，未出现骨料分离、不均匀凝固、表面下沉和脱离等现象。

调压井井筒混凝土强度统计成果评定见表 9。

表 9　　调压井混凝土强度统计成果表

| 设计标号 | 龄期 | 组数 | 最大值（MPa） | 最小值（MPa） | 极差（MPa） | 均值（MPa） | 均方差 | 离差系数 | 保证率（%） | 评定等级 |
|---|---|---|---|---|---|---|---|---|---|---|
| C20 F100W6（井筒） | 3d（压） | 5 | | | | 9.1 | | | | |
| | 7d（压） | 24 | 19.3 | 13.9 | 5.4 | 16.2 | | | | |
| | 28d（压） | 76 | 27.7 | 20.4 | 7.3 | 23.9 | 1.4 | 0.06 | 99.7 | 优 |
| | 28d（拉） | 4 | | | | 2.07 | | | | |
| | 90d（压） | 3 | | | | 31.0 | | | | |

（中国水利水电第四工程局　翟雅坤　邓兆勋）

# 引子渡水电站调压井反井钻施工工艺

引子渡水电站是“西电东送”首批重点工程之一，以发电为主的综合水利水电枢纽工程。由挡水面板堆石坝（最大坝高130m）；左岸溢洪道；右岸引水发电系统组成。装机容量3×120MW，多年平均年发电量9.78亿kW·h。

右岸引水发电系统由引水隧洞、调压井、压力钢管、发电厂房、GIS开关站组成。属枢纽C2标段，其中，调压井是该标段重点工程之一。调压井为隐蔽式大断面阻抗式调压井。其垂直高度108m，截面开挖直径20.5m。

调压井所处地层以三叠系薄层灰岩为主，软弱夹层发育，属Ⅲ类和Ⅳ类围岩，稳定性较差。调压井顶部为浅灰色薄层极薄层细晶灰岩，弱风化层厚11m，微风化层厚19m。中底部为浅灰色薄层至极薄层细晶灰岩与泥灰岩互层。并夹有黑色钙质泥岩。

（一）施工方案

根据引子渡水电站工程地质特点，考虑到施工安全及工期进度，选择了反井钻法施工方案，利用反井钻形成中心导井。自上而下全断面扩挖，安全有了较高保障，工期也相对缩短（经过与其他方案比较）。

反井钻法施工，每延米造价约2200元，约需工程费用23.76万元。虽然其直接工程费用比吊罐法与爬罐法施工（每延米造价约1600元，约需工程费用17.28万元）高6.48万元，但反井钻法施工不仅节约了45～55天工期，同时，节省了常规施工所需的辅助提升和平台设备，并且因工期的缩短带来的其他工程经济效益远比每延米600元的造价高得多。

（二）施工设备及机械性能

经综合比较，选择LM-200型反井钻机较为合理，其工期进度和工程经济指标符合要求。

LM-200型反井钻机导孔直径213mm，一次扩孔直径1400mm，二次扩孔直径2000mm。钻机液压马达驱动动力水龙头，动力水龙头将扭矩传递给钻具系统带动钻具旋转，滚刀在钻压的作用下沿井底做纯滚动及微量滑移；滚动时，产生冲击挤压和剪切来破碎岩石；导孔钻进时，破碎的岩屑沿钻杆与孔壁间隙由冲洗液提升至地面；扩孔时，破碎的岩屑靠自重落至下部巷道，机械装运拉走。导孔施工是自上而下进行，扩孔施工则自下而上进行。

钻机的主要性能及与其他机型的对比见表1。

表1 LM-200型钻机的主要性能与其他钻机型的对比

| 性能＼型号＼国别 | 中国 | | 日本 | 美国 |
|---|---|---|---|---|
| | LM-200 | 冶金AT2000 | BM-200 | 63RM-H |
| 导孔直径（mm） | 213 | 250 | 311 | 311 |
| 扩孔直径（m） | 1.4～2.0 | 2～2.5 | 1.83～2.43 | 1.8～2.1 |
| 钻孔深度（m） | 150～200 | 120 | 300～400 | 300 |
| 推力（kN） | 350 | 745 | 1690 | 1400 |
| 拉力（kN） | 850 | 1340 | 2740 | 2550 |
| 驱动方式 | 液压 | 液压 | 液压 | 液压 |
| 扭矩（kN·m） | 40 | 69 | | 130 |
| 倾角（°） | 60～90 | 60～90 | 0～90 | |
| 功率（kW） | 82.5 | 148.5 | 160 | 190 |
| 主机重量（t） | 8.27 | 10.5 | 23.5 | 10.91 |
| 外形尺寸（mm）（长×宽×高） | 2590×1370×1570 | 4555×1380×4029 | 4760×2850（高×宽） | 4090×1380（高×宽） |

（三）施工布置与施工钻进参数

施工准备阶段，首先平整场地约50m²，预浇混凝土地坪时控制好主机预埋件，确保主机施工时的稳定和造孔精度。同时，布置好排水沟和循环泵坑。

基础及辅助设施完善后进行整机试运行，调整主机和液压动力部分参数。

孔位定位后，使用$\phi$213牙轮钻头施工导向孔。钻进过程中主要控制造孔孔斜精度，开孔的10米内慢速钻进，并加强测斜。由于是岩石造孔所以使用高压水作为冲洗液，利用高压水将孔底岩粉石渣冲出。

扩孔时使用$\phi$1400mm滚刀破碎岩石，岩石靠自重落至底层廊道，机械出渣。考虑工程经济因素，引子渡调压井未使用反井钻进行二次扩孔，采用人工自下而上扩孔，扩孔直径3.8m。

钻进参数见表2。

表2 钻速、钻压、扭矩与岩石参数表

| 岩石抗压（MPa）＼扭矩（kN·m）＼钻速（m/h） | 2.5 | 2.0 | 1.5 | 1.0 | 0.5 | 0.3 |
|---|---|---|---|---|---|---|
| 20 | 20.1 | 16 | 12 | | | |
| 40 | 40.3 | 32 | 24.1 | 16 | | |
| 80 | | 48.1 | 36.1 | 24.1 | 12 | |
| 120 | | | | 40.1 | 20.1 | 12 |
| 160 | | | | | 28.1 | 16.8 |

**注** 表中阴影部分表示引子渡使用范围。导孔施工，纯钻速1.2～1.3m/h，平均钻速0.7～0.8m/h。扩孔施工，纯钻速1.0m/h，平均钻速0.69m/h。

引子渡地区，喀斯特地貌发育，调压井反井导孔施工时先后三次遇到地下溶洞和裂隙，分别采取回填加速凝材料予以处理。较好解决了渗漏、不返水问题，使导孔顺利完成。特殊情况处理统计见表3。

表3 特殊处理情况统计表

| 序号 | 地质情况 | 地层埋深(m) | 层厚(mm) | 处理方法 | 材料用量 |
|---|---|---|---|---|---|
| 1 | 大裂隙 | 51.5 | 30～40 | 水泥砂浆回填至孔口，养护3天 | 水泥4t |
| 2 | 溶洞 | 65.5 | 100～120 | 水泥砂浆回填40m，养护1天 | 水泥3.5t，水玻璃50kg |
| 3 | 溶洞 | 71.5 | 120～150 | 水泥砂浆回填40m，养护1天 | 水泥4.5t，水玻璃50kg |

（中国水利水电第四工程局 武斌忠）

## 大坝基础混凝土槽孔防渗墙施工新工艺

小浪底大坝为土质斜心墙堆石坝，最大坝高160m，坝顶长为1666.3m，总填筑量近5100万$m^3$。河床覆盖层是上更新统（$Q_3$）以来形成的砂卵砾石层，夹少量砂层，一般含砂量为20%～30%，粒径为5～20cm，大粒径卵石含量较多，最大可达30cm。覆盖层中存在含砂量大于30%的中等密实层，也存在含砂率低的“架空”层，混凝土防渗墙施工中可能在“架空”层中发生泥浆漏失；遇砂层引起塌孔；因大粒径卵石和孤石含量多，超挖较大，造孔困难。

基础槽孔混凝土防渗墙总长40.7m，厚1.2m，总挡水面积15626.33$m^2$，分为两期施工。第一期为右岸滩地，总长256.4m，最大深度81.9m，挡水面积10540.63$m^2$，由国内承包商在施工准备期（1994年6月以前）用中国传统的钻壁法，并辅之以抓斗完成；第二期为主河槽，总长151m，最大深度70.3m，挡水面积5085.7$m^2$。以下仅介绍第二期工程的施工特点、效率和效果。

小浪底大坝二期基础混凝土槽孔防渗墙施工采用了一系列先进的技术和工艺。主要包括了以下几个方面：

（1）槽孔河床覆盖层砂卵砾石开挖以抓斗为主，在遇大孤石时辅之以重锤，少量的基岩和Ⅰ序孔接头混凝土挖除用液压铣槽机。钢缆式机械抓斗，用履带自行式双缆吊车操作运行；钳式KL1200型和蛤式KL1200型抓斗，2.8m×1.2m，斗容3$m^3$。液压铣槽机（俗名双轮铣）型号HF400，法国索列丹斯公司制造；由导向机架，泵体机架，切削机座三部分组成；设有AMSCO.GD抽浆泵，排浆量300$m^3$/h，泵压2.6bar，最大渣径10cm；由HS882型，功率为475HP的履带起重机控制、操作；它的工作特点是切削机座中两组液压马达驱动的4个切削鼓轮在压重（15t）下切铣岩石或混凝土（鼓轮直径1.2m，装有无数个硬合金牙刀），抽浆泵以高压将渣与泥浆一起经排渣管（直径10cm）送到除砂站，工作中操作手借助ENPAFRAISE自动监控记录仪控制，可适时监测孔深、前后向偏差、左右向偏移、进尺速度、切削运转工况等，发现偏斜可及时纠偏；它的开挖成槽尺寸为1.2m（宽）×2.8m（长），最大深度75m，可用于各种地层，效率高，配合重锤开挖基岩时，砂岩0.6～1.5$m^2$/h、黏土岩2.5$m^2$/h；它尚能准确、可靠的鉴定基岩和彻底、方便的清孔、换浆。重锤依不同工作的需要有子弹头型TB1200、重11t，米子底型TE1200、重9.7t，方锥铲型TD1200、重12t。振动除砂机2套，将泥浆中含砂量降至要求的30%以下，处理能力分别为100$m^3$/h、450$m^3$/h。

（2）混凝土浇筑的拌和、运输均为常规设施。60$m^3$/h的拌和楼和7$m^3$ IVECO搅拌罐车，运距3～4km，用车3～5辆。导管用无缝钢管，直径2700mm，节长分为3m、2m、1.5m、1.0m、0.5m等5种；但它的特点是导管的连接方式既简单、巧妙，又牢靠，接头为承口式，上插下承，上、下各有半圈槽口，橡皮圈密封，有键槽，插入钢丝绳作销键固定，操作方便、快捷，1个接头的安装和拆卸1～2min即可完成，在整个施工中未发生过一次拔脱现象。

（3）使用了法国产优质膨润土拌制泥浆，固壁泥浆指标优良，比重小于1.1，含砂量一般小于1%、最大3.2%、最小0.1%。

（4）世界上首次在大坝基础防渗墙中采用了设置横向槽孔回填塑性混凝土保护下的平板式接头。Ⅰ、Ⅱ序孔接头处理一直是槽孔混凝土防渗墙的施工难点，也是影响防渗墙防渗效果的关键部位。首次采用的这种接头型式解决了上述问题，这种接头型式如图1所示。在已确定的Ⅰ、Ⅱ序槽孔接头位置先造一横向接头槽孔，尺寸为2.8m×1.2m，接头孔中浇筑（2～4）MPa的塑性混凝土；Ⅰ序孔建造时超过横向接头槽孔中心线10cm；Ⅱ序孔开挖时用双轮铣将Ⅰ序孔超浇的10cm混凝土自上而下铣掉，留下了一个由双轮铣牙刀留下的竖向、均匀、密布、新鲜、平顺的毛面，在Ⅱ序孔浇筑后建造了一个紧密的Ⅰ、Ⅱ序孔平面接缝。施工完后将上面几米覆盖层挖除，可见在主槽孔Ⅰ、Ⅱ序孔接头处上、下游整齐的各留下

80cm长的横向接头孔塑性混凝土，这实际上对Ⅰ、Ⅱ序槽孔接头缝起了附加保护和增加渗径的作用。

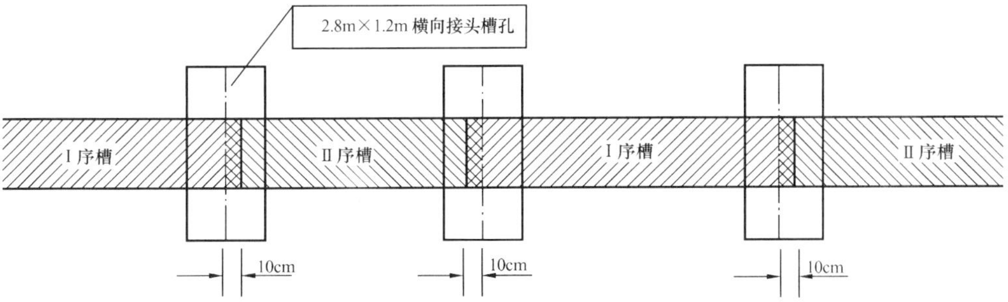


图1 横向槽孔布置及新型接头建造示图

(5) 施工中实现了以监理工程师为首的，工程师与承包商、分包商联合进行严格的现场全过程、全方位进度和质量管理，保证了新技术、新工艺的圆满实施。

小浪底大坝基础二期槽孔混凝土防渗墙，共分23个主槽孔，建造了22个横向接头槽孔，浇筑350号混凝土7399m³，塑性混凝土4210m³，成墙总面积5176.8m²，从开始槽孔开挖的1997年12月8日到混凝土浇筑完成的1998年3月10日，历时94天（86个工作日)，实现了高工效。主槽孔开挖进尺0.89m/h（合成墙面积1.95m²/（h·台)），混凝土浇筑38.18m³/h、上升速度平均4.37m/h（最快5.88m/h、最慢2.55m/h)；接头孔，开挖0.9m/h（合成墙面积2.49m²/h)，混凝土浇筑30.18m³/h、上升速度平均5.32m/h。施工中，机口取样混凝土强度$R_{28}$在37.8～49.33MPa间，平均45.01MPa，抗渗达W8。竣工后用冲击回转式钻机HD90型，直径110金刚石钻头钻取了12个检查孔，所取岩心坚硬、密实、完整，混凝土中未见任何微小的夹泥现象。在所取的骑缝孔和穿缝孔中可见Ⅰ、Ⅱ序孔接头缝有三种型式，第一种型式Ⅰ、Ⅱ序孔混凝土已成一整体，仅能以混凝土不同的颜色深浅（龄期不同）可见接头缝位置；第二种型式有缝存在，缝中夹混凝土混合物1～2mm，但结合紧密，无法用手掰开；第三种型式为用手可掰开的、附有不到1mm泥灰的、整合的缝面，消除了以往Ⅰ、Ⅱ序槽孔中大量夹泥的现象。在所取孔低与基岩接头部位，基本上无以往常有的孔低沉积，有的甚至与基岩结为一体。在12个检查孔（墙底底墙10个垂直孔、2个斜孔，其中有6个穿接头缝）中进行了22段压水试验，透水率均小于3Lu（设计要求帷幕灌浆透水率为5Lu)，其中为0的9段，小于1Lu的7段，为1～2Lu的5段，最大一段为2.4Lu，说明了Ⅰ、Ⅱ序孔间及防渗墙与基岩间结合紧密，与芯样的直观情况一致。

运行两年多来，原型观测资料显示，紧靠防渗墙上、下游面埋设的测压管中水位分别与上游库水位和下游尾水位基本一致，进一步证实了所采用的先进的施工技术和工艺取得了高质量的成果。小浪底大坝基础二期混凝土防渗墙的施工技术和工艺可作为以后类似工程的借鉴。

（中国水电西北勘测设计研究院 吴 熹）

## CBC25/MBC30双轮铣在冶勒水电站右岸廊道防渗墙施工中的应用

冶勒水电站位于四川省冕宁县境内，系楠桠河流域梯级开发的龙头电站，总库容2.2亿m³，装机容量2×120MW。电站坝体建在V形河谷上，覆盖层左岸较浅，右岸较深。主要地质结构为弱胶结卵砾石层与粉质壤土互层。右岸防渗墙采取墙幕结合，总深度达200m。防渗墙采用上、下两道垂直搭接结构，共约150m深。下段墙在廊道内施工，深76m，宽1m，长302m，总成墙面积21000m²。施工廊道尺寸为宽6.0m、高6.5m城门型断面，实际可利用宽度只有5.4m。在廊道内采用CBC25/MBC30低净空双

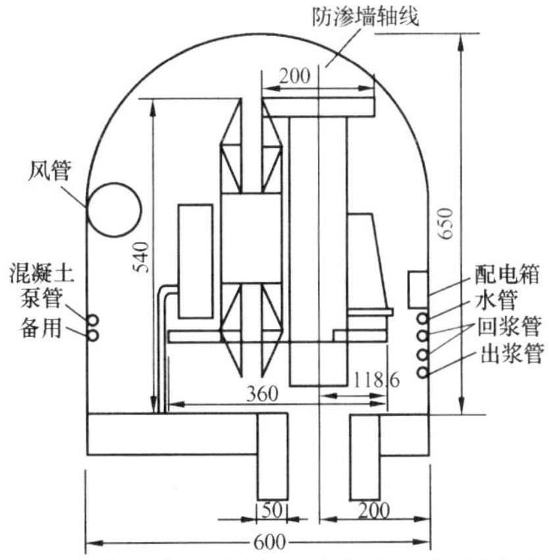


图1 廊道内防渗墙双轮铣施工布置图(单位:cm)

轮铣施工。这种施工工艺在世界上较少，在中国也是首次。

（一）施工准备

双轮铣在洞外组装，由主洞口驶入廊道。除砂系统和泥浆系统均设置在距离廊道约 400m 的 1 号交通洞口。双轮铣泥浆泵的排量为 $250m^3/h$，纯铣削速度 $15m^3/h$，为了保证足够的泥浆补充，制浆站安装了 2 台 ZJ-1500 型高速泥浆搅拌机，并建造了 1 个 $400m^3$ 新鲜浆池作为储备。为了提高回浆质量，还建造了 2 个 $350m^3$ 沉淀池，主要对除砂器无法处理的超细颗粒进行二次沉淀，降低泥浆中的含砂量。出浆管采用 $\phi159\times3mm$ 钢管从铣槽机铺设至除砂器。回浆管采用二根 $\phi159\times2mm$ 钢管从除砂器铺设至铣槽机。

（二）施工布置

常规双轮铣施工采用单边顺槽孔布置，由于受廊道尺寸的限制 CBC25/MBC30 双轮铣采用骑槽孔方式布置，即双轮铣两边履带骑在防渗墙两侧导墙上。出浆管、回浆管、水管布置在上游侧洞壁上；混凝土泵管及洞内通风管布置在下游侧洞壁上，具体布置如图 1 所示。

双轮铣槽段划分为两期。一期槽段长度 6.8m，分三刀施工；二期槽段长度 2.8m，为单刀施工。为确保一、二期槽段搭接厚度满足设计要求，二期槽段两端分别铣削掉 30cm 墙体。槽段划分如图 2 所示。

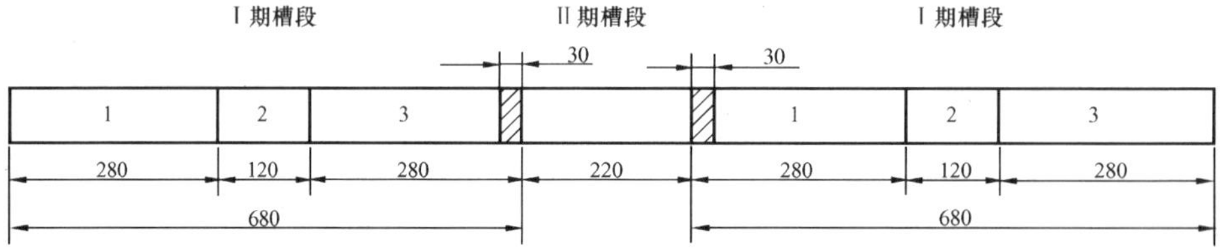


图 2　槽段划分及施工顺序图（单位：cm）

（三）施工工艺

槽孔预挖，双轮铣是利用铣头自重压力、铣轮切割破坏地层、泥浆泵泵吸渣液施工。为了确保铣头的导向及泥浆泵工作需要，在每一个槽孔施工之前，需预挖一长 2.9m×宽 1.0m×深 3.0m 的导向孔。铣削槽孔时，先施工一期槽段后施工二期槽段，如图 2 所示。一期槽分为三刀施工。第一刀、第二刀长度均为 2.8m，第三刀长度 1.2m。值得一提的是，常规双轮铣施工时第三刀长应为 2.0～2.2m，但在冶勒受洞内地质条件及浇筑导管的限制，本工程一期槽第三刀长度选择 1.2m。待相邻两边的一期槽施工完毕后，在混凝土龄期达到 7 天时，开始二期槽段的施工。双轮铣采用自上而下置换泥浆的方式清孔。即槽段造孔完成后，将铣头放置孔底，利用铣头底部的泥浆泵将沉渣排出孔外，同时不断向孔内补充新鲜泥浆，直到返出新鲜浆液为止。混凝土浇筑采用水下直升导管法。

（四）施工效果

双轮铣操作由电脑控制。铣头上装有精密自动测斜仪器，发现偏斜，可打开铣头上纠偏板进行修正。从完工的 7 个单元槽段孔分析，孔斜率均满足设计要求。清孔淤积检通过对完工的 9 个槽孔在清孔完毕后 4h 内进行的检测，孔底淤积厚度均满足规范要求。从已完成的 9 个槽段数据分析，双轮铣生产效率平均达到 $9.1m^3/h$。

（五）双轮铣施工需要注意的问题

要定期用经纬仪校核铣头上的测斜仪。开孔时必须确保铣头的垂直度。铣削过程中，必须密切注视电脑面板显示的孔形情况，发现铣头有偏斜后应及时打开相应纠偏板进行修正，直到孔形满足要求后方可继续铣削。定期检查铣头上纠偏板的位移传感器，防止电脑显示与实际不符。

采用上、下两道墙垂直连接结构，对深厚覆盖层防渗处理是一种新的尝试。CBC25/MBC30 双轮铣在冶勒右岸廊道内施工防渗墙获得成功，证明了该型号双轮铣在场地狭窄、成墙深度大、施工期紧、设备交叉干扰大的环境中施工，具有独特的优势。

（中国水利水电基础工程局　李昌华　石　峰）

## 超深混凝土防渗墙接头拔管法施工技术

中国水利水电基础工程局科研所于 2003 年研制成功了新型拔管机，并在河北黄壁庄水库三期防渗墙工程和西藏直孔水电站防渗墙工程中全部接头采用，成功率 100%，最大单管起拔深度已达 79m。使深墙槽孔连接的技术难度大大降低，确保了防渗墙的整体连续性。该项技术已获国家专利，专利号 ZL02243684.7。

BG350/800、BG450/1000 型拔管机均采用直接顶升方式，同时在油泵的工作方式、顶升卡块的卡入形式、接头管的连接形式等许多方面做了新的探索和实践，使拔管施工的可靠性大大提高。具体性能参数见表 1。

表1 BG350/800、BG450/1000型拔管机性能参数

| 参数 \ 型号 | BG350/800 | BG450/1000 |
|---|---|---|
| 最大起拔能力（kN） | 3500 | 4500 |
| 拔管直径（mm） | 300～800 | 600～1000 |
| 最大拔管深度（m） | 80 | 80 |
| 电机功率（kW） | 38.5 | 53.5 |
| 液压站重量（t） | 1.4 | 2.0 |
| 拔管架重量（t） | 6.5 | 7.2 |

拔管工艺应注意在混凝土中拔管的阻力和槽孔导墙的承载能力等问题。

1. 在混凝土中拔管的阻力　接头管的起拔阻力主要由接头管自重、流态混凝土的侧向挤压摩阻力、静态混凝土的凝聚力及接头管在槽孔中的垂直状态因素等四部分组成。槽孔越深，接头管重量越重，混凝土的侧向压力也越大，起拔阻力就越大。而且初始起拔的时间越晚，静态混凝土的凝聚力越大。

接头管在槽孔内混凝土浇筑中相当于模板。要使拆模后的混凝土能够自稳，混凝土必须达到相应的强度。要使混凝土与管壁的胶结力在起拔力的安全范围之内，又不能使混凝土初凝强度太高。所以，掌握好开始起拔的时间是控制起拔阻力过大的关键，也是拔管施工成败的关键。

在槽孔中接头管垂直度对拔管的影响也很大。当端孔孔壁在造孔过程中发生坍塌时，会使孔型不规则。由于混凝土浇筑时侧向压力的作用，容易造成接头管偏斜或弯曲。随着时间的延长，混凝土强度逐渐提高，拔管时的起拔力必须足以破坏侧向混凝土或原始地层的结构，使接头管顺直才能拔出。它的大小与接头管的垂直度和起拔时间密切相关，控制不当，这个起拔力会变得非常大，是拔管施工安全的最重要影响因素。

对接头管的偏斜应本着预防在先的原则，下管时就应采取纠偏措施。槽内混凝土开浇后，发现接头管偏斜时的解决措施，是提前微动起拔。在混凝土尚未完全凝结之前通过垂直起拔力重塑孔形，使接头管往垂直方向强行顺直。

当发现接头管倾斜角度较大而无法纠正时，应调整拔管架的角度，使起拔力的方向与接头管的轴线一致。

2. 槽孔导墙的承载能力　混凝土导墙是拔管机的承载基础，是拔管工艺成败的先决条件，无论拔管机的起拔能力有多大，最后都要由导墙支撑。因此拔管法对导墙的承载能力提出了严格要求。对于防渗墙导墙施工，应注意以下几点：

（1）导墙混凝土强度等级不宜小于C15，断面以梯形结构受力较好，顶部宽度不小于50cm，高度不小于1m。

（2）导墙顶面和底面的纵向受力钢筋，应有2～4根，通长配筋。钢筋间距20～30cm，其总截面积不宜小于$23cm^2$。且必须配箍筋，箍筋间距不宜大于50cm。

（3）当地基较松软时，导墙断面也可浇成“L”型，这样可增加拔管荷载与地基的接触面积，减小起拔力对地基的压强，使基础的稳定性提高，最大承载力可提高5%～20%。

（4）在两导墙之间设置牢固支撑，防止导墙内倾，增加导墙抗滑能力，最大承载力可提高36%～40%。

（5）当导墙下地层强度较低时，为了确保导墙在拔管时的稳定性，应对下面地层进行加固处理，如振冲、深搅等，以提高地层的承载力。

在黄壁庄水库坝基防渗墙三期工程中，接头全部采用拔管法施工。最大单孔起拔深度为63.5m，接头管直径800mm。初始起拔时间为混凝土开浇后的7h。这时，起拔力在1000kN左右。在西藏直孔水电站防渗墙工程中，接头也采用了拔管法施工。最大单孔起拔深度已达到79m，接头管直径800mm，确定初始起拔时间为混凝土开浇后的8h，这时拔管力在1500kN左右。在新疆下板地水库防渗墙试验工程中，试验接头采用了拔管法施工，接头管直径1000mm，最大单孔起拔深度已达到72.7m。确定初始起拔时间为混凝土开浇后的8h，这时拔管力在1800kN左右。

拔管施工采用起拔力和凝结时间双控法进行操作，追求最佳起拔力和最佳起拔时间，是确保施工工艺安全的关键。最佳起拔力是指形成良好孔形的最低起拔力；最佳起拔时间是指可以形成良好孔形的最短时间。起拔过程的精心操作非常重要。小泵起拔时间过长，起拔力会缓慢增加，这时应用大泵快速起拔以降低起拔压力，使其在安全的压力范围内。合理的操作过程，是确保在低起拔力下形成良好孔形的关键。

（中国水利水电基础工程局　肖恩尚　潘三行）

# 其　　他

## 长江三峡工程施工关键技术问题

（一）二、三期截流与围堰施工

三峡工程施工采用三期导流。第一期围河床右侧，在一期土石围堰保护下开挖导流明渠，修筑明渠左侧的混凝土纵向围堰；第二期截断主河床围左侧，在二期土石围堰和混凝土纵向围堰保护下，进行大坝泄洪坝段、左岸厂房坝段及电站厂房等的施工；第三期截断导流明渠，在三期围堰保护下，进行右岸厂房坝段及电站厂房等的施工。二、三期截流与围堰施工难度之大，强度之高，堪称世界之最。

二期大江截流设计流量 14000～19400$m^3/s$，最大水深达 60m，龙口最大平均流速 3.33～4.16m/s，超过国内外水利工程实际最大截流流量和水深，且截流期间不允许断航。二期截流于 1997 年 10 月 26 日 8 时上游戗堤开始合龙，龙口堤头采用特大块石及中石从上游进占形成挑角，中石及石渣料尾随进占，解决了深水条件下在流水中抛填散粒料，容易发生堤头坍塌的难题。汇集大型施工设备 369 台套，历时 22.5h 将龙口由 130m 束窄至 40m，实际截流流量为 11600 $m^3/s$，日抛投强度达 12.1 万 $m^3$，其机械设备投入和施工强度为世界上大江大河截流所罕见。

三期明渠截流设计流量 9010～10300$m^3/s$，截流水深 20～23m，截流落差 3.26～4.06m，龙口合龙总能量达 410.2MW，为当今世界截流工程之冠，且明渠底部岩面平整光滑，对抛投块体的稳定不利。采用上、下游戗堤龙口段同时进占，分担落差；在上游戗堤龙口设置拦石槛，抛投特大块石串和埋铁块混凝土 4 面体等措施，提高截流块体稳定性。2002 年 10 月 27 日上、下游戗堤开始合龙，11 月 3 日分别将龙口束窄至 20～30m，突破了口门宽 70～30m 的困难段，首次取得双戗堤立堵截流成功。

二期土石围堰最大堰高 82.5m，1060 万 $m^3$ 堰体填料中的 80%需水下施工，且最大水深达 60m，是当今世界上最大的深水围堰，防渗墙最大高度 74m，围堰基础地质条件复杂。施工时先填筑两侧的石渣堆石体，背水侧兼作截流戗堤及排水棱体，再填筑中部风化砂并施工防渗墙，水下抛填风化砂并采取振冲加密措施，减小堰体及防渗墙体变形。引进国外液压抓斗、液压铣槽机等先进设备，采用“两钻一抓（铣）”、“两钻三抓（铣）”、“铣、抓、钻、爆、砸”防渗墙成槽工艺，适应三峡围堰地层复杂和工期紧迫的特点，上游围堰最高月成墙面积达 6440$m^2$。围堰防渗墙创造性地采用风化砂、花岗岩石屑与水泥、膨润土组成的柔（塑）性墙体材料，施工及运行实践证明防渗墙结构安全可靠，防渗效果显著。

三期横向碾压混凝土围堰，最大堰高 121m，堰顶全长 580m，混凝土量 167.36 万 $m^3$，必须在 4 个月内完成。在确保围堰安全运行的前提下，如何保证围堰快速施工是关键。设计上尽量简化堰体结构，堰体背水面由 1∶0.75 斜坡改为台阶，将复杂的基础廊道尽量布置在一期建设断面内；采用全断面碾压混凝土，高程 90m 以下自卸汽车入仓，90m 高程以上塔带机入仓，上游面用翻转模板，下游用预制模板，以适应快速上升。高峰月浇筑强度为 47.6 万 $m^3$ 最大月上升高度 27.9m。

（二）二期混凝土高强度施工与浇筑设备布置

二期工程是三峡工程施工最为紧张、困难，技术最为复杂的 6 年，其混凝土浇筑总量大、强度高，没有先例。其主要控制性计划进度为：①1999 年 1 月，河床深槽部位开始浇筑混凝土；②2002 年 5 月，上游基坑进水，同年 9 月，下游基坑进水；③2003 年 6 月上旬水库下闸蓄水，同月船闸投入运行；④2003 年 10 月，第一批机组发电。二期工程开始后的第 2 年，即 1999 年，创造了年浇筑混凝土 458.5 万 $m^3$ 和月浇筑 55.35 万 $m^3$ 新的世界纪录，2000 年是三峡工程施工强度最大的 1 年，年浇筑混凝土达 542.85 万 $m^3$，金属结构及机电设备埋件安装 3.2 万 t，三峡工程混凝土浇筑强度与国外混凝土高峰强度对比见表 1。

表 1　　国内外高峰混凝土浇筑强度

| 工程名称 | 国别 | 混凝土总量（万 $m^3$） | 高峰月强度（万 $m^3$） | 高峰年强度（万 $m^3$） |
|---|---|---|---|---|
| 三峡 | 中国 | 2800 | 55.35 | 542.85 |
| 古比雪夫 | 前苏联 | 734 | 38.90 | 313.40 |
| 伊太普 | 巴西、巴拉圭 | 1228 | 33.90 | 302.80 |
| 大古里 | 美国 | 809 | 37.80 | 270.00 |
| 德沃夏克 | 美国 | 512.5 | 18.30 | 221.00 |
| 惠特斯 | 墨西哥 | 280 | 24.80 | 206.40 |
| 葛洲坝 | 中国 | 1048 | 23.94 | 202.90 |
| 胡佛 | 美国 | 339.0 | 15.00 | 120.00 |

大坝和厂房施工采用塔带机、缆机和门塔机组合方案。泄洪坝段布置4台美国洛泰克（110TEC）公司生产的TC2400型固定式塔带机，分别布置在21、14、7号和Ⅰ号泄洪坝段中部，5、6号塔带机为法国波坦（POTAIN）公司生产的MD2200型固定式塔带机，分别布置于12、8号厂房坝段的非钢管实体坝段中部；2台摆塔式缆机，两岸塔架高125m，跨度1416m，缆机摆幅为±20m，起重量为20t，2台缆机可抬吊46t；大坝下游坝坡上120m高程及泄洪坝段坝外下游45m高程分设施工栈桥，其上均布置有门机、塔机浇筑混凝土及金属结构安装等；电站厂房采用门塔机浇筑；大坝和电站厂房施工共有7台专为三峡工程研制的MQ2000型高架门机，最大工作幅度71m，可吊6m³混凝土罐。船闸混凝土施工主要采用1260t·m级以下的国产门塔机施工。

（三）船闸开挖控制爆破与二期土石围堰拆除

船闸主体建筑物段长1607m，最大边坡高度达170m，边坡高度连续超过120m的范围长达460m。两线船闸中间留有54～57m的岩石中隔墩，其成型开挖和高边坡开挖控制爆破是施工难题。采用先进行中间先锋槽开挖，后进行侧向保护层开挖程序，通过现场爆破试验，提出了适合船闸槽挖爆破的施工程序、各种不同爆破方式（槽挖深孔梯段微差爆破、侧向保护层爆破、基岩底部保护层爆破等）的爆破参数。成功地运用了光面爆破和预裂爆破技术，最大限度地减少对边坡（边墙）岩体的扰动，开挖后的建基轮廓和边坡达到设计要求。

三期截流前，要求拆除二期下游土石围堰最少243万m³，最迟于2003年4月完成共约600万m³的拆除量，围堰拆除工程不仅工期短，且水下开挖工程量大，二期围堰混凝土防渗墙内还埋有灌浆钢管及固定钢管的保持架，以往的围堰防渗墙爆破拆除工程中没有先例，必须一次将混凝土防渗墙连同钢管、保持架炸断，减小水下开挖难度，保证在规定的工期内完成拆除任务。先后开展钢管爆破试验、爆破网络试验、火工品材料性能和深水浸泡试验、防渗墙现场拆除爆破试验，获得了最佳爆破方案和参数。于2002年7月1日一次爆破成功，爆破总延时9.5s，总装药量19.24t，总段数为375段，达到预期的效果，防渗墙呈疏松渣状，铲扬开挖过程中没有因为防渗墙部位出现硬埂或因长钢管、保持架连在一起而受阻。

（四）混凝土生产与温度控制

二期工程混凝土采用人工骨料，粗骨料为船闸及二期大坝和电站开挖的微、新花岗岩，在古树岭碎石加工，用胶带机输送到各混凝土系统，生产能力为76万t/月；砂料采用下岸溪料场斑状花岗岩加工制作，用汽车运至各混凝土系统，生产能力为39.1万t/月。

混凝土拌和系统有5个，共配置9座拌和楼。合计可生产7℃低温混凝土能力为1720m³/h，生产常温混凝土能力为2530m³/h。

水泥采用525号中热硅酸盐水泥和425号低热矿渣硅酸盐水泥，粉煤灰为Ⅰ级。人工骨料经试验表明无活性反应，鉴于三峡大坝的重要性，混凝土设计上严格控制水泥含碱量、混凝土总碱量和掺入适量粉煤灰这三项措施抑制或消除碱骨料反应。工程开工后在大量试验的基础上，优化了混凝土的设计指标和配合比。

三峡工程混凝土温度控制难度大，为加强混凝土温控防裂的协调与管理，由业主、设计、监理共同组成温控小组，定期组织例会，组织现场检查，对三峡工程混凝土浇筑温度控制进行指导和监督，修订和完善温度控制标准，对施工中迫切需要解决的有关混凝土温控和相关质量问题组织研究。而这一切都是在7℃工程标准要求下进行的。

为满足混凝土温度控制及接缝灌浆要求，在大体积混凝土内部埋设冷却水管，按通水作用和冷却特性分为初期冷却、中期冷却和后期冷却。初期冷却主要是削减水泥水化热温升，控制混凝土最高温度；中期通水是为避免混凝土坝体内外温差过大；后期冷却是将坝体温度降至接缝灌浆温度（或稳定温度）。

（五）二次风冷技术及7℃工程

夏季给控制拌和楼出机口温度7℃的预冷混凝土配置的一整套预冷设施，简称7℃工程。我国20世纪80年代葛洲坝工程中曾使用过二次风冷技术，当时采用的是水冷—风冷—加冰的制冷工艺（简称“三冷法”工艺）。

“三冷法”工艺的基本流程为骨料通过皮带时喷淋2～4℃的制冷水，再经过脱水后进入拌和楼的储料仓进行风冷，在拌和混凝土时再加冰拌和。“三冷法”工艺虽在葛洲坝工程上取得了成功，但存在许多难克服的问题：①水冷骨料在运行中存在脱水效果较差，经脱水筛分后骨料表面含水（含水率为2%～4%），进入拌和楼风冷时易冻结等问题，风冷主要是起保冷作用，进一步深冷的能力受到限制；②水冷骨料时需修建一条200～300m长的洒水廊道，制冷设施占地面积大，系统布置困难；③水冷设备多，管理复杂，回收的制冷水含有大量泥砂，需建废水处理厂；④水冷骨料含水率大，拌和加冰量受限制。

二次风冷与“三冷法”工艺的主要区别是将骨料冷却的第一道工序由水冷骨料改为第一次风冷骨料。它是将冲洗筛分后的骨料在地面调节料仓中用0～－5℃的冷风进行初步冷却，吸热后的冷风由冷风机再冷却后对骨料循环降温。第一次风冷后，骨料表面含水率明显降低，除小石尚有较低的含水率外，其余大骨料表面含水率几乎为零，4 种骨料可分别冷却到 5～8℃。经过第一次风冷的骨料通过保温皮带机进入拌和楼料仓进行第二次风冷，其后的制冷工艺与“三冷法”工艺的后两道工序基本相同，差异是在第二次风冷工艺中，可大幅度降低骨料冷却终温，粗骨料在－10～－15℃的冷风中温度制冷至－2℃甚至更低（仅小石需维持正温，防止冻仓）。另外，骨料经过第二次风冷，其表面干燥无水分，为拌和时充分加冰提供了条件。

通过 1999 年夏季二期工程高强度预冷混凝土的生产考验，混凝土出机口温度可稳定控制在 7℃以内，证明 7℃工程采用二次风冷技术是成功的，二次风冷技术具有许多“三冷法”工艺所不具备的优点，如占地面积小、管理环节少、设施及运行成本低等。三峡工程已大规模采用二次风冷技术生产 7℃预冷混凝土。

（长江勘测规划设计研究院　刘少林　周良景）

## 泰安蓄能电站地下厂房岩壁吊车梁施工

（一）概述

泰安抽水蓄能电站主副厂房上、下游侧壁各布置了长 162m 的岩壁吊车梁，其顶部高程为 126.6m，底部高程为 124.0m，梁体宽 1.8m，横断面积为 $3.944m^2$，混凝土为 $1280m^3$，桥机为单桥双小车 2×250/50t，最大起吊重量 500t，桥机净跨 23.2m，设计最大单个轮压 75t。具体布置如图 1 所示。

（二）岩壁梁施工

岩壁吊车梁施工分为 3 个施工工序，分别为壁座开挖、锚杆制作安装和钢筋混凝土施工。

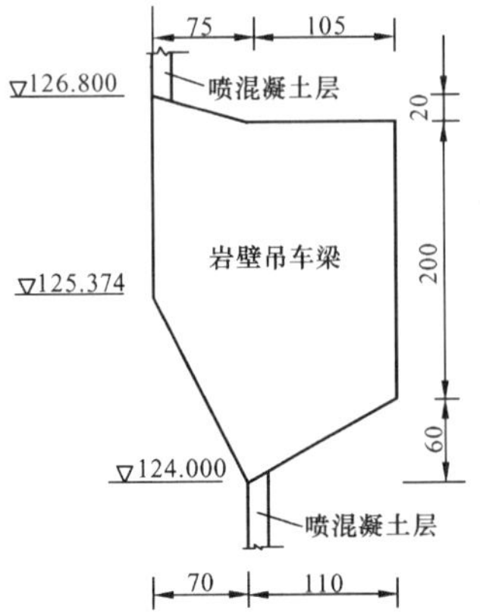


图 1　岩壁梁的施工及工作示意（单位：m）

1. 岩壁梁壁座开挖

（1）施工方法的选择。岩壁梁壁座的开挖可沿岩壁梁的长度方向钻水平孔施工，也可通过钻上倾孔与竖直孔结合的方式进行壁座的开挖。前者光爆成型较好，工艺简单，施工空间小，上拐点难以控制，超挖大；光面爆破成型好，施工空间大，可多部钻同时施工，但施工难度大，钻孔角度要求高。由于工期紧，采用了后者。在施工中严格测量放点并用罗盘控制角度最终取得了良好的效果。如图 2 所示的钻孔方式。

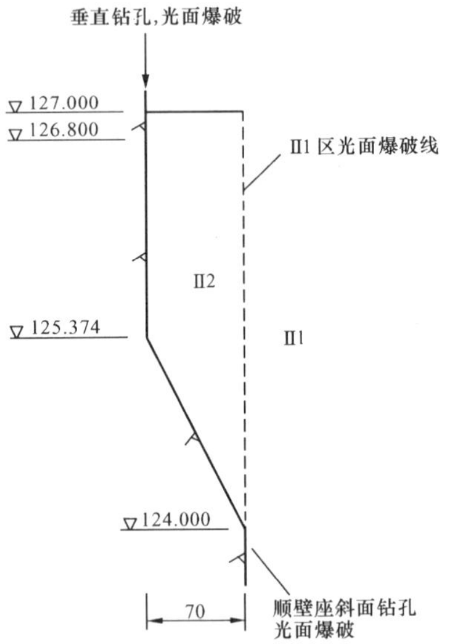


图 2　光面爆破钻孔方式（单位：m）

（2）爆破参数的确定。①光爆孔的间距为 0.2～0.3m，为减小因爆破振动给岩面带来的破坏，每两个装药孔中间留一空孔，作为导向孔；②线装药密度确定为 75g/m，堵塞长度 10cm，底部药量适当加强，$f_{25}$ 断层光面爆破孔的线装药密度减为 50g/m。

2. 岩壁梁锚杆施工

（1）技术要求。①锚杆孔孔径大于锚杆直径 25mm；②锚杆孔位水平偏差不大于 10cm，竖向偏差不大于 5cm，孔深偏差不大于 5cm；③倾角偏差不超过 5°；④单根锚杆的抗拔力不小于 200kN。

（2）锚杆钻孔位置的确定。由于岩面局部掉块及超挖，岩壁吊车梁的实际开挖线与设计开挖线有一定的偏差，为了保证锚杆的空间位置保持设计位置，根据岩面实际开挖情况，对岩壁吊车梁锚杆的孔位进行调整计算，具体调整原则及计算方法为：①上倾角锚杆位于岩壁吊车梁斜面上拐点以上的竖直边墙上，如图 3 所示。图中 A 点是设计锚杆孔位，超挖后锚杆入岩点的高程抬高 $A_2B$，$A_2$ 点为 A 锚杆超挖后实际入岩点。②C 型下倾角锚杆位于岩壁吊车梁斜面上，如图4所示。图中A点为设计锚杆孔位。超挖后的调整方法与A型锚杆相同。C点是C型锚杆超挖后实际入岩点。

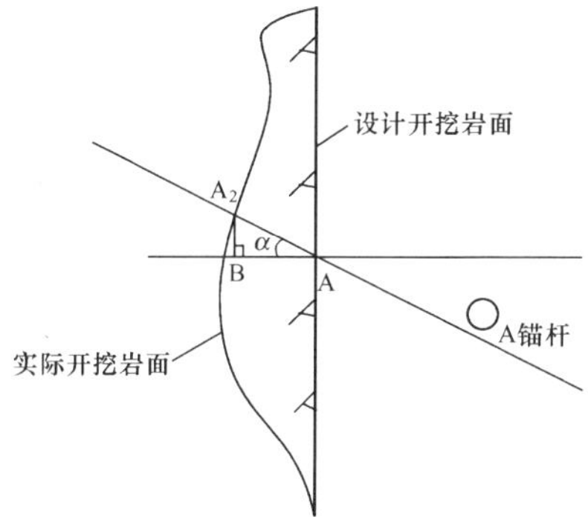


图3　上倾角锚杆位置示意图

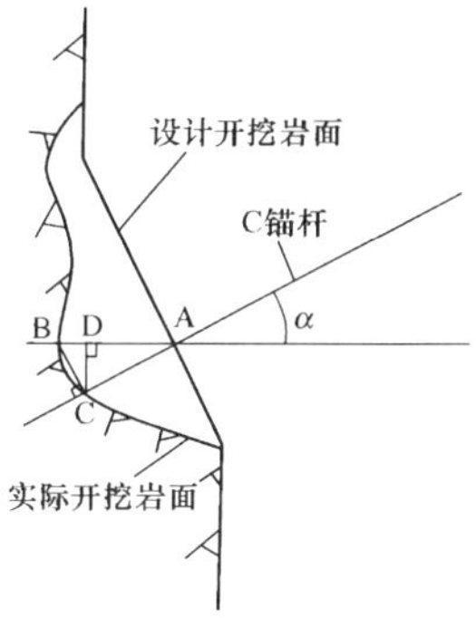


图4　C型下倾角锚杆位置示意图

(3) 锚杆安装。本工程锚杆安装过程主要包括洗孔、砂浆配制、注浆和插杆。①在钻孔完成后，用高压风水联合冲洗锚杆孔，将孔内残留的杂物清洗干净。②注浆机械采用挤压式注浆机。在砂浆拌制均匀后，将注浆管插至孔底开始注浆。当注浆深度达到7.0m（下倾角锚杆注浆深度为5.4m）时停止注浆，将注浆管抽出，注浆结束。③注浆结束后，用带孔的橡胶塞堵住孔口，用人力将锚杆向已注浆的锚杆孔内徐徐插入，当孔口有砂浆溢出时，加强橡胶塞堵孔作用，防止溢浆过多。在锚杆杆体安装到位后，用木楔在孔口将锚杆固定。再用将孔口四周封闭严实，锚杆外露部分尽量与设计角度保持一致，以便于吊车梁钢筋架立。

3. 岩壁梁钢筋混凝土施工　岩壁梁钢筋混凝土施工包括模板设计、钢筋制安、混凝土浇筑等工序。模板设计是混凝土浇筑施工的难点和重点。

(1) 模板设计。岩壁吊车梁的模板分侧模和底模两种。侧模用3组2×［20槽钢作竖围檩，间距1.1m，外悬0.4m，竖围檩间用$\phi$40×3.5钢管焊接连接，形成模板框架，用钩头螺栓扣拉钢管及P6015模板以形成面板。承重模板底部采用碗扣式可调节性钢管架及方木条组成支撑框架结构，上铺竹胶板形成模板面。基础由碎石垫层和其上15cm厚的（C15）混凝土组成。钢管架底部铺设［10槽钢。扣拉侧面模板，需事先在吊车梁上下设计两排拉模板的短插筋。承重模板为一斜面结构，新浇混凝土将对支架产生水平向外的作用力，故需用123.1m高程层系统锚杆，进行张拉加固。

(2) 钢筋制安。除严格执行设计图纸要求外，应从钢筋的安装间排距、保护层和钢筋的焊接加固方面严格要求。

(3) 混凝土浇筑。混凝土浇筑分段进行。按设计要求，将上、下游梁各分8段进行浇筑，最大的分段长度为24.35m，接缝处布置有键槽。根据各段内键槽阴阳布置不同和跳仓的需要，将各仓号进行施工排序，分层进行浇筑，控制浇筑速度不大于0.5m/h。平仓方法、布料顺序和混凝土振捣等均按设计及相关施工规范进行。

岩壁梁壁座开挖中，采用上倾孔与竖直孔双向光爆的方法，开挖出的岩面平整，没有爆破裂纹，下拐角保留完好，半孔率为85%；岩壁梁锚杆采用“先注浆后锚杆”的安装方法。

操作简单，质量控制方便。这种工艺对施工设备要求不高，减少设备投入。经过泰安抽水蓄能电站地下厂房岩壁吊车梁的施工，将为此类工程施工积累一定的施工经验。

（中国水利水电第四工程局　董　鑫　秦天强　毛永生）

## 龙滩水电站砂石加工系统及混凝土系统

### （一）砂石加工系统设计

1. 生产能力及工艺流程　砂石系统按两班制生产设计，处理能力2500t/h，生产能力2000t/h（满足工程400m水位一次建设要求）。砂石系统除主要设备（破碎、筛分）暂按处理能力2000t/h（满足工程375m水位一次建设要求）进行配置外，土建及胶带机等其他设备的建设安装工程均按处理能力2500t/h一次建设到位。

砂石系统按生产三级配碾压混凝土骨料为主，同时也能生产四级配常态混凝土骨料进行工艺流程计算。流程按粗碎、中碎开路，细碎和筛分构成闭路生产粗骨料，超细碎和筛分构成闭路生产人工砂进行设计，并专门设置洗石工序对含泥量较多的半成品料进行清洗（其中粒径不大于80mm的半成品料需经洗石机清洗）。

考虑到料场顶部与底部高差达300余米，为降低运输费用，将移动式破碎站直接布置在料场内，采用自卸汽车—移动式破碎站—带式输送机的方式运输半成品料。

2. 工艺布置及设备 根据工艺流程要求，砂石系统由粗碎部分、半成品堆场、第一筛分洗石车间、第二筛分车间、第三筛分车间、中细碎车间、超细碎（制砂）车间和成品堆场等部分组成。

砂石加工所需关键设备——破碎机、洗石机、石粉回收装置，均选用技术先进、单机产量高、质量可靠的国外设备。其他设备——筛分机、分级机、给料机、胶带机等设备，选用国内大型厂家生产的质量可靠的设备。大法坪砂石系统主要加工设备见表1。

表1 大法坪砂石系统主要加工设备表

| 序号 | 名称 | 规格型号 | 单位 | 数量 | 单机功率(kW) | 备注 |
|---|---|---|---|---|---|---|
| 1 | 移动颚式破碎站 | LT140 | 台 | 3 | 200 | 粗碎 |
| 2 | 圆锥破碎机 | HP500EC | 台 | 4 | 355 | 中碎车间 |
| 3 | 圆锥破碎机 | HP500F | 台 | 4 | 355 | 细碎车间 |
| 4 | 立轴冲击破碎机 | BARMAC9100 | 台 | 8 | 370 | 超细碎车间 |
| 5 | 圆筒洗石机 | 3200×7455 | 台 | 2 | 250 | 洗石车间 |
| 6 | 圆振动筛 | 2YKR2.4×6.0 | 台 | 26 | 30 | 第一、第二、第三筛分车间 |
| 7 | 直线振动筛 | ZKR1230 | 台 | 16 | 8 | 第三筛分间 |
| 8 | 螺旋洗砂机 | WCD-914 | 台 | 18 | 11 | 洗石、第三分车间 |
| 9 | 砂水浓缩器 | CN-250 | 台 | 16 | | 第三筛分间 |
| 10 | 石粉回收装置 | 2E48-120W-4A | 套 | 4 | 94 | 第三筛分间 |

**注** 表中序号1～5、10为进口设备。

3. 供水系统 大法坪砂石系统生产用水量为5000m³/h（单位用水量2m³/t），主要为砂石洗泥、筛分冲洗用水。考虑废水回收利用约55%，确定供水系统的生产规模为2500m³/h。

4. 废水处理 按砂石生产用水规模5000m³/h，计入损耗系数，确定废水处理规模为4500m³/h。按废水回收利用率约55%计，确定废水回收能力不低于2500m³/h。废水处理后出水浊度要求低于200mg/L。废水处理厂由沉淀池、调节水池、回水泵站、渣浆泵站、压滤机车间、加药间、控制室、排水槽及输水干管等组成。

（二）混凝土生产系统设计

大坝混凝土生产系统分左、右岸布置。右岸挡水坝段和河床溢流坝段（2～21号坝段）混凝土、围堰混凝土由右岸混凝土生产系统供应，以生产碾压混凝土为主；左岸地下厂房进水口坝段及挡水坝段（22～32号坝段）混凝土由左岸混凝土生产系统供应，以生产常态混凝土为主。

1. 右岸混凝土生产系统 右岸系统分高程布置2个混凝土生产系统，360.00m高程高系统布置在360.00～403.00m高程右岸边坡开挖形成的各级平台上；308.50m高程低系统布置在308.50～320.00m高程通航建筑物（中间渠系）一期开挖及扩挖形成的各级平台上。

右岸混凝土生产系统由混凝土搅拌楼、骨料储运系统、水泥和粉煤灰储运系统、混凝土预冷系统、废水处理设施及其他辅助设施组成。

（1）高系统。配备1座2×6.0m³双卧轴强制式搅拌楼（生产能力，碾压混凝土330m³/h、常态混凝土360m³/h、预冷碾压混凝土230m³/h、预冷常态混凝土200m³/h）和1座4×3.0m³的自落式搅拌楼（生产能力，四级配常态混凝土240m³/h、预冷常态混凝土180m³/h）。强制式搅拌楼主要用于生产碾压混凝土，采用高速带式输送机运输溜槽入仓；自落式搅拌楼主要用于生产常态混凝土，采用侧卸汽车运输缆机入仓。设6个直径15m、高25m的钢筋混凝土骨料罐，设计总容量为6×6600t（活容量为6×4500t）；钢制水泥罐3个（单罐储量1000t），总储量3000t，可满足高峰期4天的水泥需用量；钢制粉煤灰罐3个（单罐储量567t），总储量1700t，可满足高峰期3天的粉煤灰需用量。

（2）低系统。配备2座2×6.0m³双卧轴强制式搅拌楼，主要用于生产碾压混凝土，同时也能生产常态混凝土，碾压混凝土设计生产能力为2×300m³/h，常态混凝土设计生产能力为2×250m³/h，混凝土采用高速带式输送机运输。设10个直径15m、高25m的钢筋混凝土骨料罐，设计总容量为10×6600t（活容量为10×4500t）；钢制水泥罐3个（单罐储量1500t），总储量4500t，可满足高峰期7天的水泥需用量；钢制粉煤灰罐3个（单罐储量850t），总储量2550t，可满足高峰期3天的粉煤灰需用量。

（3）混凝土预冷系统。由骨料调节料仓一次风冷、搅拌楼料仓二次风冷、制冰、储冰、输冰等设施及相应的制冷系统组成。高温季节碾压混凝土出机口温度12℃，常态混凝土出机口温度10℃。右岸混凝土系统制冷装机总容量114802MJ/h。

2. *左岸混凝土生产系统*　布置在左坝肩坝顶高程382m开挖形成的平台上。配备2座3×1.5$m^3$双卧轴强制式搅拌楼，混凝土采用自卸汽车运输配门、塔机入仓。钢制水泥罐和粉煤灰罐各2个（单罐储量1500t），总储量6000t，可满足高峰期7天的需用量。

（中国水电中南勘测设计研究院　石青春）

10

# 机电及金属结构

# 水轮发电机组及辅机

## 混流式水轮机的水力稳定性问题

（一）前言

混流式水轮机远离设计工况运行时，会产生脱流空化和涡带，引起振动，并可能产生疲劳破坏。国内外许多大型混流式水轮机都出现过不同程度的振动或转轮叶片裂纹、尾水管壁撕裂，有的甚至引起厂房及相邻水工建筑物共振，危及电站安全运行。

本文综合这些水轮机的运行和转轮检修情况，从电站设计、水轮机主要参数选择、运行工况、补气效果、避振运行等方面对混流式水轮机的水力稳定性问题进行了讨论。

（二）水头变幅（$H_{max}-H_{min}$）/$H_0$ 与水力稳定性的关系

通常，由于防洪排沙的需要，汛期必须降低水库水位运行的电站，水轮机的水头变幅都比较大。水头变幅用（$H_{max}-H_{min}$）/$H_0$ 表示，一般工程设计要求混流式水轮机的水头变幅（$H_{max}-H_{min}$）/$H_0$ 不超过30%～40%。调查有关电站水轮机的水头变幅和最大水头与设计水头的比值见表1。

表1　电站水轮机的水头变幅和最大水头与设计水头的比值

| 序号 | 电站名称 | 水头变幅（%） | $H_{max}/H_0$ |
|---|---|---|---|
| 1 | 塔贝拉 | 88.87 | 1.398 |
| 2 | 潘家口常规机组 | 73.8 | 1.377 |
| 3 | 小浪底 | 66.4 | 1.282 |
| 4 | 石泉 | 57.8 | 1.277 |
| 5 | 岩滩 | 52.7 | 1.146 |
| 6 | 天生桥Ⅰ级 | 50.0 | 1.193 |
| 7 | 五强溪 | 48.3 | 1.214 |
| 8 | 三峡 | 47.3 | 1.042 |
| 9 | 江垭 | 46.9 | 1.083 |
| 10 | 柘林 | 45.3 | |
| 11 | 大朝山 | 44.4 | |
| 12 | 大古力Ⅲ | 44.3 | 1.163 |
| 13 | 万家寨(ALSTOM) | 44.3 | 1.18 |
| 14 | 刘家峡 | 44.3 | 1.148 |
| 15 | 安康 | 43.8 | 1.243 |
| 16 | 丰满11、12号机 | 38.7 | 1.16 |
| 17 | 隔河岩 | 38.2 | 1.138 |
| 18 | 宝珠寺 | 37.4 | 1.116 |
| 19 | 伊泰普 | 37 | 1.07 |
| 20 | 万家寨（VOITH） | 37 | 0.985 |
| 21 | 漫湾 | 35.6 | 1.159 |
| 22 | 李家峡 | 35 | 1.039 |
| 23 | 丰满9、10号机 | 34.2 | 1.097 |
| 24 | 二滩 | 32.9 | 1.149 |
| 25 | 龚嘴 | 32.5 | |
| 26 | 龙羊峡 | 32.2 | 1.282 |
| 27 | 萨扬·舒申斯克 | 21.23 | 1.038 |

水头变幅过大的塔贝拉（88.87%）、潘家口常规机组（73.8%）、小浪底（66.4%）、岩滩（52.7%）等电站，水轮机的运行稳定性和转轮裂纹问题都比较突出。石泉水轮机的直径较小，参数较低，转轮裂纹问题虽不如前几个电站严重，但运行稳定性问题也较多。

三峡左岸水轮机的水头变幅也比较大［（$H_{max}-H_{min}$）/$H_0=47.3\%$］，在前期选型工作中，吸取了塔贝拉、五强溪、岩滩等大型水轮机的经验教训，采取了许多有利于水力稳定性的措施。今年，左岸6台水轮机已顺利投产，低水头、大负荷工况的水力稳定性能良好，高水头的水力稳定性能尚待运行考验。右岸水轮机的额定水头已从80.6m提高至85m左右，水力稳定性能有望进一步提高。

（三）设计水头 $H_0$ 与水力稳定性的关系

按一般概念，水轮机的设计水头 $H_0$（通过最高效率点的水头）应等于或接近电站的加权平均水头 $H_w$，以便获得最大的发电效益。

调查电站水轮机最大水头 $H_{max}$ 与设计水头 $H_0$ 的比值见表1。

在实际工程项目中，水头变幅大的水电站有过三种选择设计水头 $H_0$ 的实例：

1）偏低选取 $H_0$，如巴基斯坦的塔贝拉11～14号水轮机和国内的潘家口常规机组。主要出发点可能是考虑投产初期或汛期多发电。后果是水头升高后，水轮机的水力稳定性能差。

2）折中选择 $H_0$，如小浪底水轮机。结果是低水头启停机工况遭遇水力弹性脉动与轴系发生扭转共振，导致转轮叶片开裂。高水头工况又可能产生叶片头部背面脱流空化，诱发振动。

3）偏高选取 $H_0$，如伊泰普和三峡左岸700MW水轮机。

由统计数据可见，尽管江垭、李家峡、萨扬·舒申斯克、万家寨（VOITH）的 $H_{max}/H_0$ 值不大，高水头工况可能不会出现叶片头部背面脱流空化，但由于负荷调节范围过宽或未实行避振运行，转轮叶片仍然出现了裂纹。

万家寨的水头变幅并不大，装设有两种机型的机组。ALSTOM提供1～4号机组、VOITH提供5号，6号机组的水力设计，后者的 $H_0=81.19$m，比最大水头 $H_{max}=80$m 略大（似乎不合理），使水头变幅值降低至0.37，$H_{min}/H_0$ 的比值降至0.616。在较低水头运行时，运行状况可能不如1～4号机好，但裂纹比1～4号机少，而且尾水管低频压力脉动的大幅值比1～4号机向小负荷区推移。可以预见，在高水头运行区，由于 $H_0$ 较大，VOITH的5号、6号机将会显示出较1～4号机更好的水力稳定性。

采用（$H_{max}-H_{min}$）/$H_0$、$H_{max}/H_0$、$H_{min}/H_0$ 来表征混流式水轮机的水头变幅与水轮机设计水头 $H_0$ 的关系。通过 $H_0$ 的选择可以调整水轮机的水力稳定运行区域。大型水轮机的 $H_{max}/H_0$ 应参照模型试验流态观察成像试验结果，将叶片头部背面脱流空化线排除在最大水头 $H_{max}$ 之外，同时还应将叶道涡线排除在水轮机正常运行范围之外。而 $H_{min}/H_0$ 一般应不小于0.65，以便将叶片头部正面脱流空化线排除在最小水头 $H_{min}$ 之外，以兼顾低水头运行工况的稳定性。当两者不能同时兼顾时，应首先考虑高水头区域的稳定运行问题。

水头变幅大的水轮机，应允许供货厂商根据其研制的转轮综合特性选择 $H_0$。为保证高水头区的稳定运行，一般都选择 $H_0$ 接近 $H_{max}$。负倾角叶片转轮对水头变幅大的电站稳定运行有利。水头变幅不大的电站，则应选用常规翼型转轮，以提高额定点的效率和平均效率。

### （四）额定水头 $H_r$ 与水力稳定性的关系

为保证高水头工况的水力稳定性，增大高水头工况的负荷调节范围，额定水头 $H_r$（发足额定出力的最低水头）最好按 $H_{max}/H_r\leqslant1.15$ 选择。

防洪为主的水电工程额定水头往往偏低，有些电站 $H_{max}/H_r\geqslant1.35$，致使高水头工况的导叶开度偏小，水力稳定性能差，负荷调节范围较小，有的电站在高水头、大负荷工况甚至不能运行。

从水力稳定性出发，有以下三个选择额定水头的技术方案：

（1）选择较高的额定水头，使 $H_{max}/H_r\leqslant1.15$，机组尺寸较小，台数增加，能满足汛期多发电、枯水期效率高的要求，但投资较大。

（2）选择较低的额定水头，使 $H_{max}/H_r\geqslant1.35$，机组台数减少，水轮机尺寸增大，能满足汛期多发电的要求；但发电机需设最大容量，以增加高水头工况的水力稳定性和负荷调节范围。

（3）折中选择额定水头，使 $H_{max}/H_r=1.15\sim1.35$，水轮机直径，台数基本和方案（2）一样，发电机仍需设最大容量。此方案的水力稳定性较方案（2）有改善，但汛期电能较方案（2）减少。

### （五）比转速及比速系数

随着比转速的提高，机组尺寸减小，可以降低机组造价，提高经济效益。20世纪60年代以后，随着大型机组的陆续出现，水轮机比转速得到了一定的提高。但比转速过高在技术上存在一定的难度和风险。根据国内外水力设计的经验，对于水头一定的水轮机，高效率容易在相匹配的流量时实现，因此，比转速过高会使最优效率和平均效率下降，不稳定运行范围也有可能扩大。提高混流式水轮机的使用单位流量，还将增加电站挖深，从而导致电站土石方开挖量和水下建筑物造价增加。

图1是大型混流式水轮机比转速与额定水头的统计关系曲线。图1中的曲线 $n_s=2357/H_r^{0.538}$ 是在国内外大量已建大型水电站参数的基础之上做出的统计回归曲线。另外一条 $n_s=47406/(H_r+108.5)$ 曲线是考虑了水轮机比转速的新发展做出的，位于统计电站的外包络线位置。该曲线是德国HEC在1991年提出的。为了检验关系曲线的时效性，在图1中又加入了五强溪、李家峡、天生桥Ⅰ级、二滩、小浪底、天生桥Ⅱ级、大七孔、卡仑Ⅰ、卡仑Ⅲ以及三峡等水电站的数据。近年来投入运行的这几座大型水电站，在相当程度上反映了水轮机比转速的当前水平。从图中可以看出，三峡和二滩水电站的比转速较高，位于曲线的右上侧，其余几座电站都没有超出 $n_s=47406/(H_r+108.5)$ 曲线。可以认为，$n_s=47406/(H_r+108.5)$ 曲线用于当前水轮机的选型设计具有一定的实用性。

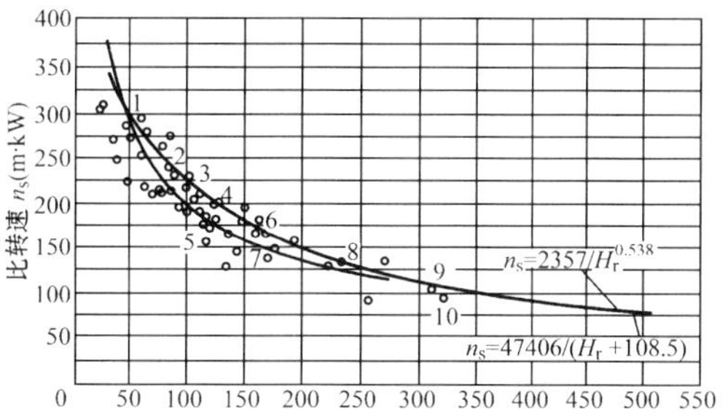


图 1 大型混流式水轮机比转速 $n_s$ 随水头 $H_r$ 变化关系水头 $H_r$（m）

1—五强溪；2—三峡；3—天生桥Ⅰ级；4—李家峡；5—小浪底；6—二滩；7—天生桥Ⅱ级；8—罗贡斯克；9—鲁布格；10—大七孔

前些年，国外有人根据统计规律，提出按比速系数 $K=n_s\sqrt{H_r}$ 来衡量水轮机参数是否先进。但额定比转速取决于额定水头、额定出力和额定转速的人为选定。

比转速的选择应根据水质条件、机组台数，水头变幅和负荷调节范围、水轮机研制水平等因素，综合考虑选定。

（六）机组尺寸大小与运行稳定性

机组尺寸增大，单机容量增加，在电站总装机容量不变时可减少装机台数，对枢纽布置和减少工程费用有利。但随着尺寸增大到某种程度，机组部件的相对刚度通常会降低，对安全稳定运行不利。

通常，在正常工况下，转轮叶片出水边靠上冠处的静/动态应力最大，遇到水力共振和过大的低频压力脉动时容易出现裂纹。

常规设计的整体转轮在正常工况下，上冠出水边的最大静应力应控制在 110MPa（$1/5\sigma_{0.2}$）以下；由于分瓣面处被切割的叶片存在局部附加应力，分瓣转轮上冠出水边的最大静应力不宜超过 95MPa。

（七）尾水管高度与运行稳定性

李家峡电站机组采用双排布置。由于布置原因，1 号、3 号、5 号机的尾水管相对高度只有 $2.538D_1$（从底环平面至尾水管底板仅 $2.4205D_1$），过矮的尾水管使模型水轮机的压力脉动值 $\Delta H/H$ 高达 8%～13.9%。在水头约 96.37m，吸出高度 −7.63m（设计 $H_s=-7.0$m），出力 80MW 工况，真机压力脉动高达 19.11%，运行初期 1 号机 11 个叶片曾产生 16 条裂纹；3 号机 9 个叶片产生 9 条裂纹。2 号、4 号机组的尾水管相对高度为 $3.82D_1$，长度为 $9.18D_1$，但因长期在部分负荷区运行，2 号机 11 个叶片也产生了 14 条裂纹，4 号机有 6 个叶片产生 8 条裂纹。尾水管高度是水轮机设计（工程设计）重要的决策数据，通常尾水管高度高些，长度长些对水轮机的综合性能有利些，但土建开挖和混凝土浇筑量也大些。

（八）吸出高度 $H_s$ 与运行稳定性

尾水管的压力脉动值与空化系数（或吸出高度 $H_s$）有密切关系。当空化系数减小到某一数值时，压力脉动幅值会陡然上升，并出现峰值。随着空化系数进一步减小，压力脉动幅值又会下降。因此，通常规定压力脉动试验必须在电站装置空化系数条件下进行。

水轮机安装高程的确定，通常是依据模型水轮机的临界空化系数 $\sigma_c$ 并增加一定的安全系数，或参考初生空化系数 $\sigma_0$，在 $\sigma_c$ 和 $\sigma_0$ 之间选取某一空化系数作为电站的装置空化系数 $\sigma_p$。如果选择不当，有时 $\sigma_p$ 会落在压力脉动较大的地方。

选择较大的电站装置空化系数意味着厂房基础挖深增加，过深的吸出高度还会增加补气的困难。因此，必须参考模型水轮机压力脉动试验结果，合理选定水轮机装置空化系数。

吸出高度大小与转轮空蚀程度密切相关。运行中吸出高度有较大裕量，是对运行稳定有利的一面，但吸出高度过大（下游水位过高）则会影响中心孔补气效果，会给稳定运行产生负面影响。白山电站水轮机吸出高度的裕量较小，补气效果好，运行状况良好。当然，吸出高度的裕量大并不能阻止叶片裂纹的发生。

（九）补气与运行稳定性

1. 尾水管补气

向尾水管中注入少量空气即可抑制噪声，注入足量的空气，即可抑制涡核溃裂产生的冲击压力。但当补气量不足时，有时反而会使漩涡加剧。

为了获得满意的补气效果，补气量必须略大于所需量的最小值。它取决于涡带的形态、淹没深度、补气位置等。这些都必须通过试验来确定。

2. 转轮进口补压缩空气

当真机在部分负荷遇到过大的压力脉动和振动时，可以向导叶后、转轮叶片前补少量压缩空气（补气量约为额定流量的 0.1%左右）。

当然，这种补气方式需要有压力较高、容量较人的压缩空气系统，以便向每一个叶片流道内连续不断地补气。

自然补气对降低尾水管压力脉动、提高运行稳定性是一项有利的措施。在模型验收试验时要对自然补气和压缩空气补气提出要求，对补气位置不同、补气量大小不同的效果要与不补气工况相对比。在电站设计时，要依据厂家计算的补气管路进行设计，尽量减少拐弯以减少不必要的压力损失，补气阀的型式和设置位置既要有利于自然补气通道通畅，又要避免尾水管水位过高时水从补气管溢出。

（十）避振运行

国内也有很多水电站（如隔河岩、二滩等）成功地采用了避振运行的方式。

万家寨水电站装有6台机组，单机容量180MW，最大水头80m，最小水头50m，额定水头68m。水轮机在不同水头、不同负荷下存在不同程度的振动。叶片出水边靠上冠或下环出现裂纹。

2003年，电站开始实行避振运行，禁止在尾水管压力脉动值$\Delta H$大于8m的部分负荷区运行，检修时发现转轮裂纹大幅度减小，其中6号、3号、2号机转轮没有再次出现裂纹。

（十一）高部分负荷压力脉动问题

20世纪90年代初，苏尔寿·爱舍维斯公司和洛桑水力机械研究所等都发表过关于高部分负荷压力脉动的文章。其中比较典型、系统的有瑞士Dorfler. P. K在1993年发表的《高比速混流式模型水轮机在较大部分负荷下压力脉动的观测》一文。

高部分负荷压力脉动的特点是：

（1）幅值高、振幅可达净水头的30%。

（2）频率高，随负荷增大而增大，当试验水头在10～30m之间变化时，主频正比于转频，大约在1～4.5倍转频之间。

（3）在模型试验中，从蜗壳进口侧至尾水管肘管处均出现压力脉动幅值陡然升高的现象。

（4）当流量在65%～85%或70%～90%最优流量时，能观察到高振幅的压力脉动。

（5）另外，高部分负荷的压力脉动对装置空化系数$\sigma_p$或尾水压力非常敏感。

哈尔滨大电机研究所在三峡模型试验中的多个转轮方案均验证了上述规律。在三峡右岸的新模型转轮开发过程中，对高部分负荷压力脉动的特点及水力设计参数对其的影响进行了深入的研究，通过几十个模型转轮的试验，掌握了高部分负荷压力脉动的机理并在右岸模型转轮上在较大幅度地降低低频压力脉动幅值的基础上，消除了大家关注的高部分负荷压力脉动，取得了优秀的科研成果，并得到了多方的模型试验的验证。

（十二）水轮机避免共振与防裂纹设计措施

水轮机抗振设计的主要内容包括三个方面：①是找出水流通道中可能出现的激振频率；②是计算过流部件在水中的固有频率；③是通过设计使部件的固有频率与水力激振频率错开一定的范围，避免共振。水轮机抗振设计提供的振动分析，应包括过流部件的卡门涡频率、尾水管压力脉动频率、水流通道的激振频率；固定导叶、活动导叶、顶盖、转轮、叶片的自振频率、管道水体自振频率等。

1. 设计中可以采取的措施

（1）调整结构尺寸，改变固有频率。例如，在不改变叶形的前提下，将转轮上冠和下环的结构尺寸作适当的调整，可以在一定范围内调节转轮在水中的固有频率。

（2）改变卡门涡的频率和能量。采用倒角修圆出水边形状后，在保证叶片有足够刚强度的前提下，不仅可以提高卡门涡的频率，还会使卡门涡的激振能量降到最小。

（3）补气。涡带发展时转轮泄水锥处进行轴向补气会取得良好的效果，这种方法可以改变尾水管的固有频率，可使水轮机在所有运行范围内优化运行。

（4）装机空化系数能显著影响叶道涡，提高装机空化系数会使发生叶道涡的流量门槛值降低。某些设计理念对改善叶道涡是至关重要的，仔细选择某些参数，诸如叶片数、叶片厚度和叶片几何形状等可减小叶道涡。

水轮机的各个部件都应进行详细的刚强度分析，以保证它们的强度。而转轮的防裂纹设计是重点。转轮是在水下工作的，叶片的破坏一般都具有明显的腐蚀疲劳破坏特征。因此需要搞清楚转轮工作的工况，每个工况的受力特征（包括静应力、动态应力、频率成分等），转轮在水中的动力特性，转轮材料的腐蚀疲劳性能和断裂力学性能，转轮焊接的残余应力及其对疲劳强度的影响，转轮疲劳强度的评估分析方法等等。其中动态应力、残余应力的影响，T形焊接接头的疲劳性能确定是目前尚需解决的技术难题。而与水力稳定性关联在一起的动应力的确定是最大的技术难题。

水轮机转轮在水中交变载荷作用下容易产生疲劳裂纹，转轮的设计、制造和运行稳定性影响转轮的寿命。为使转轮有较好的抗裂纹性能，应在水力、机械设计、制造工艺等方面采取措施。

2. 水力方面采取的主要措施

（1）在保证的运行工况范围内压力脉动值满足标书要求。

（2）低负荷时的叶道涡线完全处在保证运行范围之外。

（3）部分负荷时避免涡带频率与尾水管固有频率发生共振。

（4）采用可使叶片卡门涡能量降至很小的倒角修圆出水边形状。

（5）核算固定导叶、活动导叶和转轮叶片出水边的卡门涡频率，并与各部件的固有频率进行比较。

3. 机械设计中应采取的措施

水轮机转轮结构设计上影响疲劳强度的因素主要包括动、静应力水平和应力集中三个方面，这也是设计转轮时可以调节的因素，因此想办法降低应力是转轮设计的关键一环。在转轮的机械设计中可以采用以下措施来提高转轮的疲劳性能：

（1）控制转轮的静应力水平在100MPa以内。对于转轮这样容易出现裂纹的构件，在以往的标书中按1/3的屈服极限来作许用应力是不妥当的，许用应力是偏高的。应该按转轮服役一个大修期（5年）的条件疲劳极限作为许用应力的考核基本要求。SHEC将五强溪A551的改型转轮应用到莲花、丰满、柘林等电站便是坚持这一原则做的，效果不错。

（2）叶片出水边与上冠、下环交接处进行局部加厚，并对叶片与上冠、下环交接处的圆根半径进行优化。在不影响转轮水力性能的前提下通过加大过渡圆角，可以改善应力集中，目前采用的子结构模型分析法，对于如何改进应力集中有很好的指导作用。一般说来，“T”接头理论应力集中系数应控制在2～2.5范围内。

（3）限制动应力的幅值。限制动应力的幅值主要有三个措施：①压力脉动控制在标书要求范围内；②避免转轮在水下与水力激振频率发生共振；③降低静应力水平。转轮在不发生共振的条件下，根据应力与水头成正比的关系，压力脉动与动静应力比也基本成线性关系，如果降低静应力水平同样也相当于降低了动应力的幅值，这也是近年来很多转轮出现裂纹后常采用降低静应力水平来处理的主要原因。具体的做法是优化转轮的结构尺寸、适当加厚局部区域的尺寸、在出水边加三角块。目前小浪底、万家寨、五强溪等电站采用的都是加三角块的办法，静应力降低了40%～50%。

（4）进行详细的疲劳强度分析和断裂力学评估分析，要求转轮在服役期内有较高的疲劳安全余量，在设定的计算条件下，转轮的疲劳安全系数应大于2，在一个大修期内叶片微裂纹（探伤验收标准所允许的缺陷）的扩展应小于2mm。

4. 材质、制造工艺方面采取的措施

（1）毛坯采用VOD真空精炼，叶片采用数控加工，以保证叶片质量。

（2）采用同材质焊接，以提高焊接接头的疲劳性能，并尽量减少残余应力的幅值。

（3）单件按铸件质量标准CCH—70—3进行PT/UT探伤，对于焊接区域采用更高一级的探伤验收标准进行检查，以确保焊接质量。

（4）优化热处理工艺，制定焊接工艺规范，严格控制焊接过程中残余应力和变形。

设计上提高疲劳强度和避免共振、制造过程保证质量、运行时避开振动区运行，是根据混流式水轮机的固有特性，保证转轮和其他结构件不出现裂纹的关键。

（十三）结束语

现代动态流体计算机技术和模型测试技术对水轮机特性预估取得了长足的进步，但由于模型试验台为封闭系统，而电站为开敞系统，加上相似准则和轴系的动态响应不一致等复杂因素，模型和真机之间很难实现动态模拟。IEC标准（IEC60193）就压力脉动值由模型换算至真机时专门说明：由于部分系统的相互影响或模型与真机之间流动特性的不同，直接将模型试验的幅值和频率换算到真机存在非常大的偏差。因此，现代水轮机模型的压力脉动试验，更大的意义是对模型水轮机的各项性能进行比较，而不能直接预测真机的压力脉动幅值和频率。试图通过模型试验来预测真机是否会发生水力共振，目前在技术上还是不成熟的。

许多电站围绕水轮机的水力稳定性问题，做了大量的实测工作，获得了许多实测数据和资料，积累了一定的经验，但由于尚未制定统一的规程，真机与模型之间，电站与电站之间尚难以相互比较和换算。

为保证水头变幅和负荷调节范围大的混流式水轮机稳定运行，建议综合考虑以下措施：

（1）减小水头变幅，尽可能控制在30%～40%以内。

（2）合理选择额定水头。

（3）合理选择比转速。

（4）选择适应水头变幅大，能量指标、空化和稳定性能较好的负倾角（X形）叶片转轮。高水头电站宜选择短叶片转轮；中水头电站宜选择叶片数量较多的转轮，降低叶片的应力，增加转轮的刚度，避免产生裂纹。

（5）适当降低转轮的单位转速，提高设计水头，避免高水头运行工况可能引起的不稳定因素，如叶片进水边背面脱流空化及叶道涡。

（6）合理给定重量指标，保证部件有足够的刚强度。

（7）加固尾水锥管和进人门，以防开裂。

（8）在结构设计中，应计算一些部件的固有频率和激振频率，避免产生共振。

（9）选择超低碳精炼铸件，叶片采用全方位数控加工，减少不平衡重量和水力不平衡。采用严格的焊接、探伤和热处理工艺，确保转轮不产生裂纹。

（10）在额定水头偏低的情况下，应论证适当增大发电机出力的可行性，以改善高水头大负荷工况的稳定性能，拓宽负荷调节范围。

（11）优化补气系统，改善部分负荷区的水力稳定性能。

（12）运行部门应根据电站实际情况，考虑供货方模型流态成像系统给出的稳定运行范围，避振运行。

（哈尔滨大电机研究所　刘光宁　陶星明　钟　苏）

## 三峡左岸电站水轮发电机定子下线现场施工

### 一、工程概述

三峡左岸电站14台水轮发电机，其中8台为法国ALSTOM—ABB公司的产品，其定子的铁芯装压和绕组的安装工作均在工地进行。根据现场情况，在特定的机坑中组焊定子机座，整体叠压铁芯，吊入待装机的机坑中进行铁损试验和全部线圈的下线装配工作。定子下线技术要求以ALSTOM—ABB的图纸、规范、手册等法方文本为准。

（一）发电机定子绕组结构

定子绕组为三相双层五支路星形联接，绕组为条形波绕组。线棒由42股包扁铜线和6股空心扁钢组成，线圈绝缘为环氧粉云母带主绝缘加防晕层的F级绝缘高温液压一次成形，线棒采用涂有半导体膨胀硅胶的绕包带进行包扎，层间垫条采用环氧半导体平板形垫条，双层楔下为波纹型弹性垫条加平板绝缘垫条。上、下端采用注入固化胶的$\phi 50$涤纶绳作为支撑，整个定子绕组、极间连线及端部铜环引线均采用水内冷的冷却方式，水冷却管接头均采用特氟隆(teflon)软管螺纹连接。线棒接头采用中频感应银铜硬钎焊方式，三相五支路引出线全部采用$\phi 15/\phi 45$紫铜管，汇流环分别引出。线棒端部普通头绝缘采用绝缘盒套装工艺，极间过桥线及汇流环接头绝缘则采用粉云母带包扎。

（二）发电机定子绕组性能参数（见表1）

表1　水轮发电机定子绕组性能参数

| 型　号 | 立轴半伞式 |
|---|---|
| 额定容量（MV·A/MW） | 777.8/700 |
| 额定电压（kV） | 20 |
| 额定电流（A） | 22453 |
| 额定功率因数（滞后） | 0.9 |
| 额定频率（Hz） | 50 |
| 额定转速（r/min） | 75 |
| 定子机座外径（mm） | 22028 |
| 定子铁芯内径（mm） | 18800 |
| 定子铁芯高度（mm） | 2950 |
| 定子铁芯槽数 | 540 |

续表

| 型　号 | 立轴半伞式 |
|---|---|
| 极数2p（个） | 80 |
| 每相/每极槽数 | 9/4 |
| 绕组槽节距 | 1～14 |
| 额定电流密度（A/mm$^2$） | 3.77 |
| 绕组单相对地电容（μf） | 2.03 |
| 单根线棒重（kg） | 90 |
| 定、转子绕组绝缘等级 | F |
| 线槽尺寸（宽×深）（mm） | 38.6×182.2 |
| 线棒直线段断面尺寸（mm） | 37.4×75.6 |

（三）定子绕组安装主要工序流程

定子下线安装主要工序流程为：搭设施工平台，安装下线吊车→编槽号，焊接基础板，安装汇线架→嵌下层线棒，绑扎，喷漆，交流耐压→嵌上层线棒（同时打入永久槽楔），绑扎，喷漆→线棒普通头焊接，端箍注胶，极间线焊接，包扎绝缘→测量分支电阻，汇流环，下端软管安装→纯水管及上端软管安装，气体密封试验→套装绝缘盒→清扫，检查，干燥，安装间隙监测器，定子整体喷漆→交流、直流高压试验，水压试验→施工平台的拆除。

### 二、安装程序及工艺质量要求

（一）下层线棒的嵌入

（1）避免下线过程中，线棒绕包带中挤出的多余硅胶污染铁芯，可用透明的胶带贴在槽口上加以防护。四人抬运一根线棒进入绕包房，通过出胶器将涂有S152的半导体纸带（0.11×100）对折后，对线棒进行人工缠绕，要求绕包时留有2～3mm间隙。用环形吊车将线棒下到相应的槽内，调整好尺寸。为满足绝缘、散热要求，下层线棒的层间间隔不得小于18mm，压入10mm厚的层间半导体垫条，12～24h待硅胶固化后才可拆除。硅胶具有一定的膨胀作用，可使线棒与槽接触紧密，从而降低槽电位，减小电腐蚀。

（2）按要求绑扎上、下端的$\phi 50$涤纶绳（软端箍），同时进行线棒端部的绑扎。斜边间隔均用浸胶适形毡包裹间隔块进行衬垫，但不能太紧，以免产生应力。绑扎完后涂刷EP139固化胶，要求反复刷两遍至全部浸透。清理毛刺后喷涂LL16防晕漆。任何情况下，均不可以将端部漆涂在定子铁芯上。

（3）清洁干燥下层线棒，进行线棒嵌入后的交流52kV耐压试验，以及层间RTD的交流2kV耐压试验。

（二）上层线棒的嵌入及打槽楔

（1）按照和嵌下层线棒同样的方法嵌线，上、下层线棒的电接头应尽量对齐。上层线棒的层间间隔不得小于 14mm。

（2）上层线棒嵌入后，必须马上打入永久槽楔，包括：内外槽楔、波纹垫条及补偿垫片。由于硅胶具有膨胀作用及波纹垫条的弹性，槽楔打入时要求达到的紧度为 75%～85%，上、下两段要求略紧些。

（3）对槽楔的质量要求：

1）紧度要求，用小手锤轻轻敲击槽楔，以听声音来鉴别槽楔松紧。

2）各段槽楔之间无明显缝隙，各槽之间分缝面基本保证为一条水平线。

3）用浸胶适形毡和 $\phi5$ 绦纶绳加固上下端槽楔。

（4）对线棒进行绑扎，塞间隔块时可对电接头接触面进行微量调整，保证焊接质量。要求：

1）上、下层电接头的最大允许轴向偏差是电接头高度的 10%，但最多不能超过 4mm。

2）切向偏差是电接头宽度的 10%，但最大不得超过 3mm。

按下层线棒的绑扎方式进行绑扎，并涂胶打磨，清干净后进行喷涂 LL16 防晕漆。不做耐压试验。

（5）软端箍注胶，利用注胶泵、枪将 EP312 合成树脂注入端箍。随时检查端箍的吸胶、膨胀量，保证胶量充足。72h 可完全固化。

## 三、定子的高压试验及水压试验

耐压试验前，如果各相绕组的对地绝缘电阻及吸收比（或极化指数）太低，则需进行干燥。满足条件（换算到 40℃时，每相绝缘电阻值≥41MΩ；吸收比 $R_{60s}/R_{15s}\geq1.6$ 或极化指数 $R_{10min}/R_{1min}\geq2$）后，对定子绕阻绝缘进行分相直流、交流耐压试验。

（1）按相进行 3.0 倍额定电压的直流耐压试验，试验电压按每级 0.5 倍额定电压分阶段升压，每阶段停留 1min，以记录泄漏电流数值及观察其变化，要求：①泄漏电流不应随时间延长而增大；②在 3.0 倍额定电压时，各相泄漏电流的差别不应大于最小值的 50%；③同一相相邻阶段的泄漏电流与所加电压成正比上升，其差值不超过 20%。

（2）在无水状态下，按相分别进行工频交流 46kV、1min 的交流耐压试验，当升压到 1.1 倍额定电压时，稍停一会，注意观察整机的起晕情况，要求此电压下槽部和端部不起晕。在有水状态下，进行工频交流 43kV、1min 的交流耐压试验。另外，在机组启动前再做一次工频交流 41kV、1min 交流耐压试验。

（3）线棒做耐压试验时，所有电阻元件需可靠接地。试验后对电阻温度计（RTD）进行绝缘检查，用 500V 兆欧表测量元件的绝缘电阻，应≥100MΩ。

（4）当纯水装置安装就绪后，可对绕组通入纯水，压力为 1.5MPa。进行绕组及纯水管路的水压试验，30min 内无渗水等泄漏现象，即为合格。

（湖北省宜昌市葛洲坝机电建设公司　王　东）

# 三峡水轮发电机软件技术引进与创新

三峡工程开发总公司分别与两大国际联合体签订了左岸 14 台机组的制造承包合同。加拿大 GE、德国 SIEMENS 和 VOITH 公司承制其中 6 台，法国 ALSTOM、原挪威 KE 和瑞士 ABB 公司承制 8 台。哈尔滨电机厂有限公司（以下简称哈电公司）作为 ALSTOM、原 KE、ABB 联合体的分包方承担了这个集团的三峡技术的引进和消化吸收任务。哈电公司与联合体签订分包合同的同时，也签订了技术转让合同。合同规定技术转让的内容、时间和转让技术的验证、验收条件。

（一）三峡发电机技术引进的特点

1. 国家投入的技术转让费用大

三峡机组技术转让不只是一种企业行为，它是国家为提高我国发电设备制造水平而进行的投资，国家花费了巨额资金，要求国外厂商必须全面转让技术。

2. 全面性的技术转让

全面转让的涵义已不仅仅是使用生产中将图纸作为结果转让，而是将如何进行设计、设计中涉及的计算分析软件和技术诀窍以及最终的结果进行转让。保证哈电公司能利用转让的技术进行三峡机组的设计制造。

3. 赴国外培训人员的数量最多

从 1998 年到现在，共有 95 人次派往国外进行学习、培训和接受技术转让，不仅有科研、设计、工艺，还包括项目管理、质量控制以及检测等各方面，仅科研方面就涉及电磁、轴承、轴系、刚强度、通风冷却、绝缘、金属材料等专业。

4. 时间跨度大

三峡技术转让贯穿于机组设计制造的全过程，从 1998 年到 2003 年第一台机组投运，达 4～5 年时间。

5. 配套技术改造规模最大

哈电公司在厂房、设备、科研检测等方面投入巨资进行了大规模的技术改造。仅从科研来讲，1997 年～2000 年 3 年间共投入 2300 多万元。

（二）三峡发电机技术引进的主要内容

（1）水轮发电机电磁设计。

（2）水轮发电机的电磁场分析。

（3）发电机刚强度分析计算。

（4）发电机组轴系稳定性、临界转速及动态响应计算。

（5）电力系统与电机仿真计算。软件名称为SIMSEM，可对三峡发电机带有交直流输电线路系统上的运行状态进行仿真分析计算。

（6）发电机通风冷却技术。原ABB公司为三峡发电机设计的冷却方式为半水冷系统。主要计算软件是Flowmaster，可对可压和不可压流体进行稳态和瞬态的分析及流体动力计算，具有相当的先进性。

（7）发电机推力轴承技术。引进技术主要有两个方面：推力轴承设计计算分析和推力轴承测试技术。

（8）发电机绕组绝缘技术。

（三）三峡发电机引进技术特点与技术创新

通过技术引进，哈电公司在许多领域的研究已接近或达到世界先进水平。其研究手段和试验设备、采用的软件和计算分析成果，综合起来有五个方面的特点：

1. 一批先进软件的应用，极大地提高了研发能力和水平

大部件刚、强度计算软件ANSYS、轴承及轴系设计分析软件MADYN和通风冷却计算软件Flowmaster等先进的商业软件的配置和使用，再加上原ABB公司自行开发的各具特色的专用软件，提高了分析计算综合能力。

2. 一批技术填补了国内空白

如推力轴承试验中采用激光—光纤测量技术；开发ANSYS软件功能用于转子模型分析技术和疲劳分析；凸极同步电机电磁计算软件功能的扩展等。

3. 引入新的设计思想、设计理论

如多支柱支撑双层瓦推力轴承的设计与结构特点；发电机定子机座、转子支架、上机架、下机架4大部件采用的斜支撑结构等。

4. 许多计算软件功能得到改进和提高

如Flowmaster与现有程序相比，解决的问题更普遍，功能更强，更易于使用。

5. 拓宽软件的使用范围

如刚强度及轴系软件应用于汽轮发电机；通风冷却软件Flowmaster应用于灯泡式水轮发电机等。

但是，我们也清醒地认识到，技术的先进性是有相对时效性的。即使在三峡技术引进期间，电力系统与电动机仿真计算软件SIMSEN就已更新了3次。同样，其他的商业软件也存在这类问题。因此，要想保持技术的领先，就应不断地进步，进步的前提就是技术创新。

6. 三峡发电机引进技术的创新

三峡发电机引进技术不能解决所有的问题，同时技术不创新、不应用、不发展，引进技术就会失去先进性。要创新就应对现状有充分的认识，创造条件推动技术进步和发展。继续做好消化、吸收工作，结合哈电公司已有技术积累进行二次开发，要充分利用哈电公司40多年自主开发与技术引进而形成的技术优势。同时，对三峡引进技术进行科学分析、合理取舍，如发电机电压波形计算技术陈旧，不具备开发价值，或个别软件有错误，则不宜使用。应相互结合、取长补短、博采众长，以形成具有哈电特色的技术体系。

（四）引进软件技术应注意的几个问题

应该说，三峡发电机软件技术引进是成功和全面的，真正实现了预期的目标。这与技术转让方原ABB公司认真负责、积极合作及严格执行合同密切相关。回忆整个软件技术转让过程，也还有一些不足和欠缺，下面几点值得我们借鉴和思考：

（1）软件技术转让方和受让方必须对转让软件程序的名称、内容及功能等有比较明确的界定。

（2）转让方应在受让方人员出国培训前提供一份详细的培训计划（含软件安装所需要的硬件和软件环境、安装方法、软件培训时间及地点等）。

（3）受让方派出人员在转让方培训全过程会受到一些阻力和不利因素的影响时，不应持消极等待的态度，而应变被动为主动，积极交涉，敦促转让方严格按协议执行，并采取特殊措施弥补损失。

（4）转让方和受让方共同制定一个严密科学的培训程序是软件技术转让成功的保证。三峡发电机软件培训完全按哈电公司和ABB公司共同制定的每周培训程序执行。

（5）受让方应选派专业基础知识扎实、外语特别是口语水平较好的人员参加培训。这直接涉及双方专业人员技术交流的深度和广度以及受让方获取更多技术诀窍的重要途径。

（6）培训期间，受让方应主动营造一个融洽的氛围是极其必要的，有利于软件技术的顺利成功转让。

（哈尔滨电机厂有限责任公司科技部　刘公直）

## 龙滩水电站水轮发电机特点及性能参数

龙滩水电站前期按正常蓄水位375m设计，装设7台单机额定容量600MW，最大容量700MW的水轮发电机组；后期按正常蓄水位400m设计，增设2台机组。

根据上级主管部门确定的原则，机组立足国内招标。发电机由哈尔滨电机厂有限责任公司（以下简称哈电公司）与法国ALSTOM公司合作组成的投标者中标。哈电公司为主包方，ALSTOM公司为分包方，其中发电机电磁设计、通风系统设计、推力轴承设计、轴系稳定计算、机械设计、发电机真机性能保证由ALSTOM公司负责；发电机基本设计由哈电公司完成，通风模型设计及发电机总体布置由ALSTOM公司负责校核。

（一）发电机主要特点

1. 结构型式

龙滩水轮发电机组为水轮机和发电机采用两根轴，发电机为三相、立式、密闭循环空冷，设有上、下导轴承的半伞式结构，推力轴承布置在下机架上。

2. 冷却方式

龙滩发电机的冷却方式全空冷与定子水冷均可行。发电机的发热与每极容量有直接关系，龙滩发电机每极容量不超过13.9 MV·A，在世界上已投运的大型发电机中两种冷却方式均有成功的设计、制造和运行经验。经调研和技术交流，制造厂家认为龙滩发电机采用全空冷方式是合适的。

经咨询后，专家也认为：应首选全空冷方式，在全空冷方式能满足发电机正常运行时，就尽量不要选用定子水冷方式，同时建议制造厂应在可能的条件下进行模拟通风试验，以验证通风设计的合理性和正确性。因此，龙滩发电机的冷却方式采用全空冷方式。

（二）发电机主要性能参数

1. 功率因数

龙滩发电机的额定功率因数可在0.9～0.95之间选取，为了满足电力系统远景规划的要求，同时也使发电机造价在一个合理的范围内。经比较，发电机功率因数取0.9。

2. 额定电压

龙滩发电机的额定电压可选15.75、18或20kV。就发电机本身而言，额定电压越低价格越便宜，绝缘水平越容易保证。但当采用15.75kV时，额定工作电流超过28kA，发电机电压配电装置选型困难，电气设备造价增加。而采用20kV对绝缘材料和防晕措施要求较高，机组制造、运输、安装难度相对较大。因此发电机额定电压采用18kV。

3. 纵轴暂态电抗（$X'_d$）

$X'_d$的大小影响到电力系统的稳定和发电机的造价，$X'_d$越小，动稳定极限越大，瞬态电压变化率越小，但减小$X'_d$值将增加定子铁芯直径或长度，导致发电机尺寸、重量及造价增加。机组造价与$X'_d$的平方根呈反比关系，从降低造价考虑$X'_d$值应增大，但同时必须满足电力系统运行要求，考虑到目前500kV电网网架和机组采用快速励磁措施，$X'_d$在合理参数范围内可相对取大一点。综合考虑最终确定$X'_d$不大于0.33。

4. 纵轴次暂态电抗（$X''_d$）

$X''_d$的大小主要影响短路电流值，涉及电气设备选择和接地系统设计。$X''_d$越大，短路冲击电流幅值越小。从电气设备选择和接地系统设计考虑，$X''_d$应大一点。但$X''_d$是由阻尼绕组漏抗决定的，增大比较困难，从发电机制造角度考虑，不宜取得过高。综合考虑最终确定$X''_d$不小于0.24。

5. 短路比（*SCR*）

短路比与发电机的设计有关外，还需由电力系统的具体情况决定。一般情况下，大的短路比可提高发电机在系统中运行的静态稳定，但将使发电机的造价增加。综合考虑最终确定*SCR*不小于1.11。

6. 飞轮转矩（$GD^2$）

飞轮转矩直接影响到各种工况下突然甩负荷时机组速率上升以及输水系统压力的上升，并且影响电力系统的暂态稳定，还与机组的造价密切相关。一般来说，飞轮转矩越大，机组的惯性时间常数越大，对电力系统的暂态稳定越有利，但同时将增加机组尺寸或重量，提高机组的造价。通过委托高校进行调节保证计算，并考虑电力系统的稳定要求以及招标情况等，最终确定$GD^2$不小于220000 t·m²。

7. 发电机主要性能参数（见表1）

表1　发电机主要性能参数

| 型　　号 | SF700—56/16090 |
|---|---|
| 额定容量（MV·A） | 777.8 |
| 额定电压（kV） | 18 |
| 额定功率因数（滞后） | 0.9 |
| 额定转速（r/min） | 107.1 |
| 直轴瞬变电抗$X'_d$（不饱和值）不大于（%） | 33 |
| 直轴超瞬变电抗$X''_d$（不饱和值）不小于（%） | 24 |
| 短路比不小于 | 1.11 |
| 额定效率（%） | 98.67 |
| 推力负荷（t） | 3100 |
| 飞轮力矩（$GD^2$）（t·m²） | 220000 |
| 定子重量（t） | 760 |
| 转子重量（t） | 1618 |
| 发电机总重量（t） | 3028 |

（中国水电中南勘测设计院　徐立佳）

# 公伯峡水电站水轮发电机组的结构特点

（一）工程概述

公伯峡水电站位于青海省化隆县与循化县交界处的黄河干流上。坝高139m，坝长349m，正常蓄水位2005m，日调节水库。电站右岸引水式地面厂房内安装五台混流式水轮机发电机组及附属设备（其性能参数见表1），单机容量300MW，总装机容量1500MW。

表1　水轮机及发电机的基本性能参数

| 水轮机 | |
|---|---|
| 型　号 | HLA630—LJ—580 |
| 最大水头（m） | 106.6 |
| 额定水头（m） | 99.3 |
| 最小水头（m） | 96.7 |
| 额定流量（$m^3/s$） | 338.71 |
| 额定转速（r/min） | 125 |
| 飞逸转速（r/min） | 230 |
| 额定出力（MW） | 306 |
| 最大出力（MW） | 331.8 |
| 旋转方向 | 俯视逆时针 |
| **发电机** | |
| 型　号 | SF300.6—48/13200 |
| 额定容量（MV·A） | 334 |
| 额定功率（MW） | 300.6 |
| 额定电压（kV） | 18 |
| 额定电流（A） | 10713 |
| 功率因数 | 0.9 |
| 相数 | 3 |
| 额定频率 | 50 |
| 励磁方式 | 静止可控硅励磁 |
| 绝缘等级 | F |

（二）水轮机结构特点

1. 水轮机埋件

尾水肘管采用完全金属里衬，其主要目的是加快工程进度，提高抗冲刷能力，同时也改善过流状态。座环分四瓣在工地焊接成整体，1/4瓣带大舌板的在场内经焊接退火后整体加工，可有效的保证加工质量、消除焊接应力，保证经长途运输后变形最小。水轮机蜗壳采用360°全包角，尾部鼻段在座环1/4瓣退火前同座环和大舌板焊接，这样可充分保证该部位的安装质量，缩短现场工期，蜗壳进口（直径7m）与钢管以变径管连接。

2. 水轮机转轮

水轮机转轮采用整体式结构。由于分半转轮在现场焊接的施工条件差，焊后对转轮上冠、下环的车磨圆工作量大，而且还需要配置专门的车磨圆设备，加工的质量不如厂内立车加工的质量。而整体转轮由于在厂内焊后整体退火，残余应力相对较小，其特性优于分瓣转轮。因此，目前仅需要解决整体转轮的长途运输问题。随着道路交通条件的不断改善，整体转轮结构越来越受到业主和运行单位的青睐。

3. 主轴密封

主轴密封采用封闭结构。封闭水箱将密封水封在水箱内，避免了密封润滑水在顶盖上漫延，当水箱内水位达到一定高度将通过排水管自流排至尾水。

4. 接力器

水轮机接力器操作油压为6.3MPa，工作介质为L-LTSA46号汽轮机油。提高了操作油压，为了不增加接力器活塞长度和缸体长度，该接力器活塞环采用了新型结构。该结构密封环的截面为矩形，密封环内衬垫“O”形橡胶密封圈，起弹性衬垫和密封作用，此结构的密封环密封性能好，而且摩擦系数小，耐磨性能强。由于它的结构特点，可适当放大活塞与接力器缸的间隙，保证动作的灵活性。活塞环选用青铜粉填充PTFE加“O”形橡胶圈。缩短了接力器缸体长度，有利于节省厂房布置空间和降低工程成本。

（三）发电机结构特点

发电机采用具有上下导轴承的立轴半伞结构。推力轴承位于转子下部的下机架上，与下导轴承合用一个油槽，并采用内循环冷却方式，结构紧凑，可有效地降低机组高度和工程成本。发电机采用端部回风的密闭循环空气冷却系统，热空气通过固定在定子机座周围的高效冷却器冷却。

1. 定子

定子机座分6瓣在工地组焊成整圆，机座外径14500mm、高2175mm。采用无上、下环结构，大齿压板直接放于定子基础板上，定子上端通过上机架支墩与上机架相连。

定子铁芯采用高导磁、低损耗、无时效优质硅钢片50W270冲制而成，全圆由45片组成。定子铁芯在工地安装间叠装，为了避免定子铁芯产生翘曲变形，定位筋采用浮动鸽尾结构，定位筋与托块间留有适当的间隙以适应定子铁芯的热膨胀。为了增加铁芯刚度，减小铁芯振动，定子铁芯由拉紧螺杆和穿芯螺杆拉紧。拉紧螺杆采用35CrMo高强度冷拉圆钢，穿芯螺杆采用非磁性钢制成，并用套管绝缘。在拉紧螺杆和穿芯螺杆上端设有蝶形弹簧，使压紧后螺杆有一定伸长值，加之蝶簧有一定压缩量，当铁芯长期运行发生收缩时，螺杆的伸长和蝶簧的压缩量起到补偿作用，能维持对铁芯必须的压紧力。另外铁芯压紧应力由一般 1.5MPa 提高到 2MPa，并将铁芯两端长约 50mm 铁芯段冲片刷胶粘在一起，以确保铁芯装压质量。

定子线圈采用 F 级绝缘，有效的减薄绝缘厚度。在线圈安装工艺上采用多点强迫均压措施，并采用绝缘槽衬结构，在线棒表面形成弹性层，使之与定子槽紧密结合，可有效降低槽电位，提高线棒抗电晕能力及减小与铁芯的热阻。槽楔下垫 2mm 弹性波纹板，使线棒在冷、热状态下具有一定弹性，使线棒、槽楔牢固地固定。

2. 转子

转子支架采用圆盘式支架结构，中心体与扇形支臂在工地焊接。转子支架大立筋在工地不须机械加工，焊接后的转子支架大立筋与磁轭键之间的间隙用调节键进行调整，可有效缩短安装工期。磁极借助鸽尾和磁极键固定在磁轭上，为保证磁极鸽尾受力均匀，在磁极两鸽尾间设有均力槽。

3. 上、下机架

上、下机架采用中心体与支臂在工地焊接结构。上机架采用能将径向力转化为切向力的结构，有效的改善了发电机基础的受力。上、下导轴承为分块结构，支撑采用刚度大的楔形板支撑，调整及检修方便。另外，在发电机上导轴承油槽、推力油槽的上、下端设置防油雾装置，有效防止油雾污染发电机。对防油雾装置密封效果要经过运行检验。在机组运行初期要特别加强对各轴承密封的密封性观察，发现问题及时采取措施，以免油雾污染发电机。

（四）安装运行特点

近几年来，随着我国水电设备制造水平的不断提高，以及外国水电设备制造商的进入，水电机组设备的技术水平得到了很大的提高，同时对安装运行提出了更高的要求。

水轮机调速系统操作油压等级的提高，对系统安装及密封要求进一步提高。系统管路安装时，对焊接工作要高度重视，对焊接材料的管理及操作人员一定要严格按照规程要求进行；对焊缝的检验应按 GBJ235—1982《工业管道工程施工及验收规范》有关规定进行。由于系统操作油压较高，在系统第一次或检修后首次启动时，一定要把系统内的空气排干净，以防止由于气垫作用引起抖动，恶化系统的工作条件。

发电机定子提高了压紧力，可降低铁芯的发热和噪声。由于铁芯采用浮动式结构，因此，在安装时一定要对定位筋与托板的间隙进行控制，防止铁芯将定位筋卡死，以及运行中热膨胀引起的局部变形和应力威胁机组的安全运行。上机架与机坑的支撑采用八卦结构，有利于径向力转化为切向力，进一步提高上导轴承运行的稳定性，从而改善机组的运行条件。

（中国水利水电第四工程局　陈生荣）

## 索风营水电站水轮发电机组特点

索风营水电站总装机容量 3×200MW，水头 58.1～81.4m，属于中、低水头大流量引水式电站。引水发电系统为单洞、单机、长尾水洞地下厂房。水轮发电机组采购采用邀请式招标，2002 年 12 月底已完成招标采购。天津 ALSTOM 水电设备有限公司为水轮机承包商，哈尔滨电机厂有限责任公司为发电机承包商。

（一）水轮机主要性能参数及特点

1. 水轮机主要性能参数（见表 1）

表 1　水轮机主要性能参数

| 型　号 | HLF134m1—LJ—590 |
|---|---|
| 额定出力（MW） | 204.1 |
| 转轮公称直径 $D_2$（mm） | 5900 |
| 额定转速（r/min） | 115.4 |
| 额定点比转速（m·kW） | 262.2 |
| 额定流量（$m^3/s$） | 326 |
| 额定点效率 | 92.4% |
| 最高效率 | 96.42% |
| 加权平均效率 | 94.05% |
| 转轮叶片数 | 13 |
| 固定导叶数 | 24 |
| 补气方式 | 大轴中心孔补气 |
| 整体转轮质量（t） | 123 |
| 单台水轮机总质量（t） | 770 |

2. 水轮机主要特点

水轮机为立轴混流式，窄高形尾水管，金属蜗壳进口流速 8m/s、包角 345°，转轮系按法国阿尔斯通公司水轮机技术中心 2001 年～2002 年的开发计划在 F134A0 的基础上根据索风营水电站特点而开发的优秀转轮。水轮机模型验收试验于 2003 年 8 月在法国 ALSTOM 公司 TP3 试验台上进行，试验数据全部由计算机采集和处理，其效率测试精度为±0.2%。

水轮机转轮上冠、下环及叶片、导叶均为不锈钢材料（0Cr16Ni5Mo），导叶为“λ”型，转轮高度比其他投标单位所推荐的转轮高20%。叶片采用VOD（AOD）精铸＋国外数控加工，铸件全部国外进口，主轴采用锻造。受运输条件限制，水轮机转轮需分两瓣运输，现场加工组焊，并完成静平衡试验。尾水管为全圆形断面，扩散段不设中墩，改善了受力条件，有利于地下厂房围岩的稳定。

（二）发电机主要性能参数及特点

1. 发电机主要性能参数（见表2）

表2　发电机主要性能参数

| 型　　号 | SF200—52/13820 |
|---|---|
| 额定容量［（MW/MV·A）］ | 200/228.6 |
| 额定电压（kV） | 15.75 |
| 额定电流（A） | 8380 |
| 额定转速（r/min） | 115.4 |
| 飞逸转速（r/min） | 220 |
| 额定功率因素 | 0.875 |
| 发电机飞轮力矩（t·m²） | ≥70000 |
| 效率 | ≥98% |
| 发电机转子质量（t） | 630 |
| 单台发电机总质量（t） | 1400 |

2. 发电机主要特点

发电机为立轴半伞式、密闭自循环空冷、三相同步发电机，无轴结构，12个空气冷却器均布于定子机架外。推力轴承位于下机架中心体内，总负荷1650t。推力瓦为进口弹性金属氟塑瓦，弹性油箱支撑结构。推力下导轴承油冷却采用外加泵外循环冷却方式，油冷却器集中布置于专用房间内。

发电机定子机座分6瓣运至工地，在安装间进行叠片整圆、机坑内下线。定子机座坐落于12个钢支墩上，定子内径能通过水轮机最大部件，并能在不抽出转子和拆除上机架的情况下更换定子线棒和转子磁极。转子为无风扇圆盘结构，主、副轴通过螺栓分别实装固定在转子中心体的下部和上部法兰面上，磁轭叠片在安装间进行，磁轭与转子中心体采用键槽固定，转子与定子空气间隙为27.5mm，定子与转子均为F级绝缘。

（中国水电贵阳勘测设计研究院　王承勇）

## 引子渡水电站水轮机

引子渡水电站总装机容量3×120MW，是国家实施“西电东送”战略首批开工的大型水电项目。工程于2000年11月正式开工建设，2003年5月第一台机组（1号机组）正式并网发电，随之投入商业运行。3套水轮发电机组由克瓦纳（杭州）发电设备有限公司供货。

（一）水轮机主要性能参数（见表1）

表1　水轮机主要性能参数

| 型　　号 | HL245.6—LJ—395 |
|---|---|
| 最大水头（m） | 113.8 |
| 加权平均水头（m） | 102.0 |
| 比转速 $n_s$（m·kW） | 245.6 |
| 额定出力（MW） | 122.45 |
| 额定转速（r/min） | 200 |
| 额定流量（m³/s） | 147.8 |
| 转轮直径 $D_1/D_2$（mm） | 3950/3744 |
| 额定水头（m） | 92.0 |
| 最小水头（m） | 72.2 |
| 额定效率（%） | 91.8 |
| 最高效率（%） | 94.54 |
| 最大允许吸出高度（m） | −4.4 |
| 最大飞逸转速（r/min） | 380 |

（二）水轮机主要结构特点

（1）转轮。转轮由上冠、叶片、下环和泄水锥组成，整个转轮采用0Cr13Ni5M不锈钢材料制造，为铸焊结构。每个转轮共有15个“X”型叶片，转轮直径为3.744m（出口直径）。转轮的上、下止漏环为平板式，转轮与主轴采用螺栓把合，泄水锥为圆柱形。

（2）蜗壳。全圆断面金属蜗壳，材料610U2，包角345°，进口直径4.5m，共分24节，入口处最大板厚50mm，末端最小厚24mm。蜗壳采用计算机控制下料，工地组焊，蜗壳上设一$\phi$650mm进人口，进口断面底部设$\phi$400mm液压排水阀。蜗壳上半部设30mm厚的弹性聚丙乙烯泡沫以避免蜗壳叉外压力。

（3）尾水管。尾水管为弯肘形，水平扩散段设有中墩。尾水管高度为2.8$D_1$，比标准尾水管略高，锥管及肘管段均为厚度16mm的钢里衬。锥管进口以下500mm范围内里衬为不锈钢材质。

（4）顶盖。顶盖为钢板焊接结构，外径5300mm，分两瓣运输，在工地组焊。顶盖上部设6根$\phi$150mm均压排水管，下部设不锈钢抗磨板。

（5）座环。座环为平板式钢板焊接结构，设有与蜗壳焊接的过渡段。座环与基础环做成一体，上、下环板采用 16Mn—Z225 抗撕裂钢板。座环最大外径 6300mm，分两瓣制作，在厂内进行整体预装，现场采用螺栓把合焊牢。座环有 24 个固定导叶，其中 4 个设排水孔。座环与顶盖的连接采用螺栓把合。

（6）水轮机轴。采用中空结构，20SiMn 锻制，轴外径为 960mm，下部采用外法兰用螺栓与转轮把合，上部采用外法兰用螺栓与发电机轴连接。

（7）水导轴承。采用克瓦纳抛物面轴瓦筒式油轴承，轴瓦分 4 块，加工成抛物面，然后组合为一体，巴氏合金瓦衬固定在轴瓦上。润滑油能自循环，轴瓦可以互换。水导轴承冷却方式为内循环结构，冷却器布置在水导轴承油槽内。

（8）主轴密封。主轴工作密封采用克瓦纳成熟的间隙式泵板密封系统，由于泵板作用，正常运行时不漏水，泥沙不会进入密封，转动部分与固定部分不接触，该结构不需要润滑水。主轴检修密封采用压缩空气充气的橡胶密封结构形式。

（9）导水机构。采用克瓦纳三峡型活动导叶，共 24 只，导叶高度为 1142mm，全部采用不锈钢制造，三支撑轴承结构，轴套具有自润滑性能，不需设润滑油系统。导叶设摩擦装置，当导叶间卡有异物时，摩擦面间打滑，其余导叶继续关闭而不受损坏，且发出位移信号。导叶具有自关闭趋势。

（10）补气系统。采用转轮中心孔补气方式，在转轮上冠开有 19 个 $\phi$60mm 补气斜孔，水轮机顶盖上设 6 个 $\phi$100mm 补气阀，当转轮下部真空度达到一定值时，补气阀自动打开补气，此补气方式在引子渡水电站运行很成功。此外，顶盖上导叶后部位置预留有压缩空气补气管路作为备用。

总而言之，由原克瓦纳（杭州）发电设备有限公司供货的引子渡水电站水轮机结构上的几个显著特点是：转轮叶片采用“X”型。可适应水头变幅较大的水电站；水导轴承采用抛物面轴瓦筒式油轴承；主轴工作密封采用间隙式泵板密封系统；活动导叶设摩擦装置及转轮中心孔补气方式。这些结构经过真机运行检验证明是成功的。

（中国水电贵阳勘测设计研究院　李月彬）

## 尼那水电站 40MW 灯泡贯流式机组安装特点及方法

（一）工程概述

尼那水电站为河床式建筑，属三类中型工程，以发电为主。电站正常蓄水位 2235.5m，最大坝高 47.9m，总库容 2620 万 m$^3$，为日调节水库。电站安装 4 台 40MW 灯泡贯流式机组，为目前国内单机容量最大的贯流式机组。流道孔口尺寸 12m×16.685m，额定流量 316.7m$^3$/s，额定水头 14.0m，额定转速 107.1r/min，电站保证出力 74.7MW，年发电量 7.63 亿kW·h，年利用小时数 4769h。此类机组由于其单位过流量大、转速高、体积小、重量轻、投资少等优越性，是低水头电站理想的机型。

（二）主要部件安装特点及方法

1. 管型座

管型座是灯泡贯流式机组最重要的基础部件，也是整个机组主要支撑和传递力的部件，其安装质量影响整个机组其他部件的质量，要严格控制其标高、水平度和中心位置，特别是两端面法兰的垂直度和平面度。贯流式机组管型座分内、外锥，两锥之间依靠支撑管加固定位。在安装间拼装组圆焊接后，需要在安装间 90°翻身，垂直吊装就位。因此对内、外锥加固要求极高，使其在翻身冲击情况下，内、外锥下游侧法兰面同心度、椭圆度、两法兰间距等技术参数均应无变化。尼那电站管型座安装时由于其外形尺寸过大（13.8m×$\phi$10.6m）和厂房桥机未形成等条件限制，无法整体吊装。为保证工期、减少投资，根据现场实际情况及论证，大胆利用坝后 60t 高架门机及简易行车，采用分瓣吊装、机坑内垂直拼装组圆的方法，顺利完成管型座安装，为电站按期投产奠定了基础，安装总重量 127t。

2. 导水机构

导水机构为圆锥式结构，其导叶挡水面为圆锥面。导水机构外形尺寸为 $\phi$8470mm×2540mm，总重量 116t。通过 4 号、3 号导水机构拼装比较，拼装时外配水环下游侧法兰置于钢支墩上组圆、调平，插入导叶，内配水环锥度朝下，垂直吊入中心组装。此种方法，从保证质量、安全、工期等方面都优于 DL/T 5038—1994《灯泡贯流式水轮发电机组安装工艺导则》的规定。从安装角度讲，导水机构的整体加固、翻身吊装等难度要高于其他机。根据电站桥机特性和安装间与运行层存在 6m 的落差，将拼装成整体的导水机构 1/4 悬出落差平台，下部（－Y 向）利用安装间地锚固定，上部（＋Y 向）利用桥机 160t 主钩起吊翻身。从 4 号机组情况来看，导水机构翻身至垂直临界点时，其冲击力造成桥机大车沿轨道方向滑行 2.7m，内部加固开裂，各部件相对位置发生变化，增加就位后调整难度。通过总结，在 3 号导水机构翻身吊装时，在安装间加设两组滑轮组，完全消除了 4 号导水机构吊装时的不良情况，保证了安全和安装质量。

3. 主轴及组合轴承

机组主轴为水轮机和发电机同一根轴。主轴上装配组合推导轴承、水导轴承，总重量为 90t。轴承属重载静压启动动压运行，在水导、发导轴承下部设有高压油顶起装置。机组在运行时油泵除供给各轴承循环润滑油外，还有一部分油在高位油箱与轴承油箱之间循环，在失去厂用电的情况下，高位油箱能继续向各轴承供应较长时间的润滑油，作为停机过程中润滑保护。主轴装配完成后，从管型座上游侧框架孔吊入流道后转 90°，水导瓦向下游，然后将大轴系统缓缓向下游移动至安装位置。利用厂家提供的专用工具进行调整，使主轴及轴承各项参数符合要求。

4. 转子

转子采用上游无轴悬臂结构。转子外径为 6077.2mm，吊装重量 132t。转子轮臂由 28 个扇形立筋组成。中心体与立筋之间通过现场焊接成整体。立筋不进行现场立铣，安装垂直度、断面扭曲度、弦距等重要参数通过控制焊接变形来保证，此结构属国内首例。转子安装工艺流程是中心体与立筋把合成一体→检查立筋参数→堆叠磁轭→调整磁轭圆度、波浪度、垂直度→焊接中心体与立筋把合缝→挂磁极→整体耐压→装配其他零部件→转子吊装→挂装剩余磁极→整体耐压检查。与圆盘式转子安装工艺流程比较，采用扇形支臂板立筋结构，在磁轭堆叠、紧压、调整后施焊支臂的方法属目前国内首次采用的新工艺。既通过焊接中心体与立筋之间的把合缝，以控制焊接变形满足转子组装的各项技术参数。对于焊接，制定科学、严谨、合理的焊接工艺措施尤为重要。要求焊后立筋径向收缩量≤0.50mm，弦距偏差≤0.30mm。此种结构和方法有工序简便、施工强度低、工期短等特点和焊接要求高、变形不易控制等难点。

5. 定子

定子外形尺寸 $\phi$7200mm×3250mm，吊装重量 120t。定子组装工序与其他机组基本相同。不同的是，定子定位筋在调整完直径、弦长后，托块与机座焊接牢固，定位筋与托块之间不施焊。定位筋径面与托块之间有 1mm 间隙，也就是说，定子在运行时，由于热膨胀现象，定子矽钢片可沿径向位移。此种结构为目前国内采用的一种新工艺，其优点是降低了定位筋调整难度和热膨胀时矽钢片的波浪度。

（三）结束语

尼那水电站 40MW 灯泡贯流式机组是目前国内同类机型中单机容量最大，机组在许多方面采用了新工艺、新方法，具有很强的特点和优点，值得推广。

（中国水利水电第四工程局　殷继明　李万长　赵海德）

## 水轮发电机组振动预防

（一）概述

近期投运的大型机组都不同程度的出现了一些振动问题，其中包括许多相同的振动问题，例如涡带压力脉动引起的振动、类转频压力脉动引起的振动等。分析其原因，既有认识方面的问题，如没有引起足够的重视，没有采取必要的措施等，也有技术和方法上的问题。本文根据作者多年的经验，提出水轮发电机组振动全过程、全方位预防的具体建议，希望能对新建电站有所帮助。

需要强调的是，要实施振动的全过程和全方位预防，业主的重视和落实是至关重要的。

统计结果显示，无论是常规振动还是异常振动，在大型（水轮机转轮直径 5m 以上）机组上都比较显著或常见。因此，大型机组的振动预防尤为重要。

目前的研究和经验还表明，只要做好预防工作，已有先例的振动现象是有可能加以避免的。

（二）从振动稳定性角度进行水轮机参数选择

已有的研究结果指出，水轮机参数（主要指水头，其次还有吸出高度等）仅仅对尾水管涡带压力脉动有比较明确的影响。其他类型的（如类转频）压力脉动，对模型和原型机组的影响及相似规律还不清楚。

如果仅仅从涡带压力脉动及其对原型机组的综合影响的角度，选择水轮机水头的原则是：设计水头要接近最高水头，额定水头要接近设计水头。根据水轮机水头（比转速）的高低，最高水头可为设计水头的 110%～115%。

水轮机的涡带压力脉动水平，可以用设计水头下的最大幅值作代表。如果以设计水头下的涡带压力脉动幅值作为 100%，在非共振条件下，非设计水头下涡带压力脉动幅值可大致按以下规律估算：实际水头每高于或低于设计水头 1%时，压力脉动幅值相应增大或减少 1%。即当最高水头为设计水头的 115%时，其压力脉动幅值亦为设计水头时的 115%；当实际水头为设计水头的 70%时，压力脉动幅值也约为设计水头的 70%。利用这个规律，可以估计水轮机全工况范围内压力脉动的水平。

任何共振情况，包括由涡带压力脉动引起的共振，都不是怎样进行比较的问题，而是必须加以消除。而且，在原型机组上，它们都只能作为专门问题加以研究和消除。

（三）电站设计方面

电站设计单位或设计方面的工作，与水轮发电机组的所有振动稳定性有着密切的关系，而且处于最上游的地位，并贯彻始终，作用十分重要。

与电站设计直接相关的工作有如下几方面：

（1）避免某些参数的不良组合引起引水管路水体共振。当引水管路水体的固有频率 $f_c=a/4l$ 或其整倍数与机组的转速频率 $f_n$ 相近（略高或略低）时，易于引起引水管路水体共振，而水体共振将引起严重的后果。式中，$a$ 为声波在水中的传播速度，$l$ 为引水管路的长度。

（2）按标准或商定的方案设计和布置水力测量系统。不同的电站可以有不同的水力测量系统，它可以按照标准（例如 GB/T 17189—1997《水力机械振动和脉动现场测试规程》）上的建议设置，也可以由电站业主与设计单位商定。测量系统的设置应满足正常运行监测的需要，也可在此基础上增删，以满足某些专门试验的需要。测点的位置、数量、管路及其附件的布置、传感器或仪表的安装位置等，应便于安装、检查和维护。

（3）设计必要的振动稳定性预防措施（指各种补气措施及相关的管路、设备等）。

（4）配置必要的监测系统，该监测系统应满足安全运行和状态检修的需要。

（四）标书和合同阶段

在标书和合同中，应对机组的振动稳定性提出明确的指标和要求，包括：

1）常规振动、摆度的指标，内容见下节。

2）各种可能的异常振动（共振）的避免和校核，内容见下节。

3）提供常规振动计算和共振校核计算报告供业主审查。

4）商定采用的标准。

5）规定或商定监督、检验及处理的措施。

（五）机组结构设计和制造阶段

1. 进行常规振动的预测计算

需要进行振动计算的部件包括：上机架、下机架、顶盖的径向振动，推力机架、顶盖的垂直振动，各导轴承摆度及各导瓦架的径向刚度。并提出相应的振动计算报告，报告中应对计算边界条件和动载荷的设定作必要的说明。

2. 进行共振的校核计算

校核计算项目包括：

（1）常规振动部件的振动特性和动力响应特性。

（2）固定导叶、活动导叶、转轮叶片的固有频率和共振校核。

（3）流道中水体和局部水体的振动特性和共振校核。

（4）转动部分的振动特性和动力响应计算。

（5）定子铁芯振动特性和共振校核。

提供的校核计算报告应对计算边界条件和动载荷的设定作必要的说明。

3. 临界转速计算

应特别注意蓄能机组和高转速机组的临界转速及其可能出现的变化范围。

应注意导轴承间隙对临界转速的影响。间隙增大时，临界转速会显著降低，易于在甩负荷后的升速过程中出现共振。

4. 关于零部件的加工工艺和质量标准

部分零部件的设计、加工工艺及其标准应有所区别或提高。例如：转动部分中发电机转子中心体上下法兰的同心度、平行度（作为轴线的一部分，就是轴线的允许偏差）；磁极键的形状和尺寸等。另外，对于轴线：转子部分的标准应高一些。

5. 与测试有关的部件加工工艺应满足测试的需要

例如，当推力头与发电机轴上法兰合而为一时，其外圆应与止口同心；各导轴承处的轴颈露出部分应高一点，以方便进行摆度的测量。

6. 对厂家设计、计算结果的审核

业主对厂家提出的设计和计算结果要进行审查和校核，不能“放任自流”。

（六）安装

从振动稳定性角度，在安装阶段除达到常规质量要求外，还需要注意以下这些方面。

1. 关于盘车

（1）采用刚性盘车，避免采用弹性盘车。

（2）每个导轴承断面、每个轴法兰面都要设置测量断面，特别是多段轴的情况下，不能仅在导轴承处设置测点。

（3）可能情况下，最好不抱轴；如果需要抱轴，只能抱靠近推力轴承的一个导轴承，且间隙应大些，避免在盘车过程中轴“别劲”。

（4）盘车数据应经过必要的处理（修正，如镜板垂直度和不平的影响）和正确性检验。

（5）多段轴的情况下，发电机励磁引线在上部轴法兰处的布置应为盘车摆度的测量提供可能。

2. 关于轴线的质量标准

轴线的质量标准须根据机组的结构（例如悬垂式和半伞式）和部位（例如多段轴情况下发电机转子部分和其他部分）的不同而有所区别。显然，发电机转子部分的安装质量要求应在现有的基础上更高一些。

3. 转子圆度的质量标准

发电机转子圆度不能以对空气隙的偏差为基准。转子圆度指标应包含两个部分：单个磁极的偏差、正负偏差的分布（不能集中）。

4. 有关零部件的质量检验

如磁极键应逐对测配。

5. 做好转动部分的平衡配重

配重应使各导轴承的摆度、径向振动度在允许范围之内；配重重量应在合理范围内，当配重重量超过合理值时，应考虑非平衡缺陷存在；还应考虑地磁不平衡力和水力不平衡力对最终配重结果的影响。

（七）关于模型涡带压力脉动试验

1. 关于相似和转换

在空腔涡带（两相流）的情况下，由于模型和原型之间不存在相似的条件，不能由模型试验结果直接判断原型水轮机的涡带压力脉动幅值，也不能进行自身的相对比较。建议不必过分强调模型水轮机的涡带压力脉动幅值（相对或绝对）的大小。

须更加关注原型水轮机实际可能达到的涡带压力脉动水平。在模型和原型之间不能进行相似转换的情况下，可考虑采用近似的、偏于安全的方法确定，以便为振动计算提供数据。

2. 关于模型涡带压力脉动的评价

如果希望对模型水轮机的涡带压力脉动进行评价，建议考虑以下几方面：

（1）可以用装置空化系数相等作为涡带压力脉动的试验条件，但应注意这不是相似条件。

（2）建议取最优单位转速下的最大涡带压力脉动幅值作为评价该水轮机涡带压力脉动大小的对象。需要时，其他水头下的压力脉动幅值可近似按前述规律进行计算。

（3）涡带压力脉动幅值的性质（振幅、双振幅、有效值、基波值……）应和评价标准一致。通常取其混频双振幅，并建议不按任何可信度值取值。

3. 关于涡带压力脉动的参考标准

可参考图1确定模型水轮机涡带压力脉动的相对允许值。图1中 $H_p$ 为原型水轮机的水头，这是一个统计结果，不是不可改变的，可适当上、下浮动。

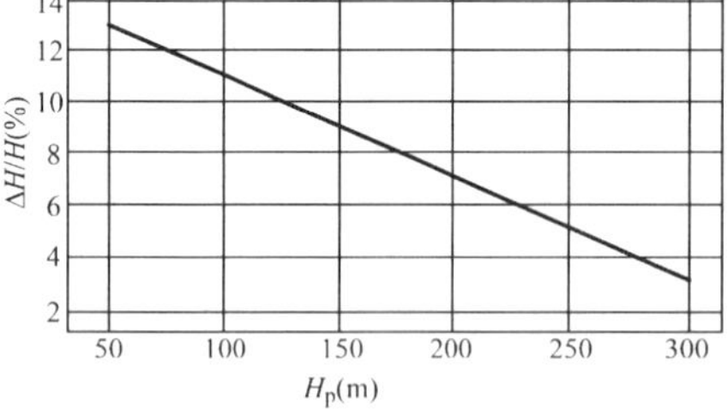


图1 涡带压力脉动允许值参考标准

4. 关于模型补气试验

在进行以减小涡带压力脉动为目的的模型补气试验时，试验水头尽量低（10m以下），并在不抽真空（能量工况）的条件下进行，不必保持装置空化系数相等。严格说，要在模型上测得原型水轮机所需要的相对补气量，应保持模型和原型尾水管内的绝对压力相等。在装置空化系数相等条件下得到的补气量试验结果，是没有参考价值的。

5. 关于类转频压力脉动

类转频压力脉动（有的叫“高部分负荷压力脉动”或“特殊压力脉动”，按其频率特征，作者更倾向于称之为“类转频压力脉动”）的机理和影响因素目前还不清楚。已经知道的情况是，只有因它引起水体共振时，才能显示出它的影响。完全从原型水轮机的实用角度，由于该压力脉动的频率范围已知，只要校核原型机组的水体或振动体的固有频率不和它一致，就可以避免共振现象的发生。至于模型中的情况，可听其自然，不必介意。

6. 关于原型机组中的共振现象

原型中所有的共振现象（涡带压力脉动可能除外）都不能在模型中模拟，也不能从模型中出现的共振现象推断原型中该共振现象的出现与否。共振的预防应在原型的条件下进行。

（八）关于转轮叶片开裂现象的预防

如果不考虑纯粹由制造质量低劣引起的裂纹这种情况，转轮叶片裂纹的产生有两种基本原因：一是疲劳强度不足，二是叶片发生了共振现象。因此，叶片裂纹现象的预防就要从这两个方面着手。

1. 关于转轮叶片的共振

叶片的共振现象，在任何情况下都是不能允许的。在机组的设计阶段应进行专门校核。

2. 关于转轮叶片的疲劳强度

大型水轮机转轮叶片疲劳强度不足的现象是普遍存在的。影响材料疲劳强度的因素很多，例如，水轮机在不同的运行工况下，叶片承受的动载荷的差别就是很大的，如果需要在50%额定负荷运行较长时间，转轮叶片的疲劳强度就需特别加强。

提高疲劳强度的惟一途径是增加易裂部位（局部）叶片的厚度。由此带来的水力因素变化，必要时可通过模型试验验证。

业主对厂家要提出进行转轮叶片疲劳强度计算或校核的要求，并提出疲劳寿命方面的保证指标。

（九）对业主的建议

（1）振动问题或振动故障的后处理一般比较困难，所需要的人力、物力和费用也比较大，做好前期预防十分重要和必要。

（2）原型机组振动稳定性问题的预防，技术性和专业性很强，涉及专业（知识）很多。建议业主请专业单位和领域专家进行全过程、全方位的技术咨询。

（3）业主全过程、全方位地抓紧和抓好振动稳定性预防工作，是关键中的关键。

（中国水利水电科学研究院 李启章
贵州乌江水电开发公司 崔 燕）

# 直接数字控制的水轮机调速器及其应用

（一）概述

直接数字控制水轮机调速器是基于现代液压数字逻辑插装技术而开发的一类新型调速器，它扬弃了近百年来未变的调速器传统结构模式，突破了经典的电气—机械/液压转换元件（电液转换器或微型电机等）加主配压阀的形式，采用逻辑插装技术，由快速开关阀（也称数字阀）与逻辑插装阀等标准液压件，进行元件—组件—回路的多层次组合与优化设计，实现调速器的调节与控制功能。不仅兼顾了机柜动作的可靠性、微机的适用性和阀的简单化，也从根本上改变了调速器的设计、制造工艺与结构布置。

（二）调节控制器

调节控制器包括可编程控制器、输入/输出信号调理模块。它具有高可靠性和直观、方便的人、机接口，提供了功能齐全的监测维护手段。调节器的数字量直接作用到机械液压随动系统，适用于混流式、轴流定桨式、轴流转桨式、贯流式、冲击式水轮发电机组的各种调节与控制。

调节控制器主要特点：平均无故障时间 *MTBF* 不小于 200000h；具有频率（转速）、开度、功率等多种调节模式，适应水电厂不同运行工况的要求；水头参数可自动采集，也可由手动设定，协联曲线由微机程序实现，具有适应水头的开机特性和最大出力特性；频率调节模式采用适应式变参数 PID 调节规律，开度和功率调节模式采用 PI 调节规律；可根据不同的水头改变机组的起动开度和最大出力限制，随着水头的增加，可自动减小机组的启动开度和最大电气开限值，以保证机组在启动过程中迅速并网和安全有效运行。

（三）液压随动系统

机械液压随动系统由先导控制、嵌入式联接、阀座主级等部分构成，主要包括：数字（快速开关）阀组、由逻辑插装阀基本单元组合而成的液压功率驱动阀组、开停机（包括紧急停机）时间调整螺杆、可换滤芯的滤油器、滤油器堵塞发讯器、开停机脉冲控制阀、手动控制阀组以及紧急停机阀组等。各组件之间采用模块化结构有机地组合在一起。

由逻辑插装阀组件实现主级放大元件，完成主配压阀的功能。先导级的液压控制元件由快速开关阀组件构成。由于快速开关阀的阶跃响应为 3～5ms，可直接进行数字量到液压量的转换，起到 D/A 转换的作用，因而也可称数字阀。系统的调节和控制无“中间位置”，不需要机械反馈。系统易于实现双通道双冗余，甚至多通道多冗余的结构，使调速器的可靠性有了全面的保证。它可实现大范围的无管化联接与系统集成。

机械液压随动系统采用模块化结构，可根据使用需要进行灵活的组合和布置。整个液压控制柜具有很高的集成度，无任何杆件、钢丝绳及柜内管道，降低了对用户的使用、维护要求。机械液压随动系统大量采用了符合 ISO 标准的液压元件，标准化程度高。

（四）主要特点

（1）快速开关阀、逻辑插装阀耐油污能力极强，标准化程度高，互换性与性能一致性好，结构简单，制造方便，工作可靠，元件及装置的密封性能好，泄漏小，易于系统集成。采用高硬度的耐磨材料，可长期工作，不易磨损。

（2）采用高速开关阀组取代电液转换器进行先导级的电气—机械—液压转换，控制阀采用大功率高速电磁铁驱动，阀芯操作力大，无卡阻部位，仅工作于通/断两种状态，耐油污能力强，从根本上保证了工作可靠性。

（3）根据要求，可方便地构成双通道双冗余结构，甚至多通道多冗余结构，实现容错运行，并且与电气部分的接口方式简单。通道的故障不需要由电气部分来判断和切换。当一个或几个通道失灵时，可自动地由正常通道，维持系统的正常运行。当电气部分完全失灵时，主接力器可保持当前开度不变，并自动地转为手动运行。可无条件、无扰动地实现自动/手动/电手动方式之间的切换。

（4）取消电气 D/A 转换，把微机直接与液压部分结合起来，简化了系统结构，电液转换过程快捷无时滞，信号失真小。将数字技术所具有的稳定、可靠、高精度及可附加外部运算单元等优点带到调速器液压随动系统中来，控制方式的实现灵活易行，故障率低，提高了系统的可用度。

（五）应用情况

该调速器以其功率重量比高、响应快、高速/低速特性好、定位精度高、工作效率高等特点获得用户好评，为调速器技术的进一步发展开辟了新天地。自首台 CVT—XX 直接数字控制水轮机调速器整机于 2001 年 5 月在黑龙江西沟电厂投运以来，现已相继投运于密云、柘溪、朗江、长田、高凤山、蟒塘溪等电站的二十多台机组，用户反映良好。

（六）成果鉴定意见

在水利部主持的鉴定会上，该成果受到一致好评。下面是鉴定委员会鉴定意见中的几项主要内容。

（1）该项目首次提出并实现了由高速开关阀（也称数字阀）和逻辑插装控制阀为核心部件的、全新的

CVT—XX全容错直接数字控制的水轮机调速器机械液压系统。该系统对传统调速器的机械液压部分在设计理念上实现了根本性的变革，在可靠性、速动性、可控性、维护性、灵活多变的集成化等方面具有突破性的进展，实现了真正意义上的全数字化调速器。

（2）该机械液压系统与微机直接结合，无须D/A转换和传统的电液转换部件，简化了系统结构，电液转换过程快捷、信号失真小、控制灵活易行。

（3）核心技术已获国家实用新型专利（专利号：ZL00259624.5）。其成果已在国内外二十几台水电机组上得到成功应用，取得了良好的社会效益和经济效益，有很好的推广价值。

（4）该成果技术上达到国际领先水平。

（中国水利水电科学研究院自动化所　张建明）

## 强驱动、力反馈集成式水轮机调速器电液随动系统

（一）概述

强驱动、力反馈集成式水轮机调速器电液随动系统是西安启元自控技术研究所近期开发的新产品，其突出的特点是采用了新型强驱动、力反馈集成式电液主配压阀，大大简化了控制系统的结构，有效地提高了系统的随动精度、反应速度和工作的可靠性，为水轮机调速器整机性能指标的进一步提高奠定了良好的基础。

该系统是一种新式辅助接力器型电液随动系统。它不仅具有传统的辅助接力器型电液随动系统可以取消中间接力器型机液随动系统中必设的主接力器的机械反馈机构、消除或减小其机械反馈机构的刚度和主配压阀的死区对控制精度所产生的不利影响等优点，而且由于所采用的强驱动、力反馈集成式电液主配压阀是集电—机转换器、液压先导级、辅助接力器、主配压阀和事故停机机构于一体的电液集成块，替代了传统系统中多个分散布置的元件和机构，因而在系统结构上更加简单、合理，同时由于该系统的中间环节较少，各环节给系统造成的误差就更小，信号传递所需的时间就更短，故障率也就更低，因而系统的随动精度、反应速度和工作可靠性更高。

强驱动、力反馈集成式电液主配压阀抗油污能力特强，一般不必设置滤油器。特殊情况下需要设置滤油器时，可将其与辅助接力器或主配压阀的壳体集成在一起。并且，根据用户要求，还可以附加机械开限机构，实现无漂移的纯机械手动操作；也可以增设两段关闭机构，实现两段关闭功能。因此，该系统能够更好地满足各种不同使用条件的需要，具有广泛的推广应用前景。

（二）系统框图（见图1）

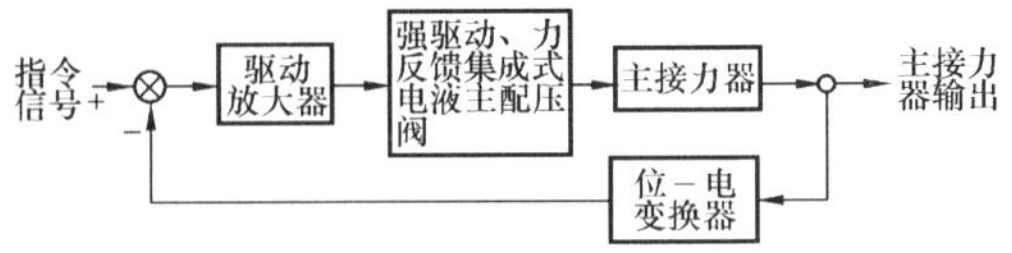


图1　电液随动系统框图

由图1可见，这是一种非常简单的电液随动系统，它将由调节器输入的电气指令信号精确地转换为主接力器的机械位移输出。其中关键的组成部分是强驱动、力反馈集成式电液主配压阀。

（三）强驱动、力反馈集成式电液主配压阀

强驱动、力反馈集成式电液主配压阀伺服部分的原理框图如图2所示。

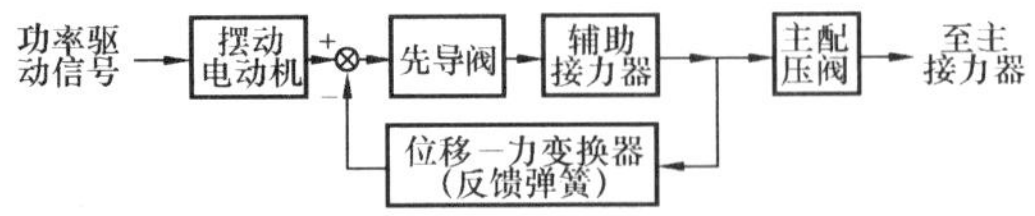


图2　主配压阀伺服部分的原理框图

图2中，摆动电动机将从驱动放大器输入的功率驱动信号转变为相应的力去驱动先导阀；先导阀在该力作用下输出流量，使辅助接力器产生位移；辅助接力器的位移一方面使主配压阀输出流量，去推动主接力器，另一方面通过位移—力变换器将其位移变换为力，反馈给先导阀，促使先导阀复中；稳定后先导阀所受辅助接力器的反馈力与摆动电动机的驱动力大小相等、方向相反，从而处于中位。在这个过程中，先导阀的位移量实际上很小，因而可以应用输出位移虽然不大但输出力却很大的电—机转换器，如摆动电动机、比例电磁铁、步进电动机等，以产生很强的驱动力，进一步提高其抗油污能力；而辅助接力器及主配压阀的位移量并不受先导阀位移量的限制，可以在相当大的范围内根据需要进行设计：因为同样的驱动力下辅助接力器及主配压阀所对应的位移量与反馈弹簧的刚度有关，刚度大则位移量小，刚度小则位移量大。因而该方案具有宽广的适用范围。下边结合图3较详细地介绍该方案的基本结构和工作原理。

图3中，主配压阀及其与辅助接力器的连接、开机时间及关机时间的调整机构等都是常规的，在此不再赘述。

核心部分的基本结构是：摆动电动机（其本体部分未在图中示出）的偏心输出轴通过滚动轴承、连接件、轴销与先导阀阀芯的上端连接；先导阀的输出油路通辅助接力器的上腔；辅助接力器活塞的上部同心地装有位移——力变换器；位移——力变换器由反馈

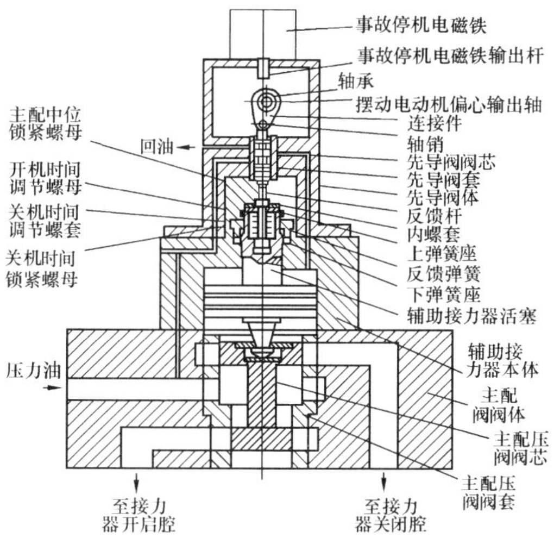


图 3　主配压阀的原理结构图

弹簧、上弹簧座、下弹簧座和反馈杆组成，反馈杆的上端与先导阀阀芯的下端固接。

该结构具有以下特点：

（1）辅助接力器活塞及主配压阀阀芯的位移与由此决定的主配压阀输出流量的大小和方向与摆动电机的输出力的大小和方向一一对应。

（2）先导阀阀芯在工作过程中的位移量很小，而辅助接力器活塞及主配压阀阀芯的位移量却可以很大，这取决于反馈弹簧的刚度，刚度大位移量小，刚度小则位移量大。因此，可以将上述伺服控制机构做成通用件，配备不同的主配压阀。

（3）先导阀阀芯所受驱动力远比阻力大，能够有效地提高伺服系统的伺服精度。

（4）反馈弹簧可以有一定的预压缩量，用以克服先导阀阀芯在零态时所受的阻力，使该伺服机构在零态时变为直接位置反馈式，从而提高了伺服机构的零态精度，即减小了其零点漂移和滞环。

（5）由于先导阀阀芯在工作过程中的位移量很小，因而可以在不增加电—机转换器功率的前提下大大增强作用于先导阀阀芯的驱动力，从而显著提高了整个伺服系统的抗油污能力。

（6）采用摆动电动机作电—机转换器，它比比例电磁铁的摩擦力和滞环小，比常用的力/力矩马达的功率大，并且可以通过简单的偏心机构方便地获得很强的驱动力；同时，也可以方便地在其伸出外部的轴上安装手操旋钮，以便精细地进行机构调整和手动操作。

（7）反馈弹簧有一定的预压缩量，将会给伺服系统引入较大的死区，需要在摆动电机的驱动放大器中采取合适的补偿措施。

（8）设置有事故停机电磁铁，当电磁铁线圈通电时，其输出杆通过连接件将先导阀阀芯压下，实现事故停机。

（9）本结构未设置滤油器。因为其抗油污能力极强，一般的油污不会导致明显的不良后果。

### （四）摆动电动机

摆动电动机亦称有限转角电动机。图 4（a）示出了它的一种原理结构形式，也就是本系统所采用的形式。其转子为带永久磁铁的凸极式结构，定子铁芯上绕有两组线圈：线圈 1 和线圈 2。

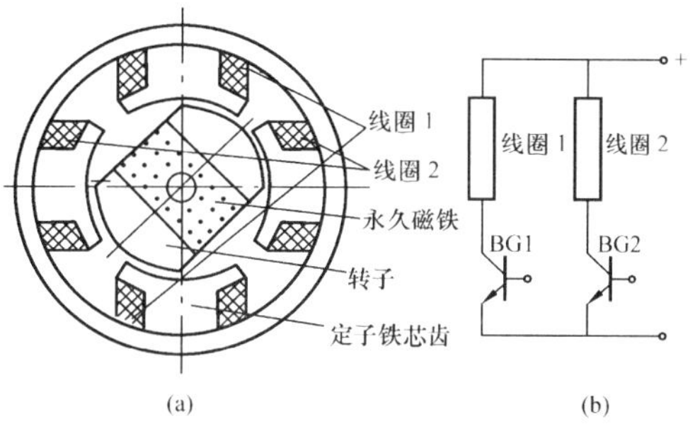


图 4　摆动电动机的原理图
（a）结构原理图；（b）接线原理图

根据电磁作用原理，当线圈不通电时，转子磁极轴线的稳定位置可与定子铁芯齿的轴线重合，也可与定子铁芯槽的轴线重合，我们选用后者；当线圈通电时，转子偏转的方向则与线圈的绕向、通电的极性、通电方式（两组线圈同时通电还是单独通电）等有关，我们选用的方式是，两组线圈工作时单独通电，当某一组线圈通电时转子向某一方向偏转，当另一组线圈通电时则向另一方向偏转。这样，功率驱动电路就非常简单，如图 4（b）所示。

这种结构的摆动电机，输出力矩与线圈所加电压成正比，输入输出特性的线性度较好。并且能直接用电厂的直流系统作功率驱动电源，以脉冲调宽的方式进行控制。环节少、效率高，可靠性自然就高。

本强驱动、力反馈集成式电液主配压阀所用的摆动电机是专门设计制造的，在结构上与先导阀体组合成一体，以增强信号传递部件的刚度。

### （五）安装注意事项及调整

由于不同调速器的结构差异很大，安装的具体要求也不尽相同，实际上安装是参照随机文件进行的，不便统一规定。

### （六）运行维护

本电液随动系统有自动和手动两种运行方式。自动运行时电子调节器工作，手、自动切换开关置于自动位置；手动运行时手、自动切换开关置于手动位置或电子调节器退出工作，通过手操旋钮对主接力器进行操作。由于电子调节器具有自动跟踪的功能，两种运行方式相互切换时一般不必附加其他条件，因此操作非常方便。但对大多数小型调速器而言，因为还有一种依靠人力通过手轮进行操作的手动运行方式，当其投入时自动调节将不起任何作用。因而在自动运行时必须将其退出。

本电液随动系统的维护也很简单，一般情况下运行中只要注意防止油质污染，仅需定期滤油即可。而检修时通常则需要进行解体检查、处理缺陷、清洗组装和调整试验等工序。

需要特别强调的是，从一开始就应当重视用油的质量问题。劣质油极易产生胶状黏性物质，给液压系统造成严重危害，而且一旦出现这种情况，就很难彻底处理。因为胶状粘性物质很难彻底清除，特别对附着在压力油槽及油管道壁上的胶状黏性物质，在电厂通常条件下可以说是无法完全清除的，只有采取频繁的油处理和定期更换为新的优质油等措施经过时间的努力才能逐渐减弱它的影响。

（甘肃理工大学　张晓英等）

# 高压电气、监控和保护

## 三峡左岸电站发电前枢纽接地装置接地电阻测量

三峡工程规模巨大，枢纽布置有左岸电站和右岸电站。两电站间无直接电气连接，两电站500kV母线设有分段断路器，将三峡电站分为左一电站（装机8台）、左二电站（装机6台）和右一电站（装机6台）、右二电站（装机6台）。当母联断路器合上运行时称一厂运行，母联断路器断开运行时称二厂运行。

三峡水利枢纽地处花岗岩地区，属高电阻率地区。三峡工程的接地装置设计能否满足运行要求，是关系到电站安全运行的重大问题。

（一）枢纽接地装置

三峡枢纽工程拥有大量的结构钢筋和各种金属结构物，在接地设计中充分利用枢纽建筑物的自然接地体。枢纽接地装置由七部分组成：坝前人工水平接地网、大坝上游迎水面结构表层钢筋立面接地网、左岸电站接地网、右岸电站接地网、泄水闸接地网、永久双线五级船闸接地网、临时船闸和升船机接地网。七部分接地网联成一个整体，枢纽接地装置最大对角线达5km，是世界上最大的接地装置。

（二）测量目的

根据现行规范规定，对竣工投运的电气设施需进行接地装置的接地电阻测量。要求在大坝蓄水到初期发电水位135m高程时进行测量。测量目的有：①左岸电站初期发电时汛期的接地电阻值；②根据所测电阻值换算到初期发电时枯水期的接地电阻值；③当左岸电站一厂运行时发电机允许开机台数；④用计算程序计算终期蓄水位175m高程时汛期和枯水期的接地电阻值。

（三）接地电阻测量

2003年6月12日对三峡枢纽工程的左岸电站和永久船闸的接地电阻进行测量。测量采用电流、电压表法，电流、电压极线采用三峡至龙泉第三回线路（线路长64km）和三峡至万州第一回线路（线路长290km），极线可互换。测点距龙泉变电所直线距离为49.5km，距万州变电所直线距离为260km，夹角为166°。为消除外界的干扰，采用电源正相和倒相两次测量。测量时除泄水闸右导墙右边大坝接地网和右岸电站接地网未施工外，其他接地装置已全部完成。测量时上游水位135.7m高程，下游水位67.5m高程，江水电阻率为28Ω·m。

1. 左岸电站接地电阻测量

左岸电站接地电阻测量数据列于表1、表2。

表1　电站接地电阻测量数据

| | 测量前干扰电压（V） | 测量前干扰电流（A） | 测量电压（V） | 测量电流（A） | 测量后干扰电压（V） | 测量后干扰电流（A） |
|---|---|---|---|---|---|---|
| 倒相前测量 | 2.30 | 0 | 6.20 | 41.6 | 2.20 | 0 |
| 倒相后测量 | 2.60 | 0 | 6.10 | 41.7 | 2.70 | 0 |

表2　调换极线后电站接地电阻测量数据

| | 测量前干扰电压（V） | 测量前干扰电流（A） | 测量电压（V） | 测量电流（A） | 测量后干扰电压（V） | 测量后干扰电流（A） |
|---|---|---|---|---|---|---|
| 倒相前测量 | 2.90 | 0 | 3.40 | 7.40 | 2.90 | 0 |
| 倒相后测量 | 2.90 | 0 | 2.70 | 7.45 | 2.90 | 0 |

根据以下公式可计算未考虑分流情况下所测得的

接地电阻值（见表3）。

$$\sqrt{\frac{1}{2}(U_1^2+U_2^2)-U_0^2}\Big/\sqrt{\frac{1}{2}(I_1^2+I_2^2)-I_0^2}$$

式中 $U_1$，$I_1$——倒相前测量的电压、电流；

$U_2$，$I_2$——倒相后测量的电压、电流；

$U_0$，$I_0$——测量的干扰电压、电流，4次测量的平均值。

表3　未考虑分流测得电站接地电阻值

| 电流极线 | 三龙三回 | 三万一回 |
|---|---|---|
| 电站接地电阻（Ω） | 0.1354 | 0.1357 |

由于三峡电站出线采用了架空光缆地线，测量时无法解开，需测量架空地线的分流系数。架空地线的分流电流测量数据列于表4。

表4　分流电流测量数据　A

| 测量地点 | 电流极电流 | 测量前干扰电流 | 分流电流 | 测量后干扰电流 |
|---|---|---|---|---|
| 三龙二回1号塔 | 41.65 | 0.039 | 1.000 | 0.043 |
| | | 0.132 | 1.000 | 0.146 |

测量时从大坝拉向龙泉线路铁塔的避雷线共有8根。每根避雷线分流0.996A，共分流7.968A。则分流系数为7.968/41.65＝0.191。考虑分流后电站接地电阻$R$值按下式计算：

$$R=R_0/(1-0.191)$$

电站接地装置接地电阻测量值$R$＝0.1357/0.809＝0.1677Ω。

2. 永久船闸接地电阻测量

永久船闸接地电阻测量数据列于表5、表6。

表5　船闸接地电阻测量数据

| | 测量前干扰电压（V） | 测量前干扰电流（A） | 测量电压（V） | 测量电流（A） | 测量后干扰电压（V） | 测量后干扰电流（A） |
|---|---|---|---|---|---|---|
| 倒相前测量 | 3.30 | 0 | 10.0 | 41.50 | 3.50 | 0 |
| 倒相后测量 | 3.30 | 0 | 10.00 | 41.50 | 3.50 | 0 |

表6　换极线后船闸接地电阻测量数据

| | 测量前干扰电压（V） | 测量前干扰电流（A） | 测量电压（V） | 测量电流（A） | 测量后干扰电压（V） | 测量后干扰电流（A） |
|---|---|---|---|---|---|---|
| 倒相前测量 | 2.70 | 0 | 2.40 | 7.50 | 2.70 | 0 |
| 倒相后测量 | 2.70 | 0 | 4.10 | 7.50 | 2.70 | 0 |

根据公式计算永久船闸接地装置的接地电阻值见表7。

表7　永久船闸测量接地电阻值

| 电流极线 | 三龙三回 | 三万一回 |
|---|---|---|
| 电站接地电阻（Ω） | 0.2265 | 0.2665 |

永久船闸接地装置接地电阻测量值为0.2665Ω。满足规范的要求。

（四）三峡左岸电站短路电流计算

根据中南电力设计院2003年9月提供2015水平年三峡电站系统等值阻抗，计算左岸电站500kV单相接地，一厂运行和二厂运行的短路电流值见表8。

表8　左岸电站一厂运行和二厂运行的短路电流　kA

| | 单相短路电流 | 电站提供电流 | 系统提供电流 | 地网内短路入地电流 | 地网外短路入地电流 |
|---|---|---|---|---|---|
| 一厂运行 | 63.01 | 39.15 | 23.86 | 19.30 | 31.67 |
| 二厂运行 | 36.78 | 21.25 | 15.53 | 12.56 | 17.19 |

**注**　分流系数为0.191。

三峡枢纽接地装置最大入地电流已达到31.67kA，在世界也是少有的。按规范要求枢纽接地装置的接地电阻应满足$R$＝2000V/31670A＝0.063Ω。对于花岗岩地区这是无法做到的。枢纽接地装置电位很难满足2000V的要求。在国家“九五”攻关课题“三峡枢纽接地技术研究”中采取了一系列相应措施后，接地装置电位可升高至5000V。此时枢纽接地装置的接地电阻要求为$R$＝5000V/31670A＝0.1578Ω。若测量超过此值，只有限制左岸电站一厂运行时的开机台数，以减小入地电流值。

（五）枢纽接地电阻计算

根据三峡枢纽测量接地电阻值，在枢纽不同的蓄水位时，上、下游水位高程和江水电阻率（30Ω·m）。利用国家“九五”科技攻关课题“三峡枢纽接地技术研究”的计算程序，计算三峡枢纽接地装置的接地电阻值。计算结果为：初期运行汛期接地电阻值为0.1725Ω；初期运行枯水期接地电阻值为0.1740Ω；终期运行汛期接地电阻值为0.1565Ω；终期运行枯水期接地电阻值为0.1453Ω。

初期运行时枢纽接地电阻值，不满足左岸电站一厂运行地网外短路的接地电阻值要求（$R>0.1578Ω$）。当左岸电站一厂运行时，枢纽不同蓄水位与开机台数见表9。

表 9 左岸电站一厂运行时枢纽不同蓄水位与开机台数

| 枢纽蓄水位（m） | 135 | 156（汛期 140） | 175（汛期 145） |
|---|---|---|---|
| 一厂运行开机台数 | 12 | 13 | 14 |

（六）结论

通过三峡电站接地电阻测量，计算枢纽不同的蓄水位时的接地电阻要比设计预计的好些。原设计估算初期运行接地电阻为 0.2Ω；终期运行为 0.17Ω。一厂运行限制的开机台数也比原来增加了 1 台，并满足电站安全运行的要求。

计算接地电阻差别主要在江水电阻率上，原设计江水电阻率按 50 Ω·m计算，测量后江水电阻率按 30 Ω·m计算（实测为 28 Ω·m）。如果江水电阻率仍按 50 Ω·m计算，接地电阻值略大于设计值，这也说明计算程序的准确性和实用性。

（长江水利委员会设计院 舒廉甫）

## 三峡左岸电站 20kV/26kA 离相封闭母线

1999 年 4 月，就三峡左岸电站与 14 台机组配套的 20kV/26kA 离相封闭母线进行国内公开竞争性招标。要求投标者的业绩：额定电压 18kV 及以上，额定电流 12.5kA，安全运行一年以上。并要求投标者与国外封闭母线制造厂进行技术合作，引进生产本合同项下设备的必要技术。1999 年 7 月 22 日公开开标，投标的厂家有 4 个，最后中标的是镇江市电器设备厂。

### 一、主要性能参数（见表 1）

（一）技术引进

招标书建议卖方根据自身情况选择引进以下技术：

（1）母线本体的设计计算方法、程序、软件，如：电磁计算、热学计算、机械计算、共振频率计算等。

（2）快速拆装装置。

（3）特殊加工工艺。

（4）密封技术、伸缩节装置。

（5）卖方认为需要引进的其他关键技术。

在合同中卖方承诺引进英国 EMFORM 公司的下述技术以保证履行合同文件中的技术规范：

（1）EMFORM 公司为中国三峡工程封闭母线提供设计、制造、安装、试验所需的图纸、资料、标准和其他文件；

表 1 三峡左岸电站 20kV/26kV 离相封闭母线主要性能参数

| 名称 | | 主回路 | 分支回路 |
|---|---|---|---|
| 额定电压（kV） | | 20 | 20 |
| 最高电压（kV） | | 24 | 24 |
| 额定电流（kA） | | 26 | 0.5 |
| 三相短路电流（有效值）（kA） | | 160 | 300 |
| 额定峰值耐受电流（kA） | | 440 | 820 |
| 额定短时耐受电流（有效值）（kA） | | 160 | 300 |
| 额定短路持续时间（s） | | 2 | 2 |
| 额定冲击耐受电压（峰值）（kV） | | 125 | 125 |
| 工频耐受电压 1min（有效值）（kV） | 湿式 | 55 | 55 |
| | 干式 | 68 | 68 |
| 爬电比距离（cm/V） | | ≥1.7 | ≥1.7 |
| 母线冷却方式 | | 自然冷却 | 自然冷却 |
| 允许温度（℃） | 铝导体 | 90 | 90 |
| | 用螺栓紧固的导体接触面镀银 | 105 | 105 |
| | 铝外壳 | 90 | 90 |

（2）三峡工程封闭母线的电气、机械、热平衡的计算方法及计算书。

（3）快速拆装装置的图纸及技术。

（4）提供两面两台套封闭母线的快速拆装装置及 14 台套封闭母线的密封件等产品。

（二）在合同执行过程中主要技术条件的修改

（1）为满足爬电距离及外壳内空气间隙的要求，在绝缘子由瓷绝缘子改为环气浇注绝缘子的情况下，母线尺寸需要调整，原母线尺寸设计为：1050mm（直径）×15mm（厚度），外壳尺寸设计为：1510mm×10mm，改为母线 950mm×17mm、外壳 1510mm×12mm，母线最高温度由 86.01℃改为 87.715℃、外壳最高温度由 67.55℃改为 66.673℃。

（2）导体和外壳的同心度规定为±2mm，在合同执行过程中，英国 EMFORM 公司做不到，经过协商，同心度标准改为±5mm。

（3）母线外壳伸缩节合同要求采用铝波纹管，英国 EMFORM 公司提出由于铝波纹管的直径和厚度都比较大不能满足伸缩的要求（轴向位移±25mm、径向位移±20mm），也不能满足动稳定的要求，没有采用铝波纹管的经验。经过协商，同意改用 EMFORM 公司的橡胶波纹管代替铝波纹管。

（4）根据合同和规范的规定，在户内到户外的

82m高程处应装设隔离的穿墙密封套管或盆式绝缘子，并采取防止积水或结露措施。由于分界面是在直线段，虽可加装防潮呼吸器，但难以解决结露带来的问题。经过协商和研究，取消了盆式绝缘子，而在整个系统采用了微正压装置。母线自动充气机由气路系统和电控系统组成，当母线内压力低于300Pa，充气机自动向母线充气，当母线内压力达到700Pa，自动停止充气。母线自动充气机能自动对气实行无热再生干燥，并对气源减压，输出气体露点温度低于－40℃，输出气体压力5～6kPa。气源温度低于45℃，气源露点温度低于－10℃，含尘直径小于50μm，气源压力0.5～0.7MPa。

(5) 根据EMFORM公司的习惯和经验以及情况的变化，有些技术要求作了调整，如外壳支撑结构由抱箍结构改为鞍型支撑结构；多点接地改为单点接地；制动分支回路要求耐受26kA、300s改为耐受26kA、10min等。

（三）型式试验

按照离相封闭母线型式试验大纲及评审会会议纪要的要求，2002年6月进行了型式试验。首先在保定天威变压器有限公司检测中心进行了温升试验，包括母线本体温升试验和快速拆装装置温升试验，并对钢筋电磁感应发热进行了模拟和对比。随后，在西安高压电器研究所进行了其他项目的型式试验。试验时，有西安变压器研究所温升试验室的专业人员、葛洲坝电厂监理公司监造人员及用户代表现场见证。在西安进行的其他型式试验项目的试验设备均由西安高压电器研究所提供。

型式试验结果于2002年7月30日～31日在江苏长江电气集团有限公司，由三峡工程开发总公司组织召开了“三峡工程左岸电站20kV/26kA离相封闭母线型式试验专家评审会”，其主要评审意见为：长江电气集团公司按合同对试验段进行了型式试验。试验段包括母线支撑结构及环氧浇注绝缘子、母线拆装装置、母线软连接头、母线密封结构等，试验段母线按规定的材质、工艺制造，对三峡离相封闭母线合同的供货设备，试验段具有代表性，试验段设备的配置是合适的。试验项目符合规定，其中动、热稳定试验限于条件未进行，但根据合同规定要求，已由EMFORM公司提供了计算书。其他各项规定的试验项目由西安高压电器研究所进行了试验，包括绝缘电阻测量、温升试验、绝缘耐压试验、淋水试验、气密性试验、外壳防护等级试验。防护等级IP54限于试验条件，仅作了IP44的试验项目，但制造厂说明已按IP54设计。根据试验结果，专家听取了葛电监理公司监理工程师汇报及西安高压电器研究所对温升试验说明后认为，试验结果满足合同要求。

（四）试运行及商业运行

2003年7月三峡左岸电站2号机和5号机先后进行了72h试运行和商业考核运行。试运行成功，在考核运行一个月后均将投入正式商业运行。相应20kV/26kA离相封闭母线也通过了试运行，同样，在考核运行一个月后将投入商业运行。目前的运行情况是良好的，但由于水库尚未达到正常蓄水位，水头尚未达到额定水头，单机出力最大运行到550MW尚未达到额定出力700MW，更未达到最大容量840MV·A。所以，真正的考验还在后面，到那时，才能作出正确的结论。

（长江水利委员会设计院　易卜吉）

## 洪家渡水电站电气一次设计

（一）接入电力系统方式

洪家渡水电站装机容量3×200MW，年利用小时数为2598h，保证出力171.5MW，年发电量15.94亿kW·h。电站主要电力将送入贵州系统主网，担任调峰、调频及事故备用，是系统中较为重要的电站之一。电站运行方式：汛期少发电多蓄水，枯期多发电加大下级河床流量以提高下游各电站的保证出力和年发电量。近期可提高下游已建东风、乌江渡两电站保证出力239MW，增加年发电量6.57亿kW·h。远期可提高下游梯级电站保证出力833.1MW，增加年发电量15.096亿kW·h。

（二）电气主接线

电站发电机组为立式三相同步发电机，采用静止励磁方式和带空气冷却器的全封闭空气冷却系统。单机容量为200MW，功率因数0.875，额定电压15.75kV，额定转速200r/min，中性点通过消弧线圈接地。发电机电压接线采用发电机—变压器组单元接线，机端设置发电机断路器。电压装置采用通过离相封闭母线与220kV升压变压器相连。主变压器为三相双圈强迫油循环导向水冷变压器，容量为240MV·A，中性点为通过隔离开关接地。

电站出线三回220kV一级电压。220kV电压侧接线采用单母线三分段接线。每一段母线接进出线各一回，每一段母线及与其相接的进出线可独立并网运行，亦可与相邻母线并列运行。220kV配电装置采用$SF_6$全封闭组合电器，输电线路导线截面积采用双分裂LGJQ—2×500型导线。

（三）厂用电

每台主变压器低压侧引接一组15.75/10kV高压厂变作为厂用电源。机端设置发电机断路器，引接线采用离相封闭母线，高压厂变采用单相干式，设置限流熔断器柜以作短路保护用。110kV施工变电站的10kV侧引接一回厂用备用电源。两级电压供电的厂用电系统，高压10kV、低压380/220V。10kV母线共分四段，一、二、三段分别与机组对应，施工变电站10kV进线接至第四段母线，其间联络线构成环网。

与机组正常运行有直接关系的厂用电负荷归入机组自用电系统，由机组自用变压器组独立供电，即机组自用电和全厂公用电分别采用不同的变压器组供电。厂内设置三台10/0.4kV自用变、三台10/0.4kV公用变。机组自用电母线分三段，每段母线分别接一台变压器，接成单母线三分段环形接线，三段母线间装设备用电源自动投入装置。全厂公用电母线分三段，每段母线分别接一台变压器，采用单母线三分段环形接线。每段母线间装设备用电源自动投入装置。机组自用电及公用电各自成一体，成环形接线，每段母线均接有三个电源，在一个电源事故及检修情况下，均可以双电源供电。为保证照明电源质量，全厂独立设置两台10/0.4kV干式有载调压变压器供照明用电。照明母线分两段，每段母线分别接一台变压器，每段母线间装设备用电源自动投入装置。

坝区采用两台10/0.4kV干式变压器供电，坝区母线分两段，每段母线分别接一台变压器，每段母线间装设备用电源自动投入装置。由于本电站为大型调峰电站，开、停机频繁，经常全厂停机，有与系统失去联系的可能，而厂用外来电源又不十分可靠，失去厂用电源，机组有可能无法启动，同时为了确保大坝安全，在洪水期全厂停运及与电力系统失去联系的情况下，保证泄洪闸门的紧急开启及紧急开机，本电站在坝区设置一台柴油发电机作为大坝的防洪保安备用电源，同时再由坝区变压器接两台泄洪变压器至泄洪洞工作门。

（中国水电贵阳勘测设计研究院　王　勇）

## 李家峡水电站330kV、50kA户内GIS安装

### 一、工程概述

李家峡电站以一级电压接入系统，全套GIS为1.5倍断路器接线。共5串设备（其中15台断路器、42个隔离开关、54个接地开关等）、2个保护间隔及现地控制柜、三相共箱主母线2×32m、一套$SF_6$气体管道出线母线、五套$SF_6$气体管道进线母线、GIS所需的支撑结构及一套空压机系统构成。GIS设备由西安高压开关厂和日本三菱公司合作制造，设备采用现场组装的方式进行装配、调整、干燥、抽真空、充气、检查试验。330kV户内GIS主要技术参数如表1所示。

表1　330kV户内GIS主要技术参数

| 序号 | 项目 | | 参数 |
|---|---|---|---|
| 1 | 额定电压（kV） | | 330 |
| 2 | 最高工作电压（kV） | | 363 |
| 3 | 额定电流（A） | 主母线元件 | 2500 |
| | | 其他元件 | 2000 |
| 4 | 相数 | | 三相 |
| 5 | 额定频率（Hz） | | 50 |
| 6 | 额定开断电流（kA） | | 50 |
| 7 | 首相开断系数 | | 1.3 |
| 8 | 额定开合电流（峰值）（kA） | | 125 |
| 9 | 额定动稳定电流（峰值）（kA） | | 125 |
| 10 | 额定热稳定电流（kA） | | 50 |
| | 持续时间（s） | | 3 |
| 11 | 绝缘水平 | 雷电冲击耐受电压（峰值，1.2/50μs，相对地）（kV） | 1175 |
| | | 操作冲击耐受电压（峰值，250/2500μs，相对地）（kV） | 950 |
| | | 1min耐受电压（有效值，相对地）（kV） | 510 |
| | | 环温20℃；$SF_6$气体零表压，5min工频耐压（相对地）（kV） | $1.3\times363/\sqrt{3}$ |

### 二、结构特点

GIS主母线为三相共筒式，其余为单相式。断路器为单相式、双断口、单压灭弧、水平式布置，断路器不设合闸电阻。

GIS与主变压器高压侧采用$SF_6$气体管道母线相连接，与330kV高压出线电缆通过$SF_6$电缆终端连接。

断路器为单相操作、三相电气联动。隔离开关、接地开关为三相联动。除维修接地开关为手动现地操作外，其余均可远方和现地操作。

### 三、安装调试及主要质量控制点

#### （一）安装主要工序

基础安装⟶断路器就位⟶母线和相关设备安装、就位⟶抽真空、注气⟶开关合闸试验及各项检测⟶工频耐压⟶试运行

（二）主要质量控制点

设备基础的高程水平、设备安放位置、部件的清扫检查；设备组装、接地接头、空压系统安装的质量控制以及抽真空、注气的检查控制；试验检查、调试等进行质量控制。

（三）调试结果

(1) 绝缘电阻测定结果符合厂家要求。主回路大于1000MΩ以上，控制回路大于1MΩ以上。

(2) 分合闸操作试验。手动分合闸操作试验动作正常；连续操作试验动作正常；断路器空气罐容量试验符合厂家标准要求。

(3) 主回路电阻测试。小于工厂试验的20%。

(4) 泄漏试验。$SF_6$气体泄漏和空压气泄漏的测试合格。

(5) $SF_6$气体压力保持0.52～0.56MPa（随温度变化），空气压力保持1.4MPa。

(6) $SF_6$气体含水量测量。在运行前均进行含水量测量，测量结果小于$1.5\times10^{-4}$（体积比）。

(7) 连锁试验、CT试验、PT试验、LA试验均合格。

(8) 主回路工频耐压试验。408kV、1min通过。

(9) GIS系统试运行各测验结果合格。

经检查验收各单元工程合格率100%，优良率86%。GIS随机组试运行72h后，按要求移交给发包人进行商业性运行。

## 四、安装调试中问题的解决方法及改进建议

（一）$SF_6$气体铜管及接头漏气问题解决方法

GIS $SF_6$气体铜管及接头漏气属于产品质量问题，安装过程中主要采取了以下措施及改进建议：按制造厂的编号和规定的程序进行装配，不得混装；使用的清洁剂、润滑剂、密封脂和擦拭材料符合产品的技术规定；检查密封面应无划痕，否则，应进行妥善处理；密封圈变形不得使用；对接密封面不得涂抹过多油脂物；触头对接时应薄抹一层真空硅脂。（$SF_6$气体压力随温度变化保持值在0.52～0.56MPa范围）对发现的不合格产品，由业主对厂家按供货合同和售后技术服务进行协调和解决。由于产品质量的焊接缝技术不过关、连接法兰面做工不精心，运输过程中混装的铜管扭曲变形，现场组装时要校直，对已有裂纹的管路需进行现场焊接，焊接缝技术又不能满足技术要求。在安装过程中虽然采取了措施，但彻底解决漏气问题需要进行技术上的改进，后建议业主将$SF_6$气体铜管及接头全部换为自封接头软管，效果非常明显。

（二）安装环境问题的解决方法

由于设备安装和土建施工同时进行、安装环境条件差，为了解决设备组装时环境的清洁，不使导体内部受污染，采取临时封闭（搭设塑料防护棚）、专人用吸尘器、干燥空气发生器干燥空气清理等措施，严格保证安装现场的清洁无尘、环境湿度在允许范围内。工作人员穿戴干净的工作服装与鞋帽，打开对接面盖板时，其绝缘件严禁用手直接接触，必须戴洁净白色尼龙手套进行清扫。绝缘件及母线罐体内部用无毛纸蘸无水乙醇擦洗，擦洗完后用吸尘器清理。

（三）GIS操作压缩空气管路系统的管路设计改进建议

断路器、隔离开关、快速接地开关均为气动操作。GIS设有专用的压缩空气系统，气站设计在开关站的下一层地面。

由于GIS操作压缩空气管路系统的管路设计不尽合理，阀门装设在GIS层的下一层的天花板处，阀门关、开均需借助爬梯，穿楼板的管路因防火消防要求进行了防火涂料的封堵，但封堵的防火涂料由于有热胀冷缩和腐蚀现象，对其管路造成影响。另外，三个330kV断路器（一串）使用一个操作压缩空气管道，如果该管道发生故障，将使三台断路器受影响。后提出改进建议，将GIS操作压缩空气管路系统进行改造，新增一套操作压缩空气系统设备，重新布管线，只给隔离开关、接地刀闸供气；原压缩空气系统专给断路器进行供气。两系统主管间设手动阀，使系统互为备用。对两系统管线进行改造，将穿越楼板的管路增设膨胀管，GIS层的下一层的天花板处阀门改到开关站进行操作。这些改进意见得到业主和运行单位的认可及采纳，现运行单位已开始进行改造。经过改造，将解决GIS操作压缩空气管路系统的管路漏气和设计的缺陷，使开关站的安全运行得到保证。

（四）对GIS室均压接地网设计改进建议

GIS室均压接地网设计为（铜棒加连接板螺接，高出地面100mm）明敷，建议进行改造。GIS室地面明敷均压接地网和接地引线设计不尽合理，在地面敷设显得零乱，还容易磕碰运行人员；接地引线质量得不到保证，运行人员长期踩踏容易造成地引线螺丝连接松动，存在不安全隐患。

## 五、结束语

李家峡电站330kV户内GIS设备已安全运行四年，运行情况良好。打破常规分阶段进行安装和试验的方法，对加强工程进度和机组提前投产发电具有重要意义。

在工程施工中对存在的问题进行完善处理，为系统安全运行提供了保证，也为以后类似工程的施工积

累了宝贵的经验。

（中国水利水电第四工程局

王好学　陈生荣　庞秀岚　李振华）

## 乌江渡水电厂计算机监控系统

（一）电厂概况

乌江渡发电厂是乌江流域实施梯级开发兴建的第一座大型水电厂，总装机容量达1250MW，是国内大型一流水电厂，其中：左岸一号厂装机容量3×250MW，于1983年年初正式投入发电运行；右岸二号厂是“西电东送”工程首批开工项目之一，装机容量2×250MW，2003年8月8日首台机组发电。

（二）系统结构

该厂采用中国水利水电科学研究院自动化所研制开发的H9000计算机监控系统。系统由一号厂、二号厂、后方三部分组成，三部分的网络交换机之间用光纤级联。

一号厂计算机监控系统于1999年底投入运行。系统网络采用双冗余光纤以太网，分现地单元层和中央控制层。现地单元层采用GE90-70双CPU热备方式构成的可编程控制器，三台机组、110kV开关站、220kV开关站、全厂公用设备各设一个LCU；中央控制层采用Compaq公司Alpha XP1000/500工作站，包括两台操作员站、两台数据库管理机、一台工程师站、厂内、厂外通信站各一台，GPS时钟一台等。

二号厂监控系统与首台机组发电同步投运。采用H9000V3.0系统，双冗余光纤以太网，现地单元层采用QUANTUM双CPU热备方式构成的可编程控制器，PLC直接上网，不设前置机，两台机组、开关站、全厂公用设备各设一个LCU；中央控制层采用SUN Blade 2000 64位计算机工作站，包括两台操作员站、两台数据库管理机、一台工程师站和一台GPS时钟等。

二号厂监控系统投运后，原一号厂的两台数据库管理机退出，担任后方的操作员工作站。

（三）系统特点

1. 结构复杂、设备繁多、新老系统无缝连接

乌江渡水电厂分右岸老厂和左岸扩机两个厂房，上、下位机分别采用了不同厂家的硬件设备，H9000系统的版本也不同。在不影响老厂设备正常运行的情况下，在新厂设备投运的同时便实现了两厂设备的安全互联，数据共享，在控制权管理下，可互相控制，同时也实现了后方系统遥控。

2. 强大的应用开发支持系统

该系统配置了许多开发支持软件，如IPM图形报表工具软件、DEtool可视化数据库生成调试工具软件、Contol Lock可视化控制闭锁调试工具软件等二次开发工具。这些工具支持Alpha、Sun、Windows多种平台，界面风格统一，使用简单、易学，提高了系统生成的质量和效率，也改善了系统的可维护性。

3. 与电厂其他子系统的互联

该系统实现了与电厂其他子系统的全部数据交换，如MIS、辅机、励磁、调速、水情、闸门控制、电量计费系统等，有利于安全生产和运行管理。

4. 灵活的系统应用功能

该系统的AGC运行方式灵活，厂内经济可按两厂分开或两厂合一的方式运行，满足省调的要求。

（中国水利水电科学研究院　袁　宏　王德宽）

## 龙羊峡水电站AGC控制与机组在线监测系统的配合使用

（一）计算机监控系统

1. 计算机监控系统结构

该系统是有主控机（上位机）及现场控制单元（下位机）两级组成的分层分布式控制系统。机组LCU主要完成发变组的数据采集处理，机组的启停控制与有功、无功的调节，发电机出口断路器的操作等。

2. 计算机监控系统的作用

计算机监控系统是利用计算机对水电站的电能生产过程进行的一种控制，采用计算机控制的目的是为了提高水电站的自动化水平，提高水电站的供电质量，提高水电站的安全运行水平，提高水电站的劳动生产率和经济效益。在水电站计算机控制中，利用计算机代替传统自动控制中的控制器，使控制过程更合理、更灵活、更及时。计算机控制比传统的自动控制有更多的优越性和更大的经济效益。

通过实时控制系统，主机完成程序的存储，并根据事先安排好的程序自动地对水电站的运行信息进行计算、分析、做出相应的控制决策、发出控制命令。其控制程序和控制数据是事先设计好的，通过主机与输入输出通道的联系来连接各种电量、非电量及开关量与被控对象，并通过接口电路来传送有关信息和命令，依靠系统总线使整个计算机系统有序、高效率地投入运行；控制系统的软件由系统软件和应用软件组成。

计算机监控系统的主要功能是实现全厂闭环自动控制，提高输送电能的质量，提高发电运行的经济效益，提高电站的安全运行和自动化管理水平。

3. 自动发电控制（AGC）功能

设计该项功能的目的为：运行方式设定、机组优化组合、机组自动启停控制、有功自动调节、自动调频、低频自启动等。根据给定的全厂负荷或负荷曲线，自动确定开机台数、运行机组号，自动调整各机组的有功出力，进行经济运行。调频运行时自动监视维持330kV系统频率在允许的频率波动范围内。

（二）在线监测及分析诊断系统 PSTA2000

1. 系统功能

PSTA2000系统是一套建立在水电站水轮发电机组上基于WEB的状态监测与跟踪分析系统，实现在线监测、分析与诊断功能，并将数据上网，使计算机网络可达到的范围内都可有效地对机组状态进行监测分析，读取相应的自动诊断状态报告，以尽早发现潜伏性故障，提出预警，避免发生严重事故，保证机组的安全、经济运行提高经济效益和社会效益。

系统的具体功能包括数据采集及实时监测、故障预警、优化运行、故障判断、性能评估、调修评估、远程诊断、预测维修，系统扩展，可与本厂MIS系统联手工作。此项目的实施和完成，最终将为水电厂“无人值班（少人值守）”管理模式提供有力保障。

2. 系统监测功能模块

系统监测功能模块有：①上导摆度监测模块；②机架振动监测模块；③水导轴承运行状况监测模块；④发电机定子振动监测模块；⑤法兰运行状况监视模块；⑥顶盖振动监测模块。

3. 3号机在线监测系统实验

通过3号机在线监测系统工况实验，从试验报告中得出：上导、水导、推力轴承摆度及瓦温，上下机架、定子、垂直振动，压力脉动等数据。从机组负荷的变化趋势可以看出，当负荷在60～100MW和140～150MW，尤其在140～150MW时，振动、摆度都会剧烈增加，机组应当避免在这些负荷区运行。负荷在140～150MW时，瓦温上升速率较高，说明此时各导轴承受力条件下降，对导轴承产生不利的影响。另外，以定子叠片松动为例，给出一个故障巡检的示例。通过瀑布图的方式，给出了定子机架振动在一年里的变化趋势。试验结果显示该参数并没有明显增加的倾向，说明尚未出现定子叠片松动故障。运行人员通过系统给出的报警、预警信息可随时掌握机组当前工作状态。

（三）现场运行情况

实际情况是龙羊峡水电站AGC功能未全部利用，现可以进行全厂有功给定、成组或单机切换、允许网调遥控、机组自动调频功能、网调远方开停机操作、机组禁运区设定、高周减出力，其余如低频自启动功能、优化开停机权不能使用。在规定系统频率范围内，3号机通过在线监测系统与监控系统AGC联网配合运行可自动避开不稳定负荷区，使机组实现优化和经济运行。

计算机监控系统AGC及3号机在线监测系统的实施与运行，提高了龙羊峡水电站发电设备的自动化水平、安全运行水平。伴随实现无人值班（少人值守），加之龙羊峡水电站在电网中的重要性，自动化设备仍需不断完善、改进和充分利用，以提高其可靠性。

（四）结论

计算机监控系统及3号机在线监测系统的配合运行是成功的，具有很高的可靠性，但还存在以下一些不足：

(1) 需进一步解决监控系统尚未利用的各项功能，使设备安全经济运行。

(2) 通过监控系统AGC与3号机在监测系统的成功配合使用，应在今后逐步推广完成另外3台机的在线监测系统的安装使用。

通过以上问题的解决，龙羊峡水电站的计算机监控系统AGC与3号机在线监测系统配合使用才能充分发挥其作用，才能真正提高设备运行的可靠性，真正实现遥控、遥调、遥测、遥信，使电站逐步迈向国际一流。

（龙羊峡水力发电分公司　方景家）

## 三峡左岸电厂发电机和变压器的继电保护

三峡左岸电厂安装了额定容量700MW（最大容量840 MV·A）的14台发电机和14台840Mvar的主变压器。1号～3号、7号～9号机的保护由SIEMENS公司供货，4号～6号、10号～14号机由ABB公司供货。保护考虑了主保护的多重化，而且在保护盘上将所有保护分成两套彼此独立的子系统，每个子系统都有自己的主保护和部分后备保护，它们的输入、输出，直流操作电源以及断路器的跳闸线圈都是相互独立的，在运行中任一子系统故障都不会影响机组的正常运行。

发电机采用了经配电变压器接地的高阻抗接地方式，在发生定子一点接地故障时，瞬时断开发电机断路器和灭磁。保护采用了测量机端零序电压和注入低频信号的保护各2套，分别装入两个子系统，其中SIEMENS的保护注入20Hz的低频信号；ABB的保护注入12.5Hz的低频信号。注入低频信号保护的跳闸灵敏度可达1kΩ，报警灵敏度可达10kΩ，即使发电机在中性点及附近产生单相接地故障，也能可靠的切除故障，弥补了采用测量机端零序电压型保护在中性点附近5%～10%区域保护不到的缺点。这对发电机电压10kV以上的大型机组尤为重要，因为对于采用棒式绕组的10kV以上大型水轮发电机组来说，各类故障都要经过定子一点接地的过程，其他类型的内部故障都是由定子一点接地故障引起和扩大而引起的。

发电机为定子绕组五分支的水内冷，对匝间短路、相间短路，采用了裂相保护、中性点不平衡保护和完全纵差保护，它们均瞬时动作于跳闸和停机。裂相保护为每相3个分支和每相2个分支组共用的电流互感器，反极性差接组成三相式保护。中性点不平衡保护接在定子每相3个分支并联后组成的星形和2个分支并联后组成的星形的中性点连线上的电流互感器的副边。用于裂相保护的电流互感器电流同时又和机端电流互感器构成完全纵差，用以对发电机的相间短路和匝间短路进行保护。子系统中的保护配置为：

（1）子系统1：定子一点接地保护、完全纵差保护、裂相保护、发电机失步、定子过电压、定子过负荷、失磁保护、主变压器差动保护、主变压器零序保护、发电机后备、断路器保护、厂用变压器过流、过负荷和励磁变压器过流保护、电压互感器断线闭锁等。另外还包括非电量的输入量，如主变压器冷却器电源消失和全停、主变压器内部故障引起的油压过高、主变压器轻瓦斯动作保护等。

（2）子系统2：定子一点接地保护、中性点不平衡保护、发电机负序电流、发电机变压器组过激磁、主变压器差动保护、主变压器零序保护、励磁绕组一点接地、励磁绕组过负荷、失磁保护、厂用变压器差动、励磁变压器差动保护、电压互感器断线闭锁等。另外还包括非电量的输入量，如主变重瓦斯动作、主变压器温度升高、厂用变温度升高、励磁变温度升高等。

（长江水利委员会设计院　江万宁）

## 把750kV示范工程建设成一流的精品工程

2003年2月19日，国务院总理办公会正式批准公伯峡送出及750kV输变电示范工程的可行性研究报告，3月7日国家计委以计基础［2003］360号文印发《国家计委关于审批西北电网公伯峡水电站送出及青海官亭至甘肃兰州东750千伏输变电示范工程可行性研究报告的请示》的通知。

国家电网公司从工程前期至今的各项工作都给予领导和大力支持，现在作为750kV输变电示范工程的项目法人，负责工程建设过程中重大事项的决策事宜。

2003年4月2日，国家电网公司郑宝森副总经理在北京主持召开了西北750kV示范工程领导小组第一次会议。郑总对国家电网公司西北公司（以下简称西北公司）在750kV输变电示范工程的各项工作中取得的成绩和成果给予充分肯定，强调指出西北750kV输变电示范工程具有划时代的里程碑意义。

会议对750kV示范工程的工期、预初步设计补充原则、设备选型、后续科研立项、工程设计、建设管理等方面的重大问题进行了商讨并做出具体部署。

国家电网公司作为项目法人，2003年4月9日以国家电网工［2003］93号文下发了《关于国家电网公司委托西北公司负责组织建设750千伏输变电示范工程的通知》。西北公司受国家电网公司的委托，将全面负责750kV输变电示范工程的建设。在国家电网公司领导小组的领导下，西北公司与协调办公室紧密配合，在规定的工期内，遵照国家的有关法律和法规，选择合理的建设管理方式和方法，具体负责组织工程的设计、施工、监理招标，负责设备的采购和工程建设管理，负责工程质量、进度、安全和资金管理；负责落实征地、拆迁及赔偿等协调工作。

2003年5月15日，国家电网公司西北公司西北750kV输变电示范工程领导小组第二次领导小组会议在北京召开，由郑宝森副总经理主持。会议围绕750kV输变电示范工程电气主设备招标、断路器选型、主设备标书编制和评审原则等重大问题进行了讨论，形成了一致意见：原则同意本期工程断路器选型采用专家工作组推荐的简化GIS方案，同时继续研制开发750kV罐式断路器；同意国家电网公司西北公司提出的设备招标文件技术和商务部分的编制原则、技术参数编制和修改原则、邀请招标的方式和单位的选择原则、设备分包授标方式、评标方案、设备招标批次划分及计划安排等。

现将该示范工程概况介绍如下。

1. 工程规模

750kV官亭变电站，装机容量150万kV·A；750kV兰州东变电站，装机容量150万kV·A；750kV官亭—兰州东线路153km。

750kV示范工程总投资为14.6亿元。其中，750kV部分投资为10.4亿元，330kV部分及二次系统投资为4.2亿元。

2. 工程计划进度

根据公伯峡水电站机组的投产进度和330kV系统过渡方案计算校核结果，750kV示范工程建设进度安排如下：配合公伯峡第3台机组投产发电，2005年2月底建成330kV部分；配合公伯峡第5台机组投产发电，2005年8月底建成750kV官亭、兰州东变电所和750kV官亭至兰州东输电线路。

3. 工程环境条件

750kV示范工程地处我国西北青海和甘肃高海拔地区，日夜温差大，紫外线较强，风沙大且时有沙尘暴袭击，终年干旱少雨。750kV官亭和兰州东变电站的海拔高度分别为1870m和1890m，750kV送电线路海拔高度在1830～2880m之间；两个变电站污秽等级均为Ⅱ级，送电线路最高达至Ⅲ级；线路覆冰10mm和15mm，最高达20mm。

影响750kV示范工程外绝缘水平的关键环境因素是高海拔和污秽条件。西北地区高海拔、污秽绝缘问题比低海拔地区更加突出，与平原地区相比，高海拔地区输变电设备的外绝缘需要选择较高的水平，且海拔越高，要求的外绝缘水平越高。

4. 工程设计

2003年2月，工程的预初步设计工作已经开始，预初步设计审查将在断路器的选型方案确定后完成。变电工程预初步设计主要有提出主设备规范书、确定初步设计的主要设计原则、提出变电所征地图三项任务。目前，已完成主设备规范书编制和西北公司组织的初步设计原则评审工作。

工程初步设计工作，变电部分在变电工程预初步设计审查结束后开展时间为2003年6月～8月；线路部分初步设计工作计划2003年8月底前完成，目前已完成设计风速、遥感地质解译专题研究工作。

750kV示范工程第一次领导小组会议同意邀请南非国家电力公司（ESKOM）对本工程的初步设计进行国外咨询。南非765kV输变电工程有与西北类似的高海拔环境条件，平均海拔高度为1500m，且已有16年的765kV系统运行经验。目前，西北公司正在与南非国家电力公司协商具体设计咨询事宜。

超高压输电线路是大型电力系统中的重要环节，750kV示范工程将在我国“西电东送”北方通道工程中发挥推动作用。国家电网公司要求把750kV示范工程建设成为一流的精品工程。

（年鉴编辑部 常兆堂）

## 三峡将建三个世界最大换流站

随着三峡电站的建成，以三峡电站为中心方圆100km范围内，将配合三峡输电工程建设三个世界最大的换流站，加上已经投运的葛洲坝换流站，四个世界级换流站的换流总容量达到1020万kW。我国三峡地区不久将成为全球设备最先进、技术最领先、站线最密集的直流输电中心。

直流输电是将发电厂发出的交流电通过换流器变成直流电，然后通过直流输电线路送至受电端再把直流电变成交流电，注入受端交流电网。直流输电具有传输功率大、线路造价低、控制性能好等特点，是目前世界上发达国家作为解决高电压、大容量、长距离送电和异步联网的重要手段。我国于1989年在葛洲坝至上海的输电工程中开始应用直流输电技术。随着三峡电站的建设投产和西部大开发加快，直流输电工程在我国电网建设中发挥着越来越重要的作用。

为实现三峡电力外送，目前在三峡电站周围设计建设3个输送功率为300万kW的换流站，2900多公里的直流输电线路。其中有湖北宜昌龙泉换流站，整体工程基本建成，今年年底单极投运，明年5月双极投运；湖北荆州换流站工程现已进入设备全面安装阶段，计划2004年2月单极投运，4月双极投运；湖北红花套换流站，2004年开工，2007年投运，目前已完成站址勘测。

# 金 属 结 构

## 引子渡水电站金属结构设计简介

（一）工程概况

引子渡水电站永久金属结构工程按水工枢纽布置分为引水发电、泄洪两大系统。引水发电系统包括8扇拦污栅、14道栅槽、1扇进水口检修门、1道进水口检修门槽、2扇尾水检修门、3道尾水检修门槽以及相应的启闭设备——1台500kN进水口门机、1台2×1600kN固定式卷扬机、1台2×630kN尾水门机。泄洪系统包括：3扇溢洪道弧形工作闸门、3道闸槽以及相应的启闭设备：3台2×3000kN液压启闭机。临时设施导流洞封堵闸门1扇以及相应的启闭设备——1台2×1600kN固定式卷扬机（借用进水口检修门的固定式卷扬机）。

该工程可行性研究报告于1999年10月审查通过，3×120MW可行性研究专题报告于2000年7月审查通过，金属结构招标设计于2001年6月完成，金属结构施工详图设计在2002年底基本完成。

（二）引水发电系统

1. 进水口拦污栅及启闭设备

发电洞进口拦污栅为平面直立结构，7孔布置，孔口尺寸3m×23.1m，底坎高程1029.90m。前后设置两道栅槽，一道为工作栅槽，拦污栅数量8扇，一套拦污栅作为清污栅备用。拦污栅分为8节，节间连接采用销轴连接，NL150滑道支撑，荷载按4m水压差计算。计算启闭力时，考虑污物重量5t、动水起吊时的水压差1.5m。启闭设备选用500kN双向门机，轨上/轨下扬程5/60m，轨距5m，工作级别Q2，人工清污，清污平台高程1092.50m，采用1.5m水压差作为提栅清污报警水压差。

2. 进水口检修闸门及启闭设备

在进水口拦污栅后面设置了一道检修闸门，检修闸门为平板滑动形式，孔口数量1孔，孔口尺寸9m×10.5m，底坎高程1029.90m，设计水头57m。闸门分为4节，下游止水，主支承采用滑道支承，材料为NL150，摩擦系数取0.13。工作条件为静水启闭，利用闸门上设的充水阀充水平压。检修平台高程1087.00m，启闭机平台高程1105.50m，计算启门力时考虑2m的水压差，启闭设备为回收导流洞2×1600kN固定式卷扬机，工作级别Q2，吊点距6.64m，扬程60m，启闭机检修使用临时起吊设备，通过室顶预埋的吊钩（承重10t）进行。

3. 尾水检修闸门

尾水管出口尾水检修闸门为平板滑动形式，3孔布置，2扇闸门，孔口尺寸12m×4.7m，底坎高程958.34m，设计水头17.7m。检修闸门分为2节，下游止水。主支承采用铸钢滑道支承，摩擦系数0.5。工作条件为静水启闭，利用旁通管充水平压。检修平台高程986.00m，启闭机平台高程994.20m，计算启门力时考虑2m的水压差，启闭设备为2×630kN尾水门机，轨上/轨下扬程6.5/37m。

（三）泄洪系统闸门及启闭设备

溢洪道作为本电站惟一的泄洪建筑物，分为3孔，由于弧形工作闸门具有检修的条件，故不设检修闸门，只在溢流堰附近设置3扇弧形工作闸门，孔口宽度11.5m，设计水头19m，高程1067.958m，支铰高程1078.958m。闸门为斜支臂（三支臂）球铰弧形工作闸门，球形铰采用SKF生产的GEP球面轴承，轴径为460mm，摩擦系数0.14。闸门弧面半径22m，支铰离底坎高度11m，闸门分为7节，3根主横梁，3根斜支臂。动载系数1.2，三主梁按多跨超静定结构力学弯矩分配法计算，主梁与支臂刚度比为5.69。底、中主梁采用箱形结构，底、中支臂采用箱形结构，上支臂采用单腹板结构。工作条件为动水启闭，有局部开启要求。检修平台高程1087.00m，液压缸挂点高程1090.50m，泵站布置在高程1092.50m的闸墩上，启闭设备为2×3000kN液压启闭机，行程11m，工作级别Q3-中，吊点距10.3m，一孔一机布置，一台移动泵站作为备用。启闭机检修使用临时起吊设备，在交通桥上操作。

（四）施工导流系统闸门及启闭设备

1号导流洞进口设置一道封堵闸门，孔口数量1孔，闸门数量1扇，孔口尺寸9m×11m，底坎高程974m，设计水头94m。检修封堵闸门为平板滑动形式。闸门分为7节，下游止水，主支承采用滑道支承，材料为TS-70C，摩擦系数取0.13。底节主梁为箱形结构，其他主梁为单腹板结构。工作条件为动水启闭，启门水头5m，闭门水头4.5m。检修平台高程993m，启闭机平台高程1018m，计算启门力时按4m的水头计算，启闭设备则借用引水发电洞进水口2×1600kN固定式卷扬机。

（中国水电贵阳勘测设计研究院　杨清华）

## 乌江洪家渡水电站金属结构设计

（一）工程概况

洪家渡水电站金属结构设施分别布置在泄水建筑物、引水建筑物、尾水建筑物和施工导流洞的相关部位，共有各种闸门（拦污栅）26扇，各种门（栅）槽26道，各种启闭机共13台套，金属结构设备总工程量约5000t。

（二）引水发电系统

1. 进水口拦污栅及启闭设备

引水建筑物为三洞三机独立布置。塔式取水口前缘设置拦污栅，倾斜式布置，倾斜角70°，栅间由混凝土闸墩分隔，栅后连通。拦污栅设计荷载为5m水压差，栅体分6节，节间为销轴连接，主支承为钢滑块。每个取水塔顶设置一台移动式清污机，兼作拦污栅的安装、检修起吊设备。耙斗式清污机起升机构采用变频调速，可同时满足于清污和提栅的不同起升速度；自动抓构式机械抓梁可通过浮动块直接挂入拦污栅梁的腹板；机械加压式耙斗在栅槽内设有专门的轨道。

2. 进水口事故检修闸门及启闭设备

每条引水进口设置平板事故检修闸门一扇。事故检修闸门竖井设在距离取水口前缘101m处山体内，门槽至取水口洞段无检修条件，采取增大前缘洞段衬砌保护措施，不再设置检修闸门。事故检修闸门为平板定轮闸门，动水关门、静水启门，启门水压差5m。

闸门分为3节，节间为螺栓连接，门上设置楔式闸阀充水平压，主支承为滚动轴承定轮，水封设计成双肢Ω形。固定卷扬式启闭机，布置在闸门井顶部启闭排架上。

3. 尾水检修闸门及启闭设备

共设6扇尾水检修闸门，平板滑动，静水启闭，旁通管充水平压，启门水压差3m。闸门为工地现场整体制作，主支承为HD-FZ8滑道。共用一台台车式启闭机配自动抓梁操作，设在启闭排架上。

（三）泄洪系统

1. 溢洪道工作闸门及启闭设备

溢洪道溢流堰处设置两扇弧形工作闸门，采用表孔弧门双缸液压机操作，液压机布置在闸墩侧墙上。动力房设在闸墩顶部。闸门运输单元6节，为三斜支臂球铰弧形闸门，主梁、支臂均采用箱形结构，球铰采用迪瓦公司生产的自润滑球面滑动轴承。

2. 泄洪洞工作闸门及启闭设备

弧形工作闸门设置在泄洪洞有压洞段出口，闸门动水启闭，一般情况下全开全关；当水头低于45m时，可做局部开启。闸门左右分为两节，采用主纵梁布置方式，主纵梁与支臂均为箱形梁结构，节间用高强度螺栓连接，左右门叶在工地安装后，弧面拼焊处用8mmV形小坡口施焊密焊。门叶结构焊后要求消除焊接应力及变形，门叶面板及左右门叶连接面要求机加工。闸门两道止水，一道为框形液压伸缩式变形止水，另一道为常规P形水封、刀形水封组合而成的辅助止水。突扩跌坎门槽，突扩0.4m，跌坎高度1.517m。在闸室工作段上下游均采用了钢板衬砌保护，衬砌钢板的厚度20mm。采用摇摆式液压机操作，液压机上方设置一台桥式起重机，供液压机检修时使用。

3. 泄洪洞事故检修闸门及启闭设备

事故检修闸门竖井设在距离进口前缘约140m处山体内，Ⅱ型门槽至进口洞段无检修条件。事故检修闸门为平板定轮闸门，动水关门、静水启门，启门水压差5m。闸门分3节，节间为螺栓连接，门上设置楔式闸阀充水平压，主支承为滚动轴承定轮、轮压5300kN、轮径900mm，水封设计成双肢Ω形，与库水相通。固定卷扬式启闭机布置在闸门井顶部启闭排架上。

（四）施工导流系统

本电站2号导流洞设置封堵闸门一扇，为平板滑动闸门，主支承采用NL150型滑道，线压为65kN/cm，节间采用焊缝连接，水封设计成双肢Ω形，与库水相通。

洪家渡水电站汛期导流洞过水时，有大量粒度较大的推移质经过门槽，为提高门槽抗磨蚀、空蚀能力，故2号导流洞闸门门槽体型上采用Ⅱ型门槽，宽2.67m，深1.335m，宽深比为2；结构上加大底板钢衬宽度至3.11m，底板以上4m高范围内全断面采用钢板衬砌。

启闭机为固定卷扬式，布置在闸门井筒顶部工作平台上。

（中国水电贵阳勘测设计研究院　陆一婷）

## 三峡电站进水口快速闸门4000/8000kN液压启闭机安装

（一）工程概况

三峡左岸TGP/CIV-4-2标段电站14台机组，每台机组进水口内布置一台快速液压启闭机，用于操作启闭电站厂房进水口快速工作闸门。

液压启闭机采用“一机一泵”控制传动方式，共布置14台，油缸安装在坝体高程178.00m高程机房内，液压泵站安装在高程182.00m专用机房内。

液压启闭机总体布置形式为单吊点，尾部球面法兰支承，双作用油缸，现地控制，或远方集中控制。

（二）安装

电站进水口快速闸门4000/8000kN液压启闭机由油缸总成、液压泵站总成、电控设备及其二期埋件组成。启闭机油缸总成、液压泵站总成及电控设备分别安装在左岸电站高程178m、高程182m专用机房内。启闭机油缸总成包括油缸、油缸机架、行程检测和指示装置、行程限位装置、液压管路系统等；液压泵站总成包括油泵—电机组、油箱及其附件、缸旁阀组等；电控设备包括电控柜及其相关电路，用于将启闭机油缸总成与液压泵站总成连接，完成启闭机的启闭工作。

4000/8000kN液压启闭机安装工序：二期埋件（油缸机架、油箱、电机泵）→机架（含球面或锥面支座）安装并调整→支座→油缸及附件装配吊装→油缸缸旁阀组安装→行程限位位置开关和开度检测装置的安装→油箱及附件装配吊装→油泵→电机组吊装→油箱与油泵→电机组间连接并调整→泵站阀组安装→泵站压力试验和冲洗→液压管路工地排管安装、试压和冲洗→液压管路、油缸和泵站间的系统连接→电气控制系统安装→液压启闭机调整试验→液压启闭机连接闸门无水试验→整体验收。

（三）主要施工难点

1. 液压油缸安装

4000/8000kN液压启闭机油缸外形长度18755mm，最大直径2000mm，质量为48.6t。由于启闭机液压油缸自身长、运输和吊装要求高，加之现场环境和起吊设备的限制，油缸吊装采用4500kN坝顶门机进行，油缸在坝顶空中翻身，用50t汽车吊辅助翻身。因4500kN坝顶门机起吊高度有限，扬高22m，在保证满足起吊载荷的前提下，应尽量减少起吊钢丝绳的长度，经计算插装一根直径为36mm、长度为4.2m的环形吊装钢丝绳，使其有效使用长度小于2m，保证油缸翻身并保持竖直后顺利通过启闭机房顶部。

2. 液压管路二次装配

液压启闭机全部管路需在工地进行排管安装，按照管路的安装位置进行排管、点焊，然后拆散，焊接后重新进行安装。液压管路与法兰采用氩弧焊焊接，选用与不锈钢管管材相匹配的焊丝，焊丝牌号为1Cr18Ni9Ti，焊丝直径为1.2mm。对于二次装配的管路需在工地进行循环冲洗，现场将管路连接成一个回路，不同回路通过三通或四通连接成一个整体进行冲洗，不同管路采用变径连接。冲洗压力3MPa左右，流速3～4m/s，温度40～50℃，清洗后达到管路中无杂质和污染物，最终使冲洗油液污染等级达到NAS8级。

3. 启闭机联闸门无水调试

闸门吊杆连接后整体锁定在高程153m平台的锁定梁上，且不影响油缸活塞杆的收缩。启闭机空载调试合格后，移动吊杆用销轴将顶节杆与活塞杆及底节杆与闸门吊头连接。

活塞杆与闸门吊杆连接后进行启门，启门时，高压液压油经缸旁阀组进入油缸有杆腔进行启门，同时无杆腔里的液压油经回油管路流回油箱，启门速度由变量泵的流量决定，调整变量泵的流量大小来控制启门时间不超过20min。闸门启到极限位置进行慢速闭门，慢速闭门速度由缸旁阀组上的溢流阀决定，调整溢流阀改变控制阀的横截面积来控制慢速闭门时间小于40±8min。再将闸门启到上极限位置进行快速闭门，快速闭门时电机不启动靠闸门自重产生的压力使有杆腔的液压油经缸旁阀组回到无杆腔，形成差动回路，同时油箱向无杆腔补油，从而实现快速闭门的目的。

4. 主要施工工期

三峡左岸电站进水口第一台4000/8000kN液压启闭机于2002年10月开始安装，2002年12月底完成了6台液压启闭机的安装，2003年3月完成了4台液压启闭机的安装。2003年5月完成了三峡二期TGP/CIV-4-2标段液压启闭机与快速闸门的连接无水调试。

（中国水利水电第四工程局　袁　静）

## 三峡水电站压力管道设计研究与优化

（一）工程概况

三峡水电站为坝后式厂房，共装机26台，左岸电站14台，右岸电站12台；单机容量70万kW，总装机容量为1820万kW；采用单机单管引水方式。压力管道内径为12.4m，最大设计水头为139.5m，$HD$值为1730m²。压力管道由进口段、渐变段、上斜直段、上弯段、斜直段、下弯段、下平段和厂房内段组成。进口段、渐变段为钢筋混凝土结构，不设钢衬；上斜直段为坝内埋管段；上弯段至下弯段为钢衬钢筋混凝土管；下平段和厂房内段按明钢管设计。每条钢管长122.80m。压力管道采用坝后背管布置形式，在下游坝面预留浅槽，管道埋入下游坝面以内约1/3管径，采用钢衬钢筋混凝土管形式。

（二）压力管道布置形式研究

三峡电站压力管道有两个显著特点：一是管道条数多，二是管道直径大。着重研究了以下几种管道布置形式：

（1）坝内埋管布置形式。

（2）下游坝面布置形式，管道布置于下游坝面之外。

（3）预留槽形式：又分为全留槽形式（管道顶面与下游坝面齐平）和半留槽形式（管道一半在下游坝面之内，一半在下游坝面之外）。

通过计算分析和模型试验研究，上述各种形式均是可行的，但各有优、缺点。坝内埋管方案可节省开挖工程量，钢管较短，水头损失稍小；缺点是存在施工干扰。下游坝面布置方案，对坝体应力有利，对坝体混凝土施工干扰小，缺点是增加了管道长度，加长了厂坝间距，增加工程量。下游坝面预留槽方案，综合了埋管与背管的优点。在进行压力管道布置时，还需考虑下游坝面高程120m施工栈桥。为此上弯段以前的管道轴线略带倾斜，倾角3.5°。压力管道背管段的布置经综合比较后采用浅预留槽形式，下游坝面以内的留槽深度为6.47m，约1/3的管体在坝面以内。

（三）压力管道结构形式研究

三峡电站背管段的压力管道比较了两种结构形式：明钢管和钢衬钢筋混凝土管。明钢管的设计理论和方法简明，有较多的工程实践经验。明钢管选用6MPa级钢板，板厚32～54mm。为避免钢管直接日晒，减少温度影响，在钢管外包一层混凝土，厚1m；其间设软垫层，以减小混凝土中的应力。钢衬钢筋混凝土管，安全系数取2.2，选用16MnR钢板，钢衬厚度为30～36mm，需配置钢筋3～4层。

主要从以下几方面考虑选用钢衬钢筋混凝土管结构形式：

（1）钢衬钢筋混凝土管的安全度相对较高。钢衬和钢筋两者在同一部位同时出现缺陷并导致破坏的概率很小。万一发生事故，也不会像明钢管那样是撕裂性的突发事故。

（2）钢衬可采用国产的16MnR钢，板厚在36mm以内，便于制作安装，有利于保证材质和焊接质量。

（3）管道钢材可基本立足于采用国内钢材，不受进口钢材许多条件的制约。

（四）钢衬钢筋混凝土管设计与优化

钢衬钢筋混凝土管最早在前苏联的一些大型水电站中应用，我国从20世纪80年代开始也在一些大型电站中应用。钢衬钢筋混凝土管作为一种组合结构，钢衬与钢筋混凝土能可靠地联合承载，管道混凝土在设计荷载下带若干径向裂缝工作，裂缝处钢衬与各层钢筋的应力较接近，设计时采用统一的安全系数。为保证结构的耐久性，应限制裂缝的宽度，必要时可在混凝土表面喷涂保护层，防止钢筋锈蚀。

三峡电站钢衬钢筋混凝土管在施工阶段对以下几方面进行了优化。

1. 安全系数　前苏联早期的钢衬钢筋混凝土管的安全系数取2.7，萨扬舒申斯克电站取1.8～2.0，我国几个大型电站取2.2～2.4，三峡电站在技术设计初期取2.2。根据大比尺模型试验成果及实践经验，并考虑到三峡电站的重要性，安全系数取为2.0。

2. 钢筋材质选择　在技术设计和招标设计阶段，管道环向钢筋采用二级钢筋，直径为36～40mm，普遍达4层，最多为5层。后考虑采用新三级钢筋，屈服极限大于400MPa，经论证，设计中采用Ⅲ级钢筋的抗拉强度，从而减少了钢筋用量，既减少了钢筋层数，方便施工，在经济上也是有利的。

3. 钢衬材质选用　在技术设计阶段，钢衬全部采用16MnR钢，最大板厚36mm。这有利于钢衬加工焊接，但由此带来钢筋层数过多，不利于混凝土浇筑。因此，在提高钢筋级别的同时，也提高钢衬强度级别。在管道的下弯段及下平段采用6MPa级钢板，厚度为26～34mm。这样钢筋的层数均不超过3层。

4. 钢筋布置方式　在技术设计阶段，混凝土中的钢筋采取用均匀分布的方式。从限制管道混凝土外表面的裂隙宽度考虑，在靠近混凝土外表面应多配钢筋，提高该部位的含筋率。为此，在管道混凝土外侧布置2层钢筋，内侧布置1层钢筋。这种布置方式对限制裂缝的作用在大比尺模型试验中得到了验证，外表面的裂缝宽度较小（0.1～0.2mm）。

表1　三峡电站压力管道优化设计前后工程量　万t

| 阶段＼材质 | 钢衬 16MnR | 钢衬 6MPa级 | 钢筋 Ⅱ级筋 | 钢筋 Ⅲ级筋 |
|---|---|---|---|---|
| 优化设计前 | 3.44 | 0 | 4.28 | 0 |
| 优化设计后 | 2.50 | 0.78 | 0.90 | 1.91 |

经优化设计，三峡电站26条压力管道的工程量变化见表1。减少了钢筋层数，方便施工，易于保证混凝土浇筑质量，并节省投资。

（长江水利委员会设计院　陈际唐）

## 三峡左岸电站厂内1200/125t桥式起重机

（一）工程概况

三峡工程电站左岸厂房内安装有2台1200/125t单钩和2台125/125t双小车桥式起重机，分上、下层布置。1200t桥机布置在下层，轨顶高程93.5m，125/125t桥机布置在上层，轨顶高程105.5m。

1200/125t桥机主钩起吊重1200t，属世界之最。该桥机用于三峡左岸电站装设14台700MW水轮发电机组的安装检修，年安装强度4～6台，能起吊机组的最重部件发电机转子（约2100t）。它采用3梁结构，主副钩都有自己独立的小车，可在桥架上全行程行走，工作范围宽，运行灵活。起吊发电机转子时，只需1根2200t平衡梁，操作简便，有利于保证工期。

（二）1200t桥机的研制

（1）三峡左岸电站要求厂内起吊设备调速性能良好，有可靠的安全措施，先进的监测手段，且桥机自身具有单钩起重量巨大、跨度大（$L_k=33.6$m）、扬程高（34m）、外形尺寸必须符合整机高度小于9.0m、整机宽度≤17.5m的要求，设计制造难度大。为此，国家“九五”重点科技项目（攻关）计划中列出了“大型专用起重机的研制”专题。

（2）主要攻关内容。超大型起升机构的研究，包括调速系统、钢丝绳在小车上的缠绕方式、起升机构的安全措施和布置；超低绞接结构、多车轮运行机构研究；超大型桥机的结构研究；三维准确定位及故障监测系统等的专题研究。

（3）通过技术攻关解决了一系列技术难题，优化了整机结构，减轻了起重机自身重量，降低了整机高度。使多车轮受力均衡，起、制动平稳，起升机构能实现重载低速和轻载高速大范围的无级调速，使钢丝绳的缠绕有所突破，更加安全可靠。利用上位工业控制计算机＋PLC实时监控并显示和记录故障部位及变化情况，实现超标报警。利用红远外线装置对桥机刚度、挠度进行实时检测，确保起重机安全稳定运行。上述科研课题已在1999年通过评审验收，研究成果已用在三峡左岸电站厂内1200/125t桥机上，目前通过了现场全负荷试验和两台机组的安装起吊考验，品质优良。

（三）三峡左岸电站1200/125t桥机主要参数特点及新技术应用

1. 主要技术参数　三峡左岸电站厂内桥式起重机主要技术参数见表1。

表1　三峡左岸电站厂内桥式起重机主要技术参数

| 主要参数 | 1200/125t桥机 | 125/125t桥机 |
|---|---|---|
| 主钩起重量（t） | 1200 | 125 |
| 副钩起重量（t） | 125 | |
| 主钩起升高度（m） | 34 | 47 |
| 副钩起升高度（m） | 37 | |
| 主钩重载起升速度调速范围（m/min） | 0.15～1.5（400t以上） | 0.4～4.0（32t以上） |
| 主钩轻载起升速度调速范围（m/min） | 0.15～3.0（400t以下） | 0.4～8.0（32t以下） |
| 主钩起升机构调速比 | 1∶20 | 1∶20 |
| 副钩起升机构调速范围（m/min） | 0.4～4.0 | |
| 副钩起升机构调速比 | 1∶10 | |
| 大车运行速度（m/min） | 2.2～22.0 | 3.2～32.0 |
| 大车运行机构调速比 | 1∶10 | 1∶10 |
| 小车运行速度（m/min） | 0.85～8.5 | 1.6～16.0 |
| 小车运行机构调速比 | 1∶10 | 1∶10 |
| 副钩小车运行速度（m/min） | 1.3～13.0 | |
| 副钩小车运行机构调速比 | 1∶10 | |
| 起重机工作级别 | $A_3$ | $A_4$ |
| 主起升机构工作级别 | $M_3$ | $M_4$ |
| 副起升机构工作级别 | $M_5$ | |
| 大车运行机构工作级别 | $M_4$ | $M_5$ |
| 主钩小车运行机构工作级别 | $M_4$ | $M_5$ |
| 副钩小车运行机构工作级别 | $M_5$ | |
| 桥机跨度（m） | 33.6 | 34.0 |
| 大车轨道 | QU120 | QU100 |
| 起重机最大轮压（kN） | 1080 | 575 |
| 大车最大撞击力（kN） | 270 | 140 |

2. 主要结构与新技术

（1）桥机采用三主梁双小车结构。主钩小车在两根主梁上行走，副钩小车在中间主梁和副主梁上行走，两小车均能在桥架主梁上全行程行走。

（2）桥架由两根偏箱形主梁、一根中轨箱形副主梁、绞接式端梁及附属钢结构组成。主梁采用整体结构。

（3）采用新型的超低绞接结构，车轮平衡架与平衡臂架之间采用上下半圆水平剖分套环固定式结构，车轮轴轴承支座采用45°剖分式结构。

（4）1200t主起升机构由两台变频电动机驱动1个硬齿面行星齿轮减速器，4个卷筒对称布置。125t副起升机构由1台变频电动机带动1个硬齿面齿轮减速器，减速器输出轴上带动1个双联卷筒。

（5）运行机构采用4台电机四角独立驱动1个低速轴为双出轴的中硬齿面齿轮减速器。主、副小车均采用2套集中驱动装置驱动小车运行机构。考虑125t小车的两根轨道受载后下挠度不一致，为防止车轮啃轨或小车向副主梁侧滑行，在靠主梁轨道内侧安装有两对水平滑轮。

（6）电气传动系统采用“上位工业控制计算机＋PLC＋变频传动”组成了三级系统，三级之间数据交换通过PROFIBUS Dp总线实现。采用能量再生式（回馈式）公用直流母线变频调速方案，从而取消了制动电阻器。在桥机的总动力回路中，设置了2台整流/回馈单元和2台自耦变压器并联使用，以便重物下降时产生的能量可以回馈到电网。

（7）设置了综合监测系统。桥机状态和故障显示的计算机综合监测系统设置在司机室内，它由工业控制计算机、触摸式显示屏，激光打印机及系统软件组成。

（8）三维检测、二维定位系统，实时动态地测量和显示吊点$X$、$Y$、$Z$三维坐标，并能实现$X$、$Y$二维定点控制。

此外，起升机构制动采用支持制动和控制制动并用，并在卷筒法兰上设置了一套安全制动器以确保整个机构的安全运行。

（长江水利委员会勘测规划设计研究院　熊腾晖）

## 三峡左岸二期工程压力钢管制作与安装

（一）工程概况

三峡二期工程左厂1号～10号坝段各布置一条引水压力钢管，压力钢管为单管单机供水方式，压力钢管直径12.4m，$HD$值达1730m²，最大设计内水压力1.4MPa。单条钢管长度为122.797m，重量约1520t，10条钢管制造安装总重量15200t。

压力钢管的上斜直段、上弯段、斜直段采用16MnR国产钢板，板厚为26～34mm，下弯段、下水平段采用6MPa级高强度调质钢，板厚为34～60mm。1号～6号机压力钢管下水平段与厂内段之间设弹性垫层管，7号～10号机压力钢管下水平段与厂内段之间设伸缩节。上斜直段为坝内钢管，钢管-混凝土联合受力结构；上弯段至下弯段间为坝外背管，采用钢管钢筋混凝土联合受力结构；下水平段为明管段。

三峡压力钢管直径为12.4m，为目前水利工程上钢管直径之最，具有技术含量高、施工强度大、质量要求高等特点。

（二）施工特点

同其他水利工程压力钢管相比较，三峡电站压力钢管的主要施工特点为：

1. 技术含量高　三峡压力钢管由于结构尺寸大，质量要求高，对于制作安装施工技术，提出了新的要求，增加了施工技术含量，其主要体现在：制作安装工艺要求；6MPa级高强度调质钢的焊接与应用；压力钢管自动焊的应用；焊后消应处理技术的应用。

2. 工程量大、中期施工强度高　钢管月安装强度平均值为320t，安装高峰期间曾创造月安装强度700t、年安装6116t的纪录。

3. 质量控制严格，质量标准高　三峡工程规模巨大，工程质量更是“千年大计，国运所系”，质量标准和工艺要求十分严格。业主单位制定了三峡质量标准，其个别质量检测项目的标准高于现行电力行业标准的规定，另一方面在质量评定上强调了一次交验合格率，优良单元必备条件为交验一次通过，焊接上同一部位返修次数：16MnR钢不得超过两次，高强度调质钢不得超过一次。

4. 钢管吊装施工干扰大　主要是施工道路车辆密度大，钢管运输受影响。

（三）施工技术

针对上述施工特点，在实际的施工过程中，主要采取了以下技术方案和施工措施。

1. 压力钢管制作安装工艺　由于钢管直径大，钢管周长、管口平面度、椭圆度的控制是钢管制作的关键。钢管周长，在下料、切割、坡口加工、卷制、组圆五个工序进行控制。由于瓦片卷制后瓦片长度有一定的延伸以及钢管的三条纵缝焊接后产生收缩，为控制与设计周长差和相邻管节周长差，除使用校验过的钢尺检查瓦片外弧长，用样板检查瓦片弧度，并测量纵缝组对间隙外，还应着重掌握不同板厚瓦片卷制后延长值和三条纵缝焊后的收缩量，组圆经检查合格后方可焊接。管口平面度控制，下料时，直管采用测量直线度的方法进行控制，弯管采用预先制定程序的数控切割机下料，切割前检查切割轨迹，同时控制瓦片宽度。组圆使用专用的组圆平台，定期对组圆平台平面进行水准测量，防止地形塌陷造成平面度发生变化。调圆控制，调圆在纵缝焊后进行，使用内支撑式调圆架调圆，圆度按半径进行调圆检测。椭圆度的检测，仅测量几对直径是不够的，而必须按半径进行调圆及检测，圆度从严控制后对安装压缩有利。

钢管安装使用全站仪，按布置安装控制点、安装测量检查、复测顺序进行。对每个钢管安装节进行测量检查，随时调整安装偏差。通过严格控制安装偏差，使得压力钢管最后一节合拢钢管采用整节凑合成为可能。实际施工中，除1号～4号机采用瓦片形式凑合外，其余5号～10号机均采用整节形式进行凑合。通过采用整节凑合的方式，减少了现场的焊接量，保证了凑合节的安装质量，提高了凑合节的安装进度。

2. 高强钢的焊接　6MPa级低合金高强度调质钢，其碳当量低于0.42%，焊缝热影响区硬度低于350HV，裂纹敏感性系数$P_{cm}$≤0.20%。此钢种的热处理状态为淬火+高温回火，对具有良好的抗冷裂性能，焊接性能优良。高强度调质钢焊接质量主要由预热温度、焊接输入线能量、后热温度三个因素决定，由于对此钢种认识较少，因此进行了大量的焊接工艺评定试验工作。通过理论计算预热温度，斜Y形坡口焊接裂纹试验和窗形拘束焊试验，最终确定预热温度，并在施工中不断优化工艺参数，保证了高强钢的焊接质量。

3. 自动焊的应用　钢管在厂内制作焊接位置相对固定，为自动焊的应用提供了条件，同时由于自动焊具有焊接质量高、成形美观、焊接速度快等优点，因此左岸压力钢管施工中在自动焊应用方面做了大量的工作。先后进行了气保焊带角焊缝跟踪器焊接加劲环角焊缝，脉冲电源富氩气体保护焊焊接6MPa级高强钢、16MnR材质钢管的纵缝等试验，其中6MPa高强钢、16MnR材质钢管的纵缝成功应用了脉冲电源富氩气体保护焊焊接。

脉冲电源富氩气体保护焊由芬兰产的肯比设备，主要由KEMPPI PRO5000焊接电源、KEMPPI PMT焊枪、送丝系统、冷却及供气系统以及焊接小车及带磁式铝合金半柔性轨道组成。脉冲电源富氩气体保护焊焊接16MnR材质钢管的纵缝，使用80%的Ar和20%的$CO_2$的活性混合气体保护焊接，焊接材料采用由四川大西洋集团生产的直径为1.2mm的CHW-50C6SM实芯焊丝。纵缝坡口形式为无钝边非对称双

V形，纵缝两端设引弧板，焊接采用立向上摆动方式焊接，焊接顺序为先焊接纵缝内侧，再焊接纵缝外侧，用角磨机清根，必要时采用碳弧气刨清根。焊后，焊缝表面波纹均顺，与坡口边过渡圆滑，很少发现咬边、表面气孔、飞溅、焊缝超高等表面缺陷，内部质量经无损探伤检查，一次合格率在98%以上。

4. 消应处理工艺的应用　根据技术要求，压力钢管厚度大于34mm的6MPa级高强度调质钢焊后应做残余应力消除。目前可供选择和考虑的消除残余应力的方法有热处理法、振动法、温水过载，爆炸法和锤击法，经过对上述方法可行性与消应效果进行对比，最终选择采用爆炸法消应处理。实际施工中，首先在焊接工艺试板上进行爆炸消除残余应力的工艺评定试验，然后根据工艺评定确定出爆炸处理工艺参数。

爆炸法是一种相对较新的消除残余应力的方法，它通过爆炸冲击波作用于构件的焊缝及其周围，使金属发生应力诱导下的塑性流变而达到消除焊接残余应力的目的。施工时，将可任意弯折的塑胶炸药按工艺要求，以不同的方式贴置于焊缝及其周围，再通过引爆即完成该段处理过程，可根据焊缝长度和板厚及药量情况进行分段、分次处理，施工机动灵活。同时，爆炸时金属不被加热，不产生热处理效应，对调质钢没有副作用，且对结构的力学性能无不良影响。爆炸法消除残余应力具有效果好，工艺简单实用，不需要大型设施，适合不同材料等优点。爆炸法消应处理后，采用盲孔释放法检测进行检测，爆炸前和爆炸后的焊缝残余应力对比，残余应力应降低50%，最大残余应力不高于245MPa。实际施工结果，符合设计要求，残余应力消除效果较好，个别位置焊缝表面焊接残余应力为零。

5. 高程120m栈桥桥下钢管吊装　高程120m栈桥桥面宽度为16.7m。利用栈桥箱梁与板梁的间隙及板梁与板梁间隙作为起吊钢丝绳的穿绳位置，采用立吊与翻转法相结合的方法将钢管吊装到位，吊装时使用两台起重设备配合吊装，从而较好地解决了钢管吊装与坝体混凝土浇筑的施工干扰，为混凝土浇筑计划的完成创造了良好条件。

（中国水利水电第四工程局　王熊武）

## 引子渡水电站大型钢岔管设计

引子渡水电站引水系统为一洞三机供水方式，两个分岔管采用内加强月牙肋钢岔管，最大直径达10.2m，$HD$值达1600m²，$HD^2$值达16000m³，对设计和施工有较高的要求。

（一）钢岔管体形设计

两个月牙肋岔管公切球直径分别为10.2m和8.4m，相应的分岔角为55°和56°，埋于$P_{2c+d}$长兴灰岩（Ⅲ类围岩）岩层中。考虑钢管施工安装要求，主管段和岔管段外侧回填C20混凝土厚80cm，支管段外侧回填C20混凝土厚70cm。多方案比较后的最终体型参数见表1。

表1　岔管体型参数表

| 参数指标 | 1号大岔管 | 2号小岔管 |
|---|---|---|
| 分岔角 $\beta$ | 55° | 56° |
| 公切球半径 $R_T$　m | 5.0 | 4.10 |
| 半锥角 $a_1$ | 10° | 10° |
| 半锥角 $a_2$ | 10° | 11° |
| 半锥角 $a_3$ | 15° | 15° |
| 腰线折角 $\theta_{13}=\theta_{31}$ | 10° | 10° |
| 腰线折角 $\theta_{23}=\theta_{32}$ | 100° | 98° |
| 肋板水平投影长 $a$（m） | 7.6209 | 6.2585 |
| 肋板高度 $2b$（m） | 10.137 | 8.539 |
| 肋板中央截面宽度（m） | 3.2 | 2.63 |
| 肋板厚度（mm） | 80 | 74 |
| 管壁厚（mm） | 25～38 | 28～35 |

（二）材质选择

考虑钢管的$HD$及$HD^2$值较大，从结构应力分布、抗外压稳定、制作卷板能力、焊接工艺和经济性等综合比较，钢材选择采用高强钢，日本产NKK-60kg级和70kg级调质钢材。管壁NK-HITEN610U2钢板相应的极限抗拉强度$\sigma_b=610\sim730$MPa，屈服强度$\sigma_s=490$MPa以上；内加强月牙肋板NK-HITEN690B钢板相应的极限抗拉强度$\sigma_b=690\sim830$MPa，屈服强度$\sigma_s=620$MPa以上。$Z$向层状抗撕裂指标：屈服强度$\sigma_s=520$MPa，断面收缩率≥25%，−20℃冲击$A_{KV}$值≥47J。钢管材质按屈强比0.75设计。

（三）结构计算

1. 结构力学法　采用DL/T 5141—2001《水电站压力钢管设计规范》中的方法，分别对压力钢管进行运行、检修及施工工况计算。允许应力[$\sigma$]根据计算模型不同按规范规定取值，如地下埋管按明管允许应力取值时，钢管膜应力区允许应力[$\sigma$]=228.75MPa，局部应力区允许应力[$\sigma$]=366MPa；肋板允许应力[$\sigma$]=259MPa。

岔管外水压30～50m，埋深50～60m以上，满足地下埋管的计算条件，根据规范，比较了埋管与围岩联合受力其允许应力［σ］按明岔管理论取值的计算成果和按明岔管设计其允许应力［σ］以明岔管提高20%取值的计算成果，计算表明二者管壁厚度较为接近。抗外压稳定安全系数：考虑加劲环后$K \geqslant 1.8$。

计算成果表明：岔管壁厚由内水压控制。1号岔管壁厚38mm，月牙肋板中央截面厚80mm，宽3200mm，中央截面正应力$\sigma=137.6$MPa，剪应力$\tau=102.8$MPa，第一主拉应力$\sigma_1=192.5$MPa，小于允许应力259MPa；加劲环断面38mm×250mm，间距1.5～2m，最小抗外压临界力$p_{cr}$为0.9MPa，大于该处最大外水压力0.45MPa，其抗外压稳定最小安全系数为2.0。2号岔管壁厚35mm，月牙肋板中央截面厚74mm，宽2630mm，中央截面正应力$\sigma=124.9$MPa，剪应力$\tau=96.6$MPa，第一主拉应力$\sigma_1=177.4$MPa，小于允许应力259MPa，加劲环断面35mm×250mm，间距1.5～2m，最小抗外压临界力$p_{cr}$为1.32MPa，大于该处最大外水压力0.42MPa，其抗外压稳定最小安全系数为3.0。主管、支管采用过渡段与岔管主锥体平顺过渡，相邻过渡管节的管壁厚度差3～4mm，腰线折角小于15°，满足规范要求，有效地消除应力集中现象。

2. 三维有限元计算成果

对两个岔管分别按明管和埋藏式钢岔管进行了线弹性和弹塑性的有限元计算，主要成果如下：

1号、2号岔管钢衬和肋板结构处于弹性工作阶段，远未进入塑性阶段，并且在各区（膜应力区、局部应力区）都远远小于允许应力，与线弹性埋藏式岔管1号、2号计算结果相比，管壳应力变形规律完全相同，仅在数值上略有增加。

1号和2号埋藏式钢岔管弹塑性计算得到应力分布规律与线弹性计算结果基本相同，第一主应力最大值出现在主锥岔管与支管连接处。当内水压力为1.60MPa时，1号管壳最大主应力为211.50MPa，整个管壳的最大应力值为75.73～180.17MPa，小于钢材的允许膜应力值。2号岔管管壳当内水压力为1.625MPa时，最大主应力为142.28MPa，整个管壳的最大应力值大多在96.28～126.95MPa之间，远远小于钢材的允许膜应力值。1号岔管肋旁管壳部分第一主应力最大值约为180.17MPa，Mises应力最大值约166.72MPa，均小于管壳允许应力值和主管管壳应力；2号岔管肋旁管壳部分第一主应力最大值约为126.95MPa，Mises应力最大值约119.52MPa，也远小于管壳允许应力值和主管管壳应力。

肋板结构最大应力在最大横截面内缘处，第一主应力最小值位于肋板顶部，1号岔管为184.75MPa、2号岔管158.11MPa。1号岔管肋板最大横截面外缘侧最大主应力为135.98MPa、2号岔管为118.15MPa，1号岔管肋板其他部位最大主应力为57.95～155.49MPa，2号岔管为54.16～134.12MPa。

1号岔管围岩内水压力的实际分担率λ在肋板最大横截面外侧和锐角区母线交汇处应力与明岔管相比都有所增加，而其他典型部位如主锥体连接处、相贯线交汇处等几何突变处围岩内水压力的实际分担率都在30%以上。2号岔管应力整体都有所降低，在肋板最大横断面外侧和锐角区母线交汇处应力降低比例相对较小，在其他典型部位应力降低程度都在23%以上。

（四）施工制作安装及焊接工艺

根据本工程的施工条件，施工制作、安装吊运能力，岔管采用加工厂瓦片下料、组圆，经调压井顶部吊车吊入洞内，再经主管段安装轨道（轨距3.6m）运至现场进行瓦片拼装、焊接成形的办法，第一步先组焊加强肋板，第二步组焊肋板与管壳瓦片的组合焊缝，再进行锥管其他瓦片的纵、环焊。

按照DL/T 5017—1993《压力钢管制造安装及验收规范》，参考其他同类工程经验，结合本工程采用钢种的特性、焊接环境条件，根据现场肋板对接焊和肋板与管壁的组合焊的焊接工艺试验已完成全部焊缝的施工。

岔管规模居国内之首，其关键是解决焊接工艺和如何保证焊接质量，管壁板厚为35～38mm，肋板厚74mm和80mm。为保证焊接质量，管壳采用不对称的X形坡口约50°的双面平、仰、立焊，焊材采用国产CHE62CFLH大西洋牌焊条。肋板对接采用对称的X形坡口双面立焊，肋板与管壳的组合焊缝采用变坡口（坡口角度大于30°）的双面焊。鉴于肋板部位的重要性，其焊材采用日本进口与母材配套的焊条（丝），受条件所限，除了直管纵缝采用自动焊外，其余焊缝均为手工电弧焊。岔管所有焊缝均进行100%的超声波和40%的射线无损探伤检测，并对焊接残余应力进行测试，超过屈服强度时采取消除应力处理。

目前两个大型钢岔管已顺利安装完成，通过无损探伤和应力测试，施工质量优良。通过2003年5月10日充水运行，在库水位1058m一台机甩负荷试验工况下，监测结果表明：管壁应力仅30MPa的压应力，应变为130$\mu\varepsilon$。待第三台机建成投产，通过三台机甩弃负荷的考验后，通过设计、施工、运行总结，将完善目前国内最大月牙肋钢岔管的成功经验。

（中国水电贵阳勘测设计研究院　姚元成）

# 引子渡水电站引水压力钢岔管制造与安装

（一）工程概述

引子渡发电系统采用“一洞三机”的供水方式，调压井以下布置有引水压力钢管，钢管由主管段、卜型岔管和支管组成，钢管总重量 1994t。其中岔管总重量 739.2t，由两个卜形岔管构成，设计水头 160m，$HD$ 值达 1600m²，是目前国内水电行业外形尺寸和承受压力最大的岔管。

本工程材料采用日本高强钢板，管壁为 NK-HITE610$U_2$（5.9MPa 级）高强钢板，内加强月牙肋板为 NK-HITE690B（6.9MPa 级）高强钢板。岔管的分解排料、卷制、洞内安装、焊接等均存在着较高的技术难度。

（二）岔管结构及参数

1. 岔管结构　引子渡电站引水发电系统钢岔管由两个结构模式为卜形的内加强月牙肋岔管构成（岔管结构见图 1）。

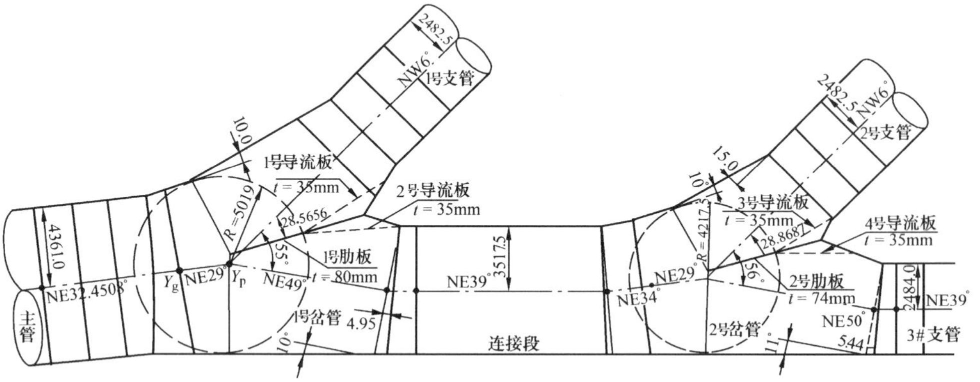


图 1　引子渡引水系统钢岔管结构图

引子渡引水系统钢岔管主要由月牙肋加强板、主锥管、过渡锥管、过渡直管、导流板几部分组成。

2. 岔管材料　引子渡岔管管壁材料为日本产 NK-HITE610$U_2$（5.9MPa 级）高强钢板，内加强月牙肋板采用日本产 NK-HITE690B（6.9MPa 级）高强钢板。其特点是：①强度高，能适应和满足岔管不良的应力分布；②经厂家调质和退火处理后，化学成分合金含量适中，焊接热裂纹敏感性能较好，且碳含量及碳当量低，改善了岔管的焊接条件和性能，预热温度和残余应力的消除要求较低；③肋板钢材含硫量小于 0.8%，$Z$ 向抗层状撕裂性能良好，断面收缩率大于 25%。

（三）岔管制作

1. 钢管厂及设施　引子渡钢岔管制作场地设置在引水隧洞调压井上部。结构车间宽 18m、长 48m，布置有 SDYQ 数控切割机一台，半自动切割机 4 台，15t 桥吊一台，10t 平板运输台车一台；焊接车间宽 15m、长 36m，布置有美国生产时代逆变式焊机 8 台，德国制造的肯比 MG500 自动焊机 2 台；露天布置 40mm×4000mm 卷板机一台，30t 门机一台。钢管的卷制、组圆、运输，均在 30t 门机的覆盖下进行流水作业。

2. 岔管制作工艺及措施

（1）岔管制作工艺流程。钢板检查、划线及下料→坡口加工→瓦片卷制→组圆→纵缝焊接→调圆、加固→装加劲环→焊加劲环→预拼装→内外壁防腐→单节验收→办理出厂签证。

（2）岔管的下料。引子渡钢岔管属大型高压岔管，设计最大单元管节重量 88.018t，展开最大尺寸超过 20m。根据施工现场起吊、运输能力，需分为若干瓦片进行制造，瓦片的展开放样及工艺图的绘制，均采用 CAD 制图软件进行。所有岔管瓦片均用数控切割机进行下料。

（3）瓦片的卷制。岔管瓦片体型很不规则，卷制前根据圆弧轮廓线和展开图在板料的表面划出圆锥结构素线，卷制时，将上滚轴与每一条素线对正下压，在相邻结构素线之间进行滚压，用圆弧样板检查瓦片两端弧度。

（4）岔管的预拼装。由于岔管体型及重量太大，预拼装时以内加强月牙肋为基准，将每个岔管分为两部分进行预拼装，既保证了岔管的拼装质量，也大大降低了拼装的材料费用和施工工期。

（四）岔管安装

1. 岔管安装工艺流程　岔管安装工艺流程为：

月牙肋安装→管节对接→装支护→环缝焊接→安装质检→装附件→防腐→安装验收。

2. 岔管运输　岔管体形较大、洞挖尺寸较小，岔管单环最大重量达 18t，直径 11m，岔管的下放和运输存在较高的难度。施工中采取对现有 30t 门机卷筒装置进行技术改造，在调压井设置软滑道的方法，利用 30t 门机将管节从引水隧洞调压井直接下放。在调压井底部将管节牢固捆绑在特制运输小车上，采用两台 5t 卷扬机，利用双联滑轮组，将岔管单件运输到安装部位。

3. 安装就位　引子渡工地属典型喀斯特地形，岩石情况复杂。施工中利用引水隧洞内的锚固钢筋，在引水隧洞的顶部搭设钢拱架，并将钢拱架互相牢固连接，岔管安装时，在相应位置拱架上设置吊点，上部用卷扬机和滑轮组牵引，底部用机械千斤顶配合，将岔管安装就位。先进行月牙肋的安装，然后按水流方向，由下游向上游逐节进行安装。

4. 岔管的焊接　岔管管壁焊缝坡口形式为不对称 X 形坡口，夹角为 50°，采取双面平、仰、立三个位置进行焊接，焊材采用国产大西洋 CHE62CFLH 焊条。肋板对接焊缝采用对称 X 形坡口，夹角为 50°，采取双面横、仰两个位置进行焊接；肋板与管壁的组合焊缝为渐变坡口的双面焊接，鉴于部位的重要性，焊材选用日本生产的 LB-106 焊条。施工过程中采用履带式加热片进行加热。岔管焊缝除加劲环外所有焊缝均为一类焊缝，超声波探伤比例 100%，射线检验比例 40%，并由业主单位委托有资质的第三方单位对焊缝进行复检。岔管整体焊接质量优良。

（五）小结

引子渡引水系统钢岔管是目前国内外形尺寸和承受水压最大的岔管，钢管材料全部选用日本进口的高强钢板，并且由于电站位于典型的喀斯特地形，施工存在较高的难度。整个工程于 2001 年 12 月正式开工，2003 年 1 月全部完工，其中两个岔管安装工期仅 60d。工程质量通过阶段验收和总体评定，质量等级优良。

（中国水利水电第四工程局　康学军）

## 龙羊峡水电厂进水口事故闸门及 300/800t 油缸的检修方法

（一）前言

龙羊峡水电厂机组进水口事故闸门（或称快速闸门），布置形式为 300/800t 液压启闭机，启闭方式为动闭静起，取水口安装高程 2510m，孔口尺寸（宽×高）7.5m×8.5m，闸门提起高度 11m，设计水头 90m，闸门单重 123t，为胶木滑道平面闸门，快速闭门时间不大于 2min。300/800t 液压启闭机室安装高程 2605m。机组进水口事故闸门主要担负机组的进水、检修停机及事故停机，是防止机组飞逸的最后一道保护。在检修中事故闸门水封粘接及油缸翻身相当重要且技术难度较大，下面着重进行工艺讨论。

（二）检修安装程序

1. 检修安装程序见图 1

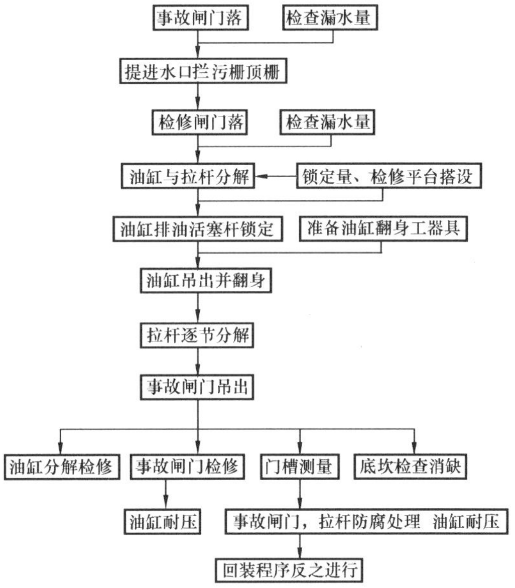


图 1　检修安装程序

2. 检修前的准备　为了确保检修的可靠性，检修前应做提落试验。试验中记录空载时间、充水阀提起和关闭时间、充水时间、提门时间和压力、落门时间及压力、自动泵和备用泵是否投入等数据。

（三）施工方法

1. 油缸排油（油缸内存油 2.8t）　由于油缸在竖直状态下，以往的做法是拆除油缸下腔回油管，将油缸内油排入油盆，再用油泵打至油箱。现采用风压排油法：即将活塞提起，活塞头锁定，在油缸上端头排气阀处通 0.7MPa 的风压，打开 04 截止阀，油缸内的油在风压的作用力下 20min（以往方法需时 2d）就能排完，省时省力，又不会造成跑油现象。

2. 轴销拔出　拉杆移轴装置由于长期浸在阴暗、潮湿的地方，自动穿销已无法实现，必须拆除移轴装置。轴销为 $\phi$360mm、长 1200mm 的实心轴。轴与销孔配合间隙小，由于轴销本身重量加摩擦力及拉杆的不同心度，一般工具根本无法拆除轴销，我们采用三台 32t 螺旋式千斤顶拆除，轴销拔出示意如图 2 所示。

3. 油缸翻身及起重设备选择　油缸总重 56t、长 14.5m。坝顶 500t 门机与地面扬程 18m，采用 500t 主

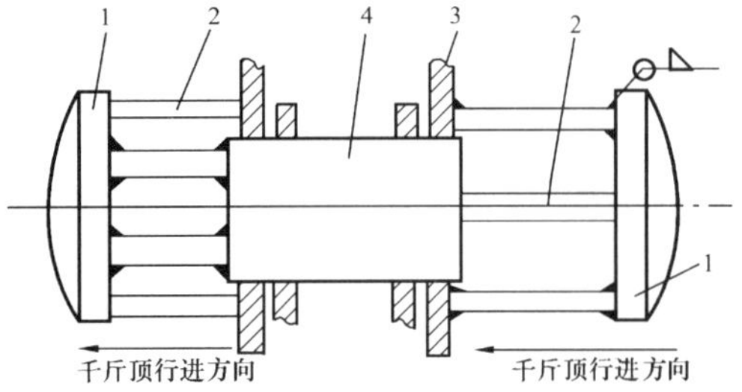


图2 轴销拔出示意图
1—专用工具；2—千斤顶；3—连杆；4—轴销

钩与40t副钩、卷扬机（10t）、滑车（32t、4×4闭门滑车）配合将油缸翻身放平，翻身示意如图3所示。

钢丝绳起重量的计算方法：

（1）由于油缸在竖直状态下，油缸的总重量集中在500t主钩上，而将油缸吊起时副钩最大起重量为28t，所以应选能承受最大重量的滑车组、导向滑车、卷扬机、钢丝绳。

（2）选用10t卷扬机、 （钢丝绳的直径为21.5mm），32t、4×4闭门滑车两台，10t导向滑轮一台，滑车组的穿法为“四四走八”法。

（3）从起重作业安全中查得滑车组的安全系数$K=6.69$，利用下列公式计算钢丝绳最大起重量

$$P_{max}=Q/K=28/6.69=4.19t\leqslant 10t$$

则滑车（32t）、钢丝绳能满足起吊要求。

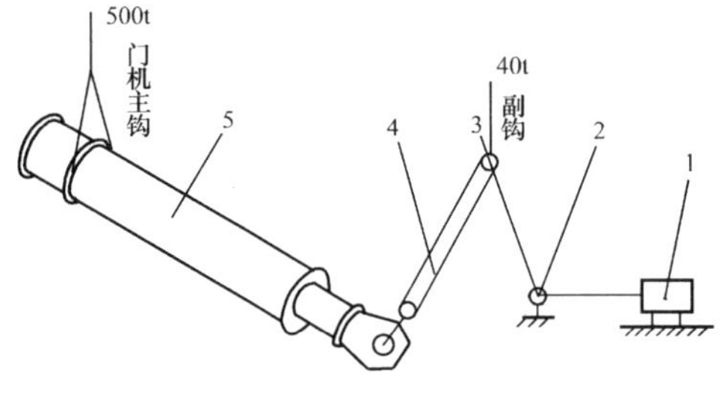


图3 油缸翻身示意图
1—10t卷扬机；2—32t滑车；3—滑车；
4—钢丝绳；5—油缸

4. 油缸检修，油缸放平固定后方可分解检修。检修应遵循以下几点：

（1）活塞杆每拉出3m，应设置支墩，支墩上应放置一层浸油毛毡，各支墩水平误差应小于1mm。

（2）油缸分解后必须保护好活塞杆、缸体。

（3）油封、止水盘根的切口为45°；接头相互交错90°。

（4）对缸体内空蚀、活塞杆表面刮伤等缺陷，用油石打磨，严禁使被处理面凹下去。

（5）油缸回装应防止污物进入缸体内，结合面应清扫干净并涂一层红铅油。

（6）油缸分解前、后应做耐压实验，实验压力应逐级按5、10、15、20、25、28.5MPa进行并做好记录。

（7）油缸耐压试验，在各级别压力下均不得泄漏。

5. 水封的粘接

龙羊峡事故闸门水封采用P型水封断面，检修中发现顶水封被撕裂长达1200mm，侧水封被撕裂长达2200mm，这是闸门无法关严的主要原因。经过分析，采用生胶热压搭接法粘接，这种方法虽然比冷粘法工艺复杂，但它的使用效果非常好。生胶热压搭接法粘接通过热压能将原水封与生胶容为一体，克服了水封长期浸泡水中，而粘合剂不能长期浸泡水中的缺点，这样，水压无法进入粘接面，水封就不易脱落。其工艺方法如下：

（1）首先将被撕裂的水封长200mm沿断面平行切去，用丙酮清洗粘接面。

（2）备用水封下料，由于水封安装时易拉不易压的特点，故在下料时短下10～50mm。

（3）将粘接水封两端放入磨具内，在粘接面处填塞生胶，生胶厚度≤6mm。

（4）因P型水封内腔为空心，为防止接头部位可能渗漏，故在接头处150mm长度范围内填塞一层薄乳胶皮（厚度≤0.5mm），粘接温度保持在140～180℃，时间120min。水封安装时应保证压板螺栓头低于水封8mm。

（四）结束语

1. 事故闸门及油缸检修前必须做好试验及相关技术数据的测量记录工作，以便在检修前后进行技术分析对比。

2. 油缸翻身是技术难度较大的一项工作，我们在经过技术分析及反复实践的基础上总结出了一套方法，实践证明，此方法是成功的。

3. 水封生胶热压搭接法从技术层面解决了传统的冷粘方法，使检修后的水封具有更高的可靠性，具有一定的经济价值和技术参考价值，这在龙羊峡水电厂的实际运行中得到了证明。

4. 为了保证检修质量的可靠性，施工时必须严格按照工艺进行。

（黄河水电公司 马文青 胡锁刚）

## 公伯峡水电站压力钢管及取消伸缩节设计

（一）管道结构布置

公伯峡水电站发电引水管道为地面式钢衬钢筋混凝土管道，一机一管。管径 8m，外包混凝土厚 1.5m。5 条钢管呈放射形布置，钢管长度 279～304m 不等。钢管由上弯管、斜管段及下弯管组成。上弯管均布置在进水口混凝土内，下弯管布置在主变平台内，斜管段坡度为 1∶2.3。管道混凝土基础宽 14m，厚 1m。钢管地基大部分为弱风化花岗岩，局部为古强风化花岗岩，需采用固结灌浆处理。

钢管作用水头（包括水锤压力）$H$ 约 135m，$HD$ 值达 $1080m^2$，属巨型钢管。钢管大部分采用 Q345 低合金钢，厚度 16～34mm，总用钢量约 6398t。

（二）管道强度设计

1. 设计原则

（1）承载能力极限状态。假定混凝土开裂，不承担环向拉力，仅传递径向压力，环向拉力由钢衬和钢筋承担。

（2）正常使用极限状态。按 DL/T 5057—1996《水工混凝土结构设计规范》进行裂缝宽度验算。

2. 钢衬钢筋配置

按规范计算确定的钢衬、钢筋配置见表 1。

表 1 钢衬钢筋配置

| 管 段 | 16Mn 钢衬厚度（计入 2mm 锈蚀厚度） (mm) | 二级钢筋配置 |
|---|---|---|
| 上弯段 1 | 16 | 内 1 层 5$\phi$25，外 2 层 5$\phi$25 |
| 斜直段 2 | 16 | 内 1 层 5$\phi$25，外 2 层 5$\phi$28 |
| 斜直段 3 | 20 | 内 1 层 5$\phi$25，外 2 层 5$\phi$32 |
| 斜直段 4 | 24 | 内 1 层 5$\phi$25，外 2 层 5$\phi$36 |
| 下弯段 5 | 30 | 内 1 层 5$\phi$32，外 2 层 5$\phi$36 |
| 蜗壳进口 6 | 34 | 内 1 层 5$\phi$32，外 2 层 5$\phi$36 |

3. 管道结构应力计算

计算结果表明，按混凝土不开裂计算时，管腰外缘混凝土应力最大；按管腰、管顶混凝土开裂计算时，环向内力要进行重分布，裂缝处混凝土退出工作（应力突降为 0），裂缝处钢管应力与不开裂相比增大约 50%左右，各层钢筋应力增大约 5～10 倍左右，其中外圈钢筋应力增幅最大。各断面最大钢衬、钢筋应力均未超过钢材的抗力限值，满足结构强度要求。

4. 管道裂缝宽度计算 按混凝土开裂后的结构力学弹性中心法计算的钢筋应力计算管道最大裂缝宽度。

表 2 设计内水压力作用下管道裂缝宽度计算结果 mm

| 断面 | 上弯段 1 | 斜直段 2 | 斜直段 3 | 斜直段 4 | 下弯段 5 | 蜗壳进口 6 |
|---|---|---|---|---|---|---|
| 裂缝宽度 | 0.287 | 0.344 | 0.365 | 0.380 | 0.444 | 0.446 |

从表 2 计算结果可知，裂缝宽度计算值已超过了规范 DL/T 5057—1996 的限制值 0.35mm。在实际设计中，应在混凝土表面裂缝处采取防止钢筋锈蚀的裂缝修补处理措施。

（三）取消伸缩节代以垫层管的设计

经论证，可以取消伸缩节，代以垫层管。

垫层管指跨越分缝处可适应不均匀变位并直接埋入混凝土内的一段钢管，垫层管由 5 节钢管组成，在距分缝处最近管节预留 2mm 宽的环缝，在充水前将此环缝施焊。环缝外侧设套环垫板。垫层管上下游端设止浆止水环，上游端设排水，在垫层管外壁用垫层材料包裹，用以适应施工期分缝处的不均匀变位和按设计比例外传内水压力。垫层管安装时采用特殊支架，以保证在运行期垫层管可在轴向和径向有微小移动。垫层管长度为 10m。

控制垫层管承担的内水压力为总内水压力的 60%，垫层材料采用聚胺酯软木，垫层厚度 10mm，垫层弹模 3.75MPa，塑性应变为 0.1，进口段和主副厂房分缝处垫层管均可适应微小变形又可满足强度要求。

（中国水电西北勘测设计研究院 张曼曼）

11

# 南水北调工程规划与进展

# 综 合 信 息

## 南水北调工程综合介绍*

（一）总体规划

“南水北调”工程是国家“十五”计划确定的四大工程之一。规模宏大，计划总投资5000亿元。本工程纵跨长江、淮河、黄河、海河四大水系，分东线工程、中线工程和西线工程。也有人提出三峡引水工程方案，即从三峡水库引水入渭河济黄河济京津华北地区工程的方案。“南水北调”工程是世界上最大的一项水利工程。仅东线、中线第一期主体工程投资就达1240亿元，工程建成后，将使北方受水区增加134亿$m^3$的供水能力。

（二）工程进展情况

东线工程于2002年12月27日开工，首先启动的第一期工程是苏鲁省界工程和控制性工程，如：江苏三阳河、潼河、宝应站工程和山东段济平干渠工程。2004年拟开工的单项工程是一期穿黄工程、南四湖至东平湖段工程。到2007年全线贯通，输水干线水质达到国家地表水Ⅲ类标准。

中线工程于2003年开工，将于2010年全线贯通。中线一期工程以黄河以北输水工程为重点。2004年拟开工的单项工程为一期黄河以北至漳河南段工程、漳河北至石家庄段工程。到2007年具备应急把河北省境内的岗南、黄壁庄、王快和西大洋四座水库的水调入北京的条件。至2008年具备应急把黄河水调入北京的条件。

西线工程尚处于可行性研究阶段，在完成初步设计、开工准备工作之后，将于2010年实施，计划在2020年前完成。

（三）“南水北调”将建成生态工程

“南水北调”总体规划充分考虑了这项特大水利工程的生态保护和污水治理等问题，重点研究了东线第一期工程和中线第一期工程对长江口海水入侵影响、中线工程对汉江中下游生态环境的影响以及东线治污规划。分析论证表明，“南水北调”工程兴建的生态环境因素是完全可以妥善解决的。

长江口海水入侵问题是因潮汐活动所致长期存在的自然现象，也受到人类活动的影响。从三条调水线路的情况分析，西线、中线工程由于有三峡工程、洞庭湖、鄱阳湖等一系列水库和湖泊的调节，对海水入侵长江口影响不大。东线工程通过采取工程措施和非工程措施，加强水资源的统一管理和长江口的综合治理，可基本消除对长江口海水入侵的不利影响。

“南水北调”中线工程对汉江中下游的影响，可以通过兴建引江济汉工程、兴隆枢纽、部分闸站改造、局部航道整治四项汉江中下游治理工程，改善灌溉、航运和生态用水条件，减少这种不利影响，并将其控制在生态环境可承受的范围内。

为了保证东线工程的水质，此次的总体规划还史无前例地把东线工程水污染的治理费用列入“南水北调”工程的总投入。在东线工程受水区、输水区及其相关水域内，将分别实施清水廊道工程、用水保障工程及水质改善工程。规划建设369项工程，总投资240亿元，其中第一期工程为140亿元。经治理后，输水干线和用水规划区的水质也可达到国家地表水环境质量Ⅲ类标准。

（《水利水电工程报》报社　王晓燕）

## 南水北调工程的一条新线路——三峡水库引水入渭（河）济黄（河）济京津华北地区工程

（一）引言

长江三峡水库引水入渭（河）济黄（河）济京津华北地区工程（以下简称三峡引水工程），这是“南水北调”工程的一条新线路，并且这是“南水北调”工程在认识上与时俱进的一个具体体现。

“南水北调”是实现我国水资源合理配置的战略性工程，是改变北方地区缺水现状的重大举措，关系到我国经济社会发展的全局，关系到西部大开发的战略布置。但是，这一工程又十分复杂，涉及技术、经济、社会和环境等许多方面。为此，江泽民总书记提出了“从长计议、统筹考虑、科学选比、周密计议”的方针。朱镕基总理提出了“先节水后调水，先治污后通水，先环保后用水”的原则。上述方针和原则是我们研究“南水北调”工程的重要指导思想。

长期以来，有关部门和单位对“南水北调”工程做了大量的研究论证工作，规划了东、中、西三条调水工程线路。东线和中线主要是向北京、天津、华北地区供水，都存在一些问题。西线工程是向黄河上游及甘肃河西走廊地区供水，是当今世界上难度最大的调水工程，仍需做大量前期工作和可行性论证。

长期以来，改变我国北方地区缺水现状的重点放在北京、天津、华北平原地区，因此，要求同时或相继实施东线和中线工程，一直成为“南水北调”工程论证的热点。然而，随着黄河缺水日趋严重、河道断流等生态环境不断恶化、泥沙淤积引起的洪涝灾害加剧等问题频繁出现，有关专家和有识之士不断呼吁“拯救黄河”，因此，如何及早解决黄河存在的问题，已引起各方关注。

长江三峡枢纽工程即将建成，黄河小浪底枢纽工程已于2000年建成投入运用。如何充分发挥这两大工程的功效，已成为有关方面积极研究的新的重大课题。

上述的新问题、新成就和新现实，必然会激发人们本着“解放思想，实事求是，与时俱进，开拓创新”的精神，对“南水北调”工程进行深入的分析、研究。三峡引水工程方案正是这种再认识、再实践的必然结果或具体体现之一。

（二）三峡引水工程简述

三峡引水工程是以三峡水库为主要水源地，在重庆开县小江建抽水站，设水泵10台，扬程380m，抽水至高程525m的静水池。同时修建调蓄水库4座，蓄纳汛期高山洪水15亿$m^3$，通过两条长约312km的输水隧洞，将135亿$m^3$的长江水，穿越巴山、汉水、秦岭，送到咸阳市附近的渭河，再流经黄河三门峡、小浪底及待建的西霞院水库。

黄河以北输水渠线是从西霞院水库下游北岸建白坡引水渠首，经孟线至焦作，沿京广铁路西侧修建高线总干渠送水到北京市、天津市及沿线诸城市。

焦作往北到北京总干渠线路与中线工程线路大体相同。

小江至渭河长433km（其中隧洞输水总长312km，利用天然河道长121km）；利用渭河黄河河道及水库输水的长度约480km；从西霞院至北京明渠为主输水段，长约812km。线路总长度约1725km。

三峡引水工程规划分三期实施。第一期工程是建西霞院至北京的高线总干渠（并从小浪底水库引黄河水作为过渡水源），工程投资约350亿元，完成时间为2002年～2006年底。第二期工程是建小江抽水站，第一条输水隧洞（年引水60亿$m^3$），4座高山水库（蓄水15亿$m^3$），年调水量75亿$m^3$，工程投资506亿元，完成时间为2007年～2011年底。第三期工程是扩建完成第二条输水隧洞、抽水站水泵全部安装，增加年引水量60亿$m^3$，达到总引水量135亿$m^3$，工程投资343亿元，完成时间为2012年～2016年。

三峡引水工程规划总工期14年，主体工程静态总投资约1200亿元（2000年底物价水平），平均每年安排投资约86亿元。

该工程输水隧洞较长，工程量较大，但隧洞洞径为11～12m，在我国已属常规洞径；高扬程、大流量的水泵站，在国内外已有较多成功建设的先例。总的看来，在技术上无特殊困难，不存在不能解决的重大技术问题。初步经济分析表明，该工程的效益费用比为1.2～1.5，说明经济上是合理的。

应当说明，该工程小江至入渭河的主体工程静态投资合计数为850亿元，并非有关部门据说的1200亿元。

（三）三峡引水工程的主要优点）

（1）调水水源和调水量有充分保证。三峡水库多年平均径流量4510亿$m^3$，调水135亿$m^3$，只占3%；汛期在三峡电站满发电前提下，调水后仍有弃水量约300亿$m^3$。因此调水水源和调水量都有充分保证。枯水季4个月不抽水，对三峡电站发电、长江中下游航运及生态环境均无不利影响。

“南水北调”中线工程从汉江丹江口水库引水，该水库多年平均径流量约388亿$m^3$，调水130亿$m^3$，占33%；1991年～2000年汉江出现连续10年的枯水年，丹江口平均年径流量只有约280亿$m^3$，与多年平均值相比减少约108亿$m^3$。特别是1997年和1999年，丹江口水库年径流量分别只有169.6亿$m^3$和147.6亿$m^3$，这两年汉江中下游自身的用水都不能满足，根本无水可“北调”。

（2）三峡引水入渭河主要采用隧洞输水，基本无移民问题；沿线4座高山水库移民共约1.5万人，较易解决。

中线工程引水需加高丹江口水库大坝，新移民约26万人，还有30多万老移民的遗留问题，其难度之大一直为各方面关注。

基于上述两点可见，作为“南水北调”工程的水源地，三峡水库引水与丹江口水库引水相比，不仅可调水量充分可靠、保证率高，还可避免新增大量水库移民安置的难题。

（3）每年向陕西关中地区提供25亿$m^3$水量，可以较为彻底地解决该地区城市生活、工业和生态用水，对支持西部大开发有重要作用。

（4）三峡引水工程每年有110亿$m^3$水量从渭河下游通过，经初步分析，用10年左右的时间将三门峡水库修建后可使渭河下游主河槽中多年淤积的约3亿$m^3$泥沙被冲走，对根治渭河下游洪涝灾害有重大作用。

（5）三峡引水与黄河来水配合，将可使潼关河床高程冲刷下降4m左右，从而使三门峡库区末端的滩地由低滩变为高滩，使原受影响的近100万亩土地变为稳产农田，并使原移民近70万人得以安居乐业。

应当说明，有关部门认为，如果潼关河床高程下降

4m，三门峡库区将有约40亿$m^3$泥沙量冲刷到小浪底水库，对小浪底水库将是一个灾难。据分析计算，三峡引水入渭河及黄河后，三门峡水库最大可能冲刷量约5亿～6亿$m^3$，而且绝大部分可以输送入海，三峡引水还有利于小浪底水库和黄河下游排砂、延长小浪底水库拦沙库容的使用年限。如果以此作为否定三峡引水工程的理由或依据之一，其结果是站不住脚的。

（6）从（4）、（5）两点可见，向京津华北诸城市提供的约65亿$m^3$（毛）水量，在进入受水区之前可起到冲沙生态用水的作用，这是一水两用。从经济上看也十分有利，既能按市场价格收取水费，又发挥了公益性效益，也是一举两得。中线工程则无此功效。西线工程由于调单方水工程投资高，调水量较少，也不能达此功效。

（7）三峡引水工程调水量135亿$m^3$中有45亿$m^3$是冲沙生态用水，除冲刷渭河下游和三门峡库区的泥沙外，还用于小浪底水库和黄河下游长约800km河道的冲沙生态用水量。将此水量与黄河来水配合，在小浪底水库的调节作用下，汛期泄放人造洪峰冲沙，初步分析，每年可冲刷下游河槽的泥沙量约1亿$m^3$，可确保黄河下游河槽不再持续淤高。由此可见，三峡引水工程加上小浪底水库的调节作用，对黄河下游防洪安全有着重大意义，这是我国几千年治黄历史上一直梦寐以求但未能实现的目标。

（8）由于有小浪底水库调节，三峡引水工程与中线工程相比，能够更为可靠、均匀地向京津华北地区诸城市每年提供约65亿$m^3$水量，为当地经济社会发展和生态环境改善提供重要保证。

（9）三峡电站枯水期发电保证出力约499万kW，而汛期满发时出力为1820万kW。汛期如缺少利用大量季节性电能的大用户，势必会出现大量“弃电”情况。三峡引水工程抽水站8台水泵开动时，电动机最大用电功率为252万kW，用电量为140亿kW·h。由于采用在多水期的8个月抽水，三峡引水工程正好可成为三峡电站汛期季节性电能的用电大户。

应当说明，三峡引水工程抽水用电按下网电价0.31元/（kW·h）计，全年用电140亿kW·h，需电费43.4亿元，但调水110亿$m^3$通过三门峡、小浪底及西霞院电站，可增加发电量40亿kW·h，回收电费18.8亿元（河南上网电价为0.47元/kW·h）。抽水用电实付电费约24.6亿元，每立方米水抽水电费仅0.18～0.20元/$m^3$，较为低廉。有关部门提出抽水电费需1.14元/$m^3$，显然未做“深入研究论证”。

三峡引水工程抽水对三峡电站的不利影响是减少发电量17.7亿kW·h（只占三峡年发电量847亿（kW·h）的2%），使三峡电站每年减少发电效益5.5亿元。

四、建议

三峡引水工程年调水量135亿$m^3$，主体工程静态总投资约1200亿元。中线工程平均年调水量130亿$m^3$，主体工程静态总投资1161亿元。这两大工程的年调水量和主体工程静态总投资均基本接近。

综上所述，三峡引水工程既能比中线工程更为可靠、均匀地向京津华北地区诸城市供水，又能解决陕西关中地区缺水，还能解决渭河下游和黄河中下游的泥沙淤积洪水危害，可说是一举多得。而中线工程基本上是单目标的供水工程，而三峡引水工程是多目标的综合性工程。如果单个地看，这两大工程都具有必要性、紧迫性，但从比较论证即从“科学选比”看，三峡引水工程显然更具有全局性、战略性。

总之，“南水北调”工程是百年大计、千年大计，要对子孙后代负责，要经得起历史的检验。

（黄伯明　赵业安　周学文）

# 西　线　工　程

## 论南水北调西线工程和西水北调

### 一、研究西水北调的必要性

“南水北调”西线工程是为了补充黄河水资源不足，解决我国西北地区和华北部分地区干旱缺水的重大战略措施。调水的基本原则是，既要考虑西北地区缺水的需要，又要研究对调出区的主要不利影响，并提出补偿措施，以促进调出区社会经济的可持续发展，做到“统筹兼顾，南北两利”。

现在工作做得最多的方案是，从长江上游通天河调水$100\times10^8m^3$、支流雅砻江调水$50\times10^8m^3$（一说为$65\times10^8m^3$）、支流大渡河调水$50\times10^8m^3$（一说为$25\times10^8m^3$），三条河共调水$200\times10^8m^3$（或为

$190\times10^8m^3$）。这一方案已经完成了总体布局方案和第一期工程的意见。但是这一方案存在着两个大问题需要进一步研究，即调水对长江流域水力发电的影响和后续水源问题。这两个问题对方案的成立有重要的影响。

1. 南水北调西线工程对长江水系水力发电的影响　据《长江流域综合利用规划重点报告》及全国水力资源普查资料，长江干流和支流受调水影响的水电梯级69座，装机容量$1.3\times10^8kW$，年发电量$7530\times10^8kW\cdot h$。

2020年水平，拟从雅砻江调水$50\times10^8m^3$，影响梯级有锦屏二级、二滩、桐子林、溪洛渡、三峡和葛洲坝6座梯级。

2030年水平，拟从雅砻江、大渡河调水各$50\times10^8m^3$共$100\times10^8m^3$，影响的梯级有雅砻江两河口——桐子林河段11座梯级，大渡河6座梯级，金沙江和长江6座梯级，共23座。

2050年水平，拟从通天河（调水$90\times10^8m^3$）、雅砻江（调水$50\times10^8m^3$）和大渡河（调水$50\times10^8m^3$）共调水$190\times10^8m^3$，预计影响69座梯级电站。电能损失见表1～表3。

表1　2020年长江下游梯级电站电能损失指标

| 调水前 | | | 调水后 | | 差值 | | 损失率 | |
|---|---|---|---|---|---|---|---|---|
| 装机容量（$10^4kW$） | 保证出力（$10^4kW$） | 年发电量（$10^8kW\cdot h$） | 保证出力（$10^4kW$） | 年发电量（$10^8kW\cdot h$） | 保证出力（$10^4kW$） | 年发电量（$10^8kW\cdot h$） | 保证出力（%） | 年发电量（%） |
| 3 765.5 | 1 373.0 | 1 912.2 | 1 340.1 | 1 875.4 | 32.9 | 36.8 | 2.4 | 1.9 |

表2　2030年长江下游梯级电站电能损失指标

| 调水前 | | | 调水后 | | 差值 | | 损失率 | |
|---|---|---|---|---|---|---|---|---|
| 装机容量（$10^4kW$） | 保证出力（$10^4kW$） | 年发电量（$10^8kW\cdot h$） | 保证出力（$10^4kW$） | 年发电量（$10^8kW\cdot h$） | 保证出力（$10^4kW$） | 年发电量（$10^8kW\cdot h$） | 保证出力（%） | 年发电量（%） |
| 7 883.5 | 3 736.0 | 4 406.8 | 3 586.8 | 4 131.0 | 149.2 | 275.8 | 4.0 | 6.3 |

表3　2050年长江下游梯级电站电能损失指标

| 调水前 | | | 调水后 | | 差值 | | 损失率 | |
|---|---|---|---|---|---|---|---|---|
| 装机容量（$10^4kW$） | 保证出力（$10^4kW$） | 年发电量（$10^8kW\cdot h$） | 保证出力（$10^4kW$） | 年发电量（$10^8kW\cdot h$） | 保证出力（$10^4kW$） | 年发电量（$10^8kW\cdot h$） | 保证出力（%） | 年发电量（%） |
| 13 094.0 | 7009.2 | 7529.9 | 5954.0 | 6430.5 | 1045.2 | 1099.2 | 15.0 | 14.6 |

2. 南水北调西线工程对四川水电的影响　四川省经济、社会的发展和西电东送，靠的是金沙江、雅砻江、大渡河这三大水电基地，这是基础。南水北调西线工程从这3条江河河源调走约$170\times10^8m^3$水量，使这三大水电基地据不完全统计损失装机容量$671\times10^4kW$、电量$335.5\times10^8kW\cdot h$，占四川可开发装机容量的9.4%、电量的9.0%。这对四川省人均水电资源优势将产生严重的负面影响：①影响四川省的经济、社会发展和“西电东送”，影响下游生态平衡；②调走的水未充分发挥综合利用的方针。

有关部门在研究调水方案时，为了根据调水的基本原则，对调出区的主要不利影响要提出补偿措施，以促进调出区社会经济的可持续发展，也提出了两条补偿措施。

（1）直接补偿。按照用电的销售价格，直接补偿调水后长江梯级电站损失的电量。

（2）等效替代工程补偿。提前开发长江水电或火电，或利用黄河因调水而增加的水电补偿。第一种直接补偿，2020年的电费赔偿为8.46亿元，2030年的为63.4亿元，2050年的为252.8亿元，每年付出这样巨额的赔偿费用会使调水“得不偿失”，而且也是不合理的。

采用等效替代工程补偿也是不现实的。用调水后黄河增加的电量来补偿调水损失的电量也是不可能的。因此，能否另辟蹊径，找一条两全齐美的道路，使之既符合《“十五”计划纲要》及“南水北调”指导方针，又能达到可持续和跨越式发展的效果，是要慎重研究的。

3. 南水北调西线工程存在后续水源问题　“南水北调”西线工程的长江调水方案（调通天河、雅砻江、大渡河水方案）年调水$200\times10^8m^3$左右，可以满足2050年水平的发展需求，2050年以后的发展怎么办？把现在认为是后续水源的怒江、澜沧江、雅鲁藏布江纳入统一规划内进行考虑，使西线调水工程找出可持续发展的、南北东西都有利的、水和电能都能充分利用的方案。

## 二、西水北调的设想方案

“西水”是指我国西部的雅鲁藏布江、怒江、澜沧江等三条江，“北调”是指打通横断山脉将这三条江的部分径流引入到金沙江，然后由金沙江分别将水送到黄河上游和三峡水库，经“南水北调”中线送到北方。西部的红河、伊洛瓦底江因高程较低、位置偏南，不在调水范围内。澜沧江也是正在建设的大型水电基地，已建成漫湾、大朝山两座水电站，正在建设小湾电站。且澜沧江今后可能成为通往东亚的航道，不宜参加调水，但水库可以参加径流调节。

“西水北调”即调雅鲁藏布江和怒江的水到北方。雅鲁藏布江发源于西藏西南部喜马拉雅山北麓，自西向东流经日喀则、泽当等地，在米林县下游派区附近开始形成水河湾，折向南流，经我国的巴昔卡进入印度。出境处的多年平均流量 $4425m^3/s$，年径流量 $1395\times10^8m^3$。

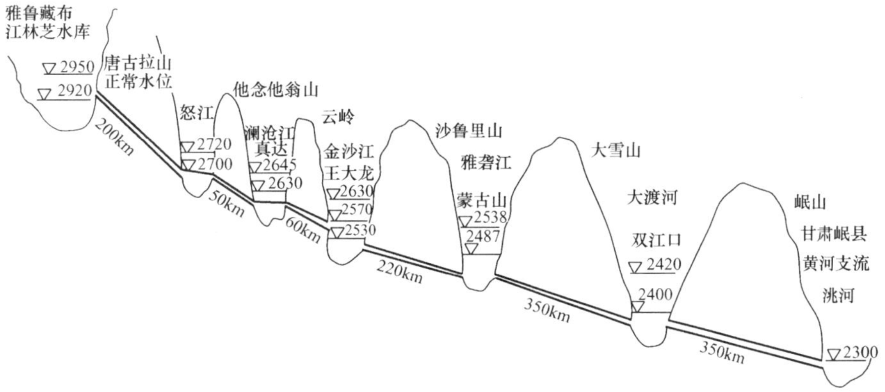


| 项　　目 | 林芝—怒江 | 怒江—真 | 真—王 | 王—蒙 | 蒙—双 | 双—岷 | 岷县洮河 |
|---|---|---|---|---|---|---|---|
| 正常高水位（m） | 2 950 | 2 720 | 2 645 | 2 630 | 2 538 | 2 420 | 2 300 |
| 隧洞进口顶高程（m） | 2 920 | 2 700 | 2 630 | 2 538 | 2 487 | 2 400 | |
| 隧洞出口顶高程（m） | 2 700 | 2 630 | 2 570 | 2 487 | 2 400 | 2 300 | |
| 流速（m/s） | 5.56 | 4.7～5.9 | 4.3～4.8 | 2.9～4.2 | 2.3～3.4 | 3～3.3 | |

图 1　西水北调线路纵剖面示意图

怒江发源于西藏唐古拉山南麓安多县，由北向南流，经过云南境内流入缅甸，出境处的多年平均流量 $1840m^3/s$，年径流量 $580\times10^8m^3$。

“西水北调”的设想是：在雅鲁藏布江大河湾上游建设水库，拦蓄洪水，并在水库岸边建设引雅济金（沙江）进水口，由隧洞引水，打通雅鲁藏布江与怒江的分水岭唐古拉山伯舒拉岭，引水入怒江；在怒江上建设调节水库；在水库上游打通怒江和澜沧江的分水岭他念他翁山，用隧洞引水至澜沧江；在澜沧江上建设规划中的真达水库，调节径流，在水库上游打通澜沧江与金沙江的分水岭——云岭，用隧洞引水入金沙江规划中的王大龙水库。雅鲁藏布江引水约 $(550\sim600)\times10^8m^3$，怒江引水约 $(230\sim400)\times10^8m^3$，共约 $(800\sim1\,000)\times10^8m^3$。在王大龙水库调节后，由隧洞引水约 $600\times10^8m^3$，通过川西高原的边沿地带，进入大渡河双江口（阎王碥）水库，经调蓄后，继续沿川西高原边沿东北行，穿过岷山进入甘肃省岷县的洮河，由洮河流入黄河干流上的刘家峡水库。另外，约 $400\times10^8m^3$ 径流在王大龙电站发电后，流入下游金沙江水电基地各梯级电站，发电后流入三峡水库，经“南水北调”中线大部分调往北方，余下部分经三峡、葛洲坝发电后泄向下游。

原来的通天河、雅砻江、大渡河引水方案高程在4000m左右，而引雅鲁藏布江和怒江的引水高程较低，雅鲁藏布江取水口的高程只有2920m，到金沙江王大龙水库为2570m，到黄河支流洮河的高程为2300m，到刘家峡水库为1735m，全线采用自流方式调水。由王大龙水库到三峡全部利用天然河道调水，见图1。由于高程较低，不穿过冻土带，不致带来施工困难和建成后隧洞结冰问题。

## 三、西水北调线路

1. 首部枢纽——林芝水库　林芝水库，位置在雅鲁藏布江下游，有较大的集雨面积，年径流量较大，离怒江较近，引水线路较短，水库位置较为适中，交通条件较好，正常高水位保持一定高程，便于自流引水。由于上述原因，“西水北调”的首部枢纽应选在林芝县派区，结合墨脱电站的首部枢纽进行建设。

根据水文资料分析，从林芝水库每年的调水量约为 $600\times10^8m^3$，主要调水时间为丰水期的6月～9月份，有约 $432\times10^8m^3$ 的水量应在这4个月调出。在不考虑林芝水库库容调节时，流量为 $4166m^3/s$；若考虑水库在这一时段内蓄水，流量为 $3449m^3/s$。综合考虑，粗估用4条直径16m的压力隧洞输水，每条隧洞约 $900m^3/s$，共 $3600m^3/s$，在6月～9月份4个月内可调水 $375\times10^8m^3$。剩余的 $225\times10^8m^3$ 可在10月至次年5月份内调出。

林芝水库建成调水后，对下游不会造成不利的环境影响，因脱流段不长即有帕隆藏布注入，在大河湾中注入的支流较多，从巴昔卡流出国境的年径流仍有 $795\times10^8m^3$，洪水基本拦截，对减少下游的洪水灾害将会发挥重要的作用。

2. 从林芝水库到怒江水库　引水隧洞自林芝水库取水口北上，穿过易藏布，沿唐古拉山南麓前进，在适当的位置穿过伯舒拉岭，全线长约200km。若按0.1%的坡降，隧洞出口的高程约2700m，便于与怒江水流衔接。

3. 怒江调水和怒江水库　怒江水库的位置除了满足接纳雅鲁藏布江的来水和怒江上游来水外，还需和澜沧江规划中的真达水库高程相协调，且使穿过分水岭他念他翁山的隧洞较短。

初步估计，怒江调节水库的位置在左贡附近的怒江下游，雅鲁藏布江来水经过一段天然河道流入水库，在水库内估计约需7条直径16m的隧洞引水入澜沧江真达水库，隧洞长约50km，出口高程为2630m。

4. 澜沧江真达水库和入金沙江的洞线　真达水库是调水线路中要经过的一个水库，其位置和高程都适合调水线路的需要。规划中的水库位于西藏芒康地区，坝址高程2595m，拦河坝壅水高50m。水库在调水线路中的任务是拦截由怒江调来的径流，经过隧洞引入金沙江王大龙水库。除本江来水外，洪水中也可把过多的水量放部分到下游水库，枯水期可调换部分水量到北方。

由真达水库调往金沙江的年径流量仍为 $1000\times10^8m^3$，粗估仍需7条直径16m的隧洞输水，每条隧洞约长60km，隧洞进口顶高程约2630m，出口顶高程约为2570m。

5. 金沙江王大龙水库　王大龙水库是调水线路中的一个枢纽点，由雅鲁藏布江和怒江调来的水，经过王大龙水库重新分配，其中60%经过四川西北部川西高原的边沿地带，穿过沙鲁里山、大雪山，沿大渡河边北上，进入大渡河的双江口（阎王碥）水库。经过调蓄后，东北向沿岷山山麓进入甘肃省岷县的黄河支流洮河，洮河经整治（和发电）自流入黄河干流上的刘家峡水库。另外40%的径流在王大龙电站发电后，沿金沙江梯级电站下泄，最后进入三峡水库，在三峡水库再次分配，一部分调入丹江口水库，由南水北调中线调往华北。剩余部分经三峡、葛洲坝电站发电后下泄。

6. 从金沙江王大龙水库到雅砻江蒙古山水库　由金沙江王大龙水库到大渡河双江口水库，需要经过雅砻江的蒙古山水库，在调水系统中，蒙古山水库需要参加径流调节，但不从雅砻江调水。王大龙水库到蒙古山水库洞线长220km，穿过沙鲁里山，引水隧洞的进口顶高程2538m，出口顶高程2487m。

7. 由蒙古山水库到大渡河双江口水库　从雅砻江蒙古山水库到大渡河双江口水库，全线约350km，洞线沿川西高原边沿东行，穿过大雪山，到大渡河边，沿大渡河北上至双江口，从蒙古山到双江口有水头67～138m。隧洞进口顶高程为2487m，出口顶高程为2400m。

8. 大渡河双江口（阎王碥）水库　双江口（阎王碥）水库位于四川省金川县境内，是大渡河东西两源足木足河和卓斯甲河的会合处。两源汇合以后称为大金川，在丹巴以下才改称大渡河。规划中的双江口坝址高程2240m，总库容 $28\times10^8m^3$。

为了配合调水，正常高水位调整为2420m，死水位为2400m。

9. 由双江口到岷县洮河　自大渡河的双江口水库到岷县洮河的洞线长约350km，沿途经过马尔康、松潘、迭部等县，地形较为复杂。洞线沿川西高原的边沿地带前进，在甘肃境还须跨过白龙江上游，隧洞在双江口水库的顶高程为2400m，隧洞出口为岷县洮河，高程为2300m，共有水头100～120m。

10. 由洮河到黄河干流刘家峡水库　从洮河出水口到刘家峡水库长约200km，有落差约500m。在引水后，由于流量大增，使这一河段内水能资源蕴藏量达到 $1000\times10^4kW$ 左右，故应重新研究这一河段的开发方案。引水入洮后，流量大增，要同时研究引水灌溉甘肃南部的定西一带以及引水灌溉渭河平原。

## 四、工程分期实施设想

“南水北调”工程本身规模就很巨大，东线工程的长度有1150km，中线工程的干渠全长有1240m。西线工程若从雅鲁藏布江及怒江调水到洮河的“西水北调”工程，除开天然河道外，隧洞线长也约有1230km，而且调水量很大，地形复杂，所以工程规模十分巨大。但是这一工程可以在统一规划的前提下，根据需要进行分期分段实施。在各分期中的工程量相对就不算大，采用远近结合，分期实施的设想如下：

第一期工程，从大渡河双江口水库引水入洮河。这一期工程的任务是建设双江口水库和第一条约350km长的引水隧洞。双江口年径流量$163\times10^8m^3$，若调水$110\times10^8m^3$，占年径流量的67%，对下游发电会造成一定的影响，但时间不会很长。

第二期工程是完成金沙江上的王大龙水库，雅砻江的蒙古山水库和由王大龙水库到双江口水库的引水隧洞。王大龙水库年径流量$311\times10^8m^3$，本期工程调入黄河的水量可达$200\times10^8m^3$。

第三期工程是引怒江水入金沙江，需要建设怒江和澜沧江两座水库和引水入金沙江王大龙水库的隧洞，从怒江调水$(230\sim400)\times10^8m^3$，再向黄河调水$(100\sim200)\times10^8m^3$。

第四期工程是完成雅鲁藏布江调水，即最终完成雅鲁藏布江上的林芝水库和由水库调水至怒江的引水隧洞。这一期工程的调水量为$(550\sim600)\times10^8m^3$，其中有$200\times10^8m^3$经过王大龙水库调节后调往洮河，因此需增建沿线的隧洞到预定规模；另外约有$(350\sim400)\times10^8m^3$径流经王大龙水库调节后，流至下游金沙江各梯级电站，发电后进入三峡水库，经三峡水库调节后，大部分经“南水北调”中线调往北方，少部分经三峡、葛洲坝电站发电后下泄。

在这一期工程中，除完成本体工程外，还要做好相应的配套工程，如黄河上应完成各种蓄水、灌溉设施，洮河和黄河流域梯级电站的扩容，增加装机容量等。金沙江也需做好梯级电站的建设和增容，“南水北调”中线要做好从三峡引水的配套工程，引水干支渠也要做好扩容的配套工程等。

“西水北调”的第一期工程最好在2020年左右建成向洮河调水$110\times10^8m^3$，满足黄河2030年以前的需求；第二期工程在2030年左右完成，向黄河调水$200\times10^8m^3$，满足2050年以前的需求；第三期工程在2050年左右完成，从怒江调水$(230\sim400)\times10^8m^3$，再向黄河调水$(100\sim200)\times10^8m^3$，发展西北的灌溉，改善生态环境，扩大环境容量，扩展人的生存空间，抑制土地沙漠化，在21世纪末或22世纪初，完成第四期工程，调雅鲁藏布江水$(550\sim600)\times10^8m^3$到金沙江和黄河，再向黄河调水$200\times10^8m^3$，继续发展西北和华北地区，剩余部分则用来增加金沙江梯级水电站的发电量，发电后下泄，进入三峡水库，另一部分经“南水北调”中线调往华北。

采用分期建设措施后，每一分期的工程量就不会太大，能和国家的经济实力相适应，也能满足各个时段的需水要求。

## 五、工程实施中的关键技术问题

“西水北调”工程主要在四川和西藏两省区内，高程在3000m以下。工程的主要内容是筑坝和建引水隧洞，同时也建发电厂和输变电工程。在引水沿线要建筑林芝、怒江、真达、王大龙、蒙古山、双江口六座水库，并建设相应的发电、输电、变电工程，沿线的隧洞总长约1230km。

表1　“西水北调”工程主要参数表

| 项目 | 林芝水库 | 林芝至怒江隧洞 | 怒江水库 | 怒江至澜沧江隧洞 | 澜沧江真达水库 | 澜沧江至金沙江隧洞 | 金沙江王大龙水库 | 金沙江至雅砻江隧洞 | 雅砻江蒙古山水库 | 雅砻江至大渡河隧洞 | 大渡河汉江口水库 | 大渡河至洮河隧洞 | 岷县洮河 |
|---|---|---|---|---|---|---|---|---|---|---|---|---|---|
| 正常高水位（m） | 2950 | | 2720 | | 2645 | | 2630 | | 2538 | | 2420 | | 2300 |
| 死水位（m） | 2920 | | 2700 | | 2630 | | 2538 | | 2487 | | 2400 | | |
| 大坝壅水高（m） | 70 | | 50 | | 50 | | 243 | | 193 | | 180 | | |
| 有效库容（$10^8m^3$） | 75 | | | | | | | | 6 | | | | |
| 多年平均流量（$m^3/s$） | 1890 | | 1478 | | 688 | | 986 | | 856 | | 520 | | |
| 平均年径流量（$10^8m^3$） | 596 | | 469（布西） | | 216 | | 311 | | 269 | | 163 | | |
| 随洞进口顶高程（m） | | 2920 | | 2700 | | 2630 | | 2530 | | 2487 | | 2400 | |
| 隧洞出口顶高程（m） | | 2700 | | 2630 | | 2570 | | 2487 | | 2400 | | 2300 | |

续表

| 项　目 | 林芝水库 | 林芝至怒江隧洞 | 怒江水库 | 怒江至澜沧江隧洞 | 澜沧江真达水库 | 澜沧江至金沙江隧洞 | 金沙江王大龙水库 | 金沙江至雅砻江隧洞 | 雅砻江蒙古山水库 | 雅砻江至大渡河隧洞 | 大渡河汉江口水库 | 大渡河至洮河隧洞 | 岷县洮河 |
|---|---|---|---|---|---|---|---|---|---|---|---|---|---|
| 长度（km） | | 200 | | 50 | | 60 | | 220 | | 350 | | 350 | |
| 洞径和数量（m） | | $\phi16\times4$ | | $\phi16\times7$ | | $\phi16\times7$ | | $\phi16\times4$ | | $\phi16\times4$ | | $\phi16\times4$ | |
| 流速（m/s） | | 5.56 | | 4.73～5.92 | | 4.31～4.89 | | 2.95～4.2 | | 2.3～3.45 | | 3.05～3.3 | |
| 流量/洞（$m^3/s$） | | 1077 | | 878～1198 | | 866～982 | | 594～846 | | 462～711 | | 613～663 | |
| 年输水量（$10^8m^3$） | | 600 | | 800～1000 | | 800～1000 | | 500～600 | | 500～600 | | 500～600 | |

王大龙水库拦河坝的壅水高为243m，电站装机容量$200\times10^4$kW，是一个规模较大的水库和电站。输电到成都的距离约500km，在技术上都是可行的。

引水隧洞相对难度较大，因线路长，洞径大，工程量也很大。国内采用直径16m（断面201$m^2$）的水工隧洞不多。惟二滩水电站打过断面尺寸为17.5m×23m（断面402.5$m^2$）的导流隧洞。在长洞线中分为两种情况，一种是穿过山脉的长隧洞，如穿过岷山、云岭、他念他翁山、唐古拉山等，这些隧洞可能长50～60km，中间没有施工支洞，这是国内水平还没有达到的。另外一种是洞线沿山麓进行，中间可能打施工支洞。这一类隧洞的控制长度较短，较便于施工。

在整个调水工程中，引水线路的勘测设计工作是关键，准确掌握隧洞沿线的地质情况，包括地质构造、岩性、水文地质条件、各洞线段的岩体完整性，岩体初始应力，不良地质现象等。充分利用地形地质条件，尽量避开断层破碎带和地下水丰富的地区，施工队伍又有丰富的经验，相信能选择出最经济合理的洞线来。施工技术还在不断发展，我国在地下工程施工方面已经积累了丰富的经验，不论是采用钻爆法或掘进机法进行开挖都是可能的。21世纪随着我国的科学技术不断发展，国家综合国力不断增强，采取分期分阶段进行建设，近期和远期结合，整个引水工程是可以完成的。

（四川省电网公司　杨永年）

# 南水北调西线工程

## 一、南水北调西线工程的必要性和紧迫性

黄河是我国西北、华北的重要水源。随着经济的发展，20世纪90年代年均耗水量307亿$m^3$，比50年代增加185亿$m^3$。90年代入海水量年均120亿$m^3$，比50年代年均减少360亿$m^3$。黄河缺水严重，属于资源性缺水。

据预测，在充分考虑节水的情况下，正常来水年份，黄河上中游地区2010年缺水40亿$m^3$，2030年缺水110亿$m^3$。枯水年份缺水更多。

因此，为保障和改善干旱缺水西北地区的生态环境，扩大环境容量，扩展人的生存空间，逐步开发西北地区丰富的土地和矿产资源，促进地区经济的可持续发展，同时，为促进黄河的治理开发，为黄河的长治久安，解决缺水的根本途径是实施从临近水量较为丰沛的长江上游调水，开凿隧洞穿过巴颜喀拉山分水岭，输水到黄河上游的“南水北调”西线工程。

西线调水输入黄河，有居高临下的特点，没有任何其他大的跨流域外来水源能在海拔3400多米处自流输水入黄河，因此西线工程是不可替代的。且由于黄河上中游水少，沙量大的特性，上游宁蒙河段和河口镇至龙门河段，都需要保持一定的水量输沙，以减缓河道泥沙的淤积量，因而不可能采取让上游尽量多用水，下游用其他方式增补水源的换水方法。

“南水北调”西线工程调水170亿$m^3$左右，可基本满足黄河上中游6省（区）和邻近地区2050年前的用水需求，因此，西线工程直接关系到西部大开发的战略部署，是西部大开发的重大基础设施。同时，“南水北调”西线工程将带动大柳树、古贤水利枢纽等一批基础设施的建设。

“南水北调”西线工程，与中线、东线工程，组成“四横三纵”的总体格局（见图1），达到我国水资源优化配置的目标。西线工程在此水资源网络格局中，具有十分重要的地位。

综上所述，“南水北调”西线工程，不仅十分必要，而且非常紧迫。

## 二、南水北调西线的工作历程

我国水资源时空分布不均，黄河流域面积占全国

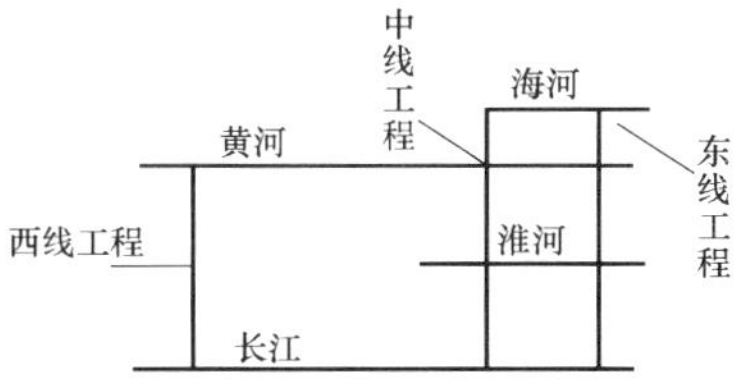


图1　南水北调工程总体布局示意图

国土面积的8.3%，而年径流量只占全国的2%，水资源贫乏。

早在1952年，具有远见卓识的黄河水利委员会（以下简称黄委会）主任王化云等一些专家，着眼于黄河水资源的先天不足和未来的发展需求，就组织了从通天河调水入黄河的线路察勘。这是我国第一次“南水北调”察勘。同年10月，毛泽东主席第一次视察黄河时，王化云主任汇报了“南水北调”的设想，毛主席说：“南方水多，北方水少，如有可能，借点水来是可以的。”

根据上级指示，黄委会在中科院配合下，从1958年～1961年进行了大规模的西线调水察勘，涉及的河流有怒江、澜沧江、金沙江、雅砻江、大渡河等，范围约115万$km^2$。

20世纪70年代到80年代初，黄委会又组织了多次西线调水察勘。

1987年国家计委决定，在“七五”、“八五”期间开展“南水北调”西线工程超前期规划研究工作，研究从长江上游通天河，支流雅砻江、大渡河距黄河较近的河段，调水入黄河上游的方案。调水工程范围较20世纪50年代缩小到30万$km^2$。历时10年的这项任务，于1996年6月结束。

1996年7月开始规划阶段的工作，2001年上半年水利部调水局组织专家评审了西线工程的6个规划专题报告，2001年5月27日～29日，水利部组织专家审查通过了黄委会提交的规划报告。水利部张基尧副部长在审查会上说：规划报告的审查通过，在西线工程历程中，具有里程碑的意义。水利部布置了第一期工程及时转入项目建议书阶段的工作。2001年8月，水利部张基尧副部长、高安泽总工程师、黄委会李国英主任等领导，考察了西线第一期工程现场。2002年6月，举行了欢送西线调水150人出征青藏高原的隆重仪式，水利部高安泽总工程师，黄委会李国英主任在仪式上讲话，给大家以极大鼓舞。

从1952年8月至2002年8月，历时整整50年，有5000多人次在青藏高原察勘，付出了艰辛劳动，有些人受伤、甚至致残，有的献出了生命，取得了大量地形、地质、地震、水文、气象、社会经济等基础资料，完成了数百份工程和研究报告，有些填补了国家空白，从而使西线工程进入了一个新的阶段。

## 三、“南水北调”西线工程的关键技术

回顾50年的历程，特别是近20年来在认识和实践的反复过程中，不断调整工作思路、增加新的工作内容。

（一）工程方案

1. 工程方案思路的转变

（1）从明渠为主转变为以隧洞为主。根据青藏高原地质条件复杂，地质灾害频繁的特点以及开凿隧洞技术的迅速发展，将输水线路以超长明渠为主转变为以隧洞为主。

（2）从抽水方案转变为自流方案。工程上研究了采用抽水方式和自流方式等一系列方案。鉴于青藏高原寒冷缺氧，人烟稀少，交通不便，调水工程区没有电网，经自流、建设专用水电站和远距离输电等多方案综合分析比较，目前宜采用自流方式。

（3）从高海拔转变到低海拔。从国家计委立项的1987年～2001年，历时15年。研究的范围，北到黄河源头海拔4500m左右，南抵四川甘孜一带海拔3000m左右，提出了大量的引水方案，结合青藏高原的实际，推荐位于海拔3500m左右的工程方案，形成从金沙江（通天河的末端，金沙江的起始河段）调水80亿$m^3$，雅砻江调水50亿$m^3$，雅砻江、大渡河间5条支流调水40亿$m^3$，共调水170亿$m^3$的总体布局方案。海拔3500m地区，自然环境较好，有森林、农田，适用于人类活动，有利于工程的建设、运行和管理。

此总体布局方案具有“下移、自流、分期、集中、渐进”的特点。本着“由小到大，由近及远，由易到难，分步实施”的思路，选定雅砻江、大渡河间5条支流调水40亿$m^3$方案为第一期工程，雅砻江干流调水为第二期工程，金沙江干流调水为第三期工程。第二、三期工程输水线路都从第一期工程近旁集中通过，可以利用先行实施的一期工程地质资料和临建设施。第一期工程由“五坝七洞一渠”组成，5座坝高65～123m，长244km的隧洞自然分为7段和一段16km的明渠，静态投资469亿元（2000年价格水平）。下移以后，虽然输水隧洞较海拔4000多米处的引水方案要长一些，但建设条件明显改善，长隧洞自然分段多，属于常规工程，有利于分段开发。西北地区的需水增长有一个过程，西线工程可分段分期、循序渐进地实施增补水源。

2. 第一期工程区的地质条件　引水坝址河谷多呈“V”字形，较为狭窄。坝址区岩石裸露，岩性主要为三叠系砂、板岩或砂板岩互层，抗压强度40～100MPa，属中等坚硬岩类。目前坝址区未发现大的

断裂，多数坝址岸坡稳定。河床覆盖层一般6～20m。按照地震动峰值加速度分区，除阿安坝址区的地震动峰值加速度为0.20*g*外，其余坝址区动峰值加速度为(0.10～0.15) *g*。坝址附近石料丰富，砂砾料和土料缺乏。

输水线路沿线出露岩层主要为三叠系砂岩、板岩和砂板岩互层，沿线部分地区出露有火层岩和灰岩地层，岩体结构多为层状或块状，部分线路区复式褶皱和断裂较发育。输水洞线埋深一般300～600m，最大埋深1150m。输水线路地震动峰值加速度大部分地区为0.10*g*，部分线路为0.05*g*和0.15*g*，局部为0.20*g*。初步探查，全线穿越断层22条，大体走向NW～SE。

（二）调水对调水河流的生态环境影响

“南水北调”西线工程既是一项跨流域的调水工程，又是一项宏大的生态环境工程。从湿润、半湿润地区调水到干旱、半干旱地区是科学、合理的。从三条河调水170亿$m^3$，分别占调水河流水量的5%～14%，一般认为这个比率是合适的。整个工程方案下移，引水坝址的水量增大，调水量占引水坝址水量的65%～70%。由于当地属于待开发地区，人烟稀少，水资源开发程度很低，以及高山峡谷地形和相对较好的雨水条件，专家审查认为，从生态环境角度考虑，这个调水量是可接受的。

对引水坝址下游水量减少较多河段的生态环境影响，虽未发现重大影响因素，但仍需进一步研究。

## 四、受水区

受水区系指黄河上中游的青、甘、宁、蒙、陕、晋六省（区）。

江水输入黄河后，使黄河的梯级电站增发电量，这是西线调水的一个特点。调水到受水区，经综合计算，每方水经济效益约6元。供水目标，主要用于生态环境、城镇生活和工业用水，兼顾农业用水，就是说以生态环境用水为主，怎样部署生态环境用水，这是一个新课题。规划第一期工程调水40亿$m^3$，其中，向渭河地区供水10亿$m^3$，进一步促进陕西关中地区的经济发展；由于支流和水土保持用水减少适宜于人类居住生存，把住在山上的人迁移到能够供水的平原地区，腾出原来的山地退耕还草还林，宜草则草，宜林则林。这里有些问题需要探讨，如生态环境的范畴，生态环境的主要措施以及生态环境效益计算方法等，今后需要与有关省（区）、科研部门配合，深入工作。

## 五、机制体制

西线调水入黄河，江水与黄河水混合，分不清哪是江水，哪是黄河水，应该说，都是黄河水，但黄河水价便宜，调入的江水比黄河水贵，因此，必须实施黄河水资源统一调度和管理，建立合理统一的水价机制和运行管理体制。这些，现阶段就应着手研究。

## 六、结束语

“南水北调”西线工程经历了半个世纪，几代治黄人为这项功在当代、荫及子孙的宏伟工程，艰苦奋斗，前赴后继，取得了今天的成果。当前，前景明朗，需要加快前期工作步伐，力争2010年或再提前一些时间开工，以适应西部大开发对水资源的需求。

（黄河水利委员会勘测设计研究院　谈英武　景来红）

# “南水北调”西线工程调水量分析

## 一、概述

“南水北调”西线工程位于青藏高原东南部，是从水量丰沛河流的上游调水到黄河的跨流域调水工程，是一项战略工程。西线工程一般有两种含义：一种是大西线工程，调水范围涉及雅鲁藏布江、怒江、澜沧江、金沙江、雅砻江和大渡河；另一种是小西线工程，调水范围仅涉及长江上游的金沙江、雅砻江和大渡河。大西线工程是一个庞大、复杂的系统工程，需要从长计议。当前研究的重点是具有现实意义的小西线工程。小西线工程分成三期方案逐步实施。第一期工程已于2001年7月转入编写项目建议书，计划在2005年提交项目建议书报告。

本文论述的范围是小西线调水工程方案。影响该方案的因素众多，但关键因素之一是调水量。这是整个调水系统最重要参数，是水资源最佳配置的综合指标。

## 二、确定调水量的一般原则

科学地确定最优调水量是一项非常复杂的系统工程。就一般情况而言，跨流域的调水量必须根据整个系统最佳综合效益和水资源可持续利用的原则予以确定，即将水量的调出区和调入区有机地组合成一个统一的系统进行研究。建立该系统的社会、经济、环境和资源综合分析模型，在一定的约束条件下，通过对模型最终目标的最佳调水量的优化获得最佳的调水量。显然，跨流域的最佳调水量在原则上取决于：

1. 综合分析模型　该模型融合了社会、经济、环境和资源相互联系和制约的定量关系。

2. 优化目标函数　这反映决策者的策略和意图。

当然，在上述原则下，确定最佳调水量是非常困难的，甚至在某些情况下难以做到。在实际工作中，可以简化以获得大家公认的成果。但是不管在什么情况下，整个系统最佳综合效益和水资源可持续利用的基本原则是不可动摇的。下面的分析就是在遵循这一基本原则的前提下进行的。

## 三、小西线方案调水量的分析

### （一）多种调水量建议

大西线和小西线调水方案中关于调水量的建议众多，而且各家建议的调水数量相差很大。本文的范围涉及小西线调水，所以仅就该线路下的调水量作概括性的论述。据部分文献资料，各种方案下的调水量列于表1。

表1　小西线调水方案的各种调水量

| 河流 | 年调水量①（亿 $m^3$） | | | | |
|---|---|---|---|---|---|
| | 方案1 | 方案2 | 方案3 | 方案4 | 方案5 |
| 金沙江 | 15～240 | 200 | 100 | 80 | 278 |
| 雅砻江 | 100～180 | 130 | 45 | 65 | 205 |
| 大渡河 | 70～140 | 60 | 50 | 25 | 160 |

①表中各方案数据摘自各相关文献。

表1显示，各种建议的调水量有较大的差别。事实上，这些调水量虽然作过分析但未经过充分的科学论证，在一定程度上可看作是各家的建议。谈英武《南水北调西线工程关键技术问题的分析》调水量是负责“南水北调”西线工程的设计单位黄河水利委员会（以下简称黄委会）建议的。2001年5月水利部组织专家审查通过的《南水北调西线工程纲要及第一期工程规划》就是建立在谈英武《南水北调西线工程关键技术问题的分析》调水量的基础上。据第一期工程规划，工程总调水量40亿 $m^3$，其中从雅砻江调水15亿 $m^3$，大渡河调水25亿 $m^3$。目前黄委会组织了在2005年将提出第一期工程的项目建议书。据国家“南水北调”工程总体规划，西线一期调水将于2010年实施，2020年前建成。

### （二）调水量合理性分析的总体思路

前面论述了科学确定调水量的一般原则。基于这个总原则，论证调水量的合理性从以下两个方面考虑：一是基于自然因素的最合理调水量，以达到整个系统水资源可持续开发利用和保护的总体目标；二是基于社会经济因素的最合理调水量，以达到整个系统获得最佳综合效益，社会可持续发展。

水量的合理性有其空间性和时间性。就空间性而言，必须将调水区和受水区域合成一个大空间；就时间性而言，必须考虑因素随时间的变化，顾及局部时段和长远时段的协调性，将短期合理和长远合理有机地统一起来。

按总体思路论证调水量合理性是最科学的，但需要大量资料，目前一时难以做到。本文只是在思路的框架下，尽可能对调水量的合理性作出分析，并且定量和定性分析仅局限于调水区而且只围绕《南水北调西线工程关键技术问题的分析》一文中的调水方案（170亿 $m^3$）进行。

### （三）基于自然因素的合理调水量分析

流域中各种自然因素的状态和河流的水量是相匹配的，因为二者为相互制约的关系。自然因素状态的平衡是以水量的相对稳定为前提的。一旦河流水量发生变化，无疑受其制约的流域自然因素状态必然随之而改变。显然，改变量的大小取决于水量变化的程度。

流域自然因素状态是多方面的。文章重点讨论引水处下游的生态环境（包括生态、水质、河床变迁和气候）这个最为重要的因素。

就一般情况而言，国际上通常认为一条河的调水不要超过总水量的20%。调水量和总水量之比可称之调水率。若超过这个调水率的临界值（0.2）就可能影响自然因素状态的显著变化，即破坏生态环境平衡。按照金沙江、雅砻江和大渡河引水点（控制断面）的天然总水量和计划调水量，估算出调水率，见表2。金沙江、雅砻江的调水率均超过了临界值。当然以调水率评判调水量的合理性是从宏观考虑的。根据流域的具体情况作进一步分析是必要的。

表2　调水率估计

| 河　名 | 总水量（亿 $m^3$） | 调水量（亿 $m^3$） | 调水率 |
|---|---|---|---|
| 金沙江 | 287 | 80 | 0.29 |
| 雅砻江 | 214 | 65 | 0.30 |
| 大渡河 | 163 | 25 | 0.15 |

**注**　总水量取自陈昌杰《西南调水大西北的初步设想》（刊在《人民黄河》上）。

为了合理地确定调水量，人们还从研究和估算引水处下游河段维持生态环境平衡所必需的用水量着手。目前习惯地称这个用水量为生态环境用水量。只要总水量减去调水量，其差值大于生态环境用水量，那么，这个调水量从自然因素方面而言是可行的。河流生态环境用水量的估计并非易事，迄今还没有公认统一的计算方法。当前，应用较多的为河流枯水流量法。《南水北调西线工程关键技术问题的分析》一文依据调水区特殊的高山峡谷地形，年降雨700mm，流量年际变化和枯水流量稳定的特点，选用引水处多年系列的最小月均流量作为基准，年内各月生态需水量取最小月流量的60%。计算表明，生态环境用水约占多年平均最小月流量的42%。基于这个数字，并考虑其他各种因素，《南水北调西线工程关键技术问题的分析》一文认为，三条河的总调水量 170 亿 $m^3$ 是可接受的。

国内对生态环境用水量的阀值已展开了研究并获得了部分有意义成果。林超等的《海河流域生态环境恢复研究》① 一文提出黄河流域生态环境用水量的阀值应设定在多年平均年径流量的 30%，适宜的生态环境用水范围应有 50%，理想状态应在 60%～70%。如果仅从生态环境用水量角度出发，取理想状态 60%这个比值，估计得三条河的调水量见表 3。这显示，金沙江调水 80 亿 $m^3$，雅砻江调水 65 亿 $m^3$ 和大渡河调水 25$m^3$，从维持良好的生态环境角度出发是合适的。

表 3　　合理调水量估计　　亿 $m^3$

| 河　流 | 总水量 | 生态环境调水量 | 可调水量 |
|---|---|---|---|
| 金沙江 | 287 | 172.2 | 114.8 |
| 雅砻江 | 214 | 128.4 | 85.6 |
| 大渡河 | 163 | 97.8 | 65.2 |

（四）基于社会经济因素合理调水量的分析

制约调水量的社会经济因素众多，这里仅就对调水量起关键作用的因素论证调水量的合理性。

金沙江、雅砻江和大渡河上游的水量丰沛，是该地区社会经济发展的宝贵资源，支撑生活用水、水力发电、漂木、工农业生产用水等方面的发展需求。若从该地区调水，一方面影响该地区的社会发展，另一方面还影响下游地区的社会发展。原则上讲，在调水区调水有积极意义的一面，那就是大规模调水工程的兴建，将带来大量投资、技术和人才，改善交通能源等基础设施，扩大对外交往，促进社会经济的快速发展；反之，调水有消极的一面，那就是由于河流用水量的减少势必影响水力发电、漂木以及人民生活和工农业生产用水等。这里的核心问题在于，从整个空间（上游和下游）和长时间跨度考虑，决策一个合理调水量。鉴于问题的复杂性，下面只选择水力发电、生活和生产用水来分析调水量的合理性。

1. 水力发电　《水资源规划与水政水务管理》（成建国主编）针对调水方案（金沙江调水 100 亿 $m^3$，雅砻江 45 亿 $m^3$ 和大渡河 59 亿 $m^3$）较全面地分析了调水对水力发电的影响，得出结论：从上下游和远期考虑调水损失的发电量分别约占不调水状况的 14%。

表 4　调水一期对四川水力资源的影响

| 项　目 | 不计调水 | 计调水 | 减少量 | 调水前后的差别 |
|---|---|---|---|---|
| 理论缊藏量（MW） | 145283 | 141414 | 3869 | 2.6% |
| 技术可开发年发电量（亿 kW·h） | 5950 | 5698 | 252 | 4.2% |

《南水北调西线工程与四川水电支柱产业的关系》（王尊相）一文（载于《四川水力发电》2003 年第一期）全面论述了“南水北调”西线工程与四川水电支柱产业的关系，并重点指出，从金沙江调水 80 亿 $m^3$、雅砻江调水 65 亿 $m^3$ 和大渡河调水 25 亿 $m^3$ 的调水方案，将对三条江河下游各梯级水电站的装机容量和发电量产生较大的负面影响。初步估计金沙江将减少装机容量 204 万 kW、年发电量 102 亿kW·h；雅砻江将减少装机 389 万 kW、年发电量 194.5 亿 kW·h；大渡河将减少装机容量 78 万 kW、年发电量 39 亿 kW·h。三条江河总计将损失装机容量 671 万 kW，年发电量 335.5 亿 kW·h（未计已建成二滩、龚嘴和铜街子损失年发电量约 25 亿 kW·h）。据该文分析，经估计，金沙江调水前后装机容量和年发电量均相差 3%左右；雅砻江装机容量相差约 4%。

2003 年《四川水力资源复查基本成果汇报材料》最近探讨了南水北调西线一期调水对四川水力资源总量的影响。西线一期调水拟从雅砻江、大渡河分别调水 25 亿 $m^3$ 和 15 亿 $m^3$。调水将影响水力发电量，计算结果列于表 4。

综上所述，调水对水力发电的影响是显著的。调水量的增加对发电量的减少非常敏感。

2. 生活和生产用水　金沙江上游通天河、雅砻江和大渡河流域经济发展相对滞后，三河的上游地区主要是藏族聚居区，海拔高气候寒冷，人烟稀少，生活和生产用水较少，中下游地区是工农业较集中的地区用水量相对较多。据三江河的现状用水量约 20 亿 $m^3$，据预测至 2030 年金沙江上游通天河、雅砻江及大渡河的用水量分别为 17 亿 $m^3$、33 亿 $m^3$ 及 32 亿 $m^3$。从调水量来看，调水后剩余水量能满足生活和工农业生产用水，因此所讨论的调水方案对生活和生产用水量可以接受。

以上从自然因素的社会经济因素讨论了西线工程调水可能产生的影响，特别是对现有调水量方案作了定量分析。初步结果显示，谈英武文中重点讨论的调水方案，基本上能维持生态环境平衡，因此可以作为进一步分析的基础。今后重点深入的问题是调水量和水力发电量减少的关系，以寻求人们可以接受的一个发电减少量，这是下一步论证调水量合理性的关键所在。

## 四、小结

（1）南水北调西线工程调水量的合理确定是整个工程关键技术问题之一。金沙江调水 80 亿 $m^3$，雅砻江调水 65 亿 $m^3$ 和大渡河调水 25 亿 $m^3$ 的方案可以

① 水利部国际合作与科技司主编. 水资源及水环境能力. 北京：中国水利水电出版社，2002.

作为进一步分析论证的基础。

(2) 在下一步分析论证工作中，调水量和水力发电减少量关系的探讨应置于重要地位。寻求一个普遍可以接受的发电减少量，从而决策出合理的调水量。

(3) 在分析论证调水量的过程中，一方面重视收集和利用基础性资料，另一方面注意科学化和民主化，充分听取各方面的意见，防止分析者和决策者的片面性。

(4) 西线调水量的综合分析和合理确定是非常复杂的难题，建议有关部门组织各方力量共同协作，优势互补，集体攻关，以尽快获得既有充分科学论据，又具可行性的合理调水量。

（四川大学水电学院　丁　晶　王文圣
四川水力发电学会　樊天龙　张昀　张玉惠）

## 减少西线调水对调水河流水力发电不利影响的建议和措施

“南水北调”西线工程分三期实施，共调水170亿$m^3$：一期工程从大渡河、雅砻江5条支流调水40亿$m^3$；二期工程从雅砻江干流调水50亿$m^3$；三期工程从金沙江干流调水80亿$m^3$。调水后，河道径流量虽有所减少，经分析研究，对工农业用水、漂木、航运基本没有影响，对生态环境的影响只是局部的，尚没有发现制约工程建设的重大因素。能定量计算的，是引水水库下游水力发电的不利影响，表现为对水电梯级水能影响和水电站发电损失，为减少影响及损失，现分别提出有关建议和措施。

（一）国务院批准《南水北调工程总体规划》中确定的调水规模

2002年12月，国务院批复同意国家计委、水利部上报的《南水北调工程总体规划》。经过50年的研究，“南水北调”逐步形成分别从长江下游、中游和上游调水的东线、中线和西线三条调水线路，通过三条调水线路与长江、淮河、黄河和海河四大江河的联系，逐步构成以“四横三纵”为主体的中国大水网。实现我国水资源南水调配、东西互济的合理配置格局。

规划提出，东线分三期建设，调水188亿$m^3$；中线分两期建设，调水130亿$m^3$；西线分三期建设，调水170亿$m^3$，共调水448亿$m^3$。

三条线路中，只有西线从长江上游干支流调水，涉及对调水河流长江水力发电的不利影响。

（二）调水对水力发电不利影响的计算

1. 调水对水电梯级水能的影响　据《长江流域综合利用规划重点报告》及全国水力资源普查布置的水电梯级工程布局，按2020年、2030年、2050年水平，西线调水40亿$m^3$、90亿$m^3$、170亿$m^3$，采用长系列逐月径流资料，考虑梯级联合运用等计算方法，自引水水库以下计算到长江葛洲坝水电站，长江干流和支流受调水影响的规划和已建水电梯级在三个不同水平年分别有9座、23座、69座，计算结果，影响年发电量31亿、336亿、1117亿kW·h。

2. 调水后水电站发电的损失　在国务院已批复同意包括西线调水规划的《南水北调工程总体规划》情况下，西线调水对其下游梯级电站的损失，只宜考虑已建电站的损失。以调水涉及长江及其支流雅砻江、大渡河已建的5座梯级电站，即二滩、龚嘴、铜街子、三峡、葛洲坝水电站。经用上述相同的方法计算，损失保证出力130MW，损失发电量14亿kW·h，表现为，越靠近引水水库损失越大，越远越小。如距引水水库相对较近的铜街子水电站保证出力损失率为5.1%，年发电量损失率为2.3%；距引水水库相对较远的葛洲坝水电站保证出力损失率为0.8%，年发电量损失率为0.5%。

（三）从水权分析调水对水电梯级水力发电不利影响

上述计算将调水的不利影响分为对水电梯级水能的影响和对水电站发电的损失，是基于宏观经济分析和补偿措施两方面考虑，并有法律方面的依据。根据水法，水资源属国家所有，水资源的所有权由国务院代表国家行使。国家对水资源依法实行取水许可制度。水电工程只有申请取得取水许可证，工程的所有者才拥有用水权，国家保护其合法权益。

调水对水电梯级水能的影响是对调水河流资源影响的评估，所计算的保证出力和发电量差值，是调水河流水资源用于水力发电的影响值，是潜在的和可能发生的。因为水资源是一种可重复利用多功能的资源，除发电外，也可以用于供水、航运、漂木等其他方面，如果供水耗用水量减少了发电水量，只能说明水资源功能之间的变化，其价值转移到供水方面，水资源的价值并没有损失。之所以计算这种影响值，是供国家在进行资源配置时，权衡水资源用于不同方面利弊，决策水资源用于那方面可以实现优化配置，因为国家拥有水资源的所有权。目前，国务院已批复《南水北调工程总体规划》，认可长江一定数量的水资源用于跨流域水资源配置，实际上是将这部分水资源的功能由发电等方面转变为供水。

调水对水电站发电的损失是对已建水电站效益影响的评估，所计算的保证出力和年发电量损失，是计算已取得取水许可获得水资源使用权的水电站权益受侵害程度。称之为损失，是在进行项目前期工作时，据此分析合法用水户的损益，考虑给予一定的补偿。

（四）减少水电梯级水能影响的建议

1. 加强水电梯级规划、设计和建设的管理 《南水北调工程总体规划》是国家制定的全国水资源战略规划，提出的“四横三纵”形成我国水资源网络的战略布局，1990年国务院批复的《长江流域综合利用规划》中也提出“南水北调”东、中、西线的工程布局和调水规模。因此在水电梯级规划、设计和建设时，应按照专业规划服从综合规划，综合规划服从全国战略规划，建设水电工程必须符合流域综合规划的原则。当前应考虑国务院已批复同意《南水北调工程总体规划》中，西线从金沙江、雅砻江、大渡河调水170亿$m^3$的战略规划。

建议有关主管部门，在进行长江干支流水电梯级规划设计时，水能计算扣除西线调水量，适当调整水电梯级的工程布局、规模和相关规划指标，提出适宜的开发利用方案。近期可能批准兴建的长江梯级电站，在审核其取水许可申请时，复核电站发电流量，不应再计及西线已调出的水量，需要时调整梯级电站的开发方案和有关参数，以适应径流量的变化，避免发生损失。

2. 水电梯级规划可考虑并级开发方案 并级开发方案，就是在某河段两级低坝开发合并为一级高坝开发。其作用就是多利用两极级之间的水库面积，且高度相当于两个枢纽正常蓄水位之差的那部分库容，增加了调蓄库容，减少弃水电能并调节径流，从而减少调水对河段水能的影响。如大渡河水电梯级工程布局规划的独松和马奈梯级，是上游河段的第一、二级梯级，原规划两梯级有效库容共27亿$m^3$。为了取得更大的调蓄库容，考虑调整河段的开发方案，将独松、马奈两梯级并级开发。在原规划的基础上，加高马奈大坝，使马奈梯级正常高水位调高到独松梯级的正常高水位，可取得106亿$m^3$的有效库容。用以调节下游枢纽枯水年或枯水期的流量，增加其下游水电站的保证出力，其作用是明显的。同样，将雅砻江英达和新龙两梯级并级开发，在新龙兴建高坝，英达、新龙两枢纽原规划有效库容共5.8亿$m^3$，调整后为93.4亿$m^3$。

金沙江、雅砻江、大渡河水电梯级工程布局规划，提出了各个梯级的开发任务并确定了相应的库容和指标。由于三条河上游为经济落后地区，工农业不发达，用水量不大，加之河川径流量大，梯级开发任务多以发电为主，很少有调节库容大的综合利用水库。为减少调水后带来的影响，原调水河流规划中所确定的调节库容就不能适应新的变化，有效措施之一是，在原规划的基础上增加调节库容，特别是增加多年调节库容，以充分利用丰水年或丰水期的水量，补充枯水年或枯水期的水量，从而减少对下游梯级电站的不利影响。引水水库下游梯级增加多年调节库容保证枯水期径流的作用，实质上就是在调水量不变的条件下，通过库容调节将非汛期的引水转化成汛期引水，从而减少调水对梯级电站水能的影响。

3. 调整某些水电梯级的指标 河流水电梯级规划中，每个梯级的开发任务和运用方式都是在一定的来水条件下，根据发电用水等方面的需要而确定的。西线调水以后，某些规划和正在设计的梯级指标应相应调整，以减少影响。考虑到长江干支流枢纽的库容系数大多数比较小，而且对某一个梯级来说，降低水位运行可能是不利的，但是由于调节流量的增加，使下游一系列梯级都将受益，电站出力都会提高。因此，从梯级开发来看，上游梯级降低死水位运行可能是十分有利的。如金沙江规划的王大龙枢纽，有效库容占总库容的29%（库容141亿$m^3$，有效库容41亿$m^3$）。适当降低死水位，由原规划的死水位2490m降到2455m，降低了35m，则有效库容增加到87亿$m^3$。有了上级水库的水量调蓄，下游的梯级越多就越有利。同时增加调节流量对生态环境、航运都有好处。因此，降低某些枢纽的死水位可作为调水后减少影响的措施之一。

（五）对调水河流电力损失的补偿措施

如前所述，调水40亿$m^3$，对长江干支流已建5座梯级电站，损失保证出力130MW，损失发电量14亿kW·h，主要用电大户在四川省。补偿电能的措施很多，现仅说明两种补偿，一是单独补偿，二是相互补偿。

1. 单独补偿 如补偿四川的电能损失，可根据损失量，考虑在四川建核电站；从煤炭丰富地区修铁路运煤入川，建火电厂；在西北煤炭产区，建火电厂“北电南送”等措施。哪种措施较优，又比较现实，尚需根据经济社会的发展，结合电力建设现状和中长期规划，进一步研究。

2. 相互补偿 西南和西北地区电网联接后，电量可以互相补偿，以补偿四川的电能损失。

西线调水入黄河，主要供水目标是生态环境用水和工业、城镇生活用水，同时，调江水入黄河上游也具有发电效益。按2020年水平，黄河增水40亿$m^3$，从龙羊峡到青铜峡有17座梯级电站，可增加发电量为80亿kW·h；按2030年水平，增水90亿$m^3$，增加发电量为220亿kW·h。

可考虑充分利用龙羊峡等水库调蓄库容大的优势，丰水期多蓄水少发电，将水调节到四川枯水期7个月（11月份至次年5月份）多发电，加上西线调水增加的电量，通过联接西北、西南电网补电到四川。

而四川水电系统的特点是，调蓄库容小，丰水期发电量本地负荷消化不了，产生弃水电能。参照西北、成都水电勘测设计院等单位1986年提出的《西南（四川）西北联网补偿研究报告》的估算结果，在6月～10月份的丰水期，如果四川水电梯级利用弃水发电，通过联网线路可向西北电网送电3000MW。这期间，黄河水电梯级可减少发电，水库储存电能，调到枯水期发电，一部分电量回补包括四川在内的西南电网。

（六）结束语

从长江调部分水量到黄河，既要考虑黄河和西北地区缺水的需要，又要减少调出河流地区的不利影响，或给予补偿，以促进调水河流地区社会经济的持续发展。本文就调水对长江干支流下游梯级电站的不利影响进行了分析，提出了减少不利影响的措施，更重要的一点是，国务院已批准“南水北调”西线工程调水规划，建议主管部门采取措施，对新建或原规划的梯级电站，根据已减少的径流量调整开发目标以减少影响和损失。

（黄河水利委员会勘测规划设计研究院
谈英武 崔 荃）

中国水力发电年鉴（2003）

12

# 科学研究与技术创新

# 世界级工程及其顶尖技术

## 三峡工程

三峡大坝坝址位于西陵峡中段的湖北省宜昌县三斗坪镇，距下游长江葛洲坝水利枢纽和宜昌市约40km。三峡工程正常蓄水位175m，汛期防洪限制水位145m，枯季消落最低水位155m。工程建成后，防洪方面可将荆州河段的防洪标准由目前的约10年一遇提高到100年一遇，遭遇大于100年一遇特大洪水时，辅以分洪措施可防止发生毁灭性灾害。

三峡工程包括大坝、水电站厂房、通航建筑物和茅坪溪防护大坝等建筑物。大坝为混凝土重力坝，坝顶长度2309.5m，坝顶高程185m，最大坝高181m。电站厂房为坝后式厂房，由上游副厂房、主厂房、下游副厂房及尾水渠等建筑物组成；在左岸电站厂房安装14台、右岸电站厂房安装12台单机容量700MW的水轮发电机组。船闸为双线平行布置的五级连续船闸，主体结构段总长1607m，闸室有效长度为280m，宽34m；过闸船队为万吨级，年单向通过能力为5000万t。升船机为单线一级垂直升船机；最大过船吨位3000t级客货轮，单向年通过能力350万t。

三峡工程计划总工期17年（包括施工准备工期），第一批机组发电工期11年。即，1993年开始施工准备，1997年11月8日大江截流，2003年6月水库蓄水至135m，双线五级船闸通航，10月左岸电站发电；2009年工程竣工。该工程：

（1）三峡水库总库容393亿$m^3$，防洪库容221.5亿m，通过水库调洪能有效控制长江上游洪水，保护长江中下游荆江地区1500万人口、2300万亩土地，是世界上防洪效益最为显著的工程。

（2）三峡水电站总装机容量18200MW，年发电量846.8亿kW·h，是世界上最大的水电站。

（3）三峡水坝坝轴线全长2309.47m，泄流坝段长483m；水电站安装26台700MW的水轮发电机组；双线五级船闸＋升船机。三峡工程无论其单项、总体，都是世界上建筑规模最大的水利工程。

（4）三峡工程主体建筑物土石方开挖量10259万$m^3$，土石方填筑量2933万$m^3$，混凝土浇筑量2714.6万$m^3$，钢筋制作安装35.43万t，钢材28.08万t，是世界上工程量最大的水利工程。

（5）三峡工程2000年混凝土浇筑量为548.17万$m^3$，月浇筑量最高达55万$m^3$，创造了混凝土浇筑的世界纪录，是世界上施工难度最大的水利工程。

（6）三峡工程截流流量9010$m^3/s$，施工导流最大洪峰流量79000$m^3/s$，是施工期流量最大的水利工程。

（7）三峡工程最大泄洪能力10.25万$m^3/s$，是世界上泄洪能力最大的水利枢纽。

（8）三峡工程的双线五级船闸，总水头113m，是世界上级数最多、总水头最大的内河船闸。

（9）三峡工程升船机的有效尺寸为120m×18m×3.5m，最大升程113m，船箱带水重量达11800t，过船吨位3000t，是世界上规模最大、难度最高的升船机。

（10）三峡工程水库动态移民最终可达113万人次，是世界上水库移民最多、工作也最为艰巨的移民建设工程。

（11）三峡大江截流戗堤进占时的水深一般为26～45m，合龙过程中考虑覆盖层冲刷，最大施工水深达60m。抛投水深之大，居世界之最。

（12）双线连续五级船闸人字闸门最大高度38.5m，最大挡水高度为36.75m，闸门开启或关闭运行过程中的最大淹没水深为36.0m，为世界之最。人字门卧缸液压直联式启闭机在最大淹没水深运行时，其启闭力设计值将分别达到2100kN、2700kN，亦为世界大型船闸工程中所罕见。

（中国水力发电工程学会
中国水电工程顾问集团公司）

## 小浪底工程

### （一）工程概况

小浪底工程是治理开发黄河的关键性工程，工程于1991年9月1日正式开工，1997年10月28日截流成功。2000年初第一台机组发电，2001年底工程竣工。

小浪底工程位于河南省洛阳市与山西交界处的黄河中游最后一个峡谷的出口，上距三门峡水库130km，下距花园口128km，坝址控制径流量和输沙量分别占全河总量的91.2%和近100%，处在承上启下控制黄河水沙的关键部位，是治理黄河总体规划中的骨干工程。

小浪底工程开发的目标是“以防洪（包括防凌）、减淤为主，兼顾供水、灌溉和发电，蓄清排浑，综合利用，除害兴利”。工程建成后，可长期保持有效库容51亿$m^3$，与三门峡等水库联合运用后，可使黄河下游的防洪标准由目前的60年一遇洪水，提高到1000年一遇洪水，基本解除下游凌汛的威胁。小浪底工程可拦蓄泥沙，其减淤作用相当于20年内下游河床不淤积抬升；水库平均每年可增加调节水量，保证沿河城市的生活和工业用水，提高下游引黄灌溉地区的灌溉用水保证率，增加灌溉面积，使灌区获得较高的灌溉效益。小浪底水电站装机容量1800MW，可有效地改善河南电网的电源结构，是系统中理想的调峰电站，并可担负调频、调相及紧急事故备用的任务。

（二）达到世界级规模的工程部位

小浪底工程最大坝高160m，总库容126.5亿$m^3$，装机容量1800MW，年发电量50亿kW·h，有9条泄洪排沙洞，6条发电洞，1条灌溉洞，1座正常溢洪道，1座非常溢洪道，正常蓄水位时最大泄流能力17327$m^3/s$。该工程：

（1）防洪、防凌、减淤、供水、灌溉和发电综合利用工程，是目前世界上运用调度要求最严格、最复杂的水利工程。

（2）世界上地下洞群布置最密集的水利工程。

（3）泄洪系统的进水塔是目前世界上最大、最集中、最复杂的进水塔。

（4）在3条直径14.5m的导流洞内装3道孔板环，改建成3条孔板消能泄洪洞，其规模属世界之最。

（5）出水口消力塘结构总宽356m，底部总长210m，9条泄洪洞和1座溢洪道的水流均泄入池内消能，是世界上目前岸边式、人工开挖、全衬砌集中布置最大消力塘。

（6）安装了一次张拉800～3000kN级双层保护预应力锚索约1300根，这在国内外水电工程中尚属首次。

（7）地下发电厂房是世界上在砂页岩泥化夹层不良地质条件修建的最大的地下电站厂房。

（三）工程采用的新技术

（1）小浪底大坝坝高160m，坝顶长1667m，总填筑量5073万$m^3$。无论就其高度还是体积来说，该坝均是国内第一壤土斜心墙堆石坝。大坝采用了17种坝料进行了分区设计，将截流戗堤、枯水围堰、拦洪围堰和主坝有机地结合成一体。

（2）该工程创造了国内最深厚的混凝土防渗墙。小浪底大坝坐落在深70余米的砂卵石基础上，设计采用了混凝土防渗技术。混凝土防渗墙砂卵石厚覆盖层下嵌入基石1～2m，上插入心墙12m。混凝土墙厚1.2m，最大造孔深82m，在国内均属领先水平。

（3）压力洞内孔板消能技术。该项技术是利用压力洞内水流在流经孔板环时产生突然收缩与扩散，产生强烈紊动的回流，经水流内部的摩擦消耗能量。

（4）双圈环绕无黏结预应力混凝土衬砌技术。混凝土衬砌结构预应力均匀，摩擦损失小，施工简单，较有黏结预应力衬砌减少约50%的锚具和锚具槽，节省灌浆及波纹管和混凝土回填量。

（5）GIN法帷幕灌浆技术。该灌浆技术具有低耗、高效、质优的明显优点，与传统灌浆技术相比，每米灌浆孔可节约水泥100kg，每灌5m可节省时间近半小时。该成果为国内首创，1998年通过水利部鉴定，居国际先进水平。

（6）小浪底大跨度地下厂房柔性支护技术。在砂页岩泥化夹层不良地质条件下，采用了系统张拉锚杆、喷混凝土及双层保护预应力锚索作为永久性支护，采用岩壁吊车梁结构。小浪底地下厂房跨度26.2m，高度61.44m，总长251.5m，在国内尚属首例。

（7）设计建造了世界坝工史上绝无仅有的进水塔群和大型综合消能水垫塘。小浪底水利枢纽的一个鲜明特点是，以具有深式进水口的隧洞群泄洪为主，并采用了进水口集中、洞线集中和出口消能集中的布置方案。9条泄洪洞、6条发电洞和1条灌溉洞的进水口集中布置在10座进水塔内，形成了高113m，前缘总宽度275.4m，总混凝土量近100万$m^3$的宏伟进水塔群。9条泄洪洞和1座正常溢洪道最大泄流能力17559$m^3/s$，校核洪水最大泄量13990$m^3/s$，集中在被导墙分开的三个水垫塘内消能。小浪底的进水塔群和大型综合消能水垫塘均为坝工史上所罕见。

（8）设计了新型低参数抗磨水轮机，较好的解决了高含沙水流条件下的汛期发电问题。

（9）按世界银行导则成功地对20万移民进行了生产性安置，移民安居乐业，受到世行好评，成为世行的样板工程。

（中国水力发电工程学会
中国水电工程顾问集团公司）

## 溪洛渡工程

溪洛渡水电站位于金沙江下游河段，系该河段规划的第三个梯级，距离宜宾市河道里程184km。该电站以发电为主，兼有防洪、拦沙和改善下游航运条件等巨大的综合效益，并配合三峡工程提高长江中下游地区的防洪能力，充分发挥三峡工程的综合效益。

溪洛渡水电站工程规模巨大，电站装机容量12600MW，在世界上仅次于三峡工程，和伊泰普水电站并列世界第二。由于具有115.7亿$m^3$的水库库容，可实现不完全年调节。电站运行初期保证出力3395MW，多年平均年发电量571.2亿kW·h，其中枯水期电量达145亿kW·h，预计该工程将于2005年开工，2008年截流，2014年首批机组发电，2017年完建。

溪洛渡水电站是在深山峡谷地区修建高拱坝和大型地下厂房，设计和施工的技术难度很高，不少技术问题的难度达到国内最高水平甚至超过世界水平，最关键的技术问题有以下几点：

(1) 在高地震区建高拱坝问题。混凝土双曲拱坝坝高278m，高于国内已建最高的二滩拱坝（240m）和世界已建最高的英古里拱坝（272m）。坝址区地震基本烈度Ⅷ度，其拱坝结构设计和拱坝抗震安全问题突出。

(2) 高水头、大泄量、窄河谷泄洪消能问题。金沙江洪水峰高量大，洪量约占三峡工程入库水量的1/3，坝址处1000年一遇洪峰流量43700$m^3/s$，10000年洪水洪峰流量52300$m^3/s$。大坝壅高水位约220m，经水库调蓄后，下泄水流的功率近100000MW。目前世界上高拱坝泄洪功率最大的是二滩水电站，为39000MW，不到溪洛渡水电站的1/2。

(3) 庞大的地下洞室系统的设计和施工。世界上已建工程的地下洞室群都没有溪洛渡工程这样庞大和复杂；在坝址区左右岩山体中对称布置了两座地下厂房，各安装9台700MW水轮发电机组，主厂房的尺寸381m×31.9m×75.1m（长×顶拱宽×高），与厂房平行还布置了主变压器室和大跨度的尾水调压室。此外，在两岸山体还各有2～3条泄洪隧洞，单洞泄洪量约4000$m^3/s$，与厂房系统形成立体交叉，此外，为了施工导流，在两岸山体低高程各布设3条18m×20m的导流隧洞，其主厂房尺寸、泄洪洞的泄量、导流洞的规模均为世界级水平。

(4) 远距离大容量输电技术。电站送电至华中和华东地区，输电距离约分别为1100km和1800km，采用直流输电，电压等级分别为±500kV和±600kV，送电容量12600MW，这样远距离大容量直流输电国内首次，世界上也不多见。

（中国水力发电工程学会
中国水电工程顾问集团公司）

## 锦屏一级工程

锦屏一级水电站位于四川省凉山彝族自治州盐源县和木里县境内的雅砻江干流上，距河口358km。

锦屏一级水电站以发电为主，兼有防洪、拦沙等作用。坝址控制流域面积102560$km^2$，占雅砻江全流域面积的75.3%，多年平均流量1200$m^3/s$。水库正常蓄水位1880m，总库容77.6亿$m^3$，调节库容49.1亿$m^3$，为年调节水库。电站装机容量3600MW，装机年利用小时数4836h，年发电量174.10亿kW·h。

锦屏一级水电站属一等大（1）型工程，永久性建筑物为一级建筑物。枢纽由挡水、泄水及消能、引水发电等永久性建筑物组成。挡水建筑物采用混凝土抛物线双曲拱坝，最大坝高305m。泄水及消能建筑物由拱坝坝身泄洪及岸边泄洪洞、坝下游水垫塘和二道坝组成，总泄量为13310$m^3/s$。引水发电系统采用中部地下厂房方案，安装6台600MW水轮发电机组。主厂房尺寸为285.2m×25.9m×68.85m。

该工程施工总工期112个月，其中准备工程工期38个月，主体工程工期54个月，完建工程工期20个月。锦屏一级水电站地处深山峡谷地区，地质条件复杂，工程技术难度高，加之规模巨大，在水电行业有多项技术属世界领先水平。第一，电站大坝坝高超过300m，采用的坝型为混凝土双曲薄拱坝，其设计施工理论与方法，安全评价标准等都处于世界水电工程的前列。第二，大坝基础地质条件复杂，勘探和建坝条件的研究具有相当的难度。第三，高山峡谷地区大功率泄洪消能问题也属于世界先进水平。第四，受场地条件的限制，施工总布置方案的综合研究与选择、交通运输方式、施工方法需进行特殊研究才能解决，同属高难度的工程技术问题。

该电站计划2005年开工，建成后，将对水电事业的发展、国家西部大开发战略的实施，对全面建设小康社会作出积极的贡献。

（中国水力发电工程学会
中国水电工程顾问集团公司）

## 锦屏二级工程

### （一）工程概况

锦屏二级水电站位于四川省凉山彝族自治州境内的雅砻江干流上，系雅砻江梯级开发的骨干电站，二滩水电站是它下游的第二个梯级水电站，闸址上游7.5km处是锦屏一级水电站，为具有年调节能力的梯级龙头电站。锦屏二极水电站利用150km锦屏大河湾的天然落差，截弯取直开挖隧洞引水发电，共安装8台单机容量550MW的水轮发电机组，总装机容量4400MW，额定水头290m，保证出力1491MW，多年平均年发电量232亿kW·h。

工程枢纽主要由首部低闸、引水发电系统、尾部地下厂房三大部分组成，为一低闸、长隧洞、高水头、大容量引水式电站。地下厂房位于东雅砻江的大水沟，电站进水口位于景峰桥，引水隧洞自景峰桥至大水沟共4条，开挖洞径12m，衬砌后洞径11m，洞线平均长度16.625km，隧洞最大埋深达2525m。

锦屏二级水电站的开发任务是发电，电站供电川渝并参与“西电东送”，它是雅砻江上水头最高、装机规模最大的一座水电站。

（二）关键技术问题

引水隧洞施工中的高地应力和岩爆、高地温、有害气体等工程地质问题不会成为影响隧洞施工的制约因素。工程区岩溶裂隙水丰富，地下岩溶水处理将是引水隧洞施工中面临的关键技术问题。

（中国水力发电工程学会
中国水电工程顾问集团公司）

## 向家坝工程

向家坝水电站是金沙江梯级开发中的最末一个梯级，坝址位于川滇两省交界的金沙江下游河段上，左岸是四川省的宜宾县，右岸为云南省水富县。坝址控制流域面积45.88万$km^2$，占金沙江流域面积的97%，多年平均流量4590$m^3/s$。向家坝水电站正常蓄水位380m，总库容51.85亿$m^3$，调节库容9.03亿$m^3$，具有季调节能力。电站总装机容量6000MW，保证出力1762MW，年发电量301.3亿kW·h。

向家坝水电站的创新技术主要表现在以下方面：

1. 高水头、大单宽底流消能技术　向家坝水电站距离下游水富县城及大型企业云南天然气化工厂仅1km，为避免工程泄洪对城镇及工厂带来不利影响，工程只能采用底流消能型式。

向家坝水电站校核洪水入库流量49800$m^3/s$，校核洪水上下游水位差约85m，消力池最大单宽流量225$m^3/s$，最大下泄洪功率约40000MW。如此规模的底流消能超出了国内外已建水电工程水平，采用常规的底流消能是难以保证工程安全的。经过多年的潜心研究，提出了带坎的新型底流消能型式，目前已取得了阶段性成果，基本确定了布置格局及大坝体型，正在进行深入研究。

2. 不设尾水调压井技术　向家坝水电站右岸地下厂房安装4台单机容量为750MW的大型机组，机组具有单机容量大的特点。根据工程地形地质条件，提出了不设尾水调压井的方案，开展了数学模型和带模型机组的物模试验，对该方案的水力过渡过程进行了深入研究，取得成果表明不设尾水调压井方案是可行的。

3. 一级垂直升船机　向家坝水电站处于通航河道，为解决通航问题，采用一级垂直升船机，最大跨越水头达114.7m，位于世界前例。

4. 大单机容量机组的采用　向家坝水电站总装机容量6000MW，单机容量达750MW，是国内外已建工程中最大的单机容量机组。

（中国水力发电工程学会
中国水电工程顾问集团公司）

## 龙　滩　工　程

（一）工程概况

龙滩水电站位于广西壮族自治区天峨县境内的红水河上，是红水河开发中最主要的骨干工程，经济指标十分优越，社会综合效益显著。

工程建设施工总进度为：建设工期9年，从2001年1月～2009年；2001年7月1日主体工程正式开工，2003年11月大江截流，2007年7月第一台机组投产发电，2009年底全部7台机组投产发电。

（二）工程达到世界级规模的部位

龙滩工程拥有世界上最高的碾压混凝土重力坝，最大坝高前期为192m、后期为216.5m；世界上规模最大的地下厂房，厂房总长度388.50m，主厂房净宽为28.50m，厂房总高度为74.40m；拥有总提升高度最高的垂直升船机，总提升高度达179.00m（后期）。

（三）设计采用的新技术

为解决龙滩工程面临的多项难题，设计采取了一系列新技术：①采用RCC筑坝技术在高地震烈度区建200m级高碾压混凝土坝；②采用高升程垂直升船机，解决枢纽通航问题；③综合采用传统方法和现代最新研究手段，进行400m级左岸进水口高边坡设计；④针对地下厂房洞室群洞室密集、规模宏大，洞室最大跨度、洞室最小间距及巨型机组的水力过渡过程等均已超出现行规范的特点，综合利用各种方法和手段进行设计研究；⑤水轮机运行水头变幅范围大（97～179m），为在高运行水头差条件下使机组有较好的特性和机组稳定性，在水轮发电机组机电参数选择、机组稳定性和机电技术设计研究、设备配套选型、机组制造和安装工艺等方面进行了新研究；⑥开展龙滩水库移民GPS综合决策支持系统的开发研究，及时了解电站周围区域的环境和社会经济因素以及国土资源概况，实现电站淹没处理规划设计工作的科学化、系统化和信息化。

（中国水力发电工程学会
中国水电工程顾问集团公司）

## 虎跳峡工程

虎跳峡工程地处云南省西北部长江上游金沙江中游河段，虎跳峡河段具有建设高坝大库的独特地形条件，且地处金沙江中、下游的“龙头”，除本身可观的发电效益外，其优良的调节性能将极大的提高金沙江中、下游梯级电站的效益。虎跳峡正常蓄水位2010m时，可增加下游13梯级保证出力12904MW，增加年发电量173.2亿kW·h（不计下游装机容量增加的发电量），可使全梯极级汛、枯期出力比由1：0.56提高到1：0.84。

虎跳峡工程现处于预可行性研究阶段，拟建双曲拱坝，最大坝高286.0m，最大水头203.20m，总库容371.2亿$m^3$，调节库容215.15亿$m^3$，安装6台单机容量700MW的机组，地下厂房总装机容量4200MW。虎跳峡的大库容、调节性能、大坝坝高均达到世界级水平。虎跳峡工程地处著名的虎跳峡大峡谷区，坝址区地震基本烈度为Ⅷ度，大坝区地质条件复杂、地震烈度高、地应力级也较高，又地处著名的虎跳峡风景区，因此虎跳峡工程必须运用和创新国内外最新建坝技术，对高坝泄洪消能、高坝结构抗震性能、高坝坝肩稳定及整体稳定、大型地下洞室群围岩稳定、两岸工程高边坡、环境保护等进行深入的研究。

虎跳峡水电站泄洪消能的特点：水头高、泄量大、河谷狭窄，泄洪功率达到26000MW，拟全部采用表孔泄洪，总泄量达12000$m^3/s$。但因工程处于虎跳峡峡谷区，拟对泄洪消能型式进行创新研究，特别要研究泄洪雾化问题，尽量减少雾化对景区的影响。

虑跳峡工程地处高地震区，地质条件复杂，大坝为300m级的高坝，大坝的抗震性能至关重要。在研究中，运用水工高坝抗震领域最新科研成果，进行多层次的大坝抗震安全评价，计入包括实际复杂地质条件、坝基不均匀地震、坝体伸缩缝开合、无限地基辐射阻尼等复杂因素综合影响的深入分析；振动台动力超载模型试验研究等的全面综合研究，合理评价大坝的抗震能力，确保大坝和整个枢纽以及下游梯级电站的安全。

虎跳峡工程设计坝高286m，拟采用比常规设计更为准确的均值计算方法，如非线性有限元法、离散元法、刚体元法、流体元方法等，对坝体的应力变形和稳定进行详尽的仿真模拟计算和多方法对比分析。

虎跳峡工程地下洞室群规模巨大，地区地应力量级高，拟通过三维非线性的有限元计算和地下厂房地质力学模型试验等分析地下洞室的围岩稳定，并拟开展地下洞室群施工的计算机模型和不同的开挖顺序对围岸稳定的影响分析。

（中国水力发电工程学会
中国水电工程顾问集团公司）

## 三板溪工程

（一）工程概况

三板溪水电站位于贵州省锦屏县境内，是沅水干流规划15个梯级电站中的第二级，水库具有多年调节性能。主要开发任务是发电和提高下游梯级电站的效益，并兼有防洪、航运等综合效益。电站装机容量1000MW，安装4台单机容量为250MW的混流式水轮发电机组，年发电量24.28亿kW·h。

工程枢纽主要由混凝土面板堆石坝、引水发电系统和泄水建筑物三大部分组成。工程于2002年7月开工，2006年9月首台机组发电。总工期5年3个月，总投资约62.15亿元。

（二）工程主要技术特点

1. 坚硬岩筑坝技术　三板溪面板堆石坝最大坝高185.5m，为国内已建和在建同类坝型中的第二高坝，采用变质凝灰质砂岩、砂板岩、凝灰岩等坚硬岩筑坝，不易获得良好的爆破料级配，且不易压实。坚硬岩爆破技术、填筑碾压技术、止水设计、坝体后期沉降机理等筑坝技术国内外尚无成熟和系统的筑坝经验，同时还利用部分强风化料上坝填筑，堆石料母岩强度相差悬殊，岩性复杂，且大坝填筑工期紧，对大坝变形控制极为不利。关于坚硬岩筑坝关键技术已列为国家“十五”科技攻关项目。该项技术处于国际领先水平，且填补了我国在这一领域的空白。

2. 高址墙的应用　三板溪面板坝高趾墙高约55m，为国内外同类坝型之最。高趾墙与面板之间周边缝的设计也是重要的研究内容。其应用成果处于国际领先水平。

（中国水力发电工程学会
中国水电工程顾问集团公司）

## 瀑布沟工程

（一）工程概况

瀑布沟水电站位于大渡河中游，地跨四川省西部汉源县和甘洛县两县境，控制流域面积68512$km^2$。

电站采用堤坝式开发，是一座以发电为主，兼有防洪、拦沙等综合利用效益的水型水电工程。

水库正常蓄水位850.00m，总库容51.77亿$m^3$，调节库容38.80亿$m^3$，为季调节水库。大坝为当地材料砾质土心墙堆石坝，最大坝高186m。地下发电厂房安装6台单机容量550MW的水轮发电机组，保证出力926MW，多年平均年发电量145.8亿kW·h。

（二）工程达到了世界级规模的部位

瀑布沟水电站坝高186m，坝基覆盖层深度达75m以上，覆盖层内既有架空还夹有砂层透镜体，其坝型选择、防渗土料的试验及选用、坝基覆盖层的防渗处理方式及防渗墙构造研究为当今高土石坝关键技术问题。

（三）本工程采用的关键技术

1. 深厚覆盖层上的高土石坝坝基混凝土防渗墙墙体材料关键技术　常规混凝土防渗墙因其混凝土弹性模量高，在荷载作用下，墙与周围坝基的变形差异大，导致防渗墙内的应力集中，产生有害裂缝至压碎。坝越高覆盖层越深该问题越突出。该工程通过攻关和大量的试验研究，攻克了这一难点。

（1）开发研制成功了复合混凝土、微风化骨料混凝土和轻骨料混凝土三种新型高强度低弹模的混凝土墙体材料，其技术满足并超过了攻关技术指标要求。新型墙体材料不仅属国内首创，经国际联机检索国外尚未有类似成果。

（2）开发研制成功了新型塑性混凝土防渗墙材料。成功地解决了大型土石坝深厚覆盖层上塑性混凝土防渗墙抗压强度、渗透性和耐久性等关键技术问题。

经充分论证，该工程采用二道1.4m厚、75m深的混凝土防渗墙。

2. 深厚覆盖层上的高土石坝防渗墙墙体与坝体防渗体接头型式关键技术　工程系统地开展了土石坝混凝土防渗墙与坝体连接型式的离心模型试验研究，推进了中国土工离心模型模拟技术的发展，对混凝土防渗墙和坝体防渗体连接型式进行了大比尺模型试验，研究了止水材料的防渗性能及各种接头的差异和实用性。最终采用了防渗墙插入心墙内部的插入连接形式。

3. 高土石坝心墙防渗砾质土关键技术　高土石坝防渗土料的选用，是瀑布沟工程的关键技术之一。根据工程的地质条件和碎石土料情况，经大量现场碾压试验和室内试验，经过调整级配后，采用砾质土料作为高土石坝防渗心墙土料完全满足规范和设计要求。

（中国水力发电工程学会
中国水电工程顾问集团公司）

## 拉西瓦工程

拉西瓦水电站位于青海省贵德县与贵南县交界的黄河干流上，距上游龙羊峡水电站32.8km，距青海省西宁市134km，对外交通便利。

拉西瓦水电站是黄河干流规模最大的水电站，主要承担西北电网调峰和事故备用，是支撑即将实施的西北电网750kW网架的骨干电源，是实施西北水电、火电混送区外电网的战略性工程。

水电站装机容量420万kW（6×70万kW）。水库正常蓄水位为2452m，总库容10.79亿$m^3$，电站多年平均年发电量102.23亿kW·h，额定水头205m。

工程枢纽建筑物由混凝土250m高的双曲拱坝、坝身三个表孔、两个深孔、一个底孔、坝后消力塘和右岸地下引水发电系统组成。对数螺旋线双曲拱坝坝顶高2460m，最大坝高250m，拱冠梁底部厚49m，坝顶宽10m。压力引水管道为单机管供水的地下埋管，管径9.5m，单管流量380$m^3$/s，最大净水压为234.7m。地下厂房洞室群布置在距岸边150～466m，埋深230～426m的花岗岩体内。主、副厂房，主变压器开关室和尾水调压室轴线相互平行布置。主、副厂房总长316.75m，主厂房最大开挖高度74.9m。尾水系统采用3台机、一个尾水调压室、一条尾水洞。阻抗式调压室内径28m、高52m。在尾水调压室与主变开关室之间，设置尾水闸门操作室。

电站采用先进技术最突出的是750kV的电气和输电设备。750kV的电压等级是我国首次在西北电网即将实施的特高级电压，它具有输电距离远、送电容量高等优点。电站采用的750kV主变压器、$SF_6$GIS和管道母线设备和运行保护系统都是处于国内领先和国际先进水平。

（中国水力发电工程学会
中国水电工程顾问集团公司）

## 公伯峡工程

（一）工程概述

黄河公伯峡水电站工程位于青海省循化撒拉族自治县和化隆回族自治县交界处，距循化县城25km，距西宁市153km。该电站是黄河干流上游龙羊峡至青铜峡河段中第四座大型梯级电站。

工程以发电为主，兼顾灌溉。电站装机容量1500MW（5台单机容量300MW机组），保证出力

492MW，多年平均年发电量51.4亿kW·h。

工程于2001年8月8日正式开工，导流洞工程2001年7月1日开工，2002年3月20日实现河床截流，第一台机组将于2004年发电，工程总工期6.5年。

工程枢纽主要由大坝、引水发电系统和泄水建筑物三大部分组成。枢纽布置格局为：河床钢筋混凝土面板堆石坝（坝高139.00m），右岸引水发电系统（由引渠、混凝土坝式进水口、明压力钢管、岸边地面厂房及330kV开关站组成），左、右岸泄洪洞及左岸溢洪道，两岸均设有灌溉取水口。

（二）达到世界级规模的建筑物

（1）混凝土面板堆石坝右坝肩（紧靠电站进水口）及左坝头（紧靠溢洪道）设有50m和38m的高趾墙。

（2）右岸导流洞（12～15m）改建成旋流消能泄洪洞，最大泄量1130m³/s。

（三）工程采用的新技术

（1）混凝土面板堆石坝上游面采用混凝土挤压墙。

（2）右岸泄洪洞采用旋流消能泄洪洞。

（3）234m长混凝土面板堆石坝的面板一次浇筑成形（不分期施工）。

（4）280m长、直径8m的压力钢管不设伸缩节。

（中国水力发电工程学会
中国水电工程顾问集团公司）

## 水布垭工程

水布垭工程位于长江出三峡后第一条大支流清江中游，湖北省巴东县水布垭镇，坝址上游距恩施市117km，距下游隔河岩工程92km，距清江入长江的汇合口153km。

工程开发任务是发电、防洪、航运，兼顾其他。水库正常蓄水位40m，死水位350m，调节库容23.83亿m³，总库容45.80亿m³。总装机容量1600MW，多年平均年发电量39.2亿kW·h，是湖北省和华中地区不可多得的调峰调频水电站。

枢纽工程主要建筑物有混凝土面板堆石坝、河岸式溢洪道、放空洞、地下电站。

混凝土面板堆石坝，最大坝高达233m，是目前世界上同类坝型中最高坝。坝顶长660m。顶宽12m，设有5.2m高的防浪墙，上游坝坡坡降1∶1.4，下游坝坡平均坡降1∶1.4，局部坡坡降1∶1.25。大坝共分七个区，总填筑量1563.74万m³。混凝土面板厚0.3～1.1m，板宽分16m和8m两种，总面积13.84万m³。混凝土趾板宽6～8m为坝前标准块，厚0.6～1.2m，下接防渗板，宽4～12m，厚0.5m。周边缝止水结构，在350m高程以下设底、中、顶三道止水，350m以上设底、顶二道的结构型式。

为了解200m级面板堆石坝变形特性，开展大量科技攻关研究。高大坝体的变形规律，特别周边缝三向变位，面板应力变形等研究，是200m级堆石坝成败的关键。在大量收集国内外资料和室内外填料试验基础上，合理选择设计参数，采用E—B模型，弹塑性模型和K—G解耦模型分别进行二维、三维有限元计算，研究在大坝填筑、蓄水、降水等不同应力路径下坝体应力、变形、面板挠度和应力、周边缝三向变位规律以及减少变形量工程措施、防止面板脱空、垫层裂缝出现的措施等，取得了许多成果，并为水布垭工程选择堆石面板坝提供可行依据，为工程缩短总工期，节省投资，收到明显的经济效益和社会效益。“水布垭面板坝仿真计算”成果被评为国家“九五”攻关国际领先成果，并于2002年获得湖北省科技进步一等奖。

溢洪道规模大，最大泄洪量达18280m³/s，单宽流量达181m³/（s·m）；水头高，汛期水位差达170～180m，泄洪功率大达30665MW。

溢洪道引水渠长890m、宽90m，堰顶高程378.2m，5个孔口尺寸14m×21.8m表孔，泄槽总净宽80m，分5个区，消能方式采用阶梯式窄缝挑坎，下游防冲采用混凝土防淘墙加混凝土护岸的结构型式，这在国内属领先水平。

地下电站建筑物有引水渠、进水口、引水洞、主厂房、尾水洞、500kV变电所等。一机一洞，洞径由8.5m变至6.9m，主厂房平面尺寸150m×21.5m，尾水洞为圆形，内径11.5m。

放空洞用于水库放空及中后期导流和施工期向下游供水。放空洞最大操作水头110m，最大挡水水头154.0m，这在国内处于先进水平。

（中国水力发电工程学会
中国水电工程顾问集团公司）

## 构皮滩工程

构皮滩水电站位于乌江干流中游，贵州省中部的余庆县境内，是贵州省和乌江干流最大的水电电源点，具有发电、防洪、航运以及其他综合效益。

工程主要建筑物由大坝、泄洪消能建筑物、电站厂房、通航（缓建）及导流建筑物组成。大坝为抛物线型混凝土双曲拱坝，最大坝高232.50m，坝顶弧长553m，弧高比2.38，拱冠底厚50.28m，厚高比

0.216。

坝体柔度系数12.1。水库正常蓄水位630.00m，相应库容55.64亿$m^3$。地下厂房布置于右岸，装机容量3000MW，多年平均年发电量96.67亿kW•h。泄洪消能建筑物以坝身表、中孔泄洪，坝下水垫塘消能为主，左岸布置一条泄洪洞作为辅助坝身泄洪的通道。左岸预留通航建筑物的位置。左、右岸分别布置2条、1条导流洞。

设计，校核工况下入库洪水流量分别为27900$m^3$/s和35600$m^3$/s，相应下泄流量分别为24000$m^3$/s和28800$m^3$/s，最大泄洪功率达41690MW，坝身泄洪流量及泄洪功率均超过世界已建拱坝工程。

2001年12月该工程可行性研究报告顺利通过审查，2002年9月通过了项目建议书评估，2002年12月通过了泄洪消能专题设计报告及施工导流专题设计报告审查。目前，该工程前期施工工作已经全面展开，主体工程也将在年内开工。

（中国水力发电工程学会
中国水电工程顾问集团公司）

## 李家峡工程

李家峡水电站位于青海省境内黄河干流上。水库正常蓄水位2180m，相应库容16.5亿$m^3$，属月、周调节水库。电站总装机容量2000MW，多年平均年发电量59亿kW•h，在电力系统中承担发电、调峰和调频任务。水电站枢纽由混凝土双曲拱坝，坝后双排机组厂房和泄水建筑物等组成。最大坝高155m，最大底宽45m，坝顶高程2185m，拱坝前沿长度414.3m。坝后厂房采用双排机组布置形式，主厂房内安装有5台单机容量400MW的水轮发电机组，总装机容量2000MW。泄水建筑物分中、底孔呈两层被布置在两岸边坡坝段内，出坝后明渠泄槽沿两岸岸坡布置，延伸至尾水渠后以挑流消能形式将水流挑向下游。

工程设计采用了如下先进技术：坝后双排机组厂房布置；压力引水钢管采用坝后背管布置；在复杂地基上筑坝，大坝基础处理采用特殊基础处理技术；各种形式不同量级的预应力岩锚技术；大吨位预应力闸墩技术；大跨度无支撑混凝土浇筑钢筋承重骨架结构；主厂房屋盖大跨度球形节点网架结构；高速水流掺气和各种形式的异形鼻坎消能工；大体积混凝土浇筑掺加氧化镁技术；压力钢管整体卷板成型技术；400MW发电机中性点采用高电阻接地；主变压器高压侧中性点采用小电抗接地；发电机出口装设大容量发电机断路器；采用了363kV干式电缆；363kV GIS断路器取消了合闸电阻；4号发电机定子采用蒸发冷却技术；电站运行采用计算机自动监控系统，取消了常规的监控系统；采用了微机型的继电保护系统，励磁系统和调速器系统等。

在以上各种新技术中，单机容量400MW、总装机容量2000MW的双排机组厂房布置，是目前世界上最大的双排机组电站厂房。

4号机组400MW发电机采用内循环蒸发冷却技术是目前世界上首台容量最大的发电机蒸发冷却机组。

7m直径压力钢管在国内外首次采用了整体卷板成型技术，大大提高了压力钢管制作质量和加工速度。

左岸山体单薄，断裂构造发育，在靠近河床侧又有近50m宽的众多纵横断层交汇所形成的软岩带存在。在如此复杂的工程地质条件下建成了155m高的双曲拱坝，且蓄水运用正常，这是世界上少有的，说明中国在复杂地基上修建高拱坝的技术已处于世界领先地位。

（中国水力发电工程学会
中国水电工程顾问集团公司）

## 糯扎渡工程

糯扎渡水电站是澜沧江中下游河段梯级规划“七库八级”电站的第五级。工程位于云南省思茅地区思茅市和澜沧江县境内，左岸是思茅市，右岸是澜沧县，思茅—澜沧公路通过坝址区，交通十分便利。

工程的主要目的是发电，水库加入联合补偿调节后，将使梯级电站小湾、漫湾、大朝山、景洪水电站的保证出力增加，能明显改善系统的运行条件，而且具有拦沙、提高下游景洪城市防洪标准、供水和改善下游通航条件等综合效益。

工程正常蓄水位为812m，初拟装机容量为5850MW，总库容236.93亿$m^3$，多年平均年发电量239.12亿kW•h，为不完全多年调节水库。

建筑物由心墙堆石坝，左岸溢洪道，左、右岸各一条泄洪隧洞，左岸地下引水发电厂房等建筑物组成。糯扎渡心墙堆石坝最大坝高261.5m，坝顶长608.16m，坝高居世界第四、国内第一。

针对糯扎渡高心墙堆石坝开展了很多专项研究：①坝料特性研究；②应力应变及稳定分析；③坝料分区及结构优化研究；④抗震研究；⑤泄洪消能及防冲设计研究；⑥溢洪道泄洪消能研究；⑦泄洪洞水力学专项研究；⑧消力塘及泄洪水流雾化影响范围研究；

⑨高心墙堆石坝施工系统仿真与快速施工措施研究。

根据工程实际情况，工程总工期为11.5年，其中工程准备期3年，主体工程施工期5.5年，工程完工期3年。第一台机组发电工期为8.5年，即第9年7月首台机组发电。

（中国水力发电工程学会
中国水电工程顾问集团公司）

## 白鹤滩工程

白鹤滩水电站位于金沙江下游河段，四川省宁南县和云南省巧家县境内，距巧家县城35km，上接乌东德梯级，控制流域面积43.03万$km^2$，占金沙江流域面积的91.0%。白鹤滩水库正常蓄水位为820m，相应库容179亿$m^3$，可满足全梯级联合运行时对白鹤滩水库年调节库容的要求。电站装机容量为12000MW，保证出力3550MW，多年平均年发电量515亿kW·h。枢纽由拦河坝、泄洪消能设施、引水发电系统等组成。

拦河坝采用混凝土双曲拱坝，最大坝高275m。坝址河谷狭窄，枯水期水面仅宽60～100m，设计及校核洪水流量达39800$m^3/s$和47700$m^3/s$，泄洪消能问题比较突出，根据工程的实际情况，采用坝身、岸边泄洪设施相结合的联合泄洪方式，设置了6个坝身表孔、7个中孔和4条岸边泄洪洞三套泄洪设施。

采用库内左、右两岸全地下式厂房，以首部开发方式布置。左、右岸厂区建筑物主要由主厂房、主变压器开关室、尾水调压室、母线洞、交通洞、引水、尾水隧洞等组成。主厂房、主变压器开关室、尾水调压室三大洞室平行布置。厂房安装16台单机容量750MW的水轮发电机组，左右岸厂房内各安装8台。

白鹤滩水电站地处高山狭谷，采用断流围堰、隧洞导流方式施工。根据工程规模、枢纽布置特点、施工条件以及施工导流规划等，初拟工程筹建期为3.5年，工程正式开工到第一批机组发电工期为8年10个月，建设工期为12年，电站筹建、建设总工期共15.5年。

（中国水力发电工程学会
中国水电工程顾问集团公司）

## 小湾工程的世界之最

小湾水电站位于云南省南涧县与凤庆县交界的澜沧江中游河段与支流黑惠江交汇处下游1.5km处，是澜沧江中下游河段八个梯级中的第二级电站。电站坝址以上流域面积11.33万$km^2$，多年平均流量1230$m^3/s$，年径流量382亿$m^3$，年输沙量4926.60万t。大坝形成水库总库容149.14亿$m^3$，具有不完全年调节性能，为中下游电站的“龙头”水库。电站装机容量4200MW，保证出力1778MW，多年平均年发电量189.9亿kW·h。

枢纽工程经审定由混凝土双曲拱坝、坝后水垫塘与二道坝、坝身与左岸泄洪建筑物、右岸地下引水发电系统、500kV地面开关站等组成。其中有多项指标为世界之最。

（1）大坝为抛物线型变厚度双曲拱坝，坝顶高程1245m，建基面最低高程952m，坝顶中心线弧长892.79m，拱冠梁顶宽12m，底宽72.9m，厚高比0.25，最大坝高292m，为目前世界拟建和在建的最高的混凝土拱坝。

（2）小湾外围地震地质环境复杂，历史地震频繁。经国家地震局地质研究所调查、鉴定，国家地震局烈度评定委员会审查同意，小湾枢纽区地震基本烈度为Ⅷ度。经审定，按600年超越概率10%时的基岩峰值水平加速度0.308$g$作抗震分析。小湾高拱坝坝体抗震安全评价、合理的应力控制标准以及提高高拱坝安全度的有效工程抗震措施，高拱坝坝肩静力工况和动力工况下稳定以及加固处理工程措施为当今世界坝工设计上关键技术难题，因此，小湾工程坝工设计以及抗震工程措施研究为世界同类工程坝工设计之最。

（3）小湾泄洪消能建筑物由坝身5个表孔、6个中孔、水垫塘、二道坝和左岸一条泄洪隧洞组成。开敞式表孔孔口尺寸为11m×15m，堰顶高程1225m。中孔工作闸门尺寸为6m×7m。水垫塘前段中心线与溢流中心线重合，方位角SE178°。在桩号0+350.000后，向左岸偏转10°，其方位角为SE168°。底板高程965m，底宽70m，总长460m（包括二道坝及护担）。二道坝坝顶高程1004m，最大坝高44m。左岸泄洪隧洞进口底板高程1200m，工作门尺寸为13m×13.5m，断面尺寸为13m×（14.5～18.5）m，洞长1424m。校核洪水泄洪量为20683$m^3/s$，相应泄洪功率达46060MW，泄洪功率指标居世界同类坝型之最。高水头大流量的泄洪消能和坝体泄洪振动问题十分突出，泄洪消能建筑物的设计为世界同类工程之最。

（4）小湾水电站的引水发电系统位于工程枢纽区的右岸，由引水建筑物、主副厂房、主变压器室、尾水建筑物及出线场等组成。地下厂房纵轴线方位为SE140°，主变室与厂房平行布置，地下厂房至主变室的水平净距为55m。主副厂房高82.0m、宽30.6m、长298.1m；主变压器室高22.0m、宽19.0m、长

230.6m；双圆筒阻抗式调压室高 90.0m、直径 32.0m，最大开挖直径 38m，两调压井轴线间距 99.504m；两条尾水隧洞长度分别为 945.4m 和 717.4m，洞径均为 18m。地下厂房安装 6 台 700MW 混流式水轮发电机组，水轮机最大水头 251.00m，最小水头 164.00m，变幅为 87m。蜗壳处最大静水压力 260m，最大动水压力达 290m 水柱。水轮发电机组具有高水头、高转速、水头变幅大、水推力大等特点。超大规模的地下洞室群围岩稳定设计、水轮发电机组的设计制造难度较大，有部分指标居世界前列。

（5）小湾水电站规模巨大，主体工程土石方明挖 1918 万 $m^3$，石方洞挖 449 亿 $m^3$，混凝土 7121 万 $m^3$，金属结构制造安装 3.98 万 t。小湾工程枢纽区地形陡峻，建筑物布置集中，施工场地狭窄，施工技术难度很高。主要关键施工技术问题有：5 台 30t、跨度 1100m 的缆机工程设计施工；高度近 700.0m 的高边坡开挖与支护；大坝混凝土浇筑高峰月强度 22 万 $m^3$、高峰年强度 225 万 $m^3$ 的施工；大坝混凝土最大浇筑仓面 26m×73m 的施工温控等，各项施工指标位居世界同类工程之首。

结合国家“八五”、“九五”攻关，针对小湾水电站工程建设的关键技术，开展了一系列的科技攻关、科学研究和设计工作，已解决了小湾水电站工程建设的关键技术问题，现小湾水电站已顺利开工建设，小湾水电站将在西部大开发和“西电东送”工程中发挥巨大的作用。

（中国水电昆明勘测设计研究院 杨宜文）

# 水电技术的开发应用

## 科学技术在三峡工程建设中的应用

### 一、三峡工程获科技进步奖的基本情况

三峡工程的科学研究与实践，涉及泥沙与航运、水文、地质、水工、施工、建材、金属结构、机电设备、生态环境等多学科、多专业，是一项跨行业、跨领域的科技大协作。

三峡工程开工 11 年来，长江水利委员会、中国水利水电科学研究院、长江科学院、南京水利科学研究院、清华大学、武汉大学、河海大学、葛洲坝集团公司等数十家设计、科研、院校、施工单位的数千名科技人员，为三峡工程的建设贡献了智慧和力量。三峡工程开工建设以来，有数十项科技成果达到国际或国内领先水平，有一大批科技成果获得了国家及相应省部级科技奖励。

（1）截流及围堰技术方面。“三峡工程大江截流试验研究”1998 年获水利部科技进步一等奖，“长江三峡工程大江截流设计及施工技术研究与工程实践”1999 年获国家科技进步一等奖，“三峡深水高土石围堰关键技术研究”2001 年获湖北省科技进步二等奖。

（2）大坝（含电站）技术方面。“三峡工程电站进水口水工模型试验研究技术成果和进水口型式论证”1998 年获水利部科技进步二等奖，“钢衬钢筋混凝土压力管道设计与非线性分析”1999 年获水利部科技进步一等奖，“三峡工程散装水泥、粉煤灰实时调运指挥系统”2000 年获国家科技进步二等奖，“三峡工程大坝混凝土快速施工新技术的研究及实践”2002 年获湖北省科技进步一等奖，“三峡工程塔带机及供料线施工系统关键技术研究”2002 年获湖北省科技进步一等奖，“混凝土预冷二次风冷骨料技术研究与应用”2002 年获湖北省技术发明一等奖。

（3）船闸高边坡开挖与支护技术方面。“岩质高边坡稳定分析方法和软件系统”1996 年获原电力部科技进步一等奖，“岩质高边坡预应力锚固技术研究”1997 年获原电力部科技进步二等奖，“三峡工程临时船闸和升船机之间隔墩岩体力学性状研究”1999 年获湖北省科技进步二等奖，“三峡永久船闸高边坡预应力锚固技术的研究与应用”2002 年获北京市科技进步二等奖，“长江三峡工程永久船闸高边坡变形与稳定反馈分析及预报研究”2002 年获湖北省科技进步二等奖。

（4）船闸水力学技术方面。“船闸水力学模型缩尺影响及其校正方法的研究”和“船闸输水初始流量增率和惯性水头计算”1996 年获水利部科技进步二等奖，“高水头多级船闸水力学及结构研究——三峡永久船闸水力学关键技术研究”1997 年获水利部科技进步一等奖，“三峡工程多级船闸水力学关键技术”1998 年获国家科技进步二等奖，“三峡船闸输水阀门水力学大比尺模型试验研究”1998 年获交通部科技

进步二等奖，1999年获国家科技进步二等奖，“三峡船闸末级闸首超长泄水廊道及阀门水力学研究”2002年获交通部航海科学技术一等奖，“承船箱运行时升船机提升悬吊系统及箱体内水体动态特性模型试验研究”1995年获水利部科技进步二等奖。

（5）泥沙技术方面。“平面二维泥沙数学模型在三峡工程中初步应用”1993年获原电力部科技进步一等奖，“三峡库区泥沙模型试验研究”1995年获水利部科技进步一等奖，“三峡工程坝区泥沙淤积对通航和发电的影响及防治措施优选研究”1997年获交通部科技进步二等奖。

（6）防洪与调度方面。“长江三峡工程防护问题研究”1993年获水利部科技进步一等奖，1995年获国家科技进步二等奖，“水电站群优化补偿调节及三峡水库综合利用优化调度”1993年获原电力部科技进步一等奖，“长江防洪决策支持系统研究”1996年获水利部科技进步一等奖，“长江防洪系统研究”1997年获国家科技进步二等奖。

（7）环境、监测及其他领域方面。“长江三峡链子崖危岩体崩滑对航运影响的研究”1993年获交通部科技进步二等奖，“长江三峡工程施工区环境保护实施规划”1997年获水利部科技进步二等奖，“三峡右岸混凝土生产与运输调度”1998年获湖北省科技进步二等奖，“环氧浇注干式励磁变压器研究”获2002年湖北省科技进步二等奖，“三峡水工建筑物安全监测与信息分析研究”2002年获江苏省科技进步一等奖。

此外，还有一些项目是紧密结合三峡工程的需求开展的基础或通用科研项目，如“中国数字地震观测系统的设计、研制、生产、集成和推广应用”，由中国地震局分析预报中心等单位完成，获2002年度国家科技进步一等奖，其成果在三峡工程得到有效应用；“预应力岩土锚固综合技术及其应用”，由原冶金工业部建筑研究总院等单位完成，获2002年度国家科技进步二等奖，其成果为三峡船闸高边坡岩石锚固工程提供了技术支持，并得到全面应用。

## 二、三峡工程建设过程中的主要重大技术突破

在党中央、国务院以及国务院三峡工程建设委员会的领导下，在全国人民和各方面大力支持下，三峡工程进展顺利，工程进度符合总进度计划要求，工程质量满足设计要求，工程投资控制在概算范围之内。2003年6月实现了水库蓄水位135m、船闸通航和7月首批2台70万kW机组并网发电的第二阶段建设目标。伴随工程进展，三峡工程建设在科学技术方面也取得了一系列创新和重大突破，主要包括：大江截流和混凝土防渗墙施工技术，大坝混凝土快速施工新技术，永久通航建筑物施工技术，电站大型钢衬钢筋混凝土压力管道和蜗壳外围保温保压混凝土浇筑技术，沥青混凝土心墙施工技术，船闸金属结构技术，水轮发电机组技术等。以下就二期大坝工程、永久通航建筑物方面的科技创新与技术突破作一简单介绍。

### （一）二期大坝工程的科学研究与技术创新

围绕三峡二期大坝工程的建设，中国长江三峡工程开发总公司组织设计、科研和施工单位围绕设计、施工和管理等方面进行了广泛、深入的研究，提交了上百篇研究成果报告，研究成果分别被设计、施工和管理单位采用。主要成果如下：

（1）左岸厂房1号～5号坝段坝基稳定问题。抗滑稳定性地质专题、深层抗滑稳定、二维及三维有限元分析、大坝及厂坝联接稳定性、加固处理措施等专题研究。

（2）泄水深孔及导流底孔布置和水力学问题。进行了三峡大坝底孔体形优化及水力学试验研究；导流底孔坝段结构应力分析；泄洪深孔掺气减蚀常压及减压模型试验；深孔突扩跌方案减压模型试验；泄洪深孔及引水管道孔口配筋方案研究；弧形工作闸门振动试验研究、深孔弧形闸门止水型式研究；导流底孔施工方案和温控、防裂措施研究等。

（3）水电站钢衬钢筋混凝土压力管道结构形式与设计优化。包括结构仿真计算、坝内埋管段结构分析与大比尺仿真材料结构模型试验、大比尺平面和局部整体结构模型试验研究以及预应力钢筋混凝土管道结构设计研究、下平段施工措施研究。同时还邀请了俄罗斯专家对钢衬钢筋混凝土联合受力管道的设计和施工进行了咨询，并最终决定选用钢衬钢筋混凝土联合受力方案。

（4）二期大坝混凝土原材料选择及配合比优化研究。中国长江三峡工程开发总公司于1995年开始组织进行第二阶段工程混凝土配合比设计试验研究工作，主要包括混凝土原材料优选试验、混凝土配合比选择试验、混凝土性能试验以及校核试验。混凝土原材料优选试验、混凝土配合比选择试验及混凝土性能试验选定中国水利水电科学研究院和长江科学院共同承担平行试验，中国长江三峡工程开发总公司试验中心做校核试验，并负责整个配合比设计试验工作的总体组织与协调。经过近10个单位历时3年大量深入细致、全面的试验研究，优选出了三峡工程第二阶段混凝土配合比。通过混凝土配合比试验研究，优选出的配合比可取得约3亿元的经济效益。

（5）大坝混凝土温度控制研究。进行了大坝纵向分缝、大坝夏季浇筑基础约束区混凝土温度、大坝非约束区采用3m浇筑层厚、左岸电站厂房1号～5号

机尾水管封闭块回填、大坝导流底孔施工方案和温控、防裂研究，研制了大坝混凝土施工计算机模拟系统和大坝温控仿真反馈分析系统，并进行了成功应用。同时，还开展了施工温控防裂实施技术的研究和应用。

广泛而深入的科学研究工作，是第二阶段混凝土大坝建设取得若干技术突破与创新的先决条件。其中，“三峡工程大坝混凝土快速施工新技术的研究及实践”创造了水电施工混凝土浇筑强度的世界记录，创立了一整套混凝土快速施工工艺和质量保证体系，采用了二次风冷骨料新技术，混凝土原材料及配合比优化达到一流水平和全过程综合温控技术的全面实施。这些方面的科技创新，使该项目获得了湖北省2002年度科技进步一等奖。

三峡左岸大坝已于2002年10月全线达到185m高程，2003年6月，水库蓄水至135m高程。埋设在大坝上的6252支各类监测仪器的观测成果表明，大坝基础的变形小于1mm，基础渗流量为0.6L/(min·m)，仅为设计量的1/10，大坝的水平位移和应力均在设计允许范围之内，完全满足设计要求。

（二）永久通航建筑物的科学研究及解决的主要技术问题

自1954年以来，在三峡工程坝址比较、正常蓄水位选择、分期开发研究、可行性论证、初步设计等各阶段，长江水利委员会（原长江流域规划办公室）等单位对通航建筑物的线路布置、形式选择、施工通航方案、通航水力学及泥沙问题、水工及金属结构等方面进行了相应的科学研究。三峡大坝永久通航建筑物确定选用双线五级连续船闸和垂直升船机后，各有关单位围绕双线五级连续船闸和垂直升船机的设计和施工等方面的问题进行了大量广泛、深入的科学研究。这些研究成果在三峡大坝通航建筑物不同建设阶段得到了充分的应用，对确保三峡大坝船闸通航起到了重要作用。由于三峡大坝升船机要到2009年以后才投入使用，目前其科研、设计等工作正在紧张进行。下面就三峡大坝双线五级连续船闸工程建设中的科学研究工作作一简单介绍。

1. 船闸总体布置研究　对船闸布置形式，先后研究了带调节水池的单级井式船闸，带中间渠道分散布置的两个连续2级船闸和4个单级船闸；带蓄水池连续布置的3级船闸，连续布置的4级和5级船闸等不同方案。最后选用5级连续布置的船闸总体布置方案。在引航道布置研究方面，进行了布置尺度研究，通航水流条件研究，通航水位、流量和相应的过坝船队（舶）研究，重点通过长江科学院、清华大学、南京水利科学研究院等多家模型试验，对引航道通航水流条件进行了试验分析，同时对引航道泥沙淤积的影响及对策展开试验研究，提出了引航道的防淤、减淤及清淤措施。在建筑物布置方面，进行了主体建筑物布置、附属建筑物布置、输水系统布置、主体建筑物结构的分缝分块及温控措施、防渗及排水等方面研究。在设备布置方面，进行了人字门及其启闭机械、输水阀门及其启闭机械、上游事故检修门及其启闭机械、下游检修门、主要工作机构的电力拖动和控制、船闸整体运行集中控制监控系统和附属设备等方面的设计研究。

2. 船闸水力学研究

（1）船闸总体运行水力学研究，分别在长江科学院和南京水利科学研究院1∶30、1∶40以及1∶100模型上平行进行。

（2）输水系统布置及阀门段廊道体形研究，进行了1∶17常压模型、1∶30、1∶25及1∶10减压模型试验。

（3）反弧输水阀门水动力特性及防空蚀措施研究，先后进行门楣1∶17局部模型常压试验、1∶10切片模型试验、1∶1模型切片空化试验及1∶30减压模型试验。

（4）引航道内非恒定特性及通航水流条件研究，运用数学模型对航道内流速、流态和波浪以及船闸航行停泊条件的影响进行了计算分析。运用物理模型研究了上游引航道将隔流堤修建在永久船闸引航道外侧的小包方案、修建在升船机引航道右侧的大包方案、修建在临时船闸引航道右侧的全包方案和近期30年先按小包线路建长660m的短堤方案等。同时对下游引航道也通过水工模型进行了通航水流条件的试验研究。

3. 船闸水工建筑物研究

（1）在深切开挖岩槽两侧和岩体中，闸首、闸室、输水隧洞和阀门竖井在频繁变化的正、反向水压力作用下与岩体基础共同工作的力学机理和需采取的结构措施。

（2）作为结构组成部分的岩石基础，在开挖施工过程中尽可能保持完整性的技术措施。

（3）在岩体深切开挖、结构温度和水压力变化等综合因素作用下，引起的闸首结构变形对人字门正常工作条件的影响和相应的改善措施。

同时，还开展了船闸混凝土衬砌边墙的外水荷载及稳定性研究、闸室直立边墙衬砌墙锚固力及其优化研究、船闸闸室衬砌墙水平分缝及钢筋是否过缝对结构锚杆受力条件分析，以及船闸闸室混凝土夏季施工与温控研究等。

4. 船闸高边坡研究　自20世纪50年代以来，结合船闸线路布置、结构形式的论证比较，曾先后围绕高边坡进行了大量的研究工作，并列入国家“七五”、“八五”和“九五”重点科技攻关项目，三峡工程开工后，又结合现场实际开展了大量的研究工作。在船闸高边坡领域先后进行的研究工作主要为：①围绕船闸线路选择而进行的大量勘测及论证比选；②船闸区地应力场测试及分析；③高边坡卸荷岩体力学参数测试研究；④高边坡的地质力学模型试验及二、三维数值模拟分析；⑤高边坡前期变形预测；⑥高边坡渗流场分析研究；⑦高边坡开挖及加固分析研究；⑧高边坡控制爆破及快速施工技术研究；⑨高边坡监测及快速反馈系统分析研究等。

三峡大坝船闸已于2003年6月通航。埋设在船闸的3271支各类监测仪器原型监测成果表明，船闸高边坡自1999年4月开挖基本结束后，岩体变形开始趋于稳定。截止到2003年8月，累计变形为：南北坡岩体向闸室中心线方向的最大位移分别为66.28mm和49.43mm；南北坡直立墙最大位移分别为40.86mm和32.25mm；中隔墩南、北侧最大位移分别为20.08mm和32.37mm。上述变形值均在前期科研预测范围之内，边坡变形已趋收敛。船闸投入135m四级工况运行后，闸室充泄水引起墙顶最大位移变幅在0.5mm以内，闸墙变形工作性态正常。

三峡工程开工10年来取得的若干科技创新和技术突破，推动了三峡工程的科技进步，体现了“科学技术是第一生产力”重要思想，充分发挥了科学技术在工程建设过程中的基础和先导作用。

（中国长江三峡工程开发总公司　张超然　尹庭伟）

## 20世纪水利水电创新技术

### 一、不断发展的中国水电建设技术

为了推进中国水电建设事业的持续发展，缩短与先进国家的技术差距，促进中国水电科学技术达到国际先进水平，在20世纪后20年，国家有关部门组织了从“六五”至“九五”的水电重点科技攻关，取得了一大批技术创新程度高，对中国水电建设产生了重大影响的科技成果。

“七五”期间，围绕二滩水电工程建设，对常态混凝土高拱坝进行了系统研究，取得了拱坝地基评价标准，坝体与泄洪消能结构、新型材料使用与施工技术等使用价值高的科技成果。在这批实用性强、水平高的科技成果支撑下，工程建设取得了举世瞩目的优异成绩。围绕坝高95m的西北口混凝土面板堆石坝建设，开展当时中国的现代混凝土面板坝技术研究。在国家有关部门的大力支持下，经过同行业专家与广大水电科技攻关队伍的不懈努力，取得了混凝土面板堆石坝筑坝技术从设计到施工的系统成果，对于促进混凝土面板堆石坝在中国空前发展具有重大意义。由于不断创新和发展，目前中国面板坝建设高度已达到200m，整体技术达到国际先进水平。

“八五”期间，水电行业开展了碾压混凝土和高土石坝、高边坡处理技术的系统研究，其中最为突出的创新性成果有两项。一项是普定碾压混凝土拱坝筑坝技术，它解决了碾压混凝土筑坝三个最关键的问题：一是全断面碾压混凝土筑坝技术，破除了“金包银”（常态混凝土包裹碾压混凝土—日本的碾压混凝土筑坝模式）式的坝体结构，实现了大坝碾压混凝土通仓连续浇筑，大大简化了仓面布置，加速了工程进度；二是解决了碾压混凝土铺筑的层间结合，坝体钻孔取样试验表明，全断面碾压层间结合致密，整体性与防渗效果好；三是坝体上游部位采用二级配碾压混凝土防渗，简化了上游防渗结构。普定碾压混凝土拱坝建设整体科技水平名列世界前茅，为世界同行所赞誉。另一项创新成果是龙滩碾压混凝土筑坝技术。龙滩碾压混凝土重力坝坝高216.5m，为当前世界上最高的碾压混凝土重力坝，科技攻关重点对龙滩碾压混凝土重力坝进行了方案布置、结构设计理论与方法、混凝土级配与性能、施工方法与现场环境等全方面的科学研究，解决了两个关键问题：一是碾压混凝土重力坝作为龙滩大坝的主选坝型技术上是可行的；二是碾压混凝土在高温多雨地区施工在技术难题可以解决。这些重大成果为龙滩碾压混凝土重力坝坝型通过国家有关部门审查和批准提供了重要科学依据。

“九五”期间，我国水电科技工作者在“七五”、“八五”期间取得成果的基础上，结合水电工程建设需要，进行了涉及范围更加广泛，起点更高的科技攻关，成效卓著。

1. 200m级高碾压混凝土重力坝技术　在“八五”攻关成果的基础上，通过对高碾压混凝土重力坝的设计方法，高碾压混凝土重力坝渗流分析和防渗结构，碾压混凝土材料性能和耐久性，碾压混凝土大仓面、高强度铺筑的施工技术与方法等研究，总结出一套适应200m级的高碾压混凝土重力坝筑坝技术，为龙滩工程开工兴建提供技术支持。

2. 100m以上高碾压混凝土拱坝技术　依托132m高的沙牌碾压混凝土拱坝建设，取得了高碾压混凝土拱坝分缝及建坝材料特性、碾压混凝土拌和设备研制、快速施工技术、现场快速质量检测与原型观测等成果。有效地解决了碾压混凝土拱坝分缝、混凝土料的生产与运送等关键技术问题。

3. 200m级高混凝土面板堆石坝技术研究　在国家电力公司的领导下，依托水布垭面板堆石坝工程组织开展了200m级混凝土面板堆石坝技术研究，重点研究了堆石坝材料、接缝止水、面板混凝土及计算分析方法等关键技术，取得了面板坝筑坝材料特性、应力变形分析、强震区模型试验与动力分析、面板混凝土抗裂及耐久性、适应大变形的接缝止水结构和材料等一批创新成果。这些科技研究成果，论证了200m以上高度混凝土面板堆石坝的技术可行性，为水布垭工程最终选定混凝土面板堆石坝方案提供了科学依据，是中国混凝土面板坝筑坝技术的全面升级和发展进程中的重要里程碑。

4. 300m级高拱坝枢纽设计关键技术　结合金沙江溪洛渡水电站和澜沧江小湾水电站开展了300m级高拱坝枢纽布置关键技术研究，取得了大流量泄洪、超大型地下洞室群合理布置及围岩稳定、坝址及近坝库岸滑坡体稳定性、高拱坝施工技术等系统研究成果。论证了小湾高拱坝增大坝身泄洪量，减少一条泄洪隧洞的技术可行性；优化了溪洛渡坝身表孔、深孔体型和反拱消力池底板等结构措施，解决了坝身宣泄$30000m^3/s$流量等工程重大技术难题；提出了小湾、溪洛渡等工程复杂地层结构中超大型地下洞室群的优化设计和施工方案。

5. 快速勘探技术的综合应用研究　重点进行了遥感技术及其应用、综合物探技术研究与分析、钻探新技术的开发和应用、工程地质综合分析技术的开发和应用等研究，取得了相应的技术成果。其中钻孔彩色电视全孔壁成像系统，采用便携式微机，实现了现场采集图像数据和实时处理成全孔壁平面展开图像，极大地方便了现场观察和判断分析，改进了井下光学系统和照明条件，成功地减少了图像的干涉光斑，优化了井下探头的密封设计，使该系统上了新台阶。地质综合分析技术，建立了反映岩体质量地质量化指标和力学参数的相互关系，在国内外首次提出缓倾结构面渗透参数现场测试法和确定结构面及岩体渗透参数的结构面控制反演法，成功地确定了溪洛渡坝区岩体结构面的渗透参数。

6. 拱坝沿拱座基面滑动机制及控制标准研究　通过采用刚体极限平衡法、三维有限元法、互动算法以及地质力学模型试验等综合分析方法，对二滩、小湾、李家峡、白山等十几座拱坝进行了整体稳定和点安全度分析，提出了不同条件下拱坝沿拱座基面滑动发展的趋势，参照原型观测成果正确评价了这些拱坝的安全稳定性状。研究表明，拱坝沿拱座基面滑动的实质是剪切强度破坏，拱坝破坏过程是由弹性状态进入非线性状态后，首先产生坝踵开裂，然后产生剪切破坏了塑性区的扩展，最终导致整体破坏；拱坝一般可不考虑沿建基面的滑动，但在特殊地形地质和特殊体形条件下，拱坝有局部发生沿建基面滑动的可能。通过对研究成果的综合分析，结合已建拱坝正常运行的实际情况，研究提出了拱坝沿建基面滑动安全度控制标准可在现行规范中对拱坝坝肩深层抗滑稳定安全系数的基础上适当降低的建议。以上成果及结论对正在进行的拱坝规范修订工作，以及我国高拱坝的设计和安全评价有着重要的指导意义。

7. 特殊地质工程研究　特殊工程研究主要包括水电工程中地下洞室有害气体的测试评价方法及安全防护技术研究；深厚覆盖层地基围堰基础处理新技术研究；黄河上游中型水电站新第三系红层工程地质特性研究；岩基强度及各向异性参数研究；大朝山水电站地下厂房开挖支护设计和施工综合分析；黄河李家峡水电站坝前滑坡运行期稳定性研究；数字化地形图实用技术研究；多路径加载及围岩各向异性对地下洞室周边应力影响研究；土工膜用于岩溶地貌库区防渗技术的研究；水工结构技术标准关键问题研究。研究取得的大部分成果已在工程建设中应用，取得了显著的经济效益。

8. 非常规水工建筑技术研究　非常规水工建筑技术研究的重点研究项目为过流面板堆石坝技术、沥青混凝土面板防渗技术、拱坝结构的非整体分析、碾压混凝土新型掺和料开发应用、新型消能结构、高寒地区碾压混凝土筑坝技术、中高面板坝施工组织和施工技术等。主要研究成果和技术创新包括：

在面板坝重点技术方面，提出了溢流面板堆石坝溢洪道布置原则、水力学与结构设计方法、高性能混凝土配合比设计以及施工工艺等成果，建成了国内首座溢流混凝土面板堆石坝，拓宽了面板坝的应用范围，对面板坝的发展有重要意义；研究取得的沥青混凝土原材料优选、沥青混凝土配合比优化、防渗结构设计方法、施工工艺，以及裂缝防治处理措施等成果，已应用于天荒坪抽水蓄能电站上库沥青混凝土防渗护面工程，效果良好；混凝土面板堆石坝趾板和坝体不均匀沉降对面板的影响、中高面板坝填筑模拟技术、土石坝填筑质量检验方法等研究成果，对指导我国混凝土面板堆石坝的设计和施工具有重要的参考价值。

在碾压混凝土筑坝技术方面，进行了磷矿渣和凝灰岩混磨后作为碾压混凝土新型掺和料的应用研究，开发的PT掺和料已成功地应用于大朝山碾压混凝土坝，为缺少粉煤灰地区使用掺和料开辟了新途径；项目研究还取得了高寒地区碾压混凝土原材料优选与配合比，特殊气候条件下碾压混凝土施工工艺与质量控制等成果，提出了高寒地区影响碾压混凝土耐久性的主要因素相应的控制指标。

非整体拱坝结构分析研究方面，结合小湾、溪洛渡、二滩和龙羊峡4座高拱坝进行了结构分析研究，取得了“横缝”和“上游底缝”对拱坝结构影响的计算分析等成果。这些成果深入分析了设缝对拱坝受力状况的影响，提出了设计、施工应该注意的问题和建议，对高拱坝建设具有重要参考价值。

新型消能工技术研究方面，对窄缝消能工水力特性进行了深入的理论分析和系列的模型试验，提出了一整套水力计算参数选择方法和相应的计算公式，为泄水道设计和规范编制提供了依据；“宽尾墩、台阶式坝面和戽式消力池”联合消能工，溢流坝段直接采用碾压混凝土台阶式溢流坝面，取消了表面高标号常态混凝土，并成功地应用于大朝山碾压混凝土坝，实现了溢流坝段全断面快速碾压施工，加快了工程进度，有较高的工程推广应用价值。

## 二、21世纪中国水电建设技术创新的战略安排

### （一）21世纪中国水电建设的主要特点

（1）我国水电富矿在西部地区，因此今后相当长一段时间水电建设的重点在西部，西部水电开发是我国西部大开发战略的重要组成部分。

（2）西部站点山高谷深、水湍峡长者居多，工程规模巨大，面临着复杂地基条件、高水头大流量泄洪消能、高边坡巨型地下洞室稳定加固、强震区工程抗震设防等技术难题。

（3）西南多润湿高温，西北多干旱严寒。

### （二）当前水电建设急需进一步解决的关键技术问题

从20世纪80年代开始至21世纪初，中国水电科学技术成果丰硕可观，科技成果转化率高，而且创新程度高，特别是新坝型成果的创新已为国内外同行业人士所借鉴。

纵观近20年来的水工科研，其成果所能覆盖的限度大约是200m左右的高坝，这实际上已经是一个令世人瞩目的高指标，但在中国西部规划和建设中的高坝很多，不少是在200～300m，有的还超过300m。建设300m级的高坝，其技术难点很多，即使同一个技术概念，高坝和低坝其内涵也不尽相同。因此应把200～300m的高坝作为重心，围绕这一重心组织力量，精心安排，系统全面开展科技攻关，把解决中国西部水电开发中以下关键技术问题，作为水利水电行业21世纪前瞻性技术创新工作的战略目标去实现。

1. 水电工程勘察技术　遥感、物探与测试技术的开发和完善，研究应用地球物探进行工程物性指标三维空间判释，建立地质调查—物探测试—实验室一体化的工程地质勘测体系。开展水电工程地质问题分析和决策方法研究，依据水电工程的地质数据特征，分类建立各种地质数据库，应用系统科学和决策学的理论和方法，进行工程地质系统的建立，开发水电工程地质专家分析系统，使工程地质问题的决策由目前的定性为主，过渡到定量为主和科学决策的方法上。开展大型水电工程地质环境问题研究，使水电工程的社会环境效益进一步改善。

2. 高坝筑坝技术的研究　形成300m级高拱坝、200～300m级高混凝土面板堆石坝、200m级碾压混凝土重力坝等配套技术。在300m级高拱坝结构问题方面，以已建高拱坝原型观测资料为基础进行反馈分析，开展高拱坝结构稳定性及抗震安全性，抗滑稳定分析方法及安全系数取值问题研究，提出合理的高拱坝应力控制标准，在保证坝体应力、变形、安全的条件下，进一步优化体形结构。

在高土石坝筑坝技术方面，重点研究200m以上级高土石坝技术，以水布垭混凝土面板堆石坝（233m）为基础，以糯扎渡心墙坝（261m）、苗家坝混凝土面板堆石坝（300m）为目标，研究：①堆石料变形和渗透特性，特别是高应力和复杂应力条件下的变形性能以及风化料筑坝变形的长期稳定性研究；②力学参数的选取及坝体应力应变计算方法研究，提出适合特高堆石坝计算分析的方法；③研究和完善超高面板坝上游防渗结构，提出适合高水头变形大的周边逢结构和材料，以及抗裂、抗渗性能高、耐久性能好的混凝土配合比；④开展趾板建基面标准研究，提出深厚覆盖层上建趾板技术方法和措施；⑤对于土质心墙坝，重点研究拓宽心墙防渗土料的应用范围。

在研究和完善200m级高碾压混凝土筑坝技术方面，主要研究内容有：①对碾压混凝土重力坝，重点研究成层体系混凝土坝的稳定和应力分析方法，层面抗剪断和应力应变特性，坝体防渗、排水技术和相应的处理方案优化混凝土配合比，完善大仓面连续浇筑的温控计算方法和措施；②开展高碾压混凝土拱坝关键技术问题研究，建立高碾压混凝土拱坝结构设计及计算理论和方法，合理确定坝体细部结构，提出保持拱坝整体性的措施及防裂、抗裂措施。

3. 高水头、大流量的泄洪消能技术研究　高水头、大流量的泄洪消能技术研究项目为：优化枢纽布置，研究不同坝型泄水建筑物合理的布置形式及高水头、大单宽流量的泄水建筑物体型，提出过流面平整度控制标准和掺气减蚀措施，解决好消能防冲问题，提高消能效果，控制雾化范围，开发新型抗磨损、抗空蚀材料，开展导流建筑物与永久建筑的结合问题研究，降低工程造价。

4. 大型地下洞室的稳定技术　主要研究内容有：①综合分析岩体结构面、地应力、渗压以及施工等因素对大型地下洞室群稳定性的影响，研究围岩整体稳定的仿真计算方法、稳定性判别准则与合理的支护方式，优化防渗排水措施；②研究深埋长隧洞的勘探技术、岩爆规律及有害气体的预报和防范措施；③建立大型地下洞

室群专家系统信息库，为设计和施工提供依据。

5. 深厚覆盖层处理技术研究　深厚覆盖层处理技术研究项目为：①研究确定和了解覆盖层分布范围、分层特性的经济、高效的勘探手段和技术，探索联合室内和现场原位试验确定其工程特性的新的途径，改进和完善现有的试验手段和技术，以充分反映深厚覆盖层所处的工程环境条件（如高固结应力、大变形等）；②研究和开发用于深厚覆盖层静、动力工作性状以及深厚覆盖层与上部建筑物相作用分析方法，建立基于以变形和渗流控制为基础的评价标准体系；③通过对不同典型渗控措施效果的对比研究，探讨适用于深厚覆盖层工程特点的加固处理方案，开发适用于深厚覆盖层量大面广、工程量巨大的加固处理手段。

6. 高边坡稳定技术　进一步进行水电工程边坡资料的登录工作，为工程设计和施工提供重要的参考依据。开发边坡工程地质条件的新型快速勘探技术，提高工程地质勘测精度和水平。开展复杂地质条件下边坡的失稳机理研究，开发和完善适用于不同失稳模式的边坡稳定分析配套软件，尤其是在复杂边界条件下的三维分析软件系统，为分析评价和处理提供依据。进一步研究和探讨边坡加固处理技术，尤其是各种加固处理措施的作用机制和效果，使现有的加固处理方案建立在更为经济合理的基础之上。建立边坡安全监测预警预报系统。

7. 抽水蓄能电站关键技术　在抽水蓄能电站效益分析评价与经营管理模式研究方面，研究在新的电力管理机制下，随着厂网分家、同网同价、竞价上网政策的实施，抽水蓄能电站运行的管理模式，电价政策与效益分配等问题，以促进抽水蓄能电站的发展。

在抽水蓄能电站工程结构问题研究方面，重点研究：①开展地下厂房结构布置和振动特性研究，抽水蓄能机组蜗壳与外围混凝土联合作用分析研究等；②复杂地基上库盆防渗及渗流控制技术研究，包括防渗型式选择、接头处理、水库蓄水对基础及建筑物的影响及相应措施，对高悬水库基础的渗流场进行分析，提出渗流控制标准和相应的渗流控制措施等；③开展井式进/出水口的水力学问题研究；④进一步开展大PD值预应力钢筋混凝土高压管道结构及埋藏式钢岔管结构受力分析研究，提高中国大PD值压力管道的设计水平，降低工程造价。

在抽水蓄能电站机组运行技术研究方面，开展机组起动方式、工况转换及变频起动装置（SFC）谐波分析和预防措施研究，进一步优化水泵水轮机和发电电动机的主要技术参数、机组总体结构及主要机电设备布置形式，提高抽水蓄能电站的运行稳定性。

8. 水电规划及优化运行关键技术　在流域水电站的梯级规划研究方面，主要研究新的规划手段与方法，如信息技术与专家系统、新的技术标准与经济评估准则。积极开展“西电东送”骨干水电工程综合性研究，重点进行水火电互补的联合优化调度研究，对梯级水电站特性参数和优化补偿调节方式的影响研究，梯级电站季节性电能的动态开发对策研究，及梯级联合调度的研究以及运行方式经济性等软课题研究。

在优化运行关键技术方面，主要研究自动化控制管理技术，对水电站各项水工建筑物进行监测、收集与分析运行状况，核对设计与施工成果，及时发现与处理问题、保证正常的运行工况。

9. 大型水电机组的关键技术　对大型混流式机组，需要解决的重大运行技术问题是：结构优化设计、整机动态应力分析及整机刚度、强度研究；蜗壳钢板和混凝土联合受力的三维计算及真机应用研究；转轮叶片水下动态特性研究，疲劳计算分析及寿命预估；叶道涡及压力脉动的研究；轴系稳定和振动研究，整机动力特性和振动分析的研究；水力机组振动和脉动有关规程规范的研究。

10. 风力发电技术　研究风力发电技术，掌握风电资源和风电场勘测、选址技术，跟踪海上风电场的规划和勘测设计技术，形成风力发电场的设计、建设和部分设备制造能力。

11. 新材料、新工艺应用研究，以及大坝安全监测技术研究　研究新型混凝土及掺和料，包括纤维混凝土的应用研究，掺和料、新型外加剂的开发等；开展新型防渗止水材料，特别是适合超高面板坝的填缝止水材料和高碾压混凝土上游面防渗材料；研制适应用与大孔隙、高地下水流速、细裂隙等特殊地层情况的灌浆材料及相应的施工工艺。

12. 技术标准建设　加强水利水电国家和行业技术标准制修订，建立健全技术标准体系及其管理体制、投入机制，满足我国水利水电事业发展的需要。

（中国水电工程顾问集团公司）

## 合金钢网石兜在三峡导流明渠截流中的应用

（一）概述

三峡工程导流明渠截流具有流量大、落差大、流速大等水力学特征，设计流量为10300$m^3$/s，落差4.11m，最大流速5.3/s，是世界水电史上截流综合难度最大的工程之一。导流明渠截流采取双戗堤进占方式，在截流进占过程中一般抛投材料流失量大，且易发生堤头坍塌现象，严重危及施工人员和机器设备的安全；另外，导流明渠下游截流戗堤后期需全部拆除，抛投材料块度有所限制。因而，在保证截流成功的前提下，为减小抛投材料流失量、降低堤头坍塌危险，且不给后期拆除增加困难和成本，提出了合金钢网石兜作为特种抛投材料应用于导流明渠截流工程。合金钢网石兜已广泛应用于海河堤防工程，水电工程截流中尚属首次。本文着重以下游截流戗堤为例进行分析。

（二）合金钢网石兜的设计及技术要求

合金钢网石兜是采用合金钢丝编织而成的蝶状网面，沿网面边缘收口形成网兜。网兜底部采用合金钢丝加密加强，周边为六角形网眼编织结构，沿网面半径方向，网眼边长逐渐递增。合金钢网石兜的设计技术要求为：网眼平均边长 15cm（网兜半径 1/2 处边长），网眼边长误差不大于边长的 20%；合金钢丝直径要求为 2mm，允许偏差±0.05mm；合金钢丝抗拉强度不小于 1300MPa。合金钢网石兜采用粒径 0.3～0.7m（质量 40～480kg）的中小石装填。封口采用直径 2mm，长 5m 的钢丝绳绕 6 圈起吊收缩而成。

（三）合金钢网石兜抛投试验

为保证合金钢网石兜施工质量和抛投效果，对不同大小、不同规格的网石兜采用不同的抛投方式进行模拟抛投对比，以选择护坡和加糙效果较好的网石兜和合理的抛投方式。在正式施工前，进行了合金钢网石兜陆上抛投和水下平抛垫底生产性试验。

1. 陆上抛投试验　抛投试验内容为：选择不同规格合金钢网石兜（合金钢丝根数分别为 51 根丝和 45 根丝、网石兜容积分别为 $4m^3$ 和 $2.24m^3$）及不同边坡状况作对比试验。试验前对合金钢网石兜进行材质检查并进行合金钢网石兜制备；将制作好的合金钢网石兜运至指定的试验场地，观察各类网石兜有无破损情况并做好记录。按不同方式进行抛投（自卸车直接抛投和推土机前堆放石渣混合料平推），观察网石兜滚动、破损情况以及护坡效果。

试验结果表明：①选用直径 2mm 合金钢丝编织的网兜，从制作、吊装成型至卸车，均未出现断丝现象；②在抛投过程中，虽出现了断丝现象，但都能保持网石兜整体滚落到达边坡，起到护坡的效果；③平顺边坡的抛投效果比起伏不平的边坡的抛投效果好，断丝量少；④自卸车直接抛投网石兜，因冲击力较大，断丝数量相对增加，在网兜前堆放石渣混合料对网兜起到了有效的保护作用。

2. 水下平抛垫底试验　试验内容为：在不同水位、流量、流速等条件下确定合金钢网石兜的定位、抛投和漂距等参数。试验前对平抛区进行水下地形测量，按顺水流方向和垂直水流方向将平抛区划分为若干抛投区，绘出纵横断面图，并根据地形图选定抛投试验区。合金钢网石兜由码头装船，运至抛投试验区。定位船由 GPS 定位系统定位于抛投试验区。在抛投前，测出该区的流量、流速等水力参数，抛投结束后再进行水下地形测量。根据绘出的纵横断面图，进行对比、分析。

试验结果表明：合金钢网石兜基本位于抛投试验区内，无解体现象，漂移距离不大，满足设计要求。

综合以上试验结果，可看出：合金钢丝网石兜不管是陆上直接端抛，还是水下平抛，均能达到预期的效果，可用于截流施工。

（四）合金钢网石兜的施工

1. 合金钢网石兜的备料　网兜采用人工在 10t 自卸车车厢内摊铺开，使用反铲在备料场选、挖粒径 0.3～0.7m（重量 40～480kg）的中小石料装填；汽车运输至堆存地点，使用钢丝绳将网兜封口并采用钢丝绳穿挂，汽车吊起吊成型，用封口材料封口扎牢堆存，堆存时按顺序分区（利于以后吊运）进行，最大堆高应不超过 3 层。

2. 堤头端抛　当龙口段流速不大于 4.0m/s，进占较缓慢及坍塌频繁时，进行了合金钢网石兜堤头端抛。合金钢网石兜由汽车吊吊装，自卸车运输至堤头，卸于堤头，推土机推入堤头上边坡，起到包裹堤头和上挑角施工的目的。

3. 水下平抛　合金钢网石兜由平板运输车运至码头后，由两台码头港机分别吊运至两艘驳船舱内。每一艘驳船内装 5 层合金网石兜，每层 11～13 个。每一层按顺序装满后，使用钢丝绳将一排合金网石兜串联起来，两端使用卡扣扣住。

驳船由拖轮拖往龙口指定抛投区抛投。抛投区按垂直围堰轴线方向每 50.0m，水流方向每 20.0m 分成一个作业带，抛投时定位船在作业带范围内沿平行围堰轴线方向摆动。抛投时，定位船由 GPS 定位系统定位，船队到达指定位置后，再次进行抛投位置测量确认后，打开底舱门，将串联起来的合金钢网石兜抛下，达到垫底加糙的目的。抛投 3～4d 后，进行水下地形测量，检查验收抛投效果，水下平抛施工工艺流程见图 1。

（五）施工质量控制与安全措施

1. 质量控制

（1）严格控制合金钢网石兜材质质量。下游截流戗堤合金钢网石兜共 4200 个，对 54 个网兜进行外观抽检，检测结果满足设计要求，共进行了 17 组合金钢丝抗拉强度试验，最大值为 1840MPa，最小值为 1460MPa。

（2）严格控制合金钢网石兜的制作质量。在施工过程中加强检查，对于只有 1～2 根断丝的网兜应立即进行修补，对于断丝 2 根以上的网兜予以作废处理；严格控制装填的中小石的大小，不能太大（损坏网兜）或太小（在运输过程中会漏出）。

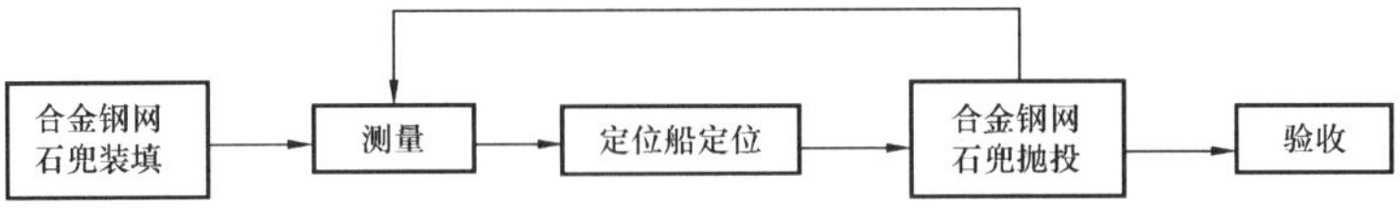


图 1　水下平抛施工工艺示意

(3) 平抛做到准确定位。特别是确保合金钢网石兜不抛投至风化砂区域，以免给防渗墙施工造成困难。

2. 安全措施

(1) 施工前，对全体作业人员进行岗位培训和技术交底。

(2) 所有设备操作手应严格按照操作规程进行操作施工，并持证上岗。

(3) 为防止抛投作业区与长江航运船只发生碰撞事故，抛投区设立临时航标；施工船只施工时应听从港监部门的统一指挥，不准强行横越。

(4) 配备必需的救生器材。

(中国人民武装警察部队水电指挥部
三峡工程指挥部　高志华)

## 自凝灰浆防渗墙在三峡三期围堰工程中的应用

三峡三期上、下游土石围堰由风化砂、反滤料、石渣、块石等填筑而成，其防渗结构为在水下抛填的风化砂中建造的防渗墙。防渗墙总面积 2 万 $m^2$，工期仅为一个月，其施工强度为全国之最。为此，在进行科学论证和现场试验的基础上，决定采用自凝灰浆、振孔高喷、常规高喷、钻喷一体化四种快速施工方式建造防渗墙，其中自凝灰浆防渗墙作为一种防渗新技术，是首次在水利水电围堰工程中应用。

(一) 自凝灰浆防渗墙技术简介

自凝灰浆防渗墙技术是在 20 世纪 60 年代由法国开发出来的，由于具有施工速度快、造价低、防渗效果好等优点，已在国际上广泛应用，建成的工程有数百万平方米之多。而中国长期未能应用，为改变这种局面，中国水利水电基础工程局和长江科学院于 2002 年联合开发了这项新技术，并在长江黄岗干堤成功地完成了 1200$m^2$ 的试验工程。

自凝灰浆是由水泥和膨润土为主剂的浆液，在用抓斗或反铲开挖槽孔的过程中，这种浆液起固壁作用。在挖槽的过程中，地层中的土砂不断混入浆液中，灰浆可自行凝结成阻水的墙体。

(二) 应用情况

1. 工程技术参数　自凝灰浆防渗墙布置在三峡三期上游围堰右岸，墙厚 0.8m。轴线长度 144.51m，共划为 59 个槽孔，最小槽深 14.5m，最大槽深 25.9m，平均槽深 19.0m。墙体截水面积 2734.5$m^2$，其中风化砂及覆盖层 2481.1$m^2$，全、强风化花岗岩 253.4$m^2$。墙体嵌入全风化岩不小于 2m，强风化岩不小于 0.5m，平均嵌岩深度 1.75m。

墙体材料设计技术参数：抗压强度 $R_{28} \geqslant 0.5MPa$；渗透系数 $K \leqslant i \times 10^{-6}$ cm/s；破坏比降 $>40$；弹性模量 $E=120 \sim 240MPa$。

2. 施工工艺及技术要点　工程采用抓斗成槽，其工艺流程见图 1。

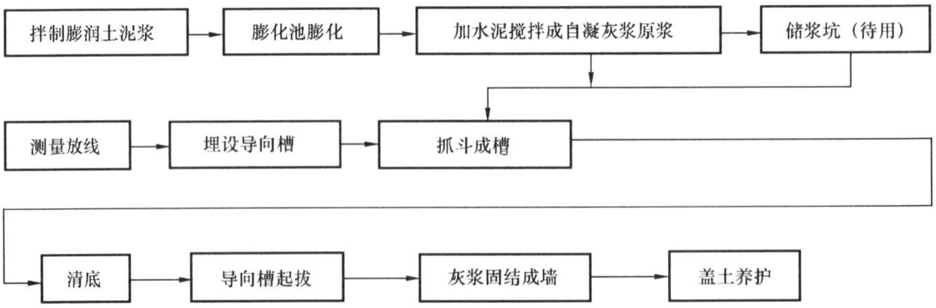


图 1　施工工艺流程图

技术要点：①自凝灰浆防渗墙由于施工速度快，可不建导墙，而采用可周转使用的钢制导向槽；②槽孔长度，一期槽由抓斗开度而定，二期槽要以孔深确定搭接长度而定；③槽孔建造根据浆液凝固时间和成槽效率，可采用连续或间断施工法；④坚硬基岩可先用重凿冲砸，然后抓取；⑤盖土养护的作用是防止浆液凝结体失水，破坏其性能。

3. 自凝灰浆原浆配合比与制备　工程先后采用

两种配合比的自凝灰浆原浆（见表1）。

原浆制备方法为两步法，即先制取膨润土泥浆，经膨化后，再加入缓凝剂和水泥，搅拌后即可输入槽孔。

表1　　自凝灰浆原浆原浆配合比表　　kg/m³

| 配合比编号 | 水 | 水泥 | 膨润土 | 缓凝剂 | 分散剂 |
|---|---|---|---|---|---|
| 1 | 907 | 236 | 45 | 0.7～0.9 | 1.8 |
| 2 | 900 | 254 | 45 | 0.7～0.9 | 1.8 |

4. 施工进度及工效　工程采用两台抓斗施工，2002年10月30日开工，11月27日完成，历时28天，完成了2734.5m² 防渗墙，满足了工程进度的要求。其成墙平均工效为：风化砂，141.79m²/台日；全风化岩，18.0m²/台日；强风化岩，4.31m²/台日。

5. 工程质量　在施工过程中，对灰浆原浆配比和成槽精度进行了严格的控制，从而保证了工程质量。每一槽孔终孔时，对槽内灰浆取样装模成型养护后，进行凝结体力学性能试验，试验结果见表2。从表中可以看出，除强度值偏低外，其余指标均可满足设计要求。

表2　　墙体力学性能试验成果表

| 配合比 | 抗压强度（MPa） | | | 渗透系数（$i\times10^{-6}$cm/s） | | | 弹性模量（MPa） | | | 渗透比降 |
|---|---|---|---|---|---|---|---|---|---|---|
| | 最大 | 最小 | 平均 | 最大 | 最小 | 平均 | 最大 | 最小 | 平均 | |
| 1 | 0.78 | 0.17 | 0.42 | 4.65 | 0.297 | 1.31 | 91 | 83 | 87 | 740 |
| 2 | 1.0 | 0.16 | 0.47 | 4.04 | 0.239 | 0.98 | 231 | 134 | 174 | 740 |

在墙体上钻孔做注水试验12段次，其中9段次为 $i\times10^{-6}$cm/s，3段次为 $i\times10^{-5}$cm/s。

2002年10月26日，三期围堰基坑抽水完毕，自凝灰浆段渗水量远小于设计要求，优于采用其他防渗方式的地段。

（三）结束语

自凝灰浆防渗墙技术在三峡三期围堰工程应用成功，是中国防渗墙技术又一重要成果。实践证明，该项技术确实具有防渗可靠、施工进度快、造价低等优点，很有必要在更广的领域推广应用。同时，自凝灰浆作为一种低强低弹的新型柔性防渗材料，对它的认识尚不够深入和全面，有必要对其原浆配合比、凝结体的试验方法、墙体的结构计算及力学性能参数（如抗压强度）的选择做更进一步的研究。

（中国水利水电基础工程局　蒋振中）

# 土工合成材料在三峡三期下游围堰中的应用

## 一、施工准备

（一）原材料

1. 土工合成材料　采用聚氯乙烯复合土工膜，其材料规格为：两侧无纺布（附膜）为300g/m²×0.5mm×300g/m²，中间PVC膜（主膜）厚度为0.5mm。产品单幅尺寸为2m（门幅宽）×50m（长），单面留边10cm（布与膜制作时未黏结）。其材料特性满足以下设计要求：①抗拉强度（经、纬向）不小于20kN/m；②主膜厚度不小于0.5mm；③渗透系数 $K=10^{-11}\sim10^{-12}$cm/s；④伸长率 $\varepsilon>30\%$；⑤单位面积质量不小于300g/m²。

2. 黏结剂、脱膜剂　①黏结剂。黏结剂采用主膜胶829，附膜胶246-1，按要求配套使用；②脱膜剂。采用土工膜生产厂家配套产品。

3. 其他材料

（1）底部连接用水泥、砂石骨料、钢模等。

（2）侧向连接用膨胀螺栓、软橡胶片、扁钢片、水工沥青等。

（3）自身连接用油漆刷、刨光木版、碘钨灯、防水雨布、橡胶棰等。

（二）生产性试验

1. 土工合成材料特性检验试验　为保证土工合成材料原材料质量，委托葛洲坝试验中心对购进的土工膜取样进行检验，检验内容有：①主膜厚度检查；②土工膜拉伸延伸率试验；③土工膜拉伸强度试验；④单位面积重量检验；⑤垂直渗透试验。

经检验，全部达到或超过设计要求。

2. 土工膜黏结生产性试验　土工合成材料生产性试验同工人作业前的培训结合。技术、质安部门联合编制《土工合成材料作业程序指导书》，在施工现场进行培训，使试验和培训相结合，主要进行土工膜黏结工艺培训，同时进行施工安全、环保及劳动保护教育，培养一批熟练工。试验结束后将试验样品进行黏结拉伸和黏结强化水解拉伸试验，试验成果见表1。通过试验，说明本工程所采用的土工合成材料及黏结剂能够满足设计要求。

表1　　土工合成材料黏结试验检测成果

| 序号 | 样品编号 | 检验种类 | 试验状态 | 黏结长度（mm） | 检测值（kN·m⁻¹） | 标准差 |
|---|---|---|---|---|---|---|
| 1 | YPW2002/3234-1 | 黏结拉伸 | 干态（横机） | 100 | 29.06 | 3.72 |
| 2 | YPW2002/3234-2 | 黏结拉伸 | 干态（顺机） | 100 | 28.54 | 2.56 |

续表

| 序号 | 样品编号 | 检验种类 | 试验状态 | 黏结长度(mm) | 检测值($kN \cdot m^{-1}$) | 标准差 |
|---|---|---|---|---|---|---|
| 3 | YPW2002/3234-1 | 黏结强化水解拉伸 | 湿态(横机) | 100 | 25.67 | 2.96 |
| 4 | YPW2002/3234-2 | 黏结强化水解拉伸 | 湿态(顺机) | 100 | 26.66 | 1.29 |

**注** 所有样品编号的黏结方式均为主附膜黏结。

## 二、土工合成材料底部连接施工

土工合成材料底部与防渗墙采用现浇混凝土连接。在防渗墙顶部浇筑截面为(高×宽)50cm×85cm的混凝土，将土工合成材料下部30cm浇入其中，为保证防渗效果，底部10cm为单独主膜；要求土工膜上下、左右偏差不大于5cm。混凝土施工，一般以20m为1仓，分块缝增设土工膜作为加强止水带。

1. 土工合成材料底部连接的施工程序　土工合成材料底部连接施工程序：基础面清理→定位立模→黏结土工膜及铺设固定→浇筑混凝土→表面嵌裹沥青麻丝→养护。

2. 施工材料要求　盖帽混凝土采用0.35$m^3$搅拌机现场拌制，砂石骨料取自下岸溪备料场、水泥为堡垒牌425号水泥。配合比参照永久船闸二期工程二级配混凝土。浇筑严格控制水灰比。土工合成材料每块长50m，而围堰长度442m，故相邻土工膜需进行自身黏结。

3. 质量控制要点及措施

(1) 基础面清理、验收。建基面按照设计要求需挖除表层防渗墙接头并进行清理，并将外露超过盖帽混凝土顶高的钢管切割，使其距顶面5cm，防止露出部分施工时挂破土工布。

(2) 测量放样。根据设计图纸及设计要求测放盖帽混凝土轴线、浇筑边线、混凝土浇筑高程线等。

(3) 立模。侧向采用两层P3015建筑钢模板(一次浇筑成型)拼装成型，利用地锚设置侧向支撑。钢模板缝间采用棉纱均匀填塞(厚度不大于5mm)，底部缝隙用砂浆填塞，防止振捣时浆液外溢。要求牢固、满足设计尺寸及刚度要求。

(4) 铺设、固定土工膜。根据测放的轴线和高程铺设土工膜接头条，其固定方法采用在模板下游侧架设"Γ"形支架，木板固定在盖帽混凝土中心位置，并在土工合成材料上画出混凝土浇筑顶面线，保证接头条埋入盖帽混凝土内的长度误差在5cm以内。

(5) 浇筑。预埋的土工膜及仓位经检查合格后进行盖帽混凝土施工。先在仓内防渗墙顶部铺1层同标号的水泥砂浆，然后再进行上部混凝土浇筑。用30cm宽长条木板挡住土工合成材料一侧，保证埋入仓内的土工合成材料位于混凝土仓内中轴线位置，单独主膜平顺伸展，然后在仓号两侧均匀下料。浇筑混凝土过程中，边浇边移动木板，有效保证预埋土工布的平面位置偏差在5cm以内。采用$\phi$50mm插入式振捣器人工分层振捣，要求振捣密实，不漏振、不过振，并注意防止扰动土工膜使其移位。混凝土浇筑完成4h后开始洒水养护，24h后拆除模板，喷淋养护7d。当气温过低时用保温被将已浇好的混凝土覆盖，做好已浇筑混凝土的保温工作。

(6) 为改善土工膜受力条件，保证土工合成材料不被混凝土割破，土工膜出盖帽混凝土边界时，在其两侧嵌裹沥青麻丝(沥青麻丝采用人工搓制的直径为15mm的麻绳，经热炼沥青浸泡而成)。其嵌裹时机为盖帽混凝土达到初凝以前。

(7) 养护。混凝土浇筑3d后拆模，洒水养护。当气温较低时，适当延长拆模时间，拆模后覆盖保温被或草袋等保温设施，同时洒水养护。

(8) 混凝土盖帽一般20m为1仓，混凝土施工缝利用土工合成材料做止水，埋入高喷墙内不少于30cm。

## 三、土工合成材料侧向连接施工

土工合成材料侧向与两岸混凝土相接，原设计方案采用在两岸坡上浇筑"之"形混凝土埂，因工期紧张，浇筑的混凝土凝固时间较长，因此提出并采用扁钢锚固压接直线连接型式，如图1所示。在完成两岸坡脚土工合成材料与高压旋喷防渗墙底部混凝土预埋连接后，进行土工合成材料侧向连接施工。上部随堰体升高而同步施工。

1. 土工合成材料侧向连接的施工程序　土工合成材料侧向连接的施工程序为：两岸混凝土基础打磨平整光滑、清扫干净→涂抹温热沥青并覆盖第一层橡胶片→岸坡膨胀螺栓钻孔(同时扁钢钻孔)→膨胀螺栓安装、预紧→铺设土工合成材料和第二层橡胶片、扁钢。

2. 施工方法　测量放样后，沿防渗轴线两侧搭设施工排架，人工进行基础面乳皮清理，清理干净后，沿防渗轴线均匀涂刷热沥青后立即粘贴软橡胶片，然后在软橡胶片上按照设计位置用电钻进行钻孔，再依次铺设土工膜(接头条)、软橡胶片、扁钢片(全部已打孔)，土工膜在迎水侧伸出，最后在钻好的孔中插入膨胀螺栓旋紧固定，最后将膨胀螺栓外露部分沿扁钢表层切割掉。

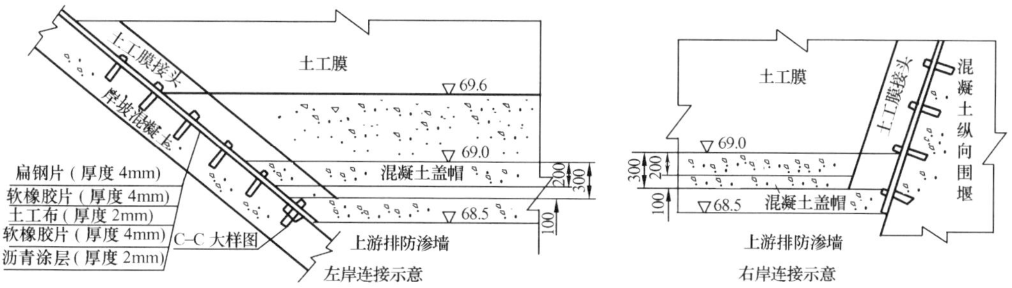


图1　土工合成材料侧向连接示意（高程：m，其余：mm）

3. 质量控制要点及措施

（1）基础面乳皮清理。建基面必须进行表面乳皮等杂物清理、表面磨光处理，保证橡胶片与混凝土表面黏结密实不漏水。

（2）涂刷沥青。水工沥青经热炼后，沿防渗轴线均匀涂刷，第一层软橡胶片与坡面所接触到的位置必须全部、均匀的涂1层宽度8cm、厚度2mm的热炼沥青。

（3）处理膨胀螺栓外露部分。膨胀螺栓外露部分必须进行切割，以免在施工中挂破土工膜。切割时应采取保护措施，避免火花溅到土工膜上。

## 四、土工合成材料自身黏结施工及质量控制

### （一）自身黏结施工程序

土工合成材料的自身黏结按照布一膜一布的顺序进行黏结。

### （二）自身黏结施工方法

1. 施工前准备　自身黏结施工过程中，为保证黏结质量，需在洁净、干燥的环境中进行，故要做好以下准备工作：①在作业区将防水雨布打开平铺；②将土工膜布的黏结部位对齐，平铺在防雨布上；③将刨光木板一条线放在土工膜欲黏结的部位的下方，木板接头处表面要平整，尽量不留间隙；④检查欲黏结的部位有无水分，若有则及时作除湿处理，使用碘钨灯烘烤，烤至手摸感觉没有水分为止；⑤作业人员在土工布上进行作业时不得穿钉鞋、硬底鞋，防止对土工布造成损坏。

2. 自身黏结施工

（1）将欲黏结部位上的尘土清除。

（2）用6～10cm的刷子蘸适量土工膜胶粘剂在土工膜欲黏结部位刷胶，刷胶的方向要一致，厚薄均匀，避免胶团出现，若有漏胶之处，可用刷子蘸少量胶予以补刷。

（3）现场黏结时，每个黏结面分别刷胶两次，先用毛刷均匀刷胶1遍至不粘手，但有黏性时再刷第2遍胶，再至不粘手而有黏性时开始粘接。

（4）粘接后的压实，为获得快速均匀有效的压实效果，不断用棉纱擦压或用橡胶榧从中间往两边锤，以排除空气，锤击要均匀，使其结合紧密，确保黏结质量。

（5）依上述方法进行第2层（主膜）、第3层（附膜）的黏结操作。注意第1层（附膜）之间的黏结使用附膜胶，第2层（主膜）之间的黏结将胶换成主膜胶，第3层（附膜）用胶同第1层为附膜胶。

（6）待土工膜接头的3层全部黏结完毕后，在黏结好的土工膜布上盖好防雨布，并在防雨布上压上砂袋，待18h后，将砂袋移除，以保证粘接部位密实。

（7）将木板从旁边抽走，移到下一个欲黏结接头下面，按照上述工艺重复（1）～（6）作业。

3. 质量控制措施

（1）主膜胶829、附膜胶246不准混用，刷子不能混用。

（2）主膜胶、附膜胶为易燃品，在贮存和使用时应注意防火。

（3）装胶的桶应随用随盖，尽可能的阻止溶剂挥发。

（4）施工人员不得穿硬底或带钉子的鞋，不得随意在土工布上行走通过。

（5）阴天或晚上施工作业时，用碘钨灯或电吹风可加速黏结剂中挥发性溶剂的挥发，但要注意黏结剂是易燃物，避免发生火灾，烧破土工膜。

（6）雨天施工时，停止现场粘接施工，并覆盖防雨布保护。

（7）为缓解膜体受力条件，适应堰体变形变位，在土工膜与两岸接头部位附近设置两个伸缩节，并结合下游围堰结构型式，在防渗轴线转折点处和距离较长两折点中心设置伸缩节，堰体中设置5个伸缩节。

（中国人民武装警察部队
水电指挥部三峡工程指挥部　王　林）

# 三维紊流泥沙数学模型及其在三峡坝区冲淤计算中的应用

目前，紊流模型已被广泛应用于各种工程问题的水流计算，其中，$K—\varepsilon$ 双方程模型，以其有效性和精度，使用最为普遍。然而，由于它假定紊动黏滞性是各向同性的，在一些复杂的紊流运动计算中其应用受到限制。近年来，窦国仁发表了"紊流随机理论"，提出了新的各向异性紊动的 Reynolds 应力表达式，并改进了壁面律公式。这一理论具有广阔的应用前景。

本文在作者以往建立的三维紊流泥沙数学模型（2DTSM）基础上，根据窦国仁的紊流随机理论，建立了三维紊流泥沙数学模型。主要内容如下：

（1）根据窦国仁的紊流随机理论，导出了各向异性紊流的 Reynolds 应力的数值格式，从而开发了基于紊流随机模型的三维水流计算程序。运用该程序计算了航槽内的三维流场，得到的结果与水槽试验资料吻合良好。

（2）在三维紊流模型的基础上，给出了描述三维悬沙运动及床沙级配的控制方程，建立了三维紊流泥沙数学模型（3DTSM）。用水槽冲淤试验含沙量沿垂线分布资料及葛洲坝水利枢纽建库前后水沙资料对该模型进行了检验，结果基本一致。

（3）将所建的三维紊流泥沙数学模型应用于三峡工程坝区泥沙冲淤问题的研究，预测了三峡工程建成后坝区上游河段泥沙冲淤发展过程及其分布、河床淤积物级配组成及不同时期、不同高程的流场、含沙场等。计算结果与清华大学、中国长江科学院、南京水利科学研究院物理模型试验值比较接近。

（南京水利科学研究院）

# 水布垭大坝 A 区趾板下灌浆试验

（一）工程简介

水布垭水电站位于湖北清江中游河段巴东县境内，是清江梯级开发的龙头工程，水库总库容 45.8 亿 $m^3$。水布垭水电站由大坝、溢洪道、地下厂房、放空洞、渗控帷幕（帷幕面积 44.14 万 $m^2$）等主体建筑物组成，大坝坝型为混凝土面板堆石坝，最大坝高 233m，最大坝前作用水头 207m，其坝高和坝前作用水头在国内外同类型的已建和在建大坝中居首位。电站总装机容量 1600MW。

面板堆石坝的基础灌浆施工在趾板上进行，趾板厚度为 0.6～1.2m，属于无盖重灌浆；加之岩溶构造发育，岩层平缓，层间剪切带剪切破坏强烈、结构松散，灌浆时极易产生不利的抬动变形。如何保证在趾板不抬动破坏的前提下，尽可能地提高灌浆压力，特别是浅层的灌浆压力，以增强防渗幕体的抗渗能力，使其在高水头作用下能够安全运行，是本次灌浆试验的重点。

灌浆试验分 A、B 两个区进行，分别代表较为坚硬完整的岩体和相对软弱破碎的岩体，模拟宽度 6m 和 8m 两种典型趾板结构，将固结和帷幕灌浆放在同一组试验内，按大坝基础先固结后帷幕的施工顺序，逐排逐序逐段逐级进行升压试验。中国水利水电基础工程局承担了 A 区试验任务。

（二）地质条件

从地层岩性看，A 区地层主要为栖霞组第 9 段至第 4 段，岩层倾角 15°，岩性从上至下可大致分为 6 层，岩层逐渐密实，最底下为微细晶灰岩夹少量薄层状含泥炭质生物碎屑灰岩。从地质构造上看，裂隙以卸荷裂隙为主，一般呈张开状，局部充填黏土，遇软岩宽度变窄或尖灭。建基面实测裂隙 60 条，平均裂隙面密度为 0.8 条/$m^2$。裂隙性小断层有 $f_1$、$f_2$ 和 $f_3$ 三条，大部分充填黄色黏土夹少量碎石，断层面具溶蚀特征。层间剪切带主要发育在软岩中，栖霞组第 9 段地层中剪切带厚 100～200mm，岩层揉皱明显，方解石细脉呈波纹状顺层断续发育，剪切强烈，性状差。

（三）A 区灌浆试验布置

A 区趾板为 C30 混凝土，趾板长 20.50m，宽 8.50m，厚度 1.20m，坡度 1∶3.52。趾板自下而上分成 A1 和 A2 两个试块，长度分别为 10、10.5m。采用普通砂浆锚杆将趾板与岩石进行锚固，依靠锚杆的抗拔力锁住趾板和浅层岩石，以弥补盖重的不足，从而提高灌浆压力，特别是浅层的灌浆压力，以增强灌浆效果。为了模拟趾板实际运行时所承受的水压力，在耐久性和破坏性试验孔周边布置 13 个 200t 级的锚索孔，对趾板进行预压。

A1 试块灌浆孔的布置形式为"上下游固结＋中间帷幕"形式：梅花型均匀布置 5 排孔，排距 1.4m，孔距 2m。施工顺序依次为 1、5、2、4、3。

A2 试块灌浆孔的布置形式为"均匀固结＋帷幕"形式：固结灌浆梅花型均匀布置 5 排，排距 1.6m，孔距 2m。施工顺序为 1、5、3、2、4。帷幕灌浆孔分别在第 3 排固结孔的上、下游各布置 1 排，排距 1.6m，孔距 2.5m，孔深 32m。固结灌浆孔分二序施工，帷幕灌浆孔分三序施工。

观测孔有：抬动观测孔 8 个，物探测试孔 8 个，帷幕灌浆检查孔 6 个，固结灌浆检查孔 4 个，耐久性和破坏性压水试验利用 2 个帷幕检查孔进行。

（四）灌浆试验施工

1. 施工顺序　按照先物探孔钻孔、测试，其次进行抬动观测孔的钻孔及安装，再对灌浆孔进行逐序加密，最后进行灌后物探测试、检查孔及耐久性和破坏性压水实验施工。

2. 钻孔和压水试验　钻孔采用金刚石钻进方法，固结灌浆孔孔径 76mm，帷幕灌浆孔开孔孔径 91mm，终孔孔径不小于 56mm。裂隙冲洗和压水试验采用常规方法进行。帷幕孔孔口段灌浆结束后，下设 $\phi$89mm 孔口管。帷幕灌浆孔压水时压力控制以抬动不超限为前提，在压水压力小或漏水量大时，抬动值按不大于 0.1mm 控制；若抬动值已达上限 0.1mm，而流量、压力均正常时，则抬动值允许放宽到极限值 0.15mm。

3. 灌浆和升压试验

（1）固结灌浆采用自上而下分段卡塞、孔内循环式灌浆方法施工；灌浆采用孔口封闭法自上而下分段进行灌浆。

（2）固结、帷幕灌浆分别采用 32.5 级、42.5 级普通硅酸盐水泥，水泥浆采用 2∶1、1∶1、0.8∶1、0.6∶1、0.5∶1 五个比级。

（3）灌浆压力。固结灌浆Ⅰ序孔 0.2～0.3MPa，不做升压试验，Ⅱ序孔起灌压力 0.3～0.4MPa，目标压力 0.5～0.6MPa，分四级做升压试验，每级增加 0.05MPa，稳定 10min 后，当抬动变形未超允许值时，则进行升压或变浆。

帷幕灌浆按试块、排序、孔序分别进行升压试验，每级 0.05MPa，稳定时间 10min，当确认抬动正常时，压力逐级提升。升压时一般控制吸浆量 $Q\leqslant$ 15L/min。当抬动接近极限值或抬动值上升速度加快时，则降低一级压力。

4. 特殊情况及其处理

（1）串、冒浆。A 区基岩表层裂隙比较发育，固结灌浆过程中，串、冒浆现象时有发生。对于冒浆的孔段采用表面封堵、浓浆、限流、间歇灌浆等方法进行处理。对于串浆的孔段，先将被串孔封堵，待灌浆孔灌浆结束后，立即对被串孔进行扫孔处理。帷幕灌浆过程中出现的冒浆、串浆、抬动变形大等情况，一般采取降压、变稠、限流、间歇等处理方法，原则上不采用待凝措施。

（2）抬动变形值超标。灌浆过程中趾板抬动经常发生。当变形值超过设计允许值时，为防止趾板被破坏，采取降压、限流、间歇、停灌待凝后扫孔复灌等方法进行处理。

（五）灌浆成果分析

针对 A 区固结灌浆和帷幕灌浆处理后的地层，中国水利水电基础工程局采取了物探测试、压水试验和取芯、单位注入量分析等多种方法进行了测试。结果证明，效果显著。透水率大大下降，均达到设计要求。岩体灌浆前波速值较低，固结、帷幕灌浆后波速值大幅度提高，均达到 3500m/s 以上，岩体强度增强，岩体的完整性和均匀性也明显提高。A 区钻孔取芯和大口径检查孔揭露，在上部地层岩体中水泥结石充填，裂隙被水泥浆体充填多呈致密状，胶结良好，夹泥裂隙被水泥浆穿透挤压，水泥浆体渗入或包裹裂隙中的黏土和黄土充填物。固结灌浆、帷幕灌浆检查孔中的水泥结石充填得密实。

（六）抬动变形

本次帷幕灌浆试验的一个重要目标是在不产生抬动破坏变形的前提下，尽可能地提高浅层灌浆压力，期望接触段灌浆压力达到 1.0MPa。

经对固结灌浆和帷幕灌浆抬动变形资料统计分析表明，在趾板未被破坏的前提下，A1、A2 试块固结灌浆和帷幕灌浆抬动变形，随灌浆压力的增加而增加，有些段随流量的增加而增加，说明抬动变形与压力有直接关系，但与流量的关系更为密切。

表 1　浅层（12m）灌浆压力与注入率的关系

| 注入率（L/min） | ≤15 | ≤10 |
|---|---|---|
| 灌浆压力（MPa） | <0.5 | 0.5～1.0 |

从试验结果看，产生较大抬动变形时，一般注入率或灌浆压力较大，施工中应严格控制灌浆压力与注入率相适应，尤其是在接触段和浅层应遵守表 1 中的规定。当压力逐渐上升至某一值，注入率突然增大，抬动突然上升超过警戒值，应立即暂停灌浆，采取间歇灌浆的方式处理；当压力达到某一值，注入率正常，抬动量接近允许值时，应降低灌浆压力，待抬动慢慢回落后再行升压，如此重复直至灌浆正常结束；当注入率明显偏大，抬动值接近允许值时，则采取限流措施，维持抬动值不变或回落，注入率减小到一定程度，再缓慢升压直至灌浆结束。

（中国水利水电基础工程局　智　埗　李吉林）

## 洪家渡水电站冲碾压实技术应用

（一）冲碾压实技术简介

现代堆石碾压经典的技术是振动碾压技术，振动碾压是靠高频振动使土体处于运动状态，土粒间阻力大大减少，在静重和压力波的动力作用下使土体得到压实。振动碾压为低幅/高频交替运动，其振动频率为 25～30Hz，振幅一般仅为 2mm，影响范围小，激振力为其自重的 2～3 倍，约 300～500kN，通过薄层（层厚一般为 0.4～1.6m）碾压 6～10 遍可获得较好的压实效果，但其施工速度和碾压堆石的密实度已基本到了一个极限，压实度一般在80%～90%左右。

冲击碾的主体为3～6边形等边多边形压实轮，其压实是靠冲击力、振动力和碾静重三者的共同作用。冲碾压实为高幅/低频交替运动，压实轮由一台轮式拖拉机以10～15km/h的速度沿地面拖曳，通过接触地面和交替地抬高碾轮上的点再向下砸落到压实表面的方式来使碾轮旋转起来，这种方式产生了一系列高冲击、高振动的撞击力，其振幅高达22cm，频率仅为2Hz，大振幅振动使被压的物料参加振动的质量更多。冲击力会随压实机型号的不同在2000～4000kN之间变化。有效压实深度为1.5～2.5m，压实度可达90%～105%。冲碾压实技术压实功能大，施工速度快（约为振动压实的3～5倍），是面板堆石坝碾压值得探讨和研究的技术。

到目前为止，冲碾压实技术主要在高速公路、机场领域应用，由于经其碾压后的基础密实度高，在运行期路面完好程度和耐久性明显较振动碾效果好，故采用较广泛，但在筑坝工程上洪家渡面板坝尚为首次采用。

（二）洪家渡水电站冲碾压实试验

洪家渡水电站钢筋混凝土面板堆石坝高179.50m，是目前世界上高面板坝之一。坝顶长427.79m，长高比仅为2.38，属狭窄河谷高面板堆石坝。堆石体的变形包括主压缩变形、次压缩变形和蠕变变形，变形量与坝高的二次方、垂直压缩模量的一次方及河谷形状有关，狭窄河谷由于拱效应的存在蠕变变形要经历很长的时间。提高堆石体压实度，减少孔隙率，让发生在中、后期的堆石破碎、嵌填调整而引起的次压缩变形及蠕变变形在碾压施工时能提前完成一部分，以减小坝体施工期和运行期的沉降量对洪家渡工程十分必要。为了提高坝体填筑质量，于2002年3月2日～6月28日在洪家渡水电站工地进行了冲碾压实试验。试验表明，冲碾压实后堆石料级配粒径从大到小是连续分布的，均属良好级配。渗透系数均满足自由排水的要求。每层层面表面约10cm较为松散，相当于天然的表层刨毛，在上一层的碾压中可使位于该层底部的块石与先填筑层的结合更好，从试验堆石体用反铲挖掘出的坑槽剖面中可看出各层间结合紧密。仪器埋设深度在120cm时，冲碾压实不会造成仪器的损坏，因此冲碾压实不会影响观测仪器的埋设。过度料、主堆石料及次堆石料在铺层厚度1.6m时，碾压27遍，干密度值均分别大于过度料和主堆石设计干密度。

（三）洪家渡冲碾压实应用

2002年7月，咨询专家根据其他面板坝建设经验，建议次堆石区采用与主堆石区相同的填筑参数并适当提高干密度标准。当时大坝次堆石区填筑施工的实际情况是：按1.6m层厚振动碾压难于达到次堆石区设计干密度2.12g/cm$^3$的要求，只能将次堆石区厚度降为1.2m。若要求次堆区石按主堆石区设计密实度要求，一方面将使坝体堆石造价增加较多，而且填筑层厚只能降为0.8m，对填筑工期极为不利。为了解决这一难题，决定在大坝次堆石区施工中采用冲碾压实技术。即用次堆石料，按1.6m层厚，出于商务原因，按合同由大坝承包商先用振动碾压8遍，要求达到干密度2.09g/cm$^3$，再经冲击碾压后要求达到主堆石料的干密度2.181g/cm$^3$的要求，这样即使堆石造价增加大为减少，又不降低施工速度。次堆石区冲碾压实从2003年1月12日在坝上开始实施，至3月22日暂停，填筑底高程从1037.34～1056.13m（次堆石区填筑最低基础高程为970m）。填筑方量为41万m$^3$。按计划，次堆石区将于9月再继续填筑。

经挖坑检测，8个试验坑中有6个坑干密度达到和超过主堆石设计干密度指标，2个坑干密度指标未达到主堆石设计干密度指标。分析原因，其中一个坑铺料超厚较多；另一坑是由于当时堆石料有超径石，影响了碾压机行走速度（行走速度约为8km/h），压实功不够而引起，经过补碾达到了要求。后经改进后就再也未出现过这种情况。由检测曲线可以看出，400mm以上的大粒径料略偏小，但基本都在主堆石料的级配包络线内，因此用次堆石开挖料经冲击碾压后可以基本满足主堆石料级配要求，说明冲碾压实具有经济性的潜力。在采用冲碾前，次堆石料振动碾压实际效率为304～365m$^3$/h；通过统计分析，冲击碾压效率为1800m$^3$/h，约为振碾效率的5倍。

在洪家渡工程提高次堆石区密实度是减少坝体次压缩变形和后期蠕变变形的可能途径，从而可减少坝体变形引起的面板结构性裂缝；次堆石料采用冲碾压实技术，用爆破次堆石料，按次堆石料的铺填层厚，经22～27遍碾压后可以达到主堆石区的密实度，同时堆石的级配也基本在主堆石料的级配包络线内，这说明如果要提高堆石的密实度，冲碾压实提供了较振动碾经济、快速施工的途径；与振动碾技术比较，冲碾压实技术由于其高冲击能量和施工高效率，有可能在相同级配料和相同填筑层厚的情况下比振动压实获得更高的密实度，从而减小坝体施工期的次压缩变形和运行期的蠕变，提高坝体质量。也可能在相同密实度要求的前提下，较振动压实提高碾压层厚和降低爆破堆石料的级配要求，从而收到节约投资和加快施工速度的功效；在下一步施工质量挖坑检测中，应选取部分试坑按深度方向分层检测密实度和级配。

（四）冲碾压实技术应用的思考

冲碾压实技术在洪家渡工程中的应用与工程技术

的应用规律相一致，是从相邻学科引进的；发挥冲碾压技术“铺填厚度更大、碾压时间更少、压实干密度更大、洒水量更少”等优点，对特别高的坝，如坝高超过200m、变形控制要求高的堆石坝更为必要；对超硬岩、不易压实的堆石料亦很必要；同样适用于心墙堆石坝的压实；但应早纳入商务文件，减少合同执行中的环节；各工程要开展必要的试验；冲击压实机要与振动碾压机配合使用。

（中国水电贵阳勘测设计研究院　杨泽艳）

## 高压喷射灌浆在二道洼水库工程中的应用

### 一、工程概况

二道洼水库是呼和浩特市引黄供水工程项目的一个重要组成部分，主要包括围坝、进水口、取水口、导洪沟和截渗暗沟等工程项目。围坝坝轴线全长5.69km，最大坝高13m，为均质土坝。水库总库容1470万$m^3$，库区总面积2.33$km^2$。水库库区部分地段坝基含砂量较大，需进行防渗处理，防渗采用水泥浆高压喷射灌浆施工，处理范围分为北坝坝段和南坝坝段，全长1681m，总造孔数1530个，总进尺约17426m。

### 二、主要技术参数的确定

根据坝基不同的地质情况，为了取得合理的施工参数，在南北坝段分别选定与坝基相类似地质条件的部位，进行防渗高喷围井试验，确定高压喷射灌浆施工主要技术参数。南坝高压喷射灌浆试验在坝基以外进行，试验围井呈5边形布置，围井深9.5m，9.5～8.5m处封底，3.5～2.5m处封顶。北坝高压喷射灌浆试验也在坝基以外进行，试验围井呈4边形布置，孔距1.1m，围井深9m。

围井施工完成7d后，对围井进行压水试验，测出围井板墙的渗透系数，并开挖围井周边及井内的土层，观察围井板墙成墙情况。根据对试验成果的分析，防渗效果和成墙厚度均满足设计要求。南北坝围井试验技术参数见表1。

表1　南北坝围井试验参数

| 部位 | 水压(MPa) | 气压(MPa) | 进浆流量(L/min) | 进浆密度($g/cm^3$) | 板墙壁厚(cm) | 渗透系数(cm/s) |
|---|---|---|---|---|---|---|
| 北坝 | 32～36 | 0.6～0.7 | 60～70 | 1.6～1.65 | 25～50 | $5.79\times10^{-6}$ |
| 南坝 | 34～38 | 0.6～0.7 | 60～80 | 1.62～1.66 | 23～55 | $1.62\times10^{-6}$ |

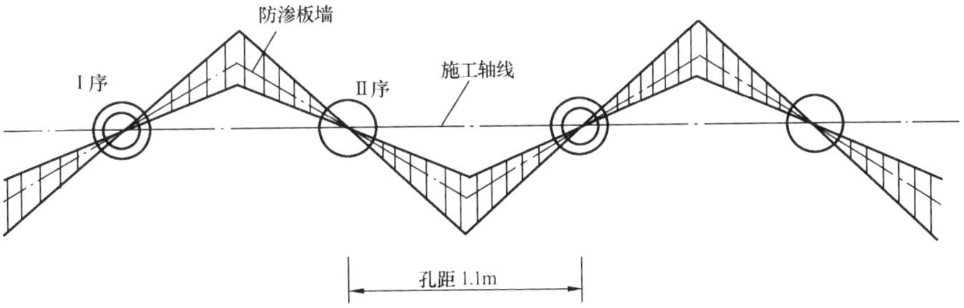


图1　高压喷射灌浆搭接示意图

### 三、高喷施工

1. 技术要求

(1) 钻孔孔距1.1m，深度深入相对隔水层1.0m，孔位偏差小于5cm，孔斜偏差小于1%。

(2) 浆液采用水泥浆，水灰比0.8∶1.0（重量比），浆液容重控制在1.60～1.66$t/m^3$。

(3) 喷灌采用三重管法，喷管选用双喷嘴，喷嘴直径1.9～2.0mm。高压水压力32～38MPa，空气压力0.6～0.7MPa，浆液流量60～80L/min，空气流量1.3～1.5$m^3$/min，提升速度10cm/min。

(4) 渗透系数满足$n\times10^{-4}\sim n\times10^{-5}$ cm/s，喷灌成墙有效平均厚度30cm，相邻孔高压喷射灌浆连接形式为“人”字形搭接方式（见图1）。

2. 施工方法

(1) 造孔。按照测量放样布置孔位，固定钻机位置，调整钻杆垂直度，校正钻头与孔位的偏差。使用杭探3ST-300型回转钻机造孔，采用化学泥浆作冲洗液旋转钻进，造孔径为130mm。在造孔过程中，做好造孔记录，特别是对孔内岩性描述及钻探感应样品的物理状态、软硬、平稳、跳动变化位置的记录。钻孔达到设计孔深后，利用化学泥浆护壁，确保钻孔成孔率。

（2）高压喷射灌浆前检查。高压喷射灌浆前，先在地面做1min左右试喷试验，调整好喷射方向，检查水气嘴是否畅通，压力能否满足设计要求，如不满足要求，则应重新调试设备或更换水、气嘴，直到压力满足设计要求，然后用胶带将水、气嘴保护起来，以防止下喷杆时泥砂进入喷头的水、气室中。完成上述步骤后，可将喷杆缓慢下到孔底，同时通过喷杆向孔内注入稀水泥浆，防止泥砂涌入喷杆内。

（3）制浆、送浆系统。搅拌机采用山东WJG80－1型浆液搅拌机，灌浆泵采用HB250/50型灌浆泵，HB80/10型灌浆泵用于回收浆液。水泥浆采用二次制浆法拌制，用比重计法检测浆液浓度，制浆时严格控制加水量，控制浆液浓度。

（4）高压喷射灌浆。灌浆准备工作完成后，先按规定参数送浆、水、气进行静喷，静喷5min待浆液返出孔口、情况正常后可开始高压喷射灌浆。灌浆施工中如实记录高压喷射灌浆的各项参数、浆液材料用量、异常现象及处理情况等。

（5）回填封孔。高压喷射灌浆至设计顶部高程后，喷头提出孔口，继续向孔内注入水泥浆，保证孔内浆液高度，随沉随补，直到孔口浆液不再下沉为止。在地形较平坦的位置，可沿灌浆孔孔口开挖或回填一条深度30～40cm的沟槽，利用灌浆时的回浆补填周围已喷孔孔口，保证灌浆孔回填及时。

## 四、围井压水试验

高压喷射灌浆施工完成后，采用围井压水试验的方法检查防渗墙体的渗透性。每100m防渗墙随机布置2～3个围井。在井内进行注水试验，测试高压喷射灌浆板墙的渗透系数，用以检查防渗墙质量能否达到设计要求。

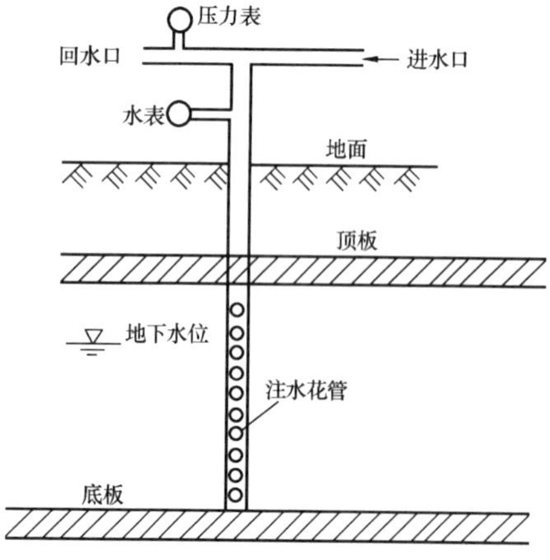


图2 水管布置与试验水表连接

1. 围井布置及设备安装 检查围井呈4边形布置，在防渗墙一侧对称布置两个高压喷射灌浆孔，中央布置一个旋喷孔，旋喷孔进行封底封顶，形成一个封闭的围井。

围井施工完成7d待防渗墙初凝后，在围井中心钻孔，下设试验水管并进行二次封顶。水管布置与试验水表连接见图2。

压力计量程0～0.4MPa，精度为1.5级，流量计最小读数精度为0.1L。

2. 压水试验 试验准备工作完成后，先进行20min试验性压水，检查各种仪表、设备的工作状况及性能，检查管路连接是否有漏水等。检查完毕后，进行注水试验，记录试验成果。试验时每5min记录1次水表读数，测出注水稳定流量。

3. 试验成果分析计算 根据试验记录的有关数据，利用经验计算公式，计算出防渗墙渗透系数。该计算公式为：

$$K=0.525\omega\lg(\alpha L/r)$$

式中 $K$——渗透系数，m/d或cm/s；

$\omega$——单位吸水率，L/(min·m$^2$)；

$\alpha$——系数，试段接近相对不透水层时$\alpha=1.32$，试段远离相对不透水层时$\alpha=0.66$；

$l$——试段长度，m；

$r$——围井半径，按等效面积换算，m。

$$\omega=Q/Sl$$

式中 $Q$——稳定流量，L/min；

$S$——试验压力，按水柱高计，m。

（中国人民武装警察部队水电指挥部第六支队 吴昔兵）

# 大型管棚支护技术在广东—深圳供水风岗隧洞工程中的应用

（一）工程概况

风岗隧洞工程位于广东省东莞市凤岗镇，是广东省东江—深圳供水改造工程的控制性标段之一。隧洞出口J11＋427.5～J11＋471段位于东深公路下，设计断面为城门洞型，开挖尺寸为8m×8.9m，埋深5m，地质条件为路基回填土及全风化钠长斑岩，节理、裂隙发育，3条宽1～2m的陡倾角断层分布于距离洞口3.24m和43m处，是东深供水改造工程中施工环境最复杂、地质条件最差的洞段。东深公路为东莞至深圳的交通主干道，车流量大（约5～6万辆/d），车辆品种多，吨位大（集装箱货车重达100t），并且道路两侧埋设有DN28、DN60、DN110供水管和4条通讯光缆（其中包括1条军用光缆）。

在不良地质条件下修建隧洞工程，洞口段是施工的关键。此处隧洞覆盖层很薄，特别是洞顶受到大量行车动荷载影响，因此，隧洞不具备开挖后的自稳能力。如果在施工过程中对隧洞变形控制措施不当，围岩会很快松弛，产生张裂破坏，导致直达路面的塌陷，从而酿成严重后果。为确保施工安全，洞顶采用了“47m长双层大型管棚支护＋超前锚杆＋型钢拱架＋挂网喷混凝土”的联合支护方案。实践证明，通过该方案取得了理想的支护效果。

（二）施工特点

鉴于该段隧洞工程埋深线、开挖断面大、洞顶受到道路交通、通讯、供水影响，因此本工程施工具有以下特点：

（1）工程为向香港、深圳供水的大型水利工程，并且洞顶公路上香港过境车辆众多。因此在施工过程中出现任何失误，必将引起不可挽回的政治影响，必须确保施工万无一失。

（2）隧洞埋深浅（洞顶至路面仅为5m），隧洞开挖断面较大（8m×8.9m），隧洞不具备自稳能力。

（3）洞顶路面重型货柜车通行频率高，对洞顶稳定构成严重威胁。

该段隧洞施工具有地质条件差、施工干扰大、质量要求高、施工风险大的特点，因此，为确保施工安全，在洞顶采用了保险系数较高的双层大型管棚超前支护措施。

（三）管棚布置及结构设计特点

1. 管棚布置　管棚沿隧洞结构顶面布置，第1层管棚布置在洞顶开挖边线以外80cm、顶拱180°范围以内；第2层管棚布置在洞顶开挖边线以外130cm、顶拱160°范围以内，管棚平行于隧洞轴线，环向间距45cm，排距50cm，成梅花形布置，共计63根（见图1）。

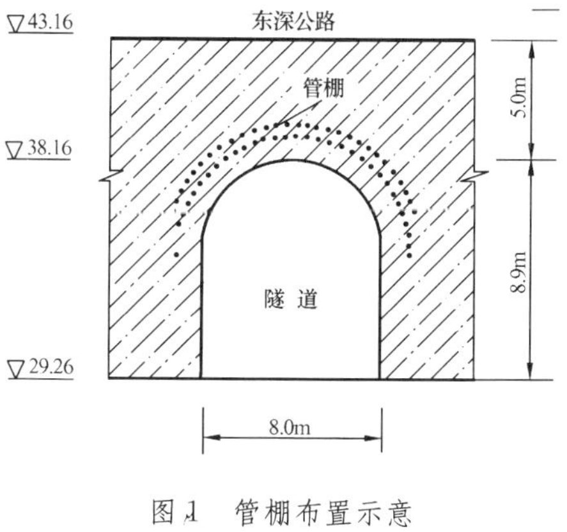


图1　管棚布置示意

2. 管棚结构　管棚钢管采用$\phi$108mm，壁厚6mm的热轧无缝钢管，钢管纵向长度47m，由节长3.6m的钢管采用11cm长方丝扣连接而成（满足同一横断面内的管棚接头数量不大于50%，相邻管棚的接头至少错开1m的要求）。钢管前端呈锥状，尾部焊接$\phi$6加筋箍，管壁上每50cm钻2个成梅花型布置$\phi$6mm压浆孔（离孔口3～4m不钻孔），便于浆液渗出。

（四）管棚施工技术

1. 施工程序　管棚施工程序如图2所示。

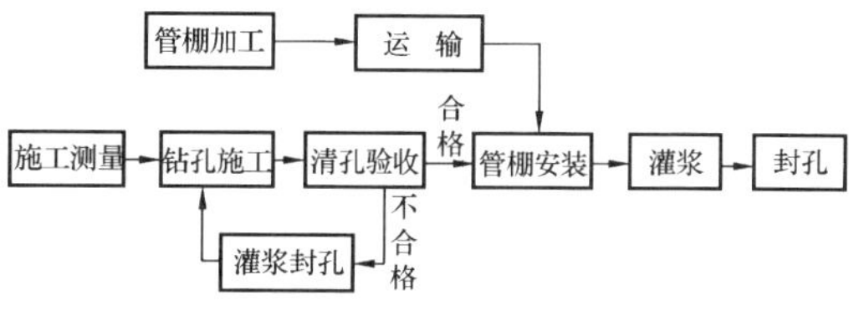


图2　管棚施工程序

2. 施工措施

（1）钻孔。由于该管棚具有“轴线长、间距短”的特点，因此，必须严格控制造孔精度，否则如果部分管棚进入隧洞衬砌混凝土结构面，洞挖过程中将不得不逐段切除，从而大大降低洞顶管棚的有效支护作用，造成安全隐患。因此选用了造孔精度较高的XY-150型地质钻机，配备$\phi$50mm钻杆和$\phi$108mm、长3～5m钻具造孔。该钻机具有钻孔平直、定位准确、终孔误差小特点，能够满足钻孔要求。

钻孔施工在洞口搭设的脚手架平台上进行。为确保造孔精度，在洞口架设2m长、$\phi$127mm定位导向钢管，为克服成孔钻进过程中，钻具因重力作用自然下垂对造孔精度的影响，定位钢管向上仰角1°（见图3）。

为了提高钻孔精度，采用“低风压、高转速、慢钻进、勤测量”的钻孔方法。在钻孔过程中使用全站仪、罗盘、水平仪进行定位和开孔，进尺分别在5、10、20m时均重新校核一次孔斜，30m后起钻杆检测孔斜。

由于采取了以上施工措施，大大提高了钻孔施工精度。在洞挖过程中仅发现有2根管棚在进尺30m后进入了开挖断面，仅占管棚总数的3.1%。

（2）埋管。造孔完成并经验收合格后，开始埋管作业。埋管作业采用分段人孔方式，用钻机顶管完成整个埋管过程。

（3）灌浆。

1）工艺流程。洗管→封闭孔口与管棚之间的空隙→安装进浆管→管口焊接堵头→灌浆设备就位→灌浆→封孔。

2）灌浆材料。根据该部位施工的特殊性，为确保在洞顶形成牢固的保护拱圈，选用亚纳米MC材料（一种新型超细度水泥）灌浆，它具有高强度（2h强度达到20MPa，28d强度高达70MPa）和超细度（颗粒直径达到亚纳米级，可轻松注入25$\mu$m宽的裂隙）

的特点，能够使灌浆材料充分渗入岩层裂隙中，达到加固围岩和加强管棚刚度和整体性的目的，起到有效预防塌方的效果。

3）灌浆。埋管作业完成后，将 ϕ25mm PVC 灌浆管插入钢管直至距管棚孔底约 50cm 位置，再在管口焊接上堵头及灌浆嘴，即完成管棚灌浆系统安装工作。为控制灌浆过程中的串浆影响灌浆质量，采用“一次成孔、轮流灌浆”的灌浆方法。管棚内外排相邻管棚每 5 根为 1 组，一次成孔，逐孔轮流灌浆。单孔每次灌浆要少，力争短时间内循环一遍，旨在使浆液充分渗入岩层裂隙。当发现有串浆现象时就停注，改注另孔，直至注完。

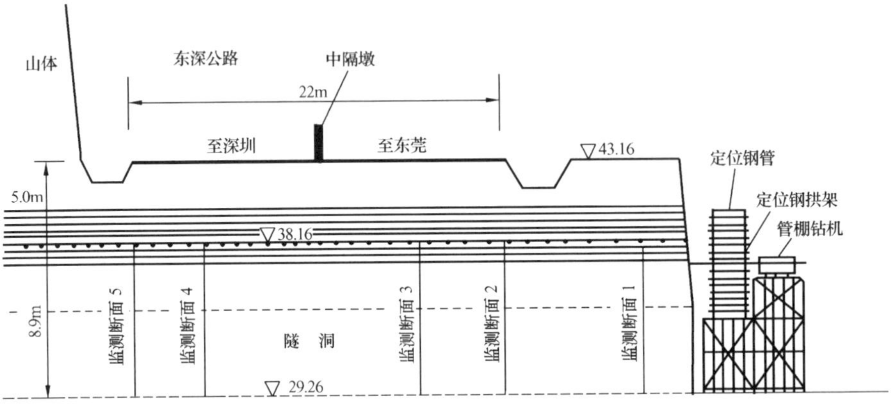


图 3 管棚钻孔示意

浆液的流动性取决于水灰比，水灰比越大，流动性越强，可灌性越强，但是其沉降析水率越高。分选沉淀性越强，对灌浆产生的不利性越大。根据该部位岩层为全强风化钠长斑岩结构特点，灌浆 MC 材料水灰比选用 4 种配合比分别为 2∶1、1∶1、0.6∶1、0.4∶1，开始灌浆的时候浓度偏低的 2∶1，然后浓度逐渐增大，使灌浆材料充分充填岩体裂隙，达到加固洞顶围岩的目的。

灌浆设备选用 BW150 泥浆泵进行有压灌浆，灌浆压力 0.2～0.4MPa，并浆压力 0.2MPa，并浆时间 10min，以便使浆液充分填充岩层裂隙（见图 4）。

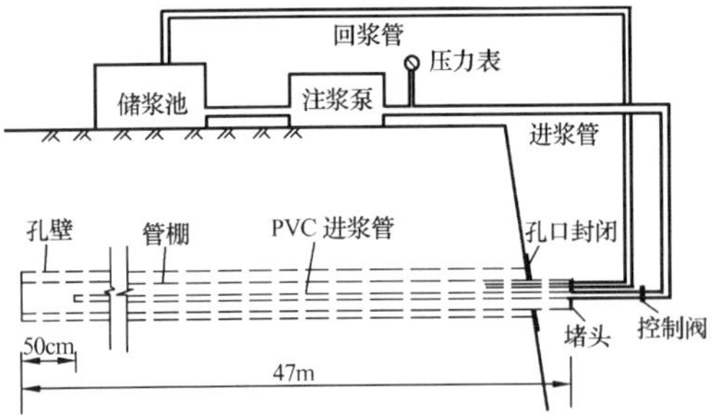


图 4 管棚灌浆示意

（五）施工中遇到的难题处理

由于本工程地质条件较差，断层、节理、裂隙发育，软硬岩层交错分布，施工过程中极易出现偏孔、塌孔、串浆等问题。施工中必须采取适当的处理措施，才能确保管棚施工质量。

1. 偏孔、塌孔处理措施　当钻孔偏斜超过允许值时，应停止钻孔，并在孔内注入水泥浆，并待水泥浆强度达到 10MPa 后重新钻孔。当出现塌孔时，应以钢管代替钻杆，在钢管前端焊接合金片，并随接钢管，控制塌孔。

2. 串浆控制措施　该工程采用“相邻孔顺序灌浆法”控制串浆，即：当灌注灌注管 A 时，对邻管 B 实行现场观察，如发现 B 管冒浆，证实已出现串浆现象。处理方法：①将管 B 用止浆塞封堵，继续在管 A 灌浆；②将管 A 与管 B 并联，同时灌浆；③此时移注 B 管，同时观察 c 管，以此类推，全部待注管注完后，返回 A 管补注，使全部管内挤压密实。为防止先灌管棚内浆液凝固，影响二次灌浆，在浆液掺加缓凝剂，使缓凝时间控制在 2.0h 内，以确保灌浆质量。以上三种处理串浆的方法各有特点，在实际施工过程中应当根据具体情况选用合适的处理措施。

（六）实际支护效果

在大型管棚保护下，隧洞掘进采用了“分部开挖、短进尺、强支护、控制爆破”的施工方法，最大限度地减少对围岩的扰动。施工过程中公路交通、市政供水及通讯光缆未受任何影响，大量货柜车正常从洞顶通过。路面布置的监测点未观测到地面下沉，洞内布置的 5 个收敛变形监测断面（见图 3）监测到的洞内最大变形在 8mm 以内，均远小于设计允许值。充分说明超大管棚在控制隧洞围岩变形，确保施工安全方面发挥了重要作用。

（中国人民武装警察部队
水电指挥部三峡工程指挥部　赵殿封）

# 水电科学研究

## 三峡永久船闸有水联合调试的水力学观测

三峡永久船闸总水头113.0m，采用双线连续五级布置，是世界上水头最高、规模最大、技术最复杂，也是我国内河航运地位最为重要的船闸工程。许多工程问题在国内外没有成熟的经验可供借鉴，其中船闸水力学问题一直是三峡工程重大关键技术难题。

由于船闸水力学领域原型与模型存在明显的缩尺效应，如输水时间，输水系统流量系数，闸室超灌泄，阀门空化特性，闸、阀门启闭力等，模型成果与原型会有一定差异，尤其是阀门空化特性方面，模型比尺效应更难以估计；此外，还有些问题在模型试验中难以正确模拟，需要在原型中通过观测予以确定，如通气问题，闸、阀门摩擦阻力等。加之三峡永久船闸拥有世界船闸建设史中最多的闸室及闸、阀门（10个闸室、12对工作闸门及24扇输水阀门），且运行线路长达1607m，运行情况极为复杂。根据系统可靠性理论，每线船闸的设备构成的是一个串联系统，其故障引发停航的概率将较单级船闸大得多。因此，在船闸建成后进行与设计条件相近的有水调试，以了解原型输水系统输水水力特性及闸阀门工作条件，发现和解决工程中存在的技术问题，及调整和优化船闸运行方式，保持船闸最佳运行状态十分必要。

2003年6月13日～17日，三峡永久船闸进行了实船试验，南京水利科学研究院三峡工程项目组参加了船舶测试组及运行组的有关工作，测量了南线、北线船闸各闸室船舶系缆力及船闸输水系统水力特性，取得了极为宝贵的资料，及时发现了船闸运行过程中存在的有关水力学问题，如四级运行方式首级输水时间过长、三级运行引航道及闸室水面波动强烈等问题，提出了相关建议，取得了较好的效果。

### 一、双边输水工况输水系统水力特性及阀门工作条件

#### （一）输水系统水力特性

1. 输水系统水力特征值

表1给出了较有代表性的第10次调试观测的输水系统水力特征值。

表1　阀门双边开启闸室输水水力特性值

| 闸首 | 初始水头(m) | 阀门开启时间(s) | 流量系数 | 输水时间(min) | 最大流量($m^3/s$) | 输水末最大反向水头(m) |
|---|---|---|---|---|---|---|
| 北2号 | 31.74 | 121 | 0.75 | 9.0 | 600 | 0 |
| 北3号 | 45.23 | 122 | 0.72 | 9.88 | 700 | 0.12 |
| 北4号 | 45.19 | 108 | 0.70 | 9.58 | 700 | 0.18 |
| 北5号 | 45.11 | 121 | 0.71 | 9.7 | 700 | 0.10 |

**注**　输水时已采取提前关闭阀门减少闸室超灌、超泄的措施。

观测结果表明，各闸首输水系统运行正常，泄水闸室水面流态极为平稳：水流经等惯性输水系统由出水孔缝盖板消能后，灌水闸室输水全过程水面流态也较为平稳，各区段出水均匀，无明显的纵、横向水流流动趋势，水面波动不大。

实测的闸室最大水面上升（下降）速度可达4.04m/min，平均水面上升（下降）速度最大值为2.36m/min，输水系统最大流量700$m^3$/s。各闸首输水时间均不超过10min，与设计要求的12min相比，还有较大的富裕度，说明输水系统输水效率较优。

2. 减小闸室超灌（泄）的措施

在三峡船闸水力学研究中，采取了提前关闭输水阀门以减小惯性水流流量和在上、下闸室水位齐平时即打开人字门以避免反向水头进一步加大的联合措施，可以达到控制惯性超高（降）的要求。

最终确定的减小双边输水过程闸室超灌（泄）的措施为：在剩余水头6m时动水关阀开度至$n=0.2$、水位齐平时开启人字门的闸阀门连动方式。这一操作方式，可将各闸首最大超灌（泄）值控制在设计要求的0.2m以内。

#### （二）阀门工作条件

三峡船闸设计采用“快速开启、大淹没水深、底扩廊道体型、门楣自然通气”的综合措施，解决阀门段空化问题。有水调试结果表明，设计水头下，阀门动水开启和关闭过程中，启闭系统运行平稳，工作正常，各闸首阀门工作条件满足设计要求。

1. 门楣通气效果

在对阀门工作条件不利的水位组合下，通气量较大。设计水头下，门楣通气持续时段达90s，各闸首

门楣通气量平均可达 $0.3m^3/s$ 左右，最大通气量可达 $0.41m^3/s$。实测的门楣通气量超过模型试验值，说明试验提出的门楣体型合理，施工和安装精度满足设计要求，门楣通气措施是成功的。

2. 阀门空化特性

观测结果表明，在最大设计水头下，各闸首阀门段廊道空化噪声测量结果具有相同的变化规律。阀门开启之初（约 15s）有短暂空化，系顶止水脱离门楣所形成的止水头部空化，由于持续时段较短，其对结构物不致产生破坏作用。开启过程，3～5 号闸首，位于下游检修门井处的水听器未监测到空化噪声，在 60～90s 时段阀门井处的水听器监测到间歇性空化噪声。底扩廊道体型阀门段流态如图 1 所示。

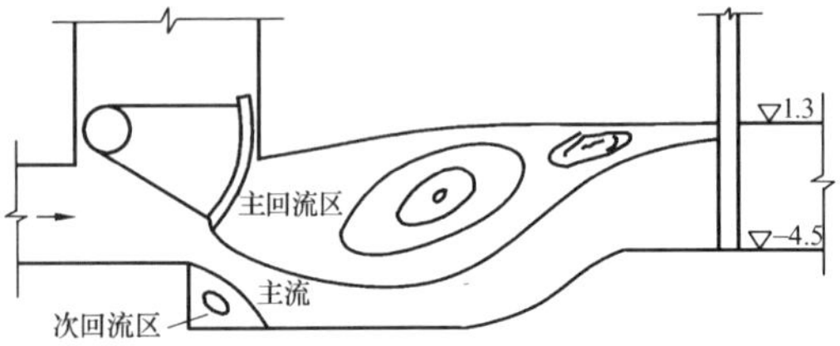


图 1 阀门段流态示意（单位：m）

综合分析南线船闸及北线船闸噪声监测资料，由于下游检修门井及升坎处的水听器的未监测到明显空化噪声，说明阀门底缘及升坎无空化；而门楣通气良好，门井处水听器在中小开度也未监测到空化噪声，说明门楣通气充分抑制了门楣缝隙空化；尽管跌坎处可能存在较短时段空化，但其溃灭区位于钢板衬砌范围，其危害较小。因此，在设计水头下，三峡船闸所采用的防空化综合措施是十分有效的，解决了人们普遍担心的阀门空化这一高水头船闸关键性技术难题。

3. 阀门振动特性

监测表明，各闸首阀门启闭过程门体及吊杆未发生明显振动，振动量级较小。

在阀门开启之初（约 2～10s 时段），吊杆及门体发生短暂的冲击型振动，最大振动幅值小于 $3.0g$，其原因可归结于顶止水脱离门楣形成的止水头部空化以及液压启闭系统克服门体及吊杆的静摩擦力所导致的冲击荷载。这一现象在其他高水头船闸均普遍存在。随后整个开启过程振动量级较小，表现为随机型振动，最大双倍振动幅值未超过 $0.4g$，最大振动均方根值小于 $0.1g$，尤以吊杆振动较小。

4. 门体动应力特性

各次调试，北 3 号及北 4 号闸首门体动应力具有相同的变化规律。开门过程，面板切向和侧向应力呈单调增加趋势，支臂径向应力因作用于阀门的水头减小而单调递减。面板切向和侧向应力增量分别为 35MPa 和 10MPa，支臂径向应力最大增量为 13MPa，以面板切向应力增量最大。开门过程门体动应力脉动较小，与振动特性一致，说明作用于门体的动水脉动荷载不强，而经过结构动态优化后的门体抗振能力较强。

5. 阀门启闭力

设计水头下，各闸首最大动水启门力为 1400kN，正常关闭工况最小闭门力 420kN，启闭力脉动不大，摆杆最大脉动幅值均不超过 300kN。观测成果与模型试验值较为接近。设计的 1800kN 启闭机容量和阀门自重可以满足动水开启和关闭的要求，并且还有一定的富裕度。

6. 闷响声问题

在 45.2m 设计水头下，双边输水过程，3～5 号闸首北侧廊道，在阀门全开附近时段闸顶可听见不同程度的闷响声，历时约 2min，各闸首中北侧基本上没有闷响声。初始条件基本相同的第 10 次及第 5 次调试，第 10 次调试闷响声明显较第 5 次弱。观测结果表明，闷响声未对阀门及启闭系统产生不利影响，门体振动及动应力不大，启闭机活塞杆窜动量也较小，最大窜动量不超过 5mm。空化噪声监测结果表明，阀门全开后 2min 以内时段，闸室 T 形管存在空化。闷响声来源于 T 形管空化溃灭所产生的冲击波，由溃灭噪声在压力波的传递下，经门井放大、空气与固壁结构的共鸣而形成。

## 二、非正常运行工况输水系统水力特性及阀门工作条件

### （一）单边运行工况输水系统水力特性及阀门工作条件

三峡船闸采用双侧廊道布置，当一侧廊道出现故障或检修时，必须采取单边输水运行方式。

1. 输水系统水力特性

各闸首单边输水水力特征值见表 2。以 5 号闸首输水系统流量最大，北 5 号及中北 5 号输水系统最大流量 $420m^3/s$，各闸首输水时间均小于 18min，北 5 号闸首仅 16.4min，远低于设计要求的 23min。

表 2 单边开启闸室输水水力特性值

| 闸首 | 初始水头(m) | 阀门开启时间(s) | 输水时间(min) | 最大流量($m^3/s$) | 最大反向水头(m) |
|---|---|---|---|---|---|
| 北 2 号 | 31.57 | 120 | 15.75 | 350 | 0 |
| 中北 2 号 | 31.68 | 120 | 15.0 | 350 | 0.2 |
| 北 3 号 | 44.93 | 119 | 17.9 | 390 | 0 |
| 中北 3 号 | 45.2 | 118 | 17.2 | 390 | 0.2 |
| 北 4 号 | 45.06 | 110 | 17.15 | 390 | 0.06 |
| 中北 4 号 | 44.59 | 109 | 16.8 | 390 | 0.1 |
| 北 5 号 | 45.13 | 119 | 16.4 | 420 | 0.06 |
| 中北 5 号 | 45.27 | 135 | 16.0 | 420 | 0.2 |

由于单边输水时输水阀门总面积、惯性换算长度、流量系数等与双边输水不同，因此，其控制闸室惯性超高（降）的操作方式不同于双边运行。

采取剩余水头2.2m时动水关阀（关阀速率与双边相同），停机开度$n=0.3$，水位齐平开启人字门的闸阀门操作方式。各闸首闸室惯性超灌（泄）值均小于0.2m，满足设计要求。

2. 阀门工作条件

阀门单边运行时，由于闸室水位上升（下降）速度减慢，同一时刻水头增大，以及输水系统阻力系数减小，导致单侧廊道流量增大（输水系统最大流量较双边增大11%～20%左右），门后压力降低，因此，阀门工作条件相对较差。

北线船闸第8及第9次调试各闸首监测结果表明，阀门开启过程中，启闭系统运行平稳，工作正常，闸顶无异常声响。除阀门开启之初有5～10s短暂空化及跌坎空化历时相对变长外，阀门开启过程段阀门底缘及升坎无明显空化，表明防空化综合措施对于单边输水仍是较为有效的。

开门之初10s以内阀门及吊杆振动相对较大，最大双倍振动幅值（$|X_{max}|+|X_{min}|$）小于5.0$g$，开启过程门体及吊杆振动较小，最大双倍振动幅值（$|X_{max}|+|X_{min}|$）未超过0.4$g$，门体动应力脉动也较小。各闸首最大动水启门力为1450kN，正常关闭工况最小闭门力为450kN左右，启闭力脉动不大，最大脉动幅值小于300kN，设计的启闭机容量和阀门自重可以满足动水开启和关闭的要求。各闸首门楣通气管在开门后能稳定进气，通气量较双边输水有所增大，最大通气量可达0.42$m^3/s$，对改善阀门工作条件非常有利。

3号～5号闸首单边运行方式下，在阀门全开附近时段可听见不同程度的闷响声，以北5号闸首闷响声相对较大。闷响声持续时段约5min。噪声测量结果显示，各闸首在阀门全开附近时段，第一分流口及T形管处存在一定程度空化，由于廊道流速较双边增大11%～20%，空化强度较双边增强，持续时段也相对较长。北5号闸首持续时段9min，而其他闸首约为4～6min。闷响声导致各门井水流脉动增大，门体及吊杆振动有所加强，以门体面板切向及吊杆纵向最大，但振动量级不大，最大双倍振动幅值（$|X_{max}|+|X_{min}|$）小于0.8$g$。闷响声尚未对门体及启闭系统产生较大影响，观测的活塞杆窜动量一般在8mm以内，阀门及启闭系统工作基本正常。

总体来说，三峡永久船闸单边阀门输水时，船闸运行是安全、可靠的，阀门工作条件满足设计要求。对于全开后第一分流口附近空化的影响，还有待进一步的观察。

（二）紧急动水关阀工况阀门工作条件

北线船闸有水调试过程中，北4号闸首先后出现了两次开启过程中高水头动水关阀：

（1）2002年10月23日，第4次有水调试，输水阀门（阀门全开时间为128s）开启81.6s至开度$n=0.64$（活塞杆行程3.2m）时，由于上闸首人字门合拢信号丢失，阀门在停顿7s后，现控程序实行紧急关阀，关阀历时（含下滑位时间）为90.4s，关阀速度较快。关阀时阀门工作水头为40.0m。

（2）2003年2月13日，第7次有水调试，因水位计问题，输水阀门在开启92s后集控程序实施紧急动水头阀，初始关阀开度$n=0.86$，此时上下闸室水位差38.0m，阀门在226s时段关至关终位。

两次紧急动水关阀工况观测结果表明，船闸输水系统及阀门工作正常，闸顶无异常声响，阀门工作条件满足设计要求。

（三）阀门中途停机工况阀门工作条件

为了分析高水头条件下阀门局部开启时的水动力学条件，2003年3月12日，4闸首弃水时采用现地检修状态操作，阀门开至$n=0.41$开度停机泄水，阀门初始作用水头39.06m，阀门段廊道顶初始淹没水深28.99m。

停机过程门体及吊杆振动较小，活塞杆没有窜动，门体最大双倍振动幅值（$|X_{max}|+|X_{min}|$）未超过0.4$g$，门体动应力脉动以面板切向较大，最大脉动幅值为12MPa；停机泄水期间，门楣通气量增大，最大通气量达到0.35$m^3/s$，停机200s以内时段门楣通气量增大于0.2$m^3/s$，门楣通气能较好地适应事故停机工况；停机过程阀门段基本无空化，门楣通气能有效地抑制阀门底缘空化。

观测成果表明，在高水头条件下局部停机，阀门工作正常，可供今后运行管理借鉴。

## 三、135.0～66.0m船闸三级运行阀门工作条件

第6次和第7次有水调试进行了船闸在135.0～66.0m水位组合下三级运行有关试验。其中第7次调试时，5号闸首阀门初始作用水头为46.13m，阀门工作水头超过了设计最大水头，为北线船闸历次调试最高的一次。

观测结果表明，闸室水面流态平稳，输水时间仅9.88min，闸室惯性超灌（泄）值为0.10m。阀门总体运行平稳，最大启门力为1370kN，最小闭门力为410kN，油压及启闭力脉动不大，阀门开启过程中门楣可在较长时段自然通气，阀门段廊道未发生明显空化。阀门全开后约4min时段，泄水闸室T形管存在一定程度空化，闸顶可听见不强的闷响声，但启闭机活塞杆无明显窜动，阀门工作条件满足设计要求。

## 四、人字门启闭力及A、B杆受力特性

在各次调试中，监测了各闸首人字门启闭力及北4号闸首A、B杆受力特性。监测结果表明，设计采取的人字门启闭机变速运行方式有效地减少了人字门运行初期和末期的启闭力峰值，人字门运行平稳，两则同步性较好。在现阶段人字门淹没水深未达到设计的最大淹没水深条件下，平水开启和关闭人字门，3号～6号闸首活塞杆最大拉力和推力不超过500kN，运行过程启闭力的平均值约为100kN，2号闸首不超过700kN，启闭机容量有较大的富裕度。

在有惯性超高（降）的情况下，人字门开门之初，启闭机活塞杆表现为推力。在第2次调试北4号闸首出现0.7m的反向水头下，启闭机活塞杆最大推力为770kN，与设计的容量相比，也还有较大的富裕度。

观测的北4号人字门启闭过程A、B杆应力变化最大值分别为22MPa和9MPa；处于合拢位时，应力增量为9～10MPa；泄水过程中A、B杆应力变化不大，最大不超过±3MPa；A、B杆受力满足设计要求。

## 五、北6闸首泄水箱涵冲淤及调试

末级闸室泄水采用了长达1380余米的旁侧泄水箱涵（泄入长江）以及辅助泄水廊道（泄入下游引航道）。外泄输水系统保证了运行要求，内泄系统保证了输水末期闸室与下游引航道水位齐平。

工程建设中，位于封堵门下游约400m长的泄水箱涵存在严重泥沙淤积，其净空仅1.7m左右（箱涵断面尺寸为9.6m×9.6m）。针对6号闸首泄水箱涵存在的特殊水力学问题，为了防止水击现象的发生，特别是为了满足泄水箱涵内外压差不超过9m的设计要求，保证箱涵的结构安全，采取了局部开启、逐渐加大停机开度直至阀门全开的这一循序渐进的操作方式。在监测单位的大力配合下，2003年元月北线船闸泄水箱涵临时封堵门盖板重新加固并安装就位后，经过2003年2月1日～2003年3月13日约12次冲淤，北线船闸泄水箱涵已经畅通。

为了避免紧急动水关阀可能带来的特殊水力学现象，保证箱涵及阀门的安全运转，确定了紧急关阀的适用范围。2003年3月22日对阀门以$t_v=4$min开至开度$n=0.4$后立即以$t_v=6$min速率动水关阀工况进行了试验，检验了在上游人字门合拢信号未到实施紧急关阀情况下阀门及箱涵水动力学条件，观测结果表明这一工况船闸输水系统运行正常，阀门及箱涵水力学条件满足设计要求。

2003年3月26日北6号闸首首次完成了输水联动操作过程。调试结果表明，输水联动程序控制正确，在设计水头22.6m条件下，双边阀门泄水运行，闸、阀门运行平稳，输水系统及闸阀门水力学条件较好。

鉴于6号闸首调试工作尚未结束，单边输水、主辅阀联动操作方式等水力学监测工作还有待下阶段完成。

## 六、结束语

三峡永久船闸抽水有水调试，其规模、难度、调试内容及组次居国内外之最，在船闸试运行前就达到了设计水头，充分检验了双线五级连续船闸的所有闸门、阀门、液压系统、现地控制设备、集中控制系统及所有的船闸辅助设备的联合运行功能（包括技术性能）以及船闸的运行过程和土建工程运行状况，及时发现存在的问题，并及时解决，为有效减少船闸试运行期的故障率提供了重要保证。

在各方的大力支持和配合下，北线船闸有水调试水力学监测取得了丰硕成果，为有水调试及船闸试通航提供了科学依据，其中，在解决闸室超灌（泄）问题、2号闸首作首级运行时输水方式、6号闸首泄水箱涵泥沙淤积、6号闸首阀门运行方式等方面发挥了重要作用。水力学监测结果表明，船闸输水系统设计是成功的，各项技术措施效果明显。由于设计中考虑了模型缩尺的影响，并留有一定的余地，因此，在原型流量系数及输水流量增大较多情况下，仍然可以保证在输水时间短、输水效率高的条件下，输水系统及输水阀门的运行安全和闸室水面的流态平稳。各种事故工况船闸运行也是安全、可靠的。

（南京水利科学研究院）

# 三峡工程蓄水运用三十年重庆主城区河段泥沙冲淤变化研究

在“黄金水道”长江干流上兴建的三峡工程，具有防洪、发电和航运等综合效益，举世瞩目。国内外已建成的水利枢纽工程运用的实践表明，水库回水变动区的泥沙问题随着运用年限的增长而日趋严重。三峡工程回水变动区的泥沙问题将涉及对西南地区国民经济发展有重大影响的重庆港的兴衰和重庆市沿江防洪及市政建设。三峡工程兴建的同时，重庆市纳入国家直辖市，重庆的市政建设正以前所未有的速度向前迈进。主城区市政建设将改变长江重庆河段的岸线，岸线变化对防洪、航运的影响程度为有关方面所关注。

长江是中国第一条大河，水量丰沛，流域广阔，沿江有许多支流汇入长江干流。支流的入汇使长江的水流及泥沙运动受到很大影响，特别是流域面积较

大，水沙丰沛的支流，其影响就更大。干流与支流洪水期不一致，水位相互顶托，流速减小，水流挟沙能力下降，促使大量泥沙淤积，形成支流河口浅滩，直接影响干、支流航运。已有的二维泥沙数学模型大都着重于单一河道水流泥沙的模拟研究，对于支流交汇处复杂边界条件下所引起的水流运动及河床变形研究得不够。

在分析水沙特性及浅滩成因的基础上，采用适合多连通域的贴体正交曲线坐标，克服了干支流汇合处河道边界形状复杂的困难，给出了正交曲线坐标系下二维全沙模型的基本方程、数值解法及动边界技术，模拟了支流嘉陵江口上游约25km，干流重庆河段约44km的水面线、流场、含沙量浓度场及河床变形，尤其模拟了汇合口两江水流相互交汇所形成的回流及局部不规则岸边形成的回流，计算水位、流速分布、含沙量及其级配分布、川江九龙滩及支流河口石门、金沙碛浅滩的冲淤量、冲淤部位与实测值吻合良好。根据设计部门提供的重庆河段进出口水沙边界条件，计算了该河段2003年～2032年的淤积量及淤积部位，水库运用30年川江茄子溪至铜田坝约38.6km河段淤积约6911.2万$m^3$，嘉陵江井口～汇合口口门约25km河段淤积了5613.5万$m^3$。淤积部位主要位于岸线不规则的弯沱、回流及河道宽浅段，淤积后河床岸线更趋平顺。

（南京水利科学研究院）

## 三峡工程下游长河段一维数模及砂卵石浅滩河段整治二维数值模拟研究

数模计算分两个阶段进行，“九五”期前两年进行了宜昌至武汉长河段一维数模、枝城至大步街沙卵石浅滩河段二维数模的改进及验证计算；“九五”期的后三年，根据设计部门提供的出库20年的水沙过程，进行了宜昌至沙市河段一维及枝城至大步街河段二维的冲淤过程计算，揭示了该河段可能出现航道水浅流急的碍航问题，并进行整治方案的初步计算。计算表明：

（1）水库运用135m期末，即至2007年，宜昌站同流量水位较1994年～1995年下降0.5～0.8m。宜昌水位下降不仅受本河段冲刷影响，而且受下游河段冲刷影响，荆江冲刷使宜昌枯水位比2007年再下降0.2～0.3m；中水流量时，宜昌水位再下降0.5～0.8m。

（2）三峡工程135m及156m蓄水期，芦家河沙泓仍会出现航深不足3.0m。2009年前，下泄流量得不到调节，此时荆江冲刷已很剧烈，枯水水位已下降约1m，使芦家河毛家花屋至姚港段及江口水道不能满足现状3.0m航深要求。

（3）现状条件下，芦家河至大布街河段的比降、流速基本能满足万吨级船队通航要求。三峡建库后局部地段冲刷很有限（<1m），再加上荆江水位降落使芦家河倒挂金钩石处的局部陡比降达94.2‰，枝江水道的李家渡局部陡比降达38.4‰，江口水道局部陡比降达45.4‰。从芦家河至江口河段都有大比降流急的问题。

（4）芦家河水道近期（2003年～2008年）整治可通过鱼嘴丁顺坝工程加以解决，远期（2009年后）可通过开挖沙泓，但沙泓长距离开挖后若无其他辅助工程措施，航槽内仍有泥沙淤积，采用近期与远期相结合的工程措施，即近期的鱼嘴丁顺坝工程与远期的挖槽工程相结合。要在长河段解决这种大比降流急的问题，即通过扩大过水断面，使局部动能、势能向上下游传递，这势必又影响到宜昌枯水位的降落。芦家河沙泓挖槽底高程采用27.0m时，宜昌枯水位下降了0.15m。可行的办法是，在虎牙滩至枝城河段间护底、加糙或筑潜坝工程，消除水位降落的影响。

（南京水利科学研究院）

## 三峡深水围堰有限元应力应变分析

该项目通过分析深水土石坝围堰防渗体的应力变形性状，为三峡二期围堰的设计提供了科学依据。

三峡深水围堰工程原设计的两道防渗墙为刚性墙，施工顺序规定先打下游墙，后打上游墙。对这一方案进行过Duncan E-B模型的有限元分析。分析结果表明，堰体和墙身位移均比较大，且墙底部有很大的拉应力。因此，对围堰的设计方案进行改变：墙体材料改为塑性混凝土，且先打上游墙，待基坑抽水一半以后再打下游墙。为此召开的“三峡二期围堰有限元计算讨论会”上，决定对新的设计方案重新进行计算，并且鉴于Duncan *E B*模型参数过于偏低，决定基本计算方案改用Duncan *E-v*模型。

“三峡深水围堰有限元应力应变分析”项目通过对围堰最大断面的有限元应力、应变分析，在统一单元网格和计算参数的条件下，着重比较Duncan *E-v*模型和南京水利科学研究院弹塑性模型的差别、塑性墙和刚性墙内的应力及防渗墙底端与基岩的连接条件对墙内应力的影响。

计算结果表明，采用先打上游墙、后打下游墙以及墙身材料改用塑性混凝土的方案是可行的。两种模型相比，Duncan模型计算的水平变位可能偏大较多，南水模型计算结果总的看来均比较合理。此项目因其对三峡工程的特殊贡献和科研价值获2001年度湖北省科技进步二等奖。

（南京水利科学研究院）

## 三峡二期工程混凝土配合比试验研究

三峡工程混凝土量巨大，二期工程混凝土总量1238.9万$m^3$，质量要求高，施工强度大。大坝建成后，承受最大水头高达113m，上、下游迎水面常年淹没在水下部分维修困难，深孔、表孔和排沙孔等单宽流量大，经常受到水流冲刷。鉴于三峡工程在国民经济中的重要性，对建筑物整体性、混凝土强度、耐久性、抗裂性能提出更为严格的要求。因此，对三峡大坝混凝土配合比进行合理的设计，不仅关系到大坝的质量和安全运行，而且也关系到三峡工程的施工速度和经济性。

### 一、原材料试验

1. 水泥　三峡二期主体工程使用的水泥，选定葛洲坝水泥厂、石门水泥厂、华新水泥厂的42.5级中热硅酸盐水泥为主要供应厂家，三种水泥在满足国标的条件下，对水泥的水化热、碱含量、MgO提出了严格的要求。其中中热水泥熟料MgO含量指标控制在3.5%～4.5%范围，根据五年来对水泥抽样检测结果的统计，MgO含量基本控制在4.0%～4.4%范围内。

2. 骨料　三峡二期工程混凝土粗细骨料均采用人工骨料。细骨料为人工砂，其母岩为下岸溪鸡公岭矿山的斑状花岗岩，粗晶粒镶嵌结构，主要矿物成分为石英、斜长石、白云母及磁铁矿等，新鲜岩石的表观密度2690kg/$m^3$，饱和抗压强度150.2MPa，干燥抗压强度155.6MPa，吸水率0.2%。人工砂采用巴马克与棒磨机联合生产，砂级配良好，细度模数平均2.70，石粉含量在7.7%左右，人工砂质量符合三峡工程技术要求。粗骨料采用基础开挖的微新和新鲜闪云斜长花岗岩，粗粒结构，矿物组成主要是长石、石英、黑云母和少量的角闪石和绿云母。湿抗压强度123.9MPa，干燥抗压强度127.8MPa，经设置在古树岭的大型加工系统破碎筛分为5～20、20～40、40～80、80～150mm各级成品粗骨料。粗骨料品质符合三峡工程要求指标。

3. 粉煤灰　三峡工程大坝混凝土由于使用花岗岩人工骨料，用水量大，较天然骨料混凝土高30%左右，较一般的碎石混凝土高15%～20%，为减少混凝土用水量并提高耐久性，三峡工程将具有固体减水剂之称的Ⅰ级粉煤灰作为功能材料掺用。Ⅰ级粉煤灰微珠含量在90%以上，小于10μm颗粒含量在40%，硅铝氧化物含量高达80%左右，因而具有更高的活性。混凝土试验结果表明，对于常规混凝土掺用Ⅰ级粉煤灰可减水8%～10%。三峡工程应用的Ⅰ级粉煤灰有安徽准南平圩灰、重庆珞璜灰、武汉阳逻灰、山西神头灰等。

4. 外加剂　外加剂的选择已成为混凝土配合比设计中优选原材料的重要内容。为适应三峡大坝混凝土施工浇筑仓面大、浇筑强度高的特点，必须选用具有缓凝、高效减水等综合性能的减水剂；为了确保三峡大坝的耐久性，还需在混凝土中掺用引气剂以引入结构合理的气泡，使混凝土达到合适的含气量，因此还需选用品质优良的引气剂。外加剂从24个厂家30种产品试验的基础上，优选推荐了浙江龙游ZB-1A、武钢浩源FDN-9001、上海麦斯特R561C三种缓凝高效减水剂和青岛PC-2及石家庄$DH_9$两种引气剂中进行选择，通过对上述外加剂进一步优选，三峡二期工程优先选用ZB-1A缓凝高效减水剂、$DH_9$引气剂为大坝混凝土主用产品。

### 二、配合比设计试验研究

三峡二期工程混凝土配合比设计采用“两掺一低”的技术路线原则，即坚持在混凝土中联合掺用缓凝高效减水剂、引气剂和Ⅰ级粉煤灰，适当加大粉煤灰掺量，极大的降低了混凝土用水量，采用了较低的水胶比，这是提高三峡工程混凝土质量的关键。在大坝混凝土中掺Ⅰ级灰粉煤灰在国内是个重大的突破，也是大体积混凝土向配制高性能混凝土方面重要的技术创新。

按照三峡二期工程常规混凝土主要设计指标，进行了混凝土抗压强度与水胶比的线性关系和在不同龄期的强度发展系数试验研究，为混凝土配合比设计提供了科学的依据。水胶比与混凝土抗压强度的一元线性回归方程表明，相关系数在0.972～0.996之间，反映了混凝土抗压强度与水胶比和粉煤灰掺量具有较好的相关性。根据三峡二期工程常规混凝土主要设计指标、施工强度保证率、三峡工程开发总公司推荐的二期工程混凝土配合比方案，依据水胶比与混凝土抗压强度关系试验结果，进行了二期工程混凝土配合比试验研究。

1. 拌和物性能　混凝土拌和物性能试验包括新拌混凝土的坍落度、含气量、温度、容重、泌水、凝结时间等。含气量是影响混凝土耐久性的重要指标，因此应严格控制引气剂掺量，使混凝土含气量达到

4.5%～5.5%。试验表明，掺入粉煤灰后，引气剂 $DH_9$ 的掺量明显增多，这是由于粉煤灰吸附小气泡的作用，粉煤灰掺量每增加10%，引气剂 $DH_9$ 掺量约增加0.001%；三峡工程仓号大，气温较高，施工时间长，因此对混凝土凝结时间的要求也更高，一般控制在初凝大于12h，终凝小于24h；混凝土拌和物的温度要求，主体建筑物基础混凝土约束区混凝土浇筑温度除12月～次年2月份采取自然入仓外，其他季节不得超过12～14℃（相应出机口温度7℃），脱离基础约束区混凝土11月～次年3月份自然入仓，其他季节混凝土浇筑温度不得超过16～18℃（相应出机口温度14℃），混凝土出机口温度通过风冷骨料加冰拌和等措施，满足温控要求。

2. 力学、变形性能　混凝土的力学性能主要包括抗压强度、抗拉强度和弹性模量，变形性能包括极限拉伸、泊松比、自生体积变形、湿胀干缩变形和徐变，其中抗压强度和极限拉伸值是混凝土力学性能和变形性能最重要的指标。混凝土抗压强度、劈拉强度、弹性模量、极限拉伸、泊松比等试验结果表明，三峡二期混凝土力学强度、极限拉伸值均达到设计指标，且有一定的富裕量，弹性模量值相对较低，泊松比一般在0.18～0.21左右，28d龄期与90d龄期泊松比基本接近。

3. 耐久性性能　混凝土除要求具有设计的强度外，还应具有在所处环境下耐用的性能，主要包括抗冻性、抗渗性等。因此，三峡工程对耐久性提出了更为严格的要求，抗冻性已不是单纯表示混凝土抗冻性能的指标，而是表示混凝土耐久性能的重要指标。混凝土抗冻性能试验采用快速冻溶法进行，试验结果表明，由于混凝土采用90d龄期，使掺Ⅰ级粉煤灰混凝土的后期强度很高，加之混凝土又引入适宜的含气量，所以混凝土具有很好的抗冻性。混凝土抗渗试验龄期为28d和90d，试验结果表明，混凝土的抗渗性均能满足设计要求，并且有很大富裕量。

经过上述大量的试验研究和复核试验，三峡二期工程左厂坝段混凝土配合比列于表1。左岸厂房坝段混凝土配合比经过现场5年的应用，无论是混凝土拌和、运输、浇筑的各个环节，还是混凝土力学性能方面的抽样检测，均表明该配合比具有较高的准确性和可行性，满足设计要求和施工和易性要求，混凝土拌和物和易性除受原材料质量波动影响外，均达到优良。从现场应用情况看，左厂坝段从1997年12月开盘浇筑至2002年12月，共浇筑混凝土320万 $m^3$，混凝土强度取样19899组，数理统计结果表明，混凝土质量均达到优良等级。

表1　三峡二期工程左厂坝段混凝土配合比

| 工程部位 | 设计要求 | 水胶比 | 砂率(%) | 粉煤灰(%) | ZB-1A(%) | $DH_9$(%) | 坍落度(cm) | 材料用量($kg/m^3$) | | | | | | | | | |
|---|---|---|---|---|---|---|---|---|---|---|---|---|---|---|---|---|---|
| | | | | | | | | 用水量 | 水泥 | 粉煤灰 | 人工砂 | 粗骨料(mm) | | | | 外加剂 | |
| | | | | | | | | | | | | 5～20 | 20～40 | 40～80 | 80～150 | ZB-1A | $DH_9$ |
| 大坝基础 | $R_{90}200$ F150W10 | 0.50 | 31 | 35 | 0.5 | 0.11 | 3～5 | 102 | 133 | 71 | 644 | 445 | 445 | 593 | — | 1.02 | 0.0224 |
| | | 0.50 | 26 | 35 | 0.5 | 0.11 | 3～5 | 88 | 114 | 62 | 564 | 332 | 332 | 498 | 498 | 0.88 | 0.0194 |
| 大坝内部 | $R_{90}150$ F100W8 | 0.55 | 31 | 40 | 0.5 | 0.11 | 3～5 | 102 | 111 | 74 | 649 | 448 | 448 | 597 | — | 0.927 | 0.0204 |
| | | 0.55 | 26 | 40 | 0.5 | 0.11 | 3～5 | 86 | 94 | 62 | 570 | 335 | 335 | 503 | 503 | 0.782 | 0.0172 |
| 水上水下外部 | $R_{90}200$ F250W10 | 0.50 | 31 | 30 | 0.5 | 0.11 | 3～5 | 102 | 143 | 61 | 646 | 446 | 446 | 594 | — | 1.02 | 0.0224 |
| | | 0.50 | 26 | 30 | 0.5 | 0.11 | 3～5 | 88 | 123 | 53 | 565 | 332 | 332 | 499 | 499 | 0.88 | 0.0194 |
| 水位变化区外部 | $R_{90}250$ F250W10 | 0.45 | 30 | 30 | 0.5 | 0.11 | 3～5 | 102 | 159 | 68 | 618 | 447 | 447 | 597 | | 1.135 | 0.0250 |
| | | 0.45 | 25 | 30 | 0.5 | 0.11 | 3～5 | 88 | 137 | 59 | 538 | 334 | 334 | 501 | 501 | 1.000 | 0.0216 |
| 孔口、胸墙、隔墩牛腿等 | $R_{90}300$ F250W10 | 0.54 | 30 | 20 | 0.5 | 0.1 | 3～5 | 103 | 183 | 46 | 619 | 448 | 448 | 598 | — | 1.144 | 0.0229 |
| | | 0.45 | 25 | 20 | 0.5 | 0.1 | 3～5 | 90 | 160 | 40 | 538 | 334 | 334 | 501 | 501 | 1.000 | 0.0200 |

（中国水利水电第四工程局　刘瑞源　田育功）

# 龙滩碾压混凝土重力坝设计方法的研究

（一）概况

经国家批准于2001年7月1日主体工程正式开工建设的龙滩水电站，拦河坝为现今世界上最高的碾压混凝土重力坝。建设后期设计正常蓄水位400.00m，相应最大坝高216.5m，坝体混凝土量740万$m^3$，电站装机容量5400MW。对于龙滩水电工程中的特高重力坝，采用全断面的碾压混凝土筑坝在世界上尚无实践经验。“九五”国家重点科技攻关项目论证时，项目主持部门国家电力公司以及有关单位和专家一致认为，龙滩碾压混凝土重力坝筑坝技术超过目前的国际水平，必须在“八五”科技攻关研究成果和国内外碾压混凝土筑坝经验的基础上，继续对一系列重大关键技术问题进行国家级科技攻关，把龙滩碾压混凝土重力坝设计好、建设好，为中国今后更大规模的水电建设服务。为此，设置《高碾压混凝土重力坝设计方法的研究》专题（96-220-01-01）开展研究工作。根据专题可行性研究报告的论证结果，科技攻关的目标是：针对高碾压混凝土重力坝的特点，结合龙滩水电工程的实际条件，对坝体应力计算方法和承载能力、施工期坝体温度应力分析方法、温控防裂措施以及大坝连续施工技术等专门问题进行分析研究，总结出适合我国碾压混凝土筑坝特点的200m级碾压混凝土重力坝的设计方法。对于有关研究的部分工作，结合规模较小的高坝施工现场进行试验论证。经考察研究确定以“九五”期间施工的江垭和涌溪三级电站碾压混凝土重力坝，作为研究试验场地，承担高气温与多雨环境条件下有关施工技术的现场试验研究工作。

（二）应力计算方法和承载能力研究

高碾压混凝土重力坝应力计算方法和承载能力研究工作，包括碾压混凝土重力坝及其材料性能的主要特点、混凝土重力坝设计准则的研究等项内容，使计算方法、参数取值、应力控制标准和安全系数等在配套的情况下，满足工程安全性和经济性有关标准的规定。在研究碾压混凝土筑坝及其材料主要特性的基础上，结合现场碾压试验研究结果，分析混凝土的配合比与密度的相互关系，为设计密度的最终确定和碾压混凝土坝的质量控制提供了依据；根据大量碾压混凝土层面抗剪断试验强度参数特性的分析结果，研究凝聚力和摩擦系数的变异系数及两者之间的比值关系，为碾压混凝土重力坝应力和承载能力分析计算参数的选择，提供了必要的依据；分析研究了混凝土强度的尺寸效应和粒径效应，给出两种效应影响强度比值的统计结果，为高坝强度分析提供了有价值的依据。

在完善重力坝坝基岩体质量分级方法的基础上，采用人工智能原理，创建了通用型重力坝坝基岩体分级专家系统，提高了坝基岩体分级的效率和质量。从坝基变形对重力坝应力分布影响的自应力函数解答及其成果的分析研究得出，将坝基面应力状态线性分布改变为非线性分布的附加应力是自平衡的，坝踵区拉应力的范围和数值与坝基刚度有关等结论。根据重力坝实例的有限元应力分析结果，采用控制坝基面垂直正应力出现拉应力范围的方法，研究确定有限元法的坝基面应力控制标准。

根据现代混凝土和岩石弹塑性力学和非线性断裂力学的最近进展，对碾压混凝土重力坝设计计算的弹塑性增量理论、非线性弹性理论和非线性断裂理论进行对比研究，同时用上述的方法分析研究龙滩重力坝的应力状态和承载能力。考虑碾压混凝土损伤软化和扩容等实际性质，首次提出用稳定性理论和提高材料抗剪强度保证率的安全储备原则等系统的方法，研究重力坝的渐进破坏过程、破坏机理、承载能力和安全余度，建立重力坝稳定性分析计算的新方法，并给出混凝土重力坝的失稳判别准则。研究工作还考虑材料强度参数等比例折减的安全储备方法，同时将分析重力坝承载能力的稳定性理论和强度理论进行分析对比。研究结果表明，碾压混凝土重力坝的承载能力，由稳定性理论分析成果控制；稳定性理论能反映因碾压混凝土材料损伤和软化导致重力坝失稳的物理机制，作为工程结构失稳的计算分析新方法，可直接求得坝体失稳前临界状态的安全储备系数，使碾压混凝土重力坝承载能力的分析，建立在一个严谨的力学基础之上。

（三）温度应力分析和防裂措施研究

在研究中系统地提出高碾压混凝土重力坝温度应力的基本规律及其温度控制的特点，指出它与常态混凝土重力坝温度应力有重大差别，使温控防裂措施的研究有明确的针对性。分析研究结果表明，碾压混凝土的防裂能力略低于常态混凝土；碾压混凝土重力坝容易出现劈头裂缝；基础温差不是单独作用，而是与坝体自重和水压力共同作用，使拉应力有所减小；通仓浇筑的碾压混凝土重力坝，上下层温差引起的拉应力较大，一般都起控制作用；内外温差始终起控制作用；底孔超冷引起裂缝的问题更为突出；基岩表面垫层混凝土的温度应力较大很易产生裂缝，应采取必要措施。

改进和完善碾压混凝土重力坝温度应力仿真计算方法及其计算软件。提出了仿真并层复合单元、并层坝块接缝单元、温度场和应力场的分区异步长解法，以及考虑水管冷却效果的等效热传导方程等一整套新的计算方法；同时提出三维有限元浮动网格法和非稳定温度场分区异步长解法相结合的方法。两种算法均有创新，且研制成计算机程序，用于龙滩工程温度应力仿真计算分析，极大地提高了计算分析的效率。

采用温度应力仿真计算方法，对龙滩碾压混凝土重力坝，从施工期到运行期全过程进行了多种工况的分析计算，得出每种工况下的温度场及徐变应力场。根据研究结果，给出了溢流坝段多种可行的温控方案，为工程施工提供了多种选择；提出底孔坝段温度应力的特点及防止底孔内侧发生开裂的温控措施；经分析论证得出上游面保温板厚度、坝段横缝间距与上游面横河向应力的关系曲线，给出了劈头裂缝易于发生的部位，指出了应采取的合理温控措施；论证了在适当温控措施下不设纵缝的可行性；研究了钢筋混凝土防渗面板合理的施工方案，提出相应的防裂措施。

（四）高气温及多雨环境施工技术研究

通过多种现场试验，系统地研究了夏季气温、相对湿度、日晒（太阳辐射）、风速等环境因素对碾压混凝土连续施工的影响。根据龙滩碾压混凝土坝材料的配合比和性能，建立了成熟度（仓面气温和层间间歇时间的乘积）、温度和层面抗剪断参数的经验关系式。根据具体的环境条件（气温、相对湿度、风速等），按照抗剪断参数的要求，方便地得到层间允许的间歇时间，为龙滩碾压混凝土坝夏季施工设计和现场工程决策，提供了重要的参考依据。在大量仿真试验的基础上，研究了不同降雨强度对碾压混凝土的可碾性、压实密度、层面结合质量的影响。根据试验成果和现场测试资料，给出了相应的控制标准，可以作为雨季施工的科学依据。

研究和提出高碾压混凝土重力坝斜层铺筑法的原理和工艺，以及其在高气温和多雨环境条件下连续施工中的作用。实践证明采用斜层平推铺筑法这种新工艺，可以用较小的浇筑强度覆盖较大的坝体浇筑面积，减小坝体分块面积过小带来的影响和模板工程量，可进行大面积持续浇筑，因此加快了工程进度。由于斜层平推铺筑法碾压混凝土的层间间歇时间可大大缩短，显著改善了混凝土层面之间的结合质量，特别适用于碾压混凝土的夏季施工。此外，在雨季斜层铺筑对层面集水的排除有利，降雨时需要临时保护的层面面积也小。斜层平推铺筑法在试验论证后用于江垭碾压混凝土重力坝的施工，经坝体钻芯取样研究表明，斜层铺筑的芯样获得率和抗剪强度均略优于通仓薄层铺筑。为了改善和延长高气温条件下碾压混凝土拌和物的初凝时间，比较了不同的高效缓凝剂对碾压混凝土拌和物缓凝的作用效果。此外，针对碾压混凝土坝夏季施工的特点，通过施工现场的试验论证，同时提出了仓面喷雾、降低混凝土入仓温度、控制仓面混凝土 VC 值等综合措施，这些措施具有普遍应用的价值。

（五）施工层面处理和快速施工技术研究

在大量现场和室内试验研究的基础上，该工程率先用节理强度模型研究碾压混凝土的层面胶结机理及其影响因素，并指出，增加胶凝材料用量、提高砂浆强度、缩短层间间歇时间、进行刷毛和铺浆处理、增大上下层骨料间的咬合程度及保持层面上湿润的养护条件等，均有助于层面胶结强度的提高。碾压混凝土层面处理方式与层间间歇时间有关系，层间间歇时间较短时，铺胶凝材料净浆的处理方式较为有利；而层间间歇时间较长、层面上凹凸不平时，铺水泥砂浆较好。在研究碾压混凝土施工过程中传热介质解算的基础上，提出高气温环境条件下控制层面上已摊铺胶凝材料净浆或水泥砂浆水胶比变化的关键，是严格限制其暴露时间，并在其配制中根据施工环境条件，适量增减拌和水用量，降低净浆或砂浆的入仓温度及采取仓面喷雾措施，可有效控制水分蒸发。这些层面处理措施为施工设计提供了重要的科学依据。

根据对碾压混凝土坝施工工序动态过程分析及其内在规律的研究，开发了通用型、智能化的碾压混凝土浇筑系统仿真环境的计算机软件。该软件可针对碾压混凝土坝浇筑施工的多项决策问题，进行多种仿真过程研究，在施工组织和管理控制中有效地起到辅助决策作用。通过改变施工过程的参数，对工序的动态过程进行研究，得出了影响施工进度的敏感性因素及合理化的施工机械设备配套方案，为龙滩碾压混凝土坝施工方案的具体实施以及施工方案的优化，提供了重要的参考依据和具有指导意义的分析方法。

提出碾压混凝土坝建设工期研究的新方法一模糊网络计划方法。考虑到碾压混凝土坝施工程序的复杂性，工序的持续时间受施工环境影响具有可变性、不确定性，提出了工序持续时间的模糊估计法，采用模糊三角数来刻划工序的持续时间；针对进度计划安排的部分信息是确知的，部分信息是不确知的，提出了模糊网络进度计划的计算方法和计算公式；通过模糊网络模型分析，可获得工序、线路的工期变化范围，以及在特定工期要求下实现的可能性；根据龙滩大坝进度计划控制的要求，分析在特定工期约束下实现的保证率和实现的条件，确定实现建设工期的关键工序及线路。

（六）研究成果的应用和效益

“九五”国家重点科技攻关专题的研究工作，考虑新理论的运用、计算分析新方法的提出、设计参数取值标准的选择以及有关判别准则的拟定等一系列设计环节之间的协调和配套，以建立适合中国高碾压混凝土重力坝特点的设计方法。上述的研究成果已直接用于龙滩工程设计和专题研究，提高了设计水平，从多方面优化了设计方案，在满足工程安全性和经济性的前提下，同时有巨大的直接经济效益。提出的重力坝承载能力稳定性理论分析计算新方法已经推广到向家坝工程设计中应用；研究提出的斜层铺筑法已在棉花滩、汾河二库、大朝山等碾压混凝土坝中部分采用。承担现场试验研究的江垭和涌溪三级电站碾压混凝土坝，分别缩短工期6个月和3个月，由于提高工效新增产值和节约成本开支，又共同取得了3984万元以上的直接经济效益。

（中国水电中南勘测设计研究院　孙恭尧）

## 龙滩工程建设的关键技术研究

### 一、龙滩工程设计的关键及重大技术问题

1. 碾压混凝土重力坝　龙滩碾压混凝土重力坝其混凝土配合比、坝体防渗可靠性、坝体结构、温控、高温多雨季节碾压混凝土连续施工技术等是设计、施工中的关键技术问题。

2. 地下洞室群　龙滩地下厂房洞室群引水发电系统是由主厂房、主变压器洞、尾水调压井等共100余个大小洞室组成，总洞挖量达320万$m^3$。地下洞室规模大、数量多、布置密集，各洞室之间的相互影响大。各洞室的围岩稳定性，尤其是整个地下洞室的整体稳定性，合理的地下洞室支护方式与支护参数选择，地下洞室的合理施工开挖程序的确定等，是设计、施工中的关键技术问题。

3. 人工高边坡　龙滩工程高边坡分布范围广，右岸坝肩边坡、航道边坡、左岸进水口边坡、导流洞进口边坡等人工边坡的高度均大于100m。尤其是左岸进水口边坡，其最大组合坡高近400m、坡面面积达18万$m^2$，是一轮廓复杂、岩体构造应力突变的反倾向层状结构岩质高边坡。同时，进水口坝段紧靠该边坡坡脚，大坝的稳定依赖于边坡岩体，甚至可以认为边坡岩体已成为大坝结构的组成部分。保持足够的稳定性，控制适宜的变形，确定合理的开挖程序和选择恰当的加固支护措施，是龙滩工程人工高边坡设计、施工中的重大技术问题。

针对龙滩工程的关键和重大技术问题，国家“八五”重点科技攻关开展了《龙滩碾压混凝土重力坝结构设计与施工方法研究》专题和《反倾向层状结构岩体边坡失稳机理与分析方法研究》子题的研究。国家“九五”重点科技攻关又开展了《高碾压混凝土重力坝设计方法的研究》、《高碾压混凝土重力坝渗流分析和防渗结构研究》和《碾压混凝土材料性能和耐久性研究》专题的研究，取得了大量的理论依据和研究成果。龙滩工程开工后，国家电力公司在上述已有的研究成果的基础上，又立项开展了“龙滩工程关键技术研究”课题研究。该课题共分为《高碾压混凝土坝快速施工技术研究》、《高碾压混凝土坝防渗技术研究》和《巨型地下洞室群开挖及围岩变形特征研究》三个专题。下面就各专题的研究情况作一简介。

### 二、课题研究的主要内容及目的

#### （一）高碾压混凝土坝快速施工技术研究

龙滩大坝具有施工强度高、工期紧、采用全年浇筑施工等特点。大坝施工是整个枢纽的控制性项目，施工机械有塔带机、皮带机、缆机、真空溜管、塔机等，其种类、规格包括了国内外常用的施工机械。研究碾压混凝土的施工方案和机械配套等是龙滩工程快速施工的要求。

1. 研究内容　本专题共分解为《龙滩水电站大坝混凝土温控防裂研究》、《龙滩大坝混凝土水泥水化热特性研究》、《龙滩水电站大坝混凝土施工仿真模拟》和《龙滩水电站碾压混凝土坝施工方案及现场碾压试验配合比研究》4个子题，研究的主要内容有：①龙滩碾压混凝土坝施工方案及浇筑仿真研究；②龙滩碾压混凝土坝温控标准及措施研究；③龙滩高气温及多雨环境下碾压混凝土施工标准及措施研究。

2. 主要目的　本专题研究的主要目的为：①通过对坝体不同施工方案的仿真计算分析，动态模拟龙滩大坝混凝土施工浇筑全过程，取得可用于工程设计、施工的预期成果，推荐较优的施工方案，保证碾压混凝土的快速施工；②研究大坝混凝土施工的温度控制标准及措施，提出合理的温控措施，提高坝体施工质量，降低工程成本；③根据施工进度安排，坝体需全年施工，根据混凝土浇筑方式和经过试验的混凝土物理力学热学参数，进行相应的温度应力计算，确定分层厚度和层间间歇时间及温度控制标准，提出采用的温控措施；④针对大坝快速施工要求及高气温、多雨条件下碾压混凝土施工特点，研究多种可行的混凝土浇筑方案，确定碾压混凝土坝不同分区的施工工艺及施工参数，提出适合龙滩碾压混凝土快速施工的最优入仓方式及施工机械配套方案和不同条件下的施工质量控制标准。

#### （二）高碾压混凝土坝防渗技术研究

碾压混凝土坝采用通仓薄层碾压施工，存在众多上、下游贯通的层面，易出现层面胶结不良或空隙率偏大，形成坝体的渗漏通道，成为大坝抗渗的薄弱环节。龙滩碾压混凝土大坝采用变态混凝土与二级配混凝土组合防渗方案，变态混凝土的浆液材料、配合比及施工工艺、质量控制等均需通过进一步的研究确定。

1. 研究内容　本专题共分解为《防渗材料及配

合比研究》、《高性能变态混凝土掺浆材料及配合比研究》、《变态混凝土掺浆材料及配合比研究》、《变态混凝土施工设备优化配置及洒浆机的研制》和《大坝防渗结构设计与渗流分析及坝体排水结构设计与施工方法研究》5个子题。本专题研究的主要内容有：①防渗材料研究；②变态混凝土机械化施工及设备配套研究；③防渗结构设计研究；④现场试验。

2. 主要目的　本专题研究的主要目的为：①针对大坝防渗方案，提出适应龙滩碾压混凝土坝的变态混凝土掺浆材料、最优加浆量和最优配合比；②综合运用各种渗控措施的组合，构成满足工程要求的防渗排水结构优化方案，合理确定防渗排水结构各部分的结构尺寸和结构处理措施，提出与龙滩碾压混凝土坝施工工艺相适应的防渗排水施工方法；③研究新型的坝体排水成孔的结构措施，使坝体排水孔的施工技术在满足排水功能要求的前提上，能达到快速施工、降低施工成本的目的；④提出适应龙滩水电站变态混凝土特点的施工工艺、施工机械配套方式和施工流程，达到变态混凝土机械化、标准化快速施工的目标。

（三）巨型地下洞室群开挖围岩稳定专题研究

龙滩工程地下洞室群规模巨大，地质条件复杂，厂区发育的主要节理有八组，均为陡倾角节理。其中对地下洞室围岩稳定影响较大的有两组。为了保障地下工程建设安全可靠，为工程建设提供技术支持，对洞室群的围岩稳定进行了深入研究分析。

1. 研究内容　本专题共分解为《厂区岩体力学参数研究》、《围岩变形特点、主要洞室变形预测及变形监控标准建议值研究》、《地下洞室群围岩支护参数与施工程序研究》和《地下洞室群监测信息反馈系统研究》4个子题进行研究。其研究的主要内容有：①围岩变形特征及其稳定性研究；②围岩支护参数研究；③研究开发监测信息反馈分析系统。

2. 主要目的　本专题研究的主要目的为：①提出各类围岩力学参数指标，为地下洞室群围岩稳定性分析和施工程序、支护参数研究提供依据；②提出各监控部位的变形监控标准建议值，为地下洞室群围岩安全监测设定安全预警指标；③提出合理、可行的开挖支护循环方式和支护滞后时间；④提供地下洞室群监测数据时空动态分析与预测以及超限报警系统。

## 三、课题主要成果和解决的关键技术问题

《龙滩工程关键技术研究》课题的研究工作经过各子题承担单位的共同努力和辛勤工作已全部完成。其中《高碾压混凝土坝快速施工技术研究》和《高碾压混凝土防渗技术研究》两个专题已通过专家验收，《巨型地下洞室群开挖及围岩稳定研究》专题也安排在近期组织专家进行验收。

各专题按课题的要求和针对龙滩工程的特点进行了深入研究，取得了大量的研究成果，制定了许多控制标准，并提出了相关措施及有参考价值的建议。课题的主要成果和解决的关键技术问题如下所述。

1. 高碾压混凝土坝快速施工技术研究

（1）龙滩水电站大坝混凝土温控防裂研究，提出了龙滩大坝混凝土温度应力控制标准，确定了不同部位的温控标准和实现大坝全年施工的温控防裂措施。提出了考虑温度过程的绝热温升新型计算模型和反馈分析方法，考虑外温影响的冷却水管等效热传导方程等，完善了大坝温度、应力仿真计算的理论。

（2）龙滩水电站大坝混凝土水泥水化热特性研究，通过对龙滩水电站大坝混凝土在不同养护温度下的绝热温升进行试验研究，取得了化学反应速率是混凝土养护温度的非线性函数和需对化学反应速率进一步研究才能正确地计算混凝土结构温度应力等结论；提出了基于等效时间的混凝土绝热温升和非线性热传导方程，并给出了非线性热传导方程的求解方法；提出了能较好反映龙滩水电站大坝混凝土水泥水化热特性的等效复合指数式绝热温升公式。应用等效时间理论和传统理论对大坝施工期和运行期的温度场和应力场进行的对比计算结果表明，等效时间理论能更好地反映工程实际情况，这一成果为龙滩碾压混凝土坝的温控计算提供厂技术依据。

（3）龙滩水电站大坝混凝土施工仿真模拟研究，建立了大坝混凝土施工过程随机模拟模型和分阶段模拟模型，研究了多种机械配套下的大坝混凝土施工过程；对高温季节施工进行了平层与斜层铺料方式的比较，模拟结果表明，斜层铺料方式有利于加快施工进度和保证施工质量；获得了大坝混凝土施工过程的主要控制特征参数，明确了进度控制的关键问题；将大坝模拟浇筑过程用二维、三维图形直观形象演示，并在施工过程中能同步显示大坝浇筑的相关施工信息。

（4）龙滩水电站碾压混凝土坝施工方案研究，提出了适合龙滩高气温、多雨环境下的碾压混凝土快速施工方法及施工机械配套方案。

2. 高碾压混凝土坝防渗技术研究

（1）变态混凝土掺浆材料及配合比研究，优选出了变态掺浆材料及配合比，推荐了变态混凝土配合比，与原配合比相比，水泥和粉煤灰用量减少，自生体积变形呈微膨胀特征，对降低温度应力、防止大坝上游面发生裂缝有利；研制出可用于准确测定浆材流动度和现场质量控制的Marsh流动计，提出了变态掺浆材料的配合比计算方法；对浆体材料的掺加工艺进行了试验，研制出了轻便式加浆计量系统；确定了龙滩变态混凝土的变态掺浆材料加浆率为4%～5%。

（2）变态混凝土施工设备优化配置及洒浆机的研

制，研制了变态混凝土洒浆机及其工作装置、变态混凝土浆体计量装置，提出了适应龙滩工程的变态混凝土施工机械配套方案。在广西百色碾压混凝土大坝上进行了初步生产性试验，试验结果表明研制的洒浆机满足现场施工需要。

（3）大坝防渗结构设计与渗流分析研究、坝体排水孔结构设计与施工方法研究，提出并论证了变态混凝土与二级配碾压混凝土组合防渗排水结构方案；较为全面地研究了现场压水试验成果在渗流计算中的应用，初步提出了运用现场压水试验成果确定渗流计算参数的基本思路和方法；提出了新型的适应碾压混凝土施工的坝体排水孔结构和快速成孔方法。

3. 巨型地下洞室群开挖及围岩稳定研究

（1 围岩变形特征、主要洞室群变形预测及变形监控标准建议值研究，其成果为对位于陡倾角层状岩层中的巨型地下洞室群施工的安全性实现全程动态监控打下了基础；形成了一套较完整的陡倾角层状岩层中巨型洞室群围岩的变形研究方法和可实现全程动态监控的预报方法，并为地下洞室群围岩的变形监测建立了确定变形监控标准建议值的方法。

（2）洞室群围岩支护参数与施工程序研究，给出了施工时段洞室围岩的应力场、位移场和塑性区分布；论证了设计支护参数的合理性和洞室各部位锚杆和锚索合适的预应力值；对主要岩体和主要结构面的力学参数以及支护参数进行敏感性分析；就主厂房、主变压器洞、尾水调压井开挖顺序的合理性进行了评价；针对推荐的主要洞室开挖程序，进行了支护时机分析，提出了合理的支护方案；对龙滩地下洞室群围岩整体稳定性进行了综合评价。

（3）洞室围岩监测信息反馈系统研究，通过建立MS SQL Server数据库，对有关的监测信息以及设计施工信息进行合理的组织和有效的管理，为监测信息反馈分析提供完善的数据支持；研究开发了大量的地下洞室监测信息可视化分析工具；针对地下洞室施工安全控制的需要，建立了各类先进实用的监控模型，为监测信息分析提供模型支持；通过对监测信息和施工信息的综合分析，得到张应变等指标性参数，结合有关变形和应力的允许值研究成果，为监测信息反馈分析提供扩展支持。

（龙滩水电开发有限公司 姜荣梅

中国水电中南勘测设计研究院 陈好军）

## 小湾拱坝在强震作用下横缝变形控制研究

由于超载能力强、抗震性能好、美观经济的优点，混凝土拱坝得到了迅速发展，如拉西瓦、锦屏、苗家坝、小湾、溪洛渡等大坝。这些坝的高度都在200m以上，且多处于强震高发区，设计地震峰值加速度高达0.22～0.32*g*。与以往各时期建设的拱坝相比，这些工程具有高坝、大库和强地震烈度等显著特点，因而这些工程的抗震安全显得尤为重要。

研究表明，由于横缝抗拉强度很低，横缝的张开对高拱坝的动力非线性响应有重要的影响，主要表现在横缝张开、拱向应力释放、梁向应力增加。横缝适度张开，可吸收部分地震能量，释放拱向拉应力，防止拱向开裂破损。但横缝过度张开，梁应力超载，可能发生水平裂缝，甚至可能破坏止水，造成库水渗漏，危害结构安全。因此，必须采取措施适当控制横缝开度，增强拱坝整体性。

（一）高拱坝强震横缝变形控制

1. 横缝变形的控制原则　此前的拱坝横缝配筋研究都没有考虑钢筋与混凝土之间的黏结滑移。然而，拱坝横缝在强震时的非线性反应取决于钢筋与混凝土之间的滑移量、钢筋的有效粘结长度和保护层混凝土的损伤开裂情况。如果横缝配筋布置不合理，可能导致混凝土损伤开裂，或使钢筋从混凝土中拔出，将降低拱坝的整体性，因此，钢筋与混凝土之间的黏结滑移关系是拱坝横缝配筋分析的重要因素。在已有研究的基础上，根据跨缝钢筋与坝体混凝土之间的黏结滑移关系，并考虑到横缝灌浆前坝体混凝土温降的影响，提出了拱坝横缝配筋的新模型，并以小湾拱坝为工程实例，进一步研究了高拱坝强震横缝变形控制措施。概括起来，横缝变形控制的主要原则有：

（1）应考虑拱坝的整体性要求和拱梁应力的均衡性要求。既要防止因横缝过度张开而使梁向应力超载，又应避免因横缝约束太强而使拱向产生裂缝。

（2）应考虑经济性要求。仅在横缝最大开度超过缝间止水允许的最大相对位移区域布置钢筋，配筋率和布筋长度与范围应根据计算分析确定。

（3）应考虑施工的便利性要求。尽量减少控制措施给混凝土施工、横缝灌浆管路和内部观测仪器埋设带来不利影响。

（4）应考虑混凝土冷却的影响。由于横缝钢筋与混凝土整体浇筑，混凝土在达到封拱温度时因温降而收缩，这时要求横缝能适度自由张开，以释放温度拉应力，防止温度裂缝。因此，在钢筋布置和计算钢筋应力时都应考虑混凝土温度的影响。

2. 横缝配筋的分析方法　针对上述原则，横缝配筋的分析方法可概括如下：

（1）对不配筋的高拱坝进行设计地震荷载工况下的三维动力非线性有限元分析（考虑横缝的开合），结合横缝止水的允许开度和工程经验，初步确定横缝配筋的范围。

(2) 横缝钢筋包括一定长度的自由段（钢筋不与周围混凝土黏结），一方面，在坝体混凝土冷却收缩时自由段钢筋可为横缝提供开度，使坝段自由地收缩，有利于横缝灌浆；另一方面，在地震作用下，由于横缝配筋的约束，横缝开度得到控制，可以同时满足释放混凝土温度应力和控制地震作用下横缝开度两方面的要求。另外，自由段还可防止缝面混凝土在钢筋的拉拔作用下发生损伤开裂或剥落。

(3) 通过三维动力非线性有限元分析，考虑横缝的开合和钢筋与混凝土的相互作用。由配筋率控制横缝抗拉强度并使钢筋的工作应力处于弹性阶段；由横缝两侧钢筋的自由段长度控制横缝的开度并将其限制在允许开度范围内。根据拱坝的整体性要求及拱梁应力的均衡性要求，选择合理的配筋方案。

(4) 根据横缝钢筋与坝体混凝土之间的相互作用以及缝面钢筋承受的最大应力，对横缝钢筋和周围混凝土进行非线性分析，为保证控制措施的有效性，选择合理的横缝钢筋布置。

(5) 考虑上述要求，经过方案比较，选择最合理的配筋方案。

（二）考虑钢筋滑移的拱坝横缝配筋模型

根据 Okamura 等对钢筋混凝土拉伸试件及拔出试件的研究成果，结合地震荷载和拱坝横缝开合的特点，提出了复杂加载条件下缝端钢筋应变 $\varepsilon_s$ 与钢筋标准化滑移 $s$ 间的本构关系 $\varepsilon_s \sim s$。在 Fenves 的横缝模型和清华大学的横缝配筋模型基础上，提出了考虑横缝钢筋与坝体混凝土间的黏结滑移的拱坝横缝配筋动力非线性模型，并已将模块加入到拱坝静动力分析程序 ADAP-88 中。

根据钢筋与混凝土之间的相互作用机理，为了最大限度地提高钢筋与混凝土之间的劈裂黏结强度，防止钢筋之间的混凝土过早地发生劈裂破坏，从而保证横缝钢筋的控制作用，建议在拱坝横缝配筋时取钢筋间距为 10$D$（$D$ 为钢筋直径）。这时，一根横缝钢筋对相邻钢筋黏结滑移特性的影响较小。另外，对于布置了较多横缝且河谷宽度较大的高拱坝来说，单个坝段的曲率很小。这样在分析横缝钢筋的滑移时，配筋的拱坝部分在横缝张开后可简化为由横缝自由段钢筋连接的一系列钢筋混凝土拉伸构件组成，如图 1 所示。

图 1 中，令混凝土抗压强度为 $f_c$，缝面一侧钢筋滑移为 $s$，横缝两侧钢筋的自由段长度之和为 $l_{ub}$。考虑钢筋滑移后，横缝开度 $v_n$ 可表示为钢筋自由段伸长与横缝两侧钢筋滑移之和，即 $v_n = l_{ub}\varepsilon_s + 2s$，从而有：

$$s = (v_n - l_{ub}\varepsilon_s)/2 \qquad (1)$$

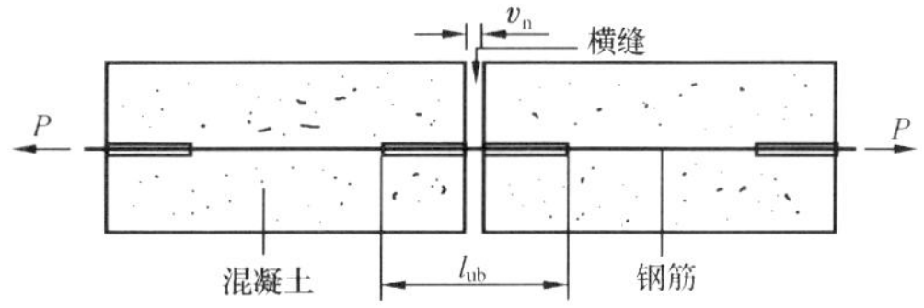


图 1　考虑钢筋滑移的拱坝横缝配筋模型示意

考虑钢筋直径和混凝土强度对钢筋黏结滑移特性的影响，将式 (1) 中的钢筋滑移进行标准化，得 $s = s_1(v_n, \varepsilon_s)$。

将复杂加载条件下缝面钢筋应变 $\varepsilon_s$ 与钢筋标准化滑移 $s$ 之间的本构关系 $\varepsilon_s \sim s$ 表示为函数 $\varepsilon_s = \varepsilon_s(s)$，将其代入 $s = s_1(v_u, \varepsilon_s)$ 中，整理后可得 $s = s_2(v_n)$，此式表示了钢筋滑移与横缝开度之间的函数关系。

由于钢筋在弹性范围内工作，则缝面钢筋应力为：

$$\sigma_{as} = E_s\varepsilon_s \qquad (2)$$

将 $\varepsilon_s = \varepsilon_s(s)$ 代入上式，则钢筋应力可表示为滑移的函数：

$$\sigma_{as} = F_s(s) \qquad (3)$$

将 $s = s_2(v_n)$ 代入式 (3)，有

$$\sigma_{as} = F_v(v_n) \qquad (4)$$

式 (4) 表示缝面钢筋应力与横缝开度之间的关系，将其对 $v_n$ 求导，可得到单位面积钢筋为张开的缝单元提供的法向刚度为：

$$k_{ng}^{s} = \frac{dF_{vn}(v_n)}{dv_n} \qquad (5)$$

假设该横缝单元张开部分的配筋率为 $\rho$，在此采用弥散钢筋混凝土模式，则横缝张开后由钢筋给缝单元提供的法向刚度为：

$$k_{ns} = \frac{dF_{vn}(v_n)}{dv_n}\rho \qquad (6)$$

可见，该模型中横缝张开以后由跨缝钢筋提供的法向刚度考虑了配筋率、横缝开度、钢筋滑移、钢筋直径、钢筋弹性模量、钢筋自由段长度、混凝土强度和加载历史的影响，从理论上说，可较客观地揭示拱坝横缝配筋的工作机理。将该模型加入到程序 ADAP-88 中后，经计算验证和综合比较，数值模型合理，程序可靠。

（三）工程应用

1. 计算参数　小湾水电站坝址区按重现期 100 年、超越概率为 0.02 确定的设计地震水平加速度 $K_h = 0.308g$，竖向加速度 $K_v = 2K_h/3$，设计地震反应谱采用规范规定的标准谱，其特征周期 $T_g = 0.25$s。经反演得到人工地震时程（见图 2），3 个方向采用相同的时程曲线，峰值分别按上述规定选取。采用无质量地基，在截断边界三向均匀输入地震。

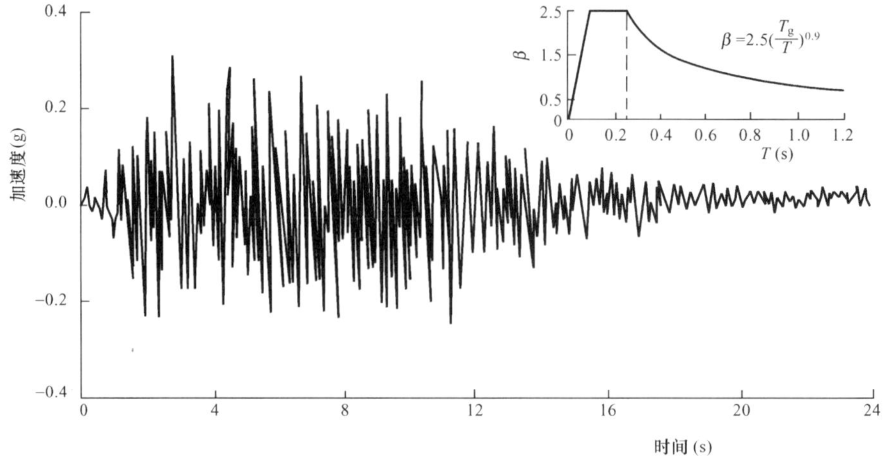


图 2　小湾拱坝动力分析中采用的人工地震时程（水平向）

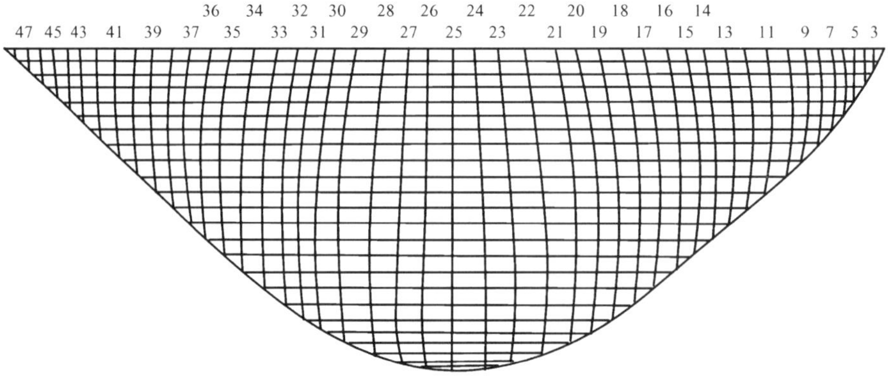


图 3　小湾拱坝计算模型及横缝位置编号

小湾拱坝最大坝高 292m，顶拱弧长为 935m，实际浇筑时采用 47 条横缝，坝段宽度约为 20m。根据已有研究成果，模拟了主要的 35 条横缝，除坝肩坝段外，其余坝段宽度同设计宽度（见图 3）。分别采用壳单元和三维等参单元模拟坝体和地基，沿坝厚方向设置 3 层横缝单元，采用 3 种模型分别模拟横缝，即无筋模型（ADAP-88）、考虑钢筋滑移模型和不考虑钢筋滑移模型；分析了最不利的水库运行低水位 1181m 工况，用有限元法以附加质量来考虑动水压力的影响。材料参数如下：坝体混凝土动态弹性模量为 2.73×104MPa，重度 24.0kN/m$^3$，泊松比 0.18；岩体动态弹性模量 2.73×104MPa，重度 25.0kN/m$^3$，泊松比 0.25。

根据昆明勘测设计研究院提供的资料，初步设计方案中横缝配筋的布置形式如图 4 所示（拱冠梁截面），采用三级钢筋，静态屈服强度为 400MPa，弹性模量为 200GPa，直径 $D$ 为 40mm。基于初步设计方案，选取了相对合理的配筋率布置，计算时横缝两侧的钢筋自由段长度共取 8m（每侧 4m），钢筋间距为 $10D$，沿坝厚的上、下游 1/3 部位配筋。

2. 主要计算成果　根据上述计算条件，按 3 种横缝模型计算，得到最大横缝开度 $w_{max}$，横缝钢筋的最大滑移 $s_{max}$ 和最大应变 $\varepsilon_{max}$，拱坝上、下游面混凝土最大梁应力 $\sigma_{梁max}$、最大拱应力 $\sigma_{拱max}$，（见表 1）。3 种模型各横缝最大开度≥8mm 的范围如图 5 所示。3 种模型 25 号横缝（中间横缝）上游　中部和下游缝单元开度如图 6 所示。

由表 1、图 5、图 6 可知，计算采用的拱坝跨缝配筋布置是合理的，且考虑钢筋的滑移后能较真实地反映横缝配筋的作用。主要作用表现在以下几方面：

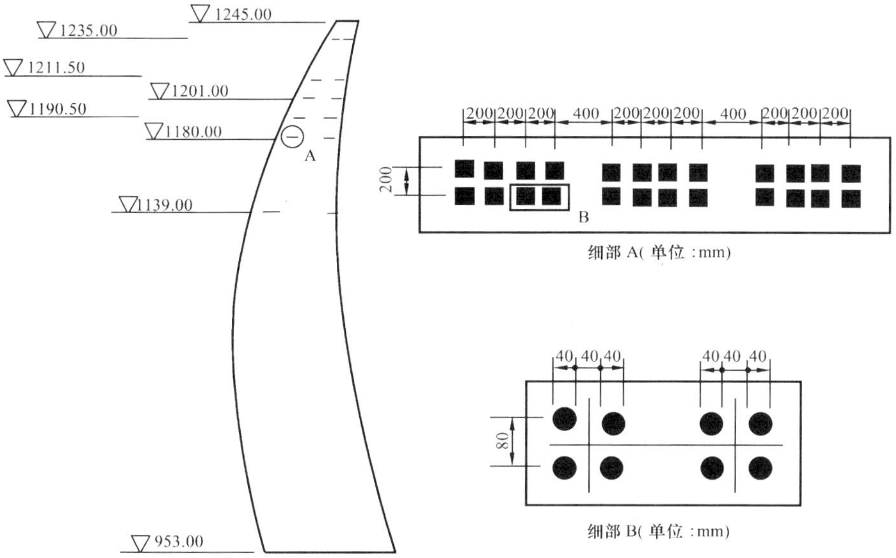


图 4 横缝配筋示意（初设方案）

表 1 3 种模型的综合比较

| 模　型 | $w_{max}$ (mm) | $s_{max}$ (mm) | $\varepsilon_{smax}$ (%) | 上游面应力(MPa) | | 下游面应力(MPa) | |
|---|---|---|---|---|---|---|---|
| | | | | $\sigma_{拱max}$ | $\sigma_{梁max}$ | $\sigma_{拱max}$ | $\sigma_{梁max}$ |
| 不配筋 | 14.75 | — | — | 1.0 | 3.73 | 1.84 | 4.51 |
| 配筋、计入滑移 | 11.0 | 0.275 | 0.1302 | 3.57 | 3.70 | 3.21 | 4.49 |
| 配筋、不计滑移 | 9.66 | — | — | 4.39 | 3.67 | 3.95 | 4.48 |

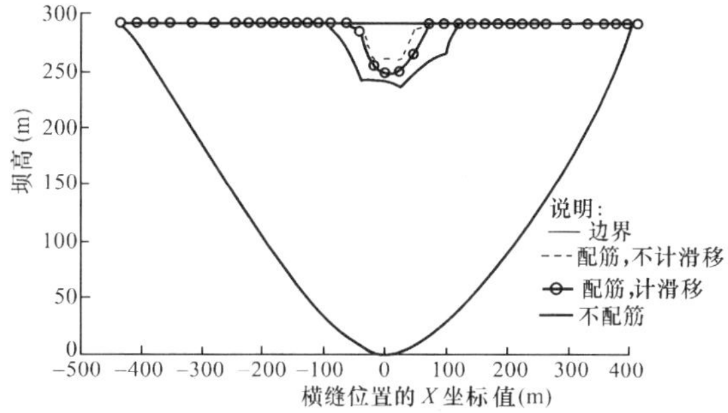


图 5 3 种模型各条横缝最大开度大于等于 8mm 的范围

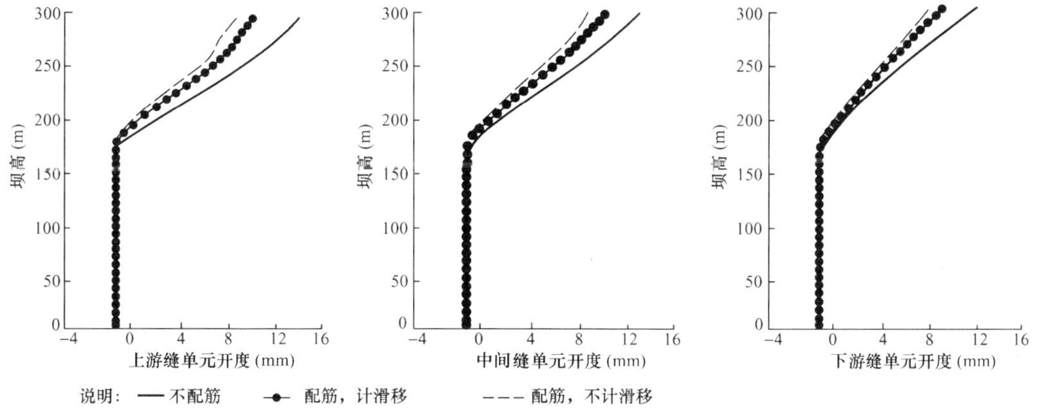


图 6 3 种模型的中缝开度比较

（1）在设计地震作用下，拱坝横缝张开的最大值和张开的范围都减小。配筋后最大横缝开度由无筋时的14.75mm降低至11.0mm；横缝开度≥8mm的最大高度范围由无筋时的55.9m降至43.5m，拱坝整体性有所加强。

（2）拱向尤其是顶拱拱冠附近的作用得到恢复，拱向拉应力增加。上游面最大拱应力由1.0MPa增加至3.57MPa；下游面最大拱向应力由1.84MPa增加至3.21MPa，小于400号混凝土的动力抗拉强度经验值。但梁向的拉应力改善很少，梁向拉应力依然很大，故应考虑梁向配筋。

（3）横缝钢筋最大滑移为$2\times0.275=0.55$mm，占最大开度的5%。

（4）近似考虑小湾拱坝的混凝土冷却影响后，中缝钢筋总的最大钢筋应变$\varepsilon_{max}$为$1.785\times10^{-3}$，仍然小于钢筋静态屈服强度。对跨缝钢筋与坝体混凝土之间局部变形的非线性计算分析表明，在最大跨缝钢筋应力作用下，周围混凝土不会发生严重破损。

（5）对于横缝钢筋布置，可采用连续加强带或间断插筋两种方案。前者有利于增强超载条件下的拱坝整体稳定性，后者可节省钢筋用量并便于施工，其优缺点尚需进一步研究。

（中国水电工程顾问集团公司　陈观福
清华大学水利水电工程系　张楚汉　徐艳杰）

## 向家坝水电站底流消能初步研究

（一）概述

向家坝水电站是金沙江干流规划的最末一个梯级电站，坝址位于四川省宜宾县与云南省水富县交界的向家坝峡谷河段出口，电站下游距水富县城1.5km，距云南省天然气化工厂1km。电站由拦河大坝、溢流坝、坝后厂房、地下厂房、一级垂直升船机和两岸灌溉取水口组成。电站装机容量6000MW，泄洪消能按500年一遇洪水设计，5000年一遇洪水校核，设计洪水入库流量41200m³/s，校核洪水入库流量49800m³/s。

由于向家坝水电站位于通航河道上，离水富县城和云天化工厂近。为了避免泄洪对通航、城市和化工厂的影响，电站不能采用挑流消能和面流消能型式。因此，向家坝水电站只宜采用底流消能型式。

向家坝水电站最大坝高161m，最大泄量约48600m³/s，最大泄洪功率超过40000MW，消力池内最大单宽流量225m³/（s·m），消力池入池流速约35m/s。该工程泄洪消能工的各项指标远远超过了国内已建工程水平，与国外类似工程相比，向家坝工程泄洪频繁程度、泄洪流量和单宽流量都是十分罕见的。因此，向家坝工程泄洪消能问题显得尤为突出。

（二）向家坝水电站泄洪消能初步研究

向家坝水电站坝基是三叠系河湖沼泽相沉积的砂岩，溢流坝段位于立煤湾膝状挠曲带上，岩层倾向下游，倾角15°左右，岩体完整性相对较差，是坝基岩体质量较差的部位。因此，一旦消力池破坏极有可能影响大坝的安全。为了确保工程安全，将消力池的校核标准提升到与大坝校核标准相同，即消力池按100年一遇洪水设计，5000年一遇洪水校核。

向家坝水电站在可行性研究阶段做了大量的水工模型试验。主要有三类，即经典消力池方案，连续跌坎方案和高低坎方案。下面分别介绍其主要的初步研究成果。

1.经典消力池方案　经典消力池的中、表孔剖面如图1所示。该方案流态稳定，缺点是临底流速大，实测最大达26.02m/s，且临底大流速区范围较大，流速大于20m/s的范围约80m长。

2.连续坎消力池方案　连续坎消力池方案剖面如图2所示，所谓连续坎，是指水流从溢流面下泄进入消力池时有一个跌坎，中、表孔的坎高是一致的，沿坝轴线方向看是连续的。

该方案临底流速较小，实测临底流速约11.5m/s,脉动压力均方根也很小，仅在$1.0\times9.8$kPa左右，缺点是流态稳定性较差，流态随闸门开启时下游水深等初始状态有关，另在坎下形成横轴旋涡。

3.高低坎方案　高低坎方案剖面如图3所示。该方案中孔与表孔溢流面临近处坎高不一致，中间用导墙隔开。高低坎方案下游流态稳定，实测最大临底流速11.32m/s，脉动压强均方根$3.82\times9.8$kPa。缺点是中孔单独开启时，由于两中孔间夹有表孔，容易在跌坎下游形成立轴旋涡，同时还存横轴旋涡，结构上也复杂些。

4.方案对比　经典消力池方案的特点比较明确，临底流速太大，对消力池安全没保障，不宜在向家坝工程中采用。

连续坎方案和高低坎方案都能降低消力池底板临底流速和脉动压强均方根。连续坎方案由于水流在坎上进行了扩散，入消力池前的水深相对较薄，特别是中孔单独开启时，水深更薄，射入消力池后，受下游水深的影响使水流要么漂在消力池水体上部形成面流，要么潜入消力池下部，形成回复底流，流态稳定性相对较差。当然，调整跌坎高度、跌坎表面坡度和消力池尾坎高度，也能形成较稳定的淹没射流，但要适应向家坝工程下游水位变幅较大（最大变幅达27m）的要求，把握的难度大。高低坎方案，由于下泄水流各行其道，在进入消力池前水流没有扩散，入

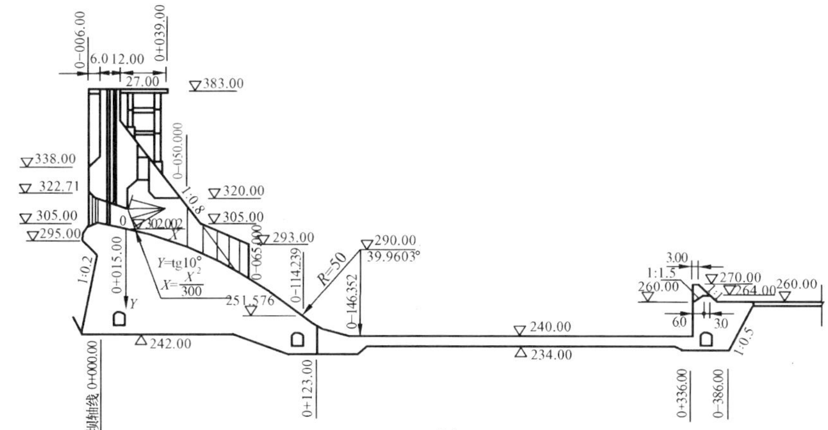

(a)

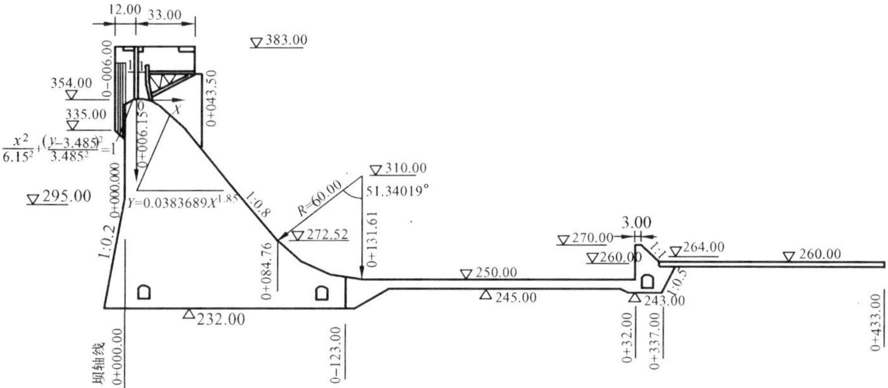

(b)

图 1　经典消力池方案（单位：m）

（a）中孔剖面；（b）表孔剖面

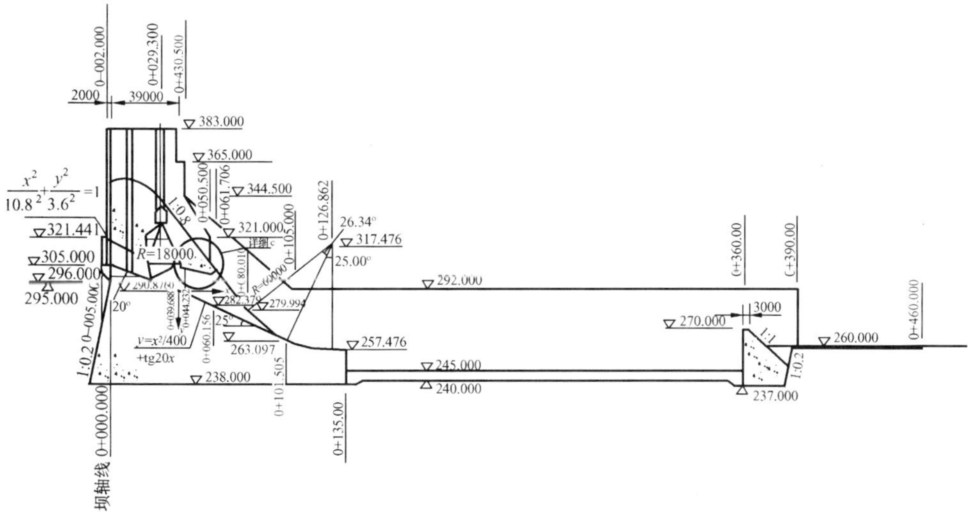


图 2　连续坎消力池方案（单位：m）

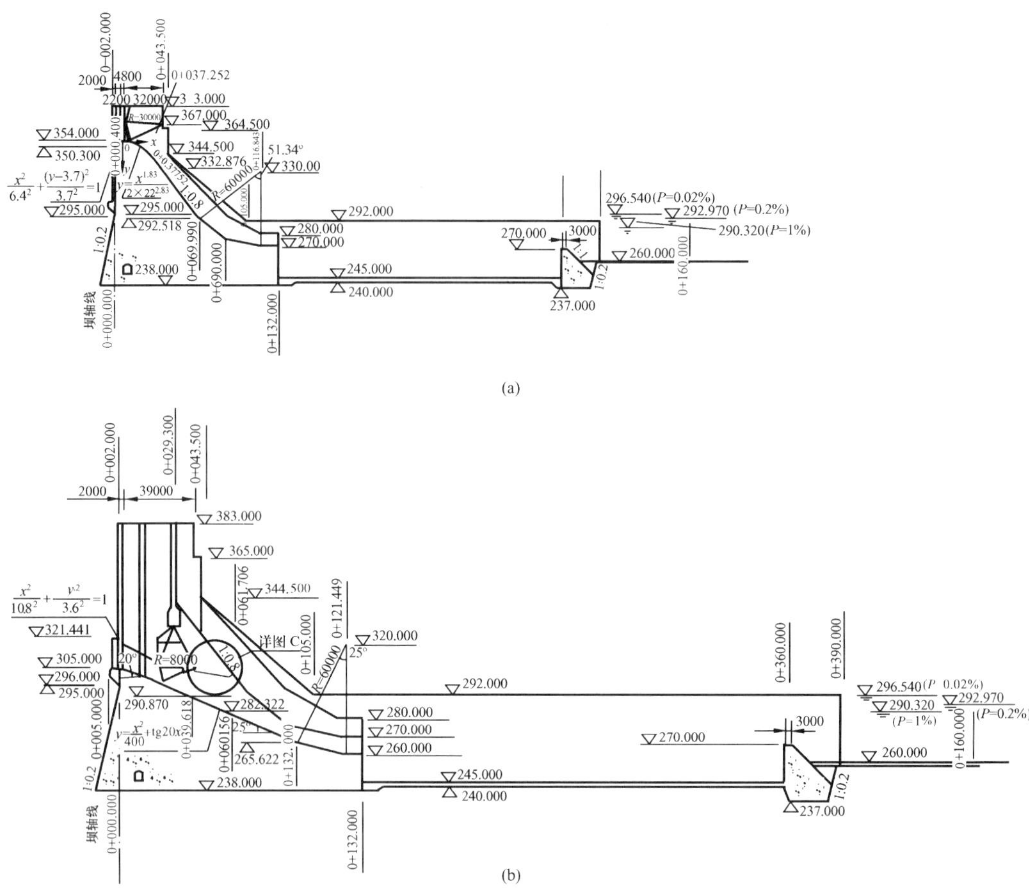


图 3 高低坎方案（单位：m）

（a）右表孔剖面；（b）右中孔剖面

池水深相对较厚，特别是中、表孔同时开启时，由中表孔坎高不一致、整体上看水流竖向错开更大，水流射入消力池水体时，水流基本保持在水体中部流动，形成稳定的淹没射流。

对于高低坎方案形成的立轴旋涡，由于中孔坎高有 15m，相当于立轴旋涡下部有 15m 厚的水垫，立轴旋涡能否延续到消力池底板上去，还待研究。关于横轴旋涡，连续坎在坝下形成稳定的横轴旋涡，而高低坎方案，由于坎高不一致，只能形成锯齿状横轴旋涡，加之受上部立轴旋涡的干扰，难以形成稳定的横轴旋涡。关于消能率问题，连续坎方案是典型的平面消能方式，而高低坎方案中、表孔水流在立面上也是错开的，是空间消能方式，它将水体分成多股射入消力池内，产生流速梯度大的强剪切流动面较连续坎方案多，从试验看，高低坎方案下游水面波动小些，说明高低坎方案要稍好些。

（中国水电中南勘测设计研究院
曾雄辉　程　浩　李延农）

## 向家坝水电站右岸地下厂房尾水系统布置方案研究

向家坝工程的枢纽布置的基本格局为：河床中部布置泄洪建筑物；河床左侧布置坝后厂房，右岸布置地下厂房，两岸厂房均安装 4 台 75 万 kW 的水轮发电机组，电站总装机容量为 600 万 kW。

地下厂房厂区地层与地下主厂房洞室群、引水隧洞、尾水隧洞直接相关的围岩主要为 $T_3^{2-6}$ 亚组，该岩层以巨厚层细至中细粒砂岩为主，强度高且完整性较好。$T_3^{2-6}$ 亚组上部的 $T_3^3$ 岩组厚 88～110m，含有 7 层成层较好的煤，煤层有民间采挖历史，煤层采空区分布范围广而且具体位置无法查清楚，在采空区的影响范围内，岩石破碎，变形严重。基于 $T_3^3$ 岩层的上述特点，在地下厂房的设计中不但应该避免直接涉及该岩层，而且应该保证地下洞室顶拱以上留有足够厚度的 $T_3^{2-6}$ 岩体。

右岸地下厂房的主厂房洞室尺寸为 245m×31m×85.50m（长×宽×高），机组间距 40.00m。主变压器洞平行布置在主厂房下游侧，两洞之间岩体的净距为 40.00m，主变压器洞的尺寸为 170.00m×26.300m×23.00m（长×宽×高）。主厂房两大洞室的规模庞大，洞室的上部又分布着 $T_3^3$ 岩层，因此厂房洞室群的围岩稳定是右岸地下厂房设计的首要任务，应尽量不设置洞室规模庞大的调压室，不增加地下厂房的洞室数量，同时输水系统必须满足电站调节保证的需要，保证电站能够长期稳定安全地运行。整个右岸地下厂房的输水系统在平面上成弧形布置，引水管道长度从 326.915（1 号机组）～220.338m（4 号机组），尾水管道长度从 384.292（1 号机组）～309.542m（4 号机组）。在设计水头相对不高的情况下，采用了 75 万 kW 的大型水轮发电机组，单机额定引用流量为893$m^3$/s，根据调保计算，需要布置两个面积超过 1000$m^2$ 的尾水调压室。通过对引水发电系统过渡过程的研究分析，调节保证计算中的主要矛盾在于尾水管的真空度不容易满足规范要求，而不在于上游的引水管道压力上升。在地形、地质条件允许的情况下，应尽可能地缩短尾水管道长度，并且研究选择合理的尾水建筑物的布置形式，以满足电站调节保证的要求。因此，在地下厂房输水系统布置方案选择的重点在于尾水系统布置方案的研究比较。根据向家坝地下厂房的特点，比较了两种尾水建筑物布置方案：设置尾水调压室的方案（以阻抗式调压室方案为代表方案）和不设置尾水调压室的方案（以变顶高尾水洞方案为代表方案）。

变顶高尾水洞的工作原理是，利用下游水位的变化（水轮机的淹没深度的变化），来确定尾水洞（包括尾水管）有压满流段的长度不超过极限长度，使整个尾水系统始终满足过渡过程中对尾水管进口处真空度的要求，从而起到取代尾水调压室的作用。

由于地下厂房输水系统设置与不设置调压室的两个方案不能够简单地通过工程量的大小、水力条件的优劣来进行评判，需要采用数值计算和模型试验的方法，详细研究两种布置形式在电站运行上的异同，在电站过渡过程上的差别。因此从 1999 年开始对这一课题进行了专项研究。研究的主要内容包括：①合理选择地下厂房位置、引水发电管道系统的布置和尺寸；②研究设计不设调压室的特殊尾水系统的体型；③研究两个布置方案的水力—机械—调节系统在大波动、小波动、水力干扰过渡过程中的工作特性和稳定过程；④制定适合本水电站引水发电系统和水轮机组电网特征的数学模型和计算程序，满足过渡过程研究的要求；⑤制定适合本水电站引水发电系统和水轮机组电网特征的模型试验装置，满足变顶高尾水洞方案过渡过程研究对模型试验的要求，并且用数值计算程序进行模型试验的对比计算，相互验证两种方法其研究结果的可靠性和合理性；⑥研究两种尾水系统布置形式对主厂房洞室群围岩稳定的影响。

数字仿真计算和带机组的模型试验的研究范围包括同一单元且尾水系统线路较长的 1 号、2 号机组的整个水道系统。带机组水机电联合过渡过程的模型为整体正态模型，模型水轮机转轮最小直径等于 250mm，模型比尺 1∶38。数值计算和模型试验中研究了大波动、小波动、水力干扰三种情况。联合国内众多高等院校和科研院所，进行攻关研究。综合各项研究分析，可以得到两个主要结论：①变顶高尾水隧洞方案与阻抗式尾水调压室方案，结构设计均不存在技术难点，调节保证参数中蜗壳进口最大压力升高小于 0.3 倍最大静水头、尾水管真空度小于 7.5m 水头、机组转速上升小于 52%，小波动和水力干扰过渡过程均满足电站运行要求，两者都是可行的设计方案；②综合比较电站的调节能力、工程的经济性、对地下厂房洞室群围岩稳定的影响及可能的工程风险方面等因素，变顶高尾水隧洞方案比阻抗式尾水调压室方案具有相对的优势。

2002 年 12 月组织了国家专家进行了咨询，咨询意见认为：①采用变顶高尾水洞方案可以减少大体积尾水调压室的开挖，对降低厂房区围岩的损伤是有利的；②尾水调压室方案和变顶高尾水洞方案均满足调节保证和设计要求，在水力过渡过程方面，两方案总体比较基本相当，在技术上均是可行的；③在正常运行以及小波动工况时，可以基本排除由于采用变顶高尾水洞而对机组稳定运行产生的不利影响；④通过水力过渡过程、对厂房围岩稳定影响、水头损失、工程量和投资等的比较，变顶高尾水洞方案优于尾水调压室方案。因此，在向家坝水电站可研设计阶段，推荐采用变顶高尾水洞作为右岸地下厂房引水发电系统的布置方案。

（中国水电中南勘测设计研究院　辜晓原）

## 洪家渡水电站工程厂房一次浇筑成型新结构形式研究

（一）概述

洪家渡水电站是中国西部大开发，实施“西电东送”战略开工建设的首批重点水电项目。工程于 2001 年开工，较初设工期提前了 2 年，而厂房要到 2002 年枯期才开始浇筑混凝土，使厂房施工上升为关键线路工程，其中桥机排架柱的施工对工期的影响至关重大。原设计的常规钢筋混凝土立柱框架结构施工程序复杂，施工工期较长，难于保证总工期的要求。钢结构或钢管混凝土结构的承载力强，可以预制吊装，施工速度快。在传统的水电站厂房主体结构施工中，需对有关的机电设备基础、管线等进行预埋。但由于预埋机电设备基础、管线等会带来施工干扰，施工完毕后还容易导致混凝土质量缺陷；且常易出现管路漏埋和孔洞漏留、留错、留小等情况，须对已浇筑成型的混凝土结构进行开洞处理，对结构和外观都有所损坏，往往还要进行大量的装修，既增加了投资，又挤占了工期。为了加快施工进度，提高施工质量，适应"无人值班、少人值守"的运行管理模式，节约工程投资，就必须研究一种既可以简化施工程序，又可以节约工期，便于工程今后运行维护的结构措施。因此提出了厂房一次浇筑成型的设想。为了实现这个设想，从简化厂房混凝土结构着手，一方面便于施工实施，简化机组安装与土建施工的干扰，另一方面便于今后运行管理。

（二）研究内容

1. 厂房屋架结构形式研究　结合工程厂房的特点，在调查研究的基础上，着重比较了网架结构、人字形钢架加轻型压型钢板及拱型压型钢板等结构形式，对以上结构形式在结构受力、运行管理、施工各方面的问题进行了研究。

2. 主厂房采用钢—混凝土排架柱技术　钢—混凝土结构在工业与民用建筑行业、桥梁行业得到了广泛的应用，其特点是承载力高、塑性和韧性好、施工方便、耐火性能好、经济效果好。如将施工速度快、经济效益优越的钢—混凝土结构应用于洪家渡水电站，则主厂房排架结构的工期能够缩短，尽早形成吊装条件，为加快机组安装提供有利条件，可大大缩短机组安装时间，使厂房的施工进度加快，满足工程总工期要求。

一般水电站厂房主厂房排架柱主要采用钢筋混凝土结构，钢—混凝土结构排架柱在国内外尚无应用先例，为使该技术能够得到安全可靠、经济合理的应用，本技术列入国家电力公司 2002 年度科技攻关项目。在专题项目中拟开展以下方面的研究：

（1）水电站厂房钢—混凝土排架柱结构布置研究。通过单管柱（含圆钢管和方钢管）、双管柱（圆钢管）、三管柱（圆钢管）、四管柱（圆钢管）方案的初步布置及计算，提出适应于洪家渡厂房的钢—混凝土排架柱的结构布置形式。

（2）厂房水上部分结构研究。厂房主构架柱、吊车梁尽量采用钢结构或钢—混凝土组合结构，屋顶采用网架或拱板结构。副厂房等其他部分尽量采用无梁板、小柱的结构形式。

（3）厂房钢—混凝土排架柱结构动静力分析研究。进行结构的平面及三维有限元动静力分析，结合发电机层下部结构，开展耦联振动分析，包括机组在非正常运行工况下的振动特性和结构强度；优化结构断面以满足强度、变形要求，并提出主要部位的内力分布。尤其重视本电站机组运行水头变幅大而可能产生的机组稳定性问题对上部结构的影响。

（4）吊车梁形式研究。通过对吊车梁结构形式的研究，改变过去对吊车梁一贯的设计方法，从结构形式入手，研究不同结构的受力特点，寻找一种既便于施工预制安装，又可以充分利用结构的材料结构形式，达到节省工期和减少投资的吊车梁形式。

3. 厂房水轮发电机组支撑结构（施工采用一次浇筑成型技术）　洪家渡水电站为国家重点工程，在电站建设中应贯彻执行"安全可靠、经济适用、符合国情"的原则；特别是在水电站厂房建设中，应充分考虑科学技术的进步，水电站自动化程度的提高、"无人值班，少人值守"已成为发展的趋势，水电站厂房的建设更应重视其安全性、经济性和先进性。因而，开展"设计优化"、缩短建设周期、降低工程投资是新时期对水电建设的新要求。国内水电站建设目前这方面还没有系统的研究，三峡水电站在厂房混凝土施工中提出了混凝土一次浇筑成型的要求。而国际上特别是发达国家已基本实现一次浇筑成型，不但结构简洁、布置合理，便于运行维护，而且施工方便，施工进度快，对于缩短厂房施工期、节约投资均有较大的效益。

厂房一次浇筑成型是缩短建设周期、降低工程投资的措施之一，其目标是通过一次施工浇筑，混凝土结构外观质量即达到电厂运行要求，不再进行厂内外的装修。为达到这一目的，需设计、施工和业主相互协作。特别是在设计上，应从结构布置及机电管线布置入手，提出有利于提高施工质量的结构布置方式，其主要措施有：进行厂房机墩型式的简化、无梁楼板的应用、厂房上部结构—混凝土组合结构的应用、先进模板和施工工艺的应用。

为达到以上目标，对水电站厂房一次浇筑成型技术开展以下方面的研究：

（1）水电站厂房混凝土一次浇筑成型结构布置研究。厂房水下部分结构，特别是机窝部分，是电气管路布置最为集中复杂之处，结构形式也较为复杂，需进行大量的预埋和二期混凝土的浇筑，因此，在结构布置上进行研究，简化并且改变传统的结构布置方式（如墙式机墩、简化甚至取消蜗壳外包混凝土）。

（2）水电站厂房机电管线布置研究。通过水、电、气等管网规范化布置，减少施工干扰和为结构一次成型的创造条件。

（3）新型结构动静力分析研究。水电站厂房受机组运行振动的影响，结构受力复杂，需考虑振动的影响。新型结构由于无实践经验，为保证其应用的安全性，应对其进行充分的论证。

4. 研究考虑的几点因素　由于洪家渡水电站厂房应用的两项新技术在国内均无应用实例、无实践经验，对有关问题进行研究，主要内容如下：

（1）主厂房上部排架柱采用钢—混凝土排架柱。水电站厂房应用钢—混凝土结构应重点解决哪些关键技术问题？水电站厂房排架柱轨顶位移受何种因素控制（安装要求、桥机运行要求或结构要求）？钢结构柱和混凝土排架柱在轨顶位移控制上有何区别？适合于水电站厂房钢—混凝土柱结构的混凝土施工方法有哪些？钢—混凝土结构有哪些质量检验方法和设备？当前钢—混凝土结构厂房外墙结构及型式？

（2）厂房混凝土一次浇筑成型技术应用。在所研究的内容中，墙式机墩的设计为国内水电站建设的一项新技术，是重点需攻克的难关，而国外水电站有应用的实例，需进行有关技术问题的考察和咨询，比如：厂房一次浇筑成型的主要措施和控制标准？墙式混凝土机墩机电布置的典型模式；墙式混凝土机墩厂房布置的一般规定和要求；墙式混凝土机墩的适用条件；墙式混凝土机墩如何解决蜗壳轴向推力问题？墙式混凝土机墩的施工方法和工序？墙式混凝土机墩有何优越性？墙式混凝土机墩结构计算方法及应考虑的因素；有关结构设计的限制条件，如结构允许变形、振幅等。

（中国水电贵阳勘测设计研究院　冉懋鸽）

## 黄河拉西瓦水电站坝址高地应力测试和研究

拉西瓦水电站为黄河上游规模最大的水电工程，是黄河龙—青河段规划梯级电站的第二级电站。电站由挡水建筑物双曲拱坝、坝身表孔与深孔泄水建筑物、发电地下厂房系统等组成。电站设计坝型为混凝土对数螺旋双曲拱坝，坝顶高程 2460m，最大坝高 250m，水库正常蓄水位为 2452m，总库容 10.79 亿 $m^3$，装机容量 4200MW（700MW×6），多年平均年发电量 102.23 亿 kW·h。

（一）基本地质条简述

水电站坝址区位于龙羊峡谷出口段，河谷狭窄、岸坡陡峻，坝基部位河谷横剖面呈典型的 V 形。谷底至岸顶相对高差达 680～700m。坝址河道顺直，平水期河水位 2234m，坝顶高程 2460m 处谷宽 365～385m。坝址两岸地形基本对称。

坝址区基岩岩性为中生代印支期侵入花岗岩，以岩基形式产出，中粗粒结构，呈灰—灰白色，块状构造，岩石强度高，岩体致密坚硬。

坝址花岗岩中陡倾角断层较发育，一般经多期构造运动，按其产状可分四组：①NNW 向结构面以压扭性为主，多为逆断、平移断层，断面多有斜擦痕，一般延伸较长，最大可达数百米，断层可横切两岸，破碎带宽度一般 0.1～1.5m；②NNE 向断裂大多为张扭性，少数为张性，且规模也较大；③NE～NEE 向结构面一般规模较小，以张性、张扭性为主；④NW～NWW 向结构面以压和压扭性见多，不太发育。

坝址缓倾断裂按走向可分 NWW－NW 向、NNW 向两组，前者较发育，后者不甚发育。缓倾断裂破碎带宽一般 10～70cm，最小 2～5cm，最大达 1.5m，断面粗糙，多见擦痕，面上附有绿色片状矿物及泥质物，内多为糜棱岩、岩屑、碎块岩、角砾岩等，具明显的压剪特征。

坝址整体上风化程度相对较弱，河床弱风化厚度 5～15m；左岸 2400m 高程以下微风化水平深 10～35m，2400～2460m 高程为 30～55m，局部为 65m；右岩 2240～2380m 高程段微风化水平层深 16～40m，局部近 60m，2380～2460m 高程为 36～50m，局部达 72～80m。

（二）工程区高地应力现象

（1）坝址钻孔中发现有饼状岩芯（岩饼）。

（2）有的勘探硐硐壁坚硬新鲜岩石出现片状剥落，断层带处出现板状劈裂。

（3）有的平洞开挖时出现岩石爆裂声响及岩片（块）弹落。且模拟开挖过程及完工后用声发射监测仪能确切测出岩石中的声响。

（4）坝址两岸花岗岩体中发育平行岸坡的卸荷裂隙。

（5）隧洞完成一段时间后，洞顶完整新鲜岩石地段局部发生非常明显的板状剥皮，延续时间可至开挖后两三年内。

（三）高地应力测试方法及布置

1984 年到 2003 年，国家地震局地壳应力研究所和中国水电西水勘测设计研究院岩基队在工程区花岗岩中共进行了 18 个点的三维地应力测量（其中厂房系统 14 点）和 8 个点的二维地应力测量（其中厂房系统 5 点），采用的方法有：压磁法、孔径法及水压致裂法等，23 个测试点是在平洞中钻孔完成的，3 个测试点是直接在勘探孔中完成的，单孔中一般测试二维地应力，2003 年也采用压磁法在单孔中进行三维地应力测试。

地应力测试点的布置首先考虑的是对工程建筑物的影响，其次是地应力可能的分布特征，第三是河谷岸坡应力可能的影响范围等因素，拉西瓦工程区主要布置在两岸坝肩部位、河谷谷底、地下厂房系统等。测试点距岸坡水平距离最近60m，最远510m，距岸坡垂直距离最近26m，最远560m，基本涵盖了河谷及两岸一定范围内的地应力可能变化特征。

（四）地应力测试成果基本特征

1. 整个坝址区地应力特征

（1）三维测试中，最大主压应力 $\sigma_1$ 为 8.8～29.7MPa，且大多在2300m高程以下。最小主应力 $\sigma_3$ 为 2.2～13.1MPa，$\sigma_1/\sigma_3$ 为 1.7～4.0。二维成果中，由于测试方法上的差别，压磁法与水压致裂法差值较大，基本在同一位置，压磁法（72号孔，31～34.05m）$\sigma_1$ 为 54.6MPa，水压致裂法（72号孔，38.04～38.97m）$\sigma_1$ 为 30.88MPa，但 $\sigma_1$ 方向则基本一致，前者为NE4°，后者为NE5°。压磁法 $\sigma_1$ 最大值 54.6MPa，水压致裂法 $\sigma_1$ 最大值 32.9MPa。

（2）最大主应力倾角19°～55°，大多在40°左右，近于平行岸坡，且均向岸外倾斜。其主应力方向以NE为主。

（3）水平最大主应力与上覆岩体自重应力之比均大于1，且随距边坡距离增大而减小，近岸坡处最大达3.9，稳定值1.7。各试点处铅直应力远大于自重应力，一般在2倍以上，铅直应力和最大水平构造应力大体相当。

（4）两岸坡脚地带主压应力值明显受地形影响。两岸影响带深达岸里约150m。

2. 厂房系统地应力特征

（1）二维测试成果中，最大主应力 $\sigma_1$ 为 16.4～22.3MPa，最小主应力 $\sigma_3$ 为 11.8～13.9MPa，$\sigma_1/\sigma_3$ 除一个点为1.2外，其余各点均为1.6，剔除该点后求得的 $\sigma_1$ 平均值为 20.88MPa，$\sigma_3$ 平均值为 13.0MPa。最大主应力 $\sigma_1$ 的方位变化在NW341°～NE14°之间。

（2）三维测试成果中，最大主应力 $\sigma_1$ 为 14.6～29.7MPa，最小主应力 $\sigma_3$ 为 3.7～13.1MPa，$\sigma_1/\sigma_3$ 为 1.6～4.0。14个测点中有两个点表现为异常，剔除此两点后求得的 $\sigma_1$ 平均值为 20.93MPa，$\sigma_3$ 平均值为 9.10MPa，$\sigma_1/\sigma_3$ 平均值为 2.46。

（3）三维成果中，最大主应力 $\sigma_1$ 的方位变化在NW302°～NE26°之间，大多位于NW350°～NE12°之间。最大主应力 $\sigma_1$ 的倾角变化较大，但均小于50°，总体分为两个区，其中有7个点倾角小于10°，为近水平，另有7个点倾角在20°～50°，多集中在30°～40°范围内，且均向岸外倾斜。因此，地下厂房系统位于河谷二次应力集中带向正常应力区的应力过渡带上，基本上不受河谷二次应力的影响。

（4）厂房区测试点成果中，地应力量值与测试点的垂直埋深和水平埋深无明显关系。

（5）厂房区二维和三维地应力测试成果中，最大主应力 $\sigma_1$ 量值基本相当，方位基本一致，最小主应力 $\sigma_3$ 平均值量值相差较大（约4MPa）。

3. 工程区地应力研究

（1）利用拉西瓦所在的青海地区众多地应力实测资料、区域震源机制解资料，进行了大区域构造应力场的数值模拟，确定出工程区区域构造应力场主压应力方位为NE30°～50°。

（2）以NE向区域构造应力场为力源条件，利用坝址实测值，结合坝址峡谷地形特点，确定出坝址局部应力场为近SN向，属区域构造应力和峡谷斜坡自重应力叠加的结果。

（3）通过二维、三维弹性、弹塑性有限元模拟计算，确定了坝址斜坡的应力分区（松弛区、过渡区、集中区、正常区）和各区的应力量值。

（4）通过上述计算，结合坝基岩体工程地质特性、厂房洞群构造发育特征，确定了坝基利用岩体及开挖深度，选择了厂轴线，进行了充分考虑二次应力条件的洞群围岩稳定。

（中国水电西北勘测设计研究院　杨天俊）

## 特细砂在沙坡头水电站水工混凝土中的应用研究

（一）前言

黄河沙坡头水电站工程位于黄河黑山峡河段峡谷出口处，距宁夏中卫县城上游20km。坝址地处于腾格里沙漠边缘，气候干燥，风沙大，多年年平均气温8.6℃，冬季（一月）月平均气温－7.8℃，属寒冷地区，且坝址区地下水含丰富的硫酸根离子，气候和环境条件均比较恶劣。沙坡头工程是以灌溉、发电为主的综合性水利水电工程，由南干渠首电站、泄洪闸、隔离坝、河床电站、北干渠首电站、左岸副坝等建筑物组成。该工程混凝土总量约50万$m^3$。

由于地理条件等原因，黄河上游河道天然砂均偏细，需要掺用粗砂或人工砂，这样不但降低了天然砂的使用率，还因掺用粗砂或人工砂而提高了工程成本。因此特细砂水工混凝土性能研究，特定条件下的水工混凝土抗裂性能研究，对特细砂在水工混凝土中的应用具有较为重要的意义。

（二）特细砂水工混凝土配合比设计原则

根据工程施工经验，与常规流态混凝土相比，特细砂混凝土的配合比的优化设计，应突出解决混凝土用水量大和胶凝材料用量高等问题，着重从以下几个方面进行优化设计。

（1）低坍落度。采用较低的混凝土要求坍落度，降低混凝土单位用水量。

（2）低砂率。由于砂料颗粒显著变细，混凝土应尽量采用较低的砂率，以降低混凝土中胶凝材料的用量。

（3）选用优质外加剂。选用减水率高的优质减水剂，尽可能联掺引气剂，在改善混凝土施工和易性的前提下，尽量降低混凝土单位用水量。

（4）多掺掺和料。在满足混凝土各项设计指标的前提下，尽可能多掺粉煤灰或其他掺和料，以降低混凝土的水泥用量。

通过上述综合措施的采用，可使特细砂混凝土的用水量及胶凝材料与常规流态混凝土基本相当，从而可解决采用特细砂拌制混凝土进行大体积水工混凝土生产和施工的难题。特细砂混凝土设计中的其他方面内容与常规流态混凝土相同。

（三）研究试验原材料

研究试验采用青铜峡普硅42.5级水泥，宁夏大坝电厂的Ⅱ级粉煤灰，沙坡头工程所使用的外加剂。砂石骨料采用沙坡头工程天然河砂和天然卵石；砂子检测成果表明，马坊滩砂细度模数为1.5，为特细砂；人工砂细度模数为2.9，为粗砂；试验研究中特细砂混凝土直接采用马坊滩砂进行，中砂混凝土采用马坊滩砂和人工砂按比例配成细度模数为2.4～2.6的中砂。

以上各种原材料分别按规范要求进行品质指标检测试验，检测成果均满足相应标准和规范的相关技术要求。

（四）特细砂混凝土配合比设计研究及成果分析

1. 研究试验安排　根据沙坡头工程混凝土设计强度等级要求，并且依据DL/T 5150—2001《水工混凝土试验规程》要求，确定特细砂混凝土配合比试验内容；根据特细砂混凝土配合比设计原则和普通混凝土配合比设计原则，进行两种混凝土配合比设计和性能对比试验。

2. 研究试验成果分析　经过综合试验研究结果表明：

（1）混凝土强度试验成果表明，采用中砂和特细砂在相同水胶比和其他原材料的情况下，混凝土强度无明显变化，均能满足各混凝土设计强度等级的配制强度要求。

（2）采用中砂和特细砂的混凝土静力抗压弹模值和极限拉伸值没有明显差异，均满足相关设计要求。

（3）通过混凝土干缩试验成果表明，由于特细砂混凝土的出机陷度控制较小，胶凝材料用量较少，因此同强度等级的混凝土干缩值较中砂混凝土低，这对干燥、多风和温差大等特定条件下的水工混凝土抗裂性能较为有利。

（五）实际应用成果

特细砂混凝土配合比设计研究成果于2001年下半年在沙坡头工程一期导流明渠实际施工中得到了应用，共生产施工混凝土70000余立方米，混凝土设计强度等级为C20，中国水利水电第三工程局中心实验室沙坡头工程试验站和宁夏水利水电工程试验检测中心分别对该混凝土进行了抽样检测，检测成果见表1。

表1　沙坡头一期导流明渠工程混凝土质量检测成果表

| 检测单位 | 检测次数 | 混凝土强度（MPa） | | | 均方差 | 离差系数 | 强度保证率（%） |
|---|---|---|---|---|---|---|---|
| | | 平均值 | 最大值 | 最小值 | | | |
| 沙坡头工程试验站 | 342 | 28.8 | 40.9 | 20.0 | 4.01 | 0.139 | 95.6 |
| 宁夏水利水电工程试验检测中心 | 49 | 28.7 | — | — | 3.90 | 0.137 | 95.5 |

检测结果表明，采用特细砂配制的混凝土的各项性能指标和质量指标均满足标书和有关规范的要求，沙坡头工程一期导流明渠已于2001年11月通过分项工程竣工验收，工程运行至今质量良好。

（六）结束语

本次应用研究成果表明，在根据特细砂配合比设计原则进行必要的混凝土配合比性能试验研究后，采用特细砂可以配制出满足设计和规范各项指标要求，满足施工和易性要求，经济、合理的特细砂水工混凝土；采用特细砂配制的混凝土具有与同类型其他混凝土相当的变形性能，并且其干缩值较同类型混凝土偏低。

另外，本次试验研究成果还表明，采用特细砂拌制混凝土的含砂率调整幅度已经突破了常规砂调整的经验参数。因此在使用特细砂拌制混凝土前必须进行系统的试验研究，以确定本工程原材料条件下的特细砂混凝土砂率，以免因混凝土砂率使用不当而对混凝土质量带来不利影响。

（中国水利水电第三工程局施工研究所　谢凯军）

## 强风化岩渗透特性的试验研究

为减少心墙防渗体与坝壳间的不均匀沉降和由此引起的拱效应，高心墙堆石坝对防渗土料的压缩性的要求与低坝相比更加严格。因此，具有良好压实性能、低压缩性、较高抗剪强度、便于施工控制等优点的风化岩被越来越多地应用。风化岩类宽级配土料，能否作为防渗土料的关键因素往往取决于其渗透性能的优劣。对于全风化岩，其作为防渗土料的应用国外有比较多的经验，国内也有一定的经验，如已建成的高 103.5m 的鲁布革坝就是使用此种土料。这种土料压实后细料含量较高，防渗性能一般可满足要求。但强风化岩土料开采后细料含量低，压实后的渗透性能是否满足作为防渗土料的要求，不但与风化岩本身的性质有关，而且受压实方式的影响比较明显，目前该方面的研究成果较少。结合坝高 227m 的水布垭心墙堆石坝的设计，对强风化岩作为心墙防渗土料的渗透性能进行了室内试验研究，对制样击实功能、土料制样控制含水量、细料含量及上覆荷载等因素对土料渗透性能的影响规律进行了探讨。

（一）土料的基本性质

强风化砂页岩呈黄色或黄褐色，裂隙发育，且裂隙面全部风化，大部分不同程度的张开，裂隙间基本无结构连接。试验取具代表性样品两种，分别简称为 S1 和 S2，两种土料虽同属强风化岩之列，但后者风化程度略高。

1. 土料的物理和化学性质　风化岩开采后的级配变异性大，因此取粗、中、细（下级配、平均级配和上级配）三种土料特征级配作为试验的控制级配见表 1）。两种土料的级配分布情况大致相同，粒径范围均较宽。土料的矿物成分以石英和黏土矿物为主，黏土矿物中以伊利石为主，性质较稳定，化学成分以二氧化硅为主，可溶盐和有机质含量很低。作为防渗土料，其矿化性质指标符合有关规范要求。

表 1　土料的物理性质指标

| 土料名称 | 各粒组百分含量（%） | | | | | | 比重 | 液限（%） | 塑限（%） | 塑性指数 |
|---|---|---|---|---|---|---|---|---|---|---|
| | >60（mm） | 60～40（mm） | 40～20（mm） | 20～10（mm） | 10～5（mm） | <5（mm） | | | | |
| S1 上级配 | 18 | 13 | 30 | 20 | 7.3 | 11.7 | 2.78 | 25.6 | 15.5 | 10.1 |
| S1 平均级配 | 40.6 | 13.1 | 22.3 | 13 | 5 | 6 | | | | |
| S1 下级配 | 58.5 | 11.5 | 14.0 | 8 | 3 | 5 | | | | |
| S2 上级配 | 6 | 6 | 19 | 22 | 15 | 32 | 2.72 | 31.2 | 18.1 | 13.1 |
| S2 平均级配 | 58.5 | 11.5 | 14 | 8 | 3 | 5 | | | | |
| S2 下级配 | 71 | 11 | 11 | 3 | 2 | 2 | | | | |

2. 土料的击实特性　风化岩作为防渗体材料的渗透性能，受压实过程中的颗粒破碎的影响很大，压实功能的提高可以降低土料的渗透性。击实试验结果见表 2。从表 2 中可以看出，不同细料含量的土料的压实干实度相近。

此类土料在击实试验过程中的颗粒破碎现象比较明显，表 3 列出了部分土料击实后的颗粒级配分布情况。

（二）影响风化岩渗透性能的因素

1. 试验方法　强风化砂页岩料的级配范围宽，大粒径颗粒较多，因此渗透试验以常水头大型渗透试验为主。大型试验试样直径为 30cm，用料的最大粒径为 60mm，制样含水量控制在最优含水量附近。试样在击实仪上制备。

表 2　土料击实特性指标

| 土料名称 | 轻型击实 | | 重型击实 | |
|---|---|---|---|---|
| | $\rho_{dmax}$（g/cm$^3$） | $w_{op}$（%） | $\rho_{dmax}$（g/cm$^3$） | $w_{op}$（%） |
| S1 上级配 | 2.00 | 8.5 | 2.16 | 8.0 |
| S1 平均级配 | 1.96 | 8.0 | 2.19 | 9.7 |
| S1 下级配 | 1.97 | 9.2 | 2.13 | 8.0 |
| S2 上级配 | 1.91 | 12.0 | 2.04 | 11.8 |
| S2 平均级配 | 1.93 | 11.7 | 2.07 | 10.0 |
| S2 下级配 | 1.97 | 11.0 | 2.11 | 10.4 |
| 小于 5mm 的 S1 细料 | 2.04 | 13.7 | 2.19 | 8.10 |
| 小于 5mm 的 S2 细料 | 1.90 | 15.1 | 2.03 | 11.2 |

表 3　击实试验后土料不同粒组平均含量

| 土样编号 | 试验条件 | 各粒组平均百分含量（%） | | | | | |
|---|---|---|---|---|---|---|---|
| | | 60～40 mm | 40～20 mm | 20～10 mm | 10～5 mm | <5 mm | <0.1 mm |
| S1 上级配 | 轻型 | 4.9 | 15.5 | 27.1 | 14.0 | 38.5 | 12.9 |
| | 重型 | 3.6 | 15.1 | 23.0 | 11.9 | 46.4 | 18.8 |
| S1 下级配 | 轻型 | 7.0 | 11.3 | 27.7 | 16.0 | 38.0 | 6.3 |
| | 重型 | 3.9 | 10.9 | 25.1 | 18.7 | 41.4 | 12.6 |
| S2 上级配 | 轻型 | 0.9 | 8.3 | 19.9 | 13.2 | 57.7 | 33.9 |
| | 重型 | 0 | 6.8 | 15.3 | 10.0 | 67.9 | 35.5 |
| S2 下级配 | 轻型 | 5.0 | 28.5 | 25.7 | 10.7 | 30.1 | 14.3 |
| | 重型 | 3.5 | 25.0 | 24.8 | 11.1 | 35.6 | 20.0 |

粒径小于 5mm 的土料的试验在小型渗透仪上完成，制样采用静压法，抽气饱和，用变水头方法确定土料的渗透系数。制样干密度为轻型击实最大干密度，其水量控制在一定范围内。

2. 试样制备含水量对其渗透性的影响　风化岩宽级配土料的渗透性能，在很大程度上取决于细料的性质。从小于 5mm 细料的渗透试验结果可以看出，不同制样含水量条件下土料的渗透系数基本相似。这说明含水量对此类土的细料压实结构性的影响不大，具有一定的无黏性土的特征。

3. 制样击实方式对渗透性的影响　土料 S1 及 S2 先分别按轻型标准和重型标准在击实仪上制样，然后进行大型渗透试验，试验结果见表 4。由此看出，不同击实标准制样得到的土料的渗透系数有明显的差别。在轻型标准制样条件下，土料的渗透系数在 $10^{-5}$～$10^{-2}$cm/s 量级范围内，而在重型标准制样条件下则降低至 $2\times10^{-6}$～$3\times10^{-5}$cm/s。

表 4　按重型和轻型标准击实制样大型试验结果

| 土样名称 | 级配条件 | $P_{<5}$（%） | 制样击实标准 | 试样干密度（g/cm³） | 制备含水量（%） | 渗透系数（cm/s） |
|---|---|---|---|---|---|---|
| S1 | 上 级 配 | 11.7 | 轻型 | 1.99 | 8.5 | $3\times10^{-2}$ |
| | 平均级配 | 6.0 | 轻型 | 1.94 | 8.0 | $8\times10^{-2}$ |
| | 下 级 配 | 5.0 | 轻型 | 2.00 | 9.2 | $4\times10^{-2}$ |
| | 上 级 配 | 11.7 | 重型 | 2.20 | 8.0 | $5\times10^{-6}$ |
| | 平均级配 | 6.0 | 重型 | 2.20 | 9.7 | $1\times10^{-5}$ |
| | 下 级 配 | 5.0 | 重型 | 2.16 | 8.0 | $3\times10^{-5}$ |

续表

| 土样名称 | 级配条件 | $P_{<5}$（%） | 制样击实标准 | 试样干密度（g/cm³） | 制备含水量（%） | 渗透系数（cm/s） |
|---|---|---|---|---|---|---|
| S2 | 上 级 配 | 32.0 | 轻型 | 1.93 | 12.0 | $6\times10^{-5}$ |
| | 平均级配 | 5.0 | 轻型 | 1.99 | 11.7 | $2\times10^{-3}$ |
| | 下 级 配 | 2.0 | 轻型 | 1.99 | 11.0 | $3\times10^{-3}$ |
| | 上 级 配 | 32.0 | 重轻 | 2.05 | 11.0 | $5\times10^{-6}$ |
| | 平均级配 | 5.0 | 重型 | 2.10 | 10.0 | $2\times10^{-6}$ |
| | 下 级 配 | 2.0 | 重型 | 2.11 | 10.4 | $8\times10^{-6}$ |

制样击实标准之所以对此种土料的渗透性造成如此大的影响，主要是两种击实标准的击实功能和击实冲量不同所致。为了更好地揭示这两个控制土料压实效果的主要因素对土料渗透性的影响规律，本研究进行了变击实功能制样的渗透试验，其结果见表 5。该试验试样在重型击实仪上制备，通过变化各击实层的锤击数，改变击实功能。

击实冲量和击实功能对此种土料的渗透性有明显的影响，其原因是，因为两者直接制约着制样过程中土料的颗粒破碎的程度和击实密度。从本试验结果可以看出，在强风化岩碾压施工中宜采用重型碾压机具和较薄的铺土厚度，方能确保其压实后的渗透性能符合作为防渗土料的要求。

表 5　重型击实不同击实功能制样渗透试验结果

| 土料名称 | $P_{<5}$（%） | 击实功能（kJ/m³） | 每层击数 | 干密度（g/cm³） | 制备含水量（%） | 渗透系数（cm/s） |
|---|---|---|---|---|---|---|
| S1 | 5 | 685 | 22 击 | 2.01 | 8 | $5\times10^{-3}$ |
| | 5 | 1370 | 44 击 | 2.07 | 8 | $6\times10^{-4}$ |
| | 5 | 2055 | 66 击 | 2.15 | 8 | $5\times10^{-5}$ |
| | 5 | 2740 | 88 击 | 2.18 | 8 | $3\times10^{-5}$ |

4. 小于 5m 细料含量对渗透性的影响　在轻型标准制样条件下，细料含量低于 15%时，土料的渗透系数在 $10^{-2}$ cm/s 量级，与砂砾石的渗透系数相当；细料含量高于 40%时，土料的渗透系数降至 $10^{-4}$ cm/s量级，再提高细粒含量，土料渗透系数变化不大。渗透系数在细料含量约为 50%时达到最小值，但峰值不明显。当细料填满起骨架作用的粗颗料间的孔隙时，土料的渗透系数最低。

在重型击实每层击数为 44 击制样时，在试验涉及的细料含量范围内，随细料含量的增加其渗透系数也呈明显的递减趋势。而在每层击数为88击的重型标准条件下制样时，表3所示细料含量降至5%，土料的渗透系数也能满足防渗要求。

5. 施加垂直压力对土料渗透性能的影响规律

（1）试验方法。常规渗透试验是土样或击实后不施加外力的条件下进行的。为认识风化岩宽级配料在受力条件下的渗透性质，在试样直径为30cm、高为20cm的大型加压渗透仪上进行了土料的加压渗透试验。该试验装置类似于压缩仪。试验时，试样在侧限条件下，分5～6级施加垂直压力，每级压力施加后，待变形稳定测定其渗透系数。本试验的最大垂直压力约为3MPa。试样制备干密度控制在0.95倍的重型击实最大干密度附近，采用分层控制干密度方法击实制样。

（2）试验结果及分析。渗透试验结果详见表6。在垂直受压条件下，土料的渗透系数比常规试验值明显降低。在试验过程中，强风化岩土料渗透系数在低压时降低幅度很小，当压力增加至1MPa以上，此现象才比较明显。因此，低坝设计时此类防渗土料的渗透性可不考虑上覆压力的影响；土料的渗透系数，在上覆压力的作用下的降低幅度与其风化程度有关，风化程度相对较强的土料的降低幅度较大。在试验所施加的垂直压力范围内，渗透系数最大降幅约为两个数量级；在低细料含量和低密度条件下，土料的渗透系数随压力的增加而降低的规律较高细料含量和高密度条件下明显。从土料受压时的渗透性变化规律看，渗透性较强的风化料填筑于防渗体的较低部位，有利于提高防渗土料在实际使用中防渗性能。

表6 加压渗透试验结果

| 土料名称 | $P_{<5}$ (%) | 干密度 (g/cm³) | 最大垂直压力 (0.1MPa) | 渗透系数(cm/s) | | $n$ |
|---|---|---|---|---|---|---|
| | | | | 无压状态 | 最大压力 | |
| S1 | 30 | 2.05 | 29.5 | $5\times10^{-4}$ | $2\times10^{-5}$ | 2.8 |
| | 15 | 2.10 | 29.5 | $6\times10^{-4}$ | $5\times10^{-5}$ | 2.5 |
| | 30 | 2.10 | 28.6 | $1\times10^{-4}$ | $9\times10^{-6}$ | 2.5 |
| | 60 | 2.10 | 31 | $1\times10^{-5}$ | $2\times10^{-6}$ | 1.8 |
| | 90 | 2.10 | 30.9 | $2\times10^{-5}$ | $6\times10^{-6}$ | 1.7 |
| S2 | 25 | 1.98 | 28.6 | $2\times10^{-4}$ | $6\times10^{-6}$ | 3.1 |
| | 15 | 1.98 | 27.0 | $3\times10^{-4}$ | $3\times10^{-6}$ | 5.0 |

土料的渗透系数随垂直压力而变化的规律可用下式近似表示：

$$K=\frac{K_0}{\left(1+\left(\frac{P}{P_a}\right)^n\right)}$$

式中 $K$——某一压力下的土料的渗透系数，cm/s；

$K_0$——常规无压条件下土料的渗透系数，cm/s；

$P$——垂直压力，100kPa；

$P_a$——大气压力，0.1MPa；

$n$——与材料有关的常数。

表6中列出了试验得出的材料的$n$值，常数$n$体现了土料对施加压力的敏感程度。

（三）结论

（1）试样制备含水量的变化对压实强风化岩土料的结构性影响不大，不会像一般黏性土那样，因压实控制含水量不同而导致渗透性的明显变化。

（2）强风化岩的渗透性受击实制样方式的影响显著。在其他条件相同时，用普氏和修正普氏两种击实标准分别制样，其渗透系数最大可相差约1000倍。

（3）强风化岩作为防渗土料，其上坝土料的细粒含量应有一定的要求。控制细颗粒含量值应根据实际压实施工采用的压实设备和碾压施工数确定。

（4）在高上覆压力作用下，强风化岩的渗透性比常规无压试验值明显降低。在压力达3MPa时，渗透系数的最大降低幅度约为两个数量级。土料因上覆压力作用而导致渗透性降低的幅度与其风化程度、细料含量、压实密度等因素有关。

（中国水利水电科学研究院
蔡 红 温彦峰 边京红）

## 碾压混凝土拱坝接缝重复灌浆技术的研究与应用

碾压混凝土拱坝结合了碾压混凝土和拱坝两方面的优势，已成为混凝土坝设计中富有竞争力的比选方案之一。碾压混凝土拱坝的施工方法和常态混凝土拱坝的柱状浇筑法有根本的区别。常态混凝土拱坝成熟的分缝技术，不完全适用于碾压混凝土拱坝。而碾压混凝土重力坝的分缝技术又满足不了拱坝在结构设计上的封拱灌浆要求。因此，接缝设计、施工和重复灌浆便成为碾压混凝土拱坝，特别是高拱坝的关键技术。"九五"期间，结合沙牌碾压混凝土拱坝进行了专门技术攻关，研究成果形成了一套适用于碾压混凝土拱坝接缝重复灌浆的新技术，包括可重复灌浆的单环回路灌浆管道布置、重复出浆盒、超细水泥灌浆材料、重复灌浆工艺等。

（一）接缝重复灌浆系统布置

图1所示为碾压混凝土拱坝诱导缝的单回路灌浆管路系统布置方案示意图。每个灌浆分区高约6m，其中预埋有3条相互独立的单回路灌浆管道，与诱导板的布置相一致。诱导板由一对预制混凝土件组成，

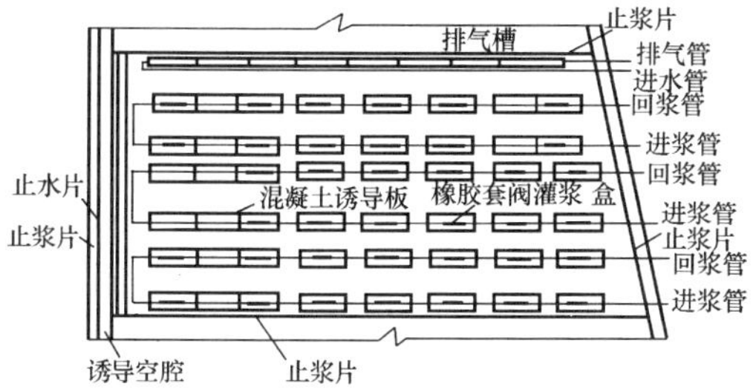


图 1 碾压混凝土拱坝诱导缝单回路灌浆管路系统布置示意

其在碾压混凝土坝体的诱导缝处形成不连续弱面，促使坝体裂缝发生在预定位置。在浇筑碾压混凝土时，单回路灌浆管道与诱导板同时预埋安装，串联在灌浆管道上的重复出浆盒位于两块诱导板之间。诱导板的数量和间距由分缝设计和应力分析成果确定。诱导板通过锚筋与碾压混凝土体牢固连接，以确保接缝在两块诱导板之间张开。灌浆分区内的 3 条灌浆管道相互独立，可单独施灌，又互为备用。灌浆区顶部设有排气槽，以排出在灌浆过程中上升到灌浆区顶部的空气、水或稀浆。排气槽两端接有排气管和进水管，以便在第一次灌浆结束后冲洗排气槽。沙牌碾压混凝土拱坝将诱导板改为预制混凝土重力墩式，使诱导板的安装定位在碾压混凝土摊铺碾压前完成，简化了施工程序，方便易行，成功率高，更适应碾压混凝土的快速施工工艺。

（二）橡胶套阀重复出浆盒

橡胶套阀重复出浆盒由穿孔铜管、弹性橡胶套和两个管接头组成，能够通过管接头方便快捷地串联安装在灌浆管路中，其细部结构如图 2 所示。胶套包裹在穿孔管的外面借助收缩压力紧密覆盖管壁上的出浆孔，只有当管内压力达某定值时，水或浆材才能顶开橡胶套，从出浆孔流出，而无论何种外压也不会使外面的水或浆材回流。

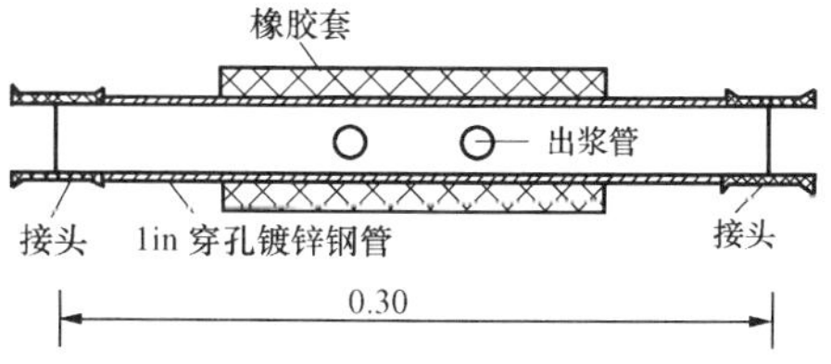


图 2 橡胶套阀出浆盒的结构示意

橡胶套阀的开环压力与橡胶材料的弹性模量密切相关，通过调整橡胶材料的弹性模量可以控制橡胶套阀的开环压力在 0.10～0.20MPa 范围内。

（三）灌浆工艺

接缝重复灌浆的灌浆工艺过程与常规混凝土坝基本相同，但灌浆结束后应在适当时间内将灌浆系统的进回浆管和排气管冲洗干净，保证管路畅通和重复出浆盒的有效性，以实现多次重复灌浆。

1. 灌浆压力　在灌浆过程中，进浆管口处的灌浆压力可按下列公式估算：

$$P_s = P_v + \gamma h + P_o + P_f$$

式中　$P_s$——进浆管口处的浆压；

$P_v$——排气管口处的最大容许浆压；

$\gamma h$——浆材的静压力；

$\gamma$——浆材的表观密度；

$h$——灌浆分区的进浆管口到排气管口的垂直高度；

$P_o$——表示橡胶套阀的开环压力；

$P_f$——维持浆材在缝隙中流动所需的浆压力。

设浆材的流变行服从宾汉姆流体模型，则浆体发生层流必须克服的初始剪切阻力，即：

$$P_f > 2\alpha h t_B/\Delta$$

式中　$t_B$——浆材的塑性剪切屈服强度；

$h$——灌浆区的垂直高度；

$\Delta$——接缝的平均开度；

$\alpha$——取值取决于接缝开度和接缝内壁粗糙程度以及浆材流变性能的阻力系数，其值在理想条件下（理想光滑表面，宾汉姆流体）等于 1.0，非理想条件下大于 1.0，若接缝开度低于 0.5mm 则随着开度减小 $\alpha$ 值将迅速增大。

2. 灌浆管道冲洗压力　灌浆结束后，长度为 $L$，内径为 $D$ 的灌浆管道中充满水泥浆材，用压力水冲洗时，水压力首先要克服管道内水泥浆材的塑性剪切屈服强度，据此水压力应满足：

$$\frac{D^2}{4}\pi\rho \geqslant D\pi\tau_B L$$

经整理得：

$$\rho \geqslant \frac{4L\tau_B}{D}$$

对于 60m 长，内径为 25.4mm 的直管道，取水泥浆材的塑性剪切屈服强度为 10～20Pa，则冲洗水压力应大于 0.094～0.19MPa。

要彻底将灌浆管道内的水泥浆冲洗干净，还需使冲洗水流达到某一特定速度 $v_m$，这要求冲洗水压力不能低于某一定值 $P_L$。对于定常流动，根据不可压缩黏性流体在管道内流动的能量方程可以推导出：

$$P_L = (\Delta h + \Delta z)\rho g$$

式中　$\Delta h$=能头损失。

$$\Delta h = \Sigma\left(\xi + \lambda\frac{L}{D}\right)_i\frac{v_m^2}{2g}$$

式中　$\xi$——局部损失系数；

$D$——管道直径；

$L$——管道长度；

$\lambda$——管道的沿程阻力系数；

$\Delta z$——灌浆管路系统进出浆管口的垂直高差；

$\rho$——流体密度；

$g$——重力加速度。

对于内径 25.4mm，总长 60m 的普通镀锌铁管，可计算出管道内水的流速 $v_m$ 为 1～2m/s 时所需施加水压力 $P_L$ 为 0.074～0.24MPa。

3. 冲洗时间　由于水泥的水化，水泥浆材的黏度和塑性剪切屈服强度将随时间延长而增长，因此进回浆管和排气管的冲洗应在水泥浆材的黏度和塑性剪切屈服强度出现快速增长（初凝）前的适当时间内完成。根据沙牌碾压混凝土拱坝接缝重复灌浆的经验，在灌浆结束后立即冲洗各回路进、回浆管，冲洗压力 0.05～0.1MPa，整个灌区灌浆结束后 10～30min 冲洗排气管，冲洗压力 0.40～0.45MPa。

（四）工程应用

单回路接缝重复灌浆系统 1999 年在四川沙牌碾压混凝土拱坝施工中应用，随后在蔺河口、毛坝关、招徕河、玄妙观等碾压混凝土拱坝中应用。沙牌于 2001 年 10 月完成了 2 号、3 号诱导缝高程 1750.0～1792.0m 共 14 个灌区的第一次接缝灌浆，2003 年 4 月在坝体基本达到稳定温度后，进行了二次重复灌浆。灌后进行了钻孔取芯检查和压水试验，认为重复灌浆的设计和施工是成功的，达到了预期目的。

（中国水利水电科学研究院　陈改新）

## 土 工 数 值 分 析

（一）高土石坝动力分析及抗震工程措施研究

“高土石坝动力分析及抗震工程措施研究”是“八五”国家科技攻关项目、水利水电建设领域的重要研究方向。通过数值分析研究，该项目提出四个以等价线性模型为基础的三维有限元动力分析方法，具备了向设计单位推广应用条件，并提出一个理论上比较完善的基于弹塑性模型的真非线性分析方法，提出了新的更为合理的土石坝地震永久变形（特别是堆石料的地震残余变形）与振动孔隙水压力计算方法、接触面的模拟方法、地震波的输入方法和坝体（面板坝）与水体相互作用的分析方法，形成了比较全面完整的土石坝（包括面板坝）的动力分析方法。同时提出了一套包括抗滑稳定安全，液化度，断裂和震陷量在内的全面的地震破坏准则，分别对心墙坝与面板坝提出了一系列新的抗震工程措施，从而最终把动力分析方法纳入土石坝抗震设计规范以取代传统的拟静力法奠定了基础。成果应用产生了极大的经济效益和社会效益。该项目 1999 年度获国家科技进步三等奖。

（二）覆盖层上筑混凝土面板堆石坝的关键技术研究

该项目是水利部水利科技重点项目。项目采用二维、三维弹塑性有限元数值分析，对混凝土防渗墙、混凝土趾板及混凝土面板的应力、变形特性进行了深入的研究，并以离心模型试验成果验证应力变形分析的数学模型，研究了趾板的合理长度，以及不利应力变形条件的改善措施。采用新型结构模型试验，研究了不同接缝止水构件的止水材料的抗变形和抗渗能力，进一步论证了表层及底部两道止水方案，表明焊缝是铜止水片的薄弱环节，并提出了改进途径。对覆盖层上的面板坝，提出了优化设计的数学模型，以大坝造价最低为目标函数，用三种优化数值计算方法进行计算，得出经济合理的断面设计方案。成果应用于实际工程将对减少坝基开挖工程量、简化导流、缩短工期、降低工程造价等有着重大的意义，具有广泛的应用前景和巨大的推广应用价值。

（南京水利科学研究院）

## 高面板坝新型监测设备和资料反馈分析

“高面板坝新型监测设备和资料反馈分析”为“九五”国家科技攻关项目，通过科研工作者的不懈努力，取得了一系列重大成果：遥测遥控水平垂直位移计、高精度双向固定测斜仪、7 个分析计算模型等。

（1）遥测遥控水平垂直位移计。测量范围和技术性能居世界领先，满足了 230～240m 高面板堆石坝坝体内部变形观测的需要，同时也是世界上惟一的一种已经实现遥测遥控的水平垂直位移计。

（2）高精度双向固定测斜仪。测量范围和技术性能也居世界领先，采用先进的整体密封结构，耐水压 3.5MPa，可以遥测遥控，从而满足了 350m 高面板堆石坝挠度观测的要求，并有高精度旋转基座定位系统，不仅实现双向观测，而且可以正、反向复测，从而消除传感器零漂的影响，减少测量误差，保证了面板挠度观测的高精度。国内外尚未见同类产品，因此该仪器具有显著的创新点。

以上两项研究成果应用于天生桥一级、万安溪、株树桥、成屏等面板堆石坝，提出了有关高面板堆石坝筑坝技术的新观点：应该考虑堆石等筑坝材料的缩尺效应和流变特性；宜利用已建工程原型观测资料反馈分析来验证或确定面板堆石坝筑坝材料的计算参数，包括堆石坝筑坝材料的缩尺效应修正系统和流变参数，以及面板与垫层之间接触面计算参数。这些观点在国内外也是首次提出，具有显著的创新性。研究成果应用于水布垭、公伯峡、吉林台、洪家渡、紫坪铺、三板溪、姚家坪、察汗乌苏、乌鲁瓦提、珊溪、白溪、黑河、三岔河、黑泉、茄子山、穆阳溪、大桥等面板堆石坝工程，对提高这些工程的设计、施工水平，节省投资，保证工程的安全运行，提高运行水平，为工程的鉴定验收提供技术依据等，产生了积极的作用，创造了极大的经济效益和社会效益。

(3) 提出了完整的高面板堆石坝原型观测资料分析方法和反馈分析方法，首次提出了 7 个分析计算模型，将灰色系统理论引入了面板堆石坝原型观测资料分析，建立灰色状态模型和灰色预测模型具有显著的创新性。灰色理论分析方法应用于铁山坝，结果表明，灰色动态模型和灰色静态模型都能很好拟实测结果；将模糊数学理论引入面板堆石坝的原型观测资料分析，从堆石坝性状机理着手，建立了堆石坝坝体变形的模糊推理预测模型。应用于万安溪面板堆石坝，结果表明，此模糊推理预测模型有一定的精度。

（南京水利科学研究院）

## 复杂条件下高拱坝（300m 级）建设中的应用基础研究

随着经济的发展，为满足对水资源和能源越来越大的需求，即将修建小湾、溪洛渡、锦屏、白鹤滩等 300m 级的特高拱坝。虽然中国高拱坝的设计和研究水平总体上已处于国际先进地位，但这些特高拱坝所在地区的地形陡峻，地质条件特别复杂，地震烈度很高，因此仍然存在一些难度很大的基础性问题，需要更深入的研究。本项目的主要研究内容包括：

1. 300m 级高拱坝工作及破坏机理和现代设计理论与方法的研究　重点研究混凝土高拱坝开裂及破坏机理、计算理论和方法；高拱坝及坝基岩体稳定性理论与分析方法；大体积混凝土的随机温度场、随机徐变应力场和时变可靠度；坝体分缝对高拱坝工作性态和安全度的影响等。

2. 材料性质对高拱坝动静态特性影响的研究　重点研究了高拱坝抗震安全的评价准则与评价方法。混凝土的多轴强度、动态强度与损伤特性及本构关系。拱坝的非线性地震响应与损伤发展的分析。拱坝的非平稳随机地震响应以及拱坝的振动控制技术。

3. 复杂条件下高拱坝的地震输入问题和坝肩动力稳定性分析　包括考虑频率非平稳的随机地震动输入和设定地震的研究。地震动参数衰减关系。时域内显式非线性波动分析方法等。

第 1 部分的主要研究内容和成果是：

(1) 混凝土损伤开裂的破坏机理、计算理论和方法的研究。进行了混凝土损伤模型的研究，提出混凝土损伤定量分析的原理和方法，对国内外研究比较薄弱的温度损伤问题进行了深入研究，得出创新性的成果。研究了高拱坝裂缝产生和扩展的分析方法，进行了静力条件下高拱坝损伤—开裂的仿真分析。

(2) 高拱坝及坝基岩体稳定性理论与分析方法的研究。针对多裂隙岩体，提出非连续变形分析方法——块体单元法，采用理论分析、数值计算和模型试验相结合的方法，系统研究了高拱坝沿建基面的稳定性和破坏机制，这是高拱坝研究的热点问题。深入研究了高拱坝的破坏模式，提出高拱坝的破坏分析方法和失稳破坏判据。

(3) 大体积混凝土结构的随机温度场、随机徐变应力场和时变可靠度研究。研究大体积混凝土结构随机温度场的计算方法，非平稳随机温度场作用下的随机徐变应力，时变可靠度的数值解法，随机徐变应力作用下混凝土结构的时变可靠度等。

(4) 拱坝的分缝研究。提出设缝拱坝的计算模型、理论和方法，系统研究了分缝对高拱坝工作性态及安全度的影响。

第 2 部分的主要研究内容和成果是：

(1) 高拱坝抗震安全评价准则与评价方法的研究。研究了高拱坝抗震设计和安全评价的国内外发展现状及存在的问题，提出合理评价准则的建议。

(2) 混凝土材料静动力特性及本构关系的研究。针对高拱坝抗震研究中的薄弱环节，通过 700 多个试件的试验深入研究了混凝土材料的动态特性、复杂荷载历史对混凝土多轴强度的影响等，在强度准则中提出了反映荷载历史影响的损伤新定义，构造了反映混凝土敏感特性的塑性本构关系。提出建立静动态统一本构关系的理论框架，严格证明了判别不可逆过程是否与时间相关的判别准则。

(3) 拱坝非线性地震响应和抗震关键技术的研究。建立基于速率相关的混凝土弹塑性损伤本构模型，进行了高拱坝地震损伤发展的分析。应用时—频联合分析技术建立高拱坝非平稳随机地震动输入模型，进行了拱坝的非平稳多点激励随机响应分析。提出高拱坝结构缝中设置阻尼耗能装置进行振动控制的新概念，结合小湾拱坝研究了耗能装置型式、优化布置方案及减震效果。

第 3 部分的主要研究内容和成果是：

(1) 坝址区强地震活动和河谷地形影响的研究。基于介质品质因子对地震动系数影响的分析，将具有丰富强震记录地区的信息应用于重大工程的设计，提高了地震动设计的可靠性，对重大工程设计地震动的研究具有十分重要的意义。本研究还提出了适于任意河谷地形的地震动空间自由场随机地震动模型。

(2) 高拱坝地震动力分析方法与坝肩稳定分析的

研究。将时域显式有限元方法与人工透射边界相结合，建立了有缝拱坝—库水—无限地基系统非线性地震响应分析的时域显式有限元波动分析方法，进行了小湾高拱坝的分析，考虑了坝基中节理、裂隙、断层的非线性和介质非均匀性的影响，为工程提供了重要参考。将水库淤砂模拟为液、固两相多孔介质、单相固体介质或重流体介质，研究了淤砂对高拱坝地震响应的影响，取得了新的认识。

通过4年研究，不仅在水工结构、工程力学、岩土力学、抗震学等学科的基本理论和基本方法方面取得丰硕成果，有所创新，而且提高了我国高拱坝的设计理论与设计方法水平，使其进入国际领先行列。并直接为小湾、溪洛渡等重大工程解决了一些关键技术问题，研究成果得到了应用，取得很好效果。这些成果已经推广应用于其他水利水电工程，如锦屏高拱坝的安全度分析，龙滩、瀑布沟大型地下洞室围岩的稳定分析，龙滩、糯扎渡大坝的抗震分析。

（河海大学　任青文）

## 复杂地质条件下岩土地基稳定性及治理技术

目前，研究岩土地基稳定性的主要方法是理论研究、数值分析和现场监测，稳定性研究的主要内容为稳定性分析的方法和稳定安全度的确定。特别是岩体，由于其组成复杂，结构面众多，它的破坏主要是沿着软弱结构面发生，是一种典型的非连续结构。因此，本项目研究的总体思路为：通过理论研究、数值分析和室内模型试验深入研究非连续变形分析方法和稳定性分析方法，结合现场观测资料的分析和反分析研究，为岩土地基失稳的治理打下基础。

研究所采取的技术路线为：通过广泛阅读文献，了解与本项目研究内容有关的国内外动态和研究现状；与设计和施工部门紧密配合，结合"九五"期间的重大工程科技项目，采用理论研究、数值分析、模型试验和现场观测相结合的方法进行研究，并将研究成果用于生产，以解决实际问题和检验理论与方法的正确性。主要研究内容及所取得的成果包括：

（1）在复杂地基应力应变分析的理论与方法方面，提出可以分析非连续变形的弹塑性块体单元法，具有前处理方便、工作量少、计算精度高的优点。

（2）提出稳定性分析的间接方法，即采用超载或强度储备的办法，使地基进入极限平衡状态。根据数值分析得到的地基位移场和应力场，按照一定的失稳判据，确定最小稳定安全系数。而且不必事先假定滑移面，能够自动搜索最危险滑移面和滑移方向。

（3）地基稳定性的实验研究。对三峡工程左岸3号厂房坝段的地基稳定性进行了室内模型试验，验证了弹塑性块体单元法的正确性。

（4）岩土材料参数的反演识别。提出分组迭代反演方法，能够高效地识别不均匀复杂地基的材料力学参数。

（5）岩土地基的加固研究。主要对预应力锚杆和锚索的加固机理进行了研究综述，并应用于实际工程。

（6）稳定性的现场研究。建立了边坡不稳定分析系统，根据实测数据和专家经验动态分析边坡的稳定性，具有先兆性。

（河海大学　任青文）

## 生态与环境水力学

生态与环境水力学是与水文水资源和环境工程学科交叉衍生出的新兴的研究方向，也是目前国外研究的热门课题之一。研究内容包括水利信息科学（Hydroinformation）、生态水力学研究（Eco-hydraulics）、环境水力学、城市雨洪与节水工程研究等。

该专业的主要特色为：①在水利信息科学研究方面，水流运动信息可由一组水动力参数表征，即水位、流量、流速等，研究这些参数随时空变化的分布有助于沿湖沿江城市的防洪规划和堤防建设；②在城市雨洪与节水工程的研究方面，通过理论分析和室内人工降雨水槽试验，研究了坡面浅层均匀流和降雨产生的沿程变量流的流态和阻力规律，得到降雨作用下坡面流的Darcy-Weisbach阻力系数关系式，开展可贮存雨水的地下水利工程水力学研究；③在环境水力学研究方面，建立任意复杂河网的水力、水质仿真模型，解决水力模型与水质模型的连接问题，提出了多孔扩散器水力优化设计理论，解决了工程设计中密排与疏排孰优孰劣的难题；④在生态水力学研究（Eco-hydraulics）方面，利用水动力学基本理论，研究水利工程附近河道及湖泊、河口水流运动对生态的影响。结合珠江入海口水动力条件的变化研究河口赤潮形成机理及预报模型，研究湿地对水环境生态的影响。

在该研究方向已经取得的部分突破：①数字水利与防洪决策支持系统；②城市雨洪的预报和综合利用技术；③湖泊与河口赤潮的预报及预防措施；④河流生态综合治理技术；⑤内含多种建筑物的复杂河网水量水质耦合模型。

（河海大学　李　凌）

## 工程水力学

工程水利学研究的主要内容：①结合国家西部开发开展高坝水利枢纽水力学研究，面向全国水利水电建设；②结合江苏地理环境开展平原水利枢纽水力学问题，直接为江苏水利建设和社会发展服务。

该专业的主要特色有：

(1) 在复杂水流的精细模拟与可视化技术研究方面，将分形理论引入紊流研究，利用相空间重构、分形几何原理研究了紊流脉动物理特征量的分形特征。

(2) 在工程水力学反问题研究方面，把现代控制论的理论和方法引入反问题的研究，从更深的层次揭示出求解反问题的实质就是实现对系统的最优化控制，构建了工程水力学反问题研究严谨的理论框架。

(3) 在泄洪布置与消能研究方面，将传统的水力设计与现代设计理论如最优化方法、水力可靠度等结合起来开展高拱坝坝身泄洪布置与消能的优化数学模型和坝下消能风险分析模型研究。针对江苏低水头水利枢纽居多的特点，正在开展工程水力学专家系统的研究。

(4) 在高速含沙水流磨蚀机理与掺气抗磨研究方面，研究影响磨蚀的主要因素，提出了掺气有助于减小水流对固体边界的磨阻力，建立了混凝土材料壁面磨蚀率的计算公式。

(5) 在流体与固体耦合作用下的动力特性研究方面，解决了钢闸门流激振动相似模型中的关键技术难题，开展了大型浮体闸在动水中沉浮稳定性研究。

(6) 在城市与平原地区水利枢纽的布置与整流技术研究方面，系统地对水闸泵站合建枢纽不对称布置、对称布置与分层布置中出现的各类复杂水流流态及形成机理进行研究，开发各类整流技术和低佛氏数消能措施，提出了在水闸高淹没条件下提高泄流能力的方法，为江苏省防洪加固续建工程提供理论和技术支撑。

预计在该研究方向可能取得的突破：①复杂紊流场计算机仿真技术；②数值模型与物理模型之间的实时耦合与互动技术；③流固耦合的基本理论与应用技术；④节能型、环保型泵站与泵机设计理论与应用技术等。

(河海大学　严忠民)

## 岩土渗流控制与监测

岩土渗流控制与监测与岩石力学学科相互交叉相互渗透，主要研究地下水在不同介质中的运动规律和相互影响。在进行基础理论研究的同时，还大力开展应用技术的研究。主要内容包括：①裂隙岩体渗流应力耦合研究；②岩土渗流控制技术研究。

该专业的主要研究成果：①通过实验研究，提出了裂隙渗流应力耦合作用下裂隙变形机制及渗流应力耦合本构关系，并首次提出了裂隙岩体渗流应力全耦合四自由度分析方法；②对裂隙岩体渗流特性进行了全面系统的模型实验研究，在实验基础上总结提出了一系列半经验理论成果；③结合国家自然科学基金“地表入渗裂隙岩体的非饱和渗透规律及分析方法研究”，提出了裂隙岩体非饱和渗流运动描述的模式以及非饱和统一求解的计算分析方法；④首次将流行元引进到非连续节理、裂隙岩体的渗流应力耦合及稳定分析中，为非连续岩体渗流应力耦合研究开辟了又一全新研究途径；⑤研究开发带有密集排水孔幕和防渗帷幕的复杂渗控系统（连续与非连续渗透介质）的优化设计分析软件；⑥结合水利部专项科研基金“土工合成材料新型井管及过滤器”研究课题，开展渗流控制的关键技术、新材料、新工艺、新结构的开发应用研究。

在该研究方向取得的创新突破：①裂隙渗流应力耦合模型软件的研制；②地下水工程渗流问题的理论和现场探测技术；③工业尾料储存及治理技术；④土工合成材料新型井管及过滤器；⑤超大型地下洞室群渗流应力耦合分析；⑥高速公路软基排渗及防渗技术。

(河海大学　詹美礼)

## 现代流体测控技术

现代流体测控技术结合物理光学、图像处理、计算机技术等学科的先进技术和方法，在复杂水流模拟测试研究方面开展研究，包括：①定量流动显示与PIV测速系统研究；②CCD技术及水利现代化高新技术仪器研制；③自动化测试仪表的计算机接口技术及实时分布式测试自动化技术研究。

在该研究方向上的主要创新为：

(1) 近代光电技术在水利量测中的应用研究。在水力学及河流动力学专业基础上，综合流体力学、物理光学、图像处理、计算机等高科技领域的先进技术，对复杂水流模拟测试研究方面做出了贡献。

(2) 在水利水电工程中现代测控技术研究方面，运用现代高新技术，加强水利工程管理，推动水利水电现代化和自动化的建设。

(3) 在水流现代测试高新技术仪器研制方面，通过多年研究工作的实践，已开发研制成功诸多的仪器设备：NSY-1 型光电颗分仪，NSY-2 型宽域粒度分析仪，光电反射式地形仪，自动往复推移质加沙机，大型物理模型试验计算机全流场图像测速分析系统，多边界潮汐非恒定流数据自动采像、控制、监视系统，无透镜垂线坐标仪（ZL 95 1 12776.4）。这些仪器及系统的研制为本学科研究课题成果质量提供了保证，部分仪器设备处于国内领先水平。

（4）在量水新技术和新设备的研制方面，结合国家实施节水农业政策，依托学科理论和技术、设备优势，大力开展量水新技术和新设备的研制开发。

在该研究方向上取得的技术突破：①大型物理模型表面流场的粒子图像测速系统的研制；②激光诱导荧光技术测量浓度场的系统研制；③无透镜光学垂线坐标测量系统的研制；④基于虚拟仪器的流速测量系统的研制；⑤量水新技术和新设备的研制。

（河海大学　唐洪武）

## 水生态环境演变、修复与保护

水生态环境演变、修复与保护的研究内容：①污染物迁移转化机理及过程研究（含水体水质及生态特征的定量化研究）；②土壤侵蚀、流域地表产沙及营养物流失过程和水土保护技术研究；③水域生物多样性维持及生态系统平衡机理研究；④湿地演化与保护；⑤水生态系统修复原理及应用。

目前水生态环境研究的总体趋势表现在以下三个转变：①从对水体中的物理、化学及生物（生态）过程进行单向独立的研究转变为对这些过程的综合性研究；②从侧重于局部水体的研究转变为对大水域及流域的全面研究；③从以水质为中心的研究转向以生态特性为重点的研究。

在污染物迁移转化规律研究方面，近来的主要的研究方向包括：①多种污染物变迁的同时耦合模拟；②水体及流域过程的综合研究，特别是面污染源的定量化描述；③各水体间的相互作用，尤其是地表水与地下水的相互影响。

土壤侵蚀、流域地表产沙仍然是水生态环境的一个重要问题。近来新的研究重点也放在了流域地表营养物的流失问题上，这与水体的富氧化紧密相关。

在生态方面，水域生物多种群的综合变化与水体的水质之间相互关系已经成为研究的热点。生态毒理学已从原来对单个生物体或种群在水体中的变化的研究转向对水体整个生态多种群的综合特征、演变及平衡的研究。

湿地作为一个重要而且复杂的水生态系统越来越受重视。湿地对污染物的承载及处理使之（人工湿地）成为目前一个重点研究及应用的生态修复技术。

在水生态系统修复方面，一些传统的物理化学处理技术正在被先进的生物处理技术所替代。水环境污染治理正从单一强调对水质的要求转为对整个生态系统的综合修复。

该领域的进一步研究将为人类更好地了解水生态环境系统的演变及其退化的成因和修复提供必要的理论和技术基础。

河海大学在生态环境领域现有的研究实力在水环境动力学和污染物传输及转化方面属国内领先水平。实验室的建设将有效地扩展和促进河海在该领域的研究，使之达到国际一流水平。

该领域的研究将结合：①水环境的污染问题及生态退化问题；②基础的机理及演化过程问题和国内国际的实际水生态环境问题；③实验研究手段及数学模拟方法。

这些研究将为解决目前国内水生态环境严重退化的问题提供科学理论及先进的修复技术。

在理论方面。研究将：①结合水体（水域）的物理、化学及生物特性重新定义水生态环境质量的标准及参数；②建立点面污染源的定量方法；③建立污染物迁移转化及生物体（种群）演变的耦合机理/过程模式。

在技术方面，研究将：①用生物技术的方法建立一套系统的污染控制、监测、及预测方法；②建立新的水生态环境修复技术；③建立利用水态工程来解决水环境污染的方法技术（如人工湿地）。

（河海大学　李　凌）

## 常州新闸防洪控制工程浮箱钢闸门水工模型试验

常州新闸防洪控制工程是江苏省湖西引排工程的骨干工程，也是武澄锡西境内控制线上的主要控制工程。工程位于常州市新闸镇镜内的苏南运河上。节制闸为单孔宽 60m，采用可沉浮的浮箱钢闸门，浮箱钢闸门尺寸为 64m×10m×8.5m（长×宽×高）。门体一侧设置定位环与南侧岸墙端部的定位柱形成浮箱钢闸门的转动中枢，以控制浮箱钢闸门的就位轨迹。由于本工程结构新颖，受力情况复杂。为此，江苏省常州新闸防洪控制工程建设处委托河海大学水利水电工程学院对常州新闸防洪控制工程进行水工模型试验。

浮箱钢闸门结构新颖，受力情况及水流条件复杂，研究内容多，量测精度要求较高。试验中投入了诸多国内较先进的测量仪器，如计算机自动数据采集与处理系统、超声多普勒测速仪（ADV）、大型振动台等量测仪器设备，确保量测手段的可靠性和量测精度。

试验对浮箱钢闸门的启闭定位（转动）和沉浮过程、卧倒门的运行方式、卧倒门的振动等进行了全面的模拟。着重观测了卧倒门的泄流能力；浮箱钢闸门启闭和沉浮过程中的稳定性；浮箱钢闸门对底板及岸墙的撞击力；转动过程中转动力的变化过程、反向控制力以及铰结构的受力情况；卧倒门受到的水流脉动压强等，还通过结构振动模型对卧倒门的自振频率进行了测量。

通过对浮箱钢闸门各种方案的沉浮稳定性试验，得出了能靠自身结构稳定沉浮的压舱方案，解决了该浮箱钢闸门在动水中的沉浮稳定性问题；测量了浮箱钢闸门转动过程中的转动力变化过程，确定了动力舱的容量；根据测量的脉动压强的优势频率范围以及卧倒门的自振频率，通过分析，得出了卧倒门不会产生破坏性振动的结论；对底板、岸墙以及铰结构受力的量测，为浮箱钢闸门的安全运行提供了重要的依据。

（河海大学　傅宗甫）

## 琅琊山抽水蓄能电站水力过渡过程研究

琅琊山抽水蓄能电站位于安徽省滁洲市西南郊，距市区3km，距省会合肥市105km，距南京市50km，电站建成后以4回220kV线路接入安徽主网，在系统中担任调峰、填谷、调频、调相和紧急事故备用任务。该电站采用地下厂房，安装4台单机容量为150MW单级混流可逆式水泵水轮机组，电站总装机容量为600MW。由于水道系统的水力过渡过程是决定抽水蓄能电站运行安全性、稳定性和经济性的关键因素，因此，北京国电水利电力工程有限公司委托河海大学水电学院对本抽水蓄能电站进行水力过渡过程进行研究。

本项目先通过尾水调压井局部水工模型试验，测定任务书给定的三个尾水调压井阻抗孔方案不同流态的阻抗损失系数；然后根据试验测得的尾水调压井阻抗损失系数以及委托单位提供的机组特性曲线，针对三个尾水调压井方案分别进行水力过渡过程数值模拟计算，通过分析比较数值计算结果，选取较优的尾水调压室阻抗孔尺寸，在此基础上对选定的方案进行大波动和小波动稳定性分析。最后根据选定的尾水调压井体形和阻抗孔尺寸，进行输水系统过渡过程整体水工模型试验，按合同要求测定了给定工况下尾水调压井最高、最低涌浪水位及尾水调压井底部压力和底部水流流态，以及不同工况下一台机组检修一台机组运行时，尾水调压井内及其底部的水流流态、尾水事故闸门浮托力。试验研究过程中，根据我们的经验，在合同规定的任务之外，整体水工模型试验增加了以下内容：①在机组以170MW功率超出力发电运行，发生过渡过程情况时，分别量测上述合同试验内容；②上游闸门井的最高和最低涌浪水位；③上平段末最大压力水头和最小压力水头；④蜗壳进口最大压力水头和最小压力水头；⑤尾水隧洞中部的最大压力水头和最小压力水头；⑥尾水事故闸门井的最高和最低涌浪水位；⑦尾水明渠的水位波动情况；⑧尾水调压井涌浪幅值衰减到0.5m以下的时间；⑨尾水事故闸门最大水压力，并验证数值计算成果。

通过上述数值模拟计算和水工模型试验研究，验证了琅琊山抽水蓄能电站水道系统以及调压井布置的合理性和经济性，确定了各有关的设计控制参数；给出了水道系统沿线各控制点的内水压力、尾水调压井内水位和机组转速等参数的过渡过程变化规律；优化了机组参数、选定了导水机构合理的调节规律；优化调压井体形和阻抗孔面积，使整个水道系统布置经济合理、运行安全可靠，为工程设计及其安全经济运行提供了科学依据。

该课题通过尾水调压井局部正态水工模型试验，观测了任务书给定的三个阻抗孔直径方案在不同工况机组稳定运行时的尾水调压井流态，量测了在不同工况和流态下，水流进出尾水调压井阻抗孔的阻抗损失系数，水流流经尾水调压井底部的水头损失系数，在此基础上通过数值模拟计算和输水系统水力过渡过程整体水工模型试验，研究了该电站水力过渡过程大波动和小波动规律，选择了合理的阻抗孔尺寸和尾水调压井体型，确定了调压井最高和最低涌浪水位、调压井底部隧洞压力值、尾水事故闸门浮托力、水击压力，观测了尾水调压井内及其底部流态。

通过上述数值模拟计算和水工模型试验研究，对该电站水道系统布置以及调压井体型的合理性和经济性进行了充分的论证，给出了水道系统沿线各控制点的内水压力、尾水调压井内水位和机组转速变化等设计控制参数；通过优化计算，得到了机组转动惯量的最优取值范围和导水机构合理的调节规律；优化了调压井体型和阻抗孔面积，为工程设计及其安全经济运行提供了科学依据。

（河海大学　胡明）

## 滩坑水电站围堰坝体过水导流水工模型试验研究

滩坑水电站位于浙江省青田县境内的瓯江支流小

溪中游河段。距大溪与小溪的汇合口约 26km，距青田县城西门 32km，距温州市公路里程 92km，距离金华市公路里程 217km。滩坑水电站正常蓄水位为 160.0m，总库容 41.5 亿 $m^3$，电站装机容量为 600MW，主要建筑物由钢筋混凝土面板堆石坝、岸边开敞式溢洪道、泄洪洞、引水发电隧洞、发电厂房等组成。

模型模拟了上下游围堰、设计过水坝体、基坑导流洞等，上游围堰以上河道模拟 800m，下游围堰以下河道模拟 800m，模拟长度约为 2500m 左右。地形上游模拟至 66m 高程，下游模拟至 50m 高程。模型总长约 58m，最大宽度约 10m。动床模型以定床模型为基础做局部改造。试验采用几何比尺 1∶50 的正态模型，分定床和动床两部分进行。主要试验成果如下：

(1) 各洪水工况试验实测上游水位与设计值持平（2 年一遇洪水）或低于设计水位，围堰及导流洞共同泄洪泄流能力能满足设计要求，导流洞单独泄洪最大流量为 $1470m^3/s$，当下泄流量大于 $1470m^3/s$ 时，围堰将开始过流。

(2) 导流洞进口附近存在立轴旋涡，并伴有吸气，气团顺洞顶随流下行，无明显积聚现象，试验中未见明显气爆现象，对泄流无明显影响。各工况进口洞顶局部有负压出现，但空化系数较大，不致引起局部空化，导流洞体型设计合理。

(3) 挖除上游围堰后的两侧山体覆盖层，可明显改善堰后及坝区流态，减轻坝体护面的冲刷。由于地形和水流条件的限制，进入坝区的水流仍有局部集中现象，坝区首端局部流速较大，但较挖除山体覆盖层前有明显减小。

(4) 各工况堰后水跃均发生在 34m 平台上，与设计要求相符，上游围堰下游一级坡面末端和 34m 平台上局部流速较大，需加强防护。

(5) 各种泄洪工况下坝体总体稳定，坝区上下游两端受局部水流影响（集中及横轴旋滚），只发生局部冲刷。表明选用 50cm 块石护面总体上是适宜的，能有效保护坝体，局部冲坑可在洪水后修复，或通过局部加固避免。

(6) 修改方案 20 年一遇洪水坝体首端冲刷明显减少。

(7) 导流洞引渠在洞口附近 35m 范围内床沙能被水流带走，进口水流能保持通畅，洞口 50m 外的床沙不能被水流带起，不会引起引渠的冲刷。

(8) 建议在坝区上、下游端部加强局部保护以减轻或避免局部冲刷。

(9) 建议基坑过水前，采取预冲水措施，以减轻坝区局部冲刷的作用。

滩坑水电站围堰坝体过水导流水工模型试验主要研究利用土石围堰和施工期的土石坝过水导流中的一些水力学问题，为围堰、坝体和基坑的过水保护设计提供科学依据。

（河海大学水利水电工程学院　严忠民）

## 茅坪溪土石坝安全复核验算

茅坪溪土石坝安全复核验算课题系中国长江三峡工程开发总公司委托，河海大学承担的施工科研任务。

茅坪溪土石坝施工过程中，沥青混凝土现场三轴试验模量数 $K$ 值偏低，不能满足设计质量控制指标 $K$ 为 600～800 的要求。坝壳堆石体产生的拱效应可能导致沥青混凝土心墙产生水力劈裂，使大坝运行安全难以定论，大坝安全鉴定无法进行。

课题研究内容主要包括两个方面：①利用现有大坝安全监测成果，通过反演分析方法，推求沥青混凝土的实际模量数 $K$ 值；②根据现有试验成果及补充进行的力学性能试验，采用考虑了沥青混凝土蠕变特性的邓肯 $E\sim\mu$ 模型，对茅坪溪土石坝的应力应变进行计算，对坝体的整体安全性做出评价。

研究认为在沥青混凝土采用邓肯 $E\sim\mu$ 模型前提下，心墙不会发生剪切破坏和水力劈裂，大坝结构是安全的。

该课题的创新点为：

(1) 提出针对碾压式沥青混凝土心墙的现场监测资料的处理方法。针对碾压式沥青混凝土心墙施工高达 150℃左右，初期观测资料误差较大，提出分时段增量分析计算目标函数的方法。针对碾压式沥青混凝土心墙观测资料的离散性较大，用结构应力变形规律对离散性进行处理。

(2) 对沥青混凝土的 $E\sim\mu$ 模型参数进行敏感性分析，揭示了模型参数对大坝变形和应力影响的规律。

(3) 利用反演分析方法确定沥青混凝土心墙应力、应变模型参数，解决了由于试验方法和试验条件不同引起的参数离散性较大的问题。

(4) 沥青混凝土是一种具有蠕变特性的材料，根据三轴蠕变试验资料，提出了修正的 Sigh-Mitchell 4 参数模型，并进行了非线性黏弹性计算。

（河海大学　朱　晟）

## 水电工程泄洪雾化研究

泄洪雾化现象是指在水电工程泄水建筑物泄流过

程中，枢纽下游局部区域内所产生的降雨和雾流现象，如图 1 所示。

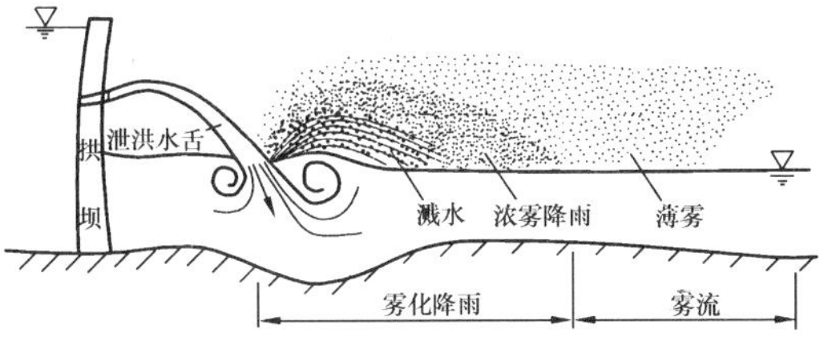


图 1　泄洪雾化现象示意图

泄洪雾化的影响包括雾化降雨的影响和雾流的影响，国内外已建工程的运行实践表明：泄洪雾化可能对水电工程枢纽建筑物的正常运行、枢纽下游两岸边坡稳定、交通安全以及周围环境等产生严重影响；与雾流的影响相比较，雾化降雨的影响对工程的危害性更大些，例如淹没电厂（黄龙滩水电站）、引起山体滑坡（龙羊峡和李家峡水电站）、冲毁建筑物、中断交通等。

水电工程高水头泄水建筑物泄洪时产生雾化现象是不可避免的，但是，泄洪雾化并不一定产生严重影响。如乌江渡水电站泄洪时，枢纽下游地区形成大风和暴雨，浓雾弥漫，由于电厂、开关站及高压出线等布置得当，且采取了相应的防护措施，雾化并未造成严重影响。由此说明，在水电工程枢纽布置和设计中，只要充分考虑和分析了泄洪雾化影响问题，雾化的影响是可以预防、甚至能够避免的。

泄洪雾化影响问题是随着高坝建设的发展而出现的高速水流研究课题，泄洪雾化的研究方法主要包括物理模型试验、数值模拟计算及原型观测资料反馈分析，目前以大比尺物理模型试验研究方法和原体观测资料反馈分析方法较为成熟。

南京水利科学研究院自 20 世纪 80 年代开始开展水电站泄洪雾化研究工作以来，采用物理模型试验研究、原型观测资料分析、理论分析以及经验公式预测计算等方法，先后对安康、二滩、岩滩、小湾、三峡、溪洛渡、东风、珊溪、向家坝、水布垭、锦屏等大型水电工程的泄洪雾化问题进行了研究，取得了众多科研成果，对泄洪雾化影响程度做出了评价，并提出了相应的防护措施。同时，还进行了乌江渡、白山、刘家峡、鲁布革、漫湾、岩滩、安康、二滩、凤滩、湾塘等水电站工程泄洪雾化原型观测工作，取得了非常珍贵的原观资料，为泄洪雾化模型规律论证提供了科学依据。通过一系列研究工作，已逐步建立起一套研究设施齐全、手段多样的水电站泄洪雾化研究方法，培养了一支具有丰富实践经验的研究队伍。

（南京水利科学研究院）

## 宜昌至枝城河段局部护底工程二维泥沙数学模型初步研究

采用二维泥沙数学模型研究了宜昌至枝城河段 2003 年～2022 年的冲刷过程及局部护底工程对减小宜昌枯水位下降的作用。研究结果表明：

（1）三峡工程蓄水运用 4 年后，即 2003 年～2007 年，宜昌至虎牙滩河段冲刷趋于平衡，该河段冲刷量为 1740.2 万 $m^3$，平均冲深 0.89m；蓄水运用 6 年后，即至 2009 年，虎牙滩至清江口河段冲刷趋于平衡，该河段冲刷量为 2133.7 万 $m^3$，平均冲深 1.03m；蓄水运用 10 年后，即至 2012 年，清江口至枝城河段冲刷趋于平衡，该河段冲刷量为 2690.9 万 $m^3$，平均冲深 1.13m。

（2）水库运用至 2009 年，当流量小于 10000$m^3$/s 时，宜昌站同流量水位较 1994 年～1995 年下降 0.69～0.86m，流量越小水位下降值越大，流量为 3200 $m^3$/s时，宜昌站水位为 37.12m（吴淞基面）；宜都站同流量水位较 1994 年～1995 年下降 0.65～0.81m；枝城站同流量水位较 1994 年～1995 年下降 0.66～0.81m。

（3）在宜昌至枝城河段选择 5 个控制段的河床进行护底，若护底部分糙率较原河床增加 15%，现状护底后宜昌站枯水位壅高 0.23m；若现在不护底，待河床冲刷至 2009 年后再护底，宜昌枯水位较未护底的 2009 年水位壅高 0.27m；护底工程若能在 2003 年蓄水前实施，宜昌至枝城河段最大冲刷量为 4522.4 万 $m^3$，与没有护底相比，该河段少冲了 1773.3 万 $m^3$ 泥沙，宜昌站枯水位较未护底的 2009 年水位壅高了 0.55m。

（4）2009 年冲刷基本趋于平衡后，芦家河河段整治（沙泓航槽开挖）引起枝城水位再下降 0.4m，3200～5000$m^3$/s 时宜昌水位再降落 0.15～0.16m。若局部护底高程在 2009 年后地形上实施，宜昌水位较 2009 年略有回升，回升 0.15～0.16m；若 2003 年即实施局部护底工程，对抬高宜昌水位将起一定的促进作用，3200$m^3$/s 时宜昌水位可达 37.60m（吴淞基面），5000$m^3$/s 时宜昌水位可达 38.72m（吴淞基面），局部护底工程的效果比较明显。

（南京水利科学研究院）

# 其 他

## TK 堵漏剂的开发及应用

TK 堵漏剂是申请水利部水利科技开发基金项目研制的产品。TK 堵漏剂是一种灰色粉状材料，分为普通型和快凝型，普通型用于防漏、防渗，快凝型用于防渗堵漏，尤其可用于水下堵漏。其主要特点是：无毒、无味、无污染、黏结力强、抗压强度高，防漏、防渗、快速带水堵漏，迎背水面均可施工，简单方便，凝结时间可根据要求任意调整。经过几个工程的现场应用，均取得了良好的应用效果。TK 堵漏剂的性能指标列于表 1。

表 1　　TK 堵漏剂的性能

| 项目 | | 技术指标 | |
|---|---|---|---|
| | | 快凝型 | 普通型 |
| 凝结时间（min） | 初凝 | 1′10″～3′40″ | 4′00″～5′30″ |
| | 终凝 | 3′05″～5′50″ | 9′40″～50′00″ |
| 7d 抗压强度（MPa） | | ≥40 | ≥45 |
| 7d 抗折强度（MPa） | | ≥8.5 | ≥8.5 |
| 7d 黏结强度（MPa） | | ≥2.5 | ≥2.5 |
| 7d 抗渗强度（MPa） | | >1.5 | >1.5 |

（一）施工工艺

1. 基面处理

（1）无渗水面施工的基面必须充分湿润至饱和（但无积水），并要求牢固、干净、平整。不平处可先用水泥砂浆找平。

（2）基面渗水严重的，应在适当的位置打引水孔把渗漏水集中引出，使原渗水面无明显出水。

（3）漏水口堵漏的基面。用凿子或切割机将漏水口切出宽 3～5cm，且尽量里大外小的口子，然后将冲填物冲洗干净。

2. 配料

（1）无渗水面施工宜选用普通型 TK 堵漏剂。将料按粉：水＝1：(0.30～0.35)左右搅拌均匀（不含生粉或团粒）的腻子状。

（2）渗水面尤其是漏水口、涌水点堵漏必须选用快凝型 TK 堵漏剂。堵漏料按粉：水＝1：（0.30～0.35)左右捏成料团，封口料按粉：水＝1：(0.30～0.35)左右搅拌成均匀的腻子状。

3. 封堵

（1）无渗水面和渗水面按照基面处理→下防水层→中防水层→上防水层→保护层的工艺流程逐层完成。施工按配料比例进行上料，先用抹子或刮板上第一层料，待涂层硬化后将其喷湿再上第二层料或第三层料，每层料厚度约为 1mm。上料时要稍用劲并来回多抹几次使涂层密实，同时注意搭接。

（2）漏水口、涌水点堵漏按照凿孔→堵漏→防水层→保护层的工艺流程逐层完成。根据口子的形状将堵漏料捏成小于漏水口尺寸的料团，稍硬后塞进漏水口、涌水点，并用木棒挤压轻砸使其向四周挤实，即可瞬息止漏；然后在口子周围用抹子上一层封口料。堵漏次序应先堵小漏后堵大漏。

（3）待漏水封堵无明水后，再进行保护层施工。根据具体情况选用材料，一般为抹水泥砂浆、聚合物砂浆、粘贴块材或其他防水材料。

4. 保湿养护

待涂层硬化后，马上进行保湿养护，保证涂层潮湿以防粉化。第一次养护应小心以免破坏涂层，共养护 2～3d，养护方式可为喷水、盖湿物、涂养护液等。

（二）现场应用

2000 年 9 月采用 TK 堵漏剂在万家寨引黄入晋工程 2 号洞（铁三局施工）、3 号洞（铁十三局施工）进行了现场试验。取得初步成功后，在万家寨引黄入晋工程南 1 号～3 号洞大面积推广应用，因现浇混凝土衬砌局部发现裂缝和渗水点，有压地下水渗冒较严重，偶现白色析出物，以致工程不能验收，建筑物不能投入正常使用。采用 TK 堵漏剂进行堵漏、TK 聚合物砂浆实施防渗处理后，保证了工程验收和通水，处理效果良好。

2001 年在引黄入晋工程南干线一出水洞及国际Ⅱ、Ⅲ标、岳城水库、汾河水库大量应用 TK 堵漏剂进行封堵，再用 TK 聚合物砂浆作防渗处理，同样取得了较好的效果。同时天津海王星海上工程有限公司为检修渤海海下 8m 深的一条天然气管道，设计了一个渤西干式工作仓，但这个工作仓在地面上装好后留有一些排气孔，在水下采用 TK 堵漏剂对排气孔实施封堵，取得圆满成功。

（三）结束语

（1）TK 堵漏剂可满足不同凝结时间的要求，其 7d 的抗压强度达到 40MPa 以上、抗折强度达到 8.5MPa、黏结强度大于 2.5MPa、抗渗等级大于 W15，尤其能在水下封堵应用。

（2）TK 堵漏剂的施工工艺简单，但应严格按工艺要求进行施工。施工时材料的搅拌必须均匀，一次拌和量不宜过大，初凝后不可加水再用。

（3）经万家寨引黄工程、汾河水库、岳城水库等工程的现场应用，证明 TK 堵漏剂是一种良好的防渗堵漏材料，且无毒、无害、施工方便，特别适用于地下构筑物、水池、隧洞、水电工程、人防工程等的防渗堵漏。

（中水北方勘测设计研究有限责任公司
杨天生　金　琼　闵京声）

## HDY-S 型环喷式电液转换器试验台的应用

（一）概述

频率和电压是电力系统最重要的性能指标。在水电厂，作为调节机组转速（频率）的设备——调速器，它的性能的好坏与机组的稳定运行有着密切的联系。一台性能好的调速器，必须能在外界负荷发生变化时，及时调节水轮机导叶开度，使水轮机出力与外界负荷相适应，从而保持机组的频率在允许的范围之内（50±0.2Hz），同时其速动性、灵敏性、可靠性和稳定性等必须满足国标要求。

从水电站调速器的发展来看，其类型主要有机械液压型、电气液压型和微机调速器三种。机械液压技术从早先的纯机械离心摆，到后来的各种电液转换器，再到最新的步进电动机、比例伺服阀、集成式插装阀等，它们无论从产品本身工作原理、设计到生产加工工艺等方面都有了相当大的改进，从而使得调速器产品的动态特性和静态特性都得到了很大的提高。

目前，龙羊峡电厂采用的 KZT-I50-40 型调速器和李家峡电厂采用的 DT 150 4 DFB 型调速器，均为电气液压型调速器，而作为电气液压型调速器核心部件的电液转换器也均采用了由国家级专家周泰经发明的 HDY-S 型环喷式电液转换器。

（二）HDY-S 型环喷式电液转换器结构、工作原理简介

1. 型式　由上部电磁部分和下部液压部分组成。

2. 结构　电磁部分为动圈式结构，用组合弹簧复位；液压部分以环喷部分为前置级，等压活塞作为功率放大级。

3. 动作原理　当工作电流加入上部控制线圈后，该电流和磁场相互作用，产生电磁力，使线圈连同阀杆产生位移，带动旋转控制套移动。因旋转控制套控制着活塞上端伸出杆上锯齿形的上环和下环的压力，控制套的上下移动会引起下环或上环喷油间隙的减少，从而控制等压活塞的上下移动，将电气信号转换为机械位移信号，带动液压放大元件去操作接力器，实现对机组转速（频率）的调节。

4. 特点　该阀的喷射部分是按液压防卡、自动调整的原理设计。在油压操作下，喷射部分产生较强的自动调节力，迫使控制套自动定心，并不断快速旋转，消除了液压油的黏滞影响，提高了灵敏度，且有较强的抗油污能力。

5. 主要技术参数

| | |
|---|---|
| 外形尺寸(mm) | $\phi$150×270 |
| 工作行程(mm) | ±4 |
| 活塞最大负载能力(kN) | >1.6 |
| 工作电流 $I_0$(mA) | A 型 200(并联)　B 型 50(串联) |
| 绝缘电阻(MΩ) | >50(线圈之间和线圈对壳体) |
| 最大不灵敏区(mm) | <0.01(或 0.5%$I_0$) |
| 油压漂移(mm/0.1MPa) | <0.002(或 0.1%$I_0$) |
| 耗油量(L/min) | ≈4.5 |
| 额定油压(MPa) | 4 |
| 最大工作行程(mm) | ±6 |
| 交流振动电源(mA) | 20～30 |
| 滤油精度(μm) | 140 |

（三）两厂调速器的现场应用状况及检修中存在的问题

1. 现场应用状况

两厂的调速器经过几年的运行证明，该设备运行稳定、速动性好，满足设计要求和国颁、部颁调速器质量标准，未发生大的事故，但电液转换器等时有故障出现。

2. 检修中存在的问题

（1）按国颁、部颁调速器试验大纲的要求，调速器检修后需要做整机静特性试验和电液转换器静特性试验，以便确定调速器的最大不灵敏区，但由于两厂调速器的结构和检修现场的实际所限，现场只能做整机静特性试验，不能做电液转换器静特性试验，从而不能测定电液转换器单位比例度、非线形、不灵敏度、耗油量等。

（2）由于调速器长期运行，电液转换器的控制套长期转动，受机械磨损影响，控制套与等压活塞上端伸出杆间隙将增大，电液转换器喷油量增大，排油孔

来不及排油，会造成溢油现象的发生，不利于机组的稳定运行和安全文明生产。

(3) 随着旋转控制套磨损间隙的增大，控制套上下动作，有时会与等压活塞上端伸出杆的上环或下环产生瞬间卡涩现象，调速器运行不稳定，发生溜负荷或抢负荷现象，这样就必须更换旋转控制套。但更换后的旋转控制套因无机械转动磨合，往往会转动配合不良，需要长期的磨合后才能正常工作。由于现场受检修工期等诸多因素的限制，只能通过从厂家购买新的电液转换器，加大了维护和检修费用。

(4) 更换后的有故障的电液转换器因受现场条件所限，通常只能报废或返厂修理。

(5) 对于新购的电液转换器，由于运输途中多方面的原因，容易造成电液转换器弹簧、活塞的变形及破损。出厂整定好的数值发生变化，导致调试及开机当中调速器工作不稳定，从而影响检修工作的质量和工期。而检修现场只能从外观、出厂说明和合格证方面进行验收，不能进行性能试验，不能严把质量关。

(四) 环喷式电液转换器试验台建立的必要性

鉴于龙羊峡电厂和李家峡电厂调速器的电液转换器在检修中存在上述的问题，为保证两厂机组的稳定运行和安全文明生产，使调速器更加稳定、可靠、安全的工作，提高检修的质量，建立电液转换器试验台是必要的、可行的。

(五) 电液转换器试验台的特点、功能、结构及工作原理

公司于 2001 年从湖南省长沙新特公司引进了 HDY-S 型电液转换器试验台，在龙羊峡电厂和李家峡电厂调速器检修中应用取得了较好的效果。下面介绍 HDY-S 型电液转换器试验台的特点、功能、结构及工作原理。

1. 特点

(1) 电液转换器试验台是根据国家标准及发电厂的技术特点进行设计和制造的，是对发电厂所使用的电液转换器进行性能检测、参数调整、检修和维护的专用设备。

(2) 电液转换器试验台测试方便、重复性好、精度高，所测试结果准确、可靠。

(3) 为机组检修提供方便，节省了人力、物力和检修费用。

2. 功能

(1) 在机组检修过程中，对电液转换器进行性能检测、诊断和试验，消除可能存在的隐患，从而保证机组的稳定运行。

(2) 对存在故障的电液转换器进行检测、调整和维修，使其满足发电厂检修和生产的要求。

(3) 对于新购的电液转换器进行性能检测和试验，质量把关，防止不合格品进入现场，为机组的安全、稳定运行提供保障。

(4) 加装过渡板后，可对任何型号的电液转换器进行试验，包括离心飞摆，其适用范围极广。

3. 结构及工作原理　该装置的结构共有两大部分，分别是机械液压部分和电气部分。机械液压部分由动力部件、执行部件、控制部件、辅助部件组成。动力部件由油泵、电动机等组成，主要为试验装置提供压力油源；执行部件为进行试验的电液转换器；控制部件为各种控制阀，用以控制压力油源的压力、流量和方向；辅助部件由油箱、囊式蓄能器、管路等组成，用以输送、储存液体。电气部分为装置提供动力电源和控制电源，配合机械液压部分完成各项试验。

(六) 现场检修中的应用

1. 漏油量的测定　在检修中，将拆卸下来的电液转换器放置在试验台的连接板上，投入试验台的电源。启动油泵，保持油压为额定值，电液转换器置于平衡位置 ($\Delta I=0$)。切换转阀，使压力油进入电液转换器，开启电液转换器排油管旁的旁通球阀，用量杯和秒表测量漏油量 $Q$。$Q$ 应符合设计规定，通常 $Q \leqslant 0.7$L/min，如超标必须对电液转换器进行处理。

2. 电液转换器静特性试验　在检修中，将拆卸下来的电液转换器放置在试验台的连接板上，投入试验台的电源。启动油泵，保持油压为额定值。电液转换器置于平衡位置 ($\Delta I=0$)。切换转阀，使压力油进入电液转换器。检查各部工作正常、电源接引正确，调整电液转换器控制电流 (±10A)，使其分别向开、关方向递增或递减移动，并在电液转换器下部操作杆上架设百分表，观察电流和行程的变化并对应记录，直至电液转换器全行程开关一次，最后绘制出静特性曲线。计算并检查电液转换器单位比例度、非线形、不灵敏度等是否满足要求，单位比例度应小于 $0.021 \pm 0.0027$mm/mA，不灵敏度小于 0.01mm 或 $0.5\% I$。

3. 旋转控制套磨合　在检修中，我们将更换的旋转控制套装配完好，将电液转换器放置在试验台的连接板上，投入试验台的电源，启动油泵，保持油压为额定值，切换转阀，使压力油进入电液转换器。电液转换器一直工作，直至控制套磨合良好、转动灵活，无卡涩现象为止。

(七) 结论

(1) 在以往龙羊峡电厂、李家峡电厂的调速器检修中，电液转换器因受现场条件等所限，存在较多不能解决的问题。

(2) 电液转换器试验台可对电液转换器进行性能检测、参数调整、检修和维护，且测试方便、精度高、结果准确。

（3）HDY-S型电液转换器试验台通用型强，经过现场的实际应用，效果较好，值得推广。

（黄河水电公司检修安装分公司检修二部
吴建华　刘文元）

## 水力机械稳定性测试分析系统测试设备

（一）系统构成

中水北方勘测设计研究有限责任公司工程技术研究院研制的计算机试验分析系统由两套互相独立、互为备用的计算机数据采集、存储、分析系统构成。

1. 计算机＋32通道总线式数据采集器＋传感器＋信号转换器＋放大器＋分析软件　适用于符合PC/ISA总线标准的IBM-PC系列原装机及兼容机。PC-6325B光电隔离数据采集器，采用三总线光电隔离技术，实现了试验信号与计算机之间完全电器隔离，具有较高的输入阻抗和共模抑制比，自带DC/DC隔离电源模块，适用于恶劣环境的工业现场，具有极强的抗干扰能力，主要性能指标如下表。

| | | |
|---|---|---|
| 信号采集通道数： | | 单端32路/双端16路 |
| 输入信号范围(V) | | ±10 |
| 最大允许输入电压(V) | | ±15 |
| 输入阻抗(MΩ) | | ≥10 |
| A/D转换分辨率(bit) | | 16 |
| A/D转换时间(μs) | | 10 |
| 最高采集速率(kHz/s) | | 66 |
| 隔离电压(V) | | ≥500 |
| 适用环境要求 | 工作温度(℃) | 10～40 |
| | 相对湿度(HR) | 40%～80% |

应用软件在Visual Basic开发平台上编写，具有模块化、开放式、虚拟仪器结构等特点，界面友好，使用灵活、方便，能完成数据采集、传感器率定、信号监测、数据存储、图形显示、时域特征值分析、信号幅值分析、信号矢量分析、轴心轨迹分析、频谱分析、数字滤波等多项功能。

2. 笔记本计算机＋INV306GM（32通道数据采集器）＋传感器＋信号转换器＋放大器＋DASP分析软件　适用于IBM-PC系列原装机、兼容机及相应的笔记本计算机。要求计算机并口地址为378h，工作模式为EPP模式；串行口地址为3F8h，设置为Enabled。INV306G（M）数据采集仪，实现了32通道并行无时差采样，最高采样频率303kHz，采样精度12bit，量程－5～＋5V，程控放大倍数为1、2、4、8、16倍。

DASP数据大容量自动采集与信号处理系统(Date Acquisition and Signal Processings system)，是INV306GM型智能信号采集处理分析系统的大型软件包，实现了数据采集、记录、处理、显示、分析、拷贝等动、静态测试过程的一体化处理。能够完成振动、噪声、应力、应变、温度、压力等各种物理量的测试分析，实现磁带记录、示波显示、波形和谱分析、瞬态记录分析、信号处理、模态分析、故障诊断、噪声分析、数字滤波等多种仪器的测量分析功能。

采用INV便携式智能信号采集处理分析系统，并辅以下列其他仪器：

（1）INV306DF16路智能信号采集处理分析仪。能高速完成大容量数据采集，可代替十六通道磁带机和十六通道示波器。

（2）DASP科学试验数据自动采集处理软件。能进行实时监测，高效准确地完成时域、频域、传递函数、模态分析及其他多种功能的分析。

（3）INV-9型九路抗混滤波放大器一台。能完成信号预处理、抗混迭前置滤波等功能。

（4）DLF-3型两通道抗混滤波放大器一台。能完成信号预处理、抗混迭前置滤波等功能。

（5）YJ9A压电加速度传感器。

（二）适用范围

该测试分析系统可应用于：水力机械稳定性试验；机组振动、摆度、噪声、水压脉动测试，绘制机组运行稳定区；水力机械动平衡试验；水力机械结构动力学试验（结构模态测试）以及厂房结构振动及结构动力学测试。

（三）工程应用

该测试分析系统已成功应用于万家寨水电厂、山西引黄工程泵站等工程。

（中水北方勘测设计研究有限责任公司
何成连　闵京声）

中国水力发电年鉴（2003）

13

# 国际合作与技术交流

# 国际学术交流与研究活动

## 参加国际大坝委员会第 71 届年会及第 21 届国际大坝会议工作报告

国际大坝委员会第 71 届年会和第 21 届大会于 2003 年 6 月 10 日至 6 月 20 日在加拿大蒙特利尔市召开。除安排了第 71 届执行会议、第 21 届大会和各专业委员会会议外，会议组委会还安排了“尾矿坝存在的主要问题”国际研讨会及会前、会后技术考察等活动。参加执行会议的会员国有 51 个。共有 64 个国家的 1602 名代表参加了大会。中国代表团共有 18 位专家参加了此次会议。

国际大坝委员会第 71 届年会的安排中有：官员会议一天，执行会议一天，学术交流一天，专业委员会会议一天。在 6 月 14 日召开的第 71 届执行会议上，参与主席竞选的有：德国大坝委员会推荐的 Urban Norstedt（瑞典）、加拿大大坝委员会推荐的 Cassio Viotti（巴西）和土耳其大坝委员会推荐的 Raymond Lafitte（瑞士），最后经过两次投票选举，巴西的 C. B. Viotti 当选为国际大坝委员会主席，任期为 2003 年～2006 年。中国大坝委员会副秘书长、中国水科院副院长贾金生当选为国际大坝委员会副主席，任期为 2003 年～2006 年。新当选的副主席还有保加利亚的 C. B. Abadjiev。目前国际大坝委员会官员为：主席 C. B. Viotti（巴西），副主席 Baba（日本）、Lafitte（瑞士）、G. Verzeni（加拿大）、Paul Roberts（南非）、C. B. Abadjiev（保加利亚）和中国的贾金生。

执行会议上确定了伊朗为 2005 年国际大坝委员会年会承办国，西班牙为 2006 年年会及大会承办国。瑞士大坝委员会放弃了在巴西 Iguassu 会议上宣布的申请承办 2005 年年会的邀请。在本次执委会上新成立了“大坝监视”专业委员会，时间是 2003 年～2007 年；中国的於三大主任将代表中国参加该专业委员会。目前国际大坝委员会共有专业委员会 20 个，中国已参加了 19 个专业委员会的活动，此次有 13 个委员参会。

在 6 月 12 日召开的各专业委员会会议上，我国代表均能够积极发言，介绍中国的状况。三峡大坝 2003 年 6 月开始蓄水，与会代表非常关心。在“坝与洪水”专业委员会会议上，受专委会主席 Luis Berga 邀请，中国代表成昆煌教授对三峡工程的防洪作用作了介绍。在“大坝抗震”专业委员会会议上，中国委员陈厚群院士简要介绍了三峡工程专门设置的大规模数字式水库触发地震监测台网，并称在蓄水前一年多已开始运行，记录了蓄水前库区的本地地震数据。三峡工程按期下闸蓄水、通航、发电，引起了国际坝工界的广泛关注，国际大坝委员会主席、副主席和各国专家都不同程度地表达了想见到更多三峡建设情况报道的愿望。

第 21 届大坝会议于 6 月 16 日至 20 日召开，会议共有 4 个专题，即第 80 专题——大坝投资，第 81 专题——大坝经济，第 82 专题——大坝老化与修补，第 83 专题——大坝抗震。此次会议上中国与会代表共发表论文 6 篇，其中有关大坝投资、大坝经济和大坝老化与修补的各一篇（分别来自小浪底建管局的曹应超总经济师、二滩水电开发公司的吴世勇主任和丰满水电厂的何长利总工），大坝抗震投稿三篇（分别来自中国水利院抗震中心陈厚群院士、王海波博士和南京水利科学研究院的郦能惠教授级高工）。中国代表团成员、水利部规划计划司司长矫勇作为第 81 专题研讨会的主席成功主持了讨论。他在所致的开幕词里提到第 3 届世界水论坛大会上的部长宣言。在这宣言里，水电、水基础设施以及水库等屡次被提起并认为应进一步发展，惟独大坝，由于人们对其效益和代价持有不同的观点并存在强烈的争论，因此被排除在外。对大坝的不同观点反应了大坝评估的重要性。矫勇提出，在未来大坝建设中，在充分考虑经济、社会、环境各方面因素后，应该对大坝的真实效益和代价予以正确的评估。矫勇所致的开幕词和专题总结获得了与会专家广泛好评，国际大坝会议现任主席 C. V. J. Varma 先生、前任主席 Kaars Hoeg 先生给予了高度评价，并特别到主席台祝贺。中国水利水电科学研究院陈厚群院士、三峡总公司张津生教授、中国水科院水力学所郭军所长分别在第 83 题、第 81 题、第 80 题研讨会上作了专题发言。陈厚群院士介绍了我国小湾拱坝的抗震研究成果，包括透射边界、坝体横缝模拟、坝肩滑裂体与坝体动态相互作用等最新研究内容，引起了与会专家的广泛兴趣和高度评价。

会议期间，中国大坝委员会秘书长高季章率部分代表与韩国大坝委员会主席、秘书长等就在中国召开

Hydropower2004国际研讨会进行了友好磋商；中国大坝委员会副秘书长贾金生与西班牙大坝委员会主席、秘书长等就2003年11月在西班牙马德里召开的第4届国际碾压混凝土研讨会有关事项进行了友好洽谈。高季章院长代表中国大坝委员会作为选举委员参加了第71届执行会议并分别拜会了国际大坝委员会主席、副主席、秘书长、新当选主席等人。以杨亚为团长的三峡代表团积极参加大会安排的各项活动，解答各国代表提出的关于三峡的问题，并在中国展台播放了介绍三峡工程的光盘，取得了很好的成效。

这次会议内容丰富，收获很大。除上述会议活动情况外，其他有关事项简述如下：

1. *加拿大的大坝建设情况* 加拿大是世界上疆土第二大的国家，总面积为9984670km²；位于北美洲北部，临大西洋、北冰洋和太平洋，海岸线长达220080km。

加拿大的降水量分布极不平均，圣劳仑斯和大湖区以东湿润多雨，最大年降水量可超过3000mm；而中部年平均降水量少于200mm，局部甚至少于50mm。

加拿大的洪涝来源于溶雪、暴雨。20世纪有170多次洪水，造成财产损失65亿加元和198人死亡。另外，滑坡也是较严重的自然灾害，每10年损失1亿～2亿加元，滑坡量100万m³以上。

加拿大人口3200万，60%讲英语，24%讲法语；2001年统计中国裔占100万人。加拿大2001年人口增长率为1.22%，属增长较快国家，估计2020年将达3700万人。

加拿大最早于1832年即建有大坝，19世纪又陆续兴建一些大坝，至今统计为933座，以魁北克省最多（322座）。其中，超过60m高的有57座，超过100m高的只有17座，超过200m高的有2座。最高的是买加（Mica）心墙土石坝，高244m；另一座是世界最高的连拱坝（丹尼尔·约翰逊），高214m。

加拿大的坝型以土坝为多（384座），其次是重力坝（236座）、堆石坝（99座）、支墩坝（13座），混合坝、拱坝较少（5座）。水库运行目的以水电为最多，596座，占64%；多目标的86座，占9%；灌溉为主的51座，占5.4%；专门为了旅游的只有7座。

加拿大的水能资源理论上为13320亿kW·h/年，其中技术可开发约为9810亿kW·h/年，经济上可开发的5360亿kW·h/年。目前装机容量为6712万kW，尚未开发的还有11800万kW。正建的有240万kW，计划中还有620万kW将开发。加拿大水电站有224处，装机容量99.6万kW，还在继续发展中。

在大坝建设中比较注意环境保护，特别是在鱼类回游和生态保护方面做了大量工作，而且认为已取得较大成效。加拿大的大坝协会共有878位个人会员，78家公司参加，主要承担大坝安全及技术、环境、社会、经济、法规和管理方面工作。

魁北克省是加拿大水电发展较大的一个省，总装机容量达3200万kW，水电占96%；管理公司负责25个水库和566座坝，其中226座属于大坝范围。该省计划在未来10年水电装机增加20%。

2. *国际大坝会议的论文集翻译* 第21届大会出版了4个专题的论文集，4个专题的总报告也编写的较好，对未来的工作有一定的指导作用。建议尽快组织翻译和出版工作。

3. *专业委员会公报和专委会活动* 目前国际大坝委员会20个专业委员会，每年都有公报完成。这些公报基本上反映了世界各国坝工技术的发展，很有价值。

我国目前参加了19个专委会的工作，参加会议的各单位专家会后都提交了总结，秘书处整理后放在中国大坝委员会网站上，供国内专家参考。

4. *第71届年会尾矿坝国际学术会议* 第71届年会的学术会议是国际大坝委员会（ICOLD）2003年会组织委员会和加拿大矿业协会合作举办的《尾矿坝面临的挑战》国际专题学术会议，共收纳了34篇论文，会议上有9个国家19位代表介绍了他们的论文。受代表团指派，南京水利科学研究院郦能惠教授级高工编写了报告。

5. *技术考察报告* 会后有10位专家参加了技术考察，加拿大方面对所参观的工程做了认真地准备，资料丰富。经过参观、讨论，根据各位专家的收获体会，回国后，中国水利院水资源所总工陈敏建教高编写了技术考察报告。

6. *国际大坝委员会亚太分会第4届会议* 国际大坝委员会亚太分会第6届会议于2003年6月15日10：00～11：30在加拿大蒙特利尔Delta Centre-Ville饭店举行。中国大坝委员会贾金生副秘书长参加了会议。

（中国大坝委员会秘书处）

## 中国水电工程顾问集团公司的国际交流与合作

改革开放以来，为了适应社会主义市场经济的要求，寻找生存和发展空间，特别是为了贯彻和实现中共中央“走出去”的战略和集团公司提出的“两型、两化、国际一流”的战略目标，中国水电工程顾问集团公司（以下简称集团公司）坚持以科技交流为先导、以技术服务为注脚，稳步推进“走出去”战略的实施，积极拓展国际市场，在竞争激烈的国际水电技术服务市场逐步占有一席之地，树立了公司良好的品牌形象，为中国水电工程顾问集团公司开辟了新的市场空间。

## 一、以交流为先导，中国水电设计技术走出国门

国家改革开放的政策为中国水电工程顾问集团公司科技交流创造了良好的外部环境。最近几年，集团公司“派出去请进来”的科技交流活动约在上千人次。涉及的领域有：经营管理，勘测设计理念，公司企业文化，财务及审计业务，常规水电站设计、施工、运行技术，水工，机电，地质勘测，新材料，新能源（包括风电、潮汐发电、垃圾发电、地热发电、生物发电）及抽水蓄能电站设计、施工、运行技术等。通过派遣技术团组到国外的公司和他们的工程上进行考察和培训或邀请外国知名专家、学者和工程技术人员到集团公司介绍他们的先进技术或产品，增进了相互间的了解，中国水电勘测设计技术在交流中逐步走上世界水电建设舞台。目前，集团公司与世界银行、亚洲开发银行、非洲发展银行、中国国际工程咨询协会、国际互联网等国际组织保持密切联系；与世界著名跨国公司，如美国哈扎（现名‘美华’MWH）、澳大利亚雪山公司、挪威AGN、法国EDF、德国霍夫曼等公司保持着极为密切和友好的交往，有着常年合作关系或签订了合作协议；与世界许多国家的水电企业进行着有效的技术和经验交流。

## 二、脚踏实地开展本土合作

随着中国水电建设工程规模不断扩大、建设难度日趋复杂，实践中遇到的问题处理难度越来越大。为更好地做好技术服务工作，促进水电建设事业的快速发展，中国水电工程顾问集团公司自20世纪80年代起，在国内一些著名水电工程建设中开始了水电勘测设计技术的国际合作。其中比较有代表性的有：与澳大利亚雪山工程咨询公司在鲁布革水电站的设计咨询工作，与美国哈扎工程咨询公司，挪威咨询集团公司（AGN）在二滩水电站的设计咨询工作，与法国电力公司在龙滩水电站和十三陵抽水蓄能电站的设计咨询工作，与日本海外协力基金会在十三陵抽水蓄能电站和天生桥水电站的设计咨询工作，与加拿大国际工程管理公司在龙滩水电站和五强溪水电站的设计咨询工作，与俄罗斯水电设计院在李家峡水电站的设计咨询工作。在与上述外国大型跨国公司的合作中，集团公司学习到了外国的科学技术、生产运行和经营管理经验，促进了自身技术的进步和知识的更新。除此之外，在经济效益上也有很大收获，比如由于在李家峡水电站的设计中采用了俄罗斯专家建议的“双排机组”这一俄罗斯成熟的方案，比原计划节省数千万元人民币投资。

## 三、借船出海，抢滩东南亚，放眼世界

在国内水电工程勘测设计广泛技术合作中，中国水电工程顾问集团公司的技术实力、服务品质逐渐为世界同行及水电开发企业接受，承揽国际水电勘测设计任务的大门为之大开。多年来，该集团公司坚持“有项目就要争取拿到，拿到项目就要干好，使其成为样板，扩大战果，争取更大的市场份额”的国际经营理念，积极开拓国际市场，取得较为理想的效果。承揽并完成的比较有代表性项目有：津巴布韦韦瓦利水电站的招标设计和施工详图设计，老挝南立水电站的可研工作，苏里南波洛科庞多地区输变电线路的初设复核，伊朗亚苏兹梯级电站联合设计，马其顿科佳水电站的机电技施设计，叙利亚迪什林水电站的机电设计和成套设备及现场管理工作，缅甸帮朗水电站引水发电系统工程设计和现场设代及质量监控工程，尼泊尔上波迪科西水电站的初设施工详图和现场设计，香港深圳河落马洲河口水文站的勘测、可研、施工详图和工程监理，科特迪瓦格格杜灌溉工程初设和技施设计文件编制。目前承担的国外项目见附件。我们的工程分布在亚洲、非洲、拉丁美洲和东欧。

## 四、把握机会、注重服务、树立形象

在国际合作项目中，人才是关键，技术进步是竞争力的源泉。中国水电工程顾问集团公司为了适应国际合作的需要，从生产部门抽调了业务骨干脱产学习技术、外语和有关涉外业务，培养复合型人才。多年的国际工程实践，该集团公司培养并拥有了一定数量的水电专家和复合型人才。坚持“质量第一、服务为先”的工作原则，重视提高技术水平，特别是集团公司自己技术优势的充分发挥，加强对国际标准、规范、规程的学习。把质量控制和内部管理作为搞好境外项目的头等大事来抓。一方面，努力搞清楚合作者的要求，明确工程应采用的技术标准和规范，另一方面，选派精兵强将，把好质量和内部管理关，小工程当大工程做。有的院针对国际合作工程的特点总结出了“四有”的经验，即“一有前瞻性，二有匠心，三有耐心，四有恒心”。该集团公司的国外工程质量优良，在境外项目上做到了经营行为的规范、合理，严格执行合同，满足了国际惯例的要求，树立了良好的品牌形象，赢得了商誉。

20世纪90年代末以来，中国水电工程顾问集团公司在老挝、缅甸、泰国、香港、伊朗、巴基斯坦、

越南、马来西亚、格鲁吉亚等国家和地区承包工程数量在不断增加。中国水电西北勘测设计院已连续成为国内惟一参与某个国际承包公司的惟一设计方；中国水电昆明勘测设计研究院在与合作者合作开发缅甸水电项目中，曾多次婉拒第三者，严守商业机密，赢得了更多的合作伙伴，确保了合作的成功。由于积极贯彻了“走出去”的战略，在外经贸工作中取得了一定的成绩，中国水电工程顾问集团公司于2002年度被国家电力公司评为“国家电力公司系统实施‘走出去’战略先进集体”。

21世纪，世界水电建设在中国，世界水电技术进步靠中国，中国水电工程顾问集团公司作为中国惟一一家大型水电水利勘测设计、咨询服务企业，肩负着推动中国乃至世界水电勘测设计技术进步和发展的重任（其2003年～2004年已执行及拟参与项目见表1）。

表1　2003年～2004年执行及2004年拟参与项目一览表

| 序号 | 项目所在国 | 项目名称 | 项目规模 |
|---|---|---|---|
| 1 | 埃塞俄比亚 | Tekeze lot 4/5 水电站 | 装机容量4×78MW |
| 2 | 埃塞俄比亚 | Tekeze lot 6 开关站 | 220kV |
| 3 | 埃塞俄比亚 | Aba-samuel 水电站修复 | 坝高25m |
| 4 | 老挝 | 南立水电站 | 装机容量135MW |
| 5 | 土耳其 | UZU 水电站 | 装机容量63MW |
| 6 | 巴基斯坦 | 阿莱瓦水电项目土建标 | 混凝土重力坝，坝高32.5m，装机容量121MW |
| 7 | 格鲁吉亚 | 切尔提水电站 | 装机容量9.6MW |
| 8 | 越南 | Nahang 水电站 | 装机34万kW，101.8m高的面板堆石坝 |
| 9 | 越南 | Guang Tri 水电站 | 装机容量62MW |
| 10 | 缅甸 | Yeywa 水电站 | 装机容量4×195MW |
| 11 | 伊朗 | Mollasadra 水电项目 | 装机容量100MW |

续表

| 序号 | 项目所在国 | 项目名称 | 项目规模 |
|---|---|---|---|
| 12 | 老挝 | Nam Theun 2 水电项目 | 装机容量4×247MW |
| 13 | 委内瑞拉 | 博高诺托斯水电站 | 装机容量约110MW |
| 14 | 缅甸 | 邦郎水电站 | 装机容量280MW |
| 15 | 巴基斯坦 | 巴罗塔水电站ME03合同 | 装机容量1475MW |
| 16 | 柬埔寨 | 基里隆水电站 | 装机容量12MW |
| 17 | 阿尔巴尼亚 | 布沙特水电站 | 装机容量82MW |
| 18 | 老挝 | 南艾河水电站 | 装机容量1.2MW |
| 19 | 中国 | 昆明掌鸠河引水输水工程 | |
| 20 | 缅甸 | 瑞丽江水电站 | 装机容量400MW |
| 21 | 老挝 | 南梦3水电开发项目 | 装机容量40MW |
| 22 | 委内瑞拉 | 拉里维萨水电站 | 装机容量270MW |
| 23 | 伊朗 | 西玛瑞水电站 | 装机容量480MW |
| 24 | 越南 | 宣光水电站等 | 装机容量合计340MW以上 |
| 25 | 苏丹 | 马挪威水电站 | 装机容量1250MW |
| 26 | 格鲁吉亚 | 卡杜里水电站 | 装机容量24MW |
| 27 | 马其顿 | 科佳水电站 | 装机容量30MW |
| 28 | 伊朗 | 塔里干水电站工程 | 103m高坝，装机容量17.8MW；EPCT合同模式 |

续表

| 序号 | 项目所在国 | 项 目 名 称 | 项 目 规 模 |
|---|---|---|---|
| 29 | 马来西亚 | 巴贡水电站工程CW2标 | 205m高面板坝，装机容量2400MW；EPCT合同模式 |
| 30 | 巴基斯坦 | 真纳水电站工程 | 总装机容量96MW。EPCT合同模式 |
| 31 | 缅甸 | 耶瓦水电站工程 | 120m碾压混凝土坝；总装机600MW库容2500m³ |

续表

| 序号 | 项目所在国 | 项 目 名 称 | 项 目 规 模 |
|---|---|---|---|
| 32 | 赤道几内亚 | 马拉博电视中心工程 | 主楼2层，高11.7m，2000m² |
| 33 | 韩　国 | 始华湖（lake si-wha）潮汐电站 | 12×21 MW单向灯泡机组 |
| 34 | 老　挝 | XESET2水电开发项目 | |
| 35 | 越　南 | BUON KUOP水电站 | 装机210MW，总投资3亿美元 |
| 合计 | 16国家 | 35个工程 | |

（中国水电顾问工程集团公司　王开成　李建国）

# 国际工程招投标

## 开拓国际市场的主要做法和基本经验

中国水利水电建设集团公司（以下简称集团公司）的国际化经营活动，从默默无闻到异军突起，并实现了持续快速发展，主要有下列做法和基本经验：

1. 要有明确的指导思想　开拓国际市场，实现公司国际化发展，必须解放思想、实事求是、转变观念、扩大开放。确立对外经营的指导思想和战略目标，明确“走出去”的主攻方向，坚持以市场为导向，坚持与国际发展潮流接轨，才能进一步完善全方位、多层次、宽领域的对外开放格局，实现“走出去”的国际化发展目标。

2. 要有一个明确的战略规划和切实可行的发展计划　根据企业自身发展的实际情况，集团公司在几年前就提出了“组织集团化、资产股份化、产业多元化、经营国际化”的经营战略思想，并以此为依据，制定了公司国际化发展战略。

总体规划对国际业务的要求是，进入全国最大对外经营企业前10名，即：年国外营业额1.5亿美元；年新签国外合同额5亿美元；进入到全球最大225家国际承包商前100名。事实上，集团公司仅用了一年半的时间，就提前完成了2002年～2006年五年发展规划中的主要目标。

3. 要制定明确的市场经营方针和具有敢为人先，争创一流的气概　集团公司明确提出了“逐渐形成抓大型、抓精品，以抓大中型项目为主”的市场经营策略。几年来，公司共投标5000万美元以上的项目10多项，其中，1亿美元以上的项目7项，中标5个1亿美元以上的项目，即泰国科隆泰丹水坝项目、伊朗塔里干水坝项目、埃塞俄比亚泰克泽水电站项目、马来西亚巴贡水电站项目、苏丹麦洛维水电站项目，合同额依次为1.57亿、1.5亿、2.24亿、4.7亿、6.5亿美元。

4. 要充分发挥公司的技术优势，精心打造中国水电第一品牌　目前，世界水电建设的中心在中国，无论是从数量上、规模上，还是从单个项目的坝型、技术水平上，中国都处于领先地位，国际上几乎所有新的坝型和筑坝技术在中国市场都有充分的体现。中国水利水电建设集团公司承建或参建了包括长江三峡、黄河小浪底、小湾、龙滩、水布垭、洪家渡等多座世界级巨型水利水电工程，创造并掌握了多类水电站坝型及其他相关建筑的建造技术。集团公司在水电建设方面具备很强的技术优势、经验优势和人才优势，尤其是技术实力，可以和世界上任何一家同行业大型工程承包公司相媲美，这正是其参与国际竞争的优势。

从目前集团公司国外大项目的技术含量来看，泰国科隆泰丹碾压混凝土大坝，在签约的1999年时是世界上首屈一指的巨型碾压混凝土坝。伊朗塔里干项目是一个综合水利枢纽工程，主坝是101m黏土心墙砂砾堆石坝。泰克泽水电站项目，双曲拱坝坝高185m，为埃塞俄比亚在建最大的基础设施建设项目，是东部非洲在建最高的大坝。巴贡水电站是马来西亚目前最大的水电工程项目，主坝为205m高的面板堆石坝，是除中国外全球最高的在建面板堆石坝。麦洛维项目是在世界第一长河——尼罗河上建起9200m的长坝。没有国内形成的核心技术，就不可能有国外专业领域的大发展。上述几个项目，在国际筑坝和水电建设界名声很大，影响很大，从筑坝技术来讲，代表了世界同一领域的高端水平。这几个世界级的高坝或大型水电站同由一家公司在承担施工，在世界范围来说，也是一个奇迹。这说明，中国水利水电建设集团公司在国际坝工和水电建设领域已占有举足轻重的地位。

5. 切实加强对在建项目的管理，坚持诚信服务、严格履约、分类指导的原则

(1) 牢固树立合同观念和履约观念，加强了管理力量，用严格的管理推动合同履约。

(2) 抓好制度建设。为了规范项目管理，海外事业部在ISO 9000贯标文件中，对在建项目的管理工作做了专门的规定，对执行合同时的实物工作量，工程质量、安全、物资、设备、合同、财务、分包商管理及结算报量、索赔调价等方面进行全方位的跟踪了解。

(3) 按照分类指导的原则，对不同的项目实行不同的管理模式。

(4) 加强后方保障力度，给国外工程以最有效的支持。

6. 要有严格按照市场规律办事的科学态度

中国水利水电建设集团公司在对外经营活动中，严格按照市场经济规律办事，审慎地做好投标工作。主要是按照市场经济规律办事，用科学的态度对待国外经营工作，在工程投标过程中，实行突出重点，兼顾一般的原则，把工作重点放在签约可能性较大的项目上。

7. 要构筑适应国际化发展的组织架构 为了适应对外经营工作的需要，集团公司在不断的探索中，已经形成了完整的外经工作组织架构。海外事业部抓好自身建设，并在实际工作的磨炼中，逐渐形成了团结拼搏、开拓进取、务实高效、志在一流的团队精神和工作风格。

中国水利水电建设集团公司还以子公司为载体，组建了13个以地域冠名的直属国际工程部，在国外已正式建立了16个经理部、代表处和子公司。目前，以集团公司为龙头，系统内直属国际工程部为龙身，驻外机构为前哨，统一品牌、整体对外的经营格局已经形成，为集团公司实施"走出去"战略提供了坚实的组织基础。

8. 要坚持"以人为本"的基本方针 中国水利水电建设集团公司投入很大的精力抓好外经队伍的建设。几年来，集团公司已经培养和造就了一批对外经营工作的骨干人才，建立起门类齐全、业务精湛、总数近500人的国际经营人才库，其中相当数量的人员属于技术型、管理型、善经营、懂法律、通商争、会外语的复合型人才，并已充实到对外经营工作的一线岗位上。

9. 要创造一个适合企业发展的外部环境 通过各种渠道，扩大对企业的宣传，使集团公司在社会和同行心目中不断加深"中国水电第一品牌"的印象。几年来，围绕着经营工作的进展，集团公司积极联系中央电视台、中国国际广播电台、新华社和《国际商报》、《中国贸易报》、《中国建筑报》、《中国水利报》、《中国电力报》等影响力较大的主流媒体为其作宣传，还组织了向《中国水力发电年鉴》和《中国电力企业管理》杂志投稿，接受了《国际工程与劳务》杂志对集团公司领导的专访。中国对外承包工程商会的外经企业调研也重点介绍了集团公司走向国际的经验。在中央政策研究室就"走出去"战略问题进行专题调研时，该集团公司代表应邀参加了这项工作，取得的经验被该调研报告列入实施"走出去"战略先进典型。

10. 要充分发挥系统优势，整合系统力量，共同走向国际市场 参与国际市场竞争，必须集中优势力量，发挥企业整体功能。面对激烈的市场竞争，面对大型和超大型项目的运作，要进入国际市场并站稳脚跟，必须在同一品牌下进行。

由此可见，"走出去"开拓国际市场，是新形势下持续发展的必由之路；发展具有国际竞争力的大型企业集团，是"走出去"的可靠途径；突出主业，提升核心能力，是"走出去"的坚实基础；开展广泛的联合与合作，是"走出去"的重要保障；实施人才开发战略，是"走出去"的关键。

(中国水利水电建设集团公司 郭建堂 刘起涛)

## 中国水利水电建设集团承包的部分国外水电工程项目介绍

(一) 埃塞俄比亚——泰可泽水电站项目

泰可泽水电站位于埃塞俄比亚西北部泰可泽河上，距首都亚的斯亚贝巴约1000km。工程装机容量4×7.5万kW，一期工程装机3台。中国水利水电建设集团公司、中国葛洲坝水电建设集团、埃塞SUR建筑公司组成的CWGS联营体中标承建泰可泽水电站LOT1B/2/3标工程，合同金额2.24亿美元。

从1997年开始，中国水利水电建设集团公司开始跟踪这个项目，并于当年通过项目资审。此后，经过投标、合同谈判等工作程序，战胜了德国STRABAG与意大利SALINI联营体、日本KAJIMA与

ENKA联营体、意大利IMPERGLI0与当地SATCON联营体、奥地利的SKANSKA与GROUP联营体，于2002年6月7日一举中标。

泰可泽水电站项目是中国水电施工企业首次在国外承建185m高的拱坝，也是中埃乃至中非最大经济合作项目，对中非经济合作具有深远的影响。

（二）孟加拉——迈格纳哈特电厂场地准备项目

孟加拉迈格纳哈特电厂场地准备项目是集团公司承接的第一个EPC项目，由中国水电建设集团公司第十三工程局组织施工，总工期为300d，1999年3月22日签约。项目业主为孟加拉电力发展局，资金来源为当地政府，合同额为3000万美元。

在该工程中使用的“水力吹填地基的水平排水板振动碾压处理法”解决了吹填地基的处理问题，这一成果获水利部科学技术成果奖；“挖泥船吹填围堰法”解决了水中构筑围堰的难题。

此项目于2002年被国家电力公司评为“优秀境外项目”。

（三）泰国——科隆泰丹水坝工程

中国水电建设集团公司和中国电力技术进出口公司、泰国威吉班建设有限公司（Vichitbhan Construction Co.，Ltd.）、空通工程师有限公司（Krung Thon Engineers Co.，Ltd.）共4家公司组成联营体（CCVK联营体），于1999年3月4日参投了泰国农业合作部皇家灌溉厅（RID）泰丹水坝工程标，以64.5亿泰铢（约合1.79亿美元）中第一标，1999年10月28日同业主RID签订了承包合同。1999年11月24日该工程正式开工，工期5年。各家股份分别为：中国水电建设集团公司30%，中国电力技术进出口公司15%，泰国威吉班建设有限公司31%，空通工程师有限公司24%。

泰丹水坝工程位于泰国东部那空那育府，距曼谷约120km，公路交通便利。该工程是一个防洪、蓄水、灌溉兼旅游的水库大坝项目，建设资金来自泰国政府预算，施工预算为82.7亿泰铢。监理工程师为法国科因贝里埃公司（Coyne Et Bellier）和泰国两家咨询公司组成的联营体。

工程主要建筑物包括：碾压混凝土主坝和鞍形土石副坝，碾压混凝土坝坝顶长2161m，最大坝高95m，布置有4孔表孔溢流坝、灌溉底孔和泄流底孔等。该工程主要特点是碾压混凝土量大，为世界已建和在建单体工程碾压混凝土量最大的工程。

（四）埃塞俄比亚——安保公路项目

埃塞俄比亚亚的斯亚贝巴—根治—安保公路改扩建项目，于2002年8月15日签订合同，工期30个月，合同金额2260万欧元，由集团公司第二工程局承担施工任务，工程范围：亚的斯亚贝巴—根治—安保公路改扩建及修复共计112km，其中包括32km新建。主体工程从2002年11月14日开工至今，新建路段开工总长度22km。

（五）刚果（金）——金沙萨—马塔迪公路紧急修复工程

刚果民主共和国［刚果（金）］金沙萨—马塔迪公路紧急修复工程为金沙萨—马塔迪公路（PK132）—（PK329）桥段的紧急修复工程，全长共197km。工程位于下刚果省境内，分为两个标段同时进行施工。工程于2002年3月12日签订合同，6月28日在Kinpese正式开工，合同工期17个月，合同金额1479万美元。

金沙萨—马塔迪公路是连接刚果（金）重要港口马塔迪港和首都金沙萨的咽喉要道。紧急修复工程的按期完成对刚果（金）的经济、政治、文化的发展具有十分重要的意义。

（六）乌兹别克斯坦——塔什干国际机场修复工程

塔什干国际机场工程项目，是中国水电建设集团公司在中亚国家承揽的第一个工程项目，也是中国建筑公司在独联体国家中中标最大的一个工程项目。项目分为两个标段：Ⅰ标，1、1—3、3、4、6、11、13、14、15滑行道修复和助航灯光系统设计及修复；Ⅱ标，新建一个停机坪及其排水系统、地下油管路系统和电器灯光系统。该项目资金来源为乌兹别克斯坦政府向欧洲复兴开发银行贷款。

1999年5月15日，乌兹别克斯坦航空公司塔什干国际机场国营企业（业主）对外招标，中国水电建设集团公司以928.16万美元标价中标，并于1999年10月5日开工。

该项目的成功建设，拓宽了中国水电建设集团公司的生存空间，使该集团公司的机场场道修建水平跨上了一个新台阶，并提高了相关技术人员的专业水平，同时也丰富了企业的施工内容，为今后承揽类似工程积累了丰富的经验。该项目被评为国家电力公司2002年度优秀境外项目。

（七）尼泊尔——逊莎里莫朗灌溉工程

由集团公司签约第十一工程局承担施工的尼泊尔王国逊莎里工程，位于尼泊尔东部比兰德后嘎市附近，距尼泊尔首都约500km。该工程由CMC主渠道清淤、比拉灌区、海瑞灌区等五部分组成，两大灌区灌溉面积为15100hm$^2$。该工程于1998年8月31日开工，合同额约2144万美元，属世界银行贷款工程，是尼泊尔最大的灌溉工程。

目前整个工程已结束，工程维护工作也基本完成，业主和咨询对中国水电建设集团公司能按时高质量的完成工程给予高度肯定。

（八）苏丹——麦洛维大坝项目

继集团公司近几年开拓非洲工程承包市场连连取得胜利之后，由中国水利水电建设集团公司和中国水利电力对外公司组成联营体联合承包的苏丹麦络维大坝项目土建工程合同签字仪式于2003年6月7日在苏丹总统府隆重举行。

苏丹麦络维大坝项目土建工程是我国国际工程承包史上，中国企业承包的最大的单项国际工程。合同总额为5.55亿欧元（折合6.5亿美元）。该工程是在尼罗河上修建的大型水电工程。大坝包括混凝土重力坝、黏土心墙堆石坝、混凝土面板堆石坝与土坝等几种混合坝型，总长约9.2km，最大坝高65m，总土石方挖填量为25000万$m^3$，混凝土浇筑量164万$m^3$，水电站装机为125万kW，工程总施工期为5年，维修期2年。

该项目由集团公司第七工程局和第五工程局组成施工联营体共同承担具体现场施工任务。

（九）中美洲伯里兹——恰里洛水电站项目

2003年2月24日，集团公司参加投标的伯里兹恰里洛水电站（Chalillo Dam）顺利签约。这是集团公司成立以来签约的第一个美洲地区的项目，为集团公司挺进美洲市场拉开了序幕。

伯里兹共和国毗邻墨西哥和危地马拉。恰里洛大坝位于伯里兹西部的Macal河上，工程包括44m高的碾压混凝土坝，2台0.365万kW的水轮发电机，输变电等，合同总金额为2214.95万美元，工期24个月。

（十）伊朗——塔里甘水利水电枢纽项目

伊朗塔里甘水利水电枢纽项目工程是集团公司与伊朗德黑兰地区水组织签订的一份工程合同，合同金额1.43亿美元。该项目经国务院批准，由中国水利水电建设集团公司采用卖方信贷方式向中国进出口银行融资，由中国出口信用保险公司承保。

塔里甘项目是集团公司在伊朗承建的第一个大型项目，也是在中东工程建筑承包市场上签约的第一个项目，同时也是集团公司成功运作的第一个出口信贷项目。集团公司应用国际通用的FIDIC合同条款以及国际惯例，对项目进行建设管理；使集团公司从单纯施工承包向融资和管理型承包迈进，标志着海外工程承包发生了质的飞跃。

塔里甘项目也是自中国出口信用保险公司成立以来承保的第一个大型出口信用保险项目。出口企业获得融资财团出口信贷的支持，以灵活的出口方式，提高竞争能力，推动我国高技术含量的产品出口创汇提供了强大的后盾。同时，对于贷款财团转嫁出口创汇的巨额风险，提高信贷质量，减少不良资产起到优化作用。

塔里甘工程位于伊朗德黑兰大峡谷塔里甘长河厄尔布尔士山脉南部，距首都德黑兰市约150km。塔里甘水利枢纽工程有两个主要用途：蓄水供水和发电，其中供水为工程主要用途。整个工程分为大坝工程和发电工程两大部分。

该项目于2001年2月14日签订合同。

（十一）马来西亚——巴贡水电站CW2—主体土建

巴贡水电站位于马来西亚沙捞越州，分为土建和设备两部分，是该国目前最大的工程项目，资金全部由马政府提供。设计装机容量240万kW，共8台水轮机组，一期工程装机容量为90万kW，坝型为面板堆石坝。该工程于20世纪90年代初开始规划并启动施工，受亚洲金融危机影响于1997年全面停顿，2000年重新提上复工议程。

CW2—主体土建工程标主要工程内容是，设计建造一座高205m、坝顶长740m的面板堆石坝、可宣泄15000$m^3/s$的岸边开敞式溢洪道、发电进水口、8条洞径8.5m、长700m的发电隧洞、发电厂房、泄水底孔等建筑物，总工期5年。

2002年8月中标，分包合同金额为马币8.24亿元（约2.12亿美元），在实际实施中集团公司起主导作用。

（十二）缅甸——德畔塞及孟河水电站项目

缅甸德畔塞及孟河水电站是缅甸目前在建的大型水电工程，工程建成后，总装机容量将占缅甸目前电网发电量的8%，中方合同总金额3.62亿元人民币。

德畔塞水电站位于缅甸中部实皆省，该水电站流域面积8960$km^2$，水库库容为34亿$m^3$，大坝为土坝，长度为6685m，总装机容量为3×1万kW，3台轴流转桨机组，电站为坝下钢管引水式电站。中国水利水电建设集团公司于2000年5月30日与中信公司签订“缅甸德畔塞水电站总分包协议书”。

孟河水电站位于缅甸中西部，流域面积为3800$km^2$，库区面积为66$km^2$，水库库容为7.9亿$m^3$，大坝为土坝，长度为1318m，总装机容量为3×2.5万kW，拟安装3台混流机组，电站为引水式结构。中国水利水电建设集团公司与中信在2000年11月8日签署总分包协议。

（中国水力发电工程学会秘书处）

## 中国水利水电建设集团公司对外经营成绩显著

中国水利水电建设集团公司（以下简称集团公司）的对外经营业务经历了漫长的历史过程。改革开放之初的十年，继续执行中国政府已签订协议未建或未完工程，取得了很大的成绩。这期间，由于对外经贸资格和管理权限问题，各工程局只能依靠中国专业经贸窗口公司，承揽海外工程项目分包设计和施工。

20世纪90年代，随着中国对外经济合作事业的发展，中国水利水电建设集团公司于1993年获得了对外经营权，开始了直接的对外经营。但由于体制等方面原因的影响，1993年～1998年，对外经营工作发展仍较缓慢，这五年间，对外签约约2600万美元左右，典型项目为尼泊尔伊拉姆水电站项目。尽管如此，还是取得了境外施工管理经验，为后来的对外承包工程和劳务合作打下了一定的基础。

1999年以来的五年，是中国水利水电建设集团公司对外经营工作最活跃、成果最显著的时期。对外签约及国外营业额均取得历史最好成绩。五年间，集团公司自主签约国际工程承包合同38个，累计签订国外合同额达到23亿美元，属于公司份额的为17.5亿美元，完成营业额5.7亿美元左右。2003年，在遭受"非典"肆虐的情况下，集团公司的员工克服困难，坚守岗位，取得了明显的经营成果和成绩，新签国外工程承包合同额为7.5亿美元，为2002年全年签约4亿美元的1.88倍；国外营业额达到2亿美元，签约和国外营业额双双再创历史新高。

在由美国《工程新闻纪录》(ENR) 评选的"全球225家最大国际承包商"排名中，中国水利水电建设集团公司1999年和2000年均列在136位；2001年，上升到128位；2002年，公司以1.71亿美元的国外营业额，首次闯进全球225家最大国际承包商百强行列，位居第89位，比上年度的128位提升了39位。对外承包工程给集团公司的经营活动注入了新的动力和活力，取得了良好的经济效益和社会效益。按照对外承包工程每完成营业额1亿美元可带动当年GDP增长4.92亿美元计算，公司完成的国外营业额已经带动中国233亿元GDP的增长。

中国水利水电建设集团公司跻身全球225家最大国际承包商百强，标志着该集团公司的国际化发展，取得了长足的进步和突破性的进展。通过积极实施国际化战略，中国水利水电建设集团公司在国际市场树立了"中国水电第一品牌"的良好形象，成为中国新近崛起的、极具影响力和带动力的特大外向型综合企业。

（中国水利水电建设集团公司　刘起涛）

## 发挥集团整体优势<br>参与国际市场竞争

中国水利水电建设集团公司（以下简称集团公司）努力整合集团资源，发挥集团整体优势，参与国际市场竞争，取得了丰硕成果。

（一）发挥集团整体优势，整合集团资源是国际市场的要求

首先，经济全球化步伐很快，势必带来市场竞争更加激烈。面对大型和超大型项目的运作，"强强联合"已成为大势所趋。多年占据最大225家国际承包商榜首的克瓦纳集团兼并与被兼并、美国鲁玛斯公司被ABB财团收购、1999年国际排名第9位的维西集团和国际排名第11名的GTM集团并购、斯堪斯卡公司对美国费城巴克利怀特公司及鲍夫公司的兼并等都是"强强联合"的成功范例。

其次，行业管理要求集团作战。为了减少中国公司在国际工程中的无序竞争，维护中国公司的合法权益，提高中国公司的市场占有率，中国政府主管部门规定，500万美元以上的国外项目及所有亚洲银行的项目都要进行协调，协调机构设在中国对外承包工程商会和机电商会。对参加投标中国公司的业绩、信誉、能力进行先期审定，按照优中选优和行业优先、专业优先、报名顺序优先的原则进行协调。

国际惯例和招投标规则严禁"一标两投"。也就是说存在股权关系、资产关系的所有投标人，将视作同一投标人，不允许以不同名义参加同一项目的投标，否则将直接被取消项目投标资格。

（二）充分和正确认识整个集团和集团公司所具备的资源和优势

（1）集团各子公司具有强大的施工、生产和技术能力。

（2）集团公司在水电建设方面的业绩比世界上任何承包商都要强得多。

（3）集团公司拥有世界最先进的施工设备和技术，特别是施工技术。

（4）集团公司作为中国水电第一品牌已开始得到世界同行业认同。

（5）集团公司作为行业龙头赢得了良好的生存环境。

（6）集团公司与国际同行业的许多大型咨询公司和供贷商建立了合作及伙伴关系；与国际融资和资本运作市场开始建立互动机制；与许多国家政府和有关部门建立了较为紧密联系，集团公司国际经营网络已具备一定规模并在进一步扩大。

（7）集团公司聚集了一批高素质的复合型国际化人才，并已经发展成110多人的专业型外经队伍。

（三）集团运作为整个集团带来了丰硕的成果

整合中国水利水电集团各子公司和集团公司资源，集中优势力量开展国际经营活动，已经成为中国水利水电集团国际业务快速发展的一条重要经验。

按照集团公司提出的“坚持大中小并举，逐渐形成抓大型、抓精品，以抓大中型项目为主”的市场经营策略，中国水利水电集团公司运作的5000万美元以上的中型项目有几十个，1亿美元以上的大型项目达十多个。无论从工程类型还是从工程规模来看，不发挥集团的整体优势都是不可能成功的。譬如：伊朗塔里甘水坝项目，苏丹麦罗维大坝土建工程，马来西亚巴贡水电站、埃塞俄比亚泰可泽水电站、利比亚人工河等工程都是竞争异常激烈的大型项目。集团公司所在联营体首先在由数十家国际知名公司组成的若干个联营体的资格预审中脱颖而出，被排在通过资格预审的联营体的首位，又在激烈的投标中，以经营业绩、技术实力、融资、商务或技术方案最优、价格最为合理而中标。假如项目由一个子公司来做，是不可想象的，只有运用集团优良的国外经营业绩和商业信誉才能够获得。

（四）进一步整合集团资源，集中集团的整体优势，扩大国际经营成果

整合集团资源、集中集团的整体优势就是要统一合理地调度和配置整个系统的资源；避免资源的重复投入、浪费，甚至相互抵消与内耗；避免各自为战、为了小团体利益而损害整个集团利益，从而使整个集团在国际化经营中效益最大化。

（中国水利水电建设集团公司　黄保东）

## 马来西亚巴贡高面板坝周边缝整体模型试验

（一）概述

2003年1月以来，中国水电华东勘测设计研究院中标承接了由中国水电西北勘测设计研究院负责设计的“马来西亚巴贡高面板坝周边缝止水结构整体模型试验”合同项目。巴贡水电站位于马来西亚东马（加里曼丹岛）砂捞越州BALUI河上，总库容440亿$m^3$，电站装机容量2400MW，枢纽拦河大坝为混凝土面板堆石坝，最大坝高203.0m，坝顶全长740m，是目前在建的第二高面板坝。

周边缝是面板坝止水体系中最薄弱的环节，是可能漏水的主要通道。由于它位于面板与趾板两种刚度差异较大的分界面，工作条件最差，其变形的大小与堆石体的变形量和承受的水压力有关，而且当水库蓄水后，周边缝将产生复杂的三维位移变形。因此周边缝止水是面板坝防渗的最关键技术难题之一。

（二）面板坝周边缝止水结构整体模型试验成果

中国水电华东勘测设计研究院大坝公司针对巴贡水电站混凝土面板堆石坝周边缝的特点，开展了8套共4种周边缝止水结构整体试验模型设计、制作和试验研究，在周边缝整体模型试验中，模拟了高面板坝周边缝的极限运行条件：

（1）在模型结构上，试验模型模拟了高面板坝周边缝河床和河岸趾板的转角部位。该处接缝发生变位时，止水材料受力最集中，变形最复杂；模拟了周边缝铜片底部与堆石体脱空的工况。

（2）在试验条件控制上，进行了周边缝张开、剪切、沉降变形和高水压模拟，其中SR防渗体系止水结构模型达到了试验要求指标：周边缝张开变形量100mm、剪切变形50mm、沉降变形50mm，最高稳定水压2.5～2.6MPa、稳压时间≥30d，用模拟试验方法验证了SR防渗体系止水结构的防渗可靠性。

（3）在止水结构上，模拟了周边缝“铜片”、“粉灰砂—铜片”、“SR防渗体系—复合橡胶棒（缝中）—F型铜片”、“SR防渗体系—复合橡胶棒（缝口）—F型铜片—砂浆垫层”等四种止水结构。

模型试验成果见表1。

表1　周边缝止水结构模型试验成果总汇

| 止水结构 | 模型编号 | 模拟周边缝变形量（mm） | | | 最高水压（MPa） | 稳压时间 | 渗水量（mL/min） | 备　注 |
|---|---|---|---|---|---|---|---|---|
| | | 张开 | 沉降 | 剪切 | | | | |
| 铜　片 | 2 | 20 | 10 | 10 | 0.7 | 2min | 涌水 | D型铜片—F型铜片 |
| | 4-1 | 20 | 10 | 10 | 0.6 | 5min | 涌水 | F型铜片 |
| | 5 | 30 | 20 | 20 | 0.5 | 5min | 18000 | 橡胶带—F型铜片 |
| 粉灰砂—铜片 | 1 | 50 | 30 | 30 | 0.25 | 5min | 22000 | 粉灰砂—D型铜片—F型铜片 |
| | 6 | 30 | 20 | 20 | 0.4 | 5min | 18000 | 粉灰砂—橡胶带—F型铜片 |
| SR—橡胶棒（缝内） | 3 | 100 | 50 | 50 | 2.5～2.55 | 30d | 0 | |
| | 4-2 | 100 | 50 | 50 | 2.5～2.6 | 31d | 0 | 在铜片底部设砂浆垫层 |
| SR—橡胶棒（缝口） | 7 | 100 | 50 | 50 | 2.5～2.58 | 31d | 0 | 进行带水接缝变形操作 |
| | 8 | 100 | 50 | 50 | 2.5～2.55 | 32d | 0 | 进行带水接缝变形操作 |

（三）研究结论

本项研究，对高面板坝周边缝“铜片”、“粉灰砂—铜片”、“SR—橡胶棒（缝内）”、“SR—橡胶棒（缝口）”四种止水结构，从结构尺寸、材料品种、缝

变形量、水头模拟等方面进行了仿真模拟，获得了8套周边缝仿真模型试验成果，得到以下研究结论：

（1）铜片防渗体系。在八套周边缝试验模型中，都设置了正八角形的F型铜片止水结构防渗体系，仿真模拟了高面板坝铜片防渗体系中防渗最薄弱的部位，其中1#～4#模型的F型铜片鼻坎高80mm、宽20mm，5#～8#模型的F型铜片鼻坎高105mm、宽30mm。试验成果表明，在铜片平直段适应张开变形能力较强，有较好的防渗效果，增加铜片变形鼻坎尺寸，能够改善平直段铜片的变形适应性；铜片防渗体系在转角处适应接缝变形能力较弱，增加铜片鼻坎尺寸，在接缝转角部位变形时更容易出现应力集中开裂现象，铜片防渗体系在转角部位抗裂缝渗漏水压为0.5～0.7MPa；1#、2#模型模拟了周边缝“D型铜片—F型铜片”双道铜片止水结构。试验表明，多道金属止水结构在缝内的受力性质是一致的，接缝变形时均易在铜片转角处产生应力集中开裂，形成渗漏通道。建议在铜片防渗体系中，转角部位采用整体定型接头、增加弧度，避免在转角处尖角焊接，改善铜片在转角处的受力状况，提高铜片防渗体系的可靠性。

（2）“粉灰砂—铜片”、“粉灰砂—橡胶带—铜片”防渗体系：粉灰砂对铜片细小裂缝和良好级配的垫层料有反滤淤填限渗作用，一旦铜片裂缝在水压力作用下扩大和垫层料级配不良时，粉灰砂有被冲蚀形成漏水通道的可能；橡胶止水带防渗体系，由于与混凝土结合面不可靠，在受到水压力时，容易出现绕渗、脱开渗漏现象。

（3）“SR防渗体系—橡胶棒”SR防渗体系：3#、4-2#和7#、8#模型分别模拟了厚面板和薄面板部位周边缝SR防渗体系止水结构，在止水结构尺寸、材料品种、缝变形量、水头模拟等方面，达到了仿真试验指标，即周边缝张开变形100mm，剪切变形50mm，沉降变形50mm，稳定水压≥2.5MPa，取得了连续30d以上不渗漏的试验成果，为高面板坝周边缝推荐的SR防渗体系止水结构，提供了直观、可靠的实验依据。

（4）从SR塑性止水材料、SR防渗体系止水结构在60多座面板坝和最长达16年的工程应用实践，以及SR塑性止水材料耐老化性测试、高面板坝周边缝SR防渗体系止水结构整体模型试验成果表明，在高面板坝混凝土接缝上建立由SR防渗体系和多层SR支撑体组成的SR防渗体系止水结构具有可靠的缝变形适应性和防渗止水作用。

（5）根据本项研究成果和“止水可靠、施工方便、造价经济”的原则，本研究成果向巴贡200m级高面板坝推荐了高水头部位周边缝“SR—橡胶棒（缝口）—橡胶棒（缝内，内衬镀锌铁管）—F型铜片—垫层料”和低水头部位周边缝“SR—橡胶棒（缝口）—F型铜片—垫层料”SR防渗体系工程结构，并提出了SR防渗体系设计和施工要点。

（中国水电华东勘测设计研究院 谭建平）

14

# 技术标准和
# 技术图书出版

# 新颁技术法规

## 国家科学技术奖励条例*

### 第一章 总 则

**第一条** 为了奖励在科学技术进步活动中做出突出贡献的公民、组织，调动科学技术工作者的积极性和创造性，加速科学技术事业的发展，提高综合国力，制定本条例。

**第二条** 国务院设立下列国家科学技术奖：

（一）国家最高科学技术奖；

（二）国家自然科学奖；

（三）国家技术发明奖；

（四）国家科学技术进步奖；

（五）中华人民共和国国际科学技术合作奖。

**第三条** 国家科学技术奖励贯彻尊重知识、尊重人才的方针。

**第四条** 国家维护国家科学技术奖的严肃性。

国家科学技术奖的评审、授予，不受任何组织或者个人的非法干涉。

**第五条** 国务院科学技术行政部门负责国家科学技术奖评审的组织工作。

**第六条** 国家设立国家科学技术奖励委员会，国家科学技术奖励委员会聘请有关方面的专家、学者组成评审委员会，依照本条例的规定，负责国家科学技术奖的评审工作。

国家科学技术奖励委员会的组成人员人选由国务院科学技术行政部门提出，报国务院批准。

**第七条** 社会力量设立面向社会的科学技术奖，应当在科学技术行政部门办理登记手续。具体办法由国务院科学技术行政部门规定。

社会力量经登记设立的面向社会的科学技术奖，在奖励活动中不得收取任何费用。

### 第二章 国家科学技术奖的设置

**第八条** 国家最高科学技术奖授予下列科学技术工作者：

（一）在当代科学技术前沿取得重大突破或者在科学技术发展中有卓越建树的；

（二）在科学技术创新、科学技术成果转化和高技术产业化中，创造巨大经济效益或者社会效益的。

国家最高科学技术奖每年授予人数不超过 2 名。

**第九条** 国家自然科学奖授予在基础研究和应用基础研究中阐明自然现象、特征和规律，做出重大科学发现的公民。

前款所称重大科学发现，应当具备下列条件：

（一）前人尚未发现或者尚未阐明；

（二）具有重大科学价值；

（三）得到国内外自然科学界公认。

**第十条** 国家技术发明奖授予运用科学技术知识做出产品、工艺、材料及其系统等重大技术发明的公民。

前款所称重大技术发明，应当具备下列条件：

（一）前人尚未发明或者尚未公开；

（二）具有先进性和创造性；

（三）经实施，创造显著经济效益或者社会效益。

**第十一条** 国家科学技术进步奖授予在应用推广先进科学技术成果，完成重大科学技术工程、计划、项目等方面，做出突出贡献的下列公民、组织：

（一）在实施技术开发项目中，完成重大科学技术创新、科学技术成果转化，创造显著经济效益的；

（二）在实施社会公益项目中，长期从事科学技术基础性工作和社会公益性科学技术事业，经过实践检验，创造显著社会效益的；

（三）在实施国家安全项目中，为推进国防现代化建设、保障国家安全做出重大科学技术贡献的；

（四）在实施重大工程项目中，保障工程达到国际先进水平的。

前款第（四）项重大工程类项目的国家科学技术进步奖仅授予组织。

**第十二条** 中华人民共和国国际科学技术合作奖授予对中国科学技术事业做出重要贡献的下列外国人或者外国组织：

（一）同中国的公民或者组织合作研究、开发，取得重大科学技术成果的；

（二）向中国的公民或者组织传授先进科学技术、培养人才，成效特别显著的；

* 1999 年 5 月 23 日中华人民共和国国务院令第 265 号发布，根据 2003 年 12 月 20 日《国务院关于修改〈国家科学技术奖励条例〉的决定》修订，2004 年 1 月颁发。

（三）为促进中国与外国的国际科学技术交流与合作，做出重要贡献的。

**第十三条** 国家最高科学技术奖、中华人民共和国国际科学技术合作奖不分等级。

国家自然科学奖、国家技术发明奖、国家科学技术进步奖分为一等奖、二等奖2个等级；对做出特别重大科学发现或者技术发明的公民，对完成具有特别重大意义的科学技术工程、计划、项目等做出突出贡献的公民、组织，可以授予特等奖。

国家自然科学奖、国家技术发明奖、国家科学技术进步奖每年奖励项目总数不超过400项。

## 第三章 国家科学技术奖的评审和授予

**第十四条** 国家科学技术奖每年评审一次。

**第十五条** 国家科学技术奖候选人由下列单位和个人推荐：

（一）省、自治区、直辖市人民政府；

（二）国务院有关组成部门、直属机构；

（三）中国人民解放军各总部；

（四）经国务院科学技术行政部门认定的符合国务院科学技术行政部门规定的资格条件的其他单位和科学技术专家。

前款所列推荐单位推荐的国家科学技术奖候选人，应当根据有关方面的科学技术专家对其科学技术成果的评审结论和奖励种类、等级的建议确定。

香港、澳门、台湾地区的国家科学技术奖候选人的推荐办法，由国务院科学技术行政部门规定。

中华人民共和国驻外使馆、领馆可以推荐中华人民共和国国际科学技术合作奖的候选人。

**第十六条** 推荐的单位和个人限额推荐国家科学技术奖候选人；推荐时，应当填写统一格式的推荐书，提供真实、可靠的评价材料。

**第十七条** 评审委员会作出认定科学技术成果的结论，并向国家科学技术奖励委员会提出获奖人选和奖励种类及等级的建议。

国家科学技术奖励委员会根据评审委员会的建议，作出获奖人选和奖励种类及等级的决议。

国家科学技术奖的评审规则由国务院科学技术行政部门规定。

**第十八条** 国务院科学技术行政部门对国家科学技术奖励委员会作出的国家科学技术奖的获奖人选和奖励种类及等级的决议进行审核，报国务院批准。

**第十九条** 国家最高科学技术奖报请国家主席签署并颁发证书和奖金。

国家自然科学奖、国家技术发明奖、国家科学技术进步奖由国务院颁发证书和奖金。

中华人民共和国国际科学技术合作奖由国务院颁发证书。

**第二十条** 国家最高科学技术奖的奖金数额由国务院规定。

国家自然科学奖、国家技术发明奖、国家科学技术进步奖的奖金数额由国务院科学技术行政部门会同财政部门规定。

国家科学技术奖的奖励经费由中央财政列支。

## 第四章 罚 则

**第二十一条** 剽窃、侵夺他人的发现、发明或者其他科学技术成果的，或者以其他不正当手段骗取国家科学技术奖的，由国务院科学技术行政部门报国务院批准后撤销奖励，追回奖金。

**第二十二条** 推荐的单位和个人提供虚假数据、材料，协助他人骗取国家科学技术奖的，由国务院科学技术行政部门通报批评；情节严重的，暂停或者取消其推荐资格；对负有直接责任的主管人员和其他直接责任人员，依法给予行政处分。

**第二十三条** 社会力量未经登记，擅自设立面向社会的科学技术奖的，由科学技术行政部门予以取缔。

社会力量经登记设立面向社会的科学技术奖，在科学技术奖励活动中收取费用的，由科学技术行政部门没收所收取的费用，可以并处所收取的费用1倍以上3倍以下的罚款；情节严重的，撤销登记。

**第二十四条** 参与国家科学技术奖评审活动和有关工作的人员在评审活动中弄虚作假、徇私舞弊的，依法给予行政处分。

## 第五章 附 则

**第二十五条** 国务院有关部门根据国防、国家安全的特殊情况，可以设立部级科学技术奖。具体办法由国务院有关部门规定，报国务院科学技术行政部门备案。

省、自治区、直辖市人民政府可以设立一项省级科学技术奖。具体办法由省、自治区、直辖市人民政府规定，报国务院科学技术行政部门备案。

**第二十六条** 本条例自公布之日起施行。1993年6月28日国务院修订发布的《中华人民共和国自然科学奖励条例》、《中华人民共和国发明奖励条例》和《中华人民共和国科学技术进步奖励条例》同时废止。

（中华人民共和国国务院颁发）

# 关于区域电力市场建设的指导意见

根据《国务院关于印发电力体制改革方案的通知》（国发［2002］5号）精神，为推进区域电力市场建设，提出以下指导意见。

## 一、电力市场建设的指导思想、原则和任务

（一）电力市场建设的指导思想是：从我国的国情出发，借鉴国外电力市场建设的经验，遵循社会主义市场经济规律和电力工业发展规律，以厂网分开、竞价上网为基础，以区域电力市场建设为重点，打破市场壁垒，充分发挥市场配置资源的基础性作用，优化电力资源配置，促进电力工业持续健康发展，满足国民经济发展和人民生活水平提高对电力的需要。

（二）电力市场建设的基本原则是：统筹规划，合理布局，总体设计，分步实施，因地因网制宜。电力市场建设要有利于电力系统安全稳定运行；有利于促进电力工业持续健康发展；有利于消除市场壁垒，实现电力资源的优化配置；有利于促进电力企业公平竞争，降低成本，提高效率。

（三）电力市场建设的任务是：到十五末期，初步形成华北、东北、华东、华中、西北、南方六大区域电力市场，基本建立电力市场运营的法规体系和电力监管组织体系，全国大部分地区大部分发电企业实行竞价上网，符合条件的大用户（含独立配售电企业，下同）直接向发电企业购电。

## 二、区域电力市场建设的基本目标和模式

（四）区域电力市场建设的目标是：构筑政府监管下的统一、开放、竞争、有序的电力市场体系。区域电力市场包括统一市场和共同市场两种基本模式。统一市场是指在一个区域内设置一个电力市场运营机构，电能交易（包括合约交易和现货交易）和交易价格均在一个市场运营机构内形成。区域电力市场内实行统一规划，统一规则，统一管理，统一运作。共同市场是指在一个区域内设置一个区域市场运营机构和若干个市场运营分支机构，电能交易（包括合约交易和现货交易）和交易价格在市场运营机构内分层形成。区域电力市场内实行统一规划，统一规则，统一管理，协调运作。

（五）在区域电力市场建设初期，区域电力市场运营机构暂时不能覆盖或电网联系比较薄弱的地区，可设立相对独立的市场运营机构，实行与区域电力市场统一规划，统一规则，统一管理，在区域市场运营机构的指导下相对独立运作，条件成熟时，逐步向统一市场或共同市场过渡。

（六）选择区域电力市场模式，应根据区域内电力资源与用电负荷特点、电网技术条件、电力体制状况，结合当地社会经济的客观情况综合考虑确定。

（七）无论选择何种市场模式，在同一区域内均应统一制订电力市场建设方案，统一考虑市场布局，统一市场运营规则和竞争模式，统一市场技术标准，统筹规划，配套建设，协调推进。

## 三、区域电力市场的主要交易方式

（八）区域电力市场的电能交易按照“合约交易为主，现货交易为辅”的原则组织。合约交易是指市场主体通过签订电能买卖合同进行的电能交易，现货交易是由发电企业竞价形成的次日（或未来24小时）电能交易以及为保证电力供需的即时平衡而组织的实时电能交易。

（九）合约交易可以按周、月、季、年或一年以上时段组织，合约交易原则上通过竞争的方式形成，竞争电量的比例由电力监管机构确定。随着电力市场的发育和改革的深化，应逐步扩大参加竞争的电量比例。

（十）现货交易可以采用全电量竞价和部分电量竞价的方式。全电量竞价指参与竞价上网机组的全部电量均在现货市场中竞价，其中大部分电量由购售电双方签订差价合同；部分电量竞价指参与竞价上网的发电机组按规定安排一定比例的电量参加现货市场竞价，大部分电量由购售电双方签订物理合同。

（十一）各区域电力市场应合理确定电费结算方式，按规定报批后执行。在国家电价制度改革之前，竞争电量部分按市场竞争形成的价格结算，其余电量按国家批准的价格结算，或按购售电企业签订的差价合约结算。具备条件的可实行容量电价和电量电价两部制模式。在电力市场运行初期，为维护市场稳定，电力监管机构可以会同有关部门对竞争形成的电价实行最高和最低限价。

（十二）建立有利于促进电网健康发展的输配电价格机制。经核准的大用户向发电企业直接购电，其购售电价格由双方协商确定，输配电价格按国家规定执行。

（十三）辅助服务分为基本辅助服务和有偿辅助服务，辅助服务的具体分类由区域电力监督机构根据区域电网的实际情况研究确定。电力市场主体应按规定向系统提供基本辅助服务。有偿辅助服务原则上通过市场有偿获得。在电力市场建设初期有偿辅助服务可暂不纳入交易范围，随着市场发育，辅助服务逐步实行市场竞争。

### 四、加快区域电力市场建设的主要措施

（十四）深化厂网分开改革，培育和规范市场竞争主体。对集资建设或合作建设的发电企业，要抓紧明晰产权，完善法人治理结构，落实出资人权利，按现代企业制度组建独立发电公司；对跨省跨区经营的发电企业，要理顺发电企业参与电力市场的组织关系；在政府依法监管下，按照市场引导、企业自愿、优势互补、规模经营的原则，推动发电企业的联合、重组，并创造条件，逐步优化发电企业的产权结构。

（十五）按照国务院文件精神和电力改革的总体要求，重组电网经营企业。区域电网公司应按照区域电力市场建设的需要，理顺组织关系，完善功能，加强区域电网规划，加快电网建设，加强对区域电力市场运营机构的管理，保证电网安全稳定运行。

（十六）加快电力市场运营机构建设。在现有电力调度通信体系的基础上，建立和健全电力交易、计量、结算等功能，合理确定电力调度交易机构的功能分工，逐步建成与市场运作相适应、综合配套的电力市场运营机构。

（十七）健全电力市场法规体系。加强电力市场法规建设，制定电力市场运营的基本规则、区域电力市场运营规则和有关细则，加强市场准入和退出管理，保证电力市场运营规范、有序。

（十八）加快建立电力市场监管体系，加强电力市场培育和市场运营监管。电力监管机构要与电力市场整体设计、同步建设，具备条件的，可根据需要先行建立电力监管机构，以加快电力市场的培育。

（十九）加强电力市场技术支持系统建设。区域电力市场技术支持系统应按照统一规划、统一标准、统一管理的原则，由区域电网公司按规定商发电企业统一开发，各市场主体按规定配套建设。

### 五、推进电力市场建设的步骤及组织实施

（二十）电力市场建设要积极稳妥、因地制宜、试点先行、梯次推进。2003 年先选择部分地区进行区域电力市场建设的试点，加强对其他区域电力市场研究的组织协调，2004 年、2005 年再按条件依次启动其他区域电力市场，用三年的时间初步形成六大区域电力市场。在此基础上，结合电力体制改革的总体进程，进一步推进电力市场的建设。

（二十一）国家电力监管委员会根据电力体制改革的总体部署和各区域电网实际，确定电力市场建设的任务、目标和实施步骤；电力监管分支机构会同有关电网经营企业和发电企业研究区域电力市场建设方案，经国家电力监管委员会批准后实施。未经批准，任何单位不得擅自出台电力市场建设方案。

（二十二）电力市场建设问题复杂、涉及面广，需要统筹规划、统一领导、分工负责、协调推进。开展电力市场建设的区域，要成立由电力监管机构牵头，电网经营企业、发电企业和有关方面参加的工作领导机构，明确分工，密切配合，系统推进电力市场建设，保证电力市场的健康发展。

（国家电力监管委员会发布）

## 电力市场运营基本规则
## （试　　行）

### 第一章　总　　则

**第一条**　为规范区域电力市场行为，保证区域电力市场的统一、开放、竞争、有序，根据国家有关法律、法规，制定本规则。

**第二条**　本规则适用于区域电力市场。

**第三条**　国家电力监管委员会及其授权的监管机构（统称“电力监管机构”，下同）负责监督区域电力市场运营，依法维护市场主体的合法权益，不受其他组织和个人的非法干预。

### 第二章　市 场 成 员

**第四条**　本规则所称的市场成员包括市场主体和市场运营机构。电力市场主体是指按规定获得电力业务许可证的发电企业、电网经营企业、供电企业（含独立配售电企业）和经核准的用户；市场运营机构是指电力调度交易中心。

**第五条**　发电企业、电网经营企业和供电企业，在按规定获得电力业务许可证（以下简称“许可证”）后，方可申请进入市场，参与市场交易。用户经核准后可参与市场交易。

**第六条**　电力调度交易中心负责电力调度、市场交易、交易结算。

### 第三章　交 易 类 型

**第七条**　电力市场中电能交易类型包括合约交易、现货交易、期货交易等。

**第八条**　合约交易是指市场主体通过签订电能买卖合同进行的电能交易，合同价格可以通过双方协商、市场竞争或按国家有关规定确定，合同期限可以是周、月、季、年或一年以上。

**第九条**　现货交易是由发电企业竞价形成的次日（或未来 24 小时）电能交易以及为保证电力供需的即时平衡而组织的实时电能交易。现货交易所占电量的比例，由电力监管机构根据电力供需情况、电网情况

及用电负荷特性等因素，综合研究确定，一般每年确定一次。

**第十条** 期货交易是指在规定的交易所，通过期货合同进行的电能交易。期货合同是指在确定的将来某时刻按确定的价格购买或出售电能的协议。

**第十一条** 电能交易应以合约交易为主，现货交易为辅，近期不开展电能期货交易。

**第十二条** 条件成熟的，经电力监管机构批准，可以开展输电权、辅助服务等交易。

## 第四章 合约交易

**第十三条** 市场运营机构具体组织电能合约交易，电力监管机构监督交易合同的执行。

**第十四条** 购售电合同在签订前必须经市场运营机构安全校核予以确认，不能通过安全校核的由市场运营机构及时告知有关市场主体。

**第十五条** 电网经营企业必须贯彻国家能源政策，优先与风能、地热等提供清洁和可再生能源的发电企业签订合同，保证其发电量充分上网。

**第十六条** 市场运营机构按规定的原则对合约电量进行分解，其分解方法应对市场成员公开，并报电力监管机构备案。合约电量分解后因故需要修改的，市场运营机构要及时向合约方通报原因。

## 第五章 现货交易

**第十七条** 市场运营机构按照交易规则组织现货交易。市场运营机构应根据技术支持系统自动计算生成的调度方案下达调度指令，一般不得修改。

**第十八条** 发电企业在现货交易中一般以单个机组为单位进行报价。经批准，同一发电厂的多个机组可以集中报价。原则上不实行由多个发电厂组成的发电企业集中报价。禁止发电厂间的串通报价。

**第十九条** 现货市场价格形成机制应有利于促进市场公平有效竞争、有利于发挥市场导向作用、有利于输电阻塞管理。

**第二十条** 为保证市场安全，电力监管机构应当规定市场最高和最低限价。最高和最低限价一般按年核定。

**第二十一条** 为保证市场正常运作及电力系统安全，电力监管机构应当制定市场干预和中止的条件及相关处理方法。

## 第六章 输电服务

**第二十二条** 电网经营企业应当无歧视开放输电网，为市场主体提供安全、优质、经济、可靠和连续的输电服务。

**第二十三条** 电网经营企业应当严格执行国家规定的输电电价，并接受电力监管机构的监督检查。

**第二十四条** 输电阻塞管理方法应根据电网结构和市场交易方式确定。

**第二十五条** 为规避输电阻塞产生的风险，经电力监管机构批准，可以进行输电权交易。

## 第七章 辅助服务

**第二十六条** 为维护电网安全稳定运行，市场主体应当向系统提供用以维护电压、频率稳定及电网故障后的恢复等方面的辅助服务。

**第二十七条** 辅助服务包括基本辅助服务和有偿辅助服务。基本辅助服务应在并网协议中注明。有偿辅助服务可以采用协议的方式，也可以通过招投标方式确定。

**第二十八条** 各类辅助服务的具体内容、技术标准、获取方式由市场成员根据各电力市场情况确定，报电力监管机构审批。

**第二十九条** 电力监管机构授权市场运营机构对市场主体提供辅助服务的能力进行定期测试。测试结果应予公布并向电力监管机构报告。市场主体不能按要求提供辅助服务时，应及时向市场运营机构报告。

## 第八章 电能计量与结算

**第三十条** 市场主体必须按照国家有关标准安装电能计量装置，由有资质的机构组织验收后投入使用。

**第三十一条** 对电能计量装置实行定期校核。市场主体可以申请对电能计量装置进行校核，校核费用由申请者承担。

**第三十二条** 交易各方签订的购售电合同应明确电能的计量点。法定或约定的计量点计量的电能作为电费结算的依据。市场主体按计量点为分界承担电能损耗和相关责任。

**第三十三条** 市场运营机构应建立并维护电能计量数据库，并向市场主体公布电能计量数据。

**第三十四条** 市场结算包括合约交易结算、现货交易结算、期货交易结算、辅助服务结算及各种补偿金、违约金结算。

**第三十五条** 市场主体应在合同中约定电费结算的方式和期限，并严格履行。

## 第九章 系统安全

**第三十六条** 市场主体应当执行有关电网运行管理的规程、规定，服从统一调度，加强设备维护，按并网协议要求配备必要的安全设施，提供辅助服务，维护电力系统的安全稳定运行。

**第三十七条** 市场运营机构应严格执行电网调度

法规，及时计算、发布系统运行的安全数据，防止电网事故，保障电网运行安全。

**第三十八条** 市场运营机构的安全校核范围应与市场交易范围一致。

**第三十九条** 市场运营机构应根据电力供需形势、安全约束条件和系统运行状况统筹安排电力设备检修计划。发电机组运行考核办法由电力监管机构审定后执行。

**第四十条** 电力市场技术支持系统建设应满足规定的性能指标，包括能量管理、交易管理、电能计量、结算系统、合同管理、报价处理、市场分析与预测、交易信息等功能模块。

**第四十一条** 电力市场技术支持系统的开发建设应以电力市场运行规则为基础。在同一市场内，技术支持系统应统一组织开发、维护和管理。技术支持系统应根据电力市场发展的需要及时更新。电力监管机构负责审定技术支持系统的规划和设计方案，各市场主体按规定配备有关配套设施，市场运营机构负责日常维护管理。

## 第十章 信息披露

**第四十二条** 市场主体应按规定向市场运营机构提供信息。

**第四十三条** 市场运营机构应遵循准确、真实、及时、充分的原则，定期向市场主体和社会公众披露市场运行信息。

**第四十四条** 电力监管机构负责制定市场信息发布管理办法并监督实施。

## 第十一章 附则

**第四十五条** 各区域电力市场监管机构依据本规则拟定区域电力市场运营规则，报国家电力监管委员会批准后执行。

**第四十六条** 本规则自二○○三年八月一日起试行。

（国家电力监管委员会发布）

# 电力市场监管办法（试行）

## 第一章 总则

**第一条** 为规范电力市场，保证电力市场的统一、开放、竞争、有序，根据有关法律法规和国务院的规定，制定本办法。

**第二条** 本办法适用于中华人民共和国境内的电力市场监管。

**第三条** 电力监管机构遵循依法、公正、透明的原则，依法独立行使电力市场监管职责，不受其他组织和个人的非法干涉。

## 第二章 监管对象及内容

**第四条** 电力市场中被监管的对象包括电力市场主体和市场运营机构，电力市场主体包括按规定获得电力业务许可证的发电企业、电网经营企业、供电企业（含独立配售电企业）和经核准的用户；市场运营机构是指电力调度交易中心。

**第五条** 电力监督机构对所有市场主体和市场运营机构实施下列监管：（一）履行系统安全义务的情况；（二）进入和退出电力市场的情况；（三）参与电力市场的资质情况；（四）披露电力市场信息的情况；（五）执行各类技术标准、安全标准、定额标准、质量标准的情况。

**第六条** 电力监管机构对发电企业同时实施下列监管：（一）在各区域电力市场中的份额不得超过规定比例；（二）企业由于新增装机、租赁经营或兼并、重组、股权变动而超出市场规则允许范围，形成市场操纵力的行为；（三）不正当竞争、串通报价和违规交易行为；（四）执行市场运营机构调度指令的情况。

**第七条** 电力监管机构对电网经营企业同时实施下列监管：（一）无歧视、公平开放电网，提供输电服务的情况；（二）资产收益的情况；（三）所属发电企业发电情况；（四）执行输电价格的情况。对从事供电业务的电网经营企业，电力监管机构同时按本办法第八条的规定实施监管。

**第八条** 电力监管机构对供电企业同时实施下列监管：（一）作为购电方时的市场交易行为；（二）执行配、售电价格的情况；（三）供电服务质量及电能质量。

**第九条** 电力监管机构对市场运营机构同时实施下列监管：（一）按规定实施电力调度的情况；（二）按电力市场运营规则组织电力市场交易的情况；（三）获取辅助服务的方式和费用管理情况；（四）电力市场结算的执行情况；（五）对电力市场的干预行为；（六）对电力市场技术支持系统的建设、维护、运营和管理的情况。

**第十条** 电力监管机构监管用户在电力市场中的交易行为。

## 第三章 电力市场运营规则的管理

**第十一条** 电力监管机构负责电力市场运营规则的制定和管理。电力市场运营规则包括：电力市场运营基本规则、区域电力市场运营规则、与区域电力市场运营规则配套的有关细则。

**第十二条** 国家电力监管委员会制定电力市场运营基本规则；区域电力监管机构拟定电力市场运营规则，报国家电力监管委员会批准后执行；区域电力监管机构制定与区域电力市场运营规则配套的有关细则，报国家电力监管委员会备案。

**第十三条** 遇下列情形之一时，电力监管机构应当修改电力市场运营规则：（一）国家法律或政策发生重大调整时；（二）市场运行环境发生重大变化时；（三）市场主体或市场运营机构提议修改、电力监管机构认为确有必要时；（四）电力监管机构认为必要的其他情形。

**第十四条** 电力市场运营规则修改的权限应当按照与规则制定的权限一致的原则进行。

**第十五条** 电力监管机构制定、修改电力市场运营规则，应当充分听取市场主体、市场运营机构及相关利益主体和社会有关方面的意见，重大修改应当依法组织听证会。

## 第四章 电力市场准入与退出

**第十六条** 电力市场实行准入注册制度。经准入注册的电力市场主体方可以参与市场交易。

**第十七条** 市场准入应当符合以下条件：（一）持有电力业务许可证并在工商行政管理部门登记、注册；（二）承诺遵守电力市场运营的法律法规；（三）自动化系统、数据通信系统等技术条件满足电力市场的要求；（四）电力监管机构规定的其他条件。

**第十八条** 市场准入的程序是：（一）市场主体向电力监管机构提出申请并提供相应资料。（二）电力监管机构对申请材料进行审查。符合条件的，应于30日内批准，并书面通知市场运营机构注册。不符合条件的，应在30日内书面通知申请人并说明理由。（三）电力监管机构应当及时将申请及其处理情况公告其他市场主体。

**第十九条** 市场主体可以申请退出电力市场。市场主体申请退出市场的程序是：（一）市场主体应当至少提前30日向电力监管机构提出申请；（二）电力监管机构应在接到申请材料之日起30日内做出决定并书面通知申请人；（三）同意其退出的，电力监管机构应当明确其退出的时间，并及时将决定通知市场运营机构注销其注册；不同意其退出的，电力监管机构应当书面说明理由；（四）电力监管机构应当及时将申请及其处理情况公告其他市场主体；（五）电力市场主体在退出之前，应当保持生产经营的连续性，完成有关资料、信息、合同的转移工作。

**第二十条** 市场主体违反市场规则情节严重的，电力监管机构有权责令其停止市场竞价。电力监管机构责令市场主体停止市场竞价的程序是：（一）电力监管机构根据处罚决定，提前30日书面通知市场主体停止市场竞价的时间及原因；（二）电力监管机构应当及时将决定通知市场运营机构；（三）电力监管机构根据市场主体的整改情况决定其何时恢复市场竞价，恢复市场竞价的决定应当提前30天书面通知市场主体；（四）电力监管机构应当及时将恢复市场竞价的决定通知市场运营机构；（五）电力监管机构应当及时将停止及恢复市场竞价的决定公告其他市场主体；（六）电力市场主体在停止市场竞价的过程中，应当保持生产经营的连续性，完成有关资料、信息、合同的转移工作。

## 第五章 电力市场干预与市场中止

**第二十一条** 出现下列情形之一时，市场运营机构可以进行市场干预：（一）系统出力不足以致无法按市场规则正常运行时；（二）系统内发生重大事故危及电网安全时；（三）自动化系统、数据通信系统等发生故障导致交易无法正常进行；（四）电力监管机构做出市场中止决定时；（五）其他必要的情形。

**第二十二条** 当系统出现下列情形之一时，电力监管机构可以做出市场中止的决定：（一）电力市场没有按照规则的规定运行和管理；（二）市场运营规则不能适应市场交易的需要，必须进行重大修改；（三）自动化系统、数据通信系统等发生重大故障，长时间导致交易无法进行；（四）发生不可抗力导致不能竞价交易或没有必要进行电力交易；（五）其他必须中止市场交易的情形。

**第二十三条** 电力市场干预、中止时，电力交易价格、交易方式由电力监管机构决定。

**第二十四条** 电力市场干预、中止期间，市场运营机构应当采取措施保证系统安全，并记录干预、中止的过程。

## 第六章 市场争议与违规处理

**第二十五条** 市场主体之间、市场主体和市场运营机构之间因市场交易发生争议时，由电力监管机构依法进行协调和处理。

**第二十六条** 电力监管机构按照下列程序处理市场争议：（一）争议方应向电力监管机构提出争议处理申请，说明事实、理由及依据。（二）属于市场监管范围的争议，电力监管机构应当受理。不属于市场监管范围的争议，不予受理并说明理由。（三）电力监管机构受理后，可以进行调查取证。必要时，可聘请与争议各方无利害关系的专家和组织参加调查取证。（四）电力监管机构应于受理争议申请30日内，召集争议方进行调解，积极促使双方当事人互相谅解，达成调解协议。（五）调解成立的，双方当事人应当签署调解协议。调解不成立或者当事人不履行调解协议的，电力监管机构应当告知当事人根据仲裁协议向仲裁机构申请仲裁，或者向人民法院起诉。

**第二十七条** 电力监管机构调处市场争议，应当自受理之日起两个月内调解终结。遇有特殊情况确需延长的，可以适当延长，但延长期不得超过一个月。调解终结后，应当制作调解终结书。

**第二十八条** 有下列违规行为之一的，由电力监管机构查处：（一）提供虚假材料或以其他欺骗手段取得市场准入资格的；（二）串通、操纵电力市场价格的；（三）市场运营机构违反市场规则，对市场主体有歧视行为的；（四）提供虚假信息或不按市场规则提供监管信息的；（五）不能及时参与结算，侵害其他市场主体利益的；（六）其他严重违反市场规则的。

**第二十九条** 电力监管机构按照《行政处罚法》的相关规定处理市场违规行为。

**第三十条** 当事人如对电力监管机构处理决定不服，可以依法申请行政复议或者提起行政诉讼。

## 第七章 监管信息与披露

**第三十一条** 市场主体、市场运营机构应当按电力市场运营规则披露有关信息，并确保信息的及时、真实、准确和完整。电力监管机构负责制定电力市场信息的收集、管理、使用办法。

**第三十二条** 电力监管机构、市场主体、市场运营机构不得泄露影响公平竞争的交易秘密信息。

**第三十三条** 电力监管机构应当及时向市场主体、市场运营机构和社会公布下列信息：（一）国家关于电力工业的政策法规；（二）电源与电网规划的基本情况；（三）有关电力技术、安全、定额、质量、服务标准；（四）电力监管机构发布的有关电力市场的规章、制度、文件；（五）市场主体的准入、退出情况；（六）市场争议及违规查处情况；（七）其他必要的信息。

**第三十四条** 电力监管机构应按季度、年度发布市场监管报告，并向社会公布。报告包括下列主要内容：（一）电力供需状况、电价情况、发电设备利用小时等；（二）市场交易与市场干预、中止情况；（三）输电阻塞管理及辅助服务获取情况等；（四）市场运营情况评估及市场运行预测等。

## 第八章 法律责任

**第三十五条** 市场主体和市场运营机构应当自觉遵守电力市场的有关法规，并有权向电力监管机构举报市场违规行为。电力监管机构应当为举报者保密。

**第三十六条** 电力监管机构对市场主体和市场运营机构违反市场运营规则和监管法规的行为，按照有关法律、法规的规定，给予行政处罚。

**第三十七条** 电力监管人员必须遵纪守法，廉洁奉公，依法监管。监管人员违法违规的，由电力监管机构给予行政处分，构成犯罪的，移交司法部门处理。

## 第九章 附 则

**第三十八条** 各区域市场电力监管机构应根据本办法制定实施办法，报国家电力监管委员会批准后执行。

**第三十九条** 本办法自二〇〇三年八月一日起试行。

（国家电力监管委员会发布）

# 电力市场技术支持系统功能规范（试 行）

## 第一章 总 则

**第一条** 为适应我国电力市场建设的需要，维护电力市场秩序，保证电力系统安全稳定运行，根据国家有关法律法规，制定本功能规范。

**第二条** 电力市场技术支持系统是支持电力市场运营的计算机、数据网络与通信设备、各种技术标准和应用软件的有机组合。

## 第二章 总体要求

**第三条** 电力市场技术支持系统必须对电力市场的数据申报、负荷预测、合同的分解与管理、交易计划的编制、安全校核、计划执行、辅助服务、市场信息发布、市场结算等运作环节提供技术支持。

**第四条** 电力市场技术支持系统必须符合国家有关技术标准、行业标准和有关的国际标准。

**第五条** 技术支持系统必须保证系统及其数据的安全，满足全国二次系统安全防护要求，采用适当的加密防护措施、数据备份措施、防病毒措施及防火墙技术，提供严格的用户认证和权限管理手段，并考虑信息保密的时效性。

**第六条** 技术支持系统的结构设计、系统配置、软件编制，必须满足对区域电力市场可靠运营的要求。

**第七条** 技术支持系统必须保证整个交易数据的完整，确保各类数据的准确性及一致性。

**第八条** 技术支持系统必须确保提供连续的服

务。在保证能量管理系统（EMS）实时性以及电能量计量系统（TMR）连续性的同时，保证报价、交易、结算及信息发布的处理和数据传输的及时性。

**第九条** 技术支持系统采用开放式体系结构和分布式系统设计，保证系统的开放性、可扩展性，能满足与未来电力监管系统接口的要求，适应电力市场发展、规则的变化、新技术发展和设备的升级换代。

**第十条** 技术支持系统必须满足软件平台、硬件平台的兼容及各子系统间的互联的要求。系统的结构设计应注重系统的可维护性，并提供系统运营状态实时监视信息。

## 第三章 各子系统功能要求

**第十一条** 电力市场技术支持系统主要由以下子系统组成：能量管理系统（EMS：Energy Management System）、交易管理系统（TMS：Trade Management System）、电能量计量系统（TMR：Tele Meter Reading System）、结算系统（SBS：Settlement & Billing System）、合同管理系统（CMS：Contract Management System）、报价处理系统（BPS：Bidding Process System）、市场分析与预测系统（MAF：Market Analysis & Forecast System）、交易信息系统（TIS：Trade Information System）、报价辅助决策系统（BSS：Bidding Support System）。

**第十二条** 能量管理系统（EMS）用于保障电网的安全稳定运行，主要由数据采集和监视控制（SCADA）、自动发电控制（AGC）及高级应用软件等功能模块组成。在电力市场环境中，要充分利用现有的EMS系统功能和数据资源，实现信息资源的共享。

**第十三条** 交易管理系统（TMS）依据市场主体的申报数据，根据负荷预测和系统约束条件，编制交易计划，通过安全校核后将计划结果传送给市场主体和相关系统。交易计划包括合约交易计划、现货交易计划和辅助服务计划。

**第十四条** 电能量计量系统（TMR）对电能量数据进行自动采集、远传和存储、预处理、统计分析，以支持电力市场的运营、电费结算、辅助服务费用结算和经济补偿计算等。

**第十五条** 结算系统（SBS）根据电能量计量系统提供的有效电能数据、交易管理系统的交易计划和交易价格数据、调度指令、EMS系统的相关运行数据、合同管理系统的相关数据，依据市场规则，对市场主体进行结算。

**第十六条** 合同管理系统（CMS）对市场主体之间的中期合同和长期合同进行管理，对已签订的合同进行录入、合同电量分解、完成情况跟踪、滚动平衡，根据现有市场情况对已签订的合同进行评估，以长期负荷预测的结果和市场未来供需状况及市场价格的预测为依据，进行未来合同的辅助决策。

**第十七条** 报价处理系统（BPS）接收市场主体的注册和申报数据，并对申报数据进行预处理。

**第十八条** 市场分析与预测系统（MAF）对电力市场运行情况进行信息采集和分析，从而使市场主体能够提前了解市场未来的发电预期目标、负荷预测、交易价格走势、输电网络可用传输能力及系统安全水平，便于交易决策。

**第十九条** 交易信息系统（TIS）对系统运行数据和市场信息进行发布、存档、检索及处理，使所有市场主体能够及时地、平等地访问相关的市场信息，保证电力监管机构对市场交易信息的充分获取。系统运行数据和市场信息包括：预测数据、计划数据、准实时数据、历史数据、报表数据等。

**第二十条** 报价辅助决策系统（BSS）根据市场分析与预测系统（MAF）和交易信息系统（TIS）发布的信息，结合市场主体本身的成本分析和市场规则，形成报价决策方案，进行电量及电价的数据申报。

**第二十一条** 各电力市场的技术支持系统以实现上述子系统的功能为基本原则，具体结构划分可不同。

**第二十二条** 电力市场技术支持系统应达到的性能指标：

能量管理系统（EMS）年可用率：≥99.80%

交易管理系统（TMS）年可用率：≥99.95%

电能量计量系统（TMR）年可用率：≥99.99%

电能量考核与结算系统（SBS）年可用率：≥99.75%

合同管理系统（CMS）年可用率：≥99.75%

报价处理系统（BPS）年可用率：≥99.75%

即时信息系统（SIS）年可用率：≥99.75%

市场分析与预测系统（MAF）年可用率：≥99.75%

数据网络系统（SPDnet）年可用率：≥99.95%

报价辅助决策系统（BSS）年可用率：≥99.75%

系统故障恢复时间：≤30分钟

时钟同步：≤0.5秒/天

用户接入时间：≤30秒

信息发布更新时间：≤60秒

系统正常情况下备份周期：≤30秒

用户浏览响应时间：≤10秒

## 第四章　各子系统间数据接口的设计要求

**第二十三条**　所有软、硬件接口的设计应考虑软、硬件平台兼容性，采用开放的标准和协议，考虑资源利用和运行性能的优化。

**第二十四条**　EMS输出接口的设计，必须在不影响EMS性能的前提下，满足数据的实时性要求。

**第二十五条**　TMR输出接口的设计，必须满足带时标电能量数据的精确度、惟一性和完整性。

**第二十六条**　BPS输入接口与TIS输出接口设计可在Web浏览器中实现，必须充分考虑与外部交换数据时的安全性。

## 第五章　数据网格、计算机及局域网络系统

**第二十七条**　电力市场技术支持系统原则上要求必须使用电力系统控制专用网络，以满足数据网络安全的要求。同时，为了保证数据网络的整体性和连通性，下一级数据网络的技术体制必须与上一级兼容。

**第二十八条**　电力市场技术支持系统各子系统之间通过网络和安全防护设备（防火墙和物理隔离装置）进行连接，实现数据共享与信息交互。系统的软硬件平台应采用分布式结构，遵循国际开放标准和规范。系统的软件体系结构可采用面向对象的技术。

**第二十九条**　网络设计必须满足以下基本原则：硬件配置满足系统功能和性能的要求，必须保证系统运行的实时性、可靠性、稳定性和安全性；计算机和网络设备必须是标准化设备，开放性能好，满足不断优化、平滑升级和投资保护的需要；系统中的关键部分满足冗余配置。

**第三十条**　局域网络核心数据交换机的选型必须满足网络系统的高速性能、可靠性、可扩展性、开放性、安全性和先进性。

**第三十一条**　报价端通过数据网络或拨号网络与电力市场技术支持主系统相连。主系统具备接收拨号访问的功能，可采用模块化的配置和先进技术以满足系统升级。与公共网之间必须设防火墙，以保护内部网络的安全。

## 第六章　技术支持系统的系统管理

**第三十二条**　系统管理是为电力市场技术支持系统的系统管理员提供的对整个系统的管理工具，它主要包括两个方面的内容，即系统用户管理、系统运行管理。

**第三十三条**　系统用户管理指在电力市场中，为了确保系统及数据安全，对技术支持系统所有用户进行统一的管理。技术支持系统安全性策略必须明确用户密码使用规则和限制用户权限。

**第三十四条**　系统运行管理包括设置系统控制参数和系统运行监视。系统控制参数是用来控制技术支持系统各子系统运行的参数。系统运行必须满足对各子系统的运行状态、市场交易执行情况进行监视的要求。系统必须实现对历史数据的人工或自动保存及备份，备份数据的恢复应有方便性。

## 第七章　附　　则

**第三十五条**　各电力市场应结合本网具体情况，依据本功能规范和电力市场运营规则，制定电力市场技术支持系统的具体实施方案，经相应电力监管机构审查批准后实施，并在电力监管机构组织验收后投入运行。

**第三十六条**　电力市场运营机构负责组织技术支持系统的开发、研制，并负责系统的运行管理和维护。市场主体可以自行开发、研制报价辅助决策系统，负责其运行和维护，确保与市场运营机构的有关系统安全、可靠地互联。

**第三十七条**　本规则自二〇〇三年八月一日起试行。

（国家电力监管委员会发布）

# 技术标准的制、修订情况

## 2003年水电标准制、修订计划项目

| 序号 | 项目名称 | 制（修）订 | 完成年份 | 技术归口单位 | 主要起草单位 | 代替标准 |
| --- | --- | --- | --- | --- | --- | --- |
| 1 | 引张线式水平位移计 | 制定 | 2004 | 电力行业大坝安全监测标准化技术委员会 | 南京水利科学研究院 | |
| 2 | 钢弦式应变计 | 制定 | 2004 | 电力行业大坝安全监测标准化技术委员会 | 国家电力公司大坝安全监察中心、北京市北美仪器咨询有限公司、中国水利水电科学研究院 | |
| 3 | 钢弦式测缝计 | 制定 | 2004 | 电力行业大坝安全监测标准化技术委员会 | 国家电力公司大坝安全监察中心、北京市北美仪器咨询有限公司、中国水利水电科学研究院 | |
| 4 | 钢弦式孔隙水压力仪 | 制定 | 2004 | 电力行业大坝安全监测标准化技术委员会 | 南京水利科学研究院、金坛市水木工程仪器厂 | |
| 5 | 水管式沉降仪 | 制定 | 2004 | 电力行业大坝安全监测标准化技术委员会 | 南京水利科学研究院 | |
| 6 | 水工钢结构防腐蚀技术规程 | 制定 | 2004 | 电力行业金属结构及启闭机标准化技术委员会 | 南京水利科学研究院、水电水利规划设计总院、汉江集团水利枢纽管理处 | |
| 7 | 水工混凝土耐久性技术规定 | 制定 | 2004 | 电力行业水电施工标准化技术委员会 | 南京水利科学研究院、中国水利水电科学研究院 | |
| 8 | 水电水利工程钻探规程 | 修订 | 2004 | 电力行业水电规划设计标准化技术委员会 | 水电水利规划设计总院 | DL 5013—1992 |
| 9 | 碾压式土石坝设计规范 | 修订 | 2004 | 电力行业水电规划设计标准化技术委员会 | 水电水利规划设计总院 | SDJ 218—1984 |
| 10 | 水电站进水口设计规范 | 修订 | 2004 | 电力行业水电规划设计标准化技术委员会 | 水电水利规划设计总院 | SD 303—1988 |
| 11 | 水电工程可行性研究报告编制规程 | 修订 | 2004 | 电力行业水电规划设计标准化技术委员会 | 水电水利规划设计总院 | DL/T 5020—1993 |
| 12 | 水电工程经济评价规范 | 制定 | 2004 | 电力行业水电规划设计标准化技术委员会 | 水电水利规划设计总院 | |

续表

| 序号 | 项目名称 | 制（修）订 | 完成年份 | 技术归口单位 | 主要起草单位 | 代替标准 |
|---|---|---|---|---|---|---|
| 13 | 水电水利工程建筑安全技术工作规范（机电安装篇） | 修订 | 2004 | 电力行业水电施工标准化技术委员会 | 中国水利水电工程建设集团公司 | SD 267—1988 |
| 14 | 水电水利工程升船机电气控制设计导则 | 制定 | 2004 | 电力行业金属结构及启闭机标准化技术委员会 | 中国水电华东勘测设计研究院 | |
| 15 | 水工建筑物滑动模板施工技术规范 | 制定 | 2004 | 电力行业水电施工标准化技术委员会 | 中国水利水电工程第一工程局 | |
| 16 | 水工沥青混凝土试验规程 | 制定 | 2004 | 电力行业水电施工标准化技术委员会 | 三峡开发总公司、葛洲坝集团公司、中国水利水电科学研究院、中国长江科学院、西安理工大学 | |

（中国电力企业联合会　许松林）

## 2003 年发布的水电标准

| 序号 | 标准编号 | 标准名称 | 替代标准 |
|---|---|---|---|
| 1 | GB/T 8564—2003 | 水轮发电机组安装技术规程 | GB 8564—1988 |
| 2 | DL/T 835—2003 | 水工钢闸门和启闭机安全检测技术规程 | |
| 3 | DL/T 5172—2003 | 抽水蓄能电站选点规划编制规范 | |
| 4 | DL/T 5173—2003 | 水电水利工程施工测量规范 | |
| 5 | DL/T 5176—2003 | 水电工程预应力锚固设计规范 | |
| 6 | DL/T 5177—2003 | 水力发电厂继电保护设计导则 | |
| 7 | DL/T 5178—2003 | 混凝土坝安全监测技术规范 | SDJ 336—1989 |
| 8 | DL/T 5179—2003 | 水电水利工程混凝土预热系统设计导则 | |
| 9 | DL/T 5180—2003 | 水电枢纽工程等级划分及设计安全标准 | SDJ 12—1978 和 SDJ 217—1987 |
| 10 | DL/T 5181—2003 | 水电水利工程锚喷支护施工规范 | SDJ 57—1985 |

（中国电力企业联合会　许松林）

## GB/T 15468—1995《水轮机基本技术条件》修订简介

《水轮机基本技术条件》规定了水轮机产品的技术要求与保证，在水电建设中为提供高质量的水轮机发挥了很好的作用。随着科技的进步，大容量机组的问世以及行业术语的更新、修改，原标准已不能完全适应新形势的要求，所以从 2002 年 8 月就开始了修订工作。到 2003 年 10 月 24 日已发送过两次征求意见稿，并根据回函意见整理出了送审稿，拟在 2004 年 1 月第三届全国水轮机标准化技术委员会年会上提请审查。

此次修订增加和改动的主要内容有：

（1）调整了适用范围，灯泡贯流式水轮机亦适用于本标准。

（2）在规范性引用文件中，增加了招标中常用的 IEC 标准和国外先进标准。

（3）随着国际标准名词术语的修订、更新，本标准吸收了一些新的名词术语。

（4）随着用户对水轮机运行稳定性的日益关注，

修订稿对机组运行中的振动允许值提出了要求，对稳定运行区进行了细化，还增加了对转轮裂纹保证方面的要求。

（5）本修订稿对供货范围、工厂试验进行了细化。

可以期望修订后的国家标准，更加适用水电建设新形势的需要，更加符合与时俱进的大型机组的要求，为水电用户水轮机设备质量保证做出积极贡献。

（年鉴编辑部　常兆堂）

## DL/T 5178—2003《混凝土坝安全监测技术规范》修订简介

SDJ 336—1989《混凝土大坝安全监测技术规范》（试行）（以下简称原《规范》）于 1989 年 10 月 1 日由原能源部和水利部颁发试行。规范的施行对我国大坝安全监测工作起到了重大的指导和推动作用。规范颁布实施十余年来，我国大坝安全监测工作取得了长足进展。仪器、设计、施工和管理水平都有了较大提高，并积累了很多经验。为更好地适应水电工程安全的需要和监测技术的飞速发展，根据原电力工业部的安排，于 1998 年成立了由高校、科研、设计、运行、管理等单位长期从事安全监测工作的专家组成的规范修订小组，开展了对原规范的修订工作。修订后的 DL/T 5178—2003《混凝土坝安全监测技术规范》已于 2003 年 1 月 9 日批准发布，自 2003 年 6 月 1 日开始实施。

《混凝土坝安全监测技术规范》的修订遵循如下原则：

（1）保持原《规范》的基本框架不变，这次修订仅做必要的增补、修改和完善。

（2）总结我国混凝土坝安全监测的新技术、新方法，努力做到具有前瞻性，使《规范》充分体现我国大坝安全监测的先进性和科学性。

（3）采用快速程序修订。

《混凝土安全监测技术规范》修订的主要内容有：

（1）调整和进一步明确了大坝安全监测的目的。新规范明确指出：混凝土坝安全监测是“用以监控大坝安全，掌握运行规律，指导施工和运行、反馈设计”的重要依据。因此，规定“混凝土坝必须设置必要的监测项目”。

（2）完善了安全监测范围和安全监测原则。新规范规定，安全监测不仅包括仪器监测，而且包括巡视检查。国内外监测实践表明，巡视检查是监视大坝安全运行的一种重要方法，大坝的一些异常现象通过巡视检查可以及时发现，巡视检查又可以克服仪器单点监测的缺陷。因此，新规范增加了混凝土坝安全监测工作应遵循仪器监测和巡视检查相结合的原则。

（3）突出了监测仪器设备的地位。监测仪器设备是开展安全监测工作的基础。因此，新规范规定仪器的安装和埋设必须及时，应确保第一次蓄水期能够获得必要的监测成果。首次蓄水阶段的临时监测系统，应与永久监测系统建立数据传递关系，保证永久监测系统获得初始值。在运行阶段，增加了对监测设备开展日常巡视检查的内容，以及定期对监测设施进行工作状态鉴定和计量检定的规定。一旦发现仪器精度不满足要求、监测系统不合理或仪器损坏，需及时对原有监测系统进行更新改造。

（4）增加了一章“环境量监测”。把环境量监测提到了与各种效应量监测同等的地位。

（5）增加了一章“监测自动化。”

（6）删去了挠度监测项目；提高了部分变形监测项目的精度。

（7）增加了测斜仪监测、多点位移计监测、全站仪监测和锚杆（锚索）测力计监测等新的监测技术。

（8）增加了大坝地震监测和岩土工程监测（包括边坡、地下洞室）的内容。

（9）改进了变形监测布置和渗流监测布置。对于重力坝的坝体和坝基水平位移监测，新规范建议采用引张线法、真空激光准直法和垂线法监测；对于拱坝坝体和坝基的水平位移，新规范摒弃了导线法，建议采用垂线监测；对于坝体和坝基垂直位移监测，新规范建议采用精密水准法、静力水准法和真空激光系统，尤其是后两种方法，结合双金属标设置基准点，即可获得绝对垂直位移的自动化监测。渗流监测取消了岸坡坝段作为横向监测断面布置扬压力测点的规定，增加灌浆帷幕转折处的坝段作为坝基横向监测断面的规定。

（10）完善了安全监控指标的制定方法。新规范规定在工程施工阶段和第一次蓄水阶段，大坝安全监控指标宜根据设计理论计算和模型试验成果，并参考类似工程经验提出。在运行阶段，大坝安全监控指标可根据极限状态法和置信区间法提出。

（大坝安全监察中心　魏德荣）

## 2003 年度水利部完成国标和发布行标介绍

水利标准化“三五工程”正在实施，即在 5 年时间内，国家拨款 5000 万元，补助 500 项水利建设标准的编制工作。2002 年落实标准化工作经费 1000 万元，安排 77 项标准的编制。发布行业标准 5 项，完成国家标准9项。现行水利技术标准总数达到404项，其中国家标准58项。10卷33册的《水利技术标准汇编》正式出版，网络版《水利技术标准全文上网工程》已基本出齐。2003年工作经费仍为1000万元，完成国家标准10项、水利行业标准25项，详见下表。

| | 标准名称 | 标准编号 | 发布单位 | 发布时间（年．月．日） | 实施日期（年．月．日） | 发布文件号 |
|---|---|---|---|---|---|---|
| 一、国家标准 | | | | | | |
| 1 | 转子式流速仪 | GB/T 11826—2002，替代GB 11826—1989和GB 11827—1989 | 国家质检总局 | 2002.11.9 | 2003.03.01 | 国际2002年第11号公告 |
| 2 | 水位测量仪器 第1部分：浮子式水位计 | GB/T 11828.1—2002，替代GB 11828—1989和GB/T 11830—1989 | 国家质检总局 | 2002.11.9 | 2003.03.01 | 国标2002年第11号公告 |
| 3 | 水文测报装置遥测雨量计 | GB/T 11831—2002，替代GB 11831—1989 | 国家质检总局 | 2002.11.19 | 2003.03.01 | 国标2002年第11号公告 |
| 4 | 翻斗式雨量计 | GB/T 11832—2002，替代GB 11832—1989 | 国家质检总局 | 2002.11.19 | 2002.03.01 | 国标2002年第11号公告 |
| 5 | 水文仪器通则 第1部分：总则 | GB/T 18522.1—2003，替代GB/T 9359.1—1988 | 国家质检总局 | 2003.01.27 | 2003.06.01 | 国标发布公告2003年第3号 |
| 6 | 水文仪器通则 参比工作条件 | GB/T 18522.2—2002，替代GB/T 9359.2—1988 | 国家质检总局 | 2002.11.19 | 2003.03.01 | 国标2002年第11号公告 |
| 7 | 水文仪器总技术条件 结构基本要求 | GB/T 18522.4—2002，替代GB/T 9359.4—1988 | 国家质检总局 | 2002.11.19 | 2003.03.01 | 国标2002年第11号公告 |
| 8 | 水文仪器总技术条件 工作条件影响及试验方法 | GB/T 18522.5—2002，替代GB/T 9359.6—1988 | 国家质检总局 | 2002.11.19 | 2003.03.01 | 国标2002年第11号公告 |
| 9 | 节水型产品技术条件与管理通则 | GB/T 18870—2002 | 国家质检总局 | 2002.11.19 | 2003.03.01 | 国标2002年第11号公告 |
| 10 | 小型水力发电站设计规范 | GB 50071—2002，替代GBJ 71—1984 | 建设部 | 2002.12.03 | 2003.03.01 | 建设部第94号公告 |
| 二、行业标准 | | | | | | |
| 1 | 水利技术标准编写规定 | SL 1—2002，替代SL 01—1997 | 水利部 | 2003.01.15 | 2003.03.01 | 水国科［2003］18号 |
| 2 | 水电农村电气化标准 | SL 30—2003，修订SL 30—1992 | 水利部 | 2003.07.08 | 2003.10.01 | 水国科［2003］296号 |

续表

| | 标准名称 | 标 准 编 号 | 发布单位 | 发布时间（年．月．日） | 实施日期（年．月．日） | 发布文件号 |
|---|---|---|---|---|---|---|
| 3 | 水利水电工程钻孔压水试验规程 | SL 31—2003，修订 SL 31—1992 | 水利部 | 2003.08.29 | 2003.10.01 | 水国科［2003］370号 |
| 4 | 水文自动测报系统技术规范 | SL 61—2003，替代 SL 61—1994 | 水利部 | 2003.5.26 | 2003.8.1 | 水国科［2003］211号 |
| 5 | 防汛抗旱用图图式 | SL 73.7—2003 | 水利部 | 2004.02.06 | 2004.05.20 | 水国科［2004］27号 |
| 6 | 水利水电工程钻探规程 | SL 291—2003 修订 DL 5013—1992 | 水利部 | 2003.09.27 | 2004.01.01 | 水国科［2003］430号 |
| 7 | 水文基础设施建设及技术装备标准 | SL 276—2002 | 水利部 | 2002.7.15 | 2002.10.1 | 水国科［2002］297号 |
| 8 | 水土保持监测技术规程 | SL 277—2002 | 水利部 | 2002.09.04 | 2002.10.01 | 水国科［2002］383号 |
| 9 | 水利水电工程水文计算规范 | SL 278—2002，替代 SDJ 214—1983 合并 | 水利部 | 2002.09.19 | 2002.12.01 | 水国科［2002］407号 |
| 10 | 水工隧洞设计规范 | SL 279—2002，替代 SD 134—1984 | 水利部 | 2002.12.10 | 2003.03.01 | 水国科［2002］539号 |
| 11 | 卷管牵引绞盘式喷灌机使用技术规范 | SL 280—2003 | 水利部 | 2003.03.09 | 2003.06.01 | 水国科［2003］95号 |
| 12 | 水电站压力钢管设计规范 | SL 281—2003，替代 SD 144—1985 | 水利部 | 2003.03.13 | 2003.07.01 | 水国科［2003］97号 |
| 13 | 混凝土拱坝设计规范 | SL 282—2003，替代 SD 145—1985 | 水利部 | 2003.03.09 | 2003.06.01 | 水国科［2003］094号 |
| 14 | 沙棘种子 | SL 283—2003 | 水利部 | 2003.03.25 | 2003.06.01 | 水国科［2003］116号 |
| 15 | 沙棘苗木 | SL 284—2003 | 水利部 | 2003.03.25 | 2003.06.01 | 水国科［2003］115号 |
| 16 | 水利水电工程进水口设计规范 | SL 285—2003，替代 SD 303—1988 | 水利部 | 2003.05.20 | 2003.08.01 | 水国科［2003］203号 |

续表

| | 标准名称 | 标 准 编 号 | 发布单位 | 发布时间（年．月．日） | 实施日期（年．月．日） | 发布文件号 |
|---|---|---|---|---|---|---|
| 17 | 地下水超采区评价导则 | SL 286—2003 | 水利部 | 2003.5.12 | 2003.08.01 | 水国科［2003］198号 |
| 18 | 黄土高原适生灌木栽培技术规程 | SL 287—2003 | 水利部 | 2003.05.26 | 2003.08.01 | 水国科［2003］212号 |
| 19 | 水利工程建设项目施工监理规范 | SL 288—2003 | 水利部 | 2003.10.23 | 2004.01.01 | 水国科［2003］494号 |
| 20 | 水土保持治沟骨干工程暂行技术规范 | SL 289—2003，修订 SD 175—1986 | 水利部 | 2003.10.20 | 2004.01.01 | 水国科［2003］484号 |
| 21 | 水利水电工程建设征地移民设计规范 | SL 290—2003，合并修订 SD 130—1984、SD 130—1984（B）和 DL/T 5064—1996 | 水利部 | 2003.09.29 | 2003.12.01 | 水国科［2003］462号 |
| 22 | 水利水电工程钻探规程 | SL 291—2003 修订 DL 5013—1992 | 水利部 | 2003.09.27 | 2004.01.01 | 水国科［2003］430号 |
| 23 | 水利系统通信业务导则 | SL 292—2004 | 水利部 | 2004.03.12 | 2004.06.20 | 水国科［2004］63号 |
| 24 | 农村水电站优化运行导则 | SL 293—2003 | 水利部 | 2003.12.22 | 2004.04.01 | 水国科［2003］629号 |
| 25 | 农村水电站开发规划选点导则 | SL 294—2003 | 水利部 | 2003.12.22 | 2004.04.01 | 水国科［2003］628号 |

（水利部国际合作与科技司　刘永峰）

# 新标准内容介绍

## DL/T 5169—2002《水工混凝土钢筋施工规范》简介

SDJ 207—1982《水工混凝土施工规范》（以下简称“原规范”）对我国水电水利工程施工和保证工程质量起到了很好的指导作用。但随着我国建筑业市场的不断发展，水电水利工程的施工大部分都已采用了招、投标和建设监理体制，同时在水电水利工程钢筋施工中新增了许多新内容，施工工艺水平也有了长足的发展，并且许多相关规范也已进行了多次修订，因此，原规范已经不能满足当前水电工程施工发展的要求。

为了使施工规范更加适应新的管理体制、新的施工技术以及新的施工工艺，根据国家经贸委电力[1999] 40号文的计划安排将原规范修订后，分成《水工混凝土施工规范》、《水电水利工程施工规范模板》和《水工混凝土钢筋施工规范》三个独立的电力行业标准。

本规范修订的内容为原规范中的第三章“钢筋工程”，并单独成册为《水工混凝土钢筋施工规范》（以下简称为“本规范”）。

本规范对原规范中的第三章“钢筋工程”部分进行了补充和完善，在原规范基础上增加了钢筋窄间隙焊接头、带肋钢筋挤压套筒连接、锥螺纹连接、直螺纹连接和气压焊接头等内容。

根据DL/T 600—2001《电力行业标准编写基本规定》的要求，在编写本规范时还增加了范围和规范性引用文件两章内容，原规范中的第三章“钢筋工程”修改为七章、四个附录和条文说明。七章名称分别为：范围、规范性引用文件、总则、钢筋材料、钢筋的加工、钢筋的接头、钢筋的安装。四个附录分别为：附录A（规范性附录） 钢筋的主要机械性能及化学成分、附录B（规范性附录）锥（直） 螺纹加工质量检验方法、附录C（资料性附录） 机械连接接头的型式检验、附录D（资料性附录） 钢筋机械连接接头现场施工记录。

由于在施工中采用的钢筋接头形式不同，其加工和安装的质量控制及检查要求也不同。为了方便查找，本规范将质量控制及检查的具体要求分别写入了相应的章节，故未单独设质量控制与检查章节。本标准内使用的术语、符号已在条款中有了说明，所以也未设专门的“术语、符号”章节。

1. 本规范的修订原则

（1）在保存原规范优点的同时，将20多年来我国水工混凝土钢筋施工中出现的成熟经验、新技术、新工艺和新方法采纳进来。

（2）进一步规范了水工混凝土钢筋工程的施工和质量控制。

（3）充分考虑了现行国家水电工程施工的管理体制。

（4）规范强调满足设计要求，且经济、安全。

（5）对使用更新技术、工艺和方法提出了采用要求。

2. 本规范修改的主要内容

（1）原规范的使用范围仅限于1、2、3级水工建筑物。本次修订取消了对水工建筑物级别的限制。同时，对长期以来容易混淆的锚筋和锚杆的区分做出了定义。

（2）在总则中对新技术、新工艺的采用提出了要求。

（3）为方便使用，给出了钢筋表面形状及Ⅰ、Ⅱ、Ⅲ级等概念。

（4）为尽量避免钢筋的代换，新增条款强调钢筋采购的计划性和适时性，且规定了钢筋代换的要求。

（5）在对钢筋焊缝的要求中，增加了“无特殊要求时，可做成单面焊缝”。

（6）增加了钢筋窄间隙焊接头、带肋钢筋挤压套筒连接、锥螺纹连接、直螺纹连接和气压焊接头的施工规定。

（7）明确提出了“钢筋安装时混凝土净保护层厚度应满足DL/T 5057标准或设计图纸的要求”。

（8）新增条款为了保证钢筋施工的质量，对钢筋安装时的架立钢筋做出了原则性的要求。

（9）通过附录对钢筋机械连接接头现场的施工记录也作出了规定。

本规范的修订由中国水利水电第四工程局组织和编写，编写时由熟悉施工规范、技术能力强、施工经验丰富的工程技术人员组成了编写组，编写组在编写过程中，以认真负责的态度，对新编规范中的内容逐条进行了认真的研究、分析和讨论，并形成了征求意见稿。编写组把征求意见稿报送到中国水利水电总公司，还发送到我国水电工程设计、施工单位广泛征求意见，共收到了16个单位的返回意见167条（部分意见的内容重复），编写组又逐条分析研究返回意见，最后采纳了其中的149条意见中的部分或全部内容。根据采纳的意见，编写组将征求意见稿进行了进一步地修订，形成了送审稿，送审稿于2002年4月21日～23日由中国水利水电总公司组织的水电施工标准化技术委员会审查通过。形成报批稿后，由中电联标准化中心审查、上报。

本规范于2002年9月16日发布，2002年12月1日实施。

本规范实施之日，代替原规范中的第三章“钢筋工程”。

（中国水利水电第四工程局　张永公）

## DL/T 5127—2003《抽水蓄能电站选点规划编制规范》简介

由水电水利规划设计总院组织华东勘测设计研究院负责编制的DL/T 5172—2003《抽水蓄能电站规划选点报告编制规范》，已于2003年2月由国家经贸委以2003年第4号公告发布，自2003年6月1日起实施。

《抽水蓄能电站选点规划编制规范》是国内第一

部针对抽水蓄能电站的设计标准，总结了我国自20世纪60年代以来，特别是改革开放25年来我国开展抽水蓄能电站选点规划实践的经验和教训。该规范根据原电力工业部（技综［1996］40号文）《关于下达1996年制定、修订电力行业标准计划项目（第一批）的通知》安排编制。华东勘测设计研究院接受任务后，在水电总院的指导下，组成规范编制小组开展工作，于1998年3月提出初稿，经水电水利规划设计总院组织讨论后，于同年11月修改成征求意见稿并寄送各有关单位征求意见，根据各单位返回意见再一次进行修改，于2000年6月形成送审稿与条文说明一并送审，2002年5月水电规划设计标准化技术委员会主持审查，按审查意见修改后，于2002年8月完成报批稿。

《抽水蓄能电站选点规划编制规范》对编制抽水蓄能电站选点规划应遵循的原则、工作内容、达到的工作深度及报告编写作出规定，规范适用于大中型抽水蓄能电站的选点规划编制工作。

本规范为推荐性电力行业标准，共分14章，计63条，4个附录：

（1）范围。给出规范的主题内容和适用范围。

（2）规范性引用文件。列出了规范引用的主要规程、规范。

（3）总则。提出抽水蓄能电站选点规划的主要原则及任务。

（4）术语和定义。对规范涉及的主要术语给出定义。

（5）建设必要性分析。提出了进行抽水蓄能电站选点规划时建设必要性的论证分析内容、方法步骤和应注意的问题。

（6）站址普查和规划站址选择。提出抽水蓄能电站站址普查及规划站址选择的基本方法、步骤和应遵循的原则。

（7）水文泥沙。提出水文、泥沙计算应收集的基础资料、工作内容和计算方法。

（8）工程地质。规定了本阶段工程地质工作需收集的基本资料；应了解的区域地质情况；各规划站址上、下库及地下工程应进行的勘探工作；近期工程应达到的勘探深度。

（9）水利与动能。提出了符合抽水蓄能电站特点的规划阶段水利动能设计内容和计算方法，包括特征水位选择、装机容量选择、补水措施等方面的内容。

（10）水库淹没处理及环境影响评价。根据水库专业有关规范，结合抽水蓄能电站的特点规定蓄能电站的水库淹没范围、水库淹没实物指标调查及投资估算的办法。提出进行环境影响评价应考虑的主要因素、评价重点。

（11）工程布置、机电和施工。对水工、机电及施工专业的工作内容及应达到的深度作出规定。包括拟定工程等级、主要建筑物级别、洪水标准等；初拟各规划站址工程总布置，初步估算水工、机电及施工主要临建工程量，并提出站址评价意见。

（12）投资估算。要求按现行概算（估算）编制办法进行各规划站址投资估算。

（13）近期工程选择。本章提出近期工程选择应考虑的主要问题，要求通过技术经济比较推荐近期工程，当推荐2个以上站址时，应初步提出其开发顺序。

（14）选点规划报告编写。提出选点规划报告编写参考目录及有关附件。

规范还包括4个附录，即附录A抽水蓄能电站选点规划报告编写目录；附录B抽水蓄能电站选点规划报告附表、附图目录；附录C规划站址工程特性表；附录D规划站址工程地质条件简表。

规范还附有条文说明，对规范条文中制定技术指标的依据和执行时应注意的事项进行说明。

（华东勘测设计研究院　计金华）

# 标准化管理

## 做好新时期的电力标准化工作

——中电联标准化中心主任陆宠惠
在2003年电力标准化工作会议上讲话节选

新时期电力标准化工作的思路是：以邓小平理论和党的“十六大”精神为指导，按照“三个代表”重要思想的要求，搞好标准化工作。近期的工作目标有以下几个方面：

1. 进一步完善电力标准体系　按照电力工业发展需要，建立和完善电力标准体系，以确保电力工程质量、安全和电力系统稳定运行，保护生态环境和资源，促进新技术、新材料、新工艺和新设备的推广与应用。

——完成《电力标准体系表》的修订。《电力标准体系表》是标准化工作的依据，也是电力标准化工作的基础。为了加强管理，指导电力标准化工作，1995年编制了《电力标准体系表》。随着电力工业的发展，新技术、新设备不断涌现，电力工业的设计、施工、制造、安装、运行和检修维护已经有了很大的进步，对电力设备、人身安全和环境保护提出了更高的要求。及时修订《电力标准体系表》，使之切合当前电力工业的实际，作为制定电力行业标准化规划、编制各年度电力行业标准制修订计划和进行科学管理的重要依据是当务之急。因此，从2000年就起动了对《电力标准体系表》的研究和修订。这次修订体现了适应电力体制的改革和电力工业大电网、大容量、高参数、高自动化水平的发展状况，促进电力技术进步，提高电力设备的安全性、经济性和效益，是电力行业标准与国际标准和国外先进标准接轨的指导思想。修订的《电力标准体系表》已完成了征求意见稿，提交各位讨论，我们将根据大家的意见，作进一步修改，形成较为完善的《电力标准体系表》。

——提高电力标准的覆盖率。电力标准经过几十年的制修订工作，已经取得了很大成绩，但还有部分专业没有被完全覆盖。要加快新标准的编制速度，抓紧解决标准缺项较多的火电施工、大坝安全监测、环境保护、核电和新能源等领域对标准的需求。

——加强标准的复审和修订。标准的质量和水平直接关系到电力工程的质量、安全和电力工业的效益和技术进步。我国加入WTO后，标准作为技术手段是主要应对措施之一，只有提高标准水平才能提高我国电力工业的国际竞争力。因此，要适时地对标准进行复审和修订。一是要建立标准定期复审制度。按照《标准化法实施条例》要求，标准实施后，应当根据科学技术的发展和经济建设的需要适时进行复审。一项标准使用5年就应进行复审，通过复审确保现行标准的适用性和可靠性。二是完成今年标准复查的有关工作。按照国家发改委要求，我们对1998年及以前的标准进行了全面复审，对确认的标准在重印时要写上“2003年复审确认”的字样，对于复审后需要废止的标准上报国家发改委予以确定，对于需要修订的标准要逐年列入计划，并形成正常的机制。三是抓好标准的局部修改，及时调整标准内容，推动技术进步，推广新技术的应用，增加经济效益和社会效益。

2. 加快科技成果转化

标准化工作是科技成果转化为生产力的重要手段，科技成果只有及时转化为电力标准，才能提高标准水平，才能对电力工业的发展起到推动作用。因此，标准的制定要和科技项目研究结合起来，一方面，科研成果一旦研究出来，应立即转化为标准，另一方面，在标准修订过程中，对一些课题进行立项研究。同时，要加大标准化指导性技术文件制定力度，对发展中科技成果进行总结，使科学技术尽快转化为生产力，为工程建设服务，为电力工业服务。

3. 加强电力技术法规的研究和编制

探索技术法规的编制，特别是技术法规和技术标准相结合的新体制，是我国标准化改革与发展的一项重要工作，也是履行我国加入WTO的承诺，加快与国际接轨步伐的要求。在我们国家，强制性标准是技术法规的主要表现形式，是直接涉及人民生命财产安全、人身健康、环境保护和其他公众利益的内容。为了提高强制标准的权威性，去年，标准化中心对强制性电力标准进行了清理，把不适合作为强制性电力标准的改为推荐性标准，清理出的强制性标准应按市场经济的要求尽快修订，并根据要求分为全文强制和条文强制。对目前电力工业建设、运行、维护中还缺少的强制性标准要及时列项制定。2000年，根据建设部要求，我们编制了《工程建设标准强制性条文》（以下简称《强制性条文》）的电力工程部分，作为电力工程建设的主要技术法规之一。《强制性条文》的发布实施，推动了我国电力工程建设强制性标准的贯彻和实施，对确保电力工程质量和安全起到了很大作用。但是，《强制性条文》是从每个强制性标准中摘录下来的，随着原标准的修订，新标准的发布实施，就需要对《强制性条文》的内容及时进行调整和完善。为此，在建设部的领导和关怀下，我们将成立《强制性条文》（电力工程部分）咨询委员会，对《强制性条文》进行管理。凡是新发布的标准中有强制性条文的，做到与此前发布的《强制性条文》相衔接，不能出现抵触和矛盾的现象，对于修订的内容要进行通告，以便于贯彻执行。同时，对《强制性条文》执行情况进行监督，确保电力工程建设质量、安全、人身健康和环境保护。

按照主管部门的要求，我们将对电力技术法规的编制要进一步探索。根据其他行业技术法规的试编经验，以及国外的通行做法，我们也将进行电力技术法规的试编，力争近几年有所突破，为电力技术法规的普遍编制、管理打下基础。

4. 加快电力标准采标步伐

首先要结合学习、宣传WTO有关规则，特别是WTO/TBT协议有关规则，加强标准的基础作用的宣传；其次，要对国际标准制修订情况进行跟踪，对适合我国国情的国际标准及时转化为我国电力标准；第三，有针对性地开展国外先进标准情况的分析研究工作，在制修订电力标准中予以采纳；第四，参加国际标准化活动，积极争取参与国际标准的制修订工作，把我国的技术内容写入国际标准中，掌握主动权。

5. 整合电力行业技术优势，开展电力系统各种设备和信息传输接口研究

今年世界标准日的主题是——为全球信息社会制定全球标准。世界标准日选择了这样的主题，说明人类社会已经跨越了常规计算机时代和电子时代，进入了网络和信息时代。电力系统生产过程就是由各级调度中心，各个发电厂、变电所，配电网络和广大用户所组成，是由许多不同制造厂生产的设备构成的广域的分层、分布信息交换系统。统一接口标准既有利于电力运营者避免规约转换，增加可靠性和安全性、有利于设备选型，降低购买成本及运行成本，也有利于广大制造商避免规约转换增加的不必要开支，节约物力和财力。所以，我们将积极参与国际电工委员会有关技术工作，针对电力系统特点以及我们国家电力系统发展的实际情况，尽早在我国实现电力行业数据传输的无缝通信系统。

6. 加强企业标准化工作，提高企业管理水平

加强企业标准化工作是从源头抓质量，提高企业管理水平的有效措施之一。因此，要尽快帮助企业建立三大标准体系。同时，编制《电力企业标准化体系评价管理办法》，引导企业开展规范的标准化活动，同时对有要求的企业进行标准化水平确认，以推动企业标准化工作的顺利开展。要继续完善电力企业管理标准和工作标准范本的编制，使其能覆盖企业各个管理事项和每个工种。

新时期电力标准化工作任务仍然繁重而艰巨，责任重大。我们要抓住目前难得的历史机遇，为电力生产的飞速发展、全面建设小康社会作出贡献。

## 2003 年电力标准化管理和服务

（一）适应新形势的要求，完善电力标准化管理系统

十届人大以后，原国家经济贸易委员会撤销，电力标准化工作作为政府职责转移到国家发展和改革委员会，作为其工业司的职责之一。为了平稳过渡，中电联标准化中心向国家发展和改革委员会详细汇报了电力标准化工作现状、运行机制、目前存在的问题以及下一步工作设想，得到了他们的认可和支持，为下一步电力标准化工作的顺利开展打好了基础。

随着社会主义市场经济体制的建立和完善，电力体制改革进一步深化，原国家电力公司撤销，两大电网公司、五大发电公司和四大辅业集团成立。为此，中电联标准化中心积极与各电网公司、发电公司等单位取得联系，向他们介绍电力标准化工作情况，征求对电力行业标准化工作的意见和建议，并建议他们设立标准化工作岗位。

专业标准化技术委员会是电力标准化工作的主体，其成员由各相关专业的从事多年技术工作或管理工作的专家组成，负责对电力标准的建议、起草、修订、审查和宣传、贯彻等，电力行业标准化工作只有紧紧依靠各专业标委会才能更好地开展。

为更好地开展核电专业技术领域的标准化工作，经与多方协商，2003 年组建了电力行业核电标准化技术委员会，该标委会挂靠在苏州热工所，其主要任务是负责电力行业核电技术领域的有关标准化工作。本一届核电标委会共有委员 40 人（包括顾问）。

2003 年对电力行业可靠性、继电保护、燃煤机械等标准化技术委员会进行了换届或调整，调整后的标委会成员涵盖面更加广泛。电力行业水电站自动化设备、电测量、电网控制与运行、电容器标委会的换届工作开始筹备。风电标委会和电气工程施工调试标委会的组建筹备工作也已展开。全国静态继电保护装置分标委会、全国继电保护标委会就换届组成方案等向国家标准化管理委员会提出了建议。

为适应 IEC（国际电工委员会）的调整和变化，中电联标准化中心向国家标准化管理委员会呈报了承担 IEC/TC 8（电能供应系统）秘书处的工作，并筹建全国电能供应系统标委会，对外代表国家，对内代表行业并联合制造业与其他行业为电力系统规划、安全稳定运行等提供技术保障，充分发挥电力行业“电能供应系统”主体的作用。

（二）加强标准制修订和计划管理工作

标准制修订工作是电力行业标准化工作的重点之一，近几年，根据电力工业发展和科技进步的要求，平均每年完成制定修订电力标准 100 项以上。2003 年，在政府部门的领导下，在电力行业各单位的支持下，在全体电力标准化工作者的努力下，共计完成了 109 项标准制、修订任务。其中：国家经贸委批准发布了（国家经贸委二〇〇三年第 4 号公告）《光纤复合架空地线（OPGW）用预绞式金具技术条件和试验方法》等 26 项电力行业标准；政府机构改革以后，电力行业的政府职能移交至国家发展和改革委员会，8 月份，经审查中国电力企业联合会向国家发展和改革委员会报送《火电厂环境监测技术规范》等 67 项电力行业标准和标准化指导性技术文件。由国家质监总局发布的电力国家标准 14 项，标准化指导性技术文件 1 项，完成了《750kV 电力系统继电保护》国家工业技术协议的制定并报国家标准委。

2003 年共计划立项 122 项，其中：国家标准化管理委员会下达电力国家标准制修订计划项目 14 项，建设部下达电力国家标准制修订计划项目 8 项；国家

发展和改革委员会下达电力行业标准项目计划 100 项。

为确保电力标准的有效性、科学性和先进性，2003 年组织了对 1998 年及以前发布的电力标准的复审工作，通过标准复审，对不适应技术发展的标准进行废止，对需要修订的标准列入年度制修订计划，对技术内容符合当前技术水平、满足实际需要的标准进行确认。

（三）增强服务意识，提高服务质量

为了更好地服务于企业，2003 年中电联标准化中心组织编制供电企业、火力发电厂、水力发电厂的《企业管理标准范本》和《企业工作标准范本》，邀请在行业内标准化工作开展较好、有代表性的企业共同编写，调动企业的积极性，提高范本质量。范本的推出必将对减轻企业编写两种标准的难度、减少企业标准编制的工作量、提高企业标准的编制水平有所帮助。

继续加强了标准化知识培训工作，努力为企业培养标准化工作人才，提高电力企业现代化管理水平和市场竞争力，帮助企业建立标准体系，指导企业安全高效地从事生产经营活动，2003 年对 7 个企业进行了有关标准化知识宣讲。标准的宣贯工作是标准化工作的一项重要环节，2003 年举办了标准宣贯班 3 次。

为促进电力企业标准化工作的深入开展，提高电力企业现代化管理水平和标准化工作人员素质，根据电力行业标准化工作实际和有关规定，并参照有关国家标准和电力行业标准，中电联标准化中心制定了《电力企业标准体系评价管理办法》和《电力标准化岗位培训管理办法》。两《办法》在认真讨论的基础上已经形成了征求意见稿，并在 11 月底召开的电力标准化工作会议上广泛征求了意见。

（四）加强标准研究工作，提高电力标准水平

随着我国加入 WTO 和社会主义市场经济体制建设的进一步发展与健全，标准化工作得到越来越多的企业的重视，而对于标准的研究却很不深入。为了了解标准给国民经济建设以及工业生产所带来的促进作用，国家发展和改革委员会组织有关行业开展了标准项目的专题研究，为此中电联标准化中心向国家发展和改革委员会报送了《洁净煤发电技术研究》、《电力市场运营与管理产品技术检测标准研究》和《拱坝强度及稳定设计准则研究》三项电力标准研究课题的立项申请。同时根据科技部中国科技促进发展研究中心关于征集若干重点产品技术性贸易措施研究项目的通知精神，向科技部报送了《电力市场运营与管理产品技术检测标准研究》、《电力系统继电保护关键技术标准的研究》、《水轮发电机组设备技术条件的研究》、《输变电设备技术贸易措施的研究》和《市场经济下火力发电厂、输变电工程勘测设计标准化体系构建研究》5 项重要技术标准专项研究课题。这些课题的研究将会对新技术、新工艺转化为电力标准起到推动作用。

随着信息技术的飞速发展，国际标准化组织（ISO）、国际电工委员会（IEC）等国际标准化机构改变原有标准工作模式，开始研究并实现了数据库形式标准的运作，为提高标准的时效性和促进标准的应用与普及起到了革命性的作用。所谓数据库形式标准，即利用数据库的管理和工作方式以及计算机网络，对计算机数据库存储的术语、图形、符号和相关数据［包括制、修订阶段的信息，如建议、受理（拒绝）、发布；相关阶段的信息，如提交、接受、拒绝、和取消等］通过互联网实现，从而改变了原有的标准计划列项、审查、报批和纸质出版的形式。为加快与国际接轨的步伐，国家标准化管理委员会启动了对数据库形式标准的研究工作，中电联标准化中心对此十分关注并指定专人参与了这方面的研究。

标准是科技成果在广泛应用中的总结，是广大科技工作者辛勤劳动的结晶，它和科学技术密不可分。根据国家发展和改革委员会高新技术司的要求，中电联标准化中心编制了《电力工业技术发展规划》，报送国家发展和改革委员会，该规划将作为《国家重大产业技术发展规划》的一部分，对电力工业的发展将起到重大的指导作用。

对广大人民群众身心健康有重大影响的有关国家技术标准，中电联标准化中心组织专家积极参与，反映电力行业的意见，跟踪标准制修订进程，维护电力行业的利益。在国家标准《电磁辐射暴露限值和测量方法》制定过程中，中电联标准化中心组织专家讨论和研究，提出了很多建议，经过努力，该标准反映了电力行业的意见。

（五）做好标准的咨询和服务工作，为政府与企业服务

随着我国法制建设的不断深入，人们依法行事的观念越来越强，而一旦出现纠纷，求助于法律解决的人也越来越多。而标准作为一种法律依据越来越多地被司法机关和执法人员所引用，对标准条文的解释咨询也越来越多。2003 年，中电联标准化中心对 DL 612—1996《电力工业锅炉压力容器监察规程》、《工程建设标准强制性条文》（电力工程部分）、《人—机界面标志标识的基本和安全规则——指示器和操作器的编码规则》等有关条文进行了解释。

《电力标准化与计量》和“中国电力标准化网”是宣传电力标准化工作的载体，也是政府、企业、协会之间进行交流的窗口，为更好地办好这两个媒体，中电联标准化中心十分重视，开展了专题调研，安排

人员具体负责，提高了办刊质量，受到电力行业广大技术人员、企事业单位的欢迎和支持。

（中国电力企业联合会　许松林）

## 标准化是企业生命之源

三峡电厂是长江电力股份有限公司下属的水力发电企业，主要负责三峡工程的电力生产、安全运行与维修，以及生产成本控制。2009年工程全部竣工后，三峡电厂的管理范围将包括：左岸和右岸两座电站，2座500kV GIS开关站，22个导流底孔、23个泄洪深孔和22个泄洪表孔的泄洪设施，以及三峡工程（除航运设施外）的水工建筑物和相关生产辅助设备与设施。三峡电厂共安装26台（左、右岸电站分别安装14台和12台）混流式水轮发电机组，单机额定容量均为70万kW，总装机容量1820万kW，年均发电量约847亿kW·h，是当今世界上最大的水电厂，目前已接管5台水轮发电机组及其他泄洪设施等。

2000年2月18日，为适应三峡工程2003年首批机组投产发电的管理需要，三峡总公司决定成立三峡水力发电厂筹建处，于2002年11月6日正式揭牌成立三峡水力发电厂。从筹建开始，三峡电厂就十分重视标准化工作，各项工作从一开始启动就按标准化程序动作，主要体现在以下几个方面：

1. 视标准化工作为企业生命之源　标准化工作是企业最基础的管理工作，是一项涉及到企业所有部门和全员的活动，也是一项系统工程，它体现出一个企业管理水平的高低。按照三峡总公司和股份公司提出的创建国际一流电厂的目标，三峡电厂从筹建开始就成立了以厂长亲任组长、副厂长和总工任副组长、各部门负责人任成员的标准化委员会，它是三峡电厂成立最早的一个专业委员会，全面、系统地推进企业标准化工作的建设。标准化委员会下设标准化管理办公室，挂靠在生产技术部，统一归口全厂的标准化管理工作，并在其领导下形成由全厂各分部门技术主管参加的标准化管理网，明确了各级标准化管理人员的职责，使责任落实，工作到位。

三峡电厂从筹建开始就提出“建”、“管”结合，“无缝交接”的管理模式。而为实现这一模式，必须坚持工作标准化、规范化。在实践中，充分利用各级标准化管理网成员参与设备采购、合同谈判、工程监理等多种渠道，收集整理各类技术资料，为编制企业标准提前做好各项准备。

从2000年筹建开始，收集整理文档资料、技术图纸954卷，16780项；收集、整理电子文档24大类，共1400个文件；收集、整理、上网电子照片1038张，录像资料100盒；编制了20余册机电设备图册（第一版），并做成电子图册。采购、收集专业技术图书256类，共计4000余册。

同时，三峡电厂还加强与国内外同行业之间的技术交流，了解兄弟企业标准化管理的先进经验，向行业标准化归口管理单位——中电联标准化中心学习标准化管理的基本理论与相关标准。把标准化视为企业的生命之源。

2. 依托“ePMS”，建立科学适用的三峡电厂标准体系　三峡电厂生产管理信息系统简称ePMS，是生产管理的信息平台，以引入国外企业资产维护（EAM）和企业资源规划（ERP）理念为主线设计、优化管理流程，以资产维护管理为核心，以工单为中心载体，将设备技术信息、安全信息、维修物资和维修人力等信息关联起来，实现电厂生产管理科学化和规范化的计算机生产管理信息系统。该系统包括八大功能模块：设备维护管理、物资管理、运行管理、财务与成本分析、人力资源管理、安全及可靠性管理、计划合同管理、文档管理。

遵照GB/T 13017—1995《企业标准体系表编制指南》、DL/T 485—1999《电力企业标准体系表编制导则》等标准，并结合ePMS中的文档管理特点，将三峡电厂的技术标准体系、管理标准体系、工作标准体系全部纳入ePMS文件分类表，文件分类编号原则参照DL/T 485—1999《电力企业标准体系表编制导则》等标准，将二者有机结合起来，充分体现了科学性、先进性、完整性的特点。同时又结合三峡电厂贯彻ISO 9000国际标准的工作，将技术标准体系文件、管理标准体系文件、工作标准体系文件作为质量管理体系中的第三层次文件（第一层为质量手册、第二层为程序文件）使三峡电厂的标准化工作具有层次高、标准高、技术含量高的特色，建立起一个与国际接轨的企业标准体系。

3. 管理严格、手段先进　制定了三峡电厂标准化体系表之后，为全面、有序地组织企业规程的编写，确保规程编制工作统一、规范，三峡电厂标准化委员会多次讨论研究，并按照DL/T 600—2001《电力标准编写的基本规定》和DL/T 800—2001《电力企业标准编写导则》发布了《三峡电厂规程和规范编写导则》，作为技术标准、管理标准、工作标准的编写准则。所有的编写工作均依靠ePMS中的文档管理模块进行，通过ePMS编制规程规范，具有完善的流程控制、文件版本控制、编号自动生成、资源充分共享等优点，文件的编写管理可操作性、可控制性极强，具有鲜明三峡电厂标准化管理特色。

ePMS中发布的所有文件均须经部门及以上领导

批准和签发。

对于公文类、计划合同类，质量体系类需经厂级领导签发，这三类文件首先需经部门领导审核（由部门领导决定是否需要其他部门审批），再由分管副厂长审批（并决定是否需要其他副厂长会审）。

对于厂级生产技术类文件、图纸、信息管理等需经总工程师或副厂长签发，对于其他各类文件则按分工可分别由职能部门终审（如各种检修报告、质量记录、各种专题会议纪要、专业简报、合理化建议等）、生产部门终审（如分部门和部门内部的文件等）、分部门终审（如分部门内部文件等）。

按照 ISO 9000 质量管理体系的要求，需对与企业产品质量有关的文件进行控制（“受控”），为此，三峡电厂专门编写了《文件控制程序》、《受控文件管理规定》等文件，从管理和技术两方面对标准化工作进行有效控制。

4. 标准化工作取得丰硕成果　经三峡电厂标准化委员对标准化工作全面部署与计划，拟编制所管辖范围内各类设备、设施所需运行、维修规程共计 145 部。从 2002 年 6 月开始至 2003 年 7 月“接机发电”止，安排了近一年时间进行规程编写准备，力争在机组投产发电前完成全部运行规程和部分检修规程。

在编制前，明确了各部规程的编写、审核责任部门和责任人，编写、审核、审批、印刷的时间安排以及费用计划，并在规程编写工作方面投入了大量的人力资源，使规程编写工作始终按计划、有步骤地进行。

规程、规范在发布以前，一般先由编写责任人提出初稿，经内部讨论修改后形成讨论稿，对重要设备再邀请相关设备制造、设计、监理、运行管理等单位的专家进行审查，根据专家的意见进行修改后才发布实施。

由于厂家提供资料不及时，规程编写只能以设备接管的时序按“先急后缓”的原则组织进行，保证了在设备移交接管前，相应的运行规程编制完成，检修维护规程接管后 3 个月内完成。

截止到 2003 年 10 月底，已完成并发布实施各类企业技术规程 71 部，另有 70 余部规程正在组织专家评审之中，收集整理有关三峡机组的各类国际、国内标准 30 余册。

从 2003 年 7 月 10 日接管第一台机（2F），至 10 月 28 日接管第五台机（4F），只经历了 3 个多月。能取得如此骄人的成绩，从某种意义是得益于标准化工作准备得及时、充分。

“写你策划的，做你所写的，查你所做的，改你所错的”这四句话既是 ISO 9000 管理理念的精华，也是企业标准化工作的精髓。三峡电厂在全面融合 ISO 9000 质量管理体系后，将在其总体框架上，用 ISO 9000 的原则衡量标准化工作，用 PDCA 的方法保持标准化工作逐步升级，用 ePMS 的工具去管理标准化工作，更深入、系统地推进企业标准化工作以期达到持续改进。

（中国长江电力股份有限公司三峡水力发电厂　谢　俊）

## 电力企业全面一体化管理

（一）全面一体化管理的内涵

全面一体化管理（Total Integrated Management System，TIMS）是指组织在所有领域内以质量、环境、职业健康、安全管理及其他国际管理标准为核心，以产品实现过程为主线，融合其他优秀管理方法和要求。其目的在于优化资源配置，提高效率和效益，让股东、顾客、社会、员工及其他相关方满意，并满足法律法规要求，使组织获得长期成功的管理途径。

全面一体化管理体系是指，组织为实施全面一体化管理所需要的组织结构、程序、过程和资源组成的有机体系。它融合了目标管理（创一流之精华）、过程管理（贯标之精髓）、业务流程再造（代表国际先进管理之潮流）、标准化管理（中国传统管理之精华）、管理信息化（代表最先进的管理技术）等多种先进的管理技术，整合成为电力企业管理全面解决方案，并以此构筑电力企业先进、系统、透明的企业管理基础平台。

（二）TIMS 的构成

全面一体化管理体系的基本构架如图 1 所示。不同的企业可根据需要适当剪裁。

（三）建立实施 TIMS 的必要性

（1）全面提高企业和员工的综合素质。

（2）全面规范管理，提高效率和效益。

（3）实现股东利益最大化。

（4）实现顾客、社会、员工及相关方的满意。

（5）实现电力企业管理与国际接轨。

（6）构筑优秀的企业文化，建设学习型组织。

（7）为实现企业管理信息化创造良好条件

（8）建立和保持企业长久竞争优势。

（四）实施 TIMS 的可行性

1. 管理目标的一致性　许多组织按国际标准建立的质量、环境及职业健康安全管理体系，从表面看是为了推动组织分别实现质量、环境、职业健康安全等不同方面的目标。但其根本目的是，从不同的方面推动组织的进步，实现组织整体素质提高和实力增强，从而实现组织确定的总的方针和目标。

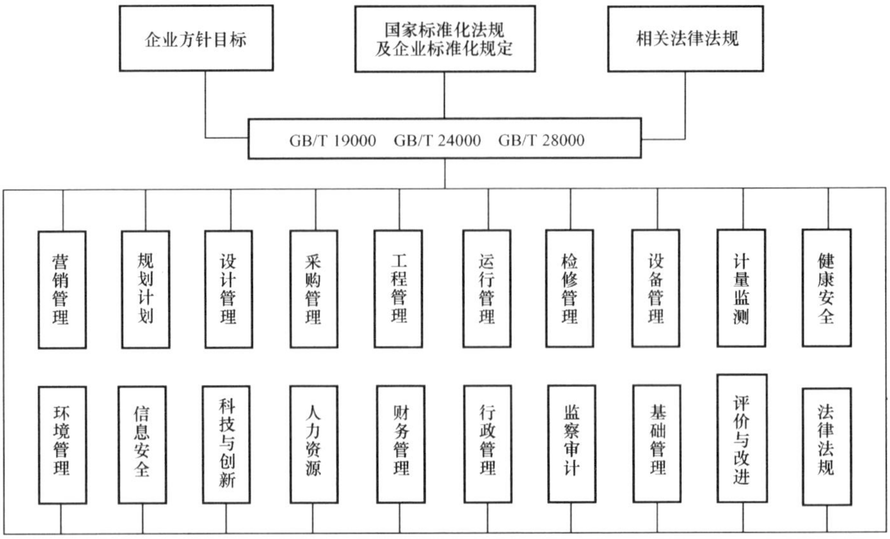


图 1 TIMS 的基本框架

2. 管理机理的趋同性 TIMS 由若干个具体的管理标准组成。各管理标准为使组织以最小的投入获得最大效益，并能高效率实现企业的管理方针和目标，要求组织内各个层次、各个区域、各个专业的管理及各项活动最精确地指向企业的管理方针和目标，减少因方向偏差异致的成本损失。

3. 管理体系的相容性 ISO 9000 质量标准、ISO 14000 环境标准及 OHSAS 18000 职业健康安全标准有着较好的兼容性，采用了几乎相同的结构和运行模式，考虑了与组织其他管理体系的相容性，鼓励组织进行各个管理体系的整合。

（五）TIMS 的特点

1. 科学性 TIMS 采取的是多层分布结构，横向可实现管理过程之间相互的支持和链接，纵向可实现管理活动和作业活动之间的相互支持和链接。因此，TIMS 可以打破不同部门之间、不同专业之间、管理和执行之间的壁垒，使得 TIMS 更加科学、合理。

2. 先进性 TIMS 以管理性国际标准为核心，并吸收了当代各种优秀管理技术、方法（如过程方法、管理的系统方法、PDCA 循环、数据分析等）的精髓，博取众长，融合提炼，自成一体，更加符合电力企业的生产和管理的特点。

3. 系统性 TIMS 采用系统的管理方法，应用 PDCA 循环原理，从目标策划、过程控制、绩效考核、持续改进四个方面系统地管理和控制电力生产、经营的每一个环节。

4. 透明性 TIMS 由文件化的管理手册、程序、作业指导书、流程图及记录等构成，要求组织的员工以此作为行动的准则，检查工作记录，并考核其工作绩效。向组织内部和外部提供关于管理体系的一致信息，从而确保组织采用一种系统、透明的方式进行管理。

5. 规范性 “文件化”过程，就是企业规范形成的过程，并强调体系规范在组织内的“法律”效应，使其成为一切工作的依据和行动指南。TIMS 以文字和流程图的形式明确规定了各项管理活动的内容、质量要求及工作/作业流程，正确反映 5W1H 的要求，真正做到“凡事有章可循，凡事有人负责，凡事有人监督，凡事有据可查”。

6. 实用性 TIMS 运用“5W1H”表述要求，使实施管理的目的、时间、地点、人员、方法和步骤更加明确；运用 PDCA 循环原理，使体系可以发挥更大的效能，达到事半功倍的效果；对管理活动设计规范的记录表格，使管理事项具有可追溯性，并有利于基础数据和管理资料的积累。

7. 扩展性 TIMS 以电力生产实现的重要过程为主线，识别、策划、确定重要管理子体系，形成开放、有序的管理基础平台。因此，当组织的外部环境、内部环境、管理要求发生变化时，可以自由地扩展管理子体系，以满足组织新的管理要求。

8. 动态性 电力企业所处的经济、社会和技术环境及内部经营条件处于不断地变化之中，电力企业必须适应这种变化，对管理体系实行动态管理，通过持续改进，不断完善 TIMS，使其更高效、更完善。

9. 全面性 TIMS 除覆盖电力生产和服务过程以外，还包括了人力资源、财务管理、信息安全管理、党群管理、行政事务、监察审计、评价与改进等，其覆盖范围涉及到电力企业的方方面面。

10. 兼容性　为使 TIMS 发挥最大效能，要求 TIMS 兼容各种优秀的管理技术，如 5S 管理、六西格玛管理、客户关系管理、供应链管理等，随着新的管理技术的不断应用，促使 TIMS 变得更加的完善。

（六）TIMS 的优势和作用

（1）注重管理承诺，强调方针诚信。

（2）注重领导推动作用，强调全员参与。

（3）注重目标指标量化，强调 PDCA 模式。

（4）注重过程管理，强调系统方法。

（5）注重体系文件，强调透明化。

（6）注重人员培训、意识和能力，强调特色企业文化。

（7）注重持续改进，强调三级监控。

（8）注重体系建设，规范管理平台。

（七）TIMS 实施要求

1. 领导重视　构建 TIMS 的关键是企业主要领导的高度重视。因为这是一项涉及所有部门和全体员工的工作，不仅协调难度大，而且耗时、费力。TIMS 的优劣，还取决于企业主要领导的认识程度，只有领导严格要求，花大力气，才有可能建立高水准的 TIMS，也只有领导重视，才有可能不打折扣地贯彻执行。

2. 管理咨询　专业能力是确保 TIMS 整合深度和有效性的重要基础，从实际情况看，许多电力企业按标准化建立的管理体系文件与借助专业咨询机构建立的“三标”体系文件相比，文件质量存在不小差距，最主要的原因是企业缺少专业人才，所以借助专业中介机构咨询是构建 TIMS 的捷径和有效手段。

3. 系统优化　TIMS 应用“系统论”、“控制论”及“信息论”的原理，对体系、过程、资源进行系统优化，选择最佳解决方案。

4. 预防为主　TIMS 强调预防为主，从重视管理结果向重视管理过程转变，从源头抓起，发挥反馈及前馈的双向作用。

5. 满足多方要求　TIMS 强调同时满足股东、顾客、社会、员工及组织的相关方的要求，并满足适用法律、法规和其他要求。

6. 强调多方统一　TIMS 强调质量、环境、健康安全管理与效益的统一，做到统一运作、优质高效、污染预防、减少风险、提高效率、增加效益。

构建全面一体化管理体系（TIMS），是实施电力企业管理创新，推进电力企业管理与国际接轨，建立和保持长久的竞争优势的必由之路。

（北京中电力企业管理咨询有限公司　虞旭清　顾　军　杨德生）

## 水力发电企业的标准化管理

（一）推荐的管理模式

在原国家电力公司建设一流企业的原则意见中，提出了这样的管理模式：目标管理、过程控制、动态考核。该管理模式适用于所有电力企业，水力发电企业当然也完全适用。下边分别介绍其核心内容。

1. 目标管理　目标管理是诸多现代企业管理方法（如全面质量管理、网络计划技术、定置管理、ABC 分类法、价值工程等）之一。全面一体化管理体系（TIMS）认为这种方法是企业创一流的精华。目标管理通常分 3 个阶段、12 个步骤实施，即：目标的制定和展开阶段（确定企业方针，制定企业目标，展开总目标，综合协调，批准发布实施），目标管理阶段（编制计划，实施计划，检查，调整），目标管理效果评价阶段（咨询诊断，考核评价，制定新的目标）。可见上述全过程形成了一个完整的 PDCA 循环。

2. 过程控制　过程的含义是：一组将输入转化为输出的相互关联或相互作用的活动。ISO 9000 倡导的过程方法是八项质量管理原则之一。将活动和相关的资源作为过程进行管理，可以更高效的得到期望的结果。

对过程进行控制可以把缺陷消灭在产品实现之前，避免不合格品的产生。控制的含义是：根据预定的目标和标准，利用组织结构和信息系统，对控制对象进行监督、检查和评价，并采取措施消除实际同标准之差异，以保证组织目标的实现。

3. 动态考核　动态的含义有二：第一，一流企业的考核标准是动态的，也就是说，考核标准是不断修改、补充和变化的，体现了与时俱进；第二，一流企业并非终身制，达不到考核标准将被取消一流企业的荣誉。这一原则对达到并保持一流水平的企业同样有极强的激励作用。

以上就是该管理模式的内涵。在原国家电力公司水电厂创一流考核条件中，还特别强调了以下基础条件：

（1）已经建立起包括技术标准、管理标准和工作标准在内的完整企业标准体系。

（2）具有以计算机为管理手段的全厂综合管理信息系统，如三峡水电厂的 ePMS 系统（生产管理信息系统），二滩水电厂的 BFS 系统（将西门子公司 BFS 系统二次开发后形成的电厂管理信息系统）。

（3）已经建立起水情自动测报系统，通过了实用化验收，并开展了大坝安全监测自动化工作。

由于有这样的考核基础条件，水力发电企业基本上都建立了企业标准体系，但效果各不相同。下一步的主要目标应是企业标准化体系的高效运作问题。所以企业再造和持续改进尤为重要。

（二）企业再造

企业再造包括两方面内容：一是机构重组；二是业务流程改革。

机构重组就是打破传统管理模式，重新策划现代管理体系职能部门设置。像二滩水电厂扁平式组织结构就比较合理，其管理层次少（全厂分厂、部、班组三级）、管理幅度大、信息传递快。机构重组后就要确定岗位设置，如运行部主任、班组长、设备主管等。

业务流程改造指不断修改、完善企业标准体系，使业务流程更加简捷、清晰。吸收 ISO 9000 质量管理体系的先进方法，对生产过程、管理步骤、业务流程、操作次序等均编制出相应的文件，绘制出流程图，制定考核量、质、期指标明确的表单。文件的工作步骤中还要明确执行该程序的岗位人员、上下接口关系，以明确某事由谁来做，怎么做，做到什么程度等。

在编写企业标准体系规范性文件时，事先要对业务流程进行策划，并非过去怎么做现在就怎么写，而是如国务院参政知事郎志正教授所论述的那样：“写你策划的，做你所写的，查你所做的，改你所错的。”这一过程完全符合 PDCA 循环的步骤和原理。

现代企业管理的基本理念是改“人治”为“法治”，所以企业标准体系，尤其技术标准体系应该完善，覆盖面足够广，使员工工作起来有章可循、有法可依。文本还应动态管理，不断更新。

（三）持续改进

1. 持续改进的意义　持续改进是增强组织满足要求的能力的循环活动。因此，PDCA 循环是永无止境的，这种循环应当成为组织永恒的追求，永恒的目标，永恒的活动。这种叫作戴明环（见图 1）的不断维持、改进于是达到提高目的的 PDCA 循环，可使组织不断提高其管理水平，并增强组织的竞争优势和快速灵活的反应能力。

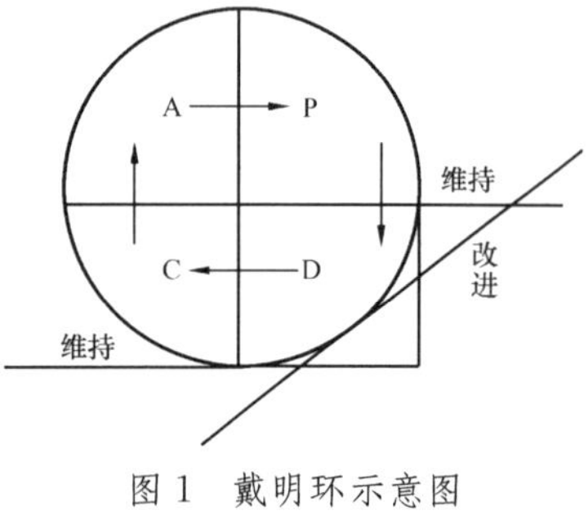


图 1　戴明环示意图

2. 持续改进的条件　首先，组织的最高管理者应对持续改进作出承诺，积极参与并推动这一活动。其次，要建立持续改进的机制，用企业标准的形式把监督、检查、评审的内容和方法形成法规条款。再次，还要建立信息反馈系统以识别并通报持续改进过程。上述仅是持续改进的必要条件，并非充分条件。

3. 持续改进的措施

（1）应采用始终如一的方法推进这一活动，形成组织的一种制度。

（2）对全体员工提供持续改进的工具和方法的培训，并提供必要的资源。

（3）要使持续改进的活动成为全体员工的目标。

（4）管理者要承认并激励改进成果，推广改进成果，兑现规定的奖励。

（四）评价

评价企业标准体系是否有效，关键是考察体系运作的有效性和效率。所谓有效性是指，完成策划活动并达到策划的结果的程度。所谓效率是指，获得的结果与使用的资源之间的关系。两者都是以实现组织计划、目标为对象的。如开始阶段，初次运作的有效性和效率不良，就要改进相关过程，重新策划。只有持续改进才能持续提高管理体系运作的有效性和效率。

推荐的管理模式中，目标管理的全过程就是一个大的 PDCA 循环；过程控制更是 ISO 9000 倡导的成功管理方法，两者均属标准化管理的范畴。所以任何电力企业，只要坚持把标准化工作搞好，就一定能使企业改变面貌，最终达到一流和国际一流的奋斗目标。

（年鉴编辑部　常兆堂）

## 水轮机标准化工作的管理

1984 年 11 月成立了水电部水轮机标准化技术委员会，为改变单一照搬前苏联国家标准及引进有关水轮机专业的国际标准和国外先进标准提供了组织保证。在该标委会组织安排下，还制定了 10 个部颁标准，初步形成了水轮机专业标准的体系雏形。有了这些标准，水电行业对水轮机产品质量统一了认识，并提出了保证用户利益和不合格的水轮机产品不得进入水电系统的要求。20 世纪 80 年代初，原水电部科技司组织了两次全国性水电设备质量调查，暴露出大量产品质量缺陷，由此引发出一系列质量事故，这种状况受到原水电部和原机械部有关领导的高度重视。为了保证大量水电站最基本的安全稳定运行，必须狠抓产品质量，而且应从科研试验、设计、制造、安装、运行和维护检修等各个环节，急需制定出各种标准进行有序地、规范地把关。在这种形势下，水利电力部和机械部于1991年5月共同筹建成立了全国水轮机标准化技术委员会（以下简称全国水轮机标委会），当时的机械工业部、中国电力企业联合会、水利部是本组织的上级主管部门。全国水轮机标委会秘书处设在哈尔滨的哈尔滨大电机研究所和北京的中国水利水电科学研究院水力机电研究所内。

（一）组织机构建设

全国水轮机标委会在人员组成上增加了用户和企业的人员比例，以保证用户的利益。

第一届全国水轮机标委会是由我国水电行业的科研、设计、制造、安装、运行、维护检修、管理和高等院校等部门的32名专家（其中包括2名顾问）组成。依照《全国专业标准化技术委员会章程》规定的原则，该标委会应该积极吸收用户和企业的技术人员参加，实行会员制，对委员人数不做硬性规定，委员不搞终身制等。经过多方磋商及酝酿，第二届全国水轮机标委会的委员增至58名，而且委员组成的比例也发生了变化，即用户单位和企业单位——包括水电站、水电开发建设公司、安装公司、勘测设计单位和水电设备制造厂及公司等的委员比例从53%增加到70.7%。目前正筹备成立的第三届全国水轮机标委会的委员将增加至69人。

全国水轮机标委会组织机构考虑到工作对象的专业特点和开展工作的需要，计划设置三个专业的标准化分技术委员会（简称为“分标委会”）：

（1）水轮机控制设备分标委会成立于1992年9月，具体负责水轮机调速器、油压装置和自动化元件标准的编审及宣贯工作。秘书处设在天津电气传动设计研究所。

（2）水轮机安装、运行分标委会成立于1995年2月，具体负责水电设备的安装和运行标准的编审和宣贯工作。秘书处设在天津蓟县的水利部、电力部机电研究所。

（3）此外，小型水轮机分标委会正在筹组中。

（二）采用国际标准

采用国际标准和国外先进标准是国家一项重大的技术经济政策。特别是加入世贸组织（WTO）之后，为加快与国际接轨，增强在国际市场上的竞争力，更应加大采用国际标准的力度，为此，国家质量监督检验检疫总局于2001年12月4日发布了第10号令《采用国际标准管理办法》，随后国家七部委于2002年7月24日联合印发了《关于推进采用国际标准的若干意见》。

全国水轮机标委会负责水轮机、蓄能泵、水泵水轮机及其辅助设备领域的标准化工作，即对内负责上述产品的国家标准、行业标准的编制、审查、宣贯和技术咨询等项工作，对外则承担国际电工委员会所属水轮机专业技术委员会（以下简称“IEC/TC4”）对口的标准化技术业务工作。

国际电工委员会（The International Electro-technical Commission 简称IEC）创建于1906年6月，现有46个成员国，各成员国总人口占世界人口的80%，其消耗的电能占全球总消耗量的95%。IEC/TC4创建于1913年，是IEC第一批成立的4个技术委员会之一，其主要任务是制定有关水轮机、蓄能泵和水泵水轮机专业技术领域内的国际标准，而且已编制出了较完整的水轮机专业的系列国际标准。

我国早在1957年就加入IEC和IEC/TC4国际标准化组织，从60年代初开始先后多次派出水轮机专业的科研、设计、制造单位的代表参加了IEC/TC4的年会。并引进了有关水轮机专业的国际标准，还参照编制出了一部分水轮机专业的国家标准和行业标准，较早地开始扭转单一照搬前苏联国家标准的现象。自90年代初全国水轮机标委会成立以后，就更明确了以国际标准的最新版本来制定或转化为国家标准，并重点的先从国家标准中通用的基础性标准、试验方法标准和术语标准等着手进行。全国水轮机标委会成立十多年来，制定和修订国家标准共12项，其中8项国家标准是等同采用或修改采用IEC/TC4的国际标准，采标率达66.6%。

为使我国水轮机行业尽快达到国际先进水平，直接参与IEC/TC4的国际标准化活动是一条很好的捷径。全国水轮机标委会平时对其发出的各项文件和国际标准草案进行研究讨论，提出意见并参与国际标准文件的投票、审查、表决，为了提高这些意见的深度和质量，以及维护我国水轮机行业的切身利益，在经过酝酿和广泛征求意见的基础上于1998年10月在湖北宜昌市成立了全国水轮机标委会国际标准化工作专家组。几年来，专家组做了大量工作，组织国内水轮机行业的专家参加了IEC/TC4的年会和重要的工作组（WG）会议，并对应IEC/TC4现正进行的七个工作组分别成立了七个对口的国内工作组，负责汇总国内各方意见，在研究讨论后提出中方意见。全国水轮机标委会计划积极创造条件，从一般性提意见，参加审查表决转变到参与和承担国际标准的部分编制工作，这样就不仅为尽快、更好地采用国际标准创造了条件，而且还能达到保护我国的技术经济利益，防止技术壁垒，推动我国水轮机产品的国际贸易进一步发展。

（三）标准的编审和宣贯

全国水轮机标委会在标准的编制、审查、宣贯和实施等环节重点抓了以下几项工作：

（1）增强标准编制工作的透明度。从标准编制计划，到标准编制过程的不同阶段，特别是标准草案向社会各界扩大征求意见的范围，均贯彻了这一原则。

（2）缩短标准编制的周期。为此，组织学习有关《采用快速程序制定国家标准的管理规定》和《国家标准化指导性技术文件管理规定》，在标准编制工作中认真实施国际通用的标准制定和修订的快速程序，努力做到制定一项国家标准一般不超过3年。

（3）标准的宣贯是标准化活动的重要一环，不仅要引起水电行业各方面的重视，交代清楚这个标准的背景和重点，而且还可以得到反馈意见，达到更好实施的目的。

（4）加强标准的时效性，标准定期复审制度化。一般国家标准自发布之日起每5年必须进行一次复审，以确定该标准继续有效，局部修改、全面修订或废止。

（5）提高国家标准文本的质量，严把审查关是标准减少错误、提高质量的关键。审查时必须充分发扬民主，共同遵守“协商一致、共同确认”的原则，既要求审查人员的客观、公正性，又要求通过相互协商，达到共同确认。

这里特别要指出，在标准审查过程中出现过不少矛盾和问题，有时甚至相当尖锐，这主要是由于制造企业和用户从各自立场出发，对于水电设备产品在质量水平指标上的要求差异而引起的。这种相互制约、又互不让步的情况，虽说反映了民主精神的发扬，但毕竟一再延缓了国家标准审查通过的期限。经过几年工作实践，全国水轮机标委会做了许多具体工作，总结提出了标准审查中应共同遵守的三项原则，即：

1）任何一项标准都应保证用户的利益，这完全符合市场经济的基本原则。况且“用户”这个概念也是相对的，水电站是制造企业的用户；而制造企业使用电力，反过来又成了电力部门的用户。特别通过近几年在市场经济条件下的工作实践大家对这条原则不仅有了共识，而且有了较深的理解。

2）标准的编制不应低于IEC国际标准，即质量指标和技术参数应高于或至少不低于国际标准的水平，以此彻底改变“凡是国际标准都是技术、质量指标最高水平”的误导。

3）标准中制造质量指标水平应高于国内中等制造水平，也就是不能保护落实。鼓励制造企业不断提高产品质量；还须努力才能达到国家标准规定的水平，这实际上对国内的水电设备制造企业起到了促进作用。

应该说，这三项原则从积极的方面既保护了用户的利益，又促进了制造企业的发展，因而取得了思想上的共识。我国还有不少中小型水电设备出口，在实践中进一步认识到要想保证产品的高质量，必须有过硬的高标准，只有这样才能占稳国际市场。

全国水轮机标委会成立13年来，制定和修订国家标准共12项（见表1）；此外，还发布了水轮机专业的机械行业标准（JB/T）（见表2）；电力行业标准（DL/T）（见表3）水利行业标准（SL/T）（见表4），共约37项。这些标准均由全国水轮机标准委会两个专业分标委会审查通过，或由全国水轮机标委会委员参与的专家组审查通过。

表1　有关水轮机的国家标准

| 序号 | 标准编号 | 标准名称 |
|---|---|---|
| 1 | GB/T 8564—2003 | 水轮发电机组安装技术规范 |
| 2 | GB/T 14478—1993 | 大中型水轮机进水阀门基本技术条件 |
| 3 | GB/T 15468—1995 | 水轮机基本技术条件（修订中） |
| 4 | GB/T 15469—1995 | 反击式水轮机空蚀评定 |
| 5 | GB/T 15613—1995 | 水轮机模型验收试验规程 |
| 6 | GB/T 2900.45—1996 | 电工术语　水轮机、蓄能泵和水泵水轮机（修订中） |
| 7 | GB/T 10969—1996 | 水轮机通流部件技术条件 |
| 8 | GB/T 17189—1997 | 水力机械振动和脉动现场测试规程 |
| 9 | GB/T 9652.1—1997 | 水轮机调速器与油压装置技术条件 |
| 10 | GB/T 9652.2—1997 | 水轮机调速器与油压装置试验验收规程 |
| 11 | GB/T 11805—1999 | 水轮发电机组自动化元件（装置）及其系统基本技术条件 |
| 12 | GB/T 18110—2000 | 小水电站机电设备导则 |

表 2　有关水轮机的机械行业标准

| 序号 | 标准编号 | 标准名称 |
|---|---|---|
| 1 | JB/T 8660—1997 | 水电机组包装、运输和保管规范 |
| 2 | JB/T 56078—1996 | 大型水轮机、产品质量分等 |
| 3 | JB/T 9579—1999 | 大型水轮机　型号编制方法 |
| 4 | JB/T 6478—1992 | 水轮机、泵水轮机和蓄能泵符号 |
| 5 | JB/T 8994—1999 | 大电机、水轮机大型光滑工件尺寸的检验方法及限值 |
| 6 | JB/T 8995.1—1999 | 大电机、水轮机大型尺寸公差与配合　总论　标准公差与基本公差 |
| 7 | JB/T 8995.2—1999 | 大电机、水轮机大型尺寸公差与配合　尺寸大于500mm至3150mm孔、轴公差带 |
| 8 | JB/T 8995.3—1999 | 大电机、水轮机大型尺寸公差与配合　尺寸大于3150mm至1600mm常用孔、轴公差带 |
| 9 | JB/T 9576—2000 | 大中型水轮机进水阀门系列 |
| 10 | JB/T 7072—1993 | 水轮机调速器及油压装置　系列型谱 |
| 11 | JB/T 2832—1993 | 水轮机调速器与油压装置型号编制方法 |
| 12 | JB/T 8191—1995 | 水轮机调速器与油压装置　术语 |
| 13 | JB/T 56079—2000 | 大型水轮机调速器与油压装置产品质量分等 |
| 14 | JB/T 56080—2000 | 大中型水电机组自动化元件产品质量分等 |
| 15 | JB/T 56181—2000 | 中小型水轮机调速器与油压装置产品质量分等 |
| 16 | JB/T 56182—1994 | 中小型水轮机产品质量分等 |
| 17 | JB/T 6310—1992 | 中小型轴流式混流式水轮机转轮系列型谱 |
| 18 | JB/T 7640—1994 | 双击式水轮机系列型谱 |
| 19 | JB/T 6752—1993 | 中小型水轮机转轮静平衡试验规程 |

表 3　有关水轮机的电力行业标准

| 序号 | 标准编号 | 标准名称 |
|---|---|---|
| 1 | DL/T 443—1991 | 水轮发电机组设备出厂检验一般规定 |
| 2 | DL/T 444—1991 | 反击式水轮机气蚀损坏评定标准 |
| 3 | DL/T 445—2002 | 大中型水轮机选用导则 |
| 4 | DL/T 446—1991 | 水轮机模型验收试验规程 |
| 5 | DL/T 5036—1994 | 转浆式转轮组装与试验工艺导则 |
| 6 | DL/T 5037—1994 | 轴流式水轮机埋件安装工艺导则 |
| 7 | DL/T 5038—1994 | 灯泡贯流式水轮发电机组安装工艺导则 |
| 8 | DL/T 5070—1997 | 水轮机金属蜗壳安装焊接工艺导则 |
| 9 | DL/T 2071—1997 | 混流式水轮机分辨转轮组装焊接工艺导则 |
| 10 | DL/T 507—2002 | 水轮发电机组起动试验规程 |
| 11 | DL/T 710—1999 | 水轮机运行规程 |
| 12 | DL/T 563—1995 | 水轮机电液调节系统及装置技术规程 |
| 13 | DL/T 496—2001 | 水轮机电液调节系统及装置调整试验导则 |
| 14 | DL/T 619—1997 | 水电厂机组自动化元件及其系统运行维护与检修试验规程 |

表 4　有关水轮机的水利行业标准

| 序号 | 标准编号 | 标准名称 |
|---|---|---|
| 1 | SL 140—1997 | 水泵模型验收试验规程 |
| 2 | SL 141—1997 | 水泵模型浑水验收试验规程 |
| 3 | SL 142—1997 | 水轮机模型浑水验收试验规程 |
| 4 | SL 193—1997 | 小型水电站技术改造规程 |

（四）标准化活动

1. 对外方面　全国水轮机标委会负责国际电工委员会所属水轮机专业技术委员会（即IEC/TC4）的技术对口工作，积极参与IEC/TC4组织的国际标准化活动，包括：处理日常有关水轮机国际标准草案的文件并提出中方意见，按期投票审查表决，以及组织有关委员参加IEC/TC4的年会和有关工作组的会议。近年来全国水轮机标委会在北京还先后承办了多次国际性标准化工作会议，包括三次（共6个工作组）工作组会议和一次 IEC/TC4 全体年会；特别是 2002 年 4 月在北京召开的 IEC/TC4 年会，由于筹备和组织工作的卓有成效，受到 IEC/TC4 秘书处和各国代表团的赞扬，并在北京年会上通过的决议中特别强调提出："当前国际水电建设的中心已转移到中国，希望中国在该组织中发挥更加积极的作用"。最近 IEC/TC4 成立的 WG26 工作组正在起草国际标准《水轮机、蓄能泵和水泵水轮机更新改造及性能改善原则》。考虑到我国水电站改造市场巨大，且近十多年来通过大量的技术改造实践，积累了丰富的经验，全国水轮机标委会为此相应成立了国内工作组，不仅改变过去一般性参加工作组进行讨论、表决，反映中方的意见；而且作为该工作组的发起国之一，将直接参与和承担国际标准部分章节的起草，从源头上把好关，以维护我国水电行业的利益，发挥我国更积极的作用。

2. 对内方面　全国水轮机标委会一方面负责有关水轮机国家标准和行业标准的制修订、审查、宣贯和组织实施等项工作；另一方面尚需与其他兄弟标委会协商合作，编制好跨专业的标准；还应担负标准的咨询服务工作，包括：有关水轮机设计、制造、安装和运行的技术咨询，水电站技术改造方案认证，水轮机质量检测验收和原模型验收试验等技术评估，以及规范水轮机专业的术语，并取得水电行业的认同等等。这些方面的工作都是全国水轮机标委会努力满足水电站、制造企业的需要，直接为保护广大消费者利益所做的服务工作。

（五）结束语

在我国改革开放的不断深入，加入世贸组织（WTO）和经济全球化的新形势下，标准化工作已是完善我国社会主义市场经济体制的必要条件，也是实现我国经济结构战略性调整，实现科技创新和产业升级的重要支柱，标准化工作的重要作用已越来越为大家所认同。全国水轮机标委会成立 13 年来，无论在编制标准的时效和方法，在讨论审查时既充分发扬民主又注意提高效率，在积极参加国际标准化活动和采标方面，还是在标委会本身组织机构的改革方面，都进行了一些尝试，并取得了一定的成绩。今后在国家标准化管理委员会统一领导下，根据"整顿调整、运行规范、机制灵活、工作高效、适应市场"的原则，一定能继续为我国水电事业的持续发展和现代化做出贡献。

（中国水利水电科学研究院机电所　乐　枚[❶]）

## 解析"三峡标准"*

三峡工程是"千年大计，国运所系"的工程，工程质量必须是一流的。一流的质量必须有具体的技术指标来衡量，因此，三峡工程制定了自己的水电建设质量标准体系。根据三峡工程的特点，这些质量标准有许多条款要高于现行的国家和行业标准。三峡工程质量标准不仅严格，而且完善了国内现行的质量标准体系。它汇集了水电及相关行业的研究成果，也及时反映了水电科技发展的最新成就。目前，三峡标准代表了我国水电建设的技术发展水平。

水电工程设计文件中根据工程设计工期和运行条件提出了技术要求，业主与施工单位签订的施工承包合同中也已包含了该项工程的质量标准，这是工程质量标准的依据。三峡工程为什么还要制定质量标准呢？制定三峡工程质量标准，这是由三峡工程的特殊性决定的。

三峡工程建设周期长，不同项目合同签订的时间有早有晚，合同文件中质量标准难免有差异。三峡工程施工项目多，涉及到诸多方面，不同的行业标准，反映了不同的行业对工程质量的技术和管理要求。编制三峡工程质量标准，一是为了汇总设计与合同的技术要求，强调并重申合同有关的规定，二是便于管理人员掌握和使用。有了质量标准手册，便于质量管理人员随时对照检查。第三，三峡工程质量标准紧密结合三峡工程实际，针对性更强。三峡工程质量标准不仅为工程建设和工程质量检验和项目验收提供了依据，而且为中国水电工程建设管理积累了经验。

目前，三峡工程正式颁布的质量检测标准有 93 个，其中土建工程 30 个，金属结构及启闭机制造安装 62 个，还编制了 1 个工程验收规程，一个机组安装标准。三峡工程建设期间需制定 140 个左右的质量检测标准及规程，工程建设中每一个需要质量检测的项目都有具体的质量标准。在编制三峡标准的过程中，一方面参照了国内外现行的标准，同时注重从三峡工程实际情况出发，凡是三峡工程需要的，经过努力能做到的，都作为三峡工程标准来考虑。

三峡工程是特大型水电工程，产生了许多工程建设史上的"世界之最"。这些"世界之最"也是现有的国家标准和行业标准不能涵盖的。"三峡标准"根

---

❶ 作者系原全国水轮机标委会副秘书长。

* 转载自 2003 年 9 月 26 日《中国三峡工程报》，作者周双超　刘玉山。

据三峡工程的需要，增加了新的内容。在三峡标准中，根据不同类型不同部位的闸门制定不同的标准，针对性更强。三峡标准还针对三峡工程的特殊需要，补充了许多新的规定。

三峡工程质量是千年大计，它的质量标准从三峡工程一流质量的需要出发，不仅全面，系统，而且要求高。有许多项目的质量检测标准要高于我国现行的国家标准，相对于我国目前水电建设的发展水平来说，这些要求近乎“苛刻”。因此许多水电专家认为：三峡标准只适应于三峡工程。三峡工程混凝土原材料和施工工艺实行严格的质量控制，使坝体混凝土裂缝的控制达到更高水平。三峡金属结构制造和安装的质量检测标准，在材质要求、公差允许范围、焊接工艺要求、防腐要求等方面，普遍比国内标准更严格。有些项目即使沿用国家标准不变，相对于三峡工程超大尺寸的结构来说，难度也大大增加了。标准提高了，意味着要付出更多的努力。

三峡工程对质量抽检项目之多之全面，也是大大超过一般工程要求。因为目前许多企业在执行国家标准或行业标准过程中，缺乏监督机构，使得有些项目的检查变得可有可无。而三峡工程按标准必须进行质量检测的项目要求严格具体，不允许疏漏。三峡工程改变了我国一些企业长期存在的工艺粗糙的作风。

有专家指出：三峡工程是一个出标准、出规范的地方，三峡标准的严格、细致，以及其针对性和系统性，全面反映了三峡工程一流质量的内涵，代表着我国水电建设的发展水平。制定三峡工程标准，是这样一个特大型、特殊工程的需要。三峡标准是对中国施工队伍的考验，也体现了“千年大计”的分量。也有人认为：三峡工程质量标准应该经得起时间的考验，成为全国水电行业的样板。

“三峡标准”让一流工程质量有“法”可依。三峡工程从原材料开始，直到成为建筑物，所有环节都有质量控制要求，所有需要质量检测的项目都有标准可查。作为三峡工程业主的中国三峡总公司将质量标准编辑成册，发放给参建单位，供质量管理人员掌握。三峡建设者形象地称之为“白皮书”、“蓝皮书”和“黄皮书”。

三峡工程质量标准的颁布，使三峡工程质量管理从人治走向了法治。质量标准由过去领导说了算，或者凭经验说了算，到现在依据质量标准来评判，质量管理逐步走向规范化、制度化。三峡工程质量检查专家组代表国家每年对三峡工程施工质量进行检查时，也以三峡工程质量标准作为依据。

在执行三峡工程质量标准过程中，中国三峡总公司还设立了试验中心、金结检测中心、测量中心和安全监测中心，纠正质量标准执行过程中的偏差。他们起到了技术监督的作用。为鼓励参建单位认真抓质量管理，提倡工程质量一次检验合格，中国三峡总公司提出了“零质量事故”的目标，建立了激励机制，设立专项资金，奖励质量控制先进单位。

中国长江三峡工程开发总公司原总经理陆佑楣在接受记者采访时说：“三峡工程质量标准是根据三峡工程的特点确定的。为使三峡工程质量达到一流目标，我们想了各种办法，为一流工程质量‘立法’，让三峡工程质量管理走上规范化，无疑是其中的关键。”

# 科 技 图 书 出 版

## 最新出版的水电专著简介

1.《潘家铮院士文选》　该书是潘家铮院士十几年来的专论、讲话和文章的精选集，由中国电力出版社 2003 年 8 月出版。全书共有 10 个部分，内容包含：政论、反对迷信和伪科学、科普、能源战略及电力体制改革、水利、三峡工程、水电建设审查、科技与管理、序文和诗文创作精粹等。

本书从一个侧面反映了潘家铮院士多年的科研成果、科技著述，还可以使读者了解我国水电事业的历史与发展，因而具有很强的启示性并具一定的文学价值。全书文字流畅，科学与人文俱在，立意深邃，是一本难得的水电界名人著述。

2.《三峡大坝混凝土施工》　该书由中国长江三峡工程开发总公司原总经理、中国工程院院士陆佑楣主编，中国电力出版社 2003 年 4 月出版。

本书详细介绍了三峡大坝混凝土快速施工技术，系统总结了三峡工程第二阶段混凝土的新技术、新工艺、新方法，内容包括：混凝土快速施工方案的研究与选定；混凝土快速施工技术及工艺；人工砂石骨料高强度生产技术；混凝土高强度生产技术与二次风冷骨料新工艺；混凝土原材料配合比试验研究；混凝土温度控制防裂研究及实践。

本书阐述的三峡大坝混凝土快速施工技术是一项重大科技创新成果，不仅保证了三峡工程快速、顺利进行，而且促进了中国乃至世界水电建设技术的发展，对未来的水电施工有重大意义。

全书共有七篇，45 章，92 万字，内容丰富，论证权威，实用性强，对水电建设的设计、施工及监理人员均有使用和参考价值。

3.《低水头水电站》 本书原著为匈牙利资深专家埃米尔·墨索尼，由陆佑楣等人编译，由中国电力出版社于 2003 年 4 月出版。本书共二卷，内容涉及面较广，有固体力学、流体力学、岩土力学、结构学、建筑学、材料学、机械学、气象学、地理学以及经济学、社会学等各个领域。

4.《氧化镁混凝土筑坝技术》 本书由设计大师、中国工程院院士曹楚生等编著，由中国电力出版社于 2003 年 6 月出版。全书约 32 万字。

氧化镁混凝土筑坝是我国首创的一项新技术。该项技术不仅是一项简化温控的混凝土坝防裂措施，也是一项快速施工的筑坝技术。

本书主要内容包括：氧化镁混凝土筑坝技术特点、基本方法及发展历史；氧化镁混凝土筑坝温度应力补偿理论及设计方法；水泥、混凝土中氧化镁的膨胀机理和变形控制；采用氧化镁混凝土筑坝技术的工程实例等。

本书适用于水电工程设计、施工、科研、教学人员使用，同时也可供工民建、铁路、公路等大体积混凝土工程技术人员参考。

5.《高碾压混凝土重力坝》 本书由中国水电中南勘测设计研究院孙恭尧、王三一、冯树荣编著，中国电力出版社 2004 年初出版。全书共 18 章，近 76 万字。

本书介绍了国家重点科技攻关项目中高碾压混凝土重力坝设计技术的研究成果，介绍了近年来国内外碾压混凝土筑坝的经验。主要内容包括：碾压混凝土组成和性能；碾压混凝土重力坝的布置和构造；高碾压混凝土重力坝的应力和承载能力分析；碾压混凝土重力坝应力计算和温控防裂工程措施；高温雨季碾压混凝土重力坝连续施工技术；碾压混凝土重力坝铺筑层面处理和快速施工技术等。

6.《拱坝设计与研究》 本书是中国工程院院士朱伯芳，中国水利水电科学研究院院长、教授级高工高季章，中国水利水电科学研究院教授级高级工程师陈祖煜和厉易生四人的专著，是国家科学技术学术著作出版基金资助项目，由中国水利水电出版社于 2002 年 12 月出版。全书 128 万字。

本书共分十二章，主要内容包括拱坝的枢纽布置、泄洪消能、体形设计和优化、静态应力分析的结构力学方法和有限单元法、动态应力分析和抗震设计、抗滑稳定、基础处理、坝体分缝、温度控制、细部结构、监测系统、特殊拱坝及应力控制标准等，既有理论深度，又有设计方法、施工措施，适合水电工程设计、施工、运行、科研人员使用，也可供高等院校师生参考。

7.《面向世界的水电厂管理——二滩水电厂管理系统》 本书由二滩水电厂厂长马德民主编，由中国电力出版社于 2003 年 4 月出版。全书 67 万字。

我国著名经济学家吴敬琏教授考察了二滩水电厂之后，这样评价二滩的管理模式："现代企业制度远在天边，近在二滩。我走过许多企业，现代企业制度执行最好的还是二滩"。本书以二滩水力发电厂管理模式的探索与实践为依据，总结其摸索、改进的过程，以及以法治厂、规范管理的现代化管理理念和模式，整理成书，面向世界，供同行业借鉴。

本书主要内容有：我国水电建设与水电厂管理；水电厂管理系统解析、水电厂管理系统基础文件选编。这些文件对其他水力发电厂有示范和参考作用。

本书是发电企业及电力行业各级管理人员很好的参考和学习资料，是企业管理研究人员很好的案例说明，也是标准化管理的成功范例。

8.《现代水电厂计算机监控技术与试验》 该书由中国电力出版社出版。该书是一本全面反映我国水电厂自动化领域迅速发展和最新成果的专著。全书 50 多万字（连附录 60 多万字）分基础篇、应用篇、扩展篇、试验篇，共 21 章，还有 7 个附录。

该书内容丰富，涵盖了水电厂监控系统使用的各种新技术，概括了我国水电厂监控技术发展的全过程，对分布系统（包括按对象分布、按功能分布等）、分层控制、开放系统、面向对象、跨平台系统等都进行了理论探讨。书中总结了丰富的工程实践经验，除常规水电站外，对于我国实际经验还不很丰富的梯级水电厂监控和抽水蓄能水电厂监控技术也进行了探讨。还花了大量篇幅对软硬件试验进行了讨论，如软件可靠性与软件测试，监控系统的试验、验收及远方诊断，以及监控系统软件开发环境等。在关于监控系统环境的讨论中，还专门讨论了监控系统的防雷，监控系统抗地震要求等以前很少在本专业领域有所涉及的问题，此外还讨论了有关的调速系统及相关的试验。

该书由中国工程院张勇传院士作序，施冲主审，方辉钦等编著，适宜水电厂自动化、泵站自动化、水利工程自动化、工业过程控制等专业技术人员、教师、研究生和学生阅读参考，也可作为相关专业的培训教材。

（年鉴编辑部 常兆堂）

# 2003年度正式出版的部分水电图书清单

| 序号 | 书　　名 | 作　　者 | 出版社 | 出版日期（年．月） |
|---|---|---|---|---|
| 1 | 投资项目可行性研究报告编写范例 | 中国国际工程咨询公司投资项目可行性研究与评价中心 | 中国电力出版社 | 2003.1 |
| 2 | 水工混凝土施工规范宣贯辅导材料 | 中国长江三峡开发总公司<br>中国葛洲坝水利水电工程集团公司编著 | 中国电力出版社 | 2003.2 |
| 3 | 风力发电 | 王承　张源主编 | 中国电力出版社 | 2003.3 |
| 4 | 水电厂无人值班的若干规定（试行） | 国家电力公司 | 中国电力出版社 | 2003.3 |
| 5 | 水电厂大坝安全监测自动化系统实用化验收细则（试行） | 国家电力公司 | 中国电力出版社 | 2003.3 |
| 6 | 三峡大坝混凝土施工 | 陆佑楣主编 | 中国电力出版社 | 2003.4 |
| 7 | 水电设备安装工程概算定额 | 中华人民共和国经济贸易委员会发布 | 中国电力出版社 | 2003.6 |
| 8 | 氧化镁混凝土筑坝技术 | 曹泽生　徐锦华编著 | 中国电力出版社 | 2003.6 |
| 9 | 混凝土坝施工实时动态仿真 | 翁永红　谢红忠　夏仲平编著 | 中国电力出版社 | 2003.6 |
| 10 | 中国水力发电年鉴（第七卷） | 中国水力发电工程学会 | 中国电力出版社 | 2003.6 |
| 11 | 三轴试验原理与应用技术 | 朱思哲等编著 | 中国电力出版社 | 2003.6 |
| 12 | 高水头水电站 | 陆佑楣等译 | 中国电力出版社 | 2003.4 |
| 13 | 低水头水电站 | 陆佑楣等译 | 中国电力出版社 | 2003.4 |
| 14 | 潘家铮院士文选 | 潘家铮著 | 中国电力出版社 | 2003.8 |
| 15 | 黄河龙羊峡水电站勘测设计重点技术问题总结（第二卷） | 国家电力公司西北勘测设计研究院 | 中国电力出版社 | 2003.12 |
| 16 | 水电厂生产人员岗位技能培训教材<br>水轮发电机组值班（上、下册） | 刘家峡水力发电厂<br>任煜峰主编 | 中国电力出版社 | 2003.4 |
| 17 | 水电厂生产人员岗位技能培训教材<br>水电自动装置检修 | 新安江水力发电厂<br>张品勋主编 | 中国电力出版社 | 2003.4 |
| 18 | 水电厂生产人员岗位技能培训教材<br>水轮发电机机械检修 | 丹江口水力发电厂陈秀芝编 | 中国电力出版社 | 2003.6 |
| 19 | 水电厂生产人员岗位技能培训教材<br>水工机械检修 | 葛洲坝水电厂<br>胡毅力　许功华　马炳奇编 | 中国电力出版社 | 2003.7 |
| 20 | 水电厂生产人员岗位技能培训教材<br>水轮机调速器机械检修 | 葛洲坝水电厂　汤正义　主编 | 中国电力出版社 | 2003.7 |
| 21 | 水电厂生产人员岗位技能培训教材<br>水轮机检修 | 五强溪水电厂<br>袁蕊　田子勤主编 | 中国电力出版社 | 2004.1 |

续表

| 序号 | 书　　名 | 作　　者 | 出版社 | 出版日期（年．月） |
|---|---|---|---|---|
| 22 | 水电厂生产人员岗位技能培训教材<br>水库调度 | 拓溪水电厂　李益民　段佳美编 | 中国电力出版社 | 2004.1 |
| 23 | 水电厂生产人员岗位技能培训教材<br>水工建筑物维护 | 龙羊峡水电厂组编<br>余立平　主编 | 中国电力出版社 | 2004.5 |
| 24 | 面向世界的水电厂管理——<br>二滩水电厂管理系统 | 马德民　主编 | 中国电力出版社 | 2003.4 |
| 25 | 土石坝安全监测分析评价<br>预报系统 | 郦能惠　著 | 中国水利水电出版社 | 2003.1 |
| 26 | 水利水电工程经营管理 | 江勇　主编 | 中国水利水电出版社 | 2003.1 |
| 27 | 水利水电工程定额与造价 | 陈全会　等　主编 | 中国水利水电出版社 | 2003.1 |
| 28 | 水电站动力设备 | 郑源　张强　主编 | 中国水利水电出版社 | 2003.2 |
| 29 | 隔河岩水电站建设史 | 隔河岩水电站建设史<br>编纂委员会 | 中国水利水电出版社 | 2003.8 |
| 30 | 三峡工程设计论文集（上、下） | 长江水利委员会长江<br>勘测规划设计研究院 | 中国水利水电出版社 | 2003.8 |
| 31 | 水电工程造价指南<br>基础卷、专业卷 | 水电水利规划设计<br>总院等编 | 中国水利水电出版社 | 2003.8 |
| 32 | 水利水电工程<br>施工组织与工程造价 | 黄森开主编 | 中国水利水电出版社 | 2003.10 |
| 33 | 工种施工实习实训<br>——水利水电工程技术专业 | 徐兴怀主编 | 中国水利水电出版社 | 2003.12 |
| 34 | 三峡工程施工技术 | 中国葛洲坝集团公司编 | 中国水利水电出版社 | 2003.12 |
| 35 | 现代水电厂计算机<br>监控技术与实验 | 方辉钦　主编<br>施冲　主审 | 中国电力出版社 | 2004.3 |

（中国电力出版社　姜　萍）

15

# 水电建设管理

# 水电建设政策的制定与实施情况

## 水电建设的评标管理与对策

贵州乌江水电开发有限责任公司（以下简称乌江公司）的招标工作量大，为使评标工作有序、健康地进行，选出最优秀的投标者为中标人，乌江公司遵照《中华人民共和国招投标法》中的有关规定，采取了有效的评标管理措施和对策，取得了满意的效果。

（一）评标管理措施

（1）实行分级管理。根据标的性质和标的数额的大小分为若干类或等级，分别由相应的部门或相应层次的管理机构根据《中华人民共和国招投标法》组成评标委员会，并具体负责某一个标的评标工作。

（2）根据标的类型和标的数额的不同制定每一个标具体的评分办法。评分一般采用百分制，分值内容主要分商务、技术和信誉三大部分。

（3）制定严格的评标程序。乌江公司的评标程序一般分为两个阶段。第一阶段为初审阶段，主要是阅读投标书，对投标文件中含义不明确的地方要求投标方予以澄清；编制各投标方的技术和商务情况对比表；对投标文件中响应招标文件的程度进行鉴定；对投标文件的技术合理性、报价真实性、合理性进行分析评价，在此基础上筛选出进入终评阶段的投标人。第二阶段为终评阶段，评商务分的主要内容是编制合理评标价和合理评标单价；评技术分主要是针对本标的技术特点、技术难点采取的相应的措施，对技术方案着重分析其整体的思路，按评标办法给出具体的分数；最后各专家独立打出对各投标人的信誉分，汇总打分结果，编制评标报告；评标委员会通过评标报告，对预中标的承包商进行排序。

（4）制定评标结果的审批制度。乌江公司根据标的大小，授权不同的机构确认中标结果，评标委员会评出的结果要由相应层次的机构批准后方能生效。评标委员会的人员与审批机构的主要人员一般不重复。

（5）实行预谈判制度。按审批的结果，有关部门与排在预中标名单上第一名的投标商要举行预谈判，在谈判中就技术和商务的原则问题取得共识后，即可发中标通知书。

（6）制定严格的评标纪律。比如在评标期间各评委的无线通讯工具一律上交；严禁泄露评标的有关情况；评标期间的资料和所作的记录在评标结束后必须上交，不得带出评标地点等。

（二）评标对策

1. 制定有针对性的评标办法　可以在各方面最大限度满足招标方要求（包括报价）的投标方中标是制定评标办法的原则。通过大量的评标实践认识到，水电建设涉及面广，会出现各类性质不同的标。评标成功的关键是对各种不同性质的标制定有针对性的评标办法。制定某一具体评标办法的实质，是对报价、商务和信誉分的分值进行划定和细化的过程。一般来说除了信誉分的分值固定为10分外，商务分和技术分的分值比例会根据标的性质不同而有所不同。

对土建、采购等类标，中标方最后交给业主的是具体的一项构筑物、一批设备或材料，此类标执行的最终结果是向招标方提供的一项或数项硬件设施或设备，可称为硬标。硬标有两个显著的特点，一是这些硬件的技术规格、性能、质量要求都已量化，且可通过一定技术手段检测出；二是其标的数额一般较大。因此在评硬标时，价格因素起决定作用，商务分的分值可定为50～60分。分值的高低调整原则是，该标的技术含量越低，商务分值越高。

对监理、监测等标，中标人提供的是一种技术服务，相对硬标而言是一种无形的东西，可称为软标。软标的特点恰好与硬标相反，第一，其服务质量很难量化，从可以应付工作到优质服务之间有很大的空间，参加服务的个体之间差别较大；第二，其标的占整个工程造价的比例很小。对软标，技术因素起决定作用，技术分的分值可占到50分或60分。分值的调整原则是：分析其软因素的多少，软因素越多分值越高。所谓软因素是指很难甚至不能量化的因素，如主观能动性、经验、工作热情等。

还有一类标介于两者之间，如安装标、自带技术方案的临建工程标等，不妨称其为半硬半软标。技术分值和商务分值的大体相当。

2. 技术考察

对技术部分的考察主要从以下几个方面进行：

（1）对招标任务的特点和难点理解。

（2）措施和方法。

（3）拟投入的人力和设备。

（4）对质量工期的承诺和保证。

在技术考察时，要根据不同类型的标，有不同的侧重点。如对硬标，主要分值应放在第（2）部分措施和方法，对软标则应放在第（3）部分中拟投入的人员，特别是最主要的管理人员。一般对每一部分考察的内容还需进行细化，但应从大思路、大方案着眼，不宜过细、抱泥细节，对承诺性的东西也不宜看得过重。

3. 商务考察　对商务部分的考察，报价无疑是一个最重要的因素，但在很多情况下，还应考察其主要单价和总报价的合理性。主要单价是指其涉及到的工程量占总工程量80%以上的这部分单价，对其合理性的评价对于最终是以单价承包方式签署合同的招标工程特别有意义。如何用分值量化评价报价的合理性，这是商务考察过程中的核心部分。

商务考察的关键问题是如何制定合理评标价。合理评标价通常是由两个部分组成，一是投标方的合理评标参考价，另一部分是招标方的合理评标参考价。

投标方的合理参考价是按下列步骤测算出来的：首先纠正各投标方报价中的漏报、错报的部分，然后在此基础上计算出各投标方的真实报价。为了最大限度地参照各方真实报价的合理部分，可用加权平均法测算投标方的合理参考评标价。

招标方的合理参考评标价可采取两种作法：一种是，将事前请中介机构所作的专项概算下浮一个适当的比例后，扣出业主供应主要材料的价差，以及招标书中规定的风、水、电等基础单价所产生的价差及其他必要的费用，得到主体工程的直接成本，再加上临时工程的直接成本得到整个工程的直接成本，最后再加上按一定比例提取的间接成本、合理利润以及税金后，最后得到招标方的合理评标价；另一种方法是，从主体工程中取出涉及其工程量80%以上的数个单项（一般在10个左右），分析每一个单项的单价，并参照最近签约的工程得出每一个单项的合理评标单价，然后用这些合理评标单价测算出涉及的80%以上工程量的合理直接成本价，并按其比例反算出主体工程的合理直接成本价，再从主体工程合理直接成本价推算其整体工程的业主合理评标价（步骤则与第一种方法同）。此两种方式测算结果的误差一般在±1%以内，最大的误差不会超过±3%。

最终的合理评标价由招、投标方的参考合理评标价按开标前定下的比例形成。对机电设备、材料等采购标，由于其合理成本难于分析，一般仅在对其报价的错报、漏报的部分进行纠正后得到的评标报价进行排序，然后结合其技术分、除价格因素外的商务分及信誉分的最终结果，按事前规定准则，排列拟中标人的先后顺序。

4. 对投标单位信誉的评价　对于各投标单位信誉的评价，主要是从投标方的资质、特长、近期类似工程的业绩和最近3年财务状况来考察。对应邀招标的单位、资格预审合理的投标单位，一般不宜低于信誉分值的60%。这表示每位评委根据上述列举的几个方面进行考察后，独自用不低于信誉分60%的分值来表示对投标单位的评价。

（贵州乌江水电开发有限责任公司　何开明）

## 计价方式对工程招投标的影响

（一）定额计价

1. 定额概念

定额是在正常的生产条件和合理的施工机械使用条件下，完成单位合格产品所必须的人工、材料、机械设备及资金消耗的标准数量。而正常的生产条件是指施工（生产）任务饱满，原材料供应及时，劳动组织合理，企业管理制度健全。

2. 定额计价对招投标的影响

定额计价方式是我国以往流行的工程招投标报价方式，它是20世纪50年代从原苏联计划经济管理模式套用而来的，其中的人工、材料、机械定额消耗量以及人工单价、材料预算价格、各种周转性材料摊销、费用及利润的标准等均由建设行政主管部门根据以往的历史经验数据制定，在目前我国的招投标计价中还占有不可或缺的地位。

定额计价方式的计价依据是定额，它将竞争报价中最活跃的价格因素固定化了。它不分施工队伍技术水平高低、工程技术难易、施工条件不同而均采用同一计价依据，故其价格和计算出的工程造价并不具有可比性和竞争性；同时，采用定额计价方式编制的标底和投标报价，由于计价依据是统一的（统一的计价依据——定额，都是过去的经验数据的汇集），根本不可能代表现行的先进生产力。工程量是根据一样的图纸计算的，只有因编制人员对图纸理解的深度不同和业务水平的差别，方能使工程量计算不统一或错算、漏算，从而使标底或投标报价出现错漏，导致报价不一致，否则报价肯定不会有较大的出入。由于在编制标底或投标报价时，较少考虑到不同的先进施工方法、机械设备的采用、进度计划的安排等施工组织措施方面的影响，从而导致各投标人为了不致离标底太远而成废标，宁可加大或不要利润，大盈甚至大亏的现象时有出现，从而使计算出的工程造价并不能完全反映实际工程造价，因而各投标人自身的管理和技术优势难以做到货币化。造成的结果是事与愿违，推动不了投标人对新技术的应用和自身管理水平的提高。

定额计价方式决定了招标人必须事前编制标底，在标底上下一定范围内的投标报价是投标人进入中标候选人入围的前提条件，若投标人入围，再进行技术标的评审；后来又进一步改革成A+B方式，即招标人制定的标底为A，各入围投标人报价的平均数为B，再将二者进行平均作为标底，按接近标底的离散程序排列，依次再进一步评定技术标的优劣。可以肯定的是，过低的报价是不可能被授予中标的。

例如，某电站引水隧洞招标，共有七家投标商，其投标报价见表1。投标办法采用公开招标法。先去掉一个最高投标价和一个最低投标价，将剩余投标者的算术平均数作为标底，上下浮动5%，在此范围内的投标者为中标者。

表1 七家投标商投标报价一览表 万元

| 项目 | 投标者 | | | | | | |
|---|---|---|---|---|---|---|---|
| | A | B | C | D | E | F | G |
| 报价 $P$ | 1789.1 | 1698.2 | 785.4 | 1259.6 | 1126.3 | 1035.7 | 962.6 |

根据此办法，结合表1中七家投标者，去掉一个最高投标价 $P_A$ 和一个最低投标价 $P_C$，计算剩余（$n-2$）个投标者的评标价的算术平均值$\overline{P}$：

$$\overline{P}=\Sigma P_i\ (n-2)\ =1216.48\text{（万元）}$$

由上述可见，只有 $P_D$ 在上下浮动5%的范围之内，故D投标人中标。中标后招标人通知其进场，但结果是D单位迟迟不到位。据调查才知此单位软、硬件两方面都满足不了此电站的要求。

由此例可见，D单位的报价将投标人编制预算文件的能力充分展示，但隐藏了其投标人自身的管理水平、技术优势和企业装备，以及对工程规模大小、技术难易和施工条件等都未考虑周全的事实。故采用定额计价的不足之处暴露无遗。

又如某防洪堤整治工程，通过资格预审后应邀参加投标的工程单位为11家。招标人事前设有标底，在经过一系列的招标标程序后，出现了开标现场会上宣读的各单位报价均在限定范围内，且均接近标底的情况。经仔细审阅投标文件后发现，并不是各投标单位都能准确地计价，而是均有修正报价，而原预算价与实际修正报价相差甚远，极不协调，这就说明定额计价大有问题。

采用定额计价方式的初步设想是，在统一的定额条件下，各投标单位能有一个合理的利润，有利其技术的进步和自身的发展，因而此种计价方式下的工程招投标程序中对标底的看重是招标单位和投标单位都必不可少的，同时也是评标程序中最重要的一个程序。不难发现和推测，此种计价方式不具有可比性、竞争性，属于计划经济的产物，具有指令性、行政性和滞后性。

目前，定额计价在我国的现行体制下，尽管我国有关部门制定了招投标法及与其配套的法规，但在实施过程中，有的招投标单位并没有严格按照招投标的法律法规执行。其具体表现在：

（1）标底制定不尽合理。现行标底是在国家相关定额、工程项目计价类别、取费标准等计划文件基础上计算出来的工程预期价格，是招标单位对建设项目所需的费用所作的测算和预计，带有较强的计划经济色彩，与市场经济下应由企业自主定价的实际情况有较大差距，不能反映不同地区、不同类型施工企业的竞争能力和实际水平，也不能有效地保障业主的利益。

（2）标底的保密制度不健全。由于编标涉及人员较多，事前泄露标底和串标等腐败现象难以杜绝，必须大力加以改进。

（3）标底在评标中没有起到应有的作用。标底作为衡量投标人报价的基准，其编制受很多因素的限制，不能代表个别企业的管理水平，它的存在只会导致投标人尽力去打探和迎合标底，造成招投标过程反映的不是投标人的实力竞争，而是投标人编制预算文件能力的竞争，不符合市场经济发展的要求，从而严重干扰了工程招投标的正常运作程序。

（二）工程量清单计价

1. 工程量清单概念

工程量清单是依据招投标文件规定、施工设计图纸、施工现场条件和国家制定的统一工程量计算规则、分部分项工程的项目划分计量单位及其有关法定技术标准计算出的、构成工程实体各分部分项工程的、可提供编制标底和投标报价的实物工程的汇总清单。工程量清单是编制招标工程标底和投标报价的依据，也是支付工程进度款和办理工程结算、调整工程量以及工程索赔的依据。

2. 工程量清单计价对招投标的影响

工程量清单计价方式是由招标人聘用的估价师根据统一计算规则提出工程量清单及其质量要求，投标人根据招标人提供的工程量清单作出报价（包括单价和总价），工程量清单上所列的单价包含直接费、间接费、资金利息、利润和其他杂费等内容在内的综合单价，工程量乘以单价汇总后即为工程总价。投标人根据自身的工料消耗标准和管理水平、技术特长和优势，以及竞争对手实力情况、生产要素市场的行情等因素作出综合性报价，工程规模大小、技术难易和施工条件等的不同，使其价格亦不相同。同时，工程量是依据招标人提供的工程量清单（实际发生变化时可调整）计算出的工程造价比较全面体现工程的实际造价；由于工程量清单上的单价包括了通常所说的直接费、间接费（现场综合管理费）和企业自身的利润等因素，从而体现了施工企业的管理水平和技术水平，因而具有可比性和竞争性。

从降低工程造价的角度看，由于工程量清单上的价格的竞争性，即工程量清单上的价格反映了不同投标人之间的管理水平和技术水平，因此，实行工程量清单计价，一方面能促使投标人在竞争中不断提高其管理水平和技术水平，降低其管理费用，从而降低工程造价；另一方面，有利于促进新材料、新工艺和新技术的推广应用，从而降低原材料的消耗水平，节约工程投资，使有限的资源得到节约和充分的利用。投标人只要考虑其自身的技术实力和管理水平在满足招标文件要求的前提下为完成该工程应报的企业单价，而无须过多考虑其他竞争者的报价以及定额的具体要求。这样的报价肯定会由于企业自身实力的悬殊而导致各报价水平的悬殊，但绝不会由于计算的悬殊而造成报价的悬殊。这样做，一方面可能会引发企业的长足发展和技术进步，促进社会生产力的发展；而另一方面会由于竞争的加剧和优胜劣汰的残酷现实，将一些不适应市场要求的投标人淘汰出局，加速社会生产关系的自动改善。

例如，在某城市污水处理工程招标中，招标方宣称：招标按工程量清单计价法，实行无标底评标。由于我国实行此方法时间较短，经验不足，存在着一定的问题。现场开标后，各单位报价并非招标方预想的那样偏高或偏低，几家投标单位的具体报价见表 2。

表 2 九家投标商投标报价一览表

| 项目 | 投标单位 | | | | | | | | |
|---|---|---|---|---|---|---|---|---|---|
| | 一 | 二 | 三 | 四 | 五 | 六 | 七 | 八 | 九 |
| 报价（万元） | 1015.0 | 1175.0 | 1200.0 | 1203.4 | 1350.0 | 1354.5 | 1470.0 | 1900.0 | 2130.3 |

在评标过程中，各评标专家明显感到的是评标程序简化了。评标过程已不像以往的综合评标那样，打完标底偏差分后再打技术分，然后要信誉资质分，最后综合平衡权重后排序；而是首先按以上报价排序，选择前三名，从报价最低者开始，依次分别分析各投标报价有无重大实质性偏差，再评审其技术方案是否满足工程要求。在此标评审过程中，发现在报价最低、排名第一的报价中，存在恶意漏报情况。经过请投标人再次澄清后，评委正式确认：第一名未实质性响应招标文件要求，予以淘汰。顺次评审后，按招投标法推荐报价排序的二、三、四名作为中标候选人，供招标单位选择。在实际过程中，没有出现太多的异议，评标仅用了半天时间，即将原来要评价九个标的工作量减到了四个（其中因第一名遭淘汰）。评标结束后，招标单位抛出了自己的标底价 2400 万元。由此可见，工程量清单计价对工程招投标程序的影响将是实质性的，具体叙述如下：

（1）程序将更加简化。由于省略了标底编制，招标人就少了编制标底的工作，投标人没必要过多考虑国家定额，也不用过多考虑其他竞争者的报价，而只要考虑自身水平进行报价，从而在评标过程中也避免了标底的影响。

（2）程序将更加科学。由于忽视了国家定额的影响，投标人将更加科学地利用统计技术对自身的生产定额进行分析，收集自身的企业定额，真实反映自身的生产力水平，从而也会更加重视技术创新和科技进步，进而降低生产成本，提高自身竞争力，最终促进社会生产力的发展。

（3）程序更加合理。采用工程量清单计价的方式进行招投标，更能体现公正、公开、公平的竞争原则和优胜劣汰、适者生存的自然法则。由于采用工程量清单计价的方式进行投标报价，就不存在所谓的标底。既然不存在标底，也就不存在泄露标底的问题。因此，采用工程量清单计价的方式进行招标，可以有效地减少招投标过程中的腐败行为。

由于定额计价给工程招投标运行程序带来干扰，严重地阻碍了社会的正常发展。为适应社会主义市场经济发展，规范工程施工招投标计价行为，维护招投标活动当事人的合法权益，建立良好的施工招投标市场秩序，所以，建立以工程量清单为平台的工程计价模式，是有效实现与国际接轨的一个重要方式，这就要求我们需要在理论与实践、国情与国际惯例的结合上，从多方面去努力探索。遵循公平、合法和诚实信用的原则，由市场竞争形成工程造价，从而消除了暗箱操作，有效地遏制了招投标过程中腐败行为的发生。招标人和评标委员会对评标、中标的人为影响因素亦相对减小。真正体现了作为市场竞争主体的施工企业成为市场的定价者，从而合理地控制了工程造价，促进了工程施工市场的良性循环。

（中国水电成都勘测设计研究院　操惠春）

## 水电工程施工项目成本控制方式

### （一）加强水电工程施工项目成本管理的重要性

“企业为了实现利润的最大化，必须使产品成本合理化、最小化、最佳化。”因此，加强成本管理和成本控制是企业提高盈利水平的重要途径，也是企业管理的永恒主题之一。加强水利水电施工企业管理也就必须在成本管理、资金管理、质量管理等薄弱环节上狠下功夫，加大整改力度，加快改革的步伐，促进改革成功，从而提高企业的管理水平和经济效益。水电工程施工项目作为水利水电施工企业管理的基点、效益的主体、信誉的窗口，只有加强对其的管理，加强企业管理的各项基础工作，才能加快水利水电施工企业由生产经营型管理向技术密集型管理、国际化管理转变的进程。而强化项目管理，形成以成本管理为中心的运营机构，提高企业的经济效益和社会效益，加强成本管理是关键。因此，进行这方面的探索和尝试就显得重要而迫切。

（二）水电工程施工项目成本管理的现状及分析

水利水电施工企业由于进入市场比较晚，指令性、计划性运作时间长，在市场经济环境下，同国内外其他行业相比，项目管理的发展比较缓慢，甚至在有些方面比较滞后。随着社会主义市场经济体制的不断完善，以及招投标法、项目法施工等一系列政策、规范的出台并实施，水电工程施工项目管理已开始由单一、无序化管理向多元、规范化管理迈进。随着实践经验的丰富，项目管理的内涵进一步得到完善和充实，逐渐形成了以“成本管理为中心”的运营机制。其中项目法施工倡导生产要素的整体优化组合，强调成本管理，强调建立一套适应市场经济的经营机制和管理模式。随着新经济时代的到来，项目成本控制的方式亦将随着市场经济的进一步发展而有所改变。因此，应转变观念，尽快适应，积极创新，采取切合实际的、新的管理方式，加强成本管理，促进企业经济效益和社会效益的提高。

（三）水电工程施工项目成本控制方式

1. 广泛推广项目成本核算，降低消耗，节支增效　从人、财、物的配置入手，根据工程施工实际考察结果反馈，结合行业统一定额，制定出合理的、可操作性强的内部成本核算定额，逐级进行部分成本核算和全成本核算管理；同时，实行多种分配方法，对主要工程的材料费、人工费、机械费和管理费进行核算与分析，人工费管理实行基本工资、产值工资和效益工资相结合；材料费管理实行以内部核算定额消耗为基准，严格控制采购库存量；机械费管理实行以设备运行费为基准，充分发挥设备效率；同时，在各作业队建立利益激励机制，设立目标激励奖和安全质量专项奖；把主辅材料消耗水平和费用支出与完成工程量挂钩，严格考核奖罚，从而增强作业队的成本核算意识，做到减少超挖、节省材料、提高工效和设备利用，尽可能多地完成工作量；实施核算中逐步建立成本分析的核算反馈制度，由财务部门对工程的各分部分项工程进行成本核算，分析各分部分项工程进行成本核算的经济效益与利润状况，反馈信息以指导施工生产，完善成本核算操作程序。在实施成本核算过程中，应根据施工实际安排，如施工工期、进度安排等，适当调整定额，实施成本核算、定额分配。这样运作的益处有三，一是明显降低材料消耗，使直接生产成本减少，过程控制严格；二是实施阻力小，能够循序渐进，边摸索经验边进行，为全成本核算和采用其他成本控制方式打下基础；三是较好地控制了成本，使人力、机械配合等各项潜能得到最大发挥，同时增加了分配的透明度，从而大大地提高了职工的积极性、自觉性和主动性，有利于企业理念的培养。例如，在甘肃昌马水利枢纽工程建设中，施工单位实施项目成本核算一年时间，仅钢筋、焊条、铅丝、电料等材料消耗就节约资金 100 万元；与核算前相比，职工工作效率和生产积极性都得到较大提高，机械设备利用率也由 75%～85%提高到 85%～90%，质量控制、安全生产、文明施工等诸多方面都得到了促进和加强。

2. 采取工程项目内部承包经营责任制，加强成本控制　水电工程施工项目由于规模、类别、施工工期及进度控制等的差异，造成有的施工项目无法均衡生产，实施成本核算存在问题。如有的项目规模比较大，施工项目工序复杂，定额的准确确定有困难，实施成本核算存在问题；有的项目每年只有 6 个月有效施工期，另外 6 个月由于其他原因而无法施工，实施成本核算也存在实际困难。在这些情况下，可以采取施工项目内部承包制，以加强成本控制。说是内部承包制，其实是有别于工程承包而言。实施承包制，就是划小核算单位，以承包合同的形式，确定施工单位和承包体的责权利关系，促使承包体（单位内部职工或分包方组成）自主经营、自负盈亏、自我发展、自我约束。它的基本原则是：“包死基数，确保上缴，超收多留，欠收自补”，工资与效益完全挂钩。采取内部承包制可以分为单价承包和单项承包。单价承包操作较为简单，而单项承包则较为繁琐。这里只谈单项承包。采取这种方式可以使成本在一定范围内得到有效控制，并为目前水电工程施工项目管理积累管理经验，而且可操作性强，易于管理。

采取承包制，在具体操作上必须切实抓好组织发包机构、合同内容确定、承包基数测定、承包经营者选聘四个环节：①组织发包机构应以施工单位中经营、计划、预算、财会、审计和人事等人员组成；②合同内容的确定要责权利明晰，尤其安全、质量条款要严格，分配条款要切实可行；③承包基数的测定比较复杂，应根据承包项目，以定额、中标单价为基础进行测算，这是通过承包制进行成本控制的关键；④承包经营者的选聘可以采取直接选聘和竞标两种方式，在具体实施中考虑技术比重占的较多。在昌马工程建设中，溢洪道开挖施工期在冬季，任务艰巨，工期紧迫，施工单位采取内部承包制，定员、定时、定量、定方案、定奖罚，通过承包，工程提前了15d，超额108.6%完成施工任务，人均产值10万元/人。

由此证明，采取承包制的益处在于：使成本在一定范围内得到有效控制，可以促进急、难、险、阻施工任务顺利完成和单项工程项目的施工进度，易于操作和管理，有利于施工单位经营管理者集中精力投入到其他项目的管理工作中。但是，它也有弊端，主要问题是管理较为粗放。由于是内部承包，如发生重大失误导致成本严重超支时则不易处理。因此，要抓好重要施工部位、关键线路的技术交底和质量控制。

3. 严格过程控制，加强成本管理　“过程是输入转化为输出的一组彼此相关的资源（人员、资金、设施、设备、技术和方法）和活动。过程管理，主要是侧重于对动态形势的活动的认识、控制和优化”。充分地利用资源，最有效地发挥各方面的积极性，及时准确地克服不利因素，求得相对高质的管理效果是过程管理追求的目标。严格过程控制，可以有力地避免或克服传统管理中“反复抓、抓反复”的管理弊端，使整体管理水平不断地提高。当施工单位中标承建一个工程项目，就必须从人、财、物的有效组合和使用过程中狠下功夫。诸如对施工组织机构的设立和人员、机械设备的配备，要在满足施工需要的前提下，机构要精简直接，人员要精干高效，设备要充分有效利用。对材料消耗、配件的更换及施工工序控制，都要按规范化、制度化、科学化进行，这样，既可以避免或减少不可预见因素对施工的干扰，也使自身生产经营状况在影响工程成本构成因素中的比例降低或控制在合理范围，从而有效控制成本，提高效率。过程控制要全员参与、全过程控制，这与施工人员的素质、施工组织水平有很大关系。例如，一个水电工程的地下厂房施工由洞挖与衬砌施工专业人员承担，施工组织科学合理，安全、质量与进度控制严格，其施工成本自然会得到有效控制。

4. 改革项目分配制度，建立有效的激励约束机制，加强成本管理　企业以人为本，人是生产力要素中最活跃的因素。因此，在强化项目成本管理中，为充分发挥经营管理者的积极性，就要改革现行分配制度，建立起有效的激励约束机制。有条件的施工项目可以实行项目经理年薪制，进行岗薪制方面的改革与试验。实行年薪制，必须把经营管理者的收入与其经营业绩挂钩，根据经营管理者的实际业绩和企业经济效益状况来制定年薪水平，让其既要承担管理责任和经营风险，又要获得与良好经营业绩相适应的报酬，上不封顶，下不保底。注意三个要点，一是制订的分配制度要合理、切实可行；二是经营业绩评价要系统、科学、有效；三是监督、考核要有制度，严格规范进行。进行岗薪制方面的改革与试验，主要是采取细化岗位划分、以岗定薪与竞聘上岗相结合的方式。通过分配制度的改革，建立有效的激励约束机制，调动经营管理人员的积极性，是实施各种成本管理方法的基础。

5. 大力推广新产品、新工艺、新技术的广泛应用，减少投入，降低成本　在水利水电工程施工中，新产品、新工艺、新技术的推广应用是减少施工投入、降低生产成本的有效途径之一。因此，要加强项目施工技术、试验、质检、机械制配等专业施工人员的力量，实施技术攻关，大胆尝试，积极推进技术创新，并把新产品、新工艺、新技术的推广应用和小创造、小发明纳入本单位的奖励序列，鼓励技术改造和新工艺、新产品的应用。同时，要学习同行业施工新技术、新产品、新工艺实践应用经验，通过技术创新和新工艺、新产品的应用，降低成本，提高效率。在昌马工程大坝填筑施工中，施工单位采取微波炉烘烤快速测定含水量法，使质检取样速度提高一倍，为大坝填筑达到拦洪渡汛高程抢得宝贵时间；在混凝土浇筑施工中，通过技术革新，设计并制作了压花机，使沥青木板浸泡渗透时间缩短了一半，为混凝土浇筑的顺利进行打下了基础。这两项新方法、新技术的实施，既缩短了工期，又提高了工效，对生产成本起到了较好的控制作用。

6. 工程索赔是成本控制的一个重要方面　目前，建筑工程投标市场的竞争日趋激烈，投标报价决策面对的是复杂的待建项目，难以预测的不可控因素很多，低价中标不可避免。而要搞好低价中标项目的成本控制，除采取现代化管理方法外，工程索赔也是一个重要方面。进行索赔时，要针对合同里明确规定的索赔条款，成立由熟悉合同、懂经营管理的计划经营人员组成的索赔机构进行处理，在施工过程中注重原始记录和监理签认手续，详细收集整理与索赔项目有关的各种资料，准备充分的索赔证据资料和计算索赔账目，编制完成并按规定时限报送正式索赔文件；理出索赔的重点，加大重点索赔的力度，转变思路，讲究策略，做好沟通和谈判工作，结合国内实情，在施工中以干好在建工程，创出良好信誉为前提进行索赔。这样做会使索赔取得事半功倍的实质效果，从而使成本也能得到有效地控制。

**（四）转变观念，全面、正确地认识水电工程施工项目成本控制方式的转变**

随着以知识经济、信息经济为标志的新经济时代的到来，成本控制的方式有所转变，但成本的重要意义不会因此而改变。因此，要转变观念，重新全面、正确、客观地认识成本控制方式的转变。工程项目成本管理的根本目的是降低成本、提高效益和促进企业管理水平的提高，促使企业走上良性发展的循环轨道。随着市场经济的蓬勃发展，成本管理由单一的节耗增支等常规思维向以提高效益为出发点的多元化运作方式转变，其特点是广范围、多层次、多形式，并不断丰富成本管理的新内容，拓宽成本管理的空间。这种转变主要体现在：从企业经营者行为向施工全体人员行为进行成本管理的转变，主要表现是随着企业改革的逐步深入，企业团队意识逐渐加强，全员降成本、全员降费用、全员创效益的运作形式逐渐形成；从局部成本管理向整体成本管理观念的转变，如加强成本管理，塑造精品工程，通过工程信誉等无形资本赢得周边范围新的工程项目中标，为企业发展拓展更为广阔的生存空间，从而减少投标开支、进场转移费用等；从短期成本管理方式向长期成本管理方式转变。成本管理是企业管理的永恒主题之一，施工企业要把成本管理的目标制度化，实施科学管理；而成本管理是一项综合性的管理活动，它不仅是财务管理的主要任务，也是企业实现经营目标的长期战略任务，是企业寻求持续稳定发展的关键。

（中国水利水电第五工程局　李胜会）

## 工程量清单招标方式在三峡工程中的应用

（一）工程量清单招标方式在三峡工程的实际应用

1. 制定招标管理办法　中国长江三峡工程总公司根据三峡工程的特点，合理地划分了招标标段，制定了《三峡工程招标管理办法》，并通过各类典型的招标项目的实践，使其不断完善。

为了进一步加强对招标活动的组织、领导和协调，建立高层次、有权威的招标管理机构，即成立中国长江三峡工程总公司招标委员会。对限额以上的重大项目，从招标立项、招标方式和程序、评标组织和决标等全过程进行组织和领导，对一般项目的招标进行指导。招标委员会下设办公室，负责处理招标委员会的日常事务。

并将招标分为建筑安装工程、机电设备采购（含金属结构制造）、大宗物资材料采购三大类，分别由业务部门负责招标前期准备工作（主要是招标设计及招标文件的编制等），由行使总公司招标中心职能的三峡国际招标公司负责招标实施阶段的工作，即行使招标代理机构的职能。这样划分既符合《招标投标法》关于自行招标和招标代理机构的性质和条件的规定，进一步规范招标活动，也符合三峡的工程实际。

2. 编制工程量清单招标文件　所谓工程量清单招标，就是由招标单位提供统一的工程量清单和招标文件，投标单位以此为投标报价的依据并根据工程项目特点、投标单位技术管理水平、项目竞争性及风险情况，最终确定单价和总价进行投标。这是国际上普遍通行的招标方法，与国际通用的工程合同文本、工程管理模式等都是相配套的。

三峡工程是一项复杂的系统工程，随着工程的进展分阶段、分项目进行招标。在工程方案、初步设计或部分施工图设计完成后，即组织或委托设计单位编制工程量清单，作为招标文件的一部分。工程量清单由分部分项工程量清单、措施项目清单、其他项目清单组成。工程量清单的粗细程度、准确程度取决于工程的设计深度及编制人员的技术水平和经验，在工程量清单招标方式中，工程量清单的作用：一是为投标者提供一个共同的投标基础，供投标者使用；二是便于评标定标，比选价格；三是进行工程进度款的支付；四是进行合同总价调整、工程结算的依据。

3. 利用工程量清单编制招标标底价和投标报价　标底编制单位按工程量清单计算直接费，并根据项目特点进行综合分析，然后按现行定额或招标文件规定的材料价格和取费标准、取费程序及其他条件计算综合单价，含完成该项工程内容所需的所有费用，即包括直接费、间接费、材料价差、利润、税金等，最后汇总成标底。

投标单位根据工程量清单及招标文件的内容，结合自身的实力和竞争所需要采取的优惠条件，评估施工期间所要承担的价格、取费等风险，提出有竞争力的综合单价、综合合价、总报价及相关材料进行投标。

4. 不断完善和制定科学规范的评标方法　根据不同的招标项目，通常使用的综合因素评标法和满足招标文件实质性要求的最低标价评标法。今年在大宗物资材料采购中，经专家评审的技术和商务条件均满足招标文件，实行最低价法中标。

在实践的过程中还在进一步研究，一是如何使各评分因素的权重设计更合理；二是评分要科学，力求减少人为因素。

5. 强化工程合同管理的核心地位，巩固招投标成果　树立工程管理中的一切行为均以合同作为惟一依据的意识，强化工程合同管理的核心地位，合同运用于项目管理的各个方面。工程量清单作为合同的一部分，具有法律效力。在合同执行中，以工程量清单作为计量和支付的依据，履行甲方责任和义务，又同乙方协商合理处理变更和索赔，使合同的履行得到较好的保证。既维护了双方的合法权益，又使招标的成果得到落实。

（二）工程量清单招标方式的作用和效益

采用工程量清单计价招标，可以将各种经济、技术、质量、进度等因素充分细化并体现在综合单价的确定上，与传统的招标方式相比，具有以下优点：

(1) 符合我国招标投标法的各项规定和国际惯例；遵循公平、合法和诚实信用的原则，由市场竞争形成工程造价，真正体现作为市场竞争主体的施工企业成为市场真正的定价者，从而合理控制工程造价，保进建筑市场良性循环。

(2) 有利于工程项目的进度控制，如在工程方案、初步设计完成后，施工图设计之前即可进行招投标工作，使工程开工时间提前。

(3) 有利于中标企业精心组织施工，控制成本。中标后，中标企业可以根据中标及投标文件中的承诺，通过对单位工程成本、利润进行分析，统筹考虑、精心选择施工方案；并根据企业定额合理确定人工、材料、施工机械要素的投入与配置，优化组织，合理控制现场费用和施工技术措施费用等，以便更好地履行承诺，抓好工程质量和工期。

(4) 工程量清单为合同变更、工程索赔提供了有利的依据。在合同执行过程中，由于设计、地质条件等因素而引起合同变更、索赔，可执行工程量清单中已有的单价和调整工程量。有利于控制工程索赔，搞好合同管理。

总结三峡工程的招标成果，与概算价格水平比较，取得了显著的经济效益。实践证明三峡工程采用工程量清单招标方式不但为工程建设带来了经济效益，而且真正体现了《招标投标法》的公开、公平、公正和诚实信用的原则。在三峡工程的招投标中发挥了重要的作用。

（三）有待于进一步研究和完善的方面

1. 重大项目、轻小项目　构成三峡工程主体的重大项目的招标，由三峡总公司招标委员会统一组织协调，并邀请各方面专家组织招标文件的编写和评标工作。从招标文件的编写、审查、投标单位的资格预审以及评标和决标的全过程都是严格的《招标投标法》和总公司的有关招投标的管理办法严格执行的。而对于不构成三峡工程主体的小项目，有些环节上略有忽视。

2. 进一步统一和完善工程量清单格式　由于招标文件的编制单位不同，工程量清单的格式各不相同。有的招标文件或工程量清单还有一些不够明确的地方，容易给投标人造成歧义，使得投标人在投标报价时难以把握并给今后的工程结算，价格调整留下了发生纠纷的隐患。

为了便于管理以及与国际惯例接轨，可以视招标的内容不同（土建、安装、大宗材料和设备的采购）分为几种统一的清单格式，编制实物工程量清单要做到三统一，即统一工程量计算规则，统一分部分项工程分类，统一的计量单位。

3. 要重视合理低标价中标原则　国际上采用工程量清单计价招投标的工程通常都选择低价中标。合理低价中标是法律规定的，是业主应享受的权利。合理低标价中标与现行的多种招标方法相比较，有以下主要优点：①节省投资效果十分显著。部分原因来自公平竞争形成的合理工程造价；另一原因来自投标企业管理水平的差异；②防腐倡廉效果好，没有暗箱操作，是一种真正符合公平、公开和公正原则的招标方法；③操作简便，商务标书中谁的报价低谁中标，简便的操作过程节约了招标过程中各环节发生的交易成本；④加大对施工企业的促进作用，企业要生存和发展只能依靠加强管理，降低成本，提高工程质量和提高企业信誉。当然，最低价中标的方法也有局限性，要求我们在招标的各个环节上提高深度和精度如对投标单位资格审查要求严格、招标文件编写要十分细致周到和履约措施完善等。

目前，三峡工程的一些土建结构和施工管理比较简单的项目中的一些通用设备、物资项目的招标采购中，均实行最低价中标法，取得了显著的经济效益。

（华中科技大学　夏晓红）

# 水电建设的质量和安全管理

## 贵阳院质量体系认证及质量管理

中国水电贵阳勘测设计研究院（以下简称贵阳院）各级生产技术人员已逐步树立了质量的科学意识、优患意识、法制意识、效益意识、品牌意识、文化意识和战略意识等，重视质量管理工作，从过程控制、产品校审到产品出院，均通过保证体系予以规范管理，连续获得 2001 年、2002 年度“全国电力行业质量效益型先进企业”称号。

（一）质量体系认证

（1）贵阳院自1991年开始贯彻ISO 9000质量保证系列标准，1998年8月成立贯标认证领导小组，开始“三清理”、质量体系文件策划和编写等工作。1999年2月5日发布1994版质量体系文件，7月6日～9日通过北京中设质量体系认证中心现场审核并获准认证。2001年9月开始按2000版质量保证标准修编质量体系文件71个29万字，于2002年3月25日在院局域网上发布实施，6月25日～28日通过认证机构——GB/ T 19001—ISO 9001：2000标准质量体系认证和第一次换证审核，审核结论是：“一致认为该院工程咨询服务、资质证书范围内的工程设计和服务、工程勘测、岩土工程施工、水利水电工程建设监理服务已按GB/T 19001—ISO 9001：2000标准的要求建立了文件化的质量体系，覆盖了除删减条款外的所有过程，运行基本有效。”

（2）在质量体系认证工作中，贵阳院始终坚持七个到位，即：领导管理到位，思想认识到位，质量体系文件发放到位，质量体系文件培训、学习、理解到位，规范质量记录到位，运行实施到位，检查监督到位，确保了贯标认证工作的顺利进行。

（3）大力培训内审员。先后培训内审员161人，院各级领导、部分生产技术骨干均具有内审员资格证书，对我院质量体系运行起到了积极作用。

（4）认真抓好文件资料清理、设备清理和计算机应用软件清理等基础工作。这三项工作涉及面广、牵涉部门人员多、时间跨度大，是质量体系认证必须做好的基础工作。

（5）高度重视技术标准清理工作。1998年～1999年先后对技术标准进行三次大规模清理，此后每年均及时发布新的标准目录清单1～2次，使我院的技术标准目录数据库更趋完善。

（二）产品质量控制及质量管理

（1）产品质量控制。勘测设计产品质量按其等级需经院长（副院长）批准、总工程师（副总工程师）核定、项目经理审定、项目部审查及设计部专业审查、校核等各级控制，产品交付前尚需质量工程师审验，以确保出院产品处于受控状态。

（2）加强质量教育。自1986年以来，贵阳院坚持每年5月5日举办院质量日活动，活动主题是推广贵阳院内及国内外先进的勘测设计经验，学习国家、行业有关法令法规或技术标准，通过国内外失事工程的惨痛教训，强调质量责任终身制，做到警钟常鸣。

（3）强化质量目标的制定、实施、检查。自2002年开始按2000版质量保证标准要求，对各项目、院属各部门及其下属科、室一级单位均制定质量目标并监督实施，目标管理横向到边、纵向到底、层层展开，要求目标尽可能量化，并具有可检查性。

（4）坚持产品质量自查和抽查。首先安排部分项目自查、编写质量自查报告，然后由院总工程师组织院副总工程师及部分技术骨干对产品抽查，若发现质量问题，认真分析原因，采取纠正预防措施。2002年对引子渡、洪家渡两水电站压力钢管设计、计算成果进行了抽查、复核工作。

（5）重视现场质量检查。2002年院有关领导到现场进行质量检查20余次，对工程基础处理、工程结构等技术问题进行认真排查，消除工程安全隐患。

（6）顾客满意度调查分析。为更好地提高产品质量和服务质量，从1999年开始，除对在建工程进行不定期回访外，每年底质量管理部门还会同各项目部发放顾客意见调查表，征求对贵阳院产品质量、进度、服务等方面的意见，分析顾客满意度。2002年由主管院长带队到各工程现场征求意见10次，年底收回调查表32份，顾客满意度为96%。

通过质量体系认证，贵阳院质量管理水平和产品质量、服务质量均大大提高，质量管理已初步科学化、标准化、规范化。

（中国水电贵阳勘测设计研究院　李月杰）

## 引子渡水电站大坝建设管理

引子渡水电站位于贵州乌江南源三岔河下游、贵州省平坝县与织金县交界处，大坝为混凝土面板堆石坝，最大坝高129.5m，总填筑量约320万$m^3$。

引子渡水电站属于比较典型的西部喀斯特地貌，大坝左右岸呈不对称的V形，开挖边坡高达200余米；而且作为“西电东送”的首批开工项目，工期安排的比较紧。C3标工程于2001年1月16日开工，同年10月16日大江截流，并于2003年4月10日下闸蓄水。从大江截流到下闸蓄水，C3标的施工时间只有短短的16个月。

（一）科学管理，均衡生产，确保各项工期节点目标的实现

要实现引子渡水电站2003年按期发电，2002年是十分关键的一年，必须如期完成以下工期节点目标：大坝必须在2002年5月底填筑至临时断面度汛高程1033m，10月底全断面填筑到1063m高程，总填筑量约280万$m^3$；溢洪道开挖必须在10月底交出混凝土浇筑工作面，11月底完成全部开挖，总开挖量约180万$m^3$，大坝一期面板开始浇筑混凝土。

面对如此高强度的开挖量和上坝填筑量，仅靠加班、突击是无济于事的，必须要组织一支具有较高水平的管理及施工队伍，通过严谨的科学管理，规范合

理的施工安排，保证一个持续稳定、均衡生产的施工高潮，才能确保完成各项工期目标。由于一二九水电工程联营体安排周密、组织合理、措施得当，终于克服了重重困难，取得了一个又一个阶段性的胜利，按时或提前完成了各项工期节点目标：

值得一提的是，在只有1条上坝施工道路的前提下，一二九水电工程联营体连续8个月创造了月平均填筑量35万$m^3$的记录，仅仅用了100d的时间就使大坝上升了70m，被有关水利水电专家称赞为创造了面板堆石坝施工史上的奇迹。

（二）健全制度，规范管理，确保安全生产

引子渡水电站地势险要，盘山公路纵横交错，边坡开挖高达200余米，而且施工单位比较多，施工干扰较大，给安全生产的管理带来了一定的难度。为了确保工地的安全生产，一二九水电工程联营体根据引子渡水电站的施工特点，编制了《引子渡水电站安全生产管理条例》，并在此基础上分别制定了《火工产品管理规定》、《道路运输交通管理规定》、《高边坡开挖管理规定》、《工地用电管理规定》等安全生产的规章制度，并将各项规章制度落实到实处。在安全生产管理过程中，结合工程项目的工期目标进行分解，将安全责任目标也分解到各车间、施工队、班组、作业面直至个人的身上，做到一岗一责，有岗就有责，有责就必行；还分别与各项目部、车间、施工队、班组、作业面或个人签订了安全生产目标责任书，每月进行检查考核，给予打分公布，并与收入挂钩。在施工中不论项目的大小、施工的易难程度如何，都认真地组织工程技术人员编制施工作业指导书，召集安全员、施工员交底讨论，力求编制的施工措施具有针对性和实用性。例如，引子渡水电站溢洪道右侧岩锚墙的开挖，因其地质条件较差，均为薄层顺向坡，切脚往下开挖时会产生滑动，若不小心就会导致大面积塌滑。针对这一情况，一二九水电工程联营体第一项目部组织了有关人员、专家多次现场察看，认真地进行分析研究，并通过爆破试验论证，制订了一套行之有效的施工作业措施，即采用先锚后挖、边锚边挖及薄层控制爆破的方法，成功地完成了该项任务，受到了业主高度评价。

为了加强安全生产，树立企业的良好形象，一二九水电工程联营体在施工现场的入口处，用统一的规格、端正的字迹设立了工程概况牌、施工总平面图、项目经理部组织架构图，以及主要管理人员名单牌、安全纪律牌、防火须知牌、安全无重大事故计时牌等多块标牌，并在各施工现场布置了各种内容的宣传及敬示标牌；对工地所有的电器与开关，统一规定要由专业人员进行操作管理；对各施工场地的临“边”、临“口”等危险部位，均按规定设置安全墙、安全网及安全护栏；各车间仓库，按规定配齐各种安全消防设施；现场施工作业人员，实行统一着装。通过这些措施，不仅确保了安全生产的硬件设施，而且也确保了施工作业面的规范，为避免不安全生产起到了很好的防范和警示作用。

各项目部还把抓安全工作的重点放在提高全体职工自我保护的意识和提高安全生产技能的教育上。安全教育形式主要有三级安全教育，日常安全教育，民工、临时工进厂安全教育，特殊安全教育和补充安全教育。同时把工地的规章制度、安全操作规程等印制成试卷，要求人人要考试过关，并存放在个人的安全档案之中。通过这些安全教育，提高了生产人员的安全意识和防范意识，减少了事故的发生。

（三）明确责任，严格管理，实现优良工程目标

引子渡水电站混凝土面板堆石坝是一座100m以上的高坝，坝基的左、右岸呈不对称的V形，地形条件较差，施工工期又很短，在这样的施工环境下能否保证工程施工的质量，尤其是大坝填筑变形沉降量的控制、周边缝的止水处理及混凝土面板的抗裂等施工的质量，对工程施工的责任方是十分严峻的考验。

为了将引子渡水电站混凝土面板堆石坝建设成优良工程，一二九水电工程联营体设立了以各项目经理部为中心及下设质检科、施工队、生产班组的质量保证组织机构网络，并分层签订质量保证责任书，明确落实各自责任；建立了以生产班组为初检、施工队为复检及项目部质检科为终检的质量“三检制度”；另外，实行“技术干部跟班制”，即在各生产施工面配备一名技术干部跟班作业，以保证每道工序的施工质量；实行“质量一票否决制”，对不按规范要求施工出现的质量问题，坚决予以停工、返工，并进行重罚；实行“管理干部夜间值班制”，及时协调解决夜间施工中碰到的各种困难，保证夜间施工的质量；明确“工法责任制”，即根据引子渡水电站施工的设计要求和技术规范，在技术作业指导书的基础上编制通俗易懂的“施工作业工法”，明确各工种、各岗位的操作程序步骤和要求，打印成册人手一份，主要有大坝“填筑工法”、“碾压工法”、“推平工法”、“洒水工法”、“垫层料施工工法”、“周边区施工工法”、“斜面碾及坝前砂浆固坡工法”等；建立“质量跟踪责任制”和施工作业“质量跟踪记录本”，对工程施工的各个部位、各个环节、每道工序进行质量跟踪记录，将责任落实到每个人的身上，尤其是对工程施工的关键部位，如大坝填筑的垫层区、过渡区、主堆区、周边缝的料源级配、层厚、碾压等，对预裂边坡开挖的平整度及残孔率和对混凝土面板及趾板的止水片制安都实行分片包干、责任到人，并进行跟踪记录，明确每个人的责任。

碾压式混凝土面板堆石坝的施工发展历史还是较为短暂的，有些技术已经成熟，但许多方面还有待于在施工实践中不断进行科学研究、不断地进行补充和完善。为此，针对引子渡水电站混凝土面板堆石坝的地质条件、气候环境及施工特点，进行了一系列的科学试验和技术攻关，总结出了一套适合引子渡水电站特点的施工方法，如：在溢洪道边坡预裂面的造孔样架搭设上，在预裂孔及缓冲孔装药的合理分布及爆破段位控制上，在趾板建基面及马道保护层光面爆破控制等方面，通过施工中的不断实践，都取得了较为显著的成绩。对混凝土面板堆石坝的关键项目，如趾板及面板的混凝土浇筑，事先进行了充分的准备（对各种原材料以及纤维混凝土进行反复的对比分析试验，调整完善混凝土的配合比及外加剂），以提高趾板及面板混凝土的耐久性和抗裂性，也取得了很好的效果。

（四）实现安全、质量、效益、目标工期的有机统一

一二九水电工程联营体始终认为："安全是最大的效益，质量是企业的生命"，在项目的管理中将安全、质量、目标工期、经济效益有机地统一起来，努力提高项目经理对安全生产、工程质量管理重要性的认识，使各级管理人员和广大职工真正认识和体会到有安全才会出效益，有质量才能促进工程的施工进度。

2002 年是引子渡水电站施工的高峰年，一二九水电工程联营体共计完成土石方开挖约 300 万 $m^3$，大坝填筑约 280 万 $m^3$，按期或提前完成了面板混凝土浇筑、溢洪道混凝土浇筑、固结灌浆、帷幕灌浆等节点目标。施工以来，未发生任何重大的人身、机械设备伤亡事故。到目前为止，已完成的 8 个分部工程均被评为优良工程；完成单元工程共 970 个，合格率 100%，优良率 89%；大坝经过沉降变形观察，沉降量仅为 0.29%，创造了国内混凝土面板坝建筑史上的好成绩；通过了国家电力公司大坝安全监察中心的蓄水安全鉴定，并于 2003 年 4 月 10 日按期下闸蓄水，创造了中国水利水电第十二工程局面板堆石坝建筑历史上的工期最好水平。

（中国水利水电第十二工程局　吴海平　刘国群）

## 三峡左岸机组埋件安装施工质量管理

（一）工程质量管理

三七八联营总公司三工区组建了以工区主任为质量第一责任人，三总师、工区副主任分管部门（或专业），每个质量体系要素由一个主管部门主管，若干部门配合，作业队落实执行的质量保证体系，明确了各岗位质量职责和权限。

质量控制成立了"质量控制办公室"，配备了金结机电专业复检、终检人员，在水利水电第八工程局和三七八联营总公司质量管理委员会下，还成立了三工区质量管理委员会，行使质量管理监督和质量裁决权。

三工区在内部三检制基础上，组成了联合验收领导小组，由管质量的工区副主任任组长。工区主任，管生产的工区副主任，各土木队队长，测量队队长，质量控制办公室主任、副主任为组员，重点对结构复杂、到顶仓位，进行联合检查综合验收，联合验收领导小组检查出的问题未落实，终检员不得申报验收。

此外，三七八联营总公司聘请国内外水电专家组成三峡工程专家组，对三峡工程进行质量监督，较好地保证了工程质量。

质量体制具体表现为"三检制"和三班"盯仓制"。确保了施工中"班班有人盯、仓仓有人管"，使质量检查、督促、实施、管理渗透到施工中各个工作面，渗透到施工工序的各个环节。

普及全体员工的全面质量管理教育，使每一个员工都认识到质量好与坏直接关系到整个工程的优与劣。与此同时，开展 QC 小组活动，对施工中出现的质量问题进行分析、总结，避免同类质量问题的重复出现。

（二）工程质量控制

1. 施工前准备工作控制

（1）制定切实可行的施工措施，尽可能地利用新技术、新工艺，并报监理工程师审查批准后再实施。

（2）检查主要原材料的出厂合格证，对钢材等主要原材料按招标文件技术条款及有关规定抽样检查。

（3）定期检查测量控制网点准确性。

（4）检查试验计量工具、仪器是否满足施工质量测试、控制和鉴定的需要，计量工具定期进行率定。

2. 施工过程质量控制

（1）施工过程质量控制是保证金结机电埋件施工质量的关键，施工严格按设计图纸及相关的技术文件实施，在施工中如遇图纸或设计文件与实际不符时，及时报告设计、监理，待取得可施工依据后才允许继续施工。

（2）严格按"三检制"进行质量检查，隐蔽工程和关键部位与设计、监理共同检查，验收签证，合格后进行下道工序施工。

（3）在混凝土浇筑过程中安排专人对金结机电埋件进行监控。重要部位如肘管、锥管、蜗壳二期混凝土浇筑时安排专人和测量人员监控。

（4）对特殊工种，如电焊、防腐、测量、无损探伤等工种，必须持证上岗，对安装、电气、起重等工种进行培训、考试，只有考试合格的员工才能上岗。

（三）工程质量情况

本分部分项工程机电及金结埋件工程共完成358个单元，一次验收合格率100%，验收合格率100%。其中：

（1）暖通埋件验收54个单元，一次验收合格率100%，验收合格率100%。

（2）电工一次埋件验收223个单元，一次验收合格率100%，验收合格率100%。

（3）电气通讯埋件验收10个单元，一次验收合格率100%，验收合格率100%。

（4）金属结构埋件验收63个单元，一次验收合格率100%，验收合格率100%。

（5）消防埋件验收8个单元，一次验收合格率100%，验收合格率100%。

本分项工程质量优良，无质量事故。

（水利水电工程施工八局三峡机电安装项目部）

## 小浪底工程大坝标的施工监理

（一）概况

小浪底工程位于河南省洛阳市北40km的黄河干流。拦河大坝为土质斜心墙堆石坝，最大坝高160m（坝顶高程281m，右岸滩地深槽心墙最低点高程121m），坝顶长1666.3m。大坝设置了内、外铺盖等共有17种填筑材料，在同一高程填筑面上填料分区最多达20个，施工较复杂。大坝标总计坝基土石方开挖866.1万$m^3$；大坝填筑土石方2075.8万$m^3$；基础工程混凝土和喷混凝土8.16万$m^3$，混凝土防渗墙5197$m^2$，各类灌浆、高压旋喷灌浆14.93万m。

小浪底工程是我国在水利工程土建工程方面全面利用世行贷款，采用国际通行的FIDIC标准合同文件，实行国际招标的两个工程之一（另一个为雅砻江二滩工程）。土建工程分三个标，大坝标（一标）工程由以意大利的英波吉洛公司（Impregilo S.P.A）为责任方的黄河承包商（Yellow River Contractor，简称YRC）联营体承建（参加联营体的另三家公司为德国Hochtief A.G，意大利Italstrade S.P.A和中国水利水电第十四工程局）。

小浪底工程的3个土建工程标1994年中先后开工。大坝标1994年5月30日发布开工令，1997年10月28日按计划实现了大河截流，2000年11月30日大坝标工程提前了13个月竣工（合同工期2001年12月31日），施工总工期78个月。

（二）大坝标施工监理的主要业绩

1. 提前实现合同5个里程碑的进度目标　大坝标的四个中完工日期分别提前6天至8个月，大坝标施工全部完成的日期提前了13个月。

2. 修建了一个高质量的大坝　通过了国家计委、水利部组织的截流、下闸蓄水两个工程主要阶段的验收；在工程1999年10月25日下闸蓄水，2000年元月9日首台机并网发电，2000年6月26日大坝填筑到顶，工程安全运行了2.5年后，2002年12月通过了水利部主持的枢纽工程竣工初验。

大坝标工程各项目从开工前准备，中间各工序检查，旁站监控，质量检测等各方面的记录显示了质量优良：①进行了坝基开挖验收23次，全部满足规范要求；②坝基帷幕灌浆检查孔149个，1385段压水试验结果，透水率<5Lu（合同技术规范要求标准）的1343段、占97%，满足规范90%的要求，而且，其中<3Lu的1293段、占93.4%；③大坝基础混凝土防渗墙机口取样180组，28天强度最大49.2MPa、平均45.0MPa，比设计要求的$R_{28}=35$MPa强度高出了许多；钻孔检查表明，墙身混凝土均一、无任何夹泥；墙底与基岩接触面基本无沉淀；压水试验12孔，22段，其中一半为通过Ⅰ、Ⅱ期槽孔接缝面或孔底墙混凝土与基岩接触面的骑缝、跨缝或穿缝斜孔，透水率最大为2.42Lu，小于1Lu的占72.7%，表明接缝紧密；④大坝填筑各种填料压实后的质检试验结果均满足合同技术规范要求，如，心墙1区土料共填775.2万$m^3$，分640层填，定点测量平均层厚0.234m（压实后），记录试验16024次，压实度>100%，合格率100%，平均干密度1.719g/$cm^3$（设计要求压实度100%，干密度1.69g/$cm^3$）；反滤料2A、2B、2C共填252.6万$m^3$，记录试验897次、振动台试验193次，压实度>100%，平均干密度2.139g/$cm^3$（记录试验）和2.109g/$cm^3$（振动台试验）；坝壳堆石料4A、4B、4C共填筑2879.2万$m^3$，记录试验88次，平均干密度2.140g/$cm^3$。

世界银行检查团和世行特别咨询团对大坝质量给予了很高的评价：2000年3月大坝填筑已快到顶（2000年6月26日），世行小浪底项目1、2期检查团备忘录中评价，“主坝（一）标正在建造的主坝质量很高，预计将运行良好”；世界特别咨询团1999年9月7日（正处于大坝填筑2年高峰期中）第八号报告中评价，“通过分析上述数据，并视察大坝日常填筑作业，特咨团认为，小浪底大坝正在建成一个高质量标准的大坝”；大坝填筑已全部完成后，2000年9月29日特咨团第九次报告中评价，“小浪底主坝已建成一个令人满意的质量水平”。

大坝填筑完成4年以来，直观检查和原型观测成果表明，大坝运行正常，工程质量良好。设计用施工中分层挖大坑取样试验所得参数对大坝进行的稳定分析表明，安全系数与原设计一样，有的还有提高。

3. 投资控制良好，合同总支付低于合同价　合同总支付约为合同价的 90%，其中，实物工作量（工程量清单）支付为合同计划的 97.83%，说明工程形象完成和工程量控制很好；为变更、索赔、计日工计划的资金只支付了 37.5%，说明索赔处理十分成功。

除上述的施工控制的三个方面外，大坝标施工监理的成功从工程方面来说，还表现在几个主要项目的施工技术达到了世界先进的水平。

（1）在基础深混凝土防渗墙（河床段最大深度 70.3m）施工中，在世界水电工程中首次采用了“设置横向槽孔，回填塑性混凝土保护下的平板式接头”工艺，在国内首次采用了钢缆式机械抓斗和液压洗槽机（俗称“双轮洗”）为主，辅之以多种型式重锤进行槽孔开挖的工艺和优质固壁泥浆，施工中达到了开挖工效 0.89m/h（相当 $1.95m^2/h$），混凝土浇筑 $38.9m^3/h$（相应上升 4.37m/h），以 86 个净工作日完成了一道 $5197m^2$ 的基岩轮廓线为 2 个大平台，施工条件十分困难的深混凝土防渗墙，质量优良。

（2）大坝填筑施工水平达到了三高：

1）高强度。大坝 2 年（1998.7～2000.6）主要填筑期中，完成填筑量 2685 万 $m^3$，升高 152m（从心墙底到坝顶），月平均 112 万 $m^3$、升高 6.33m；创造了 1636 万 $m^3$/年、158 万 $m^3$/月和 6.7 万 $m^3$/d 的高强度。

2）高水平。月填筑不均匀系数在世界上来说也仅次于加拿大的买加坝（1.22）达到了 1.31。

3）高效率。主要机械设备利用率都达到了 83%～85%；人力资源达到了高效使用，高峰期全部中、外职员及工人总计 1500 人左右，比世界上能见到的大型土石坝工程的高峰期人数都少。

（三）搞好国际承包工程中施工监理工作的要点

小浪底工程大坝标的施工监理是在大型水利水电项目实行国际招标工程的施工中，中国工程师对外国承包商比较成功的监理事例。总结起来有如下几点：

1. 要有正确的监理工作指导思想

（1）必须严格按合同和国家政策法令行事。达到合同规定的目标，就是维护了业主（国家）的最大利益。

（2）公平、合理、实事求是是工程师办事的准则，这也是 FIDIC 合同条款要求工程师做到的。

（3）认真、勤奋、热情工作是工程师应具备的基本素质。工程师在施工过程中起主导作用，始终抓住合同管理，严格进行“三控制”，认真处理一切合同事务。

（4）协作是办好、办成每一件事所必需的，是工程师办事的重要方式。

（5）由于大型水利水电工程从设计、招标到施工结束需时很长，开挖后地质情况与预想有出入，设计理论，施工技术，设计修改都会发生的。工程师应把促进设计优化作为己任，换取有利于质量、进度和投资的结果。

2. 需要建立国际承包工程监理的内部管理模式

（1）对外一个声音。强化总监（在小浪底各标监理的总监叫工程师代表）负责制，做到使承包商无机可乘。

（2）内部统一意见，首先做到全体工程师在思想认识上的统一。

（3）设置专业助理。技术上的准确决策是做好监理工作的前提，安排一些有经验的老专家或有某方面特长的年轻人兼任搜集、分析、研究某一专门技术中的理论、施工问题，提供代表所需的信息和意见，协助做出正确决策。

（4）实行内、外业相结合的工作方式。每个人一半时间承担所在部门的值班、巡视等现场工作，一半时间做相关的监理内业工作。

（5）实行以组织协调部为纽带的文件传送方式，以使文件传送中登录，代表批示，草译，处理，回文，代表审核，翻译，译审，打印，代表签发，送出等各环节能快速、及时，避免错误。

（6）实行合同处理以各有关部门为主的方式，合同问题的技术部分以各主管部门为主，合同管理部参与技术部分的处理，但仅负责在技术部分处理基础上对该问题作合同本身（含费用）的处理和结案。

（7）实行辅助生产工作由各部门自己负责的制度，没有设专业打字员，翻译（全代表部仅一专职翻译，负责发出的正式英文件的译审）和现场报表的收集员。

（8）实行了一般现场工程师三班制，旁站与各部门负责人巡视相结合的现场质量监控方式。

3. 进场前做好充分准备

（1）组织准备。确定称职的总监；选择合适的各层次人员；完成机构设置。

（2）技术准备。监理业务培训；合同文件学习；参考资料熟悉；了解现场情况及到相近工程去实地参观学习。

（3）资料准备：搜集、购置合同中指定使用的中、外规范；购置有关主要专业书籍资料；翻译合同中、英文本，人手一册。

（4）物资准备。购置办公、生活、工作必需品。

4. 实施中严格按监理规划实行动态管理　进场

后，在监理投标时编制的监理规划大纲基础上编制了“施工监理规划”，作为全部施工期监理工作遵循的依据，并随着施工进程的需要及时调整工程师内部组织机构，配置人员等实行动态管理。

（中国水电西北勘测设计研究院 吴 熹）

# 合 同 管 理

## 建设工程合同的行政监管

（一）建设工程合同行政监管的必要性

随着我国合同法律制度的不断发展和完善，合同的行政监管经历了以下三个发展阶段：第一阶段，以1981年颁布实施的《经济合同法》为标志，赋予合同管理机关无效合同的确认权、合同纠纷的调解和仲裁权、违法经济合同的处置权；第二阶段，以1993年通过的修订后的《经济合同法》为标志，该法在经济合同管理中大大减少了国家对经济合同的行政干预，在“经济合同的管理”中仅保留了赋予合同管理机关对危害国家利益、社会利益的经济合同的处理权；第三阶段，以《合同法》的颁布实施为标志，新《合同法》仅在附则中设了一个条文，即第127条对合同的行政监管做出规定。

从上述合同的行政监管的演化发展来看，随着市场经济的不断发展完善，国家政府转变了管理职能，建立了以间接手段为主的完善的宏观调控体系。与之相适应的，合同法律制度中的合同的行政监管也随之削弱，强调合同当事人意思自治，减少了国家对合同的行政干预。

但是，合同自由并不意味着合同当事人不需要接受合同行政主管部门的监督管理。

首先，由于我国市场经济秩序尚未成熟，相应法律还不健全，故许多当事人还未树立法律意识，随意撕毁合同、践踏合同、损坏国家与社会公共利益行为经常出现，利用合同进行欺诈的现象也屡见不鲜，严重威胁到市场交易秩序的稳定和安全。因此，《合同法》确立了合同管理制度，赋予行政机关处理违法合同行为的权利，从而加强了合同法维护市场交易秩序的力度。

其次，在现代社会中，市场主体之间在经济地位上的差距越来越大，如果不考虑公平的要求，仍然完全尊重合同当事人的合同自由，将会导致当事人之间利益的严重不平衡，从而有损于社会正义。加强合同的行政监管，不仅可以平衡当事人之间的合法权益，而且也是对社会公共利益和社会正义观念的维护。对建设工程合同来说，由于合同标的规模大、价款高、履行时间长，合同履行中不确定性因素较多，合同履行难度较大。通过对合同的行政监管，可以规范甲乙双方的履约行为，保证合同能够顺利履行，使工程能够及早发挥经济效益和社会效益。此外，由于我国法律法规尚未健全，建设工程市场运行尚不规范，往往容易造成当事人利用合同通谋，行贿受贿，层层转包，以劣充优，偷工减料，高估冒算，严重侵害国家利益。加强合同的行政监管可以促使甲乙双方依法行事，杜绝违法乱纪、危害社会的现象发生。

再次，由于建设工程市场竞争日趋激励，“粥少僧多”现象日益严重。这样，由于甲乙双方地位的差异使得当事人之间平等缔约的基础已经丧失，承包商往往根本无法具有同等讨价还价的能力，被迫接受明显不平等的合同条款，从而违背公平原则。通过加强对合同的行政监管，可以合理调节甲乙双方权利与义务的关系，从而将维护合同自由与合同正义有效地结合起来。

最后，加强合同的行政监管可以弥补司法救济的不足。根据《合同法》合同自由原则，合同的司法救济一般遵循不告不理的原则，缺乏主动性。即使对违反了法律的强制性规定或者国家、社会公共利益的合同，司法机关可以主动干预，认定合同无效，但如果无人举报，一般很难发现。所以，仅仅由司法机关来保障合同的有效性、合法性是远远不够的。通过法律指定或专门设立的具有准司法性质的行政机关作为司法机关的补充，对合同进行积极、主动的监督和检查，可以规范合同当事人的合同行为，及时查处违法乱纪、侵害国家利益的行为。这对于维护市场经济秩序，保护国家和社会公共利益都有十分重要的意义。

（二）建设工程合同行政监管主体及客体

为了维护市场竞争秩序，世界上许多国家都制定了维护自由竞争的法律，如美国的反托拉斯法、日本的禁止垄断法、英国的公平交易法等。依照这些法律，各国设立了相应的行政机关。如美国的联邦交易委员会、日本的公正交易委员会、英国的限制性商业行为法庭等。这些具有准司法性质的行政机关拥有较为广泛的调查和处理权力，以限制不公平或违法的合同自由。

根据《合同法》第127条的规定，我国对合同进行行政监管的主体应是工商行政管理部门和其他行政主管部门。就建设工程合同而言，应由建设行政主管部门和工商行政管理部门一道，在各自职责范围内，共同行使合同行政监管职责。一般来说，工商行政管理部门通过鉴证等来对合同的合法性、有效性和公正性进行审查，而建设行政主管部门主要负责合同主体的资格确认，招标投标工作的合法性、有效性的监督审查，合同实施过程中合同当事人合同行为的合法性的监督和检查及对合同当事人违法违规行为进行纠正，对有过错的当事人实行行政处罚，构成犯罪的，移送司法机关处理。相对来说，建设行政主管部门的合同行政监管力度应当比工商行政管理部门要大。由于建设工程涉及专业性较强，建设行政主管部门无论是涉及的业务范围，还是行使合同行政监管的管理经验，都拥有一定的优势。

建设工程合同包括建设工程勘察、设计合同，施工合同；同时，与工程建设有关的合同还有建设工程监理合同等。与之相对应，建设工程合同行政监管的客体主要是建设工程合同的双方当事人（包括建设单位、勘察设计单位、监理单位以及施工单位等）的合同行为。

*（三）建设工程合同行政监管的内容和方法*

根据《合同法》第127条规定合同行政监管主要是对利用合同危害国家利益、社会利益的违法行为负责监督管理，即对合同的不法性进行行政监管。在《合同法》第52条列举规定的5种不法性合同即无效合同都是行政监管的内容。

为保证行政执法的有效性和及时性，合同的行政监管应从合同的订立、合同的履行到合同的终止实行全过程监督管理。行政监管的方式，从总体上可以分为事前审查、事中监督和事后验收三种方式。事前审查是指行政主管部门对合同当事人订立的合同进行审查，查看合同的主体、客体和内容是否符合法律规定。事中监督是指在合同履行过程中行政主管部门对合同当事人的检查督促，包括检查当事人是否有利用合同变更进行不法性活动等。所谓事后验收是指行政监管部门在执法过程中，对已经履行完毕的合同及时验收，发现无效合同，及时处理，对有过错的当事人进行行政处罚，构成犯罪的，移交司法机关处理。

由于建设工程投资额巨大，直接关系到国计民生，合同的不良履行会直接危及国家和人民的生命、财产安全，一旦出现问题，后果严重，难以弥补。因此，必须加大建设工程合同的行政监管力度。对建设工程合同的行政监管主要包括以下几方面。

（1）加强合同主体资格认证工作。合同主体是否合格，直接关系到合同是否有效，合同能否得到公正合理地履行。因此，必须建立工程许可制度，加强从事建设工程活动的单位市场准入与清出管理。凡从事勘察、设计、施工、监理、造价咨询等活动的单位，必须依法取得相应的资质证书，严禁无证、越级和超范围承接工程任务。同时，与其他行政主管部门一起，加强对建设单位主体的确认工作。

（2）加强招标投标工作的监督管理工作。《中华人民共和国招标投标法》规定，大中型建设项目的主体工程设计、施工、监理等，必须实行招标投标。为了保证招标投标工作公平、公正、公开开展，工商行政管理部门和建设行政主管部门应加强对招标投标活动的监督，杜绝违法违规现象发生。

（3）规范合同当事人签约行为。首先，大力推广示范合同文本，提倡或者鼓励当事人使用示范合同文本，这对于规范当事人订约行为，简化签约手续，公正地维护当事人的合法权益，减少不必要的合同纠纷都具有重要的实际意义。其次，做好合同的登记、备案和鉴证工作，将合同当事人的有关情况及合同的主要内容记录在案，对合同的合法性及其有效性进行实质性审查，一方面可以对合同当事人产生公信力，另一方面为以后行政监管部门履行监督管理职责提供资料信息来源。在立法方面，可以将行政管理部门对合同的登记、签证等作为建设工程合同生效的要件。事实上，有些地区的工商行政管理部门对建设工程承包合同等要求进行鉴证。这样，可以建立预防机制，可在很大程度上将不合格主体排除在外，把合同中可能造成的危害的因素消灭在萌芽状态。

（4）加强合同履行的跟踪检查。合同行政监管部门依据登记、备案和鉴证所提供的资料，对合同的履行进行跟踪检查，发现不法性行为及时纠正，及时处理；如果构成犯罪的，移交司法机关处理。特别应当加大对重大工程建设过程的监督检查力度，及时发现违法违规现象及工程隐患，避免或减少国家和人民生命财产遭受损失。

（5）加强合同履行后的审查是。即行政主管部门对履行完毕的合同进行审查，察看有无违法违规行为，如发现问题，及时处理并予以行政处罚；构成犯罪的，移交司法机关处理。当然，行政主管部门应当严格按照职权范围行使监管职责，不得随意扩大职权甚至践踏法律。同时，如果合同当事人对行政监管执法持有异议，可以提起行政复议或行政诉讼，通过合法手段保护自己的合法权益。

（江苏东南交通工程咨询监理有限公司　张文渊）

# 三峡工程合同变更管理

## 一、工程变更的分类

### （一）定义

工程变更是指合同实施过程中由于各种原因引起的设计变更、合同变更。包括工程量变更、工程项目的变更、进度计划变更、施工条件变更以及原招标文件和工程量清单中未包括的新增工程等。

《三峡大坝和电站厂房二期工程土建与安装施工招标文件》规定：合同履行过程中，在规定的权限内监理单位认为有必要，可以指示承包人进行以下范围的变更，但下述变更不应以任何方式使合同作废或无效：增加或减少合同中约定的工程量；省略工程（但被省略的工作不能转由业主或其他承包人实施）；更改工程的性质、质量或类型；更改一部分工程的基线、标高、位置或尺寸；进行工程完工需要的附加工作；改动部分工程的施工顺序或施工时间；增加或减少合同的工程项目。

从以上变更的类型可以看出，工程变更的范围很广，但由于各种原因的变更最终往往表现为设计变更，且考虑到设计变更在工程变更中的重要性，故按照《建筑工程施工合同（示范文本）》的规定，通常将工程变更分为设计变更和其他变更两大类。目前，三峡工程的工程变更分类也基本如此。

### （二）设计变更

设计变更主要包括：增加或减少合同中约定的工程量；更改工程有关部分的基线、标高、位置或尺寸；改变有关工程的施工时间或施工顺序；其他有关工程变更需要的附加工作。这些变更均涉及到设计图纸或技术规范的改变、修改或补充。基于以上变更的类别，在三峡工程建设实践中，依据变更的具体内容及重要程度，设计变更又分为三大类：

（1）重大设计变更。指涉及三峡工程总体的工程规模、特性、标准、枢纽总体布置、主要设备选择、已经批准的总工期及阶段性工期等项改变的设计变更。

（2）重要设计变更。指涉及单位工作的布置、调整、建筑物结构形式的改变等内容的设计变更。

（3）一般设计变更。指涉及分部分项工程细部结构及局部布置的改变、施工详图的局部修改以及施工中一般设计问题处理引起的改变等内容的设计变更。

设计变更必须有监理单位的设计变更通知，承包人才能执行；未经监理单位同意，承包人不得擅自对原工程设计进行变更。

### （三）其他变更

除上述设计变更外，其他导致合同内容发生实质性变化的变更均属于其他变更，如合同双方对工程质量要求的变化（高于强制性标准）、对工期要求的变化、施工条件和环境的变化导致施工机械和材料的变化等。

这类变更应当由业主和承包人平等协商、签署变更协议后，方可由监理工程师监督承包人按变更协议执行。

## 二、工程变更的审查

### （一）审查的授权

审查和批准工程变更是业主给监理工程师的一项授权，业主可以通过监理合同的有关条款对监理工程师的上述权力进行限制或通过业主的监督和审查来进行进一步的管理。

三峡工程的变更管理工作中，业主通过《三峡工程建设监理统一管理办法（试行）》规定了审查设计变更的监理工作原则，并对不同种类设计变更（重大、重要、一般）的分类、提出设计变更建议书的内容及期限、设计变更建议的审查原则及期限、设计变更的批准权限、设计变更的实施程序等内容均作了详细规定，要求监理单位严格执行。监理单位根据该管理办法及监理合同的要求，编制了《工程变更监理实施细则》，针对变更项目的确定、变更费用的处理程序以及变更费用的审核办法等内容制定了详细的处理办法和工作流程。

### （二）业主的管理

业主要求监理单位内部加强对工程量、施工方法和预算各专业之间的协调，由主管现场的监理人员审核工程量和施工方法，由预算人员审核价款，确保工程量及价格的可审性。

业主要求监理单位在对变更形成初步审核意见、报业主审批前，应就审核的工程量、施工办法与施工单位充分交换意见，使其尽量准确。

经过业主项目部及合同管理部对变更工程项目、工程量和合同价款合理性的再次审核，力求变更工程的结算既有合同依据，又公平合理，能够客观地反映施工成本以及竞争、供求等因素对价格的影响，使工程总造价控制在概算或投资估算的范围之内。

### （三）监理的措施

审查工作中，监理可采取的主要控制措施有：

（1）对变更的经济技术合同性进行全面的比较分析，以确定变更的必要性。

（2）定量的分析预测变更对合同价以及工程项目总造价的影响控制。

（3）提出变更建议书，协助和协调业主对变更进行的谈判及变更处理工作。

（4）发布变更令，监督变更的执行。

## 三、工程变更的处理程序

### （一）一般程序

以设计变更为例，按照《三峡工程建设监理统一管理办法（试行）》的规定，变更的一般处理程序为：

（1）变更的提出。三峡工程建设中，为设计的优化、设计问题的处理或为施工中实际情况及其变化的需要等，设计单位、承包人、业主和监理单位都可以而且必须是向监理单位（设计单位也可通过业主向监理单位提出）提出书面的设计变更的要求和建议书。

（2）变更建议的审查。参与工程建设任何一方提出的设计变更要求和建议，必须首先交由监理单位审查，分析研究设计变更经济、技术上的合理性与必要性后，提出设计变更建议的审查意见，并报业主。监理单位在审查中应审定变更建议书中提出的变更工程量清单，对变更项目的单价与总价进行估价，分析因变更引起的该项工程费用增加或减少的数额。另外，监理单位还应充分与业主、设计单位、承包人进行协商，做好组织协调工作。

（3）变更的批准。变更的批准按其类别分别确定。重大设计变更由国家指定的机构批准；重要设计变更由业主组织最终审查后批准；一般设计变更，在业主授权范围内由监理单位审查批准，报业主备案，属业主授权范围外的，由监理单位组织审查，业主单位批准。特殊紧急情况下的设计变更一律由监理单位审查批准，报业主备案。

（4）变更的实施。经审查批准的变更，仍由原设计单位负责完成具体的设计变更工作，并应发出正式的设计变更（含修改）通知书（包括施工图纸）。监理单位对设计（修改）变更通知书审查后予以签发，同时下达设计变更通知。在组织业主与承包人就设计变更的报价及其他有关问题协商达成一致意见后，由监理单位正式下达设计变更指令，承包人组织实施。特殊情况处理。

在业主和承包人未能就工程变更的费用等方面达成协议时，监理单位可提出一个暂定的价格，作为临时支付工程款的依据。该工程最终结算时，应以业主和承包人达成的协议为依据。例如，三峡二期工程ⅡA标段排沙孔和电站进水口通气孔，设计孔径分别为750mm和1500mm，由于孔径小，采用现浇成型施工无法拆模，经设计变更，同意改现浇为预制混凝土施工。未达成变更协议前，按现浇混凝土合同价作为暂定价格临时支付工程款；最终结算时，按双方最终核定的预制混凝土单价进行补差。该变更的处理即为特殊情况下变更处理程序的实际运用。

## 四、工程变更的处理原则

### （一）变更合同量清单的审查与处理

《三峡大坝和电站厂房二期工程土建与安装施工招标文件》规定：原合同清单中有项目和单价的，如果发生变化，致使该分项工程经审查的实际工程量超过原合同此分项工程量的15%（不含15%），应按业主的规定办理变更合同量清单的审查，再据以填列工程月报表和价款结算单。工程量变化在15%以内的，或原合同有项目和单价，实际施工时，仅因规格和型号发生变化，经业主和承包商协商后可使用就近单价，并按业主要求提交工程量调整清单。

### （二）确定变更价款

（1）《建设工程施工合同（示范文本）》规定，变更合同价款按下列方法进行。

（2）合同中已有适用于变更工程的价格，按合同已有的价格变更合同价款。

（3）合同中只有类似于变更工程的价格，可以参照类似价格变更合同价款。

（4）合同中没有适用或类似变更工程的价格，由承包人提出适当的变更价格，经监理工程师确认后执行。

基于以上原则，三峡工程变更管理工作中，处理工程变更价款的具体方法分为两类：一类是合同中有相应计价项目时的变更，另一类是合同无相应计价项目时的变更。

#### 1. 合同中有相应计价项目时的变更工程定价方法

（1）单价和价格的采用具体分为以下几种情况：①直接套用，即从工程量清单上直接拿来使用；②间接套用，即依据工程量清单，通过换算后采用；③部分套用，即依据工程量清单，取其价格中的某一部分使用。

（2）做到公平合理。施工过程中，工程任何部分的标高、基线、位置、尺寸的改变引起的工程变更，以及设计变更或工程规模变化而引起的工程量增减均可按上述原则来定价。因为合同工程量清单的单价和价格系由承包人投标时提供，用于变更工程，容易为业主、承包人及监理工程师接受，从合同意义上讲也是比较公平的。这样既能保持合同履行的严肃性，有效地发挥通过招标而产生的合同价格的作用，又能有效地避免双方协商单价时的争议以及对合同正常履行带来的影响，且只要合同单价公平合理，这一原则亦公平合理的。若合同单价不合理时，按上述原则计价时可能给业主或承包人带来不利影响（单价偏高时对业主不利、单价偏低时对承包人不利），但只要不违背公平原则或出现显失公平的现象，则上述计价原则仍应坚持。

（3）实例说明。厂坝二期工程增加限裂钢筋的工程变更，由于混凝土施工过程中，为防止长间歇块产生裂缝，以及仓面发生表面裂缝后为防止裂缝发展，承包人根据设计要求及监理指示增设了限裂钢筋。对于设计变更要求增设的钢筋，属于工程量清单项目，直接套用合同单价；对于仓面出现裂缝后为防止裂缝发展而增设的钢筋，由于裂缝原因复杂，责任难以划分，风险应由业主和承包人分担，故虽属于工程量清单项目，但只能部分套用合同单价，即补偿合同单价中的直接费及税金。

2. 合同中无相应计价项目的变更工程定价

（1）以计日工为依据定价。《三峡大坝和电站厂房二期工程土建与安装施工招标文件》规定：监理单位认为有必要时，可以通过承包人以计日工的方式进行任何一项变更工作。其金额应按承包人在投标书中提出并经业主确认后列入合同文件的计日工项目及单价进行计算。这种方式适用于一些小型的变更工作，此时可分别估算出变更工程的人工、材料及机械台班消耗量，然后按计日工形式并根据工程量清单中计日工的有关单价计价。对大型变更工作而言，这种计价方式并不适用。一方面，它不利于施工效率的提高；另一方面，难以准确核定发生的计日工数量。

（2）协商确定新的单价。这是合同中无相应计价依据时的常见做法。协商确定单价的方法通常有以下两种：

1）以合同单价为基础，按照与合同单价水平相一致的原则确定新的单价或价格。该方法的特点是简单且有合同依据。但如果原单价偏低，则得出的新单价也会偏低，反之，原单价偏高，则得出的新单价也会偏高。所以其确定的单价只有在原单价是合理的情况下才会相对合理，当原单价不合理（有不平衡报价）时，该方法对增加的工程量部分的定价是不合理的。

2）以概预算方法为基础，重新编制工程项目报价单，采用现行的概预算定额，用综合单价分析表的形式，比照投标报价的编制原则进行编制。这种方法适用于新增工程的定价。

## 五、处理工程变更的意义

（1）合理处理工程变更能促进合同管理的深化和细化。工程变更为承包商摆脱合同价偏低困境，扩大自身利润提供了机会，也为业主和监理单位进行管理和控制带来了很大的难度。因此，要搞好工程变更的管理和控制，首先，监理单位应严格按照变更的处理程序和处理原则开展审查工作，确保变更工程项目、工程量和变更单价的合理性。其次，审查时，应对承包人的合同造价进行深入的分析和评估，确定该项目的成本以及承包人可能获得的预期利润，不仅加强单价合理性分析，而且加强对工程总造价的管理和控制，并注意由此引起的其他索赔和反索赔的可能性，确保工程总造价的公平与合理。

（2）合理处理工程变更是投资控制的主要环节。近几年三峡工程的合同管理工作，由于重视和加强了对工程变更的管理，尤其是结算阶段项目主管部门及合同管理部对工程变更的管理，通过多次审核、层层把关，取得了一定的经济效益。以 2002 年为便，该年度合同管理部共处理合同变更及索赔 239 项，包括左厂 1 号～6 号机蜗壳安装焊缝探伤费用、输水洞灌浆工程、临时船闸升船机二期工程升船机上闸首预应力锚索、临时船闸升船机二期工程帷幕化学灌浆、坝苏路两侧边坡修整等多个大型变更项目，在项目主管部门申报工程变更合同金额的基础上，经过审核，核减金额 2194 万元，接近申报变更金额的 6.86%，由此可见，加强工程变更管理，不仅减少了工程变更的数量，避免了不合理变更，而且降低了工程造价，节省了工程投资。

（3）合理处理工程变更，维护业主和承包人的合法权益，能促进工程的顺利实施。鉴于工程变更管理是施工过程合同管理的重要内容，工程变更常伴随着合同价格的调整，是合同双方利益的焦点，因此，合理确定并及时正确处理好工程变更，既可以减少不必要的合同纠纷，保证施工合同的顺利实施，又有利于业主对工程造价的控制。

（华中科技大学　李卓梅）

# 解决 FIDIC 国际工程合同争端的程序及技巧

## ——巴罗塔工程典型索赔成功案例剖析

（一）巴罗塔工程概况

巴罗塔 C03 合同是严格按照世界银行的“招标采购导则”和 FIDIC 土建合同条款招投标的国际工程，是迄今为止中国公司对外承揽的土建项目中合同金额最大的一个项目，也是巴基斯坦目前在建的最大的海外贷款项目。

1996 年 12 月 1 日，由中国水利水电第八工程局（占 60%的股份）和中国东方电气集团公司（占 40%的股份）组成的联营体正式与业主签署了巴基斯坦嘎滋—巴罗塔水电工程第 C03 标合同。合同全称为

“巴基斯坦嘎滋—巴罗塔水电工程C03标—厂房及附属物建筑工程”。江泽民主席和巴基斯坦当时的总统出席了合同的签字仪式。东方公司（中国水利水电第八工程局东方联营体对外均称“东方公司”）为承包商（DEC），业主为巴基斯坦水电开发署（WAPDA），监理工程师为五家咨询公司组成的联合咨询团体（PHC）。其中2家为当地工程咨询公司，另外3家为西方国际工程咨询公司如HARZA公司等。

C03合同总金额为2.49亿美元（其中70%为美元，30%为当地货币）。由世界银行（IBRD）、日本海外协作银行（JBIC）和巴基斯坦政府共同提供工程的全部贷款。永久工程为典型的引水发电厂房布置，主要建筑物包括：安装有5台29万kW轴流式机组的地面厂房，尾水渠，渠尾调节闸，水位调节前池，闸式进水口，5条混凝土外包压力钢管，南北储水堤坝，南北闸式过水底坎和过水底孔，虹吸式溢洪道，开关站及其他附属建筑物。合同总工期为64个月。工程于1997年2月17日正式动工，由于业主和工程师方面的原因造成合同总工期延长了13个月。截止到2001年底，合同工程已累计完成了80%的工程量。工程从开工到现在，承包商与业主发生大大小小的合同争议100余起，经过双方的努力，大的争论基本上都得到了比较圆满的解决或正在解决中。到2001年底，中国水利水电第八工程局累计向业主提出的索赔及变更申请额已达1亿美元，而工程师的实际索赔变更签证额已有1700万美元。这充分贯彻了工程招投标阶段制定的“低报价、高索赔”战略方针。根据近5年的合同管理实践，特别总结出以下一些经验及技巧，供以后承建类似的国际大中型土建工程参考。

（二）工程师决定（Engineer’s Decision）

按照FIDIC合同条款第67.1款的规定，在合同执行过程中，如果任何一方对有关合同或工程实施的有关方面发生了任何分歧或任何性质的争议，包括对工程师的任何意见、指示、决定、证书或估价的任何分歧，都可提请工程师决定。申请工程师决定是争端解决程序的第一步。在承包商正式决定把某个案件提升到启动争端解决程序之前，一定要慎重考虑到以下两个方面：第一，已经确认无法得到现场工程师的解决。申请工程师决定具有严肃性，因为一旦启动争端解决程序，合同双方就必须遵守FIDIC规定的程序和时间，除非能达成互相妥协的友好解决方案；而且工程师一旦作出决定，在DRB未作出决定之前，它对业主和承包商就具有约束力。所以，在通常情况下，承包商考虑到罚款里程碑的合同规定，都不会在合同履行初期把施工延期（EOT）的索赔提升到争端的解决程序上来。第二，认真全面准备好要求工程师决定的文件，包括以往与业主和工程师往来的有关重要信函、重大事件的时间记录和所需引用的相关合同条款等。这不仅对工程师的决定有用，而且还可以直接作为启动任何解决争端程序的有利依据。

在巴罗塔工程的合同履行过程中，至2001年年底，我们已累计提出5项争议案件提请工程师决定。预计在工程全部完工前，还会有5～10项争议需要提出。中国水利水电第八工程局提出的第1项是关于工程开工日期的争议。按照合同条款的有关规定，工程师必须在合同签订后28天之内给承包商下达工程开工的指令。正式的开工指令下达日期为1996年12月17日。但是由于承包商自己拖延了主要施工设备的进场时间，所以工程开工日期越早对承包商越不利。为此，我们抓住了合同另一条款的规定，即合同必须是在承包商提供了可被业主接受的履约保函的情况下才生效。承包商正式提出履约保函的日期为1996年12月20日，由于需要巴基斯坦驻北京大使馆的核实等原因，业主到1997年2月17日才致函正式接受承包商的履约保函。所以，中国水利水电第八工程局坚持合同的生效日期才是工程的正式开工日期。尽管与工程师多次交换了意见，还咨询了当地资深律师，但工程师仍不同意更改开工日期。因此，中国水利水电第八工程局于1997年8月22日正式提出了申请工程师决定。正如预料之中，工程师仍坚持其立场。因为对于工程师来说，他们是严格按合同规定下达开工指令的；只是合同中对履约保函的批准时间没有明确规定。而且，业主考虑到开工令越早，对承包商所造成的晚交地和晚支付工程预付款的影响就越大，所以经过多次的讨价还价，最终在承包商放弃了一些有关开工日期的相关索赔权利的前提下，于1998年11月17日达成了该工程的第一项友好解决补充协议。因此，经过提请工程师决定，让业主充分意识到了工程开工日期争端的严肃性和重要性，从而使工程开工日期的争议得到了圆满的解决。

（三）DRB仲裁（Arbitration）

如果合同任何一方对工程师的决定不满意（通常是承包商），则可按照FIDIC争端解决程序的第67.3款申请进行争议评审团DRB（Recommendation of Dispute Review Board）仲裁。在提请仲裁之前，FIDIC合同鼓励双方友好解决。一旦正式启动仲裁程序，定会出现一方赢、一方输的局面。因此，在第67.2的条款中规定，提请仲裁前，争议的双方应尝试通过友好协商解决争端。

一般情况下，FIDIC国际工程的合同都规定了仲裁按总部设在巴黎的国际商会的调解和仲裁章程执行。而且，对如何组建仲裁委员会即DRB有明确的规定。根据国际惯例，由业主和承包商各指定一名仲裁员，第三名成员由指定出的两名DRB成员共同推选。如果未能在合同规定时间内推选出，则由国际商会主席指派。因此，及时建立公正、有效的仲裁委员会是进行仲裁的首要一步。

在DRB正式建立并了解工地的情况之后，合同任何一方即可按照合同规定的时间和步骤书面提请DRB仲裁，这才意味着仲裁程序的正式启动。DRB一般可以通过以下两种方法给出裁决：一种是召开现场听证会，DRB成员可以当面听取和询问双方各自的观点和事实记录等；另一种是根据合同双方提交给DRB成员的文件资料进行仲裁。两种方法各有千秋。由于DRB现场访问的费用比较高，一般一次现场听证需要花费4万～5万美元甚至更多（业主和承包商各分摊一半），所以选取第一种方法仲裁成本较高，但能让DRB成员真实了解工地现场的情况。相比之下，第二种方法仲裁花费少，但承包商需要提供充分必要的书面支撑材料，以使DRB成员充分了解案件中对其有利的证据资料。

在巴罗塔工程的合同履行过程中，中国水利水电第八工程局就将有关额外电费的补偿提请了DRB仲裁。值得强调的是，在DRB的组建过程中也遇到了不少实际困难。先是业主方面推选的DRB成员接连辞职。由于推选一个DRB成员按照合同规定需花1～2个月的时间，所以，成立DRB的时间被迫一拖再拖。这也许是业主利用合同漏洞采取的一种拖延战术。后来是我们推选的DRB成员由于升迁为外交部部长不得不辞职，因而更拖延了DRB的组建时间。最终DRB主席即第三名成员还是通过国际商会主席指派的。

有关额外电费的补偿争议案的情况大致如下：由于当地电费的单价与工程开工时和当地供电公司签订的供电单价相比不断上涨，而且电费单价的组成也发生了变化，增加了12.5%销售税，从而使承包商每个月遭受约10万美元的损失。因此，中国水利水电第八工程局引用合同条款中关于因当地法律、法规或政府指令改变而增加承包商费用可以补偿的规定，要求业主对由于电费单价上升所导致的额外电费进行补偿。但是，工程师首先以供电公司涨价非政府行为为由予以拒绝，后来又以调价公式中的当地价格指数包含了电费单价的上涨而拒绝补偿。为此，中国水利水电第八工程局于2000年5月24日提出了第二项申请工程师决定。在预料之中，工程师的决定仍是消极的，中国水利水电第八工程局不得不提请DRB仲裁。由于仲裁委员会没能及时组建，直到2001年5月7日才举行现场听证会。DRB依照目前国际通用惯例，给出了三个倾向性意见，并建议合同双方进行友好协商解决，以避免出现要么赢要么输的极端局面；如果在56d之内未达成任何解决协议，则任何一方可要求DRB发出最终裁决。业主对于此案甚为重视，因为额外电费的补偿不仅涉及到C03合同，而且关系到整个巴基斯坦在建的水电土建、机电合同，所以他们采取的策略是借口以DRB未能在合同规定的提出仲裁申请的56d内给出DRB裁决为由，认为DRB的建议没有合同效力，从而将争议直接提升到按法律程序要求进行法院仲裁判决。但是，业主也意识到了自己理亏的地方，主动把电费中的销售税部分补偿给了承包商。预计到工程完工时止，额外的销售税约有150万美元。对于剩余的额外电费部分，业主希望与承包商就其他索赔案件结合在一起协商解决。

（四）友好解决（Amicable Settlement）

尽管FIDIC标准合同条款中把友好解决的条款67.2条放在工程师决定和DRB仲裁之间。但实际上，在任何时候、任何情况下，合同双方在权衡一个或多个合同争端的利弊的情况下，均可利用友好解决的方法来处理合同争端。友好解决是最好也是最难的一种解决合同争端的方法。它的实质是合同双方都有一定程度的有利证据，而为了共同的目标所采取的一种相互妥协、折中的方案。所以友好解决合同争端往往出现的是双赢的局面。

正如上文所提到的，在巴罗塔工程施工过程中，尽管中国水利水电第八工程局多次致函工程师，但他们并没有把施工延期（EOT）索赔和施工延期费用索赔提升到按合同争端程序来解决。他们看准了业主的3个主要弱点：一是，施工延期主要由业主晚交地和厂房基础设计修改等非承包商的原因所致，业主必须在一定程度上对承包商在工期和费用上给予补偿。二是C03合同的工期控制着整个工程的总工期，如果C03合同工期拖延，势必影响到随后的其他机电承包商，如水轮机安装、发电机安装等。如果机电安装不能及时开工，业主将面临那些国际知名机电承包商的巨额索赔。三是由于政治和经济上的需要，业主希望工程早发电、早完工。基于以上3个原因，中国水利水电第八工程局从1999年底就着手与业主就施工延期和费用的问题开始进行接触谈判。最初，他们向业主提出的要价是30个月的工期延长和5000万美元的施工延期费用补偿。当然，业主不可能一开始就接受承包商的条件。他们一方面采取边谈边拖的战术，一方面又指示工程师加快评审承包商提交的有关施工延期及费用的报告，以便知道承包商的底线。为此，工程师还特地从HARZA公司聘请了索赔专家对施工延期及费用的索赔报告进行评审，并给业主出示了权威性的评审报告。在此期间，承包商加大了一小部分人力、设备等施工资源的投入，大幅度地提高了每个月的施工生产产量，给业主和工程师留下了良好的履约形象，有力地促进了友好解决的进程。经过长达一年多时间的艰苦谈判和友好协商，终于在2001年2月9日，成功地与业主签订了第二号补充协议，友好地解决了施工工期延误及其费用等有关合同争端。承包商总共得到了13个月的工期延长，并在此基础上，工程师签证支付了1300万美元的施工延期费用。另外，在第二号补充协议中，还设立了4个奖励里程碑目标，价值570万美元。到2001年底，他们已成功完成三大奖励里程碑，获得了400万美元的目标奖金。更重要的是，在第二号补充协议中，业主还明确了对承包商的财务支持，通过暂停扣除15个月的工程预付款、提前支付清关设备和支付工程所用半成品堆料的材料预付款等，为承包商提供了价值约3000万美元的财务支持，从而在根本上使这个靠低报价中标的国际工程度过了难关。而对业主来说，机电承包商也按原定计划进场安装，整个水利枢纽工程的施工都在有条不紊地进行中。

（五）法院裁决

如果任何一个合同争端经历了以上程序后仍不能得到解决，而且合同的任何一方（通常是承包商）提出要进行法院仲裁，这将是一个十分漫长而且对合同双方都费时费钱的官司。

尽管上面比较详细地介绍了解决FIDIC条款下国际工程中出现的合同争端的程序及一些技巧，但是，在解决合同争端中起关键性作用的还是领导者的决策水平和合同管理者掌握和灵活运用FIDIC合同的能力。只有在合同履约过程中不断总结有关索赔失败的教训和积累成功的经验，才能把国际工程合同争端及时、有效、公正地解决好。

（中国水利水电第八工程局 宋宜军）

## 建设单位索赔管理

（一）工程索赔的概念、性质

索赔是在工程承包合同履行中，当事人一方由于另一方未履行合同所规定的义务而遭受损失时，向另一方提出赔偿要求的行为。在实际工作中，“索赔”是双向的，建设单位和施工单位都可能提出索赔要求。通常情况下，索赔是指承包商（施工单位）在合同实施过程中，对非自身原因造成的工程延期、费用增加而要求业主给予补偿损失的一种权利要求。而建设单位对于属于施工单位应承担责任造成的，且实际发生了损失，向施工单位要求赔偿，称为反索赔。索赔的性质属于经济补偿行为，而不是惩罚，索赔属于正确履行合同的正当权利要求。索赔方所受到的损害，与索赔方的行为并不一定存在法律上的因果关系。索赔事件的发生，可以是一定行为造成，也可能是不可抗力事件引起；可以是对方当事人的行为导致的，也可能是任何第三方行为所导致。索赔在一般情况下都可以通过协商方式友好解决，若双方无法达成妥协时，争议可通过仲裁解决。

（二）建设单位索赔管理的重要性

工程项目建设过程中的索赔管理是一门综合社会科学和自然科学为一体的边缘学科，它广泛地涉及工程技术和管理、合同管理、造价管理、财务分析、工程设计、施工、监理、工商贸易、法律法规、公共关系等专业学科。索赔是这些知识的有机组合及综合的灵活应用。因此作为一个建设工程项目的发包方，必须尽快适应市场经济的需求，把工程索赔管理工作作为开展企业经营管理工作的重要内容，建立相应的工程监理、合同管理、成本管理、进度管理和索赔管理体系。

1. 索赔是合同管理的重要环节 索赔和合同管理有直接的联系，合同是索赔的依据。整个索赔处理的过程就是执行合同的过程。从项目开工后，合同管理人员就必须将每日的实施合同的情况与原合同对比分析，若出现索赔事件，就应当研究承包商是否会提出索赔。索赔的依据在于日常合同管理的证据，想不被索赔就必须加强合同管理。

2. 索赔有利于管理水平的提高 工程建设索赔直接关系到建设单位和施工单位的双方利益，索赔和处理索赔的过程实质上是双方管理水平的综合体现。作为建设单位为使工程顺利进行，如期完成，早日投产取得收益，就必须加强自身管理，做好资金、技术等各项有关工作，保证工程中各项问题及时解决。作为施工单位要实现合同目标，取得索赔，争取自己应得利益，就必须加强各项基础管理工作，对工程的质量、进度、变更等进行更严格、更细致的管理，进而推动建筑行业管理的加强与提高。

3. 索赔是合同双方利益的体现 从某种意义上讲，索赔是一种风险费用的转移或再分配，如果施工单位利用索赔的方法使自己尽可能的损失得到补偿，就会降低工程报价中的风险费用，从而使建设单位得到相对较低的报价。当工程施工中发生这种费用时可以按实际支出给予补偿，也使工程造价更趋于合理。作为施工单位，要取得索赔，保证自己应得的利益，就必须做到自己不违约，全力保证工程质量和进度，实现合同目标。同样，作为建设单位，要通过索赔的处理和解决，保证工程质量和进度，实现合同目标；保证工程顺利进行，使建设项目按期完工，早日投产取得经济收益。

4. 索赔是挽回成本损失的重要手段 在合同实施过程中，由于建设项目的主客观条件发生了与原合同不一致的情况，使建设单位的实际工程成本增加。建设单位为了挽回损失，通过反索赔加以解决。显然，索赔是以赔偿实际损失为原则的，建设单位必须准确地提供整个工程成本的分析和管理资料，以便确定挽回损失的数量。

5. 索赔有利于国内工程建设管理与国际惯例接轨　索赔是国际工程建设中非常普遍的做法。尽快学习、掌握运用国际上工程建设管理的通行做法，不仅有利于我国企业工程建设管理水平的提高，而且对我国企业顺利参与国际工程承包、国外工程建设都有着重要的意义。

（三）建设单位的索赔管理

索赔事件产生的原因主要有施工延期，恶劣的现场自然条件，合同变更，合同矛盾和缺陷，设计考虑不周或与实际情况有出入等。

索赔事件在建设工程项目中几乎是不可避免的，且有部分承包商提出索赔要求也常有不符合合同规定或显著抬高索赔金额等情况。对于这一切，不论其合理与否，均应经工程师认真处理决定。否则会导致浪费工程师的时间和精力，索赔纠纷发展到要仲裁的地步。承包商抬高索赔要求寄希望于：即使赔偿额被监理工程师或仲裁人大为削减，仍可获得一笔利润。

那么作为发包商如何针对承包商可能提出的索赔采取防范措施，尽量避免索赔事件的发生或将索赔的额度降到最低，则是工程项目建设管理中的一项重要任务。下面仅就建设单位在工程项目实施过程中的索赔管理工作，应注意的几个方面谈点粗浅的认识。

1. 做好建设工程项目的前期准备工作　要尽可能详细地收集施工现场的各种自然条件，如地下水、地质断层、溶洞、沉陷等各种地质资料，以及地下坑井、管网、隧道、人防工程等公共设施或废弃建筑物等。建设项目设计阶段，优化设计是防止建设工程索赔事件发生的重点。

2. 控制合同变更，减少索赔费用　建筑安装工程承包合同，是发包方和承包方为完成商定的建筑安装工程，明确相互权利、义务关系的协议。为维护签约双方的经济利益，应对索赔制定详细、周密而又具体的规定，对报送索赔事项的时间界限也应提出具体要求，一旦超出时限将无权提出索赔。合同一经签订，则甲乙双方都必须信守，平等诚实，严格按合同条款的规定执行，避免因违反合同规定而发生索赔事件。否则，一旦给对方造成经济损失，都应该予以补偿。

在招标前，要根据招标项目准备工作的实际情况及项目所处的内、外部环境，考虑合同形式。由于建设工程工期长、干扰事件多，合同管理极为复杂繁琐。在承包合同中，要明确合同内容和范围及合同文本界限，资料齐全，文字严密，不可含糊其辞，使对方无空子可钻，保证合同顺利履行。在订立合同时，对工程项目造价的变动影响因素，要进行详细而周到的考虑，尽量减少因合同文件缺欠而造成索赔，对投资效益产生不良影响。在合同实施过程中，加强监督、跟踪检查，发现问题，及时纠正，使投资达到预期效果。

3. 加强工程造价管理，控制工程预算和决算　建设工程造价管理，是建设经济领域中的重要组成部分。随着社会主义市场经济体制改革的不断深化，人们对工程造价管理的认识也在逐步加深。为了适应商品经济和现代化科学管理的发展，在工程项目建设过程中避免索赔事件的发生，必须加强对工程造价的管理；认真细致地编制建设工程施工图预算，做到不漏项，合理地确定和有效地控制工程造价。使有限的资金得到最充分的利用，以尽可能少的投入获得尽可能多的产出，提高投资效益。

4. 严把工程质量和进度关　在工程承包合同中要明确工程质量的评定标准和依据，并在工程建设过程中严格执行。要综合考虑施工组织管理、施工技术、施工企业人员和机具设备等情况，以及各种自然环境、气候条件等因素的影响，制定切实可行的施工工期，并对该工期能够得到顺利实施，订立明确的各种保障条款和奖惩措施。将工程索赔事件和工程进度计划的执行情况等同看待。

5. 合理进行反索赔　反索赔是指建设单位向施工单位提出的索赔。建设单位向施工单位索赔的主要途径：一是减少或防止可能产生的索赔；二是利用反索赔来对抗（平衡）施工单位的索赔要求。在工程项目建设过程中，承包商不履行或不完全履行合同约定的义务，或是由于承包商的行为使发包商受到损失，发包商为维护自身的利益，应积极进行反索赔。发包商向承包商提出反索赔的主要内容有以下几种。

（1）工期延误反索赔。指工期延误属于施工单位责任时，建设单位对施工单位进行索赔，即由施工单位支付延期竣工违约金。建设单位在确定违约金的费率时，一般要考虑以下因素：建设单位盈利损失；由于工期延长而引起的贷款利息增加；工期延长引发的建设费用的增加；工程延期带来的附加监理费；由于本工程拖期竣工不能使用，租用其他建筑时的租赁费。

违约金的计算方法，在每个合同文件中均有具体规定，一般按每延误一天赔偿一定的款额计算，累计赔偿额一般不应超过合同总额的10%。

（2）施工缺陷索赔。指施工单位的施工质量不符合施工技术规程的要求，或使用的设备和材料不符合合同规定，或在保修期未满以前未完成应该负责补修的工程时，建设单位有权向施工单位追究责任。如果施工单位未在规定的期限内完成修补工作，建设单位有权雇佣他人来完成工作，发生的费用由施工单位承担。

(3) 对指定分包人的付款索赔。指工程施工单位未能提供已向指定分包人付款的合理证明时，建设单位可以直接按照监理工程师的证明书，将施工单位未付给指定分包人的所有款项（扣除保留金）付给这个分包人，并从应付给施工单位的任何款项中如数扣回。

(4) 经济担保反索赔。

(5) 保修金反索赔。

(6) 建设单位合理终止合同或施工单位不正当放弃工程的索赔。如果建设单位合理地终止施工单位的承包，或者施工单位不合理地放弃工程，则建设单位有权从施工单位手中收回由新的施工单位完成全部工程所需的工程款与原合同未付部分的差额。

在做到了尽量避免索赔事件发生的同时，注意运用好反索赔这一武器，也可以有效地减少发包商的经济损失，更好地提高投资效益。

6. 预防索赔的措施　加强工程的风险意识，及早了解自然界和社会的风险来源的可能性，尽早采取措施，防患于未然。最好是在设计及招标阶段，尽可能地将地质情况及地下障碍物的资料收集齐全。勘察设计工作本身一定要细，尽量避免因勘察失误而影响工程。要及早采取措施，搞好地下管线的拆迁工作，以免延误工期，造成索赔。

进行优化设计，提高设计的水平和质量，尽可能避免因设计出错影响工程。设计过程中考虑的周全，也可消除施工中因不合理设计造成的设计变更而引起索赔。

在工程项目建设过程中，若尽可能地避免索赔事件的发生，就必须加强工程建设项目的造价管理，认真细致地编制建设工程施工图预算，做到不漏项，合理地确定和有效地控制工程造价，并在工程项目建设过程中严格按照合同和工程施工形象进度按期足额支付工程款项。

要加强合同管理和工程质量管理及施工进度控制。在施工过程中要避免随意进行变更或下达工程停工令，影响工程施工进度，造成工程延期而引起索赔。

7. 对索赔事件的处理　一旦在工程项目建设过程中发生承包商对发包商提出索赔要求，发包商要能针对其索赔要求采取正确的应对措施：要审定承包商所提出的索赔要求有无合同依据；所引用的索赔理由是否充分；索赔时间的发生是否为承包商的责任（或部分责任）；在索赔事件发生时，承包商是否积极采取了有效的控制措施；该项索赔是否属于承包商的风险范畴；对承包商有没有在合同规定的时限内向发包商和项目监理工程师报送索赔意向通知等。在确定属于合同索赔范畴内的索赔要求时，还应该仔细审核其提出的索赔款额是否合理等。

（中国水利水电第十工程局　冉　念　周德鸿）

## 水利水电工程施工项目工效降低索赔

水利水电工程项目一般规模较大、工期较长、结构较复杂，在施工过程中，经常出现由于水文气象、地质条件，以及规划设计、施工方案的变化等非承包商因素的影响，导致工程项目的施工效率降低，这种现象总称为工效降低。由于工效降低导致施工成本增加，从而引起承包商对业主的索赔，即工程上所称的工效降低索赔。从目前实际施工实践来看，由于工效降低所引起的工程成本增加款额相当大，是索赔款的重要组成部分，达到工程变更索赔总款额的10%以上，有时甚至高达40%～50%。因此，工效降低索赔在施工索赔中具有重要的意义。

（一）通用计价方法

工效降低索赔款的计价方法较多，本文介绍四种比较通用的方法。

1. 以整个工程为基础的计价法　该法是以整个承包工程为单位，计算施工过程中实际开支的费用，同投标报价时估算的费用相比较，向业主要求补偿超支的费用，即：

工效降低索赔款项＝整个工程实际开支的费用－报价估算的费用

这种计价法被称为“实际成本与预算成本比较法”。此计价法存在两个问题：

(1) 由于在整个工程项目施工过程中，干扰因素是多种多样的，实际开支的费用比投标估算费用超出的那一部分，是否都属于业主方面的责任，承包商有无责任很难判别。

(2) 投标报价时估算的费用是否合理，有时承包商为了中标而压低了报价，甚至投标报价低于合理成本，造成索赔款额偏大，也很难让业主接受。

因此，对于工程项目简单，工期较短的工程，才考虑采用以整个工程为基础的计价法。

2. 以部分工程为基础的计价法　该法是以整个工程中的某一部分工程为单位，计算由于工效降低而增加的费用开支，即：

工效降低索赔款额＝某项工作实际开支的费用－该项工作报价估算的费用

这种计价法同以整个工程为基础的计价法相比较，争议的因素减少了许多。因为它仅局限于某一项工作，该项工作在施工中由于非承包商的原因受了干扰，使工效大为降低，这一事实为业主和工程师所共同目睹，对其索赔要求较容易接受。但由于这种方法，仍没有反映承包商自身原因对工程的影响，计算费用仍欠准确，一般运用于工期较短的分项工程。

3. 时段工效比较计价法 时段工效比较计价法的特点，是选定工效降低显著的施工时段，以其施工效率同正常状况下的施工效率相比较，计算由于工效降低所受的损失，要求业主补偿。这种方法选定了影响工效的特定时段，能较为准确地反映工效降低的实际情况，只要工效记录资料完整准确，就容易为工程师和业主所接受。因此，时段比较法是较为合理的计价法，也是目前工效降低索赔计价中最常用方法（具体计算方法详见时段工效计价法案例）。

4. 经验系数计价法 经验系数法是指利用专家的多年工作经验来确定工效降低系数的方法。这种方法虽然计算简单，但一般没有直接证据，因此说服力不足，承包商和监理工程师很难达成一致。该方法目前在施工中经常使用，主要是由于工效降低索赔款计算资料牵涉面很广，承包商无法提供工程师所需要的全部支持资料，但又确实有工效降低的情况存在，业主为了补偿承包商由于工效降低而增加的成本，只有利用估算的工效降低系数对承包商进行适当补偿。

（二）计算补偿费用存在的问题

从目前情况来看，工效降低索赔计价方法虽然较多，但均存在以下两个问题。

（1）难以准确计算工效降低引起的成本增加款额的数量。例如，由于延长工作时间（如每班连续作业8h）所引起的工效降低，一般很难准确量化，承包商提出的工效降低系数（即工效降低条件下的生产率同正常工作条件下的生产率的比例）为0.55，而监理工程师认为可能为0.75。哪一种说法更接近实际，往往难以达成共识。

（2）难以符合实际地划分责任。在发生工效降低的现象时，往往具有多重因素，各种影响因素的责任主体，往往难以准确地划分。例如，当两个以上承包商或多种作业集中在一个部位操作时，互相干扰而使工效降低。承包商对此会说是由于业主的原因导致加速施工所致；业主则可能指出是由于承包商的施工组织不善、物资供应不及时等原因所致。

以上问题，均应根据合同规定和施工实际情况，经双方充分协商，合理确定。

（三）时段工效计价法案例

某工程由于业主提供的混凝土浇筑设备某一段时间经常出现故障，导致施工效率降低，存在设备停置和窝工现象。承包商原计划浇筑混凝土10000$m^3$，钢筋制安120t，但在此段时间实际浇筑量为8000$m^3$，钢筋制安90t，比原计划少浇混凝土2000$m^3$，钢筋制安少30t。于是，承包商就此向业主提出了工效降低索赔，但业主和监理工程师坚持认为造成工效降低的原因不只是由于业主设备原因引起的，这其中也存在承包商施工组织不善的因素。但是，由于承包商对设备检修时间做了详细记录，在足够的材料支持下，经过业主、监理以及承包商多次协商，最后业主才同意补偿承包商工效降低损失费用51200元，具体计算方法如下：

工效降低损失费用＝少完成工程量×该项目的窝工单价

少完成工程量可用实际完成工程量与计划完成工程量对比得出；窝工单价可用窝工单价分析表进行计算，分析表中包括以下四项费用：

（1）人员窝工费。数量按项目投标报价表中的数量＋8%的辅助人员，单价按合同规定的窝工人工单价。

（2）设备停置费。数量按项目投标报价表中的数量，承包商自购设备单价按（折旧费＋经常性修理费）×50%计算；业主设备按修理费25%计取，每天按6小时计算。

（3）管理费。按人员窝工费的14%计取。

（4）税金。按（人工费＋设备停置费＋管理费）×3.24%计算。

按以上方法计算得出，混凝土窝工单价为20.5元/$m^3$，钢筋340元/t，因此该项目应得工效降低补偿2000×20.5＋30×340＝51200元。

由此案例可见，承包商在处理涉及工效降低的索赔计价时，应拿出足够证据；而这些证据资料，必须有一个完善的施工现场记录和报告制度，并持之以恒地执行，才能在索赔事件发生时，获得可靠的证据和准确的数据。

（四）承包商应注意的问题

承包商的成本亏损，很多是由于工效降低造成的；但往往由于承包商在施工过程中没有注意及时全面地记录和收集资料，无法提供足够的支持材料，因此很多应该得到的经济利益没有得到或没有足额得到补偿。因此，为了做好工效降低索赔工作，承包商应注意以下几个问题。

（1）编制合理的计划。承包商在每一个合同中标后，首先应根据投标情况进行工程项目分解，并对每一个项目的资源投入、施工时间、施工顺序进行详细可行的计划安排。只有这样，记录人员以及变更索赔人员才能从实际施工数据与计划数据的对比中及时发现工效降低现象的存在，从而进一步查找原因，进行索赔。

（2）做好现场记录。对现场的施工机械、劳动力的数量、工作时间、工作内容、完成工程量等数据，进行详细的登记。

（3）建立有效的信息网络。只有记录，没有很好的输送途径，记录资料就不可能起到它应有的作用。施工过程中要注意把这些有用的资料及时传递到合同管理人员手中，然后由管理人员对这些资料进行有效的分析，编制及时、真实、详细的索赔报告。

（4）论证工效降低的原因。工效降低的原因是多方面的。对于每一项引起工效降低的事由，都应做详细的具体记录；对有的事故和干扰，还应利用摄录设备即时实录。

（5）合理计算索赔款。以上四种计价法，应尽量采用时段工效比较法计算，要做到实事求是，切忌在计算中随意提高索赔款额，漫天要价是不严肃的行为，会给索赔带来严重障碍。

（6）与业主建立良好的关系。由于水利水电工程项目复杂，工期长，工程建设过程中出现的变更和索赔情况也较复杂，加上施工企业管理上的原因，一些索赔事件要想取得完整的索赔资料很难。因此，为了能够使得由于工效降低而增加的成本得到适当补偿，只能使用第四种经验系数法来计算，而这种方法的随意性很大。其系数的大小对承包商来说很重要，而系数的大小很大部分取决于业主对承包商的信任程度，所以承包商必须信守合同，满足业主对工程质量、进度等施工要求，在认真研究合同条件的基础上提出索赔要求，才能建立与业主良好的关系。

（中国葛洲坝股份有限公司　陈中月　马英英）

# 工程造价与招投标

## 工程造价预测与工程量

预测水电工程造价，工程量的计算至关重要，尤其是主体建筑工程、施工导流工程和其他需要按照图纸计算工程量的项目。不同的造价预测阶段对工程量计算的要求不同，造价专业人员必须掌握各阶段对工程量计算的规定，学会正确处理各类工程量，提高造价预测的准确性。根据《水利水电工程设计工程量计算规定》，可研及初设阶段，设计工程量就是图纸工程量乘以设计阶段系数，其后的设计阶段，设计阶段系数均为1。

### 一、工程量分类

1. 设计工程量　设计工程量是考虑了设计阶段系数（即设计阶段扩大工程量）的图纸工程量。

2. 施工附加量　施工附加量指为满足施工需要而必须额外增加的工作量。例如，石方洞挖概算定额中的施工附加量主要包括，开挖断面小的圆形隧洞为满足交通运输要求需扩挖下部而增加的工程量、为施工人员及设备避炮而增加避炮洞、因洞长在洞内需专放变压器和存放照明设备及工具而扩大断面增加的工程量；设置临时排水沟、固定钢筋网而增加的固定筋等。

施工附加量因建筑物的类别及形式而异。如，小断面隧洞施工附加量大，而大坝的施工附加量相对来说则很小。施工附加量与设计断面工程量的比值一般称为施工附加量百分率。具体计算时，设计人员应根据实际资料进行分析确定，关键在于合理。

3. 施工超挖超填量　由于土石方开挖具有一定的不规则性，实际开挖出的断面难以完全与设计开挖断面一致，而欠挖是施工规范所不允许的，为保证建筑物的设计尺寸，就存在实际开挖断面大于设计开挖断面的情况。超出设计开挖断面的工程量称为超挖量。超挖量分为规范允许之内和之外两种。一般情况前者属于不可避免因素造成，应给予费用补偿；而后者属于施工技术水平所致（地质原因除外），费用由承包商自负。由于有施工附加量和施工超挖量，随之产生了施工超填量。

超挖量与设计开挖工程量的比值即为超挖百分率，断面越小，超挖百分率越大。

4. 施工损失量　施工损失量包括体积变化损失量、运输及操作损耗、其他损耗。土石方填筑过程的施工沉陷、吹填工程的施工期沉陷、混凝土的干缩等都属体积变化。运输和操作过程的损耗，也包括不可避免的压坏等。其他损耗指削坡、雨后清理坝面、防渗墙一二期墙槽接头重复造孔和灌浆增加量等损耗。

5. 其他　其他项指质量检查、必要的试验等工程量。

## 二、造价预测中各类工程量计价的处理方式

《水利水电工程设计工程量计算规定》中明确指出，设计工程量就是图纸工程量乘以设计阶段系数，不得将超挖超填和施工附加量等计入设计工程量。但超挖超填又是不可避免的，那么在预测造价时该如何处理这部分工程量的投资呢？采用不同的定额，处理的方式也不同。

（一）使用概算定额计价

一般在可研和初步设计阶段采用概算定额计价，设计工程量应按建筑物的几何轮廓尺寸并考虑设计阶段系数计算到三级项目。现行概算定额已按施工规范和有关规定计入了不构成建筑物实体的超挖超填量和施工附加量以及各种操作损耗，在使用概算定额计价时，不再另行计算超挖超填量和施工附加量。

例如现行概算定额的平洞石方开挖（风钻钻孔）每 $100m^3$，断面小于等于 $10m^2$ 时石渣运输量为 $125m^3$，断面大于 $240m^2$ 时石渣运输量为 $106m^3$，超挖量和施工附加量以及各种操作损耗均体现在概算定额内，前者占25%、后者占6%；同时也可看出，超挖量和施工附加量与开挖断面大小的关系。又如堆石坝 $100m^3$ 实方的填筑，若从料场直接运输物料（堆石料）上坝，需要 $78m^3$ 自然方（按石方松实系数1∶1.31折合约 $102m^3$ 实方），若从成品供料场运输物料（堆石料）上坝，则需要 $121m^3$ 堆方（按松实系数1.53∶1.31折合为 $103m^3$ 实方），均超出堆石坝 $100m^3$ 实方定额量，体现了概算定额中包含的超挖超填和施工附加量及各种损耗量。

（二）使用预算定额计价

一般在技施设计和招投标阶段采用预算定额计价，工程量仍然为图纸工程量乘以设计阶段系数，只是设计阶段系数为1。现行预算定额没有考虑超挖超填量、施工附加量和各种操作损耗，在使用预算定额计价时，造价专业人员必须正确处理工程量。虽然该阶段工程量只是图纸工程量，但造价专业人员计价时应对两部分工程量计价。第一部分是按建筑物的几何轮廓尺寸计算的工程量（图纸工程量）；第二部分是合理的超挖超填量和施工附加量及各种操作损耗。计算第二部分时，超挖标准的控制既要符合设计规范的允许值，还要充分考虑市场因素和施工企业管理水平，严格控制超挖量，以降低成本。

例如，隧洞石方开挖工程预算定额分为开挖、超挖和石渣运输3个工序定额，有石方开挖、石方超挖和石渣运输3个单价，但计价时要按设计图纸工程量乘以综合单价。具体做法是设计断面的工程量、设计考虑的施工附加量应套用隧洞石方开挖定额计价，施工规范允许范围以内的超挖量应套用隧洞超挖石方定额计价，再将超挖和石渣运输单价按超挖量和石渣运输量占设计工程量的比例摊入石方开挖主定额内，得出综合单价。又如预算定额的土石填筑子目分备料、运输和压实3个工序定额，备料和运输定额单位为 $100m^3$ 自然方，而压实定额为 $100m^3$ 实方，合成单价时，需按折实系数（设计干密度÷天然干密度）和综合系数 $A$ 值（包括开挖、上坝运输、雨后清理、削坡、沉陷等损耗，使用时可根据不同的筑坝物料查表选用），计算出压实 $100m^3$ 实方体积所需的自然方体积。即：每 $100m^3$ 压实成品方需要的自然方体积 $=(100+A)\times$ 设计干密度 ÷ 天然干密度。该体积数量大于100，将备料和运输单价按此比例调整扩大，再与压实单价合成，从而得出综合单价，用综合单价乘以设计图纸工程量即可。

（三）招投标阶段计价

1. 本阶段计价方法与计价特点　招投标阶段工程量报价清单列示的量是图纸工程量，无论是编制标底或是报价，一般参考预算定额作单价分析，招投标阶段按工程量报价清单列示的工程量分析单价，该单价应是综合单价。例如石方开挖工程，按石方开挖、石方超挖、石方运输几个预算定额来分析单价，再按其占设计工程量的比例摊入主定额，综合为与工程量报价清单项目相应的综合单价。

例如，石方开挖工程，工程量报价清单的工程量为 $A$，施工附加量百分率为 $a\%$，合理的超挖量为 $B$，石渣运输量为 $A(1+a\%)+B$，则综合单价 $=(1+a\%)\times$ 开挖单价 $+(B\div A)\times$ 超挖单价 $+[A(1+a\%)+B]\div A\times$ 运输单价。

又如混凝土防渗墙浇筑，招标阶段工程量清单为设计工程量，若参考新颁预算定额编制标底或报价，由于定额未包括施工附加量及超填量，需按接头系数 $K_1$、墙顶系数 $K_2$ 和扩孔系数 $K_3$ 计算综合系数 $K=K_1\times K_2\times K_3$，以此计算所增加的工程量，即施工附加量及超填量，再将其费用以摊销的方式摊入定额综合单价，即综合单价＝混凝土防渗墙浇筑预算单价 $\times K$。

而防渗墙混凝土浇筑的概算定额则不同，定额中浇筑防渗墙混凝土需要的混凝土量考虑了超填量和施工附加量。每 $100m^2$ 的阻水面积所需浇注的混凝土量，无论墙厚大小，只与地层基岩状况有关。每浇筑 $1m^3$ 防渗墙混凝土，漂石、卵石地层约需 $1.42m^3$ 混凝土，细砂、砾石地层约需 $1.35m^3$ 混凝土，其他地层约需 $1.3m^3$ 混凝土，体现了施工附加量和超填量，使用时定额不必再扩大。

2. 其他应注意的问题　无论是标底或报价，在计算超挖超填和施工附加量时，绝不是生搬硬套施工规范，而是根据施工方法、地质条件，充分考虑施工

企业的技术水平和管理水平以及市场公平竞争的实际，合理地确定超挖超填和施工附加量。要做到这一点，造价专业人员平时多作积累是十分必要的。认真研究不同类型施工企业的投标书，分析其报价的方法、特点和系数的计取，了解其技术管理水平，这样在编制标底或报价时才会心中有数，才能保证造价预测的准确性。

（四）实施阶段计价

工程实施阶段合同价的支付与结算的管理重点也是工程计量，该阶段需按合同中的计量规定计算工程量；合同价的调整、变更与索赔、竣工决算和项目后评价等都与工程量息息相关。

## 三、其他

（一）项目划分

《水利水电工程设计工程量计算规定》规范了工程量的计算，水利部水总［2002］116号文明确了工程量项目划分的要求，水利工程分别按照枢纽工程、引水及河道工程划分，下设一、二、三级项目，设计工程量要按三级项目列出，与定额设置的子目相对应，还要与定额单位统一。例如，混凝土坝工程的三级项目有土方开挖、石方开挖、土石方回填、混凝土、模板、防渗墙细部结构工程等，土石方、混凝土的单位为$m^3$，模板、防渗墙为$m^2$，细部结构工程量则按坝体混凝土量计列。

目前设计单位的习惯与现行项目划分规定有一定差异，多数设计单位都是分水工、施工、机电、水库等专业提供工程量或设备清单，造价专业人员要将有关资料加以整理归类；也可向其他专业明确要求，使之提交的工程量符合项目划分的要求，避免遗漏或重复，从而提高投资计算的准确性。

（二）限额设计

限额设计在初步设计批准之后、主体工程开工之前开展，它以批准的初步设计概算静态投资作为最高限额，主要内容是指施工设计的工程项目和工程量应总体控制在初步设计的范围之内。限额设计可以验证初步设计的工作深度和质量，通过奖惩，鞭策和激励设计单位精心设计，控制设计变更，促进设计优化。这就要求设计人员更应该注重工程量计算的准确性。

综上所述，工程量的计算及其计价处理贯穿工程各阶段的造价管理，为提高造价预测的准确性，必须重视工程量的计算，掌握计价方法，使造价管理工作更上一层楼。

（中水珠江规划勘测设计有限公司　陆抗珍　陈胜良）

# 施工项目经济分析

（一）项目经济分析的作用

（1）通过项目经济分析，衡量项目经营业绩，分析盈利或亏损的原因，找出实际施工成本与投标报价的偏差，分析实际施工成本水平，评价投标报价的合理性，为施工企业今后投标报价提供准确数据。

（2）通过项目经济分析，可以及时了解项目施工成本状况，找出成本偏差，及时采取措施，消除偏差，降低成本，提高效益。

（3）通过项目经济分析，可以优化施工方案，寻求技术先进、经济合理的施工方案，为施工项目获得良好经济效益打下基础。

（4）通过项目经济分析，可为施工企业经营决策提供依据。如施工项目是采取全部自己施工，还是采取部分分包，是自购设备施工，还是租赁设备施工等，这些都需通过对项目进行经济分析后确定。

（二）项目经济分析的特点

（1）实用性。项目经济分析有很强的实用性，既可在施工前对项目进行经济分析，以指导项目施工；也可在施工过程中对项目进行经济分析，及时对施工成本进行控制，以使施工项目取得良好的经济效益；还可以在施工结束时对项目进行经济分析，总结经验，找出不足，以指导下一个合同项目施工。

（2）灵活性。经济分析对象可以是一个合同项目，也可以是其中的分部工程，甚至可以是一道工序、一种材料、一项费用，完全可以根据分析的目的来选择分析对象。

（3）市场性，在经济分析过程中，应用大量的市场价格和招投标资料数据进行对比分析。如某项目本单位实际施工成本与目前建筑市场施工成本分析对比，与合同价格的分析对比等，以确保与市场经济紧密结合。

（4）准确性。项目经济分析采用的数据资料都是项目实际发生的成本消耗数据或者该项目招投标数据资料，能够真实反映分析对象的成本状况。

（5）及时性。项目经济分析可以根据不同的要求对项目进行及时的分析评价，既可在项目施工前进行分析，也可在项目施工过程中进行分析，还可以在项目施工结束后进行分析，只要需要，就可及时选择对象，收集资料，进行分析。

（三）项目经济分析的对象

（1）以整个合同项目为对象进行经济分析。这类分析适于中小型合同项目。在项目完工后，可及时汇总各种成本消耗资料进行核算和分析，较快地反映项目的经营状况和经济效益，而不必等到工程竣工验收，办理竣工结算后才能进行核算和分析，这样就能及时地为企业领导提供有价值的项目经营信息。

（2）以分项工程为对象进行经济分析。对工程量大、工期长、分项工程多的施工项目，在施工过程中必须对分项工程施工成本进行控制。要选择对工程项目施工成本影响大的分项工程项目进行分析，找出成本差异，分析造成差异的原因，并及时采取措施消除差异。在这类分析中，一方面要在核算该项工程施工实际成本的基础上，检验施工方案是否科学，现场施工管理是否合理，是否还有技术上更先进、经济上更合理的施工方案或施工管理模式可以替代；另一方面要根据分项工程项目的实际施工成本水平，检验投标报价中该项工程报价的合理性，以及当时采用的投标报价策略是否合理等，为施工企业下一步进行同类工程项目的投标积累经验。如对混凝土防渗墙的施工，可对某一段防渗墙的钻孔成槽、混凝土浇筑等施工过程中的人工、材料、机械等成本进行归集分析，并与该段混凝土防渗墙的合同结算价款进行对比，可以计算盈利或者亏损的数额，并对盈亏进行分析，找出盈亏的原因，在此基础上对其余防渗墙的施工提出降低成本措施。

（3）以工序为对象进行经济分析。对于某些工序，其成本变化对项目成本影响较大，或者影响工序成本的因素较多，对这类工序就必须对其成本进行重点分析及重点控制。如大型土石方开挖工程中的钻孔工序，由于工程量大，工期紧，可能要投入多个施工队，采用不同型号规格的钻孔设备。由于工作面狭小，多个施工队混杂施工，对于施工队钻孔结算的计量，无法测量其体积方量进行结算，通常是按钻孔进尺为计量单位进行结算。这种以钻孔进尺为计量单位与以爆破体积为计量单位两种结算方式到底存在什么关系；钻孔的工序成本是多少；是否超过了合同单价中钻孔工序成本，如果超过，是什么原因造成的，是投标单价过低，还是钻孔进尺结算单价过高；是钻孔设备选择不当，还是孔排距布置不合理；是爆破效果不好，还是进尺计量不准确，等等。这些都得进行充分细致的分析，才能得出结论。

（4）以某种材料或某项费用为对象进行分析。对于耗用量大的物资材料，对项目成本影响非常大，必须进行单项分析。如混凝土工程中的砂石料消耗量，土石方工程中挖装、运输设备油料消耗等，都可以进行深入细致的分析。另外对某些在投标过程中估算的费用，在项目实施过程中也应进行收集分析，以检验投标过程中该项费用估算的合理性，使今后投标中类似费用的估算更加准确、合理；同时也可以从中发现实际施工中这些费用支出是否合理。这类分析如基坑排水费用分析、临时工程费用分析、现场管理费用分析、供风单价分析、测量、试验费用分析等。

总之，施工企业项目经济分析就像显微镜或CT，可以从不同的角度，不同的层面观察分析施工项目的这一庞大机体的经济运行状况。一个有长远眼光的施工企业负责人或施工项目经理，应当充分利用项目分析这一有效工具，在项目管理中大力推广应用；并将其制度化、规范化。这一工作应由经营管理部门或财务部门负责，施工、技术、设备、物资等部门配合，每月至少提供1～2份有价值的经济分析报告，从而掌握项目经济命脉；如发现异常情况，及时对症下药，使项目经济活动在健康的轨道上正常运行，以达到盈利的目的。

（中国葛洲坝水利水电集团公司　陈少伟）

## 三峡导流明渠截流和三期围堰工程施工招标文件

三峡工程采用“三期导流、明渠通航”方案。三期围右岸，拦断明渠，先施工三期上、下游土石围堰，在其保护下浇筑三期碾压混凝土（RCC）围堰至堰顶高程140m，江水从河床泄洪坝段设置的导流底孔及永久深孔宣泄，在三期RCC围堰及三期下游土石围堰保护下修建右岸厂房坝段、右岸电站厂房及右岸非溢流坝段。库水位蓄至135m，左岸电站机组开始发电，船闸通航。

2001年10月提出《三峡三期明渠截流及土石围堰招标设计报告》，2001年11月提出《三峡三期上游碾压混凝土围堰招标设计报告》，2002年3月编制完成《三峡导流明渠截流和三期围堰工程施工招标文件》（合同编号：TGP/CI-4）。招标工程项目为三峡导流明渠截流及三期围堰工程，包括导流明渠截流、三期上下游土石围堰填筑及防渗、三期下游土石围堰安全监测、围堰备料及料源开采，三期RCC围堰第二阶段工程、基坑排水等工程。

（1）导流明渠截流是三峡二期转向三期工程建设的标志，采用双戗双向立堵截流方式，截流合龙时段选在2002年11月下半月，截流设计流量为10300$m^3/s$，截流落差达4.11m。明渠截流自2002年11月1日开始非龙口段进占，导流明渠断航，计划于11月下半月截流合拢（根据水文预报及相关条件，相机确定具体合龙时段）。上、下游截流龙口宽分别为150m和140m，上、下流截流龙口部位均设置加糙拦石坎。

（2）三期上游土石围堰为4级临时建筑物，设计洪水标准为4月份实测流量最大值17600$m^3/s$（1877

年～1990年资料)，相应上游水位81.05m。围堰轴线呈直线布置，位于坝轴线上游270～340m。围堰轴线全长约427m，左接混凝土纵向围堰上纵段第7堰块，右接导流明渠右边坡。围堰主要由风化砂、反滤料、石渣、石渣混合料和块石填筑而成。围堰顶高程83.0m，顶宽10m；水上边坡（高程72.0m以上)，迎水侧1：2.5，背水侧1：2.0；水下边坡，迎水侧1：1.5，背水侧1：1.3。围堰防渗采用单排高压旋喷灌浆上接土工合成材料心墙型式，高喷墙施工平台高程为72.0m，墙厚0.8m，其上土工合成材料心墙呈“之”字形铺设至高程82.0m。高喷墙下部设帷幕灌浆钻灌至岩体透水率$q \leqslant 50$Lu止。

(3) 三期下游土石围堰为3级临时建筑物设计，设计洪水标准为2%频率洪水流量79000m³/s (1877年～1990年资料)，相应下游水位78.3m。围堰轴线呈直线布置，位于坝轴线下游890～595m。围堰轴线全长415m，左接混凝土纵向围堰下纵段第20堰块，右接导流明渠右边坡。围堰主要由风化砂、反滤料、石渣、石渣混合料和块石填筑而成。围堰顶高程81.5m，顶宽15m，高程72.0m以上水上填筑边坡上、下游边坡为1：2和1：2.5，水下抛填上、下游边坡为1：1.5和1：1.3。围堰防渗采用双排高压旋喷墙上接土工合成材料心墙型式，高喷墙顶高程为69.0m，墙厚0.5m，其上接土工合成材料“之”字形心墙至高程79.0m。对于基础透水岩体及右岸坡透水带采取防渗帷幕灌浆处理。

(4) 三期RCC围堰为1级临时建筑物，设计洪水标准为5%频率最大日平均流量72300m³/s，相应水位为135.4m；保堰洪水标准按1%频率最大日平均流量83700m³/s时洪水不漫顶，相应水位为139.8m。三期RCC围堰平行于大坝布置，围堰轴线位于大坝轴线上游114m，围堰轴线全长约580m，围堰右侧同白尖山坡相接，左侧与混凝土纵向围堰堰内段相连。三期RCC围堰为重力式坝型，围堰顶高程140m，顶宽8m，最大底宽105.5m（基础高程按25m计)，最大堰高121m，迎水面高程70m以上部分为垂直坡，高程70m以下为1：0.3的边坡，背水面高程130m以上为垂直坡，高程50 (58) ～130m平台间为1：0.75的边坡。三期RCC围堰按两阶段施工方案实施，第一阶段工程已基本完工，尚余尾工项目纳入本次招标项目范围；第二阶段工程修建的堰体全长380m，要在一个枯水期内，即2003年1月至6月，将其从第一阶段施工的堰体断面全线修建至堰顶高程140m。

(长江勘测规划设计研究院　徐唐锦)

# 部分水电站建设进展

## 刘家峡洮河口排沙洞扩机工程概况

(一) 增建洮河口排沙洞的必要性

刘家峡水电站自发电以来，发挥了巨大的发电、防洪、灌溉、防凌等综合效益。但是，坝前至洮河口1km库区内泥沙淤积严重，危及着大坝的安全运行。洮河库段死库容于1978年已淤满，此后其来沙除淤积有效库容外，还大量推移到坝前，使洮河口附近黄河干流库区形成沙坎和坝前淤积面逐年淤高，出现沙坎阻水，使河段过流能力不足的现象。大量泥沙过机，机组磨损严重，冷却水管堵塞、泄水建筑物淤堵，对电站安全生产和安全度汛构成了严重的危害。

刘家峡水电厂多年来采取汛期异重流排沙和汛前低水位拉沙等调沙措施，对减缓坝前淤积速度，控制沙坎的发展，保证电站的安全运行，发挥了重要的作用，但仍未解决泥沙的根本问题。解决好泥沙问题的关键是洮河来沙的出路问题。能在洮河口附近截排洮河入库泥沙是一种较为理想的解决措施。根据管理、运行、设计和科研部门进行了大量的观测、试验、研究和设计成果。建议增建工程排沙设施，增设洮河口排沙洞利用“穿黄排沙”截排洮河泥沙70%左右，以减少洮河泥沙对刘家峡电站和大坝正常运行的影响。

多年来，上级主管电站运行部门，每次大坝安全定鉴，以及每年防汛安全检查都一再强调增建洮河口排沙洞对于解决刘家峡水电站的泥沙问题以保障电站安全运行是十分必要的和非常迫切的。

在洮河汇合口的对岸（黄河干流左岸）选定了3个排沙洞进口方案，结合概化模型试验和排沙效果模型试验，并经过现场查勘，布置选定的进口为方案二的位置。经多次试验验证，排沙效果最佳，可达60%～70%。进口高程（指进口闸门的井底板高程）为1665.0m。进口采用水下岩塞爆破的施工方法。

由于已建建筑物所限，排沙洞出口只能布置在330kV出线洞下游，溢洪道出口对岸的上游侧。出口消能型式采用挑流消能方式，挑流落水点要求在河床中间、溢洪道冲坑偏上游的位置。

（二）利用洮河口排沙洞扩机工程

根据洮河泥沙运动规律，汛期床面成冲刷形态，而在非汛期成淤积形态。由于洮河口排沙洞进口高程较低，冲刷漏斗容积很小，在非排沙期间，进口至闸门井之间极易被堵塞。为了保证排沙洞的正常运行，进口前必须形成有效的冲刷漏斗。因此，在保证排沙的条件下，结合排沙洞扩机发电，可使“一洞两用”，使排沙洞处于“常流水”状态，既可保证在进口前形成排沙漏斗，解决排沙洞进口闸门井前的泥沙淤堵问题，又可以利用为保持“门前清”所需的4亿～5亿$m^3$弃水发电获得效益。通过装机容量比较论证，确定本电站装机容量为30万kW。扩机后可以提高系统调峰、调频容量，延长机组检修周期，减少大电站机组的运行小时数，提高事故备用容量，保证系统安全稳定运行。所以，利用排沙洞扩机对保证排沙洞的经济运用与综合利用也是必要的。

根据SL 252—2000《水利水电工程等级划分及洪水标准》确定本工程为大（2）型工程。主要建筑物为2级，次要建筑物为3级。

排沙洞洞径10m，总长度为1226m，其中有压洞1116m，无压洞110m。

引水岔洞分岔角40°，洞径10m，长度至调压井约240m。

调压井型式为阻抗式调压井，内径为26m，升管直径为10m。

从调压井下游侧引出两条压力钢管，型式为地下埋管，直径为6m，与岸边地面厂房相接。厂房内装两台15万kW混流式水轮发电机组，厂房尺寸为80m×63.7m×52.1m（长×宽×高）。

本工程不存在淹没和移民问题，对环境影响很小，无水土流失现象，不会对刘家峡水电站的环境保护产生负面的影响，反而可以解决由于泥沙淤积给电站带来的危害，是保证电站安全运行的有效工程措施。

工程施工总工期为3年11个月，第一台机组发电工期为3年零3个月。

本工程装机容量30万kW，年发电量4.2亿kW·h。在项目建议书阶段工程动态总投资为73124万元，静态总投资为66105万元。单位千瓦投资为2203.5元/kW，经营期上网电价为0.214元/kW，资本金财务内部收益率为10.32%。总之，利用洮河口排沙洞扩机财务上是可行的。

刘家峡水电站增建洮河口排沙洞及其扩机是非常必要和迫切的，排沙效果显著，装机容量适宜、为电网必须容量，技术上可行，经济上合理。工程于2002年12月完成可行性研究。

（中国水电西北勘测设计研究院　孙海涛）

## 汉江蜀河水电站工程预可行性研究概况

汉江蜀河水电站位于汉江上游陕西省旬阳县蜀河镇，坝址距旬阳县城约51km，是汉江上游河段开发规划中第六个梯级，距上游拟建的旬阳水电站约53km，距上游已建成的安康水电站约120km，距下游已建成的丹江口水库约200km。316国道从枢纽左岸经过，襄渝铁路在枢纽右岸通过。其主要任务是发电，并兼顾航运、旅游、养殖等。工程规模属二等大（2）型，按100年一遇洪水设计，1000年一遇洪水校核。

蜀河工程坝址区主要特点：

（1）洪峰流量大，考虑上游已建的安康水库调蓄影响的蜀河坝址的100年一遇设计洪水相应流量为30000$m^3/s$，1000年一遇校核洪水相应流量为38100$m^3/s$。

（2）河谷狭窄，平水期汉江水位193.0～193.5m时，水面宽度165～180m，最大水深7.2m。两岸冲沟较为发育，地形完整性较差，呈不对称的U形。

（3）汛期各种频率洪水下，上下游水位差小，一般在2m左右。

（4）设计水头8.2～26m，属中低水头电站，适合于布置灯泡贯流式机组。

枢纽建筑物布置采用溢流式厂房方案，从右至左由左岸付坝及垂直升船机坝段（泄洪闸）、泄洪闸、纵向大导墙（冲沙闸）、电站厂房坝段（泄洪表孔）及安装间（泄洪表孔）等建筑物组成。溢流式厂房布置在左岸河床，厂内布置有6台贯流机组，单机容量45MW。施工导流采用明渠导流，分为两期。施工总工期57个月，第一台机组发电工期48个月。

该电站仅具有日调节能力，主要任务是发电，正常蓄水位217.0m，死水位215.0m，日调节库容为2400万$m^3$，满足日调节要求。

导流标准选择10年一遇洪水标准，河道洪枯季节流量变化较大，相应流量为9020$m^3/s$和19700$m^3/s$。根据建筑物布置型式及洪水流量特点，采用河床分期（两期）导流方式，一期导流建筑物前期为草土围堰，后期为纵向导墙和上、下游过水围堰，围护右河床，原河床过流，施工冲砂闸、泄洪闸、升船机坝段和右副坝。二期到导流建筑物为纵向导墙和上、下游过水围堰，左岸截流，围护左河床，施工左侧厂房及安装间等坝址。

坝址以上控制流域面积 49400km²，坝址处多年平均流量 732m³/s。水库库容 1.74 亿 m³，正常蓄水位 217m，装机容量 270MW，多年平均发电量 9.67 亿kW·h，年利用小时数 3580h，工程静态投资 186675 万元，静态单位千瓦投资 6914 元/kW，静态单位电度投资 1.93 元；总投资 199975 万元，单位容量投资 7406 元/kW，电量投资 2.07 元/（kW·h）。经营期上网电价约 0.255 元/（kW·h）。

预可行性研究报告于 2003 年 4 月 11 日至 14 日由中国水电顾问公司对本工程的设计方案进行了咨询，4 月 24 日完成了《汉江蜀河水电站预可行性研究报告》，4 月底通过了水利水电规划设计总院的审查。目前，正在开展本工程可行性研究阶段的勘测设计工作。

（西北勘测设计研究院　孙海涛）

16

# 生产运行及大坝安全

# 水轮机叶片裂纹处理

## 大型机组振动、裂纹问题

（一）大型机组振动和转轮裂纹问题比较突出

大型机组的振动稳定性和转轮裂纹问题比较突出的主要原因有以下几方面。

1. 振动体刚度相对降低　根据分析，在几何相似和保持静应力相等的条件下，部件的刚度与其线性尺寸成反比。因此，可以从定性的角度说，大型机组的支持部件和转轮叶片的刚度比中小型机组低。在同样的激振载荷下，大型机组的振动（包括叶片的振动）则要比中小型机组大得多。在现在以强度和节省金属为目标的设计思想下，则是非常可能出现的结果。

2. 动载荷相对增大　统计结果显示，大型水轮机的压力脉动要比中、小型机组大得多。其原因在于流量大、易受到动力响应的影响。

由压力脉动产生的动载荷，与承受压力脉动的部件的面积成正比，故即使在压力脉动幅值相同，大型水轮机的动载荷相对比较大也是必然的。

水轮机在偏离最优工况后，由于各种不同的原因，水轮机部件（包括叶片）承受的动载荷要比最优工况或额定工况时大很多倍。这是设计和运行时都必须考虑的因素。

3. 振动体固有频率降低，共振可能性增大　水轮发电机组属于低转速旋转机械，各种激发力频率（包括其谐波）相对较低（转轮叶片卡门涡频率有点例外）。大型机组振动部件的固有频率（大致与线性尺寸的平方根成反比）比较低，易于被低频激发力激发而产生共振。

共振体既可能是固体部件（如转动部分），也可以是水体。三峡水电站个别机组在停机过程中出现的剧烈振动可能也是引水管路水体共振的结果；而且，目前还不能肯定其他机组或其他工况下不出现这种情况。

还需要注意到，单纯以强度为设计目标、简单的几何放大，又没有采取实质性的预防措施，也许是导致一些大型机组振动稳定性不好的最根本原因。刚度低、动载荷大也是大型水轮机转轮裂纹现象比较突出的根本原因之一。转轮叶片的振动虽然不易测知，但刚度低、动载荷大，因而叶片振动大是可以想像得到的。叶片振动大易于引起叶片的疲劳裂纹也不难理解。

为数不多的现场测量结果已经表明，转轮叶片的动应力远比预想的数值（静应力的5%～10%）要大得多；而且，现在的水轮机一般是不进行疲劳设计的。因此，如果新转出现裂纹后，也缺少有效的解决办法。

另外，设计方面的不足也是大型机组振动、裂纹问题突出的原因。

（二）振动稳定性问题是可以预防的

1. 经常出现的振动问题只有几种　已经进行过的调查表明，混流式水轮发电机组上有规律出现的振动问题实际上仅有不平衡振动、涡带振动、类转频振动［这类振动多数出现在1/4负荷左右，其频率与转速频率非常接近，多数在（1.01～1.5）$f_n$范围，由引水管路中水体共振所引起］等几种。

水轮发电机组上的共振现象也偶然出现，既有引水系统中的水体共振，也有机械部件（如转动部分）的共振或自激振动。

老机组上还会出现由部件状态不正常引起的振动现象，它们的出现多数是随机性的。它们的诊断和处理，主要属于“状态检修”的范畴。

2. 振动问题是可以预防的　经常出现的几种振动，有的振动机理已经清楚；有的机理虽然不清楚，但其规律已经知道。因此，原则上它们都是可以预防的。

进行振动预防并不需要花很大代价。振动预防比之于振动问题的后处理要容易得多，而且所需代价相对较小。简单说来，对于常规振动的预防，关键是要控制它的振动水平，使之符合振动标准的规定；对于异常振动，就是要预防共振的出现。归根结底就是要进行机组的振动设计，通过振动设计，预测和预防机组的常规振动和异常振动。

3. 已运行机组振动问题的处理原则　已运行机组中存在的振动问题需要区别对待。有的振动问题，在电力系统调度许可的条件下，可以采取“避开”的运行方式，例如出现在小负荷区的类转频振动就可以采用这种办法（这种振动实际上也有处理办法），同样可以不影响机组的安全运行。有的振动问题，如转动部分状态不正常引起的振动，则需要及时解决。必须在水轮机的正常运行区域设立运行禁区的，应进行专门的论证。

（三）水轮机转轮裂纹可以避免

1. 水轮机转轮裂纹的几种情况　水轮机转轮上有规律、持续出现的裂纹主要有共振导致的裂纹和非共振导致的裂纹两种情况。共振的情况相对比较容易解决，如小浪底和大朝山水电站机组。也有由于偶然原因（例如局部材料缺陷）引起裂纹的情况，这种裂纹一经处理，往往不再出现。那种由于材料质量极差而产生裂纹的情况是个别的。本文主要讨论非共振导致叶片裂纹普遍出现的情况。

2. 从裂纹的性质看裂纹的原因　过去无数次对裂纹进行的金相分析都得出了一个共同的结果：所有裂纹都具有典型的疲劳特征。从这方面说，疲劳强度不足必然是转轮叶片裂纹最根本的原因。

3. 疲劳强度不足主要是设计问题　转轮叶片裂纹问题涉及材料的许用疲劳强度和叶片的动载荷两方面的因素，后者又对前者有重要的影响。原则上，它们都是由设计者确定的，存在许用疲劳强度取值偏高和动载荷取值偏低的问题。

影响疲劳强度的因素很多，如材料的制造工艺、质量、焊接、动载荷的性质、环境介质等，甚至是疲劳试验试件的形状、尺寸、取材部位等也对疲劳试验结果有很大的影响。设计时需要根据具体情况确定材料的许用疲劳强度，不能套用固定的模式或固定的数值。

疲劳强度是由许多因素共同作用的结果，把疲劳裂纹的产生归结为由某一种因素，是不全面的，也与一些重要的实际情况不符。例如有的认为焊接质量不好是主要原因，但有些电站经多次补焊后裂纹仍不断的出现，这就很难解释了。天生桥一级水电站的情况是，转轮裂纹出现在焊缝上，而且裂纹不向叶片本体发展。显然，在这里焊缝金属本身的疲劳强度是最低的。但焊缝金属开裂并不一定意味着焊接质量不良，也可能是焊接设计上存在不足。因此，在分析、处理具体问题时，具体分析始终是需要的。

4. 转轮的动载荷　转轮动载荷方面的实测数据很少。认为动应力是静应力的5%～10%，也许对最优或额定工况比较合理；如果把它推广到所有的工况，根据就不充分了。而且，谁也不能保证水轮机都在最优或额定工况下运行。

了解和掌握水轮机转轮的动载荷、掌握水轮机转轮叶片疲劳寿命的计算方法，可能是解决转轮叶片疲劳裂纹的比较理想的方法。但要实现这一目标，还需要做不少工作。

5. 近似解决办法　不管疲劳裂纹是什么原因引起的，最终的解决办法总归是要提高叶片的疲劳强度。而在一定的条件下（如没有疲劳强度更高的材料可用时，或在现有的技术条件下），加厚叶片是解决疲劳裂纹的惟一途径。

（1）叶片加厚的定量估计。统计各电站水轮机转轮出现裂纹的情况可以发现，不是所有叶片都开裂，也不是所有叶片同时开裂。这种情况一方面显示了各叶片之间疲劳强度的差异性比较大，同时也显示出，叶片的疲劳强度并不是相差很多。

（2）加厚的部位。统计裂纹出现的部位可以得知，裂纹大部分出现在叶片出水边的上、下根部，即出水边靠近上冠和下环的地方。这既与叶片最大静应力出现的部位相当，也符合振动体最大振动位移和最大动应力的相对分布规律。因此，单纯为解决疲劳裂纹问题，只需把这些部位局部加厚就可以了。这个办法既适合于新转轮的裂纹预防，也适合于已运行转轮裂纹的处理。

（3）叶片加厚的影响问题。有人顾虑加厚叶片会影响转轮的水力性能。稍作分析就可发现，局部加厚叶片对其水力性能的影响是微乎其微的。如果必要，做一个简单的对比试验就可以确知影响的具体数值。这在技术上或其他方面也不会有什么问题，关键是不要被一些旧的框框所束缚。

6. 关于转轮叶片的卡门涡共振　国内外已有的例子表明，转轮叶片的共振都是由卡门涡引起的，解决的办法几乎都是进行出水边修型。

大型水轮机出现卡门涡共振的几率相对多一些。原因同样在于叶片刚度降低，固有频率降低，易被激发振型的频率比较容易与卡门涡频率达到一致，且激发力也相对比较强大。

分析已有的例子可知，出水边修型的方法有一定的原则需要遵循，但也不能完全照搬其他水轮机上的修型模式。

由于转轮叶片卡门涡共振的产生需要若干条件的耦合，其几率是比较小的；又因为卡门涡共振的预测仍有一定的不确定性；而且，过度的出水边修型也可能带来其他的副作用，故建议，新转轮暂不要进行出水边修型。

（中国水利水电科学研究院　李启章）

## 混流式水轮机叶片裂纹的产生及处理

由中国水力发电工程学会和中国长江三峡工程开发总公司共同主办的“大型水轮发电机组技术研讨会”于2003年11月在宜昌三峡坝区召开。会上不但汇集了科技界各地精英，也收到了很多科技含量颇高的优秀论文。会后结集出版，刊印在《水电站机电技术》2003年第4期上。其中有一类文章对混流式水轮机叶片裂纹问题进行了专题研究和分析，现列举部分篇目名称和作者如下：

（1）《对大型机组振动、裂纹问题的探讨》，李启章。

（2）《二滩水电站转轮裂纹原因浅析和处理对策》，商长松、陈杰。

（3）《混流式水轮机叶片裂纹原因分析及其处理工艺》，陈占发。

（4）《五强溪水电厂转轮裂纹原因分析及其处理》，袁蕊。

（5）《水轮机叶片裂纹的压应力防护技术》，陈怀宁、王者昌。

（6）《黄河万家寨水轮发电机组稳定运行研究》，方源、陈伟江、王正伟。

转轮叶片产生裂纹的现象较为普遍，中国不少电站多有发生，如二滩、李家峡、小浪底、白山、五强溪、刘家峡、万家寨、岩滩、隔河岩、大朝山等水电站。部分电站水轮机特性参数见表1。

表1 部分水电站水轮机特性

| | 水轮机型号 | 额定出力（MW） | 水头（m） | 流量（$m^3/s$） | 水头变幅（m） | 额定转速（r/min） | 吸出高度（m） | 转轮叶片数 |
|---|---|---|---|---|---|---|---|---|
| 二滩 | HLF-497-LJ-625.7 | 561 | 165 | 371 | 135～189.2 | 142.9 | −8.4 | 13 |
| 李家峡 | HLD203-LJ-603 | 408.2 | 122（设计） | 362.38 | 114.5～135.6 | 233 | −7 | — |
| 小浪底 | HL175-LJ-657 | 306 | 112 | 296 | 67.91～141.67 | 107.1 | — | 13 |
| 白　山 | HL001-LJ-550 | 306 | 112 | 307 | 81～126 | 125 | −4 | 14 |
| 五强溪 | HLA551-LJ-830 | 248 | 44.5 | 625 | 36.2～60.1 | 68.2 | +0.9 | 13 |
| 刘家峡 | HL001-LJ-550 | 230 | 100 | 259 | 70～114 | 125 | −9～−6 | 14 |
| 万家寨 | HLFN235-LJ610 | 183.7 | 68 | 290.7 | 50～80 | 100 | — | — |

**注** 1. 有些水电站有两种或多种机型，表中只选列了一种。

2. 除已注明者外，水头均为额定水头。

现将前面列举的文章中裂纹产生的原因及处理措施摘编于后。

（一）裂纹产生的原因

文章（1）认为："水轮机转轮上规律、持续出现的裂纹，主要有两种情况：共振导致的裂纹和非共振导致的裂纹。"当水轮机运行在不稳定工况区时，由于共振，使轮叶动荷载大幅度增加，以致产生疲劳裂纹。

水轮机运行在固有振动区时，由于共振、空化放大，以及自激作用，因此产生谐振，使叶片动荷载超过设计允许而产生裂纹。可见，转轮设计疲劳强度不足，是产生裂纹的一个重要原因；设计刚度较低，也易产生裂纹。

非共振产生裂纹出现在下述情形中：

1. 制造工艺不良　例如，二滩水电站机组，上冠采用卡栓加热卡紧结构，致使焊接处理段与把合处理段的过渡部分承受较大的压应力，产生上冠组合缝刚度薄弱处金属被挤压缺陷。再如，白山水电站机组转轮是分半整铸结构，部件尺寸厚薄相差悬殊，凝固速度不同，先凝固部分受后凝固部分作用，产生拉应力，这也是导致叶片裂纹的原因。

2. 焊接缺陷　焊接过程中产生夹渣、气孔等质量问题。

3. 制造过程中产生的残余应力未很好消除　转轮各部件焊接时，局部用砂轮打磨时，都会产生残余应力，这些残余应力通常又未设法消除。加工过程中产生拉伸应力也是产生裂纹的隐患。

4. 其他偶然因素　例如，转轮材质不良，转轮出厂前就存在先天性缺陷（例如五强溪电厂1号机转轮），异种钢焊接产生较大的焊接应力等。

（二）裂纹的处理

裂纹一旦产生，处理方法自然是焊接修补。但是一定要注意焊接工艺。文章（3）对焊接坡口选择、电焊条和设备选择、预热及焊接工艺均有详细描述，可供参考。

国内外运行经验都证明：在叶片出水边与上冠连接部位加焊减小应力的三角块（SRT）是防止裂纹产生的有效手段。德国BWK-Toeging电站，中国的五强溪、万家寨等电站都采用过这种方法。

对振动较严重的机组，采取避振运行也是减少裂纹的有效方法。把机组运行区分为绿、黄、红三区，少在黄灯区运行，不在红灯区运行，多在绿灯区运行。当然，该运行方式需同调度很好的配合。

加强和改善补气系统，可避免共振、减小动荷载，也是各电站采用较多的方法。如二滩、万家寨等电站，均采用过此法。

（三）叶片裂纹的预防

为了提高叶片的疲劳强度，一种解决问题的途径是加厚叶片，加厚部位即是常常出现裂纹的地方——出水边的上、下根部。这种办法既适合于新转轮的裂纹预防，也适合于检修产生裂纹的转轮。

从根本上讲，改进设计乃是最有效的途径。本卷年鉴中“混流式水轮机的水力稳定性问题”一文提出了结构设计、水力设计和机械设计方面所应采取的措施，可供借鉴。

中国科学院金属研究所提出了消除残余应力，甚至导入压应力的保护措施，并提出爆炸处理和逆焊接加热处理的方案，该方案在工程实践中已经证明是很有效的。

由于转轮裂纹对电站运行影响很大，虽然已经找到了一些有效的解决办法，但仍需对裂纹产生的机理、处理措施和预防措施等，继续给予关注和深入研究。

（中国水力发电年鉴编辑部 常兆堂）

# 机组运行稳定性分析及分区运行

## 二滩水电站水轮发电机组运行稳定性介绍

（一）机组运行参数

机组主要运行参数见表1。

表1 水轮发电机组主要运行参数

| 机组型号： | HLF497-LJ-625.7 |
|---|---|
| 额定水头（m） | 165 |
| 额定出力（MW） | 561 |
| 额定转速（r/min） | 142.9 |
| 机组实际运行水头范围（m） | 143～184 |
| 机组实际运行工况范围（MW） | 0～550 |
| 机组在系统中的任务 | 调峰、调频 |

（二）机组振摆情况

1. 总体运行情况

二滩水电站水轮发电机组自投运以来，总体来讲，运行较为稳定，机组各部轴承温度等均在允许范围之内且能稳定运行，但振动区跨度太宽，给机组运行造成一定困难。

2. 运行工况介绍

根据机组运行状况的不同，划分了3个运行区间：稳定运行区间、许可运行区间及禁止运行区间。以3号机组为例，在165m额定水头下，稳定运行区间为360～550MW（对应导叶开度为55%～84%），许可运行区间为20～60MW（对应导叶开度为14%～20%）及310～350MW（对应导叶开度为49%～54%），禁止运行区间为70～300MW（对应导叶开度为21%～48%）。随着水头的升高，上述各区有往上移的趋势。

在稳定运行区间，机组各部振动基本稳定在一个较小的数值（例如水导摆度稳定在60～70μm）；在许可运行区间，机组各部振动相对较大，且有时跳变，水轮机尾水管有涡带产生，尾水管处有较大的噪声；而在禁止运行区间，也就是所谓的振动区，机组的振动达到了有害的地步，整台机组呈现阵歇性的振动，振动、摆度值维持在一个相当高的值（例如水导摆度可达300μm)，且伴随有很大的噪声。

3. 应对措施

为改善机组运行状况，避免产生有害振动，采取的措施有：

（1）人为调整负荷（一般调整在100MW以下，或350MW以上），以避开振动区。

（2）加大机组补气量。加拿大GE公司原设计机组主要补气措施：大轴中心$\phi$241mm管道自然补气；考虑到补气量可能不足，在顶盖及基础环上各预留了一个压缩空气补气管道（但一直未使用)。2000年1月，二滩水电开发有限责任公司邀请全国有关专家教授分析认为，二滩水力发电厂水轮发电机组整机刚度不足，轴系运行不稳定，尾水脉动、尾水管涡带激振影响较大。有专家建议，按过机流量的2.5%向尾水管补气，将能有效扼制尾水管涡带激振；GE公司现设计的大轴中心补气管内径为241mm，无法满足机组补气量要求，必须加大中心补气管路。经过充分论证后，决定将补气管内径改为500mm，在2001年1号机组扩修中，进行了该项改造。改造后机组的运行状况得到明显改善，特别是机组在振动区的运行稳定性有较大提高，振动区大大缩小。后又陆续将4号、2号机组在扩修中完成了此项改造。

（3）增设抗重螺栓，加强上机架支腿切向支撑，将筒式水导瓦径向位移（单侧）限制在0.05～

0.08mm 范围内（GE 原设计值为 0～0.08mm，又改为 0.05～0.27mm）。

(4) 增设顶丝，加强顶盖上法兰面径向支撑。

(5) 改进检修工艺，控制 20 个导叶的角度、开度差，改善机组水力不平衡因素。

1 号机组经大修后试运行测试，在 175m 水头运行时，除 200～420MW 负荷段存在明显的振动区外，其余工况运行稳定性已显著改善。从录波图上看出，振动区的主要影响因素为尾水管涡带激振。

（三）水轮机空蚀介绍

水轮发电机组转轮直径为 6367mm，叶片数为 13，出力 582MW，吸出高度－8.4m。转轮制造使用的材料为含镍量不少于 4%、含铬量不少于 13%的不锈钢，保证不会发生因空蚀造成过量蚀损。

雅砻江来水泥沙含量不高，从取水样化验的结果来看，7 月～9 月份泥沙含量最高，约为 20mg/L。

在设计时，机组大轴补气装置主要是为了减轻机组振动，不考虑空蚀补气。从这几年的运行情况来看，水轮机空蚀现象并不严重，没有产生有害的空蚀及不稳定状况。在机组检修中，对过流面检查时，主要发现下列部位有空蚀情况：

(1) 转轮上冠过流面、叶片进水边背面靠近下环处、转轮下环内侧。

(2) 顶盖减压板表面及减压板立筋表面。

(3) 泄水锥正对转轮泄水孔处。

以运行时间最长的 6 号机为例，其空蚀总面积达到 47.56$m^2$，但空蚀破坏深度不大。根据这种情况，2000 年对空蚀部位采用贝尔佐纳公司的抗空蚀、高强度的高分子涂料进行处理，但效果并不理想，经 6 个月运行后，检查发现抗空蚀涂料已全部被冲刷掉。

水轮机空蚀破坏程度明显受机组运行工况影响，比较 1 号、2 号机组，1 号机长期在低负荷下运行，在 2003 年机组检修时发现转轮空蚀较为严重，尤其是转轮上冠过流面；而 2 号机由于机组稳定性较差的原因，长期在满负荷下运行，2003 年机组检修中检查发现水轮机转轮只存在轻微的空蚀现象。

（四）转轮泄水锥、下端补气管在运行中脱落

1. 现象描述　2000 年 4 月 5 日，3 号机按计划进行小修，在检查机组过流部件时，发现转轮泄水锥脱落丢失，泄水锥 M42 把合双头螺栓多数脱落，个别螺杆断裂残留在转轮螺孔中，转轮螺孔有个别严重损坏；泄水锥内大轴补气短管脱落。

2000 年 4 月 5 日，5 号机按计划进行小修，在检查机组过流部件时，同样发现转轮泄水锥脱落丢失，泄水锥 M42 双头连接螺栓的螺母 20 个脱落，4 个螺栓断裂，残留在转轮螺孔中，4 个转轮螺孔严重损坏；泄水锥内大轴补气短管脱落。

此外，其他机组泄水锥内大轴补气管也多次脱落丢失。

2. 原因分析　原泄水锥 M42 双头连接螺栓和螺母采用锁片止退，这种止退措施不合理，无法保证在高速水流中连接螺栓不松动。

转轮泄水锥内大轴补气短管为悬臂，中间无任何加固措施，在机组转动及尾水涡带引起的振动作用下，使管路连接螺栓被剪断，从而造成短管脱落。

3. 处理措施　对于泄水锥，更换原双头连接螺栓为单头连接螺栓，更换了连接螺栓止退装置，改用焊接两个限位块实现止退。

对于下端补气管，采取用角钢、扁铁做成的管箍及十字支撑架，将该段补气管与泄水锥连接加固。

4. 处理效果　采取上述措施处理后，泄水锥、下端补气管脱落的问题再未发生过，证明措施得当，效果理想。

（五）结束语

二滩水电站的 6 台水轮发电机组投产以来，处理了轴承甩油、止漏环损坏、转轮叶片裂纹等一系列重要缺陷；经 7 台次机组大修后，已进入稳定运行期。目前，二滩水电站水轮发电机组运行情况良好。

经过五年多的运行、检修实践，我们认为二滩水电站水轮发电机组整体的结构设计是比较合理的，检修维护也较方便。存在的不足主要是，机组振动区跨度太宽，整机刚度不足，尤其是发电机上机架和水轮机转轮，显得单薄，不能有效抵抗运行中的振动等。

（二滩水力发电厂　汤津茂）

## 黄河万家寨水电站水轮发电机组稳定运行研究

万家寨水电站装有 6 台单机容量为 180MW 的混流式水轮发电机组，总装机容量为 1080MW，设计年发电量为 27.5 亿kW·h，设计年利用小时数 2456h。该水电站 6 台发电机由哈尔滨电机有限公司制造，1 号～4 号水轮机由天津阿尔斯通水电设备有限公司制造，5 号、6 号水轮机由上海希科水电设备有限公司制造。两种机型水轮机的额定出力（183.7MW）、额定水头（68m）、最大水头（80m）、最小水头（50m）、最大出力（204.10MW）相同，但前者的设计水头为 67.70m，后者的为 81.20m。机组于 1998 年 11 月 28 日～2000 年 12 月 8 日先后并网发电。

万家寨水电站在 2001 年～2002 年期间组织了真机测试，发现水轮机尾水管压力脉动值超出合同要求，尤其在高水头段超出更多，且 1 号～4 号机较 5 号、6 号机严重。2002 年 3 月，机组在 75m 以上水

头运行约20d后，除5号机外，转轮叶片出现裂纹，其中1号～4号机较严重，大多呈贯穿性。为使机组安全运行，对机组稳定运行问题进行了研究，并采取了有力措施。

（一）确定机组稳定运行区域

为了消除转轮叶片裂纹，使机组避开强压力脉动区运行，根据真机实测的资料，结合机组的实际运行情况，将强压力脉动区定义为尾水管压力脉动值不小于8m的区域，并在机组运行范围内，划分了三个区域，即稳定运行区、过渡运行区及禁止运行区。稳定运行区为转轮叶片进口负压侧空化初生线与出力限制线之间的区域，过渡运行区为尾水管压力脉动值为8m的等值线与转轮叶片负压侧进口空化初生线之间的区域，禁止运行区为尾水管压力脉动值大于8m的区域。水轮机的禁止运行区域随水头的增加而增加。

为了避开机组的振动区，优化机组运行方式，确保机组安全稳定运行，水电站通过与山西、内蒙电网的积极沟通，2003年开始了限制机组出力范围的运行方式，使机组尽量在稳定运行区运行，少在过渡运行区运行，严格禁止在禁止运行区运行。在机组检修时发现，转轮裂纹大幅度减小，其中，6号、3号水轮机没有再次出现裂纹，这说明机组运行方式的优化已取得明显的效益。

（二）水轮机叶片补强

水轮机转轮叶片出现裂纹后，万家寨水电站请有资质的部门对叶片断裂件进行了叶片材质和断口分析。分析结果为，叶片断口属于疲劳断裂。

经计算发现，在各计算工况下，整个转轮上应力分布比较平均，应力水平较低；而在叶片出水边与上冠相接的部位有较高的应力集中，这与裂纹实际产生的位置完全吻合。根据第四强度理论得到，各工况下转轮上的最大等效应力值213.69MPa，均远小于材料的极限破坏应力，不会引起材料的裂纹破坏。因此，裂纹的产生归结为动载荷的疲劳作用破坏。

为了降低叶片根部应力集中，在根部加装应力释放三角块。三角块形状通过多次优化设计后可以降低应力集中1/3以上，并将应力集中位置从上冠根部下移200mm左右。2003年9月上旬，万家寨水电站完成了4号水轮机组转轮叶片加装应力释放三角块的补强工作。

（三）机组动平衡试验

在运行中发现，机组在部分负荷工况下运行时，上机架水平振动值偏大，尤其是2号机组表现显著，多次出现上机架千斤顶松动和盖板变形现象。通过2号、5号机组不同水头的真机试验可以看出，上机架振动值有超标现象。而通过甄别试验测试发现，上机架水平振动值与转速平方成明显的正比关系，为典型的机组转动部分不平衡的特征。水电站在2002年分别对每台机组进行了动平衡试验，并对大部分机组发电机转子进行了配重。

1号～5号机组在加上配重后，效果非常明显，反映在：发电机转子不平衡的主要指标——上机架水平振动值，都有大幅度降低，均达到了优良水平；同时从各部参考的振动、摆度值反映来看，也有所改善，不平衡磁拉力也有减小。试验取得了良好的效果，提高了机组运行稳定性。

（四）水轮机补气量试验

我国多座水电站的实践证明，通过大轴中心孔合理地向转轮内补入空气，可削弱尾水管涡带真空，降低漩涡强度，借以吸振，从而改善机组的运行状态。

万家寨水电站1号～4号水轮机通过大轴中心孔向转轮内补入空气，在大轴内的补气管管径为310mm，在机组顶部设有相当于真空破坏阀式的补气阀，阀后通过约18m长、管径为200mm的钢管伸出厂外。由于补气管管径小、管线长、补气为呼吸式，补气效果不好。从振动分析结果看，尾水管压力脉动是部分负荷下转轮受到的主要的动载荷之一，很多专家根据我国多家水电站加大补气管径可以明显降低机组振动指标的经验，建议万家寨水电站水轮发电机组加大补气管径。因此，进行了不同补气管径与泄水锥出口处不同真空度下的补气效果研究，并进行了补气量对尾水管压力脉动影响的现场试验。

根据试验得知，影响补气量的最重要的因素就是补气管最小截面的大小。由此可知，1号～4号机组补气效果差是其补气管进口段管径过小所致。万家寨水电站遂准备将补气管直径改为400mm。

（五）水轮机转轮泄压孔封堵试验

万家寨水轮机顶盖压力在空载至120MW区间基本恒定，在3～4m水柱之间；出力大于120MW则顶盖压力呈上升趋势，在170MW时达到9m水柱。顶盖压力增大意味着轴向力增大。我国某水电站封堵了水轮机转轮泄压孔后，水轮机轴向水推力明显减小。初步分析，在大部分运行工况，水轮机转轮上冠泄压孔出口压力接近大气压，有些工况下为真空。从设计思想上，开泄压孔是为了降低顶盖内水压力，以降低轴向水推力，但是由于上冠腔水流的离心力作用，有可能使水流从泄水锥通过泄压孔反向流入上冠腔，导致水推力增加。因此进行了上冠腔水流在不同转轮密封处泄漏量、不同密封处进口压力和不同泄压孔出口真空度条件下的转轮在上冠腔处的水推力大小的研究。从上冠与顶盖密封处泄漏流量为1000 L/s时的转轮在上冠腔处的轴向水推力与泄压孔出口不同真空度和不同进口压力条件下的关系可见，泄压孔出口压力为大气压工况下关闭泄压孔将减少上冠腔处的轴向水推力。在某些工况，轴向力将减少20t以上。止漏环出口压力小于27m时，开泄压孔是可以降低轴向水推力的。因此，开泄压孔能否达到泄压效果要视具体情况而定。万家寨水电站在4号机组上进行了封堵泄压孔的试验。试验成果表明，万家寨水电站封堵转轮泄压孔，不仅未减小上冠腔处的轴向水推力，反而增加了。原因是，泄水锥内部压力使主轴中心孔补气量不够，转轮泄压孔出口处未形成大气压力。因此万家寨水电站决定重新打开泄压孔。

（六）结论

（1）实践证明，通过实测与计算分析划分机组稳定运行区、过渡运行区和禁止运行区，并在运行中避开禁止运行区域的运行，运行安全性能可以得到大为改善。

（2）水轮机转轮叶片断裂件的材质和断口试验分析以及转轮动力特性分析计算研究均表明，叶片裂纹是疲劳破坏产生的。通过加焊应力释放三角块，可改善转轮抗疲劳破坏的能力。

（3）通过机组配重试验后，降低了转动不平衡力，基本上解决了机组由转动不平衡引起的振动，提高了机组运行稳定性。

（4）同样运行条件下，影响中心孔补气量的最关键因素是整个补气管道的最小管径值。通过改造增加中心孔补气管径，将进一步改善机组稳定运行性能。

（5）水轮机转轮泄压孔封堵试验和流动计算均表明，泄压孔具有很好的泄压能力，不应该轻易封堵。

（黄河万家寨水利枢纽有限公司　方　源　陈伟江等）

# 万家寨水轮发电机组在电网中的运行方式

万家寨水电站位于山西省偏关县与内蒙古自治区准格尔旗交界的黄河干流上。电厂装有6台180MW的混流立式水轮发电机组。其中3台机组在山西电网中运行，3台在内蒙古西部电网（简称蒙西电网）运行。机组在电网中承担着调峰、调潮流的作用，并具备了AGC运行条件。万家寨水电厂第一台机组于1998年11月28日并网发电，最后一台机组于2000年12月8日并网发电。

（一）水电机组的三个运行区域

众所周知，混流式水电机组在30%出力附近是振动区，应避免在该区域运行。万家寨水电站1号～4号水轮发电机组由天津阿尔斯通水电设备有限公司制造，5号、6号水轮发电机组由上海希科水电设备有限公司制造。水轮发电机组制造合同规定，尾水管压力脉动在空载和相应水头允许出力的40%～60%范围内，$\Delta H/H$不大于7%。为了验证机组的振动指标，万家寨水电站在2001年～2002年期间组织了真机测试。真机测试按高水头、额定水头附近、低水头三个水头段进行。测试结果表明，水轮发电机组的尾水管压力脉动指标超出合同要求，尤其在高水头段严重超出合同要求，且1号～4号机组较5号、6号机组严重。带来的后果为，2002年3月，机组高水头（75m以上水头）运行约20d后，水轮机转轮叶片出现裂纹，其中1号～4号水电机组较严重，6号较轻，5号未出现裂纹。

为了使机组避开振动运行，万家寨水电站与有关科研单位合作，根据真机实测的资料，在机组运行范围内，划分了稳定运行区域、过渡运行区域及禁止运行区域三个区域，见图1、图2。稳定运行区域的划

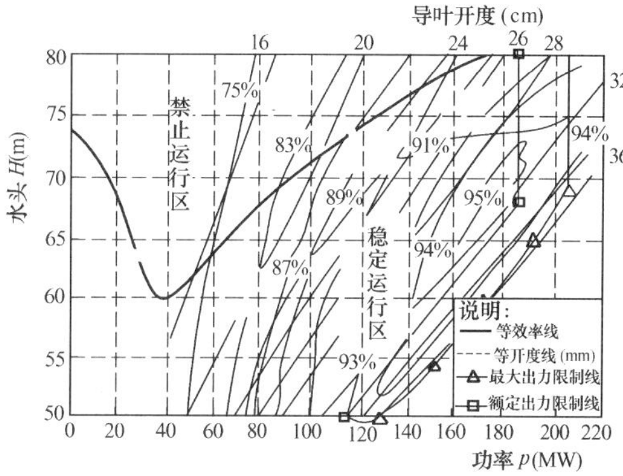


图1　1号～4号机组运行区域

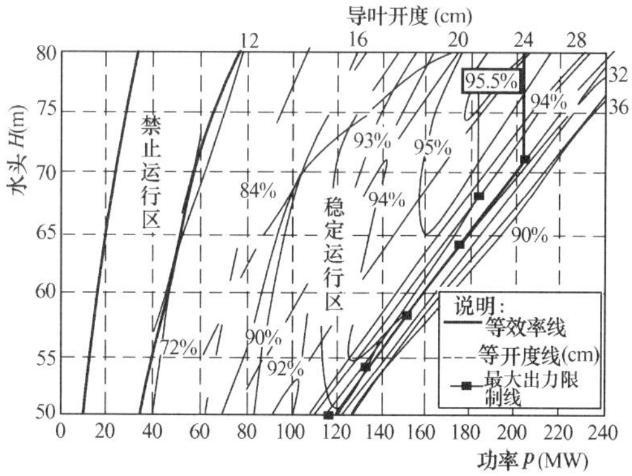


图2　5、6号机组运行区域

分原则是，转轮叶片负压侧进口脱流线与出力限制线之间的区域；过渡运行区的划分原则是，尾水管压力脉动值为8m的等值线与转轮叶片负压侧进口脱流线之间的区域；禁止运行区域的划分原则是，尾水管压力脉动值大于8m的区域。水轮机的稳定运行区域随水头的增加而减小，转轮叶片负压侧进口脱流线覆盖了最高水头80m，其减小的梯度小，如5号、6号机

组；转轮叶片负压侧进口脱流线未覆盖最高水头80m，其减小的梯度大，如1号～4号机组。

（二）机组在电网中运行存在的问题

由于山西电网和蒙西电网水电机组少，对水电机组调度的经验较少。对此，将运行区域及时报送两网，并多次在电网召开的会议上宣传水电机组与火电机组的差异，宣传水电机组能在短时间内完成开机、并网、带满负荷一系列工作的特点。同时，加强管理，极大地降低了开机不成功率，提高了电网对该厂的信任度。2003年，万家寨水电站机组旋转备用时间大大减少。但是，由于电网瞬息变化大，机组运行存在以下问题：

（1）1号～4号机组在高水头段稳定运行区域小，电网不能保证机组在稳定运行区域内运行，迫使机组在高水头段在禁止运行区域运行，设备损伤严重。

（2）受蒙西电网容量的限制，机组加负荷较慢，机组在禁止运行区域内运行时间较长。

（3）受山西电网潮流的影响，机组在调潮流状态运行时，负荷变化频繁，运行人员监屏运行，频繁增、减负荷，在20～180MW之间运行，机组频繁出入禁止运行区域。

（4）电网调度对万家寨水电机组可靠性存在疑义，在峰荷前2h就通知该厂开机，开机后无负荷，机组基本处于旋转备用状态，迫使机组在禁止运行区域内运行。

（5）机组AGC运行时，出力下限定为80MW，未随水头的变化而变化，当机组在高水头运行时，经常在禁止运行区运行。

（三）上述问题对水电机组的影响

（1）机组在禁止运行区域内运行，振动剧烈，设备损伤严重，造成转轮叶片出现裂纹；导叶开度变化，关机时不能停机，主轴密封支撑环连接螺栓断裂，水轮机严重漏水等。水轮机运行在振动区对设备的损伤，浙江紧水滩水电站也有类似情况。

（2）黄河水力资源宝贵，机组旋转备用时，效率低，单位千瓦耗水率增大，影响企业经济效益。

（四）保证水电机组安全运行的对策

（1）改善机组运行区域，减小禁止运行区域，扩大稳定运行区域。万家寨水电站正在与有关科研单位合作，制定合理的工程措施，尽量扩大稳定运行区域，当务之急是尽快解决1号～4号机组高水头段禁止运行区域大的问题，以满足电网的需要。

（2）建议国家有关单位制定相应的强制性条文，规定水电机组的调度区域，保证水电机组在稳定区域内运行。建议调度区域为稳定运行区，即转轮叶片负压侧进口脱流线与出力限制线之间的区域。

（3）提高调度人员对水电机组的调度水平，提高调度人员对水电机组的信任度，尽量避免水电机组在电网中旋转备用。

（4）水轮发电机组的制造应将水轮机的振动指标作为第一保证，应坚持“稳定性第一”的原则。因为稳定性指标较低所带来的经济损失，远远大于效率提高所带来的经济效益。

（5）在和电网签订售电合同时，应明确机组以AGC运行时的出力下限应随水头的变化而变化。

（黄河万家寨水利枢纽有限公司　方　源等）

# 论混流式水轮机运行的“强振禁运区”

## 一、前言

按国标规定，混流式水轮机在额定功率的45%～100%可以长期稳定运行（简称“绿灯区”）；在额定功率的45%以下低负荷运行，每基准运行时间8000h中不超过800h，在超负荷非正常运行区运行则不超过100h。对这种有限制的运行区，简称为“黄灯区”。但是有少数混流式水轮机，在某种工况出现剧烈振动，短时间运行就会造成部件损坏，如尾水管里衬脱落、叶片裂纹。这种机组振动摆度严重超标、流道压力脉动大、功率大幅摆动，不能停留运行的区域，简称为“红灯区”，即运行的禁区。有的机组“红灯区”很窄，可以避开。有的机组“红灯区”很宽或出现在额定功率附近，这种不稳定状态在近几年新投产的大型混流式机组中频频出现，成为本行业专家关注的课题。

## 二、振源分析

（一）混流式水轮机固有的振源

混流式水轮机在非设计工况运行时，叶片入口存在冲角撞击进口边形成的脱流漩涡，造成转频或叶片数乘转频的脉动压力，这是固有振源之一。

同样，在非设计工况运行时，在叶片出口存在旋转水流形成的涡带，在尾水管引起低频脉动压力，其频率为转频的1/5～1/3，脉动压力相对值$\Delta H/H$可达10%左右。一般规律是设计工况为无涡带区，脉动压力最小；导叶开口在30%～60%区间，涡带为正向旋转，脉动压力最大；在超最优工况区，涡带旋转方向为负，称为第二脉动压力区。尾水管涡带脉动压力由于其能量较大，因此在顶盖、推力轴承支架、水导轴承等处的振动及水轮机大轴摆度都有明显反映，是机组运行不稳定的主要根源之一。

（二）振源干扰力的放大是“红灯区”存在的重

要原因

1. 自激放大　在实际工程中存在一种自激振动，维持这种振动的干扰力是由于振动本身所产生的，即振动系统首先由微弱的初始干扰力引起一定振幅的振动，然后这种振动又促使干扰力增大，增大了的干扰力又促使系统产生更大振幅的振动……但是，在实际工程的振动系统中，都是有阻尼的振动，所以自激振动系统的振幅都是稳定在一定数值。不同的系统自激放大的倍数不同。

我们可以把凡是当转轮上腔脉动压力与尾水管脉动压力反相时所造成的顶盖垂直异常振动，看成是转轮垂直振动所维持的自激振动。这种由振动本身派生放大脉动压力现象简称为“自激放大”。

2. 空化放大　有研究表明，尾水管涡带造成的脉动压力，在一旦发生“空腔气蚀”时，被自激放大若干倍；被放大后的强大脉动压力，必然引起水轮机强烈振动。应该说在水轮机内存在的各种初始脉动压力，在其周围一旦发生空化现象时，就会发生“空化放大”现象，从而放大了脉动压力，引起剧烈振动。因此，空化不仅会造成水轮机的空蚀破坏，还会放大水轮机的脉动压力，从而影响水轮机的稳定运行。

3. 共振放大　当振动系统干扰力频率 $\omega$ 和振动系统自由频率 $p$ 相同时，振动系统就要发生共振。实际工程中都是有阻尼的振动系统，其振幅为初始静振幅与强迫振动放大因数的乘积。研究表明，像水轮机涡带这种低频、大干扰力往往会引起系统的强振。强振的振源，就是自激放大了的转频脉动压力和 $f_p/4$ 涡带脉动压力合成的拍振。它形成的巨大脉动压力，是激发钢管和尾水管水体共振的巨大干扰力源。

## 三、历史与经验

### （一）吸出高度与补气

20 世纪 40 年代，人们发现，向尾水管补气可消除功率摆动，减轻振动；20 世纪 50～60 年代末，我国在水轮机补气方面做了大量实验，积累不少经验。人们发现，补气不仅可以稳定水轮机的运行，而且可以减轻空蚀，在强涡带区补气可以提高效率 1%～2%，仅在设计工况会降低效率 0.5%～2%。

1969 年～1974 年我国制造的 225～250MW 水轮机在刘家峡水电站投入运行，但 5 台机运行后都存在强振区。其吸出高度达－9～－7m，按理说空蚀应该轻些，但实际空蚀相当严重，有一台仅运行 2000h，空蚀处理就耗用 500kg 不锈钢焊条。1983 年投产的白山水电站国产首批 300MW 水轮机，将水轮机安装高程抬高 1.5m（二期机组又抬高 1m），运行后无“红灯区”，空蚀情况也明显比刘家峡水电站轻，运行 6000h 检修，发现叶片有轻微空蚀，补焊用 70kg 焊条。刘家峡和白山水电站的水轮机直径相同，性能和结构也基本一样，又同是一个厂家制造，为什么运行状况会有如此不同呢？有人怀疑刘家峡水电站转轮是否因磨损严重的原因，其实刘家峡水电站 1978 年以前，坝前泥沙未淤满，磨损问题并不突出。笔者认为是水轮机吸出高程不同引起的。刘家峡实际吸出高度 $H_s$ 为－10～－7m 不能补气，而白山实际吸出高度为－5～－3m（初期经常在－2～3m）能够补气。混流式水轮机的空蚀、脉动压力与吸出高度有关。按空化理论，水轮机内任何一点的真空值和水的汽化压力相等时，就要发生空化。可是空蚀点的真空值是静态真空与动态真空两部分组成；静态真空由吸出高度决定，选择不同的吸出高度可以调节水轮机静态真空；而动态真空与水轮机结构和运行工况有关，空化系数 $\sigma$ 就是动态真空的相对值。当水轮机吸出高度为负值时，靠增大水轮机埋入深度，可提高水轮机的静态压力，保持水轮机内压力不低于空化压力。问题是水轮机运行时，工况变化动态真空随之变化，且在内部分布不均，如低负荷工况形成涡带时，涡核内就是真空，又在尾水管内转动，它的真空值又受它所处的环境静态真空的影响，综合后压力绝对值低于空化压力时，就要发生空蚀，并由空化自激放大脉动压力引发强振。此时如果能够向低压区补气，提高该空间的压力，就能消除空化又减轻脉动压力。当然，也可以靠增加水轮机埋入深度去提高内部绝对压力，达到零空蚀和稳定脉动压力，有文献认为按空化安全系数为 2～2.2选取吸出高度才能达到零空蚀。

总之，现实工程中确实存在这样一个事实：按空化安全系数 1.5 左右选择吸出高度，认为不发生空蚀的安全裕度足够大了，实际结果空蚀还很严重，有的还出现了“红灯区”；因工程问题造成空化安全系数 $K_\sigma$ 小于 1 的机组，运行结果空蚀反而轻，脉动压力也不大。这说明选择吸出高度理论不完善。近几年人们通过各种试验，也发现证实了这种现象。例如在列宁—伏尔加电站的水轮机上，曾实测空蚀超声辐射强度 $K$ 和吸出高度 $H_s$ 关系，结果见图 1。

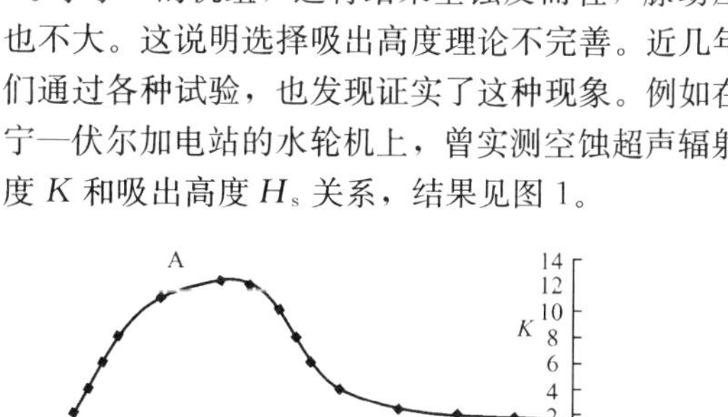


图 1

从图 1 中可见，空蚀超声辐射强度与吸出高度不是线性关系，而是一个有拐点变化的峰形曲线；只有在曲线拐点 A 左侧，增加转轮埋入深度（吸出高度减小即负值越大）时，空蚀超声辐射强度向零空化变化，当埋入深度达到某一值后，才会避免空化（可能空化安全系数为2）；当吸出高度处在拐点附近时空化最严重；在拐点右侧吸出高度越大，空蚀强度越轻；当吸出高度为正值时亦可零空化。

尾水管脉动压力（$A\%$）与空化系数的关系（空化系数值小就是吸出高度大）也是一个有拐点的峰形曲线，在拐点左侧（所谓超空蚀）增大吸出高度（即减小空化系数）也会减小脉动压力，可以推论当转轮在尾水之上时脉动压力最小。

从以上分析不难看出，水轮机的空化稳定现象总体都是非线性的，局部才是线性的。要找准拐点，掌握规律才能主动，而这只有进行大量的试验才能确定。

（二）寿命与运行条件

我国每个电网总容量目前处在2000万～5000万kW，日负荷变化有500万～1000万kW，因为水电机组灵活、起停快，调峰主要靠水电。新投产的大水电机组都有避开振动区的要求，电网调度很困难，常不能避振运行。

国外一些大机组，由于电网大，又配有较多的抽水蓄能机组、燃油机组等，可以避振运行。例如美国大古力三厂有3台60万kW机组和3台70万kW机组，均有不稳定运行区，30%～35%为“黄灯区”，30%以下和35%～40%为“红灯区”。调峰时，首先由一、二厂内18台12.5万kW机组承担，当负荷变动接近大机组容量时，再开停三厂大机组，6台大机均避开“红灯区”、“黄灯区”运行。

近几年来，美、俄、法等国对水电机组运行寿命都做了许多试验。列宁格勒金属工厂专家，通过试验计算疲劳裂纹得出结论：在“黄灯区”和“绿灯区”运行两者寿命相差10～20倍，每启停一次相当于“绿灯区”运行80h。阿尔斯通公司贝内迪托·玛尔西奥等6位专家2002年发表文章认为，在叶片和上冠连接处的寿命，“绿灯区”最优工况比红灯区最差工况大300倍；在导叶和转轮之间进行强迫补气，对“红灯区”运行的动应力降低有明显作用（15%以内）。

上文的结论，笔者很难认同，因为混流式水轮机技术寿命30～40年，经济寿命30～60年；按此如在严重红灯区运行，寿命只有0.1年，在黄灯区也只有1.5～3年，能这样严重吗？他们的结论都是在不补气情况下进行实测分析，又是按转轮最大应力点的裂纹来定义局部寿命的；结合刘家峡水电站机组在“红灯区”运行剧烈振动的情况，也就可以理解了。从笔者本人在丰满水电站工作的经验，丰满水电站1号机组和7号机组运行中都无限制，但1号机补气效果最好，可以看作全范围“绿灯区”机组；而7号机大轴中心补气量不足，在低负荷涡带区上机架振动明显增大，可以看成有“黄灯区”的机组。1号机1943年投运，1966年大修发现4个叶片有裂纹，经处理，至今再未发现裂纹，从裂纹看寿命为23～60年。7号机组195 4年投运，1966年、1972年、1978年和1981年大修都发现叶片有裂纹，进行了处理；1985年和1993年两次大修未发现需要处理的裂纹；2000大修探伤发现叶片有裂纹，进行了处理；从大修纪录看，前期3～6年焊一次，后期以叶片裂纹论寿命为3～6年。7号和1号机实际运行裂纹寿命相比确实有10倍左右。

（东北电网有限公司　徐珍懋）

# 电站设备改造、检修及状态监测

## 三峡左岸水电站5号、6号机组调速系统的改进

（一）问题的提出

三峡左岸水电站5号、6号机组的主机和调速器均为阿尔斯通公司供货的设备。全厂14台机组均使用Neyrpic1500调速器。但5号机在2003年6月17日进行145%过速试验时，机组发生剧烈振动，水轮机导叶剪断销被剪断8根，占总数的1/3，这在国内外是不多见的。在随后的试验中，又有3次剪断销被剪断。这一问题引起了中国长江三峡公司开发总公司及国内外专家的高度重视。通过一系列的试验、研究，发现剪断销剪断的原因，除剪断销的破断直径设计偏小外，主要是接力器结构及调速器三段关闭时间不合理。

（二）接力器的结构

ALSTOM机组接力器活塞直径为1050mm，活塞杆直径为350/250mm，接力器行程为1160mm，两

只接力器均设有锁锭装置。其中左岸侧为手动锁锭，在导叶全开时投入；右岸侧为自动液压锁锭，在机组停机时自动投入。在两只接力器开启腔底部有排油阀、第三段关闭时间调整螺钉及渗漏排油口，排油阀与第三段关闭调整油口连通。

接力器内部有一阻尼环，当接力器向关闭方向动作时，阻尼环向右移动，24 个 $\phi$16mm 的油孔被封住，压力油只能从第三段关闭调整孔及活塞杆间隙通过，实现接力器的慢关闭。

（三）调速系统的改进

1. 第一次改进　2003 年 6 月 17 日，在机组 145%过速试验时，活动导叶有 8 根剪断销被剪断；6 月 23 日在调速器做故障模拟试验时，机组转速上升至 112.7%，导叶开始关闭后 6s，剪断销被剪断 2 根；6 月 24 日，增加对控制环跳动及导叶剪断销应力的监测，再次进行 112%过速试验，剪断销被剪断 1 根，控制环跳动达 10mm。

根据测量结果分析，控制环的跳动是由于两只接力器作用在其上的力相差悬殊造成的。为了证明这一论点，中国葛洲坝集团公司三峡机电安装项目部对接力器两腔的压力进行了测量，发现在接力器进入第三段关闭的瞬间，左、右接力器开腔压力分别为 0.1MPa 和 9.68MPa，而关闭腔压力均为 5.8MPa，左接力器作用在控制环上的力为 463.01t，右接力器作用在控制环的力为－339.2t，即只有左接力器推动控制环动作。试验表明，当接力器进入第三段关闭时，右岸侧带自动锁锭接力器排油不畅，致使压力上升。打开接力器排油阀和第三段关闭时间调整螺钉，发现两者之间的 $\phi$30mm 的油孔在厂内制造时未钻通。

第一次改进即采用 $\phi$22 不锈钢管将右接力器的排油口与第三段关闭调整油口连通。6 月 28 日，进行 115%过速试验，机组产生剧烈振动，控制环跳动约 8mm，剪断销被剪断 1 根，同时测得左、右接力器开腔压力分别为 8.0MPa 和 0.6MPa。试验表明第一次改进没有成功。

2. 第二次改进　经过分析，两只接力器开启腔压力在第一次改进后仍然相差悬殊，原因可能是左接力器内阻尼环发生卡阻。将接力器拆开后检查，阻尼环卡在螺母与活塞杆之间，最大间隙为 0.35mm，局部间隙为 0，接力器关闭时，阻尼环不能移动，压力油从 24 个 $\phi$16mm 的孔中通过，使左接力器的开启腔压力不能建立，左、右接力器压差很大，作用在控制环上的力不平衡，使控制环跳动。

根据计算与分析，决定将左接力器内的阻尼环固定，方法是用 12 个黄铜销固定在阻尼环及螺母之间，将 $\phi$16mm 油口封住。处理后再次进行 115%过速试验，测量左、右接力器开启腔压力分别为 2.5MPa 和 7.8MPa，机组振动和噪声较小。在随后进行的 145%过速及甩最大负荷 530MW（135 水位）时，机组振动和噪声有所加大，但比改进前已有明显改善。第二次改进取得了显著成效。

通过监测、计算与分析，导叶关至 5%左右，通过导流部件的水流由顺流变成射流的瞬间，流道内产生较强的水力脉动，其频率与水轮机部分机械部件的频率 20Hz 接近，从而引起某种程度的共振。要从根本上解决振动问题，必须使两者的频率错开。

3. 第三次改进　为了彻底解决两接力器开启腔的压力不平衡问题及实现“错频”的目的，在 6 号机的调试过程中，对调速器系统进行了第三次改进。改进包括两个方面：一是将两接力器开启腔连通以平衡其压力，二是对导叶三段关闭规律进行调整，延长第三段关闭时间，增加一套第三段关闭装置，在接力器关至 8%时进行切换，使回油经过 $\phi$4.2mm 的节流孔实现第三段的慢关闭。

改进后，左、右两接力器的开启腔压力趋于平衡，分别为 6.05MPa 和 6.1MPa；控制环跳动 lmm，三段关闭时间分别为：第一段 2s（改进前为 2.3s）、第二段 20.6s（改进前为 17.4s）、第三段 125s（改进前为 18s）。

在随后的 115%、145%过速及甩负荷试验中，机组均未出现异常振动和噪声，导叶的应力也无异常，蜗壳压力脉动、顶盖压力脉动均显正常，说明这次改进是成功的。在 6 号机投产后，对 5 号机也作了相同的改造。

（四）结束语

700MW 超大型水轮发电机组在我国是首次应用，在全世界也不多见。三峡水电站 700MW 机组能否成功应用，关系到超大型水轮发电机组在中国水电市场的前途。阿尔司通公司机组调速系统的改进虽然取得了阶段性成果，积累了丰富的经验，但当水位达到 175m 后，机组能否带满负荷安全、稳定运行，还需要进行更深入的试验和研究。

（中国葛洲坝集团公司　易继亮）

## 广西大化水电站机组增容改造的实施与效果

广西大化水电站一期工程总装机容量为 40 万 kW。电站安装的 4 台 ZZ440-LH-850 轴流转浆式水轮发电机组是 20 世纪 70 年代末 80 年代初国产设备，在设计、制造和安装等环节存在不少缺陷。投产初期，全厂 12 台主设备使用效率较低，重大设备的缺陷令安全生产问题十分严峻。特别是经过十多年的发电运行，随着机组的老化，原来存在的缺陷如水轮机叶片卡阻、桨叶密封漏油、轮毂进水、定子铁芯松动、线棒磨损等尤为突出，严重威胁机组的安全运行，并使机组效率降低，每年因停机检修发生的维护费用及造成的电能损失巨大。实施机组增容改造已势在必行。

## 一、工程的实施

为提高大化水电站机组的安全运行水平和水能利用率并解决存在的重大技术缺陷问题，业主——广西桂冠电力股份有限公司委托广西电力工业勘察设计研究院，对大化水电站机组增容改造进行可行性论证，并决定引进先进技术和设备，计划用4年的检修时间先后对4台机组进行增容改造。

大化水电站机组增容改造，由广西电力工业勘察设计研究院承担设计，安装工程由广西水电工程局电力安装公司和广西大化水电设备安装检修有限责任公司分包共同完成，机组启动测试工作由广西电力试验研究院负责。整个工程始于1998年10月，四台机组增容改造工作现已圆满结束。改造工程按2号、3号、1号、4号机组的次序分别完成并相继成功投运，每台机组的改造大约为期一年。

机组增容改造主要是通过更换水轮机转轮、发电机定子铁芯和线棒来实现的，并按机组增容要求，对发电机出口母线、断路器、发电机励磁系统以及主变冷却系统等进行技术改造。水轮机转轮通过国际招标采用阿根廷银萨（IMPA）公司设计制造的K539/5-46转轮；发电机定子铁芯、线棒由富春江富士电机有限公司提供；发电机出口母线采用原槽铝母线两侧附加矩形铝母线实现增容；发电机出口断路器由ABB输配电设备有限公司供货；发电机励磁系统采用湖北宜昌能达通用电气有限公司生产的产品；主变压器则通过更换冷却器并增大容量来实现，冷却器容量由960kW增至1575kW。机组增容改造后水轮机转轮、发电机的主要技术参数见表1、表2。

表1 水轮机转轮技术参数

| 型　号 | K539/5-46 |
|---|---|
| 额定水头（m） | 21.5 |
| 最大水头（m） | 29.5 |
| 额定出力（MW） | 117 |
| 额定转速（r/min） | 76.9 |
| 飞逸转速（r/min） | 170 |
| 额定流量（$m^3/s$） | 601.9 |
| 额定效率（%） | 92.5 |

表2 发电机标准参数

| 型　号 | SF114-78/12830 |
|---|---|
| 额定容量（MV·A） | 130.3 |
| 额定出力（MW） | 114 |
| 额定电压（kV） | 15.75 |
| 额定电流（A） | 4776 |
| 功率因数 | 0.875 |
| 额定励磁电压（V） | 458 |
| 额定励磁电流（A） | 1300 |
| 绝缘等级 | 定子铁芯和线圈为F级，转子为B级 |
| 通风方式 | 密闭自循环空气冷却 |

作为4台机组增容改造配套工程的计算机监控系统改造和开关站设备更换改造也在此期间完成。计算机监控系统改造选用南京南瑞集团公司生产的计算机监控系统，该系统硬件采用分层分布式系统结构，全厂共设两层，即电厂控制层和单元控制层。电厂控制层作为运行人员的操作控制台，完成整个电厂机电设备的实时监控，负责管理全厂运行报表打印以及高级功能应用，实现与广西中调所、百龙滩电厂（分厂）的通讯等；单元控制层设机组、公用设备、开关站设备和大坝闸门7个现地控制单元，实现对各生产对象的实时监控。大化水电站计算机监控系统的改造，整体提升了大化水电站机电设备的自动化监控水平。

开关站设备更换改造主要是对110kV系统、220kV系统各断路器和隔离开关进行改造，目的是选用具有先进技术的产品代替原设备老化、技术落后、可靠性差、自动化程度低的油断路器和隔离开关等，全面提高开关站设备的运行健康水平和可靠性，实现计算机监控，实现开关站110kV系统和220kV系统断路器无油化改造。设备投入运行至今，运行状况良好。

## 二、增容改造的效果

大化水电站通过机组增容改造后，单机容量由100MW增至114MW，电站总装机容量为456MW，净增加装机容量56MW，相当于新建一座中型水电站。该水电站年发电量由多年平均17.5亿kW·h增加到20亿kW·h，获得了较大的经济效益。

从运行情况看，机组能长时间稳定运行，机组摆度、各部轴承温度、发电机和主变压管温升都符合规程规范要求，发电机定子冷却效果、损耗和效率也达到增容改造的设计要求，在设计水头及以上水头范围内运行时，机组出力达到114MW额定出力的要求，因此，机组增容改造达到了预期改造的目的。

据《大化工程机组增容改造设计总结报告》指出，当红水河上游天生桥Ⅰ级水电站和龙滩水电站投入运行后，大化水电站机组增容改造可获得较大的经济效益回报，多年平均电量约增加158～194GW·h，保证出力约增加5.35～9.09MW，在一定程度上提高了电站的调峰能力。

大化水电站机组增容改造，大胆地吸收和应用国内外先进的科学技术，采用国内外先进、成熟可靠的控制设备，不但机组增容了，而且彻底解决了原水轮机转轮桨叶卡阻、桨叶密封漏油或进水等异常问题，避免机组因转轮桨叶进水造成的非计划停机或转轮桨叶漏油所造成的环境污染，更主要的是全面提高了电站机电设备的自动化控制水平和运行健康水平，有效地对机组、公用辅助设备、开关站设备和闸门等全厂设备进行实时监控，为电厂“少人值守（无人值班）”的实施奠定了坚实的物质基础。

（广西桂冠大化水力发电总厂 赵长春）

## 二滩水电站增强机组安全运行的措施

（一）存在的问题

1. 机组振动大，运行振区宽 二滩水电站6台机组从1998年6号机投产的那一天起，机组的振动问题就一直困扰着我们。具体表现为振动大，在高水头、低负荷的运行条件下，有很大一段负荷区，机组多处部位的振动、摆度测量值超过加拿大GE公司给定的报警、甚至跳闸值；各台机组在200～400MW间运行，振动报警频繁。剧烈的振动，给机组部件造成了严重的伤害，具体表现为：尾水进人门固定螺栓频繁松动、断裂，上机架切向键经常松动、脱落，接力器位移传感器链条断裂，导水机构双连板铜套退出，其他部件的固定螺栓松动。机组只能在大负荷或小负荷下运行，这对机组运行方式的安排造成了很大的困难。二滩水电站作为川渝电网的主要调频、调峰电厂，不得不频繁地对机组之间的负荷进行分配。为了防止机组频繁跳闸，不得不在计算机监控系统（CCS）中取消机组振动超标跳闸的功能。

2. 转轮裂纹严重，多台机组的泄水锥脱落 由于水轮机止漏环缺陷，二滩水电站共进行了7台次机组的大修工作，同时根据检修规程和二滩水电站实际，每年对机组进行一次小修。在大、小修中，每次在每一台机组上都检查发现大量的转轮叶片裂纹。裂纹的分布一般在叶片靠近下环的根部出水边，有的机组在靠近上冠出水边也有发现。这些裂纹，大多已经穿透叶片，部分已经深入发展到上冠或下环本体。泄水锥靠双头螺栓固定于转轮上冠上，在1999年底～2000年初的大、小修中发现，有3台机组的泄水锥脱落。在小修中，只有把泄水锥备品通过尾水管运入锥管段，现场安装卷扬机提升起来安装到位。

（二）控制手段

迄今为止，二滩水电站仍是川渝电网惟一的500kV电源点，装机容量占系统容量1/4。为了在已有的设备技术条件下保证机组满发稳发，满足系统的需要，二滩水电站在增强控制手段方面做了以下卓有成效的工作。

1. 机组性能试验 为了摸清发电机组的性能，二滩水电站委托GE公司陆续完成了发电机效率试验、进相试验、零功率因数试验、出力特性试验和水轮机效率试验、转轮应力试验。通过这些试验获取了大量的特性数据，使二滩水电站对所运行管理的机组的认识上升到了一个新的高度，让我们能够用量化的标准来指导设备的运行安排和管理维护工作。

2. 机组动态监测与试验分析系统改造 为了全面地掌握机组的稳定运行状况，对机组各机械部件的运行状态做到“早发现、早防治”，结合系统各项趋势分析功能，为运行管理人员提供可靠的设备运行特征数据，掌握设备状态，尽早发现缺陷，采取合理、有效的检修方案，并为以后全面的状态检修工作打好基础，对机组进行振动在线监测是不可缺少的。GE公司随机组提供了一套振动监测系统，但由于元件选型不当、安装不合理等原因，这套系统在使用过程中发现测量不准、工作不稳定、功能单一等问题，不能满足运行监测和设备分析的需要。为此，通过多方调研，在机组上安装了一套HSJ动态监测与试验分析系统。这套系统，功能齐全，性能可靠，有在线监测、趋势分析和部分机组性能试验三大功能。通过一年多的运行考验，HSJ动态监测与试验分析系统基本满足了电厂的需要。

3. 合理安排机组的运行方式 一般来说混流式机组都存在一个运行振区，机组运行方式首先要考虑避免让机组长期在振区运行，以减轻振动对机组造成的危害，这是一种传统的行之有效的方法。为了提高运行质量，规范运行操作，以便监督考核，随着水头的变化，长期坚持定期对每一台机组进行运行稳定性试验，找出不同运行条件下的机组振区，然后针对不同水头段给出每一台机组的运行振区，以指导运行人员合理地分配各台机组的负荷。随着机组检修工作和技术改造的完成以及其他外部条件的变化，机组的运行振区也将随之变化，通过机组运行稳定性试验来发现振区，这是一项我们将要长期坚持的工作。

（三）技改措施

为了充分发挥水电机组灵活可靠的特性、满足电网的需要，提高二滩公司的市场竞争力，在做好设备运行管理的同时，在设备的技术改进方面也下了很大的工夫，进一步提高了机组的稳定性、拓宽了稳定运行区间。

1. 转子动平衡试验　对减小因机械不平衡造成的机组振动来说，通过转子动平衡试验配重消除不平衡力是一种立竿见影的手段，在本行业已经是传统了。5号机组刚投产，发现三部轴承的摆度、上机架的振动值偏大，频频报警，人站在上机架上可以感觉到上机架在摇动。1999年6月，通过委托外单位，对5号机组进行了转子动平衡试验，加配重块125kg，消除了因转子不平衡造成的振动隐患，大大改善了5号机组的运行工况。在机组HSJ动态监测与试验分析系统改造完成后，利用该套系统固有的功能，就可以随时对任意机组进行动平衡试验，把机组动不平衡控制在一个较低的水平。

2. 大轴补气系统改造　二滩水电站的机组采用大轴中心孔自然补气，在GE公司原设计上，大轴中心补气管内径为241mm。按照2000年1月专家研讨会的意见，应按过机流量的2.5%向尾水管补气，将能有效扼制涡带激振。但是，如果按照机组出力420MW过机流量286$m^3/s$粗略计算，补气量应达到7.16$m^3/s$，管内流速需高达158.4m/s，而实际情况无法满足二滩水电站机组补气量要求，必须改造，加大中心补气管路。根据机组相关部件的尺寸，把补气管尽可能加大，最终确定直径为500mm。目前，随机组大修，已经成功改造了3台机组，效果良好。补气系统改造后的机组，振动明显减轻，振区减小，大大便利了机组运行方式的安排。

3. 检修工艺改进　优良的安装、检修质量，可以最大限度地降低全负荷范围尤其是涡带工况下机组各部位的振动、摆度值。利用机组大小修的机会，针对机组运行过程中暴露的问题，逐年开展了设备整治工作。采用液压拉伸改进了转子连接螺栓的安装方式，较好地控制了机组轴系的安装质量；采用新工艺调整导叶立面间隙，控制20个导叶的角度、开度差，尽可能消除转轮进口水力的不平衡；采取了增设抗重螺栓加强上机架切向支撑和顶盖径向支撑；增设抗重螺栓将筒式水导瓦径向位移（单侧）限制在0.05～0.08mm范围内（GE公司原设计值为0～0.08mm，又改为0.05～0.27mm）等。这些措施已经部分或全部在不同的机组上实施，对于改善机组的整体受力特性、减轻振动，效果良好。至于2000年前普遍出现的转轮叶片裂纹、泄水锥脱落等过流部件等问题，工程技术人员通过不断探索，基本找到了一套合乎二滩实际的处理工艺和解决办法，在2003年度水轮机小修中检查过流部件，所有机组的转轮叶片无裂纹、泄水锥完好。

（二滩水力发电厂　徐文峰）

## 水电机组状态监测系统的设计

状态监测主要包括状态信息的获取、状态信息的融合、状态评估与预测及设备故障诊断和检修计划决策等相关部分。

（一）机组状态监测目标的确定

水电机组的状态监测宜采用打好基础、积累经验、逐步拓展的分阶段实施办法。具体可按照近期目标和远期目标进行规划。

近期目标一般应实现机组稳定性、效率、空蚀等在线监测及分析功能，初步实现设备的状态分析评估、预测及远程诊断，并为建立设备故障专家诊断分析系统及检修计划决策系统打下一定的基础。

远期目标应根据状态检修工作的开展和系统的需要，扩展监测量和监测范围，完善设备状态分析评估、预测及远程诊断功能，建立设备故障专家诊断分析系统及检修计划决策系统，以保证机组的安全、经济运行，实现状态检修。

（二）机组状态监测的配置原则

机组状态监测的配置应遵循“可靠、实用、经济”的原则。根据目前国内水电机组状态监测技术的发展状况，初期应配置技术上比较成熟的机组运行稳定性在线监测和效率在线监测。定子、转子空气间隙监测、发电机局部放电监测应根据机组上导摆度、发电机定子绝缘的实际情况而定。机组空蚀在线监测在国外应用较多，技术上比较成熟，国内的应用（软、硬件方面）尚处于摸索和发展阶段，在资金允许的情况下可以在初期一并考虑。

监测系统应具备扩展能力，为以后增加监测量、专家诊断分析，检修计划辅助决策系统等功能及其他机组逐步实施在线监测留出足够的软、硬件资源，避免重复投资。

（三）机组状态监测系统应具备的功能

以配置机组运行稳定性在线监测、效率在线监测、空蚀在线监测的系统为例（下同），状态监测系统应具备如下功能：

（1）完善的振动、效率、空蚀信号采集、监测、显示和分析功能。

（2）故障报警功能。

（3）机组优化运行功能。

（4）设备性能状况分析功能。

（5）数据储存和管理功能（包括实时数据、历史数据、离线数据等)。

(6) 机组异常故障长时间连续录波及事故追忆功能。

(7) 数据统计和状态报告功能。

(8) 与 MIS 系统、SCADA 系统通讯功能。

(9) 初步具备远程诊断功能,使上级主管部门及有关技术中心可通过系统提供的网络功能对机组状态进行远程故障分析与诊断,定期发布分析与诊断报告。

(10) 具备专家知识库、故障诊断分析、检修计划辅助决策系统等升级功能(远期目标)。

(四) 网络结构设置

综合分析不同机组状态监测系统的实际运行情况,系统网络结构一般采用如下典型设置:

(1) 独立建立状态监测与诊断系统的 TCP/IP 局域网,通过数据服务器将其与 MIS 系统局域网连接起来,使电厂局域网(MIS 系统)内的所有用户终端和通过广域网接入的其他用户终端应能实时查询和访问在线监测状态数据和报告,下载监测数据完成自定义分析,或指定服务器完成特定的分析和操作,以尽早发现潜伏性故障,提出预警,避免事故的发生。

(2) 充分利用信息共享和开放系统技术,可将电厂 MIS 系统、SCADA 系统的设备历史信息和运行状态信息集中上送,做到集中故障诊断与检修计划决策,且与监控系统的通讯和数据交换应保证与其时间的一致性。

(3) 设立工程师工作站,用于对监测系统数据的分析,完成状态监测与诊断系统的配置和维护等工作,也可以用于对离线监测数据的管理和维护。

(4) 数据服务器应可以接受其他单位、厂家的数据采集系统,具有良好的扩展性和兼容性;同时,离线监测的内容可以由用户自己定义,离线数据采集处理系统的数据可以通过工程师工作站输入,或由特殊的模块传送到数据服务器,由数据服务器统一进行管理,并形成趋势曲线等内容,以便在必要时供诊断系统自动调用。

(五) 机组状态监测测点配置

1. 稳定性监测　稳定性监测中测点的布置应考虑能反映机组实际运行状况的机组机架振动,大轴摆度,蜗壳、顶盖、尾水管水压脉动等监测量及进行详细全面分析必不可少的键相信号。定子振动测点的设置应根据机组定子铁芯有无松动及实际运行情况决定。

2. 效率监测　效率监测的方法根据电厂的具体情况而定,其关键点在于机组发电引用流量的测量。目前常用的为蜗壳压差法和超声波法。两种方法均能满足要求,但超声波法投资较大,且对引水压力钢管直管段长度及布置形式有一定要求。

3. 空蚀监测　空蚀监测推荐从空蚀系数、能量特性、振动噪声等方面进行,一般布置 2 个测点,采用加速度传感器进行测量;传感器安装在导叶拐臂上,180°对称布置。

4. 背景参量　背景参量包括机组功率(有功功率、无功功率),导叶开度,上、下游水位。

(六) 机组状态监测系统实施中的质量控制

在线监测数据的准确性直接影响到对设备的状态分析评估与预测、故障诊断和检修计划的决策,一个可靠的状态监测系统必须在以下几方面加强控制。

1. 监测系统性能指标

机组状态监测系统主要性能指标应满足如下要求:

(1) 监测系统具有较高的精度。

(2) 具有可靠的稳定性,无明显温度漂移和时间漂移,长期监测不会产生信号不稳、波形畸变等现象。

(3) 硬件设计合理,具有完善的抗干扰性能。

(4) 具备抗混迭误差功能。

(5) 采用整周期采样。

2. 数字信号处理方法

采用经典的 FFT 变换(傅里叶变换)和先进的现代数字信号处理技术(如小波分析、奇异谱分析等)相结合,充分利用现有的故障机理研究成果,以提取故障特征,分析其状态和发展趋势。

对空蚀信号的监测和处理应选择合适的采样频率、连续采样周期、采样方式和合理的滤波及整流电路。空蚀监测加速度传感器采集信号的处理应采用目前国内外普遍使用的全波整流频谱分析法,以获得可靠的声强级(dB/g)—频率(Hz)曲线。

3. 传感器的选型、安装及维护

传感器的选型应考虑具备绝缘、密封好,防潮、防电磁干扰等功能;不同类型的传感器对其性能指标要求存在一定差异。传感器应经实验室检验、标定。

4. 机组状态监测系统的运行维护和管理

在线监测系统的可靠运行直接影响到对设备的状态分析评估,为此,必须配备专门的具有一定分析理论知识和经验的运行维护管理人员,并加强对人员的培训,完善运行维护和管理制度,以充分发挥状态监测系统的作用。

(湖南省电力试验研究所　唐卫平)

## 龙羊峡水电站设备检修与技术监督

(一) 2003 年度综合情况

(1) 年发电量 22.395 亿kW·h。

(2) 水库水位 2565.83m。

(3) 水库蓄水量 133.45 亿 $m^3$，年平均耗水率 4.71$m^3$/kW·h。

(4) 电压合格率 94.89%，频率合格率 100%。

(5) 保护投入率 100%，正确动作率 100%，故障录波器完好率 100%，保护定检率 100%。

(6) 自动装置投入率 99.8%，正确动作率 100%。

(7) 主设备一类率 100%，辅助设备一类率 94.89%，完好率 99.43%。

(8) 实现了年内安全生产 3 个 100d，全年无事故；截至 11 月 15 日，各项运行设备操作达 2070 次，操作准确率达 100%。已累计安全生产 2293d。

(9) 制定了水库低水头情况下的设备安全运行预案和机组黑启动预案，并进行了机组黑启动试验，熟悉了操作过程。采用主变压器倒挂运行方式，缓解了长时间单机运行和全厂停机方式下厂用电安全运行的矛盾。

(10) 对高程 2523m 阀门室设备、90 平台供水系统进行了工况试验，对 2439 廊道、90 平台取水口电动阀远控回路进行了改进，做了传动试验及管路的探伤、防振工作；并对以上部位安装工业电视镜头进行定点监视。

(11) 为防止由静态的 MIS 系统指令串入动态的设备系统做了隔离措施；中控室监控系统 UPS 电源正按要求进行双路接引工作。

(二) 设备检修情况

1. 机组检修

(1) 完成了 1 号～4 号机小修（共 7 次，其中 6 次小修、1 次项修）。主要解决了如下问题：1 号、3 号、4 号机组测温盘更换；4 号机旁 400V 断路器改造换型；1 号、3 号、4 号机组技术供水盘改造；3 号机组水导瓦更换；3 号机组尾水管里衬灌浆处理；监控系统下位机完善；发电机、主变压器及 15.75kV 系统预试；3303 断路器 GIS 设备 D、C 气室盆式绝缘子更换；4 号机组水轮机底环变形情况检查、测量；2 号主变压器铁芯多点接地处理；2 号机组微机型故障录波装置的安装；主变压器冷却器控制盘改造；设备电缆统计整理；4 台机组的进水口拦污栅改造；机组拦污栅、坝前 2532 平台（顶棚平台）杂物清理等。

(2) 2003 年上半年，为保水库 2530m 死水位，在单机运行方式、全厂停机方式下，安排进行了 6 台次的主变压器倒挂运行方式，借此机会，对各台机组过流部件空蚀进行彻底的大面积补焊打磨处理。

2. 线路检修情况　完成了 5 条线路出线一次、二次设备的定检预试工作。利用线路定检预试，对 330kV GIS33085 旁路间隔进行了分解检查处理。

3. 重大设备缺陷抢修情况　组织人员对 3303 开关 A 相油压系统机构阀体内部渗油进行了专题讨论，确定了将 3303GCBA 相本体机构与 3309GCBA 相本体机构互换的处理方案。对 2 号主变压器铁芯一点接地的缺陷，制定了应急预案，电气分场每周监测 1 次，以确保主设备的安全运行。

4. 公用设备检修情况　完成了厂用电 6kV 系统、0.4kV 系统检修、高低压风系统检修、厂内坝内排水系统和检修排水系统检修、直流系统 200V 和 48V 系统检修、技术供水系统检修及公用油压系统检修。

5. 主要大修技改项目完成情况　截至 2003 年 11 月中旬，大修项目共有 16 个，其中已完成 9 项；技改项目共有 3 个，其中完成 1 项；零购项目已全部完成。

(三) 技术监督工作

(1) 完成了 3 台机组主变压器、发电机、15.75kV 系统的绝缘试验；完成了 5 条出线设备的全部试验；完成了 6kV 系统配电系统试验。

(2) 利用 1 号～4 号机组检修的条件对过流部件、油系统压力管路射线监测、导叶叶片裂纹及泄水锥空蚀进行了检查；对 2530m 高程廊道测压管路管径壁厚进行了检测；对深底孔栏污栅防腐涂层、深底孔检修闸门涂层进行了检测。

(黄河上游水电开发有限责任公司
龙羊峡水力发电分公司　王建华)

# 大坝安全管理

## 中国水电站大坝安全现状

我国从 1987 年开始实施水电站大坝安全定期检查和评价制度，首轮定检通过设计和施工复查、运行总结、现场检查，对大坝安全状况进行了全面复核、检查和综合评价，基本摸清了全国 96 座大坝的安全状况。二轮定检规划共安排了 131 座大坝，实际检查了 130 座。二轮定检要求在首轮定检基础上适当简化，突出重点地进行，从1997年开始到2003年已完成定检和评价工作的有65座大坝。

从已完成二轮定检工作的65座大坝看，水电站大坝的安全状况与首轮定检时相比得到了全面的改善，病、险坝数量有所减少，仅李官、梅山、以礼河二级、水东4座大坝为病坝，其余均为正常坝；首轮定检发现的许多重大缺陷已得到有效处理，大坝防洪标准、结构强度和抗滑稳定等问题已不再具有普遍性；首轮定检过后，许多大坝采取了一系列修补处理措施，消除了许多缺陷和隐患，极大地提高了水电站大坝的安全状况。但我国水电站大坝安全现状仍存在以下几方面的问题：

（1）水工钢闸门和启闭设备存在较严重的腐蚀、变形、焊缝应力超标、元器件缺损老化及维护不善等问题。在已定检的65座大坝中，就有40座存在这方面问题，尤其是20世纪70年代前兴建的大坝。其中梅山、以礼河二级大坝因缺陷严重而定为病坝，黄坛口、麻石、拉浪、六郎洞等大坝的闸门要求进行全面更新，其他大坝的闸门和启闭机也要求进行加固和局部更新处理及加强维护等。水工钢闸门和启闭设备安全检测和设计复核，是二轮定检的检查重点。加强闸门和启闭机的维护和提高其工作可靠性的任务很重。

（2）水电站的大坝安全监测，虽较首轮定检已有了较大的改善，但较普遍地存在设施不够完善、观测精度不高、分析不及时、观测制度不够完善等问题。在已完成定检的65座大坝中，存在这方面问题的有45座。从二轮大坝定检的实践看，对监测系统进行全面的检查和评价鉴定很有必要；对监测系统的更新改造，必须进行设计审查和咨询；同时，大坝中心也要加强对水电站大坝安全监测系统的管理和指导检查。

（3）大坝的老化问题日益突出，这主要表现为坝体和坝基防渗体的防渗能力逐渐下降，建筑物混凝土普遍存在碳化、裂缝、渗漏、冻融、侵蚀等病害，过流面（溢流面）磨损、冲蚀等，有的危害程度还相当严重。在65座大坝中，存在这方面问题的有38座大坝。水东大坝因坝体防渗体系存在严重缺陷而被定为病坝。

我国坝龄超过30年的大坝，现已接近60座，并且随着时间的推移还要增加。这些大坝的老化现象日渐明显，危害程度将进一步加重。同时，新建的大坝，其运行条件因坝高、库大而更为恶劣复杂，也有老化问题。因此，及时对大坝进行老化检查和评价，制定相应的标准，是下一步科研和管理的重点。

（大坝安全监察中心　陈重喜）

## 新形势下的大坝安全定期检查工作

水电站大坝安全不仅关系到水力发电企业（以下简称水电企业）自身的安全生产，更关系到下游人民的生命财产安全，是一个社会公共安全问题，各水电企业必须对大坝安全管理工作给予高度重视。在电力体制改革的新形势下，按照国务院办公厅发出的《关于加强电力安全生产工作的通知》（国办发（2003）98号）精神，国务院授权电监会具体负责电力安全监督管理，国家安全生产监督管理局负责综合管理。大坝安全监察中心受政府的委托，负责水电站大坝安全技术监督服务工作。各水电企业直接负责水电站大坝安全。

大坝安全定期检查是预防大坝安全隐患的重要措施，是政府对大坝安全的有效管理手段之一。在电力体制改革的新形势下，这项工作只能加强，不能削弱。按照原国家电力公司二轮大坝安全定期检查规划正在开展和将要开展定期检查工作的单位，要继续认真开展好这项工作，确保工作质量。其他水电企业也要认真开展大坝安全定期检查的各项工作。

大坝安全定期检查频率，一般情况下每5年进行一次，每次检查时间以一年为宜。新建工程的第一次大坝安全定期检查，在工程竣工安全鉴定工作完成5年后进行。

大坝安全定期检查工作内容，必须按照《水电站大坝安全检查施行细则》的要求，根据坝的规模、坝龄、坝型、环境、安全状况、上次定检后客观条件的变化、定检意见的落实等具体情况，确定工作内容以及必须重点检查的项目或专题。具体工作内容一般包括：

（1）上次定检以后运行维护情况总结（包括运行情况；上次定检未作结论的安全问题的发展变化情况和研究论证结果；上次定检后消除缺陷、补强加固和更新改造项目情况等）。

（2）现场检查，包括水下检查及泄洪启闭设备的安全检查和鉴定。

（3）大坝安全监测系统的鉴定评价及监测资料分析。

（4）针对各座大坝的具体情况，对大坝防洪、坝基及近坝库岸地质条件、坝体结构和稳定、泄洪建筑物过流能力、消能防冲、坝体老化等问题进行专题研究。

（5）在上述各项工作的基础上，形成大坝安全定期检查报告和大坝安全等级评价意见。

大坝安全定期检查是对大坝的全面检查，其内容包括设计、施工、运行的复查评价，现场检查和在此基础上的大坝安全等级评价，全部工作量大面广。为了突出重点，建议检查要点如下：

（1）对设计、施工的复查，大坝运行条件（外荷载及自身结构性态）及有关技术规范等与以往定检复查时无重大变化，而在以往定检时已经作出明确结论的情况下，可不列专题，只在定检报告中作定性分析评价。对以往定检复查工作未作出结论而又对大坝安全影响较大的项目，应根据现状列专题复查。

（2）对上次定检后进行的补强加固工程或更新改造项目，要检查其设计依据、设计标准、设计方法及施工质量，评价其是否符合现行规范，是否满足大坝安全要求及运行效果，对一般的消除缺陷处理也应进行安全评估。

（3）要做好大坝安全监测系统的检查评估和仪器鉴定，评价监测值的可靠性和可信度。资料分析要强调趋势性分析和异常现象诊断，对重要大坝应提出安全警界值，以起到评估大坝安全状态及指导运行的作用。

（4）现场检查是对大坝、泄洪建筑物、输水和过船建筑物的挡水结构、近坝库岸、边坡和附属设施等的状况的全面检查。检查中要重点关注已有缺陷的发展、变化情况；泄洪设施的过流部分、消能区域的冲刷情况；坝体及基础的渗水融蚀情况；坝体的老化情况，北方寒冷地区大坝特别要关注混凝土冻胀问题；坝体结构开裂；坝基及近坝库岸边坡的稳定问题等。现场检查要做好记录，对有缺陷的部位要做好素描图，作为大坝运行性态的历史档案。

（5）对坝体、坝基或坝坡的水下部分，深孔、底孔的过水部分，泄洪建筑物的下游冲刷部位，经分析有可能产生破损、冲蚀或闸（阀）门损坏而影响大坝安全的部位，应进行水下检查。

（6）对有严重淤积，影响防洪库容或造成大坝超载的水库，应进行库容复测及安全性评价。

（7）对长期未进行过专门检查鉴定的泄洪建筑物的启闭机、闸（阀）门等金属结构设备，要进行全面检查和安全鉴定；对已有安全隐患及超过使用年限的设备，应提出维修及更换意见。

水电站大坝安全定期检查专家组由大坝安全监察中心负责组织。专家组专业配备要齐全，人数根据大坝的具体情况确定，一般不得少于5人。为了保持定检工作的连续性，专家组中至少要有一名参加上次定期检查的成员。与水电站大坝管理有直接关系的人员参加专家组的人数不得超过专家组总数的1/3。在电力体制改革的过渡期，二轮定检大坝的专家组可以由大坝安全监察中心组织，也可以由水电企业自行组织、商大坝安全监察中心同意。

大坝安全定期检查专家组，根据大坝的具体情况，拟定专项检查专题和内容，水电企业负责组织有相应资质的单位完成专题报告。专家组负责审查专题报告和在此基础上提出定期检查报告。水电企业将专家组提出的定期检查报告和各项专题报告上报大坝安全监察中心。大坝安全监察中心收到材料后进行审查，并根据水电站大坝安全实际运行情况，对水电站大坝的结构性态和安全状况进行综合分析，评判水电站大坝安全等级，提出大坝安全定期检查评价报告，报国家安全生产监督管理局备案。大坝安全监察中心接到备案批复后，下文通知水电企业。

水电企业应该制定大坝安全定期检查工作计划，落实人员，安排各项专项检查和安全评价经费，保证大坝安全定期检查工作顺利开展。各项专项检查费用由水电企业和承担单位签订合同，费用额度较大的项目，可在具备资质的单位间通过招投标方式决定。安全评价费用参照国家有关标准进行。

（大坝安全监察中心　张秀丽）

## 《水电站大坝安全注册施行细则（试行）》要点

为了提高水电站大坝安全管理水平，做好电力体制改革新形势下的大坝安全注册工作，根据《水库大坝安全管理条例》、《水电站大坝安全管理规定》和国家安全生产监督管理局的有关要求，水电站大坝安全监察中心（以下简称大坝中心）制定了《水电站大坝安全注册施行细则（试行）》，并于2003年10月28日公布试行。

《水电站大坝安全注册施行细则（试行）》共分四章，分别是：第一章总则；第二章大坝安全注册申报、评级及发证；第三章大坝安全注册的监督管理；第四章附则。

总则指出，本细则适用于各类大、中型水电站大坝，其他小型水电站大坝可参照执行；国家安全生产监督管理局为水电站大坝安全注册主管部门，大坝中心为水电站大坝安全注册执行机构。

第二章规定了申报大坝安全注册的时间要求、注册条件、申报注册的程序、注册的等级划分以及大坝管理实绩考核的内容等。对水电站大坝安全注册规定“新建水电站大坝竣工安全鉴定后一年内，或水电站大坝首次定期检查完成后半年内，水电企业必须向大坝中心申报水电站大坝安全注册。”水电站大坝安全注册应当具备以下条件：“（1）新建水电站大坝应当具有建设工程项目安全评价报告、工程竣工安全鉴定报告；已运行的水电站大坝应当具有定期检查报告及评价意见；（2）有完整的水电站大坝勘测、设计、施工监理资料和运行监测资料；（3）有健全的水电站大坝安全管理规章制度、职责明确的管理机构和符合各岗位要求的运行人员。”本章还规定：“符合注册条件的病坝，根据管理实绩考核确定是否准予注册，准予注册的大坝其注册等级为丙级。”“大坝定期检查被评为险坝者不予注册。”

第三章规定了大坝安全注册实行动态管理，甲级注册证有效期为5年，乙级和丙级注册证为3年，在注册证期满3个月前水电企业应申请换证。规定“取得大坝安全注册证的水电企业，准予运行发电，……在规定期限内无正当理由，不申报注册的，属违章运行。”本章还对水电站大坝有关事项变更、注册抽查、注册证注销、注册证失效、注册降级、升级等作了具体规定。

附则规定，申请大坝安全注册证，应按规定缴纳费用。

《水电站大坝安全注册施行细则（试行）》附有《大坝安全注册申请表》及《水电站大坝安全注册基本情况登记表》、《水电站大坝安全现状登记表》、《水电站大坝安全注册评分表》。对提出申请注册的水电企业，经过大坝中心组织专家组对水电厂大坝安全状况及管理水平进行现场检查，符合注册条件的大坝，水电企业可按规定填写《大坝安全注册申请表》，正式提出大坝安全注册申请。

（大坝安全监察中心　沈家俊）

## 2002年～2003年水电工程安全鉴定情况

2002年～2003年，大坝安全监察中心承担完成了四川姚河坝水电站竣工安全鉴定和贵州引子渡、陕西蔺河口、甘肃龙首二级、福建涌溪四级、湖南碗米坡、河南回龙（蓄能）等水电站蓄水安全鉴定。

鉴定过程中发现姚河坝水电站高水头、长引水隧洞渗漏水量较大，安全监测设施不够健全；碗米坡水电站右岸高边坡需要进一步完善支护，坝体上游局部防渗层和基础段透水率较大；引子渡水电站溢洪道挑流鼻坎基础需完善支护处理；龙首二级大坝需完善防渗和排水系统等。经过安全鉴定，诊断出了上述工程存在的缺陷和隐患，督促业主及时处理，确保了工程按计划蓄水发电和安全运行。

各水电站业主对工程安全工作比较重视，基本能按《水电建设工程安全鉴定规定》和《水电站基本建设工程验收规程》，积极组织开展工程安全鉴定工作，把工程安全鉴定作为基本建设程序中的一个重要环节来抓，能较好地配合鉴定单位开展工作，鉴定资料准备齐全，工程质量问题反映得比较充分，对鉴定单位提出的鉴定意见能及时落实，工程缺陷能得到及时消缺处理。

但自从国家经贸委撤消后，对于水电建设工程安全鉴定工作，国家没有职能部门统筹管理或管理不到位。个别业主对安全鉴定工作抱有观望或拖延的态度，致使有些水电站竣工运行多年，业主就是不组织安全鉴定和竣工验收。水电站不做安全鉴定就生产运行，如若像沟后水库一样发生溃坝事故，将会给社会带来灾难性破坏。也有一些业主为了省钱省事，应付验收，委托无鉴定资质的单位或协会进行安全鉴定工作，鉴定质量难以保证，鉴定责任难以追究，扰乱了国家法规和正常的建设程序。

水电站工程安全鉴定工作作为水电建设工程的一个基本建设程序和制度，水电站业主应该严肃执行，这对保障大坝和下游人民生命财产安全有着极其重要的意义。

国家对安全生产非常重视，水电站作为特属的生产设备，既能防害兴利，也能给人类带来灾害，因此，应从落实“三个代表”的高度，重视水电站建设期和运行期的安全工作。认真落实国家的各项制度，做好安全鉴定工作，防患于未然，确保水电站大坝安全，使水电站真正起兴利除害的作用，这是水电站业主应尽的社会责任和义务。

（大坝安全监察中心　聂广明）

## 建设项目劳动安全卫生预评价工作

建设项目（工程）劳动安全卫生预评价是安全生产监督管理工作的一项基础工作，是做到建设项目本身安全、不留安全生产隐患的重要保证。充分做好此项工作，是安全生产监督管理工作从现状监控、事后处理型转化为事前预防型的重要措施，是贯彻执行“安全第一、预防为主”方针的具体体现。

为了贯彻落实《安全生产法》和国家安全生产监督管理局有关安全评价工作的指示和要求，大坝安全监察中心经过努力，于2002年底取得安全预评价资质。此后，在各级领导的关心支持下，积极开展了一系列安全预评价工作。目前，大坝安全监察中心安全预评价资质的业务范围已涵盖水利水电业，建筑业，港口业，地质勘查业，非金属矿采选业，化学原料及化学制品制造业，电气机械及器材制造业，通信设备、计算机及电子设备制造业，火力发电、热力的生产和供应业等行业，可以在力所能及的范围内为建设项目的预评价工作提供优质的服务。

为了确保安全评价工作质量，大坝安全监察中心在拥有自身专家队伍基础之上，广泛吸收有关行业的技术专家，逐步建立了比较全面的专家库，进一步完善了质量保证体系，从合同签订到评价过程及最终报告完成和评审，都有一套完整的管理制度，实现严格的全过程控制，确保了安全评价工作的质量。

通过一年多的努力，大坝安全监察中心在水利水电、化工、燃气等行业开展了多个项目的安全评价、预评价工作，已累计完成了18项安全评价业务，为水利水电等行业的建设作出了贡献，也扩大了大坝中心的市场影响力，为该监察中心的进一步发展奠定了基础。

（大坝安全监察中心　杜德进）

# 大坝的定检情况

## 全国水电站第二轮大坝安全定期检查进展情况

为了全面检查和评价水电站大坝安全状况，自1987年开始，我国电力部门负责管理的大、中型水电站实施大坝安全定期检查（下称定检）制度。首轮定检对20世纪80年代以前投运的96座大坝进行了首次定检，评价出病坝7座、险坝2座，其余均为正常坝（湖北黄龙滩大坝未定级）。继首轮定检之后，1997年第二轮定检开始启动。按照国家电力公司安运技［1998］62号文《关于开展第二轮水电站大坝安全定期检查有关规定的通知》，二轮定检共安排130座大坝，并要求2003年完成。但截至2003年底，已完成定检和评价工作的大坝共65座，其中国电公司批复了36座大坝的安全等级，2003年底大坝安全监察中心又将湖南镇等29座水电站大坝安全定期检查审查意见上报国家安全生产监督管理局备案。已完成定检但尚未完成评价定级的大坝23座，正在进行定检的大坝有23座。目前尚有十三陵上水库、凤滩、安康、江口、五强溪、李家峡、龙羊峡、大峡、回龙寨、上硐、下硐、宝珠寺、铜街子、大寨、南河、船场溪二级、葛洲坝二期、三江、洛东18座大坝未开展定检工作，定检进度明显滞后。大坝安全监察中心于2003年12月以坝监检［2003］66号文《关于要求抓紧进行水电站大坝安全定期检查工作的通知》，要求至今尚未启动大坝定检的主管单位，严格执行原国家电力公司和国家安全生产监督管理局文件的精神，尽快启动大坝定检工作。

2003年绝大多数主管单位领导高度重视大坝安全工作，在进一步提高和改善水电站大坝的安全状况，更好地发挥水电站的综合效益方面，均取得了可喜的成绩。他们精心组织，成立精干、高效的专家组，在人力、物力上大力支持，有的领导还抽出时间积极主动地参加定检，亲自抓大坝的补强加固工作。多数水电站领导也亲自抓定检，带领电站有关人员积极配合专家组工作，对检查中发现的重大缺陷，抓紧时间制定切实有效的补强加固方案。

（大坝安全监察中心　谭秀娟）

## 新安江水电站大坝安全第二次定期检查

新安江水电站是新中国自行设计、施工和制造的第一座大型水电站。枢纽采用混凝土宽缝重力坝、坝后式厂房、厂房顶溢流式布置，最大坝高105m，具有以发电为主，兼顾防洪、航运、养殖、旅游等综合效益，在华东电网中担任调频、调峰、事故备用等作用。

新安江水电站大坝安全第二次定期检查于2002年1月开始，2003年11月完成，由主管单位华东电网公司负责组织，成立了定检领导小组和现场检查组，聘请了包括邢观猷等参与当年工程设计、施工及运行的老专家在内的高水准的专家组。在该次定检工作中，新安江水电站根据运行实际和专家组意见，开展了18项专题检查和研究，先后召开9次工作小组扩大会议，3次专家组会议，2次现场检查会议和数次重点专题技术研讨会。

该次定期检查专题项目涉及范围广，设计复核包括了洪水及洪水调度复核、右岸坝段稳定复核、右岸边坡稳定性复核等，运行专题有运行总结、现场检查、水下检查、观测资料分析、横缝灌浆效果检查、右岸坝基厚层页岩泥化及软化探查、水工金属结构检测、库容复核等，还进行了页岩灌浆、利用卫星遥感技术测量库区围垦状况等新技术试验研究，取得了一批重要的研究成果，为专家组公正、客观、正确地评价大坝安全等级奠定了基础。

在该次定检中，根据工程CT技术对页岩的探查成果，得出了近10年来页岩没有明显泥化、软化的结论，在解决这个困扰、争论多年的技术难题方面有了实质性进展，在对页岩进行固结的化灌试验也取得了重要成果；根据延长的洪水系列得出，设计洪水及洪水调度成果表明工程防洪是安全的；综合分析横缝灌浆检查成果和稳定计算成果，专家组认为右岸坝段的侧向稳定问题不影响大坝安全；右岸边坡的补充勘探和分析成果也表明不存在影响边坡稳定的地质问题；对几次大洪水的调度及对下游冲刷的影响进行了分析；在卫星遥测成果的基础上，专家组对库区围垦进行了实地考察，对近几年日益加剧的围垦表示担忧，如不加以控制，将影响大坝的防洪能力。通过定检也发现了一些新的问题，如闸门启闭设备上的隐患和水下结构的一些缺陷，及时安排了改造和处理计划。专家组通过细致的现场检查和充分的讨论，肯定了各定检专题研究成果的有效性，认真对照有关法规，认为新安江大坝可评定为正常坝。

（新安江水力发电厂　刘双华）

## 大化大坝安全第二次定期检查

（一）工程概况

大化水电站位于广西红水河中游的大化县，距南宁约150km，是红水河规划开发的第六个梯级电站，其上、下游已建有岩滩和百龙滩水电站。该电站装机容量原为400MW，经增容改造增为456MW。枢纽主要建筑物有河床式厂房、溢流坝、左右岸重力坝、左右岸接头土坝、通航建筑物和厂房左右侧的排沙廊道。厂房全长175m，溢流坝长228.4m，最大坝高74.5m，枢纽挡水前沿全长1166m。

大化水电站1975年10月开工建设，1983年12月第一台机组投产发电。1986年除通航建筑物未完建外，工程全部竣工。

（二）首次大坝安全定期检查

根据原能源部颁发的《水电站大坝安全检查施行细则》的规定，1993年～1994年大化水电站在广西电力工业局组织领导下，组成专家组进行首次大坝安全定期检查。1995年广西电力工业局将检查结果呈报原电力部审批，审批的结论是，同意广西电力工业局对大化电站大坝安全定期检查的意见，大坝被评为正常坝，并提出了审批意见和建议。大化电厂根据审批的意见，结合运行出现的问题，进行了缺陷处理。

（三）第二次大坝安全定期检查

1. 检查工作概况　遵照原电力工业部《关于开展第二轮水电站大坝安全定期检查工作意见的通知》和国家电力公司《关于开展第二轮水电站大坝安全定期检查有关规定的通知》，广西电力有限公司于2002年3月组织领导大化水电站第二次大坝安全定期检查。大化水电站业主广西桂冠电力股份有限公司依据广西电力有限公司的意见，委托广西水力发电工程学会具体负责组织专家组开展检查工作。专家组经广西电力有限公司和国电公司大坝安全监察中心商定批准。专家组组建后，经现场检查（包括水下探模录像）、收集档案资料、审阅、核算，提出专题报告和大坝安全评价报告，于2003年6月经业主组织的有关单位专家和代表审查验收，检查工作胜利完成。

2. 专家组和检查内容　根据安全检查的任务，专家组由9人组成，他们来自设计、生产运行管理、大坝安全监察管理、建设管理以及大学等部门，为高级工程技术人员和教授，有水工、施工、金属结构、观测资料分析人员。按有关文件规定，有少数第一次安全检查的人员参加专家组。

专家组按照国家有关文件规定，针对电站大坝第二次安全检查的实际，确定了检查工作内容。大化大坝安全第一次定期检查后，定为正常坝，地质条件变化不大，施工未发现新问题，所以第二次检查地质和施工总结可以不再进行。大坝观测第一次安全检查时，观测资料较短，未作系统的理论分析；大坝运行20年，未作建筑物水下检查；水工钢闸门数量较多，材质、锈蚀变形未作过专门检查。第一次大坝安全定检后，下游百龙滩水电站建成，大化水电厂尾水位较原设计抬高，带来大坝、厂房运行工况改变；并有新的规程规范（如水利水电洪水标准、混凝土重力坝设计规范，水电站厂房设计规范等）颁布，适用标准发生了变化。根据这些情况，决定第二次定期检查要进行以下八个专题检查，并作出大坝安全评价报告：①大坝运行总结；②洪水复核；③大坝安全复核；④河床式厂房安全复核；⑤现场检查；⑥水下检查；⑦水工钢闸门和启闭机检测；⑧观测资料分析。

其中①专题由电厂提出；②、③、④专题及大坝安全评价报告由学会组织的专家提出；⑤专题由电厂在专家组协作下提出；⑥、⑦、⑧专题由水电厂委托国内具有资质的单位提出。

3. 专家组的工作任务和工作方法　一般规定专家组的任务只负责拟定检查大纲、审查报告。专题报告和大坝安全评价报告另由有关单位提出后，由组织领导单位召集专家开会审查。大化大坝安全在本次检查中，专家组除审查报告外，还亲自动手完成或组织有关工程技术人员参与完成部分专题报告的计算、校审、编审。专题报告和大坝安全评价报告初稿提出后，专家组开会审查，原提出者补充修正后定稿。报告初稿事先发给专家成员审阅，作开会准备。

整个安全检查过程，安排了四次会议，参加会议的有专家组成员和有关单位专家代表。第一次会议由广西电力公司主持，宣布专家组、讨论检查大纲、工作任务分工、进度。第二、三次会议由专家组组长主持，审查报告初稿。第四次会议由业主单位主持，对报告进行验收。

（四）第二次定检的安全评价及建议

通过八个专题检查，各项结果都符合现行规范和设计要求；近坝库区也未发现危及大坝安全的滑坡和塌岸。按照《水电站安全检查施行细则》，大化水电站大坝定为正常坝。

为了进一步提高大坝安全度和电站的运行质量，建议：

(1) 研究岩滩水电站出库流量与大化入库流量的平衡问题；重新做出大化水电站尾水水位与流量关系曲线。

(2) 冲沙廊道经检查有空蚀、磨损，应进行处理；且由于上游大水库建成，大化水库泥沙减少，要研究运行方式，以减少水下工程出现缺陷。

(3) 4号机组左边墙基础应力在设计、校核洪水工况出现拉应力，应研究处理。

(4) 大坝观测自动化系统应进一步完善。

(5) 对预应力处理后的安装间底板、厂房尾水管顶板配筋量不够和肘管底板裂缝，运行中应注意观察。

(6) 金属结构、起重设备缺损件要补齐，溢流坝工作闸门震动注意观测。

以上大坝安全检查结论和建议，经业主组织的专家、代表验收。

（广西电力有限公司　彭文藻）

## 碧口水电站大坝第二次安全定期检查

碧口水电站1969年开工建设，1975年下闸蓄水，1976年第一台机组发电，1983年工程总体竣工验收。枢纽工程由土石坝、溢洪道、左岸泄洪洞、右岸泄洪洞、排沙洞、引水洞、调压井、钢管道、厂房和开关站等组成。壤土心墙堆石坝最大坝高105.3m（经首次大坝安全定期检查确认），坝顶长度297.36m，砂砾石覆盖层由两道混凝土防渗墙联合截渗。岸边溢洪道最大泄量2310m$^3$/s。右岸泄洪洞由导流洞以“龙抬头”式改建而成，最大泄量2250m$^3$/s。左岸有压泄洪洞最大泄量1710m$^3$/s。排沙洞也设在左岸。引水发电系统布置在左岸，地面厂房内安装3台100MW水轮发电机组。

1991年～1993年完成了首次大坝安全定期检查，经电力工业部1995年批复，同意碧口水电站大坝评定为“正常坝”。

2000年5月～2001年底进行了碧口水电站大坝第二次安全定期检查，定检报告已上报待批。

碧口水电站大坝建成以来，遭遇了1998年特大暴雨和洪水，最大入库洪水4190m$^3$/s（接近于20年一遇洪水洪峰流量4320m$^3$/s），最大下泄流量3060m$^3$/s；1976年曾经受松潘、平武7.2级地震的影响（震中距约100km）。大部分年份水库水位均达到正常蓄水位704m。大坝竣工后最大实测沉陷量为474.39mm（至2000年底），为坝高的0.45%。

碧口水电站大坝建于“文革”时期，建成时是中国大陆最高的土石坝，其安全问题为大家所关心。两次定检中，对其防洪标准、坝顶超高、坝基工作状况、坝坡稳定、坝体及防渗墙的应力和变形等，按现行规范，结合地震危险性复核、洪水复核、坝体取样试验、运行观测资料等进行了认真的复核。定检结果表明，防洪标准符合现行标准，坝顶超高、坝坡稳定安全系数满足规范要求，坝基工作状况良好，坝体变形较小，防渗墙的应力除局部超标外，总体工作状况良好。

碧口大坝在坝顶设置了高5.3m整体式的钢筋混凝土防浪墙。由于在心墙顶的混凝土结构物稳定、坚固、不透水，与心墙严密结合，有足够的接触渗径且预留了接触灌浆孔，故定检专家组认为，应以坝顶竣工高程715.3m作为坝顶竣工高程。坝顶防浪墙与土心墙接触面的接缝灌浆工作，于1979年、1982年和1995年先后进行了3次。第三次灌浆采用水泥和化学材料相结合的方法，共耗用水泥110t，化灌材料8.55t。经钻孔取样检查，达到了预期的效果。以后仍应加强对接缝的观测，及时进行补灌。

碧口大坝埋设了较多的变形、渗流和内部观测设备，进行了认真的观测，积累了丰富的观测资料。定检中，对观测资料进行了认真的分析，对观测设备进行了补充完善，部分实现了自动化观测。观测资料分析表明：大坝沉降主要与坝高有关，坝高越大，沉降也越大。最早开始观测的$D_{9-1}$测点，1975年～1999年平均沉降速率19.6mm/年，近年（1994年～1999年）平均沉降速率已减小为2.5mm/年，大坝沉降已逐渐趋于稳定。大坝水平位移无明显的周期性变化，时效变位是主要分量；其中下游691m高程马道上的$D_{10-3}$测点最大，1978年～1999年的时效变化量约为80mm（向下游）。时效变形已逐步趋于稳定。下游坝壳各测压管水位普遍较低，年变幅也不大，所有测压管水位均低于设计值。左、右岸绕渗水位及廊道（平洞）扬压水位已相对稳定，无明显的趋势性变化。混凝土建筑物的内部观测仪器，其观测资料未发现异常应力和裂缝，表明这些建筑物的工作性态是正常的。仅在混凝土防渗墙深墙 0＋283.10 断面的 FK1 钢筋计，其实测压应力达 304MPa。

第二次大坝定检中，编写了专题报告 7 份，特别对水下水工结构进行了检查，对水工闸门和起重设备进行了检测。

利用水下电视对电站拦污栅、尾水渠、右泄出口护岸基础、排沙洞、右泄水洞、左泄水洞和发电引水洞进口检修门槽进行了检查。从检查情况看，电站拦污栅完好无损，底部不同程度淤有杂草树枝，共清理杂物 38.38$m^3$。尾水渠下 0＋072～0＋085 范围内靠左侧原护板被冲毁，右泄出口混凝土护板底部向岸内被局部淘空，各检修门槽完好，损坏部分已陆续分部进行修补。

水工金属结构检测，对调压井 2 号快速门、排沙洞弧形工作门、右岸泄洪弧形工作门分别进行了不同运行工况条件下的动静应力及振动测试，发现调压井 2 号快速门静应力在充水过程中有一个测点超出允许应力（$[\sigma]$＝160MPa），最大达 191MPa；对其他门的振动点及振幅作了记录。这些问题均应引起注意，要进一步分析，并在运行中尽量避免或减小振动。

综上所述，碧口水电站大坝第二次安全定检专家组认为，根据《水电站大坝安全检查施行细则》第 42 条的规定，碧口水电站大坝应定为正常坝。

（中国水电西北勘测设计研究院　陈洪天）

# 大 坝 的 安 全 监 测

## 大坝安全监测系统综合评价

大坝安全监测系统运行是否正常、有效，是保证其能否发挥监视大坝安全运行状况“耳目”作用的关键。随着时间的推移，监测系统以及大坝自身的运行状况都将发生变化，因此，定期或不定期对监测系统的工作状态和有效性进行综合评价是非常必要的。这是根据 DL/T 5178—2003《混凝土坝安全监测技术规范》、SL 60—1994《土石坝安全监测技术规范》和（电综［1997］500 号）《水电站大坝安全监测工作管理规定》的要求所要开展的工作。在大坝运行期，应定期对全部监测设施进行现场检查、测试，对埋设的仪器进行鉴定，并对历年监测资料进行分析。在此基础上，根据大坝的结构和运行特点，在满足大坝安全监控需要的前提下，贯彻“少而精、实用、有效”的原则，对大坝安全监测系统的设计布置、观测方法、监测频次以及监测系统的有效性、完备性、工作状态进行综合评价；以确定监测设施（或仪器）是否应报废、封存、继续观测，并对监测系统的更新改造等提出意见和建议。

大坝安全监测系统综合评价也是大坝安全定期检查的主要工作之一。

（一）评价标准

监测系统综合评价的依据主要有：DL/T 5178—2003《混凝土坝安全监测技术规范》、SL 60—1994《土石坝安全监测技术规范》、（电综［1997］500 号）《水电站大坝安全监测工作管理规定》等。

系统评价标准是一个综合性指标，在现行规范或规定中尚无现存（或明确、完整）的指标可对照，评价标准是在参考有关监测规范要求和以往实践的经验基础上确定。

1. *监测系统布置、监测精度的评价标准*　按照监测规范 DL/T 5178—2003、SL 60—1994 的要求，并结合大坝运行的实际情况（如特殊、异常部位监测等），来评价现有监测系统的布置、监测精度能否满足本工程安全监测的需要。

2. *差动电阻式仪器评价标准*　差动电阻式仪器工作状态评价是在综合分析仪器正反测电阻比误差、电缆芯线电阻变差、仪器绝缘度、仪器历年测值过程线的基础上进行的。评价标准的确定主要考虑下列因数：

（1）监测仪器本身的结构和精度。

（2）水工比例电桥的基本误差，电阻比为 ±0.02%，电阻值为 ±0.03Ω（参比工作条件为：温度 20±1℃，相对湿度＜85%）。

（3）集线箱允许误差，各接点内阻不大于 0.03Ω（包括内部导线电阻、开关电阻、接触电阻）。

（4）DL/T 5178—2003《混凝土大坝安全监测技术规范》的质量控制要求。

3. *历年测值过程线评价标准*　仪器测值过程线

是评定仪器工况的重要依据之一，藉此可发现一些现场测试鉴定中难以发现的问题。目前，对测值过程线的质量还难以提出定量的评判标准，只能大体按以下三种情况确定：

（1）变化合理，过程线平顺。

（2）变化合理，过程线大体平顺，有粗差。

（3）有系统误差和粗差，测值不可靠。

（二）评价分类

对监测系统的综合评价要在对仪器设备的布置、现场检查测试、历年观测资料情况进行综合分析的基础上进行，评价结果分为A、B、C、D四个类。

（1）A类——“正常，继续观测”，指测点布置合理，测值可靠，各项指标满足要求，历年测值过程线平顺且变化合理，测值可作为评价工作状态的依据。

（2）B类——“可继续观测”，指测点布置合理，观测时测值不够稳定，某项指标超标，历年测值过程线大体平顺且变化合理，考虑仪器所处位置或所测物理量的重要性，可继续观测，但分析时测值仅供参考。

（3）C类——“封存停测”，指测值不稳定，指标超标，历年测值过程线异常；或指测值可靠，但考虑到该测点附近有其他仪器可作为评价建筑物工作状态的依据。当发现有异常情况时，封存停测的仪器可再启用，以便进行校验和分析时的参考。

（4）D类——“报废”，指测不出必要的监测数据，且无法修复。

（大坝安全监察中心　赵花城）

## 洪家渡水电站大坝安全监测设计

（一）监测设计布置

洪家渡水电站大坝安全监测系统的设计布置如下：

针对坝体内部变形，监测布置3个横断面、10个纵断面，间距为20～60m，测点布置在五个高程上，共12条观测线，水平位移测点横向47个、纵向7个，垂直位移63个。共有7个临时监测站，11个永久测站。本工程沉降监测的量程按设计计算值的2～3倍来考虑。

对于坝体内部应力监测则选取最大横断面、坝轴线纵断面作为监测断面，且各分三个高程，在过渡料与主堆石结合面、坝轴线、主堆石与次堆石结合面、两岸岸坡等断面处布置土压力计。成组布置，每组2～3支，仅在过渡料与主堆石体之间设为单支。

对于混凝土面板应力应变监测，主要考虑本工程左、右岸不对称、左岸较陡和引起面板应力及周边缝产生的变形不同等特点，选取4个监测断面，且各监测断面布置有4个高程的测点，各测点的监测仪器成组布置，并位于面板平面。一般布置二向应变计组，靠近周边缝附近采用三向应变计组，每组均配无应力计，仅在面板顶部不设无应力计。

对于面板挠度监测，主要根据面板的结构和应力计算、堆石体内部监测断面、面板应力应变监测设置，选取四条面板作为监测断面。根据应力变形计算成果，考虑面板在竣工期和蓄水期的变形状态来布置，共56个测点，测点间距在加密区相距高程约5m，其余10m。

周边缝开合度采用三维三向测缝计监测，左岸布置4组，河床布设1组，右岸布设5组。竖直缝开合度在三个高程上布置监测，应力应变监测断面附近的竖直缝布置单向测缝计。测缝计量程为：单向测缝计为50mm，双向测缝计为100mm，三向测缝计为50、100、150mm。对于面板与垫层料之间进行系统脱空监测，根据面板三期施工安排，在一、二、三期面板上部的三个高程布置双向测缝计监测施工期和运行期的脱空现象。测缝计的量程100mm。

坝体表面变形采用空间三维观测，竖向位移用水准测点观测，水平位移用视准线监测。在垫层料上设置简易标点监测水平位移。根据洪家渡的地质地形特点和位移计算成果，堆石体内部变形监测布置按平面网格控制。布置9个横断面，9条视准线，测点间距为15～40m，岸边密、河床疏。另在每断面选取部分测点，在面板和垫层上各设一个对中基座。每期面板顶设置1条视准线，共3条，其中含施工期监测。各期坝顶高程共设五条视准线，下游坡视准线高程均以堆石体内部变形监测观测房高程控制。

坝体及坝基渗流渗压监测分为渗透压力及渗漏量监测。渗透压力包括坝基通过帷幕前后的渗压、趾板幕后渗压、两岸坡渗压监测；渗漏量包括面板、两岸坡、基础渗漏量监测，且需将面板、两岸坡及河中分开测量。坝基趾板渗压在幕前设置1支渗压计监测幕前水头；在幕后设两条渗压监测孔，第一条距帷幕中心线下游12m，第二条距帷幕37m；采用一孔3支渗压计，间距分别为5、15m，监测最大坝高处帷幕后渗压分布和趾板渗压折减系数。在坝轴线纵上桩号0+040、纵下桩号0－040处各布置一支渗压计，监测坝基滞留水深或渗压情况。在趾板区基础帷幕后，采用坑式埋设方式埋设渗压计，监测趾板区帷幕后的渗透压力，左、右岸趾板区各布置3支渗压计。在左、右下游岸坡各选取三个断面布置3个渗压监测孔（共9孔），由各监测孔绘制等势线，监测大坝下游坡经帷幕后近坝区岸坡的地下水位的变化。在土石坝工程中，渗漏量监测是一项非常重要的监测内容，是检验大坝防渗建筑物的防渗效果和地基处理是否满足要求的一项重要指标，是判断大坝安全的重要依据。对洪家渡工程，设计将对分测渗漏量作一尝试。在两岸坡1/6坝高处设置截水沟，将两岸的渗漏量集中引入下游两岸的分量水堰，在坝下游设总量水堰，将坝体渗漏量分成左、右坝肩岸坡渗漏和基础渗漏三部分。

（二）监测仪器设备性能及选型要求

整个大坝监测仪器均是通过招标形式确定仪器设备厂家，分别明确业主、仪器设备厂家、施工单位三者的责、权、利关系，保证监测全过程实行合同化规范管理。仪器设备选型既要满足和方便施工期监测要求，又要为后期自动化系统的实施创造条件，即所有的监测仪器必须实现电信号输出，并提出输出信号的参数等。

（中国水电贵阳勘测设计研究院　颜义忠）

## 引子渡水电站面板坝安全监测设计

（一）大坝监测设计

1. 变形监测

（1）面板变形监测，选取面板中部块布设电位器30支，观测最大坝高处面板挠度变形；测点布置结合堆石体内部变形和应变观测，在位于面板最大坝高1/3处及一、二期面板结合处加密布置，间距为3m，其余为6m。面板与垫层料脱空监测，分别在一、二期面板顶部以下3～5m内和堆石体向下游位移及面板挠度较大的地方布置了4组两向测缝计，两向测缝计布置在垫层料中，组成的平面垂直于面板。

（2）大坝表面变形监测包括水平位移和竖向位移，测量坝体下游坡、坝顶和面板施工期变形，主要手段为光学测量，利用平面、水准控制网，建立视准线、水准测点进行观测。测点布置按网格控制，结合堆石体内的垂直水平位移计测点高程布置，按坝顶2条视准线（一条堆石体顶部，另一条为坝顶公路）、下游坡4条（其中三条以纵向观测房建立视准线，另外一条建立在下游坡3/4高程和上游面板靠防浪墙处）。

（3）堆石体内部变形选取三个横断面，各分三个高程，共7个条带41个测点呈网格布置监测。每个测点均放置水平位移计、水管式沉降仪，测点间距在坝轴线前为22.5m、坝轴线后35m，横断面第一个测点均在垫层料和过渡料的接触面上。

2. 应力应变监测　选取三个横断面、各分三个高程观测堆石体应力变化。在堆石体、过渡料中埋设21支土压力计。在拉应变较大处布置6组三向平面应变计进行混凝土应变观测，每组应变计配一支无应力计，共18支应变计和6支无应力计。选取三块面板各在五个高程进行面板钢筋应力观测，共布置钢筋计20支，其中有3支横向钢筋计，其余均为顺坡向钢筋计。

3. 垂直缝及周边缝开合度监测　垂直压性缝共布置6支单向测缝计，垂直张性缝中共布置了7支单向测缝计。左右岸面板的张拉和错切较明显处布置二支双向测缝计。测缝计量程为50mm。固边缝采用三维三向测缝计观测开合度，布置在两岸坡大约1/3、1/2、2/3坝高处和岸坡较陡、坡度突变及地质较差的部位，同时兼顾趾板转折较大之处，左岸3组、河床1组、右岸4组，共8组。

4. 渗流渗压监测　沿河床趾板帷幕前后各布置一条不同高程测压线观测趾板渗压分布，最大埋设深度15m。顺河床最大断面设置一条渗压观测线，帷幕前后2个测点，共有6个测点。左、右岸坡趾板帷幕后埋设坑式渗压计各3支观测岸坡趾板渗压。对下游两岸坡选取3个观测断面进行绕坝渗流观测，所有测点均在蓄水前一个月内完成，并取得基准值。利用下游围堰作为坝脚截水墙，设量水堰引至下游河道，配以堰流计观测大坝及两岸坡的渗漏量。暗河出口设量水堰，观测蓄水前后暗河地下水流量变化。在库区帷幕断夹层和灌浆效果较差地段、帷幕端点，布置渗压测点观测。在上述量水堰中取水，按《规范》要求作水质分析。

（二）边坡监测

大坝右岸边坡、2号冲沟区、右坝肩布置8个测斜孔和8套多点位移计监测边坡不同深度的位移。预留岩锚墙布置2个测斜孔和3套多点位移计。分别选择二号冲沟区和岩锚墙的11根、5根锚索安装150t级和200t级锚索测力计。在溢洪道边坡的三层马道设表面观测墩，按6个断面布置，边坡表面用控制网进行前方交会法观测表面绝对位移。在溢洪道0桩号附近的左岸山体布置测斜孔和多点位移计，结合岩锚墙布置仪器，观测溢洪道控制段左右岸山体的位移变化。进水口边坡靠进水口交通桥两侧布置2个测斜孔、1个观测墩，并结合洞身进口多点位移计观测边坡在施工期和运行期的变形稳定。

（三）引水隧洞监测

主要为施工期洞身开挖稳定监测。根据地质条件，确定引水隧洞6个观测断面、调压井3个观测断面、压力钢管段6个观测断面布置多点位移计和收敛测点，观测由于开挖后地应力重分布的洞室稳定。多点位移计用电缆引出，可兼作运行期监测。引水隧洞的永久监测布置了29支钢筋计、6支渗压计、15支钢板应力计观测混凝土的应力、应变，地下水位及钢板的应力变化。

（中国水电贵阳勘测设计研究院　颜义忠）

# 恰甫其海水电站大坝安全监测设计

## 一、工程概况

恰甫其海大坝为黏土心墙坝，位于伊犁哈萨克自治州巩留县境内，是特克斯河干流规划中最大的控制性工程，水库总库容 17.7 亿 $m^3$，电站装机容量 320MW，属大（1）型一等工程。

枢纽工程由拦河坝、表孔溢洪洞、中孔泄洪洞、深孔排沙放空洞、发电引水系统、发电厂房、开关站等建筑物组成。坝址区地震基本烈度为Ⅷ度，大坝按Ⅸ度设防，其他建筑物按基本烈度Ⅷ度设防。拦河坝坝型为黏土心墙砂砾石坝，坝顶高程 1000m，最大坝高 105m，坝顶长度 362m，坝顶宽 12.0m。

## 二、大坝设计特点及设计所关心的问题

1. 地形对坝体的影响　坝址区岸坡陡峻，基岩裸露，河谷狭窄呈 V 形，两岸为沟梁相间的梳状地形。河床宽 25～40m，坝顶高程处河床宽 200～300m；左岸边坡 60°～80°，右岸边坡 45°～65°；坝轴线布置在两岸基本对称的两条冲沟内。冲沟顶宽 25～40m，上下游方向岩石边坡近直立，两坝肩防渗体以截渗槽的形式坐在两岸冲沟内。根据坝体结构布置，设计关心以下几种坝体变形性态：

（1）沿坝轴线方向坝体变形情况，两坝肩防渗体是否会产生上下游方向的裂缝。

（2）冲沟上下游高陡岩体对防渗体的影响情况，心墙是否会产生拱效应及变形随时间变化。

（3）河床段防渗体在水荷载的作用下的变形。

2. 防渗土料对工程安全的影响　防渗土料为风积黄土，黏粒含量为 16%～17%，塑性指数 11.5，粉粒含量大于 60%，属易冲蚀性土料，抗渗稳定性差，设计关心防渗体在高水头作用下的抗渗性能、渗透稳定性、心墙应力及变形情况。

3. 坝壳料施工期、运行期对防渗体的影响　坝壳料由砂砾石料、爆破料和开挖弃渣三种料组成。坝址区基岩岩性为凝灰岩、泥晶灰岩和少量凝灰质砂岩；为充分利用开挖弃渣，在坝体剖面上布置了较大的利用料区，设计关心施工期和运行期坝壳变形及其对防渗体产生的影响。

4. 地震对工程的影响　本工程位于天山地震带西段，属新疆地震活动较强的区域之一，具有地震活动频度和强度均较高的特点，大坝设防烈度为Ⅸ度，区域构造活动对本工程的安全运行是至关重要的，设计关心区域构造对本工程的影响及水库产生诱发地震的可能性。

## 三、安全监测设计

### （一）监测设计原则

恰甫其海工程黏土心墙坝心墙土料为粉质壤土，抗冲蚀能力低，并处于强震区，加之坝肩地形复杂。因此，监测重点为变形和渗流监测，兼顾应力监测；设置地震监测也是一重要项目。

### （二）监测项目

（1）大坝变形监测控制网。建立平面位移监测控制网和垂直位移监测控制网，为整个坝址区各建筑物的变形监测提供基准。

（2）坝体表面及内部变形监测。坝体表面变形监测包括竖向位移和水平位移，在上游坝坡、坝顶及下游坝坡设置监测表面变形的监测点。内部变形监测为心墙内部的沉降和水平位移。

（3）坝体土压力监测。监测黏土心墙的土压力，以测定是否会产生拱效应。

（4）坝体渗流及绕坝渗流监测。在坝体上选取三个剖面，设置渗流监测仪器，以监测坝体的渗流。在两坝肩及岸坡设置了测压管，以便监测绕坝渗流。

（5）渗流量监测。在坝坡脚渗流引出处设置量水堰，监测坝体渗流量。

（6）地震监测。

### （三）监测断面的选择

选择河床最大监测断面 0+175 断面作为主监测断面，左岸 0+123 断面及右岸 0+223 断面作为副监测断面。由于两岸心墙两侧开挖边坡较陡，选择 0+060、0+270 断面监测岸坡拱效应情况。

### （四）监测项目布置

1. 变形监测

（1）内部变形监测。在选定的五个监测断面心墙轴线处各布置一根沉降管及测斜管，监测坝体内部的水平及垂直变形。在 0+175 断面的上游坝坡布置一根沉降管，下游坝坡埋设二根沉降管，以全面了解施工期的坝体竖向位移。

（2）坝体表面变形监测。坝体表面布设变形标点，在坝顶及下游坝坡设置水平、沉降标点。监测运行期的坝体变形情况。坝体共布置 5 条监测纵断面，坝顶在上、下游坝肩各布置 1 条，下游坝坡布置 3 条监测纵断面，高程分别为 981.48、963.662、949.611m。

2. 土压力监测　根据三维应力应变分析，施工

期心墙内935～960m高程处存在拱效应，蓄水后拱效应有所改善。为了监测心墙工作状况，在坝0+123、0+175、0+223m断面心墙的935～940m及965m高程处埋设5组土压力计；在0+060及0+270m段面布置三组土压力计监测深槽处土体应力情况。

3. 渗流监测

(1) 坝体及坝基渗流监测。0+175断面在心墙轴线处布置沉降仪，心墙内895、940、965m高程埋设渗压计，下游沿基岩接触面埋设渗压计并在心墙内及下游坝坡共埋设4根测压管，对坝体渗流进行监测。0+123断面和0+223断面为渗流监测剖面，与最大剖面共同形成3条渗流监测削面，监测坝体的渗流情况。0+060断面及0+270断面，在轴线处及心墙下游坡处的土压力计埋设部位布置渗压计。沿纵断面在心墙后的反滤层内设置渗压计，间隔约40m设置1支渗压计监测纵向渗流情况。0+175、0+123和0+223断面坝基帷幕灌浆前后设置渗压计。

(2) 绕坝渗流监测。在两坝肩灌浆平洞内、帷幕下游侧各布置1根测压管，监测坝肩帷幕防渗效果及渗流情况。沿岸坡左岸布置4根、右岸布置4根测压管，监测绕坝渗流情况。

(3) 渗流量监测。在坝坡脚渗流引出处设置量水堰，监测坝体渗流量。

4. 地震监测　委托新疆地震灾害研究所在枢纽周围布设4个地震监测台，监测区域地震；在坝0+185断面的坝顶、980m高程、905m高程、920m高程各安设1台强震仪，进行地震监测。

恰甫其海水电站位于强震区，坝高105m，加强对工程建筑物的监测，对了解工程在施工、运行期的工程性态，确保工程的安全运行创造了条件。

(新疆水利水电勘测设计院　曲　苓)

## 云峰水电站大坝渗流监测自动化系统

### 一、工程概况

云峰水电站位于鸭绿江中游，1959年由中朝两国共同投资兴建，1965年蓄水发电，1967年竣工，装机容量400.0MW，平均发电量16.5亿kW·h，主要水工建筑物有大坝、引水隧洞和发电厂房等。

云峰水电站大坝长828m，最高坝段113.75m，坝顶高程321.75m，正常高水位318.75m。全坝共55个坝段，除2号～8号、48号～50号及53号～56号坝段为重力坝段外，其余均为宽缝重力坝。

云峰水电站大坝渗流监测自动化系统是由云峰水电站自主设计开发的，采用目前流行的PLC控制系统，具有实时监测、通讯速率快、抗恶劣环境强、可靠性极高等特点。

### 二、自动化系统

(一) 观测项目

1. 坝基扬压力监测　坝基扬压力监测在每个坝段布置1～2个纵向扬压力观测点，其中在23号、49号、54号、55号坝段布置了横向扬压力观测点，共76个测点，在每个测点各安装了1只扬压力传感器。

2. 大坝漏水量监测　大坝漏水量监测共13个测点，其中5个测点安装了自动容积仪，监测各测点漏水量，另外8各测点在量水堰前安装了微脉冲位移传感器，监测流经量水堰的流量。

3. 上游水位监测　在上游水位井安装了1只雷达式水位计。

4.49号坝段倾斜监测　49号坝段倾斜监测共2个测点，依据水准管监测原理，在每个测点安装1只微脉冲位移传感器，监测两点的相对变化。

(二) 系统结构

1. 硬件部分　自动化系统分上位机部分和下位机部分。上位机部分由服务器、工控计算机以及交换机等组成，主要用于系统管理、网络管理、数据管理、报表制作以及下位机程序传输等。下位机部分采用MB+网，由1个主站和6个子站组成。PLC主站是本自动监测系统的核心，由它控制各测点的数据采集、处理、传输工作，现地控制程序就装在PLC主站，由它构成现地MB+网。PLC子站通过MB+网与PLC主站相连，接受PLC主站的控制。传感器通过信号电缆直接连接在各分站的端子排上。

2. 软件部分　各计算机安装了Windows 2000中文操作系统，数据采集和控制软件采用Intouch 7.0工业软件，数据库用SQL Server 7.0中文版，数据查询、报表制作软件用VB 6.0编制，下位机程序采用Concept 2.2。

3. 通信协议　上位机和下位机两部分通过光缆连接，采用以太网协议，网络通信速率达到100Mbps，下位机部分采用MB+网，通信速率可达到1Mbps。

4. 电源　为了保证系统电压稳定和系统在外界断电后仍然能继续工作，在观测机房和主站各安装一台UPS（主站暂时没有安装），各分站电源统一由主站供给。

5. 其他　为了防止雷击，系统与大坝接地网进行了有效的连接，并在UPS前安装了防雷装置。由于大坝廊道阴暗潮湿，各个分站测点箱都采取了防潮、防腐等措施。

（三）系统功能

（1）系统能按照设定频率对观测数据进行采集存储。

（2）系统观测数据直观形象，随时可以了解，具有实时监控功能。

（3）系统具有自检、自校、报警等自诊断功能。

（4）系统具有观测数据查询、输入、修改，图表绘制，报表制作等数据管理功能。

三、系统运行状况

1. 基本情况　自动化系统在运行初期设置每小时观测一次，在系统稳定后每天观测一次。自运行以来，系统工作稳定，未发生影响整个系统正常运行的故障。

2. 系统精度和稳定性　为了考核系统精度和稳定性，对坝基扬压力和漏水量测量进行连续 8h 观测，每小时测一次。经所测数据计算，前者的误差均小于 0.4cm，后者的小于 0.4L。上游水位监测考虑水位变化影响则取每 5min 观测一次，误差为 0.5cm。从观测的误差可以看出自动化系统均满足 SDJ 336—1989《混凝土大坝安全监测技术规范》中规定。

3. 系统可靠性考核

根据《大坝安全自动监测系统设备基本技术条件》的规定，系统的可靠性一般用数据缺损率考核和现场运行平均无故障工作时间 MTBF 考核。

按规定公式计算，该系统的数据缺损率为 1.7%，在允许值 3%的范围内；MTBF 为 8120h，比允许值 8000h 多，均满足《大坝安全自动监测系统设备基本技术条件》及《水电厂大坝安全监测自动化系统实用化验收细则》（试行）的规定。

4. 自动系统与人工比测

系统运行期间，一直进行人工比测。从 2001 年 1 月至 2002 年 8 月自动测量与人工观测的数据看，变化规律完全一致，相应测值也接近。按《水电厂大坝安全监测自动化系统实用化验收细则》（试行）的规定进行计算，大坝绕渗（扬压）系统的允许误差为 2.8cm。各测点的测量误差均在允许范围内，差值满足要求。

（云峰水力发电厂　隋明日）

## 大广坝自动化监测系统改造及监测效果

（一）工程概况

大广坝水电站，位于海南省西部东方市境内，昌化江中游。工程以发电为主兼有灌溉、供水等综合效益。拦河大坝全长 5842m，为两岸土坝、河床混凝土坝布置方案。混凝土重力坝坝轴线长 719m，分 22 个坝段，最大坝高 57m；左土坝坝轴线长 2792m，最大坝高 43m；右土坝坝轴线长 2331m，最大坝高 44m。于 1993 年底开始下闸蓄水。

大广坝大坝安全监测系统安装在混凝土坝段，于 1995 年底全部建成并开始运行。由于该系统设备老化快，系统性能不稳，且设备故障多、不易维护维修，于 2000 年 8 月对该系统进行升级改造。几年来系统运行的情况显示，改造后的系统性能比较稳定，并实现了远距离数据传输，效果良好。

（二）系统改造概况

1. 设备布置情况　正倒垂线布设 4 组，分别位于 1 号、3 号、20 号、22 号四个坝段，测点设于混凝土坝基础廊道内，倒垂线造孔深度在基础以下岩体 30m 深处。

基础引张线，竖折式，分两段，分别长 596、120m，总长 716m，共 18 个测点。

2. 自动化监测设备的改造　老系统采用南京南瑞集团公司大坝工程监测分公司的 DAMS-2 型监测设备，安装了 8 台 SRZ-25 型三向垂线坐标仪，18 台 RY-20 型单向引张线仪，4 台 YKC-16 遥控转换箱，1 台 SRB 检测装置。2000 年 8 月，将该系统改造为原厂家的 DAMS-4 型自动化监测系统。改造后，保留原有的垂线坐标仪和引张线仪测点装置，将老系统中的 SRB 检测装置和 YKC-16 遥控转换箱撤掉，改为 4 台分布式数据采集单元 DAU2000 和 6 块智能采集模块 NDA1303，通过 NDA3100 485 通讯转换器和计算机连接，实现 485 通讯和数据传输。

3. 信息管理软件　信息管理软件采用“DSMIS 大坝安全监控管理系统”，该监控系统运行于 Windows 98/NT操作系统环境，具有较友好的人机接口图形操作界面，主要功能包括数据采集、数据库管理、系统管理、图形绘制、报表制作、测值换算、测值维护、离线分析、测值预报、数据备份等。部分系统子模块按通用程序的风格设计，如计算公式的编辑、增加仪器并对测点参数进行修改和维护、报表格式多样性调整、建立主要监控物理量的数学模型等都可以根据具体情况而选择。

4. 系统的运行现状　系统改造自 2000 年 9 月运行以来，已经历 3 次高水位运行期的考验。系统设备运行稳定，性能良好，有以下特点：

（1）到目前为止，设备运行无故障工作时间已达 3 年，实现 MTBF 指标大于 8000h，满足《大坝安全监测自动化设备验收细则》的要求。

（2）采集时间短，完成一次巡测时间 2min 左右。

(3) 系统可操作性强，测次调整灵活，系统自动巡测、单点选测、测次调整、数据存储方式、系统自检等功能都可以灵活设定。

(4) 数据传输距离远，采用电话线连接数据传输距离达 2000m 左右。

(5) 信息管理功能全面。

(6) 系统数据采集缺失率为 0。

(7) 设备故障自检能力强。

(三) 系统改造后监测性能的分析和评价

根据《水电厂大坝安全监测自动化系统实用化验收细则》(试行) 的规定，对自动化监测设备的建设、系统功能、系统管理、系统指标提出了具体的要求，本次改造基本上满足以上各项的要求。

1. 监测设备的准确度　经过多次试验，该系统实测值中，最大误差为 0.09mm，系统的观测精度较高，满足《混凝土坝安全监测技术规范》的要求。

2. 差分析对比及比测结果　从自动化监测系统投入运行以来，一直没有中断过人工观测，数据连续性较好。经从 2000 年 9 月至 2003 年 7 月的自动实测数据和同条件下人工观测的数据，进行两种测量数据差值和均方差计算统计，符合《自动化系统实用化验收细则》规定的要求。

3. 监测效果的讨论及评价　正倒垂线的比测精度都比较高，满足《混凝土坝安全监测技术规范》的要求，自动化与人工观测的数据拟合较好。基础引张线两端测点的比测精度基本满足要求，但中间部分测点的比测精度则偏低，最低精度达 0.63mm，拟合效果也不够好。造成这个原因主要是由引张线自身的复位误差影响所致。混凝土坝基础引张线长度达 596m，经测定最弱点的复位误差为 0.5mm。在人工观测的过程中，往往要拨动线体，观测读数受到复位误差的影响较大，人工观测的精度也因此降低。自动化观测过程中没有拨动到线体，观测精度不受到影响，观测精度高。按方差公式计算的比测精度低，主要是由人工观测误差引起的。因此，自动化观测的数据可信度较高。

综上所述，自动化监测系统经改造后 4 年来无发生过任何中断观测记录的故障，系统设备运行稳定可靠，观测精度高，操作方便，信息管理功能强，设备性能和监测效果都很好。在该系统设备运行稳定的情况下，可以减少相应项目的人工观测次数，依靠其自动观测作为大坝安全监测的主要手段，指导人坝的运行。但毕竟时间尚短，设备的可靠性有待于较长时间的考验，特别是板块元器件老化和防雷性能方面需要时间的验证，信息管理软件、离线分析和测值预报系统也需进一步完善。

(海南省大广坝水电开发有限公司　黄　明)

## 三门峡水电站大坝安全监测自动化系统改造

(一) 工程概况

三门峡水电站位于河南省西部黄河峡谷，距三门峡市 15km，横跨豫、晋二省，控制流域面积 68.74 万 $m^2$，占全流域面积的 91.5%。该工程于 1957 年动工兴建，1961 年开始蓄水运用。为解决库区泥沙淤积严重问题，工程经过一系列的改建扩建，打开了 27 个孔洞，变高坝高水头运用为“蓄清排浑径流发电”的运用方式。原设计中有利于坝体安全的坝前 300m 高程以下淤积泥沙全部消失，使大坝的结构性态和水库运用方式发生了根本性的变化。为掌握改建后大坝的安全运用情况，实现对大坝的实时监控，提供工程决策分析所需的真实有效的监测数据，于 1994 年安装了变形自动化监测系统。根据工程实际需要，1999 年对该系统及其软件进行了升级改造。但改造后的系统规模与工程的实际要求还有一段距离，部分监测项目还要依靠人工进行，周期长、同步性差，监测资料不能全面反映大坝安全状况；且观测设备本身老化，观测手段日显落后。为进一步提高监测精度，改善工作条件，减轻劳动强度，增强对大坝的实时在线监测能力，以便在发生暴雨、大洪水等特殊情况下，能快速、准确地获取监测资料，及时掌握大坝的安全运行性态，2002 年对三门峡水电站大坝安全监测系统再次进行了升级改造。改造后的三门峡水电站大坝安全监测系统实现了重要观测项目的自动化监测。

(二) 原有监测系统布置情况

1. 变形监测系统布置　在 350.2m 高程廊道设有一条右起安装场Ⅱ段，左至溢流坝Ⅷ段长 379m 的单向引张线，共穿过 19 个坝段，设 17 个测点；线体两端设有正、倒垂线组。

在 315m 高程廊道设有 2 条引张线，共 16 个测点。在 290m 高程廊道布设右起隔墩坝段，左至溢流坝Ⅶ段的引张线，线长 150m，穿过 9 个坝段，设 8 个测点。

另外，在电站坝的 3 号、5 号、7 号坝段基础廊道，还各安装一条倒垂线。

2. 坝基扬压力监测系统　原有测压孔 115 个，1994 年自动化改造时购进 36 支美国基康公司生产的 GK-4500 型渗压计，并安装于安装场、电站坝、溢流坝等重要坝段，实现了坝基扬压力监测的半自动化。

(三) 原有自动化监测系统存在的不足之处

(1) 变形监测系统现场设备故障率高，测值稳定性降低，通讯干扰大，与设计目标还有较大差距，预期的效果未得到充分发挥。

（2）扬压力监测仪器较原设计数量偏少，完整的扬压力观测断面数量不足，难以比较准确地反映整个大坝基础扬压力的变化，而且其数据的采集、分析等仅实现了半自动化，与自动化监测还有一定距离。

（四）系统改造

1. 变形监测系统改造

（1）350.2m高程廊道引张线系统，更换铟钢丝、传感器、测点箱、浮船、端点固定装置，外露支架防锈处理，加固线体保护管，纳入自动化监测系统。

（2）315m高程廊道2条引张线系统和290m高程。廊道引张线系统，更换端点装置，加固线体保护管，支墩抹面处理，外露支架防锈处理，纳入自动化监测系统。

（3）对3条正垂线系统和7条倒垂线系统，进行仪器检修、改造、率定，并做垂线井防风防漏处理和支墩抹面、外露支架防锈，纳入自动化监测系统。

（4）对变形自动监测系统软件进行升级和完善。

2. 坝基扬压力监测系统改造　将原有的扬压力半自动监测系统改造为自动监测系统，并与变形自动监测系统融合在一起；除保留现有的渗压计外，再新增10支渗压计，完善原有的扬压力观测断面；渗压计采用美国GEOKON-4500型振弦式仪器，埋设在主坝的右非、电站坝、安装场、溢流坝等重要坝段。

3. 安全监测系统自动化改造　升级安全监测数据采集系统，根据各仪器的特性重新合理布置数据采集单元，更新采集系统的通讯电缆。

4. 自动化管理软件完善　针对各测点与采集系统的重新配置，重新创建管理系统数据库，重新创建数据在线采集系统，完善安全管理子系统和数据库管理子系统。

（五）改造后的自动监测系统特点

改造后的三门峡大坝安全监测系统，仪器数量较多，位置分散，传统的集中式数据采集系统难以满足要求，所以采用了分布式数据采集系统。

分布式数据采集的特点是将数据采集器分散安置在靠近传感器的地方，由其自动完成所辖测点的测量控制、A/D转换、数据暂存和数据传输工作。数据的处理和分析工作则由计算机来集中完成。

每个数据采集器都独立工作，使系统故障风险程度降低；数据采集器靠近传感器，缩短了模拟信号传输距离，增强了系统抗干扰能力；数据采集器能采集电容式、电阻式、压阻式、电感式、振弦式、电压电流量等多类传感器信号；数据采集器具有自诊断和掉电保护功能。

（六）改造后系统初步运行情况

三门峡大坝安全监测自动化改造从2002年4月开始，在当年的9月份通过验收。经过一年来的实际运行，表明系统工作情况基本正常，实测资料质量较改造前有很大改善，为做好今后的大坝监测工作打下了良好的基础。

（七）结语和建议

从三门峡大坝安全自动化系统的应用来看，一套自动化系统的成功实施，成熟的技术是基础，人员使用是关键；大坝自动化系统应该遵循“精”的原则，不应盲目地追求大而全，应因地制宜，着重解决实际问题。

系统投入运行以来，测值与改造前相比较连续，可靠性较高。由于运行时间较短，提供研究、分析的测值十分有限，还有待今后的运行中不断总结、探索，并进一步加以完善。

（三门峡水利枢纽管理局　程利平　周建强　王国松）

## 刘家峡水电站大坝安全自动化监测系统改造

（一）概况

刘家峡水电站建于20世纪60年代，其大坝按当时的水平设计布设了较为全面的安全观测项目。虽经过多次完善改造，观测系统包括了变形观测、渗流观测、内部观测、环境量观测四个方面，但自动化水平低。为确保大坝的安全运行，必须建立一个能及时掌握水工建筑物及基础的工作性态、并对大坝长期工作性态进行综合分析的自动化监测系统。为此，刘家峡水电站大坝监测系统进行了自动化改造。1998年由西北水电勘测设计研究院完成了改造设计；2000年通过招投标，南京南瑞集团公司大坝工程监测分公司（以下简称南瑞公司）中标并负责该工程的实施。改造工程于2000年12月底正式开始，2001年6月4日开始试运行，2002年8月29日正式投入运行。

（二）改造内容

1. 改造项目　改造的项目包括变形观测、渗流观测、环境量观测。变形观测为主坝Ⅲ、Ⅵ、Ⅸ坝段挠度，1715激光，1660激光，1631倾斜的所有测点。渗流观测为主坝坝基扬压力的部分测点，黄土副坝浸润线的全部测点，绕坝渗流的部分测点，渗流量的部分测点。环境量观测的气温测点，并新增设了大气压测点。

2. 基本功能

（1）数据采集功能。根据用户的不同需要，可以设定采集周期，自动采集数据，也可以实时采集数据，对系统中的所有点或部分点进行采集。对设定的采集周期，采集范围进行查询，对现场设备的状态、故障进行诊断，对采集数据进行查询绘图，并对测量异常值进行报警等。

(2) 大坝安全管理功能。根据用户的需要对监测数据进行计算、维护，录入人工观测数据与历史观测资料，制作测值的过程图、分布图、报表，管理工程文档，进行监测资料的整编与分析，对系统进行管理。

3. 基本配置 系统采用南瑞公司研制的DAMS-Ⅳ型分布式数据自动采集系统。该系统由监测仪器(传感器)、分布式数据采集单元DAU2000、仪器电缆、系统总线、RS485/232转换模块NDA3100、数据采集工作站和大坝安全监测软件组成，主要负责数据的采集工作。监测仪器（传感器）分别选用了美国基康的振弦式仪器、南瑞公司的电容式仪器、西安联能的大气激光仪器；系统设备采用南瑞公司新型产品；监测软件采用南瑞公司研发的DSIMS大坝安全管理系统。

（三）安装调试

激光观测系统在安装时处理了“新老”观测系统测值衔接问题，确定以改造前人工观测值为基准，改造后第一次测值与改造前测值之差为“新老”系统的换算依据。静力水准观测系统利用原观测系统测点的基础进行安装。在安装调试中，曾发现因连通管内液体流动性较差，导致新安装系统所测高差与原基础高差不一致的问题；在更换了连通管内的液体，问题得到解决。垂线仪器安装，采用水平尺检测仪器安装的水平度，并检查安装的水平位置是否合适，尽量留出人工观测位置，确保人工观测可继续进行。扬压力与渗流观测仪器安装，通过与人工观测水位进行对比，对两者不一致的观测孔，采取测孔深、量仪器电缆长度等方法，确定问题的原因，并进行处理。安装调试于2001年5月完成。

有5个渗流观测孔，因淤堵造成孔深不够导致自动化仪器未安装到位，在试运行期间进行了钻孔处理。

（四）试运行情况

根据有关规程、技术文件和大坝的实际情况，制定了系统的试运行规程，规定了运行方式和数据采集周期。

试运行期系统出现的问题与处理情况如下：

(1) 在试运行初期，静力水准测值过程线有普遍下降的趋势，经现场检查发现有几支仪器外桶有漏水现象，经更换外桶后，运行正常。

(2) 2001年9月7日渗流孔165号无测值，采用系统的自诊断功能进行检查，显示为线圈引线故障，经现场检查，电缆穿线管损坏，电缆被拉断，经过处理恢复正常。有4个渗流观测孔先后出现测值不稳定现象，经过观察分析，其中一个是因附近振动影响测值稳定，另3个是仪器故障，进行更换处理。

(3) 激光测量系统中，曾有部分测点频繁出现无测值现象，并有个别测点数据偏差较大，经过西安联能公司多次的处理，无测值现象明显好转，数据偏差较大的问题也得以解决。

（五）运行情况

1. 基本情况 在2002年8月29日，刘家峡水电站大坝安全监测自动化系统通过甘肃省电力公司的竣工验收。按验收意见，对存在的问题进行了处理：一是增加了一个测量模块，将气温测点与渗流测点接入不同的模块；二是对个别渗流量测点的仪器进行了更换。根据有关技术规范，结合系统技术资料及试运行期的经验，制定了《刘家峡大坝自动化系统运行、维护规程》。系统正式投入运行后，测量方式以定时测量为主、实时测量为辅；测量周期除气温测量每两小时1次外，均为每日1次。

在2002年12月29日，发现监控中心与现场通讯中断，系统无法采集数据。检查发现：系统的通讯线与电源线因放在一水管沟内，水管冻结用火解冻时被烧坏。除此意外事故外，自动化系统从试运行至今未发生系统故障。

自动化系统投入运行以来，及时准确地发现了一些影响工程安全的问题与现场异常情况，为消除安全隐患赢得了时间，如：

(1) 2002年7月1日，396号观测孔水位突然升高，及时进行选测，选测结果与定时测量结果一致。经现场检查发现，农灌水由山上流下，流经396号孔，引起塌陷。对此及时进行了处理。

(2) 2002年7月12日，自动化测值显示1720m高程平台观测孔水位突然升高，升高幅度最大约20m。对这一情况，及时汇报后，分场组织人员检查，发现在12号孔附近有一上水管焊缝大量漏水；经过处理后，各观测孔水位逐渐开始回落。

(3) 2003年7月20日，自动化监测结果表明，有4个脉状承压水观测孔水位发生了较大的变化，经过对现场测量仪器的检查、人工比测等手段，证实了自动化监测结果真实、可靠。从7月19日至7月20日的24h之内，这4个观测孔水位降幅6～23m，而此时库水位处于上升阶段，经过与历史观测资料的对比分析，判定为异常情况，目前正委托有关单位分析这一异常情况对大坝安全的影响与成因。

2. 系统运行的可靠性 系统的可靠性采用平均无故障工作时间与数据采集缺失率来判别。其计算与考核标准按水利部SL 268—2001《大坝安全自动监测系统设备基本技术条件》的规定进行。通过统计计算，系统各项平均无故障工作时间与测值缺失率均满足规定的要求。

3. 系统的稳定性　为检查自动化系统测值的稳定性，采用 SL 268—2001 中监测系统稳定性实验方法：系统连续运行 8h，每 1h 采集一次数据，根据测量结果判断其稳定性。另外为判别系统长期运行情况下的稳定性与测值真实性，对部分项目进行人工比测，这些项目为挠度每月比测 2 次；具备比测条件的渗流观测孔（点），每季度比测 1 次；气温观测每日比测 2 次。

根据稳定性实验的结果，其稳定性满足 SDJ 336—1989《混凝土大坝安全监测技术规范》与 SL 60—1994《土石坝安全监测技术规范》以及 SL 268—2001 的要求。

从人工比测情况看，挠度、扬压力、渗流测点的自动化测量结果与人工测量结果基本一致。渗流量的自动化测量结果与人工测量结果有差异，HB-02 号是由于仪器测值漂移造成的，属于仪器故障；HA-09 与 HA-07 测值的差异是由于人工测量采用容积法，自动化测量采用量水堰，后者用经验公式由所测堰上水头推算流量有较大误差。

（六）结束语

两年多的运行，自动化监测显示出如下优点：一是在及时发现影响工程安全的问题，有人工观测不可替代的作用；二是在发现异常情况，进行加密测量时，可不增加任何工作量，且测次的密度是人工观测无法达到的，为准确了解异常情况的变化过程成为可能；三是自动化监测日常测次较密，较完整的记录了监测对象的变化过程，为监测资料的分析提供了较完整的依据。

大坝安全监测仪器大多是在比较潮湿甚至漏水的环境下工作，这一方面要求仪器设备自身质量有保障，另一方面要加强维护、管理工作。目前自动化监测系统的运行、维护、管理仍是薄弱环节，必须努力提高运行、维护、管理人员的素质。

（刘家峡水力发电厂　高承众　李贵生）

# 大坝的补强及治理

## 水电站大坝补强加固的情况

随着水电站大坝安全定期检查的持续进行，大坝补强加固工作全面展开。一些病、险大坝加快了除险加固工程进度，有的已具备摘帽的条件；许多存在一定缺陷的正常坝，也采取切实有效的措施及时维修处理，保证了大坝的安全运行。

（一）除险加固进度加快

马迹塘大坝，曾因厂房坝段右边侧基础底面，在校核、运行和检修工况都产生拉应力，且 23 个溢流闸孔均无检修闸门，被评为病坝；现已完成厂房坝段预应力加固工程，并在 23 个溢流闸堰体上开凿了检修门槽，增设了检修门，总投资 1000 多万元，已达到规范规定和安全运行的要求。洛东大坝防洪能力低，厂房下游和侧墙结构也不满足要求，被评为病坝；目前坝顶已经加高，厂房做了加固处理，共计投资约 1000 万元，已满足防洪和结构上的要求。水东大坝为碾压混凝土重力坝，上游面采用混凝土预制块丙乳砂浆深沟缝防渗，1993 年蓄水运行以来，坝体渗漏量大，下游坝面距坝顶 8m 以下常年处于湿润状态，坝体廊道内壁全部被析出物覆盖，虽经几次灌浆处理，渗水析钙现象仍很严重，被评为病坝；近几年改进灌浆工艺和采用磨细水泥，再次对坝体进行灌浆，共灌入水泥 900 多吨，同时在上游面对几条贯穿上下游的裂缝进行封闭处理，目前下游坝面已基本干燥，该坝的除险加固工程已于 2003 年 5 月完成。

（二）闸墩大型裂缝处理

通过定期检查发现，在 100 多座水电站大坝中，约 1/3 的大坝闸墩上有裂缝，规模较大的有 10 多座。这些裂缝大多位于弧形闸门与支座之间，呈竖直向，有的长达数米，缝隙宽超过 1mm，贯穿整个闸墩。对闸墩一般性裂缝，通常采用灌浆和缝口封闭的处理措施，而对于大型闸墩裂缝，则在分析裂缝成因的基础上，采取针对性处理措施。拉浪大坝 8 个中墩和 2 个边墩上，共有 142 条裂缝，绝大多数为竖直向裂缝，最长的过 7.4m。其中贯穿整个闸墩的裂缝有 23 条，主要是由于闸墩钢筋配置严重偏少而引起的。该坝采用预应力锚索对闸墩进行加固处理后，消除了这一重大缺陷。太平哨大坝位于东北严寒地区，由于长期没有防止闸门前库水结冰的措施，使闸门承受巨大静水压力，进而引起闸墩开裂。2000 年检查时，22 个闸墩上都有裂缝，有 4 个闸墩的竖直向裂缝已贯穿整个闸墩，最长的达 12.88m，从闸墩顶部裂至溢流面。该坝采取防止闸门前库水结冰措施的同时，采用外贴式加固方式，将高强钢板粘贴在闸墩两侧的裂缝上，利用钢板帮助闸墩承受闸门支座传来的水推力，同时对裂缝进行灌浆封闭处理。

（三）水工金属结构更新改造

水工钢闸门和启闭机，是水电站大坝的重要组成部分，直接关系到大坝的挡水和泄洪安全。在定期检查中发现，水工钢闸门和启闭机存在以下一些缺陷：闸门腐蚀比较严重，有的闸门变形较大，焊缝夹渣和未焊透，部分构件钢材不符合设计要求，经现场检测和复核计算，有的闸门应力超限，启闭机容量偏小，电气设备老化等。许多大坝根据检查结果，及时进行维修和改造，而一些运行年代较长的大坝，由于水工金属结构缺陷十分严重，则采取更新措施，以确保大坝的安全。1963 年蓄水运行的西津大坝，计划在近几年内，将 17 孔溢流道闸门全部更换。目前已投入 600 多万元，完成了部分闸门和启闭机的更新改造工程。1958 年蓄水运行的黄坛口大坝，计划对所有溢洪道闸门进行更新改造，目前正在逐步实施，已投入资金 250 多万元。1956 年蓄水运行的狮子滩大坝，投入 1000 多万元，对溢洪道闸门及工作桥进行全面更新改造，使该坝安全度汛有了可靠保证。

（四）混凝土坝坝体防渗和补强

随着时间的推移，一部分混凝土坝坝体溶蚀病害日益严重，其中有的坝因设计和施工中的某些失误，加剧了溶蚀病害的发展速率和病害程度。这部分大坝坝体的防渗和补强加固，正在陆续进行，有的已取得显著效果。罗湾大坝 1978 年蓄水进行后不久，即因环境水质具有中等溶出性侵蚀和混凝土浇筑不密实，造成坝体渗漏量大，廊道内的析出物呈钟乳状或瀑布状。近几年该坝利用底孔放低库水位，采取沥青混凝土在上游面做防渗层，面积达 $3500m^2$，完工后廊道内的渗漏量明显减少，下游面原来有渗水析钙的部位大部分已消失。古田溪三级大坝为钢筋混凝土面板支墩坝，挡水面板厚度仅为 0.65～2m，1960 年蓄水运行。1990 年检查时，面板背水面多处有针孔状小孔洞，有 18 处渗白浆，4 个平板坝段渗水严重。2000 年再次检查时，面板背水面小孔洞、渗白浆和渗水现象都明显加重，面板混凝土的平均强度比 10 年前下降了 23.6%。为保证安全，古田溪水力发电厂投资约 2500 万元，进行全面防渗和补强加固，目前工程已全部竣工。

（大坝安全监察中心　邢林生）

## 水电站病险坝治理

2002 年以来，随着水电站第二轮大坝安全定期检查（以下简称第二轮定检）工作的全面展开，病险坝的加固也进入新的高潮。

首轮大坝安全定检，有 9 座定为病坝或险坝，前两年已陆续完成加固处理。湖南马迹塘大坝因部分坝段基底面应力不符合规范规定和无检修闸门被评定为病坝，后又发现坝基大范围掏空，主管单位积极组织力量，投入大量资金，历时 5 年，对 23 孔泄洪闸增设了检修闸门，使弧形工作门具备了检修条件；对厂房 3 号机组坝段进行了预应力锚固，消除了基底拉应力；对坝基、坝前淘刷坑进行了水下混凝土回填，确保了大坝安全。2004 年 1 月大坝第二次定检，专家组认为已具备正常坝条件。湖南白渔潭大坝和广西洛东大坝均因防洪标准问题定为病坝，已采取了坝顶、防浪墙加高加固措施，洛东厂房的下游墙也做了加固。

第二轮定检过程中评定的病险坝得到了及时的处理。贵州李官大坝是第二轮定检确定的第一座病坝，目前已通过加高加固解决了防洪标准不足的问题。福建水东则是第一座因坝体严重渗漏影响混凝土耐久性而定为病坝的大坝，该坝建成仅 8 年，由于坝面防渗系统失效和碾压混凝土缺陷造成坝体严重渗漏、钙质大量析出，其耐久性已受到重大影响。定为病坝后，大坝安全监察中心、水东大坝业主和主管部门十分重视，多次召开专家咨询会商讨治理办法，最终采纳了中国工程院院士谭靖夷的坝体灌浆防渗为主的处理方案。谭院士亲自制订了灌浆试验参数，提出了“高压、浓浆”的施工要求。试验成功后，水东大坝业主经公开招标，确定由水电第一工程局承担灌浆工程施工、杭州国电大坝安全工程公司负责水下裂缝的处理。工程已于 2003 年汛前完工后，坝体浸润线恢复正常，坝体渗漏问题已基本得到解决。水东大坝的成功治理，为解决混凝土坝普遍存在的坝体渗漏问题提供了宝贵的经验。

（大坝安全监察中心　谢宵易）

## 柘溪水电站大坝水下修补

柘溪水电站位于湖南省资水中游安化县境内，库容 35.6 亿 $m^3$，装机容量 447.5MW，1962 年发电。大坝最大坝高 104m，坝顶全长 330m；溢流段由 8 个单支墩大头坝段组成，每个坝段宽 16m，支墩底部厚 8m，顶部最窄处厚 5.52m，两岸非溢流段为宽缝重力坝，坝段宽 15m。大坝各坝段混凝土在浇筑后不久即出现较多的表面裂缝，在以后的运行中，表面裂缝不断向下游发展，形成劈头裂缝，并于 1969 年 6 月、1977 年 5 月和 1983 年 2 月出现三次较大的漏水险情。针对这种情况，电站曾采用瓷泥、手抹环氧胶泥和压贴环氧砂浆块等材料多次进行水下堵漏处理，在当时取得较好的效果，但随着时间推移，原粘贴块普遍存在松动脱落现象。为从根本上解决大坝裂缝漏水问题，柘溪水电站联合华东勘测设计研究院科研进行了水下处理方案的专题研究工作，并通过招标，由杭州国电大坝安全工程有限公司与交通部上海海上救助打捞局大坝水下工程分公司联合中标，对柘溪水电站大坝1号、2号支墩劈头裂缝进行水下修补。

这次支墩劈头裂缝水下修补采取了"刚柔结合，综合处理"的处理方案，即先在沿劈头缝凿槽，嵌填SR塑性止水材料，表面则采用增韧环氧树脂混凝土进行保护。该方案以柔性的SR材料作为防渗主体，辅以增韧环氧树脂混凝土刚性防水两者相辅相成，共同发挥作用。具体施工工艺如下：

(1) 水下清理。由潜水员用水下液压镐、液压铲等工具将原有的环氧砂浆块全部凿除，并用水下液压刷将裂缝两侧各30cm范围内的混凝土表面打毛。

(2) 切割缝槽。用便携式液压混凝土开槽机沿裂缝走向切割缝槽，为表面宽50mm、深50mm的V形槽。

(3) 埋固定螺栓。沿V形槽在其两侧各250mm处用液压旋转锤钻钻孔，预先将$\phi$14mm的螺纹钢一头车成$\phi$10mm的螺栓，用HK-983水下环氧锚固剂锚固。

(4) 打锚筋。在裂缝两侧约100mm左右的位置，按蛇形布置每隔1m钻孔，并用HK-983水下环氧锚固剂将$\phi$16mm的T形螺纹钢固定其中，表面露出40mm。

(5) 涂刷HK水下涂料。按2～3m为一个操作段，在已清理干净的V形槽表面涂刷HK水下涂料。

(6) 嵌填SR塑性止水材料。待HK水下涂料表干后，由潜水员将SR塑性止水材料沿V形槽表面嵌填，要求尽可能压实，以保证SR材料与基面粘结良好。

(7) 安装木模板。预先制作木模板，并根据水下实际钻孔位置在木模板上钻孔，由潜水员将木模板送至水下，用螺母压紧。

(8) 浇筑增韧水下环氧树脂混凝土。在岸上按给定的比例配制增韧水下环氧树脂混凝土，用吊篮送至指定位置，由潜水员倒入木模中，并用铁棒略微振捣，表面用抹子抹平。由于水下混凝土具有很好的黏结力，对于层间结合面无须作特殊处理。

1号支墩处理工程于2002年4月10日完成，2号支墩处理工程于2003年4月10日完成。处理后，观测廊道108.9m高程以上排水孔已达到滴水不漏的程度（渗漏量为零），而98.3m高程处排水孔渗漏量已由处理前的190mL/s下降到12mL/s，完全达到设计的要求。当然，防渗体系的耐久性和稳定性还有待时间和汛期的考验。

大坝裂缝的水下处理，在国内水电行业属于一个较新的技术领域。本工程应用了HK-水下增韧环氧材料、HK-963水下环氧涂料、SR塑性止水材料、HK-983水下锚固剂、SXM水下密封剂等多种水下专用新材料和新工艺。在施工过程中出现某些在研究与开发过程中未曾遇到的细节问题，但通过工程各方的共同努力，最终得以解决。本次水下裂缝修补处理的成功，为大坝和其他建筑物水下缺陷渗漏处理提供了一种有效的水下处理方法。

（杭州国电大坝安全工程有限公司　吕联亚）

## 古田溪三级水电站大坝补强加固

（一）工程概况

古田溪三级水电站位于福建省闽江支流古田溪，是古田溪流域水力资源开发4个电站中的第3个梯级电站，电站装机容量33MW。拦河坝为钢筋混凝土支墩平板坝，最大坝高43m，坝顶全长225m；由27个7.5m长的支墩平板坝段和2个混凝土重力坝段组成；溢流道位于大坝中间，净宽81.3m，为开敞式自由溢流方式；大坝挡水坝段坝顶高程为137.7m，溢流坝段堰顶高程为129m。水库为日调节性能，正常水位129.00m。大坝原型观测系统设有水平位移、垂直位移、扬压力等观测设施。大坝工程于1958年9月开工，同年11月提出初设报告，1961年6月11日封孔蓄水。1963年第1台机组发电。

（二）大坝存在的主要缺陷

1. 坝基存在较严重的夹泥节理层，坝体安全稳定系数不满足要求　在大坝坝基施工中，发现河床中间的7号～17号坝垛在91m高程处有一条水平节理，抗滑能力极低。由于此层发现时，7号～12号坝垛基础已浇筑了混凝土，无法进行彻底处理。1994年第一次大坝定检时，定检专家组提出必须对该节理层的分布范围、力学参数进行清查和处理。1998年委托原设计单位进行地质补充勘探与试验，并根据勘探与试验成果对大坝安全稳定性进行复核。复核结果表明大坝7号～12号坝段沿坝基91m高程缓倾角的裂隙面抗滑稳定安全系数小于规范值。

2. 部分坝基帷幕失效　1990年观测发现，大坝12号坝垛右侧扬压力突然升高，扬压力系数最高达到0.76，之后，孔水位有所下降，扬压力系数降至0.6左右，并呈规律性变化，测压孔内同时伴有可燃性气体。水质分析结果表明，水库水对混凝土有弱溶出性和分解性侵蚀，测压孔水样的 $Ca^{2+}$、$Mg^{2+}$ 明显增大，孔内水符合混凝土受溶出侵蚀后的特征。U12 右孔内的气体为甲烷，是水库中的有机质腐烂后所产生的甲烷气体溶解在水中穿过帷幕汇集到测压孔所致。12 号坝垛右侧扬压力突然升高是坝基帷幕及基础夹泥节理被长期渗流溶蚀，帷幕及齿槽局部被溶蚀破坏失效所致。

3. 上游面板渗水、渗白浆现象严重，混凝土强度下降较大　大坝运行以来，上游钢筋混凝土面板在背水面出现不同程度的渗水、渗白浆现象，特别是河床中间的 11 号～21 号坝段较为严重。

由于水库水对混凝土有溶蚀破坏作用，使大坝面板被侵蚀严重。根据检测，面板混凝土平均碳化深度为 11.8mm，最大深度 37.5mm，已达钢筋保护层的一半。1990 年和 2000 年两次对面板进行强度检测，结果表明，面板混凝土总体平均强度有所下降。

随着时间的推移，面板逐步老化，裂缝增多，白浆孔渗水道逐渐加大，裂缝与白浆孔互渗形成大坝面板遭受整体溶蚀破坏隐患。

4. 大坝部分结构未按设计要求施工　大坝左、右岸原设计为接头重力坝段，2000 年 8 月检查发现大坝右岸接头重力坝段结构与设计图纸不符，重力坝段在离坝顶 0.8～1.3m 以下均为碎石填充。复核计算表明，在校核洪水位水压力的作用下，面板拉应力值较高，最大主拉应力达 1.5MPa，发生在上游坝踵附近表面侧；在坝体的上、下游面板中间及靠顶部范围均出现 1.0MPa 的主拉应力，强度不满足规范要求。

5. 垛墙侧向抗震能力不足　大坝两垛墙间每隔 7m 设置一排加筋梁，每排 2 根，加筋梁为尺寸 30cm×50cm的钢筋混凝土结构。2000 年根据现行规范对垛墙和加筋梁进行安全复核，结果表明位于最上端的加筋梁存在较大的拉应力，同时由于加筋梁配筋量不足，在遭遇地震荷载作用时，将造成破坏，从而影响顶部垛墙的稳定，继而造成面板等的变形破坏。

（三）大坝补强加固

古田溪三级水电站大坝补强加固，根据大坝安全定期检查鉴定专家组建议，采取了如下措施。

1. 帷幕补强灌浆　参照扬压力观测资料及原帷幕施工、压水、灌浆资料进行综合分析，确定以 6 号～7 号、8 号～10 号、12 号～15 号坝段为重点，灌浆过程中对 91m 高程附近的水平节理等部位予以特别重视。补强孔置于坝垛间的空腔内，采取分层分段的布孔方式，钻孔向上游倾斜，与水平角成 45°左右。灌浆材料采用 525 号普通硅酸盐水泥和改性细水泥两种。在压水试验流量＞5L/min 时，采用普通水泥灌浆；当流量＜5L/min 时采用改性细水泥进行灌浆。

本次共完成 5 个坝腔的 23 个帷幕补强孔、3 个检查孔的灌浆。完成灌浆孔长度 428.22m，灌浆总长度 406.65m，灌入改性细水泥 5638.38kg，灌入 42.5 级硅酸盐水泥 482.80kg，平均单位耗灰量为 15.05kg/m。

2. 坝腔内回填混凝土　为解决部分坝垛沿坝基 91m 高程缓倾角的裂隙面抗滑稳定安全系数小于规范值问题，在 3 号～25 号坝腔内填筑 C15 混凝土加重块，加重块混凝土与基础和垛墙之间以锚筋连接，加重块混凝土与面板间自由接触。混凝土回填至 120m 高程，计 29830.66$m^3$。

3. 垛墙间加浇抗震隔墙　为解决加筋梁配筋量不足造成垛墙侧向抗震能力不足问题，保证大坝侧向稳定，在大坝每个坝腔中间略偏下游位置加浇一道 1m 厚的钢筋混凝土防震隔墙，共浇筑钢筋混凝土 11.34$m^3$。

4. 大坝面板防渗、防腐处理　在对面板进行全面清淤、打毛、冲水后，进行全面检查，对裂缝、渗水点、渗浆点进行钻孔后用 4：1 的 LW、HW 混合浆液进行灌浆，灌浆压力为 0.15MPa，灌浆结束后用 HK-961 环氧增厚涂料封闭。完成灌浆长度 400m。

对迎水面面板、背水面面板，129m 高程以上采用 903 聚合物水泥砂浆处理，喷涂聚合物水泥砂浆前，先清除面板表面混凝土的浮尘和杂物，并用水冲洗干净，对混凝土的蜂窝、麻面等缺陷，先用聚合物水泥砂浆修补抹平，并在混凝土基面喷涂厚度为 2mm 的 903 净浆，再涂抹一层厚度为 8mm 的 903 聚合物水泥砂浆。完成迎水面防渗处理 2107$m^2$，背水面 120m 高程以上防渗处理 2083$m^2$。

对面板背水面 129m 高程以下采用 961 增厚型涂料进行防腐处理。面板清理后，在基面涂刷一层低粘度环氧材料，再用 1：2 的环氧涂料与水泥制成的环氧腻子填平混凝土表面的蜂窝、麻面和孔洞并刮涂整个基面。完成防腐处理面积 2164$m^2$。

5. 右岸接头重力坝段加固处理　由于大坝右岸接头重力坝段内部为碎石填充，使面板上游坝踵附近拉应力值较高强度不满足规范要求。为此将内部碎石和泥土全部挖出并回填 C15 混凝土，并在重力坝上游侧增设一排帷幕。

（四）补强加固工程效果评价

古田溪三级水电站大坝补强加固自 1994 年陆续开始，2001 年全面开展，2002 年 8 月基本竣工。工程完成后，坝基帷幕得到了加强，大坝的整体稳定性、面板防渗能力和抗老化性能得到提高，有效地改善了大坝的运行工况。

（1）帷幕补强灌浆后，坝体扬压力明显下降，如 U12 右测压孔，扬压力系数由加固前的 0.6 左右降至

0.04 左右，各测压孔的扬压力系数均小于设计许可值；相应坝段的漏水量大大减少，如厂房后面的6号～7号坝腔，由原每天需抽水两次减为两天抽水一次。

(2) 面板的防渗性能得到加强，减缓了面板混凝土碳化速度。2002年8月工程完工以来，经检查，面板背水面出现渗水、渗白浆的现象已全部消失。

(3) 改善了上游面板受力不利的状况，提高了大坝侧向稳定和整体抗震能力，增强了大坝沿建基面和夹泥节理层的抗滑能力，使大坝抗滑安全系数达到设计规范要求。

（福建省古田溪水力发电厂　徐世元）

## 贵州省病险水库工程病险因素的统计分析

（一）概述

贵州省现有中小型水库1803座（截至1997年，不含电站水库），其中中型水库为20座，小（1）型水库为351座，小（2）型水库为1432座。在中小型水库中有土坝1368座，占大坝总数的75.9%。

按照GB 50201—1994《防洪标准》中水利工程水工建筑物防洪标准，经贵州省水利工程管理部门1997年初步审定，贵州省现有的中小型水库中有病险水库及防洪不达标准的水库（也称为三类坝）784座，占全省水库总数的43.5%。

（二）中型病险水库工程状况统计分析

1. 中型病险水库简况　贵州省现有中型水库20座，其中病险水库15座（有7座水库够险库标准），带病率为75%。这15座病险水库中有6座为土石坝，其余9座为浆砌石坝或混凝土坝。

2. 中型病险水库病险因素统计分析

(1) 坝肩、坝基渗漏是贵州省中型病险水库的第一病因，占病因总数的27.6%；放水设施影响使用、闸门开启失灵为第二病因，占病因总数的21.3%；土坝的坝身渗水、变形，砌石坝的坝体裂缝、渗漏，放水涵管的损坏、渗漏为第三病因，占病因总数的19.2%；消力池损坏、溢洪道损坏为第四病因，占病因总数的17.0%；设计洪水标准不够也是一项重要因素，占病因总数的4%。

(2) 从坝型看，土坝的坝身渗水、变形占土坝病险水库的50%；砌石坝的坝体裂缝、渗漏占砌石坝病险水库的33.3%。

(3) 从专业看，水工专业问题占病因总数的53.2%；地质专业问题占病因总数的31.9%；金属结构专业问题占病因总数的8.5%；水文专业问题占病因总数的6.4%。

(4) 从建设管理角度看，有的问题属设计方面的，有的问题属施工方面的，有的问题属管理使用方面的，具体的比重有待进一步的研究。

（三）小（1）型病险水库工程状况统计分析

1. 小（1）型病险水库概况

贵州省现有小（1）型水库351座，其中病险水库105座（有62座为险库），带病率为29.9%；土坝有92座，占87.6%；砌石坝有9座，占8.6%；堆石坝有4座，占3.8%。

2. 小（1）型病险水库病险因素统计分析

(1) 贵州省小（1）型病险水库中，土坝的坝体渗漏问题占40%，是第一病因，占病因总数的19.6%；溢洪道偏小、防洪标准不够，为第二病因，占病因总数的17.8%；第三病因为放水涵管损坏、渗漏，占病因总数的14.5%；坝肩、坝基渗漏是第四病因，占病因总数的13.1%。

(2) 从水工建筑大类看，土坝的坝体渗漏、陷坑、坝坡陡或坝体单薄是第一病因，占病因总数的34.6%；溢洪道偏小或无溢洪道或溢洪道损坏，为第二病因，占病因总数的22.4%；放水设施影响使用、闸门开启失灵为第三病因，占病因总数的20.1%。

(3) 从坝型看，堆石坝的坝体裂缝占堆石坝病险水库的50%；土坝的坝身渗水、变形占土坝病险水库的45.7%；砌石坝的坝体裂缝、渗漏占砌石坝病险水库的33.3%。

(4) 从专业看，水工专业问题占病因总数的59.3%；水文专业问题占病因总数的18.2%；地质专业问题占病因总数的16.4%；金属结构专业问题占病因总数的6.1%。

（四）小（2）型病险水库工程状况统计分析

1. 小（2）型病险水库概况　贵州省现有的1432座小（2）型水库中，有病险的水库为664座，带病率为46.4%。在病险水库中有484座为险库，占72.9%；其余180座为病库。在这664座小（2）型病险水库中，土坝有581座，占87.5%；砌石坝有64座，占9.6%；堆石坝有19座，占2.9%。

2. 小（2）型病险水库病险因素统计分析

(1) 溢洪道偏小及防洪标准不够是第一病因，占病因总数的32.9%，有58.6%的小（2）型病险水库存在此问题；土坝的坝体渗漏为第二病因，占病因总数的14.3%，有25.5%的小（2）型病险水库存在此问题；第三病因是放水涵管损坏、渗漏，占病因总数的8.9%，有15.8%的小（2）型病险水库存在此问题；溢洪道或无或损坏是第四病因，占病因总数的8.0%；坝肩渗漏是第五病因，占病因总数的7.3%。

(2) 从水工建筑大类看，溢洪道偏小或无溢洪道或溢洪道损坏为第一病因，占病因总数的 42.2%；土坝坝体渗漏、陷坑、坝坡陡、坝体单薄是第二病因，占病因总数的 24.6%；坝肩、坝基、库区渗漏是第三病因，占病因总数的 14.9%；放水设施影响使用、闸门开启失灵为第四病因，占病因总数的 13.5%。

(3) 从坝型看，在小（2）型病险水库中，土坝的坝身渗水、变形占土坝病险水库的 38.4%；砌石坝的坝体裂缝、渗漏占砌石坝病险水库的 4.7%。

(4) 从专业看，水工专业问题占病因总数的 45.9%；水文专业问题占病因总数的 32.9%；地质专业问题占病因总数的 15.1%；金属结构专业问题占病因总数的 4.6%；其他 1.4%。

（五）结束语

由于对病险水库工程在不断地进行治理，所以上述对病险水库工程的统计数字具有时间性，对其病险因素所作的统计分析也仅有阶段性的意义。但即便如此，这种统计分析仍然具有现实意义，至少可从中看出在水库工程建设、运行使用过程中是哪个环节出了问题和哪个环节最容易出问题。如坝肩、坝基渗漏是贵州省中型病险水库的第一病因，说明在贵州省建设中型水库，就一定要加强坝址地质勘察及基础设计处理工作；而土坝的坝体渗漏是贵州省小（1）型病险水库的第一病因，这说明在小型水库的土坝建设中，要特别注意土坝的坝型和坝体用料选择、坝身构造设计，以及填筑施工、运行管理等方面的工作；溢洪道偏小、防洪标准不够则是贵州省小（2）型病险水库的第一病因，这说明一方面是由于随着时代的发展建设标准提高了，另一方面也是当时在建设中不注意科学的设计所造成的。另外，本文统计分析中所涉及的其他病险因素，也应在今后的水库工程建设及使用管理中引以为戒。

（贵州省水利科学研究院　冉茂桑）

中国水力发电年鉴（2003）

17

# 环境保护与水库移民

# 生态与环境保护

## 生态与环境监测公报（摘要）

2002年，长江三峡工程生态与环境监测系统按计划开展各项监测工作。监测结果表明：

三峡库区社会、经济继续快速发展，国内生产总值比2001年增长11.00%。产业结构进一步优化，第二、三产业增加值占国内生产总值的比例有所增加；库区人民生活水平提高。人群健康状况基本正常；移民安置、搬迁企业结构调整和环境保护工作进展顺利。

2002年，三峡库区自然生态总体状况基本保持原状。气候温暖，大部分地区降水正常或偏多，汛期降水正常，但时空分布不均；重要渔业水域水质总体良好，但部分水域受到一定程度污染，渔业天然捕捞总量有所回升；库区农业产业结构调整力度加大，退耕还林、还草速度加快，耕地面积较大幅度减少，后备宜农荒地资源不足。农业生产仍以粮食作物种植为主，重金属含量正常，农田土壤肥力下降，但柑橘生产未受影响。

2002年，三峡库区地震活动属正常水平，地震活动强度较2001年偏弱；湖北省夷陵、秭归、兴山和巴东等库区县（区）发生滑坡、崩塌199处；地质灾害监测预警工程全面启动，成功预报滑坡、崩塌、泥石流38起，库区地质灾害治理工程进度加快，总体进展顺利。

2002年，生态环境实验站监测研究取得阶段成果。

2002年，三峡库区直排长江的重点工业废水污染源排放各类污染物比2001年增加23.8%，主要污染物为氨氮；直排长江的城市污水3.19亿t，主要污染物为总磷、五日生化需氧量和化学需氧量；船舶油污水处理率92.6%，全年发生船舶污染事故20起，比2001年下降50%，未发生大事故级别的船舶污染事故；库区化肥、农药使用总量减少，有机氮类等低毒农药施用比例上升，但化肥施用比例仍不合理。

2002年，三峡库区长江水质状况总体尚好，以达到或优于Ⅲ类水质为主，汛期水质稍差；施工区环境质量总体良好。

（国家环境保护总局）

## 长江三峡工程生态与环境保护回顾

### 一、三峡工程的主要生态与环境问题

（1）三峡工程对生态、环境的有利影响在中游，不利影响在库区，主要由水库淹没与移民安置活动所引起，为此必须制定和落实包括生态建设和环境保护内容的库区移民安置整体规划。

根据国务院1996年《关于加强环境保护工作的决定》，明确对污染严重、经济效益差、治理无望的“十五小”企业不再复建，进行结构调整，或者进行“关、停、并、转”，防止新的污染源。

由于土地容量相对有限，为减轻库区土地及环境的压力，决定增大外迁移民的比例，这有利于库区长远的可持续发展，也为三峡库区的生态环境保护提供了有利条件。

（2）三峡水库水质保护一直是国内外关注的重点。由于三峡工程对生态、环境的不利影响集中在库区，库区移民活动中发生的水土流失和污染问题最终将反映到库区的水质上来。水库蓄水后水位抬高，水流趋缓，不利于污染物的扩散，岸边污染带会扩大。

近年来，库区年废水排放总量已超过10亿t，由于绝大部分未进行处理，局部江段水质污染严重，重庆、涪陵等城市附近已形成岸边污染带。建库后库区流速降低，水流的复氧和扩散能力下降，岸边污染带的问题将有所加重，为此，需抓紧制定库区水污染防治规划，并尽早实施。

国务院组织编制了《三峡水库及其上游地区水污染防治规划》，共安排了384.5亿元资金，用于兴建三峡库区及上游地区的污水处理厂及固体废弃物处理设施，同时加大了植树造林等生态保护的力度，为三峡水库水质保护提供了保障。

（3）生物多样性是三峡工程对生态环境另一主要不利影响方面。三峡大坝兴建后，在一定程度上改变了河流的水文情势，将影响库区及中下游的生物多样性和水生态系统，一些珍稀、濒危物种的生境有所恶化。为此，需制定水生生物的保护规划，建立自然保护区和人工繁殖基地，同时在工程的设计和管理运行

中考虑生态与环境条件的需要。

对珍稀植物和水生生物、上游特有鱼类等重点保护对象，在“初步设计”中提出了建立保护区、保护点和采用人工繁殖放流等多种保护措施，并要求与工程进度相结合。例如，为保护陆生植物，兴建“宜昌大老岭森林公园”、“兴山龙门河常绿阔叶林自然保护区”、“巫山小三峡景观生态自然保护区”，以及疏花水柏枝、荷叶铁线蕨和川明参等自然保护点；为保护水生生物，规划了“长江上游特有鱼类自然保护区”、“长江葛洲坝下游江段珍稀鱼类自然保护区”和“长江口中华鲟和白鲟幼鱼自然保护区”等。与此同时，实施了中华鲟人工繁殖放流计划，在宜昌和长江口已进行了多次中华鲟放流活动，取得了一定效果。

(4) 三峡水库形成后，水位抬高，江面变宽，三峡“雄、奇、险、秀”的景观受到一定影响。库区部分文物、古迹将被淹没，为此要求制定旅游规划和文物迁移和保护规划并予实施。目前，这些措施与建议已经得到了较好的落实。

(5) 在三峡工程的建设与移民活动中，由于较好地执行了“报告书”提出的要求，迄今未发生库区的自然疫源性疾病蔓延。

(6) 三峡工程建成后，进入河口的水沙过程将发生改变，河口的盐水入侵及冲淤情势将发生变化，对敏感的河口及近海的生态系统状况产生影响。三峡水库蓄水后，这一影响将会逐步显现，因此在枯水期三峡水库的调度应当考虑河口生态环境保护的需要。

## 二、三峡工程生态与环境保护的后续工作

### (一) 规划工作

1. 三峡工程生态与环境监测系统规划　根据环保“初步设计”的要求，受三建委办公室的委托，在气象、环保、交通、农业、林业、卫生、移民等部门的配合下，长江流域水资源保护局负责起草编制了《长江三峡工程生态与环境监测实施规划》。该规划的主要目的是建立一个长江三峡工程生态与环境监测网络，依据三峡工程对生态、环境影响的特点，以人类生态系统为中心，以库区为重点，涵盖库区上游、长江中下游与河口相关地区，组成跨地区、跨部门、多学科、多层次的监测网络，监测因兴建三峡工程而引起的生态、环境变化与发展趋势。

针对三峡工程对生态、环境的某些主要不利影响，规划中将监测与减免对策结合，开展实验示范研究，以达到监测为改善生态、环境服务的目的。对某些尚认识不清的问题，则开展科学实验与应用研究。

该系统的主要任务是：对三峡工程兴建前后库区及大坝下游相关地区的生态与环境实行全过程系统的跟踪监测，及时发现问题并提出减免不利影响的措施、保护库区和流域相关地区的环境质量、保证资源的持续利用和为国家有关部门决策服务。

监测系统由 12 个子系统和 4 个生态环境实验站组成，分 3 个层次，即生态与环境监测中心、重点站与实验站、基层站。监测的重点区域以库区为主，兼顾水库上下游，充分注意发挥各部门、各专业现有监测技术、人员和装备的作用。

该规划于 1995 年编制完成，次年 2 月经三峡工程生态与环境保护协调小组第二次会议审查通过，同年实施。这是世界上惟一一个专为水利水电工程建立的监测系统。

2. 三峡工程施工区环境保护规划　受三峡总公司的委托，1994 年 8 月长江流域水资源保护局编制完成了《长江三峡工程施工区环境保护实施规划》(以下简称《实施规划》)。针对三峡工程量巨大、施工强度高、工期长、设备多、机械化程度高等特点，为使三峡工程施工区的环境保护达到世界一流水平，《实施规划》对工区水质、大气、噪声、施工弃渣、垃圾、绿化、人体健康以及石料场对环境的影响，特别是坝下虎牙滩骨料场对中华鲟产卵地的影响和工区对外交通的环境问题等进行了分析，提出了相应的保护措施。

1994 年 12 月，实施规划经三建委办公室和国家环保局联合审查通过。实施规划紧密结合施工实际，对环境影响报告中施工区各项环境保护对策提出具体措施，以减少工程施工的不利影响，为施工区环境管理提供科学依据。

3. 库区移民环境保护规划与实施计划　库区移民环保规划的编制是“初步设计”中明确提出的要求，也是三峡工程环境保护工作的一项重要内容。受移民部门的委托，1994 年长江水资源保护科研所编制完成了湖北省 4 县(宜昌、秭归、兴山、巴东)移民安置区环境保护规划报告。随后，又与四川省环境评估中心和重庆市环科所合作，承担了湖北省、重庆市各县(区)移民安置区环境保护规划报告，分别于 1995、1997 年通过国家移民局评估中心组织的审查，并得到湖北省、重庆市人民政府的批准。

1998 年，受秭归县委托，水资源保护科研所承担编制完成了《秭归县新县城环境保护规划》，对新县城环境功能区进行了划分、提出了新县城污废水和生活垃圾处理的建设方案，以及大气、噪声控制、生态建设等具体的环保措施，成为秭归县新县城环境保护管理的重要依据。

2000 年，受重庆市移民局的委托，水资源保护科研所承担了三峡重庆库区长寿、开县、奉节 3 县的移民安置区环保实施计划的编制工作。该实施计划在原环境保护规划基础上进行了细化，重点研究并提出了 2010 年前新县城和迁建集镇的污废水处理方案，

包括污废水处理的方式，污水处理厂的建设数量、选址、规模，推荐工艺流程，建设进度及投资以及垃圾处理处置方案，包括垃圾处理处置方式、厂址、建设规模、建设进度及投资等。此外，提出了退耕还林、封禁治理和沼气池推广等生态建设项目以及移民安置区的人群健康保护、生态与环境监测、环境管理等，并提出了分年投资计划，此外，模拟分析了污废水处理前后对水库水质的影响，研究论证了新县城污水处理和垃圾处理的建设方案。开县的实施计划对小江库湾的水质保护进行了专题研究。二维水质数学模型的模拟结果表明，必须针对开县地处库湾的特殊情况，采取更为严格的污水处理措施，才能保证小江的水质符合国家的有关标准。

（二）水资源保护监测

自20世纪70年代起，长江流域水环境监测网在长江干流设立了551个水质站、680个监测断面，在三峡库区设有重庆、涪陵、万县、巴东、三斗坪等10个水质监测断面，监测项目30多项。1998年后，在朱沱、官渡口设置了省界监测断面，开展了水质监测，并发布简报。

作为三峡工程生态与环境监测系统重点站，长江流域水环境监测中心承担了水质子系统的监测任务。定期对库区及中下游的水、水生生物、底质等样品进行采样监测。受三峡工程开发总公司委托，长江流域水环境监测中心组织了宜昌市环境监测站、三峡水环境监测中心、宜昌气象局、坝区急救中心等单位对施工区的大气、水质、噪声及人体健康等进行了监测。在三峡工程16年施工期中每月监测1次。

2000年，长江流域水资源保护局设施先进的水质监测监督船投入运行，每年对上至重庆、下至河口的水质和水生生物进行两次全面监测，大大加强了三峡水库水质监控能力。

（三）三峡工程环保科研

长期以来，长江水资源保护科研所结合三峡工程的生态与环境保护开展了大量科研工作。1980年12月，编写出了《三峡建坝的环境生态问题》，这是第1个有关三峡工程环境影响的研究报告。1989年起，配合环境影响评价报告的编制，完成了三峡工程对当地气候、水质、土壤环境、人群健康等方面的影响研究。1992年，组织开展了三峡库区江段排污口调查和近岸水域水质状况调查研究，以及三峡库区固体废弃物调查等工作，这些成果为开展三峡库区水质保护提供了重要依据。

为预测水库运行初期库区水质的变化，自1996年起，三建委办公室委托清华大学、长江水资源保护科研所等6单位开展三峡水库水污染控制研究工作，长江水资源保护科研所承担“三峡水库水污染控制对策研究”专题研究，1997年后，还承担了“三峡水库富营养化防治研究”、“三峡库区人工生态污水处理系统研究”以及“三峡工程生态环境监测指标体系研究”（水生态部分）等专题研究，此外，对三峡水库调度对中下游生态环境的影响也开展了专题研究。

（四）三峡水库水资源保护管理

三峡水库水质保护一直是国内外关注的问题。长江三峡水库建成后，影响水库水质的因素众多，因此加强水资源保护管理十分重要，长江流域水资源保护局充分发挥流域机构的优势，加强与航运海事部门的合作，对近年来发生在三峡水库的重大水污染事故进行了调查处理，其中包括影响较大的宜昌黄磷污染事故、云阳苯泄漏事故、万州航空汕泄漏事故等。

为了解库区移民环境保护工作的进展情况，在1997年和1999年，长江流域水资源保护局派工作人员深入三峡湖北与重庆库区，对移民活动中的环境保护问题进行了全面调查。针对移民活动中一些地区对环境保护重视不够，环境保护工作滞后、环保“三同时”措施不落实的问题，提出了应加强库区移民环境保护管理，以县为单位，尽快编制移民安置区环保实施计划的建议，引起了国家有关部门的重视。三峡水库蓄水前的库底清理工作直接影响到未来三峡水库的水质，十分重要，长江流域水资源保护局也配合主管部门进行了环保检查。

自三峡工程开工以来，国家有关部门、全国人大、全国政协等对三峡库区移民安置区的水污染防治以及施工区的环境保护工作进行了多次检查、考察，之后均向中共中央、国务院递送了关于在建设三峡水库的同时，加强长江上游水质污染整治工作的意见和建议。指出加强长江上游、特别是三峡库区水环境保护工作，必须引起各级有关部门的高度重视，摆上重要议事日程，贯彻可持续发展基本国策，切实加大管理、立法、资金投入的力度。并从管理体制、资金投入、法规、发挥流域机构作用等方面提出了建议，对于国家有关三峡生态环境保护的决策有重要的意义。

三峡工程的生态环境影响问题为国内外所关注，1995年以来，受三峡总公司的委托，长江流域水资源保护局先后组织编制了《长江三峡工程环境影响报告书》、《长江三峡工程生态与环境问答》、《长江二峡工程生态与环境画册》等，并翻译成英文由科学出版社出版，起到了良好的对外宣传作用。

（长江流域水资源保护局 翁立达 敖良桂）

## 环境影响监测与研究

（一）水质监测

三峡工程设立了水质监测站点23个，监测项目除常规化学项目，还增加了汞、铬、酚、氰化物、砷等有毒污染物。针对1993年4月长江秭归江段16.5t农药船燃烧沉没，1997年10月8日云阳100多吨苯船沉没，1997年10月21日涪陵约200t四氯化碳船沉没等一系列重大污染事故，组织水环境监测中心进行了全面、及时的调查监测，并采用连续、跟踪报告的方式，对有效控制污染损失发挥了较好作用。近几年还先后参加完成了“长江三峡工程生态与环境监测系统——水文水质同步监测水质子系统”及“三峡库区水污染控制研究”等水文水质同步监测项目的监测任务。在“长江三峡工程生态环境监测系统——水文水质同步监测子系统”项目中承担了13个断面中的12个断面的常规监测工作，为国家环境保护总局每年发布《长江三峡工程生态与环境监测公报》提供了大量水文水质数据，为保证三峡工程建设顺利进行发挥了积极作用。

（二）人类活动对水文的影响研究

在三峡以上及以下地区，为了研究人类活动对径流的影响，曾作了大量的工作：①调查掌握了流域的自然地理概况；②查清了人类活动情况现状，包括水利措施：水库、塘堰蓄水工程、引水提灌工程，以及水土保持措施；③做出了人类活动措施数量的各水平年及远景推算。

在查清人类活动措施数量并做出合理推算之后，再应用凯江径流实验站实测的计算指标，用于推算三峡以上地区人类活动对径流、洪水的影响。经过多方长时间的比较研究，得出了现状条件下人类活动对径流影响的一些基本认识。其中包括人类活动对洪水过程线的影响、人类活动对年径流的影响、人类活动对径流年内分配和统计特征的影响、人类活动对降水量的影响等。

最终研究结果认为，由于三峡工程控制流域面积大，人类活动对洪水过程线，特别是对设计洪水过程线影响是不大的。水利水保措施的拦蓄作用及人类对径流的利用，对径流都起减小的作用，但另一方面，水利工程及水保措施，对调节径流年内分配的均匀性也有有利的一面。

（三）结论和展望

（1）三峡工程水文基础资料丰富、可靠，其每一个特征数字都几经多方论证，倾注了几代水文人的心血，凝聚了长江水文人的智慧。取得的大量可靠的成果，有力地促进了水文新理论、新方法的推广应用，丰富了工程水文范畴，推动了我国水文科学的进展。

（2）三峡工程设计依据站——宜昌站和主要入库站——寸滩站，建国前的流量资料由水位插补延长，提高了系列代表性，精度达到工程水文计算的要求。三峡工程的历史洪水调查资料与其他工程相比，无论是调查点数据量、洪痕可靠程度、文献资料考证深度和考证年限等都是较好的。工程设计洪水成果是由各种途径和计算方法得到的，其深度在国内外均属少见。

（3）为了分析三峡工程的防洪作用，从20世纪50年代开始，对长江流域暴雨产生的天气条件、暴雨时空分布、长江三峡以上及中下游洪水特性、洪水地区组成、洪水地区的遭遇规律进行了深入研究。这些研究成果表明：三峡以上洪水是长江中下游特别是荆江和城陵矶地区洪水的主要来源，兴建三峡工程能有效地控制长江中游的洪水，减免中下游洪水灾害。在三峡工程论证阶段，为了分析三峡以上干支流水库对长江中下游的防洪作用，研究了上游干支流水库的洪水特性及其与三峡洪水的关系。

（4）在三峡工程规划、设计、研究的全过程中，对泥沙进行了全面监测，并对观测技术进行了多方面的改进、创新，还对众所关注的几个重要问题进行了较深入分析。观测、分析成果表明：长江上游重点产沙区集中，其原因由自然条件决定；20世纪80年代前半期出现了几个大沙年，也主要是自然因素即降雨所造成；人类活动存在增沙和减沙双重作用，加之长江上游泥沙输移比小，因而近几十年，三峡进、出库站泥沙量无明显变化；三峡入库河段属卵石河床，故寸滩站的沙、砾石推移量很小；经多年实测，寸滩卵石年均推移量约为28.2万t，沙、砾推移量约为874万t。但近年来受人工采砂影响，推移量已有所减少。类比观测表明，丹江口和葛洲坝水库库尾无累积性淤积和水位抬升现象。以上观测分析成果，为三峡工程泥沙问题的研究处理，奠定了坚实可靠的基础。

（5）现有研究成果已满足三峡工程当前的设计和施工要求，但仍有不少结论尚待今后验证。随着工程建设的加快、水文及其他科学技术的进步、流域自然生态环境的变化和国家经济建设基础提高，长江和三峡工程水文研究在三峡水库调度运用与水资源可持续利用的关系及其对持续利用水资源的作用；三峡建成后三峡以上无控区间及三峡库区区间水、沙情势变化后的水沙特性、组成遭遇及区间设计洪水的动态跟踪计算；三峡水库水沙预测预报研究以及三峡实施洪水预报调度与水库排沙关系的研究等方面仍需继续发展和加深。

（长江水利委员会水文局　岳中明）

## 三峡库区及其上游水污染防治规划

### 一、目标

（一）水污染防治必须坚持高标准严要求

未经处理的污水不准直接排入库区，城镇污水处理厂的建设应满足库区水质要求。生活垃圾和危险废物必须全部进行无害化处理。严禁库区及其上游的城镇沿江堆放生活垃圾。

（二）严格限制工业水污染物排放量

切实控制污染，大力推行清洁生产。库区要坚决关闭产品质量低劣、浪费资源、污染严重、危害人民健康的厂矿。

（三）生态保护与生态建设并举

加强生态保护，预防为主，保护优先，遏制人为生态破坏。对库区及上游地区的天然林保护、水土流失治理、草原沙化治理和矿山治理与恢复等生态建设工程必须统筹安排，优先实施。

（四）相互协调，分步实施

水污染防治项目的布局、规模、投资、时序安排等工作，要与三峡工程建设进度、移民安置、城镇迁建、工矿企业搬迁相衔接，并适当超前。

（五）建立政府主导、市场推进的水污染防治机制

各级政府要切实履行职责，按照规划要求组织实施相应的水污染防治和生态保护工程项目，全面加强环境监督管理工作，并对当地的水环境质量负责。完善城市污水和垃圾收费制度，运用市场机制，拓宽资金筹集渠道。保证环保基础设施正常运行。

为了确保三峡库区水环境质量的安全，三峡库区将在大规模削减现有污染的基础上，合理控制人口规模，严禁不合理的开发活动和新建污染严重的企业。重点完成城镇污水处理、垃圾和危险废物处理、工业污染防治、生态环境保护、船舶污染控制等工作任务。

## 二、任务

（一）加快城镇污水处理设施建设

三峡库区所有市县（区）和沿江建制镇正在建设污水集中处理设施。2003年以前将解决库区沿岸城镇生活污水污染问题。库区蓄水后，严禁所有城镇向库区直接排放未达标污水，库区20个区县市将建成城镇污水处理厂25座，总处理规模185.5万t/d。库区沿江重点城镇将建成污水处理设施42座，总处理规模12万t/d。到2010年，库区将再扩建污水处理厂17座，总处理规模68.5万t/d，建成库区沿江重点小城镇污水处理设施71座，总处理规模12万t/d。

（二）抓紧治理城镇生活垃圾

2003、2006和2009年，将分别完成其相关水位线以下堆存的垃圾清理，重点是对废塑料含量大于0.5%的生活垃圾、列入《国家危险废物名录》的各种固体废物以及化工、铁合金、电镀等行业企业的残留建筑废物进行清理。

三峡水库蓄水后，库区将建成垃圾处理场21座，处理规模7315t/d，重庆市主城区、万州区、涪陵区、长寿县及湖北省宜昌市，分别建设工业危险废物处置场，年处置能力58万t，危险废物综合利用率超过50%，沿江集镇建立垃圾处理场，处理规模730t/d。至2010年，将建成城市生活垃圾处理场2座，规模1000t/d，建成重点集镇垃圾处理场71座，处理规模500t/d。

（三）加大工业污染防治力度

2003年前，三峡库区将关闭所有造纸、制革、农药、染料等污染严重企业；关闭污染物排放量大而年产量在5万t以下的啤酒企业和在1万t以下的白酒企业；小氮肥企业要通过技术进步与技术改造，实现污水零排放；所有其他工业企业，都将全面实现污染物达标排放；关闭所有小型采矿点；所有搬迁企业必须实行清洁生产。

（四）强化生态环境保护

三峡库区12条污染严重的次级河流将集中进行综合整治，整治后河流水质将达到相应水环境功能区标准。重点整治桃花溪、清水溪、梁滩溪、香溪河、黄柏河等5条河流。通过退耕还林还草、封山育林、护坡等工程措施，基本建立库区沿岸生态保护带。到2010年，将建成两岸沿淹没线以上100万亩库区沿岸生态防护带中的11600$hm^2$，保障库区生态安全。通过实施矿渣资源化利用、景观保护、土地复垦、植被恢复、边坡治理、污染控制等措施，以建设自然保护区为重点，恢复农地、林地，净化水体，改善库区生态环境。

加强农业污染源治理，对所有规模化畜禽养殖场污水粪便将综合利用和处理，实现达标排放。

（五）全面治理船舶流动污染源

1. 船舶废弃物接收工程　将在重庆主城区、万州、宜昌等主要港口选择一些地理位置合适、基本具备能力的码头设置废物处理专用设施，配置收集船收集含油污水、生活污水、生活垃圾。船舶生活污水接收量4.9万t/d，生活垃圾200万t/d。

2. 船舶生活污水集污治理工程　将为3400艘大型客船、300马力以上的拖船、200t以上的货船和非机动船舶设置生活污水贮存柜；为100艘豪华旅游船设置生活污水一体化处理装置；对1500艘短途客船、高速客船、游艇、渡船安装污水收集设施。

3. 化学危险品船舶洗舱基地工程　将在重庆（5000t/d）、长寿（200t/d）、涪陵（200t/d）、万州（20t/d）、宜昌（200t/d）建设5个洗舱基地，处理洗舱污水，实现达标排放。

2002年前，列入三峡库区水污染防治规划的项目：湖北省4个县（区）的8座生活污水处理厂、垃

圾处理场实际工程进度已达95%以上，预计可以在2003年6月底按期完成；沿江重点集镇的17个污水、垃圾处理项目，国家计委已审查批复投资概算，并下达部分投资计划。危险废物处置场已开工建设。重庆市13个县、区、市的19个生活污水处理厂、13个垃圾处理场建设总体进展较好，截至2002年年底，19个污水处理厂中，8个厂的主体工程基本完成，9个正在进行主体工程土建施工。13个垃圾处理厂已完成主体土建工程的80%，预计在2003年6月底，垃圾处理厂可全部投入运行，污水处理厂具备污水处理能力并保证正常运转；12个重点小城镇污水、垃圾处理项目，国家计委已安排10个污水、5个垃圾处理项目投资计划，2003年可开工建设。

（国务院三峡工程建设委员会办公室　周　维）

## 西部水资源开发与环境保护

（一）水电综合开发

水电是无污染、可再生能源，是未来能源结构的基础。目前，全世界水电总装机容量为6.34亿kW，年发电量为2.46万亿kW·h，水电已占全球发电量的20%。发达国家都是优先发展水能资源，有65个国家水电占50%，其中有24个国家已占90%以上。我国是世界上水力资源最丰富的国家，80%以上分布在西部地区。2002年全国水电装机容量7885万kW，占经济可开发总装机容量3.95亿kW的比重，即水电开发程度仅20%，西部地区尚不足10%，低于世界平均开发程度22%，而工业发达国家如瑞士、法国、意大利、英国等都在95%以上。2002年全国年发电量16540亿kW·h，总人口12.84亿人，人均1288.16kW·h，仅相当于世界平均水平的1/4。要适应国民经济7%～9%的增长速度，电力工业必须保持5%～6%的年增长率，每年要新增装机容量1000万kW以上。

由于我国能源结构仍以火电为主，水电仅占20%左右，对我国电能质量和生态环境极为不利。燃煤发电已消耗我国约1/3的煤炭开采量，长期形成“北煤南运”的局面，造成资源浪费、运输紧张和环境污染，因此必须优先发展水电。

（二）西部水资源开发与环境保护

西部已建和在建的大型水电站有长江三峡水电站1820万kW，雅砻江二滩水电站330万kW；近期计划开工的项目有黄河上游公伯峡水电站150万kW，乌江上游洪家渡水电站60万kW，沅水上游三板溪水电站100万kW，红水河龙滩水电站420万kW，澜沧江中游小湾水电站420万kW；三峡水电站在2003年首批机组发电后，根据“流域、梯级、滚动、综合”的流域开发方针，还将陆续滚动开发金沙江上游溪洛渡水电站1260万kW及向家坝水电站600万kW，总装机容量可达5154万kW，年发电量可达2400亿kW·h。形成巨大的水电能源，参与西电东送，促进全国联网、水火互济，优化电力资源配置，获取联网效益。

水电是无污染、可再生能源，可节约煤炭、石油、核等化工及稀有金属资源，符合可持续发展战略。西部水电可替代东部新建大量的火电站，节约原煤，减少$SO_2$、$CO_2$、NO等废气，以及大量热水、废渣、飘尘和降尘，降低大气污染、减小温室效应，保护生态环境。

西部水资源开发，可促进西部江河的综合治理，除发电以外，还具有防洪、灌溉、航运、供水、防凌、养殖、旅游等综合利用效益。并可促进水土保持，减少长江、黄河流域上游的水土流失，改善生态环境。

西部水电开发，还可缓解煤炭运输压力及水资源短缺；吸引大量资金、人力、物力及科学技术，促进市场繁荣，拉动经济，扩大内需；水电一业为主，将推动、辐射周边地区机械、电气、冶金、建材、物资、运输、商业、旅游及二、三产业的发展，提高人民物质、文化及生活水平；促进西部大开发，支持东部经济建设，推动东、中、西部经济、社会、资源和环境相互协调和可持续发展。

水电工程的兴建，西部水资源的开发与利用，是人类改造客观世界、开发利用自然环境与资源的具体体现。必须全面规划、统筹兼顾、做好环境影响评价，采取有效措施，保护生态环境，减免污染破坏。真正做到兴水利、除水害、开发利用水资源，保护环境、造福人民。

（环境与文物保护委员会　王儒述）

## 水电工程水库移民的环境保护

### 一、移民工程对环境的不利影响与特点

（一）移民工程对环境的主要不利影响

水电项目移民工程是修筑大坝形成水库而导致移民搬迁、安置活动和与之配套的建设工程，对环境的主要不利影响有：

1. 对土地资源与利用的影响　水电站工程建设造成移民搬迁将对当地的土地资源与利用产生一定的影响，如西南、西北地区，耕地资源有限，环境容量小，水库修建造成移民耕地的需求形势严峻。主要体

现在3个方面：①水库淹没大量的各类土地，大量的农村移民不得不开荒造田造地扩大耕地；②城镇、工矿企业的迁改建，大量的房屋、公路、码头、电站等复建，均需占用土地资源；③水库蓄水后，由于水位升降、风浪作用，使一部分崩塌体、滑坡体失稳，造成居民搬迁，影响土地资源。

2. 对水土流失的影响　对水电项目移民工程来说，除自然界的影响外，人为扰动地表及地层和堆置固体废弃物等原因都会造成水土流失。体现在3个方面：①农村移民房屋及水、电、路等基础配套设施建设和城（集）镇专项设施的迁改建，将破坏原有植被，造成水土流失；②移民生产开发、水利（灌溉）设施的修建，有可能砍伐和破坏原有林地或天然灌木林，造成地表裸露，特别是在雨季，将加重水土流失；③弃土（石）、弃渣堆放，如没有合理规划和防护措施，也易造成水土流失。

3. 对森林、植被的影响　首先移民搬迁及各项建设需要占用较多的林业用地，一般规划在低山地区，必然提高土地垦殖率，降低森林覆盖率，影响当地环境；其次移民建房用材、农村能源消耗，也将对森林植被资源造成影响。

（二）移民工程对环境影响的特点

1. 地域不完整性　水电工程移民量比较大，受当地资源分布和生产建设的需要，不能把所有移民均集中在一地安置，必然形成分散的安置局面，造成地域不完整。由于移民安置各区环境背景、环境特征各异，对环境的影响也有所不同，因此，在进行环境保护时需因地制宜。

2. 时间不均衡性　水土流失具有突发性，且时轻时剧，并受季节等诸多因素的限制；而移民占地对森林植被、土地资源的影响，却具有长期性。

3. 不易控制性　常规工程“产品”是建筑物，而移民工程则是“人”和与其安置相配套的“建筑物”，或为满足库区、库周经济功能（如交通、供电）的“建筑物”，较常规工程面宽、范围大、周期长，同时还涉及社会、经济、环境等因素。

## 二、移民安置的环境保护

《中华人民共和国环境保护法》及相继出台的有关环保工作及问题的若干规定，特别是《建设项目环境保护管理条例》和《全国生态环境保护纲要》，是建设项目的环境保护的法律法规。水电工程移民安置必须认真贯彻执行。

（一）环境背景调查

1. 移民安置尽量避开环境敏感区域　如饮用水源保护区、自然保护区、风景名胜区、水土流失重点防治区、基本农田保护区、珍稀动物栖息地、重要湿地等须保护区域，避免造成被动。

2. 移民安置点地质条件是否稳定　移民安置应充分考虑地质问题，水库蓄水后库岸稳定问题，防止塌岸和滑坡对移民生命财产带来危害，以免因二次搬迁带来新的环境问题。

3. 人畜饮用水源是否可靠　根据各移民安置点的实际情况，确定水源水质、类型、水量、供水方式等，明确是否满足《生活饮用水卫生标准》，明确对未达标的饮用水源如何处理、处理难易程度、成本及移民承受能力等，否则需另外选点。

4. 环境容量是否满足　考虑移民安置的环境容量时应注意：①大于25°坡耕地应按照国家退耕还林政策，不纳入移民环境容量分析；②必须避免毁林开荒、破坏生态获得土地来安置移民；③摸清安置点涉及村组的基本情况，充分考虑环境条件和剩余可利用资源，科学合理确定移民安置的环境容量。

（二）环保设计

在可行性研究阶段就必须进行环境影响报告书和环境保护设计的编制工作，这是移民安置工作的重点。环保设计时要对整个移民区域进行全局规划和考虑，重点是水土流失、陆生生物、水环境、固体废弃物、人群健康等。

（1）从规划水源点抽取的人畜用水，必须经沉淀、消毒后统一送到各移民户；

（2）居民房屋建设、专项设施迁改建、水利设施修建、土石料场等土石方开挖所破坏的植被，采用人工护坡，尽快植树种草等；

（3）弃渣要选择低洼地带堆放，保证不遭洪水、雨水冲刷；

（4）对移民区进行水土保持涵养林、用材林、经济林规划；

（5）对农村移民集中安置点、城（集）镇规划，建立污水处理系统，处理后的污水排放，应满足当地河流水环境功能要求；

（6）对城（集）镇生活垃圾处置，推荐采用卫生填埋；

（7）人群健康保护包括定期抽检、定期注射疫苗、加强环境卫生的管理及对发现传染病人要及时隔离等措施；

（8）对饮用水源、水土流失、陆生生物等因子布置监控，设置环境监测站网。

（三）环保措施

环境保护主要体现在社会效益和环境效益上，要做好承包商的工作，使承包商遵守国家法令，增强环保意识，承担应有的环保责任和义务。

（四）竣工环保验收

我国《环境保护法》第26条规定：“建设项目中防

治污染的设施，必须与主体工程同时设计、同时施工、同时投产使用……”。国家环保局发布的《建设项目竣工环境保护验收管理办法》也对建设项目环境保护设施竣工验收做出了具体的规定。环保设施的竣工验收是为了保障“三同时”制度能得到落实，对没有严格按照设计修建环保设施的建设项目，不允许投入使用。

## 三、几点建议

（一）加强组织领导，把水库移民环保工作提上日程

1991年国务院以第74号令颁布实施了《大中型水利水电工程建设征地补偿和移民安置条例》，1992年国务院又以国发（1992）20号文批转国家计委《关于加强水库移民工作若干意见》的通知，各省也大都制定或颁布了地方性的法规指导水库移民工作，可以说对移民安置工作都给予了相当重视，但对于安置区环境保护，尚未引起重视。体现在：①没有认识到环境保护是移民安置工作的深化和延伸；②部分项目忽视环境保护，追求经济效益最大化；③前期工作深度和进度未能与主体工程同步。可以说是重视不够、缺乏管理、投入不足。因此，必须从根本上加强组织领导，把水库移民环保工作提到日程上来。

（二）开展移民安置区环境保护规划工作

三峡、小浪底、龙滩等少数电站已经开展移民区环保规划工作，但多数水电工程的环保工作还没有走上正轨。在大部分可行性研究阶段审定的环境影响评价报告中，移民安置对环境的影响仅作为一章进行描述，内容难以满足要求。由于移民工程对土地资源、生态环境、社会经济以及人群健康等环境因子产生较大的影响，加之水库移民具有面宽、线长、搬迁周期长、不易控制等特点，建议把水库移民区环境影响评价或环保规划单独划出来，在可行性研究阶段与主体工程环境影响报告书一并报送主管部门审批。由于水库移民安置规划往往滞后，可行性研究阶段审定的移民安置规划在实施阶段有一定的变化，需要及时调整。在招标设计阶段，进行移民安置方案的优化、完善和调整的同时，对环境保护规划方案也要进行调整和优化，并编制移民环保设施方案；在实施阶段，设计单位应配合建设单位、施工单位做好安置区移民工程的设计工作。

（三）引进移民环境监理机制

工程建设普遍实行了业主法人制、工程招投标制和工程监理制。为规范和监督承包商的行为，落实环保措施，还需引进移民环保监理机制。水库移民环境监理的内容主要为：①检查移民安置点环保设施落实情况；②指导环保工作，协助填写环境月报表；③对移民迁建过程中存在的环境问题及时向各级移民主管部门提出建议和改进措施，并督促问题尽快解决。其目的就是对环境保护设计方案，在施工阶段做到进度控制、投资控制、质量控制、合同管理、信息管理和组织协调，使工程建设对环境影响的保护设计方案落到实处，减免或降低不利的环境影响。

（四）保证移民工程环保投资来源

移民工程环保投资主要是解决和预防移民安置过程中产生的环境问题，因此应专款专用。根据《水电工程设计概算编制办法及计算标准》（2002年版），移民环保投资是建设征地和移民安置总概算中重要的组成部分，不可或缺。主要包括水土保持工程、水环境保护工程、陆生动植物保护工程、生活垃圾处理工程、人群健康保护、环境监测工程及其他环境保护工程的投资。在估算移民区环保投资时，必须列出各具体环保措施的投资，并界定其与移民安置规划部分项目投资的关系。

（中国水电贵阳勘测设计研究院　魏　浪）

# 水库淹没处理

## 三峡库区水污染防治项目运营思考

三峡库区水污染防治规划项目，湖北库区4个县（区）的污水处理厂、垃圾处理场在2003年6月底前按期完成；沿江重点集镇的17个污水、垃圾处理项目，国家已审查批复了投资概算，并下达了部分投资计划。危险废物处置场已开工建设。重庆库区13个县、区、市的19座污水处理厂、13座垃圾处理厂建设总体进展良好，在2003年6月底前垃圾处理厂可全部投入运行，污水处理厂大部分具备污水处理能力；12个重点小城镇污水、垃圾处理项目，近期可开工建设。

（一）三峡库区水污染防治设施的运营

三峡水库蓄水后，在水污染和水紧缺的双重压力下，三峡库区新建的水污染防治设施所起的作用将非

常突出，但是该行业耗资大、利润低，其资金“贫血”和“断粮”是长期困扰国内该行业发展的关键问题，也将是三峡库区水污染防治设施运营最大的隐患。

以河南省为例，河南省各级政府耗巨资建成的污水处理厂不能发挥应有的作用，半停半开甚至自由闲置。最早开始立项建设的焦作污水处理厂，整个厂区机器全部停开，投资上亿元的污水处理厂目前养鱼种菜，2001 年 6 月建成开始试运行的污水处理厂，从当年 10 月起便停止运行；投资 4500 万元的禹州市污水处理厂也已停开 1 年多，二沉池、氧化沟里长出了厚厚的绿苔和水草，管网已经淤积；长葛市污水处理厂现在年处理污水能力只能达到设计规模 3 万 t 的一半，氧化沟旁野草高可没膝，主要原因是资金困难。

在河南省，这 3 个市县经济实力较强，但每年污水处理经费和建设还贷利息负担，都让地方财政感到捉襟见肘，造成污水处理厂无力运转。究其原因，污水处理费价格偏低和征收不到位，是造成污水处理厂普遍运行难的重要原因。目前河南省的污水处理费最低一吨仅 5 分钱，高的不过 3、4 角钱，而污水处理厂的平均处理成本都在每吨水 8 角左右，直接成本也近 4 角钱。虽然污水处理费征收标准可以按“保本微利、逐步到位”的原则核定，但市民的承受能力有限，各地政府难以将污水处理费迅速调整到位。在征收环节上，也存在着自备井多、征收难的问题，加上污水处理费仍按行政事业性收费的性质收取。对拒交者没有处罚依据，征收率难以提高，类似的情况在全国不少城市都存在。三峡库区是全国较大的连片贫困区，其社会、经济状况并不比河南这 3 个市县强。故三峡库区水污染防治设施的运营，要避免国内目前“建成就断粮”的怪圈，必须走产业化运行道路。

（二）三峡库区水污染防治设施运营的产业化之路

水污染防治行业本身属于微利行业，但最大的优点是风险低。如果水污染防治走上产业化之路，按市场化运作，低风险可以吸引大量资金。

为解决水污染防治设施运营的资金问题，国内一些地方也作了一些探索，如出台专门的征收管理办法和排污地方性法规，实行排污许可证制度。谁污染谁交费，超标加罚等，取得一些效果。但目前国内水污染防治产业化市场机制尚未建立，许多经营水污染防治设施的单位仍按事业单位的运作模式操作，无法实现与市场化的对接。甚至还存在着“只能由政府投资、国有单位负责运营管理”的观念，加上单一的投资渠道和吃紧的财政收入，将严重制约水污染防治的产业化之路，三峡库区也不例外。

国内的水污染防治体制可称得上“门类齐全”，就隶属管理而言，分别属环保局、水利局、公用事业局、建委、市政局及自来水公司。多头管理将造成责任不清，管理混乱。其最大恶果，就是造成运行费用——污水、垃圾处理费的大量流失。以河南许昌为例，目前污水处理费分别由市供水公司和市节水办征收，而市节水办又有两家，一个归建委，一个归水利局，职能交叉导致处理费收缴越收越少。2000 年市节水办上交污水处理费 300 万元，此后每年不到 60 万元，加剧了污水处理厂的困难。许昌污水处理厂现已处于半停半开状态。

因此，三峡库区要以此为鉴，在水污染防治设施开始运营后，尽快摆脱目前国内普遍存在的困难，扫除目前国内普遍存在的障碍。理顺经营体制，完善配套政策，让水污染防治企业实现社会、经济效益的“双赢”，走上产业化良性循环之路。

（三）三峡库区水污染防治设施运营的市场化机制

在三峡库区水污染防治设施的投融资与运行机制上，要按照“政府引导、市场运作”的方式，引入市场化运作机制，加大多元化投入力度，确保库区水污染防治设施的正常运行。

以浙江为例：从 20 世纪 90 年代中后期开始，浙江省环保部门以太湖流域杭嘉湖地区水污染防治工作与环保“一控双达标”为契机，积极引导企业按照市场运作方式开展环保设施运营。绍兴污水处理厂等企业的污染治理设施的建设和运行，在省内最早引入了市场化运作机制，实现了运营管理的市场化运作、专业化运行、企业化管理和社会化服务。环保设施运营单位接管污染防治设施项目后，不仅处理达标率普遍提高（通常达 70%～80%，最高可达 90%），而且降低了处理费用（通常达 20%左右），部分运营单位还取得了较好经济效益。

引入市场化运作机制，实现运营管理的市场化运作、专业化运行、企业化管理和社会化服务，就必须使环保设施运营单位与委托业主以合同的方式约定各自应承担的法律责任。其合作方式主要有以下 4 种：一是参与管理，由治污企业委托运营单位指导管理其水污染防治设施，不承担任何责任；二是委托管理，由治污企业委托运营单位对其水污染防治设施进行日常维护与管理，费用由企业承担。如发现偷排、漏排、废水超标排放或污染物处理处置不当，运营单位承担相应责任；三是承包运营，由运营单位全部承包，单独管理、运行，并保证达标排放。如有偷排、漏排、超标排放或污染物处理处置不当现象，则由运营单位承担一切相应责任和罚款；四是 BOT 形式，业主同项目公司签订合同，转让水污染防治设施项目的设计、融资、经营和维护，吸引社会资金投资建设。该项目公司在协议的特许期限内拥有项目的所有权与经营权，并获取预期的投资回报。

要使三峡库区水污染防治设施运营业健康发展，除因地制宜分别采取上述4种合作方式外，还必须加强环保监管与环保信用制度建设，为水污染防治设施运营营造公平竞争的市场环境。要加强对已获得资质证书的运营单位环保行为的监督管理，规范水污染防治设施运营市场。要加强环境管理，建立健全水污染防治设施运营企业环保信用信息档案、信用失范惩罚和警示机制、信用激励引导机制、信用保障机制，努力构建社会环保信用体系，为三峡库区水污染防治设施运营发展创造公平竞争环境与良好的社会氛围。同时，三峡库区各级政府应继续发挥主导作用，制订合理的投资回报政策，在风险投资、信贷、土地利用和税收等方面予以优惠，引导并鼓励各类资本参与水污染防治设施的建设和运营，逐步完善保障投资者利益的法律法规体系。

当前，要促进三峡库区水污染防治设施企业化运营和市场化管理，按照国家计委、建设部、国家环保总局《关于推进城市污水、垃圾处理产业化的意见》的要求，落实具体的污水收费和垃圾收费标准，充分利用市场机制，确保三峡库区水污染防治设施能够在保本微利的情况下长期稳定运行。

（国务院三峡工程建设委员会办公室　周　维）

## 水库淹没处理中有关政策的执行问题

多年来，由于法律法规和相关政策的不完善、不到位，使水利水电工程移民工作遗留了不少问题。直至1984年国务院发布《大中型水利水电工程建设征地补偿和移民安置条例》（74号令）后，水库移民工作才有法可依，开始走上法制化、规范化的道路。

### 一、土地利用规划的编制必须广泛吸纳各部门的意见，规划内容应涵盖各行业的需要

土地利用规划是我国有效控制和合理利用土地资源的重要手段。新《土地管理法》规定：所有土地的使用都必须符合总体规划的要求。实际上，由于规划编制单位对情况了解得不全面而导致缺项、漏项的问题很多。以乌江为例，1987年，国家计委正式批准了乌江干流规划报告，该规划在贵州省境内修建9个梯级电站所需要占用（淹没）的耕地约13333hm²，但在贵州省地方土地利用总体规划中却没有将其列入建设用地的范畴，甚至还把属于要淹没的耕地划入了基本农田保护区。说明每建设一个梯级电站，首先须向国家有关部门申办“农转非”手续，之后才能办理正规的土地征用手续，这无疑增加了审批的难度。因此，任何规划都必须保证规划本身具有科学的前瞻性和合理的包容性。这就要求广泛收集资料、了解和分析各部门的发展要求，广泛吸纳各部门的意见，涵盖各行业发展的需要。

### 二、水利水电工程建设用地的占补平衡应具体分析，以合理确定占补平衡的数量

水利水电工程建设用地主要由三大部分组成：一是水库淹没耕地；二是枢纽（如大坝、厂房、引水系统以及建成后的办公、生活用地等）永久占地；三是工程建设的施工临时用地。

#### （一）水利水电工程水库淹没耕地

就水库淹没而言，根据现行规范确定的水库淹没耕地的数量与新《土地管理法》所说的占用耕地的数量，在概念上是不同的。

首先，规范规定水库淹没范围不只是水库正常蓄水位以下的部分，而应包括正常蓄水位以上、水库建成后一定频率（2～5年一遇）洪水回水水面线（同时考虑安全超高和20年泥沙淤积的情况）以下的部分。实际上，土地征用线与正常蓄水位之间的耕地，不是水库直接淹没的耕地，而是在水库设计中考虑安全和移民的利益所确定的洪水临时淹没区，虽然列入了征用补偿范围，但耕地仍然可以耕种，作为耕地资源它依然存在，应不属于占用耕地的范畴。

其次，水库淹没耕地中包括了大量的25°以上的坡耕地。2001年，国家电力公司贵阳勘测设计研究院与地方土地管理部门共同调查的结果是：在北盘江光照水电站淹没的4235.93hm² 耕地中有674.1hm² 是25°以上的坡耕地，占淹没耕地总量的16%；龙滩水库淹没的5517.7hm² 耕地中有1989.8hm² 是25°以上的坡耕地，占淹没耕地总量的35.4%。为维护移民的合法权益和沿岸居民的安全，这些土地在水库淹没处理中都按一次征用的标准给予了合理的补偿。国家既然已经规定这类耕地必须退耕还林，那么，从根本上说已属于非法耕地，就不应列入占补平衡的范围。

此外，季节性利用的河滩地及天然河道常年洪水位以下的耕地都是非法耕地，是国家有关法律法规（如《水土保持法》、《森林法》、《防洪法》等）所不容许的，理所当然不应列入占补平衡的范围。

#### （二）水利水电工程枢纽永久占地

在水利水电工程枢纽永久占地中，也有一些特殊情况应该考虑。如天生桥二级水电站的坝区和厂区都因地质问题而征用了一些坡地作为安全保护区。但这些土地虽被征用，仍由当地农民耕种，只不过在种植

品种上有所限制而已。因此，这些土地也不应纳入占补平衡的范围。

（三）水利水电工程施工临时用地

水利水电工程的施工用地不同于一般工程的施工用地，主要表现在以下几个方面：一是数量多，如天生桥二级水电站施工用地达 1066.67hm$^2$（其中耕地500hm$^2$），超过了水库淹没和工程永久占地的总和；二是占用时间长。如天生桥二级水电站自 1982 年开始征地直到 2001 年施工才结束，前后经历了近 20 年的时间；三是在施工结束后工程不再需要这些土地，都要移交给当地政府组织农民复垦。另外，依托电站的建设，往往在工程所在地附近会出现一些集镇，如天生桥二级水电站附近的贵州省安龙县的德卧及广西壮族自治区隆林县的桠杈、科风镇；乌江渡水电站附近的乌江镇；东风水电站附近的鸭池河镇等。这些集镇的用地基本上都是电站征用的施工用地。就土地的功能而言，它经历了农用地→施工用地→集镇用地的过程。从上述分析可以看出：施工用地仅仅是临时改变土地用途的临时用地，不属于“占地”。

综上所述，水利水电工程的占补平衡问题应该具体问题具体分析，合理确定工程实际占用耕地和应该补充开垦的耕地数量，而不能仅仅依据征用面积的多少就要求业主“补”多少，不能把“占补平衡”搞成“征补平衡”。

根据水利水电工程用地的特点，建议国家有关部门明确以下占地不计入需要补充耕地的范围：

（1）25°以上的坡耕地；

（2）施工用地并已在工程投资中列入了复垦费用或转变为集镇用地的；

（3）土地征用线与水库正常蓄水位之间的耕地；

（4）季节性利用的河滩地和常年洪水位以下的耕地；

（5）电站永久占地中属于电站安全需要而征用的耕地。

## 三、退耕还林与生产安置人口的计算问题

实行 25°以上坡耕地逐步退耕还林是我国保护生态环境、促进国民经济可持续发展的重要措施，具有十分重大的现实意义和战略意义。

现行规范规定：生产安置人口的计算采用新《土地管理法》规定的办法执行，即：生产安置人口＝征用耕地面积÷被征用单位征地前人均耕地。由于没有明确 25°以上的坡耕地是否应该扣除，因此通常的做法是用不扣除坡耕地的人均耕地来计算的。这种做法往往导致剩余耕地中坡耕地比重增加，人均耕地质量下降，后靠移民的生产、生活水平无法保障，以致产生新的不稳定因素。

明确 25°以上的坡耕地退耕还林，从法律上已把它排除在耕地范畴之外。那么，对于那些没有全部淹没的村组，生产安置人口应该如何计算呢？目前大致有 3 种方法可以考虑：

（1）“先算后扣”法。即：先根据不扣除 25°以上坡耕地的耕地总量计算人均耕地，再用淹没征用的耕地数量计算出需要进行生产安置和就地后靠的人口，然后在剩余耕地中扣除 25°以上的坡耕地，用上述计算的人均耕地再计算后靠人口。当第二次计算的后靠人口少于第一次计算的后靠人口时，则把多余的人口再纳入生产安置人口。

（2）“先扣后算”法。即：先从耕地总量中扣除全部 25°以上的坡耕地，计算出人均耕地，再用淹没征用耕地中 25°以下的耕地数量直接计算出需要生产安置的人口，或用剩余耕地中 25°以下耕地数量计算出后靠安置人口，再确定生产安置人口，两者计算结果是一样的。

（3）“人均耕地配置标准”法。即：根据剩余耕地的质量、耕作水平等因素，确定一个确保移民生活水平不降低所需的人均耕地面积再根据剩余耕地中 25°以下的部分，计算出可以后靠安置的人数，然后，用总人数减去后靠人数即为需要进行生产安置的人口。

“先算后扣”法与常规的计算方法相比，所计算的安置人口要多得多。原因很简单，因为用含有 25°以上耕地的人均耕地面积，去除剩余 25°以下耕地以确定后靠安置容量，实际上是提高了后靠移民的耕地质量和标准，无形之中由业主承担了本来应该由政府承担的退耕还林、异地移民扶贫的任务，这是明显不合理的。因此，这种计算方法只有在淹没线以下的移民已经搬迁、后靠问题十分特殊的情况下，作为一种应急补救措施才可使用，不宜作为设计计算方法。

“先扣后算”法的概念十分明确：既然 25°以上的耕地已经不是合法耕地，合法耕地自然就是 25°以下的耕地了，按照规范规定的方法计算就是合理的方法了。

这 3 种方法计算的结果是不一样的。为说明问题，现举例如下：某村民组原有耕地 13.333hm$^2$，其中 25°以上的耕地 4hm$^2$，全组人口 100 人。水库淹没征用耕地共 10hm$^2$，其中 25°以上的耕地 2.667hm$^2$，剩余耕地 3.333hm$^2$，其中 25°以上的耕地 1.333hm$^2$。用不同方法计算生产安置人口和后靠人口的结果如下：

（1）常规方法：征用前该村民组人均耕地为 13.333hm$^2$÷100 人＝0.133hm$^2$/人；生产安置人口为 10hm$^2$÷0.133hm$^2$/人＝75 人。

（2）“先算后扣”法：征用前该村民组人均耕地为 13.333hm$^2$÷100 人＝0.133hm$^2$/人；后靠安置人口为（3.33hm$^2$－1.33hm$^2$）÷0.133hm$^2$/人＝15 人；生产安置人口为 100 人－15 人＝85 人。

（3）“先扣后算”法：征用前该村民组人均耕地

为（13.333$hm^2$ − 4$hm^2$）÷100 人 = 0.093$hm^2$/人；生产安置人口为（10$hm^2$ − 2.667$hm^2$）÷0.093$hm^2$/人 = 79 人；或后靠安置人口为（3.33$hm^2$ − 1.33$hm^2$）÷0.093$hm^2$/人 = 21 人，生产安置人口为 100 人 − 21 人 = 79 人。

"人均耕地配置标准"是一种新的提法，在规范中目前还没有提及，但在具体工作中这是客观存在的。如在考虑移民安置点安置容量时，就要考虑"这个安置点人均耕地应该是多少"的问题，这实际上就是上面所说的人均耕地配置标准。就一个水库而言，人均耕地配置标准是可以不一样的。一般而论，标准的确定主要有以下几个方面的因素：一是水库淹没情况，特别是淹没的人均耕地；二是安置耕地的质量；三是耕作条件和作物品种等。核心的问题是要确保移民生产、生活水平不下降，并留有发展余地。水库设计中，这一标准是经过多种测算、综合分析后确定的。因此，此法不失为解决剩余耕地后靠安置人数的一个办法，只不过在具体工作中，难免会或多或少地受到人为因素的干扰。相对而言，"先扣后算"的办法概念明确、操作简单、成果合理、又不违反新土地管理法的规定，应该成为今后水库淹没处理设计的基本方法。

### 四、如何看待村民小组

1958 年至 20 世纪 80 年代，我国农村普遍实行"政社合一，队为基础，三级所有"的生产经营体制，生产队是我国农村最基本的经营核算单位，也是农村集体土地所有权的代表，负责其权属范围内所有土地的经营和效益分配。20 世纪 80 年代以后，全国实行了以农户为基础的生产承包经营责任制，多数地方撤消了生产队，建立了村民小组。

实行生产承包经营责任制后，承包农户是耕地的直接经营和受益者，其合法权益受到国家法律的保护。农户的一切经营活动和收益分配，不受村民小组的干预。因此，村民小组不再是集体经济的经营组织。

村民小组是不是拥有集体土地的所有权呢？这可以从 2 个方面考察：一是各个村民小组之间是否仍然明确保持着过去生产队时期的土地权属界线。二是这些农村组织对自己认定的界线内的土地有无法律规定的占有、使用、收益、处分的权利，即排斥他人的独立的占有使用权、农用地的发包经营权及国家建设征用土地时的独立受偿权等。要考察这 2 个方面显然不是三言两语就可以说清楚的，但根据贵州省的实际情况至少有一点是非常清楚的，即：各地农民的土地承包是与村民委员会签订协议的。由此可知，集体土地的所有权代表是村而不是村民小组。

村民小组既然不是集体经济的经营组织又不拥有集体土地的所有权，那么，在计算生产安置人口时就没有必要一定要以村民小组为单位来计算。也就是说，像贵州省这样的情况，可以以村为单位来计算生产安置人口。

就贵州省而言，这样做的好处是可以更加如实地计算生产安置人口。因为在贵州省各地经过审批的土地详查资料上该村的耕地面积是以丈量亩为单位的，而村民小组的耕地数量历来是以习惯亩为单位的，该村的耕地面积（丈量亩）往往要大于各村民小组耕地（习惯亩）总量。习惯亩与丈量亩之间存在一个换算系数，而这个换算系数又是大不一样的。所以在按组计算生产人口时，就必须进行必要的技术处理，即：用全村的丈量亩总数和各村民小组的习惯亩总量推求一个系数，再把各村民小组的习惯亩换算成丈量亩，然后再计算生产安置人口。正由于习惯亩与丈量亩之间的换算系数不是常数，因此，计算出来的各村民小组的安置人口也就有较大的误差，这就可能造成后靠容量估计偏大或偏小的问题。而这种问题的暴露往往是在移民搬迁的后期，给工作造成很大的被动。实际上，目前的这种处理办法，其精度也就是村的精度而不是组的精度。若以村为单位计算生产安置人口和后靠容量也是可以的。

（中国水电贵阳勘测设计研究院　李如成）

# 移　民　工　程

## 全国水库移民管理办法研究

### 一、研究的目的

水库移民涉及社会、经济、政治、文化、人口、资源、环境、民族、工程技术等诸多领域。据不完全统计，我国因兴建水利水电工程而动迁的移民人数已达 1000 万人，虽然党和国家高度重视，并出台了一系列政策法规，设置了不同规格的水库移民管理和实施机构，使大多数移民得到了妥善的安置，但由于我国人口众多、耕地资源日趋匮乏，仍然存在一些问题和矛盾。

由于我国水利水电工程建设投资体制的改变，市场经济体制的逐步完善，原有的移民安置管理模式已不能适应需要。因此，针对当前存在的矛盾和问题，提出兼顾政府、业主、移民群众利益，规范水库移民工作，促进水利水电事业发展的水库移民管理办法，是当前急需解决的问题。

## 二、研究的内容

水库移民管理办法涉及行业主管部门、各级地方政府、业主单位、设计单位、监理单位及广大移民群众等，其内容包括规划设计、审查批准、实施与管理、监理等，移民管理机构的设置、职责和相互关系，是移民管理办法的重要内容和核心问题。本课题将以“政府负责、投资包干、业主参与、移民监理”为基本框架重点研究如下内容：

（一）移民管理机构的设置

1. 机械现状　我国目前主要是采取“条块结合、以块为主，省为主体、分级负责、县为基础”的管理方式，在国务院所属的有关部（委）中设有水库移民开发局，在全国有水库移民任务的 23 个各省、自治区和直辖市中，设有不同规格的省级水库移民实施管理机构，凡有水库移民安置任务的县（市），都设立了县级机构。许多地区行署、州（市）级政府也设立有水库移民的实施管理机构，负责管理本行政区内的水库移民工作。经过多年的实践证明，是符合我国水库移民工作的实际情况的。

2. 存在的问题　我国目前实行的是水利工程政府建设、水电工程企业建设的方针，由于国家没有设置统管全国水库移民工作的主管部门（或机构），难以制定全国统一的水库移民政策、管理办法等。

各省、区、市的水库移民机构，其规格不一（从处级到厅级），名称不一致，挂靠部门也不一样，管理范围也不同，部分业主单位设有专门的移民管理机构或专人分管移民工作，部分省级水库移民机构还出台了本行政区内的移民安置或实施管理办法。由于他们受到不同的约束条件和影响因素，对移民安置的实施管理也各不相同。出现了同是水库移民，却有不同的管理办法，同一个工程的水库移民却执行不同的政策等现象。同时，各地的水库移民存在相互攀比的思想，对政府也有较多的意见，造成不稳定的隐患。

一直以来，大多数地方的各级移民管理机构都是政府的职能部门，其职责的界定并不清楚，尤其是在市场经济的运作过程中，出现了“政企不分”的局面。各级移民机构，特别是省、区、市级移民机构，既像“运动员”，又像“裁判员”，部分业主单位设有的移民机构不能很好的解决移民问题，国家缺少统一的部门来客观、公正地管理、协调水库移民工作。

3. 研究建议　水库移民是一个特殊的群体，鉴于水库移民工作的政策性较强，涉及多方的责权利问题，必须要有专门的机构来管理此项工作，统一出台相关的政策和规定，协调、监督、检查移民工作。因此，建议国家明确全国水库移民工作的主管部门或管理机构，同时明确省级、市州级及县级政府应负责做好本辖区的建设征地移民工作，并根据需要设置相应的移民机构，代表本级政府具体实施水库移民工作。

（二）移民管理机构的职责

我国水库移民实行的“政府负责、投资包干”政策仍是一种行之有效的管理模式。并为促进水利水电事业的发展起了积极的推动作用。在社会主义市场经济条件下，虽然政府职能有所变化，但是，由于水库移民的社会性、复杂性和国土资源匮乏等因素，水库移民安置的责任和任务仍然不可动摇地历史性地落在政府的肩上。本次研究针对“政府负责”的具体内涵，研究政府对移民工作、移民机构的职责，明确“业主参与”的具体内容，明确有关各方的行政隶属关系、行业技术归口关系、经济利益关系、责任关系，通过本课题的研究，提出其主要职责：

（1）国家水库移民管理部门的职责。国家应明确或成立有关水库移民的主管部门，作为全国水库移民工作的行政领导部门、技术权威机构，负责全国水库移民工作的宏观管理。

（2）省级政府对水库移民工作的职责。水库移民的“政府负责、投资包干”应体现为“省为主体、县为基础”。要把省级政府对水库移民工作行使的政府职能与省级移民机构具体负责做好水库移民工作的职责区分开来。省级政府根据国家有关主管部门批准的移民安置规划，负责做好本行政区内的水库移民安置工作。

（3）省级移民机构的职责。有水库移民安置任务的省（直辖市、自治区），应设置省级移民机构，作为“包干协议”的实施方，代表省级政府具体做好水库移民工作，为本行政区内水库移民工作的责任单位。

（4）县级政府对水库移民的职责。有水库移民安置任务的县级政府，应在上级政府的领导下，依照国家和省级政府有关水利水电工程建设征地移民的法律、法规和政策，负责本县移民安置工作，根据需要设置相应的移民机构，代表本级政府具体承担本县移民安置任务和补偿投资双包干的责任。

（5）市州级政府或行署对水库移民的职责。市州级政府或行署负责根据省级政府和省级移民机构的安排，做好本行政区的建设征地移民相应的工作。

（6）项目法人的职责。在市场经济条件下，随着工程建设项目业主负责制的推行，业主也应对移民安置负责。因此，项目法人应设置移民管理部门，根据水库移民安置任务的大小，配备相应的专业人员，参与水库移民工作，实施“业主参与”。

（中国水电中南勘测设计研究院 王 奎）

## 水利水电工程移民管理体制研究

水库移民安置是水利水电工程建设不可缺少的重要组成部分，如何使水库移民工作更好地适应市场经济情况，仍是水利水电事业发展面临的重要问题，水库移民已成为水利水电工程建设的制约因素。因此，必须积极探索在社会主义市场经济条件下水库移民工作的新思路，开创新局面。本课题就水库移民管理体制进行初步的探讨和研究。通过本课题的研究，为有关部门制定有关政策时提供了参考。

### 一、基本情况

建国以来，全国兴建水利水电工程 8 万 6 千多座，淹没耕地 2 千多万亩，动迁移民 1 千多万人。他们的贡献使我国的水利水电事业得到了较大的发展，并取得了较好的经济效益和社会效益。党和国家日益重视水库移民安置问题，并陆续出台了一系列政策法规，在一定时期内对水库移民安置工作起到了促进作用。

随着社会主义市场经济体制的逐步建立，水利水电工程的投资体制和经营体制都在发生重大变化，业主负责制和竞价上网的机制正在形成，水库移民补偿投资占整个水利水电工程建设投资的比重也不断增加。由于水库移民涉及的面广，关系复杂，影响因素多，致使水库移民成为影响水利水电工程建设的重要因素。为了更好地安置水库移民，促进水利水电事业的发展，需对水库移民的管理体制等方面进行完善。

### 二、存在的主要问题

一是认识问题，“重工程、轻移民”，“重搬迁、轻安置”等现象仍然存在。二是政策问题，如：前期工作经费不足，没有必要的设计周期，影响了水库淹没处理规划设计工作的深度；补偿政策的规定不同，给实际操作带来困难（包括国务院第 74 号令的规定，“前期补偿补助，后期生产扶持”等）；土地承包政策对移民安置方案的影响；对规划设计成果审批的规定；对水库移民动态指标的认定；对水库规程规范的完善；对水利水电工程税费的规定等。三是体制问题，有中国特色的水库移民政府负责制使大多数移民得到了较好的安置，但由于是独家实施，没有有效的监督机制，造成移民实施过程中诸多问题的发生，带来水库补偿投资“包而不干”的结果。现在的体制也没有明确规定业主对移民的责权利关系。

### 三、关于水库移民政策

根据前述水库移民存在的众多问题，结合国家新颁布的土地法等，本课题提出如下有关政策的建议。

（一）关于用地政策

（1）鉴于水利水电工程的用地数量大且集中的特点，建议：国家对大中型水利水电工程建设用地指标给予优惠政策，凡具有国家批准项目建议书的即可视为国家批准的建设用地指标，单独下达给相应省（区），作为修改土地利用总体规划的依据。对国家目前已经批准的一批水利水电工程，其用地指标应纳入相应省（区）正在进行的土地利用总体规划之中，或者直接作为修改土地利用总体规划的依据。

（2）对新土地法规定的“占补平衡”政策，建议：为安置移民而新开垦的耕地、土地整理新增的耕地、农业产业结构调整新增的园地、水库浅水区开发的水产养殖业的水面、地方自行开垦而又愿意用于相应工程占用耕地指标的耕地等耕园地面积数量，以及改良耕地、工程灌溉耕地、工程防洪区一定范围内的耕地等所新增的粮油总产量，可以折抵工程占用耕地的指标，免交相应部分的耕地开垦费。折抵不足部分，按规定缴纳耕地开垦费，并主要用于安置移民的耕地开垦。同时，按照水库移民安置的进度实行“边占边补”的政策。

（3）对水利水电工程建设的征地，应按项目的总体设计一次申请办理建设用地审批手续；根据移民安置的实施进度，分期支付征用土地的各费用。

（二）关于补偿政策

在目前国家财力有限的情况下，制定相应的补偿政策时，既要有利于水利水电事业的发展，也要照顾移民的利益。因此，仍宜采用“前期补偿与后期扶持相结合”的办法，既能减少项目建设期的投资又能解决移民的后顾之忧。同时，土地补偿费和安置补助费都应用于被征地单位恢复和发展生产，或者用在水利水电工程入股、购买保险、建立生活保证金等方面，以安置相应的移民。

（三）关于移民管理体制

（1）对移民安置规划的审批与调整作出规定。建议：一定规模（如淹耕地 1 千亩或移民 1 千人以上）的工程，其移民安置规划必须与任务书（可行性研究报告）同时报国家行业主管部门审批，超一定规模（如淹耕地 5 千亩或移民 5 千人以上）的，其移民安置规划必须经过国家行业主管部门的单独审查或通过有资质的中介机构评审。同时，对超过一定时限的移民安置规划，如超过了 3 年或 5 年的，应允许进行合理调整，经原审批单位或部门审查后实施。

（2）进一步明确业主单位、地方政府、移民各方关系，落实责任制。建议规定在工程开工建设之前，业主与当地政府或指定的实施机构应签订合同或协议，业主向地方政府承诺按审批的移民安置实施规划或计划定期支付足额的移民资金，地方政府或其指定的实施机构向业主承诺按审批的移民安置实施规划或计划如期完成移民安置任务。移民有权了解移民安置规划方案，在国家已审定方案和标准的前提下，移民应积极配合当地有关部门完成安置任务，不能故意提出过高要求或无理拒绝搬迁。

（3）全面推行水库移民监理制。“政府负责制”是有条件的负责，推行移民监理制，对地方政府、对业主，都具有约束作用，是保证移民安置的进度和质量、提高移民资金使用率的有效手段。移民监理的对象是移民安置的实施机构，可以由上级机构委派或通过业主按合同关系委托监理单位对其进行监理。国家应对全面推行水库移民监理的有关问题作出详细的规定。

## 四、关于税费政策

目前，除了国家规定的有关税费外，各省、地、县还规定有一些收费项目，有些税费所占的比例还比较大，有些税费有重复的可能。建议：①只执行国家规定要收取的税费项目或明文规定大中型水利水电工程只收取哪几种税费项目。②参照部分已建大中型水利水电工程的政策，按 1/3～2/5 收取耕地占用税。③对耕地占用税、林木补偿费、森林植被恢复费、菜地建设基金等，可以根据移民安置规划开垦数量进行相应类的抵扣。④对征收的部分税费，应返还用于安置移民的生产开发或后期扶持。

综上所述，水利水电工程建设对国民经济发展具有特殊重要的意义，是国家重点支持的公益性基础性设施建设，它不仅自身有着较大的经济效益，而且还能给国家给社会创造难以用货币计算的巨大的社会效益。为此，国家和有关部门在水利水电工程建设征地、移民安置管理体制、税费政策等方面，应本着“优惠用地”的原则，贯彻实施政府负责制、投资包干制、业主参与制和移民监理制制定符合水利水电事业发展的有关政策和规定，完善相应的管理体制。

（中国水电中南勘测设计研究院 王 奎）

# 三峡工程移民工作概况

（一）资金计划

为确保 135m 水位线下移民搬迁任务的完成，对移民资金的需求做协调平衡工作。在年初确定 71.4 亿元的基础上，追加 12.8 亿元。保证移民工作的资金供应与及时拨付，确保三峡工程建设的整体进度和计划目标的实现。截至 2002 年 11 月底，三峡库区移民投入资金 360.3 亿元（静态投资为 272.7 亿元，占静态总投资概算的 68.18%）。

截至 2002 年，三峡库区累计搬迁安置移民 64.52 万人（其中 135m 水位线以下搬迁安置 36.97 万人），累计建设住房 1984 万 $m^2$，其中农村住房 719.6 万 $m^2$（不包括外迁移民新建住房），累计搬迁、关闭破产工矿企业 1043 家。

（二）二期库底清理工作

为搞好三峡移民工程验收，经国务院批准，成立国务院长江三峡二期工程验收委员会，并设置枢纽、输变电、移民工程三个验收组，保证各项验收工作的开展。三峡建委办公室筹建移民工程验收组专家工作组和办公室，并组织召开三峡二期工程移民验收组第一次全体会议，制定《国务院长江三峡二期工程移民工程验收组工作方案》。全面促进二期移民验收工作的开展，湖北、重庆库区二期移民工程自验、初验工作按计划顺利进行。

三峡工程二期库底清理工作是 2002 年移民工作的重点。三峡建委办公室积极协调卫生部、国家环保总局等有关部门，组织编制《长江三峡工程二期蓄水库底清理规定》、《长江三峡水库库底建（构）筑物、林木清理技术要求》、《长江三峡水库库底卫生清理技术规范》和《长江三峡水库库底固体废物清理技术规范》等规范性文件，保证库底清理工作有章可循。根据库区实际，编制《长江三峡工程二期蓄水库底清理方案》，明确建（构）筑物、林木、卫生清理的任务量和经费，推进经费和任务的双包干。及时召开二期蓄水库底清理工作会议，明确任务要求，推动库底清理工作的全面开展。同时组织有关部门和专家，进行专项调研和检查，建立卫生清理和固体废物清理跟踪监测制度，确保库底清理工作的质量。

（三）移民外迁和企业迁建工作

根据三峡建委的部署，2002 年重庆库区农村移民外迁 19000 人，虽然外迁规模不如去年大，但外迁移民的心态比较复杂，动员难度大，期望值普遍较高；而且部分从事外迁移民安置工作的同志有“松劲”、“厌战”情绪，工作难度较大。为此，三峡建委办公室在对迁出、迁入地进行深入调研的基础上，有针对性地加强思想政治工作，及时组织召开三峡库区外迁移民思想政治工作会议，制定颁发《关于加强三峡工程库区外迁农村移民思想政治工作的指导意见》。同时，针对移民外迁安置各个不同阶段存在的突出问题，多次组织召开专题协调会议，统一思想认识，解决各方存在的分歧。通过迁出、迁入地各级党委、政府的共同努力，超额完成1999年国务院确定的移民外迁安置任务。至2002年9月底，共外迁安置库区农村移民14万人，为原计划12.5万人的112%。三峡建委办公室组织有关省市对三峡库区土地容量、后靠安置移民的生产、生活状况及农村人口变动情况进行调查，提出增加三峡库区农村移民外迁计划的建议方案。

为使搬迁企业结构调整工作顺利实施，三峡建委办公室积极协调有关各方，落实被关闭的破产企业职工一次性安置费、权益资金、欠缴社保、欠发离退休职工养老金等资金缺口补助政策。135m水位线下被关闭的破产企业职工安置资金缺口31437万元已全部到位。为加大破产企业呆坏账核销和财政转移支付工作的力度，经与有关银行、资产管理公司协调，审查企业439个、核销呆坏资金46亿元。现已确定关闭302个、核销呆坏资金23.6亿元；转移支付省市财政1.5亿多元。还重点抓企业迁建移民投资计划管理，确保全面完成135m水位线下搬迁企业迁建及结构调整工作，以满足水库蓄水至135m的需要。

（四）地质灾害防治、环境保护和移民科研工作

在地质灾害防治、环境保护两个专项工作方面，三峡建委办公室积极参与有关项目的管理，加强对7个使用移民资金的地质灾害工程治理项目的督促、检查。协助国土资源部开展了三峡二期移民地质安全评价和三峡库区地质灾害监测预警工程建设工作，提出进一步突出近期地质灾害防治重点等有关工作意见。全面总结三峡库区生态与环境监测系统前阶段工作成果，进一步推进信息系统和遥感子系统的建设。配合国家计委，对库区的城市污水和生活垃圾处理项目进行审查。配合国家环保总局，落实三峡水库及其上游水污染防治规划的有关工作。同时，加强移民环保和三峡水库支流富营养化防治问题的调研，积极协助有关部门开展三峡库区生物多样性的保护工作。

在移民科研工作方面，进一步调整和完善科研项目管理体制，开展《三峡工程建设移民科研项目管理暂行办法》的修订工作；加强移民科研立项审查和对科研项目实施情况的监督检查，推进科研成果的转化，发挥科研成果的应用效益。

（五）移民资金监管

2002年，三峡建委办公室加大对移民资金的监管力度。开展移民资金监管工作的调研，对11个外迁省市移民资金使用管理情况进行全面调查，组织协调三峡外迁移民资金的审计工作。会同有关部门深入三峡库区部分区（县），考察移民安置及资金监管工作，提出加强移民资金监管工作的五个重点方面和十条监管措施。组织移民资金监督网络成员单位，召开移民资金监管工作座谈会，进一步研究加强移民资金监管工作的措施。狠抓移民资金的审计整改，加大督办力度，要求凡有整改任务的单位必须责任到人，限期整改到位。截至2002年11月底，湖北省2000年度移民资金审计整改率达到95%，重庆市达到93%。

（六）拓宽对口支援渠道和方式，促进库区经济发展

2002年，对口支援工作立足于帮助库区扶持和培育一批有竞争优势、高效益企业，促进库区产业结构的调整，提高库区自我发展能力，并按照市场经济的规律，拓宽对口支援的渠道和方式，取得显著成绩。全年共为库区引入资金15.2亿元，其中经济合作类项目422个，到位资金14亿元，社会公益类项目到位资金1.2亿元。对口支援共为库区引入资金127.5亿元，其中实施经济合作类项目2613个，到位资金113.8亿元，社会公益类项目到位资金13.7亿元。在2002年对口支援工作中，三峡建委办公室与科技部等单位联合组织了“科技三峡行”活动，为库区引入90个项目、协议资金42亿元，取得新的成效。为2003年及今后发展打下了基础。

（七）移民信访办理和移民干部培训工作

针对移民信访不断增加的特点，三峡建委办公室对移民信访的一些重点和疑难问题，及时作认真处理，并依法妥善处理若干重大移民集访问题。加强对信访工作的调查研究，认真分析存在的问题，制定切实可行的措施和预案。

围绕二期移民工作的中心任务，积极开展对移民干部的培训工作，促进湖北省、重庆市移民培训工作的发展。

（沈星原）

## 三峡工程移民资金管理

### 一、计划

（一）2002年计划

2002年国家下达三峡工程移民资金计划总额878284.14万元，其中湖北省69976.84万元，重庆市792246.2万元，中国船舶重工集团公司、中国核工业集团公司、中国兵器工业集团公司（以下简称集团公司）共11500万元。

分大类计划为：农村移民安置197512.90万元、城镇迁建317124.28万元、集镇迁建46161.26万元、工矿企业迁建119420.42万元、专项设施复建161392.04万元、环境保护费3490.00万元、滑坡监测处理费2706万元、勘测设计费8134.87万元、规

划费1528.16万元、监理费4184.00万元、行政管理费15947.30万元、科研经费366.00万元、对口支援经费154.97万元。

（二）累计计划

截至2002年，累计下达计划总额3840841.53万元，其中湖北省692824.75万元，重庆市3042084.61万元，集团公司45680.00万元。

分大类计划为：农村移民安置806554.19万元、城镇迁建1238716.60万元、集镇迁建255030.12万元、工矿企业迁建728428.78万元、专项设施复建502892.03万元、环境保护费11424.54万元、滑坡监测处理费14624.38万元、勘测设计费47561.65万元、规划费50481.76万元、监理费22975.6万元、移民职业培训费22077.8万元、耕地占用税32380.00万元、行政管理费98391.35万元、科研经费5473.38万元、对口支援经费3093.23万元。

## 二、资金到位情况

2002年初国家安排三峡工程移民资金计划71.4亿元，第四季度又追加12.8亿元，共计84.2亿元，移民资金投资量创历史最高。中国三峡总公司多方筹资，及时足额拨入移民资金，使库区移民工程搬迁安置进度加快。资金分季度到位情况：第一季度到位资金12亿元，占全年到位资金的14.3%；第二季度到位资金21亿元，占全年到位资金的24.9%；第三季度到位资金21亿元，占全年到位资金的24.9%；第四季度到位资金30.2亿元，占全年到位资金的35.9%。

## 三、资金拨付情况（略）

## 四、投资完成情况

（一）2002年投资完成情况

2002年移民资金投资完成890832.25万元，占年计划878284.14万元的101.4%。

1. 大类投资完成情况

（1）移民迁建投资完成844245.71万元，占移民迁建投资计划841610.90万元的100.30%，其中：农村移民安置投资完成205303.63万元，占年计划197512.90万元的103.90%；城镇迁建投资完成301243.52万元，占年计划317124.28万元的95%；集镇迁建投资完成42245.61万元，占年计划46161.26万元的91.5%；工矿企业迁建投资完成180168.29万元，占年计划119420.42万元的150.9%；专项设施复建投资完成115284.66万元，占年计划161392.04万元的71.4%。

（2）移民迁建其他支出46586.54万元，占移民迁建其他支出计划36673.24万元的127%，其中：环境保护费支出4146.75万元，占年计划3490.00万元的118.80%；滑坡监测处理费支出7385.49万元，占年计划2706万元的272.9%；勘测设计费支出8808.12万元，占年计划8134.87万元的108.30%；监理费支出4078.82万元，占年计划4184.00万元的97.50%；行政管理费支出13976.87万元，占年计划15947.30万元的87.60%。

2. 地区投资完成情况　湖北省投资完成76346.89万元，占年计划69976.84万元的109.10%；重庆市投资完成797237.79万元，占年计划792246.20万元的100.60%。

2002年投资完成情况分析：农村移民安置情况良好，继续保持较快的投资进度；城、集镇迁建投资进度较2001年略有下降，主要是前几年超计划投资，2002年在主要工程已经完工的情况下，投资相对较少；工矿企业迁建由于实行关停并转政策，2002年投资扭转了以往年度进度较慢的局面，较2001年有大幅的提高；专项设施复建投资进度在2001年有所提升后，2002年又有所回落，明显滞后于其他大类投资进度；环境保护费和滑坡监测处理费支出情况较以往年度有很大的改善，这说明库区环境保护和地质灾害的预防、治理工作已引起库区各级政府和移民管理部门的高度重视，均超计划完成2002年投资。

从地区投资完成情况来看，全库区在二期移民任务的关键阶段中，继续保持较快的投资进度，保证二期移民任务的按时完成。

（二）累计投资完成情况

截至2002年年底，累计投资完成3628190.46万元，占累计计划3840841.53万元的94.50%，比2001年年底的93.10%提高1.40%。

1. 大类投资完成情况

（1）移民迁建累计投资完成3338126.17万元，占累计计划3531621.72万元的94.50%，比2001年的93.50%提高1个百分点。其中搬迁销号资产及交付使用资产2390194.01万元，占迁建项目投资完成额的71.60%，比2001年底的52.30%提高19.3个百分点。

农村移民安置投资累计完成787749.34万元，占累计计划806554.19万元的97.70%；城镇迁建投资累计完成1231023.40万元，占累计计划1238716.60万元的99.40%；集镇迁建投资累计完成218654.44万元，占累计计划255030.12万元的85.70%；工矿企业迁建投资累计完成706876.38万元，占累计计划728428.78万元的97%；专项设施复建投资累计完成393822.6万元，占累计计划502892.03万元的78.30%。

（2）移民迁建其他累计支出 290064.29 万元，占累计计划 309219.81 万元的 93.80%，其中：环境保护费累计支出 8384.64 万元，占累计计划 11424.54 万元的 73.40%；滑坡监测处理费累计支出 12781.45 万元，占累计计划 14624.38 万元的 87.40%；勘测设计费累计支出 46222.52 万元，占累计计划 47561.65 万元的 97.20%；规划费累计支出 50454.56 万元，占累计计划 50481.76 万元的 99.90%；监理费累计支出 18853.35 万元，占累计计划 22975.60 万元的 82.10%；移民职业培训费累计支出 17402.45 万元，占累计计划 22077.81 万元的 78.80%；行政管理费累计支出 92057.84 万元，占累计计划 98391.35 万元的 93.60%；对口支援经费累计支出 3669.73 万元，占累计计划 3093.23 万元的 118.60%。

2. 地区投资完成情况　湖北省投资累计完成 624147.80 万元，占累计计划 692824.75 万元的 93%；重庆市投资累计完成 2909671.13 万元，占累计计划 304284.61 万元的 95.60%。

从累计投资完成情况分析：库区总体投资完成情况与投资计划基本匹配，搬迁销号资产及交付使用资产所占比例较 2001 年有大幅提高，这为顺利完成二期移民任务奠定良好基础，但大类投资完成情况仍不平衡。农村移民安置和工矿企业迁建实行“两个调整”政策以后，搬迁安置进度明显加快，投资完成额接近投资计划；城镇迁建由于居民统建房单价超标、新城征地单价偏高、征地面积扩大及地质因素等原因造成基础设施建设及房屋复建超计划投资，因此投资完成额与投资计划相比，明显好于其他大类；集镇迁建中由于基础设施建设中的供电工程、邮电通信设施、广播电视设施和房屋复建等项目投资完成情况不理想，造成总体投资完成额占投资计划的比例不到 90%；专项设施复建在所有大类中投资完成比例最低，不足 80%，主要是由于其中的港口交通复建、输气管道复建、文物古迹发掘迁建和库底清理等项目投资完成情况不理想。

## 五、资金管理措施

（一）加强三峡工程移民资金会计档案管理工作

2002 年国务院三峡建委办公室与国家档案局干教中心联合举办“三峡工程移民资金会计档案管理培训班”，提高相关人员业务素质和资金管理水平。

（二）规范会计基础工作，提高会计工作水平

国务院三峡建委办公室对移民资金使用单位的会计基础规范化工作进行检查，发现问题，及时纠正，使各级移民管理机构及迁建单位提高了认识，取得较好效果。针对发现的问题，各级移民管理机构及时采取整改措施，进行了整改工作。

（三）坚持全面审计与专项检查相结合

各级移民管理机构坚持定期内部审计，积极配合国家审计部门对移民资金进行全面审计和财政部专员办的移民资金检查，自身还积极开展专项资金检查。一是组织移民管理机构和迁建单位进行交叉检查，取长补短、互相学习；二是通过聘请多家有资质的会计师事务所开展专项资金检查，突出对移民资金的重、难点管理和全面控制。

（四）规范资金拨付管理

2002 年，库区各级移民管理机构在资金的拨付环节上做到“二快”、“四突出”。“二快”：一是资金到位下拨快；二是银行拨付资金快。“四突出”：一是围绕二期移民任务，在资金分配和拨付上，突出二期水位淹没重点县的资金安排；二是围绕年度移民资金计划任务，突出年度任务较重区县的资金安排；三是突出重点工程、形象工程的资金安排；四是突出农村移民、外迁移民生产、生活安置以及城镇集镇基础设施建设和建房的资金安排。通过各级移民管理机构与经办银行紧密合作，在确保资金拨付渠道畅通的前提下，进一步规范流程，确保资金安全、快捷、准确、到位，满足二期移民决战年对资金及时拨付的需要。

（徐　洪）

# 三峡库区移民资金价差管理实施情况

（一）价格指数编制

2002 年 9 月，国务院三峡建委办公室在北京主持召开三峡库区移民补偿投资 2001 年度价格指数专家评审会。会议审议通过国家计委价格监测中心提交的价格指数编制成果。10 月，报经国务院三峡建委审查批准，《三峡库区移民补偿投资 2001 年度价格指数》颁布并实施，其总指数和大类指数为：总指数 1.3194；大类指数：农村移民安置 1.5314；城（集）镇迁建 1.2738；工矿企业迁建 1.2318；专业项目复建 1.3025；环境保护 1.2822；其他费 1.2822；滑坡监测处理费 1.2822；耕地占用税 1.0000；预备费，按项目所属大类价格指数执行。

三峡库区移民补偿投资价格指数编制工作的特点是，价格采集工作当年度进行，而价格指数编制工作要到次年度才能进行，为保证该项工作有条不紊地进行，三峡建委办公室资金计划司对价格采集中业已存在的问题提出具体要求，对编制《三峡库区移民补偿投资 2002 年度价格指数》工作做全面部署。

（二）价差计算与管理

三峡库区2001年度移民补偿总投资为643530.00万元，其中湖北省59366.11万元，重庆市573655.82万元；折合静态（1993年5月末价格）总投资为478007.64万元，其中湖北省44182.67万元，重庆市425389.33万元。

对具备销号条件的移民项目，坚持及时补偿销号，并办理移民项目补偿销号的有关手续。为此，三峡建委原移民开发局下发《关于2002年度三峡库区移民项目销号价格指数问题的通知》（国峡移发计字[2002] 10号）。通知规定：在2001年度价格指数批复下达之前，2002年度实施销号的移民项目，其销号价格指数按2000年度相应大类价格指数执行；2001年度价格指数批复后，按2001年度相应大类价格指数执行。

两省市移民局及各区、县移民部门重视价差计算与管理工作，认真贯彻落实上级有关价差计算与管理的各项规定，保证价差计算与管理工作阶段目标的全面实现。截至2002年年底，二期移民任务涉及的移民项目，其价差计算、资金拨付、销号手续办理等工作基本完成。

各区、县针对价差计算及移民项目销号工作中遇到的有关难题，及时总结经验，并结合当地实际情况制定具体的解决措施，较好地实现价差资金足额补偿到移民手中的工作目标。

（赵文生）

## 三峡库区搬迁企业迁建及结构调整工作

根据湖北省、重庆市分县移民安置规划，三峡库区搬迁企业共有1623户（不含中央直属企业，下同），核定移民补偿资金67.11亿元（不含3%的间接费）。截至2002年底，累计下达移民资金计划63.81亿元，折合静态资金52.12亿元，占搬迁企业包干资金总额的77.66%，静态包干资金余额14.99亿元；累计到位资金61.46亿元，占计划的96.32%；完成投资60.97亿元，占计划的95.55%，占到位资金的99.20%。计划涉及搬迁企业1292户，占全库区搬迁企业总数的79.61%。其中，完工企业1046户，占列入计划数的80.96%，占全库区搬迁企业总数的64.45%；在建企业246户，占列入计划数的19.04%，占全库区搬迁企业总数的15.16%。尚未列入计划的搬迁企业331户，占全库区搬迁企业总数的20.39%。累计竣工房屋面积534.45万$m^2$，占搬迁企业淹没房屋总面积720.47万$m^2$的74.18%。

135m水位线下共有搬迁企业820户，核定移民补偿资金39.01亿元。截至2002年底，135m水位线下搬迁企业移民资金全部下达完毕。计划涉及搬迁企业820户，其中完工企业803户；在建企业17户，累计竣工房屋面积412.14万$m^2$。

完成搬迁任务的1046户淹没企业，有437户进行搬迁建设，建成新项目356个，2002年度赢利和持平的项目257个，占72.19%，亏损项目99个，占27.81%。

（杭世勇）

## 三峡工程移民安置规划工作

（一）三峡工程库区移民安置规划二期实施工作

三峡工程库区移民安置规划工作，在6年中，开展了淹没实物指标调查，复建工程选址地质初勘和详勘，淹没补偿投资测算等一系列基础工作，特别是移民安置规划编制工作，以淹没实物指标调查成果和经批准的移民包干补偿投资测算为基础，针对三峡库区特点，结合移民复建情况，在总结国内外其他水库移民安置成败得失、充分汲取三峡库区8年移民试点工作经验教训的基础上，由上百家规划设计单位，动用上千名规划工作人员编制完成的。

在移民安置规划编制、实施和管理中，贯彻执行国务院颁布的《长江三峡工程建设移民条例》和国务院三峡建委会办公室批准的《长江三峡工程淹没处理及移民安置规划大纲》中的有关规定、规划标准等，体现统一领导，分省市负责，以县为基础的移民管理体制。兼顾国家和地方利益，总体上把握枢纽工程进度与移民搬迁进度的关系，全面系统地对淹没复建工作进行合理安排，对复建过程中存在的特殊问题采取有针对性的解决办法，解决移民与发展的关系；兼顾库区社会各个方面的长远发展，对移民任务和投资双包干进行合理的统筹安排，确保移民安置工作的有序开展。

移民安置规划年限长达17年，涉及淹没库区社会各个方面，动迁移民百万以上，规划内容复杂庞大，质量、标准要求高，需全面统筹规划库区移民安置的可能性和可行性。经湖北省、重庆市人民政府批准的分县淹没处理及移民安置规划报告，通过库区一、二期移民实施的检验，已成为库区移民安置实施的指导性蓝图，基本上达到规划工作的目的。

（二）认真组织移民安置规划的实施和管理

加强规划实施中存在问题的调查研究。2002年分别对重庆市人民政府提出的规划实施中第二批个案问题，船舶重工集团提出的长江涂装机械厂、江陵仪器厂搬迁中存在的问题，核工业总公司816厂淹没实物指标和化肥包装生产线补偿中存在的问题，以及湖北库区秭归卡子湾大桥、巴东神农溪大桥、农村房屋补偿等问题和重庆库区丰都、奉节淹没线下新增房屋补偿，135m线下淹没集镇"三路"复建，丰都新县城防洪投资等问题进行认真研究，提出处理意见，促进上述问题的合理解决。组织长江委完成135m水位标记布设，为135m库底清理和移民验收做基础工作。

针对各地要求解决个案的情况较多、有关单位核查时随意性较大的问题，三峡建委办公室组织长江委规划设计院等单位在总结个案处理规划的经验教训基础上，提出进一步规范长江三峡工程库区淹没处理及移民安置规划个案问题处理的基本原则。

8月，在北戴河组织库区各级移民部门规划工作人员培训，交流各区县移民安置规划工作实施中的经验和教训，统一认识，强化移民安置任务与资金双包干意识，为库区三四期移民安置工作顺利实施打下良好基础。

配合国土资源部、中国三峡总公司开展三峡工程淹没用地征地手续办理工作，组织协调湖北省、重庆市移民局以及长江委完成报批的各项基础工作。

加强对移民安置规划实施的指导和调查研究。组织有关专家深入库区，对移民安置规划实施中存在的问题，以及清库、地质灾害防治、文物保护、工程建设质量等方面工作，进行调查研究，及时解决问题，确保二期移民安置工作顺利实施。

（刘　真）

## 滩坑水电站可行性研究阶段移民安置规划工作

### 一、工程概况

滩坑水电站位于浙江省青田县境内的瓯江支流小溪中游，坝址坐落于丽水市青田县北山镇下游的滩坑村附近，距温州市92km，距丽水市107km。工程以发电为主，兼有防洪、扶贫等综合效益。水库正常蓄水位160m（黄海高程，下同），相应水库面积70.93$km^2$，干流回水长度约80km，水库总库容41.90亿$m^3$，调节库容21.26亿$m^3$，防洪库容3.50亿$m^3$，系多年调节水库。电站装机容量600MW，年发电量10.23亿kW·h。

### 二、建设征地影响概况

本工程建设征地影响青田、景宁两县的11个乡（镇）的83个行政村。涉及调查年的移民总人口为48461人，拆迁各类房屋建筑总面积178.74万$m^2$，征用各类土地面积88074亩（其中耕地23398亩，园地2328亩，林地46753亩，建设用地3616亩，未利用地11979亩），另外还影响交通、通信、广播电视、电力、文物古迹、名木古树等专项设施以及其他一些乡村生产生活设施、乡村企业、个体工商户、小型矿藏等。

### 三、移民安置规划概况

滩坑水电站规划安置移民49607人（规划水平年），其中农村移民47218人，集（城）镇机关企事业单位移民2389人。

滩坑水电站农村移民47218人（水库淹没影响区45766人，建设场地区1452人）均以"有土从农"的安置方式安置在全省5个市33个县（市、区）244个乡（镇、场、街道）1144个行政村。工程影响区丽水市7个县（市、区）37乡（镇、场）230个村安置34218人；浙江省内丽水市外的4个市26个县（市、区）207个乡（镇、街道）914村安置13000人，其中宁波市9个县（市、区）86个乡（镇）421村安置6000人；绍兴市4个县（市、区）32个乡（镇）262村安置4000人；金华市4个县（市、区）35个乡（镇）147村安置2000人；台州市9个县（市、区）54个乡（镇、街道）84村安置1000人。

集（城）镇迁建规划建设三镇一乡，安置机关企事业单位移民2389人。其中青田县新建泉山镇和井坪乡；景宁县在库南的鲍山头和库北的新四各新建一个镇。井坪乡按800人的规模进行规划，其余三镇均按2000人规划。

库周专业项目复建规划根据浙江省人民政府常务会议纪要［2002］6号文，在不低于"三原"原则的前提下编制"滩坑水电站库周专业项目复建规划方案"。

### 四、移民安置规划工作程序

移民安置规划主要包括农村移民安置规划、集（城）镇迁建规划、专业项目复建规划等内容。工程设计单位在编制完成《滩坑水电站可行性研究阶段移民安置规划工作大纲》的基础上，根据"浙政发［2002］23号"和《滩坑水电站可行性研究阶段移民安置规划工作大纲》的要求，在浙江省水库移民安置办公室的组织协调下，工程设计单位和地方有关各级人民政府及其移民机构共同组成移民安置规划工作组，开展并完成了农村移民安置、集（城）镇迁建、库区复建等规划工作的外业任务和报告编制工作。

*（一）农村移民安置规划*

农村移民安置规划是滩坑水电站移民安置规划的

核心工作内容。根据“浙政发［2002］23号”和《滩坑水电站可行性研究阶段移民安置规划工作大纲》的要求，所有农村移民均不后靠，全部采取“有土安置”的安置方式。农村移民安置规划采取了“由上及下”和“自下逐级往上”的工作程序。“由上及下”就是根据预可阶段确定的移民安置规划方案自上而下逐级分解移民安置任务，省将任务分解到市；市分解到县（市、区）；县（市、区）分解到乡（镇、街道、场）；乡（镇、街道）最后将任务落实到村。在此基础上，移民安置规划工作组与县（市、区）有关人员一起深入到乡（镇）、村，对乡（镇）落实的各移民安置村的条件进行评价，不符合“大纲”要求的需现场调整，符合“大纲”要求的，工作组现场调查移民安置人数规模、建设用地面积和位置、农业生产用地面积和质量、行政村基本情况等资料。安置规划方案做到全部落实到村组，并按法定程序办理村、乡（镇、街道、场）和县（市、区）的逐级承诺手续。

在完成了“由上及下”和“自下逐级往上”的工作程序，并按法定程序办理了村、乡（镇、街道、场）和县（市、区）的逐级承诺手续后，工程设计单位派出地质专业的技术人员对地形、地质条件相对复杂的安置点进行地质勘察，并从中选择集中安置点（1000人以上）和部分有代表的移民分散安置点实测1∶1000地形图，再按相应规程规范的要求进行居民点的详细规划设计。

因此，本工程移民安置规划工作基础较为扎实，工作程序严谨，故规划方案是落实的、可靠的，具有较强的可操作性。

（二）集（城）镇迁建规划

首先，在对建设征地影响实物指标调查的同时，工程设计单位组织水文、地质、移民等专业工程技术人员深入水库周边地区察看并初选集（城）镇迁建新址，同时要求青田、景宁两县结合水库淹没调整乡、镇行政区划，研究涉淹乡、镇撤消或合并方案。其次，工程设计单位在配合丽水市和青田、景宁两县进行水库区乡、镇区划调整和集（城）镇新址比选工作的同时，分别向两县提出了集（城）镇新址选址正式意见。丽水市和青田、景宁两县人民政府及其城建、规划、民政、国土等有关部门在对工程设计单位提出的初步意见进行认真研究的基础上，结合两县经济社会发展布局，正式选定迁建集（城）镇的新址。最后，工程设计单位根据两县选定的迁建集（城）镇新址开展规划设计工作，编制集（城）镇迁建规划报告。

（三）库周专业项目复建规划

根据浙江省人民政府常务会议纪要［2002］6号文，滩坑水电站库周专业项目复建规划，在不低于“三原”原则的前提下，结合滩坑工程和库区的实际情况进行，其实施标准、规模和功能由省各专业项目主管部门与丽水市和青田、景宁两县人民政府以及相应职能部门协商确定，工程复建工作和实际投资由省各专项部门予以支持。工程设计单位按照省政府的意见在省计委指导下编制完成了《滩坑水电站库周专业项目复建规划方案》。

（中国水电华东勘测设计研究院　徐春海）

## 三板溪水电站移民安置规划

三板溪水电站是沅水梯级开发中惟一具有多年调节性能的龙头水电站，正常蓄水位475.00m，相应水库面积80km$^2$。建库后清水江干流20年一遇洪水回水里程120.9km。水库淹没涉及黔东南州的剑河县（原台江县的革东镇，2003年并入剑河县）、锦屏县和黎平县的19个乡镇、125个村、491个村民小组。水库淹没处征占用耕地1.22万亩，其中水田0.92万亩，旱地0.30万亩。征占用林地7.86万亩。到规划水平年2005年，水库淹没处理需搬迁4.52万人，其中农业2.78万人，非农业1.74万人，拆迁改造房屋175.3万m$^2$。迁建剑河县城和7个集镇，改建二级公路6.1km、四级公路168.3km。

从2002年9月开始，3个县将水库淹没的房屋及附属设施分户张榜公示，将各类土地在审定数的基础上分解到户以后张榜公示，中南院现场配合人员按照程序进行复核。经过各方面的努力，3个县人民政府分别和中南院编制了实物指标分解落实专题报告送审稿。2003年12月，经贵州省移民办的评审，认为：实物指标分解落实指导思想正确，方法、程序符合有关部门规定，主要实物指标控制在国家审定允许误差范围内，可以作为移民安置实施规划和补偿兑现的依据。

三板溪水库移民安置实施规划设计工作在实物指标分解过程中，就已经交叉开展了。可研补充阶段审查以后，国家和贵州省出台了有关政策，依法保护农村土地承包人的合法利益，加强对林业用地的保护力度，为水库移民安置出台了一些新的政策。为此，本阶段实施规划设计以调剂土地为主，实行政府引导和移民自愿相结合的原则进行编制。

三板溪库区山高坡陡，林地多，实施规划设计采用5种方式恢复移民的生产生活。第一种为迁往外乡镇调剂土地安置，每个移民调剂水田不低于0.5亩，经过迁出地、迁入地和县移民局审查落实后，政府和移民户签定搬迁安置补偿协议。第二种为后靠调剂土地安置，程序和要求与第一种基本相同。第三种为一次性补偿安置，必须是淹没水田很少，淹没后户人均水田满足基本生活要求，有关补偿费兑付给移民户，自我安置。第四种为自谋职业无土安置，由移民户提出申请并出示有关凭据和承诺，政府严格审查以后，移民按规定带走有关补偿费，以后不再享受移民待遇。第五种为开垦土地安置，当移民没有条件选择以上安置途径，必须按照验收标准开垦满足基本生活要求的水田或其他土地。

经过各个方面的努力，2003年7月，3个县人民政府分别和中南院完成了农村移民安置实施规划设计专题报告初稿，并征求了有关部门单位的意见。2003年10月，贵州省移民办、黔东南州移民办对3个县移民安置规划设计情况进行检查和指导。根据有关方面的意见，3个县决定继续加大外迁调剂土地安置的力度。2003年12月，编制了专题报告送审稿。根据送审稿，纳入农村移民安置范围的搬迁人口为1.83万人，经过规划和广泛征求移民的意愿，在水库淹没涉及乡镇范围安置1.45万人，外迁出乡镇安置0.38万人。3个县人民政府在引导移民外迁调剂土地安置方面做了大量艰苦细致的工作，但选择在库区安置的移民仍然偏多。为解决生产生活，移民需要占用林业用地开垦耕地，这与现行的政策不相吻合。

2003年12月，贵州省移民办对3个县的农村移民安置实施规划设计专题报告进行了评审。目前，3个县正在根据评审意见，进一步论证补充调剂耕地的可行性和开垦耕地的可行性，进一步调整移民安置方案，抓紧编制审定本。

2003年上半年，剑河县、锦屏县先后启动了5个集镇的施工图规划设计，为了做好施工图设计，首先根据上阶段移民安置范围和实物指标分解成果，以及本阶段的移民去向调查，重新核定了集镇人口规模，施测了1∶500地形图，然后补充了地质勘探工作，复核了场地平整和市政设施的工程量。目前，1个集镇已经搬迁完毕，2个集镇的场地平整已经完成。

三板溪水电站施工区移民搬迁满足了工程开工建设的用地要求，2003年1月，通过了贵州省移民办组织的阶段性验收。2003年8月，库区360m高程以下的移民搬迁通过了验收，满足了大江截流的要求。以上2项移民搬迁任务完成得比较好，验收时被评为优良工程。

（中国水电中南勘测设计研究院）

# 移民遗留问题处理规划目标及实施效果预测

中央直属水库，即1985年以前投产的大中型水库，由于历史原因，大部分移民还处在温饱线下，生活困难。十一届三中全会以来，中央确立了开发性移民工作的方针，开始对水库移民遗留问题进行处理。到目前为止，中央已累计投入资金30多亿元，地方配套约30亿元，初步缓解了移民的生活困难，维护了库区和移民安置地区的社会稳定。安置在资源条件和地理位置较好地区的移民已基本解决了温饱，库区后靠安置和远迁在自然条件恶劣地区的移民，生产生活水平提高很慢，部分移民的相对贫困或贫困还正在加剧。最近，中央出台了《国务院办公厅转发水利部等部门加快解决中央直属水库移民遗留问题若干意见的通知》（国办发［2002］3号文），据此，水利部移民局提出了编制中央直属水库移民遗留问题处理的实施规划（2002～2007年），争取用6年时间，彻底解决老库区移民的温饱问题。现结合猫跳河梯级水库移民遗留问题处理6年规划报告的汇总编制，对规划目标的确定及实施效果预测提出以下见解。

## 一、猫跳河梯级水库及移民概况

### （一）水库工程概况

猫跳河全长181km，流域面积3195km$^2$，是我国最早实施水电梯级开发的河流之一。1958年8月～1980年7月，猫跳河先后建成红枫、百花、修文、窄巷口、红林、红岩6个梯级水电站。这6个梯级水库的总面积为75.3km$^2$，总库容10.51亿m$^2$，总装机容量239MW，设计年发电量9.2亿kW·h，实际年发电量5～6亿kW·h。猫跳河梯级电站的主要任务为发电，其次是城市用水、工业用水、灌溉、旅游等。整个梯级工程概算总投资为23483万元，至1980年实际总投资为31889.49万元。工程建成以来，在发电、工业用水、城市用水、灌溉、旅游等方面已发挥了巨大的效益。

### （二）水库淹没及移民安置情况

猫跳河梯级水库淹没涉及贵阳市的清镇市、乌当区、修文县和安顺市的平坝县，共4个县（市、区）、21个乡镇、166个行政村、498个村民组。

猫跳河梯级水库的移民工作是1958～1974年进行的，受当时条件限制，移民搬迁是在既未考虑政策性淹没损失补偿、又未进行科学安置规划的情况下采取行政命令进行的。

在移民安置去向方面，对农业移民全部采取农业安置，绝大多数实行沿库周就地后靠，少部分采取出村乡集中安置和分散插队或投亲靠友（分别为84.8%、9.1%、6.1%分散插队和投亲靠友）。搬迁后移民的人均耕地为0.065hm$^2$，比搬迁前的0.157hm$^2$减少了0.091hm$^2$，且耕地质量大大下降，灌溉和水源条件极差，与搬迁前的反差很大。

（三）目前移民的基本情况及存在的主要问题

据2001年年末调查，猫跳河梯级水库库区的移民分布在贵阳市的清镇市、修文县、乌当区及安顺地区的平坝县，共4个县、12个乡、120个村、540个组；至2001年末共有移民14076户68168人，其中劳动力33486人；移民人均年纯收入1134元，人均占有粮食246kg，移民户均林果菜园和经济作物$0.013hm^2$；移民向非农产业或发达地区转移的劳动力人数为6678人，占移民总数的9.8%。1985年以来中央和地方政府开始投入资金对水库移民进行扶持，但由于时限较紧、资金有限、地方匹配能力跟不上，故未能从根本上解决遗留问题。目前还存在的主要问题有：

(1) 移民温饱问题尚未得到解决。2001年库区调查时总数为14076户68168人移民中，温饱线以下为3554户17042人，占移民总数的25%；虽然移民的人均自产粮食达到246kg已增长了107kg，但是库区移民除粮食外几乎没有其他收入，所产粮食除了保证吃饭外还有部分要换成钱来维持家庭其他支出。根据调查资料，每个移民每年至少需要350kg粮食才能维持生活，年人均缺粮达3个月左右。

(2) 部分移民生存困难。红枫水库和百花水库建成后出于安全考虑，一直未按照正常设计运行方式调度运行，库水位大部分时间处于正常蓄水位下，原设计被淹没的土地实际未被淹没。由于缺少耕地，部分移民又返迁库区，开垦荒地或耕种库内未被淹没的土地。但在1987年红枫水库、1989年百花水库分别增加2孔溢洪道后，两水库已按照正常设计运行方式调度运行，返耕土地又被淹没，再加上退耕还林等环境保护政策的出台，返迁的移民又失去了耕地，生存极为困难。

(3) 人多地少矛盾突出。由于搬迁时后靠移民过多，已超过土地承载能力，加上人口自然增长，到2001年年底人多地少的矛盾更加突出：库区移民的人均耕地仅$0.053hm^2$（其中水田$0.037hm^2$），人均耕地低于$0.033hm^2$的有9803人、占移民总数的14%，人均耕地低于$0.02hm^2$的有663人、占移民总数的1.0%。

(4) 部分移民住房年久失修，已成危房难以栖身。猫跳河库区移民搬迁时共拆迁房屋$480636m^2$，恢复重建$225260m^2$，复建后人均住房不足$7m^2$，且由于用于拆迁的补助费太少，无力原规模、原质量重建，只能复建为泥墙草木结构房屋。由于移民长期贫困，根本无力进行翻修。据统计，库区2001年底急需维修的房屋达$43015m^2$。

(5) 库区基础设施缺乏。据调查，目前尚有17个移民村没有医疗点，占移民村总数的14%；未解决人畜饮水问题的组有175个，占移民总组数的32%；部分村组不通公路或机耕道，部分原来通车的村组由于道路年久失修也无法过车；尚有部分村组不通电；部分村组的移民子女不能就近上学；数十座提灌站年久失修或设备老化已不能利用；多数渠道已渗漏或淤塞。

(6) 多数移民文化素质偏低，使农业科技推广和运用困难，需加大对移民科技培训和科技投入的力度。

## 二、水库移民遗留问题处理的规划范围和规划目标的确定

（一）规划范围

根据水利部移民局《规划大纲》的要求，本次规划的对象和范围是：因基础设施和生产资源缺乏造成的生活水平在温饱线以下的农村贫困移民；基础设施条件不达标的移民安置区。对照这一范围，根据猫跳河梯级水库库区移民的现状，此次规划确定的范围共有12个乡、120个村、540个村民组，重点是还在温饱线以下的3554户17042位移民。

（二）规划基本思路

根据库区的实际情况，确定“先生存，后发展”为规划的基本思路，重点抓移民的生存问题，其次是发展。在初步解决生存问题的基础上，大力发展生产开发项目，积极抓好移民的科技培训，大力推广农业科技适用技术的运用，对库区和移民安置点的农业产业结构进行调整，确保移民增产增收，解决贫困移民的脱贫问题。

（三）规划目标

水利部移民局明确提出本次规划的目标是：使移民的基础设施和生产资源拥有量具备生存和发展的基本条件，解决贫困移民的温饱问题。由于本次规划为限额规划，即规划的总投资按每个移民2500元进行投资控制。为了达到规划目标，又不突破投资总额，所以必须根据猫跳河库区移民实际情况科学制定规划的具体目标。为此，在对库区移民基本情况和库区移民所在地区的社会经济、资源与基础设施状况进行大量调查和分析的情况下，将规划目标具体分为三大类，各类目标如下：

(1) 移民生产生活目标。由于各县移民基本情况不一致，在制定目标时不能一刀切。根据各县实际情况，确定到规划期末清镇市移民人均纯收入达到1500元，人均粮食拥有量350kg；修文县移民人均纯收入达到1300元，人均粮食达到325kg；乌当区移民人均纯收入达到1800元，人均拥有粮食达到350kg；平坝县移民人均纯收入达到1300元，人均占有原粮350kg。

(2) 移民可持续发展所需的人均各类资源拥有量目标。扶持贫困移民户解决温饱并创造可持续发展的基础条件，到规划期末至少应达到以下一项指标：建成人均 0.033hm$^2$ 稳产高产农田；户均建成 0.067hm$^2$ 果园（菜园）；户均一项养殖业或其他家庭副业；户均有1名劳动力从事非农产业。

(3) 各类基础设施建设目标。到规划期末：使移民基本吃上清洁卫生的自来水；移民乡（镇、场）要通低等级公路，移民村组要通机耕道；移民村基本上通电；基本解决移民看病难的问题；农田水利基础设施方面，农村提灌设施要基本能满足农业生产用水的需要。

### 三、规划内容及实施效果预测

为了达到规划目标，根据实际情况，将规划内容分为4类：一是生产资源的开发、调整及再次搬迁规划；二是基础设施规划；三是生产发展规划；四是科技培训规划。其中生产发展规划又具体分为种植业、林果养殖业规划。由于库区基础设施奇缺，在确定投资结构时，基础设施投资（包括生产资源的开发、调整及再次搬迁）与生产发展规划的投资大致按7：3的比例进行分配。根据规划的项目，规划制定的目标及预测的实施效果主要有以下4个方面。

（一）生产资源的开发、调整方面

全库区规划开垦耕地 57.87hm$^2$，开垦园地 101.2hm$^2$，松动搬迁380人，共投资732.88万元。通过以上项目的实施，库区移民新增耕地 205.73hm$^2$，按全库区68168人计算，移民人均增加耕地 0.0033hm$^2$，加上现有人均耕地 0.0533hm$^2$，到规划期末，全库区移民人均耕地可达到 0.057hm$^2$。

（二）基础设施方面

规划全库区维修、新建人畜饮水工程138处；新建和维修公路7.3km、机耕道231.44km；新建桥涵9座、码头14座；修建提灌站35个、渠道280.02km；新建小水窖10个、山塘1个；规划坡改梯 33.333hm$^2$、拦河坝2座；新建沼气池3048个；改造2404户移民的危房；修建农贸市场1个。规划总投资2147.59万元。

随着这些基础设施项目的实施，按照预计的扶持效益，移民区175个村民组50515人的“饮水难”问题可得到解决；能修复原来无法通车的公路或机耕道，解决原来不通公路或机耕道村组的交通问题；沼气工程的实施将解决20833人的“燃料难”问题；危房改造将使库区2404户无力改造房屋的移民的居住条件得到极大改善；通过农田水利项目的实施，将提高库区耕地单产，移民人均拥有粮食将达到350kg以上。移民的基础设施条件基本能达到规划目标。

（三）生产发展规划方面

库区5县共规划生产发展项目534个，合计生产开发投资4449.57万元。

通过实施生产发展规划项目，到2008年时每年将产生3843.14万元利润，全部移民的年人均纯收入将增加563.77元、人均纯收入将达到1698.59元。其中清镇市移民的年人均纯收入增加613.34元、人均收入达到1738元；平坝县移民的年人均纯收入增加289元、人均收入达到1384元；乌当区移民的年人均纯收入增加568.3元、人均收入达到1948.5元；修文县移民的年人均纯收入增加482.5元、人均收入达到1320.2元，可达到规划目标。

本次规划在生产资源开发中增加蔬菜地、经济作物用地、果园用地 1724.76hm$^2$，移民户均增加用地 0.123hm$^2$，加上原有移民户均用地 0.013hm$^2$，到2008年移民户均果菜园和经济作物用地 0.136hm$^2$，可达到规划目标。

全库区规划养殖畜禽328317头（只）、养鱼 180.93hm$^2$。库区移民户均拥有一项养殖业项目，达到了规划目标。

在生产开发项目规划中主要针对温饱线以下的移民，根据具体情况，基本上每户都规划了一项或几项种、养殖业和林果业项目。按照生产发展规划的预计效益，全库移民年人均收入将增加563.77元，到2008年这部分移民能全部越过温饱线，达到本次规划目标。

（四）科技推广方面

在科技推广方面投资852.10万元，通过对移民及移民干部的科技培训，提高移民的综合素质，加大生产的科技含量，增加科技对库区经济增长的贡献率。

（中国水电贵阳勘测设计研究院　黄　谨）

## 关于工程移民监理协调的内涵

### 一、工程移民监理协调的含义

协调是工程移民活动中和谐、平衡、有序状态的描述，如工程移民内部的上、下级之间、同级之间的关系，监理与业主及承包商之间的关系，监理与移民之间的关系，还有移民与安置区环境之间的和谐关系等；同时，协调又是围绕移民安置目标，把各种不协调现象转化为协调的活动。由于各种要素、关系之间的矛盾与冲突普遍存在，因而协调、和谐总是相对的、有条件的，而不协调、不和谐则是绝对的。因此，要实现协调，就需要监理发挥协调主体的能动作用，运用正确的手段和方法，积极稳妥地处理各种矛盾，促使矛盾朝着移民安置目标方向转化，消除各种不协调现象。

## 二、工程移民监理协调的原则

工程移民监理在观察和处理问题时，必须遵循一定的原则。包括：目标一致原则、合乎实际原则、统筹兼顾原则、求同存异原则和相互配合原则。

### （一）目标一致原则

目标一致原则是在协调中应遵循的首要原则，其依据在于：第一，目标一致原则反映了协调的实质，是协调行为的根本宗旨；第二，协调行为所追求的目的和效果即目标，决定着协调行为在质的方面所要达到的方向，在量的方面所要达到的水平和指标。全局性是最重要的特点，并且以最终目标体现出来。

### （二）符合实际原则

符合实际原则，指的是监理在协调活动中要从实际出发，尊重客观事实，实事求是地进行协调。监理是主导因素，在整个协调活动中起着积极、能动的作用。如果是无视客观事实，将导致协调活动的失败，甚至诱发新的、更大的不协调。因此，要想认真做好调查研究，就得了解矛盾和冲突的起因、焦点，依据事实做出判断，形成协调方案，做出协调决策，并且从客观实际出发来组织协调。

### （三）统筹兼顾原则

工程移民监理中的统筹兼顾原则，系指协调要从全局出发，通盘筹划，同时兼顾各方，使协调活动中的各个方面、各个环节相互衔接、相互照应、相互调适，以保证协调系统的有序性。如当涉及到国家、集体和移民个人三者利益，眼前利益与长远利益，全局利益与局部利益时，就要求工程移民监理在协调中必须站在全局利益的高度审视局部，从宏观的高度把握微观，从而达到全局统帅局部，全局照顾局部，局部服从于全局的目的。

### （四）求同存异原则

工程移民监理协调都是为实现工程项目发挥作用的。譬如：业主、设计单位、施工单位或移民个人都有责任把这个移民工程项目做好。

监理在从事协调的时候，就不仅要求同，也要存异；既达到在有关全局、整体目标和任务等方面的一致性，也允许在局部、个别或具体的方式、方法等方面留有差异性。

## 三、工程移民监理协调的内容和范围

工程移民监理的协调工作贯穿于项目建设的全过程，渗透到搬迁安置的每一个环节，归纳起来，包括以下内容：①协调日常移民搬迁安置和相关单位的协作配合；②平衡调配移民建设项目的资源供给；③协调由规划设计变更引起的移民搬迁安置方案的调整；④协调工程移民搬迁安置的外部条件及其他重大问题。

根据上述内容，协调管理的范围可分为工程移民系统内部关系的协调和工程移民系统外部关系的协调。

### （一）工程移民系统内部关系的协调

1. 参与工程移民项目群各方关系的协调　工程移民的每个项目都有自己的目标和任务，如果都能从整体利益出发，履行自己的职责，那么，整个系统就会处于有序的良性状态；否则，便会功能失调、效率低下。因此，工程移民监理宜从以下几方面入手：①要明确每个机构的目标、职责和权限；②要事先约定各个机构在工作中的相互关系。在工程移民项目建设中，需要事先约定，才不会误事、脱节或贻误工作；③要建立信息沟通制度，如采用工作例会、业务碰头会、发会议纪要、采用工作流程图或信息传递卡等方式来沟通信息，这样做可使局部了解全局，从而服从并适应全局的需要。

2. 工程移民系统内部组织关系的协调　参与工程移民项目建设的业主、设计、施工及监理等单位，在合同的签订和履行过程中，由于理解、认识和做法的不同以及外部环境的影响，会产生误解、纠纷、干扰以致冲突。工程移民监理应认真细致地协调处理好各种矛盾：①业主与移民项目承包单位关系的协调。如业主提供的条件，承包单位投入的力量，施工的技术条件，工程进度、质量、支付、合同变更、索赔、施工干扰等一系列问题。②业主与设计单位关系的协调。主要涉及设计进度、质量、概算、设计变更、标准、技术条件及其他方面等。③设计单位与承包单位之间的协调。主要涉及设计交底、设计与实施操作的配合问题。④承包单位之间的协调。包括总包与分包之间的协调，以及分别直接发包情况下各承包单位之间的协调，如施工协作配合、干扰、安全、移民进度、搬迁计划的统筹安排、分包合同的履行和结算等事项。

3. 工程移民系统内部需求的协调　内部需求的平衡至关重要。要抓好以下几个关键环节：①计划环节，平衡人、财、物的需求。移民工程项目不仅有供求平衡问题，而且有优化配置问题。解决供求平衡和优化配置问题的关键在于计划。抓计划要注意抓住及时性、准确性，才可能体现计划的严肃性，发挥计划的指导作用。②对建设力量的平衡，要克服“瓶颈”环节。避免由于人力、材料、设备、技术、自然条件的限制或人为因素的影响而成为“卡脖子”环节，这会成为阻碍全局的“拦路虎”。一旦发现“瓶颈”出现，就要通过资源力量的调整，集中力量，攻破“瓶颈”，为整个工程项目建设的均衡推进创造条件。③专业工种的配合，要抓住调度环节。机械施工、土建、机电安装等专业工种交替配合进行，交替进行存在衔接问题，配合进行存在步调问题，这就要求做好调度协调工作。

4. 工程移民系统中移民利益的协调　移民利益的协调，即国家和移民之间、移民地区和非移民地区以及移民地区内部不同的部门及个人之间的利益协调与重构。飞来峡水利枢纽工程建成后，有效地减少了下游洪灾，保障珠江三角洲地区的人民生命和财产安全，国家将从防洪、发电、灌溉和航运等方面受益，但同时也给飞来峡库区造成了大量的淹没损失，对农民的生计构成了威胁。

5. 工程移民的社会与文化利益的协调　亲戚邻里及原有的社会生产生活网络的破坏，库区村落社区内传统风俗、习惯的解体等，都需要在移民安置规划与搬迁重建时，通过协调使之消除分离，达到融合统一。

（二）工程移民系统外部关系的协调

外部的关系一般是非合同关系。如政府部门、金融部门、社会团体、服务单位、新闻媒介等，对移民工程项目建设起着一定的或决定性的控制、监督、支持和帮助作用。目前，外部关系的协调主要由业主出面，监理则配合业主做一些相关的工作。协调的方法主要是运用请示、报告、汇报、送审、取证、宣传、说明等协调方法和信息沟通手段。例如，在征地、拆迁、移民问题上要争取政府有关部门的支持，运输时涉及阻塞交通，还应经交通部门的批准；现场消防设施的配置宜请公安消防部门检查认可；质量等级认证应请质检部门确认；重大质量、安全事故，在配合施工部门采取急救、补救措施的同时，应敦促施工单位立即向政府有关部门报告情况，接受检查和处理；还有注意防止环境污染；对居民区、风景名胜、重要市政及工业设施有影响时，尤其是爆破作业方案，必须经过批准并征得所在地公安部门现场察看同意后才能实施等。水电工程项目建成后，不仅会给建设单位带来好处，还会给该地区的经济发展带来繁荣，同时也会给当地人民生活带来方便，因此，必然会引起社会各界的关注。

## 四、工程移民监理的协调能力

工程移民监理要提高协调能力，要注意以下几方面能力的培养和提高：①统筹全局的思考能力。因为人、财、物等多种因素交织在一起，必须立足于全局和整体，才能高瞻远瞩，胸有全局，把横向的、纵向的、内部、外部的各种关系理顺。②敏锐的洞察能力。能准确发现已露的不协调现象和因素，不但能看到不协调现象的表征，而且能看到不协调现象的渊源和趋势。③准确及时的决策能力。工程移民监理必须根据观察和分析，根据实际情况，对不协调现象的性质、范围和原因做出准确的判断，才能及时地消除不协调现象。④较强的表达能力。较强的表达能力，能准确表达意图，有理有据，周详严密，且能做到情理交融，易为人们所接受，容易达到协调的目标。

（河海大学　杨文建　杨建基　刘　虹）

18

# 水电工程效益

# 水电效益分析

## 加快西电东送进程，促进西北区域经济发展

### 一、西电东送北部通道供受电区的电力现状及送电必要性分析

（一）西电东送北部通道简介

西电东送工程是西部大开发的标志性工程，也是西部大开发的骨干工程。为了实现我国电力资源的优化配置，走可持续发展的道路，《国家“十五”计划纲要》提出建设“西电东送”北、中、南3条大通道。南部通道主要是从云南、贵州向广东方向送电，中部通道是从三峡向华东等地区送电，北部通道包括蒙西向华北送电和从黄河上游及陕北向华北（包括山东）地区送电。

北部通道主要包括两大部分，一部分为：山西、内蒙西部向华北电网的京津唐地区、河北南网及山东送电，规划到2020年外送2000万kW，全部以500kV交流接入华北电网；另一部分为西北向华北和山东电网送电。黄河上游水电与宁夏火电可能用750kV输电线路送出，用直流方式外送到山东或京津唐电网；陕北火电基地的神木、府谷火电厂以交流方式送电到华北。到2020年，北部通道的西北、山西和内蒙将合计外送电力约4000万kW。

（二）北部通道供电区能源概况

我国西北地区能源资源丰富，特别是水能资源蕴藏量十分丰富。西北的水电资源理论蕴藏量为8417.8万kW，占全国的12.45%，仅次于西南地区，居全国第二，可开发装机容量4790万kW。尤其是黄河上游水力资源被称为我国著名的“水电富矿”，自青海龙羊峡至宁夏青铜峡段全长918km，总利用水头1252m，规划的大中型水电站25座，总装机容量1581.78万kW，年发电量591.67亿kW·h，现已建成龙羊峡、李家峡、刘家峡等7座水电站，占可开发容量的35.4%。另外，长江一级支流汉江上游、二级支流白龙江规划装机容量分别为205.5万kW和169.75万kW。西北地区煤炭资源丰富，远景预测储量为23893亿t，约占全国的1/2，已探明储量3030亿t，占全国探明储量的34.9%，主要集中于陕北、宁夏和新疆，煤炭开发地多适合建设坑口电站。在石油、天然气方面，西北已探明石油储量33.1亿t，天然气11456亿$m^3$，适宜发展电气。西北还有丰富的风能、太阳能资源。但西北优越的能源优势却不能完全发挥出来，目前西北电网尚有1000万kW的调峰容量闲置，煤炭开发速度缓慢，这既有资金问题，也有市场问题。由于西北地区经济总量不足，自身的电力市场有限，即使建了电厂，消纳电量也成了制约西北经济发展的大问题。

（三）北部通道受电区经济发展概况

山东省是经济比较发达的省份，也是重要的对外开放地区。20世纪90年代以来，山东经济一直保持了两位数的增长速度，无论经济总量还是发展速度，均居全国前列。

1999年全国人均GDP为6546元/人，而山东省生产总值（GDP）为7662亿元（当年价），占全国总量的9.35%，人均GDP为8673元/人，在全国排第九位，远高于全国人均GDP水平。山东是以省域为界的独立电网，也是我国目前最大的独立省网，2000年全省发电装机容量2001万kW，发电量达到1000.8亿kW·h,最大负荷1300万kW。1991～1999年山东省用电量年均增长8.2%，高出全国平均水平0.3个百分点。

京津唐地区包括北京、天津、河北省北部的唐山、秦皇岛、承德、张家口、廊坊地区，属华北经济较发达地区。土地面积13.2万$km^2$，人口约4000万人，属于暖温带半湿润季风气候。2000年全区GDP由1995年的3442亿元增加到6000亿元左右，按可比价计算，年均增长10%左右。京津唐电网基本为纯火电系统，到2000年底，6000kW以上的发电装机容量1813万kW。京津唐地区人均用电水平增长较快，高于全国平均水平。从20世纪80年代开始必须从外区购电才能满足本区电力需求增长的需要。

河北南网供电区域包括石家庄、保定、邢台、邯郸、衡水、沧州六个地区。1981～1999年，河北省GDP年均增长11.09%，高于全国1.3个百分点。其中1981～1990年河北省年均增长9.25%，略低于全国平均水平，低0.04个百分点；1991～1999年河北省年均增长13.18%，高于全国近3个百分点。河北南网系纯火电系统，到2000年底发电装机达到819.8万kW，但电力供需一直比较紧张，拉闸限电

时有发生。2000年河北南网用电量515.3亿kW·h，最高发购电负荷724.7万kW。

（四）北部通道电力供需求分析

山东电网基本为一个纯火电系统，1978年以来，发电装机容量平均每年以9.2%的速度增长，发电量以8.8%的速度增长，分别比全国平均速度高出0.9和0.5个百分点。近十年来，供需形势也发生了很大的变化，1990～1996年电力供应紧张，1997年和1998年电力供需矛盾缓和，供略大于求，1999年电力供需基本平衡。发展中存在的主要问题有：一是电源结构单一，系统调峰难度较大；二是山东地区缺水严重，火电电源的建设受到严重制约。

按照以上电力需求，预计2005年山东电力供需缺口在90万kW，2010年电力缺口630万kW，2015年电力缺口1340万kW。山东省发电能源资源不足，且水资源严重缺乏，仅依靠本省地区内建设电源将难以满足区内负荷增长的需要，从长远看山东电网必将是一个电力输入省。估计“十一五”开始，西北电力在山东可能具有一定的市场空间。

京津唐电网基本为纯火电系统，存在的主要问题：一是电源结构单一，除十三陵抽水蓄能电站和潘家口蓄能机组承担部分调峰任务外，电网的调峰主要是靠火电机组深度调峰。二是受水资源、环保以及土地等方面限制，依靠本地电源建设已不能满足本区电力需求增长的需要，需要向外购电。

预计2005年电力供需缺口在200万kW，2010年电力缺口800万kW左右，2015年电力缺口1500万kW。

目前，京津唐除需要在本地区建设具有一定规模的电源外，主要依靠接受内蒙古西部和山西电力，预计2005年蒙西送电300万kW左右，到2010年送电增加到700～800万kW左右；2005年山西送电280万kW左右，2010年送电增加到400万kW以上。“十五”期间京津唐电网电力供需基本平衡，基本没有接受西北电力的市场空间；由于负荷增长的不确定性以及电源建设计划的不确定性，“十一五”期间京津唐虽有电力不足的可能，但缺额不会太大，最大不过100万kW左右。到“十二五”期间，在接受蒙西、山西送电的基础上，京津唐电网将有一定缺口，缺额在250～670万kW左右，具有接受西北东送电力的可能性。

河北南网系纯火电系统，由于电价严重偏低，有效供应不足，在农灌高峰季节和高温天气期间经常出现缺电局面。

河北南网水资源匮乏，发电能源也相对缺乏，未来在电网供电区内大规模发展火电的难度较大。从目前情况来看，河北南网缺电的局面尚未得到根本好转。预计2005年电力供需缺口在185万kW左右，2010年电力缺口460～500万kW，2015年电力缺口820～940万kW。西北地区电力东送河北南网具有较好的市场空间。

## 二、西电东送工程的实施将极大地促进西北地区区域经济的发展

（一）西电东送工程是西北地区变资源优势为经济优势的直接手段

西北地区区域面积占全国的1/3，人口占全国的7%，全社会用电量占全国的7%，GDP占全国的5%。经济比较落后，但能源资源却非常丰富。其中水能资源可开发容量占全国的11%，主要集中在黄河中上游地区，煤炭探明储量占全国的35%，加上山西、蒙西占到了全国的70%以上。天然资源也主要集中在西北。然而，由于西北地区市场容量较小，资金有限，这些丰富的资源并没有得到充分的发挥和利用。就煤炭而言，由于铁路建设开发与运力的限制，估计2020年陕西榆林地区产煤量达2亿t左右，需要外运1.2～1.3亿t，而作为运煤的主要通道的铁路建设，在神逆、西包、西康和西安——南京铁路建成及现有铁路改造为双线后，其运力也仅在1亿t内，尚有2000～3000万t滞留，而西电东送工程恰恰解决这一问题，把煤炭资源通过输电方式送出，转化为经济资源，这样既保障了资源的有效利用，也减少了沿线污染，同时还为西北地区创造了巨大的经济效益。

根据陕西电力“十五”规划，到2005年西电东送电量为50亿kW·h，到2010年西电东送电量为250亿kW·h，到2020年西电东送电量为750亿kW·h，以平均落地电价0.27元/(kW·h)估算，截至2020年，西电东送工程可为陕西省贡献202.5亿元。

（二）拓展西北电力市场实现大范围内的资源优化配置

西北地区的黄河上游水电具有很好的多年调节性能，是优质的调峰资源和清洁能源。可是尽管其开发条件优越，但其开发速度缓慢，主要原因之一是黄河上游位于经济基础较差的青海、甘肃、宁夏省区，其中75%分布在青海省，负荷增长有限，没有大量消纳空间，因此要发挥西北水电调峰效益，就必须开拓更大的电力市场。如青海的拉西瓦水电站装机6×620=3720MW，尚有再扩建4×620MW机组的可能，总计可装机6.2GW，发电10.3TW·h，枯水年月平均出力936MW，平水年月平均出力2.776GW。而青海省到2010年最高负荷仅2.73GW，整个西北电网2010年最高负荷也仅19GW。显然西北电网调峰电力市场太小，它不能发挥水电调峰的巨大效益。而周边的华北、山东电网基本上是纯火电系统，调峰

资源缺乏。西电东送工程实施其联网工程输电容量为240万kW，最大可为华北电网调峰约460万kW，可替代华北电网抽水蓄能电站投资约87亿元，扣除联网工程投资69亿元，在缓解东部峰期用电短缺的同时西北电网约有18亿元输电产出。另外，根据两电网的负荷特性，西北电网的年最大负荷出现在11月，而华北电网的年最大负荷出现在12月份，如实现联网，2010年两电网的年最错峰效应为78万kW，可减少同等装机容量，节约投资39万元。而且西北电网华北和山东电网的联网将跨区域建立一个输变电交易平台，建立了西北电力市场通向全国的高速路，初步形成中国北部电网结合。再加上其他大区电网互联工程，将形成中国电网北、中、南3大电网格局，为建立全国电力市场奠定基础。

（三）扩大内需，拉动西北地区经济发展

西电东送工程不仅技术密集，而且资金投入很大，仅“十五”期间的总投入就在1000亿元以上，对拉动投资和社会效益将产生重大影响。根据国家规划，截至2020年西北地区将有公伯峡、小峡、拉西瓦、苏只、乌金峡、黑峡、龙口、碛口等大中水电站和达拉特电厂三期、托克托电厂二期等一批火电厂陆续开工建设。这些工程的实施必将带动和促进西北地区相关产业如水泥、建材、机电设备、交通运输等行业的迅猛发展，增加就业岗位和劳动力需求，解决西北地区面临的日益严重的农村剩余劳动力问题，同时可以增加利税和财政收入，加快区域内的资金流动，极大地促进西北地区的经济发展。根据国际上电站建设的通行惯例，伴随着一个大型电厂的建设，就会在该地区形成一个小城镇，加上不断地与相邻地区的物资和资金的交流，将会进而发展成一个具有辐射能力的经济圈，带动更大地域范围的发展，从而拉动整个西北地区的经济发展，并逐渐推进西北地区的城市化进程。

（四）国家扶持的经济政策将为西北区域发展带来新的契机

“西电东送”是国家支持西部地区经济发展的重大举措，开发西部丰富的能源资源能为西部经济发展起到很大的作用。伴随着西电东送工程的实施，国家将在管理体制、财税政策等方面出台一系列鼓励西电东送的经济政策，通过这样的举措来加快西北地区区域经济发展的进程。尤其是在建设资金和还贷能力方面，国家将会在贷款偿还期免交所得税，降低贷款利率，适当延长贷款还贷期，允许发行西部债券以集资，新建电厂债转股，对有综合效益的电站建设考虑投资分摊，如防洪、灌溉、供水、航运等，对土地占有，库区移民，由地方政府支持等等。良好的经济政策将吸引国内外水电行业的一大批开发商关注西北，投资西北。可以相信，良好的经济软环境必将为西北地区区域经济发展带来新的契机。

（西安理工大学　张洪波　黄　强）

## 开发水电对全面建设小康社会的积极作用

根据国家电力开发规划，2020年我国电力系统装机容量将达到9亿kW，未来的十年，我们将迎来新一轮的电力开发高潮。为适应国家制定的“加强电网建设，优化火电，积极开发水电、适当发展核电，因地制宜发展新能源发电”的电力建设方针、“西部大开发”以及“西电东送”战略，一批400万kW以上装机水平的特大型水电项目已经或者即将进入施工期，如小湾水电站（4200MW）、糯扎渡水电站（5800MW）、龙滩水电站（5400MW）。水电开发在新一轮电力开发高潮中不仅占有主导地位，而且对全面建设小康社会有积极的保障和促进作用。

### 一、水电开发对全面建设小康社会的保障作用

电能作为人类生活、社会生产活动中最常用的一种清洁、安全的能量，在能源消耗总量中所占比例越来越大（工业发达国家已经达到30%以上），已经渗透到人类的所有活动领域之中。国民经济发展和人民日常生活与电能息息相关，对电能的要求越来越高。电能质量降低不仅会影响人民群众的日常生活，还会造成工农业产品的质量和产量降低，而由于电力事故造成大面积停电将对社会造成严重不良影响、巨大经济损失甚至造成人员伤亡。1996年10月，由于系统过载，造成印度北部两个省1.45亿的人口失去电力供应；1997年5月，委内瑞拉一个枢纽变电站发生火灾造成全国陷入停电状态，造成的直接经济损失非常巨大。

我国是以煤炭为主要能源的国家（原煤生产占能源生产总量的75%），火电机组装机容量在总装机容量中占据较大比例，区域性大电网多以火电为主（如华东、华北、东北等电网）。这些电网中主要依靠火电机组进行调峰，无法快速响应系统负荷的急剧变化；同时与水电相比，火电机组系统复杂，设备事故多，检修时间长，影响电网的安全运行；以火电机组作为事故备用容量也非常地不经济。而水电机组开停机简便、快速（十三陵抽水蓄能电站20万kW机组从启动到满出力时间约为3min，从空载到满出力约为30s），对电网负荷变化的响应迅速（十三陵抽水蓄能电站曾在电网甩50万kW火电容量，系统频率

急剧下降时，在20s内增出力20万kW，将系统频率调整到正常范围内)，在调峰、调频、调相、事故备用方面有着火电机组无法比拟的优势，抽水蓄能机组更具有填谷和抽水工况下长时间深度进相的功能。

经有关部门研究分析后认为，在电网中保持一定比例的水电装机容量，不仅可以提供系统所需要的电能，还可以改善电网布局，优化电源结构，提高电能质量，保证电网安全运行，提高电网整体经济效益。这样才能满足工农业生产、人民日常生活对供电的可靠性和电能质量的高要求。以我国目前电网结构和负荷特性情况，为满足电网安全经济运行和供电可靠性，水电容量在总容量中所占比例以30%为最佳。截至2002年底全国总装机容量为35300万kW，其中火电26420万kW，占总容量的74.84%、水电装机容量8455万kW，占总容量的23.95%，年发电量为2710亿kW时，占全国总发电量的16.52%；其他形式装机容量比例仅为1.20%。

由于我国水能资源分布不均，西南地区占71%、中南地区占13%、西北地区占11%、东北、华北、华东地区总共仅占5%，所以不同地区应采取不同的方式来开发水电。如华北、东北、华东等经济发达地区电网中水电比例均低于10%，所以这些地区应利用有限的水能资源建设常规水电站并结合抽水蓄能电站的建设，以提高地方电网水电比例，保证电网的安全、可靠。西南和中南地区水能资源占全国水能资源的84%，可开发装机容量大约30000万kW，目前已开发装机容量约8000万kW。水电在这两个地区的电网中所占比利虽然较大，但可开发装机容量空间依然非常巨大。大力开发这两个地区的水电资源不仅可以满足地方生产、生活用电，为顺利实现国家“西电东送”的战略目标，保证东部沿海经济发达地区用电需求奠定坚实的基础，同时还为全国联网后保证合理的水电比例奠定坚实的基础。

## 二、水电开发对全面建设小康社会的促进作用

2000年底，我国西部地区实现小康程度仅为56%，西南地区人均国民生产总值为3703元，西北部人均国民生产总值为4054元。全国四分之一没有达到小康水平的人口又大多分布在我国的西部地区。因此可以说国家制定的“西部大开发”战略能否顺利进行，对我国能否在2020年实现全面小康社会起着决定性的作用。大力开发西部水电又是“西部大开发”的重要组成部分。

我国西部地区水电资源蕴藏量非常丰富，占全国总蕴藏量的82%，可开发水电年发电量占全国总量的70.8%。但西部水能资源多分布在老少边穷等经济不发达地区。交通不便、经济基础薄弱，人民生活水平指数较低。如澜沧江中下游大理、临沧、思茅等地区都属于经济落后地区，辖属一些县更加是国家级贫困县。开发这些地区的水电资源可以大大改善这种局面，有利于地方经济的发展、人民生活水平的提高，对全面建设小康社会有着积极的促进和推动作用。

(1) 交通不便是制约这些经济不发达地区经济发展的重要原因之一。而为保障水电开发所需各种物资、器具、设备顺利运送到施工现场，投资方及地方政府必须配套修建大量各种等级的公路。这样就大大改善了这些地区交通不便的状况，有利于这些地区工农业产品的输出、所需原材料的输入，同时有利于与外界的交流，从而促进经济发展。中国华能集团公司在四川水电项目开发中，用于修建各等级公路投资占全部投资额的4%。

(2) 西部经济不发达地区多地处山区，地势复杂，如果采取远距离输电，输电线路架设十分困难，线损大，可靠性低，地方电网十分薄弱，工农业生产用电难以保证，开发当地丰富的水电资源可以有效地解决这些问题。同时利用水电厂距离近的优势，以直供形式向地方高耗能企业直接提供电能，可以满足这些高耗能企业对电能的需求量，同时降低企业的生产成本，提高产品质量，增加利润。而电能上有了保障又能带动这些经济不发达地区工农业、家庭副业的全面发展，解决一部分剩余劳动力的就业问题，提高人民物质生活、文化生活水平。中国华能集团公司在四川省境内96.5万kW容量水电机组2002年向当地高耗能企业直供电量为74185万kW·h。

(3) 这些经济不发达地区工农业基础差，地方财政收入少，大多依靠国家的财政拨款。因地制宜的在当地开发水电，可以增加地方财政收入，促进地方经济发展。

根据国家“西电东送”工程的规划，在2005年，贵州省将向广东省送电容量达到400万kW，总电量将达到240亿kW·h。经过测算，负责送电任务的贵州省发电企业可实现利润21亿元，地方政府得到增值税1.05亿元，企业所得税0.7亿元，其他税收0.42亿元，增收其他相关行业(建材、煤炭、交通运输等行业)各种税费10.42亿元，增加贵州省财政税收12.8亿元。同时也将在很大程度上促进相关行业的发展，大大增强西部省份的经济实力和市场竞争力。

因此水力发电已成为地方支柱型产业(云南省政府已经将水电作为促进本省经济发展的5大支柱型产业之一)，一些大中型水力发电企业成为地方利税上缴大户。如华能云南漫湾水电厂(1250MW)2002年

上缴地方各种税费1.5954亿元、四川太平驿水电厂(260MW)投产后共向四川阿坝藏族自治州上缴各种税费4.1亿元。

(4)水电开发有利于环境保护。全面建设小康社会的目标之一是使我国的生态环境得到改善，所以在新世纪中，我们必须加大环境保护工作的力度。煤炭作为我国主要能源，在开采、运输过程中及煤炭所含热能转化为电能的过程中产生大量污染物（据不完全统计，仅占我国火电容量75%的燃煤机组，在2002年就排放$SO_2$约601万t、$NO_x$约387t)，造成严重的大气污染和水污染，甚至在某些地区造成酸雨危害。大力开发水电，用水电代替火电，减少火电用煤，可以在很大程度上控制煤炭、石油的开采、运输以及火电燃煤过程中产生的大量污染物，从而减轻对大气和水源的污染。

大力开发水电，尤其是小水电的开发，还可以加速我国农村和小城镇电气化建设，减少这些地区对生物质能的依赖，同时减少燃烧植物性燃料造成的污染，有利于森林、草场植被的恢复，改善当地生态环境。

(5)水电开发有利于西部地区的城市化发展。全面建设小康社会对城市化建设的要求是在2020年全国实现城镇人口比例超过50%。而水电厂建设、运行不仅对地方经济有巨大的推动作用，还有利于在其周边形成新的城市。湖北省宜昌市就是依托于葛洲坝电厂发展起来的拥有50万人口的新兴城市；随着三峡水利枢纽的建设，位于三峡库区边上的巫山县城经过改造后于2002年底全面启用，面积是老县城的三倍，人口增加30%。

(6)结合水电开发，实现水资源的综合利用，在防洪、灌溉、供水、旅游、养殖等诸多方面产生的巨大社会效益，将带动西部地区经济全面、均衡的发展。

### 三、开发水电走可持续发展道路

人类在对几千年发展经验教训进行反思，特别是在对近300年的工业革命发展的总结后，认识到如果地球的土壤和生产力得不到保护的话，人类社会的未来是极其危险的，因此人类提出了以“既满足当代人的需要，又不对后代人满足其需要的能力构成危害的发展”为中心思想的可持续发展概念，作为21世纪世界各国遵循的指导思想，也成为我国全面建设小康社会过程中必须遵循的指导思想之一。

我国能源建设和电力发展必须坚持贯彻可持续发展战略，而大力开发水电是重要的保证。我国能源结构以煤炭、石油、天然气等不可再生的化石燃料为主。我国电力工业对这些一次能源的需求量非常巨大，2002年我国燃煤火电机组燃烧原煤51249万t，燃油473万t。因此我国面临着上述能源资源逐步衰竭的严重挑战。改善我国一次能源结构，节省和保存我国煤炭、石油等资源，使之在更广泛的范围内使用，发挥更大的效益，将对可持续发展战略具有极为深远的意义，而大力发展水电，代替火电，是实现这个目标行之有效的办法之一。

水能是一种清洁、可再生的能源，我国的水能蕴藏量和技术可开发装机容量均居世界第一。据测算，我国河流水能蕴藏量和可开发装机容量分别为6.76亿kW、3.78亿kW，可开发装机容量年发电量1.92万亿kW·h,按火力发电标准煤耗375g/(kW·h)来折算，相当于7.2亿t标煤所能产生的电量。

在电网中保证合理比例的水火容量，充分发挥水电在电网中调频、调峰、调相、填谷等功能，不仅保证电网安全经济运行，还能使火电机组在负荷高峰时保持在高效率区安全稳定运行，在负荷低谷时不必降出力或者停机。这样，可以降低电网中火电厂煤、油等一次能源的消耗量，节省我国有限的一次能源。

因此，开发水电实际上是一次能源建设和二次能源（电能）建设同时完成的，即兼有相当于开采煤炭、石油等一次能源建设和相当于修建火电厂的二次能源建设的双重功能。

大力开发水电是符合我国国情的，不仅对优化电源和电网布局、贯彻国家可持续发展战略有着积极的支持作用，而且对全面建设小康社会起着积极的保障作用，在建设全面小康社会的过程中也将发挥积极的促进、推动作用。

（中国华能集团公司水电开发部　赵晓东）

## 水电建设对促进地方经济发展的作用

### 一、水电建设对促进地方经济快速发展的实例

小湾水电站属大型水电水利工程，以发电为主，兼有防洪、灌溉、拦沙、航运等综合效益。电站装设6台混流式机组，单机容量70万kW，总装机规模420万kW，保证出力178万kW，多年平均发电量约190亿kW·h,年利用小时可达4500h，具有多年调节性能。

小湾电站所在的大理州南涧县，为彝族自治县，共21万人，面积1732km²，人均耕地1.5亩。主要收入来源：烤烟、茶叶、核桃等干果，全年财政收入4700万元，人均收入1330元，为国家级贫困县。该

县首先在20世纪80年代中期开工建设的漫湾水电站建设期间得到了一定的发展，目前漫湾水电厂每年上缴税收增加县财政收入650万元。

龙滩水电站是红水河梯级开发的龙头水库。电站装机容量规划为5400MW，初期安装7台70万kW水轮发电机组，预留2台机后期安装，年发电量187亿kW·h,最大坝高216.5m。主体工程2001年7月1日开工，2003年11月截流，计划2007年7月首台机发电，2009年底工程完工。

龙滩水电站所在地天峨县，位于广西西北部，红水河上游。全县幅员面积3192km²，辖11个乡镇，居住着壮、汉、瑶、苗、侗、布依、毛南等14个民族，人口14.3万，大石山区占35%，土坡地区占65%，同样为国家级贫困县。

近几年来天峨县依托龙滩水电站建设，大力调整农业产业结构，推动非公有制经济和第三产业快速发展。2002年，全县国内生产总值完成6.3亿元，比上年增长14.5%，全社会固定资产投资完成17.14亿元，比上年增长71%，财政收入完成6626万元，比上年增长17%。2003年1至6月，全县实现国内生产总值33036万元，同比增长39.15%。

## 二、水电建设与当地社会经济发展的关系

### （一）促进了当地干部群众的思想转变

水电站建设充分利用社会主义市场经济的优势，市场化、社会化、专业化、现代化的设备与高素质的建设队伍，给当地封闭的社会带来了冲击与活力。水电站对外交通公路建设一般兼顾当地村镇的发展要求，如小湾进场公路，经过彝族居住区小湾东镇，村民原来不会讲汉语，公路修到了镇边，与施工人员的交往增多后，村民学会了讲普通话，工程建设促进了民族团结；工程建设企业接受或聘用地方政府派出的年轻干部，起到了沟通与锻炼的双重作用；征地移民政策的宣传落实，使当地农民提高了法律意识与经济意识，增强了运用法律手段保护自己利益的意识，不仅与工程建设相关的问题寻找法律依据，对政府的其他建议与要求，也通过学习法律，通过合法途径寻求解决办法；围绕工程建设，规范劳务市场，通过参加项目建设让当地政府认识到通过教育与培训，提高当地劳动者素质，转变劳动观念的重要性。

### （二）促进了财政收入的稳步增长

龙滩电站开工建设之前，天峨县全年经济收入不足3000万元，财政严重入不敷出，阻碍了部分工作的正常开展。龙滩电站的开工建设，促进了天峨县财政的快速增长，2001年天峨县财政收入完成5673万元，2002年财政收入完成6626万元，2003年上半年财政收入完成了3977万元，完成了全年任务的55%。财政收入的稳定增长，确保了天峨县干部职工工资的按时发放，确保了机关工作的正常运转，同时也加大了对基础设施建设和重点事业的投入，推动了天峨县经济的发展和社会的进步。

### （三）加快了产业结构调整步伐，促进农业快速发展

龙滩水电站的开工建设之后，由于大批建设人员涌进天峨，对各种物资和食品需求量大增，给天峨县农业产业结构调整和优化创造了机遇。结合天峨县实际，该县大力发展蔬菜、瓜果生产，土地地区主要种植沙田柚、柿子、大果山楂、桃李等，石山地区主要种植石榴、核桃，并重点抓好示范点，以点带面，全面铺开，重点抓了两个农业产业结构调整示范区。2003年全县现已完成经济作物种植面积42614亩，占计划的87.68%，其中蔬菜27760亩，水果6312亩，西瓜2300亩。养殖业方面，一是抓好特色养殖，打造“天鹅”品牌，天峨县目前养鹅1.37万只，其中商品鹅饲养量1.17万只；二是加大二元杂母猪饲养推广力度和发展三元杂瘦肉型猪，提高农民养猪的经济效益。确实做到经济增长、农民增收。

### （四）有效促进了非公经济的迅速发展

随着龙滩水电站的开工建设，通过内引外联打造良好的投资环境，2002年天峨县共引资5180万元，利用外资40万美元，新发展个体工商户502户。2002年，全县个体工商户、私营企业共上交税金2234万元，比2001年增加1555万元，增长229%。2003年上半年，新发展个体工商户353户，同比增加162户。

### （五）市政建设步伐加快，城区面貌有较大改观，人民生活质量逐步提高

过去，天峨县县城建设较落后，建筑物零乱，是一个非常不起眼的山区小县城。龙滩工程2001年7月1日主体工程开工建设后，天峨县抓住机遇，加大了市政建设投资力度，按照建设西南水电之都和生态旅游城的目标，2001年高起点、高标准完成了县城的详细规划，完成了城市道路建设，2002年投入1046万元，实施市政基础设施和公益设施建设项目，完成部分公共场所的绿化、美化及城市广场、外滩公园建设。2003年，共投入5000多万元，全面启动市政建设，为龙滩水电站2003年11月截流和市第五届铜鼓山歌艺术节创造良好的环境。同时，正在组织修建县城至八打的二级公路，进一步扩大城市规模，使市民的居住环境进一步改善。

（中国长江三峡工程开发总公司　樊启祥　龚结宏）

# 水电开发与四川民族地区的社会发展

## 一、四川民族地区的战略地位

四川民族自治地区幅员面积为30.2万$km^2$，占四川全省面积的62%，人口590万，是我国最大的彝族聚居区、第二大藏族聚居区、惟一的羌族聚居区。四川民族地区是川、滇、青、甘、藏五省区的结合部，是内地通向西藏和边疆少数民族地区的重要通道，是西藏的后方和汉藏经济文化交融的纽带与桥梁。历史上有“汉藏走廊”、“治藏依托”之称。江泽民总书记在1990年、1999年视察四川时讲：“稳藏必先安康”、“四川藏区紧靠西藏自治区，这里的稳定和发展，对西藏地区的稳定乃至全国的稳定，都有十分重要的影响”。加快四川民族地区发展，保持四川民族地区的繁荣和稳定是一项十分重要和紧迫的经济任务和政治任务。

## 二、目前四川民族地区社会经济发展存在的主要问题

四川民族地区属经济欠发达和贫困集中地区，还处在农牧社会向工业社会的过渡阶段，突出表现为：

（1）社会发育程度低。“三州”（指甘孜藏族自治州、阿坝藏自治州和凉山彝族自治州）的藏区和彝区是由奴隶社会、封建农奴制社会一跃进入社会主义社会的，尽管几十年来经济社会发展较快，但这种发展是建立在低起点、低水平上的，社会生产力仍很落后。

（2）国民经济发展缓慢，经济实力弱，民族地区的发展与内地还存在着很大的差距，而且差距有继续拉大的趋势。

（3）基础设施建设滞后。民族地区不仅受地理、自然条件制约，还受交通、通信等基础设施建设滞后的制约。科教、卫生等社会事业发展缓慢，教育质量不高的问题十分突出；科技网络不健全，先进技术的推广普及和新技术的开发较差；医疗卫生事业设施简陋，人才缺乏，缺医少药情况严重。

（4）贫困面大且程度深。在全省63个国定和省定的贫困县中，民族地区有30个，占全省的48%，贫困人口100余万人，占全省的35%，有20%左右的人口尚未解决温饱问题。

（5）财政收入结构单一。民族地区受自然环境和经济发展的制约，财政收入结构十分单一，许多地方将森林工业一直视作财政收入的重头，占整个财政收入的一大半。不少县把森林采伐作为财政的重要来源，“三州”财政收入中直接来自木材的税收达2.57亿元。国家实施天然林保护工程后，森林工人转产，民族地区经济总量和财政收入有所减少，财政减收幅度高的达90%，少的也在40%～50%。

（6）生态环境恶化。一是森林资源锐减；二是草地退化严重；三是难以恢复植被的地域不断扩大；四是水土流失日益严重；五是自然、山地灾害频繁发生。

## 三、“三州”地区富集的水电资源和巨大的开发潜力

甘、阿、凉三州民族地区集“老、少、边、穷、山”诸种特点于一体，同时也是具有潜在的重要资源优势的一个特殊区域。由于“三州”地区地处长江上游，四川省西部的金沙江、雅砻江、岷江、大渡河三江一河等众多支流大致由北向南纵贯“三州”全境，水能资源充足，其特点主要表现在如下几个方面：

（1）水能资源高度富集，分布面广且相对集中，开发潜力巨大。从地域分布看，主要蕴藏并集中于以三江一河为干流的400多条河流之中，且可供开发的巨、大、中、小型水电站规模齐全，密度居全国之首。仅在三江一河上已规划的14座大型水电站中，就有8座在“三州”民族地区境内，分别是溪洛渡、瀑布沟、锦屏一、二级、白鹤滩、乌东德、官地、杨房沟和卡拉，总装机容量达4870万kW。中型水电站星罗棋布，为就地和就近开发利用，发展地区经济提供了极好的条件。但是，到目前为止，“三州”民族地区的水电资源开发利用程度很低，利用率尚不到10%。

（2）适合流域梯级滚动开发，补偿效益明显。各大、小河流多源于雪山，具有落差大且集中、径流丰沛且稳定的特点。河流深切、比降陡峻，两岸耕地、人口稀少且海拔较高，上游有许多修建龙头水库或控制性能好的调节水库的条件，梯级开发规模巨大。在我国能源规划中的十二大水电基地中，金沙江、雅砻江、大渡河分别居第一、第四和第五位。

（3）建坝地质条件较好，分水岭雄厚，岩石坚硬且多为不透水岩层，也无向邻谷渗漏问题，可开工兴建大型、巨型水电站的坝址达20余处。

另外，“三州”地区的矿产资源种类繁多，品位高，埋藏浅，易开采，为国内所罕见。目前，已发现蕴藏有150多种矿产资源，黑色金属6种，有色金属及稀有金属矿17种，非金属矿21种。钒、钛、铁、稀土等11种金属矿产储量均居全国之首，其中铁、钒、钛共生，并伴有铬、钴、钪、镓等十几种稀有金属，铅、锌、铜、锡、稀土等有色金属矿储量亦极为丰富。此外，还有大量的石灰石、白云岩、大理石、

花岗石、石墨、耐火材料等建筑材料。因此，在“三州”地区有利于综合开发水能和矿产，形成独具优势的电力工业和高耗能工业，实现电冶结合，联动发展。

### 四、水电开发对“三州”民族地区发展和社会稳定的重要作用

(1) 水电资源是“三州”民族地区最具优先开发条件的富集资源，利用水电工程建设能够带动相关产业发展，开拓财源，脱贫致富。基础设施是经济发展的必要条件，“三州”民族地区基础设施薄弱是制约经济发展的主要因素之一。只有从根本上改善基础设施落后状况，才能更快更好地发展经济。首先，水电建设项目作为一种产业，对于基础设施、公共事业具有很强的拉动作用，并与当地有较强的联系效应，可以与高耗能工业联动发展，有利于促进地区经济协调发展，从而能够带动人、财、物、信息、民族文化等的积极发展；其次，“三州”民族地区水电资源的组合、配套好，成本低，潜力大，水电建设项目应成为具备现实比较优势和潜在比较优势的主导产业；再次，“三州”民族地区人口承载能力大，兴建水电站的移民少，且相对易于安置。大力开发水电，必将会给“三州”民族地区经济增长带来最大的效益。

(2) 远谋近利，以电代柴，调整不合理的“木头财政”，有利于长江流域“天保工程”和绿色生态屏障的建设。能源是长期以来制约少数民族地区经济社会发展的瓶颈之一。在甘、阿、凉三州的广大牧区，薪柴、作物秸秆、牛马粪是重要的生活能源。因长期的林木砍伐造成了大量的水土流失，大量的牛马粪作为燃料，既减少了土地和草原的肥力补给，又降低了农作物和牧草的生产能力。坚持把水能资源合理开发和有效利用放到突出位置，走可持续发展道路，必须加快水电资源开发的步伐，以电代柴，解决退耕还林还草后的烧柴问题，减少人为对生态环境的破坏，保护长江上游河源地，真正实现水资源的持续利用。

(3) “川边开发，保川固藏”，加强民族团结和边疆巩固具有无可替代的政治意义。如上所述，四川藏区是四川、西藏之间的中介，在中国藏区乃至整个民族地区的数量最多、规模最大。只有四川藏区保持稳定，中央及内地对西藏的行政管理、经济支持、文化交流才会得以顺畅无阻。所以，开发“三州”民族地区的水电资源，扶贫解困，不仅是区域性的经济发展问题，更是进一步开发西藏的问题，是从根本上挫败国外敌对势力的阴谋和巩固西藏及西南边防决策的大局问题。

（四川大学　李其才
二滩水电开发有限责任公司　陈海波）

## 黄河上游水电开发及可持续发展

### 一、黄河上游干流开发现状

黄河上游龙羊峡到青铜峡河段长 918km，落差 1324m，规划有大中型水电站 25 座，总装机容量 1713 万 kW，年发电量 593 亿 kW·h。目前已建成的有龙羊峡、李家峡、刘家峡、盐锅峡、八盘峡、大峡和青铜峡七座。在建的有尼那、直岗拉卡、公伯峡和沙坡头四座。拉西瓦水电站“三通一平”工作已基本完成，导流洞已于 2002 年 7 月开工，2003 年底具备过流条件；小峡水电站导流明渠已于 2001 年底开工；苏只水电站正在进行开工前的准备工作。已完成初步设计（可研）的有积石峡、康扬和乌金峡。另外还有多座电站正在进行或已完成预可研的设计工作。

黄河龙青段的水力资源既丰富又集中，既有优良的工程建设自然条件，又有梯级连续开发的优势，且调节性能优越，筑坝地形地质条件好，工程量小，水库淹没和移民少，技术经济指标优越。并且前期工作做得充分，为加快该河段的梯级开发奠定了基础。

### 二、黄河上游水电滚动开发的机制及近期实施的情况

在多年研究工作的基础上，由国家电力公司、西北电力集团公司、西北四省（区）电力公司及西北四省（区）电力投资公司十方共同出资组建的黄河上游水电开发有限责任公司（简称黄河水电公司），于 1999 年 10 月挂牌成立。

黄河水电公司本着实行“流域、梯级、滚动、综合”开发的原则，以龙羊峡、李家峡电站为母体电站，对黄河上游水电实行滚动开发。在对龙羊峡、李家峡进行资产评估、产权界定和理顺财务关系的基础上，将龙羊峡和李家峡两电站重组成为黄河水电公司。

已成立的黄河上游水电开发有限责任公司，是按现代企业制度组建的公司，黄河上游水电开发滚动机制已经形成。黄河水电公司负责黄河上游的水电开发，电站建成后的生产经营，尤其是以龙羊峡和李家峡电站作为母体电站，使所得的收益继续用于黄河上游水电的开发，形成以企业为主体的资本运营方式，真正使黄河上游开发具有：业主负责、管建结合、主体明确、产权明晰、流域开发、滚动发展的特点。

黄河水电公司成立后滚动开发的第一座电站是公伯峡水电站，其后为拉西瓦水电站和积石峡水电站，并且在建设公伯峡电站的同时准备开发苏只水电站。

公伯峡水电站于 1998 年 6 月开始进行前期准备

工作，2001年8月8日主体工程正式开工，2001年12月下旬导流洞全部贯通，已在2002年3月下旬进行主河床截流。按计划电站第一台机组将于2004年发电，到2005年五台机组全部并网发电。

拉西瓦水电站是紧接龙羊峡水电站的第二个梯级电站。1992年完成了电站初步设计报告，后因种种原因未进行审查。2000年，根据国家西部大开发及西电东送的要求，重新启动拉西瓦前期勘测设计工作，根据新的规定和条件，重新编制可行性研究报告（等同初步设计），报告已于2002年4月通过审查，中国国际工程咨询公司于2003年3月对项目建议书进行了评估。电站装机容量420万kW，工程枢纽永久建筑物由250m高的混凝土双曲拱坝和安装6台单机70万kW机组的地下引水发电建筑物等组成。拉西瓦水库淹没损失极小，淹地412亩，草山18718亩，迁移人口1650人。工程总工期8年，第6年6月首台机组发电。拉西瓦现场前期施工准备工作已于2001年11月开工。预计于2003年底具备过流条件。

苏只水电站紧接公伯峡水电站，距公伯峡公路12km，规划装机容量21万kW。黄河水电公司准备在建设公伯峡水电站的同时，一并建设苏只水电站，有效地利用公伯峡水电站的临建设施、施工队伍等。生产、生活设施，除苏只水电站前方所必需的以外，可与公伯峡水电站共用。以利于节省投资，缩短工期，拟与公伯峡水电站同时发电。可行性研究报告已于2003年1月通过审查。

## 三、黄河上游梯级补偿调节的效益

梯级水电站的开发、运行时，存在着上、下游水库电站之间的梯级补偿效益，尤其是一条河的“龙头”水库，对其下游的若干个梯级电站都起相当大的补偿作用，增加了其保证出力和年发电量，提高了发电效益。并且作为“龙头”水库除具有发电效益外，还具有防洪、灌溉等综合利用效益。

龙羊峡水电站是黄河上游龙青段梯级的“龙头”水库电站，是目前国内承担综合利用任务最多、补偿区域最广的多年调节水库电站。龙羊峡水电站自蓄水运行以来，以其优良的多年调节性能，通过与刘家峡水库联合补偿调节运行，在发电、防洪、防凌和供水等方面取得了显著的经济和社会效益，为青、甘、宁、蒙及全流域的国民经济发展发挥了重要作用。

### （一）补偿效益

通过龙羊峡水库的补偿调节作用，可将径流、洪水调平削峰、蓄丰补枯，减少下游梯级水电站丰、枯期出力的差异，提高梯级电站的保证电能，增加发电效益。以2015年黄河上游梯级水电站组成为例，根据补偿调节计算，因龙羊峡水库对梯级电站的补偿调节，可使黄河梯级电站提高保证出力约137.34万kW，年发电量增加9.72亿kW·h。而且在梯级电站多年平均年发电量中，保证电量占80%以上。这表明梯级电站的电能质量高，可靠程度高，发电效益显著。

### （二）防洪度汛

黄河上游梯级水电站防洪调度，主要由龙羊峡和刘家峡水库进行梯级联合洪水调节，防洪对象目前主要是龙羊峡和刘家峡水库本身及李家峡、盐锅峡、八盘峡、大峡水电站和兰州市。并保证在建电站各工程的防洪度汛安全和施工要求。

经龙、刘两库联合防洪调度后，龙羊峡出库流量，万年一遇洪水削减洪峰流量$2650m^3/s$，千年一遇洪水削峰$3040m^3/s$。使在其之后建设的李家峡、大峡、尼那和公伯峡水电站的设计洪水大大减小，节省了投资。并使刘、盐、八三座电站的防洪标准由原五千年、千年和三百年一遇提高到PMF、二千年和千年一遇的标准。使兰州市百年一遇防洪标准的洪峰流量由天然的$8110m^3/s$减至$6500m^3/s$。龙羊峡水库还对下游在其之后建设的各梯级电站在建设期截流、导流和度汛等方面发挥了极大的作用。

### （三）防凌效益

为满足防凌期对宁蒙河段河道过流的时空分布要求，在调度时要求适当加大封冻期的流量；封冻后保持河道流量平稳减少，到开河期再适度减少流量。以达到提高封河冰盖高度，开河期补偿河道槽蓄水量释放的效果，从而形成“文开河”。

由于刘家峡水库对宁蒙河段凌汛期河道流量的有效控制，基本解除了该河段凌汛灾害的威胁。而刘家峡电站由于受防凌调度的制约，使刘家峡及其以下的梯级水电站的发电效益受到影响。由于龙羊峡水库的调节作用，此期间刘家峡及其以下水电站的发电不均匀性可以通过龙羊峡电站的合理运用予以补偿。

## 四、梯级开发中存在的问题及解决的措施

### （一）开发中存在的问题

大型水库电站多具有巨大的综合利用效益和社会效益，特别是对下游梯级有着巨大的梯级补偿效益。但是根据我国目前的政策，梯级补偿效益难以得到合理补偿，只能按电站自身的发电效益计算收益。有调节能力的大型水库电站，一般均地处河流上游的边远山区，交通不便。由于工程远离材料和设备产地，运输成本均较高。且多远离负荷中心，送出工程投资亦大。水库电站为获得较大的库容，往往要淹没大片土地，而且淹没往往多是当地最富饶、人口最集中的地方，因此水库电站淹没损失大移民难，水库淹没投资占工程总投资的比重越来越大，对水电建设带来的困难日趋严重。水库电站调节性能好，保证电能占多年

平均年发电量的比例高。但目前电能质量没有差价，又不能计入对下游梯级的补偿效益，使得建设水库电站的投资收益差，电价缺乏市场竞争力，难以调动各方建设水库电站的积极性，形成水库电站建设远远落后于径流式电站的建设，严重影响了已建的下游梯级电站的效益和水电在电网中的效益发挥。

前面已经提到，龙羊峡水电站不但具有对下游梯级补偿的发电效益，还有防洪、防凌和供水等综合效益。而由于龙羊峡水电站的建设是“多家受益、一家还贷”，仅仅从单一的电价上得到回报，其他综合效益得不到回报。由于电站地处经济欠发达的地区，电力市场的承受能力有限，因此，目前龙羊峡水电站所执行的上网电价为 0.104 元/(kW·h)，大大低于所测算的经营期上网电价，使其债务得不到合理的偿还。从而造成黄河水电公司负债率过高、连续亏损，经营形势日趋严峻的局面。

目前黄河上游已形成了以龙羊峡为“龙头”水库，梯级水电站联合运行的局面，龙羊峡水库可以进行多年调节、刘家峡进行年调节，其余梯级电站均可进行日调节，共同承担了系统绝大部分的调峰、调频及事故备用任务，因此黄河上游电站对电力系统的安全经济运行具有举足轻重的作用。但是，由于目前电价结构不合理，不能体现优质优价的原则，对于担负调峰和备用的水电站，虽然给系统带来了巨大的经济效益，但却因电站发电量较少，得到的回报偏低，降低了经济效益和竞争能力。而且由于电站的效益与发电量挂钩考核，发电量越多电站的效益就越大，这使得电站不愿承担调峰任务，对电网运行不利。另外有一些人从宏观上考虑待开发电站的优劣时，也仅仅是用单位电度投资来判断，而很少考虑电站在系统的作用。而这些正是黄河上游梯级电站的优势所在。

以上的原因影响了黄河上游水电开发的形象，影响了投资者的积极性，使黄河上游开发条件优越，电能质量优良的水能资源不能得到很好的开发。

（二）解决问题的措施建议

1. 水电上网电价应能体现容量的效益　电价可按时间上划分为分期电价、分时电价，也可实行两部制电价结构。

分期电价可考虑以“盈余期、平衡期、短缺期”来对系统进行分期划分，以合理反映系统中卖方与买方之间的供求关系。以平衡期电价作为基准电价，盈余期适当下调，短缺期适当上浮，并以分期电价的时间加权平均值等于基准电价。对水电还可按保证电量和非保证电量分别计价，保证电量应按月统计。

两部制电价，在水电的发电收入中包括电量和容量收入，并通过不同位置容量的划分反映水电的特点。

这样，在上网电价中可充分反映水电开发、运行的特点，有利于对资源有效利用，可促进电力结构和资源优化配置，充分发挥水电的容量效益优势，提高水电上网的竞争力。

2. 水电梯级补偿应进行合理的分配　随着电力体制改革的推进及完善，水电梯级补偿调节效益进行合理分配的迫切性是显而易见的，因此应尽快出台水电梯级补偿效益分配的政策和相应的计算办法，使投入大、建设难度大的大型水库电站能取得合理的补偿效益返还，使其真正反映其经济效益和投资效果。

补偿效益应按有、无补偿电站情况下被补偿电站的净效益差值来计算。效益的分配比例应根据具体情况来确定。若根据河流、电站及电网特性合理分配计算比较困难时，建议以收购或投资的方式来体现这种效益，即待建电站收购已建电站或已建电站用补偿效益作为对被补偿电站的投资。若下游的被补偿电站对上游补偿电站有反调节作用时，亦应考虑下游电站的反调节效益。白龙江的宝珠寺电站和紫兰坝电站效益计算中就分别考虑了补偿效益和反调节效益。

3. 综合利用水电工程投资分摊及效益补偿　为了促进水资源经济合理利用和可持续发展，对综合利用水电工程实行投资费用分摊势在必行，以投资费用分摊为约束机制，对水电工程投资费用在各受益部门之间进行合理分摊，才能有利于工程本身的优化设计及资源的合理开发。

投资分摊可划分为专用工程投资和共用工程投资，或采用可分离投资费用——剩余效益法，合理替代投资费用法等。投资费用分摊应体现综合利用的任务和效益大小，各受益功能分摊的投资费用应具有合理的经济效果。各受益功能分摊的总投资费用，应小于该目标的效益。若综合利用水电工程因承担其他综合利用任务而使自身效益受到影响时应得到补偿。建议按有、无其他综合利用情况下，工程效益的差值计算效益补偿额。同时计算综合利用部门合理替代方案的投资费用、效益及减小的损失值并以此作为对水电部门的补偿。

（中国水电西北勘测设计研究院　宋　臻）

## 新安江水库近 20 年的调度分析及水库优化运行分析

### 一、引言

新安江水库自从 1960 年建成发电以来，已经运行了 40 多年。1980 年以后，水库运行水头得到明显提高，且水位运行平稳，月均水位多在 92～107m 之间波动。建库后的 6 次泄洪弃水（1966 年泄洪含试验性质）有5次发生在该期间，特别是1999年6月末的特大洪水，为洪水调度提供了难得的实践经验。

近年来，水库调度更加注重结合中、长期气象预报，提倡以水定电进行调度，提高了调度灵活性，取得了可观的效益。新安江电厂作为华东电网的主要调峰调频电厂，对全网的安全稳定运行起着重要作用，近几年的枯水年份，由于水库蓄水不足，电厂下半年大大减少发电量，而机组需执行调频任务，大多数时间以空转或轻负荷状态运行，这造成较大水量的损失，因此科学考评调频任务中机组的长时间轻负荷运行相当必要。电站增容改造完毕后，设计出力将从66.25万kW提高到81.0万kW，改造后满出力出流可达1200m³/s，日出库水量将达到1.04亿m³，水库的短、中期防洪能力将得到加强，这有利于减小洪灾损失。因此，作最近20多年的调度分析，总结经验，对于今后优化新安江水库的调度，增发电量，减少弃水，能起到有益作用。

## 二、年代际水雨情和电量的代表性分析

### （一）降水的代表性分析

根据1930～2002年的降水资料统计，新安江水库流域存在准10年丰枯相间的降水年代际分布，统计结果见表1。

表1　1930～2002年降水资料表

| 年　际 | 1930～1938 | 1939～1947 | 1948～1957 | 1958～1968 |
|---|---|---|---|---|
| 丰枯性 | 丰 | 枯 | 丰 | 枯 |
| 年　数 | 9 | 9 | 10 | 11 |
| 年代际均值 | 1874.4 | 1553.9 | 1857.2 | 1509.3 |
| 年代际距平 | 160.1 | −160.4 | 142.9 | −205.0 |
| 反向年数 | 1 | 2 | 2 | 2 |
| 年　际 | 1969～1977 | 1978～1988 | 1989～1999 | 2000～2002 |
| 丰枯性 | 丰 | 枯 | 丰 | 枯 |
| 年　数 | 9 | 11 | 11 | 3 |
| 年代际均值 | 1801.6 | 1586.5 | 1837.7 | |
| 年代际距平 | 87.3 | −127.8 | 123.4 | |
| 反向年数 | 3 | 3 | 3 | 1 |

1981～2002年的年均降水量为1768.7mm，较1930～2002年的年均降水量1714.3mm多54.4mm，偏多3.2%，较设计多年平均雨量1737mm多31.7mm，偏多1.8%，其中丰水年份为10年，枯水年占12年，历经约一个丰、枯水周期，这段时期降水有很强的代表性。

### （二）水库调度的代表性分析

1980年以前，新安江水库长期处在低水头下运行，发电效益比较低。从20世纪80年代初开始，贯彻国家经委颁发的《水电站水库经济调度条例》，使水库进入正常运行期，发电水头得到较大的提高，发电效益有显著改善。1981～2002年期间多年平均运行水头为74.70m，达到原设计水头[77.1m（算术平均值）]的要求；累计发电量为397.959亿kW·h，年均发电量18.089亿kW·h，与原设计多年平均发电量18.61亿kW·h相接近，比按调度图调度的多年平均发电量17.35亿kW·h多0.74亿kW·h。

通过以上分析，1981～2002年期间的降水和实发电量都与原设计值相近，差值小于4%，选取这个时间段作长系列的调度分析具有重要的实际意义，能对调度图调度与实际调度作深入的统计比较，找出彼此的优缺点，取长补短，优化水库调度。

## 三、实际水库调度与按调度图调度的比较分析

### （一）发电调度分析

1.水位分析　从1981年年初到2002年年末，这段以实际来水按调度图进行调度演算，演算共计发电量381.60亿kW·h，期末水位102.336m。而实际发电量为397.959亿kW·h，期末水位为99.225m。为使统计边界相同，将期末水位统一在同一水平102.336m，即实际发电被当作是多消耗了水库中的水量，以按调度图调度的多年平均单耗5.65相除，得发电量−2.614亿kW·h。故同等条件下，实际可发电量395.345亿kW·h，实际调度增发电量13.745亿kW·h，增加约3.6%。

这22年中，年平均水位运行相对平稳（见图1），年平均运行最高水位发生在1991年，为101.625m，与之相近的年份共计7年，分别是1983、1990、1991、1994、1995、1998、1999年，其中1983、1999年是特丰年，1995、1998年是丰水年，1990、1991、1994年是平或偏少年。年平均运行最低水位发生在1986年，2000年运行水位为次低值，为96.217m。这两年都来水偏少。

这段时期实际年平均水位与调度图演算的年平均水位运行趋势基本是一致的，但调度图年均水位要高于实际年均水位，并有3个明显偏高的阶段（1981～1984年、1989～1993年、1996～2002年），期间平均高出1.858m，特别是1990～1993年四年，年均水位都在103m以上（见图1）。造成该期间水位偏高的主要原因是调度图调度缺乏灵活性，在丰、枯转折期，不能依据长期气象预报对电量作相应的调整，致使1989年末水位蓄到104.107m，在遭遇到1993年

汛期来水偏丰的情况下，泄洪在所难免。因此，为了减少弃水，随着丰水年的来临，年内枯水期应适当增加发电电量，使汛前水位适当低于设计值，以减少洪灾损失。

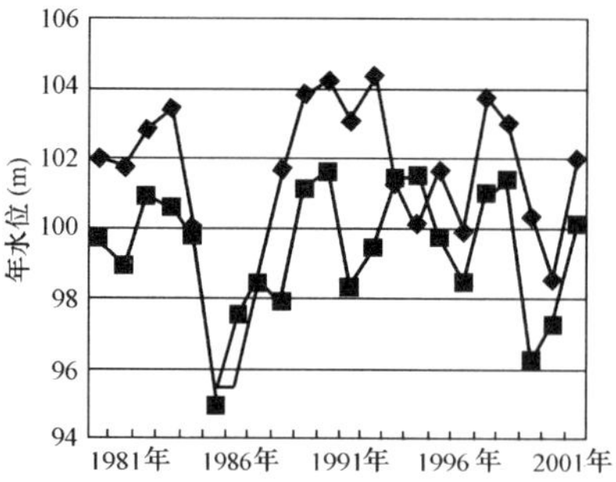


图 1　1981～2002 年调度图与实况调度年平均水位对照图

说明：—◆— 调度图；—■— 实况

2. 耗水率分析　实际发电年均单耗与按调度图调度年均单耗趋势基本一致，但其波动幅度比按调度图调度的要小（2000、2001 年除外）。存在枯水期（1981～1988 年）实况单耗小于调度图单耗，而丰水期（1989～1999 年）大于调度图单耗的规律。这种现象与水位存在一定的对应关系，由于实际调度在丰水期的汛前和汛中加大了发电量，有效降低了水位，减少了泄洪机会和泄洪量，同时平均单耗也有所提高。近 22 年中，实际多年单耗为 5.79，比调度图调度单耗多 0.14$m^3$/(kW·h)。期间 1987、1993、1997、2000、2001 年的两种单耗有明显的偏差（见图 2）。除 1987 年实际单耗要小外，其他年份均比实际值偏大。2000 年和 2001 年实际单耗远大于调度图调度单耗是由于该两年来水连续偏少，而调度方式仍然沿用前期较成功的多水年份调度方式，在主汛期来水较少的情况下，导致蓄水不足，下半年大多数机组采取空转或轻负荷备用状态运行，导致这两年平均单耗迅速增大。

3. 1987 年调度成功分析　1987 年在年初实际水位比调度图连续演算水位低约 1.2m（约含水 4.67 亿 $m^3$）的情况下，全年仅少发 0.742 亿 kW·h 电量（约耗水 4.57 亿 $m^3$），当年年末水位高出调度图调度的水位 1.35m（约含水 6.11 亿 $m^3$），全年共计节水 6.21 亿 $m^3$，折算成电量达 1.008 亿 kW·h。节水增发电量贡献主要在 1～4 月。在 1987 年年初，库水位很低（90.573m），1 月份减少发电量，但 1 月来水很少，水位继续下降，2、3、4 月连续大幅减少发电量，合计发电只有 1.235 亿 kW·h,发电用水的减少，致使 3、4 月份水位有大幅提高，到 4 月末水位已蓄到 97.622m，比调度图调度同期水位高 2.936m，在

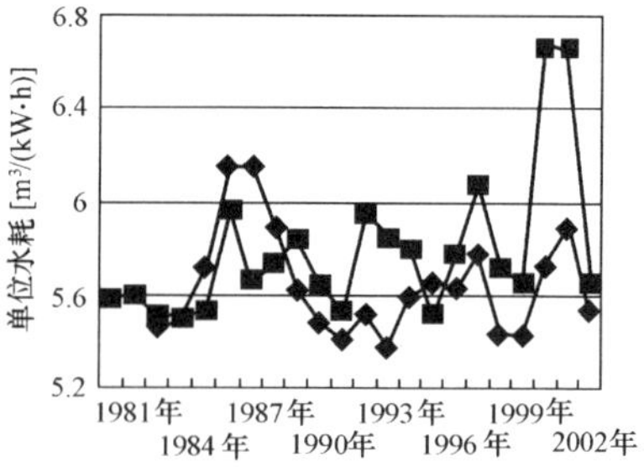


图 2　调度图与实况调度耗水率对照图

说明：—◆— 调度图；—■— 实况

7 月末水位很高（105.521m）的情况下，8 月份加大发电量，消落水库水位到 102.003m。正是由于 1～4 月减少发电，才使 5～12 月的平均运行水位达 100.07m，大大减小了发电单位水耗，使该年成为枯水期成功调度的范例。

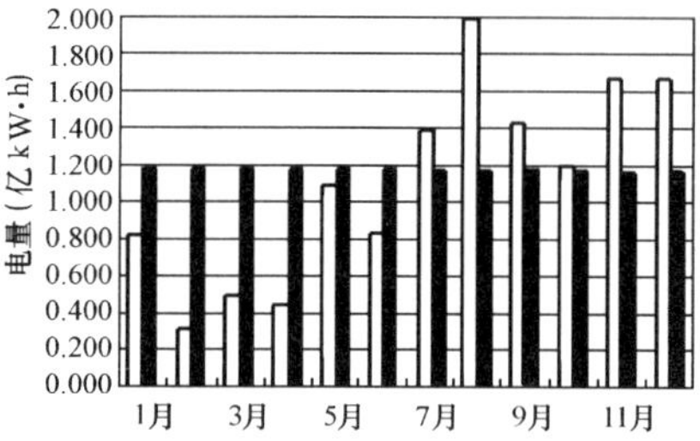


图 3　1987 年实况与调度图月电量对照图

说明：□实际；■调度图

4. 2000 年调度失败分析　2000 年在年初实际水位比调度图高 0.37m（约含水 1.74 亿 $m^3$）的情况下，全年少发 2.032 亿 kW·h 电量（约耗水 11.63 亿 $m^3$），且使当年年末水位低于调度图调度的末水位 1.77m（约含水 7.96 亿 $m^3$），全年共计多耗水 21.33 亿 $m^3$，折算成电量达 3.723 亿 kW·h。图 4 是 2000 年实况和调度图调度的电量对比图，从图形上可直观看出，当年发电主要集中在上半年，特别是 3、4 月份。从水库运行水位上分析，4 月份增加电量到 2.84 亿 kW·h 是很大的失误，因为 3 月末水位已经处在相对低位，4 月控制发电耗水与当月来水相当量就可以。由于主汛期来水与预报存在很大出入，致使下半年电量安排特别被动。该年 6～12 月只发 3.3 亿 kW·h电量，指导思想是对的，造成全年水耗偏大的主要原因是由于下半年机组长期处在空转或低负荷状态下运行，电站在担任备用任务时，为华东电网的安全稳定运行做出了巨大贡献，同时也损失了不少水量。

由上述两个个例分析可知：汛前水库水位的调度合理与否将直接影响水库在主汛期和该水文年枯水期的调

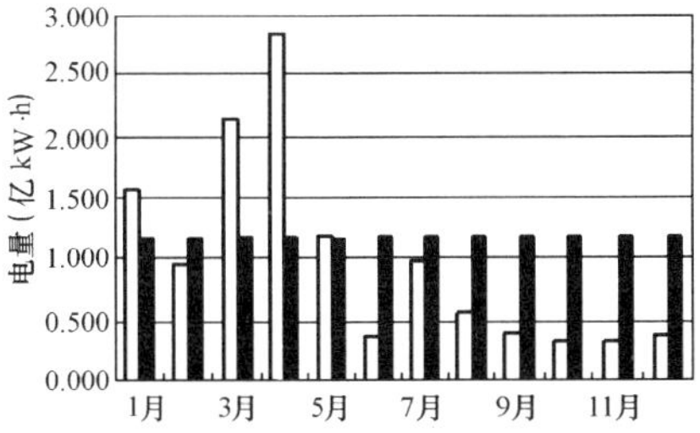


图 4　2000 年实况与调度图月电量对照图

说明：□实际；■调度图

度，并对当年的调度成功与否起着决定性的作用。

（二）洪水调度分析

1. 洪水调度总体情况　1980～2000 年期间新安江水库共经历了 5 次洪水调度，它们分别是 1983、1994、1995、1996、1999 年。其中除 1983 年是本文划定的水库流域枯水期外，其余 4 次泄洪均处在流域的丰水期。总体来说，这 5 次洪水调度都是比较成功的。首先，5 次洪水调度都充分削减了洪峰，减轻了下游的洪灾损失，防洪效益显著。如 1996 年 6 月末的洪峰流量达到 19140$m^3/s$，泄洪期间最大洪峰流量也达到 8372$m^3/s$，而最大出库流量仅为 4198$m^3/s$，削减洪峰流量 14942$m^3/s$。其次，5 次洪水调度都使上游最高水位保持在相对较低的水平，保证了大坝的安全，减轻了上游的洪灾损失。除 1999 年最高水位为 108.368m 外，其他四年上游最高水位均低于正常高水位 108.0m。如 1983 年洪水，尽管当年主汛期前期 4、5 月来水比同期偏多 1 倍，水库水位从 4 月初水位 92.65m 上涨，到当年 6 月 27 日时已达到 106.466m，由于采取了果断措施，28 日开闸泄洪，腾空了库容，为第二次泄洪弃水迎得了主动权。若不采取泄洪，上游最高水位将达到 110.84m（实际值为 107.65m）。表 2 是 5 次泄洪的总体情况。

表 2　1980～2000 年 5 次洪水调度总体情况

| 年份 | 泄洪总量（亿 $m^3$） | 最大开闸孔数（孔） | 最大泄洪流量（$m^3/s$） | 泄洪历时（h） |
|---|---|---|---|---|
| 1983 | 26.74 | 7 | 4396 | 1209.0 |
| 1994 | 11.54 | 7 | 3858 | 620.1 |
| 1995 | 12.49 | 7 | 3380 | 617.8 |
| 1996 | 13.38 | 5 | 3306 | 611.3 |
| 1999 | 21.78 | 8 | 5792 | 925.0 |

2. 五次洪水调度经验总结

（1）建立快速反应决策机制是减小洪灾损失的重要保证。通观这 5 次泄洪，有关部门都是短时内果断决定泄洪的。因为水库防限水位（106.5m）与正常蓄水位（108.0m）仅相差 1.5m，折合库容仅 9.46 亿 $m^3$，新安江水库的洪水预报预见期仅有 6～9 小时，还要留足下游防洪准备的时间，因此必须决策果断。1983 年和 1999 年在遭遇特大洪水的情况下，由于决策果断，保证了上游最高水位的相对偏低。

（2）完善水情系统和洪水调度决策系统是减小洪灾损失的重要技术保障。新安江水库从 20 世纪 90 年代初建立、完善水情自动测报系统以来，大坝经历了 4 次泄洪。水情自动测报系统由于能够即时反映水情信息，洪水预报系统能够进行定时、实时和模拟预报，这些功能为近四次洪水调度提供了迅速决策的技术平台。

（3）做好短期气象预报和洪水预报，是减小洪灾损失的关键因素。一般说来，遭遇泄洪弃水都是由于短期内降水集中，水库来不及通过发电放水消落水位造成的。但是如果短期内气象预报和洪水预报准确，就可以采取预泄等模式提前消落水位，减轻水库的后期防洪压力，从而可以减小最大出库流量，达到减小洪灾损失的目的。

（4）科学分析，减少人为决策失误。尽管目前气象科学水平取得了较大的进步，短、中期气象预报精度有了较大提高，但预报雨量与实况降水出现较大差异的情况在所难免。在梅汛期末期，调度人员一般愿意根据中、短期气象预报，对后期来水作一个风险评估，在相对有利的情况下，可能提供“不泄洪，适当蓄高上游水位，后期满出力运行逐渐消落水位”的建议。如果气象预报准确，可以大大减少洪灾损失，并且能增加电厂发电量，提高发电效益。然而 1983、1996、1999 年的特大洪水都是发生在梅汛末期，因此梅汛末期达到弃水水位时宜采用弃水以消除后期洪灾风险，而不宜过分依赖天气预报去承担后期洪灾风险。如果在洪水早期就按洪水调度图调度，则能减小后期的泄洪流量，从而减小下游洪灾损失。以 1999 年特大洪水为例，如果水位超过 106.5m 就采取泄洪的话，可以控制上游最高水位为 108.01m，最大泄洪流量为 3892$m^3/s$，上游最高水位可降低 0.36m，最大泄洪流量可减小 1900（5792－3892）$m^3/s$。因此洪水前期应尽可能按设计洪水调度进行调度，减小后期由于继续来水集中造成的洪灾风险。

## 四、协调好防洪效益与发电效益

（一）掌握本流域暴雨洪水基本规律，对水库运行方式进行滚动修正

根据上文统计，新安江流域存在准 10 年周期的丰、枯相间降水特征，利用好这个规律，将对多年调节产生巨大效益。在丰水周期内要适当多发电量，以在梅汛前腾出足够库容，在枯水周期内适当减小发电

量，以便使年运行水位相对平稳。尽管在枯水期也可能发生特大洪水，在丰水期存在枯水年，但可以借助长期气象预报等手段将不利调度加以纠正，使损失减小。如1983年前期为强厄尔尼诺年，多因子反映该年有强降水。因此可以把这种特殊年按丰水期调度方式进行调度。1997年是20世纪90年代丰水期的枯水年份，出现了连续6个月降水偏少，在主汛期(4～6月)就可以根据来水和实际运行水位修正发电计划，以便汛末水位能得到保证。

（二）重点关注中期气象预报，利用好长期和短期气象预报，是水库调度优化与否的关键

理论上讲，只有长期气象预报准确，水库调度才能最优化。但是受到当前气象预报水平的局限，长期气象预报在小流域上预报效果并不很理想。预报期越短，气象预报越准确。对于一次能引起弃水的洪水来说，短期气象预报准确能优化洪水调度，中期气象预报准确可能会免去该次泄洪弃水。假设气象预报有10天预见期，10天内满负荷发电能为水库腾出10亿$m^3$（机组改造后）库容，这相当于流域的100mm降雨量。对于1994、1995年这种年份就能避免泄洪弃水，对于1999年这种特大洪水年也能减小下泄量，减轻下游的洪灾损失。

（三）划分水库分期防洪限制水位

新安江水库主汛期（4月15～7月15）防洪限制水位是一个固定值，为106.5m。这种调度方式单一，缺乏灵活性，不能充分发挥水库的调节作用，虽然合法但不尽合理。

划分水库分期防洪限制水位，一是能改变现行水库固定时间固定汛限水位的调度方式，实现防洪效益与兴利效益的转换；二是依托天气预报和洪水预报的技术进步，挖掘水库预报调度的潜力，实现水库安全有效的汛期蓄水。

根据新安江流域的主汛期降水规律，可以科学划定出不同时段的防洪限制水位（该水位一般是低于106.5m的设计防洪限制水位），以提高抗洪灾风险。当然这类防洪限制水位与设计的防洪限制水位的水库运行方式有所不同，即在对应时段水位超出其防限水位时，并不是采取弃水方式将水位降到对应时段的防洪限制水位以下，而是采取机组满出力运行方式，尽快将水位降到对应防限水位以下。长期来看，划分水库分期防洪限制水位，益处是增加了水库抵御洪水的能力，能减少弃水量和弃水次数，代价是水库平均运行水位比设计值要低，影响汛末枯水段的电站保证出力。

（四）将年内最高目标水位调低，减少泄洪弃水风险

新安江下游沿江经济发展迅速，出库流量超过5000$m^3/s$将造成较大损失。为减少损失，将下游城市防洪标准提高到50年一遇情况时，最大下泄流量还要求降低。因此在实际调度中，将年内最高目标水位定得比设计低一些，可以减小泄洪弃水量而赢得显著社会效益。

水库蓄水位的调低，对发电效益是否影响较大呢，答案是否。因为水库蓄水位的调低，能减少谷电量增加丰、腰电量比例而提高电厂效益。新安江电厂机组改造后，设计出力达到81万kW，以8点到22点的峰、腰出力段满出力运行，日电量可达到1134万kW·h,这完全能达到降低区间水位的要求，目标水位的降低反过来又能腾出更多防洪库容，使汛期减少了满出力运行的机会，从而能增加汛期的峰腰电比例。同是还能将一部分弃水转化为发电量，从而增加发电效益。水位越低，防洪库容便越大，这能拦蓄更大的洪水，从而减少了弃水量，增加了电量。近22年实际单耗尽管大于设计单耗0.14$m^3/(kW·h)$,但总电量却比设计电量增加了13.745亿kW·h,主要就是这个原因。

浙江省防汛抗旱指挥办公室在1996年对新安江流域作了从1930～1995年的连续长系列调度，认为将新安江水库汛限水位降到105m时，理论弃水将从236.27亿$m^3$降低到172.75亿$m^3$，若结合短期气象预报，除1954年外，其他14年均可免于泄洪弃水，从而达到多发电的要求。

（五）以水定电，灵活调度

来水量的多寡，调度人员在前期往往很难把握。以上述方式进行汛期调度，一旦出现汛期结束，水位不能蓄到理想水位，后期枯水段怎么调度呢？据统计，华东电网目前6000kW及以上发电装机容量为5623.27万kW，新安江水库只占到1.18%，况且不同电网之间可以进行输送电，完全能解决由于新安江电厂发供电变化所带来的影响。因此，可以降低新安江电厂的发电保证率，在枯水期采取水位高时多发电，水位低时少发电的原则，尽量保持水库水位运行平稳，以换取洪灾风险的减小和电厂发电效益的增加。

## 五、2003年调度情况

新安江流域2003年是处在2000～2010年的流域枯水段（预测）期间，宜以枯水年来水作计划调度，因此年计划电量定为15.5亿kW·h。由于年度综合气象预报和汛期综合气象预报都报1～9月来水偏多，1～5月电厂加大了发电量，合计发电达11.56亿kW·h,占年计划的74.6%。六月上旬多数预报认为2003年梅雨量将大大减少，6月减少发电为1.32亿kW·h,7、8月份由于电网拉闸限电严重，水库在旬末蓄水偏少的情况下，电量也保持在较高的水平。9

月下旬下游杭州遭受饮咸水的危机，新安江水库再一次加大发电量，取得了较好的社会效益。截止到2003年9月，水库累计发电量为17.38亿kW·h,提前完成年计划，考核节能0.10亿kW·h,水能利用提高率为0.56%，与调度图调度基本持平，但全年创造的社会效益是巨大的，不但保证了用电高峰期的发电量，还为杭州城解了饮咸水之苦。总体来讲，是优于调度图调度的。

（新安江水力发电厂　李福钢　粟运华）

## 抓住西部大开发机遇，实施多元化经营战略

### 一、西部大开发，带来的机遇和挑战并存

实施西部大开发战略为水电发展造就了重要的历史机遇。西部大开发的实施，带动西部丰富的水资源开发，大批的水电建设立项，给水电七局带来前所未有的机遇，同时，也是一种挑战。面对全国有限的水资源开发、众多的水电施工企业，要想在有限的水电建设市场中获得足额的份额，在激烈的市场竞争中生存与发展，就要发挥主体产业优势，采取“立足主业、多元发展”的方针，根据“全面规划、综合开发、注重效益、协调发展”的思路，以建筑业为依托，以争创效益为目标，大力发展工业和第三产业，使得多元化经营收益在企业总营业额中的比重逐年提高，从而增强水电七局的综合竞争力。

### 二、经验积累和改革措施是水电七局主体产业——水电建设核心地位得以确立的保障

（一）拥有大批的专业人才，先进的施工技术，配置齐全、精良的施工设备，雄厚的资金，是水电企业的立足之本

水电七局集设计、施工、科研于一体，具有国家水利水电工程施工总承包特级资质和国家公路工程施工一级资质。多年水电建设经验的积累，大批的专业人才，先进的施工技术，齐全、精良的施工设备，雄厚的资金。为在市场立足打下了基础。

（二）内部管理机制的革新，使企业充满活力和凝聚力，从而更具市场竞争力

面对机遇和挑战，惟一的出路就是从自身出发，不断深化改革，强化市场营销，拓展市场空间，从而达到增加市场份额的目的。水电七局局机关从20个职能部门调整为15个，机关管理人员从348人精简至170人。10个分局一级的机关从改革前的近1000人精简到386人。通过改革，两级机关的人员趋于精干，工作节奏加快，效率明显提高。在两级机关新的机构设置中，加重了市场营销、在建工程管理和经营管理的权重，更适应市场竞争的需要。

（三）市场开发部和国际工程部的成立，使该局在占领国内、国外水电建设市场过程中起到主导作用

两部门成立以来，着重加强市场信息管理，充实市场营销队伍，加大对投资营销人员的激励力度，提高编标、投标质量，提高策划、公关水平，增强了市场营销综合竞争力。

2000年全年共投标64项，投标总额达27亿元，其中中标25项，中标总额为5.18亿元，加上分包，达到6.18亿元，中标率为投标总额的19.2%。

2001年全年共签约项目合同60份，合同金额15.75亿元，是计划“力争8亿”的2倍。新签国际合同项目1个，合同金额7198.5万马克（折合人民币15836.7万元）。

2002年，国内市场全年签约20.01亿元，创历史新高；国际市场，该局同水电集团公司海外事业部合作签约工程项目合同2个，合同金额5.4338亿美元。

（四）先进的工程建设管理理念，是该局与国际接轨的纽带

该局的经营理念为“干一个工程，树一座丰碑，交一批朋友，拓一方市场，育一批人才”，以“追求高新境界，争创精品工程”为目的，本着“科技为先、管理为重、质量为首、信誉为上、人才为本”的原则，在国内、国外创造了一次次辉煌的施工业绩：建局37年来，承建了龚嘴、铜街子、楠桠河、太平驿、东西关、铜头、白禅寺等30多座水电站及二滩水电站右导流洞、黄河小浪底消力塘、五强溪三级船闸、大源渡航电工程、广西天生桥一级水电站引水发电系统等水电工程，装机投产5850MW。参建了几内亚、索马里、突尼斯、阿尔巴尼亚、伊拉克、朝鲜、蒙古、泰国等国家的水电工程及成渝、成乐、德绵高速公路、渝合高速公路、川陕高等级公路、绵阳涪江二桥、成都双流国际机场飞机修理库、成都自来水六厂B厂BOT工程等工业民用建筑项目40多个。在建的有四川紫坪铺、重庆江口、长江三峡、湖南碗米坡、广西龙滩、云南小湾、新疆吉林台、甘肃小峡、叙利亚迪什林、巴基斯坦高摩赞、马来西亚巴贡等水电工程项目和綦万高速公路部分路段等工业民用建筑项目。

在先进管理理念的指导下，水电七局成为全国建筑企业百强之一、全国用户满意企业、四川省建筑业十强之一、四川省先进单位、四川省重点建设先进单位、四川省建筑业先进企业、四川省重合同守信用企业、四川省重点工程建设施工AAA级信誉企业、

AAA金融资信企业、湖南省重点建设项目施工先进单位。1997年12月通过GB/T 19002—ISO9002质量体系国家认证，并予以注册。2001年荣获全国“五一”劳动奖状。2002年荣获全国优秀施工企业称号，2002年被四川省评为“连续三年质量无投诉单位”，2003年被四川省评为“用户满意企业”。

## 三、多元化经营战略是该局长期发展战略

### （一）单一经营方式的弊端

（1）依赖单一的市场，必然缺乏抗击市场风险的能力。

（2）三高一低：即年产值高、主营收入高、所签合同额高，利润率低，是水电施工企业的又一弊端。

该局主业的核心地位已得以确立，在所有产业中占绝对优势，并呈上升趋势，其产值占总营业额的90%以上，但产值利润率却非常低，是整个水电施工企业普遍存在的问题。

### （二）实施多元化经营战略是该局持续发展的保障

企业的多元化经营是一种营销战略，如果企业没有多种产品，那么在企业生产的产品的需求萎缩或者是市场供求关系发生变化的情况下，企业的风险就很大，就很可能会倒闭。因此，企业的多元化经营是企业立足于市场竞争的需要，是企业自身生存和发展的保障。

不搞多种经营，经济状况难以好转，持续发展无从谈起。不能认为多种经营影响主业，事实已证明，凡是多种经营搞得好的，主业都走在行业的前列。不搞多元化经营，企业改革难以深入。

### （三）以主业为依托，大力发展多元化经营战略

开展多元化经营，必须以主业为依托，依靠主业的人才、技术、资源等优势，进军新的领域。投资开发水电资源是水电施工企业的最佳选择。原因有主观和客观两方面：

（1）政府政策扶持。实施西部大开发战略，政府制定了一系列政策措施，如：加大建设资金投入力度、优先安排建设项目、加大财政转移支付力度、加大金融信贷支持、加大改善投资软环境、实施税收优惠政策、运用价格和收费机制进行调节等措施，有利于投资开发水电资源。

（2）自身优势。经过几十年的水电施工，积累了大量的人才、技术、设备资源，在开发水电资源方面具有人才、技术、设备、管理等方面的现有优势。

（3）利润高。这点也是最重要的原因。追求利润大化是每个企业的最终目标，投资水电开发收益高，能给水电施工企业真正带来新的利润增长点。

该局在开展多元化经营方面，曾进行过多领域的探索。投资开发旅游、宾馆、工业等等，在计划经济时期经营还不算困难，但进入市场经济后，公司所得利润至多能维持其运作，有的甚至长期没有收入，最终不得不宣布破产或撤销重组。就连该局投资的标志性星级明珠酒店，也长期处于保本微利或亏损状态。从经验教训中认识到，不是每个行业都适合我们，只有依靠自身优势，才能有所成效。结合自身优势，转向投资水电开发公司、高新技术行业和证券，相应投资方式已由参股逐步转向控股，并取得一定的成效：2000～2002年该局的项目年投资收益分别为－52万元、62万元、78万元，投资收益率远远高于主业产值利润率。

至2001年止，该局所投资的水电开发公司已近十个，基本上全为参股型：乐山市沙湾新华发电厂股份合作公司（控股）、乐山市筒车坝电力有限公司、四川国投马边河水电有限责任公司、四川槽渔滩有限公司、峨眉电力股份有限公司、乐山永乐电力开发有限责任公司、四川瓦屋山水电开发有限责任公司等，投资收益累计已达1160万元。

2002年，该局开始投资开发水电资源，与四川石棉县开源电力有限公司、四川雅安宝华综合开发有限责任公司合资组建共同开发甘孜州九龙县水电资源的久隆电力开发有限责任公司。水电七局占36%的股份。该公司的成立，标志着水电七局首次以控股的身份对外进行水电资源开发。

该公司开发九龙县水资源的总体原则是按照国家有关部门对松林河流域上游、九龙河及其支流踏卡河、铁厂河已经批准的项目进行滚动开发。与地方政府签定的水电开发协议已锁定约80万kW的装机容量，2009年完成滚动开发。因三家发起公司均为水电作业的企业，具有丰富的水电运作经验，水电七局又相对控股，到时必将为该局带来可观的投资收益。

（中国水利水电第七工程局 李富华 杜秀彬）

# 综 合 效 益

## 长江三峡工程防洪的几个问题

### 一、长江中下游防洪标准

（一）长江中下游总体防洪标准

防洪标准是反映流域内各工程总体防御洪水能力的指标，与流域的具体情况及流域内工农业发展状况、要求及国民经济可承受的能力密切相关。因此，防洪标准的制定必须以国家颁布的现行有关规范、标准为依据，根据国家的有关政策文件、流域防洪保护区的社会经济发展状况、历史洪灾情况及洪水泛滥可能造成的严重程度来确定。

长江中下游干流接纳长江上游和中下游支流的来水，洪水来源不一，洪水组成复杂。同一场洪水不同控制站的频率往往很不一致，同一场洪水，同一站的洪峰流量、不同历时的洪量、频率也往往相差很大。因此，对长江中下游很难制定出一般概念的某一重现期的整体防洪设计洪水。通过多年来的研究，确定以20世纪以来发生的最大洪水1954年实际洪水作为长江中下游总体的防洪标准。在发生1954年型洪水时，确保重点保护地区的防洪安全。

1954年洪水是全流域性大洪水，当年分洪溃口水量达1023亿$m^3$，如将这部分水量全部归槽，则30天洪量在城陵矶河段约180年一遇，在汉口、湖口河段均约200年一遇。

（二）荆江河段防洪标准

荆江河段95%的水量来自于长江上游，直接接纳长江上游的洪水，其防洪受上游洪峰控制，而1954年洪水宜昌洪峰流量为66800$m^3/s$，重现期约为10年，防洪控制点枝城洪峰流量为71900$m^3/s$，其重现期也仅约15年，作为防洪标准显然太低。根据荆江河段的重要性及洪灾的严重程度，确定荆江河段的防洪标准为100年一遇。同时考虑到19世纪中叶的1860年、1870年长江发生过两次特大洪水，枝城洪峰流量为110000$m^3/s$，这种洪水一旦重现，将对荆江造成毁灭性灾害。对于这类历史上已实际连续发生且将对荆江地区乃至整个长江中下游造成极其严重后果的洪水也应在考虑之列。因此，荆江河段在满足100年一遇防洪标准的基础上，对类似1870年洪水应有可靠的措施保证荆江南北两岸大堤不自然溃决，防止发生毁灭性灾害。

### 二、长江中下游防洪对三峡工程的要求

（一）现状防洪能力

经过多年的建设，长江干支流主要河段现有防洪能力大致达到：荆江河段依靠堤防可防御约10年一遇洪水，考虑南岸堤防薄弱环节加高加固后，加上使用荆江分蓄洪区，可防御约40年一遇洪水；城陵矶河段依靠堤防约可防御10～15年一遇洪水，考虑比较理想地使用分蓄洪区，可满足防御1954年型洪水的需要；武汉河段依靠堤防约可防御20～30年一遇洪水，考虑上游及本河段分蓄洪区比较理想地使用，可基本满足防御1954年型洪水的需要；湖口河段依靠堤防约可防御20年一遇洪水，考虑上游及本河段分蓄洪区比较理想地使用，可基本满足防御1954年型洪水的需要。

（二）存在的突出问题

尽管长江中下游防洪建设取得了很大成绩，遇一般洪水，经过严密防守，基本可以安全度汛，但从整体上分析，仍存在许多问题，特别是以下两个突出问题。

(1) 目前荆江河段依靠堤防的防洪标准仅约10年一遇，在运用现有荆江分洪工程后，也仅能勉强防御枝城80000$m^3/s$的洪水，频率约为40年一遇。这一防洪能力不能达到规划拟定的标准，且如遇1860年型或1870年型洪水，在采用规划安排的分蓄洪措施后，仍有30000～35000$m^3/s$的超额洪峰流量无法安全下泄，荆江南岸或北岸堤防溃决，均将淹没大片农田和村镇，造成大量人口伤亡，特别是北岸堤防溃决，还将严重威胁武汉市的安全。特大洪水对这一河段的严重威胁，仍是心腹之患。

(2) 长江中下游的洪水来量远远超过各河段的安全泄量，遇大洪水分洪损失大。如遇1954年型洪水，在规划的防洪工程理想调度运用的情况下，需起用规划安排的40处分蓄洪区，分蓄超额洪水500亿$m^3$。其中，荆江河段54亿$m^3$，城陵矶附近区320亿$m^3$（洞庭湖与洪湖各一半），武汉附近区68亿$m^3$，湖口附近区50亿$m^3$（鄱阳湖与华阳河各一半）。上述分蓄洪区共有耕地55万$hm^2$，人口618万人。

（三）长江中下游防洪对三峡工程的要求

根据长江的特性及其洪水特点，长江防洪应采取

综合措施，逐步建成以堤防为基础，三峡工程为骨干，加上干支流水库，蓄滞洪区，河道整治、平垸行洪、退田还湖、水土保持、封山植树、退耕还林以及其他非工程防洪措施所组成的综合防洪体系。

三峡工程位于干流宜昌市境内，控制流域面积100万$km^2$，紧靠长江防洪重点保护区——江汉平原与洞庭湖平原的上端，控制了长江上游的全部来水。长江中下游防洪对三峡工程的要求有：对上游型大洪水进行调节，减轻荆江河段和洞庭湖区防洪负担，减少荆江分蓄洪区使用机会，提高荆江河段的防洪标准；对发生在上游的特大洪水（如1870年型洪水）进行控制和调节，配合荆江分蓄洪区以避免荆江河段（江汉平原和洞庭湖平原）发生毁灭性灾害；对全流域和中下游型大洪水进行补偿调节减少中下游平原地区的分蓄洪量。

## 三、三峡工程防洪调度方式

### （一）三峡工程防洪规划

根据长江中下游整体防洪规划的安排，三峡工程的防洪规划为：通过三峡工程的调控，使荆江地区的防洪标准达到100年一遇；遇1000年一遇或类似1870年特大洪水时，控制枝城流量不大于80000$m^3$/s，在已规划安排的分蓄洪区的配合运用下，保证荆江河段行洪安全，避免南北两岸干堤溃决发生毁灭性灾害。在保证上述目标达到的情况下，尽可能使城陵矶附近区的分洪量有较大幅度的减少。

### （二）三峡工程防洪调度方式

根据长江中下游防洪对三峡工程的要求，对三峡工程的防洪调度研究拟定了两种补偿调度方式：①以控制沙市水位为目标的“对荆江补偿调度方式”；②既考虑对荆江河段也考虑对城陵矶河段进行防洪补偿调度的“对城陵矶地区补偿调度方式”。

1. 对荆江补偿调度方式　对荆江补偿调度方式以控制沙市水位为调度目标，具体操作规则为：①当遇到100年一遇及其以下洪水，三峡工程按控制枝城流量不大于56700$m^3$/s与宜昌—枝城区间洪水进行补偿调度，使沙市水位不超过44.50m，三峡工程下泄流量为$q=56700-Q$（$m^3$/s）（$Q$为当日宜昌—枝城区间流量）；②当遇100～1000年一遇洪水，控制枝城最大流量不超过80000$m^3$/s，并采取分洪措施控制沙市水位不超过45.00m，三峡工程下泄流量为$q=80000-Q$（$m^3$/s）（$Q$为当日宜昌—枝城区间流量）。三峡水库调洪控制最高水位175m。达到175m后则以保证大坝安全为主，对洪水适当调节下泄。

这种调度方式比较适应以长江上游来水为主的典型洪水，对防止历史上出现过造成毁灭性灾害的1860、1870年特大洪水效果显著，调度方式简单，可操作性好，能达到长江中下游防洪要求的防洪目标。对减少城陵矶地区的分洪量也有一定的作用，但不够理想。

2. 对城陵矶地区补偿调度方式　为了既保证荆江地区的防洪安全又尽可能多地减少城陵矶附近分洪量，在三峡工程初步设计中，研究了对城陵矶地区补偿调度的操作方式，其基本思想为，将三峡工程221.5亿$m^3$的防洪库容划分为3个部分。第1部分的防洪库容用作既对城陵矶地区补偿也对荆江补偿；第2部分的防洪库容仅用作对荆江补偿；第3部分的防洪库容留作对荆江特大洪水进行调节。初步将这3部分的防洪库容的划分为第1部分100亿$m^3$、第2部分85.5亿$m^3$、第3部分36亿$m^3$。具体操作规则为：①当三峡库水位低于第1部分库容相应的水位时，三峡工程的下泄量$q=\min(q_1, q_2)$，但不小于26台机组发电流量约25000$m^3$/s，其中，$q_1=56700-Q_1$（$m^3$/s）（$Q_1$为当日宜昌—枝城区间流量）；$q_2=60000-Q_2$（$m^3$/s）（$Q_2$为第3日宜昌—城陵矶区间流量）；②当三峡库水位高于上述水位而低于第1、第2部分库容之和，相应三峡允许泄量为$q=56700-Q_1$（$m^3$/s）；③当三峡库水位高于185.5亿$m^3$库容的相应水位时，三峡工程当日下泄量为$q=80000-Q_1$（$m^3$/s），但不大于当日实际出库流量；④当三峡库水位达到175m，则以保证大坝安全为主，对洪水适当调节下泄。

这种调度方式适应以长江中下游来水为主的洪水类型及全流域型洪水，例如1931、1954、1998年洪水。调度方式较复杂，但可操作性也很好，能达到防洪目标，特别是对减少城陵矶地区分洪量的效果优于对荆江补偿调度方式。

## 四、三峡工程的防洪作用

三峡工程建成后，将成为长江防洪体系中的骨干工程，对长江中下游防洪发挥较大作用，特别是荆江地区防洪形势将发生根本性变化。

### （一）荆江地区

对荆江地区，遇100年一遇及100年一遇以下洪水，可使沙市水位不超过44.5～45m，不启用荆江分洪区；遇1000年一遇或1870年型洪水，经三峡水库调节后，可以控制枝城流量不超过80000$m^3$/s，配合荆江地区分蓄洪区的使用，保证荆江两岸的行洪安全，避免荆江两岸堤防溃决造成大量人口死亡的毁灭性灾害。此外，三峡工程建成后为荆江南岸松滋等四口建闸控制创造条件，减少分流入洞庭湖的水沙，延缓洞庭湖的淤积。

### （二）城陵矶附近地区

对城陵矶附近地区，一般年份可以基本上不分洪，遇1931、1935、1954、1998年型等大洪水，可减少本地区的分蓄洪量和土地淹没。例如遇1954年洪水，按荆江补偿调度方式，城陵矶附近区分洪量要减少40亿$m^3$；按对城陵矶补偿调度方式，分洪量要减少102亿$m^3$。

（三）武汉附近地区

对武汉地区，由于长江上游洪水得到有效控制，从而可以避免遭遇特大洪水时因荆江大堤溃决洪水直趋武汉的威胁；三峡水库调蓄提高了对城陵矶附近地区洪水控制的能力，配合丹江口水库和武汉市附近地区的分蓄洪区，可避免武汉水位失控。三峡工程建成后，武汉以上控制洪水的能力除了原有的分蓄洪区容量外，还增加了三峡水库的防洪库容221.5亿$m^3$，无疑将大大提高武汉防洪调度的灵活性，对武汉市防洪起到保障作用。如1998年洪水，在三峡工程按照对城陵矶附近地区补偿调度后，汉口水位可降低约0.50m。

（长江水利委员会设计院　仲志余）

## 三峡工程10年上缴税收14亿元

举世瞩目的三峡工程在10年建设中，严格按国家政策纳税，工程及其企业上缴的税收收入也逐年递增。据统计，截至2002年底，工程及其施工企业共上缴税收14.06亿元，其中，上缴国税3.01亿元，地税11.05亿元。

三峡工程作为一项造福于民的工程，在纳税方面也严格按照国家的政策纳税，不偷税不漏税，且做到了自觉规范。很多施工企业虽然是从外地到三峡来参与建设的，但均在宜昌注册照章纳税。宜昌市国税局三峡分局把为三峡工程服务作为首要任务，在三峡工程的纳税工作中，坚持“简化手续、提高效率、特事特办”的原则，做到了政策及时送上门，问题现场来办公，办税一次就完成，通过优质的服务形成了良好的征纳关系，为三峡工程营造了优良的建设环境。他们评价参建三峡工程的企业在纳税工作中的表现时说，参建企业自觉做到了月税月清，年税年清，全年无欠税。纳税申报率、入库率均达100%。

三峡电站建成后，其税收收入还将大幅度增长。2003年，三峡工程首批机组计划发电55亿kW·h，预计10月至12月将上缴增值税0.94亿元。

（中国电力报　王媛华）

## 洪家渡水电站的地位与作用

### 一、洪家渡电站的主要指标

洪家渡坝址以上流域面积9900$km^2$，多年平均径流量48.9亿$m^3$，多年平均气温16℃。正常蓄水位1140m，总库容49.47亿$m^3$，调节库容33.61亿$m^3$，属多年调节水库。电站装机容量600MW（3×200MW），保证出力171.5MW，年发电量15.94亿kW·h。工程规模为一等大（1）型。

洪家渡水电站是国家西电东送启动工程之一，工程总工期5年9个月，主体工程施工期3年6个月，从准备期至第一台机组发电共4年9个月，工程完建期1年。1998年底开始施工筹备，2000开始施工准备及部分永久建筑物开挖，导流洞已于2000年底全部贯通。2000年11月8日正式开工建设，2001年10月15日顺利截流。大坝于2002年3月5日开始填筑。2003年7月开挖工程基本结束。第一台机组有望在2004年7月投入运行，2005年工程将全部完建。

### 二、主要效益及对地方的作用和影响

洪家渡电站以发电为主，兼有防洪、供水、养殖、旅游及改善生态环境和航运等综合效益。

1. 发电及径流调节效益　洪家渡水库可大幅度提高乌江梯级的能量指标；电站是贵州电网解决汛期经济型调峰容量的最佳电源点；电力补偿显著；提高水电机组调峰能力是建设南方能源基地的关键。洪家渡水电站对乌江梯级水电站的水力电力补偿效益是显著的，在贵州电网中有着其他电源无法替代的综合效益及作用，建设洪家渡水电站事半功倍。

2. 防洪效益　洪家渡水库可减少下游梯级电站泄洪规模和施工导流度汛难度。水库的调蓄作用还可减轻洪水对下游电站的压力，为下游乌江梯级电站的安全和经济运行打下坚实的基础。

3. 供水效益　水库可为织纳煤田建设大型坑口火电站提供充足的水源，促进其开发和建设。可促进储量为212亿t的西南煤海——织纳煤田的开发，为其提供充足的矿区用水。利用水库还可发展提水灌溉，促进农、林业的发展。

4. 养殖效益　洪家渡水库宽阔的库面还可为贵州提供丰富的水产养殖基地，为提高人民的生活水平创造良好的条件。利用库区河岔发展水产养殖业，据初步规划采用网箱养鱼和电拦养鱼，年产量可达165万kg，可以安置移民400多人。

5. 旅游效益　洪家渡水库水面宽阔，其秀美的湖光山色同织金打鸡洞、黔西、大方的百里杜鹃连成一片，将成为贵州一大旅游胜地，为开发贵州旅游资源创造条件。

6. 改善生态环境　按照规程要求，依据工程的规模、运行条件、坝址上下游、库周、库区环境和社会环境特征，经筛选出36个环境因子进行研究后，

认为工程兴建后，环境质量指标提高23.6%，说明工程建设使环境有所改善，而且社会环境的改善要大于自然环境的改善。同时，还可在库周建立用材林、经济林等防护林带，增加山区植被覆盖率，减少水土流失，减少水中含沙量，同时，利用水库沉沙，减少乌江鸭池河段泥沙55.5%，减少下游水库的淤积，改善下游水库的防沙条件，减少东风、乌江渡等水库的泥沙淤积，延长有效库容的使用年限。

7. 航运效益　洪家渡水库形成后，枯期可增加下游流量90m³/s，以改善下游航运条件。同时发展库区航运，方便库周乡镇人民之间的物资交流，促进生产发展。

8. 社会效益　充足的水源，强大的电力以及库周丰富的矿产资源，将吸引大批工矿企业在库周设厂，形成新的经济区，产生巨大的社会效益。乌江流域的矿产资源十分丰富，其中铝土矿储量居全国第三位，品位名列第一；煤矿储量为“江南”之冠；磷矿储量居全国第三，是我国重要的资源宝库，但由于贵州电网缺电，这些资源并没有很好地被开发利用，乌江洪家渡水电站建成后，将带动整个乌江梯级的滚动开发，利用丰富电力，实现铝磷等矿产资源的深加工，从而促进乌江流域的发展，振兴贵州经济。

电站建设还可带动当地少数民族山区的经济发展，提高人民生活水平。洪家渡电站的建成，可以带动当地工农业生产的发展，增加就业机会，对于人民生活水平的改善，文化素质的提高有着积极的意义。因此洪家渡水电站社会效益显著。

（中国水电贵阳勘测设计研究院　杨泽艳）

## 电力市场与抽水蓄能电站

### 一、电力市场与抽水蓄能电站的必然结合

抽水蓄能电站是为了解决电网高峰、低谷之间供需矛盾而产生的，是间接储存电能的一种方式。它利用低谷时的过剩的电力，驱动水泵，将水从下水库抽到上水库储存起来，然后在用电高峰期间将上水库的水放出发电，并流入下水库。因此抽水蓄能电站并不生产电量，它既是电源点，又是电力用户；它既可以被认为是发电厂，也可以被认为是电网调度的管理的工具。抽水蓄能电站是确保电网安全、经济、稳定生产的支柱。

电力市场是中国发展社会主义市场经济的具体体现，是历史发展的必然。电力市场的本质是在电力工业内部引进竞争机制，促进电力公司生存与发展的良性循环。随着改革开放的深入发展，电力工业出现了产权多元化——华能、外资、合资、股份、地方集资等形式，从而形成利益主体多元化的局面。产权多元化为电力市场产生和发展创造了必要条件。电力市场的建立能协调好现有各投资方利益，只有健康的电力市场才能进一步吸引投资特别是外资；只有健康的电力市场才能进一步促进电力系统的健康发展；只有健康的电力市场才能促进抽水蓄能电站发展壮大。

电力系统实际上是一个生产服务性行业，电力生产使用过程可以分为发电、输电、配电、用电四个环节，它最大的特点是必须产、供、销同时完成。它生产和销售的电力必须是优质的。电力系统为适应电力市场的发展先后走过四个阶段：①发电、输电、配电、用电各环节统一垄断经营；②在发电环节引入竞争，而输电、配电、用电环节仍保持垄断经营；③在发电、输电环节引入竞争，而配电、用电环节仍保持垄断经营；④在发电、输电、配电、用电各环节间均引入竞争。电力系统（各电网）要想在电力市场中立于不败之地，必然具有充足的电力，优质、安全的电能和相对低廉的电价。而多年来的计划经济使电力系统（各电网）设备陈旧、老化，系统损耗过大，负担冗重，极限的峰谷差，使得电力系统（各电网）运营艰难。步入电力市场初期的电力系统（各电网），急需抽水蓄能电站。

抽水蓄能电站和电力系统互相需要、互相依存，但又互相有矛盾。解决这种矛盾只有依靠电力市场。在市场经济条件下的抽水蓄能电站需要从电力系统中购电，也必须向电力系统售电。而在市场经济条件下的电力系统也需要抽水蓄能电站来削峰填谷，及提供相应的辅助服务（辅助服务包括：①负荷跟踪与频率控制即调频；②旋转备用；③运行备用即非旋转备用；④无功备用和电压控制即调压；⑤紧急事故备用；⑥黑起动）。但在具体运行中，他们总会出现矛盾，矛盾的焦点是价格。抽水蓄能电站希望从电力系统中最低价位购电，向电力系统中最高价位售电（如炒股票），并要求有偿向电力系统提供辅助服务，而电力系统很难无条件满足抽水蓄能电站的要求。解决这一矛盾离不开电力市场，而电力市场的支点就是电价。抽水蓄能电站和电力系统都必须尊重电力市场，必须按照市场规律运作。

### 二、电力市场的初级阶段

电力市场是电价、电力系统运行、负荷管理、供电用电合作通信和计算机系统的总和，是电力工业管理与技术的综合体。电力市场基本原则是公平竞争。健康市场的特征是：①价格随需求变化；②价格变化影响需求量；③买卖市场机制；④买方无垄断行为；⑤卖方无垄断行为。

电力是商品，商品交换靠的是电价，而电价应是交易双方都能接受才能成交，因此电价是电力市场的支点。电价过低一是影响电力工业的发展，二是影响电力生产；电价过高，将影响其他工业的发展，甚至影响社会安定。因此电力市场与电价息息相关，没有电价的改革就谈不上建立电力市场，没有电价的改革的电力市场，就无从谈及抽水蓄能电站的发展。但电价改革的含义并不就是涨价，而应服从科学的规律——等价交换的原则。

产权多元化必将冲击垄断经营时的上下级关系，代之以平等协商的关系。但电力系统有自己的技术特点——生产需统一指挥以获得最大的利益，抽水蓄能电站也是专横经营。抽水蓄能电站和电力系统没有平等协商的关系只有从属关系。从市场角度来看，抽水蓄能电站和电力系统应该是买卖关系，买、卖方均不可垄断，而且买、卖方可以有多方选择，即抽水蓄能电站和电力系统（指各电力公司）可以相互不选择合作，抽水蓄能电站的经营方式也是多样性的。电力公司的独家垄断性经营已经被打破，电力系统最终将实现发电、输电、配电、用电各方平等。

电价一直是一个最敏感的问题，它关系着电力工业的生存和发展，意味着对社会的义务。影响电价的因素包括：①发电燃料费、输电、配电损失费；②管理费；③发电、输电、配电维修费，设备更新费；④发电、输电、配电发展及还贷费用。

电价是一个变数，原因如下：

（1）电价随负荷涨落而变化。负荷高时不仅发电成本高，而且旋转备用容量的费用也加大，因此峰谷电价差也很大。美国的峰谷电价差是4/1，意大利是5/1，法国是10/1。峰谷电价差是抽水蓄能电站的基本保障，峰谷电价差越大，抽水蓄能电站的经营环境越好。

（2）电价随地点而变化。火电厂距燃料产地越远燃料价越贵，在一个网内燃料价格可能相差一倍，发电费用当然不同。用户地点也不同，因为传输有损失，距电厂越远电价越贵。抽水蓄能电站可以建在城市中心附近如十三陵抽水蓄能电站，即使远离城市，由于抽水蓄能电站采用超高压输电技术，所以传输损失很小。

（3）电价随可靠性变化。某些用户要求供电可靠性非常高，那么就要有相应的高可靠性电价。抽水蓄能电站不管是用电还是输电都要求高可靠性。

电价随时间、地点而变化称之为实时电价。电价共分三种电价形式，分别是：实时电价、承诺电价和合同电价。

（1）实时电价是随时间而变化的电价。电价的计算越来越细：最早实行的是不随时间而变化的电价；这些年来开始采取分时电价，它对不变电价来说是一大进步，但因固定划分时段，只能取得50%的社会效益；电力市场最理想的是用实时电价。抽水蓄能电站最理想的也是实时电价。没有实时电价，抽水蓄能电站就无法在电力市场中立足。

（2）承诺电价是附有可靠性条件的电价。

（3）合同电价则是在考虑各方面的优惠和对双方的限制的基础上签定合同电价。

实际上我国以前运行的抽水蓄能电站大部分实行的是承诺电价和合同电价。在电力实行市场经济的今天应当以实时电价为导向。

谈到电价，最有争议的还是服务费的确定。输电公司有输电服务费，他们从中获得最大的经济效益。而抽水蓄能电站的辅助服务费用定价，却迟迟得不到合理的确定。抽水蓄能电站的辅助服务费也应当像输电公司的输电服务费一样公平对待。

### 三、抽水蓄能电站的辅助服务包括

（1）负荷跟踪与频率控制（调频功能）；

（2）旋转备用；

（3）运行备用（非旋转备用）；

（4）无功备用和电压控制（调压功能）；

（5）紧急事故备用（各电站的上水库都保留紧急事故备用库容，为此提高了死水位）；

（6）黑起动（各电站设置黑起动功能为电网事故时提供电源）。

过去抽水蓄能电站也只考虑静态效益（电量效益），而很少甚至不考虑动态效益（即辅助服务部分）。进入市场经济后，抽水蓄能电站不得不考虑发电容量备用和无功生产服务的费用。因为维持发电容量备用和无功生产也是有代价的，分别是：①投资增加；②增加能量损耗；③增加维修维护费用；④增大了设备磨损；⑤风险管理加大。

其中无功的价格也应包括电量价格和容量价格。

辅助服务价格与电能价格一起构成了电力市场价格体系的基础，对形成健康的电力市场有重要意义。我国的辅助服务的价格正处在探索期，与电能价格相比，辅助服务价格的研究起步太晚，尚未形成系统化的理论体系，并且辅助服务价格理论与实践之间存在严重的脱节。它在某种意义上已经制约了抽水蓄能电站的发展。

电力市场的建立，打破了电力工业的长期垄断，开放了发电市场，在独立发电厂、电力公司之间产生竞争，促进了电力工业的发展。这标志着中国电力市场进入初级阶段，也为中国抽水蓄能电站的发展创造了条件。

制定公平、公正、完整、合理的电力价格体系。

在我国进行厂网分开、竞价上网改革过程中，电力作为商品，再也不能按行业区分。我国的容量电价一直是偏低的，而且许多地方都没有实行峰谷差分时电量价。由于调峰容量缺乏，所以应当提高容量电价比重，拉开高峰电量和低谷电量价格的差距。不但在售电端如此，在受电端也应如此。为提高电网供电质量，制定电厂为电网进行辅助服务的价格是十分必要的，包含了上述因素，才可以认为这个价格体系是公平、公正、完整、合理的。各种电厂才可以进行平等竞争，抽水蓄能电站在这个价格体系上应当是不畏竞争的，只有这样，在电网内建设合适容量的抽水蓄能电站才能吸引国内外投资，抽水蓄能电站才能健康发展。

四、建立电力市场后抽水蓄能电站的经营管理模式

电价改革前，抽水蓄能电站的经营管理模式大体有三种：

第一种就是前述的广州抽水蓄能电站模式，广州抽水蓄能电站建成后，以合理的价格租赁给电网，电网利用火电厂上网电价的决定权，在蓄能电站投产后，根据提高火电机组利用小时的情况，适当提高水电的上网电价，也就是把蓄能电站创造的经济效益从火电厂回收一部分，使电网不致亏损，并略有盈利。

第二种是河南省回龙抽水蓄能电站模式。回龙抽水蓄能电站将用每年的预期电量为基础，确定系统内火电机组利用小时。由于抽水蓄能增加的超发电量是降价收购的，而且其固定成本已经摊到预期电量里了，故这部分发电量只计变动成本加少量利润，因此抽水电价可以从 0.2～0.3 元/(kW·h),降到 0.1 元/(kW·h)左右。这样较大幅度地降低了抽水蓄能电站的成本，从而降低了上网电价。

第三种是山东电力集团公司和北京大唐发电股份有限公司研究的模式，就是将盘山火电厂和泰安抽水蓄能电站，甚至包括桃花寺抽水蓄能电站，组成混合的电源公司，这样抽水电价可以从 0.2 元/(kW·h)，降到 0.09 元/(kW·h),大幅度地降低了抽水蓄能电站的成本。火电机组由于提高了利用小时，减少了煤耗，增加了利润，使公司整体利润水平略有提高。由于电源公司的部分基荷转为峰荷，故峰谷电价出台后其上网电价将会有很强的竞争力，可进一步提高盈利水平。

事实上抽水蓄能电站并不生产电量，它既可以被认为是发电厂，也可以被认为是电网调度管理的工具。在电力工业深入改革以后，厂网将要分开，常规发电厂一定要和电网分开，但抽水蓄能电站和电网未必都要分开。抽水蓄能电站的归属，以后可以同时存在三种模式：

第一种就是由电网建设和管理，作为电网安全优质供电的手段或工具。

第二种是组成混合的电源公司，可以包括火电＋蓄能、水电＋蓄能、核电＋蓄能、风电＋蓄能等不同组成形式。电价改革以后，上网峰谷电价要拉开，并逐步实现各项动态服务如调频、调相、紧急事故备用等，均应按质收费。各电源公司的业主为了提高经济效益，完全有可能实现优化组合，如火电电源公司建设抽水蓄能电站，使一部分基荷变为峰荷出售，同时可以提高上网电价。

第三种是独立的抽水蓄能发电公司。电价改革到位之后，成立独立的抽水蓄能发电公司也是有利的。

总之，不管运用何种经营管理模式，抽水蓄能电站都要科学管理，尊重电力市场，按照电力市场发展规律运作。

（太平湾发电厂　赵明春）

## 电力体制改革后龚嘴水电厂的电力市场运作

一、电力体制改革的目标及对发电企业的机遇与挑战

（一）改革的总体目标

新阶段的改革，是建立市场经济，进行厂网分开的改革。总体目标是：打破垄断、引入竞争、提高效益、降低成本、健全竞争机制、优化资源配置、促进电力发展、推进全国联网，构筑政府监管下的政企分开、公平竞争、开发有序、健康发展的电力市场体系。提高生产力发展水平，降低成本，向社会提供质优价廉的电力商品是市场经济对电力企业的客观要求。

（二）改革将给发电企业带来的机遇

一是拓展市场空间：这次改革将进行发电企业向大用户直接供电的试点。这将改变电网企业独家购售电的格局，为发电企业电量的消纳增加了新渠道。二是这次改革将建立开放的区域电力市场，给发电企业带来新的发展机遇。三是改革后，发电企业与国内外企业的竞争与合作将加快，将推动高新技术的应用。发电企业应借此机会进行技术改造。应用信息自动化、营销技术等增强企业的创新能力和市场竞争力。

（三）改革将给发电企业带来的挑战

一是外资企业进入中国电力市场，由于其拥有的资本、技术、管理优势，将直接威胁国内发电企业的市场分额乃至生存。二是有关专家预言：发电领域将

是高度竞争的领域。改革将使发电企业的市场竞争加剧，将加速发电企业的优胜劣汰。三是改革对人才素质提出了挑战，不仅需要高素质的技术人才，更需要高素质的营销人才、资本运作人才。

（四）当前四川电力市场概况

四川电力市场从1999年的内部模拟电力市场起步发展至今，经过几年的努力，逐步建立了适应社会主义市场经济要求和四川电力发展的管理框架，公平竞争的环境已形成。当前四川电力市场的电量主要由合同电量、竞价电量、置换电量、直供电量、外送电量五部分构成。每天的竞价是上述五电量的叠加，只报竞价的电价，省公司根据竞价的高低，确定竞价、计划电量的多少。

## 二、电力体制改革后龚嘴水电厂的优、劣势分析

（一）优势

一是龚嘴发电厂是四川大型骨干水电厂，水电是清洁能源，受国家产业政策扶持。尤其是我国加入《京都议定书》后，优势更突出。二是龚嘴发电厂已领先一步以独立发电企业的身份进入电力市场，参与竞争，具有较强的市场意识和竞争观念。三是厂网分开后，龚嘴发电厂的市场化进程进一步加快，促进了干部员工思想观念的转变，更能适应上市公司的运作机制。四是大渡河流域开发为龚嘴发电厂的发展提供了广阔的空间。五是五大发电集团成立后，电煤价格上涨，致使火电的成本上升，水电的优势更为明显。六是全川电力市场供需形势再度趋紧。对于具有较强竞争力的龚嘴发电厂来讲无疑更加有利。

（二）劣势

一是因两站运行多年设备老化，缺陷较多，影响安全生产，同时制约发电能力。需要加大设备治理力度，提高设备可靠性。确保机组能随时满足市场竞争的需要。二是由于该厂是老厂，因历史原因造成人员相对多，致使全员劳动生产率较低，工资成本较高。三是改革给员工带来了巨大的压力。员工的思想观念和技术水平还不能完全适应新体制的需要。四是企业激励和约束机制还不够完善，对企业的发展有一定影响。

## 三、电力体制改革后，影响和制约龚嘴发电厂电力市场的主要因素及应对措施

（一）电厂产权多元化的影响

由于电力体制改革，厂网分离，竞价上网，今后的市场竞争将更加激烈。一是必须要使各改组后的发电厂真正成为具有独立法人的竞争实体，各发电公司按电价竞争上网，电厂可以向大用户直接供电，大用户有权选择供电厂商，实行市场经济的办法，让用户有权选择发电厂。二是平等竞争，“公平、公开、公正”是电力市场最基本的原则，也是电力市场健康发展的必要保证。三是理顺电价机制。四是规范电力市场行为即建立和完善电力市场的各种规约和规则。

（二）网架结构薄弱对该厂发电的影响

四川电网现在的主要潮流输送断面为乐山和川南至主网的北送断面，以及四川电网和重庆电网间构成的东送断面。在丰水期高峰时段，整个电网大发水电，铜范线北送潮流经常超过200MW，属重载线路，为了避免重载线路故障跳闸，并引起其他线路连锁跳闸，造成大面积停电事故，目前，在铜范西线还未投运之前，主要采取限制铜街子电站机组出力的方式来确保系统安全、稳定运行。这造成了既缺电又窝电的现象，使铜街子电站在丰水期弃水严重。铜范西线投运后，对上述现象有缓解作用，但还不能完全解决既缺电又窝电的现象。电网运行的安全性和电厂的经济效益相互制约，给电厂的经济效益带来直接负面影响。

（三）机组调频、调峰及旋转备用的影响

为了电网的安全、稳定运行，该厂作为四川电网的骨干电厂，顾全大局、服从调度。为满足电网的调频、调峰和备用需要，机组频繁地进行开停和开关跳合作业，这就加快了机组的磨损和开关机构的疲劳，特别是机组AGC投运后，机组频繁调节，使机组转动环部分缺陷大增，并增加了运行值班人员的操作。为了维持电网的电能质量和保证电网调度的自身安全，该厂机组保证了相当数量的旋转备用容量。为了维持系统电压，该厂机组经常进相运行，机组进相运行后，有功负荷必然受到限制，特别是龚嘴电站机组，只要进相运行，就不能带有功负荷，使得该厂机组的发电耗水率大大增加。由于相应的补偿办法还未出台，这对该厂的经济效益有很大的影响。

（四）预测来水不准确的影响

该厂龚嘴、铜街子两库现均无调节能力，因此，准确预测水库来水情况对电力市场工作非常重要。现该厂是根据当天机组情况以及预测的来水多少确定次日的申报负荷。由于受地理环境和气象条件的限制，要求准确预测提前一日的来水情况较为困难，这样可能会造成提前一日申报的发电能力与实际情况有一定偏差，从而影响该厂的经济效益。这类问题，在目前，好像还不突出，原因在于该厂目前是主力调频厂，负荷申报少了，可以多发，申报多了，又可以少发，总之，在调频时，可以偏离负荷曲线运行。然而，一旦厂网分离，或该厂不作为主力调频厂后，肯定要严格按负荷曲线运行，以上问题会更加突出，必须引起高度重视。

（五）完善电力市场所需的技术支持系统

电力市场是通过电力交易实现其自身的运作的。它需要一整套准确、可靠的报价系统、电能量采集系统、考核和结算系统，电厂通过计算机网络与电力市场运行部门联系，所有运作过程都必须在网络内由计算机自动完成，以保证整个运行过程的公平、公正。他们自身应特别注意计量系统的准确性，它不仅涉及到该厂的经济效益，而且对系统的运行具有参考和指导意义。

## 四、面对电力体制改革应做好的工作

市场化是一条必由之路，企业的生命维系于自身的竞争力，要超前思考，未雨绸缪。发电业务作为该厂的核心业务，电力市场竞争说到底是企业核心竞争力的竞争。需要不断加强管理，降低成本，不断提高搏击市场的本领，提高企业的核心竞争力，实现可持续发展。

（一）企业应做好的工作

1. 做好思想工作、稳定队伍

2. 加强管理、进行机制创新和管理创新　实现两个根本性转变、增强企业核心竞争力的必由之路是要改革一切不适应企业可持续发展要求的体制、制度，使效益最大化。要做好四项工作。一是改革企业管理模式，进行公司制改制，建立现代企业制度，完善法人治理制度。建立更为精简、高效、廉洁的运作机制，适应市场化的需要。二是建立健全企业约束机制，避免权力滥用。三是组建发电运营部，整合报价、发电、水调等与电力市场紧密相关的资源，组成“联合舰队”，负责电力市场工作。使三方资源得到最有效的配置、发挥。避免沟通不畅。四是建立更为操作可行的激励机制。建立能更大程度地调动和激发员工积极性和潜能的激励机制。

3. 抓好开源节流，降低成本，提高竞争力　当前的电力市场合同电量占总电量的90%，竞价电量占总电量的10%，成本低则竞争力强。管理出效益，要抓住成本管理不放，降低生产成本和管理成本。该厂参与市场竞争，最有效的手段就是控制成本，降低电价。一是要按市场经济规律建立成本理念、成本责任机制，调整成本指标体系、完善分配制度，降低费用，追求效益最大化，拓展企业竞争空间。二是优化运行方式，做好节能降耗工作，最大限度地降低运行成本，提高市场竞争力。三是开源与节流并举，积极推广节能新技术，降低厂用电率。四是积极寻求对大用户直供电，我们有丰富的水力资源，要在搞好市场调研的基础上，积极寻求对大用户直供电。特别是高耗能企业应作为直供的重点目标。

4. 搞好国家宏观经济政策及电力市场、规则的研究　一是研究国家宏观经济政策的走向、调整，加强对电力体制改革政策、电力市场及规则的研究，制定应对策略，趋利避害。二是研究国家电监会、国资委的职能及其出台的政策可能对水电企业产生的影响，及时采取措施，避免造成被动。三是搞好输配分离的前期研究。改革的深入将促进输配的分离，搞好输配分离的前期研究可先发制人，抢得先机。

5. 做好大渡河的水土保持及环保工作　新一轮改革的原则之一就是促进环境的改观和清洁能源的发展。负责任的企业必然是高度重视环保的企业。由于垃圾污染，使该厂蒙受巨大的经济损失，2000年以来，龚嘴电站每年要清除垃圾多达几百吨，造成机组取水口拦污栅封堵，多次被迫停机；由于大渡河上游地区生态环境的破坏，致使水土流失，大渡河的含沙量逐年升高，造成龚嘴、铜街子两库泥沙淤积严重，有效库容严重“缩水”。该厂要早日把水库治理提上议事日程，做好“清淤”工作。同时，集团要积极和省政府及大渡河流域有关政府合作，搞好大渡河沿河的环境绿化及水土保持的综合治理。保卫我们的“母亲河”、“生命河”。这利于沿河地区和集团公司的可持续发展。

（二）有关电力市场运营部门应做好的工作

1. 提高质量意识，杜绝不合格电量的产生　随着经济的发展，社会对电能质量的要求会更高。要树立“质量第一”意识，向甲方——电网公司提供优质可靠的电能，使甲方满意，为今后的市场竞争做好准备。

2. 千方百计搞好电力市场运作　多发优质高价电，是效益最大化的客观要求。一要培育员工的市场观、效益观、竞争观，全力开拓电力市场。二要增强梯调的组织协调能力，加强同公司、省调、报价办的联系，正确理解、执行调令，控制不合格电量的产生，与水调密切协作。三要提高来水预测准确率，搞好两站水库联合调度，提高水能利用率，为制定合理的竞价策略，提供依据。四要抓好负荷预测，正确分析、预测电力供需形势，为制定合理的竞争策略提供依据。五是以效益最大化为目标，拟定每日的竞价策略。六要加大巡查力度，及时发现缺陷，及时处理，确保机组安全经济运行。七要勤分析、勤思考。认真分析各类报表及异常现象。搞好反事故演习和事故预想，制定各种事故预案，未雨绸缪、防患未然。

3. 加强技术培训，进一步提高员工技能　一是加大培训力度，造就一支高素质的员工队伍。二是加强对相关人员（生技、水调、发电）电力市场知识的培训，尤其是发电部员工要掌握电力市场运营规则，做好电力市场运营工作。

（三）企业各级领导应做好的工作

一要从生产型向经营型转变，从传统管理向市场经济管理、向职业经理人转变。二要学会分析企业的成本及影响成本的各种因素，尽量降低企业成本。三要加强对法律知识的学习，增强法制观念，做到知法守法，依法维护企业和个人的正当权益。在市场经济大潮中，保证企业和个人稳定、有序向前发展。

（龚嘴水力发电厂　徐文昱）

## 新安江水库为地方发展提供有利条件

### 一、新安江水电站执行《水电站水库经济调度条例》使水库进入正常运行期，为地方发展旅游业，提供了良好条件

新安江水电站建成于1960年。1978年前，电站运行很不正常，水位忽高忽低，19年时间里，有11年的枯水期水位低于死水位86m，因此不具备发展旅游的条件。

1978年以后，国家颁发《水电站水库经济调度条例》，按照调度条例的要求，在华东电网统一调度下，根据电网要求及新安江水库来水等实际情况，使新安江水电站逐步进入正常运行的状态。据资料统计：20世纪70年代平均水位为87.69m，90年代平均水位为98.76m，90年代平均水位为99.64m。水位已进入正常运行区，水库中水体与库岸青山相接，绿水连着青山，为地方旅游可持续发展创造了良好条件。更重要的是水资源，现在我国严重缺水，而新安江电厂每年为浙江省提供国家一级水源100多亿$m^3$，这对浙江省的贡献是巨大的。浙江要率先实现现代化，新安江电厂起着非常重要的作用。建德市旅游部门打出的口号是：江南山水秀，最忆新安江。……淳安县的旅游口号是：千岛碧水画中游。杭州市策划的旅游西进战略也是看中这一湖碧水。当地旅游业一年比一年兴旺发达。

### 二、新安江水库的建成，使地方旅游业逐步发展壮大，目前已形成一个新兴的产业，并为21世纪可持续发展提供基础条件

40多年前，为建设新安江水电站，当地人民做出巨大牺牲，淹没良田30多万亩，迁移30多万人，经济倒退了10年。到20世纪80年代，当地人民在“改革开放”政策指引下，经过论证和规划，认为水也是一种宝贵资源，可以用来发展旅游，正如浙江省委书记张德江同志在2001年2月3日所指出：“要充分利用千岛湖丰富的水资源优势，加快水资源的综合利用与开发，走出一条靠水生财的路子。”

近年来，当地人民依托一湖秀水，大做旅游文章，旅游经济如日中天。人流伴随着物流、信息流、资金流，这无形地的推动了当地一、二、三产业的发展。

通过十多年的努力，旅游生产力水平得到快速发展，行、游、住、吃、购、娱六大旅游要素以及旅游环境建设明显改善。便利的交通拉近了千岛湖与外界的距离，先进的通信加强了千岛湖与外界联系，水库内总投资6000多万元的150多艘旅游船、150多条快艇加强了旅游硬件设施的建设，千岛湖旅游已进入一个快速，持续，健康，有序的发展阶段。

千岛湖秀水节和新安江之夏旅游节，提高了新安江风景名胜区的知名度。新安江水库在正常高水位108.0m时，蓄水178亿$m^3$，为一级水源，水源有冬暖夏凉的特点，为此，地方政府审时度势举办各种各样的节庆活动，比较有影响的有秀水节，新安江之夏旅游节。

（1）2001年中国·淳安千岛湖秀水节：淳安县2001年9月15～18日，举办浙江省县级规模最大的旅游节庆活动——千岛湖秀水节。内容包括水文化，水旅游，水运动，水经济四大板块。这一活动全面展示千岛湖的优美姿态，也展现了江南水乡韵味打响了品牌，拓展了发展空间，产生了良好的效应。做到了“让世界了解千岛湖，让千岛湖走向世界”；实现了“节庆搭台，经贸唱戏”，的成果。共引进项目21个，签订项目总投资12.64亿元，当场签订农特产品产销协议金额3100万元，达成旅游组团325份，组团量10万人次；推进了杭州旅游西进战略。

（2）新安江之夏旅游节丰富多彩：2000年神州世纪游·新安江之夏旅游节，举办了新安江美食节，新安江龙舟赛，耐寒勇士横渡新安江比赛，全国百位晚报老总看建德，农夫山泉寻源，九姓渔民水上婚礼等活动，为招商引资创造了可观的经济效益，也为树立建德旅游城市创造了品牌效应。

（3）优美的自然环境，加之交通环境大改善，吸引杭州，上海人来此购房定居，使该地区成为杭州、上海大城市的后花园。

随着交通条件的改善，从杭州到达水库区淳安县，建德市只需1.5h，从上海到达也只需3.5h。

近年的“五·一”和“十·一”长假，游客构成以上海占首位，达31.8%。沪、浙、苏三地总人口约占全国10%，GDP总量却占全国20%以上，长江三角洲目前是世界第六大城市圈，旅游业是人民生活水平提高后的首选，交通条件改善以后，这一地区将名符其实地成为长三角的后花园。

### 三、地方旅游业从无到有，健康、持续发展，经济效益显著，成为当地国民经济支柱产业，且促进了其他行业迅速发展

据两个县市统计，旅游起步为1980年，当时一年接待游客一万人左右。以建德市为例，1980年12月，第一家旅行社新安江旅游服务社成立，到1999年底，全市拥有旅行社17家，旅游涉外饭店10家，旅游宾馆床位8000张，旅游车109辆，旅游船99艘，歌舞厅50余家，保龄球馆2家，桑拿洗浴中心2家，直接旅游从业人员3189名，旅游直接营业收入累计15亿元，接待国内外游客累计1000多万人次。2001年是中国体育健身旅游年，该市加快开发景点建设，规范旅游市场经济秩序，取得较好成绩，全市完成旅游综合收入7.8亿元，比2000年增长6.99%，旅游直接收入1.64亿元，比2000年增长5.44%，接待国内外游客185.19万人次，比2000年增长8.7%。

淳安县确定“生态立县”的方向，提出加快旅游转型步伐，突出休闲度假主题，接轨杭州旅游西进，明确观光、休闲、度假、会展、运动为一体的功能定位。因此，旅游业发展更快，更健康，进入全国首批AAAA级风景旅游区。

旅游业的发展带来了信息流、资金流、物资流。这些将会更好拉动该地区的经济快速发展。

（新安江水力发电厂　李福钢　粟运华）

19

# 农村水电及电气化

广东乳源瑶族自治县泉水水电厂拥有我国最薄的双曲拱坝。

湖南满天星电站大坝

水利部农村水电及电气化发展局领导到山西考察农网改造工作。

水利部农村水电及电气化发展局局长程回洲检查农网改造工作。

# 文 件 选 编

## 《中共中央、国务院关于做好2002年农业和农村工作的意见》（摘要）

（中发［2002］2号）

“要继续加大农业基本建设投资力度，把农村小型基础设施建设放在更加重要的位置，重点支持节水灌溉、人畜饮水、农村沼气、农村水电、乡村道路和草场围栏等项目。”

（水利部农村水电及电气化发展局摘）

## 《国务院关于进一步完善退耕还林政策措施的若干意见》（摘要）

（国发［2002］10号）

为保护好现有林草植被，巩固生态环境建设成果，各地区要积极开展农村能源建设，大力发展沼气、小水电等。中央对农村能源建设给予适当补助。

（水利部农村水电及电气化发展局摘）

## 《国务院办公厅转发国务院体改办关于水利工程管理体制改革实施意见的通知》（摘要）

（国办发［2002］45号）

水行政主管部门对各类水利工程负有行业管理责任，负责监督检查水利工程的管理养护和安全运行，对其直接管理的水利工程负有监督资金使用和资产管理责任。对国民经济有重大影响的水资源综合利用及跨流域（指全国七大流域）引水等水利工程，原则上由国务院水行政主管部门负责管理；一个流域内，跨省（自治区、直辖市）的骨干水利工程原则上由流域机构负责管理；一省（自治区、直辖市）内，跨行政区划的水利工程原则上由上一级水行政主管部门负责管理；同一行政区划内的水利工程，由当地水行政主管部门负责管理。各级水行政主管部门要按照政企分开、政事分开的原则，转变职能，改善管理方式，提高管理水平。

（水利部农村水电及电气化发展局摘）

## 《中华人民共和国水法》（摘要）

**第十二条** 国家对水资源实行流域管理与行政区域管理相结合的管理体制。

国务院水行政主管部门负责全国水资源的统一管理和监督工作。

国务院水行政主管部门在国家确定的重要江河、湖泊设立的流域管理机构（以下简称流域管理机构），在所管辖的范围内行使法律、行政法规规定的和国务院水行政主管部门授予的水资源管理和监督职责。

县级以上地方人民政府水行政主管部门按照规定的权限，负责本行政区域内水资源的统一管理和监督工作。

**第二十条** 开发、利用水资源，应当坚持兴利与除害相结合，兼顾上下游、左右岸和有关地区之间的利益，充分发挥水资源的综合效益，并服从防洪的总体安排。

**第二十一条** 开发、利用水资源，应当首先满足城乡居民生活用水，并兼顾农业、工业、生态环境用水以及航运等需要。

在干旱和半干旱地区开发、利用水资源，应当充分考虑生态环境用水需要。

**第二十二条** 跨流域调水，应当进行全面规划和科学论证，统筹兼顾调出和调入流域的用水需要，防止对生态环境造成破坏。

**第二十六条** 国家鼓励开发、利用水能资源。在水能丰富的河流，应当有计划地进行多目标梯级开发。

建设水力发电站，应当保护生态环境，兼顾防洪、供水、灌溉、航运、竹木流放和渔业等方面的需要。

**第三十二条** 国务院水行政主管部门会同国务院环境保护行政主管部门、有关部门和有关省、自治区、直辖市人民政府，按照流域综合规划、水资源保护规划和经济社会发展要求，拟定国家确定的重要江河、湖泊的水功能区划，报国务院批准。跨省、自治区、直辖市的其他江河、湖泊的水功能区划，由有关流域管理机构会同江河、湖泊所在地的省、自治区、直辖市人民政府水行政主管部门、环境保护行政主管部门和其他有关部门拟定，分别经有关省、自治区、直辖市人民政府审查提出意见后，由国务院水行政主管部门会同国务院环境保护行政主管部门审核，报国务院或者其授权的部门批准。

（水利部农村水电及电气化发展局摘）

## 《退耕还林条例》（摘要）

（国务院2002年12月25日颁布）

**第四条** 退耕还林应当与调整农村产业结构、发展农村经济、防治水土流失、加强农村能源建设相结合。

**第五十二条** 各级人民政府应当根据实际情况加强沼气、小水电、太阳能、风能等农村能源建设，解决退耕还林者对能源的需求。

（水利部农村水电及电气化发展局摘）

## 《中共中央、国务院关于做好农业和农村工作的意见》（摘要）

（中发［2003］3号）

“农村中小型基础设施建设，对直接增加农民收入、改善农村生产生活条件效果显著，要加快发展。今年，国家农业基本建设投资和财政支农资金，要继续围绕节水灌溉、人畜饮水、乡村道路、农村沼气、农村水电、草场围栏‘六小’工程，扩大投资规模，充实建设内容。农村能源建设，要重点支持退耕还林地区发展农村沼气，启动小水电代燃料试点，巩固退耕还林成果。”

（水利部农村水电及电气化发展局摘）

## 《国务院关于克服非典型肺炎疫情影响促进农民增加收入的意见》（摘要）

（国发［2003］16号）

“加大对农业和农村投入力度，为促进农民增收创造条件”，“进一步调整投资结构，加大改善农村生产生活条件的投入”，“搞好天然草原退牧还草工程和‘小水电代燃料’试点”。

（水利部农村水电及电气化发展局摘）

## 《国务院办公厅关于落实中共中央、国务院做好农业和农村工作意见有关政策措施的通知》（摘要）

（国办函［2003］15号）

关于“启动小水电代燃料试点”问题，由水利部牵头，会同国家计委、西部开发办提出意见并抓紧组织实施。

（水利部农村水电及电气化发展局摘）

## 国家计划委员会关于将小水电“以电养电”政策扩大到装机五万千瓦问题的复函

计农经［1992］138号

（1992年2月1日）

水利部：

你部水电［1991］28号文收悉。经研究，现函复如下：

农村水电建设对于发展农村经济，改善当地人民生活，促进农村精神文明建设，增强农业发展后劲，具有重大意义，特别是对缺少其他能源而水力资源丰富、交通不便的少数民族地区、贫困山区的经济发展尤其重要。因此，在“七五”完成了109个初级电气化县的建设任务后，“八五”将继续完成200个初级电气化县的建设任务。为调动地方办电的积极性，进一步把农村水电办好，遵照国务院国发［1991］17号文件和李鹏总理在全国农村水电暨第二批农村水电初级电气化县工作会议与部分代表座谈时的讲话精神，原则同意你部提出的将小水电“以电养电”政策扩大到装机5万千瓦的意见。在项目审批程序上要严格按基本建设有关规定办理，凡是由中央水利补助投资的5万千瓦以下（含5万千瓦）的农村水电项目，由水利部审批；全部由地方投资的项目，由省（区、市）审批。其审批文件均要报国家计委备案。

（水利部农村水电及电气化发展局摘）

# 领 导 论 述

## 毛泽东同志有关农村水电的讲话（1935 年）

1935 年，毛泽东同志率领中国工农红军离开江西中央苏区时，曾握着一位当地老表的手深情地说，等全国解放了，给你们一家家送来“小太阳”。毛泽东同志说的“小太阳”，就是如今已走进农村千家万户、带来光明和幸福的小水电。

（水利部农村水电及电气化发展局摘）

## 朱德同志有关农村水电的指示（1950 年 8 月）

1950 年 8 月 7 日至 9 日，燃料工业部在北京召开了第一次全国水力发电工程会议，朱德总司令亲临大会并做了重要指示。会议在分析当时水电事业现状的基础上提出了有计划、有步骤地发展我国水电事业的方针任务，并作出决议报告了政务院。

（水利部农村水电及电气化发展局摘）

## 邓小平同志关于建设小水电问题的讲话（摘要）

（1982 年 9 月 22 日）

1982 年 9 月 22 日，中央有关领导向邓小平同志汇报了关于建设二滩水电站等三个问题，邓小平同志作了重要谈话，谈话要点如下：

（一）……（略）

（二）……（略）

（三）当四川灌县县委一位书记汇报说，如果允许他们自建、自管、自用小水电，在洪水季节实行浮动电价，将电低价卖给群众，那么灌县及其周围的公社、群众，一年中就有四个月可以用电烧饭，节省大量煤炭和烧柴时，小平同志说：“这件事，不要很多投资，国家不吃亏，群众有利，减少浪费，容易解决。你们可以写个报告，先在四川、湖南试点，浙江、福建小水电也比较多，成熟一个，试行一个，要制定政策，把权力交给省。贵州有没有条件，如果有条件也可以试办。你们还要多下去调查，多发现这一类的问题，中央、国务院给个政策，群众、国家都得利。这就是搞活，就是解放思想。”

（水利部农村水电及电气化发展局摘）

## 胡耀邦同志有关农村水电的指示

1982 年 11 月 20 日，胡耀邦总书记在水利电力部李鹏副部长等陪同下，视察了福建省永春县小水电建设，并在农村电气化座谈会上指示搞与我们的小康水平相一致的农村电气化，并提出“自建、自管、自用”的方针和 100 个县进行中国式基本上电气化的试点。

（水利部农村水电及电气化发展局摘）

## 李鹏同志致全国农村水电及电气化工作会议的信

（1994 年 2 月）

欣闻全国农村水电及电气化工作会议召开，我谨向出席会议的全体代表致以亲切的问候！

近几年来，全国水利部门走大家办水电的路，水电建设发展很快，每年完成水电装机都在百万千瓦以上，今明两年还要完成装机二百五十万千瓦，第二批二百个农村水电初级电气化县任务的实施已取得可喜的成绩。我向你们表示热烈的祝贺。

二百个电气化县建设，对于广大山区人民脱贫致富，发展经济，促进精神文明建设，都有十分重要的意义。国务院各个部门和各级政府要把建设二百个电气化县，作为一件大事来抓，加强领导，精心组织，努力给予支持和帮助。实现这个任务，主要依靠当地人民发扬自力更生，艰苦奋斗的精神，充分利用社会主义市场经济赋予农村水电的活力，这样才能顺利完成。

我期待你们的佳音。

（水利部农村水电及电气化发展局摘）

## 李鹏同志在接见全国农村水电及第三批初级电气化县建设工作会议全体代表时的讲话

（1996年5月）

党中央、国务院对小水电的建设一直很重视。今天，我和邹家华、姜春云副总理，陈俊生、罗干国务委员等在家的国务院领导都来了，说明我们对小水电事业都很关心。农村水电初级电气化试点县从开始到现在，已经十年了。这十年，建成了318个初级电气化县，增加水电装机1140多万kW，解决了近1亿农村人口的用电问题，成绩很大。

多年来，由于中央制定了正确的方针，就是“自建、自管、自用”，小水电要有自己的供电区，以及和大电网的密切合作，依靠群众的自力更生、艰苦奋斗和地方的投入，还要有中央的扶持，再加上银行的贷款，小水电就滚动发展起来了。发展小水电、建设农村初级电气化县，对于许多有水电资源的山区，特别是对贫困地区，作用非常大，不仅有效地利用了水力资源，带动了当地经济的发展，而且对精神文明建设的作用也很大。很多地方完全靠小水电供电，可以说小水电功不可没！

“七五”期间，我们完成了100多个农村水电初级电气化县的建设，“八五”期间，又完成了200多个，我希望“九五”期间再完成300个县。现在农村水电初级电气化县建设规模增大了，水电造价也有所增加，因此，要充分发动群众，依靠地方党委、政府，以自力更生为主，银行给予大力支持，中央也应在原有补助标准的基础上再适当增加一些补助，共同把这件事情办好。

现在有了《电力法》，我们应按照《电力法》制订一个合理的电价政策。我今天提出这个问题，就是要通过制定合理的电价政策促进小水电的发展，使得小水电有一定的利润再继续用于小水电的滚动开发，这样我们的小水电事业就可以越滚越大。还有一个问题，就是小水电冬季缺电，解决这个问题，有的靠修建有调节能力的水库电站，有的靠和大电网连接。现在有些地方已搞了抽水蓄能电站，我看很好，在有条件的地方可以多搞一些。

总之，小水电事业是一项发展农村经济的事业，是一项帮助贫困山区脱贫致富的事业，同时，也是一项精神文明建设的事业。我们经过十年的努力，取得了巨大的成绩。展望未来，我们充满信心。我相信，再过五年，这300个农村水电初级电气化县的建设一定会胜利完成！

（水利部农村水电及电气化发展局摘）

## 2001年4月朱镕基同志在湖南考察时的讲话（摘要）

保护和改善生态环境，已到了刻不容缓的地步。只有抓好这方面工作，才能实现经济可持续发展。当务之急，是要采取严厉措施，断然制止破坏生态环境的现象。对乱砍滥伐林木、制造环境污染的，一定要严肃查处。在退耕还林中，要重视抓好农村能源结构的调整，解决居民生活所用燃料问题。在有条件的农村，要推广蜂窝煤、沼气，特别要大力发展小水电，这方面要给予扶持。

在搞好退耕还林的同时，要搞好农村能源结构调整，解决农民做饭烧水等生活用燃料问题。农民烧柴火，就会破坏森林。我看湘西要因地制宜，要重视小水电的发展，而小水电发展，又可以带动机械制造业和建筑业的发展，我觉得只要有资源而不破坏资源，这条路子是完全可以走的。

要调整能源结构，不能老烧柴，作为过渡，可以搞节能柴灶，然后就要大搞小水电站，几十、几百千瓦的小水电站，小溪小流都能搞，但不能乱建。

（水利部农村水电及电气化发展局摘）

## 2001年6月朱镕基同志在四川考察时的讲话（摘要）

要采取多种形式，处理好退耕农民的当前生计和长远致富问题。大力发展小水电、沼气等，解决农民的燃料和农村能源，把退耕还林和调整产业结构紧密结合。总之，要使中央关于退耕还林的政策真正落到实处，保证退得下、稳得住、能致富、不反弹。

你们的能源结构现在很明显，不许你砍树，那不就得靠水电吗？靠煤炭那距离很远。开发水电就是民族地区发展的希望，因为你们的资源就在水电上面，无论如何要让水电能很好地发展，这样就能保护生态环境。同时也是你们州里的收入，人民生活的改善也都在这个地方。水电是你们最好的资源，最便宜的能源，你们要好好开发，好好地整顿，使农民用到便宜的电，也为你们增加财政收入。农网改造是一个非常重要的问题，农网改造要和小水电建设结合起来考虑。

关于农网改造问题，春云同志刚才已经讲过了，而且我已作了结论，就是50％的资本金，用国债安排，银行给贷款，把农网改造搞快一点。

四川水电的问题不是开发不开发的问题，是怎样用和怎样送的问题。西南地区要有一个统筹考虑。贵州也在向广东送电，这样经过贵州到广东的输电线路就可以用上了。整个西电东送，四川是一个重要部分。在这次电力体制改革中，我一直主张把西南这几个省搞成一个电网，一个独立电网。国家电力公司在这个电网里也没有多少股份，基本上都是地方自己的，这有利于西电东送。

（水利部农村水电及电气化发展局摘）

## 2001年8月朱镕基同志在贵州考察时的讲话（摘要）

要解决好退耕农民的当前生计和长远发展生产问题，支持农民发展当地有资源优势和有市场需求的产业，要通过发展小水电、沼气等解决农民的燃料和农村能源问题，防止滥伐山林，保护退耕还林成果。

（水利部农村水电及电气化发展局摘）

## 胡锦涛总书记在2003年中央农村工作会议上的讲话（摘要）

“加强对农业的支持和保护，关键是要增加投入。随着国力的增加，我们要进一步调整国民收入分配结构和财政支出结构，增加对农业的投入，逐步形成国家支农资金稳定增长的机制。国家对农业的投入要优化结构、保证重点。要加大农业基础设施建设力度，尤其要增加对节水灌溉、人畜饮水、乡村道路、农村沼气、农村水电、草场围栏等‘六小’工程的投入。要加大扶贫开发力度，提高扶贫开发成效，以改善生产生活条件和增加农民收入为核心，加快贫困地区脱贫步伐。”

（水利部农村水电及电气化发展局摘）

## 温家宝副总理2001年给汪恕诚部长的信（摘要）

发展农村水电、加快农村电气化建设，是实现农业和农村现代化的重要条件。改革开放以来，这项工作取得显著成效。到2000年底，农村水电已遍布全国1/2的地域、1/3的县市、1/4的人口，使3亿多无电人口用上了电，特别是中西部地区、老少边穷地区有了水电的带动，经济社会发展和人民生活发生了很大的变化。实践证明，党中央、国务院关于发展农村水电的决策是正确的，是符合广大人民群众根本利益的。

从新世纪开始，我国进入全面建设小康社会，加快推进社会主义现代化建设的新的发展阶段，这对农村水电工作提出了新的更高的要求。水利系统广大干部职工要认真学习贯彻“三个代表”的重要思想，坚持为农业、农村、农民服务的方向，把农村水电建设同经济建设、江河治理、生态保护、扶贫开发结合起来，进一步搞好治水办电，实施小水电代燃料工程，加快农村电网改造，提高农村电气化水平，为促进农村经济社会发展作出更大的贡献。

（水利部农村水电及电气化发展局摘）

## 温家宝总理在2003年中央农村工作会议上的讲话（摘要）

“去年以来又重点支持了节水灌溉、人畜饮水、农村沼气、农村水电、乡村道路和草场围栏等农村中小型基础设施建设。要进一步加强有利于直接增加农民收入、改善农村生产生活条件的农村中小型基础设施建设。与改善农村能源结构结合起来，积极稳妥的发展沼气等可再生能源，确保退得下，还得上，稳得住。”

（水利部农村水电及电气化发展局摘）

## 回良玉副总理2003年12月对“小水电代燃料工程”的指示

发展农村水电，实施小水电代燃料，是改善农民生活条件、推进农村小康建设的富民工程和德政之举，是巩固退耕还林成果、保护生态环境的重要举措。有关地区和部门要切实加强对试点工作的领导，注意总结实践中的成功经验，探索建立行之有效的机制和符合各地实际的发展路子。

（水利部农村水电及电气化发展局摘）

## 在全国小水电代燃料工程启动会议上的讲话

水利部部长　汪恕诚

今天全国小水电代燃料工程正式启动了，这是水利工作的一件大事。开工典礼在小平同志的家乡广安举行，也有着特殊的意义。早在1942年刘邓大军在河北涉县兴建了赤岸水电站，成为我党最早兴建的水电站，1982年小平同志在四川关于发展农村水电的著名讲话以后，全国掀起了农村水电及电气化县建设的高潮。在小平同志的家乡广安举行全国小水电代燃料工程启动仪式，就是对小平同志深切的缅怀。国务院领导对这项工程的实施高度重视，回良玉副总理专门作出了重要批示，“发展农村水电，实施小水电代燃料，是改善农民生活条件、推进农村小康建设的富民工程和德政之举，是巩固退耕还林成果、保护生态环境的重要举措。有关地区和部门要切实加强对试点工作的领导，注意总结实践中的成功经验，探索建立行之有效的机制和符合各地实际的发展路子”。我们要认真学习，切实贯彻落实。

党中央、国务院对水利工作高度重视。胡锦涛总书记在今年中央人口资源环境工作座谈会上全面完整地阐述了水利工作方针，明确了水利工作的重点和任务。近几年中央水利基础设施建设投入大幅度增加。全国水利系统认真贯彻落实中央水利工作方针，积极探索和实践可持续发展的治水思路，水利发展与改革取得了明显的成效，为我国经济和社会的可持续发展提供了有力保障。

党的十六届三中全会提出要坚持以人为本，树立全面、协调、可持续的发展观，促进经济社会和人的全面发展。我们要用这一科学发展观指导农村水电和小水电代燃料建设工作。要坚持以人为本，始终把最广大人民群众的根本利益放在首位，把不断满足人的全面需求作为农村水电和小水电代燃料工作的出发点和落脚点。要按照“五个统筹”的要求，积极研究探索农村水电发展的新路子。把保障农村生活生产用电需求和生态环境建设有机地结合起来，大力提升农村水电服务于农村经济社会发展的能力。要对水能资源进行统一管理、合理开发、优化配置，不断提高水能资源的利用效率，维系良好的生态系统，实现人与自然的和谐。

农村水电是农村重要的中小型公共设施。大力发展农村水电，实施小水电代燃料生态保护工程是党中央、国务院从保护生态和解决农民的当前生计和长远致富的战略高度作出的英明决策。实施这项工程可以部分解决农民的烧柴问题，可以有效地巩固退耕还林成果，有效保护天然林。实施这项工程可以改善农民的生产生活条件，加快农民脱贫致富步伐，全面提升农村居民的生活质量，促进区域和城乡的协调发展。

小水电代燃料工程分布面广，政策性强，涉及千家万户，责任重大。各级水利部门一定要认真贯彻回良玉副总理的重要指示精神，切实加强领导，加大投入，周密部署，精心组织，团结协作。一定要把工程质量放在首位，科学规划、精心设计、严格管理。要适应社会主义市场经济的要求，推进工程建设管理体制和运营机制的创新，提高资金使用效益和工程效益。要在总结经验的基础上，不断扩大建设规模，以对历史和人民高度负责的精神，切实把这件利国利民的好事办好，让农民群众满意，让农民群众得到实惠。

同志们！水利和农村水电工作任重道远。让我们抓住机遇，开拓创新，加快发展，为早日实现经济发展、生活富裕、生态良好的文明发展目标作出新的贡献。

# 支持水电农村电气化建设 促进农业和农村经济发展（摘要）

财政部副部长　张佑才

## 一、加强农村水电电气化建设，是实践“三个代表”重要思想，促进农业和农村经济全面发展的重大措施，意义十分重大

农业、农村和农民问题是关系改革开放和实现农村现代化建设的重大问题。加强水电农村电气化建设，就是在“三农”工作中实践“三个代表”重要思想的具体体现。

1. 是改善农村生产，促进农村生产力发展的重要措施

我国小水电资源主要分布在边远山区、民族地区和革命老区，这些地区土地辽阔，人烟稀少，国家电网难以覆盖，能源短缺严重制约了这些地区生产力的发展。加快水电农村电气化建设，就是要充分利用这些地区丰富的小水电资源，分散开发，就地成网，就地供电，为城镇、农村提供低成本清洁能源，促进这些地区在生态环境建设、调整农业种植结构、发展加工业，为农业和农村经济全面发展创造条件。

2. 是促进农村先进文化发展的重要措施

在广大的偏远农村，由于缺少电源，电灯、电话、广播、电视以及计算机网络等传播现代文明的手段，难以得到普及和利用。加强水电农村电气化建设，为这些地区输送电源，可以大大提高电话、广播电视甚至计算机网络的普及和利用率，保证偏远地区群众及时听到党中央的声音，了解政府的政策，学习先进科学技术和文化知识，从根本上改变封闭愚昧的状况，全面促进农村先进文化发展。

3. 是山区脱贫的治本方式，代表着贫困地区广大群众的利益

加强农村水电电气化建设，可以在很多方面提高和维护贫困地区广大群众的根本利益。一是可以提高贫困地区生活质量，解决贫困人口温饱问题，不仅要解决缺粮少衣问题，还要解决缺柴少煤问题。2001年4月至8月，在短短的4个月内，朱镕基总理分别在湖南、四川、贵州三地强调要通过发展小水电和沼气等解决农民的燃料和农村能源问题，充分说明中央对以电代柴提高贫困人口生活质量的重视。二是可以改善贫困地区的生态环境和农业生产条件。长江上游、黄河中上游地区既是贫困人口集中地区，又是重要的天然林保护区、退耕还林还草区、重要的生态保护区和水土流失治理区，实施小水电代柴工程，可以防止滥伐山林，保护退耕还林成果，为改善贫困地区的生态环境和农业生产条件提供保障。三是可以拓宽贫困地区扶贫开发的路子。贫困山区可以利用丰富的水电资源，发展农副产品深加工业，转移消化东部地区的高耗能产业，同时大力发展旅游业，增加农民收入。

## 二、十五年来，各级政府投入了大量资金支持农村水电电气化建设，取得了显著的经济效益、社会效益和生态效益，今后将继续给予大力支持

1986～2000年3个五年计划期间，中央和地方共投入692亿元，支持了三批水电农村初级电气化县建设，其中：中央财政投入28.5亿元，地方投入663.5亿元。在3个五年计划期间，中央财政的投入都有大幅度的增长。建设第一批初级电气化且（1986～1990年），中央财政投入5亿元；建设第二批初级电气化县（1991～1995年），中央财政投入10亿元；建设第三批初级电气化县（1996～2000年），中央财政投入13.5亿元。

在各级政府投入的支持下，我国水电农村电气化建设取得了巨大成就，取得了显著的经济效益、社会效益和生态效益。全国30个省、自治区、直辖市1500多个县开发了农村水电。到2000年底，全国已建成中小水电站4.8万座，装机达2751万kW，占全国总装机容量的35.9%，年发电量879亿kW·h，占全国水电发电量的39.8%；全国共建成了800个县电网和40多个地区性电网，1/3的县、1/4的人口主要靠农村水电供电；已建成的653个初级电气化县，人口2.52亿，面积274万$km^2$，82%以上位于中西部地区，80%以上属“八七”扶贫攻坚县、省级重点扶贫县、少数民族聚居县、革命老区县。50年来，累计解决了近3亿无电人口的用电问题。农村水电产业不断壮大。农村水电资产达3000多亿元，发供电营业收入356亿元，税利总额30亿元。全国组建了几十个地区性水电集团公司，有10家小水电公司挂牌上市，在中国证券市场形成了业绩稳健的小水电板块。农村水电及电气化建设既是农村能源工程，又是农村、农业基础设施工程和开发性扶贫工程，也是生态建设工程。农村水电及电气化建设，极大地促进了中西部贫困地区、少数民族地区和革命老区的经济发展与社会进步。

农村水电及电气化建设，已经纳入《全国水利发展第十个五年计划和2010年规划》，在今后5～10年内，中央财政将通过调整水利基建投资预算支出结构，进一步加大对水电农村电气化建设的投入力度。地方各级财政部门也应加大投入力度，优先安排建设资金，并及时足额拨付到位，确保农村水电及电气化建设顺利进行。

## 三、几点建议

（1）要从解决农村小水电的管理机制入手，加快农村水电及电气化建设。农村小水电能否快速发展关键要在体制、科技、管理上有所创新，加快产权结构优化调整，建立现代企业制度，实现股份制和股份合作制，积极引导集体、企业、个人增加投入，研究制定促进农村小水电发展的运行机制，大力推广采用新技术、新工艺、新材料、新产品，提高科技含量，推动小水电持续、快速、健康发展。

（2）要抓住国家实施西部大开发的机遇，立足西部，加快农村水电及电气化建设。我国的小水电资源主要集中在西部地区。国家实施西部大开发战略，给小水电发展带来了难得的发展机遇，要充分发挥区位优势，大力开发西部地区丰富的小水电资源。选择一些资源比较丰富的地区和一些中小河流进行梯级开发，充分发挥地理优势，建立一批小水电基地，发挥示范作用。加快结构调整，实施资产战略性重组，集约化经营，发挥规模效益，提高小水电市场竞争力。

（3）要多渠道筹集资金，特别是要适应我国加入WTO的形势，加大利用外资力度，加快农村水电及电气化建设。水电农村电气化建设要坚持地方投入为主、中央补助为辅的原则。在加大中央水电农村电气化建设投入的同时，要积极引导地方和社会资金投入，多渠道筹集农村水电及电气化建设资金。要充分利用世界银行等国际组织的优惠贷款用于水电农村电气化建设。

希望各级政府有关部门，积极配合，研究制定扶持水电农村及电气化建设的经济政策，加大投入力度，不断促进水电农村及电气化的建设和发展，为全面完成“十五”水电及农村电气化建设任务作出新贡献。

# 坚持科学发展观
# 扎实搞好小水电代燃料工程建设

水利部党组副书记、副部长　敬正书

刚才传达了回良玉副总理的重要批示和汪恕诚部长的书面讲话；国家有关部门的领导对代燃料工作讲了很好的意见；四川省、广安市的领导表示要坚决贯彻中央的指示精神，把小水电代燃料工程抓紧、抓好、抓实；小水电代燃料用户代表也发了言，表达了衷心拥护的心声。在此，我代表水利部对全国小水电代燃料工程正式启动表示热烈祝贺！向关心支持农村水电工作的领导和各有关部门表示衷心的感谢！向战斗在农村水电建设第一线的同志们表示亲切的慰问！

小平同志生前对农村水电一直十分关心，明年是小平同志100周年华诞，在小平同志在家乡举行全国小水电代燃料工程启动仪式很有意义。广安水能资源十分丰富，改革开放以来特别是近几年农村水电建设取得了很大成绩。广安市委市政府积极响应中央关于开展小水电代燃料的号召，落实小平同志“一定要把广安建设好”的指示，把小水电代燃料工程作为建设广安、造福百姓的实事来抓，这是对小平同志最好的纪念。

下面我就如何贯彻回副总理重要批示和汪部长讲话精神，进一步做好小水电代燃料工作讲几点意见。

## 一、充分认识小水电代燃料工程的重要意义

农村水电是农村重要的中小型公共设施。发展农村水电，实施小水电代燃料工程是一举多得的好事。第一，是解决“三农”问题的重要途径。党中央一直把解决好“三农”问题作为全党工作的重中之重，要求更多地关注农村，关心农民，支持农业。小水电代燃料工程主要集中在我国经济相对落后的山区，实施这项工程，改变了农村的生产、生活条件，解决农民就业，增加了农民收入，利用清洁、廉价的电力发展工业，加快了农村经济发展。第二，是保护生态环境的有效措施。实施小水电代燃料工程可以从根本上解决农民的烧柴问题，巩固退耕还林和天然林保护等国家重大生态建设成果，保护生态，改善环境。第三，是坚持以人为本，促进经济社会和人的全面发展的重要体现。小水电代燃料工程从解决农民生存的燃料问题入手，把农民从千百年来烧柴烟熏火燎的环境中解脱出来，改善生存条件，提升生活质量，不断满足人的全面需求。第四，是实现水资源可持续利用的重要内容。开发农村水电，实施小水电代燃料工程，加快了小中河流的治理，改善农村水利基础设施条件，提高了水资源的综合利用和可持续利用的效益。

## 二、坚持用科学发展观指导农村水电和代燃料建设

我们要认真贯彻十六届三中全会精神，坚持用科学发展观指导农村水电和代燃料建设。按照汪部长提出的坚持以人为本，始终把最广大人民群众的根本利益放在首位，把不断满足人的全面需求、促进经济社会和人的全面发展，作为农村水电和小水电代燃料工作的出发点和落脚点的要求，进一步明确农村水电工作的任务和重点，按照“五个统筹”的要求，积极探索农村水电发展的新路子。要大力开发丰富的水能资源，改善农村公用基础设施，用清洁的电力不断满足农村居民对生产生活用电等的基本需求；加大对中西部贫困地区农村水电建设的支持力度，把资源优势变为经济优势，促进农村产业结构调整，加快农村经济社会发展，促进城乡和区域的协调；加快小水电代燃料工程建设，加强对水能资源的统一管理，对流域水能资源进行科学规划，合理开发、优化配置和高效利用，为水资源的可持续利用提供支撑和保障；在统筹区域、城乡和经济社会发展、促进人与自然和谐中作出新的贡献。

## 三、加强领导，切实做好小水电代燃料工作

小水电代燃料生态工程建设既是党中央、国务院解决农业、农村、农民、生产、生活、生态的重大决策，又是加快农村水电发展的历史机遇。我们要珍惜机遇，加快发展，把好事办好，实事办实。

1. 加强领导，做好协调。各级水行政主管部门要把小水电代燃料工程作为当前水利工作中的一件大事抓紧抓好，主动与有关部门协调，切实把各项工作落到实处。小水电代燃料项目所在地政府要成立小水电代燃料工程领导小组，加强对工程的组织领导。

2. 科学规划，严格管理。要统筹兼顾，优化配置水能资源，扎实做好规划和项目前期工作，严格执行基本建设程序。严格实行项目法人制、招标投标制、工程监理制和合同管理制，认真落实工程质量终身负责制。加强资金管理，专款专用。

3. 加大投入，降低电价。电价是实施小水电代燃料的关键，要通过加大政府投入；优化设计，节约建设费用；建立精简高效的运营机构，降低运营成本等措施，降低电价使农民能够承受，用上便宜电。

4. 创新体制，健全机制。要按照十六届三中全会《决定》精神，建立现代产权制度和现代企业制度，完善法人治理结构。组建有政府、代燃料用户等

组成的代燃料协会，加强民主协商和对代燃料工作的有效监督。

5. 搞好宣传，发动群众。小水电代燃料工程的全过程都离不开群众的支持。建设阶段需要农民的直接参与和配合，建成后农民在直接受益的同时还要承担保护森林植被的责任。要做好宣传发动，让群众了解中央开展这项工程的重要意义，主动配合工程的实施。

6. 总结经验、扩大规模。列入首批建设的项目时间紧任务重，在按期完成建设任务的同时，还要为不断扩大建设规模积累经验，创造条件。希望各地从实际出发，因地制宜，不断创新工作方法，出成绩、出经验、出典型，为大规模开展小水电代燃料工作打下坚实的基础。

同志们，让我们进一步振奋精神，开拓进取，真抓实干，扎实工作，以新的姿态和新的业绩，开创农村水电工作新局面。

2004年新春佳节将至，我代表水利部党组和汪恕诚部长给同志们拜年，祝新年快乐、事业兴旺、万事如意！

## 在全国水利系统农网改造工作会议上的讲话

水利部副部长　陈　雷

党中央、国务院从保持国民经济持续快速发展和现代化建设的全局出发，为减轻农民负担、改善农村生产和生活条件、促进农村经济和社会的全面发展，做出了实施农网建设与改造的重大决策，这也是中央实施积极财政政策、扩大内需和拉动经济增长的一项重要措施。水利部党组对这项工作高度重视，3年多来，在各级政府、有关部门的支持下，特别是在9个省、自治区、直辖市水利厅局的共同努力下，水利系统农网改造工作取得了很大成绩。最近，国家计委在青岛召开了第四次全国农村电网建设与改造工作会议，曾培炎主任、张国宝副主任到会作了讲话。会议对全国农村电网建设与改造工作进行了总结，对下阶段工作进行了全面部署。会后，汪恕诚部长指示我们要加大水利系统农网改造工作的力度，确保如期完成任务。召开这次全国水利系统农网改造工作会议的主要目的是：总结3年来全国水利系统农网改造工作，分析当前水利系统农网改造工作中存在的问题，部署下阶段水利系统农网改造工作。

下面，我就水利系统农网改造工作讲几点意见。

### 一、对3年来水利系统农网改造工作的简要回顾

第一，水利系统农网改造工作取得了很大进展。水利系统第一批农网改造总投资规模132.5亿元。到2001年8月底，已完成投资102.5亿元，占总投资的77.4%，占到位资金的117%；新建和改造110kV变电站56座、容量1561MVA，35kV变电站409座、容量1835MVA，110kV线路1184.6km，35kV线路6548.7km，10kV线路72228km，低压线路170341km，改造配电台区58012个。从各省情况看，重庆进度最快，已完成计划总投资的90.6%，其次是广西，已完成计划总投资的80.2%，第三是四川，已完成计划总投资的77%。

第二，乡镇电管站改革取得了很大成效。到2001年8月底，有2270个乡镇电管站完成了改革任务，新建供电所1711个。其中：重庆585个乡镇电管站中，547个已完成改革，占93.5%；湖南31个县的508个乡镇电管站中，409个已完成改革，占71%。农网改造和乡镇电管站改革完成的地方，都实现了“电量公开、电价公开、电费公开”和“销售到户、抄表到户、收费到户、服务到户”以及“统一电价、统一发票、统一抄表、统一核算、统一考核”的“三公开、四到户、五统一”。

第三，部分县已全面完成了农网改造任务。据统计，目前全国已有93个县完成了水利系统农网改造任务，有28个县已经通过了省、自治区、直辖市计委组织的竣工验收，其中：广西24个县，重庆2个县，广东2个县。另外65个县已完成低压改造任务，具备了验收条件。

第四，水利系统农网改造取得了显著成效。完成农网改造的地方，线路损耗大幅度降低，电网结构更加合理，供电质量显著提高，电价普遍下降，农村用电量大幅增加，城乡用电同价工作取得明显进展。广西将水利系统农网改造的成效概括为“一加强、二提高、三降低、四满意”，总结得很好。从各省反映的情况看，电价普遍降到了省政府规定的标准之下，有的降幅达到了每千瓦时几角钱，如湖南到户电价普遍降低，达到每千瓦时0.65元；广东从1元以上降到0.79元；重庆平均下降0.3～0.4元；四川平均下降0.15元。初步估算，经过水利系统农网改造可减轻农民生活用电费负担3亿元。此外，农网改造对地方经济发展起到了比较明显的拉动作用。

以上成绩是各级水利水电部门克服重重困难取得的，是来之不易的。之所以取得这些成绩，主要有以下三个方面的原因：

一是加强了对水利系统农网改造工作的领导。水

利部党组对水利系统农网改造工作非常重视。汪恕诚部长、敬正书副部长和张基尧副部长都十分关心这项工作，多次就小水电建设和水利系统农网改造工作做出批示和指示，并亲自进行协调，有力地推动了这项工作。各省、自治区、直辖市水利厅局也都成立了以厅局主管领导为组长的农网改造工作领导小组，地、市、县也都成立了相应的组织机构，将主要精力投入到农网改造工作之中。水利系统的各级领导和各有关部门都把做好水利系统农网改造工作作为贯彻落实“三个代表”重要思想的具体行动，以满腔热情和高度的责任感，从讲政治的高度，加强组织领导，层层落实责任，齐心协力抓好这项工作，为水利系统农网改造工作提供了强有力的组织保证。

二是积极争取有利于水利系统农网改造的政策。针对水利系统农网改造工作中出现的一些突出问题：如代管上划、贷款抵押、全省均摊等问题，水利部积极向国务院和有关部门提出有关农网改造工作的政策建议，国务院和有关部门先后出台了对自供自管县供电企业，要按照电力工业的改革方向，因地制宜、因网制宜，根据不同情况进行改革；对自供自管县的农村电网改造投资视具体情况确定贷款方式；农网改造可以实行“一省两贷”；农网改造贷款可用未来电费收益权质押担保，将贷款还贷期延长到20年；西部省、自治区、直辖市农网改造资本金由国债改为拨款等政策。这些政策的出台，极大地推动了水利系统农网改造工作。此外，四川甘孜、阿坝、凉山3个少数民族自治州通过努力，也争取到将国家资本金由20%提高到50%的政策，云南省出台了将贫困地区资本金提高到30%～50%的政策。最近一段时间，水利部一直与国家计委、财政部研究还贷政策问题，国家计委、财政部都已同意对“一省两贷或多贷”省建立还贷基金，实行全省均摊，这项政策最近有望出台。国家出台的一系列政策有力地推动了水利系统农网改造工作。

三是采取措施确保水利系统农网改造的进度和质量。一是各省水利厅结合本省实际，制定了具体的工作计划和措施，狠抓资金计划的落实，特别是为了落实银行贷款，各省都想了很多办法，采取了不少措施，收到了一定的效果。二是各省都制定了一系列管理办法，严格按照国务院和国家计委的有关文件精神，狠抓质量管理，确保了农网改造的工程质量。三是严格实行项目法人责任制、招标投标制、建设监理制、合同管理制和工程质量终身负责制。到目前为止，水利系统农网改造工程质量良好，没有发现大的质量问题。四是各省都加强了农网改造资金的管理，实行“专户存储、专款专用、封闭运行”，确保资金的使用安全和投资效益的发挥。

## 二、当前水利系统农网改造工作存在的主要问题

根据大家反映的情况，当前水利系统农网改造主要存在以下几个问题：一是农行贷款不到位，下达的计划指标不落实；二是农网改造的投资和需求相比，存在较大的资金缺口，核准的水利系统农网改造投资规模与项目和完成的效益不匹配；三是群众和农户的自筹资金不落实，农网改造入户难度较大；四是西部地区、少数民族地区、边远地区和贫困地区的还贷能力较差，资本金比例和投资结构不尽合理；五是农网改造全省均摊加价还贷政策、税收优惠等政策尚未得到落实。此外，由于体制不顺，有些省实行各县分贷也给农网改造带来一定的困难。这些问题直接对水利系统的农网改造工作造成了一定的影响。

## 三、采取措施确保如期完成水利系统农网改造任务

在全国第四次农村电网建设与改造工作会议上，国家计委明确要求今年年底前要基本完成已下达的农网改造任务，认真抓好农网改造竣工验收工作，积极推进城乡用电同网同价工作，努力降低农村电价，抓紧编制第二批农网改造投资计划。目前，水利系统农网改造工作已经进入攻坚阶段。面对时间紧、任务重、困难多、要求高的情况，能否按期、保质、保量地完成任务，是对各级水利部门和广大水利水电工作者的严峻考验和挑战。面对这种形势，希望各级水利部门进一步增强信心，采取有效措施，克服一切困难，千方百计确保按期全面完成第一批农网改造任务，为实施第二批农网改造任务奠定基础。

第一，进一步加强与农业银行的协调与配合。采取措施，提高承贷能力，加快资金到位。银行资金能否及时到位，是水利系统农网改造任务能否完成的决定性因素。要尽快落实已批准的贷款规模和资金，及时与银行沟通，争取资金及时到位。农行提出对水利系统也要实行全省统贷，银行只对省级水电集团公司。从水利系统农网改造的实践来看，由省水电集团公司统贷统还可以提高贷款的承借和偿还能力，四川、重庆、广西、吉林已经采用了这种模式。目前实行各县分贷的省，要尽快明确省级承贷主体，采取由省水电集团公司统贷统还的方式，提高承贷能力，加快水利系统农网改造步伐。

第二，进一步加强对农网改造工作的组织领导。目前，农网改造的任务十分繁重，时间非常紧迫，工作难度很大，省、自治区、直辖市水利厅局的主要领导要及时出面进行协调，化解各种矛盾。要加强组织协调管理的力量，特别是湖南、湖北等省如实行全省

统贷，靠现有力量是远远不够的，要抽调一批懂技术、会管理的人员，充实到水利系统农网改造工作中来。省厅的管理不能仅停留在面上，各县有各县的不同情况，要逐县进行分析，研究对策，及时解决问题。要层层落实和分解工作任务，将责任明确到人，集中力量，狠抓落实。

第三，加强管理工作，加快建设进度。目前，广东、吉林、青海、湖南、云南等省还有一部分到位资金没有完成；青海省的资金可以完全到位，但工程进展缓慢；吉林省6月份贷款问题已完全解决，但近两个月完成投资依然很少；湖北省的贷款规模已经批复，但工程进展很慢；云南省一些县也有类似的问题，工程进度上不去。希望省水利厅局对各县农网改造情况认真进行分析，农行已经批复的投资计划要尽快完成，资金已全部到位的省市，一定要按期完成农网改造任务。第四次全国农网改造工作会议要求今年年底前必须完成国家已下达的农网改造计划，完不成计划的省、自治区、直辖市原则上先不安排第二批农网改造投资计划。我们一定要按这个原则安排进度，在保证质量的前提下，千方百计把进度搞上去。广东省农网改造工作启动较晚，但省水利厅工作积极，措施得力，资金落实较好，一年时间就完成了总投资的72%。这说明只要加大工作力度和加强管理，就可以加快工程进度，如期完成任务。

第四，认真做好竣工县的验收工作。目前，已经有93个县完成了农网改造任务，但只验收了28个，竣工验收工作进展缓慢。各省要高度重视竣工验收工作，按照《国家计委关于印发农村电网建设与改造工程验收规定的通知》和水利部《关于做好水利系统农村电网建设与改造工程验收工作的通知》精神，进一步落实领导责任制，加强对水利农网改造工程验收工作的组织领导，安排专人负责此项工作。各省厅要制定详细的验收计划，根据各县的进度情况，确定竣工验收时间，签订责任状，把任务落实到每个县。对各县的工作进展情况，水利厅局要跟踪检查，对困难较大的，要分别指导。省厅要组织人员，协助各县和各项目法人单位，做好竣工验收的准备工作。对申报验收的工程，省厅要及时组织验收。在验收工作中，要严格执行验收标准，保证验收质量，对不合格工程要及时提出处理意见，限期进行整改。

第五，加强资金管理，提高工程质量。农网改造资金要实行封闭运行，严禁挪用。要严格执行国家制定的收费标准，严禁向农民多收费。要狠抓工程质量，严格落实项目法人责任制、招标投标制、建设监理制、合同管理制和工程质量终身负责制，确保农网改造工程质量。

## 四、认清形势，坚定信心，开创农村水电工作新局面

当前水利面临的形势很好，一是党中央和国务院对水利工作高度重视，党的十五届五中全会把水利放在基础设施建设的首位，进一步明确了水利工作的指导方针，对新时期水利改革与发展提出了明确的要求。二是水利部党组从水利工作的实际出发，提出从传统水利向现代水利、可持续发展水利转变，以水资源可持续利用支撑经济社会可持续发展的新的治水思路。三是国家继续实施积极的财政政策，通过发放国债，大幅度增加了中央水利投资，今年中央水利投资规模比1998年大水后又有所增加。随着中央水利投资的增加，小水电建设的投人也会相应增加。四是西部大开发给小水电建设和水利工作带来了新的机遇，水利基础设施建设是西部开发的龙头和重点，今年国家在中央水利投资中加大了对西部水利建设支持的力度。五是小水电面临新的发展机遇。朱总理到湖南、四川、贵州视察时，三次提到要进一步调整农村能源结构，大力发展小水电，以小水电代柴，改善生态环境，促进退耕还林，加快山区和贫困地区的经济发展，为小水电建设指明了方向。六是经过多年的小水电建设，水利部门已经建立了一支好的小水电建设与管理队伍，具有人才优势和技术优势，为小水电建设奠定了较好的基础。因此，我们要认清形势、坚定信心、抓住机遇、加快发展，开创农村水电工作的新局面。当前应着力做好以下几项工作。

第一，做好第二批水利系统农网改造项目的立项申报工作。国家计委已经布置了第二批农网改造工作。最近，国家计委基础产业司会同有关部门又对此项工作进行了专题研究。第二期农网改造总投资为1000亿元左右，安排的初步原则为：第一、二批总投资与各省售电量基本成比例，西部地区稍高一些，东部地区低一些；第二批投资主要是改造10kV及以下低压电网；对还贷加价明显偏高的省，要调整其申报的投资计划。希望各省、自治区、直辖市水利厅局加强同计委的联系，在充分考虑还贷能力的基础上，认真制定第二批水利系统农网改造项目建议计划。各地在向计委上报项目计划的时候要抄报水利部，以便我们汇总后，统一与国家计委协调。

第二，落实好朱总理关于以小水电代柴的三次讲话精神。把小水电建设与地方能源结构调整、促进退耕还林和生态建设、加快山区开发、促进地方经济发展和农民脱贫致富结合起来，做好以小水电代柴这篇文章。目前，水电局正在着手制定以小水电代柴的建议计划和实施方案，四川的报告已上报国务院。各有关省、自治区、直辖市水利部门要抓紧开展工作，尽

早提出切实可行的建议计划和实施方案。

第三，做好全国第四批农村水电及电气化县的建设工作。第四批农村水电及电气化县建设工作很快就要全面启动。今年是实施“十五”计划的第一年，也是第四批农村水电及电气化县建设的开局之年，各省、自治区、直辖市水利厅局一定要全力以赴，扎扎实实地做好这项工作。

第四，抓好当前西部开发中的小水电建设工作。在西部开发中，应将水电建设，特别是小水电建设放在突出位置。西部省、自治区、直辖市要把小水电建设与西部开发水利建设项目结合起来，与解决西部地区和边远地区群众用电困难结合起来，在兴建控制性水利枢纽和中小河流开发时要对小水电建设统筹加以考虑。要积极争取以西部水利建设为契机，加快流域水能资源梯级开发和龙头水电站建设。

第五，加强小水电资源和水能资源的统一管理。小水电资源和水能资源是水资源的重要组成部分，加强水资源的统一管理，必须加强小水电资源和水能资源的统一管理。目前，小水电的行业管理职能弱化了，国务院“三定方案”明确由水利部负责指导水利行业的水电管理，因此必须进一步加强农村水电和小水电的行业管理。

第六，加强农村水电工作的组织领导和队伍建设。各省、自治区、直辖市水利厅局的农村水电及电气化建设机构要得到重视和加强，人员要进行充实，资金渠道要有保障，各地、市、县也要进一步建立和健全相应机构。

第七，认真研究和落实小水电建设的各项政策。既要用好和用活现有政策，又要针对新的情况和新的问题研究提出一些新的政策性建议，争取多出台一些小水电、农村电气化和农村电网改造方面的优惠政策，用政策来保障和推动我们的工作。

第八，加强小水电和水利系统农网改造的宣传。既要扎扎实实地做好工作，确实干出成效，也要进一步加大小水电和水利系统农网改造的宣传工作力度。通过宣传，求得各有关部门、各级领导和社会各界的支持，为加快小水电发展创造良好的氛围和环境。

各级水利部门要以“三个代表”重要思想为指导，加大水利系统农网改造的工作力度，确保如期完成水利系统农网改造任务。

# 农村水电政策与法规

## 政策制订概况

（一）20世纪50年代

新中国成立初期，随着国民经济的恢复，党和政府十分重视农村用电问题的解决。1953年设置了小水电的专管机构。“一五”期间，为适应农业合作化农村用电的需要，水利部门提出积极试办小型水电站的要求。相关政策主要有：

以水利建设带动小水电的发展。中央在《1956年到1967年全国农业发展纲要》中明确提出：“凡是能够发电的水利建设，应当尽可能同时进行小型水电建设，结合国家大中型的电力工程建设，逐步增加农村用电”。

坚持“小型为主，社办为主，生产为主，水电为主，动力与电力并举，兴建与管理并重，全面规划，综合利用，勤俭办站，认真贯彻多快好省精神”。

以点带面，不断发展。在资源丰富的省份，倡议先抓5个县和100个社的农村初级电气化建设。

（二）20世纪60年代

1963年，中央批准在原水利电力部设立农村电气化局，并提出小水电发展的一系列政策措施。主要是：

农村电网与农村小水电并举。以商品粮棉基地为重点，以排灌用电为中心，以电网供电为主力，电网和农村小型电站（主要是小型水电站）并举。

坚持为农业服务的方向和综合利用的水利建设方针。以粮食增产为中心，满足排灌用电，多方面为农业服务。坚持“以机电提灌为主，提蓄结合，综合利用”的水利建设方针。

执行“调整、巩固、充实、提高”的八字方针。为纠正20世纪50年代后期小水电受到的“大跃进”左的影响，巩固群众办电的积极性，提高小水电的作用，1961～1963年对小水电的发展及时进行了调整、改造。“三三”制的投资结构和“以电养电”政策开始实行。实行国家投资、地方投资和社队投资的投资构成，经财政部批准，开始实行“以电养电”政策。

20世纪60年代以前，处于小水电发展初期，许多方针政策、规章制度还不完善，有的在建设上未完全按科学规律办事，出现一些失误，造成浪费；在管理上粗放，注重社会效益，不讲究自身效益，教训颇多。特别是“文化大革命”中，由于小水电的主管机构受到冲击，农电建设投资计划被取消，有关政策如“以电养电”政策被中断，特别是物资供应紧张和企业的生产秩序与规章制度被打乱和破坏，严重影响了小水电的健康发展。

（三）20世纪70年代

这个时期要求小水电建设实行“小型为主、社办为主、设备地方自行制造为主”的方针，坚持为农田排灌、农机修造、农副产品加工、县社“五小”工业和广大农村生活照明用电服务的方向。随着电力工业和小水电发展中出现的新问题，进一步制定了有关政策和措施。首次界定小水电概念，提出规划原则。提出小水电系指单机6000kW及以下，总容量12000kW及以下的水电站和相应的输变电工程，规划上实行“全面规划，综合治理，治水办电相结合”的原则。

明确建设管理体制。建设上发动县、社、队各级办电，执行“谁建、谁管、归谁所有”（也称“谁建、谁有、谁管、谁受益”）政策。

地方为主、中央适当补助的投资政策。建设资金主要依靠社队集体经济和地方自筹，国家给予适当补助。单机500W以下电站主要由社队负责，国家从小型农田水利事业费中划出专项资金给予补助，平均每千瓦150～200元，相当于投资的20%；单机500W以上电站主要由地、县负责，由省审批，列入水利或地方电力基建计划，资金主要由地方自筹，国家一般补助投资40%～60%，设备列入计划供应。保护小水电上网的政策：大小电网关系上要求大电网支援农业，积极支持小电站上网；小电站并网后所有权不变，电网收购小水电的电价不以盈利为目的。

（四）20世纪80年代以来

为了加快农村水电初级电气化建设，国家制定了一系列相关政策，为小水电创造了有利的发展环境。

实行自建、自管、自用。自1998年实施农网改造以来，自建、自管、自用政策受到严重冲击，很多地方没有得到执行。

中央设立小水电及农村电气化补助资金，自1983年我国开始建设第一批农村水电初级电气化县以来，中央一直对农村水电给予适当的补助，“十五”期间，我国继续建设400个水电农村电气化县，中央每年补助3亿元。

农村水电专项贷款，该项政策自1989年开始实行，到1998年终止，专项贷款的提供在农村水电的发展过程中发挥了重要的促进作用。

实行“以电养电”政策，当地国有小水电企业利润不上缴财政，继续投入小水电资源开发。该项政策自20世纪70年代就开始实行，为农村水电的良性滚动发展作出了较大的贡献。目前，该项政策并未得到很好的执行，很多地方实际上已取消。

6%增值税政策。对农村水电企业实行按6%增值税率缴纳增值税政策，低于全国17%征税标准。该项政策自1994年税制改革起开始实行，是目前农村水电十分重要的一个政策。但由于进项税抵扣问题没有解决，全国有一半以上的农村水电企业不能很好的执行。这是因为小水电企业作为上游企业按6%征收率纳税后，下游电网或用电企业按增值税一般纳税人17%税率缴纳增值税，存在6%与17%的增值税税负差额由谁承担的问题，导致该项政策在很多地方难以执行。

（水利部　周鹏飞）

## 法规制订简况

建国50多年来，我国农村水电法制工作一直没有得到重视。1995年颁布的《中华人民共和国电力法》有“国家提倡农村开发水能资源，建设中、小型水电站，促进农村电气化。”等规定，但相应的具有可操作性的条例或办法没有出台，使一些长期以来行之有效的方针政策、经验措施无法上升到法律高度，缺乏强制性，在现实中难以得到执行。同时，作为弱势群体，农村水电得不到法律应有的保护，上网、电价等方面长期受大电网限制，资产被上划、代管等现象普遍存在，这不但损害了地方和群众的利益，而且打击了各投资主体办电的积极性，影响了农村水电事业持续、快速、健康发展。新时期，农村水电出现了资源开发无序、资源市场化配置等新问题，都需要法律予以规范。目前水利部正在积极开展农村水电立法方面的研究工作，并已将《农村水电条例》列入水利部立法工作安排。

在全国农村水电法制建设落后的情况下，部分地方人大和政府制订了有关法律法规。

1994年吉林省第八届人民代表大会常务委员会制订了《吉林省地方水电管理条例》。该条例对地方水电进行了界定，规定地方水电实行自建、自管、自用和谁建设、谁受益、谁拥有产权的原则；明确县级以上人民政府水行政主管部门统一管理本行政区域内的地方水电工作和具体的职责；对水电规划、工程建设、生产经营、设施保护等方面进行了规定。该条例为适应新情况曾于2001年和2002年作了两次修改，对该省农村水电机构稳定，事业持续、健康发展发挥了重要作用。

广东省人大1996年制订了《关于加快农村小水电建设的决议》，进一步明确了小水电实行“自建、自管、自用”的方针，“谁建、谁有、谁管、谁受益”、“小水电要有自己的供电区”等政策，明确了农村小水电由水利部门归口管理，小水电上省网电价按省网综合平均收购价结算，各级电力部门不要上收和变相上收由地方建设管理的小水电及其供电网络，不要强行将小水电纳入大电网统一管理。每年投入1.47亿元支持小水电建设，“九五”期间，省电力发展基金计划安排16.49亿元的优惠贷款。该决议的制定和落实，为广东省小水电的发展提供了强大的动力，小水电以每年新增20万kW的速度发展。2003年广东省再次决定继续实施该议案。

此外，1996年湖北省第八届人民代表大会常务委员会制订的《五峰土家族自治县水电条例》，规范了水电开发、建设、经营、管理，对农村水电事业的快速发展发挥了显著作用。

（水利部　周鹏飞）

# 我国农村水电发展概述

## 我国农村水电资源

（一）总量、分布情况

我国幅员辽阔，河流众多，径流总量丰沛，地形复杂多样，地势落差大，蕴藏着丰富的水能资源。据最近农村水电资源复查初步成果显示，我国农村水电资源技术可开发量为1.28亿kW，年发电量为4500亿kW·h。

中国农村水电资源点多面广，遍及全国30个省（自治区、直辖市）1600多个县（市），主要集中在西部地区，其技术可开发量为8654.8万kW，占全国的67.6%，尤以四川、西藏、云南等省（自治区）最为丰富，技术可开发量均超过1000万kW；中部地区技术可开发量为2149万kW，占全国的16.8%；东部地区技术可开发量为1999.1万kW，占全国的15.6%（详见表1）。

（二）特点、优势

（1）农村水电资源主要分布在西部地区、少数民族地区、革命老区、边疆地区和特别贫困地区。这些地区国土辽阔，人烟稀少，负荷分散，大电网难以覆盖，也不适宜大电网长距离输送供电。农村水电具有分散开发、就地成网、就近供电、发供电成本低的特点，是大电网的有益补充，具有不可替代的优势。

（2）农村水电资源主要集中在长江上游、珠江上游和黄河中上游地区。这些地区大多是退耕还林还草区、天然林保护区、自然保护区和水土流失重点治理区。这些地区开发农村水电，实施小水电代燃料工程，是保护和改善生态环境的重要途径，具有显著的优势。

（3）农村水电资源主要集中在西部地区，从而使农村水电在西部大开发中具有突出的区位优势和比较优势。

（4）农村水电是可再生清洁能源，得到国际社会完全肯定。开发农村水电，保护与改善生态环境，有利于人口、资源、环境的协调发展。

（5）农村水电资源点多、面广、总量很大，在电力结构调整中占有重要的地位。

（6）农村水电规模适中、投资省、工期短、见效快，有利于调动多方面的积极性，适合国家、地方、集体、企业、个人开发。

表1　全国农村水电资源复查初步成果（2003年）

万kW

| 序　号 | 省　份 | 农村水电资源量（5≥装机容量≥0.01） |
|---|---|---|
| | 全国 | 12802.9 |
| 1 | 北京 | 19.1 |
| 2 | 天津 | |
| 3 | 河北 | 77.7 |
| 4 | 山西 | 77.9 |
| 5 | 内蒙古 | 67.6 |
| 6 | 辽宁 | 72.3 |
| 7 | 吉林 | 114.1 |
| 8 | 黑龙江 | 312.8 |
| 9 | 江苏 | 11.2 |
| 10 | 浙江 | 433.2 |
| 11 | 安徽 | 111.2 |
| 12 | 福建 | 699.5 |
| 13 | 江西 | 368.8 |
| 14 | 山东 | 6.6 |
| 15 | 河南 | 93.1 |
| 16 | 湖北 | 451.2 |

续表

| 序　号 | 省　份 | 农村水电资源量(5≥装机容量≥0.01) |
|---|---|---|
| 17 | 湖南 | 619.9 |
| 18 | 广东 | 632 |
| 19 | 广西 | 433.7 |
| 20 | 海南 | 47.5 |
| 21 | 重庆 | 298.8 |
| 22 | 四川 | 2166.3 |
| 23 | 贵州 | 640.2 |
| 24 | 云南 | 1204.5 |
| 25 | 西藏 | 2000 |
| 26 | 陕西 | 224.5 |
| 27 | 甘肃 | 293.8 |
| 28 | 青海 | 610 |
| 29 | 宁夏 | 1.3 |
| 30 | 新疆 | 714.1 |

（水利部　黄　明　付自龙）

## 农村水电发展概述

1949年，新中国成立时，全国农村没有电。在国家实行两条腿走路的方针后，水利部门结合江河治理，兴修水利，开发农村水电，解决照明和生活生产用电问题。到20世纪70年代末，全国有一半以上的县主要靠农村水电供电。50多年来，我国有1600个县开发了农村水电，共建成4.8万余座小水电站，绝大部分并网运行并与国家电网联结。通过开发农村水电，全国累计解决了近6亿无电人口的用电问题。

2003年，全国新增农村水电装机容量270万kW，总装机容量达到3414万kW，发电量1099亿kW·h，均占全国水电总装机容量和年发电量的37%以上；共建成800余个县电网和40多个跨县地区性电网，拥有高低压线路340余万公里；全国已先后组建了19家省级水电集团公司和70多家地区性水电集团公司；全国水利系统已有13家水利水电公司实现了上市。截至2003年年底，全国农村水电资产达到2020亿元，年发供电营业收入400多亿元，年创税利83亿元。目前全国1/2地域、1/3县、1/4人口主要靠农村水电供电。

水利部按照国务院部署，在“七五”、“八五”、“九五”期间，连续组织了三批农村水电初级电气化县建设，新增农村水电装机容量1700万kW，新增高低压线路60万km，建成了653个初级电气化县。涉及人口2.52亿，面积274万$km^2$，82%以上位于中西部地区，250个县是少数民族县，100多个县位于祖国边陲。通过15年初级电气化建设，农村水电已成为山区水利发展的龙头，治水办电结合，使数千条中小河流得到初步治理，形成了上千亿立方米库容，在防洪、灌溉、供水和水土保持等方面发挥了重要作用；约有2000万户居民不同程度地用小水电代燃料，减少了森林砍伐，每年节约木材5000多万立方米；累计有2000多万农业剩余劳动力转移到二、三产业，推动了城镇化进程。653个初级电气化县基本上实现了人均用电量、国内生产总值、财政收入、农民人均纯收入“5年翻一番”、“10年翻两番”的目标，经济结构显著改善，发展速度明显高于全国平均水平，这些县综合平均的森林覆盖率15年增长了9.88个百分点，比全国高出5.4个百分点。

水利部现正组织实施“十五”期间适应全面建设小康社会要求的400个水电农村电气化县建设。这400个县，80%分布在中西部地区，85%属于老少边穷地区，涉及25个省（区、市）和新疆兵团，国土面积200万$km^2$，人口近2亿。2003年已有6个县建成并通过初步达标验收，水电农村电气化建设有效地推动了贫困地区农村经济社会与县域经济社会全面、协调、可持续发展。

根据中发［2003］3号、国发［2003］16号和国办函［2003］15号文件规定和中央领导同志指示精神，水利部牵头组织实施的小水电代燃料工程，已于2003年底正式启动。实施这项工程直接惠及农村千家万户，具有显著的生态效益、社会效益和经济效益。可以长期稳定解决25个省（区、市）和新疆兵团的重点“四区”（退耕还林区、天然林保护区、自然保护区、水土流失重点治理区），2830万户、1.04亿农村居民的烧柴问题，每年减少薪柴消耗1.49亿$m^3$，保护森林3.4亿亩，减少排放二氧化碳2亿t、二氧化硫92万t，有效巩固生态建设成果，保护生态环境；可以方便农村居民用电做饭、取暖、照明、加工、看电视、学文化，从繁重的砍柴负担和体力劳动中解放出来，改善农村生产生活条件，提高生活质量，增加收入，加快脱贫致富步伐；可以提供先进的动力，优化发展一、二、三产业，加快农村经济发展，调整地区产业结构，缩小城乡差距，促进城乡协调发展；同时还可以带动钢铁、材料、建筑、运输、电器等相关产业及全国机电制造业的发展，启动农村消费市场，有效扩大内需，促进这些地区的经济社会可持续发展，加快全面建设小康社会步伐。

截至2003年，全国水利系统农网改造任务全面完成，新建和改造输变电工程935个，容量为557万

kVA，改造配电台区11.8万个，新建和改造高低压线路57万km。县城电网改造顺利启动实施，将新建和改造输变电工程360个，高低压线路4.1万km。西藏等省（区）边境无电乡村光明工程建设顺利进行，累计建成电站12座，装机容量75555kW，完成投资5.6亿元，解决了5.03万贫困农牧民的用电问题。

（中国水利企协地电分会　李其道）

## 新世纪农村水电肩负新使命

在开发和使用能源资源的同时，如晃保护好我们赖以生存的地球环境与生态，已经成为一个引起全球关注的重大问题。可持续发展是全世界共同追求的目标。能源与环保是新世纪人类社会文明进步和发展的主题。随着经济全球化进程的加快和我国加入WTO，将能源与环保、社会、经济有机地结合起来，实现可持续发展，成为我国经济社会发展的基本要求。我国拥有世界最丰富的小水电资源，新世纪存在着巨大的发展机遇。

### 一、世界能源形势严峻，清洁可再生能源迅速发展

全球常规石油可采储量预计为3113亿t，现已探明2516亿t，有待探明587亿t。在已探明储量中目前开采了1082亿t，剩余开采储量1434亿t，据此计算石油尚可开采41年。煤炭储量较大，但也将在100多年后消耗殆尽。以化石燃料为主的能源供应结构潜藏着极大的危机。

化石能源的大量生产和消费，是造成大气等环境污染与生态破坏的主要原因。1992年在巴西召开的联合国环境与发展大会上，包括中国在内的166个国家签署了《联合国气候变化框架公约》。1997年召开的京都议定书缔约方大会上形成了具有法定约束力的京都议定书。国际社会一致认为使用化石燃料排放的温室气体是导致全球变暖的主要原因。如果不采取相应措施，气候变暖将导致全球水循环加剧，海平面升高，大量陆地淹没；将对区域性水资源产生重大影响，对局部农业、林业生产造成严重后果，直接威胁人类生存环境。

全球化石燃料排放的温室气体污染，使地球剩余的环境空间十分有限。京都议定书主要是通过限制温室气体排放，将温室气体浓度稳定在一个合理的水平上，实现对全球气候变暖趋势的控制。国际权威机构研究表明，如果2100年的温室气体浓度要想稳定在0.055%，即550ppmv，那么1990～2100年的110年期间，全球人为二氧化碳总排放量必须限制在8700亿～9900亿t碳的水平。这意味着全球110年石油累积供应量只有1910亿t油当量，平均每年为17.36亿t油当量，仅为1990年全球石油生产总量的54.6%。为此，发达国家和发展中国家都在加快能源战略和结构调整，削减煤炭供应，提高能源效率，大力发展优质能源和可再生能源，可再生能源发展尤为迅速。据世界权威部门预测，到2050年世界能源总供应量中60%的电力和40%的其他能源将由可再生能源提供。

我国是发展中国家，人均温室气体排放量低于发达国家，对已造成的全球温室气体效应不负历史责任，在公约中不承担减排义务。但目前我国是世界第三大能源生产国和第二大能源消费国，是世界上煤炭生产和消费量最大的国家，二氧化碳排放量仅次于美国，居世界第二位，占全球总排放量的13.5%。如不加限制，到2020年我国将成为世界第一大排放国。由于我国是世界温室气体排放大国，又不承担减排义务，能源发展态势备受国际社会关注，面临着巨大的政治、经济和外交压力。京都会议后，我国被列为今后一系列气候变化谈判的主要对象，承诺减排只是时间问题。

### 二、我国实施可持续发展战略，时代发展需要小水电

江泽民总书记在“七一”讲话中强调，要促进人和自然的协调与和谐，使人们在优美的环境中工作和生活。坚持实施可持续发展战略，正确处理经济发展同人口、资源、环境的关系，改善生态环境和美化生活环境，改善公共设施和社会福利设施。努力开创社会发展、生活富裕和生态良好的文明发展道路。党的十五届五中全会通过的“十五”计划建议，把加强人口和资源管理、重视生态建设和环境保护列为必须着重研究和解决的一个重大战略性问题，明确指出要继续严格控制人口数量，努力提高人口素质，合理使用、节约和保护资源，提高资源利用效率，加强生态建设，遏制生态环境恶化，加大环境保护和治理力度。“十五”计划纲要指出，要促进人口、资源、环境的协调发展，把实施可持续发展战略放在更加突出的位置。2001年，朱镕基总理在湖南、四川、贵州考察时多次指示，要大力发展小水电，解决农民燃料和农村能源问题，促进退耕还林和天然林保护，保证退耕还林退得下、稳得住、能致富、不反弹，在这方面要给予扶持。要保证国家能源安全和社会经济的持续发展，必须调整我国能源战略和结构，大力发展清洁可再生能源。

温室气体排放导致我国生态环境恶化，社会经济

损失严重。57%的城市总悬浮微粒超标；82%的城市出现酸雨，酸雨面积占国土面积的40%以上；农林业生产损失巨大，农作物减产5%～10%。农村能源消耗占全国森林资源消耗的40%，山区占50%～70%，山区居民烧柴砍树造成林草植被破坏，水土流失，洪水泛滥，土地荒漠化。保护和改善生态环境已到了刻不容缓的地步。

实施可持续发展战略，是关系中华民族生存和发展的长远大计。我国主动采取前瞻性能源政策措施，调整能源战略和结构，控制煤炭生产消费，发展清洁替代能源，减少温室气体排放，实施以退耕还林、封山育林、治理水土流失为标志的大规模生态工程建设。据有关研究机构论证，一个前瞻性的清洁发展措施将比先污染后治理的做法节省2/3的资金。“十五”计划纲要指出，要充分利用现有发电能力，积极发展水电、坑口大机组火电，压缩小火电，适度发展核电。目前，我国把发展水电摆到了突出位置，西电东送工程已全面动工。国家计划在“十五”可再生能源发展计划中将装机容量2.5万kW以下的小水电纳入可再生能源范畴，明确提出了小水电发展目标和任务，即“十五”期间完成小水电装机500万kW，2005年达到全国电力工业总装机容量的8.3%。有关部门正在研究制定加快小水电发展的配套激励政策。最近，国务院批准“十五”期间全国建设400个水电农村电气化县。国家日益重视清洁可再生能源的发展，小水电具有灿烂的发展前景。

## 三、农村水电肩负新的使命

小水电随着社会经济的发展而发展。小水电的发展可分为三个阶段：第一个阶段主要是解决照明问题。从新中国成立到改革开放初期，小水电主要是解决边远山区、贫困地区的照明问题。新中国成立几十年来，小水电解决了占全国国土面积一大半地区的无电和照明问题，解决了3亿无电人口的用电问题。

第二阶段主要是解决贫困地区人民脱贫致富问题。在邓小平同志亲自倡导下，中央从1983年起连续发了3个文件发展小水电，以建设农村水电初级电气化县为龙头，解决边远贫困山区、民族地区和革命老区人民的脱贫致富问题。15年连续三批电气化县建设，共建成了653个农村水电初级电气化县，取得了显著成绩，加快了这些地区经济发展和农民脱贫致富的步伐。这些农村水电初级电气化县，基本上实现了国内生产总值、财政收入、农民人均纯收入、人均用电量5年翻一番，10年翻两番，发展速度明显高于全国水平。到2000年底，全国1500多个县共建设小水电站4.8万座，装机容量2485万kW，占全国水电装机容量的32.4%，年发电量达800亿kW·h。全国近1/2的地域、1/3的县和1/4的人口主要靠小水电供电。小水电产业不断壮大。小水电资产达1500多亿元，年发供电营业收入400多亿元，税利总额70多亿元。全国组建了70多个地区性水电集团公司，有11个省成立了省级水电集团公司，9家小水电公司挂牌上市，在中国证券市场形成了业绩稳定的小水电板块。小水电极大地改善了农村、农业基础设施建设和经济结构，已经成为山区水利和山区经济发展的龙头，形成了“以水发电，以电养水”的发展格局。小水电库容500亿$m^3$，在防洪、灌溉和供水等方面发挥了重要作用。

第三阶段主要是保护和改善生态环境，发展地区经济。进入21世纪，随着社会经济发展和人类文明进步，生态环境被摆到更加突出的位置。党的十五届五中全会《关于制定国民经济和社会发展第十个五年计划的建议》提出，加强生态建设和环境保护，有计划分步骤地抓好退耕还林还草等生态建设工程，改善西部地区生产条件和生态环境。2001年4月以来，朱镕基总理在湖南、四川、贵州考察时多次指示，要大力发展小水电，解决农民燃料和农村能源问题，促进退耕还林，保护和改善生态环境，发展贫困山区、民族地区经济，增加农民收入，加快农民脱贫致富步伐，在这方面要给予扶持。农网改造要和小水电建设结合起来考虑。总理的一系列重要指示，站在全局的高度提出了新时期小水电发展的方向、目标和任务，为小水电发展指明了新的空间和更加广阔的前景。目前全国有2000多万户农户部分使用电炊，每年减少森林砍伐133.33万$hm^2$，保护了生态，改善了环境，小水电积累了丰富的代柴经验。

丰富的小水电能够肩负起新使命：一是促进退耕还林、天然林保护，改善生态环境。我国的水土流失日趋严重，大量的河流淤积、河床升高，黄河断流，荒漠化面积每年以2000$km^2$左右的速度扩展。它不仅造成西部地区长期贫困落后、严重的水患和荒漠化，对中、东部地区的社会和经济发展也构成了很大的威胁。农民燃料和农村能源问题直接关系到退耕还林、封山育林能否有效贯彻实施。目前，我国退耕还林区、天然林保护区、自然保护区和重点水土流失区内共有居民约4000万户、1.6亿人口，其中有2800万户、1.12亿农村居民主要是烧柴。据调查，1户居民，平均4口人，一年的烧柴量约为2500kg，相当于0.2$hm^2$森林。2800万户山区居民一年要烧掉森林560万$hm^2$。我国小水电资源分布与需代柴的农村居民的分布基本一致。小水电是清洁可再生能源，可年复一年永续使用，具有分散开发、就地供电、发供成本低、性能稳定可靠的特点。在调整农村能源结构、解决农民燃料和农村能源问题时，具有不可替代的优势，能肩负起促进退耕还林、天然林保护、改善生态环境的重任。

二是发展中西部贫困地区、少数民族地区和革命老区的社会经济。中西部地区经过多年的不懈努力，经济实力不断增强，但与东部地区相比，还有较大差距。在全国人均创造国内生产总值中，西部地区只有平均数的一半左右。朱镕基总理在四川考察时指出，小水电是贫困地区、民族地区发展的希望，是地方财政的重要来源。小水电开发涉及建材、机电设备、自动控制和信息通信等众多领域，是扩大内需的最佳投资热点之一，可以有效拉动国内经济。开发小水电提供廉价的电力，能够带动当地丰富的矿产资源的开发利用和乡镇企业的发展，电气化带动工业化和城镇化，促进经济结构调整。小水电能够形成当地自我发展的能力，从根本上解决西部边远贫困山区、民族地区的落后面貌，逐步缩小与东部地区的差距。

三是带动贫困地区人民脱贫致富。目前，全国还有3000万贫困人口，主要分散在西部的边远山区和民族地区。贫困地区的脱贫致富是贯彻邓小平同志共同富裕伟大构想的一项战略决策，直接关系到社会稳定和社会主义现代化建设进程。我国67%的小水电资源分布在西部地区。小水电对解决这部分贫困人口的脱贫致富县有明显的资源优势和比较优势。开发小水电，在带动地方经济发展的同时，能够促进部分农业剩余劳动力的转移，巩固和加强农业基础地位，增加农民收入，加快农民脱贫致富的步伐。大力发展小水电是农民脱贫致富的重要途径。

## 四、小水电发展的保障措施

### （一）提高认识，转变观念

面对新的形势和任务，要按照江泽民总书记“三个代表”重要思想的要求，认真贯彻党中央、国务院有关小水电的方针政策和国家“十五”计划，落实部党组从传统水利向现代水利、可持续发展水利转变，以水资源可持续利用支撑社会经济可持续发展的新时期治水思路，以可持续发展为主题，以促进区域经济协调发展、保护生态环境为出发点，以改革和科技创新为动力，发挥水能资源丰富的比较优势，加快小水电发展。

### （二）加强领导，发挥政府的主导作用

小水电建设属于基础性、公益性、生态性工程，是政府的重要职责。要坚持中央和地方两条腿走路的方针，充分调动地方办电的积极性。各级政府要把此项工作摆到重要议事日程，切实加强行业管理，发挥政府对资源的配置作用，加强对小水电开发的政策扶持和资金投入。

### （三）全面规划，统筹安排

加强小水电资源的统一规划和管理，将其纳入水资源管理的轨道。做好小水电资源的严格保护、合理开发和永续利用，避免无序开发。正确处理企业效益与社会效益、局部利益与全局利益、近期利益与长远利益的关系。小水电开发要服从地方经济发展的实际需要，实行治水办电并举，与小流域综合治理、电气化县建设、小水电代柴、西部大开发和西电东送等工作密切结合，以小水电的可持续发展促进水资源及社会经济的可持续发展。

### （四）深化改革，实行政策创新

小水电具有基础性和公益性，政府政策扶持是小水电发展的关键。随着国家经济体制和电力体制改革的不断深入，要从实际出发，研究提出一些有利于水资源的可持续利用、符合市场经济体制要求和电力体制改革方向的政策、措施，营造良好的政策和投资环境，吸引国内外资金投资开发小水电，形成小水电发展的良性循环。对小水电企业进行股份制和股份合作制改造，建立现代企业制度，强化企业管理，减员增效，降低生产运营成本；以资产为纽带，实行小水电企业资产组合，组建小水电集团公司，推进集约化经营，发挥规模经营效益。

### （五）推动科技进步，加强国际交流

建立小水电科研与生产相结合的新机制，加快小水电新技术研制和开发速度。促进小水电新技术的市场化、商业化运作。要加快小水电技术的信息数字化进程。以信息化为龙头，积极研制和推广应用新技术、新工艺、新材料和新产品，逐步提高小水电的技术水平和科技含量，增强市场竞争力。

世界已进入信息时代，在经济全球化和我国已加入WTO的条件下，应通过多种形式，加强与国际能源组织及世界各国在小水电技术、市场、政策及融资等方面的交流。及时了解世界小水电领域的新动态，学习和引进先进技术，借鉴成功经验，加强小水电项目的国际合作。充分发挥联合国国际小水电中心和国际小水电网的作用，实施走出去战略。

### （六）搞好人才资源开发和水电队伍建设

充分利用现有各类教育资源大力开展职工教育培训。努力提高水电职工的政治和技术业务素质，培养水电开发需要的各类人才，形成水电持续发展的人才基础。同时要加强水电队伍建设，建立选拔任用人才的激励机制，营造用好人才、吸引人才的良好环境，培养一支政治觉悟高、业务精湛、作风过硬的水电队伍。

（水利部　程回洲）

# 农村水电电气化县建设

## 农村水电初级电气化县建设成就

党中央和国务院历来十分关心农业、农村和农民问题，也十分关切农村电气化事业的发展。

1956年元月，党中央在我国第一个《全国农业发展纲要》中明确提出："凡是能够发电的水利建设，应当尽可能同时进行中小型水电建设，结合国家大中型的电力工程建设，逐步增加农村用电。"1958年全国农村水电工作会议总结贯彻《全国农业发展纲要》和建国初期以来发展农村水电的经验，提出加快农村水电发展步伐，以适应不断增长的农村用电需要，并倡议有条件的省先抓5个县和100个乡的农村初级电气化。1969年南方山区水利水电座谈会制定了"小型为主、地方群众自办为主、设备地方自制为主"的小水电建设方针以及国家对资金和主要原材料给予必要补助的政策。

1982年9月，中央领导同志向邓小平同志汇报，允许小水电自建、自管、自用，就可以解决农村用电、带动农村经济发展，小平同志说："中央、国务院给个政策，群众、国家都得利。这就是搞活，就是解放思想。"1983年以来国务院发了3个文件，制定了很多关于中小水电农村电气化发展的政策措施，并于"七五"、"八五"、"九五"期间部署国家计委和水利部组织实施第一批100个、第二批200个、第三批300个共600个农村水电初级电气化县建设。到2000年年底，共建成653个农村水电初级电气化县，其中第一批109个，第二批209个，第三批335个。这些县分布于25个省（自治区、直辖市），总人口2.52亿，面积274万$km^2$，82%以上的县位于中西部地区，80%以上的县属老少边穷地区。15年农村水电初级电气化县建设累计投入建设资金692亿元，使1亿多无电人口用上了电。

在党中央和国务院的亲切关怀下，在各省（自治区、直辖市）党委、政策的领导下，农村水电初级电气化建设取得了辉煌成就，突出表现在以下几个方面：

（1）农村水电及电气化建设加快了边远贫困山区、少数民族地区和革命老区的经济发展，增加了农民收入，加快了农民脱贫致富步伐。过去15年连续三批建设的电气化县，基本上都实现了国内生产总值、财政收入、农民人均纯收入、人均用电量5年翻一番、10年翻两番的目标，发展速度明显高于全国水平。农村水电及电气化建设，已成为贫困山区、少数民族地区和革命老区经济发展的重要支柱、地方财政收入的重要来源、农民增收的有效手段、农民脱贫致富的重要途径。

（2）农村水电及电气化建设以电气化带动工业化和城镇化，促进了经济结构调整。15年电气化建设，600多个初级电气化县工业产值占工农业总产值的比重，基本上是5年提高10个百分点，而全国是14年提高了10.9个百分点。农村水电供电区不仅有丰富的水能资源，而且有丰富的农业、林业、畜牧业、矿产资源，以发展农村水电为龙头，带动了山区优势资源的开发和优势产业的发展，促进了农村经济结构、区域经济结构的调整，加快了农村工业化、城市化进程，形成了若干各具特色的区域经济，促进了千千万万农村劳动力向非农产业转移。

（3）农村水电及电气化建设加快了中小河流的综合治理和开发，促进了水资源的合理利用，改善了农业生产条件和农民生活条件，促进了农村经济的发展。农村水电促进了江河治理开发。农村水电及电气化建设坚持治水办电相结合，建设了一批综合利用水利枢纽工程，累计增加库容约500亿$m^3$，数千条中小河流得到治理开发。农村水电及电气化建设形成了"以水发电、以电养水"的水利发展格局，发展了以农村水电为龙头的山区水利，提高了防洪抗旱、旱涝保收能力，促进了农业增产、农民增收和农村经济的发展。

（4）农村水电及电气化建设促进了生态环境的保护与改善，促进了可持续发展。发展农村水电，实行"以电代柴、代煤"，对于减少砍伐自然林、增加植被、保持水土、促进退耕还林还草、减少有害气体排放、保护环境、改善生态、美化大好河山、促进可持续发展，起到了重要作用。农村水电是清洁廉价的可再生绿色能源，仅发电量一项，一年带来的直接环保效益就相当于消除3000万t以上标准燃煤造成的空气污染；全国农村水电供电地区约有2000万户居民使用电炊，一年节约的木材相当于近4座小兴安岭一年的木材产量。另外，全国许多的农村水电站及库区都成为了当地的旅游景点。

(5) 农村水电及电气化建设扩大了中国小水电的对外交流，开辟了国际合作的新途径。我国开发农村水电，建设有中国特色的农村电气化，消除贫困、保护环境，得到了国际社会的高度评价和广泛赞扬。世界上许多国家，包括欧美发达国家都在积极推广中国发展农村水电的经验。一些与我国无邦交的国家也通过民间途径学习我国如何建设管理农村水电。到2000年年底，我国已为60个国家和地区培养了数千名农村水电专家，向50多个国家出口农村水电设备。由于中国农村水电在国际上的广泛影响，有60多个国家130多个政府机构和国际组织参加的国际小水电网总部设在我国杭州。2000年12月联合国工发组织在中国杭州设立了联合国工发组织国际小水电中心，这是联合国在我国境内设立的第一个联合国法律框架下的组织。这是我国改革开放20年来的一项重大成果，不仅为农村水电的发展，而且为国际合作、特别是发展中国家的南南合作，开辟了新的途径和前景。

(水利部　李如芳)

## 水电农村电气化县建设全面启动

2001年，国务院批准“十五”期间全国建设400个水电农村电气化县。水电农村电气化是在农村水电初级电气化县的基础上，建设适应经济和社会发展要求、具有较高电气化水平的农村电气化。经过两年的建设，水电农村电气化建设县取得了很大的成绩，建设了一大批电源、电网工程，现代化程度和管理水平不断提高，用电水平大大提高，供电保证率大有改善。

### 一、水电农村电气化县具体建设情况

(一) 投资情况

2001年水电农村电气化县共投入建设资金72.5亿元，占全国水利系统电力建设投资的24.9%。其中，中央投资7.1亿元，占9.8%；地方投资6.7亿元，占9.2%；县自筹18.5亿元，占25.5%；国内银行贷款40.2亿元，占55.5%。总投资中，用于电源建设29.6亿元，电网建设40.7亿元，其他项目建设2.2亿元。

2002年水电农村电气化县建设共完成投资177.5亿元，占全国水利系统电力建设投资的71.7%。其中，中央电气化资金3亿元，占1.7%；省补助资金2.5亿元，占1.4%；县自筹资金48.8亿元，占27.5%；银行贷款85.5亿元，占48.2%，其他资金37.7亿元，占21.2%。总投资中，用于电源建设79.3亿元，占44.6%，电网建设95.79亿元，占54%，其他项目建设2.4亿元。

(二) 电源电网建设情况

2001年水电农村电气化县新增装机容量63.31万kW，其中新增水电装机容量为56.21万kW，分别占水利系统当年新增装机容量的23.7%和21.5%，在建装机容量规模259.2万kW。新增110 (220) kV变电站21处，容量为123.62万kVA，输配电线路为1099km；新增35 (63) kV变电站126处，容量为120.77万kVA，输配电线路为2365km；新增配电变压器17272台，容量148万kVA；10kV以下线路新增11万km。

2002年，水电农村电气化县共投产电力装机容量1213.7MW，其中新增水电装机容量1167.2MW。新建110kV及以上变电站58座，变电容量2600.6MVA，35 (63) kV变电站252座，变电容量1652.1MVA，新建110kV及以上输电线路2376.92km，35 (63) kV输电线路5338.67km，10kV配电线路42541.76km，低压线路122626.69km。

(三) 年发电量和年用电量

2001年水电农村电气化县年发电量达到463亿kW·h,其中水电发电量达到405亿kW·h，分别占全国水利系统年发电总量的40.9%和39.0%。2001年水电农村电气化县人均年用电量达到375kW·h,户均年生活用电量达到332kW·h。有7941个乡、111296个村、3999万户通了电，乡、村、户通电率分别达到了99.4%、98.8%和98%。用电水平和通电面都有较大幅度提高。

2002年水电农村电气化县年发电量达到494亿kW·h,其中水电发电量达到437亿kW·h，分别占全国水利系统年发电总量的40.2%和38.5%。2002年水电农村电气化县人均年用电量380kW·h，户均年生活用电量340kW·h。有8816个乡、126387个村、4780.55万户通了电，乡、村、户通电率分别为99.42%、99.35%和98.22%，小水电代燃料户810.42万户，小水电代燃料户率16.3%。

截至2002年底，“十五”水电农村电气化县共拥有电力装机容量17010.2MW，其中水电装机容量15088.3MW。年发电量57.29TW·h，其中水电发电量50.94TW·h。共拥有110kV及以上变电站总容量2509.87kVA，35 (63) kV变电站总容量183.78MVA。拥有110kV及以上输电线路2.72万km，35 (63) kV输电线路7.83万km，10kV配电线路55.65万km，低压线路134.17万km。在建电站960座，装机容量2850.7MW。在建110kV及以

上变电站10座，变电容量514.5MVA，35（63）kV变电站45座，变电容量533.5MVA。在建110kV及以上输电线路333.5km，35（63）kV输电线路1007.71km，10kV配电线路4874.15km，低压线路13273.64km。

二、水电农村电气化县建设特点

水电农村电气化建设坚持为农业、农村、农民服务的方向，坚持与经济建设、江河治理、扶贫开发、生态建设相结合，努力推进农村现代化进程和经济社会可持续发展。

（1）建立健全水电农村电气化建设的组织机构。各地基本上都成立了由政府及有关部门负责人组成的水电农村电气化建设领导小组，政府主要领导任组长，领导小组办公室设在水行政主管部门。

（2）加大投资力度，广辟投融资渠道。坚持以地方、群众自筹为主，国家扶持为辅的方针，积极采用股份制、股份合作制等多种形式，实行多渠道、多层次、多模式筹资办电。

（3）深化改革、强化管理。建立出资人制度，确保水利水电国有资产的安全、完整和保值增值。建立和完善水利水电国有资产监管和运营体系，加强管理。建立现代企业制度，建立健全法人治理机制，明确各自职责，强化制衡机制。实行项目法人负责制、招标投标制、建设监理制、合同管理制和工程质量终身制。狠抓工程质量，坚持“安全第一、质量第一”，确保建设一流工程。

（4）发挥农村水电在中小河流中的“开发、利用、治理、配置、节约和保护”的作用，坚持治水办电相结合，积极发展龙头水库、调节库容、调枯调峰电源。坚持开发与节约并重，发展与环保并重，工程措施与管理措施并重，实行“流域、梯级、滚动、综合”开发，注重改善电源结构，优先建设调节性能好，集防洪、灌溉、发电、航运、放牧、供水及养鱼等多功能为一体的综合性水电站，充分发挥水电优势，降低成本，降低农村电价。同时因地制宜地发展微型水电、太阳能、风能和生物质能等新能源，解决边远地区农户的用电问题。

（5）注重设备技术更新，积极推动技术进步，推进信息化进程。大力推广碾压混凝土拱坝、面板堆石坝、沥青心墙堆石坝、无人值班技术、氯塑料轴瓦、自动清洁拦污栅、多梯级水库群优化运行、高效转轮、简易水机自动操作器、微型整装机组、计算机控制和现代通信技术等新技术和新设备。

（6）注重改善电网结构，改善电能质量，降损节水节能，提高供电可靠性，提高调度和管理现代化水平。加快设备技术改造步伐，加大科技投入，使电网结构进一步优化，自动化程度进一步提高。大力推广新技术、新设备、新材料、新工艺，改善电网装备，提高科技含量。逐步实现35kV及以上变电站无人值班、少人值守，县电网调度自动化。

（7）各地积极出台政策措施。广东省出台省财政补助政策，每千瓦补助500元。湖南省对单位或个人兴办农村水电，三年内免征所得税，15年内免收除工本费外的各种费用。黑龙江省规定电气化县的电源工程全部并入国网运行，上网电价不低于全省水电综合上网电价。甘肃省政府提高新建农村水电上网电价，每千瓦时由0.17元提高到0.2元。福建、贵州、云南、陕西等省也制定了水电农村电气化县建设的相关管理办法。

（水利部　周　双）

# 小水电代燃料生态保护工程

## 我国农村生活用能现状

农村能源不仅和农业生产过程的能量循环有关，而且和生物循环过程有关。主要特点是资源分布地域范围广，赋有明显地带性，地区间差别较大；能源消费分散，密度低，消费结构随资源条件、供应条件和当地经济状况而异。农村能源的合理开发利用与生态环境密切相关，建立结构合理、稳定可靠的农村能源系统，是建设良好生态环境至关重要的因素，对促进农村经济和乡镇企业发展以及农村剩余劳动力的转移有重要作用。

我国农村居民生活用能在农村能源中占有重要的地位。据统计，2000年全国农村居民生活用能消耗的能源总量达3.7亿t标准煤，其中薪柴占总量的21.76%，秸秆占33.41%，煤炭占31.9%，电力占9.31%，成品油占2.04%，液化气、沼气等占1.58%；实际年消耗薪柴达1.41亿t，按每750kg折合1$m^3$木材计算，约1.88亿$m^3$。2001年全国农村居民生活能源消耗总量达4.1亿t标准煤，其中秸秆占生活能源总量的31.58%，薪柴占23.55%，煤炭占33.26%，电力占6.9%，成品油占3.15%，液化气、沼气等占1.56%；实际消耗薪柴为1.71亿t，约2.28亿$m^3$。

农村居民生活用能具有种类丰富、多能互补的特点，各种类型中，用能单一的农户较少，多数为综合型用能，约占75%。根据能源的性质，农村居民生活用能可分为生物质能源和商品能源两大类，经济发达或较发达地区，以煤、电、油、气（天然气、液化气）等商品能源为主；经济欠发达地区特别是山区、牧区，主要依赖薪柴、草、秸秆、畜粪、沼气等生物质能源。若按用能类型的不同，大致可分为山区、丘陵、平原和畜牧区四种类型。山区以薪柴为主，煤、电为辅；丘陵以农作物秸秆为主，煤、电为辅；平原以煤为主，沼气和电为辅；畜牧区则以牛羊畜粪为主，柴草和电为辅。

据对25个省（自治区、直辖市）和新疆生产建设兵团小水电代燃料规划区内2.1万户农村居民生活用能典型调查，目前以烧柴为主的占47%，以烧煤为主的占24.5%，以用电为主的占19%，使用天然气（或液化气）为主的占6%，使用其他能源为主的占3.5%。以薪柴为主的，约占能源消耗的一半，其使用还处于较低级的半原始状态，使宝贵的能源未能得到充分有效的利用，浪费十分惊人。

（中国水力发电年鉴编辑部
水利部农村水电及电气化发展局）

## 我国小水电建设情况

新中国成立以后，特别是改革开放以来，小水电建设得到了快速发展。到2000年底，全国共兴建小水电站4万多座，装机容量达2485万kW，占全国水电装机容量的30.1%，年发电量800多亿kW·h，占全国水电发电量的31.1%。四川、广东、福建、湖南、云南、广西、重庆、贵州、新疆、湖北、江西、浙江等省（自治区、直辖市）的小水电装机总容量达2155万kW，占全国农村水电装机容量的86%以上，其中四川省小水电装机容量近400万kW，广东、福建两省均达300万kW以上，湖南、云南两省也达200万kW以上，广西、浙江、湖北、江西、重庆、贵州、新疆等省（自治区、直辖市）分别超过或接近100万kW。与农村水电站配套的电网也相应得到稳步发展，全国共建成800多个以农村水电供电为主的县电网和40多个跨县的地区性农村水电电网，拥有10kV及以上高压输配电线路98万km，低压线路191万km，35kV及以上变电容量4302万kVA，10kV配电容量5039万kVA。

目前我国农村水电已具有很大的规模和很强的实力。到2000年底，全国水利系统发供电资产1500亿元，年售电收入400亿元，年实现利税64亿元。全国有1/2的地域、1/3的县（市）和1/4的人口主要靠农村水电供电，为实施小水电代燃料生态保护工程奠定了坚实的基础。

（中国水力发电年鉴编辑部
水利部农村水电及电气化发展局）

## 建设小水电代燃料生态保护工程的必要性

（一）是退耕还林、天然林保护工程的配套和后续支撑工程

长期以来，我国为满足经济建设、日常生产和城乡居民生活的需要，过量地砍伐树木，占用林地，造成森林锐减，草场退化，加剧了水土流失，洪水泛滥，河湖淤积。据统计，我国土地沙化面积每年以2460$km^2$的速度扩张，不仅造成中西部地区生态恶化和长期贫困落后，而且对东部地区的防洪减灾、生态安全和社会经济发展构成严重威胁。最近联合国环境规划署报告，农民做饭、取暖烧柴是造成“亚洲棕云”的重要原因，导致南亚地区严重自然灾害，危害当地居民健康。“亚洲棕云”现正在向其他地区移动和蔓延，威胁全球环境。农民烧柴问题已引起全世界的高度关注。

国家实施退耕还林、天然林保护工程以来，有效地解决了陡坡开荒和森工企业过度采伐的问题，但农村居民烧柴问题仍然没有解决。目前规划区所在县7082万户、2.73亿农村居民中，退耕还林区、自然保护区、天然林保护区、水土流失重点治理区内共有4140万户、1.62亿人，其中以烧柴为主的农村居民有1946万户、7615万人。一个4口之家的农户，每年平均烧干柴5000kg，折合木材7$m^3$，则上述“四区”内农村居民年烧柴折合木材达1.36亿$m^3$。2001年国务院批准全国“十五”期间森林采伐限额每年为2.23亿$m^3$，其中农民烧柴限额为0.64亿$m^3$，与当前农村居民生活实际薪柴用量2.28亿$m^3$差异甚大。不从源头上解决农民燃料，增加农民收入，就难以巩固退耕还林、天然林保护的成果。小水电是清洁可再生能源，实施小水电代燃料生态保护工程，可长期稳定地解决规划区内农村居民生活燃料，是退耕还林退得下、稳得住、能致富、不反弹的重要支撑和保障。它不仅从根本上遏制了人为破坏林草植被，保护森林

资源，涵养水分，而且能有效减少二氧化碳等温室气体以及二氧化硫、一氧化碳等有害气体的排放，对巩固退耕还林、天然林保护成果，保护和改善生态环境具有重要战略意义和深远影响。

（二）是促进经济增长的重要措施

实施小水电代燃料生态保护工程，是增加农民收入，改善农民生产生活条件，全面建设小康社会的重要举措。建设小水电代燃料生态保护工程可以有力地带动建筑、运输、商业、机械、电子、电器等行业的发展。农民实现小水电代燃料后，从根本上改变传统的生活方式，增加收入，改善生活条件，提高生活质量，必将扩大农村消费市场，促进农村居民的消费，拉动内需，促进整个国民经济的可持续发展。

（三）是西部大开发战略的重要组成部分

我国西部地区小水电资源丰富，但现开发程度较低，农民人均用电量不到全国的30%。小水电代燃料工程是西部农村和农业的重要基础设施和生态环境建设工程，是实施西部大开发战略的重要组成部分，不仅可以有效解决农村居民生活燃料和调整农村能源结构，巩固退耕还林和天然林保护成果，建设西部绿色屏障，而且对提高农村社会生产力，实现农业和农村现代化，缩小与中东部地区差距，有着重要的现实意义和深远的历史意义。

（四）是促进贫困山区、老少边穷地区脱贫致富的有效途径

规划区内有国家级扶贫开发重点县375个，省级扶贫开发重点县98个，少数民族县415个，革命老区县249个。这些地区的社会经济相对落后，人民生活水平相对较低。实施小水电代燃料生态保护工程，可使这些地区丰富的小水电资源得到开发利用，将资源优势转变为经济优势，在促进退耕还林、天然林保护，保护与改善生态环境的同时，增加农民收入，带动农村工业化、城镇化发展，有利于农村经济结构调整和农村剩余劳动力的转移，促进精神文明建设，加快这些地区脱贫致富的步伐。

（五）是发展以农村水电为龙头的山区水利，提高防洪抗旱能力的基础设施

农村水电是水利基础设施不可分割的最富活力的组成部分，是水资源综合利用、江河综合治理的重要内容。实施小水电代燃料工程，新建小水电装机容量将超过2000万kW，在山区形成以农村水电为龙头、以电补水、水利与水电相互促进的水利发展格局，不仅推进中小流域综合治理和梯级开发，提高防洪抗旱和水资源综合利用能力，而且可大大提高水利为农业和农村经济服务的综合能力。

（六）是实践我国对保护和改善全球环境向全世界所作承诺的具体体现

经济与资源、环境协调发展是新世纪人类社会文明进步和发展的主题，在开发和使用能源资源的同时，如何保护好我们赖以生存的地球生态环境已成为当今世界关注的重大问题。联合国关于全球气候变化的框架公约，要求在今后半个世纪内把目前占全球电力生产80%的矿物燃料发电，降到25%左右。《京都议定书》要求，2002～2012年期间，工业化国家二氧化碳排放总量要在1990年水平基础上降低5.2%。我国二氧化碳年排放量占全球总量的13.6%，居世界第二。我国政府已正式核准《京都议定书》，大力发展可再生能源势在必行。小水电是国际公认的可再生绿色能源，积极开发利用小水电，实施小水电代燃料生态保护工程，可以大量减少温室气体排放，是实现我国政府对保护和改善全球环境向全世界所作承诺的重要措施，符合全球发展战略，不仅是我国可持续发展战略的迫切需要，而且是对全人类生存与发展的重大贡献。

（中国水力发电年鉴编辑部
水利部农村水电及电气化发展局）

## 实施小水电代燃料生态保护工程的有利条件

（一）小水电具有独特的优势

1. 小水电是清洁可再生绿色能源　小水电站一般都建在中小河流，没有大量水体集中，不改变河流水质和水量，基本不影响河流生物物种的生存繁衍。开发利用小水电，不产生温室气体和其他有毒有害气体，不会对环境造成污染，符合国家生态安全和经济社会可持续发展要求，是国际上大力提倡、积极扶持发展的清洁可再生能源。煤、石油、天然气等矿物能源的开发和利用会污染环境，减少这类能源的使用，是减少温室气体排放，保护人类生存环境的根本途径。同时，矿物能源资源不可再生，按目前的消耗量，全球石油只够开采40多年，煤也将于100多年后被消耗殆尽。小水电不仅资源量大而且可持续使用。

2. 我国小水电资源丰富，分布面广，开发成本低，技术成熟，性能稳定　全国有1600多个县有小水电资源，可开发容量近1.3亿kW，居世界第一位，但开发率仅为21%（规划区开发率仅为19.54%），开发潜力很大，发展前景十分广阔。小水电资源星罗棋布，广泛分布在山区、丘陵地区。小水电站工程相对比较简单，没有大量土地淹没和移民，建设周期短，见效快，工程造价低，同时具有分散开发、就近供电、不需要远距离高电压输电供电、投资

省的优点，群众办得起、管得了、用得好。小水电与太阳能、风能、沼气相比，具有技术成熟、性能稳定的优势，与天然气、远距离运煤、远距离输电相比，具有成本低、无污染、可持续使用的优势。我国小水电开发技术和机电设备制造技术成熟，小水电设备生产能力不仅可以满足国内需要，而且产品已远销海外50多个国家和地区。

3. 小水电代燃料电价具有明显的价格优势　根据各地规划资料和典型调查，目前小水电单位千瓦平均投资5000元左右，上网电价0.25元/(kW•h)左右。在国家适当扶持下，代燃料平均到户电价可降至0.20元/(kW•h)左右，大大低于现行全国农村平均0.68元/(kW•h)的到户电价。据中国统计年鉴资料，2000年全国农村居民人均年纯收入2253.4元，西部地区为1632.3元。按全国小水电代燃料户均年用电量1200kW•h,平均代燃料电价0.20元/(kW•h)计算，全国小水电代燃料户均年电费为240元，人均年电费62元，占全国农村居民人均年纯收入的2.7%，占西部地区农村居民人均年纯收入的3.8%。国家针对西部、中部、东部的不同情况，采取不同政策，加大对西部投资扶持力度，西部贫困地区代燃料电价可以进一步降低。

（二）小水电代燃料工程具有良好的条件和基础

（1）我国小水电资源分布与退耕还林、自然保护、天然林保护和水土流失重点治理区分布非常一致，不仅资源量充裕，而且可以实现就地开发，就地供电，大大降低开发和运行成本。小水电代燃料规划区可开发小水电资源与代燃料所需资源分布见表1。

表1　小水电代燃料规划区可开发小水电资源与代燃料所需资源分布　kW

| | 西南区 | 西北区 | 东北区 | 长江中下游区 | 黄淮地区 | 东南沿海区 |
|---|---|---|---|---|---|---|
| 可开发资源量 | 4910.78 | 1354.38 | 377.09 | 1656.15 | 351.83 | 1368.30 |
| 代燃料所需资源 | 1009.70 | 257.60 | 104.70 | 551.60 | 153.30 | 326.90 |

（2）新中国成立以来，我国小水电在规划、设计、施工、运行、试验研究、人员培训等方面积累了丰富的经验，建立了一整套适合小水电特点的规程、规范和标准，拥有10多万技术人员，为实施小水电代燃料生态保护工程提供了有效的保证。

（3）小水电代燃料生态保护工程规划范围，基本上都在农村水电电网的覆盖范围内。这些县级和跨县农村水电网基本上都与国家大电网相连接，进行电力电量交换。1998年以来，国家分两期开展了农村电网建设与改造。通过两期农网改造，农村电网包括骨干电网、配电台区和进户线，都具备了代燃料用电的条件，可基本满足小水电代燃料配供电的要求。

（4）有些地区进行了小水电代燃料的初步探索，已取得了一些成功的经验。四川九寨沟、黄龙寺等一些著名风景区和自然保护区实施小水电代燃料后，成为“无烟区”，康定跑马山又恢复了郁郁葱葱的景象。阿坝藏族自治州推广小水电代燃料后，全州每个县城小水电代燃料户都达到50%以上，汶川县城达到80%以上，有力地促进了退耕还林和“天保”工程的顺利实施。安徽新桥村实现小水电代燃料，农民不但用电不花钱，还每年户均分红1200多元。湖南莽山林场通过开发小水电实现森工企业顺利转产。小水电代燃料保护了森林和草原，保护了生态，改变了农民生活条件和生活方式，增加了农民收入，深受地方政府和农民群众欢迎，具有良好的社会基础和条件。

（中国水力发电年鉴编辑部
水利部农村水电及电气化发展局）

## 我国小水电代燃料生态保护工程建设规划

### 一、规划范围

这次全国小水电代燃料规划的范围包括：退耕还林区、自然保护区、天然林保护区和水土流失重点治理区（以下简称“四区”）内小水电资源丰富的地区，涉及25个省（自治区、直辖市）和新疆生产建设兵团共886个县（市、区、旗、垦区、林场），幅员面积达350万$km^2$，人口7080万户、2.73亿人。除可利用天然气、煤炭、秸秆、太阳能、风能、沼气等解决部分地区农村居民的生活燃料外，可实施小水电代燃料的规划面积约148.38万$km^2$，人口2830万户、1.04亿人。

### 二、规划水平年

按照生态环境建设和社会经济发展对小水电代燃料生态保护工程建设的要求，确定2000年为规划基准年，2020年为规划水平年。

### 三、规划原则与规划目标

（一）基本原则

（1）贯彻党中央、国务院方针、政策，符合当地社会经济发展规划、环境保护和可持续发展规划。

（2）全面规划，分步实施，综合利用，多能互补，因地制宜，注重实效。

（3）优先安排一定规模的骨干电站和有调节能力的水电站。

（4）以现代通信技术、计算机技术和信息技术为龙头，积极推广应用新技术、新材料、新产品，提高科技含量和现代技术水平。

（5）推行股份制和股份合作制，建立新的经营管理机制，加强工程建设和运营管理，切实降低工程造价和发供电成本，降低到户电价。

（二）规划目标

1. 总体目标　根据小水电代燃料生态保护工程的规模、国家投入强度和地方配套能力，拟从2002年开始，用18年或稍长一点的时间，基本完成规划工程的建设任务，长期稳定地解决2830万户、1.04亿农村居民的生活燃料和农村能源问题，保护和改善生态环境，促进农民增收和长远致富，加快地方经济社会全面发展。

2. 分期目标　“十五”期间（2002～2005年），开展试点，建设小水电代燃料工程示范区，稳定地解决286万户、1100万农村居民的生活燃料和农村能源问题。重点在西北区和西南区。

“十一五”期间，稳定地解决684万农户、2630万农村居民的生活燃料和农村能源问题。重点在西北区、西南区以及其他一些重点地区。

“十一五”以后，随着国力的不断增强，加大投入力度，在西南区、西北区、东北区、长江中下游区、黄淮地区和东南沿海区，全面实施小水电代燃料生态保护工程，长期稳定地解决1860万户、6670万农村居民的生活燃料和农村能源问题。

## 四、总体规模和重点

本规划共涉及全国25个省（自治区、直辖市）和新疆生产建设兵团的886个县（市、区、旗、垦区、林场）。到2020年，小水电代燃料户达到2830.4万户，1.04亿人，代燃料年用电量339.5亿kW·h。总计需新建小水电代燃料电源2403.8kW·h，新增年发电量781.2亿kW·h。小水电代燃料生态保护工程分省分区规划汇总见表1。

表1　小水电代燃料生态保护工程分省分区规划汇总表

| 序号 | 省（自治区、直辖市） | 规划新增代燃料户数（万户） | 规划年代燃料用电量（亿kW·h） | 规划新增发电装机容量（万kW） | 规划新增年发电量（亿kW·h） |
|---|---|---|---|---|---|
| | 合　计 | 2830.4 | 339.5 | 2403.8 | 781.2 |
| 一 | 西南区 | 1220.3 | 149.3 | 1009.7 | 328.2 |
| 1 | 四　川 | 380.9 | 46.8 | 350.4 | 113.9 |
| 2 | 云　南 | 190.5 | 24.3 | 152.4 | 49.5 |
| 3 | 贵　州 | 196.4 | 25.2 | 166.9 | 54.3 |
| 4 | 重　庆 | 260.9 | 28.2 | 167.0 | 54.3 |
| 5 | 西　藏 | 5.2 | 0.50 | 5.2 | 1.7 |
| 6 | 广　西 | 186.4 | 24.3 | 167.8 | 54.5 |
| 二 | 西北区 | 267.7 | 34.3 | 257.6 | 83.7 |
| 7 | 甘　肃 | 77.0 | 10.5 | 84.7 | 27.5 |
| 8 | 青　海 | 26.0 | 3.3 | 28.3 | 9.2 |
| 9 | 陕　西 | 84.8 | 10.0 | 66.2 | 21.5 |
| 10 | 新　疆 | 49.0 | 6.0 | 49.0 | 15.9 |
| 11 | 兵　团 | 30.9 | 4.5 | 29.4 | 9.6 |
| 三 | 东北区 | 123.4 | 16.9 | 104.7 | 34.0 |
| 12 | 黑龙江 | 36.5 | 5.7 | 25.9 | 8.4 |
| 13 | 辽　宁 | 42.5 | 5.6 | 43.3 | 14.1 |
| 14 | 吉　林 | 44.4 | 5.6 | 35.5 | 11.5 |
| 四 | 长江中下游区 | 633.6 | 75.0 | 551.6 | 179.2 |
| 15 | 湖　南 | 295.2 | 34.8 | 268.7 | 87.3 |
| 16 | 湖　北 | 103.6 | 12.8 | 93.2 | 30.3 |
| 17 | 安　徽 | 68.0 | 7.5 | 49.6 | 16.1 |
| 18 | 江　西 | 166.8 | 19.9 | 140.1 | 45.5 |
| 五 | 黄淮海区 | 215.6 | 23.7 | 153.3 | 49.8 |
| 19 | 内蒙古 | 43.9 | 4.7 | 43.9 | 14.3 |
| 20 | 河　北 | 51.8 | 5.6 | 31.1 | 10.1 |
| 21 | 河　南 | 85.3 | 8.9 | 55.4 | 18.0 |
| 22 | 山　西 | 34.6 | 4.5 | 22.9 | 7.4 |
| 六 | 东南沿海区 | 369.8 | 40.3 | 326.9 | 106.3 |
| 23 | 广　东 | 64.3 | 7.4 | 57.8 | 18.8 |
| 24 | 海　南 | 18.1 | 1.8 | 11.8 | 3.8 |
| 25 | 福　建 | 156.1 | 17.1 | 140.5 | 45.7 |
| 26 | 浙　江 | 131.3 | 14.0 | 116.8 | 38.0 |

西部地区森林植被破坏，加剧水土流失、洪水泛滥和土地荒漠化，生态脆弱，环境恶劣，不仅造成长期贫困落后，而且对东部地区的防洪减灾、生态安全和社会经济发展构成威胁，是实施小水电代燃料生态保护工程的重点地区。西部地区小水电代燃料户达到

1706.5万户、6348.7万人，代燃料年用电量209.7亿kW·h,需新建小水电代燃料电源1677.3万kW，总投资794.48亿元，分别占规划总水平的60.3%、61.1%、61.8%、69.8%、62.4%。

（中国水力发电年鉴编辑部
水利部农村水电及电气化发展局）

## 小水电代燃料生态保护工程

（一）组织编制小水电代燃料试点项目实施方案

按照党中央、国务院的部署，根据规划要求，水利部提出并下发了《小水电代燃料生态保护工程项目前期工作指导意见》和《小水电代燃料试点项目实施方案编制大纲》，组织各地开展小水电代燃料项目选点工作，编制小水电代燃料试点项目实施方案。召开全国小水电代燃料试点项目实施方案编制工作会议，布置编制工作；并下发了小水电代燃料电站并网协议、供用电管理协议等参考文本，指导各地的编制工作。

各地政府和广大农民群众对小水电代燃料试点积极性很高。全国25个省（区、市）和新疆生产建设兵团编制了697个小水电代燃料试点项目实施方案。各省（区、市）水利、计划主管部门按照基本建设程序对代燃料电站和试点项目实施方案进行了审查，并向水利部和国家发改委上报了381个试点项目。

水利部建立了小水电代燃料试点项目数据库，组织专家对各地上报的试点项目实施方案进行认真审核，严格筛选，优选了241个项目，编制完成了《全国小水电代燃料试点项目实施方案》，并报送国家发改委。根据小水电代燃料的项目性质和具体情况，制定了小水电代燃料试点项目建设管理办法，对小水电代燃料试点项目建设进行规范和指导。

各地试点项目前期工作扎实。代燃料电站初步设计都已完成，大部分已批复。试点项目的项目法人都已确定或组建，地方政府已出具配套资金承诺函，银行已出具贷款承诺函或意向书，电网供电协议和各种责任书都已签订，森林保护面积已确定，代燃料用户已登记造册，有关管理办法已制订，一部分试点项目已与农户签订了代燃料供电和停止砍树烧柴协议。这些试点项目都已具备开工条件。湖南、四川等省水利部门已先行垫资建设部分小水电代燃料试点工程。

（二）《全国小水电代燃料生态保护工程规划》通过了水利部审查和中国国际工程咨询公司的评估

受水利部委托，水利水电规划设计总院召开《全国小水电代燃料生态保护工程规划》（以下简称《规划》）审查会议。中国工程院副院长沈国舫，中国科学院资源地理研究所刘昌明院士，水利部规划计划司、农村水利司、水土保持司的代表，中财办、中央政策研究室、国务院政策研究室、国务院发展研究中心以及水利部和地方有关专业的特邀专家参加了会议。会议通过了《全国小水电代燃料生态保护工程规划》，对规划给予了充分的肯定，认为规划思路清晰、目标明确、资料详实、依据充分、方案可行。《全国小水电代燃料生态保护工程规划》通过水利部审查并上报国家发展与改革委员会。

国家发改委委托中国国际工程咨询公司对《全国小水电代燃料生态保护工程规划》进行全面评估，于2003年9月通过评估。《规划》得到了评估专家的充分肯定。中国国际工程咨询公司评估认为，小水电代燃料生态保护工程建设是解决山区农民燃料问题的有效途径，对于巩固我国重大生态建设工程成果，减少温室气体排放，促进农村经济发展，解决“三农”问题，促进全面建设小康社会具有重要意义；该工程是我国重点生态工程顺利建设和有效巩固的重要保障，实施该工程是十分必要和迫切的；该工程具有显著生态、经济和社会效益，《规划》基本达到本阶段深度要求；规划到2020年，解决2830万户、1.04亿农村居民的生活燃料，新增小水电代燃料装机容量2403.8万kW，年发电量781.2亿kW·h,规划的范围是合适的，规划确定的建设规模和布局基本合理；试点工程的各项前期工作基本就绪，具备开工条件，建议尽快启动代燃料试点工程；由于我国幅员辽阔，各方面差异很大，选择试点项目要充分考虑有一定的规模的代表性，在试点基础上，逐步扩大试点规模，为完成《规划》所确定的建设目标打下坚实的基础。

（三）小水电代燃料生态保护工程正式启动

根据中共中央2003年3号文件启动小水电代燃料试点的要求，经与国家发改委等协商，编制了《2003年度小水电代燃料试点项目国债资金计划建议》。2003年国家发改委和水利部联合下达投资计划，已先行在四川、云南、广西、贵州和山西省（区）启动小水电代燃料工程。回良玉副总理专门作出批示，指出“发展农村水电，实施小水电代燃料，是改善农民生活条件、推进农村小康建设的富民工程和德政之举，是巩固退耕还林成果、保护生态环境的重要举措。有关地区和部门要切实加强对试点工作的领导，注意总结实践中的成功经验，探索建立行之有效的机制和符合各地实际的发展路子”。

试点项目实施后，可新增农村水电装机容量6万kW，长期稳定地解决30万农村居民的生活燃料和农村能源问题，可保护森林面积约200万亩。小水电代燃料生态保护工程的正式启动，开辟了农村水电的一个新领域，找到了一条解决农业、农村、农民问题的有效途径。

（水利部 王 甲）

# “两 改 一 同 价”

## 我国农村水电电网发展的历程

新中国成立以来，我国丰富的农村水电资源得到了有效的开发利用，与之配套的农村水电电网经历了从无到有、从小到大、从简单到完善、从落后到先进、从单站供电到供区内联网进而建成跨县区域电网的发展过程。

我国农村水电始终坚持自发自供的生产方式，农村水电电网是农村水电的重要组成部分，是与农村水电站配套建设而发展的，其概念、内容均随着社会生产力的进步不断延伸和丰富。我国农村水电电网的发展，大致可分为三个阶段：

（一）新中国成立到改革开放之前

建国前，我国电力发展水平十分落后，广大农村都没有电，很长一段时间处于无电或严重缺电状态，国家当时没有能力解决农村用电问题。为解决广大农村的用电问题，中央坚持两条腿走路的方针，发挥中央、地方两方面的积极性，要求各地结合水利工程建设，在有条件的地方开发农村水电。

20 世纪 50 年代，农村水电站多以 0.4kV 线路直供到用户，电站送电距离大多在 2.5km 以内，部分电站采用了高压（6000V）送电，设备十分简单，多为群众投资举办，国家在技术上给予指导和投资补助，以解决农村生产照明和农副产品加工用电为主，因此这个阶段是农村水电电网的起步阶段。

1960 年，党的八届八中全会提出了“以农业为基础，以工业为主导”的发展国民经济的总方针，中央要求各行各业都要把工作重点转移到以农业为基础的轨道上来。因此，兴建电力排灌站，解决农业用电，已成为发展农业生产、提高粮棉产量的一项重要措施，由于当时电力排灌站主要依靠农村水电供电，这就使发展农村水电电网成为必然。

1969 年 11 月，水电部在福建永春县召开了全国小水电现场会，会上总结推广了永春县自力更生兴建小水电的做法，形成了发电和供电统一管理的经验，会后根据会议精神，及时制定了保护小水电的政策，在资金、技术和关键性材料方面，给小水电以补助和扶持。

直至改革开放前，由于中央对农村水电工作的重视，对农村水电采取“谁建、谁管、归谁所有”等有利的扶持政策和措施，充分调动了地方、群众办电、管电的积极性，农村水电发展速度不断加快，农村水电电网的规模日益壮大，技术水平不断提高，发挥的效益越来越显著。

20 世纪 70 年代末，农村水电自供区建成了以 10kV 和 35kV 为骨干网架的农村水电县级电网，并开始与国家电网并网运行，不仅供给农村、县社工农业、生活照明用电，而且开始了向国家电网输送电力，减轻了大电网的供电压力，改善了电力工业布局。

（二）改革开放到 20 世纪末

1978 年底召开的十一届三中全会上，党中央做出了实行改革开放的重大决策，农村水电电网又迎来了一个新的发展机遇。

“七五”、“八五”、“九五”期间，国务院从我国农村的实际出发，部署了一、二、三批农村水电初级电气化县建设任务，要求各地通过大力开发农村水电资源，发展配套电网，统筹发电、供电和用电，建设农村水电初级电气化县。经过水利部门、地方政府和广大农民群众 15 年的艰苦努力，截至 2000 年底，全国共建成农村水电初级电气化县 653 个，圆满完成了国务院部署的建设任务。通过电气化县建设，农村水电发展速度不断加快。

1998 年，为降低农村电价、减轻农民负担、繁荣农村经济，国务院部署了农网“两改一同价”工作。各级水利部门高度重视农村水电自供自管县农网改造工作，认真组织权威机构和专家编制规划，并对农网改造实施做出精心部署，建立健全各项规章制度，全力以赴做好农网改造工作。

截至上个世纪末，全国有 1500 多个县建设了农村水电站，形成了 800 个多以农村水电供电为主、以 35kV 和 110kV 线路为骨架的县级电网，并建成了 40 多个跨县联网的区域电网，覆盖了全国一半的国土面积，解决了 3 亿多人口的用电问题。

根据统计，2000 年底农村水电电网固定资产达到308亿元。①共拥有35kV及以上变电站5291座，总容量4302万kVA，其中110kV变电站623座、总容量2094万kVA，35kV变电站4668座、总容量2208万kVA；②拥有10kV及以上高压线路97.77万km，其中110kV线路2.93万km，35kV线路11.40万km，10kV线路83.44万km。

在这个阶段，农村水电及其配套电网得到了飞跃式的发展，在农村经济社会发展中发挥了巨大的经济效益、社会效益和生态效益，成为农村经济发展、地方财政增收、农民脱贫致富的重要途径。

（三）进入新世纪

从新世纪开始，农村水电在继续发挥脱贫致富、促进地方经济发展作用的同时，紧密结合国家可持续发展战略，在改善生态、保护环境、促进农村现代化方面也将发挥越来越重要的作用。党中央、国务院将农村水电列入农村“六小”公共设施，全国小水电代燃料生态工程启动，“十五”期建设400个水电农村电气化县，2015年农村水电行业全面实现水电现代化，这些都对农村水电电网的发展提出了更高的要求。

通过5年扎实的工作，水利系统全面完成了农村水电自供自管县一、二期农网改造任务，共完成投资213亿元。累计新建和改造110kV变电站82座，总容量2156MVA；35kV变电站853座，总容量3416MVA；110kV线路1595km，35kV线路11929km，10kV线路146922km，低压线路453613km；改造配电台区121367个，新安装与更换高耗能变压器111153台，总容量5704MVA。农网改造中，受益最大的是农民，由于电价的大幅下降，每年可直接减轻农民负担20亿元。通过农网改造工程的实施，使农村水电电网结构有了“质”的飞跃，电压等级更加合理；高耗能变压器更换为节能型，低压线损降到了12%以下，供电半径基本达到了不大于500m的要求，提高了供电质量和供电可靠性；解决了线路老化的问题，提高了用电安全性。

2003年，国家发展和改革委员会又下达了县城电网改造投资计划。根据计划，农村水电自供自管县县城电网改造总规模为59.35亿元，共将新建和改建110kV变电站130座，35kV变电站230座，110kV线路1941km，35kV线路2331km，10kV线路11590km，低压线路25240km，新安装和更换高耗能变压器14187台。县城电网改造工程已于2003年下半年全面启动，将在2004年底全部完成，届时，农村水电电网结构将进一步优化，供电能力、供电质量将进一步提高。

总结建国50多年来农村水电电网发展的成功经验，主要包括：农村水电作为清洁可再生能源得到了党中央、国务院的高度重视，并在政策上给予了有力的扶持；农村水电分散布点、就地供电、就近成网、自发自供的生产方式，符合电力工业发展规律，代表了先进生产力的发展要求；农村水电电网始终坚持了为“三农”服务的宗旨，得到了广大农民群众的支持；坚持了两条腿走路的方针，充分调动了中央和地方、集体和群众的积极性；坚持了大小电网并举共存、各有侧重、互为补充、协调发展的方针。

新世纪，新使命，新气象，农村水电电网的发展高潮方兴未艾，农村水电必将为有效解决“三农”问题、全面建设小康社会做出更大的贡献。

（水利部　边广琦）

## 农村水电电网建设与改造规划

### 一、农村电网建设与改造规划

（一）国务院部署农网“两改一同价”工作

1998年6月29日至7月1日，国家发展计划委员会在北京召开了“加快农村电网建设（改造）工作会议”，7月8日，印发了《国家发展计划委员会关于加快农村电网建设（改造）工作有关问题的通知》（计电［1998］73号），要求各地上报农村电网改造规划。

1998年10月4日，《国务院办公厅转发国家计委关于改造农村电网改造改革农电管理体制实现城乡同网同价请示的通知》（国办发［1998］134号）出台，正式拉开了全国农村电网“两改一同价”工作的序幕。

（二）农村水电自供自管县农网改造一期规划

水利部十分重视农村电网建设与改造工作，对农村水电自供自管县的农网改造规划工作进行了全面的部署。各省（自治区、直辖市）水利厅（局）积极行动，认真落实，按照国务院和有关主管部门的要求和农村经济发展对电力的需求，编制了农村水电自供自管县农村电网建设与改造规划。

1. 规划编制的指导思想　按照建立社会主义市场经济体制的要求，围绕农村水电为农业、农民、农村经济发展服务的目标，以减轻农民负担、实现农村电气化、开拓农村市场、改善农村生态环境为目的，对农村水电自供自管县农村电网实施建设与改造，不断加强农村电力设施建设，促进农村经济快速、健康发展。

2. 原则　农村电网发展要与我国电力工业的发展相适应，与现阶段我国农村经济发展水平相适应；

加快农村电网改造要与深化电力体制改革结合进行；以低压电网建设与改造为重点，统一规划，先易后难，分步实施。

3. 目标　利用3年左右的时间，基本解决农村水电自供自管县电网损耗高、供电可靠性低、电能质量差等问题，建成网架坚实，布局合理，装备先进，管理科学，能够安全、优质、高效运行的农村电网，有效降低农村电价，减轻农民负担。

各省（自治区）水利厅在统一规划、统一标准的前提下，优先安排低压电网的改造，并协调发展各电压等级电网，以保证农村供电的经济、可靠和安全。按要求落实项目法人责任制和资本金制度，同时遵循先易后难的原则，分期分批进行，明确利用3年左右时间完成农村电网建设与改造任务，通过减少供电损耗，实现降低农村电价的目标。

水利部水电局参加了国家计委组织的规划审查，对农网改造规划工作提出了水利部门的意见和建议。根据国家计委批复各地的农村电网建设与改造规划，农村水电自供自管县一期农网改造总规模为129.5亿元，其中专项资金25.9亿元、银行贷款103.6亿元。建设与改造内容包括：新建和改造110kV变电站81座，总容量2003MVA、35kV变电站907座，总容量3604MVA，新建和改造110kV线路1502km、35kV线路10833km、10kV线路79594km，低压线路173677km，改造配电台区73567个，新安装与更换高耗能变压器55975台，总容量3816MVA。

（三）二期农网改造规划

2001年下半年，各省（自治区、直辖市）水利厅（局）按照国家计委的要求，编制了农村水电自供自管县二期农网改造规划。

二期农网改造的指导思想是，在第一期农网建设与改造基础上，进一步调整农村水电自供自管县电网布局，优化电网结构，扩大和巩固一期农网改造成果，实行“一户一表”，实现城乡用电同网同价，进一步满足农村经济发展和农民群众用电需求。

二期农网改造主要是对一期农村电网改造项目的拾遗补缺，规划的重点放在10kV及以下低压电网和有效益的排灌电网，以及农场、林场等漏报计划的电网。计划于2003年底前全部完成投资计划。

根据国家计委批复的二期农网改造规划，农村水电自供自管县二期农网改造总规模为88.9亿元，其中专项资金17.8亿元，银行贷款71.1亿元。建设与改造内容包括：新建和改造35kV变电站48座，总容量115MVA，新建和改造35kV线路1003km、10kV线路72431km，低压线路244787km，改造配电台区58333个，新安装与更换高耗能变压器54064台，总容量3206MVA。

截至2003年，农村水电自供自管县一、二期农网改造任务已全面完成，效益十分显著，被农民群众誉为“德政工程”、“民心工程”，目前正在进行工程竣工验收工作。

## 二、县城电网建设与改造规划

农网改造实施后，大部分农村电网得到了改造，效益十分显著。但由于有的县城电网游离于已安排的城乡电网改造之外，一些县城电网供电能力不足和供电质量差的问题日益突出，已不能满足县城地区用电增长的需要。为此，国务院决定从2003年下半年开始，用2年左右的时间，开展县城电网改造工作。

水利部经过认真研究，确定了农村水电自供自管县县城电网改造规划编制原则和目标，即以“总体规划、分布实施、突出重点、实事求是、讲求效益”为原则，通过县城电网改造，进一步提高县城电网技术和设备水平，降低线变损，提高供电能力和供电质量，更好地满足县域经济发展和人民生产生活用电需要，进一步改善农村基础设施、促进城乡协调发展、推动国民经济持续快速健康发展。

在水利部的督促和指导下，各省（自治区）水利厅编制了农村水电自供自管县县城电网建设与改造规划，并上报国家计委。

根据国家发展和改革委员会批复的县城电网建设与改造项目固定资产投资计划，水利系统县城电网改造工程总投资为59.35亿元，其中中央和地方预算内专项资金10.69亿元、企业自筹1.18亿元、银行贷款47.48亿元，全部投资由各省（自治区）的省级水电集团公司统贷统还。建设与改造内容包括：新建和改建110kV变电站130座，35kV变电站230座，110kV线路1941km，35kV线路2331km，10kV线路11590km，低压线路25240km，新安装和更换高耗能变压器14187台。农村水电自供自管县的县城电网改造工程全部投资计划将在2004年底全部完成。

（水利部　边广琦）

# 农网“两改一同价”工作综述

## 一、农网“两改一同价”工作

党中央、国务院一贯高度重视我国的农业、农村和农民问题，改革开放20年来，我国的农村发生了翻天覆地的变化。但由于农村生产力发展相对落后，各项基础设施仍很薄弱，尤其是供电设施，普遍存在着变压器及线路老化、供电半径大、损耗大等问题。另一方面，农电管理体制不顺，供电中间环节多，“人情电、权力电、关系电”和“乱加价、乱收费、乱摊派”等问题十分严重。这两方面的因素导致农村用电电价畸高，广大农民不堪重负，严重影响了广大农村的生产生活用电，并对农民的生命财产安全造成了威胁。

为切实降低农村电价，减轻农民负担，解决长期困扰广大农村用电的瓶颈问题，有效改善农村的生产和生活条件，促进农村经济的繁荣，同时进一步拉动内需，保持国民经济持续健康快速发展，国务院于1998年做出重大决策，要求在全国范围内改造农村电网，改革农电管理体制，实现城乡用电同网同价。

（一）水利部门确立实施主体地位

农网全面推行“两改一同价”工作实施初期，国家电力企业对自发自供县全面推行“上划”、“代管”和虚拟股权控股政策，自发自供县电网发展面临巨大困难。

各级水利部门为坚持电力工业改革的正确方向，争取水利部门在农网“两改一同价”工作中的主体地位进行了艰苦卓绝的努力。针对其中违背国家电力工业体制改革方向的做法，汪恕诚部长多次通过各种方式深刻地阐述了坚持电力工业改革方向的重要观点和意见。敬正书、陈雷等部领导多次在会议上发表了打破垄断、引入竞争，搞好水利系统农电“两改一同价”工作的重要讲话。水利部先后行文20多次，提出了自己的意见。同时针对一些地方在农网改造中扩大、营造垄断的做法，水利部及时派出专家调查组进行调查研究，写出了一批有分量的调查报告，用翔实的材料和数据分析电力垄断对农村社会生产力的破坏，对县域经济与社会发展的影响，得到了国家有关部门的重视，激起了社会的反响和共鸣。各省水利部门为坚持电力工业改革的方向，纠正“代管”、“上划”等错误做法，做了大量的协调工作。

经过各级水利部门的不懈努力，1999年《国务院批转国家经贸委关于加快农村电力体制改革加强农村电力管理的意见》（国发［1999］2号）出台，明确规定“对自发自供县供电企业，要按照电力工业的改革方向，因地制宜、因网制宜，根据不同的情况改革”，并明确水利部门参与农电体制改革方案的制定，水利部门农网“两改一同价”工作的主体地位得到确立。

（二）加强政策研究，推动水利系统农网改造工作

农网“两改一同价”的一个很重要的内容就是农村电网建设与改造，国家计委下达水利系统的农网改造总投资规模超过220亿元，其中大部分需要企业通过银行贷款来解决。农村水电自供自管县大多数处于老少山边穷地区，电力基础设施较差，农民居住十分分散，用电量很小，需要改造的工作面很广，工作量很大，而农村水电企业经济实力又相对较弱，承贷能力不足，还贷压力较大，加之体制问题的不断干扰，致使工作一度受阻。但这些地区恰恰是“两改一同价”工作的重点，当地农民对“两改一同价”的要求也最迫切。

为尽快打开工作局面，水利部和各省水利厅、地方政府从全国农村的实际情况出发，不断开拓创新，先后研究提出了一系列的重要政策和建议，如：如农网改造贷款实行“一省两贷”，由省级水电集团公司对自发自供县农网改造实行统贷统还；用未来电费收益权作为农网改造贷款质押担保；农网改造贷款还贷期延长至20年；西部地区农网改造资本金由国债改为拨款，部分少数民族地区资本金由20%提高到50%；建立农网还贷资金，实行全省均摊等。这些政策建议得到了国务院和有关部门的采纳，有效地解决了困扰水利系统农网“两改一同价”工作的体制、资金和管理问题。

（三）锐意改革，全面完成乡镇电管站改革任务，切实加强农村用电管理

水利部门在做好“两改一同价”工作的过程中，始终坚持电力体制改革中独立配电公司的正确方向，多次以各种形式向国家计委等有关部门提出“打破垄断、引入竞争”等一系列合理化建议，有力地推动了国家电力体制改革。同时不断深化农村水电管理体制改革，各省先后组建成立了省级水电集团公司，作为水利系统农网改造的项目法人和承贷主体，并通过资产重组，增强了省级集团与县级企业的资产纽带关系。

在实施农村电力管理体制改革的过程中，水利部门坚决按照中央政策的要求，以撤销乡镇电管站、建立供电营业所为改革的重点，充分发挥水利部门优势，紧紧依靠地方政府，妥善处理好各方利益关系。截至2003年6月底，水利系统共撤销乡镇电管站2439个，新建供电营业所1819个，其中97%以上的改革任务在一期农网改造结束时已经完成；全面实现了“电量公开、电价公开、电费公开”、“服务到户、管理到户、抄表到户、收费到户”、“统一电价、统一发票、统一抄表、统一核算、统一考核”。同时，加强了对农村电工的整顿、管理，对农村电工实行统一培训、统一招聘、统一管理。

（四）精心组织，扎实工作，出色完成农网改造任务

水利部多次召开会议部署全国水利系统农网“两改一同价”工作。为了指导好“两改一同价”

工作，水利部认真抓好试点工作，通过试点，对乡镇电管站改革、农网改造摸索出一套行之有效的具体政策、方法、技术方案、实施方案，在试点基础上召开现场会，组织现场培训学习、交流，取得了很好效果。

为加强对各地的督促指导，水利部多次组织检查组赴各地帮助工作。各省（区、市）水利厅和有关地县都成立了以主要领导为组长的农网改造领导小组，一把手负总责，分管领导亲自抓，各部门共同抓，层层落实责任制。

严格执行基本建设程序，在农网改造中全面实行项目法人制、招标投标制、工程监理制和合同管理制。建立健全各项规章制度，加强管理，确保质量。各项目法人单位都制订了项目建设、资金管理、技术标准等一系列制度、办法、标准，对各项工作进行规范。广西水利厅根据实际情况，先后制订了《农网建设改造工程管理办法》、《农村电网建设改造项目实施监理的意见》、《农网建设（改造）定型设计图集》等系列规章，确保每一个项目都实现"三明确"（即明确设计人、行政负责人、施工负责人）和"三保证"（保证项目按程序批准建设、保证工程施工安全、保证工程质量符合规范要求）。严格的管理和健全的规章制度，为水利系统农网改造顺利完成提供了保障，也使农网改造工程的质量得到了可靠保证。农网改造开始阶段，由于资金到位慢，严重影响了水利系统农网改造工程进度。各级水利部门，一方面积极做好与金融部门的联系衔接，按银行要求做好贷款的各项工作，加快贷款到位速度，另一方面采取垫资等措施，有效地加快了农网改造的进度。对农网改造资金实行"专户储存，专款专用"，制订了严格的农网改造资金管理和财务管理办法，实现了资金管理的规范化、制度化。湖北省丹江口市设立了农网改造资本金、农行贷款、农户户表集资款、废旧物资折价款 4 个账户，所有费用必须经农网改造办公室提出计划、分管领导审核、主管领导审批三个环节才能支出。严格的财务管理，确保了农网改造资金不被挤占、挪用，各级财政、审计部门对水利系统农网改造资金使用情况进行了多次审查，对水利系统农网改造财务管理给予充分肯定。同时，注重科技投入，在工程中大量应用了新材料、新设备、新工艺，提高了工程的现代化水平。各地根据农网改造工作的重点和难点，都采取选择有代表性的乡镇开展试点，然后总结推广，收到了良好的效果。在农网改造过程中，发挥榜样作用，及时总结、表彰成绩突出的单位和个人，促进工作全面顺利开展。

水利部门在实施农网改造的过程中，还十分重视对广大农民的宣传工作。通过在各种媒体上的宣传，使党中央、国务院实施农网改造的重大意义深入人心。因此，改造施工队伍所到之处都得到了当地农民群众的热烈欢迎和衷心拥护，农民们积极支持和参与农网改造。

通过五年来扎实的工作，精心的组织，严格的管理，水利系统出色地完成了农网改造任务。截至 2003 年底，一、二期农网改造共完成投资 213 亿元，累计新建和改造 110kV 变电站 82 座，总容量 2156MVA、35kV 变电站 853 座，总容量 3416MVA、110kV 线路 1595km、35kV 线路 11929km、10kV 线路 146922km，低压线路 453613km，改造配电台区 121367 个，新安装与更换高耗能变压器 111153 台，总容量 5704MVA。累计完成 2439 个乡镇电管站的改革工作，新建 1819 个供电所。

目前，水利系统农网改造工程已进入全面验收阶段，水利部对各地的验收工作进行了统一的部署和安排，2004 年 6 月底全部完成竣工验收。

## 二、县城电网建设与改造

继农网"两改一同价"之后，国家部署了县城电网建设与改造工作，旨在通过县城电网改造，进一步优化电网结构，降低线变损，提高供电能力和供电质量，满足县城地区经济发展和人民生活用电的需要。

水利系统按照要求编制并上报了工程规划。根据国家发展和改革委员会下达的县城电网建设与改造项目固定资产投资计划，水利系统县城电网改造工程总投资为 59.35 亿元，其中中央和地方预算内专项资金 10.69 亿元、企业自筹 1.18 亿元、银行贷款 47.48 亿元。

水利系统县城电网改造工程，全部投资由各省（自治区）的省级水电集团公司统贷统还。计划将在 2004 年底全部完成，共将新建和改建 110kV 变电站 130 座，35kV 变电站 230 座，110kV 线路 1941km，35kV 线路 2331km，10kV 线路 11590km，低压线路 25240km，新安装和更换高耗能变压器 14187 台。

在各级水利部门的努力下，县城电网改造工程已于 2003 年下半年全面启动，工程进展顺利，部分地区已发挥效益。

（水利部　边广琦）

# 农网"两改一同价"见成效

1998 年，国家部署了农网"两改一同价"工作。各级水利部门克服重重困难，开拓创新，扎实工作，全面完成了农网"两改一同价"工作，效益十分显著。

（一）农村电网结构进一步优化，供电设施显著改善

5年中，水利系统累计完成农网改造投资213亿元。新建和改造110kV变电站82座，总容量2156MVA、35kV变电站853座，总容量3416MVA、110kV线路1595km、35kV线路11929km、10kV线路146922km，低压线路453613km，改造配电台区121367个，新安装与更换高耗能变压器111153台，总容量5704MVA。

农网改造使农村水电自发自供县电网结构得到进一步优化，完善了以110kV和35kV为骨架的电网构架，高低压容量配置更加合理，主变容量与配变电容量比达到1∶2.5，110kV和35kV变电工程可满足当地10年以上用电发展需求，配电台区实现了“小容量、密布点、短半径”；绝大多数县电网与大电网并网，实现了电量交换，保证了农村用电需求。

在农网改造中广泛推广应用新技术、新设备、新工艺和新材料，电网设施显著改善。通过农网改造，陈旧的线路被更新，低损耗变压器普遍采用，主变压器全部采用S9以上新型变压器，六氟化硫断路器、真空开关等无油、少油设备得到广泛应用，农村电网装备水平上了新台阶。同时，以计算机和信息技术为基础的自动化技术得到广泛应用，新建变电站采用计算机综合自动化装置，实现了无人值班、少人值守，电网调度实现现代化。

（二）农电体制改革不断深化，农电管理水平迅速提高

各级水利部门始终坚持撤销乡镇电管站、建立县电力公司直接管理的供电营业所这个农电体制改革的重点和任务，紧密依靠地方政府，妥善处理各方利益关系，深入做好乡镇电管站改革工作，累计完成2439个乡镇电管站的改革工作，新建1819个供电所。通过乡镇电管站改革实现了县电力公司直管到户，新建的供电营业所实现了规范化、制度化运作，农村电工全部由县级供电企业统一招聘和统一管理，职工们的思想观念和服务意识明显增强，精神面貌焕然一新，原来农村中普遍存在的“三电”、“三乱”、偷漏电等现象明显减少，农村用电管理得到了有效地加强，农民们对此十分满意，由时常拖欠电费变成了按时主动上门缴纳电费。

（三）农村电价大幅下降，切实减轻了农民负担

实行“两改一同价”后，大部分县实现了城乡居民生活用电同价，农村电价大幅度降低。据统计，由水利系统负责“两改一同价”的地区，农村电价降低后，每年可直接减轻农村负担约30亿元。其中由四川省水利系统负责农网改造的县，农网改造后平均到户电价下降0.20元/(kW·h)以上，每年可减轻农民负担约12亿元；云南省水利系统负责的33个县，农网改造后到户电价平均下降0.25元/（kW·h），每年可减轻农民负担近3亿元；吉林省靖宇县是一个总人口只有14.5万人的山区小县，农网“两改一同价”后，平均到户电价下降0.4元/(kW·h)，仅此一项，每年可为农民减轻负担500余万元。通过农网改造工程的实施，还为大量的居住偏远的无电人口解决了用电问题，明显改善了当地农民的生产生活条件。农村电价降低、供电质量提高以后，农民大量购入电视、电冰箱、洗衣机、电饭煲、VCD等家用电器，极大地丰富了广大农民的精神文化生活，生活质量得到明显提高。

（四）促进了地方经济发展，增加了农民收入

农网改造需要大量的电线电缆、变压器、水泥电杆等设备物资和劳力，有效地拉动了内需，繁荣了农村经济，促进了国民经济发展，增加了当地农民的就业机会。电网结构完善和供电质量提高，为地方县域经济发展提供了充足的电力供应，带动了乡镇企业和相关产业的发展，增加了劳务就业机会，增加了收入。

水利系统农网“两改一同价”工作使广大农民真正得到了实惠，切实感受到了党和政府的温暖，增加了党和政府在人民群众中的威信，密切了党群、干群关系，进一步促进了农村的社会安定和民族团结，被誉为“德政工程”、“民心工程”。

（水利部农村水电及电气化发展局）

# 边境无电乡村光明工程

## 西藏、新疆边境无电乡村光明工程

（一）开发西部边境地区农村水电的意义

目前我国西部边境地区人均用电水平普遍很低。据统计，新疆边境地区乡镇人均装机容量为16W，人均年用电量为58kW·h；西藏边境地区乡镇人均装机容量为60W，人均年用电量为120kW·h，人均装机容量分别为全国平均水平的0.64%和2.4%。在这些边境地区仍有400多万元电人口，生活生产条件艰难。

由于没有电力供应，工业及主导产业不能发展，难以摆脱贫困状态。当地居民缺乏生活生产用能，只能砍伐树木，从而导致边境地区生态环境的破坏。解决边境地区电力供应，加快通信广播设施建设，对强化国家防范体系，确保社会安定和国家安全具有特别重要的意义。

（二）开发西部边境地区农村水电的可行性

我国西部边民散居在边境的高山坡地之中，这些地区大部分水力资源较为丰富。如西藏边境地区水力蕴藏量为6000万kW，新疆边境地区水力蕴藏量为2600多万kW。水力资源丰富地区与农村能源缺乏地区及无电人口区域分布基本一致。因此，采取分散开发，就地供电的方式发展农村水电，较之大电网延伸供电，具有明显的经济优势。除少数距国家电网近的无电乡村应考虑延伸供电外，绝大部分边境无电地区可以因地制宜开发农村水电解决供电问题。

（三）西藏边境无电乡村光明工程

1. 西藏农村水电开发现状　西藏和平解放以来，农村水电建设从无到有、从小到大，不断发展，并初具规模。到2002年，全区已经建成各类农村水电站440座，总装机容量17.65万kW。其中县级水电站70座，装机容量5.63万kW；乡级水电站143座，装机容量1.88万kW；村级水电站227座，装机容量2.54万kW。全区乡村通电覆盖率达到了35%左右。这些电站，在促进当地社会经济发展，改善和提高农牧民群众生产生活水平，保护生态环境和促进可持续发展过程中，正发挥越来越重要的作用。

2. 西藏“十五”期间农村水电开发计划　“十五”期间，全区将新建、改扩建28个县级水电站和100座乡村水电站，总投资18个亿，占到“十五”全区水利总投资的三分之一。其中边境乡村水电站100座，总装机容量25610kW，总投资8.72亿元；28个县级水电站进行新建、改扩建，总装机容量39890kW，总投资6.32亿元；4个电气化县新建水电站25座，总装机容量9246kW，总投资1.72亿元；电气化县电网建设35kV线路421km，10kV线路959.8km，总投资1.26亿元。这些项目的建设，可解决全区94个乡、578个村、50851户、25.3万人的生产生活用电问题。全区通电率可由33%提高到50%。

3. 西藏边境无电乡村光明工程成果　西藏边境无电乡村光明工程是关系到改善当地人民生活生产条件，促进社会经济发展，增强民族团结，维护边疆稳定的大事，也关系到改革开放中国的形象。西藏边境地区全区有21个边境县，158个乡镇，1352个村，28万人。其中除22个乡无水能资源外，其余136个乡镇均有丰富的水能资源。除少数距国家电网近的无电乡村应考虑延伸供电外，绝大部分无电乡村可以因地制宜开发农村水电解决供电问题。目前158个边境乡镇通电率仅为18%，低于全区乡镇通电率近15个百分点，且通电乡村人均装机容量仅有61W，人均用电量为124kW·h，分别为全区平均水平的61%和27%，用电水平很低。当地仍有28万无电人口，这些农牧民至今过着原始生活方式，生活生产条件艰难。因此，采取措施因地制宜大力开发小水电是改善生态环境，促进经济、社会发展的重要途径。

近五年，西藏全区新增水电装机容量7.07万kW；新增变电容量8.578万kVA；新建、改造35kV线路477.65km、10kV线路3178.94km。完成投资107240.52万元。其中：财政预算内专项27148万元，西藏专项7996万元，送电到乡光明工程15555万元，农网改造专项56541.52万元。

（1）水利部西藏“117”光明工程（新增7座有水无电县电站，21座县电站改扩建和100座小水电站，共128座）共完工29座电站，总装机容量15370kW。新增35kV线路22km、10kV线路747.65km。

（2）农网改造计划资金60120.32万元，到位农网资金51778万元，完成投资56541.52万元。完成农村线路改造与建设 2888.94km，其中35kV457.67km，10kV2431.29km。

(3) 在建规模，发改委“送电到乡”专项，开工建设电站72座，装机规模15105万kW，“117”光明工程，在建电站21座（新增7座有水无电县电站中在建的1座、21座县级水电站改扩建中在建的11座、100座边境乡村小水电站工程中在建的9座），总规模22950kW。

由于西藏边境地区绝大部分属贫困地区，当地财政十分困难，而西藏自治区2002年地方财政收入只有5.5亿元，无法配套建设项目资金，故边境地区小水电建设项目资金全部由国家投入。由于地区属边远贫穷的特殊地区，当地居民的人均收入低于国家贫困县标准，对电价的承受能力极为有限。因此，电站建成后也只能根据不同地区居民经济承受能力来收取适当的电费，以维持电站的正常运行。在许多边境地区，尤其是西北部地区要保证电站运行还需要国家和政府给予补贴。鉴于西藏边境地区社会经济发展的实际情况，小水电建设项目产生的效益目前只能更多的表现在国际斗争需要、社会效益和生态效益上。

（水利部　黄　明　付自龙）

## 广西、云南边境地区无电乡村光明工程

（一）基本情况

广西、云南地处我国西南边陲，与越南、缅甸、老挝三国接壤，国境线长5080km。两省（区）共有边境县34个，居住着壮、瑶、苗、侗、回、彝、哈尼、拉祜、傣、德昂、佤、傈僳和景颇等十多个少数民族。34个边境县共辖418个乡镇，6706个行政村，921万人，其中边境沿线有147个乡镇，1651个行政村，221.46万人。

广西、云南边境地区经济较为落后，34个边境县中，国家扶贫开发工作重点县有20个，省（自治区）级扶贫开发工作重点县4个。边境县农民年人均纯收入普遍较低，广西为1507元/人，云南为1061元/人。

2002年底虽然边境地区所有乡都已通电，但边境沿线还有229个行政村没有通电，涉及23个县的16万余人。其中广西有10个行政村、2.98万人；云南有219个行政村、13.26万人。

（二）必要性

广西、云南边境无电村16万余人由于没有电力供应，生产生活条件艰难，缺乏电力供应已成为当地经济发展和社会进步的主要制约因素：

(1) 严重影响当地经济发展和精神文明建设。由于只能依靠农业支撑当地经济，很难摆脱贫困状态。同时，村村通广播电视、通电话、通邮等国家级和省级项目不能实施，严重影响了当地居民的文化教育和社会主义精神文明建设。

(2) 严重影响我国的国际形象。由于没有电力供应，边境地区居民生活只能依靠油灯照明，而与我国接壤的越南、缅甸、老挝等国均十分注意边境地区的水电开发和电力设施建设，许多边境地段的境外居民点在夜晚都是灯火通明。

(3) 严重影响当地生态环境。由于没有电力供应，只能砍伐树木，毁坏植被，造成水土流失，从而导致边境地区生态环境恶化。

（三）可行性

广西、云南边境未通电地区水能资源丰富，可开发量达400万kW，目前仅开发了55万kW，还有大量的农村水电资源有待开发。这些农村水电资源分布与边境无电村分布基本一致，采取分散开发，就地供电的方式解决边境无电村的用电问题，具有明显的区位优势和经济优势。

（四）实施方案

1. 建设项目安排　解决广西、云南边境无电村的通电问题需新建和扩建增容农村水电站共15座，新增装机容量32170kW，延伸线路1178km。

2. 投资及资金筹措　解决广西、云南边境无电村的通电问题共需投资28269万元，其中电源建设投资19260万元，电网投资9009万元。

边境地区农村水电建设项目的财务收益率较低，其效益目前只能更多地表现在社会效益和生态效益上。因此，在资金上应以国家投入为主，建议国家拨款50%共1.414亿元作为项目资本金，其他资金由项目法人负责筹措。建设项目拟2年完成，每年国家需安排资金7070万元。

（水利部　黄　明　付自龙）

## 光明工程保障措施和建议

（一）保障措施

(1) 加强领导。实施光明工程解决边境地区无电村用电问题。属于公益性的基础设施建设。有关水行政主管部门要站在“三个代表”的高度，加强对边境无电村光明工程建设项目的领导，对项目的前期工作、投资计划、建设施工、质量标准和生产运行等环节进行严格监督管理。开发小水电解决西藏边境地区无电乡镇问题，政府行为是主体。各级政府要切实加强宏观调控和指导，发挥政府对资源的配置作用，加

大边境地区小水电建设的投入。

（2）全面规划，统筹安排。在水利部援藏工作“十五”总体规划的基础上，从边境地区的实际出发，编制小水电及地区电气化发展专项规划。规划要与边境地区流域开发规划、电力开发规划和地方社会经济发展规划衔接起来，使其具有科学性、适用性和可操作性。加强各项水电开发的前期工作，严格执行基本建设项目审批制度和建设程序。做好年度建设投资计划，注重计划、财政、金融等部门及部内单位之间的协调配合，及时落实项目建设资金计划。

（3）强化建设管理，确保工程质量。要认真组建水电项目建设管理机构，完善管理制度，严格执行项目法人制、招标投标制、建设监理制。加强对项目建设资金的监督检查，防止援藏资金被滞留、挪用和克扣。建立质量监督机构，确保工程质量。选择资质符合规定、在当地水电建设业绩突出的施工单位，保证工程建设满足设计要求。

（4）加强水电生产运行管理和安全工作。根据边境地区小水电建设计划，定期举办乡级小水电站管理运行培训班，对全区的小水电管理运行单位的人员进行理论知识和实际技能、经验技术的培训。

（5）加强小水电队伍建设。逐步建立水利科研和培训机构，提高现有水利水电职工的思想文化素质、专业技术水平，同时改善职工工作生活条件。

（6）鼓励农村用电，充分利用电能资源，本着低价起步，逐步到位的原则，适当收取农村电费。各边境县应制定农村用户用电统一电费标准，并报有关部门审批后执行。

（7）边境地区县、乡、村三级都要建立健全管理制度，各乡、各村派专人负责水电设施的管理，健全水电管理规章制度，各乡、村水电由各县负责统一管理，并建立目标责任制，确立目标责任人，从而保障水电设施的正常运行。

（二）建议

（1）边境地区小水电建设实施的关键环节是前期工作，而前期工作能否顺利进行，关键在于前期工作经费。由于当地财政无法全部支出这项费用，建议规划期安排边境地区小水电建设前期工作经费。

（2）为确保光明工程项目前期工作质量，建议由水利部组织项目的可行性报告审查。光明工程项目由边境各级水利部门负责项目建设和管理。

（水利部　黄　明　付自龙）

# 农村水电技术现代化

## 农村水电技术发展历程

为充分发挥农村水电资源优势，提高整体效益，各级农村水电管理部门和企业积极推进农村水电现代化建设，推广新技术、新设备、新材料、新工艺，使农村水电的技术含量和装备水平有了一定提高。以下将对农村水电的技术发展历程作一个简要回顾。

### 一、水轮发电机组及其辅助设备

（一）水轮发电机组技术

20世纪50年代，许多农村小水电站用的是简易木制水轮机，随着单机容量的不断扩大，水轮发电机组的技术水平也随之提升。20世纪80年代初全国共有水轮机标准型号26个，83种产品，其中20世纪80年代投产的湖北省长阳县四方洞水电站（长阳县为我国第一批农村电气化试点县）安装的是冲击式卧式水轮发电机组，设计水头达855.07m，成为当时全国水头最高的水电站。20世纪90年代，我国对10MW及以下的中小型轴流式和混流式水轮机制订了转轮系列型谱（JB/T6310—1992）和产品系列型谱（JB/T6474—1992），农村中小水轮机逐步走向系列化和标准化。近年来，农村水电行业积极推广使用新型高效转轮，并对早期建设的老水电站进行技术改造，使水轮发电机组的效率有了很大提高，企业也获得了可观的效益。例如：浙江省陈蔡电站结合自动化改造，将原HL300型系列转轮更换为HL2400型系列不锈钢转轮，根据理论分析和实际测流，在同等水头、流量下，可提高效率8.4%，仅此一项每年增加发电量66万kW·h,增加发电收入27万元。

农村中小水电站针对不同的水头采用不同形式的水轮机转轮，包括混流式、轴流式、贯流式、冲击式水轮机和水泵水轮机。20世纪80年代以前使用的主力机型为混流式、轴流式和冲击式。近几年来，贯流式机组在较大容量电网内的20m以下低水头电站中得到大力推广，与轴流式机组相比，它具有效率高、过流量大、尺寸小、重量轻、土建工程省等优点，能缩短建设周期，降低电站投资，随着制造工艺的不断改进，此种机型将逐步替代传统的轴流式机组。1992

年，水泵水轮机在四川寸塘口抽水蓄能电站投运，但抽水蓄能电站在农村水电行业数量很少。微型水轮发电机组的研发和推广工作开始于20世纪80年代，水利（电力）部制订了整装微型水轮发电机组的技术标准（SD162—1985）。目前，微型机组的主要机型有轴流式、轴伸贯流式、混流式、双击式、斜击式等，适用水头2～100m，流量0.02～1$m^3/s$，单机容量1～100kW。结构紧凑、安装方便、操作维护简单。

（二）辅助设备

1. 调速器　调速器是水轮发电机组的主要配套设备。20世纪50年代主要为离心飞摆式机械液压调速器，20世纪60、70年代有晶体管电液调速器和集成电路电液调速器，自20世纪90年代以来，以可编程逻辑控制器（PLC）、可编程微机控制器（PCC）、工业控制计算机（ICC）作为调节器硬件核心和软件中心的水轮机微机调速器已在中、小型水轮发电机组上运行。

近年来，一批针对农村小水电站的新型导叶控制机构得到开发应用，如：TC系列水轮机弹簧储能操作器、GC系列高油压水轮机操作器等，它们凭借结构简单可靠、价格低廉、维护运行费用低等优势，代替了传统的机械液压调速器，在负担基荷、不需要调频的农村中小水电机组得到推广。

20世纪90年代末，部分农村小型水电站采用HPU液压控制柜，它采用工作于脉冲状态的电磁阀，通过控制高压油路的通断，直接推动导叶接力器。在功能上相当于常规设计中的电液调速器。装置内无任何机械传动机构，避免了机械杠杆的死区及卡死现象，可靠性和稳定性高。

2. 励磁系统　随着电力系统的扩大和发电机组容量的增大，同步发电机的励磁系统也在不断发展，农村中小水电站中除少部分仍采用直流励磁机外，都以半导体励磁为主，其中又以静止可控硅励磁为多。近年来，无刷励磁由于没有滑环和炭刷，能减少维护量，提高运行可靠性，而且结构紧凑，占地面积小，成本低，寿命长，适于在条件较恶劣的环境中运行等优点，在农村水电站得到推广。

我国微机励磁控制器的开发研制始于20世纪80年代，20世纪90年代开始引入农村中小水电站，现已成为电站自动化不可缺少的组成部分。

（三）其他

（1）一些中小水电站采用调压阀取代调压井。

（2）推广重锤式蝶阀、球阀。

（3）推广弹性金属塑料推力瓦。

（4）免维护蓄电池逐渐替代传统的铅酸蓄电池。

## 二、水电站计算机监控系统

20世纪80年代以前，农村中小水电站的控制保护都采用传统的操作盘和控制保护柜，可以通过手动或手动/自动方式完成启动、停机、同期、运行等操作。20世纪80年代农村中小水电站开始应用计算机监控技术，经过十几年的研究和应用，已有部分农村水电站安装了集上位机、可编程控制器、工业电视、远程控制等为一体的计算机监控系统，从而实现了水电站无人值班（少人值守）。

农村水电站计算机监控系统主要有这么几种类型：总装机容量5MW及以上的水电站，一般采用开放、分层分布式结构，即按水电站控制层次和控制对象设置成电站控制级和现地控制单元级。总装机容量5MW以下的水电站，采用集中与分散相结合的计算机监控系统。发电机电压为0.4kV的小水电站，采用简单紧凑的一体化监控系统。

目前，农村水电站安装的计算机监控系统一般具有以下功能：①数据采集和数据处理；②控制与调节；③厂内自动发电控制（AGC）；④厂内自动电压控制或机组无功功率联合控制（AVC）；⑤低频控制和高频控制；⑥人机联系及操作功能；⑦电厂设备运行管理及指导；⑧系统通信；⑨时钟同步控制；⑩系统自诊断及自恢复。有些系统还具有培训仿真功能。

针对发电机电压为0.4kV、功率630kW及以下的小水电站，已经开发出简单实用的DZWX系列低压机组自动控制系统。该系统通过简化设计，只需一机一屏，可实现自动开停机，事故停机，自动调频，自动同期并网和过电流、过负荷、过电压、欠电压、过速、低频、轴承温度过高、气压下降等保护功能。电站若有多台机组，可根据需要配置上位机，对各类输入量进行实时采集、处理、监视，对各类控制对象进行多种控制，并有事故追忆和顺序事件记录（SOE）功能等。该系统已在浙江、陕西、福建、广东、贵州、安徽等省的低压小水电站投入运行。

20世纪90年代以来，水电站计算机监控系统不断成熟，能与水情测报系统接口，能自动接收水库上游降雨量、水库水位等水文信息，从而实现梯级电站联合优化调度。目前，福建、湖南、浙江等地已有部分流域梯级电站实现了联合优化调度。

## 三、电网技术

农村水电从最初的单站运行、分散供电，发展到多站联网运行，再到县级电网、地区电网，逐步形成了具有一定供电能力的配套电网。20世纪50年代，小水电站一般都是单站运行，输电线路都是低压，就近供少数农户照明。60年代，出现了几个小水电站联网运行，有些小水电站与大网并网，输电线路的电压等级上升为10kV。70年代，多数县形成了县小电网，开始了统一调度，输电线路的电压等级上升为

35kV。80年代，多数县形成了发、供、用统一的县电网，有的还组成了地区性电网。到1990年，已有800多个县级电网，39个地区电网，联入县及县以上电网的发电装机容量占总容量的比例由20世纪70年代末的38%上升到83%。有的县开始架设110kV的输电线路。20世纪90年代，农村水电配套电网规模继续扩大，全国形成跨县的区域性电网43个，规模最大的贺州电网装机容量达到33.4万kW。湖南与贵州、广东，四川与湖北等还实现了跨省联网。

为了实现电力电量平衡，从20世纪80年代开始，农村水电开始注意调整电源结构、电网结构和负荷结构。在电源结构调整上，各地重视修建有调节能力的骨干电站和水源配套工程，到1990年，全国有调节能力的小水电站的比重为30%，1994年增加到44%，2001年增加到46.2%。在网架结构调整上，合理选择变电站的布点，增建35kV、110kV变电站。在调整需求结构上，根据小水电的丰枯矛盾，积极发展季节性负荷。有些地区和大电网联网实现互供，在枯水期得到了一定的电力补充，逐步达到本地区电力电量平衡。

经过几十年的发展，尤其是经过两期农网改造，农村水电配套电网网络结构趋于合理，布局更可靠，运行更灵活，供电能力有了明显的提高，供电质量也有了显著改观，低压线损率普遍从改造前的25%～30%降低到12%以下。

## 四、调度自动化

农村水电县级电网的调度最早以电话为手段。20世纪80年代，根据水电农村初级电气化建设规范的要求，在第一批电气化县配置了县级电网调度自动化系统，当时采用的主机一般为286系列，采用直流变送器，基本功能为实时监测，其精度低，实时性差，存储容量小。据1990年底的不完全统计，农村水电电网内，有40多个县（地）投入了这样的系统，但这些调度自动化系统功能不统一，产品不定型，实用化程度不高。

1993年，水利部发布了《农村水电电力系统调度自动化规范》（SL/T53 1993）对调度自动化的功能和设备配置提出了基本要求，促进了调度自动化的发展，提高了实用化的水平。贵州、福建、湖南、湖北、四川、广西、云南、吉林等地已部分实现了地区调度自动化或县级调度自动化，功能上已达到SCADA技术要求，有的接近EMS功能。

2000年以后，有些地方电网在调度自动化主站的基础上，开发了电网生产调度信息管理系统。如湖南郴州地方电网采用的HEA—2002电网调度自动化系统，其调度主站的基本功能是数据收集、安全监视与控制、功率总加、电量总加、事件顺序记录、汉字制表打印、汉字CRT显示及操作、模拟盘显示、数据转发等。可由用户选择的功能模块为状态估计、安全分析、潮流优化、经济调度、调度员培训模拟、配电自动化等。在此基础上构建的电网调度生产信息管理系统具有以下功能：①实时信息显示；②电量信息处理；③计划与考核；④调度运行管理；⑤运行方式管理；⑥继电保护管理；⑦电力通信设备和运行管理；⑧电网调度自动化管理；⑨综合办公系统；⑩外部信息交换与共享。

## 五、电气设备及变电站综合自动化

### （一）电气设备

1. 变压器　近几年S9系列节能变压器在农村电网中得到普遍推广。特别是在农网改造过程中，由水利系统负责的四川等七省市就更换了大量高耗能变压器，取得了较好的节能效果。大量有载调压变压器已安装在农村变电站，提高了供电质量。

2. 开关设备　目前在农村变电站运行的开关设备种类很多，以少油断路器为主，多油断路器数量不多并逐年淘汰，真空断路器和$SF_6$断路器正在逐步得到推广。

随着配电自动化试点工作的推进，智能化环网柜、自动重合器、自动分段器、馈线远方终端和配变测控单元等开关及控制设备正在引入农村10kV配电网。

### （二）变电站自动化

农村水电变电站自动化技术经历了晶体管分立元件自动装置、集成电路和微处理器、微机综合自动化这几个发展阶段。1983年，集控台技术从国外引进，经过几年的消化吸收，基本实现了国产化，到20世纪90年代初，有十几个省（自治区）在农村变电站采用了四合一集控台。变电站综合自动化的研究始于20世纪80年代中后期，并于90年代中期引入农村变电站。农村变电站的无人值班（少人值守）从“九五”时期开始研究，到2002年底，湖南、湖北、贵州、四川、吉林、云南等省的部分35kV、110kV变电站已建成无人值班变电站。

目前，农村电网中采用的变电站综合自动化系统类型很多，从系统结构分有：分布式系统结构、分层分布式系统结构、集中式系统结构。从布置型式分有集中处理集中布置、分布处理集中布置、分布处理分散布置。

农村变电站综合自动化系统基本具备以下功能：数据采集及处理、控制与调节、继电保护、自动重合闸、低频低压减载、备用电源和备用设备自动投入、接地监视、自动故障记录、人机联系、系统通信及接口、运行及设备管理、系统自诊断、直流监视、PT自动切换等。

六、配电自动化

配电自动化的试点工作始于20世纪90年代末期。如广西北流市从1997年开始建设配电自动化工程，1999年6月投入运行。投入运行的系统具有以下主要功能：配电SCADA功能、馈线自动化（FA）功能、自动制图/设备管理/地理信息（AM/FM/GIS）功能。

远程抄表系统已在湖南、四川等地开始试点。

七、管理信息系统（MIS系统）

管理信息系统的建设始于20世纪90年代末期，目前，湖南、四川等地农村水电企业的管理信息系统已进入实用。

不同公司开发的管理信息系统其子系统构成不完全相同，但功能上都离不开生产管理、财务管理、人力资源管理、电力营销管理、办公自动化这些主要业务。典型模式为：①电力营销管理子系统；②设备管理子系统；③计划管理子系统；④安全监察子系统；⑤人力资源管理子系统；⑥财务管理子系统；⑦仓储管理子系统；⑧办公自动化（OA）系统。有些公司开发的系统中还有综合查询子系统，提供对以上所有子系统有关数据的各项查询、统计、分析，能为领导层次策提供所需信息。

八、通信系统

农村水电采用的通信方式有光纤、载波、微波、无线扩频和电话通道等。经济条件较好的地区光纤通信方式发展很快，但大部分地区仍以载波和电话通道为主要手段，部分山区采用卫星通信方式。

随着调度自动化、MIS系统、远程抄表系统等技术的发展，通信系统建设的重要性越来越为农村水电企业所重视，现在开发的系统，都注意采用标准的通信接口，选择广泛应用的标准协议，以便能够与其他相关系统实现可靠的互联。

（水利部　孙亚芹）

## 农村水电技术现代化指导意见

为加快农村水电现代化建设步伐，明确今后一段时间农村水电行业技术发展的方向，规范、指导农村水电行业做好技术进步工作，现就农村水电技术现代化提出以下意见：

### 一、指导思想

以“科学技术是第一生产力”的思想为指导，坚持为农业、农村、农民服务的方向，以满足农村经济社会发展对农村水电的需求为目标，以现代技术和现代管理为手段，以农村水电站及配套电网自动化、信息化技术为重点，采用新技术、新设备、新材料、新工艺，不断提高农村水电行业的技术水平及运行管理水平，保证发、供电质量，提高发、供电的安全性、可靠性、经济性，增强农村水电的经济实力和市场竞争能力，为农村水电事业持续快速健康发展提供技术保障。

### 二、基本原则和总体目标

1. 基本原则　明确目标，统一规划，加快实施，适当超前；技术先进，设备可靠，简单方便，经济合理；严格执行国家技术标准，优先选用系列化产品；以国产技术和设备为主，适时引进国外关键技术和设备。

2. 总体目标　2010年前，50%的农村水电站及配套电网达到现代化水平。2015年，农村水电行业全面实现现代化。通过科技创新，管理创新，使农村水电市场竞争力明显提高。

### 三、任务和要求

（一）农村水电站

（1）重视流域梯级滚动开发，梯级电站要按流域整体规划进行设计和建设。优先开发具有季调节能力以上的水电站。适当发展抽水蓄能电站。

（2）新建水电站都要按无人值班（少人值守）进行设计和建设。20世纪90年代以前建设的水电站，要按总体目标要求做出更新改造规划，在2010年前全部实现无人值班（少人值守）。对已超过使用年限，经技术改造认证仍达不到要求的发电机组，要报废重建或强行淘汰。

（3）要对水电站改造做出整体规划、总体设计。要分别通过改进水工设施、更换高效抗气蚀抗磨损转轮、提高发电机绝缘等级、改善机组冷却条件、采用静止晶闸管励磁或无刷励磁技术、重锤式蝶阀、塑料瓦等途径提高机组出力、机组效率和延长机组寿命，并通过更新改造监控设备及自动化元件，提高电站的自动化水平。

（4）推广使用新型高效水轮发电机组。应根据不同的水头流量选用合适的机组形式，具体选取方式及原则可参考《中小型轴流式混流式转轮系列型谱》（JB/T6310—1992）和《双击式水轮机系列型谱》（JB/T7640—1994），并结合制造厂现有的成熟转轮技术选用。

(5) 总装机容量5MW及以上的水电站，应采用全开放、分层分布式计算机监控系统；调速器、励磁装置和站内油、水、气、直流系统、闸门等设备的监测控制应采用微机控制系统，计算机监控系统与设备控制单元之间的数据通信可通过现场总线、串行通信或I/O等方式进行。

(6) 总装机容量5MW以下的水电站，可采用集中与分散相结合的计算机监控系统。直流系统应和计算机监控系统通信。调速器可采用微机调速器或油压操作器。油、水、气等设备的监测控制可采用简易的继电器自动控制装置。

(7) 发电机电压为0.4kV的水电站，可采用更为简单的紧凑式一体化监控系统。水轮机操作器储能方式可以选用高压氮气罐储能或高压油储能，液压件应采用标准件，以节省占地空间和维护费。

(8) 电站油、水、气等辅助设备系统要向控制与主机一体化方向发展。推广采用免维护或维护简单、维护量小的设备。

(9) 电站自动化元件是实现无人值班的关键，应选用符合国家标准要求的、质量可靠、适应潮湿环境的成熟产品，同时应注意改善自动化元件的工作环境，必须满足其说明书提出的要求。油混水传感器、液位变送器、流量变送器、压力变送器、行程变送器等应选择具有4～20mA模拟量输出或具有串行通信接口的产品；装机容量较大的水电站，测速系统应采用齿盘测速或残压测速方式；压力及液位变送器应采用电容式或扩散硅压阻式与专用信号放大电路一体化结构；多通道电磁阀推荐采用四通球阀等方式，冷却水电磁阀应推广利用有源热扩散方式；温度传感器应选用Cu50或Pt100，温度巡检装置应带RS485或RS232通信接口。

(10) 农村水电站电气主接线要尽量简洁可靠。主要电气设备要选择可靠性高、故障率低、少维护或免维护设备，如主变压器选用新型节能变压器，励磁变压器及站用变压器选用干式变压器，断路器选用真空断路器、六氟化硫断路器，避雷器选用氧化锌避雷器等。如水电站夏季冷凝现象严重，应选用F级及以上绝缘等级的发电机。处在山区的农村水电站，遭遇雷电几率大，应重视防雷保护和接地系统设计和施工。

(11) 采用微机自动准同期装置和微机继电保护装置。

(12) 水电站电能计量推荐采用数字式或脉冲式电能表。

(13) 对装机容量较大的水电站，积极推广体积小、抗干扰能力强的光纤数字式电力互感器及其自动化新技术。

(14) 采用计算机监控系统的水电站应采用开放式数据库结构，通过预留通信接口，执行标准通信规约，满足调度自动化要求。不再另外设置远动终端。

(15) 水电站计算机监控系统要逐步实现电站经济运行，梯级电厂要实现梯级优化调度。同时，要预留与其他系统（如水情测报、大坝安全监测、视频监控、故障诊断与状态检修等）的通信接口，以便实现全站的数据共享和管理信息化。

(16) 厂房建筑设计应逐步实行标准模数，厂房建筑风格、造型和内外装修必须与周围环境相协调，要与美化环境、发展旅游相结合。水电站设计要密闭，严格做好防尘、防虫、防小动物等工作。施工期，厂房进出设备的大门可采用框架结构和轻型可拆材料，不再设计永久性巨型门，施工结束后即可封闭。二次屏柜布置要突破传统设计，可设置透明密封设备走廊。在技术改造中要注意统一屏型、统一色标。

（二）调度自动化系统

(1) 根据当地电网发展规划编制调度自动化系统规划，对调度自动化系统的主站、通道和远动终端分别做出功能要求、技术规范、设备（硬、软件）方案和分步实施计划。

(2) 调度自动化系统基本功能为系统控制与数据采集（SCADA）功能，选配功能为调度运行管理功能和应用功能。选配功能的选用应考虑管理的实际需要。状态估计、潮流计算、线损分析、负荷预报、故障分析、安全分析、无功优化运行管理等高级应用软件的配置应有针对性，并达到实用。

(3) 选择系统平台时，应考虑所在地区已投运的系统平台使用情况，以满足系统间互联的需要。应选择具有较高性能价格比的硬件设备，保证系统具有较高的安全性、可靠性、实用性、开放性、扩展性、易用性和灵活性。

(4) 调度自动化系统应采用标准的通信规约，推荐采用我国电力行业标准中的《基本远动任务配套标准》DL/T 634—1997（等同IEC—60870—5—103规约）、《循环式远动规约》（DL451—1991）和《电力系统实时数据通信应用层协议》（DL 476—1992）。

(5) 计划同时建设配网自动化系统的县应考虑调配一体化方案，计划近年内建设配网自动化系统的，应考虑调度自动化系统具备扩展配网自动化的能力。

(6) 调度自动化系统应能够与调度信息管理系统、配电自动化主站接口，同时可以实现与管理信息系统（MIS）、水情测报系统、大坝安全监测系统连接，其接口安全性应满足《电网和电厂计算机监控系统及调度数据网络安全》的要求，以保证电网的运行安全。

（三）配套电网

（1）建设以110kV为主网架的电网，确保网络结构合理，布局简明可靠，运行灵活，具有充足的供电能力，适应负荷发展和农村水电开发的长期需要。

（2）10kV城镇配电网宜采用双电源型环网布置，开网运行的结构。乡村配电网仍以放射状为主。较长的主干线或分支线应装设分段或分支开关设备，并积极推广使用智能化环网柜（RMV）、自动重合器、自动分段器、馈线远方终端（FTU）和配变测控单元（TTU）等开关及控制设备，逐步实现馈线自动化。

（3）农村变电所要向“户外式、小型化”方向发展。城镇地区可选用组合式箱式变电所。

（4）新建变电所应按无人值班要求设计，老变电所要逐步进行自动化改造，实现无人值班（少人值守）。优先采用分层分布式综合自动化系统，满足变电所的测量、保护、控制、调节和通信的要求，单元装置之间及变电所与调度之间应采用标准的通信规约（特殊的通信规约应具备详尽规约文本），并注意硬件、软件的兼容性、可扩展性和可升级性。

（5）无人值班的变电所内可不设固定的计算机主机，但现场应预留与计算机主机连接的接口，以便调试时使用。视其重要程度，安装周界报警系统及视频监视系统。

（6）35kV及以上变电所要大力推广采用节能型有载调压变压器。配电变压器要选用技术性能优越的低损耗配电变压器，也可采用全密封变压器或非晶合金变压器。国家明令淘汰的高耗能变压器要在近年内更换完毕。

（7）新建变电所要根据电压等级选用真空断路器、六氟化硫断路器或其他先进开关设备，不再选用油断路器。35kV、10kV侧电压、电流互感器宜采用树脂浇注式结构。110kV及以上电压等级可选用气体绝缘全封闭组合电器（GIS）。早期使用的油断路器应逐步淘汰。

（8）按系统的需要，合理配置适当容量的无功补偿装置并安装电压无功自动控制装置。

（9）推广采用微机保护装置和微机安全自动装置。

（10）推广使用氧化锌避雷器。

（11）城镇配电系统推广采用集保护、控制、计量、无功补偿、防雷等功能于一体的配电柜。

（12）推广光纤数字式电力互感器及光纤数字变电所等新技术。

（四）配电自动化

（1）积极开展配电自动化的试点，以点带面逐步推广。要根据本地经济发展水平、负荷类型及其可靠性要求，因地制宜选择配电自动化方案及其设备类型。优先考虑的功能为配电SCADA、馈线自动化（DA）、自动绘图/设备管理/地理信息系统（AM/FM/GIS）以及远程抄表系统等。

（2）在先期开发的配电自动化系统中应注意选择具有良好开放性的操作系统、数据库管理系统、网络系统，在设计中注意标准性、开放性、集成性、可扩充性等原则。设备应尽量选用模块化设计产品并满足接口标准化的要求，便于功能扩展和升级。

（3）配电自动化主站设计应遵循国家和行业的有关标准，具有安全性、可靠性、实用性、扩展性、开放性、容错性，满足电力系统实时性的要求，原则上应与调度自动化系统一体化设计，并与管理信息系统接口，各系统间的数据交换应遵循统一的接口规范，以实现信息源头惟一、资源共用、信息共享、图形数据同步更新。调度自动化系统尚未建设，不应提前建设配电自动化系统。

（4）逐步开展远程抄表的试点工作，具备实用化水平后逐步推广。远程抄表系统的通信通道应与电网通信系统建设统筹考虑，尽量做到通道共享，并适度考虑发展需要。

（五）信息管理

（1）管理信息系统（MIS）包括生产管理、财务管理、人力资源管理、电力营销管理、办公自动化等子信息系统，系统的软件开发应注意实用性和适应性，建议采用面向对象的技术，使之适应组织机构变化、管理模式变化、业务流程变化等情况，延长软件系统的生命周期。

（2）推广企业资源规划（ERP），充分利用企业MIS、SCADA等系统的信息，建造企业的ERP平台。可试点使用电力市场技术支持系统，以满足“竞价上网”的要求，降低企业运营成本，提高经济效益。

（六）电力通信系统

（1）通信系统建设必须满足电力系统安全、经济运行的需要，并适当留有余量以满足电力通信新业务的拓展。

（2）通信系统的设计应坚持先进性、开放性、安全性、可扩性和实用性的原则。系统应采用主流技术和成熟的产品，并适当超前。网络和设备应支持标准的接口，选择广泛应用的标准协议，能够与其他相关系统实现可靠的互联。系统关键环节均应冗余备份。通信设备及电源应有较高的可靠性。要能支持系统平滑升级，并保证在网络的扩展过程中，业务不会受到影响。系统应操作简单，易于维护，便于管理，在满足业务需求的条件下，达到最优的性能价格比。

（3）骨干网络应优先采用光纤通信；分支通信网络宜主要采用电力线载波技术；根据地形特点，在性能价格比较好的条件下，推荐选用无线扩频设备、电话通道作为备用。

（4）通信网中网络交换、传输、接入网接口等均应符合国标、ITU—T标准或有关行业标准。

（5）通信网络建设中应采取相应的网络安全措施，满足《电网和电厂计算机监控系统及调度数据网络安全》的要求。

## 四、农村水电技术现代化的保障措施

（1）各级农村水电主管部门要加强对农村水电技术现代化工作的领导。

（2）制定农村水电现代化发展规划，提出具体的工作计划并积极贯彻落实。

（3）建立农村水电现代化建设的试点，摸索经验，加以推广，推动各地的现代化工作。

（4）积极开展科技人员继续教育和职工技术培训，逐步完善专业轮训和技术考核制度，提高农村水电职工的业务素质。

（水利部　孙亚芹）

# 农村水电技术现代化建设规划

《农村水电技术现代化指导意见》（水电［2003］170号，以下简称《意见》）印发以后，各省农村水电技术现代化实施计划已基本完成，全国计划正在制订之中。

为实现《意见》提出的总体目标要求：2010年前，50%的农村水电站及配套电网达到现代化水平，2015年，农村水电行业全面实现现代化，我们对农村水电现代化建设的主要任务和进度提出了具体的要求。

第一，农村水电站的技术改造以无人值班（少人值守）为主线，并结合水电站扩建、机组改造等同时进行。注意统筹安排计算机监控系统、励磁系统、调速系统、辅助设备、自动化元件和电气设备等改造项目。1990年以前建设的水电站必须在2010年前完成改造，实现无人值班（少人值守）。1990～2003年建设的水电站，凡未达到无人值班技术要求的，必须在2015年前完成改造。2004年及以后建设的水电站一律按无人值班设计和建设。

第二，配套电网要提高变电所自动化水平，实现无人值班（少人值守）。变电所的无人值班改造要与变压器、开关设备和其他设备的更新改造统筹考虑。应推广采用节能型有载调压变压器、淘汰高耗能变压器，推广使用真空断路器、六氟化硫断路器或其他先进开关设备，淘汰油开关设备等。农网改造以前建设的变电所必须在2010年前完成改造，实现无人值班（少人值守）。农网改造中新建或已改造过的变电所，如未达到无人值班的技术要求，必须在2015年前完成改造。2004年以后建设的变电所必须按无人值班设计和建设。

第三，配套电网调度自动化，要求到2010年，70%的地区（市）、县（市）实现调度自动化，2015年，所有农村水电配套电网实现调度自动化。

第四，积极开展配电自动化的试点，到2010年，经济发达地区50%的县城实现配电自动化，其他地区30%的县城实现配电自动化。

第五，加快骨干通信网络的建设，到2010年，50%的地方骨干通信网络采用光纤通信，到2015年，骨干通信网络全部采用光纤通信。

第六，积极建设管理信息系统，到2010年，50%的县级水电企业建成规范、实用的管理信息系统。2015年，所有农村水电企业实现管理信息化。

此外，我们对农村水电现代化实施计划的格式作了相应的要求：前言部分简短说明基本情况、技术现状和实现农村水电现代化的必要性；正文包括农村水电厂、农村水电配套电网、农村水电企业信息管理三部分，调度自动化、配电自动化、通信系统的建设纳入农村水电配套电网部分；结束语部分要说明农村水电技术现代化建设的保障措施和政策建议。

规划过程中，我们严格从基层抓起，工作布置到县（市、区），各县农村水电技术现代化实施计划上报省里汇总、审定后，形成省级实施计划，在此基础上制订全国计划，从根本上保证了计划的可信度和可行性。各地在制订计划过程中根据《意见》总体目标要求，层层分解任务，达到一定的深度。其中，2003～2005年的实施计划都落实到年、落实到具体的项目，计划中详细列出项目名称、建设改造的具体任务及对应的目标要求，明确开工时间和完成时间，并做了资金预算。2006～2010年的中期计划落实到年，并列出每年在水电站无人值班、变电所无人值班、调度自动化、管理信息系统、配电自动化、通信等方面的建设改造任务。各省还制订了2011～2015年的远期规划。

以农村水电站及配套电网自动化、信息化技术为重点的农村水电技术现代化实施计划进一步落实以后，将大幅度提升农村水电行业的技术水平及运行管理水平，从而增强农村水电的经济实力和市场竞争能力。

（水利部　孙亚芹）

# 农村水电现代化建设工作综述

新世纪，我国进入了全面建设小康社会阶段，农村水电行业为顺应时代发展的需要，提出了“以农村水电现代化建设为龙头，切实加强行业管理”的新思路，行业面貌出现了前所未有的改观。农村水电现代化建设的有关情况介绍如下：

（一）理清思路，广泛动员

2002年5月，水利部农村水电及电气化发展局在湖南省郴州市组织召开了“全国农村水电现代化建设工作现场会”。局长程回洲在会上作了重要讲话。讲话分析了我国农村水电发展现状，实现农村水电现代化的必要性、可行性和紧迫性，提出了我国农村水电现代化指导思想、目标、任务和措施。会议期间，代表们参观了郴州永兴水电站、枫树下变电站和永兴县水利电力公司调度中心及其综合信息管理系统，观看了中国农村水电现代化管理示范模式演示，会议不仅给与会代表带来直观的视觉触动，更对什么是农村水电现代化、为什么要加强农村水电现代化建设以及如何进行农村水电现代化建设等问题引发了深层次的思考。这次形式新颖的现场会，对如何利用国内领先技术进行农村水电现代化建设起到了良好的示范作用，对各级农村水电管理部门和农村水电企业转变观念、加快进行农村水电现代化建设起到了积极的推进作用。

“农村水电现代化建设工作委员会”在会上正式成立，全体成员研究讨论了委员会的近期工作思路，明确了当年工作计划，使农村水电现代化建设有了组织保障。

（二）分解目标，加强指导

水利部农村水电及电气化发展局组织编写了《农村水电技术现代化指导意见》（以下简称《指导意见》），这是农村水电行业第一个综合性的技术指导文件，文件的印发，对农村水电现代化建设起到积极的推动和指导作用。

《指导意见》分四部分，阐明了农村水电现代化建设的指导思想、基本原则、总体目标、任务和要求及保障措施。基本原则是：明确目标，统一规划，加快实施，适当超前；技术先进，设备可靠，简单方便，经济合理；严格执行国家技术标准，优先选用系统化产品；以国产技术和设备为主，适时引进国外关键技术和设备。总体目标是：2010年前，50%的农村水电站及配套电网达到现代化水平。2015年，农村水电行业全面实现现代化。通过科技创新，管理创新，使农村水电市场竞争力明显提高。《指导意见》对农村水电站、配套电网、调度自动化、配电自动化、管理信息系统、通信系统等提出了具体要求，还提出了保证农村水电技术现代化工作顺利进行的相关措施。

为贯彻落实《指导意见》，强制推行新技术、新设备、新材料、新工艺，水利部正在组织编写一套新的技术标准，以便从规划、设计、建设、制造、安装、运行、管理等方面，对农村水电厂及其配套电网采用现代技术提出具体、规范的要求。

为进一步加强对行业现代化建设的引导，水利部还组织专家、教授编写一套《农村水电现代技术培训教材》，帮助从业人员更新知识，提高业务能力。

（三）制订计划，层层落实

印发了《关于制订农村水电技术现代化实施计划的函》，布置各级农村水电主管部门和农村水电企业制订农村水电技术现代化实施计划，并对制订实施计划的原则、格式、深度、进度等都提出了具体要求。大部分省（自治区、直辖市）比较重视编制计划工作，将任务层层布置到县级水电管理部门和各水电企业，并安排专人汇总、审查，工作细致，编制的计划切实可行。以吉林省为例，计划制订过程中，吉林地方水电局组织对全省已建成运行的小水电站进行了摸底调查，找出了本地农村小水电站存在的问题和技术特点，在此基础上提出技改的重点内容和技改标准，并对技改验收提出了明确要求。各水电站按照先进性、合理性、经济性和特殊性相结合的原则，因地制宜，优化设计，明确了本站技改的详细内容。所有水电站都对技术改造进行了经济评价和效益分析。

（四）积极试点，摸索经验

各省结合本地实际情况，认真做好农村水电现代化建设的试点工作，在总结经验的基础上分步实施，逐步推广。

以浙江省为例，水电开发管理中心筛选了三种类型的8个电站进行自动化改造试点。一是单个电站监控，如诸暨陈蔡水库电站自动化改造。二是综合型监控，将电站监控和大坝安全监测系统、水情测报系统、办公自动化系统等融为一体，实现水库管理局内的综合自动化，如安吉赋石水库电站。三是整个梯级和流域监控，如松阳县谢村源水库梯级电站。8个改造试点除谢村源水库梯级水电站仍在建外，其余电站的改造已圆满结束，并取得了很好的经济效益。以安吉县赋石水库电站为例，水库库容2.18亿$m^3$，属大（2）型水库，电站建于1978年，装有3台1250kW立式水轮发电机组，经实施更换转轮等改造措施后，每台机组的实际出力为1800kW，年平均发电量1670万kW·h。电站改造前控制保护都是继电器逻辑控制系统。改造后，计算机监控系统采用分层分布式结构，分上位机和现地控制单元（LCU），监控系统按控制层次和控制对象设置，为多微机系统。电站的数据管理及各设备的控制、测量、保护、视频监视等功能均由独立的计算机监控系统装置完成，能实现“五遥”功能。改造总投资187万元（包括计算机励磁系统、调速器改造、二次电缆更换，油、气、水系统更新改造，厂房及环境配套改造）。通过改造，电站运行人员由原来的40人，减少到12人（目前已具备“无人值班”条件，可以只在水库管理局设一人进行操作、控制、监视，但出于其他考虑，每班仍设2人），且劳动强度大大减轻。根据浙江省职工收入水平，按人均每年2万支出计算，电站每年人员费用可减支56万元。与此同时，实现计算机监控后，可使电站经常处于优化工况下运行，达到多发电、少耗水的目的。实现计算机监控后，提高的水能利用率按2%计算，赋石水电站可增发电量33.4万kW·h，增加年发电收入13.4万元。

（五）正视差距，不断进取

近几年来，农村水电行业积极采用现代信息技术、自动化技术及其他先进技术，新建和改造的农村水电厂、变电所一般都按无人值班（少人值守）设计，部分地、县电网调度实现了自动化，配电自动化、远程抄表系统等也开始试点。结合农网改造和水电农村电气化县建设，各企业积极推广使用新型高效水轮发电机组、节能变压器、无油化开关设备和微机自动装置、保护装置等，使农村水电技术水平和管理水平有了明显提高。

目前，全国农村水电行业中小水电站安装计算机监控系统的基本情况为：从装机容量分析，装机容量2.5万kW以上的水电站安装计算机监控系统的比例较高，部分已实现无人值班（少人值守）。装机容量0.5万kW以下的水电站基本仍是电动自动化，特别是单机0.05万kW以下的水电站基本仍是手动、电动两用常规装备。如福建省2.5万kW以上的水电站只有少量如山仔水电站仍是常规电动自动化装备，其他电站已基本达到无人值班的现代化装备水平，而单机0.05万kW以下的水电站只有个别电站进行了计算机监测运行试点。

从水电站建设时间来看，2000年以后新建的水电站大部分按照无人值班（少人值守）进行设计，安装了计算机监控系统；20世纪90年代建设的水电站，有一小部分安装了计算机监控系统；1990年以前建设的水电站，特别是1983年以前建设的小水电站，多数设备简陋、技术落后，除近年已经过技改的，绝大部分都需要改造。如湖南省，所有新建的变电站和单机容量2000kW以上的电站，普遍推行了“无人值班、少人值守”的管理模式，远动系统由过去的“三遥”发展到了“五遥”。

从水电站的地理分布看，沿海及经济发达地区实现无人值班（少人值守）的比例较高，如浙江省，目前采用自动化技术的农村电站装机容量约为63万kW，占总装机容量的30.6%，且呈快速增长势头。四川、湖南都有很好的示范点，福建、广东、吉林等省比例也比较高。但同时，我们也应该看到，农村水电行业在运用了国内领先技术的同时，还存在大量的落后技术和陈旧设备，与全国电力工业整体水平相比还有一定的差距。要从根本上改变农村水电行业的落后面貌，实现农村水电现代化，任重道远。

2004年，水利部将加大力度，继续推进农村水电现代化建设。具体措施包括：①检查各省的试点工作，从人员力量、资金渠道、技术方案等方面总结各地经验；②检查各地实施计划的落实情况，不定期汇总、公布各地现代化建设情况；③推广典型，召开农村水电现代化建设现场会；④加强行业职工培训，水利部水电局初步计划组织2～3期培训示范班，培训各省的骨干。各省分期、分批、分层次组织培训；⑤整顿、规范农村水电产品市场。除全面推行农村水电设备招投标制度外，还将逐步建立农村水电设备事故登记备案制度，定期公布事故情况和事故分析报告，并通过网站，收集用户意见，开展评优活动，引导农村水电行业的用户选用技术先进、质量可靠、价格公正的产品。

温家宝总理指出：“发展农村水电、加快农村电气化建设，是实现农业和农村现代化的重要条件。”农业和农村现代化离不开农村水电，农村水电自身的现代化建设将直接影响实现农业和农村现代化的进程。各级管理部门和企业要真正重视这项工作，力争早日实现农村水电现代化，为农业、农村现代化提供强有力的支撑和保障。

（水利部 孙亚芹）

## 全国农村水电及电气化管理信息系统规划

（一）规划编制背景

《中共中央关于制定国民经济和社会发展第十个五年计划的建议》中指出：“信息化是当今世界经济和社会发展的大趋势，也是我国产业优化升级和实现工业化、现代化的关键环节。要把推进国民经济和社会信息化放在优先位置。”“十五”水利发展规划中，水利部党组明确提出：水利信息化是实现水利现代化的基础和重要标志。汪恕诚部长多次强调要利用先进的信息管理手段，加强基础信息的管理工作。

新世纪，农村水电进入了高速发展时期。2003年，农村水电新投产发电设备容量270万kW。截至2003年底，全国共建成农村水电站4.2万座，农村水电县级电网800个，地区级电网40多个，组建省级水电公司19个，农村水电企业上市公司11个，有30个省、自治区、直辖市的1500多个县开发了农村水电。党中央、国务院高度重视农村水电工作，将农村水电列为国家重点支持的农村中小型基础设施，要求放在更加重要的位置，继续加大投资力度。新时期农村水电及电气化的崭新定位，要求全行业以科技为先导，加强现代化、信息化建设，加强信息交流与共享，提高信息的准确性、及时性、实用性，提高行业建设管理水平。因此，建设农村水电及电气化管理信息系统，加强信息采集、传输、处理和存贮能力，提高决策水平，实现建设管理信息化，既是水利信息化工作的重要组成部分，也是新时期现代水利对农村水电及电气化事业发展的要求，是当前农村水电发展的一项十分重要而紧迫的任务。

（二）规划编制原则及总体目标

1. 指导思想和基本原则　根据《全国水利信息化规划纲要》确定的发展目标，结合农村水电及电气化行业管理特性，按照统一规划、各负其责、平台兼容、资源共享、以点带面、分步实施的指导思想，坚持以需求为导向，以政府投入为主，充分发挥中央和地方两个积极性，全面规划，统一标准，分步实施的基本原则，逐步建立一个能有效促进农村水电行业可持续发展的全国农村水电及电气化管理信息系统，以此推进全行业的技术升级和创新能力，提高管理水平，提升市场竞争能力，更好地为农业、农村、农民服务，为国民经济和社会发展服务。

2. 目标任务　利用先进的计算机技术、网络通信技术和数字声像技术，建设全国农村水电及电气化管理信息系统。结合农村水电及电气化资源、规划、建设、运行、管理、办公等各种信息，结合地理信息系统电子地图，为中央和地方各级农村水电及电气化规划、建设、管理提供网络化办公环境、面对面管理手段和全面、科学、便捷的决策支持。实现从中央到省、县(市)、电站对农村水电及电气化管理、规划、决策和日常业务工作的计算机化、网络化和信息化，为全国范围内的农村水电行业管理提供技术支持和保障。

（三）规划具体内容

1. 规划范围

（1）按行业管理层次划分，包括中央、省、市、县各级农村水电及电气化行业管理部门。

（2）按业务类别划分，包括水能资源管理、农村水电管理、农村电网管理、农村电气化建设管理、小水电代燃料建设管理等。

（3）按信息系统技术组成划分，包括网络平台、数据库系统、GIS决策支持系统和办公自动化系统等。

2. 建设内容　全国农村水电及电气化管理信息系统将建设一个平台九个子系统，即全国农村水电及电气化业务管理网络平台、水能资源管理信息系统、农村水电管理信息系统、农村电网管理信息系统、农村电气化管理信息系统、小水电代燃料管理信息系统、政策法规管理信息系统、国际合作管理信息系统、GIS决策支持系统、办公自动化系统。

系统网络平台将以水利信息专网为基础，采用交换型结构。在水利信息专网中通过路由器和防火墙接入系统专用交换机，在交换机上划分保密数据库、普通服务器和工作站等若干个VLAN段，以保证系统保密数据库的安全和各业务终端计算机及服务器接入系统专用交换机。系统内设置14类信息数据库。采用“系统分级管理、数据逐级备份”的管理模式，在水利部农村水电及电气化发展局设立系统数据中心，各省设立数据分中心，系统数据中心与数据分中心的相关数据互为备份，数据分中心与各县市系统数据库联接，各省分别负责各自数据的搜集、整理、更新和维护。系统数据库采用主机托管的方式，在水利部数据中心集中管理。

3. 实施方案　全国农村水电及电气化管理信息系统连接行业内各个部门，涉及行业管理的方方面面，内容繁多，为保证系统建设目标顺利实现，将采用先试点后推广的方式进行建设。在试点的基础上，选择条件较为成熟的省推广使用。

系统建设将依据国家标准、行业标准参考国际标准进行设计、开发及验收。近期将根据《水利信息化标准指南》、《系统设计与开发标准》确定数据库表结构、代码、编程规约、数据字典、软件测试方法等，保证整个系统的统一性。

（水利部　赵　虹）

# 农 村 水 电 管 理

## 农村水电管理机构及职能

根据国务院批准的“三定方案”和国务院国发［1999］2号文件赋予水利部的职责，经国务院领导批准，中央机构编制委员会办公室以中编办字［1999］73号文件批复水利部成立农村水电及电气化发展局，行使以下职能：①指导水利行业的水电管理；②组织协调农村水电电气化工作；③组织实施水利行业农电体制改革、农网建设改造和城乡同网同价等工作；④承办水利部交办的其他事项。成立农村水电及电气化发展局，是在国务院机构改革中采取的一项新举措。

农村水电是农村型基础设施和公共设施。要求发挥政府主导作用，履行政府职责和行使行业管理职能。一要依法行政，实施职责内的普遍监督管理；二是配合国资部门建立和完善现代产权制度，实施产权管理；三是通过法规政策、规划计划指导实施行业管理；四是通过建立和完善现代企业制度，实行改革、改造与管理相结合，组织指导企业管理。

以农村水电现代化建设为龙头，以水能资源统一管理为重点，实现管理重点转移，开创农村水电行业管理新局面。

（水利部农村水电及电气化发展局）

## 加强农村水能资源统一管理

农村水能资源属于国家所有。国家对农村水能资源依法实行开发许可制度。开发、利用农村水能资源的单位和个人，应当按照国家开发许可制度的规定，向水行政主管部申请领取开发、利用许可证，取得开发、利用权。

开发、利用农村水能资源必须进行开发论证。开发论证工作，由县级以上水行政主管部门会同同级有关部门组织进行。开发、利用农村水能资源的单位和个人，应当按照国家水资源有偿使用制度的规定，向水行政主管部门申请领取取水许可证，并缴纳水资源费，取得取水权。

国有农村水能资源开发使用权可以出售、转让。水行政主管部门负责农村水能资源开发使用权的市场交易管理，并负责推进国有农村水能资源使用权的多种有效形式的实现。

农村水能资源开发使用权出让必须符合规划，并在出让前根据水电建设项目报批管理权限，报经相应的水行政主管部门从规划、开发论证、取水许可等方面进行核准。涉及跨地区用水权益的，地区之间要达成用水协议，并报共同的上一级水行政主管部门批准。未经批准的，不得出让水能资源开发使用权。

发挥国有资本的引导作用，调动集体资本、非公有资本依法开发农村水电的积极性。实行谁投资、谁决策、谁受益、谁承担风险的原则。

水能资源开发使用权有偿出让金是国家资源所有权的体现，应作为专项资金，用于水资源保护、管理、水利水电工程建设等，专款专用，不得挪作他用。

县级以上水行政主管部门可结合本地实际，制定本行政区域内出让水能资源开发使用权的实施细则，报经当地人民政府批准。

县级以上水行政主管部门负责组织本行政区域内农村水能资源普查工作，制定本行政区域内农村水能资源规划，包括流域规划、区域规划。

县级以上水行政主管部门负责本行政区域内农村水电的统一管理和监督工作，包括负责水能资源的统一管理，农村水电国有资产的监督管理，水库、大坝、水电站安全与农村水电企业发供电生产、供应、使用安全的监督管理；负责农村水电设计市场、设备市场、建设市场的监督管理。组织实施农村水电工程、水电农村电气化工程、小水电代燃料工程、农村水电电网建设改造工程、无电乡、村、户光明工程。

（水利部农村水电及电气化发展局）

## 加强农村水电电源和电网建设

研究拟定农村水电及电气化事业发展战略。编制农村水电发展规划。农村水电发展规划包括电源开发、电网建改、电气化建设、代燃料建设、光明工程建设发展规划。

农村水电发展规划由各级水行政主管部门负责编制，同级政府审批，报上级水行政主管部门备案。农村水电建设项目（包括电源、电网、电气化、代燃料、光明工程项目，下同）由水行政主管部门归口管理。项目前期工作须经水行政主管部门批准，方能进行。水行政主管部门依法对农村水电项目建设全过程进行监督管理。农村水电建设项目实行项目法人制、招标投标制、工程监理制。农村水电建设项目应当按照规定的基本建设程序进行。

按照规定的管理权限，项目建议书和可行性研究报告，报相应的水行政主管部门和经济综合主管部门审批；初步设计报告，报相应的水行政主管部门审批。

装机容量5万kW及以下的小水电工程，在项目建议书被批准后，可以将可行性研究阶段和初步设计阶段合并为一个阶段。

装机容量5万kW以上，或水库库容1亿$m^3$以上，或电压220kV以上电网工程，或省界河流上的项目，由省级水行政主管部门会同经济综合主管部门初审，报水利部和国家发改委审批。农村水电的设计、设备、施工要严格实行招标投标制，择优选择设计、设备制造和施工单位。

农村水电建设实行资本金制度。国债资金、不发达地区发展资金、新增财政扶贫资金、“以工代赈”资金、农田水利费、水利基建费、民族资金、边境资金和“以电养电”资金等，可用作农村水电建设的资本金。

推进投资体制改革，实行投资主体多元化。发挥国有资本引导作用，推行股份制、股份合作制办电，鼓励集体资本、非公有资本开发农村水电。具备条件的农村水电企业可申请股票上市或发行建设债券，筹措地方电力建设资金。争取政策性银行支持以及利用世行贷款，开辟新的信贷资金渠道。

农村水电建设坚持质量第一的方针。水行政主管部门代表政府对农村水电建设行使质量监督权。农村水电建设项目经水行政主管部门验收通过后方可使用。验收工作包括阶段（中间）验收、机组启动验收和竣工验收。竣工验收工作由水行政主管部门主持，中央参与投资项目的竣工验收由省级水行政主管部门代表政府会同水利部主持。

（水利部农村水电及电气化发展局）

## 组织指导企业加强经营管理

（1）水行政主管部门负责水电站及其水工建筑物和农村水电企业发供电生产、供应、使用安全的监督管理，协调处理重大安全事故。

（2）水行政主管部门执行和制订农村水电生产、供应、使用的标准、规程、规范和办法，并组织实施。

（3）水行政主管部门组织与指导农村水电企业按照电力工业配电端体制改革的要求，坚持独立配电公司的方向，建立和完善归属清晰、权责明确、保护严格、流转顺畅的现代产权制度，以产权为纽带，搞好股份制、集团化改革。

（4）水行政主管部门组织与指导农村水电企业建立和完善产权清晰、权责明确、政企分开、管理科学的现代企业制度，完善产权结构与法人治理结构，推动企业经营机制转换，以人为本，以市场为导向，以改革为动力，以效益为中心，以安全为基础，以优质服务为宗旨，搞好经营管理。

（5）水行政主管部门组织与指导农村水电企业推行电源、电网和管理现代化。以现代技术和现代管理为手段，以农村水电电源电网自动化、信息化技术为重点，采用新技术、新设备、新材料、新工艺，不断提高行业技术水平和企业运行管理水平，保证发、供电质量，提高发、供电的安全性、可靠性、经济性，增强农村水电的经济实力和市场竞争能力。

（6）水行政主管部门组织与指导农村水电企业以“树‘行业精神’，服务‘三农’”为主旨，以“三公开、四到户、五统一”为主要内容，开展文明窗口建设活动，搞好“两改一同价”和农村供用电管理工作，开拓农村电力市场，提供安全、可靠、质优、价廉电能，为增加农民收入，改善农村生产生活条件，推进农业农村产业化、工业化、城镇化和可持续发展服务。

（水利部农村水电及电气化发展局）

## 加强政策引导、统筹协调服务

（1）水行政主管部门坚持执行新时期党和国家促进农村水电及电气化事业发展的法律法规方针政策，并组织贯彻实施。

（2）水行政主管部门紧密结合农村水电实际，组织贯彻实施电力体制改革方案、电价改革方案。

（3）水行政主管部门支持和促进国家与相关部门在投入、税收、贷款、价格和绿色能源配额制、污染减排交易等方面，出台优惠扶持政策，并形成法律法规。水利部组织水利系统参与《电力法》修改和《可再生能源开发利用促进法》、《电力监管条例》、《农村水电条例》制订。

（4）水行政主管部门通过政策引导、规划计划、统筹协调、督导检查，实施行业管理。

（5）水行政主管部门通过资产授权经营和战略重组，形成产权联接关系，实施行业管理。

（6）水行政主管部门通过宣传、信息、培训、统计工作，实施行业管理。通过协会中介咨询服务，加强行业管理。通过与国际小水电中心合作，开展对外合作交流，加强行业管理。

（水利部农村水电及电气化发展局）

# 对外合作与交流

## 国际小水电协调委员会

国际小水电协调委员会是由联合国开发计划署、联合国工业发展组织、中华人民共和国水利部、中华人民共和国对外贸易和经济合作部共同发起成立的国际组织，是一个由各区域、各政府、各有关公用事业单位及企业按自愿原则建立起来的以社会效益为主的国际小水电建设的促进机构。1994 年 12 月 12 日，全世界 23 个国际组织及政府的代表在杭州签署《杭州宣言》，标志国际小水电协调委员会正式成立。1999 年 2 月 14 日朱镕基总理，钱其琛、温家宝副总理及吴仪国务委员等国务院领导批准我国作为国际小水电组织的东道国。总部——国际小水电中心设在浙江省杭州市。作为一个非政府间国际组织，目前已发展了 58 个国家的成员。

（国际小水电中心　童建栋　黄　燕）

## 联合国工发组织国际小水电中心

1998 年 5 月召开的工发组织理事会第 19 次会议上，国际小水电中心被批准授予联合国工发组织的咨询地位。同时，中国政府的代表向会议递交了关于把国际小水电中心建成工发组织下属机构的报告。2000 年 12 月 5 日成立了联合国工发组织国际小水电中心，由联合国工发组织、水利部和外经贸部领导为中心授牌，成为联合国在我国境内设立的第一个法律框架内的组织。

（国际小水电中心　童建栋　黄　燕）

## 国际小水电中心

经中央机构编制委员会批准，2000 年 3 月 31 日成立了我国的国际小水电中心，中心实行由水利部与外经贸部共管、以水利部为主的管理体制。

（一）宗旨和业务范围

国际小水电中心的宗旨是促进全球小水电的发展，通过信息交流、人员培训、出版发行、项目咨询、政策咨询、设备捐赠、设立信托基金等合作形式开展扶贫和农村环境保护，并在非邦交国家开展小水电民间外交，扩大了我国的国际影响。

我们采用“发展中国家－发达国家－国际组织”三方合作的方式，努力扩大我国的国际影响，积极加强 7 国集团和 77 国集团在农村能源、环保及扶贫等方面的联系，并在非邦交国家开展小水电民间外交活动，涉及外交、政治、经济、技术各个方面。同时把中国小水电技术和设备打向国外，把国外的先进技术和资金引进国内，为发展中国家服务，为中国水电事业服务，努力当好水利部的对外窗口。

（二）主要职责

根据联合国开发计划署南南合作特别局起草的章程，国际小水电中心对外主要职责、工作内容，包括以下八个方面：

（1）通过技术合作，特别是技术信息交流，互用培训设施，调节需求关系等，促进小水电发展，从而使之成为促进农村社会、经济与环境发展的有效手段；

（2）帮助协调区域内和区域间小水电资源的有效利用、低成本开发及其管理和运行；

（3）通过会议、出版物及技术考察活动，交流包括投资回收等方面的小水电开发经验和信息；

（4）为各成员组织的有关小水电项目提供实际的技术咨询服务；

（5）组织援助发展中国家某些合适的小水电项目的开发；

（6）为发展中国家提供咨询如何建立一个适当的立法制度来鼓励私人投资小水电项目；

（7）协助开发世界小水电技术市场，包括给发展中国家提供适当资助，从而促进小水电技术的发展，降低小水电设备成本；

（8）设立国际小水电网信托基金，用以资助全球小水电的活动和资源的开发利用，表彰奖励为全球小水电发展作出卓越贡献的组织与个人。

此外，中心对内主要承担的任务是：

(1) 负责中央投资的全国送电到乡、边疆无电县建设小水电项目审查，以及以电代燃料小水电工程方案审查，从事技术把关工作，确保建设工程质量；

(2) 从事农村水电体制的改革和创新研究，为水利决策服务；

(3) 与地方政府共建国际小水电郴州、张掖等基地，并与山西、湖北、四川、湖南等省市合作建立基地，为地方小水电发展进行具体指导；

(4) 争取联合国、欧盟等一些国际组织的资助，引进国外先进技术，为农村水电新技术的应用和推广服务；

(5) 带动地方小水电设计、施工单位走出去，承接各类小水电工程，促进中小水电设备制造厂产品出口；

(6) 负责全国中小水电设备企业协会的管理工作和秘书处日常事务。

(国际小水电中心 童建栋 黄 燕)

## 国际合作与交流

(一) 利用外资

我国农村水电外资利用已初具规模。已实施的利用外资项目有：由奥地利政府贷款引进设备建成投产的湖南南津渡水电站，利用外资1300多万美元；由加拿大政府贷款建成投产的湖南高滩水电站，引进外资250多万美元；由世界银行贷款进行的湖北省保康县寺坪等10个水利水电枢纽工程，利用贷款额度1.1亿美元。利用亚洲开发银行贷款建设的福建闽靖县徐村电站。福建、广东、浙江等省也利用港资和华侨投资建设了许多小水电站，例如福建上杭县金山水电站，装机容量4万kW，全部为港商投资，总投资约2亿人民币；福建福安县华南西水电站，装机容量3.6万kW，全部为港商投资，总投资约2.4亿～2.7亿人民币。此外，还有外资收购、控股或转让小水电站的事例。

这些外资电站与国内投资电站一样享有同等待遇，面临着在市场经济条件下生存及发展的问题，如管理不善，也会破产或转让。

(二) 人才培训

77国集团第22届部长级会议通过了“发展中国家的小水电培训、咨询和推广”项目建议书。由联合国开发计划署、中国常驻联合国代表团推荐，77国集团PGTF基金会的管理机构批准了该项目。通过“请进来和走出去”等方式，结合项目在所在国培训，先后在杭州、厄瓜多尔、法国、古巴、阿尔及利亚、尼日利亚、坦桑尼亚、埃塞俄比亚、印度和牙买加等国分别举办了小水电培训班，来华培训人数已超过了1200多名。其中，在印尼举办的小水电培训研讨班，参加会议有150多名代表，印尼商会的几乎所有知名富商都出席了会议，印尼各大华文报纸从研讨班开始就一直进行大篇幅报道，产生了轰动效果。

(三) 国际市场

1. 技术设备引进和出口　全国小水电主机设备生产厂有80余个，年供货能力600余万kW，除了国内自用200多万kW以外，还有富余能力进行生产设备出口。每年我国农村水电设备制造厂家除具有生产300万kW成套设备的能力，还可完成300万kW农村水电的设计与施工，在世界上首屈一指。据不完全统计，我国农村水电设备已出口到40多个国家和地区，其低廉的价格、成熟的技术和稳定的性能受到了国际上的普遍赞誉。

2. 电力外送　吉林省延边州地方水电网一直以来就向朝鲜送电。云南瑞丽市地方电网、镇康县地方电网也一直向越南送电。装机容量150万kW位于西双版纳傣族自治州的景洪电站的前期筹建工作已全面开始，该电站系泰中两国共同投资开发建设的大型水电站，泰国所占股份70%，是第一座真正直接引进外国投资，并由外资控股建设的电站，也是第一座把全部电力输送到外国的电站。

3. 工程建设　1992年贵州省水利厅物资公司向越南和平省定居水电站和耐水电站提供成套发电设备和技术援助，并进行两个电站的安装技术指导，帮助电站发电成功。1993年贵州省水利厅负责越南胡志明市新建的松发电站全站设计和建设期技术咨询，以及1～3号机除主机以外的设备供货。1997年国际小水电中心还与印度喀拉拉邦政府初步达成开发18座梯级小水电站的意向，2000年4月份与喀拉拉邦政府正式签订了4个示范电站设备供货和安装合同及14个电站的设计合同。2002年湖南郴州基地、贵州省地方电力中心试验研究所多次派驻监理队伍，郴州基地会同一些制造厂决定在印度建立小水电设备合资厂，以技术及设备散件输出为主，合资规模已获商务部批准。贵州省水利水电勘测设计研究院正在和巴基斯坦洽谈小水电设备的成套供货、设计和咨询。

截至目前，全行业已向印度、印尼、格鲁吉亚、尼泊尔、古巴、孟加拉、斯里兰卡、尼日利亚、尼加拉瓜、坦桑尼亚、埃及、阿尔及利亚、伊朗、危地马拉、委内瑞拉、洪都拉斯、埃塞俄比亚、津巴布韦、莫桑比克、乌干达、肯尼亚、加纳、斐济、摩洛哥、巴哥、阿根廷、厄瓜多尔等40余个国家多次提供了小水电技术咨询、对外劳务和工程承包。

（水利部 张学进）

# 改 革 与 发 展

## 关于我国农村水电发展的几个问题

我国农村水电事业的建设成就，受到世人关注。这里所说的农村水电是指5万kW及以下的小水电。

（一）资源总量、分布和特点

我国农村水电资源十分丰富，据最近资源复核初步统计，可开发量约为1.3亿kW，居世界第一。

资源分布广泛，全国30多个省（区、市）的1600多个县（市）都有农村水电资源，主要集中在西部、中部和沿海地区，其中西部地区、贫困山区、革命老区、少数民族地区占70%以上。

资源分布分散，适合分散分布式供电的战略发展方向。

水电资源规模适中，适合农村、农民组织开发，可促进农民增收和农村经济发展，同时也适合私人投资开发。

没有大量水体集中和移民、淹没等问题，不排放温室气体和有害气体，是清洁可再生能源。

（二）建设成就

1949年，新中国成立时，全国农村都没有电。党和政府采取“两条腿走路”的方针，在农村主要靠结合江河治理，兴修水利，开发农村水电，解决照明和生活生产用电问题。通过开发农村水电，全国累计解决了6亿多无电人口的用电问题。

我国有1500多个县开发了农村水电，共建成4.8万座农村水电站。2003年底，全国农村水电总装机容量已达到3414万kW，年发电量1099亿kW·h，均占全国水电总装机和年发电量的40%左右。农村水电全年发供电增加值500亿元，利税70亿元。

水利部按国务院部署，在“七五”、“八五”、“九五”期间，在全国连续组织三批农村水电初级电气化县建设，建成了653个农村水电初级电气化县。这些县基本上都实现了国内生产总值、财政收入、农民人均收入、人均用电量“5年翻一番”、“10年翻两番”，经济结构显著改善，发展速度明显高于全国平均水平。

农村水电已经成为我国广大农村重要的基础设施和公共设施，在我国经济社会发展中发挥着重要的作用。

（三）投资结构演变

1990年以前，农村水电建设主要靠国家投资，农村水电初级电气化县建设投资中，中央投资占30%以上。

1990年到20世纪末，除了国家投资外，广东、浙江、福建等地有部分社会资本（主要是私营企业）投资农村水电开发，此间外资也开始投资农村水电。

进入21世纪，更多的社会资本在更大范围内投资农村水电建设，浙江、广东、福建等省比例比较高。

新时期，国家把农村水电列入周期短、见效快、覆盖千家万户、促进农民增收效果更显著的农村中小型基础设施之中，要扩大投资规模，充实建设内容。同时国家把农村水电作为大规模退耕还林生态建设，解决农民烧柴和农村能源问题的重要途径，实施“小水电代燃料生态工程”。农村水电作为农村基础设施和生态保护工程，国家将会进一步支持。

（四）主要经验

1. 按照中国国情办事　我国政府采取“两条腿走路”的方针。在很长一段时间内，农村用电问题主要由地方结合江河治理，兴修水利，开发农村水电来解决，符合我国国情，调动了中央和地方两方面的积极性。农村水电不仅解决了农村用电，而且成为农村强大的社会生产力，因而发展很快。

2. 按客观规律办事　将农村水电开发与江河治理、水利建设紧密结合。在我国的广大山区，农村水电是山区水利的龙头。充分发挥水资源的综合效益，既取得了发电效益，又获得了防洪、灌溉、供水等综合效益，实现了水资源的综合利用和可持续利用。

3. 坚持为农业、农村、农民服务的宗旨　发展农村水电，既解决农村经济社会发展用电，又形成强大的农村社会生产力，直接为农业增产、农民增收、农村发展服务。

4. 与消除贫困紧密结合　在广大西部地区，老、少、边、穷地区，实施农村水电电气化战略，将资源优势转化为经济优势，促进农村消除贫困，实现经济效益和社会效益双赢。

5. 与保护生态紧密结合　在退耕还林等重点生态建设地区，实施小水电代燃料生态战略。解决农民燃料和农村能源问题，巩固以退耕还林为重点的大规模生态建设的成果，实现经济效益与生态效益双赢。

6. 国家政策和投资支持　党和政府制订了“自建、自管、自用”、“农村水电要有自己供电区”、“以电养电，滚动发展”等政策，并实行6%增值税政策，政府对农村水电发展给予了大量的投入。

（五）发展机遇

（1）生态安全得到世界各国关注，温室气体排放成为全球关注的焦点。调整能源消费结构，大力发展清洁可再生能源，减少二氧化碳排放，得到国际社会的高度重视。

（2）我国实施可持续发展战略，统筹人与自然的和谐发展，实施以退耕还林为重点的大规模生态建设。实施小水电代燃料生态保护工程，解决农民燃料和农村能源，巩固退耕还林成果。规划到2020年，将建设投产代燃料生态电站总装机容量2400万kW。

（3）我国高度重视“农业、农村、农民”问题，统筹城乡发展，农村水电被确定为重点支持的农村中小型基础设施和公共设施。

（4）我国实施西部大开发战略，统筹区域发展。西部地区是全国农村水电资源最丰富的地区。开发西部地区农村水电资源，是西部大开发的重要内容。

（5）水利继续受到国家的高度重视和支持。农村水电作为山区水利的龙头，将得到持续、快速、健康发展。

（6）国务院部署水利部组织水电农村电气化县建设，以适应农村经济和社会发展的用电需求，提高农村电气化水平。预计2020年前，我国农村水电每年新增装机容量将保持在200万～300万kW。

（7）国家推进电力体制改革，打破电力垄断。政企分开、公平竞争、开放有序、健康发展的电力市场体系将逐步形成，农村水电发展的市场环境将逐步改善。

（六）问题和风险

（1）不按流域综合规划和河流水能开发规划，不经水利部门许可，无序开发农村水电情况严重，一些地方甚至出现“跑马圈河”现象。一些按河流综合规划，有防洪、灌溉、供水、生态效益的水利水电工程，开发商单纯按发电工程来开发；一些开发商不按河流水能开发规划的装机规模建设电站，而是依自己的财力，缩小装机规模；一些开发商不按梯级规划，任意选点建设等等，造成资源和财力的大量浪费，甚至危害防洪、灌溉、人畜饮水和生态用水安全。

（2）一些工程不经过水利部门审查，工程结构存在严重安全隐患，违反基建程序，无审查、无设计、无验收、无管理的“四无”水电站问题突出，有的已造成特大事故。最近水利部对全国“四无”水电站进行了一次大清查，查出很多座“四无”水电站。这些电站存在着严重的事故隐患，对国家和人民群众的生命财产安全构成严重威胁。

（3）设计市场、设备市场、建设市场亟需规范。近两年，由于农村水电迅猛发展，一些地方行业管理缺位或跟不上发展的要求，一些不具备设计资质的单位参加农村水电工程设计；一些不具备生产能力或生产技术水平低下的工厂、车间，甚至个人都大量承揽设备制造任务；一些不具备施工资质的建设单位承建农村水电工程等，这些都造成工程安全、设备安全和生产安全隐患。

（4）电力体制改革稳步推进，但输配分开尚未提上日程，电网垄断仍未打破。有水发不了电，有电上不了网的问题还可能在某些地方存在。

（5）国务院出台了新的电价政策，但新的电价机制尚未形成。

（6）农村水电立法滞后。《农村水电条例》尚未出台。清洁可再生能源发展还没有立法支持。

针对上述问题，水利部和有关部门将采取有力措施，进行清理、整顿和规范。

（七）进一步发挥农村水电在经济社会发展中的作用

新时间，党中央提出了全面建设小康社会的宏伟目标。全面建设小康社会的难点和关键是农村，特别是广大的西部农村，这些地方拥有丰富的农村水电资源。因此，要充分发挥农村水电在促进农村经济社会发展中的作用，为农村全面建设小康社会提供有效支撑。

（1）加强农村基础设施建设，改善农村生产生活条件。通过发展农村水电，不断完善农村发电、供电设施，为农村经济社会发展提供动力。同时通过建设农村水电，加快治理江河，提高河流兴利除害能力，增加防洪库容和控制能力，增加农业灌溉和供水能力，改善农村生活生产条件。

（2）增加农民收入。通过国家扶持、农民投资投劳入股，开发农村水电，直接增加农民收入。通过发展农村水电，带动农村产品加工，带动当地特色资源开发，带动建材、建筑、旅游、运输等行业的发展，为农民增加就业机会，转移农村剩余劳动力。特别贫困的地区要通过政府加大扶持补贴力度，让农民通过开发当地水电资源解困增收。

（3）为地方创造更多的GDP和财政收入。通过开发农村水电，进一步把山区资源优势转变为经济优势，为地方创造大量财政收入，同时带动其他资源开发和其他行业发展，调整了农村经济结构，促进了经济结构的优化升级，发展了农村经济。

（4）保护和改善生态环境。充分发挥农村水电成本低的优势，进一步降低电价，解决农民燃料和农村能源问题，保护森林植被，巩固以退耕还林为重点的生态建设成果。

（5）为国民经济和社会发展提供更多的清洁可再生能源，改善能源结构。

（水利部 程回洲）

## 全国农村水电体制改革情况综述

（一）明确了农村水电体制改革的方向

1998年以来，随着国家大规模农网改造工作的开展，农村水电体制改革的方向得到了明确，总结起来，有以下几点：①自发自供县供电企业，要按照现代企业制度的要求，组建有限责任公司或股份有限公司，按照独立配电公司的方向，参加配电端的改革；②有供电区的农村水电站应与其配套电网一起，参加配电端的改革；③没有供电区的农村水电站，参加发电端的改革，可以单站竞价上网，也可以联合组建发电公司竞价上网，还可以通过借网过路竞价取得用户。

（二）制订水利系统水电改革与发展思路，实施“百龙工程”，壮大农村水电企业规模

针对水利系统水电企业的特点，水利部制订了《水利系统水电改革与发展思路》，提出：要理清思路，转变政府职能，要从宏观、整体、战略的高度，研究水利系统水电发展的方针、政策和措施，逐步从单纯技术专业管理向综合经济管理转变；要加快水利资产经营管理体系建设，尽快确立水利部门作为水利国家资产出资人的法律地位，建立水利国有资产出资人制度，推动和深化水利国有资产的产权界定工作；要按照《公司法》的规定理清政企关系，用市场经济的思路和办法加强资产经营管理体系建设，变实物管理为价值形态管理，逐步形成由中央、地方水利部门作为出资人，以水利企业为资产经营主体的资产运营管理体系；实施“百龙工程”，壮大水利企业规模，把水电、供水和水利多种经营结合起来，通过资产优化重组，企业组织结构调整，实施现代企业制度和加强宏观调控，在1～2年内培育100个资产在5亿元以上的水利股份制企业。在实施“百龙工程”的基础上实施大公司战略，在5年内培育20个资产在20亿元以上，以资产或产品为纽带，跨地区、跨行业的大型水利企业或企业集团。

《水利系统水电改革与发展思路》出台后，得到了全国各地的热烈支持，浙江、福建、湖南等19个省组建了省级水电集团公司，还组建了70多个跨县的地区性的水电公司，使农村水电企业规模得到了壮大。

（三）积极推动省级水电公司做大做实做强

1998年国家实施农网“两改一同价”工作，给农村水电企业带来了发展机遇。为进一步推动省级水电公司做大做实做强，我们坚决要求由省级水电公司对水利系统农网改造资金统贷统还，使省级水电公司与地、县水电公司建立了强有力的资产纽带关系，既提高了水利系统农网改造贷款的承贷能力，加快了农网改造进度，又使省级水电公司的资产和实力大为增加。如广西水利厅党组多年充分抓住农电“两改一同价”工作开展的机遇，按《公司法》要求，在最短的时间内组建了广西水利电业有限公司。1998年，自治区党委政府按照国家“两改一同价”的原则及相关的规定，根据广西的实际情况作出了广西的农网建设和改造按“两个承贷主体进行运作”的决定，1999年3月，广西水利电业有限公司被国家计委批准为承贷主体之一，通过理顺产权关系，以资产为纽带，广西水利电业有限公司实现了对43个县（市）电力公司控股或参股，县（市）公司主要领导都由广西水利电业有限公司聘任，初步形成了符合现代企业制度要求的公司，总资产数十亿元。四川省水电集团公司注册资本24.4亿元，目前可控资产规模达到200亿元，有113个市、县级电力公司加入了省集团公司，被列为全省企业集团规模10强、综合实力30强。湖南省政府明确，水利系统负责农网改造的市电力公司领导班子成员和县电力公司正副经理，由省水利厅、省水电集团公司会同地方进行考核，考核后由省水电公司聘用，省水电集团公司对农网改造与县城电网改造资金实行统贷统还，对各县电力公司实行控股经营。云南、吉林、湖北、山西、安徽等省都实现了由省水电公司对农网改造资金统贷统还。此外，在开展水电农村电气化县建设过程中，还将各省水电公司作为项目法人，中央补助资金和各省农村电气化建设补助资金都由省级水电公司作为资本金投入到项目建设中去。这些措施，有效地壮大了省级水电公司的实力，提高了农村水电的竞争能力。

（四）积极推动企业转机建制，建立现代企业制度

在加快省级水电公司发展的同时，还积极推动地、县水电公司建立现代企业制度，加强企业管理，提高企业竞争能力。到2002年底，四川省已有111户国有地方电力企业规范地改造为股份有限公司和有限责任公司，占国有地电企业总户数的50%，占发电装机容量总规模的85%。浙江、福建、广东等发

达省份农村水电企业基本改制成为有限责任公司或股份有限公司，广西水利部门管理的43个供电企业全部改造为有限责任公司，湖北省有20个县水电企业都改制为有限责任公司。河南省水利厅明确电气化县建设必须按《公司法》要求，由各投资主体根据出资多少组成有限责任公司，建设产权明晰、责权明确、机制灵活、管理科学的现代企业制度。云南、湖南、贵州、陕西、甘肃等省也有一大批企业改制为有限责任公司或股份有限公司。通过股份制改造，四川的“明星电力”、“岷江水电”、“西昌电力”、“乐山电力”，重庆的“三峡水利”、“乌江电力”，广西的“桂东电力”，浙江的“钱江水利”，安徽的“安徽水利”，福建的“闽东电力”等以农村水电为主体的有限责任公司先后在上海、深圳交易所挂牌上市，河南水电集团通过收购上市公司实现了借壳上市，湖南的“郴电国际”已通过证监会审核，即将上市，从而在证券市场上形成了业绩稳定的农村水电板块。新疆“新水股份”、四川“永安水电”、重庆“涪陵水电”等一批农村水电企业也正在积极争取上市。这样可以加快农村水电企业进入资本市场，发展农村水电上市公司，带动农村水电资产重组和组织结构优化，促进农村水电行业加快改革发展。

（五）加快投资体制改革，积极吸引社会资金投资农村水电事业

为进一步加快农村水电开发速度，各地不断加快改革投资体制，湖南、云南、贵州、广东、浙江、广西等省（区）人民政府先后出台了加快发展农村水电的意见，积极鼓励个人、集体和各类经济主体、外商投资开发农村水电项目，并在项目审批、税收方面提供优惠政策。近5年来，每年这类投资资金都在100亿～150亿元。1990年以前，小水电投资主要靠国家或地方财政投资，主要是地、县地方电力公司从事小水电开发。1990～2000年，除地、县地方电力公司外，广东、浙江、福建等地民营企业开始投资农村水电，其间还有少量外资参加我国小水电开发。2000年以后，大量社会资本开始投入到农村水电行业，浙江、广东、福建等省农村水电投资中民营资本已占主要地位，中西部省份如湖南、湖北、陕西、四川、贵州、云南、重庆、广西等省（市、区）除本省民营资本参加农村水电开发外，还吸引了沿海发达省份的民营企业投资建设，如湖南省汝城县2001年一年就签订了14个农村水电投资合同，引进民营资本1.6亿元，该县三江口镇11个村都办了农村水电站，全部为私人投资。桂东县1997～2001年新建了34座水电站，其中32座为民间投资，在建的14座全部为民间投资，近5年来，这个县水电建设投资达2.6亿元，其中民间投资2.23亿元，占86%。四川省石棉县到2002年底已有20家私营水电企业，共投入水电开发资金2.3亿元。广西贺州市与外地投资商签订了50多座农村水电站的开发合同，总投资额6.7亿元。贵州省普安县到2003年底已有11座农村水电站由民间投资，总投资1.5亿元。浙江省现有建成和在建农村水电站2800多座，总装机容量189万kW，总投资约141亿多元，其中70%以上是民间资本。1994年以来，浙江省投入新建小水电站资金约110亿元，其中民间资本近80亿元，年均约10亿元，浙江民营企业投资农村水电的足迹已经遍布湖北、湖南、贵州、四川、青海、广西、安徽、江西、云南等中西部水能资源丰富的地区，实现了资本西进，电力东送。到2002年底，浙江民营企业仅与湖北省就签订了20多项农村水电投资协议，据不完全统计，2001、2002年私营企业投入农村水电的建设资金在60亿元以上，占这两年农村水电总投资的30%左右。目前，农村水电投资主体中既有传统的水利企业、电力企业，又有社会法人、个人、外商、上市股份公司，各种形式并存，各投资主体按照互惠互利的原则组建有限责任公司或股份有限公司进行开发，主要形式有：水利系统企业和电力系统企业合作开发，省、县水电企业与民营企业或外资合作开发，民营企业或外资独立开发。

在广泛吸引社会资金的同时，还积极争取政策性银行的支持，开辟新的融资渠道。2003年，水利部多次与国家开发银行联系协商，积极开展农村水电行业贷款合作，充分发挥水行政主管部门政府职能和政策性银行开发性金融的作用，加快农村水电发展。5月，水利部与国家开发银行签订了开展农村水电行业贷款合作纪要，广西水利厅已与开发行广西分行签署了总额度达80亿元的收购和建设农村水电的贷款协议；贵州正在进行信誉评估；云南省水利厅与国家开发银行达成30亿元贷款意向，主要用于支持水电农村电气化县建设。农村水电行业贷款合作工作的开展，开辟了农村水电新的融资渠道，为农村水电发展提供了又一资金来源。

（六）清产核资，明晰产权，加快农村水电资产重组，规范农村水电资产转让工作

1998年以来，各地积极推进农村水电企业资产重组、机制转换和制度创新，以增量盘活存量，建立新型的以资产为纽带关系的企业实体，促进农村水电事业的发展，确保水电国有资产保值增值。广西自治区人民政府同意授权广西水利电业有限公司经营农网建设与改造投资形成的国有资产，有力地推动了广西农村水电事业的发展。四川省国有资产管理委员会授权四川省水电集团公司经营四川省地方电省级国有资产，包括全省地方电力农村电网建设与改造投资（总

计80.9亿元)、县城电网改造、电气化县建设、小水电代燃料省级投入及其他省级投入的国有资产。湖南省人民政府发文将地方农网改造的地、县电力公司51%以上的净资产上划到湖南省水利电力有限责任公司，并由省水电公司作为地方农网建设与改造的国有资产出资人，对其全资子公司、分公司、控股和参股公司行使国有资产投资经营和管理职能，承担其国家资产保值增值等责任。河北省人民政府批复同意省水电有限责任公司负责经营省及国家投入农村水电建设形成的国有资产。湖北省水利厅在2002年对农村水电企业资产进行了全面清理，经法定资产评估机构评估界定，国有资产管理机构对省、市、县三级水行政主管部门拥有的水电国有资产进行了确认，各县政府对三级水行政主管部门拥有的水电国有资产产权进行了批复，已有18个县在资产清理、产权界定的基础上，以省、市、县水行政主管部门作为出资人、以界定后的存量资产作为股份出资额，注册成立了规范化的县级水电国有资产经营公司，基本形成了省、市、县水电资产纽带关系和以现代企业制度为基础的水电国有资产运营体系，全省形成股份制企业资产规模达13.07亿元，其中界定给省级以上的存量资产1.88亿元。河南省水利厅明确由河南省江河农村电气化发展有限公司作为省级水电国有资产的运营实体，通过向各电站参股或控股，实施产权经营和集约化经营。

在清产核资、界定产权的基础上，各地进一步加强了对农村水电资产转让的管理工作，确保国有资产不流失。湖北省水利厅要求对单机容量500kW以上的水电站，在进行股份制、股份合作制改造或出售部分农村水电国有资产产权时，必须经过省级水行政主管部门审批，对于单机容量500kW以下小型水电站，其改制、改造及租赁、拍卖、出售或转让方案必须经过市（州、地）水行政主管部门审批，并报省级水行政主管部门备案，农村水电站在转让、出售前按国家有关规定做好资产评估工作，转让、出售的全过程坚持公开、公平、公正的原则，不逃废、悬空银行及其他债权人的债务，不损害职工的合法权益，做好下岗、分流职工的安置工作，保护购买者的合法权益，促进公平竞争，转让、出售的收入应专户存储，主要用于农村水电的滚动发展。广东省水利厅和财政厅联合发文，规定无论是国有还是非国有，水库、水库电站出售转让前必须得到有管理权限的水行政管理部门同意，国有水库、水库电站出售转让，还必须根据国家资产管理的有关规定，由水行政主管部门审核同意后报财政部门办理出售转让手续，水库电站等水利国有资产的出售转让所得以及水库使用权的出让收入，属水利国有资产收益，应首先按规定比例上缴国库后，再由水利、财政部门统筹安排，用于地方水利建设。贵州省水利厅制订了贵州省农村水电产权制度改革的若干指导意见，从资产评估和产权界定、股权设置与管理、资本结构优化、经营管理和收益分配等方面提出了规范意见。

（水利部　栾加林）

# 省、市、自治区农村水电

## 河北省农村水电发展规划及发展战略（摘要）

（一）河北农村水电现状

1942年，刘伯承、邓小平同志领导的八路军129师在涉县漳河上修建了河北省最早的赤岸水电站，装机容量10kW，供129师司令部照明和机要通讯用电。1947年，党中央机关由延安迁往河北省平山县西柏坡村，在朱德同志的亲切关怀下，建设了平山县沕沕水水电站，装机容量155kW，为党中央机关驻地西柏坡和两座军械制造厂供电。这是河北省水电建设的萌芽阶段。可以说，河北水电为抗日战争和解放战争的胜利做出了重要贡献。新中国建立初期，百废待兴，全省大电网尚未形成，河北水电事业进入了自发、自供、自用的小容量起步阶段。后来，河北水电虽经历了跃进阶段，但仍处于自发建设状况。1980年7月，为处理好河北农村水电与大电网协调发展的问题，省委、省政府批准省水利厅设置水电处，从而结束了水电建设缺乏宏观管理局面，河北水电建设开始了快速发展阶段。

截至2002年底，全省具备水电开发条件的42个山区县中，36个县开发建设了水电，其中16个县为革命老区县，22个县为国家和省重点扶持的贫困县，4个少数民族自治县也均建有小水电，全省水利系统管辖的水电装机容量达到20万kW，比1980年水利系统接管的6万kW提高3倍多，发电量增加近5倍，年创产值1亿多元，“九五”累计发电量达到14.75亿kW·h。促进了群众的基本生产、生活条件改善。

（二）存在的问题

1. 资金不足制约了水电持续发展　全省多数电站存在运行年限长、水电设备老化，亟待进行技术更新改造，同时一批条件良好的水电建设项目也有待开工建设，这两方面都存在资金不足问题。

2. 小水电缴纳6%增值税优惠政策落实不到位　国家规定小水电享受增值税6%的优惠政策，但是由于纳税环节上的问题，致使这一优惠政策无法落实。电力部门为一般纳税人，增值税率17%，小水电电价中剩余11%的税值实际由电力系统承担，有的市电力部门已经在电费中扣除了11%的税率，这样下去将制约小水电的持续发展。

3. 小水电电价偏低　目前河北省小水电上网电价为0.27元/（kW·h）。

（三）前景及战略

1. 水电面临新形势和新任务　21世纪初的五年，河北省国内生产与国内生产总值将保持同步增长，全社会固定资产投资达到11000亿～13000亿元左右；加快推进城市化，初步形成布局合理、功能完备的城市体系，使城市化水平达到38%，城市经济比重达到65%以上，非农产业就业比重达到60%；可持续发展能力将进一步增强，生态环境明显改善，小流域环境得到治理，森林覆盖率达到23%；农业基础设施和防灾系统得到进一步巩固和加强；人民生活达到明显改善，基本形成文明、健康的生活方式。新的形势为水电带来新的发展机遇。

2. 立足实际，制定新战略　河北水电资源蕴藏量304万kW，可开发量156万kW，已开发45万kW（含潘家口等部属电站），占可开发量的28%，可开发的潜力还很大。

河北省“十五”期间的水电发展战略是：大力发展具有调节能力的电站，鼓励流域、梯级、滚动开发，适当发展径流式水电，重点开发老、少、边、穷地区。主要奋斗目标是：完成14个水电农村电气化县建设，计划投资14亿元，新增水电装机容量19万kW，全省小水电装机容量达到38万kW，平均年发电量超过10亿kW·h。

（三）21世纪的河北小水电建设管理模式

1. 加快水电体制改革，建立新型的水电运营机制　迎接这种挑战，必须提高市场与竞争的意识，必须加快产业内部体制改革，实施集团式集约型经营；必须加强立法，规范水电勘察、设计、施工市场；必须加快技术进步和技术装备更新，加强经营人才培养，以适应新形势下水电建设的需要；必须加速产权制度改革使国有资产达到保值增值和滚动发展。

2. 加快水电建设体制改革，实施股份、民营企业开发　加快水电建设体制改革，开放设计市场、建筑市场和监理市场，推行设计招投标，实行项目法人制、工程招投标制、项目监理制、质量终身制和财务审计制。加大水电国有企事业单位体制改革。实行资产重组，建立水电集团，不断增强水电企业的整体实力。完善投资体制。加快水电投融资体制改革，进一步完善多元化、多层次、多渠道、多方式的投资体系，努力实现水电投入的大幅度增长。

3. 加快农村水电电气化县建设　国务院批准建设的农村水电电气化县建设，是补充河北电力，缓解河北峰电，拉动贫困市县经济，保护河北和京、津水源地水质的社会公益性和水利经济性任务，河北水利将按照河道防洪灌溉综合治理的整体规划，重点扶持水电事业发展。

4. 加速水电科技创新和向生产力转化的能力　全面落实科学技术是第一生产力的战略思想，以科技为先导，以人才为根本，加速水电科技创新和向生产力转化的能力，进而全面提高水电产业科技含量，促进水电事业全面发展。

（原河北省水利厅厅长、现河北省人大农委主任　张凤林）

## 河北省农村水电概况

（一）概述

全省水电资源理论蕴藏量304万kW，可开发容量156万kW，目前已开发32万kW，年发电量近4亿kW·h。“八五”、“九五”农村水电初级电气化县建设期间，分别建设了易县、赵家蓬区两个县区。“十五”期间，易县、赵家蓬区、宽城等14个县被列入国家水电农村电气化县建设行列，计划投资10多亿元，新增水电装机容量16万kW，全省农村水电装机容量达到40万kW，平均年发电量超过10亿kW·h，实现“十五”投产装机容量比“九五”翻一番。完成20个县小水电代燃料建设，并以此带动42个有水电县的小水电代燃料项目建设。

（二）建设成就

1. 促进了地方经济发展　易县是全国第二批200个农村水电初级电气化县之一，农村水电初级电气化县的建成和五年来的继续发展，从根本上解决了全县的供电紧张状况。自农村水电初级电气化县建设以来，累计完成发电量4亿多kW·h，创产值8300多万元，实现利税2000多万元，成为该县第二个利税大户。全县国民生产总值由农村水电初级电气化县建设初期1991年的3.4亿元提高到农村水电初级电气化县建成1995年的10.97亿元、1998年的19.2亿元。1997年易县摘掉了国家重点扶持贫困县的帽子。被列为全国第三批电气化县建设的张家口市赵家蓬区，为国家重点扶持的贫困区。通过农村水电初级电气化县建设，全区通电户率、户均生活用电量、人均用电量，均超过农村水电初级电气化县标准。全区国民生产总值由8992万元提高到16961万元，人均国民生产总值由2584元提高到4817元，农村人均纯收入由294元提高到1050元。

2. 带动了全省水电整体发展　易县、赵家蓬区农村水电初级电气化县建设工作的开展，对加速全省水电发展起到了积极带动作用。全省小水电新增投产装机容量年平均递增速度由原来的5000kW上升到8000kW以上。2000年投产容量达到2万kW，总装机容量超过20万kW，总发电量超过4亿kW·h。全省有42个县建设了小水电，带动了当地经济社会发展，提高了人民生活水平。

3. 促进了山区生态环境建设　革命老区涞源县西二道河村，1983年兴建了一座150kW的小水电站，以低价[生活用电价0.25元/(kW·h)，生产用电0.4元/(kW·h)]供本村用电。由于用电炊的成本低于燃煤、燃柴，且洁净方便，很快形成家家有电器，户户用电炊的局面，是远近闻名的无烟村。该村以电代柴后，村民不上山砍柴割草，林草面积增加到2000亩，覆盖率达到80%。承德县柳河水电站和平山县十里坪水电站将富余人员转岗集中开发了几千亩荒山，种植了果树，绿化了山场，促进了小流域综合治理，增加了电站收益。

（三）经验与政策措施

（1）依靠各级政府部门协调联动，抓好水电及农村电气化建设工作。“十五”期间，出台《水电农村电气化县建设管理办法》，规范管理措施，并通过各有关部门相互配合，出台小水电上网、过网销售、合理电价、小水电代燃料工程实施等政策措施。

（2）强化水电调峰功能，保持水电扶贫地位。1998年以来，河北省水利厅按照市场规律，以利益为杠杆，调整水电运行方式，针对全省缺电峰值200多万kW和用电高峰期仍使边远山区拉闸限电的客观情况，实施了水电开发从径流发电、基荷运行为主转变为以调峰运行为主的开发建设和技术改造。3年投资500多万元，改造调峰容量6万kW，缓解了并网销售的矛盾，保持了有多少水发多少电的好形势。“十五”期间，力争全省60%以上的水电站具有日调节能力，主要河流梯级具有季节调节功能。

（3）落实国家大力发展农村水电的指示精神，研究出台小水电代燃料工程的保障政策。在国家批准保护京津水源地的承德、张家口、保定三市退耕还林区、自然保护区、水土流失重点治理区，以及西柏坡所在地平山县、晋察冀司令部所在地阜平县等革命老区优先安排小水电代燃料试点项目区，及时总结经验，向全省推广。

（4）抓体制改革，盘活存量资产，推动水电滚动发展。近两年，省水利厅多次组织市县按照市场机制和电力体制改革的大环境，研究水电体制改革方案，盘活电站资产，以已建电站为基础，采用股份制开发机制，实施梯级开发、滚动发展。

（5）推进科技创新和管理创新，提高水电建设的新技术含量。“十五”期间，水电行业要引进国外先进技术，对新建的电站要优化设计，积极采用低耗、高效设备和现代化信息技术，提高水电站管理水平和施工技术水平，用现代新技术降低单位千瓦投资。目前，省水利厅已组织水电行业确立了“双挑水轮机引进研究”、“电站日调节池柔性翻板闸研究”、“系统管理微机软件研究”等多项实用研究课题。

（河北省水利厅　李喜增　赵国防　回士光）

## 山西省农村水电概况

（一）资源

山西全省可开发利用的水电资源为741万kW，其中黄河北干流可开发利用水电资源为640万kW，省境内可开发利用水电资源为62万kW，万家寨引黄入晋水电资源为39万kW。截至2002年全省已开发利用水电资源135.9万kW，利用率仅18.3%，尚有81.7%未开发。

（二）电源建设

山西省共有118个县，有水电的县40个，占33.9%。1955年，兴建了全省第一座农村水电站——洪洞县明姜水电站，装机容量48kW。经过45年特别是改革开放20年的建设，水电事业得到突飞猛进的发展。截至2002年年底，全省建成大、中、小水电站162处，机组352台，装机总容量135.9万kW，其中黄河北干流上建成万家寨和天桥两座水利水电枢纽，装机容量120.8万kW；省境内装机容量15.1万kW。全省小水电年发电量2.3～3.4亿kW·h。

（三）作用及意义

农村水电建设拉动了地方经济发展，促进了贫困山区脱贫致富的步伐。平顺县被国务院列为“七五”期间全国100个农村水电初级电气化试点县之一。平顺县电气化县建设前，年财政收入295.9万元，人均收入176元；通过五年电气化县建设，共建成水电站19处，装机容量2.28万kW，年发电量6000万kW·h,年产值2400余万元，年均上缴县财政利税

200多万元，占全县财政收入的五分之一。沁水县为国家第二批农村水电初级电气化县建设单位，电气化县建设前，县财政靠国家补贴过日子，通过电气化县建设，共建成水电站22座，装机容量1.14万kW，年发电量1940万kW·h，年人均用电量达到292kW·h，农民年人均纯收入达到2128元。

农村水电建设改善了当地的基础设施，带动相关产业发展。阳城县东冶镇的蔡节村，在20世纪90年代初自筹资金100余万元，建成了一座2×125kW的小水电站，解决了村里用电矛盾。利用廉价的水电，该村先后建起了小型炼铁厂、铸造厂、建材厂、金属镁厂等一些村办企业，使全村总收入由原来的2878万元，增加到8487万元，提高了2.95倍，年人均收入达到2800元。

农村水电建设，加快了中小河流的治理步伐。西阳河是黄河中游的小支流，由于当地干旱缺雨，降雨时空分布不均，全年70%降雨都集中在汛期。垣曲县建设电气化县时，在西阳河上修建了蓄水1050万$m^3$的李家河水库，使西阳河下游8个村100余户的防洪标准由5年一遇提高到50年一遇，还为8个村增加了3000亩水浇地，进一步促进了中小河流的治理。

此外，农村水电建设改善了地方生态环境，带动了旅游业的兴起，促进了文化发展，观念更新，社会进步。

（四）典型经验

政策先行，是发展小水电及电气化建设的前提。山西省认真贯彻执行国务院、水利部有关小水电的政策，并出台了相关的地方配套政策。如《关于垣曲等四县为全国第三批农村水电初级电气化县建设单位有关问题的通知》、《关于测算垣曲等四个电气化县新建水电站上网电价的函》等，促进了政府、集体和个人多种办电形式和多种筹资渠道的形成。

加强领导，是发展小水电及实现电气化建设的关键。自1996年国务院下达第三批初级电气化县建设任务后，省委、省政府成立了以分管副省长为组长的电气化协调领导组，相关的地（市）县也相继成立了地（市）县级电气化建设领导组，做到了层层有组织的大好形势。

落实合理电价，是增强小水电发展后劲的基础。经过三年努力，在省领导的重视下，1997年8月省物价局调整了小水电上网电价，丰水期由0.05元/(kW·h)调增为0.12元/(kW·h)，枯水期由0.10元/(kW·h)调增为0.17元/(kW·h)，使一大批水电企业扭亏为盈，实现了自身的滚动发展，增强了小水电的发展后劲。

股份制办电，是小水电走向市场的有效途径；严格制度、科学管理是发展小水电的重要措施；大力开拓电力市场，巩固和发展自身的供电区和电网是发展水电及电气化的重要手段。

“十五”期间国务院批复全省7个农村水电电气化县建设任务，并将山西省列入全国5个首批以电代燃料试点省份之一，这将给全省农村水电建设和发展带来新的机遇。

（山西省水利厅水电局）

## 内蒙古自治区农村水电概况

（一）概述

全区河流由黄河、辽河、嫩江、海河、滦河、额尔古纳河六个外流水系和众多内陆河组成。水力资源理论蕴藏量大于1.0万kW的河流，共有56条，总量482.54万kW，可开发量为238.65万kW；水力资源理论蕴藏量500kW以上的河流有95条，总量497.64万kW，可开发量为244.29万kW，其中小水电开发量为46.5万kW。2003年全区小水电站发展到32处，装机80台，装机容量4.84万kW，年发电量1.17亿kW·h。

（二）电气化建设

“七五”、“八五”、“九五”期间，全区相继建成第一批农村水电初级电气化县克什克腾旗，第二批农村水电初级电气化县乌审旗，第三批农村水电初级电气化县翁牛特旗和多伦县，水电装机容量由建设前的3.06万kW发展到4.84万kW。其中“九五”期间，全区建成水电站8处，新增装机容量1.68万kW，新增年发电量4250万kW·h，投资2.4亿元。玉瀑水电站装机容量5000kW，上湾子Ⅰ级电站3200kW，西山湾水电站装机3200kW，大河口水电站装机容量1600kW，玉名水电站装机容量1500kW，张冯畔电站装机容量1000kW，小山水电站装机容量800kW，龙尾水电站装机容量500kW。

“十五”期间，全区计划完成第四批农村水电电气化县建设4个旗县，分别为克什克腾旗、翁牛特旗、乌审旗、宁城县。规划建成大石门子等11处水电站，总装机容量1.94万kW，投资估算2.41亿元。此外，计划完成重点工程绰勒水利枢纽工程，装机容量1.05万kW，总投资为2.47亿元。届时，全区水电装机容量将达到7.93万kW，年发电量达2亿kW·h。

（内蒙自治区水利厅农水处）

# 辽宁省农村水电概况

（一）资源

辽宁省境内水力资源主要分布在辽河流域、鸭绿江流域和沿海诸河。全省河流水力资源蕴藏量175.19万kW，其中辽河流域51.62万kW，鸭绿江流域92.18万kW，沿海河流31.39万kW。全省可开发水力资源为163万kW，设计年发电量55.85亿kW·h，可开发的小水电资源（单机装机容量2.5万kW以下）46.92万kW，占全省河流水力资源可开发量的28.8%。潮汐能资源也比较丰富，单站装机容量200kW以上的电站有50座，总装机容量达52.34万kW，设计年发电量14.39亿kW·h。

（二）电源建设

辽宁省最早的农村小水电站是1954年在桓仁县雅河口村建成的雅河电站。人民日报于1955年1月4日和3月1日分别发表《雅河口村建立一个小水电站》和《一个民办公助的小型水力发电站》两篇文章，水利部还在桓仁县召开了北方地区小水电建设现场会议，促进了全省小水电的发展。

1979年10月，国务院确定小水电业务由水利部门归口管理。同年末，全省建成小水电站108座，机组210台，总装机容量达38969kW，单站平均装机容量361kW，是1972年的11.6倍，实际年发电量6302万kW·h。其中装机容量500kW以上的小水电站21座，机组66台，总装机容量27605kW。1983年7月，省政府颁发了《关于积极发展小水电的若干规定》（辽政发［1983］199号），要求小水电建设坚持“自建、自管、自用”为主的方针和“以电养电”的政策。以此为契机，1984年全省新增装机容量8380kW，创20世纪80年代全省小水电装机投产的最高记录，并且逐渐形成了自己的电网，从而开始了小水电为农村和乡镇工业供电的新时期。通过三批农村水电初级电气化县的建设，2002年末，全省小水电站已建成投产134座，总装机容量20.88万kW，多年平均发电量达到5亿kW·h。

（三）电气化建设

辽宁省在水力资源丰富的9个县（市）建设农村水电初级电气化县。从1985年开始，经过十五年的努力，已有第一批的桓仁满族自治县，第二批的本溪满族自治县和清原满族自治县，第三批的凤城市、凌源市、宽甸满族自治县、新宾满族自治县、铁岭县、喀左县等6个县达到农村水电初级电气化县标准。实践证明，发展小水电，建设农村电气化，这是山区迅速摆脱贫困，确保经济稳定、协调发展的一个有效途径，是投资少、见效快，易于调动地方和广大群众积极性，迅速改变山区落后面貌的一个好办法。在农村电气化县建设过程中，始终坚持自力更生、地方为主、县为单元进行建设，实行建设与管理统一，坚持因地制宜、多能互补的原则，积极开发当地水力资源，电气化县建设取得了显著成绩，清原县电气化县验收后，全县国民生产总值达到9.3亿元，是实施前的2.8倍；财政收入9543万元，是实施前的5.4倍；人均年收入1320元，是实施前的3.3倍。全县电视普及率达95.3%；以电代柴减少砍伐林木，一年少割柴场1.2万亩，节省木材3.5万$m^3$；减少泥沙流失37.4万t，为保护森林、涵养水土、维护生态平衡发挥重要作用。

（四）小水电代燃料工程

在2002年4月完成了《辽宁省小水电代燃料生态保护工程规划》编制工作，并上报水利部审查通过。《规划》中规划生态电站11座，涵盖了全省桓仁、本溪、宽甸、凤城、新宾、抚顺、清原、岫岩、凌源、喀左、南芬11个县（市、区）。

（五）水电管理

1978年9月，在长春召开东北三省小水电工作会议，制定了《东北三省小水电建设和运行管理的几项规定》。

1996年省水利厅制定了《辽宁省地方水电工程项目建设管理办法》，对加强地方水电建设工程项目的管理，使其逐步走上法制化、规范化的轨道，保证地方水电工程建设的工期、质量、安全和投资效益起到了重要的作用。

为了加强对小水电的管理，20世纪80年代辽宁省水利厅设立了农电处，1990年成立省地方水电总站，负责管理地方水电工作。

在生产运行管理上，较大电站效果较好。1978年，东北电业管理局为了提高小水电的管理水平，制定了《辽宁省农村小型水电站生产管理试行办法》。1996年辽宁省水利厅先后颁布了《关于开展标准化电站建设的通知》、《关于发布辽宁省地方水电行业技术规程的通知》、《关于进一步加强地方水电国有资产管理的通知》及《库管电厂目标管理办法》，推动了管理的规范化、制度化、科学化。

在电站财务管理方面，1980年以前，小水电财务管理制度不够严格，财务计划性差，缺乏经济核算。1981年水利部和财政部颁发《水利工程管理单位财务管理办法》以后，全省电站加强了经济核算和财务管理，提高了经济效益。

1980年以前，国家不向小水电站征税，但从1980年开始收产品税（最初是工商税）、所得税。由于小水电站在建设时，大多数未按基建程序办事，遗留下不同程度的尾工和质量问题，不少电站机电设备差，运行效率低，缺乏资金进行更新改造。鉴于上述情况，1994年财政部、国家税务总局联合颁发《关于调整农业产品增值税税率和若干项目免征增值税的通知》，规定了小水电按6%缴纳增值税。这项规定为小水电的发展，起到了很大的促进作用。

小水电站的电费收入直接影响电站的经济效益。长期以来，向东北电网供电售价偏低，每千瓦时电价一般为3分钱，有的电站收不抵支。辽宁省物价局、东北电业管理局于1985年至1998年先后7次将电价提高到每千瓦时0.263元和0.223元，彻底扭转了小水电长期亏损的局面，增强了还贷能力和自我改造、自我发展的能力。

（辽宁省水利厅）

## 吉林省农村水电概况

（一）概述

吉林省的水力资源主要集中在东部长白山区。尤其以安图、靖宇、长白、抚松、通化、临江六县（市）的水电发展最为突出。吉林省全省可开发水电装机容量为500.81万kW。全省农村水电可开发装机容量为114.1万kW，年发电量39.76亿kW·h；到2003年底全省开发农村水电装机32.5万kW，年发电量7.8亿kW·h。12个县（市、区）完成了农村水电初级电气化县建设。全省20%农村用电量由小水电输供，受益人口达到723万人。1988年吉林省在全国率先消灭了无电村（屯）。

（二）电源建设

丰满、白山、云峰、渭源等大型水电站已全部开发完成，总装机容量244.9万kW，年平均发电量为54.56亿kW·h。目前已建成红石和小山两座中型水电站，总装机容量36万kW，年平均发电量为7.6亿kW·h。截至2002年底，全省25个县（市、区）共建成农村水电站138座，装机容量31.8513万kW，年平均发电量7.7亿kW·h。

（三）电网建设

吉林省水电电网是以水电站的兴建为纽带逐步形成和完善的。大致可分为三个阶段：解放前到20世纪60年代末为探索期，20世纪70年代到90年代为发展期，20世纪90年代以后为成熟期。

1998年和2002年，吉林省地方水电有限公司作为吉林省水利系统农网改造工程项目法人，承担安图、靖宇、长白、通化、抚松、临江六县（市）的一、二期农网改造工作，共完成投资8.6亿元。截至到2002年底，累计完成新建（改造）66kV送电线路548.42km；完成新建（改造）变电所54座，总容量24.68万kVA；新建（改造）10kV线路3926.84km；新建（改造）0.4kV线路3913.06km；更换高耗能配电变压器2653台，总容量14.55kVA；使供电可靠率达到99%，电压合格率达到95%，实现了城乡电网同价。

（四）电气化建设

15年的电气化县建设，已形成了以水电为龙头支撑县域经济的新格局。长柏、安图等6个电气化县建成后，其工农业生产总值从1993年的27.55亿元增长到2000年的59.54亿元，增长了116%；人均收入从1990年的644元增长到2000年的2121元，增长229%。

电气化县建设大大提高了山区人民用电水平，家用电器进入农户，全省水电县的农村住户20%以上用上了电炊具，节省了大量木材，减少了对森林的砍伐，有效地防止了水土流失，促进了东部山区生态平衡。

（五）小水电代燃料工程

2002年4月份完成了《吉林省小水电代燃料生态保护工程规划》的编制工作，并报水利部审查通过。《规划》包括了长白、敦化、安图、靖宇、临江、抚松、汪清、集安、通化、八道江、江源11个县（市、区）136个乡镇、1965个村屯，受益人口76.66万。

《规划》计划建设小水电生态电站33座，总装机容量48.94万kW，新增发电量16.2亿kW·h，计划投资52亿元。

（六）存在问题

1. 建设资金不足严重困扰地方水电事业的发展

多方筹集资金，优化地区投资环境是水电建设发展的关键。目前，有些效益较好的电站前期工作已完成，但由于资金短缺，导致工程项目不能按时开工兴建。从发展清洁可再生能源，保护生态环境的战略高度上来看，国家应给以政策扶持。东北老工业基地调整改造，应享受与西部大开发同等待遇。

2. 政策不到位影响了地方水电经济效益　现在地方小水电实行6%的增值税，但供电企业执行17%增值税，实际上，供电企业替小水电承担了11%增值税，所以落实6%的增值税有困难。建议国家出台有关跟踪政策，使小水电6%增值税的优惠政策能够真正落实到实处。

（七）发展规划

全省农村水电总体发展思路是：本着农村水电为农村、农业和农民服务的宗旨，以“十五”农村水电电气化县建设和实施“小水电代燃料生态保护工程”为基础，抓住机遇，加快农村水电建设步伐；以创新管理为主线，以体制改革和技术创新为中心，转换企业经营机制；以吉林省地方水电有限公司为龙头，以资产重组和资本运营为手段，加快集团产业化发展进程，实现做大做强目标；以振兴东北老工业基地为契机，加大技术改造投入，提高科技含量；以国家优惠政策为依托，促进行业政策的长期稳定，实现农村水电的可持续发展；以电能就地增值转换为突破口，大力开发高耗能产品，延长水电产业发展链条。到2010年末，在现有公司产值发展的基础上力争翻两番。

（八）水电管理

1. 建设管理　目前，在建设项目的审批上，按照水利部水电［2003］170号《农村水电技术现代化指导意见》进行。管理上严格按照基本建设程序进行，即项目法人制、招投标制、工程监理制。每月通过报表对在建工程的资金完成情况、工程量完成情况、进度情况进行了解。在汛前、汛中、汛后都对在建工程进行检查，汛前的安全检查尤为重要。

2. 生产运行管理　为了加强发、变电企业的运行管理，1997年吉林省技术监督局以地方标准DB22/T133—1997发布了《水电系统水电站管理》、DB22/T134—1997发布了《水电系统电能计量管理》，1998年吉林省技术监督局又以地方标准DB22/T168—1998发布了《水电系统变电所管理》、DB22/T169—1998发布了《水电系统送电线路管理》等标准化管理条例。

3. 经营管理　目前，吉林省执行的电价是0.205元/（kW·h），各级水电管理部门收取经营服务费0.01元/（kW·h），其中省级收取0.005元/（kW·h），市级收取0.003元/（kW·h），县级收取0.002元/（kW·h），从而保证了水电管理部门的经费来源。

4. 市场管理　省、市、县各级水电管理部门都有自己的设计单位，全省三批电气化县共有12个，其中6个县有自己的供电区。

（九）体制改革

1998年，出台了吉林省电力体制改革方案，将全省35个代管县农电企业户和地方水电6个自供自管县电网的地方国有资产无偿上划到省电力公司，同时将省地方水电局的相应人员并入省农电资产经营公司。

目前公司拥有发电站9座，总装机容量40940kW，年发电能力1.3亿kW·h；到2005年底，公司总资产将达到10亿元，销售收入4亿元，利润5000万元，成为上市公司。将以吉林省地方水电有限公司为核心组建吉林省地方水电集团公司，实现地方水电系统航母战略。

（吉林省水利厅）

## 黑龙江省农村水电概况

（一）概述

黑龙江省有黑龙江、松花江、乌苏里江和绥芬河4大水系，流域面积在50km$^2$以上的河流有1918条，全省有大小水库湖泊640多个，总库容80亿m$^3$，其中湖泊有兴凯湖、镜泊湖、连环湖和五大连池等。到2002年底，全省已建成各种类型水电站（厂）63座，总装机容量82.98万kW，是可开发水能资源量的13.5%，占全省电力总装机容量的7%，其中水利系统管理的地方水电站（厂）61座，总装机容量18.38万kW，占全省电力总装机容量的1.5%，年发电量4.4亿kW·h，约占全省年发电量的1%左右。

（二）资源

全省河流水能资源理论蕴藏量844.3万kW，年发电量647.8万kW·h。其中500kW以上的河流有481条；10000kW以上的河流有64条。黑龙江干流理论蕴藏量最大，占全省总量的48.2%；其次是松花江干流，占38.7%。

全省流域面积50km$^2$以上的河流可开发水能资源装机容量为612.3万kW，可建500kW以上的水电站270座，年发电量221.3万kW·h，其中装机容量10000kW以上的电站53座（包括国界河流5座，省界河流7座）总装机容量567万kW，年发电量205.3亿kW·h。

（三）电气化建设

自1985年全国开始第一批农村水电初级电气化县建设以来，黑龙江省相继有四个县被水利部批准列入农村水电初级电气化县建设，分别是第一批逊克县，1990年建成，第二批原黑河市（今爱辉区）和呼玛县，1995年建成，第三批伊春市红星区，2000年建成。三批农村水电初级电气化县建设，加速了农村水电的建设步伐，大大促进了当地经济发展和人民生活水平的提高。同时，改善了生态环境，促进了当地农村精神文明建设。

“十五”期间，黑龙江省有逊克县、爱辉区、孙吴县、海林市和东宁县被批准列入水电农村电气化县建设。新建乌宋岗一水电站（2.4万kW）、富地营子水电站（1260kW）、二门山水电站（2100kW）、双桥水电站（6500kW）、爱国二水电站（800kW），改建宋集屯水电站（600kW）。新建输电线路643km，改造线路2150km。新建变电站容量17.69万kVA，改造变电站容量6.36万kVA。按照批准的电气化县建设规划，工程总投资9.44亿元。

（四）立法建章

1.《黑龙江省小水电管理办法》 《黑龙江省小水电管理办法》是1989年省政府第五次常务委员会议审议批准的，以省水利厅令的形式发布施行。适用范围是单机6000kW以下、总装机容量2.5万kW以下的小水电，以及地方兴建和管理的其他水电站。这个办法从1989年4月4日开始执行到1997年1月1日止，期间运行了13年，尽管有很多不足，但在当时的情况下，确实起到了非常积极的作用。

2.《黑龙江省地方水电管理办法》 随着1996年政府机构改革的启动，以及政府职能的转变和调整，《黑龙江省小水电管理办法》已经远远不能适应全省水能资源的开发利用管理。经省人民政府审议通过，《黑龙江省地方水电管理办法》自1997年1月1日起执行。它是目前黑龙江省农村水电建设管理的重要依据。

（黑龙江省水利厅）

## 浙江省农村水电概况

（一）资源

全省水力资源理论蕴藏量约800万kW，可开发装机容量约629万kW，其中农村水电资源433万kW。截至2003年底，全省共有5万kW以下农村水电站2890座，总装机容量230万kW，农村水电资源开发率已达53%。

（二）电气化建设

“七五”、“八五”、“九五”共建设三批26个水电农村初级电气化县。1998年浙江省进行水电发展“十五”计划和2015年长远规划编制，1999年完成全省水电发展规划的编制和报批工作。

在本地资源开发率趋高的情况下，水电开发成本也越来越走高，浙江水电人才和民间资本开始向中西部输出，“浙江模式”到中西部地区办水电已成为市场的热点。据初步估计，浙江省民间资本已渗透到17个具有丰富水电资源和潜在的电力市场的中西部省区，装机容量在百万千瓦以上。

（三）水电管理

1. 资源管理 浙江省比较早地采用了水电资源开发使用权有偿出让制度，到2002年底全省已有偿出让18座电站的开发使用权，总装机容量19870kW，收取出让金1300余万元。

2002年8月底浙江省水利厅下发《浙江省水电资源开发使用权出让管理暂行办法》在全省范围内试行。它旨在解决水电资源开发中因不符合市场经济规律而引发的各种矛盾，使人们获得开发使用权的机会均等，规范业主的开发行为，遏止水电开发中的各种政府寻租行为，建立一个真正公正、公平、公开的水电资源开发市场，为浙江省营造一个良好的水电投资环境。《办法》在开发使用权的使用年限、出让价格确认和对获得开发使用权的单位和个人约束方面作了具体规定，明确了依法获得的水电资源开发使用权受法律保护。

2003年浙江省水利厅、浙江省发展计划委员会联合下发了《关于加强水电资源开发管理的若干规定》。该《规定》特别强调全面推行水电资源有偿出让制度。

2. 项目管理 1999年，出台《关于加强小水电建设管理的若干意见》，对小水电建设的管理体制、建设程序、审批权限、工程质量管理和市场管理都作了相应的规定。同年5月，针对一些股份制电站建设程序较混乱的问题，又出台了《关于切实加强小水电工程建设管理的通知》。2001年又出台了《关于加强小水电建设项目前期工作的通知》。

3. 安全生产管理 2000年出台了《关于加强小水电安全生产工作若干意见》，对已建电站的安全生产监察机构、规章制度、工程设施和机电设备管理、安全生产保障体系、人员培训等工作都作了相应的规定。2002年制定了《水电站安全生产自查表》。自查表中列出了确保电站安全运行需检查的部位和指标，具体内容包括：组织制度、生产运行管理、设备管理和水工建筑物四个部分共114条，同时明确了水电站的法定代表人为电站安全生产的第一责任人。2003年又出台了《关于做好全省在建水电工程施工安全工作的通知》。通知中明确了项目法人对建设项目的安全负总责等具体条款。

（四）现代化建设

农村水电现代化在浙江集中体现为水电站综合自动化技术在农村水电站中的广泛应用，新建1000kW及以上农村水电站中，综合自动化技术得以普及。据统计，目前浙江省采用综合自动化技术的农村电站总装机容量约为63万kW，占总装机容量的30.6%。2001年实施自动化改造选取了8个电站试点工作，制定了《农村型水电站计算机监控系统基本技术条件》，对水电站计算机监控系统的结构、功能提出了明确技术要求。2002～2003年期间，试点工作成功实施，实现遥信、遥测、遥控、遥调、遥视“五遥”功能，在农村电站中产生很大反响，对新建、改造的农村水电站采用综合自动化技术起到极大的促进作用。

（五）体制改革

1990年以来，大量的民间资本大量涌入农村水电开发市场，掀起了水电开发热潮。其最大的特点是集约化运作，讲究效益，自动化程度高，管理先进。

1998年浙江省水利厅下发了《关于加快农村水电产权制度改革的若干意见》，鼓励全省已建电站实施产权制度改革和经营体制的改革。全省实施情况主要以电站产权为纽带，进行资产重组，实行股份制改造，使电站的资产多样化。对水利部门的下属水电企业，进行资产重组，组建水电集团公司，实行流域性开发，提高市场资源配置的效率和企业经济效益。目前全省组建了20多家县级以上水电集团公司和1家水电上市企业。

（六）行业协会

2003年7月18日浙江省农村水电行业协会成立，其成立的历程和发挥的作用标志着浙江省农村水电行业管理体制进入了新的阶段。

其作用主要包括：①协调作用。协调电网和电站之间、不同电站之间的关系。②行业自律作用。避免个别电站在电站建设、上网等方面的“违规”行为，使不同业主、不同规模的电站站在同一起跑线上。③企业和政府间的桥梁作用。以协会形式向政府相关部门反映农村水电普遍性问题，给制定政策提供第一手材料，同时将政府政策及时传达给农村水电企业。小水电协会的工作已成为水利部门行业管理的必要补充，真正起到了团结小水电、保护小水电、自律小水电的作用，为水利部门和行业协会互补管理农村水电做出了积极有益的探索。2003年全省各级水电行业协会已达20家。

（浙江省水利厅）

## 安徽省农村水电概况

（一）概述

安徽省的水电资源主要分布在大别山区和皖南山区，理论蕴藏量约398万kW，可开发量约121万kW。

安徽水电事业起步于20世纪50年代，当时结合江河治理，相继建成佛子岭等5个规模较大的水电站，总装机容量37.6万kW。改革开放以来，为了解决全省最贫困地区群众生产和生活用电，在大电网难以延伸和覆盖的山区，各级政府和水利系统在国家支持下，自力更生兴建了一批中、小型水电站，金寨、岳西等县还建成了小水电供电网。截至2003年底，全省水利系统累计拥有水电站782座，总装机容量50.41万kW。

（二）电网建设

1998年以来，水利系统和各地政府自筹资金9000万元进行农网建设与改造，其中农网改造6000多万元。截至2002年底，全省11个县拥有水电供电区，水电供电乡镇98个，供电面积8089.8km$^2$，供电户32.36万户，人口124.498万人，水电供电台区2131个，总供电量9244万kW·h，其中自供电量7122.5万kW·h，约占总供电量的77%。拥有110kV变电所1座，容量25000kVA，35kV变电所23座，容量77000kVA。110kV线路36.6km，35kV线路470.16km，10kV线路4132.93km，低压线路18971.1km。

（三）电气化建设

“七五”期间，霍山县率先通过初级电气化县验收达标；“八五”期间，岳西县、黄山区在第二批初级电气化县建设中通过验收达标；“九五”期间全省超额完成国务院下达的6个电气化县达标任务，有8个县通过第三批初级电气化验收，分别是太湖、潜山、金寨、石台、祁门、休宁、黟县、徽州区。至此，全省有11个县达到农村水电初级电气化县标准。

“十五”期间，岳西县、太湖县、霍山县、宁国市、徽州区、石台县、黄山区7个县被批准建设水电农村电气化县，金寨、休宁、祁门县三个县被批准作为水电农村电气化备选县。截至2003年底，10个电气化县（包括3个备选县）规划的38个主要电源建设项目，有15个建成投产，总装机容量74960kW；有18个开工建设，总装机容量61770kW；有5个项目在进行前期工作，总装机容量8200kW。“十五”期间，全省水电农村电气化建设总投资66128.19万元，截至2003年底完成投资33809.1万元。

（四）小水电代燃料工程

2002年，全省16个县（市、区）完成了小水电代燃料生态工程规划编制。在此基础上，经过认真审核，省水电基建管理局组织人员汇总编制了《安徽省“十五”期间及2010年小水电代燃料生态工程规划》。2003年4月，省水利水电基本建设管理局组织有关专家，对各县编制的小水电代燃料生态保护试点项目实施方案进行了严格审查，有岳西、太湖、霍山、金寨、潜山、休宁、黄山区、祁门共计8个县（区）通过了初审，并由省水利厅上报水利部。2003年底，石台县补充上报了实施方案，至此，全省有9个县（区）由省水利厅上报水利部。

（五）体制改革

2000年底，在岳西等7个县自愿的基础上，由省级水电经济实体（省水电技术开发服务中心）与7个水电农村电气化县的小水电公司共同出资组建安徽省明珠水电有限责任公司。2002年3月省水利厅批准安徽省明珠水电有限责任公司为省水电农村电气化建设项目法人。2003年10月，省水利厅明确省明珠水电有限公司为省水电农村电气化建设的省级项目法人。与此同时，各电气化县均明确了项目法人责任制，对项目的资金筹措、建设实施、生产经营、债务偿还和资产保值实行全过程负责，对工程建设的安全、质量、进度、投资控制负责。

项目法人多种形式的组建为安徽省电气化建设提供了雄厚的资金，确保了工程按时、优质完成。

（六）存在问题

1. 电源方面　部分电站建于20世纪70、80年代，设计不够合理，设备陈旧、老化，急需改造。并且调节性能差，水能利用率不高，不能满足大电网对其峰、谷电等指标的考核，因此要加强有调蓄能力电站的建设。省物价局制定的水电上网电价0.30元/(kW·h)及小水电执行6%增值税率等扶持政策，在一些地方还得不到落实。

2. 电网方面　小水电电网建设不够完善，只有金寨、霍山等县有较完善的水电地方电力网络，由此带来小水电上网电价受大电网的制约。部分县的水电供电区网络存在供电半径过大，线损大，故障率高等问题，需要及时改造。随着用电负荷的增长，目前的变电所容量不能满足负荷增长的需要，需要适时改造增容。

3. 负荷建设方面　岳西、石台、太湖、金寨、霍山等县属国家级贫困县，由于地方经济发展水平不高，农民的用电水平还很低，因此，促进地方经济发展，开拓电力市场是“十五”水电农村电气化建设的一个难点和重点。

（七）典型经验

(1) 岳西县委、县政府在吸收建设资金方面，积极招商引资，出台了《关于鼓励外商投资加快经济发展的若干决定》，鼓励外商以独资、合资、合作等多种形式开发水力资源。

(2) 岳西县委、县政府出台了《关于整治城乡建设工作环境的意见》，确保了良好的投资环境。

(3) 岳西县委、县政府坚持“利益共享、风险共担”原则，自身参股配套资金与外商投资者共同开发小水电。在电费收益分配原则上，先保证外商投资者及时兑现红利。截至2002年底，共吸收县外资金4699万元，完成投资5280万元。

(4) 岳西县小水电集团公司在项目建设管理上，对项目进行科学规划并对多套设计方案论证比较，择优选用。在工程建设中积极降低建设成本。正在兴建中的严家水电站，装机容量12000kW，工程总投资4850万元，通过优化选点，试行总价设计，核定工程总造价3450万元；对工程公开发包，实行刚性承包以及工程招投标制、项目监理制和工程质量终身责任制。通过上述方式，成功兴建了严家水电站、相公庙水电站（2500kW）、八字岩水电站（800kW）、寨河水电站（1500kW）、纱帽水电站（1600kW）、三井水电站（1000kW）、红岩水电站（1000kW）等。

（安徽省水利厅）

# 兴电之光映八闽

## ——福建“九五”农村水电发展综述（摘要）

福建省是农村水电大省，是全国著名的小水电之乡。福建省通过治水办电相结合，积极发展小水电，使小水电成为福建经济社会发展的重要基础保障。

（一）“九五”福建农村水电取得显著成绩

“九五”期间，福建省大力发展农村水电，在建设和管理等方面取得了显著的成绩。

1. 地方电力的蓬勃发展，成为一项光明工程

①电源建设高速发展，2000年底，全省地方拥有电力装机容量300.2万kW，增量相当于实施农村电气化建设前35年的1.78倍；②地方电网日趋完善，2000年底，基本实现县县有110kV变电站、平均2个乡镇有一座35kV变电站的目标；③发电量增长迅速，2000年全省地方发电量116亿kW·h，是电气化建设前的8倍；④用电水平大幅提高，目前的户通电率达99.58%，人均年用电量、户均年生活用电量分别达到488kW·h和475kW·h，是电气化建设前的2.4倍和2.6倍。

2. 促进了海峡西岸经济区的建设步伐，是一项保障工程　随着改革开放的深入，电力“瓶颈”凸现，电力供不应求。为此，省委、省政府把农村水电建设作为改善投资硬环境的重要举措。水电装机容量占据了全省电力的半壁江山，使福建省电力供需矛盾得到极大的改善。

3. 促进了地方经济实力的增强，是一项致富工程　(1) 县域经济实力明显增长。全省53个农村水电初级电气化县，国内生产总值从1983年的129.5亿元，增长为2000年的1516亿元，翻了三番多。53个电气化县的财政收入，在2000年增加到93.1亿元。

(2) 促进乡镇企业、地方工业的发展。乡镇企业2000年用电达到56.8亿kW·h，总产值从1985年的1.6亿元增加到3141亿元。

(3) 加快了农村脱贫致富奔小康进程。福建有53个农村水电初级电气化县，农村电气化建设为170万农户送上“小康电”，成为全国经济快速发展的省份之一。

(4) 水电企业成为地方经济的支柱。水利系统电力企业1983年的利税合计为1088万元，到2000年税金和利润双双超过5亿元。

4. 促进了可持续发展战略的实施，是一项生态环境工程　利用小水电丰水季节的电能，以电代柴、

代煤、代燃料，保护林木，发展炼铁、炼硅等工业。福建森林覆盖率达到60.52%，居全国首位，农村水电作用功不可没。

5. 促进农村精神文明建设和社会的全面进步，是一项文明工程 随着农村电气化发展，农民家庭用电得到普及，革命老区连城县有49所中、小学，27万名学生实现了电化教育。电气化建设促进了两个文明建设，缩小了城乡差别。

（二）福建发展农村水电的做法

总结福建农村水电发展工作，主要做法是：

1. 抓电源，合理开发水力资源 福建省农村水电担负全省62个县（占全省78%的县），813个乡（占81%的乡）、11663个村（占77.5%的村）的供电，在地方电力工业中起着举足轻重的作用。电源建设中水电建设是重中之重，2000年地方电力总装机容量337.6万kW，年发电量达到116.08kW·h，其中水电占300.2万kW，年发电量达到105.8kW·h。

2. 抓电网，布局合理增效益 “九五”期间，绝大多数县形成了以110kV变电站为中心，35kV输变电为主网架，布局较为合理的地方电网。电网运行、调度、通信水平不断提高。县电网均与省网联网运行，提高了供电可靠性。

3. 抓普及，不断提高用电水平 随着地方电网的不断发展、延伸，至2000年底，全省100%的乡、100%的村、99.6%的农户用上了电，大大高于全国平均水平（98.03%）。

4. 抓提高，农村电气化县建设不断加强 为适应新时期经济发展形式和用电市场需求，提高初级电气化建设和管理水平，使管理与时代要求同步，与经济建设同步，与市场需求同步，提前一年并超额1个（共20个县）全面完成了第三批农村水电初级电气化建设任务。使福建成为全国农村水电初级电气化县比例最高的省份。

5. 抓管理，高效服务保供求 “九五”期间，狠抓地方电力管理。①加大水电站技术改造力度，提高企业科技含量，大大提高经济效益。②积极开展“安全文明双达标”、“创文明行业、满意窗口”等活动，两手齐抓，强化管理，促进改革与发展。③加快农网建设和改造，理顺农电管理体制，整顿和降低农村电价，开拓农村电力市场，推动农村社会经济发展。④重视职工教育，提高职工技术素质。

（三）主要体会

“九五”期间，福建能取得突出的成绩，主要体会有三点：

1. 领导重视，机构落实，目标明确是促进地方电力发展的前提基础 省委、省政府高度重视福建省水电及农村水电初级电气化建设，要求与福建省“增粮增收，保供给，脱贫致富奔小康”的工作主线紧密结合起来。省委、省政府还及时调整了福建省农村电气化工作领导小组，让农村水电初级电气化办公室挂靠水利厅，并赋予全省地方电力、农村水电初级电气化建设和管理的职能。

2. 用好用活政策，是促进农村水电发展的重要保证 省政府出台的《福建省鼓励外商投资建设经营电力项目的暂行规定》、《福建省鼓励集资建设经营电力项目若干规定》、《福建省人民政府关于加快水利水电改革与发展的决定》等政策，对水电及农村电气化建设事业起到了积极的扶持作用。

3. 五轮驱动筹集资金，是水电及农村电气化建设的关键 为解决水电及农村电气化建设中浩大的资金问题，扩大融资渠道，实行“五轮驱动，集资办电”（即国家、地方、集体、社会、外资五个轮子一起转），打破区域间、行业间、部门间和所有制间的界限，鼓励多元化集资办电。在“九五”期间，共为福建水电及农村电气化建设筹集资金25亿元。

我们要进一步发挥农村水电在福建经济发展中的资源优势，为建设海峡西岸经济区作出新贡献。

（福建省水利厅 汤金华）

## 福建省农村水电概况

（一）资源

据最新普查结果，全省技术可开发的水电装机容量有1123万kW，年发电量400亿kW·h，列华东地区首位。对于缺油少煤且尚未发现天然气的福建省，水电资源是十分宝贵的能源。

水电资源主要分布在闽江、汀江、交溪、九龙江和霍童溪等五条河流流域内，可开发的水电装机容量有963万kW，占全省的85.8%，可发电354亿kW·h，占全省的88.5%。其中闽江流域可开发的水电装机容量占全省的60.4%，发电量占全省的62%。

（二）电源建设

至2003年底，全省已开发农村水电站5306处，总装机容量415万kW，约占全省装机容量的1/3，占全省水电装机容量的1/2，年发电量111.4亿kW·h。

（三）电网建设

1993年省政府出台了《福建省鼓励外商投资建设经营电力项目的暂行规定》，1994年省政府出台了《福建省鼓励集资建设经营电力项目的若干规定》、《关于加快水利水电改革与发展的决定》等政策。

截至2002年底，全省地方拥有110kV线路322km，35kV线路532km，10kV线路5107km，拥

有低压线路9758km。

（四）建设成就

50年来，全省通过治水办电相结合，有63个县开发了小水电，其中47个县主要依靠小水电供电，建成了53个农村水电初级电气化县，率先在全国建成农村水电初级电气化省，户通电率达99.76%，人均年用电量、户均年生活用电量分别达到696kW·h和533kW·h。农村水电企业固定资产净值达130.5亿元，税收与利润达11.2亿元，其中税金6.15亿元。

53个电气化县的国内生产总值从1983年的129.5亿元，增长为2002年的1556亿元，翻了三番多；财政收入累计量从1985年的1.23亿元，增加到2002年的113亿元，增长74.7倍。其中国家及省定贫困县17个，老区重点县41个，是实现村村通电的重点、难点，农村电气化建设为170万农户送上“小康电”。

农村电气化的实施，为乡镇企业提供了良好的发展基础。乡镇企业2002年用电达到56.8亿kW·h，总产值从1985年的1.6亿元增加到4141亿元。农民家庭用电得到普及，电视机、收录机、洗衣机、电冰箱和电扇大量涌入农村家庭，革命老区连城县有49所中、小学，27万名学生实现了电化教育。

（五）发展历程

20世纪60年代，永春的小水电现场会，总结推广“三自方针”，有力推动了全国小水电建设。20世纪80年代，出现建设农村电气化县的高潮。

20世纪，福建农村水电开发经历了50年代试办，60年代普及，70年代发展，80、90年代农村电气化县建设四个阶段。在20世纪50、60年代的试办和普及过程中，提出了“水电为主，小型为主，群众自办为主”的“三自方针”，有力地推动了小水电的发展，建设了几座容量较大的骨干水电站，如东圳水电站（3120kW）、大目溪水电站（8640kW）、才溪水电站（4320kW）、玉山水电站（4320kW）等。70年代，随着一批为国防战备和县办“五小”企业提供电力的县办骨干电站的建设投产，1979年全省水电装机容量（包括安砂、池塘、南二水电站）达75万kW，其中地方办的小水电装机为51万kW。1984年后，全省进行了三个五年计划和三批农村初级电气化县试验点和建设工作，到1999年达标县达53个。90年代还引进外资合资、独资办电。至2002年底，全省开发农村水电站5159处，总装机容量373万kW，年发电量134.4亿kW·h，居全国先进行列。

（六）体制改革

1996年以来，福建省认真贯彻水利部《水利系统水电改革和发展思路》，积极、稳妥地推进股份制、股份合作制，先后建立了龙潭水电股份有限公司，闽东老区水电开发总公司等一批股份制企业和十余个水利电力实业（集团）公司，增强了滚动发展能力，促进地方电力迅猛发展。

以闽东老区水电开发总公司为核心企业，通过参股、控股、兼并等方式，与全区宁德、柘荣、寿宁、周宁、福鼎、屏南、福安、霞浦等8个县电力公司，和车岭一级水电站、闽东水电站等13家水电企业联合组建闽东电力集团，并于2000年上市发行股票。公司以水力发、供电为龙头，一方面致力于水电资源的开发，另一方面以参股、控股、兼并、股权转换等形式，参与区内供水、公路、港口码头等其他基础设施开发，是集发供电、供水和其他基础设施开发为一体的大型企业集团。

1993年诏安县以岭下溪水电为基础，改制设立诏安龙潭水电股份责任公司，成为漳州市首家规范化股份制有限公司，也是福建省地方电力第一家股份有限公司。公司创立时股本为3045万股。1996年在列入“全国水电行业100家现代企业制度试点单位”后，又吸收诏安县电力公司、自来水厂等水电企业，资产达1.96亿元。1997年，漳州市又以诏安水电股份有限公司为龙头，联合市地方电力公司等11家企业，组建龙潭水电集团，形成固定资产12.21亿元，总资产18.34亿元的大型企业集团。

（七）典型经验

（1）政府组织领导，部门分工负责是搞好农村水电及电气化建设的前提。

（2）独特的区位和地理优势是促进农村水电及电气化建设的有利因素，改革开放以来，福建成为全国的综合改革试验区，也是外商、台商投资的热点区域，农村水电的开发，极大地调动了各方的投资热情。

（3）优惠政策的实施是加快农村水电及电气化建设的保障。

（4）多元化集资办电为农村水电及电气化建设提供资金保证，福建省委、省政府提出“五轮驱动，集资办电”的方针，为省农村水电及电化县建设筹集了约25亿的资金。

（5）深化电价改革，为农村水电及电气化建设提供了动力：①自供区综合电价从1985年的0.114元/（kW·h）分步上调到1994年的0.313元/（kW·h）；②理顺了联网趸售电价的折扣率，基本实现折扣率为15.07%，初步解决了大小电网同电不同价的问题；③新建电站（包括技改项目）全部实行新电新价，根据还贷年限和本息来“倒计价”确定电价。

（6）科技进步是关键，15年来共投入技改资金20亿元，重点放在电站扩机增容、电网升压、设备更新和调度自动化等方面，新增装机达30万kW。

（福建省水利厅农电处）

## 江西省农村水电概况

（一）概述

江西省水电资源特点是点多面广，中小水电技术可开发量415.53万kW，占全省的72.5%。截至2003年底，共建中小水电站3831座，装机容量138万kW，年发电量34亿kW·h。建成县级电网64个，其中有45个以农村水电供电为主。

（二）电气化建设

“七五”到“九五”期间，江西省共建成45个农村水电初级电气化县。45个农村水电初级电气化县建设共新增水电装机容量25.1万kW，人均年用电量由101kW·h增加到210kW·h，通电户率由80%提高到95%。正在建设的10个水电农村电气化县，有7个县（市、区）人均年用电量超过500kW·h，户均年生活用电量达到或接近500kW·h，有9个县的户通电率超过99%。

据统计，已建成的45个农村水电初级电气化县，工农业总产值增长近6倍，转移农村劳动力近28万，农民人均纯收入增长4.9倍，水电企业总产值增长3.35倍，税利增长2.53倍。治理水土流失面积1.34万$km^2$，森林覆盖率提高近5个百分点，95%以上的农户用上了电。

（三）小水电代燃料工程

江西可实现小水电代燃料山区居民总户数约339.93万户，现有小水电代燃料户58.82万户，占总户数的17.3%。现有的以电代燃料户一般分布在小水电比较丰富、电价较低、农村水电直供的乡镇所在地和山村。已实现了农村水电初级电气化的45个县中，以电代柴户平均达到了23%。

（四）发展规划

2000年以来，江西小水电电源开发呈火暴态势，据统计2000～2002年的3年内，全省新增水电站246处，新增装机容量为17.85万kW。根据全省水电开发规划，全省2006～2010年拟建2万kW以上的水电站13座，装机容量达142.42万kW，年发电量达50亿kW·h；2010～2020年规划拟建水电装机容量204万kW，年发电量达71亿kW·h，其中2万kW以上的水电站18座，装机容量174万kW。

（五）政策措施

为多方筹措电气化县建设所需资金，各地相应出台了一批优惠政策，鼓励和引导县外资金及县内民间资金投入到电气化建设项目中来。

（1）崇义县县委、县政府先后出台了《崇义县加快水电资源开发的规定》及《中共崇义县委、崇义县人民政府关于加快小水电发展的意见》。两年间，全省吸纳民间资金4510万元，投资新建10座电站，装机容量达10995kW；吸引县外资金6481万元，投资新建7座电站，装机容量达14250kW。此外，还签订了3450万元的县外意向性投资协议，到2003年底，全县水电装机容量可达5.1万kW。

（2）铜鼓县政府出台了《关于加快我县小水电发展的决定》，2001年1月～2003年10月县内外客商以个体、集体、股份等多种形式开发水电站31座、装机容量达18400kW，已竣工15座、装机容量9940kW。该县仅有98户农户的红苏村，有47户投资兴建水电站，已建和在建电站7座，装机容量3085kW，全部建成后，年实现收入220余万元，全村人均“小水电”收入可达4700元，成为名符其实的“小水电”村，并将成为全县的“首富村”。

（3）铅山、龙南、瑞金等地也出台了一系列行之有效的政策，大力开展招商引资，积极营造和改善投资环境。

（六）体制改革

政府为加快当地水能资源的开发利用，缓解电力供需紧张的局面，加强宏观调控，对当地水能资源实行市场化配置，采取招标拍卖水能资源开发使用权的政策。

为做好水电资源开发使用权拍卖这项工作，铅山、吉安等县做了大量准备工作，在媒体上发布了竞买公告，要求有意竞标的法人持介绍信、企业营业执照副本及法定代表人身份证明、本人身份证及所在地金融部门出具的资信证明，并缴纳一定数额的保证金。拍卖会均由注册拍卖师主持，当地公证机关进行了全程公证，当地工商行政管理部门对拍卖活动进行了监督。

2002年10月16日，铅山县对江东源支流水能资源开发使用权进行拍卖，该项目包括四级电站，总装机容量7891kW，最后铅山县祥龙公司以130万元竞得该项目50年的开发使用权。

2003年10月16日，吉安县公开拍卖该县功阁水电站开发使用权。功阁水电站位于禾水河中游，坝址以上控制流域面积3517$km^2$，总装机容量15000kW，多年平均发电量5820万kW·h，工程总投资约1.47亿元。此次公开拍卖的功阁水电站水能资源开发使用权年限为50年，广州惠泰投资有限公司最终以380万元获得功阁水电站开发使用权。

这些地方将拍卖所得资金纳入财政预算外资金管理，专户存储，用于当地水利前期工作和水利建设。

（七）存在问题

1998年，江西农村电网“股改”后，农村电网绝大部分由电力部门管理。1998年以后，由于江西实行“两改一同价”政策，对自供自管县的水电企业实行“发供分开”，对农村电网实行“控股股改”，使得农村水电站失去了自己的供区，农村水电上网电价，电量受到了限制，影响了江西农村水电的发展。

（江西省水利厅）

## 河南省农村水电概况

（一）概述

河南省地跨长江、淮河、黄河、海河四大流域，全省可开发水电资源315万kW，分布在71个县（市），除黄河干流等外，其中适宜中小水电可开发资源为98万kW。可开发量较多的地（市）有：洛阳市31.5万kW，南阳市21.8万kW，信阳地区14.2万kW，三门峡市9.7万kW，焦作市4.4万kW，安阳市4.7万kW。6个省辖市的可开发量占全省可开发量的88%。截至2003年底，全省建成大中小型水电站738处，总装机容量32.6万kW，年发电量7.7亿kW·h。

15年来共建成12个农村水电初级电气化县（市）。截至2002年底，共完成电气化县投资9800万元。

（二）电网建设

农村小水电目前拥有35kV以上输电线路923km，配套变电设备容量13.02万kVA；10kV输电线路6049km，配电变压器容量20.34万kVA；低压线路1.37万km，形成的水电固定资产8.63亿元。

（三）电气化建设

“七五”、“八五”期间，建成了卢氏、洛宁两个电气化县，实现了年用电量、国内生产总值、财政收入、农民人均纯收入“四个翻番”。“九五”期间建成栾川、嵩县、汝阳、西峡、淅川、南召、鲁山、灵宝、济源、沁阳等10个第三批农村水电初级电气化县（市）。“十五”期间，共有栾川、卢氏、洛宁等16个县（市）申报列入开展与全面建设小康社会相适应的全国水电农村电气化建设行列，规划新建电站23座，新增装机容量6.6万kW，改造电站20座，增容3.1万kW。到2005年，全省水电装机容量将达到42.92万kW，2010年达到52.05万kW，2015年达到60.76万kW。

截至2002年底，共完成电气化县投入9800万元，其中中央投资1800万元，县（市）自筹8000万元。

（四）体制改革

2000年10月，成立了“河南省农村水电及电气化建设发展中心”，负责全省水利行业的水电管理、组织实施农村水电电气化工作、监管水利行业水电国有资产、行使省级水电国有资产出资人权利等。

（五）队伍建设

重视人才培养，努力造就一支精干的包括工人、班组长、管理人员、科技人员等在内的门类齐全的水电行业专业队伍，努力造就一批思想素质高、开拓精神强、懂经营、善管理、乐于奉献的小水电企业家，努力创造一个有利于人才成长、吸引人才、培养人才、重用人才、保护人才的环境和机制。

（六）经验交流

河南省在发展农村水电方面积极转变投融资机制，一方面争取国家支持，另一方面积极推进股份制和股份合作制办电，广泛吸收集体、企业、个人等社会资金和外资投入水电建设市场，加快农村水电建设步伐。

河南省惟一的全国第一批农村水电初级电气化县——卢氏县采用股份制办电的办法在全省水电建设中树立了典范。卢氏县采取出台优惠政策，在行政收费、税收、土地、上网等方面支持水电建设，用良好的政策氛围吸引了各方投资者参与水电建设。2001年2月，首家规范的股份制电站低里坪电站（总装机容量1500kW）建成投产，起到了很好的示范作用。同年11月，两岔河、高河、水峪河三座股份制电站先后开工建设，总装机容量3800kW，总投资2200万元。其中水峪河电站是由水利系统职工参股的股份制企业，新的机制在水峪河电站建设中发挥了巨大作用，10个月建成投产，节省投资20%，被誉为卢氏水电建设史上的典范。

（七）小水电代燃料

2001年底，开始对栾川、嵩县等17个县（市）有丰富小水电资源的地方进行小水电代燃料生态工程规划，这些地区都属于退耕还林区、自然保护区、天然林保护区和水土流失重点治理区（简称四区）。根据17个县（市）规划，“十五”期间，小水电代燃料总投资14.9亿元。新增和改善装机容量14.45万kW，保护退耕还林面积331.75万亩，自然保护区面积326万亩，天然林保护区面积2277.34万亩，重点水土流失治理区面积1287.1万亩，实现代燃料户62.14万户，年代柴71.12万t，代煤35.58万t，相当于每年减少森林砍伐5.69万公顷。2003年，选择了栾川、嵩县、汝阳、西峡、内乡、淅川、鲁山、沁阳、博爱、新县、商城、光山等12个县（市）进行了小水电代燃料试点项目方案的编制工作。试点范围共有代燃料户2.28万户，8.9万人，户均代燃料电量1299kW·h，代燃料到户电价平均0.223元/

(kW·h)，保护退耕地还林面积 12.8 万亩，其他森林植被面积 42.8 万亩，新增装机容量 2.3 万 kW，年发电量 9798 万 kW·h，总投资 13333 万元。“十一五”期间将增加电源 10 万 kW，电源和电网配套共需投入资金 11.3 亿元。至 2005 年底，13 个县（市）乡、村通电率将达到 100%，户通电率达到 98%以上，用电保证率达到 95%以上；各县人均年用电量达到 500kW·h，户均年生活用电量达到 400kW·h；农村人均年收入由 3061 元提高到 4857 元；农村水电代燃料普及率由 16.2%提高到 34.2%，森林覆盖率将达到 53.9%，将全面达到国家颁布的水电农村电气化标准。

（河南省水利厅）

## 湖北省农村水电概况

（一）资源

湖北省境内水电资源十分丰富，可开发水电站装机容量 3188.85 万 kW，其中农村水电资源可开发量为 451.2 万 kW。农村水电资源中的绝大部分分布在地方水电供电营业区内。

（二）电源建设

全省每年始终保持 5～7 万 kW 投产速度。到 2003 年底，农村水电装机达到 1784 处、容量 217.2 万 kW。20 世纪 80 年代中期开始，湖北省注重建设一批有调节性能的水电站，宜都市熊渡（2.6 万 kW）、宣恩县龙洞（2.6 万 kW）、五峰县锁金山（4.5 万 kW）、建始县小溪口（3 万 kW）、恩施州天楼地枕（2.52 万 kW）、保康县过渡湾（2.55 万 kW）、兴山县古洞口一级（4.5 万 kW）、咸丰县朝阳寺（4.5 万 kW）、利川市长顺（3 万 kW）、汉江王甫洲（10.9 万 kW）、鹤峰县桃花山（1.864 万 kW）、郧西陡岭子（7.05 万 kW）等电站已投产运营。

2003 年底，恩施大龙潭、长阳招徕河、保康寺坪等列入日本协力银行贷款的项目，宣恩洞坪、来凤垃圾滩、竹山松树岭、南漳峡口等列入世行贷款的项目，并且都已正式动工建设。装机容量 7.6 万 kW 的鄂坪电站也开工建设。2003 年全省农村水电在建规模愈 40 万 kW。

2003 年，省水利厅在过去规划的基础上，重新对全省 2003～2020 年装机容量小于 5 万 kW 的在建、拟建水电工程计划、规划进行了全面修订和细化。2003～2020 年的 18 年中，全省在建和规（计）划新建 5 万 kW 以下水电站工程 708 项，规（计）划装机容量 216 万 kW，总投资 157.99 亿元（含在建工程 2002 年底前已完成投资 7.85 亿元）。2003～2020 年的前 8 年，将是全省水电建设高速发展的时期，平均每年计划投产装机容量达 19.28 万 kW。

（三）电网建设

全省有 61 个县市拥有中小水电，30 个县（市）、447 个乡镇以中小水电供电为主，中小水电供电营业区占全省总面积的三分之一，23 个县形成了地方县级电网。到 2002 年底，地方电网高压输电线路达 6.37 万 km，低压线路达 20.08 万 km，35kV 及以上变电站达 311 处、主变压器 329 台、容量 269.31 万 kVA，配变电容量达到 294.34 万 kVA。在电网加快发展、供区内用电水平不断提高的同时，计算机技术在地方电力系统安全运行和管理中得到应用，自动化水平不断提高，成为当前水电电网建设发展的主要内容。

国家计委批准湖北省兴山、丹江口、勋县一、二期农网改造工程，总投资规模 3.51 亿元，2003 年底，农网改造任务全部完成。

（四）电气化建设

从 20 世纪 80 年代开始，先后三批共 25 个山区县列入了国务院下达的农村水电初级电气化建设计划，加上申报的 2 个替补县，共有 27 个县进入农村水电初级电气化县建设行列。2000 年底，27 个县市全部通过了农村电气化达标验收，超额完成中央政府下达的任务。15 年累计投入资金 47.55 亿元，其中中央专项资金 1.35 亿元。1 元中央资金拉动 35 元的社会资金，促进了湖北贫困山区和少数民族地区的经济发展。2002 年底，全省 27 个水电农村电气化县电源新增装机容量 12.45 万 kW，占计划新增的 35.6%；新增高压线路 5282km，占计划新增的 48.7%。2002 年底，村通电率达 99.43%，户通电率达到 98.41%。2002 年 27 个县全年用电量 32.02 亿 kW·h，人平年用电量 334kW·h，城乡居民户均年生活用电量 266kW·h。

“十五”期间，湖北省又有 27 个县（市、区）列入全国水电农村电气化县建设计划。

（五）小水电代燃料工程

2002 年，省水利厅组织编制完成了《湖北省小水电代燃料生态保护工程规划报告》。2003 年，编制完成了 42 个小水电代燃料生态保护工程试点项目实施方案。42 个试点项目总装机容量 8.64 万 kW，年发电量 3.72 亿 kW·h，建设总投资 4.83 亿元。保护退耕还林总面积 59.96 万亩，保护森林植被面积 378.38 万亩，代燃料总户数 9.93 万户、总人口 37.12 万人，代燃料电量 12619.28 万 kW·h。

（六）融资改革

世行贷款湖北贫困地区水电发展项目的实施，标志着湖北省中小水电利用外资取得实质性突破，对项目所在地经济与社会可持续发展、能源开发和电力建设管理新技术的运用等方面都将产生积极的推动作用。世行贷款湖北贫困地区水电发展项目包括宣恩县洞坪、来凤县纳吉滩、南漳县峡口和竹山县松树岭等4项水利水电枢纽工程。项目总装机容量22.6万kW（其中洞坪子项目11万kW，纳吉滩子项目3.6万kW，峡口子项目3万kW，松树岭子项目5万kW），总投资21.778亿元人民币，其中利用世界银行贷款1.05亿美元。贷款协议2003年元月批准，七月正式生效。项目于2002年3月至8月间陆续开工。洞坪水利水电枢纽工程于2002年10月18日截流，截至2003年10月底，累计完成投资1.7亿元，占总投资的18.5%。峡口水利水电枢纽工程于2002年11月18日截流，截至2003年10月底，累计完成投资3560.65万元，占总投资的16.6%。松树岭水利水电枢纽工程于2003年1月18日截流，截至2003年10月底，累计完成投资3192.09万元，占总投资的9.8%。纳吉滩水利水电枢纽工程于2003年11月18日截流，截至2003年10月底，累计完成投资1980.8万元，占总投资的6.6%。对于四项工程环境管理工作世界银行检查团很满意。各子项目计划于2005～2006年陆续投入发电运行。

（湖北省水利厅）

## 湖南省农村水电概况

（一）资源

湖南水电资源丰富，理论蕴藏量1570万kW，技术可开发量1323万kW，其中农村水电资源可开发量619.9万kW。

（二）电源建设

至2003年底止，全省已开发水电650多万kW，占可开发量的49%，其中农村水电站4715处，装机容量281万kW，占全省水电总装机容量的43%；年发电量约100亿kW·h，占全省水电发电量的50.6%。在建电站639处，装机容量约114万kW，总投资60多亿元。

（三）电网建设

地方电网是指地方投资建设的、与农村水电站配套发展的电网，是农村水电不可分割的组成部分。地方电网均与国家电网联网运行，相互补充和调节，达到资源优化配置的目的。

至2003年底，全省已建成53个县级电网和3个市级区域电网，35kV及以上变电站容量328万kVA，10kV及以上输配电线路7.5万km。拥有固定资产144亿元，全省约1/2的县、2/5的人口主要依靠农村水电供电。

农村水电的快速发展，除了国家、各级政府和人民群众的支持外，得益于建立了地方电网，有了地方电网，才能把分散的水电资源（电能）统一调配起来，满足国民经济和社会发展的需要；有了地方电网，农村水电才有它自己的市场。在几十年的水电建设中，坚持电源与电网同步发展，坚持自发自供自管，坚持谁建、谁管、谁受益的方针，充分调动了地方办电的积极性，使农村水电得到了持续、快速、健康发展。

（四）电气化建设

1983～2000年，湖南省水利系统完成农村电气化试点县和农村水电初级电气化县共44个。其中第一批农村电气化试点县11个，装机容量由基准年的18.5万kW增加到达标年的29.3万kW，年发电量由4.7亿kW·h增加到9.3亿kW·h，人平均用电量由77.7kW·h增加到188.2kW·h。

第二批农村水电初级电气化县20个，装机容量由基准年的36.96万kW增加到达标年的59.51万kW，年发电量由10.42亿kW·h增加到19.20亿kW·h，人平均用电量由160.19kW·h增加到313.77kW·h。

第三批农村水电初级电气化县13个，装机容量由基准年的26.86万kW增加到达标年的37.59万kW，年发电量由9.28亿kW·h增加到13.46亿kW·h，人平均用电量由146.97kW·h增加到234.25kW·h。

2001年11月，湖南省共有29个县被列入了“十五”水电农村电气化县建设范围，分别为北湖区、苏仙区、资兴市、宜章县、永兴县、汝城县、临武县、桂东县、鹤城区、溆浦县、麻阳县、新晃县、芷江县、麻阳县、花垣县、龙山县、永顺县、慈利县、桑植县、江永县、江华县、蓝山县、武冈市、洞口县、新宁县、绥宁县、城步县、衡东县、炎陵县；10个县被列入“十五”水电农村电气化建设备选县行列，分别为新化县、桃源县、耒阳市、邵阳县、新邵县、涟源市、衡南县、浏阳市、辰溪县、道县。

（五）小水电代燃料工程

根据水利部的统一部署，2002年1月完成全省75个县（市、区）的小水电代燃料工程规划，共涉及面积15.09万km²，占全省面积的71.3%，农村居民户998万户，农村人口3719万人。规划中确定通过10年的建设，新增中小水电装机容量299万kW，共需总投资281亿元。

2003年，湖南省有24个县完成了试点方案的编制工作。根据24个项目区的实际情况，湖南省从中选择郴州的永兴县，永州的蓝山县、道县三个具有代表性的县作为小水电代燃料试点项目首批试点区。这三个县各有特点：

蓝山县是小水电资源十分丰富的县，全县可开发水电资源 12.5 万 kW，已经开发 4.6 万 kW，正在开发 15 座，总装机容量 2.1 万 kW，是全国首批 108 个农村初级电气化达标县之一。该县通过完成在建工程及高塘坪抽水蓄能工程，可使 4.8 万户农民实现小水电代燃料用电。计划 2004 年一季度投产受益。

永兴县通过兴建永兴二级生态电站，解决县内湘阴渡镇和太和乡两乡（镇）的 2016 户小水电代燃料用电。计划 2004 年 2 月投产。

道县的泡水河流域是一条尚未开发的处女河，且该流域沿线的两个乡尚未通电，农村居民生活只能以烧柴为主，对森林砍伐严重。道县县委、县政府决定将整个泡水河流域纳入小水电代燃料生态工程规划，整个流域新建 20 多个电站，实行梯级、滚动开发。每一个电站要按照农村水电技术现代化的要求进行建设，计划在 2004 年 11 月份发挥效益。

（六）郴州地方电网

郴州地方电网组建于 20 世纪 90 年代初，是在农村电气化县建设过程中崛起的地方区域电网。经过十余年的建设，郴州地方电网从由一个中心变电站、几个中小型水电站和火电厂及数条 10kV 城区配电线路组成的弱小电力网络发展为覆盖 10 个县市区，横跨湘南三地区（郴州、永州、衡阳），直联南方粤北电网，占据郴州市城乡用电大幅江山的现代化大电网，先进性是其存在和发展的根本。其核心企业郴电国际即将成为国内第一家公开发行上市的电网性企业。

郴州地方电网高度重视电力系统自动化的重要性，在电网运行控制的各个环节大力应用自动化装置和系统。其主要应用的自动化系统和先进设备有：电网调度自动化系统、水电站计算机监控系统、变电站综合自动化系统、调度数据通信系统、变电站远程图像监控系统、东江流域水电站群优化调度系统、110kV 大容量自耦型隔离变压器、10kV 馈线电压自动调整装置、10kV 城市配网电缆系统、电能量远程抄表系统、用户 IC 卡表系统。

郴州地方电网的核心企业郴电国际高度重视信息化在电网和企业中的作用。郴电国际已建设的计算机网络应用系统有用电营销管理信息系统、办公自动化 OA 系统、电网调度管理信息系统、电网实时信息发布共享系统、财务管理信息系统、人力资源管理信息系统、器具与材料设备管理信息系统、计算机辅助规划与设计系统（CAD）。

郴州地方电网高度重视现代化人才的培养，有效提高了员工的理论水平和技术水平。

（湖南省水利厅）

## 发展农村水电　加快山区发展（摘要）

广东省水电资源极为丰富，理论蕴藏量为 1124.2 万 kW，可开发水电资源 823.5 万 kW，其中主要以小水电为主，其可开发量为 632 万 kW。

广东省委、省政府一直重视发展小水电，并结合农村排灌工程和小型水利的发展，努力开发利用小水电资源，是全国小水电开发较早的省份之一。

目前，广东小水电覆盖全省三分之二地域，小水电与省电网联网，使全省村通电率达 100%，户通电率达 98.6%。小水电已成为广大山区经济发展的重要支柱、地方财政收入的重要来源和人民群众脱贫奔小康的重要途径。

（一）农村水电建设主要成就

1. 实施小水电议案，加快了小水电发展　1995 年 2 月，广东省八届人大三次会议通过了《关于加快农村小水电建设的决议》。在全国首次用具有法律约束力的决议，来保护小水电的发展。

据统计，1996 年初至 2002 年底，全省累计新增装机容量 138.4 万 kW，平均每年新增 19.77 万 kW，比议案原预期目标超出 11.77 万 kW。截至 2002 年底，全省小水电装机容量达 408.4 万 kW，占可开发量的 65.76%，年发电量 116.8 亿 kW·h。

2. 小水电已成为山区经济的重要支柱和地方财政收入的重要来源　近年来，全省小水电年均发电量约 110 亿 kW·h，年产值约 30 多亿元，每年上缴增值税约 2 亿元（按 6%税率计）。小水电企业已成为当地的经济支柱和纳税大户，如 2002 年韶关市，新丰、乐昌、仁化和乳源等县小水电上缴的税利，分别占当地财政收入的 70%、47%、60%和 70%左右。

3. 实施“两改一同价”，降低了农村电价，农民得到了实惠　通过加强农村电力体制改革和电网的改造，供电环节减少了，损耗降低了，供电质量提高了，农村电价也降低了，农村到户电价从过去的 1 元/（kW·h）降到现在的 0.79 元/（kW·h）。实施“两改一同价”后，已为全省 13 个自供自管县农民减轻电费负担 10.94 亿元。

4. 实施农村电气化，促进了地方经济、社会文明的发展和生态环境的改善　1999 年底，全省 33 个电气化县总装机容量已达 210 万 kW，其中水电装机容量 197 万 kW，与基准年比较，新增小水电装机容量 138 万 kW，增长 70%。

同时，电气化县的供电网络日趋完善，布局基本合理。截至 1999 年底，全省 33 个电气化县拥有输变电设备为：110kV 线路 2940km，35kV 线路 9631km，10kV 线路 14300km；110kV 变电站容量 268 万 kVA，35kV 变电站容量 118 万 kVA，配电变压器容量 354 万 kVA。

据 1999 年度统计，33 个电气化县发电量为 63 亿 kW·h，用电量为 51 亿 kW·h，其中工农业生产用电量为 33 亿 kW·h。33 个县国内生产总值达 691 亿元，工农业总产值为 980 亿元，人均纯收入达 3075 元，均比 1985 年增加两倍多，促进了广东区域之间的协调发展。农村用电量也大幅度增长，1999 年 33 个电气化县平均户通电率为 97.5%、电炊户率为 43.3%、年人均用电量为 358.3kW·h、年户均生活用电量为 365kW·h。

目前，全省小水电年发电量约 110 亿 kW·h，相当于每年节省 440 万 t 标准燃煤。

（二）主要做法和经验体会

1. 实施人大议案，制定优惠政策，保护和促进小水电发展　广东省委、省政府从如何发展小水电及实施好电气化建设的角度出发，制定出台了一系列相关配套的政策和法规。2002 年 8 月，省人民政府以《印发关于扶持山区发展小水电实施意见的通知》（粤府办［2002］86 号），决定“通过扶持山区小水电建设和已有项目的挖潜改造，使全省 50 个山区县 2003 年至 2007 年新增小水电装机容量 50 万 kW，使已建小水电项目的效益显著提高”。

2003 年 1 月，根据国家政策和小水电发展情况的变化，省九届人大常务委员会第三十九次会议又作出了《关于进一步扶持农村小水电发展的决议》，重点落实小水电上网电价和优先收购政策，加强对小水电建设的管理，严把质量关，讲求经济效益和社会效益。

2. 深化体制改革，合理调整小水电上网电价，激发社会办电积极性，加大小水电资金的投入　通过深化体制改革，明晰产权关系，明确投资主体，改革办电投融资机制，实行资本金制度，改变过去由政府办电为社会办电，吸引社会各种资金。合理调整了小水电上网电价，由过去的 0.176 元/（kW·h）（含税）提高到目前的 0.30 元/（kW·h）（不含税）左右，有些地区达到或超过了省网综合平均收购价。省政府从财政拿出一定数量补助资金，鼓励社会办电，实行新建小水电每千瓦装机补助 500 元等。省补助资金每 1 元钱就能吸引社会近 20 元的投入，效果显著。

3. 精心规划，严格基建程序管理　水利厅作为全省小水电行业主管部门，十分重视小水电工程的规划设计，按照“全面规划、统一管理、科学开发、滚动发展”的原则，加大执法和监督力度，确保工程进度和建设质量。

4. 逐步建立和完善现代企业制度，提高小水电市场竞争能力　广东省大部分小水电逐步从政府扶持走向市场竞争，建立健全现代企业管理制度，进行了较为规范的公司制改组，完善法人治理结构，提高了自身市场竞争能力。如封开县、乳源县组建水利电力集团公司，乐昌张滩电站、高州三角湾电站、阳春张公龙电站等都是股份制办小水电的典范。

（三）今后工作设想

（1）贯彻落实省九届人大第三十九次会议《关于进一步扶持农村小水电发展的决议》精神，继续加大小水电议案实施力度。继续实行每千瓦 500 元贴息补助政策，每年投入补助资金 7000 万元，重点扶持 50 个山区县新建小水电装机容量 10 万 kW。

（2）继续推进农村水电电气化建设。2001 年，国务院批准广东省建设 22 个水电电气化县。“十五”期间，全省计划投资 159.39 亿元，新增水电装机容量 77.54 万 kW，建成 220kV 变电站 3 座 90 万 kVA，110kV 变电站 44 座 158.8 万 kVA，35kV 变电站 49 座 27.56kVA，高压线路约 750km。至 2005 年，使电气化县人均年用电量达到 500kW·h，户均年生活用电量达到 400kW·h，户通电率达到 98%，以电代柴率达到 30%。

（3）规范小水电建设管理，严格遵守国家基本建设程序，对违反河流流域规划的非法小水电工程，予以强制拆除。

（4）依靠体制创新、科学管理和技术创新，提高农电技术管理水平。继续深化小水电体制改革，实行股份制和股份合作制，改善广东省小水电技术装备，努力提高小水电运行管理水平和经济效益，走出一条现代农村水电发展新路。

（5）启动小水电代燃料生态保护工程建设。全省拟在连平县等 20 个县（市）分期实施小水电代燃料生态工程，这对巩固全省山区封山育林成果，保护和改善生态环境，实现山区农村经济和社会的可持续发展，具有极为深远的意义。

（广东省水利厅　蓝惠安）

## 广东省农村水电概况

（一）概述

广东省水电资源理论蕴藏量为 1124.2 万 kW，可开发水电资源 823.5 万 kW，其中农村水电可开发量为 632 万 kW。农村水电覆盖全省三分之二地域。“七五”、“八五”和“九五”期间，广东省先后建设三批共 33 个农村水电初级电气化试点县。至 2003 年底全省共建成农村水电站 7623 座，总装机容量达

474万kW。

（二）建设历史

自光绪16年（公元1890年）华侨黄秉常在广州开始办电厂到1949年，广东省发电装机容量仅为5.81万kW，其中广州市占3.2万kW，其余则分散在各中、小城镇。1937年广东第一座兴宁的响水径电站建成，装机容量115kW。

新中国成立后，水电建设经历了三个阶段：第一阶段是1958～1976年，其特点是水头低、容量小、独立电网、照明为主、电量当地平衡。第二阶段是1977～1983年，开始建设装机容量几百到几千千瓦，甚至上万千瓦的电站，并且通过10kV输电线路联网，互通有无。进入八十年代后，广东小水电继续以较高速度发展，平均每年投产装机容量10万kW。第三阶段是1984～2000年，先后建设三批共33个农村初级电气化县。至2002年底全省共建成农村水电站6877座，总装机容量达408.4万kW。

（三）存在问题

如何确保水能资源有序开发；水行政主管部门如何行使水电行业管理的职能；在利益驱使下，违法小水电工程仍有禁不止，安全生产受到威胁，如何切实加强对小水电工程管理；如何解决随着电力体制改革的深入，原属地方管理的县级电网被上划代管，地方政府失去对电网的支配权所引起的一系列问题；如何遏制小水电上网电价近年来的下降趋势；如何尽快改变山区县电网建设滞后的现状。

（四）建设成就

截至2003年底，全省农村水电装机容量达474万kW，占可开发量的75%，年发电量131亿kW·h，全省村通电率达100%。农村水电已成为广东山区经济发展的重要支柱产业，加快了山区脱贫步伐，促进了社会进步和经济发展。

（五）经验措施

(1) 精心规划，严格基建程序管理。

(2) 改革和完善农村水电投融资机制，扩大资金筹集渠道。“九五”期间，全省投入农村水电建设资金共69.4亿元，其中省补助资金为3.35亿元，货款21.89亿元，引进外资1.31亿元，地方自筹42.85亿元。省补助资金每1元钱就能吸引社会近20元的投入，取得显著效果。

(3) 建立和完善现代企业制度，提高市场竞争能力。全省大部分农村水电逐步从政府扶持走向市场竞争，建立健全现代企业管理制度，进行了较为规范的公司制改组。

(4) 依靠科技创新，走现代水电发展新路。积极引进高效率转轮、节能变压器、真空开关、$SF_6$断路器、土工膜防渗技术及微机监控自动化技术等，增加小水电工程的科技含量，提高了工程经济效益。

（六）电气化建设

农村水电已成为广东山区经济发展的重要支柱产业，加快了山区脱贫步伐，促进了社会进步和经济发展。

1983年，广东省启动了第一批10个（龙门、新丰、仁化、曲江、阳山、乳源、大埔、焦岭、平远、封开）农村电气化试点县建设工作，1991～1995年广东省完成了第二批10个（南雄、始兴、乐昌、翁源、连山、连南、新兴、德庆、怀集、信宜）农村水电初级电气化县建设工作。1996～2000年，广东又完成了第三批13个（罗定、潮安、陆河、连平、和平、紫金、东源、丰顺、梅县、五华、郁南、英德、连州）农村水电初级电气化县建设工作。通过水电及农村电气化建设，极大地促进了广东山区、贫困地区、少数民族地区和革命老区的经济发展和社会进步。

“七五”、“八五”和“九五”的15年间，全面建设33个农村水电初级电气化县。全省小水电发展最快的“七五”、“八五”期间，小水电平均每年投产装机容量以10万kW的速度递增。1996年省人大常委会做出《关于加快农村小水电建设的决议》，制定出台了一系列优惠政策，如加强对小水电建设的领导和规划、明确小水电管理归口水利部门、调增小水电上网电价、增加资金投入（对新建小水电站实行500元/kW的补助）等，自此，全省小水电建设再掀新高潮，广东省小水电装机容量平均每年以20万kW以上的速度增长。

（广东省水利厅）

## 广西农村水电建设回眸（摘要）

广西缺煤、少油、无天然气（尚未开发），而大自然赋予的水电资源却得天独厚。水电资源可开发量1875.8万kW，中小水电可开发量622万kW。

建国后数十年内，小水电多投资水库坝后、渠道跌水、低坝（或无坝）引水的自然落差电站，规模甚小。在20世纪90年代中期，广西中小水电的装机容量占全自治区水电装机容量的1/3，发电量占1/4，农村水电已逐渐成为顶梁柱之一。据悉，广西贺州市（原梧州地区）2002年地方财政有60%源自水电。

广西中小水电和农村水电建设，随着中央优惠政策和财力支持的增强，各方面都上了新的平台。

1. 在规划与规模方面　发展农村水电要结合地方的江河治理、综合利用进行规划，梯级开发时既要充分利用河流落差，又给各相关事业留出生存空间。规模上已由数千千瓦扩展到数万千瓦，广西7个中型电站同时开工建设，规模空前。输电系统亦已发展到110kV的线路和变电站，县级小水电公司都有能力架设35kV线路。

2. 在功能优势和技术进步方面　中型水电站的崛起使农村水电的调节性能和调频调峰能力提高，增强了电网的应变能力，兼有大型和小型的优点。技术进步主要有：

(1) 大胆并成功地开发了超高水头电站。位于桂北山区的天湖水电站，水头高达1074m，采用千米级冲击式水轮发电机组，输水系统采用无衬砌岩石竖井和超厚压力钢管技术，均获成功，被称为亚洲第一的高水头电站，每立方米水产生2.3kW电能。在桂林召开了"国际中小水电技术研讨会"，有七个国家数十名专家参加会议。

(2) 首次在广西开发了低水头贯流灯泡式机组的京南电站，引进外资和奥地利设备，运行良好。

(3) 通过安全核算，将水库通过增设闸门或翻板闸，增加发电库容和调节性能，对原有电站进行扩机或增容改造；通过置换转轮或发电机，充分挖潜，所获新增电能也是十分可观的。

(4) 对新老电站的控制设备进行改造，以自动化的先进设备更替陈旧低效设备，使控制系统面貌一新。

(5) 地区性电网的形成，是农村水电发展中的必然，最具代表性的是当年大网难以顾及和延伸到的梧州地区电网，它以合面狮、昭平两座中型电站为骨干，联合一批小型电站及后建成的中胜火电厂，成为颇具实力的地区性电网。梧州地区所属7个县，县县都建成初级电气化县，成为广西乃至全国的一枝独秀。

(6) 20世纪80年代初，小水电办公室发展成地方电力局（管理职能）和电建办（建设职能）并存的双重机构，培养了大批素质高、勇担重任的人才。

3. 在投资结构方面　20世纪90年代前，国家和地方政府投入大，国家约占30%，地方自筹包括农民投入占70%左右；90年代后，地方自筹比例增大，占80%以上。1995年后，开始有社会资本和外资进入，形成多元化的投资机制。

据悉，"十五"水电农村电气化建设，将结合农网改造和小水电代燃料生态工程以及农村水电现代化建设，将更有生气和实效。

（广西壮族自治区水利水电厅　吴锡瑾）

## 广西农村水电概况

（一）资源

广西全区农村水电技术可开发433.7万kW。农村水电资源蕴藏量大，分布面广且分散。主要集中在桂东北、桂北、桂西及桂中的贫困山区、革命老区、少数民族地区。

（二）发展历程

1949年，新中国成立时，全区仅有2座小型水电站，装机2台共115.5kW，主要供电小型化工厂，全省农村都没有电。建国后，全区结合兴修水利，利用灌溉渠道跌水和原来的水碾，自造自制小型水轮发电机组开始兴建一批农村小水电站和配电线路，分散就近供电解决农村照明和农副产品加工用电问题。全区走办电投资主体多元化，公有制实现形式多样性的社会主义经济发展道路，推行股份制，股份合作制办农村水电企业。依靠综合治理江河，大力开发农村水电，搞好"点面结合"、"站网并举"建设电站和完善县级电网，解决农村、农业和农民的用电问题。至1997年末，全区农村水电装机容量为146.9万kW，年发电量57.96亿kW·h。全区90县（市、区）都开发有农村水电站并建设有以35kV电压等级为网架的县级电网，完善跨县的贺州市、百色市区域性电网。随着"西部大开发"和"西电东送"战略的实施，广西农村水电的投资持续增长，截至2002年，全区投入农村水电资金27.49亿元，其中民企和个人占45%，外地、外商独资或合股占33%，国有资本金占5.5%，贷款占16.5%。

（三）电源建设

截至2003年，农村水电装机容量达216万kW，年发电量82亿kW·h。到2005年全区农村水电装机容量将达275万kW。

（四）电气化建设

水利部在"七五"、"八五"、"九五"期间，安排广西自治区三批农村水电初级电气化县建设计划任务。从1985年起，先后投入32亿元开发农村水电，建设初级电气化县，在2000年全部完成49个县和一个地区（其中有31个县为国家级或省级重点扶贫县）的初级电气化建设任务。农村初级电气县的建设，促进农村水电的大开发，全区在电气化建设期间共新增小水电装机容量116.6万kW，年新增发电量39.84亿kW·h，新增高压线路4.47万km，新增变电设备容量1293MVA，累计解决了1150万无电人口的用电问题。31个贫困县农民人均年收入都超过《国家"九五"国民经济社会发展总体规划》中，关于20世纪末全国农民年收入1200元的要求。

2003年大新、灌阳两县水电农村电气化建设达标，计划2004年6个县建设达标，2005年16个县建设达标。

（五）经验

按照广西农村水电资源分布分散且集中在边远贫困山区、革命老区、民族自治县的区情办电，坚持充分发挥两个积极性，主要通过地方政府和群众，结合江河治理，兴修水利，开发农村水电，建设农村电气化，解决农村用电问题。这样既能充分发挥山区水力资源的综合作用，获取防洪、灌溉、供水效益，又取得发电效益，实现水资源的综合利用和可持续发展，而且农村水电还成为山区县级地方财政收入的重要支柱，增强社会生产力，反过来又极大促进农村水电快速发展。坚持为农业、农村、农民服务的宗旨，有机地把“农业、水利、能源”三大战略重点结合在一起，将发展农村水电，实现农村电气化作为农村基础设施和公共设施工程来建设，以解决不同地域、不同层次、不同特点的县域经济社会发展的用电问题，直接为农业的增产，农民的增收，农村的发展服务。坚持电力扶贫，促进贫困山区、老区、少数民族地区群众脱贫奔小康，实施农村水电电气化建设战略，将山区水电资源优势转化为经济优势，拉动县域经济的发展，促进广大农村消除贫困，实现经济效益和社会效益稳步发展。积极引导和鼓励个人、民营企业及引进外资投入农村水电开发建设。坚决清查和消除农村水电开发中的“无立项、无设计、无验收、无管理”的四无水电站，加强水资源的统一管理。

（广西壮族自治区水利水电厅）

## 海南省农村水电概况

（一）资源

全省水电资源理论蕴藏量为103.9万kW，技术可开发量为85.7万kW，其中农村水电技术可开发量为47.5万kW。

（二）电源建设

据统计，2003年全省共有农村水电站300处，装机容量22.9万kW，年发电量达到7.3亿kW·h。全省农村水电年平均利用小时为3427h。

（三）行业管理

各市县水电企业纷纷开展水电站技改工作，由过去单纯的水轮机技改向自动化方面发展，设备自动化水平、运行管理人员的素质、电站的安全生产水平等都得到了提高。各级水电主管部门和水电企业结合本地实际，根据安全生产规程要求，健全和完善各项安全生产管理制度，实行安全生产目标责任制考核，并配之细化的奖罚制度。重点抓了“两票三制”的执行，设备查评和设备专人负责制的落实情况。有防汛任务的水电企业制定了相应的防汛预案，落实防汛责任制，确保企业安全度汛。2003年全省水利系统农村水电站没有发生重大安全事故。

（四）存在问题

主要体现在建设管理和生产经营管理两个方面。

（1）农村水电开发建设管理仍然薄弱。农村水电开发建设规范性文件不健全，各市县水行政主管部门对其不加重视研究，造成小水电建设项目不按基建审批程序办理，甚至出现小水电建设项目不向水利部门报建的情况和审批的项目不符合全省水资源建设总体规划等。

（2）生产成本高。从小水电电价审价抽查结果看，小水电企业，1999年平均成本为0.414元/(kW·h)，2000年平均成本为0.381元/(kW·h)，2001年平均成本为0.344元/(kW·h)（不含税赋）。

（3）经营管理不善，负债率逐年上升。贷款建设的水电站资产负债率已超过100%，现已面临着随时可能被拍卖的结局。

（五）政策措施

（1）加大农村水电体制改革力度，大力推广股份合作制，抓紧进行组建各级水电发电公司的工作，将各个分散、松散的小水电站联合起来，组成市县级水电发电公司，以提高市场竞争力。进一步加强水电管理，开展减员增效工作，加强人才培训，提高农村水电行业人员整体素质，确保安全高效运行，把提高水电企业经济效益作为突出任务来抓。

（2）拓宽融资渠道，确保水电建设及小水电代燃料试点项目顺利实施。各级水电主管部门要积极推广多元化模式集资办电，采取国家、集体、个人参股等多种形式筹措资金，有条件的市县可以出台鼓励农村水电开发的政府优惠政策，吸引投资者，鼓励跨区域、跨行业、跨部门融资办电，确保小水电代燃料试点项目顺利实施。

（3）尽快筹备成立海南省农村水电企业协会，依法维护全省广大小水电企业的合法利益，提高农村水电企业的整体管理水平。

（4）加强农村水电行业管理。各级水行政主管部门要进一步对加强水能资源的统一管理，抓紧制订小水电开发建设管理地方法规，加大农村水电资源开发许可的监管力度，参照先进省市的经验和做法，积极开展水能资源有偿使用的试点工作，促使农村水电行业管理向规范化、制度化、法制化方向发展。

（六）发展目标

“十五”期间，全省农村水电要顺应电力体制改革的要求，本着积极开发、加快发展的原则，把农村水电开发与退耕还林，改善生态环境以及促进贫困地区经济发展紧密结合起来，把农村水电建设与中小河流治理结合起来，积极推进流域、梯级、滚动开发，并通过实施小水电代燃料工程，带动全省小水电开发建设热潮，使全省的水能资源开发利用达到一个新水平。

（海南省水务局）

## 四川省发展农村水电的回顾与展望（摘要）

四川省是“千河之省”，水电资源十分丰富，可开发量1.03亿kW，其中农村水电资源可开发量2532万kW。到2003年底，四川地方电力发电装机容量达到495万kW，其中农村水电455万kW；年发电量181亿kW·h，其中农村水电164亿kW·h，同比占全省电力工业总量的1/4～1/3。全省有104个县建成农村初级电气化县，有6个县建成新时期水电农村电气化县。全省地方电力供电乡（镇）3669个，比例占73%。

目前，全省水利系统有省级四川水电产业集团公司1户，市（州）级电力公司10户，县级电力公司146户，独立小水电企业80户，以及数量众多的乡村小水电企业。四川省国有、股份制地电企业大都是当地税利大户，每年创税利8亿～9亿元（税、利各约占50%）。全省地方电力经营性总资产达到280亿元，从业员工20万人（其中农村电工6万人）。

（一）四川以农村水电为主体的地方电力发展历程回顾

1. 农村水电初级电气化县和水电农村电气化县建设　全省“七五”至“九五”农村水电初级电气化建设，新增地方电力装机容量291万kW，“消灭”了无电县，解决了1500多万无电人口的用电问题。已建成的初级电气化县的年人均用电量、国内生产总值、财政收入、农民人均收入基本上实现了五年翻一番，十年翻两番，十五年翻三番。仅“九五”第三批建成的68个初级电气化县，1995年到2000年，年人均用电量、财政收入分别增长1.1倍、1.7倍；农民人均纯收入增长1.5倍，5年内平均每年增长19.9%，增长速度远高于全省、全国平均水平。

2002年，国家部署建设水电农村电气化县，四川有60个县列入计划，加上水利部批准的14个备选县，全省共有74个县开展水电农村电气化建设。目前，试点县骨干工程全面启动，已完成投资24.4亿元。2003年12月已对雅安市雨城区、荥经县、宝兴县，甘孜州泸定县，凉山州冕宁县、宁南县等6个达标县（区）进行了验收。开发农村水电、建设中国特色农村电气化，为逐步解决农业、农村和农民问题，实现农业和农村现代化开辟了一条新途径。

2. 农网改造和城网改造　全省水利系统一、二期农网改造获得国家计划投资81亿元。实际完成投资84.3亿元，超额4.1%完成了计划投资任务，全面超额完成了国家安排的110个县（区）115个项目的任务。实施农网改造，改善了地方电力网络结构，提高了供电质量和供电可靠性，降低了农村到户电价，平均每千瓦时下降0.15元，5年累计减轻农民负担13.8亿元。

3. 胜利启动小水电代燃料工程　2003年12月，全国小水电代燃料工程启动会议在四川广安举行，全省首批7个县（项目）的水电代燃料工程胜利启动。通过实施，将新增农村水电装机容量2.51万kW，发展代燃料居民户2.78万户、10.49万人，户均年代燃料用电1700kW·h，平均代燃料到户电价0.20元/（kW·h），有效保护退耕还林面积16.21万亩，保护森林植被面积67.82万亩。

4. 实施资产战略性重组，改革地方电力体制　全省以市场为取向，深化改革，积极调整和完善符合社会主义市场经济要求的管理体制和运营机制，实行资产重组、结构调整、制度创新，走股份制、集团化之路。通过贯彻党的十五大精神和水利部《关于水利系统水电改革与发展的思路》，全省培育了11户实力雄厚的水利“百龙”企业，进一步规范了现有的股份制企业，重点抓了水电集团的组建。

2003年8月，省国有资产管理委员会第五次会议研究决定，并以川国资办（2003）10号文件正式批准设立四川省水电投资经营集团公司，作为四川水电产业集团的母公司，代表省政府统一行使水利地电省级国有资产所有者职能。按国家电力体制配电端改革的要求，坚持地方独立配电公司方向，对每个市、县级地方电力公司进行规范的股份制改造，按现代企业制度的要求，规范和转换企业的体制和机制。

5. 行业管理和企业管理　四川水利系统地方电力行业，长期坚持以深化改革为动力，以市场为导向，以提高效益为中心，以安全生产为基础，以优质服务为宗旨的原则，加强行业和企业管理，促进地方电力改革与发展。通过认真学习贯彻和宣传落实党中央、国务院的文件，坚持独立配电公司方向，实施资产重组，实行“一省两贷”，实施农网城网改造，实施水电农村电气化建设，实施小水电代燃料工程等等，增强了企业竞争能力和行业创新能力。通过清理“四无”水电站，依据《水法》、《电力法》赋予的职责，切实加强水行政主管部门水电职能机构建设，行使水能资源统一管理，行使从前期工作到投产运营全过程的有效行业管理，为杜绝“跑马圈水”无序开发，引导和激发国有资本、集体资本、非公有资本正常有序开发经营农村水电的积极性，打下了良好基础。

6. 主要经验　一是坚持“自建、自管、自用”、“谁投资、谁所有、谁收益”和“多渠道、多层次、多模式办电”的方针，调动了各级各方面发展农村水电的积极性；二是依据农村水电的属性和特点，在国家必要扶持和国有资本引导下，走股份合作制、股份制和集团化之路，并实行“以电养电”政策，建立投入产出良性循环滚动发展的机制；三是坚持大小电网并举共存，各有侧重，稳定和创新地方电力管理体制；四是坚持因地制宜、以农村水电为主，电源与电网同步建设，电力建设与负荷建设协调发展；五是坚持政府组织领导、部门分工负责的目标责任制和企业按市场机制运作的经营方式。

（二）认识与展望

1. 农村水电发展直接关系服务“三农”　四川有150余户地方电力公司、80户独立小水电企业和数量众多的乡村水电企业。以农村水电为主的地方电力的发展，对于支撑和保障这些地区的农村、区域经济发展和社会进步，保护生态，改善环境，建设长江上游生态屏障，发挥了不可替代的作用。

2. 农村水电进入新的发展机遇期　党中央和国务院对农村水电高度重视。中央连续下发了中发[2002] 2号和[2003] 3号文件，为农村水电的发展指明了方向，制定了政策。农村水电进入新的发展机遇期。

3. 新时期新使命　四川农村水电资源目前仅开发18%，开发潜力巨大。新时期要在农村水电资源丰富的山区和丘陵地区大力发展农村水电，实施小水电代燃料工程，建设适应全面建设小康社会要求、不断提高电气化水平的水电农村电气化，并为“川电外送”和四川大开发服务。

4.“十五”及今后10年四川省的主要目标　到2005年，确保建成60个、力争70个水电农村电气化县；全省乡通电率达到100%，基本“消灭”无电村；地方电力装机容量累计达到550万kW；确保城网改造任务超额全面完成，地方电力供电区人均用电量达到500kW·h以上，小水电代燃料户率达到20%，其中退耕还林区、天然林保护区、水土流失重点治理区小水电代燃料户率达到30%左右，小水电代燃料户年均使用代燃料电量1000kW·h以上。到2010年，累计建成110个水电农村电气化县；村通电率达到100%，户通电率达到99%；累计装机容量达到800万kW以上；地方电力供电区人均用电量达到800～1000kW·h，小水电代燃料户率达到40%，其中退耕还林区、天然林保护区、水土流失重点治理区小水电代燃料户率达到60%以上，小水电代燃料户年均使用代燃料电量1500kW·h左右。在发展电源的同时，加强配套电网建设。骨干地方电力企业和各类集团公司全面实现公司制改革，实现规范化营运和法制化管理。为搞好西部大开发，建设长江上游生态屏障，实现经济社会跨越式发展，全面建设小康社会作出更大贡献！

（四川省水利厅　孙砚方）

## 四川省农村水电概况

（一）概述

全省水电资源理论蕴藏量1.4亿kW，技术可开发量1.03亿kW，占全国水电资源可开发量的26%。其中农村水电可开发量2532万kW，居全国第一位。农村水电资源遍布全省各地，主要集中在金沙江、大渡河、岷江、涪江、嘉陵江、渠河上游的盆周山区、丘陵地区、革命老区和少数民族地区。

到2003年底，四川地方电力发电装机容量达到495万kW（农村水电457万kW），年发电量210亿kW·h（农村水电188亿kW·h）。同比占全省电力工业总量的1/4～1/3。35kV及以上供变电设备容量突破1000万kVA大关，10kV配电设备容量1100万kVA，高压输配电线路超过15万km，低压线路60万km，同比占全省电力工业总量的30%～70%。

全省181个县（市、区）中，有170个县开发了农村水电，其中113个县主要靠以农村水电为主体的地方电力供电，占63%；全省地方电力供电乡（镇）3669个，占73%；地方电网供电区范围有2237万户，通电率为98.13%。1998～2002年完成农村电网改造两期总投资84.25亿元，完成1208余个农村电管站的体制改革，改造户表工程733万户；2003年完成县城电网计划投资9.88亿元。截至2003年，全省有104个县建成农村初级电气化县，有6个县建成新时期水电农村电气化县。2003年12月，修订完善了全省首批67个小水电代燃料实施县规划和启动试点规划。

（二）电源建设

截至2003年，全省地方电力在建水电站40座，总装机容量规模165万kW，总投资110亿元；已完成前期工作（完成可行性研究和初步设计）但未开工的地方水电项目共24座，总装机容量137万kW，总投资112亿；已开展前期工作的装机容量1万千瓦以上的地方水电站共15座，总装机容量78万kW，总投资65亿。

（三）电气化建设

“七五”至“九五”期间，全省共建成104个农村水电初级电气化县，超额41%完成国务院下达的建设任务，解决了全省1500多万无电人口的用电问题，“消灭”了无电县，全省新增中小水电装机容量324万kW，已建成的初级电气化县的年人均用电量、国内生产总值、财政收入、农民人均收入基本上实现了五年翻一番，十年翻两番，十五年翻三番。

“十五”期间，国务院部署四川省建设60个水电农村电气化县，占全国400个县的1/6，居全国第一位。截至2002年底，全省启动水电农村电气化工程项目66个，投资规模达11.3亿元。

（四）电网建设

到2002年底，一、二期农网建改共完成投资84.25亿元，超额4.1%完成了国家下达的投资计划任务，顺利完成1208余个农村电管站的体制改革，改造户表工程733万户。经过两期农网改造，农户通电率由94.73%提高到97.71%，电价每千瓦时平均降低0.15元，每年可以减轻农民生活用电负担约3.6亿元。

四川省地方电力系统县城电网建设与改造工程涉及全省16个市州99个县，获国家计委批准总投资24亿元。截至2003年12月底，完成计划投资9.88亿元。

（五）小水电代燃料工程

2003年12月，修订完善了全省首批67个县小水电代燃料工程实施规划和启动试点规划。规划新增小水电装机容量29万kW，发展代燃料居民26万户、96万人，工程总投资16.2亿元，平均到户电价0.205元/（kW·h），工程完成后可有效保护退耕还林面积127.17万亩，保护森林面积287.13万亩。全省7个县（项目）获国家发改委和水利部批准（发改投资［2003］2166号文件），首批启动小水电代燃料试点工程：新增农村水电装机容量2.51万kW，投资计划8507万元，发展代燃料居民户2.78万户、10.49万人，户均年代燃料用电1700kW·h，平均代燃料到户电价0.20元/（kW·h），有效保护退耕还林面积16.21万亩、保护森林植被面积67.82万亩。

（六）经验问题

四川省农村水电建设一贯坚持走股份制、集团化道路，积极实行结构调整、资产重组、制度创新，建立以产权为纽带，兼备投资主体、融资载体、开发经营实体功能的省、市级水电集团公司和股份制企业，增强集团凝聚力，形成互补效应和规模优势，对整合全省地方电力、形成规模经营和优势互补起着重要作用。四川省地方电力推行股份制经历了三个阶段。第一阶段从20世纪60年代开始，实行“三三制”（国家投资1/3、地方投资1/3、社队投劳投料1/3）办电，明确提出以投资比重划分股份，投股分红，实行以电养电。“三三制”办电，既是以电养电政策形成的来源，也是现今股份制的雏形。80年代末遂宁电力股份有限公司和乐山电力股份有限公司成立，标志四川省最早的规范化地方电力股份制企业出现。第二阶段是1992～1997年。这期间股份制被广泛推广到地电企业，有39户改组为股份制企业，股份制改造向规范化方向发展，出现了首家上市公司——乐山电力股份有限公司。第三阶段是1997年以后。全省进一步规范了现有的股份制企业，重点抓了水电集团的组建，于1998年4月成立了四川水利电力产业集团有限责任公司。四川是全国农村水电第一大省，是中国特色农村水电电气化建设的主要发源地，农村水电股份制集团化改革走在全国前列，率先成立省级水电集团公司，率先实行农网改造资金“一省两贷”，率先着手实施小水电代燃料规划与建设试点，被全国誉为出经验、出政策、出成果的小水电之乡。

（四川省水利厅）

## 重庆市农村水电概况

（一）概述

全市水电资源理论蕴藏量1万kW以上河流共124条，总量2298.02万kW，理论年电量2013.06亿kW·h。单站装机容量500kW以上的技术可开发电站共有420座，总装机容量981.85万kW，年发电量445.67亿kW·h。截至2002年底，全市已、正开发装机容量500kW以上的电站共有194座，总装机容量155.74万kW，年发电量67.3亿kW·h。

（二）电网建设

2002年地方电网供电范围包括24个区县级城市和全市80%以上的乡（镇），电网覆盖范围约6.5万$km^2$，占全市幅员面积的80%以上，供电人口近2000多万，占全市总人口的70%。2002年全市县级以上地方电力已拥有固定资产81.4亿元，职工人数已达3万余人，全年实现利税3.5亿元。

（三）电气化县建设

“七五”、“八五”、“九五”期间，先后有22个县（区、市）列入国家农村水电初级电气化县建设计划，最终圆满完成了建设任务。“十五”期间，有万州等14个县（区、市）列入国家“十五”水电农村电气化县建设计划，建设的总目标是：新建电源工程24处，新增发电装机容量47万kW，新增水电年发电量20.21亿kW·h。到2010年，拟完成电站151座

310台机组，新增装机容量76.47万kW，新增年发电量32.88亿kW·h。

“十五”电气化县建设总计已新增装机容量5.576万kW，农村人均用电量达到270kW·h，农村户均生活用电量达到288kW·h。

（四）小水电代燃料工程

2003年，完成了《重庆市“十五”期间及2010年小水电代燃料生态工程规划》和18个区县（市）的《小水电代燃料生态工程试点项目实施方案》的编制。并启动了巫溪县大溪1号电站作为“小水电代燃料”生态保护工程的试点，此工程的建成，将解决高竹乡、乌龙乡1500户的燃料问题。

（五）体制改革

在农村水电初级电气化建设过程中，按照建立现代企业制度的要求，初步完成了13家区县电力公司的股份制改造。在此基础上，进一步以资产为纽带，引导区县水电企业走集团化、规模化的发展路子，先后组建了“三峡水利”、“乌江电力”、“川东电力”等三家区域性的地方水电企业集团。“三峡水利”、“乌江电力”两家集团经过进一步的资产优化重组，将其中优良资产重组后成为上市公司，共募集资金约10亿元，盘活了存量资产，为水电开发注入了新的活力。

1998年，为进一步发展水电企业集团化经营规模，争取农网改造项目实施权，在市级层次组建了重庆市水利电力产业（集团）有限责任公司，培育起了全市水利系统水电的龙头企业，大大增强了水电行业的竞争实力。在“十五”水电农村电气化建设中，组建了重庆渝源水电开发有限公司，对实施电气化县经营性建设项目实行资产管理，代表国家对电气化建设所形成的经营性资产进行管理，确保其保值增值。

（六）存在问题

重庆市农村水电发展目前存在的主要问题：①资金匮乏，国家对农村水电的投入少，贷款困难，导致水电建设进度缓慢；②体制不配套，有关政策规定不利于农村水电的建设和管理，导致了水能资源的无序开发；③现行电价既背离价值规律，又不能反映供求关系，不利于通过市场配置资源，影响了水电企业的发展；④供电部门有的做法影响了投资者的利益，挫伤了投资办电的积极性；⑤相当多的农村水电是依附水利工程而建，除了发电，还兼有防洪、灌溉等综合功能，汛期弃水、灌溉和供水用水都影响到发电的用水。

（七）政策措施

（1）打破垄断，搞活机制，实行开放办电，营造有利的投资环境，对所有投资者给予相同待遇。

（2）领导高度重视，把农村水电的发展纳入电力发展总体规划，并作为新的经济增长点和支柱产业进行大力培育。

（3）采取不同形式的资产联结方式，保护、扶持，加快水电发展。

（4）承认农村水电形成的历史，正视客观存在的现实，对中央电力与地方电力的发展空间进行科学、准确的界定，确保双方的合法权益，保证多家办电积极性。

（5）优先开发具有调节库容的流域梯级电站，实现滚动开发；并优先考虑建成电站的技改扩容和挖潜革新。

（6）建立地方电力配套政策，如鼓励发展清洁可再生能源，农村水电企业继续执行6%的增值税，对5万kW以下的水电站实行电量优先足额上网，电价取竞价的综合电价，加快实现环保排放折价标准，制定农村水电管理条例等。

（重庆市水利局）

## 贵州水电发展的思考（摘要）

贵州是我国典型岩溶山区，地处云贵高原东侧阶梯状大斜坡地带。全省处长江、珠江上游分水岭地带，多中小型河流，河网密度大，多深切峡谷。全省多年平均年降雨量1191mm，多年平均年水资源总量1035亿$m^3$，另有过境客水291.7亿$m^3$。河流坡降陡，产水模数高，河流上下游落差多有500～1000m左右。经2003年复查，全省水力资源理论蕴藏量大于1万kW以上的河流共170条，总量1814万kW，居全国第六位。全省水力资源超过1万kW的有79个县，超过5万kW的有38个县，中小水电资源分布较广较匀。工程简单、指标优越，便于择优开发。一些河流上游梯级，多具备兴建“龙头水库”的条件，梯级开发的效益显著。

贵州小水电已有60年的历史，现全省已建成中小型水电站130.77万kW，年发电量44亿kW·h，为促进地方经济的发展、促进贫困山区群众的脱贫致富发挥了巨大的作用。

总结建国几十年来在岩溶山区水利水电建设的实践经验，对贵州治水方略归纳建议如下：

1. 治水办电方针方面

（1）贵州水利水电要采取“蓄、提、排、调（含引）、节、保、管、法”的八字方针，即蓄洪抗旱兴利，山区提水兴利，排涝保安，上下游、水库、径流、洪、枯互补调节，节水节能，保护生态环境，科学调度管理，依法治水办电，以实现社会经济健康的可持续发展。

（2）要尽可能做到“多蓄水、多建站、多装机、多提水、多利用”，以取得多效益。多蓄水，就是要研究水文、地质、淹没、社会经济等条件，尽可能多蓄水，使水库能起日、周、旬、月、季、年调节等作用。在水库淹没允许的情况下，可提高正常蓄水位。水位提高1m，所增库容较大，能多增电量；增库容可能比增水头利大。多建站，就是要跨流域及上、下游多建水库、水利工程及水电站等，以起相互调节补充作用。多装机，就是要使汛期多利用水能资源，多发电。在汛期半年要多发展负荷，在枯期可发展不影响生产生活的日内5～8h、周内5～6天的短时负荷。要多注意保证一些短时小负荷，以满足人民生活及精神文明的需要。多提水，提水除就近利用水电较经济兴利外，也可起上下游补水蓄能兴利作用。多利用，就是要开展水利水电的综合利用，发展各地的一、二、三产业及优化生态环境、文化旅游等业。希望各地在实践中加强互相支持，协商立法，妥善管理，发挥效益。

2. 发展目标与措施方面　贵州水电资源丰富，但由于多种因素，省内中小型水电站只建成130.77万kW，潜力尚大。为了建设中国特色社会主义，实现健民利民，富民富乡，强县兴黔利国，要急起直追，加快发展，使全省人均拥有中小水电100～200W，有些水力资源较丰富的县应达人均300～500W。建议各县应首先围绕境内河流，学习各地办电的好经验，核实规划，以符合质优安全和长期运行、效益优越的建设原则；努力做好勘测设计等前期工作，实践中小水电建管新模式；建立投资多元化的股份制或股份合作制中小水电企业，组建省级水电集团公司；改革管理体制和运营机制，对水资源要依法切实统一统筹管理。希望恢复地方独立电力企业，按国家电价改革方案，合理制定中小水电上网电量电价。要求国家制定政策对老少边穷后进山区，继续按过去曾实行的对小水电投资按国家、地方补助、自筹各1/3或按2000元/kW的办法扶贫扶持，给予财税优惠待遇，以促进后进地区尽快发展。

（贵州省水利厅　李家平）

## 贵州省农村水电概况

（一）资源

贵州省水力资源丰富，水力资源理论蕴藏量1874.5万kW。水力资源可开发量1683.3万kW，其中中小水电674.3万kW。水电资源在1万kW以上的县有79个，5万kW以上的县38个。截至2003年，农村水电装机容量105万kW，年发电量44亿kW·h，均占全省水电装机和水电发电量的1/3以上。全省87个县（区、市）中80个建有农村水电站，资产超过40亿元。有水利系统电网的县50个，有26个县以农村水电供电为主。

（二）电气化建设

经过“七五”、“八五”、“九五”三批电气化县建设，共建成了21个农村水电初级电气化县，700万人步入农村初级电气化，300万人告别无电历史，取得了新增装机容量21万kW的成就。全省乡、村、户通电率分别为100%、97.57%、92.42%。全省1460个乡（镇）中有957个靠农村水电供电，占65.55%；25649个行政村中有15732个靠农村水电供电，占61.34%。全省“十五”期间进行12个水电农村电气化县建设。截至2002年底，已全面启动“十五”期间12个水电农村电气化县建设和3个备选县的建设，开工建设电气化项目电源点39处，总装机容量11.415万kW，总投资5.95亿元，完成投资1.09亿元。

（三）小水电代燃料工程

全省共有61个县进行了小水电代燃料生态工程规划，共180个项目。规划在2010年，新建中小水电站装机容量201万kW，新增年发电量100.27亿kW·h，项目区代燃料户190.1万户，项目总投资132.5亿元。完成了31个小水电代燃料试点项目实施方案的编制。其中17个县共17个试点项目实施方案上报水利部和国家发改委。17个县新增水电装机容量3.913万kW，年发电量2.2亿kW·h。可解决4.5万户、18.7万人农村居民的基本生活燃料问题，保护退耕还林面积18.9万亩，保护森林面积59.5万亩。项目总投资2.45亿元。

（四）作用意义

通过建设电气化县，使国内生产总值、财政收入、农民人均纯收入、人均用电量等都实现了5年翻番的目标，发展速度明显高于全省水平。农民收入增加，加快了农民脱贫致富步伐，加快了边远贫困山区、少数民族地区和革命老区的经济发展。坚持治水与办电相结合，建成了一批综合利用水利枢纽工程，在发电的同时，增加了防洪、灌溉、供水、旅游等效益，形成“以水发电、以电养水”的水利发展格局，提高了防汛抗旱、旱涝保收能力，促进了农业增产、农民增收和农村经济的发展，加快了中小河流的综合治理开发。农村水电供电区居民不同程度地使用电炊，一些县实施了以电代柴工程，减少了森林砍伐，促进了退耕还林、生态建设、环境保护和可持续发展。2002年，全省农村水电发电量40亿kW·h，相当于消耗150万t标准煤，减少排放360万t二氧化碳和其他大量有害气体，减少了大气污染。

（五）发展经验

农村水电及电气化建设和发展，离不开各级政府和部门的重视和支持；农村水电事业必须坚持为农业、农村、农民服务的方向，得到广大群众的积极拥护；农村水电在国家的扶持下兴办，地方与群众办得起，有利于地方经济发展，符合我国国情和现阶段生产力水平；在农村水电建设中，贯彻执行了“谁建、谁有、谁受益”、“自建、自管、自用”的方针，实行了“以电养电”、“小水电要有自己的供电区”等政策措施；制订符合实际、经济可行、科学合理、具有可操作性、便于实施的农村水电及电气化全面规划；制定一系列保护和规范农村水电发展的制度、法规和标准；积极推行股份制和股份合作制，充分发挥市场配置资源的优势，拓宽投融资渠道，积极引进外资，筹集社会各方资金，形成多元化的投资体系；制定有关办法，规范、强化水能资源的统一管理。

（贵州省水利厅）

## 云南省农村水电概况

（一）水电资源

全省水能资源主要集中于金沙江、澜沧江、怒江、红河（元江）、南盘江、伊洛瓦底江六大水系，水能资源理论蕴藏量10364万kW，可开发量9570万kW，占全国可开发量3.7亿kW的四分之一，居全国第二位。农村水电资源可开发量1204万kW，占全国的9.4%。全省128个县（市）中有118个县（市）可开发1万kW以上农村水电。

（二）电源建设

到2003年底，农村水电装机容量281万kW，年发电量114亿kW·h。地方电力装机容量和年发电量均占全省的三分之一。

（三）电网建设

2003年11月，云南水利系统全面完成负责实施的33个县一、二期农网改造工程总投资13.48亿元的任务。完成工程：新建110kV变电站56.5MVA，新建110kV线路35.36km，改造110kV变电站30MVA；新建35kV变电站84.85MVA，改造35kV变电站36.6MVA；新建35kV线路563.72km，改造35kV线路28.68km；新建及改造10kV线路10035.46km，新建10kV开关站13座；新增更换配电变压器12263台；新建及改造400V线路21215.5km；配套完成“一户一表”改造110.3万户，“一户一表”改造后平均覆盖率48.9%。农网改造后，农村电价平均下降0.26元/（kW·h），2002年、2003年33个县共减轻农民电费负担8042万元。地方电力企业拥有固定资产原值160亿元，净值95亿元。2002年度全省地方电力售电总收入达37.6亿元，上交税金4.2亿元，实现利润1.5亿元。

（四）电气化建设

“七五”至“九五”期间，全省累计建成了76个全国农村水电初级电气化县和1个农村水电初级电气化州，至2002年底，全省乡、村、户通电率分别达到100%、98.7%和92.5%。

到2005年全省将建成46个水电农村电气化县，实现户通电率98.42%，人均年用电量450kW·h，户均年生活用电量463kW·h，用电保证率95%以上，以电代柴户46.85%以上。规划总投资估算51亿元。到2010年将建成80个水电农村电气化县。

（五）小水电代燃料工程

全省完成了14个地区（州、市）59个县的小水电代燃料生态保护工程规划，并编制了17个县的小水电代燃料生态保护工程试点项目实施方案，2003年底已正式启动了6个试点县建设。

规划以2000年作为规划基准年，2005年作为近期规划水平年，2010年作为远景规划水平年。到2005年实现下列定量指标：村通电率97.5%，户通电率92.5%，用电保证率达到95%以上。34.58%的居民实现小水电代燃料，代燃料户达到126.97万户，290万人。森林覆盖率由基准年的27.36%提高到29%，水土流失治理面积由基准年的3546万亩减少到2238万亩，退耕还林、还草面积由基准年的199万亩退还到555万亩。

（六）主要问题

云南省农村水电建设存在的问题主要表现为“三低一弱”和“四不二滞”。“三低一弱”指开发程度低、用电水平低、集约化经营程度低与竞争实力弱。目前已开发的中小水电资源仅占中小水电可开发量的18.5%，有80%的资源尚未开发；全省人均年用电量仅为全国平均水平的75%，老、少、边、穷地区人均年用电量仅为全省的35%左右；中小水电长期以来形成“散而小”的状况，丰枯、峰谷矛盾十分突出，自身调节能力差，规模小，参与竞争实力弱。“四不二滞”指管理体制不顺、运行机制不活、产权关系不明晰、上网调度不规范，流域规划滞后和电网建设滞后。

（七）发展目标

到2005年，全省建成46个水电农村电气化县，启动和推进小水电代燃料生态保护工程，基本解决无电人口用电问题。到2010年，力争形成县级输配电网络，基本形成地州市区域主网结构，建成水电农村电气化县80个。

（八）电力扶贫

到2002年底，全省尚有300万农村人口没有解决用电问题。全省“电力扶贫”工程，一是重点解决无电人口的用电问题，“十五”期间，由水利系统负责解决33个县约50万无电人口的用电问题；二是实施100个边境民族贫困乡建设，计划从“十五”至“十一五”对100个边境民族贫困乡进行农村通电建设，规划投资1.14亿元。

（云南省水利厅）

## 陕西省农村水电概况

（一）概述

陕西省水电资源理论蕴藏量1438.46万kW，可开发量666万kW，农村水电可开发量224万kW。

“七五”至“九五”期间，共建成农村水电初级电气化县31个（第一批1个、第二批5个、第三批25个），2003年开始实施13个“十五”水电电气化县建设，在建规模20万kW。

（二）建设历程

1995～2003年为第三批水电初级电气化县建设及“十五”电气化建设阶段。有25个县被列入第三批水电初级电气化县建设，数量居全国第三位，建设的5年期间新增装机容量24万kW，是建国46年的总和。“七五”至“九五”，共建成农村水电初级电气化县31个，“九五”五年全省水电投产19万kW。

（三）电气化建设

1996年，陕西省的镇坪、太白等25个县被列入全国第三批农村水电初级电气化县，数量居全国第三位。2000年10月，25个电气化县全面达标验收。

2001年底全省共13个县全面启动“十五”农村水电电气化县建设。截至2003年底，在建水电站27座，总装机容量22.3万kW。

第三批农村水电初级电气化县建设共新增水电装机容量42万kW，全省水力资源开发率已达到23.9%，提高了10个百分点，与全国平均水平基本持平。

（四）规划展望

到2005年，全省农村水电装机确保达到55万kW，力争达到65万kW，年发电量达到30亿kW·h，资源开发率达到30%以上；建成13个水电农村电气化县，启动和推进小水电代燃料生态保护工程；使农村水电技术先进、经营管理规范、企业经营活力增强、市场体系完善，并促进生态环境改善。

2003年《陕西省小水电代燃料生态保护工程规划》共涉及33个县，工程计划实现代燃料户47.9万户，使规划区代燃料户率从7%上升到57.9%。规划新建、扩建电站151处，新增装机容量42.9万kW。项目总投资53.4亿元，其中电源工程37.8亿元。预计项目实施后，项目区林草覆盖率将达到59%以上，将有效防止水土流失面积313万亩（合2087km$^2$），保护天然林及退耕还林面积761万亩（合5073km$^2$）。33个县的工农业总产值将从451.5亿元提高到1064亿元，农村年人均收入从1240元提高到2896元。

（陕西省水利厅）

## 甘肃省农村水电概况

（一）概述

甘肃省开发农村水电的县57个，以农村水电供电为主的县33个，水利系统管理的县水电固定资产达57亿元。全省县、乡、村、户的通电率分别达到100%、100%、95.73%、95.06%，农村水电已遍及全省1/2的地域、1/2的县市、1/3的人口。截至2003年底，全省地方水电装机容量43.5万kW，实现年发电量14.5亿kW·h。

（二）资源

甘肃省分属长江、黄河、内陆河三大流域，总径流量584.77亿m$^3$，其中1亿m$^3$以上的河流78条。全省水电资源丰富，理论蕴藏量1724万kW，可开发量1051万kW，可供开发建设大型水电站装机容量561.57万kW，中小型水电站装机容量489.43万kW。

（三）电源建设

2003年底，全省地方水电站累计达496座，装机容量56.3万kW，年发电量14.5亿kW·h。2003年，全省在建农村水电站60座，在建规模51万kW，新开工电站34座，装机容量22.678万kW，各骨干电源工程如古城水电站已投产，尼傲峡水电站二期工程、丁家峡水电站（全省第一个小水电代燃料生态保护工程示范项目）、达拉河口、尼傲加尕水电站等也正式开工建设。全省农村水电建设提前两年超额完成“十五”期间新增18.48万kW的装机目标。预计到“十五”末，全省可新增水电装机容量40万kW，实现年发电量30.9亿kW·h，建设速度和规模超过前40年的总和。

（四）电气化建设

全省28个县实现了农村水电初级电气化县，“十五”期间全省有23个县被列入全国水电农村电气化县建设行列。到2003年底，已实现装机容量28.13万kW，累计完成投资175002万元（中央投资7710万元，地方配套、贷款、自筹共167292万元），2002年完成投资7.18亿元，人均用电量和户均生活用电量均达350kW·h以上。水电农村电气化县国内生产总值年增率达到9%，工业、农业、乡镇企业产值增长率分别为18%、9.94%、5%，发展速度明显高于全省平均水平。

（五）小水电代燃料工程

永昌等15个小水电代燃料试点县（区）拟定项目总投资6.82亿元，装机容量8.14万kW，年发电量3.79亿kW·h，可保护退耕还林面积83.61万亩，森林植被面积324.65万亩，将全面解决代燃料区7.5万户、33.85万农村居民的生活燃料需要。

（六）电网建设

全省地方电力系统形成农村电网资产近10亿元，并建立了比较完善的电源、电网网络和供电结构，初步形成了甘南、临夏、陇南、金昌、张掖、酒泉（肃北、阿克塞、敦煌）等以农村水电站供电为主的区域电网和县电网，逐步联成了完善的县级电网，并与大电网联网运行。

（七）经营管理

全省大部分地方电力的建设与管理，归口于省水利部门，并由水利部门实行行业管理，大部分县成立了隶属水利部门管理的水电公司或电力公司、供电公司等管理机构，落实了“小水电要有自己的供电区”、“谁建、谁有、谁受益”等有关政策。

（甘肃省水利厅）

## 青海省农村水电概况

（一）资源

青海省境内水电资源丰富，农村水电资源1324万kW，可开发610万kW，年发电239亿kW·h，开发前景十分广阔。

（二）概述

全省39个县（市），开发了农村水电的县达到35个，主要由农村水电供电的县21个，地方电网直供直管县14个。全省422个乡（镇）中农村水电供电的有160个，4123个村中农村水电供电的有1768个。建成10个农村水电初级电气化县。

（三）电站建设

小水电建设经历了由小到大，由农业区到牧业区的发展过程，特别是改革开放以来，小水电得到了迅猛发展。到2003年，建成小水电站163座，装机容量27.5万kW，年发电量12.5亿kW·h。

（四）电气化建设

全省已建成10个农村水电初级电气化县，全部都在少数民族聚集区，其中国家级和省级贫困县4个，10县总人口55.16万人，占全省总人口的10.8%。10个农村电气化县的农村水电开发和地方供电网络建设共投入资金7亿多元，共新建水电站29座，装机容量80929kW，新建高低压线路2780km，新增变配电容量388703kVA。极大的促进了农牧区经济发展和生态环境的改善，分别实现了用电量、国内生产总值、财政收入、农牧民人均纯收入较大幅度的增长，发展速度均赶上或超过了全国平均水平。

（五）政策经验

相继出台了地方水电企业执行6%增值税率、小水电电量每千瓦时2厘的让利扶持、提高小水电上网电价（小水电上网执行0.25～0.30元/(kW·h)的电价）等鼓励政策。许多少数民族地区也制定了税收先征后返，减免土地出让金等政策措施。很多地区的小水电建设已基本打破了独家办电的垄断格局，形成了国有、集体、私营、股份制等多种投资成分。

（青海省水利厅）

## 新疆农村水电概况

（一）资源

全疆水电资源理论蕴藏量3681万kW，占全国水电资源理论蕴藏量6.76亿kW的5.45%，居全国第四位。经济可开发量为1819.9万kW，农村水电资源为714.1万kW，占可开发量的39.2%。

技术可开发量中1万kW以上的水电站207座，装机容量1557万kW，年发电量666.57亿kW·h；500kW以上的电站可开发518座，装机容量1656.49万kW，年发电量712.59亿kW·h。

经济可开发量中1万kW以上的水电站196座，装机容量1472.2万kW，年发电量638.96亿kW·h；500kW以上的电站可开发495座，装机容量1567.05万kW，年发电量682.81亿kW·h；500kW以下的电站装机容量720万kW，年发电量1.80亿kW·h。

（二）开发利用

2002年底，全区已、正开发水电装机176.004万kW，其中装机容量在500kW以上的已、正开发水电站213座，总装机容量170.67万kW（包括灌区水电站），年发电量60亿kW·h。已上网水电站装机容量105.2万kW，占经济可开发量的5.7%，上网电量35.26亿kW·h，占年发电量的58.77%。装机容量500kW以下已、正开发的微型水电站198座，总装机容量5.33万kW，年发电量1.33亿kW·h。

已开发的水电总容量仅占经济可开发量的9.67%，占理论蕴藏量的4.78%，开发潜力巨大。

（三）电气化建设

2000年，新疆第三批农村初级电气化县建设圆满结束。验收审查中有14初级个电气化建设县（市）达标情况良好，人均用电量达到150kW·h，年户均用电量达150kW·h，户通电率平均达94%，综合网损率为10.7%。

2001年，新疆有布尔津等20个县（市）被列入国家“十五”期间农村电气化县建设行列。水电装机容量达到56.95万kW，年发电量达16.96亿kW·h。

2002年底，新疆水电装机容量达到58.28万kW，年发电量达到17.98亿kW·h。

（四）小水电代燃料工程

2002年7月，全区共完成了31个县（市）的小水电代燃料规划以及自治区小水电代燃料总体规划的编制。

2003年4月，水利厅向水利部上报了12个县（市）的小水电代燃料试点项目实施方案，通过国家审查后将分批实施。

（五）政策措施

实行“自建、自管、自用”和“以电养电”等政策，规定小水电的发供电收入和利润不纳入各级财政预算，免缴所得税，收益用于小水电的建设和改造；有些地区国家农业银行对社、队办电站实行低息贷款，人民银行给县办电站实行中短期贷款；办电重点主要放在已建小水电的工程配套和输变电工程的安装上；有条件的地方仍然积极发展小水电。

（六）存在问题

新疆农村水电在电网建设上始终是一个薄弱环节。农村水电规模小、供电区分散、负荷小，大部分实行自发自供，没有自己的电网，即使有独立供电区的电站，电网建设也不完善，在电力体制改革中很容易被上划、上收。

（七）发展规划

2004～2010年规划建设农村水电站86座，总装机容量52.8万kW，年发电量19.24亿kW·h。2020年计划建设农村水电站61座，装机容量47.1万kW，发电量17.74kW·h。

（新疆水利厅）

## 新疆生产建设兵团农村水电概况

（一）概述

兵团成立以来，结合河道治理综合开发，积极发展了垦区水利水电事业，特别是在党的十一届三中全会以后，兵团的水利水电事业有了较大的发展，为振兴兵团经济，提高职工物质文化生活水平，实现垦区农村电气化，发挥了重要作用。

（二）资源

新疆境内的阿尔泰山、天山、昆仑山三大山脉中分布着许多大小河流，拥有极其丰富的水力资源。兵团的水力资源主要分布在各师所属的独立河流区域内，有的师与地方处在一个水系内。初步调查，农村水电蕴藏量为234万kW，可开发量78万kW，已开发17.61万kW，占22.6%。

（三）电源建设

兵团的小水电事业从无到有、从小到大逐步发展起来。截至2003年底，兵团累计共建成农村水电站70座，装机总容量15.36万kW，年发电量5.9亿kW·h。

（四）电网建设

垦区电网做到了与电源和用电负荷相匹配的同步建设，建立了自己的供电区，为充分发挥水力资源效益创造了条件。

截至2002年底，兵团拥有35kV以上电压线路5186km，其中35kV线路3927km，110kV线路1259km。已建立110kV电网6个，35kV电网12个，10kV以下配电网比较完善，通电率90%以上。

（五）电气化县建设

在水利部的关心和大力支持下，兵团先后有3个垦区5个团场被列入全国第二批、第三批、第四批农村水电电气化县建设。

“十五”期间兵团垦区农一师5团、农二师36团、农五师91团、农七师125团、农十师181团被列入全国400个水电农村电气化县建设中。

兵团“十五”期间农村水电电气化县建设总规划新（扩）建小水电站7座，总装机容量6060kW，其中新建2座，装机容量2490kW；扩建5座，装机容量3570kW。电网建设方面，新（扩）建110kV变电所2座，总容量1.26万kVA；新（扩）建35kV线路69.3km；新建改造10（0.4）kV线路362.2km；建配电变106台，总容量9815kVA。总计所需投资7839万元。截至2002年底已完成投资1907.3万元，完成任务的24.3%。要加强领导、强化管理、积极筹措资金，力争在最后的三年内完成5个项目团农村电气化建设任务。

（六）规划

兵团的小水电建设，结合“流域、综合、梯级、滚动”开发，建立自己的供电区，坚持“自建、自管、自用”的方针和“以电养电”政策。在“九五”末已达到水电装机容量16.56kW、年发电量7.5kW·h的基础上，规划到2010年，水电装机容量达到22万kW，新增装机容量5.44万kW，新增年发电量2.5亿kW·h，计划每年以5000kW的速度增长。同时实现电网与电源、用电负荷同步增长，“十五”末110kV电网将发展到7个，35kV电网发展到14个，14个农业师的173个农牧团场实现通电面95%以上，5个垦区实现农村水电电气化，为垦区经济发展职工致富创造有利条件。

（新疆建设兵团）

中国水力发电年鉴（2003）

20

# 人物、机构与学术团体

## 2003年9月18日～23日，川、滇、黔、桂四省（区）水电学会期刊工作研讨会暨秘书长工作会在蓉召开

会议会场

《四川水力发电》编委会副主任委员梁川致辞

杨桦代表四川省水电学会致辞

《云南水力发电》吕仕智主编发言

《贵州水力发电》常务副主编崔燕发言

《红水河》杂志张雄林高工发言

出席会议的代表们

## 2003年12月4日～5日，四川省水力发电工程学会秘书工作会议在都江堰召开

大会会场

樊天龙秘书长主持会议并讲话

# 人 物

## 中国工程院院士 陆佑楣

陆佑楣，男，中共党员，江苏省人，1934年1月出生，1956年毕业于华东水利学院，主修河川结构及水电站专业，教授级高级工程师。

陆佑楣是我国著名的水利水电专家，曾任水利电力部、能源部副部长，中国长江三峡工程开发总公司总经理，中国大坝委员会主席。1956年大学毕业，47年来先后参加、主持了刘家峡、盐锅峡、石泉、安康、龙羊峡和三峡工程等国家重点工程建设和管理工作。他理论基础扎实，工程经验丰富，解决了一系列重大技术及管理难题，成绩卓著，贡献突出。

（1）在三峡工程的论证、建设、管理、发展上做出了重要贡献。

1）1986～1990年，任三峡工程论证领导小组副组长，负责水库水位和综合专题组工作。在工作过程中，圆满地完成了论证和组织管理工作，充分体现科学性和民主性，实践证明了论证结论的正确性。

2）1993～2003年，任中国长江三峡工程开发总公司总经理，全面主持三峡工程的建设。决策成立了技术委员会，聘请专家，组成审查组，研究和解决了初设阶段未确定或需优化的重大方案和技术经济问题，保证和提高了设计质量。在工程建设中有效地实行项目法人负责制，坚持公开、公平、公正招标制度，规范合同管理，没有出现重大违规违纪事件。提出“双零”（零质量事故、零安全事故）的建设管理目标，建立完整的质量和安全控制体系。他决策开发三峡工程信息管理系统，促进工程管理的信息化和规范化。建立了静态控制、动态管理的工程概算体系，有效控制工程投资，实现多元化的筹资方案。经过十年实践，工程进度符合计划要求，质量满足设计要求，投资控制在概算之内，并创造了一批水电建设的世界纪录。2003年实现了蓄水、发电和通航的目标。

3）在三峡工程建设中组织研究并决策了一系列重大技术方案，多项成果具有世界领先水平。如大江截流及深水高土石围堰施工、永久船闸高边坡稳定、大坝混凝土快速施工技术等，确保了工程建设进展。特别是主持大坝混凝土快速施工新技术的研究和施工方案的决策，选定以塔式皮带输送机为主的综合机械化施工方案，从传统的吊罐浇筑系统转变为连续浇筑系统，是三峡工程如期实现目标的重要决策，1999～2001年连续三年三破世界纪录，三年浇筑总量高达1409万$m^3$。其中2000年创造了混凝土年浇筑548万$m^3$世界新纪录，大坝混凝土快速施工新技术的研究及实践达到国际领先水平，产生了巨大的经济效益和社会效益，获2002年度湖北省科技进步一等奖，并申报国家奖。又如，继1997年大江顺利截流后，在水深60m，地形复杂、覆盖层深厚的河床中利用一个枯水季节，优质高速地完成了堰体混凝土防渗墙施工，建成了挡水80m的上、下游围堰，做到“滴水不漏”，经历了1998年8次大洪峰考验，保证了大坝、发电厂房的安全施工。在对外交通问题上，经深入研究坚决采用高等级公路方案，否定了一些专家坚持的铁路方案，实践证明公路方案不仅满足工程建设需要，同时具有长远的社会和经济效益。建议并实现了坝区的封闭管理和工程建设与环境建设同步发展，使三峡工地成为环境优美的文明工地。

4）主持中国长江三峡工程开发总公司发展战略研究，提出以工程建设、电力生产为主，同时发展多种经营及金融产业，四大产业有机结合的发展战略思想，推动了企业改制，实现了生产经营与资本经营的结合。在流域梯级开发方面创立了“持续融资、滚动开发”新模式。在改制重组过程中，转换经营机制，精简管理层次，建立有效的激励约束机制和评价体系，全面推进现代企业制度的建设。这些做法符合社会主义市场经济体制和现代化企业的要求，为实现中国长江三峡工程开发总公司的可持续发展与时俱进地拓宽了营运市场。

（2）成功地研究和决策了一些重大工程技术和工程管理问题。

1）1987年在漫湾水电站施工中，右岸坝坡岩体发生严重滑坡，工程难以继续。通过分析客观条件，权衡得失，陆佑楣同志果断决定修改设计，在河床中减少1台机组，作为二期建设移至导流洞内，不再深挖右岸坡脚，避开了深层滑动面，稳住了岩体，保证了工程如期建成发电。

2）福建水口电站是利用世行贷款项目，由中外联营体中标承包的，建设初期发生了严重的管理体制和施工技术矛盾。陆佑楣同志负责与世行代表团谈判，保证了合同的履行，最终决定撤走大部分外商人员，留下少量外商骨干，改联营体以中方为主，既发挥外方的管理优势，又发挥中方潜力，保证了合同的履行和工程顺利进行，如期发电。

3)1986年龙羊峡水电站下闸蓄水，由于水库库容大，下游部分河段将断流，影响下游用水。他率四省有关部门沿河调研协调，提出合理的蓄水方案，解决矛盾，保证了水库蓄水。

4)促进南方电网的形成，实现初期的“西电东送”。1991年会同原国家能源投资公司、两广及云贵四省区有关负责同志考察了云南澜沧江水力资源，经努力协商达成协议，电力联营、“西电东送”的格局初步形成。

(3) 1984～1992年，在水电部和能源部任职，主管全国水电工作，积极推进水电工程管理体制改革。鲁布革水电站建设中使用世界银行贷款，引进了国外承包商，使中国水电工程首次接触到国际先进的管理模式和工程技术，并将其经验推广到全国的水电建设中。其后，即用新的模式建设了二滩水电站，创立业主负责制、工程监理制和招标承包制，实现政企分开，明确各自职责，保证了二滩电站的顺利建成。同时在水口、漫湾、隔河岩、李家峡等新开工项目中普遍推广，改变了过去的局面，使我国的水电建设体制发生了本质变化。

(4) 在陆佑楣同志的努力下，我国于1996年成功地获准在北京举办第20届国际大坝会议，并在2000年出色地组织了这次会议，共有69个国家1900多名代表出席会议，交流筑坝技术，展示我国成就，得到普遍好评。为此荣获第70届国际大坝委员会奖。

(5) 陆佑楣同志学风正派，严谨务实，有创新意识，敢于采用先进技术。具有大局意识，既遵循科学民主，又果断决策。廉洁自律，对自己和所领导的部门要求极严，为我国的水利水电工程技术和管理做出了重大贡献。

(中国长江三峡工程开发总公司　杨慎勤)

## 中国工程院院士　张超然

张超然，男，中共党员，浙江省人，1940年8月出生，1966年毕业于清华大学水利水电工程系，主修水利水电工程专业。教授级高级工程师。

38年来，张超然一直在一线从事西南地区和长江水利水电工程的技术实践工作。他主持和参加了我国20世纪已建成的最大水电站——二滩水电站的勘测设计工作；主持和参加国家科技攻关，解决了若干重大关键技术问题，达到国际先进或领先水平；主持过金沙江溪洛渡，四川锦屏一级高坝、官地、沙牌，西藏羊卓雍湖等大中型水电站的可行性论证研究和勘测设计工作，贡献突出。他参与世界最大水利枢纽——三峡工程重大技术问题的决策，负责协调和解决现场工程技术难题，为工程建设和确保工程质量作出了突出的贡献。

(一) 主持和参加了我国20世纪已建成的最大水电站——二滩水电站的设计和科技创新

1983～1996年任成都勘测设计院总工程师兼二滩水电站设计总工程师，负责该电站的勘测设计。1998年二滩水电站头两台机组发电，标志我国水电建设已进入国际先进行列，并被登入《1998年中国十大科技进展》。张超然同志是二滩水电站初步设计主要负责人，是初步设计报告的主要审定和执笔人，负责二滩水电站初步设计优化、招标设计要点报告和国际招标设计文件的编制。他主持完成坝基岩石力学参数取值方法、拱坝坝肩开挖深度、坝基处理、拱坝体型优化，混凝土材料特性、泄洪消能优化、地下厂房三大洞室合理间距与支护，以及世界上最大和运用条件特别复杂的导流洞优化等关键技术研究，工程设计达国标先进水平。编制的《二滩土建工程国际招标文件》，获世界银行高度评价，被确定为东南亚地区世界银行国际招标工程标书的典范。任二滩水电站现场设计代表处处长和主管技术副院长，负责现场设计、审签技施图纸和协调大坝国际标的现场监理。因在二滩水电站勘测设计工作中作出突出贡献、成绩卓著，1992年被国家授予有突出贡献的中青年专家称号并享受政府特殊津贴。

在针对二滩水电站的技术难题开展的国家“七五”科技攻关《高混凝土坝设计计算方法与设计准则研究》(17-02-02)、《高混凝土拱坝泄洪和消能研究》和《高坝坝基岩体稳定性评价及可利用岩体质量的研究》3个专题研究中，张超然同志作为设计总工程师，负责3个专题的技术支持和成果应用，同时又是17-02-02专题的第一负责人，该专题经国家鉴定，总体达国际先进水平，其中拱坝体型优化和高拱坝抗震研究达国际领先水平，获1991年能源部科技进步一等奖。3个专题研究成果应用于二滩水电站设计，取得2亿多元经济效益（1986年价格水平）。主管和参加国家“八五”《高强度大体积混凝土材料特性研究》(85-208-01-03)、《100m级碾压混凝土拱坝结构设计和新材料研究》等专题科技攻关，其中85-208-01-03是结合二滩高拱坝混凝土现场施工的专题，获1998年国家科技进步三等奖。

(二) 主持溪洛渡等一批工程条件复杂的大中型水电站勘测设计工作，为西南水电开发作出突出贡献

溪洛渡水电站仅次于三峡工程的规模，装机容量1260万kW，系世界第二大水电站。张超然任成都勘测设计院总工程师期间，主管溪洛渡水电站的预可行性研究。该电站位于高地震烈度地区，双曲拱坝高达278m，

其中高拱坝抗震、狭窄河谷大流量泄洪消能和施工导流、特高边坡稳定、世界上最大的地下厂房围岩稳定及施工组织设计等均系世界级技术难题。负责重大技术问题研究和决策，是溪洛渡预可研报告的主要审定人。1996年5月该报告通过国家审查。2002年国家批准溪洛渡和向家坝水电站立项建设，中国长江三峡工程开发总公司是这两个电站的项目业主，负责可研报告的有关技术审查工作。还先后主持过雅砻江锦屏一级水电站（坝高305m，世界最高混凝土坝）选坝阶段设计；官地、桐子林、沙牌（坝高132m，世界最高碾压混凝土拱坝）、福堂坝、冷竹关、小关子、舟坝、东西关、西藏金河等水电站可行性研究和技术施工设计。负责西藏羊卓雍湖水电站引水隧洞事故处理设计，并取得成功。

（三）负责及参与世界最大水利枢纽——三峡工程重大技术问题的决策和施工

1996年起，任中国长江三峡工程开发总公司总工程师，参与三峡工程重大技术问题的决策，协调和解决现场施工出现的疑难技术问题。参与大江截流中预平抛垫底、戗堤堤头稳定和导流明渠泥沙淤积处理等重大问题决策研究，参与主持二期围堰塑性混凝土心墙型式优化、变形稳定分析、深陡部位混凝土防渗墙施工、茅坪溪土石坝沥青混凝土心墙特性和反馈分析等关键技术研究。参与主持三峡混凝土施工配合比优化研究，在采用Ⅰ级粉煤灰、选用高效外加剂、混凝土碱骨料控制、提高混凝土耐久性等重大技术问题的研究和应用上，取得了重大突破和显著经济效益。主持永久船闸高直立墙开挖和支护方案优化、船闸特大不稳定体加固处理、开挖爆破参数优化等重大技术问题的研究，并得以成功实施。负责现场混凝土温控和相关质量问题的技术工作，负责组织编制《三峡工程质量标准》，包括混凝土施工、岩石开挖与支护、帷幕灌浆等70多个质量评定标准，为规范三峡工程质量控制，提高工程质量起了重要作用。主持世界上规模和难度最大垂直升船机主体部分比选研究和审查的有关技术工作。参与主持三峡（围堰发电期）——葛洲坝水利枢纽梯级调度规程编制的有关技术工作。参与主持导流明渠截流关键技术问题的研究，该成果获中国科学院和工程院联合举办的振邦杯奖，并登《2002年中国十大科技进展》。重视紧密结合现场遇到的关键技术问题并组织攻关研究，在采用软垫层替代压力管道伸缩节，钢衬、钢筋混凝土联合受力压力管道优化，永久船闸衬砌混凝土利用后期强度，大坝混凝土浇筑计算机仿真系统开发等新技术开发应用方面取得重大成果。参与主持《三峡工程混凝土快速施工新技术和实践》的课题研究，该项目获2002年湖北省科学技术一等奖。主编水利水电工程施工手册第三卷《混凝土工程》，该工具书已由中国电力出版社出版发行。

张超然学风正派，工作严谨，长期工作在第一线，具有扎实理论基础和丰富的实践经验，刻苦努力、勇于奉献，有较强的综合决策能力。在工作中谦虚谨慎，能虚心听取不同意见，注重培养年轻干部。1991年被授予“四川省自然科学界精神文明标兵”称号，1998年获“三峡工程优秀建设者”称号，2000年被评为湖北省劳动模范，2001年获全国五一劳动奖章。

（中国长江三峡工程开发总公司　杨慎勤）

## 中国工程院院士　茆　智

茆智，男，1932年9月出生，江苏南京市人，汉族，中共党员，武汉大学水利水电学院教授，2003年当选为中国工程院院士。

茆智于1953年毕业于华东水利学院水工专业，后随苏联专家进修农田水利3年，1956年至今，一直在大学任教，长期致力于农田灌溉的教学、科研与生产工作，在作物需水规律、灌溉用水管理与灌溉试验方面成就突出。早在20世纪50年代，茆智就提出了以水汽扩散原理为基础的推算作物需水量的公式，成为中国最早按成因理论计算需水量的方法，它不仅被中国一些灌区采用，亦被前苏联及越南刊物介绍。60年代，在全世界都未进行橡胶灌溉的情况下，赴海南主持橡胶灌溉试验研究，取得填补国内外空白的系统成果，成为世界上橡胶灌溉及其试验研究的开创者。70、80年代，主持作物需水规律、灌溉预报及非充分灌溉等专题研究，由于水利管理技术上的贡献，1981年受水利部表彰并被授予“全国水利管理先进分子”称号。

20世纪90年代以来，茆智主持并完成十余项重要的国家级及国际合作节水灌溉研究项目，取得了一批国际先进水平的研究成果。在灌溉节水的理论与技术方面取得创造性成就和重大贡献，最主要的成就是：①在国内外率先提出水稻水分生产函数及其时空变化规律的系统成果，为水稻地区的优化用水提供了依据；②提出理论上较完备、实施简易的作物需水量与灌溉实时预报方法，国际上对此方法高度重视，评价很高，国际灌排委员会及联合国粮农组织专家认为茆智提出了创新的方法，修正了联合国粮农组织的方法；③提出了水稻高效节水、持续高产、能保持土壤肥力的灌溉新技术及其与农业措施的合理配合；④创造性地提出了作物受旱后再灌溉的“反弹效应”理论，为指导节水探索了新的途径。推广茆智所提出的新技术，基本上不新增投资，十余年来，已在中国北方及南方累积推广应用100余万$hm^2$、节水10多亿$m^3$、增产粮食20余万t，取得显著的经济效益。

近十几年，茆智在国内外发表论文50余篇，出版专著、书籍4部，先后赴18个国家讲学并在国际会议上做学术报告，主持6项国际合作节水研究项目，受到国外同行的好评与敬重，对促进国际科技合作与学术交流、提高中国声誉做出了重要贡献！

近八年来，茆智作为第一获奖人获国家科技进步二等奖、教育部科技进步一等奖、湖北省科技进步二等奖各一项和水利部科技进步二等奖两项；2000年，获国际灌排委员会授予的国际农业节水技术突出贡献奖，该年全世界仅茆智一人获此奖项，该奖的获得充分体现了茆智教授的水平、成就与贡献，同时也为中国争了光。

（武汉大学水利水电学院　张申泽）

# 机　构

## 水电建设单位情况一览表

| 单位名称 | 地址 | 电话 | 邮政编码 |
|---|---|---|---|
| 中国华能集团公司 | 北京市海淀区学院南路40号 | 010-62291666 | 100088 |
| 中国大唐集团公司 | 北京市西城区金融大街乙16号华实大厦 | 010-51967611 | 100032 |
| 中国华电集团公司 | 北京市西城区西直门内大街273号 | 010-62270006 | 100035 |
| 中国国电集团公司 | 北京市西城区三里河东路5号中商大厦 | 010-51968099 | 100045 |
| 中国电力投资集团公司 | 北京市宣武区广安门内大街338号 | 010-63574612 | 100053 |
| 国家电网公司工程部 | 北京市西长安街86号 | 010-66597721 | 100031 |
| 中国南方电网有限责任公司工程部 | 广州市天河区体育东路160号平安大厦 | 020-38865670 | 510620 |
| 中国长江三峡工程开发总公司 | 湖北宜昌市西坝建设路1号 | 0717-6738068 | 443002 |
| 国家开发投资公司 | 北京市阜城门外大街7号 | 010-68095101 | 100037 |
| 四川二滩水电开发有限责任公司 | 成都市双林路98号 | 028-82907333 | 610021 |
| 云南大朝山水电开发有限责任公司 | 昆明市护国路2号广业大厦 | 0871-5168729 | 650011 |
| 云南华能澜沧江水电有限公司 | 昆明市拓东路15号澜沧江大厦 | 0871-3014512 | 650011 |
| 华能集团四川分公司 | 成都市南府街新1号 | 028-86672406 | 610016 |
| 广西龙滩水电开发有限责任公司 | 南宁市思贤路38号 | 0771-5644008 | 530023 |
| 广西桂冠电力股份有限公司 | 南宁市望仙坡一里3号 | 0771-5640938 | 530023 |
| 贵州乌江水电开发有限责任公司 | 贵阳市新华路9号 | 0851-5784588 | 550002 |
| 贵州黔源电力股份有限公司 | 贵阳市市南路48号 | 0851-5592190 | 550002 |
| 国电大渡河流域水电开发有限公司 | 成都市总府路45号总府大厦25F、26F | 028-86896600 | 610016 |
| 四川华电杂谷脑水电开发有限公司 | 成都市羊西线蜀汉路530号 | 028-87575412 | 610036 |
| 四川南椏河流域水电开发公司 | 成都市一环东四段8号江源大厦6楼B座 | 028-84457992 | 610066 |
| 湖南五凌水电开发有限责任公司 | 长沙市芙蓉南路308号 | 0731-5388557 | 410007 |
| 湖北清江水电开发有限责任公司 | 湖北宜昌市东山大道95号清江大厦 | 0717-6318830 | 443000 |
| 国电新疆吉林台梯级水电开发有限公司 | 新疆尼勒克县 | 0999-4859956 | 835716 |
| 甘肃小三峡水电有限责任公司 | 兰州市敦煌路157号 | 0931-2954701 | 730050 |
| 陕西汉江投资开发有限公司 | 西安市尚德路48号 | 029-7453733 | 710004 |
| 福建尤溪流域水电开发公司 | 福州市火车站沁园路65号 | 0591-7587174 | 350013 |
| 吉林松江河水力发电有限责任公司 | 吉林抚松县抚松镇南新区 | 0439-6228011 | 134500 |
| 北京华蓄水电开发公司 | 北京市昌平水关新村5号 | 010-69741927 | 102200 |
| 浙江天荒坪抽水蓄能有限责任公司 | 浙江省安吉县88号信箱 | 0572-5041845 | 313302 |
| 广东抽水蓄能电站联营公司 | 广州市天河区龙口东路32号 | 020-87518168 | 510630 |
| 浙江桐柏抽水蓄能发电有限责任公司 | 浙江天台县桐柏岭角 | 0576-3975050 | 317200 |
| 江苏抽水蓄能发电有限公司 | 江苏宜兴市环科园绿园路3号 | 0510-7967310 | 214206 |
| 山东泰山抽水蓄能电站有限公司 | 山东泰安市 | 0538-8142036 | 271000 |
| 安徽琅琊山抽水蓄能有限责任公司 | 安徽滁州市光明路200号 | 0550-3040518 | 239000 |
| 河北张河湾抽水蓄能发电有限责任公司 | 河北省井陉县测鱼镇 | 0311-2362288 | 050300 |
| 山西西龙池抽水蓄能发电有限责任公司 | 山西省五台县东冶镇 | 0350-6550008 | 035503 |
| 湖北白莲河抽水蓄能有限责任公司 | 武汉市东湖山庄翠柳村1号12栋<br>湖北烯水县白莲镇莲花南街6号 | 027-86794102<br>0713-4826300 | 430077<br>438218 |
| 河南国网宝泉抽水蓄能有限公司 | 河南新乡市开发区五一路东段8号 | 0373-3362202 | 453003 |
| 吉林白山抽水蓄能泵站工程建设处 | 吉林桦甸白山电厂 | 0432-6705094 | 132400 |
| 河南南阳回龙抽水蓄能发电分公司 | 河南南阳市光武路240号 | 0377-3205951 | 473000 |

（国家电网公司　朱家鹏）

# 水电设计单位情况一览表

| 序号 | 单位名称 | 法人代表 | 在职职工人数 | 承担的主要任务 | 地　址 | 电　话 | 邮　编 |
|---|---|---|---|---|---|---|---|
| 1 | 中国水电工程顾问集团公司 | 李菊根 | 241 | 负责全国水电勘察设计及新能源的前期工作归口管理，承担水电政策研究、技术标准和规程规范编制、河流流域和风力发电规划、水电勘察设计、审查评估等工作，2003年完成规划、可行性研究及预可行性研究审查项目50余项 | 北京市西城区六铺炕北小街2号 | 010-51973399 | 100011 |
| 2 | 中国水利水电建设工程咨询公司 | 李菊根 | 241 | 负责全国水电项目监理、项目咨询、评估，项目设计等工作，2003年完成各类咨询项目100余项 | 北京市西城区六铺炕北小街2号 | 010-51973399 | 100011 |
| 3 | 中国水电北京勘测设计研究院 | 李志谦 | 947 | 江苏省、山东胶东抽水蓄能电站规划、怒江中下游水电规划，山东文登抽水蓄能电站预可行性研究 | 北京定福庄 | 010-51977001 | 100024 |
| 4 | 中国水电华东勘测设计研究院 | 张为民 | 1341 | 怒江中下游水电规划，江苏马山抽水蓄能电站、雅砻江锦屏二级水电站预可行性研究，浙江瓯江水电站可行性研究 | 杭州上塘路 | 0571-88076606 | 310014 |
| 5 | 中国水电西北勘测设计研究院 | 郑合顺 | 2043 | 浙江乌龙山抽水蓄能电站规划，汉江蜀河、黄河寺沟峡水电站预可行性研究，黄河苏只水电站可行性研究 | 西安市电子工业园区丈八东路18号 | 029-88290000 | 710001 |
| 6 | 中国水电中南勘测设计研究院 | 李玲龙 | 1850 | 湖南省、重庆市、江苏省伍员山抽水蓄能电站规划，江苏溧阳、湖南黑麋峰抽水蓄能电站、重庆蟠龙抽水、清水江挂治水电站、耒水东江、资水柘溪水电站扩机工程预可行性研究，湖北白莲河抽水蓄能电站可行性研究 | 长沙市圭塘 | 0731-5584080 | 410014 |
| 7 | 中国水电成都勘测设计研究院 | 郑声安 | 2068 | 田湾河、大渡河干流水电规划，田湾河金窝、火溪河阴坪水电站预可行性研究，瀑布沟、南桠河、柳洪水电站可行性研究 | 成都市青羊宫 | 028-87329997 | 610072 |
| 8 | 中国水电贵阳勘测设计研究院 | 兰春杰 | 854 | 清水河干流水电规划研究，乌江沙坨、北盘江善泥坡、清水河大花水水电站预可行性研究，光照水电站可行性研究 | 贵阳市解放路 | 0851-5565974 | 550022 |
| 9 | 中国水电昆明勘测设计研究院 | 蔡绍宽 | 1313 | 澜沧江上游水电规划，怒江六库水电站预可行性研究，糯扎渡水电站可行性研究 | 昆明市交三桥 | 0871-3138701 | 650051 |

（中国水电工程顾问集团公司　张　建）

# 水利设计单位情况一览表

| 单位名称 | 主要领导人姓名 | 在职职工人数 | 承担的主要任务 | 地址 | 邮编 | 电话 |
|---|---|---|---|---|---|---|
| 水利部水利水电规划设计总院 | 汪洪（院长、党委书记） | 179 | 全国水资源综合规划、中国防洪规划（送审稿）、全国水库建设规划、水利部定点扶贫规划报告、全国水利发展“十五”规划中期评估报告。南水北调东线、中线技术审查54项。治淮等重点水利工程建设项目技术审查，主要有淮北大堤、湖东堤可研和新疆恰甫其海二期、黑河正义峡、东水西调二期广西大藤峡、宁夏扶贫扬黄等252项，提出审查意见193项。组织制定、修订的水利技术标准54项，其中《混凝土拱坝设计规范》、《水利水电工程建设征地移民设计规范》、《水利水电工程进水口设计规范》等7项标准已批准发布。完成《水利水电技术标准全文检索系统》2003版。水利工程师执业资格制度筹备工作 | 北京市西城区六铺炕北小街2-1号 | 100011 | 010-62033377 |
| 水利部长江水利委员会长江勘测规划设计研究院 | 钮新强（院长）<br>陈飞（书记） | 3095 | 南水北调中线工程、三峡水利枢纽、长江葛洲坝水利枢纽、长江重要堤防隐蔽工程、清江水布垭水电站、清江隔河岩水电站、汉江丹江口水利枢纽、汉江王甫洲水利枢纽、乌江构皮滩水电站、乌江彭水水电站、澧水皂市水利枢纽、长江流域防洪规划、长江口综合整治开发规划要点报告修订，长江流域、西南诸河、西北诸河（西藏境内）水资源综合规划，金沙江干流综合利用规划、嘉陵江流域综合利用规划、水阳江、青弋江、漳河流域规划，全国山洪灾害防治规划 | 湖北省武汉市解放大道1863号 | 430010 | 027-82829201<br>027-82829411 |
| 黄河勘测规划设计有限公司（原黄委设计院） | 董事长：李文学<br>副总经理：李文学（主持工作） | 1700 | 西霞院水利工程设计、南水北调西线一期工程、塔里木河干流治理规划设计、渭河流域近期重点治理、黑河干流河道整治、黄河流域水资源规划、2002年黄河调水调沙调度方案、小浪底水利枢纽尾工 | 河南省郑州市金水河路109号 | 450003 | 0371-6023501 |
| 中水淮河工程有限责任公司（原淮委设计院） | 董事长：万隆<br>总经理：刘玉年 | 192 | 淮河流域防洪规划、淮河流域水库建设规划、淮河流域水资源综合规划技术细则、全国水力资源普查（淮河卷）、沂沭泗河洪水东调南下续建工程实施规划、南四湖水资源管理规划；淮干上中游河道整治及堤防加固工程可行性研究、淮北大堤加固工程可行性研究、南四湖湖东堤工程可行性研究、涡河近期治理工程项目建议书、沙颍河近期治理工程项目建议书；洪汝河近期治理工程初步设计、淮干吴家渡—方邱湖进口段清淤疏浚工程2003年项目实施方案初步设计、姜唐湖蓄洪工程堤防加固和退水闸工程初步设计、蚌埠市城市防洪工程总体初步设计；南水北调东线工程项目：南水北调东线第一期工程总体设计方案、台儿庄泵站、蔺家坝泵站、八里湾泵站可行性研究报告、南四湖水资源控制和水质监测工程、骆马湖水资源控制工程可行性研究报告、南水北调东线第一期工程水土保持方案编制大纲、南四湖水资源控制和水质监测工程、骆马湖水资源控制工程水土保持方案报告书及环境影响报告表 | 安徽省蚌埠市凤阳西路41号 | 233001 | 0552-3092539 |

续表

| 单位名称 | 主要领导人姓名 | 在职职工人数 | 承担的主要任务 | 地址 | 邮编 | 电话 |
|---|---|---|---|---|---|---|
| 中水珠江规划勘测设计有限公司（原珠委设计院） | 董事长：郑仁义<br>总经理：游赞培 | 333 | 广西百色水利枢纽、广州市珠江堤防建设工程、梧州市城市防洪工程、汕头大围堤防工程、东莞市水资源综合利用规划、珠江流域综合利用规划、景洪市城市防洪堤防工程、博罗沙河流域防洪排涝规划、佛山市中心防洪排涝规划、大亚湾防洪排涝规划、广州国际生物岛防洪潮排涝规划、勘察、设计、测量、咨询、监理、工程造价咨询、工程招标代理、蓄水安全鉴定、水土保持方案编制 | 广东省广州市天河区天寿路沾益直街19号 | 510611 | 020-87117779 |
| 中水东北勘测设计研究有限责任公司（原东北院） | 金正浩（总经理、党委书记） | 1760 | 松花江、辽河流域防洪规划，辽河口水砂运动及演变规律研究、松花江流域基础测量工作、辽宁抽水蓄能规划选点补充。毕拉河口水利枢纽、大滕峡水利枢纽、桓仁抽水蓄能电站，奎屯河引水改造工程项目建议书。桓山抽水蓄能电站预可行性研究；南水北调东线一期台儿庄泵站可行性研究；蒲石河抽水蓄能电站、大顶子山航运工程、牛栏口电站、白山抽水蓄能电站初步设计。尼尔基水利枢纽、嫩江右岸堤防工程、小云峰电站、金哨电站、双岭电站、江口电站、藤子沟电站、牛栏口电站、蒲石河电站、双沟电站、永庆反调节池水库、白山抽水蓄能电站、满拉灌区、阿涡夺水库技术施工阶段设计 | 吉林省长春市朝阳区工农大路10号 | 130021 | 0431-5607262 |
| 中水北方勘测设计研究有限责任公司（原天津院） | 李志英（党委书记）<br>何志华（总经理） | 1137 | 山西省万家寨引黄工程、沙坡头水利枢纽、南水北调东线一期工程、云南李仙江流域戈兰滩水电站工程、黄河黑山峡河段开发方案专题研究、黄河大柳树水利枢纽、龙口水利枢纽、海河流域水资源规划、永定河滞洪水库、永定新河治理工程、独流减河治理工程、岳城水库除险加固、海河流域重点蓄滞洪区1∶10000地形图测量——文安洼、永定河泛区，湖北省蕲春县花园水库除险加固工程、新疆艾比湖流域生态环境保护工程、西藏拉萨河流域、年楚河流域综合规划修订、安徽省安庆市城市防洪工程、广州市市区河涌整治规划、重庆市城区水资源规划、云南那兰水电站项目监理、天津市引滦饮用水资源保护工程监理、北京滞洪水库监理。巴基斯坦gomal zam大坝枢纽工程、巴基斯坦duber khwar、khanr khwar水电站、刚果英布鲁水电枢纽、援阿富汗帕尔旺水利工程修复 | 天津市河西区洞庭路60号 | 300222 | 022-28702222 |

（水电建设集团公司）

## 水利水电施工单位情况一览表

| 单位名称 | 主要领导人姓名 | 在职职工人数 | 承担的主要任务 | 地址 | 邮编 | 电话 |
|---|---|---|---|---|---|---|
| 中国葛洲坝水利水电工程集团有限公司 | 张　野 | 37846 | 三峡工程、清江水布垭水电站工程、龙滩水电站大坝工程、公伯峡水电站厂房工程、拉西瓦水电站厂房工程、南桠河冶勒水电站大坝和基础处理工程、瀑布沟水电站大坝工程、溪洛渡水电站场内交通工程、田湾河水电站大坝工程、长江堤防工程、宜兴抽水蓄能电站、襄荆高速公路、云南思小高速公路等 | 湖北省宜昌市清波路1号 | 443002 | 0717-6713010 |

续表

| | 单位名称 | 主要领导人姓名 | 在职职工人数 | 承担的主要任务 | 地址 | 邮编 | 电话 |
|---|---|---|---|---|---|---|---|
| 中国水利水电建设集团公司 | 中国水利水电建设集团公司 | 郭建堂 | 216 | 1. 苏丹麦洛维大坝项目<br>2. 马来西亚巴贡水电项目<br>3. 伊朗塔里干水电项目<br>4. 埃塞俄比亚泰克则水电项目 | 北京市宣武区白广路二条1号综合楼 | 100761 | 010-63416141 |
| | 中国水利水电第一工程局 | 姜戌年、车治中 | 10020 | 1. 小湾水电站引水发电系统土建及金属结构安装工程<br>2. 金安桥水电站工程，导流洞土建及金属结构安装 | 吉林省长春市绿园区锦西路933号 | 130062 | 0431-7987316 |
| | 中国水利水电第二工程局 | 王岩峰、安兰廷 | 1781 | 米易湾滩水电站土建工程 | 北京市西城区六铺炕南小街1号 | 100011 | 010-62023344 |
| | 中国水利水电第三工程局 | 张治源、陈庆和 | 13430 | 1. 西龙池引水系统及钢管道制安<br>2. 黄河苏只水电站厂房工程<br>3. 云南小湾电站 | 陕西省西安市龙首北路西段22号 | 710016 | 029-6283939 |
| | 中国水利水电第四工程局 | 王维斌、王振南 | 10945 | 1. 张河湾抽水蓄能电站地下厂房工程<br>2. 浙江宁波周公宅水库工程<br>3. 拉西瓦水电站工程 | 青海省西宁市互助西路136号 | 810006 | 0971-7113316 |
| | 中国水利水电第五工程局 | 郭志强、樊建平 | 9601 | 1. 江苏宜兴抽水蓄能电站下水库及尾水系统工程<br>2. 华润电力云鹏水电站大坝、围堰、溢洪道、电站进水口土建及金属结构安装工程<br>3. 金溪航电枢纽泄洪冲沙闸及厂房土建施工工程 | 四川省成都市一环路东四段八号江源大厦 | 610066 | 028-84469999 |
| | 中国水利水电第六工程局 | 孙洪水、林玉杰 | 6348 | 1. 江苏宜兴抽水蓄能电站地下厂房<br>2. 金沙江溪洛渡水电站场内交通工程场内交通施工<br>3. 辽宁大伙房水库工程 | 辽宁省丹东市人民街60号 | 118002 | 0415-6161310 |
| | 中国水利水电第七工程局 | 范集湘、冯觉林 | 12155 | 1. 四川嘉陵江新政航电枢纽工程主体土建施工<br>2. 瀑布沟水电站地下厂房系统土建工程施工<br>3. 四川华能硗碛水电站大坝工程<br>4. 龙滩电站大坝土建工程 | 四川省成都市郫县成灌东路349号 | 611730 | 028-87912035 |
| | 中国水利水电第八工程局 | 林修建、陈正平 | 13609 | 1. 广西龙滩电站主体大坝土建<br>2. 重庆乌江彭水水电站右岸鸭公溪砂石加工系统建设及运行管理工程<br>3. 贵州构皮滩电站右岸烂泥沟砂石系统建设与运行工程<br>4. 乌江彭水电站工程 | 湖南省长沙市城南中路2号 | 410007 | 0731-2822114 |

续表

| | 单位名称 | 主要领导人姓名 | 在职职工人数 | 承担的主要任务 | 地址 | 邮编 | 电话 |
|---|---|---|---|---|---|---|---|
| 中国水利水电建设集团公司 | 中国水利水电第九工程局 | 杨南安 | 5864 | 1. 清水江三板溪水电站主体土建工程<br>2. 乌江构皮滩水电站引发水电系统建筑与金结设备安装工程<br>3. 广西巴江口水电工程 | 贵州省贵阳市瑞金北路48号 | 550001 | 0851-6851139 |
| | 中国水利水电第十工程局 | 文端超、刘均宏 | 5067 | 1. 龟都府电站土建工程<br>2. 安徽金寨流波电站 | 四川省都江堰市蒲阳路154号 | 611830 | 028-87116073 |
| | 中国水利水电第十一工程局 | 王宗敏、孙玉民 | 6655 | 1. 云南那兰水电站面板堆石坝、溢洪道土建及金属结构安装工程<br>2. 南水北调中线京石段应急供水工程滹沱河倒虹吸工程<br>3. 河北张河湾下水库拦河坝续建工程<br>4. 重庆彭水电站工程 | 河南省三门峡市黄河路中段147号 | 472000 | 0398-2813325 |
| | 中国水利水电第十二工程局 | 徐鹿元、佘其年 | 3549 | 1. 江苏宜兴抽水蓄能电站<br>2. 三板溪主体工程<br>3. 福建界竹口电站工程 | 浙江省杭州市环城北路8号 | 310004 | 0571-85195000 |
| | 中国水利水电第十三工程局 | 童劲松 | 4319 | 1. 江西信丰—定南高速公路B3-2标段<br>2. 万方（太仓）开发建设有限公司围滩造地项目<br>3. 阿荣旗至深圳国家重点公路（周口段）<br>4. 江苏大唐吕四港电厂围堤吹填工程 | 山东省德州市东风东路88号 | 253009 | 0534-2688618 |
| | 中国水利水电第十四工程局 | 李跃平、周宇 | 10977 | 1. 彭水水电站地下电站尾水隧洞及尾水出口工程<br>2. 构皮滩水电站引水发电系统建筑与金属结构设备安装工程<br>3. 小湾电站工程 | 云南省昆明市环城东路192号 | 650041 | 0871-3335216 |
| | 中国水利水电闽江工程局 | 李良顺、陈纯鹏 | 3869 | 1. 福建省南平市照口水电站枢纽土建工程<br>2. 二河国道主干线陕西户县经洋县至勉县公路（第一期）路基桥隧工程<br>3. 福建华电可门火电厂前期工作场地平整施工项目 | 福建省福州市湖东路82号 | 350003 | 0591-7812204 |
| | 中国水利水电基础工程局 | 宗敦峰、张源智 | 1490 | 1. 西藏拉萨河直孔水电站碎石土心墙堆石坝工程<br>2. 中国武汉阳逻长江公路大桥南锚锭工程 | 天津市武清区建设北路1号 | 301700 | 022-29341551 |

续表

| 单位名称 | | 主要领导人姓名 | 在职职工人数 | 承担的主要任务 | 地址 | 邮编 | 电话 |
|---|---|---|---|---|---|---|---|
| 中国人民武装警察部队水电指挥部 | 中国人民武装警察部队水电指挥部（中国安能建设总公司） | 陈方枢（主任、总经理）<br>吴云峰（政委、党委书记） | | 三峡电源电站、新疆吉林台水电站、西藏直孔水电站 | 北京市丰台区莲花池南里11号 | 100055 | 010-58689999 |
| | 中国人民武装警察部队水电第一总队（江南水利水电工程公司） | 何真祥（总队长、总经理2004.1免）<br>刘松林（总队长、总经理2004.1任）<br>向贵富（政委、党委书记2004.免）<br>王富才（政委、党委书记2004.任） | | 广西龙滩水电站右岸锚固洞以及左岸混凝土大坝工程、贵州洪家渡水电站大坝工程、河南鹤壁盘石头水库工程、山东泰安抽水蓄能电站大坝工程、四川紫坪铺水利枢纽工程、四川瀑布沟大坝工程、湖北清江水布垭水利枢纽放空洞及大坝工程、河北张河湾抽水蓄能电站上水库开挖工程 | 广西南宁市金州路23号 | 530028 | 0771-5521500 |
| | 中国人民武装警察部队水电第二总队（江夏水电工程公司） | 岳曦（总队长、总经理）<br>蒋真举（政委、党委书记2004.免）<br>巫振云（政委、党委书记2004.任） | | 三峡电源电站安装工程、引额济乌Ⅳ、Ⅴ标段，浙江桐柏抽水蓄能电站、山西西龙池抽水蓄能电站、河南宝泉抽水蓄能电站、湖南皂市水利枢纽、西藏金河水电站金结制安、广东潮州供水枢纽金结制安、广西平班水电站机组安装工程、南京邮电学院、南昌恒茂商住楼、南昌水专新校园、大连麦德龙、深航基地停机坪工程 | 江西省新余市赣新西路9号 | 336525 | 0790-6443600 |
| | 中国人民武装警察部队水电第三总队（安蓉建设总公司） | 刘松林（总队长、总经理2004.1免）<br>林友汉（总队长、总经理2004.1任）<br>刘红卫（政委、党委书记） | | 吉林台大坝工程、西藏直孔水电站、金河水电站、重庆富金坝航电枢纽工程、青藏铁路第十九标段 | 四川省成都市金牛区茶店子 | 610036 | 028-82952499 |
| | 中国人民武装警察部队水电三峡工程指挥部（宜昌安联水利水电有限责任公司） | 周光奉（主任、总经理）<br>张去北（政委、党委书记） | | 三峡电源电站工程、三峡临时船闸改建冲沙闸工程、湖北白莲河电站、溪洛渡水电站 | 湖北省宜昌市三峡坝区 | 443033 | 0717-6765814 |
| | 中国人民武装警察部队水电技术学校（柳州安能建实业公司） | 郭小清（校长、总经理）<br>李永胜（政委、党委书记） | | | 广西壮族自治区柳州市新官塘 | 545005 | 0772-3122558 |

（葛洲坝集团公司、水电建设集团公司、武警水电指挥部　符秀珍　王治平　赵冠松）

# 前进中的中国水电工程顾问集团公司

2002年12月29日，中国水电工程顾问集团公司（以下简称集团公司）在北京正式挂牌成立。2003年是新生的集团公司改革发展的开局之年，也是集团公司把握电力体制改革的有利时机，大力促进中国水电事业发展的一年。

（一）基本情况

中国水电工程顾问集团公司是在电力体制改革中经国务院批准、在原国家电力公司所属中国水电顾问有限公司及有关企事业单位基础上组建、国资委管理的国有企业，也是国内惟一一家从事水电及风电发展规划、项目勘测设计、技术咨询的国有大型企业集团。主要成员单位包括中国水利水电建设工程咨询公司，北京、华东、西北、中南、成都、贵阳、昆明勘测设计研究院等8个全资企业和水电水利规划设计总院1个事业单位。主要从事水电和新能源等发电项目的勘测设计、咨询、监理、施工、项目管理、总承包及相关技术和中介业务，以及河流（河段）水电规划，从事水电站、新能源及相关产业的开发、投资、经营和管理等业务。

截止到2003年12月31日，集团公司有员工10657人，其中国家级设计大师4人，勘测大师1人，享受政府特殊津贴的专家130人，国家有突出贡献的中青年科学技术管理专家5人，教授级高级工程师553人，高级工程师2040人，工程师1786人。

截止到2003年12月31日，集团公司资产总额33.93亿元，净资产5.54亿元。2003年实现经营收入22.94亿元，净利润3391万元。

（二）认真落实电力体制改革各项工作

2003年集团公司完成了工商注册登记，有序衔接了同国资委、财政部、人事部、外交部等有关部委的管理关系，密切了同国家发改委的工作关系，积极争取集团公司的合理权益；随着国有资产监督管理体制的到位，监事会对集团公司的资产管理、重大经营决策实施有效监督，同时还认真接受国家审计署审计组对集团公司的审计，极大地规范了公司各项管理工作，财务管理和资产经营水平跃上了新台阶；对子公司依法履行了出资人职责，维护了所有者权益，维护了企业作为市场主体依法享有的各项权利，确保了国有资产保值增值和安全。

根据原经贸委等八部委859号文精神，按照“做优做强主业，改制分离辅业，剥离后勤服务业”的工作原则，以产权制度改革为突破口，制定了主辅分离改制分流方案，根据自身实际情况，将水电勘测、设计、咨询、监理、科研、投资开发及项目管理等划为主营业务，将主营业务拓展的具有一定技术含量，且有一定经济效益的劳务型、劳务智力型业务（如：岩土施工、基础处理、建筑、加工、修造、测试等），以及后勤服务、多种经济业务划为辅助业务。64家辅助企业拟重组改制为42家三种类型的企业：一是5个辅助企业拟改制为国有法人控股的有限责任公司；二是25个辅助企业拟改制为非国有法人控股（主体企业股权比例小于49%）的有限责任公司；三是12个辅助企业改制为民营公司，国有资本完全退出，由改制企业的全体职工投资控股经营。

（三）坚持“为政府服务、为社会服务、为业主服务”，积极推进水电建设事业发展

2003年集团公司承担着国家重点水电工程的勘测设计工作，包括在建工程龙滩、小湾、公伯峡、洪家渡等（含抽水蓄能项目）135项，总装机容量约6700万kW；前期项目溪洛渡、向家坝、白鹤滩、糯扎渡、瀑布沟、锦屏一二级等110项，总装机容量9300万kW；顺利完成三峡工程的蓄水安鉴，有力地保证了三峡水电站按计划下闸蓄水；完成怒江水电规划、大渡河规划调整和江苏、重庆等抽水蓄能规划选点审查；完成锦屏二级、观音岩、马山、蟠龙等20项预可行性研究项目审查，总装机容量1800万kW；完成溪洛渡、糯扎渡、锦屏一级等18项可行性研究项目审查，总装机容量约3000万kW。保证了国家重点建设项目的建设进程，推动了前期工作。

全国水力资源复查工作进入最后阶段，复查成果数据库的建立和登录工作正在开展，复查工作基本摸清了全国的水力资源情况，为国家决策水电资源开发规划奠定了科学基础。最终成果的验收发布将于2004年完成。

集团公司作为国家发改委委托的风电建设技术管理单位，与国家发改委一起成功组织召开全国大型风电场前期工作会议，拉开了大力开发风电的序幕。

为满足2020年全面实现小康社会目标对电力能源的需求，积极协助国家发改委研究制定了全国“十一五”及2020年常规水电、抽水蓄能和风电建设规划，为国家协调有序发展水电及新能源提供了科学依据。

（四）积极参与市场竞争，不断壮大公司实力

2003年按照集团公司确定的四方面根本转变，创新合作模式，加大经营力度，积极拓展新业务，取得了丰硕的经营成果。与中国华能集团公司及华东、华中等区域电网公司和西藏自治区电力局签定长期的战略合作协议和水电、抽水蓄能电站开发协议，稳定了集团公司的市场份额；与国家发改委密切配合，合理安排好发改委解决的5000万元水电前期费和财政

部解决的3400万元水电前期费；通过银企合作，积极向国家开发银行申请到2亿元水电前期技术援助贷款，用于暂无项目业主的水电项目的前提工作，确保了必要的水电勘测设计储备，有力地巩固了集团公司在水电前期项目上的控制地位。

勘测设计、审查、咨询、安鉴、监理等传统业务进一步巩固，水库综合监理市场有效控制，劳动安全与工业卫生评价市场及水土保持与环评市场充分打开，达标投产验收、勘测设计招标代理、重大设计变更审查、大坝定检和安全性评价等业务有一定拓展，争取到风电招标代理技术管理权，为集团公司未来在风电设计市场争得主导地位。

在做好产品经营的同时，在中央政策的指导下，在有关地方政府的大力支持下，按照集团公司“做优、做强，成为国际水电勘测设计综合实力较强的中介机构和国内水电勘测设计综合实力最强的中介机构”的战略设想，为了确保稳定的效益基础，增强抗风险能力，充分发挥投资功能，积极投资水电，进一步壮大优良资产。2003年集团公司总部和所属设计院投资水电权益容量达到66.14万kW。集团公司实体化经营迈出了坚实的第一步。

（五）坚持科技创新，勇攀水电设计技术巅峰

2003年在集成和整合集团公司科技力量，优化科研资源配置、降低成本，规范集团公司科技开发管理，加快科技成果的转化应用，推动集团公司技术进步，提高勘测设计技术水平，加强科技管理制度建设等方面取得明显成效。

重点科技课题研究方面取得丰硕成果。包括《深覆盖层地基上的混凝土面板堆石坝关键技术研究》等13项重点科技课题研究工作进展顺利，部分课题的专题研究基本结题，研究成果通过初步验收，并应用到水电工程上。服务水电及新能源发展的行业标准制修订工作步伐加快。2003年集团公司承担的在编技术标准49项，完成《水电工程招标设计报告编制规程》等9项标准，并通过审查验收；完成《水力发电厂机电设计规范》等4项标准的报批工作。受国家发改委委托，编制完成了《风力发电场项目可行性研究报告编制规程》、《风电场风能资源评估方法》和《风电场前期工作技术管理办法》等有关风电工程技术标准，并由国家发改委发布实施，用于指导和规范风电场工程建设管理和勘察设计，为促进风电事业发展发挥了重要作用。此外，各院结合工程建设组织开展了一大批专项研究工作，完成了一批科研成果，提高了设计技术水平和质量，有力地保证了工程建设进程，取得了良好的社会和经济效益。

2003年集团公司获得中国电力科技进步奖项6项；开展水电科技进步评奖活动，评出一等奖5项、二等奖6项。

（中国水电工程顾问集团公司　张建）

## 河海大学介绍

河海大学是一所以水利为特色，工科为主，理、工、经、管、文、法多学科协调发展的教育部直属全国重点大学，也是实施国家“211工程”重点建设以及设有研究生院的高校之一。

河海大学校本部位于南京市鼓楼区，并在常州市、南京市江宁区设有分校区，总占地面积132hm²。校本部坐落在南京市清凉山北麓，占地45hm²，校园环境优雅，绿树成荫，花香四季，众多人文景观更增添了校园的文化氛围，先后荣获全国部门绿化“三百佳”和江苏省“花园式高校”、“园林式单位”称号。学校于1986年2月在江苏省常州市国家级高新技术开发区设立校区，占地29hm²，环境优美，设施齐全。2001年9月学校正式启用新建的河海大学江宁校区，占地58hm²，校园建设及教学、生活设施更趋现代化。

1995年以来，在水利部、教育部和地方政府的支持下，特别是通过“九五”、“211工程”建设，学校投入了大量资金，开展了大规模的基本建设，改善了办学条件、扩大了办学规模、提高了办学层次、优化了学科结构、增强了科研实力、提高了培养质量，使学校的综合实力得到了进一步提高。目前，学校正在继续“十五”、“211工程”重点建设。

河海大学下设13所专业学院，拥有3个国家重点学科和8个省部级重点学科，有8个国家级以及省部级重点实验室、7个省部级工程研究中心、5个博士后流动站、24个博士点、64个硕士点，具有MBA专业学位以及11个工程硕士专业学位领域、46个本科专业。其中水利工程、土木工程两学科综合实力处于全国领先位置，尤其是水利工程学科总体实力最强，博士、硕士点覆盖了全部水利二级学科，支撑及相关学科门类较多，水利及支撑学科人才梯队的综合实力处于国内一流地位。2003年，各类学历教育在校学生31000余名，其中博士、硕士研究生4360余名，本科生近18000名。

河海大学现有教职工2900余名，其中中国科学院、中国工程院两院院士1名，中国工程院院士1名，正副教授759名，博士生导师106名，另有7名院士受聘担任学校的教授、博士生导师。

1995～2002年，学校承接的科研项目经费近6亿元，其中纵向和各类基金项目占总经费的40%。近年来，承接的科研项目质量不断提高，承担了一批

国家层面重点、重大研究计划和重点、重大工程科研项目。如国家自然科学基金、863 计划、973 前期专项、948 项目等国家层面科技计划项目；三峡、南水北调、小浪底、长江口航道治理、淮河入海水道、二滩、溪洛渡、龙滩、小湾、糯扎渡、万家寨、向家坝、锦屏等重大水利、水电工程项目；南京地铁、沪宁高速公路、广东汕汾高速公路、南京长江二桥、润扬长江大桥等重大交通工程建设项目。其中一批科研成果取得重大突破，达到国际先进水平。1995 年以来，学校已有 195 项科技成果获奖，其中省部级以上奖 145 项。在国内外各类学术刊物和会议上发表论文 5000 多篇，出版各类科学专著 150 余部，申请专利近 20 项。

为增强学校主动适应经济建设、社会发展需要的活力，加大高等教育为经济建设服务的力度和广度，拓展社会参与办学的渠道，于 2001 年 12 月成立了河海大学合作发展委员会。全国政协原副主席、华东水利学院首任院长钱正英同志出席成立大会，并出任委员会名誉主任。24 名海内外知名人士和著名学者担任个人委员，120 多家单位委员来自各级政府、部门和水利、电力、交通、环保、教育、金融、部队等系统的企事业单位。合作发展委员会以“面向未来、加强合作、优势互补、共同发展”为宗旨，与国内外各界建立稳定、全面、紧密的合作关系，是河海大学利用高校在知识、人才和信息等方面的优势直接为国家经济建设和社会发展服务的有效形式。

河海大学有广泛的国际交流和合作，是国务院首批批准的可授予外国留学生博士、硕士、学士学位的学校，已为 40 多个国家和地区培养了数百名博士、硕士与学士，与 20 多个国家和地区的近 50 所大学建立了校际协作关系。

近十年来，学校获国家及省部级优秀教学成果奖、优秀重点课程奖、优秀教材奖等 60 多项；学校被评为全国以及江苏省的“党的建设和思想政治工作先进高校”，多次被评为水利部、江苏省文明单位，连续 11 年被授予“全国大学生社会实践先进集体”，4 次荣获“全国民族团结进步模范单位”称号。

经过几代河海人的艰苦奋斗，河海大学进入了一个崭新的发展阶段。展望未来，河海人将牢记江泽民同志的重托和厚望：“面向未来，开拓进取，进一步发展水利教育事业”，在新世纪实现新的跨越，为把河海大学建成具有国际一流水利学科与若干优势学科、多学科综合发展、具有广泛国际影响的高水平研究型大学而努力奋斗。

## 一、重点学科建设

### （一）“水文学及水资源”——国家重点学科建设

1. 学科研究方向　围绕国民经济建设和社会发展所遇到的水资源、水灾害、水环境问题，结合国家重大、重点建设项目和学科发展方向，在继续加强本学科点已经形成的五个学科方向（水文物理规律分析模拟及预报、水文不确定性理论及水灾害防治、水资源系统理论与可持续利用、水环境演变规律与保护、水信息理论与高新技术应用）的研究基础之上，突出运用数字化、3S 等先进技术、新途径，创建新理论、新方法，变革和改造传统水文研究途径，以数字化和信息化技术促进水文学及水资源学科基础理论研究，开拓数字水文学科新生长点，揭示大规模人类活动影响下自然界水文循环过程和水资源演变规律；充分利用卫星、雷达、地面观测获得的多源信息，应用数据同化技术，在数字流域平台上重新构建水文信息采集、水文过程模拟、水灾害防治、水资源管理、节水机制、水环境保护的框架体系，为气候变化研究、国家防汛指挥系统建设、南水北调及西部大开发等国家重点、重大建设项目提供决策支持信息；同时开展生态与水文相互作用耦合模型研究，拓展生态水文学科新生长点，为生态保护与恢复、大型生态功能区建设提供决策信息，服务于生态、经济、社会的可持续发展。

2. 学科建设目标　以数字化、3S 等先进技术为支撑，在学科总体上达到国内领先、国际一流水平，在实时洪水预报、水资源合理配置、水利风险分析诸方面达到国际领先水平，在数字水文、生态水文等学科新生长点有所突破，使本学科成为国际上有影响的高层次人才培养基地与解决水文水资源重大科技问题的研究基地。

3. 学科现状　本学科是于 1952 年由著名水文学家刘光文教授等创建的我国第一个水文专业，并于 1995 年招收研究生，是我国第一批培养研究生的学科点。1981 年首批获得学士、硕士和博士学位授予权。1988 年被评为国家重点学科。1990 年获世行重点学科建设项目资助，建立水资源开发利用国家专业实验室。1996 年列入“211 工程”重点学科建设项目。1997 年，联合国教科文组织通过专门议案，在我校设立国际水文水资源及环境培训与研究中心。2001 年，教育部设立水资源开发教育部重点实验室，并再次被评为国家重点学科。

本学科现有教师 65 人，其中教授 20 人，副教授 25 人，具有博士学位者 21 人，硕士学位者 39 人。51 年来已为国家培养 6630 名本、专科生，620 名硕士生和 140 名博士生，举办了 10 多期国际水文水资源高级研究生班。2003 年在校博士研究生 125 人，硕士研究生 177 人，本科生 675 人，博士后 2 人。1998 年以来主持与承担 600 余项国家自然科学基金、国家科技攻关和直接服务于国民经济建设的科研项目，经费总额8900余万元，发表论文668篇，专著和教材36部，获部省级以上奖52项，参与国际学术交流146人次。

4. 科学研究　自2003年1月1日至10月20日，本学科共签订科研项目合同总额2002.77万元，其中承担“太湖流域富营养化控制机理研究”、“长江径流过程同位素示踪”等基金项目6项，合同经费158.6万元；承担“引江济太水量水质联合调度研究”、“资源监测分析系统试点研究开发”、“区域水循环演化过程及其周期性研究”等国家重大科研项目25项，合同经费总额1264.2万元。发表论文65篇(不完全统计)。有一项成果已通过国家级科技进步奖初评并公示，“浙江省洪涝灾害模拟与预测技术研究”获浙江省科技进步一等奖。其他的有关奖项也在公示和申报中。

（二）“水利水电工程”——水利部重点学科建设

1. 学科研究方向　本学科研究方向包括：水电站（含抽水蓄能电站）水力学、水电站（含抽水蓄能电站）有压输水系统非恒定流、水电站及泵站结构工程、水力机械性能研究、水力机组运行控制与过渡过程、水机电系统混合模拟、水电站能源规划与发展战略及动能经济、农业水利及节水灌溉、泵站工程与灌区现代化、农业水土资源综合利用与保护、现代农业节水技术、抽水蓄能及新能源技术、水利水电工程管理、水利水电信息技术。

2. 学科建设　2003年度，本学科在“水电站（含抽水蓄能电站）有压输水系统非恒定流”、“水力机械性能研究”、“水力机组控制及过渡过程”等方面有新的突破，具有了跟踪国际最新发展动态的能力，学科综合研究水平达到国内一流水平，部分成果达到国际先进水平。同时更多地参与国民经济建设，积极参加国家重大科研项目的攻关与关键技术的应用的力度，不断提高对我国水利科技的贡献，力争成为国家级重点学科。

本学科在2003年继续拓宽研究方向，开辟新的研究领域，在基础或应用基础性研究方面取得新的突破。目前正在进行的研究有两类：①利用建成的可编程瞬变流流量控制系统、多功能水锤教学试验装置进行管道非恒定流方面的基础或应用基础性研究，如水力振动、气—液两相非恒定流、流体—结构相互作用以及管道非恒定流控制（即反问题）等试验研究；②将可编程瞬变流流量控制系统与现代水机电系统混合模拟试验环境相结合，进行水力—机械—电力一体化完整系统动态特性的物理模型试验研究。以上两类研究在国内几乎还是空白，国外报道也甚少。

3. 学科现状　本学科是全国同类学科中五个具有博士学位授予权及拥有博士后流动站的学科之一。在水电站水力学、水力机组控制及过渡过程、抽水蓄能技术等研究方向上具有特色。本学科在解决国内重点工程及大型水电站和抽水蓄能电站，如三峡、溪洛渡、向家坝水电站，天荒坪、宜兴抽水蓄能电站，南水北调工程等关键技术方面做出过重要的贡献。此外每年还承担了大量的横向课题的研究，直接为经济建设服务。

在水电站（抽水蓄能电站）水力学研究方向，尤其是水锤基本理论研究处于国内领先地位，部分成果达到国际先进水平（专家称“与频率有关的瞬变流理论分析方法在瞬变流研究领域处于国际领先地位”）；解决了溪洛渡、天荒坪、大干沟等23座水电站（抽水蓄能电站）及供水工程中许多关键技术问题；获国家科技进步奖2项、部省级科技进步奖2项。

在水力机组及控制研究方面，水力机械动态模型试验台的试验精度在国内属领先水平。首创我国斜流式可逆机组的动态模型试验（包括水轮机甩负荷、水泵启动、失电等动态试验）。ZZ550型水轮机动态模型试验成果为国内领先、国际先进水平，获水利部科技进步奖1项。

同时，本学科在水电能源规划及动能经济研究方向以及常规水电能源规划与优化调度研究方面，也取得了理论水平较高和经济效益显著的成果；在新能源与水电能源联合开发研究，潮汐能利用，风能、潮汐能和抽水蓄能结合等方面均有较大的进展。

4. 科学研究、技术创新成果　本学科2003年度在国家各类学术刊物上发表科研论文30余篇；承担科研项目10余项，总科研经费300余万，其中包括国家自然科学基金1项、国家社科基金1项、国家重点实验室开放基金1项、水利部科技创新基金2项、国家重大工程项目2项等；公开出版学术刊物6部；获得专利1项，获得省部级科技进步奖2项。

（三）“港口、海岸及近海工程”——水利部、江苏省重点学科建设

河海大学港口、海岸及近海工程学科始建于1952年。中国科学院、中国工程院资深院士严恺教授是本学科的创始人。1981年首批获准硕士、博士学位授予权，1994年成为江苏省“九五”重点学科，1996年成为水利部重点学科，1997年成为国家“211工程”重点建设学科，2000年获准设立长江学者奖励计划特聘教授岗位，2001年成为江苏省“十五”重点学科。

本学科由严恺和梁应辰（双聘）院士担任学术顾问，现有专业人员42人，其中博士生导师7人，获博士学位13人，教授17人。至2000年，培养硕士233名，博士56名；出版《中国海岸工程》等学术专著和教材18部；承担“全国海岸带和海涂资源综

合调查”、“大亚湾核电站港口及取排水口布置方案研究”、“沪宁高速公路江苏段工程技术和建设管理”等国家重大项目7项，国家自然科学基金及科技攻关项目32项；获国家科技进步一等奖3项、二等奖1项、三等奖2项，省部级科技奖励48项。

本学科培养具有坚实宽广的港口、海岸及近海工程的基础理论，系统深入的专门知识和必要的工程实践知识，能在交通、水利和海洋等部门从事规划、设计、施工和管理等工作的高级工程技术人才，以及具有从事本专业领域科学研究能力的高级科学技术人才。

本学科主要从事港口、海岸及近海工程领域的科学研究与技术开发。在河口、浅海水动力学研究方向，主要开展河口和浅海地区水流运动和波浪传播基本规律及其耦合作用、海岸动力过程和陆海相互作用、水动力过程测控和信息处理、分析与计算结果的可视化等研究；在海岸风暴灾害与减灾防灾研究方向，主要开展海岸风暴灾害的形成机制、风暴潮预报及预警技术、台风浪数值预报模式、灾害评估体系等研究；在港口航道结构及其与环境相互作用研究方向，主要开展港口航道工程建筑物的结构型式、结构计算理论和计算方法、地基处理技术、船闸水力学以及海船闸防咸等研究；在航道整治与海岸防护研究方向，主要开展内河与河口航道整治、淤泥质海岸建港及航道维护、海岸防护工程、围海工程、河口闸下冲淤等方面的工程规划、工程关键技术以及相关的应用基础理论问题等研究；在水运工程经济与管理研究方向，主要开展水运工程经济与规划管理、港航经济系统理论、港航工程与腹地或流域可持续发展的互动关系、海岸带资源开发利用和保护管理决策支持系统、水运投融资模式及政策等研究。

本学科拥有河口海岸工程实验室、航道实验室、港航结构实验室和海洋信息技术实验室等4个专业实验室。其中，河口海岸工程实验室1996年评为水利部部级重点实验室。经江苏省“九五”重点学科和“211工程”的建设投入，实验装备更新显著，为学科的科研和教学工作提供了良好的条件和环境，具有承担国家重大海岸工程、河口工程、水运工程课题研究的能力。

本学科在国际同行中具有较高的知名度。近年来，与美国、日本和德国等国家有广泛的学术交流和合作科研项目，与德国汉诺威大学联合举办了3届海岸工程和水文学术讨论会，与台湾成功大学联合举办4届海峡两岸港口及海岸开发学术研讨会。

## 二、重点实验室建设

水资源开发利用国家专业实验室位于中国江苏省南京市河海大学校园内，为世界银行贷款国家重点学科发展项目中的专业实验室。建成于1993年，总投资达2000余万元人民币，建筑面积2060m²，占地5000m²。2001年又被批准为水资源开发教育部重点实验室。

作为国家“水文学及水资源”学科的实验基地，实验室着重于应用基础研究和高新技术开发。对水资源开发利用、水环境保护、水旱灾害防治与社会经济可持续发展等问题展开综合性研究，对全球气候变化、人类活动影响、生态水文、数学水文以及水资源、水环境承载能力等问题开展前沿性研究，为国家现代化建设提供科学依据，为学科发展提供原创动力。

（一）人员结构

汪集旸院士任实验室学术委员会主任，董增川教授任实验室主任。实验室科研队伍结构合理、实力雄厚，专职人员37人，其中教授21人（占专职人员的57%），副教授及高级工程师14人（占专职人员的38%），具有博士学位的青年科研人员20名（占专职人员的54%），15名具有博士学位的年轻教授是学科梯队的骨干力量。

实验室实行对外开放运行机制，有一大批客座研究人员，为实验室建设和学科发展做出了重要贡献。

（二）研究方向

1. 水文物理规律分析模拟及预报　水文基本过程实验研究，产汇流理论及流域水文模型，地貌水文学，生态水文学，数字水文学，大尺度水文学及水文相似性原理，土壤水文及与生态系统关系，陆面—大气耦合模拟，气候变化和人类活动对能量、水分循环影响。

2. 水文不确定性理论及防灾减灾　洪灾形成机理及时空分布规律，流域洪水预报调度理论及仿真，洪涝灾害风险评估和管理，水旱灾害损失评估与减灾效益研究，人类活动对江河洪水的影响研究，流域防洪减灾体系研究，旱灾的控制及减灾对策，西北地区干旱长期变化规律预测研究。

3. 水资源系统理论与可持续利用　水资源形成、演变及时空分布规律，水资源大系统多目标决策理论、方法及应用，区域地表水地下水联合调控，流域及跨流域水资源综合管理，水库群发电、防洪及综合利用，节水机理与水资源高效利用，水资源合理配置及承载能力，水权、水价及水市场，水资源可持续利用战略。

4. 水环境演变规律与保护　同位素水文学，污染物在水生态环境中迁移、转化规律，面污染源产污规律，环境影响评价技术与方法，区域水生态环境保护规划。

5. 水文水资源信息理论与技术　水文水质站网规划和优化，水旱灾害实时监测，卫星遥感信息处理、分析与应用，雷达测雨信息分析及应用，水文自动测报系统研究，3S集成技术应用研究，水文信息数字化同化技术。

（三）科研条件

实验室由主实验楼、实验大厅和徐州汉王野外实验基地三个部分组成，拥有多种先进的水文水资源及水环境仪器设备。由实验室自行研制的大型人工降雨模拟系统、变坡土槽物理模型及相应的数据采集系统在全国处于领先地位，已有多项国家自然科学基金、水利部重点项目和博士生论文利用该设备完成。实验室办公楼内建有局域网，有多普勒测雨雷达系统、全球定位系统、双频测深系统、极轨气象卫星图像接收系统、遥感图像处理和地理信息系统、HP-Unix工作站、HP-NT工作站以及相关的软件和计算机输入输出设备等。有时域反射仪、离子色谱仪、自动气象站等设备，可在水文水资源及环境等学科领域进行基础理论和应用技术开发研究，为学科从事前沿科学研究和高级人才的培养提供了有利条件。

（四）建设成果

1996～2003年，实验室共承担科研项目300多项，经费达7000余万元，其中包括国家自然科学基金重大项目和“973”、国家攻关、“948”等项目以及省部重点研究项目。出版专著28部，发表论文385篇。获国家科技进步二等奖1项，国家科技进步三等奖1项，省、部级科技进步一等奖1项，二等奖6项，三等奖13项。

实验室已培养硕士毕业生69人，博士毕业生34人，出站博士后5人。2002年在校博士生124人，硕士生130人，博士后1人。

实验室广泛开展国内外交流与合作，已与美国亚利桑那大学、荷兰Delft大学、爱尔兰共和国国立大学、德国汉诺威大学和斯图加特大学、俄罗斯莫斯科大学、国立水文气象学院、日本长冈技术大学等建立了双边合作关系。近五年来，出国攻读学位和参加各种形式学术交流活动的有67人次；国外学者来学科点合作科研有21人次，来学科点讲学17人次；主办和协办国内学术会议5次。

2003年1月1日～10月20日，共签订科研项目合同总额2002.77万元，其中承担“太湖流域富营养化控制机理研究”、“长江径流过程同位素示踪”等基金项目6项，合同经费158.6万元；承担“引江济太水量水质联合调度研究”、“资源监测分析系统试点研究开发”、“区域水循环演化过程及其周期性研究”等国家重大科研项目25项，合同经费总额1264.2万元。发表论文65篇（不完全统计）。有一项成果已通过国家级科技进步奖初评并公示，“浙江省洪涝灾害模拟与预测技术研究”获浙江省科技进步一等奖。其他的有关奖项也在公示和申报中。

## 三、教育改革实践与人才培养

2003年，学校根据“规模适度，规格多样，突出创新，重在实践，质量至上、特色致胜”基本思路，在“更新观念，深化改革，加强监控，狠抓质量”的工作目标指导下，依据学校总体发展框架，结合高等教育改革的发展形势及工作实际，提出了关于本科教学、人才培养模式等方面的发展规划，进一步加大了教学改革的力度，以达到加强教育教学改革，形成与新世纪高素质人才培养相适应的富有特色的人才培养模式、课程体系，实现教学质量明显提高，人才培养综合指标在全国处于先进行列，在本科教学工作水平评估中达到优秀的总体目标。

（一）改革人才培养模式，加强创新人才培养

制定双学位培养方案（土木水利＋管理），并在99级组织实施。全面修订人才培养方案。在充分调研的基础上，提出修订人才培养方案原则意见（初稿）；学校成立修订人才培养方案专家组和工作组，制订《关于修订本科培养方案的原则意见》，各工作组已确定专业大类平台课程以及课程简介，提出各专业人才培养方案初稿，并于2003年定稿。

（二）品牌专业和特色专业建设

根据《河海大学关于品牌专业、特色专业建设意见》，开展了申报工作。首期建设的品牌专业有水利水电工程、港口航道和海岸工程、水文与水资源工程、土木工程四个专业；特色专业有农业水利工程、环境工程、计算机科学和技术三个专业。首期建设的品牌与特色专业均提交了建设规划，经专家组审议后，与学校签定合同并于2002年投入建设。

（三）精品课程（教材）与课件建设

成立了河海大学教材建设分委员会，作为“河海大学教学工作委员会”的下设机构，其主要职责是制定教材建设基金的使用政策，审定教材编写和出版的计划，组织评选优秀教材，审核双语教材的编写和引进工作，同时负责审核每学期的教材使用计划。

2002年组织校内优秀教材评选工作，全校申报50本，经专家组审定后，其中获优秀教材一等奖5本、二等奖10本、三等奖15本。

组织江苏省优秀课程（群）申报工作。共计上报了优秀课程群3项，一类优秀课程9门，经专家组评审，学校共荣获江苏省优秀课程群2项，一类优秀课程4门，二类优秀课程3门。

组织研制省级立项的多媒体课件7项，上报省级优秀课件12门，荣获省级优秀二等奖2项，三等奖

2项，好课件奖5项；同时组织各学院（中心）开发面上多媒体课件100项，并在中期检查的基础上遴选出22项作为校级优秀课件，再次投入经费进行研制。

学校制订了精品课程建设规划和管理办法，并确定首批精品课程建设项目15项。

（四）教学管理改革

制订了“关于加强本科教学工作，提高教学质量的实施意见”；为确保不断增加的日常教学经费的落实，制订“河海大学日常教学经费分配和管理办法”，以使教学经费发挥最大效应；为加强教学质量监控体系建设，制定了“河海大学教学质量评估体系”，作为对全校教师进行教学质量考核的依据；制订《河海大学实习教学工作条例》，以提高实习质量。

学校对河海大学学分制学籍管理办法进行了新一轮修订，进一步规范了课程重修、转专业、转学等管理条例，增加了淘汰措施，使学分制学籍管理办法更加完善。

完成学校十年本、专科毕（结）业生学历证书电子注册工作。

（五）加强素质教育

颁布并实行“河海大学计划外学分实施办法”。进一步优化公共选修课，开展素质教育系列讲座，已开出近10门具有学校特色的选修课。

积极组织学生参加数模创新思维培养、高等数学、英语竞赛等竞赛活动并取得好成绩。数学建模：全国一等奖1项，江苏赛区一等奖5项，江苏赛区二等奖3项，江苏赛区三等奖1项；江苏省非理科专业高等数学竞赛；一等奖1名，二等奖11名，三等奖40名；非英语专业全国大学英语竞赛；一等奖3名，二等奖7名，三等奖15名；“CCTV”全国大学生英语演讲大赛；非英语专业获三等奖1名，英语专业获“优秀”1名；英语专业全国高校英语辩论赛；获南京赛区优秀奖2名。

组织了青年教师讲课竞赛活动，评出二等奖10名，一等奖3名。

## 四、水利部河海大学节水园区介绍

我国是世界上13个贫水国之一，水资源人均占有量不足世界人均占有量的四分之一，水资源是制约我国国民经济可持续发展的重要因素之一。20世纪80年代以来，干旱缺水、水质性缺水和用水结构性缺水严重困扰着我国工农业的可持续发展；全国约有300个城市用水紧张，其中严重缺水城市110多个，节水已引起党中央、国务院高度重视，提出“要大力普及节水灌溉技术”、“把推广节水灌溉作为一项革命性措施来抓”，水利部党组提出的资源水利新思路中，从战略的高度重视节水问题，使全国的节水技术研究、示范与应用工作，进入一个新的发展时期。水利部河海大学节水园区的建成将是目前我国惟一一个将城市节水、农村节水和环境治理组合在一起的综合型节水园区，在我国南方地区是惟一一个集产、学、研、设于一体的高标准的节水示范园区，江宁新校区将成为我国节水型和生态型校园的典范。水利部河海大学节水园区的建立，是水利部党组为水利事业面向21世纪所采取的一项战略性举措。

（一）背景资料

1998年，水利部批准同意河海大学在南京市江宁经济技术开发区征地863亩兴建新校区，新校区具有三方面的功能：①复合型高层次人才培养基地；②水利行业职工继续教育培训基地；③以节水园区为核心的资源水利研究开发基地。

1999年9月，汪恕诚部长视察河海大学时明确提出在江宁校区建设节水园区，提出了具体要求，并做了多次重要指示。

1999年10月成立了节水园区工作小组，起草了《水利部河海大学节水园区规划报告》。同年11月水利部组织有关专家进行了审查，提出了具体要求和建议。

2000年1月，节水园区办公室正式成立，同时成立了由水资源、农水、环境、计算机各专业的专家组成的技术顾问组。

2000年5月，修改完成可行性报告和设计任务书，并上报水利部。

2000年9月，水利部专家组对节水园区规划进行了专项审查，通过了节水园区的规划报告。

2000年11月，完成《水利部河海大学节水园区建设可行性研究报告》，上报教育部。

2001年1月底，教育部批准同意建设水利部河海大学节水园区。

（二）节水园区位置

节水园区位于河海大学江宁校区内，占地471亩。江宁校区位于江宁县经济技术开发区内，东临机场高速路，南傍牛首河，西靠牛首山风景区，北依将军山，校区距禄口国际机场18km，距南京校区20km，交通便利，环境优雅。

（三）节水园区建设指导思想

（1）建成具有国内一流、国际先进的硬件设施和管理水平的节水园区；

（2）集科学研究与技术开发、产品技术展示销售、成果推广应用和人才培训为一体的中国南方节水技术中心；

（3）节水型和生态型校园的典范；

（4）一次规划、全面实施，注重效益，良性循环。

（四）节水园区的功能

1. 研究与开发功能　节水园区一流的节水硬件设施和试验场地，为节水理论研究提供了良好的基础条件，以此为依托，可以开发水资源高效利用的节水硬件产品和非设施节水技术，促进节水技术的发展。使之成为节水技术研究、开发与检测中心。

2. 展示与示范功能　节水园区提供了良好的场地和其他外部条件，吸引国内外知名厂家进入园区展示其最新技术设备，并将其技术设备在园区内进行示范应用，使国内有关单位和人员了解节水技术的最新动态和发展方向。

3. 应用与推广功能　节水园区将按照开放式实验室的模式对外开放，充分发挥各种设备和仪器的作用。同时以节水园区为依托，根据已有的研究成果，在消化吸收国内外先进技术设备的基础上，对外承接设计任务，推广节水技术，将科技成果转化为现实生产力，使之成为节水工程设计中心，创造良好的社会效益和经济效益。

4. 教学与培训功能　节水园区的建成，可以大大改善本科生、硕士生、培训学员的实验条件，使其了解国内外先进的节水设备及技术，为培养高层次的节水人才创造良好的条件。

（五）主要设施及研究内容

1. 节水研究推广区　占地约156亩。开展节水理论、节水技术和劣质水利用技术研究，进行节水设备和新材料的检测及开发等。设有现代农业节水技术区、温室大棚节水灌溉区、果树苗圃喷微灌区、劣质水利用试验区及节水新设备、新材料研究开发与测试中心。

(1) 现代农业节水技术区，占地约30亩，运用自动测墒、自动传感、自动气象站及计算机控制系统等现代化手段，对精准灌溉理论和现代农业节水技术进行系统研究。主要内容包括自动灌排系统，水肥耦合效应，灌溉排水与水土环境等应用理论研究，并开发相应计算机软件。设有固定式蒸渗仪32个及田间试验小区。

(2) 温室大棚节水灌溉区占地约15亩，其中全自动温室大棚1座，面积50m×20m=1000m$^2$，半自动温室大棚1座，面积50m×20m=1000m$^2$，日光增温大棚5座，每座面积50m×10m=500m$^2$。全自动温室大棚，建立气候模拟系统，能够模拟作物生长所需的各种环境条件，并有墒情测报系统；半自动大棚设有增温、除温、墒情测报等系统。棚内有无土栽培、立体栽培设施，水源为雨水汇集水库，采用滴灌和微喷的自动化灌溉系统。全自动大棚主要开展现代设施农业中节水灌溉关键技术研究，如SPAC系统中水肥传输运移控制性试验及灌溉对作物生理、品质等影响做深层研究等。半自动温控和日光增温棚主要用于现代高效农业节水模式和技术示范。

(3) 果树苗圃喷微灌溉区占地111亩，主要用于果树、苗圃喷灌和微灌技术研究示范。

(4) 劣质水利用试验区主要研究劣质水灌溉对环境和作物的影响，配置有土壤水分观测仪器（中子水分仪和TDR）、自动测墒传感系统、自动气象站、土壤溶液自动采集系统、土化分析实验设备、作物水分生理生态测试仪器等。

2. 节水招商引展区　占地约120亩，邀请国内外节水技术产品知名厂家（公司）进行参展，通过产品博览、信息发布、演示培训、商务洽谈等手段，向国内外宣传、促销，为厂家（公司）提供广阔的销售市场，使之成为中国南方节水产品的科技广场和信息中心，促进节水新设备、新技术向国内外推广应用。

3. 节水生产示范区　占地约195亩，包括高效经济作物节水灌溉区和绿化草皮节水灌溉区，将节水技术新成果在该区示范推广。

4. 雨水汇集与利用系统　江宁校区年均降水量1014mm，校区内年均径流量20多万m$^3$，入境径流近35万m$^3$，汇集的雨水主要利用于节水园区除饮用水外的全部用水、校园绿化及环境用水及教学楼办公楼等中水系统的供水水源。

5. 节水培训交流中心　承担水利系统节水技术骨干培训、国内外学术交流、会议等重大任务，展示国内外先进节水技术与设备。

（六）河海大学节水园区主要设施简介

节水园区分为：节水技术研究区、节水技术示范区和节水技术招商引展区三个功能区。建设的项目主要有：

1. 江宁校区雨水利用系统　包括直径60cm集水管道长约1500m，集水沟道长约1000m；总容积2000m$^3$的地下水库三座，水塘蓄水容积约50000m$^3$。作用是：将校园内的雨水汇集到水塘和地下水库，作为景观、绿化、消防和试验区灌溉用水，是全国高校校园建设中的首创。

2. 全自动温室大棚　大棚面积2000m$^2$，附属用房200m$^2$，占地面积约3000m$^2$。其作用是展示节水技术在设施农业中的应用，开展节水灌溉的控制性试验和经营性生产。

3. 节水与生态水环境试验场　建造32个带廊道、有雨棚、可以进行控制试验的蒸渗仪，主要用于节水灌溉基本原理和污水灌溉理论的试验研究；建设一个面积约1000m$^2$的喷微灌试验场，进行喷微灌性能的测试和研究。

4. 节水科技楼　内设办公室、实验室、培训展示室等，主要用于节水园区的办公和试验研究。

5. 节水招商引展区　招商引展楼（与未来中华水利博物馆结合）是展示场地。主要是将国内外先进的节水技术和设备引入园区进行展示，以此为窗口作为节水技术交流销售中心。

（河海大学供稿　其中“四”作者为水电学院　俞双恩）

## 南京水利科学研究院简介

南京水利科学研究院始建于1935年，原名中央水工试验所，是我国水利学科历史最悠久的科学研究机构。1984年，经原国家科委批准更名为南京水利科学研究院；2001年，原水利部南京水文水资源研究所成建制并入；2002年，水利部农村电气化研究所划归该院管理。

南京水利科学研究院是面向国内外的综合性水利科学研究机构，从事基础理论、应用基础和技术开发研究，承担水科学领域中具有全局性、方向性、关键性和综合性的重大项目科学研究，以及软科学和宏观决策方面的研究任务，并兼作水利部基本建设工程质量检测中心和水利部南京计量检定中心，承担有关管理、技术监督和培训任务。

建院68年来，全院科研人员对我国水利科学研究作出了重大贡献，在中国近代水科学发展史上具有特殊重要的地位。特别是1984年科技体制改革以来，科研等各项事业迅速发展，成果丰硕，共提出科研成果报告4400余篇，在国内外公开刊物和国际学术会议上发表论文近2400篇，出版专著100余部；1978年全国科学大会以来，共获得国家级及部、省级科技成果奖317项，其中国家级奖励41项。

南京水利科学研究院是联合国教科文组织国际水文计划中国国家委员会副主席单位、国际水文科学协会中国国家委员会副主席单位，是国家恢复学位制度后首批有关学科博士和硕士学位授予权单位，并设有水利工程博士后流动站。主编出版的学术刊物有7个，分别是《水利水运工程学报》、《China Ocean Engineering》、《水科学进展》、《岩土工程学报》、《海洋工程》、《SHP News》、《小水电》，其中三个学术刊物的论文为SCI、EI、CA等国际权威检索系统所收录。中国水力发电工程学会通航专业委员会、中国海洋工程学会和中国水利学会岩土工程专业委员会的办事机构设在该院。

（南京水利科学研究院）

## 南京水利科学研究院水弹性振动实验室

南京水利科学研究院水弹性振动实验室是水工闸门及其各类建筑物流激振动及其他结构振动的专业实验室。自20世纪50年代开始就开展研究水工及各类泄水结构的流激振动及其他结构的振动问题。先后承担国家“七五”、“八五”、“九五”科技攻关，科学基金及国家重点工程项目近百项，不仅在流激振动理论方面取得丰硕成果，还解决了诸如二滩、三峡、小浪底、百色、天生桥、飞来峡、水口、五强溪船闸输水阀门、缅甸邦朗、溪洛渡、东风、瀑布沟、冶勒、伊朗塔里干、锦屏一级、喜河、紫坪铺、湖南镇、葛洲坝等数十项国内外重大工程问题，所提优化方案均被工程采用，取得巨大经济效益和社会效益。在国内外发表论文50余篇，先后六次获国家、水利部、电力工业部科技进步奖。试验室拥有先进的试验设备及国内外先进的分析处理系统。

近年来从事的研究和开发领域主要有：水工、土工、河海工程等领域及减震领域研究；各类泄水结构的流激振动；水动力与结构振动分析软件；水弹性相似材料研制；深水压力与振动传感器的防水防潮技术。

主要成就有：建立了水动力及振动信号分析软件包；率先应用试验模态分析与数值模拟（有限元、边界元）综合法取得结构振动特性的完整资料；率先应用灵敏度分析进行了结构动态优化设计；率先应用动力可靠性理论进行泄水建筑物流激振动力可靠性分析；先后引用相似原理研究泄水结构中水流运动、闸门及混凝土结构同时相似的全水弹性相似模型，为工程问题的深层次研究走出了一条新路。

（南京水利科学研究院）

# 学 术 团 体

## 中国水力发电工程学会

按照中国科协《关于推进所属全国性学会改革的意见》的指示精神，学会通过深化改革，与时俱进，逐步把学会建成符合社会主义市场经济体制要求，既有中国特色，又有国际功能的一流学会。

在中国科协和国家电网公司领导下，深入贯彻党的十六大精神，努力实践“三个代表”重要思想，以改革统揽全局，发挥人才荟萃的优点和特点，团结广大水电科技工作者，为水电事业改革和发展贡献力量。

1. 拓展学会工作领域，开展工程咨询工作　工程咨询是市场经济条件下的开创性工作。在中国加入世贸组织以后，工程咨询业在3年内部分对外开放，5年内全部对外开放。大批国外咨询机构将登陆中国市场，形成国内市场国际化、国际竞争国内化的局面，市场规划也要与国际接轨。这就要求体制、机制要进行根本性的改革。为此，中国工程咨询协会于2001年2月依托中国水力发电工程学会，成立了中国工程咨询协会水力发电专业委员会。专委会在业务上受中国工程咨询协会的领导，协助中国工程咨询协会做好水电行业中央级工程咨询单位的管理、协调和自律工作。主要工作如下：

（1）根据中国工程咨询协会的有关条例、法规、规章、标准、规范等，制定和组织贯彻执行水电行业实施细则。

（2）协助中国工程咨询协会做好年检和资格复评工作。

（3）协助中国工程咨询协会完成通过认定取得《中华人民共和国注册咨询工程师（投资）职业资格证书》的注册咨询工程师（投资）的认定工作，并组织注册前的培训工作。

（4）组织每年一次全国优秀工程咨询成果奖的申报初审和初评工作。

（5）经过中国工程咨询协会的认可，作为注册咨询工程师（投资）继续教育的举办单位。正努力争取合同专业委员会也依托在学会。

2. 推行国家管理体系标准认证工作　中国加入世贸组织后，水电企事业单位迫切需要开展质量、环境、职业安全健康管理体系认证工作，通过标准化、制度化、规范化管理，与国际接轨。特别是2000版ISO9000标准已于2000年年底正式发布，到2003年年底，所有通过1994版标准认证单位的认证书均将失效，这些单位均需做转版工作。为此，学会与北京新标认证有限公司合作组建了水电认证咨询部。北京新标认证有限公司是2002年首批获得国家认监委重新登记的认证咨询机构，具有质量管理体系、环境管理体系、职业健康安全管理体系三项综合备案资质。水电认证咨询部可积极配合各单位完成认证工作。

3. 加强会员的管理工作　对全国会员进行登记换发会员证的工作。已登记换发会员证的有29639人，其中女会员5626人，高级会员8人。

4. 2003年水电界新春联谊会　2003年1月16日由国家开发银行与中国水力发电工程学会联合主办了2003年水电界新春联谊会。有国家计委、经贸委、国家电力公司系统、水利部系统、国家开发银行等40多家单位参加，约170多位专家、领导在会上，就水电开发前景，开创新局面讲了话，其中有许多是令人振奋的，同时也提出了一些问题。从这些讲话中，可以看出水电的现状与未来。

（一）学术交流

2003年中国水力发电工程学会举办学术交流会议13次，参加人数1424人，其中境外人员9人，交流论文685篇，其中境外人员2篇。举办培训班6期，培训人员430人。继续教育培训人员380人。通过学术交流、技术咨询、培训人才，达到了交流信息，为水电发展献计献策，培养人才的目的。

1. 2003年雅砻江流域水电开发高级论坛　中国水力发电工程学会与二滩水电开发有限公司于2003年11月14日～16日在成都举办2003年雅砻江流域水电开发高级论坛，出席会议的有国家发展和改革委员会、中央政策研究室、国务院发展研究中心、国家电力监管会、国家电网公司、水利部、国家环保局等国家11个部委（局），国家开发银行、工商银行等全国各大金融机构，四川省委、省政府及有关部门，人民日报、中央电视台、凤凰卫视等20多家全国新闻媒体，60余名记者，水电行业科研、发电、电网、设计和施工等单位，与会代表近300人。会议由成都勘测设计研究院和新华社四川分社协办。邹家华同志发来了贺信。

2. 2003年大型水轮发电机组技术研讨会　中国水力发电工程学会与中国长江三峡工程开发总公司，在宜昌三峡坝区共同主办了2003年大型水轮发电机组技术研讨会，会议于2003年11月4～7日召开，来自各水电业主单位、设计、制造、安装、运行管理、科研等各方面的44个单位，70名专家、学者、技术人员出席了会议，收到论文55篇，32人在大会做了报告。中国水力发电工程学会秘书长邴凤山出席了会议，中国长江三峡工程开发总公司副总工程师秦锡翔做了讲话。会议组织参观了三峡工程及三峡机组安装运行情况。

3. 抽水蓄能技术交流年会　中国水力发电工程学会抽水蓄能专委会于2003年11月14～16日在浙江宁波举办了抽水蓄能技术交流年会。工程院院士曹楚生、何璟同志临会指导。除技术交流外，还就有关问题进行了研讨。

4. 全国高混凝土面板堆石坝技术研讨会　由中国水力发电工程学会主持的全国高混凝土面板堆石坝技术研讨会于2003年7月29日在公伯峡水电站工地召开。来自全国已建、在建和拟建的高混凝土面板坝的设计、施工、业主监理和运行管理的55家单位的120名专家及领导参加会议，并到公伯峡水电站工地参观考察。

5. 建设管理专委会年会　中国水力发电工程学

会建设管理专委会年会于2003年11月20日～22日在洪家渡水电站工地举行。中国华电集团公司党组书记、总经理贺恭致信祝贺。水电建设管理专委会副秘书长毛亚杰主持会议。贵州省水力发电工程学会理事长、乌江水电开发公司董事长戴绍良致欢迎词，乌江水电开发公司副总经理、总工程师赵三其，贵州水力发电学会副理事长黄坤等出席会议。来自全国各流域水电开发公司、水电厂和建设、设计单位等百余人参加了会议。会议期间有15名代表作了学术交流报告，与会代表共同探讨了21世纪发展所面临的机遇、问题和对策，并就世界面临的水问题以及水电开发和影响发展的电价等问题进行了深入探讨。

6. 计算机应用学术交流会　中国水力发电工程学会计算机应用（信息化）专委会与《水电站机电技术》编辑部联合，在广州抽水蓄能电站举办了学术交流会。到会有各单位的代表120余人，有16位代表在会上发言，收到论文60余篇。专委会主任就中国水电建设前景作了发言。中国长江三峡工程开发总公司机电部主任就三峡机组有关问题作了专题报告。会议就水电厂无人值班（少人值守）、水电机组故障诊断、控制设备改造、基础自动化改造、自动化元件造型等方面进行了广泛的技术交流。与会代表认为此次会议既开阔了眼界，又解决了自己项目的改进问题，赢得了代表们热烈的欢迎，会议很有实效。

7. 电力系统稳定及励磁系统学术研讨会　中国水力发电工程学会水电控制设备专委会在三峡水电厂举办了电力系统稳定及同步发电机励磁系统学术研讨会。全国各设计、制造、科研、运行等单位的代表约150人参加了会议，西门子励磁主任设计等三人也应邀出席了会议，收到论文80篇。会议总结了三峡水电厂70万kW水轮发电机组投产后励磁系统的设计、制造和运行经验，为今后西部大开发中约100台（到2020年）70万kW水轮发电机的励磁系统提供了宝贵的经验。会议还评选出12篇优秀论文，并予以表彰。

8. 湖南省小水电未来发展趋势研讨会　湖南省水力发电工程学会与水利学会于2003年6月25日在长沙联合召开了湖南省小水电未来发展趋势研讨会，共有18位水电、水利专家参加了会议。与会专家就小水电的开发体制、电力市场、季节性电能利用、优惠政策和融资方式等问题，进行了热烈的讨论。

9. 贵州水工技术交流会　贵州省水力发电工程学会水工专委会与省水利学会水工专委会于2003年6月26日～29日联合召开了水工技术交流会，交流的主题是“病险水库加固”。参加会议的有设计、施工、运行等31个单位，80名专家、领导。会议收到论文27篇，并评出优秀论文6篇，二等奖2篇，三等奖4篇。贵州华天工程公司周喜德工程师作的“防渗堵漏新技术”专题报告，对病险库的加固处理有重要参考价值。

10. 贵州地质学术交流会　贵州省水力发电工程学会地质专委会与省水利学会地质与岩土专委会于2003年8月25日～27日，联合召开了地质学术交流会，有16个单位，58名专家、学者、教授与会。会议收到了论文37篇，评出优秀论文9篇，其中一等奖1篇，二等奖3篇，三等奖5篇。贵州省工业大学毛健全教授作了“环保、地质预防与处理”的专题报告，受到代表们的好评。

11. 大坝安全自动化监测技术应用和发展研讨会　中国水力发电工程学会大坝安全管理、大坝安全监测专委会与全国大坝安全监测技术信息网共同主办了此次会议，于2003年11月7日～11日在南京召开。主题是监测自动化问题。会议就国内监测技术现状及发展趋势，可靠性、防雷抗干扰技术、差动电阻仪的可靠性等作了专题报告和研讨。

12. 云南中型水电站开发座谈会　电力体制改革后，各大发电公司都看好云南的水能资源，纷纷进军云南，与省及有关地区领导恰商开发云南的水能资源，求得地方经济和企业共同发展。在这种形势下，如何促进水电快速而有序地开发，避免无序抢占资源，造成资源的浪费，是当前急待解决的问题。

13. 福建省工程勘察学术交流会　福建省水力发电工程学会工程勘察专委会，于2003年9月23日～25日在福建周宁县召开工程勘察学术交流会。有17个单位33名代表与会，收到论文9篇。会议介绍了周宁水电站的设计和建设情况；东张水库坝基帷幕灌浆和加固效果；棉花滩水电站坝址主要问题及其措施；长甸水电站改造工程岩塞进水口分析报告；湄州湾北岸供水工程；木兰溪新开河道改建工程地质评价与地基处理；在宽谷、弱质岩基上修建双曲拱坝实践。会议期间还参观了芹山和周宁水电站。会议内容丰富、讨论热烈，代表们都感到收获很大。

14. 沙溪流域梯级调度座谈会　中国华电集团公司福建公司于2003年6月13日在福建永安县召开了沙溪流域梯级调度座谈会。省有关单位及沙溪流域各梯级电站的主要领导参加了会议。会议就成立沙溪流域梯级调度组织机构、管理职能动作方式、运行费用等方面进行了研讨。成立了流域调度管理委员会，由中国华电集团公司福建公司生产运营部洪云副主任担任主任委员，委托安砂水电厂组建流域调度中心，6月20日开始履行流域水能调度职能。具体事项和考核要求，委托安砂水电厂组织制订，提交中国华电集团公司福建公司审查后，由流域调度管理委员会批准执行。

15. 贵州乌江流域及贵州负荷中心水电与抽水蓄能综合开发研究评审会 “贵州乌江流域及贵州负荷中心水电与抽水蓄能综合开发研究”课题评审会，由贵州省水力发电工程学会于2003年12月23日～24日在贵阳市召开。贵州省有关厅、局、委及相关单位的代表共50余人参加了会议。该研究报告完成后，提交评审小组评审。评审小组由中国工程院院士曹楚生、中国水力发电工程学会秘书长郦凤山、何根寿、王达邦、王朝阳等5人组成。

（二）编辑出版

1.《中国水力发电年鉴》第七卷（2001～2002）出版发行 第七卷是新世纪的首卷，时段年限由以往的3年缩短为2年。在篇目设置及内容体现了与时俱进，颇具新意。在栏目安排上体现了年鉴内容可变与不变的协调统一，增加了三个新篇目，又保留了常设的篇目和栏目。本卷的主要特点如下：

（1）增设3个新篇目。新增篇目主要是有关西部大开发中的水电建设方面的，具体篇目是水电建设与西电东送、电网建设、三峡工程及大中型水电站。这些篇目介绍了西部地区水力资源及其开发规划总布局，西南和西北水电电源建设，中国未来30年水电“西电东送”规划，“西电东送”建设情况，全国联网格局，三峡工程管理及施工技术，三峡工程进展情况等。在相应篇目中还收集了台湾省水电建设的资料和数据。

（2）反映了电力体制改革。2002年是电力体制改革中变革最大的一年。从国务院关于印发电力体制改革方案的通知到国家计委办公厅体制工作组历次工作会议纪要，本卷均摘要收录，准确地记载了体制改革的历史进程。同时还收入了曾培炎主任、中组部王东明副部长关于体制改革的讲话，电力系统领导和专家对体制改革的论述。

（3）介绍了国外水电发展情况。本卷辑录了较多的国外水电发展情况，如“世界各国水能资源开发近况”、“世界各国抽水蓄能电站发展概况”、“新世纪的水电设备发展动向”等条目。统计了截至2003年底在建30m以上大坝，该统计数据翔实，具有一定的权威性。

（4）新增了英文目录。本卷首次增加了英文目录，这有利于对外交流，适应了国外读者的需要。

（5）集中了统计资料。将分散于各篇目中的统计资料集中起来，独立设置一个篇目，主要是为方便读者查阅，更充分地发挥工具书的作用。本篇目辑录了大中型水电站、水电建设、土建、施工、机电、水库移民、生产运行等共9个栏目的统计资料。

2.《中国水力发电史》 《中国水电发电史》是一部近百年的电力工业行业史。该书的编辑工作于2003年由中国水力发电工程学会负责，现已基本完成统稿工作，预计2004年出版发行。该书共有四册，分为四篇，第一册为第一篇中国水力发电事业的发展历程，共七章，附有大事记；第二册为第二、三篇，第二篇为水力发电科学技术的进步，共七章；第三篇为国际学术交流与合作，共六章；第三、四册均为第四篇，分水能资源开发利用与重点工程上下两篇。该史真实记载了水电建设的伟大成就和宝贵经验，也包括“文革”对水电事业的破坏和沉痛教训。国家三代领导人及各有关领导人都十分关心水电建设，该史中附有他们的题词和照片。

3.《水力发电学报》 学报一直坚持反映中国水电领域科学研究和开发应用的最新成果，展示水电界的学术水平、科技水平，促进学术交流。学报很重视质量把关，每篇论文先请1～2位专家审查，再在编辑会上逐篇审查、讨论，然后决定是否采用。所以论文质量较高，学报的引用率在同期刊物中名列前矛。学报为季刊，每年出版4期。计划2004年改为双月刊和大开本，增加订户，力争在经济上实现收支平衡。

（中国水力发电工程学会 陈叔康）

## 中国水力发电工程学会分支机构情况表

| 专委会名称 | 主任委员 | 秘书长 | 专业内容 | 挂靠单位 |
|---|---|---|---|---|
| 水能规划及动能经济专业委员会 | 晏志勇 | 李世东 | 水能规划及动能经济 | 中国水电工程顾问集团公司 |
| 水库经济专业委员会 | 程念高 | 李明传 | 水利水电工程水库淹没处理 | 中国水电工程顾问集团公司 |
| 环境保护专业委员会 | 童显武 | 顾洪宾 | 环境影响评价、咨询；环境保护设计；水土保持方案设计 | 中国水电工程顾问集团公司 |
| 水文泥沙专业委员会 | 何根寿 | 朱鉴远 | 水文、泥沙专业的学术交流、技术总结 | 中国水电工程顾问集团公司 |

续表

| 专委会名称 | 主任委员 | 秘书长 | 专业内容 | 挂靠单位 |
|---|---|---|---|---|
| 地质及勘探专业委员会 | 郭义华 | 张性一 | 负责组织水电水利工程地质、测绘物探、钻探、岩土试验专业的学术交流 | 中国水电工程顾问集团公司 |
| 水工及水电站建筑物专业委员会 | 刘文雪 | 郑新刚 | 水工 | 中国水电工程顾问集团公司 |
| 水工水力学专业委员会 | 刘之平 | 郭　军 | 水工水力学 | 中国水利水电科学研究院水力学所 |
| 高坝通航工程专业委员会 | 张瑞凯 | 李　云 | 通航技术交流、通航科技发展战略及政策咨询、委托项目论证培训及其他学术活动 | 南京水利科学研究院 |
| 碾压混凝土筑坝专业委员会 | 王圣培 | 郑桂斌 | 碾压混凝土筑坝技术（坝工、材料、运行、建设管理等） | 武警水电指挥部 |
| 混凝土面板堆石坝专业委员会 | 童显武 | 卢立生 | 混凝土面板堆石坝设计、施工、材料、变形观测、运行管理等技术、交流、咨询、服务以及有关工程状况介绍等 | 中国水电工程顾问集团公司 |
| 工程造价专业委员会 | 童显武 | 周尚洁<br>刘月琦 | 工程造价、工程经济技术管理 | 中国水电工程顾问集团公司 |
| 电气专业委员会 | 付元初 | | 电气（一次专业） | 中国水利水电建设集团公司 |
| 自动化专业委员会 | 王　冰 | 叶钟黎 | 水电电气二次技术及相关内容 | 中国水电工程顾问集团公司 |
| 水力机械专业委员会 | 余卫国 | 赵琨 | 水力机械设计、试验、安装、运行、改造 | 中国水电工程顾问集团公司 |
| 水工金属结构专业委员会 | 田泳源 | 林朝晖 | 闸门及启闭设备、通航设备 } 设计、安装、调试 | 中国水电工程顾问集团公司 |
| 水电站运行管理专业委员会 | 李向荣 | 裴哲义 | 水电站运行管理、水库经济运行 | 国家电网公司 |
| 水电建设管理专业委员会 | 石成梁 | 毛亚杰 | 水电建设管理经验与技术交流 | 中国水力发电工程学会 |
| 信息化专业委员会 | 陈东平 | 张亚力 | 计算机及自动化技术在水电工程规划、设计、施工及电站运行中的应用 | 中国水利水电科学研究院 |
| 大坝安全监测专业委员会 | 弓正华 | 池胡庆 | 水库、大坝的安全监测技术与安全管理 | 国家电力公司大坝安全监察中心 |
| 机械疏浚专业委员会 | 张广旗 | 王　兖 | 积极组织和开展本专业的国内外学术与技术交流活动，推广应用先进经验，传播信息（介绍新技术、新工艺、新材料、新设备、新产品），提高机械疏浚与吹填技术水平和经营管理水平 | 中国水利水电第十三工程局 |
| 电网调峰与抽水蓄能专业委员会 | 曹楚生 | 韩　立<br>何琴雯 | 针对抽水蓄能电站的技术优势及其在电力系统中的地位和作用，广泛深入地开展宣传，组织开展有关蓄能电站开发建设必要性、经济合理性以及优化布局的研讨，介绍国内外先进经验技术，结合工程建设中的具体关键技术，组织学术交流和研讨活动，接受委托，组织开展抽水蓄能电站的考察、规划选点和技术咨询服务，对我国抽水蓄能电站建设的健康发展作出应有贡献 | 中水北方勘测设计研究有限责任公司<br>北京国电水利电力工程有限公司 |

续表

| 专委会名称 | 主任委员 | 秘书长 | 专业内容 | 挂靠单位 |
|---|---|---|---|---|
| 水电监理专业委员会 | 毛亚杰 | | 水电监理经验与技术交流<br>监理技术与理论研究 | 中国水力发电工程学会 |
| 水机磨蚀专业委员会 | 郑　贤 | 闵京声 | 水轮机泥沙磨损与空蚀试验研究及防护措施 | 水利部综合局 |
| 水电站液压控制专业委员会 | 韩大伟 | 刘宝军 | 液压控制技术在水电行业的应用、研究 | 液压控制质量检验测试中心 |
| 电力工程防汛与减灾专业委员会 | 李向荣 | 于文革 | 技术交流、研究，技术推广、咨询 | 国家电网公司生产运营部 |
| 建设合同专业委员会 | 陈东平 | 郭占池 | 编制水电工程建设涉及的各类型的合同范本；协助主管部门起草各类管理文件；组织有关软件学课题研究；组织学术交流活动 | 中国华能集团公司 |
| 西电东送与电力系统专业委员会 | 周小谦 | | 西电东送电力系统规划基础方案及东西部电力市场研究，输电系统规划及有关政策研究 | 国家电网公司 |
| 水电自动化及计算机控制工程专业委员会 | 宋振沪 | 施　冲 | 水电站自动化、引水及泵站自动化管理及信息系统，调速、励磁、保护、通信、水情水调、大坝监测等技术 | 国家电网公司自动化研究院 |
| 水电科技出版专业委员会 | 邴凤山 | 杨万涛 | 科学技术出版 | 中国水力发电工程学会 |
| 水电控制设备专业委员会 | 孔昭年 | 田忠禄 | 水轮机调速、励磁装置，自动化元件，智能仪表 | 中国水利水电科学研究院 |
| 工程施工系统专业委员会 | 刘经迪 | 阮光华 | 筑坝系统及筑坝设备（包括混凝土浇筑系统、土石坝筑坝系统），混凝土生产预冷系统及设备，砂石料源选择、开采、加工系统及设备，专家咨询部承担以上三大系统的咨询服务 | 中国水利水电建设集团公司 |
| 灯泡贯流式机组专业委员会 | 黄　尧 | 李水贵 | 灯泡贯流式机组设计开发、生产制造、安装、检修运行 | 广东省水力发电工程学会 |
| 信息电力专业委员会 | 梁　明 | 杨惠娜 | 数字电力系统、能量系统、电力经济和生产管理，计算机软件与网络，通信技术与规程 | 华北电力大学（北京） |

## 各省、市、自治区水力发电工程学会组织情况表

| 地方学会名称 | 会员总数 | 会员分类 | | | | | 办事机构设置地点 | 学术专业设置 | 会刊学报 |
|---|---|---|---|---|---|---|---|---|---|
| | | 教授级高工 | 高工 | 工程师 | 助理工程师 | 其他 | | | |
| 湖北省水力发电工程学会 | 1541 | 182 | 639 | 583 | 104 | 33 | 武汉市武汉大学水电学院 | 水能规划及动能经济专委会<br>水工及水电站建筑物专委会<br>水工水力专委会<br>水力水电工程施工专委会<br>水电站运行管理专委会<br>水力机械专会 | |

续表

| 地方学会名　称 | 会员总数 | 会员分类 | | | | | 办事机构设置地点 | 学术专业设置 | 会刊学报 |
|---|---|---|---|---|---|---|---|---|---|
| | | 教授级高工 | 高工 | 工程师 | 助理工程师 | 其他 | | | |
| 湖南省水力发电工程学会 | 1631 | 82 | 725 | 737 | 49 | 38 | 长沙市圭塘中南勘测设计研究院 | 勘测专委会<br>环保专委会<br>施工专委会<br>水库专委会<br>水电站设备专委会<br>水电站运行专委会<br>农村电气化专委会<br>计算机运行<br>水工结构与水电站建筑物专委会<br>水能规划与动能经济专委会 | |
| 浙江省水力发电工程学会 | 1201 | 131 | 471 | 459 | 128 | 12 | 杭州市风起路53号浙江省水利河口研究院 | 水能规划及动能经济专委会<br>水工及水电站建筑专委会<br>水电站运行管理专委会<br>中小水电开发与管理专委会<br>施工专委会<br>机电设备专委会<br>地质勘测及技术处理专委会<br>计算机运行及信息专委会<br>大坝安全监测专委会 | |
| 云南省水力发电工程学会 | 1631 | 140 | 608 | 728 | 133 | 4 | 昆明拓东路49号云南电力大厦 | 水工及水电站建筑专委会<br>水能规划及动能经济专委会<br>水电站电气及自动化专委会<br>水力机械及金属结构专委会<br>施工机械及施工管理专委会<br>水电站运行管理专委会<br>工程经济定额预算专委会 | 云南水力发电 |
| 四川省水力发电工程学会 | 2115 | 187 | 972 | 853 | 81 | 22 | 成都市东风路2段17号<br>四川省电力公司 | 地质勘探专委会<br>运行专委会<br>工程造价专委会<br>施工专委会<br>水工专委会<br>规划专委会<br>水机专委会 | 四川水力发电 |
| 陕西省水力发电工程学会 | 1246 | 113 | 593 | 485 | 47 | 8 | 西安市丈八东路18号<br>西北勘测设计研究院 | 水工专委会<br>水能规划及动能经济专委会<br>工程地质勘测专委会<br>小水电专委会<br>机电运行专委会<br>水电施工专委会<br>通航专委会<br>工程经济定额预算专委会<br>水电站自动化专委会<br>环保及环境保护专委会 | 陕西水力发电 |

续表

| 地方学会名称 | 会员总数 | 会员分类 | | | | | 办事机构设置地点 | 学术专业设置 | 会刊学报 |
|---|---|---|---|---|---|---|---|---|---|
| | | 教授级高工 | 高工 | 工程师 | 助理工程师 | 其他 | | | |
| 安徽省水力发电工程学会 | 764 | 31 | 213 | 321 | 142 | 57 | 合肥市芜湖路411号<br>安徽省电力公司 | 水工专委会<br>小水电专委会<br>水电站运行专委会 | |
| 江西省水力发电工程学会 | 461 | 29 | 248 | 136 | 26 | 22 | 南昌市永外正街266号<br>江西省电力公司 | 水工专委会<br>施工专委会<br>运行专委会<br>水库专委会<br>机电专委会 | |
| 福建省水力发电工程学会 | 1878 | 45 | 504 | 935 | 319 | 75 | 福州市省府路1号<br>福建省电力公司 | 水能规划及动能经济专委会<br>工程勘查专委会<br>水工及水电站建筑物专委会<br>水力机械及金属结构专委会<br>水电站电气及自动化专委会<br>施工机械及施工管理专委会<br>水电建设管理专委会<br>水电站运行管理专委会<br>农村电气化专委会<br>水库经济专委会<br>水电站经济及水库高度专委会 | |
| 天津市水力发电工程学会 | 1284 | 110 | 577 | 431 | 53 | 113 | 天津市河西区洞庭路60号<br>天津勘测设计研究院 | 施工及基础处理专业委员会<br>水电成套设备专业委员会<br>水工专业委员会<br>机电专业委员会<br>大坝安全监测与管理专业委员会<br>动能经济及抽水蓄能专业委员会<br>勘测专业委员会<br>青年工作委员会 | 水利水电工程设计 |
| 贵州省水力发电工程学会 | 1215 | 52 | 469 | 517 | 131 | 46 | 贵阳市新华路9号乌江大厦27楼乌江水电开发有限责任公司 | 水资源及水能规划专委会<br>地质与勘探专委会<br>水工及水电站建筑专委会<br>水电站建设及工程经济专委会<br>金属结构及水力机械专委会<br>施工管理专委会<br>水库经济专委会<br>水电站运行管理专委会<br>小水电技术专委会 | 贵州水力发电 |
| 青海省水力发电工程学会 | 708 | 17 | 262 | 301 | 113 | 15 | 西宁市五四西路43号<br>黄河水电公司 | 水电工程经济定额预算专委会<br>小水电专委会<br>水工专委会<br>水能经济专委会 | 青海水力发电 |

续表

| 地方学会名称 | 会员总数 | 会员分类 | | | | | 办事机构设置地点 | 学术专业设置 | 会刊学报 |
|---|---|---|---|---|---|---|---|---|---|
| | | 教授级高工 | 高工 | 工程师 | 助理工程师 | 其他 | | | |
| 甘肃省水力发电工程学会 | 1207 | 23 | 396 | 430 | 111 | 247 | 兰州市七里河西津东路38号<br>甘肃省电力公司 | 水能规划与动能经济专委会<br>地质与勘探专委会<br>水力机械专委会<br>水电站运行管理专委会<br>小水电专委会<br>水工与施工专委会 | |
| 广东省水力发电工程学会 | 1489 | 58 | 637 | 572 | 195 | 27 | 广州市五羊新城寺右南二街四巷3号<br>广东省电力公司 | 水能利用专委会<br>水工及水电站建筑专委会<br>水电建设管理及施工专委会<br>水电站运行与自动化专委会<br>风电及新能源专委会<br>评优工作专委会 | |
| 宁夏水力发电工程学会 | 438 | 16 | 170 | 211 | 20 | 21 | 银川市长城东路288号<br>宁夏电力公司 | 水电站运行专委会<br>水力机械气蚀磨损专委会<br>电气自动化专委会<br>水工专委会<br>水电施工专委会 | |
| 山西省水力发电工程学会 | 549 | 31 | 205 | 211 | 77 | 25 | 太原市南肖墙12号 | 电气及自动化专委会<br>水机及设备专委会<br>水工建筑专委会<br>水电站运行专委会<br>农村电气化专委会<br>抽水蓄能专委会 | 季度简报 |
| 河南省水力发电工程学会 | 910 | 63 | 430 | 350 | 45 | 22 | 郑州市金永路<br>黄河水利委员会 | | |

## 中国水利学会组织与工作

### 一、组织建设

1. 积极争取政府部门的支持，加强该会自身能力建设　该会加大了为政府服务的力度，从而提高了从政府部门获取资源的能力。一是争取水利部在资金项目上的支持，疏通了水利部在小型基建、基建前期、预算等对该会的支持渠道，使该会能顺利进行房屋修缮、办公自动化建设、交通工具购置和组织科技项目研究开发。2003年上半年，该会向水利部提出的"关于请求帮助解决中国水利学会资产建设问题的请示"，已得到汪部长和多位部领导的批示，此项工作正在运作之中。二是机构和编制的支持，水利部人教司于2002年年底已正式批准该会增设标准化部和增加2个事业编制，2003年，又给该会秘书处再增加4个编制，以满足不断增长的业务工作的需求。

2. 基本完成个人会员登记工作　召开了由北京、山东、湖南、陕西、辽宁等部分省级学会秘书长参加的座谈会，研究登记工作有关细节问题。2003年2月，该会发出了《关于进行中国水利学会个人会员登记的通知》，正式启动了登记工作。在4月召开的省级秘书长工作座谈会上，又把会员登记工作作为会议的主要内容之一进行安排。6月20日，该会又按中国科协定总体规划，发出了《关于统一编排个人会员登记号的通知》，对会员登记号的工作进行了布置。截至2003年年底，大多数省区市的个人会员登记工作已基本结束。

3. 大力发展团体会员　2003年6月30日，该会发出了《关于发展团体会员有关问题的说明》。此后收到20个单位的入会申请，经七届五次常务理事会扩大会议审议，批准接纳"水利部淮河水利委员会"

等18家单位为该会团体会员，总数量比之前增加了67%。

4. 指导专业委员会的组织建设　该会按照常务理事会提出对专业委员会进行整顿的要求，对38个专委会进行了调研，逐一建立了专委会的“档案”，并制定了《中国水利学会专业委员会管理办法》，指导专业委员会换届。七届四次常务理事会以后，已有6个专委会进行了换届或调整，11个专委会正在筹备换届。

5. 指导省级水利学会开展工作　2003年4月，该会省级水利学会秘书长工作座谈会在湖南召开。学会领导报告了学会当前的工作与近期学会改革与发展问题，布置了近期的工作，提出了远景目标，并对省级学会的现行挂靠体制和分层管理体制提出了意见。5位省级学会秘书长在大会发言，介绍工作经验。通过交流与沟通，达到了相互促进的目的。一年间，四川、贵州、天津、河南、浙江、吉林等省级水利学会先后召开了换届大会。省级水利学会的发展又有新动态，浙江省水利学会的挂靠单位——浙江省水利厅重视学会工作，按照《浙江省委关于进一步加强党对科协工作领导的意见》，在浙江省水利学会换届过程中，明确表示“要人给人，要钱给钱”。换届后的浙江省水利学会，在人员方面，秘书处有4个事业编制，专职秘书长年富力强；在办公用房方面，厅里专门为学会安排了宽敞的办公场所；在经济方面，水利厅将两个甲级资质的公司交由学会经营，即审价中心和技术服务咨询中心。换届后，为浙江水利服务的能力更强，水平更高了。

6. 依靠信息化，丰富服务会员、服务水利、服务社会的手段　建立了网站信息联络员制度，并于2003年4月在京召开了信息联络员工作会议。一年来，网站的信息量日益增大，点击率逐步提高。作为借助信息化手段服务水利的一种尝试，该会又注册了“中国水利水电设备（产品）网”（www.cnhydro.com)，正在试运行，开通仪式已在2003学术年会开幕式上举行，该网站建设工作受到中国科协的表扬。该会还改革了《中国水利学会通讯》的办刊方式，增强了该刊的时效性和可读性。

7. 承办水利部专业技术职称的有关工作　配合部人教司、职改办组织完成了2003年度职称考试的命题、试卷印制分发、阅卷、分数统计等具体工作。该会正在组织2003年度职称评审工作。

## 二、国内学术活动

2003年，该会组织进行了各个层次上的学术交流。

1. 整合中国水利学会全会的学术交流资源　首先将学术交流项目集中起来，并通过学会网站、会讯等方式广泛宣传，给广大会员以知情权，进而给以选择权和参与权；其次是分类管理这些交流项目。学会将学术交流项目分为三类，一是重中之重项目，二是重点项目，三是一般性项目。重中之重是指要集中全会的力量，力求办出影响，办成品牌的项目。对于重点项目，学会要提出要求，联合政府部门、企事业单位以及兄弟学会，委托相关部门来进行。对于一般性项目，学会则给予指导，重点依靠学会的各级组织来进行。学会通过有效整合学会的学术交流资源，产生了较好的规模效应。

2. 成功举办2003学术年会　中国水利学会2003年学术年会于11月11～13日在深圳召开。水利部副部长索丽生出席会议并作了题为《现代水利的几个新领域》的主旨报告，水利部副部长鄂竟平代表部党组作了重要讲话。本届年会围绕“水与现代化”的主题，邀请了10位院士、专家作专题报告，分别是：中国工程院院士徐乾清，题目为《对“水与现代化”的一些认识和思考》；曹楚生院士，题目为《在当前我国现代化进程中水利水电可持续发展新的前景》；文伏波院士，题目为《对长江流域生态环境建设的认识与思考》；中科院政策研究所牛文元教授，题目为《中国水资源管理的战略思考》；香港工程师学会陈兆根会长，题目为《专业资格、工程师注册及国际资格互认》；水利部办公厅主任顾浩教授，题目为《中国水利现代化研究》；国务院发展研究中心刘勇研究员，题目为《水资源是全面建设小康社会的重要保障条件》；河海大学姜弘道教授，题目为《水利现代化与水利高等教育》；2003年度大禹奖一等奖获得者代表，中国水利水电科学研究院王浩教授，题目为《西部大开发战略下的西北水资源开发、利用与保护》；深圳市水务局黄添元局长，题目为《城市国际化，水务现代化》。会议得到了水利科技工作者和该会广大会员的积极响应，入选《中国水利学会2003学术年会论文集》的论文作者、参加年会分会场“青年科技论坛”的青年科技工作者、获2003年度大禹水利科学技术奖项的代表、中国水利学会国外友好学会的来宾、七届理事会理事、各级组织的代表，以及媒体记者共400余人参加大会。

该会还十分重视青年人的成长，积极创造条件，为其展现才华提供舞台。为了给青年科技工作者开辟一块属于他们自己的学术园地，创立了“中国水利学会青年科技论坛”。主题为“创新——青年水利科技工作者的历史使命”的首届论坛作为分会场与该会2003学术年会同期举办，索丽生副部长到会作了重要讲话，副理事长陈厚群院士代表老科学家寄语广大青年水利科技工作者。来自全国各地的水利青年科技工作者120余人参加了论坛，60人在分组交流中发了言。

3. 学术活动体现了社会化、精品化、信息化主要活动有（详见表1）

表1　中国水利学会2003年国内主要学术活动一览表

| 序号 | 会 议 名 称 | 时　间 | 规模（人） | 地　点 |
|---|---|---|---|---|
| 1 | 河北省水资源可持续利用战略研讨会 | 1月 | 140 | 石家庄 |
| 2 | 深圳水资源发展高层论坛 | 3月 | 200 | 深　圳 |
| 3 | 黄河河口问题及治理对策研讨会 | 3月 | 120 | 山东营口 |
| 4 | 第二期水工混凝土建筑物修补加固技术研讨会 | 3月31日～4月4日 | 70 | 江西九江 |
| 5 | 江苏省水资源配置节约与保护学术研讨会 | 4月 | 60 | 南　京 |
| 6 | 以流域为单位的灌溉发展和水资源合理配置学术交流会 | 7月21～22日 | 30 | 北　京 |
| 7 | 西藏土木水利电力工程技术研讨会 | 8月 | 70 | 拉　萨 |
| 8 | 江苏省城市水环境综合治理学术研讨会 | 8月 | 60 | 江苏徐州 |
| 9 | 事业单位设岗课题研究会 | 8月 | 22 | 北　京 |
| 10 | 水流量计量技术研讨会 | 9月14～16日 | 92 | 乌鲁木齐 |
| 11 | 第一届全国水力学与水利信息学学术大会 | 9月24～26日 | 134 | 天津蓟县 |
| 12 | 全国土木工程研究生学术论坛 | 9月 | 200 | 南　京 |
| 13 | 大型引调水工程PCCP技术交流会 | 9月 | 80 | 太　原 |
| 14 | 国际雨水集蓄利用技术培训班 | 9月～10月 | 40 | 兰　州 |
| 15 | 第七届混凝土建筑物修补和加固技术学术交流会 | 10月 | 150 | 浙江新安江 |
| 16 | 2003年“水与奥运”学术研讨会 | 10月 | 150 | 北　京 |
| 17 | 中国水城市长论坛 | 10月 | 150 | 浙江绍兴 |
| 18 | 全国堤坝安全监测技术研讨会暨展示会 | 10月 | 126 | 西　安 |
| 19 | 首届中国水电论坛 | 10月 | 120 | 湖北宜昌 |
| 20 | 第八届岩石混凝土断裂、损伤和强度学术会议 | 10月 | 50 | 山东烟台 |
| 21 | 2003年全国城市水利学术研讨会 | 10月 | 50 | 上　海 |
| 22 | 中国水利学会2003年学术年会 | 11月 | 400 | 深　圳 |
| 23 | 首届青年科技论坛 | 11月 | 130 | 深　圳 |
| 24 | 碾压混凝土筑坝技术学术交流会 | 11月 | 200 | 广西百色 |
| 25 | 河口海岸国际研讨会 | 11月9～11日 | 150 | 杭　州 |
| 26 | 深水港建设技术研讨会 | 11月10～11日 | 70 | 大　连 |
| 27 | 03.7淮河大水的水文气象学问题 | 12月8～10日 | 100 | 北　京 |
| 28 | 全国第12次围涂信息技术交流会及专委会2003年年会 | 12月 | 62 | 南　京 |
| 29 | 减灾专委会2003年年会暨首届水库防洪调度学术研讨会 | 12月 | 48 | 大　连 |

2003年元月，组织专家参加了中国科协“减轻自然灾害研讨会”，并参与编写中国科协《减轻自然灾害》白皮书。

2003年3月，该会与黄河研究会联合组织举办了“黄河河口问题及治理对策研讨会”，会后提交的“关于加强黄河河口研究及加快治理步伐的建议”受到水利部的重视，有关领导做了批示。

2003年3月，参与组织中国水利专家团赴日本参加第三届世界水论坛，期间，该会雨水利用专委会获第三届世界水论坛水行动大奖赛特别奖，该奖项是由世界水理事会、全球水伙伴和水论坛组委会设立的。

2003年3月29日，为深入探讨水资源可持续利用对全国建设小康社会乃至率先基本实现现代化目标的重要作用，该会与深圳市水务局在深圳联合举办“水与深圳城市发展高层论坛”。论坛邀请了包括院士在内的多名高级专家，围绕深圳市水资源、水环境现状，分析探讨了水资源可持续利用与深圳城市发展、水资源系统工程管理与政府机构设置、城市水利的若干实践经验，水利部敬正书副部长发表了书面讲话。

2003年9月16日，由该会主办的大型引调水工程PCCP技术学术交流会在山西举行，来自各地代表150余人参加了会议。

2003年10月13日，全球水伙伴中国地区委员会河北省水伙伴成立暨水资源统一管理研讨会在河北召开。

2003年10月14～17日，由该会主办，天津市水力发电工程学会、天津大坝安全监测研究中心、水利部堤防隐患与险情探测技术专家组承办，河海大学、西安兰特公司协办的“全国堤坝安全监测技术研讨会暨展示会”在西安市召开。来自设计、施工、运行、管理、科研、高校、勘探和仪器设备研制及生产厂家共73个单位的126位代表参加了会议。

2003年10月18日，由该会与绍兴市人民政府联合举办的“中国水城市长论坛”在绍兴举行，水利部索丽生副部长到会并作学术报告。

2003年10月24日，由中国水利学会、中国水力发电工程学会、湖北省科学技术协会、三峡大学决定共同发起，并联合主办的“首届中国水电论坛”在湖北宜昌举行，论坛的主题为“新世纪水电与中国经济”。

2003年11月5日，由该会与中国土工合成材料工程协会联合召开的“全国土工合成材料应用技术规范与产品质量研讨会”在江苏常州举行。

2003年12月5日，由该会主办的“纪念张含英逝世周年座谈会暨《张含英纪念集》首发式”在京举行。钱正英、杨振怀、李伯宁等水利部老领导，天津大学校友总会会长杨渝钦教授，水利部办公厅、老干部局、黄河水利委员会、中国水利水电出版社等单位代表，张老的学生代表和家属代表等参加纪念活动。翟浩辉副部长到会并讲话。

## 三、国际合作交流

2003年间，该会加大了国际民间科技交往的力度，先后与韩国水资源协会、日本水文水资源学会签署了合作协议，建立了“友好学会”制度；与加拿大土木工程学会合作在我国西北地区开展雨水利用的项目正在申报之中；根据中国科协与国际科工联的科技合作备忘录，以莫斯科市政府分析局局长、2004年世界工程师大会俄罗斯筹委会副主席克·博·诺尔金先生为团长的国际科工联代表团一行2人于2003年3月24日～4月2日访问我国，代表团此次访华的主要目的是考察2004年世界工程师大会的筹备工作，并了解我国南水北调工程的情况，受中国科协和水利部委托，该会负责接待了俄罗斯客人，并向客人介绍了南水北调工程情况；根据部国科司要求，对由该会归口管理的6个国际学术机构的中国国家组织加强了管理，提出了管理办法，并为水利部关于全面推动中国水利登上国际舞台献计献策。在加拿大蒙特利尔市举行的国际大坝委员会第71届执行会议上，贾金生教授当选为国际大坝委员会副主席，夏军教授当选为国际水文科学协会和国际水资源协会副主席。同年8月，该会组团参加了在希腊举行的第30届国际水利学大会。

## 四、科学普及与学术期刊

该会利用传媒进行现代科普宣传。与中国水利报社协商，由报社提供版面，该会提供稿源，在中国水利报上宣传水利学科进展。2003年，已有近10个专委会撰写的关于学科进展的文章在报上报道。在学会网站上设立“科普园地”栏目，宣传国家重点工程项目，普及水利知识，介绍水利新技术、新材料、新工艺等，深受广大读者喜爱。

由于受到“非典”影响，经与北京水利学会协商，将以往一年一度的青少年水利夏令营活动，变换形式，共同组织开展了“水利科普进社区活动”，本次活动在北京的7个居民住宅小区举办，共收回答卷500余份。

该会加强了对期刊的管理，使其充分发挥学术交流的主干道作用。该会管理的科技期刊有《水利学报》、《水科学进展》、《岩土工程》和《泥沙研究》。2003年，该会多次听取《水利学报》、《水科学进展》等编辑部的工作汇报，指导办刊思路，研究解决办刊过程中存在的问题。该会主管的上述期刊的影响稳中有升。在2003年中国科协举行的第一届优秀学术论文评选活动中，全国获奖的100篇优秀论文中，该会期刊推荐的就占3篇；《水利学报》、《水科学进展》、《岩土工程学报》还获2002年“百种中国杰出学术期刊”称号。该会启动了《水利学报》英文版的筹备工作，由该会团体会员——中国水科院具体承办。专业委员会、省级水利学会所办期刊也都在不同的专业、不同领域发挥了积极作用。

## 五、科技咨询

积极参加国家重点项目和重点工作的咨询。为了对编制全国防洪规划关于蓄滞洪区调整、建设与管理提出咨询意见，该会受部水规总院委托，承担了蓄滞洪区建设管理与减灾措施的咨询研究任务，于2003年5月完成任务，提出了“蓄滞洪区建设管理与减灾措施咨询研究报告”，并通过验收。7月11日，钱正英院士听取了学会关于“蓄滞洪区建设管理与减灾措施咨询研究报告”的汇报，对于该工作给予了充分肯定，并当即商定邀请长江、黄河、淮河和海河四大流域机构代表和部分专家就“分蓄洪区建设与江河治理关系”问题召开研讨会，为中国工程院承担国家发改委委托的关于“十一五”计划中所重大工程咨询任务进行调研。

鉴于目前我国水资源管理中所存在的分割管理的问题，2003 年 8 月，该会邀请了十几位在京知名专家就我国水资源管理体制问题召开座谈会，为我国经济社会的可持续发展和全面建设小康社会提出意见和建议。

与部科技委一起组织有关专业的专家学者对黄河调水调沙试验进行调研，提出黄河下游治理的对策建议；参加了南水北调工程和几大流域的防洪规划审查，参加了万家寨水利枢纽工程和三峡工程枢纽的部分验收等等。

六、表彰奖励

该会组织评选了“2003 年度大禹水利科学技术奖”。该奖项是由水利部支持、经科技部批准的水利行业最高科技奖，于 2002 年获国家奖励办批准。本次是该奖首次评选，获奖项目共 25 项，其中一等奖 1 项，二等奖 6 项，三等奖 18 项。颁奖仪式在该会 2003 学术年会上举行，水利部、国家奖励办等有关方面的领导为获奖者颁发了证书和奖牌（获奖项目名称、主要完成单位及主要完成者名单详见表 2）。

该会还按照中国科协布置，组织进行两年一次的院士推荐工作，2003 年 3 月，该会院士候选人推荐工作小组开会，从各单位推荐的 9 人中评选出 4 人上报中国科协。根据中组部、人事部和中国科协的部署，与部人教司联合进行第八届中国青年科技奖的候选人的推荐工作。经过专家组的评选，从申报的 18 人中推荐 6 人作为我会与水利部推荐的第八届中国青年科技奖候选人提名。

表 2　　2003 年度大禹水利科学技术奖获奖名单

| 序号 | 获奖等级 | 项目名称 | 主要完成单位 | 主要完成人员 |
|---|---|---|---|---|
| 1 | 一等 | 西北地区水资源合理配置和承载能力研究 | 中国水利水电科学研究院<br>中国科学院地理科学与资源研究所<br>中国地质科学院水文地质环境地质研究所 | 王　浩　陈敏建　何希吾　秦大庸　汪党献　唐克望　尹明万　王　芳　王　研　甘　泓　朱延华　李令跃　顾定法　马　静　王建华 |
| 2 | 二等 | 特长输水隧洞群贯通测量技术研究与实践 | 水利部天津水利水电勘测设计研究院 | 伍志刚　王卫国　张国良　王庆玉　白玉春　丁浩清　曹催晨　李江深　梁晋平　夏凤治 |
| 3 | 二等 | 水工建筑物三维可视化 CAD 系统 | 长江水利委员会长江勘测规划设计研究院<br>华中理工大学国家 CAD 软件支撑技术中心 | 钮新强　陈立平　杨本新　杨新军　陈　钢　刘志明　李江鹰　廖仁强　胡进华　童　迪 |
| 4 | 二等 | 二滩水电站高双曲拱坝水力学及流激振动原型观测 | 中国水利水电科学研究院<br>二滩水电开发有限责任公司<br>成都勘测设计研究院 | 刘之平　高季章　刘继广　黄新生　吴一红　程志华　郭　军　张　东　陈德川　舒　涌 |
| 5 | 二等 | 隧洞衬砌外水压力研究及其在万家寨引黄工程中的应用（南干线 7 号隧洞） | 中国水利水电科学研究院<br>水利部天津水利水电勘测设计研究院<br>山西省万家寨引黄工程管理局 | 张有天　章跃林　姜　凯　陈重华　李文全　谢熙曦　李雪春　宋　嶽　陈　平　徐　昕 |
| 6 | 二等 | 黄河中游多沙粗沙区区域界定及产沙输沙规律研究 | 水利部黄河水利委员会水文局<br>黄河水利委员会黄河水利科学研究院<br>陕西师范大学<br>中国科学院地理科学与资源研究所<br>内蒙古自治区水利科学研究院<br>黄河水利委员会绥德水土保持科学试验站 | 徐建华　吕光圻　张胜利　甘枝茂　秦鸿儒　李雪梅　张培德　林银平　吴成基　景　可 |

续表

| 序号 | 获奖等级 | 项目名称 | 主要完成单位 | 主要完成人员 |
|---|---|---|---|---|
| 7 | 二等 | 长江三峡工程二期上游围堰防渗墙施工技术研究与工程实践 | 中国水利水电基础工程局 | 蒋振中 胡迪煜 宗敦峰 李军 刘克华 高永康 解同芬 胡斌 郭宏波 鲁志军 |
| 8 | 三等 | 航空遥感实时传输系统工程化与试运行 | 中国水利水电科学研究院<br>中国科学院空间科学与应用研究中心<br>国家遥感中心航空遥感一部 | 李纪人 姜景山 李茂堂 付文军 柳星春 |
| 9 | 三等 | 气候异常对我国水资源及水分循环影响的评估模型研究 | 水利部水文局（水利信息中心）<br>南京水利科学研究院<br>河海大学<br>武汉大学<br>黄河水利科学研究院 | 张建云 刘九夫 郝振纯 章四龙 郭生练 |
| 10 | 三等 | 水、旱灾害监测与评估业务运行系统的建立与试运行 | 中国水利水电科学研究院<br>中国科学院地理科学与资源研究所 | 李纪人 万庆 严慕绥 陈子丹 李琳 |
| 11 | 三等 | 珠江三角洲网河及口门地区水沙动力特性分析及遥感技术应用研究 | 中国水利水电科学研究院<br>广东省水利电力勘测设计研究院 | 彭静 张世奇 李纪人 廖文根 何少苓 |
| 12 | 三等 | 1998年暴雨洪水调查分析及研究评价 | 水利部水文局<br>长江水利委员会水文局<br>松辽水利委员会水文局<br>珠江水利委员会水文局<br>湖南省水文水资源勘测局 | 孙继昌 王俊 胡宏达 葛守西 刘金平 |
| 13 | 三等 | 黄河小浪底水利枢纽温孟滩移民安置区河段河道整治模型试验研究 | 黄河水利委员会黄河水利科学研究院 | 赵业安 姚文艺 刘海凌 张红武 王卫红 |
| 14 | 三等 | 覆盖层上筑混凝土面板堆石坝关键技术研究 | 南京水利科学研究院<br>梅溪水库工程建设指挥部 | 沈珠江 李国英 杨代泉 徐惠明 沈丽卿 |
| 15 | 三等 | 三峡二期工程大坝施工实时动态仿真 | 长江水利委员会长江勘测规划设计研究院 | 钮新强 翁永红 谢红忠 夏仲平 范五一 |
| 16 | 三等 | 新型潮汐模型自动控制系统开发应用研究 | 水利部珠江水利委员会科学研究所 | 林俊 卢惠章 何启莲 吴华良 田维勇 |
| 17 | 三等 | 小型电渗析装置在高浓度苦咸水净化中的应用研究 | 黄骅市水务局 | 赵吉通 李占强 王燕江 王俊生 李为军 |
| 18 | 三等 | 小水电站无人值班自动控制系统 | 水利部农村电气化研究所 | 徐锦才 程夏蕾 俞锋 张巍 徐国君 |

续表

| 序号 | 获奖等级 | 项目名称 | 主要完成单位 | 主要完成人员 |
|---|---|---|---|---|
| 19 | 三等 | DZF-120型便携式防汛抢险打桩机新产品开发研制 | 华北水利水电学院<br>水利部三门峡水工机械厂 | 周林森　盛其安　韩林山　曹景华　唐振科 |
| 20 | 三等 | 基于3S技术的深圳市水土保持管理信息系统研究 | 水利部珠江水利委员会信息中心<br>广东省深圳市水土保持办公室 | 杨德生　陈伟豪　肖卫国　吕能辉　陈冬奕 |
| 21 | 三等 | 农业涝渍灾害防御技术 | 水利部农田灌溉研究所<br>中国水利水电科学研究院<br>武汉大学<br>南京水利科学研究院<br>安徽省水利科学研究院 | 温　季　王少丽　王修贵　聂宪江　袁雄汉 |
| 22 | 三等 | 半干旱山区天然降水高效富集利用技术集成与创新研究 | 甘肃省水利科学研究所<br>甘肃省农科院旱农所<br>甘肃农业大学<br>定西县人民政府 | 李元红　高世铭　张仁陟　曹成章　金彦兆 |
| 23 | 三等 | 水箱模型对地下水补径排机制及资源量评价的应用研究 | 山西省水资源研究所<br>榆次区水资源管理委员会 | 李智慧　张廷胜　程普云　高志强　杨邦贤 |
| 24 | 三等 | 淮河入海水道淮安枢纽立交地涵混凝土防裂技术研究 | 淮委淮河入海水道工程建设管理局<br>河海大学高坝及地下结构工程研究所<br>水利部水利建设与管理总站 | 曹为民　朱岳明　闪　黎　钟彦祥　马东亮 |
| 25 | 三等 | 水力吹填地基的水平排水板振动碾压处理法 | 南京水利科学研究院<br>中国水利水电第十三工程局 | 何开胜　张广旗　沈珠江　黄保东　陈生水 |

（中国水利学会　赵洁群）

# 其他有关学会简介

## 一、中国地质学会简介

中国地质学会于1922年1月27日在北京成立，是在中国建立最早的学术团体之一。中国地质学会的前身为1909年在天津创立的中国地学会。我国最早的一幅地质图（《直隶地质图》）就发表在该会第一号《地学杂志》（1910年）上。

中国地质学会1936年成立了第一个地方分会即北平分会，到1987年已经增加到30个地方分会。20世纪60年代中期中国地质学会设立了3个学术机构——专业委员会，到1995年已经发展到32个专业委员会、7个研究会、5个工作委员会，到2000年已经拥有49个二级机构。2000年6月由145名理事组成了中国地质学会第三十七届理事会。中国地质学会的会员到现在已经发展到8万多名。

1922年，学会创办了《中国地质学会志》（Bulletin of the Geological Society of China)，以外文（英文为主，德文、法文为辅）出版季刊。《中国地质学会志》出至1936年，中国地质学会理事会决议创办中文期刊《地质论评》，每年6期。1952年为了集中出版，曾将两刊一度合并，改出一种中文季刊《地质学报》。1957年又恢复了《地质论评》。《地质学报》以反映地质方面的理论研究和基本问题研究的成果为主；《地质论评》除刊载部分学术论文外，着重开展问题讨论、科技述评与书刊评价以及一些科研简讯、学术活动消息等。

每年都举办各种类型的学术会议30多个，涉及到地学领域的大多数分支学科。还承办国际学术团体委托召开的国际学术讨论会，经常派专家学者参加国际学术会议。每年的“世界地球日”和青少年地学夏令营已成为中国地质学会科普工作的传统项目。

中国地质学会是国际地质科学联合会的成员组织，学会科技顾问张炳熹曾连任两届国际地科联副主席，学会名誉理事刘敦一也曾连任两届副主席。有数十位地质学家担任与地质学有关的各种国际学术团体的主席、副主席、理事、委员等职务。80 多年来，中国地质学会一直将学术属性视为该会最本质的社会职能，在开展国内外学术交流、组织国际学术会议、普及地质科学知识、编辑出版科技刊物、培养推荐人才中做出了重要的贡献。形成了全面、系统的学术交流网络，与各部门、各行业的地质工作者有着最广泛的联系。

学会 1996 年获国家科委“全国科学普及先进集体”称号，1997 年获中国科协“先进学会”称号。

业务主管单位是中国科学技术协会，挂靠单位是国土资源部。学会办事机构设在中国地质科学院，现有编制 27 人。

地　　址：北京市西城区百万庄大街 26 号
邮政编码：100037
电子信箱：cgdzxh@163bj. com
电　　话：010-68311539

## 二、中国地震学会简介

中国地震学会于 1979 年 11 月 21 日正式成立。

该会是由我国从事地震科技研究和参与我国防震减灾事业的科技工作者自愿结成、依法登记成立、具有法人资格、公益性、全国性的学术团体，是发展我国地震科技事业的一支重要社会力量，是中国科学技术协会的组成部分。

1979 年 11 月 21 日，中国地震学会成立大会暨第一次学术大会在大连召开，顾功叙当选理事长。1985 年 1 月 24 日，中国地震学会第二届会员代表大会暨第二次学术大会在北京召开，陈运泰当选理事长。1991 年 1 月 20 日，中国地震学会第三届理事会成立大会在北京召开，丁国瑜当选理事长。1994 年 12 月 12 日，中国地震学会第四届理事会成立大会暨第五次学术大会在北京召开，陈运泰当选理事长。1998 年 10 月 20 日，中国地震学会第五届理事会成立大会暨第七次学术大会在江西井冈山市召开，陈运泰当选理事长。

该会目前设有 8 个办事机构和 15 个专业委员会。现有会员 4756 名，其中外籍会员 3 名。中国地震学会本届理事会（第五届理事会）有 102 名理事，常务理事会有 19 名常务理事。

地　　址：北京市海淀区民族学院南路 5 号
邮政编码：100081
电子信箱：a17@cast. org. cn
主页网址：http://www. cast. org. cn
电　　话：010-68417858/68417744 转 1410
传　　真：010-68417858

## 三、中国自然资源学会简介

中国自然资源学会是以促进资源科学发展和普及资源科学技术为宗旨的学术性法人社会团体，是中国科学技术协会的组成部分。

中国自然资源研究会成立于 1980 年 9 月，1993 年 2 月正式更名为中国自然资源学会。中国自然资源学会先后于 1983 年 10 月、1988 年 1 月、1993 年 2 月、1998 年 5 月召开了 4 次全国会员代表大会。

中国自然资源学会现有会员 4000 余人，下设干旱半干旱区资源与环境专业委员会、全国山地研究专业委员会、热带、亚热带地区专业委员会、资源经济专业委员会、资源信息专业委员会、土地资源专业委员会、资源持续利用与减灾专业委员会、天然药物资源专业委员会、资源工程专业委员会等 9 个专业委员会和青年工作委员会、教育工作委员会等 2 个工作委员会。还有湖南省、湖北省、福建省、山东省、宁夏回族自治区等 5 个省级学会。

地　　址：北京市朝阳区安外大屯路 3 号
邮政编码：100101
电子信箱：csnr@igsnrr. ac. cn
主页网址：http://www. csnr. org
电　　话：010-64889806
传　　真：010-64889806

## 四、中国机械工程学会简介

中国机械工程学会是由以机械工程师为主体的机械科学技术工作者和在机械工程及其他相关领域从事科研、设计、制造、教学和管理等工作的单位、团体自愿结成并依法登记的社会团体法人，是全国性、非营利性的社会团体，是中国科学技术协会的组成部分。

中国机械工程学会于 1936 年 5 月 21 日在杭州召开成立大会，通过了会章，并选举黄伯樵为会长，庄前鼎为副会长。出版会刊《机械工程》（季刊），杨毅为首任总编辑。

中华人民共和国成立后，由中国机械工程界前辈刘仙洲、石志仁、刘鼎、沈鸿和庄前鼎等发起，重建中国机械工程学会，于 1978 年恢复正常工作。

中国机械工程学会现有个人会员 18 万余名，港澳台会员和海外会员 400 余名，团体会员 4000 余个。下设 34 个专业分会，31 个省、自治区、直辖市设有机械工程学会。

中国机械工程学会代表中国加入了国际焊接学会

(IIW)、国际铸造技术协会委员会（CIATF)、国际无损检测委员会（ICNDT)、国际热处理与表面工程联合会（IFHT)、国际机器理论与机构学联合会(IFTOMM)、国际压力容器理事会（ICPVT)、国际摩擦学理事会（ITC)、亚太地区无损检测委员会(APCNDT)、国际机械工程学会联合会（ICOMES)、太平洋地区焊接组织联合会（POCWA)、国际食品工程协会（IAEF）等11个重要的国际组织，与22个国家的38个一流学术团体和专业组织签定了双边合作协议，并与60余个国家和地区的千余个科研、教学、设计、制造、咨询、中介以及社会公益机构建立了良好的工作关系。

地　　址：北京市西城区三里河路46号
邮政编码：100823
电子信箱：headquarters@cmes. org
主页网址：http://wwww. cmes. org
电　　话：010-68595316
传　　真：010-68533613

## 五、中国电机工程学会简介

中国电机工程学会创建于1934年10月，当时定名为中国电机工程师学会。发起人为电机工程科技界名人顾毓秀、章名涛等。中华人民共和国成立前共历经9届董事会。1951年成立中国电机工程学会筹备委员会。1958年5月召开了中国电机工程学会第一次全国代表大会，学会每隔4～5年换届一次。理事长分别是：第一届为刘澜波，第二届为程名升，第三、四届为毛鹤年，第五、六届为张凤祥，现为第七届，理事长是陆延昌。

学会于1958年加入中国科协，现有个人会员120800人，单位会员33个，专业委员会34个。参加的国际组织有国际大电网会议（CIGHRE)、美国电气工程师学会（IEEE)、亚太工程师联合会(FEISEAP)。

地　　址：北京市宣武区白广路二条1号
邮政编码：100761
电子信箱：wfcui@sp. com. cn
电　　话：010-63414320
传　　真：010-63414319

## 六、中国动力工程学会简介

中国动力工程学会是全国动力工程科技工作者的学术性群众团体，是中国科学技术协会的组成部分。它的前身是1962年成立的中国机械工程学会透平与锅炉学会，1979年更名为中国机械工程学会动力工程学会。根据我国动力工程学科发展需要和广大动力工程科技工作者的要求，1988年12月经国家科委批准成为中国动力工程学会，1992年8月加入中国科协。

该会是以发电热动力机械设备的研究、设计、制造为中心的多专业的综合性学会。设有透平、锅炉、水轮机、核电、热力、工业煤气、自控、材料、转子发动机、新能源设备、工业气体等11个专业委员会，以及学术、组织、国际合作、编辑出版、咨询与展览等5个工作委员会。现有个人会员近千名，团体会员65名。

该会先后与美国ASME动力学会、德国大电厂协会（VGB)、德国工程师学会动力学会（VDI-GET)、日本机械学会动力及能源系统学会（JSME-P&ESD)、英国IME动力学会等学术团体建立联系，开展多种形式的国际学术交流活动。

学会本届理事会（第七届）共有理事108名，常务理事43名，理事会中有中国工程院院士8位。

地　　址：上海市闵行剑川路1115号
邮政编码：200240
电子信箱：cspe@public7. sta. net. cn
电　　话：021-54705106/34020813
传　　真：021-54705106

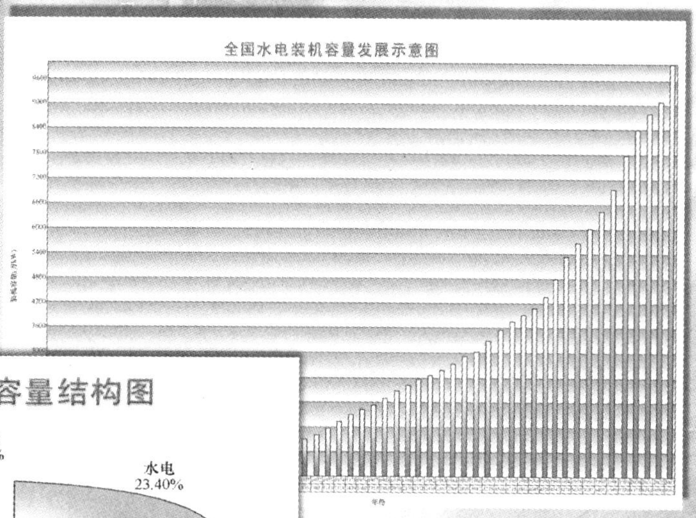


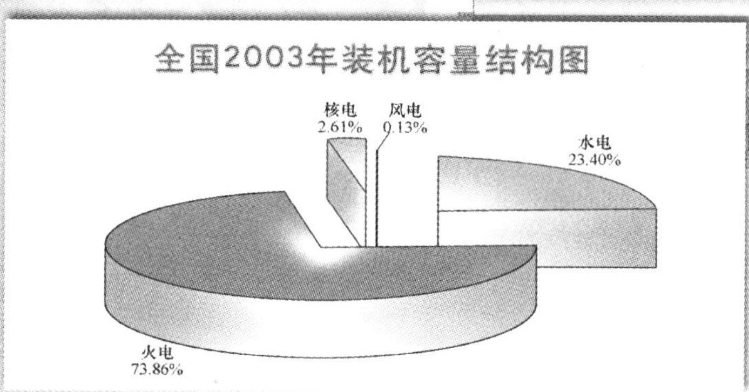


中国水力发电年鉴（2003）

21

# 统计资料

# 2003年全国已建成的大型及部分中型水电站的主要竣工资料表

| 水电站名称 | 大朝山水电站 | 乌江水电站扩机 |
|---|---|---|
| 建设地点、所在河流 | 云南省云县与景东县交界、澜沧江 | 贵州省遵义县、乌江 |
| 控制流域面积（$km^2$） | 12100 | 27990 |
| 多年平均流量（$m^3/s$） | 1330 | 483 |
| 工程及建筑物等级 | 一等 | 一等，进水口为1级建筑物，厂房为2级建筑物 |
| 坝型 | 碾压混凝土重力坝 | 拱形重力坝 |
| 最大坝高/坝顶高程（m） | 111/906 | 165/765 |
| 正常蓄水位/死水位（m） | 899/882 | 760/716 |
| 总库容/调节库容（亿$m^3$） | 9.4/3.67 | 21.4/13.5 |
| 水库调节性能 | 月调节 | 季调节 |
| 设计/校核洪水标准$P$（%） | 0.2/0.02 | 0.2/0.02 |
| 设计/校核洪水流量（$m^3/s$） | 18200/23800 | 19200/24400 |
| 主要泄洪设施<br>孔数一宽×高（m×m） | 表孔 5—14×17　排沙底孔 3—7.5×10　冲沙孔 1—3×6 | 泄洪洞 2—9×10　滑雪式溢洪道 2—13×18.5　表孔溢流 2—13×18.5 |
| 隧洞长度/洞径（m） | 引水隧洞6条179.2/8.5～8.0　尾水隧洞1300/15 | 758.39/7.0 |
| 厂房型式 | 地下厂房 | 地下厂房 |
| 厂房尺寸(长×宽×高)(m×m×m) | 233.9×26.4×63.13 | 84.2×22.4×55.3 |
| 水头:最大/设计/最小(m) | 85.63/72.5/53.02 | 134.2/120/94.2 |
| 主要机组型号 | HL(261)-LJ-580 | HL205-LJ-470 |
| 机组台数×单机容量(万kW) | 6×22.5 | 2×25 |
| 装机容量(万kW) | 135 | 50 |
| 保证出力(万kW) | 36.31 | 33(考虑上游梯级调节) |
| 年发电量(万kW·h) | 59.31 | 6.5 |
| 综合利用 | | |
| 淹没耕地(亩)/迁移人口(人) | 12385/6100 | |
| 开挖土石方(万$m^3$) | 560.17 | 78.85 |
| 填筑土石方(万$m^3$) | 41.3 | |
| 混凝土总量(万$m^3$) | 202.2 | 13.34 |
| 静态投资(亿元) | 52.6 | 7.92 |
| 动态投资(亿元) | 88.7 | 8.33 |
| 单位千瓦投资(元)(静态) | 3896.3 | 1584 |
| 投资方及投资比例 | 国家开发投资公司50%、云南红塔实业有限公司30%、云南开发投资有限公司10%、云南省电力公司10% | |
| 开工(停工、复工)时间(年.月) | 1997.8 | 2000.11.8 |
| 第一台机组投产/最后一台机组投产时间（年.月） | 2001.12/2003.10 | 2003.8/2003.12 |
| 业主单位 | 云南大朝山水电开发有限责任公司 | 贵州乌江水电开发有限责任公司 |
| 设计单位 | 北京勘测设计研究院、昆明勘测设计研究院 | 中南勘测设计研究院 |
| 监理单位 | 中南勘测设计研究院、昆明勘测设计研究院等 | 四川二滩国际咨询公司 |
| 主要施工单位 | 中国水利水电第一、三、八、十四工程局、葛洲坝集团公司 | 中国水利水电第八、九工程局 |

续表

| 水电站名称 | 引子渡水电站 | 重庆江口水电站 |
|---|---|---|
| 建设地点、所在河流 | 贵州平坝县与织金县交界处、三岔河 | 重庆市武隆县、乌江支流芙蓉江 |
| 控制流域面积（$km^2$） | 6422 | 7740 |
| 多年平均流量（$m^3/s$） | 141 | 152 |
| 工程及建筑物等级 | 二等大（2）型，拦河坝为2级建筑物 | 二等，大坝、引水系统、厂房为2级建筑物 |
| 坝型 | 混凝土面板堆石坝 | 混凝土双曲拱坝 |
| 最大坝高/坝顶高程（m） | 129.5/1092.5 | 140/305 |
| 正常蓄水位/死水位（m） | 1086/1052 | 300/260 |
| 总库容/调节库容（亿 $m^3$） | 4.55/3.22 | 5.42/3.02 |
| 水库调节性能 | 不完全年调节 | 季调节 |
| 设计/校核洪水标准 $P$（%） | 1/0.2 | 1/0.1 |
| 设计/校核洪水流量（$m^3/s$） | 5694/8386 | 12000/17000 |
| 主要泄洪设施<br>孔数－宽×高（m×m） | 溢洪道<br>3－11.5×18 | 表孔 中孔<br>5－12×14.5 4－6×7 |
| 隧洞长度/洞径（m） | 1100/8.7～10.5 | 引水隧洞 245.28/5 尾水隧洞 277.22/8.3 |
| 厂房型式 | 地面厂房 | 地下厂房 |
| 厂房尺寸(长×宽×高)(m×m×m) | 106.3×43.85×58.75 | 103.25×17.70×51.2 |
| 水头:最大/设计/最小(m) | 112/92/72 | 120/106/78 |
| 主要机组型号 | HLZ-LJ-380 | HL(S)184-LJ-347.7、SF100-28/7650 |
| 机组台数×单机容量(万 kW) | 3×12 | 3×10 |
| 装机容量(万 kW) | 36 | 30 |
| 保证出力(万 kW) | 4.65 | 4.97 |
| 年发电量(万 kW·h) | 9.78 | 10.71 |
| 综合利用 | 发电、防洪、灌溉 | 发电、旅游 |
| 淹没耕地(亩)/迁移人口(人) | 8590/5039 | 6065/2245 |
| 开挖土石方(万 $m^3$) | 370 | 133.6 |
| 填筑土石方(万 $m^3$) | 320 | |
| 混凝土总量(万 $m^3$) | 25 | 91 |
| 静态投资(亿元) | 14.72 | 17.9 |
| 动态投资(亿元) | 15.93 | 20.4 |
| 单位千瓦投资(元)(静态) | 4089 | 6800 |
| 投资方及投资比例 | | |
| 开工(停工、复工)时间(年．月) | 2000.11 | 1999.5 |
| 第一台机组投产/最后一台机组投产时间（年．月） | 2003.5/2003.12 | 2003.2/2003.11 |
| 业主单位 | 黔源电力股份有限公司 | 重庆江口水电有限责任公司 |
| 设计单位 | 贵阳勘测设计研究院 | 长委勘测规划设计研究院、东北勘测设计研究院 |
| 监理单位 | 贵阳勘测设计研究院、四川二滩国际咨询公司 | 东北勘测设计研究院 |
| 主要施工单位 | 中国水利水电第四、十一、九工程局、武警部队水电第一总队 | 中国水利水电四八联营体、中国水利水电第七、六工程局 |

续表

| 水电站名称 | 洪江水电站 | 尼那水电站 |
|---|---|---|
| 建设地点、所在河流 | 湖南洪江市、沅水干流 | 青海贵德县、黄河 |
| 控制流域面积（$km^2$） | 3550 | 1061 |
| 多年平均流量（$m^3/s$） | 705 | 666 |
| 工程及建筑物等级 | 二等 | 三等 |
| 坝型 | 混凝土重力坝 | 混凝土重力坝 |
| 最大坝高/坝顶高程（m） | 56/196.5 | 48.7/ |
| 正常蓄水位/死水位（m） | 190/186 | 2235.5/2231.5 |
| 总库容/调节库容（亿 $m^3$） | 3.2/0.75 | 0.262/0.086 |
| 水库调节性能 | 周调节 | 日调节 |
| 设计/校核洪水标准 *P*（%） | 1/0.1 | 2/0.1 |
| 设计/校核洪水流量（$m^3/s$） | 22000/29900 | 4460/4890 |
| 主要泄洪设施<br>孔数－宽×高（m×m） | 表孔<br>9－19×16 | 泄洪闸<br>3－12×7 |
| 隧洞长度/洞径（m） | | |
| 厂房型式 | 河床式厂房 | 河床式厂房 |
| 厂房尺寸(长×宽×高)(m×m×m) | 155×21.1×41.3 | |
| 水头：最大/设计/最小（m） | 27.3/20.5/8.4 | 18.1/14/12.1 |
| 主要机组型号 | SFG45 | GZ4BN-WP-600、SFWG40-56/6650 |
| 机组台数×单机容量（万 kW） | 5×4.5 | 4×4 |
| 装机容量（万 kW） | 22.5 | 16 |
| 保证出力（万 kW） | 3.34 | 7.47 |
| 年发电量（万 kW·h） | 9.7 | 7.63 |
| 综合利用 | 发电、灌溉、防洪、航运 | 发电、灌溉 |
| 淹没耕地（亩）/迁移人口（人） | 5153/9179 | |
| 开挖土石方（万 $m^3$） | 154 | 102 |
| 填筑土石方（万 $m^3$） | 48 | 42 |
| 混凝土总量（万 $m^3$） | 67.1 | 43.5 |
| 静态投资（亿元） | 16.1 | 10.63 |
| 动态投资（亿元） | 19.99 | 11.44 |
| 单位千瓦投资（元）（静态） | 7157 | 6643.75 |
| 投资方及投资比例 | | |
| 开工(停工、复工)时间(年．月) | 1998.1 | 1996.12 |
| 第一台机组投产/最后一台机组投产时间（年．月） | 2003.2/2003.12 | 2003.5/2003.12 |
| 业主单位 | 湖南五凌水电开发有限责任公司 | 青海省三江水电开发股份有限公司 |
| 设计单位 | 中南勘测设计研究院 | 西北勘测设计研究院 |
| 监理单位 | 中南院监理部、湖南有源监理公司 | 北京华源监理公司 |
| 主要施工单位 | 中国水利水电第八、七工程局、铁道第十八工程局 | 中国水利水电第四工程局 |

（国家电网公司　朱家鹏）

# 2003年全国新开工的大中型水电站的主要指标表

| 水电站名称 | 构皮滩水电站 | 三板溪水电站 |
|---|---|---|
| 建设地点、所在河流 | 贵州余庆县、乌江 | 贵州省锦屏县、沅水干流上游青水江 |
| 控制流域面积（$km^2$） | 43250 | 11050 |
| 多年平均流量（$m^3/s$） | 716 | 240 |
| 工程及建筑物等级 | 一等，主要建筑物为1级建筑物 | 一等大（1）型 |
| 坝型 | 混凝土双曲拱坝 | 混凝土面板堆石坝 |
| 最大坝高/坝顶高程（m） | 232.5/640.5 | 185.5/482.5 |
| 正常蓄水位/死水位（m） | 630/585 | 475.0/425.0 |
| 总库容/调节库容（亿$m^3$） | 55.64/31.54 | 40.94/26.16 |
| 水库调节性能 | 年调节 | 多年调节 |
| 设计/校核洪水标准$P$（%） | 0.2/0.02 | 0.2/0.1 |
| 设计/校核洪水流量（$m^3/s$） | 27900/35600 | 18800/2700 |
| 主要泄洪设施<br>孔数－宽×高（m×m） | 表孔 中孔 底孔<br>6－12×16 7－7×6 2－4×6 | 溢流表孔 泄洪洞<br>3－20×19 1－12×13 |
| 隧洞长度/洞径（m） | 引水隧洞370.8～315.8/9.5～8.0 尾水隧洞774.8～606.4/10.0 | 引水隧洞201.4/7.5 |
| 厂房型式 | 地下厂房 | 地下厂房 |
| 厂房尺寸(长×宽×高)(m×m×m) | 230.45×27×75.32（开挖尺寸） | 132.0×23.5×55.8 |
| 水头：最大/设计/最小（m） | 200/186.15/144 | 156.5/128.5/55.8 |
| 主要机组型号 | 混流式 | HL196-LJ-470 |
| 机组台数×单机容量（万kW） | 5×60 | 4×25 |
| 装机容量（万kW） | 300 | 100 |
| 保证出力（万kW） | 75.18 | 23.49 |
| 年发电量（万kW·h） | 96.67 | 24.28 |
| 综合利用 | 发电为主，兼顾航运、防洪 | 发电、防洪、旅游 |
| 淹没耕地（亩）/迁移人口（人） | 34368/18026 | 10273/30923 |
| 开挖土石方（万$m^3$） | 1608 | 1009.4 |
| 填筑土石方（万$m^3$） | 62 | 993.7 |
| 混凝土总量（万$m^3$） | 548 | 123.7 |
| 静态投资（亿元） | 115.69 | 55.62 |
| 动态投资（亿元） | 138.42 | 65.27 |
| 单位千瓦投资（元）（静态） | 3856 | 5562 |
| 投资方及投资比例 | | 湖南五凌水电开发有限公司 |
| 开工(停工、复工)时间(年．月) | 2003.11 | 2003.1 |
| 第一台机组投产/最后一台机组投产时间（年．月） | 2009.10/2011.8 | 2006.12/2008.6 |
| 业主单位 | 贵州乌江水电开发有限责任公司 | 湖南五凌水电开发有限公司 |
| 设计单位 | 长委勘测规划设计研究院 | 中南勘测设计研究院 |
| 监理单位 | 中国水利水电建设工程咨询中南公司、二滩国际监理公司 | 中国水利水电建设工程咨询中南公司、贵阳勘测设计研究院 |
| 主要施工单位 | 中国水利水电第十四、十一、八工程局，葛洲坝集团公司，中国水利水电闽江工程局，武警部队水电第二总队 | 中国水利水电第十二、十四、八工程局 |

续表

| 水电站名称 | 乐滩水电站 | 紫兰坝水电站 |
|---|---|---|
| 建设地点、所在河流 | 广西忻城县、红水河 | 四川广元市宝轮镇、白龙江 |
| 控制流域面积（$km^2$） | 118000 | 31808 |
| 多年平均流量（$m^3/s$） | 2180 | 333 |
| 工程及建筑物等级 | 二等，主要建筑物为2级 | 三等，主要建筑物为3级建筑物 |
| 坝型 | 混凝土重力坝 | 混凝土重力坝 |
| 最大坝高/坝顶高程（m） | 63/130 | 48/491 |
| 正常蓄水位/死水位（m） | 112/110 | 488/484 |
| 总库容/调节库容（亿 $m^3$） | 9.5/0.46 | 0.35/0.12 |
| 水库调节性能 | 日调节 | 日调节 |
| 设计/校核洪水标准 $P$（%） | 1/0.1 | 2/0.2 |
| 设计/校核洪水流量（$m^3/s$） | 25700/31900 | 11900/15400 |
| 主要泄洪设施<br>孔数－宽×高（m×m） | 溢流表孔<br>8－15×16.8 | 泄水闸<br>5－16×15 |
| 隧洞长度/洞径（m） | | |
| 厂房型式 | 河床式厂房 | 河床式厂房 |
| 厂房尺寸(长×宽×高)(m×m×m) | 208.5×85.5×84.4 | 92×21×41.6 |
| 水头：最大/设计/最小（m） | 31.5/19.5/8.7 | 19.9/15.4/9.0 |
| 主要机组型号 | ZZ-LH-1040　SF150-92/15600 | 灯泡贯流式 |
| 机组台数×单机容量（万 kW） | 4×15 | 3×3.4 |
| 装机容量（万 kW） | 60 | 10.2 |
| 保证出力（万 kW） | 30.18 | 2.9 |
| 年发电量（万 kW·h） | 34.9 | 4.4 |
| 综合利用 | 发电、航运、灌溉 | |
| 淹没耕地（亩）/迁移人口（人） | 13232/13331 | 1182/1587 |
| 开挖土石方（万 $m^3$） | 656.02 | 54.05 |
| 填筑土石方（万 $m^3$） | 32.18 | 13.40 |
| 混凝土总量（万 $m^3$） | 136.3 | 33.69 |
| 静态投资（亿元） | 35.29 | 7.32 |
| 动态投资（亿元） | 39.75 | 7.88 |
| 单位千瓦投资（元）（静态） | 6150 | 7173 |
| 投资方及投资比例 | 广西桂冠公司52%，广西水电开发投资公司48% | |
| 开工(停工、复工)时间(年．月．日) | 2003.4.2 | 2003.10 |
| 第一台机组投产/最后一台机组投产时间（年．月．日） | 2004.12/2005.12 | 2006.6/2006.12 |
| 业主单位 | 广西桂冠开投电力有限公司 | 四川紫兰坝水电开发有限责任公司 |
| 设计单位 | 广西电力工业勘测设计研究院 | 西北勘测设计研究院 |
| 监理单位 | 中国水利水电建设工程咨询西北公司 | 贵阳勘测设计研究院 |
| 主要施工单位 | 广西水电工程局 | 中国水利水电第五、七工程局 |

续表

| 水电站名称 | 西藏拉萨河直孔水电站 | 宜兴抽水蓄能电站 |
|---|---|---|
| 建设地点、所在河流 | 西藏自治区墨竹工卡县境内、拉萨河中、下游处交界处 | 江苏宜兴市南郊铜官山 |
| 控制流域面积（$km^2$） | 20179 | 上库：0.21　下库：1.87 |
| 多年平均流量（$m^3/s$） | 237 | |
| 工程及建筑物等级 | 二等2级 | 一等，主要建筑物1级 |
| 坝型 | 混凝土溢流坝、碎石土黏土心墙堆石坝 | 上库：混凝土面板堆石坝　下库：黏土心墙堆石坝 |
| 最大坝高/坝顶高程（m） | 57.6/3892.6 | 上库：75/474.2　下库：50.4/83.4 |
| 正常蓄水位/死水位（m） | 3888.00/3878.00 | 上库：471.5/428.6　下库：78.9/57.0 |
| 总库容/调节库容（亿$m^3$） | 2.24/1.07 | 上库：0.05307/0.04566　下库：0.05728/0.04566 |
| 水库调节性能 | 季调节 | 日调节 |
| 设计/校核洪水标准$P$（%） | 0.2/0.01 | 0.5/0.1 |
| 设计/校核洪水流量（$m^3/s$） | 3200/4430 | |
| 主要泄洪设施<br>孔数－宽×高（m×m） | 混凝土溢流坝<br>3－12×16.5 | |
| 隧洞长度/洞径（m） | 1号洞141.537　2号洞104.171/8 | 引水隧洞1247/6～4.8，尾水隧洞1707/7.2 |
| 厂房型式 | 岸边式地面厂房 | 地下厂房 |
| 厂房尺寸（长×宽×高）（m×m×m） | 102×24×44.64 | 155.3×22×52.4 |
| 水头：最大/设计/最小（m） | 47.5/30.0/24.5 | 410.8/363/336.4 |
| 主要机组型号 | 水轮机：HLA551-LJ-360　发电机：SF25-48/700 | 立轴单级混流可逆式 |
| 机组台数×单机容量（万kW） | 4×2.5 | 4×25 |
| 装机容量（万kW） | 10 | 100 |
| 保证出力（万kW） | 1.24 | |
| 年发电量（万kW·h） | 4.07 | 发电电量14.9、抽水电量19.6 |
| 综合利用 | 发电为主，兼顾防洪、灌溉 | |
| 淹没耕地（亩）/迁移人口（人） | 2522/1048 | 2610/43 |
| 开挖土石方（万$m^3$） | 143.4 | 1112.63 |
| 填筑土石方（万$m^3$） | 96.5 | 406.74 |
| 混凝土总量（万$m^3$） | 31.94 | 56.13 |
| 静态投资（亿元） | 13.37 | 39.85 |
| 动态投资（亿元） | 13.82 | 47.63 |
| 单位千瓦投资（元）（静态） | 13369.15 | 3985 |
| 投资方及投资比例 | 国家投资80%，西藏电力公司银行贷款20% | 华东公司10%、江苏电力公司65%、江苏国信资产管理集团20%、宜兴资产运营公司5% |
| 开工（停工、复工）时间（年．月．日） | 2003.5.18 | 2003.8 |
| 第一台机组投产/最后一台机组投产时间（年．月．日） | 2006.12.20/2007.9.30 | 2008.6/2009.6 |
| 业主单位 | 西藏电力公司 | 江苏抽水蓄能发电有限公司 |
| 设计单位 | 成都勘测设计研究院 | 上海勘测设计研究院设计，华东勘测设计研究院勘测 |
| 监理单位 | 中国水利水电建设工程咨询西北公司 | 中国水利水电建设工程咨询北京公司、中国水利水电建设工程咨询华东公司 |
| 主要施工单位 | 中国安能建设总公司、中国水利水电第七工程局与基础工程局联营体 | 葛洲坝集团公司、中国水利水电第六、五工程局 |

续表

| 水电站名称 | 西龙池抽水蓄能电站 | 张河湾抽水蓄能电站 |
| --- | --- | --- |
| 建设地点、所在河流 | 山西五台县、滹沱河 | 河北井陉县测鱼镇、甘陶河 |
| 控制流域面积（$km^2$） | 上库：0.23　下库：1.27 | 下库：1834 |
| 多年平均流量（$m^3/s$） | | 下库：4.44 |
| 工程及建筑物等级 | 一等大（1）型，主要建筑物为1级、次要建筑3级 | 一等 |
| 坝型 | 上、下库均为沥青混凝土面板堆石坝 | 上库：沥青混凝土面板堆石坝　下库：浆砌石重力坝 |
| 最大坝高/坝顶高程（m） | 上库、50/1494.5　下库：97/840.0 | 上库：57/812　下库：77.35/490 |
| 正常蓄水位/死水位（m） | 上库：1492.5/1467　下库：838.0/798 | 上库：810/779　下库：488/464 |
| 总库容/调节库容（亿 $m^3$） | 上库：0.04851/0.04241　下库：0.04942/0.04215 | 上库：0.0785/0.0720　下库：0.8330/0.077 |
| 水库调节性能 | 日调节 | 上库：日调节　下库：年调节 |
| 设计/校核洪水标准 $P$（%） | 1/0.1 | 下库：1/0.1 |
| 设计/校核洪水流量（$m^3/s$） | | 下库：4570/8750 |
| 主要泄洪设施/孔数—宽×高（m×m） | 放空洞一个，洞径2m | 下库：表孔 4—11×8.4；中孔 6—5×7；底孔 1—1.6×1.6 |
| 隧洞长度/洞径（m） | 1859.28/4.7～3.5 | 压力主管570.48/6.4～5.2　尾水隧洞115.5～123.8/5 |
| 厂房型式 | 地下厂房 | 地下厂房 |
| 厂房尺寸(长×宽×高)(m×m×m) | 145.3×22.25×48.5 | 150.8×23.4×48.3 |
| 水头：最大/设计/最小（m） | 水头：687.75/640/609.48　扬程：703.93/635.41（最大/最小） | 水头343/305/284.1　扬程351.14/294.85（最大/最小） |
| 主要机组型号 | 立轴单极混流可逆式 | 立轴单级混流可逆式 |
| 机组台数×单机容量（万kW） | 4×30 | 4×25 |
| 装机容量（万kW） | 120 | 100 |
| 保证出力（万kW） | | |
| 年发电量（万kW·h） | 发电电量18.05 | 发电电量16.75、抽水电量22.04 |
| 综合利用 | | |
| 淹没耕地（亩）/迁移人口（人） | 872.2/764 | 2400/2200 |
| 开挖土石方（万 $m^3$） | 1198.6 | 1122 |
| 填筑土石方（万 $m^3$） | 871.8 | 445 |
| 混凝土总量（万 $m^3$） | 43.9 | 34 |
| 静态投资（亿元） | 44.35 | 37.09（2002年初价格水平） |
| 动态投资（亿元） | 50.72 | 41.20（2002年初价格水平） |
| 单位千瓦投资（元）（静态） | 3696 | 3709 |
| 投资方及投资比例 | 山西电力公司73%，山西地方电力公司27% | 河北电力公司55%，河北建设投资公司45% |
| 开工(停工、复工)时间(年.月.日) | 2003.8 | 2003.12 |
| 第一台机组投产/最后一台机组投产时间（年.月.日） | 2008.8/2009.8 | 2008.6/2009.6 |
| 业主单位 | 山西西龙池抽水蓄能发电有限公司 | 张河湾抽水蓄能发电有限公司 |
| 设计单位 | 北京勘测设计研究院 | 北京勘测设计研究院 |
| 监理单位 | 中国水利水电建设工程咨询华东公司 | 中国水利水电建设工程咨询北京公司、中国水利水电建设工程咨询西北公司 |
| 主要施工单位 | 葛洲坝集团公司、中国安能建设总公司、中国水利水电第三、四工程局 | 中国水利水电第一、八、四工程局、葛洲坝集团公司 |

续表

| 水电站名称 | 河南国网宝泉抽水蓄能电站 | 康扬水电站 |
|---|---|---|
| 建设地点、所在河流 | 河南辉县、峪河 | 青海省尖托与化隆县交界、黄河 |
| 控制流域面积（$km^2$） | 672.0 | 137421 |
| 多年平均流量（$m^3/s$） | 上库：0.036 下库：3.2 | 685 |
| 工程及建筑物等级 | 一等大（1）型，大坝为1级建筑物 | 三等 |
| 坝型 | 上库：沥青混凝土面板堆石坝 下库：浆砌石重力坝 | 土石坝 |
| 最大坝高/坝顶高程（m） | 上库坝高：92.5 下库坝高：107 | 23/2036.0 |
| 正常蓄水位/死水位（m） | 上库：789.6/758 下库：260/220 | 2033.0/2031.0 |
| 总库容/调节库容（亿 $m^3$） | 上库：0.0795/0.0634 下库：0.675/0.0620 | 0.288/ |
| 水库调节性能 | 日调节 | 日调节 |
| 设计/校核洪水标准 $P$（%） | 1/0.1 | 1/0.1 |
| 设计/校核洪水流量（$m^3/s$） | 上库：246/366 下库：4160/7960 | 4460/4469 |
| 主要泄洪设施<br>孔数－宽×高（m×m） | 10.9×2.5 | 泄洪闸<br>3－15×16 |
| 隧洞长度/洞径（m） | 2270.8/6.5 | |
| 厂房型式 | 地下厂房 | 河床式厂房 |
| 厂房尺寸(长×宽×高)(m×m×m) | 143.5×22×47.3 | 127.5×17.5×35 |
| 水头：最大/设计/最小（m） | 562.48×500×485.79 | 22.5/18.7/13.5 |
| 主要机组型号 | | 贯流式 |
| 机组台数×单机容量（万 kW） | 4×30 | 7×4.07 |
| 装机容量（万 kW） | 120 | 28.49 |
| 保证出力（万 kW） | | 9.36 |
| 年发电量（万 kW·h） | 发电电量20.10、抽水电量26.42 | 9.92 |
| 综合利用 | | |
| 淹没耕地（亩）/迁移人口（人） | 841/200 | |
| 开挖土石方（万 $m^3$） | 553.05 | 376 |
| 填筑土石方（万 $m^3$） | 529.68 | |
| 混凝土总量（万 $m^3$） | 3.74 | 38.8 |
| 静态投资（亿元） | 37.07 | 15.15 |
| 动态投资（亿元） | 42.14 | 16.33 |
| 单位千瓦投资（元）（静态） | 3089 | 5333 |
| 投资方及投资比例 | 河南电力公司70%，河南电力投资公司20%，新乡市建设投资公司5%，辉县市建设投资公司5% | |
| 开工(停工、复工)时间(年.月.日) | 2003.12 | 2003.7.1 |
| 第一台机组投产/最后一台机组投产时间（年.月.日） | 2008.12/2009.11 | 2006.1/2006.12 |
| 业主单位 | 河南国网宝泉抽水蓄能发电有限公司 | 青海省三江水电开发股份有限公司 |
| 设计单位 | 华东勘测设计研究院、黄委会勘测设计研究院 | 西北勘测设计研究院 |
| 监理单位 | 中国水利水电建设工程咨询北京公司、中国水利水电建设工程咨询公司 | 北京华源监理公司 |
| 主要施工单位 | 中国水利水电第七、一、十一工程局，中国安能建设总公司等 | 中国水利水电第四、十一工程局 |

续表

| 水电站名称 | 喜河水电站 |
| --- | --- |
| 建设地点、所在河流 | 陕西安康市石泉县、汉江 |
| 控制流域面积（$km^2$） | |
| 多年平均流量（$m^3/s$） | 361 |
| 工程及建筑物等级 | 二等大（2）型，大坝与厂房为2级建筑物 |
| 坝型 | 碾压混凝土重力坝 |
| 最大坝高/坝顶高程（m） | 60.8/367.8 |
| 正常蓄水位/死水位（m） | 362/360 |
| 总库容/调节库容（亿 $m^3$） | 2.29/0.22 |
| 水库调节性能 | 日调节 |
| 设计/校核洪水标准 *P*（%） | 1/0.2 |
| 设计/校核洪水流量（$m^3/s$） | 21800/28200 |
| 主要泄洪设施 / 孔数—宽×高（m×m） | 表孔 5—14×22.5；中孔 4—8.5×15 |
| 隧洞长度/洞径（m） | |
| 厂房型式 | 河床式厂房 |
| 厂房尺寸(长×宽×高)(m×m×m) | |
| 水头：最大/设计/最小（m） | 32.5/25/13 |
| 主要机组型号 | 轴流转桨式 |
| 机组台数×单机容量（万kW） | 3×6 |
| 装机容量（万kW） | 18 |
| 保证出力（万kW） | 2.18 |
| 年发电量（万kW·h） | 4.878 |
| 综合利用 | 发电、航运 |
| 淹没耕地（亩）/迁移人口（人） | 2855/2724 |
| 开挖土石方（万 $m^3$） | |
| 填筑土石方（万 $m^3$） | |
| 混凝土总量（万 $m^3$） | |
| 静态投资（亿元） | 11.70（含水库淹没处理补偿投资） |
| 动态投资（亿元） | 13.79（全水库淹没处理补偿投资） |
| 单位千瓦投资（元）（静态） | 6498 |
| 投资方及投资比例 | |
| 开工(停工、复工)时间(年.月.日) | 2003.6.26 |
| 第一台机组投产/最后一台机组投产时间（年.月.日） | 2007.6/2007.12 |
| 业主单位 | 陕西汉江投资开发有限公司 |
| 设计单位 | 北京勘测设计研究院 |
| 监理单位 | 北京勘测设计研究院 |
| 主要施工单位 | 中国水利水电第三、十一工程局，陕西水电工程局 |

（国家电网公司 朱家鹏）

# 大中型水电站水库淹没主要指标表

| 水电站名称 | | 滩坑 | 光照 | 瀑布沟 | 狮子坪 | 锦屏一级 | 高坝洲 | 糯扎渡 | 景洪 | 苏只 |
|---|---|---|---|---|---|---|---|---|---|---|
| 河流名称 | | 瓯江 | 北盘江 | 大渡河 | 杂谷脑河 | 雅砻江 | 清江 | 澜沧江 | 澜沧江 | 黄河 |
| 所在省(区)、县(市) | | 浙江省青田县境内 | 贵州省关岭、晴隆两县交界处 | 四川省 | 四川省阿坝洲理县境内 | 四川省凉山 | 湖北枝城 | 云南省 | 云南省景洪市北郊 | 青海省循化县和化隆县交界处 |
| 设计阶段 | | 可行性研究 | 可行性研究 | 补充可行性研究 | 可行性研究 | 可行性研究 | 施工 | 可行性研究 | 补充可行性研究 | 可行性研究 |
| 电站特性 | 装机容量(MW) | 600 | 1040 | 3300 | 195 | 3600 | 252 | 5850 | 1750 | 225 |
| | 年发电量(亿 kW·h) | 10.8 | 27.54 | 145.8 | 8.761 | 166.2 | 8.98 | 239.12 | 78.58 | 8.79 |
| 水库特征 | 正常蓄水位(m) | 160 | 745 | 850 | 2540 | 1880 | 80 | 812 | 602 | 1900 |
| | 死水位(m) | 120 | 691 | 790 | 2470 | 1800 | 78 | 765 | 591 | 1897.5 |
| | 水库面积($km^2$) | 79 | 51.54 | 84.14 | 2.35 | 82.55 | 32.74 | | | 6.72 |
| | 干流回水长度(km) | 80 | 69 | 72 | 10 | 59 | | 214.32 | 101 | 10.95 |
| | 泥沙淤积(年) | | 20 | 20 | 20 | 20 | 20 | 20 | 15 | 20 |
| | 总库容(亿 $m^3$) | 41.55 | 32.45 | 50.64 | 1.327 | 77.6 | 4.3 | 237.03 | 11.39 | 0.455 |
| | 调节性能 | 多年 | 不完全多年 | 季 | 不完全年 | 年 | 日 | 多年 | 季 | 日 |
| 迁移人口(规划水平年) | 洪水频率(%) | 5 | 5 | 5 | 10 | 5 | 5 | 5 | 5 | 5 |
| | 总人口(人) | 49607 | 18764 | 100865 | 381 | 6409 | 14661(不含防护后) | 46719 | 6589 | 480 |
| | 其中:农业人口(人) | | 18127 | 80436 | 366 | | | 44299 | 6266 | |
| | 非农业人口(人) | | 637 | 20429 | 15 | | | 2420 | 323 | |
| 拆迁房屋(万 $m^2$) | | 175.2 | 30.95 | 453.71 | 2.99 | 24 | 81.15 | 51 | 31.25 | 1.02 |
| 淹没耕地 | 洪水频率(%) | 20 | 20 | 20 | 50 | 20 | 20 | 20 | 20 | 20 |
| | 总耕(园)地(亩) | 25062 | 41640 | 51784.43 | 518 | 14246 | 16296 | 127727 | 9134.6 | 2543.3 |
| | 其中:水田、水浇地(亩) | 15779 | 11485 | 35588.21 | 518 | 2739 | 6439.9 | 28413 | 2145 | 2185.3 |
| | 旱地(亩) | 6956 | 30128 | 14854.73 | | 11356 | 3901.6 | 58883 | 2334 | 28.4 |
| | 园地(亩) | 2327 | 27 | 1341.49 | | 151 | 5103 | 39742 | 3457 | 285.9 |
| | 其他(亩) | | | | 362 | | 851.5 | 689 | 1198.6 | 43.7 |
| 林地(亩) | | 45296 | 4408 | 2577.31 | 2123 | 54145 | 4046 | 279728 | 23546 | 1271.3 |
| 专业项目 | 三级公路(km) | 3.4 | | 78.47(二级) | 8.9 | 4 | 9.9 | 55.7 | 6.85 | |
| | 四级公路(km) | 113.4 | 17.9 | 40 | | 24 | 6.65 | 12 | 3 | |
| | 小型水电站(kW/座) | 1633/9 | 7170 | | 160.5/2 | 5480 | 1761/2 | 585/3 | | |
| | 输电线路(km) | 249.7 | 40.5 | 450.5 | 15.7 | 40 | 501.9 | 63 | 30.9 | 2.9 |
| | 通信线路(km) | 592.1 | 1 | 451 | 17.8 | 3 | 94.4 | | 5 | |
| | 广播线路(km) | | 1 | 34 | 4 | | 168.8 | 50.4 | | |
| 迁移城镇 | 乡、集镇(座) | 3 | 2 | 12 | | 4 | 2 | 3 | | |
| | 县城(座) | | | 1 | | | | | | |
| 勘测设计单位 | | 华东勘测设计研究院 | 贵阳勘测设计研究院 | 成都勘测设计研究院 | 成都勘测设计研究院 | 成都勘测设计研究院 | 长江勘测设计研究院 | 昆明勘测设计研究院 | 昆明勘测设计研究院 | 西北勘测设计研究院 |
| 报告审查时间 | | 2003年6月22日 | 2003年8月31日 | 2003年1月26日 | 2003年6月15日 | 2003年11月25日 | 2003年11月20日 | 2003年10月26日 | 2003年12月6日 | 2003年1月6日 |

（中国水电工程顾问集团公司 张鼎荣）

# 抽水蓄能电站水库淹没主要指标表

| 抽水蓄能电站名称 | | 惠州 | | 张河湾 | | 白莲河 | | 黑麋峰 | |
|---|---|---|---|---|---|---|---|---|---|
| | | 上水库 | 下水库 | 上水库 | 下水库 | 上水库 | 下水库 | 上水库 | 下水库 |
| 河流名称 | | | | 甘陶河干流 | | | | 湘江 | |
| 所在省(区)、县(市) | | 广东省惠州市博罗县 | | 河北省石家庄市井陉县 | | 湖北省黄冈市 | | 湖南省长沙市望城县 | |
| 设计阶段 | | 可行性研究 | | 可行性研究 | | 可行性研究 | | 可行性研究 | |
| 电站特性 | 装机容量(MW) | 2400 | | 1000 | | 1200 | | 1200 | |
| | 年发电量(亿 kW·h) | 28.33 | | 16.75 | | | | | |
| 水库特征 | 正常蓄水位(m) | 762 | 231 | 810 | 488 | 308 | 104 | 400 | 103.7 |
| | 死水位(m) | 740 | 205 | 779 | 464 | 291 | 96 | 376.5 | 65 |
| | 水库面积($km^2$) | 1570 | 1390 | | 3.57 | 1.248 | | | |
| | 干流回水长度(km) | | | | 12.63 | | | | |
| | 泥沙淤积(年) | 50 | 50 | 30 | | | | | |
| | 总库容(万 $m^3$) | 2740(调库) | 2767(调库) | 785.4 | 8330 | | | 996.5 | 959.32 |
| | 调节性能 | 周 | | 年 | | 多年 | | 季 | |
| 迁移人口 | 洪水频率(%) | 5 | | 5 | | | | | |
| | 总人口(人) | 30 | 1133 | | 1644 | 1019 | | 1017 | |
| | 其中:农业人口(人) | | | | | 1000 | | | |
| | 非农业人口(人) | 30 | | 4 | 77 | 19 | | | |
| 拆迁房屋(万 $m^2$) | | 0.074 | 6.08 | 0.122 | 4.8126 | 3.6 | | 5.32 | |
| 淹没耕地 | 洪水频率(%) | 20 | | 20 | | | | | |
| | 总耕(园)地面积(亩) | 32.6 | 1310.4 | 426.2 | 2062.7 | 835 | | 1449.7 | |
| | 其中:水田、水浇地(亩) | | 1132.1 | | 1395.46 | 598 | | 1316.1 | |
| | 旱地(亩) | 8.8 | 145.9 | 377.29 | 264.74 | 224 | | 91.3 | |
| | 园地(亩) | 23.8 | 32.4 | 32.83 | 19 | 13 | | 42.3 | |
| | 其他(亩) | | | 16.08 | 383.5 | | | | |
| 淹没林地(亩) | | 1656.7 | 928.8 | 202.5 | 84.5 | 486 | | 3554.2 | |
| 专业项目 | 二、三级公路(km) | | | | 4.74 | | | | |
| | 四级公路(km) | 3 | 3.68 | | | | | 1.95 | |
| | 小型水电站(kW/座) | | | | | | | 400 | |
| | 输电线路(km) | | 2.98 | | 4.32 | 0.26 | | 9.15 | |
| | 通信线路(km) | | | | 1.96 | | | 13.42 | |
| | 广播线路(km) | | | | 14.44 | | | | |
| 迁移乡、集镇(座) | | | | | | | | | |
| 勘测设计研究单位 | | 广东省水利电力勘测设计研究院 | | 北京勘测设计研究院 | | 中南勘测设计研究院 | | 中南勘测设计研究院 | |
| 可研报告审查时间 | | 2002年9月26日 | | 2003年11月3日 | | 2004年1月10日 | | 2004年4月 | |

(中国水电工程顾问集团公司 张鼎荣)

## 2002年电力基本建设投资情况表

| 全国及各省、自治区、直辖市 | 电力投资 | | 水电投资 | |
|---|---|---|---|---|
| | 投资额（亿元） | 增长率（%） | 投资额（亿元） | 增长率（%） |
| 全 国 | 1238.52 | 22.57 | 161.39 | 39.88 |
| 北京市 | 7.91 | −53.96 | | |
| 天津市 | 9.67 | −42.54 | | |
| 河 北 | 24.33 | −37.50 | | |
| 山 西 | 39.63 | −1.22 | | |
| 内蒙古 | 54.86 | 11.89 | | |
| 辽 宁 | 18.22 | 116.65 | | |
| 吉 林 | 3.64 | −52.54 | 2.51 | −27.03 |
| 黑龙江 | 16.45 | 6.13 | | |
| 上 海 | 51.63 | 39.88 | 0.01 | |
| 江 苏 | 153.47 | 80.15 | 2.71 | 155.66 |
| 浙 江 | 91.86 | 0.03 | 4.77 | 19.85 |
| 安 徽 | 14.50 | 114.18 | 3.71 | |
| 福 建 | 19.81 | −3.18 | 5.57 | −32.73 |
| 江 西 | 17.88 | −28.91 | 1.51 | −56.61 |
| 山 东 | 63.95 | −14.37 | 3.50 | |
| 河 南 | 18.68 | −35.98 | 1.05 | −9.48 |
| 湖 北 | 18.10 | 56.85 | 11.20 | 295.76 |
| 湖 南 | 43.82 | 42.97 | 10.39 | 7.22 |
| 广 东 | 155.36 | 91.21 | | |
| 广 西 | 32.57 | 85.48 | 22.15 | 132.67 |
| 海 南 | 2.63 | 132.74 | | |
| 重 庆 | 19.36 | 130.75 | 12.74 | |
| 四 川 | 45.37 | 7.28 | 31.53 | 10.17 |
| 贵 州 | 56.54 | 15.25 | 5.15 | −59.22 |
| 云 南 | 42.66 | 29.35 | 18.99 | 30.88 |
| 西 藏 | 3.53 | 1665.00 | 2.13 | |
| 陕 西 | 20.33 | 19.94 | | |
| 甘 肃 | 18.64 | 53.54 | 3.07 | |
| 青 海 | 19.07 | 13.85 | 14.80 | 42.86 |
| 宁 夏 | 15.97 | 37.20 | | |
| 新 疆 | 19.13 | 59.82 | 3.90 | 148.41 |
| 不分区 | 118.95 | 16.24 | | |

（中国电力企业联合会 荣月敏）

## 2002年全国水电增长情况表

| 全国及各省、自治区、直辖市 | 装机容量（万 kW） | | | 发电量（亿 kW·h） | | |
|---|---|---|---|---|---|---|
| | 总 量 | 水 电 | 水电增长率（%） | 总 量 | 水 电 | 水电增长率（%） |
| 全 国 | 35657.09 | 8607.46 | 3.70 | 16452.05 | 2745.65 | 5.15 |
| 华 北 | 5380.21 | 320.69 | 1.23 | 2833.68 | 34.40 | 18.78 |
| 北 京 | 444.60 | 103.85 | −1.85 | 183.52 | 4.66 | 69.45 |
| 天 津 | 625.05 | 0.50 | 0.00 | 272.75 | 0.12 | 33.33 |
| 河 北 | 1753.51 | 77.59 | 4.48 | 1014.16 | 4.10 | 31.41 |
| 山 西 | 1512.31 | 79.53 | −0.08 | 841.34 | 18.78 | 11.79 |
| 内蒙古 | 1044.74 | 59.21 | 4.57 | 521.91 | 6.74 | 8.71 |
| 东 北 | 3628.98 | 565.02 | −0.03 | 1496.82 | 80.14 | −19.52 |
| 辽 宁 | 1572.98 | 126.14 | −0.03 | 721.24 | 15.51 | −35.35 |
| 吉 林 | 893.91 | 357.39 | −0.05 | 309.34 | 49.00 | −20.52 |
| 黑龙江 | 1162.09 | 81.49 | 0.01 | 466.25 | 15.64 | 12.28 |
| 华 东 | 10850.49 | 1541.33 | 5.00 | 5167.90 | 440.00 | 8.76 |
| 上 海 | 1138.26 | | | 616.48 | | |
| 江 苏 | 2073.62 | 13.72 | 307.12 | 1168.76 | 1.60 | 180.70 |
| 浙 江 | 2067.74 | 586.68 | 2.34 | 889.21 | 138.83 | 31.31 |
| 安 徽 | 970.54 | 64.91 | 6.62 | 470.60 | 13.57 | 46.54 |
| 福 建 | 1352.39 | 651.20 | 5.37 | 533.08 | 224.35 | −4.30 |
| 江 西 | 732.62 | 219.74 | 6.27 | 247.99 | 61.51 | 13.38 |

续表

| 全国及各省、自治区、直辖市 | 装机容量(万 kW) | | | 发电量(亿 kW·h) | | |
|---|---|---|---|---|---|---|
| | 总 量 | 水 电 | 水电增长率(%) | 总 量 | 水 电 | 水电增长率(%) |
| 山 东 | 2515.31 | 5.08 | －9.61 | 1241.77 | 0.15 | －51.61 |
| 中 南 | 8999.49 | 2847.33 | 3.11 | 3950.77 | 951.78 | 5.47 |
| 河 南 | 1834.25 | 243.80 | 0.00 | 895.93 | 48.59 | 36.03 |
| 湖 北 | 1536.17 | 721.39 | 1.24 | 621.55 | 278.54 | 3.06 |
| 湖 南 | 1111.09 | 613.53 | 2.84 | 453.87 | 253.29 | 18.70 |
| 广 东 | 3587.99 | 777.53 | 6.47 | 1610.49 | 169.13 | －11.32 |
| 广 西 | 751.95 | 436.33 | 2.82 | 317.03 | 186.34 | 5.82 |
| 海 南 | 178.04 | 54.75 | 1.73 | 51.91 | 15.89 | －2.16 |
| 西 南 | 3839.75 | 2161.10 | 5.42 | 1752.63 | 835.33 | 7.05 |
| 重 庆 | 420.00 | 119.55 | －5.72 | 184.75 | 37.48 | 11.75 |
| 四 川 | 1799.66 | 1185.46 | 2.80 | 723.79 | 444.99 | 3.88 |
| 贵 州 | 706.86 | 242.61 | 0.68 | 427.43 | 95.12 | －0.55 |
| 云 南 | 876.91 | 583.63 | 16.83 | 408.49 | 250.62 | 15.77 |
| 西 藏 | 36.33 | 29.85 | 0.84 | 8.18 | 7.12 | 13.20 |
| 西 北 | 2706.18 | 919.99 | 3.69 | 1210.52 | 274.27 | －0.07 |
| 陕 西 | 819.77 | 146.23 | 0.80 | 347.82 | 28.41 | 5.11 |
| 甘 肃 | 712.88 | 323.86 | 3.86 | 342.80 | 107.59 | －2.46 |
| 青 海 | 401.00 | 320.63 | 2.52 | 141.64 | 91.84 | －3.53 |
| 宁 夏 | 269.39 | 70.79 | 129.91 | 163.66 | 8.61 | 2.01 |
| 新 疆 | 503.14 | 98.48 | 13.44 | 214.60 | 37.82 | 12.90 |
| 不分区 | 252.00 | 252.00 | 0.00 | 129.72 | 129.72 | 7.42 |

（中国电力企业联合会 刘伟涛）

## 2002年度国家级优秀工程勘察设计评选结果

### 一、第十届全国优秀工程设计项目

（一）金质奖

二滩水电站工程设计　　成都勘测设计研究院

龙羊峡水电站工程设计　　西北勘测设计研究院

（二）银质奖

十三陵抽水蓄能电站工程设计　　北京勘测设计研究院

宝珠寺水电站工程设计　　西北勘测设计研究院

五里冲水库枢纽工程设计　　中南勘测设计研究院

（三）铜质奖

南澳风电场四期工程设计　　中国水利水电建设工程咨询公司

### 二、第八届全国优秀工程勘察项目

（一）金质奖

二滩水电站工程勘测　　成都勘测设计研究院

天生桥一级水电站工程地质勘察　　昆明勘测设计研究院

（二）银质奖

福建棉花滩水电站工程勘察　　华东勘测设计研究院

白龙江宝珠寺水电站技术设计工程地质勘察　　西北勘测设计研究院

大朝山水电站工程地质勘察　昆明勘测设计研究院
云南省红河州五里冲水库工程地质勘察　中南勘测设计研究院

三、第七届全国优秀工程设计软件项目

金质奖
三峡二期工程大坝混凝土浇筑模拟分析系统　成都勘测设计研究院

（中国水电工程顾问集团公司　陈琍琍）

## 2003年度中国电力科学技术奖（水电系统）获奖项目及受奖单位、受奖人员

| 序号 | 等级 | 获 奖 项 目 | 受 奖 单 位 | 受 奖 人 员 |
|---|---|---|---|---|
| 1 | 一等 | 三峡水电站特大型埋件全自动焊及现场制造技术研究 | 中国水利水电第八工程局 | 曾　辉　李红春　龚长清　刘光华　肖可畏　剪文斌　陈楚贵　黄　敏　张检华　张黎阳　周科衡　窦志龙　曾祥贵　冯黎明　周耀隆 |
| 2 | 二等 | 碾压混凝土材料性能和溶蚀耐久性研究 | 南京水利科学研究院、中南勘测设计研究院、武汉大学、北京勘测设计研究院、云南大朝山水电有限责任公司 | 蔡跃波　陆采荣　孙君森　方坤河　林可翼　林长农　徐汉丰　梅国兴　于忠政　邓毅国 |
| 3 | 二等 | 宽尾墩——台阶式坝面联合消能工的研究及应用 | 北京国电水利电力工程有限责任公司、云南大朝山水电有限责任公司、中国水利水电科学研究院、南京水利科学研究院 | 林可翼　胡以仁　郭世明　刘琳振　韩　立　邓毅国　乔明秋　张大成　张跃民　郭　军 |
| 4 | 二等 | 《水利水电工程地质勘察规范》(GB 50287—1999) | 国家电力公司水电水利规划设计总院、水利部水利水电规划设计总院、天津水利水电勘测设计研究院、国土资源部地质环境司、中国科学院地质与地球物理研究所、中国地震局地质研究所、中国水利水电科学研究院 | 朱建业　邵维中　陈祖安　杨国维　张性一　汪闻韶　刘　杰　邹小安 |
| 5 | 二等 | 大渗漏量、高流速溶洞地层堵漏和防渗技术 | 中国水利水电科学研究院、贵阳勘测设计研究院、贵州红枫发电总厂、葛洲坝集团基础工程有限公司 | 郑亚平　杨晓东　周喜德　王　波　陈昌巩　张金接　符　平　封云亚　肖万春　楼加丁 |
| 6 | 二等 | 龙羊峡拱坝抗震运行评价 | 中国水利水电科学研究院 | 陈厚群　李德玉　侯顺载　邢国良　傅朝阳　胡　晓　张伯艳　张艳红　涂　劲　张力飞 |
| 7 | 三等 | 碾压混凝土筑坝施工技术在大朝山水电站的研究与应用 | 中国水利水电第八工程局、中国水利水电第三工程局 | 龙德海　郑智仁　钟乾仁　刘炎生　曹跃生　龚永生　印大秋 |
| 8 | 三等 | 钢板下浇注混凝土脱空缺陷中子无损探查技术开发及工程应用 | 南京水利科学研究院 | 程和森　曹更新　王守家　魏明成　李樟苏　孙汝建 |
| 9 | 三等 | 混凝土生产输送浇筑过程计算机综合监控系统研究 | 中国葛洲坝水利水电工程集团有限公司、西安交通大学 | 聂　凯　韩崇昭　张优云　陈　飞　周厚贵　王立琦　刘金焕 |

续表

| 序号 | 等级 | 获 奖 项 目 | 受 奖 单 位 | 受 奖 人 员 |
|---|---|---|---|---|
| 10 | 三等 | 《水电水利工程施工监理规范》(DL/T5111—2000) | 中国建设监理协会水电建设监理分会、中南勘测设计研究院、长江水利委员会建设工程监理中心 | 祁宁春 杨浦生 陈明惠 毛亚杰 赵锡锦 王音辉 陈东平 |
| 11 | 三等 | 大吨位(10000kN)锚索试验与施工 | 中国水利水电第四工程局、黄河上游水电开发有限责任公司 | 霍海平 李贵信 赵 琪 宋旭辉 刘鸿俊 杨存龙 魏 毅 |
| 12 | 三等 | 天生桥一级水电站引水隧洞预应力环锚施工技术 | 中国水利水电第七工程局 | 朱 彤 马邦凯 李 军 王 勇 王 波 杨富平 黄春霞 |
| 13 | 三等 | 《水电工程水利计算规范》(DL/T5105—1999) | 西北勘测设计研究院、华东勘测设计研究院、中南勘测设计研究院 | 王锐琛 薛介大 何承义 钱钢粮 彭才德 宋 臻 |
| 14 | 三等 | 水电机组状态监测分析诊断系统开发研究 | 福建省电力试验研究院、清华大学、北京奥技异电气技术研究所、福建省地潭水力发电厂 | 褚福磊 陈 仁 陈国栋 任继顺 吴玉林 王凤峨 李福祺 |
| 15 | 三等 | 水电地下洞室有害气体测试评价方法及安全防护技术研究 | 中国水电顾问有限公司 | 袁建新 彭土标 郭义华 李懿媛 王福华 卢新明 席新祥 |
| 16 | 三等 | 《水电水利工程泥沙设计规范》(DL/T5089—1999) | 成都勘测设计研究院、国家电力公司水电水利规划设计总院、西北勘测设计研究院 | 白荣隆 朱鉴远 唐友一 吴孝仁 王静远 杨赉斐 许德风 |

(中国水力发电工程学会)

## 贵阳勘测设计研究院的优秀勘测、设计项目评选

2002年度贵阳勘测设计研究院组织申报并获得了各级各类奖励共7项。主要是：

1. 2002年度贵州省优秀工程设计、优秀工程勘察奖　该项奖共5项，获一等奖2项、三等奖3项，其中《贵州省白水河二级水电站工程地质勘察》获勘察一等奖、《贵州省白水河二级水电站》获设计一等奖；《贵州南盘江中山包水电站工程地质勘察》获勘察三等奖、《贵州南盘江中山包水电站》和《江西柘林水电站扩建工程围堰设计》均获设计三等奖。

2. 全国优秀工程咨询成果奖　该项奖共1项，《甘肃省张掖市黑河龙首水电站枢纽布置优化拱坝方案研究报告》成果荣获全国优秀工程咨询成果三等奖。

3. 贵州省科技进步奖　该项奖共1项，《天生桥一级水电站混凝土面板堆石坝监测技术》应用项目科技成果鉴定及相关评审，获贵州省人民政府授予的2002年度科技进步三等奖。

(中国水电贵阳勘测设计研究院　张晋秋)

## 2002年在建大中型水电工程计划总投资及累计完成表

万元

| 序号 | 电站名称 | 计划投资总额 | 累计完成 | 序号 | 电站名称 | 计划投资总额 | 累计完成 |
|---|---|---|---|---|---|---|---|
| 1 | 松江河水电站 | 401786 | 257760 | 4 | 江苏沙河抽水蓄能电站 | 60330 | 56561 |
| 2 | 丰满三期下池工程 | 73975 | 43091 | 5 | 宜兴抽水蓄能电站 | 500000 | 21102 |
| 3 | 白山抽水蓄能电站 | 77792 | 5000 | 6 | 桐柏抽水蓄能电站 | 422600 | 60410 |

续表

| 序号 | 电站名称 | 计划投资总额 | 累计完成 | 序号 | 电站名称 | 计划投资总额 | 累计完成 |
|---|---|---|---|---|---|---|---|
| 7 | 天荒坪抽水蓄能电站 | 737678 | 642422 | 30 | 青居电站 | 89666 | 28341 |
| 8 | 琅琊山抽水蓄能电站 | 233300 | 37064 | 31 | 自一里电站 | 60184 | 14187 |
| 9 | 棉花滩水电站 | 491020 | 315056 | 32 | 硗碛水电站 | 200860 | 6358 |
| 10 | 穆阳溪二级周宁水电站 | | 17659 | 33 | 冷竹关水电站 | 97000 | 80525 |
| 11 | 沙县水电站 | 31690 | 30642 | 34 | 南桠河水电站（一期） | 366200 | 129898 |
| 12 | 贡川水电站 | 32049 | 25741 | 35 | 福堂水电站 | 194514 | 99430 |
| 13 | 竹洲水电站 | 39646 | 34285 | 36 | 紫坪铺水电站 | 697611 | 142498 |
| 14 | 峡阳水电站 | 35217 | 32017 | 37 | 卡杜里水电站 | 21495 | 17612 |
| 15 | 赣能抱子石水电站 | 34169 | 10759 | 38 | 永乐水电站 | 39131 | 28213 |
| 16 | 泰安抽水蓄能电站 | 432600 | 35000 | 39 | 金盘子水电站 | 30889 | 32777 |
| 17 | 南阳回龙抽水蓄能电站 | 45122 | 22126 | 40 | 杂谷脑水电站（红叶二级） | 43284 | 37612 |
| 18 | 清江隔河岩水电站 | 516953 | 495176 | 41 | 金龙潭水电站 | | 2039 |
| 19 | 清江高坝洲水电站 | 312867 | 312867 | 42 | 杨村水电站 | 42112 | 42006 |
| 20 | 清江水布垭水电站 | 1061707 | 228568 | 43 | 红岩子水电站 | 78662 | 86005 |
| 21 | 黄龙滩水电站扩建 | 58310 | 9848 | 44 | 天龙湖水电站 | 79485 | 20066 |
| 22 | 凌津滩水电站 | 327632 | 327563 | 45 | 引子渡水电站 | 159342 | 82714 |
| 23 | 洪江水电站 | 199489 | 136120 | 46 | 大朝山水电站 | 887400 | 562507 |
| 24 | 碗米坡水电站 | 210478 | 77615 | 47 | 小湾水电站 | 2773200 | 249116 |
| 25 | 近尾州水电站 | 75967 | 75067 | 48 | 小峡水电站 | 150450 | 22000 |
| 26 | 鲤鱼江电厂扩建 | 253780 | 171631 | 49 | 李家峡水电站 | 923985 | 783024 |
| 27 | 龙滩水电站 | 2430000 | 327065 | 50 | 公伯峡水电工程 | 625700 | 205481 |
| 28 | 平班水电站 | 207300 | 25561 | 51 | 吉林台水电站 | 228604 | 55343 |
| 29 | 乐滩水电站 | 402422 | 59497 | | | | |

（中国电力企业联合会　荣月敏）

## 2003年水电施工企业完成产值及工程量表

| 单位名称 | | 企业总产值（千元） | 企业建筑业总产值 | 实物工程量 土方（万 $m^3$） | 石方（万 $m^3$） | 混凝土（万 $m^3$） | 金属结构安装（t） | 水轮机组投产（台） | 水轮机组投产（万 kW） |
|---|---|---|---|---|---|---|---|---|---|
| 中国葛洲坝水利水电工程集团有限公司 | | 5910318 | 4391777 | 3233.00 | 3306.00 | 318.00 | 23681.00 | 4 | 210.35 |
| 中国水利水电建设集团公司 | 中国水利水电建设集团公司 | 2358650 | 2163650 | 1029.54 | 365.09 | 317.11 | 2610.00 | | |
| | 中国水利水电第一工程局 | 807660 | 798520 | 534.26 | 689.75 | 97.64 | 9832.04 | | |
| | 中国水利水电第二工程局 | 648980 | 584670 | 202.00 | 16.00 | 18.00 | 800.00 | | |
| | 中国水利水电第三工程局 | 1189780 | 1136080 | 459.56 | 348.11 | 113.27 | 10090.34 | | |
| | 中国水利水电第四工程局 | 1437780 | 1378350 | 456.23 | 430.88 | 147.36 | 18245.95 | 4 | 40.00 |
| | 中国水利水电第五工程局 | 1191170 | 1041050 | 629.90 | 825.39 | 159.56 | 4903.28 | 6 | 23.10 |
| | 中国水利水电第六工程局 | 666250 | 656630 | 372.98 | 295.23 | 82.44 | 3307.73 | 3 | 12.40 |
| | 中国水利水电第七工程局 | 1698870 | 1540330 | 652.98 | 915.39 | 119.70 | 12580.00 | 6 | 33.40 |
| | 中国水利水电第八工程局 | 2153700 | 1928260 | 529.40 | 827.10 | 139.70 | 18165.00 | 11 | 283.13 |
| | 中国水利水电第九工程局 | 838270 | 787450 | 346.00 | 880.00 | 49.00 | 2789.00 | | |
| | 中国水利水电第十工程局 | 749180 | 313790 | 37.17 | 70.90 | 28.65 | 7626.98 | 5 | 0.94 |
| | 中国水利水电第十一工程局 | 1008140 | 798450 | 816.17 | 403.68 | 44.81 | 3347.24 | 7 | 14.58 |
| | 中国水利水电第十二工程局 | 663870 | 627540 | 645.61 | 1119.97 | 65.39 | 4087.00 | | |
| | 中国水利水电第十三工程局 | 892430 | 648970 | 1327.80 | 48.57 | 29.04 | 1160.00 | | |
| | 中国水利水电第十四工程局 | 1754860 | 1529130 | 414.51 | 792.33 | 85.80 | 10076.00 | | |
| | 中国水利水电闽江工程局 | 720090 | 715190 | 601.71 | 301.91 | 94.66 | 2416.00 | 3 | 3.20 |
| | 中国水利水电基础工程局 | 420530 | 330360 | 40.28 | | 25.27 | | | |

续表

| 单位名称 | | 企业总产值（千元） | 企业建筑业总产值 | 实物工程量 | | | | | |
|---|---|---|---|---|---|---|---|---|---|
| | | | | 土方（万 m³） | 石方（万 m³） | 混凝土（万 m³） | 金属结构安装（t） | 水轮机组投产（台） | 水轮机组投产（万 kW） |
| 中国人民武装警察部队水电指挥部 | 中国人民武装警察部队水电指挥部（中国安能建设总公司） | 2397720 | 2397720 | 388.96 | 851.27 | 58.37 | 6267.50 | | |
| | 中国人民武装警察部队水电第一总队（江南水利水电工程公司） | 717770 | 717770 | 54.57 | 647.26 | 15.76 | | | |
| | 中国人民武装警察部队水电第二总队（江夏水电工程公司） | 682710 | 682710 | 179.31 | 121.30 | 25.77 | 5533.00 | | |
| | 中国人民武装警察部队水电第三总队（安蓉建设总公司） | 573670 | 573670 | 115.27 | 73.52 | 12.61 | 734.50 | | |
| | 中国人民武装警察部队水电三峡指挥部（宜昌安联水利水电有限责任公司） | 423580 | 423580 | 39.81 | 9.19 | 4.23 | | | |

（各水电施工企业提供资料 符秀珍 郝维华 赵冠松）

## 2003年大中型水电机组投产项目表

| 年份 | | 当年统计 | | 投产项目［水电站名称 台数×单机容量(万 kW)］ | 累计（万 kW） |
|---|---|---|---|---|---|
| | | 台数 | 容量(万 kW) | | |
| 2003 | 大中型 | 28 | 630.3 | 三峡 6×70，乌江水电站扩机 2×25，大朝山 2×22.5，引子渡 3×12，重庆江口 3×10，洪江 5×4.5，尼那 4×4，桐子豪 3×3.6 | 6618.12 |

（国家电网公司 朱家鹏）

## 2003年各种类型水电机组安装工期情况表

| 水电站名称 | 机组型式 | 机组编号 | 单机容量（万 kW） | 安装工期（d） Ⅰ | | 安装工期（d） Ⅱ | |
|---|---|---|---|---|---|---|---|
| 大朝山 | 混流式 | 1 | 22.5 | 631 | 772（平均） | 158 | 115（平均） |
| | | 2 | 22.5 | 670 | | 57 | |
| | | 3 | 22.5 | 680 | | 106 | |
| | | 4 | 22.5 | 814 | | 117 | |
| | | 5 | 22.5 | 558 | | 169 | |
| | | 6 | 22.5 | 1281 | | 87 | |
| 乌江水电站扩机 | 混流式 | 4 | 25 | 207 | 182（平均） | 79 | 53（平均） |
| | | 5 | 25 | 157 | | 27 | |

续表

| 水电站名称 | 机组型式 | 机组编号 | 单机容量（万 kW） | 安装工期（d）I | | 安装工期（d）II | |
|---|---|---|---|---|---|---|---|
| 引子渡 | 混流式 | 1<br>2<br>3 | 12<br>12<br>12 | 294<br>282<br>365 | 313<br>（平均） | 85<br>63<br>96 | 81<br>（平均） |
| 重庆江口 | 混流式 | 1<br>2<br>3 | 10<br>10<br>10 | 563<br>436<br>369 | 456<br>（平均） | 123<br>51<br>121 | 98<br>（平均） |
| 洪　江 | 贯流式 | 1<br>2<br>3<br>4<br>5 | 4.5<br>4.5<br>4.5<br>4.5<br>4.5 | 364<br>378<br>395<br>381<br>292 | 362<br>（平均） | 152<br>101<br>126<br>81<br>60 | 104<br>（平均） |

**注**　表中Ⅰ为座环开始安装至72h试运行结束；Ⅱ为从转轮吊入至72h试运行结束。

（国家电网公司　朱家鹏）

## 2003年大中型水电厂生产运行情况表

| 序号 | 水电厂名称 | 水电厂运行指标 | | | | | 水库运行指标 | | | |
|---|---|---|---|---|---|---|---|---|---|---|
| | | 年末装机容量 | 年发电量 | 平均耗水率 | 单位发电成本 | 全员劳动生产率 | 入库水量 | 发电用水量 | 年末水位 | 年末库容 |
| | | 万 kW | 亿 kW·h | $m^3$/(kW·h) | 元/(MW·h) | 万元/(年·人) | 亿 $m^3$ | 亿 $m^3$ | m | 亿 $m^3$ |
| 1 | 十三陵抽水蓄能电厂 | 80.00 | 5.82 | 1.04 | — | 131.14 | — | 6.05 | 556.00 | 0.042 |
| 2 | 天桥水力发电厂 | 12.80 | 4.35 | 13.03 | 93.17 | 5.69 | 106.71 | 100.12 | 833.50 | 0.057 |
| 3 | 万家寨水电厂 | 108.00 | 18.22 | 6.09 | 140.00 | 23.56 | 112.28 | 111.00 | 970.10 | 4.850 |
| 4 | 太平湾发电厂 | 36.30 | 7.73 | | 273.87 | 2.79 | | | | |
| 5 | 其中：太平湾站 | 20.30 | 5.29 | 28.51 | | | 150.86 | 150.81 | 29.55 | 1.727 |
| 6 | 　　长甸电站 | 16.00 | 2.43 | 6.13 | | | | 14.92 | 93.86 | 38.590 |
| 7 | 白山水电厂 | 150.00 | 9.10 | 3.98 | 245.01 | 21.32 | 44.96 | 36.21 | 400.04 | 35.590 |
| 8 | 红石水电厂 | 20.00 | 2.55 | 16.98 | | | 43.34 | 43.35 | 290.24 | 1.660 |
| 9 | 小山水电厂 | 16.00 | 2.05 | 4.27 | 563.05 | 98.60 | 3.72 | 8.76 | 681.89 | 0.930 |
| 10 | 松山水库 | | | | | | 5.51 | | 703.10 | 0.920 |
| 11 | 牡丹江水力发电总厂 | 55.00 | 5.24 | 7.49 | 446.21 | 80.34 | 39.25 | 41.24 | 214.92 | 25.800 |
| 12 | 天荒坪抽水蓄能电站 | 180.00 | 25.77 | 0.79 | 394.59 | 144.00 | | | | |
| 13 | 乌溪江水力发电厂 | 32.95 | 5.55 | 6.43 | 268.75 | 7.92 | 16.12 | 22.10 | 192.22 | 4.880 |
| 14 | 佛子岭水电站 | 6.01 | 1.43 | 12.56 | 251.01 | | | | | |
| 15 | 其中：佛子岭水库 | | | | | | 19.87 | 14.77 | 81.09 | 0.001 |
| 16 | 　　磨子潭水库 | | | | | | 6.17 | 3.76 | 176.21 | 1.164 |
| 17 | 梅山水电站 | 4.00 | 1.41 | 8.80 | 195.54 | 2.78 | 23.29 | 12.40 | 123.34 | 10.898 |

续表

| 序号 | 水电厂名称 | 水电厂运行指标 | | | | | 水库运行指标 | | | |
|---|---|---|---|---|---|---|---|---|---|---|
| | | 年末装机容量 | 年发电量 | 平均耗水率 | 单位发电成本 | 全员劳动生产率 | 入库水量 | 发电用水量 | 年末水位 | 年末库容 |
| | | 万kW | 亿kW·h | $m^3$/(kW·h) | 元/(MW·h) | 万元/(年·人) | 亿$m^3$ | 亿$m^3$ | m | 亿$m^3$ |
| 18 | 响洪甸抽水蓄能电站 | 11.00 | 1.68 | 7.60 | 0.24 | | | 12.86 | 124.48 | |
| 19 | 港口湾水电站 | 6.00 | 0.83 | 10.04 | 171.00 | 4.62 | 7.05 | 8.33 | 119.14 | 1.650 |
| 20 | 沙溪口水力发电厂 | 30.00 | 7.40 | 20.70 | 122.83 | 18.68 | 167.19 | 153.30 | 87.33 | 1.430 |
| 21 | 古田溪水力发电厂 | 27.60 | 7.74 | 1.46 | 211.49 | 5.29 | 8.70 | 11.32 | 362.43 | 0.957 |
| 22 | 国电万安水力发电厂 | 40.00 | 9.35 | 20.29 | 0.18 | 14.02 | 216.81 | 199.15 | 89.64 | 5.736 |
| 23 | 柘林水电开发有限责任公司 | 42.00 | 9.30 | 12.24 | 135.00 | 5.28 | 100.31 | 114.00 | 53.36 | 21.550 |
| 24 | 洪门水力发电厂 | 4.20 | 0.85 | 18.62 | 354.70 | 7.73 | 14.78 | 15.88 | 92.35 | 1.789 |
| 25 | 罗湾水力发电厂 | 2.10 | 0.80 | 2.50 | 304.34 | 2.91 | 1.96 | 1.99 | 359.83 | 0.382 |
| 26 | 隔河岩水电厂 | 121.2 | 26.19 | 4.04 | 270.00 | 27.17 | 107.00 | 105.84 | 173.42 | 15.770 |
| 27 | 高坝洲水电厂 | 25.2 | 9.71 | 11.70 | 270.00 | 9.40 | 123.00 | 113.68 | 78.93 | 3.740 |
| 28 | 黄龙滩水电厂 | 15.05 | 8.70 | 5.84 | 62.20 | 36.88 | 73.18 | 50.70 | 222.55 | 3.700 |
| 29 | 白莲河水电厂 | 4.50 | 0.81 | 11.90 | 217.26 | 5.42 | 13.30 | 9.65 | 91.75 | 2.460 |
| 30 | 小浪底水力发电厂 | 180.00 | 36.84 | 3.80 | 310.00 | 268.64 | 237.34 | 140.08 | 257.81 | 73.500 |
| 31 | 三门峡水电厂 | 41.00 | 11.74 | 10.13 | 176.06 | 4.14 | 259.39 | 139.64 | 317.74 | 4.821 |
| 32 | 故县水电厂 | 6.00 | 1.70 | 5.91 | 269.20 | 9.94 | 19.27 | 10.26 | 533.51 | 6.240 |
| 33 | 柘溪水电厂 | 44.75 | 21.53 | 8.07 | 47.26 | 27.00 | 173.81 | 173.71 | 151.66 | 11.416 |
| 34 | 凤滩水电厂 | 40.00 | 19.88 | 5.62 | 37.67 | 61.94 | 186.46 | 111.68 | 203.28 | 13.089 |
| 35 | 东江水力发电厂 | 55.50 | 16.55 | | 91.61 | 29.38 | 33.69 | 55.49 | 263.12 | 50.615 |
| 36 | 其中：大东江 | 50.00 | 15.28 | 3.63 | | | | | | |
| 37 | 小东江 | 5.50 | 1.27 | 34.70 | | | 56.14 | 55.24 | 146.19 | 0.091 |
| 38 | 麻石 | 10.00 | 4.15 | 25.00 | 71.44 | 12.70 | 148.66 | 104.66 | 133.70 | 1.506 |
| 39 | 宜州水电厂 | 10.70 | 4.46 | 18.50 | 84.76 | 16.10 | | | | |
| 40 | 其中：拉浪 | 5.70 | 2.05 | 15.80 | | | 44.27 | 32.19 | 176.34 | 0.974 |
| 41 | 洛东 | 5.00 | 2.41 | 21.30 | | | 74.35 | 51.18 | 116.35 | 0.590 |
| 42 | 大广坝水电开发有限公司 | 24.20 | 5.30 | 5.80 | 153.10 | 52.78 | 30.10 | 30.74 | 132.56 | 8.922 |
| 43 | 牛路岭水电站 | 8.00 | 1.80 | 8.50 | 80.00 | 22.02 | 14.64 | 15.24 | 95.45 | 3.013 |
| 44 | 二滩水力发电厂 | 330.00 | 144.70 | 2.36 | 77.10 | 664.60 | 579.96 | 340.76 | 1200.00 | 57.930 |
| 45 | 太平驿水电厂 | 26.00 | 14.50 | 3.55 | 61.01 | 56.94 | 93.36 | 51.44 | 1078.50 | 0.007 |
| 46 | 狮子滩水力发电总厂 | | 4.13 | | 166.31 | 2.84 | | | | |
| 47 | 其中：狮子滩 | 5.10 | 1.74 | 7.65 | | | 14.32 | 13.30 | 341.52 | 5.621 |
| 48 | 回龙寨 | 1.60 | 0.60 | | | | | | | |
| 49 | 下硐 | 3.00 | 1.12 | | | | | | | |
| 50 | 大洪河 | 3.50 | 0.67 | 6.95 | | | 5.82 | 4.60 | 288.91 | 0.746 |
| 51 | 乌江渡发电厂 | 113.00 | 21.39 | 3.78 | 48.44 | 29.45 | 96.71 | 80.81 | 729.01 | 10.123 |

续表

| 序号 | 水电厂名称 | 水电厂运行指标 | | | | | 水库运行指标 | | | |
|---|---|---|---|---|---|---|---|---|---|---|
| | | 年末装机容量 | 年发电量 | 平均耗水率 | 单位发电成本 | 全员劳动生产率 | 入库水量 | 发电用水量 | 年末水位 | 年末库容 |
| | | 万 kW | 亿 kW·h | $m^3$/(kW·h) | 元/(MW·h) | 万元/(年·人) | 亿 $m^3$ | 亿 $m^3$ | m | 亿 $m^3$ |
| 52 | 东风发电厂 | 51.00 | 15.15 | 3.58 | 129.40 | 32.89 | 66.77 | 54.30 | 936.33 | 3.776 |
| 53 | 天生桥水力发电总厂 | 132.00 | 73.80 | 2.27 | 10.76 | 175.26 | 166.84 | 165.77 | 640.93 | 0.314 |
| 54 | 红枫发电总厂 | 23.90 | 5.62 | | 206.48 | 4.35 | | | | |
| 55 | 其中：红枫 | 2.00 | 0.32 | 11.80 | | | 3.37 | 3.78 | 1230.99 | 2.344 |
| 56 | 百花 | 2.20 | 0.48 | 12.00 | | | 4.98 | 5.81 | 1184.04 | 0.645 |
| 57 | 修文 | 2.00 | 0.60 | 11.80 | | | 7.21 | 7.08 | 1130.62 | 0.111 |
| 58 | 窄巷口 | 4.50 | 0.60 | 7.70 | | | 9.28 | 4.63 | 1084.91 | 0.047 |
| 59 | 红林 | 10.20 | 2.71 | 3.10 | | | 9.29 | 8.37 | 1028.53 | 0.006 |
| 60 | 红岩 | 3.00 | 0.91 | 10.90 | | | 10.23 | 9.87 | 883.64 | 0.296 |
| 61 | 李家峡水电厂 | 160.00 | 32.35 | 3.26 | 97.51 | 75.84 | 105.27 | 105.30 | 2179.24 | 16.244 |
| 62 | 刘家峡水电厂 | 116.00 | 28.68 | 4.28 | | 15.82 | 162.46 | 148.68 | 1725.12 | 29.630 |
| 63 | 青铜峡水电厂 | 30.20 | 8.08 | 21.21 | 119.88 | 11.90 | 182.36 | 153.00 | 1155.97 | 0.343 |
| 64 | 安康水力发电厂 | 80.00 | 27.82 | 5.64 | 96.80 | 9.07 | 244.27 | 156.93 | 327.85 | 24.270 |

（各省水力发电工程学会、电力公司、各水电厂提供资料）

## 2003年度大坝补强加固情况一览表

| 序号 | 大坝名称 | 本年度加固工程项目 |
|---|---|---|
| 1 | 新安江大坝 | 坝前右岸边坡排水孔；主厂房装配间顶漏水处理；大坝防腐处理 |
| 2 | 富春江大坝 | 五号水轮机发电机组大修；弧形闸门大修（4扇）；尾水平台盖板更换；尾水平台班组作业间拆除后防渗处理、主厂房下游面外墙处理；开关站后山滑坡体处理；坝顶左岸检修场地处理 |
| 3 | 天荒坪上库坝 | 廊道钢支撑补充加固；上库进出口帷幕补强 |
| 4 | 天荒坪下库坝 | 面板裂缝修补 |
| 5 | 水口大坝 | 船闸二闸首伸缩缝漏水处理；大坝近坝区水下地形测量；大坝内部仪器观测系统技改 |
| 6 | 柘林大坝 | 第一、二溢洪道工作闸门补强加固；泄空洞工作闸门及拉杆更换 |
| 7 | 东江大坝 | 近坝区滑坡体进行加固处理 |
| 8 | 柘溪大坝 | 2号支墩迎水面裂缝处理；挑流鼻坎改型 |
| 9 | 安康大坝 | 右底孔中隔墩加高 |
| 10 | 太平湾大坝 | 大坝廊道扫孔 |
| 11 | 云峰大坝 | 大坝挡水坝段下游面补强加固工程 |
| 12 | 白山大坝 | 大坝基础补充加强帷幕灌浆 |
| 13 | 丰满大坝 | 溢流洞进口平板闸门改造 |
| 14 | 天生桥一级大坝 | 大坝L3/L4面板破损混凝土临时修复处理 |
| 15 | 天生桥二级大坝 | 进行对库首右岸边坡进行了综合治理，完善地表、地下排水设施；修建框架护坡、浆砌石挡墙；种植香根草，达到护土固坡的目的 |

续表

| 序号 | 大坝名称 | 本年度加固工程项目 |
|---|---|---|
| 16 | 鲁布革大坝 | 右岸泄洪洞工作闸门控制系统改造 |
| 17 | 广州蓄能下库坝 | 下库坝坝体碾压混凝土部分加固灌浆 |
| 18 | 纪村大坝 | 局部铺盖止漏处理；坝顶大修 |
| 19 | 碧口大坝 | 补打大坝浸润线观测孔；左岸泄洪洞工作闸门和大坝防浪门喷锌防腐处理；右岸泄洪洞出口护坦加固 |
| 20 | 岩滩大坝 | 大坝伸缩缝渗漏处理 |
| 21 | 百龙滩大坝 | 溢流坝右岸坝肩绕坝渗漏处理；厂房裂缝防漏处理；尾水渠两岸护坡排水改造；溢流坝缺陷处理 |
| 22 | 漫湾大坝 | 左岸边坡减载平台排水沟治理，下游河道冲刷修补，水垫塘冲刷修补，溢流表孔过流面修补，泄洪洞边墙过流面修补 |
| 23 | 太平驿闸坝 | 泄洪闸闸后护坦冲坑修补；下游河床淤积清理 |
| 24 | 湖南镇大坝 | 溢流面 3 号、4 号混凝土裂缝修补；2 号中孔闸门大修 |
| 25 | 黄坛口大坝 | 3 号、4 号弧型闸门更新改造 |
| 26 | 古田溪一级大坝 | 坝基帷幕补强加固设计；绕坝渗流观测设施大修；大坝防汛备用电源维修；卫星云图系统改造；坝后工作桥大修；精密经纬仪水准仪率定 |
| 27 | 古田溪二级大坝 | 大坝补强加固工作；进水口启闭机动力电源大修；拦漂排大修；进水口处排水沟大修 |
| 28 | 古田溪三级大坝 | 升压站护坡加固勘测设计 |
| 29 | 古田溪四级大坝 | 监测系统自动化改造 |
| 30 | 安砂大坝 | 进水口拦污栅栅体更换；3 号机组尾水管灌浆处理；厂房屋面防漏处理；大坝溢流面表层进行防渗防冲刷处理；上坝公路大修；大坝灌溉管、厂房防洪门等防腐 |
| 31 | 池潭大坝 | 大坝第二次定检；大坝安全观测系统检修 |
| 32 | 乌江渡大坝 | 泄洪建筑物气蚀及裂缝修补 |
| 33 | 东风大坝 | 右岸 915 公路边坡危岩锚喷支护、危岩清除处理；东风水电站进水口上游护坡加固处理工程；大坝坝顶排水沟、电缆沟改造项目；泄洪洞和溢洪道缺陷修补 |
| 34 | 耿达闸坝 | 泄洪排沙洞改造 |
| 35 | 绿水河大坝 | 泄洪弧形工作闸门和挡水弧形工作闸门更换可行性研究 |
| 36 | 宝珠寺大坝 | 宝珠寺水电站大坝 2003 年没有大坝补强加固项目 |
| 37 | 万安大坝 | 底孔闸墩裂缝处理及加固 |
| 38 | 龚嘴大坝 | 10 号底孔检修门段封堵修复工程；8 号坝段防渗帷幕补强灌浆 |
| 39 | 铜街子大坝 | 坝基排水孔扩扫孔及新增扬压力观测设施 |
| 40 | 南桠河三级闸坝 | 大冲沙孔护坦补强加固；闸首水位、流量在线监测系统研究计划及实施方案 |
| 41 | 百花大坝 | 大坝安全监测系统改造 |
| 42 | 花溪大坝 | 贵阳市政府投资大坝加高空腹填实和加厚，溢洪道加高和改造溢洪道闸门，以前自由式溢洪道已废除 |
| 43 | 大寨大坝 | 库区清淤；大坝下游岸坡加固处理 |
| 44 | 六郎洞大坝 | 冲沙闸改造加固可行性研究 |
| 45 | 桓仁大坝 | 桓仁高孔溢流面剥蚀破坏局部修复；桓仁 515 平洞垂线系统恢复 |
| 46 | 回龙山大坝 | 回龙坝址淘刷混凝土加固处理工程；回龙坝址基础固结灌浆；回龙大坝 19 号、20 号坝段基础帷幕补强灌浆 |

续表

| 序号 | 大坝名称 | 本年度加固工程项目 |
|---|---|---|
| 47 | 太平哨大坝 | 溢流坝前水平裂缝处理；176廊道真空激光系统改造 |
| 48 | 沙溪口大坝 | 大坝1～4号机组段防渗处理；大坝安全监测信息系统修理；大坝横缝沥青井大修；大坝溢流坝面大修；大坝基础排水孔扫孔 |
| 49 | 上犹江大坝 | 排水廊道、排水孔清洗；扬压力部分测孔清洗；坝顶沥青井伸缩缝沥青灌注 |
| 50 | 罗湾大坝 | 10～11月份对坝体排水管进行了扫孔 |
| 51 | 东津大坝 | 溢洪道下游河道疏浚及左、右岸防护工程 |
| 52 | 狮子滩大坝 | 狮子滩放空洞及闸门检测、复核及可行性研究；狮子滩大坝安全监测系统改造 |
| 53 | 下硐大坝 | 下硐电站三峡淹没保护性改造工程土建及金属结构设计 |
| 54 | 大洪河大坝 | 大洪河左岸溢洪道工作闸门改造可行性研究；大洪河放空洞改造可行性研究；大洪河进水口检修闸门改造可行性研究；大洪河调压井修补加固设计可行性研究 |
| 55 | 马迹塘大坝 | 1号机组流道气蚀处理 |
| 56 | 五强溪大坝 | 大坝廊道漏水处理；溢流面修补 |
| 57 | 凌津滩大坝 | 9号泄洪闸段的消力墩尾坎被淘空 |
| 58 | 青铜峡大坝 | 7号、8号电站厂房屋顶防渗漏处理 |
| 59 | 李家峡大坝 | 主坝2059～2150层排水廊道底板及排水沟损坏混凝土修复；主坝2087m层左岸Y17-4扬压孔压力升高后的局部灌浆处理；三孔泄水道底板及抗冲蚀层处理（已批复）；主坝下游面防渗处理（已报计划）；主坝2059～2150层排水廊道围岩加固（已报计划） |
| 60 | 高砂大坝 | 厂房右岸进厂公路进水口上游60m处塌方面修复、加固 |
| 61 | 雍口大坝 | 增设大坝垂直位移基点双金属管标；厂房（坝后式）渗漏处理及幕墙修缮；大坝原型监测资料分析 |
| 62 | 孔头大坝 | 右岸高边坡增打排水孔 |
| 63 | 范厝大坝 | 观测点改造；扬压力扫孔；更换水工比例电桥 |
| 64 | 良浅大坝 | 弧型闸门泄洪溢流面整修；下游防洪墙加高 |
| 65 | 沙县城关大坝 | 厂房防渗漏处理已完成 |
| 66 | 水东大坝 | 大坝防渗补强灌浆；大坝上游面水上、水下裂缝处理 |
| 67 | 百丈漈一级大坝 | 主副坝正常维护工作；部分人工位移标点和部分人工测压管需修复；白蚁处理；水情测报自动化系统升级改造；大坝监测自动化系统升级改造 |
| 68 | 毛尖山大坝 | 对大坝上游部分护坡进行了整理、回填石子，改造整修了水工值班房屋 |
| 69 | 隔河岩大坝 | 电站主厂房及中控楼屋面防水工程；二级消力池下游海漫右侧与厂房左护坡结合部位混凝土防冲板恢复及加固工程 |
| 70 | 贺龙大坝 | 6号、10号弧门支铰处理 |
| 71 | 鱼潭大坝 | 中导冲刷麻面及墙裂缝处理 |
| 72 | 花木桥大坝 | 坝后护坦加固工程 |
| 73 | 托海大坝 | 冲沙洞检修闸门；冲沙洞底板 |
| 74 | 铁门关大坝 | 泄洪洞闸门室抗震加固；防浪墙加固；更换所有闸门（拦污栅）启闭机制动器 |
| 75 | 大山口大坝 | 底孔工作门溢流道冲蚀破坏部位补强加固；表孔6号溢流道冲蚀破坏部位补强加固；底孔工作闸门本体做喷沙除锈镀锌防腐处理 |
| 76 | 苦蒿坪大坝 | 库区危岩处理及库区道路整治 |
| 77 | 洛东大坝 | 大坝加高；厂房加固 |

续表

| 序号 | 大坝名称 | 本年度加固工程项目 |
|---|---|---|
| 78 | 拉浪大坝 | 大坝右岸坝肩渗漏处理 |
| 79 | 西津大坝 | 坝顶1号门机大修及电源滑线改造；溢流坝4、5号孔“一门一机”改造；库区断面淤积测量；溢流坝7、8号孔“一门一机”改造 |
| 80 | 麻石大坝 | 实施《大坝防浪墙工程》的重建项目 |
| 81 | 枫树坝大坝 | 大坝渗流观测系统维修完善工程 |
| 82 | 青溪大坝 | 大坝伸缩缝沥青井改造 |
| 83 | 新丰江大坝 | 坝腔观测道路中的铁梯改造 |
| 84 | 长湖大坝 | 2号机引水洞、尾水洞化学灌浆处理工程；大坝左坝头护坡处理工程；大坝右坝头护坡处理工程 |
| 85 | 南水大坝 | 原泄洪0+659.5m桩号段至出口段钢衬补强加固及挑流鼻坎改造；泄洪洞进、出口闸门维修处理；坝后量水堰截水墙全面修复 |
| 86 | 大广坝大坝 | 水情自动测报系统改造；大坝白蚁防治；大坝沥青混凝土路面大修 |
| 87 | 成屏大坝 | 大坝施工导流钢管封堵 |

（大坝安全监察中心　李晨曦）

## 2003年度水电站大坝安全注册登记汇总表

| 序号 | 大坝名称 | 水电厂名称 | 注册等级 | 有效期 | 注册编号 |
|---|---|---|---|---|---|
| 1 | 云峰大坝 | 云峰发电厂 | 甲级 | 1998年3月～2003年3月 | BQ0021-F220582 |
| 2 | 白山大坝 | 白山发电厂 | 甲级 | 1998年3月～2003年3月 | BA0031-F220282 |
| 3 | 红石大坝 | 白山发电厂 | 甲级 | 1998年3月～2003年3月 | BA0042-F220282 |
| 4 | 桓仁大坝 | 桓仁发电厂 | 甲级 | 1998年3月～2003年3月 | BQ0011-F210522 |
| 5 | 太平哨大坝 | 国电电力太平哨发电厂 | 甲级 | 1998年3月～2003年3月 | BQ0032-F210624 |
| 6 | 太平湾大坝 | 太平湾发电厂 | 甲级 | 1998年3月～2003年3月 | BQ0042-F210624 |
| 7 | 珠窝大坝 | 北京京西发电有限责任公司 | 甲级 | 1998年3月～2003年3月 | BC0013-F110109 |
| 8 | 落坡岭大坝 | 北京京西发电有限责任公司 | 甲级 | 1998年3月～2003年3月 | BC0023-F110109 |
| 9 | 新安江大坝 | 新安江水力发电厂 | 甲级 | 1998年3月～2003年3月 | BG0011-F330182 |
| 10 | 富春江大坝 | 富春江水力发电厂 | 甲级 | 1998年3月～2003年3月 | BG0042-F330122 |
| 11 | 湖南镇大坝 | 浙江华电乌溪江水力发电厂 | 甲级 | 1998年3月～2003年3月 | BG0051-F330821 |
| 12 | 黄坛口大坝 | 浙江华电乌溪江水力发电厂 | 甲级 | 1998年3月～2003年3月 | BG0023-F330821 |
| 13 | 百丈漈一级大坝 | 温州百丈漈水力发电厂 | 甲级 | 1998年3月～2003年3月 | BG0033-F330328 |
| 14 | 成屏大坝 | 成屏水力发电厂 | 甲级 | 1998年3月～2003年3月 | BG0083-F332527 |
| 15 | 上标大坝 | 浙江省景宁县上标水力发电厂 | 甲级 | 1998年3月～2003年3月 | BG0093-F332529 |
| 16 | 紧水滩大坝 | 紧水滩水力发电厂 | 甲级 | 1998年3月～2003年3月 | BG0061-F332523 |
| 17 | 石塘大坝 | 紧水滩水力发电厂 | 甲级 | 1998年3月～2003年3月 | BG0073-F332523 |
| 18 | 毛尖山大坝 | 安徽省毛尖山水电站 | 甲级 | 1998年3月～2003年3月 | BF0053-F340828 |
| 19 | 陈村大坝 | 大唐陈村水力发电厂 | 甲级 | 1998年3月～2003年3月 | BF0061-F342529 |

续表

| 序号 | 大坝名称 | 水电厂名称 | 注册等级 | 有 效 期 | 注册编号 |
|---|---|---|---|---|---|
| 20 | 纪村大坝 | 大唐陈村水力发电厂 | 甲级 | 1998 年 3 月～2003 年 3 月 | BF0072-F342529 |
| 21 | 古田溪一级大坝 | 古田溪水力发电厂 | 甲级 | 1998 年 3 月～2003 年 3 月 | BG0012-F352227 |
| 22 | 古田溪二级大坝 | 古田溪水力发电厂 | 甲级 | 1998 年 3 月～2003 年 3 月 | BG0043-F352227 |
| 23 | 古田溪三级大坝 | 古田溪水力发电厂 | 甲级 | 1998 年 3 月～2003 年 3 月 | BG0033-F350124 |
| 24 | 古田溪四级大坝 | 古田溪水力发电厂 | 甲级 | 1998 年 3 月～2003 年 3 月 | BG0053-F350124 |
| 25 | 安砂大坝 | 安砂水电厂 | 甲级 | 1998 年 3 月～2003 年 3 月 | BG0062-F350481 |
| 26 | 华安闸坝 | 华安水力发电厂 | 甲级 | 1998 年 3 月～2003 年 3 月 | BG0073-F350629 |
| 27 | 池潭大坝 | 福建省池潭水力发电厂 | 甲级 | 1998 年 3 月～2003 年 3 月 | BG0082-F350429 |
| 28 | 沙溪口大坝 | 中国电力投资集团公司<br>福建沙溪口水力发电厂 | 甲级 | 1998 年 3 月～2003 年 3 月 | BG0092-F352101 |
| 29 | 范厝大坝 | 金湖电力有限责任公司范厝水电厂 | 甲级 | 1998 年 3 月～2003 年 3 月 | BG0103-F350428 |
| 30 | 良浅大坝 | 金湖电力有限责任公司良浅水电厂 | 甲级 | 1998 年 3 月～2003 年 3 月 | BG0113-F350429 |
| 31 | 水口大坝 | 福建水口发电有限公司 | 甲级 | 1998 年 3 月～2003 年 3 月 | BG0121-F350124 |
| 32 | 水东大坝 | 福建省尤溪流域水电开发<br>有限责任公司水东水电站 | 甲级 | 1998 年 3 月～2003 年 3 月 | BG0132-F350426 |
| 33 | 万安溪大坝 | 福建省龙岩万安溪<br>水力发电有限责任公司 | 甲级 | 1998 年 3 月～2003 年 3 月 | BG0142-F350601 |
| 34 | 石泉大坝 | 石泉水力发电厂 | 甲级 | 1998 年 3 月～2003 年 3 月 | BF0012-F612423 |
| 35 | 刘家峡大坝 | 刘家峡水电厂 | 甲级 | 1998 年 3 月～2003 年 3 月 | BD0021-F622923 |
| 36 | 盐锅峡大坝 | 盐锅峡水电厂 | 甲级 | 1998 年 3 月～2003 年 3 月 | BD0012-F622923 |
| 37 | 八盘峡大坝 | 八盘峡水电厂 | 甲级 | 1998 年 3 月～2003 年 3 月 | BD0032-F620104 |
| 38 | 碧口大坝 | 大唐碧口水力发电厂 | 甲级 | 1998 年 3 月～2003 年 3 月 | BF0042-F622626 |
| 39 | 青铜峡大坝 | 宁夏青铜峡水电厂 | 甲级 | 1998 年 3 月～2003 年 3 月 | BD0012-F642102 |
| 40 | 流溪河大坝 | 广东粤电流溪河发电有限责任公司 | 甲级 | 1998 年 3 月～2003 年 3 月 | BH0012-F440122 |
| 41 | 南水大坝 | 广东粤电南水发电有限责任公司 | 甲级 | 1998 年 3 月～2003 年 3 月 | BH0031-F440232 |
| 42 | 新丰江大坝 | 新丰江发电有限责任公司 | 甲级 | 1998 年 3 月～2003 年 3 月 | BH0021-F441601 |
| 43 | 长湖大坝 | 广东粤电长湖发电有限公司 | 甲级 | 1998 年 3 月～2003 年 3 月 | BH0042-F441822 |
| 44 | 枫树坝大坝 | 枫树坝水力发电厂 | 甲级 | 1998 年 3 月～2003 年 3 月 | BH0051-F441622 |
| 45 | 长潭大坝 | 广东粤电长潭发电有限责任公司 | 甲级 | 1998 年 3 月～2003 年 3 月 | BQ0062-F441427 |
| 46 | 青溪大坝 | 广东粤电青溪发电有限责任公司 | 甲级 | 1998 年 3 月～2003 年 3 月 | BQ0073-F441422 |
| 47 | 西津大坝 | 广西西津水力发电厂 | 甲级 | 1998 年 3 月～2003 年 3 月 | BH0012-F452122 |
| 48 | 拉浪大坝 | 广西宜州水力发电厂 | 甲级 | 1998 年 3 月～2003 年 3 月 | BH0033-F452702 |
| 49 | 麻石大坝 | 广西水利电力建设集团<br>有限公司麻石水力发电厂 | 甲级 | 1998 年 3 月～2003 年 3 月 | BH0043-F452229 |
| 50 | 大化大坝 | 广西桂冠大化水力发电厂 | 甲级 | 1998 年 3 月～2003 年 3 月 | BH0052-F452731 |
| 51 | 岩滩大坝 | 大唐岩滩水力发电厂 | 甲级 | 1998 年 3 月～2003 年 3 月 | BH0061-F452731 |
| 52 | 花溪大坝 | 贵阳发电厂 | 甲级 | 1998 年 3 月～2003 年 3 月 | BF0012-F520111 |
| 53 | 红枫大坝 | 贵州红枫发电总厂 | 甲级 | 1998 年 3 月～2003 年 3 月 | BF0022-F522502 |
| 54 | 百花大坝 | 贵州红枫发电总厂 | 甲级 | 1998 年 3 月～2003 年 3 月 | BF0042-F520113 |

续表

| 序号 | 大坝名称 | 水电厂名称 | 注册等级 | 有 效 期 | 注册编号 |
|---|---|---|---|---|---|
| 55 | 修文大坝 | 贵州红枫发电总厂 | 甲级 | 1998 年 3 月～2003 年 3 月 | BF0033-F522524 |
| 56 | 窄巷口大坝 | 贵州红枫发电总厂 | 甲级 | 1998 年 3 月～2003 年 3 月 | BF0053-F522524 |
| 57 | 红林大坝 | 贵州红枫发电总厂 | 甲级 | 1998 年 3 月～2003 年 3 月 | BF0083-F522524 |
| 58 | 红岩大坝 | 贵州红枫发电总厂 | 甲级 | 1998 年 3 月～2003 年 3 月 | BF0063-F522524 |
| 59 | 乌江渡大坝 | 乌江渡发电厂 | 甲级 | 1998 年 3 月～2003 年 3 月 | BF0071-F522121 |
| 60 | 天生桥二级大坝 | 天生桥水力发电总厂 | 甲级 | 1998 年 3 月～2003 年 3 月 | BH0091-F522328 |
| 61 | 大广坝大坝 | 海南大广坝水电开发有限公司 | 甲级 | 1998 年 3 月～2003 年 3 月 | BQ0021-F460032 |
| 62 | 葛洲坝大坝 | 葛洲坝水力发电厂 | 甲级 | 1998 年 3 月～2003 年 3 月 | BF0011-F420501 |
| 63 | 隔河岩大坝 | 隔河岩水力发电厂 | 甲级 | 1998 年 3 月～2003 年 3 月 | BF0021-F420528 |
| 64 | 柘溪大坝 | 湖南省柘溪水电站 | 甲级 | 1998 年 3 月～2003 年 3 月 | BF0021-F432326 |
| 65 | 花木桥大坝 | 东江水电厂沙田水电站 | 甲级 | 1998 年 3 月～2003 年 3 月 | BF0033-F432828 |
| 66 | 凤滩大坝 | 广东粤电枫树坝发电有限责任公司 | 甲级 | 1998 年 3 月～2003 年 3 月 | BF0041-F433022 |
| 67 | 上犹江大坝 | 江西上犹江水力发电厂 | 甲级 | 1998 年 3 月～2003 年 3 月 | BF0012-F362125 |
| 68 | 洪门大坝 | 江西三和电力股份有限公司洪门水力发电厂 | 甲级 | 1998 年 3 月～2003 年 3 月 | BF0022-F362522 |
| 69 | 江口大坝 | 江西江口水力发电厂 | 甲级 | 1998 年 3 月～2003 年 3 月 | BF0032-F360501 |
| 70 | 柘林大坝 | 柘林水电开发有限责任公司 | 甲级 | 1998 年 3 月～2003 年 3 月 | BF0041-F360425 |
| 71 | 罗湾大坝 | 江西罗湾水力发电厂 | 甲级 | 1998 年 3 月～2003 年 3 月 | BF0053-F362232 |
| 72 | 万安大坝 | 万安水力发电厂 | 甲级 | 1998 年 3 月～2003 年 3 月 | BF0061-F362428 |
| 73 | 苦蒿坪大坝 | 岷江发电厂龙池水电分厂 | 甲级 | 1998 年 3 月～2003 年 3 月 | BF0013-F511181 |
| 74 | 龚嘴大坝 | 国电大渡河公司龚嘴水力发电总厂 | 甲级 | 1998 年 3 月～2003 年 3 月 | BF0022-F511111 |
| 75 | 映秀湾大坝 | 映秀湾水力发电总厂 | 甲级 | 1998 年 3 月～2003 年 3 月 | BF0033-F513221 |
| 76 | 渔子溪大坝 | 映秀湾水力发电总厂 | 甲级 | 1998 年 3 月～2003 年 3 月 | BF0043-F513221 |
| 77 | 南桠河三级闸坝 | 南桠河发电厂 | 甲级 | 1998 年 3 月～2003 年 3 月 | BF0053-F513125 |
| 78 | 耿达大坝 | 映秀湾水力发电总厂 | 甲级 | 1998 年 3 月～2003 年 3 月 | BF0063-F513221 |
| 79 | 太平驿大坝 | 四川华能太平驿水电厂 | 甲级 | 1998 年 3 月～2003 年 3 月 | BF0073-F513221 |
| 80 | 狮子滩大坝 | 狮子滩水力发电总厂 | 甲级 | 1998 年 3 月～2003 年 3 月 | BF0022-F510221 |
| 81 | 上硐大坝 | 狮子滩水力发电总厂 | 甲级 | 1998 年 3 月～2003 年 3 月 | BF0013-F510221 |
| 82 | 回龙寨大坝 | 狮子滩水力发电总厂 | 甲级 | 1998 年 3 月～2003 年 3 月 | BF0043-F510221 |
| 83 | 下硐大坝 | 狮子滩水力发电总厂 | 甲级 | 1998 年 3 月～2003 年 3 月 | BF0033-F510221 |
| 84 | 大洪河大坝 | 狮子滩水力发电总厂 | 甲级 | 1998 年 3 月～2003 年 3 月 | BF0052-F510221 |
| 85 | 以礼河一级坝 | 中国华电集团公司云南以礼河发电厂 | 甲级 | 1998 年 3 月～2003 年 3 月 | BF0032-F532233 |
| 86 | 以礼河二级坝 | 中国华电集团公司云南以礼河发电厂 | 甲级 | 1998 年 3 月～2003 年 3 月 | BF0013-F532233 |
| 87 | 以礼河三级坝 | 中国华电集团公司云南以礼河发电厂 | 甲级 | 1998 年 3 月～2003 年 3 月 | BF0043-F532233 |
| 88 | 西洱河一级闸坝 | 云南西洱河发电厂 | 甲级 | 1998 年 3 月～2003 年 3 月 | BI0102-F532901 |
| 89 | 西洱河二级闸坝 | 云南西洱河发电厂 | 甲级 | 1998 年 3 月～2003 年 3 月 | BI0093-F532901 |
| 90 | 西洱河三级闸坝 | 云南西洱河发电厂 | 甲级 | 1998 年 3 月～2003 年 3 月 | BI0113-F532922 |
| 91 | 西洱河四级闸坝 | 云南西洱河发电厂 | 甲级 | 1998 年 3 月～2003 年 3 月 | BI0073-F532922 |

续表

| 序号 | 大坝名称 | 水电厂名称 | 注册等级 | 有 效 期 | 注册编号 |
|---|---|---|---|---|---|
| 92 | 六郎洞大坝 | 云南省六郎洞电厂 | 甲级 | 1998 年 3 月～2003 年 3 月 | BH0024-F532626 |
| 93 | 大寨闸坝 | 大寨水电站 | 甲级 | 1998 年 3 月～2003 年 3 月 | BH0083-F532226 |
| 94 | 鲁布革大坝 | 云南省鲁布革发电总厂 | 甲级 | 1998 年 3 月～2003 年 3 月 | BH0112-F532226 |
| 95 | 漫湾大坝 | 云南华能漫湾发电厂 | 甲级 | 1998 年 12 月～2003 年 12 月 | BI0131-F533523 |
| 96 | 东津大坝 | 江西东津发电有限责任公司 | 甲级 | 1998 年 12 月～2003 年 12 月 | BF0072-F360425 |
| 97 | 东风大坝 | 东风发电厂 | 甲级 | 1998 年 12 月～2003 年 12 月 | BF0102-F522502 |
| 98 | 十三陵上池大坝 | 华北电网有限公司十三陵蓄能电厂 | 甲级 | 1999 年 3 月～2004 年 3 月 | BC0031-F110221 |
| 99 | 莲花大坝 | 莲花水电站 | 甲级 | 1999 年 8 月～2004 年 8 月 | BA0011-F231083 |
| 100 | 镜泊湖堤坝 | 镜泊湖发电厂 | 甲级 | 1999 年 8 月～2004 年 8 月 | BA0021-F231084 |
| 101 | 五强溪大坝 | 湖南省五强溪水力发电厂 | 甲级 | 1999 年 9 月～2004 年 9 月 | BF0061-F433022 |
| 102 | 铜街子大坝 | 国电大渡河公司龚嘴水力发电总厂 | 甲级 | 1999 年 12 月～2004 年 12 月 | BF0082-F511111 |
| 103 | 潘家口下池坝 | 潘家口蓄能电厂 | 甲级 | 1999 年 12 月～2004 年 12 月 | BC0041-F130227 |
| 104 | 大峡大坝 | 大峡水电站 | 甲级 | 2000 年 12 月～2005 年 12 月 | BD0012-F620123 |
| 105 | 丰满大坝 | 丰满水电厂 | 甲级 | 2000 年 12 月～2005 年 12 月 | BA0011-F220211 |
| 106 | 高砂大坝 | 高砂水电有限公司 | 甲级 | 2000 年 12 月～2005 年 12 月 | BG0153-F350427 |
| 107 | 宝珠寺大坝 | 四川宝珠寺水力发电厂 | 甲级 | 2000 年 12 月～2005 年 12 月 | BF0091-F510801 |
| 108 | 龙羊峡大坝 | 龙羊峡发电分公司 | 甲级 | 2001 年 3 月～2006 年 3 月 | BD0011-F632521 |
| 109 | 回龙山大坝 | 桓仁发电厂 | 乙级 | 2001 年 3 月～2004 年 3 月 | BQ0022-F210522 |
| 110 | 白渔潭大坝 | 湖南衡阳白渔潭水电站 | 丙级 | 2001 年 3 月～2004 年 3 月 | BF0013-F430422 |
| 111 | 马迹塘大坝 | 湖南马迹塘水力发电厂 | 乙级 | 2001 年 3 月～2004 年 3 月 | BF0053-F432325 |
| 112 | 以礼河四级坝 | 中国华电集团公司云南以礼河发电厂 | 乙级 | 2001 年 3 月～2004 年 3 月 | BF0063-F532233 |
| 113 | 洛东大坝 | 广西宜州水力发电厂 | 丙级 | 2001 年 10 月～2004 年 10 月 | BH0023-F452702 |
| 114 | 船场溪大坝 | 华电集团福建南靖水力发电厂 | 甲级 | 2001 年 10 月～2006 年 10 月 | BG0024-F350627 |
| 115 | 牛路岭大坝 | 牛路岭水电站 | 乙级 | 2001 年 10 月～2004 年 10 月 | BQ0012-F460002 |
| 116 | 东江大坝 | 东江水力发电厂 | 甲级 | 2001 年 10 月～2006 年 10 月 | BF0061-F432802 |
| 117 | 小东江大坝 | 东江水力发电厂 | 甲级 | 2001 年 10 月～2006 年 10 月 | BF0073-F432802 |
| 118 | 李官大坝 | 贵州红枫发电总厂 | 乙级 | 2001 年 10 月～2004 年 10 月 | BF0114-F520112 |
| 119 | 普定大坝 | 贵州红枫发电总厂 | 甲级 | 2001 年 10 月～2006 年 10 月 | BF0112-F522527 |
| 120 | 绿水河大坝 | 云南绿水河水电厂 | 甲级 | 2001 年 10 月～2006 年 10 月 | BI0053-F532501 |
| 121 | 平地哨拦河闸 | 中国华电集团公司云南石龙坝发电厂 | 乙级 | 2002 年 1 月～2005 年 1 月 | BI0145-F530112 |
| 122 | 托海大坝 | 新疆伊犁托海水电厂 | 甲级 | 2002 年 3 月～2007 年 3 月 | BJ0013-F654121 |
| 123 | 铁门关大坝 | 铁门关水力发电厂 | 甲级 | 2002 年 3 月～2007 年 3 月 | BJ0023-F652801 |
| 124 | 大山口大坝 | 大山口水力发电厂 | 甲级 | 2002 年 3 月～2007 年 3 月 | BJ0033-F652827 |
| 125 | 李家峡大坝 | 李家峡发电分公司 | 甲级 | 2002 年 4 月～2007 年 4 月 | BD0021-F632322 |
| 126 | 铜头大坝 | 四川华能铜头水电站 | 甲级 | 2002 年 8 月～2007 年 8 月 | BF0013-F513101 |
| 127 | 雨城闸坝 | 四川华能雨城水电站 | 甲级 | 2002 年 8 月～2007 年 8 月 | BF0023-F513101 |
| 128 | 凌津滩大坝 | 湖南凌津滩水力发电厂 | 甲级 | 2002 年 10 月～2007 年 10 月 | BF0022-F430725 |
| 129 | 百龙滩大坝 | 广西桂冠百龙滩电厂 | 甲级 | 2002 年 10 月～2007 年 10 月 | BH0073-F452127 |

续表

| 序号 | 大坝名称 | 水电厂名称 | 注册等级 | 有效期 | 注册编号 |
|---|---|---|---|---|---|
| 130 | 天荒坪上库坝 | 天荒坪抽水蓄能电站 | 甲级 | 2002年11月～2007年11月 | BF0031-F330523 |
| 131 | 天荒坪下库坝 | 天荒坪抽水蓄能电站 | 甲级 | 2002年11月～2007年11月 | BF0041-F330523 |
| 132 | 二滩大坝 | 二滩水力发电厂 | 甲级 | 2002年11月～2007年11月 | BF0011-F510401 |
| 133 | 鱼潭大坝 | 鱼潭水力发电厂 | 甲级 | 2002年11月～2007年11月 | BF0012-F430802 |
| 134 | 贺龙大坝 | 贺龙水力发电厂 | 甲级 | 2002年11月～2007年11月 | BF0021-F430822 |
| 135 | 斑竹大坝 | 三明银斑竹水电有限公司 | 甲级 | 2002年12月～2007年12月 | BG0163-F350401 |
| 136 | 孔头大坝 | 金湖电力有限责任公司孔头水电厂 | 甲级 | 2002年12月～2007年12月 | BG0173-F350428 |
| 137 | 雍口大坝 | 福建省九溪流域水电开发有限责任公司雍口水电站 | 甲级 | 2002年12月～2007年12月 | BG0183-F350426 |
| 138 | 天生桥一级大坝 | 天生桥一级水力开发电有限责任公司水力发电厂 | 甲级 | 2002年12月～2007年12月 | BH0101-F522328 |
| 139 | 沙县城关大坝 | 福建省沙县城关水电厂 | 甲级 | 2002年12月～2007年12月 | BG0193-F350427 |
| 140 | 安康大坝 | 安康水力发电厂 | 甲级 | 2003年2月～2008年2月 | BF0021-F612401 |
| 141 | 徐村大坝 | 徐村水电厂 | 甲级 | 2003年12月～2008年12月 | BI0153-F532927 |
| 142 | 小山大坝 | 松江河发电厂 | 甲级 | 2003年12月～2008年12月 | BA0062-F220621 |

（大坝安全监察中心 李晨曦）

## 2003年度大坝安全监测系统更新改造情况一览表

| 序号 | 大坝名称 | 改造计划及完成情况 |
|---|---|---|
| 1 | 天荒坪下库坝 | 改成交汇法进行测量 |
| 2 | 柘林大坝 | 对主坝区渗流与内观监测自动化改造设计，2003年10月完成了柘林水电站主坝区渗流与内观监测自动化系统的方案设计和招标文件编制工作，该方案于12月23日在南昌通过专家审查 |
| 3 | 东江大坝 | 2004年断层、裂隙自动化监测系统改造，系统改造计划已审批 |
| 4 | 风滩大坝 | 观测自动化系统制定了五年改造规划。2001年完成了垂线自动化系统改造，目前系统运行良好。2003年完成了左坝肩断层夹层监测系统改造 |
| 5 | 柘溪大坝 | 完成引张线的自动化观测部分 |
| 6 | 潘家口下池大坝 | 观测系统改造，自动化项目（审报中） |
| 7 | 黄龙滩大坝 | 黄龙滩大坝自动化监测系统改造项目2001年起进行前期调研，目前正策划实施坝顶水平位移、垂直位移自动化监测项目，自动化设计方案及资金预算已编制上报，待批复 |
| 8 | 刘家峡大坝 | 计划进行系统扩充 |
| 9 | 安康大坝 | 从2003年起完善监测项目，并实施大坝水平位移观测系统自动化，目前已完成设计和设备招标工作 |
| 10 | 云峰大坝 | 9～11月，完成部分绕坝渗漏自动化观测系统的改造 |
| 11 | 白山大坝 | 2003年完成了漏水、绕坝渗流、部分三向测缝的自动化改造 |
| 12 | 天生桥一级大坝 | 计划2004年开展大坝安全监测系统自动化项目改造，目前已完成大坝监测系统安全综合评价 |
| 13 | 天生桥二级大坝 | 自动化改造系统已于2002年初建成，目前运行正常 |
| 14 | 广州蓄能上库坝 | 大坝观测自动化改造 |
| 15 | 广州蓄能下库坝 | 大坝观测自动化改造 |
| 16 | 陈村大坝 | 垂线测控装置升级；扬压力实现自动化；环境量测控装置升级；绕坝渗流扫孔/钻孔；裂缝及接缝增加测点。前3项在规划中，后2项在实施中 |

续表

| 序号 | 大坝名称 | 改造计划及完成情况 |
|---|---|---|
| 17 | 纪村大坝 | 扬压力实现自动化监测；垂直位移调整孔深；排水测深更换滤体 |
| 18 | 石泉大坝 | 2003年坝顶增设引张线，土建工程基本完工，春节后进行安装调试 |
| 19 | 碧口大坝 | 购置全站仪；增加观测自动化系统项目；在F7、F8旁打两验证孔（以上项目待批复）。本年度完善了自动化系统采集软件，在F2、F3旁打了两验证孔 |
| 20 | 岩滩大坝 | 进行垂直位移自动化改造；水平位移、渗透、内部、雨量与气温自动化监测项目于2003年6月完成改造并投入运行 |
| 21 | 漫湾大坝 | 本年度实施 |
| 22 | 雨城大坝 | 2002年10月底前增补三个坝基扬压力观测横断面共5个观测孔，按计划、按期完成施工，共补钻5个孔3个坝基扬压力观测横断面，并于当月起开始观测 |
| 23 | 太平驿闸坝 | 完成对变形、渗流作监测的自动化改造，土建部分正在实施 |
| 24 | 湖南镇大坝 | 已有大坝安全监测自动化设计总体规划，垂线自动化监测系统安装工作已完成 |
| 25 | 黄坛口大坝 | 已有大坝安全监测自动化设计总体规划 |
| 26 | 古田溪一级大坝 | 完成地下水观测设施大修 |
| 27 | 古田溪二级大坝 | 水准仪与经纬仪率定 |
| 28 | 安砂大坝 | 监测环境改善，采集系统升级更换，系统软件结构改造，拆除原采集装置，仪器电缆重新布设，就近测点布设新采集装置，软件结构尚未创建 |
| 29 | 华安闸坝 | 投资170万元拟于2003年投入试运行，2003年8月投入运行 |
| 30 | 池潭大坝 | 于2000年1月完成对原观测系统更新改造 |
| 31 | 东风大坝 | 于2003年4月实施乌江东风水电站枢纽监测自动化一期改造工程项目，工程实施后，将形成两个采集系统，即垂线、引张线自动化系统和内观MCU自动化系统，并形成一套信管软件平台，处理两个系统的数据，达到在线监测和远程监控 |
| 32 | 乌江渡大坝 | 坝顶位移真空激光弦失导线三维变性自动化监测，提出课题 |
| 33 | 以礼河一级大坝 | 大坝渗透观测2002年自动化改造完毕，目前还未验收 |
| 34 | 宝珠寺大坝 | 2003年已完成对我厂大坝安全监测自动化系统技术改造可行性研究报告的审查和项目的招标工作，计划2004年进行项目的具体实施工作，并在年内完成土建、设备和系统安装调试，投入系统考核运行阶段，已完成相关合同的签订 |
| 35 | 铜街子大坝 | 增设左岸滑坡体、右岸高边坡监测设施；在被堵的近坝区地下水位观测孔（长观孔）附近重新钻孔埋管，2003年已完成坝顶激光系统及其双标倒垂改造、原正倒垂线改造，增设高程传递装置、423廊道真空激光系统及其不倒垂设施等 |
| 36 | 百花大坝 | 观测设施改造 |
| 37 | 马迹塘大坝 | 完善自动化系统，大坝位移，主厂房扬压力、渗漏水、裂缝完成了自动化改造 |
| 38 | 凌津滩大坝 | 增设船闸自动化观测系统；环境量（下游水位）进入自动化监测系统；垂直位移观测基点LS1重新选点埋设，项目已上报待审批 |
| 39 | 李家峡大坝 | 对大坝监测系统进行自动化改造，将内部观测、垂线观测、静力水准观测、扬压力观测及渗漏量观测纳入自动化系统，并安装相应的手工观测系统，大坝安全监测自动化项目已完成内部观测、垂线观测及静力水位观测自动化的安装工作，进入调试运行阶段，其他项目正在进行施工 |
| 40 | 沙县城关大坝 | 升压站挡墙设立位移测点，于8月建立测点监测并进行初次观测 |
| 41 | 隔河岩大坝 | 自动化系统进行了升级改造工作。进行了渗压设施的维护工作；渗流设施的维护计划已经上报；自动化系统进行了升级改造工作已经完成；渗压设施的维护工作正在进行 |
| 42 | 青溪大坝 | 完善坝基沉陷观测系统，在14号～18号坝段建立测点，已完成 |
| 43 | 长湖大坝 | 大坝安全监测自动化系统Ⅱ期正在施工 |
| 44 | 南水大坝 | 购置TCA2003全站仪，取代原T3经纬仪，以边角网取代原三角网，正在实施中，预计2004年1月20日前交付使用 |
| 45 | 南河大坝 | 地下水观测孔扫孔；更换部分遥测系统元件 |
| 46 | 上标大坝 | 监测系统改造 |
| 47 | 小山大坝 | 恢复坝区监测网，观测墩已经修复 |

（大坝安全监察中心　李晨曦）

# 全国农村水电装机及发电情况表

| 行政区划 | 2002年 | | | | 2003年 | | | |
|---|---|---|---|---|---|---|---|---|
| | 装机容量 | | 发电量 | | 装机容量 | | 发电量 | |
| | (kW) | (%) | (万 kW·h) | (%) | (kW) | (%) | (万 kW·h) | (%) |
| 全 国 | 31151176 | 100.00 | 10416156 | 100.00 | 34157792 | 100.00 | 10966512 | 100.00 |
| 北 京 | 45093 | 0.14 | 2002 | 0.02 | 42920 | 0.13 | 2224 | 0.02 |
| 天 津 | 5800 | 0.02 | 932 | 0.01 | 5000 | 0.01 | 866 | 0.01 |
| 河 北 | 319122 | 1.02 | 26540 | 0.25 | 323934 | 0.95 | 28640 | 0.26 |
| 山 西 | 150930 | 0.48 | 18085 | 0.17 | 150930 | 0.44 | 27991 | 0.26 |
| 内蒙古 | 49377 | 0.16 | 8732 | 0.08 | 49530 | 0.15 | 9317 | 0.08 |
| 辽 宁 | 204260 | 0.66 | 34477 | 0.33 | 340180 | 1.00 | 49242 | 0.45 |
| 吉 林 | 318563 | 1.02 | 77501 | 0.74 | 325708 | 0.95 | 78544 | 0.72 |
| 黑龙江 | 183835 | 0.59 | 39795 | 0.38 | 183835 | 0.54 | 50814 | 0.46 |
| 江 苏 | 32746 | 0.11 | 4088 | 0.04 | 34451 | 0.10 | 4071 | 0.04 |
| 浙 江 | 2060368 | 6.61 | 561845 | 5.39 | 2297783 | 6.73 | 400854 | 3.66 |
| 安 徽 | 477207 | 1.53 | 99796 | 0.96 | 504097 | 1.48 | 129265 | 1.18 |
| 福 建 | 3761207 | 12.07 | 1334493 | 12.81 | 4150808 | 12.15 | 1114077 | 10.16 |
| 江 西 | 1242058 | 3.99 | 382060 | 3.67 | 1380076 | 4.04 | 335580 | 3.06 |
| 山 东 | 67819 | 0.22 | 4083 | 0.04 | 66449 | 0.19 | 6276 | 0.06 |
| 河 南 | 322318 | 1.03 | 57630 | 0.55 | 326598 | 0.96 | 77393 | 0.71 |
| 湖 北 | 1535896 | 4.93 | 435975 | 4.19 | 2172317 | 6.36 | 785241 | 7.16 |
| 湖 南 | 2554000 | 8.20 | 1045016 | 10.03 | 2812594 | 8.23 | 1007222 | 9.18 |
| 广 东 | 4223987 | 13.56 | 1218750 | 11.70 | 4741531 | 13.88 | 1316587 | 12.01 |
| 广 西 | 1997939 | 6.41 | 793478 | 7.62 | 2164700 | 6.34 | 822490 | 7.50 |
| 海 南 | 224704 | 0.72 | 76622 | 0.74 | 229443 | 0.67 | 73247 | 0.67 |
| 重 庆 | 1055333 | 3.39 | 408354 | 3.92 | 1058002 | 3.10 | 411992 | 3.76 |
| 四 川 | 4368467 | 14.02 | 1634333 | 15.69 | 4569287 | 13.38 | 1877062 | 17.12 |
| 贵 州 | 1018987 | 3.27 | 398973 | 3.83 | 1055772 | 3.09 | 423936 | 3.87 |
| 云 南 | 2709172 | 8.70 | 1100333 | 10.56 | 2815362 | 8.24 | 1141713 | 10.41 |
| 西 藏 | 158798 | 0.51 | 18300 | 0.18 | 158798 | 0.46 | 18300 | 0.17 |
| 陕 西 | 476222 | 1.53 | 100366 | 0.96 | 512362 | 1.50 | 146286 | 1.33 |
| 甘 肃 | 487034 | 1.56 | 163199 | 1.57 | 563494 | 1.65 | 208008 | 1.90 |
| 青 海 | 253787 | 0.81 | 93685 | 0.90 | 275125 | 0.81 | 124839 | 1.14 |
| 宁 夏 | 3200 | 0.01 | 800 | 0.01 | 3200 | 0.01 | 800 | 0.01 |
| 新 疆 | 736347 | 2.36 | 226626 | 2.18 | 583259 | 1.71 | 183973 | 1.68 |
| 新疆兵团 | | | | | 153647 | 0.45 | 58806 | 0.54 |
| 部直属 | 106600 | 0.34 | 49289 | 0.47 | 106600 | 0.31 | 50856 | 0.46 |

(水利部农村水电及电气化发展局 赵 虹)

## 全国水电农村电气化县建设情况表

| 年份 | 年发电量 | | 厂用电量 | 年用电量 | | | 乡通电率（%） | 村通电率（%） | 户通电率（%） |
|---|---|---|---|---|---|---|---|---|---|
| | 合　计（万 kW·h） | 水　电（万 kW·h） | （万 kW·h） | 合　计（万 kW·h） | 人均年用电量（kW·h/人） | 户均年生活用电量（kW·h/人） | | | |
| 2002 年 | 5729136 | 5093703 | 128535 | 6688677 | 380 | 340 | 99.42 | 99.35 | 98.22 |
| 2003 年 | 6509589 | 5848284 | 136651 | 8813876 | 443 | 379 | 99.83 | 99.66 | 98.76 |

| 年份 | 年末拥有装机容量 | | 当年新增装机容量 | | 在建装机容量 | | 累计完成投资（万元） | 本年完成投资（万元） | | | | | 水库总库容（万 $m^3$） |
|---|---|---|---|---|---|---|---|---|---|---|---|---|---|
| | | | | | | | | 合计 | 按资金来源分 | | | | |
| | 合计（kW） | 水电（kW） | 合计（kW） | 水电（kW） | 合计（kW） | 水电（kW） | | | 中央投资 | 地方投资 | 国内贷款 | 县自筹 | |
| 2002 年 | 17010172 | 15088305 | 1213699 | 1167193 | 2850725 | 2839685 | 2500818 | 1775538 | 23983 | 24670 | 855524 | 487854 | 4388874 |
| 2003 年 | 19701439 | 17860877 | 2021861 | 1955783 | 6392849 | 6110877 | 4780087 | 2279269 | 32582 | 33929 | 913606 | 757014 | 4970078 |

（水利部农村水电及电气化发展局　赵　虹）

## 2003 年中国及世界大坝统计情况

中国大坝委员会于 1974 年加入国际大坝委员会之后，就开始了大坝统计工作，至今已积累了丰富的大坝统计资料。目前中国大坝统计工作是在水利部规划计划司、中国水利学会和中国水力发电工程学会的指导下由中国大坝委员会秘书处具体承担的。

（一）中国大坝情况

在各省市自治区水利厅、局，水利部大坝中心，各大设计院及各水利施工单位等的大力支持和帮助下，中国大坝委员会秘书处对原先统计的大坝资料进行了校核和补充，进一步完善了中国大坝统计数据库。目前统计到的资料归纳如下：

（1）2003 年年底我国已建、在建 30m 以上大坝共 4694 座，其中在建大坝 132 座；

（2）在建坝比较多的省：云南 18 座，浙江 13 座，湖北 11 座，贵州 10 座，重庆 9 座，四川 8 座，湖南 8 座，新疆 7 座，广西 7 座，吉林 5 座，福建 5 座；

（3）在建、已建坝中，最高坝为云南的小湾拱坝，高 292m。坝高 200m 以上有 5 座，坝高 150m 以上有 24 座，坝高 100m 以上有 108 座，坝高 60 米以上有 496 座；

（4）已建、在建 100m 以上大坝（见表 1）；

（5）30m 以上已建、在建碾压混凝土大坝共 64 座（见表 2），30m 以上已建、在建混凝土面板堆石坝共 145 座（见表 3）；

（6）台湾 30m 以上大坝统计表（见表 4）。

表 1　　2003 年已建、在建 100m 以上大坝统计表

| 序号 | 坝名 | 开工年份 | 建成投产年份 | 河流 | 最近的城市县 | 省市区 | 坝类型 | 坝高（m） | 坝长（m） | 坝身体积（万 $m^3$） | 库容（万 $m^3$） | 建库目的 | 装机容量（MW） |
|---|---|---|---|---|---|---|---|---|---|---|---|---|---|
| 1 | 小　湾 | 2002 | 2012 | 澜沧江 | 凤庆、南涧 | 云南 | 抛物线型混凝土双曲拱坝 | 292 | 922.74 | 705 | 1513200 | HCIN | 4200 |
| 2 | 二　滩 | 1991 | 1999 | 雅砻江 | 攀枝花 | 四川 | 抛物线型混凝土双曲拱坝 | 240 | 774.73 | 414 | 580000 | HCS | 3300 |
| 3 | 水布垭 | 2000 | 2009 | 清　江 | 巴　东 | 湖北 | 混凝土面板堆石坝 | 233 | 584 | 2326 | 458000 | HCN | 1840 |
| 4 | 构皮滩 | 2003 | 2013 | 乌　江 | 余庆县 | 贵州 | 混凝土重力拱坝 | 232.5 | 553 | 242 | 645100 | HNCIS | 3000 |
| 5 | 龙　滩 | 2001 | 2010 | 红水河 | 天　峨 | 广西 | 碾压混凝土重力坝 | 216.5 | 836.5 | 740 | 2727000 | CHN | 5400 |

续表

| 序号 | 坝名 | 开工年份 | 建成投产年份 | 河流 | 最近的城市县 | 省市区 | 坝类型 | 坝高(m) | 坝长(m) | 坝身体积(万 $m^3$) | 库容(万 $m^3$) | 建库目的 | 装机容量(MW) |
|---|---|---|---|---|---|---|---|---|---|---|---|---|---|
| 6 | 三板溪 | 2001 | 2006 | 清水江 | 锦屏 | 贵州 | 混凝土面板堆石坝 | 186 | 434 | 960 | 409400 | HNCF | 1000 |
| 7 | 瀑布沟 | 2003 | 2009 | 大渡河 | 汉源、甘洛 | 四川 | 心墙堆石坝 | 186 | 574 | 1416 | 517700 | HC | 3300 |
| 8 | 三峡 | 1993 | 2010 | 长江 | 宜昌 | 湖北 | 混凝土重力坝 | 181 | 2335 | 1480 | 3930000 | CHNIS | 18200 |
| 9 | 德基 | 1969 | 1974 | 大甲溪 | 台中县 | 台湾 | 混凝土变厚度双曲薄拱坝 | 180 | 290 | 45.6 | 23200 | HICRS | 234 |
| 10 | 洪家渡 | 2000 | 2006 | 六冲河 | 黔西 | 贵州 | 混凝土面板堆石坝 | 179.5 | 427.79 | 906 | 492500 | HCS | 600 |
| 11 | 龙羊峡 | 1977 | 1989 | 黄河 | 共和 | 青海 | 混凝土重力拱坝 | 178 | 1226 | 174.9 | 2763000 | CHSFR | 1280 |
| 12 | 天生桥一级 | 1991 | 2000 | 南盘江 | 安龙县 | 贵州 | 混凝土面板堆石坝 | 178 | 1168 | 1800 | 1025700 | HCS | 1200 |
| 13 | 乌江渡 | 1970 | 1983 | 乌江 | 遵义县 | 贵州 | 混凝土重力拱坝 | 165 | 395 | 186.5 | 214000 | CH | 630 |
| 14 | 东风 | 1984 | 1995 | 乌江 | 清镇市 | 贵州 | 抛物线型混凝土双曲薄拱坝 | 162 | 263 | 42.56 | 102500 | HCS | 510 |
| 15 | 滩坑 | 2003 | 2008 | 小溪 | 青田县 | 浙江 | 混凝土面板堆石坝 | 161 | 506 | 1000 | 353000 | ICHS | 600 |
| 16 | 小浪底 | 1991 | 2001 | 黄河 | 洛阳市 | 河南 | 壤土斜心墙堆石坝 | 160 | 1667 | 5185 | 1265000 | CHIS | 1800 |
| 17 | 东江 | 1978 | 1992 | 耒水 | 资兴市 | 湖南 | 混凝土双曲薄壳拱坝 | 157 | 438 | 151.6 | 914800 | ICHFNRS | 500 |
| 18 | 吉林台 | 2001 | 2006 | 喀什河 | 尼勒克 | 新疆 | 混凝土面板堆石坝 | 157 | 445 | 836.2 | 253000 | HICF | 460 |
| 19 | 紫坪铺 | 2000 | 2006 | 岷江 | 都江堰 | 四川 | 混凝土面板堆石坝 | 156 | 663.8 | 1167 | 111200 | ISHCR | 760 |
| 20 | 李家峡 | 1988 | 1997 | 黄河 | 化隆 | 青海 | 三心圆混凝土双曲拱坝 | 155 | 414.39 | 75 | 165000 | HC | 2000 |
| 21 | 隔河岩 | 1987 | 1995 | 清江 | 长阳 | 湖北 | 混凝土重力拱坝 | 151 | 653.5 | 306 | 340000 | HCN | 1212 |
| 22 | 孔梁 | 2000 | 2005 | 后溪河 | 巫溪县 | 重庆 | 天然山体封堵 | 150 | | | 6140 | ICHS | 6.4 |
| 23 | 察汗都寺 | 1962 | 1966 | 比塘沟 | 循化 | 青海 | 山体滑坡堆积土石坝 | 150 | 2500 | | 718 | I | |
| 24 | 白山 | 1975 | 1986 | 第二松花江 | 桦甸市 | 吉林 | 混凝土三心圆重力拱坝 | 149.5 | 677 | 214 | 643100 | HC | 1500 |
| 25 | 刘家峡 | 1958 | 1974 | 黄河 | 永靖 | 甘肃 | 混凝土重力坝 | 147 | 204 | 76 | 612000 | HICFN | 1315 |
| 26 | 龙首二级 | 2002 | 2006 | 黑河 | 张掖 | 甘肃 | 面板堆石坝 | 147 | 191 | 253 | 8600 | H | 157 |
| 27 | 瓦屋山 | 2003 | 2007 | 周公河 | 洪雅县 | 四川 | 混凝土面板堆石坝 | 140 | 295 | 350 | 54500 | H | 350 |
| 28 | 江口 | 1999 | 2003 | 芙蓉江 | 武隆县 | 重庆 | 椭圆曲线混凝土双曲拱坝 | 140 | 380.71 | 66.7 | 50500 | HC | 300 |
| 29 | 公伯峡 | 2001 | 2006 | 黄河 | 循化、化隆 | 青海 | 混凝土面板堆石坝 | 139 | 423 | 471 | 62000 | HISC | 1500 |
| 30 | 乌鲁瓦提 | 1995 | 2001 | 喀拉喀什河 | 和田市 | 新疆 | 混凝土面板堆石坝 | 138 | 473 | 677 | 34700 | ICH | 60 |
| 31 | 洞坪 | 2000 | 2006 | 忠建河 | 宣恩 | 湖北 | 拱坝 | 134 | 267 | 40.35 | 33600 | H | 102 |
| 32 | 曾文 | 1967 | 1973 | 曾文溪 | 嘉义县 | 台湾 | 碾压土石坝 | 133 | 400 | 930 | 71270 | HISCR | 50 |
| 33 | 石门 | 1956 | 1964 | 大汉溪 | 桃园县 | 台湾 | 碾压心墙土坝 | 133 | 360 | 706 | 30912 | ISHCR | 90 |
| 34 | 珊溪 | 1997 | 2001 | 飞云江 | 文成 | 浙江 | 混凝土面板堆石坝 | 132.5 | 461.7 | 500 | 182400 | ICHS | 200 |
| 35 | 宝珠寺 | 1984 | 2000 | 白龙江 | 广元 | 四川 | 混凝土重力坝 | 132 | 525 | 203 | 255000 | CHIFN | 700 |
| 36 | 漫湾 | 1985 | 1995 | 澜沧江 | 云县 | 云南 | 混凝土重力坝 | 132 | 418 | 24.55 | 106040 | CH | 1500 |

续表

| 序号 | 坝名 | 开工年份 | 建成投产年份 | 河流 | 最近的城市县 | 省市区 | 坝类型 | 坝高(m) | 坝长(m) | 坝身体积(万 $m^3$) | 库容(万 $m^3$) | 建库目的 | 装机容量(MW) |
|---|---|---|---|---|---|---|---|---|---|---|---|---|---|
| 37 | 沙牌 | 1997 | 2002 | 草坡河 | 汶川 | 四川 | 三心圆碾压混凝土单拱坝 | 132 | 250.25 | 39.2 | 1800 | H | 36 |
| 38 | 江垭 | 1995 | 2000 | 溇水 | 慈利县 | 湖南 | 碾压混凝土重力坝 | 131 | 368 | 131 | 174000 | ICHSN | 300 |
| 39 | 百色 | 2001 | 2006 | 右江 | 百色市 | 广西 | 碾压混凝土重力坝 | 130 | 720 | 267.2 | 566000 | ICHSN | 540 |
| 40 | 金盆 | 1996 | 2002 | 黑河 | 周至 | 陕西 | 心墙堆石坝 | 130 | 422 | 815 | 20000 | SIH | 20 |
| 41 | 引子渡 | 2000 | 2003 | 三岔河 | 平坝、织金 | 贵州 | 混凝土面板堆石坝 | 129.5 | 276 | 310 | 53100 | H | 360 |
| 42 | 湖南镇 | 1958 | 1979 | 乌溪江 | 衢县 | 浙江 | 混凝土梯形支墩重力坝 | 129 | 440 | 23 | 206000 | HIC | 170 |
| 43 | 安康 | 1978 | 1995 | 汉江 | 安康市 | 陕西 | 折线型混凝土重力坝 | 128 | 541.5 | 322 | 320300 | HCNF | 852.5 |
| 44 | 红旗岗 | 1966 | 1970 | 龙饶溪 | 常山县 | 浙江 | 土石坝 | 128 | 360 |  | 378 |  |  |
| 45 | 街面 | 2003 | 2006 | 尤溪 | 尤溪 | 福建 | 混凝土面板堆石坝 | 126 | 478 | 342 | 108500 | H | 300 |
| 46 | 冶勒 | 2001 | 2006 | 南桠河 | 石棉 | 四川 | 沥青混凝土心墙堆石坝 | 126 | 411 | 670 | 29800 | H | 240 |
| 47 | 故县 | 1978 | 1995 | 洛河 | 洛宁 | 河南 | 宽缝混凝土重力坝 | 125 | 315 | 172.3 | 117500 | CIHS | 60 |
| 48 | 白溪 | 1997 | 2001 | 白溪 | 宁海 | 浙江 | 混凝土面板堆石坝 | 124.4 | 398 | 370 | 18400 | ICHS | 18 |
| 49 | 黑泉 | 1996 | 2001 | 宝库河 | 大通县 | 青海 | 混凝土面板堆石坝 | 124 | 438 | 550 | 18200 | HISC | 12 |
| 50 | 武都 |  |  | 涪江 | 江油 | 四川 | 混凝土重力坝 | 123 | 631 |  | 60170 |  | 165 |
| 51 | 翡翠 | 1981 | 1987 | 北势溪 | 台北县 | 台湾 | 混凝土双曲拱坝 | 122.5 | 510 | 71 | 10600 | SH | 70 |
| 52 | 塘湖 | 1958 | 1960 | 黄山溪 | 衢县 | 浙江 | 土石坝 | 122 | 230 |  | 465 | IH | 0.075 |
| 53 | 索风营 | 2002 | 2005 | 六广河 | 贵阳市 | 贵州 | 碾压混凝土重力坝 | 121.81 | 165 | 73.9 | 20120 | HIR | 600 |
| 54 | 镜坑源 | 1957 | 1978 | 新安江 | 淳安县 | 浙江 | 土石坝 | 120.87 | 138 |  | 46.5 | I |  |
| 55 | 白云 | 1992 | 2001 | 巫水 | 城步县 | 湖南 | 混凝土面板堆石坝 | 120 | 200 | 180 | 36000 | CH | 54 |
| 56 | 芹山 | 1997 | 2001 | 穆阳溪 | 周宁 | 福建 | 混凝土面板堆石坝 | 120 | 259.8 | 248 | 26500 | HS | 70 |
| 57 | 古洞口 | 1993 | 1999 | 古夫河 | 兴山县 | 湖北 | 混凝土面板堆石坝 | 118 | 193 | 193.5 | 14800 | IHCSF | 45 |
| 58 | 藤子沟 | 2002 | 2006 | 龙河 | 石柱 | 重庆 | 双曲拱坝 | 117 | 339 | 61 | 19300 | H | 70 |
| 59 | 泗南江 | 2003 |  | 泗南江 | 墨红 | 云南 | 混凝土面板堆石坝 | 115 | 366 | 297 | 26300 | HI | 200 |
| 60 | 芭蕉河 | 2002 | 2006 | 芭蕉河 | 鹤峰 | 湖北 | 混凝土面板堆石坝 | 115 | 280 | 192 | 9900 | H | 34 |
| 61 | 雾社 | 1953 | 1959 | 雾社溪 | 南投县 | 台湾 | 混凝土重力拱坝 | 114.6 | 205 | 32.88 | 14600 | H | 20.7 |
| 62 | 文朝 | 1956 | 1966 | 新安江 | 淳安县 | 浙江 | 土石坝 | 114.46 |  |  | 10 | I |  |
| 63 | 石头河 | 1972 | 1982 | 石头河 | 眉县 | 陕西 | 心墙土坝 | 114 | 590 | 855 | 14700 | ICSHF | 23.66 |
| 64 | 水牛家 | 2003 | 2006 | 火溪河 | 平武 | 四川 | 黏土心墙碎石堆石坝 | 114 | 331 | 500.6 | 14000 | H | 700 |
| 65 | 云峰 | 1959 | 1965 | 鸭绿江 | 吉安 | 吉林 | 混凝土宽缝重力坝 | 113.75 | 228 | 277 | 389500 | H | 430 |
| 66 | 凤滩 | 1970 | 1987 | 酉水 | 沅陵县 | 湖南 | 混凝土空腹重力坝 | 112.5 | 488 | 117 | 174000 | HCINFR | 400 |
| 67 | 高塘 | 1994 | 2000 | 白水河 | 怀集 | 广东 | 混凝土面板堆石坝 | 111.3 | 288 | 195 | 9600 | HIS | 36 |
| 68 | 棉花滩 | 1997 | 2001 | 汀江 | 永定 | 福建 | 碾压混凝土重力坝 | 111 | 302 | 55.3 | 203500 | HCS | 600 |
| 69 | 恰甫其海 | 2002 | 2007 | 特克斯河 | 巩留 | 新疆 | 黏土心墙堆石坝 | 111 |  |  | 168000 | IH | 320 |
| 70 | 大朝山 | 1997 | 2002 | 澜沧江 | 云县 | 云南 | 碾压混凝土重力坝 | 111 | 460.39 | 128.75 | 94000 | H | 1350 |
| 71 | 岩滩 | 1984 | 1995 | 红水河 | 大化 | 广西 | 碾压混凝土重力坝 | 110 | 525 | 65.52 | 338000 | HNF | 1210 |

续表

| 序号 | 坝名 | 开工年份 | 建成投产年份 | 河流 | 最近的城市县 | 省市区 | 坝类型 | 坝高(m) | 坝长(m) | 坝身体积(万 m³) | 库容(万 m³) | 建库目的 | 装机容量(MW) |
|---|---|---|---|---|---|---|---|---|---|---|---|---|---|
| 72 | 石门子 | 1999 | 2002 | 塔西河 | 玛纳斯县 | 新疆 | 碾压混凝土双曲薄拱坝 | 110 | 176.5 | 21.1 | 8000 | ICH | 64 |
| 73 | 上殿畈 | 1967 | | 灵江 | 缙云县 | 浙江 | 土石坝 | 110 | 65 | | 10 | IH | 0.075 |
| 74 | 长塘坞 | 1956 | 1957 | 巨江 | 江山市 | 浙江 | 土石坝 | 110 | 93 | | | I | |
| 75 | 双沟 | 2002 | 2006 | 松江河 | 抚松县 | 吉林 | 混凝土面板堆石坝 | 109.7 | 312 | 258 | 39000 | H | 280 |
| 76 | 那兰 | 2002 | 2005 | 藤条江 | 金平县 | 云南 | 混凝土面板堆石坝 | 109 | 317.956 | 249.3 | 28600 | H | 150 |
| 77 | 潘家口 | 1975 | 1985 | 滦河 | 迁西 | 河北 | 宽缝混凝土重力坝 | 107.5 | 1040 | 300 | 293000 | ICHS | 420 |
| 78 | 黄龙滩 | 1969 | 1978 | 堵河 | 十堰 | 湖北 | 混凝土重力坝 | 107 | 371 | 116.5 | 116250 | HCSNF | 170 |
| 79 | 高岛东坝 | 1977 | 1979 | | 香港 | 香港 | 沥青心墙堆石坝 | 107 | 490 | 380 | 28430 | S | |
| 80 | 招徕河 | 2000 | 2005 | 招涞河 | 长阳 | 湖北 | 碾压混凝土双曲拱坝 | 107 | 206 | 25.47 | 7033 | HIS | 36 |
| 81 | 三门峡 | 1957 | 1960 | 黄河 | 三门峡 | 河南 | 混凝土重力坝 | 106 | 713.2 | 163 | 1620000 | ICHS | 400 |
| 82 | 水丰 | 1937 | 1943 | 鸭绿江 | 宽甸县 | 辽宁 | 混凝土重力坝 | 106 | 900 | 138 | 1460000 | HCN | 765 |
| 83 | 茄子山 | 1995 | 1999 | 苏帕河 | 龙陵县 | 云南 | 混凝土面板堆石坝 | 106 | 258 | 140 | 12160 | ICH | 16 |
| 84 | 鱼跳 | 1998 | 2002 | 大溪河 | 南川 | 重庆 | 混凝土面板堆石坝 | 106 | 224 | 195 | 9520 | H | 48 |
| 85 | 碧口 | 1969 | 1978 | 白龙江支流 | 文县 | 甘肃 | 壤土心墙土石坝 | 105.3 | 297 | 389.4 | 52100 | HICNF | 300 |
| 86 | 新安江 | 1957 | 1960 | 新安江 | 建德市 | 浙江 | 混凝土宽缝重力坝 | 105 | 465.4 | 76.1 | 2162600 | ICHFNR | 662.5 |
| 87 | 新丰江 | 1958 | 1977 | 新丰江 | 河源 | 广东 | 单支墩混凝土大头坝 | 105 | 440 | 99.9 | 1389600 | HCINSFR | 315 |
| 88 | 万家寨 | 1993 | 2000 | 黄河 | 偏关 | 山西 | 混凝土重力坝 | 105 | 443 | 164 | 89600 | ICHS | 1080 |
| 89 | 洞巴 | 2003 | | 西洋江 | 田林县 | 广西 | 混凝土面板堆石坝 | 105 | 501 | 316 | 31500 | CHI | 72 |
| 90 | 鲤鱼塘 | 2002 | 2005 | | 开县 | 重庆 | 混凝土面板堆石坝 | 105 | | | 10433 | ICHS | 15 |
| 91 | 柘溪 | 1958 | 1966 | 资水 | 安化县 | 湖南 | 混凝土单支墩重力大头坝 | 104 | 330 | 86 | 356500 | HCNR | 447.5 |
| 92 | 华光潭二级 | 2002 | 2005 | 分水江 | 临安 | 浙江 | 拱坝 | 104 | | | | H | 60 |
| 93 | 茅坪溪 | 1993 | | 茅坪溪 | 宜昌 | 湖北 | 沥青心墙堆石坝 | 104 | 1840 | 1213 | | 三峡副坝 | |
| 94 | 鲁布革 | 1982 | 1990 | 黄泥河 | 罗平 | 云南 | 黏土心墙堆石坝 | 103.8 | 216 | 220 | 12240 | IH | 600 |
| 95 | 群英 | 1966 | 1971 | 大砂河 | 焦作市 | 河南 | 砌石重力单曲拱坝 | 103.5 | 154.28 | 25.23 | 2000 | IC | 1 |
| 96 | 思安江 | 2000 | 2004 | 思安江 | 灵川 | 广西 | 混凝土面板堆石坝 | 103.4 | 385.9 | 210 | 8869 | SRH | 18 |
| 97 | 柴石滩 | 1994 | 2000 | 南盘江 | 宜良 | 云南 | 钢筋混凝土面板堆石坝 | 103 | 316 | 232 | 43700 | ICHSR | 60 |
| 98 | 高岛西坝 | 1977 | 1979 | | 香港 | 香港 | 沥青心墙堆石坝 | 102.5 | 760 | 670 | 28430 | S | |
| 99 | 盘石头 | 2000 | 2005 | 淇河 | 鹤壁 | 河南 | 混凝土面板堆石坝 | 102.2 | 606 | 540 | 60830 | CIHS | 10 |
| 100 | 紧水滩 | 1981 | 1992 | 大溪 | 云和县 | 浙江 | 混凝土三心双曲拱坝 | 102 | 350.6 | 30 | 139300 | CHN | 300 |
| 101 | 水口 | 1987 | 1996 | 闽江 | 闽清 | 福建 | 混凝土重力坝 | 101 | 786 | 171 | 260000 | HCNFR | 1400 |
| 102 | 白水坑 | 2001 | 2004 | 江山港 | 江山市 | 浙江 | 混凝土面板堆石坝 | 101 | 236.8 | 150.8 | 24620 | ICH | 40 |
| 103 | 下会坑 | 1996 | 2002 | 花厅河 | 上饶市 | 江西 | 砌石双曲拱坝 | 101 | 264.6 | 18.08 | 3529 | HI | 16 |
| 104 | 云鹏 | 2003 | 2007 | 南盘江 | 泸西 | 云南 | 黏土心墙堆石坝 | 100 | | | 37400 | H | 18 |
| 105 | 蔺河口 | 1999 | | 岚河 | 安康 | 陕西 | 碾压混凝土三心圆双曲拱坝 | 100 | 311 | 29.3 | 14700 | HI | 72 |
| 106 | 塘仙 | 1996 | 2003 | 清水河 | 南丹 | 广西 | 爆破堆石坝 | 100 | 108 | 161.9 | 6650 | CH | 6 |
| 107 | 玉龙岩 | | 1997 | 公溪河 | 黔阳 | 湖南 | 混凝土重力坝 | 100 | 400 | 20.3 | 5200 | ICH | 25 |
| 108 | 泰安抽水蓄能上库 | 2001 | 2005 | 樱桃园沟 | 泰安 | 山东 | 混凝土面板堆石坝 | 99.8 | 540.5 | | 1127.6 | ICH | 1000 |

**注** 建库目的（代号）：I 灌溉，C 防洪，H 发电，S 供水，N 航运，F 养鱼，R 旅游，X 其他。

表 2　　2003 年已建、在建 30m 以上碾压混凝土坝统计表

| 序号 | 坝名 | 开工年份 | 建成投产年份 | 河流 | 最近的城市县 | 省市区 | 坝类型 | 坝高 (m) | 坝长 (m) | 坝身体积 (万 $m^3$) | 库容 (万 $m^3$) | 建库目的 | 装机容量 (MW) |
|---|---|---|---|---|---|---|---|---|---|---|---|---|---|
| 1 | 龙滩 | 2001 | 2010 | 红水河 | 天峨 | 广西 | 碾压混凝土重力坝 | 216.5 | 836.5 | 740 | 2727000 | CHN | 5400 |
| 2 | 江垭 | 1995 | 2000 | 溇水 | 慈利县 | 湖南 | 碾压混凝土重力坝 | 131 | 368 | 131 | 174000 | ICHSN | 300 |
| 3 | 百色 | 2001 | 2006 | 右江 | 百色市 | 广西 | 碾压混凝土重力坝 | 130 | 720 | 267.2 | 566000 | ICHSN | 540 |
| 4 | 索风营 | 2002 | 2005 | 六广河 | 贵阳市 | 贵州 | 碾压混凝土重力坝 | 121.81 | 165 | 73.9 | 20120 | HIR | 600 |
| 5 | 大朝山 | 1997 | 2002 | 澜沧江 | 景东县、云县 | 云南 | 碾压混凝土重力坝 | 111 | 460.39 | 128.75 | 94000 | H | 1350 |
| 6 | 棉花滩 | 1997 | 2001 | 汀江 | 永定 | 福建 | 碾压混凝土重力坝 | 111 | 302 | 55.3 | 203500 | HCS | 600 |
| 7 | 石门子 | 1999 | 2002 | 塔西河 | 玛纳斯县 | 新疆 | 碾压混凝土双曲薄拱坝 | 110 | 176.5 | 21.1 | 8000 | ICH | 64 |
| 8 | 岩滩 | 1984 | 1995 | 红水河 | 大化 | 广西 | 碾压混凝土重力坝 | 110 | 525 | 65.52 | 338000 | HNF | 1210 |
| 9 | 招徕河 | 2000 | 2005 | 招涞河 | 长阳 | 湖北 | 碾压混凝土双曲拱坝 | 107 | 206 | 25.47 | 7033 | HIS | 36 |
| 10 | 蔺河口 | 1999 |  | 岚河 | 安康 | 陕西 | 碾压混凝土三心圆双曲拱坝 | 100 | 311 | 29.3 | 14700 | HI | 72 |
| 11 | 汾河二库 | 1996 |  | 汾河 | 太原市 | 山西 | 碾压混凝土重力坝 | 87 | 350 | 44.8 | 13000 | CHSFR | 96 |
| 12 | 涌溪三级 | 1996 | 1998 | 大漳溪 | 德化 | 福建 | 碾压混凝土重力坝 | 86.5 | 198 | 25.5 | 6900 | CHS | 40 |
| 13 | 花滩 |  |  | 荥河 | 荥经 | 四川 | 碾压混凝土重力坝 | 85 | 173 | 29 | 824 | H | 24 |
| 14 | 石板水 | 1993 | 1997 | 龙溪河 | 丰都 | 重庆 | 碾压混凝土重力坝 | 84.6 | 445 | 56.4 | 10540 | HFR | 115 |
| 15 | 碗窑 | 1993 | 1997 | 达河溪 | 江山市 | 浙江 | 碾压混凝土重力坝 | 83 | 390 | 45.8 | 22300 | ICHSF | 12.6 |
| 16 | 观音阁 | 1990 | 1995 | 太子河 | 本溪市 | 辽宁 | 碾压混凝土重力坝 | 82 | 1040 | 181.5 | 216800 | CSIHF | 20.75 |
| 17 | 杨溪水一级 | 2000 | 2002 | 杨溪水 | 乳源县 | 广东 | 碾压混凝土重力坝 | 82 | 224 | 34 |  |  |  |
| 18 | 皂市 | 2001 | 2005 | 澧水 | 石门 | 湖南 | 碾压混凝土重力坝 | 82 | 341 | 93 | 144000 | HCIN | 150 |
| 19 | 龙首 | 1999 | 2001 | 黑河 | 张掖 | 甘肃 | 碾压混凝土拱坝 | 80 | 258 | 21 | 1320 | H | 52 |
| 20 | 普定 | 1989 | 1994 | 三岔河 | 普定县 | 贵州 | 定圆心变半径变中心角非对称碾压混凝土双拱坝 | 75 | 195.67 | 14.5 | 42100 | HSIFR | 75 |
| 21 | 桃林口 | 1992 | 1998 | 青龙河 | 青龙县 | 河北 | 碾压混凝土重力坝 | 74.5 | 500 | 135 | 85900 | ICHSR | 20 |
| 22 | 通口 | 2002 | 2004 | 通口河 | 北川 | 四川 | 碾压混凝土重力坝 | 73.5 | 198 | 35.2 | 3610 | H | 45 |
| 23 | 周宁 | 2002 | 2006 | 穆阳溪 | 周宁 | 福建 | 碾压混凝土重力坝 | 73.4 | 206 | 19.9 | 4700 | H | 250 |
| 24 | 流波 | 2003 | 2004 | 西淠河 | 金寨县 | 安徽 | 碾压混凝土定三心圆单曲拱坝 | 70.1 | 257.8 | 16.4 | 5148 | HC |  |
| 25 | 长顺 | 1991 | 2000 | 郁江 | 利川 | 湖北 | 碾压混凝土重力坝 | 69 | 279 | 20 | 6830 | HS | 36 |
| 26 | 锦江 | 1990 | 1993 | 锦江河 | 仁化县 | 广东 | 碾压混凝土重力坝 | 68 | 229 | 26.7 | 18900 | CH | 25 |
| 27 | 山仔 | 1992 | 1995 | 敖江 | 连江 | 福建 | 碾压混凝土重力坝 | 65.6 | 273.6 | 27.18 | 16700 | ICHS | 45 |
| 28 | 碗米坡 | 2001 | 2004 | 酉水 | 保靖 | 湖南 | 碾压混凝土重力坝 | 64.5 | 238 | 37.57 | 37800 | H | 240 |
| 29 | 溪柄溪 |  | 1995 | 溪柄溪 | 南靖 | 福建 | 碾压混凝土拱坝 | 63.5 | 93 | 3.3 | 900 | HS | 2 |
| 30 | 水东 | 1991 | 1995 | 尤溪 | 尤溪 | 福建 | 碾压混凝土重力坝 | 63 | 196.62 | 18.43 | 10770 | H | 80 |
| 31 | 平班 | 2002 | 2005 | 南盘江 | 隆林 | 广西 | 碾压混凝土重力坝 | 62.2 | 395.5 | 70 | 27800 | H | 405 |

续表

| 序号 | 坝名 | 开工年份 | 建成投产年份 | 河流 | 最近的城市县 | 省市区 | 坝类型 | 坝高(m) | 坝长(m) | 坝身体积(万 $m^3$) | 库容(万 $m^3$) | 建库目的 | 装机容量(MW) |
|---|---|---|---|---|---|---|---|---|---|---|---|---|---|
| 32 | 喜河 | 2003 | 2006 | 汉江 | 石泉县 | 陕西 | 碾压混凝土重力坝 | 61.8 | 346 | 64 | 22900 | HN | 180 |
| 33 | 天生桥二级 | 1984 | 1992 | 南盘江 | 安龙县 | 广西 | 碾压混凝土重力坝 | 60.7 | 470.97 | 28.4 | 11569 | H | 1320 |
| 34 | 龙门滩一级 | | 1989 | 大漳溪 | 德化 | 福建 | 碾压混凝土重力坝 | 57.5 | 150 | 9.3 | 5280 | HIS | 18 |
| 35 | 山口三级 | 1999 | 2001 | 都安水 | 始兴县 | 广东 | 碾压混凝土拱坝 | 57.4 | 179 | 11.9 | 4821.2 | CH | 6 |
| 36 | 大广坝 | 1989 | 1995 | 昌化江 | 东方市 | 湖南 | 碾压混凝土重力坝与土坝 | 57 | 5842 | 85.95 | 171000 | HIS | 242 |
| 37 | 高坝洲 | 1997 | 2000 | 清江 | 宜都市 | 湖北 | 碾压混凝土重力坝 | 57 | 439.5 | 94 | 53600 | HN | 252 |
| 38 | 坑口 | 1985 | 1986 | 九溪 | 大田 | 福建 | 碾压混凝土重力坝 | 56.8 | 122.5 | 6.2 | 2700 | IH | 1.5 |
| 39 | 旺坑 | 2001 | | 棠口溪 | 屏南 | 福建 | 碾压混凝土重力坝 | 55.8 | 155.33 | 3.8 | 1465 | H | 36 |
| 40 | 寺山坪 | 1992 | 1995 | 耒水 | 宜章县 | 湖南 | 碾压混凝土拱坝 | 55.7 | 147 | 1.8 | 330 | IC | 1.6 |
| 41 | 红坡 | 1996 | 1999 | 箐沟水 | 昆明西山区 | 云南 | 碾压混凝土拱坝 | 55.2 | 244 | 8 | 306 | S | |
| 42 | 回龙抽水蓄能上库 | 2002 | | | 南阳市 | 河南 | 碾压混凝土重力坝 | 54 | 208 | 7.6 | | H | 60 |
| 43 | 荣地 | | 1991 | 都浪河 | 融水 | 广西 | 碾压混凝土重力坝 | 53 | 136 | 10.8 | 1940 | I | 3 |
| 44 | 双溪 | 1995 | 1997 | 梅溪河 | 大博 | 广东 | 碾压混凝土重力坝 | 52 | 221 | 17.2 | 9100 | HFR | 36 |
| 45 | 高塘坪 | 1984 | 1990 | 甬河 | 蓝山县 | 湖南 | 碾压混凝土重力坝 | 51.6 | 18 | 220 | 930 | H | |
| 46 | 白石 | 1996 | 2001 | 大凌河 | 北票市 | 辽宁 | 碾压混凝土重力坝 | 50.3 | 513 | 57.53 | 164500 | CSIHF | 9.6 |
| 47 | 玉石 | 1998 | 2002 | 碧流河 | 盖州市 | 辽宁 | 碾压混凝土重力坝 | 50.2 | 266.5 | 2.334 | 8852 | SCIF | |
| 48 | 温泉堡 | 1991 | 1995 | 汤河 | 秦皇岛市 | 河北 | 碾压混凝土拱坝 | 47.5 | 188 | 6.25 | 697 | C | |
| 49 | 杨溪水三级 | | 2000 | 杨溪水 | 乳源县 | 广东 | 碾压混凝土重力坝 | 46 | 202 | 13.94 | 200 | | 25 |
| 50 | 毛江 | 1992 | 1995 | 湘支 | 蓝山县 | 湖南 | 碾压混凝土拱坝 | 45 | 150 | 0.45 | | I | |
| 51 | 小洋溪 | 2001 | 2002 | 小洋溪 | 金沙县 | 贵州 | 碾压混凝土重力坝 | 44.6 | 118.1 | 4.865 | 1500 | S | |
| 52 | 广州抽水蓄能下库 | 1988 | 1994 | 流溪河 | 从化市 | 广东 | 碾压混凝土重力坝 | 43.5 | 127 | 5.7 | 2832 | S | 2400 |
| 53 | 广平 | 1987 | 1990 | 玉溪 | 上饶市 | 江西 | 碾压混凝土重力坝 | 43 | | 1.29 | 354 | H | 1.91 |
| 54 | 狼山 | 1974 | 1979 | 顶格牛河 | 五原县 | 内蒙古 | 碾压混凝土重力拱坝 | 41 | 173 | 3.6 | 3300 | C | |
| 55 | 石漫滩 | 1993 | 1996 | 滚河 | 舞钢 | 河南 | 碾压混凝土重力坝 | 40.5 | 650 | 35.1 | 12000 | ICS | |
| 56 | 大干沟 | 1996 | 2001 | 格尔木河 | 格尔木市 | 青海 | 碾压混凝土重力坝 | 39.8 | | | 978 | H | |
| 57 | 满台城 | 1991 | 2002 | 嘎呀河 | 汪清县 | 吉林 | 碾压混凝土重力坝 | 37 | 337 | 10 | 999 | HI | 24.9 |
| 58 | 凉伞平 | 1980 | 1981 | 耒水 | 苏仙区 | 湖南 | 碾压混凝土拱坝 | 35 | 32 | 0.3 | 406 | H | 1 |
| 59 | 猫儿岩 | 1968 | 1993 | 石期河 | 芝山区 | 湖南 | 碾压混凝土拱坝 | 35 | 38 | 1.2 | 3300 | I | |
| 60 | 阎王鼻子 | 1996 | 2002 | 大凌河 | 朝阳市 | 辽宁 | 碾压混凝土重力坝 | 34.5 | 383 | 22.44 | 21700 | CSIH | 1.6 |
| 61 | 百龙滩 | 1993 | 1999 | 红水河 | 马山县 | 广西 | 碾压混凝土重力坝 | 34 | 710 | | 34000 | HN | 192 |
| 62 | 南干口 | 1969 | 1972 | 草水 | 湘东区 | 江西 | 碾压混凝土重力坝 | 32 | 85 | | 434 | I | 0.34 |
| 63 | 松月 | | | 海澜河 | 和龙市 | 吉林 | 碾压混凝土重力坝 | 31 | 271 | 7.75 | 2130 | SH | 0.375 |
| 64 | 河龙 | | 2002 | 海澜河 | 延吉市 | 吉林 | 碾压混凝土重力坝 | 30 | 244 | 8.89 | 3000 | SRH | 4.5 |

**注** 建库目的（代号）：I 灌溉，C 防洪，H 发电，S 供水，N 航运，F 养鱼，R 旅游，X 其他。

表 3　　2003 年已建、在建 30m 以上面板堆石坝统计表

| 序号 | 坝名 | 开工年份 | 建成投产年份 | 河流 | 最近的城市县 | 省市区 | 坝类型 | 坝高(m) | 坝长(m) | 坝身体积(万 $m^3$) | 库容(万 $m^3$) | 建库目的 | 装机容量(MW) |
|---|---|---|---|---|---|---|---|---|---|---|---|---|---|
| 1 | 水布垭 | 2000 | 2009 | 清江 | 巴东 | 湖北 | 混凝土面板堆石坝 | 233 | 584 | 2326 | 458000 | HCN | 1840 |
| 2 | 三板溪 | 2001 | 2006 | 清水江 | 锦屏 | 贵州 | 混凝土面板堆石坝 | 186 | 434 | 960 | 409400 | HNCF | 1000 |
| 3 | 洪家渡 | 2000 | 2006 | 六冲河 | 黔西 | 贵州 | 混凝土面板堆石坝 | 179.5 | 427.79 | 906 | 492500 | HCS | 600 |
| 4 | 天生桥一级 | 1991 | 2000 | 南盘江 | 安龙县 | 贵州 | 混凝土面板堆石坝 | 178 | 1168 | 1800 | 1025700 | HCS | 1200 |
| 5 | 滩坑 | 2003 | 2008 | 小溪 | 青田县 | 浙江 | 混凝土面板堆石坝 | 161 | 506 | 1000 | 353000 | ICHS | 600 |
| 6 | 吉林台 | 2001 | 2006 | 喀什河 | 尼勒克 | 新疆 | 混凝土面板堆石坝 | 157 | 445 | 836.2 | 253000 | HICF | 460 |
| 7 | 紫坪铺 | 2000 | 2006 | 岷江 | 都江堰 | 四川 | 混凝土面板堆石坝 | 156 | 663.8 | 1167 | 111200 | ISHCR | 760 |
| 8 | 龙首二级 | 2002 | 2006 | 黑河 | 张掖 | 甘肃 | 混凝土面板堆石坝 | 147 | 191 | 253 | 8600 | H | 157 |
| 9 | 瓦屋山 | 2003 | 2007 | 周公河 | 洪雅县 | 四川 | 混凝土面板堆石坝 | 140 | 295 | 350 | 54500 | H | 350 |
| 10 | 公伯峡 | 2001 | 2006 | 黄河 | 循化、化隆 | 青海 | 混凝土面板堆石坝 | 139 | 423 | 471 | 62000 | HISC | 1500 |
| 11 | 乌鲁瓦提 | 1995 | 2001 | 喀拉喀什河 | 和田市 | 新疆 | 混凝土面板堆石坝 | 138 | 473 | 677 | 34700 | ICH | 60 |
| 12 | 珊溪 | 1997 | 2001 | 飞云江 | 文成 | 浙江 | 混凝土面板堆石坝 | 132.5 | 461.7 | 500 | 182400 | ICHS | 200 |
| 13 | 引子渡 | 2000 | 2003 | 三岔河 | 平坝、织金 | 贵州 | 混凝土面板堆石坝 | 129.5 | 276 | 310 | 53100 | H | 360 |
| 14 | 街面 | 2003 | 2006 | 尤溪 | 尤溪 | 福建 | 混凝土面板堆石坝 | 126 | 478 | 342 | 108500 | H | 300 |
| 15 | 白溪 | 1997 | 2001 | 白溪 | 宁海 | 浙江 | 混凝土面板堆石坝 | 124.4 | 398 | 370 | 18400 | ICHS | 18 |
| 16 | 黑泉 | 1996 | 2001 | 宝库河 | 大通县 | 青海 | 混凝土面板堆石坝 | 124 | 438 | 550 | 18200 | HICS | 12 |
| 17 | 芹山 | 1997 | 2001 | 穆阳溪 | 周宁 | 福建 | 混凝土面板堆石坝 | 120 | 259.8 | 248 | 26500 | HS | 70 |
| 18 | 白云 | 1992 | 2001 | 巫水 | 城步县 | 湖南 | 混凝土面板堆石坝 | 120 | 200 | 180 | 36000 | CH | 54 |
| 19 | 古洞口 | 1993 | 1999 | 古夫河 | 兴山县 | 湖北 | 混凝土面板堆石坝 | 118 | 193 | 193.5 | 14800 | IHCSF | 45 |
| 20 | 泗南江 | 2003 | | 泗南江 | 墨江 | 云南 | 混凝土面板堆石坝 | 115 | 366 | 297 | 26300 | HI | 200 |
| 21 | 芭蕉河 | 2002 | 2006 | 芭蕉河 | 鹤峰 | 湖北 | 混凝土面板堆石坝 | 115 | 280 | 192 | 9900 | H | 34 |
| 22 | 高塘 | 1994 | 2000 | 白水河 | 怀集 | 广东 | 混凝土面板堆石坝 | 111.3 | 288 | 195 | 9600 | HIS | 36 |
| 23 | 双沟 | 2002 | 2006 | 松江河 | 抚松县 | 吉林 | 混凝土面板堆石坝 | 109.7 | 312 | 258 | 39000 | H | 280 |
| 24 | 那兰 | 2002 | 2005 | 藤条江 | 金平县 | 云南 | 混凝土面板堆石坝 | 109 | 317.956 | 249.3 | 28600 | H | 150 |
| 25 | 鱼跳 | 1998 | 2002 | 大溪河 | 南川 | 重庆 | 混凝土面板堆石坝 | 106 | 224 | 195 | 9520 | H | 48 |
| 26 | 茄子山 | 1995 | 1999 | 苏帕河 | 龙陵县 | 云南 | 混凝土面板堆石坝 | 106 | 258 | 140 | 12160 | ICH | 16 |
| 27 | 鲤鱼塘 | 2002 | 2005 | | 开县 | 重庆 | 混凝土面板堆石坝 | 105 | | | 10433 | ICHS | 15 |
| 28 | 洞巴 | 2003 | | 西洋江 | 田林县 | 广西 | 混凝土面板堆石坝 | 105 | 501 | 316 | 31500 | CHI | 72 |
| 29 | 思安江 | 2000 | 2004 | 思安江 | 灵川 | 广西 | 混凝土面板堆石坝 | 103.4 | 385.9 | 210 | 8869 | SRH | 18 |
| 30 | 柴石滩 | 1994 | 2000 | 南盘江 | 宜良 | 云南 | 混凝土面板堆石坝 | 103 | 316 | 232 | 43700 | ICHSR | 60 |
| 31 | 盘石头 | 2000 | 2005 | 淇河 | 鹤壁 | 河南 | 混凝土面板堆石坝 | 102.2 | 606 | 540 | 60830 | CIHS | 10 |
| 32 | 白水坑 | 2001 | 2004 | 江山港 | 江山市 | 浙江 | 混凝土面板堆石坝 | 101 | 236.8 | 150.8 | 24620 | ICH | 40 |
| 33 | 泰安抽水蓄能上库 | 2001 | 2005 | 樱桃园沟 | 泰安 | 山东 | 混凝土面板堆石坝 | 99.8 | 540.5 | | 1127.6 | ICH | 1000 |
| 34 | 西北口 | 1987 | 1990 | 黄柏河 | 宜昌县 | 湖北 | 混凝土面板堆石坝 | 95 | 22.2 | 165 | 86.2 | IHCSF | 18.9 |

续表

| 序号 | 坝名 | 开工年份 | 建成投产年份 | 河流 | 最近的城市县 | 省市区 | 坝类型 | 坝高(m) | 坝长(m) | 坝身体积(万 m³) | 库容(万 m³) | 建库目的 | 装机容量(MW) |
|---|---|---|---|---|---|---|---|---|---|---|---|---|---|
| 35 | 天荒坪抽水蓄能下库 | 1993 | 1997 | 大溪 | 安吉县 | 浙江 | 混凝土面板堆石坝 | 95 | 233.5 | 152 | 877 | H | 1800 |
| 36 | 下天吉 | 1997 | 2004 | 精河 | 精河县 | 新疆 | 混凝土面板堆石坝 | 94 | 290 | 21 | 330 | ICH | |
| 37 | 万安溪 | 1991 | 1995 | 万安溪 | 龙岩市 | 福建 | 混凝土面板堆石坝 | 93.8 | 212 | 122.96 | 22890 | H | 45 |
| 38 | 大桥 | 1993 | 1997 | 安宁河 | 凉山州 | 四川 | 混凝土面板堆石坝 | 93 | 581.5 | 193 | 65800 | SCHFR | 100 |
| 39 | 大坳 | 1996 | 1999 | 石溪水 | 上饶县 | 江西 | 混凝土面板堆石坝 | 90 | 424 | 139 | 27670 | HICSF | 51.4 |
| 40 | 瑞垟二级 | 2001 | 2005 | 屏南溪 | 龙泉 | 浙江 | 混凝土面板堆石坝 | 89.4 | 198 | 130.3 | 1470 | H | |
| 41 | 三插溪 | 1993 | 1999 | 浯溪 | 泰顺县 | 浙江 | 混凝土面板堆石坝 | 88.8 | 186 | 77 | 4700 | H | 44 |
| 42 | 陡岭子 | 1999 | 2000 | 夹河 | 郧西县 | 湖北 | 混凝土面板堆石坝 | 88.5 | 361 | 193.6 | 48420 | H | 70.5 |
| 43 | 东津 | 1992 | 1995 | 修河 | 永修县 | 江西 | 混凝土面板堆石坝 | 88.5 | 327 | 167 | 79500 | H | 60 |
| 44 | 英川 | 1999 | 2003 | 英川溪 | 景宁 | 浙江 | 混凝土面板堆石坝 | 87 | 250 | 110 | 3731 | HIS | 5.2 |
| 45 | 小山 | 1993 | 1997 | 松江河 | 抚松县 | 吉林 | 混凝土面板堆石坝 | 86.3 | 302 | 125 | 10700 | HC | 160 |
| 46 | 云荞 | 1998 | 2004 | 井底小河 | 永善县 | 云南 | 混凝土面板堆石坝 | 82.2 | 324 | 158 | 1043 | ICHS | 5.2 |
| 47 | 花山 | 1991 | 1993 | 绥江 | 广宁县 | 广东 | 混凝土面板堆石坝 | 81.2 | 165.3 | 71.18 | 6300 | H | 25.5 |
| 48 | 马沙沟 | 1999 | 2003 | 羊九溪 | 习水县 | 贵州 | 混凝土面板堆石坝 | 81 | 228.1 | 69.1 | 625 | CS | |
| 49 | 松山 | 1993 | 2003 | 松江河 | 抚松县 | 吉林 | 混凝土面板堆石坝 | 80.80 | 302.26 | 123 | 13300 | | |
| 50 | 金坑 | 1977 | 1984 | 十二都源 | 青田县 | 浙江 | 混凝土面板砌石双曲拱坝 | 80.6 | 285.15 | 134 | 2420 | IHF | 9.6 |
| 51 | 泽雅 | 1996 | 1997 | 戍浦江 | 瓯海区 | 浙江 | 混凝土面板堆石坝 | 78.8 | 308 | 142 | 5700 | CS | 8 |
| 52 | 株树桥 | 1986 | 1992 | 浏阳河 | 浏阳市 | 湖南 | 混凝土面板堆石坝 | 78 | 245 | 83 | 27830 | ICHF | 24 |
| 53 | 大岩坑 | 2001 | 2004 | 南阳溪 | 庆元县 | 浙江 | 混凝土面板堆石坝 | 76.8 | 156 | 57 | 1125 | H | 36 |
| 54 | 黄石滩 | 2000 | 2004 | 傅家河 | 安康 | 陕西 | 混凝土面板堆石坝 | 75.6 | 600 | 18.7 | 4177 | I | |
| 55 | 大水沟 | 1998 | 2002 | 牛场河 | 镇雄县 | 云南 | 混凝土面板堆石坝 | 75.6 | 180.9 | 56.4 | 2740 | ICHSRF | 6.4 |
| 56 | 宜兴抽水蓄能上库 | 2001 | 2006 | | 宜兴 | 江苏 | 混凝土面板堆石坝 | 75 | 516 | | 530 | H | 1000 |
| 57 | 十三陵抽水蓄能上库 | 1992 | 1997 | | 昌平县 | 北京 | 混凝土面板堆石坝 | 75 | 550 | 264.3 | 445 | H | 800 |
| 58 | 成屏一级 | 1985 | 1989 | 松阴溪 | 遂昌县 | 浙江 | 混凝土面板堆石坝 | 74.6 | 217.7 | 76 | 5200 | ICH | 13 |
| 59 | 鱼背山 | 1995 | 1998 | 磨刀溪 | 万州县 | 四川 | 混凝土面板堆石坝 | 73 | 214 | 125 | 8600 | H | 17 |
| 60 | 莲花 | 1992 | 1998 | 牡丹江 | 海林市 | 黑龙江 | 混凝土面板堆石坝 | 71.8 | 902 | 390 | 418000 | HCI | 550 |
| 61 | 桐柏抽水蓄能下库 | 2000 | 2006 | | 天台县 | 浙江 | 混凝土面板堆石坝 | 71.4 | 424 | 12.9 | 1290 | H | 1200 |
| 62 | 横山 | 1963 | 1994 | 奉化江 | 奉化市 | 浙江 | 混凝土面板堆石坝 | 70.2 | 468 | 109 | 11180 | ICHSF | 5 |
| 63 | 天荒坪抽水蓄能上库 | 1994 | 2000 | 大溪 | 安吉县 | 浙江 | 沥青混凝土防渗护面土石坝 | 70 | 2321 | 426 | 855 | H | |

续表

| 序号 | 坝 名 | 开工年 | 建成投产年份 | 河 流 | 最近的城市县 | 省市区 | 坝 类 型 | 坝高(m) | 坝长(m) | 坝身体积(万 m³) | 库容(万 m³) | 建库目的 | 装机容量(MW) |
|---|---|---|---|---|---|---|---|---|---|---|---|---|---|
| 64 | 沟 后 | 1998 | 2001 | 恰卜恰河 | 共和县 | 青海 | 混凝土面板堆石坝 | 70 | 260 | 89 | 300 | I | |
| 65 | 榆树沟 | 1998 | 2001 | 榆树沟 | 哈 密 | 新疆 | 混凝土面板堆石坝 | 68.9 | 205 | | 1112 | IC | |
| 66 | 水泊渡 | 2001 | 2004 | 乐民河 | 遵义县 | 贵州 | 混凝土面板堆石坝 | 68.8 | 155 | 56.27 | 5510 | I | |
| 67 | 广州抽水蓄能上库 | 1988 | 1994 | 流溪河 | 从化市 | 广东 | 混凝土面板堆石坝 | 68 | 318.52 | 86.3 | 2575 | H | |
| 68 | 港口湾 | 1998 | 2001.4 | 青弋江 | 宁国市 | 安徽 | 混凝土面板堆石坝 | 68 | 257 | 93 | 94100 | CHI | 6 |
| 69 | 大 河 | 1993 | 1998 | 西山河 | 阳春市 | 广东 | 混凝土面板堆石坝 | 68 | 240 | 75 | 33220 | ICHS | 30 |
| 70 | 隘 口 | 2002 | 2005 | 梅江河 | 秀山县 | 重庆 | 混凝土面板堆石坝 | 68 | | | 3912 | ICHSF | 3.76 |
| 71 | 小溪口 | 1996 | 1999 | 马水河 | 建 始 | 湖北 | 混凝土面板堆石坝 | 67.3 | 235 | 78.1 | 6640 | H | 30 |
| 72 | 车坝河 | 1977 | 1985 | 车坝河 | 恩施州 | 湖北 | 沥青混凝土面板堆石坝 | 66.2 | 300 | | 6200 | ICHN | 20.7 |
| 73 | 丰 坪 | 2001 | 2004 | 挂登河 | 兰坪县 | 云南 | 混凝土面板堆石坝 | 65.1 | 138 | 43.08 | 3230 | ICHS | 2.5 |
| 74 | 沙铺砻 | 1997 | 1999 | 梧桐坑溪 | 云和县 | 浙江 | 混凝土面板堆石坝 | 64.7 | 220 | 60 | 850 | H | 25 |
| 75 | 琅琊山抽水蓄能上库 | 2002 | 2006 | 荒山沟 | 滁 洲 | 安徽 | 混凝土面板堆石坝 | 64 | 655 | 12.65 | 1800 | H | 600 |
| 76 | 小 坝 | 1998 | 2000 | 小坝河 | 酉 阳 | 重庆 | 混凝土面板堆石坝 | 63 | 195 | 106.99 | 0.1288 | ICSRX | |
| 77 | 锁金山 | | | 湾潭河 | 五峰县 | 湖北 | 混凝土面板堆石坝 | 62 | 227 | 60 | 10000 | | 45 |
| 78 | 弹子台 | 1996 | 1999 | 包鸾河 | 丰 都 | 重庆 | 混凝土面板堆石坝 | 61.8 | 245 | 64.5 | 1150 | IH | 0.5 |
| 79 | 黄 村 | 1999 | 2003 | 严 溪 | 丽 水 | 浙江 | 混凝土面板堆石坝 | 61.7 | 197 | 54.48 | 4269 | S | |
| 80 | 喀浪古尔 | 1991 | 2002 | 额敏河 | 塔城市 | 新疆 | 混凝土面板堆石坝 | 61.5 | 565.4 | 25 | 3900 | IC | 5.8 |
| 81 | 三锅桩 | 1995 | 2001 | 金王桥河 | 鹤庆县 | 云南 | 混凝土面板堆石坝 | 61.3 | 293.4 | 88.52 | 1539 | IC | 0.64 |
| 82 | 磨 盘 | 1970 | 1977 | 建江河 | 全州县 | 广西 | 土石坝/混凝土面板堆石坝/浆砌石重力坝 | 61 | 203 | | 4050 | ICHF | 2.5 |
| 83 | 南 车 | 1992 | 1998 | 六八河 | 吉安市 | 江西 | 混凝土面板堆石坝 | 60 | 191.5 | 45.9 | 15300 | ICH | 12.8 |
| 84 | 关门山 | 1986 | 1988 | 小汤河 | 本溪市 | 辽宁 | 混凝土面板堆石坝 | 59 | 184 | 78.8 | 8100 | ICHFR | 1.52 |
| 85 | 龙 溪 | 1987 | 1993 | 始丰溪 | 天台县 | 浙江 | 混凝土面板堆石坝 | 58.9 | 140.5 | 28 | 2558 | H | 16 |
| 86 | 罗 村 | 1979 | 1994 | 胥 溪 | 建德市 | 浙江 | 混凝土面板堆石坝 | 58 | 208.6 | 64 | 2100 | ICH | 2.39 |
| 87 | 八 都 | 1995 | 2001 | 浦阳江 | 义乌市 | 浙江 | 混凝土面板堆石坝 | 58 | 324 | 85 | 3210 | ICHS | 1 |
| 88 | 汉坪嘴 | 2002 | 2004 | 白水江 | 文 县 | 甘肃 | 混凝土面板砂砾石堆石坝 | 57 | 202 | 68.45 | 51000 | H | 72 |
| 89 | 两 江 | 1992 | 1999 | 二道松花江 | 安图县 | 吉林 | 混凝土面板堆石坝 | 56.7 | 273 | 110 | 21050 | HICRF | 60 |
| 90 | 锅底潭 | 1999 | 2002 | 渌 水 | 芦溪县 | 江西 | 钢筋混凝土面板堆石坝 | 56.2 | 115 | 26 | 2207 | ICHSN | 3.2 |
| 91 | 海潮坝 | 1994 | 1997 | 海潮坝河 | 民乐县 | 甘肃 | 混凝土面板堆石坝 | 56 | 178 | 48.4 | 745 | I | 1.6 |
| 92 | 小干沟 | 1988 | 1991 | 格尔木河 | 格尔木市 | 青海 | 混凝土面板堆石坝 | 55 | 104 | 21.3 | 1032 | H | 32 |
| 93 | 平 潭 | | 1998 | | 宁波市 | 浙江 | 混凝土面板堆石坝 | 55 | | 39 | 1100 | | |
| 94 | 景谷河 | 1983 | 1988 | 景谷河 | 景 谷 | 云南 | 混凝土面板堆石坝 | 54 | 108 | 34.2 | 5670 | IH | 21.7 |
| 95 | 炉 房 | 1998 | 2002 | 炉房河 | 巧家县 | 云南 | 混凝土面板堆石坝 | 53.5 | 169.5 | 27 | 1860 | ICHS | 4 |
| 96 | 甘 宁 | 1998 | | 让渡河 | 万州区 | 重庆 | 混凝土面板堆石坝 | 53 | 220 | 55 | 3360 | I | 3.3 |
| 97 | 斗 晏 | 1992 | 1998 | 寻乌水 | 寻乌县 | 江西 | 混凝土面板堆石坝 | 53 | 200.53 | 55 | 9820 | H | 37.5 |
| 98 | 卫 星 | | | 后 溪 | | 浙江 | 混凝土面板堆石坝 | 52.5 | 301 | 4.11 | 500 | IS | |
| 99 | 南 山 | 1959 | 1970 | 飞云江 | 泰顺县 | 浙江 | 混凝土面板堆石坝 | 52 | 480 | | 178 | H | 2.25 |
| 100 | 红珠河 | | | 东龙河 | 建 始 | 湖北 | 混凝土面板堆石坝 | 52 | 160 | 22 | 588 | | |
| 101 | 王二河 | 1999 | 2002 | 王二河 | 镇宁县 | 贵州 | 混凝土面板堆石坝 | 51.5 | 294 | 81.295 | 9430 | I | 37 |
| 102 | 钟 吕 | 1977 | 1998 | 乐安河 | 婺 源 | 江西 | 混凝土面板堆石坝 | 51 | 262 | 33 | 2145.2 | H | 6.4 |
| 103 | 张公龙 | 1984 | 1987 | 西山河 | 阳春市 | 广东 | 混凝土面板堆石坝 | 51 | 174 | 35 | 2030 | H | 12 |
| 104 | 白 眉 | | | 白眉溪 | 福 州 | 福建 | 混凝土面板堆石坝 | 51 | 302 | 50 | 1800 | | |

续表

| 序号 | 坝名 | 开工年 | 建成投产年份 | 河流 | 最近的城市县 | 省市区 | 坝类型 | 坝高(m) | 坝长(m) | 坝身体积(万 $m^3$) | 库容(万 $m^3$) | 建库目的 | 装机容量(MW) |
|---|---|---|---|---|---|---|---|---|---|---|---|---|---|
| 105 | 蛇洞 | | | | 攀枝花 | 四川 | 混凝土面板堆石坝 | 50 | | | 800 | | |
| 106 | 东坞源 | 1970 | 1978 | 松阴溪 | 遂昌县 | 浙江 | 混凝土面板堆石坝 | 50 | 180 | | 1400 | IHF | 1.325 |
| 107 | 小梅沙 | 1994 | 1995 | 小梅沙河 | 深圳市 | 广东 | 混凝土面板堆石坝 | 49.6 | 188 | 21.9 | 146.3 | S | |
| 108 | 天门河 | 2001 | 2003 | 天门河 | 桐梓县 | 贵州 | 混凝土面板堆石坝 | 49.5 | 194 | 38.02 | 2590 | C | |
| 109 | 溪口抽水蓄能上库 | 1994 | 1997 | 横坑溪 | 宁波市 | 浙江 | 混凝土面板堆石坝 | 48.5 | 151 | 14 | 103 | S | |
| 110 | 双溪 | 1969 | 1985 | 长乐水 | 德兴 | 江西 | 混凝土面板堆石坝 | 47.5 | 145 | 17.45 | 6000 | HS | 3.75 |
| 111 | 沙河上库 | 1998 | 2001 | 沙河 | 溧阳市 | 江苏 | 混凝土面板堆石坝 | 47 | 93 | 132.6 | 250 | H | 100 |
| 112 | 溪口抽水蓄能下库 | 1994 | 1997 | 莬山溪 | 宁波市 | 浙江 | 混凝土面板堆石坝 | 44.2 | 274.1 | 44 | 86.1 | H | 80 |
| 113 | 塔斯特 | 1988 | 1996 | 塔斯特河 | 吉木乃 | 新疆 | 混凝土面板堆石坝 | 43 | 180 | 45 | 1200 | I | |
| 114 | 水堆坑 | 1972 | 1983 | 大溪 | 武义县 | 浙江 | 混凝土面板堆石坝 | 43 | 106 | | 89.7 | | |
| 115 | 两岔河 | 1995 | 1998 | 舞阳河 | 黄平县 | 贵州 | 混凝土面板堆石坝 | 43 | 320 | 60.7 | 6320 | ICHSFR | 2 |
| 116 | 龙门脚 | | | | | 浙江 | 混凝土面板堆石坝 | 42.5 | | | 159.36 | | |
| 117 | 三渡溪 | 1971 | 1977 | 武义江 | 永康市 | 浙江 | 混凝土面板干砌块石重力坝 | 42.42 | 175 | | 1200 | ICHF | 0.595 |
| 118 | 杨家坡 | 1972 | 1973 | 松溪河 | 昔阳 | 山西 | 混凝土面板堆石坝 | 42 | 145 | 18.2 | 355 | IC | |
| 199 | 柯柯亚 | 1979 | 1985 | 柯柯亚河 | 鄯善县 | 新疆 | 混凝土面板堆石坝 | 41 | 135 | 44 | 1000 | IC | |
| 120 | 山口 | 1992 | 1996 | 哈巴河 | 哈巴河县 | 新疆 | 混凝土面板堆石坝 | 40.5 | 549.79 | 69 | 4600 | HI | 25.2 |
| 121 | 梅溪 | 1993 | 1998 | 梅溪 | 鄞县 | 浙江 | 混凝土面板堆石坝 | 40 | 652 | 120 | 2656 | ICS | 10.8 |
| 122 | 丰宁 | 1998 | 2001 | 滦河 | 丰宁县 | 河北 | 混凝土面板堆石坝 | 39.8 | 292 | 57 | 7200 | H | 20 |
| 123 | 东敢 | 1959 | 1960 | 清水江 | 上林县 | 广西 | 混凝土面板堆石坝 | 39.42 | 94.78 | 9.4 | 4170 | ICHF | 1.2 |
| 124 | 查龙 | 1993 | 1996 | 那曲河 | 那曲县 | 西藏 | 混凝土面板堆石坝 | 38.4 | 192 | 37.5 | 13800 | H | 10.8 |
| 125 | 金狮 | 1976 | 1979 | 交溪 | 泰顺县 | 浙江 | 混凝土面板堆石坝 | 37.5 | 142 | | 195 | IH | 1 |
| 126 | 汤浦西坝 | 1997 | 2001 | 小舜江 | 上虞市 | 浙江 | 混凝土面板堆石坝 | 37.2 | 281 | 45.1 | 23500 | ICHS | 3.2 |
| 127 | 白杨河 | 1988 | 1991 | 白杨河 | 木垒县 | 新疆 | 混凝土面板堆石坝 | 37 | 467 | 37 | 450 | I | |
| 128 | 舍网 | 1990 | 1995 | 象山港 | 奉化市 | 浙江 | 混凝土面板堆石坝 | 36.5 | 167 | 15 | 250 | I | |
| 129 | 梁辉 | 1993 | 1997 | 大溪 | 余姚市 | 浙江 | 混凝土面板堆石坝 | 35.4 | 385 | 69.5 | 3077 | ICHSFR | 0.96 |
| 130 | 中解 | 1972 | 1981 | 中解河 | 代县 | 山西 | 混凝土面板堆石坝 | 35 | 180 | 53 | 400 | I | |
| 131 | 渡浪沟 | | 1992 | 黄柏河 | 建始 | 湖北 | 混凝土面板堆石坝 | 35 | 135 | 10 | 350 | | |
| 132 | 伯衣布谢 | | | 伯衣布谢河 | 裕民县 | 新疆 | 混凝土面板堆石坝 | 35 | 210 | 20 | 400 | | 20 |
| 133 | 西章 | 1977 | 1981 | 西溪 | 永嘉县 | 浙江 | 混凝土面板堆石坝 | 33.7 | 124.2 | | 112 | IH | 0.96 |
| 134 | 里岙上 | 1989 | 1993 | 滨海 | 玉环县 | 浙江 | 混凝土面板堆石坝 | 33 | 106.7 | | 37.08 | | |
| 135 | 白塔岭 | 1970 | 1980 | 毕浦溪 | 桐庐县 | 浙江 | 混凝土面板堆石坝 | 32.92 | 93 | | 169 | IH | 0.32 |
| 136 | 小岭头 | 1990 | 1994 | 大松水系 | 鄞县 | 浙江 | 混凝土面板堆石坝 | 32.6 | 152 | | 108 | I | |
| 137 | 磨子 | 1977 | 1997 | 黄金河 | 忠县 | 重庆 | 混凝土面板堆石坝 | 32.2 | 113 | 15.596 | 358 | I | |
| 138 | 水源 | 2002 | | 泃河 | 蓟县 | 天津 | 混凝土重力坝/混凝土面板堆石坝 | 31.5 | 562 | 39 | · 2700 | S | |
| 139 | 灯塔 | | 1980 | 长江流域 | 平昌县 | 四川 | 混凝土面板堆石坝 | 31.5 | 96 | 12.096 | 43.5 | I | |
| 140 | 团结 | 1971 | 1980 | 长江水系 | 巴州市 | 四川 | 混凝土面板堆石坝 | 31.35 | 113 | 14.17 | 101 | I | |
| 141 | 长岭 | | 1979 | 长江流域 | 巴州市 | 四川 | 混凝土面板堆石坝 | 31.2 | 160 | 19.97 | 59.8 | I | |
| 142 | 叶家源 | 1966 | 1969 | 新安江 | 淳安县 | 浙江 | 混凝土面板堆石坝 | 31.15 | 68.7 | | 82 | IH | 0.325 |
| 143 | 青坪 | 1973 | 1976 | 高洞河 | 务川县 | 贵州 | 混凝土面板堆石坝 | 30 | 250 | 24 | 842 | HI | 7.2 |
| 144 | 潘家湾 | | 1980 | 长江流域 | 巴州市 | 四川 | 混凝土面板堆石坝 | 30 | 220 | 26.4 | 43 | I | |
| 145 | 复兴 | | 1979 | 长江流域 | 巴州市 | 四川 | 混凝土面板堆石坝 | 30 | 80 | 9.6 | 17.3 | I | |

**注** 建库目的（代号）：I 灌溉，C 防洪，H 发电，S 供水，N 航运，F 养鱼，R 旅游，X 其他。

表 4

台湾 30m 以上大坝统计表(按坝高排列,2003 年 7 月 31 日统计)

| 序号 | 坝名 | 开工年份 | 建成投产年份 | 目前状态 | 河流 | 大坝所在地区划代码 | 最近的城市市县 | 坝型 | 坝高(m) | 坝长(m) | 坝身体积(万$m^3$) | 库容(万$m^3$) | 水库面积(万$m^2$) | 建库目的 | 泄洪流量($m^3/s$) | 泄洪方式 | 业主 | 设计单位 | 施工单位 | 装机容量(MW) | 年平均发电量(MW·h) | 设计灌溉面积(万$hm^2$) | 防洪库容(万$m^3$) |
|---|---|---|---|---|---|---|---|---|---|---|---|---|---|---|---|---|---|---|---|---|---|---|---|
| 1 | 德基 | 1969 | 1974 | U | 大甲溪 | 中区 | 台中县 | 混凝土变厚度双曲薄拱坝 | 180 | 290 | 45.6 | 23200 | 454 | HICRS | 1400 | V | 台湾省电力公司 | 意大利ELC及中兴社 | Tomo(意)Kumagai(日) | 234 | 360000 | | |
| 2 | 曾文 | 1967 | 1973 | U | 曾文溪 | 南区 | 嘉义县 | 碾压土石坝 | 133 | 400 | 930 | 71270 | 1710 | HISCR | 9470 | V | 台湾省北区水资源局 | 日本工常及中兴社 | 曾文水库建设委员会 | 50 | 212000 | | |
| 3 | 石门 | 1956 | 1964 | U | 大汉溪 | 北区 | 桃园县 | 碾压心墙土坝 | 133 | 360 | 706 | 30912 | 800 | ISHCR | 10000 | V | 台湾省北区水资源局 | 石门水库建设委员会 | 石门水库建设委员会 | 90 | 230000 | 3.65 | 23220 |
| 4 | 翡翠 | 1981 | 1987 | U | 北势溪 | 北区 | 台北县 | 混凝土双曲拱坝 | 123 | 510 | 71 | 10600 | 1024 | SH | 9870 | V | 台北市政府 | 中兴社 | 荣工处 | 70 | 220000 | | |
| 5 | 雾社 | 1953 | 1959 | U | 雾社溪 | 中区 | 南投县 | 混凝土重力拱坝 | 115 | 205 | 32.88 | 14600 | 350 | H | 850 | V | 台湾省电力公司 | 美国垦务局 | 电力公司 | 20.7 | 267000 | | |
| 6 | 鲤鱼潭 | 1985 | 1992 | U | 景山溪 | 中区 | 苗栗县 | 土石坝 | 96 | 235 | 356 | 12612 | 432 | SIHR | 2300 | L | 台湾省中区水资源局 | 省水利局 | 省水利局 | | | 0.006 | |
| 7 | 南化 | 1985 | 1999 | | 后掘溪 | 南区 | 台南县 | 碾压心墙土石坝 | 87.5 | 511 | 517 | 15800 | 537 | S | 4332 | L | 台湾省自来水公司 | 南区水资源局 | 荣工处 | | | | |
| 8 | 谷关 | 1957 | 1961 | U | 大甲溪 | 中区 | 台中县 | 单曲混凝土拱坝 | 85.1 | 149 | 7.777 | 1320 | 57 | H | 250 | L | 台湾省电力公司 | 法国Coyne& Bellier | 电力公司 | 180 | 507000 | | |
| 9 | 荣华 | 1978 | 1983 | U | 大汉溪 | 北区 | 桃园县 | 混凝土拱坝 | 82 | 160 | 6.2 | 1240 | 33.8 | H | 7010 | V | 台湾省北区水资源局 | 中兴社 | 省水利局 | 40 | 213480 | | |
| 10 | 新山 | 1976 | 1980 | H | 新山溪 | 北区 | 基隆县 | 土石坝 | 66 | 262 | 175 | 1000 | 56 | S | 48 | L | 台湾省自来水公司 | 水利署 | 省水利局 | | | | 970 |
| 11 | 永和山 | 1980 | 1984 | | 南庄溪 | 中区 | 苗栗县 | 土石坝 | 62.5 | 340 | 150 | 2958 | 165 | SI | 220 | L | 台湾省自来水公司 | 水利局 | 省水利局 | | | 0.032 | |

续表

| 序号 | 坝名 | 开工年份 | 建成投产年份 | 目前状态 | 河流 | 大坝所在地区划代码 | 最近的城市市县 | 坝型 | 坝高（m） | 坝长（m） | 坝身体积（万$m^3$） | 库容（万$m^3$） | 水库面积（万$m^2$） | 建库目的 | 泄洪流量（$m^3/s$） | 泄洪方式 | 业主 | 设计单位 | 施工单位 | 装机容量（MW） | 年平均发电量（MW·h） | 设计灌溉面积（万$hm^2$） | 防洪库容（万$m^3$） |
|---|---|---|---|---|---|---|---|---|---|---|---|---|---|---|---|---|---|---|---|---|---|---|---|
| 12 | 牡丹 | 1988 | 1995 | | 牡丹溪 | 南区 | 屏东县 | 碾压心墙土石坝 | 62 | 446 | 269 | 2940 | 142 | IS | 3600 | V | 台湾省南区水资源局 | 中兴社 | 中华工程 | | | 0.05 | |
| 13 | 明潭抽水蓄能 | 1987 | 1995 | U | 水里溪 | 中区 | 南投县 | 混凝土重力坝 | 61.5 | 314 | 39.5 | 1400 | 64 | H | 2500 | V | 台湾电力公司 | 中兴社 | 荣工处及中华工程 | 1600 | 3E+06 | | |
| 14 | 宝山二级 | 2000 | 2005 | | 石井溪 | 北区 | 新竹县 | 土石坝 | 61 | 345 | 222 | 3218 | 193 | S | 317 | L | 台湾省中区水资源局 | 台湾省中区水资源局 | 太平洋建设 | | | | |
| 15 | 武界 | 1927 | 1934 | | 万大溪 | 中区 | 南投县 | 混凝土重力坝 | 57.6 | 86.5 | 10.6 | 1400 | 11 | X | 5775 | V | 台湾电力公司 | | 台湾电力公司 | | | | |
| 16 | 明潭抽水蓄能 | 1981 | 1985 | | 水里溪 | 中区 | 南投县 | 混凝土重力拱坝 | 57.5 | 170 | 17 | 970 | 58 | H | 1800 | V | 台湾电力公司 | 日本电源开发及中兴社 | 荣工处及中华工程 | 1000 | 2E+06 | | |
| 17 | 乌山头 | 1920 | 1930 | | 官田溪 | 南区 | 台南县 | 土石坝 | 56 | 1273 | 1102.1 | 15416 | 900 | ISR | 1500 | L | 台湾嘉南水利会 | 台南水利会 | 台南水利会 | | | 6.67 | |
| 18 | 天轮 | 1952 | 1956 | | 大甲溪 | 中区 | 台中县 | 混凝土重力坝 | 48.2 | 91 | 8.3 | 59 | 10 | H | 3800 | V | 台湾电力公司 | | | 90 | 400000 | | |
| 19 | 青山 | 1964 | 1970 | U | 大甲溪 | 中区 | 台中县 | 混凝土重力坝 | 45 | 100 | 5.7 | 60 | 0.055 | H | 6300 | V | 台湾电力公司 | | 台湾电力公司 | 360 | 590000 | | |
| 20 | 白河 | 1961 | 1965 | | 白水溪 | 南区 | 台南县 | 土坝 | 42.5 | 210 | 110 | 2509 | 197 | SCIR | 672 | V | 台湾嘉南水利会 | 水利署 | 省水利局 | | | 0.298 | |
| 21 | 木瓜 | 1983 | 1985 | | 木瓜溪 | 东区 | 花莲县 | 混凝土重力坝 | 40.5 | 40 | | | | H | | L | 台湾电力公司 | | | | 69000 | | |
| 22 | 凤山 | 1980 | 1984 | | 东港溪 | 南区 | 高雄县 | 土坝 | 39.5 | 325 | 75 | 920 | 75 | S | 91 | L | 台湾省自来水公司 | 水利署 | 省水利局 | | | | |
| 23 | 巴陵 | 1973 | 1977 | U | 大汉溪 | 北区 | 桃园县 | 混凝土重力坝 | 38 | 80 | | 1047 | | X | | | 台湾省北区水资源局 | 中兴社 | 台湾省水利局 | | | | |

续表

| 序号 | 坝名 | 开工年份 | 建成投产年份 | 目前状态 | 河流 | 大坝所在地区划代码 | 最近的城市市县 | 坝型 | 坝高(m) | 坝长(m) | 坝身体积(万$m^3$) | 库容(万$m^3$) | 水库面积(万$m^2$) | 建库目的 | 泄洪流量($m^3/s$) | 泄洪方式 | 业主 | 设计单位 | 施工单位 | 装机容量(MW) | 年平均发电量(MW·h) | 设计灌溉面积(万$hm^2$) | 防洪库容(万$m^3$) |
|---|---|---|---|---|---|---|---|---|---|---|---|---|---|---|---|---|---|---|---|---|---|---|---|
| 24 | 镜面 | 1979 | 1980 |  | 菜寮溪 | 南区 | 台南县 | 混凝土重力坝 | 36 | 120 | 2.4 | 115 | 12.5 | SI | 107.5 | L | 台湾省自来水公司 | 水利署 | 省水利局 |  |  | 0.96 |  |
| 25 | 明德 | 1966 | 1970 |  | 老田寮溪 | 中区 | 苗栗县 | 土坝 | 35.5 | 187 | 46 | 1770 | 162 | SIR | 1200 | V | 台湾苗栗农田水利会 | 水利局 | 省水利局 |  |  | 0.132 |  |
| 26 | 宝山 | 1981 | 1985 |  | 柴梳溪 | 北区 | 新竹县 | 土坝 | 34.5 | 260 | 25 | 547 | 60.2 | SI | 120 | L | 台湾省自来水公司 | 水利署 | 省水利局 |  |  | 0.007 |  |
| 27 | 兰潭 | 1942 | 1944 | H | 八掌溪 | 南区 | 嘉义县 | 土坝 | 34 | 546 | 14.8 | 972 | 77 | SR | 45.4 | L | 台湾省自来水公司 | 水利署 | 水利署 |  |  |  |  |
| 28 | 阿公店 | 1946 | 1953 |  | 阿公店溪 | 南区 | 高雄县 | 土坝 | 31 | 2380 | 78.7 | 4500 | 290 | CIS | 81 | L | 台湾南区水资源局 | 水利署 | 省水利局 |  |  | 0.12 |  |
| 29 | 日月潭 | 1934 | 1937 |  | 五城溪 | 中区 | 南投县 | 钢筋混凝土心墙土坝 | 30.3 | 364 | 70 | 1716 | 840 | SHR | 110 | L | 台湾电力公司 | 台电 | 台电 |  |  | 0.25 |  |
| 30 | 尖山埤 | 1936 | 1938 | H | 龟重溪 | 南区 | 台南县 | 土坝 | 30 | 256 | 27.6 | 811 | 76 | IR | 114 | L | 台糖公司 | 台糖 | 台糖 |  |  | 0.02 |  |
| 31 | 鹿寮 | 1937 | 1939 |  | 鹿寮溪 | 南区 | 台南县 | 土坝 | 30 | 270 | 35 | 378.3 | 44 | I | 135.4 | L | 台糖公司 | 台糖 | 台糖 |  |  | 0.036 |  |
| 32 | 溪畔 | 1940 | 1954 |  | 立雾溪 | 东区 | 花莲县 | 混凝土重力坝 | 30 | 130 | 1.95 | 35.4 | 5.5 | H | 5300 | V | 台湾电力公司 |  |  | 32 | 165000 |  |  |
| 33 | 西势 | 1926 | 1927 | U | 西势溪 | 北区 | 基隆市 | 混凝土重力坝 | 29.6 | 102 | 2.2 | 56 | 9 | S | 178 | L | 台湾省自来水公司 |  |  |  |  |  |  |
| 34 | 龙溪 | 1955 | 1959 |  | 龙溪 | 东区 | 花莲县 | 混凝土重力坝 | 29.5 | 83 | 1.55 | 22 |  | H | 1370 | V | 台湾电力公司 |  |  | 4.7 | 113000 |  |  |

注 1. 目前状态(代号):A 已废弃,H 加高,L 降低,U 无变化,R 加固,X 不明。
2. 建库目的(代号):I 灌溉,C 防洪,H 发电,S 供水,N 航运,F 养鱼,R 旅游,X 其他。
3. 泄洪方式(代号):L 无控制,L/V 部分无控制,N 无,V 有控制,X 不明。

中国至2002年底常规小水电总装机容量82260MW（另有抽水蓄能电站装机容量8330MW），在建30m以上大坝装机容量为56300MW，总库容5843亿$m^3$（其中在建库容为1405亿$m^3$）。2002年水电发电量为280TW·h。在国家电力公司改革前，由国电公司管理的大坝为130多座，占30m以上大坝数的3%多一点。与世界各国相比，中国15m以上大坝占世界一半、30m以上大坝占世界37%，水电装机容量约占世界的11%。中国的水电总装机容量居世界第一，年水电总发电量居第四，总库容居第三。

（二）世界大坝情况

2003年中国大坝委员会秘书处着手整理了世界大坝情况。按照国际大坝委员会的标准，2003年世界大坝总数为49697座（高于15m，大坝建设情况见表5和表6），分布在140多个国家中，其中中国30m以上大坝4694座，居世界第一，已建、在建高于30m以上的大坝数第二至第七名分别为：美国1749座，日本1075座，西班牙517座，印度504座，土耳其376座，意大利332座。世界总装机容量728.5GW，总库容为186405.8亿$m^3$。

表5 世界及中国建坝情况对照表

| | 15m以上坝总数 | 30m以上坝数 | 100m以上坝数 | 150m以上坝数 | 2002年在建60m以上坝数 |
|---|---|---|---|---|---|
| 世界 | 49697 | 12600 | 670 | 155 | 349 |
| 中国 | 25800 | 4694 | 108 | 24 | 88 |

表6 建坝数排在前20名的国家及其坝数（15m以上）

| 国家 | 中国 | 美国 | 日本 | 印度 | 韩国 | 西班牙 | 南非 |
|---|---|---|---|---|---|---|---|
| 坝数 | 25800 | 8724 | 2641 | 2481 | 1206 | 1202 | 923 |
| 国家 | 加拿大 | 巴西 | 阿尔巴尼亚 | 墨西哥 | 意大利 | 土耳其 | 英国 |
| 坝数 | 804 | 634 | 630 | 575 | 549 | 521 | 517 |
| 国家 | 澳大利亚 | 挪威 | 德国 | 津巴布韦 | 保加利亚 | 沙特阿拉伯 | |
| 坝数 | 474 | 336 | 311 | 244 | 215 | 190 | |

美国有大小坝82704座，多建于20世纪50、60、70、80年代，15m至30m之间的坝有6975座，30m以上的大坝有1749座。水电总装机容量为75500MW，年发电量为300TW·h，另有抽水蓄能电站装机容量19000MW。水库总库容为135000亿$m^3$，联邦直接管理的大坝不到3%，1890座大坝主要功能是供水或灌溉，1873座大坝主要功能是防洪，870座大坝主要功能是娱乐，629座大坝主要功能是发电，占大坝数的7%。

加拿大有804座大坝，建坝的目的以水电为最多，596座大坝以发电为主，占64%，水库总库容为6500亿$m^3$，总装机容量为67121MW，有3454MW在建，另有抽水蓄能电站装机容量174MW。2000年水电发电量为353TW·h。巴西有大坝823座，平均年降雨量为166300亿$m^3$，水库总库容为5680亿$m^3$，专为发电修建的大坝有240座，占大坝总数29%，水电总装机容量64000MW，年发电量为300TW·h。

目前世界已建最高的混凝土重力坝是瑞士的大狄克逊，高285m，在建的是中国的三峡，坝高181m；已建最高的混凝土拱坝为前苏联的英古里双曲拱坝，坝高271.5m，在建的是中国的小湾，坝高292m；已建最高的土石坝是前苏联的罗贡心墙土石坝，坝高335m；已建最高的混凝土重力拱坝是前苏联的萨扬-舒申斯克坝，坝高245m；已建最高混凝土支墩坝是加拿大的丹尼尔约翰逊，坝高214m；已建最高的面板堆石坝是墨西哥的阿瓜密尔巴坝，坝高187m，在建最高的面板堆石坝是中国的水布垭，坝高233m；已建最高的碾压混凝土拱坝是中国的沙牌，坝高132m；已建最高碾压混凝土重力坝是哥伦比亚的Miel坝，坝高188m，在建最高碾压混凝土重力坝是中国的龙滩，坝高216m。已建在建碾压混凝土坝最多的国家分别是中国、日本、美国和西班牙。已建最高的沥青混凝土心墙坝是奥地利的芬斯特斗，坝高96m/150m。水电装机容量排在前5名的工程是：中国的三峡（18200MW），巴西的伊泰普（12600MW），委内瑞拉的古日（10000MW），巴西的TUCURUI（8370MW）和俄罗斯的萨扬-舒申斯克坝（6400MW）。

世界水电装机四大国是：中国82700MW，美国75500MW，加拿大67121MW，巴西64000MW；4个国家的年发电量分别为：加拿大353TW·h/年，美国308.8TW·h/年，巴西300TW·h/年，中国280TW·h/年。

（三）世界2002年在建坝情况

2002年世界各国在建高度60m以上的大坝349座，其中中国、土耳其、伊朗、日本、印度、西班牙在建坝数较多，分别为：88座、60座、45座、40座、11座、11座。美国、德国、加拿大等水电开发度很高的国家也有60m以上的大坝正在建设，各国在建坝情况见表7。

表7 2002年在建60m以上大坝排在前20名的国家及其坝数（共349座）

| 国家 | 中国 | 土耳其 | 伊朗 | 日本 | 印度 | 西班牙 | 巴西 |
|---|---|---|---|---|---|---|---|
| 坝数 | 88 | 60 | 45 | 40 | 11 | 11 | 8 |
| 国家 | 意大利 | 罗马尼亚 | 俄罗斯 | 委内瑞拉 | 阿根廷 | 智利 | 韩国 |
| 坝数 | 7 | 7 | 5 | 4 | 3 | 2 | 2 |
| 国家 | 泰国 | 美国 | 德国 | 波兰 | 葡萄牙 | 南非 | |
| 坝数 | 2 | 2 | 1 | 1 | 1 | 1 | |

非洲国家水电开发度、水资源调控能力都比较低，60m以上高坝建设比例不高，共有11座，目前有在建水电工程的国家20多个。欧洲国家中，西班牙、意大利、希腊、罗马尼亚在建坝都比较多，德国也有一座90多米的高坝在建。目前欧洲在建装机容量2270MW，分布在23个国家，另有规划中的水电装机容量10008MW待建。北美国家中美国、加拿大都有新的大坝建设，美国有两座60m以上的大坝在建，加拿大魁北克未来十年水电计划增加20%的装机容量。目前北美有5790MW的水电工程在建，规划中还有15196MW的水电站待建。南美目前高坝建设比较多，在建、待建200m左右的大坝不少，主要集中在巴西、委内瑞拉、阿根廷等国家，有16750MW水电工程在建，分布在10个国家，规划待建项目还有59490MW。在大洋洲，为灌溉建坝、小水电开发及电站更新改造项目目前也有不少，但在规模上都不大，规划待建的水电项目有647MW。

目前发达国家水电平均开发度在60%以上，其中美国水电资源已开发约82%，日本约84%，加拿大约65%，德国约73%，法国、挪威、瑞士均在80%以上，而中国目前开发约为23%左右。

（中国大坝委员会秘书处 贾金生 袁玉兰 李铁洁）

22

# 大　事　记

## 一　月

**1月4日**　中共中央、国务院、中组部分别发出通知，任命新组建（改组）各电力公司党组及领导班子成员。名单如下：

国家电网公司

党组书记、总经理：赵希正

党组副书记、副总经理：刘振亚

党组成员、副总经理：李彦梦　陆启洲　陈进行　郑宝森　陈月明

党组成员、中央纪委驻国家电网公司纪检组组长：祝新民

中国南方电网有限责任公司

党组书记、董事长：袁懋振

党组副书记、董事、副总经理：王野平

党组成员、董事、副总经理：赵建国　肖　鹏　周继太　王久玲　祁达才

中国华能集团公司

党组书记、总经理：李小鹏

党组成员、副总经理：黄永达　王晓松　张廷克　鞠章华

党组成员：叶大戟

中国大唐集团公司

党组书记、总经理：翟若愚

党组成员、副总经理：刘顺达　钟　俊　杨　庆　王　琳

中国华电集团公司

党组书记、总经理：贺　恭

党组成员、副总经理：曹培玺　陈飞虎　程念高　任书辉

中国国电集团公司

党组书记、总经理：周大兵

党组成员、副总经理：朱永芃　李庆奎　刘彭龄

中国电力投资集团公司

党组书记、总 经 理：王炳华

党组成员、副总经理：丁中智　孟振平　石成梁　张晓鲁　李小琳

**1月7日**　中国华能集团公司与云南省政府，在昆明签订了有关促进云南省水电开发的协议。中国华能集团公司党组书记、总经理李小鹏出席仪式。

**1月8日**　国家电网公司召开本部员工和在京单位领导班子成员大会，宣布国家电网公司本部各部门领导班子成员的聘任决定。

**1月16日**　在北京举行首都水电界新春联谊会。出席联谊会的有国家计委、经贸委、国电公司系统、水利部系统、国家开发银行等40多个单位；主要领导有潘家铮、周大兵、姚振炎、何璟、贺恭、张基尧、王文泽、李菊根、郭建堂、吴贵辉、姚中民等。

**1月21日**　吴邦国副总理在重庆考察三峡库区。吴邦国副总理强调要全力以赴做好一切准备工作，确保三峡工程如期蓄水、通航、发电。

**1月23日**　中国水利水电建设集团公司2003年工作会议在北京召开。会议由集团公司总经理郭建堂主持。水利部副部长张基尧、国家电力公司顾问何璟、中国水电工程顾问集团公司总经理李菊根、中国电力企业联合会副理事长刘宏出席会议并讲话。

**1月24日**　湖南三板溪水电站正式开工。该水电站是沅水干流规划15个梯级中的第二个梯级，有多年调节水库，总装机容量100万kW，年发电量24.28亿kW·h。

**1月28日**　云南省水力资源复查成果初审会在昆明召开。

**1月30日**　中国大坝委员会在北京召开2003年成员年会。潘家铮、陆佑楣、张津生、邴凤山、朱尔明、许可达、于文星出席，研究参加2003年国际大坝会议等事宜。

## 二　月

**2月1日**　中共中央总书记胡锦涛听取国家发改委关于电力工业汇报，到北京供电公司看望慰问电力职工，向全国电力系统职工拜年。

**2月9日**　贵州省政府和中国华能集团公司在贵阳签署双方合作协议，共同开发贵州乌江水电资源。

**2月10日**　四川省水力资源复查成果初审会在成都召开。

**2月13日**　重庆涪陵长江水下白鹤梁题刻保护工程开工建设。

**2月15日**　国家电网公司在武汉召开2003年工作会议。会议由刘振亚副总经理主持，赵希正总经理作工作报告。湖北省常务副省长周坚卫到会讲话，国家计委、国家经贸委、中央组织部、国家电力监管委员会、财政部、国家审计署等单位领导参加会议并讲话。

**2月23日**　中国华电集团公司四川分公司在成都成立。四川省省长张中佛、中国华电集团公司总经理贺恭参加成立大会。

**2月26日**　金沙江溪洛渡水电站工程第一个招标项目（对外交通专用公路勘测设计）在成都开标，拉开了金沙江水电开发的序幕。

**2月26日**　重庆市江口水电站首台机组（单机容量10万kW）并网发电。

**2月28日**　中国电力报报道了国务院正式批准的中国水电工程顾问集团公司组建方案和章程。中国

水电工程顾问集团公司由中央管理。

## 三 月

**3月1日** 中国电力报报道了国务院正式批准的中国华电集团公司组建方案和章程。中国华电集团公司由中央直接管理，是经国务院同意进行国家授权投资的机构和国家控股公司的试点。

**3月2日** 中国电力报报道了国务院正式批准的中国国电集团公司组建方案和章程。中国国电集团公司由中央直接管理，是经国务院同意进行国家授权投资的机构和国家控股公司的试点。

**3月4日** 世界上最大的水电站计算机监控系统在三峡电站安装落户。该系统由瑞士阿尔斯通公司供货，由长江勘测规划设计研究院设计，信息量达39000多个。

**3月5日** 红水河第八个梯级水电站——乐滩（原名恶滩）水电站改建工程，由国家计委正式批准开工。该电站总装机容量60万kW，年发电量34.95亿kW·h，水库库容9.5亿$m^3$。

**3月8日** 三峡左岸电厂4号机组水轮机转轮在哈尔滨电机厂制造成功。该转轮额定出力71万kW，总质量430t，最大外径10.6m，高5.06m；是国内首台制造的最大的转轮。

**3月17日** 中国电力报报道了国务院正式批准的中国水利水电建设集团公司组建方案和章程。中国水利水电建设集团公司由中央管理。

**3月20日** 国家电力监管委员会正式挂牌，作为国务院直属事业单位，开始履行电力监管职能。

## 四 月

**4月27日** 三峡二期移民工程通过国家验收。本验收是由十几个部委及湖北省、重庆市的专家和领导组成的国务院验收委员会移民工程验收组进行的。验收范围涉及135m水位以下淹没的12个县区、70.92万移民。

**4月29日** 国务院办公厅发出通知，调整国务院三峡工程建设委员会组织成员。新一届委员会成员是：

主任委员：温家宝

副主任委员：曾培炎、郭树言、马凯、罗清泉、王鸿举、陆佑楣

委员：汪洋、蒲海清、邓楠、朱志刚、田凤山、翁孟勇、张基尧、杜青林、吴晓灵、李荣融、王心芳、周生贤、陈宜瑜、单霁翔、漆林、何文彬、陈元、韩忠学、余远牧、甘宇平、赵希正、李永安、蔡其华。

## 五 月

**5月8日** 贵州省“西电东送”第二批项目启动，其中有光照水电站。该电站为混凝土坝，最大坝高195.5m，总装机容量104～120万kW，年发电量27.8亿kW·h，总投资47.7亿元。此项目由贵州省政府批准，省电力公司为开发法人。

**5月13日** 国务院批准电力新增装机容量1188万kW，总投资511.56亿元；其中水电装机容量228万kW，投资126.86亿元。

**5月18日** 西藏拉萨河直孔水电站正式开工建设。该电站装机容量10万kW，年发电量4.07亿kW·h，投资13亿元，由武警水电三总队施工。

**5月21日** 国务院长江三峡二期工程验收委员会枢纽工程验收组在三峡工地正式宣布：三峡二期工程（135m水位）蓄水和船闸试通航已具备条件，可于2003年6月1日开始蓄水，并在水位到达后试通航。从5月19日至21日，在三峡工地召开了“三峡二期工程（135m水位）蓄水及船闸试通航前验收会议”。会议由国务院长江三峡二期工程验收委员会枢纽工程验收组组长、水利部部长汪恕诚主持。来自国家14个部委和大专院校的41位验收委员，对要验收的工程项目进行了鉴定和评价，形成了正式验收鉴定报告。

**5月24日** 贵州乌江引子渡水电站首台机组投产发电。引子渡水电站是乌江11个梯级水电站之一，总装机容量36万kW（单机容量12万kW），年发电量9.78亿kW·h。

**5月27日** 国务院副总理曾培炎主持召开了国务院长江三峡二期工程验收委员会第二次全体会议，听取并讨论枢纽工程验收组、移民工程验收组和输变电工程验收组的验收工作情况汇报，同意各验收组所作的验收结论及按期蓄水、试通航的建议。

**5月29日** 国务院总理温家宝主持国务院三峡工程建设委员会第十二次全体会议。审议批准了国务院长江三峡工程二期工程验收委员会的验收意见，同意枢纽工程6月1日下闸蓄水，6月16日双线五级船闸试通航，8月份首批机组并网发电。温家宝总理指示：要高标准、高质量、高效率建设好三峡工程。

## 六 月

**6月1日** 上午8时40分，三峡工程开发总公司领导陆佑楣、李永安进入梯调中心调度室，宣布国务院关于三峡蓄水的决定。在三峡电厂厂长张诚报告一切正常，各方面都准备好了后，9时许，中国长江三峡工程开发总公司总经理陆佑楣下达了下闸蓄水命令。

**6月5日** 三峡工程左岸电厂机组启动验收委员会召开第一次会议。三峡总公司机电安装部主任黄宏勇宣布2号、5号机组启动试运行大纲，长江水利委员会设计院对启动试运行大纲的内容要求进行详细说明。

**6月10日** 22时，三峡大坝坝前水位达到135m高程，提前5天完成蓄水任务。此次净蓄水100亿$m^3$（6月1日当时库容23亿$m^3$，当水位到达135m时，水库库容为123亿$m^3$），为三峡发电创造了条件。

当日，三峡首批机组（2号、5号机）执行尾水充水程序，开始启动试运行工作。

**6月12日** 上午11时46分，三峡首台机组2号机（单机容量70万kW）第一次开机，进行空载试运行，经过三次启动、停机和相应的处理后，2号机组运转正常。

**6月14日** 云南华电怒江水电开发有限公司组建，在昆明签署投资协议书。参与组建的单位为：中国华电集团公司、云南省开发投资公司、云南电力集团水电建设公司、云南怒江电力集团公司。

**6月15日** 国务院副总理曾培炎视察重庆、湖北三峡库区之后，到达三峡工地。

**6月15日** 国家副主席曾庆红视察宁夏沙坡头水电站。

**6月16日** 世界上最大的内河船闸——三峡工程双线五级船闸试通航成功。上午，在三峡工地举行“三峡工程双线五级船闸试通航仪式”。8时50分，中共中央政治局委员、国务院副总理、国务院三峡建委副主任曾培炎宣布：长江三峡工程双线五级船闸试通航开始。2艘客轮从坝前入闸下行，5艘货轮从坝下逆流而上。11时58分，随着最后一艘船平稳驶出南线五闸室，三峡船闸试通航圆满成功。

**6月17日** 报道了三峡大坝在蓄水时的安全监测结果。由埋设了60余种、10000多支传感器的目前世界最大规模的三峡大坝安全监测系统提供的精确可靠数据表明：水库蓄水后坝基水平位移在1mm范围之内，坝基单宽渗流在1L/min之内（坝基总渗漏在1$m^3$/min内），坝体纵缝开度最大为1mm，三峡大坝质量良好。

**6月25日** 湖南水力发电工程学会召开了湖南小水电未来发展趋势研讨会，研究了湖南省水力发电资源情况，向湖南省委、省政府提出“关于湖南省小水电未来发展有关问题的建议”。

**6月26日** 陕西汉江喜河水电站开工。中国大唐集团公司总经理翟若愚参加开工典礼。

**6月27日** 国务院验收委员会输变电工程验收组验收了三峡二期500kV输变电工程。共验收31个单项工程，4834专项，合格率100%，工程优良率为100%。

**6月29日** 黄河尼那电站首台机组发电。该电站位于拉西瓦电站下游86km处，总装机容量16万kW，是黄河上游梯级的第三座电站。

## 七 月

**7月1日** 上午9时58分，三峡左岸电厂2号机组开始72h带负荷连续试运行，在当前水位下所带负荷为54万kW。

**7月7日** 《中国水力发电年鉴》第七卷正式发行。

**7月10日** 三峡左岸电厂2号机组移交三峡电厂运行，正式并网发电，比计划提前20天投产。该机组是在7月7日完成72h带负荷连续试运行的。

**7月13日** 16时32分，三峡左岸电厂5号机72h带负荷连续试运行一次成功，圆满结束。经停机后排空检查和消缺处理，于7月16日交电厂投产发电。

**7月18日** 三峡首批机组（2号、5号机）通过启动验收。自6月10日三峡首批机组开始试运行后，枢纽工程验收组就安排机电专家组的一些专家直接参与试运行工作，经一个多月全程跟踪检查，掌握了具体情况。7月11日至15日，召开了技术预验收会议，7月16日至18日，国务院验收委员会枢纽工程验收组在三峡工地召开验收会议，形成了启动验收鉴定书。

**7月29日** 中国水力发电工程学会主持召开了全国高混凝土面板堆石坝技术研讨会。参加会议的有55个单位，120余名专家。会议总结了公伯峡水电站三大工程技术。

## 八 月

**8月12日** 贵州省水力发电工程学会荣获贵州省优秀学会称号。

**8月14日** 国务院南水北调工程建设委员会第一次会议在北京召开。会议要求：“精心组织、精心设计、精心施工，把南水北调工程建成世界一流工程”。

**8月17日** 三峡水电厂正式开始售电，平均上网电价为0.25元/（kW·h）。

**8月30日** 我国目前第一高水头抽水蓄能电站——西龙池抽水蓄能电站开工。电站安装4台30万kW单级混流可逆式水泵水轮发电机组，水头640m。

## 九 月

**9月4日** 为解决西北、四川联网问题在西安举行联网工作联席会，西北电网公司和四川电力公司经过研究达成共识。西北和四川两地区和两大流域水系特性及水库调节性能有较大差异，联网后可以互补，有利于提高电网安全稳定和效益。

**9月5日** 国务院三峡工程建设委员会第十三次全体会议在北京召开。中共中央政治局常委、国务院总理、国务院三峡工程建设委员会主任温家宝主持会议并作重要讲话。中共中央政治局委员、国务院副总理、国务院三峡工程建设委员会副主任曾培炎，国务委员、国务院秘书长华建敏出席会议。会议总结了十年来三峡工程建设工作，审议批准了国务院长江三峡二期工程验收委员会关于首批机组启动和二期输变电工程的验收报告，部署三峡三期工程建设任务和重点工作。

**9月9日** 陕西省水力发电工程学会荣获陕西省“四星级先进学会”称号。

**9月17日** 湖南沅水三板溪水电站顺利截流。该电站总装机容量100万kW（4×25万kW），年发电量24.28亿kW·h，为沅水干流的具有多年调节能力的龙头水电站，是具有发电、防洪、航运、养殖等多项功能的综合利用工程。贵州省政府副省长包克辛、湖南省政府副省长徐宪平、五凌水电公司总经理李瑞师、中电投集团公司副总经理石成梁参加并讲话。

**9月25日** 东北电网有限公司在沈阳成立。东北电网有限公司是国家电网公司出资设立的国有独资有限责任公司。

**9月28日** 华东电网有限公司在上海成立。华东电网有限公司是国家电网公司出资设立的国有独资有限责任公司。

## 十 月

**10月1日** 李鹏同志考察三峡工程。这是李鹏自1982年以来，第16次考察三峡工地。下午，李鹏出席中国三峡总公司和各参建单位负责同志参加的汇报会，发表了“水电与电网的关系”论述。次日上午，李鹏在中国三峡总公司副总经理李永安、郭涛、杨清、曹广晶等陪同下，冒雨考察了三峡工程。

**10月4日** 三峡6号机组开机进行动应力试验及稳定性和能量性能试验。该试验经过一个月的准备，在机组相关部位安装了近250个传感器。在世界上做如此大机组的真机试验尚属首次。这将更好地掌握机组特性，为今后运行及招标提供科学依据。

**10月24日至26日** 中共中央政治局常委、国务院总理、国务院三峡工程建设委员会主任温家宝赴三峡库区和坝区视察。温家宝先后听取了重庆市、湖北省、国务院三峡工程建设委员会办公室和中国三峡总公司的工作汇报并发表了重要讲话。

## 十一月

**11月3日至6日** 2003年全国大型水轮发电机组技术研讨会在宜昌三峡工地召开。这次会议是由中国水力发电工程学会和中国长江三峡工程总公司联合召开的，出席会议的有44个单位，70余名专家学者和工程技术人员。中国水力发电工程学会秘书长邴凤山、中国长江三峡工程开发总公司副总工程师秦锡翔到会并讲话。会议收到论文55篇。会议提出关于发挥大机组优势和大机组设计、安装调试、制造、运行五大关键技术问题，供全国从事大型机组工作人员参考，也可供修改技术规范参考之用。

**11月5日** 华中电网有限公司在武汉成立。华中电网公司是国家电网公司出资的国有独资有限公司。

**11月6日** 西北电网有限公司在西安成立，西北电网公司为国家电网公司出资的国有独资有限公司。

**11月6日** 红水河上龙滩水电站截流成功。上午9点，广西自治区党委副书记马铁山宣读国务院总理温家宝对龙滩水电站截流的贺词。龙滩水电站拥有目前世界最高的碾压混凝土坝，最大坝高216.5m，拥有世界上最大的地下厂房（388.5m×28.5m×74.4m），总装机容量630万kW（9×70万kW），年发电量187亿kW·h。

**11月8日** 乌江构皮滩水电站开工。工程主体为双曲拱坝，是乌江第七个梯级电站，最大坝高232.5m，总装机容量300万kW，年发电量96.6亿kW·h，工程以发电为主，兼顾航运及防洪。

**11月12日** 澜沧江小湾水电站引水发电系统工程正式开工。引水发电系统工程包括：地下厂房、引水管洞、尾水工程等三大部分。

**11月14日** 中国水力发电工程学会和二滩水电开发有限公司联合举办的“2003年雅砻江流域水电开发高级论坛”，于2003年11月14日至16日在成都举行。参加高级论坛的有国家发展和改革委员会、国家电力监管委员会、国家电网公司、水利部、国家环保局等11个部委，国家开发银行、中国工商银行等金融机构，全国各发电集团，水电科研、设计和施工单位。全国人大、全国政协和原电力部老领导莅会指导，邹家华同志发来贺信；四川省委、省政府及有关部门的领导出席论坛并讲话。参加论坛的还有人民日报、中央电视台、凤凰卫视等全国新闻媒体20多家，记者60余名。会后由中国水力发电工程学会秘书长邴凤山和二滩水电开发公司总经理陈云华共同主持了新闻发布会，回答了媒体记者的提问。

**11月18日** 长江电力上市。长江电力于7月18

日全票通过证监会发审会的审核，10 月 28 日获准首次公开发行 A 股。此次发行 23.26 亿股，发行价格 4.3 元/股，募集资金 100.018 亿元。长江电力获得了投资者的高度认同，是 2003 年国内资本市场筹资规模最大的项目。

**11 月 20 日**　国务院决定任命李永安为中国长江三峡工程开发总公司总经理。

**11 月 22 日**　三峡左岸 1 号机组按国家标准完成了启动试运行工作正式并网发电。至此，三峡左岸 1～6号机组都投产运行，提前 40 天超额完成保四争五计划。三峡工程一年安装投产 6 台 70 万 kW 机组，创单项工程年装机投产台数和总容量的世界最高水平。

**11 月 28 日**　湖北白莲河抽水蓄能电站建设公司成立。

**11 月 30 日**　贵州省平班水电站截流成功。该电站总装机容量 20 万 kW，年发电量 16.03 亿 kW·h。

## 十二月

**12 月 5 日**　中国工程院增选院士评审工作结束，中国三峡总公司原总经理、教授级高工陆佑楣，总工程师、教授级高工张超然当选。这是中国三峡总公司首次拥有工程院院士。

**12 月 6 日**　河北省张河湾抽水蓄能电站正式开工。该电站总装机容量 100 万 kW。河北省省长季允石、国家电网公司副总经理郑宝森出席开工典礼。

**12 月 12 日**　雅砻江锦屏一级水电站经国务院批准立项。

**12 月 22 日**　乌江水电开发公司召开专家研讨会，研究乌江公司发展后继工程及乌江流域水电开发的辅助电源工程——乌江流域抽水蓄能电站开发规划及布局问题。

**12 月 22 日至 23 日**　国务院三峡工程建设工作会议在北京召开。出席这次会议的有中央有关部门、承担对口支援和外迁移民接收任务的有关省市、湖北省、重庆市、三峡库区各区市县、中国三峡总公司、三峡工程各参建单位及有关方面的负责同志，还有受表彰先进集体代表和先进个人。中共中央政治局委员、国务院副总理曾培炎出席会议并讲话。会上，代表们认真学习了温家宝总理在考察三峡库区时的讲话。会议表彰了三峡工程建设先进集体、先进个人，总结了一、二期工程经验，对三期工程的建设任务进行了全面部署。

**12 月**　澜沧江糯札渡水电站可行性研究报告通过国家发改委审查。该电站总装机容量 585 万 kW，年发电量 239.12 亿 kW·h。

景洪水电站项目建议书通过国家发改委的评估。该电站总装机容量 150 万 kW，年发电量 79.31 亿 kW·h。

东北蒲石河抽水蓄能电站项目建议书上报国家发改委申请评估。该抽水蓄能电站装机容量 120 万 kW。

（中国水力发电工程学会　郁凤山）

中国水力发电年鉴（2003）

# 内容索引

# 内 容 索 引

## H



## J



## K



## L

## T



## W



## X



## Y

# 中国水利水电基础工程局

中国水利水电基础工程局始建于1959年，是从事水利、电力、工业与民用建筑、铁路、交通、矿山等工程的地基与基础工程的国有大型建筑施工企业。

工程局辖有5个工程处以及科研所、设计公司、咨询中心、建筑公司和万基土木建筑有限公司；拥有国内一流的地基与基础工程技术专家和高素质的施工队伍以及国内外先进的施工设备。员工共计2409人，其中高级职称98人，中级职称193人，有资质的项目经理78人；各种施工设备1189台套。局总部设在天津市武清区。

40多年来，工程局参加了长江三峡、黄河小浪底等众多大中型水利水电工程的地基处理施工，建造防渗墙100多道，计150多万$m^2$；完成各类灌浆工程200多万m。还完成了国内大量的城市高层建筑、地铁、路桥、火电厂等项目的基础工程，以及国外地铁、路桥及水利水电工程等多项基础工程。在长江、珠江、松花江等重要堤防除险加固工程中被誉为“水利水电建设基础处理的王牌军”。

工程局十分重视新技术的研究与开发，完成了许多国家级科技攻关课题，不少成果达到国际先进水平，获得国家和省部级科学技术进步奖26项，拥有国家专利8项。在国内地基与基础工程技术领域，工程局始终处于领先水平，创造了国内基础处理施工的多个之最。近年来，工程局注重引进国际先进的设备、技术和管理方法，使工程局的综合实力逐年提升。

工程局拥有卓越的技术资源，地基与基础工程专业的三大规范即《水工建筑物水泥灌浆施工技术规范》、《水利水电工程混凝土防渗墙施工技术规范》、《高压喷射灌浆施工技术规范》，工程局一直为主编单位。

工程局一贯重合同、守信誉、保质量、保工期，连续九年荣获天津市文明单位称号，并获得3A级信誉等级证书。1998年通过了ISO9002质量体系认证，确定了“严格管理、精心施工、技术先进、质量优良”的质量方针，确保为各界用户提供优良的服务。

局长(法定代表人)：赵存厚
党委书记：张源智
总工程师：赵存厚
地　　址：天津市武清区建设北路1号
邮　　编：301700
电　　话：(022)29341551
传　　真：(022)29345523
网　　址：http://www.chinafec.com
E-mail：fec@public.tpt.tj.cn

中国水利水电基础工程局办公大楼

润扬长江公路大桥南汊桥北锚碇地下连续墙施工

采用先进的施工设备(液压铣槽机、抓斗)和施工技术(钻铣法、抓铣法、铣削法)，创造了国内在支护与防渗结构于一体的地连墙中墙体深度最深(56.5m)、墙体厚度最大(1.2m)、入岩深度最大(平均4.5m)、开挖最深(50m)、单个钢筋笼最重(72.72～99.39t)、承受水平荷载最大（68000t)的全国纪录。

# "西电东送"的先锋——

# 贵阳勘测

院长、党委书记　　兰春杰

贵阳勘测设计研究院是国家甲级勘测设计科研单位。贵阳院于1958年建院，现有职工1000人，其中教授级高工和高级工程师210人，工程师300人，大专以上学历的职工占全院职工总数的60%以上。

建院40余年来，贵阳院完成贵州30余条河流的规划，共规划勘测设计水电站107座，总装机容量达17500MW，已建成的水电站总装机容量超过3000MW。

全院具有工程勘测、工程设计、工程监理、工程承包、工业与民用建筑、环

引子渡水电站泄洪

大坝施工场面

洪家渡水电站大坝第一块面板浇筑

境评价、工程测绘等专业的甲级资质13个。业务范围由水电工程勘测设计、科研扩展到工程监理、道桥工程、基础处理、工民建设计、环境工程、工程监测、技术咨询、软件设计和工程总承包，市场遍及新疆、西藏、甘肃、江西、河南、海南、广东等十余省区和海外。在国家实施西部大开发战略中，“西电东送”贵州首批开工的四个水电项目，贵阳院承担了洪家渡水电站、引子渡水电站和索风营水电站等三个水电项目的勘测设计。

贵阳院通过了GB/T19001 （idt ISO9001）质量认证体系认证，是科技档案管理国家一级单位。贵阳院经过多年的工程实践和科研攻关，具有在岩溶地区建库筑坝、碾压混凝土筑坝技术、高边坡治理等12大技术优势，共获得国家科技进步一等奖、国家设计金奖、勘测金奖等省部级以上科技进步奖80余项，是贵州唯一的全国综合实力百强设计院。

贵阳院是全国电力系统文明单位，中国水电顾问公司系统文明单位，贵州省文明单位，全国模范职工之家，全国职工体育先进单位。贵阳院将继续为西部大开发，为贵州的经济社会发展和两个文明建设贡献力量。

索风营水电站施工全貌

施工中的引子渡水电站

大坝、进水口全貌

# 中国长江三峡

为兴建长江三峡工程，开发长江上游水电资源，中国长江三峡工程开发总公司（简称中国三峡总公司，英文名称China Three Gorges Project Corporation，英文缩写CTGPC）于1993年9月27日正式成立。

中国三峡总公司是一个独立核算、自主经营、自负盈亏，具有法人地位的经济实体，是三峡工程建设项目法人（业主），全面负责三峡工程的建设和建成后的运行管理，负责三峡工程建设资金的筹措和偿还。中国三峡总公司按照社会主义市场经济原则管理三峡工程建设，实行项目法人负责制、招标投标制、建设监理制、合同管理制。1996年，装机容量271万kW的葛洲坝电厂划归中国三峡总公司。2002年，中国三峡总公司成为国家授权的投资机构。

三峡工程建成后，中国三峡总公司将控有2100万kW的发电能力，年发电量约1000亿kW·h。2003年，中国三峡总公司开始利用其经济实力和技术能力着手开发长江上游干支流的水力资源。

中国三峡总公司实行总经理负责制，现任总经理为李永安。中国三峡总公司设有技术委员会，负责重大工程技术问题的研究和审查。中国三峡总公司在本部设有总经理工作部、资产财务部、计划发展部、人力资源部、党群工作部等职能部门，在大坝施工区设有工程建设部，对工程施工进行总体协调，在北京设有代表处。

十多年来，中国三峡总公司一直注重积极探索建立现代企业制度的道路。2002年电力企业改制首先启动，经过一年多的工作，完成了电力资产股份制改造；2002年9月，中国三峡总公司作为主发起人，设立了中国长江电力股份有限公司，经营管理葛洲坝电厂和三峡电厂发电资产。2003年10月，长江电力A股发行成功；11月18日，长江电力A股在上海证券交易所成功上市。

随着三峡工程的顺利进展，国家先后将金沙江流域的溪洛渡、向家坝、乌东德、白鹤滩水电项目的开发权授予中国三峡总公司。作为国家授权的投资公司，中国三峡总公司从此真正担负起“建设三峡，开发长江”的历史使命。

三峡工程由拦河大坝及泄水建筑物、水电站厂房、通航建筑物等组成，采用“一级开发、一次建成，分期蓄水、连续移民”的方案实施。

拦河大坝为混凝土重力坝，坝顶高程185m，坝长2309.47m，溢流坝段居中，两侧为发电厂房坝段及非溢流坝段。正常蓄水位高程175m，总库容393亿$m^3$，其中防洪库容221.5亿$m^3$，能有效地拦蓄宜昌以上的洪水，使荆江地区的防洪标准由目前的10年一遇提高到100年一遇，保障荆江河段的安全，并增加武汉市防洪调度的灵活性。

电站系坝后式厂房，分置溢洪坝段两侧坝后。左侧厂房安装14台机组，右侧厂房安装12台机组，单机容量均为70万kW。电站共装26台机组，总装机容量1820万kW，年发电量847亿kW·h，主要供电华中、华东、部分送川东和广东。

# 工程开发总公司

1993年三峡工程开始施工准备，1994年正式宣布开工。经过全体三峡建设者艰苦奋斗，三峡工程在2003年圆满实现了蓄水、通航、发电三大目标，"高峡出平湖"的宏伟蓝图变成了现实。此后，三峡工程进入边建设、边生产、边运行的阶段，工程的综合效益已经开始初步得到发挥。三大目标的实现，壮大了我国国民经济的基础，受到了海内外的广泛关注，被评为2003年中国十大经济新闻、十大科技新闻。

三峡工程坚持科技创新，创造了世界水电工程建设的多项新纪录，取得了技术上的一系列重大突破。

三峡工程两次成功截断长江，标志我国河道截流技术已跻身世界领先地位。大江截流设计及施工技术荣获1999年国家科技进步一等奖，导流明渠截流名列2002年度国家十大科技进展新闻。

三峡工程采用以塔带机为主，高架门机、塔机和缆机为辅的综合施工方案，实现了混凝土的高强度连续施工，保证了混凝土浇筑质量。1999年至2001年连续3年刷新了混凝土浇筑世界纪录，其中2000年混凝土年浇筑强度达到548万$m^3$。

三峡双线五级船闸为目前世界上总水头最高、连续级数最多、技术最复杂的大型船闸。三峡工程建设中成功解决了船闸高边坡开挖和稳定，大型金属结构设计、制造、安装等一系列技术难题，高质量地建成了船闸，通航以来运行情况良好。

左岸水轮发电机组引进了世界上最先进的大型水轮发电机组的设计与制造技术。经过设计、制造、安装、运行、监理各方共同努力，2003年连续高强度投产了6台70万kW机组，创造了大型水轮发电机组安装投产的世界新水平。

左岸电站厂房内景

三峡电厂中控室

深孔泄洪

双线五级船闸投入运行

右岸地下电站机组进水口

# 黄河上游水电开发有限责任公司

总经理 夏忠

黄河上游水电开发有限责任公司（以下简称黄河水电公司）是按照现代企业制度组建的水电流域开发公司，主要任务是负责黄河上游水电资源的滚动开发、生产和经营。黄河水电公司的股东单位及股权比例为：中国电力投资集团公司87.1%、青海省投资公司4.0%、陕西省投资（集团）公司3.9%、甘肃省电力建设投资开发公司3.9%、宁夏电力投资开发有限责任公司1.1%，截至2003年底，公司资产总额已达207.53亿元。

全国著名的水电“富矿”黄河龙羊峡至青铜峡河段，全长918km，该河段规划大中型水电站24～25座，总装机容量1701万kW，年发电量602亿kW·h。黄河水电公司目前在青海、甘肃、宁夏拥有龙羊峡、李家峡、盐锅峡、八盘峡、青铜峡5座大中型水电站，已投产装机容量386.6万kW。黄河水电公司首选开发的黄河公伯峡水电站装机容量150万kW，即将投入商业运营。装机容量420万kW和22.5万kW的黄河拉西瓦水电站、苏只水电站，已步入紧张的前期施工准备阶段。

以市场为导向，以实现可持续发展和谋求更大范围资源优化配置为总体战略取向，遵循“流域、梯级、滚动、综合”的开发原则，黄河水电公司在中电投集团公司“三三二三”战略的指导下，积极推进管理创新、机制创新和制度创新，初步实现了专业化管理、集约化经营、模拟市场运作的新机制，确定了水、火、气等多种电源并举的发展规划，力争在2010年实现发电装机容量1000万kW、2020年实现发电装机容量2000万kW的发展战略目标。

黄河水电公司成立四年来，已累计发电281.49亿kW·h，上交地方财政利税80828万元，连续四年荣获青海省财政支柱企业称号，有力地支持了地方经济建设。目前，黄河水电公司从生产、经营和开发建设三个方面均呈现出良好的发展势头。

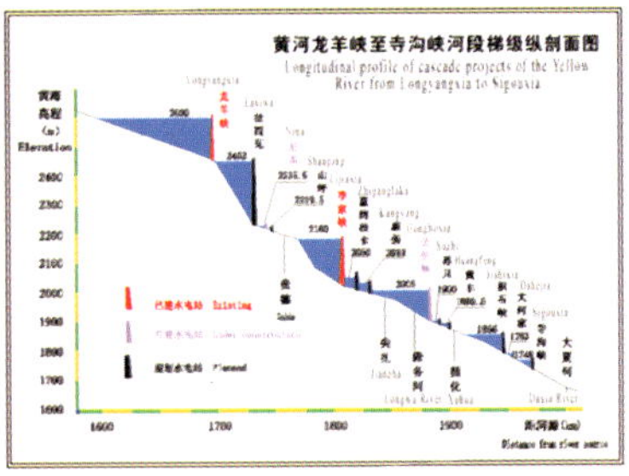


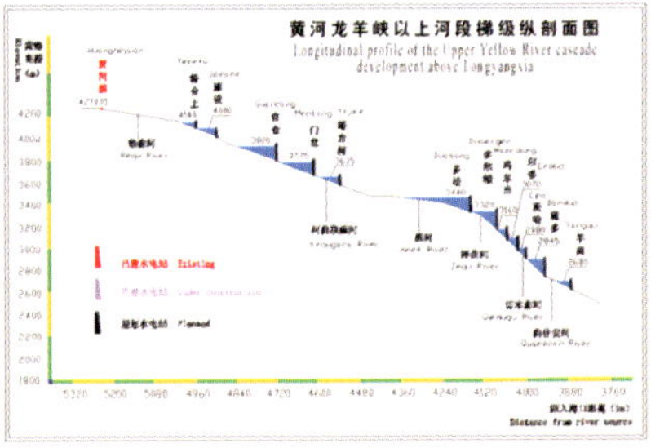


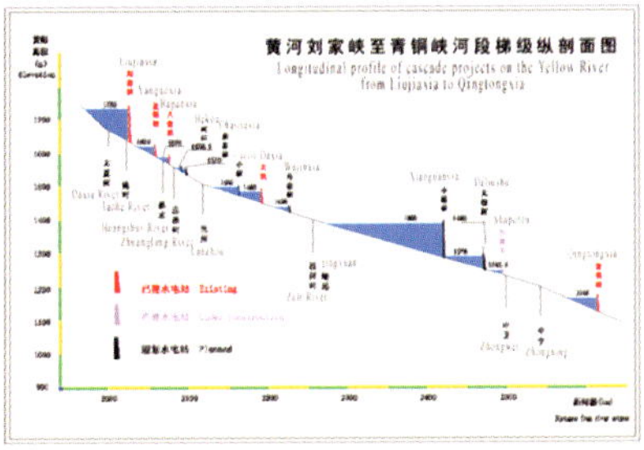

# 成都安特力边坡防护有限公司
# CHENGDU ANTELY CO. LTD

Sns®

SNS 拦石系统

SNS固坡导石系统

植被混凝土护坡系统

SNS 固坡系统

TBS 绿化系统

ASM 环型网拦石系统

公司地址：成都市下东大街18号
电话：028-86315181　89565181　13908064640　传真：028-86315171
E-mail:joanne@mail.sc.cninfo.net　joanne7340@vip.sina.com
公司网址:www.antely.com　　实名网络：“边坡防护”